中国利用外资法律法规文件汇编

（2016—2018年·下卷）

商务部外国投资管理司
商务部投资促进事务局 编

目 录

下 卷

六、外汇

中国外汇交易中心关于境外银行参与银行间外汇市场区域交易有关事项的公告
  中汇交公告〔2018〕1号　2018年1月4日 ………………………………………（0863）
国家外汇管理局关于融资租赁业务外汇管理有关问题的通知
  汇发〔2017〕21号　2017年10月2日 ……………………………………………（0864）
国家外汇管理局公告2016年第2号
  2016年7月1日 ……………………………………………………………………（0865）
国家外汇管理局关于改革和规范资本项目结汇管理政策的通知
  汇发〔2016〕16号　2016年6月9日 ………………………………………………（0866）
国家外汇管理局关于进一步促进贸易投资便利化完善真实性审核的通知
  汇发〔2016〕7号　2016年4月26日 ………………………………………………（0869）

七、金融

外商投资证券公司管理办法
  中国证券监督管理委员会令第140号　2018年4月28日 ………………………（0871）
中国人民银行公告〔2018〕第7号
  2018年3月19日 ……………………………………………………………………（0875）
中国证券监督管理委员会关于修改《中国证券监督管理委员会行政许可实施程序规定》
的决定
  中国证券监督管理委员会令第138号　2018年3月8日 …………………………（0875）
保险公司股权管理办法
  保监会令〔2018〕5号　2018年3月2日 …………………………………………（0883）

上市公司创业投资基金股东减持股份的特别规定
  中国证券监督管理委员会公告〔2018〕4号　2018年3月1日 ………………（0896）
中国银行业监督管理委员会关于修改《中国银监会外资银行行政许可事项实施办法》的决定
  中国银行业监督管理委员会令2018年第3号　2018年2月13日 …………（0898）
中国保险监督管理委员会关于修改《中华人民共和国外资保险公司管理条例实施细则》等四部规章的决定
  保监会令2018年第4号　2018年2月13日 ………………………………（0934）
保险资金运用管理办法
  保监会令〔2018〕1号　2018年1月24日 …………………………………（0958）
商业银行股权管理暂行办法
  中国银行业监督管理委员会令2018年第1号　2018年1月5日 …………（0968）
中国人民银行关于进一步完善人民币跨境业务政策促进贸易投资便利化的通知
  银发〔2018〕3号　2018年 …………………………………………………（0976）
中国证券监督管理委员会关于修改《证券登记结算管理办法》等七部规章的决定
  中国证券监督管理委员会令第137号　2017年12月7日 ………………（0978）
中国证券监督管理委员会关于修改、废止《证券公司次级债管理规定》等十三部规范性文件的决定
  中国证券监督管理委员会公告〔2017〕16号　2017年12月7日 ………（0982）
中国银行业监督管理委员会关于规范银信类业务的通知
  银监发〔2017〕55号　2017年11月22日 …………………………………（0985）
证券交易所管理办法
  中国证券监督管理委员会令第136号　2017年11月17日 ………………（0987）
公开发行证券的公司信息披露内容与格式准则第26号——上市公司重大资产重组（2017年修订）
  中国证券监督管理委员会公告〔2017〕14号　2017年9月21日 ………（0999）
融资担保公司监督管理条例
  中华人民共和国国务院令第683号　2017年8月2日 ……………………（1023）
中国银行业监督管理委员会办公厅关于外资银行开展部分业务有关事项的通知
  银监办发〔2017〕12号　2017年3月10日 …………………………………（1029）
中国人民银行办公厅关于境外机构境内发行人民币债券跨境人民币结算业务有关事宜的通知
  银办发〔2016〕258号　2016年12月23日 ………………………………（1030）
中国人民银行、国家外汇管理局关于人民币合格境外机构投资者境内证券投资管理有关问题的通知
  银发〔2018〕157号　2018年6月12日 ……………………………………（1032）

八、进出口

反倾销和反补贴调查听证会规则
　　商务部令2018年第2号　2018年4月4日 …………………………………… (1037)
反倾销问卷调查规则
　　商务部令2018年第3号　2018年4月4日 …………………………………… (1039)
倾销及倾销幅度期间复审规则
　　商务部令2018年第4号　2018年4月4日 …………………………………… (1042)
国务院关税税则委员会关于对原产于美国的部分进口商品加征关税的公告
　　税委会公告〔2018〕1号　2018年4月4日 …………………………………… (1045)
关于对原产于美国的部分进口商品加征关税的公告
　　商务部公告2018年第34号　2018年4月4日 ………………………………… (1046)
国务院关税税则委员会对原产于美国的部分进口商品中止关税减让义务的通知
　　税委会〔2018〕13号　2018年4月1日 ……………………………………… (1051)
国家口岸管理办公室关于印发《提升跨境贸易便利化水平的措施（试行）》的通知
　　国岸发〔2018〕3号　2018年3月9日 ………………………………………… (1052)
财政部、发展改革委、工业和信息化部、海关总署、税务总局、能源局关于调整重大技术
装备进口税收政策有关目录的通知
　　财关税〔2017〕39号　2017年12月22日 …………………………………… (1054)
国务院关税税则委员会关于2018年关税调整方案的通知
　　税委会〔2017〕27号　2017年12月12日 …………………………………… (1056)
国务院关税税则委员会关于调整部分消费品进口关税的通知
　　税委会〔2017〕25号　2017年11月22日 …………………………………… (1057)
国务院关税税则委员会关于给予冈比亚共和国圣多美和普林西比民主共和国97%税目
产品零关税待遇的通知
　　税委会〔2017〕22号　2017年10月27日 …………………………………… (1058)
关于调整原产于台湾地区的进口农产品免征关税的产品清单的公告
　　海关总署公告2016年第88号　2016年12月30日 …………………………… (1058)
关于发布《鼓励进口服务目录》的公告
　　商务部、发展改革委、财政部公告2016年第47号　2016年8月26日 ……… (1059)
关于在全国范围内取消加工贸易业务审批、建立健全事中事后监管机制有关事项的公告
　　商务部、海关总署公告2016年第45号　2016年8月25日 ………………… (1061)

九、财税

财政部、税务总局、生态环境部关于环境保护税有关问题的通知
　　财税〔2018〕23号　2018年3月30日 ………………………………………… (1063)

关于发布《资源税征收管理规程》的公告
　　国家税务总局公告2018年第13号　2018年3月30日 ………………（1065）
财政部、税务总局、证监会关于支持原油等货物期货市场对外开放税收政策的通知
　　财税〔2018〕21号　2018年3月13日 ……………………………………（1068）
国家税务总局关于发布《办税事项"最多跑一次"清单》的公告
　　国家税务总局公告2018年第12号　2018年2月23日 ………………（1069）
国家税务总局关于税收协定执行若干问题的公告
　　国家税务总局公告2018年第11号　2018年2月9日 …………………（1070）
中华人民共和国船舶吨税法
　　中华人民共和国主席令第85号　2017年12月27日 …………………（1073）
国务院关于废止《中华人民共和国营业税暂行条例》和修改《中华人民共和国增值税暂行条例》的决定
　　中华人民共和国国务院令第691号　2017年11月19日 ………………（1076）
关于《中华人民共和国和罗马尼亚对所得消除双重征税和防止逃避税的协定》生效执行的公告
　　国家税务总局公告2017年第38号　2017年10月30日 ………………（1078）
国家税务总局关于进一步优化增值税、消费税有关涉税事项办理程序的公告
　　国家税务总局公告2017年第36号　2017年10月13日 ………………（1079）
国家税务总局关于《〈中华人民共和国政府和巴基斯坦伊斯兰共和国政府关于对所得避免双重征税和防止偷漏税的协定〉第三议定书》生效执行的公告
　　国家税务总局公告2017年第25号　2017年7月7日 …………………（1080）
国务院关税税则委员会关于2017年下半年CEPA项下部分货物实施零关税的通知
　　税委会〔2017〕10号　2017年6月29日 ………………………………（1080）
国家税务总局关于《中华人民共和国政府和津巴布韦共和国政府对所得避免双重征税和防止偷漏税的协定》生效执行的公告
　　国家税务总局公告2016年第90号　2016年12月29日 ………………（1083）
国家税务总局关于《内地和澳门特别行政区关于对所得避免双重征税和防止偷漏税的安排》第三议定书生效执行的公告
　　国家税务总局公告2016年第89号　2016年12月29日 ………………（1084）
国家税务总局关于《〈中华人民共和国政府和马来西亚政府关于对所得避免双重征税和防止偷漏税的协定〉的换函》生效执行的公告
　　国家税务总局公告2016年第84号　2016年12月19日 ………………（1084）
国家税务总局关于《中华人民共和国政府和智利共和国政府对所得避免双重征税和防止逃避税的协定》及议定书生效执行的公告
　　国家税务总局公告2016年第79号　2016年12月11日 ………………（1085）
财政部、国家税务总局关于落实降低企业杠杆率税收支持政策的通知
　　财税〔2016〕125号　2016年11月22日 ………………………………（1085）

国家税务总局关于《关于修订〈中华人民共和国政府和爱沙尼亚共和国政府关于对所得避免双重征税和防止偷漏税的协定〉的议定书》生效执行的公告

  国家税务总局公告2016年第60号　2016年8月31日 ………………(1087)

国家税务总局关于《中华人民共和国政府和波兰共和国政府对国际航空运输服务互免增值税或类似税收的协议》生效执行的公告

  国家税务总局公告2016年第49号　2016年7月26日 ………………(1087)

国家税务总局关于《中华人民共和国政府和俄罗斯联邦政府对所得避免双重征税和防止偷漏税的协定》及修订协定的议定书生效执行及有关事项的公告

  国家税务总局公告2016年第48号　2016年7月25日 ………………(1088)

国家税务总局关于《中华人民共和国政府和巴林王国政府关于对所得避免双重征税和防止偷漏税的协定》议定书生效执行的公告

  国家税务总局公告2016年第31号　2016年5月23日 ………………(1088)

关于营业税改征增值税部分试点纳税人增值税纳税申报有关事项调整的公告

  国家税务总局公告2016年第30号　2016年5月10日 ………………(1089)

财政部、国家税务总局关于资源税改革具体政策问题的通知

  财税〔2016〕54号　2016年5月9日 …………………………………(1090)

财政部、国家税务总局关于全面推进资源税改革的通知

  财税〔2016〕53号　2016年5月9日 …………………………………(1092)

国务院关于做好全面推开营改增试点工作的通知

  国发明电〔2016〕1号　2016年4月29日 ……………………………(1095)

国家税务总局关于《中华人民共和国政府和印度尼西亚共和国政府关于对所得避免双重征税和防止偷漏税的协定》议定书生效执行的公告

  国家税务总局公告2016年第21号　2016年4月5日 …………………(1097)

（一）所得税

国家税务总局关于境外投资者以分配利润直接投资暂不征收预提所得税政策有关执行问题的公告

  国家税务总局公告2018年第3号　2018年1月2日 …………………(1098)

财政部、税务总局、国家发展改革委、商务部关于境外投资者以分配利润直接投资暂不征收预提所得税政策问题的通知

  财税〔2017〕88号　2017年12月21日 ………………………………(1100)

财政部、税务总局、商务部、科技部、国家发展改革委关于将技术先进型服务企业所得税政策推广至全国实施的通知

  财税〔2017〕79号　2017年11月2日 ………………………………(1102)

国家税务总局关于非居民企业所得税源泉扣缴有关问题的公告

  国家税务总局公告2017年第37号　2017年10月17日 ………………(1104)

全国人民代表大会常务委员会关于修改《中华人民共和国企业所得税法》的决定
　　中华人民共和国主席令第64号　2017年2月24日 ……………………………………（1108）

（二）增值税

国家税务总局关于统一小规模纳税人标准等若干增值税问题的公告
　　国家税务总局公告2018年第18号　2018年4月20日 ………………………（1115）
国家税务总局关于调整增值税纳税申报有关事项的公告
　　国家税务总局公告2018年第17号　2018年4月19日 ………………………（1117）
财政部、税务总局关于统一增值税小规模纳税人标准的通知
　　财税〔2018〕33号　2018年4月4日 …………………………………………（1118）
财政部、税务总局关于调整增值税税率的通知
　　财税〔2018〕32号　2018年4月4日 …………………………………………（1119）
国家税务总局关于跨境应税行为免税备案等增值税问题的公告
　　国家税务总局公告2017年第30号　2017年8月14日 ………………………（1120）
财政部、国家税务总局关于简并增值税税率有关政策的通知
　　财税〔2017〕37号　2017年4月28日 …………………………………………（1121）
国家税务总局关于增值税一般纳税人登记管理若干事项的公告
　　国家税务总局公告2018年第6号　2018年1月29日 …………………………（1123）
增值税一般纳税人登记管理办法
　　国家税务总局令第43号　2017年12月29日 …………………………………（1124）
财政部、税务总局关于租入固定资产进项税额抵扣等增值税政策的通知
　　财税〔2017〕90号　2017年12月25日 ………………………………………（1126）
国家税务总局关于增值税发票管理若干事项的公告
　　国家税务总局公告2017年第45号　2017年12月18日 ………………………（1128）
国家税务总局关于增值税普通发票管理有关事项的公告
　　国家税务总局公告2017年第44号　2017年12月5日 ………………………（1130）
国家税务总局关于简化建筑服务增值税简易计税方法备案事项的公告
　　国家税务总局公告2017年第43号　2017年11月26日 ………………………（1131）
国家税务总局关于发布《营业税改征增值税跨境应税行为增值税免税管理办法（试行）》的公告
　　国家税务总局公告2016年第29号　2016年5月6日 …………………………（1132）
国家税务总局关于明确营改增试点若干征管问题的公告
　　国家税务总局公告2016年第26号　2016年4月26日 ………………………（1138）
国家税务总局关于全面推开营业税改征增值税试点有关税收征收管理事项的公告
　　国家税务总局公告2016年第23号　2016年4月19日 ………………………（1139）

(三)进出口退(免)税

财政部、海关总署、税务总局关于完善启运港退税政策的通知
  财税〔2018〕5号 2018年1月8日 ………………………………………… (1143)
国家税务总局关于进一步优化外贸综合服务企业出口货物退(免)税管理的公告
  国家税务总局公告2016年第61号 2016年9月19日 …………………… (1145)

十、环境保护

中华人民共和国环境保护税法实施条例
  中华人民共和国国务院令第693号 2017年12月25日 …………………… (1147)
国务院关于印发"十三五"生态环境保护规划的通知
  国发〔2016〕65号 2016年11月24日 …………………………………… (1150)
排污许可管理办法(试行)
  环境保护部令第48号 2018年1月10日 ………………………………… (1190)
中华人民共和国环境保护税法
  中华人民共和国主席令第61号 2016年12月25日 ……………………… (1202)

十一、其他

国务院关于落实《政府工作报告》重点工作部门分工的意见
  国发〔2018〕9号 2018年4月1日 ……………………………………… (1207)
中国银行业监督管理委员会关于规范性文件清理结果的公告
  银监会公告〔2018〕1号 2018年3月19日 ……………………………… (1220)
国务院台湾事务办公室、国家发展和改革委员会关于印发《关于促进两岸经济文化交流合作的若干措施》的通知
  国台发〔2018〕1号 2018年2月28日 …………………………………… (1226)
商务部关于废止和修改部分规章的决定
  商务部令2018年第1号 2018年2月22日 ……………………………… (1229)
中国人民银行公告〔2018〕第2号
  2018年2月22日 …………………………………………………………… (1230)
中国人民银行令〔2018〕第1号
  2018年2月8日 …………………………………………………………… (1232)
国土资源部关于公布继续有效的规范性文件目录的公告
  国土资源部公告2018年第5号 2018年2月8日 ………………………… (1233)
国家旅游局、商务部关于废止《香港和澳门服务提供者在广东省设立旅行社申请审批办法》的决定
  国家旅游局、商务部令第45号 2018年2月5日 ………………………… (1254)

国家发展改革委、人民银行、质检总局等印发《关于对出入境检验检疫企业实施守信联合激励和失信联合惩戒的合作备忘录》的通知
　　发改财金〔2018〕176号　2018年1月25日 ………………………………………… (1255)
商务部办公厅关于印发《商务部主动公开基本目录(试行)》的通知
　　商办厅函〔2018〕第25号　2018年1月19日 ……………………………………… (1256)
现行有效外汇管理主要法规目录(截至2017年12月31日)
　　2018年 …………………………………………………………………………………… (1257)
商务部、发展改革委、工业和信息化部、财政部、交通运输部、统计局、邮政局、国家认监委、国家标准委、中国铁路总公司关于推广标准托盘发展单元化物流的意见
　　商流通函〔2017〕968号　2017年12月29日 ……………………………………… (1269)
国家鼓励发展的重大环保技术装备目录(2017年版)
　　工业和信息化部、科学技术部公告2017年第61号　2017年12月27日 ………… (1272)
关于内地与香港、澳门《〈关于建立更紧密经贸关系的安排〉投资协议》实施后有关备案工作的公告
　　商务部公告2017年第86号　2017年12月20日 …………………………………… (1273)
海关总署关于修改部分规章的决定
　　海关总署令第235号　2017年12月20日 …………………………………………… (1274)
《内地与澳门关于建立更紧密经贸关系的安排》投资协议
　　2017年12月18日 ……………………………………………………………………… (1291)
《内地与澳门关于建立更紧密经贸关系的安排》经济技术合作协议
　　2017年12月18日 ……………………………………………………………………… (1306)
外国公共航空运输承运人运行合格审定规则
　　交通运输部令2017年第35号　2017年12月18日 ………………………………… (1317)
全国人民代表大会常务委员会关于修改《中华人民共和国招标投标法》、《中华人民共和国计量法》的决定
　　中华人民共和国主席令第86号　2017年12月27日 ……………………………… (1325)
国家发展和改革委员会与香港特别行政区政府关于支持香港全面参与和助力"一带一路"建设的安排
　　2017年12月14日 ……………………………………………………………………… (1336)
国家发展改革委、财政部、商务部关于印发《2017—2018年清理现行排除限制竞争政策措施的工作方案》的通知
　　发改价监〔2017〕2091号　2017年12月5日 ……………………………………… (1339)
国务院关于修改部分行政法规的决定
　　中华人民共和国国务院令第690号　2017年11月17日 ………………………… (1342)
工商总局关于公布规范性文件清理结果的公告
　　工商办字〔2017〕205号　2017年11月8日 ………………………………………… (1342)

全国人民代表大会常务委员会关于批准《中华人民共和国和埃塞俄比亚联邦民主共和国关于民事和商事司法协助的条约》的决定
  2017年11月4日 ……………………………………………………………………（1365）
全国人民代表大会常务委员会关于修改《中华人民共和国会计法》等十一部法律的决定
  中华人民共和国主席令第81号　2017年11月4日 ……………………（1365）
国家工商行政管理总局关于废止和修改部分规章的决定
  国家工商行政管理总局令第92号　2017年10月27日 …………………（1475）
工业和信息化部关于废止和修改部分规章、规范性文件的决定
  工业和信息化部令第45号　2017年10月20日 ………………………（1477）
国务院关于取消一批行政许可事项的决定
  国发〔2017〕46号　2017年9月22日 ………………………………（1479）
中国国家认证认可监督管理委员会关于发布《关于〈内地与澳门关于建立更紧密经贸关系的安排〉〈服务贸易协议〉中认证认可有关条款的实施指南》的公告
  国家认监委公告2017年第25号　2017年9月17日 …………………（1480）
中国国家认证认可监督管理委员会关于发布《关于〈内地与香港关于建立更紧密经贸关系的安排〉〈服务贸易协议〉中认证认可有关条款的实施指南》的公告
  国家认监委公告2017年第24号　2017年9月17日 …………………（1484）
《内地与香港关于建立更紧密经贸关系的安排》经济技术合作协议
  2017年6月28日 ………………………………………………………（1489）
《内地与香港关于建立更紧密经贸关系的安排》投资协议
  2017年6月28日 ………………………………………………………（1498）
关于公布2017年7月1日起新增香港澳门享受零关税货物原产地标准及相关事宜的公告
  海关总署公告2017年第22号　2017年6月12日 ……………………（1512）
中华人民共和国测绘法
  中华人民共和国主席令第67号　2017年4月27日 …………………（1513）
商务部关于进一步推进国家电子商务示范基地建设工作的指导意见
  商电发〔2017〕26号　2017年1月17日 ……………………………（1522）
国务院关于印发"十三五"市场监管规划的通知
  国发〔2017〕6号　2017年1月12日 …………………………………（1525）
国务院关于第三批取消中央指定地方实施行政许可事项的决定
  国发〔2017〕7号　2017年1月12日 …………………………………（1545）
国务院关于第三批清理规范国务院部门行政审批中介服务事项的决定
  国发〔2017〕8号　2017年1月12日 …………………………………（1554）
中华人民共和国公共文化服务保障法
  中华人民共和国主席令第60号　2016年12月25日 …………………（1561）
商务部现行有效规章目录及现行有效规范性文件目录
  商务部公告2016年第69号　2016年11月15日 ……………………（1568）

中华人民共和国网络安全法
  中华人民共和国主席令第53号 2016年11月7日 ·················· (1626)
关于落实内地与香港、澳门《〈关于建立更紧密经贸关系的安排〉服务贸易协议》
有关事项的公告
  交通运输部公告2016年第27号 2016年7月11日 ················ (1636)
国务院关于在市场体系建设中建立公平竞争审查制度的意见
  国发〔2016〕34号 2016年6月1日 ·························· (1637)
国务院关于在内地对香港、澳门服务提供者暂时调整有关行政审批和准入特别管理
措施的决定
  国发〔2016〕32号 2016年5月31日 ························· (1641)
国务院关于北京市开展公共服务类建设项目投资审批改革试点的批复
  国函〔2016〕83号 2016年5月13日 ························· (1646)
商务部、发展改革委、教育部、科技部、工业和信息化部、财政部、人力资源社会保障部、
税务总局、外汇局关于新增中国服务外包示范城市的通知
  商服贸函〔2016〕208号 2016年5月5日 ····················· (1649)
关于公布跨境电子商务零售进口商品清单(第二批)的公告
  财政部、发展改革委、工业和信息化部、环境保护部、农业部、商务部、中国人民
  银行、海关总署、国家税务总局、质检总局、新闻出版广电总局、食品药品监管
  总局、濒管办公告2016年第47号 2016年4月15日 ············· (1650)
国务院关于印发上海系统推进全面创新改革试验加快建设具有全球影响力科技创新
中心方案的通知
  国发〔2016〕23号 2016年4月12日 ························· (1651)
关于公布跨境电子商务零售进口商品清单的公告
  财政部、发展改革委、工业和信息化部、农业部、商务部、海关总署、国家税务总局、
  质检总局、食品药品监管总局、濒管办、密码局公告2016年第40号
  2016年4月6日 ··· (1663)

附　录

中国利用外资法律法规中英文名称与北大法宝引证码、二维码对照表 ············ (1665)
"北大法宝"法律专业数据库介绍 ······························ (1699)

六、外汇

中国外汇交易中心关于境外银行参与银行间外汇市场区域交易有关事项的公告

中汇交公告〔2018〕1号

为积极配合国家"一带一路"倡议,促进银行间外汇市场区域交易发展,提高双边本币结算效率,根据中国人民银行批复(银办函〔2017〕402号)和中国外汇交易中心(以下简称交易中心)市场准入相关规定,交易中心拟引入符合条件的境外银行参与银行间外汇市场区域交易,现将有关事项安排如下。

一、资格条件

区域交易挂牌货币所在国人民币购售业务境外参加行和清算行(包括境外外资商业银行、中资银行境外分支机构等)可根据业务需要申请成为境内银行间外汇市场区域交易参与行和报价行,通过交易中心交易系统参与相应货币的区域交易。

经核准成为银行间外汇市场会员、通过交易中心交易系统在银行间外汇市场仅开展人民币外汇区域交易的境外参加行和清算行,不再通过境内代理行模式开展该货币对的人民币购售业务。

二、申请流程

1. 符合条件的境外银行可向区域交易挂牌货币所在地区的人民银行当地支行提交申请材料。
2. 获得人民银行当地支行同意且经过人民银行总行备案的境外参加行和清算行,可向交易中心申请银行间外汇市场会员资格。
3. 申请机构申请材料齐全且符合法定形式要求的,交易中心向其发送正式入市通知,核准该机构成为银行间外汇市场会员,并通过中国货币网等途径对外公告。
4. 申请机构应完成网络连接、系统接入、协议签署和双边授信等准备工作,成为银行间外汇市场区域交易参与行和报价行,通过交易中心交易系统参与相应货币的区域交易。

三、监测管理

1. 境内报价行和参与行应确认交易符合对应货物贸易、服务贸易或直接投资等方面的真实性背景要求。在核查真实性背景时,境内银行可凭自身或境外交易对手方银行提交的合同、提单、发票或其他可证明真实性背景的材料等进行审核。人民银行当地支行可根据实际情况检查境内银行真实性要求证明等相关材料。

2. 区域交易境外参与行和报价行通过交易中心交易系统在银行间外汇市场开展人民币外汇区域交易,需在交易日终(最迟不超过北京时间次日8:00)通过交易中心交易后处理平台的信息报送页面报送人民币购售有关信息,包括境外最终购买或出售人民币主体名称、国别地区、金额和用途等,其境内交易对手需通过人民币跨境收付信息管理系统(RCPMIS系统)报送"人民币跨境购售信息"。

四、联系方式

4009787878*1*2,021-23165107,021-23165164

fx_mkt@chinamoney.com.cn

中国外汇交易中心
2018年1月4日

国家外汇管理局关于融资租赁业务外汇管理有关问题的通知

汇发〔2017〕21号

国家外汇管理局各省、自治区、直辖市分局、外汇管理部,深圳、大连、青岛、厦门、宁波市分局,各中资银行:

为进一步推进自由贸易试验区改革试点经验的复制推广,切实服务实体经济发展,根据《中华人民共和国外汇管理条例》(国务院令2008年第532号)、《商务部交通运输部工商总局质检总局外汇局关于做好自由贸易试验区第三批改革试点经验复制推广工作的函》(商资函〔2017〕515号)及其他有关法规,现就融资租赁业务外汇管理有关问题通知如下:

一、本通知所称融资租赁类公司包括银行业监督管理部门批准设立的金融租赁公司、商务主管部门审批设立的外商投资融资租赁公司,以及商务部和国家税务总局联合确认的中资融资租赁公司等三类主体。

二、融资租赁类公司办理融资租赁业务时,如果用以购买租赁物的资金50%以上来源于自身国内外汇贷款或外币外债,可以在境内以外币形式收取租金。

三、在满足前述条件的融资租赁业务下,承租人可自行到银行办理对融资租赁类公司出租人的租金购付汇手续:

(一)出租人出具的支付外币租金通知书;

(二)能够证明出租人"用以购买租赁物的资金50%以上来源于自身国内外汇贷款或外币外债"的文件;

(三)银行要求的其他真实性证明材料。

四、融资租赁类公司收取的外币租金收入,可以进入自身按规定在银行开立的外汇账户;超出偿还外币债务所需的部分,可直接在银行办理结汇。

本通知自发布之日起实施。以前规定与本通知不符的,以本通知为准。请各分局、外汇管理部尽快将本通知转发至辖内中心支局、支局和辖内银行;各中资银行尽快将本通知转发至分支机构。执行中如遇问题,请及时向国家外汇管理局资本项目管理司反馈。

特此通知。

国家外汇管理局
2017年10月2日

国家外汇管理局公告2016年第2号

为配合推进"三证合一"登记制度改革,按照《国务院办公厅关于加快推进"三证合一"登记制度改革的意见》(国办发〔2015〕50号)和《国务院关于批转发展改革委等部门法人和其他组织统一社会信用代码制度建设总体方案的通知》(国发〔2015〕33号)的文件精神,国家外汇管理局决定在外汇管理领域内使用、推广"三证合一、一照一码"营业执照。即已领取加载统一社会信用代码的"三证合一、一照一码"营业执照的机构在办理业务时,不再提供组织机构代码证和税务登记证。

为做好与统一社会信用代码过渡期的衔接,机构持有的原发证照在国务院设置的过渡期内可继续使用。过渡期间涉及填写组织机构代码的可填写组织机构代码或统一社会信用代码。其中,在外汇业务相关系统或数据报送中涉及填写组织机构代码的可填写组织机构代码或统一社会信用代码的第9—17位。过渡期结束后,机构在办理相关业务时,一律使用加载统一社会信用代码的"三证合一、一照一码"营业执照,原发证照不再有效。

本公告发布后,外汇管理规定中涉及"三证"内容均按照上述要求执行(主要规定参考目录见附件)。

特此公告。

附件:"三证合一"登记制度改革所涉主要外汇管理法规参考目录(略——编者注)

国家外汇管理局
2016年7月1日

国家外汇管理局关于改革和规范资本项目结汇管理政策的通知

汇发〔2016〕16号

国家外汇管理局各省、自治区、直辖市分局、外汇管理部,深圳、大连、青岛、厦门、宁波市分局;各中资外汇指定银行:

为进一步深化外汇管理体制改革,更好地满足和便利境内企业经营与资金运作需要,国家外汇管理局决定在总结前期部分地区试点经验的基础上,在全国范围内推广企业外债资金结汇管理方式改革,同时统一规范资本项目外汇收入意愿结汇及支付管理。现就有关问题通知如下:

一、在全国范围内实施企业外债资金结汇管理方式改革

在中国(上海)自由贸易试验区、中国(天津)自由贸易试验区、中国(广东)自由贸易试验区、中国(福建)自由贸易试验区相关试点经验的基础上,将企业外债资金结汇管理方式改革试点推广至全国。自本通知实施之日起,境内企业(包括中资企业和外商投资企业,不含金融机构)外债资金均可按照意愿结汇方式办理结汇手续。

二、统一境内机构资本项目外汇收入意愿结汇政策

资本项目外汇收入意愿结汇是指相关政策已经明确实行意愿结汇的资本项目外汇收入(包括外汇资本金、外债资金和境外上市调回资金等),可根据境内机构的实际经营需要在银行办理结汇。现行法规对境内机构资本项目外汇收入结汇存在限制性规定的,从其规定。

境内机构资本项目外汇收入意愿结汇比例暂定为100%。国家外汇管理局可根据国际收支形势适时对上述比例进行调整。

在实行资本项目外汇收入意愿结汇的同时,境内机构仍可选择按照支付结汇制使用其外汇收入。银行按照支付结汇原则为境内机构办理每一笔结汇业务时,均应审核境内机构上一笔结汇(包括意愿结汇和支付结汇)资金使用的真实性与合规性。

境内机构外汇收入境内原币划转及其跨境对外支付按现行外汇管理规定办理。

三、境内机构资本项目外汇收入意愿结汇所得人民币资金纳入结汇待支付账户管理

境内机构原则上应在银行开立一一对应的"资本项目—结汇待支付账户"（以下简称结汇待支付账户），用于存放资本项目外汇收入意愿结汇所得人民币资金，并通过该账户办理各类支付手续。境内机构在同一银行网点开立的同名资本金账户、境内资产变现账户、境内再投资账户、外债专用账户、境外上市专用账户及符合规定的其他类型的资本项目账户，可共用一个结汇待支付账户。境内机构按支付结汇原则结汇所得人民币资金不得通过结汇待支付账户进行支付。

结汇待支付账户的收入范围包括：由同名或开展境内股权投资企业的资本金账户、境内资产变现账户、境内再投资账户、外债专用账户、境外上市专用账户及符合规定的其他类型的资本项目外汇账户结汇划入的资金，由同名或开展境内股权投资企业的结汇待支付账户划入的资金，由本账户合规划出后划回的资金，因交易撤销退回的资金，符合规定的人民币收入，账户利息收入，以及经外汇局（银行）登记或外汇局核准的其他收入。

结汇待支付账户的支出范围包括：经营范围内的支出，支付境内股权投资资金和人民币保证金，划往资金集中管理专户、同名结汇待支付账户，购付汇或直接对外偿还外债、划往还本付息专用账户，购付汇或直接汇往境外用于回购境外股份或境外上市其他支出，外国投资者减资、撤资资金购付汇或直接对外支付，为境外机构代扣代缴境内税费，代境内国有股东将国有股减持收入划转社保基金，购付汇或直接对外支付经常项目支出及经外汇局（银行）登记或外汇局核准的其他资本项目支出。

结汇待支付账户内的人民币资金不得购汇划回资本项目外汇账户。由结汇待支付账户划出用于担保或支付其他保证金的人民币资金，除发生担保履约或违约扣款的，均需原路划回结汇待支付账户。

四、境内机构资本项目外汇收入的使用应在经营范围内遵循真实、自用原则

境内机构的资本项目外汇收入及其结汇所得人民币资金，可用于自身经营范围内的经常项下支出，以及法律法规允许的资本项下支出。

境内机构的资本项目外汇收入及其结汇所得人民币资金的使用，应当遵守以下规定：

（一）不得直接或间接用于企业经营范围之外或国家法律法规禁止的支出；

（二）除另有明确规定外，不得直接或间接用于证券投资或除银行保本型产品之外的其他投资理财；

（三）不得用于向非关联企业发放贷款，经营范围明确许可的情形除外；

（四）不得用于建设、购买非自用房地产（房地产企业除外）。

境内机构与其他当事人之间对资本项目收入使用范围存在合同约定的，不得超出该合同约定的范围使用相关资金。除另有规定外，境内机构与其他当事人之间的合同约定不应与本通知存在冲突。

五、规范资本项目收入及其结汇资金的支付管理

（一）境内机构使用资本项目收入办理结汇和支付时，均应填写《资本项目账户资金支付命令函》（见附件）。结汇所得人民币资金直接划入结汇待支付账户的，境内机构不需要向银行提供资金用途证明材料。境内机构申请使用资本项目收入办理支付（包括结汇后不进入结汇待支付账户而是直接办理对外支付、从结汇待支付账户办理人民币对外支付或直接从资本项目外汇账户办理对外付汇）时，应如实向银行提供与资金用途相关的真实性证明材料。

（二）银行应履行"了解客户"、"了解业务"、"尽职审查"等展业原则，在为境内机构办理资本项目收入结汇和支付时承担真实性审核责任。在办理每一笔资金支付时，均应审核前一笔支付证明材料的真实性与合规性。银行应留存境内机构资本项目外汇收入结汇及使用的相关证明材料5年备查。

银行应按照《国家外汇管理局关于发布〈金融机构外汇业务数据采集规范（1.0版）〉的通知》（汇发〔2014〕18号）的要求，及时报送与资本金账户、境内资产变现账户、境内再投资账户、外债专用账户、境外上市专用账户、其他类型的资本项目账户、结汇待支付账户（账户性质代码2113）有关的账户、跨境收支、境内划转、账户内结售汇等信息。其中，结汇待支付账户与其他人民币账户之间的资金划转，应通过填写境内收付款凭证报送境内划转信息，并在"发票号"栏中填写资金用途代码（按照汇发〔2014〕18号文件中"7.10结汇用途代码"填写）；除货物贸易核查项下的支付，其他划转的交易编码均填写为"929070"。

（三）对于境内机构确有特殊原因暂时无法提供真实性证明材料的，银行可在履行尽职审查义务、确定交易具备真实交易背景的前提下为其办理相关支付，并应于办理业务当日通过外汇局相关业务系统向外汇局提交特殊事项备案。银行应在支付完毕后20个工作日内收齐并审核境内机构补交的相关证明材料，并通过相关业务系统向外汇局报告特殊事项备案业务的真实性证明材料补交情况。

对于境内机构以备用金名义使用资本项目收入的，银行可不要求其提供上述真实性证明材料。单一机构每月备用金（含意愿结汇和支付结汇）支付累计金额不得超过等值20万美元。

对于申请一次性将全部资本项目外汇收入支付结汇或将结汇待支付账户中全部人民币资金进行支付的境内机构，如不能提供相关真实性证明材料，银行不得为其办理结汇、支付。

六、进一步强化外汇局事后监管与违规查处

（一）外汇局应根据《中华人民共和国外汇管理条例》（国务院令第532号）、《国家外汇管理局关于发布〈外债登记管理办法〉的通知》（汇发〔2013〕19号）、《国家外汇管理局关于印发〈外国投资者境内直接投资外汇管理规定〉及配套文件的通知》（汇发〔2013〕21号）、《国家外汇管理局关于境外上市外汇管理有关问题的通知》（汇发〔2014〕54号）等有关规定加强对银行办理境内机构资本项目收入结汇和支付使用等业务合规性的指导和核查。核查的方式包括要求相关业务主体提供书面说明和业务材料、约谈负责人、现场查阅或复制业务主体相关资料、通报违规情况等。

（二）对于违反本通知办理资本项目收入结汇和支付使用等业务的境内机构和银行，外汇局依据《中华人民共和国外汇管理条例》及有关规定予以查处。对于严重、恶意违规的银行可依法暂停其资本项下结售汇业务办理。对于严重、恶意违规的境内机构可依法暂停其办理意愿结汇资格或在外汇局资本项目信息系统中对其进行业务管控,且在其提交书面说明函并进行相应整改前,不得为其办理其他资本项下业务或取消业务管控。

本通知自发布之日起实施。《国家外汇管理局关于发布〈外债登记管理办法〉的通知》(汇发〔2013〕19号)、《国家外汇管理局关于境外上市外汇管理有关问题的通知》(汇发〔2014〕54号)、《国家外汇管理局关于改革外商投资企业外汇资本金结汇管理方式的通知》(汇发〔2015〕19号)、《国家外汇管理局关于印发〈跨国公司外汇资金集中运营管理规定〉的通知》(汇发〔2015〕36号)等此前规定与本通知内容不一致的,以本通知为准。

国家外汇管理局各分局、外汇管理部接到本通知后,应及时转发辖内中心支局、支局、城市商业银行及外资银行。各中资外汇指定银行收到本通知后,应尽快转发所辖分支行。执行中如遇问题,请及时向国家外汇管理局资本项目管理司反映。

附件:资本项目账户资金支付命令函(略——编者注)

国家外汇管理局
2016年6月9日

国家外汇管理局关于进一步促进贸易投资便利化完善真实性审核的通知

汇发〔2016〕7号

国家外汇管理局各省、自治区、直辖市分局、外汇管理部,深圳、大连、青岛、厦门、宁波市分局,各中资外汇指定银行:

为推进外汇管理改革,促进贸易投资便利化,支持实体经济发展,防范跨境资金流动风险,现就有关促进外汇管理便利化和完善真实性审核措施通知如下:

一、扩大银行结售汇综合头寸下限。上年度结售汇业务量等值2000亿美元以上的银行,头寸下限调整为-50亿美元;等值200亿至2000亿美元之间的,做市商银行头寸下限调整为-20亿美元,非做市商银行头寸下限调整为-10亿美元;等值10亿美元至200亿美元之间的,做市商银行头寸下限调整为-5亿美元,非做市商银行头寸下限调整为-3亿美元;等值1亿美元至10亿美元之间的银行,头寸下限调整为-2亿美元;等值1亿美元以下以及新取得结售汇业务资格的银行,头寸下限调整为-0.5亿美元。调整后的结售汇综合头寸下限,自本通知发布之日起自动生效。

二、丰富远期结汇交割方式。银行为机构客户办理远期结汇业务,在坚持实需原则前提下,到期交割方式可以自主选择全额或差额结算。远期结汇差额结算的货币和参考价遵照执行期权业务的有关外汇管理规定。

三、简化A类企业货物贸易外汇收入管理。货物贸易外汇管理分类等级为A类的企业贸易外汇收入(不含退汇业务及离岸转手买卖业务)暂不进入出口收入待核查账户,可直接进入经常项目外汇账户或结汇。

四、统一中、外资企业外债结汇管理政策,中资非金融企业借用的外债资金可以按现行外商投资企业外债管理规定结汇使用。

五、规范货物贸易离岸转手买卖外汇收支管理。银行为企业办理离岸转手买卖收支业务时,应逐笔审核合同、发票、真实有效的运输单据、提单仓单等货权凭证,确保交易的真实性、合规性和合理性。同一笔离岸转手买卖业务应在同一家银行网点采用同一币种(外币或人民币)办理收支结算。

货物贸易外汇管理分类等级为B类的企业暂停办理离岸转手买卖外汇收支业务。

六、规范直接投资外汇利润汇出管理。银行为境内机构办理等值5万美元以上(不含)利润汇出,应按真实交易原则审核与本次利润汇出相关的董事会利润分配决议(或合伙人利润分配决议)、税务备案表原件及证明本次利润情况的财务报表。每笔利润汇出后,银行应在相关税务备案表原件上加章签注该笔利润实际汇出金额及汇出日期。

七、规范货物贸易风险提示函管理措施。国家外汇管理局分支局(以下简称外汇局)可对资金流与货物流严重不匹配或资金单向流动较大的企业发送风险提示函(见附件),要求其在10个工作日内说明情况。企业未及时说明情况或不能提供证明材料并做出合理解释的,外汇局可依据《货物贸易外汇管理指引实施细则》第五十五条等规定,将其列为B类企业,实施严格监管。此类企业列入B类后,符合相关指标连续3个月正常等条件的,外汇局可将其恢复为A类。

八、违反本通知规定的,由外汇局根据《外汇管理条例》依法处罚。

九、本通知自发布之日起施行。《国家外汇管理局关于加强外汇资金流入管理有关问题的通知》(汇发〔2013〕20号)同时废止。

《国家外汇管理局关于印发货物贸易外汇管理法规有关问题的通知》(汇发〔2012〕38号)、《国家外汇管理局关于发布〈外债登记管理办法〉的通知》(汇发〔2013〕19号)、《国家外汇管理局关于印发服务贸易外汇管理法规的通知》(汇发〔2013〕30号)、《国家外汇管理局关于进一步改进和调整资本项目外汇管理政策的通知》(汇发〔2014〕2号)、《国家外汇管理局关于废止和修改涉及注册资本登记制度改革相关规范性文件的通知》(汇发〔2015〕20号)等以往规定与本通知内容不一致的,以本通知为准。

各分局、外汇管理部接到本通知后,应尽快转发辖内中心支局、支局和外汇指定银行,并认真遵照执行。

附件:国家外汇管理局XX分(支)局风险提示函(略——编者注)

国家外汇管理局
2016年4月26日

七、金融

外商投资证券公司管理办法

中国证券监督管理委员会令第 140 号

经国务院批准,现公布《外商投资证券公司管理办法》,自公布之日起施行。

中国证券监督管理委员会主席:刘士余
2018 年 4 月 28 日

附件:

外商投资证券公司管理办法

第一条 为了适应证券市场对外开放的需要,加强和完善对外商投资证券公司的监督管理,明确外商投资证券公司的设立条件和程序,根据《中华人民共和国公司法》(以下简称公司法)和《中华人民共和国证券法》(以下简称证券法)有关规定,制定本办法。

第二条 本办法所称外商投资证券公司是指:
(一)境外股东与境内股东依法共同出资设立的证券公司;
(二)境外投资者依法受让、认购内资证券公司股权,内资证券公司依法变更的证券公司;
(三)内资证券公司股东的实际控制人变更为境外投资者,内资证券公司依法变更的证券公司。

第三条 中国证券监督管理委员会(以下简称中国证监会)负责对外商投资证券公司的审批和监督管理。

第四条 外商投资证券公司的名称、组织形式、注册资本、业务范围、组织机构的设立及职责以及股东、董事、监事、高级管理人员等,应当符合公司法、证券法等法律、法规和中国证监会的有关规定。

第五条 设立外商投资证券公司除应当符合公司法、证券法、《证券公司监督管理条例》和经国务院批准的中国证监会规定的证券公司设立条件外,还应当符合下列条件:

(一)境外股东具备本办法规定的资格条件,其出资比例、出资方式符合本办法的规定;

(二)初始业务范围与控股股东或者第一大股东的经营证券业务经验相匹配;

(三)中国证监会规定的其他审慎性条件。

第六条 外商投资证券公司的境外股东,应当具备下列条件:

(一)所在国家或者地区具有完善的证券法律和监管制度,相关金融监管机构已与中国证监会或者中国证监会认可的机构签定证券监管合作谅解备忘录,并保持着有效的监管合作关系;

(二)为在所在国家或者地区合法成立的金融机构,近3年各项财务指标符合所在国家或者地区法律的规定和监管机构的要求;

(三)持续经营证券业务5年以上,近3年未受到所在国家或者地区监管机构或者行政、司法机关的重大处罚,无因涉嫌重大违法违规正受到有关机关调查的情形;

(四)具有完善的内部控制制度;

(五)具有良好的国际声誉和经营业绩,近3年业务规模、收入、利润居于国际前列,近3年长期信用均保持在高水平;

(六)中国证监会规定的其他审慎性条件。

第七条 境外股东应当以自由兑换货币出资。

境外股东累计持有的(包括直接持有和间接控制)外商投资证券公司股权比例,应当符合国家关于证券业对外开放的安排。

第八条 申请设立外商投资证券公司,应当由全体股东共同指定的代表或者委托的代理人向中国证监会提交下列文件:

(一)境内外股东的法定代表人或者授权代表共同签署的申请表;

(二)关于设立外商投资证券公司的合同及章程草案;

(三)外商投资证券公司拟任董事长、总经理、合规负责人简历;

(四)股东的营业执照或者注册证书、证券业务资格证书复印件;

(五)申请前3年境内外股东经审计的财务报表;

(六)境外股东所在国家或者地区相关监管机构或者中国证监会认可的境外机构出具的关于该境外股东是否具备本办法第六条第(二)项、第(三)项规定的条件的说明函;

(七)境外股东具有良好的国际声誉和经营业绩,近3年业务规模、收入、利润居于国际前列以及近3年长期信用情况的证明文件;

(八)由中国境内律师事务所出具的法律意见书;

(九)中国证监会要求的其他文件。

第九条 中国证监会依照有关法律、行政法规和本办法对第八条规定的申请文件进行审查,并在规定期限内作出是否批准的决定,书面通知申请人。不予批准的,书面说明理由。

第十条 股东应当自中国证监会的批准文件签发之日起6个月内足额缴付出资或者提供约定的合作条件,选举董事、监事,聘任高级管理人员,并向公司登记机关申请设立登记,领取营业执照。

第十一条 外商投资证券公司应当自营业执照签发之日起 15 个工作日内,向中国证监会提交下列文件,申请经营证券业务许可证:

(一)营业执照副本复印件;

(二)公司章程;

(三)由中国境内具有证券相关业务资格的会计师事务所出具的验资报告;

(四)董事、监事、高级管理人员和主要业务人员的名单、任职资格证明文件和证券从业资格证明文件;

(五)内部控制制度文本;

(六)营业场所和业务设施情况说明书;

(七)中国证监会要求的其他文件。

第十二条 中国证监会依照有关法律、行政法规和本办法对第十一条规定的申请文件进行审查,并自接到符合要求的申请文件之日起 15 个工作日内作出决定。对符合规定条件的,颁发经营证券业务许可证;对不符合规定条件的,不予颁发,并书面说明理由。

第十三条 未取得中国证监会颁发的经营证券业务许可证,外商投资证券公司不得开业,不得经营证券业务。

第十四条 内资证券公司申请变更为外商投资证券公司的,应当具备本办法第五条规定的条件。

收购或者参股内资证券公司的境外股东应当具备本办法第六条规定的条件,其收购的股权比例或者出资比例应当符合本办法第七条的规定。

内资证券公司股东的实际控制人变更为境外投资者,应当具备本办法第六条规定的条件,其间接控制的证券公司股权比例应当符合本办法第七条的规定。不具备条件或者间接控制证券公司股权比例不符合规定的,应当在 3 个月内完成规范整改。

第十五条 内资证券公司申请变更为外商投资证券公司,应当向中国证监会提交下列文件:

(一)法定代表人签署的申请表;

(二)股东(大)会关于变更为外商投资证券公司的决议;

(三)公司章程修改草案;

(四)股权转让协议或者出资协议(股份认购协议);

(五)拟在该证券公司任职的境外投资者委派人员的名单、简历以及相应的从业资格证明文件、任职资格证明文件;

(六)境外股东的营业执照或者注册证书、相关业务资格证书复印件;

(七)申请前 3 年境外股东经审计的财务报表;

(八)境外股东所在国家或者地区相关监管机构或者中国证监会认可的境外机构出具的关于该境外股东是否具备本办法第六条第(二)项、第(三)项规定条件的说明函;

(九)境外股东具有良好的国际声誉和经营业绩,近 3 年业务规模、收入、利润居于国际前列以及近 3 年长期信用情况的证明文件;

(十)由中国境内律师事务所出具的法律意见书;

(十一)中国证监会要求的其他文件。

第十六条　中国证监会依照有关法律、行政法规和本办法对第十五条规定的申请文件进行审查,并在规定期限内作出是否批准的决定,书面通知申请人。不予批准的,书面说明理由。

第十七条　获准变更的证券公司,应当自中国证监会的批准文件签发之日起6个月内,办理股权转让或者增资事宜,向公司登记机关申请变更登记,换领营业执照。

第十八条　获准变更的证券公司应当自变更登记之日起15个工作日内,向中国证监会提交下列文件,申请换发经营证券业务许可证:

(一)营业执照副本复印件;
(二)外商投资证券公司章程;
(三)公司原有经营证券业务许可证及其副本;
(四)由中国境内具有证券相关业务资格的会计师事务所出具的验资报告;
(五)中国证监会要求的其他文件。

第十九条　中国证监会依照有关法律、行政法规和本办法对第十八条规定的申请文件进行审查,并自接到符合要求的申请文件之日起15个工作日内作出决定。对符合规定条件的,换发经营证券业务许可证;对不符合规定条件的,不予换发,并书面说明理由。

第二十条　外商投资证券公司合并或者外商投资证券公司与内资证券公司合并后新设或者存续的证券公司,应当具备本办法规定的外商投资证券公司的设立条件;其境外股东持股比例应当符合本办法的规定。

外商投资证券公司分立后设立的证券公司,股东中有境外股东的,其境外股东持股比例应当符合本办法的规定。

第二十一条　境外投资者可以依法通过证券交易所的证券交易持有上市内资证券公司股份,或者与上市内资证券公司建立战略合作关系并经中国证监会批准持有上市内资证券公司股份。

境外投资者依法通过证券交易所的证券交易持有或者通过协议、其他安排与他人共同持有上市内资证券公司5%以上股份的,应当符合本办法第六条规定的条件,并遵守证券法和中国证监会关于上市公司收购和证券公司变更审批的有关规定。

第二十二条　按照本办法规定提交中国证监会的申请文件及报送中国证监会的资料,必须使用中文。境外股东及其所在国家或者地区相关监管机构或者中国证监会认可的境外机构出具的文件、资料使用外文的,应当附有与原文内容一致的中文译本。

申请人提交的文件及报送的材料,不能充分说明申请人的状况的,中国证监会可以要求申请人作出补充说明。

第二十三条　外商投资证券公司涉及国家安全审查的,按照国家有关规定办理。

第二十四条　香港特别行政区、澳门特别行政区和台湾地区的投资者投资证券公司的,参照适用本办法。国家另有规定的,从其规定。

第二十五条　外商投资证券公司的设立、变更、终止、业务活动及监督管理事项,本办法未作规定的,适用中国证监会的其他有关规定。

第二十六条　本办法自公布之日起施行。《外资参股证券公司设立规则》同时废止。

中国人民银行公告〔2018〕第7号

为推动形成支付服务市场全面开放新格局,经国务院批准,根据《中华人民共和国中国人民银行法》和《非金融机构支付服务管理办法》(中国人民银行令〔2010〕第2号发布),现将外商投资支付机构有关事宜公告如下:

一、境外机构拟为中华人民共和国境内主体的境内交易和跨境交易提供电子支付服务的,应当在中华人民共和国境内设立外商投资企业,根据《非金融机构支付服务管理办法》规定的条件和程序取得支付业务许可证。

二、外商投资支付机构应当在中华人民共和国境内拥有安全、规范、能够独立完成支付业务处理的业务系统和灾备系统。

三、外商投资支付机构在中华人民共和国境内收集和产生的个人信息和金融信息的存储、处理和分析应当在境内进行。为处理跨境业务必须向境外传输的,应当符合法律、行政法规和相关监管部门的规定,要求境外主体履行相应的信息保密义务,并经个人信息主体同意。

四、外商投资支付机构的公司治理、日常运营、风险管理、资金处理、备付金交存、应急安排等应当遵守中国人民银行关于非银行支付机构的监管要求。

中国人民银行
2018年3月19日

中国证券监督管理委员会关于修改《中国证券监督管理委员会行政许可实施程序规定》的决定

中国证券监督管理委员会令第138号

《关于修改〈中国证券监督管理委员会行政许可实施程序规定〉的决定》已经2017年2月7日中国证券监督管理委员会2017年第1次主席办公会议审议通过,现予公布,自2018年4月23日起施行。

中国证券监督管理委员会主席:刘士余
2018年3月8日

一、在第十五条第一款中增加两项分别作为该款第（三）、（四）项："（三）为申请人制作、出具有关申请材料的证券公司、证券服务机构因涉嫌违法违规被中国证监会及其派出机构立案调查，或者被司法机关侦查，尚未结案，且涉案行为与其为申请人提供服务的行为属于同类业务或者对市场有重大影响；"

"（四）为申请人制作、出具有关申请材料的证券公司、证券服务机构的有关人员因涉嫌违法违规被中国证监会及其派出机构立案调查，或者被司法机关侦查，尚未结案，且涉案行为与其为申请人提供服务的行为属于同类业务或者对市场有重大影响；"

二、在第二十二条第一款中增加两项分别作为该款第（三）、（四）项："（三）为申请人制作、出具有关申请材料的证券公司、证券服务机构因涉嫌违法违规被中国证监会及其派出机构立案调查，或者被司法机关侦查，尚未结案，且涉案行为与其为申请人提供服务的行为属于同类业务或者对市场有重大影响；"

"（四）为申请人制作、出具有关申请材料的证券公司、证券服务机构的有关人员因涉嫌违法违规被中国证监会及其派出机构立案调查，或者被司法机关侦查，尚未结案，且涉案行为与其为申请人提供服务的行为属于同类业务或者对市场有重大影响；"

三、在第二十三条中增加一款作为第二款："因本规定第二十二条第一款第（三）、（四）项规定情形中止审查的，证券公司、证券服务机构应当指派与被调查事项无关的人员，对该机构或者有关人员为被中止审查的申请事项制作、出具的申请材料进行复核。按要求提交复核报告，并对申请事项符合行政许可法定条件、标准，所制作、出具的文件不存在虚假记载、误导性陈述或者重大遗漏发表明确复核意见的，中国证监会应当在30个工作日内恢复审查，通知申请人。"

本决定自2018年4月23日起施行。

《中国证券监督管理委员会行政许可实施程序规定》根据本决定作相应的修改，重新公布。

中国证券监督管理委员会行政许可实施程序规定

第一章 总 则

第一条 为了规范中国证券监督管理委员会（以下简称中国证监会）实施行政许可行为，完善证券期货行政许可实施程序制度，根据《行政许可法》、《证券法》、《证券投资基金法》、《期货交易管理条例》等法律、行政法规，制定本规定。

第二条 本规定所称行政许可，是指中国证监会根据自然人、法人或者其他组织（以下称申请人）的申请，经依法审查，准予其从事证券期货市场特定活动的行为。

第三条 中国证监会实施行政许可，其程序适用本规定。

申请人依法取得行政许可后，申请变更行政许可、延续行政许可有效期的，适用本规定。

第四条 中国证监会依照法定的权限、范围、条件和程序实施行政许可，遵循公开、公平、公正和便民的原则,提高办事效率,提供优质服务。

法律、行政法规规定实施行政许可应当遵循审慎监管原则的,从其规定。

第五条 中国证监会可以依法授权派出机构实施行政许可。授权实施的行政许可,以派出机构的名义作出行政许可决定。

第六条 中国证监会实施行政许可实行统一受理、统一送达、一次告知补正、说明理由、公示等制度。

第二章 一般程序

第一节 受 理

第七条 中国证监会实施行政许可,由专门的机构(以下称受理部门)办理行政许可申请受理事项。

第八条 申请人提交申请材料,受理部门应当要求申请人出示单位介绍信、身份证等身份证明文件,并予以核对。申请人委托他人提交申请材料的,受理部门还应当要求受托人提交申请人的授权委托书,出示受托人的身份证明文件。受理部门应当留存申请人、申请人的受托人的身份证明文件复印件。

申请人提交申请材料,应当填写《申请材料情况登记表》。

第九条 受理部门发现申请事项依法不需要取得行政许可或者不属于中国证监会职权范围的,应当即时告知申请人不予受理,并出具不予受理通知。申请事项依法不属于中国证监会职权范围的,还应当同时告知申请人向有关行政机关申请。

第十条 受理部门接收申请材料,应当及时办理登记手续,并向申请人开具申请材料接收凭证。

第十一条 负责审查申请材料的部门(以下称审查部门)对申请材料进行形式审查,需要申请人补正申请材料的,应当自出具接收凭证之日起5个工作日内一次性提出全部补正要求。审查部门不得多次要求申请人补正申请材料。

第十二条 需要申请人补正申请材料的,受理部门应当出具补正通知;申请人补正申请材料需要使用已提交申请材料的,应当将申请材料退回申请人并予以登记。

申请人应当自补正通知发出之日起30个工作日内提交补正申请材料。

受理部门负责接收、登记申请人按照要求提交的补正申请材料。

第十三条 申请人在作出受理申请决定之前要求撤回申请的,受理部门应当检查并留存申请人或者其受托人的身份证明文件(或复印件)、授权委托书、撤回申请的报告,收回申请材料接收凭证,经登记后将申请材料退回申请人。

将申请材料退回申请人,应当留存一份申请材料(或复印件)。

第十四条 申请事项属于中国证监会职权范围,申请材料齐全、符合法定形式的,由受理部门出具受理通知。

决定受理的申请,按照法律、行政法规的规定,申请人应当交纳有关费用的,受理部门应当通知申请人先行交费,凭交费凭证领取受理通知。

第十五条 申请人有下列情形之一的,作出不予受理申请决定:

(一)通知申请人补正申请材料,申请人在30个工作日内未能提交全部补正申请材料;

(二)申请人在30个工作日内提交的补正申请材料仍不齐全或者不符合法定形式;

(三)为申请人制作、出具有关申请材料的证券公司、证券服务机构因涉嫌违法违规被中国证监会及其派出机构立案调查,或者被司法机关侦查,尚未结案,且涉案行为与其为申请人提供服务的行为属于同类业务或者对市场有重大影响;

(四)为申请人制作、出具有关申请材料的证券公司、证券服务机构的有关人员因涉嫌违法违规被中国证监会及其派出机构立案调查,或者被司法机关侦查,尚未结案,且涉案行为与其为申请人提供服务的行为属于同类业务或者对市场有重大影响;

(五)法律、行政法规及中国证监会规定的其他情形。

决定不予受理申请的,受理部门出具不予受理通知,告知申请人或者其受托人取回申请材料。申请人或者其受托人取回申请材料的,受理部门应当检查并留存申请人或者其受托人的身份证明文件(或复印件)、授权委托书,经登记后将申请材料退回申请人。

第十六条 受理或者不予受理申请决定,应当自出具申请材料接收凭证之日起5个工作日内或者接收全部补正申请材料之日起两个工作日内作出,逾期不作出决定或者不告知申请人补正申请材料的,自出具申请材料接收凭证之日起即为受理。

第二节 审 查

第十七条 审查部门在审查申请材料过程中,认为需要申请人作出书面说明、解释的,原则上应当将问题一次汇总成书面反馈意见。申请人应当在审查部门规定的期限内提交书面回复意见;确有困难的,可以提交延期回复的书面报告,并说明理由。

确需由申请人作出进一步说明、解释的,审查部门可以提出第二次书面反馈意见,并要求申请人在书面反馈意见发出之日起30个工作日内提交书面回复意见。

申请人的书面回复意见不明确,情况复杂,审查部门难以作出准确判断的,经中国证监会负责人批准,可以增加书面反馈的次数,并要求申请人在书面反馈意见发出之日起30个工作日内提交书面回复意见。

书面反馈意见由受理部门告知、送达申请人。申请人提交的书面回复意见,由受理部门负责接收、登记。

审查部门负责审查申请材料的工作人员在首次书面反馈意见告知、送达申请人之前,不得就申请事项主动与申请人或者其受托人进行接触。

第十八条 需要申请人当面就其提交的书面回复意见作出说明、解释的,审查部门应当指派两名以上工作人员在办公场所与申请人、申请人聘请的中介机构或者申请人的受托人进行会谈。涉及重大事项的,审查部门应当制作会谈记录,并由审查部门工作人员、参与会谈的申请人、申请人聘请的中介机构或者申请人的受托人签字确认。

需要申请人就其提交的书面回复意见作出说明、解释,事项简单的,审查部门工作人员可以通过电话、传真、电子邮件等方式办理,并制作、留存有关电话记录、传真件或者电子邮件。

第十九条 审查部门在审查申请材料过程中,依据法定条件和程序,可以直接或者委托派出机构对申请材料的有关内容进行实地核查。

对有关举报材料,中国证监会及其派出机构可以通过下列方式进行核查:

(一)要求申请人作出书面说明;

(二)要求负有法定职责的有关中介机构作出书面说明;

(三)委托有关中介机构进行实地核查;

(四)直接进行实地核查;

(五)法律、行政法规以及中国证监会规定的其他核查方式。

需要实地核查的,中国证监会及其派出机构应当指派两名以上工作人员进行核查。

第三节 决 定

第二十条 在审查申请材料过程中,申请人有下列情形之一的,应当作出终止审查的决定,通知申请人:

(一)申请人主动要求撤回申请;

(二)申请人是自然人,该自然人死亡或者丧失行为能力;

(三)申请人是法人或者其他组织,该法人或者其他组织依法终止;

(四)申请人未在规定的期限内提交书面回复意见,且未提交延期回复的报告,或者虽提交延期回复的报告,但未说明理由或理由不充分;

(五)申请人未在本规定第十七条第二款、第三款规定的30个工作日内提交书面回复意见。

第二十一条 申请人主动要求撤回申请的,应当向受理部门提交书面报告,受理部门应当出具终止审查通知,经检查并留存申请人或者其受托人的身份证明文件(或复印件)、授权委托书,留存一份申请材料(或复印件),登记后将申请材料退回申请人。

第二十二条 在审查申请材料过程中,有下列情形之一的,应当作出中止审查的决定,通知申请人:

(一)申请人因涉嫌违法违规被行政机关调查,或者被司法机关侦查,尚未结案,对其行政许可事项影响重大;

(二)申请人被中国证监会依法采取限制业务活动、责令停业整顿、指定其他机构托管、接管等监管措施,尚未解除;

(三)为申请人制作、出具有关申请材料的证券公司、证券服务机构因涉嫌违法违规被中国证监会及其派出机构立案调查,或者被司法机关侦查,尚未结案,且涉案行为与其为申请人提供服务的行为属于同类业务或者对市场有重大影响;

(四)为申请人制作、出具有关申请材料的证券公司、证券服务机构的有关人员因涉嫌违法违规被中国证监会及其派出机构立案调查,或者被司法机关侦查,尚未结案,且涉案行为与其为申请人提供服务的行为属于同类业务或者对市场有重大影响;

(五)对有关法律、行政法规、规章的规定,需要进一步明确具体含义,请求有关机关作出解释;

(六)申请人主动要求中止审查,理由正当。

法律、行政法规、规章对前款情形另有规定的,从其规定。

第二十三条 因本规定第二十二条第一款第(一)、(二)、(五)项规定情形中止审查的,该情形消失后,中国证监会恢复审查,通知申请人。

因本规定第二十二条第一款第(三)、(四)项规定情形中止审查的,证券公司、证券服务机构应当指派与被调查事项无关的人员,对该机构或者有关人员为被中止审查的申请事项制作、出具的申请材料进行复核。按要求提交复核报告,并对申请事项符合行政许可法定条件、标准,所制作、出具的文件不存在虚假记载、误导性陈述或者重大遗漏发表明确复核意见的,中国证监会应当在30个工作日内恢复审查,通知申请人。

申请人主动要求中止审查的,应当向受理部门提交书面申请。同意中止审查的,受理部门应当出具中止审查通知。申请人申请恢复审查的,应当向受理部门提交书面申请。同意恢复审查的,受理部门应当出具恢复审查通知。

第二十四条 中国证监会根据申请人的申请是否符合法定条件、标准,作出准予或者不予行政许可的决定。

作出不予行政许可决定的,应当在不予行政许可决定中说明理由,并告知申请人享有依法申请行政复议或者提起行政诉讼的权利。

第二十五条 作出准予行政许可的决定,需要颁发行政许可证件的,应当向申请人颁发下列行政许可证件:

(一)中国证监会的批准文件;

(二)资格证、资质证或者其他合格证书;

(三)许可证、执照或者其他许可证书;

(四)法律、行政法规规定的其他行政许可证件。

第三章 简易程序

第二十六条 事项简单、审查标准明确、申请材料采用格式文本的行政许可,其实施程序适用本章规定。

适用简易程序的行政许可事项,由中国证监会予以公布。

第二十七条 适用简易程序的行政许可,受理部门当场进行形式审查,并直接作出是否受理的决定或者提出补正申请材料的要求。申请材料存在可以当场更正的错误的,受理部门应当允许申请人当场更正。

第二十八条 审查部门在审查适用简易程序的行政许可申请过程中,可以向申请人口头提出申请材料中存在的问题,要求申请人进行说明、解释,并应当制作相关记录后签字保存。确需书面反馈意见的,依照本规定第十七条的规定办理。

第二十九条 适用简易程序的行政许可,由审查部门根据中国证监会负责人的授权,作出准予或者不予行政许可决定,并加盖中国证监会印章。

第四章 特殊程序

第三十条 派出机构进行初步审查、中国证监会进行复审并作出决定的行政许可,由派出机构依照本规定第二章第一节的规定接收、登记申请材料,作出是否受理的决定并送达申请人。

中国证监会根据审查情况和派出机构的初步审查意见,作出准予或者不予行政许可的决定。

第三十一条 中国证监会审查、派出机构出具书面意见的行政许可,其受理事项依照本规定第二章第一节的规定办理。

中国证监会根据审查情况和派出机构的意见,作出准予或者不予行政许可的决定。

第三十二条 依法由中国证监会和其他行政机关共同作出决定的行政许可,中国证监会主办的,其受理事项依照本规定第二章第一节的规定办理。

中国证监会提出审查意见,将申请材料移送有关行政机关审查会签。有关行政机关审查会签完毕,中国证监会根据会签情况作出准予或者不予行政许可决定。

第三十三条 依法由中国证监会和其他行政机关共同作出决定的行政许可,其他行政机关主办的,由受理部门接收、登记申请材料。

中国证监会审查会签后,退回主办行政机关或者转送其他需要会签的行政机关。

第五章　期限与送达

第三十四条 除本规定第四章规定的由派出机构进行初步审查的行政许可、中国证监会和其他行政机关共同作出决定的行政许可外,中国证监会实施行政许可应当自受理申请之日起 20 个工作日内作出行政许可决定。20 个工作日内不能作出行政许可决定的,经中国证监会负责人批准,可以延长 10 个工作日,并由受理部门将延长期限的理由告知申请人。但是,法律、行政法规另有规定的,从其规定。

第三十五条 派出机构进行初步审查,中国证监会进行复审并作出决定的行政许可,派出机构应当自其受理行政许可申请之日起 20 个工作日内审查完毕并向中国证监会报送初步审查意见和全部申请材料。中国证监会应当自接收前述材料之日起 20 个工作日内作出行政许可决定。但是,法律、行政法规另有规定的,从其规定。

第三十六条 需要申请人对申请材料中存在的问题进行说明、解释的,自书面反馈意见发出之日起到接收申请人书面回复意见的时间,不计算在本章规定的期限内。

第三十七条 需要对行政许可申请进行实地核查或者对有关举报材料进行核查的,自作出核查决定之日起到核查结束的时间,不计算在本章规定的期限内。

第三十八条 依法需要专家评审的行政许可,自书面通知专家参加评审会议之日起到评审会议结束所需的时间,不计算在本章规定的期限内。受理部门应当将专家评审会议所需时间在受理通知书中注明。

第三十九条 依照本规定中止审查行政许可申请的,自书面通知中止审查之日起至书面通知恢复审查之日止的时间,不计算在本章规定的期限内。

第四十条 作出准予或者不予行政许可的决定,应当自作出决定之日起 10 个工作日内向申请人送达本规定第二十五条规定的行政许可证件或者不予行政许可的书面决定。

第四十一条 在行政许可受理、审查环节出具的申请材料接收凭证,送达的补正通知、受理通知、不予受理通知、书面反馈意见等行政许可文件,应当加盖中国证监会行政许可专用章。

由派出机构进行初步审查的行政许可,派出机构在受理环节出具的有关行政许可文件应使用加盖中国证监会行政许可专用章的函件。

在行政许可决定环节送达的中止审查通知、恢复审查通知、终止审查通知、本规定第二十五条规定的行政许可证件以及不予行政许可书面决定等,应当加盖中国证监会印章。

第四十二条 补正通知、受理通知、不予受理通知、书面反馈意见、中止审查通知、恢复审查通知、终止审查通知、本规定第二十五条规定的行政许可证件、不予行政许可书面决定等行政许可文件,由受理部门按照申请人选定的联系方式和送达方式统一告知、送达申请人,受理部门应当对送达的情况进行记录并存档。

依据本规定第三十条、第三十一条作出的行政许可书面决定,还应当同时抄送有关派出机构。

第四十三条 行政许可文件可以通过邮寄、申请人自行领取、申请人委托他人领取、公告等方式送达申请人。

第四十四条 申请人要求邮寄送达行政许可文件的,受理部门应当采用挂号信或者特快专递的方式送达,并应当附送达回证,在挂号信或者特快专递的封面写明行政许可文件的名称。受理部门应当及时向邮政部门索要证明申请人签收的邮政部门回执。

第四十五条 申请人自行领取行政许可文件的,受理部门应当要求申请人出示单位介绍信、身份证等身份证明文件并予以签收。申请人委托他人领取的,受理部门应当要求受托人出示申请人的授权委托书、受托人的身份证明文件并予以签收。受理部门应当留存申请人、申请人的受托人的身份证明文件复印件。

第四十六条 申请人在接到领取通知5个工作日内不领取行政许可文件且受理部门无法通过邮寄等方式送达的,可以公告送达。自公告之日起,经过60日,即视为送达。

第六章 公 示

第四十七条 行政许可的事项、依据、条件、数量、程序、期限以及需要申请人提交的全部申请材料的目录和申请书示范文本等应当进行公示,以方便申请人查阅。

依法应当举行国家考试,赋予公民从事有关证券期货业务特定资格的,应当事先公示资格考试的报名条件、报考办法、考试科目以及考试大纲。

第四十八条 中国证监会采取下列方式进行公示:

(一)在中国证监会互联网站上公布;

(二)印制行政许可手册,并放置在办公场所;

(三)在办公场所张贴;

(四)其他有效便捷的公示方式。

第四十九条 申请人要求对公示内容予以说明、解释的,审查部门予以说明、解释。

第五十条 作出准予或者不予行政许可决定的,应当自作出决定之日起20个工作日内在中国证监会互联网站上予以公布;但涉及国家秘密、商业秘密、个人隐私的除外。

中国证监会定期出版公告,收录中国证监会及其派出机构作出的准予或者不予行政许可决定。

第七章 附 则

第五十一条 法律、行政法规对有关行政许可实施程序另有规定的,从其规定。

本规定有原则规定,中国证监会规章及规范性文件有具体程序规定的,依照具体程序规定执行。

本规定第三章、第四章未作出规定的其他程序,适用第二章的规定。

第五十二条 中国证监会受理部门、审查部门、派出机构及其工作人员在实施行政许可活动中违反本规定的,依照有关行政许可执法监督的规定进行处理。

第五十三条 本规定自 2010 年 2 月 1 日起施行。《中国证券监督管理委员会行政许可实施程序规定(试行)》(证监发〔2004〕62 号)同时废止。

保险公司股权管理办法

保监会令〔2018〕5 号

《保险公司股权管理办法》已经 2018 年 2 月 7 日中国保险监督管理委员会主席办公会审议通过,现予公布,自 2018 年 4 月 10 日起实施。

副主席 陈文辉

2018 年 3 月 2 日

保险公司股权管理办法

第一章 总 则

第一条 为了加强保险公司股权监管,规范保险公司股东行为,保护投保人、被保险人、受益人的合法权益,维护保险市场秩序,根据《中华人民共和国公司法》《中华人民共和国保险法》等法律、行政法规,制定本办法。

第二条 保险公司股权管理遵循以下原则:

(一)资质优良,关系清晰;

(二)结构合理,行为规范;

(三)公开透明,流转有序。

第三条 中国保险监督管理委员会(以下简称中国保监会)按照实质重于形式的原则,依法对保险公司股权实施穿透式监管和分类监管。

股权监管贯穿于以下环节:

(一)投资设立保险公司;

(二)变更保险公司注册资本;

(三)变更保险公司股权;

(四)保险公司上市;

(五)保险公司合并、分立;

(六)保险公司治理;

(七)保险公司风险处置或者破产清算。

第四条 根据持股比例、资质条件和对保险公司经营管理的影响,保险公司股东分为以下四类:

(一)财务Ⅰ类股东。是指持有保险公司股权不足百分之五的股东。

(二)财务Ⅱ类股东。是指持有保险公司股权百分之五以上,但不足百分之十五的股东。

(三)战略类股东。是指持有保险公司股权百分之十五以上,但不足三分之一的股东,或者其出资额、持有的股份所享有的表决权已足以对保险公司股东(大)会的决议产生重大影响的股东。

(四)控制类股东。是指持有保险公司股权三分之一以上,或者其出资额、持有的股份所享有的表决权已足以对保险公司股东(大)会的决议产生控制性影响的股东。

第五条 中国保监会鼓励具备风险管理、科技创新、健康管理、养老服务等专业能力的投资人投资保险业,促进保险公司转型升级和优化服务。

第二章 股 东 资 质

第六条 符合本办法规定条件的以下投资人,可以成为保险公司股东:

(一)境内企业法人;

(二)境内有限合伙企业;

(三)境内事业单位、社会团体;

(四)境外金融机构。

事业单位和社会团体只能成为保险公司财务Ⅰ类股东,国务院另有规定的除外。

自然人只能通过购买上市保险公司股票成为保险公司财务Ⅰ类股东。中国保监会另有规定的除外。

第七条 资产管理计划、信托产品可以通过购买公开发行股票的方式投资上市保险公司。单一资产管理计划或者信托产品持有上市保险公司股票的比例不得超过该保险公司股本总额的百分之五。具有关联关系、委托同一或者关联机构投资保险公司的,投资比例合并计算。

第八条 财务Ⅰ类股东,应当具备以下条件:

(一)经营状况良好,有合理水平的营业收入;

(二)财务状况良好,最近一个会计年度盈利;

(三)纳税记录良好,最近三年内无偷漏税记录;

(四)诚信记录良好,最近三年内无重大失信行为记录;

(五)合规状况良好,最近三年内无重大违法违规记录;

(六)法律、行政法规以及中国保监会规定的其他条件。

第九条 财务Ⅱ类股东,除符合本办法第八条规定外,还应当具备以下条件:

(一)信誉良好,投资行为稳健,核心主业突出;

(二)具有持续出资能力,最近二个会计年度连续盈利;

(三)具有较强的资金实力,净资产不低于二亿元人民币;

(四)法律、行政法规以及中国保监会规定的其他条件。

第十条 战略类股东,除符合本办法第八条、第九条规定外,还应当具备以下条件:

(一)具有持续出资能力,最近三个会计年度连续盈利;

(二)净资产不低于十亿元人民币;

(三)权益性投资余额不得超过净资产;

(四)法律、行政法规以及中国保监会规定的其他条件。

第十一条 控制类股东,除符合本办法第八条、第九条、第十条规定外,还应当具备以下条件:

(一)总资产不低于一百亿元人民币;

(二)最近一年末净资产不低于总资产的百分之三十;

(三)法律、行政法规以及中国保监会规定的其他条件。

国家另有规定的,金融机构可以不受前款第二项限制。

第十二条 投资人为境内有限合伙企业的,除符合本办法第八条、第九条规定外,还应当具备以下条件:

(一)其普通合伙人应当诚信记录良好,最近三年内无重大违法违规记录;

(二)设有存续期限的,应当承诺在存续期限届满前转让所持保险公司股权;

(三)层级简单,结构清晰。

境内有限合伙企业不得发起设立保险公司。

第十三条 投资人为境内事业单位、社会团体的,除符合本办法第八条规定外,还应当具备以下条件:

(一)主营业务或者主要事务与保险业相关;

(二)不承担行政管理职能;

(三)经上级主管机构批准同意。

第十四条 投资人为境内金融机构的,还应当符合法律、行政法规的规定和所在行业金融监管机构的监管要求。

第十五条 投资人为境外金融机构的,除符合上述股东资质要求规定外,还应当具备以下条件:

(一)最近三个会计年度连续盈利;

(二)最近一年末总资产不低于二十亿美元;

(三)最近三年内国际评级机构对其长期信用评级为 A 级以上;

(四)符合所在地金融监管机构的监管要求。

第十六条 保险公司发起设立保险公司,或者成为保险公司控制类股东的,应当具备以下条件:

(一)开业三年以上;

(二)公司治理良好,内控健全;

(三)最近一个会计年度盈利;

(四)最近一年内总公司无重大违法违规记录;

(五)最近三年内无重大失信行为记录;

(六)净资产不低于三十亿元人民币;

(七)最近四个季度核心偿付能力充足率不低于百分之七十五,综合偿付能力充足率不低于百分之一百五十,风险综合评级不低于 B 类;

(八)中国保监会规定的其他条件。

第十七条 关联方、一致行动人合计持股达到财务Ⅱ类、战略类或者控制类股东标准的,其持股比例最高的股东应当符合本办法规定的相应类别股东的资质条件,并报中国保监会批准。

自投资入股协议签订之日前十二个月内具有关联关系的,视为关联方。

第十八条 投资人有下列情形之一的,不得成为保险公司的股东:

(一)因严重失信行为被国家有关单位确定为失信联合惩戒对象且应当在保险领域受到相应惩戒;

(二)股权结构不清晰或者存在权属纠纷;

(三)曾经委托他人或者接受他人委托持有保险公司股权;

(四)曾经投资保险业,存在提供虚假材料或者作不实声明的行为;

(五)曾经投资保险业,对保险公司经营失败负有重大责任未逾三年;

(六)曾经投资保险业,对保险公司重大违规行为负有重大责任;

(七)曾经投资保险业,拒不配合中国保监会监督检查。

第十九条 投资人成为保险公司的控制类股东,应当具备投资保险业的资本实力、风险管控能力和审慎投资理念。投资人有下列情形之一的,不得成为保险公司的控制类股东:

(一)现金流量波动受经济景气影响较大;

(二)经营计划不具有可行性;

(三)财务能力不足以支持保险公司持续经营;

(四)核心主业不突出且其经营范围涉及行业过多;

(五)公司治理结构与机制存在明显缺陷;

(六)关联企业众多、股权关系复杂且不透明、关联交易频繁且异常;

(七)在公开市场上有不良投资行为记录;

(八)曾经有不诚信商业行为,造成恶劣影响;

(九)曾经被有关部门查实存在不正当行为;

(十)其他对保险公司产生重大不利影响的情况。

保险公司实际控制人适用前款规定。

第三章 股权取得

第二十条 投资人可以通过以下方式取得保险公司股权：

（一）发起设立保险公司；

（二）认购保险公司发行的非上市股权；

（三）以协议方式受让其他股东所持有的保险公司股权；

（四）以竞价方式取得其他股东公开转让的保险公司股权；

（五）从股票市场购买上市保险公司股权；

（六）购买保险公司可转换债券，在符合合同约定条件下，取得保险公司股权；

（七）作为保险公司股权的质权人，在符合有关规定的条件下，取得保险公司股权；

（八）参与中国保监会对保险公司的风险处置取得股权；

（九）通过行政划拨取得保险公司股权；

（十）中国保监会认可的其他方式。

第二十一条 保险公司的投资人应当充分了解保险行业的经营特点、业务规律和作为保险公司股东所应当承担的责任和义务，知悉保险公司的经营管理状况和潜在风险等信息。

投资人投资保险公司的，应当出资意愿真实，并且履行必要的内部决策程序。

第二十二条 以发起设立保险公司方式取得保险公司股权的，应当按照《中华人民共和国保险法》和《保险公司管理规定》等规定的条件和程序，完成保险公司的筹建和开业。

第二十三条 认购保险公司发行的股权或者受让其他股东所持有的保险公司股权的，应当按照保险公司章程的约定，经保险公司履行相应内部审查和决策程序后，按照本办法规定报中国保监会批准或者备案。

保险公司章程约定股东对其他股东的股权有优先购买权的，转让股权的股东应当主动要求保险公司按照章程约定，保障其他股东行使优先购买权。

第二十四条 保险公司股权采取协议或者竞价方式转让的，保险公司应当事先向投资人告知本办法的有关规定。

参加竞价的投资人应当符合本办法有关保险公司股东资格条件的规定。竞得保险公司股权后，应当按照本办法的规定，报中国保监会批准或者备案。不予批准的，相关投资人应当自不予批准之日起一年内转出。

第二十五条 投资人从股票市场购买上市保险公司股票，所持股权达到本办法第五十五条规定比例的，应当报中国保监会批准。不予批准的，应当自不予批准之日起五十个交易日内转出。如遇停牌，应当自复牌之日起十个交易日内转出。

第二十六条 投资人通过购买保险公司可转换债券，按照合同条件转为股权的，或者通过质押权实现取得保险公司股权的，应当按照本办法规定报中国保监会批准或者备案。

第二十七条 股权转让涉及国有资产的，应当符合国有资产管理的有关规定。

通过行政划拨等方式对保险公司国有股权合并管理的，应当符合本办法关于持股比例和投资人条件的规定，国家另有规定的除外。

第二十八条 通过参与员工持股计划取得股权的,持股方式和持股比例由中国保监会另行规定。

第二十九条 保险公司股东持股比例除符合本办法第四条、第六条规定外,还应当符合以下要求:

(一)单一股东持股比例不得超过保险公司注册资本的三分之一;

(二)单一境内有限合伙企业持股比例不得超过保险公司注册资本的百分之五,多个境内有限合伙企业合计持股比例不得超过保险公司注册资本的百分之十五。

保险公司因为业务创新、专业化或者集团化经营需要投资设立或者收购保险公司的,其出资或者持股比例上限不受限制。

股东与其关联方、一致行动人的持股比例合并计算。

第三十条 投资人及其关联方、一致行动人只能成为一家经营同类业务的保险公司的控制类股东。投资人为保险公司的,不得投资设立经营同类业务的保险公司。

投资人及其关联方、一致行动人,成为保险公司控制类和战略类股东的家数合计不得超过两家。

保险公司因为业务创新或者专业化经营投资设立保险公司的,不受本条第一款、第二款限制,但不得转让其设立保险公司的控制权。成为两家以上保险公司控制类股东的,不得成为其他保险公司的战略类股东。

根据国务院授权持有保险公司股权的投资主体,以及经中国保监会批准参与保险公司风险处置的公司和机构不受本条第一款和第二款限制。

第三十一条 投资人不得委托他人或者接受他人委托持有保险公司股权。

第四章 入股资金

第三十二条 投资人取得保险公司股权,应当使用来源合法的自有资金。中国保监会另有规定的除外。

本办法所称自有资金以净资产为限。投资人不得通过设立持股机构、转让股权预期收益权等方式变相规避自有资金监管规定。根据穿透式监管和实质重于形式原则,中国保监会可以对自有资金来源向上追溯认定。

第三十三条 投资人应当用货币出资,不得用实物、知识产权、土地使用权等非货币财产作价出资。

中国保监会对保险集团(控股)公司另有规定的除外。

第三十四条 投资人为保险公司的,不得利用其注册资本向其子公司逐级重复出资。

第三十五条 投资人不得直接或者间接通过以下资金取得保险公司股权:

(一)与保险公司有关的借款;

(二)以保险公司存款或者其他资产为担保获取的资金;

(三)不当利用保险公司的财务影响力,或者与保险公司的不正当关联关系获取的资金;

(四)以中国保监会禁止的其他方式获取的资金。

严禁挪用保险资金,或者以保险公司投资信托计划、私募基金、股权投资等获取的资金对保险公司进行循环出资。

第三十六条 保险公司和保险公司筹备组,应当按照国家有关规定,开立和使用验资账户。

投资人向保险公司出资,应当经会计师事务所验资并出具验资证明。

第五章 股东行为

第三十七条 保险公司的股权结构应当清晰、合理,并且应当向中国保监会说明实际控制人情况。

第三十八条 保险公司股东应当按照《中华人民共和国公司法》的规定,以及保险公司章程的约定,依法行使股东权利,履行股东义务。

第三十九条 保险公司应当在章程中约定,股东有下列情形之一的,不得行使股东(大)会参会权、表决权、提案权等股东权利,并承诺接受中国保监会的处置措施:

(一)股东变更未经中国保监会批准或者备案;

(二)股东的实际控制人变更未经中国保监会备案;

(三)委托他人或者接受他人委托持有保险公司股权;

(四)通过接受表决权委托、收益权转让等方式变相控制股权;

(五)利用保险资金直接或者间接自我注资、虚假增资;

(六)其他不符合监管规定的出资行为、持股行为。

第四十条 保险公司股东应当建立有效的风险隔离机制,防止风险在股东、保险公司以及其他关联机构之间传染和转移。

第四十一条 保险公司股东不得与保险公司进行不正当的关联交易,不得利用其对保险公司经营管理的影响力获取不正当利益。

第四十二条 保险公司需要采取增资方式解决偿付能力不足的,股东负有增资的义务。不能增资或者不增资的股东,应当同意其他股东或者投资人采取合理方案增资。

第四十三条 保险公司发生风险事件或者重大违法违规行为,被中国保监会采取接管等风险处置措施的,股东应当积极配合。

第四十四条 保险公司控制类股东应当严格依法行使对保险公司的控制权,不得利用其控制地位损害保险公司及其他利益相关方的合法权益。

第四十五条 保险公司控股股东对保险公司行使股东权利义务的,应当符合中国保监会关于控股股东的规定。

保险集团(控股)公司对其控股保险公司行使股东权利义务的,应当符合中国保监会关于保险集团(控股)公司的规定。

第四十六条 保险公司股东应当如实向保险公司报告财务信息、股权结构、入股保险公司的资金来源、控股股东、实际控制人、关联方、一致行动人等信息。

保险公司股东的控股股东、实际控制人发生变化的,该股东应当及时将变更情况、变更后的关联方及关联关系情况、一致行动人情况书面通知保险公司。

第四十七条 保险公司股东依法披露的信息应当真实、准确、完整,不得有虚假记载、误导性陈述或者重大遗漏。

第四十八条 保险公司股东应当自发生以下情况之日起十五个工作日内,书面通知保险公司:

(一)所持保险公司股权被采取诉讼保全措施或者被强制执行;

(二)所持有的保险公司股权被质押或者解质押;

(三)股权变更取得中国保监会许可后未在三个月内完成变更手续;

(四)名称变更;

(五)合并、分立;

(六)解散、破产、关闭、被接管;

(七)其他可能导致所持保险公司股权发生变化的情况。

第四十九条 保险公司股东质押其持有的保险公司股权的,不得损害其他股东和保险公司的利益。

保险公司股东不得利用股权质押形式,代持保险公司股权、违规关联持股以及变相转移股权。

保险公司股东质押股权时,不得与质权人约定债务人不履行到期债务时被质押的保险公司股权归债权人所有,不得约定由质权人或者其关联方行使表决权等股东权利,也不得采取股权收益权转让等其他方式转移保险公司股权的控制权。

第五十条 投资人自成为控制类股东之日起五年内不得转让所持有的股权,自成为战略类股东之日起三年内不得转让所持有的股权,自成为财务Ⅱ类股东之日起二年内不得转让所持有的股权,自成为财务Ⅰ类股东之日起一年内不得转让所持有的股权。

经中国保监会批准进行风险处置的,中国保监会责令依法转让股权的,或者在同一控制人控制的不同主体之间转让股权等特殊情形除外。

第六章 股权事务

第五十一条 保险公司董事会办公室是保险公司处理股权事务的办事机构。

保险公司董事长和董事会秘书是保险公司处理股权事务的直接责任人。

第五十二条 行政许可申请、事项报告或者资料报送等股权事务,由保险公司负责办理。必要时经中国保监会同意可以由股东直接提交相关材料。

发起设立保险公司的,由全部发起人或者经授权的发起人向中国保监会提交相关材料。

第五十三条 保险公司变更持有百分之五以上股权的股东,应当经中国保监会批准。

保险公司变更持有不足百分之五股权的股东,应当报中国保监会备案,并在保险公司官方网站以及中国保监会指定网站公开披露,上市保险公司除外。

保险公司股东的实际控制人变更,保险公司股东持有的保险公司股权价值占该股东总资产二分之一以上的,实际控制人应当符合本办法关于股东资质的相关要求,并向保险公司及时提供相关材料,保险公司应当在变更前二十个工作日内将相关情况报中国保监会备案。

第五十四条 保险公司应当自股东签署股权转让协议书之日起三个月内,报中国保监会批准或者备案。

第五十五条 投资人购买上市保险公司股票,其所持股权比例达到保险公司股本总额的百分之五、百分之十五和三分之一的,应当自交易之日起五个工作日内向保险公司书面报告,保险公司应当在收到报告后十个工作日内报中国保监会批准。

第五十六条 保险公司的股东及其控股股东或者实际控制人发生本办法第四十六条第二款或者第四十八条规定情形的,保险公司应当自知悉之日起十个工作日内,向中国保监会书面报告。

第五十七条 保险公司应当按照有关监管规定,及时、真实、准确、完整地披露保险公司相关股权信息,披露内容包括:

(一)股权结构及变动情况;

(二)持股百分之五以上股东及其控股股东及实际控制人情况;

(三)财务Ⅱ类股东、战略类股东、控制类股东及其控股股东、实际控制人、关联方、一致行动人变更情况;

(四)相关股东出质保险公司股权情况;

(五)股东提名董事、监事情况;

(六)中国保监会规定的其他信息。

第五十八条 投资人成为保险公司控制类股东的,保险公司应当修改公司章程,对董事提名和选举规则,中小股东和投保人、被保险人、受益人利益保护作出合理安排。

第五十九条 保险公司应当加强股东股权管理,对股东及其控股股东、实际控制人、关联方和一致行动人信息进行核实并掌握其变动情况,就股东对保险公司经营决策的影响进行判断,依法及时、准确、完整地报告或者披露相关信息。

第六十条 保险公司应当自中国保监会核准或者备案之日起三个月内完成章程变更和工商登记手续。

未在规定时间内完成变更的,保险公司应当及时向中国保监会书面报告。

第六十一条 保险公司应当加强对股权质押和解质押的管理,在股东名册上记载质押相关信息,并及时协助股东向有关机构办理出质登记。

第七章 材料申报

第六十二条 申请发起设立或者投资入股保险公司的,保险公司或者投资人应当按照中国保监会的要求提交申报材料,申报材料必须真实、准确、完整。

申报材料包括基本情况类、财务信息类、公司治理类、附属信息类以及中国保监会要求提交的其他相关材料。

第六十三条 基本情况类材料包括以下具体文件:

(一)营业执照复印件;

(二)经营范围的说明;

(三)组织管理架构图;

(四)对外长期股权投资的说明;

(五)自身以及关联机构投资入股其他金融机构等情况的说明。

第六十四条　财务信息类材料包括以下具体文件：

（一）财务Ⅰ类股东经会计师事务所审计的最近一年的财务会计报告，财务Ⅱ类股东经会计师事务所审计的最近二年的财务会计报告，境外金融机构、战略类股东、控制类股东经会计师事务所审计的最近三年的财务会计报告；

（二）关于入股资金来源的说明；

（三）最近三年的纳税证明；

（四）由征信机构出具的投资人征信记录；

（五）国际评级机构对境外金融机构最近三年的长期信用评级；

（六）最近四个季度的偿付能力报告。

第六十五条　公司治理类材料包括以下具体文件：

（一）逐级披露股权结构至最终权益持有人的说明；

（二）股权信息公开披露的相关证明材料；

（三）控股股东、实际控制人及其最近一年内的变更情况的说明；

（四）投资人共同签署的股权认购协议书或者转让方与受让方共同签署的股权转让协议；

（五）股东（大）会或者董事会同意其投资的证明材料；

（六）投资人及其实际控制人与保险公司其他投资人之间关联关系、一致行动的情况说明，新设保险机构还应当提供关联方的基本情况说明；

（七）保险公司实际控制人，或者控制类股东实际控制人的履职经历、经营记录、既往投资情况等说明材料；

（八）控制类股东关于公司治理、经营计划、后续资金安排等情况的说明。

第六十六条　附属信息类材料包括以下具体文件：

（一）投资人关于报送材料的授权委托书；

（二）主管机构同意其投资的证明材料；

（三）金融机构审慎监管指标报告；

（四）金融监管机构出具的监管意见；

（五）无重大违法违规记录的声明；

（六）中国保监会要求出具的其他声明或者承诺书。

第六十七条　境内有限合伙企业向保险公司投资入股，除提交本办法第六十三条至第六十六条规定的有关材料外，还应当提交以下材料：

（一）资金来源和合伙人名称或者姓名、国籍、经营范围或者职业、出资额等背景情况的说明材料；

（二）负责执行事务的合伙人关于资金来源不违反反洗钱有关规定的承诺；

（三）合伙人与保险公司其他投资人之间的关联关系的说明。

第六十八条　保险公司变更注册资本，应当向中国保监会提出书面申请，并应当提交以下材料：

（一）公司股东（大）会通过的增加或者减少注册资本的决议；

（二）增加或者减少注册资本的方案和可行性研究报告；

（三）增加或者减少注册资本后的股权结构；
（四）验资报告和股东出资或者减资证明；
（五）参与增资股东经会计师事务所审计的财务会计报告；
（六）退股股东的名称、基本情况以及减资金额；
（七）中国保监会规定的其他材料。

保险公司新增股东的，应当提交本办法第六十三条至第六十六条规定的有关材料。

第六十九条 股东转让保险公司股权的，保险公司应当报中国保监会批准或者备案，并提交股权转让协议和受让方经会计师事务所审计的财务会计报告。

受让方为新增股东的，保险公司还应当提交本办法第六十三条至第六十六条规定的有关材料。

第七十条 保险公司向中国保监会报告股权被采取诉讼保全或者被强制执行时，应当提交有关司法文件。

第七十一条 保险公司向中国保监会报告股权质押或者解质押时，应当提交以下材料：
（一）质押和解质押有关情况的书面报告；
（二）质押或者解质押合同；
（三）主债权债务合同或者股权收益权转让合同；
（四）有关部门出具的登记文件；
（五）出质人与债务人关系的说明；
（六）股东关于质押行为符合公司章程和监管要求的声明，并承诺如提供不实声明将自愿接受监管部门对其所持股权采取处置措施；
（七）截至报告日股权质押的全部情况；
（八）中国保监会规定的其他材料。

其中，书面报告应当包括出质人、债务人、质权人基本情况，被担保债权的种类和数额，债务人履行债务的期限，出质股权的数量，担保的范围，融入资金的用途，资金偿还能力以及相关安排，可能引发的风险以及应对措施等内容。质权人为非金融企业的，还应当说明质权人融出资金的来源，以及质权人与出质人的关联关系情况。

第七十二条 保险公司向中国保监会报告股东更名时，应当提交股东更名后的营业执照和有关部门出具的登记文件。

第八章 监督管理

第七十三条 中国保监会加强对保险公司股东的穿透监管和审查，可以对保险公司股东及其实际控制人、关联方、一致行动人进行实质认定。

中国保监会采取以下措施对保险公司股权实施监管：
（一）依法对股权取得或者变更实施审查；
（二）根据有关规定或者监管需要，要求保险公司报告股权有关事项；
（三）要求保险公司在指定媒体披露相关股权信息；
（四）委托专业中介机构对保险公司提供的财务报告等资料信息进行审查；

（五）与保险公司董事、监事、高级管理人员以及其他相关当事人进行监管谈话,要求其就相关情况作出说明;

（六）对股东涉及保险公司股权的行为进行调查或者公开质询;

（七）要求股东报送审计报告、经营管理信息、股权信息等材料;

（八）查询、复制股东及相关单位和人员的财务会计报表等文件、资料;

（九）对保险公司进行检查,并依法对保险公司和有关责任人员实施行政处罚;

（十）中国保监会依法可以采取的其他监管措施。

第七十四条 中国保监会对保险公司股权取得或者变更实施行政许可,重点审查以下内容:

（一）申报材料的完备性;

（二）保险公司决策程序的合规性;

（三）股东资质及其投资行为的合规性;

（四）资金来源的合规性;

（五）股东之间的关联关系;

（六）中国保监会认为需要审查的其他内容。

申请人应当如实提交有关材料和反映真实情况,并对其申请材料实质内容的真实性负责。

第七十五条 中国保监会对保险公司股权取得或者变更实施行政许可,可以采取以下方式进行审查:

（一）对申报材料进行审核;

（二）根据审慎监管的需要,要求保险公司或者股东提交证明材料;

（三）对保险公司或者相关股东进行监管谈话、公开问询;

（四）要求相关股东逐级披露其股东或者实际控制人;

（五）根据审慎监管的需要,要求相关股东逐级向上声明关联关系和资金来源;

（六）向相关机构查阅有关账户或者了解相关信息;

（七）实地走访股东或者调查股东经营情况等;

（八）中国保监会认为需要采取的其他审查方式。

第七十六条 在行政许可过程中,投资人、保险公司或者股东有下列情形之一的,中国保监会可以中止审查:

（一）相关股权存在权属纠纷;

（二）被举报尚需调查;

（三）因涉嫌违法违规被有关部门调查,或者被司法机关侦查,尚未结案;

（四）被起诉尚未判决;

（五）中国保监会认定的其他情形。

第七十七条 在实施行政许可或者履行其他监管职责时,中国保监会可以要求保险公司或者股东就其提供的有关资质、关联关系或者入股资金等信息的真实性作出声明,并就提供虚假信息或者不实声明所应当承担的后果作出承诺。

第七十八条 保险公司或者股东提供虚假材料或者不实声明,情节严重的,中国保监会将依法撤销行政许可。被撤销行政许可的投资人,应当按照入股价格和每股净资产价格的孰低者退出,承接的机构应当符合中国保监会的相关要求。

第七十九条 保险公司未遵守本办法规定进行股权管理的,中国保监会可以调整该保险公司公司治理评价结果或者分类监管评价类别。

第八十条 中国保监会建立保险公司股权管理不良记录,并纳入保险业企业信用信息系统,通过全国信用信息共享平台与政府机构共享信息。

第八十一条 保险公司及其董事和高级管理人员在股权管理中弄虚作假、失职渎职,严重损害保险公司利益的,中国保监会依法对其实施行政处罚,或者要求保险公司撤换有关当事人。

第八十二条 保险公司股东或者相关当事人违反本办法规定的,中国保监会可以采取以下监管措施:

(一)通报批评并责令改正;

(二)公开谴责并向社会披露;

(三)限制其在保险公司的有关权利;

(四)依法责令其转让或者拍卖其所持股权。股权转让完成前,限制其股东权利。限期未完成转让的,由符合中国保监会相关要求的投资人按照评估价格受让股权;

(五)限制其在保险业的投资活动,并向其他金融监管机构通报;

(六)依法限制保险公司分红、发债、上市等行为;

(七)中国保监会可以依法采取的其他措施。

第八十三条 中国保监会建立保险公司投资人市场准入负面清单,记录投资人违法违规情况,并正式函告保险公司和投资人。中国保监会根据投资人违法违规情节,可以限制其五年以上直至终身不得再次投资保险业。涉嫌犯罪的,依法移送司法机关。

第八十四条 中国保监会建立会计师事务所等第三方中介机构诚信档案,记载会计师事务所、律师事务所及其从业人员的执业质量。第三方中介机构出具不具有公信力的评估报告或者有其他不诚信行为的,自行为发生之日起五年内中国保监会对其再次出具的报告不予认可,并向社会公布。

第九章 附 则

第八十五条 本办法适用于中华人民共和国境内依法登记注册的中资保险公司。

全部外资股东持股比例占公司注册资本百分之二十五以上的保险公司,参照适用本办法有关规定。

第八十六条 保险集团(控股)公司、保险资产管理公司的股权管理参照适用本办法,法律、行政法规或者中国保监会另有规定的,从其规定。

第八十七条 金融监管机构对非金融企业投资金融机构另有规定的,从其规定。

第八十八条 经中国保监会批准,参与保险公司风险处置的,或者由指定机构承接股权的,不受本办法关于股东资质、持股比例、入股资金等规定的限制。

第八十九条 通过购买上市保险公司股票成为保险公司财务Ⅰ类股东的,不受本办法第八条、第十二条、第十三条、第十五条、第五十条、第五十三条第三款、第六十二条、第六十七条、第六十九条的限制。

第九十条 在全国中小企业股份转让系统挂牌的保险公司参照适用本办法有关上市保险公司的规定。

第九十一条 本办法所称"以上""不低于"均含本数,"不足""超过"不含本数。

第九十二条 本办法所称"一致行动",是指投资人通过协议、其他安排,与其他投资人共同扩大其所能够支配的一个保险公司表决权数量的行为或者事实。

在保险公司相关股权变动活动中有一致行动情形的投资人,互为一致行动人。如无相反证据,投资人有下列情形之一的,为一致行动人:

(一)投资人的董事、监事或者高级管理人员中的主要成员,同时担任另一投资人的董事、监事或者高级管理人员;

(二)投资人通过银行以外的其他投资人提供的融资安排取得相关股权;

(三)投资人之间存在合伙、合作、联营等其他经济利益关系;

(四)中国保监会规定的其他情形。

投资人认为其与他人不应被视为一致行动人的,可以向中国保监会提供相反证据。

第九十三条 本办法由中国保监会负责解释。

第九十四条 本办法自2018年4月10日起施行。中国保监会2010年5月4日发布的《保险公司股权管理办法》(保监会令2010年第6号)、2014年4月15日发布的《中国保险监督管理委员会关于修改〈保险公司股权管理办法〉的决定》(保监会令2014年第4号)、2013年4月9日发布的《中国保监会关于〈保险公司股权管理办法〉第四条有关问题的通知》(保监发〔2013〕29号)、2013年4月17日发布的《中国保监会关于规范有限合伙式股权投资企业投资入股保险公司有关问题的通知》(保监发〔2013〕36号)、2014年3月21日发布的《中国保险监督管理委员会关于印发〈保险公司收购合并管理办法〉的通知》(保监发〔2014〕26号)同时废止。

上市公司创业投资基金股东减持股份的特别规定

中国证券监督管理委员会公告〔2018〕4号

现公布《上市公司创业投资基金股东减持股份的特别规定》,自2018年6月2日起施行。

中国证监会

2018年3月1日

上市公司创业投资基金股东减持股份的特别规定

第一条 为了贯彻落实《国务院关于促进创业投资持续健康发展的若干意见》要求,对专注于长期投资和价值投资的创业投资基金减持其持有的上市公司首次公开发行前的股份给予政策支持,依据《公司法》《证券法》等法律法规和中国证券监督管理委员会的规定,制定本规定。

第二条 在中国证券投资基金业协会(以下简称"基金业协会")备案的创业投资基金,符合下列条件的,适用本规定:

(一)投资范围限于未上市企业,但是所投资企业上市后所持股份的未转让部分及通过上市公司分派或者配售新股取得的部分除外;

(二)投资方式限于股权投资或者依法可转换为股权的权益投资;

(三)对外投资金额中,对早期中小企业和高新技术企业的合计投资金额占比50%以上;

(四)中国证监会规定的其他情形。

本规定发布前已在基金业协会备案但不符合前款规定的创业投资基金,符合下列条件的,适用本规定:

(一)本规定发布前的对外投资金额中,对未上市企业进行股权或者可转换为股权的投资金额占比50%以上;

(二)本规定发布后的对外投资金额中,对早期中小企业和高新技术企业的合计投资金额占比50%以上,且投资范围和投资方式符合前款第(一)项和第(二)项的规定。

本规定发布前已在基金业协会备案的私募证券投资基金、私募股权投资基金或者其他投资基金符合第二款规定条件的,可以在变更备案为创业投资基金后适用本规定。

第三条 符合本规定条件的创业投资基金,在所投资早期中小企业或者高新技术企业上市后,通过证券交易所集中竞价交易减持其持有的公司首次公开发行前发行的股份,适用下列比例限制:

(一)截至发行申请材料受理日,投资期限不满36个月的,在3个月内减持股份的总数不得超过公司股份总数的1%;

(二)截至发行申请材料受理日,投资期限在36个月以上但不满48个月的,在2个月内减持股份的总数不得超过公司股份总数的1%;

(三)截至发行申请材料受理日,投资期限在48个月以上的,在1个月内减持股份的总数不得超过公司股份总数的1%。

投资期限自创业投资基金投资该首次公开发行企业金额累计达到300万元之日或者投资金额累计达到投资该首次公开发行企业总投资额50%之日开始计算。

第四条 符合条件的创业投资基金通过大宗交易方式减持其持有的公司首次公开发行前发行的股份,股份出让方、受让方应当遵守证券交易所关于减持数量、持有时间等规定。

第五条　本规定所称早期中小企业,是指创业投资基金首次投资该企业时,该企业符合下列条件:

(一)成立不满60个月;

(二)经企业所在地县级以上劳动和社会保障部门或社会保险基金管理单位核定,职工人数不超过500人;

(三)根据会计事务所审计的年度合并会计报表,年销售额不超过2亿元、资产总额不超过2亿元。

本规定所称高新技术企业是指截至发行申请材料受理日,该企业依据《高新技术企业认定管理办法》(国科发火〔2016〕32号)已取得高新技术企业证书。

第六条　本规定未规定的上市公司股东减持股份事项,适用《上市公司股东、董监高减持股份的若干规定》(证监会公告〔2017〕9号)及其他有关规定。

第七条　本规定自2018年6月2日起施行。

中国银行业监督管理委员会关于修改《中国银监会外资银行行政许可事项实施办法》的决定

中国银行业监督管理委员会令2018年第3号

中国银行业监督管理委员会关于修改《中国银监会外资银行行政许可事项实施办法》的决定已经中国银监会2017年第17次主席会议通过。现予公布,自公布之日起施行。

主席:郭树清

2018年2月13日

为进一步扩大银行业对外开放,持续推进简政放权工作,提高外资银行在华营商便利度,增强外资银行风险抵御能力,中国银监会决定对《中国银监会外资银行行政许可事项实施办法》(中国银监会令2015年第4号)进行如下修改:

一、删去第五十条至第五十二条。

二、将第五十三条改为第五十条,修改为:"拟设立支行的申请人应在支行筹建3日前向拟设地银监局或者经授权的银监会派出机构提交筹建报告并领取开业申请表,开始筹建工作。"

三、将第五十四条改为第五十一条,增加一款,作为第一款:"拟设立支行的申请人应在提交筹建报告之日起9个月内完成筹建工作。"

增加一款,作为第五款:"申请人逾期未提交开业申请的,应及时向拟设地银监局或者经授权的银监会派出机构报告。"

四、在第二章第六节后增加一节,作为第七节:

"**第七节 投资设立、入股境内银行业金融机构**

"**第五十九条** 外商独资银行、中外合资银行申请投资设立、入股境内银行业金融机构的,应当符合以下条件:

"(一)具有良好的公司治理结构;

"(二)风险管理和内部控制健全有效;

"(三)具有良好的并表管理能力;

"(四)主要审慎监管指标符合监管要求;

"(五)权益性投资余额原则上不超过其净资产的50%(合并会计报表口径);

"(六)具有完善、合规的信息科技系统和信息安全体系,具有标准化的数据管理体系,具备保障业务连续有效安全运行的技术与措施;

"(七)最近2年无严重违法违规行为和因内部管理问题导致的重大案件,但为落实普惠金融政策等,投资设立、入股境内银行业金融机构的情形除外;

"(八)最近3个会计年度连续盈利;

"(九)监管评级良好;

"(十)银监会规章规定的其他审慎性条件。

"**第六十条** 外商独资银行、中外合资银行申请投资设立、入股境内银行业金融机构由银监会受理、审查并决定。银监会自受理之日起6个月内作出批准或不批准的书面决定。

"前款所指投资设立、入股境内银行业金融机构事项,如需另经银监会或银监局批准设立,或者需银监会或银监局进行股东资格审核,则相关许可事项由银监会或银监局在批准设立或进行股东资格审核时对外商独资银行、中外合资银行设立、入股行为进行合并审查并作出决定。

"**第六十一条** 申请投资设立、入股境内银行业金融机构,申请人应当向银监会提交下列对外股权投资申请资料(一式两份):

"(一)申请书,内容至少包括:被投资方基本情况、投资方进行股权投资的必要性和可行性、股权投资及后续整合方案、发展计划、存在的风险及应对措施等;

"(二)申请人股东同意投资境内银行业金融机构的决议;

"(三)被投资方股东(大)会同意吸收商业银行投资的决议;

"(四)股权投资协议;

"(五)可行性研究报告,内容至少包括:被投资方基本情况,投资方进行股权投资的必要性和可行性以及股权投资前后资本充足率、流动性、盈利性等经营状况的分析和对比,交易结构和后续安排,整合方案,发展计划,存在的风险及应对措施等;

"(六)申请人最近3年经审计的财务报告和业务发展情况报告;

"(七)被投资方最近3年经审计的财务报告和业务发展情况报告;

"(八)被投资方基本情况和合作股东的基本情况;

"(九)申请人与被投资的境内银行业金融机构关于风险隔离制度、并表管理制度及关联交易实施细则等情况;

"（十）申请人综合化经营战略及执行情况；

"（十一）申请人最近2年严重违法违规行为和因内部管理问题导致的重大案件情况；

"（十二）银监会按照审慎性原则规定的其他文件。

"**第六十二条** 外商独资银行、中外合资银行作为发起人或战略投资者投资设立、入股境内银行业金融机构，参照关于境外金融机构作为发起人或战略投资者投资设立、入股境内银行业金融机构的相关规定。

"本节所称银行业金融机构，是指在中华人民共和国境内设立的商业银行、农村合作银行、农村信用合作社等吸收公众存款的金融机构以及政策性银行。

"在中华人民共和国境内设立的金融资产管理公司、信托公司、企业集团财务公司、金融租赁公司、汽车金融公司、货币经纪公司、消费金融公司以及经银监会批准设立的其他金融机构，适用本节对银行业金融机构的规定。"

五、删去第九十五条、第九十六条。

六、将第一百一十二条改为第一百一十一条，第（四）项修改为："拨备覆盖率达标，贷款损失准备计提充足。"

七、将第一百一十四条改为第一百一十三条，删去第（十一）项，将第（十二）项改为第（十一）项。

八、删去第一百二十六条至第一百三十四条。

九、将第一百四十三条改为第一百三十三条，修改为："具有高级管理人员任职资格且未连续中断任职1年以上的拟任人在同质同类外资银行间平级调动职务（平级兼任）或改任（兼任）较低职务的，不需重新申请核准任职资格。拟任人应当在任职后5日内向银监会或任职机构所在地银监会派出机构备案。"

此外，对条文顺序作相应调整。

《中国银监会外资银行行政许可事项实施办法》根据本决定作相应修改，重新公布。

中国银监会外资银行行政许可事项实施办法

第一章 总 则

第一条 为规范银监会及其派出机构实施外资银行行政许可行为，明确行政许可事项、条件、程序和期限，保护申请人合法权益，根据《中华人民共和国银行业监督管理法》《中华人民共和国商业银行法》《中华人民共和国行政许可法》《中华人民共和国外资银行管理条例》等法律、行政法规及国务院有关决定，制定本办法。

第二条 本办法所称外资银行包括：外商独资银行、中外合资银行、外国银行分行和外国银行代表处。外商独资银行、中外合资银行、外国银行分行统称外资银行营业性机构。外国银行代表处是指受银监会监管的银行类代表处。

第三条 银监会及其派出机构依照本办法和《中国银行业监督管理委员会行政许可实

施程序规定》,对外资银行实施行政许可。

第四条 外资银行下列事项应当经银监会及其派出机构行政许可:机构设立、机构变更、机构终止、业务范围、董事和高级管理人员任职资格,以及法律、行政法规规定和国务院决定的其他行政许可事项。

第五条 本办法所称审慎性条件,至少包括下列内容:

(一)具有良好的行业声誉和社会形象;

(二)具有良好的持续经营业绩,资产质量良好;

(三)管理层具有良好的专业素质和管理能力;

(四)具有健全的风险管理体系,能够有效控制各类风险;

(五)具有健全的内部控制制度和有效的管理信息系统;

(六)按照审慎会计原则编制财务会计报告,且会计师事务所对财务会计报告持无保留意见;

(七)无重大违法违规记录和因内部管理问题导致的重大案件;

(八)具有有效的人力资源管理制度,拥有高素质的专业人才;

(九)具有对中国境内机构活动进行管理、支持的经验和能力;

(十)具备有效的资本约束与资本补充机制;

(十一)具有健全的公司治理结构;

(十二)法律、行政法规和银监会规定的其他审慎性条件。

本条第(九)项、第(十)项、第(十一)项仅适用于外商独资银行及其股东、中外合资银行及其股东以及外国银行。

第六条 外资银行名称应当包括中文名称和外文名称。外国银行分行和外国银行代表处的中文名称应当标明该外国银行的国籍及责任形式。国籍以外国银行注册地为准,如外国银行名称已体现国籍,可不重复。如外国银行的责任形式为无限责任,可在中文名称中省略责任形式部分。香港、澳门、台湾地区的银行在内地/大陆设立的分支机构的中文名称只须标明责任形式。

第七条 本办法要求提交的资料,除年报外,凡用外文书写的,应当附有中文译本。以中文和英文以外文字印制的年报应当附有中文或者英文译本。

本办法所称年报应当经审计,并附申请人所在国家或者地区认可的会计师事务所出具的审计意见书。

第八条 本办法要求提交的资料,如要求由授权签字人签署,应当一并提交该授权签字人的授权书。

本办法要求提交的营业执照复印件、经营金融业务许可文件复印件、授权书、外国银行对其在中国境内分行承担税务和债务责任的保证书,应当经所在国家或者地区认可的机构公证,并且经中国驻该国使馆、领馆认证,但中国工商行政管理机关出具的营业执照复印件无须公证、中国境内公证机构出具的公证材料无须认证。

银监会视情况需要,可以要求申请人报送的其他申请资料经所在国家或者地区认可的机构公证,并且经中国驻该国使馆、领馆认证。

第二章 机构设立

第一节 外商独资银行、中外合资银行设立

第九条 拟设立的外商独资银行、中外合资银行应当具备下列条件:
(一)具有符合《中华人民共和国公司法》、《中华人民共和国商业银行法》和《中华人民共和国外资银行管理条例》规定的章程;
(二)注册资本应当为实缴资本,最低限额为10亿元人民币或者等值的自由兑换货币;
(三)具有符合任职资格条件的董事、高级管理人员和熟悉银行业务的合格从业人员;
(四)具有健全的组织机构和管理制度;
(五)具有与业务经营相适应的营业场所、安全防范措施和其他设施;
(六)具有与业务经营相适应的信息科技架构,具有支撑业务经营的必要、安全且合规的信息科技系统,具备保障信息科技系统有效安全运行的技术与措施。

第十条 拟设外商独资银行、中外合资银行的股东,应当具备下列条件:
(一)具有持续盈利能力,信誉良好,无重大违法违规记录;
(二)具备有效的反洗钱制度,但中方非金融机构股东除外;
(三)外方股东具有从事国际金融活动的经验,受到所在国家或者地区金融监管当局的有效监管,并且其申请经所在国家或者地区金融监管当局同意;
(四)本办法第五条规定的审慎性条件。
拟设外商独资银行的股东、中外合资银行的外方股东所在国家或者地区应当经济状况良好,具有完善的金融监督管理制度,并且其金融监管当局已经与银监会建立良好的监督管理合作机制。

第十一条 拟设外商独资银行的股东应当为金融机构,除应当具备本办法第十条规定的条件外,其中唯一或者控股股东还应当具备下列条件:
(一)为商业银行;
(二)提出设立申请前1年年末总资产不少于100亿美元,香港、澳门地区的银行提出设立申请前1年年末总资产不少于60亿美元;
(三)资本充足率符合所在国家或者地区金融监管当局以及银监会的规定。

第十二条 拟设中外合资银行的股东除应当具备本办法第十条规定的条件外,外方股东及中方唯一或者主要股东应当为金融机构,且外方唯一或者主要股东还应当具备下列条件:
(一)为商业银行;
(二)提出设立申请前1年年末总资产不少于100亿美元,香港、澳门地区的银行提出设立申请前1年年末总资产不少于60亿美元;
(三)资本充足率符合所在国家或者地区金融监管当局以及银监会的规定。

第十三条 本办法第十二条所称主要股东,是指持有拟设中外合资银行资本总额或者股份总额50%以上,或者不持有资本总额或者股份总额50%以上但有下列情形之一的商业

银行:

（一）持有拟设中外合资银行半数以上的表决权；

（二）有权控制拟设中外合资银行的财务和经营政策；

（三）有权任免拟设中外合资银行董事会或者类似权力机构的多数成员；

（四）在拟设中外合资银行董事会或者类似权力机构有半数以上投票权。

拟设中外合资银行的主要股东应当将拟设中外合资银行纳入并表范围。

第十四条 有下列情形之一的,不得作为拟设外商独资银行、中外合资银行的股东:

（一）公司治理结构与机制存在明显缺陷；

（二）股权关系复杂或者透明度低；

（三）关联企业众多,关联交易频繁或者异常；

（四）核心业务不突出或者经营范围涉及行业过多；

（五）现金流量波动受经济环境影响较大；

（六）资产负债率、财务杠杆率高于行业平均水平；

（七）代他人持有外商独资银行、中外合资银行股权；

（八）其他对拟设银行产生重大不利影响的情形。

第十五条 设立外商独资银行、中外合资银行分为筹建和开业两个阶段。

第十六条 筹建外商独资银行、中外合资银行的申请,由拟设机构所在地银监局受理和初审,银监会审查和决定。

申请筹建外商独资银行、中外合资银行,申请人应当向拟设机构所在地银监局提交申请资料,同时抄送拟设机构所在地银监会派出机构。

拟设机构所在地银监局应当自受理之日起20日内将申请资料连同审核意见报送银监会。银监会应当自收到完整申请资料之日起6个月内,作出批准或者不批准筹建的决定,并书面通知申请人。决定不批准的,应当说明理由。特殊情况下,银监会可以适当延长审查期限,并书面通知申请人,但延长期限不得超过3个月。

第十七条 申请筹建外商独资银行、中外合资银行,申请人应当向拟设机构所在地银监局提交下列申请资料（一式两份）,同时抄送拟设机构所在地银监会派出机构（一份）:

（一）各股东董事长或者行长（首席执行官、总经理）联合签署的致银监会主席的筹建申请书,内容包括拟设机构的名称、所在地、注册资本、申请经营的业务种类、各股东名称和出资比例等；

（二）可行性研究报告,内容至少包括申请人的基本情况、对拟设机构的市场前景分析、业务发展规划、组织管理结构、开业后3年的资产负债规模和盈亏预测,与业务经营相关的信息系统、数据中心及网络建设初步规划；

（三）拟设机构的章程草案；

（四）拟设机构各股东签署的合资经营合同,但单一股东的外商独资银行除外；

（五）拟设机构各股东的章程；

（六）拟设机构各股东及其所在集团的组织结构图、主要股东名单、海外分支机构和关联企业名单；

（七）拟设机构各股东最近3年的年报；

（八）拟设机构各股东的反洗钱制度，中方股东为非金融机构的，可不提供反洗钱制度；

（九）拟设机构各股东签署的在中国境内长期持续经营并对拟设机构实施有效管理的承诺函；

（十）拟设机构外方股东所在国家或者地区金融监管当局核发的营业执照或者经营金融业务许可文件的复印件及对其申请的意见书；

（十一）初次设立外商独资银行、中外合资银行的，应当报送外方股东所在国家或者地区金融体系情况和有关金融监管法规的摘要；

（十二）银监会要求的其他资料。

第十八条 申请人应当自收到筹建批准文件之日起15日内到拟设机构所在地银监会派出机构领取开业申请表，开始筹建工作。筹建期为自获准筹建之日起6个月。

申请人未在6个月内完成筹建工作，应当在筹建期届满前1个月向拟设机构所在地银监会派出机构报告。筹建延期的最长期限为3个月。

申请人应当在前款规定的期限届满前提交开业申请，逾期未提交的，筹建批准文件失效。

第十九条 拟设外商独资银行、中外合资银行完成筹建工作后，应当向拟设机构所在地银监局申请验收。经验收合格的，可以申请开业。外商独资银行、中外合资银行开业的申请，由拟设机构所在地银监局受理、审查和决定。

拟设外商独资银行、中外合资银行申请开业，应当向拟设机构所在地银监局提交申请资料，同时抄送拟设机构所在地银监会派出机构。拟设机构所在地银监局应当自受理之日起2个月内，作出批准或者不批准开业的决定，并书面通知申请人，同时抄报银监会。决定不批准的，应当说明理由。

第二十条 拟设外商独资银行、中外合资银行申请开业，应当将开业验收合格意见书连同下列申请资料报送拟设机构所在地银监局（一式两份），同时抄送拟设机构所在地银监会派出机构（一份）：

（一）筹备组负责人签署的致银监会主席的开业申请书，内容包括拟设机构的名称、住所、注册资本、业务范围、各股东及其持股比例、拟任董事长和行长（首席执行官、总经理）的姓名等；与拟设外商独资银行、中外合资银行在同一城市设有代表处的，应当同时申请关闭代表处；

（二）开业申请表；

（三）拟任董事长、行长（首席执行官、总经理）任职资格核准所需的相关资料；

（四）开业前审计报告和法定验资机构出具的验资证明；

（五）拟设机构组织结构图、各岗位职责描述、内部授权和汇报路线；

（六）拟设机构人员名单、简历和培训记录；

（七）拟设机构的章程草案以及在中国境内依法设立的律师事务所出具的对章程草案的法律意见书；

（八）营业场所的安全、消防设施的合格证明或者相关证明复印件；

（九）营业场所的所有权证明、使用权证明或者租赁合同的复印件；

（十）银监会要求的其他资料。

第二十一条　外商独资银行、中外合资银行应当在收到开业批准文件并领取金融许可证后,到工商行政管理机关办理登记,领取营业执照。

外商独资银行、中外合资银行应当自领取营业执照之日起6个月内开业。未能按期开业的,应当在开业期限届满前1个月向外商独资银行或者中外合资银行所在地银监会派出机构报告。开业延期的最长期限为3个月。

外商独资银行、中外合资银行未在前款规定期限内开业的,开业批准文件失效,由开业决定机关注销开业许可,收回其金融许可证,并予以公告。

第二节　外国银行分行改制为外商独资银行

第二十二条　外国银行申请将其在中国境内分行改制为由其单独出资的外商独资银行,应当符合本办法有关设立外商独资银行的条件,承诺在中国境内长期持续经营并且具备对拟设外商独资银行实施有效管理的能力。

第二十三条　外国银行将其在中国境内分行改制为由其单独出资的外商独资银行,分为改制筹建和开业两个阶段。

第二十四条　外国银行将其在中国境内分行改制为由其单独出资的外商独资银行的申请,由拟设机构所在地银监局受理和初审,银监会审查和决定。

申请改制筹建外商独资银行,申请人应当向拟设机构所在地银监局提交改制筹建申请资料,同时抄送该外国银行在中国境内所有分行所在地银监会派出机构。

拟设机构所在地银监局应当自受理之日起20日内将申请资料连同审核意见报送银监会。银监会应当自收到完整申请资料之日起6个月内,作出批准或者不批准改制筹建的决定,并书面通知申请人。决定不批准的,应当说明理由。特殊情况下,银监会可以适当延长审查期限,并书面通知申请人,但延长期限不得超过3个月。

第二十五条　申请改制筹建外商独资银行,申请人应当向拟设机构所在地银监局提交下列改制筹建申请资料(一式两份),同时抄送该外国银行在中国境内所有分行所在地银监会派出机构(各一份):

(一)申请人董事长或者行长(首席执行官、总经理)签署的致银监会主席的申请书,内容包括拟设外商独资银行及其分支机构的名称、所在地、注册资本或者营运资金、申请经营的业务种类等;如同时申请增加注册资本,应当标明拟增加的注册资本金额及币种;

(二)可行性研究报告及机构改制计划,内容至少包括申请人的基本情况、对拟设机构的市场前景分析、业务发展规划、组织管理结构、开业后3年的资产负债规模和盈亏预测,与业务经营相关的信息系统、数据中心及网络建设初步规划;

(三)拟设机构的章程草案;

(四)申请人关于将中国境内分行改制为由其单独出资的外商独资银行的董事会决议;

(五)申请人董事长或者行长(首席执行官、总经理)签署的同意由拟设外商独资银行承继原在中国境内分行债权、债务及税务的意见函以及对改制前原中国境内分行的债权、债务及税务承担连带责任的承诺函;

(六)申请人董事长或者行长(首席执行官、总经理)签署的在中国境内长期持续经营并对拟设外商独资银行实施有效管理的承诺函,内容包括允许拟设外商独资银行使用其商誉、对拟设外商独资银行提供资本、管理和技术支持等;

(七)申请人提出申请前2年在中国境内所有分行经审计的合并财务会计报告;

(八)申请人所在国家或者地区金融监管当局对其中国境内分行改制的意见书;

(九)申请人最近3年年报;

(十)银监会要求的其他资料。

第二十六条 申请人应当自收到改制筹建批准文件之日起15日内到拟设外商独资银行所在地银监会派出机构领取开业申请表,开始筹建工作。筹建期为自获准改制筹建之日起6个月。

申请人未在6个月内完成改制筹建工作,应当在筹建期届满前1个月向拟设外商独资银行所在地银监会派出机构报告,并抄报原外国银行分行所在地银监会派出机构。筹建延期的最长期限为3个月。

申请人应当在前款规定的期限届满前提交开业申请,逾期未提交的,改制筹建批准文件失效。

第二十七条 拟设外商独资银行完成筹建工作后,应当向拟设机构所在地银监局申请验收。经验收合格的,可以申请开业。开业申请由拟设机构所在地银监局受理和初审,银监会审查和决定。

由外国银行在中国境内分行改制的外商独资银行申请开业,应当向拟设机构所在地银监局提交申请资料,同时抄送原外国银行分行所在地银监会派出机构。

拟设机构所在地银监局应当自受理之日起20日内将申请资料连同审核意见报送银监会。银监会应当自收到完整申请资料之日起2个月内,作出批准或者不批准开业的决定,并书面通知申请人。决定不批准的,应当说明理由。

第二十八条 由外国银行在中国境内分行改制的外商独资银行申请开业,应当将开业验收合格意见书连同下列申请资料报送拟设机构所在地银监局(一式两份),同时抄送原外国银行分行所在地银监会派出机构(各一份):

(一)筹备组负责人签署的致银监会主席的开业申请书,内容包括拟设外商独资银行及其分支机构名称、住所或者营业地址、注册资本及其分支机构的营运资金、申请经营的业务种类、拟任董事长、行长(首席执行官、总经理)及分支行行长的姓名等;

(二)拟转入拟设外商独资银行的资产、负债和所有者权益的清单,拟设外商独资银行的模拟资产负债表、损益表、贷款质量五级分类情况表、贷款损失准备数额;

(三)改制完成情况的说明;

(四)律师事务所出具的关于合同转让法律意见书,对于不具备转让条件的合同,应当对银行制定的紧急预案提出法律意见;

(五)开业前审计报告和法定验资机构出具的验资证明;

(六)拟设外商独资银行的章程草案以及在中国境内依法设立的律师事务所出具的对章程草案的法律意见书;

(七)拟设外商独资银行组织结构图、各岗位职责描述、内部授权和汇报路线;

(八)拟设外商独资银行人员名单、简历和培训记录;

（九）拟任外商独资银行董事长、行长（首席执行官、总经理）以及外商独资银行分行行长、管理型支行行长任职资格核准所需的相关资料；

（十）银监会要求的其他资料。

第二十九条 外国银行将其在中国境内分行改制为由其单独出资的外商独资银行，应当在收到开业批准文件后交回原外国银行分行的金融许可证，领取新的金融许可证，到工商行政管理机关办理登记，领取营业执照。原外国银行分行应当依法向工商行政管理机关办理注销登记。

第三十条 由外国银行分行改制的外商独资银行应当自领取营业执照之日起6个月内开业。未能按期开业的，应当在开业期限届满前1个月向外商独资银行所在地银监会派出机构报告。开业延期的最长期限为3个月。

外商独资银行未在前款规定期限内开业的，开业批准文件失效，由开业决定机关注销开业许可，收回其金融许可证，并予以公告。

第三节　外国银行分行设立

第三十一条 设立外国银行分行，申请人应当具备下列条件：

（一）具有持续盈利能力，信誉良好，无重大违法违规记录；

（二）具有从事国际金融活动的经验；

（三）具有有效的反洗钱制度；

（四）受到所在国家或者地区金融监管当局的有效监管，并且其申请经所在国家或者地区金融监管当局同意；

（五）提出设立申请前1年年末的总资产不少于200亿美元，香港、澳门地区的银行提出设立申请前1年年末的总资产不少于60亿美元；

（六）资本充足率符合所在国家或者地区金融监管当局以及银监会的规定；

（七）本办法第五条规定的审慎性条件。

设立外国银行分行，申请人应当无偿拨给拟设分行不少于2亿元人民币或者等值自由兑换货币的营运资金。

拟设分行的外国银行所在国家或者地区应当经济状况良好，具有完善的金融监督管理制度，并且其金融监管当局已经与银监会建立良好的监督管理合作机制。

第三十二条 外国银行在中国境内增设分行，除应当具备本办法第三十一条规定的条件外，其在中国境内已设分行应当经营状况良好，主要监管指标达到监管要求，并符合银监会规定的审慎性条件。

第三十三条 设立外国银行分行分为筹建和开业两个阶段。

第三十四条 筹建外国银行分行的申请，由拟设机构所在地银监局受理和初审，银监会审查和决定。

申请筹建外国银行分行，申请人应当向拟设机构所在地银监局提交申请资料，同时抄送拟设机构所在地银监会派出机构。

拟设机构所在地银监局应当自受理之日起20日内将申请资料连同审核意见报送银监

会。银监会应当自收到完整申请资料之日起6个月内,作出批准或者不批准筹建的决定,并书面通知申请人。决定不批准的,应当说明理由。特殊情况下,银监会可以适当延长审查期限,并书面通知申请人,但延长期限不得超过3个月。

第三十五条 申请筹建外国银行分行,申请人应当向拟设机构所在地银监局报送下列申请资料(一式两份),同时抄送拟设机构所在地银监会派出机构(一份):

(一)申请人董事长或者行长(首席执行官、总经理)签署的致银监会主席的筹建申请书,内容包括拟设机构的名称、所在地、营运资金、申请经营的业务种类等;

(二)可行性研究报告,内容包括申请人的基本情况、对拟设机构的市场前景分析、业务发展规划、组织管理结构、开业后3年的资产负债规模和盈亏预测等;

(三)申请人章程;

(四)申请人及其所在集团的组织结构图、主要股东名单、海外分支机构和关联企业名单;

(五)申请人最近3年年报;

(六)申请人的反洗钱制度;

(七)申请人所在国家或者地区金融监管当局核发的营业执照或者经营金融业务许可文件的复印件及对其申请的意见书;

(八)初次设立外国银行分行的,申请人应当报送所在国家或者地区金融体系情况和有关金融监管法规的摘要;

(九)银监会要求的其他资料。

第三十六条 申请人应当自收到筹建批准文件之日起15日内到拟设机构所在地银监会派出机构领取开业申请表,开始筹建工作。筹建期为自获准筹建之日起6个月。

申请人未在6个月内完成筹建工作,应当在筹建期届满前1个月向拟设机构所在地银监会派出机构报告。筹建延期的最长期限为3个月。

申请人应当在前款规定的期限届满前提交开业申请。逾期未提交的,筹建批准文件失效。

第三十七条 拟设外国银行分行完成筹建工作后,应当向拟设机构所在地银监局申请验收。经验收合格的,可以申请开业。外国银行分行的开业申请,由拟设机构所在地银监局受理、审查和决定。

拟设外国银行分行申请开业,应当向拟设机构所在地银监局提交申请资料,同时抄送拟设机构所在地银监会派出机构。

拟设机构所在地银监局应当自受理之日起2个月内,作出批准或者不批准开业的决定,并书面通知申请人,同时抄报银监会。决定不批准的,应当说明理由。

第三十八条 拟设外国银行分行申请开业,应当将开业验收合格意见书连同下列申请资料报送拟设机构所在地银监局(一式两份),同时抄送拟设机构所在地银监会派出机构(一份):

(一)筹备组负责人签署的致银监会主席的开业申请书,内容包括拟设机构的名称、营业地址、营运资金、业务范围、拟任分行行长姓名等;在拟设分行同一城市设有代表处的,应当同时申请关闭代表处;

(二)开业申请表;

(三)拟任外国银行分行行长任职资格核准所需的相关资料;

(四)开业前审计报告和法定验资机构出具的验资证明;

(五)外国银行对拟设分行承担税务、债务责任的保证书;

(六)拟设分行组织结构图、各岗位职责描述、内部授权和汇报路线;

(七)拟设分行人员名单、简历和培训记录;

(八)营业场所的安全、消防设施的合格证明或者相关证明复印件;

(九)营业场所的所有权证明、使用权证明或者租赁合同复印件;

(十)银监会要求的其他资料。

第三十九条 外国银行分行应当在收到开业批准文件并领取金融许可证后,到工商行政管理机关办理登记,领取营业执照。

外国银行分行应当自领取营业执照之日起6个月内开业。未能按期开业的,应当在开业期限届满前1个月向所在地银监会派出机构报告。开业延期的最长期限为3个月。

外国银行分行未在前款规定期限内开业的,开业批准文件失效,由开业决定机关注销开业许可,收回其金融许可证,并予以公告。

第四节 外商独资银行、中外合资银行下设分行设立

第四十条 外商独资银行、中外合资银行下设分行,应当具备下列条件:

(一)无偿拨给拟设分行营运资金,拨给各分支机构营运资金的总和,不得超过总行资本金总额的60%;

(二)主要监管指标达到监管要求;

(三)银监会规定的审慎性条件。

第四十一条 设立外商独资银行分行、中外合资银行分行,分为筹建和开业两个阶段。

第四十二条 银监会直接监管的外商独资银行一级分行、中外合资银行一级分行的筹建申请,由银监会受理、审查和决定。其他外商独资银行分行、中外合资银行分行的筹建申请,由拟设机构所在地银监局受理、审查和决定。

申请筹建外商独资银行分行、中外合资银行分行,申请人应当向银监会或拟设机构所在地银监局提交申请资料,同时抄送拟设机构所在地银监会派出机构。

银监会或拟设机构所在地银监局应当自受理之日起6个月内,作出批准或者不批准筹建的决定,并书面通知申请人。决定不批准的,应当说明理由。特殊情况下,银监会或拟设机构所在地银监局可以适当延长审查期限,并书面通知申请人,但延长期限不得超过3个月。

第四十三条 申请筹建外商独资银行分行、中外合资银行分行,申请人应当向银监会或拟设机构所在地银监局报送下列申请资料(一式两份),同时抄送拟设机构所在地银监会派出机构(一份):

(一)申请人董事长或者行长(首席执行官、总经理)签署的致银监会主席的筹建申请书,内容包括拟设机构的名称、所在地、营运资金、申请经营的业务种类等;

(二)可行性研究报告,内容包括申请人的基本情况、对拟设机构的市场前景分析、业务

发展规划、组织管理结构、开业后3年的资产负债规模和盈亏预测等；

（三）申请人章程；

（四）申请人年报；

（五）申请人反洗钱制度；

（六）申请人营业执照复印件；

（七）申请人关于同意设立分行的董事会决议；

（八）银监会要求的其他资料。

第四十四条 申请人应当自收到筹建批准文件之日起15日内到拟设机构所在地银监会派出机构领取开业申请表，开始筹建工作。筹建期为自获准筹建之日起6个月。

申请人未在6个月内完成筹建工作，应当在筹建期届满前1个月向拟设机构所在地银监会派出机构报告。筹建延期的最长期限为3个月。

申请人应当在前款规定的期限届满前提交开业申请，逾期未提交的，筹建批准文件失效。

第四十五条 拟设外商独资银行分行、中外合资银行分行完成筹建工作后，应当向拟设机构所在地银监局申请验收。经验收合格的，可以申请开业。外商独资银行分行、中外合资银行分行的开业申请，由拟设机构所在地银监局受理、审查和决定。

拟设外商独资银行分行、中外合资银行分行申请开业，应当向拟设机构所在地银监局提交申请资料，同时抄送拟设机构所在地银监会派出机构。

拟设机构所在地银监局应当自受理之日起2个月内，作出批准或者不批准开业的决定，并书面通知申请人，同时抄报银监会。决定不批准的，应当说明理由。

第四十六条 拟设外商独资银行分行、中外合资银行分行申请开业，应当将开业验收合格意见书连同下列申请资料报送拟设机构所在地银监局（一式两份），同时抄送拟设机构所在地银监会派出机构（一份）：

（一）筹备组负责人签署的致银监会主席的开业申请书，内容包括拟设机构的名称、营业地址、营运资金、业务范围、拟任分行行长姓名等；

（二）开业申请表；

（三）拟任分行行长任职资格核准所需的相关资料；

（四）开业前审计报告和法定验资机构出具的验资证明；

（五）营业场所的安全、消防设施的合格证明或者相关证明复印件；

（六）拟设机构组织结构图、各岗位职责描述、内部授权和汇报路线；

（七）拟设机构人员名单、简历和培训记录；

（八）营业场所的所有权证明、使用权证明或者租赁合同的复印件；

（九）银监会要求的其他资料。

第四十七条 外商独资银行分行、中外合资银行分行应当在收到开业批准文件并领取金融许可证后，到工商行政管理机关办理登记，领取营业执照。

外商独资银行分行、中外合资银行分行应当自领取营业执照之日起6个月内开业。未能按期开业的，应当在开业期限届满前1个月向所在地银监会派出机构报告。开业延期的最长期限为3个月。

外商独资银行分行、中外合资银行分行未在前款规定期限内开业的，开业批准文件失效,由开业决定机关注销开业许可,收回其金融许可证,并予以公告。

第五节 支 行 设 立

第四十八条 设立支行,申请人应当在拟设支行所在城市同一行政区划内设有分行或者分行以上机构。所在城市同一行政区划是指所在城市及以下行政区划。

香港、澳门地区的银行在广东省内设立的分行可以申请在广东省内设立异地支行。香港、澳门地区的银行在内地设立的外商独资银行在广东省内设立的分行,可以申请在广东省内设立异地支行。

第四十九条 设立支行,申请人应当具备下列条件:

(一)正式营业1年以上,资产质量良好;香港、澳门地区的银行在广东省内分行或者香港、澳门地区的银行在内地设立的外商独资银行在广东省内分行正式营业1年以上,资产质量良好;

(二)具有较强的内部控制能力,最近1年无重大违法违规行为和因内部管理问题导致的重大案件;香港、澳门地区的银行在广东省内分行或者香港、澳门地区的银行在内地设立的外商独资银行在广东省内分行具有较强的内部控制能力,最近1年无重大违法违规行为和因内部管理问题导致的重大案件;

(三)具有拨付营运资金的能力;

(四)已建立对高级管理人员考核、监督、授权和调整的制度和机制,并有足够的专业经营管理人才;

(五)银监会规定的其他审慎性条件。

第五十条 拟设立支行的申请人应在支行筹建3日前向拟设地银监局或者经授权的银监会派出机构提交筹建报告并领取开业申请表,开始筹建工作。

第五十一条 拟设立支行的申请人应在提交筹建报告之日起9个月内完成筹建工作。

拟设支行完成筹建工作后,应当向拟设机构所在地银监局或者经授权的银监会派出机构申请验收。经验收合格的,可以申请开业。支行开业申请,由拟设机构所在地银监局或者经授权的银监会派出机构受理、审查和决定。

拟设支行申请开业,应当向拟设机构所在地银监局或者经授权的银监会派出机构提交申请资料。

拟设机构所在地银监局或者经授权的银监会派出机构应当自受理之日起30日内,作出批准或者不批准开业的决定,并书面通知申请人。同时抄送银监会和拟设机构所在地银监会派出机构。决定不批准的,应当说明理由。

申请人逾期未提交开业申请的,应及时向拟设地银监局或者经授权的银监会派出机构报告。

第五十二条 拟设支行申请开业,应当将开业验收合格意见书连同下列申请资料报送拟设机构所在地银监局或者经授权的银监会派出机构(一式两份):

(一)筹备组负责人签署的致所在地银监局或者经授权的银监会派出机构负责人的开业申请书,内容包括拟设机构的名称、营业地址、营运资金、业务范围、拟任支行行长的姓名等;

（二）开业申请表；

（三）与业务规模相适应的营运资金已拨付到位，法定验资机构出具的验资证明；

（四）拟任管理型支行行长任职资格核准所需的相关资料；

（五）拟设支行的组织结构图、各岗位职责描述、内部授权和汇报路线；

（六）拟设支行人员名单、简历和培训记录；

（七）营业场所的所有权证明、使用权证明或者租赁合同的复印件；

（八）营业场所的安全、消防设施的合格证明或者相关证明复印件；

（九）银监会要求的其他资料。

第五十三条 支行应当在收到开业批准文件并领取金融许可证后，到工商行政管理机关办理登记，领取营业执照。

支行应当自领取营业执照之日起6个月内开业。未能按期开业的，应当在开业期限届满前1个月向所在地银监会派出机构报告。开业延期的最长期限为3个月。

支行未在前款规定期限内开业的，开业批准文件失效，由开业决定机关注销开业许可，收回其金融许可证，并予以公告。

第六节 外国银行代表处设立

第五十四条 设立外国银行代表处，申请人应当具备下列条件：

（一）具有持续盈利能力，信誉良好，无重大违法违规记录；

（二）具有从事国际金融活动的经验；

（三）具有有效的反洗钱制度；

（四）受到所在国家或者地区金融监管当局的有效监管，并且其申请经所在国家或者地区金融监管当局同意；

（五）本办法第五条规定的审慎性条件。

拟设代表处的外国银行所在国家或者地区应当经济状况良好，具有完善的金融监督管理制度，并且其金融监管当局已经与银监会建立良好的监督管理合作机制。

第五十五条 外国银行在中国境内已设立营业性机构的，除已设立的代表处外，不得增设代表处，但拟设代表处所在地为符合国家区域经济发展战略及相关政策的地区除外。

外国银行在中国境内增设代表处，除应当具备本办法第五十四条规定的条件外，其在中国境内已设机构应当无重大违法违规记录。

外国银行在同一城市不得同时设有营业性机构和代表处。

第五十六条 外国银行设立代表处的申请，由拟设机构所在地银监局受理、审查和决定。

外国银行申请设立代表处，应当向拟设机构所在地银监局提交申请资料，同时抄送拟设机构所在地银监会派出机构。

拟设机构所在地银监局应当自受理之日起6个月内作出批准或者不批准设立的决定，并书面通知申请人，同时抄报银监会。决定不批准的，应当说明理由。

第五十七条 申请设立外国银行代表处，申请人应当向拟设机构所在地银监局提交下

列申请资料(一式两份),同时抄送拟设机构所在地银监会派出机构(一份):

(一)申请人董事长或者行长(首席执行官、总经理)签署的致银监会主席的申请书,内容包括拟设代表处的名称、所在地、拟任首席代表姓名等;

(二)代表处设立申请表;

(三)可行性研究报告,内容包括申请人的基本情况、拟设代表处的目的和计划等;

(四)申请人章程;

(五)申请人及其所在集团的组织结构图、主要股东名单、海外分支机构和关联企业名单;

(六)申请人最近3年年报;

(七)申请人反洗钱制度;

(八)申请人所在国家或者地区金融监管当局核发的营业执照或者经营金融业务许可文件的复印件及对其申请的意见书;

(九)拟任首席代表任职资格核准所需的相关资料;

(十)初次设立代表处的,申请人应当报送由在中国境内注册的银行业金融机构出具的与该外国银行已经建立代理行关系的证明,以及申请人所在国家或者地区金融体系情况和有关金融监管法规的摘要;

(十一)银监会要求的其他资料。

第五十八条 经批准设立的外国银行代表处,应当凭批准文件向工商行政管理机关办理登记。

外国银行代表处应当自拟设机构所在地银监局批准设立之日起6个月内迁入固定的办公场所。迁入固定办公场所后应当向所在地银监会派出机构报送相关资料。

外国银行代表处未在前款规定期限内迁入办公场所的,代表处设立批准文件失效。

第七节 投资设立、入股境内银行业金融机构

第五十九条 外商独资银行、中外合资银行申请投资设立、入股境内银行业金融机构的,应当符合以下条件:

(一)具有良好的公司治理结构;

(二)风险管理和内部控制健全有效;

(三)具有良好的并表管理能力;

(四)主要审慎监管指标符合监管要求;

(五)权益性投资余额原则上不超过其净资产的50%(合并会计报表口径);

(六)具有完善、合规的信息科技系统和信息安全体系,具有标准化的数据管理体系,具备保障业务连续有效安全运行的技术与措施;

(七)最近2年无严重违法违规行为和因内部管理问题导致的重大案件,但为落实普惠金融政策等,投资设立、入股境内银行业金融机构的情形除外;

(八)最近3个会计年度连续盈利;

(九)监管评级良好;

(十)银监会规章规定的其他审慎性条件。

第六十条 外商独资银行、中外合资银行申请投资设立、入股境内银行业金融机构由银监会受理、审查并决定。银监会自受理之日起6个月内作出批准或不批准的书面决定。

前款所指投资设立、入股境内银行业金融机构事项,如需另经银监会或银监局批准设立,或者需银监会或银监局进行股东资格审核,则相关许可事项由银监会或银监局在批准设立或进行股东资格审核时对外商独资银行、中外合资银行设立、入股行为进行合并审查并作出决定。

第六十一条 申请投资设立、入股境内银行业金融机构,申请人应当向银监会提交下列对外股权投资申请资料(一式两份):

(一)申请书,内容至少包括:被投资方的基本情况、投资方进行股权投资的必要性和可行性、股权投资及后续整合方案、发展计划、存在的风险及应对措施等;

(二)申请人股东同意投资境内银行业金融机构的决议;

(三)被投资方股东(大)会同意吸收商业银行投资的决议;

(四)股权投资协议;

(五)可行性研究报告,内容至少包括:被投资方基本情况,投资方进行股权投资的必要性和可行性以及股权投资前后资本充足率、流动性、盈利性等经营状况的分析和对比,交易结构和后续安排,整合方案,发展计划,存在的风险及应对措施等;

(六)申请人最近3年经审计的财务报告和业务发展情况报告;

(七)被投资方最近3年经审计的财务报告和业务发展情况报告;

(八)被投资方基本情况和合作股东的基本情况;

(九)申请人与被投资的境内银行业金融机构关于风险隔离制度、并表管理制度及关联交易实施细则等情况;

(十)申请人综合化经营战略及执行情况;

(十一)申请人最近2年严重违法违规行为和因内部管理问题导致的重大案件情况;

(十二)银监会按照审慎性原则规定的其他文件。

第六十二条 外商独资银行、中外合资银行作为发起人或战略投资者投资设立、入股境内银行业金融机构,参照关于境外金融机构作为发起人或战略投资者投资设立、入股境内银行业金融机构的相关规定。

本节所称银行业金融机构,是指在中华人民共和国境内设立的商业银行、农村合作银行、农村信用合作社等吸收公众存款的金融机构以及政策性银行。

在中华人民共和国境内设立的金融资产管理公司、信托公司、企业集团财务公司、金融租赁公司、汽车金融公司、货币经纪公司、消费金融公司以及经银监会批准设立的其他金融机构,适用本节对银行业金融机构的规定。

第三章 机构变更

第一节 变更注册资本或者营运资金

第六十三条 外商独资银行、中外合资银行申请变更注册资本、外国银行分行申请变更

营运资金,应当具备下列条件:

(一)外商独资银行及其股东、中外合资银行及其股东以及外国银行的董事会已决议通过变更事项;

(二)外商独资银行股东、中外合资银行外方股东所在国家或者地区金融监管当局同意其申请。

第六十四条 银监会直接监管的外商独资银行、中外合资银行变更注册资本由银监会受理、审查和决定。其他外商独资银行、中外合资银行变更注册资本、外国银行分行变更营运资金的申请,由所在地银监局受理、审查和决定。

外商独资银行、中外合资银行申请变更注册资本、外国银行分行申请变更营运资金,应当向银监会或所在地银监局提交申请资料,同时抄送所在地银监会派出机构。

银监会或所在地银监局应当自受理之日起3个月内,作出批准或者不批准变更的决定,并书面通知申请人。决定不批准的,应当说明理由。

第六十五条 外商独资银行、中外合资银行申请变更注册资本、外国银行分行申请变更营运资金,应当向银监会或所在地银监局提交下列申请资料(一式两份),同时抄送所在地银监会派出机构(一份):

(一)申请人董事长或者行长(首席执行官、总经理)签署的致银监会主席的申请书,申请以境外人民币资金增加注册资本或者营运资金的,应当说明人民币资金的来源;

(二)可行性研究报告,内容包括变更注册资本或者营运资金后的业务发展规划、资金用途、对主要监管指标的影响等;

(三)申请人及其股东关于变更注册资本的董事会决议,外国银行关于变更分行营运资金的董事会决议;

(四)申请人股东及外国银行应当提交所在国家或者地区金融监管当局关于变更事项的意见书,中外合资银行中方股东为非金融机构的无须提交;

(五)银监会要求的其他资料。

第六十六条 外商独资银行、中外合资银行获准变更注册资本、外国银行分行获准变更营运资金,应当自银监会或所在地银监局作出批准决定之日起30日内,向银监会或所在地银监会派出机构报送法定验资机构出具的验资证明。

第二节 变 更 股 东

第六十七条 银监会直接监管的外商独资银行、中外合资银行变更股东或者调整股东持股比例的申请,由银监会受理、审查和决定。其他外商独资银行、中外合资银行变更股东或者调整股东持股比例的申请,由所在地银监局受理和初审,银监会审查和决定。

本条前款所称变更股东包括股东转让股权、股东更名以及银监会认定的其他股东变更情形。

外商独资银行、中外合资银行变更股东,拟受让方或者承继方应当符合本办法第十条至第十四条规定的条件。

外商独资银行、中外合资银行申请变更股东或者调整股东持股比例,应当向银监会或所在地银监局提交申请资料,同时抄送所在地银监会派出机构。

由所在地银监局受理和初审的,所在地银监局应当自受理之日起20日内将申请资料连同审核意见报送银监会。银监会应当自受理或收到完整申请资料之日起3个月内,作出批准或者不批准变更的决定,并书面通知申请人。决定不批准的,应当说明理由。

第六十八条 外商独资银行、中外合资银行申请变更股东或者调整股东持股比例,应当向银监会或所在地银监局提交下列申请资料(一式两份),同时抄送所在地银监会派出机构(一份):

(一)申请人董事长或者行长(首席执行官、总经理)签署的致银监会主席的申请书;

(二)申请人关于变更事项的董事会决议;

(三)申请人股东、拟受让方或者承继方关于变更事项的董事会决议;

(四)申请人股东、拟受让方或者承继方是金融机构的,应当提交所在国家或者地区金融监管当局关于变更事项的意见书;

(五)申请人股权转让方与拟受让方或者承继方签署的转让(变更)协议;

(六)各股东与拟受让方或者承继方签署的合资经营合同,但单一股东的外商独资银行除外;

(七)拟受让方或者承继方的章程、组织结构图、主要股东名单、海外分支机构和关联企业名单、最近3年年报、反洗钱制度、所在国家或者地区金融监管当局核发的营业执照或者经营金融业务许可文件的复印件,中外合资银行拟受让中方股东为非金融机构的,无须提交反洗钱制度;

(八)拟受让方或者承继方为外方股东的,应当提交所在国家或者地区金融体系情况和有关金融监管法规的摘要;

(九)银监会要求的其他资料。

第六十九条 外商独资银行、中外合资银行获准变更股东或者调整股东持股比例,应当自银监会作出批准决定之日起30日内,向银监会报送法定验资机构出具的验资证明以及相关交易的证明文件,同时抄报所在地银监会派出机构。

第七十条 外商独资银行、中外合资银行变更组织形式、合并、分立应当符合《中华人民共和国公司法》《中华人民共和国商业银行法》以及其他法律、行政法规和规章的规定,并具备下列条件:

(一)外商独资银行及其股东、中外合资银行及其股东的董事会已决议通过变更事项;

(二)变更事项的申请已经股东所在国家或者地区金融监管当局同意;

(三)外商独资银行、中外合资银行已就变更事项制定具体方案。

外商独资银行、中外合资银行因股东发生合并、分立等变更事项的,该外商独资银行、中外合资银行应当根据银监会的要求进行相关调整。

第七十一条 外商独资银行、中外合资银行变更组织形式、合并、分立的申请,由银监会受理、审查和决定。

外商独资银行、中外合资银行申请变更组织形式、合并、分立,应当向银监会提交申请资料。

银监会应当自收到完整申请资料之日起3个月内,作出批准或者不批准变更的决定,并书面通知申请人。决定不批准的,应当说明理由。

第七十二条 外商独资银行、中外合资银行合并分为吸收合并和新设合并。合并须经合并筹备和合并开业两个阶段。

吸收合并的,吸收合并方应当按照变更的条件和材料要求向银监会提交合并筹备和合并开业的申请;被吸收方自行终止的,应当按照终止的条件和材料要求向银监会提交申请;被吸收方变更为分支机构的,应当按照设立的条件和材料要求向银监会提交申请。

新设合并的,新设方应当按照设立的条件和材料要求向银监会提交合并筹备和合并开业的申请;原外商独资银行、中外合资银行应当按照终止的条件和材料要求向银监会提交申请。

第七十三条 外商独资银行、中外合资银行分立分为存续分立和新设分立。分立须经分立筹备和分立开业两个阶段。

存续分立的,存续方应当按照变更的条件和材料要求向银监会提交分立筹备和分立开业的申请;新设方应当按照设立的条件和材料要求向银监会提交申请。

新设分立的,新设方应当按照设立的条件和材料要求向银监会提交分立筹备和分立开业的申请;原外商独资银行、中外合资银行应当按照解散的条件和材料要求向银监会提交申请。

第七十四条 外商独资银行、中外合资银行申请变更组织形式、合并、分立,除应当按照本办法第七十二条、第七十三条的规定提交申请资料外,还应当向银监会提交下列申请资料(一式两份):

(一)申请人董事长或者行长(首席执行官、总经理)签署的致银监会主席的申请书;

(二)关于变更组织形式、合并、分立的方案;

(三)申请人各方及其股东关于变更事项的董事会决议;

(四)申请人各方股东应当提交所在国家或者地区金融监管当局关于变更事项的意见书,中外合资银行中方股东为非金融机构的无须提交;

(五)申请人各方股东签署的合并、分立协议;申请人各方股东签署的合资经营合同,但单一股东的外商独资银行除外;申请人各方股东的章程、组织结构图、董事会及主要股东名单、最近一年年报;

(六)变更组织形式、合并、分立后银行的章程草案;

(七)银监会要求的其他资料。

申请人应当将申请书和关于变更组织形式、合并、分立的方案抄送申请人及其分支机构所在地银监会派出机构(各一份)。

第三节 修改章程

第七十五条 外商独资银行、中外合资银行应当在其章程所列内容发生变动后1年内提出修改章程的申请。

外商独资银行、中外合资银行修改章程仅涉及名称、住所、股权、注册资本、业务范围且变更事项已经银监会或所在地银监局批准的,不需进行修改章程的申请,但应当在银监会或所在地银监局作出上述变更事项批准决定之日起6个月内将修改后的章程报送银监会及所在地银监局。

第七十六条 外商独资银行、中外合资银行申请修改章程,应当具备下列条件:
(一)外商独资银行及其股东、中外合资银行及其股东的董事会已决议通过修改章程;
(二)在中国境内依法设立的律师事务所已对章程草案出具法律意见书。

第七十七条 银监会直接监管的外商独资银行、中外合资银行修改章程的申请,由银监会受理、审查和决定。其他外商独资银行、中外合资银行修改章程的申请,由所在地银监局受理、审查和决定。

外商独资银行、中外合资银行申请修改章程,应当向银监会或所在地银监局提交申请资料,同时抄送所在地银监会派出机构。

银监会或所在地银监局应当自受理之日起3个月内,作出批准或者不批准修改章程的决定,并书面通知申请人。决定不批准的,应当说明理由。

第七十八条 外商独资银行、中外合资银行申请修改章程,应当向银监会或所在地银监局提交下列申请资料(一式两份),同时抄送所在地银监会派出机构(一份):
(一)申请人董事长或者行长(首席执行官、总经理)签署的致银监会主席的申请书;
(二)申请人关于修改章程的董事会决议;
(三)申请人股东关于修改章程的董事会决议;
(四)申请人的原章程和新章程草案;
(五)原章程与新章程草案变动对照表;
(六)在中国境内依法设立的律师事务所出具的对新章程草案的法律意见书;
(七)银监会要求的其他资料。

第四节 变更名称

第七十九条 申请变更外资银行在中国境内机构名称,应当具备下列条件:
(一)变更事项已获得申请人所在国家或者地区金融监管当局的批准;
(二)申请人已获得所在国家或者地区金融监管当局核发的新营业执照或者经营金融业务的许可文件;
(三)申请人已承诺承担其在中国境内分行的税务和债务责任。

本条第(一)项、第(二)项不适用外资银行名称未变更、仅申请变更其在中国境内机构名称的情形。

第八十条 外商独资银行、中外合资银行、外国银行分行变更名称的申请,由银监会受理、审查和决定。外国银行代表处变更名称的申请,由所在地银监局受理、审查和决定。

申请变更外资银行名称,应当向银监会或所在地银监局提交申请资料,同时抄送外资银行在中国境内机构所在地银监会派出机构。

银监会或所在地银监局应当自受理之日起3个月内,作出批准或者不批准变更的决定,并书面通知申请人。决定不批准的,应当说明理由。

第八十一条 外商独资银行股东、中外合资银行股东、外国银行因合并、分立、重组等原因申请变更其在中国境内机构名称,应当在合并、分立、重组等变更事项发生5日内,向银监会及所在地银监会派出机构报告,并于30日内将下列申请资料报送银监会及所在地银监局(一式两份),同时抄送所在地银监会派出机构(一份):

(一)申请人董事长或者行长(首席执行官、总经理)签署的致银监会主席的申请书;

(二)变更名称申请表;

(三)外商独资银行股东、中外合资银行股东、外国银行的章程;

(四)外商独资银行股东、中外合资银行股东、外国银行的组织结构图、董事会以及主要股东名单;

(五)外国银行董事长或者行长(首席执行官、总经理)签署的对其在中国境内分行承担税务、债务责任的保证书;

(六)外商独资银行股东、中外合资银行股东、外国银行的合并财务会计报告;

(七)外商独资银行股东、中外合资银行股东、外国银行所在国家或者地区金融监管当局对变更事项的批准书或者意见书;

(八)外商独资银行股东、中外合资银行股东、外国银行更名后,所在国家或者地区金融监管当局核发的营业执照复印件或者经营金融业务许可文件复印件;

(九)银监会要求的其他资料。

第八十二条 外商独资银行股东、中外合资银行股东、外国银行因其他原因申请变更在中国境内机构名称的,应当在变更事项发生5日内,向银监会及所在地银监会派出机构报告,并于30日内将下列申请资料报送银监会及所在地银监局(一式两份),同时抄送外资银行在中国境内机构所在地银监会派出机构(一份):

(一)申请人董事长或者行长(首席执行官、总经理)签署的致银监会主席的申请书;

(二)外商独资银行股东、中外合资银行股东、外国银行更名后所在国家或者地区金融监管当局核发的营业执照复印件或者经营金融业务许可文件复印件;

(三)外商独资银行股东、中外合资银行股东、外国银行所在国家或者地区金融监管当局对变更事项的批准书以及对其申请的意见书;

(四)银监会要求的其他资料。

本条第(二)项、第(三)项不适用外资银行名称未变更、仅变更在中国境内机构名称的情形。

银监会授权外资银行支行所在地银监会派出机构受理、审查和决定外资银行支行因变更营业场所而导致的变更名称的申请。

第五节 在同城内变更住所或者办公场所

第八十三条 银监会直接监管的外商独资银行、中外合资银行在同城内变更住所由银监会受理、审查和决定。其他外商独资银行、中外合资银行在同城内变更住所、外国银行代表处在同城内变更办公场所的申请,由所在地银监会派出机构受理、审查和决定。

外商独资银行、中外合资银行申请在同城内变更住所、外国银行代表处申请在同城内变更办公场所,应当向银监会或所在地银监会派出机构提交申请资料。

银监会或所在地银监会派出机构应当自受理之日起3个月内,作出批准或者不批准变更的决定,并书面通知申请人。决定不批准的,应当说明理由。

第八十四条 外商独资银行、中外合资银行在同城内变更住所、外国银行代表处在同城内变更办公场所,应当向银监会或所在地银监会派出机构提交下列申请资料(一式两份):

(一)申请人授权签字人签署的致银监会主席或所在地银监会派出机构负责人的申请书;

(二)拟迁入住所或者办公场所的所有权证明、使用权证明或者租赁合同的复印件;

(三)拟迁入住所的安全、消防设施的合格证明或者相关证明复印件;

(四)银监会要求的其他资料。

第八十五条 因行政区划调整等原因导致的行政区划、街道、门牌号等发生变化而实际位置未变化的,外资银行不需进行变更住所或者办公场所的申请,但应当于变更后15日内向银监会或所在地银监会派出机构报告,外商独资银行、中外合资银行应当换领金融许可证。

第四章 机构终止

第一节 外商独资银行、中外合资银行解散

第八十六条 外商独资银行、中外合资银行有下列情形之一的,经银监会批准后解散:

(一)章程规定的营业期限届满或者出现章程规定的其他解散事由;

(二)股东会决议解散;

(三)因合并或者分立需要解散。

第八十七条 外商独资银行、中外合资银行申请解散,应当具备下列条件:

(一)外商独资银行及其股东、中外合资银行及其股东的董事会已决议通过解散;

(二)外商独资银行股东、中外合资银行外方股东所在国家或者地区金融监管当局已同意其申请;

(三)具有有效的资产处置、债务清偿、人员安置的方案。

第八十八条 银监会直接监管的外商独资银行、中外合资银行解散的申请,由银监会受理、审查和决定。其他外商独资银行、中外合资银行解散的申请,由所在地银监局受理和初审,银监会审查和决定。

外商独资银行、中外合资银行申请解散,应当向银监会或所在地银监局提交申请资料,同时抄送所在地银监会派出机构。

所在地银监局应当自受理之日起20日内将申请资料连同审核意见报送银监会。银监会应当自受理或收到完整申请资料之日起3个月内,作出批准或者不批准解散的决定,并书面通知申请人。决定不批准的,应当说明理由。

第八十九条 外商独资银行、中外合资银行申请解散,应当在终止业务活动前向银监会或所在地银监局提交下列申请资料(一式两份),同时抄送所在地银监会派出机构(一份):

(一)申请人董事长或者行长(首席执行官、总经理)签署的致银监会主席的申请书;

(二)申请人关于解散的董事会决议;

（三）申请人各股东关于外商独资银行、中外合资银行解散的董事会决议；

（四）外商独资银行股东、中外合资银行外方股东所在国家或者地区金融监管当局关于该机构解散的意见书；

（五）关于外商独资银行、中外合资银行解散后资产处置、债务清偿、人员安置的计划和负责后续事项的人员名单及联系方式；

（六）银监会要求的其他资料。

第二节 破　产

第九十条　外商独资银行、中外合资银行因解散而清算，清算组发现该机构财产不足清偿债务的，或者因不能支付到期债务，自愿或者应其债权人要求申请破产的，在向法院申请破产前，应当向银监会提出申请。

第九十一条　银监会直接监管的外商独资银行、中外合资银行破产的申请，由银监会受理、审查和决定。其他外商独资银行、中外合资银行破产的申请，由所在地银监局受理和初审，银监会审查和决定。

外商独资银行、中外合资银行申请破产，应当向银监会或所在地银监局提交申请资料，同时抄送所在地银监会派出机构。

所在地银监局应当自受理之日起20日内将申请资料连同审核意见报送银监会。银监会应当自受理或收到完整申请资料之日起3个月内，作出批准或者不批准破产的决定，并书面通知申请人。决定不批准的，应当说明理由。

第九十二条　外商独资银行、中外合资银行申请破产，应当向银监会或所在地银监局提交下列申请资料（一式两份），同时抄送所在地银监会派出机构（一份）：

（一）申请人董事长、行长（首席执行官、总经理）或者清算组组长签署的致银监会主席的申请书；

（二）申请人关于破产的董事会决议；

（三）各股东关于外商独资银行、中外合资银行破产的董事会决议；

（四）外商独资银行股东、中外合资银行外方股东所在国家或者地区金融监管当局关于破产的意见书；

（五）银监会要求的其他资料。

本条第（二）、（三）、（四）项不适用由清算组提出破产申请的情形。

第三节 分行关闭

第九十三条　外商独资银行、中外合资银行、外国银行申请关闭分行，应当具备下列条件：

（一）申请人董事会已决议通过关闭分行；

（二）外国银行关闭分行已经所在国家或者地区金融监管当局同意；

（三）具有有效的资产处置、债务清偿、人员安置的方案。

第九十四条　银监会直接监管的外商独资银行、中外合资银行关闭一级分行的申请，由银监会受理、审查和决定。其他外商独资银行分行、中外合资银行分行的关闭申请，由拟关闭机构所在地银监局受理、审查和决定。外国银行分行的关闭申请，由拟关闭机构所在地银监局受理和初审，银监会审查和决定。

外商独资银行、中外合资银行、外国银行申请关闭分行，应当向银监会或拟关闭机构所在地银监局提交申请资料，同时抄送拟关闭机构所在地银监会派出机构。

由拟关闭机构所在地银监局受理和初审的，拟关闭机构所在地银监局应当自受理之日起 20 日内将申请资料连同审核意见报送银监会。银监会或拟关闭机构所在地银监局应当自受理或收到完整申请资料之日起 3 个月内，作出批准或者不批准关闭的决定，并书面通知申请人。决定不批准的，应当说明理由。

第九十五条 外商独资银行、中外合资银行、外国银行申请关闭分行，应当在终止业务活动前向银监会或拟关闭机构所在地银监局提交下列申请资料（一式两份），同时抄送拟关闭机构所在地银监会派出机构（一份）：

（一）申请人董事长或者行长（首席执行官、总经理）签署的致银监会主席的申请书；

（二）申请人关于关闭分行的董事会决议；

（三）外国银行所在国家或者地区金融监管当局对其申请的意见书；

（四）关于拟关闭机构的资产处置、债务清偿、人员安置的计划和负责后续事项的人员名单及联系方式；

（五）银监会要求的其他资料。

第四节　分行关闭并在同一城市设立代表处

第九十六条 外国银行关闭中国境内分行并在同一城市设立代表处的申请，由拟关闭机构所在地银监局受理和初审，银监会对拟关闭分行的申请进行审查和决定；在经银监会批准外国银行关闭中国境内分行后，所在地银监局对该外国银行在同一城市设立代表处的申请进行审查和决定。

外国银行关闭中国境内分行并申请在同一城市设立代表处，应当向拟关闭机构所在地银监局提交申请资料，同时抄送拟关闭机构所在地银监会派出机构。所在地银监局应当自受理之日起 20 日内将申请材料连同关于外国银行关闭中国境内分行的初审意见报送银监会。

银监会或拟关闭机构所在地银监局应当自受理或收到完整申请材料之日起 3 个月内，作出批准或者不批准的决定，并书面通知申请人。决定不批准的，应当说明理由。

第九十七条 外国银行申请关闭在中国境内分行并在同一城市设立代表处的，应当具备本办法第五十四条、第九十三条规定的条件，并应当在终止业务活动前将下列申请资料报送拟关闭机构所在地银监局（一式两份），同时抄送拟关闭机构所在地银监会派出机构（一份）：

（一）申请人董事长或者行长（首席执行官、总经理）签署的致银监会主席的申请书；

（二）申请人关于关闭分行并在同一城市设立代表处的董事会决议；

（三）外国银行所在国家或者地区金融监管当局对其申请的意见书；

（四）拟关闭分行资产处置、债务清偿、人员安置的计划和负责后续事项的人员名单及联

系方式;

(五)拟任首席代表任职资格核准所需的相关资料;

(六)银监会要求的其他资料。

第五节 支行关闭

第九十八条 外商独资银行、中外合资银行、外国银行申请关闭支行,应当具备下列条件:

(一)申请人董事会已决议通过关闭支行;

(二)具有有效的资产处置、债务清偿、人员安置的方案。

第九十九条 外商独资银行、中外合资银行、外国银行关闭支行的申请,由拟关闭机构所在地银监局或者经授权的银监会派出机构受理、审查和决定。

外商独资银行、中外合资银行、外国银行申请关闭支行,应当向拟关闭机构所在地银监局或者经授权的银监会派出机构提交申请资料,同时抄送拟关闭机构所在地银监会派出机构。

拟关闭机构所在地银监局或者经授权的银监会派出机构应当自受理之日起3个月内,作出批准或者不批准关闭的决定,并书面通知申请人。决定不批准的,应当说明理由。

第一百条 外商独资银行、中外合资银行、外国银行申请关闭支行,应当在终止业务活动前将下列申请资料报送拟关闭机构所在地银监局或者经授权的银监会派出机构(一式两份):

(一)申请人授权签字人签署的致所在地银监局或者经授权的银监会派出机构负责人的申请书;

(二)申请人关于关闭支行的董事会决议;

(三)拟关闭支行资产处置、债务清偿、人员安置的计划和负责后续事项的人员名单及联系方式;

(四)银监会要求的其他资料。

第六节 外国银行代表处关闭

第一百零一条 外国银行申请关闭代表处,应当具备下列条件:

(一)申请人董事会已决议通过关闭代表处;

(二)申请人所在国家或者地区金融监管当局已同意其申请;

(三)具有有效的关闭方案及人员安置计划。

第一百零二条 外国银行关闭代表处的申请,由拟关闭机构所在地银监局受理、审查和决定。

外国银行申请关闭代表处,应当向拟关闭机构所在地银监局提交申请资料,并同时抄送拟关闭机构所在地银监会派出机构。

拟关闭机构所在地银监局应当自受理之日起3个月内,作出批准或者不批准关闭的决定,并书面通知申请人。决定不批准的,应当说明理由。

第一百零三条 外国银行申请关闭代表处,应当将下列申请资料报送拟关闭机构所在

地银监局(一式两份),同时抄送拟关闭机构所在地银监会派出机构(一份):

(一)申请人董事长或者行长(首席执行官、总经理)签署的致银监会主席的申请书,特殊情况下,该申请书可以由授权签字人签署;

(二)申请人关于关闭代表处的董事会决议;

(三)所在国家或地区金融监管当局对其申请的意见书;

(四)代表处关闭方案、人员安置计划和负责后续事项的人员名单及联系方式;

(五)银监会要求的其他资料。

第五章 业务范围

第一节 开办人民币业务

第一百零四条 外资银行营业性机构申请经营人民币业务,分为初次申请经营人民币业务和申请扩大人民币业务服务对象范围两种情形。

第一百零五条 外资银行营业性机构初次申请经营人民币业务,应当具备下列条件:

(一)提出申请前在中国境内开业1年以上;

(二)银监会规定的其他审慎性条件。

外国银行分行改制为由其单独出资的外商独资银行的,前款规定的期限自外国银行分行设立之日起计算。

外国银行的一家分行已经获准经营人民币业务,该外国银行的其他分行申请经营人民币业务的,不受本条第一款第(一)项的限制。

第一百零六条 已经获准经营人民币业务的外资银行营业性机构申请扩大人民币业务服务对象范围,应当具备银监会规定的审慎性条件。

外商独资银行、中外合资银行经营对中国境内公民的人民币业务,除应当具备银监会规定的审慎性条件外,还应当具备符合业务特点以及业务发展需要的营业网点。

第一百零七条 由银监会直接监管的外资银行营业性机构经营人民币业务或者扩大人民币业务服务对象范围的申请,由银监会受理、审查和决定。其他外资银行营业性机构经营人民币业务或者扩大人民币业务服务对象范围的申请,由外资银行营业性机构所在地银监局受理、审查和决定。

外资银行营业性机构申请经营人民币业务或者申请扩大人民币业务服务对象范围,应当向银监会或所在地银监局提交申请资料,同时抄送所在地银监会派出机构。

银监会或所在地银监局应当自受理之日起3个月内,作出批准或者不批准的决定,并书面通知申请人。决定不批准的,应当说明理由。

第一百零八条 申请经营人民币业务或者扩大人民币业务服务对象范围,申请人应当向银监会或所在地银监局提交下列申请资料(一式两份),同时抄送所在地银监会派出机构(一份):

(一)申请人董事长或者行长(首席执行官、总经理)签署的致银监会主席的申请书;

(二)可行性研究报告;

（三）拟经营业务的内部控制制度及操作规程；
（四）银监会要求的其他资料。

第一百零九条 外资银行营业性机构初次经营人民币业务或者将人民币业务服务对象范围从除中国境内公民以外客户扩大至中国境内公民的，应当进行筹备。筹备期为自获准之日起4个月。外资银行营业性机构未能在4个月内完成筹备工作的，银监会或所在地银监局原批准文件自动失效。

外国银行的1家分行已经获准经营人民币业务的，该外国银行在中国境内增设的分行在筹建期可以开展人民币业务的筹备工作，经所在地银监局验收合格后，可以在开业时提出经营人民币业务的申请。

第一百一十条 外商独资银行分行、中外合资银行分行在其总行业务范围内经授权经营人民币业务。开展业务前，应当将总行对其经营人民币业务的授权书报送所在地银监会派出机构，并进行筹备。筹备期为4个月。

外商独资银行分行、中外合资银行分行经所在地银监会派出机构验收合格后，凭所在地银监局出具的经营人民币业务的确认函到工商行政管理机关办理营业执照变更事宜。

外商独资银行、中外合资银行、外国银行的支行在其总行或分行业务范围内经授权经营人民币业务。开展业务前，应当将总行或分行对其经营人民币业务的授权书报送所在地银监会派出机构，并进行筹备。筹备期为4个月。

外商独资银行、中外合资银行、外国银行的支行经所在地银监会派出机构验收合格后，凭所在地银监会派出机构出具的经营人民币业务的确认函到工商行政管理机关办理营业执照变更事宜。

第二节 发行债务、资本补充工具

第一百一十一条 外商独资银行、中外合资银行申请在境内外发行经银监会许可的债务、资本补充工具，应当具备下列条件：

（一）具有良好的公司治理结构；
（二）主要审慎监管指标符合监管要求；
（三）贷款风险分类结果真实准确；
（四）拨备覆盖率达标，贷款损失准备计提充足；
（五）银监会规定的其他审慎性条件。

第一百一十二条 银监会直接监管的外商独资银行、中外合资银行发行经银监会许可的债务、资本补充工具的申请，由银监会受理、审查和决定，其他外商独资银行、中外合资银行发行经银监会许可的债务、资本补充工具的申请，由所在地银监局受理和初审，银监会审查和决定。

外商独资银行、中外合资银行申请发行经银监会许可的债务、资本补充工具，申请人应当向银监会或所在地银监局提交申请资料。

所在地银监局应当自受理之日起20日内将申请资料连同审核意见报送银监会。银监会应当自受理或收到完整申请资料之日起3个月内，作出批准或者不批准发行债务、资本补充工具的决定,并书面通知申请人。决定不批准的,应当说明理由。

第一百一十三条 外商独资银行、中外合资银行申请发行经银监会许可的债务、资本补充工具,应当向银监会或所在地银监局提交下列申请资料(一式两份):

(一)申请人董事长或者行长(首席执行官、总经理)签署的致银监会主席的申请书;

(二)可行性研究报告;

(三)债务、资本补充工具发行登记表;

(四)申请人关于发行债务、资本补充工具的董事会决议;

(五)申请人股东关于发行债务、资本补充工具的董事会决议;

(六)申请人最近3年经审计的财务会计报告;

(七)募集说明书;

(八)发行公告或者发行章程;

(九)申请人关于本期债券偿债计划及保障措施的专项报告;

(十)信用评级机构出具的金融债券信用评级报告及有关持续跟踪评级安排的说明;

(十一)银监会要求的其他资料。

第三节 开办衍生产品交易业务

第一百一十四条 外资银行营业性机构开办衍生产品交易业务的资格分为下列两类:

(一)基础类资格:只能从事套期保值类衍生产品交易;

(二)普通类资格:除基础类资格可以从事的衍生产品交易之外,还可以从事非套期保值类衍生产品交易。

第一百一十五条 外资银行营业性机构申请开办基础类衍生产品交易业务,应当具备下列条件:

(一)具有健全的衍生产品交易风险管理制度和内部控制制度;

(二)具有接受相关衍生产品交易技能专门培训半年以上、从事衍生产品或者相关交易2年以上的交易人员至少2名,相关风险管理人员至少1名,风险模型研究人员或者风险分析人员至少1名,熟悉套期会计操作程序和制度规范的人员至少1名,以上人员应当专岗专人,相互不得兼任,且无不良记录;

(三)有适当的交易场所和设备;

(四)具有处理法律事务和负责内控合规检查的专业部门及相关专业人员;

(五)主要审慎监管指标符合监管要求;

(六)银监会规定的其他审慎性条件。

第一百一十六条 外资银行营业性机构申请开办普通类衍生产品交易业务,除具备本办法第一百一十五条规定的条件外,还应当具备下列条件:

(一)具有完善的衍生产品交易前台、中台、后台自动联接的业务处理系统和实时风险管理系统;

(二)衍生产品交易业务主管人员应当具备5年以上直接参与衍生产品交易活动或者风险管理的资历,且无不良记录;

(三)具有严格的业务分离制度,确保套期保值类业务与非套期保值类业务的市场信息、风险管理、损益核算有效隔离;

(四)具有完善的市场风险、操作风险、信用风险等风险管理框架;

(五)银监会规定的其他审慎性条件。

第一百一十七条 外国银行分行申请开办衍生产品交易业务,应当获得其总行(地区总部)的正式授权,其母国应当具备对衍生产品交易业务进行监管的法律框架,其母国监管当局应当具备相应的监管能力。

外国银行分行申请开办衍生产品交易业务,若不具备本办法第一百一十五条或者第一百一十六条规定的条件,其总行(地区总部)应当具备上述条件。同时该分行还应当具备下列条件:

(一)其总行(地区总部)对该分行从事衍生产品交易等方面的正式授权应当对交易品种和限额作出明确规定;

(二)除总行另有明确规定外,该分行的全部衍生产品交易统一通过对其授权的总行(地区总部)系统进行实时平盘,并由其总行(地区总部)统一进行平盘、敞口管理和风险控制。

第一百一十八条 银监会直接监管的外商独资银行、中外合资银行开办衍生产品交易业务的申请,由银监会受理、审查和决定。其他外资银行营业性机构开办衍生产品交易业务的申请,由所在地银监局受理、审查和决定。

外资银行营业性机构申请开办衍生产品交易业务,应当向银监会或所在地银监局提交申请资料。

银监会或所在地银监局应当自受理之日起3个月内,作出批准或者不批准开办衍生产品交易业务的决定,并书面通知申请人。决定不批准的,应当说明理由。

第一百一十九条 外资银行营业性机构申请开办衍生产品交易业务,应当向银监会或所在地银监局报送下列申请资料(一式两份):

(一)申请人授权签字人签署的致银监会主席的申请书;

(二)可行性研究报告及业务计划书或者展业计划;

(三)衍生产品交易业务内部管理规章制度,内容包括:

1.衍生产品交易业务的指导原则、操作规程(操作规程应当体现交易前台、中台、后台分离的原则)和针对突发事件的应急计划;

2.新业务、新产品审批制度及流程;

3.交易品种及其风险控制制度;

4.衍生产品交易的风险模型指标及量化管理指标;

5.风险管理制度和内部审计制度;

6.衍生产品交易业务研究与开发的管理制度及后评价制度;

7.交易员守则;

8.交易主管人员岗位职责制度,对各级主管人员与交易员的问责制度和激励约束机制;

9.对前台、中台、后台主管人员及工作人员的培训计划;

(四)衍生产品交易会计制度;

(五)主管人员和主要交易人员名单、履历;

（六）衍生产品交易风险管理制度，包括但不限于：风险敞口量化规则或者风险限额授权管理制度；

（七）第三方独立出具的交易场所、设备和系统的安全性和稳定性测试报告；

（八）银监会要求的其他资料。

外国银行分行申请开办衍生产品交易业务，若不具备本办法第一百一十五条或者第一百一十六条所列条件，除报送其总行（地区总部）的上述文件和资料外，同时还应当报送下列申请资料：

（一）外国银行总行（地区总部）对该分行从事衍生产品交易品种和限额等方面的正式书面授权文件；

（二）除外国银行总行另有明确规定外，外国银行总行（地区总部）出具的确保该分行全部衍生产品交易通过总行（地区总部）交易系统进行实时平盘，并由其总行（地区总部）负责进行平盘、敞口管理和风险控制的承诺函。

第四节　开办信用卡业务

第一百二十条　外商独资银行、中外合资银行申请开办信用卡业务分为申请开办发卡业务和申请开办收单业务。申请人应当具备下列条件：

（一）公司治理良好，主要审慎监管指标符合银监会有关规定，具备与业务发展相适应的组织机构和规章制度，内部控制、风险管理和问责机制健全有效；

（二）信誉良好，具有完善、有效的内控机制和案件防控体系，最近3年内无重大违法违规行为和重大恶性案件；

（三）具备符合任职资格条件的董事、高级管理人员和合格从业人员。高级管理人员中应当有具备信用卡业务专业知识和管理经验的人员至少1名，具备开展信用卡业务必需的技术人员和管理人员，并全面实施分级授权管理；

（四）具备与业务经营相适应的营业场所、相关设施和必备的信息技术资源；

（五）已在中国境内建立符合法律法规和业务管理要求的业务系统，具有保障相关业务系统信息安全和运行质量的技术能力；

（六）开办外币信用卡业务的，应当具有结汇、售汇业务资格；

（七）银监会规定的其他审慎性条件。

第一百二十一条　外商独资银行、中外合资银行申请开办信用卡发卡业务，除应当具备本办法第一百二十条规定的条件外，还应当具备下列条件：

（一）具备办理零售业务的良好基础。最近3年个人存贷款业务规模和业务结构稳定，个人存贷款业务客户规模和客户结构良好，银行卡业务运行情况良好，身份证件验证系统和征信系统的连接和使用情况良好；

（二）具备办理信用卡业务的专业系统。在中国境内建有发卡业务主机、信用卡业务申请管理系统、信用评估管理系统、信用卡账户管理系统、信用卡交易授权系统、信用卡交易监测和伪冒交易预警系统、信用卡客户服务中心系统、催收业务管理系统等专业化运营基础设施，相关设施通过了必要的安全检测和业务测试，能够保障客户资料和业务数据的完整性和安全性；

（三）符合外商独资银行、中外合资银行业务经营总体战略和发展规划，有利于提高总体业务竞争能力。能够根据业务发展实际情况持续开展业务成本计量、业务规模监测和基本盈亏平衡测算等工作。

第一百二十二条 外商独资银行、中外合资银行申请开办信用卡收单业务，除应当具备本办法第一百二十条规定的条件外，还应当具备下列条件：

（一）具备开办收单业务的良好基础。最近3年企业贷款业务规模和业务结构稳定，企业贷款业务客户规模和客户结构较为稳定，身份证件验证系统和征信系统连接和使用情况良好；

（二）具备办理收单业务的专业系统。在中国境内建有收单业务主机、特约商户申请管理系统、特约商户信用评估管理系统、特约商户结算账户管理系统、账务管理系统、收单交易监测和伪冒交易预警系统、交易授权系统等专业化运营基础设施，相关设施通过了必要的安全检测和业务测试，能够保障客户资料和业务数据的完整性和安全性；

（三）符合外商独资银行、中外合资银行业务经营总体战略和发展规划，有利于提高业务竞争能力。能够根据业务发展实际情况持续开展业务成本计量、业务规模监测和基本盈亏平衡测算等工作。

第一百二十三条 银监会直接监管的外商独资银行、中外合资银行开办信用卡业务的申请，由银监会受理、审查和决定。其他外商独资银行、中外合资银行开办信用卡业务的申请，由所在地银监局受理、审查和决定。

外商独资银行、中外合资银行申请开办信用卡业务，应当向银监会或所在地银监局提交申请资料，同时抄送所在地银监会派出机构。

银监会或所在地银监局应当自受理之日起3个月内，作出批准或者不批准开办信用卡业务的决定，并书面通知申请人。决定不批准的，应当说明理由。

第一百二十四条 外商独资银行、中外合资银行申请开办信用卡业务，应当向银监会或所在地银监局提交下列申请资料（一式两份），同时抄送所在地银监会派出机构（一份）：

（一）申请人董事长或者行长（首席执行官、总经理）签署的致银监会主席的申请书；

（二）可行性研究报告；

（三）信用卡业务发展规划；

（四）信用卡业务管理制度；

（五）信用卡章程，内容至少包括信用卡的名称、种类、功能、用途、发行对象、申领条件、申领手续、使用范围（包括使用方面的限制）及使用方法、信用卡账户适用的利率、面向持卡人的收费项目和收费水平，发卡银行、持卡人及其他有关当事人的权利、义务；

（六）信用卡卡样设计草案或者可受理信用卡种类；

（七）信用卡业务运营设施、业务系统和灾备系统介绍；

（八）相关身份证件验证系统和征信系统连接和使用情况介绍；

（九）信用卡业务系统和灾备系统测试报告和安全评估报告；

（十）信用卡业务运行应急方案和业务连续性计划；

（十一）信用卡业务风险管理体系建设和相应的规章制度；

（十二）信用卡业务的管理部门、职责分工、主要负责人介绍；

（十三）申请机构联系人、联系电话、联系地址、传真、电子邮箱等联系方式；

（十四）银监会要求的其他资料。

第五节 开办其他业务

第一百二十五条 外资银行营业性机构申请开办其他业务，是指申请开办《中华人民共和国外资银行管理条例》第二十九条第（十三）项或者第三十一条第（十二）项所指的业务。

第一百二十六条 外资银行营业性机构申请开办其他业务，应当具备下列条件：

（一）具有与业务发展相适应的组织结构和规章制度，内控制度、风险管理和问责机制健全有效；

（二）与现行法律法规不相冲突；

（三）主要审慎监管指标达到监管要求；

（四）符合外资银行战略发展定位与方向；

（五）经内部决策程序通过；

（六）具备开展业务必需的技术人员和管理人员，并全面实施分级授权管理；

（七）具备与业务经营相适应的营业场所和相关设施；

（八）具备开展该项业务的必要、安全且合规的信息科技系统，具备保障信息科技系统有效安全运行的技术与措施；

（九）无重大违法违规记录和因内部管理问题导致的重大案件；

（十）银监会规定的其他审慎性条件。

第一百二十七条 银监会直接监管的外商独资银行、中外合资银行开办其他业务的申请，由银监会受理、审查和决定。其他外资银行营业性机构开办其他业务的申请，由所在地银监局受理、审查和决定。

外资银行营业性机构申请开办其他业务，应当向银监会或所在地银监局提交申请资料，同时抄送所在地银监会派出机构。

银监会或所在地银监局应当自受理之日起3个月内，作出批准或者不批准开办拟经营业务的决定，并书面通知申请人。决定不批准的，应当说明理由。

第一百二十八条 外资银行营业性机构申请开办其他业务，应当向银监会或所在地银监局报送下列申请资料（一式两份），同时抄送所在地银监会派出机构（一份）：

（一）申请人授权签字人签署的致银监会主席的申请书；

（二）拟经营业务的详细介绍和可行性研究报告；

（三）拟经营业务的内部控制制度和操作规程；

（四）拟经营业务的人员配备情况及业务系统的介绍；

（五）银监会要求的其他资料。

第六章 董事和高级管理人员任职资格核准

第一百二十九条 本办法所称高级管理人员是指须经银监会或者所在地银监局核准任

职资格的外资银行管理人员。

第一百三十条 申请担任外资银行董事、高级管理人员和首席代表,拟任人应当是具有完全民事行为能力的自然人,并具备下列基本条件:

(一)熟悉并遵守中国法律、行政法规和规章;

(二)具有良好的职业道德、操守、品行和声誉,有良好的守法合规记录,无不良记录;

(三)具备大学本科以上(包括大学本科)学历,且具有与担任职务相适应的专业知识、工作经验和组织管理能力;不具备大学本科以上学历的,应当相应增加6年以上从事金融或者8年以上从事相关经济工作经历(其中从事金融工作4年以上);

(四)具有履职所需的独立性。

外资银行董事、高级管理人员和首席代表在银监会或者所在地银监局核准其任职资格前不得履职。

第一百三十一条 拟任人有下列情形之一的,不得担任外资银行的董事、高级管理人员和首席代表:

(一)有故意或者重大过失犯罪记录的;

(二)有违反社会公德的不良行为,造成恶劣影响的;

(三)对曾任职机构违法违规经营活动或者重大损失负有个人责任或者直接领导责任,情节严重的;

(四)担任或者曾任被接管、撤销、宣告破产或者吊销营业执照的机构的董事或者高级管理人员的,但能够证明本人对曾任职机构被接管、撤销、宣告破产或者吊销营业执照不负有个人责任的除外;

(五)因违反职业道德、操守或者工作严重失职,造成重大损失或者恶劣影响的;

(六)指使、参与所任职机构不配合依法监管或者案件查处的;

(七)被取消终身的董事和高级管理人员任职资格,或者受到监管机构或者其他金融管理部门处罚累计达到两次以上的;

(八)本人或者其配偶负有数额较大的债务且到期未偿还的,包括但不限于在该外资银行的逾期贷款;

(九)存在其他所任职务与拟任职务有明显利益冲突,或者明显分散其履职时间和精力的情形;

(十)不具备本办法规定的任职资格条件,采取不正当手段以获得任职资格核准的;

(十一)法律、行政法规、部门规章规定的不得担任金融机构董事、高级管理人员或者首席代表的;

(十二)银监会认定的其他情形。

第一百三十二条 外资银行营业性机构更换董事长、行长(首席执行官、总经理)、分行行长、管理型支行行长、外国银行代表处更换首席代表,拟任人任职资格未获核准前,外资银行应当指定符合任职资格条件的人员代为履职,并自指定之日起3日内向任职资格审核的决定机关报告。

代为履职的人员不符合任职资格条件的,监管机构可以责令外资银行限期调整代为履职的人员。代为履职的时间不得超过6个月。外资银行应当在6个月内选聘符合任职资格条件的人员正式任职。

第一百三十三条 具有高级管理人员任职资格且未连续中断任职1年以上的拟任人在同质同类外资银行间平级调动职务（平级兼任）或改任（兼任）较低职务的，不需重新申请核准任职资格。拟任人应当在任职后5日内向银监会或任职机构所在地银监会派出机构备案。

第一百三十四条 担任下列职务的外资银行董事、高级管理人员和首席代表除应当具备本办法第一百三十条所列条件外，还应当分别具备下列条件：

（一）担任外商独资银行、中外合资银行董事长，应当具有8年以上金融工作或者12年以上相关经济工作经历（其中从事金融工作5年以上）；

（二）担任外商独资银行、中外合资银行副董事长，应当具有5年以上金融工作或者10年以上相关经济工作经历（其中从事金融工作3年以上）；

（三）担任外商独资银行、中外合资银行行长（首席执行官、总经理），应当具有8年以上金融工作或者12年以上相关经济工作经历（其中从事金融工作4年以上）；

（四）担任外商独资银行、中外合资银行董事会秘书、副行长（副总经理）、行长助理、首席运营官、首席风险控制官、首席财务官（财务总监、财务负责人）、首席技术官（首席信息官），外商独资银行分行、中外合资银行分行、外国银行分行行长（总经理），应当具有5年以上金融工作或者10年以上相关经济工作经历（其中从事金融工作3年以上）；

（五）担任外商独资银行、中外合资银行董事，应当具有5年以上与经济、金融、法律、财务有关的工作经历，能够运用财务报表和统计报表判断银行的经营、管理和风险状况，理解银行的公司治理结构、公司章程、董事会职责以及董事的权利和义务；

（六）担任外商独资银行分行、中外合资银行分行、外国银行分行副行长（副总经理），管理型支行行长，应当具有4年以上金融工作或者6年以上相关经济工作经历（其中从事金融工作2年以上）；

（七）担任外商独资银行、中外合资银行内审负责人和合规负责人，应当具有4年以上金融工作经历；

（八）担任外商独资银行分行、中外合资银行分行、外国银行分行合规负责人，应当具有3年以上金融工作经历；

（九）担任外国银行代表处首席代表，应当具有3年以上金融工作或者6年以上相关经济工作经历（其中从事金融工作1年以上）。

第一百三十五条 外资银行下列人员的任职资格核准的申请，由银监会受理、审查和决定：银监会直接监管的外商独资银行、中外合资银行董事长、行长（首席执行官、总经理）、董事、副董事长、董事会秘书、副行长（副总经理）、行长助理、首席运营官、首席风险控制官、首席财务官（财务总监、财务负责人）、首席技术官（首席信息官）、内审负责人、合规负责人，以及其他对经营管理具有决策权或者对风险控制起重要作用的人员。

外资银行下列人员的任职资格核准的申请，由拟任职机构所在地银监局受理和初审，银监会审查和决定：非银监会直接监管的外商独资银行、中外合资银行董事长、行长（首席执行官、总经理）。所在地银监局应当自受理之日起20日内将申请资料连同审核意见报送银监会。

银监会授权所在地银监局受理、审查和决定随机构开业初次任命的外商独资银行、中外合资银行董事长、行长(首席执行官、总经理)任职资格。

外资银行下列人员的任职资格核准的申请,由拟任职机构所在地银监局受理、审查和决定:

(一)非银监会直接监管的外商独资银行、中外合资银行董事、副董事长、董事会秘书、副行长(副总经理)、行长助理、首席运营官、首席风险控制官、首席财务官(财务总监、财务负责人)、首席技术官(首席信息官)、内审负责人、合规负责人;

(二)外商独资银行分行、中外合资银行分行、外国银行分行的行长(总经理)、副行长(副总经理)、合规负责人、管理型支行行长;外国银行代表处首席代表;

(三)其他对经营管理具有决策权或者对风险控制起重要作用的人员。

第一百三十六条 银监会或所在地银监局应当自受理或收到完整申请资料之日起30日内,作出核准或者不核准的决定,并书面通知申请人。决定不核准的,应当说明理由。

随机构设立初次任命的董事长、行长(首席执行官、总经理)、分行行长(总经理)任职资格核准的申请,由拟任职机构所在地银监局自受理之日起2个月内,随机构开业批复作出核准或者不核准的决定;随代表处设立初次任命的首席代表任职资格核准的申请,由拟任职机构所在地银监局自受理之日起6个月内,随代表处设立批复作出核准或者不核准的决定,并书面通知申请人。决定不核准的,应当说明理由。

第一百三十七条 申请核准外资银行董事、高级管理人员和首席代表任职资格,申请人应当将下列申请资料报送银监会或拟任职机构所在地银监局(一式两份),同时抄送拟任职机构所在地银监会派出机构(一份):

(一)申请人授权签字人签署的致银监会的申请书,其中由银监会核准的申请书致银监会主席,由银监局核准的申请书致银监局负责人;申请书中应当说明拟任人拟任的职务、职责、权限,及该职务在本机构组织结构中的位置;

(二)申请人授权签字人签署的对拟任人的授权书及该签字人的授权书;

(三)经授权签字人签字的拟任人简历、身份证明和学历证明复印件;

(四)拟任人从事商业银行业务及相关管理经验、履职计划的详细说明;

(五)拟任人签署的无不良记录陈述书以及任职后将守法尽责的承诺书;

(六)外商独资银行、中外合资银行章程规定应当召开股东会或者董事会会议的,还应当报送相应的会议决议;

(七)拟任人离任审计报告(经济责任审计报告)或者原任职机构出具的履职评价;

(八)拟任人在银行、银行集团及其关联企业中担任、兼任其他职务的情况说明;

(九)银监会要求的其他资料。

第七章 附 则

第一百三十八条 本办法中的"日"指工作日。

第一百三十九条 本办法中"以上"均含本数或本级。

第一百四十条 本办法中银监会直接监管的外资银行是指在15个以上省(区、市)设立一级分支机构的外资法人银行。

第一百四十一条 支行升格分行的,应当符合分行设立的有关规定。

第一百四十二条 本办法所称管理型支行是指除了对自身以外,对其他支行或支行以下分支机构在机构管理、业务管理、人员管理等方面具有部分或全部管辖权的支行。

第一百四十三条 香港、澳门及台湾地区的金融机构在内地/大陆设立的银行机构,比照适用本办法。国务院另有规定的,依照其规定。

第一百四十四条 银监会负责其直接监管的外资法人银行金融许可证的颁发与管理;所在地银监局或经授权的银监会派出机构负责其他外资银行营业性机构金融许可证的颁发与管理。

第一百四十五条 本办法由银监会负责解释。

第一百四十六条 本办法自公布之日起施行,《中国银监会外资银行行政许可事项实施办法》(中国银监会令2014年第6号)同时废止。

中国保险监督管理委员会关于修改《中华人民共和国外资保险公司管理条例实施细则》等四部规章的决定

保监会令2018年第4号

现公布《中国保险监督管理委员会关于修改〈中华人民共和国外资保险公司管理条例实施细则〉等四部规章的决定》,自公布之日起施行。

副主席　陈文辉
2018年2月13日

为贯彻落实国务院关于清理规范行政审批中介服务事项的要求,中国保险监督管理委员会决定对《中华人民共和国外资保险公司管理条例实施细则》等四部规章的部分条款予以修改。

一、将《中华人民共和国外资保险公司管理条例实施细则》第二十六条修改为:"《条例》和本细则要求申请设立外资保险公司的外国保险公司提供的下列文件或者资料,应当真实有效:

"(一)营业执照(副本)或者营业执照的有效复印件;

"(二)对拟任外国保险公司分公司主要负责人的授权书;

"(三)外国保险公司对其中国境内分公司承担税务、债务的责任担保书。"

二、将《外国保险机构驻华代表机构管理办法》第六条第二款修改为:"申请者提交的材料应当真实有效。"

三、删去《保险公司次级定期债务管理办法》第十二条。

第十四条改为第十三条,删去第一款第六项、第七项。

四、将《保险公司董事、监事和高级管理人员任职资格管理规定》第五十条修改为:"保险机构依照本规定报送的任职资格审查材料和其他文件资料,应当用中文书写。原件是外文的,应当附中文译本。"

本决定自公布之日起施行。

《中华人民共和国外资保险公司管理条例实施细则》《外国保险机构驻华代表机构管理办法》《保险公司次级定期债务管理办法》《保险公司董事、监事和高级管理人员任职资格管理规定》根据本决定作相应修改,重新公布。

中华人民共和国外资保险公司管理条例实施细则

第一条 根据《中华人民共和国保险法》和《中华人民共和国外资保险公司管理条例》(以下简称《条例》),制定本细则。

第二条 《条例》所称外国保险公司,是指在中国境外注册、经营保险业务的保险公司。

第三条 外国保险公司与中国的公司、企业合资在中国境内设立经营人身保险业务的合资保险公司(以下简称合资寿险公司),其中外资比例不得超过公司总股本的50%。

外国保险公司直接或者间接持有的合资寿险公司股份,不得超过前款规定的比例限制。

第四条 《条例》生效前在中国境内设立的外资保险公司,其注册资本或者营运资金不足2亿元人民币或者其等值的自由兑换货币的,应当在本细则生效后2年内缴足;未缴足注册资本或者营运资金的,对于其开展新业务的申请,中国保监会不予批准。

第五条 外资保险公司的注册资本或者营运资金应当为实缴货币。

第六条 外国保险公司分公司成立后,外国保险公司不得以任何形式抽回营运资金。

第七条 《条例》第八条第一项所称经营保险业务30年以上,是指外国保险公司持续经营保险业务30年以上,外国保险公司吸收合并其他机构或者与其他机构合并设立新保险公司的,不影响其经营保险业务年限的计算。

外国保险公司子公司的经营保险业务年限,从该子公司设立时开始计算。

第八条 《条例》第八条第二项所称代表机构,是指经中国保险监督管理委员会(以下简称中国保监会)批准的下列代表机构:

(一)外国保险公司设立的代表机构;

(二)外国保险公司所在的集团公司设立的代表机构。

第九条 外国保险公司或者其所在的集团公司设立的代表机构,只能适用于申请设立一家外资保险公司。

第十条 《条例》第八条第三项所称设立申请前1年年末,是指申请日的上一个会计年度末。

第十一条 《条例》第八条第七项所称其他审慎性条件,至少包括下列条件:

(一)法人治理结构合理;

(二)风险管理体系稳健;

(三)内部控制制度健全;

(四)管理信息系统有效;

(五)经营状况良好,无重大违法违规记录。

第十二条 申请人不能提供《条例》第九条第二项要求的营业执照(副本)的,可以提供营业执照的有效复印件或者有关主管当局出具的该申请人有权经营保险业务的书面证明。

第十三条 《条例》第九条第二项所称外国申请人所在国家或者地区有关主管当局对其符合偿付能力标准的证明,应当包括下列内容之一:

(一)在有关主管当局出具证明之日的上一个会计年度,该申请人的偿付能力符合该国家或者地区的监管要求;

(二)在有关主管当局出具证明之日的上一个会计年度中,该申请人没有不符合该国家或者地区偿付能力标准的记录。

第十四条 《条例》第九条第二项所称外国申请人所在国家或者地区有关主管当局对其申请的意见书,应当包括下列内容:

(一)该申请人申请在中国境内设立保险机构是否符合该国家或者地区的法律规定;

(二)是否同意该申请人的申请;

(三)在有关主管当局出具意见之日的前3年,该申请人受处罚的记录。

第十五条 《条例》第九条第三项所称年报,应当包括申请人在申请日的前3个会计年度的资产负债表、利润表和现金流量表。

前款所列报表应当附由申请人所在国家或者地区认可的会计师事务所或者审计师事务所出具的审计意见书。

第十六条 除法律、行政法规另有规定或者经国务院批准外,《条例》第九条第四项所称中国申请人应当符合下列条件:

(一)经工商行政管理部门登记注册的具有法人资格的公司或者企业,商业银行、证券机构以及《中华人民共和国外资企业法》规定的外资企业除外;

(二)经企业行政主管机关或者其股东会批准;

(三)经营状况良好,且申请日的上一个会计年度为盈利;

(四)以自有资金出资,来源合法。

第十七条 设立合资保险公司的中国申请人,应当提交的有关资料包括营业执照(副本)、公司或者企业的章程、业务结构、经营历史、最近3年的年报以及最近3年受处罚的记录。

第十八条 拟设外资保险公司的筹建负责人应当具备下列条件:

(一)大专以上学历;

(二)从事保险或者相关工作2年以上;

(三)无违法犯罪记录。

第十九条 申请人根据《条例》第十一条规定申请延长筹建期的,应当在筹建期期满之日的前1个月以内向中国保监会提交书面申请,并说明理由。

第二十条 《条例》第十一条第一项所称筹建报告,应当对该条其他各项的内容作出综述。

第二十一条 《条例》第十一条第四项所称法定验资机构,是指符合中国保监会要求的会计师事务所。

第二十二条 《条例》第十一条第四项所称验资证明,应当包括下列内容:
(一)法定验资机构出具的验资报告;
(二)注册资本或者营运资金的银行原始入账凭证的复印件。

第二十三条 《条例》第十一条第五项所称主要负责人,是指拟设外国保险公司分公司的总经理。

对拟任外国保险公司分公司主要负责人的授权书,是指由外国保险公司董事长或者总经理签署的、对拟任外国保险公司分公司总经理的授权书。

授权书应当明确记载被授权人的权限范围。

第二十四条 《条例》第十一条第六项所称拟设公司的高级管理人员,应当符合中国保监会规定的任职资格条件。

外国保险公司分公司的高级管理人员,应当具备保险公司总公司高级管理人员的任职资格条件。

第二十五条 《条例》第十一条第九项所称拟设公司的营业场所的资料,是指营业场所所有权或者使用权的证明文件。

《条例》第十一条第九项所称与业务有关的其他设施的资料,至少包括计算机设备配置、网络建设情况以及信息管理系统情况。

第二十六条 《条例》和本细则要求申请设立外资保险公司的外国保险公司提供的下列文件或者资料,应当真实有效:
(一)营业执照(副本)或者营业执照的有效复印件;
(二)对拟任外国保险公司分公司主要负责人的授权书;
(三)外国保险公司对其中国境内分公司承担税务、债务的责任担保书。

第二十七条 外资保险公司可以根据业务发展需要申请设立分支机构。

外国保险公司分公司只能在其所在省、自治区或者直辖市的行政辖区内开展业务。合资保险公司、独资保险公司在其住所地以外的各省、自治区、直辖市开展业务的,应当设立分公司。

外资保险公司可以根据实际情况申请设立中心支公司、支公司、营业部或者营销服务部。营销服务部的设立和管理,中国保监会另有规定的,适用其规定。

第二十八条 合资保险公司、独资保险公司以最低注册资本人民币2亿元设立的,在其住所地以外的每一省、自治区、直辖市首次申请设立分公司,应当增加不少于人民币2千万元的注册资本。

申请设立分公司时,合资保险公司、独资保险公司注册资本达到前款规定的增资后额度的,可以不再增加相应的注册资本。

合资保险公司、独资保险公司注册资本达到人民币5亿元,在偿付能力充足的情况下,设立分公司不需要增加注册资本。

第二十九条 外资保险公司申请设立分支机构,应当具备下列条件:

(一)上一年度偿付能力充足,提交申请前连续2个季度偿付能力均为充足;

(二)保险公司具备良好的公司治理结构,内控健全;

(三)申请人具备完善的分支机构管理制度;

(四)对拟设立分支机构的可行性已进行充分论证;

(五)在住所地以外的省、自治区、直辖市申请设立省级分公司以外其他分支机构的,该省级分公司已经开业;

(六)申请人最近2年内无受金融监管机构重大行政处罚的记录,不存在因涉嫌重大违法行为正在受到中国保监会立案调查的情形;

(七)申请设立省级分公司以外其他分支机构,在拟设地所在的省、自治区、直辖市内,省级分公司最近2年内无受金融监管机构重大行政处罚的记录,已设立的其他分支机构最近6个月内无受重大保险行政处罚的记录;

(八)有申请人认可的筹建负责人;

(九)中国保监会规定的其他条件。

第三十条 设立分支机构,应当由外资保险公司向中国保监会提出申请,并提交下列材料一式三份:

(一)设立申请书;

(二)申请前连续2个季度的偿付能力报告和上一年度经审计的偿付能力报告;

(三)保险公司上一年度公司治理结构报告以及申请人内控制度;

(四)分支机构设立的可行性论证报告,包括拟设机构3年业务发展规划和市场分析,设立分支机构与公司风险管理状况和内控状况相适应的说明;

(五)申请人分支机构管理制度;

(六)申请人作出的其最近2年无受金融监管机构重大行政处罚的声明;

(七)申请设立省级分公司以外其他分支机构的,提交省级分公司最近2年无受金融监管机构重大行政处罚的声明;

(八)拟设机构筹建负责人的简历以及相关证明材料;

(九)中国保监会规定提交的其他材料。

第三十一条 中国保监会应当自收到完整申请材料之日起30日内对设立申请进行书面审查,对不符合本规定第二十九条的,作出不予批准决定,并书面说明理由;对符合本规定第二十九的,向申请人发出筹建通知。

申请人应当自收到筹建通知之日起6个月内完成分支机构的筹建工作。筹建期间不计算在行政许可的期限内。

筹建期间届满未完成筹建工作的,应当根据本规定重新提出设立申请。

筹建机构在筹建期间不得从事任何保险经营活动。

第三十二条 筹建工作完成后,筹建机构具备下列条件的,申请人可以向中国保监会提交开业验收报告:

(一)具有合法的营业场所,安全、消防设施符合要求;

(二)建立了必要的组织机构和完善的业务、财务、风险控制、资产管理、反洗钱等管理制度;

(三)建立了与经营管理活动相适应的信息系统;

(四)具有符合任职条件的拟任高级管理人员或者主要负责人;

(五)对员工进行了上岗培训;

(六)筹建期间未开办保险业务;

(七)中国保监会规定的其他条件。

申请人提交的开业验收报告应当附下列材料一式三份:

(一)筹建工作完成情况报告;

(二)拟任高级管理人员或者主要负责人简历及有关证明;

(三)拟设机构营业场所所有权或者使用权证明;

(四)计算机设备配置、应用系统及网络建设情况报告;

(五)业务、财务、风险控制、资产管理、反洗钱等制度;

(六)机构设置和从业人员情况报告,包括员工上岗培训情况报告等;

(七)按照拟设地规定提交有关消防证明,无需进行消防验收或者备案的,提交申请人作出的已采取必要措施确保消防安全的书面承诺;

(八)中国保监会规定提交的其他材料。

第三十三条 中国保监会应当自收到完整的开业验收报告之日起30日内,进行开业验收,并作出批准或者不予批准的决定。验收合格批准设立的,颁发分支机构经营保险业务许可证;验收不合格不予批准设立的,应当书面通知申请人并说明理由。

经批准设立的外资保险公司分支机构,应当持批准文件以及分支机构经营保险业务许可证,向工商行政管理部门办理登记注册手续,领取营业执照后方可营业。

第三十四条 外资保险公司及其分支机构的高级管理人员,其任职资格审核与管理,按照中国保监会的有关规定执行,本细则另有规定的除外。

第三十五条 合资、独资财产保险公司因分立、合并或者公司章程规定的解散事由出现,申请解散的,应当报中国保监会批准,并提交下列资料:

(一)公司董事长签署的申请书;

(二)公司股东会的决议;

(三)拟成立的清算组人员构成及清算方案;

(四)未了责任的处理方案。

第三十六条 经中国保监会批准解散的合资、独资财产保险公司,应当自收到中国保监会批准文件之日起,停止新的业务经营活动,向中国保监会缴回经营保险业务许可证,并在15日内成立清算组。

第三十七条 清算组应当自成立后5日内将公司开始清算程序的情况书面通知工商行政管理、税务、劳动与社会保障等有关部门。

第三十八条 清算组应当自成立之日起1个月内聘请符合中国保监会要求的会计师事务所进行审计;自聘请之日起3个月内向中国保监会提交审计报告。

第三十九条 清算组应当在每月10号前向中国保监会报送有关债务清偿、资产处置等最新情况报告。

第四十条 《条例》第二十八条所称报纸,是指中国保监会指定的报纸。

第四十一条 外国财产保险公司申请撤销其在中国境内分公司的,应当报中国保监会批准,并提交下列资料:

(一)外国财产保险公司董事长或者总经理签署的申请书;

(二)拟成立的清算组人员构成及清算方案;

(三)未了责任的处理方案。

外国财产保险公司撤销其在中国境内分公司的具体程序,适用《条例》及本细则有关合资、外资财产保险公司申请解散的程序。

外国财产保险公司分公司的总公司解散、依法被撤销或者宣告破产的,外国财产保险公司分公司的清算及债务处理适用《条例》第三十条及本细则有关合资、独资财产保险公司解散的相应规定。

第四十二条 外资保险公司违反本细则有关规定的,由中国保监会依据《保险法》、《条例》等法律、行政法规进行处罚。

第四十三条 《条例》及本细则要求提交、报送的文件、资料和书面报告,应当提供中文本,中外文本表述不一致的,以中文本的表述为准。

第四十四条 《条例》及本细则规定的期限,从有关资料送达中国保监会之日起计算。申请人申请文件不全、需要补交资料的,期限应当从申请人的补交资料送达中国保监会之日起重新计算。

本细则有关批准、报告期间的规定是指工作日。

第四十五条 对外资保险公司的管理,《条例》和本细则未作规定的,适用其他法律、行政法规与中国保监会的有关规定。

外资再保险公司的设立适用《再保险公司设立规定》,《再保险公司设立规定》未作规定的,适用本细则。

第四十六条 香港特别行政区、澳门特别行政区和台湾地区的保险公司在内地设立和营业的保险公司,比照适用《条例》和本细则;法律、行政法规或者行政协议另有规定的,适用其规定。

第四十七条 本细则自2004年6月15日起施行。

外国保险机构驻华代表机构管理办法

第一章 总 则

第一条 为了加强对外国保险机构驻华代表机构(以下简称"代表机构")的管理,适应中国保险市场对外开放的需要,根据《中华人民共和国保险法》,制定本办法。

第二条 本办法所称外国保险机构,是指在中国境外注册的保险公司、再保险公司、保险中介机构、保险协会及其他保险组织。

本办法所称代表机构,是指外国保险机构在中国境内获准设立并从事联络、市场调查等非经营性活动的代表处、总代表处。

本办法所称首席代表,是指代表处的主要负责人;本办法所称总代表,是指总代表处的主要负责人。

第三条 代表机构必须遵守中国法律、法规和中国保险监督管理委员会(以下简称"中国保监会")的有关规定。

代表机构的合法权益受中国法律保护。

第四条 中国保监会根据法律和国务院授权,对代表机构履行监管职责。

中国保监会派出机构,在中国保监会授权范围内,代表中国保监会对本辖区的代表机构实施日常监管。

第二章 申请与设立

第五条 申请设立代表处的外国保险机构(以下简称"申请者")应当具备下列条件:

(一)经营状况良好;

(二)外国保险机构经营有保险业务的,应当经营保险业务20年以上,没有经营保险业务的,应当成立20年以上;

(三)申请之日前3年内无重大违法违规记录;

(四)中国保监会规定的其他审慎性条件。

本条所称经营保险业务20年以上,是指外国保险机构持续经营保险业务20年以上,外国保险机构吸收合并其他机构或者与其他机构合并设立新保险机构的,不影响其经营保险业务年限的计算。

外国保险机构子公司经营保险业务的年限,自该子公司设立时开始计算。

外国保险集团公司经营保险业务的年限,以下列两项时间中较早的一项时间开始计算:

(一)该集团开始经营保险业务的时间;

(二)该集团中经营保险业务的子公司开始经营保险业务的时间。

第六条 申请者应当提交下列材料:

(一)正式申请表;

(二)由董事长或者总经理签署的致中国保监会主席的申请书;

(三)所在国家或者地区有关主管当局核发的营业执照或者合法开业证明或者注册登记证明的复印件;

(四)机构章程,董事会成员名单、管理层人员名单或者主要合伙人名单;

(五)申请之日前3年的年报;

(六)所在国家或者地区有关主管当局出具的对申请者在中国境内设立代表处的意见书,或者由所在行业协会出具的推荐信,意见书或者推荐信应当陈述申请者在出具意见书或者推荐信之日前3年受处罚的记录;

(七)代表机构设立的可行性和必要性研究报告;

（八）由董事长或者总经理签署的首席代表授权书；

（九）申请者就拟任首席代表在申请日前3年没有因重大违法违规行为受到所在国家或者地区处罚的声明；

（十）拟任首席代表的简历；

（十一）中国保监会规定提交的其他资料。

申请者提交的材料应当真实有效。

第七条 申请者应当向中国保监会提交申请材料。对拟设代表处的申请，中国保监会应当根据下列情况分别处理：

（一）申请材料存在可以当场更正的错误的，应当允许申请人当场更正；

（二）申请材料不齐全或者不符合法定形式的，应当当场或者在5日内一次告知申请人需要补正的全部内容，逾期不告知的，自收到申请材料之日起即为受理；

（三）申请材料齐全、符合法定形式，或者申请人按照要求提交全部补正申请材料的，应当受理申请。

中国保监会受理或者不予受理申请，应当出具加盖专用印章和注明日期的书面凭证。

第八条 中国保监会根据审慎性原则对设立代表处的申请进行审查，并应当自受理申请之日起20日内，作出批准或者不予批准的决定。20日内不能作出决定的，经中国保监会主席批准，可以延长10日，并应当将延长期限的理由告知申请人。

决定批准的，颁发批准书；决定不予批准的，应当书面说明理由。

第九条 代表处领取批准书后，应当按有关规定办理工商登记。

代表处应当自领取批准书之日起3个月内迁入固定的办公场所，并向中国保监会书面报告下列事项：

（一）工商登记注册证明；

（二）办公场所的合法使用权证明；

（三）办公场所电话、传真、邮政通讯地址；

（四）首席代表移动电话、电子邮箱。

代表处自领取批准书之日起3个月内未向中国保监会提交书面报告的，视为未迁入固定办公场所，原批准书自动失效。

第三章 监督管理

第十条 代表处的名称应当依次由下列内容组成："外国保险机构所属国家或者地区名称"、"外国保险机构名称"、"所在城市名称"和"代表处"；总代表处的名称应当依次由下列内容组成："外国保险机构所属国家或者地区名称"、"外国保险机构名称"和"驻中国总代表处"。

第十一条 代表机构除主要负责人外，其他主要工作人员应当称"代表"、"副代表"。

第十二条 代表机构工作人员应当遵守中国的法律法规，品行良好，无重大违法违规记录。

第十三条 总代表和首席代表应当具备履行职责所需的学历、从业经历和工作能力。

总代表应当具备8年以上工作经历、大学专科以上学历；首席代表应当具备5年以上工作经历、大学专科以上学历。

总代表和首席代表不具备大学专科以上学历的,应当具备10年以上保险从业经历。

第十四条 每个代表机构的外籍工作人员最多不得超过3人。

第十五条 代表机构及其工作人员不得以任何方式从事或者参与经营性活动。

第十六条 代表机构应当有独立、固定的办公场所和专职的工作人员。

第十七条 总代表或首席代表不得在2个以上代表机构中任职;也不得在中国境内任何经营性机构中任职。

第十八条 总代表或首席代表应当常驻代表机构主持日常工作,并且常驻时间每年累计不得少于240日。

总代表或者首席代表离开代表机构的时间每次不得连续超过30日;离开代表机构连续超过14日的,应当指定专人代行其职,并向当地中国保监会派出机构书面报告。

第十九条 代表机构应当在每年2月底前向当地中国保监会派出机构报送上一年度的工作报告一式两份,由中国保监会派出机构转报中国保监会。

工作报告应当按中国保监会规定的格式填写。

第二十条 代表机构每年在其代表的外国保险机构会计年度结束后的6个月内,应当分别向中国保监会和当地中国保监会派出机构报送其所代表的外国保险机构上一年度的年报。

第二十一条 代表机构代表的外国保险机构有下列情形之一的,代表机构应当自事件发生之日起10日内,向中国保监会提交书面报告,同时抄报当地中国保监会派出机构:

(一)公司章程、注册资本或者注册地址变更;

(二)分立、合并或者主要负责人变动;

(三)经营严重亏损;

(四)因违法、违规行为受到处罚;

(五)外国保险机构所在国家或者地区的有关主管当局对其实施重大监管措施;

(六)对经营有重大影响的其他事项。

第二十二条 代表机构更换总代表或者首席代表的,应当向中国保监会申请,并提交下列材料:

(一)由其代表的外国保险机构董事长或者总经理签署的致中国保监会主席的申请书;

(二)由其代表的外国保险机构董事长或者总经理签署的拟任总代表或者首席代表的授权书;

(三)拟任总代表或者首席代表的身份证明、学历证明和简历;

(四)中国保监会规定的其他材料。

第二十三条 代表机构变更名称,应当向中国保监会申请,并提交下列材料:

(一)名称变更申请表;

(二)由其所代表的外国保险机构董事长或者总经理签署的致中国保监会主席的申请书;

(三)中国保监会规定的其他材料。

第二十四条 在中国境内已设立2个以上代表处的外国保险机构,可以指定其中一个代表处为总代表处，但应当按照本办法第二十三条的规定，向中国保监会申请将代表处名称变更为总代表处。

代表处经批准变更为总代表处的，总代表处应当自中国保监会批准变更之日起1个月内依法办理代表处的工商变更登记。

第二十五条 代表机构变更总代表、首席代表或者变更名称，按照本办法规定向中国保监会提出申请的，中国保监会应当自受理申请之日起20日内，作出批准或者不予批准的决定。

决定批准的，颁发批准书；决定不予批准的，应当作出书面决定并说明理由。

第二十六条 代表机构只能在所在城市的行政辖区内变更办公场所，并应当自变更之日起5日内向中国保监会和当地中国保监会派出机构书面报告下列事项：

（一）新办公场所合法使用权证明；

（二）新办公场所电话、传真、邮政通讯地址。

本条所称变更办公场所包括原有办公场所的搬迁、扩大、缩小或者新增办公场所等情形。

第二十七条 代表机构撤销的，应当自撤销之日起20日内，向中国保监会书面报告下列事项：

（一）撤销代表机构的情况说明；

（二）外国保险机构撤销代表机构文件的复印件。

第二十八条 代表机构更换或者增减代表、副代表、外籍工作人员，应当自更换或者增减人员之日起5日内向当地中国保监会派出机构报告，并提交被任命人员的身份证明、学历证明和简历。

第二十九条 外国保险机构的代表处撤销后，总代表处是其惟一驻华代表机构的，总代表处应当按照本办法第二十三条的规定，向中国保监会申请将总代表处名称变更为代表处。

总代表处经批准变更为代表处的，代表处应当自中国保监会批准变更之日起1个月内依法办理工商变更登记。

第三十条 代表处撤销后，其代表的外国保险机构设有总代表处的，由总代表处负责未了事宜；没有设立总代表处的，由其代表的外国保险机构的其他代表处负责未了事宜；其代表的外国保险机构的所有代表机构均已撤销的，由其代表的外国保险机构负责未了事宜。

第三十一条 中国保监会或者当地中国保监会派出机构根据监管需要，可以对代表机构的总代表或者首席代表进行监管谈话，提示风险，并要求其就有关问题作出说明。

第三十二条 中国保监会及其派出机构依法对代表机构进行日常和年度检查。

日常和年度检查的内容包括：

（一）代表机构变更事项的手续是否完备；

（二）各项申报材料的内容与实际情况是否相符；

（三）代表机构工作人员的任用或者变更手续是否完备；

（四）代表机构是否从事经营性活动；

（五）中国保监会及其派出机构认为需要检查的其他事项。

第四章 法 律 责 任

第三十三条 违反本办法,未经批准擅自设立代表机构的,中国保监会依法予以取缔。

第三十四条 违反本办法规定从事保险经营活动的,由中国保监会按照有关法律、法规的规定予以处罚。

第三十五条 未按照本办法规定提交有关报告或者材料的,由中国保监会或者当地中国保监会派出机构责令限期改正,予以警告,情节严重的,处以1000元罚款。

第三十六条 对代表机构违反本办法从事保险经营活动的行为负有直接责任的代表机构工作人员,由中国保监会予以警告,情节严重的,处以5000元以下罚款;对违反本办法的其他非经营行为负有直接责任的代表机构工作人员,由中国保监会予以警告,情节严重的,处以1000元以下罚款。

第三十七条 代表机构提供虚假信息或者隐瞒重要事实的,予以警告。

第三十八条 违反本办法其他规定的,责令改正;逾期未改正的,予以警告。

第三十九条 当地中国保监会派出机构应当及时将对代表机构处罚的情况向中国保监会报告。

代表机构受到中国保监会或者当地中国保监会派出机构3次以上行政处罚,或者从事、参与经营性活动违法所得数额巨大,危害严重的,中国保监会可以将其受处罚的情况作为其所代表的外国保险机构申请在中国设立外资保险公司的审慎性条件予以考虑。

第五章 附 则

第四十条 香港、澳门和台湾地区的保险机构在内地设立的代表机构,比照适用本办法。

第四十一条 经中国保监会批准设立的外国保险机构驻华办事处,比照适用本办法。

第四十二条 外国保险机构设立代表处的正式申请表和代表机构名称变更申请表由中国保监会提供。

第四十三条 本办法所称"以上"、"以下"、"以内",包括本数。

第四十四条 本办法规定提交的材料应当使用中文。外国保险机构所在国家或者地区提供的材料为外文的,应当附中文译本;中文译本与外文有歧义的,以中文译本为准。

第四十五条 本办法有关批准、报告期间的规定是指工作日,不含节假日。

第四十六条 本办法由中国保监会负责解释。

第四十七条 本办法自2006年9月1日起施行。中国保监会2004年1月15日发布的《外国保险机构驻华代表机构管理办法》同时废止。

保险公司次级定期债务管理办法

第一章 总 则

第一条 为了规范保险公司次级定期债务(以下简称"次级债")的募集、管理、还本付息和信息披露行为,保证保险公司的偿付能力,根据《中华人民共和国公司法》、《中华人民共和国保险法》及有关法律、行政法规的规定,制定本办法。

第二条 本办法所称保险公司,是指依照中国法律在中国境内设立的中资保险公司、中外合资保险公司和外资独资保险公司。

第三条 本办法所称次级债,是指保险公司为了弥补临时性或者阶段性资本不足,经批准募集、期限在五年以上(含五年),且本金和利息的清偿顺序列于保单责任和其他负债之后、先于保险公司股权资本的保险公司债务。

第四条 保险公司募集次级债所获取的资金,可以计入附属资本,但不得用于弥补保险公司日常经营损失。保险公司计入附属资本的次级债金额不得超过净资产的50%,具体认可标准由中国保险监督管理委员会(以下简称中国保监会)另行规定。

第五条 保险集团(或控股)公司募集次级债适用本办法。

第六条 中国保监会依法对保险公司次级债的募集、管理、还本付息和信息披露行为进行监督管理。

第七条 募集次级债的保险公司(以下简称"募集人")应当稳健经营,保护次级债债权人的合法权益。

第二章 申 请

第八条 保险公司募集次级债必须符合本办法规定的条件,并报中国保监会审批。

第九条 保险公司偿付能力充足率低于150%或者预计未来两年内偿付能力充足率将低于150%的,可以申请募集次级债。

第十条 保险公司申请募集次级债,应当符合下列条件:

(一)开业时间超过三年;

(二)经审计的上年度末净资产不低于人民币5亿元;

(三)募集后,累计未偿付的次级债本息额不超过上年度末经审计的净资产的50%;

(四)具备偿债能力;

(五)具有良好的公司治理结构;

(六)内部控制制度健全且能得到严格遵循;

(七)资产未被具有实际控制权的自然人、法人或者其他组织及其关联方占用;

(八)最近两年内未受到重大行政处罚;

（九）中国保监会规定的其他条件。

第十一条 保险公司募集次级债应当由董事会制定方案，股东（大）会对下列事项作出专项决议：

（一）募集规模、期限、利率；

（二）募集方式和募集对象；

（三）募集资金用途；

（四）募集次级债决议的有效期；

（五）与本次次级债募集相关的其他重要事项。

第十二条 募集人可以聘请资信评级机构对本次次级债进行信用评级。资信评级机构应当客观、公正地出具有关报告文件并承担相应责任。

第十三条 保险公司申请募集次级债，应当向中国保监会报送下列文件：

（一）次级债募集申请报告；

（二）股东（大）会有关本次次级债募集的专项决议；

（三）可行性研究报告；

可行性研究报告应当包括以下内容：

1．募集次级债的必要性；

2．次级债的成本效益分析（募集资金的规模、期限、债务定价及成本分析、募集资金的用途、收益预测、对偿付能力的影响等）；

3．募集方式和募集对象。

（四）招募说明书；

（五）次级债的协议（合同）文本；

（六）已募集但尚未偿付的次级债总额及募集资金运用情况；

（七）募集人制定的次级债管理方案；

（八）与次级债募集相关的其他重要合同；

（九）中国保监会规定提供的其他材料。

保险公司对本次募集次级债进行了信用评级的，还应当报送次级债信用评级报告。

第十四条 募集人向中国保监会报送的材料应当真实、准确、完整。可行性报告中应当包含有关偿付能力预测的方法、参数和假设。

第十五条 保险公司及其股东和其他第三方不得为募集的次级债提供担保。

第三章 募 集

第十六条 募集人应当在中国保监会批准次级债募集之日起六个月内完成次级债募集工作，募集工作可以分期完成。

募集人未能在规定期限内完成募集的，原批准文件自动失效，募集人如需募集次级债，应当另行申请。

第十七条 保险公司募集的次级债金额不得超过中国保监会批准的额度。

第十八条 保险公司次级债应当向合格投资者募集。

合格投资者是指具备购买次级债的独立分析能力和风险承受能力的境内和境外法人，但不包括：

（一）募集人控制的公司；

（二）与募集人受同一第三方控制的公司。

第十九条 募集人的单个股东和股东的控制方持有的次级债不得超过单次或者累计募集额的10%，并且单次或者累计募集额的持有比例不得为最高。

募集人的全部股东和所有股东的控制方累计持有的次级债不得超过单次或者累计募集额的20%。

募集人分期发行次级债的，应当合并作为一次次级债适用前述两款的规定。

第二十条 募集人向保险公司或者保险资产管理公司募集次级债的条件和额度，应当符合中国保监会的有关规定。

第二十一条 募集人可以自行或者委托具有证券承销业务资格的机构募集次级债。

第二十二条 募集人应当在次级债募集结束后的十个工作日内向中国保监会报告募集情况，并将与次级债债权人签订的次级债合同的复印件报送中国保监会。

第四章 管理和偿还

第二十三条 募集人可以委托中央国债登记结算有限责任公司或者中国证券登记结算有限责任公司作为次级债的登记、托管机构，并可委托其代为兑付本息。

第二十四条 募集人应当对次级债募集的资金实施专户管理，严格按照可行性研究报告中募集资金的用途和次级债管理方案使用募集资金。

第二十五条 次级债募集资金的运用应当符合中国保监会的有关规定，不得用于投资股权、不动产和基础设施。

第二十六条 募集人只有在确保偿还次级债本息后偿付能力充足率不低于100%的前提下，才能偿付本息。

第二十七条 募集人在不能按时偿付次级债本息期间，不得向股东分配利润。

第二十八条 募集人可以对次级债设定赎回权，赎回时间应当设定在次级债募集五年后。

次级债合同中不得规定债权人具有次级债回售权。

次级债根据合同提前赎回的，必须确保赎回后保险公司偿付能力充足率不低于100%。

除依据前款设定的赎回权外，募集人不得提前赎回次级债。

第二十九条 募集人偿还次级债全部本息或者提前赎回次级债后，应当在十个工作日内向中国保监会报告偿还或者赎回情况。

第三十条 次级债需要延期的，募集人应当对延期期限、利率调整等事项提出议案，并经次级债债权人同意。

募集人应当在与次级债债权人签订延期协议后的五个工作日内，向中国保监会报告延期情况，并将相关合同文本的复印件报送中国保监会。

第三十一条 债权人可以向其他合格投资者转让次级债。

第五章 信息披露

第三十二条 次级债招募说明书、专题财务报告及重大事项告知等信息披露文件的内容及其制作、发布等,应当符合中国保监会的有关规定。

第三十三条 募集人应当按照中国保监会的有关规定制作次级债招募说明书和其他信息披露文件,保证真实、准确、完整、及时地披露一切对募集对象有实质性影响的信息。

募集人和有关当事人不得以任何方式误导投资者购买次级债。

第三十四条 募集人应当在招募说明书的显著位置提示投资者:"投资者购买本期次级定期债务,应当认真阅读本招募说明书及有关的信息披露文件,进行独立的投资判断。中国保险监督管理委员会对本期次级定期债务募集的批准,并不表明其对本期债务的投资价值作出了任何评价,也不表明对本期债务的投资风险作出了任何判断"。

第三十五条 募集人应当在招募说明书的募集条款中明确约定:

(一)募集人只有在确保偿还次级债本息后偿付能力充足率不低于100%的前提下,才能偿付本息;

(二)募集人在无法按时支付利息或者偿还本金时,债权人无权向法院申请对募集人实施破产清偿;

(三)募集人依法进入破产偿债程序后,次级债本金和利息的清偿顺序列于所有非次级债务之后。

第三十六条 招募说明书中的募集条款应当具体明确,向投资者充分披露本办法关于次级债募集、赎回、延期和本息偿付的规定,详细约定次级债当事人双方的权利和义务,约定条款的内容不得违反法律、行政法规和中国保监会的强制性规定。

招募说明书至少应当包括下列内容:

(一)次级债募集的规模、期限(起止时间)、利率;

(二)募集方式和募集对象;

(三)募集资金的用途;

(四)本息偿付的法定条件、时间、程序、方式;

(五)次级债的转让和赎回;

(六)募集人和次级债债权人的违约责任;

(七)中介机构及其责任。

募集人对本次次级债募集进行了信用评级的,招募说明书中还应当包括信用评级报告及跟踪评级安排的内容。

第三十七条 在次级债存续期间,募集人应当在每个会计年度结束后四个月内,向次级债债权人披露上一年度的次级债专题财务报告。该报告至少应当包括下列内容:

(一)经审计的财务报表;

(二)经审计的偿付能力状况表、最低资本计算表、认可资产表和认可负债表;

(三)债务本息的支付情况;

(四)募集资金的运用情况;

(五)影响次级债本息偿付的重大投资、关联交易等事项;
(六)其他对次级债债权人有重大影响的信息。
募集人进行了跟踪评级的,还应当包括跟踪评级情况。

第三十八条 募集人出现下列情形之一的,应当及时告知次级债债权人,并同时报告中国保监会:
(一)偿付能力状况发生重大不利变动;
(二)预计到期难以偿付次级债利息或者本金;
(三)订立可能对次级债还本付息产生重大影响的担保合同及其他重要合同;
(四)发生重大亏损或者遭受超过净资产10%以上的重大损失;
(五)发生重大仲裁、诉讼;
(六)减资、合并、分立、解散及申请破产;
(七)拟进行重大债务重组;
(八)中国保监会规定的其他情形。

第六章 监督管理

第三十九条 募集人应当在每年4月30日之前向中国保监会提交次级债专题报告,内容包括已募集但尚未偿付的次级债的下列信息:
(一)金额、期限、利率;
(二)登记和托管情况;
(三)募集资金的运用情况;
(四)本息支付情况;
(五)影响本息偿付的重大投资、关联交易等事项;
(六)中国保监会要求报告的其他信息。

第四十条 募集人按照第二十三条的规定登记、托管次级债的,应当于每季度结束后十五个工作日内向中国保监会提交次级债专项报告,内容包括:
(一)次级债登记和托管情况;
(二)次级债转让情况;
(三)其他需要说明的重要事项。

第四十一条 中国保监会可以对保险公司次级债的管理、募集资金的运用等情况进行现场检查。

第四十二条 对违反本办法规定的保险公司,中国保监会可以责令其限期改正,并可以根据具体情况采取下列监管措施:
(一)三年内不再受理该保险公司的次级债募集申请;
(二)暂停认定可计入该保险公司附属资本的次级债金额。

第四十三条 募集人或者其从业人员违反本规定,由中国保监会依照法律、行政法规进行处罚;法律、行政法规没有规定的,由中国保监会责令改正,给予警告,对有违法所得的处以违法所得1倍以上3倍以下罚款,但最高不超过3万元,对没有违法所得的处以1万元以下罚款;涉嫌犯罪的,依法移交司法机构追究刑事责任。

第七章 附 则

第四十四条 本办法规定的重大行政处罚,是指保险公司受到下列行政处罚:
(一)单次罚款金额在150万元人民币以上(含150万元)的;
(二)限制业务范围的;
(三)责令停止接受新业务一年以上(含一年)的;
(四)责令停业整顿的;
(五)计划单列市分公司或者省级分公司被吊销业务许可证的;
(六)董事长、总经理被撤销任职资格或者行业禁入的;
(七)中国保监会规定的其他重大行政处罚。

第四十五条 本办法由中国保监会负责解释。

第四十六条 本办法自发布之日起施行。中国保监会2004年9月29日发布的《保险公司次级定期债务管理暂行办法》(保监会令〔2004〕10号)同时废止。

保险公司董事、监事和高级管理人员任职资格管理规定

第一章 总 则

第一条 为了加强和完善对保险公司董事、监事和高级管理人员的管理,保障保险公司稳健经营,促进保险业健康发展,根据《中华人民共和国保险法》(以下简称《保险法》)和有关法律、行政法规,制定本规定。

第二条 中国保险监督管理委员会(以下简称中国保监会)根据法律和国务院授权,对保险公司董事、监事和高级管理人员任职资格实行统一监督管理。

中国保监会的派出机构根据授权负责辖区内保险公司分支机构高级管理人员任职资格的监督管理,但中资再保险公司分公司和境外保险公司分公司除外。

第三条 本规定所称保险公司,是指经保险监督管理机构批准设立,并依法登记注册的商业保险公司。

本规定所称保险公司分支机构,是指经保险监督管理机构批准,保险公司依法设立的分公司、中心支公司、支公司、营业部和营销服务部以及各类专属机构。

专属机构高级管理人员任职资格管理和营销服务部负责人的任职管理,由中国保监会另行规定。

本规定所称保险机构,是指保险公司及其分支机构。

第四条 本规定所称高级管理人员,是指对保险机构经营管理活动和风险控制具有决策权或者重大影响的下列人员:

(一)总公司总经理、副总经理和总经理助理;

(二)总公司董事会秘书、合规负责人、总精算师、财务负责人和审计责任人;

(三)分公司、中心支公司总经理、副总经理和总经理助理;

(四)支公司、营业部经理;

(五)与上述高级管理人员具有相同职权的管理人员。

第五条 保险机构董事、监事和高级管理人员,应当在任职前取得中国保监会核准的任职资格。

第二章 任职资格条件

第六条 保险机构董事、监事和高级管理人员应当遵守法律、行政法规和中国保监会的有关规定,遵守保险公司章程。

第七条 保险机构董事、监事和高级管理人员应当具有诚实信用的品行、良好的合规经营意识和履行职务必需的经营管理能力。

第八条 保险机构董事、监事和高级管理人员应当通过中国保监会认可的保险法规及相关知识测试。

第九条 保险公司董事长应当具有金融工作5年以上或者经济工作10年以上工作经历。

保险公司董事和监事应当具有5年以上与其履行职责相适应的工作经历。

第十条 保险公司董事会秘书应当具有大学本科以上学历以及5年以上与其履行职责相适应的工作经历。

第十一条 保险公司总经理、副总经理和总经理助理应当具有下列条件:

(一)大学本科以上学历或者学士以上学位;

(二)从事金融工作8年以上或者经济工作10年以上。

保险公司总经理除具有前款规定条件外,还应当具有下列任职经历之一:

(一)担任保险公司分公司总经理以上职务高级管理人员5年以上;

(二)担任保险公司部门负责人5年以上;

(三)担任金融监管机构相当管理职务5年以上;

(四)其他足以证明其具有拟任职务所需知识、能力、经验的职业资历。

第十二条 保险公司省级分公司总经理、副总经理和总经理助理应当具有下列条件:

(一)大学本科以上学历或者学士以上学位;

(二)从事金融工作5年以上或者经济工作8年以上。

保险公司省级分公司总经理除具有前款规定条件外,还应当具有下列任职经历之一:

(一)担任保险公司中心支公司总经理以上职务高级管理人员3年以上;

(二)担任保险公司省级分公司部门负责人以上职务3年以上;

(三)担任其他金融机构高级管理人员3年以上;

(四)担任国家机关、大中型企业相当管理职务5年以上;

(五)其他足以证明其具有拟任职务所需知识、能力、经验的职业资历。

保险公司在计划单列市设立的行使省级分公司管理职责的分公司,其高级管理人员的任职条件参照适用前两款规定。

第十三条 保险公司分公司、中心支公司总经理、副总经理和总经理助理应当具有下列条件:

(一)大学本科以上学历或者学士以上学位;
(二)从事金融工作3年以上或者从事经济工作5年以上。

保险公司分公司、中心支公司总经理除具有前款规定条件外,还应当具有下列任职经历之一:

(一)担任保险机构高级管理人员2年以上;
(二)担任保险公司分公司、中心支公司部门负责人以上职务2年以上;
(三)担任其他金融机构高级管理人员2年以上;
(四)担任国家机关、大中型企业相当管理职务3年以上;
(五)其他足以证明其具有拟任职务所需知识、能力、经验的职业资历。

第十四条 保险公司支公司、营业部经理应当具有保险工作3年以上或者经济工作5年以上的工作经历。

第十五条 保险机构拟任董事长和高级管理人员具有硕士以上学位的,其任职条件中从事金融工作或者经济工作的年限可以减少2年。

第十六条 保险机构拟任高级管理人员符合下列条件之一的,其任职条件中的学历要求可以放宽至大学专科:

(一)从事保险工作8年以上;
(二)从事法律、会计或者审计工作8年以上;
(三)在金融机构、大中型企业或者国家机关担任管理职务8年以上;
(四)取得注册会计师、法律职业资格或者中国保监会认可的其他专业资格;
(五)在申报任职资格前3年内,个人在经营管理方面受到保险公司表彰;
(六)在申报任职资格前5年内,个人获得中国保监会或者地市级以上政府表彰;
(七)拟任艰苦边远地区高级管理人员。

第十七条 保险机构主持工作的副总经理或者其他高级管理人员任职资格核准,适用本规定同级机构总经理的有关规定。

第十八条 境外保险公司分公司高级管理人员任职资格核准,适用本规定保险公司总公司高级管理人员的有关规定。

第十九条 保险机构应当与高级管理人员建立劳动关系,订立书面劳动合同。

第二十条 保险机构高级管理人员兼任其他经营管理职务应当遵循下列规定:

(一)不得违反《中华人民共和国公司法》(以下简称《公司法》)等国家有关规定;
(二)不得兼任存在利益冲突的职务;
(三)具有必要的时间履行职务。

第二十一条 保险机构拟任董事、监事或者高级管理人员有下列情形之一的,中国保监会不予核准其任职资格:

(一)无民事行为能力或者限制民事行为能力;

（二）贪污、贿赂、侵占财产、挪用财产或者破坏社会主义市场经济秩序，被判处刑罚，执行期满未逾5年，或者因犯罪被剥夺政治权利，执行期满未逾5年；

（三）被判处其他刑罚，执行期满未逾3年；

（四）被金融监管部门取消、撤销任职资格，自被取消或者撤销任职资格之日起未逾5年；

（五）被金融监管部门禁止进入市场，期满未逾5年；

（六）被国家机关开除公职，自作出处分决定之日起未逾5年；

（七）因违法行为或者违纪行为被吊销执业资格的律师、注册会计师或者资产评估机构、验证机构等机构的专业人员，自被吊销执业资格之日起未逾5年；

（八）担任破产清算的公司、企业的董事或者厂长、经理，对该公司、企业的破产负有个人责任的，自该公司、企业破产清算完结之日起未逾3年；

（九）担任因违法被吊销营业执照、责令关闭的公司、企业的法定代表人，并负有个人责任的，自该公司、企业被吊销营业执照之日起未逾3年；

（十）个人所负数额较大的债务到期未清偿；

（十一）申请前1年内受到中国保监会警告或者罚款的行政处罚；

（十二）因涉嫌从事严重违法活动，被中国保监会立案调查尚未作出处理结论；

（十三）受到其他行政管理部门重大行政处罚未逾2年；

（十四）在香港、澳门、台湾地区或者中国境外被判处刑罚，执行期满未逾5年，或者因严重违法行为受到行政处罚，执行期满未逾3年；

（十五）中国保监会规定的其他情形。

第二十二条 在被整顿、接管的保险公司担任董事、监事或者高级管理人员，对被整顿、接管负有直接责任的，在被整顿、接管期间，不得到其他保险机构担任董事、监事或者高级管理人员。

第三章 任职资格核准

第二十三条 保险机构董事、监事和高级管理人员的任职资格核准申请和本规定要求的相关报告，应当由保险公司、省级分公司或者根据《保险公司管理规定》指定的计划单列市分支机构负责提交。

第二十四条 保险机构董事、监事和高级管理人员，应当在任职前向中国保监会提交下列书面材料一式三份，并同时提交有关电子文档：

（一）拟任董事、监事和高级管理人员任职资格核准申请书；

（二）中国保监会统一制作的董事、监事和高级管理人员任职资格申请表；

（三）拟任董事、监事或者高级管理人员身份证、学历证书等有关证书的复印件，有护照的应当同时提供护照复印件；

（四）对拟任董事、监事或者高级管理人员品行、专业知识、业务能力、工作业绩等方面的综合鉴定；

（五）拟任高级管理人员劳动合同签章页复印件；

（六）中国保监会规定的其他材料。

保险机构应当如实提交前款规定的材料。保险机构以及拟任董事、监事和高级管理人员应当对材料的真实性、完整性负责,不得有虚假记载、误导性陈述和重大遗漏。

第二十五条 保险机构拟任高级管理人员频繁更换保险公司任职的,应当由本人提交两年内工作情况的书面说明,并解释更换任职的原因。

第二十六条 中国保监会在核准保险机构拟任董事、监事或者高级管理人员的任职资格前,可以向原任职机构核实其工作的基本情况。

第二十七条 中国保监会可以对保险机构拟任董事、监事或者高级管理人员进行任职考察谈话,包括下列内容:

(一)了解拟任人员的基本情况;

(二)对拟任人员需要重点关注的问题进行提示;

(三)中国保监会认为应当考察的其他内容。

任职考察谈话应当制作书面记录,由考察人和拟任人员签字。

第二十八条 中国保监会应当自受理任职资格核准申请之日起20日内,作出核准或者不予核准的决定。20日内不能作出决定的,经本机关负责人批准,可以延长10日,并应当将延长期限的理由告知申请人。

决定核准任职资格的,应当颁发核准文件;决定不予核准的,应当作出书面决定并说明理由。

第二十九条 已核准任职资格的保险机构高级管理人员,在同一保险机构内调任、兼任同级或者下级高级管理人员职务,无须重新核准其任职资格,但中国保监会对拟任职务的资格条件有特别规定的除外。

保险机构董事、监事调任或者兼任高级管理人员,应当重新报经中国保监会核准任职资格。

第三十条 保险机构董事、监事或者高级管理人员有下列情形之一的,其任职资格自动失效:

(一)获得核准任职资格后,保险机构超过2个月未任命;

(二)从该保险公司离职;

(三)受到中国保监会禁止进入保险业的行政处罚;

(四)出现《公司法》第一百四十七条第一款或者《保险法》第八十二条规定的情形。

第四章 监督管理

第三十一条 除本规定第二十九条第一款规定的情形外,未经中国保监会核准任职资格,保险机构不得以任何形式任命董事、监事或者高级管理人员。

第三十二条 保险机构出现下列情形之一,可以指定临时负责人,但临时负责时间不得超过3个月:

(一)原负责人辞职或者被撤职;

(二)原负责人因疾病、意外事故等原因无法正常履行工作职责;

(三)中国保监会认可的其他特殊情况。

临时负责人应当具有与履行职责相当的能力,并不得有本规定禁止担任高级管理人员的情形。

第三十三条　保险机构应当自下列决定作出之日起10日内,向中国保监会报告:
(一)董事、监事或者高级管理人员的任职、免职或者批准其辞职的决定;
(二)对高级管理人员作出的撤职或者开除的处分决定;
(三)根据撤销任职资格的行政处罚,解除董事、监事或者高级管理人员职务的决定;
(四)根据禁止进入保险业的行政处罚,解除董事、监事或者高级管理人员职务、终止劳动关系的决定;
(五)指定或者撤销临时负责人的决定;
(六)根据本规定第四十条、第四十一条规定,暂停职务的决定。

第三十四条　保险机构董事、监事和高级管理人员应当按照中国保监会的规定参加培训。

第三十五条　保险机构应当按照中国保监会的规定对董事长和高级管理人员实施审计。

第三十六条　保险机构董事、监事或者高级管理人员在任职期间犯罪或者受到其他机关重大行政处罚的,保险机构应当自知道或者应当知道判决或者行政处罚决定之日起10日内,向中国保监会报告。

第三十七条　保险机构出现下列情形之一的,中国保监会可以对直接负责的董事、监事或者高级管理人员出示重大风险提示函,进行监管谈话,要求其就相关事项作出说明,并可以视情形责令限期整改:
(一)在业务经营、资金运用、公司治理结构或者内控制度等方面出现重大隐患的;
(二)董事、监事或者高级管理人员违背《公司法》规定的忠实和勤勉义务,严重危害保险公司业务经营的;
(三)中国保监会规定的其他情形。

第三十八条　保险机构频繁变更高级管理人员,对经营造成不利影响的,中国保监会可以采取下列监管措施:
(一)要求其上级机构作出书面说明;
(二)出示重大风险提示函;
(三)对有关人员进行监管谈话;
(四)依法采取的其他措施。

第三十九条　中国保监会建立和完善保险机构董事、监事和高级管理人员管理信息系统。

保险机构董事、监事和高级管理人员管理信息系统记录下列内容:
(一)任职资格申请材料的基本内容;
(二)职务变更情况;
(三)与该人员相关的风险提示函和监管谈话记录;
(四)离任审计报告;
(五)刑罚和行政处罚;

（六）中国保监会规定的其他内容。

第四十条 保险机构董事、监事或者高级管理人员涉嫌重大违法犯罪,被行政机关立案调查或者司法机关立案侦查的,保险机构应当暂停相关人员的职务。

第四十一条 保险机构出现下列情形之一的,中国保监会可以在调查期间责令其暂停与被调查事件相关的董事、监事或者高级管理人员的职务:

（一）偿付能力严重不足;
（二）涉嫌严重损害被保险人的合法权益;
（三）未按照规定提取或者结转各项责任准备金;
（四）未按照规定办理再保险;
（五）未按照规定运用保险资金。

第四十二条 保险机构在整顿、接管、撤销清算期间,或者出现重大风险时,中国保监会可以对该机构直接负责的董事、监事或者高级管理人员采取以下措施:

（一）通知出境管理机关依法阻止其出境;
（二）申请司法机关禁止其转移、转让或者以其他方式处分财产,或者在财产上设定其他权利。

第五章 法律责任

第四十三条 隐瞒有关情况或者提供虚假材料申请任职资格的机构或者个人,中国保监会不予受理或者不予核准任职资格申请,并在1年内不再受理对该拟任董事、监事或者高级管理人员的任职资格申请。

第四十四条 以欺骗、贿赂等不正当手段取得任职资格的,由中国保监会撤销该董事、监事或者高级管理人员的任职资格,并在3年内不再受理其任职资格的申请。

第四十五条 保险机构违反《保险法》规定,中国保监会依照《保险法》除对该机构给予处罚外,对其直接负责的主管人员和其他直接责任人员给予警告,并处1万元以上10万元以下的罚款;情节严重的,撤销任职资格或者从业资格。

第四十六条 保险机构或者其从业人员违反本规定,由中国保监会依照法律、行政法规进行处罚;法律、行政法规没有规定的,由中国保监会责令改正,给予警告,对有违法所得的处以违法所得1倍以上3倍以下罚款,但最高不超过3万元,对没有违法所得的处以1万元以下罚款;涉嫌犯罪的,依法移交司法机构追究刑事责任。

第六章 附 则

第四十七条 保险集团公司、保险控股公司董事、监事和高级管理人员任职资格管理适用本规定,法律、行政法规和中国保监会另有规定的,适用其规定。

第四十八条 外资独资保险公司、中外合资保险公司董事、监事和高级管理人员任职资格管理适用本规定,法律、行政法规和中国保监会另有规定的,适用其规定。

第四十九条 中国保监会对保险公司的独立董事、财务负责人、总精算师、合规负责人以及审计责任人的任职资格管理另有规定的,适用其规定。

第五十条 保险机构依照本规定报送的任职资格审查材料和其他文件资料,应当用中文书写。原件是外文的,应当附中文译本。

第五十一条 本规定所称日,是指工作日,不包括法定节假日。

第五十二条 本规定由中国保监会负责解释。

第五十三条 本规定自2010年4月1日起施行;中国保监会2006年7月12日发布的《保险公司董事和高级管理人员任职资格管理规定》(保监会令〔2006〕4号)同时废止。

保险资金运用管理办法

保监会令〔2018〕1号

《保险资金运用管理办法》已经2018年1月10日中国保险监督管理委员会第5次主席办公会审议通过。现予公布,自2018年4月1日起实施。

副主席　陈文辉
2018年1月24日

保险资金运用管理办法

第一章　总　　则

第一条 为了规范保险资金运用行为,防范保险资金运用风险,保护保险当事人合法权益,维护保险市场秩序,根据《中华人民共和国保险法》等法律、行政法规,制定本办法。

第二条 在中国境内依法设立的保险集团(控股)公司、保险公司从事保险资金运用活动适用本办法规定。

第三条 本办法所称保险资金,是指保险集团(控股)公司、保险公司以本外币计价的资本金、公积金、未分配利润、各项准备金以及其他资金。

第四条 保险资金运用必须以服务保险业为主要目标,坚持稳健审慎和安全性原则,符合偿付能力监管要求,根据保险资金性质实行资产负债管理和全面风险管理,实现集约化、专业化、规范化和市场化。

保险资金运用应当坚持独立运作。保险集团(控股)公司、保险公司的股东不得违法违规干预保险资金运用工作。

第五条 中国保险监督管理委员会(以下简称中国保监会)依法对保险资金运用活动进行监督管理。

第二章 资金运用形式

第一节 资金运用范围

第六条 保险资金运用限于下列形式：
(一)银行存款；
(二)买卖债券、股票、证券投资基金份额等有价证券；
(三)投资不动产；
(四)投资股权；
(五)国务院规定的其他资金运用形式。

保险资金从事境外投资的，应当符合中国保监会、中国人民银行和国家外汇管理局的相关规定。

第七条 保险资金办理银行存款的，应当选择符合下列条件的商业银行作为存款银行：
(一)资本充足率、净资产和拨备覆盖率等符合监管要求；
(二)治理结构规范、内控体系健全、经营业绩良好；
(三)最近三年未发现重大违法违规行为；
(四)信用等级达到中国保监会规定的标准。

第八条 保险资金投资的债券，应当达到中国保监会认可的信用评级机构评定的、且符合规定要求的信用级别，主要包括政府债券、金融债券、企业(公司)债券、非金融企业债务融资工具以及符合规定的其他债券。

第九条 保险资金投资的股票，主要包括公开发行并上市交易的股票和上市公司向特定对象非公开发行的股票。

保险资金开展股票投资，分为一般股票投资、重大股票投资和上市公司收购等，中国保监会根据不同情形实施差别监管。

保险资金投资全国中小企业股份转让系统挂牌的公司股票，以及以外币认购及交易的股票，由中国保监会另行规定。

第十条 保险资金投资证券投资基金的，其基金管理人应当符合下列条件：
(一)公司治理良好、风险控制机制健全；
(二)依法履行合同，维护投资者合法权益；
(三)设立时间一年(含)以上；
(四)最近三年没有重大违法违规行为；设立未满三年的，自其成立之日起没有重大违法违规行为；
(五)建立有效的证券投资基金和特定客户资产管理业务之间的防火墙机制；
(六)投资团队稳定，历史投资业绩良好，管理资产规模或者基金份额相对稳定。

第十一条 保险资金投资的不动产，是指土地、建筑物以及其他附着于土地上的定着物,具体办法由中国保监会制定。

第十二条 保险资金投资的股权,应当为境内依法设立和注册登记,且未在证券交易所公开上市的股份有限公司和有限责任公司的股权。

第十三条 保险集团(控股)公司、保险公司购置自用不动产、开展上市公司收购或者从事对其他企业实现控股的股权投资,应当使用自有资金。

第十四条 保险集团(控股)公司、保险公司对其他企业实现控股的股权投资,应当满足有关偿付能力监管规定。保险集团(控股)公司的保险子公司不符合中国保监会偿付能力监管要求的,该保险集团(控股)公司不得向非保险类金融企业投资。

实现控股的股权投资应当限于下列企业:

(一)保险类企业,包括保险公司、保险资产管理机构以及保险专业代理机构、保险经纪机构、保险公估机构;

(二)非保险类金融企业;

(三)与保险业务相关的企业。

本办法所称保险资产管理机构,是指经中国保监会同意,依法登记注册,受托管理保险资金等资金的金融机构,包括保险资产管理公司及其子公司、其他专业保险资产管理机构。

第十五条 保险资金可以投资资产证券化产品。

前款所称资产证券化产品,是指金融机构以可特定化的基础资产所产生的现金流为偿付支持,通过结构化等方式进行信用增级,在此基础上发行的金融产品。

第十六条 保险资金可以投资创业投资基金等私募基金。

前款所称创业投资基金是指依法设立并由符合条件的基金管理机构管理,主要投资创业企业普通股或者依法可转换为普通股的优先股、可转换债券等权益的股权投资基金。

第十七条 保险资金可以投资设立不动产、基础设施、养老等专业保险资产管理机构,专业保险资产管理机构可以设立符合条件的保险私募基金,具体办法由中国保监会制定。

第十八条 除中国保监会另有规定以外,保险集团(控股)公司、保险公司从事保险资金运用,不得有下列行为:

(一)存款于非银行金融机构;

(二)买入被交易所实行"特别处理"、"警示存在终止上市风险的特别处理"的股票;

(三)投资不符合国家产业政策的企业股权和不动产;

(四)直接从事房地产开发建设;

(五)将保险资金运用形成的投资资产用于向他人提供担保或者发放贷款,个人保单质押贷款除外;

(六)中国保监会禁止的其他投资行为。

第十九条 保险集团(控股)公司、保险公司从事保险资金运用应当符合中国保监会比例监管要求,具体规定由中国保监会另行制定。

中国保监会根据保险资金运用实际情况,可以对保险资产的分类、品种以及相关比例等进行调整。

第二十条 投资连结保险产品和非寿险非预定收益投资型保险产品的资金运用,应当在资产隔离、资产配置、投资管理等环节,独立于其他保险产品资金,具体办法由中国保监会制定。

第二节 资金运用模式

第二十一条 保险集团(控股)公司、保险公司应当按照"集中管理、统一配置、专业运作"的要求,实行保险资金的集约化、专业化管理。

保险资金应当由法人机构统一管理和运用,分支机构不得从事保险资金运用业务。

第二十二条 保险集团(控股)公司、保险公司应当选择符合条件的商业银行等专业机构,实施保险资金运用第三方托管和监督,具体办法由中国保监会制定。

托管的保险资产独立于托管机构固有资产,并独立于托管机构托管的其他资产。托管机构因依法解散、被依法撤销或者被依法宣告破产等原因进行清算的,托管资产不属于其清算财产。

第二十三条 托管机构从事保险资金托管的,主要职责包括:

(一)保险资金的保管、清算交割和资产估值;

(二)监督投资行为;

(三)向有关当事人披露信息;

(四)依法保守商业秘密;

(五)法律、行政法规、中国保监会规定和合同约定的其他职责。

第二十四条 托管机构从事保险资金托管,不得有下列行为:

(一)挪用托管资金;

(二)混合管理托管资金和自有资金或者混合管理不同托管账户资金;

(三)利用托管资金及其相关信息谋取非法利益;

(四)其他违法行为。

第二十五条 保险集团(控股)公司、保险公司、保险资产管理机构开展保险资金运用业务,应当具备相应的投资管理能力。

第二十六条 保险集团(控股)公司、保险公司根据投资管理能力和风险管理能力,可以按照相关监管规定自行投资或者委托符合条件的投资管理人作为受托人进行投资。

本办法所称投资管理人,是指依法设立的,符合中国保监会规定的保险资产管理机构、证券公司、证券资产管理公司、证券投资基金管理公司等专业投资管理机构。

第二十七条 保险集团(控股)公司、保险公司委托投资管理人投资的,应当订立书面合同,约定双方权利与义务,确保委托人、受托人、托管人三方职责各自独立。

保险集团(控股)公司、保险公司应当履行制定资产战略配置指引、选择受托人、监督受托人执行情况、评估受托人投资绩效等职责。

受托人应当执行委托人资产配置指引,根据保险资金特性构建投资组合,公平对待不同资金。

第二十八条 保险集团(控股)公司、保险公司委托投资管理人投资的,不得有下列行为:

(一)妨碍、干预受托人正常履行职责;

(二)要求受托人提供其他委托机构信息;

(三)要求受托人提供最低投资收益保证;
(四)非法转移保险利润或者进行其他不正当利益输送;
(五)其他违法行为。

第二十九条 投资管理人受托管理保险资金的,不得有下列行为:
(一)违反合同约定投资;
(二)不公平对待不同资金;
(三)混合管理自有、受托资金或者不同委托机构资金;
(四)挪用受托资金;
(五)向委托机构提供最低投资收益承诺;
(六)以保险资金及其投资形成的资产为他人设定担保;
(七)将受托资金转委托;
(八)为委托机构提供通道服务;
(九)其他违法行为。

第三十条 保险资产管理机构根据中国保监会相关规定,可以将保险资金运用范围内的投资品种作为基础资产,开展保险资产管理产品业务。

保险集团(控股)公司、保险公司委托投资或者购买保险资产管理产品,保险资产管理机构应当根据合同约定,及时向有关当事人披露资金投向、投资管理、资金托管、风险管理和重大突发事件等信息,并保证披露信息的真实、准确和完整。

保险资产管理机构应当根据受托资产规模、资产类别、产品风险特征、投资业绩等因素,按照市场化原则,以合同方式与委托或者投资机构,约定管理费收入计提标准和支付方式。

保险资产管理产品业务,是指由保险资产管理机构作为发行人和管理人,向保险集团(控股)公司、保险公司、保险资产管理机构以及其他合格投资者发售产品份额,募集资金,并选聘商业银行等专业机构为托管人,为投资人利益开展的投资管理活动。

第三十一条 保险资产管理机构开展保险资产管理产品业务,应当在中国保监会认可的资产登记交易平台进行发行、登记、托管、交易、结算、信息披露以及相关信用增进和抵质押融资等业务。

保险资金投资保险资产管理产品以外的其他金融产品,金融产品信息应当在中国保监会认可的资产登记交易平台进行登记和披露,具体操作参照保险资产管理产品的相关规定执行。

前款所称其他金融产品是指商业银行、信托公司、证券公司、证券投资基金管理公司等金融机构依照相关法律、行政法规发行,符合中国保监会规定的金融产品。

第三章 决策运行机制

第一节 组织结构与职责

第三十二条 保险集团(控股)公司、保险公司应当建立健全公司治理,在公司章程和相关制度中明确规定股东(大)会、董事会、监事会和经营管理层的保险资金运用职责,实现保险资金运用决策权、运营权、监督权相互分离,相互制衡。

第三十三条 保险资金运用实行董事会负责制。保险公司董事会应当对资产配置和投资政策、风险控制、合规管理承担最终责任,主要履行下列职责:

(一)审定保险资金运用管理制度;

(二)确定保险资金运用管理方式;

(三)审定投资决策程序和授权机制;

(四)审定资产战略配置规划、年度资产配置计划及相关调整方案;

(五)决定重大投资事项;

(六)审定新投资品种的投资策略和运作方案;

(七)建立资金运用绩效考核制度;

(八)其他相关职责。

董事会应当设立具有投资决策、资产负债管理和风险管理等相应职能的专业委员会。

第三十四条 保险集团(控股)公司、保险公司决定委托投资,以及投资无担保债券、股票、股权和不动产等重大保险资金运用事项,应当经董事会审议通过。

第三十五条 保险集团(控股)公司、保险公司经营管理层根据董事会授权,应当履行下列职责:

(一)负责保险资金运用的日常运营和管理工作;

(二)建立保险资金运用与财务、精算、产品和风险控制等部门之间的沟通协商机制;

(三)审议资产管理部门拟定的保险资产战略配置规划和年度资产配置计划及相关调整方案,并提交董事会审定;

(四)组织实施经董事会审定的资产战略配置规划和年度资产配置计划;

(五)控制和管理保险资金运用风险;

(六)其他相关职责。

第三十六条 保险集团(控股)公司、保险公司应当设置专门的保险资产管理部门,并独立于财务、精算、风险控制等其他业务部门,履行下列职责:

(一)拟定保险资金运用管理制度;

(二)拟定资产战略配置规划和年度资产配置计划及相关调整方案;

(三)执行资产战略配置规划和年度资产配置计划;

(四)实施保险资金运用风险管理措施;

(五)其他相关职责。

保险集团(控股)公司、保险公司自行投资的,保险资产管理部门应当负责日常投资和交易管理;委托投资的,保险资产管理部门应当履行监督投资行为和评估投资业绩等委托人职责。

第三十七条 保险集团(控股)公司、保险公司的保险资产管理部门应当在投资研究、资产清算、风险控制、业绩评估、相关保障等环节设置岗位,建立防火墙体系,实现专业化、规范化、程序化运作。

保险集团(控股)公司、保险公司自行投资的,保险资产管理部门应当设置投资、交易等与资金运用业务直接相关的岗位。

第三十八条　保险集团(控股)公司、保险公司风险管理部门以及具有相应管理职能的部门,应当履行下列职责:

(一)拟定保险资金运用风险管理制度;

(二)审核和监控保险资金运用合法合规性;

(三)识别、评估、跟踪、控制和管理保险资金运用风险;

(四)定期报告保险资金运用风险管理状况;

(五)其他相关职责。

第三十九条　保险资产管理机构应当设立首席风险管理执行官。

首席风险管理执行官为公司高级管理人员,负责组织和指导保险资产管理机构风险管理,履职范围应当包括保险资产管理机构运作的所有业务环节,独立向董事会、中国保监会报告有关情况,提出防范和化解重大风险建议。

首席风险管理执行官不得主管投资管理。如需更换,应当于更换前至少5个工作日向中国保监会书面说明理由和其履职情况。

第二节　资金运用流程

第四十条　保险集团(控股)公司、保险公司应当建立健全保险资金运用的管理制度和内部控制机制,明确各个环节、有关岗位的衔接方式及操作标准,严格分离前、中、后台岗位责任,定期检查和评估制度执行情况,做到权责分明、相对独立和相互制衡。相关制度包括但不限于:

(一)资产配置相关制度;

(二)投资研究、决策和授权制度;

(三)交易和结算管理制度;

(四)绩效评估和考核制度;

(五)信息系统管理制度;

(六)风险管理制度等。

第四十一条　保险集团(控股)公司、保险公司应当以独立法人为单位,统筹境内境外两个市场,综合偿付能力约束、外部环境、风险偏好和监管要求等因素,分析保险资金成本、现金流和期限等负债指标,选择配置具有相应风险收益特征、期限及流动性的资产。

第四十二条　保险集团(控股)公司、保险公司应当建立专业化分析平台,并利用外部研究成果,研究制定涵盖交易对手管理和投资品种选择的模型和制度,实时跟踪并分析市场变化,为保险资金运用决策提供依据。

第四十三条　保险集团(控股)公司、保险公司应当建立健全相对集中、分级管理、权责统一的投资决策和授权制度,明确授权方式、权限、标准、程序、时效和责任,并对授权情况进行检查和逐级问责。

第四十四条　保险集团(控股)公司、保险公司应当建立和完善公平交易机制,有效控制相关人员操作风险和道德风险,防范交易系统的技术安全疏漏,确保交易行为的合规性、公平性和有效性。公平交易机制至少应当包括以下内容:

（一）实行集中交易制度，严格隔离投资决策与交易执行；
（二）构建符合相关要求的集中交易监测系统、预警系统和反馈系统；
（三）建立完善的交易记录制度；
（四）在账户设置、研究支持、资源分配、人员管理等环节公平对待不同资金等。

保险集团（控股）公司、保险公司开展证券投资业务，应当遵守证券行业相关法律法规，建立健全风险隔离机制，实行相关从业人员本人及直系亲属投资信息申报制度，切实防范内幕交易、利用未公开信息交易、利益输送等违法违规行为。

第四十五条 保险集团（控股）公司、保险公司应当建立以资产负债管理为核心的绩效评估体系和评估标准，定期开展保险资金运用绩效评估和归因分析，推进长期投资、价值投资和分散化投资，实现保险资金运用总体目标。

第四十六条 保险集团（控股）公司、保险公司应当建立保险资金运用信息管理系统，减少或者消除人为操纵因素，自动识别、预警报告和管理控制资产管理风险，确保实时掌握风险状况。

信息管理系统应当设定合规性和风险指标阀值，将风险监控的各项要素固化到相关信息技术系统之中，降低操作风险、防止道德风险。

信息管理系统应当建立全面风险管理数据库，收集和整合市场基础资料，记录保险资金管理和投资交易的原始数据，保证信息平台共享。

第四章 风险管控

第四十七条 保险集团（控股）公司、保险公司应当建立全面覆盖、全程监控、全员参与的保险资金运用风险管理组织体系和运行机制，改进风险管理技术和信息技术系统，通过管理系统和稽核审计等手段，分类、识别、量化和评估各类风险，防范和化解风险。

第四十八条 保险集团（控股）公司、保险公司应当管理和控制资产负债错配风险，以偿付能力约束和保险产品负债特性为基础，加强成本收益管理、期限管理和风险预算，确定保险资金运用风险限额，采用缺口分析、敏感性和情景测试等方法，评估和管理资产错配风险。

第四十九条 保险集团（控股）公司、保险公司应当管理和控制流动性风险，根据保业务特点和风险偏好，测试不同状况下可以承受的流动性风险水平和自身风险承受能力，制定流动性风险管理策略、政策和程序，防范流动性风险。

第五十条 保险集团（控股）公司、保险公司应当管理和控制市场风险，评估和管理利率风险、汇率风险以及金融市场波动风险，建立有效的市场风险评估和管理机制，实行市场风险限额管理。

第五十一条 保险集团（控股）公司、保险公司应当管理和控制信用风险，建立信用风险管理制度，及时跟踪评估信用风险，跟踪分析持仓信用品种和交易对手，定期组织回测检验。

第五十二条 保险集团（控股）公司、保险公司应当加强同业拆借、债券回购和融资融券业务管理，严格控制融资规模和使用杠杆，禁止投机或者用短期拆借资金投资高风险和流动性差的资产。保险资金参与衍生产品交易，仅限于对冲风险，不得用于投机，具体办法由中国保监会制定。

第五十三条 保险集团(控股)公司、保险公司、保险资产管理机构开展投资业务或者资产管理产品业务,应当建立风险责任人制度,明确相应的风险责任人,具体办法由中国保监会制定。

第五十四条 保险集团(控股)公司、保险公司应当建立内部稽核和外部审计制度。

保险集团(控股)公司、保险公司应当每年至少进行一次保险资金运用内部稽核。

保险集团(控股)公司、保险公司应当聘请符合条件的外部专业审计机构,对保险资金运用内部控制情况进行年度专项审计。

上述内部稽核和年度审计的结果应当向中国保监会报告。具体办法由中国保监会制定。

第五十五条 保险集团(控股)公司、保险公司主管投资的高级管理人员、保险资金运用部门负责人和重要岗位人员离任前应当进行离任审计,审计结果应当向中国保监会报告。

第五十六条 保险集团(控股)公司、保险公司应当建立保险资金运用风险处置机制,制定应急预案,及时控制和化解风险隐患。投资资产发生大幅贬值或者出现债权不能清偿的,应当制定处置方案,并及时报告中国保监会。

第五十七条 保险集团(控股)公司、保险公司应当确保风险管控相关岗位和人员具有履行职责所需知情权和查询权,有权查阅、询问所有与保险资金运用业务相关的数据、资料和细节,并列席与保险资金运用相关的会议。

第五十八条 保险集团(控股)公司、保险公司的保险资金运用行为涉及关联交易的,应当遵守法律、行政法规、国家会计制度,以及中国保监会的有关监管规定。

第五章 监督管理

第五十九条 中国保监会对保险资金运用的监督管理,采取现场监管与非现场监管相结合的方式。

中国保监会可以授权其派出机构行使保险资金运用监管职权。

第六十条 中国保监会应当根据公司治理结构、偿付能力、投资管理能力和风险管理能力,按照内控与合规计分等有关监管规则,对保险集团(控股)公司、保险公司保险资金运用实行分类监管、持续监管、风险监测和动态评估。

中国保监会应当强化对保险公司的资本约束,确定保险资金运用风险监管指标体系,并根据评估结果,采取相应监管措施,防范和化解风险。

第六十一条 保险集团(控股)公司、保险公司分管投资的高级管理人员、保险资产管理公司的董事、监事、高级管理人员,应当在任职前取得中国保监会核准的任职资格。

保险集团(控股)公司、保险公司的首席投资官由分管投资的高级管理人员担任。

保险集团(控股)公司、保险公司的首席投资官和资产管理部门主要负责人应当在任命后10个工作日内,由任职机构向中国保监会报告。

第六十二条 保险集团(控股)公司、保险公司的重大股权投资,应当报中国保监会核准。

重大股权投资的具体办法由中国保监会另行制定。

第六十三条 保险资产管理机构发行或者发起设立的保险资产管理产品,实行核准、备案或注册管理。

注册不对保险资产管理产品的投资价值以及风险作实质性判断。

第六十四条 中国保监会有权要求保险集团(控股)公司、保险公司提供报告、报表、文件和资料。

提交报告、报表、文件和资料,应当及时、真实、准确、完整。

第六十五条 保险集团(控股)公司、保险公司应当依法披露保险资金运用的相关信息。保险集团(控股)公司、保险公司的股东(大)会、董事会的重大投资决议,应当在决议作出后5个工作日内向中国保监会报告,中国保监会另有规定的除外。

第六十六条 中国保监会有权要求保险集团(控股)公司、保险公司将保险资金运用的有关数据与中国保监会的监管信息系统动态连接。

保险集团(控股)公司、保险公司应当按照中国保监会规定,及时、准确、完整地向中国保监会的监管信息系统报送相关数据。

第六十七条 保险集团(控股)公司和保险公司违反本办法规定,存在以下情形之一的,中国保监会可以限制其资金运用的形式和比例:

(一)偿付能力状况不符合中国保监会要求的;

(二)公司治理存在重大风险的;

(三)资金运用违反关联交易有关规定的。

第六十八条 保险集团(控股)公司、保险公司违反资金运用形式和比例有关规定的,由中国保监会责令限期改正。

第六十九条 中国保监会有权对保险集团(控股)公司、保险公司的董事、监事、高级管理人员和保险资产管理部门负责人进行监管谈话,要求其就保险资金运用情况、风险控制、内部管理等有关重大事项作出说明。

第七十条 保险集团(控股)公司、保险公司严重违反资金运用有关规定的,中国保监会可以责令调整负责人及有关管理人员。

第七十一条 保险集团(控股)公司、保险公司严重违反保险资金运用有关规定,被责令限期改正逾期未改正的,中国保监会可以决定选派有关人员组成整顿组,对公司进行整顿。

第七十二条 保险集团(控股)公司、保险公司违反本办法规定运用保险资金的,由中国保监会依法予以罚款、限制业务范围、责令停止接受新业务或者吊销业务许可证等行政处罚,对相关责任人员依法予以警告、罚款、撤销任职资格、禁止进入保险业等行政处罚。

受到行政处罚的,保险集团(控股)公司、保险公司应当对相关责任人员进行内部责任追究。

第七十三条 保险资金运用的其他当事人在参与保险资金运用活动中,违反有关法律、行政法规和本办法规定的,中国保监会应当记录其不良行为,并将有关情况通报其行业主管部门;情节严重的,中国保监会可以通报保险集团(控股)公司、保险公司3年内不得与其从事相关业务,并商有关监管部门依法给予行政处罚。

第七十四条 中国保监会工作人员滥用职权、玩忽职守,或者泄露所知悉的有关单位和人员的商业秘密的,依法追究法律责任。

第六章 附 则

第七十五条 保险资产管理机构以及其他投资管理人管理运用保险资金参照本办法执行。

第七十六条 中国保监会对保险集团(控股)公司、自保公司以及其他类型保险机构的资金运用另有规定的,从其规定。

第七十七条 本办法由中国保监会负责解释和修订。

第七十八条 本办法自2018年4月1日起施行。中国保监会2010年7月30日发布的《保险资金运用管理暂行办法》(保监会令2010年第9号)、2014年4月4日发布的《中国保险监督管理委员会关于修改〈保险资金运用管理暂行办法〉的决定》(保监会令2014年第3号)同时废止。

商业银行股权管理暂行办法

中国银行业监督管理委员会令2018年第1号

《商业银行股权管理暂行办法》已经中国银监会2018年第1次主席会议通过。现予公布,自公布之日起施行。

主席:郭树清

2018年1月5日

商业银行股权管理暂行办法

第一章 总 则

第一条 为加强商业银行股权管理,规范商业银行股东行为,保护商业银行、存款人和其他客户的合法权益,维护股东的合法利益,促进商业银行持续健康发展,根据《中华人民共和国公司法》《中华人民共和国银行业监督管理法》《中华人民共和国商业银行法》等法律法规,制定本办法。

第二条 本办法适用于中华人民共和国境内依法设立的商业银行。法律法规对外资银行变更股东或调整股东持股比例另有规定的,从其规定。

第三条 商业银行股权管理应当遵循分类管理、资质优良、关系清晰、权责明确、公开透明原则。

第四条 投资人及其关联方、一致行动人单独或合计拟首次持有或累计增持商业银行资本总额或股份总额百分之五以上的,应当事先报银监会或其派出机构核准。对通过境内外证券市场拟持有商业银行股份总额百分之五以上的行政许可批复,有效期为六个月。审批的具体要求和程序按照银监会相关规定执行。

投资人及其关联方、一致行动人单独或合计持有商业银行资本总额或股份总额百分之一以上、百分之五以下的,应当在取得相应股权后十个工作日内向银监会或其派出机构报告。报告的具体要求和程序,由银监会另行规定。

第五条 商业银行股东应当具有良好的社会声誉、诚信记录、纳税记录和财务状况,符合法律法规规定和监管要求。

第六条 商业银行的股东及其控股股东、实际控制人、关联方、一致行动人、最终受益人等各方关系应当清晰透明。

股东与其关联方、一致行动人的持股比例合并计算。

第七条 商业银行股东应当遵守法律法规、监管规定和公司章程,依法行使股东权利,履行法定义务。

商业银行应当加强对股权事务的管理,完善公司治理结构。

银监会及其派出机构依法对商业银行股权进行监管,对商业银行及其股东等单位和人员的相关违法违规行为进行查处。

第八条 商业银行及其股东应当根据法律法规和监管要求,充分披露相关信息,接受社会监督。

第九条 商业银行、银监会及其派出机构应当加强对商业银行主要股东的管理。

商业银行主要股东是指持有或控制商业银行百分之五以上股份或表决权,或持有资本总额或股份总额不足百分之五但对商业银行经营管理有重大影响的股东。

前款中的"重大影响",包括但不限于向商业银行派驻董事、监事或高级管理人员,通过协议或其他方式影响商业银行的财务和经营管理决策以及银监会或其派出机构认定的其他情形。

第二章 股东责任

第十条 商业银行股东应当严格按照法律法规和银监会规定履行出资义务。

商业银行股东应当使用自有资金入股商业银行,且确保资金来源合法,不得以委托资金、债务资金等非自有资金入股,法律法规另有规定的除外。

第十一条 主要股东入股商业银行时,应当书面承诺遵守法律法规、监管规定和公司章程,并就入股商业银行的目的作出说明。

第十二条 商业银行股东不得委托他人或接受他人委托持有商业银行股权。

商业银行主要股东应当逐层说明其股权结构直至实际控制人、最终受益人,以及其与其他股东的关联关系或者一致行动关系。

第十三条　商业银行股东转让所持有的商业银行股权,应当告知受让方需符合法律法规和银监会规定的条件。

第十四条　同一投资人及其关联方、一致行动人作为主要股东参股商业银行的数量不得超过2家,或控股商业银行的数量不得超过1家。

根据国务院授权持有商业银行股权的投资主体、银行业金融机构,法律法规另有规定的主体入股商业银行,以及投资人经银监会批准并购重组高风险商业银行,不受本条前款规定限制。

第十五条　同一投资人及其关联方、一致行动人入股商业银行应当遵守银监会规定的持股比例要求。

第十六条　商业银行主要股东及其控股股东、实际控制人不得存在下列情形:

(一)被列为相关部门失信联合惩戒对象;

(二)存在严重逃废银行债务行为;

(三)提供虚假材料或者作不实声明;

(四)对商业银行经营失败或重大违法违规行为负有重大责任;

(五)拒绝或阻碍银监会或其派出机构依法实施监管;

(六)因违法违规行为被金融监管部门或政府有关部门查处,造成恶劣影响;

(七)其他可能对商业银行经营管理产生不利影响的情形。

第十七条　商业银行主要股东自取得股权之日起五年内不得转让所持有的股权。

经银监会或其派出机构批准采取风险处置措施、银监会或其派出机构责令转让、涉及司法强制执行或者在同一投资人控制的不同主体之间转让股权等特殊情形除外。

第十八条　商业银行主要股东应当严格按照法律法规、监管规定和公司章程行使出资人权利,履行出资人义务,不得滥用股东权利干预或利用其影响力干预董事会、高级管理层根据公司章程享有的决策权和管理权,不得越过董事会和高级管理层直接干预或利用影响力干预商业银行经营管理,进行利益输送,或以其他方式损害存款人、商业银行以及其他股东的合法权益。

第十九条　商业银行主要股东应当根据监管规定书面承诺在必要时向商业银行补充资本,并通过商业银行每年向银监会或其派出机构报告资本补充能力。

第二十条　商业银行主要股东应当建立有效的风险隔离机制,防止风险在股东、商业银行以及其他关联机构之间传染和转移。

第二十一条　商业银行主要股东应当对其与商业银行和其他关联机构之间董事会成员、监事会成员和高级管理人员的交叉任职进行有效管理,防范利益冲突。

第二十二条　商业银行股东应当遵守法律法规和银监会关于关联交易的相关规定,不得与商业银行进行不当的关联交易,不得利用其对商业银行经营管理的影响力获取不正当利益。

第二十三条　商业银行股东质押其持有的商业银行股权的,应当遵守法律法规和银监会关于商业银行股权质押的相关规定,不得损害其他股东和商业银行的利益。

第二十四条　商业银行发生重大风险事件或重大违法违规行为,被银监会或其派出机构采取风险处置或接管等措施的,股东应当积极配合银监会或其派出机构开展风险处置等工作。

第二十五条 金融产品可以持有上市商业银行股份,但单一投资人、发行人或管理人及其实际控制人、关联方、一致行动人控制的金融产品持有同一商业银行股份合计不得超过该商业银行股份总额的百分之五。

商业银行主要股东不得以发行、管理或通过其他手段控制的金融产品持有该商业银行股份。

第三章 商业银行职责

第二十六条 商业银行董事会应当勤勉尽责,并承担股权事务管理的最终责任。

商业银行董事长是处理商业银行股权事务的第一责任人。董事会秘书协助董事长工作,是处理股权事务的直接责任人。

董事长和董事会秘书应当忠实、诚信、勤勉地履行职责。履职未尽责的,依法承担法律责任。

第二十七条 商业银行应当建立和完善股权信息管理系统和股权管理制度,做好股权信息登记、关联交易管理和信息披露等工作。

商业银行应当加强与股东及投资者的沟通,并负责与股权事务相关的行政许可申请、股东信息和相关事项报告及资料报送等工作。

第二十八条 商业银行应当将关于股东管理的相关监管要求、股东的权利义务等写入公司章程,在公司章程中载明下列内容:

(一)股东应当遵守法律法规和监管规定;

(二)主要股东应当在必要时向商业银行补充资本;

(三)应经但未经监管部门批准或未向监管部门报告的股东,不得行使股东大会召开请求权、表决权、提名权、提案权、处分权等权利;

(四)对于存在虚假陈述、滥用股东权利或其他损害商业银行利益行为的股东,银监会或其派出机构可以限制或禁止商业银行与其开展关联交易,限制其持有商业银行股权的限额、股权质押比例等,并可限制其股东大会召开请求权、表决权、提名权、提案权、处分权等权利。

第二十九条 商业银行应当加强对股东资质的审查,对主要股东及其控股股东、实际控制人、关联方、一致行动人、最终受益人信息进行核实并掌握其变动情况,就股东对商业银行经营管理的影响进行判断,依法及时、准确、完整地报告或披露相关信息。

第三十条 商业银行董事会应当至少每年对主要股东资质情况、履行承诺事项情况、落实公司章程或协议条款情况以及遵守法律法规、监管规定情况进行评估,并及时将评估报告报送银监会或其派出机构。

第三十一条 商业银行应当建立股权托管制度,将股权在符合要求的托管机构进行集中托管。托管的具体要求由银监会另行规定。

第三十二条 商业银行应当加强关联交易管理,准确识别关联方,严格落实关联交易审批制度和信息披露制度,及时向银监会或其派出机构报告关联交易情况。

商业银行应当按照穿透原则将主要股东及其控股股东、实际控制人、关联方、一致行动人、最终受益人作为自身的关联方进行管理。

第三十三条 商业银行对主要股东或其控股股东、实际控制人、关联方、一致行动人、最终受益人等单个主体的授信余额不得超过商业银行资本净额的百分之十。商业银行对单个主要股东及其控股股东、实际控制人、关联方、一致行动人、最终受益人的合计授信余额不得超过商业银行资本净额的百分之十五。

前款中的授信,包括贷款(含贸易融资)、票据承兑和贴现、透支、债券投资、特定目的载体投资、开立信用证、保理、担保、贷款承诺,以及其他实质上由商业银行或商业银行发行的理财产品承担信用风险的业务。其中,商业银行应当按照穿透原则确认最终债务人。

商业银行的主要股东或其控股股东、实际控制人、关联方、一致行动人、最终受益人等为金融机构的,商业银行与其开展同业业务时,应当遵守法律法规和相关监管部门关于同业业务的相关规定。

第三十四条 商业银行与主要股东或其控股股东、实际控制人、关联方、一致行动人、最终受益人发生自用动产与不动产买卖或租赁;信贷资产买卖;抵债资产的接收和处置;信用增值、信用评估、资产评估、法律、信息、技术和基础设施等服务交易;委托或受托销售以及其他交易的,应当遵守法律法规和银监会有关规定,并按照商业原则进行,不应优于对非关联方同类交易条件,防止风险传染和利益输送。

第三十五条 商业银行应当加强对股权质押和解押的管理,在股东名册上记载质押相关信息,并及时协助股东向有关机构办理出质登记。

第四章 信息披露

第三十六条 商业银行主要股东应当及时、准确、完整地向商业银行报告以下信息:
(一)自身经营状况、财务信息、股权结构;
(二)入股商业银行的资金来源;
(三)控股股东、实际控制人、关联方、一致行动人、最终受益人及其变动情况;
(四)所持商业银行股权被采取诉讼保全措施或者被强制执行;
(五)所持商业银行股权被质押或者解押;
(六)名称变更;
(七)合并、分立;
(八)被采取责令停业整顿、指定托管、接管或撤销等监管措施,或者进入解散、破产、清算程序;
(九)其他可能影响股东资质条件变化或导致所持商业银行股权发生变化的情况。

第三十七条 商业银行应当通过半年报或年报在官方网站等渠道真实、准确、完整地披露商业银行股权信息,披露内容包括:
(一)报告期末股票、股东总数及报告期间股票变动情况;
(二)报告期末公司前十大股东持股情况;
(三)报告期末主要股东及其控股股东、实际控制人、关联方、一致行动人、最终受益人情况;

（四）报告期内与主要股东及其控股股东、实际控制人、关联方、一致行动人、最终受益人关联交易情况；

（五）主要股东出质银行股权情况；

（六）股东提名董事、监事情况；

（七）银监会规定的其他信息。

第三十八条 主要股东相关信息可能影响股东资质条件发生重大变化或导致所持商业银行股权发生重大变化的，商业银行应及时进行信息披露。

第三十九条 对于应当报请银监会或其派出机构批准但尚未获得批准的股权事项，商业银行在信息披露时应当作出说明。

第五章　监督管理

第四十条 银监会及其派出机构应当加强对商业银行股东的穿透监管，加强对主要股东及其控股股东、实际控制人、关联方、一致行动人及最终受益人的审查、识别和认定。商业银行主要股东及其控股股东、实际控制人、关联方、一致行动人及最终受益人，以银监会或其派出机构认定为准。

银监会及其派出机构有权采取下列措施，了解商业银行股东及其控股股东、实际控制人、关联方、一致行动人及最终受益人信息：

（一）要求股东逐层披露其股东、实际控制人、关联方、一致行动人及最终受益人；

（二）要求股东报送资产负债表、利润表和其他财务会计报告和统计报表、公司发展战略和经营管理材料以及注册会计师出具的审计报告；

（三）要求股东及相关人员对有关事项作出解释说明；

（四）询问股东及相关人员；

（五）实地走访或调查股东经营情况；

（六）银监会及其派出机构认为可以采取的其他监管措施。

对与涉嫌违法事项有关的商业银行股东及其控股股东、实际控制人、关联方、一致行动人及最终受益人，银监会及其派出机构有权依法查阅、复制有关财务会计、财产权登记等文件、资料；对可能被转移、隐匿、毁损或者伪造的文件、资料，予以先行登记保存。

第四十一条 银监会及其派出机构有权要求商业银行在公司章程中载明股东权利和义务，以及股东应当遵守和执行监管规定和监管要求的内容；有权要求商业银行或股东就其提供的有关资质条件、关联关系或入股资金等信息的真实性作出声明，并承诺承担因提供虚假信息或不实声明造成的后果。

第四十二条 银监会及其派出机构有权评估商业银行主要股东及其控股股东、实际控制人、关联方、一致行动人、最终受益人的经营活动，以判断其对商业银行和银行集团安全稳健运行的影响。

第四十三条 银监会及其派出机构有权根据商业银行与股东关联交易的风险状况，要求商业银行降低对一个或一个以上直至全部股东及其控股股东、实际控制人、关联方、一致行动人、最终受益人授信余额占其资本净额的比例，限制或禁止商业银行与一个或一个以上直至全部股东及其控股股东、实际控制人、关联方、一致行动人、最终受益人开展交易。

第四十四条 银监会及其派出机构根据审慎监管的需要,有权限制同一股东及其关联方、一致行动人入股商业银行的数量、持有商业银行股权的限额、股权质押比例等。

第四十五条 银监会及其派出机构应当建立股东动态监测机制,至少每年对商业银行主要股东的资质条件、执行公司章程情况和承诺情况、行使股东权利和义务、落实法律法规和监管规定情况进行评估。

银监会及其派出机构应当将评估工作纳入日常监管,并视情形采取限期整改等监管措施。

第四十六条 商业银行主要股东为金融机构的,银监会及其派出机构应当与该金融机构的监管机构建立有效的信息交流和共享机制。

第四十七条 商业银行在股权管理过程中存在下列情形之一的,银监会或其派出机构应当责令限期改正;逾期未改正,或者其行为严重危及该商业银行的稳健运行、损害存款人和其他客户合法权益的,经银监会或其省一级派出机构负责人批准,可以区别情形,按照《中华人民共和国银行业监督管理法》第三十七条规定,采取相应的监管措施:

(一)未按要求及时申请审批或报告的;
(二)提供虚假的或者隐瞒重要事实的报表、报告等文件、资料的;
(三)未按规定制定公司章程,明确股东权利义务的;
(四)未按规定进行股权托管的;
(五)未按规定进行信息披露的;
(六)未按规定开展关联交易的;
(七)未按规定进行股权质押管理的;
(八)拒绝或阻碍监管部门进行调查核实的;
(九)其他违反股权管理相关要求的。

第四十八条 商业银行股东或其控股股东、实际控制人、关联方、一致行动人、最终受益人等存在下列情形,造成商业银行违反审慎经营规则的,银监会或其派出机构根据《中华人民共和国银行业监督管理法》第三十七条规定,可以责令商业银行控股股东转让股权;限制商业银行股东参与经营管理的相关权利,包括股东大会召开请求权、表决权、提名权、提案权、处分权等:

(一)虚假出资、出资不实、抽逃出资或者变相抽逃出资的;
(二)违规使用委托资金、债务资金或其他非自有资金投资入股的;
(三)违规进行股权代持的;
(四)未按规定进行报告的;
(五)拒绝向商业银行、银监会或其派出机构提供文件材料或提供虚假文件材料、隐瞒重要信息以及迟延提供相关文件材料的;
(六)违反承诺或公司章程的;
(七)主要股东或其控股股东、实际控制人不符合本办法规定的监管要求的;
(八)违规开展关联交易的;
(九)违规进行股权质押的;

(十)拒绝或阻碍银监会或其派出机构进行调查核实的;

(十一)不配合银监会或其派出机构开展风险处置的;

(十二)其他滥用股东权利或不履行股东义务,损害商业银行、存款人或其他股东利益的。

第四十九条 商业银行未遵守本办法规定进行股权管理的,银监会或其派出机构可以调整该商业银行公司治理评价结果或监管评级。

商业银行董事会成员在履职过程中未就股权管理方面的违法违规行为提出异议的,最近一次履职评价不得评为称职。

第五十条 银监会及其派出机构建立商业银行股权管理和股东行为不良记录数据库,通过全国信用信息共享平台与相关部门或政府机构共享信息。

对于存在违法违规行为且拒不改正的股东,银监会及其派出机构可以单独或会同相关部门和单位予以联合惩戒,可通报、公开谴责、禁止其一定期限直至终身入股商业银行。

第六章 法律责任

第五十一条 商业银行未按要求对股东及其控股股东、实际控制人、关联方、一致行动人、最终受益人信息进行审查、审核或披露的,由银监会或其派出机构按照《中华人民共和国银行业监督管理法》第四十六条、第四十八条的规定,责令改正,并处二十万元以上五十万元以下罚款;对负有责任的董事长、董事会秘书和其他相关责任人员给予警告,处五万元以上五十万元以下罚款。

第五十二条 商业银行存在本办法第四十七条规定的情形之一,情节较为严重的,由银监会或其派出机构按照《中华人民共和国银行业监督管理法》第四十六条、第四十七条、第四十八条规定,处二十万元以上五十万元以下罚款;情节特别严重或者逾期不改正的,可以责令停业整顿或者吊销其经营许可证。对负有责任的董事长、董事会秘书和其他相关责任人员给予警告,处五万元以上五十万元以下罚款,情节严重的,取消其董事和高管任职资格。

第五十三条 投资人未经批准持有商业银行资本总额或股份总额百分之五以上的,由银监会或其派出机构按照《中华人民共和国商业银行法》第七十九条规定,责令改正,有违法所得的,没收违法所得,违法所得五万元以上的,并处违法所得一倍以上五倍以下罚款;没有违法所得或违法所得不足五万元的,处五万元以上五十万元以下罚款。

第五十四条 商业银行股东或其控股股东、实际控制人、关联方、一致行动人、最终受益人等以隐瞒、欺骗等不正当手段获得批准持有商业银行资本总额或股份总额百分之五以上的,由银监会或其派出机构按照《中华人民共和国行政许可法》的规定,对相关行政许可予以撤销。

第七章 附 则

第五十五条 本办法所称"以上"均含本数,"以下""不足"不含本数。

第五十六条 本办法中下列用语的含义:

（一）控股股东，是指根据《中华人民共和国公司法》第二百一十六条规定，其出资额占有限责任公司资本总额百分之五十以上或者其持有的股份占股份有限公司股本总额百分之五十以上的股东；出资额或者持有股份的比例虽然不足百分之五十，但依其出资额或者持有的股份所享有的表决权已足以对股东会、股东大会的决议产生重大影响的股东。

（二）实际控制人，是指根据《中华人民共和国公司法》第二百一十六条规定，虽不是公司的股东，但通过投资关系、协议或者其他安排，能够实际支配公司行为的人。

（三）关联方，是指根据《企业会计准则第36号关联方披露》规定，一方控制、共同控制另一方或对另一方施加重大影响，以及两方或两方以上同受一方控制、共同控制或重大影响的。但国家控制的企业之间不仅因为同受国家控股而具有关联关系。

（四）一致行动，是指投资者通过协议、其他安排，与其他投资者共同扩大其所能够支配的一个公司股份表决权数量的行为或者事实。达成一致行动的相关投资者，为一致行动人。

（五）最终受益人，是指实际享有商业银行股权收益的人。

第五十七条　在中华人民共和国境内依法设立的农村合作银行、农村信用社、贷款公司、农村资金互助社、金融资产管理公司、信托公司、企业集团财务公司、金融租赁公司、汽车金融公司、货币经纪公司、消费金融公司以及经银监会批准设立的其他金融机构，参照适用本办法，银监会另有规定的从其规定。

第五十八条　本办法由银监会负责解释。

第五十九条　本办法自公布之日起施行。本办法施行前，银监会有关商业银行股权管理的规定与本办法不一致的，按照本办法执行。

中国人民银行关于进一步完善人民币跨境业务政策促进贸易投资便利化的通知

银发〔2018〕3号

中国人民银行上海总部，各分行、营业管理部，各省会（首府）城市中心支行，各副省级城市中心支行，各政策性银行、国有商业银行、股份制商业银行，中国邮政储蓄银行：

为贯彻落实《国务院关于促进外资增长若干措施的通知》（国发〔2017〕39号），完善和优化人民币跨境业务政策，促进贸易投资便利化，营造优良营商环境，服务"一带一路"建设，推动形成全面开放新格局，现就有关事项通知如下：

一、支持企业使用人民币跨境结算

凡依法可以使用外汇结算的跨境交易，企业都可以使用人民币结算。银行应以服务实体经济、促进贸易投资便利化为导向,根据跨境人民币政策,创新人民币金融产品,提升金融服务能力,充分满足客户真实、合规的人民币跨境业务需求。

二、开展个人其他经常项目人民币跨境结算业务

银行可在"了解你的客户"、"了解你的业务"、"尽职审查"三原则基础上,为个人办理其他经常项目人民币跨境结算业务。

三、开展碳排放权交易人民币跨境结算业务

境外机构按照国务院碳交易主管部门相关规定,通过境内碳排放权交易机构以人民币开展碳排放权交易的,应按照《境外机构人民币银行结算账户管理办法》(银发〔2010〕249号文印发)和《中国人民银行关于境外机构人民币银行结算账户开立和使用有关问题的通知》(银发〔2012〕183号)等规定,在银行开立境外机构碳交易人民币专用存款账户,办理碳排放权交易项下资金收付。

四、便利境外投资者以人民币进行直接投资

进一步完善和优化《外商直接投资人民币结算业务管理办法》(中国人民银行公告〔2011〕第23号公布)、《中国人民银行关于明确外商直接投资人民币结算业务操作细则的通知》(银发〔2012〕165号)相关规定:

(一)境外投资者在境内拟设立多个外商投资企业或项目的,可分别开立人民币前期费用专用存款账户。

(二)外商投资企业的信息登记及复核,由企业注册地银行通过人民币跨境收付信息管理系统办理,注册地中国人民银行分支机构进行事后管理。

(三)外商投资企业可在异地银行开立人民币资本金专用存款账户,可开立多个人民币资本金专用存款账户。同名人民币资本金专用存款账户之间可相互划转资金。

(四)外商投资企业人民币资本金及境外借款资金用于工资、差旅费、零星采购等支出的,银行可在展业三原则基础上根据企业支付指令直接办理。

(五)境外投资者以人民币参与境内企业国有产权转让交易的,如达成交易,其向国有资产监督管理部门指定机构汇入的人民币保证金,可作为后续产权交易的价款或对后续成立外商投资企业的出资,划入相应的专用存款账户。如交易不成功,境外投资者汇入的人民币保证金应原路汇回。

外商直接投资项下其他涉及境外投资者汇入人民币保证金以及根据国家相关规定需由境内第三方机构接收人民币交易价款的业务活动,可参照上述规定办理资金划转。

(六)对于境外投资者在境内依法取得的利润、股息等投资收益,银行按规定审核相关证明材料后办理人民币跨境结算,确保境外投资者利润所得依法自由汇出。

五、便利企业境外募集人民币资金汇入境内使用

境内企业在境外发行人民币债券,按全口径跨境融资宏观审慎管理规定办理相关手续后,可根据实际需要将募集资金汇入境内使用。境内企业在境外发行股票募集的人民币资金,可按实际需要汇入境内使用。

银行应履行信息报送义务,及时、准确、完整地向人民币跨境收付信息管理系统报送信息。银行应按照《中华人民共和国反洗钱法》和有关规定,在办理人民币跨境业务时,切实履行反洗钱、反恐怖融资、反逃税义务。

本通知自发布之日起实施。此前有关规定与本通知不一致的,以本通知为准。

请人民银行副省级城市中心支行以上分支机构将本通知转发至辖区内人民银行各分支机构、外资银行和地方法人金融机构。

2018 年

中国证券监督管理委员会关于修改《证券登记结算管理办法》等七部规章的决定

中国证券监督管理委员会令第 137 号

《关于修改〈证券登记结算管理办法〉等七部规章的决定》已经 2017 年 11 月 21 日中国证券监督管理委员会 2017 年第 8 次主席办公会议审议通过,现予公布,自公布之日起施行。

中国证券监督管理委员会主席:刘士余
2017 年 12 月 7 日

根据《国务院办公厅关于进一步做好"放管服"改革涉及的规章、规范性文件清理工作的通知》(国办发〔2017〕40 号)要求,中国证券监督管理委员会对"放管服"改革涉及的部门规章进行了清理。经过清理,决定对七部规章的部分条款予以修改。

一、删去《证券登记结算管理办法》第十条第二项、第三项。

增加两项,作为第十一条第十项、第十一项:

"(十)重大国际合作与交流活动、涉港澳台重大事务;

"(十一)与证券登记结算有关的主要收费项目和标准的制定或调整"。

二、将《全国中小企业股份转让系统有限责任公司管理暂行办法》第十条修改为:"全国股份转让系统挂牌新的证券品种应当向中国证监会报告,采用新的转让方式应当报中国证监会批准。"

第十六条中的"应当报中国证监会批准"修改为"应当向中国证监会报告"。

三、将《转融通业务监督管理试行办法》第十一条中的"应当经证监会批准"修改为"应当报证监会备案"。

第二十三条、第三十七条、第四十八条中的"经证监会批准后实施"修改为"报证监会备案后实施"。

四、将《证券发行上市保荐业务管理办法》第十条第九项修改为:"(九)符合规定的最近1年度净资本计算表、风险资本准备计算表和风险控制指标监管报表"。

第十一条第六项修改为:"(六)中国证券业协会规定的其他条件"。

删去第十二条。

删去第十四条中的"对保荐代表人资格的申请,自受理之日起20个工作日内做出核准或者不予核准的书面决定"。

删去第十六条。

删去第十七条中的"保荐代表人"。

删去第十九条。

删去第二十条中的"保荐代表人"。

删去第二十一条。

第六十三条修改为:"中国证监会对保荐机构及其相关人员进行持续动态的跟踪管理,记录其业务资格、执业情况、违法违规行为、其他不良行为以及对其采取的监管措施等。保荐信用记录向社会公开。"

删去第六十五条第二款。

删去第八十一条。

五、将《期货交易所管理办法》第六条修改为:"设立期货交易所,由中国证监会审批。未经国务院或者中国证监会批准,任何单位或者个人不得设立期货交易场所或者以任何形式组织期货交易及其相关活动。"

第十三条中的"应当经中国证监会批准"修改为"应当事前向中国证监会报告"。

第十四条第一款修改为:"期货交易所的合并、分立或者变更组织形式,应当事前向中国证监会报告。"

第十七条第二款中的"由中国证监会批准"修改为"应当事前向中国证监会报告"。

第十八条第二款中的"应当报中国证监会批准"修改为"应当事前向中国证监会报告"。

第六十一条修改为:"期货交易所实行全员结算制度或者会员分级结算制度,应当事前向中国证监会报告。"

删去第六十七条。

第九十三条修改为:"期货交易所制定或者修改章程、交易规则,上市、中止、取消或者恢复交易品种,应当经中国证监会批准。期货交易所上市、修改或者终止合约,应当事前向中国证监会报告。"

第九十四条第一款中的"并报中国证监会批准"修改为"并事前向中国证监会报告"。

第九十五条修改为:"期货交易所制定或者修改交易规则的实施细则,应当事前向中国证监会报告。"

第九十八条中的"应当经中国证监会批准"修改为"应当按照中国证监会有关规定进行事前报告"。

第一百一十条中的"《期货交易管理条例》第六十八条"修改为"《期货交易管理条例》第六十四条"。

第一百一十一条中的"《期货交易管理条例》第六十九条"修改为"《期货交易管理条例》第六十五条"。第一项修改为:"(一)未经报告变更名称或者注册资本"。

第一百一十二条中的"《期货交易管理条例》第八十二条"修改为"《期货交易管理条例》第七十八条"。

六、将《期货公司监督管理办法》第十四条第六项中的"《期货交易管理条例》第五十六条第二款、第五十七条"修改为"《期货交易管理条例》第五十五条第二款、第五十六条"。

第二十条修改为:"期货公司变更法定代表人,拟任法定代表人应当具备任职条件。期货公司应当自完成相关工商变更登记之日起5个工作日内向住所地中国证监会派出机构提交下列备案材料:

"(一)备案报告;

"(二)变更后的营业执照副本复印件;

"(三)公司决议文件;

"(四)法定代表人期货从业资格证明、任职资格证明;

"(五)期货公司原《经营期货业务许可证》正、副本原件;

"(六)中国证监会要求提交的其他文件。"

第二十一条中的"期货公司变更住所,应当妥善处理客户资产,拟迁入的住所和拟使用的设施应当符合业务需要"修改为"期货公司变更住所或营业场所,应当妥善处理客户资产,拟迁入的住所和拟使用的设施应当符合业务需要,并自完成相关工商变更登记之日起5个工作日内向住所地中国证监会派出机构报备"。

第二十二条修改为:"期货公司变更住所或营业场所,应当向拟迁入地中国证监会派出机构提交下列备案材料:

"(一)备案报告;

"(二)变更后的营业执照副本复印件;

"(三)公司决议文件;

"(四)关于客户资产处理情况,变更后住所和使用的设施符合期货业务需要的说明;

"(五)变更后住所所有权或者使用权证明和消防合格证明;

"(六)首席风险官出具的公司符合相关条件的意见;

"(七)期货公司原《经营期货业务许可证》正、副本原件;

"(八)中国证监会要求提交的其他文件。

"期货公司在提交备案材料时,应当将备案材料同时抄报拟迁出地中国证监会派出机构。"

第二十三条第一款修改为:"期货公司设立营业部、分公司等境内分支机构,应当自完成相关工商设立登记之日起5个工作日内向公司住所地中国证监会派出机构报备。"第二款中的"期货公司申请设立分支机构"修改为"期货公司设立境内分支机构"。

第二十四条修改为:"期货公司设立境内分支机构,应当向公司住所地中国证监会派出机构提交下列备案材料:

"(一)备案报告;

"(二)分支机构营业执照副本复印件;

"(三)公司决议文件;

"(四)分支机构负责人任职资格证明;

"(五)分支机构从业人员名册及期货从业资格证明;

"(六)营业场所所有权或者使用权证明和消防合格证明;

"(七)首席风险官出具的公司符合相关条件的意见;

"(八)中国证监会要求提交的其他文件。

"期货公司在提交备案材料时,应当将备案材料同时抄报拟设立分支机构所在地的中国证监会派出机构。"

第二十六条修改为:"期货公司终止境内分支机构的,应当先行妥善处理该分支机构客户资产,结清分支机构业务并终止经营活动,并自完成上述工作之日起5个工作日内向分支机构所在地中国证监会派出机构提交下列备案材料:

"(一)备案报告;

"(二)公司决议文件;

"(三)关于处理分支机构客户资产、结清期货业务并终止经营活动情况的说明;

"(四)在中国证监会指定报刊上的公告证明;

"(五)首席风险官出具的公司符合相关条件的意见;

"(六)中国证监会要求提交的其他文件。

"期货公司在提交备案材料时,应当将备案材料同时抄报公司住所地的中国证监会派出机构。"

第二十七条中的"期货公司申请设立、收购或者参股境外期货类经营机构,应当具备下列条件"修改为"期货公司设立、收购、参股或者终止境外期货类经营机构,应当具备下列条件,并应当自公司决议生效之日起5个工作日内向中国证监会报备"。

第二十八条修改为:"期货公司设立、收购、参股或者终止境外期货类经营机构,应当自获得境外有关监管机构核准文件之日起5个工作日内向中国证监会提交下列备案材料:

"(一)备案报告;

"(二)境外期货类经营机构的章程;

"(三)境外有关监管部门核准文件;

"(四)拟设立、收购、参股境外机构所在国家或者地区的监管机构已与中国证监会签署监管合作谅解备忘录;

"(五)中国证监会要求的其他资料。

"期货公司变更境外期货类经营机构注册资本或股权的,应当自获得境外有关监管机构核准文件之日起5个工作日内向中国证监会提交下列备案材料:

"(一)备案报告;

"(二)最近一年经审计的财务报告;

"(三)中国证监会要求的其他资料。"

第三十条中的"《期货交易管理条例》第二十一条第一款"修改为"《期货交易管理条例》第二十条第一款"。

第三十八条第二款中的"《期货交易管理条例》第五十六条第二款、第四款或者第五十七条"修改为"《期货交易管理条例》第五十五条第二款、第四款或者第五十六条"。

第七十六条中的"《期货交易管理条例》第二十九条"修改为"《期货交易管理条例》第二十八条"。

第八十八条中的"《期货交易管理条例》第五十六条"修改为"《期货交易管理条例》第五十五条"。

第九十条第二款中的"《期货交易管理条例》第五十六条"修改为"《期货交易管理条例》第五十五条"。

第九十三条中的"《期货交易管理条例》第六十七条"修改为"《期货交易管理条例》第六十六条"。

第九十四条中的"《期货交易管理条例》第六十八条"修改为"《期货交易管理条例》第六十七条"。

七、将《期货公司资产管理业务试点办法》第三条第一款修改为:"期货公司从事资产管理业务,应当依法登记备案,遵循公平、公正、诚信、规范的原则,恪守职责、谨慎勤勉,保护客户合法权益,公平对待所有客户,防范利益冲突,禁止各种形式的利益输送,维护期货市场的正常秩序。"

删去第六条、第七条、第八条。

第四十五条中的"期货公司管理办法"修改为"期货公司监督管理办法"。

第五十条中的"撤销其资产管理业务试点资格"修改为"停止其资产管理业务","《期货交易管理条例》第七十条、第七十一条"修改为"《期货交易管理条例》第六十六条、第六十七条"。

此外,对相关规章中的条文序号作相应调整。

本决定自公布之日起施行。

《证券登记结算管理办法》等七部规章根据本决定作相应修改,重新公布。

中国证券监督管理委员会关于修改、废止《证券公司次级债管理规定》等十三部规范性文件的决定

中国证券监督管理委员会公告〔2017〕16号

现公布《关于修改、废止〈证券公司次级债管理规定〉等十三部规范性文件的决定》,自

公布之日起施行。

中国证监会
2017年12月7日

根据《国务院办公厅关于进一步做好"放管服"改革涉及的规章、规范性文件清理工作的通知》(国办发〔2017〕40号)要求,中国证券监督管理委员会对"放管服"改革涉及的规范性文件进行了清理。经过清理,中国证监会决定:
一、对十部规范性文件的部分条款予以修改。(附件1)
二、对三部规范性文件予以废止。(附件2)
本决定自公布之日起施行。

附件:1. 中国证监会决定修改的规范性文件
   2. 中国证监会决定废止的规范性文件

附件1

中国证监会决定修改的规范性文件

一、删去《证券公司次级债管理规定》第八条。
增加一条,作为第九条:"证券公司借入或发行次级债,应当自完成之日起(分期发行的,于每期发行完成之日起)5个工作日内,向公司住所地中国证监会派出机构提交以下备案文件:
"(一)备案报告。应当至少包括以下内容:证券公司借入或发行次级债的概况,证券公司符合借入或发行次级债条件的说明;
"(二)募集说明书或次级债务合同;
"(三)债权人清单。应当包括债权人名称、债权金额、与证券公司等债务当事人关联关系情况;
"(四)债务资金银行进账单;
"(五)中国证监会要求提交的其他文件。"
第十一条修改为:"证券公司变更次级债务合同(含展期),应当自完成之日起5个工作日内,向公司住所地中国证监会派出机构提交以下备案文件:
"(一)备案报告。应当至少包括以下内容:合同变更概况、原因;
"(二)变更后的次级债务合同;
"(三)中国证监会要求提交的其他文件。"
第十二条修改为:"证券公司偿还次级债务,应当自完成之日起5个工作日内,向公司住所地中国证监会派出机构提交备案报告等相关文件。

"证券公司提前偿还次级债务的,应当在备案报告中说明提前偿还次级债务的原因以及是否符合提前偿还条件,还应当提交关于提前偿还次级债务的决议。"

第十三条修改为:"在证券公司借入次级债备案文件齐备的前提下,中国证监会派出机构应当自接收备案文件之日起5个工作日内向备案申请人出具备案回执。相关证券公司在收到备案回执后,可以将已借入的次级债按规定的金额计入净资本。"

删去第十四条、第十七条。

第二十条第一款修改为:"证券公司应在借入或发行次级债之日前至少3个工作日在公司网站公开披露拟借入或发行次级债情况,并及时披露次级债券的后续发行情况。"

二、删去《证券公司业务范围审批暂行规定》第九条第二款中的"法律意见书"。

三、将《关于证券投资基金管理公司在香港设立机构的规定》第三条中的"《证券投资基金管理公司管理办法》(证监会令第22号)"修改为"《证券投资基金管理公司管理办法》(证监会令第84号)"。

删去第四条第五项。

四、删去《非银行金融机构开展证券投资基金托管业务暂行规定》第六条第一款第七项。

五、《关于在发行审核委员会中设立上市公司并购重组审核委员会的决定》中的"《中国证券监督管理委员会发行审核委员会办法》(证监会令第31号)"修改为"《中国证券监督管理委员会发行审核委员会办法》(2006年5月9日证监会令第31号,根据2009年5月13日证监会令第62号《关于修改〈中国证券监督管理委员会发行审核委员会办法〉的决定》第一次修正,根据2017年7月7日证监会令第134号《关于修改〈中国证券监督管理委员会发行审核委员会办法〉的决定》第二次修正)"。

第二条第一项修改为:"(一)根据中国证监会的相关规定构成重组上市的"。

六、将《关于填报〈上市公司并购重组财务顾问专业意见附表〉的规定》中的"《上市公司重大资产重组管理办法》(证监会令第53号)"修改为"《上市公司重大资产重组管理办法》(证监会令第127号)","《上市公司收购管理办法》(证监会令第56号)"修改为"《上市公司收购管理办法》(证监会令第108号)"。

删去《附件1 上市公司并购重组财务顾问专业意见附表第1号——上市公司收购》中的9.4.2。

《附件3 上市公司并购重组财务顾问专业意见附表第3号——发行股份购买资产》4.1.1修改为:"上市公司发行新股的定价是否不低于董事会就定向发行作出决议前20个交易日、60个交易日或者120个交易日的公司股票交易均价之一的90%"。

七、将《〈上市公司收购管理办法〉第七十四条有关通过集中竞价交易方式增持上市公司股份的收购完成时点认定的适用意见——证券期货法律适用意见第9号》中的"《上市公司收购管理办法》(证监会令第56号)"修改为"《上市公司收购管理办法》(证监会令第108号)"。

第二条中的"第六十三条第一款第(二)项"修改为"第六十三条第二款第(二)项","应当按照《收购办法》的相关规定及时向我会提交豁免申请"修改为"应当按照《收购办法》规定的相关程序办理"。

八、将《中国证券监督管理委员会上市公司并购重组审核委员会工作规程》第二条第一项修改为:"(一)根据中国证监会的相关规定构成重组上市的"。

九、删去《关于规范上市公司与关联方资金往来及上市公司对外担保若干问题的通知》第三条第五款第4项。

十、删去《期货公司金融期货结算业务试行办法》第三条和第二章。

第十五条中的"取得期货交易所交易结算会员资格的期货公司（以下简称交易结算会员期货公司）"修改为"交易结算会员期货公司"。

第十六条中的"取得期货交易所全面结算会员资格的期货公司（以下简称全面结算会员期货公司）"修改为"全面结算会员期货公司"。

删去第四十一条、第四十二条、第四十五条。

此外，对相关规范性文件中的条文序号作相应调整。

《证券公司次级债管理规定》等十部规范性文件根据本决定作相应修改，重新公布。

附件2

中国证监会决定废止的规范性文件

一、《期货公司董事、监事和高级管理人员任职资格管理办法》实施前后有关人员任职资格的衔接规定（证监会公告〔2008〕23号　2008年5月22日证监会发布）

二、关于暂停大豆油期货交易和禁止借开展食糖中远期合同交易之名进行期货交易的通知（证监发字〔1995〕8号　1995年1月11日证监会、国内贸易部发布）

三、关于证券监管部门行政事业性收费有关事项的公告（证监会公告〔2010〕18号　2010年6月4日证监会发布）

中国银行业监督管理委员会关于规范银信类业务的通知

银监发〔2017〕55号

各银监局，各政策性银行、大型银行、股份制银行，邮储银行，外资银行，中国信托登记有限责任公司：

近年来，银信类业务增长较快，其中银信通道业务占比较高，存在一定风险隐患。为促进银信类业务规范健康发展，防范金融风险，保护投资者合法权益，现就有关事项通知如下：

一、本通知所指银信类业务，是指商业银行作为委托人，将表内外资金或资产（收益权）委托给信托公司，投资或设立资金信托或财产权信托，由信托公司按照信托文件的约定进行管理、运用和处分的行为。

本通知所指银信通道业务，是指在银信类业务中，商业银行作为委托人设立资金信托或财产权信托，信托公司仅作为通道，信托资金或信托资产的管理、运用和处分均由委托人决定，风险管理责任和因管理不当导致的风险损失全部由委托人承担的行为。

二、商业银行在银信类业务中，应按照实质重于形式原则，将商业银行实际承担信用风险的业务纳入统一授信管理并落实授信集中度监管要求。商业银行应对实质承担信用风险的银信类业务进行分类，按照穿透管理要求，根据基础资产的风险状况进行风险分类，并结合基础资产的性质，准确计提资本和拨备。

三、商业银行对于银信通道业务，应还原其业务实质进行风险管控，不得利用信托通道掩盖风险实质，规避资金投向、资产分类、拨备计提和资本占用等监管规定，不得通过信托通道将表内资产虚假出表。

四、商业银行应当在银信类业务中，对信托公司实施名单制管理，综合考虑信托公司的风险管理水平和专业投资能力，审慎选择交易对手。

商业银行应当根据客户和自身的风险偏好和承受能力，选择与之相适应的信托公司及信托产品；在选择信托产品时，应注意期限、金额等方面的安排，与自身流动性管理相匹配。

五、信托公司在银信类业务中，不应盲目追求规模和速度，应积极转变发展方式，通过发挥信托制度优势和提高专业管理能力，为委托方银行提供实质金融服务，立足信托本源支持实体经济发展。

六、信托公司在银信类业务中，应履行勤勉尽责的受托责任，加强尽职调查，确保信托目的合法合规，不得接受委托方银行直接或间接提供的担保，不得与委托方银行签订抽屉协议，不得为委托方银行规避监管规定或第三方机构违法违规提供通道服务。

七、商业银行和信托公司开展银信类业务，应贯彻落实国家宏观调控政策，遵守相关法律法规，不得将信托资金违规投向房地产、地方政府融资平台、股票市场、产能过剩等限制或禁止领域。

八、中国信托登记有限责任公司应持续加强信托产品登记平台建设，强化信托产品信息披露，促使合同条款阳光化、交易结构清晰化，提高信托业务的透明度和规范化水平，增强市场约束。

九、银监会及其派出机构应加强银信类业务的非现场监管和现场检查，对业务增长较快、风险较高的银行和信托公司进行窗口指导和风险提示。依法对银信类业务违规行为采取按业务实质补提资本和拨备、实施行政处罚等监管措施。银监会将进一步研究明确提高信托公司通道业务监管要求的措施办法。

十、各银监局应强化属地监管责任，切实加强对银信类业务的日常监管，对银信类业务中存在的各类问题要及时核查并严肃问责处理，情节严重的要从重处罚，确保银行业金融机构整改落实到位，相关情况应及时报告银监会。

2017年11月22日

证券交易所管理办法

中国证券监督管理委员会令第 136 号

《证券交易所管理办法》已经 2017 年 8 月 28 日中国证券监督管理委员会 2017 年第 5 次主席办公会议审议通过,现予公布,自 2018 年 1 月 1 日起施行。

中国证券监督管理委员会主席:刘士余
2017 年 11 月 17 日

证券交易所管理办法

第一章 总 则

第一条 为加强对证券交易所的管理,促进证券交易所依法全面履行一线监管职能和服务职能,维护证券市场的正常秩序,保护投资者的合法权益,促进证券市场的健康稳定发展,根据《中华人民共和国证券法》,制定本办法。

第二条 本办法所称的证券交易所是指经国务院决定设立的证券交易所。

第三条 证券交易所根据《中国共产党章程》设立党委,发挥领导作用,把方向、管大局、保落实,依照规定讨论和决定交易所重大事项,保证监督党和国家的方针、政策在交易所得到全面贯彻落实。

第四条 证券交易所由中国证券监督管理委员会(以下简称中国证监会)监督管理。

第五条 证券交易所的名称,应当标明证券交易所字样。其他任何单位和个人不得使用证券交易所或者近似名称。

第二章 证券交易所的职能

第六条 证券交易所组织和监督证券交易,实施自律管理,应当遵循社会公共利益优先原则,维护市场的公平、有序、透明。

第七条 证券交易所的职能包括:
(一)提供证券交易的场所、设施和服务;
(二)制定和修改证券交易所的业务规则;

(三)审核、安排证券上市交易,决定证券暂停上市、恢复上市、终止上市和重新上市;
(四)提供非公开发行证券转让服务;
(五)组织和监督证券交易;
(六)对会员进行监管;
(七)对证券上市交易公司及相关信息披露义务人进行监管;
(八)对证券服务机构为证券上市、交易等提供服务的行为进行监管;
(九)管理和公布市场信息;
(十)开展投资者教育和保护;
(十一)法律、行政法规规定的以及中国证监会许可、授权或者委托的其他职能。

第八条 证券交易所不得直接或者间接从事:
(一)新闻出版业;
(二)发布对证券价格进行预测的文字和资料;
(三)为他人提供担保;
(四)未经中国证监会批准的其他业务。

第九条 证券交易所可以根据证券市场发展的需要,推动交易品种和交易方式的创新。

第十条 证券交易所制定或者修改业务规则,应当符合法律、行政法规、部门规章对其自律管理职责的要求。

证券交易所制定或者修改下列业务规则时,应当由证券交易所理事会通过,并报中国证监会批准:
(一)证券交易、上市、会员管理等业务规则;
(二)涉及上市新的证券交易品种或者对现有上市证券交易品种作出较大调整;
(三)以联网等方式为非本所上市的品种提供交易服务;
(四)涉及证券交易方式的重大创新或者对现有证券交易方式作出较大调整;
(五)涉及港澳台及境外机构的重大事项;
(六)中国证监会认为需要批准的其他业务规则。

第十一条 证券交易所制定的业务规则对证券交易业务活动的各参与主体具有约束力。

第十二条 证券交易所应当按照章程、协议以及业务规则的规定,对违法违规行为采取自律监管措施或者纪律处分,履行自律管理职责。

第十三条 证券交易所应当在业务规则中明确自律监管措施或者纪律处分的具体类型、适用情形和适用程序。

证券交易所采取纪律处分的,应当依据纪律处分委员会的审核意见作出。纪律处分决定作出前,当事人按照业务规则的规定申请听证的,证券交易所应当组织听证。

第十四条 市场参与主体对证券交易所作出的相关自律监管措施或者纪律处分不服的,可以按照证券交易所业务规则的规定申请复核。

证券交易所应当设立复核委员会,依据其审核意见作出复核决定。

第十五条 证券交易所应当建立风险管理和风险监测机制,依法监测、监控、预警并防范市场风险,维护证券市场安全稳定运行。

第十六条 证券交易所应当和其他交易所、登记结算机构、行业协会等证券期货业组织建立资源共享、相互配合的长效合作机制,联合依法监察证券市场违法违规行为。

第三章 证券交易所的组织

第十七条 证券交易所实行会员制,设会员大会、理事会、总经理和监事会。

第十八条 会员大会为证券交易所的最高权力机构。会员大会行使下列职权:

(一)制定和修改证券交易所章程;
(二)选举和罢免会员理事、会员监事;
(三)审议和通过理事会、监事会和总经理的工作报告;
(四)审议和通过证券交易所的财务预算、决算报告;
(五)法律、行政法规、部门规章和证券交易所章程规定的其他重大事项。

第十九条 证券交易所章程应当包括下列事项:

(一)设立目的;
(二)名称;
(三)主要办公及交易场所和设施所在地;
(四)职能范围;
(五)会员的资格和加入、退出程序;
(六)会员的权利和义务;
(七)对会员的纪律处分;
(八)组织机构及其职权;
(九)理事、监事、高级管理人员的产生、任免及其职责;
(十)资本和财务事项;
(十一)解散的条件和程序;
(十二)其他需要在章程中规定的事项。

章程的制定和修改经会员大会通过后,报中国证监会批准。

第二十条 会员大会每年召开一次,由理事会召集,理事长主持。理事长因故不能履行职责时,由理事长指定的副理事长或者其他理事主持。有下列情形之一的,应当召开临时会员大会:

(一)理事人数不足本办法规定的最低人数;
(二)三分之一以上会员提议;
(三)理事会或者监事会认为必要。

第二十一条 会员大会应当有三分之二以上的会员出席,其决议须经出席会议的会员过半数表决通过。

会员大会结束后十个工作日内,证券交易所应当将大会全部文件及有关情况向中国证监会报告。

第二十二条 理事会是证券交易所的决策机构,行使下列职权:

(一)召集会员大会,并向会员大会报告工作;

（二）执行会员大会的决议；

（三）审定总经理提出的工作计划；

（四）审定总经理提出的年度财务预算、决算方案；

（五）审定对会员的接纳和退出；

（六）审定取消会员资格的纪律处分；

（七）审定证券交易所业务规则；

（八）审定证券交易所上市新的证券交易品种或者对现有上市证券交易品种作出较大调整；

（九）审定证券交易所收费项目、收费标准及收费调整程序；

（十）审定证券交易所重大财务管理事项；

（十一）审定证券交易所重大风险管理和处置事项，管理证券交易所风险基金；

（十二）审定重大投资者教育和保护工作事项；

（十三）决定高级管理人员的聘任、解聘及薪酬事项，但中国证监会任免的除外；

（十四）会员大会授予和证券交易所章程规定的其他职权。

第二十三条 证券交易所理事会由七至十三人组成，其中非会员理事人数不少于理事会成员总数的三分之一，不超过理事会成员总数的二分之一。

理事每届任期三年。会员理事由会员大会选举产生，非会员理事由中国证监会委派。

第二十四条 理事会会议至少每季度召开一次。会议须有三分之二以上理事出席，其决议应当经出席会议的三分之二以上理事表决同意方为有效。理事会决议应当在会议结束后两个工作日内向中国证监会报告。

第二十五条 理事会设理事长一人，副理事长一至二人。总经理应当是理事会成员。

理事长是证券交易所的法定代表人。

第二十六条 理事长负责召集和主持理事会会议。理事长因故临时不能履行职责时，由理事长指定的副理事长或者其他理事代其履行职责。

理事长不得兼任证券交易所总经理。

第二十七条 证券交易所的总经理、副总经理、首席专业技术管理人员每届任期三年。总经理由中国证监会任免。副总经理按照中国证监会相关规定任免或者聘任。

总经理因故临时不能履行职责时，由总经理指定的副总经理代其履行职责。

第二十八条 总经理行使下列职权：

（一）执行会员大会和理事会决议，并向其报告工作；

（二）主持证券交易所的日常工作；

（三）拟订并组织实施证券交易所工作计划；

（四）拟订证券交易所年度财务预算、决算方案；

（五）审定业务细则及其他制度性规定；

（六）审定除取消会员资格以外的其他纪律处分；

（七）审定除应当由理事会审定外的其他财务管理事项；

（八）理事会授予的和证券交易所章程规定的其他职权。

第二十九条 监事会是证券交易所的监督机构，行使下列职权：

（一）检查证券交易所财务；

（二）检查证券交易所风险基金的使用和管理；

（三）监督证券交易所理事、高级管理人员执行职务行为；

（四）监督证券交易所遵守法律、行政法规、部门规章和证券交易所章程、协议、业务规则以及风险预防与控制的情况；

（五）当理事、高级管理人员的行为损害证券交易所利益时，要求理事、高级管理人员予以纠正；

（六）提议召开临时会员大会；

（七）提议召开临时理事会；

（八）向会员大会提出提案；

（九）会员大会授予和证券交易所章程规定的其他职权。

第三十条 证券交易所监事会人员不得少于五人，其中会员监事不得少于两名，职工监事不得少于两名，专职监事不得少于一名。

监事每届任期三年。会员监事由会员大会选举产生，职工监事由职工大会、职工代表大会或者其他形式民主选举产生，专职监事由中国证监会委派。证券交易所理事、高级管理人员不得兼任监事。

第三十一条 监事会设监事长一人。

监事长负责召集和主持监事会会议。监事长因故不能履行职责时，由监事长指定的专职监事或者其他监事代为履行职务。

第三十二条 监事会至少每六个月召开一次会议。监事长、三分之一以上监事可以提议召开临时监事会会议。

监事会决议应当经半数以上监事通过。监事会决议应当在会议结束后两个工作日内向中国证监会报告。

第三十三条 理事会、监事会根据需要设立专门委员会。各专门委员会的职责、任期和人员组成等事项，由证券交易所章程具体规定。

各专门委员会的经费应当纳入证券交易所的预算。

第三十四条 证券交易所的从业人员应当正直诚实、品行良好、具备履行职责所必需的专业知识与能力。

有下列情形之一的，不得招聘为证券交易所从业人员，不得担任证券交易所理事、监事、高级管理人员：

（一）犯有贪污、贿赂、侵占财产、挪用财产罪或者破坏社会经济秩序罪，或者因犯罪被剥夺政治权利；

（二）因违法、违纪行为被解除职务的证券交易所、证券登记结算机构等证券期货业工作人员和被开除的国家机关工作人员；

（三）因违法、违纪行为被解除职务的证券经营机构或者其他金融机构的从业人员，自被解除职务之日起未逾五年；

（四）因违法、违纪行为被撤销资格的律师、注册会计师或者投资咨询机构、财务顾问机构、资信评级机构、资产评估机构、验资机构的专业人员，自被撤销资格之日起未逾五年；

（五）担任因违法行为被吊销营业执照的公司、企业的法定代表人并对该公司、企业被吊销营业执照负有个人责任的,自被吊销营业执照之日起未逾五年;

（六）担任因经营管理不善而破产的公司、企业的董事、厂长或者经理并对该公司、企业的破产负有个人责任的,自破产之日起未逾五年;

（七）法律、行政法规、部门规章规定的其他情形。

第三十五条 证券交易所理事、监事、高级管理人员的产生、聘任有不正当情况,或者前述人员在任期内有违反法律、行政法规、部门规章和证券交易所章程、业务规则的行为,或者由于其他原因,不适宜继续担任其所担任的职务时,中国证监会有权解除或者提议证券交易所解除有关人员的职务,并按照规定任命新的人选。

第四章 证券交易所对证券交易活动的监管

第三十六条 证券交易所应当制定具体的交易规则。其内容包括：
（一）证券交易的基本原则;
（二）证券交易的场所、品种和时间;
（三）证券交易方式、交易流程、风险控制和规范事项;
（四）证券交易监督;
（五）清算交割事项;
（六）交易纠纷的解决;
（七）暂停、恢复与取消交易;
（八）交易异常情况的认定和处理;
（九）投资者准入和适当性管理的基本要求;
（十）对违反交易规则行为的处理规定;
（十一）证券交易信息的提供和管理;
（十二）指数的编制方法和公布方式;
（十三）其他需要在交易规则中规定的事项。

第三十七条 证券交易所应当公布即时行情,并按日制作证券市场行情表,记载并公布下列事项：
（一）上市证券的名称;
（二）开盘价、最高价、最低价、收盘价;
（三）与前一交易日收盘价比较后的涨跌情况;
（四）成交量、成交金额的分计及合计;
（五）证券交易所市场基准指数及其涨跌情况;
（六）中国证监会要求公布或者证券交易所认为需要公布的其他事项。

证券交易所对市场交易形成的基础信息和加工产生的信息产品享有专属权利。未经证券交易所同意,任何单位和个人不得以商业目的使用。经许可使用交易信息的机构和个人,未经证券交易所同意,不得将该信息提供给其他机构和个人使用。

第三十八条 证券交易所应当就其市场内的成交情况编制日报表、周报表、月报表和年报表,并及时向市场公布。

证券交易所可以根据监管需要,对其市场内特定证券的成交情况进行分类统计,并向市场公布。

第三十九条 证券交易所应当保证投资者有平等机会获取证券市场的交易行情和其他公开披露的信息,并有平等的交易机会。

第四十条 证券交易所对证券交易进行实时监控,及时发现和处理违反业务规则的异常交易行为。

证券交易所应当对可能误导投资者投资决策、可能对证券交易价格和交易量产生不当影响等异常交易行为进行重点监控。

第四十一条 证券交易所应当按照维护市场交易秩序,保障市场稳定运行,保证投资者公平交易机会,防范和化解市场风险的原则,制定异常交易行为认定和处理的业务规则,并报中国证监会批准。

第四十二条 对于严重影响证券交易秩序或者交易公平的异常交易行为,证券交易所可以实施限制投资者账户交易等措施,并向中国证监会报告。

证券交易所发现异常交易行为涉嫌违反法律、行政法规、部门规章的,应当及时向中国证监会报告。

第四十三条 证券交易所应当妥善保存证券交易中产生的交易记录,并制定相应的保密管理措施。交易记录等重要文件的保存期不少于二十年。

证券交易所应当要求并督促会员妥善保存与证券交易有关的委托资料、交易记录、清算文件等,并建立相应的查询和保密制度。

第四十四条 证券交易所应当建立符合证券市场监督管理和实时监控要求的技术系统,并设立负责证券市场监管工作的专门机构。

证券交易所应当保障交易系统、通信系统及相关信息技术系统的安全、稳定和持续运行。

第五章 证券交易所对会员的监管

第四十五条 证券交易所应当制定会员管理规则。其内容包括:

(一)会员资格的取得和管理;
(二)席位与交易单元管理;
(三)与证券交易业务有关的会员合规管理及风险控制要求;
(四)会员客户交易行为管理、适当性管理及投资者教育要求;
(五)会员业务报告制度;
(六)对会员的日常管理和监督检查;
(七)对会员采取的收取惩罚性违约金、取消会员资格等自律监管措施和纪律处分;
(八)其他需要在会员管理规则中规定的事项。

第四十六条 证券交易所接纳的会员应当是经批准设立并具有法人地位的境内证券经营机构。

境外证券经营机构设立的驻华代表处,经申请可以成为证券交易所的特别会员。

证券交易所的会员种类,会员资格及权利、义务由证券交易所章程和业务规则规定。

第四十七条 证券交易所决定接纳或者开除会员应当在决定后的五个工作日内向中国证监会报告。

第四十八条 证券交易所应当限定席位的数量。

会员可以通过购买或者受让的方式取得席位。经证券交易所同意,席位可以转让,但不得用于出租和质押。

第四十九条 证券交易所应当对交易单元实施严格管理,设定、调整和限制会员参与证券交易的品种及方式。

会员参与证券交易的,应当向证券交易所申请设立交易单元。经证券交易所同意,会员将交易单元提供给他人使用的,会员应当对其进行管理,具体管理办法由证券交易所规定。

第五十条 证券交易所应当制定技术管理规范,明确会员交易系统接入证券交易所和运行管理等技术要求,督促会员按照技术要求规范运作,保障交易及相关系统的安全稳定。

证券交易所为了防范系统性风险,可以要求会员建立和实施相应的风控系统和监测模型。

第五十一条 证券交易所应当按照章程、业务规则的规定,对会员遵守证券交易所章程和业务规则的情况进行检查,并将检查结果报告中国证监会。

证券交易所可以根据章程、业务规则要求会员提供与证券交易活动有关的业务报表、账册、交易记录和其他文件资料。

第五十二条 证券交易所应当建立会员客户交易行为管理制度,要求会员了解客户并在协议中约定对委托交易指令的核查和对异常交易指令的拒绝等内容,指导和督促会员完善客户交易行为监控系统,并定期进行考核评价。

会员管理的客户出现严重异常交易行为或者在一定时期内多次出现异常交易行为的,证券交易所应当对会员客户交易行为管理情况进行现场或者非现场检查,并将检查结果报告中国证监会。

会员未按规定履行客户管理职责的,证券交易所可以采取自律监管措施或者纪律处分。

第五十三条 证券交易所应当按照章程、业务规则对会员通过证券自营及资产管理等业务进行的证券交易实施监督管理。

证券交易所应当按照章程、业务规则要求会员报备其通过自营及资产管理账户开展产品业务创新的具体情况以及账户实际控制人的有关文件资料。

第五十四条 证券交易所应当督促会员建立并执行客户适当性管理制度,要求会员向客户推荐产品或者服务时充分揭示风险,并不得向客户推荐与其风险承受能力不适应的产品或者服务。

第五十五条 会员出现违法违规行为的,证券交易所可以按照章程、业务规则的规定采取暂停受理或者办理相关业务、限制交易权限、收取惩罚性违约金、取消会员资格等自律监管措施或者纪律处分。

第五十六条 证券交易所会员应当接受证券交易所的监督管理,并主动报告有关问题。

第六章　证券交易所对证券上市交易公司的监管

第五十七条　证券交易所应当制定证券上市规则。其内容包括：
(一)证券上市的条件、程序和披露要求；
(二)信息披露的主体、内容及具体要求；
(三)证券停牌、复牌的标准和程序；
(四)暂停上市、恢复上市、终止上市、重新上市的条件和程序；
(五)对违反上市规则行为的处理规定；
(六)其他需要在上市规则中规定的事项。

第五十八条　证券交易所应当与申请证券上市交易的公司订立上市协议，确定相互间的权利义务关系。上市协议的内容与格式应当符合法律、行政法规、部门规章的规定。
上市协议应当包括下列内容：
(一)上市证券的品种、名称、代码、数量和上市时间；
(二)上市费用的收取；
(三)证券交易所对证券上市交易公司及相关主体进行自律管理的主要手段和方式，包括现场和非现场检查等内容；
(四)违反上市协议的处理，包括惩罚性违约金等内容；
(五)上市协议的终止情形；
(六)争议解决方式；
(七)证券交易所认为需要在上市协议中明确的其他内容。

第五十九条　证券交易所应当依法建立上市保荐制度。
证券交易所应当监督保荐人及相关人员的业务行为，督促其切实履行法律、行政法规、部门规章以及业务规则中规定的相关职责。

第六十条　证券交易所按照章程、协议以及上市规则决定证券暂停上市、恢复上市、终止上市和重新上市。
证券交易所按照有关规定对出现终止上市情形的证券实施退市，督促证券上市交易公司充分揭示终止上市风险。

第六十一条　证券交易所应当按照章程、协议以及业务规则，督促证券上市交易公司及相关信息披露义务人依法披露上市公告书、定期报告、临时报告等信息披露文件。
证券交易所对信息披露文件进行审核，可以要求证券上市交易公司及相关信息披露义务人、上市保荐人、证券服务机构等作出补充说明并予以公布，发现问题应当按照有关规定及时处理，情节严重的，报告中国证监会。

第六十二条　证券交易所应当依据业务规则和证券上市交易公司的申请，办理证券停复牌业务。证券交易所为维护市场秩序可以拒绝证券上市交易公司的停复牌申请，可以对证券强制停复牌。
中国证监会为维护市场秩序可以要求证券交易所对证券实施停复牌。

第六十三条　证券交易所应当按照章程、协议以及业务规则，对上市公司控股股东、持股百分之五以上股东、其他相关股东以及董事、监事、高级管理人员等持有本公司股票的变动及信息披露情况进行监管。

第六十四条 发行人、证券上市交易公司及相关信息披露义务人等出现违法违规行为的,证券交易所可以按照章程、协议以及业务规则的规定,采取通报批评、公开谴责、收取惩罚性违约金、向相关主管部门出具监管建议函等自律监管措施或者纪律处分。

第六十五条 证券交易所应当比照本章的有关规定,对证券在本证券交易所发行或者交易的其他主体进行监管。

第七章　管理与监督

第六十六条 证券交易所不得以任何方式转让其依照本办法取得的设立及业务许可。

第六十七条 证券交易所的理事、监事、高级管理人员对其任职机构负有诚实信用的义务。

证券交易所的总经理离任时,应当按照有关规定接受离任审计。

第六十八条 证券交易所的总经理、副总经理未经批准,不得在任何营利性组织、团体和机构中兼职。证券交易所的非会员理事、非会员监事及其他工作人员不得以任何形式在证券交易所会员公司兼职。

第六十九条 证券交易所的理事、监事、高级管理人员及其他工作人员不得以任何方式泄露或者利用内幕信息,不得以任何方式违规从证券交易所的会员、证券上市交易公司获取利益。

第七十条 证券交易所的理事、监事、高级管理人员及其他工作人员在履行职责时,遇到与本人或者其亲属等有利害关系情形的,应当回避。具体回避事项由其章程、业务规则规定。

第七十一条 证券交易所应当建立健全财务管理制度,收取的各种资金和费用应当严格按照规定用途使用,不得挪作他用。

证券交易所的收支结余不得分配给会员。

第七十二条 证券交易所应当履行下列报告义务:

(一)证券交易所经具有证券从业资格的会计师事务所审计的年度财务报告,该报告应于每一财政年度终了后三个月内向中国证监会提交;

(二)关于业务情况的季度和年度工作报告,应当分别于每一季度结束后十五日内和每一年度结束后三十日内向中国证监会报告;

(三)法律、行政法规、部门规章及本办法其他条款中规定的报告事项;

(四)中国证监会要求报告的其他事项。

第七十三条 遇有重大事项,证券交易所应当随时向中国证监会报告。

前款所称重大事项包括:

(一)发现证券交易所会员、证券上市交易公司、投资者和证券交易所工作人员存在或者可能存在严重违反法律、行政法规、部门规章的行为;

(二)发现证券市场中存在产生严重违反法律、行政法规、部门规章行为的潜在风险;

（三）证券市场中出现法律、行政法规、部门规章未作明确规定,但会对证券市场产生重大影响的事项;

（四）执行法律、行政法规、部门规章过程中,需由证券交易所作出重大决策的事项;

（五）证券交易所认为需要报告的其他事项;

（六）中国证监会规定的其他事项。

第七十四条 遇有以下事项之一的,证券交易所应当随时向中国证监会报告,同时抄报交易所所在地人民政府,并采取适当方式告知交易所会员和投资者:

（一）发生影响证券交易所安全运转的情况;

（二）证券交易所因不可抗力导致停市,或者为维护证券交易正常秩序采取技术性停牌、临时停市等处理措施。

第七十五条 中国证监会有权要求证券交易所提供证券市场信息、业务文件以及其他有关的数据、资料。

第七十六条 中国证监会有权要求证券交易所对其章程和业务规则进行修改。

第七十七条 中国证监会有权对证券交易所业务规则制定与执行情况、自律管理职责的履行情况、信息技术系统建设维护情况以及财务和风险管理等制度的建立及执行情况进行评估和检查。

中国证监会开展前款所述评估和检查,可以采取要求证券交易所进行自查、要求证券交易所聘请中国证监会认可的专业机构进行核查、中国证监会组织现场核查等方式进行。

第七十八条 中国证监会依法查处证券市场的违法违规行为时,证券交易所应当予以配合。

第七十九条 证券交易所涉及诉讼或者证券交易所理事、监事、高级管理人员因履行职责涉及诉讼或者依照法律、行政法规、部门规章应当受到解除职务的处分时,证券交易所应当及时向中国证监会报告。

第八章 法律责任

第八十条 证券交易所违反本办法第八条的规定,从事未经中国证监会批准的其他业务的,由中国证监会责令限期改正;构成犯罪的,由司法机关依法追究刑事责任。

第八十一条 证券交易所违反本办法第十条的规定,上市新的证券交易品种或者对现有上市证券交易品种作出较大调整未制定修改业务规则或者未履行相关程序的,由中国证监会责令停止该交易品种的交易,并对有关负责人采取处理措施。

第八十二条 证券交易所违反本办法第十条的规定,制定或者修改业务规则应当报中国证监会批准而未履行相关程序的,中国证监会有权要求证券交易所进行修改、暂停适用或者予以废止,并对有关负责人采取处理措施。

第八十三条 证券交易所违反本办法规定,在监管工作中不履行职责,或者不履行本办法规定的有关报告义务,中国证监会可以采取监管谈话、出具警示函、通报批评、责令限期改正等监管措施。

第八十四条 证券交易所存在下列情况时,由中国证监会对有关高级管理人员视情节轻重分别给予警告、记过、记大过、撤职等行政处分,并责令证券交易所对有关的业务部门负责人给予纪律处分;造成严重后果的,由中国证监会按本办法第三十五条的规定处理;构成犯罪的,由司法机关依法追究有关责任人员的刑事责任:

（一）对国家有关法律、法规、规章、政策和中国证监会颁布的制度、办法、规定不传达、不执行；

（二）对工作不负责任,管理混乱,致使有关业务制度和操作规程不健全、不落实；

（三）对中国证监会的监督检查工作不接受、不配合,对工作中发现的重大隐患、漏洞不重视、不报告、不及时解决；

（四）对在证券交易所内发生的违规行为未能及时采取有效措施予以制止或者查处不力。

第八十五条　证券交易所的任何工作人员有责任拒绝执行任何人员向其下达的违反法律、行政法规、部门规章和证券交易所有关规定的工作任务,并有责任向其更高一级领导和中国证监会报告具体情况。没有拒绝执行上述工作任务,或者虽拒绝执行但没有报告的,应当承担相应责任。

第八十六条　证券交易所会员、证券上市交易公司违反法律、行政法规、部门规章和证券交易所章程、业务规则的规定,并且证券交易所没有履行规定的监督管理责任的,中国证监会有权按照本办法的有关规定,追究证券交易所和证券交易所有关理事、监事、高级管理人员和直接责任人的责任。

第八十七条　证券交易所应当在其职责范围内,及时向中国证监会报告其会员、证券上市交易公司及其他人员违反法律、行政法规、部门规章的情况;按照证券交易所章程、业务规则等证券交易所可以采取自律监管措施和纪律处分的,证券交易所有权按照有关规定予以处理,并报中国证监会备案;法律、行政法规、部门规章规定由中国证监会处罚的,证券交易所可以向中国证监会提出处罚建议。

中国证监会可以要求证券交易所按照业务规则对其会员、证券上市交易公司等采取自律监管措施或者纪律处分。

第八十八条　证券交易所、证券交易所会员、证券上市交易公司违反本办法规定,直接责任人和与直接责任人有直接利益关系者因此而形成非法获利或者避损的,由中国证监会依法予以行政处罚。

第九章　附　　则

第八十九条　本办法由中国证监会负责解释。

第九十条　本办法自2018年1月1日起施行。2001年12月12日中国证监会公布的《证券交易所管理办法》同时废止。

公开发行证券的公司信息披露内容与格式准则第 26 号
——上市公司重大资产重组(2017 年修订)

中国证券监督管理委员会公告〔2017〕14 号

现公布《公开发行证券的公司信息披露内容与格式准则第 26 号——上市公司重大资产重组(2017 年修订)》,自公布之日起施行。

中国证监会
2017 年 9 月 21 日

公开发行证券的公司信息披露内容与格式准则第 26 号
——上市公司重大资产重组(2017 年修订)

第一章 总 则

第一条 为规范上市公司重大资产重组的信息披露行为,根据《证券法》、《上市公司重大资产重组管理办法》(证监会令第 127 号,以下简称《重组办法》)及其他相关法律、行政法规及部门规章的规定,制定本准则。

第二条 上市公司进行《重组办法》规定的资产交易行为(以下简称重大资产重组),应当按照本准则编制重大资产重组报告书(以下简称重组报告书)等信息披露文件,并按《重组办法》等相关规定予以披露。

上市公司进行需向中国证券监督管理委员会(以下简称中国证监会)申请行政许可的资产交易行为,还应当按照本准则的要求制作和报送申请文件。上市公司未按照本准则的要求制作、报送申请文件的,中国证监会可不予受理或者要求其重新制作、报送。

第三条 本准则的规定是对上市公司重大资产重组信息披露或申请文件的最低要求。不论本准则是否有明确规定,凡对上市公司股票及其衍生品交易价格可能产生较大影响或对投资者做出投资决策有重大影响的信息,均应披露或提供。

本准则某些具体要求对当次重大资产重组确实不适用的,上市公司可根据实际情况,在不影响内容完整性的前提下予以适当调整,但应当在披露或申请时作出说明。

中国证监会、证券交易所可以根据监管实际需要,要求上市公司补充披露其他有关信息或提供其他有关文件。

第四条 由于涉及国家机密、商业秘密（如核心技术的保密资料、商业合同的具体内容等）等特殊原因，本准则规定的某些信息或文件确实不便披露或提供的，上市公司可以不予披露或提供，但应当在相关章节中详细说明未按本准则要求进行披露或提供的原因。中国证监会认为需要披露或提供的，上市公司应当披露或提供。

第五条 重大资产重组有关各方应当及时、公平地披露或提供信息，披露或提供的所有信息应当真实、准确、完整，所描述的事实应当有充分、客观、公正的依据，所引用的数据应当注明资料来源，不得有虚假记载、误导性陈述或者重大遗漏。

上市公司全体董事、监事、高级管理人员及相关证券服务机构及其人员应当按要求在所披露或提供的有关文件上发表声明，确保披露或提供文件的真实性、准确性和完整性。

交易对方应当按要求在所披露或申请的有关文件上发表声明，确保为本次重组所提供的信息的真实性、准确性和完整性。

第六条 重大资产重组信息披露文件应当便于投资者阅读，在充分披露的基础上做到逻辑清晰、简明扼要，具有可读性和可理解性。

重大资产重组信息披露文件和申请文件（如涉及）应当作为备查文件，供投资者查阅。

第二章 重组预案

第七条 上市公司编制的重组预案应当至少包括以下内容：

（一）重大事项提示、重大风险提示。

（二）本次交易的背景和目的。

（三）本次交易的方案概况。方案介绍中应当披露本次交易是否构成《重组办法》第十三条规定的交易情形（以下简称重组上市）及其判断依据。

（四）上市公司基本情况，包括公司设立情况及曾用名称，最近六十个月的控制权变动情况，最近三年的主营业务发展情况和主要财务指标（包括总资产、净资产、营业收入、利润总额、净利润、经营活动产生的现金流量净额、资产负债率、毛利率、每股收益等，下同），以及控股股东、实际控制人概况。

（五）交易对方基本情况。交易对方为法人的，应当披露其名称、注册地、法定代表人，与其控股股东、实际控制人之间的产权控制关系结构图，最近三年主要业务发展状况和最近两年主要财务指标，按产业类别划分的下属企业名目等；交易对方为自然人的，应当按照本准则第十五条第（二）项的相关要求披露；交易对方为其他主体的，应当披露其名称、性质及相关协议安排，如为合伙企业，还应当比照第十五条第（一）项相关要求，披露合伙企业及其相关的产权及控制关系、主要合伙人及其他关联人、下属企业名目等情况。

（六）交易标的基本情况，包括报告期（本准则所述报告期指最近两年及一期，如属于重组上市的情形，报告期指最近三年及一期）主要财务指标、主营业务、评估或估值的情况及拟定价等；相关证券服务机构未完成审计、评估或估值、盈利预测审核（如涉及）的，上市公司全体董事应当声明保证相关数据的真实性和合理性，并作出"相关资产经审计的财务数据、评估或估值结果、以及经审核的盈利预测数据（如涉及）将在重大资产重组报告书中予以披露"的特别提示。

上市公司在交易完成后将成为持股型公司的,应当披露作为主要交易标的的企业股权是否为控股权;交易标的为有限责任公司股权的,应当披露是否已取得该公司其他股东的同意或者符合公司章程规定的转让前置条件。

交易标的涉及土地使用权、矿业权等资源类权利的,应当披露是否已取得相应的权属证书、是否已具备相应的开发或开采条件、以及土地出让金、矿业权价款等费用的缴纳情况。

交易标的涉及立项、环保、行业准入、用地、规划、施工建设等有关报批事项的,应当披露是否已取得相应的许可证书或相关主管部门的批复文件。

交易标的未取得许可证书或相关主管部门的批复文件,未披露历史沿革及是否存在出资瑕疵或影响其合法存续的情况等相关信息的(如涉及),上市公司应作出"标的资产××许可证书或相关主管部门的批复文件尚未取得,××事项尚未披露,本次重组存在重大不确定性"的特别提示。

(七)非现金支付方式情况(如涉及)。上市公司发行股份购买资产的,应当披露发行股份的定价及依据、本次发行股份购买资产的董事会决议明确的发行价格调整方案等相关信息。上市公司通过发行优先股、向特定对象发行可转换为股票的公司债券、定向权证等非现金支付方式购买资产的,应当比照前述要求披露相关信息。

交易方案涉及吸收合并的,应当披露换股价格及确定方法、本次吸收合并的董事会决议明确的换股价格调整方案、异议股东权利保护安排、债权人权利保护安排等相关信息。

交易方案涉及募集配套资金的,应当披露募集配套资金的预计金额及占交易总金额的比例、股份发行情况、用途及必要性等相关信息。

(八)本次交易对上市公司的影响,包括但不限于主营业务、盈利能力、关联交易、同业竞争和股权结构的预计变化情况。

(九)本次交易行为涉及有关报批事项的,应当详细说明已向有关主管部门报批的进展情况和尚需呈报批准的程序,并对可能无法获得批准的风险作出特别提示。

(十)本次交易存在其他重大不确定性因素的,应当对相关风险作出充分说明和特别提示。

(十一)上市公司的控股股东及其一致行动人对本次重组的原则性意见,及控股股东及其一致行动人、董事、监事、高级管理人员自本次重组复牌之日起至实施完毕期间的股份减持计划。上市公司披露为无控股股东的,应当比照前述要求,披露第一大股东及持股5%以上股东的意见及减持计划。

(十二)保护投资者合法权益的相关安排。

(十三)本次交易涉及的相关主体买卖上市公司股票的自查情况。

(十四)相关证券服务机构对重组预案已披露内容发表的核查意见。

第三章 重组报告书

第一节 封面、目录、释义

第八条 上市公司应当在重组报告书全文文本封面列明重组报告书的标题。重组报告书标题应明确具体交易形式,包括但不限于:××股份有限公司重大资产购买报告书、××股份有限公司重大资产出售报告书、××股份有限公司重大资产置换报告书、××股份有限公司发行股份购买资产报告书或××股份有限公司吸收合并××公司报告书。

资产重组采取两种以上交易形式组合的,应当在标题中列明,如"××股份有限公司重大资产置换及发行股份购买资产报告书";发行股份购买资产同时募集配套资金的,应当在标题中标明"并募集配套资金",如"××股份有限公司发行股份购买资产并募集配套资金报告书";资产重组构成关联交易的,还应当在标题中标明"暨关联交易"的字样,如"××股份有限公司重大资产购买暨关联交易报告书"。

同时,封面中应当载明以下内容:

(1)上市公司的名称、股票上市地点、股票简称、股票代码;

(2)交易对方的名称或姓名;

(3)独立财务顾问名称;

(4)重组报告书签署日期。

第九条 重组报告书的目录应当标明各章、节的标题及相应的页码,内容编排应当符合通行的中文惯例。

第十条 上市公司应当在重组报告书中对可能造成投资者理解障碍及有特定含义的术语作出释义,释义应当在目录次页排印。

第二节 重大事项提示

第十一条 上市公司应当在重组报告书扉页中,遵循重要性和相关性原则,以简明扼要的方式,就与本次重组有关的重大事项,进行"重大事项提示"。包括但不限于:

(一)本次重组方案简要介绍。

(二)按《重组办法》规定计算的相关指标、本次重组是否构成关联交易(如构成关联交易,应披露构成关联交易的原因、涉及董事和股东的回避表决安排)、是否构成重组上市及判断依据。

(三)如披露本次交易不构成重组上市,但交易完成后,持有上市公司5%以上股份的股东或者实际控制人持股情况或者控制公司的情况以及上市公司的业务构成都将发生较大变化,应当披露未来六十个月上市公司是否存在维持或变更控制权、调整主营业务的相关安排、承诺、协议等,如存在,应当详细披露主要内容。

(四)本次重组支付方式、募集配套资金安排简要介绍(如涉及)。

(五)交易标的评估或估值情况简要介绍。

(六)本次重组对上市公司影响的简要介绍,列表披露本次重组对上市公司股权结构的影响及对上市公司主要财务指标的影响。

(七)本次重组已履行的和尚未履行的决策程序及报批程序,本次重组方案实施前尚需取得的有关批准。涉及并联审批的,应当明确取得批准前不得实施本次重组方案。

(八)列表披露本次重组相关方作出的重要承诺。

(九)上市公司的控股股东及其一致行动人对本次重组的原则性意见,及控股股东及其一致行动人、董事、监事、高级管理人员自本次重组复牌之日起至实施完毕期间的股份减持计划。上市公司披露为无控股股东的,应当比照前述要求,披露第一大股东及持股5%以上股东的意见及减持计划。

(十)本次重组对中小投资者权益保护的安排,包括但不限于股东大会表决情况、网络投票安排、并购重组摊薄当期每股收益的填补回报安排等。

(十一)其他需要提醒投资者重点关注的事项。

第三节　重大风险提示

第十二条　上市公司应当在重组报告书扉页中针对本次重组的实际情况,遵循重要性和相关性原则,在第十三节"风险因素"基础上,选择若干可能直接或间接对本次重组及重组后上市公司生产经营状况、财务状况和持续盈利能力等产生严重不利影响的风险因素,进行"重大风险提示"。

第四节　本次交易概况

第十三条　介绍本次重组的交易概况,包括但不限于:
(一)交易背景及目的;
(二)本次交易决策过程和批准情况;
(三)本次交易具体方案;
(四)本次重组对上市公司的影响。

第五节　交易各方

第十四条　上市公司基本情况,包括公司设立情况及曾用名称,最近六十个月的控制权变动情况,最近三年的重大资产重组情况、主营业务发展情况和主要财务指标,以及控股股东、实际控制人概况。

上市公司是否因涉嫌犯罪被司法机关立案侦查或者涉嫌违法违规被中国证监会立案调查,最近三年是否受到行政处罚或者刑事处罚,如存在,应当披露相关情况,并说明对本次重组的影响。构成重组上市的,还应当说明上市公司及其最近三年内的控股股东、实际控制人是否存在因涉嫌犯罪正被司法机关立案侦查或涉嫌违法违规被中国证监会立案调查的情形,如存在,涉嫌犯罪或违法违规的行为终止是否已满三年,交易方案是否能够消除该行为可能造成的不良后果,是否影响对相关行为人追究责任。上市公司及其控股股东、实际控制人最近十二个月内是否受到证券交易所公开谴责,是否存在其他重大失信行为。

第十五条　交易对方情况:
(一)交易对方为法人的,应当披露其名称、企业性质、注册地、主要办公地点、法定代表人、注册资本、统一社会信用代码、历史沿革、经营范围,最近三年注册资本变化情况、主要业务发展状况和最近两年主要财务指标,最近一年简要财务报表并注明是否已经审计。

以方框图或者其他有效形式,全面披露交易对方相关的产权及控制关系,包括交易对方的主要股东或权益持有人、股权或权益的间接控制人及各层之间的产权关系结构图,直至自然人、国有资产管理部门或者股东之间达成某种协议或安排的其他机构;以文字简要介绍交易对方的主要股东及其他关联人的基本情况;列示交易对方按产业类别划分的下属企业名目。

交易对方成立不足一个完整会计年度、没有具体经营业务或者是专为本次交易而设立的,则应当按照上述要求披露交易对方的实际控制人或者控股公司的相关资料。

(二)交易对方为自然人的,应当披露其姓名(包括曾用名)、性别、国籍、身份证号码、住所、通讯地址、是否取得其他国家或者地区的居留权、最近三年的职业和职务,并注明每份职业的起止日期和任职单位,是否与任职单位存在产权关系,以及其控制的企业和关联企业的基本情况。

(三)交易对方为其他主体的,应当披露其名称、性质及相关协议安排,并比照本条第(一)项相关要求,披露该主体的基本情况及其相关产权及控制关系,以及该主体下属企业名目等情况。如为合伙企业,应当穿透披露至最终出资人,同时还应披露合伙人、最终出资人与参与本次交易的其他有关主体的关联关系(如有);交易完成后合伙企业成为上市公司第一大股东或持股5%以上股东的,还应当披露最终出资人的资金来源,合伙企业利润分配、亏损负担及合伙事务执行(含表决权行使)的有关协议安排,本次交易停牌前六个月内及停牌期间合伙人入伙、退伙、转让财产份额、有限合伙人与普通合伙人转变身份的情况及未来存续期间内的类似变动安排(如有)。如为契约型私募基金、券商资产管理计划、基金专户及基金子公司产品、信托计划、理财产品、保险资管计划、专为本次交易设立的公司等,应当比照对合伙企业的上述要求进行披露。

(四)交易对方为多个主体的,应当披露交易对方之间是否存在关联关系及其情况说明。

(五)交易对方与上市公司之间是否存在关联关系及其情况说明,交易对方向上市公司推荐董事或者高级管理人员的情况。

(六)交易对方及其主要管理人员最近五年内受过行政处罚(与证券市场明显无关的除外)、刑事处罚、或者涉及与经济纠纷有关的重大民事诉讼或者仲裁的,应当披露处罚机关或者受理机构的名称、处罚种类、诉讼或者仲裁结果,以及日期、原因和执行情况。

(七)交易对方及其主要管理人员最近五年的诚信情况,包括但不限于:交易对方及其主要管理人员未按期偿还大额债务、未履行承诺、被中国证监会采取行政监管措施或受到证券交易所纪律处分的情况等。

第六节 交易标的

第十六条 交易标的为完整经营性资产的(包括股权或其他构成可独立核算会计主体的经营性资产),应当披露:

(一)该经营性资产的名称、企业性质、注册地、主要办公地点、法定代表人、注册资本、成立日期、统一社会信用代码。

(二)该经营性资产的历史沿革,包括设立情况、历次增减资或股权转让情况、是否存在出资瑕疵或影响其合法存续的情况。

该经营性资产最近三年增减资及股权转让的原因、作价依据及其合理性,股权变动相关方的关联关系,是否履行必要的审议和批准程序,是否符合相关法律法规及公司章程的规定,是否存在违反限制或禁止性规定而转让的情形。

(三)该经营性资产的产权或控制关系,包括其主要股东或权益持有人及持有股权或权益的比例、公司章程中可能对本次交易产生影响的主要内容或相关投资协议、高级管理人员的安排、是否存在影响该资产独立性的协议或其他安排(如让渡经营管理权、收益权等)。

(四)该经营性资产及其对应的主要资产的权属状况、对外担保情况及主要负债、或有负债情况,说明产权是否清晰,是否存在抵押、质押等权利限制,是否涉及诉讼、仲裁、司法强制执行等重大争议或者存在妨碍权属转移的其他情况。

该经营性资产是否因涉嫌犯罪被司法机关立案侦查或者涉嫌违法违规被中国证监会立案调查,是否受到行政处罚或者刑事处罚,如存在,应当披露相关情况,并说明对本次重组的影响。

(五)最近三年主营业务发展情况。如果该经营性资产的主营业务和产品(或服务)分属不同行业,则应按不同行业分别披露相关信息。

(六)报告期经审计的财务指标。除主要财务指标外,还应包括扣除非经常性损益的净利润,同时说明报告期非经常性损益的构成及原因,扣除非经常性损益后净利润的稳定性,非经常性损益(如财政补贴)是否具备持续性。

(七)交易标的为企业股权的,应当披露该企业是否存在出资瑕疵或影响其合法存续的情况;上市公司在交易完成后将成为持股型公司的,应当披露作为主要交易标的的企业股权是否为控股权;交易标的为有限责任公司股权的,应当披露是否已取得该公司其他股东的同意或者符合公司章程规定的股权转让前置条件。

(八)该经营性资产的权益最近三年曾进行与交易、增资或改制相关的评估或估值的,应当披露相关评估或估值的方法、评估或估值结果及其与账面值的增减情况,交易价格、交易对方和增资改制的情况,并列表说明该经营性资产最近三年评估或估值情况与本次重组评估或估值情况的差异原因。

(九)该经营性资产的下属企业构成该经营性资产最近一期经审计的资产总额、营业收入、净资产额或净利润来源20%以上且有重大影响的,应参照上述要求披露该下属企业的相关信息。

第十七条 交易标的不构成完整经营性资产的,应当披露:

(一)相关资产的名称、类别;

(二)相关资产的权属状况,包括产权是否清晰,是否存在抵押、质押等权利限制,是否涉及诉讼、仲裁、司法强制执行等重大争议或者存在妨碍权属转移的其他情况;

(三)相关资产最近三年的运营情况和报告期经审计的财务数据,包括但不限于资产总额、资产净额、可准确核算的收入或费用额;

(四)相关资产在最近三年曾进行评估、估值或者交易的,应当披露评估或估值结果、交易价格、交易对方等情况,并列表说明相关资产最近三年评估或估值情况与本次重组评估或估值情况的差异原因。

第十八条 交易标的涉及土地使用权、矿业权等资源类权利的,应当披露是否已取得相应的权属证书、是否已具备相应的开发或开采条件、以及土地出让金、矿业权价款等费用的缴纳情况。

交易标的涉及立项、环保、行业准入、用地、规划、施工建设等有关报批事项的，应当披露是否已取得相应的许可证书或相关主管部门的批复文件。

交易标的未取得许可证书或相关主管部门的批复文件的（如涉及），上市公司应作出"标的资产××许可证书或相关主管部门的批复文件尚未取得，本次重组存在重大不确定性"的特别提示。

第十九条 交易标的涉及许可他人使用自己所有的资产，或者作为被许可方使用他人资产的，应当简要披露许可合同的主要内容，包括许可人、被许可人、许可使用的具体资产内容、许可方式、许可年限、许可使用费等，以及合同履行情况；充分说明本次重组对上述许可合同效力的影响，该等资产对交易标的持续经营的影响，并就许可的范围、使用的稳定性、协议安排的合理性等进行说明。

第二十条 资产交易涉及债权债务转移的，应当披露该等债权债务的基本情况、已取得债权人书面同意的情况，说明未获得同意部分的债务金额、债务形成原因、到期日，并对该部分债务的处理做出妥善安排，说明交易完成后上市公司是否存在偿债风险和其他或有风险及应对措施。

第二十一条 资产交易涉及重大资产购买的，上市公司应当根据重要性原则，结合行业特点，披露拟购买资产主营业务的具体情况，包括：

（一）主要产品（或服务）所处行业的主管部门、监管体制、主要法律法规及政策等。

（二）主要产品（或服务）的用途及报告期的变化情况。如从事多种产品（或服务）生产经营的，产品（或服务）分类的口径应当前后一致。如产品（或服务）分属不同行业，则应按不同行业分别披露相关信息。

（三）主要产品的工艺流程图或主要服务的流程图。

（四）主要经营模式（通常包括采购模式、生产模式、销售模式）、盈利模式和结算模式。

（五）列表披露报告期各期主要产品（或服务）的产能、产量、期初及期末库存、销量、销售收入，产品（或服务）的主要消费群体、销售价格的变动情况；报告期各期向前五名客户合计的销售额占当期销售总额的百分比，向单个客户的销售比例超过总额的50%或严重依赖于少数客户的，应当披露其名称及销售比例。如该客户为交易对方及其关联方，则应当披露产品最终实现销售的情况。受同一实际控制人控制的销售客户，应当合并计算销售额。

（六）报告期主要产品的原材料和能源及其供应情况，主要原材料和能源的价格变动趋势、主要原材料和能源占成本的比重；报告期各期向前五名供应商合计的采购额占当期采购总额的百分比，向单个供应商的采购比例超过总额的50%或严重依赖于少数供应商的，应当披露其名称及采购比例。受同一实际控制人控制的供应商，应当合并计算采购额。

（七）报告期董事、监事、高级管理人员和核心技术人员，其他主要关联方或持有拟购买资产5%以上股份的股东在前五名供应商或客户中所占的权益。如无，亦应明确说明。

（八）如在境外进行生产经营，应当对有关业务活动进行地域性分析；如在境外拥有资产，应当详细披露该资产的资产规模、所在地、经营管理和盈利情况等具体内容。

（九）存在高危险、重污染情况的，应当披露安全生产和污染治理制度及执行情况、因安全生产及环境保护原因受到处罚的情况、最近三年相关费用成本支出及未来支出的情况，说明是否符合国家关于安全生产和环境保护的要求。

（十）主要产品和服务的质量控制情况，包括质量控制标准、质量控制措施、出现的质量纠纷等。

（十一）主要产品生产技术所处的阶段，如处于基础研究、试生产、小批量生产或大批量生产阶段。

（十二）报告期核心技术人员特点分析及变动情况。

第二十二条 资产交易涉及重大资产购买的，上市公司还应当列表披露与拟购买资产业务相关的主要固定资产、无形资产及特许经营权的具体情况，包括：

（一）生产经营所使用的主要生产设备、房屋建筑物及其取得和使用情况、成新率或尚可使用年限；

（二）商标、专利、非专利技术、土地使用权、水面养殖权、探矿权、采矿权等主要无形资产的数量、取得方式和时间、使用情况、使用期限或保护期、最近一期期末账面价值，以及上述资产对拟购买资产生产经营的重要程度；

（三）拥有的特许经营权的情况，主要包括特许经营权的取得情况，特许经营权的期限、费用标准，以及对拟购买资产持续生产经营的影响。

第二十三条 资产交易涉及重大资产购买的，还应当披露拟购买资产报告期的会计政策及相关会计处理：

（一）收入成本的确认原则和计量方法；

（二）比较分析会计政策和会计估计与同行业或同类资产之间的差异及对拟购买资产利润的影响；

（三）财务报表编制基础，确定合并报表时的重大判断和假设，合并财务报表范围、变化情况及变化原因；

（四）报告期存在资产转移剥离调整的，还应披露资产转移剥离调整的原则、方法和具体剥离情况，及对拟购买资产利润产生的影响；

（五）拟购买资产的重大会计政策或会计估计与上市公司存在较大差异的，报告期发生变更的或者按规定将要进行变更的，应当分析重大会计政策或会计估计的差异或变更对拟购买资产利润产生的影响；

（六）行业特殊的会计处理政策。

第七节　交易标的评估或估值

第二十四条 重大资产重组中相关资产以资产评估结果或估值报告结果作为定价依据的，应当至少披露以下信息：

（一）评估或估值的基本情况（包括账面价值、所采用的评估或估值方法、评估或估值结果、增减值幅度，下同），分析评估或估值增减值主要原因、不同评估或估值方法的评估或估值结果的差异及其原因、最终确定评估或估值结论的理由。

（二）对评估或估值结论有重要影响的评估或估值假设，如宏观和外部环境假设及根据交易标的自身状况所采用的特定假设等。

（三）选用的评估或估值方法和重要评估或估值参数以及相关依据。具体如下：

1. 收益法:具体模型、未来预期收益现金流、折现率确定方法、评估或估值测算过程、非经营性和溢余资产的分析与确认等。

2. 市场法:具体模型、价值比率的选取及理由、可比对象或可比案例的选取原则、调整因素和流动性折扣的考虑测算等。

3. 资产基础法:主要资产的评估或估值方法及选择理由、评估或估值结果等,如:房地产企业的存货、矿产资源类企业的矿业权、生产型企业的主要房屋和关键设备等固定资产以及对未来经营存在重大影响的在建工程、科技创新企业的核心技术等无形资产、持股型企业的长期股权投资等。主要资产采用收益法、市场法评估或估值的,应参照上述收益法或市场法的相关要求进行披露。

(四)引用其他评估机构或估值机构报告内容(如矿业权评估报告、土地估价报告等)、特殊类别资产(如珠宝、林权、生物资产等)相关第三方专业鉴定等资料的,应对其相关专业机构、业务资质、签字评估师或鉴定师、评估或估值情况进行必要披露。

(五)存在评估或估值特殊处理、对评估或估值结论有重大影响事项,应当进行说明并分析其对评估或估值结论的影响;存在前述情况或因评估或估值程序受限造成评估报告或估值报告使用受限的,应提请报告使用者关注。

(六)评估或估值基准日至重组报告书签署日的重要变化事项及其对评估或估值结果的影响。

(七)该交易标的的下属企业构成该交易标的最近一期经审计的资产总额、营业收入、净资产额或净利润来源20%以上且有重大影响的,应参照上述要求披露。交易标的涉及其他长期股权投资的,应当列表披露评估或估值的基本情况。

第二十五条 上市公司董事会应当对本次交易标的评估或估值的合理性以及定价的公允性做出分析。包括但不限于:

(一)对资产评估机构或估值机构的独立性、假设前提的合理性、评估或估值方法与目的的相关性发表意见。

(二)结合报告期及未来财务预测的相关情况(包括各产品产销量、销售价格、毛利率、净利润等)、所处行业地位、行业发展趋势、行业竞争及经营情况等,详细说明评估或估值依据的合理性。如果未来预测与报告期财务情况差异较大的,应当分析说明差异的原因及其合理性。

(三)分析交易标的后续经营过程中政策、宏观环境、技术、行业、重大合作协议、经营许可、技术许可、税收优惠等方面的变化趋势、董事会拟采取的应对措施及其对评估或估值的影响。

(四)结合交易标的的经营模式,分析报告期变动频繁且影响较大的指标(如成本、价格、销量、毛利率等方面)对评估或估值的影响,并进行敏感性分析。

(五)分析说明交易标的与上市公司现有业务是否存在显著可量化的协同效应;如有,说明对未来上市公司业绩的影响;交易定价中是否考虑了上述协同效应。

(六)结合交易标的的市场可比交易价格、同行业上市公司的市盈率或者市净率等指标,分析交易定价的公允性。

(七)说明评估或估值基准日至重组报告书披露日交易标的发生的重要变化事项,分析其对交易作价的影响。

（八）如交易定价与评估或估值结果存在较大差异，分析说明差异的原因及其合理性。

第二十六条 上市公司独立董事对评估机构或者估值机构的独立性、评估或者估值假设前提的合理性和交易定价的公允性发表的独立意见。

第八节 本次交易主要合同

第二十七条 上市公司应当披露本次交易合同的主要内容，包括但不限于：

（一）资产出售或购买协议：

1. 合同主体、签订时间；
2. 交易价格及定价依据；
3. 支付方式（一次或分次支付的安排或特别条款、股份发行条款等）；
4. 资产交付或过户的时间安排；
5. 交易标的自定价基准日至交割日期间损益的归属；
6. 与资产相关的人员安排；
7. 合同的生效条件和生效时间；
8. 合同附带的任何形式的保留条款、补充协议和前置条件；
9. 违约责任条款。

（二）业绩补偿协议（如有）。

（三）募集配套资金股份认购协议（如有）。

（四）其他重要协议。

第九节 交易的合规性分析

第二十八条 上市公司应当对照《重组办法》第十一条，逐项说明本次交易是否符合《重组办法》的规定。

第二十九条 独立财务顾问和律师对本次交易是否符合《重组办法》的规定发表的明确意见。

其他证券服务机构出具的相关报告的结论性意见。

第十节 管理层讨论与分析

第三十条 上市公司董事会就本次交易对上市公司的影响进行的讨论与分析。该讨论与分析的内容应当着重于董事会已知的、从一般性财务报告分析难以取得且对上市公司未来经营具有影响的重大事项。

第三十一条 本次交易前上市公司财务状况和经营成果的讨论与分析；上市公司主要资产或利润构成在本次交易前一年发生重大变动的，应当详细说明具体变动情况及原因。

第三十二条 结合上市公司情况，对交易标的行业特点和经营情况的讨论与分析：

（一）行业特点：

1. 行业竞争格局和市场化程度，行业内主要企业及其市场份额，市场供求状况及变动原

因,行业利润水平的变动趋势及变动原因等;

2. 影响行业发展的有利和不利因素,如产业政策,技术替代,行业发展瓶颈,国际市场冲击等;

3. 进入该行业的主要障碍;

4. 行业技术水平及技术特点,经营模式,周期性,区域性或季节性特征等;

5. 所处行业与上、下游行业之间的关联性,上、下游行业发展状况对该行业及其发展前景的有利和不利影响;

6. 交易标的的出口业务比例较大的,还应当披露产品进口国的有关进口政策、贸易摩擦对出口业务的影响、以及进口国同类产品的竞争格局等情况。

(二)核心竞争力及行业地位:

技术及管理水平、产品(或服务)的市场占有率最近三年的变化情况及未来变化趋势等简要情况。

(三)财务状况分析:

1. 资产、负债的主要构成,分析说明主要资产减值准备提取和商誉减值的确认情况是否与资产实际状况相符;报告期资产结构、负债结构发生重大变化的,还应当分析说明导致变化的主要因素;

2. 报告期流动比率、速动比率、资产负债率、息税折旧摊销前利润及利息保障倍数的变动趋势。交易标的报告期经营活动产生的现金流量净额为负数或者远低于当期净利润的,应当分析原因;

3. 报告期应收账款周转率、存货周转率等反映资产周转能力的财务指标的变动趋势,并结合市场发展、行业竞争状况、生产模式及物流管理、销售模式及赊销政策等情况,分析说明交易标的的资产周转能力;

4. 最近一期末持有金额较大的交易性金融资产、可供出售的金融资产、借与他人款项、委托理财等财务性投资的,应当分析其投资目的、对交易标的资金安排的影响、投资期限、交易标的对投资的监管方案、投资的可回收性及减值准备的计提是否充足。

(四)盈利能力分析:

1. 基于交易标的报告期营业收入的分部数据,结合交易标的具体情况,分别按各产品(或服务)类别及各业务、各地区的收入构成,分析营业收入增减变化的情况及原因;营业收入存在季节性波动的,应当分析季节性因素对各季度经营成果的影响;

2. 结合交易标的所从事主营业务、采用的经营模式及行业竞争情况,分析报告期利润的主要来源、可能影响盈利能力连续性和稳定性的主要因素;

3. 结合利润构成及资产周转能力等说明盈利能力的驱动要素及其可持续性;

4. 按照利润表项目逐项分析报告期经营成果变化的原因,对于变动幅度较大的项目应当重点说明;

5. 列表披露报告期交易标的综合毛利率、分行业毛利率的数据及变动情况;报告期发生重大变化的,还应当用数据说明相关因素对毛利率变动的影响程度;

6. 报告期非经常性损益、投资收益以及少数股东损益对经营成果有重大影响的,应当分析原因及对盈利稳定性的影响。

（五）交易标的报告期财务指标变化较大或报告期财务数据不足以真实、准确、完整反映交易标的经营状况的情况下，应当披露反映标的资产经营状况的其他信息。

第三十三条 就本次交易对上市公司的持续经营能力、未来发展前景、当期每股收益等财务指标和非财务指标的影响进行详细分析：

（一）本次交易对上市公司的持续经营能力影响的分析：

1. 从本次交易完成后的规模效应、产业链整合、运营成本、销售渠道、技术或资产整合等方面，分析本次交易对上市公司盈利能力驱动因素及持续经营能力的影响；

2. 本次交易完成后形成多主业的，结合财务指标分析说明未来各业务构成、经营发展战略和业务管理模式、对上市公司持续经营能力的影响；

3. 结合本次交易完成后将从事的新业务的市场情况、风险因素等，分析说明上市公司未来经营中的优势和劣势；

4. 结合本次交易完成后的资产、负债的主要构成及行业分析说明交易后上市公司资产负债率是否处于合理水平；同时结合上市公司的现金流量状况、可利用的融资渠道及授信额度及或有负债（如担保、诉讼、承诺）等情况，分析说明上市公司的财务安全性。

（二）本次交易对上市公司未来发展前景影响的分析：

1. 结合本次交易在业务、资产、财务、人员、机构等方面的整合计划，分析对上市公司未来发展的影响；

2. 交易当年和未来两年拟执行的发展计划，包括提高竞争能力、市场和业务开拓等方面。

（三）本次交易对上市公司当期每股收益等财务指标和非财务指标影响的分析：

1. 分析本次交易对上市公司主要财务指标及反映上市公司未来持续经营能力的其他重要非财务指标（如每股储量、每股产能或每股用户数等）的影响；如预计交易后将摊薄上市公司当年每股收益的，根据《重组办法》第三十五条披露填补每股收益的具体措施；

2. 预计本次交易对上市公司未来资本性支出的影响，及上市公司为满足该等资本性支出初步拟定的融资计划；

3. 结合本次交易职工安置方案及执行情况，分析其对上市公司的影响；

4. 结合本次交易成本（包括但不限于交易税费、中介机构费用等）的具体情况，分析其对上市公司的影响。

第十一节 财务会计信息

第三十四条 交易标的为完整经营性资产的，报告期的简要财务报表。

第三十五条 依据交易完成后的资产、业务架构编制的上市公司最近一年及一期的简要备考财务报表。

第三十六条 上市公司或相关资产盈利预测的主要数据（如有，包括主营业务收入、利润总额、净利润等）。

第十二节 同业竞争和关联交易

第三十七条 交易标的在报告期是否存在关联交易、关联交易的具体内容、必要性及定价公允性。

第三十八条 本次交易完成后,上市公司与实际控制人及其关联企业之间是否存在同业竞争或关联交易、同业竞争或关联交易的具体内容和拟采取的具体解决或规范措施。

第十三节 风险因素

第三十九条 上市公司应以简明扼要的方式,遵循重要性原则,对本次重组及重组后上市公司的相关风险予以揭示,并进行定量分析,无法进行定量分析的,应有针对性地作出定性描述。

第四十条 上市公司应披露的风险包括但不限于以下内容:

(一)本次重组审批风险。本次重组尚未履行的决策程序及报批程序未能获得批准的风险。

(二)交易标的权属风险。如抵押、质押等权利限制,诉讼、仲裁或司法强制执行等重大争议或者妨碍权属转移的其他情形,可能导致本次重组存在潜在不利影响和风险等。

(三)债权债务转移风险。资产交易涉及债权债务转移的,未获得债权人同意的债务可能给上市公司带来的偿债风险或其他或有风险。

(四)交易标的评估或估值风险。本次评估或估值存在报告期变动频繁且对评估或估值影响较大的指标,该指标的预测对本次评估或估值的影响,进而对交易价格公允性的影响等。

(五)交易标的对上市公司持续经营影响的风险。由于政策、市场、技术、汇率等因素引起的风险:

1. 政策风险。交易标的经营环境和法律环境发生变化导致的政策风险,如财政、金融、税收(如所得税优惠、出口退税等)、贸易、土地使用、产业政策(如属国家限制发展的范围)、行业管理、环境保护等,或可能因重组后生产经营情况发生变化不能继续适用原有的相关政策引致的风险。

2. 市场风险。交易标的主要产品或服务的市场前景、行业经营环境的变化、商业周期或产品生命周期的影响、市场饱和或市场分割、过度依赖单一市场、市场占有率下降和市场竞争的风险等。

3. 经营风险。经营模式发生变化,经营业绩不稳定,主要产品或主要原材料价格波动,过度依赖某一重要原材料、产品(或服务),经营场所过度集中或分散,非经常性损益或投资收益金额较大等。

4. 技术风险。交易标的涉及的技术不成熟、技术尚未产业化、技术缺乏有效保护或保护期限短或保护期限到期、缺乏核心技术或核心技术依赖他人、产品或技术的快速更新换代可能导致现有产品或技术面临被淘汰、核心技术人员流失及核心技术失密等风险。

5. 可能严重影响上市公司持续经营的其他因素,如自然灾害、安全生产、汇率变化、外贸环境等。

(六)整合风险。上市公司管理水平不能适应重组后上市公司规模扩张或业务变化的风险,交易标的与上市公司原有业务、资产、财务、人员、机构等方面的整合风险。

（七）业务转型风险。上市公司所购买资产与现有主营业务没有显著协同效应的，涉及的业务转型升级可能面临的风险。

（八）财务风险。本次重组导致上市公司财务结构发生重大变化的风险。

上市公司和相关各方应全面、审慎评估可能对本次重组以及重组后上市公司产生重大不利影响的所有因素，如有除上述风险之外的因素，应予以充分披露。

第十四节　其他重要事项

第四十一条　本次交易完成后，上市公司是否存在资金、资产被实际控制人或其他关联人占用的情形；上市公司是否存在为实际控制人或其他关联人提供担保的情形。

第四十二条　上市公司负债结构是否合理，是否存在因本次交易大量增加负债（包括或有负债）的情况。

第四十三条　上市公司在最近十二个月内曾发生资产交易的，应当说明与本次交易的关系。

第四十四条　本次交易对上市公司治理机制的影响。

第四十五条　本次交易后上市公司的现金分红政策及相应的安排、董事会对上述情况的说明。

第四十六条　本次交易涉及的相关主体买卖上市公司股票的自查情况。

第四十七条　其他能够影响股东及其他投资者做出合理判断的、有关本次交易的所有信息。

上市公司已披露的媒体说明会、对证券交易所问询函的回复中有关本次交易的信息，应当在重组报告书相应章节进行披露。

第四十八条　独立财务顾问和律师事务所对本次交易出具的结论性意见。

第四十九条　本次交易所聘请的独立财务顾问、律师事务所、会计师事务所、资产评估机构（如有）、估值机构（如有）等专业机构名称、法定代表人、住所、联系电话、传真，以及有关经办人员的姓名。

第五十条　中国证监会要求披露的其他信息。

第五十一条　上市公司应当在重组报告书的显著位置载明：

"本公司及全体董事、监事、高级管理人员保证本报告书内容的真实、准确、完整，对报告书的虚假记载、误导性陈述或重大遗漏负连带责任"。

第十五节　重组上市

第五十二条　上市公司重大资产重组构成重组上市的，除应按第一节至第十四节规定编制重组报告书外，还应当按照《公开发行证券的公司信息披露内容与格式准则第1号——招股说明书》（以下简称《1号准则》）相关章节的要求，对重组报告书的相关内容加以补充。

需要补充披露的内容包括但不限于：

（一）在"风险因素"部分，补充《1号准则》"风险因素"相关内容；

（二）在"交易标的"部分，补充《1号准则》"发行人基本情况""业务与技术""董事、监

事、高级管理人员与核心技术人员"相关内容;

(三)在"交易的合规性分析"部分,逐项说明上市公司购买的资产对应的经营实体是否符合《首次公开发行股票并上市管理办法》(以下简称《首发办法》)规定的发行条件,证券服务机构应当对上市公司购买的资产对应的经营实体是否符合《首发办法》规定的发行条件发表明确的结论性意见;

(四)在"管理层讨论与分析"部分,补充《1号准则》"管理层讨论与分析""业务发展目标"相关内容;

(五)在"财务会计信息"部分,补充《1号准则》"财务会计信息"相关内容;

(六)在"同业竞争和关联交易"部分,补充《1号准则》"同业竞争与关联交易"相关内容;

(七)在"其他重要事项"部分,补充《1号准则》"公司治理""股利分配政策""其他重要事项"相关内容。

第五十三条 上市公司重大资产重组构成重组上市的,上市公司控股股东、实际控制人、董事、监事、高级管理人员及交易对方应当公开承诺:如本次交易所提供或披露的信息涉嫌虚假记载、误导性陈述或者重大遗漏,被司法机关立案侦查或者被中国证监会立案调查的,在形成调查结论以前,不转让在该上市公司拥有权益的股份,并于收到立案稽查通知的两个交易日内将暂停转让的书面申请和股票账户提交上市公司董事会,由董事会代其向证券交易所和登记结算公司申请锁定;未在两个交易日内提交锁定申请的,授权董事会核实后直接向证券交易所和登记结算公司报送本人或本单位的身份信息和账户信息并申请锁定;董事会未向证券交易所和登记结算公司报送本人或本单位的身份信息和账户信息的,授权证券交易所和登记结算公司直接锁定相关股份。如调查结论发现存在违法违规情节,本人或本单位承诺锁定股份自愿用于相关投资者赔偿安排。

第十六节 非现金支付方式

第五十四条 上市公司拟发行股份购买资产的,重组报告书中还应当包括以下内容:

(一)在第六节规定的"交易标的"部分后,加入第七节"发行股份情况",其以下各部分依次顺延。在"发行股份情况"部分应当披露以下内容:

1. 上市公司发行股份的价格、定价原则及合理性分析。上市公司应当披露按照《重组办法》第四十五条计算的董事会就发行股份购买资产作出决议公告日前二十个交易日、六十个交易日或者一百二十个交易日的公司股票交易均价,以及发行股份市场参考价的选择依据及理由,并进行合理性分析。

2. 本次发行股份购买资产的董事会决议明确的发行价格调整方案。发行价格调整方案应当建立在大盘和同行业因素调整基础上,触发发行价格调整的情形应当明确、具体、可操作,并充分说明理由。如出现上市公司发行价格的调整,还应当说明调整程序、是否相应调整交易标的的定价及理由、发行股份数量的变化情况等。

3. 上市公司拟发行股份的种类、每股面值。

4. 上市公司拟发行股份的数量、占发行后总股本的比例。

5.特定对象所持股份的转让或交易限制,股东关于锁定所持股份的相关承诺。

上市公司发行股份购买资产的,控股股东、实际控制人、董事、监事、高级管理人员及交易对方应当按照本准则第五十三条要求作出公开承诺。

6.上市公司发行股份前后主要财务数据(如每股收益、每股净资产等)和其他重要经济指标的对照表。

7.本次发行股份前后上市公司的股权结构,说明本次发行股份是否导致上市公司控制权发生变化。

(二)在第七节规定的"交易标的评估或估值"部分,披露董事会结合股份发行价对应的市盈率、市净率水平以及本次发行对上市公司盈利能力、持续发展能力的影响等对股份发行定价合理性所作的分析。

(三)在第九节规定的"交易的合规性分析"部分,逐项说明是否符合《重组办法》第四十三条的规定。

第五十五条 上市公司拟发行优先股购买资产的,重组报告书中除包括第五十四条第(二)项、第(三)项规定的内容外,还应在"发行股份情况"部分,比照第五十四条第(一)项相关要求,并结合《公开发行证券的公司信息披露内容与格式准则第34号——发行优先股募集说明书》第四节、第六节第三十五条相关要求,披露相关信息。

如本次优先股发行涉及公司章程的,还应披露公司章程相应修订情况。

第五十六条 上市公司拟通过向特定对象发行可转换为股票的公司债券、定向权证等其他支付方式购买资产的,应当比照上述要求,披露相关内容。

第十七节 换股吸收合并

第五十七条 换股吸收合并涉及上市公司的,重组报告书还应当在第六节规定的"交易标的"部分后,加入第七节"换股吸收合并方案",其以下各部分依次顺延。"换股吸收合并方案"部分应当比照第五十四条相关要求进行披露,此外还应当包括以下内容:

(一)换股各方名称;
(二)换股价格及确定方法;
(三)本次换股吸收合并的董事会决议明确的换股价格调整方案;
(四)本次换股吸收合并对异议股东权利保护的相关安排,如为提供现金选择权,应当披露其安排,包括定价及定价原则、被提供现金选择权的股东范围(异议股东或全体股东)、现金选择权提供方、与换股价格的差异及差异原因;
(五)本次换股吸收合并涉及的债权债务处置及债权人权利保护的相关安排;
(六)本次换股吸收合并涉及的相关资产过户或交付的安排;
(七)本次换股吸收合并涉及的员工安置。

第五十八条 上市公司发行优先股、向特定对象发行可转换为股票的公司债券、定向权证用于与其他公司合并的,应当比照上述要求,披露相关内容。

第十八节 募集配套资金

第五十九条 上市公司发行股份购买资产同时募集部分配套资金的,在重组报告书"发行股份情况"部分还应当披露以下内容：

（一）募集配套资金的金额及占交易总金额的比例。

（二）募集配套资金的股份发行情况。比照第五十四条相关要求，披露上市公司募集配套资金的股份发行情况，包括发行股份的种类、每股面值、定价原则、发行数量及占本次交易前总股本的比例、占发行后总股本的比例。

（三）募集配套资金的用途。包括具体用途、资金安排、测试依据、使用计划进度和预期收益，如募集配套资金用于投资项目的，应当披露项目是否取得相应的许可证书或者有关主管部门的批复文件。

（四）募集配套资金的必要性。结合行业特点、资金用途、前次募集资金使用效率、上市公司及交易标的现有生产经营规模、财务状况、是否有利于提高重组项目的整合绩效等方面，说明募集配套资金的必要性及配套金额是否与之相匹配。

（五）其他信息。本次募集配套资金管理和使用的内部控制制度，募集配套资金使用的分级审批权限、决策程序、风险控制措施及信息披露程序；本次募集配套资金失败的补救措施；对交易标的采取收益法评估时，预测现金流中是否包含了募集配套资金投入带来的收益。

第十九节 重组报告书摘要

第六十条 编制重组报告书摘要的目的是为向公众提供有关本次重组的简要情况，摘要内容必须忠实于重组报告书全文，不得出现与全文相矛盾之处。上市公司编制的重组报告书摘要应当至少包括以下内容：

（一）本准则第三章第一节到第四节部分的内容。

（二）上市公司应当在重组报告书摘要的显著位置载明：

"本重大资产重组报告书摘要的目的仅为向公众提供有关本次重组的简要情况，并不包括重大资产重组报告书全文的各部分内容。重大资产重组报告书全文同时刊载于×××网站；备查文件的查阅方式为：×××。"

"本公司及董事会全体成员保证重大资产重组报告书及其摘要内容的真实、准确、完整，对报告书及其摘要的虚假记载、误导性陈述或重大遗漏负连带责任"。

第四章 证券服务机构报告

第一节 独立财务顾问报告

第六十一条 上市公司应当披露由证券经营机构按照本准则及有关业务准则的规定出具的独立财务顾问报告。独立财务顾问应当至少就以下事项发表明确的结论性意见：

（一）结合对本准则第三章规定的内容进行核查的实际情况，逐项说明本次重组是否符合《重组办法》第十一条的规定；拟发行股份购买资产的，还应当结合核查的实际情况，逐项说明是否符合《重组办法》第四十三条的规定。

（二）本次交易是否构成重组上市，如构成，上市公司购买的资产对应的经营实体是否为股份有限公司或者有限责任公司,是否符合《首发办法》规定的其他发行条件,上市公司及其最近三年内的控股股东、实际控制人是否存在因涉嫌犯罪正被司法机关立案侦查或涉嫌违法违规被中国证监会立案调查的情形,如存在,涉嫌犯罪或违法违规的行为终止是否已满三年,交易方案是否能够消除该行为可能造成的不良后果,是否影响对相关行为人追究责任。上市公司及其控股股东、实际控制人最近十二个月内是否受到证券交易所公开谴责,是否存在其他重大失信行为。本次重大资产重组是否存在中国证监会认定的可能损害投资者合法权益,或者违背公开、公平、公正原则的其他情形。

（三）对本次交易所涉及的资产定价和股份定价（如涉及）进行全面分析,说明定价是否合理。

（四）本次交易根据资产评估结果定价,应当对所选取的评估方法的适当性、评估假设前提的合理性、重要评估参数取值的合理性发表明确意见;本次交易不以资产评估结果作为定价依据的,应当对相关资产的估值方法、参数选择的合理性及其他影响估值结果的指标和因素发表明确意见。

（五）结合上市公司管理层讨论与分析以及盈利预测（如有）,分析说明本次交易完成后上市公司的盈利能力和财务状况、本次交易是否有利于上市公司的持续发展、是否存在损害股东合法权益的问题。

（六）对交易完成后上市公司的市场地位、经营业绩、持续发展能力、公司治理机制进行全面分析。

（七）对交易合同约定的资产交付安排是否可能导致上市公司交付现金或其他资产后不能及时获得对价的风险、相关的违约责任是否切实有效,发表明确意见。

（八）对本次重组是否构成关联交易进行核查,并依据核查确认的相关事实发表明确意见。涉及关联交易的,还应当充分分析本次交易的必要性及本次交易是否损害上市公司及非关联股东的利益。

（九）交易对方与上市公司根据《重组办法》第三十五条的规定,就相关资产实际盈利数不足利润预测数的情况签订补偿协议或提出填补每股收益具体措施的,独立财务顾问应当对补偿安排或具体措施的可行性、合理性发表意见（如有）。

第二节 法律意见书

第六十二条 上市公司应当披露由律师事务所按照本准则及有关业务准则的规定出具的法律意见书。律师事务所应当对照中国证监会的各项规定,在充分核查验证的基础上,至少就上市公司本次重组涉及的以下法律问题和事项发表明确的结论性意见:

（一）上市公司和交易对方是否具备相应的主体资格、是否依法有效存续。

（二）本次交易是否构成重组上市,如构成,上市公司购买的资产对应的经营实体是否为股份有限公司或者有限责任公司,是否符合《首发办法》规定的其他发行条件,上市公司及其最近三年内的控股股东、实际控制人是否存在因涉嫌犯罪正被司法机关立案侦查或涉嫌违法违规被中国证监会立案调查的情形,如存在,涉嫌犯罪或违法违规的行为终止是否已满三年,交易方案是否能够消除该行为可能造成的不良后果,是否影响对相关行为人追究责任。

上市公司及其控股股东、实际控制人最近十二个月内是否受到证券交易所公开谴责，是否存在其他重大失信行为。本次重大资产重组是否存在中国证监会认定的可能损害投资者合法权益，或者违背公开、公平、公正原则的其他情形。

（三）本次交易是否已履行必要的批准或授权程序，相关的批准和授权是否合法有效；本次交易是否构成关联交易；构成关联交易的，是否已依法履行必要的信息披露义务和审议批准程序；本次交易涉及的须呈报有关主管部门批准的事项是否已获得有效批准；本次交易的相关合同和协议是否合法有效。

（四）交易标的（包括标的股权所涉及企业的主要资产）的权属状况是否清晰，权属证书是否完备有效；尚未取得完备权属证书的，应说明取得权属证书是否存在法律障碍；交易标的是否存在产权纠纷或潜在纠纷，如有，应说明对本次交易的影响；交易标的是否存在抵押、担保或其他权利受到限制的情况，如有，应说明对本次交易的影响。

（五）本次交易所涉及的债权债务的处理及其他相关权利、义务的处理是否合法有效，其实施或履行是否存在法律障碍和风险。

（六）上市公司、交易对方和其他相关各方是否已履行法定的披露和报告义务，是否存在应当披露而未披露的合同、协议、安排或其他事项。

（七）本次交易是否符合《重组办法》和相关规范性文件规定的原则和实质性条件。

（八）参与上市公司本次交易活动的证券服务机构是否具备必要的资格。

（九）本次交易是否符合相关法律、法规、规章和规范性文件的规定，是否存在法律障碍，是否存在其他可能对本次交易构成影响的法律问题和风险。

第三节 相关财务资料

第六十三条 上市公司应当披露本次交易所涉及的相关资产的财务报告和审计报告。经审计的最近一期财务资料在财务报告截止日后六个月内有效，特别情况下可申请适当延长，但延长时间至多不超过一个月。

有关财务报告和审计报告应当按照与上市公司相同的会计制度和会计政策编制。如不能披露完整财务报告，应当解释原因，并出具对相关资产财务状况和/或经营成果的说明及审计报告。

上市公司拟进行《重组办法》第十三条规定的重大资产重组的，还应当披露依据重组完成后的资产架构编制的上市公司最近一年及一期的备考财务报告和审计报告。其他重大资产重组，应当披露最近一年及一期的备考财务报告和审阅报告。

交易标的的财务资料虽处于前款所述有效期内，但截至重组报告书披露之日，该等资产的财务状况和经营成果发生重大变动的，应当补充披露最近一期的相关财务资料（包括该等资产的财务报告、备考财务资料等）。

第六十四条 根据《重组办法》第二十二条规定，披露盈利预测报告。

盈利预测报告数据包含了非经常性损益项目的，应当特别说明。

第四节 资产评估报告及估值报告

第六十五条 上市公司重大资产重组以评估值为交易标的定价依据的，应当披露相关资产的资产评估报告。

上市公司重大资产重组不以资产评估结果作为定价依据的,应当披露相关资产的估值报告;估值报告中应包括但不限于以下内容:估值目的、估值对象和估值范围、价值类型、估值基准日、估值假设、估值依据、估值方法、估值参数及其他影响估值结果的指标和因素、估值结论、特别事项说明、估值报告日等;估值人员需在估值报告上签字并由所属机构加盖公章。

资产评估机构或估值机构为本次重组而出具的评估或估值资料中应明确声明在评估或估值基准日后××月内(最长十二个月)有效。

第五章　二级市场自查报告

第六十六条　上市公司董事会应当就本次重组申请股票停止交易前或首次作出决议前(孰早)六个月至重组报告书披露之前一日止,上市公司及其董事、监事、高级管理人员,交易对方及其董事、监事、高级管理人员(或主要负责人),相关专业机构及其他知悉本次重大资产交易内幕信息的法人和自然人,以及上述相关人员的直系亲属买卖该上市公司股票及其他相关证券情况进行自查,并制作自查报告。

法人的自查报告中应当列明法人的名称、股票账户、有无买卖股票行为并盖章确认;自然人的自查报告应当列明自然人的姓名、职务、身份证号码、股票账户、有无买卖股票行为,并经本人签字确认。

前述法人及自然人在本条第一款规定的期限内存在买卖上市公司股票行为的,当事人应当书面说明其买卖股票行为是否利用了相关内幕信息;上市公司及相关方应当书面说明相关申请事项的动议时间,买卖股票人员是否参与决策,买卖行为与本次申请事项是否存在关联关系;律师事务所应当对相关当事人及其买卖行为进行核查,对该行为是否涉嫌内幕交易、是否对本次交易构成法律障碍发表明确意见。

第六章　重组实施情况报告书

第六十七条　上市公司编制的重大资产重组实施情况报告书应当至少披露以下内容:

(一)本次重组的实施过程,相关资产过户或交付、相关债权债务处理以及证券发行登记等事宜的办理状况;

(二)相关实际情况与此前披露的信息是否存在差异(包括相关资产的权属情况及历史财务数据是否如实披露、相关盈利预测或者管理层预计达到的目标是否实现、控股股东及其一致行动人、董事、监事、高级管理人员等特定主体自本次重组复牌之日起至实施完毕期间的股份减持情况是否与计划一致等);

(三)董事、监事、高级管理人员的更换情况及其他相关人员的调整情况;

(四)重组实施过程中,是否发生上市公司资金、资产被实际控制人或其他关联人占用的情形,或上市公司为实际控制人及其关联人提供担保的情形;

(五)相关协议及承诺的履行情况;

（六）相关后续事项的合规性及风险；

（七）其他需要披露的事项。

独立财务顾问应当对前款所述内容逐项进行核查，并发表明确意见。律师事务所应当对前款所述内容涉及的法律问题逐项进行核查，并发表明确意见。

第七章 重大资产重组申请文件格式和报送方式

第六十八条 向中国证监会初次报送申请文件的，应当提供一份书面材料（原件）、三份电子版（非加密的 Word 等可编辑、可索引模式）及两份重组报告书（复印件）；按照中国证监会要求提交补充材料的，应当提供一份书面材料（原件）、三份电子版（非加密的 Word 等可编辑、可索引模式）。其中书面材料按规定报送原件，如不能提供原件，应当由上市公司聘请的律师事务所提供鉴证意见，或由出文单位盖章，以保证与原件一致。如原出文单位不再存续，可由承继其职权的单位或做出撤销决定的单位出文证明文件的真实性。

第六十九条 申请文件所有需要签名处，均应为签名人亲笔签名，不得以名章、签名章等代替。

申请文件中需要由律师鉴证的文件，律师应在该文件首页注明"以下第××页至第××页与原件一致"，并签名和签署鉴证日期，律师事务所应在该文件首页加盖公章，并在第××页至第××页侧面以公章加盖骑缝章。

第七十条 上市公司应当根据中国证监会对申请文件的反馈意见提供补充材料。相关证券服务机构应对反馈意见相关问题进行尽职调查或补充出具专业意见。

上市公司重大资产重组申请获得中国证监会核准的，上市公司及相关证券服务机构应当根据中国证监会的审核情况重新修订重组报告书及相关证券服务机构的报告或意见，并作出补充披露。上市公司及相关证券服务机构应当在修订的重组报告书及相关证券服务机构报告或意见的首页就补充或修改的内容作出特别提示。

第七十一条 申请文件的纸张应当采用幅面为 209×295 毫米规格的纸张（标准 A4 纸张规格）。

第七十二条 申请文件的封面应当标有"××股份有限公司重大资产重组申请文件"字样及重大资产重组报告书标题，侧面应当标注"××股份有限公司重大资产重组申请文件原件"字样。申请文件的扉页应当附有上市公司董事会秘书、联系人、独立财务顾问及其他专业机构的联系人姓名、电话、传真及其他方便的联系方式。

第七十三条 申请文件章与章之间、章与节之间应当有明显的分隔标识。

第七十四条 申请文件中的页码应当与目录中的页码相符。例如，第四部分 4-1 的页码标注为 4-1-1,4-1-2,4-1-3,……4-1-n。

第八章 附 则

第七十五条 本准则由中国证监会负责解释。

第七十六条 本准则自公布之日起施行。

附件：

上市公司重大资产重组申请文件目录

0-0 重大资产重组申请文件目录及交易各方和中介机构联系表（包含独立财务顾问、律师事务所、会计师事务所、资产评估机构、估值机构等证券服务机构及其签字人员的名单，包括名称/姓名、组织机构代码、统一社会信用代码/公民身份证号码或其他身份信息）

 0-1 并购重组方案概况表
 0-2 关于书面文件与电子文件一致的承诺函
 0-3 关于本次重大资产重组申报文件不适用内容的说明

第一部分　上市公司重大资产重组报告书及相关文件

 1-1 重大资产重组报告书
 1-2 重大资产重组的董事会决议和股东大会决议
 1-3 上市公司独立董事意见
 1-4 公告的其他相关信息披露文件

第二部分　独立财务顾问和律师事务所出具的文件

 2-1 独立财务顾问报告
 2-2 法律意见书
 2-3 关于本次交易产业政策和交易类型的独立财务顾问核查意见

第三部分　本次重大资产重组涉及的财务信息相关文件

 3-1 本次重大资产重组涉及的拟购买资产最近两年及一期的财务报告和审计报告（确实无法提供的，应当说明原因及相关资产的财务状况和经营成果）
 3-2 本次重大资产重组涉及的拟购买资产的评估报告及评估说明，或者估值报告
 3-3 本次重大资产重组涉及的拟出售资产最近两年及一期的财务报告和审计报告（确实无法提供的，应当说明原因及相关资产的财务状况和经营成果）
 3-4 本次重大资产重组涉及的拟出售资产的评估报告及评估说明，或者估值报告
 3-5 根据本次重大资产重组完成后的架构编制的上市公司最近一年及一期的备考财务报告及其审阅报告
 3-6 盈利预测报告和审核报告（如有）
 3-7 上市公司董事会、注册会计师关于上市公司最近一年及一期的非标准保留意见审

计报告的补充意见(如有)

3-8 交易对方最近一年的财务报告和审计报告(如有)

第四部分 关于重组上市的申请文件要求

4-1 内部控制鉴证报告

4-2 标的资产最近三年及一期的财务报告和审计报告

4-3 标的资产最近三年原始报表及其与申报财务报表的差异比较表及会计师事务所出具的意见

4-4 标的资产最近三年及一期非经常性损益明细表及会计师事务所出具的专项说明

4-5 标的资产最近三年及一期的纳税证明文件

4-6 根据本次重大资产重组完成后的架构编制的上市公司最近一年及一期的备考财务报告及其审计报告

第五部分 本次重大资产重组涉及的有关协议、合同、决议及承诺函

5-1 重大资产重组的协议或合同

5-2 涉及本次重大资产重组的其他重要协议或合同

5-3 交易对方与上市公司就相关资产实际盈利数不足利润预测数的情况签订的补偿协议(如有)

5-4 交易对方内部权力机关批准本次交易事项的相关决议

5-5 涉及本次重大资产重组的承诺函

5-6 涉及本次重大资产重组的媒体说明会召开情况、对证券交易所问询函的回复等已披露信息

第六部分 本次重大资产重组的其他文件

6-1 有关部门对重大资产重组的审批、核准或备案文件

6-2 债权人同意函(如有)

6-3 关于同意职工安置方案的职工代表大会决议或相关文件(涉及职工安置问题的)

6-4 交易对方的营业执照复印件

6-5 拟购买资产的权属证明文件

6-6 与拟购买资产生产经营有关的资质证明或批准文件

6-7 上市公司全体董事和独立财务顾问、律师事务所、会计师事务所、资产评估机构、估值机构等证券服务机构及其签字人员对重大资产重组申请文件真实性、准确性和完整性的承诺书

6-8 独立财务顾问、律师事务所、会计师事务所、资产评估机构、估值机构等证券服务机构对上市公司重大资产重组报告书援引其出具的结论性意见的同意书

6-9 上市公司与交易对方就重大资产重组事宜采取的保密措施及保密制度的说明,并提供与所聘请的证券服务机构签署的保密协议及交易进程备忘录

6-10 上市公司、交易对方和相关证券服务机构以及其他知悉本次重大资产重组内幕信息的单位和自然人在董事会就本次重组申请股票停止交易前或第一次作出决议前(孰早)六个月至重大资产重组报告书披露之前一日止,买卖该上市公司股票及其他相关证券情况的自查报告,并提供证券登记结算机构就前述单位及自然人二级市场交易情况出具的证明文件

6-11 上市公司及其控股股东、实际控制人、董事、监事和高级管理人员,构成收购人的交易对方、本次重组证券服务机构及其主办人名单,包括名称/姓名、组织机构代码、统一社会信用代码/公民身份证号码或其他身份信息

6-12 本次重大资产重组前十二个月内上市公司购买、出售资产的说明及专业机构意见(如有)

6-13 资产评估结果备案或核准文件(如有)

6-14 中国证监会要求提供的其他文件

融资担保公司监督管理条例

中华人民共和国国务院令第 683 号

《融资担保公司监督管理条例》已经 2017 年 6 月 21 日国务院第 177 次常务会议通过,现予公布,自 2017 年 10 月 1 日起施行。

总理 李克强
2017 年 8 月 2 日

融资担保公司监督管理条例

第一章 总 则

第一条 为了支持普惠金融发展,促进资金融通,规范融资担保公司的行为,防范风险,制定本条例。

第二条 本条例所称融资担保,是指担保人为被担保人借款、发行债券等债务融资提供

担保的行为;所称融资担保公司,是指依法设立、经营融资担保业务的有限责任公司或者股份有限公司。

第三条 融资担保公司开展业务,应当遵守法律法规,审慎经营,诚实守信,不得损害国家利益、社会公共利益和他人合法权益。

第四条 省、自治区、直辖市人民政府确定的部门(以下称监督管理部门)负责对本地区融资担保公司的监督管理。

省、自治区、直辖市人民政府负责制定促进本地区融资担保行业发展的政策措施、处置融资担保公司风险,督促监督管理部门严格履行职责。

国务院建立融资性担保业务监管部际联席会议,负责拟订融资担保公司监督管理制度,协调解决融资担保公司监督管理中的重大问题,督促指导地方人民政府对融资担保公司进行监督管理和风险处置。融资性担保业务监管部际联席会议由国务院银行业监督管理机构牵头,国务院有关部门参加。

第五条 国家推动建立政府性融资担保体系,发展政府支持的融资担保公司,建立政府、银行业金融机构、融资担保公司合作机制,扩大为小微企业和农业、农村、农民提供融资担保业务的规模并保持较低的费率水平。

各级人民政府财政部门通过资本金投入、建立风险分担机制等方式,对主要为小微企业和农业、农村、农民服务的融资担保公司提供财政支持,具体办法由国务院财政部门制定。

第二章 设立、变更和终止

第六条 设立融资担保公司,应当经监督管理部门批准。

融资担保公司的名称中应当标明融资担保字样。

未经监督管理部门批准,任何单位和个人不得经营融资担保业务,任何单位不得在名称中使用融资担保字样。国家另有规定的除外。

第七条 设立融资担保公司,应当符合《中华人民共和国公司法》的规定,并具备下列条件:

(一)股东信誉良好,最近3年无重大违法违规记录;

(二)注册资本不低于人民币2000万元,且为实缴货币资本;

(三)拟任董事、监事、高级管理人员熟悉与融资担保业务相关的法律法规,具有履行职责所需的从业经验和管理能力;

(四)有健全的业务规范和风险控制等内部管理制度。

省、自治区、直辖市根据本地区经济发展水平和融资担保行业发展的实际情况,可以提高前款规定的注册资本最低限额。

第八条 申请设立融资担保公司,应当向监督管理部门提交申请书和证明其符合本条例第七条规定条件的材料。

监督管理部门应当自受理申请之日起30日内作出批准或者不予批准的决定。决定批准的,颁发融资担保业务经营许可证;不予批准的,书面通知申请人并说明理由。

经批准设立的融资担保公司由监督管理部门予以公告。

第九条 融资担保公司合并、分立或者减少注册资本,应当经监督管理部门批准。

融资担保公司在住所地所在省、自治区、直辖市范围内设立分支机构,变更名称,变更持有5%以上股权的股东或者变更董事、监事、高级管理人员,应当自分支机构设立之日起或者变更相关事项之日起30日内向监督管理部门备案;变更后的相关事项应当符合本条例第六条第二款、第七条的规定。

第十条 融资担保公司跨省、自治区、直辖市设立分支机构,应当具备下列条件,并经拟设分支机构所在地监督管理部门批准:

(一)注册资本不低于人民币10亿元;

(二)经营融资担保业务3年以上,且最近2个会计年度连续盈利;

(三)最近2年无重大违法违规记录。

拟设分支机构所在地监督管理部门审批的程序和期限,适用本条例第八条的规定。

融资担保公司应当自分支机构设立之日起30日内,将有关情况报告公司住所地监督管理部门。

融资担保公司跨省、自治区、直辖市设立的分支机构的日常监督管理,由分支机构所在地监督管理部门负责,融资担保公司住所地监督管理部门应当予以配合。

第十一条 融资担保公司解散的,应当依法成立清算组进行清算,并对未到期融资担保责任的承接作出明确安排。清算过程应当接受监督管理部门的监督。

融资担保公司解散或者被依法宣告破产的,应当将融资担保业务经营许可证交监督管理部门注销,并由监督管理部门予以公告。

第三章 经营规则

第十二条 除经营借款担保、发行债券担保等融资担保业务外,经营稳健、财务状况良好的融资担保公司还可以经营投标担保、工程履约担保、诉讼保全担保等非融资担保业务以及与担保业务有关的咨询等服务业务。

第十三条 融资担保公司应当按照审慎经营原则,建立健全融资担保项目评审、担保后管理、代偿责任追偿等方面的业务规范以及风险管理等内部控制制度。

政府支持的融资担保公司应当增强运用大数据等现代信息技术手段的能力,为小微企业和农业、农村、农民的融资需求服务。

第十四条 融资担保公司应当按照国家规定的风险权重,计量担保责任余额。

第十五条 融资担保公司的担保责任余额不得超过其净资产的10倍。

对主要为小微企业和农业、农村、农民服务的融资担保公司,前款规定的倍数上限可以提高至15倍。

第十六条 融资担保公司对同一被担保人的担保责任余额与融资担保公司净资产的比例不得超过10%,对同一被担保人及其关联方的担保责任余额与融资担保公司净资产的比例不得超过15%。

第十七条 融资担保公司不得为其控股股东、实际控制人提供融资担保,为其他关联方提供融资担保的条件不得优于为非关联方提供同类担保的条件。

融资担保公司为关联方提供融资担保的,应当自提供担保之日起30日内向监督管理部门报告,并在会计报表附注中予以披露。

第十八条 融资担保公司应当按照国家有关规定提取相应的准备金。

第十九条 融资担保费率由融资担保公司与被担保人协商确定。

纳入政府推动建立的融资担保风险分担机制的融资担保公司,应当按照国家有关规定降低对小微企业和农业、农村、农民的融资担保费率。

第二十条 被担保人或者第三人以抵押、质押方式向融资担保公司提供反担保,依法需要办理登记的,有关登记机关应当依法予以办理。

第二十一条 融资担保公司有权要求被担保人提供与融资担保有关的业务活动和财务状况等信息。

融资担保公司应当向被担保人的债权人提供与融资担保有关的业务活动和财务状况等信息。

第二十二条 融资担保公司自有资金的运用,应当符合国家有关融资担保公司资产安全性、流动性的规定。

第二十三条 融资担保公司不得从事下列活动:

(一)吸收存款或者变相吸收存款;

(二)自营贷款或者受托贷款;

(三)受托投资。

第四章 监督管理

第二十四条 监督管理部门应当建立健全监督管理工作制度,运用大数据等现代信息技术手段实时监测风险,加强对融资担保公司的非现场监管和现场检查,并与有关部门建立监督管理协调机制和信息共享机制。

第二十五条 监督管理部门应当根据融资担保公司的经营规模、主要服务对象、内部管理水平、风险状况等,对融资担保公司实施分类监督管理。

第二十六条 监督管理部门应当按照国家有关融资担保统计制度的要求,向本级人民政府和国务院银行业监督管理机构报送本地区融资担保公司统计数据。

第二十七条 监督管理部门应当分析评估本地区融资担保行业发展和监督管理情况,按年度向本级人民政府和国务院银行业监督管理机构报告,并向社会公布。

第二十八条 监督管理部门进行现场检查,可以采取下列措施:

(一)进入融资担保公司进行检查;

(二)询问融资担保公司的工作人员,要求其对有关检查事项作出说明;

(三)检查融资担保公司的计算机信息管理系统;

(四)查阅、复制与检查事项有关的文件、资料,对可能被转移、隐匿或者毁损的文件、资料、电子设备予以封存。

进行现场检查,应当经监督管理部门负责人批准。检查人员不得少于2人,并应当出示合法证件和检查通知书。

第二十九条　监督管理部门根据履行职责的需要,可以与融资担保公司的董事、监事、高级管理人员进行监督管理谈话,要求其就融资担保公司业务活动和风险管理的重大事项作出说明。

监督管理部门可以向被担保人的债权人通报融资担保公司的违法违规行为或者风险情况。

第三十条　监督管理部门发现融资担保公司的经营活动可能形成重大风险的,经监督管理部门主要负责人批准,可以区别情形,采取下列措施:

(一)责令其暂停部分业务;
(二)限制其自有资金运用的规模和方式;
(三)责令其停止增设分支机构。

融资担保公司应当及时采取措施,消除重大风险隐患,并向监督管理部门报告有关情况。经监督管理部门验收,确认重大风险隐患已经消除的,监督管理部门应当自验收完毕之日起3日内解除前款规定的措施。

第三十一条　融资担保公司应当按照要求向监督管理部门报送经营报告、财务报告以及注册会计师出具的年度审计报告等文件和资料。

融资担保公司跨省、自治区、直辖市开展业务的,应当按季度向住所地监督管理部门和业务发生地监督管理部门报告业务开展情况。

第三十二条　融资担保公司对监督管理部门依法实施的监督检查应当予以配合,不得拒绝、阻碍。

第三十三条　监督管理部门应当建立健全融资担保公司信用记录制度。融资担保公司信用记录纳入全国信用信息共享平台。

第三十四条　监督管理部门应当会同有关部门建立融资担保公司重大风险事件的预警、防范和处置机制,制定融资担保公司重大风险事件应急预案。

融资担保公司发生重大风险事件的,应当立即采取应急措施,并及时向监督管理部门报告。监督管理部门应当及时处置,并向本级人民政府、国务院银行业监督管理机构和中国人民银行报告。

第三十五条　监督管理部门及其工作人员对监督管理工作中知悉的商业秘密,应当予以保密。

第五章　法　律　责　任

第三十六条　违反本条例规定,未经批准擅自设立融资担保公司或者经营融资担保业务的,由监督管理部门予以取缔或者责令停止经营,处50万元以上100万元以下的罚款,有违法所得的,没收违法所得;构成犯罪的,依法追究刑事责任。

违反本条例规定,未经批准在名称中使用融资担保字样的,由监督管理部门责令限期改正;逾期不改正的,处5万元以上10万元以下的罚款,有违法所得的,没收违法所得。

第三十七条　融资担保公司有下列情形之一的,由监督管理部门责令限期改正,处10万元以上50万元以下的罚款,有违法所得的,没收违法所得;逾期不改正的,责令停业整顿,

情节严重的,吊销其融资担保业务经营许可证:

（一）未经批准合并或者分立;

（二）未经批准减少注册资本;

（三）未经批准跨省、自治区、直辖市设立分支机构。

第三十八条 融资担保公司变更相关事项,未按照本条例规定备案,或者变更后的相关事项不符合本条例规定的,由监督管理部门责令限期改正;逾期不改正的,处5万元以上10万元以下的罚款,情节严重的,责令停业整顿。

第三十九条 融资担保公司受托投资的,由监督管理部门责令限期改正,处50万元以上100万元以下的罚款,有违法所得的,没收违法所得;逾期不改正的,责令停业整顿,情节严重的,吊销其融资担保业务经营许可证。

融资担保公司吸收公众存款或者变相吸收公众存款、从事自营贷款或者受托贷款的,依照有关法律、行政法规予以处罚。

第四十条 融资担保公司有下列情形之一的,由监督管理部门责令限期改正;逾期不改正的,处10万元以上50万元以下的罚款,有违法所得的,没收违法所得,并可以责令停业整顿,情节严重的,吊销其融资担保业务经营许可证:

（一）担保责任余额与其净资产的比例不符合规定;

（二）为控股股东、实际控制人提供融资担保,或者为其他关联方提供融资担保的条件优于为非关联方提供同类担保的条件;

（三）未按照规定提取相应的准备金;

（四）自有资金的运用不符合国家有关融资担保公司资产安全性、流动性的规定。

第四十一条 融资担保公司未按照要求向监督管理部门报送经营报告、财务报告、年度审计报告等文件、资料或者业务开展情况,或者未报告其发生的重大风险事件的,由监督管理部门责令限期改正,处5万元以上20万元以下的罚款;逾期不改正的,责令停业整顿,情节严重的,吊销其融资担保业务经营许可证。

第四十二条 融资担保公司有下列情形之一的,由监督管理部门责令限期改正,处20万元以上50万元以下的罚款;逾期不改正的,责令停业整顿,情节严重的,吊销其融资担保业务经营许可证;构成违反治安管理行为的,依照《中华人民共和国治安管理处罚法》予以处罚;构成犯罪的,依法追究刑事责任:

（一）拒绝、阻碍监督管理部门依法实施监督检查;

（二）向监督管理部门提供虚假的经营报告、财务报告、年度审计报告等文件、资料;

（三）拒绝执行监督管理部门依照本条例第三十条第一款规定采取的措施。

第四十三条 依照本条例规定对融资担保公司处以罚款的,根据具体情形,可以同时对负有直接责任的董事、监事、高级管理人员处5万元以下的罚款。

融资担保公司违反本条例规定,情节严重的,监督管理部门对负有直接责任的董事、监事、高级管理人员,可以禁止其在一定期限内担任或者终身禁止其担任融资担保公司的董事、监事、高级管理人员。

第四十四条 监督管理部门的工作人员在融资担保公司监督管理工作中滥用职权、玩忽职守、徇私舞弊的,依法给予处分;构成犯罪的,依法追究刑事责任。

第六章　附　则

第四十五条　融资担保行业组织依照法律法规和章程的规定,发挥服务、协调和行业自律作用,引导融资担保公司依法经营,公平竞争。

第四十六条　政府性基金或者政府部门为促进就业创业等直接设立运营机构开展融资担保业务,按照国家有关规定执行。

农村互助式融资担保组织开展担保业务、林业经营主体间开展林权收储担保业务,不适用本条例。

第四十七条　融资再担保公司的管理办法,由国务院银行业监督管理机构会同国务院有关部门另行制定,报国务院批准。

第四十八条　本条例施行前设立的融资担保公司,不符合本条例规定条件的,应当在监督管理部门规定的期限内达到本条例规定的条件;逾期仍不符合规定条件的,不得开展新的融资担保业务。

第四十九条　本条例自 2017 年 10 月 1 日起施行。

中国银行业监督管理委员会办公厅关于外资银行开展部分业务有关事项的通知

银监办发〔2017〕12 号

各银监局,外资银行:

为进一步明确监管政策,现就外资银行开展下列业务有关事项通知如下:

一、外商独资银行、中外合资银行依法开展国债承销业务,不需获得银监会的行政许可,但应在开展业务后 5 日内向监管部门报告。依法应获得其他部门许可的,依照其规定办理。

二、外商独资银行、中外合资银行、外国银行分行依法开展托管业务,不需获得银监会的行政许可,应在开展业务后 5 日内向监管部门报告,但银监会行政许可规章另有规定的除外。依法应获得其他部门许可的,依照其规定办理。

三、外商独资银行、中外合资银行、外国银行分行依法开展财务顾问等咨询服务业务,不需获得银监会的行政许可,但应在开展业务后 5 日内向监管部门报告。依法应获得其他部门许可的,依照其规定办理。

四、外商独资银行、中外合资银行、外国银行分行可以依法合规与母行集团开展境内外业务协作,发挥全球服务优势,为客户在境外发债、上市、并购、融资等活动提供综合金融服务。外商独资银行、中外合资银行、外国银行分行应明确自身在母行集团内提供业务协作服务的职责、利润分配机制,并于每年一季度末将上一年度与母行集团业务协作开展情况向监管部门报告。

五、外商独资银行、中外合资银行在风险可控前提下,可以依法投资境内银行业金融机构。

六、外商独资银行、中外合资银行、外国银行分行开展上述业务活动应加强制度建设、合规管理和风险控制,提高并表管理能力,提升综合金融服务水平。

2017 年 3 月 10 日

中国人民银行办公厅关于境外机构境内发行人民币债券跨境人民币结算业务有关事宜的通知

银办发〔2016〕258 号

中国人民银行上海总部,各分行、营业管理部,各省会(首府)城市中心支行,各副省级城市中心支行;国家开发银行,各政策性银行,国有商业银行,股份制商业银行,中国邮政储蓄银行:

为进一步规范境外机构在境内发行人民币债券有关跨境人民币结算业务,促进我国债券市场对外开放,根据《中华人民共和国中国人民银行法》等有关法律、法规,现就境外机构在境内发行人民币债券跨境人民币结算业务有关事宜通知如下:

一、本通知所称境外机构是指外国政府类机构、国际金融组织、国际开发机构等,以及在境外(含香港、澳门和台湾地区)合法注册成立的各类金融机构和非金融企业。境外机构在境内发行人民币债券有关跨境人民币结算业务适用本通知。

二、根据我国债券市场发行上市的有关规定,境外机构在境内发行人民币债券,应当获得有权部门同意人民币债券发行的证明文件。

三、中国人民银行负责对与人民币债券发行、使用和偿还有关的人民币账户和人民币跨境收付进行管理。

四、境外机构可以选择在境内银行业金融机构(以下简称开户行)开立境外机构人民币银行结算账户或委托主承销商在境内银行业金融机构(以下简称托管行)开立托管账户两种方式,存放发行人民币债券所募集的资金及办理相关跨境人民币结算业务。境外机构在向有权部门提出人民币债券发行申请时应当选择确定适用的账户。

五、境外机构开立境外机构人民币银行结算账户的,开户行应当按照《境外机构人民币银行结算账户管理办法》(银发〔2010〕249 号文印发)、《中国人民银行关于境外机构人民币银行结算账户开立和使用有关问题的通知》(银发〔2012〕183 号)等规定,凭境外机构提交的有权部门同意人民币债券发行的证明文件等材料为其开立人民币专用存款账户。

六、境外机构委托主承销商开立托管账户的,主承销商应当按照银行账户管理制度规定在托管行开立托管账户,其性质为专用存款账户,托管账户名称格式为:主承销商+境外机构+人民币债券资金托管账户。托管行应当是在中国境内设立的资产托管经验丰富、具备国际结算业务能力的商业银行。

境外机构、主承销商、托管行应当签署托管协议,就账户开立、资金存管、跨境汇划和数据报送等约定三方权利和义务。托管行负责对境外机构、主承销商做好真实性、合规性审核。主承销商、境外机构应当向托管行提供有权部门同意人民币债券发行的证明文件、债券募集说明书、评级报告、法律意见书等债券发行材料。此外,主承销商还应当提供营业执照及业务经营许可等证明材料,境外机构还应当提供其在境外合法注册成立的证明文件等材料。

七、境外机构开立境外机构人民币银行结算账户的,开户行应当按照有权部门同意人民币债券发行的证明文件中所规定的发债所筹集的人民币资金境内外使用比例,办理相关跨境人民币资金汇划业务。

境外机构委托主承销商开立托管账户的,托管行应当按照有权部门同意人民币债券发行的证明文件中所规定的发债所筹集的人民币资金境内外使用比例,凭境外机构和主承销商的指令办理相关跨境人民币资金汇划业务。

八、境外机构开立境外机构人民币银行结算账户的,开户行应当做好真实性和合规性审核,及时、准确、完整地向人民币跨境收付信息管理系统报送境外机构人民币银行结算账户信息,以及通过该账户办理的跨境人民币资金收付信息。

境外机构委托主承销商开立托管账户的,托管行应当做好真实性和合规性审核,及时、准确、完整地向人民币跨境收付信息管理系统报送人民币债券资金托管账户信息,以及通过该账户办理的跨境和境内人民币资金收付信息。

九、本通知自印发之日起施行。此前有关规定与本通知不一致的,以本通知为准。

请中国人民银行副省级城市中心支行以上分支机构将本通知转发至辖区内中国人民银行分支机构,城市商业银行、外资银行及其他开办跨境人民币业务的金融机构。

中国人民银行办公厅

2016年12月23日

中国人民银行、国家外汇管理局关于人民币合格境外机构投资者境内证券投资管理有关问题的通知

银发〔2018〕157号

为规范人民币合格境外机构投资者(以下简称人民币合格投资者)境内证券投资管理,根据《人民币合格境外机构投资者境内证券投资试点办法》(中国证券监督管理委员会、中国人民银行、国家外汇管理局第90号令)及相关规定,现就有关问题通知如下:

一、中国人民银行、国家外汇管理局及其分支机构依法对人民币合格投资者境内证券投资的投资额度(以下简称投资额度)、资金账户、资金收付等实施监督、管理和检查。

二、经中国证券监督管理委员会(以下简称证监会)许可投资境内证券市场的人民币合格投资者,应当委托其境内托管人(以下简称托管人)代为办理本通知所要求的相关手续。

同一人民币合格投资者可以委托不超过三家托管人。委托多家托管人的,应当指定一家托管人作为主报告人(仅有一家托管人的默认托管人为主报告人),负责代其统一办理投资额度备案和审批申请、主体信息登记等事项。

三、国家外汇管理局对单家人民币合格投资者投资额度实行备案或审批管理。

人民币合格投资者在取得证监会资格许可后,可以通过备案的形式,获取不超过其资产规模或其管理的证券资产规模(以下统称资产规模)一定比例的投资额度(以下简称基础额度);超过基础额度的投资额度申请,应当经国家外汇管理局批准。

境外主权基金、央行及货币当局等机构的投资额度不受资产规模比例限制,可以根据其投资境内证券市场的需要获取相应的投资额度,实行备案管理。

四、人民币合格投资者基础额度标准如下:

(一)人民币合格投资者或其所属集团的资产(或管理的资产)主要在中国境外的,计算公式为:等值1亿美元 + 近三年平均资产规模 * 0.2% − 已获取的合格境外机构投资者额度(折合人民币计算,以下简称 QFII 额度)。

(二)人民币合格投资者或其所属集团的资产(或管理的资产)主要在中国境内的,计算公式为:50亿元人民币 + 上年度资产规模 * 80% − 已获取的 QFII 额度(折合人民币计算)。

以上汇率折算参照申请之日上月国家外汇管理局公布的各种货币对美元折算率计算。

中国人民银行、国家外汇管理局可以综合考虑国际收支、资本市场发展及开放等因素,对上述标准进行调整。

五、人民币合格投资者基础额度内的投资额度备案,应当向主报告人提交以下材料:

(一)投资额度备案的情况说明,并附《人民币合格境外机构投资者登记表》(见附件1)。

（二）经审计或报经当地监管部门备案的人民币合格投资者近三年/上年度资产负债表（或管理的证券资产规模的审计报告或证明材料等）。

（三）证监会资格许可证明文件复印件。

主报告人应当认真履行职责,严格审核人民币合格投资者资产规模、已获取的 QFII 额度等证明性材料,并根据人民币合格投资者或其所属集团资产境内外分布情况,按标准准确核实其基础额度及拟备案的投资额度后,于每月 10 日前,将人民币合格投资者投资额度备案材料集中报国家外汇管理局备案(格式见附件 2)。国家外汇管理局确认后将备案信息反馈给主报告人。

六、人民币合格投资者超过基础额度的投资额度申请,应当通过主报告人向国家外汇管理局提交以下材料：

（一）主报告人及人民币合格投资者书面申请,详细说明申请投资额度的理由以及现有投资额度使用情况;人民币合格投资者首次申请投资额度的,需附《人民币合格境外机构投资者登记表》及证监会资格许可证明文件复印件。

（二）人民币合格投资者有关托管人备案信息(格式见附件 3)。

（三）经审计或报经当地监管部门备案的人民币合格投资者近三年/上年度资产负债表（或管理的证券资产规模的审计报告或证明材料等）。

（四）国家外汇管理局要求的其他材料。

人民币合格投资者应当做好主报告人与其他托管人之间的额度分配,切实履行额度管理有关要求。

国家外汇管理局将定期在其政府网站(www.safe.gov.cn)公告人民币合格投资者投资额度情况。

七、人民币合格投资者投资额度实行余额管理。即：人民币合格投资者累计净汇入资金不得超过经备案及批准的投资额度。

八、未经批准,人民币合格投资者不得以任何形式转卖、转让投资额度给其他机构和个人使用。

人民币合格投资者投资额度自备案或批准之日起 1 年未能有效使用的,国家外汇管理局有权收回全部或部分未使用的投资额度。

九、人民币合格投资者应当根据《境外机构人民币银行结算账户管理办法》（银发〔2010〕249 号文印发）、《中国人民银行关于境外机构人民币银行结算账户开立和使用有关问题的通知》（银发〔2012〕183 号）等规定,开立一个境外机构人民币基本存款账户。基本存款账户不得存放其在境内证券投资的相关资金。

已开立基本存款账户的人民币合格投资者,应当开立人民币专用存款账户(以下简称专用存款账户)。人民币合格投资者可以根据需要为其自有资金、客户资金、开放式基金开立相应的专用存款账户。

专用存款账户分为人民币合格投资者投资境内证券市场的专用存款账户(以下简称专用存款账户〈证券交易〉),以及开展境内衍生品交易的专用存款账户(以下简称专用存款账户〈衍生品交易〉)等。

专用存款账户〈证券交易〉应当在托管人处开立。该账户收入范围是：人民币合格投资者从境外汇入的投资本金、出售证券所得、现金股利、利息收入、从专用存款账户〈衍生品交易〉划回的资金,以及中国人民银行和国家外汇管理局规定的其他收入。支出范围是:买入规定的证券类等产品支付的价款(含印花税、手续费等)、划往专用存款账户〈衍生品交易〉的资金、汇出本金和投资收益、支付投资相关税费,以及中国人民银行和国家外汇管理局规定的其他支出。

人民币合格投资者同一产品或资金(自有资金;客户资金;开放式基金)下开立的专用存款账户〈证券交易〉间可以进行资金划转。

专用存款账户〈衍生品交易〉可以根据投资品种和相应结算规则在期货保证金存管银行、具备代客人民币对外汇衍生品业务(以下简称外汇衍生品业务)资格的托管人或境内金融机构(以下简称外汇衍生品业务经办机构)或其他相关机构处开立。该账户收入范围是:从专用存款账户〈证券交易〉划入的资金、利息收入、开展境内衍生品交易相关的资金划入,以及经中国人民银行或国家外汇管理局核准的其他收入。支出范围是:划回专用存款账户〈证券交易〉的资金、开展境内衍生品交易相关的资金划出、相关税费支出,以及经中国人民银行或国家外汇管理局核准的其他支出。

十、未经批准,人民币合格投资者专用存款账户与其境内其他账户之间不得划转资金。

未经批准,人民币合格投资者专用存款账户内的资金不得用于境内证券投资及外汇风险管理以外的其他目的。人民币合格投资者专用存款账户不得支取现金。

托管人应当按规定的账户收支范围为人民币合格投资者办理资金划转手续。

十一、人民币合格投资者开立专用存款账户应当提供以下材料:

(一)证监会关于人民币合格投资者资格许可证明文件复印件。

(二)国家外汇管理局额度备案信息或批复文件。

(三)托管人的托管资格书面文件。

(四)人民币合格投资者与托管人的托管协议。

(五)中国人民银行要求的其他文件。

人民币合格投资者投资银行间债券市场参照中国人民银行公告〔2016〕第3号的有关规定执行。人民币合格投资者开立投资银行间债券市场专用存款账户的,还需同时提供进入银行间债券市场的备案通知书以及托管人的银行间债券市场结算代理资格许可书面文件。

十二、人民币合格投资者可以通过外汇衍生品业务经办机构办理外汇衍生品业务。外汇衍生品业务经办机构对人民币合格投资者办理外汇衍生品业务应当遵守实需交易原则。

十三、人民币合格投资者开展外汇衍生品业务应当遵守实需交易原则。

人民币合格投资者开展外汇衍生品交易限于对冲其境内证券投资所产生的外汇风险敞口,外汇衍生品敞口与作为交易基础的境内证券投资项下外汇风险敞口应当具有合理的相关度。人民币合格投资者持有的外汇衍生品头寸应当不超过其上月末在托管人处托管的境内证券投资对应的人民币资产规模(不含专用存款账户内人民币存款类资产,下同)。人民币合格投资者人民币资产规模由托管人负责核算和监控,确保资产规模真实、准确。

人民币合格投资者持有的外汇衍生品头寸可以按月调整。人民币合格投资者应当根据托管人核算的境内证券投资对应的人民币资产规模情况,于每月结束后5个工作日内对持有的外汇衍生品头寸进行调整,确保符合实需交易原则。

十四、外汇衍生品业务经办机构对人民币合格投资者办理的外汇衍生品类型及结算等，按照现有外汇衍生品管理规定执行。

十五、外汇衍生品业务经办机构应当遵守结售汇综合头寸管理规定，并按照外汇管理相关规定履行有关结售汇统计报告义务。

十六、人民币合格投资者依据本通知开立的银行结算账户内的资金存款利率，按照中国人民银行有关规定执行。

十七、人民币合格投资者有下列情形之一的，应当在1个月内变现资产并关闭其账户，其相应的投资额度同时作废：

（一）证监会已撤销其资格许可。

（二）国家外汇管理局依法取消人民币合格投资者投资额度。

（三）中国人民银行、国家外汇管理局规定的其他情形。

十八、人民币合格投资者发起设立的开放式基金，可以由托管人根据申购赎回的轧差净额，每日为其办理相应的人民币资金汇入、汇出手续。其他产品（或资金）可以委托托管人办理有关人民币资金汇出入手续。

人民币合格投资者如需汇出已实现的累计收益，托管人可以凭人民币合格投资者书面申请或指令、中国注册会计师出具的投资收益专项审计报告、完税或税务备案证明（若有）等，为其办理相关资金汇出手续。

人民币合格投资者清盘（含产品清盘）的，托管人可以凭人民币合格投资者书面申请或指令、中国注册会计师出具的投资收益专项审计报告、完税或税务备案证明等，为其办理相关资金汇出及关户手续。

十九、托管人在为人民币合格投资者办理资金汇出入时，应当对相应的资金收付进行真实性与合规性审查，并切实履行反洗钱和反恐怖融资义务。

二十、人民币合格投资者应当在首次获得投资额度之日起10个工作日内，通过主报告人在资本项目信息系统办理主体信息登记。主报告人应当代人民币合格投资者向所在地外汇管理部门申请特殊机构赋码并为其办理主体信息登记。因办理其他跨境或外汇收支业务已经获得特殊机构赋码的，无需重复申请。

托管人应当按照《国家外汇管理局关于调整合格机构投资者数据报送方式的通知》（汇发〔2015〕45号）的要求，报送人民币合格投资者相关的监管和统计数据。

二十一、人民币合格投资者有下列情形之一的，主报告人应当在5个工作日内向国家外汇管理局申请办理变更登记：

（一）人民币合格投资者名称、托管人等重要信息发生变更的。

（二）中国人民银行、国家外汇管理局规定的其他情形。

人民币合格投资者变更主报告人的，由新的主报告人负责为其办理变更登记手续。

人民币合格投资者或其主要股东、实际控制人受到其他监管部门（含境外）重大处罚，会对人民币合格投资者投资运作造成重大影响或相关业务资格被暂停或取消的，主报告人应当及时向中国人民银行和国家外汇管理局报告。

二十二、托管人应当按照《人民币跨境收付信息管理系统管理办法》（银发〔2017〕126号文印发）、《中国人民银行办公厅关于完善人民币跨境收付信息管理系统银行间业务数据报送流程的通知》(银办发〔2017〕118号)等相关规定,向人民币跨境收付信息管理系统报送人民币合格投资者账户开销户信息,投资额度、资金跨境收付信息,以及境内证券投资资产配置情况信息等。

二十三、本通知要求报送的材料为中文文本。同时具有外文和中文译文的,以中文文本为准。

二十四、本通知自发布之日起实施,《中国人民银行、国家外汇管理局关于人民币合格境外机构投资者境内证券投资管理有关问题的通知》(银发〔2016〕227号)同时废止。其他相关规定与本通知不一致的,以本通知为准。

附件:1. 人民币合格境外机构投资者登记表(略——编者注)
   2. ＿＿＿＿＿＿投资额度备案表(略——编者注)
   3. 人民币合格境外机构投资者托管人信息备案表(略——编者注)

中国人民银行
国家外汇管理局
2018年6月12日

八、进出口

反倾销和反补贴调查听证会规则

商务部令 2018 年第 2 号

《反倾销和反补贴调查听证会规则》已经 2018 年 3 月 14 日商务部第 111 次部务会议审议通过,现予发布,自 2018 年 5 月 4 日起施行。

部长 钟山
2018 年 4 月 4 日

反倾销和反补贴调查听证会规则

第一条 为了规范反倾销和反补贴调查听证程序,保障反倾销和反补贴调查的公平、公正,根据《中华人民共和国反倾销条例》和《中华人民共和国反补贴条例》的规定,制定本规则。

第二条 商务部(以下称调查机关)在反倾销和反补贴案件调查程序中举行听证会,适用本规则。

第三条 调查机关可以依申请举行听证会,以向所有利害关系方提供与具有相反利益的当事方见面的机会,以便陈述对立的观点和提出反驳的论据。

调查机关认为有必要时,可以自行决定举行听证会。

第四条 《中华人民共和国反倾销条例》第十九条和《中华人民共和国反补贴条例》第十九条规定的利害关系方,包括反补贴调查中的出口国(地区)政府,均可申请举行听证会。

第五条 利害关系方要求在初裁前举行听证会的,应在立案之日起四个月内向调查机关提出书面申请。

利害关系方要求在初裁后举行听证会的,应在初裁公告之日起三十日内向调查机关提出书面申请。

第六条 听证会申请书应当包括下列内容：

（一）申请人的名称、地址和联系方式等有关信息；

（二）申请事项；

（三）申请所依据的事实和理由。

第七条 调查机关应当自收到利害关系方提交的申请书后十五个工作日内作出是否举行听证会的决定。

第八条 调查机关举行听证会，应当考虑保密的需要和当事人的方便。

第九条 申请书不符合本规则第六条规定，或者调查机关认为没有必要举行听证会、或者举行听证会将严重阻碍调查程序进行的，调查机关可以决定不举行听证会。

第十条 调查机关决定不举行听证会的，应当书面通知听证会申请人，并说明理由。

调查机关决定不举行听证会、但利害关系方有正当理由要求口头表达意见的，调查机关应当以其他方式为其提供口头表达意见的机会。

第十一条 调查机关决定举行听证会的，应当以适当形式通知各利害关系方，并将通知送交商务部贸易救济公开信息查阅室。该适当形式包括书面通知、网上公布及其他形式。

第十二条 调查机关举行听证会的通知应当包括下列内容：

（一）举行听证会的理由；

（二）听证事项；

（三）利害关系方报名参加听证会的时限和方式。

第十三条 利害关系方均有权按照调查机关规定的时限和方式报名参加听证会。任何一方均无必须出席听证会的义务。未出席听证会不损害该利害关系方通过其他方式向调查机关表达意见并陈述理由的正当权利。

第十四条 报名参加听证会的利害关系方，应当在调查机关规定的时限内将参加听证会的人员名单报送调查机关。

第十五条 报名参加听证会并要求在听证会上发言的利害关系方，应当在调查机关规定的时限内提交发言概要。调查机关应当将发言概要送交商务部贸易救济公开信息查阅室供各利害关系方查阅。

第十六条 调查机关应当在合理期限之前，将举行听证会的方式、时间、地点和听证会议程等事项通知已报名参加听证会的利害关系方。

第十七条 参加听证会的利害关系方应当遵守听证会纪律。对违反听证会纪律的，听证会主持人有权提出警告、制止，必要时可责令退场。

第十八条 在听证会上发言的利害关系方应当围绕听证事项进行陈述。对超出听证事项范围的，听证会主持人有权制止。

第十九条 利害关系方对主持人的询问应当如实回答。

第二十条 在听证会上发言的利害关系方应当在听证会结束后，按照调查机关要求的时限和方式，就其发言内容向调查机关提交书面材料。调查机关应当将书面材料送交商务部贸易救济公开信息查阅室供利害关系方查询。

利害关系方未按照前款规定以书面形式提交的听证会上的口头发言，调查机关可以不予考虑。

第二十一条 听证会使用的工作语言为中文。以其他语言发言的,应当自行配备翻译,发言内容以翻译为准。

第二十二条 本规则由商务部负责解释。

第二十三条 本规则自2018年5月4日起施行。《反倾销调查听证会暂行规则》(对外贸易经济合作部令2002年第3号)、《反补贴调查听证会暂行规则》(对外贸易经济合作部令2002年第10号)和《产业损害调查听证规则》(国家经济贸易委员会令第44号)同时废止。

反倾销问卷调查规则

商务部令2018年第3号

《反倾销问卷调查规则》已经2018年3月14日商务部第111次部务会议审议通过,现予发布,自2018年5月4日起施行。

部长 钟山
2018年4月4日

反倾销问卷调查规则

第一条 为了保证反倾销问卷调查规范有序地进行,根据《中华人民共和国反倾销条例》的规定,制定本规则。

第二条 商务部(以下称调查机关)通过问卷方式进行的反倾销调查,适用本规则。

第三条 调查机关在反倾销调查过程中,可以向被调查国家(地区)的生产商或出口商、国内生产者、国内进口商和下游用户以及其他有利害关系的组织、个人(以下统称利害关系方)发放问卷。

第四条 利害关系方应当按照调查机关的要求,完整、准确地填写调查问卷,并提交相应的证据材料。

第五条 利害关系方应当自反倾销立案公告之日起二十日内,按照公告要求向调查机关报名登记参加反倾销调查。

第六条 利害关系方向调查机关报名登记时,应当以书面形式表示参加反倾销调查的意愿,载明利害关系方的名称、地址、联系方式和联系人,并按下列要求提交信息:

(一)被调查国家(地区)的生产商或出口商应当提交调查期内向中国出口被调查产品的数量、金额;

(二)中国国内生产者应当提交调查期内的生产能力、产量、销售数量和销售金额；

(三)中国国内进口商应当提交调查期内被调查产品的进口数量、进口金额；

(四)调查机关要求的其他信息。

利害关系方本人、法定代表人或经其依法授权的人应当在报名登记文件上盖章和(或)签字。

第七条 调查机关通常自报名登记截止之日起十个工作日内在调查机关官方网站发布调查问卷，并通知已报名登记的利害关系方和出口国(地区)政府。

第八条 调查机关决定采取抽样方式进行反倾销调查的，可以适当延长发放问卷的期限。

第九条 利害关系方在回答问卷时对问卷有疑问的，可以向问卷所列明的案件调查人员咨询。

第十条 答卷应当以规范汉字和符合国家标准的数字符号填制，并按要求提供相关证据材料。所有证据材料均应注明来源和出处。证据材料原件是外文的，应当按照外文原文的格式提供中文翻译件，并附外文原件或复印件。

第十一条 问卷中要求提交的销售单证、会计记录、财务报告和其他文件应随附答卷一并提交。

第十二条 利害关系方按照问卷要求应当将调查问卷复制转交给关联贸易公司或者其他公司填制的，该关联贸易公司或者其他公司应当按照问卷要求独立提交答卷。

第十三条 调查问卷的答卷应当自问卷发放之日起三十七日内送达调查机关。

利害关系方因正当理由在答卷到期日前不能完成答卷的，应当在答卷提交期限届满七日前向调查机关提出延期提交答卷的书面申请，并说明延期理由。

调查机关应当在答卷提交期限届满四日前，根据利害关系方的具体情况对延期申请作出书面答复。调查机关决定同意延期的，延长期限通常不超过十四日。

第十四条 利害关系方认为其答卷中有需要保密内容的，应当提出保密处理申请，并说明需要保密的理由。

对要求保密处理的信息，利害关系方应当提供非保密概要。非保密概要应当包含充分的、有意义的信息，以使其他利害关系方对保密信息能有合理的理解。利害关系方在特殊情况下不能提供非保密概要的，应当书面说明理由。

第十五条 调查机关应当对保密申请进行审查。保密理由不充分、或者非保密概要不符合本规则第十四条第二款规定、或者答卷的利害关系方不能提供非保密概要的理由不充分的，调查机关可以要求利害关系方在规定期限内补充和修改。

利害关系方未在规定期限内补充和修改，或者补充和修改后仍不符合本规则第十四条第二款规定的，除调查机关能够从适当来源证明该信息是正确的之外，调查机关可以对要求保密处理的信息不予考虑。

第十六条 利害关系方应当制作含有保密信息的完整答卷和只包括公开信息的公开答卷等两种类型的答卷。利害关系方应当在每份答卷首页注明保密答卷或公开答卷。公开答卷中涉及保密部分的，应当用方括号(〔 〕)标注，并注明相应的非保密概要的序号。

第十七条 利害关系方应当书面提交公开答卷和保密答卷正本各一份、副本各两份。

答卷应当妥善装订成册。答卷正文和所附证据材料应当按顺序标注页码。答卷应当包含答卷目录和附件目录,每一份附件都应当列明序号。

第十八条 利害关系方应当按照问卷要求提供一份申明书,声明答卷利害关系方提供的信息是准确和完整的,并由答卷利害关系方本人、法定代表人或经其依法授权的人签署。

调查机关不接受未附具申明书的答卷。

第十九条 利害关系方提供书面答卷和数据表格的,应当按照问卷要求提交光盘或调查机关可接受的其他电子数据载体。

电子数据载体的内容和形式应当与书面答卷完全一致。表格中的数据涉及到计算的,应当保留计算公式。

第二十条 利害关系方应当保证提交的电子数据载体不携带病毒。携带病毒的,可被视为妨碍调查,调查机关可以依据已经获得的事实和可获得最佳信息作出裁定。

第二十一条 通常情况下,不提供电子数据载体,特别是不提供交易和财务数据的电子数据载体的答卷利害关系方将被视为不合作。

利害关系方无法提供电子数据载体或者按照本规则要求提供电子数据载体将给利害关系方造成不合理的额外负担的,利害关系方可以自问卷发放之日起十五日内向调查机关提交书面申请,并说明无法按要求提供电子数据载体的理由。调查机关在收到申请后五日内对是否同意申请作出书面答复。

第二十二条 利害关系方通过律师代理递交答卷的,应当委托中国执业律师代理呈送并由代理律师处理相关事宜,并在答卷中提供有效的授权委托书及该代理律师有效的执业证书复印件。

第二十三条 调查问卷的答卷应当在答卷提交期限届满当日17时前寄至或直接送至问卷所列的地址,以调查机关实际收到的时间为准。

第二十四条 调查机关可以向有关利害关系方发放补充问卷,要求提供补充信息和材料。利害关系方应当按照补充问卷要求提交答卷。

第二十五条 利害关系方未在规定时间内按要求提交必要信息或严重妨碍调查的,调查机关可以依据已经获得的事实和可获得的最佳信息作出初步裁定或者最终裁定。

第二十六条 利害关系方提交的信息未被接受的,调查机关应当通知该利害关系方并说明理由,并为其提供在合理时间内作出进一步解释的机会。调查机关认为该解释理由不充分的,应当在裁定中说明拒绝接受的理由。

第二十七条 本规则规定的"日"为自然日。期限届满的最后一日是中国法定节假日的,以节假日后的第一日为期限届满的日期。

第二十八条 本规则由商务部负责解释。

第二十九条 本规则自2018年5月4日起施行。《反倾销问卷调查暂行规则》(对外贸易经济合作部令2002年第14号)同时废止。

倾销及倾销幅度期间复审规则

商务部令 2018 年第 4 号

《倾销及倾销幅度期间复审规则》已经 2018 年 3 月 14 日商务部第 111 次部务会议审议通过,现予发布,自 2018 年 5 月 4 日起施行。

部长　钟山
2018 年 4 月 4 日

倾销及倾销幅度期间复审规则

第一条　为保证反倾销期间复审的公平、公正、公开,根据《中华人民共和国反倾销条例》的规定,制定本规则。

第二条　商务部(以下称调查机关)在反倾销措施有效期间内,根据反倾销措施生效后变化了的正常价值、出口价格对继续按照原来的形式和水平实施反倾销措施的必要性进行复审(以下简称期间复审),适用本规则。

第三条　调查机关可以应原反倾销调查申请人、国内产业或代表国内产业的自然人、法人或有关组织(以下统称国内产业)、涉案国(地区)的出口商、生产商、国内进口商的申请立案,进行期间复审。

调查机关有正当理由的,可以自行立案,进行期间复审。

第四条　期间复审申请应当自反倾销措施生效后每届满十二个月之日起三十日内提出。

对经复审的反倾销措施申请期间复审的,应当自复审后的裁决生效后每届满十二个月之日起三十日内提出。

在特殊情况下,经调查机关允许,期间复审申请可以在上述规定以外的其他时间提出。

第五条　期间复审申请应当以书面形式提出,并由申请人本人、法定代表人或经其依法授权的人签署。

期间复审申请应当分为保密文本(如申请人提出保密申请)和公开文本。保密文本和公开文本均应提交书面正本一份,副本两份。除书面文本外,还应同时提供电子数据载体。

第六条　出口商、生产商提出期间复审申请的,应当提交下列证据材料:

(一)申请人的名称、地址和其他有关情况;

(二)申请前十二个月内申请人的国内销售情况的数据;

(三)申请前十二个月内申请人对中国出口情况的数据;

(四)为计算倾销幅度而必须作出的各种调整及倾销幅度的初步计算结果;

(五)正常价值、出口价格及倾销幅度所发生的重大变化将会持续的原因;

(六)申请人认为需要说明的其他内容。

前款第(一)至(五)项规定的材料应当按照原反倾销调查问卷所要求的内容及形式提交。

第七条 原反倾销措施为征收反倾销税的,未征收反倾销税的出口不得作为提出期间复审申请的依据。

第八条 调查机关应当自收到出口商、生产商的期间复审申请之日起七个工作日内通知原反倾销调查申请人,原反倾销调查申请人可自收到通知之日起二十一日内对应否立案进行复审发表意见。

第九条 国内产业提出期间复审申请的,应当提交下列证据和材料:

(一)申请人的名称、地址及有关情况;

(二)与原反倾销措施水平相比,正常价值、出口价格及倾销幅度的变化情况;

(三)申请人认为需要说明的其他内容。

国内产业提出期间复审申请的,应当符合《中华人民共和国反倾销条例》第十七条关于产业代表性的规定。原反倾销调查申请人提出期间复审申请的,无须重新证明产业代表性。

第十条 国内产业提出的期间复审申请可以针对原反倾销调查涉及的所有或部分国家(地区)的全部出口商、生产商,也可明确将复审范围限于指明的部分出口商、生产商。

第十一条 调查机关应当在收到国内产业的期间复审申请后七个工作日内将复审申请公开文本及保密资料的非保密概要递交有关出口国(地区)政府。

第十二条 出口商、生产商可以自调查机关将国内产业的期间复审申请的公开文本及保密资料的非保密概要递交有关出口国(地区)政府之日起二十一日内对应否立案进行复审发表意见。

第十三条 进口商提出的期间复审申请,应当提交本规则第六条规定的出口商、生产商应当提交的证据材料。

第十四条 如果进口商与出口商、生产商无关联关系,无法直接提供本规则第六条规定的有关正常价值和出口价格的证据和材料,或出口商、生产商不愿向进口商提供上述证据和材料,则进口商应当提供出口商、生产商的声明。声明应当明确表示倾销幅度已经降低或消除,且有关证据和材料将按照规定的内容和形式自进口商提出期间复审申请之日起三十日内直接提交给调查机关。

第十五条 出口商、生产商根据本规则第十四条提供的证据和材料应当符合本规则第五条第二款的规定。

第十六条 调查机关应当自收到进口商的期间复审申请之日起七个工作日内通知原反倾销调查申请人;原反倾销调查申请人可以自收到通知之日起二十一日内对应否立案进行复审发表意见。

第十七条 调查机关通常应当在收到期间复审申请后六十日内作出立案或不立案的

决定。

第十八条 调查机关经审查发现期间复审申请及所附证据和材料不符合本规则要求的,可以要求申请人在规定期限内补充和修改。申请人未在规定期限内补充和修改,或补充和修改后仍不符合本规则要求的,调查机关可以驳回申请,以书面形式通知申请人并说明理由。

第十九条 调查机关决定立案进行期间复审的,应当发布公告。期间复审的立案公告应当包括以下内容:

(一)被调查产品的描述;

(二)被调查的出口商、生产商的名称及其所属国(地区)名称;

(三)立案日期;

(四)复审调查期;

(五)主张倾销幅度有所提高或降低或倾销已被消除的依据概述;

(六)利害关系方表明意见和提交相关材料的时限;

(七)调查机关进行实地核查的意向;

(八)利害关系方不合作将承担的后果;

(九)调查机关的联系方式。

第二十条 出口商、生产商提出期间复审申请的,调查机关仅对申请人被调查产品的正常价值、出口价格和倾销幅度进行调查。

第二十一条 国内产业提出期间复审申请的,调查机关应当对所申请的涉案国(地区)的所有出口商、生产商被调查产品的正常价值、出口价格和倾销幅度进行调查。

国内产业仅申请对原反倾销调查涉案国(地区)的部分出口商、生产商进行期间复审的,调查机关应当仅对指明的出口商、生产商被调查产品的正常价值、出口价格和倾销幅度进行调查。

原反倾销调查确定倾销幅度为零或微量的,调查机关不对其进行复审调查,但可以依法对其采取其他反倾销调查措施。经复审调查确定倾销幅度为零或微量的,仍可以进行复审调查。

第二十二条 进口商提出期间复审申请的,调查机关应当仅对声明将向调查机关提交有关证据材料的出口商、生产商被调查产品的正常价值、出口价格和倾销幅度进行调查。

第二十三条 期间复审的调查期通常为复审申请提交前的十二个月。

第二十四条 出口商、生产商的数量或所涉及的产品型号过多,为每一出口商或生产商单独确定倾销幅度或调查全部型号或交易会带来过分负担并妨碍倾销调查及时完成的,调查机关可以根据反倾销抽样调查相关规则,采用抽样的办法进行调查。

第二十五条 期间复审调查中,正常价值和出口价格的确定、调整和比较及倾销幅度的计算应当按照《中华人民共和国反倾销条例》第四条、第五条和第六条的有关规定进行。

第二十六条 期间复审调查中,出口价格根据该进口产品首次转售给独立购买人的价格推定的,如果出口商、生产商提供充分的证据证明,反倾销税已适当地反映在进口产品首次转售给独立购买人的价格中和此后在中国的售价中,则调查机关在计算推定的出口价格时,不应扣除已缴纳的反倾销税税额。

第二十七条 调查机关可以根据反倾销调查实地核查相关规则,对出口商、生产商的有关信息和材料的准确性和完整性进行实地核查。

第二十八条 期间复审无须作出初步裁决,但调查机关作出最终裁决前,应当按照《中华人民共和国反倾销条例》第二十五条第二款及反倾销调查信息披露相关规则,将考虑中的、构成是否实施最终措施决定依据的基本事实进行披露,并给予利害关系方通常不少于十日的时间提出评论。

第二十九条 本规则第二十八条规定的披露一经作出,期间复审申请人不得撤回申请。

第三十条 出口商、生产商可以在本规则第二十八条规定的披露作出后的十五日内提出价格承诺申请。

商务部决定接受价格承诺的,应当按照《中华人民共和国反倾销条例》第三十三条的规定,向国务院关税税则委员会提出建议,国务院关税税则委员会根据商务部的建议作出决定,由商务部予以公告。

第三十一条 期间复审应当自复审立案之日起十二个月内结束。

第三十二条 商务部应当在复审期限届满十五日前向国务院关税税则委员会提出保留、修改或者取消反倾销税的建议。商务部在复审期限届满前根据国务院关税税则委员会的决定发布公告。

第三十三条 期间复审期间,原反倾销措施继续有效。复审裁决自复审裁决公告规定之日起执行,不具有追溯效力。

第三十四条 在反倾销措施届满时期间复审仍未完成,且国内产业未提出期终复审申请,调查机关也未决定自行立案进行期终复审的,调查机关应当发布公告终止期间复审;发起期终复审的,调查机关可以将期间复审与期终复审合并进行。

第三十五条 本规则由商务部负责解释。

第三十六条 本规则自2018年5月4日起施行。《倾销及倾销幅度期中复审暂行规则》(对外贸易经济合作部令2002年第23号)同时废止。

国务院关税税则委员会关于对原产于美国的部分进口商品加征关税的公告

税委会公告〔2018〕1号

2018年4月4日,美国政府发布了加征关税的商品清单,将对我输美的1333项500亿美元的商品加征25%的关税。美方这一措施违反了世界贸易组织规则,严重侵犯我国合法权益,威胁我国家发展利益。

根据我方在世界贸易组织项下的权利和义务,以及《中华人民共和国对外贸易法》和

《中华人民共和国进出口关税条例》相关规定,经国务院批准,国务院关税税则委员会决定对原产于美国的大豆、汽车、化工品等14类106项商品加征25%的关税。有关事项如下:

一、加征关税的商品为大豆、汽车、化工品等14类106项商品。征税范围详见附表。

二、对原产于美国的附表所列进口商品,在现行征税方式、适用关税税率基础上加征25%的关税,现行保税、减免税政策不变(本次加征的关税不予减免)。

三、加征关税后有关进口税收计算公式:

关税 = 关税完税价格 ×（现行适用关税税率 + 加征关税税率）

从价定率商品进口环节消费税 = 进口环节消费税计税价格 × 消费税比例税率

复合计税商品进口环节消费税 = 进口环节消费税计税价格 × 消费税比例税率 + 进口数量 × 消费税定额税率

从价定率商品进口环节消费税计税价格 = （关税完税价格 + 关税）÷（1 - 消费税比例税率）

复合计税商品进口环节消费税计税价格 = （关税完税价格 + 关税 + 进口数量 × 消费税定额税率）÷（1 - 消费税比例税率）

进口环节增值税 = 进口环节增值税计税价格 × 进口环节增值税税率

进口环节增值税计税价格 = 关税完税价格 + 关税 + 进口环节消费税

四、实施时间另行公告。

附表:对美加征关税商品清单(略——编者注)

国务院关税税则委员会
2018年4月4日

关于对原产于美国的部分进口商品加征关税的公告

商务部公告2018年第34号

美国时间2018年4月3日,美国政府依据301调查单方认定结果,宣布将对原产于中国的进口商品加征25%的关税,涉及约500亿美元中国对美出口。美方这一措施明显违反了世界贸易组织相关规则,严重侵犯中方根据世界贸易组织规则享有的合法权益,威胁中方经济利益和安全。

对于美国违反国际义务对中国造成的紧急情况,为捍卫中方自身合法权益,中国政府依据《中华人民共和国对外贸易法》等法律法规和国际法基本原则,将对原产于美国的大豆等农产品、汽车、化工品、飞机等进口商品对等采取加征关税措施,税率为25%,涉及2017年中国自美国进口金额约500亿美元。(详见附件)

最终措施及生效时间将另行公告。

商务部
2018年4月4日

附件：

对美加征关税商品清单

序号	税则号列	商品名称①
1	12019010	黄大豆
2	12019020	黑大豆
3	10059000	其他玉米
4	11022000	玉米细粉
5	52010000	未梳的棉花
6	14042000	棉短绒
7	10079000	其他高粱
8	23033000	酿造及蒸馏过程中的糟粕及残渣
9	10011900	其他硬粒小麦
10	10019900	其他小麦及混合麦
11	02011000	整头及半头鲜、冷牛肉
12	02012000	鲜、冷的带骨牛肉
13	02013000	鲜、冷的去骨牛肉
14	02021000	冻的整头及半头牛肉
15	02022000	冻的带骨牛肉
16	02023000	冻的去骨牛肉
17	02062900	其他冻牛杂碎
18	20089300	用其他方法制作或保藏的蔓越橘
19	20091100	冷冻的橙汁
20	20091200	非冷冻的,白利糖度值不超过20的橙汁
21	22083000	威士忌酒
22	24011010	未去梗的烤烟
23	24011090	其他未去梗的烟草

① 商品名称仅供参考.具体商品范围以《中华人民共和国进出口税则》中的税则号列对应的商品范围为准。

（续表）

序号	税则号列	商品名称
24	24012010	部分或全部去梗的烤烟
25	24012090	部分或全部去梗的其他烟草
26	24013000	烟草废料
27	24021000	烟草制的雪茄烟
28	24022000	烟草制的卷烟
29	24029000	烟草代用品制的雪茄烟及卷烟
30	24031100	本章子目注释所述的水烟料
31	24031900	其他供吸用的烟草
32	24039100	"均化"或"再造"烟草
33	24039900	其他烟草及烟草代用品的制品；烟草精汁
34	87032362	2.5L＜排气量≤3L的越野车
35	87034052	同时装有点燃往复式活塞内燃发动机及驱动电动机的其他车辆，可通过接插外部电源进行充电的除外气缸容量（排气量）超过2500毫升，但不超过3000毫升越野车（4轮驱动）
36	87032342	1.5L＜排气量≤2L的越野车
37	87034032	同时装有点燃往复式活塞内燃发动机及驱动电动机的其他车辆，可通过接插外部电源进行充电的除外气缸容量（排气量）超过1000毫升，但不超过1500毫升气缸容量（排气量）越野车（4轮驱动）
38	87032343	1.5L＜排气量≤2L，≤9座的小客车
39	87034033	同时装有点燃往复式活塞内燃发动机及驱动电动机的其他车辆，可通过接插外部电源进行充电的除外气缸容量（排气量）超过1000毫升，但不超过1500毫升气缸容量（排气量）9座及以下的小客车
40	87032413	3L＜排气量≤4L，≤9座的小客车
41	87034063	同时装有点燃往复式活塞内燃发动机及驱动电动机的其他车辆，可通过接插外部电源进行充电的除外气缸容量（排气量）超过3000毫升，但不超过4000毫升9座及以下的小客车
42	87032352	2L＜排气量≤2.5L的越野车
43	87034042	同时装有点燃往复式活塞内燃发动机及驱动电动机的其他车辆，可通过接插外部电源进行充电的除外气缸容量（排气量）超过2000毫升，但不超过2500毫升越野车（4轮驱动）
44	87032353	2L＜排气量≤2.5L，≤9座的小客车
45	87034043	同时装有点燃往复式活塞内燃发动机及驱动电动机的其他车辆，可通过接插外部电源进行充电的除外气缸容量（排气量）超过2000毫升，但不超过2500毫升9座及以下的小客车

(续表)

序号	税则号列	商品名称
46	87032412	3L＜排气量≤4L 的越野车
47	87034062	同时装有点燃往复式活塞内燃发动机及驱动电动机的其他车辆,可通过接插外部电源进行充电的除外气缸容量(排气量)超过3000毫升,但不超过4000毫升越野车(4轮驱动)
48	87033312	2.5L＜排气量≤3L 的柴油型越野车
49	87035052	同时装有压燃式活塞内燃发动机(柴油或半柴油发动机)及驱动电动机的其他车辆,可通过接插外部电源进行充电的除外气缸容量(排气量)超过2500毫升,但不超过3000毫升越野车(4轮驱动)
50	87032363	2.5L＜排气量≤3L,≤9座的小客车
51	87034053	同时装有点燃往复式活塞内燃发动机及驱动电动机的其他车辆,可通过接插外部电源进行充电的除外气缸容量(排气量)超过2500毫升,但不超过3000毫升9座及以下的小客车
52	87032422	排气量＞4L 的越野车
53	87034072	同时装有点燃往复式活塞内燃发动机及驱动电动机的其他车辆,可通过接插外部电源进行充电的除外气缸容量(排气量)超过4000毫升越野车(4轮驱动)
54	87034090	同时装有点燃往复式活塞内燃发动机及驱动电动机的其他车辆,可通过接插外部电源进行充电的除外其他车辆
55	87035090	同时装有压燃式活塞内燃发动机(柴油或半柴油发动机)及驱动电动机的其他车辆,可通过接插外部电源进行充电的除外其他车辆
56	87036000	同时装有点燃往复式活塞内燃发动机及驱动电动机、可通过接插外部电源进行充电的其他车辆
57	87037000	同时装有压燃往复式活塞内燃发动机及驱动电动机、可通过接插外部电源进行充电的其他车辆
58	87038000	仅装驱动电动机的其他车辆
59	87039000	其他车辆
60	87043100	汽油型≤5吨的其他货车
61	87084099	未列名机动车辆用变速箱及零件
62	27111200	液化丙烷
63	39074000	初级形状的聚碳酸酯
64	38151200	以贵金属及其化合物为活性物的载体催化剂
65	38220010	附于衬背上的诊断或实验用试剂,但税目32.02,32.06 的货品除外

(续表)

序号	税则号列	商品名称
66	38249999	其他税目未列名的化学工业及其相关工业的化学产品及配制品
67	38248700	含全氟辛基磺酸及其盐,全氟辛基磺胺或全氟辛基磺酰氯的本章子目注释三所列货品
68	38248800	含四、五、六、七或八溴联苯醚的本章子目注释三所列货品
69	38248500	含1,2,3,4,5,6-六氯环己烷[六六六(ISO)],包括林丹(ISO,INN)的本章子目注释三所列货品
70	38249100	主要由(5-乙基-2-甲基-2氧代-1,3,2-二氧磷杂环己-5-基)甲基膦酸二甲酯和双[(5-乙基-2-甲基-2氧代-1,3,2-二氧磷杂环己-5-基)甲基]甲基膦酸酯(阻燃剂FRC-1)组成的混合物及制品
71	38248600	含五氯苯(ISO)或六氯苯(ISO)的本章子目注释三所列货品
72	38248400	含艾氏剂(ISO).毒杀芬(ISO)、氯丹(ISO)、十氯酮(ISO)、DDT(ISO)[滴滴涕(INN)、1,1,1-三氯-2,2-双(4-氯苯基)乙烷]、狄氏剂(ISO,INN)、硫丹(ISO)、异狄氏剂(ISO)、七氯(ISO)或灭蚁灵(ISO)的本章子目注释三所列货品
73	38151900	其他载体催化剂
74	39079999	其他聚酯
75	38159000	其他未列名的反应引发剂、促进剂
76	39011000	初级形状比重<0.94的聚乙烯
77	29261000	丙烯腈
78	34039900	润滑剂(不含有石油或从沥青矿物提取的油类)
79	38220090	无论是否附于衬背上的诊断或实验用配制试剂,但税目32.02,32.06的货品除外
80	38112900	不含石油或从沥青矿物提取的油类的润滑油添加剂
81	39073000	初级形状的环氧树脂
82	39206200	聚对苯二甲酸乙二酯板片膜箔扁条
83	39199090	其他自粘塑料板、片、膜等材料
84	39209990	其他塑料制的非泡沫塑料板片
85	39269090	其他塑料制品
86	39019090	其他初级形状的乙烯聚合物
87	39014090	其他乙烯-α-烯烃共聚物,比重小于0.94
88	39069090	其他初级形状的丙烯酸聚合物

(续表)

序号	税则号列	商品名称
89	39041090	其他初级形状的纯聚氯乙烯
90	39100000	初级形状的聚硅氧烷
91	39119000	其他初级形状的多硫化物、聚砜及39章注释3所规定的其他税号未列名新产品
92	39219090	未列名塑料板、片、膜、箔及扁条
93	29031500	1,2－二氯乙烷(ISO)
94	40023990	卤代丁基橡胶板、片、带
95	29349990	其他杂环化合物
96	35069190	以其他橡胶或塑料为基本成分的粘合剂
97	39081011	聚酰胺－6,6切片
98	39072090	其他初级形状的聚醚
99	39121100	初级形状的未塑化醋酸纤维素
100	39089010	芳香族聚酰胺及其共聚物
101	39089020	半芳香族聚酰胺及其共聚物
102	39089090	初级形状的其他聚酰胺
103	39201090	其他乙烯聚合物制板、片、带
104	34021300	非离子型有机表面活性剂
105	34031900	润滑剂(含有石油或从沥青矿物提取的油类且按重量计＜70％)
106	88024010	空载重量超过15000公斤,但不超过45000公斤的飞机及其他航空器

国务院关税税则委员会对原产于美国的部分进口商品中止关税减让义务的通知

税委会〔2018〕13号

海关总署：

为维护我国利益,平衡因美国对进口钢铁和铝产品加征关税(即232措施)给我国利益造成的损失,国务院关税税则委员会决定对原产于美国的部分进口商品中止关税减让义务。现将有关问题通知如下：

一、对原产于美国的水果及制品等120项进口商品中止关税减让义务,在现行适用关税税率基础上加征关税,加征关税税率为15%。

二、对原产于美国的猪肉及制品等8项进口商品中止关税减让义务,在现行适用关税税率基础上加征关税,加征关税税率为25%。

三、现行保税、减免税政策不变。

四、加征关税后,有关计算公式:

关税 = 关税完税价格 × (现行适用关税税率 + 加征关税税率)

进口环节消费税 = 进口环节消费税计税价格 × 进口环节消费税税率

进口环节消费税计税价格 = (关税完税价格 + 关税)/(1 − 进口环节消费税税率)

进口环节增值税 = 进口环节增值税计税价格 × 进口环节增值税税率

进口环节增值税计税价格 = 关税完税价格 + 关税 + 进口环节消费税

五、本通知自2018年4月2日起实施。

特此通知。

附件:对美中止关税减让义务商品清单及加征关税税率(略——编者注)

国务院关税税则委员会

2018年4月1日

国家口岸管理办公室关于印发《提升跨境贸易便利化水平的措施(试行)》的通知

国岸发〔2018〕3号

各省、自治区、直辖市人民政府口岸办公室:

为认真贯彻党的十九大精神,落实国务院第196次常务会议要求,进一步优化口岸营商环境,提升我国跨境贸易便利化水平,我办会同各口岸管理相关部门研究制定了《提升跨境贸易便利化水平的措施(试行)》(以下简称《措施》),现予印发。

各地口岸办要切实负起责任,加强组织领导,结合本地口岸实际,抓好贯彻落实。

特此通知。

国家口岸管理办公室

2018年3月9日

提升跨境贸易便利化水平的措施
（试行）

为落实党中央、国务院决策部署，进一步优化口岸营商环境，提升我国跨境贸易便利化水平，国家口岸办会同口岸管理相关部门研究制定提升跨境贸易便利化水平的措施，具体如下：

一、海运集装箱货物进出口业务实现集装箱设备交接单及港口提箱作业信息电子化流转。 进出口企业在统一平台上办理集装箱设备交接、提箱作业计划申报、费用结算等手续，实现无纸操作、减少单证流转环节和时间。

二、取消海运提单换单环节。 协调推动进出口企业、港口企业、船公司加快实现提货单电子化。报关报检环节不再要求进出口企业向海关、检验检疫部门提交纸质海运提单或提货单。

三、推进口岸物流信息电子化。 在海运集装箱货物申报、查验、放行等通关环节推动口岸查验单位和港航企业之间应用集装箱运输电子数据交换报文标准。协调推动海关、检验检疫部门、船公司、港口、企业间实现海运提单、提货单、装箱清单（载货清单）等信息电子化流转。

四、加快实现报检报关"串联"改"并联"。 改变现有货物报检报关"串联"流程，实现报检、报关同步"并联"受理，将通关单电子数据联网核查从电子审单环节后移至报关单放行环节。电子数据比对不符的，系统转入现场人工处置，并将处置情况反馈检验检疫部门。

五、简化自动进口许可证申请办理。 推进货物自动进口许可无纸化，进一步完善国际贸易"单一窗口"中自动进口许可证的申请、查询、签发、核销等功能。研究放宽自动进口许可证的使用时限及次数限制，积极推动自动进口许可证网上领取和认证结果联网核查，完善自动进口许可证的核销程序。适时调整《自动进口许可管理货物目录》。

六、完善随附单证无纸化格式标准。 加快推广应用报关报检系统合同、发票等随附单证电子化上传功能，丰富支持文件类型，广泛推广应用电子签名技术。

七、应用电子委托代理，取代纸质报关报检委托协议书。 海关、检验检疫部门实现与"单一窗口"平台对接，进出口企业应用无纸化委托模块电子授权委托功能，通关环节不再需要递交纸质委托协议书。

八、加大担保制度推广力度。 在税款总担保的前提下，提高应税货物通关效率。

九、简化进口免予CCC认证证明工作流程。 推进实现办理进口汽车零部件查验CCC认证证书或免予CCC认证证明的网上申报、网上审批、异地通用，加快地区间实现免予CCC认证证明的联网核查。

十、简化出口原产地证办理流程。 在符合自由贸易协定有关规定基础上，推广检验检疫机构电子签章，企业申请证书只需签字无需盖章。

十一、规范和降低口岸检查检验服务性收费。 建立口岸服务企业招投标制度，逐步引入竞争企业。扩大各项跨境贸易、物流服务业政府采购和采信范围，由进出口企业自主选择跨境贸易服务机构，禁止利用行政权力或者垄断地位指定服务、强制服务并收费以及只收费不服务等行为。

十二、治理口岸经营服务企业不合理收费。进一步开展收费检查,由口岸所在地价格主管部门对企业反映强烈的口岸经营服务企业不合理收费予以规范,依法查处各类违法违规收费问题。

十三、深化国际贸易"单一窗口"建设。丰富国际贸易"单一窗口"标准版功能,提升货物申报、舱单申报和运输工具申报应用率。支持扩大跨部门联网核查监管证件范围,凡可通过部门间联网查验的证件、资料,企业不需重复提供,减少企业在各业务环节提交单证的数量。

十四、推进跨部门一次性联合检查。深化口岸查验单位协作共管,明确口岸联合检查主体,依托跨部门信息共享和交互平台实现指令对碰功能,统筹使用监管设施设备,进出口收发货人或其代理人备箱至查验区后,各查验单位按照商定的时间到场查验,力争应联尽联,做到一次作业、一次完成检查。

十五、建立口岸通关时效评估公开制度。在全国主要海运口岸试点应用口岸通关时效评估系统,采集除事中必须处置的必审必核事项等特殊情况外的货物通关各环节主要时间节点信息,适时公布口岸通关时间。

十六、建立口岸收费公示制度。各省、自治区、直辖市人民政府口岸主管部门牵头本省商务、交通、口岸查验单位共同建立口岸收费监督管理协作机制,制定本地区口岸收费目录清单并统一通过"单一窗口"向社会公布,清单以外费用一律不得收取。

十七、建立口岸通关意见投诉反馈机制。协调各口岸查验单位通过口岸现场、"单一窗口"平台公布通关服务热线,回应解决进出口相关企业提出的意见和建议,改善企业通关体验。

十八、继续开展落实免除查验没有问题外贸企业(失信企业除外)吊装移位仓储费用试点工作。在前期工作的基础上,继续总结经验、做好试点,减轻外贸企业负担。

财政部、发展改革委、工业和信息化部、海关总署、税务总局、能源局关于调整重大技术装备进口税收政策有关目录的通知

财关税[2017]39号

各省、自治区、直辖市、计划单列市财政厅(局)、发展改革委、工业和信息化主管部门、国家税务局,新疆生产建设兵团财务局、发展改革委,海关总署广东分署、各直属海关,财政部驻各省、自治区、直辖市、计划单列市财政监察专员办事处:

根据近年来国内装备制造业及其配套产业的发展情况,在广泛听取产业主管部门、行业协会、企业代表等方面意见的基础上,财政部、发展改革委、工业和信息化部、海关总署、税务总局、能源局决定对重大技术装备进口税收政策有关目录进行修订。现通知如下:

一、《国家支持发展的重大技术装备和产品目录(2017年修订)》(见附件1)和《重大技术装备和产品进口关键零部件、原材料商品目录(2017年修订)》(见附件2)自2018年1月1日起执行,符合规定条件的国内企业为生产本通知附件1所列装备或产品而确有必要进口附件2所列商品,免征关税和进口环节增值税。附件1、2中列明执行年限的,有关装备、产品、零部件、原材料免税执行期限截至到该年度12月31日。

根据国内产业发展情况,自2018年1月1日起,取消混流式水电机组等装备的免税政策,生产制造相关装备和产品的企业2018年度预拨免税进口额度相应取消。

二、《进口不予免税的重大技术装备和产品目录(2017年修订)》(见附件3)自2018年1月1日起执行。对2018年1月1日以后(含1月1日)批准的按照或比照《国务院关于调整进口设备税收政策的通知》(国发〔1997〕37号)有关规定享受进口税收优惠政策的下列项目和企业,进口附件3所列自用设备以及按照合同随上述设备进口的技术及配套件、备件,一律照章征收进口税收:

(一)国家鼓励发展的国内投资项目和外商投资项目;

(二)外国政府贷款和国际金融组织贷款项目;

(三)由外商提供不作价进口设备的加工贸易企业;

(四)中西部地区外商投资优势产业项目;

(五)《海关总署关于进一步鼓励外商投资有关进口税收政策的通知》(署税〔1999〕791号)规定的外商投资企业和外商投资设立的研究中心利用自有资金进行技术改造项目。

为保证《进口不予免税的重大技术装备和产品目录(2017年修订)》调整前已批准的上述项目顺利实施,对2017年12月31日前(含12月31日)批准的上述项目和企业在2018年6月30日前(含6月30日)进口设备,继续按照《财政部、国家发展改革委、工业和信息化部、海关总署、国家税务总局、国家能源局关于调整重大技术装备进口税收政策有关目录及规定的通知》(财关税〔2015〕51号)附件3和《财政部、国家发展改革委、海关总署、国家税务总局关于调整〈国内投资项目不予免税的进口商品目录〉的公告》(2012年第83号)执行。

自2018年7月1日起对上述项目和企业进口《进口不予免税的重大技术装备和产品目录(2017年修订)》中所列设备,一律照章征收进口税收。为保证政策执行的统一性,对有关项目和企业进口商品需对照《进口不予免税的重大技术装备和产品目录(2017年修订)》和《国内投资项目不予免税的进口商品目录(2012年调整)》审核征免税的,《进口不予免税的重大技术装备和产品目录(2017年修订)》与《国内投资项目不予免税的进口商品目录(2012年调整)》所列商品名称相同,或仅在《进口不予免税的重大技术装备和产品目录(2017年修订)》中列名的商品,一律以《进口不予免税的重大技术装备和产品目录(2017年修订)》所列商品及其技术规格指标为准。

三、自2018年1月1日起,《财政部、国家发展改革委、工业和信息化部、海关总署、国家税务总局、国家能源局关于调整重大技术装备进口税收政策有关目录及规定的通知》(财关税〔2015〕51号)附件1、2、3予以废止。

附件:1.国家支持发展的重大技术装备和产品目录(2017年修订)(略 ——编者注)

2.重大技术装备和产品进口关键零部件、原材料商品目录(2017年修订)(略——

编者注）

3. 进口不予免税的重大技术装备和产品目录（2017年修订）（略——编者注）

财政部

发展改革委

工业和信息化部

海关总署

税务总局

能源局

2017年12月22日

国务院关税税则委员会关于 2018 年关税调整方案的通知

税委会〔2017〕27号

海关总署：

根据《中华人民共和国进出口关税条例》相关规定，自2018年1月1日起，对部分商品的进出口关税进行调整，具体内容见《2018年关税调整方案》。

特此通知。

附件：2018年关税调整方案

国务院关税税则委员会

2017年12月12日

附件：

2018年关税调整方案

一、进口关税税率

（一）最惠国税率。

1. 自2018年1月1日起对948项进口商品实施暂定税率，其中27项信息技术产品暂定税率实施至2018年6月30日止（见附表1）。

2. 对《中华人民共和国加入世界贸易组织关税减让表修正案》附表所列信息技术产品最惠国税率自2018年1月1日至2018年6月30日继续实施第二次降税，自2018年7月1日起实施第三次降税(见附表2)。

3. 自2018年7月1日起,对碎米(税号10064010、10064090)实施10%的最惠国税率。

(二)关税配额税率。

继续对小麦等8类商品实施关税配额管理,税率不变。其中,对尿素、复合肥、磷酸氢铵3种化肥的配额税率继续实施1%的暂定税率。继续对配额外进口的一定数量棉花实施滑准税(见附表3)。

(三)协定税率。

根据我国与有关国家或地区签署的贸易或关税优惠协定,对中国与格鲁吉亚自贸协定项下的部分产品开始实施协定税率,对中国与东盟、巴基斯坦、韩国、冰岛、瑞士、哥斯达黎加、秘鲁、澳大利亚、新西兰的自贸协定以及内地分别与港澳的更紧密经贸安排(CEPA)项下的部分商品的协定税率进一步降低(见附表6)。

二、出口关税税率

对铬铁等202项出口商品征收出口关税或实行出口暂定税率(见附表4)。

三、税则税目

根据国内需要对部分税则税目进行调整(见附表5)。经调整后,2018年税则税目数共计8549个。

以上方案,除另有规定外,自2018年1月1日起实施。

附表:

1. 进口商品最惠国暂定税率表(略——编者注)
2. 部分信息技术产品最惠国税率表(略——编者注)
3. 关税配额商品税目税率表(略——编者注)
4. 出口商品税率表(略——编者注)
5. 进出口税则税目调整表(略——编者注)
6. 进一步降税的进口商品协定税率表(略——编者注)

国务院关税税则委员会关于调整部分消费品进口关税的通知

税委会〔2017〕25号

海关总署:

自2017年12月1日起,以暂定税率方式降低部分消费品进口关税。具体税目及税率调整情况见附件。

特此通知。

附件:部分消费品进口暂定税率调整表(略——编者注)

国务院关税税则委员会
2017 年 11 月 22 日

国务院关税税则委员会关于给予冈比亚共和国圣多美和普林西比民主共和国 97% 税目产品零关税待遇的通知

税委会〔2017〕22 号

海关总署:

按照经国务院批准的《关于对最不发达国家 97% 税目产品实施零关税的方案》(税委会〔2014〕5 号)及有关实施程序(税委会〔2014〕31 号),根据最新签署的换文情况,从 2017 年 12 月 1 日起,对原产于冈比亚共和国、圣多美和普林西比民主共和国的 97% 税目产品实施最不发达国家零关税。97% 税目产品零关税待遇货品清单按照《国务院关税税则委员会关于 2017 年关税调整方案的通知》(税委会〔2016〕31 号)附表 5 执行。

特此通知。

国务院关税税则委员会
2017 年 10 月 27 日

关于调整原产于台湾地区的进口农产品免征关税的产品清单的公告

海关总署公告 2016 年第 88 号

自 2017 年 1 月 1 日起,我国进出口税则税目转版,大陆对台湾地区部分农产品零关税政策产品清单也相应发生变化。我署对海关总署公告 2011 年第 85 号附件《部分原产于台湾地区的进口农产品免征进口关税的产品清单(2012年版)》进行了相应调整,制定了《部分原产于台湾地区的进口农产品免征进口关税的产品清单(2017年版)》(见附件),现予以公布,自2017年1月1日起执行。

《部分原产于台湾地区的进口农产品免征进口关税的产品清单(2017年版)》中,标有"ex"的税则号列是指该税则号列包括多项商品,但仅在清单中列名的产品为免征关税的农产品。

特此公告。

附件:部分原产于台湾地区的进口农产品免征进口关税的产品清单(2017年版)
(略——编者注)

海关总署
2016年12月30日

关于发布《鼓励进口服务目录》的公告

商务部、发展改革委、财政部公告2016年第47号

根据《国务院关于同意开展服务贸易创新发展试点的批复》(国函〔2016〕40号),为做好服务贸易创新发展试点工作,落实《服务贸易创新发展试点方案》提出的"对试点地区进口国内急需的研发设计、节能环保和环境服务等给予贴息支持"的要求,明确服务进口重点领域,促进相关产业健康发展,商务部会同发展改革委、财政部等有关部门共同编制了《鼓励进口服务目录》,现予以发布。

附件:鼓励进口服务目录

商务部
发展改革委
财政部
2016年8月26日

鼓励进口服务目录

编 制 说 明

根据《国务院关于同意开展服务贸易创新发展试点的批复》(国函〔2016〕40号,以下简

称《批复》)精神,为落实《服务贸易创新发展试点方案》提出的"对试点地区进口国内急需的研发设计、节能环保和环境服务等给予财政贴息"政策,特制定本目录。

本目录的制定体现了以下原则:一是国内急需,且国内服务提供商不能在数量和质量上满足这种需求;二是体现国家战略和政策导向,符合经济社会发展趋势和方向;三是与服务行业主管部门既有鼓励支持的进口领域相衔接;四是国内禁止开放和有损国家安全的服务进口领域概不纳入本目录。

鼓励进口服务目录

一、研发设计服务

(一)自然科学、工程学和跨学科的研发服务

服务描述:包括物理科学、化学、生物学、工程学、医(药)学、农业科学等领域的研究开发和实验服务;以及跨学科领域的研究与实验开发服务。

(二)技术测试和分析服务

服务描述:包括对成分和纯度、物理性质、机械和电力系统等的检验和分析服务。

(三)技术咨询和技术支持服务

服务描述:在国家法允许条件下的地理物理科学咨询、地下和地表勘探服务的技术支持等。如煤层气勘探开发技术服务,包括应用于煤层气勘探开发的水平井钻完井、二氧化碳助排、液氮压裂、水平井分段压裂、高压水力喷射、连续油管作业等技术咨询和工程服务。

(四)机器设备的检验检测与维修服务

服务描述:重大机器设备的技术检验检测以及维修保险服务,如航空发动机的检验检测与维修保养服务。

(五)科技管理与咨询服务

服务描述:包括科学和技术实验室的现代化管理服务、科研项目管理服务、企事业单位的战略管理咨询服务。

(六)工业设计和创意设计服务

服务描述:工业产品设计服务,即利用设计对产品的材料、结构、功能、机制、形状、色彩和表面处理进行优化,并按照以人为本要求,在兼顾需求导向、安全稳定、市场前景前提下,实现生产、流通、使用和维护效率的提升。如豪华游艇的美学设计,以及其他工程设计、建筑设计、珠宝设计、服装设计、艺术设计等。

(七)知识产权服务

服务描述:指对专利权、商标权、著作权、集成电路布图设计专有权、植物新品种权等知识产权的代理、法律、检索、运营、咨询、培训等服务。主要涉及:知识产权信息服务,如检索分析、数据库建设、分析评议、专利导航;代理服务与法律服务,如申请、注册、登记、诉讼、维权;运营服务,如价格评估、转让许可、作价入股、产权交易、质押融资、托管、证券化等培训服

务,如管理培训、职业资格考试培训、认证认可培训等。还涉及到企业涉外知识产权纠纷应对、维权诉讼、预警应急等法律服务;企业国际化发展的管理咨询以及信息服务;企业海外投资、市场拓展、企业并购中的知识产权评议等服务。

(八)虚拟现实技术(VR)服务

服务描述:综合计算机图形技术、计算机仿真技术、传感器技术、显示技术等多种科学技术,在多维信息空间上创建虚拟信息环境的技术,可应用于医学、娱乐、培训和设计等各个方面。

二、节能环保服务

(一)节能工程服务

服务描述:包括节能技术改造、节能设备再制造等工程服务。

(二)节能管理和咨询服务

服务描述:包括用能系统节能诊断、节能项目方案咨询和设计服务,节能项目投融资服务,节能技术研发,节能设备采购和工程施工,节能项目运营管理服务;合同能源管理服务、循环经济咨询服务。

(三)再制造技术服务及相关咨询

服务描述:如机电产品再制造技术服务和相关咨询服务。

三、环境服务

(一)污染地块土壤治理与修复服务

服务描述:污染地块土壤治理与修复(限定原位修复法)的咨询和实施服务。

(二)环境技术研究与开发服务

服务描述:污染治理、资源循环利用、清洁生产、环境友好、低碳等技术、工艺、设备的研发、咨询与推广。产品绿色设计的咨询与推广服务。

(三)水质检测和监测服务

服务描述:检测水源对人体健康的影响,包括物理指标、化学指标外,还有微生物指标;监视和测定水体中污染物的种类、各类污染物的浓度及变化趋势,评价水质状况过程的服务。

关于在全国范围内取消加工贸易业务审批、建立健全事中事后监管机制有关事项的公告

商务部、海关总署公告2016年第45号

根据《国务院关于促进加工贸易创新发展的若干意见》(国发〔2016〕4号)、《国务院关

于促进外贸回稳向好的若干意见》(国发〔2016〕27号)要求和国务院行政审批改革总体部署,在全国范围内取消加工贸易业务审批,建立健全事中事后监管机制。现就有关事项公告如下:

一、取消商务主管部门对加工贸易合同审批和加工贸易保税进口料件或制成品转内销审批。各级商务主管部门不再签发《加工贸易业务批准证》、《联网监管企业加工贸易业务批准证》和《加工贸易保税进口料件内销批准证》、《加工贸易不作价设备批准证》。海关特殊监管区域管委会不再签发《出口加工区加工贸易业务批准证》和《出口加工区深加工结转业务批准证》。

二、开展加工贸易业务的企业,凭商务主管部门或海关特殊监管区域管委会出具的有效期内的《加工贸易企业经营状况和生产能力证明》(打印表样式见附件)到海关办理加工贸易手(账)册设立(变更)手续,海关不再验核相关许可证件,并按《加工贸易企业经营状况和生产能力证明》中列名的税目范围(即商品编码前4位)进行手册设立(变更)。涉及禁止或限制开展加工贸易商品的,企业应在取得商务部批准文件后到海关办理有关业务。

三、海关特殊监管区域外加工贸易保税进口料件或者制成品如需转内销的,海关依法征收税款和缓税利息。进口料件涉及许可证件管理的,企业还应当向海关提交相关许可证件。

加工贸易项下关税配额农产品办理内销手续时,海关验核贸易方式为"一般贸易"的关税配额证原件或关税配额外优惠关税税率配额证原件(以下简称"一般贸易配额证"),按关税配额税率或关税配额外暂定优惠关税税率计征税款和缓税利息。无一般贸易配额证的,按关税配额外税率计征税款和缓税利息。

四、严格加工贸易企业经营状况和生产能力核查机制。各级商务主管部门、海关特殊监管区域管委会要严格执行加工贸易企业经营状况和生产能力核查制度,为企业出具《加工贸易企业经营状况和生产能力证明》。

五、各级商务主管部门和海关要加强衔接,密切配合,制订加工贸易管理操作流程或办事指引,规范服务,便利企业,为加工贸易发展营造良好环境。

六、本公告自2016年9月1日起实施。

附件:《加工贸易企业经营状况和生产能力证明》打印表(略——编者注)

商务部
海关总署
2016年8月25日

九、财税

财政部、税务总局、生态环境部
关于环境保护税有关问题的通知

财税〔2018〕23号

各省、自治区、直辖市、计划单列市财政厅(局)、国家税务局、地方税务局、环境保护厅(局):

根据《中华人民共和国环境保护税法》及其实施条例的规定,现就环境保护税征收有关问题通知如下:

一、关于应税大气污染物和水污染物排放量的监测计算问题

纳税人委托监测机构对应税大气污染物和水污染物排放量进行监测时,其当月同一个排放口排放的同一种污染物有多个监测数据的,应税大气污染物按照监测数据的平均值计算应税污染物的排放量;应税水污染物按照监测数据以流量为权的加权平均值计算应税污染物的排放量。在环境保护主管部门规定的监测时限内当月无监测数据的,可以跨月沿用最近一次的监测数据计算应税污染物排放量。纳入排污许可管理行业的纳税人,其应税污染物排放量的监测计算方法按照排污许可管理要求执行。

因排放污染物种类多等原因不具备监测条件的,纳税人应当按照《关于发布计算污染物排放量的排污系数和物料衡算方法的公告》(原环境保护部公告2017第81号)的规定计算应税污染物排放量。其中,相关行业适用的排污系数方法中产排污系数为区间值的,纳税人结合实际情况确定具体适用的产排污系数值;纳入排污许可管理行业的纳税人按照排污许可证的规定确定。生态环境部尚未规定适用排污系数、物料衡算方法的,暂由纳税人参照缴纳排污费时依据的排污系数、物料衡算方法及抽样测算方法计算应税污染物的排放量。

二、关于应税水污染物污染当量数的计算问题

应税水污染物的污染当量数,以该污染物的排放量除以该污染物的污染当量值计算。其中,色度的污染当量数,以污水排放量乘以色度超标倍数再除以适用的污染当量值计算。

畜禽养殖业水污染物的污染当量数,以该畜禽养殖场的月均存栏量除以适用的污染当量值计算。畜禽养殖场的月均存栏量按照月初存栏量和月末存栏量的平均数计算。

三、关于应税固体废物排放量计算和纳税申报问题

应税固体废物的排放量为当期应税固体废物的产生量减去当期应税固体废物贮存量、处置量、综合利用量的余额。纳税人应当准确计量应税固体废物的贮存量、处置量和综合利用量,未准确计量的,不得从其应税固体废物的产生量中减去。纳税人依法将应税固体废物转移至其他单位和个人进行贮存、处置或者综合利用的,固体废物的转移量相应计入其当期应税固体废物的贮存量、处置量或者综合利用量;纳税人接收的应税固体废物转移量,不计入其当期应税固体废物的产生量。纳税人对应税固体废物进行综合利用的,应当符合工业和信息化部制定的工业固体废物综合利用评价管理规范。

纳税人申报纳税时,应当向税务机关报送应税固体废物的产生量、贮存量、处置量和综合利用量,同时报送能够证明固体废物流向和数量的纳税资料,包括固体废物处置利用委托合同、受委托方资质证明、固体废物转移联单、危险废物管理台账复印件等。有关纳税资料已在环境保护税基础信息采集表中采集且未发生变化的,纳税人不再报送。纳税人应当参照危险废物台账管理要求,建立其他应税固体废物管理台账,如实记录产生固体废物的种类、数量、流向以及贮存、处置、综合利用、接收转入等信息,并将应税固体废物管理台账和相关资料留存备查。

四、关于应税噪声应纳税额的计算问题

应税噪声的应纳税额为超过国家规定标准分贝数对应的具体适用税额。噪声超标分贝数不是整数值的,按四舍五入取整。一个单位的同一监测点当月有多个监测数据超标的,以最高一次超标声级计算应纳税额。声源一个月内累计昼间超标不足15昼或者累计夜间超标不足15夜的,分别减半计算应纳税额。

财政部
税务总局
生态环境部
2018年3月30日

关于发布《资源税征收管理规程》的公告

国家税务总局公告 2018 年第 13 号

为进一步规范资源税征收管理,优化纳税服务,防范涉税风险,国家税务总局研究制定了《资源税征收管理规程》,现予发布,自 2018 年 7 月 1 日起施行。

特此公告。

国家税务总局
2018 年 3 月 30 日

资源税征收管理规程

第一章 总 则

第一条 为规范资源税征收管理,根据《中华人民共和国税收征收管理法》及其实施细则、《中华人民共和国资源税暂行条例》及其实施细则和《财政部、国家税务总局关于全面推进资源税改革的通知》(财税〔2016〕53 号)规定,制定本规程。

第二条 纳税人开采或者生产资源税应税产品,应当依法向开采地或者生产地主管税务机关申报缴纳资源税。

第三条 资源税应纳税额按照应税产品的计税销售额或者销售数量乘以适用税率计算。

计税销售额是指纳税人销售应税产品向购买方收取的全部价款和价外费用,不包括增值税销项税额。

计税销售数量是指从量计征的应税产品销售数量。

原矿和精矿的销售额或者销售量应当分别核算,未分别核算的,从高确定计税销售额或者销售数量。

纳税人开采或者生产不同税目应税产品的,应当分别核算不同税目应税产品的销售额或者销售数量;未分别核算或者不能准确提供不同税目应税产品的销售额或者销售数量的,从高适用税率。

第二章 税 源 管 理

第四条 计税销售额或者销售数量,包括应税产品实际销售和视同销售两部分。视同销售包括以下情形：

（一）纳税人以自采原矿直接加工为非应税产品的，视同原矿销售；

（二）纳税人以自采原矿洗选（加工）后的精矿连续生产非应税产品的，视同精矿销售；

（三）以应税产品投资、分配、抵债、赠与、以物易物等，视同应税产品销售。

第五条 纳税人有视同销售应税产品行为而无销售价格的，或者申报的应税产品销售价格明显偏低且无正当理由的，税务机关应按下列顺序确定其应税产品计税价格：

（一）按纳税人最近时期同类产品的平均销售价格确定。

（二）按其他纳税人最近时期同类产品的平均销售价格确定。

（三）按应税产品组成计税价格确定。

组成计税价格 = 成本 × (1 + 成本利润率) ÷ (1 − 资源税税率)

（四）按后续加工非应税产品销售价格，减去后续加工环节的成本利润后确定。

（五）按其他合理方法确定。

第六条 纳税人与其关联企业之间的业务往来，应当按照独立企业之间的业务往来收取或者支付价款、费用。不按照独立企业之间的业务往来收取或者支付价款、费用，而减少其计税销售额的，税务机关可以按照《中华人民共和国税收征收管理法》及其实施细则的有关规定进行合理调整。

第七条 对同时符合以下条件的运杂费用，纳税人在计算应税产品计税销售额时，可予以扣减：

（一）包含在应税产品销售收入中；

（二）属于纳税人销售应税产品环节发生的运杂费用，具体是指运送应税产品从坑口或者洗选（加工）地到车站、码头或者购买方指定地点的运杂费用；

（三）取得相关运杂费用发票或者其他合法有效凭据；

（四）将运杂费用与计税销售额分别进行核算。

纳税人扣减的运杂费用明显偏高导致应税产品价格偏低且无正当理由的，主管税务机关可以合理调整计税价格。

第八条 为公平原矿与精矿之间的税负，对同一种应税产品，征税对象为精矿的，纳税人销售原矿时，应将原矿销售额换算为精矿销售额缴纳资源税；征税对象为原矿的，纳税人销售自采原矿加工的精矿，应将精矿销售额折算为原矿销售额缴纳资源税。

第九条 纳税人以自采未税产品和外购已税产品混合销售或者混合加工为应税产品销售的，在计算应税产品计税销售额时，准予扣减已单独核算的已税产品购进金额；未单独核算的，一并计算缴纳资源税。已税产品购进金额当期不足扣减的可结转下期扣减。

外购原矿或者精矿形态的已税产品与本产品征税对象不同的，在计算应税产品计税销售额时，应对混合销售额或者外购已税产品的购进金额进行换算或者折算。

第十条 纳税人核算并扣减当期外购已税产品购进金额，应依据外购已税产品的增值税发票、海关进口增值税专用缴款书或者其他合法有效凭据。

第十一条 纳税人用于扣减运杂费用及外购已税产品购进金额的凭据，应按照《中华人民共和国税收征收管理法实施细则》第二十九条规定妥善保存。

第十二条 资源税在应税产品销售或者自用环节计算缴纳。纳税人以自采原矿加工精矿产品的,在原矿移送使用时不缴纳资源税,在精矿销售或者自用时缴纳资源税。

纳税人以自采原矿直接加工为非应税产品或者以自采原矿加工的精矿连续生产非应税产品的,在原矿或者精矿移送环节计算缴纳资源税。

以应税产品投资、分配、抵债、赠与、以物易物等,在应税产品所有权转移时计算缴纳资源税。

第三章 纳税申报及减免税管理

第十三条 各地税务机关要认真做好纳税辅导工作,指导纳税人规范填报《资源税纳税申报表》,优化纳税服务。

第十四条 各地税务机关要严格落实《资源税纳税申报表》(不含水资源税)的申报要求,不得要求纳税人额外增加报送资料。改进资源税优惠备案方式,2018年10月底前将资源税优惠资料由报送税务机关改为纳税人自行判别填报《资源税纳税申报表》附表(三),并将相关资料留存备查。

第十五条 各地税务机关应按照国务院深化"放管服"改革的总体要求和《中华人民共和国资源税暂行条例》规定,明确纳税人按月、按季、按日或者按次申报缴纳资源税,进一步优化纳税服务。

第十六条 各地税务机关要指导纳税人做好资源税减免税申报工作,落实减免税政策。

第十七条 资源税减免实行分类管理。

(一)符合《中华人民共和国资源税暂行条例》第七条第二项规定的减征或免征资源税情形的企业,可向主管税务机关提出,由省、自治区、直辖市人民政府决定,税务机关根据省、自治区、直辖市人民政府的决定,减征或免征资源税。

(二)油气田企业按规定的减征比例填报,以纳税申报表及附表作为资源税减免备案资料。

(三)其他应税产品开采或者生产企业,均通过备案形式向主管税务机关申报资源税减免。主管税务机关应建立完善后续管理制度,加强对资源税减免企业的跟踪管理。

第十八条 购买未税矿产品的单位,应当主动向主管税务机关办理扣缴税款登记,依法代扣代缴资源税。

资源税代扣代缴的适用范围应限定在除原油、天然气、煤炭以外的,税源小、零散、不定期开采等难以在采矿地申报缴纳资源税的矿产品。对已纳入开采地正常税务管理或者在销售矿产品时开具增值税发票的纳税人,不采用代扣代缴的征管方式。

第四章 部门协作与风险管理

第十九条 主管税务机关要加强资源税申报数据质量管理,定期评估纳税人申报数据质量,重点审核从量计征税目计税单位是否正确,从价计征税目申报单价是否合理,数据有无缺项等。

第二十条 主管税务机关可以通过矿产品增值税发票比对、外部信息采集和部门协作等方式,探索创新以票控税、信息管税、综合治税的新内容、新途径,强化资源税源泉控管。

第二十一条 主管税务机关可通过查询纳税人增值税发票存根联、记账联和发票领购簿等记载的信息与纳税人资源税申报信息进行关联比对,以识别纳税人在申报增值税的同时是否相应申报了资源税,或者其申报的计征资源税销售量、销售价格是否存在少报等风险问题,辅导纳税人不断提高纳税申报质量,防范或化解涉税风险。

第二十二条 各级税务机关要主动与矿业管理部门、行业协会等有关部门沟通协作,实现信息共享,加强资源税事前事中事后管理。

第二十三条 各省、自治区、直辖市税务机关应当依托信息化管理技术,参照全国性或主要矿产品价格指数即时信息,以及当地相关主管部门矿产品即时价格信息,建立本地矿产资源价格监控体系。

第五章 附 则

第二十四条 各省、自治区、直辖市和计划单列市税务局可以结合本地实际,根据本规程制定具体办法。

第二十五条 水资源税按照试点省份制定的办法征收管理。

第二十六条 本规程自2018年7月1日起施行。《国家税务总局关于发布〈煤炭资源税征收管理办法(试行)〉的公告》(国家税务总局公告2015年第51号)、《国家税务总局关于认定收购未税矿产品的个体户为资源税扣缴义务人的批复》(国税函〔2000〕733号)同时废止。

财政部、税务总局、证监会关于支持原油等货物期货市场对外开放税收政策的通知

财税〔2018〕21号

各省、自治区、直辖市、计划单列市财政厅(局)、国家税务局、地方税务局,新疆生产建设兵团财政局:

为支持原油等货物期货市场对外开放,现将有关税收政策通知如下:

一、对在中国境内未设立机构、场所的,或者虽设立机构、场所但取得的所得与其所设机构、场所没有实际联系的境外机构投资者(包括境外经纪机构),从事中国境内原油期货交易取得的所得(不含实物交割所得),暂不征收企业所得税;对境外经纪机构在境外为境外投资者提供中国境内原油期货经纪业务取得的佣金所得,不属于来源于中国境内的劳务所得,不征收企业所得税。

二、自原油期货对外开放之日起,对境外个人投资者投资中国境内原油期货取得的所得,三年内暂免征收个人所得税。

三、经国务院批准对外开放的其他货物期货品种,按照本通知规定的税收政策执行。

四、本通知自发布之日起施行。

财政部
税务总局
证监会
2018 年 3 月 13 日

国家税务总局关于发布《办税事项"最多跑一次"清单》的公告[*]

国家税务总局公告 2018 年第 12 号

为贯彻落实国务院深化"放管服"改革的决策部署,进一步方便纳税人办理税收业务,优化税收营商环境,按照《国家税务总局关于进一步深化税务系统"放管服"改革优化税收环境的若干意见》(税总发〔2017〕101 号)的总体安排,税务总局编制了《办税事项"最多跑一次"清单》(以下简称《清单》),现予以发布,并就有关问题公告如下:

一、办税事项"最多跑一次",是指纳税人办理《清单》范围内事项,在资料完整且符合法定受理条件的前提下,最多只需要到税务机关跑一次。

二、对《清单》所列办税事项,各地税务机关应全面实现"最多跑一次"。各省国税机关和地税机关可通过推行网上办税、邮寄配送、上门办税等多种方式,在税务总局《清单》的基础上增列"最多跑一次"办税事项,分别形成本地国税局、地税局的办税事项"最多跑一次"清单并向社会公告实施。

三、各地税务机关在推行"最多跑一次"改革的同时,应积极落实税务总局深化"放管服"的要求,大力推进网上办税,努力实现办税"不用跑"。

四、省税务机关要针对"最多跑一次"办税事项的报送资料、办理条件、办理时限、办理方式及流程等编制办税指南并进行公示和宣传,便于纳税人掌握,顺利推进办税事项"最多跑一次"改革。

五、税务总局将根据政策变化适时调整《清单》,在国家税务总局官方网站公布。

六、本公告自 2018 年 4 月 1 日起施行。

---

[*] 本公告第二条和附件部分内容被 2018 年 6 月 15 日发布的国家税务总局《关于修改部分税收规范性文件的公告》修改。

特此公告。

附件:办税事项"最多跑一次"清单(略——编者注)

国家税务总局
2018 年 2 月 23 日

国家税务总局关于税收协定执行若干问题的公告

国家税务总局公告 2018 年第 11 号

为统一和规范我国政府对外签署的避免双重征税协定(简称"税收协定")的执行,现对税收协定中常设机构、海运和空运、演艺人员和运动员条款,以及合伙企业适用税收协定等有关事项公告如下:

一、不具有法人资格的中外合作办学机构,以及中外合作办学项目中开展教育教学活动的场所构成税收协定缔约对方居民在中国的常设机构。

常设机构条款中关于劳务活动构成常设机构的表述为"在任何十二个月中连续或累计超过六个月"的,按照"在任何十二个月中连续或累计超过 183 天"的表述执行。

二、海运和空运条款与《中华人民共和国政府和新加坡共和国政府关于对所得避免双重征税和防止偷漏税的协定》及议定书(以下简称"中新税收协定")第八条(海运和空运)规定内容一致的,按照以下原则执行:

(一)缔约国一方企业以船舶或飞机从事国际运输业务从缔约国另一方取得的收入,在缔约国另一方免予征税。

从事国际运输业务取得的收入,是指企业以船舶或飞机经营客运或货运取得的收入,以及以程租、期租形式出租船舶或以湿租形式出租飞机(包括所有设备、人员及供应)取得的租赁收入。

(二)上述第(一)项的免税规定也适用于参加合伙经营、联合经营或参加国际经营机构取得的收入。对于多家公司联合经营国际运输业务的税务处理,应由各参股或合作企业就其分得利润分别在其所属居民国纳税。

(三)中新税收协定第八条第三款中"缔约国一方企业从附属于以船舶或飞机经营国际运输业务有关的存款中取得的利息收入",是指缔约国双方从事国际运输业务的海运或空运企业,从对方取得的运输收入存于对方产生的利息。该利息不适用中新税收协定第十一条(利息)的规定,应视为国际运输业务附带发生的收入,在来源国免予征税。

(四)企业从事以光租形式出租船舶或以干租形式出租飞机,以及使用、保存或出租用于运输货物或商品的集装箱(包括拖车和运输集装箱的有关设备)等租赁业务取得的收入不属于国际运输收入,但根据中新税收协定第八条第四款,附属于国际运输业务的上述租赁业务收入应视同国际运输收入处理。

"附属"是指与国际运输业务有关且服务于国际运输业务,属于支持和附带性质。企业就其从事附属于国际运输业务的上述租赁业务取得的收入享受海运和空运条款协定待遇,应满足以下三个条件:

1. 企业工商登记及相关凭证资料能够证明企业主营业务为国际运输;
2. 企业从事的附属业务是其在经营国际运输业务时,从事的对主营业务贡献较小但与主营业务联系非常紧密、不能作为一项单独业务或所得来源的活动;
3. 在一个会计年度内,企业从事附属业务取得的收入占其国际运输业务总收入的比例原则上不超过10%。

(五)下列与国际运输业务紧密相关的收入应作为国际运输收入的一部分:

1. 为其他国际运输企业代售客票取得的收入;
2. 从市区至机场运送旅客取得的收入;
3. 通过货车从事货仓至机场、码头或者后者至购货者间的运输,以及直接将货物发送至购货者取得的运输收入;
4. 企业仅为其承运旅客提供中转住宿而设置的旅馆取得的收入。

(六)非专门从事国际运输业务的企业,以其拥有的船舶或飞机经营国际运输业务取得的收入属于国际运输收入。

三、海运和空运条款中没有中新税收协定第八条第四款规定的,有关税收协定缔约对方居民从事本公告第二条第(四)项所述租赁业务取得的收入的处理,参照本公告第二条第(四)项执行。

四、演艺人员和运动员条款与中新税收协定第十七条(艺术家和运动员)规定内容一致的,按照以下原则执行:

(一)演艺人员活动包括演艺人员从事的舞台、影视、音乐等各种艺术形式的活动;以演艺人员身份开展的其他个人活动(例如演艺人员开展的电影宣传活动,演艺人员或运动员参加广告拍摄、企业年会、企业剪彩等活动);具有娱乐性质的涉及政治、社会、宗教或慈善事业的活动。

演艺人员活动不包括会议发言,以及以随行行政、后勤人员(例如摄影师、制片人、导演、舞蹈设计人员、技术人员以及流动演出团组的运送人员等)身份开展的活动。

在商业活动中进行具有演出性质的演讲不属于会议发言。

(二)运动员活动包括参加赛跑、跳高、游泳等传统体育项目的活动;参加高尔夫球、赛马、足球、板球、网球、赛车等运动项目的活动;参加台球、象棋、桥牌比赛、电子竞技等具有娱乐性质的赛事的活动。

(三)以演艺人员或运动员身份开展个人活动取得的所得包括开展演出活动取得的所得(例如出场费),以及与开展演出活动有直接或间接联系的所得(例如广告费)。

对于从演出活动音像制品出售产生的所得中分配给演艺人员或运动员的所得,以及与演艺人员或运动员有关的涉及版权的所得,按照中新税收协定第十二条(特许权使用费)的规定处理。

(四)在演艺人员或运动员直接或间接取得所得的情况下,依据中新税收协定第十七条第一款规定,演出活动发生的缔约国一方可以根据其国内法,对演艺人员或运动员取得的所得征税,不受到中新税收协定第十四条(独立个人劳务)和第十五条(非独立个人劳务)规定的限制。

(五)在演出活动产生的所得全部或部分由其他人(包括个人、公司和其他团体)收取的情况下,如果依据演出活动发生的缔约国一方国内法规定,由其他人收取的所得应被视为由演艺人员或运动员取得,则依据中新税收协定第十七条第一款规定,演出活动发生的缔约国一方可以根据其国内法,向演艺人员或运动员就演出活动产生的所得征税,不受到中新税收协定第十四条(独立个人劳务)和第十五条(非独立个人劳务)规定的限制;如果演出活动发生的缔约国一方不能依据其国内法将由其他人收取的所得视为由演艺人员或运动员取得,则依据中新税收协定第十七条第二款规定,该国可以根据其国内法,向收取所得的其他人就演出活动产生的所得征税,不受到中新税收协定第七条(营业利润)、第十四条(独立个人劳务)和第十五条(非独立个人劳务)规定的限制。

五、有关合伙企业及其他类似实体(以下简称"合伙企业")适用税收协定的问题,应按以下原则执行:

(一)依照中国法律在中国境内成立的合伙企业,其合伙人为税收协定缔约对方居民的,该合伙人在中国负有纳税义务的所得被缔约对方视为其居民的所得的部分,可以在中国享受协定待遇。

(二)依照外国(地区)法律成立的合伙企业,其实际管理机构不在中国境内,但在中国境内设立机构、场所的,或者在中国境内未设立机构、场所,但有来源于中国境内所得的,是中国企业所得税的非居民企业纳税人。除税收协定另有规定的以外,只有当该合伙企业是缔约对方居民的情况下,其在中国负有纳税义务的所得才能享受协定待遇。该合伙企业根据《非居民纳税人享受税收协定待遇管理办法》(国家税务总局公告2015年第60号发布)第七条报送的由缔约对方税务主管当局开具的税收居民身份证明,应能证明其根据缔约对方国内法,因住所、居所、成立地、管理机构所在地或其他类似标准,在缔约对方负有纳税义务。

税收协定另有规定的情况是指,税收协定规定,当根据缔约对方国内法,合伙企业取得的所得被视为合伙人取得的所得,则缔约对方居民合伙人应就其从合伙企业取得所得中分得的相应份额享受协定待遇。

六、内地与香港、澳门特别行政区签署的避免双重征税安排执行的有关问题适用本公告。

七、本公告自2018年4月1日起施行。《〈中华人民共和国政府和新加坡共和国政府关于对所得避免双重征税和防止偷漏税的协定〉及议定书条文解释》(国税发〔2010〕75号)第八条和第十七条同时废止。

特此公告。

国家税务总局
2018年2月9日

中华人民共和国船舶吨税法

中华人民共和国主席令第 85 号

《中华人民共和国船舶吨税法》已由中华人民共和国第十二届全国人民代表大会常务委员会第三十一次会议于 2017 年 12 月 27 日通过，现予公布，自 2018 年 7 月 1 日起施行。

中华人民共和国主席　习近平
2017 年 12 月 27 日

中华人民共和国船舶吨税法

第一条　自中华人民共和国境外港口进入境内港口的船舶（以下称应税船舶），应当依照本法缴纳船舶吨税（以下简称吨税）。

第二条　吨税的税目、税率依照本法所附的《吨税税目税率表》执行。

第三条　吨税设置优惠税率和普通税率。

中华人民共和国籍的应税船舶，船籍国（地区）与中华人民共和国签订含有相互给予船舶税费最惠国待遇条款的条约或者协定的应税船舶，适用优惠税率。

其他应税船舶，适用普通税率。

第四条　吨税按照船舶净吨位和吨税执照期限征收。

应税船舶负责人在每次申报纳税时，可以按照《吨税税目税率表》选择申领一种期限的吨税执照。

第五条　吨税的应纳税额按照船舶净吨位乘以适用税率计算。

第六条　吨税由海关负责征收。海关征收吨税应当制发缴款凭证。

应税船舶负责人缴纳吨税或者提供担保后，海关按照其申领的执照期限填发吨税执照。

第七条　应税船舶在进入港口办理入境手续时，应当向海关申报纳税领取吨税执照，或者交验吨税执照（或者申请核验吨税执照电子信息）。应税船舶在离开港口办理出境手续时，应当交验吨税执照（或者申请核验吨税执照电子信息）。

应税船舶负责人申领吨税执照时，应当向海关提供下列文件：

（一）船舶国籍证书或者海事部门签发的船舶国籍证书收存证明；

（二）船舶吨位证明。

应税船舶因不可抗力在未设立海关地点停泊的，船舶负责人应当立即向附近海关报告，并在不可抗力原因消除后,依照本法规定向海关申报纳税。

第八条 吨税纳税义务发生时间为应税船舶进入港口的当日。

应税船舶在吨税执照期满后尚未离开港口的,应当申领新的吨税执照,自上一次执照期满的次日起续缴吨税。

第九条 下列船舶免征吨税:

(一)应纳税额在人民币五十元以下的船舶;

(二)自境外以购买、受赠、继承等方式取得船舶所有权的初次进口到港的空载船舶;

(三)吨税执照期满后二十四小时内不上下客货的船舶;

(四)非机动船舶(不包括非机动驳船);

(五)捕捞、养殖渔船;

(六)避难、防疫隔离、修理、改造、终止运营或者拆解,并不上下客货的船舶;

(七)军队、武装警察部队专用或者征用的船舶;

(八)警用船舶;

(九)依照法律规定应当予以免税的外国驻华使领馆、国际组织驻华代表机构及其有关人员的船舶;

(十)国务院规定的其他船舶。

前款第十项免税规定,由国务院报全国人民代表大会常务委员会备案。

第十条 在吨税执照期限内,应税船舶发生下列情形之一的,海关按照实际发生的天数批注延长吨税执照期限:

(一)避难、防疫隔离、修理、改造,并不上下客货;

(二)军队、武装警察部队征用。

第十一条 符合本法第九条第一款第五项至第九项、第十条规定的船舶,应当提供海事部门、渔业船舶管理部门或者出入境检验检疫部门等部门、机构出具的具有法律效力的证明文件或者使用关系证明文件,申明免税或者延长吨税执照期限的依据和理由。

第十二条 应税船舶负责人应当自海关填发吨税缴款凭证之日起十五日内缴清税款。未按期缴清税款的,自滞纳税款之日起至缴清税款之日止,按日加收滞纳税款万分之五的税款滞纳金。

第十三条 应税船舶到达港口前,经海关核准先行申报并办结出入境手续的,应税船舶负责人应当向海关提供与其依法履行吨税缴纳义务相适应的担保;应税船舶到达港口后,依照本法规定向海关申报纳税。

下列财产、权利可以用于担保:

(一)人民币、可自由兑换货币;

(二)汇票、本票、支票、债券、存单;

(三)银行、非银行金融机构的保函;

(四)海关依法认可的其他财产、权利。

第十四条 应税船舶在吨税执照期限内,因修理、改造导致净吨位变化的,吨税执照继续有效。应税船舶办理出入境手续时,应当提供船舶经过修理、改造的证明文件。

第十五条 应税船舶在吨税执照期限内,因税目税率调整或者船籍改变而导致适用税率变化的,吨税执照继续有效。

因船籍改变而导致适用税率变化的,应税船舶在办理出入境手续时,应当提供船籍改变的证明文件。

第十六条 吨税执照在期满前毁损或者遗失的,应当向原发照海关书面申请核发吨税执照副本,不再补税。

第十七条 海关发现少征或者漏征税款的,应当自应税船舶应当缴纳税款之日起一年内,补征税款。但因应税船舶违反规定造成少征或者漏征税款的,海关可以自应当缴纳税款之日起三年内追征税款,并自应当缴纳税款之日起按日加征少征或者漏征税款万分之五的税款滞纳金。

海关发现多征税款的,应当在二十四小时内通知应税船舶办理退还手续,并加算银行同期活期存款利息。

应税船舶发现多缴税款的,可以自缴纳税款之日起三年内以书面形式要求海关退还多缴的税款并加算银行同期活期存款利息;海关应当自受理退税申请之日起三十日内查实并通知应税船舶办理退还手续。

应税船舶应当自收到本条第二款、第三款规定的通知之日起三个月内办理有关退还手续。

第十八条 应税船舶有下列行为之一的,由海关责令限期改正,处二千元以上三万元以下的罚款;不缴或者少缴应纳税款的,处不缴或者少缴税款百分之五十以上五倍以下的罚款,但罚款不得低于二千元:

(一)未按照规定申报纳税、领取吨税执照;

(二)未按照规定交验吨税执照(或者申请核验吨税执照电子信息)以及提供其他证明文件。

第十九条 吨税税款、税款滞纳金、罚款以人民币计算。

第二十条 吨税的征收,本法未作规定的,依照有关税收征收管理的法律、行政法规的规定执行。

第二十一条 本法及所附《吨税税目税率表》下列用语的含义:

净吨位,是指由船籍国(地区)政府签发或者授权签发的船舶吨位证明书上标明的净吨位。

非机动船舶,是指自身没有动力装置,依靠外力驱动的船舶。

非机动驳船,是指在船舶登记机关登记为驳船的非机动船舶。

捕捞、养殖渔船,是指在中华人民共和国渔业船舶管理部门登记为捕捞船或者养殖船的船舶。

拖船,是指专门用于拖(推)动运输船舶的专业作业船舶。

吨税执照期限,是指按照公历年、日计算的期间。

第二十二条 本法自2018年7月1日起施行。2011年12月5日国务院公布的《中华人民共和国船舶吨税暂行条例》同时废止。

附:

吨税税日税率表

税目 (按船舶净吨位划分)	税率(元/净吨)						备注
	普通税率 (按执照期限划分)			普通税率 (按执照期限划分)			
	1年	90日	30日	1年	90日	30日	
不超过2000净吨	12.6	4.2	2.1	9.0	3.0	1.5	1.拖船按照发动机功率每千瓦折合净吨位0.67吨。 2.无法提供净吨位证明文件的游艇,按照发动机功率每千瓦折合净吨位0.05吨。 3.拖船和非机动驳船分别按相同净吨位船舶税率的50%计征税款。
超过2000净吨,但不超过10000净吨	24.0	8.0	4.0	17.4	5.8	2.9	
超过10000净吨,但不超过50000净吨	27.6	9.2	4.6	19.8	6.6	3.3	
超过50000净吨	31.8	10.6	5.3	22.8	7.6	3.8	

国务院关于废止《中华人民共和国营业税暂行条例》和修改《中华人民共和国增值税暂行条例》的决定

中华人民共和国国务院令第691号

《国务院关于废止〈中华人民共和国营业税暂行条例〉和修改〈中华人民共和国增值税暂行条例〉的决定》已经2017年10月30日国务院第191次常务会议通过,现予公布,自公布之日起施行。

总理 李克强
2017年11月19日

国务院决定废止《中华人民共和国营业税暂行条例》，同时对《中华人民共和国增值税暂行条例》作如下修改：

一、将第一条修改为："在中华人民共和国境内销售货物或者加工、修理修配劳务（以下简称劳务），销售服务、无形资产、不动产以及进口货物的单位和个人，为增值税的纳税人，应当依照本条例缴纳增值税。"

二、将第二条第一款修改为："增值税税率：

"（一）纳税人销售货物、劳务、有形动产租赁服务或者进口货物，除本条第二项、第四项、第五项另有规定外，税率为17%。

"（二）纳税人销售交通运输、邮政、基础电信、建筑、不动产租赁服务，销售不动产，转让土地使用权，销售或者进口下列货物，税率为11%：

"1. 粮食等农产品、食用植物油、食用盐；

"2. 自来水、暖气、冷气、热水、煤气、石油液化气、天然气、二甲醚、沼气、居民用煤炭制品；

"3. 图书、报纸、杂志、音像制品、电子出版物；

"4. 饲料、化肥、农药、农机、农膜；

"5. 国务院规定的其他货物。

"（三）纳税人销售服务、无形资产，除本条第一项、第二项、第五项另有规定外，税率为6%。

"（四）纳税人出口货物，税率为零；但是，国务院另有规定的除外。

"（五）境内单位和个人跨境销售国务院规定范围内的服务、无形资产，税率为零。"

三、将第四条第一款中的"销售货物或者提供应税劳务（以下简称销售货物或者应税劳务）"修改为"销售货物、劳务、服务、无形资产、不动产（以下统称应税销售行为）"；将第五条、第六条第一款、第七条、第十一条第一款、第十九条第一款第一项中的"销售货物或者应税劳务"修改为"发生应税销售行为"。

四、将第八条第一款中的"购进货物或者接受应税劳务（以下简称购进货物或者应税劳务）"、第九条中的"购进货物或者应税劳务"修改为"购进货物、劳务、服务、无形资产、不动产"。

将第八条第二款第三项中的"按照农产品收购发票或者销售发票上注明的农产品买价和13%的扣除率计算的进项税额"修改为"按照农产品收购发票或者销售发票上注明的农产品买价和11%的扣除率计算的进项税额，国务院另有规定的除外"。

删去第八条第二款第四项，增加一项，作为第四项："（四）自境外单位或者个人购进劳务、服务、无形资产或者境内的不动产，从税务机关或者扣缴义务人取得的代扣代缴税款的完税凭证上注明的增值税额。"

五、将第十条修改为："下列项目的进项税额不得从销项税额中抵扣：

"（一）用于简易计税方法计税项目、免征增值税项目、集体福利或者个人消费的购进货物、劳务、服务、无形资产和不动产；

"（二）非正常损失的购进货物，以及相关的劳务和交通运输服务；

"（三）非正常损失的在产品、产成品所耗用的购进货物（不包括固定资产）、劳务和交通运输服务；

"(四)国务院规定的其他项目。"

六、将第十二条修改为:"小规模纳税人增值税征收率为3%,国务院另有规定的除外。"

七、将第二十一条第一款和第二款第二项中的"销售货物或者应税劳务"修改为"发生应税销售行为";将第二款第一项修改为:"(一)应税销售行为的购买方为消费者个人的";删去第二款第三项。

八、将第二十二条第一款第二项修改为:"(二)固定业户到外县(市)销售货物或者劳务,应当向其机构所在地的主管税务机关报告外出经营事项,并向其机构所在地的主管税务机关申报纳税;未报告的,应当向销售地或者劳务发生地的主管税务机关申报纳税;未向销售地或者劳务发生地的主管税务机关申报纳税的,由其机构所在地的主管税务机关补征税款";将第一款第三项中的"销售货物或者应税劳务"修改为"销售货物或者劳务"。

九、在第二十五条第一款中的"具体办法由国务院财政、税务主管部门制定"之前增加"境内单位和个人跨境销售服务和无形资产适用退(免)税规定的,应当按期向主管税务机关申报办理退(免)税"。

十、增加一条,作为第二十七条:"纳税人缴纳增值税的有关事项,国务院或者国务院财政、税务主管部门经国务院同意另有规定的,依照其规定。"

此外,还对个别条文作了文字修改。

本决定自公布之日起施行。

《中华人民共和国增值税暂行条例》根据本决定作相应修改并对条文序号作相应调整,重新公布。

关于《中华人民共和国和罗马尼亚对所得消除双重征税和防止逃避税的协定》生效执行的公告

国家税务总局公告2017年第38号

中国与罗马尼亚对1991年1月16日签署的《中华人民共和国政府和罗马尼亚政府关于对所得避免双重征税和防止偷漏税的协定》进行了全面修订,于2016年7月4日在布加勒斯特签署了全面修订后的《中华人民共和国和罗马尼亚对所得消除双重征税和防止逃避税的协定》(以下简称《协定》)。中罗双方已完成《协定》生效所必需的各自国内法律程序。《协定》自2017年6月17日起生效,适用于2018年1月1日及以后取得的所得。

《协定》文本已在国家税务总局网站发布。

特此公告。

国家税务总局
2017年10月30日

国家税务总局关于进一步优化增值税、消费税有关涉税事项办理程序的公告*

国家税务总局公告 2017 年第 36 号

为贯彻落实国务院关于简政放权、放管结合、优化服务的要求,现将增值税、消费税部分涉税事项办理问题公告如下:

一、自 2018 年 1 月 1 日起,逾期增值税扣税凭证继续抵扣事项由省国税局核准。允许继续抵扣的客观原因类型及报送资料等要求,按照修改后的《国家税务总局关于逾期增值税扣税凭证抵扣问题的公告》(国家税务总局公告 2011 年第 50 号)执行。

各省国税局应在修改后的国家税务总局公告 2011 年第 50 号附件《逾期增值税扣税凭证抵扣管理办法》(以下简称《管理办法》)相关规定基础上,按照进一步深化税务系统"放管服"改革、优化税收环境的要求,以方便纳税人、利于税收管理为原则,进一步细化流程、明确时限、简化资料、改进服务。

二、自 2017 年 11 月 1 日起,纳税人同时申请汇总缴纳增值税和消费税的,在汇总纳税申请资料中予以说明即可,不需要就增值税、消费税分别报送申请资料。

三、对《国家税务总局关于逾期增值税扣税凭证抵扣问题的公告》(国家税务总局公告 2011 年第 50 号)作如下修改:

(一)第一条第一款修改为:"增值税一般纳税人发生真实交易但由于客观原因造成增值税扣税凭证(包括增值税专用发票、海关进口增值税专用缴款书和机动车销售统一发票)未能按照规定期限办理认证、确认或者稽核比对的,经主管税务机关核实、逐级上报,由省国税局认证并稽核比对后,对比对相符的增值税扣税凭证,允许纳税人继续抵扣其进项税额"。

(二)删去第一条第三款:"本公告所称增值税扣税凭证,包括增值税专用发票、海关进口增值税专用缴款书和公路内河货物运输业统一发票"。

(三)将《管理办法》第四条第二款修改为:"主管税务机关核实无误后,应向上级税务机关上报,并将增值税扣税凭证逾期情况说明、第三方证明或说明、逾期增值税扣税凭证电子信息、逾期增值税扣税凭证复印件逐级上报至省国税局"。

(四)将《管理办法》第五条修改为:"省国税局对上报的资料进行案头复核,并对逾期增值税扣税凭证信息进行认证、稽核比对,对资料符合条件、稽核比对结果相符的,允许纳税人继续抵扣逾期增值税扣税凭证上所注明或计算的税额"。

上述修改自 2018 年 1 月 1 日起施行。《国家税务总局关于逾期增值税扣税凭证抵扣问

---

* 本公告第一条、第三条已被 2018 年 6 月 15 日发布的国家税务总局《关于修改部分税收规范性文件的公告》修改。

题的公告》(国家税务总局公告 2011 年第 50 号)根据本公告作相应修改,个别文字进行调整,重新公布。

国家税务总局
2017 年 10 月 13 日

国家税务总局关于《〈中华人民共和国政府和巴基斯坦伊斯兰共和国政府关于对所得避免双重征税和防止偷漏税的协定〉第三议定书》生效执行的公告

国家税务总局公告 2017 年第 25 号

《〈中华人民共和国政府和巴基斯坦伊斯兰共和国政府关于对所得避免双重征税和防止偷漏税的协定〉第三议定书》(以下简称《中巴协定第三议定书》)于 2016 年 12 月 8 日在伊斯兰堡正式签署。中巴双方已完成议定书生效所必需的各自国内法律程序。按照规定,《中巴协定第三议定书》自 2017 年 4 月 24 日起生效执行。

特此公告。

国家税务总局
2017 年 7 月 7 日

国务院关税税则委员会关于 2017 年下半年 CEPA 项下部分货物实施零关税的通知

税委会〔2017〕10 号

海关总署:

根据《内地与香港关于建立更紧密经贸关系的安排》和《内地与澳门关于建立更紧密经贸关系的安排》及其补充协议的规定,国务院关税税则委员会决定,对新完成原产地标准磋商的6项香港原产商品和27项澳门原产商品，自2017年7月1日起实施零关税。具体清单分别见附件1、附件2。

附件：1. 内地与香港更紧密经贸关系安排2017年下半年已完成原产地标准核准商品税目税率表

2. 内地与澳门更紧密经贸关系安排2017年下半年已完成原产地标准核准商品税目税率表

国务院关税税则委员会

2017年6月29日

附件1：

内地与香港更紧密经贸关系安排2017年下半年已完成原产地标准核准商品税目税率表

序号	税则号列	商品名称（简称）	最惠国税率（%）	协定税率（%）
1	16023100	火鸡肉丸	15	0
2	16024910	咸猪手	15	0
3	16029010	羊肉丸	15	0
4	57024100	用于飞机上的地毯	10	0
5	57024200	用于飞机上的地毯	10	0
6	90213100	医疗移植用的金属骨关节	4	0

注：表中商品名称为香港申请的商品简称，实施协定税率的商品范围以2017年《中华人民共和国进出口税则》相应税则号列规定的商品范围为准。

附件2：

内地与澳门更紧密经贸关系安排2017年下半年已完成原产地标准核准商品税目税率表

序号	税则号列	商品名称(简称)	最惠国税率(%)	协定税率(%)
1	04100049	其他蜂产品	20	0
2	04100090	其他编号未列名的食用动物产品	20	0
3	09052000	已磨的香子兰豆	15	0
4	09072000	已磨的丁香(母丁香、公丁香及丁香梗)	3	0
5	09081200	已磨肉豆蔻	8	0
6	09082200	已磨肉豆蔻衣	8	0
7	09083200	已磨豆蔻	3	0
8	09092200	已磨的芫荽子	15	0
9	09093200	已磨的枯茗子	15	0
10	09096210	已磨的八角茴香	20	0
11	09096290	已磨其他茴香	15	0
12	09101200	已磨的姜	15	0
13	12030000	干椰子肉	15	0
14	15211000	植物蜡,不论是否精制或着色	20	0
15	18061000	含糖或其他甜物质的可可粉	10	0
16	20081130	花生酱	30	0
17	22019090	其他水、冰	10	0
18	22041000	葡萄汽酒	14	0
19	71023100	非工业用钻石(未加工或经简单锯开,劈开或粗磨,未镶嵌)	3	0
20	71023900	非工业用其他钻石	8	0
21	71031000	未加工或经简单锯开或粗制成形的宝石(钻石除外)或半宝石	3	0
22	71039100	经其他加工的红宝石、蓝宝石、祖母绿	8	0
23	71039910	经其他加工的翡翠	8	0

(续表)

序号	税则号列	商品名称(简称)	最惠国税率(%)	协定税率(%)
24	71039920	经其他加工的水晶	8	0
25	71039930	经其他加工的碧玺	8	0
26	71039940	经其他加工的软玉	8	0
27	71039990	经其他加工的其他宝石或半宝石	8	0

注:表中商品名称为澳门申请的商品简称,实施协定税率的商品范围以2017年《中华人民共和国进出口税则》相应税则号列规定的商品范围为准。

国家税务总局关于《中华人民共和国政府和津巴布韦共和国政府对所得避免双重征税和防止偷漏税的协定》生效执行的公告

国家税务总局公告2016年第90号

《中华人民共和国政府和津巴布韦共和国政府对所得避免双重征税和防止偷漏税的协定》(以下简称《协定》)于2015年12月1日在哈拉雷正式签署。中津双方已完成《协定》生效所必需的各自国内法律程序。《协定》于2016年9月29日生效,适用于自2017年1月1日起取得的所得。

《协定》文本已在国家税务总局网站发布。

特此公告。

国家税务总局

2016年12月29日

国家税务总局关于《内地和澳门特别行政区关于对所得避免双重征税和防止偷漏税的安排》第三议定书生效执行的公告

国家税务总局公告 2016 年第 89 号

《内地和澳门特别行政区关于对所得避免双重征税和防止偷漏税的安排》第三议定书（以下简称"议定书"）已于 2016 年 7 月 19 日在北京正式签署。双方已完成议定书生效所必需的各自法律程序。根据议定书第四条规定，议定书自 2016 年 12 月 12 日起生效执行。

议定书文本已在国家税务总局网站发布。

特此公告。

国家税务总局
2016 年 12 月 29 日

国家税务总局关于《〈中华人民共和国政府和马来西亚政府关于对所得避免双重征税和防止偷漏税的协定〉的换函》生效执行的公告

国家税务总局公告 2016 年第 84 号

《〈中华人民共和国政府和马来西亚政府关于对所得避免双重征税和防止偷漏税的协定〉的换函》（以下简称《换函》）于 2016 年 11 月 1 日在北京正式签署。《换函》自 2016 年 11 月 1 日起生效并执行。

《换函》文本已在国家税务总局网站发布。

特此公告。

国家税务总局
2016 年 12 月 19 日

国家税务总局关于《中华人民共和国政府和智利共和国政府对所得避免双重征税和防止逃避税的协定》及议定书生效执行的公告

国家税务总局公告2016年第79号

《中华人民共和国政府和智利共和国政府对所得避免双重征税和防止逃避税的协定》(以下简称《协定》)及议定书于2015年5月25日在智利圣地亚哥正式签署。《协定》及议定书已完成生效所必需的中智双方国内法律程序,自2016年8月8日起生效,适用于2017年1月1日及以后取得的所得。

《协定》及议定书文本已在国家税务总局网站发布。

特此公告。

国家税务总局
2016年12月11日

财政部、国家税务总局关于落实降低企业杠杆率税收支持政策的通知

财税〔2016〕125号

各省、自治区、直辖市、计划单列市财政厅(局)、国家税务局、地方税务局,新疆生产建设兵团财务局:

按照党中央、国务院决策部署,根据《国务院关于积极稳妥降低企业杠杆率的意见》(国发〔2016〕54号,以下简称《意见》)有关精神,现就落实降低企业杠杆率税收政策工作通知如下:

一、充分认识贯彻落实降杠杆税收支持政策的重要意义

近年来,我国企业杠杆率高企,债务规模增长过快,企业债务负担不断加重。党中央、国

务院从战略高度对降低企业杠杆率工作作出决策部署,把去杠杆列为供给侧结构性改革"三去一降一补"的五大任务之一。《意见》将"落实和完善降杠杆财税支持政策"作为重要任务。各级财税部门要充分认识积极稳妥降低企业杠杆率的重要性,坚决贯彻执行中央决策部署,严格按照《意见》要求认真落实好有关税收政策,充分发挥税收职能作用,切实减轻企业负担、降低企业成本,为企业降杠杆创造良好的外部环境。

二、落实好降杠杆相关税收支持政策

(一)企业符合税法规定条件的股权(资产)收购、合并、债务重组等重组行为,可按税法规定享受企业所得税递延纳税优惠政策。

(二)企业以非货币性资产投资,可按规定享受5年内分期缴纳企业所得税政策。

(三)企业破产、注销,清算企业所得税时,可按规定在税前扣除有关清算费用及职工工资、社会保险费用、法定补偿金。

(四)企业符合税法规定条件的债权损失可按规定在计算企业所得税应纳税所得额时扣除。

(五)金融企业按照规定提取的贷款损失准备金,符合税法规定的,可以在企业所得税税前扣除。

(六)在企业重组过程中,企业通过合并、分立、出售、置换等方式,将全部或者部分实物资产以及与其相关联的债权、负债和劳动力,一并转让给其他单位和个人,其中涉及的货物、不动产、土地使用权转让行为,符合规定的,不征收增值税。

(七)企业重组改制涉及的土地增值税、契税、印花税,符合规定的,可享受相关优惠政策。

(八)符合信贷资产证券化政策条件的纳税人,可享受相关优惠政策。

三、工作要求

降杠杆相关税收政策涵盖交易多个环节,涉及面广,政策内容多。各级财税部门要高度重视,进一步加强学习培训,熟悉、掌握政策内容;要加强对纳税人的宣传辅导,跟踪税收政策执行情况和实施效应,加强调研反馈,及时了解执行中遇到的问题,研究提出调整和完善税收政策的建议。

特此通知。

财政部
国家税务总局
2016年11月22日

国家税务总局关于《关于修订〈中华人民共和国政府和爱沙尼亚共和国政府关于对所得避免双重征税和防止偷漏税的协定〉的议定书》生效执行的公告

国家税务总局公告 2016 年第 60 号

《关于修订〈中华人民共和国政府和爱沙尼亚共和国政府关于对所得避免双重征税和防止偷漏税的协定〉的议定书》（以下简称"议定书"）于 2014 年 12 月 9 日在塔林正式签署。中爱双方已完成议定书生效所必需的各自国内法律程序。议定书于 2015 年 12 月 18 日生效，适用于 2016 年 1 月 1 日及以后取得的所得。

议定书文本已在国家税务总局网站发布。

特此公告。

国家税务总局
2016 年 8 月 31 日

国家税务总局关于《中华人民共和国政府和波兰共和国政府对国际航空运输服务互免增值税或类似税收的协议》生效执行的公告

国家税务总局公告 2016 年第 49 号

《中华人民共和国政府和波兰共和国政府对国际航空运输服务互免增值税或类似税收的协议》（以下简称《协议》）于 2016 年 6 月 20 日在华沙正式签署。按照《协议》规定，《协议》自 2016 年 7 月 1 日起生效执行。

《协议》以英文签署，英文文本及中文译文已在国家税务总局网站发布。

特此公告。

国家税务总局
2016 年 7 月 26 日

国家税务总局关于《中华人民共和国政府和俄罗斯联邦政府对所得避免双重征税和防止偷漏税的协定》及修订协定的议定书生效执行及有关事项的公告

国家税务总局公告 2016 年第 48 号

《中华人民共和国政府和俄罗斯联邦政府对所得避免双重征税和防止偷漏税的协定》及议定书(以下简称《协定》)和《关于修订〈中华人民共和国政府和俄罗斯联邦政府对所得避免双重征税和防止偷漏税的协定〉的议定书》(以下简称《议定书》)分别于 2014 年 10 月 13 日和 2015 年 5 月 8 日在莫斯科正式签署。中俄双方已完成《协定》和《议定书》生效所必需的各自国内法律程序。《协定》和《议定书》于 2016 年 4 月 9 日生效,适用于 2017 年 1 月 1 日及以后取得的所得。《协定》和《议定书》文本已在国家税务总局网站发布。

关于《协定》第二十三条第六款规定的"被认可的证券交易所",俄方"莫斯科国际货币交易所(MICEX)"和"俄罗斯交易系统(RTS)"已合并为"莫斯科证券交易所(Moscow Exchange)"。因此,"莫斯科证券交易所"将代替"莫斯科国际货币交易所"和"俄罗斯交易系统",成为在俄罗斯"被认可的证券交易所"。

特此公告。

国家税务总局
2016 年 7 月 25 日

国家税务总局关于《中华人民共和国政府和巴林王国政府关于对所得避免双重征税和防止偷漏税的协定》议定书生效执行的公告

国家税务总局公告 2016 年第 31 号

《中华人民共和国政府和巴林王国政府关于对所得避免双重征税和防止偷漏税的协定》

议定书(以下简称议定书)于 2013 年 9 月 16 日在北京正式签署。中巴双方已完成议定书生效所必需的各自国内法律程序。议定书于 2016 年 4 月 1 日起生效,适用于 2017 年 1 月 1 日及以后取得的所得。

议定书文本已在国家税务总局网站发布。

特此公告。

国家税务总局
2016 年 5 月 23 日

关于营业税改征增值税部分试点纳税人增值税纳税申报有关事项调整的公告

国家税务总局公告 2016 年第 30 号

为配合全面推开营业税改征增值税试点工作,国家税务总局对增值税纳税申报有关事项进行了调整,现公告如下:

一、在增值税纳税申报其他资料中增加《营改增税负分析测算明细表》(表式见附件1),由从事建筑、房地产、金融或生活服务等经营业务的增值税一般纳税人在办理增值税纳税申报时填报,具体名单由主管税务机关确定。

二、本公告自 2016 年 6 月 1 日起施行。

特此公告。

附件:1.《营改增税负分析测算明细表》(略——编者注)
　　　2.《营改增税负分析测算明细表》填写说明(略——编者注)
　　　3.《营改增试点应税项目明细表》(略——编者注)

国家税务总局
2016 年 5 月 10 日

财政部、国家税务总局关于资源税改革具体政策问题的通知

财税〔2016〕54号

各省、自治区、直辖市、计划单列市财政厅(局)、地方税务局,西藏、宁夏回族自治区国家税务局,新疆生产建设兵团财务局:

根据党中央、国务院决策部署,自2016年7月1日起全面推进资源税改革。为切实做好资源税改革工作,确保《财政部、国家税务总局关于全面推进资源税改革的通知》(财税〔2016〕53号,以下简称《改革通知》)有效实施,现就资源税(不包括水资源税,下同)改革具体政策问题通知如下:

一、关于资源税计税依据的确定

资源税的计税依据为应税产品的销售额或销售量,各税目的征税对象包括原矿、精矿(或原矿加工品,下同)、金锭、氯化钠初级产品,具体按照《改革通知》所附《资源税税目税率幅度表》相关规定执行。对未列举名称的其他矿产品,省级人民政府可对本地区主要矿产品按矿种设定税目,对其余矿产品按类别设定税目,并按其销售的主要形态(如原矿、精矿)确定征税对象。

(一)关于销售额的认定。

销售额是指纳税人销售应税产品向购买方收取的全部价款和价外费用,不包括增值税销项税额和运杂费用。

运杂费用是指应税产品从坑口或洗选(加工)地到车站、码头或购买方指定地点的运输费用、建设基金以及随运销产生的装卸、仓储、港杂费用。运杂费用应与销售额分别核算,凡未取得相应凭据或不能与销售额分别核算的,应当一并计征资源税。

(二)关于原矿销售额与精矿销售额的换算或折算。

为公平原矿与精矿之间的税负,对同一种应税产品,征税对象为精矿的,纳税人销售原矿时,应将原矿销售额换算为精矿销售额缴纳资源税;征税对象为原矿的,纳税人销售自采原矿加工的精矿,应将精矿销售额折算为原矿销售额缴纳资源税。换算比或折算率原则上应通过原矿售价、精矿售价和选矿比计算,也可通过原矿销售额、加工环节平均成本和利润计算。

金矿以标准金锭为征税对象,纳税人销售金原矿、金精矿的,应比照上述规定将其销售额换算为金锭销售额缴纳资源税。

换算比或折算率应按简便可行、公平合理的原则,由省级财税部门确定,并报财政部、国家税务总局备案。

二、关于资源税适用税率的确定

各省级人民政府应当按《改革通知》要求提出或确定本地区资源税适用税率。测算具体适用税率时,要充分考虑本地区资源禀赋、企业承受能力和清理收费基金等因素,按照改革前后税费平移原则,以近几年企业缴纳资源税、矿产资源补偿费金额(铁矿石开采企业缴纳资源税金额按40%税额标准测算)和矿产品市场价格水平为依据确定。一个矿种原则上设定一档税率,少数资源条件差异较大的矿种可按不同资源条件、不同地区设定两档税率。

三、关于资源税优惠政策及管理

(一)对依法在建筑物下、铁路下、水体下通过充填开采方式采出的矿产资源,资源税减征50%。

充填开采是指随着回采工作面的推进,向采空区或离层带等空间充填废石、尾矿、废渣、建筑废料以及专用充填合格材料等采出矿产品的开采方法。

(二)对实际开采年限在15年以上的衰竭期矿山开采的矿产资源,资源税减征30%。

衰竭期矿山是指剩余可采储量下降到原设计可采储量的20%(含)以下或剩余服务年限不超过5年的矿山,以开采企业下属的单个矿山为单位确定。

(三)对鼓励利用的低品位矿、废石、尾矿、废渣、废水、废气等提取的矿产品,由省级人民政府根据实际情况确定是否给予减税或免税。

四、关于共伴生矿产的征免税的处理

为促进共伴生矿的综合利用,纳税人开采销售共伴生矿,共伴生矿与主矿产品销售额分开核算的,对共伴生矿暂不计征资源税;没有分开核算的,共伴生矿按主矿产品的税目和适用税率计征资源税。财政部、国家税务总局另有规定的,从其规定。

五、关于资源税纳税环节和纳税地点

资源税在应税产品的销售或自用环节计算缴纳。以自采原矿加工精矿产品的,在原矿移送使用时不缴纳资源税,在精矿销售或自用时缴纳资源税。

纳税人以自采原矿加工金锭的,在金锭销售或自用时缴纳资源税。纳税人销售自采原矿或者自采原矿加工的金精矿、粗金,在原矿或者金精矿、粗金销售时缴纳资源税,在移送使用时不缴纳资源税。

以应税产品投资、分配、抵债、赠与、以物易物等,视同销售,依照本通知有关规定计算缴纳资源税。

纳税人应当向矿产品的开采地或盐的生产地缴纳资源税。纳税人在本省、自治区、直辖市范围开采或者生产应税产品，其纳税地点需要调整的，由省级地方税务机关决定。

六、其他事项

（一）纳税人用已纳资源税的应税产品进一步加工应税产品销售的，不再缴纳资源税。纳税人以未税产品和已税产品混合销售或者混合加工为应税产品销售的，应当准确核算已税产品的购进金额，在计算加工后的应税产品销售额时，准予扣减已税产品的购进金额；未分别核算的，一并计算缴纳资源税。

（二）纳税人在2016年7月1日前开采原矿或以自采原矿加工精矿，在2016年7月1日后销售的，按本通知规定缴纳资源税；2016年7月1日前签订的销售应税产品的合同，在2016年7月1日后收讫销售款或者取得索取销售款凭据的，按本通知规定缴纳资源税；在2016年7月1日后销售的精矿（或金锭），其所用原矿（或金精矿）如已按从量定额的计征方式缴纳了资源税，并与应税精矿（或金锭）分别核算的，不再缴纳资源税。

（三）对在2016年7月1日前已按原矿销量缴纳过资源税的尾矿、废渣、废水、废石、废气等实行再利用，从中提取的矿产品，不再缴纳资源税。

上述规定，请遵照执行。此前规定与本通知不一致的，一律以本通知为准。

财政部
国家税务总局
2016年5月9日

财政部、国家税务总局关于全面推进资源税改革的通知

财税〔2016〕53号

各省、自治区、直辖市、计划单列市人民政府，国务院各部委、各直属机构：

根据党中央、国务院决策部署，为深化财税体制改革，促进资源节约集约利用，加快生态文明建设，现就全面推进资源税改革有关事项通知如下：

一、资源税改革的指导思想、基本原则和主要目标

（一）指导思想。

全面贯彻党的十八大和十八届三中、四中、五中全会精神，按照"五位一体"总体布局和"四个全面"战略布局，牢固树立和贯彻落实创新、协调、绿色、开放、共享的发展理念，全面推

进资源税改革,有效发挥税收杠杆调节作用,促进资源行业持续健康发展,推动经济结构调整和发展方式转变。

(二)基本原则。

一是清费立税。着力解决当前存在的税费重叠、功能交叉问题,将矿产资源补偿费等收费基金适当并入资源税,取缔违规、越权设立的各项收费基金,进一步理顺税费关系。

二是合理负担。兼顾企业经营的实际情况和承受能力,借鉴煤炭等资源税费改革经验,合理确定资源税计税依据和税率水平,增强税收弹性,总体上不增加企业税费负担。

三是适度分权。结合我国资源分布不均衡、地域差异较大等实际情况,在不影响全国统一市场秩序前提下,赋予地方适当的税政管理权。

四是循序渐进。在煤炭、原油、天然气等已实施从价计征改革基础上,对其他矿产资源全面实施改革。积极创造条件,逐步对水、森林、草场、滩涂等自然资源开征资源税。

(三)主要目标。

通过全面实施清费立税、从价计征改革,理顺资源税费关系,建立规范公平、调控合理、征管高效的资源税制度,有效发挥其组织收入、调控经济、促进资源节约集约利用和生态环境保护的作用。

二、资源税改革的主要内容

(一)扩大资源税征收范围。

1. 开展水资源税改革试点工作。鉴于取用水资源涉及面广、情况复杂,为确保改革平稳有序实施,先在河北省开展水资源税试点。河北省开征水资源税试点工作,采取水资源费改税方式,将地表水和地下水纳入征税范围,实行从量定额计征,对高耗水行业、超计划用水以及在地下水超采地区取用地下水,适当提高税额标准,正常生产生活用水维持原有负担水平不变。在总结试点经验基础上,财政部、国家税务总局将选择其他地区逐步扩大试点范围,条件成熟后在全国推开。

2. 逐步将其他自然资源纳入征收范围。鉴于森林、草场、滩涂等资源在各地区的市场开发利用情况不尽相同,对其全面开征资源税条件尚不成熟,此次改革不在全国范围统一规定对森林、草场、滩涂等资源征税。各省、自治区、直辖市(以下统称省级)人民政府可以结合本地实际,根据森林、草场、滩涂等资源开发利用情况提出征收资源税的具体方案建议,报国务院批准后实施。

(二)实施矿产资源税从价计征改革。

1. 对《资源税税目税率幅度表》(见附件)中列举名称的21种资源品目和未列举名称的其他金属矿实行从价计征,计税依据由原矿销售量调整为原矿、精矿(或原矿加工品)、氯化钠初级产品或金锭的销售额。列举名称的21种资源品目包括:铁矿、金矿、铜矿、铝土矿、铅锌矿、镍矿、锡矿、石墨、硅藻土、高岭土、萤石、石灰石、硫铁矿、磷矿、氯化钾、硫酸钾、井矿盐、湖盐、提取地下卤水晒制的盐、煤层(成)气、海盐。

对经营分散、多为现金交易且难以管控的粘土、砂石,按照便利征管原则,仍实行从量定额计征。

2. 对《资源税税目税率幅度表》中未列举名称的其他非金属矿产品,按照从价计征为主、从量计征为辅的原则,由省级人民政府确定计征方式。

(三)全面清理涉及矿产资源的收费基金。

1. 在实施资源税从价计征改革的同时,将全部资源品目矿产资源补偿费费率降为零,停止征收价格调节基金,取缔地方针对矿产资源违规设立的各种收费基金项目。

2. 地方各级财政部门要会同有关部门对涉及矿产资源的收费基金进行全面清理。凡不符合国家规定、地方越权出台的收费基金项目要一律取消。对确需保留的依法合规收费基金项目,要严格按规定的征收范围和标准执行,切实规范征收行为。

(四)合理确定资源税税率水平。

1. 对《资源税税目税率幅度表》中列举名称的资源品目,由省级人民政府在规定的税率幅度内提出具体适用税率建议,报财政部、国家税务总局确定核准。

2. 对未列举名称的其他金属和非金属矿产品,由省级人民政府根据实际情况确定具体税目和适用税率,报财政部、国家税务总局备案。

3. 省级人民政府在提出和确定适用税率时,要结合当前矿产企业实际生产经营情况,遵循改革前后税费平移原则,充分考虑企业负担能力。

(五)加强矿产资源税收优惠政策管理,提高资源综合利用效率。

1. 对符合条件的采用充填开采方式采出的矿产资源,资源税减征50%;对符合条件的衰竭期矿山开采的矿产资源,资源税减征30%。具体认定条件由财政部、国家税务总局规定。

2. 对鼓励利用的低品位矿、废石、尾矿、废渣、废水、废气等提取的矿产品,由省级人民政府根据实际情况确定是否减税或免税,并制定具体办法。

(六)关于收入分配体制及经费保障。

1. 按照现行财政管理体制,此次纳入改革的矿产资源税收入全部为地方财政收入。

2. 水资源税仍按水资源费中央与地方1:9的分成比例不变。河北省在缴纳南水北调工程基金期间,水资源税收入全部留给该省。

3. 资源税改革实施后,相关部门履行正常工作职责所需经费,由中央和地方财政统筹安排和保障。

(七)关于实施时间。

1. 此次资源税从价计征改革及水资源税改革试点,自2016年7月1日起实施。

2. 已实施从价计征的原油、天然气、煤炭、稀土、钨、钼等6个资源品目资源税政策暂不调整,仍按原办法执行。

三、做好资源税改革工作的要求

(一)加强组织领导。各省级人民政府要加强对资源税改革工作的领导,建立由财税部门牵头、相关部门配合的工作机制,及时制定工作方案和配套政策,统筹安排做好各项工作,确保改革积极稳妥推进。对改革中出现的新情况新问题,要采取适当措施妥善加以解决,重大问题及时向财政部、国家税务总局报告。

(二)认真测算和上报资源税税率。各省级财税部门要对本地区资源税税源情况、企业经营和税费负担状况、资源价格水平等进行全面调查,在充分听取企业意见基础上,对《资源税税目税率幅度表》中列举名称的21种实行从价计征的资源品目和粘土、砂石提出资源税税率建议,报经省级人民政府同意后,于2016年5月31日前以正式文件报送财政部、国家税务总局,同时附送税率测算依据和相关数据(包括税费项目及收入规模,应税产品销售量、价格等)。计划单列市资源税税率由所在省份统一测算报送。

(三)确保清费工作落实到位。各地区、各有关部门要严格执行中央统一规定,对涉及矿产资源的收费基金进行全面清理,落实取消或停征收费基金的政策,不得以任何理由拖延或者拒绝执行,不得以其他名目变相继续收费。对不按规定取消或停征有关收费基金、未按要求做好收费基金清理工作的,要予以严肃查处,并追究相关责任人的行政责任。各省级人民政府要组织开展监督检查,确保清理收费基金工作与资源税改革同步实施、落实到位,并于2016年9月30日前将本地区清理收费措施及成效报财政部、国家税务总局。

(四)做好水资源税改革试点工作。河北省人民政府要加强对水资源税改革试点工作的领导,建立试点工作推进机制,及时制定试点实施办法,研究试点重大问题,督促任务落实。河北省财税部门要与相关部门密切配合、形成合力,深入基层加强调查研究,跟踪分析试点运行情况,及时向财政部、国家税务总局等部门报告试点工作进展情况和重大政策问题。

(五)加强宣传引导。各地区和有关部门要广泛深入宣传推进资源税改革的重要意义,加强政策解读,回应社会关切,稳定社会预期,积极营造良好的改革氛围和舆论环境。要加强对纳税人的培训,优化纳税服务,提高纳税人税法遵从度。

全面推进资源税改革涉及面广、企业关注度高、工作任务重,各地区、各有关部门要提高认识,把思想和行动统一到党中央、国务院的决策部署上来,切实增强责任感、紧迫感和大局意识,积极主动作为,扎实推进各项工作,确保改革平稳有序实施。

附件:资源税税目税率幅度表(略——编者注)

财政部
国家税务总局
2016年5月9日

国务院关于做好全面推开营改增试点工作的通知

国发明电〔2016〕1号

各省、自治区、直辖市人民政府,国务院各部委、各直属机构:

全面推开营改增试点将于2016年5月1日实施,为切实做好试点各项工作,现就有关事项通知如下:

一、**高度重视全面推开营改增试点工作,切实加强组织领导**。全面推开营改增试点是当前推动结构性改革尤其是供给侧结构性改革的重要内容,是实施积极财政政策的重大减税措施,政策性强、涉及面广,时间紧、任务重。各地区、各部门要充分认识全面推开营改增试点的重大意义,高度重视,统一思想,进一步加强对试点工作的组织领导。全面推开营改增试点部际联席会议要按照国务院赋予的职责,主动做好综合协调,统筹推进相关工作。各省(自治区、直辖市)人民政府要对本行政区域全面推开营改增试点工作负总责,政府主要负责同志要切实担负起第一责任人的责任。要精心组织,周密部署,抓紧建立工作协同推进机制,明确任务分工,细化措施方案,层层落实责任。

二、**密切跟踪试点运行情况,做好政策解读和舆论引导**。各地区、各部门要密切跟踪掌握全面推开营改增试点工作的进展情况,充分利用互联网、大数据等技术手段,针对不同行业和企业特点,梳理试点过程中的新情况,不断总结试点经验,优化流程,改进方法,加强监测预警,完善应对预案,强化风险防控,出现问题迅速处置。要进一步加强试点工作宣传,深入进行政策解读,对不实消息和人为炒作要予以及时澄清,积极回应社会关切,避免政策误读,有效引导社会舆论,为改革营造良好氛围。

三、**严肃财经纪律,强化责任追究**。地方各级政府都要讲政治、顾大局,算政治账、经济账、长远账,严格遵守有关法律法规和财经纪律,绝不允许为了短期利益和局部利益,搞回溯性清税,甚至弄虚作假收过头税。此类问题一经发现要依法依规严肃处理,对不应征收的税收必须立即退付给纳税人,超出合理增幅部分的税收要相应扣回。有关部门要强化监督约谈,禁止个别企业等假借营改增之名刻意曲解政策、趁机涨价谋取不当利益。同时,要确保全面推开营改增试点后顺利实施调整中央与地方增值税收入划分过渡方案。要坚决避免违背市场规律的不合理行政干预,不得限制企业跨区域生产经营、操纵企业增加值地区分布,严禁以各种不当手段争夺税源,防止形成地方保护和市场分割,破坏全国统一大市场建设。要确保试点工作平稳、有序进行,确保各项减税措施落到实处、见到实效,确保各行业税负只减不增,使广大企业充分享受到全面推开营改增试点的改革红利。重大事项要及时向国务院报告。

国务院
2016 年 4 月 29 日

国家税务总局关于《中华人民共和国政府和印度尼西亚共和国政府关于对所得避免双重征税和防止偷漏税的协定》议定书生效执行的公告

国家税务总局公告 2016 年第 21 号

《中华人民共和国政府和印度尼西亚共和国政府关于对所得避免双重征税和防止偷漏税的协定》议定书(以下简称议定书)于 2015 年 3 月 26 日在北京正式签署。中印尼双方已完成议定书生效所必需的各自国内法律程序。议定书自 2016 年 3 月 16 日起生效,适用于 2017 年 1 月 1 日及以后取得的所得。

议定书文本已在国家税务总局网站发布。

特此公告。

国家税务总局

2016 年 4 月 5 日

（一）所得税

国家税务总局关于境外投资者以分配利润直接投资暂不征收预提所得税政策有关执行问题的公告

国家税务总局公告2018年第3号

根据《国务院关于促进外资增长若干措施的通知》（国发〔2017〕39号）、财政部等4部委《关于境外投资者以分配利润直接投资暂不征收预提所得税政策问题的通知》（财税〔2017〕88号，以下称《通知》）等有关规定，现对境外投资者以分配利润直接投资暂不征收预提所得税（以下称"暂不征税"）政策有关执行问题公告如下：

一、《通知》第二条第（四）项规定的经营活动具体包括下列与鼓励类投资项目相关的一项或多项经济活动：

（一）生产产品或提供服务；

（二）研发活动；

（三）投资建设工程或购置机器设备；

（四）其他经营活动。

境外投资者应在收回享受暂不征税政策的投资前或者按照《通知》第七条规定申报补缴税款时，向利润分配企业主管税务机关提供符合《通知》第二条第（四）项规定的交易证据、财务会计核算数据等资料。主管税务机关对相关资料有疑问的，提请地（市）税务机关按照《通知》第六条规定处理。

二、按照《通知》第四条或者第七条规定补缴税款的，境外投资者可按照有关规定享受税收协定待遇，但是仅可适用相关利润支付时有效的税收协定。后续税收协定另有规定的，按后续税收协定执行。

三、境外投资者按照《通知》第三条规定享受暂不征税政策时，应当填写《非居民企业递延缴纳预提所得税信息报告表》，并提交给利润分配企业。

境外投资者按照《通知》第五条规定追补享受暂不征税政策时，应向利润分配企业主管税务机关提交《非居民企业递延缴纳预提所得税信息报告表》以及相关合同、支付凭证、与鼓励类投资项目活动相关的资料以及省税务机关规定要求报送的其他资料。

境外投资者按照《通知》第四条或者第七条规定补缴税款时，应当填写《中华人民共和国扣缴企业所得税报告表》，并提交给利润分配企业主管税务机关。

四、利润分配企业应当按照《通知》第三条规定审核境外投资者提交的资料信息,并确认以下结果后,执行暂不征税政策:

(一)境外投资者填报的信息完整,没有缺项;

(二)利润实际支付过程与境外投资者填报信息吻合;

(三)境外投资者填报信息涉及利润分配企业的内容真实、准确。

五、利润分配企业已按照《通知》第三条规定执行暂不征税政策的,应在实际支付利润之日起7日内,向主管税务机关提交以下资料:

(一)由利润分配企业填写的《中华人民共和国扣缴企业所得税报告表》;

(二)由境外投资者提交并经利润分配企业补填信息后的《非居民企业递延缴纳预提所得税信息报告表》。

利润分配企业主管税务机关应在收到《非居民企业递延缴纳预提所得税信息报告表》后10个工作日内,向《通知》第二条第(一)项规定的被投资企业(以下称"被投资企业")主管税务机关或其他相关税务机关发送《非居民企业税务事项联络函》,转发相关信息。

六、被投资企业主管税务机关或者其他税务机关发现以下情况的,应在5个工作日内以《非居民企业税务事项联络函》反馈给利润分配企业主管税务机关:

(一)被投资企业不符合享受暂不征税政策条件的相关事实或信息;

(二)境外投资者处置已享受暂不征税政策的投资的相关事实或信息。

七、在税务管理中,主管税务机关可以依法要求境外投资者、利润分配企业、被投资企业、股权转让方等相关单位或个人限期提供与境外投资者享受暂不征税政策相关的资料和信息。

八、利润分配企业未按照本公告第四条审核确认境外投资者提交的资料信息,致使不应享受暂不征税政策的境外投资者实际享受了暂不征税政策的,利润分配企业主管税务机关依照有关规定追究利润分配企业应扣未扣税款的责任,并依法向境外投资者追缴应该缴纳的税款。

九、境外投资者填报信息有误,致使其本不应享受暂不征税政策,但实际享受暂不征税政策的,利润分配企业主管税务机关依照《通知》第四条规定处理。

十、境外投资者持有的同一项中国境内居民企业投资包含已享受暂不征税政策和未享受暂不征税政策的投资,境外投资者部分处置该项投资的,视为先行处置已享受暂不征税政策的投资。

境外投资者未按照《通知》第七条规定补缴递延税款的,利润分配企业主管税务机关追究境外投资者延迟缴纳税款责任,税款延迟缴纳期限自实际收取相关款项后第8日(含当日)起计算。

十一、境外投资者、利润分配企业可以委托代理人办理本公告规定的相关事项,但应当向税务机关提供书面委托证明。

十二、本公告自2017年1月1日起执行。

特此公告。

附件:非居民企业递延缴纳预提所得税信息报告表(略——编者注)

国家税务总局

2018年1月2日

财政部、税务总局、国家发展改革委、商务部关于境外投资者以分配利润直接投资暂不征收预提所得税政策问题的通知

财税〔2017〕88号

各省、自治区、直辖市、计划单列市财政厅（局）、国家税务局、地方税务局、发展改革委、商务主管部门，新疆生产建设兵团财务局、发展改革委、商务局：

为贯彻落实党中央、国务院决策部署，按照《国务院关于促进外资增长若干措施的通知》（国发〔2017〕39号）有关要求，进一步积极利用外资，促进外资增长，提高外资质量，鼓励境外投资者持续扩大在华投资，现对境外投资者以分配利润直接投资暂不征收预提所得税政策有关问题通知如下：

一、对境外投资者从中国境内居民企业分配的利润，直接投资于鼓励类投资项目，凡符合规定条件的，实行递延纳税政策，暂不征收预提所得税。

二、境外投资者暂不征收预提所得税须同时满足以下条件：

（一）境外投资者以分得利润进行的直接投资，包括境外投资者以分得利润进行的增资、新建、股权收购等权益性投资行为，但不包括新增、转增、收购上市公司股份（符合条件的战略投资除外）。具体是指：

1. 新增或转增中国境内居民企业实收资本或者资本公积；
2. 在中国境内投资新建居民企业；
3. 从非关联方收购中国境内居民企业股权；
4. 财政部、税务总局规定的其他方式。

境外投资者采取上述投资行为所投资的企业统称为被投资企业。

（二）境外投资者分得的利润属于中国境内居民企业向投资者实际分配已经实现的留存收益而形成的股息、红利等权益性投资收益。

（三）境外投资者用于直接投资的利润以现金形式支付的，相关款项从利润分配企业的账户直接转入被投资企业或股权转让方账户，在直接投资前不得在境内外其他账户周转；境外投资者用于直接投资的利润以实物、有价证券等非现金形式支付的，相关资产所有权直接从利润分配企业转入被投资企业或股权转让方，在直接投资前不得由其他企业、个人代为持有或临时持有。

（四）境外投资者直接投资鼓励类投资项目，是指被投资企业在境外投资者投资期限内从事符合以下规定范围的经营活动：

1. 属于《外商投资产业指导目录》所列的鼓励外商投资产业目录；

2.属于《中西部地区外商投资优势产业目录》。

三、境外投资者符合本通知第二条规定条件的,应按照税收管理要求进行申报并如实向利润分配企业提供其符合政策条件的资料。利润分配企业经适当审核后认为境外投资者符合本通知规定的,可暂不按照企业所得税法第三十七条规定扣缴预提所得税,并向其主管税务机关履行备案手续。

四、税务部门依法加强后续管理。境外投资者已享受本通知规定的暂不征收预提所得税政策,经税务部门后续管理核实不符合规定条件的,除属于利润分配企业责任外,视为境外投资者未按照规定申报缴纳企业所得税,依法追究延迟纳税责任,税款延迟缴纳期限自相关利润支付之日起计算。

五、境外投资者按照本通知规定可以享受暂不征收预提所得税政策但未实际享受的,可在实际缴纳相关税款之日起三年内申请追补享受该政策,退还已缴纳的税款。

六、地市(含)以上税务部门在后续管理中,对被投资企业所从事经营活动是否属于本通知第二条第(四)项规定目录范围存在疑问的,可提请同级发展改革部门、商务部门出具意见,有关部门应予积极配合。

七、境外投资者通过股权转让、回购、清算等方式实际收回享受暂不征收预提所得税政策待遇的直接投资,在实际收取相应款项后7日内,按规定程序向税务部门申报补缴递延的税款。

八、境外投资者享受本通知规定的暂不征收预提所得税政策待遇后,被投资企业发生重组符合特殊性重组条件,并实际按照特殊性重组进行税务处理的,可继续享受暂不征收预提所得税政策待遇,不按本通知第七条规定补缴递延的税款。

九、本通知所称"境外投资者",是指适用《企业所得税法》第三条第三款规定的非居民企业;本通知所称"中国境内居民企业",是指依法在中国境内成立的居民企业。

十、本通知自2017年1月1日起执行。境外投资者在2017年1月1日(含当日)以后取得的股息、红利等权益性投资收益可适用本通知,已缴税款按本通知第五条规定执行。

财政部
税务总局
国家发展改革委
商务部
2017年12月21日

财政部、税务总局、商务部、科技部、国家发展改革委关于将技术先进型服务企业所得税政策推广至全国实施的通知

财税〔2017〕79号

各省、自治区、直辖市、计划单列市财政厅(局)、国家税务局、地方税务局、商务主管部门、科技厅(委、局)、发展改革委,新疆生产建设兵团财务局、商务局、科技局、发展改革委:

为贯彻落实《国务院关于促进外资增长若干措施的通知》(国发〔2017〕39号)要求,发挥外资对优化服务贸易结构的积极作用,引导外资更多投向高技术、高附加值服务业,促进企业技术创新和技术服务能力的提升,增强我国服务业的综合竞争力,现就技术先进型服务企业有关企业所得税政策问题通知如下:

一、自2017年1月1日起,在全国范围内实行以下企业所得税优惠政策:

1. 对经认定的技术先进型服务企业,减按15%的税率征收企业所得税。

2. 经认定的技术先进型服务企业发生的职工教育经费支出,不超过工资薪金总额8%的部分,准予在计算应纳税所得额时扣除;超过部分,准予在以后纳税年度结转扣除。

二、享受本通知第一条规定的企业所得税优惠政策的技术先进型服务企业必须同时符合以下条件:

1. 在中国境内(不包括港、澳、台地区)注册的法人企业;

2. 从事《技术先进型服务业务认定范围(试行)》(详见附件)中的一种或多种技术先进型服务业务,采用先进技术或具备较强的研发能力;

3. 具有大专以上学历的员工占企业职工总数的50%以上;

4. 从事《技术先进型服务业务认定范围(试行)》中的技术先进型服务业务取得的收入占企业当年总收入的50%以上;

5. 从事离岸服务外包业务取得的收入不低于企业当年总收入的35%。

从事离岸服务外包业务取得的收入,是指企业根据境外单位与其签订的委托合同,由本企业或其直接转包的企业为境外单位提供《技术先进型服务业务认定范围(试行)》中所规定的信息技术外包服务(ITO)、技术性业务流程外包服务(BPO)和技术性知识流程外包服务(KPO),而从上述境外单位取得的收入。

三、技术先进型服务企业的认定管理

1. 省级科技部门会同本级商务、财政、税务和发展改革部门根据本通知规定制定本省(自治区、直辖市、计划单列市)技术先进型服务企业认定管理办法,并负责本地区技术先进型服务企业的认定管理工作。各省(自治区、直辖市、计划单列市)技术先进型服务企业认定

管理办法应报科技部、商务部、财政部、税务总局和国家发展改革委备案。

2.符合条件的技术先进型服务企业应向所在省级科技部门提出申请,由省级科技部门会同本级商务、财政、税务和发展改革部门联合评审后发文认定,并将认定企业名单及有关情况通过科技部"全国技术先进型服务企业业务办理管理平台"备案,科技部与商务部、财政部、税务总局和国家发展改革委共享备案信息。符合条件的技术先进型服务企业须在商务部"服务贸易统计监测管理信息系统(服务外包信息管理应用)"中填报企业基本信息,按时报送数据。

3.经认定的技术先进型服务企业,持相关认定文件向所在地主管税务机关办理享受本通知第一条规定的企业所得税优惠政策事宜。享受企业所得税优惠的技术先进型服务企业条件发生变化的,应当自发生变化之日起15日内向主管税务机关报告;不再符合享受税收优惠条件的,应当依法履行纳税义务。主管税务机关在执行税收优惠政策过程中,发现企业不具备技术先进型服务企业资格的,应提请认定机构复核。复核后确认不符合认定条件的,应取消企业享受税收优惠政策的资格。

4.省级科技、商务、财政、税务和发展改革部门对经认定并享受税收优惠政策的技术先进型服务企业应做好跟踪管理,对变更经营范围、合并、分立、转业、迁移的企业,如不再符合认定条件,应及时取消其享受税收优惠政策的资格。

5.省级财政、税务、商务、科技和发展改革部门要认真贯彻落实本通知的各项规定,在认定工作中对内外资企业一视同仁,平等对待,切实做好沟通与协作工作。在政策实施过程中发现问题,要及时反映上报财政部、税务总局、商务部、科技部和国家发展改革委。

6.省级科技、商务、财政、税务和发展改革部门及其工作人员在认定技术先进型服务企业工作中,存在违法违纪行为的,按照《公务员法》《行政监察法》等国家有关规定追究相应责任;涉嫌犯罪的,移送司法机关处理。

7.本通知印发后,各地应按照本通知规定于2017年12月31日前出台本省(自治区、直辖市、计划单列市)技术先进型服务企业认定管理办法并据此开展认定工作。现有31个中国服务外包示范城市已认定的2017年度技术先进型服务企业继续有效。从2018年1月1日起,中国服务外包示范城市技术先进型服务企业认定管理工作依照所在省(自治区、直辖市、计划单列市)制定的管理办法实施。

附件:技术先进型服务业务认定范围(试行)(略——编者注)

财政部

税务总局

商务部

科技部

国家发展改革委

2017年11月2日

国家税务总局关于非居民企业所得税源泉扣缴有关问题的公告

国家税务总局公告2017年第37号

按照《国家税务总局关于进一步深化税务系统"放管服"改革优化税收环境的若干意见》（税总发〔2017〕101号）的安排，根据《中华人民共和国企业所得税法》（以下称"企业所得税法"）及其实施条例、《中华人民共和国税收征收管理法》及其实施细则的有关规定，现就非居民企业所得税源泉扣缴有关问题公告如下：

一、依照企业所得税法第三十七条、第三十九条和第四十条规定办理非居民企业所得税源泉扣缴相关事项，适用本公告。与执行企业所得税法第三十八条规定相关的事项不适用本公告。

二、企业所得税法实施条例第一百零四条规定的支付人自行委托代理人或指定其他第三方代为支付相关款项，或者因担保合同或法律规定等原因由第三方保证人或担保人支付相关款项的，仍由委托人、指定人或被保证人、被担保人承担扣缴义务。

三、企业所得税法第十九条第二项规定的转让财产所得包含转让股权等权益性投资资产（以下称"股权"）所得。股权转让收入减除股权净值后的余额为股权转让所得应纳税所得额。

股权转让收入是指股权转让人转让股权所收取的对价，包括货币形式和非货币形式的各种收入。

股权净值是指取得该股权的计税基础。股权的计税基础是股权转让人投资入股时向中国居民企业实际支付的出资成本，或购买该项股权时向该股权的原转让人实际支付的股权受让成本。股权在持有期间发生减值或者增值，按照国务院财政、税务主管部门规定可以确认损益的，股权净值应进行相应调整。企业在计算股权转让所得时，不得扣除被投资企业未分配利润等股东留存收益中按该项股权所可能分配的金额。

多次投资或收购的同项股权被部分转让的，从该项股权全部成本中按照转让比例计算确定被转让股权对应的成本。

四、扣缴义务人支付或者到期应支付的款项以人民币以外的货币支付或计价的，分别按以下情形进行外币折算：

（一）扣缴义务人扣缴企业所得税的，应当按照扣缴义务发生之日人民币汇率中间价折合成人民币，计算非居民企业应纳税所得额。扣缴义务发生之日为相关款项实际支付或者到期应支付之日。

（二）取得收入的非居民企业在主管税务机关责令限期缴纳税款前自行申报缴纳应源泉扣缴税款的，应当按照填开税收缴款书之日前一日人民币汇率中间价折合成人民币，计算非居民企业应纳税所得额。

（三）主管税务机关责令取得收入的非居民企业限期缴纳应源泉扣缴税款的，应当按照主管税务机关作出限期缴税决定之日前一日人民币汇率中间价折合成人民币，计算非居民企业应纳税所得额。

五、财产转让收入或财产净值以人民币以外的货币计价的，分扣缴义务人扣缴税款、纳税人自行申报缴纳税款和主管税务机关责令限期缴纳税款三种情形，先将以非人民币计价项目金额比照本公告第四条规定折合成人民币金额；再按企业所得税法第十九条第二项及相关规定计算非居民企业财产转让所得应纳税所得额。

财产净值或财产转让收入的计价货币按照取得或转让财产时实际支付或收取的计价币种确定。原计价币种停止流通并启用新币种的，按照新旧货币市场转换比例转换为新币种后进行计算。

六、扣缴义务人与非居民企业签订与企业所得税法第三条第三款规定的所得有关的业务合同时，凡合同中约定由扣缴义务人实际承担应纳税款的，应将非居民企业取得的不含税所得换算为含税所得计算并解缴应扣税款。

七、扣缴义务人应当自扣缴义务发生之日起 7 日内向扣缴义务人所在地主管税务机关申报和解缴代扣税款。扣缴义务人发生到期应支付而未支付情形，应按照《国家税务总局关于非居民企业所得税管理若干问题的公告》(国家税务总局公告 2011 年第 24 号)第一条规定进行税务处理。

非居民企业取得应源泉扣缴的所得为股息、红利等权益性投资收益的，相关应纳税款扣缴义务发生之日为股息、红利等权益性投资收益实际支付之日。

非居民企业采取分期收款方式取得应源泉扣缴所得税的同一项转让财产所得的，其分期收取的款项可先视为收回以前投资财产的成本，待成本全部收回后，再计算并扣缴应扣税款。

八、扣缴义务人在申报和解缴应扣税款时，应填报《中华人民共和国扣缴企业所得税报告表》。

扣缴义务人可以在申报和解缴应扣税款前报送有关申报资料；已经报送的，在申报时不再重复报送。

九、按照企业所得税法第三十七条规定应当扣缴的所得税，扣缴义务人未依法扣缴或者无法履行扣缴义务的，取得所得的非居民企业应当按照企业所得税法第三十九条规定，向所得发生地主管税务机关申报缴纳未扣缴税款，并填报《中华人民共和国扣缴企业所得税报告表》。

非居民企业未按照企业所得税法第三十九条规定申报缴纳税款的，税务机关可以责令限期缴纳，非居民企业应当按照税务机关确定的期限申报缴纳税款；非居民企业在税务机关责令限期缴纳前自行申报缴纳税款的，视为已按期缴纳税款。

十、非居民企业取得的同一项所得在境内存在多个所得发生地，涉及多个主管税务机关的，在按照企业所得税法第三十九条规定自行申报缴纳未扣缴税款时，可以选择一地办理本公告第九条规定的申报缴税事宜。受理申报地主管税务机关应在受理申报后 5 个工作日内，向扣缴义务人所在地和同一项所得其他发生地主管税务机关发送《非居民企业税务事项联络函》(见附件),告知非居民企业涉税事项。

十一、主管税务机关可以要求纳税人、扣缴义务人和其他知晓情况的相关方提供与应扣缴税款有关的合同和其他相关资料。扣缴义务人应当设立代扣代缴税款账簿和合同资料档案,准确记录非居民企业所得税扣缴情况。

十二、按照企业所得税法第三十七条规定应当扣缴的税款,扣缴义务人应扣未扣的,由扣缴义务人所在地主管税务机关依照《中华人民共和国行政处罚法》第二十三条规定责令扣缴义务人补扣税款,并依法追究扣缴义务人责任;需要向纳税人追缴税款的,由所得发生地主管税务机关依法执行。扣缴义务人所在地与所得发生地不一致的,负责追缴税款的所得发生地主管税务机关应通过扣缴义务人所在地主管税务机关核实有关情况;扣缴义务人所在地主管税务机关应当自确定应纳税款未依法扣缴之日起5个工作日内,向所得发生地主管税务机关发送《非居民企业税务事项联络函》,告知非居民企业涉税事项。

十三、主管税务机关在按照本公告第十二条规定追缴非居民企业应纳税款时,可以采取以下措施:

(一)责令该非居民企业限期申报缴纳应纳税款。

(二)收集、查实该非居民企业在中国境内其他收入项目及其支付人的相关信息,并向该其他项目支付人发出《税务事项通知书》,从该非居民企业其他收入项目款项中依照法定程序追缴欠缴税款及应缴的滞纳金。

其他项目支付人所在地与未扣税所得发生地不一致的,其他项目支付人所在地主管税务机关应给予配合和协助。

十四、按照本公告规定应当源泉扣缴税款的款项已经由扣缴义务人实际支付,但未在规定的期限内解缴应扣税款,并具有以下情形之一的,应作为税款已扣但未解缴情形,按照有关法律、行政法规规定处理:

(一)扣缴义务人已明确告知收款人已代扣税款的;

(二)已在财务会计处理中单独列示应扣税款的;

(三)已在其纳税申报中单独扣除或开始单独摊销扣除应扣税款的;

(四)其他证据证明已代扣税款的。

除上款规定情形外,按本公告规定应该源泉扣缴的税款未在规定的期限内解缴入库的,均作为应扣未扣税款情形,按照有关法律、行政法规规定处理。

十五、本公告与税收协定及其相关规定不一致的,按照税收协定及其相关规定执行。

十六、扣缴义务人所在地主管税务机关为扣缴义务人所得税主管税务机关。

对企业所得税法实施条例第七条规定的不同所得,所得发生地主管税务机关按以下原则确定:

(一)不动产转让所得,为不动产所在地国税机关。

(二)权益性投资资产转让所得,为被投资企业的所得税主管税务机关。

(三)股息、红利等权益性投资所得,为分配所得企业的所得税主管税务机关。

(四)利息所得、租金所得、特许权使用费所得,为负担、支付所得的单位或个人的所得税主管税务机关。

十七、本公告自2017年12月1日起施行。本公告第七条第二款和第三款、第九条第二款可以适用于在本公告施行前已经发生但未处理的所得。下列规定自2017年12月1日起废止：

（一）《国家税务总局关于印发〈非居民企业所得税源泉扣缴管理暂行办法〉的通知》（国税发〔2009〕3号）。

（二）《国家税务总局关于进一步加强非居民税收管理工作的通知》（国税发〔2009〕32号）第二条第（三）项中的以下表述：

"各地应按照《国家税务总局关于印发〈非居民企业所得税源泉扣缴管理暂行办法〉的通知》（国税发〔2009〕3号）规定，落实扣缴登记和合同备案制度，辅导扣缴义务人及时准确扣缴应纳税款，建立管理台账和管理档案，追缴漏税"。

（三）《国家税务总局关于加强税种征管促进堵漏增收的若干意见》（国税发〔2009〕85号）第四条第（二）项第3目中以下表述：

"按照《国家税务总局关于印发〈非居民企业所得税源泉扣缴管理暂行办法〉的通知》（国税发〔2009〕3号）规定，落实扣缴登记和合同备案制度，辅导扣缴义务人及时准确扣缴应纳税款，建立管理台账和管理档案"。

（四）《国家税务总局关于加强非居民企业股权转让所得企业所得税管理的通知》（国税函〔2009〕698号）。

（五）《国家税务总局关于印发〈非居民企业税收协同管理办法（试行）〉的通知》（国税发〔2010〕119号）第九条。

（六）《国家税务总局关于发布〈企业重组业务企业所得税管理办法〉的公告》（国家税务总局公告2010年第4号）第三十六条。

（七）《国家税务总局关于非居民企业所得税管理若干问题的公告》（国家税务总局公告2011年第24号）第五条和第六条。

（八）《国家税务总局关于发布〈非居民企业从事国际运输业务税收管理暂行办法〉的公告》（国家税务总局公告2014年第37号）第二条第三款中以下表述：

"和《国家税务总局关于印发〈非居民企业所得税源泉扣缴管理暂行办法〉的通知》（国税发〔2009〕3号）"。

（九）《国家税务总局关于非居民企业间接转让财产企业所得税若干问题的公告》（国家税务总局公告2015年第7号）第八条第二款。

特此公告。

附件：非居民企业税务事项联络函（略——编者注）

国家税务总局
2017年10月17日

全国人民代表大会常务委员会关于修改
《中华人民共和国企业所得税法》的决定

中华人民共和国主席令第 64 号

《全国人民代表大会常务委员会关于修改〈中华人民共和国企业所得税法〉的决定》已由中华人民共和国第十二届全国人民代表大会常务委员会第二十六次会议于 2017 年 2 月 24 日通过,现予公布,自公布之日起施行。

中华人民共和国主席　习近平
2017 年 2 月 24 日

第十二届全国人民代表大会常务委员会第二十六次会议决定对《中华人民共和国企业所得税法》作如下修改:

将第九条修改为:"企业发生的公益性捐赠支出,在年度利润总额 12% 以内的部分,准予在计算应纳税所得额时扣除;超过年度利润总额 12% 的部分,准予结转以后三年内在计算应纳税所得额时扣除。"

本决定自公布之日起施行。

《中华人民共和国企业所得税法》根据本决定作相应修改,重新公布。

中华人民共和国企业所得税法

第一章　总　则

第一条　在中华人民共和国境内,企业和其他取得收入的组织(以下统称企业)为企业所得税的纳税人,依照本法的规定缴纳企业所得税。

个人独资企业、合伙企业不适用本法。

第二条　企业分为居民企业和非居民企业。

本法所称居民企业,是指依法在中国境内成立,或者依照外国(地区)法律成立但实际管理机构在中国境内的企业。

本法所称非居民企业,是指依照外国(地区)法律成立且实际管理机构不在中国境内,但在中国境内设立机构、场所的,或者在中国境内未设立机构、场所,但有来源于中国境内所得的企业。

第三条 居民企业应当就其来源于中国境内、境外的所得缴纳企业所得税。

非居民企业在中国境内设立机构、场所的,应当就其所设机构、场所取得的来源于中国境内的所得,以及发生在中国境外但与其所设机构、场所有实际联系的所得,缴纳企业所得税。

非居民企业在中国境内未设立机构、场所的,或者虽设立机构、场所但取得的所得与其所设机构、场所没有实际联系的,应当就其来源于中国境内的所得缴纳企业所得税。

第四条 企业所得税的税率为25%。

非居民企业取得本法第三条第三款规定的所得,适用税率为20%。

第二章 应纳税所得额

第五条 企业每一纳税年度的收入总额,减除不征税收入、免税收入、各项扣除以及允许弥补的以前年度亏损后的余额,为应纳税所得额。

第六条 企业以货币形式和非货币形式从各种来源取得的收入,为收入总额。包括:

(一)销售货物收入;

(二)提供劳务收入;

(三)转让财产收入;

(四)股息、红利等权益性投资收益;

(五)利息收入;

(六)租金收入;

(七)特许权使用费收入;

(八)接受捐赠收入;

(九)其他收入。

第七条 收入总额中的下列收入为不征税收入:

(一)财政拨款;

(二)依法收取并纳入财政管理的行政事业性收费、政府性基金;

(三)国务院规定的其他不征税收入。

第八条 企业实际发生的与取得收入有关的、合理的支出,包括成本、费用、税金、损失和其他支出,准予在计算应纳税所得额时扣除。

第九条 企业发生的公益性捐赠支出,在年度利润总额12%以内的部分,准予在计算应纳税所得额时扣除;超过年度利润总额12%的部分,准予结转以后三年内在计算应纳税所得额时扣除。

第十条 在计算应纳税所得额时,下列支出不得扣除:

(一)向投资者支付的股息、红利等权益性投资收益款项;

(二)企业所得税税款;

(三)税收滞纳金;

（四）罚金、罚款和被没收财物的损失；
（五）本法第九条规定以外的捐赠支出；
（六）赞助支出；
（七）未经核定的准备金支出；
（八）与取得收入无关的其他支出。

第十一条 在计算应纳税所得额时，企业按照规定计算的固定资产折旧，准予扣除。

下列固定资产不得计算折旧扣除：

（一）房屋、建筑物以外未投入使用的固定资产；
（二）以经营租赁方式租入的固定资产；
（三）以融资租赁方式租出的固定资产；
（四）已足额提取折旧仍继续使用的固定资产；
（五）与经营活动无关的固定资产；
（六）单独估价作为固定资产入账的土地；
（七）其他不得计算折旧扣除的固定资产。

第十二条 在计算应纳税所得额时，企业按照规定计算的无形资产摊销费用，准予扣除。

下列无形资产不得计算摊销费用扣除：

（一）自行开发的支出已在计算应纳税所得额时扣除的无形资产；
（二）自创商誉；
（三）与经营活动无关的无形资产；
（四）其他不得计算摊销费用扣除的无形资产。

第十三条 在计算应纳税所得额时，企业发生的下列支出作为长期待摊费用，按照规定摊销的，准予扣除：

（一）已足额提取折旧的固定资产的改建支出；
（二）租入固定资产的改建支出；
（三）固定资产的大修理支出；
（四）其他应当作为长期待摊费用的支出。

第十四条 企业对外投资期间，投资资产的成本在计算应纳税所得额时不得扣除。

第十五条 企业使用或者销售存货，按照规定计算的存货成本，准予在计算应纳税所得额时扣除。

第十六条 企业转让资产，该项资产的净值，准予在计算应纳税所得额时扣除。

第十七条 企业在汇总计算缴纳企业所得税时，其境外营业机构的亏损不得抵减境内营业机构的盈利。

第十八条 企业纳税年度发生的亏损，准予向以后年度结转，用以后年度的所得弥补，但结转年限最长不得超过五年。

第十九条 非居民企业取得本法第三条第三款规定的所得，按照下列方法计算其应纳税所得额：

（一）股息、红利等权益性投资收益和利息、租金、特许权使用费所得，以收入全额为应纳税所得额；

（二）转让财产所得，以收入全额减除财产净值后的余额为应纳税所得额；

（三）其他所得，参照前两项规定的方法计算应纳税所得额。

第二十条 本章规定的收入、扣除的具体范围、标准和资产的税务处理的具体办法，由国务院财政、税务主管部门规定。

第二十一条 在计算应纳税所得额时，企业财务、会计处理办法与税收法律、行政法规的规定不一致的，应当依照税收法律、行政法规的规定计算。

第三章 应纳税额

第二十二条 企业的应纳税所得额乘以适用税率，减除依照本法关于税收优惠的规定减免和抵免的税额后的余额，为应纳税额。

第二十三条 企业取得的下列所得已在境外缴纳的所得税税额，可以从其当期应纳税额中抵免，抵免限额为该项所得依照本法规定计算的应纳税额；超过抵免限额的部分，可以在以后五个年度内，用每年度抵免限额抵免当年应抵税额后的余额进行抵补：

（一）居民企业来源于中国境外的应税所得；

（二）非居民企业在中国境内设立机构、场所，取得发生在中国境外但与该机构、场所有实际联系的应税所得。

第二十四条 居民企业从其直接或者间接控制的外国企业分得的来源于中国境外的股息、红利等权益性投资收益，外国企业在境外实际缴纳的所得税税额中属于该项所得负担的部分，可以作为该居民企业的可抵免境外所得税税额，在本法第二十三条规定的抵免限额内抵免。

第四章 税收优惠

第二十五条 国家对重点扶持和鼓励发展的产业和项目，给予企业所得税优惠。

第二十六条 企业的下列收入为免税收入：

（一）国债利息收入；

（二）符合条件的居民企业之间的股息、红利等权益性投资收益；

（三）在中国境内设立机构、场所的非居民企业从居民企业取得与该机构、场所有实际联系的股息、红利等权益性投资收益；

（四）符合条件的非营利组织的收入。

第二十七条 企业的下列所得，可以免征、减征企业所得税：

（一）从事农、林、牧、渔业项目的所得；

（二）从事国家重点扶持的公共基础设施项目投资经营的所得；

（三）从事符合条件的环境保护、节能节水项目的所得；

（四）符合条件的技术转让所得；

（五）本法第三条第三款规定的所得。

第二十八条 符合条件的小型微利企业,减按20%的税率征收企业所得税。

国家需要重点扶持的高新技术企业,减按15%的税率征收企业所得税。

第二十九条 民族自治地方的自治机关对本民族自治地方的企业应缴纳的企业所得税中属于地方分享的部分,可以决定减征或者免征。自治州、自治县决定减征或者免征的,须报省、自治区、直辖市人民政府批准。

第三十条 企业的下列支出,可以在计算应纳税所得额时加计扣除:

(一)开发新技术、新产品、新工艺发生的研究开发费用;

(二)安置残疾人员及国家鼓励安置的其他就业人员所支付的工资。

第三十一条 创业投资企业从事国家需要重点扶持和鼓励的创业投资,可以按投资额的一定比例抵扣应纳税所得额。

第三十二条 企业的固定资产由于技术进步等原因,确需加速折旧的,可以缩短折旧年限或者采取加速折旧的方法。

第三十三条 企业综合利用资源,生产符合国家产业政策规定的产品所取得的收入,可以在计算应纳税所得额时减计收入。

第三十四条 企业购置用于环境保护、节能节水、安全生产等专用设备的投资额,可以按一定比例实行税额抵免。

第三十五条 本法规定的税收优惠的具体办法,由国务院规定。

第三十六条 根据国民经济和社会发展的需要,或者由于突发事件等原因对企业经营活动产生重大影响的,国务院可以制定企业所得税专项优惠政策,报全国人民代表大会常务委员会备案。

第五章 源泉扣缴

第三十七条 对非居民企业取得本法第三条第三款规定的所得应缴纳的所得税,实行源泉扣缴,以支付人为扣缴义务人。税款由扣缴义务人在每次支付或者到期应支付时,从支付或者到期应支付的款项中扣缴。

第三十八条 对非居民企业在中国境内取得工程作业和劳务所得应缴纳的所得税,税务机关可以指定工程价款或者劳务费的支付人为扣缴义务人。

第三十九条 依照本法第三十七条、第三十八条规定应当扣缴的所得税,扣缴义务人未依法扣缴或者无法履行扣缴义务的,由纳税人在所得发生地缴纳。纳税人未依法缴纳的,税务机关可以从该纳税人在中国境内其他收入项目的支付人应付的款项中,追缴该纳税人的应纳税款。

第四十条 扣缴义务人每次代扣的税款,应当自代扣之日起七日内缴入国库,并向所在地的税务机关报送扣缴企业所得税报告表。

第六章 特别纳税调整

第四十一条 企业与其关联方之间的业务往来,不符合独立交易原则而减少企业或者其关联方应纳税收入或者所得额的,税务机关有权按照合理方法调整。

企业与其关联方共同开发、受让无形资产,或者共同提供、接受劳务发生的成本,在计算应纳税所得额时应当按照独立交易原则进行分摊。

第四十二条 企业可以向税务机关提出与其关联方之间业务往来的定价原则和计算方法,税务机关与企业协商、确认后,达成预约定价安排。

第四十三条 企业向税务机关报送年度企业所得税纳税申报表时,应当就其与关联方之间的业务往来,附送年度关联业务往来报告表。

税务机关在进行关联业务调查时,企业及其关联方,以及与关联业务调查有关的其他企业,应当按照规定提供相关资料。

第四十四条 企业不提供与其关联方之间业务往来资料,或者提供虚假、不完整资料,未能真实反映其关联业务往来情况的,税务机关有权依法核定其应纳税所得额。

第四十五条 由居民企业,或者由居民企业和中国居民控制的设立在实际税负明显低于本法第四条第一款规定税率水平的国家(地区)的企业,并非由于合理的经营需要而对利润不作分配或者减少分配的,上述利润中应归属于该居民企业的部分,应当计入该居民企业的当期收入。

第四十六条 企业从其关联方接受的债权性投资与权益性投资的比例超过规定标准而发生的利息支出,不得在计算应纳税所得额时扣除。

第四十七条 企业实施其他不具有合理商业目的的安排而减少其应纳税收入或者所得额的,税务机关有权按照合理方法调整。

第四十八条 税务机关依照本章规定作出纳税调整,需要补征税款的,应当补征税款,并按照国务院规定加收利息。

第七章 征 收 管 理

第四十九条 企业所得税的征收管理除本法规定外,依照《中华人民共和国税收征收管理法》的规定执行。

第五十条 除税收法律、行政法规另有规定外,居民企业以企业登记注册地为纳税地点;但登记注册地在境外的,以实际管理机构所在地为纳税地点。

居民企业在中国境内设立不具有法人资格的营业机构的,应当汇总计算并缴纳企业所得税。

第五十一条 非居民企业取得本法第三条第二款规定的所得,以机构、场所所在地为纳税地点。非居民企业在中国境内设立两个或者两个以上机构、场所的,经税务机关审核批准,可以选择由其主要机构、场所汇总缴纳企业所得税。

非居民企业取得本法第三条第三款规定的所得,以扣缴义务人所在地为纳税地点。

第五十二条 除国务院另有规定外,企业之间不得合并缴纳企业所得税。

第五十三条 企业所得税按纳税年度计算。纳税年度自公历1月1日起至12月31日止。

企业在一个纳税年度中间开业,或者终止经营活动,使该纳税年度的实际经营期不足十二个月的,应当以其实际经营期为一个纳税年度。

企业依法清算时,应当以清算期间作为一个纳税年度。

第五十四条 企业所得税分月或者分季预缴。

企业应当自月份或者季度终了之日起十五日内,向税务机关报送预缴企业所得税纳税申报表,预缴税款。

企业应当自年度终了之日起五个月内,向税务机关报送年度企业所得税纳税申报表,并汇算清缴,结清应缴应退税款。

企业在报送企业所得税纳税申报表时,应当按照规定附送财务会计报告和其他有关资料。

第五十五条 企业在年度中间终止经营活动的,应当自实际经营终止之日起六十日内,向税务机关办理当期企业所得税汇算清缴。

企业应当在办理注销登记前,就其清算所得向税务机关申报并依法缴纳企业所得税。

第五十六条 依照本法缴纳的企业所得税,以人民币计算。所得以人民币以外的货币计算的,应当折合成人民币计算并缴纳税款。

第八章 附 则

第五十七条 本法公布前已经批准设立的企业,依照当时的税收法律、行政法规规定,享受低税率优惠的,按照国务院规定,可以在本法施行后五年内,逐步过渡到本法规定的税率;享受定期减免税优惠的,按照国务院规定,可以在本法施行后继续享受到期满为止,但因未获利而尚未享受优惠的,优惠期限从本法施行年度起计算。

法律设置的发展对外经济合作和技术交流的特定地区内,以及国务院已规定执行上述地区特殊政策的地区内新设立的国家需要重点扶持的高新技术企业,可以享受过渡性税收优惠,具体办法由国务院规定。

国家已确定的其他鼓励类企业,可以按照国务院规定享受减免税优惠。

第五十八条 中华人民共和国政府同外国政府订立的有关税收的协定与本法有不同规定的,依照协定的规定办理。

第五十九条 国务院根据本法制定实施条例。

第六十条 本法自 2008 年 1 月 1 日起施行。1991 年 4 月 9 日第七届全国人民代表大会第四次会议通过的《中华人民共和国外商投资企业和外国企业所得税法》和 1993 年 12 月 13 日国务院发布的《中华人民共和国企业所得税暂行条例》同时废止。

（二）增值税

国家税务总局关于统一小规模纳税人标准等若干增值税问题的公告

国家税务总局公告 2018 年第 18 号

现将统一小规模纳税人标准等若干增值税问题公告如下：

一、同时符合以下条件的一般纳税人，可选择按照《财政部、税务总局关于统一增值税小规模纳税人标准的通知》（财税〔2018〕33号）第二条的规定，转登记为小规模纳税人，或选择继续作为一般纳税人：

（一）根据《中华人民共和国增值税暂行条例》第十三条和《中华人民共和国增值税暂行条例实施细则》第二十八条的有关规定，登记为一般纳税人。

（二）转登记日前连续12个月（以1个月为1个纳税期，下同）或者连续4个季度（以1个季度为1个纳税期，下同）累计应征增值税销售额（以下称应税销售额）未超过500万元。

转登记日前经营期不满12个月或者4个季度的，按照月（季度）平均应税销售额估算上款规定的累计应税销售额。

应税销售额的具体范围，按照《增值税一般纳税人登记管理办法》（国家税务总局令第43号）和《国家税务总局关于增值税一般纳税人登记管理若干事项的公告》（国家税务总局公告2018年第6号）的有关规定执行。

二、符合本公告第一条规定的纳税人，向主管税务机关填报《一般纳税人转为小规模纳税人登记表》（表样见附件），并提供税务登记证件；已实行实名办税的纳税人，无需提供税务登记证件。主管税务机关根据下列情况分别作出处理：

（一）纳税人填报内容与税务登记、纳税申报信息一致的，主管税务机关当场办理。

（二）纳税人填报内容与税务登记、纳税申报信息不一致，或者不符合填列要求的，主管税务机关应当场告知纳税人需要补正的内容。

三、一般纳税人转登记为小规模纳税人（以下称转登记纳税人）后，自转登记日的下期起，按照简易计税方法计算缴纳增值税；转登记日当期仍按照一般纳税人的有关规定计算缴纳增值税。

四、转登记纳税人尚未申报抵扣的进项税额以及转登记日当期的期末留抵税额，计入"应交税费—待抵扣进项税额"核算。

尚未申报抵扣的进项税额计入"应交税费—待抵扣进项税额"时：

（一）转登记日当期已经取得的增值税专用发票、机动车销售统一发票、收费公路通行费增值税电子普通发票,应当已经通过增值税发票选择确认平台进行选择确认或认证后稽核比对相符;经稽核比对异常的,应当按照现行规定进行核查处理。已经取得的海关进口增值税专用缴款书,经稽核比对相符的,应当自行下载《海关进口增值税专用缴款书稽核结果通知书》;经稽核比对异常的,应当按照现行规定进行核查处理。

(二)转登记日当期尚未取得的增值税专用发票、机动车销售统一发票、收费公路通行费增值税电子普通发票,转登记纳税人在取得上述发票以后,应当持税控设备,由主管税务机关通过增值税发票选择确认平台(税务局端)为其办理选择确认。尚未取得的海关进口增值税专用缴款书,转登记纳税人在取得以后,经稽核比对相符的,应当由主管税务机关通过稽核系统为其下载《海关进口增值税专用缴款书稽核结果通知书》;经稽核比对异常的,应当按照现行规定进行核查处理。

五、转登记纳税人在一般纳税人期间销售或者购进的货物、劳务、服务、无形资产、不动产,自转登记日的下期起发生销售折让、中止或者退回的,调整转登记日当期的销项税额、进项税额和应纳税额。

(一)调整后的应纳税额小于转登记日当期申报的应纳税额形成的多缴税款,从发生销售折让、中止或者退回当期的应纳税额中抵减;不足抵减的,结转下期继续抵减。

(二)调整后的应纳税额大于转登记日当期申报的应纳税额形成的少缴税款,从"应交税费—待抵扣进项税额"中抵减;抵减后仍有余额的,计入发生销售折让、中止或者退回当期的应纳税额一并申报缴纳。

转登记纳税人因税务稽查、补充申报等原因,需要对一般纳税人期间的销项税额、进项税额和应纳税额进行调整的,按照上述规定处理。

转登记纳税人应准确核算"应交税费—待抵扣进项税额"的变动情况。

六、转登记纳税人可以继续使用现有税控设备开具增值税发票,不需要缴销税控设备和增值税发票。

转登记纳税人自转登记日的下期起,发生增值税应税销售行为,应当按照征收率开具增值税发票;转登记日前已作增值税专用发票票种核定的,继续通过增值税发票管理系统自行开具增值税专用发票;销售其取得的不动产,需要开具增值税专用发票的,应当按照有关规定向税务机关申请代开。

七、转登记纳税人在一般纳税人期间发生的增值税应税销售行为,未开具增值税发票需要补开的,应当按照原适用税率或者征收率补开增值税发票;发生销售折让、中止或者退回等情形,需要开具红字发票的,按照原蓝字发票记载的内容开具红字发票;开票有误需要重新开具的,先按照原蓝字发票记载的内容开具红字发票后,再重新开具正确的蓝字发票。

转登记纳税人发生上述行为,需要按照原适用税率开具增值税发票的,应当在互联网连接状态下开具。按照有关规定不使用网络办税的特定纳税人,可以通过离线方式开具增值税发票。

八、自转登记日的下期起连续不超过12个月或者连续不超过4个季度的经营期内,转登记纳税人应税销售额超过财政部、国家税务总局规定的小规模纳税人标准的,应当按照《增值税一般纳税人登记管理办法》(国家税务总局令第43号)的有关规定,向主管税务机关办理一般纳税人登记。

转登记纳税人按规定再次登记为一般纳税人后,不得再转登记为小规模纳税人。

九、一般纳税人在增值税税率调整前已按原适用税率开具的增值税发票,发生销售折让、中止或者退回等情形需要开具红字发票的,按照原适用税率开具红字发票;开票有误需要重新开具的,先按照原适用税率开具红字发票后,再重新开具正确的蓝字发票。

一般纳税人在增值税税率调整前未开具增值税发票的增值税应税销售行为,需要补开增值税发票的,应当按照原适用税率补开。

增值税发票税控开票软件税率栏次默认显示调整后税率,一般纳税人发生上述行为可以手工选择原适用税率开具增值税发票。

十、国家税务总局在增值税发票管理系统中更新了《商品和服务税收分类编码表》,纳税人应当按照更新后的《商品和服务税收分类编码表》开具增值税发票。

转登记纳税人和一般纳税人应当及时完成增值税发票税控开票软件升级、税控设备变更发行和自身业务系统调整。

十一、本公告自2018年5月1日起施行。《国家税务总局关于增值税一般纳税人登记管理若干事项的公告》(国家税务总局公告2018年第6号)第七条同时废止。

特此公告。

附件:一般纳税人转为小规模纳税人登记表(略——编者注)

国家税务总局
2018年4月20日

国家税务总局关于调整增值税纳税申报有关事项的公告

国家税务总局公告2018年第17号

为做好增值税税率调整工作,国家税务总局对增值税纳税申报有关事项进行了明确,现公告如下:

一、将《国家税务总局关于调整增值税纳税申报有关事项的公告》(国家税务总局公告2017年第19号)附件1中的《增值税纳税申报表附列资料(一)》(本期销售情况明细)中的第1栏、第2栏、第4a栏、第4b栏项目名称分别调整为"16%税率的货物及加工修理修配劳务""16%税率的服务、不动产和无形资产""10%税率的货物及加工修理修配劳务""10%税率的服务、不动产和无形资产"。同时,第3栏"13%税率"相关列次不再填写。调整后的表式见附件1。

本公告施行后，纳税人申报适用17%、11%的原增值税税率应税项目时，按照申报表调整前后的对应关系，分别填写相关栏次。

二、将《国家税务总局关于全面推开营业税改征增值税试点后增值税纳税申报有关事项的公告》（国家税务总局公告2016年第13号）附件1中的《增值税纳税申报表附列资料（三）》（服务、不动产和无形资产扣除项目明细）中的第1栏、第2栏项目名称分别调整为"16%税率的项目""10%税率的项目"。调整后的表式见附件2。

三、在国家税务总局公告2016年第13号附件2《〈增值税纳税申报表（一般纳税人适用）〉及其附列资料填写说明》中的《增值税纳税申报表附列资料（一）》（本期销售情况明细）填写说明第（二）项"各列说明"中第14列"扣除后""销项（应纳）税额"的表述中增加以下内容：

第2行、第4b行14列公式为：若本行第12列为0，则该行次第14列等于第10列。若本行第12列不为0，则仍按照第14列所列公式计算。计算后的结果与纳税人实际计提销项税额有差异的，按实际填写。

四、本公告自2018年6月1日起施行。国家税务总局公告2017年第19号附件1中的《增值税纳税申报表附列资料（一）》（本期销售情况明细）和国家税务总局公告2016年第13号附件1中的《增值税纳税申报表附列资料（三）》（服务、不动产和无形资产扣除项目明细）同时废止。

特此公告。

附件：1.《增值税纳税申报表附列资料（一）》（本期销售情况明细）（略——编者注）
　　　2.《增值税纳税申报表附列资料（三）》（服务、不动产和无形资产扣除项目明细）（略——编者注）

国家税务总局
2018年4月19日

财政部、税务总局关于统一增值税小规模纳税人标准的通知

财税〔2018〕33号

各省、自治区、直辖市、计划单列市财政厅（局）、国家税务局、地方税务局，新疆生产建设兵团财政局：

为完善增值税制度,进一步支持中小微企业发展,现将统一增值税小规模纳税人标准有关事项通知如下:

一、增值税小规模纳税人标准为年应征增值税销售额500万元及以下。

二、按照《中华人民共和国增值税暂行条例实施细则》第二十八条规定已登记为增值税一般纳税人的单位和个人,在2018年12月31日前,可转登记为小规模纳税人,其未抵扣的进项税额作转出处理。

三、本通知自2018年5月1日起执行。

财政部
税务总局
2018年4月4日

财政部、税务总局关于调整增值税税率的通知

财税〔2018〕32号

各省、自治区、直辖市、计划单列市财政厅(局)、国家税务局、地方税务局,新疆生产建设兵团财政局:

为完善增值税制度,现将调整增值税税率有关政策通知如下:

一、纳税人发生增值税应税销售行为或者进口货物,原适用17%和11%税率的,税率分别调整为16%、10%。

二、纳税人购进农产品,原适用11%扣除率的,扣除率调整为10%。

三、纳税人购进用于生产销售或委托加工16%税率货物的农产品,按照12%的扣除率计算进项税额。

四、原适用17%税率且出口退税率为17%的出口货物,出口退税率调整至16%。原适用11%税率且出口退税率为11%的出口货物、跨境应税行为,出口退税率调整至10%。

五、外贸企业2018年7月31日前出口的第四条所涉货物、销售的第四条所涉跨境应税行为,购进时已按调整前税率征收增值税的,执行调整前的出口退税率;购进时已按调整后税率征收增值税的,执行调整后的出口退税率。生产企业2018年7月31日前出口的第四条所涉货物、销售的第四条所涉跨境应税行为,执行调整前的出口退税率。

调整出口货物退税率的执行时间及出口货物的时间,以出口货物报关单上注明的出口日期为准,调整跨境应税行为退税率的执行时间及销售跨境应税行为的时间,以出口发票的开具日期为准。

六、本通知自2018年5月1日起执行。此前有关规定与本通知规定的增值税税率、扣除率、出口退税率不一致的,以本通知为准。

七、各地要高度重视增值税税率调整工作，做好实施前的各项准备以及实施过程中的监测分析、宣传解释等工作，确保增值税税率调整工作平稳、有序推进。如遇问题，请及时上报财政部和税务总局。

财政部
税务总局
2018年4月4日

国家税务总局关于跨境应税行为免税备案等增值税问题的公告[*]

国家税务总局公告2017年第30号

现将跨境应税行为免税备案等增值税问题公告如下：

一、纳税人发生跨境应税行为，按照《国家税务总局关于发布〈营业税改征增值税跨境应税行为增值税免税管理办法（试行）〉的公告》（国家税务总局公告2016年第29号）的规定办理免税备案手续后发生的相同跨境应税行为，不再办理备案手续。纳税人应当完整保存相关免税证明材料备查。纳税人在税务机关后续管理中不能提供上述材料的，不得享受相关免税政策，对已享受的减免税款应予补缴，并依照《中华人民共和国税收征收管理法》的有关规定处理。

二、纳税人以承运人身份与托运人签订运输服务合同，收取运费并承担承运人责任，然后委托实际承运人完成全部或部分运输服务时，自行采购并交给实际承运人使用的成品油和支付的道路、桥、闸通行费，同时符合下列条件的，其进项税额准予从销项税额中抵扣：

（一）成品油和道路、桥、闸通行费，应用于纳税人委托实际承运人完成的运输服务；

（二）取得的增值税扣税凭证符合现行规定。

三、其他个人委托房屋中介、住房租赁企业等单位出租不动产，需要向承租方开具增值税发票的，可以由受托单位代其向主管地税机关按规定申请代开增值税发票。

四、自2018年1月1日起，金融机构开展贴现、转贴现业务需要就贴现利息开具发票的，由贴现机构按照票据贴现利息全额向贴现人开具增值税普通发票，转贴现机构按照转贴现利息全额向贴现机构开具增值税普通发票。

五、本公告除第四条外，自2017年9月1日起施行，此前已发生未处理的事项，按照本

---

* 本公告第三条已被2018年6月15日发布的国家税务总局《关于修改部分税收规范性文件的公告》修改。

公告规定执行。

特此公告。

国家税务总局
2017年8月14日

财政部、国家税务总局关于简并增值税税率有关政策的通知

财税〔2017〕37号

各省、自治区、直辖市、计划单列市财政厅（局）、国家税务局、地方税务局，新疆生产建设兵团财务局：

自2017年7月1日起，简并增值税税率结构，取消13%的增值税税率。现将有关政策通知如下：

一、纳税人销售或者进口下列货物，税率为11%：

农产品（含粮食）、自来水、暖气、石油液化气、天然气、食用植物油、冷气、热水、煤气、居民用煤炭制品、食用盐、农机、饲料、农药、农膜、化肥、沼气、二甲醚、图书、报纸、杂志、音像制品、电子出版物。

上述货物的具体范围见本通知附件1。

二、纳税人购进农产品，按下列规定抵扣进项税额：

（一）除本条第（二）项规定外，纳税人购进农产品，取得一般纳税人开具的增值税专用发票或海关进口增值税专用缴款书的，以增值税专用发票或海关进口增值税专用缴款书上注明的增值税额为进项税额；从按照简易计税方法依照3%征收率计算缴纳增值税的小规模纳税人取得增值税专用发票的，以增值税专用发票上注明的金额和11%的扣除率计算进项税额；取得（开具）农产品销售发票或收购发票的，以农产品销售发票或收购发票上注明的农产品买价和11%的扣除率计算进项税额。

（二）营业税改征增值税试点期间，纳税人购进用于生产销售或委托受托加工17%税率货物的农产品维持原扣除力度不变。

（三）继续推进农产品增值税进项税额核定扣除试点，纳税人购进农产品进项税额已实行核定扣除的，仍按照《财政部、国家税务总局关于在部分行业试行农产品增值税进项税额核定扣除办法的通知》（财税〔2012〕38号）、《财政部、国家税务总局关于扩大农产品增值税进项税额核定扣除试点行业范围的通知》（财税〔2013〕57号）执行。其中，《农产品增值税进项税额核定扣除试点实施办法》（财税〔2012〕38号印发）第四条第（二）项规定的扣除率

调整为11%;第(三)项规定的扣除率调整为按本条第(一)项、第(二)项规定执行。

(四)纳税人从批发、零售环节购进适用免征增值税政策的蔬菜、部分鲜活肉蛋而取得的普通发票,不得作为计算抵扣进项税额的凭证。

(五)纳税人购进农产品既用于生产销售或委托受托加工17%税率货物又用于生产销售其他货物服务的,应当分别核算用于生产销售或委托受托加工17%税率货物和其他货物服务的农产品进项税额。未分别核算的,统一以增值税专用发票或海关进口增值税专用缴款书上注明的增值税额为进项税额,或以农产品收购发票或销售发票上注明的农产品买价和11%的扣除率计算进项税额。

(六)《中华人民共和国增值税暂行条例》第八条第二款第(三)项和本通知所称销售发票,是指农业生产者销售自产农产品适用免征增值税政策而开具的普通发票。

三、本通知附件2所列货物的出口退税率调整为11%。出口货物适用的出口退税率,以出口货物报关单上注明的出口日期界定。

外贸企业2017年8月31日前出口本通知附件2所列货物,购进时已按13%税率征收增值税的,执行13%出口退税率;购进时已按11%税率征收增值税的,执行11%出口退税率。生产企业2017年8月31日前出口本通知附件2所列货物,执行13%出口退税率。出口货物的时间,按照出口货物报关单上注明的出口日期执行。

四、本通知自2017年7月1日起执行。此前有关规定与本通知规定的增值税税率、扣除率、相关货物具体范围不一致的,以本通知为准。《财政部、国家税务总局关于免征部分鲜活肉蛋产品流通环节增值税政策的通知》(财税〔2012〕75号)第三条同时废止。

五、各地要高度重视简并增值税税率工作,切实加强组织领导,周密安排,明确责任。做好实施前的各项准备以及实施过程中的监测分析、宣传解释等工作,确保简并增值税税率平稳、有序推进。遇到问题请及时向财政部和税务总局反映。

附件:1.适用11%增值税税率货物范围注释(略——编者注)
   2.出口退税率调整产品清单(略——编者注)

财政部
国家税务总局
2017年4月28日

国家税务总局关于增值税一般纳税人
登记管理若干事项的公告

国家税务总局公告2018年第6号

为了贯彻实施《增值税一般纳税人登记管理办法》（国家税务总局令第43号，以下简称《办法》），现将有关事项公告如下：

一、《办法》第二条所称"经营期"是指在纳税人存续期内的连续经营期间，含未取得销售收入的月份或季度。

二、《办法》第二条所称"纳税申报销售额"是指纳税人自行申报的全部应征增值税销售额，其中包括免税销售额和税务机关代开发票销售额。"稽查查补销售额"和"纳税评估调整销售额"计入查补税款申报当月（或当季）的销售额，不计入税款所属期销售额。

三、《办法》第四条第二项所称的"其他个人"是指自然人。

四、《办法》第六条第一项所称的"固定生产经营场所"信息是指填写在《增值税一般纳税人登记表》"生产经营地址"栏次中的内容。

五、《办法》第六条第一项所称的"税务登记证件"，包括纳税人领取的由工商行政管理部门或者其他主管部门核发的加载法人和其他组织统一社会信用代码的相关证件。

六、《办法》第八条规定主管税务机关制作的《税务事项通知书》中，需告知纳税人的内容应当包括：纳税人年应税销售额已超过规定标准，应在收到《税务事项通知书》后5日内向税务机关办理增值税一般纳税人登记手续或者选择按照小规模纳税人纳税的手续；逾期未办理的，自通知时限期满的次月起按销售额依照增值税税率计算应纳税额，不得抵扣进项税额，直至纳税人办理相关手续为止。

七、纳税人兼有销售货物、提供加工修理修配劳务（以下称"应税货物及劳务"）和销售服务、无形资产、不动产（以下称"应税行为"）的，应税货物及劳务销售额与应税行为销售额分别计算，分别适用增值税一般纳税人登记标准，其中有一项销售额超过规定标准，就应当按照规定办理增值税一般纳税人登记相关手续。*

八、经税务机关核对后退还纳税人留存的《增值税一般纳税人登记表》，可以作为证明纳税人成为增值税一般纳税人的凭据。

九、《办法》中所规定期限的最后一日是法定休假日的，以休假日期满的次日为期限的最后一日；在期限内有连续3日以上（含3日）法定休假日的，按休假日天数顺延。

十、本公告自2018年2月1日起施行。《国家税务总局关于明确〈增值税一般纳税人资

---

* 本公告第七条已被国家税务总局《关于统一小规模纳税人标准等若干增值税问题的公告》废止。

格认定管理办法〉若干条款处理意见的通知》(国税函〔2010〕139号)、《国家税务总局关于调整增值税一般纳税人管理有关事项的公告》(国家税务总局公告2015年第18号)、《国家税务总局关于"三证合一"登记制度改革涉及增值税一般纳税人管理有关事项的公告》(国家税务总局公告2015年第74号)、《国家税务总局关于全面推开营业税改征增值税试点有关税收征收管理事项的公告》(国家税务总局公告2016年第23号)第二条同时废止。

特此公告。

国家税务总局
2018年1月29日

增值税一般纳税人登记管理办法

国家税务总局令第43号

《增值税一般纳税人登记管理办法》已经2017年11月30日国家税务总局2017年度第2次局务会议审议通过,现予公布,自2018年2月1日起施行。

附件:1.增值税一般纳税人登记表(略——编者注)
2.选择按小规模纳税人纳税的情况说明(略——编者注)

国家税务总局局长:王军
2017年12月29日

增值税一般纳税人登记管理办法

第一条 为了做好增值税一般纳税人(以下简称"一般纳税人")登记管理,根据《中华人民共和国增值税暂行条例》及其实施细则有关规定,制定本办法。

第二条 增值税纳税人(以下简称"纳税人"),年应税销售额超过财政部、国家税务总局规定的小规模纳税人标准(以下简称"规定标准")的,除本办法第四条规定外,应当向主管税务机关办理一般纳税人登记。

本办法所称年应税销售额,是指纳税人在连续不超过12个月或四个季度的经营期内累计应征增值税销售额,包括纳税申报销售额、稽查查补销售额、纳税评估调整销售额。

销售服务、无形资产或者不动产(以下简称"应税行为")有扣除项目的纳税人,其应税行为年应税销售额按未扣除之前的销售额计算。纳税人偶然发生的销售无形资产、转让不动产的销售额，不计入应税行为年应税销售额。

第三条 年应税销售额未超过规定标准的纳税人，会计核算健全，能够提供准确税务资料的，可以向主管税务机关办理一般纳税人登记。

本办法所称会计核算健全，是指能够按照国家统一的会计制度规定设置账簿，根据合法、有效凭证进行核算。

第四条 下列纳税人不办理一般纳税人登记：

（一）按照政策规定，选择按照小规模纳税人纳税的；

（二）年应税销售额超过规定标准的其他个人。

第五条 纳税人应当向其机构所在地主管税务机关办理一般纳税人登记手续。

第六条 纳税人办理一般纳税人登记的程序如下：

（一）纳税人向主管税务机关填报《增值税一般纳税人登记表》（附件1），如实填写固定生产经营场所等信息，并提供税务登记证件；

（二）纳税人填报内容与税务登记信息一致的，主管税务机关当场登记；

（三）纳税人填报内容与税务登记信息不一致，或者不符合填列要求的，税务机关应当场告知纳税人需要补正的内容。

第七条 年应税销售额超过规定标准的纳税人符合本办法第四条第一项规定的，应当向主管税务机关提交书面说明（附件2）。

第八条 纳税人在年应税销售额超过规定标准的月份（或季度）的所属申报期结束后15日内按照本办法第六条或者第七条的规定办理相关手续；未按规定时限办理的，主管税务机关应当在规定时限结束后5日内制作《税务事项通知书》，告知纳税人应当在5日内向主管税务机关办理相关手续；逾期仍不办理的，次月起按销售额依照增值税税率计算应纳税额，不得抵扣进项税额，直至纳税人办理相关手续为止。

第九条 纳税人自一般纳税人生效之日起，按照增值税一般计税方法计算应纳税额，并可以按照规定领用增值税专用发票，财政部、国家税务总局另有规定的除外。

本办法所称的生效之日，是指纳税人办理登记的当月1日或者次月1日，由纳税人在办理登记手续时自行选择。

第十条 纳税人登记为一般纳税人后，不得转为小规模纳税人，国家税务总局另有规定的除外。

第十一条 主管税务机关应当加强对税收风险的管理。对税收遵从度低的一般纳税人，主管税务机关可以实行纳税辅导期管理，具体办法由国家税务总局另行制定。

第十二条 本办法自2018年2月1日起施行，《增值税一般纳税人资格认定管理办法》（国家税务总局令第22号公布）同时废止。

财政部、税务总局关于租入固定资产进项税额抵扣等增值税政策的通知

财税〔2017〕90号

各省、自治区、直辖市、计划单列市财政厅(局)、国家税务局、地方税务局,新疆生产建设兵团财务局:

现将租入固定资产进项税额抵扣等增值税政策通知如下:

一、自2018年1月1日起,纳税人租入固定资产、不动产,既用于一般计税方法计税项目,又用于简易计税方法计税项目、免征增值税项目、集体福利或者个人消费的,其进项税额准予从销项税额中全额抵扣。

二、自2018年1月1日起,纳税人已售票但客户逾期未消费取得的运输逾期票证收入,按照"交通运输服务"缴纳增值税。纳税人为客户办理退票而向客户收取的退票费、手续费等收入,按照"其他现代服务"缴纳增值税。

三、自2018年1月1日起,航空运输销售代理企业提供境外航段机票代理服务,以取得的全部价款和价外费用,扣除向客户收取并支付给其他单位或者个人的境外航段机票结算款和相关费用后的余额为销售额。其中,支付给境内单位或者个人的款项,以发票或行程单为合法有效凭证;支付给境外单位或者个人的款项,以签收单据为合法有效凭证,税务机关对签收单据有疑义的,可以要求其提供境外公证机构的确认证明。

航空运输销售代理企业,是指根据《航空运输销售代理资质认可办法》取得中国航空运输协会颁发的"航空运输销售代理业务资质认可证书",接受中国航空运输企业或通航中国的外国航空运输企业委托,依照双方签订的委托销售代理合同提供代理服务的企业。

四、自2016年5月1日至2017年6月30日,纳税人采取转包、出租、互换、转让、入股等方式将承包地流转给农业生产者用于农业生产,免征增值税。本通知下发前已征的增值税,可抵减以后月份应缴纳的增值税,或办理退税。

五、根据《财政部、税务总局关于资管产品增值税有关问题的通知》(财税〔2017〕56号)有关规定,自2018年1月1日起,资管产品管理人运营资管产品提供的贷款服务、发生的部分金融商品转让业务,按照以下规定确定销售额:

(一)提供贷款服务,以2018年1月1日起产生的利息及利息性质的收入为销售额;

(二)转让2017年12月31日前取得的股票(不包括限售股)、债券、基金、非货物期货,可以选择按照实际买入价计算销售额,或者以2017年最后一个交易日的股票收盘价(2017年最后一个交易日处于停牌期间的股票,为停牌前最后一个交易日收盘价)、债券估值(中债金融估值中心有限公司或中证指数有限公司提供的债券估值)、基金份额净值、非货物期货

结算价格作为买入价计算销售额。

六、自2018年1月1日至2019年12月31日,纳税人为农户、小型企业、微型企业及个体工商户借款、发行债券提供融资担保取得的担保费收入,以及为上述融资担保(以下称"原担保")提供再担保取得的再担保费收入,免征增值税。再担保合同对应多个原担保合同的,原担保合同应全部适用免征增值税政策。否则,再担保合同应按规定缴纳增值税。

纳税人应将相关免税证明材料留存备查,单独核算符合免税条件的融资担保费和再担保费收入,按现行规定向主管税务机关办理纳税申报;未单独核算的,不得免征增值税。

农户,是指长期(一年以上)居住在乡镇(不包括城关镇)行政管理区域内的住户,还包括长期居住在城关镇所辖行政村范围内的住户和户口不在本地而在本地居住一年以上的住户,国有农场的职工。位于乡镇(不包括城关镇)行政管理区域内和在城关镇所辖行政村范围内的国有经济的机关、团体、学校、企事业单位的集体户;有本地户口,但举家外出谋生一年以上的住户,无论是否保留承包耕地均不属于农户。农户以户为统计单位,既可以从事农业生产经营,也可以从事非农业生产经营。农户担保、再担保的判定应以原担保生效时的被担保人是否属于农户为准。

小型企业、微型企业,是指符合《中小企业划型标准规定》(工信部联企业〔2011〕300号)的小型企业和微型企业。其中,资产总额和从业人员指标均以原担保生效时的实际状态确定;营业收入指标以原担保生效前12个自然月的累计数确定,不满12个自然月的,按照以下公式计算:

营业收入(年) = 企业实际存续期间营业收入/企业实际存续月数×12

《财政部、税务总局关于全面推开营业税改征增值税试点的通知》(财税〔2016〕36号)附件3《营业税改征增值税试点过渡政策的规定》第一条第(二十四)款规定的中小企业信用担保增值税免税政策自2018年1月1日起停止执行。纳税人享受中小企业信用担保增值税免税政策在2017年12月31日前未满3年的,可以继续享受至3年期满为止。

七、自2018年1月1日起,纳税人支付的道路、桥、闸通行费,按照以下规定抵扣进项税额:

(一)纳税人支付的道路通行费,按照收费公路通行费增值税电子普通发票上注明的增值税额抵扣进项税额。

2018年1月1日至6月30日,纳税人支付的高速公路通行费,如暂未能取得收费公路通行费增值税电子普通发票,可凭取得的通行费发票(不含财政票据,下同)上注明的收费金额按照下列公式计算可抵扣的进项税额:

高速公路通行费可抵扣进项税额 = 高速公路通行费发票上注明的金额 ÷ (1 + 3%) × 3%

2018年1月1日至12月31日,纳税人支付的一级、二级公路通行费,如暂未能取得收费公路通行费增值税电子普通发票,可凭取得的通行费发票上注明的收费金额按照下列公式计算可抵扣的进项税额:

一级、二级公路通行费可抵扣进项税额 = 一级、二级公路通行费发票上注明的金额 ÷ (1 + 5%) × 5%

(二)纳税人支付的桥、闸通行费,暂凭取得的通行费发票上注明的收费金额按照下列公式计算可抵扣的进项税额:

桥、闸通行费可抵扣进项税额 = 桥、闸通行费发票上注明的金额 ÷ (1 + 5%) × 5%

(三)本通知所称通行费,是指有关单位依法或者依规设立并收取的过路、过桥和过闸费用。

《财政部、国家税务总局关于收费公路通行费增值税抵扣有关问题的通知》(财税〔2016〕86号)自2018年1月1日起停止执行。

八、自2016年5月1日起,社会团体收取的会费,免征增值税。本通知下发前已征的增值税,可抵减以后月份应缴纳的增值税,或办理退税。

社会团体,是指依照国家有关法律法规设立或登记并取得《社会团体法人登记证书》的非营利法人。会费,是指社会团体在国家法律法规、政策许可的范围内,依照社团章程的规定,收取的个人会员、单位会员和团体会员的会费。

社会团体开展经营服务性活动取得的其他收入,一律照章缴纳增值税。

财政部

税务总局

2017年12月25日

国家税务总局关于增值税发票管理若干事项的公告[*]

国家税务总局公告2017年第45号

为了贯彻落实党中央、国务院关于优化营商环境和推进"放管服"改革的系列部署,提升增值税发票服务水平,营造更加规范公平的税收环境,现将增值税发票管理若干事项公告如下:

一、推行商品和服务税收分类编码简称

自2018年1月1日起,纳税人通过增值税发票管理新系统开具增值税发票(包括:增值税专用发票、增值税普通发票、增值税电子普通发票)时,商品和服务税收分类编码对应的简称会自动显示并打印在发票票面"货物或应税劳务、服务名称"或"项目"栏次中。包含简称的《商品和服务税收分类编码表》见附件。

二、扩大增值税小规模纳税人自行开具增值税专用发票试点范围

自2018年2月1日起,月销售额超过3万元(或季销售额超过9万元)的工业以及信息传输、软件和信息技术服务业增值税小规模纳税人(以下简称试点纳税人)发生增值税应税行为,需要开具增值税专用发票的,可以通过增值税发票管理新系统自行开具。

试点纳税人销售其取得的不动产,需要开具增值税专用发票的,应当按照有关规定向地税机关申请代开。

---

[*] 本公告第二条第二款已被2018年6月15日发布的国家税务总局《关于修改部分税收规范性文件的公告》修改。

试点纳税人应当在规定的纳税申报期内将所开具的增值税专用发票所涉及的税款,向主管税务机关申报缴纳。在填写增值税纳税申报表时,应当将当期开具增值税专用发票的销售额,按照3%和5%的征收率,分别填写在《增值税纳税申报表》(小规模纳税人适用)第2栏和第5栏"税务机关代开的增值税专用发票不含税销售额"的"本期数"相应栏次中。

三、将二手车销售统一发票纳入增值税发票管理新系统

自2018年4月1日起,二手车交易市场、二手车经销企业、经纪机构和拍卖企业应当通过增值税发票管理新系统开具二手车销售统一发票。

二手车销售统一发票"车价合计"栏次仅注明车辆价款。二手车交易市场、二手车经销企业、经纪机构和拍卖企业在办理过户手续过程中收取的其他费用,应当单独开具增值税发票。

通过增值税发票管理新系统开具的二手车销售统一发票与现行二手车销售统一发票票样保持一致。发票代码编码规则调整为:第1位为0,第2—5位代表省、自治区、直辖市和计划单列市,第6—7位代表年度,第8—10位代表批次,第11—12位为17。发票号码为8位,按年度、分批次编制。

单位和个人可以登录全国增值税发票查验平台(https://inv-veri.chinatax.gov.cn),对增值税发票管理新系统开具的二手车销售统一发票信息进行查验。

《国家税务总局关于全面推开营业税改征增值税试点有关税收征收管理事项的公告》(国家税务总局公告2016年第23号)的附件《商品和服务税收分类与编码(试行)》自2018年1月1日起废止。《国家税务总局关于统一二手车销售发票式样问题的通知》(国税函〔2005〕693号)第六条、第八条、第七条中的"各地地税局印制的涉及二手车交易的服务业发票按上述时间同时启用"自2018年4月1日起废止。

特此公告。

附件:商品和服务税收分类编码表(略——编者注)

国家税务总局

2017年12月18日

国家税务总局关于增值税普通发票管理有关事项的公告[*]

国家税务总局公告2017年第44号

为进一步规范增值税发票管理,优化纳税服务,满足纳税人发票使用需要,现将增值税发票管理有关事项公告如下:

一、调整增值税普通发票(折叠票)发票代码

增值税普通发票(折叠票)的发票代码调整为12位,编码规则:第1位为0,第2—5位代表省、自治区、直辖市和计划单列市,第6—7位代表年度,第8—10位代表批次,第11—12位代表票种和联次,其中04代表二联增值税普通发票(折叠票)、05代表五联增值税普通发票(折叠票)。

税务机关库存和纳税人尚未使用的发票代码为10位的增值税普通发票(折叠票)可以继续使用。

二、印有本单位名称的增值税普通发票(折叠票)

(一)纳税人可按照《中华人民共和国发票管理办法》及其实施细则规定,书面向国税机关要求使用印有本单位名称的增值税普通发票(折叠票),国税机关按规定确认印有该单位名称发票的种类和数量。纳税人通过增值税发票管理新系统开具印有本单位名称的增值税普通发票(折叠票)。

(二)印有本单位名称的增值税普通发票(折叠票),由税务总局统一招标采购的增值税普通发票(折叠票)中标厂商印制,其式样、规格、联次和防伪措施等与税务机关统一印制的增值税普通发票(折叠票)一致,并加印企业发票专用章。

(三)印有本单位名称的增值税普通发票(折叠票)的发票代码按照本公告第一条规定的编码规则编制。发票代码的第8—10位代表批次,由省国税机关在501—999范围内统一编制。

(四)使用印有本单位名称的增值税普通发票(折叠票)的企业,按照《国家税务总局、财政部关于冠名发票印制费结算问题的通知》(税总发〔2013〕53号)规定,与发票印制企业直接结算印制费用。

本公告自2018年1月1日起施行,《国家税务总局关于启用增值税普通发票有关问题的通知》(国税发明电〔2005〕34号)第一条第二款、《国家税务总局关于启用新版增值税发票有关问题的公告》(国家税务总局公告2014年第43号)第一条同时废止。

---

[*] 本公告第二条第(一)项、第(三)项已被2018年6月15日发布的国家税务总局《关于修改部分税收规范性文件的公告》修改。

特此公告。

国家税务总局
2017年12月5日

国家税务总局关于简化建筑服务增值税简易计税方法备案事项的公告*

国家税务总局公告2017年第43号

为进一步深化税务系统"放管服"改革,简化办税流程,根据《国家税务总局关于进一步深化税务系统"放管服"改革 优化税收环境的若干意见》(税总发〔2017〕101号)要求,现就建筑服务增值税简易计税方法备案事项公告如下:

一、增值税一般纳税人(以下称"纳税人")提供建筑服务,按规定适用或选择适用简易计税方法计税的,实行一次备案制。

二、纳税人应在按简易计税方法首次办理纳税申报前,向机构所在地主管国税机关办理备案手续,并提交以下资料:

(一)为建筑工程老项目提供的建筑服务,办理备案手续时应提交《建筑工程施工许可证》(复印件)或建筑工程承包合同(复印件);

(二)为甲供工程提供的建筑服务、以清包工方式提供的建筑服务,办理备案手续时应提交建筑工程承包合同(复印件)。

三、纳税人备案后提供其他适用或选择适用简易计税方法的建筑服务,不再备案。纳税人应按照本公告第二条规定的资料范围,完整保留其他适用或选择适用简易计税方法建筑服务的资料备查,否则该建筑服务不得适用简易计税方法计税。

税务机关在后续管理中发现纳税人不能提供相关资料的,对少缴的税款应予追缴,并依照《中华人民共和国税收征收管理法》及其实施细则的有关规定处理。

四、纳税人跨县(市)提供建筑服务适用或选择适用简易计税方法计税的,应按上述规定向机构所在地主管国税机关备案,建筑服务发生地主管国税机关无需备案。

五、本公告自2018年1月1日起施行。

特此公告。

国家税务总局
2017年11月26日

---

* 本公告第二条、第四条已被2018年6月15日发布的国家税务总局《关于修改部分税收规范性文件的公告》修改。

国家税务总局关于发布《营业税改征增值税跨境应税行为增值税免税管理办法(试行)》的公告*

国家税务总局公告2016年第29号

国家税务总局制定了《营业税改征增值税跨境应税行为增值税免税管理办法(试行)》,现予以公布,自2016年5月1日起施行。《国家税务总局关于重新发布〈营业税改征增值税跨境应税服务增值税免税管理办法(试行)〉的公告》(国家税务总局公告2014年第49号)同时废止。

特此公告。

附件:1.跨境应税行为免税备案表(略——编者注)
   2.放弃适用增值税零税率声明(略——编者注)

国家税务总局
2016年5月6日

营业税改征增值税跨境应税行为增值税免税管理办法(试行)

第一条 中华人民共和国境内(以下简称境内)的单位和个人(以下称纳税人)发生跨境应税行为,适用本办法。

第二条 下列跨境应税行为免征增值税:

(一)工程项目在境外的建筑服务。

工程总承包方和工程分包方为施工地点在境外的工程项目提供的建筑服务,均属于工程项目在境外的建筑服务。

(二)工程项目在境外的工程监理服务。

(三)工程、矿产资源在境外的工程勘察勘探服务。

---

* 本公告第八条、第九条及附件2《放弃适用增值税零税率声明》已被2018年6月15日发布的国家税务总局《关于修改部分税收规范性文件的公告》修改。

（四）会议展览地点在境外的会议展览服务。

为客户参加在境外举办的会议、展览而提供的组织安排服务，属于会议展览地点在境外的会议展览服务。

（五）存储地点在境外的仓储服务。

（六）标的物在境外使用的有形动产租赁服务。

（七）在境外提供的广播影视节目（作品）的播映服务。

在境外提供的广播影视节目（作品）播映服务，是指在境外的影院、剧院、录像厅及其他场所播映广播影视节目（作品）。

通过境内的电台、电视台、卫星通信、互联网、有线电视等无线或者有线装置向境外播映广播影视节目（作品），不属于在境外提供的广播影视节目（作品）播映服务。

（八）在境外提供的文化体育服务、教育医疗服务、旅游服务。

在境外提供的文化体育服务和教育医疗服务，是指纳税人在境外现场提供的文化体育服务和教育医疗服务。

为参加在境外举办的科技活动、文化活动、文化演出、文化比赛、体育比赛、体育表演、体育活动而提供的组织安排服务，属于在境外提供的文化体育服务。

通过境内的电台、电视台、卫星通信、互联网、有线电视等媒体向境外单位或个人提供的文化体育服务或教育医疗服务，不属于在境外提供的文化体育服务、教育医疗服务。

（九）为出口货物提供的邮政服务、收派服务、保险服务。

1. 为出口货物提供的邮政服务，是指：

（1）寄递函件、包裹等邮件出境。

（2）向境外发行邮票。

（3）出口邮册等邮品。

2. 为出口货物提供的收派服务，是指为出境的函件、包裹提供的收件、分拣、派送服务。

纳税人为出口货物提供收派服务，免税销售额为其向寄件人收取的全部价款和价外费用。

3. 为出口货物提供的保险服务，包括出口货物保险和出口信用保险。

（十）向境外单位销售的完全在境外消费的电信服务。

纳税人向境外单位或者个人提供的电信服务，通过境外电信单位结算费用的，服务接受方为境外电信单位，属于完全在境外消费的电信服务。

（十一）向境外单位销售的完全在境外消费的知识产权服务。

服务实际接受方为境内单位或者个人的知识产权服务，不属于完全在境外消费的知识产权服务。

（十二）向境外单位销售的完全在境外消费的物流辅助服务（仓储服务、收派服务除外）。

境外单位从事国际运输和港澳台运输业务经停我国机场、码头、车站、领空、内河、海域时，纳税人向其提供的航空地面服务、港口码头服务、货运客运站场服务、打捞救助服务、装卸搬运服务，属于完全在境外消费的物流辅助服务。

（十三）向境外单位销售的完全在境外消费的鉴证咨询服务。

下列情形不属于完全在境外消费的鉴证咨询服务：

1. 服务的实际接受方为境内单位或者个人。
2. 对境内的货物或不动产进行的认证服务、鉴证服务和咨询服务。

（十四）向境外单位销售的完全在境外消费的专业技术服务。

下列情形不属于完全在境外消费的专业技术服务：

1. 服务的实际接受方为境内单位或者个人。
2. 对境内的天气情况、地震情况、海洋情况、环境和生态情况进行的气象服务、地震服务、海洋服务、环境和生态监测服务。
3. 为境内的地形地貌、地质构造、水文、矿藏等进行的测绘服务。
4. 为境内的城、乡、镇提供的城市规划服务。

（十五）向境外单位销售的完全在境外消费的商务辅助服务。

1. 纳税人向境外单位提供的代理报关服务和货物运输代理服务，属于完全在境外消费的代理报关服务和货物运输代理服务。
2. 纳税人向境外单位提供的外派海员服务，属于完全在境外消费的人力资源服务。外派海员服务，是指境内单位派出属于本单位员工的海员，为境外单位在境外提供的船舶驾驶和船舶管理等服务。
3. 纳税人以对外劳务合作方式，向境外单位提供的完全在境外发生的人力资源服务，属于完全在境外消费的人力资源服务。对外劳务合作，是指境内单位与境外单位签订劳务合作合同，按照合同约定组织和协助中国公民赴境外工作的活动。
4. 下列情形不属于完全在境外消费的商务辅助服务：

（1）服务的实际接受方为境内单位或者个人。
（2）对境内不动产的投资与资产管理服务、物业管理服务、房地产中介服务。
（3）拍卖境内货物或不动产过程中提供的经纪代理服务。
（4）为境内货物或不动产的物权纠纷提供的法律代理服务。
（5）为境内货物或不动产提供的安全保护服务。

（十六）向境外单位销售的广告投放地在境外的广告服务。

广告投放地在境外的广告服务，是指为在境外发布的广告提供的广告服务。

（十七）向境外单位销售的完全在境外消费的无形资产（技术除外）。

下列情形不属于向境外单位销售的完全在境外消费的无形资产：

1. 无形资产未完全在境外使用。
2. 所转让的自然资源使用权与境内自然资源相关。
3. 所转让的基础设施资产经营权、公共事业特许权与境内货物或不动产相关。
4. 向境外单位转让在境内销售货物、应税劳务、服务、无形资产或不动产的配额、经营权、经销权、分销权、代理权。

（十八）为境外单位之间的货币资金融通及其他金融业务提供的直接收费金融服务，且该服务与境内的货物、无形资产和不动产无关。

为境外单位之间、境外单位和个人之间的外币、人民币资金往来提供的资金清算、资金结算、金融支付、账户管理服务，属于为境外单位之间的货币资金融通及其他金融业务提供的直接收费金融服务。

(十九)属于以下情形的国际运输服务：

1. 以无运输工具承运方式提供的国际运输服务。

2. 以水路运输方式提供国际运输服务但未取得《国际船舶运输经营许可证》的。

3. 以公路运输方式提供国际运输服务但未取得《道路运输经营许可证》或者《国际汽车运输行车许可证》，或者《道路运输经营许可证》的经营范围未包括"国际运输"的。

4. 以航空运输方式提供国际运输服务但未取得《公共航空运输企业经营许可证》，或者其经营范围未包括"国际航空客货邮运输业务"的。

5. 以航空运输方式提供国际运输服务但未持有《通用航空经营许可证》，或者其经营范围未包括"公务飞行"的。

(二十)符合零税率政策但适用简易计税方法或声明放弃适用零税率选择免税的下列应税行为：

1. 国际运输服务。

2. 航天运输服务。

3. 向境外单位提供的完全在境外消费的下列服务：

(1)研发服务；

(2)合同能源管理服务；

(3)设计服务；

(4)广播影视节目(作品)的制作和发行服务；

(5)软件服务；

(6)电路设计及测试服务；

(7)信息系统服务；

(8)业务流程管理服务；

(9)离岸服务外包业务。

4. 向境外单位转让完全在境外消费的技术。

第三条 纳税人向国内海关特殊监管区域内的单位或者个人销售服务、无形资产，不属于跨境应税行为，应照章征收增值税。

第四条 2016年4月30日前签订的合同，符合《财政部、国家税务总局关于将铁路运输和邮政业纳入营业税改征增值税试点的通知》(财税〔2013〕106号)附件4和《财政部、国家税务总局关于影视等出口服务适用增值税零税率政策的通知》(财税〔2015〕118号)规定的免税政策条件的，在合同到期前可以继续享受免税政策。

第五条 纳税人发生本办法第二条所列跨境应税行为，除第(九)项、第(二十)项外，必须签订跨境销售服务或无形资产书面合同。否则，不予免征增值税。

纳税人向外国航空运输企业提供空中飞行管理服务，以中国民用航空局下发的航班计划或者中国民用航空局清算中心临时来华飞行记录，为跨境销售服务书面合同。

纳税人向外国航空运输企业提供物流辅助服务(除空中飞行管理服务外)，与经中国民用航空局批准设立的外国航空运输企业常驻代表机构签订的书面合同，属于与服务接受方签订跨境销售服务书面合同。外国航空运输企业临时来华飞行，未签订跨境服务书面合同的，以中国民用航空局清算中心临时来华飞行记录为跨境销售服务书面合同。

施工地点在境外的工程项目,工程分包方应提供工程项目在境外的证明、与发包方签订的建筑合同原件及复印件等资料,作为跨境销售服务书面合同。

第六条 纳税人向境外单位销售服务或无形资产,按本办法规定免征增值税的,该项销售服务或无形资产的全部收入应从境外取得,否则,不予免征增值税。

下列情形视同从境外取得收入:

(一)纳税人向外国航空运输企业提供物流辅助服务,从中国民用航空局清算中心、中国航空结算有限责任公司或者经中国民用航空局批准设立的外国航空运输企业常驻代表机构取得的收入。

(二)纳税人与境外关联单位发生跨境应税行为,从境内第三方结算公司取得的收入。上述所称第三方结算公司,是指承担跨国企业集团内部成员单位资金集中运营管理职能的资金结算公司,包括财务公司、资金池、资金结算中心等。

(三)纳税人向外国船舶运输企业提供物流辅助服务,通过外国船舶运输企业指定的境内代理公司结算取得的收入。

(四)国家税务总局规定的其他情形。

第七条 纳税人发生跨境应税行为免征增值税的,应单独核算跨境应税行为的销售额,准确计算不得抵扣的进项税额,其免税收入不得开具增值税专用发票。

纳税人为出口货物提供收派服务,按下列公式计算不得抵扣的进项税额:

不得抵扣的进项税额=当期无法划分的全部进项税额×(当期简易计税方法计税项目销售额+免征增值税项目销售额-为出口货物提供收派服务支付给境外合作方的费用)÷当期全部销售额

第八条 纳税人发生免征增值税跨境应税行为,除提供第二条第(二十)项所列服务外,应在首次享受免税的纳税申报期内或在各省、自治区、直辖市和计划单列市国家税务局规定的申报征期后的其他期限内,到主管税务机关办理跨境应税行为免税备案手续,同时提交以下备案材料:

(一)《跨境应税行为免税备案表》(附件1);

(二)本办法第五条规定的跨境销售服务或无形资产的合同原件及复印件;

(三)提供本办法第二条第(一)项至第(八)项和第(十六)项服务,应提交服务地点在境外的证明材料原件及复印件;

(四)提供本办法第二条规定的国际运输服务,应提交实际发生相关业务的证明材料;

(五)向境外单位销售服务或无形资产,应提交服务或无形资产购买方的机构所在地在境外的证明材料;

(六)国家税务总局规定的其他资料。

第九条 纳税人发生第二条第(二十)项所列应税行为的,应在首次享受免税的纳税申报期内或在各省、自治区、直辖市和计划单列市国家税务局规定的申报征期后的其他期限内,到主管税务机关办理跨境应税行为免税备案手续,同时提交以下备案材料:

(一)已向办理增值税免抵退税或免退税的主管税务机关备案的《放弃适用增值税零税率声明》(附件2);

(二)该项应税行为享受零税率到主管税务机关办理增值税免抵退税或免退税申报时需

报送的材料和原始凭证。

第十条 按照本办法第八条规定提交备案的跨境销售服务或无形资产合同原件为外文的,应提供中文翻译件并由法定代表人(负责人)签字或者单位盖章。

纳税人无法提供本办法第八条规定的境外资料原件的,可只提供复印件,注明"复印件与原件一致"字样,并由法定代表人(负责人)签字或者单位盖章;境外资料原件为外文的,应提供中文翻译件并由法定代表人(负责人)签字或者单位盖章。

主管税务机关对提交的境外证明材料有明显疑义的,可以要求纳税人提供境外公证部门出具的证明材料。

第十一条 纳税人办理跨境应税行为免税备案手续时,主管税务机关应当根据以下情况分别做出处理:

(一)备案材料存在错误的,应当告知并允许纳税人更正。

(二)备案材料不齐全或者不符合规定形式的,应当场一次性告知纳税人补正。

(三)备案材料齐全、符合规定形式的,或者纳税人按照税务机关的要求提交全部补正备案材料的,应当受理纳税人的备案,并将有关资料原件退还纳税人。

(四)按照税务机关的要求补正后的备案材料仍不符合本办法第八、九、十条规定的,应当对纳税人的本次跨境应税行为免税备案不予受理,并将所有报送材料退还纳税人。

第十二条 主管税务机关受理或者不予受理纳税人跨境应税行为免税备案,应当出具加盖本机关专用印章和注明日期的书面凭证。

第十三条 原签订的跨境销售服务或无形资产合同发生变更,或者跨境销售服务或无形资产的有关情况发生变化,变化后仍属于本办法第二条规定的免税范围的,纳税人应向主管税务机关重新办理跨境应税行为免税备案手续。

第十四条 纳税人应当完整保存本办法第八、九、十条要求的各项材料。纳税人在税务机关后续管理中不能提供上述材料的,不得享受本办法规定的免税政策,对已享受的减免税款应予补缴,并依照《中华人民共和国税收征收管理法》的有关规定处理。

第十五条 纳税人发生跨境应税行为享受免税的,应当按规定进行纳税申报。纳税人享受免税到期或实际经营情况不再符合本办法规定的免税条件的,应当停止享受免税,并按照规定申报纳税。

第十六条 纳税人发生实际经营情况不符合本办法规定的免税条件、采用欺骗手段获取免税、或者享受减免税条件发生变化未及时向税务机关报告,以及未按照本办法规定履行相关程序自行减免税的,税务机关依照《中华人民共和国税收征收管理法》有关规定予以处理。

第十七条 税务机关应高度重视跨境应税行为增值税免税管理工作,针对纳税人的备案材料,采取案头分析、日常检查、重点稽查等方式,加强对纳税人业务真实性的核实,发现问题的,按照现行有关规定处理。

第十八条 纳税人发生的与香港、澳门、台湾有关的应税行为,参照本办法执行。

第十九条 本办法自2016年5月1日起施行。此前,纳税人发生符合本办法第四条规定的免税跨境应税行为,已办理免税备案手续的,不再重新办理免税备案手续。纳税人发生符合本办法第二条和第四条规定的免税跨境应税行为,未办理免税备案手续但已进行免税申报的,按照本办法规定补办备案手续;未进行免税申报的,按照本办法规定办理跨境服务备案手续后,可以申请退还已缴税款或者抵减以后的应纳税额;已开具增值税专用发票的,应将全部联次追回后方可办理跨境应税行为免税备案手续。

国家税务总局关于明确营改增试点若干征管问题的公告[*]

国家税务总局公告2016年第26号

为确保全面推开营改增试点顺利实施,现将若干税收征管问题公告如下:

一、餐饮行业增值税一般纳税人购进农业生产者自产农产品,可以使用国税机关监制的农产品收购发票,按照现行规定计算抵扣进项税额。

有条件的地区,应积极在餐饮行业推行农产品进项税额核定扣除办法,按照《财政部、国家税务总局关于在部分行业试行农产品增值税进项税额核定扣除办法的通知》(财税〔2012〕38号)有关规定计算抵扣进项税额。

二、个人转让住房,在2016年4月30日前已签订转让合同,2016年5月1日以后办理产权变更事项的,应缴纳增值税,不缴纳营业税。

三、按照现行规定,适用增值税差额征收政策的增值税小规模纳税人,以差额前的销售额确定是否可以享受3万元(按季纳税9万元)以下免征增值税政策。

四、营改增后,门票、过路(过桥)费发票属于予以保留的票种,自2016年5月1日起,由国税机关监制管理。原地税机关监制的上述两类发票,可以延用至2016年6月30日。

本公告自2016年5月1日起施行。

特此公告。

国家税务总局
2016年4月26日

---

[*] 本公告第四条被2018年6月15日发布的国家税务总局《关于修改部分税收规范性文件的公告》修改为:"四、营改增后,门票、过路(过桥)费发票属于予以保留的票种,由税务机关监制管理。"

国家税务总局关于全面推开营业税改征增值税试点有关税收征收管理事项的公告*

国家税务总局公告2016年第23号

为保障全面推开营业税改征增值税(以下简称营改增)试点工作顺利实施,现将有关税收征收管理事项公告如下:

一、纳税申报期

(一)2016年5月1日新纳入营改增试点范围的纳税人(以下简称试点纳税人),2016年6月份增值税纳税申报期延长至2016年6月27日。

(二)根据工作实际情况,省、自治区、直辖市和计划单列市国家税务局(以下简称省国税局)可以适当延长2015年度企业所得税汇算清缴时间,但最长不得超过2016年6月30日。

(三)实行按季申报的原营业税纳税人,2016年5月申报期内,向主管地税机关申报税款所属期为4月份的营业税;2016年7月申报期内,向主管国税机关申报税款所属期为5、6月份的增值税。

二、增值税一般纳税人资格登记

(一)试点纳税人应按照本公告规定办理增值税一般纳税人资格登记。

(二)除本公告第二条第(三)项规定的情形外,营改增试点实施前(以下简称试点实施前)销售服务、无形资产或者不动产(以下简称应税行为)的年应税销售额超过500万元的试点纳税人,应向主管国税机关办理增值税一般纳税人资格登记手续。

试点纳税人试点实施前的应税行为年应税销售额按以下公式换算:

应税行为年应税销售额 = 连续不超过12个月应税行为营业额合计 ÷ (1 + 3%)

按照现行营业税规定差额征收营业税的试点纳税人,其应税行为营业额按未扣除之前的营业额计算。

试点实施前,试点纳税人偶然发生的转让不动产的营业额,不计入应税行为年应税销售额。

(三)试点实施前已取得增值税一般纳税人资格并兼有应税行为的试点纳税人,不需要重新办理增值税一般纳税人资格登记手续,由主管国税机关制作、送达《税务事项通知书》,告知纳税人。

---

* 本公告中附件《商品和服务税收分类与编码(试行)》已被2017年12月18日发布的国家税务总局《关于增值税发票管理若干事项的公告》废止;本公告第二条已被2018年1月29日发布的国家税务总局《关于增值税一般纳税人登记管理若干事项的公告》废止;本公告第三条、第四条、第六条已被2018年6月15日发布的国家税务总局《关于修改部分税收规范性文件的公告》修改。

（四）试点实施前应税行为年应税销售额未超过500万元的试点纳税人，会计核算健全，能够提供准确税务资料的，也可以向主管国税机关办理增值税一般纳税人资格登记。

（五）试点实施前，试点纳税人增值税一般纳税人资格登记可由省国税局按照本公告及相关规定采取预登记措施。

（六）试点实施后，符合条件的试点纳税人应当按照《增值税一般纳税人资格认定管理办法》（国家税务总局令第22号）、《国家税务总局关于调整增值税一般纳税人管理有关事项的公告》（国家税务总局公告2015年第18号）及相关规定，办理增值税一般纳税人资格登记。按照营改增有关规定，应税行为有扣除项目的试点纳税人，其应税行为年应税销售额按未扣除之前的销售额计算。

增值税小规模纳税人偶然发生的转让不动产的销售额，不计入应税行为年应税销售额。

（七）试点纳税人兼有销售货物、提供加工修理修配劳务和应税行为的，应税货物及劳务销售额与应税行为销售额分别计算，分别适用增值税一般纳税人资格登记标准。

兼有销售货物、提供加工修理修配劳务和应税行为，年应税销售额超过财政部、国家税务总局规定标准且不经常发生销售货物、提供加工修理修配劳务和应税行为的单位和个体工商户可选择按照小规模纳税人纳税。

（八）试点纳税人在办理增值税一般纳税人资格登记后，发生增值税偷税、骗取出口退税和虚开增值税扣税凭证等行为的，主管国税机关可以对其实行6个月的纳税辅导期管理。

三、发票使用

（一）增值税一般纳税人销售货物、提供加工修理修配劳务和应税行为，使用增值税发票管理新系统（以下简称新系统）开具增值税专用发票、增值税普通发票、机动车销售统一发票、增值税电子普通发票。

（二）增值税小规模纳税人销售货物、提供加工修理修配劳务月销售额超过3万元（按季纳税9万元），或者销售服务、无形资产月销售额超过3万元（按季纳税9万元），使用新系统开具增值税普通发票、机动车销售统一发票、增值税电子普通发票。

（三）增值税普通发票（卷式）启用前，纳税人可通过新系统使用国税机关发放的现有卷式发票。

（四）门票、过路（过桥）费发票、定额发票、客运发票和二手车销售统一发票继续使用。

（五）采取汇总纳税的金融机构，省、自治区所辖地市以下分支机构可以使用地市级机构统一领取的增值税专用发票、增值税普通发票、增值税电子普通发票；直辖市、计划单列市所辖区县及以下分支机构可以使用直辖市、计划单列市机构统一领取的增值税专用发票、增值税普通发票、增值税电子普通发票。

（六）国税机关、地税机关使用新系统代开增值税专用发票和增值税普通发票。代开增值税专用发票使用六联票，代开增值税普通发票使用五联票。

（七）自2016年5月1日起，地税机关不再向试点纳税人发放发票。试点纳税人已领取地税机关印制的发票以及印有本单位名称的发票，可继续使用至2016年6月30日，特殊情况经省国税局确定，可适当延长使用期限，最迟不超过2016年8月31日。

纳税人在地税机关已申报营业税未开具发票，2016年5月1日以后需要补开发票的，可于2016年12月31日前开具增值税普通发票（税务总局另有规定的除外）。

四、增值税发票开具

（一）税务总局编写了《商品和服务税收分类与编码（试行）》（以下简称编码，见附件），并在新系统中增加了编码相关功能。自2016年5月1日起，纳入新系统推行范围的试点纳税人及新办增值税纳税人，应使用新系统选择相应的编码开具增值税发票。北京市、上海市、江苏省和广东省已使用编码的纳税人，应于5月1日前完成开票软件升级。5月1日前已使用新系统的纳税人，应于8月1日前完成开票软件升级。

（二）按照现行政策规定适用差额征税办法缴纳增值税，且不得全额开具增值税发票的（财政部、税务总局另有规定的除外），纳税人自行开具或者税务机关代开增值税发票时，通过新系统中差额征税开票功能，录入含税销售额（或含税评估额）和扣除额，系统自动计算税额和不含税金额，备注栏自动打印"差额征税"字样，发票开具不应与其他应税行为混开。

（三）提供建筑服务，纳税人自行开具或者税务机关代开增值税发票时，应在发票的备注栏注明建筑服务发生地县（市、区）名称及项目名称。

（四）销售不动产，纳税人自行开具或者税务机关代开增值税发票时，应在发票"货物或应税劳务、服务名称"栏填写不动产名称及房屋产权证书号码（无房屋产权证书的可不填写），"单位"栏填写面积单位，备注栏注明不动产的详细地址。

（五）出租不动产，纳税人自行开具或者税务机关代开增值税发票时，应在备注栏注明不动产的详细地址。

（六）个人出租住房适用优惠政策减按1.5%征收，纳税人自行开具或者税务机关代开增值税发票时，通过新系统中征收率减按1.5%征收开票功能，录入含税销售额，系统自动计算税额和不含税金额，发票开具不应与其他应税行为混开。

（七）税务机关代开增值税发票时，"销售方开户行及账号"栏填写税收完税凭证字轨及号码或系统税票号码（免税代开增值税普通发票可不填写）。

（八）国税机关为跨县（市、区）提供不动产经营租赁服务、建筑服务的小规模纳税人（不包括其他个人），代开增值税发票时，在发票备注栏中自动打印"YD"字样。

五、扩大取消增值税发票认证的纳税人范围

（一）纳税信用B级增值税一般纳税人取得销售方使用新系统开具的增值税发票（包括增值税专用发票、货物运输业增值税专用发票、机动车销售统一发票，下同），可以不再进行扫描认证，登录本省增值税发票查询平台，查询、选择用于申报抵扣或者出口退税的增值税发票信息，未查询到对应发票信息的，仍可进行扫描认证。

（二）2016年5月1日新纳入营改增试点的增值税一般纳税人，2016年5月至7月期间不需进行增值税发票认证，登录本省增值税发票查询平台，查询、选择用于申报抵扣或者出口退税的增值税发票信息，未查询到对应发票信息的，可进行扫描认证。2016年8月起按照纳税信用级别分别适用发票认证的有关规定。

六、其他纳税事项

（一）原以地市一级机构汇总缴纳营业税的金融机构，营改增后继续以地市一级机构汇总缴纳增值税。

同一省（自治区、直辖市、计划单列市）范围内的金融机构，经省（自治区、直辖市、计划单列市）国家税务局和财政厅（局）批准，可以由总机构汇总向总机构所在地的主管国税机关申报缴纳增值税。

(二)增值税小规模纳税人应分别核算销售货物,提供加工、修理修配劳务的销售额,和销售服务、无形资产的销售额。增值税小规模纳税人销售货物,提供加工、修理修配劳务月销售额不超过3万元(按季纳税9万元),销售服务、无形资产月销售额不超过3万元(按季纳税9万元)的,自2016年5月1日起至2017年12月31日,可分别享受小微企业暂免征收增值税优惠政策。

(三)按季纳税申报的增值税小规模纳税人,实际经营期不足一个季度的,以实际经营月份计算当期可享受小微企业免征增值税政策的销售额度。

按照本公告第一条第(三)项规定,按季纳税的试点增值税小规模纳税人,2016年7月纳税申报时,申报的2016年5月、6月增值税应税销售额中,销售货物、提供加工、修理修配劳务的销售额不超过6万元,销售服务、无形资产的销售额不超过6万元的,可分别享受小微企业暂免征收增值税优惠政策。

(四)其他个人采取预收款形式出租不动产,取得的预收租金收入,可在预收款对应的租赁期内平均分摊,分摊后的月租金收入不超过3万元的,可享受小微企业免征增值税优惠政策。

七、本公告自2016年5月1日起施行,《国家税务总局关于使用新版不动产销售统一发票和新版建筑业统一发票有关问题的通知》(国税发〔2006〕173号)、《国家税务总局关于营业税改征增值税试点增值税一般纳税人资格认定有关事项的公告》(国家税务总局公告2013年第75号)、《国家税务总局关于开展商品和服务税收分类与编码试点工作的通知》(税总函〔2016〕56号)同时废止。

特此公告。

附件:商品和服务税收分类与编码(试行)(略——编者注)

国家税务总局
2016年4月19日

(三)进出口退(免)税

财政部、海关总署、税务总局
关于完善启运港退税政策的通知

财税[2018]5号

各省、自治区、直辖市、计划单列市财政厅(局)、国家税务局,海关总署广东分署、各直属海关,新疆生产建设兵团财务局:

为进一步完善启运港退税政策,扩大政策成效,结合前期政策实施情况,现将有关事项通知如下:

一、对符合条件的出口企业从启运地口岸(以下称启运港)启运报关出口,由符合条件的运输企业承运,从水路转关直航或经停指定口岸(以下称经停港),自离境地口岸(以下称离境港)离境的集装箱货物,实行启运港退税政策。

对从经停港报关出口、由符合条件的运输企业途中加装的集装箱货物,符合前款规定的运输方式、离境地点要求的,以经停港作为货物的启运港,也实行启运港退税政策。

二、政策适用范围

(一)启运港。

启运港为泸州市泸州港、重庆市果园港、宜昌市云池港、岳阳市城陵矶港、武汉市阳逻港、九江市城西港、芜湖市朱家桥港、南京市龙潭港、张家港市永嘉港、南通市狼山港、苏州市太仓港、连云港市连云港港、青岛市前湾港。

(二)离境港。

离境港为上海市外高桥港区、上海市洋山保税港区。

(三)经停港。

承运适用启运港退税政策货物的船舶,可经停南京市龙潭港、武汉市阳逻港、苏州市太仓港加装货物,但不得经停除上述港口以外的其他港口或在上述港口卸载货物。

从经停港加装的货物,需为已报关出口、经由上述第(二)项规定的离境港离境的集装箱货物。

(四)运输企业及运输工具。

运输企业为在海关的信用等级为一般信用企业或认证企业,并且纳税信用级别为B级及以上的航运企业。

运输工具为配备导航定位、全程视频监控设备并且符合海关对承运海关监管货物运输工具要求的船舶。

税务总局定期向海关总署传送纳税信用等级为 B 级及以上的企业名单。企业纳税信用等级发生变化的,定期传送变化企业名单。海关总署根据上述纳税信用等级等信息确认符合条件的运输企业和运输工具。

(五)出口企业。

出口企业的出口退(免)税分类管理类别为一类或二类,并且在海关的信用等级为一般信用企业或认证企业。

海关总署定期向税务总局传送一般信用企业或认证企业名单。企业信用等级发生变化的,定期传送变化企业名单。税务总局根据上述名单等信息确认符合条件的出口企业。

三、主要流程

(一)启运地海关依出口企业申请,对从启运港启运的符合条件的货物办理放行手续后,生成启运港出口货物报关单电子信息。以经停港作为货物启运港的,经停地海关依出口企业申请,对从经停港加装的符合条件的货物办理放行手续后,生成启运港出口货物报关单电子信息。

(二)海关总署按日将启运港出口货物报关单电子信息(加启运港退税标识)通过电子口岸传输给税务总局。

(三)出口企业凭启运港出口货物报关单电子信息及相关材料到主管退税的税务机关申请办理退税。出口企业首次申请办理退税前,应向主管出口退税的税务机关进行启运港退税备案。

(四)主管出口退税的税务机关,根据企业出口退(免)税分类管理类别信息、税务总局清分的企业海关信用等级信息和启运港出口货物报关单信息,为出口企业办理退税。出口企业在申请退税时,上述信息显示其不符合启运港退税条件的,主管税务机关根据税务总局清分的结关核销的报关单数据(加启运港退税标识)办理退税。

(五)启运港启运以及经停港加装的出口货物自离境港实际离境后,海关总署按日将正常结关核销的报关单数据(加启运港退税标识)传送给税务总局,税务总局按日将已退税的报关单数据(加启运港退税标识)反馈海关总署。

(六)货物如未运抵离境港不再出口,启运地或经停地海关应撤销出口货物报关单,并由海关总署向税务总局提供相关电子数据。上述不再出口货物如已办理出口退税手续,出口企业应补缴税款,并向启运地或经停地海关提供税务机关出具的货物已补税证明。

对已办理出口退税手续但自启运日起超过 2 个月仍未办理结关核销手续的货物,除因不可抗力或属于上述第(六)项情形且出口企业已补缴税款外,视为未实际出口,税务机关应追缴已退税款,不再适用启运港退税政策。

(七)主管出口退税的税务机关,根据税务总局清分的正常结关核销的报关单数据,核销或调整已退税额。

四、海关总署、税务总局可在本通知的基础上制定启运港退税的具体管理办法。

五、各地海关和国税部门应加强沟通,建立联系配合机制,互通企业守法诚信信息和货物异常出运情况。财政、海关和国税部门要密切跟踪启运港退税政策运行情况,对工作中出现的问题及时上报财政部(税政司)、海关总署(监管司)和税务总局(货物和劳务税司)。

六、本通知自印发之日起执行。《财政部、海关总署、国家税务总局关于扩大启运港退政策试点范围的通知》(财税〔2014〕53号)同时废止。海关总署和税务总局对启运出口货物报关单电子信息(加启运港退税标识)、正常结关核销报关单数据(加启运港退税标识)以及已退税的报关单数据(加启运港退税标识)实现按日电子化传输前,启运港出口退税仍按现行纸质报关单签发流程办理。

财政部
海关总署
税务总局
2018年1月8日

国家税务总局关于进一步优化外贸综合服务企业出口货物退(免)税管理的公告*

国家税务总局公告2016年第61号

为贯彻落实《国务院关于促进外贸回稳向好的若干意见》(国发〔2016〕27号),加快建立与外贸综合服务企业发展相适应的管理模式,推进外贸综合服务企业试点工作,进一步优化外贸综合服务企业出口货物退(免)税管理,现将有关事项公告如下:

一、国税机关应按照风险可控、放管服结合、利于遵从、便于办税的原则,对外贸综合服务企业(以下简称综服企业)进行分类管理,并严格按照《国家税务总局关于发布修订后的〈出口退(免)税企业分类管理办法〉的公告》(国家税务总局公告2016年第46号)规定的分类标准,评定和调整综服企业的出口退(免)税企业管理类别(以下简称退税管理类别),有效实施分类管理,落实相关服务措施。

二、国税机关可为退税管理类别为一类的综服企业提供绿色办税通道(特约服务区),优先办理出口退税,并建立重点联系制度,及时解决企业有关出口退(免)税问题。

三、国税机关应根据综服企业退税管理类别,采取以下措施办理退(免)税:

(一)退税管理类别为一类的综服企业申报的出口退(免)税,国税机关经审核,同时符合下列条件的,应自受理企业申报之日起,5个工作日内办结出口退(免)税手续:

1. 申报的电子数据与海关出口货物报关单结关信息、增值税专用发票信息比对无误。
2. 出口退(免)税额计算准确无误。
3. 不涉及税务总局和省国家税务局确定的预警风险信息。
4. 接受其提供服务的中小生产企业的纳税信用级别为A级或B级。

---

* 本公告"国税机关""国家税务局"被2018年6月15日发布的国家税务总局《关于修改部分税收规范性文件的公告》修改为"税务机关""税务局"。

（二）退税管理类别为二类的综服企业申报的出口退（免）税，国税机关经审核，同时符合下列条件的，应自受理企业申报之日起，10个工作日内办结出口退（免）税手续：

1. 符合出口退（免）税相关规定。
2. 申报的电子数据与海关出口货物报关单结关信息、增值税专用发票信息比对无误。
3. 未发现审核疑点或者审核疑点已排除完毕。

（三）退税管理类别为三类的综服企业申报的出口退（免）税，国税机关经审核，同时符合下列条件的，应自受理企业申报之日起，15个工作日内办结出口退（免）税手续：

1. 符合出口退（免）税相关规定。
2. 申报的电子数据与海关出口货物报关单结关信息、增值税专用发票信息比对无误。
3. 未发现审核疑点或者审核疑点已排除完毕。

（四）退税管理类别为四类的综服企业申报的出口退（免）税，国税机关应按下列规定进行审核，审核完成并排除所有审核疑点后，应自受理企业申报之日起，20个工作日内办结出口退（免）税手续：

1. 申报的纸质凭证、资料应与电子数据相互匹配且逻辑相符。
2. 申报的电子数据应与海关出口货物报关单结关信息、增值税专用发票信息比对无误。
3. 对该类企业申报出口退（免）税的外购出口货物，国税机关应对每户供货企业的发票，必须抽取一定的比例发函调查。

四、纳入商务部、海关总署、税务总局、质检总局和外汇局联合开展综服企业试点工作范围的综服企业：中建材国际贸易有限公司、宁波世贸通国际贸易有限公司、厦门嘉晟供应链股份有限公司和广东汇富控股集团股份有限公司，申报出口退（免）税时，经国税机关审核符合本办法规定的，应在5个工作日内办结出口退（免）税手续。

上述试点企业存在以下情形之一的，其申报的出口退（免）税，国税机关应按规定予以核实、处理，不受5个工作日办结出口退（免）税手续时限的限制：

（一）因涉嫌骗取出口退税被立案查处的。

（二）骗取出口退税的。

（三）不配合国税机关实施出口退（免）税管理，以及未按规定收集、装订、存放出口退（免）税凭证及备案单证的。

（四）国家税务总局规定的其他情形。

五、综服企业受中小企业委托代理出口的货物，由综服企业申请开具《代理出口货物证明》的，综服企业应在《代理出口货物证明申请表》"备注"栏内注明"WMZHFW"标识；国税机关不再出具纸质《代理出口货物证明》，将电子信息传递给委托方中小企业的主管国税机关。

由综服企业开具了《代理出口货物证明》的出口业务，按现行规定由委托企业申报出口退（免）税，委托企业申报退（免）税时，不再提供纸质《代理出口货物证明》。

六、本公告自2016年10月1日起施行。

特此公告。

国家税务总局
2016年9月19日

十、环境保护

中华人民共和国环境保护税法实施条例

中华人民共和国国务院令第693号

现公布《中华人民共和国环境保护税法实施条例》,自2018年1月1日起施行。

总理 李克强
2017年12月25日

中华人民共和国环境保护税法实施条例

第一章 总 则

第一条 根据《中华人民共和国环境保护税法》(以下简称环境保护税法),制定本条例。

第二条 环境保护税法所附《环境保护税税目税额表》所称其他固体废物的具体范围,依照环境保护税法第六条第二款规定的程序确定。

第三条 环境保护税法第五条第一款、第十二条第一款第三项规定的城乡污水集中处理场所,是指为社会公众提供生活污水处理服务的场所,不包括为工业园区、开发区等工业聚集区域内的企业事业单位和其他生产经营者提供污水处理服务的场所,以及企业事业单位和其他生产经营者自建自用的污水处理场所。

第四条 达到省级人民政府确定的规模标准并且有污染物排放口的畜禽养殖场,应当依法缴纳环境保护税;依法对畜禽养殖废弃物进行综合利用和无害化处理的,不属于直接向环境排放污染物,不缴纳环境保护税。

第二章 计税依据

第五条 应税固体废物的计税依据,按照固体废物的排放量确定。固体废物的排放量为当期应税固体废物的产生量减去当期应税固体废物的贮存量、处置量、综合利用量的余额。

前款规定的固体废物的贮存量、处置量,是指在符合国家和地方环境保护标准的设施、场所贮存或者处置的固体废物数量;固体废物的综合利用量,是指按照国务院发展改革、工业和信息化主管部门关于资源综合利用要求以及国家和地方环境保护标准进行综合利用的固体废物数量。

第六条 纳税人有下列情形之一的,以其当期应税固体废物的产生量作为固体废物的排放量:

(一)非法倾倒应税固体废物;

(二)进行虚假纳税申报。

第七条 应税大气污染物、水污染物的计税依据,按照污染物排放量折合的污染当量数确定。

纳税人有下列情形之一的,以其当期应税大气污染物、水污染物的产生量作为污染物的排放量:

(一)未依法安装使用污染物自动监测设备或者未将污染物自动监测设备与环境保护主管部门的监控设备联网;

(二)损毁或者擅自移动、改变污染物自动监测设备;

(三)篡改、伪造污染物监测数据;

(四)通过暗管、渗井、渗坑、灌注或者稀释排放以及不正常运行防治污染设施等方式违法排放应税污染物;

(五)进行虚假纳税申报。

第八条 从两个以上排放口排放应税污染物的,对每一排放口排放的应税污染物分别计算征收环境保护税;纳税人持有排污许可证的,其污染物排放口按照排污许可证载明的污染物排放口确定。

第九条 属于环境保护税法第十条第二项规定情形的纳税人,自行对污染物进行监测所获取的监测数据,符合国家有关规定和监测规范的,视同环境保护税法第十条第二项规定的监测机构出具的监测数据。

第三章 税 收 减 免

第十条 环境保护税法第十三条所称应税大气污染物或者水污染物的浓度值,是指纳税人安装使用的污染物自动监测设备当月自动监测的应税大气污染物浓度值的小时平均值再平均所得数值或者应税水污染物浓度值的日平均值再平均所得数值,或者监测机构当月监测的应税大气污染物、水污染物浓度值的平均值。

依照环境保护税法第十三条的规定减征环境保护税的,前款规定的应税大气污染物浓度值的小时平均值或者应税水污染物浓度值的日平均值,以及监测机构当月每次监测的应税大气污染物、水污染物的浓度值,均不得超过国家和地方规定的污染物排放标准。

第十一条 依照环境保护税法第十三条的规定减征环境保护税的,应当对每一排放口排放的不同应税污染物分别计算。

第四章 征收管理

第十二条 税务机关依法履行环境保护税纳税申报受理、涉税信息比对、组织税款入库等职责。

环境保护主管部门依法负责应税污染物监测管理，制定和完善污染物监测规范。

第十三条 县级以上地方人民政府应当加强对环境保护税征收管理工作的领导，及时协调、解决环境保护税征收管理工作中的重大问题。

第十四条 国务院税务、环境保护主管部门制定涉税信息共享平台技术标准以及数据采集、存储、传输、查询和使用规范。

第十五条 环境保护主管部门应当通过涉税信息共享平台向税务机关交送在环境保护监督管理中获取的下列信息：

（一）排污单位的名称、统一社会信用代码以及污染物排放口、排放污染物种类等基本信息；

（二）排污单位的污染物排放数据（包括污染物排放量以及大气污染物、水污染物的浓度值等数据）；

（三）排污单位环境违法和受行政处罚情况；

（四）对税务机关提请复核的纳税人的纳税申报数据资料异常或者纳税人未按照规定期限办理纳税申报的复核意见；

（五）与税务机关商定交送的其他信息。

第十六条 税务机关应当通过涉税信息共享平台向环境保护主管部门交送下列环境保护税涉税信息：

（一）纳税人基本信息；

（二）纳税申报信息；

（三）税款入库、减免税额、欠缴税款以及风险疑点等信息；

（四）纳税人涉税违法和受行政处罚情况；

（五）纳税人的纳税申报数据资料异常或者纳税人未按照规定期限办理纳税申报的信息；

（六）与环境保护主管部门商定交送的其他信息。

第十七条 环境保护税法第十七条所称应税污染物排放地是指：

（一）应税大气污染物、水污染物排放口所在地；

（二）应税固体废物产生地；

（三）应税噪声产生地。

第十八条 纳税人跨区域排放应税污染物，税务机关对税收征收管辖有争议的，由争议各方按照有利于征收管理的原则协商解决；不能协商一致的，报请共同的上级税务机关决定。

第十九条 税务机关应当依据环境保护主管部门交送的排污单位信息进行纳税人识别。

在环境保护主管部门交送的排污单位信息中没有对应信息的纳税人,由税务机关在纳税人首次办理环境保护税纳税申报时进行纳税人识别,并将相关信息交送环境保护主管部门。

第二十条 环境保护主管部门发现纳税人申报的应税污染物排放信息或者适用的排污系数、物料衡算方法有误的,应当通知税务机关处理。

第二十一条 纳税人申报的污染物排放数据与环境保护主管部门交送的相关数据不一致的,按照环境保护主管部门交送的数据确定应税污染物的计税依据。

第二十二条 环境保护税法第二十条第二款所称纳税人的纳税申报数据资料异常,包括但不限于下列情形:

(一)纳税人当期申报的应税污染物排放量与上一年同期相比明显偏低,且无正当理由;

(二)纳税人单位产品污染物排放量与同类型纳税人相比明显偏低,且无正当理由。

第二十三条 税务机关、环境保护主管部门应当无偿为纳税人提供与缴纳环境保护税有关的辅导、培训和咨询服务。

第二十四条 税务机关依法实施环境保护税的税务检查,环境保护主管部门予以配合。

第二十五条 纳税人应当按照税收征收管理的有关规定,妥善保管应税污染物监测和管理的有关资料。

第五章 附 则

第二十六条 本条例自2018年1月1日起施行。2003年1月2日国务院公布的《排污费征收使用管理条例》同时废止。

国务院关于印发"十三五"生态环境保护规划的通知

国发〔2016〕65号

各省、自治区、直辖市人民政府,国务院各部委、各直属机构:

现将《"十三五"生态环境保护规划》印发给你们,请认真贯彻实施。

国务院
2016年11月24日

"十三五"生态环境保护规划

目　录

第一章　全国生态环境保护形势
　　第一节　生态环境保护取得积极进展
　　第二节　生态环境是全面建成小康社会的突出短板
　　第三节　生态环境保护面临机遇与挑战
第二章　指导思想、基本原则与主要目标
　　第一节　指导思想
　　第二节　基本原则
　　第三节　主要目标
第三章　强化源头防控，夯实绿色发展基础
　　第一节　强化生态空间管控
　　第二节　推进供给侧结构性改革
　　第三节　强化绿色科技创新引领
　　第四节　推动区域绿色协调发展
第四章　深化质量管理，大力实施三大行动计划
　　第一节　分区施策改善大气环境质量
　　第二节　精准发力提升水环境质量
　　第三节　分类防治土壤环境污染
第五章　实施专项治理，全面推进达标排放与污染减排
　　第一节　实施工业污染源全面达标排放计划
　　第二节　深入推进重点污染物减排
　　第三节　加强基础设施建设
　　第四节　加快农业农村环境综合治理
第六章　实行全程管控，有效防范和降低环境风险
　　第一节　完善风险防控和应急响应体系
　　第二节　加大重金属污染防治力度
　　第三节　提高危险废物处置水平
　　第四节　夯实化学品风险防控基础
　　第五节　加强核与辐射安全管理
第七章　加大保护力度，强化生态修复
　　第一节　维护国家生态安全
　　第二节　管护重点生态区域

第三节　保护重要生态系统
　　第四节　提升生态系统功能
　　第五节　修复生态退化地区
　　第六节　扩大生态产品供给
　　第七节　保护生物多样性
第八章　加快制度创新,积极推进治理体系和治理能力现代化
　　第一节　健全法治体系
　　第二节　完善市场机制
　　第三节　落实地方责任
　　第四节　加强企业监管
　　第五节　实施全民行动
　　第六节　提升治理能力
第九章　实施一批国家生态环境保护重大工程
第十章　健全规划实施保障措施
　　第一节　明确任务分工
　　第二节　加大投入力度
　　第三节　加强国际合作
　　第四节　推进试点示范
　　第五节　严格评估考核

第一章　全国生态环境保护形势

党中央、国务院高度重视生态环境保护工作。"十二五"以来,坚决向污染宣战,全力推进大气、水、土壤污染防治,持续加大生态环境保护力度,生态环境质量有所改善,完成了"十二五"规划确定的主要目标和任务。"十三五"期间,经济社会发展不平衡、不协调、不可持续的问题仍然突出,多阶段、多领域、多类型生态环境问题交织,生态环境与人民群众需求和期待差距较大,提高环境质量,加强生态环境综合治理,加快补齐生态环境短板,是当前核心任务。

第一节　生态环境保护取得积极进展

生态文明建设上升为国家战略。党中央、国务院高度重视生态文明建设。习近平总书记多次强调,"绿水青山就是金山银山","要坚持节约资源和保护环境的基本国策","像保护眼睛一样保护生态环境,像对待生命一样对待生态环境"。李克强总理多次指出,要加大环境综合治理力度,提高生态文明水平,促进绿色发展,下决心走出一条经济发展与环境改善双赢之路。党的十八大以来,党中央、国务院把生态文明建设摆在更加重要的战略位置,纳入"五位一体"总体布局,作出一系列重大决策部署,出台《生态文明体制改革总体方案》,实施大气、水、土壤污染防治行动计划。把发展观、执政观、自然观内在统一起来,融入到执政理念、发展理念中,生态文明建设的认识高度、实践深度、推进力度前所未有。

生态环境质量有所改善。2015年,全国338个地级及以上城市细颗粒物(PM2.5)年均浓度为50微克/立方米,首批开展监测的74个城市细颗粒物年均浓度比2013年下降23.6%,京津冀、长三角、珠三角分别下降27.4%、20.9%、27.7%,酸雨区占国土面积比例由历史高峰值的30%左右降至7.6%,大气污染防治初见成效。全国1940个地表水国控断面Ⅰ-Ⅲ类比例提高至66%,劣Ⅴ类比例下降至9.7%,大江大河干流水质明显改善。全国森林覆盖率提高至21.66%,森林蓄积量达到151.4亿立方米,草原综合植被盖度54%。建成自然保护区2740个,占陆地国土面积14.8%,超过90%的陆地自然生态系统类型、89%的国家重点保护野生动植物种类以及大多数重要自然遗迹在自然保护区内得到保护,大熊猫、东北虎、朱鹮、藏羚羊、扬子鳄等部分珍稀濒危物种野外种群数量稳中有升。荒漠化和沙化状况连续三个监测周期实现面积"双缩减"。

治污减排目标任务超额完成。到2015年,全国脱硫、脱硝机组容量占煤电总装机容量比例分别提高到99%、92%,完成煤电机组超低排放改造1.6亿千瓦。全国城市污水处理率提高到92%,城市建成区生活垃圾无害化处理率达到94.1%。7.2万个村庄实施环境综合整治,1.2亿多农村人口直接受益。6.1万家规模化养殖场(小区)建成废弃物处理和资源化利用设施。"十二五"期间,全国化学需氧量和氨氮、二氧化硫、氮氧化物排放总量分别累计下降12.9%、13%、18%、18.6%。

生态保护与建设取得成效。天然林资源保护、退耕还林还草、退牧还草、防护林体系建设、河湖与湿地保护修复、防沙治沙、水土保持、石漠化治理、野生动植物保护及自然保护区建设等一批重大生态保护与修复工程稳步实施。重点国有林区天然林全部停止商业性采伐。全国受保护的湿地面积增加525.94万公顷,自然湿地保护率提高到46.8%。沙化土地治理10万平方公里、水土流失治理26.6万平方公里。完成全国生态环境十年变化(2000—2010年)调查评估,发布《中国生物多样性红色名录》。建立各级森林公园、湿地公园、沙漠公园4300多个。16个省(区、市)开展生态省建设,1000多个市(县、区)开展生态市(县、区)建设,114个市(县、区)获得国家生态建设示范区命名。国有林场改革方案及国有林区改革指导意见印发实施,6个省完成国有林场改革试点任务。

环境风险防控稳步推进。到2015年,50个危险废物、273个医疗废物集中处置设施基本建成,历史遗留的670万吨铬渣全部处置完毕,铅、汞、镉、铬、砷五种重金属污染物排放量比2007年下降27.7%,涉重金属突发环境事件数量大幅减少。科学应对天津港"8·12"特别重大火灾爆炸等事故环境影响。核设施安全水平持续提高,核技术利用管理日趋规范,辐射环境质量保持良好。

生态环境法治建设不断完善。环境保护法、大气污染防治法、放射性废物安全管理条例、环境空气质量标准等完成制修订,生态环境损害责任追究办法等文件陆续出台,生态保护补偿机制进一步健全。深入开展环境保护法实施年活动和环境保护综合督察。全社会生态环境法治观念和意识不断加强。

第二节 生态环境是全面建成小康社会的突出短板

污染物排放量大面广,环境污染重。我国化学需氧量、二氧化硫等主要污染物排放量仍然处于 2000 万吨左右的高位,环境承载能力超过或接近上限。78.4% 的城市空气质量未达标,公众反映强烈的重度及以上污染天数比例占 3.2%,部分地区冬季空气重污染频发高发。饮用水水源安全保障水平亟需提升,排污布局与水环境承载能力不匹配,城市建成区黑臭水体大量存在,湖库富营养化问题依然突出,部分流域水体污染依然较重。全国土壤点位超标率 16.1%,耕地土壤点位超标率 19.4%,工矿废弃地土壤污染问题突出。城乡环境公共服务差距大,治理和改善任务艰巨。

山水林田湖缺乏统筹保护,生态损害大。中度以上生态脆弱区域占全国陆地国土面积的 55%,荒漠化和石漠化土地占国土面积的近 20%。森林系统低质化、森林结构纯林化、生态功能低效化、自然景观人工化趋势加剧,每年违法违规侵占林地约 200 万亩,全国森林单位面积蓄积量只有全球平均水平的 78%。全国草原生态总体恶化局面尚未根本扭转,中度和重度退化草原面积仍占 1/3 以上,已恢复的草原生态系统较为脆弱。全国湿地面积近年来每年减少约 510 万亩,900 多种脊椎动物、3700 多种高等植物生存受到威胁。资源过度开发利用导致生态破坏问题突出,生态空间不断被蚕食侵占,一些地区生态资源破坏严重,系统保护难度加大。

产业结构和布局不合理,生态环境风险高。我国是化学品生产和消费大国,有毒有害污染物种类不断增加,区域性、结构性、布局性环境风险日益凸显。环境风险企业数量庞大、近水靠城,危险化学品安全事故导致的环境污染事件频发。突发环境事件呈现原因复杂、污染物质多样、影响地域敏感、影响范围扩大的趋势。过去十年年均发生森林火灾 7600 多起,森林病虫害发生面积 1.75 亿亩以上。近年来,年均截获有害生物达 100 万批次,动植物传染及检疫性有害生物从国境口岸传入风险高。

第三节 生态环境保护面临机遇与挑战

"十三五"期间,生态环境保护面临重要的战略机遇。全面深化改革与全面依法治国深入推进,创新发展和绿色发展深入实施,生态文明建设体制机制逐步健全,为环境保护释放政策红利、法治红利和技术红利。经济转型升级、供给侧结构性改革加快化解重污染过剩产能、增加生态产品供给,污染物新增排放压力趋缓。公众生态环境保护意识日益增强,全社会保护生态环境的合力逐步形成。

同时,我国工业化、城镇化、农业现代化的任务尚未完成,生态环境保护仍面临巨大压力。伴随着经济下行压力加大,发展与保护的矛盾更加突出,一些地方环保投入减弱,进一步推进环境治理和质量改善任务艰巨。区域生态环境分化趋势显现,污染点状分布转向面上扩张,部分地区生态系统稳定性和服务功能下降,统筹协调保护难度大。我国积极应对全球气候变化,推进"一带一路"建设,国际社会尤其是发达国家要求我国承担更多环境责任,深度参与全球环境治理挑战大。

"十三五"期间,生态环境保护机遇与挑战并存,既是负重前行、大有作为的关键期,也是实现质量改善的攻坚期、窗口期。要充分利用新机遇新条件,妥善应对各种风险和挑战,坚定推进生态环境保护,提高生态环境质量。

第二章 指导思想、基本原则与主要目标

第一节 指导思想

全面贯彻党的十八大和十八届三中、四中、五中、六中全会精神,以邓小平理论、"三个代表"重要思想、科学发展观为指导,深入贯彻习近平总书记系列重要讲话精神和治国理政新理念新思想新战略,统筹推进"五位一体"总体布局和协调推进"四个全面"战略布局,牢固树立和贯彻落实创新、协调、绿色、开放、共享的发展理念,按照党中央、国务院决策部署,以提高环境质量为核心,实施最严格的环境保护制度,打好大气、水、土壤污染防治三大战役,加强生态保护与修复,严密防控生态环境风险,加快推进生态环境领域国家治理体系和治理能力现代化,不断提高生态环境管理系统化、科学化、法治化、精细化、信息化水平,为人民提供更多优质生态产品,为实现"两个一百年"奋斗目标和中华民族伟大复兴的中国梦作出贡献。

第二节 基本原则

坚持绿色发展、标本兼治。绿色富国、绿色惠民,处理好发展和保护的关系,协同推进新型工业化、城镇化、信息化、农业现代化与绿色化。坚持立足当前与着眼长远相结合,加强生态环境保护与稳增长、调结构、惠民生、防风险相结合,强化源头防控,推进供给侧结构性改革,优化空间布局,推动形成绿色生产和绿色生活方式,从源头预防生态破坏和环境污染,加大生态环境治理力度,促进人与自然和谐发展。

坚持质量核心、系统施治。以解决生态环境突出问题为导向,分区域、分流域、分阶段明确生态环境质量改善目标任务。统筹运用结构优化、污染治理、污染减排、达标排放、生态保护等多种手段,实施一批重大工程,开展多污染物协同防治,系统推进生态修复与环境治理,确保生态环境质量稳步提升,提高优质生态产品供给能力。

坚持空间管控、分类防治。生态优先,统筹生产、生活、生态空间管理,划定并严守生态保护红线,维护国家生态安全。建立系统完整、责权清晰、监管有效的管理格局,实施差异化管理,分区分类管控,分级分项施策,提升精细化管理水平。

坚持改革创新、强化法治。以改革创新推进生态环境保护,转变环境治理理念和方式,改革生态环境治理基础制度,建立覆盖所有固定污染源的企业排放许可制,实行省以下环保机构监测监察执法垂直管理制度,加快形成系统完整的生态文明制度体系。加强环境立法、环境司法、环境执法,从硬从严,重拳出击,促进全社会遵纪守法。依靠法律和制度加强生态环境保护,实现源头严防、过程严管、后果严惩。

坚持履职尽责、社会共治。建立严格的生态环境保护责任制度,合理划分中央和地方环境保护事权和支出责任,落实生态环境保护"党政同责"、"一岗双责"。落实企业环境治理主体责任,动员全社会积极参与生态环境保护,激励与约束并举,政府与市场"两手发力",形成政府、企业、公众共治的环境治理体系。

第三节 主 要 目 标

到2020年,生态环境质量总体改善。生产和生活方式绿色、低碳水平上升,主要污染物排放总量大幅减少,环境风险得到有效控制,生物多样性下降势头得到基本控制,生态系统稳定性明显增强,生态安全屏障基本形成,生态环境领域国家治理体系和治理能力现代化取得重大进展,生态文明建设水平与全面建成小康社会目标相适应。

专栏1 "十三五"生态环境保护主要指标					
指 标		2015年	2020年	[累计][1]	属性
生态环境质量					
1.空气质量	地级及以上城市[2]空气质量优良天数比率(%)	76.7	>80	—	约束性
	细颗粒物未达标地级及以上城市浓度下降(%)	—	—	[18]	约束性
	地级及以上城市重度及以上污染天数比例下降(%)	—	—	[25]	预期性
2.水环境质量	地表水质量[3]达到或好于Ⅲ类水体比例(%)	66	>70	—	约束性
	地表水质量劣Ⅴ类水体比例(%)	9.7	<5	—	约束性
	重要江河湖泊水功能区水质达标率(%)	70.8	>80	—	预期性
	地下水质量极差比例(%)	15.7[4]	15左右	—	预期性
	近岸海域水质优良(一、二类)比例(%)	70.5	70左右	—	预期性
3.土壤环境质量	受污染耕地安全利用率(%)	70.6	90左右	—	约束性
	污染地块安全利用率(%)	—	90以上	—	约束性
4.生态状况	森林覆盖率(%)	21.66	23.04	[1.38]	约束性
	森林蓄积量(亿立方米)	151	165	[14]	约束性
	湿地保有量(亿亩)	—	≥8	—	预期性
	草原综合植被盖度(%)	54	56	—	预期性
	重点生态功能区所属县域生态环境状况指数	60.4	>60.4	—	预期性

(续表)

指　标		2015 年	2020 年	[累计]	属性
污染物排放总量					
5. 主要污染物排放总量减少(%)	化学需氧量	—	—	[10]	约束性
	氨氮	—	—	[10]	
	二氧化硫	—	—	[15]	
	氮氧化物	—	—	[15]	
6. 区域性污染物排放总量减少(%)	重点地区重点行业挥发性有机物[5]	—	—	[10]	预期性
	重点地区总氮[6]	—	—	[10]	
	重点地区总磷[7]	—	—	[10]	
生态保护修复					
7. 国家重点保护野生动植物保护率(%)		—	>95	—	预期性
8. 全国自然岸线保有率(%)		—	≥35	—	预期性
9. 新增沙化土地治理面积(万平方公里)		—	—	[10]	预期性
10. 新增水土流失治理面积(万平方公里)		—	—	[27]	预期性

注：1. [　]内为五年累计数。
2. 空气质量评价覆盖全国 338 个城市(含地、州、盟所在地及部分省辖县级市,不含三沙和儋州)。
3. 水环境质量评价覆盖全国地表水国控断面,断面数量由"十二五"期间的 972 个增加到 1940 个。
4. 为 2013 年数据。
5. 在重点地区、重点行业推进挥发性有机物总量控制,全国排放总量下降 10%以上。
6. 对沿海 56 个城市及 29 个富营养化湖库实施总氮总量控制。
7. 总磷超标的控制单元以及上游相关地区实施总磷总量控制。

第三章　强化源头防控,夯实绿色发展基础

绿色发展是从源头破解我国资源环境约束瓶颈、提高发展质量的关键。要创新调控方式,强化源头管理,以生态空间管控引导构建绿色发展格局,以生态环境保护推进供给侧结构性改革,以绿色科技创新引领生态环境治理,促进重点区域绿色、协调发展,加快形成节约资源和保护环境的空间布局、产业结构和生产生活方式,从源头保护生态环境。

第一节 强化生态空间管控

全面落实主体功能区规划。强化主体功能区在国土空间开发保护中的基础作用,推动形成主体功能区布局。依据不同区域主体功能定位,制定差异化的生态环境目标、治理保护措施和考核评价要求。禁止开发区域实施强制性生态环境保护,严格控制人为因素对自然生态和自然文化遗产原真性、完整性的干扰,严禁不符合主体功能定位的各类开发活动,引导人口逐步有序转移。限制开发的重点生态功能区开发强度得到有效控制,形成环境友好型的产业结构,保持并提高生态产品供给能力,增强生态系统服务功能。限制开发的农产品主产区着力保护耕地土壤环境,确保农产品供给和质量安全。重点开发区域加强环境管理与治理,大幅降低污染物排放强度,减少工业化、城镇化对生态环境的影响,改善人居环境,努力提高环境质量。优化开发区域引导城市集约紧凑、绿色低碳发展,扩大绿色生态空间,优化生态系统格局。实施海洋主体功能区规划,优化海洋资源开发格局。

划定并严守生态保护红线。2017年底前,京津冀区域、长江经济带沿线各省(市)划定生态保护红线;2018年底前,其他省(区、市)划定生态保护红线;2020年底前,全面完成全国生态保护红线划定、勘界定标,基本建立生态保护红线制度。制定生态保护红线管控措施,建立健全生态保护补偿机制,定期发布生态保护红线保护状况信息。建立监控体系与评价考核制度,对各省(区、市)生态保护红线保护成效进行评价考核。全面保障国家生态安全,保护和提升森林、草原、河流、湖泊、湿地、海洋等生态系统功能,提高优质生态产品供给能力。

推动"多规合一"。以主体功能区规划为基础,规范完善生态环境空间管控、生态环境承载力调控、环境质量底线控制、战略环评与规划环评刚性约束等环境引导和管控要求,制定落实生态保护红线、环境质量底线、资源利用上线和环境准入负面清单的技术规范,强化"多规合一"的生态环境支持。以市县级行政区为单元,建立由空间规划、用途管制、差异化绩效考核等构成的空间治理体系。积极推动建立国家空间规划体系,统筹各类空间规划,推进"多规合一"。研究制定生态环境保护促进"多规合一"的指导意见。自2018年起,启动省域、区域、城市群生态环境保护空间规划研究。

第二节 推进供给侧结构性改革

强化环境硬约束推动淘汰落后和过剩产能。建立重污染产能退出和过剩产能化解机制,对长期超标排放的企业、无治理能力且无治理意愿的企业、达标无望的企业,依法予以关闭淘汰。修订完善环境保护综合名录,推动淘汰高污染、高环境风险的工艺、设备与产品。鼓励各地制定范围更宽、标准更高的落后产能淘汰政策,京津冀地区要加大对不能实现达标排放的钢铁等过剩产能淘汰力度。依据区域资源环境承载能力,确定各地区造纸、制革、印染、焦化、炼硫、炼砷、炼油、电镀、农药等行业规模限值。实行新(改、扩)建项目重点污染物排放等量或减量置换。调整优化产业结构,煤炭、钢铁、水泥、平板玻璃等产能过剩行业实行产能等量或减量置换。

严格环保能耗要求促进企业加快升级改造。实施能耗总量和强度"双控"行动,全面推进工业、建筑、交通运输、公共机构等重点领域节能。严格新建项目节能评估审查,加强工业节能监察,强化全过程节能监管。钢铁、有色金属、化工、建材、轻工、纺织等传统制造业全面实施电机、变压器等能效提升、清洁生产、节水治污、循环利用等专项技术改造,实施系统能效提升、燃煤锅炉节能环保综合提升、绿色照明、余热暖民等节能重点工程。支持企业增强绿色精益制造能力,推动工业园区和企业应用分布式能源。

促进绿色制造和绿色产品生产供给。从设计、原料、生产、采购、物流、回收等全流程强化产品全生命周期绿色管理。支持企业推行绿色设计,开发绿色产品,完善绿色包装标准体系,推动包装减量化、无害化和材料回收利用。建设绿色工厂,发展绿色工业园区,打造绿色供应链,开展绿色评价和绿色制造工艺推广行动,全面推进绿色制造体系建设。增强绿色供给能力,整合环保、节能、节水、循环、低碳、再生、有机等产品认证,建立统一的绿色产品标准、认证、标识体系。发展生态农业和有机农业,加快有机食品基地建设和产业发展,增加有机产品供给。到2020年,创建百家绿色设计示范企业、百家绿色示范园区、千家绿色示范工厂,绿色制造体系基本建立。

推动循环发展。实施循环发展引领计划,推进城市低值废弃物集中处置,开展资源循环利用示范基地和生态工业园区建设,建设一批循环经济领域国家新型工业化产业示范基地和循环经济示范市县。实施高端再制造、智能再制造和在役再制造示范工程。深化工业固体废物综合利用基地建设试点,建设产业固体废物综合利用和资源再生利用示范工程。依托国家"城市矿产"示范基地,培育一批回收和综合利用骨干企业、再生资源利用产业基地和园区。健全再生资源回收利用网络,规范完善废钢铁、废旧轮胎、废旧纺织品与服装、废塑料、废旧动力电池等综合利用行业管理。尝试建立逆向回收渠道,推广"互联网+回收"、智能回收等新型回收方式,实行生产者责任延伸制度。到2020年,全国工业固体废物综合利用率提高到73%。实现化肥农药零增长,实施循环农业示范工程,推进秸秆高值化和产业化利用。到2020年,秸秆综合利用率达到85%,国家现代农业示范区和粮食主产县基本实现农业资源循环利用。

推进节能环保产业发展。推动低碳循环、治污减排、监测监控等核心环保技术工艺、成套产品、装备设备、材料药剂研发与产业化,尽快形成一批具有竞争力的主导技术和产品。鼓励发展节能环保技术咨询、系统设计、设备制造、工程施工、运营管理等专业化服务。大力发展环境服务业,推进形成合同能源管理、合同节水管理、第三方监测、环境污染第三方治理及环境保护政府和社会资本合作等服务市场,开展小城镇、园区环境综合治理托管服务试点。规范环境绩效合同管理,逐步建立环境服务绩效评价考核机制。发布政府采购环境服务清单。鼓励社会资本投资环保企业,培育一批具有国际竞争力的大型节能环保企业与环保品牌。鼓励生态环保领域大众创业、万众创新。充分发挥环保行业组织、科技社团在环保科技创新、成果转化和产业化过程中的作用。完善行业监管制度,开展环保产业常规调查统计工作,建立环境服务企业诚信档案,发布环境服务业发展报告。

第三节　强化绿色科技创新引领

推进绿色化与创新驱动深度融合。把绿色化作为国家实施创新驱动发展战略、经济转型发展的重要基点,推进绿色化与各领域新兴技术深度融合发展。发展智能绿色制造技术,推动制造业向价值链高端攀升。发展生态绿色、高效安全的现代农业技术,深入开展节水农业、循环农业、有机农业、现代林业和生物肥料等技术研发,促进农业提质增效和可持续发展。发展安全、清洁、高效的现代能源技术,推动能源生产和消费革命。发展资源节约循环利用的关键技术,建立城镇生活垃圾资源化利用、再生资源回收利用、工业固体废物综合利用等技术体系。重点针对大气、水、土壤等问题,形成源头预防、末端治理和生态环境修复的成套技术。

加强生态环保科技创新体系建设。瞄准世界生态环境科技发展前沿,立足我国生态环境保护的战略要求,突出自主创新、综合集成创新,加快构建层次清晰、分工明确、运行高效、支撑有力的国家生态环保科技创新体系。重点建立以科学研究为先导的生态环保科技创新理论体系,以应用示范为支撑的生态环保技术研发体系,以人体健康为目标的环境基准和环境标准体系,以提升竞争力为核心的环保产业培育体系,以服务保障为基础的环保科技管理体系。实施环境科研领军人才工程,加强环保专业技术领军人才和青年拔尖人才培养,重点建设一批创新人才培养基地,打造一批高水平创新团队。支持相关院校开展环保基础科学和应用科学研究。建立健全环保职业荣誉制度。

建设生态环保科技创新平台。统筹科技资源,深化生态环保科技体制改革。加强重点实验室、工程技术中心、科学观测研究站、环保智库等科技创新平台建设,加强技术研发推广,提高管理科学化水平。积极引导企业与科研机构加强合作,强化企业创新主体作用,推动环保技术研发、科技成果转移转化和推广应用。推动建立环保装备与服务需求信息平台、技术创新转化交易平台。依托有条件的科技产业园区,集中打造环保科技创新试验区、环保高新技术产业区、环保综合治理技术服务区、国际环保技术合作区、环保高水平人才培养教育区,建立一批国家级环保高新技术产业开发区。

实施重点生态环保科技专项。继续实施水体污染控制与治理国家科技重大专项,实施大气污染成因与控制技术研究、典型脆弱生态修复与保护研究、煤炭清洁高效利用和新型节能技术研发、农业面源和重金属污染农田综合防治与修复技术研发、海洋环境安全保障等重点研发计划专项。在京津冀地区、长江经济带、"一带一路"沿线省(区、市)等重点区域开展环境污染防治和生态修复技术应用试点示范,提出生态环境治理系统性技术解决方案。打造京津冀等区域环境质量提升协同创新共同体,实施区域环境质量提升创新科技工程。创新青藏高原等生态屏障带保护修复技术方法与治理模式,研发生态环境监测预警、生态修复、生物多样性保护、生态保护红线评估管理、生态廊道构建等关键技术,建立一批生态保护与修复科技示范区。支持生态、土壤、大气、温室气体等环境监测预警网络系统及关键技术装备研发,支持生态环境突发事故监测预警及应急处置技术、遥感监测技术、数据分析与服务产品、高端环境监测仪器等研发。开展重点行业危险废物污染特性与环境效应、危险废物溯源及快速识别、全过程风险防控、信息化管理技术等领域研究,加快建立危险废物技术规范体系。建立化学品环境与健康风险评估方法、程序和技术规范体系。加强生态环境管理决策支撑科学研究,开展多污染物协同控制、生态环境系统模拟、污染源解析、生态环境保护规划、生态环境损害评估、网格化管理、绿色国内生产总值核算等技术方法研究应用。

完善环境标准和技术政策体系。研究制定环境基准,修订土壤环境质量标准,完善挥发性有机物排放标准体系,严格执行污染物排放标准。加快机动车和非道路移动源污染物排放标准、燃油产品质量标准的制修订和实施。发布实施船舶发动机排气污染物排放限值及测量方法(中国第一、二阶段)、轻型汽车和重型汽车污染物排放限值及测量方法(中国第六阶段)、摩托车和轻便摩托车污染物排放限值及测量方法(中国第四阶段)、畜禽养殖污染物排放标准。修订在用机动车排放标准,力争实施非道路移动机械国Ⅳ排放标准。完善环境保护技术政策,建立生态保护红线监管技术规范。健全钢铁、水泥、化工等重点行业清洁生产评价指标体系。加快制定完善电力、冶金、有色金属等重点行业以及城乡垃圾处理、机动车船和非道路移动机械污染防治、农业面源污染防治等重点领域技术政策。建立危险废物利用处置无害化管理标准和技术体系。

第四节 推动区域绿色协调发展

促进四大区域绿色协调发展。西部地区要坚持生态优先,强化生态环境保护,提升生态安全屏障功能,建设生态产品供给区,合理开发石油、煤炭、天然气等战略性资源和生态旅游、农畜产品等特色资源。东北地区要加强大小兴安岭、长白山等森林生态系统保护和北方防沙带建设,强化东北平原湿地和农用地土壤环境保护,推动老工业基地振兴。中部地区要以资源环境承载能力为基础,有序承接产业转移,推进鄱阳湖、洞庭湖生态经济区和汉江、淮河生态经济带建设,研究建设一批流域沿岸及交通通道沿线的生态走廊,加强水环境保护和治理。东部地区要扩大生态空间,提高环境资源利用效率,加快推动产业升级,在生态环境质量改善等方面走在前列。

推进"一带一路"绿色化建设。加强中俄、中哈以及中国—东盟、上海合作组织等现有多双边合作机制,积极开展澜沧江—湄公河环境合作,开展全方位、多渠道的对话交流活动,加强与沿线国家环境官员、学者、青年的交流和合作,开展生态环保公益活动,实施绿色丝路使者计划,分享中国生态文明、绿色发展理念与实践经验。建立健全绿色投资与绿色贸易管理制度体系,落实对外投资合作环境保护指南。开展环保产业技术合作园区及示范基地建设,推动环保产业走出去。树立中国铁路、电力、汽车、通信、新能源、钢铁等优质产能绿色品牌。推进"一带一路"沿线省(区、市)产业结构升级与创新升级,推动绿色产业链延伸;开展重点战略和关键项目环境评估,提高生态环境风险防范与应对能力。编制实施国内"一带一路"沿线区域生态环保规划。

推动京津冀地区协同保护。以资源环境承载能力为基础,优化经济发展和生态环境功能布局,扩大环境容量与生态空间。加快推动天津传统制造业绿色化改造。促进河北有序承接北京非首都功能转移和京津科技成果转化。强化区域环保协作,联合开展大气、河流、湖泊等污染治理,加强区域生态屏障建设,共建坝上高原生态防护区、燕山—太行山生态涵养区,推动光伏等新能源广泛应用。创新生态环境联动管理体制机制,构建区域一体化的生态环境监测网络、生态环境信息网络和生态环境应急预警体系,建立区域生态环保协调机制、水资源统一调配制度、跨区域联合监察执法机制,建立健全区域生态保护补偿机制和跨区域排污权交易市场。到2020年,京津冀地区生态环境保护协作机制有效运行,生态环境质量明显改善。

推进长江经济带共抓大保护。把保护和修复长江生态环境摆在首要位置,推进长江经济带生态文明建设,建设水清地绿天蓝的绿色生态廊道。统筹水资源、水环境、水生态,推动上中下游协同发展、东中西部互动合作,加强跨部门、跨区域监管与应急协调联动,把实施重大生态修复工程作为推动长江经济带发展项目的优先选项,共抓大保护,不搞大开发。统筹江河湖泊丰富多样的生态要素,构建以长江干支流为经络,以山水林田湖为有机整体,江湖关系和谐、流域水质优良、生态流量充足、水土保持有效、生物种类多样的生态安全格局。上游区重点加强水源涵养、水土保持功能和生物多样性保护,合理开发利用水资源,严控水电开发生态影响;中游区重点协调江湖关系,确保丹江口水库水质安全;下游区加快产业转型升级,重点加强退化水生态系统恢复,强化饮用水水源保护,严格控制城镇周边生态空间占用,开展河网地区水污染治理。妥善处理江河湖泊关系,实施长江干流及洞庭湖上游"四水"、鄱阳湖上游"五河"的水库群联合调度,保障长江干支流生态流量与两湖生态水位。统筹规划、集约利用长江岸线资源,控制岸线开发强度。强化跨界水质断面考核,推动协同治理。

第四章 深化质量管理,大力实施三大行动计划

以提高环境质量为核心,推进联防联控和流域共治,制定大气、水、土壤三大污染防治行动计划的施工图。根据区域、流域和类型差异分区施策,实施多污染物协同控制,提高治理措施的针对性和有效性。实行环境质量底线管理,努力实现分阶段达到环境质量标准、治理责任清单式落地,解决群众身边的突出环境问题。

第一节 分区施策改善大气环境质量

实施大气环境质量目标管理和限期达标规划。各省(区、市)要对照国家大气环境质量标准,开展形势分析,定期考核并公布大气环境质量信息。强化目标和任务的过程管理,深入推进钢铁、水泥等重污染行业过剩产能退出,大力推进清洁能源使用,推进机动车和油品标准升级,加强油品等能源产品质量监管,加强移动源污染治理,加大城市扬尘和小微企业分散源、生活源污染整治力度。深入实施《大气污染防治行动计划》,大幅削减二氧化硫、氮氧化物和颗粒物的排放量,全面启动挥发性有机物污染防治,开展大气氨排放控制试点,实现全国地级及以上城市二氧化硫、一氧化碳浓度全部达标,细颗粒物、可吸入颗粒物浓度明显下降,二氧化氮浓度继续下降,臭氧浓度保持稳定、力争改善。实施城市大气环境质量目标管理,已经达标的城市,应当加强保护并持续改善;未达标的城市,应确定达标期限,向社会公布,并制定实施限期达标规划,明确达标时间表、路线图和重点任务。

加强重污染天气应对。强化各级空气质量预报中心运行管理,提高预报准确性,及时发布空气质量预报信息,实现预报信息全国共享、联网发布。完善重度及以上污染天气的区域联合预警机制,加强东北、西北、成渝和华中区域大气环境质量预测预报能力。健全应急预案体系,制定重污染天气应急预案实施情况评估技术规程,加强对预案实施情况的检查和评估。各省(区、市)和地级及以上城市及时修编重污染天气应急预案,开展重污染天气成因分析和污染物来源解析,科学制定针对性减排措施,每年更新应急减排措施项目清单。及时启

动应急响应措施,提高重污染天气应对的有效性。强化监管和督察,对应对不及时、措施不力的地方政府,视情况予以约谈、通报、挂牌督办。

深化区域大气污染联防联控。全面深化京津冀及周边地区、长三角、珠三角等区域大气污染联防联控,建立常态化区域协作机制,区域内统一规划、统一标准、统一监测、统一防治。对重点行业、领域制定实施统一的环保标准、排污收费政策、能源消费政策,统一老旧车辆淘汰和在用车辆管理标准。重点区域严格控制煤炭消费总量,京津冀及山东、长三角、珠三角等区域,以及空气质量排名较差的前10位城市中受燃煤影响较大的城市要实现煤炭消费负增长。通过市场化方式促进老旧车辆、船舶加速淘汰以及防污设施设备改造,强化新生产机动车、非道路移动机械环保达标监管。开展清洁柴油机行动,加强高排放工程机械、重型柴油车、农业机械等管理,重点区域开展柴油车注册登记环保查验,对货运车、客运车、公交车等开展入户环保检查。提高公共车辆中新能源汽车占比,具备条件的城市在2017年底前基本实现公交新能源化。落实珠三角、长三角、环渤海京津冀水域船舶排放控制区管理政策,靠港船舶优先使用岸电,建设船舶大气污染物排放遥感监测和油品质量监测网点,开展船舶排放控制区内船舶排放监测和联合监管,构建机动车船和油品环保达标监管体系。加快非道路移动源油品升级。强化城市道路、施工等扬尘监管和城市综合管理。

显著削减京津冀及周边地区颗粒物浓度。以北京市、保定市、廊坊市为重点,突出抓好冬季散煤治理、重点行业综合治理、机动车监管、重污染天气应对,强化高架源的治理和监管,改善区域空气质量。提高接受外输电比例,增加非化石能源供应,重点城市实施天然气替代煤炭工程,推进电力替代煤炭,大幅减少冬季散煤使用量,"十三五"期间,北京、天津、河北、山东、河南五省(市)煤炭消费总量下降10%左右。加快区域内机动车排污监控平台建设,重点治理重型柴油车和高排放车辆。到2020年,区域细颗粒物污染形势显著好转,臭氧浓度基本稳定。

明显降低长三角区域细颗粒物浓度。加快产业结构调整,依法淘汰能耗、环保等不达标的产能。"十三五"期间,上海、江苏、浙江、安徽四省(市)煤炭消费总量下降5%左右,地级及以上城市建成区基本淘汰35蒸吨以下燃煤锅炉。全面推进炼油、石化、工业涂装、印刷等行业挥发性有机物综合整治。到2020年,长三角区域细颗粒物浓度显著下降,臭氧浓度基本稳定。

大力推动珠三角区域率先实现大气环境质量基本达标。统筹做好细颗粒物和臭氧污染防控,重点抓好挥发性有机物和氮氧化物协同控制。加快区域内产业转型升级,调整和优化能源结构,工业园区与产业聚集区实施集中供热,有条件的发展大型燃气供热锅炉,"十三五"期间,珠三角区域煤炭消费总量下降10%左右。重点推进石化、化工、油品储运销、汽车制造、船舶制造(维修)、集装箱制造、印刷、家具制造、制鞋等行业开展挥发性有机物综合整治。到2020年,实现珠三角区域大气环境质量基本达标,基本消除重度及以上污染天气。

第二节 精准发力提升水环境质量

实施以控制单元为基础的水环境质量目标管理。依据主体功能区规划和行政区划,划定陆域控制单元,建立流域、水生态控制区、水环境控制单元三级分区体系。实施以控制单元为空间基础、以断面水质为管理目标、以排污许可制为核心的流域水环境质量目标管理。优化控制单元水质断面监测网络,建立控制单元产排污与断面水质响应反馈机制,明确划分控制单元水环境质量责任,从严控制污染物排放量。全面推行"河长制"。在黄河、淮河等流域进行试点,分期分批科学确定生态流量(水位),作为流域水量调度的重要参考。深入实施《水污染防治行动计划》,落实控制单元治污责任,完成目标任务。固定污染源排放为主的控制单元,要确定区域、流域重点水污染物和主要超标污染物排放控制目标,实施基于改善水质要求的排污许可,将治污任务逐一落实到控制单元内的各排污单位(含污水处理厂、设有排放口的规模化畜禽养殖单位)。面源(分散源)污染为主或严重缺水的控制单元,要采用政策激励、加强监管以及确保生态基流等措施改善水生态环境。自 2017 年起,各省份要定期向社会公开控制单元水环境质量目标管理情况。

专栏 2　各流域需要改善的控制单元

(一)长江流域(108 个)。

双桥河合肥市控制单元等 40 个单元由Ⅳ类升为Ⅲ类;乌江重庆市控制单元等 7 个单元由Ⅴ类升为Ⅲ类;来河滁州市控制单元等 9 个单元由Ⅴ类升为Ⅳ类;京山河荆门市控制单元等 2 个单元由劣Ⅴ类升为Ⅲ类;沱江内江市控制单元等 4 个单元由劣Ⅴ类升为Ⅳ类;十五里河合肥市控制单元等 24 个单元由劣Ⅴ类升为Ⅴ类;滇池外海昆明市控制单元化学需氧量浓度下降;南淝河合肥市控制单元等 3 个单元氨氮浓度下降;竹皮河荆门市控制单元等 4 个单元氨氮、总磷浓度下降;岷江宜宾市控制单元等 14 个单元总磷浓度下降。

(二)海河流域(75 个)。

洋河张家口市八号桥控制单元等 9 个单元由Ⅳ类升为Ⅲ类;妫水河下段北京市控制单元等 3 个单元由Ⅴ类升为Ⅳ类;潮白河通州区控制单元等 26 个单元由劣Ⅴ类升为Ⅴ类;宣惠河沧州市控制单元等 6 个单元化学需氧量浓度下降;通惠河下段北京市控制单元等 26 个单元氨氮浓度下降;共产主义渠新乡市控制单元等 3 个单元氨氮、总磷浓度下降;海河天津市海河大闸控制单元化学需氧量、氨氮浓度下降;潮白新河天津市控制单元总磷浓度下降。

(三)淮河流域(49 个)。

谷河阜阳市控制单元等 17 个单元由Ⅳ类升为Ⅲ类;东鱼河菏泽市控制单元由Ⅴ类升为Ⅲ类;新滩河宿迁市控制单元等 9 个单元由Ⅴ类升为Ⅳ类;洙赵新河菏泽市控制单元由劣Ⅴ类升为Ⅲ类;运料河徐州市控制单元由劣Ⅴ类升为Ⅳ类;涡河亳州市岳坊大桥控制单元等 16 个单元由劣Ⅴ类升为Ⅴ类;包河商丘市控制单元等 4 个单元氨氮浓度下降。

(四)黄河流域(35 个)。

伊洛河洛阳市控制单元等 14 个单元由Ⅳ类升为Ⅲ类;葫芦河固原市控制单元等 4 个单元由Ⅴ类升为Ⅳ类;岚河吕梁市控制单元由劣Ⅴ类升为Ⅳ类;大黑河乌兰察布市控制单元等 8 个单元由劣Ⅴ类升为Ⅴ类;昆都仑河包头市控制单元等 8 个单元氨氮浓度下降。

(五)松花江流域(12 个)。

小兴凯湖鸡西市控制单元等 9 个单元由Ⅳ类升为Ⅲ类;阿什河哈尔滨市控制单元由劣Ⅴ类升为Ⅴ类;呼伦湖呼伦贝尔市控制单元化学需氧量浓度下降;饮马河长春市靠山南楼控制单元氨氮浓度下降。

(六)辽河流域(13 个)。

寇河铁岭市控制单元等 6 个单元由Ⅳ类升为Ⅲ类;辽河沈阳市巨流河大桥控制单元等 3 个单元由Ⅴ类升为Ⅳ类;亮子河铁岭市控制单元等 2 个单元由劣Ⅴ类升为Ⅴ类;浑河抚顺市控制单元总磷浓度下降;条子河四平市控制单元氨氮浓度下降。

（七）珠江流域(17个)。

九洲江湛江市排里控制单元等2个单元由Ⅲ类升为Ⅱ类；潭江江门市牛湾控制单元由Ⅳ类升为Ⅱ类；鉴江茂名市江口门控制单元等4个单元由Ⅳ类升为Ⅲ类；东莞运河东莞市樟村控制单元等2个单元由Ⅴ类升为Ⅳ类；小东江茂名市石碧控制单元由劣Ⅴ类升为Ⅳ类；深圳河深圳市河口控制单元等5个单元由劣Ⅴ类升为Ⅴ类；杞麓湖玉溪市控制单元化学需氧量浓度下降；星云湖玉溪市控制单元总磷浓度下降。

（八）浙闽片河流(25个)。

浦阳江杭州市控制单元等13个单元由Ⅳ类升为Ⅲ类；汀溪厦门市控制单元等3个单元由Ⅴ类升为Ⅲ类；南溪漳州市控制单元等5个单元由Ⅴ类升为Ⅳ类；金清港台州市控制单元等4个单元由劣Ⅴ类升为Ⅴ类。

（九）西北诸河(3个)。

博斯腾湖巴音郭楞蒙古自治州控制单元由Ⅳ类升为Ⅲ类；北大河酒泉市控制单元由劣Ⅴ类升为Ⅲ类；克孜河喀什地区控制单元由劣Ⅴ类升为Ⅴ类。

（十）西南诸河(6个)。

黑惠江大理白族自治州控制单元等4个单元由Ⅳ类升为Ⅲ类；异龙湖红河哈尼族彝族自治州控制单元化学需氧量浓度下降；西洱河大理白族自治州控制单元氨氮浓度下降。

实施流域污染综合治理。实施重点流域水污染防治规划。流域上下游各级政府、各部门之间加强协调配合、定期会商，实施联合监测、联合执法、应急联动、信息共享。长江流域强化系统保护，加大水生生物多样性保护力度，强化水上交通、船舶港口污染防治。实施岷江、沱江、乌江、清水江、长江干流宜昌段总磷污染综合治理，有效控制贵州、四川、湖北、云南等总磷污染。太湖坚持综合治理，增强流域生态系统功能，防范蓝藻暴发，确保饮用水安全；巢湖加强氮、磷总量控制，改善入湖河流水质，修复湖滨生态功能；滇池加强氮、磷总量控制，重点防控城市污水和农业面源污染入湖，分区分步开展生态修复，逐步恢复水生态系统。海河流域突出节水和再生水利用，强化跨界水体治理，重点整治城乡黑臭水体，保障白洋淀、衡水湖、永定河生态需水。淮河流域大幅降低造纸、化肥、酿造等行业污染物排放强度，有效控制氨氮污染，持续改善洪河、涡河、颍河、惠济河、包河等支流水质，切实防控突发污染事件。黄河流域重点控制煤化工、石化企业排放，持续改善汾河、涑水河、总排干、大黑河、乌梁素海、湟水河等支流水质，降低中上游水环境风险。松花江流域持续改善阿什河、伊通河等支流水质，重点解决石化、酿造、制药、造纸等行业污染问题，加大水生态保护力度，进一步增加野生鱼类种群数量，加快恢复湿地生态系统。辽河流域大幅降低石化、造纸、化工、农副食品加工等行业污染物排放强度，持续改善浑河、太子河、条子河、招苏台河等支流水质，显著恢复水生态系统，全面恢复湿地生态系统。珠江流域建立健全广东、广西、云南等联合治污防控体系，重点保障东江、西江供水水质安全，改善珠江三角洲地区水生态环境。

优先保护良好水体。实施从水源到水龙头全过程监管，持续提升饮用水安全保障水平。地方各级人民政府及供水单位应定期监测、检测和评估本行政区域内饮用水水源、供水厂出水和用户水龙头水质等饮水安全状况。地级及以上城市每季度向社会公开饮水安全状况信息，县级及以上城市自2018年起每季度向社会公开。开展饮用水水源规范化建设，依法清理饮用水水源保护区内违法建筑和排污口。加强农村饮用水水源保护，实施农村饮水安全巩固提升工程。各省(区、市)应于2017年底前,基本完成乡镇及以上集中式饮用水水源保护区划定,开展定期监测和调查评估。到2020年,地级及以上城市集中式饮用水水源水质达到或优于Ⅲ类比例高于93%。对江河源头及现状水质达到或优于Ⅲ类的江河湖库开展生态环境安全评估,制定实施生态环境保护方案,东江、滦河、千岛湖、南四湖等流域于2017年底前完成。七大重点流域制定实施水生生物多样性保护方案。

推进地下水污染综合防治。定期调查评估集中式地下水型饮用水水源补给区和污染源周边区域环境状况。加强重点工业行业地下水环境监管,采取防控措施有效降低地下水污染风险。公布地下水污染地块清单,管控风险,开展地下水污染修复试点。到2020年,全国地下水污染加剧趋势得到初步遏制,质量极差的地下水比例控制在15%左右。

大力整治城市黑臭水体。建立地级及以上城市建成区黑臭水体等污染严重水体清单,制定整治方案,细化分阶段目标和任务安排,向社会公布年度治理进展和水质改善情况。建立全国城市黑臭水体整治监管平台,公布全国黑臭水体清单,接受公众评议。各城市在当地主流媒体公布黑臭水体清单、整治达标期限、责任人、整治进展及效果;建立长效机制,开展水体日常维护与监管工作。2017年底前,直辖市、省会城市、计划单列市建成区基本消除黑臭水体,其他地级城市实现河面无大面积漂浮物、河岸无垃圾、无违法排污口;到2020年,地级及以上城市建成区黑臭水体比例均控制在10%以内,其他城市力争大幅度消除重度黑臭水体。

改善河口和近岸海域生态环境质量。实施近岸海域污染防治方案,加大渤海、东海等近岸海域污染治理力度。强化直排海污染源和沿海工业园区监管,防控沿海地区陆源溢油污染海洋。开展国际航行船舶压载水及污染物治理。规范入海排污口设置,2017年底前,全面清理非法或设置不合理的入海排污口。到2020年,沿海省(区、市)入海河流基本消除劣Ⅴ类的水体。实施蓝色海湾综合治理,重点整治黄河口、长江口、闽江口、珠江口、辽东湾、渤海湾、胶州湾、杭州湾、北部湾等河口海湾污染。严格禁渔休渔措施。控制近海养殖密度,推进生态健康养殖,大力开展水生生物增殖放流,加强人工鱼礁和海洋牧场建设。加强海岸带生态保护与修复,实施"南红北柳"湿地修复工程,严格控制生态敏感地区围填海活动。到2020年,全国自然岸线(不包括海岛岸线)保有率不低于35%,整治修复海岸线1000公里。建设一批海洋自然保护区、海洋特别保护区和水产种质资源保护区,实施生态岛礁工程,加强海洋珍稀物种保护。

第三节 分类防治土壤环境污染

推进基础调查和监测网络建设。全面实施《土壤污染防治行动计划》,以农用地和重点行业企业用地为重点,开展土壤污染状况详查,2018年底前查明农用地土壤污染的面积、分布及其对农产品质量的影响,2020年底前掌握重点行业企业用地中的污染地块分布及其环境风险情况。开展电子废物拆解、废旧塑料回收、非正规垃圾填埋场、历史遗留尾矿库等土壤环境问题集中区域风险排查,建立风险管控名录。统一规划、整合优化土壤环境质量监测点位。充分发挥行业监测网作用,支持各地因地制宜补充增加设置监测点位,增加特征污染物监测项目,提高监测频次。2017年底前,完成土壤环境质量国控监测点位设置,建成国家土壤环境质量监测网络,基本形成土壤环境监测能力;到2020年,实现土壤环境质量监测点位所有县(市、区)全覆盖。

实施农用地土壤环境分类管理。按污染程度将农用地划为三个类别,未污染和轻微污染的划为优先保护类,轻度和中度污染的划为安全利用类,重度污染的划为严格管控类,分别采取相应管理措施。各省级人民政府要对本行政区域内优先保护类耕地面积减少或土壤环境质量下降的县(市、区)进行预警提醒并依法采取环评限批等限制性措施。将符合条件的优先保护类耕地划为永久基本农田,实行严格保护,确保其面积不减少、土壤环境质量不下降。根据土壤污染状况和农产品超标情况,安全利用类耕地集中的县(市、区)要结合当地主要作物品种和种植习惯,制定实施受污染耕地安全利用方案,采取农艺调控、替代种植等措施,降低农产品超标风险。加强对严格管控类耕地的用途管理,依法划定特定农产品禁止生产区域,严禁种植食用农产品,继续在湖南长株潭地区开展重金属污染耕地修复及农作物种植结构调整试点。到2020年,重度污染耕地种植结构调整或退耕还林还草面积力争达到2000万亩。

加强建设用地环境风险管控。建立建设用地土壤环境质量强制调查评估制度。构建土壤环境质量状况、污染地块修复与土地再开发利用协同一体的管理与政策体系。自2017年起,对拟收回土地使用权的有色金属冶炼、石油加工、化工、焦化、电镀、制革等行业企业用地,以及用途拟变更为居住和商业、学校、医疗、养老机构等公共设施的上述企业用地,由土地使用权人负责开展土壤环境状况调查评估;已经收回的,由所在地市、县级人民政府负责开展调查评估。将建设用地土壤环境管理要求纳入城市规划和供地管理,土地开发利用必须符合土壤环境质量要求。暂不开发利用或现阶段不具备治理修复条件的污染地块,由所在地县级人民政府组织划定管控区域,设立标志,发布公告,开展土壤、地表水、地下水、空气环境监测。

开展土壤污染治理与修复。针对典型受污染农用地、污染地块,分批实施200个土壤污染治理与修复技术应用试点项目,加快建立健全技术体系。自2017年起,各地要逐步建立污染地块名录及其开发利用的负面清单,合理确定土地用途。京津冀、长三角、珠三角、东北老工业基地地区城市和矿产资源枯竭型城市等污染地块集中分布的城市,要规范、有序开展再开发利用污染地块治理与修复。长江中下游、成都平原、珠江流域等污染耕地集中分布的省(区、市),应于2018年底前编制实施污染耕地治理与修复方案。2017年底前,发布土壤污染治理与修复责任方终身责任追究办法。建立土壤污染治理与修复全过程监管制度,严格修复方案审查,加强修复过程监督和检查,开展修复成效第三方评估。

强化重点区域土壤污染防治。京津冀区域以城市"退二进三"遗留污染地块为重点,严格管控建设用地开发利用土壤环境风险,加大污灌区、设施农业集中区域土壤环境监测和监管。东北地区加大黑土地保护力度,采取秸秆还田、增施有机肥、轮作休耕等措施实施综合治理。珠江三角洲地区以化工、电镀、印染等重污染行业企业遗留污染地块为重点,强化污染地块开发利用环境监管。湘江流域地区以镉、砷等重金属污染为重点,对污染耕地采取农艺调控、种植结构调整、退耕还林还草等措施,严格控制农产品超标风险。西南地区以有色金属、磷矿等矿产资源开发过程导致的环境污染风险防控为重点,强化磷、汞、铅等历史遗留土壤污染治理。在浙江台州、湖北黄石、湖南常德、广东韶关、广西河池、贵州铜仁等6个地区启动土壤污染综合防治先行区建设。

第五章 实施专项治理,全面推进达标排放与污染减排

以污染源达标排放为底线,以骨干性工程推进为抓手,改革完善总量控制制度,推动行业多污染物协同治污减排,加强城乡统筹治理,严格控制增量,大幅度削减污染物存量,降低生态环境压力。

第一节 实施工业污染源全面达标排放计划

工业污染源全面开展自行监测和信息公开。工业企业要建立环境管理台账制度,开展自行监测,如实申报,属于重点排污单位的还要依法履行信息公开义务。实施排污口规范化整治,2018年底前,工业企业要进一步规范排污口设置,编制年度排污状况报告。排污企业全面实行在线监测,地方各级人民政府要完善重点排污单位污染物超标排放和异常报警机制,逐步实现工业污染源排放监测数据统一采集、公开发布,不断加强社会监督,对企业守法承诺履行情况进行监督检查。2019年底前,建立全国工业企业环境监管信息平台。

排查并公布未达标工业污染源名单。各地要加强对工业污染源的监督检查,全面推进"双随机"抽查制度,实施环境信用颜色评价,鼓励探索实施企业超标排放计分量化管理。对污染物排放超标或者重点污染物排放超总量的企业予以"黄牌"警示,限制生产或停产整治;对整治后仍不能达到要求且情节严重的企业予以"红牌"处罚,限期停业、关闭。自2017年起,地方各级人民政府要制定本行政区域工业污染源全面达标排放计划,确定年度工作目标,每季度向社会公布"黄牌"、"红牌"企业名单。环境保护部将加大抽查核查力度,对企业超标现象普遍、超标企业集中地区的地方政府进行通报、挂牌督办。

实施重点行业企业达标排放限期改造。建立分行业污染治理实用技术公开遴选与推广应用机制,发布重点行业污染治理技术。分流域分区域制定实施重点行业限期整治方案,升级改造环保设施,加大检查核查力度,确保稳定达标。以钢铁、水泥、石化、有色金属、玻璃、燃煤锅炉、造纸、印染、化工、焦化、氮肥、农副食品加工、原料药制造、制革、农药、电镀等行业为重点,推进行业达标排放改造。

完善工业园区污水集中处理设施。实行"清污分流、雨污分流",实现废水分类收集、分质处理,入园企业应在达到国家或地方规定的排放标准后接入集中式污水处理设施处理,园区集中式污水处理设施总排口应安装自动监控系统、视频监控系统,并与环境保护主管部门联网。开展工业园区污水集中处理规范化改造示范。

第二节 深入推进重点污染物减排

改革完善总量控制制度。以提高环境质量为核心,以重大减排工程为主要抓手,上下结合,科学确定总量控制要求,实施差别化管理。优化总量减排核算体系,以省级为主体实施核查核算,推动自主减排管理,鼓励将持续有效改善环境质量的措施纳入减排核算。加强对生态环境保护重大工程的调度,对进度滞后地区及早预警通报,各地减排工程、指标情况要主动向社会公开。总量减排考核服从于环境质量考核,重点审查环境质量未达到标准、减排数据与环境质量变化趋势明显不协调的地区,并根据环境保护督查、日常监督检查和排污许

可执行情况,对各省(区、市)自主减排管理情况实施"双随机"抽查。大力推行区域性、行业性总量控制,鼓励各地实施特征性污染物总量控制,并纳入各地国民经济和社会发展规划。

推动治污减排工程建设。各省(区、市)要制定实施造纸、印染等十大重点涉水行业专项治理方案,大幅降低污染物排放强度。电力、钢铁、纺织、造纸、石油石化、化工、食品发酵等高耗水行业达到先进定额标准。以燃煤电厂超低排放改造为重点,对电力、钢铁、建材、石化、有色金属等重点行业,实施综合治理,对二氧化硫、氮氧化物、烟粉尘以及重金属等多污染物实施协同控制。各省(区、市)应于2017年底前制定专项治理方案并向社会公开,对治理不到位的工程项目要公开曝光。制定分行业治污技术政策,培育示范企业和示范工程。

专栏3　推动重点行业治污减排

(一)造纸行业。

力争完成纸浆无元素氯漂白改造或采取其他低污染制浆技术,完善中段水生化处理工艺,增加深度治理工艺,进一步完善中控系统。

(二)印染行业。

实施低排水染整工艺改造及废水综合利用,强化清污分流、分质处理、分质回用,完善中段水生化处理,增加强氧化、膜处理等深度治理工艺。

(三)味精行业。

提高生产废水循环利用水平,分离尾液和离交尾液采用絮凝气浮和蒸发浓缩等措施,外排水采取厌氧—好氧二级生化处理工艺;敏感区域应深度处理。

(四)柠檬酸行业。

采用低浓度废水循环再利用技术,高浓度废水采用喷浆造粒等措施。

(五)氮肥行业。

开展工艺冷凝液水解解析技术改造,实施含氰、含氨废水综合治理。

(六)酒精与啤酒行业。

低浓度废水采用物化—生化工艺,预处理后由园区集中处理。啤酒行业采用就地清洗技术。

(七)制糖行业。

采用无滤布真空吸滤机、高压水清洗、甜菜干法输送及压粕水回收,推进废糖蜜、酒精废醪液发酵还田综合利用,鼓励废水生化处理后回用,敏感区域执行特别排放限值。

(八)淀粉行业。

采用厌氧+好氧生化处理技术,建设污水处理设施在线监测和中控系统。

(九)屠宰行业。

强化外排污水预处理,敏感区域执行特别排放限值,有条件的采用膜生物反应器工艺进行深度处理。

(十)磷化工行业。

实施湿法磷酸净化改造,严禁过磷酸钙、钙镁磷肥新增产能。发展磷炉尾气净化合成有机化工产品,鼓励各种建材或建材添加剂综合利用磷渣、磷石膏。

(十一)煤电行业。

加快推进燃煤电厂超低排放和节能改造。强化露天煤场抑尘措施,有条件的实施封闭改造。

(十二)钢铁行业。

完成干熄焦技术改造,不同类型的废水应分别进行预处理。未纳入淘汰计划的烧结机和球团生产设备全部实施全烟气脱硫,禁止设置脱硫设施烟气旁路;烧结机头、机尾、焦炉、高炉出铁场、转炉烟气除尘等设施实施升级改造,露天原料场实施封闭改造,原料转运设施建设封闭皮带通廊,转运站和落料点配套抽风收尘装置。

(十三)建材行业。

原料破碎、生产、运输、装卸等各环节实施堆场及输送设备全封闭、道路清扫等措施,有效控制无组织排放。水泥窑全部实施烟气脱硝,水泥窑及窑磨一体机进行高效除尘改造;平板玻璃行业推进"煤改气"、"煤改电",禁止掺烧高硫石油焦等劣质原料,未使用清洁能源的浮法玻璃生产线全部实施烟气脱硫,浮法玻璃生产线全部实施烟气高效除尘、脱硝;建筑卫生陶瓷行业使用清洁燃料,喷雾干燥塔、陶瓷窑炉安装脱硫除尘设施,氮氧化物不能稳定达标排放的喷雾干燥塔采取脱硝措施。

(十四)石化行业。

催化裂化装置实施催化再生烟气治理,对不能稳定达标排放的硫磺回收尾气,提高硫磺回收率或加装脱硫设施。

(十五)有色金属行业。

加强富余烟气收集,对二氧化硫含量大于3.5%的烟气,采取两转两吸制酸等方式回收。低浓度烟气和制酸尾气排放超标的必须进行脱硫。规范冶炼企业废气排放口设置,取消脱硫设施旁路。

控制重点地区重点行业挥发性有机物排放。全面加强石化、有机化工、表面涂装、包装印刷等重点行业挥发性有机物控制。细颗粒物和臭氧污染严重省份实施行业挥发性有机污染物总量控制,制定挥发性有机污染物总量控制目标和实施方案。强化挥发性有机物与氮氧化物的协同减排,建立固定源、移动源、面源排放清单,对芳香烃、烯烃、炔烃、醛类、酮类等挥发性有机物实施重点减排。开展石化行业"泄漏检测与修复"专项行动,对无组织排放开展治理。各地要明确时限,完成加油站、储油库、油罐车油气回收治理,油气回收率提高到90%以上,并加快推进原油成品油码头油气回收治理。涂装行业实施低挥发性有机物含量涂料替代、涂装工艺与设备改进,建设挥发性有机物收集与治理设施。印刷行业全面开展低挥发性有机物含量原辅料替代,改进生产工艺。京津冀及周边地区、长三角地区、珠三角地区,以及成渝、武汉及其周边、辽宁中部、陕西关中、长株潭等城市群全面加强挥发性有机物排放控制。

总磷、总氮超标水域实施流域、区域性总量控制。总磷超标的控制单元以及上游相关地区要实施总磷总量控制,明确控制指标并作为约束性指标,制定水质达标改善方案。重点开展100家磷矿采选和磷化工企业生产工艺及污水处理设施建设改造。大力推广磷铵生产废水回用,促进磷石膏的综合加工利用,确保磷酸生产企业磷回收率达到96%以上。沿海地级及以上城市和汇入富营养化湖库的河流,实施总氮总量控制,开展总氮污染来源解析,明确重点控制区域、领域和行业,制定总氮总量控制方案,并将总氮纳入区域总量控制指标。氮肥、味精等行业提高辅料利用效率,加大资源回收力度。印染等行业降低尿素的使用量或使用尿素替代助剂。造纸等行业加快废水处理设施精细化管理,严格控制营养盐投加量。强化城镇污水处理厂生物除磷、脱氮工艺,实施畜禽养殖业总磷、总氮与化学需氧量、氨氮协同控制。

专栏4 区域性、流域性总量控制地区

（一）挥发性有机物总量控制。

在细颗粒物和臭氧污染较严重的16个省份实施行业挥发性有机物总量控制，包括：北京市、天津市、河北省、辽宁省、上海市、江苏省、浙江省、安徽省、山东省、河南省、湖北省、湖南省、广东省、重庆市、四川省、陕西省等。

（二）总磷总量控制。

总磷超标的控制单元以及上游相关地区实施总磷总量控制，包括：天津市宝坻区，黑龙江省鸡西市，贵州省黔南布依族苗族自治州、黔东南苗族侗族自治州，河南省漯河市、鹤壁市、安阳市、新乡市，湖北省宜昌市、十堰市，湖南省常德市、益阳市、岳阳市，江西省南昌市、九江市，辽宁省抚顺市，四川省宜宾市、泸州市、眉山市、乐山市、成都市、资阳市，云南省玉溪市等。

（三）总氮总量控制。

在56个沿海地级及以上城市或区域实施总氮总量控制，包括：丹东市、大连市、锦州市、营口市、盘锦市、葫芦岛市、秦皇岛市、唐山市、沧州市、天津市、滨州市、东营市、潍坊市、烟台市、威海市、青岛市、日照市、连云港市、盐城市、南通市、上海市、杭州市、宁波市、温州市、嘉兴市、绍兴市、舟山市、台州市、福州市、平潭综合实验区、厦门市、莆田市、宁德市、漳州市、泉州市、广州市、深圳市、珠海市、汕头市、江门市、湛江市、茂名市、惠州市、汕尾市、阳江市、东莞市、中山市、潮州市、揭阳市、北海市、防城港市、钦州市、海口市、三亚市、三沙市和海南省直辖县级行政区等。

在29个富营养化湖库汇水范围内实施总氮总量控制，包括：安徽省巢湖、龙感湖，安徽省、湖北省南漪湖，北京市怀柔水库，天津市于桥水库，河北省白洋淀，吉林省松花湖，内蒙古自治区呼伦湖、乌梁素海，山东省南四湖，江苏省白马湖、高邮湖、洪泽湖、太湖、阳澄湖，浙江省西湖，上海市、江苏省淀山湖，湖南省洞庭湖，广东省高州水库、鹤地水库，四川省鲁班水库、邛海，云南省滇池、杞麓湖、星云湖、异龙湖，宁夏自治区沙湖、香山湖，新疆自治区艾比湖等。

第三节　加强基础设施建设

加快完善城镇污水处理系统。全面加强城镇污水处理及配套管网建设，加大雨污分流、清污混流污水管网改造，优先推进城中村、老旧城区和城乡结合部污水截流、收集、纳管，消除河水倒灌、地下水渗入等现象。到2020年，全国所有县城和重点镇具备污水收集处理能力，城市和县城污水处理率分别达到95%和85%左右，地级及以上城市建成区基本实现污水全收集、全处理。提升污水再生利用和污泥处置水平，大力推进污泥稳定化、无害化和资源化处理处置，地级及以上城市污泥无害化处理处置率达到90%，京津冀区域达到95%。控制初期雨水污染，排入自然水体的雨水须经过岸线净化，加快建设和改造沿岸截流干管，控制渗漏和合流制污水溢流污染。因地制宜、一河一策，控源截污、内源污染治理多管齐下，科学整治城市黑臭水体；因地制宜实施城镇污水处理厂升级改造，有条件的应配套建设湿地生态处理系统，加强废水资源化、能源化利用。敏感区域（重点湖泊、重点水库、近岸海域汇水区域）城镇污水处理设施应于2017年底前全面达到一级A排放标准。建成区水体水质达不到地表水Ⅳ类标准的城市，新建城镇污水处理设施要执行一级A排放标准。到2020年，实现缺水城市再生水利用率达到20%以上，京津冀区域达到30%以上。将港口、船舶修造厂环卫设施、污水处理设施纳入城市设施建设规划，提升含油污水、化学品洗舱水、生活污水等的处置能力。实施船舶压载水管理。

实现城镇垃圾处理全覆盖和处置设施稳定达标运行。加快县城垃圾处理设施建设，实现城镇垃圾处理设施全覆盖。提高城市生活垃圾处理减量化、资源化和无害化水平，全国城市生活垃圾无害化处理率达到95%以上，90%以上村庄的生活垃圾得到有效治理。大中型城市重点发展生活垃圾焚烧发电技术，鼓励区域共建共享焚烧处理设施，积极发展生物处理技术，合理统筹填埋处理技术，到2020年，垃圾焚烧处理率达到40%。完善收集储运系统，设市城市全面推广密闭化收运，实现干、湿分类收集转运。加强垃圾渗滤液处理处置、焚烧飞灰处理处置、填埋场甲烷利用和恶臭处理，向社会公开垃圾处置设施污染物排放情况。加快建设城市餐厨废弃物、建筑垃圾和废旧纺织品等资源化利用和无害化处理系统。以大中型城市为重点，建设生活垃圾分类示范城市（区）、生活垃圾存量治理示范项目，大中型城市建设餐厨垃圾处理设施。支持水泥窑协同处置城市生活垃圾。

推进海绵城市建设。转变城市规划建设理念，保护和恢复城市生态。老城区以问题为导向，以解决城市内涝、雨水收集利用、黑臭水体治理为突破口，推进区域整体治理，避免大拆大建。城市新区以目标为导向，优先保护生态环境，合理控制开发强度。综合采取"渗、滞、蓄、净、用、排"等措施，加强海绵型建筑与小区、海绵型道路与广场、海绵型公园和绿地、雨水调蓄与排水防涝设施等建设。大力推进城市排水防涝设施的达标建设，加快改造和消除城市易涝点。到2020年，能够将70%的降雨就地消纳和利用的土地面积达到城市建成区面积的20%以上。加强城镇节水，公共建筑必须采用节水器具，鼓励居民家庭选用节水器具。到2020年，地级及以上缺水城市全部达到国家节水型城市标准要求，京津冀、长三角、珠三角等区域提前一年完成。

增加清洁能源供给和使用。优先保障水电和国家"十三五"能源发展相关规划内的风能、太阳能、生物质能等清洁能源项目发电上网，落实可再生能源全额保障性收购政策，到2020年，非化石能源装机比重达到39%。煤炭占能源消费总量的比重降至58%以下。扩大城市高污染燃料禁燃区范围，提高城市燃气化率，地级及以上城市供热供气管网覆盖的地区禁止使用散煤，京津冀、长三角、珠三角等重点区域、重点城市实施"煤改气"工程，推进北方地区农村散煤替代。加快城市新能源汽车充电设施建设，政府机关、大中型企事业单位带头配套建设，继续实施新能源汽车推广。

大力推进煤炭清洁化利用。加强商品煤质量管理，限制开发和销售高硫、高灰等煤炭资源，发展煤炭洗选加工，到2020年，煤炭入洗率提高到75%以上。大力推进以电代煤、以气代煤和以其他清洁能源代煤，对暂不具备煤炭改清洁燃料条件的地区，积极推进洁净煤替代。建设洁净煤配送中心，建立以县（区）为单位的全密闭配煤中心以及覆盖所有乡镇、村的洁净煤供应网络。加快纯凝（只发电不供热）发电机组供热改造，鼓励热电联产机组替代燃煤小锅炉，推进城市集中供热。到2017年，除确有必要保留的外，全国地级及以上城市建成区基本淘汰10蒸吨以下燃煤锅炉。

第四节　加快农业农村环境综合治理

继续推进农村环境综合整治。继续深入开展爱国卫生运动，持续推进城乡环境卫生整治行动,建设健康、宜居、美丽家园。深化"以奖促治"政策,以南水北调沿线、三峡库区、长江沿线等重要水源地周边为重点,推进新一轮农村环境连片整治,有条件的省份开展全覆盖拉网式整治。因地制宜开展治理,完善农村生活垃圾"村收集、镇转运、县处理"模式,鼓励就地资源化,加快整治"垃圾围村"、"垃圾围坝"等问题,切实防止城镇垃圾向农村转移。整县推进农村污水处理统一规划、建设、管理。积极推进城镇污水、垃圾处理设施和服务向农村延伸,开展农村厕所无害化改造。继续实施农村清洁工程,开展河道清淤疏浚。到2020年,新增完成环境综合整治建制村13万个。

大力推进畜禽养殖污染防治。划定禁止建设畜禽规模养殖场(小区)区域,加强分区分类管理,以废弃物资源化利用为途径,整县推进畜禽养殖污染防治。养殖密集区推行粪污集中处理和资源化综合利用。2017年底前,各地区依法关闭或搬迁禁养区内的畜禽养殖场(小区)和养殖专业户。大力支持畜禽规模养殖场(小区)标准化改造和建设。

打好农业面源污染治理攻坚战。优化调整农业结构和布局,推广资源节约型农业清洁生产技术,推动资源节约型、环境友好型、生态保育型农业发展。建设生态沟渠、污水净化塘、地表径流集蓄池等设施,净化农田排水及地表径流。实施环水有机农业行动计划。推进健康生态养殖。实行测土配方施肥。推进种植业清洁生产,开展农膜回收利用,率先实现东北黑土地大田生产地膜零增长。在环渤海京津冀、长三角、珠三角等重点区域,开展种植业和养殖业重点排放源氨防控研究与示范。研究建立农药使用环境影响后评价制度,制定农药包装废弃物回收处理办法。到2020年,实现化肥农药使用量零增长,化肥利用率提高到40%以上,农膜回收率达到80%以上;京津冀、长三角、珠三角等区域提前一年完成。

强化秸秆综合利用与禁烧。建立逐级监督落实机制,疏堵结合、以疏为主,完善秸秆收储体系,支持秸秆代木、纤维原料、清洁制浆、生物质能、商品有机肥等新技术产业化发展,加快推进秸秆综合利用;强化重点区域和重点时段秸秆禁烧措施,不断提高禁烧监管水平。

第六章 实行全程管控,有效防范和降低环境风险

提升风险防控基础能力,将风险纳入常态化管理,系统构建事前严防、事中严管、事后处置的全过程、多层级风险防范体系,严密防控重金属、危险废物、有毒有害化学品、核与辐射等重点领域环境风险,强化核与辐射安全监管体系和能力建设,有效控制影响健康的生态和社会环境危险因素,守牢安全底线。

第一节 完善风险防控和应急响应体系

加强风险评估与源头防控。完善企业突发环境事件风险评估制度,推进突发环境事件风险分类分级管理,严格重大突发环境事件风险企业监管。改进危险废物鉴别体系。选择典型区域、工业园区、流域开展试点,进行废水综合毒性评估、区域突发环境事件风险评估,以此作为行业准入、产业布局与结构调整的基本依据,发布典型区域环境风险评估报告范例。

开展环境与健康调查、监测和风险评估。制定环境与健康工作办法,建立环境与健康调查、监测和风险评估制度,形成配套政策、标准和技术体系。开展重点地区、流域、行业环境

与健康调查,初步建立环境健康风险哨点监测工作网络,识别和评估重点地区、流域、行业的环境健康风险,对造成环境健康风险的企业和污染物实施清单管理,研究发布一批利于人体健康的环境基准。

严格环境风险预警管理。强化重污染天气、饮用水水源地、有毒有害气体、核安全等预警工作,开展饮用水水源地水质生物毒性、化工园区有毒有害气体等监测预警试点。

强化突发环境事件应急处置管理。健全国家、省、市、县四级联动的突发环境事件应急管理体系,深入推进跨区域、跨部门的突发环境事件应急协调机制,健全综合应急救援体系,建立社会化应急救援机制。完善突发环境事件现场指挥与协调制度,以及信息报告和公开机制。加强突发环境事件调查、突发环境事件环境影响和损失评估制度建设。

加强风险防控基础能力。构建生产、运输、贮存、处置环节的环境风险监测预警网络,建设"能定位、能查询、能跟踪、能预警、能考核"的危险废物全过程信息化监管体系。建立健全突发环境事件应急指挥决策支持系统,完善环境风险源、敏感目标、环境应急能力及环境应急预案等数据库。加强石化等重点行业以及政府和部门突发环境事件应急预案管理。建设国家环境应急救援实训基地,加强环境应急管理队伍、专家队伍建设,强化环境应急物资储备和信息化建设,增强应急监测能力。推动环境应急装备产业化、社会化,推进环境应急能力标准化建设。

第二节 加大重金属污染防治力度

加强重点行业环境管理。严格控制涉重金属新增产能快速扩张,优化产业布局,继续淘汰涉重金属重点行业落后产能。涉重金属行业分布集中、产业规模大、发展速度快、环境问题突出的地区,制定实施更严格的地方污染物排放标准和环境准入标准,依法关停达标无望、治理整顿后仍不能稳定达标的涉重金属企业。制定电镀、制革、铅蓄电池等行业工业园区综合整治方案,推动园区清洁、规范发展。强化涉重金属工业园区和重点工矿企业的重金属污染物排放及周边环境中的重金属监测,加强环境风险隐患排查,向社会公开涉重金属企业生产排放、环境管理和环境质量等信息。组织开展金属矿采选冶炼、钢铁等典型行业和贵州黔西南布依族苗族自治州等典型地区铊污染排放调查,制定铊污染防治方案。加强进口矿产品中重金属等环保项目质量监管。

深化重点区域分类防控。重金属污染防控重点区域制定实施重金属污染综合防治规划,有效防控环境风险和改善区域环境质量,分区指导、一区一策,实施差别化防控管理,加快湘江等流域、区域突出问题综合整治,"十三五"期间,争取20个左右地区退出重点区域。在江苏靖江市、浙江平阳县等16个重点区域和江西大余县浮江河流域等8个流域开展重金属污染综合整治示范,探索建立区域和流域重金属污染治理与风险防控的技术和管理体系。建立"锰三角"(锰矿开采和生产过程中存在严重环境污染问题的重庆市秀山县、湖南省花垣县、贵州省松桃县三个县)综合防控协调机制,统一制定综合整治规划。优化调整重点区域环境质量监测点位,2018年底前建成全国重金属环境监测体系。

专栏5　重金属综合整治示范
（一）区域综合防控（16个）。 泰州靖江市（电镀行业综合整治）、温州平阳县（产业入园升级与综合整治）、湖州长兴县（铅蓄电池行业综合整治）、济源市（重金属综合治理与环境监测）、黄石大冶市及周边地区（铜冶炼治理与历史遗留污染整治）、湘潭竹埠港及周边地区（历史遗留污染治理）、衡阳水口山及周边地区（行业综合整治提升）、郴州三十六湾及周边地区（历史遗留污染整治和环境风险预警监控）、常德石门县雄黄矿地区（历史遗留砷污染治理与风险防控）、河池金城江区（结构调整与历史遗留污染整治）、重庆秀山县（电解锰行业综合治理）、凉山西昌市（有色行业整治及污染地块治理）、铜仁万山区（汞污染综合整治）、红河个旧市（产业调整与历史遗留污染整治）、渭南潼关县（有色行业综合整治）、金昌市金川区（产业升级与历史遗留综合整治）。 （二）流域综合整治（8个）。 赣州大余县浮江河流域（砷）、三门峡灵宝市宏农涧河流域（镉、汞）、荆门钟祥市利河—南泉河流域（砷）、韶关大宝山矿区横石水流域（镉）、河池市南丹县刁江流域（砷、镉）、黔南独山县都柳江流域（锑）、怒江兰坪县沘江流域（铅、镉）、陇南徽县永宁河流域（铅、砷）。

加强汞污染控制。禁止新建采用含汞工艺的电石法聚氯乙烯生产项目，到2020年聚氯乙烯行业每单位产品用汞量在2010年的基础上减少50%。加强燃煤电厂等重点行业汞污染排放控制。禁止新建原生汞矿，逐步停止原生汞开采。淘汰含汞体温计、血压计等添汞产品。

第三节　提高危险废物处置水平

合理配置危险废物安全处置能力。各省（区、市）应组织开展危险废物产生、利用处置能力和设施运行情况评估，科学规划并实施危险废物集中处置设施建设规划，将危险废物集中处置设施纳入当地公共基础设施统筹建设。鼓励大型石油化工等产业基地配套建设危险废物利用处置设施。鼓励产生量大、种类单一的企业和园区配套建设危险废物收集贮存、预处理和处置设施，引导和规范水泥窑协同处置危险废物。开展典型危险废物集中处置设施累积性环境风险评价与防控，淘汰一批工艺落后、不符合标准规范的设施，提标改造一批设施，规范管理一批设施。

防控危险废物环境风险。动态修订国家危险废物名录，开展全国危险废物普查，2020年底前，力争基本摸清全国重点行业危险废物产生、贮存、利用和处置状况。以石化和化工行业为重点，打击危险废物非法转移和利用处置违法犯罪活动。加强进口石化和化工产品质量安全监管，打击以原油、燃料油、润滑油等产品名义进口废油等固体废物。继续开展危险废物规范化管理督查考核，以含铬、铅、汞、镉、砷等重金属废物和生活垃圾焚烧飞灰、抗生素菌渣、高毒持久性废物等为重点开展专项整治。制定废铅蓄电池回收管理办法。明确危险废物利用处置二次污染控制要求及综合利用过程环境保护要求，制定综合利用产品中有毒有害物质含量限值，促进危险废物安全利用。

推进医疗废物安全处置。扩大医疗废物集中处置设施服务范围，建立区域医疗废物协同与应急处置机制，因地制宜推进农村、乡镇和偏远地区医疗废物安全处置。实施医疗废物焚烧设施提标改造工程。提高规范化管理水平，严厉打击医疗废物非法买卖等行为，建立医疗废物特许经营退出机制,严格落实医疗废物处置收费政策。

第四节　夯实化学品风险防控基础

评估现有化学品环境和健康风险。开展一批现有化学品危害初步筛查和风险评估,评估化学品在环境中的积累和风险情况。2017年底前,公布优先控制化学品名录,严格限制高风险化学品生产、使用、进口,并逐步淘汰替代。加强有毒有害化学品环境与健康风险评估能力建设。

削减淘汰公约管制化学品。到2020年,基本淘汰林丹、全氟辛基磺酸及其盐类和全氟辛基磺酰氟、硫丹等一批《关于持久性有机污染物的斯德哥尔摩公约》管制的化学品。强化对拟限制或禁止的持久性有机污染物替代品、最佳可行技术以及相关监测检测设备的研发。

严格控制环境激素类化学品污染。2017年底前,完成环境激素类化学品生产使用情况调查,监控、评估水源地、农产品种植区及水产品集中养殖区风险,实行环境激素类化学品淘汰、限制、替代等措施。

第五节　加强核与辐射安全管理

我国是核能核技术利用大国。"十三五"期间,要强化核安全监管体系和监管能力建设,加快推进核安全法治进程,落实核安全规划,依法从严监管,严防发生放射性污染环境的核事故。

提高核设施、放射源安全水平。持续提高核电厂安全运行水平,加强在建核电机组质量监督,确保新建核电厂满足国际最新核安全标准。加快研究堆、核燃料循环设施安全改进。优化核安全设备许可管理,提高核安全设备质量和可靠性。实施加强放射源安全行动计划。

推进放射性污染防治。加快老旧核设施退役和放射性废物处理处置,进一步提升放射性废物处理处置能力,落实废物最小化政策。推进铀矿冶设施退役治理和环境恢复,加强铀矿冶和伴生放射性矿监督管理。

强化核与辐射安全监管体系和能力建设。加强核与辐射安全监管体制机制建设,将核安全关键技术纳入国家重点研发计划。强化国家、区域、省级核事故应急物资储备和能力建设。建成国家核与辐射安全监管技术研发基地。建立国家核安全监控预警和应急响应平台,完善全国辐射环境监测网络,加强国家、省、地市级核与辐射安全监管能力。

第七章　加大保护力度,强化生态修复

贯彻"山水林田湖是一个生命共同体"理念,坚持保护优先、自然恢复为主,推进重点区域和重要生态系统保护与修复,构建生态廊道和生物多样性保护网络,全面提升各类生态系统稳定性和生态服务功能,筑牢生态安全屏障。

第一节　维护国家生态安全

系统维护国家生态安全。识别事关国家生态安全的重要区域,以生态安全屏障以及大

江大河重要水系为骨架,以国家重点生态功能区为支撑,以国家禁止开发区域为节点,以生态廊道和生物多样性保护网络为脉络,优先加强生态保护,维护国家生态安全。

建设"两屏三带"国家生态安全屏障。建设青藏高原生态安全屏障,推进青藏高原区域生态建设与环境保护,重点保护好多样、独特的生态系统。推进黄土高原—川滇生态安全屏障建设,重点加强水土流失防治和天然植被保护,保障长江、黄河中下游地区生态安全。建设东北森林带生态安全屏障,重点保护好森林资源和生物多样性,维护东北平原生态安全。建设北方防沙带生态安全屏障,重点加强防护林建设、草原保护和防风固沙,对暂不具备治理条件的沙化土地实行封禁保护,保障"三北"地区生态安全。建设南方丘陵山地带生态安全屏障,重点加强植被修复和水土流失防治,保障华南和西南地区生态安全。

构建生物多样性保护网络。深入实施中国生物多样性保护战略与行动计划,继续开展联合国生物多样性十年中国行动,编制实施地方生物多样性保护行动计划。加强生物多样性保护优先区域管理,构建生物多样性保护网络,完善生物多样性迁地保护设施,实现对生物多样性的系统保护。开展生物多样性与生态系统服务价值评估与示范。

第二节 管护重点生态区域

深化国家重点生态功能区保护和管理。制定国家重点生态功能区产业准入负面清单,制定区域限制和禁止发展的产业目录。优化转移支付政策,强化对区域生态功能稳定性和提供生态产品能力的评价和考核。支持甘肃生态安全屏障综合示范区建设,推进沿黄生态经济带建设。加快重点生态功能区生态保护与建设项目实施,加强对开发建设活动的生态监管,保护区域内重点野生动植物资源,明显提升重点生态功能区生态系统服务功能。

优先加强自然保护区建设与管理。优化自然保护区布局,将重要河湖、海洋、草原生态系统及水生生物、自然遗迹、极小种群野生植物和极度濒危野生动物的保护空缺作为新建自然保护区重点,建设自然保护区群和保护小区,全面提高自然保护区管理系统化、精细化、信息化水平。建立全国自然保护区"天地一体化"动态监测体系,利用遥感等手段开展监测,国家级自然保护区每年监测两次,省级自然保护区每年监测一次。定期组织自然保护区专项执法检查,严肃查处违法违规活动,加强问责监督。加强自然保护区综合科学考察、基础调查和管理评估。积极推进全国自然保护区范围界限核准和勘界立标工作,开展自然保护区土地确权和用途管制,有步骤地对居住在自然保护区核心区和缓冲区的居民实施生态移民。到2020年,全国自然保护区陆地面积占我国陆地国土面积的比例稳定在15%左右,国家重点保护野生动植物种类和典型生态系统类型得到保护的占90%以上。

整合设立一批国家公园。加强对国家公园试点的指导,在试点基础上研究制定建立国家公园体制总体方案。合理界定国家公园范围,整合完善分类科学、保护有力的自然保护地体系,更好地保护自然生态和自然文化遗产原真性、完整性。加强风景名胜区、自然文化遗产、森林公园、沙漠公园、地质公园等各类保护地规划、建设和管理的统筹协调,提高保护管理效能。

第三节 保护重要生态系统

保护森林生态系统。完善天然林保护制度,强化天然林保护和抚育,健全和落实天然林管护体系,加强管护基础设施建设,实现管护区域全覆盖,全面停止天然林商业性采伐。继续实施森林管护和培育、公益林建设补助政策。严格保护林地资源,分级分类进行林地用途管制。到2020年,林地保有量达到31230万公顷。

推进森林质量精准提升。坚持保护优先、自然恢复为主,坚持数量和质量并重、质量优先,坚持封山育林、人工造林并举,宜封则封、宜造则造、宜林则林、宜灌则灌、宜草则草,强化森林经营,大力培育混交林,推进退化林修复,优化森林组成、结构和功能。到2020年,混交林占比达到45%,单位面积森林蓄积量达到95立方米/公顷,森林植被碳储量达到95亿吨。

保护草原生态系统。稳定和完善草原承包经营制度,实行基本草原保护制度,落实草畜平衡、禁牧休牧和划区轮牧等制度。严格草原用途管制,加强草原管护员队伍建设,严厉打击非法征占用草原、开垦草原、乱采滥挖草原野生植物等破坏草原的违法犯罪行为。开展草原资源调查和统计,建立草原生产、生态监测预警系统。加强"三化"草原治理,防治鼠虫草害。到2020年,治理"三化"草原3000万公顷。

保护湿地生态系统。开展湿地生态效益补偿试点、退耕还湿试点。在国际和国家重要湿地、湿地自然保护区、国家湿地公园,实施湿地保护与修复工程,逐步恢复湿地生态功能,扩大湿地面积。提升湿地保护与管理能力。

第四节 提升生态系统功能

大规模绿化国土。开展大规模国土绿化行动,加强农田林网建设,建设配置合理、结构稳定、功能完善的城乡绿地,形成沿海、沿江、沿线、沿边、沿湖(库)、沿岛的国土绿化网格,促进山脉、平原、河湖、城市、乡村绿化协同。

继续实施新一轮退耕还林还草和退牧还草。扩大新一轮退耕还林还草范围和规模,在具备条件的25度以上坡耕地、严重沙化耕地和重要水源地15—25度坡耕地实施退耕还林还草。实施全国退牧还草工程建设规划,稳定扩大退牧还草范围,转变草原畜牧业生产方式,建设草原保护基础设施,保护和改善天然草原生态。

建设防护林体系。加强"三北"、长江、珠江、太行山、沿海等防护林体系建设。"三北"地区乔灌草相结合,突出重点、规模治理、整体推进。长江流域推进退化林修复,提高森林质量,构建"两湖一库"防护林体系。珠江流域推进退化林修复。太行山脉优化林分结构。沿海地区推进海岸基干林带和消浪林建设,修复退化林,完善沿海防护林体系和防灾减灾体系。在粮食主产区营造农田林网,加强村镇绿化,提高平原农区防护林体系综合功能。

建设储备林。在水土光热条件较好的南方省区和其他适宜地区,吸引社会资本参与储备林投资、运营和管理,加快推进储备林建设。在东北、内蒙古等重点国有林区,采取人工林集约栽培、现有林改培、抚育及补植补造等措施,建设以用材林和珍贵树种培育为主体的储备林基地。到2020年,建设储备林1400万公顷,每年新增木材供应能力9500万立方米以上。

培育国土绿化新机制。继续坚持全国动员、全民动手、全社会搞绿化的指导方针,鼓励家庭林场、林业专业合作组织、企业、社会组织、个人开展专业化规模化造林绿化。发挥国有林区和林场在绿化国土中的带动作用,开展多种形式的场外合作造林和森林保育经营,鼓励国有林场担负区域国土绿化和生态修复主体任务。创新产权模式，鼓励地方探索在重要生态区域通过赎买、置换等方式调整商品林为公益林的政策。

第五节 修复生态退化地区

综合治理水土流失。加强长江中上游、黄河中上游、西南岩溶区、东北黑土区等重点区域水土保持工程建设，加强黄土高原地区沟壑区固沟保塬工作，推进东北黑土区侵蚀沟治理，加快南方丘陵地带崩岗治理，积极开展生态清洁小流域建设。

推进荒漠化石漠化治理。加快实施全国防沙治沙规划，开展固沙治沙，加大对主要风沙源区、风沙口、沙尘路径区、沙化扩展活跃区等治理力度，加强"一带一路"沿线防沙治沙，推进沙化土地封禁保护区和防沙治沙综合示范区建设。继续实施京津风沙源治理二期工程，进一步遏制沙尘危害。以"一片两江"（滇桂黔石漠化片区和长江、珠江）岩溶地区为重点，开展石漠化综合治理。到2020年，努力建成10个百万亩、100个十万亩、1000个万亩防沙治沙基地。

加强矿山地质环境保护与生态恢复。严格实施矿产资源开发环境影响评价，建设绿色矿山。加大矿山植被恢复和地质环境综合治理，开展病危险尾矿库和"头顶库"（1公里内有居民或重要设施的尾矿库）专项整治，强化历史遗留矿山地质环境恢复和综合治理。推广实施尾矿库充填开采等技术，建设一批"无尾矿山"（通过有效手段实现无尾矿或仅有少量尾矿占地堆存的矿山），推进工矿废弃地修复利用。

第六节 扩大生态产品供给

推进绿色产业建设。加强林业资源基地建设，加快产业转型升级，促进产业高端化、品牌化、特色化、定制化，满足人民群众对优质绿色产品的需求。建设一批具有影响力的花卉苗木示范基地，发展一批增收带动能力强的木本粮油、特色经济林、林下经济、林业生物产业、沙产业、野生动物驯养繁殖利用示范基地。加快发展和提升森林旅游休闲康养、湿地度假、沙漠探秘、野生动物观赏等产业，加快林产工业、林业装备制造业技术改造和创新，打造一批竞争力强、特色鲜明的产业集群和示范园区，建立绿色产业和全国重点林产品市场监测预警体系。

构建生态公共服务网络。加大自然保护地、生态体验地的公共服务设施建设力度，开发和提供优质的生态教育、游憩休闲、健康养生养老等生态服务产品。加快建设生态标志系统、绿道网络、环卫、安全等公共服务设施，精心设计打造以森林、湿地、沙漠、野生动植物栖息地、花卉苗木为景观依托的生态体验精品旅游线路，集中建设一批公共营地、生态驿站，提高生态体验产品档次和服务水平。

加强风景名胜区和世界遗产保护与管理。开展风景名胜区资源普查，稳步做好世界自然遗产、自然与文化双遗产培育与申报。强化风景名胜区和世界遗产的管理，实施遥感动态监测，严格控制利用方式和强度。加大保护投入，加强风景名胜区保护利用设施建设。

维护修复城市自然生态系统。提高城市生物多样性，加强城市绿地保护，完善城市绿线管理。优化城市绿地布局，建设绿道绿廊，使城市森林、绿地、水系、河湖、耕地形成完整的生态网络。扩大绿地、水域等生态空间,合理规划建设各类城市绿地,推广立体绿化、屋顶绿化。开展城市山体、水体、废弃地、绿地修复,通过自然恢复和人工修复相结合的措施,实施城市生态修复示范工程项目。加强城市周边和城市群绿化,实施"退工还林",成片建设城市森林。大力提高建成区绿化覆盖率,加快老旧公园改造,提升公园绿地服务功能。推行生态绿化方式,广植当地树种,乔灌草合理搭配、自然生长。加强古树名木保护,严禁移植天然大树进城。发展森林城市、园林城市、森林小镇。到2020年,城市人均公园绿地面积达到14.6平方米,城市建成区绿地率达到38.9%。

第七节　保护生物多样性

开展生物多样性本底调查和观测。实施生物多样性保护重大工程,以生物多样性保护优先区域为重点,开展生态系统、物种、遗传资源及相关传统知识调查与评估,建立全国生物多样性数据库和信息平台。到2020年,基本摸清生物多样性保护优先区域本底状况。完善生物多样性观测体系,开展生物多样性综合观测站和观测样区建设。对重要生物类群和生态系统、国家重点保护物种及其栖息地开展常态化观测、监测、评价和预警。

实施濒危野生动植物抢救性保护。保护、修复和扩大珍稀濒危野生动植物栖息地、原生境保护区(点),优先实施重点保护野生动物和极小种群野生植物保护工程,开发濒危物种繁育、恢复和保护技术,加强珍稀濒危野生动植物救护、繁育和野化放归,开展长江经济带及重点流域人工种群野化放归试点示范,科学进行珍稀濒危野生动植物再引入。优化全国野生动物救护网络,完善布局并建设一批野生动物救护繁育中心,建设兰科植物等珍稀濒危植物的人工繁育中心。强化野生动植物及其制品利用监管,开展野生动植物繁育利用及其制品的认证标识。调整修订国家重点保护野生动植物名录。

加强生物遗传资源保护。建立生物遗传资源及相关传统知识获取与惠益分享制度,规范生物遗传资源采集、保存、交换、合作研究和开发利用活动,加强与遗传资源相关传统知识保护。开展生物遗传资源价值评估,加强对生物资源的发掘、整理、检测、培育和性状评价,筛选优良生物遗传基因。强化野生动植物基因保护,建设野生动植物人工种群保育基地和基因库。完善西南部生物遗传资源库,新建中东部生物遗传资源库,收集保存国家特有、珍稀濒危及具有重要价值的生物遗传资源。建设药用植物资源、农作物种质资源、野生花卉种质资源、林木种质资源中长期保存库(圃),合理规划和建设植物园、动物园、野生动物繁育中心。

强化野生动植物进出口管理。加强生物遗传资源、野生动植物及其制品进出口管理,建立部门信息共享、联防联控的工作机制,建立和完善进出口电子信息网络系统。严厉打击象牙等野生动植物制品非法交易,构建情报信息分析研究和共享平台,组建打击非法交易犯罪合作机制,严控特有、珍稀、濒危野生动植物种质资源流失。

防范生物安全风险。加强对野生动植物疫病的防护。建立健全国家生态安全动态监测预警体系,定期对生态风险开展全面调查评估。加强转基因生物环境释放监管,开展转基因生物环境释放风险评价和跟踪监测。建设国门生物安全保护网,完善国门生物安全查验机制,严格外来物种引入管理。严防严控外来有害生物物种入侵,开展外来入侵物种普查、监测与生态影响评价,对造成重大生态危害的外来入侵物种开展治理和清除。

第八章 加快制度创新,积极推进治理体系和治理能力现代化

统筹推进生态环境治理体系建设,以环保督察巡视、编制自然资源资产负债表、领导干部自然资源资产离任审计、生态环境损害责任追究等落实地方环境保护责任,以环境司法、排污许可、损害赔偿等落实企业主体责任,加强信息公开,推进公益诉讼,强化绿色金融等市场激励机制,形成政府、企业、公众共治的治理体系。

第一节 健全法治体系

完善法律法规。积极推进资源环境类法律法规制修订。适时完善水污染防治、环境噪声污染防治、土壤污染防治、生态保护补偿、自然保护区等相关制度。

严格环境执法监督。完善环境执法监督机制,推进联合执法、区域执法、交叉执法,强化执法监督和责任追究。进一步明确环境执法部门行政调查、行政处罚、行政强制等职责,有序整合不同领域、不同部门、不同层次的执法监督力量,推动环境执法力量向基层延伸。

推进环境司法。健全行政执法和环境司法的衔接机制,完善程序衔接、案件移送、申请强制执行等方面规定,加强环保部门与公安机关、人民检察院和人民法院的沟通协调。健全环境案件审理制度。积极配合司法机关做好相关司法解释的制修订工作。

第二节 完善市场机制

推行排污权交易制度。建立健全排污权初始分配和交易制度,落实排污权有偿使用制度,推进排污权有偿使用和交易试点,加强排污权交易平台建设。鼓励新建项目污染物排放指标通过交易方式取得,且不得增加本地区污染物排放总量。推行用能预算管理制度,开展用能权有偿使用和交易试点。

发挥财政税收政策引导作用。开征环境保护税。全面推进资源税改革,逐步将资源税扩展到占用各种自然生态空间范畴。落实环境保护、生态建设、新能源开发利用的税收优惠政策。研究制定重点危险废物集中处置设施、场所的退役费用预提政策。

深化资源环境价格改革。完善资源环境价格机制,全面反映市场供求、资源稀缺程度、生态环境损害成本和修复效益等因素。落实调整污水处理费和水资源费征收标准政策,提高垃圾处理费收缴率,完善再生水价格机制。研究完善燃煤电厂环保电价政策,加大高耗能、高耗水、高污染行业差别化电价水价等政策实施力度。

加快环境治理市场主体培育。探索环境治理项目与经营开发项目组合开发模式,健全社会资本投资环境治理回报机制。深化环境服务试点,创新区域环境治理一体化、环保"互联网+"、环保物联网等污染治理与管理模式,鼓励各类投资进入环保市场。废止各类妨碍形成全国统一市场和公平竞争的制度规定,加强环境治理市场信用体系建设,规范市场环境。鼓励推行环境治理依效付费与环境绩效合同服务。

建立绿色金融体系。建立绿色评级体系以及公益性的环境成本核算和影响评估体系,

明确贷款人尽职免责要求和环境保护法律责任。鼓励各类金融机构加大绿色信贷发放力度。在环境高风险领域建立环境污染强制责任保险制度。研究设立绿色股票指数和发展相关投资产品。鼓励银行和企业发行绿色债券,鼓励对绿色信贷资产实行证券化。加大风险补偿力度,支持开展排污权、收费权、购买服务协议抵押等担保贷款业务。支持设立市场化运作的各类绿色发展基金。

加快建立多元化生态保护补偿机制。加大对重点生态功能区的转移支付力度,合理提高补偿标准,向生态敏感和脆弱地区、流域倾斜,推进有关转移支付分配与生态保护成效挂钩,探索资金、政策、产业及技术等多元互补方式。完善补偿范围,逐步实现森林、草原、湿地、荒漠、河流、海洋和耕地等重点领域和禁止开发区域、重点生态功能区等重要区域全覆盖。中央财政支持引导建立跨省域的生态受益地区和保护地区、流域上游与下游的横向补偿机制,推进省级区域内横向补偿。在长江、黄河等重要河流探索开展横向生态保护补偿试点。深入推进南水北调中线工程水源区对口支援、新安江水环境生态补偿试点,推动在京津冀水源涵养区、广西广东九洲江、福建广东汀江—韩江、江西广东东江、云南贵州广西广东西江等开展跨地区生态保护补偿试点。到 2017 年,建立京津冀区域生态保护补偿机制,将北京、天津支持河北开展生态建设与环境保护制度化。

第三节 落实地方责任

落实政府生态环境保护责任。建立健全职责明晰、分工合理的环境保护责任体系,加强监督检查,推动落实环境保护党政同责、一岗双责。省级人民政府对本行政区域生态环境和资源保护负总责,对区域流域生态环保负相应责任,统筹推进区域环境基本公共服务均等化,市级人民政府强化统筹和综合管理职责,区县人民政府负责执行落实。

改革生态环境保护体制机制。积极推行省以下环保机构监测监察执法垂直管理制度改革试点,加强对地方政府及其相关部门环保履责情况的监督检查。建立区域流域联防联控和城乡协同的治理模式。建立和完善严格监管所有污染物排放的环境保护管理制度。

推进战略和规划环评。在完成京津冀、长三角、珠三角地区及长江经济带、"一带一路"战略环评基础上,稳步推进省、市两级行政区战略环评。探索开展重大政策环境影响论证试点。严格开展开发建设规划环评,作为规划编制、审批、实施的重要依据。深入开展城市、新区总体规划环评,强化规划环评生态空间保护,完善规划环评会商机制。以产业园区规划环评为重点,推进空间和环境准入的清单管理,探索园区内建设项目环评审批管理改革。加强项目环评与规划环评联动,建设四级环保部门环评审批信息联网系统。地方政府和有关部门要依据战略、规划环评,把空间管制、总量管控和环境准入等要求转化为区域开发和保护的刚性约束。严格规划环评责任追究,加强对地方政府和有关部门规划环评工作开展情况的监督。

编制自然资源资产负债表。探索编制自然资源资产负债表,建立实物量核算账户,建立生态环境价值评估制度,开展生态环境资产清查与核算。实行领导干部自然资源资产离任审计,推动地方领导干部落实自然资源资产管理责任。在完成编制自然资源资产负债表试点基础上,逐步建立健全自然资源资产负债表编制制度,在国家层面探索形成主要自然资源资产价值量核算技术方法。

建立资源环境承载能力监测预警机制。研究制定监测评价、预警指标体系和技术方法，开展资源环境承载能力监测预警与成因解析，对资源消耗和环境容量接近或超过承载能力的地区实行预警提醒和差异化的限制性措施，严格约束开发活动在资源环境承载能力范围内。各省（区、市）应组织开展市、县域资源环境承载能力现状评价，超过承载能力的地区要调整发展规划和产业结构。

实施生态文明绩效评价考核。贯彻落实生态文明建设目标评价考核办法，建立体现生态文明要求的目标体系、考核办法、奖惩机制，把资源消耗、环境损害、生态效益纳入地方各级政府经济社会发展评价体系，对不同区域主体功能定位实行差异化绩效评价考核。

开展环境保护督察。推动地方落实生态环保主体责任，开展环境保护督察，重点检查环境质量呈现恶化趋势的区域流域及整治情况，重点督察地方党委和政府及其有关部门环保不作为、乱作为的情况，重点了解地方落实环境保护党政同责、一岗双责以及严格责任追究等情况，推动地方生态文明建设和环境保护工作，促进绿色发展。

建立生态环境损害责任终身追究制。建立重大决策终身责任追究及责任倒查机制，对在生态环境和资源方面造成严重破坏负有责任的干部不得提拔使用或者转任重要职务，对构成犯罪的依法追究刑事责任。实行领导干部自然资源资产离任审计，对领导干部离任后出现重大生态环境损害并认定其应承担责任的，实行终身追责。

第四节　加强企业监管

建立覆盖所有固定污染源的企业排放许可制度。全面推行排污许可，以改善环境质量、防范环境风险为目标，将污染物排放种类、浓度、总量、排放去向等纳入许可证管理范围，企业按排污许可证规定生产、排污。完善污染治理责任体系，环境保护部门对照排污许可证要求对企业排污行为实施监管执法。2017年底前，完成重点行业及产能过剩行业企业许可证核发，建成全国排污许可管理信息平台。到2020年，全国基本完成排污许可管理名录规定行业企业的许可证核发。

激励和约束企业主动落实环保责任。建立企业环境信用评价和违法排污黑名单制度，企业环境违法信息将记入社会诚信档案，向社会公开。建立上市公司环保信息强制性披露机制，对未尽披露义务的上市公司依法予以处罚。实施能效和环保"领跑者"制度，采取财税优惠、荣誉表彰等措施激励企业实现更高标准的环保目标。到2020年，分级建立企业环境信用评价体系，将企业环境信用信息纳入全国信用信息共享平台，建立守信激励与失信惩戒机制。

建立健全生态环境损害评估和赔偿制度。推进生态环境损害鉴定评估规范化管理，完善鉴定评估技术方法。2017年底前，完成生态环境损害赔偿制度改革试点；自2018年起，在全国试行生态环境损害赔偿制度；到2020年，力争在全国范围内初步建立生态环境损害赔偿制度。

第五节　实施全民行动

提高全社会生态环境保护意识。加大生态环境保护宣传教育，组织环保公益活动，开发生态文化产品,全面提升全社会生态环境保护意识。地方各级人民政府、教育主管部门和新闻媒体要依法履行环境保护宣传教育责任,把环境保护和生态文明建设作为践行社会主义核心价值观的重要内容,实施全民环境保护宣传教育行动计划。引导抵制和谴责过度消费、奢侈消费、浪费资源能源等行为,倡导勤俭节约、绿色低碳的社会风尚。鼓励生态文化作品创作,丰富环境保护宣传产品,开展环境保护公益宣传活动。建设国家生态环境教育平台,引导公众践行绿色简约生活和低碳休闲模式。小学、中学、高等学校、职业学校、培训机构等要将生态文明教育纳入教学内容。

推动绿色消费。强化绿色消费意识,提高公众环境行为自律意识,加快衣食住行向绿色消费转变。实施全民节能行动计划,实行居民水、电、气阶梯价格制度,推广节水、节能用品和绿色环保家具、建材等。实施绿色建筑行动计划,完善绿色建筑标准及认证体系,扩大强制执行范围,京津冀地区城镇新建建筑中绿色建筑达到50%以上。强化政府绿色采购制度,制定绿色产品采购目录,倡导非政府机构、企业实行绿色采购。鼓励绿色出行,改善步行、自行车出行条件,完善城市公共交通服务体系。到2020年,城区常住人口300万以上城市建成区公共交通占机动化出行比例达到60%。

强化信息公开。建立生态环境监测信息统一发布机制。全面推进大气、水、土壤等生态环境信息公开,推进监管部门生态环境信息、排污单位环境信息以及建设项目环境影响评价信息公开。各地要建立统一的信息公开平台,健全反馈机制。建立健全环境保护新闻发言人制度。

加强社会监督。建立公众参与环境管理决策的有效渠道和合理机制,鼓励公众对政府环保工作、企业排污行为进行监督。在建设项目立项、实施、后评价等环节,建立沟通协商平台,听取公众意见和建议,保障公众环境知情权、参与权、监督权和表达权。引导新闻媒体,加强舆论监督,充分利用"12369"环保热线和环保微信举报平台。研究推进环境典型案例指导示范制度,推动司法机关强化公民环境诉权的保障,细化环境公益诉讼的法律程序,加强对环境公益诉讼的技术支持,完善环境公益诉讼制度。

第六节 提升治理能力

加强生态环境监测网络建设。统一规划、优化环境质量监测点位,建设涵盖大气、水、土壤、噪声、辐射等要素,布局合理、功能完善的全国环境质量监测网络,实现生态环境监测信息集成共享。大气、地表水环境质量监测点位总体覆盖80%左右的区县,人口密集的区县实现全覆盖,土壤环境质量监测点位实现全覆盖。提高大气环境质量预报和污染预警水平,强化污染源追踪与解析,地级及以上城市开展大气环境质量预报。建设国家水质监测预警平台。加强饮用水水源和土壤中持久性、生物富集性以及对人体健康危害大的污染物监测。加强重点流域城镇集中式饮用水水源水质、水体放射性监测和预警。建立天地一体化的生态遥感监测系统,实现环境卫星组网运行,加强无人机遥感监测和地面生态监测。构建生物多样性观测网络。

专栏 6 　全国生态环境监测网络建设
（一）稳步推进环境质量监测事权上收。 　　对 1436 个城市大气环境质量自动监测站、96 个区域站和 16 个背景站，2767 个国控地表水监测断面、419 个近岸海域水环境质量监测点和 300 个水质自动监测站，40000 个土壤环境国家监控点位，承担管理职责，保障运行经费，采取第三方监测服务、委托地方运维管理、直接监测等方式运行，推动环境监测数据联网共享与统一发布。 （二）加快建设生态监测网络。 　　建立天地一体化的生态遥感监测系统，建立生态功能地面监测站点，加强无人机遥感监测，对重要生态系统服务功能开展统一监测、统一信息公布。建设全国生态保护红线监管平台，建立一批相对固定的生态保护红线监管地面核查点。建立生物多样性观测网络体系，开展重要生态系统和生物类群的常态化监测与观测。新建大气辐射自动监测站 400 个、土壤辐射监测点 163 个、饮用水水源地辐射监测点 330 个。建设森林监测站 228 个、湿地监测站 85 个、荒漠监测站 108 个、生物多样性监测站 300 个。

加强环境监管执法能力建设。实现环境监管网格化管理，优化配置监管力量，推动环境监管服务向农村地区延伸。完善环境监管执法人员选拔、培训、考核等制度，充实一线执法队伍，保障执法装备，加强现场执法取证能力，加强环境监管执法队伍职业化建设。实施全国环保系统人才双向交流计划，加强中西部地区环境监管执法队伍建设。到 2020 年，基本实现各级环境监管执法人员资格培训及持证上岗全覆盖，全国县级环境执法机构装备基本满足需求。

加强生态环保信息系统建设。组织开展第二次全国污染源普查，建立完善全国污染源基本单位名录。加强环境统计能力，将小微企业纳入环境统计范围，梳理污染物排放数据，逐步实现各套数据的整合和归真。建立典型生态区基础数据库和信息管理系统。建设和完善全国统一、覆盖全面的实时在线环境监测监控系统。加快生态环境大数据平台建设，实现生态环境质量、污染源排放、环境执法、环评管理、自然生态、核与辐射等数据整合集成、动态更新，建立信息公开和共享平台，启动生态环境大数据建设试点。提高智慧环境管理技术水平，重点提升环境污染治理工艺自动化、智能化技术水平，建立环保数据共享与产品服务业务体系。

专栏 7 　加强生态环境基础调查
加大基础调查力度，重点开展第二次全国污染源普查、全国危险废物普查、集中式饮用水水源环境保护状况调查、农村集中式饮用水水源环境保护状况调查、地下水污染调查、土壤污染状况详查、环境激素类化学品调查、生物多样性综合调查、外来入侵物种调查、重点区域河流湖泊底泥调查、国家级自然保护区资源环境本底调查、公民生活方式绿色化实践调查。开展全国生态状况变化（2011—2015 年）调查评估、生态风险调查评估、地下水基础环境状况调查评估、公众生态文明意识调查评估、长江流域生态健康调查评估、环境健康调查、监测和风险评估等。

第九章 实施一批国家生态环境保护重大工程

"十三五"期间,国家组织实施工业污染源全面达标排放等25项重点工程,建立重大项目库,强化项目绩效管理。项目投入以企业和地方政府为主,中央财政予以适当支持。

专栏8 环境治理保护重点工程

(一)工业污染源全面达标排放。

限期改造50万蒸吨燃煤锅炉、工业园区污水处理设施。全国地级及以上城市建成区基本淘汰10蒸吨以下燃煤锅炉,完成燃煤锅炉脱硫脱硝除尘改造、钢铁行业烧结机脱硫改造、水泥行业脱硝改造。对钢铁、水泥、平板玻璃、造纸、印染、氮肥、制糖等行业中不能稳定达标的企业逐一进行改造。限期改造工业园区污水处理设施。

(二)大气污染重点区域气化。

建设完善京津冀、长三角、珠三角和东北地区天然气输送管道、城市燃气管网、天然气储气库、城市调峰站储气罐等基础设施,推进重点城市"煤改气"工程,替代燃煤锅炉18.9万蒸吨。

(三)燃煤电厂超低排放改造。

完成4.2亿千瓦机组超低排放改造任务,实施1.1亿千瓦机组达标改造,限期淘汰2000万千瓦落后产能和不符合相关强制性标准要求的机组。

(四)挥发性有机物综合整治。

开展石化企业挥发性有机物治理,实施有机化工园区、医药化工园区及煤化工基地挥发性有机物综合整治,推进加油站、油罐车、储油库油气回收及综合治理。推动工业涂装和包装印刷行业挥发性有机物综合整治。

(五)良好水体及地下水环境保护。

对江河源头及378个水质达到或优于Ⅲ类的江河湖库实施严格保护。实施重要江河湖库入河排污口整治工程。完成重要饮用水水源地达标建设,推进备用水源建设、水源涵养和生态修复,探索建设生物缓冲带。加强地下水保护,对报废矿井、钻井、取水井实施封井回填,开展京津冀晋等区域地下水修复试点。

(六)重点流域海域水环境治理。

针对七大流域及近岸海域水环境突出问题,以580个优先控制单元为重点,推进流域水环境保护与综合治理,统筹点源、面源污染防治和河湖生态修复,分类施策,实施流域水环境综合治理工程,加大整治力度,切实改善重点流域海域水环境质量。实施太湖、洞庭湖、滇池、巢湖、鄱阳湖、白洋淀、乌梁素海、呼伦湖、艾比湖等重点湖库水污染综合治理。开展长江中下游、珠三角等河湖内源治理。

(七)城镇生活污水处理设施全覆盖。

以城市黑臭水体整治和343个水质需改善控制单元为重点,强化污水收集处理与重污染水体治理。加强城市、县城和重点镇污水处理设施建设,加快收集管网建设,对污水处理厂升级改造,全面达到一级A排放标准。推进再生水回用,强化污泥处理处置,提升污泥无害化处理能力。

(八)农村环境综合整治。

实施农村生活垃圾治理专项行动,推进13万个行政环境综合整治,实施农业废弃物资源化利用示范工程,建设污水垃圾收集处理利用设施,梯次推进农村生活污水治理,实现90%的行政村生活垃圾得到治理。实施畜禽养殖废弃物污染治理与资源化利用,开展畜禽规模养殖场(小区)污染综合治理,实现75%以上的畜禽养殖场(小区)配套建设固体废物和污水贮存处理设施。

(九)土壤环境治理。

组织开展土壤污染详查,开发土壤环境质量风险识别系统。完成100个农用地和100个建设用地污染治理试点。建设6个土壤污染综合防治先行区。开展1000万亩受污染耕地治理修复和4000万亩受污染耕地风险管控。组织开展化工企业搬迁后污染状况详查,制定综合整治方案,开展治理与修复工程示范,对暂不开发利用的高风险污染地块实施风险管控。全面整治历史遗留尾矿库。实施高风险历史遗留重金属污染地块、河道、废渣污染修复治理工程,完成31块历史遗留无主铬渣污染地块治理修复。

(十)重点领域环境风险防范。

开展生活垃圾焚烧飞灰处理处置,建成区域性废铅蓄电池、废锂电池回收网络。加强有毒有害化学品环境和健康风险评估能力建设,建立化学品危害特性基础数据库,建设国家化学品计算毒理中心和国家化学品测试实验室。建设50个针对大型化工园区、集中饮用水水源地等不同类型风险区域的全过程环境风险管理示范区。建设1个国家环境应急救援实训基地,具备人员实训、物资储备、成果展示、应急救援、后勤保障、科技研发等核心功能,配套建设环境应急演练系统、环境应急模拟训练场以及网络培训平台。建设国家生态环境大数据平台,研制发射系列化的大气环境监测卫星和环境卫星后续星并组网运行。建设全国及重点区域大气环境质量预报预警平台、国家水质监测预警平台、国家生态保护监控平台。加强中西部地区市县两级、东部欠发达地区县级执法机构的调查取证仪器设备配置。

(十一)核与辐射安全保障能力提升。

建成核与辐射安全监管技术研发基地,加快建设早期核设施退役及历史遗留放射性废物处理处置工程,建设5座中低放射性废物处置场和1个高放射性废物处理地下实验室,建设高风险放射源实时监控系统,废旧放射源100%安全收贮。加强国家核事故应急救援队伍建设。

专栏9　山水林田湖生态工程

(一)国家生态安全屏障保护修复。

推进青藏高原、黄土高原、云贵高原、秦巴山脉、祁连山脉、大小兴安岭和长白山、南岭山地地区、京津冀水源涵养区、内蒙古高原、河西走廊、塔里木河流域、滇桂黔喀斯特地区等关系国家生态安全的核心地区生态修复治理。

(二)国土绿化行动。

开展大规模植树增绿活动,集中连片建设森林,加强"三北"、沿海、长江和珠江流域等防护林体系建设,加快建设储备林及用材林基地建设,推进退化防护林修复,建设绿色生态保护空间和连接各生态空间的生态廊道。开展农田防护林建设,开展太行山绿化,开展盐碱地、干热河谷造林试点示范,开展山体生态修复。

(三)国土综合整治。

开展重点流域、海岸带和海岛综合整治,加强矿产资源开发集中地区地质环境治理和生态修复。推进损毁土地、工矿废弃地复垦,修复受自然灾害、大型建设项目破坏的山体、矿山废弃地。加大京杭大运河、黄河明清故道沿线综合治理力度。推进边疆地区国土综合开发、防护和整治。

(四)天然林资源保护。

将天然林和可以培育成为天然林的未成林封育地、疏林地、灌木林地全部划入天然林,对难以自然更新的林地通过人工造林恢复森林植被。

(五)新一轮退耕还林还草和退牧还草。

实施具备条件的25度以上坡耕地、严重沙化耕地和重要水源地15—25度坡耕地退耕还林还草。稳定扩大退牧还草范围,优化建设内容,适当提高中央投资补助标准。实施草原围栏1000万公顷、退化草原改良267万公顷,建设人工饲草地33万公顷、舍饲棚圈(储草棚、青贮窑)30万户,开展岩溶地区草地治理33万公顷、黑土滩治理7万公顷、毒害草治理12万公顷。

(六)防沙治沙和水土流失综合治理。

实施北方防沙带、黄土高原区、东北黑土区、西南岩溶区以及"一带一路"沿线区域等重点区域水土流失综合防治,以及京津风沙源和石漠化综合治理,推进沙化土地封禁保护、坡耕地综合治理、侵蚀沟整治和生态清洁小流域建设。新增水土流失治理面积27万平方公里。

(七)河湖与湿地保护恢复。

加强长江中上游、黄河沿线及贵州草海等自然湿地保护,对功能降低、生物多样性减少的湿地进行综合治理,开展湿地可持续利用示范。加强珍稀濒危水生生物、重要水产种质资源以及产卵场、索饵场、越冬场、洄游通道等重要渔业水域保护。推进京津冀"六河五湖"、湖北"四湖"、钱塘江上游、草海、梁子湖、汾河、滹沱河、红碱淖等重要河湖和湿地生态保护与修复,推进城市河湖生态化治理。

(八)濒危野生动植物抢救性保护。

保护和改善大熊猫、朱鹮、虎、豹、亚洲象、兰科植物、苏铁类、野生稻等珍稀濒危野生动植物栖息地,建设原生境保护区、救护繁育中心和基因库,开展拯救繁育和野化放归。加强野外生存繁衍困难的极小种群、野生植物和极度濒危野生动物拯救。开展珍稀濒危野生动植物种质资源调查、抢救性收集和保存,建设种质资源库(圃)。

(九)生物多样性保护。

开展生物多样性保护优先区域生物多样性调查和评估,建设50个生物多样性综合观测站和800个观测样区,建立生物多样性数据库及生物多样性评估预警平台、生物物种查验鉴定平台,完成国家级自然保护区勘界确权,60%以上国家级自然保护区达到规范化建设要求,加强生态廊道建设,有步骤地实施自然保护区核心区、缓冲区生态移民,完善迁地保护体系,建设国家生物多样性博物馆。开展生物多样性保护、恢复与减贫示范。

(十)外来入侵物种防治行动。

选择50个国家级自然保护区开展典型外来入侵物种防治行动。选择云南、广西和东南沿海省份等外来入侵物种危害严重区域,建立50个外来入侵物种防控和资源化利用示范推广区,建设100个天敌繁育基地、1000公里隔离带。建设300个口岸物种查验点,提升50个重点进境口岸的防范外来物种入侵能力。针对已入侵我国的外来物种进行调查,建立外来入侵物种数据库,构建卫星遥感与地面监测相结合的外来入侵物种监测预警体系。

(十一)森林质量精准提升。

加快推进混交林培育、森林抚育、退化林修复、公益林管护和林木良种培育。精准提升大江大河源头、国有林区(场)和集体林区森林质量。森林抚育4000万公顷,退化林修复900万公顷。

(十二)古树名木保护。

严格保护古树名木树冠覆盖区域、根系分布区域,科学设置标牌和保护围栏,对衰弱、濒危古树名木采取促进生长、增强树势措施,抢救古树名木60万株、复壮300万株。

(十三)城市生态修复和生态产品供给。

对城市规划区范围内自然资源和生态空间进行调查评估,综合识别已被破坏、自我恢复能力差、亟需实施修复的区域,开展城市生态修复试点示范。推进绿道绿廊建设,合理规划建设各类公园绿地,加快老旧公园改造,增加生态产品供给。

(十四)生态环境技术创新。

建设一批生态环境科技创新平台,优先推动建设一批专业化环保高新技术开发区。推进水、大气、土壤、生态、风险、智慧环保等重大研究专项,实施京津冀、长江经济带、"一带一路"、东北老工业基地、湘江流域等区域环境质量提升创新工程,实施青藏高原、黄土高原、北方风沙带、西南岩溶区等生态屏障区保护修复创新工程,实施城市废物安全处置与循环利用创新工程、环境风险治理与清洁替代创新工程、智慧环境创新工程。推进环境保护重点实验室、工程技术中心、科学观测站和决策支撑体系建设。建设澜沧江—湄公河水资源合作中心和环境合作中心、"一带一路"信息共享与决策平台。

第十章　健全规划实施保障措施

第一节　明确任务分工

明确地方目标责任。地方各级人民政府是规划实施的责任主体,要把生态环境保护目标、任务、措施和重点工程纳入本地区国民经济和社会发展规划,制定并公布生态环境保护重点任务和年度目标。各地区对规划实施情况进行信息公开,推动全社会参与和监督,确保各项任务全面完成。

部门协同推进规划任务。有关部门要各负其责,密切配合,完善体制机制,加大资金投入,加大规划实施力度。在大气、水、土壤、重金属、生物多样性等领域建立协作机制,定期研究解决重大问题。环境保护部每年向国务院报告环境保护重点工作进展情况。

第二节　加大投入力度

加大财政资金投入。按照中央与地方事权和支出责任划分的要求,加快建立与环保支出责任相适应的财政管理制度,各级财政应保障同级生态环保重点支出。优化创新环保专项资金使用方式,加大对环境污染第三方治理、政府和社会资本合作模式的支持力度。按照山水林田湖系统治理的要求,整合生态保护修复相关资金。

拓宽资金筹措渠道。完善使用者付费制度,支持经营类环境保护项目。积极推行政府和社会资本合作,探索以资源开发项目、资源综合利用等收益弥补污染防治项目投入和社会资本回报,吸引社会资本参与准公益性和公益性环境保护项目。鼓励社会资本以市场化方式设立环境保护基金。鼓励创业投资企业、股权投资企业和社会捐赠资金增加生态环保投入。

第三节　加强国际合作

参与国际环境治理。积极参与全球环境治理规则构建,深度参与环境国际公约、核安全国际公约和与环境相关的国际贸易投资协定谈判,承担并履行好同发展中大国相适应的国际责任,并做好履约工作。依法规范境外环保组织在华活动。加大宣传力度,对外讲好中国环保故事。根据对外援助统一部署,加大对外援助力度,创新对外援助方式。

提升国际合作水平。建立完善与相关国家、国际组织、研究机构、民间团体的交流合作机制,搭建对话交流平台,促进生态环保理念、管理制度政策、环保产业技术等方面的国际交流合作，全面提升国际化水平。组织开展一批大气、水、土壤、生物多样性等领域的国际合作项目。落实联合国 2030 年可持续发展议程。加强与世界各国、区域和国际组织在生态环保和核安全领域的对话交流与务实合作。加强南南合作，积极开展生态环保和核安全领域的对外合作。严厉打击化学品非法贸易、固体废物非法越境转移。

第四节　推进试点示范

推进国家生态文明试验区建设。以改善生态环境质量、推动绿色发展为目标，以体制创新、制度供给、模式探索为重点，设立统一规范的国家生态文明试验区。积极推进绿色社区、绿色学校、生态工业园区等"绿色细胞"工程。到 2017 年，试验区重点改革任务取得重要进展，形成若干可操作、有效管用的生态文明制度成果；到 2020 年，试验区率先建成较为完善的生态文明制度体系，形成一批可在全国复制推广的重大制度成果。

强化示范引领。深入开展生态文明建设示范区创建，提高创建规范化和制度化水平，注重创建的区域平衡性。加强创建与环保重点工作的协调联动，强化后续监督与管理，开展成效评估和经验总结，宣传推广现有的可复制、可借鉴的创建模式。

深入推进重点政策制度试点示范。开展农村环境保护体制机制综合改革与创新试点。试点划分环境质量达标控制区和未达标控制区，分别按照排放标准和质量约束实施污染源监管和排污许可。推进环境审计、环境损害赔偿、环境服务业和政府购买服务改革试点，强化政策支撑和监管，适时扩大环境污染第三方治理试点地区、行业范围。开展省级生态环境保护综合改革试点。

第五节　严格评估考核

环境保护部要会同有关部门定期对各省（区、市）环境质量改善、重点污染物排放、生态环境保护重大工程进展情况进行调度，结果向社会公开。整合各类生态环境评估考核，在 2018 年、2020 年底，分别对本规划执行情况进行中期评估和终期考核，评估考核结果向国务院报告，向社会公布，并作为对领导班子和领导干部综合考核评价的重要依据。

排污许可管理办法（试行）

环境保护部令第 48 号

《排污许可管理办法（试行）》已于 2017 年 11 月 6 日由环境保护部部务会议审议通过，现予公布，自公布之日起施行。

环境保护部部长　李干杰
2018 年 1 月 10 日

排污许可管理办法(试行)

第一章 总 则

第一条 为规范排污许可管理,根据《中华人民共和国环境保护法》《中华人民共和国水污染防治法》《中华人民共和国大气污染防治法》以及国务院办公厅印发的《控制污染物排放许可制实施方案》,制定本办法。

第二条 排污许可证的申请、核发、执行以及与排污许可相关的监管和处罚等行为,适用本办法。

第三条 环境保护部依法制定并公布固定污染源排污许可分类管理名录,明确纳入排污许可管理的范围和申领时限。

纳入固定污染源排污许可分类管理名录的企业事业单位和其他生产经营者(以下简称排污单位)应当按照规定的时限申请并取得排污许可证;未纳入固定污染源排污许可分类管理名录的排污单位,暂不需申请排污许可证。

第四条 排污单位应当依法持有排污许可证,并按照排污许可证的规定排放污染物。

应当取得排污许可证而未取得的,不得排放污染物。

第五条 对污染物产生量大、排放量大或者环境危害程度高的排污单位实行排污许可重点管理,对其他排污单位实行排污许可简化管理。

实行排污许可重点管理或者简化管理的排污单位的具体范围,依照固定污染源排污许可分类管理名录规定执行。实行重点管理和简化管理的内容及要求,依照本办法第十一条规定的排污许可相关技术规范、指南等执行。

设区的市级以上地方环境保护主管部门,应当将实行排污许可重点管理的排污单位确定为重点排污单位。

第六条 环境保护部负责指导全国排污许可制度实施和监督。各省级环境保护主管部门负责本行政区域排污许可制度的组织实施和监督。

排污单位生产经营场所所在地设区的市级环境保护主管部门负责排污许可证核发。地方性法规对核发权限另有规定的,从其规定。

第七条 同一法人单位或者其他组织所属、位于不同生产经营场所的排污单位,应当以其所属的法人单位或者其他组织的名义,分别向生产经营场所所在地有核发权的环境保护主管部门(以下简称核发环保部门)申请排污许可证。

生产经营场所和排放口分别位于不同行政区域时,生产经营场所所在地核发环保部门负责核发排污许可证,并应当在核发前,征求其排放口所在地同级环境保护主管部门意见。

第八条 依据相关法律规定,环境保护主管部门对排污单位排放水污染物、大气污染物等各类污染物的排放行为实行综合许可管理。

2015年1月1日及以后取得建设项目环境影响评价审批意见的排污单位,环境影响评价文件及审批意见中与污染物排放相关的主要内容应当纳入排污许可证。

第九条 环境保护部对实施排污许可管理的排污单位及其生产设施、污染防治设施和排放口实行统一编码管理。

第十条 环境保护部负责建设、运行、维护、管理全国排污许可证管理信息平台。

排污许可证的申请、受理、审核、发放、变更、延续、注销、撤销、遗失补办应当在全国排污许可证管理信息平台上进行。排污单位自行监测、执行报告及环境保护主管部门监管执法信息应当在全国排污许可证管理信息平台上记载，并按照本办法规定在全国排污许可证管理信息平台上公开。

全国排污许可证管理信息平台中记录的排污许可证相关电子信息与排污许可证正本、副本依法具有同等效力。

第十一条 环境保护部制定排污许可证申请与核发技术规范、环境管理台账及排污许可证执行报告技术规范、排污单位自行监测技术指南、污染防治可行技术指南以及其他排污许可政策、标准和规范。

第二章 排污许可证内容

第十二条 排污许可证由正本和副本构成，正本载明基本信息，副本包括基本信息、登记事项、许可事项、承诺书等内容。

设区的市级以上地方环境保护主管部门可以根据环境保护地方性法规，增加需要在排污许可证中载明的内容。

第十三条 以下基本信息应当同时在排污许可证正本和副本中载明：

（一）排污单位名称、注册地址、法定代表人或者主要负责人、技术负责人、生产经营场所地址、行业类别、统一社会信用代码等排污单位基本信息；

（二）排污许可证有效期限、发证机关、发证日期、证书编号和二维码等基本信息。

第十四条 以下登记事项由排污单位申报，并在排污许可证副本中记录：

（一）主要生产设施、主要产品及产能、主要原辅材料等；

（二）产排污环节、污染防治设施等；

（三）环境影响评价审批意见、依法分解落实到本单位的重点污染物排放总量控制指标、排污权有偿使用和交易记录等。

第十五条 下列许可事项由排污单位申请，经核发环保部门审核后，在排污许可证副本中进行规定：

（一）排放口位置和数量、污染物排放方式和排放去向等，大气污染物无组织排放源的位置和数量；

（二）排放口和无组织排放源排放污染物的种类、许可排放浓度、许可排放量；

（三）取得排污许可证后应当遵守的环境管理要求；

（四）法律法规规定的其他许可事项。

第十六条 核发环保部门应当根据国家和地方污染物排放标准，确定排污单位排放口或者无组织排放源相应污染物的许可排放浓度。

排污单位承诺执行更加严格的排放浓度的,应当在排污许可证副本中规定。

第十七条 核发环保部门按照排污许可证申请与核发技术规范规定的行业重点污染物允许排放量核算方法,以及环境质量改善的要求,确定排污单位的许可排放量。

对于本办法实施前已有依法分解落实到本单位的重点污染物排放总量控制指标的排污单位,核发环保部门应当按照行业重点污染物允许排放量核算方法、环境质量改善要求和重点污染物排放总量控制指标,从严确定许可排放量。

2015年1月1日及以后取得环境影响评价审批意见的排污单位,环境影响评价文件和审批意见确定的排放量严于按照本条第一款、第二款确定的许可排放量的,核发环保部门应当根据环境影响评价文件和审批意见要求确定排污单位的许可排放量。

地方人民政府依法制定的环境质量限期达标规划、重污染天气应对措施要求排污单位执行更加严格的重点污染物排放总量控制指标的,应当在排污许可证副本中规定。

本办法实施后,环境保护主管部门应当按照排污许可证规定的许可排放量,确定排污单位的重点污染物排放总量控制指标。

第十八条 下列环境管理要求由核发环保部门根据排污单位的申请材料、相关技术规范和监管需要,在排污许可证副本中进行规定:

(一)污染防治设施运行和维护、无组织排放控制等要求;
(二)自行监测要求、台账记录要求、执行报告内容和频次等要求;
(三)排污单位信息公开要求;
(四)法律法规规定的其他事项。

第十九条 排污单位在申请排污许可证时,应当按照自行监测技术指南,编制自行监测方案。

自行监测方案应当包括以下内容:

(一)监测点位及示意图、监测指标、监测频次;
(二)使用的监测分析方法、采样方法;
(三)监测质量保证与质量控制要求;
(四)监测数据记录、整理、存档要求等。

第二十条 排污单位在填报排污许可证申请时,应当承诺排污许可证申请材料是完整、真实和合法的;承诺按照排污许可证的规定排放污染物,落实排污许可证规定的环境管理要求,并由法定代表人或者主要负责人签字或者盖章。

第二十一条 排污许可证自作出许可决定之日起生效。首次发放的排污许可证有效期为三年,延续换发的排污许可证有效期为五年。

对列入国务院经济综合宏观调控部门会同国务院有关部门发布的产业政策目录中计划淘汰的落后工艺装备或者落后产品,排污许可证有效期不得超过计划淘汰期限。

第二十二条 环境保护主管部门核发排污许可证,以及监督检查排污许可证实施情况时,不得收取任何费用。

第三章 申请与核发

第二十三条 省级环境保护主管部门应当根据本办法第六条和固定污染源排污许可分

类管理名录,确定本行政区域内负责受理排污许可证申请的核发环保部门、申请程序等相关事项,并向社会公告。

依据环境质量改善要求,部分地区决定提前对部分行业实施排污许可管理的,该地区省级环境保护主管部门应当报环境保护部备案后实施,并向社会公告。

第二十四条 在固定污染源排污许可分类管理名录规定的时限前已经建成并实际排污的排污单位,应当在名录规定时限申请排污许可证;在名录规定的时限后建成的排污单位,应当在启动生产设施或者在实际排污之前申请排污许可证。

第二十五条 实行重点管理的排污单位在提交排污许可申请材料前,应当将承诺书、基本信息以及拟申请的许可事项向社会公开。公开途径应当选择包括全国排污许可证管理信息平台等便于公众知晓的方式,公开时间不得少于五个工作日。

第二十六条 排污单位应当在全国排污许可证管理信息平台上填报并提交排污许可证申请,同时向核发环保部门提交通过全国排污许可证管理信息平台印制的书面申请材料。

申请材料应当包括:

(一)排污许可证申请表,主要内容包括:排污单位基本信息,主要生产设施、主要产品及产能、主要原辅材料,废气、废水等产排污环节和污染防治设施,申请的排放口位置和数量、排放方式、排放去向,按照排放口和生产设施或者车间申请的排放污染物种类、排放浓度和排放量,执行的排放标准;

(二)自行监测方案;

(三)由排污单位法定代表人或者主要负责人签字或者盖章的承诺书;

(四)排污单位有关排污口规范化的情况说明;

(五)建设项目环境影响评价文件审批文号,或者按照有关国家规定经地方人民政府依法处理、整顿规范并符合要求的相关证明材料;

(六)排污许可证申请前信息公开情况说明表;

(七)污水集中处理设施的经营管理单位还应当提供纳污范围、纳污排污单位名单、管网布置、最终排放去向等材料;

(八)本办法实施后的新建、改建、扩建项目排污单位存在通过污染物排放等量或者减量替代削减获得重点污染物排放总量控制指标情况的,且出让重点污染物排放总量控制指标的排污单位已经取得排污许可证的,应当提供出让重点污染物排放总量控制指标的排污单位的排污许可证完成变更的相关材料;

(九)法律法规规章规定的其他材料。

主要生产设施、主要产品产能等登记事项中涉及商业秘密的,排污单位应当进行标注。

第二十七条 核发环保部门收到排污单位提交的申请材料后,对材料的完整性、规范性进行审查,按照下列情形分别作出处理:

(一)依照本办法不需要取得排污许可证的,应当当场或者在五个工作日内告知排污单位不需要办理;

(二)不属于本行政机关职权范围的,应当当场或者在五个工作日内作出不予受理的决定,并告知排污单位向有核发权限的部门申请;

(三)申请材料不齐全或者不符合规定的,应当当场或者在五个工作日内出具告知单,告

知排污单位需要补正的全部材料,可以当场更正的,应当允许排污单位当场更正;

(四)属于本行政机关职权范围,申请材料齐全、符合规定,或者排污单位按照要求提交全部补正申请材料的,应当受理。

核发环保部门应当在全国排污许可证管理信息平台上作出受理或者不予受理排污许可证申请的决定,同时向排污单位出具加盖本行政机关专用印章和注明日期的受理单或者不予受理告知单。

核发环保部门应当告知排污单位需要补正的材料,但逾期不告知的,自收到书面申请材料之日起即视为受理。

第二十八条 对存在下列情形之一的,核发环保部门不予核发排污许可证:

(一)位于法律法规规定禁止建设区域内的;

(二)属于国务院经济综合宏观调控部门会同国务院有关部门发布的产业政策目录中明令淘汰或者立即淘汰的落后生产工艺装备、落后产品的;

(三)法律法规规定不予许可的其他情形。

第二十九条 核发环保部门应当对排污单位的申请材料进行审核,对满足下列条件的排污单位核发排污许可证:

(一)依法取得建设项目环境影响评价文件审批意见,或者按照有关规定经地方人民政府依法处理、整顿规范并符合要求的相关证明材料;

(二)采用的污染防治设施或者措施有能力达到许可排放浓度要求;

(三)排放浓度符合本办法第十六条规定,排放量符合本办法第十七条规定;

(四)自行监测方案符合相关技术规范;

(五)本办法实施后的新建、改建、扩建项目排污单位存在通过污染物排放等量或者减量替代削减获得重点污染物排放总量控制指标情况的,出让重点污染物排放总量控制指标的排污单位已完成排污许可证变更。

第三十条 对采用相应污染防治可行技术的,或者新建、改建、扩建建设项目排污单位采用环境影响评价审批意见要求的污染治理技术的,核发环保部门可以认为排污单位采用的污染防治设施或者措施有能力达到许可排放浓度要求。

不符合前款情形的,排污单位可以通过提供监测数据予以证明。监测数据应当通过使用符合国家有关环境监测、计量认证规定和技术规范的监测设备取得;对于国内首次采用的污染治理技术,应当提供工程试验数据予以证明。

环境保护部依据全国排污许可证执行情况,适时修订污染防治可行技术指南。

第三十一条 核发环保部门应当自受理申请之日起二十个工作日内作出是否准予许可的决定。自作出准予许可决定之日起十个工作日内,核发环保部门向排污单位发放加盖本行政机关印章的排污许可证。

核发环保部门在二十个工作日内不能作出决定的,经本部门负责人批准,可以延长十个工作日,并将延长期限的理由告知排污单位。

依法需要听证、检验、检测和专家评审的,所需时间不计算在本条所规定的期限内。核发环保部门应当将所需时间书面告知排污单位。

第三十二条 核发环保部门作出准予许可决定的,须向全国排污许可证管理信息平台提交审核结果,获取全国统一的排污许可证编码。

核发环保部门作出准予许可决定的,应当将排污许可证正本以及副本中基本信息、许可事项及承诺书在全国排污许可证管理信息平台上公告。

核发环保部门作出不予许可决定的,应当制作不予许可决定书,书面告知排污单位不予许可的理由,以及依法申请行政复议或者提起行政诉讼的权利,并在全国排污许可证管理信息平台上公告。

第四章 实施与监管

第三十三条 禁止涂改排污许可证。禁止以出租、出借、买卖或者其他方式非法转让排污许可证。排污单位应当在生产经营场所内方便公众监督的位置悬挂排污许可证正本。

第三十四条 排污单位应当按照排污许可证规定,安装或者使用符合国家有关环境监测、计量认证规定的监测设备,按照规定维护监测设施,开展自行监测,保存原始监测记录。

实施排污许可重点管理的排污单位,应当按照排污许可证规定安装自动监测设备,并与环境保护主管部门的监控设备联网。

对未采用污染防治可行技术的,应当加强自行监测,评估污染防治技术达标可行性。

第三十五条 排污单位应当按照排污许可证中关于台账记录的要求,根据生产特点和污染物排放特点,按照排污口或者无组织排放源进行记录。记录主要包括以下内容:

(一)与污染物排放相关的主要生产设施运行情况;发生异常情况的,应当记录原因和采取的措施;

(二)污染防治设施运行情况及管理信息;发生异常情况的,应当记录原因和采取的措施;

(三)污染物实际排放浓度和排放量;发生超标排放情况的,应当记录超标原因和采取的措施;

(四)其他按照相关技术规范应当记录的信息。

台账记录保存期限不少于三年。

第三十六条 污染物实际排放量按照排污许可证规定的废气、污水的排污口、生产设施或者车间分别计算,依照下列方法和顺序计算:

(一)依法安装使用了符合国家规定和监测规范的污染物自动监测设备的,按照污染物自动监测数据计算;

(二)依法不需安装污染物自动监测设备的,按照符合国家规定和监测规范的污染物手工监测数据计算;

(三)不能按照本条第一项、第二项规定的方法计算的,包括依法应当安装而未安装污染物自动监测设备或者自动监测设备不符合规定的,按照环境保护部规定的产排污系数、物料衡算方法计算。

第三十七条 排污单位应当按照排污许可证规定的关于执行报告内容和频次的要求,编制排污许可证执行报告。

排污许可证执行报告包括年度执行报告、季度执行报告和月执行报告。

排污单位应当每年在全国排污许可证管理信息平台上填报、提交排污许可证年度执行报告并公开,同时向核发环保部门提交通过全国排污许可证管理信息平台印制的书面执行报告。书面执行报告应当由法定代表人或者主要负责人签字或者盖章。

季度执行报告和月执行报告至少应当包括以下内容:

(一)根据自行监测结果说明污染物实际排放浓度和排放量及达标判定分析;

(二)排污单位超标排放或者污染防治设施异常情况的说明。

年度执行报告可以替代当季度或者当月的执行报告,并增加以下内容:

(一)排污单位基本生产信息;

(二)污染防治设施运行情况;

(三)自行监测执行情况;

(四)环境管理台账记录执行情况;

(五)信息公开情况;

(六)排污单位内部环境管理体系建设与运行情况;

(七)其他排污许可证规定的内容执行情况等。

建设项目竣工环境保护验收报告中与污染物排放相关的主要内容,应当由排污单位记载在该项目验收完成当年排污许可证年度执行报告中。

排污单位发生污染事故排放时,应当依照相关法律法规规章的规定及时报告。

第三十八条 排污单位应当对提交的台账记录、监测数据和执行报告的真实性、完整性负责,依法接受环境保护主管部门的监督检查。

第三十九条 环境保护主管部门应当制定执法计划,结合排污单位环境信用记录,确定执法监管重点和检查频次。

环境保护主管部门对排污单位进行监督检查时,应当重点检查排污许可证规定的许可事项的实施情况。通过执法监测、核查台账记录和自动监测数据以及其他监控手段,核实排污数据和执行报告的真实性,判定是否符合许可排放浓度和许可排放量,检查环境管理要求落实情况。

环境保护主管部门应当将现场检查的时间、内容、结果以及处罚决定记入全国排污许可证管理信息平台,依法在全国排污许可证管理信息平台上公布监管执法信息、无排污许可证和违反排污许可证规定排污的排污单位名单。

第四十条 环境保护主管部门可以通过政府购买服务的方式,组织或者委托技术机构提供排污许可管理的技术支持。

技术机构应当对其提交的技术报告负责,不得收取排污单位任何费用。

第四十一条 上级环境保护主管部门可以对具有核发权限的下级环境保护主管部门的排污许可证核发情况进行监督检查和指导,发现属于本办法第四十九条规定违法情形的,上级环境保护主管部门可以依法撤销。

第四十二条 鼓励社会公众、新闻媒体等对排污单位的排污行为进行监督。排污单位应当及时公开有关排污信息,自觉接受公众监督。

公民、法人和其他组织发现排污单位有违反本办法行为的,有权向环境保护主管部门举报。

接受举报的环境保护主管部门应当依法处理,并按照有关规定对调查结果予以反馈,同时为举报人保密。

第五章 变更、延续、撤销

第四十三条 在排污许可证有效期内,下列与排污单位有关的事项发生变化的,排污单位应当在规定时间内向核发环保部门提出变更排污许可证的申请:

(一)排污单位名称、地址、法定代表人或者主要负责人等正本中载明的基本信息发生变更之日起三十个工作日内;

(二)因排污单位原因许可事项发生变更之日前三十个工作日内;

(三)排污单位在原场址内实施新建、改建、扩建项目应当开展环境影响评价的,在取得环境影响评价审批意见后,排污行为发生变更之日前三十个工作日内;

(四)新制修订的国家和地方污染物排放标准实施前三十个工作日内;

(五)依法分解落实的重点污染物排放总量控制指标发生变化后三十个工作日内;

(六)地方人民政府依法制定的限期达标规划实施前三十个工作日内;

(七)地方人民政府依法制定的重污染天气应急预案实施后三十个工作日内;

(八)法律法规规定需要进行变更的其他情形。

发生本条第一款第三项规定情形,且通过污染物排放等量或者减量替代削减获得重点污染物排放总量控制指标的,在排污单位提交变更排污许可申请前,出让重点污染物排放总量控制指标的排污单位应当完成排污许可证变更。

第四十四条 申请变更排污许可证的,应当提交下列申请材料:

(一)变更排污许可证申请;

(二)由排污单位法定代表人或者主要负责人签字或者盖章的承诺书;

(三)排污许可证正本复印件;

(四)与变更排污许可事项有关的其他材料。

第四十五条 核发环保部门应当对变更申请材料进行审查,作出变更决定的,在排污许可证副本中载明变更内容并加盖本行政机关印章,同时在全国排污许可证管理信息平台上公告;属于本办法第四十三条第一款第一项情形的,还应当换发排污许可证正本。

属于本办法第四十三条第一款规定情形的,排污许可证期限仍自原证书核发之日起计算;属于本办法第四十三条第二款情形的,变更后排污许可证期限自变更之日起计算。

属于本办法第四十三条第一款第一项情形的,核发环保部门应当自受理变更申请之日起十个工作日内作出变更决定;属于本办法第四十三条第一款规定的其他情形的,应当自受理变更申请之日起二十个工作日内作出变更许可决定。

第四十六条 排污单位需要延续依法取得的排污许可证的有效期的,应当在排污许可证届满三十个工作日前向原核发环保部门提出申请。

第四十七条 申请延续排污许可证的,应当提交下列材料:

(一)延续排污许可证申请;

(二)由排污单位法定代表人或者主要负责人签字或者盖章的承诺书;

(三)排污许可证正本复印件;
(四)与延续排污许可事项有关的其他材料。

第四十八条 核发环保部门应当按照本办法第二十九条规定对延续申请材料进行审查,并自受理延续申请之日起二十个工作日内作出延续或者不予延续许可决定。

作出延续许可决定的,向排污单位发放加盖本行政机关印章的排污许可证,收回原排污许可证正本,同时在全国排污许可证管理信息平台上公告。

第四十九条 有下列情形之一的,核发环保部门或者其上级行政机关,可以撤销排污许可证并在全国排污许可证管理信息平台上公告:
(一)超越法定职权核发排污许可证的;
(二)违反法定程序核发排污许可证的;
(三)核发环保部门工作人员滥用职权、玩忽职守核发排污许可证的;
(四)对不具备申请资格或者不符合法定条件的申请人准予行政许可的;
(五)依法可以撤销排污许可证的其他情形。

第五十条 有下列情形之一的,核发环保部门应当依法办理排污许可证的注销手续,并在全国排污许可证管理信息平台上公告:
(一)排污许可证有效期届满,未延续的;
(二)排污单位被依法终止的;
(三)应当注销的其他情形。

第五十一条 排污许可证发生遗失、损毁的,排污单位应当在三十个工作日内向核发环保部门申请补领排污许可证;遗失排污许可证的,在申请补领前应当在全国排污许可证管理信息平台上发布遗失声明;损毁排污许可证的,应当同时交回被损毁的排污许可证。

核发环保部门应当在收到补领申请后十个工作日内补发排污许可证,并在全国排污许可证管理信息平台上公告。

第六章 法律责任

第五十二条 环境保护主管部门在排污许可证受理、核发及监管执法中有下列行为之一的,由其上级行政机关或者监察机关责令改正,对直接负责的主管人员或者其他直接责任人员依法给予行政处分;构成犯罪的,依法追究刑事责任:
(一)符合受理条件但未依法受理申请的;
(二)对符合许可条件的不依法准予核发排污许可证或者未在法定时限内作出准予核发排污许可证决定的;
(三)对不符合许可条件的准予核发排污许可证或者超越法定职权核发排污许可证的;
(四)实施排污许可证管理时擅自收取费用的;
(五)未依法公开排污许可相关信息的;
(六)不依法履行监督职责或者监督不力,造成严重后果的;
(七)其他应当依法追究责任的情形。

第五十三条 排污单位隐瞒有关情况或者提供虚假材料申请行政许可的,核发环保部门不予受理或者不予行政许可,并给予警告。

第五十四条 违反本办法第四十三条规定,未及时申请变更排污许可证的;或者违反本办法第五十一条规定,未及时补办排污许可证的,由核发环保部门责令改正。

第五十五条 重点排污单位未依法公开或者不如实公开有关环境信息的,由县级以上环境保护主管部门责令公开,依法处以罚款,并予以公告。

第五十六条 违反本办法第三十四条,有下列行为之一的,由县级以上环境保护主管部门依据《中华人民共和国大气污染防治法》《中华人民共和国水污染防治法》的规定,责令改正,处二万元以上二十万元以下的罚款;拒不改正的,依法责令停产整治:

(一)未按照规定对所排放的工业废气和有毒有害大气污染物、水污染物进行监测,或者未保存原始监测记录的;

(二)未按照规定安装大气污染物、水污染物自动监测设备,或者未按照规定与环境保护主管部门的监控设备联网,或者未保证监测设备正常运行的。

第五十七条 排污单位存在以下无排污许可证排放污染物情形的,由县级以上环境保护主管部门依据《中华人民共和国大气污染防治法》《中华人民共和国水污染防治法》的规定,责令改正或者责令限制生产、停产整治,并处十万元以上一百万元以下的罚款;情节严重的,报经有批准权的人民政府批准,责令停业、关闭:

(一)依法应当申请排污许可证但未申请,或者申请后未取得排污许可证排放污染物的;

(二)排污许可证有效期限届满后未申请延续排污许可证,或者延续申请未经核发环保部门许可仍排放污染物的;

(三)被依法撤销排污许可证后仍排放污染物的;

(四)法律法规规定的其他情形。

第五十八条 排污单位存在以下违反排污许可证行为的,由县级以上环境保护主管部门依据《中华人民共和国环境保护法》《中华人民共和国大气污染防治法》《中华人民共和国水污染防治法》的规定,责令改正或者责令限制生产、停产整治,并处十万元以上一百万元以下的罚款;情节严重的,报经有批准权的人民政府批准,责令停业、关闭:

(一)超过排放标准或者超过重点大气污染物、重点水污染物排放总量控制指标排放水污染物、大气污染物的;

(二)通过偷排、篡改或者伪造监测数据、以逃避现场检查为目的的临时停产、非紧急情况下开启应急排放通道、不正常运行大气污染防治设施等逃避监管的方式排放大气污染物的;

(三)利用渗井、渗坑、裂隙、溶洞,私设暗管,篡改、伪造监测数据,或者不正常运行水污染防治设施等逃避监管的方式排放水污染物的;

(四)其他违反排污许可证规定排放污染物的。

第五十九条 排污单位违法排放大气污染物、水污染物,受到罚款处罚,被责令改正的,依法作出处罚决定的行政机关组织复查,发现其继续违法排放大气污染物、水污染物或者拒绝、阻挠复查的,作出处罚决定的行政机关可以自责令改正之日的次日起,依法按照原处罚数额按日连续处罚。

第六十条 排污单位发生本办法第三十五条第一款第二、三项或者第三十七条第四款第二项规定的异常情况,及时报告核发环保部门,且主动采取措施消除或者减轻违法行为危害后果的,县级以上环境保护主管部门应当依据《中华人民共和国行政处罚法》相关规定从轻处罚。

排污单位应当在相应季度执行报告或者月执行报告中记载本条第一款情况。

第七章 附 则

第六十一条 依照本办法首次发放排污许可证时,对于在本办法实施前已经投产、运营的排污单位,存在以下情形之一,排污单位承诺改正并提出改正方案的,环境保护主管部门可以向其核发排污许可证,并在排污许可证中记载其存在的问题,规定其承诺改正内容和承诺改正期限:

(一)在本办法实施前的新建、改建、扩建建设项目不符合本办法第二十九条第一项条件;

(二)不符合本办法第二十九条第二项条件。

对于不符合本办法第二十九条第一项条件的排污单位,由核发环保部门依据《建设项目环境保护管理条例》第二十三条,责令限期改正,并处罚款。

对于不符合本办法第二十九条第二项条件的排污单位,由核发环保部门依据《中华人民共和国大气污染防治法》第九十九条或者《中华人民共和国水污染防治法》第八十三条,责令改正或者责令限制生产、停产整治,并处罚款。

本条第二款、第三款规定的核发环保部门责令改正内容或者限制生产、停产整治内容,应当与本条第一款规定的排污许可证规定的改正内容一致;本条第二款、第三款规定的核发环保部门责令改正期限或者限制生产、停产整治期限,应当与本条第一款规定的排污许可证规定的改正期限的起止时间一致。

本条第一款规定的排污许可证规定的改正期限为三至六个月、最长不超过一年。

在改正期间或者限制生产、停产整治期间,排污单位应当按证排污,执行自行监测、台账记录和执行报告制度,核发环保部门应当按照排污许可证的规定加强监督检查。

第六十二条 本办法第六十一条第一款规定的排污许可证规定的改正期限到期,排污单位完成改正任务或者提前完成改正任务的,可以向核发环保部门申请变更排污许可证,核发环保部门应当按照本办法第五章规定对排污许可证进行变更。

本办法第六十一条第一款规定的排污许可证规定的改正期限到期,排污单位仍不符合许可条件的,由核发环保部门依据《中华人民共和国大气污染防治法》第九十九条或者《中华人民共和国水污染防治法》第八十三条或者《建设项目环境保护管理条例》第二十三条的规定,提出建议报有批准权的人民政府批准责令停业、关闭,并按照本办法第五十条规定注销排污许可证。

第六十三条 对于本办法实施前依据地方性法规核发的排污许可证,尚在有效期内的,原核发环保部门应当在全国排污许可证管理信息平台填报数据,获取排污许可证编码;已经到期的,排污单位应当按照本办法申请排污许可证。

第六十四条 本办法第十二条规定的排污许可证格式、第二十条规定的承诺书样本和本办法第二十六条规定的排污许可证申请表格式,由环境保护部制定。

第六十五条 本办法所称排污许可,是指环境保护主管部门根据排污单位的申请和承诺,通过发放排污许可证法律文书形式,依法依规规范和限制排污行为,明确环境管理要求,依据排污许可证对排污单位实施监管执法的环境管理制度。

第六十六条 本办法所称主要负责人是指依照法律、行政法规规定代表非法人单位行使职权的负责人。

第六十七条 涉及国家秘密的排污单位,其排污许可证的申请、受理、审核、发放、变更、延续、注销、撤销、遗失补办应当按照保密规定执行。

第六十八条 本办法自发布之日起施行。

中华人民共和国环境保护税法

中华人民共和国主席令第 61 号

《中华人民共和国环境保护税法》已由中华人民共和国第十二届全国人民代表大会常务委员会第二十五次会议于 2016 年 12 月 25 日通过,现予公布,自 2018 年 1 月 1 日起施行。

中华人民共和国主席　习近平
2016 年 12 月 25 日

中华人民共和国环境保护税法

目　录

第一章　总则
第二章　计税依据和应纳税额
第三章　税收减免
第四章　征收管理
第五章　附则

第一章　总　　则

第一条 为了保护和改善环境,减少污染物排放,推进生态文明建设,制定本法。

第二条 在中华人民共和国领域和中华人民共和国管辖的其他海域,直接向环境排放应税污染物的企业事业单位和其他生产经营者为环境保护税的纳税人,应当依照本法规定缴纳环境保护税。

第三条 本法所称应税污染物,是指本法所附《环境保护税税目税额表》、《应税污染物和当量值表》规定的大气污染物、水污染物、固体废物和噪声。

第四条 有下列情形之一的,不属于直接向环境排放污染物,不缴纳相应污染物的环境保护税:

(一)企业事业单位和其他生产经营者向依法设立的污水集中处理、生活垃圾集中处理场所排放应税污染物的;

(二)企业事业单位和其他生产经营者在符合国家和地方环境保护标准的设施、场所贮存或者处置固体废物的。

第五条 依法设立的城乡污水集中处理、生活垃圾集中处理场所超过国家和地方规定的排放标准向环境排放应税污染物的,应当缴纳环境保护税。

企业事业单位和其他生产经营者贮存或者处置固体废物不符合国家和地方环境保护标准的,应当缴纳环境保护税。

第六条 环境保护税的税目、税额,依照本法所附《环境保护税税目税额表》执行。

应税大气污染物和水污染物的具体适用税额的确定和调整,由省、自治区、直辖市人民政府统筹考虑本地区环境承载能力、污染物排放现状和经济社会生态发展目标要求,在本法所附《环境保护税税目税额表》规定的税额幅度内提出,报同级人民代表大会常务委员会决定,并报全国人民代表大会常务委员会和国务院备案。

第二章 计税依据和应纳税额

第七条 应税污染物的计税依据,按照下列方法确定:

(一)应税大气污染物按照污染物排放量折合的污染当量数确定;

(二)应税水污染物按照污染物排放量折合的污染当量数确定;

(三)应税固体废物按照固体废物的排放量确定;

(四)应税噪声按照超过国家规定标准的分贝数确定。

第八条 应税大气污染物、水污染物的污染当量数,以该污染物的排放量除以该污染物的污染当量值计算。每种应税大气污染物、水污染物的具体污染当量值,依照本法所附《应税污染物和当量值表》执行。

第九条 每一排放口或者没有排放口的应税大气污染物,按照污染当量数从大到小排序,对前三项污染物征收环境保护税。

每一排放口的应税水污染物,按照本法所附《应税污染物和当量值表》,区分第一类水污染物和其他类水污染物,按照污染当量数从大到小排序,对第一类水污染物按照前五项征收环境保护税,对其他类水污染物按照前三项征收环境保护税。

省、自治区、直辖市人民政府根据本地区污染物减排的特殊需要,可以增加同一排放口征收环境保护税的应税污染物项目数,报同级人民代表大会常务委员会决定,并报全国人民代表大会常务委员会和国务院备案。

第十条 应税大气污染物、水污染物、固体废物的排放量和噪声的分贝数,按照下列方法和顺序计算:

（一）纳税人安装使用符合国家规定和监测规范的污染物自动监测设备的,按照污染物自动监测数据计算;

（二）纳税人未安装使用污染物自动监测设备的,按照监测机构出具的符合国家有关规定和监测规范的监测数据计算;

（三）因排放污染物种类多等原因不具备监测条件的,按照国务院环境保护主管部门规定的排污系数、物料衡算方法计算;

（四）不能按照本条第一项至第三项规定的方法计算的,按照省、自治区、直辖市人民政府环境保护主管部门规定的抽样测算的方法核定计算。

第十一条 环境保护税应纳税额按照下列方法计算:

（一）应税大气污染物的应纳税额为污染当量数乘以具体适用税额;

（二）应税水污染物的应纳税额为污染当量数乘以具体适用税额;

（三）应税固体废物的应纳税额为固体废物排放量乘以具体适用税额;

（四）应税噪声的应纳税额为超过国家规定标准的分贝数对应的具体适用税额。

第三章 税 收 减 免

第十二条 下列情形,暂予免征环境保护税:

（一）农业生产（不包括规模化养殖）排放应税污染物的;

（二）机动车、铁路机车、非道路移动机械、船舶和航空器等流动污染源排放应税污染物的;

（三）依法设立的城乡污水集中处理、生活垃圾集中处理场所排放相应应税污染物,不超过国家和地方规定的排放标准的;

（四）纳税人综合利用的固体废物,符合国家和地方环境保护标准的;

（五）国务院批准免税的其他情形。

前款第五项免税规定,由国务院报全国人民代表大会常务委员会备案。

第十三条 纳税人排放应税大气污染物或者水污染物的浓度值低于国家和地方规定的污染物排放标准百分之三十的,减按百分之七十五征收环境保护税。纳税人排放应税大气污染物或者水污染物的浓度值低于国家和地方规定的污染物排放标准百分之五十的,减按百分之五十征收环境保护税。

第四章 征 收 管 理

第十四条 环境保护税由税务机关依照《中华人民共和国税收征收管理法》和本法的有关规定征收管理。

环境保护主管部门依照本法和有关环境保护法律法规的规定负责对污染物的监测

管理。

县级以上地方人民政府应当建立税务机关、环境保护主管部门和其他相关单位分工协作工作机制,加强环境保护税征收管理,保障税款及时足额入库。

第十五条 环境保护主管部门和税务机关应当建立涉税信息共享平台和工作配合机制。

环境保护主管部门应当将排污单位的排污许可、污染物排放数据、环境违法和受行政处罚情况等环境保护相关信息,定期交送税务机关。

税务机关应当将纳税人的纳税申报、税款入库、减免税额、欠缴税款以及风险疑点等环境保护税涉税信息,定期交送环境保护主管部门。

第十六条 纳税义务发生时间为纳税人排放应税污染物的当日。

第十七条 纳税人应当向应税污染物排放地的税务机关申报缴纳环境保护税。

第十八条 环境保护税按月计算,按季申报缴纳。不能按固定期限计算缴纳的,可以按次申报缴纳。

纳税人申报缴纳时,应当向税务机关报送所排放应税污染物的种类、数量,大气污染物、水污染物的浓度值,以及税务机关根据实际需要要求纳税人报送的其他纳税资料。

第十九条 纳税人按季申报缴纳的,应当自季度终了之日起十五日内,向税务机关办理纳税申报并缴纳税款。纳税人按次申报缴纳的,应当自纳税义务发生之日起十五日内,向税务机关办理纳税申报并缴纳税款。

纳税人应当依法如实办理纳税申报,对申报的真实性和完整性承担责任。

第二十条 税务机关应当将纳税人的纳税申报数据资料与环境保护主管部门交送的相关数据资料进行比对。

税务机关发现纳税人的纳税申报数据资料异常或者纳税人未按照规定期限办理纳税申报的,可以提请环境保护主管部门进行复核,环境保护主管部门应当自收到税务机关的数据资料之日起十五日内向税务机关出具复核意见。税务机关应当按照环境保护主管部门复核的数据资料调整纳税人的应纳税额。

第二十一条 依照本法第十条第四项的规定核定计算污染物排放量的,由税务机关会同环境保护主管部门核定污染物排放种类、数量和应纳税额。

第二十二条 纳税人从事海洋工程向中华人民共和国管辖海域排放应税大气污染物、水污染物或者固体废物,申报缴纳环境保护税的具体办法,由国务院税务主管部门会同国务院海洋主管部门规定。

第二十三条 纳税人和税务机关、环境保护主管部门及其工作人员违反本法规定的,依照《中华人民共和国税收征收管理法》、《中华人民共和国环境保护法》和有关法律法规的规定追究法律责任。

第二十四条 各级人民政府应当鼓励纳税人加大环境保护建设投入,对纳税人用于污染物自动监测设备的投资予以资金和政策支持。

第五章 附 则

第二十五条 本法下列用语的含义:

（一）污染当量，是指根据污染物或者污染排放活动对环境的有害程度以及处理的技术经济性，衡量不同污染物对环境污染的综合性指标或者计量单位。同一介质相同污染当量的不同污染物，其污染程度基本相当。

（二）排污系数，是指在正常技术经济和管理条件下，生产单位产品所应排放的污染物量的统计平均值。

（三）物料衡算，是指根据物质质量守恒原理对生产过程中使用的原料、生产的产品和产生的废物等进行测算的一种方法。

第二十六条 直接向环境排放应税污染物的企业事业单位和其他生产经营者，除依照本法规定缴纳环境保护税外，应当对所造成的损害依法承担责任。

第二十七条 自本法施行之日起，依照本法规定征收环境保护税，不再征收排污费。

第二十八条 本法自2018年1月1日起施行。

十一、其他

国务院关于落实《政府工作报告》重点工作部门分工的意见

国发〔2018〕9号

各省、自治区、直辖市人民政府，国务院各部委、各直属机构：

为全面贯彻党的十九大和十九届二中、三中全会精神，深入落实中央经济工作会议精神和十三届全国人大一次会议通过的《政府工作报告》部署，做好今年政府工作，实现经济社会发展目标任务，现就《政府工作报告》确定的重点工作，提出部门分工意见如下：

一、落实2018年经济社会发展总体要求和政策取向

（一）总体要求和主要预期目标。在以习近平同志为核心的党中央坚强领导下，以马克思列宁主义、毛泽东思想、邓小平理论、"三个代表"重要思想、科学发展观、习近平新时代中国特色社会主义思想为指导，全面深入贯彻党的十九大和十九届二中、三中全会精神，贯彻党的基本理论、基本路线、基本方略，坚持和加强党的全面领导，坚持稳中求进工作总基调，坚持新发展理念，紧扣我国社会主要矛盾变化，按照高质量发展的要求，统筹推进"五位一体"总体布局和协调推进"四个全面"战略布局，坚持以供给侧结构性改革为主线，统筹推进稳增长、促改革、调结构、惠民生、防风险各项工作，大力推进改革开放，创新和完善宏观调控，推动质量变革、效率变革、动力变革，特别在打好防范化解重大风险、精准脱贫、污染防治的攻坚战方面取得扎实进展，引导和稳定预期，加强和改善民生，促进经济社会持续健康发展。国内生产总值增长6.5%左右；居民消费价格涨幅3%左右；城镇新增就业1100万人以上，城镇调查失业率5.5%以内，城镇登记失业率4.5%以内；居民收入增长和经济增长基本同步；进出口稳中向好，国际收支基本平衡；单位国内生产总值能耗下降3%以上，主要污染物排放量继续下降；供给侧结构性改革取得实质性进展，宏观杠杆率保持基本稳定，各类风险有序有效防控。继续创新和完善宏观调控，把握好宏观调控的度，保持宏观政策连续性稳定性，加强财政、货币、产业、区域等政策协调配合。（国家发展改革委牵头，工业和信息化部、财政部、人力资源社会保障部、生态环境部、商务部、人民银行、国务院扶贫办等按职责分

工负责）

（二）积极的财政政策取向不变，要聚力增效。赤字率拟按 2.6% 安排，比去年预算低 0.4 个百分点，财政赤字 2.38 万亿元，其中中央财政赤字 1.55 万亿元，地方财政赤字 8300 亿元。全国财政支出 21 万亿元，支出规模进一步加大。中央对地方一般性转移支付增长 10.9%，增强地方特别是中西部地区财力。优化财政支出结构，提高财政支出的公共性、普惠性，加大对三大攻坚战的支持，更多向创新驱动、"三农"、民生等领域倾斜。当前财政状况出现好转，各级政府仍要坚持过紧日子，执守简朴、力戒浮华，严控一般性支出，把宝贵的资金更多用于为发展增添后劲、为民生雪中送炭。（财政部牵头，国家发展改革委等按职责分工负责）

（三）稳健的货币政策保持中性，要松紧适度。管好货币供给总闸门，保持广义货币 M_2、信贷和社会融资规模合理增长，维护流动性合理稳定，提高直接融资特别是股权融资比重。疏通货币政策传导渠道，用好差别化准备金、差异化信贷等政策，引导资金更多投向小微企业、"三农"和贫困地区，更好服务实体经济。（人民银行、国家发展改革委、财政部、中国银行保险监督管理委员会、证监会、国家外汇局等按职责分工负责）

二、深入推进供给侧结构性改革

（四）坚持把发展经济着力点放在实体经济上。继续抓好"三去一降一补"，大力简政减税减费，不断优化营商环境，进一步激发市场主体活力，提升经济发展质量。（国家发展改革委、工业和信息化部、财政部、交通运输部、人民银行、税务总局、国家市场监督管理总局、国家能源局等按职责分工负责）

（五）发展壮大新动能。做大做强新兴产业集群，实施大数据发展行动，加强新一代人工智能研发应用，在医疗、养老、教育、文化、体育等多领域推进"互联网+"。加快发展现代服务业。发展智能产业，拓展智能生活，建设智慧社会。运用新技术、新业态、新模式，大力改造提升传统产业。加强新兴产业统计。（国家发展改革委、工业和信息化部、科技部牵头，教育部、民政部、财政部、人力资源社会保障部、文化和旅游部、国务院国资委、国家卫生健康委员会、国家市场监督管理总局、国家广播电视总局、体育总局、国家统计局、国家文物局、国家中医药局等按职责分工负责）加大网络提速降费力度，实现高速宽带城乡全覆盖，扩大公共场所免费上网范围，明显降低家庭宽带、企业宽带和专线使用费，取消流量"漫游"费，移动网络流量资费年内至少降低 30%，让群众和企业切实受益，为数字中国、网络强国建设加油助力。（工业和信息化部牵头，国家发展改革委、财政部、国务院国资委等按职责分工负责）

（六）加快制造强国建设。推动集成电路、第五代移动通信、飞机发动机、新能源汽车、新材料等产业发展，实施重大短板装备专项工程，推进智能制造，发展工业互联网平台，创建"中国制造 2025"示范区。大幅压减工业生产许可证，强化产品质量监管。（工业和信息化部、国家发展改革委、科技部、财政部、商务部、国务院国资委、国家市场监督管理总局、国家国防科工局、开发银行等按职责分工负责）全面开展质量提升行动，推进与国际先进水平对标达标，弘扬劳模精神和工匠精神，建设知识型、技能型、创新型劳动者大军，来一场中国制造的品质革命。（国家市场监督管理总局牵头，国家发展改革委、教育部、工业和信息化部、司法部、财政部、人力资源社会保障部、商务部、文化和旅游部、国家卫生健康委员会、国务院国资委、国家国防科工局、国家药品监督管理局、国家知识产权局、全国总工会、共青团中央等按职责分工负责）

（七）继续破除无效供给。坚持用市场化法治化手段，严格执行环保、质量、安全等法规标准，化解过剩产能、淘汰落后产能。今年再压减钢铁产能3000万吨左右，退出煤炭产能1.5亿吨左右，淘汰关停不达标的30万千瓦以下煤电机组。加大"僵尸企业"破产清算和重整力度，做好职工安置和债务处置。减少无效供给要抓出新成效。（国家发展改革委、工业和信息化部、财政部、人力资源社会保障部、自然资源部、生态环境部、水利部、应急管理部、人民银行、国务院国资委、国家市场监督管理总局、中国银行保险监督管理委员会、国家能源局、国家煤矿安监局、全国总工会等按职责分工负责）

（八）深化"放管服"改革。全面实施全国统一的市场准入负面清单制度。在全国推开"证照分离"改革，重点是照后减证，各类证能减尽减、能合则合，企业开办时间再压减一半。大幅缩短商标注册周期。工程建设项目审批时间再压减一半。推进企业投资项目承诺制改革试点。全面实施"双随机、一公开"监管，决不允许假冒伪劣滋生蔓延，决不允许执法者吃拿卡要。深入推进"互联网＋政务服务"，实现政务服务一网通办。推动更多事项在网上办理，必须到现场办的也要力争做到"只进一扇门"、"最多跑一次"，积极推进"一枚印章管审批"，推广"一窗受理、并行办理"。加强政务服务标准化建设，推进办事材料的目录化、标准化、电子化，开展在线填报、在线提交、在线审查。加快推进线上线下融合，统筹服务资源，统一服务标准，切实解决企业群众办事"多跑腿"等问题。加强宣传推广和引导，提高"互联网＋政务服务"的社会认知度和群众认同感。大力推进综合执法机构机制改革，着力解决多头多层重复执法问题。加快政府信息系统互联互通，打通信息孤岛。清理群众和企业办事的各类证明，凡是没有法律法规依据的一律取消。优化营商环境要破障碍、去烦苛、筑坦途，为市场主体添活力，为人民群众增便利。（国务院办公厅、国务院审改办、国家发展改革委、司法部、财政部、住房城乡建设部、交通运输部、商务部、税务总局、国家市场监督管理总局、国家知识产权局等按职责分工负责）

（九）进一步减轻企业税负。改革完善增值税制度，按照三档并两档方向调整税率水平，重点降低制造业、交通运输等行业税率，提高小规模纳税人年销售额标准。大幅扩展享受减半征收所得税优惠政策的小微企业范围。大幅提高企业新购入仪器设备税前扣除上限。实施企业境外所得综合抵免政策。扩大物流企业仓储用地税收优惠范围。继续实施企业重组土地增值税、契税等到期优惠政策。全年再为企业和个人减税8000多亿元，促进实体经济转型升级，着力激发市场活力和社会创造力。（财政部、税务总局牵头，工业和信息化部、交通运输部、商务部等按职责分工负责）

（十）大幅降低企业非税负担。进一步清理规范行政事业性收费，调低部分政府性基金征收标准。继续阶段性降低企业"五险一金"缴费比例。降低电网环节收费和输配电价格，一般工商业电价平均降低10%。深化收费公路制度改革，降低过路过桥费用。加大中介服务收费清理整顿力度。全年为市场主体减轻非税负担3000多亿元，不合理的坚决取消，过高的坚决降下来，让企业轻装上阵、聚力发展。（财政部、国家发展改革委、工业和信息化部牵头，民政部、人力资源社会保障部、住房城乡建设部、交通运输部、国家市场监督管理总局、

国家能源局等按职责分工负责)

三、加快建设创新型国家

(十一)加强国家创新体系建设。强化基础研究、应用基础研究和原始创新,启动一批科技创新重大项目,高标准建设国家实验室。鼓励企业牵头实施重大科技项目,支持科研院所、高校与企业融通创新,加快创新成果转化应用。国家科技投入要向民生领域倾斜,加强雾霾治理研究,推进癌症等重大疾病防治攻关,使科技更好造福人民。(科技部、国家发展改革委、教育部、工业和信息化部、财政部、国务院国资委、生态环境部、国家卫生健康委员会等按职责分工负责)

(十二)落实和完善创新激励政策。改革科技管理制度,科研项目绩效评价要加快从重过程向重结果转变。赋予创新团队和领军人才更大的人财物支配权和技术路线决策权。对承担重大科技攻关任务的科研人员,采取灵活的薪酬制度和奖励措施。探索赋予科研人员科技成果所有权或长期使用权。有悖于激励创新的陈规旧章,要抓紧修改废止;有碍于释放创新活力的繁文缛节,要下决心砍掉。(科技部、国家发展改革委、财政部牵头,教育部、人力资源社会保障部、国务院国资委、中科院、工程院、中国科协等按职责分工负责)

(十三)促进大众创业、万众创新上水平。提供全方位创新创业服务,推进"双创"示范基地建设,鼓励大企业、高校和科研院所等开放创新资源,发展平台经济、共享经济,形成线上线下结合、产学研用协同、大中小企业融合的创新创业格局,打造"双创"升级版。(国家发展改革委牵头,教育部、科技部、工业和信息化部、财政部、人力资源社会保障部、农业农村部、商务部、国务院国资委、税务总局、国家市场监督管理总局、中国银行保险监督管理委员会、共青团中央、中国科协、全国工商联等按职责分工负责)设立国家融资担保基金,支持优质创新型企业上市融资,将创业投资、天使投资税收优惠政策试点范围扩大到全国。(财政部、国家发展改革委、科技部、工业和信息化部、税务总局、证监会等按职责分工负责)深化人才发展体制改革,推动人力资源自由有序流动,支持企业提高技术工人待遇,加大高技能人才激励,鼓励海外留学人员回国创新创业,拓宽外国人才来华绿色通道。集众智汇众力,跑出中国创新"加速度"。(人力资源社会保障部、科技部、外交部、公安部、国家移民管理局、全国总工会、中国科协等按职责分工负责)

四、深化基础性关键领域改革

(十四)推进国资国企改革。制定出资人监管权责清单。深化国有资本投资、运营公司等改革试点,赋予更多自主权。继续推进国有企业优化重组和央企股份制改革,加快形成有效制衡的法人治理结构和灵活高效的市场化经营机制,持续瘦身健体,提升主业核心竞争力,推动国有资本做强做优做大。积极稳妥推进混合所有制改革。落实向全国人大常委会报告国有资产管理情况的制度。国有企业要通过改革创新,走在高质量发展前列。(国务院国资委、财政部、国家发展改革委牵头,工业和信息化部、司法部、人力资源社会保障部、自然资源部、人民银行、审计署、国家统计局、中国银行保险监督管理委员会、证监会等按职责分

工负责)

（十五）支持民营企业发展。坚持"两个毫不动摇"，坚持权利平等、机会平等、规则平等，全面落实支持非公有制经济发展的政策措施，认真解决民营企业反映的突出问题，坚决破除各种隐性壁垒。构建亲清新型政商关系，健全企业家参与涉企政策制定机制。激发和保护企业家精神，壮大企业家队伍，增强企业家信心，让民营企业在市场经济浪潮中尽显身手。（国家发展改革委、工业和信息化部、全国工商联牵头，有关部门按职责分工负责）

（十六）完善产权制度和要素市场化配置机制。以保护产权、维护契约、统一市场、平等交换、公平竞争为基本导向，完善相关法律法规。对各种侵权行为要依法严肃处理，对产权纠纷申诉案件要依法甄别纠正。让恒产者有恒心，让投资者有信心，让各类产权所有者安心。强化知识产权保护，实行侵权惩罚性赔偿制度。（国家发展改革委、公安部、司法部、国家市场监督管理总局、国家知识产权局等按职责分工负责）加快技术、土地等要素价格市场化改革，深化资源类产品和公共服务价格改革，打破行政垄断，防止市场垄断。要用有力的产权保护、顺畅的要素流动，让市场活力和社会创造力竞相迸发。（国家发展改革委、商务部、国家市场监督管理总局等按职责分工负责）

（十七）深化财税体制改革。推进中央与地方财政事权和支出责任划分改革，抓紧制定收入划分改革方案，完善转移支付制度。健全地方税体系，稳妥推进房地产税立法。改革个人所得税。全面实施绩效管理，使财政资金花得其所、用得安全。（财政部牵头，司法部、税务总局等按职责分工负责）

（十八）加快金融体制改革。改革完善金融服务体系，支持金融机构扩展普惠金融业务，规范发展地方性中小金融机构，着力解决小微企业融资难、融资贵问题。深化多层次资本市场改革，推动债券、期货市场发展。拓展保险市场的风险保障功能。改革金融监管体制。深化利率汇率市场化改革，保持人民币汇率在合理均衡水平上的基本稳定。（人民银行、国家发展改革委、工业和信息化部、财政部、中国银行保险监督管理委员会、证监会、国家外汇局等按职责分工负责）

（十九）推进社会体制改革。深化养老保险制度改革，建立企业职工基本养老保险基金中央调剂制度。（人力资源社会保障部、财政部牵头，国家发展改革委、国务院国资委、证监会、全国总工会等按职责分工负责）深化公立医院综合改革，协调推进医疗价格、人事薪酬、药品流通、医保支付改革，提高医疗卫生服务质量，下大力气解决群众看病就医难题。深入推进教育、文化、体育等改革，充分释放社会领域巨大发展潜力。（国家卫生健康委员会、财政部、国家医疗保障局、国家发展改革委、人力资源社会保障部、商务部、国家市场监督管理总局、国家药品监督管理局、国家中医药局、教育部、文化和旅游部、国家广播电视总局、体育总局、国家文物局等按职责分工负责）

（二十）健全生态文明体制。改革完善生态环境管理制度，加强自然生态空间用途管制，推行生态环境损害赔偿制度，完善生态补偿机制，以更加有效的制度保护生态环境。（生态环境部、国家发展改革委、科技部、工业和信息化部、司法部、财政部、自然资源部、住房城乡建设部、水利部、商务部、人民银行、国家市场监督管理总局、国家能源局、国家林业和草原局等按职责分工负责）

五、坚决打好三大攻坚战

（二十一）推动重大风险防范化解取得明显进展。当前我国经济金融风险总体可控，要标本兼治，有效消除风险隐患。严厉打击非法集资、金融诈骗等违法犯罪活动。加快市场化法治化债转股和企业兼并重组。加强金融机构风险内控。强化金融监管统筹协调，健全对影子银行、互联网金融、金融控股公司等监管，进一步完善金融监管、提升监管效能。（人民银行、国家发展改革委、公安部、工业和信息化部、财政部、国务院国资委、中国银行保险监督管理委员会、证监会、国家外汇局等按职责分工负责）防范化解地方政府债务风险。严禁各类违法违规举债、担保等行为。省级政府对本辖区债务负总责，省级以下各级地方政府各负其责，积极稳妥处置存量债务。健全规范的地方政府举债融资机制。今年安排地方专项债券1.35万亿元，比去年增加5500亿元，优先支持在建项目平稳建设，合理扩大专项债券使用范围。（财政部牵头，国家发展改革委、人民银行、审计署、中国银行保险监督管理委员会、证监会等按职责分工负责）

（二十二）加大精准脱贫力度。今年再减少农村贫困人口1000万以上，完成易地扶贫搬迁280万人。深入推进产业、教育、健康、生态和文化等扶贫，补齐基础设施和公共服务短板，加强东西部扶贫协作和对口支援，注重扶贫同扶志、扶智相结合，激发脱贫内生动力。强化对深度贫困地区支持，中央财政新增扶贫投入及有关转移支付向深度贫困地区倾斜。对老年人、残疾人、重病患者等特定贫困人口，因户因人落实保障措施。攻坚期内脱贫不脱政策，新产生的贫困人口和返贫人口要及时纳入帮扶。加强扶贫资金整合和绩效管理。开展扶贫领域腐败和作风问题专项治理，改进考核监督方式。坚持现行脱贫标准，确保进度和质量，让脱贫得到群众认可、经得起历史检验。（国务院扶贫办牵头，国家发展改革委、教育部、工业和信息化部、民政部、财政部、人力资源社会保障部、自然资源部、生态环境部、住房城乡建设部、交通运输部、水利部、农业农村部、文化和旅游部、国家卫生健康委员会、人民银行、国家统计局、国家医疗保障局、国家能源局、国家林业和草原局、开发银行、农业发展银行、中国残联等按职责分工负责）

（二十三）推进污染防治取得更大成效。巩固蓝天保卫战成果，今年二氧化硫、氮氧化物排放量要下降3%，重点地区细颗粒物（$PM_{2.5}$）浓度继续下降。推动钢铁等行业超低排放改造。提高污染排放标准，实行限期达标。大力发展清洁能源。开展柴油货车、船舶超标排放专项治理，继续淘汰老旧车。深入推进水、土壤污染防治，今年化学需氧量、氨氮排放量要下降2%。实施重点流域和海域综合治理，全面整治黑臭水体。加大污水处理设施建设力度，完善收费政策。加强固体废弃物和垃圾分类处置，严禁"洋垃圾"入境。（生态环境部、国家发展改革委、国家能源局、科技部、工业和信息化部、公安部、财政部、自然资源部、住房城乡建设部、交通运输部、水利部、农业农村部、商务部、海关总署等按职责分工负责）加强生态系统保护和修复，全面划定并严守生态保护红线，完成造林1亿亩以上，耕地轮作休耕试点面积增加到3000万亩，加强地下水保护和修复，扩大湿地保护和恢复范围，深化国家公园体制改革试点。严控填海造地。严格环境执法和问责。要携手行动，建设天蓝、地绿、水清的美丽中国。（生态环境部、国家发展改革委、财政部、自然资源部、住房城乡建设部、水利部、农

业农村部、国家林业和草原局等按职责分工负责）

六、大力实施乡村振兴战略

（二十四）健全城乡融合发展体制机制。科学制定规划，依靠改革创新壮大乡村发展新动能。（国家发展改革委、农业农村部牵头，有关部门按职责分工负责）

（二十五）推进农业供给侧结构性改革。促进农林牧渔业和种业创新发展，加快建设现代农业产业园和特色农产品优势区。坚持提质导向，稳定和优化粮食生产。加快消化粮食库存。发展农产品加工业。新增高标准农田8000万亩以上、高效节水灌溉面积2000万亩。培育新型经营主体，提高农业科技水平，推进农业机械化全程全面发展，加强面向小农户的社会化服务。鼓励支持返乡农民工、大中专毕业生、科技人员、退役军人和工商企业等从事现代农业建设、发展农村新业态新模式。深入推进"互联网＋农业"，多渠道增加农民收入，促进农村一二三产业融合发展。（农业农村部、科技部、国家发展改革委、工业和信息化部、财政部、人力资源社会保障部、自然资源部、水利部、商务部、退役军人事务部、国家粮食和物资储备局、国家林业和草原局、供销合作总社等按职责分工负责）

（二十六）全面深化农村改革。落实第二轮土地承包到期后再延长30年的政策。探索宅基地所有权、资格权、使用权分置改革。改进耕地占补平衡管理办法，建立新增耕地指标、城乡建设用地增减挂钩节余指标跨省域调剂机制，所得收益全部用于脱贫攻坚和支持乡村振兴。深化粮食收储、集体产权、集体林权、国有林区林场、农垦、供销社等改革，使农业农村充满生机活力。（农业农村部、国家发展改革委、财政部、自然资源部、国家粮食和物资储备局、国家林业和草原局、供销合作总社、国务院扶贫办等按职责分工负责）

（二十七）推动农村各项事业全面发展。完善农村医疗、教育、文化等公共服务。改善供水、供电、信息等基础设施，新建改建农村公路20万公里。稳步开展农村人居环境整治三年行动，推进"厕所革命"和垃圾收集处理。促进农村移风易俗。健全自治、法治、德治相结合的乡村治理体系。大力培育乡村振兴人才。坚持走中国特色社会主义乡村振兴道路，加快实现农业农村现代化。（农业农村部、国家发展改革委、教育部、工业和信息化部、民政部、司法部、财政部、自然资源部、生态环境部、住房城乡建设部、交通运输部、水利部、文化和旅游部、国家卫生健康委员会、国家能源局、国家林业和草原局等按职责分工负责）

七、扎实推进区域协调发展战略

（二十八）塑造区域发展新格局。完善区域发展政策，推进基本公共服务均等化，逐步缩小城乡区域发展差距，把各地比较优势和潜力充分发挥出来。加强对革命老区、民族地区、边疆地区、贫困地区改革发展的支持。以疏解北京非首都功能为重点推进京津冀协同发展，高起点规划、高标准建设雄安新区。以生态优先、绿色发展为引领推进长江经济带发展。出台实施粤港澳大湾区发展规划纲要，全面推进内地同香港、澳门互利合作。制定西部大开发新的指导意见，落实东北等老工业基地振兴举措，继续推动中部地区崛起，支持东部地区率先发展。加强对资源型地区经济转型发展的支持。壮大海洋经济，坚决维护国家海洋权益。

(国家发展改革委牵头,有关部门按职责分工负责)

(二十九)提高新型城镇化质量。今年再进城落户1300万人,加快农业转移人口市民化。完善城镇规划,优先发展公共交通,健全菜市场、停车场等便民服务设施,加快无障碍设施建设。有序推进"城中村"、老旧小区改造,完善配套设施,鼓励有条件的加装电梯。加强排涝管网、地下综合管廊、海绵城市等建设。(国家发展改革委、公安部、财政部、人力资源社会保障部、自然资源部、住房城乡建设部、交通运输部、水利部、商务部、国家能源局、中国残联等按职责分工负责)

八、积极扩大消费和促进有效投资

(三十)增强消费对经济发展的基础性作用。推进消费升级,发展消费新业态新模式。将新能源汽车车辆购置税优惠政策再延长三年,全面取消二手车限迁政策。支持社会力量增加医疗、养老、教育、文化、体育等服务供给。创建全域旅游示范区,降低重点国有景区门票价格。推动网购、快递健康发展。(国家发展改革委、教育部、科技部、工业和信息化部、民政部、财政部、生态环境部、住房城乡建设部、交通运输部、商务部、文化和旅游部、国家卫生健康委员会、税务总局、国家广播电视总局、体育总局、国家医疗保障局、国家邮政局、国家文物局等按职责分工负责)对各类侵害消费者权益的行为,要依法惩处、决不姑息。(国家市场监督管理总局牵头,国家发展改革委、工业和信息化部、商务部、国家知识产权局等按职责分工负责)

(三十一)发挥投资对优化供给结构的关键性作用。今年要完成铁路投资7320亿元、公路水运投资1.8万亿元左右,水利在建投资规模达到1万亿元。重大基础设施建设继续向中西部地区倾斜。实施新一轮重大技术改造升级工程。中央预算内投资安排5376亿元,比去年增加300亿元。落实鼓励民间投资政策措施,在铁路、民航、油气、电信等领域推出一批有吸引力的项目,使民间资本进得来、能发展。(国家发展改革委、工业和信息化部、财政部、自然资源部、生态环境部、住房城乡建设部、交通运输部、水利部、国务院国资委、国家能源局、国家铁路局、中国民航局、中国铁路总公司等按职责分工负责)

九、推动形成全面开放新格局

(三十二)推进"一带一路"国际合作。坚持共商共建共享,落实"一带一路"国际合作高峰论坛成果。推动国际大通道建设,深化沿线大通关合作。扩大国际产能合作,带动中国制造和中国服务走出去。优化对外投资结构。加大西部、内陆和沿边开放力度,提高边境跨境经济合作区发展水平,拓展开放合作新空间。(国家发展改革委、外交部、商务部牵头,科技部、工业和信息化部、财政部、自然资源部、交通运输部、人民银行、国务院国资委、海关总署、国家市场监督管理总局、国家国防科工局、国家外汇局、中国铁路总公司等按职责分工负责)

(三十三)促进外商投资稳定增长。进一步拓展开放范围和层次,完善开放结构布局和体制机制,以高水平开放推动高质量发展。加强与国际通行经贸规则对接,建设国际一流营商环境。全面放开一般制造业,扩大电信、医疗、教育、养老、新能源汽车等领域开放。有序开放银行卡清算等市场,放开外资保险经纪公司经营范围限制,放宽或取消银行、证券、基金管理、期货、金融资产管理公司等外资股比限制,统一中外资银行市场准入标准。进一步调整缩减外商投资准入负面清单。加快制定外资基础性法律。全面实行准入前国民待遇加负面清单管理制度。实施境外投资者境内利润再投资递延纳税。简化外资企业设立程序,商务备案与工商登记"一口办理"。(国家发展改革委、教育部、工业和信息化部、民政部、司法部、财政部、商务部、国家卫生健康委员会、人民银行、税务总局、国家市场监督管理总局、中国银行保险监督管理委员会、证监会、国家外汇局等按职责分工负责)全面复制推广自贸试验区经验,探索建设自由贸易港,打造改革开放新高地。(商务部牵头,国务院自由贸易试验区工作部际联席会议成员单位按职责分工负责)

(三十四)巩固外贸稳中向好势头。扩大出口信用保险覆盖面,整体通关时间再压缩三分之一。改革服务贸易发展机制。培育贸易新业态新模式。推动加工贸易向中西部梯度转移。积极扩大进口,办好首届中国国际进口博览会,下调汽车进口关税,对部分市场热销日用消费品及药品,较大幅度降低进口税率,抗癌药品力争降到零税率。以更大力度的市场开放,促进产业升级和贸易平衡发展,为消费者提供更多选择。(商务部牵头,国家发展改革委、工业和信息化部、财政部、交通运输部、人民银行、海关总署、税务总局、国家外汇局等按职责分工负责)

(三十五)促进贸易和投资自由化便利化。坚定不移推进经济全球化,维护自由贸易,同有关方推动多边贸易谈判进程,早日结束区域全面经济伙伴关系协定谈判,加快亚太自贸区和东亚经济共同体建设。主张通过平等协商解决贸易争端,反对贸易保护主义,坚决捍卫自身合法权益。(商务部牵头,外交部、国家发展改革委、工业和信息化部、财政部、人民银行、海关总署、国家外汇局等按职责分工负责)

十、提高保障和改善民生水平

(三十六)着力促进就业创业。加强全方位公共就业服务,大规模开展职业技能培训,进一步拓展就业岗位,运用"互联网+"发展新就业形态。今年高校毕业生820多万人,要促进多渠道就业,支持以创业带动就业。扎实做好退役军人安置、管理和保障工作。加大对残疾人等就业困难人员援助力度,确保零就业家庭动态清零。扩大农民工就业,全面治理拖欠工资问题。健全劳动关系协商机制,消除性别和身份歧视,使更加公平、更加充分的就业成为我国发展的突出亮点。(人力资源社会保障部牵头,国家发展改革委、教育部、科技部、工业和信息化部、公安部、民政部、财政部、住房城乡建设部、农业农村部、退役军人事务部、人民银行、国务院国资委、税务总局、国家市场监督管理总局、国家统计局、全国总工会、共青团中央、全国妇联、中国残联、全国工商联等按职责分工负责)

(三十七)稳步提高居民收入水平。继续提高退休人员基本养老金和城乡居民基础养老金。合理调整社会最低工资标准。完善机关事业单位工资和津补贴制度,向艰苦地区、特殊岗位倾斜。(人力资源社会保障部、财政部、国家发展改革委等按职责分工负责)提高个人所得税起征点,增加子女教育、大病医疗等专项费用扣除,合理减负,鼓励人民群众通过劳动增加收入、迈向富裕。(财政部、税务总局牵头,国家发展改革委、教育部、司法部、人力资源社

会保障部、国家卫生健康委员会、国家医疗保障局等按职责分工负责)

(三十八)发展公平而有质量的教育。推动城乡义务教育一体化发展,教育投入继续向困难地区和薄弱环节倾斜。切实降低农村学生辍学率,抓紧消除城镇"大班额",着力解决中小学生课外负担重问题。多渠道增加学前教育资源供给,重视对幼儿教师的关心和培养,运用互联网等信息化手段对儿童托育中育儿过程加强监管,让家长放心安心。大力发展职业教育,支持和规范社会力量举办职业教育。推进普及高中阶段教育。以经济社会发展需要为导向,优化高等教育结构,加快"双一流"建设,支持中西部建设有特色、高水平大学。继续实施农村和贫困地区专项招生计划。发展民族教育、特殊教育、继续教育和网络教育。加强师资队伍和师德师风建设。加快推进教育现代化,办好人民满意的教育,让每个人都有平等机会通过教育改变自身命运、成就人生梦想。(教育部牵头,国家发展改革委、工业和信息化部、国家民委、财政部、人力资源社会保障部、国家卫生健康委员会、国务院扶贫办、中国残联等按职责分工负责)

(三十九)实施健康中国战略。提高基本医保和大病保险保障水平,居民基本医保人均财政补助标准再增加40元,一半用于大病保险,让更多的人能够享受大病保险救助,扩大大病保险病种。扩大跨省异地就医直接结算范围,把基层医院和外出农民工、外来就业创业人员等全部纳入。(财政部、国家医疗保障局、国家卫生健康委员会、中国银行保险监督管理委员会等按职责分工负责)加大医护人员培养力度,加强全科医生、儿科医生队伍建设,推进分级诊疗和家庭医生签约服务。通过发展"互联网+医疗"、医联体等,把优质医疗资源下沉。继续提高基本公共卫生服务经费人均财政补助标准。坚持预防为主,加强重大疾病防控。改善妇幼保健服务。支持中医药事业传承创新发展。鼓励中西医结合。对境外已上市销售的药品,研究简化进口使用的审批手续,更好地保障群众用药可及。(国家卫生健康委员会牵头,国家发展改革委、工业和信息化部、财政部、教育部、国家医疗保障局、国家药品监督管理局、国家中医药局等按职责分工负责)创新食品药品监管方式,注重用互联网、大数据等提升监管效能,加快实现全程留痕、信息可追溯,让问题产品无处藏身、不法制售者难逃法网,让消费者买得放心、吃得安全。(国家市场监督管理总局牵头,国家发展改革委、公安部、财政部、农业农村部、商务部、国家卫生健康委员会、国务院食品安全办、国家粮食和物资储备局、国家药品监督管理局等按职责分工负责)做好北京冬奥会、冬残奥会筹办工作,多渠道增加全民健身场所和设施。(体育总局、中国残联、国家发展改革委等按职责分工负责)

(四十)更好解决群众住房问题。启动新的三年棚改攻坚计划,今年开工580万套。加大公租房保障力度,对低收入住房困难家庭应保尽保,将符合条件的新就业无房职工、外来务工人员纳入保障范围。坚持房子是用来住的、不是用来炒的定位,落实地方主体责任,继续实行差别化调控,建立健全长效机制,促进房地产市场平稳健康发展。支持居民自住购房需求,培育住房租赁市场,发展共有产权住房。加快建立多主体供给、多渠道保障、租购并举的住房制度,让广大人民群众早日实现安居宜居。(住房城乡建设部牵头,国家发展改革委、财政部、自然资源部、农业农村部、人民银行、国务院国资委、税务总局、国家市场监督管理总局、国家林业和草原局、中国银行保险监督管理委员会、证监会、开发银行、农业发展银行等按职责分工负责)

(四十一)强化民生兜底保障。稳步提高城乡低保、社会救助、抚恤优待等标准。积极应对人口老龄化,发展居家、社区和互助式养老,推进医养结合,提高养老院服务质量。关心帮助农村留守儿童。加强城乡困境儿童保障。做好伤残军人和军烈属优抚工作。加强残疾人康复服务。健全社会救助体系,支持公益慈善事业发展。倾情倾力做好托底工作,让每一个身处困境者都能得到社会的关爱和温暖。(民政部、国家发展改革委、教育部、财政部、人力资源社会保障部、住房城乡建设部、国家卫生健康委员会、退役军人事务部、国家医疗保障局、全国总工会、中国残联等按职责分工负责)

(四十二)打造共建共治共享社会治理格局。完善基层群众自治制度,加强社区治理。发挥好工会、共青团、妇联等群团组织作用。促进社会组织、专业社会工作、志愿服务健康发展。营造尊重妇女、关爱儿童、尊敬老人、爱护残疾人的良好风尚。(民政部、国家发展改革委、教育部、国家民委、公安部、司法部、财政部、人力资源社会保障部、住房城乡建设部、农业农村部、文化和旅游部、国家卫生健康委员会、国务院扶贫办、国务院妇儿工委办公室、全国总工会、共青团中央、全国妇联、中国残联等按职责分工负责)加强社会信用体系建设。(国家发展改革委、人民银行牵头,有关部门按职责分工负责)完善公共法律服务体系,落实普法责任制。推进平安中国建设,严密防范和坚决打击暴力恐怖活动,依法开展扫黑除恶专项斗争,惩治盗抢骗黄赌毒等违法犯罪活动,整治电信网络诈骗、侵犯公民个人信息、网络传销等突出问题,维护国家安全和公共安全。(公安部、安全部、司法部、国家发展改革委、工业和信息化部、财政部、国家市场监督管理总局、国家信访局等按职责分工负责)

(四十三)创新信访工作方式。完善社会矛盾多元化解机制。依法及时解决群众合理诉求。深化信访工作制度改革,认真落实《关于进一步加强信访法治化建设的意见》,不断提高信访工作专业化、法治化、信息化水平。全力打好信访矛盾化解攻坚战,有效解决信访突出问题、化解重大风险隐患。深入推进领导干部接访下访,健全完善社会力量参与信访工作机制,切实把信访问题解决在初始、化解在属地。(国家信访局牵头,教育部、公安部、民政部、司法部、人力资源社会保障部、自然资源部、生态环境部、住房城乡建设部、交通运输部、农业农村部、国家卫生健康委员会、退役军人事务部、中国银行保险监督管理委员会等按职责分工负责)

(四十四)坚持不懈抓好安全生产。统筹推进安全生产领域改革发展,严格落实安全生产责任,强化安全法治规范约束作用,加强安全风险管控和隐患排查治理,坚决防范遏制重特大事故。(应急管理部牵头,有关部门按职责分工负责)

(四十五)提高防灾减灾救灾能力。做好地震、气象、地质等工作。推进防灾减灾救灾体制机制改革。强化自然灾害监测预警和应急处置,加强防灾减灾工程建设,完善防灾减灾救灾社会动员机制。统筹做好灾后恢复重建工作。(应急管理部牵头,有关部门按职责分工负责)

(四十六)健全应急管理机制。推进突发事件应急体系建设"十三五"规划实施,加快预警信息发布系统和航空医学救援体系建设,强化综合应急保障能力。加强国际应急支援能力建设,提高国际应急支援水平。推动应急管理标准化建设,健全应急预案体系。加快应急产业发展,推进基层应急管理能力建设和应急管理科普宣教开展,提升社会协同应对能力。(应急管理部、外交部、国家发展改革委、科技部、工业和信息化部、水利部、商务部、文化和旅游部、国家卫生健康委员会、国家市场监督管理总局、国家国际发展合作署、中国气象局、国家粮食和物资储备局等按职责分工负责)

(四十七)为人民过上美好生活提供丰富精神食粮。弘扬中华优秀传统文化,继承革命文化,发展社会主义先进文化,培育和践行社会主义核心价值观。加强思想道德建设和群众性精神文明创建。加快构建中国特色哲学社会科学,繁荣文艺创作,发展新闻出版、广播影视、档案等事业。加强文物保护利用和文化遗产保护传承。建好新型智库。加强互联网内容建设。深入实施文化惠民工程,培育新型文化业态,加快文化产业发展。倡导全民阅读,建设学习型社会。深化中外人文交流,增强中华文化影响力。要以中国特色社会主义文化的繁荣兴盛,凝聚起实现民族复兴的磅礴精神力量。(文化和旅游部、外交部、国家发展改革委、教育部、财政部、国家广播电视总局、社科院、国务院发展研究中心、国家文物局等按职责分工负责)

十一、全面加强政府自身建设

(四十八)全面推进依宪施政、依法行政。严格遵守宪法法律,加快建设法治政府,把政府活动全面纳入法治轨道。坚持严格规范公正文明执法,有权不可任性,用权必受监督。各级政府要依法接受同级人大及其常委会的监督,自觉接受人民政协的民主监督,主动接受社会和舆论监督,认真听取人大代表、政协委员意见,听取民主党派、工商联、无党派人士和各人民团体意见。政府要信守承诺,决不能"新官不理旧账"。推行政府法律顾问制度。坚持科学、民主、依法决策,凡涉及公众利益的重大事项,都要深入听取各方意见包括批评意见。(各部门按职责分工负责)全面推进政务公开。建立健全例行新闻发布制度,充分利用新媒体传播优势,深入解读阐释政策,加强政务舆情处置回应,更好引导社会预期。加快修订出台《中华人民共和国政府信息公开条例》,做好组织实施工作。进一步推进基层政务公开标准化规范化试点并完成总结验收,提升基层政务公开和政务服务水平。全面推动国务院部门制定主动公开基本目录。(国务院办公厅、司法部、国家市场监督管理总局、国务院新闻办等按职责分工负责)

(四十九)全面加强党风廉政建设。推进"两学一做"学习教育常态化制度化,认真开展"不忘初心、牢记使命"主题教育。坚决贯彻落实党中央八项规定及实施细则精神,驰而不息整治"四风",特别是力戒形式主义、官僚主义。加强审计监督。巩固发展反腐败斗争压倒性态势,把权力关进制度的笼子,坚决惩治各类腐败行为。政府工作人员要廉洁修身,勤勉尽责,自觉接受法律监督、监察监督和人民的监督,干干净净为人民做事,决不辜负人民公仆的称号。(各部门按职责分工负责)

(五十)全面提高政府效能。深入推进政府职能转变。优化政府机构设置和职能配置,深化机构改革,形成职责明确、依法行政的政府治理体系,增强政府公信力和执行力。各级政府及其工作人员要提高政治素质和工作本领,求真务实,干字当头,决不能表态多调门高、行动少落实差,决不允许占着位子不干事。要完善激励约束、容错纠错机制,旗帜鲜明给积极干事者撑腰鼓劲,对庸政懒政者严肃问责。(国务院办公厅、司法部、人力资源社会保障部等按职责分工负责)

十二、做好民族、宗教、侨务、国防、港澳台、外交工作

(五十一)全面贯彻党的民族政策。坚持和完善民族区域自治制度。继续加强对民族地区、人口较少民族发展的支持。组织好广西壮族自治区、宁夏回族自治区成立60周年庆祝活动。加强各民族交往交流交融,让中华民族共同体的根基更加坚实、纽带更加牢固。(国家民委牵头,国家发展改革委、教育部、财政部、国务院扶贫办等按职责分工负责)

(五十二)全面贯彻党的宗教工作基本方针。坚持我国宗教的中国化方向,促进宗教关系健康和谐,发挥宗教界人士和信教群众在促进经济社会发展中的积极作用。(有关部门按职责分工负责)

(五十三)认真落实侨务政策。维护海外侨胞和归侨侨眷合法权益,为他们在国家现代化建设中发挥独特优势和重要作用创造更好条件,激励海内外中华儿女同心奋斗、共创辉煌。(有关部门按职责分工负责)

(五十四)继续推进国防和军队改革。以党在新时代的强军目标为引领,牢固确立习近平强军思想在国防和军队建设中的指导地位,坚定不移走中国特色强军之路,全面推进练兵备战工作,坚决有力维护国家主权、安全、发展利益。坚持党对军队绝对领导的根本原则和制度,全面深入贯彻军委主席负责制。建设强大稳固的现代边海空防。完善国防动员体系,加强全民国防教育。维护军人军属合法权益,让军人成为全社会尊崇的职业。深入实施军民融合发展战略,深化国防科技工业改革。各级政府要采取更有力的举措,支持国防和军队建设改革,深入开展拥军优属、拥政爱民活动,使军政军民团结始终坚如磐石、始终根深叶茂。(国家发展改革委、科技部、工业和信息化部、公安部、财政部、交通运输部、退役军人事务部、国家国防科工局、全国拥军优属拥政爱民工作领导小组等按职责分工负责)

(五十五)继续全面准确贯彻"一国两制"方针。严格依照宪法和基本法办事。全力支持香港、澳门特别行政区政府和行政长官依法施政,大力发展经济、持续改善民生、有序推进民主、促进社会和谐。支持香港、澳门融入国家发展大局,深化内地与港澳地区交流合作。(国务院港澳办牵头,外交部、国家发展改革委、教育部、科技部、财政部、商务部、人民银行、国务院国资委等按职责分工负责)

(五十六)继续贯彻对台工作大政方针。坚持一个中国原则,在"九二共识"基础上推动两岸关系和平发展,推进祖国和平统一进程。坚决维护国家主权和领土完整,绝不容忍任何"台独"分裂图谋和行径。扩大两岸经济文化交流合作,逐步为台湾同胞在大陆学习、创业、就业、生活提供与大陆同胞同等待遇。(有关部门按职责分工负责)

(五十七)推动构建新型国际关系。始终不渝走和平发展道路,积极参与改革完善全球治理,致力于建设开放型世界经济。推进大国协调合作,深化同周边国家睦邻友好和共同发展,加强同发展中国家团结合作。办好博鳌亚洲论坛年会、上海合作组织峰会、中非合作论坛峰会等主场外交。继续为解决国际和地区热点问题发挥负责任大国作用。加强和完善海外利益安全保障体系。与各国一道,为推动构建人类命运共同体不懈努力。(外交部牵头,国家发展改革委、财政部、商务部、人民银行、国家国际发展合作署等按职责分工负责)

今年是全面贯彻党的十九大精神的开局之年,是改革开放40周年,是决胜全面建成小康社会、实施"十三五"规划承上启下的关键一年。各地区、各部门要更加紧密地团结在以习近平同志为核心的党中央周围,高举中国特色社会主义伟大旗帜,以习近平新时代中国特色社会主义思想为指导,全面深入贯彻党的十九大和十九届二中、三中全会精神,牢固树立"四个意识",坚定"四个自信",依法履职,勤勉尽责,落实好《政府工作报告》重点工作分工,确保圆满完成今年经济社会发展主要目标任务,兑现政府对人民的承诺。一是加强组织领导。各部门要按照分工要求,一把手亲自抓、负总责,抓紧制定推进重点工作的实施方案,于4月20日前报国务院。要细化分解任务,建立工作台账,明确时间表、路线图,严格执行工作责任制,做到有措施、有目标、有责任人。二是积极协调配合。各有关部门在机构改革期间,要做到思想不乱、工作不断、队伍不散、干劲不减,确保工作不出现空档期。坚持"先立后破、不立不破"的原则,新的机构成立后,在其职责调整到位之前,各有关部门要继续按照原职责规定做好各项工作;职责调整到位后,要依据新的职责及时交接,做好重点工作。对涉及跨领域、多部门参与的工作,牵头部门要发挥主导作用,积极沟通协调,协办部门要密切配合,共同推动,切实履职尽责,提高工作针对性和实效性。三是强化督查落实。各部门要坚持说实话、谋实事、出实招、求实效,加强对各地区的指导帮助,做好日常跟踪督办、年中重点抽查和年底总结考核,及时推动解决突出问题,以钉钉子精神做实做细做好各项工作。各省(区、市)人民政府要加强与国务院有关部门工作对接,围绕《政府工作报告》重点工作,结合本地区实际进一步明确工作重点,抓好督查落实。国务院办公厅要加强对各地区、各部门督查工作的督查,建立督查工作总台账,定期做好对账,结合组织开展国务院大督查和专项督查加强跟踪督办,对真抓实干成效明显的要强化表扬激励,对庸政懒政怠政者要严肃追责问责,更好发挥督查鼓励先进、督促后进的作用,切实推动重点工作落实到位。

国务院
2018年4月1日

中国银行业监督管理委员会关于规范性文件清理结果的公告

银监会公告〔2018〕1号

为贯彻落实中共中央、国务院《法治政府建设实施纲要(2015—2020)》(中发〔2015〕36号)精神以及《国务院办公厅关于进一步做好"放管服"改革涉及的规章、规范性文件清理工作的通知》(国办发〔2017〕40号)要求,完善依法行政制度体系,建立规范性文件清理长效机制,银监会对截至2017年5月底印发的规范性文件进行了集中清理。现将清理结果公告如下:

一、《中国银行业监督管理委员会关于印发〈农村信用社省(自治区、直辖市)联合社管理暂行规定〉的通知》(银监发〔2003〕14号)等499件主要规范性文件(见附件1),继续有效。

二、《中国银行业监督管理委员会关于印发〈农村商业银行管理暂行规定〉和〈农村合作银行管理暂行规定〉的通知》(银监发〔2003〕10号)等50件规范性文件(见附件2),自公告之日起废止。

三、《中国银行业监督管理委员会关于加强信托投资公司风险监管防范交易对手风险的通知》(银监发〔2004〕93号)等34件规范性文件(见附件3),自公告之日起失效。

银监会将定期组织开展法规清理工作,对规范性文件目录实行动态化管理,根据规范性文件"立改废"情况对规范性文件目录及时作出调整并向社会公布。

附件:1. 中国银监会继续有效主要规范性文件目录(略——编者注)
  2. 中国银监会废止规范性文件目录
  3. 中国银监会失效规范性文件目录

2018年3月19日

附件2

中国银监会废止规范性文件目录

1. 中国银行业监督管理委员会关于印发《农村商业银行管理暂行规定》和《农村合作银行管理暂行规定》的通知(银监发〔2003〕10号)
2. 中国银行业监督管理委员会关于印发《股份制商业银行非现场监管规程(试行)》的通知(银监发〔2004〕21号)
3. 中国银行业监督管理委员会关于银监会行政许可项目有关事项的通知(银监发〔2004〕48号)
4. 中国银行业监督管理委员会关于进一步加强信托投资公司内部控制管理有关问题的通知(银监发〔2004〕97号)
5. 中国银行业监督管理委员会关于印发《农村合作银行监管工作意见》《农村商业银行监管工作意见》的通知(银监发〔2005〕28号)
6. 中国银行业监督管理委员会关于印发《股份制商业银行董事会尽职指引(试行)》的通知(银监发〔2005〕61号)
7. 中国银行业监督管理委员会关于农村合作金融机构在宏观调控中切实防范风险的通知(银监发〔2006〕62号)
8. 中国银行业监督管理委员会关于印发《申请设立企业集团财务公司操作规程》的通知(银监发〔2007〕12号)
9. 中国银监会关于农村中小金融机构高级管理人员任职资格个案审核有关事项的通知(银监发〔2009〕33号)
10. 中国银监会关于促进银行业金融机构进一步加强案件防控工作的通知(银监发〔2009〕83号)
11. 中国银监会关于细化银行业金融机构综合监管评级档次的通知(银监发〔2010〕70号)
12. 中国银监会关于印发农村中小金融机构行政许可事项补充规定的通知(银监发

〔2011〕3号)

13.中国银监会关于调整商业银行存贷比计算口径的通知(银监发〔2014〕34号)

14.中国银监会关于印发银行业金融机构消费者权益保护工作考核评价办法(试行)的通知(银监发〔2014〕37号)

15.中国银行业监督管理委员会办公厅关于印发《农村合作金融机构银行承兑汇票、债券返售(回购)业务会计核算手续》的通知(银监办发〔2004〕347号)

16.中国银行业监督管理委员会办公厅关于福建省台(港、澳)资企业投资入股农村合作金融机构的批复(银监办发〔2005〕221号)

17.中国银行业监督管理委员会办公厅关于银证业务准入有关问题的意见(银监办发〔2005〕258号)

18.中国银行业监督管理委员会办公厅关于印发《外国银行母行支持度评估体系》的通知(银监办发〔2006〕71号)

19.中国银行业监督管理委员会办公厅关于农村合作金融机构债券投资、银行卡等业务风险提示的通知(银监办发〔2006〕140号)

20.中国银行业监督管理委员会办公厅关于优化农村合作金融机构人力资源结构的指导意见(银监办发〔2006〕147号)

21.中国银行业监督管理委员会办公厅关于禁止从事银行业工作是否属行政处罚的批复(银监办发〔2006〕171号)

22.中国银行业监督管理委员会办公厅关于加大力度推进农村合作金融机构优化人力资源结构的通知(银监办发〔2006〕225号)

23.中国银行业监督管理委员会办公厅关于政策性银行行政许可事项有关问题的批复(银监办发〔2006〕257号)

24.中国银行业监督管理委员会办公厅关于做好农村银行机构监管评级工作的通知(银监办发〔2007〕3号)

25.中国银行业监督管理委员会办公厅关于印发《城市商业银行监管评级操作要点(试行)》的通知(银监办发〔2007〕43号)

26.中国银行业监督管理委员会办公厅关于股份制商业银行报送监管信息的通知(银监办通〔2004〕50号)

27.中国银行业监督管理委员会办公厅关于贯彻实施《行政许可法》的通知(银监办通〔2004〕152号)

28.中国银行业监督管理委员会办公厅关于建立金融资产管理公司三项业务统计报告制度的通知(银监办通〔2005〕66号)

29.中国银监会办公厅关于进一步调整属地监管股份制商业银行董事和高级管理人员任职资格管理程序的通知(银监办发〔2008〕113号)

30.中国银监会办公厅关于调整邮政储蓄银行一级分行和金融资产管理公司办事处高级管理人员任职资格许可有关事项的通知(银监办发〔2008〕175号)

31.中国银监会办公厅关于创新小企业流动资金贷款还款方式的通知(银监办发〔2009〕46号)

32. 中国银监会办公厅印发《关于中小商业银行分支机构市场准入政策的调整意见(试行)》的通知(银监办发〔2009〕143号)

33. 中国银监会办公厅关于印发《城市商业银行非现场监管工作指导意见》的通知(银监办发〔2009〕253号)

34. 中国银监会办公厅关于印发《城市商业银行现场检查指导意见》的通知(银监办发〔2009〕274号)

35. 中国银监会办公厅关于加强大型银行异地离行式专营机构监管的通知(银监办发〔2009〕340号)

36. 中国银监会办公厅关于规范客户风险统计有关指标填报标准的通知(银监办发〔2009〕357号)

37. 中国银监会办公厅关于进一步明确金融资产管理公司信息报送内容和要求的通知(银监办发〔2010〕31号)

38. 中国银监会办公厅关于农村中小金融机构政府融资平台贷款风险提示的通知(银监办发〔2010〕346号)

39. 中国银监会办公厅关于加强农村中小金融机构房地产贷款风险监管的通知(银监办发〔2011〕114号)

40. 中国银监会办公厅关于印发农村中小金融机构行政许可事项申请材料目录及格式要求的通知(银监办发〔2012〕2号)

41. 中国银监会办公厅关于加强外资银行操作风险和案件防控监管工作的通知(银监办发〔2012〕166号)

42. 中国银监会办公厅关于开展全国信托数据库建设暨信托合同登记工作有关事项的通知(银监办发〔2012〕227号)

43. 中国银监会办公厅关于全国信托数据库一期上线试运行有关事项的通知(银监办发〔2012〕305号)

44. 中国银监会办公厅关于建立银行业金融机构案件防控统计制度(试行)的通知(银监办发〔2013〕25号)

45. 中国银监会办公厅关于按季报送小微企业金融服务有关数据的通知(银监办发〔2013〕94号)

46. 中国银监会办公厅关于改进非银行金融机构市场准入工作的通知(银监办发〔2013〕317号)

47. 中国银监会办公厅关于大型银行机构发展规划的指导意见(银监办发〔2014〕62号)

48. 中国银监会办公厅关于按新规办理部分非银机构业务范围和公司章程审批事项的通知(银监办发〔2014〕128号)

49. 中国银监会办公厅关于加强省联社高级管理人员任职资格监管的通知(银监办发〔2014〕160号)

50. 中国银监会办公厅关于做好流动性覆盖率信息披露准备工作的通知(银监办发〔2014〕285号)

附件 3

中国银监会失效规范性文件目录

1. 中国银行业监督管理委员会关于加强信托投资公司风险监管防范交易对手风险的通知(银监发〔2004〕93 号)
2. 中国银行业监督管理委员会关于加强资产管理公司监管工作的意见(银监发〔2005〕10 号)
3. 中国银行业监督管理委员会关于印发《调整放宽农村地区银行业金融机构准入政策试点工作实施方案》的通知(银监发〔2006〕98 号)
4. 中国银行业监督管理委员会关于信托投资公司证券投资业务风险提示的通知(银监通〔2007〕1 号)
5. 中国银监会关于扩大调整放宽农村地区银行业金融机构准入政策试点工作的通知(银监发〔2007〕78 号)
6. 中国银监会农业部关于加大信贷支持力度促进家禽业恢复发展的通知(银监发〔2013〕28 号)
7. 中国银行业监督管理委员会办公厅关于建立电子银行监管协调机制的通知(银监办发〔2004〕30 号)
8. 中国银行业监督管理委员会办公厅关于解除特种金融债券抵(质)押资产登记的批复(银监办发〔2004〕231 号)
9. 中国银行业监督管理委员会办公厅关于加强信托投资公司原有负债清理及到期信托计划清算监管工作的通知(银监办发〔2005〕87 号)
10. 中国银行业监督管理委员会办公厅关于金融从业经历认定有关问题的批复(银监办发〔2005〕245 号)
11. 中国银行业监督管理委员会办公厅关于取消高级管理人员任职资格有关问题的批复(银监办发〔2006〕22 号)
12. 中国银行业监督管理委员会办公厅关于信托投资公司重新登记有关问题的批复(银监办发〔2006〕36 号)
13. 中国银行业监督管理委员会办公厅关于信托投资公司单一代定资金信托业务风险提示的通知(银监办发〔2006〕134 号)
14. 中国银监会办公厅关于印发《信息科技风险评价审计内部意见说明书》的通知(银监办发〔2007〕56 号)
15. 中国银监会办公厅关于印发《银行业金融机构信息系统安全保障问责方案》的通知(银监办发〔2008〕142 号)
16. 中国银监会办公厅关于进一步加强信托公司银信合作理财业务风险管理的通知(银监办发〔2008〕297 号)

17. 中国银监会办公厅关于当前农村中小金融机构票据业务风险监管提示的通知(银监办发〔2009〕162号)

18. 中国银监会办公厅关于对农村合作金融机构印章管理的风险提示(银监办发〔2009〕164号)

19. 中国银监会办公厅关于进一步加强信贷管理的通知(银监办发〔2009〕221号)

20. 中国银监会办公厅关于当前农村合作金融机构房地产贷款和住房按揭贷款风险提示的通知(银监办发〔2009〕286号)

21. 中国银监会办公厅关于农村合作金融机构项目贷款和行业贷款风险提示的通知(银监办发〔2009〕343号)

22. 中国银监会办公厅关于加强当前农村合作金融机构信贷风险监管的通知(银监办发〔2009〕364号)

23. 中国银监会办公厅关于推进中国邮政储蓄银行二类支行改革的指导意见(银监办发〔2010〕316号)

24. 中国银监会办公厅关于防范不法分子变造存单实施诈骗的通知(银监办发〔2013〕17号)

25. 中国银监会办公厅关于印发银行业应对巴塞尔Ⅲ评估工作方案的通知(银监办发〔2013〕58号)

26. 中国银监会办公厅关于加强银行业金融机构重要信息系统运行安全保障的通知(银监办发〔2013〕190号)

27. 中国银监会办公厅关于开展信息科技外包风险专项治理工作的通知(银监办发〔2013〕152号)

28. 中国银监会办公厅关于加强重要信息系统安全运行保障的通知(银监办发〔2013〕298号)

29. 中国银监会办公厅关于建立健全"双线"风险防控责任制的通知(银监办发〔2014〕59号)

30. 中国银监会办公厅关于做好农村合作金融机构2014年度利润核算有关工作的通知(银监办发〔2014〕309号)

31. 中国银监会办公厅工业和信息化部办公厅关于印发银行业应用安全可控信息技术推进指南(2014—2015年度)的通知(银监办发〔2014〕317号)

32. 中国银监会办公厅关于推进邮储银行二类支行改革工作有关事项的通知(银监办发〔2015〕72号)

33. 中国银监会办公厅关于银行业金融机构互联网网站安全专项整治行动有关事项的通知(银监办发〔2015〕169号)

34. 中国银监会办公厅关于农村中小金融机构2015年度利润分配监管有关事项的通知(银监办发〔2015〕180号)

国务院台湾事务办公室、国家发展和改革委员会关于印发《关于促进两岸经济文化交流合作的若干措施》的通知

国台发〔2018〕1号

各省、自治区、直辖市和新疆生产建设兵团台办、发展改革委：

为深入贯彻党的十九大精神和习近平总书记关于深化两岸经济文化交流合作的重要思想，率先同台湾同胞分享大陆发展的机遇，逐步为台湾同胞在大陆学习、创业、就业、生活提供与大陆同胞同等的待遇，经商中央组织部、中央宣传部、中央网信办、教育部、科技部、工业和信息化部、民政部、财政部、人力资源社会保障部、国土资源部、住房城乡建设部、交通运输部、水利部、农业部、商务部、文化部、卫生计生委、人民银行、税务总局、质检总局、新闻出版广电总局、林业局、旅游局、银监会、证监会、保监会、文物局、全国总工会、全国妇联同意，国务院台办、国家发展改革委牵头研究出台《关于促进两岸经济文化交流合作的若干措施》。自公布之日起施行。

附件：关于促进两岸经济文化交流合作的若干措施

国务院台湾事务办公室
国家发展和改革委员会
2018年2月28日

关于促进两岸经济文化交流合作的若干措施

为深入贯彻党的十九大精神和习近平总书记关于深化两岸经济文化交流合作的重要思想，率先同台湾同胞分享大陆发展的机遇，逐步为台湾同胞在大陆学习、创业、就业、生活提供与大陆同胞同等的待遇，国务院台办、国家发展改革委经商中央组织部、中央宣传部、中央网信办、教育部、科技部、工业和信息化部、民政部、财政部、人力资源社会保障部、国土资源部、住房城乡建设部、交通运输部、水利部、农业部、商务部、文化部、卫生计生委、人民银行、税务总局、质检总局、新闻出版广电总局、林业局、旅游局、银监会、证监会、保监会、文物局、全国总工会、全国妇联，出台若干措施如下：

一、积极促进在投资和经济合作领域加快给予台资企业与大陆企业同等待遇

1. 台湾同胞在大陆投资的企业（以下简称"台资企业"）参与"中国制造2025"行动计划适用与大陆企业同等政策。支持台商来大陆投资设立高端制造、智能制造、绿色制造等企业并设立区域总部和研发设计中心，相应享受税收、投资等相关支持政策。

2. 帮助和支持符合条件的台资企业依法享受高新技术企业减按15%税率征收企业所得税，研发费用加计扣除，设在大陆的研发中心采购大陆设备全额退还增值税等税收优惠政策。

3. 台湾科研机构、高等学校、企业在大陆注册的独立法人，可牵头或参与国家重点研发计划项目申报，享受与大陆科研机构、高等学校、企业同等政策。受聘于在大陆注册的独立法人的台湾地区科研人员，可作为国家重点研发计划项目（课题）负责人申报，享受与大陆科研人员同等政策。对台湾地区知识产权在大陆转化的，可参照执行大陆知识产权激励政策。

4. 台资企业可以特许经营方式参与能源、交通、水利、环保、市政公用工程等基础设施建设。

5. 台资企业可公平参与政府采购。

6. 台资企业可通过合资合作、并购重组等方式参与国有企业混合所有制改革。

7. 台资企业与大陆企业同等适用相关用地政策。对集约用地的鼓励类台商投资工业项目优先供应土地，在确定土地出让底价时，可按不低于所在地土地等别相对应大陆工业用地出让最低价标准的70%执行。

8. 继续在中西部、东北地区设立海峡两岸产业合作区，鼓励台资企业向中西部、东北地区转移并参与"一带一路"建设，拓展内需市场和国际市场。大力推进台商投资区和两岸环保产业合作示范基地建设。

9. 台资农业企业可与大陆农业企业同等享受农机购置补贴、产业化重点龙头企业等农业支持政策和优惠措施。

10. 台湾金融机构、商家可与中国银联及大陆非银行支付机构依法合规开展合作，为台湾同胞提供便捷的小额支付服务。

11. 台湾征信机构可与大陆征信机构开展合作，为两岸同胞和企业提供征信服务。

12. 台资银行可与大陆同业协作，通过银团贷款等方式为实体经济提供金融服务。

二、逐步为台湾同胞在大陆学习、创业、就业、生活提供与大陆同胞同等的待遇

13. 台湾同胞可报名参加53项专业技术人员职业资格考试和81项技能人员职业资格考试（《向台湾居民开放的国家职业资格考试目录》附后，具体执业办法由有关部门另行制定）。

14. 台湾专业人才可申请参与国家"千人计划"。在大陆工作的台湾专业人才，可申请参与国家"万人计划"。

15. 台湾同胞可申报国家自然科学基金、国家社会科学基金、国家杰出青年科学基金、国家艺术基金等各类基金项目。具体办法由相关主管部门制定。

16. 鼓励台湾同胞参与中华经典诵读工程、文化遗产保护工程、非物质文化遗产传承发展工程等中华优秀传统文化传承发展工程。支持台湾文化艺术界团体和人士参与大陆在海外举办的感知中国、中国文化年（节）、欢乐春节等品牌活动，参加"中华文化走出去"计划。符合条件的两岸文化项目可纳入海外中国文化中心项目资源库。

17. 支持中华慈善奖、梅花奖、金鹰奖等经济科技文化社会领域各类评奖项目提名涵盖台湾地区。在大陆工作的台湾同胞可参加当地劳动模范、"五一"劳动奖章、技术能手、"三八"红旗手等荣誉称号评选。

18. 台湾人士参与大陆广播电视节目和电影、电视剧制作可不受数量限制。

19. 大陆电影发行机构、广播电视台、视听网站和有线电视网引进台湾生产的电影、电视剧不做数量限制。

20. 放宽两岸合拍电影、电视剧在主创人员比例、大陆元素、投资比例等方面的限制；取消收取两岸电影合拍立项申报费用；缩短两岸电视剧合拍立项阶段故事梗概的审批时限。

21. 对台湾图书进口业务建立绿色通道，简化进口审批流程。同时段进口的台湾图书可优先办理相关手续。

22. 鼓励台湾同胞加入大陆经济、科技、文化、艺术类专业性社团组织、行业协会，参加相关活动。

23. 支持鼓励两岸教育文化科研机构开展中国文化、历史、民族等领域研究和成果应用。

24. 台湾地区从事两岸民间交流的机构可申请两岸交流基金项目。

25. 鼓励台湾同胞和相关社团参与大陆扶贫、支教、公益、社区建设等基层工作。

26. 在大陆高校就读临床医学专业硕士学位的台湾学生，在参加研究生学习一年后，可按照大陆医师资格考试报名的相关规定申请参加考试。

27. 取得大陆医师资格证书的台湾同胞，可按照相关规定在大陆申请执业注册。

28. 符合条件的台湾医师，可通过认定方式获得大陆医师资格。符合条件的台湾医师，可按照相关规定在大陆申请注册短期行医，期满后可重新办理注册手续。

29. 在台湾已获取相应资格的台湾同胞在大陆申请证券、期货、基金从业资格时，只需通过大陆法律法规考试，无需参加专业知识考试。

30. 鼓励台湾教师来大陆高校任教，其在台湾取得的学术成果可纳入工作评价体系。

31. 为方便台湾同胞在大陆应聘工作，推动各类人事人才网站和企业线上招聘做好系统升级，支持使用台胞证注册登录。

附件：向台湾居民开放的国家职业资格考试目录（略——编者注）

商务部关于废止和修改部分规章的决定

商务部令2018年第1号

《商务部关于废止和修改部分规章的决定》已经2018年2月6日商务部第110次部务会议审议通过,现予公布,自公布之日起施行。

部长　钟山
2018年2月22日

商务部关于废止和修改部分规章的决定

为继续深化简政放权、放管结合、优化服务改革,根据国务院要求,商务部对相关规章进行了清理。经相关联发部门同意,现决定:

一、对4部规章予以废止

(一)经商银监会、保监会同意,废止《对外承包工程项目投标(议标)管理办法》(商务部 银监会 保监会令2011年第3号)。

(二)废止《生猪屠宰管理条例实施办法》(商务部令2008年第13号)。

(三)废止《外商投资租赁业管理规定》(商务部令2005年第5号)。

(四)废止《纺织品出口管理办法(暂行)》(商务部令2006年第21号)。

二、对1部规章予以修改

经商财政部同意,决定对《中央储备肉管理办法》(商务部 财政部令2007年第9号)作如下修改:

删去第十二条、第十五条、第十六条。

中国人民银行公告〔2018〕第 2 号

根据《国务院办公厅关于进一步做好"放管服"改革涉及的规章、规范性文件清理工作的通知》(国办发〔2017〕40 号)要求,中国人民银行对 2017 年 12 月 31 日前发布的规范性文件进行了清理。现决定:

一、废止《关于对进口黄金及其制品加强管理的通知》(银发〔1988〕363 号)等 35 件规范性文件(目录见附件 1)。

二、中国人民银行现行有效的主要规范性文件共 386 件(目录见附件 2)。

中国人民银行
2018 年 2 月 22 日

附件1:

废止的规范性文件目录

序号	规范性文件名称	文号
1	关于对进口黄金及其制品加强管理的通知	银发〔1988〕363 号
2	关于重申对进口金银及其制品加强管理的有关规定的通知	银发〔1989〕244 号
3	关于加强商业汇票管理 促进商业汇票发展的通知	银发〔1998〕229 号
4	关于改进和完善再贴现业务管理的通知	银发〔1999〕320 号
5	中国人民银行关于规范电子汇划收费标准的通知	银发〔2001〕385 号
6	中国人民银行公告〔2002〕第 5 号(关于全国银行间债券市场准入事宜)	中国人民银行公告〔2002〕第 5 号
7	中国人民银行办公厅关于印发《大额支付系统业务处理办法》(试行)、《大额支付系统业务处理手续》(试行)及《大额支付系统运行管理办法》(试行)的通知	银办发〔2002〕217 号
8	中国人民银行关于城市信用合作社和农村信用合作社开办银行承兑汇票业务有关事项的通知	银发〔2004〕40 号

(续表)

序号	规范性文件名称	文号
9	中国人民银行公告〔2005〕第3号（银行业金融机构进入全国银行间同业拆借市场审核规则）	中国人民银行公告〔2005〕第3号
10	中国人民银行关于印发《商业银行、信用社代理乡镇国库业务审批工作规程（暂行）》的通知	银发〔2005〕89号
11	中国人民银行办公厅关于印发《小额支付系统业务处理办法（试行）》、《小额支付系统业务处理手续（试行）》及《中国现代化支付系统运行管理办法（试行）》的通知	银办发〔2005〕287号
12	中国人民银行关于落实《个人信用信息基础数据库管理暂行办法》有关问题的通知	银发〔2005〕393号
13	中国人民银行公告〔2006〕第11号（关于商业银行发行混合资本债券）	中国人民银行公告〔2006〕第11号
14	中国人民银行、国家环境保护总局关于共享企业环保信息有关问题的通知	银发〔2006〕450号
15	中国人民银行办公厅关于中国人民银行征信中心向商业银行提供企业集团信贷信息查询服务的通知	银办发〔2006〕34号
16	中国人民银行 劳动和社会保障部关于企业年金基金进入全国银行间债券市场有关事项的通知	银发〔2007〕56号
17	中国人民银行关于印发小额支付系统通存通兑业务制度办法和工程实施计划的通知	银发〔2007〕203号
18	中国人民银行关于修订《支付清算系统危机处置预案》的通知	银发〔2007〕278号
19	中国人民银行关于在银行间外汇市场开办人民币外汇货币掉期业务有关问题的通知	银发〔2007〕287号
20	中国人民银行办公厅关于下发《企业征信系统数据接口规范（修改版）》的通知	银办发〔2007〕72号
21	中国人民银行公告〔2008〕第22号（据《中华人民共和国信托法》及《全国银行间债券市场债券交易管理办法》公告有关信托公司在全国银行间债券市场开立信托专用债券账户事宜）	中国人民银行公告〔2008〕第22号
22	中国人民银行关于保险机构以产品名义开立债券托管账户有关事项的通知	银发〔2008〕122号
23	中国人民银行办公厅关于印发《企业征信系统与银行信贷系统数据核对方案》的通知	银办发〔2008〕95号
24	中国人民银行办公厅关于改善企业征信系统集团客户关联企业信息查询服务方式的通知	银办发〔2008〕154号

（续表）

序号	规范性文件名称	文号
25	中国人民银行公告〔2009〕第5号（基金管理公司为开展特定客户资产管理业务在全国银行间债券市场开立债券账户的有关事项）	中国人民银行公告〔2009〕第5号
26	中国人民银行公告〔2009〕第7号（对非金融机构进行登记事宜）	中国人民银行公告〔2009〕第7号
27	中国人民银行公告〔2009〕第11号（证券公司为开展证券资产管理业务在全国银行间债券市场开立债券账户）	中国人民银行公告〔2009〕第11号
28	中国人民银行关于冻结有关恐怖活动人员资产的通知	银发〔2012〕100号
29	中国人民银行关于切实做好银行卡刷卡手续费标准调整实施工作的通知	银发〔2012〕263号
30	中国人民银行办公厅关于应用机构信用代码辅助开展客户身份识别的通知	银办发〔2012〕66号
31	中国人民银行办公厅关于金融机构报送境外机构反洗钱工作报告（表）的通知	银办发〔2012〕175号
32	中国人民银行关于合格境外机构投资者投资银行间债券市场有关事项的通知	银发〔2013〕69号
33	中国人民银行办公厅关于境外机构在境内发行人民币债务融资工具跨境人民币结算有关事宜的通知	银办发〔2014〕221号
34	中国人民银行关于印发《征信机构监管指引》的通知	银发〔2015〕336号
35	中国人民银行办公厅关于做好银行业金融机构由间连方式改为直连方式接入中央银行会计核算数据集中系统综合前置子系统相关工作的通知	银办发〔2015〕110号

附件2：中国人民银行主要规范性文件目录（略——编者注）

中国人民银行令〔2018〕第1号

根据《国务院办公厅关于进一步做好"放管服"改革涉及的规章、规范性文件清理工作的通知》（国办发〔2017〕40号）要求，中国人民银行对2017年12月31日前发布的规章进行了全面清理。现决定：

一、废止《外商投资企业外汇登记管理暂行办法》[(96)汇资函字第187号文印发]等5件规章(见附件1)。

二、《中华人民共和国金银管理条例施行细则》[(83)银发字第381号]等61件规章(见附件2)继续有效。

行长　周小川
2018年2月8日

附件:1. 废止的规章目录(共5件)
　　　2. 中国人民银行现行有效的规章目录(共61件)(略——编者注)

附件1

废止的规章目录(共5件)

一、外商投资企业外汇登记管理暂行办法[(96)汇资函字第187号文印发]
二、境内机构外币现钞收付管理暂行办法[(96)汇管函字第211号文印发]
三、有价单证及重要空白凭证管理办法(银发[1997]163号文印发)
四、国内信用证结算办法(银发[1997]265号文印发)
五、装帧流通人民币管理办法(中国人民银行令[2005]第4号发布,中国人民银行令[2016]第1号修订)

国土资源部关于公布继续有效的规范性文件目录的公告

国土资源部公告2018年第5号

根据《国务院办公厅关于进一步做好"放管服"改革涉及的规章、规范性文件清理工作的通知》(国办发[2017]40号)和推进法治国土建设的有关要求,国土资源部对单独发布或者牵头发布的规范性文件进行了全面清理。现将国土资源部继续有效的规范性文件目录予以公布。

2018年2月8日

附件：

国土资源部继续有效的规范性文件目录

序号	名　　称	文　　号	备　　注
1	国土资源部关于加强地质资料管理的通知	国土资规〔2017〕1号	
2	国土资源部关于有序开展村土地利用规划编制工作的指导意见	国土资规〔2017〕2号	
3	国土资源部关于进一步加强和改进执法监察工作的意见	国土资规〔2017〕3号	
4	国土资源部 财政部 环境保护部 国家质量监督检验检疫总局 中国银行业监督管理委员会 中国证券监督管理委员会关于加快建设绿色矿山的实施意见	国土资规〔2017〕4号	国土资源部、财政部、环境保护部、国家质量监督检验检疫总局、中国银行业监督管理委员会、中国证券监督管理委员会联合发布
5	国土资源部关于做好矿业权价款评估备案核准取消后有关工作的通知	国土资规〔2017〕5号	
6	国土资源部关于开展土地估价机构备案工作的通知	国土资规〔2017〕6号	
7	国土资源部关于印发《矿业权交易规则》的通知	国土资规〔2017〕7号	
8	国土资源部 国务院扶贫办 国家能源局关于支持光伏扶贫和规范光伏发电产业用地的意见	国土资规〔2017〕8号	国土资源部、国务院扶贫办、国家能源局联合发布
9	国土资源部关于印发《12336国土资源违法线索举报微信平台管理办法》（试行）的通知	国土资规〔2017〕9号	
10	国土资源部关于支持深度贫困地区脱贫攻坚的意见	国土资规〔2017〕10号	
11	国土资源部关于印发《城市公共体育场馆建设用地控制指标》的通知	国土资规〔2017〕11号	
12	国土资源部 国家发展改革委关于深入推进农业供给侧结构性改革做好农村产业融合发展用地保障的通知	国土资规〔2017〕12号	国土资源部、国家发展和改革委员会联合发布
13	国土资源部关于改进管理方式切实落实耕地占补平衡的通知	国土资规〔2017〕13号	

(续表)

序号	名　　称	文　号	备　注
14	国土资源部关于进一步规范矿产资源勘查审批登记管理的通知	国土资规〔2017〕14号	
15	国土资源部关于进一步规范矿业权申请资料的通知	国土资规〔2017〕15号	
16	国土资源部关于完善矿产资源开采审批登记管理有关事项的通知	国土资规〔2017〕16号	
17	国土资源部 财政部 中国人民银行 中国银行业监督管理委员会关于印发《土地储备管理办法》的通知	国土资规〔2017〕17号	国土资源部、财政部、中国人民银行、中国银行业监督管理委员会联合发布
18	国土资源部 国家发展改革委 水利部 国家能源局关于加大用地政策支持力度促进大中型水利水电工程建设的意见	国土资规〔2016〕1号	国土资源部、国家发展和改革委员会、水利部、国家能源局联合发布
19	国土资源部关于用好用活增减挂钩政策积极支持扶贫开发及易地扶贫搬迁工作的通知	国土资规〔2016〕2号	
20	国土资源部关于支持钢铁煤炭行业化解过剩产能实现脱困发展的意见	国土资规〔2016〕3号	
21	国土资源部关于进一步做好新型城镇化建设土地服务保障工作的通知	国土资规〔2016〕4号	
22	国土资源部关于印发《不动产权证书和登记证明监制办法》的通知	国土资规〔2016〕5号	
23	国土资源部关于印发《不动产登记操作规范（试行）》的通知	国土资规〔2016〕6号	
24	国土资源部关于完善地质找矿运行机制实现找矿重大突破的若干意见	国土资规〔2016〕7号	
25	国土资源部关于补足耕地数量与提升耕地质量相结合落实占补平衡的指导意见	国土资规〔2016〕8号	
26	国土资源部关于安全监督管理部门意见不再作为颁发采矿许可证前置要件的通知	国土资规〔2016〕9号	
27	国土资源部 农业部关于全面划定永久基本农田实行特殊保护的通知	国土资规〔2016〕10号	国土资源部、农业部联合发布
28	国土资源部关于印发《实物地质资料管理办法》的通知	国土资规〔2016〕11号	
29	国土资源部关于进一步贯彻落实《古生物化石保护条例》及实施办法的通知	国土资规〔2016〕12号	

（续表）

序号	名　　称	文　　号	备　　注
30	国土资源部关于印发《国土资源部立案查处国土资源违法行为工作规范（试行）》的通知	国土资规〔2016〕13号	
31	国土资源部关于发布《石油天然气工程项目用地控制指标》的通知	国土资规〔2016〕14号	
32	国土资源部关于完善地质勘查成果通报制度的通知	国土资规〔2016〕15号	
33	国土资源部关于改进和优化建设项目用地预审和用地审查的通知	国土资规〔2016〕16号	
34	国土资源部关于完善油气资源勘查开采信息报告制度的通知	国土资规〔2016〕17号	
35	国土资源部关于印发油气勘查实施方案及开发利用方案编写大纲的通知	国土资规〔2016〕18号	
36	国土资源部关于印发中央财政地质调查项目管理办法的通知	国土资规〔2016〕19号	
37	国土资源部 国家发展和改革委 财政部 住房和城乡建设部 农业部 中国人民银行 中国银行业监督管理委员会 国家林业局关于扩大国有土地有偿使用范围的意见	国土资规〔2016〕20号	国土资源部、国家发展和改革委员会、财政部、住房和城乡建设部、农业部、中国人民银行、中国银行业监督管理委员会、国家林业局联合发布
38	国土资源部办公厅关于做好矿山地质环境保护与土地复垦方案编报有关工作的通知	国土资规〔2016〕21号	
39	国土资源部关于启用不动产登记簿证样式（试行）的通知	国土资发〔2015〕25号	
40	国土资源部关于做好不动产权籍调查工作的通知	国土资发〔2015〕41号	
41	国土资源部 中央编办关于地方不动产登记职责整合的指导意见	国土资发〔2015〕50号	国土资源部、中央编办联合发布
42	国土资源部关于采矿权人为他人债务提供担保的采矿权抵押备案有关问题的通知	国土资发〔2015〕56号	
43	国土资源部办公厅关于做好国有未利用地开发审批权下放和后续监管有关事项的通知	国土资厅发〔2015〕3号	
44	国土资源部办公厅关于实施《城镇土地分等定级规程》和《城镇土地估价规程》有关问题的通知	国土资厅发〔2015〕12号	

(续表)

序号	名　　称	文　号	备　注
45	国土资源部办公厅 农业部办公厅关于切实做好106个重点城市周边永久基本农田划定工作有关事项的通知	国土资厅发〔2015〕14号	国土资源部、农业部联合发布
46	国土资源部办公厅关于规范开展建设项目节地评价工作的通知	国土资厅发〔2015〕16号	
47	国土资源部办公厅关于实行规范性文件"三统一"制度的通知	国土资厅函〔2015〕523号	
48	国土资源部关于印发《历史遗留工矿废弃地复垦利用试点管理办法》的通知	国土资规〔2015〕1号	
49	国土资源部关于做好矿业权设置方案审批或备案核准取消后相关工作的通知	国土资规〔2015〕2号	
50	国土资源部关于严格控制和规范矿业权协议出让管理有关问题的通知	国土资规〔2015〕3号	
51	国土资源部关于煤炭矿业权审批管理改革试点有关问题的通知	国土资规〔2015〕4号	
52	国土资源部、发展改革委、科技部、工业和信息化部、住房城乡建设部、商务部关于支持新产业新业态发展促进大众创业万众创新用地的意见	国土资规〔2015〕5号	国土资源部、国家发展和改革委员会、科技部、工业和信息化部、住房和城乡建设部、商务部联合发布
53	国土资源部关于印发《矿业权人勘查开采信息公示办法（试行）》的通知	国土资规〔2015〕6号	
54	国土资源部办公厅关于进一步做好国家地质公园建设验收工作的通知	国土资规〔2015〕8号	
55	国土资源部关于规范稀土矿钨矿探矿权采矿权审批管理的通知	国土资规〔2015〕9号	
56	国土资源部 住房和城乡建设部 国家旅游局关于支持旅游业发展用地政策的意见	国土资规〔2015〕10号	国土资源部、住房和城乡建设部、国家旅游局联合发布
57	国土资源部关于发布《光伏发电站工程项目用地控制指标》的通知	国土资规〔2015〕11号	
58	国土资源部关于停止执行《关于印发〈矿业权出让转让管理暂行规定〉的通知》第五十五条规定的通知	国土资发〔2014〕89号	
59	国土资源部 财政部 住房和城乡建设部 农业部 国家林业局关于进一步加快推进宅基地和集体建设用地使用权确权登记发证工作的通知	国土资发〔2014〕101号	国土资源部、财政部、住房和城乡建设部、农业部、国家林业局联合发布

(续表)

序号	名称	文号	备注
60	国土资源部关于推进土地节约集约利用的指导意见	国土资发〔2014〕119号	
61	国土资源部 农业部关于进一步支持设施农业健康发展的通知	国土资发〔2014〕127号	国土资源部、农业部联合发布
62	国土资源部 农业部关于进一步做好永久基本农田划定工作的通知	国土资发〔2014〕128号	国土资源部、农业部联合发布
63	国土资源部关于印发《矿产资源节约与综合利用鼓励、限制和淘汰技术目录(修订稿)》的通知	国土资发〔2014〕176号	
64	国土资源部办公厅关于印发《养老服务设施用地指导意见》的通知	国土资厅发〔2014〕11号	
65	国土资源部办公厅关于开展重点保护古生物化石登记工作的通知	国土资厅发〔2014〕18号	
66	国土资源部办公厅关于印发国土资源部政府信息公开工作规范的通知	国土资厅发〔2014〕28号	
67	国土资源部办公厅关于进一步做好市县征地信息公开工作有关问题的通知	国土资厅发〔2014〕29号	
68	国土资源部办公厅关于市县级地方财政开展低风险勘查有关事宜的复函	国土资厅函〔2014〕640号	
69	国土资源部关于进一步加强国土资源行政复议工作的意见	国土资发〔2013〕6号	
70	国土资源部 国务院三峡工程建设委员会办公室关于加强三峡后续工作阶段三峡库区土地资源管理意见	国土资发〔2013〕62号	国土资源部、国务院三峡工程建设委员会办公室联合发布
71	国土资源部关于进一步规范矿产资源补偿费征收管理的通知	国土资发〔2013〕77号	
72	国土资源部关于进一步加快农村地籍调查推进集体土地确权登记发证工作的通知	国土资发〔2013〕97号	
73	国土资源部 国务院侨务办公室关于做好华侨农场土地保护和开发利用工作的意见	国土资发〔2013〕116号	国土资源部、国务院侨务办公室联合发布
74	国土资源部办公厅关于做好征地信息公开工作的通知	国土资厅发〔2013〕3号	
75	国土资源部办公厅关于印发《闲置土地处置法律文书示范文本》和《闲置土地处置案卷表》的通知	国土资厅发〔2013〕16号	

（续表）

序号	名　　称	文　号	备　注
76	国土资源部办公厅关于发布《国有建设用地使用权出让地价评估技术规范(试行)》的通知	国土资厅发〔2013〕20号	
77	国土资源部办公厅关于建立土地利用动态巡查制度加强建设用地供后开发利用全程监管的通知	国土资厅发〔2013〕30号	
78	国土资源部办公厅关于下放部分建设项目用地预审权限的通知	国土资厅发〔2013〕44号	
79	国土资源部办公厅关于进一步规范农村道路地类认定工作的通知	国土资厅函〔2013〕581号	
80	国土资源部关于严格土地利用总体规划实施管理的通知	国土资发〔2012〕2号	
81	国土资源部关于印发《国家古生物化石分级标准(试行)》和《国家重点保护古生物化石名录(首批)》的通知	国土资发〔2012〕6号	
82	国土资源部、水利部关于农村饮水安全工程建设用地管理有关问题的通知	国土资发〔2012〕10号	国土资源部、水利部联合发布
83	国土资源部 水利部关于印发《全国地面沉降防治规划(2011—2020)》的通知	国土资发〔2012〕43号	国土资源部、水利部联合发布
84	关于进一步加强和改进建设项目用地预审工作的通知	国土资发〔2012〕74号	
85	国土资源部 国家发展和改革委员会关于发布实施《限制用地项目目录(2012年本)》和《禁止用地项目目录(2012年本)》的通知	国土资发〔2012〕98号	国土资源部、国家发展和改革委员会联合发布
86	国土资源部关于加强农村土地整治权属管理的通知	国土资发〔2012〕99号	
87	国土资源部 财政部 中国人民银行 中国银行业监督管理委员会关于加强土地储备与融资管理的通知	国土资发〔2012〕162号	国土资源部、财政部、中国人民银行、中国银行业监督管理委员会联合发布
88	国土资源部办公厅关于做好中外合作开采石油资源补偿费征收工作的通知	国土资厅发〔2012〕14号	
89	国土资源部办公厅关于煤矸石是否属于矿产资源问题的复函	国土资厅函〔2012〕226号	
90	国土资源部 财政部关于印发中央地质勘查基金项目立项指南的通知	国土资发〔2011〕13号	国土资源部、财政部联合发布

(续表)

序号	名称	文号	备注
91	国土资源部 交通运输部 铁道部关于进一步加强和改进公路、铁路项目建设用地服务和监管的通知	国土资发〔2011〕30号	国土资源部、交通运输部、铁道部联合发布
92	国土资源部 财政部 农业部关于加快推进农村集体土地确权登记发证工作的通知	国土资发〔2011〕60号	国土资源部、财政部、农业部联合发布
93	国土资源部关于坚持和完善土地招标拍卖挂牌出让制度的意见	国土资发〔2011〕63号	
94	国土资源部关于贯彻落实《国务院关于促进稀土行业持续健康发展的若干意见》的通知	国土资发〔2011〕105号	
95	国土资源部关于开展国有建设用地使用权网上交易试点工作的意见	国土资发〔2011〕118号	
96	国土资源部关于支持内蒙古经济社会发展有关措施的通知	国土资发〔2011〕169号	
97	国土资源部、中央农村工作领导小组办公室、财政部、农业部关于农村集体土地确权登记发证的若干意见	国土资发〔2011〕178号	国土资源部、中央农村工作领导小组办公室、财政部、农业部联合发布
98	国土资源部关于进一步推进依法行政实现国土资源管理法治化的意见	国土资发〔2011〕186号	
99	国土资源部关于严格规范城乡建设用地增减挂钩试点工作的通知	国土资发〔2011〕224号	
100	国土资源部关于修改《关于矿产资源补偿费征收管理工作中若干问题的补充规定》的通知	国土资发〔2011〕229号	
101	国土资源部办公厅关于做好石油天然气探明可采储量动态管理的通知	国土资厅发〔2011〕3号	
102	国土资源部办公厅关于印发《国土资源领域违法违规案件公开通报和挂牌督办办法》的通知	国土资厅发〔2011〕4号	
103	国土资源部办公厅关于加强土地整治重大工程和示范建设管理有关问题的通知	国土资厅函〔2011〕178号	
104	国土资源部关于切实加强耕地占补平衡监督管理的通知	国土资发〔2010〕6号	
105	国土资源部关于改进报国务院批准城市建设用地申报与实施工作的通知	国土资发〔2010〕9号	
106	国土资源部关于进一步完善农村宅基地管理制度切实维护农民权益的通知	国土资发〔2010〕28号	

(续表)

序号	名 称	文 号	备 注
107	国土资源部关于加强房地产用地供应和监管有关问题的通知	国土资发〔2010〕34号	
108	国土资源部关于进一步加强地质勘查行业服务与管理的若干意见	国土资发〔2010〕60号	
109	关于进一步加强和改进国家和省级重点项目建设用地服务和监管的通知	国土资发〔2010〕87号	国土资源部、国家发展和改革委员会、工业和信息化部、监察部、环境保护部、住房和城乡建设部、交通运输部、铁道部、水利部、能源局联合发布
110	关于加强公路和铁路沿线地质灾害防范工作的通知	国土资发〔2010〕88号	国土资源部、交通运输部、铁道部联合发布
111	国土资源部关于进一步做好征地管理工作的通知	国土资发〔2010〕96号	
112	国土资源部关于印发《国外矿产资源风险勘查专项项目实施暂行办法》的通知	国土资发〔2010〕116号	
113	国土资源部关于进一步做好建设项目压覆重要矿产资源审批管理工作的通知	国土资发〔2010〕137号	
114	国土资源部 住房和城乡建设部关于进一步加强房地产用地和建设管理调控的通知	国土资发〔2010〕151号	国土资源部、住房和城乡建设部联合发布
115	国土资源部关于修改部分规范性文件的决定	国土资发〔2010〕190号	
116	国土资源部关于加快做好报国务院批准单独选址建设项目用地审查工作的通知	国土资发〔2010〕192号	
117	关于进一步做好军用土地确权登记发证工作的通知	国土资发〔2010〕197号	国土资源部、解放军总后勤部联合发布
118	国土资源部关于严格落实房地产用地调控政策促进土地市场健康发展有关问题的通知	国土资发〔2010〕204号	
119	国土资源部 农业部关于加强和完善永久基本农田划定有关工作的通知	国土资发〔2010〕218号	国土资源部、农业部联合发布
120	国土资源部 国家海洋局关于加强围填海造地管理有关问题的通知	国土资发〔2010〕219号	国土资源部、国家海洋局联合发布
121	国土资源部办公厅关于成立国家古生物化石专家委员会的通知	国土资厅发〔2010〕16号	

(续表)

序号	名称	文号	备注
122	国土资源部办公厅关于规范矿产资源勘查实施方案管理工作的通知	国土资厅发〔2010〕29号	
123	国土资源部办公厅关于加强全国矿产资源潜力评价成果管理的通知	国土资厅发〔2010〕45号	
124	国土资源部办公厅关于印发《国土资源行政复议法律文书示范文本》的通知	国土资厅发〔2010〕72号	
125	国土资源部办公厅关于同意为鄂尔多斯市东胜区刘家渠煤矿配发采矿许可证号有关问题的复函	国土资厅函〔2010〕1076号	
126	国土资源部办公厅关于矿产资源开发整合中勘查登记有关问题的复函	国土资厅函〔2010〕1275号	
127	国土资源部 国家保密局关于做好涉密地质图开发利用工作的通知	国土资发〔2009〕6号	国土资源部、国家保密局联合发布
128	国土资源部关于改进报国务院批准单独选址建设项目用地审查报批工作的通知	国土资发〔2009〕8号	
129	国土资源部 国家发展和改革委员会 国家统计局关于发布和实施《单位GDP和固定资产投资规模增长的新增建设用地消耗考核办法》的通知	国土资发〔2009〕12号	国土资源部、国家发展和改革委员会、国家统计局联合发布
130	国土资源部关于全面实行耕地先补后占有关问题的通知	国土资发〔2009〕31号	
131	国土资源部关于调整工业用地出让最低价标准实施政策的通知	国土资发〔2009〕56号	
132	国土资源部 监察部关于进一步落实工业用地出让制度的通知	国土资发〔2009〕101号	国土资源部、监察部联合发布
133	国土资源部关于开展油气等原始和实物地质资料委托保管工作的通知	国土资发〔2009〕102号	
134	国土资源部关于印发《国土资源标准化管理办法》的通知	国土资发〔2009〕136号	
135	国土资源部贯彻落实国务院批转发展改革委等部门关于抑制部分行业产能过剩和重复建设引导产业健康发展若干意见的通知	国土资发〔2009〕139号	
136	国土资源部关于印发《保护性开采的特定矿种勘查开采管理暂行办法》的通知	国土资发〔2009〕165号	

（续表）

序号	名　　称	文　号	备　注
137	国土资源部 农业部关于划定基本农田实行永久保护的通知	国土资发〔2009〕167号	国土资源部、农业部联合发布
138	国土资源部 农业部关于加强占补平衡补充耕地质量建设与管理的通知	国土资发〔2009〕168号	国土资源部、农业部联合发布
139	国土资源部 中华全国供销合作总社关于加快供销合作社土地确权登记工作的通知	国土资发〔2009〕173号	国土资源部、中华全国供销总社联合发布
140	国土资源部关于办理矿产资源行政复议案件有关意见的通知	国土资发〔2009〕180号	
141	国土资源部关于加强矿山地质环境治理项目监督管理的通知	国土资发〔2009〕197号	
142	国土资源部办公厅关于印发《国土资源科普基地推荐及命名暂行办法》的通知	国土资厅发〔2009〕29号	
143	国土资源部办公厅关于开展国家地质公园监督检查工作的通知	国土资厅发〔2009〕35号	
144	国土资源部办公厅关于加强国家地质公园申报审批工作的通知	国土资厅发〔2009〕50号	
145	国土资源部办公厅关于印发《国土资源科学技术奖励办法》的通知	国土资厅发〔2009〕68号	
146	国土资源部办公厅关于完善企业改制土地估价报告备案有关事宜的通知	国土资厅函〔2009〕311号	
147	国土资源部办公厅关于农业科研用地有关问题的复函	国土资厅函〔2009〕396号	
148	国土资源部办公厅关于认定破坏性采矿有关问题的复函	国土资厅函〔2009〕580号	
149	国土资源部办公厅 农业部办公厅关于收回国有农场农用地有关补偿问题的复函	国土资厅函〔2009〕850号	国土资源部、农业部联合发布
150	国土资源部办公厅关于地质灾害责任认定有关意见的复函	国土资厅函〔2009〕1066号	
151	关于印发《关于加强涉台土地问题投诉调处工作的指导意见》的通知	国土资发〔2008〕23号	国土资源部、国务院台湾事务办公室联合发布
152	关于发布和实施《工业项目建设用地控制指标》的通知	国土资发〔2008〕24号	
153	关于进一步加强城市地价动态监测工作的通知	国土资发〔2008〕51号	

(续表)

序号	名称	文号	备注
154	关于印发《国有建设用地划拨决定书》的通知	国土资发〔2008〕73号	
155	国土资源部 国家工商行政管理总局关于发布《国有建设用地使用权出让合同》示范文本的通知	国土资发〔2008〕86号	国土资源部、国家工商行政管理总局联合发布
156	国土资源部关于切实做好征地统一年产值标准和区片综合地价公布实施工作的通知	国土资发〔2008〕135号	
157	国土资源部关于印发《城乡建设用地增减挂钩试点管理办法》的通知	国土资发〔2008〕138号	
158	国土资源部关于印发《矿业权评估管理办法（试行）》的通知	国土资发〔2008〕174号	
159	国土资源部关于进一步加强土地整理复垦开发工作的通知	国土资发〔2008〕176号	
160	国土资源部关于加强建设用地动态监督管理的通知	国土资发〔2008〕192号	
161	国土资源部、农业部关于加强国有农场土地使用管理的意见	国土资发〔2008〕202号	国土资源部、农业部联合发布
162	国土资源部 最高人民检察院 公安部关于国土资源行政主管部门移送涉嫌国土资源犯罪案件的若干意见	国土资发〔2008〕203号	国土资源部、最高人民检察院、公安部联合发布
163	最高人民法院 最高人民检察院 公安部 国土资源部关于在查处国土资源违法犯罪工作中加强协作配合的若干意见	国土资发〔2008〕204号	最高人民法院、最高人民检察院、公安部、国土资源部联合发布
164	国土资源部关于大力推进浅层地热能开发利用的通知	国土资发〔2008〕249号	
165	国土资源部关于部署运行土地市场动态监测与监管系统的通知	国土资发〔2008〕284号	
166	国土资源部关于土地整理复垦开发项目信息备案有关问题的通知	国土资发〔2008〕288号	
167	国土资源部关于实行全国采矿权统一配号的通知	国土资发〔2008〕292号	
168	国土资源部关于调整部分地区土地等别的通知	国土资发〔2008〕308号	

（续表）

序号	名　　称	文　　号	备　　注
169	国土资源部关于石油天然气（含煤层气）项目土地复垦方案编报审查有关问题的函	国土资函〔2008〕393号	
170	关于企业改制过程中国有农用地有关问题的复函	国土资厅函〔2008〕558号	
171	关于加强军队空余土地转让管理有关问题的通知	国土资发〔2007〕29号	国土资源部、财政部、解放军总后勤部联合发布
172	关于落实工业用地招标拍卖挂牌出让制度有关问题的通知	国土资发〔2007〕78号	国土资源部、监察部联合发布
173	关于组织土地复垦方案编报和审查有关问题的通知	国土资发〔2007〕81号	
174	关于调整钨和稀土矿勘查许可证采矿许可证登记权限有关问题的通知	国土资发〔2007〕92号	
175	关于加强土地权属争议调处工作的通知	国土资发〔2007〕94号	
176	关于加强煤炭和煤层气资源综合勘查开采管理的通知	国土资发〔2007〕96号	
177	国土资源部关于贯彻实施《中华人民共和国物权法》的通知	国土资发〔2007〕112号	
178	关于进一步加强矿产督察员管理工作的通知	国土资发〔2007〕144号	
179	关于加强海砂开采管理的通知	国土资发〔2007〕190号	
180	关于印发《实际耕地与新增建设用地面积确定办法》的通知	国土资发〔2007〕207号	
181	关于认真贯彻《国务院关于解决城市低收入家庭住房困难的若干意见》进一步加强土地供应调控的通知	国土资发〔2007〕236号	
182	关于报部审查的部分行政许可事项电子申报有关事宜的通知	国土资发〔2007〕280号	
183	关于实行全国探矿权统一配号的通知	国土资发〔2007〕294号	
184	关于进一步加强和改进建设用地备案工作的通知	国土资发〔2007〕326号	

(续表)

序号	名称	文号	备注
185	关于矿产资源开发整合中采矿登记有关问题的通知	国土资厅发〔2007〕65号	
186	关于国土资源管理部门矿产资源勘查开采监督管理职责的复函	国土资函〔2007〕431号	
187	关于土地登记发证后提出的争议能否按权属争议处理问题的复函	国土资厅函〔2007〕60号	
188	关于认定超越矿区范围采矿法律适用问题的复函	国土资厅函〔2007〕231号	
189	关于进一步规范矿业权出让管理的通知	国土资发〔2006〕12号	
190	关于全面开展矿山储量动态监督管理的通知	国土资发〔2006〕87号	
191	关于加强矿产资源补偿费征收管理促进煤矿回采率提高的通知	国土资发〔2006〕88号	
192	关于印发《招标拍卖挂牌出让国有土地使用权规范》(试行)和《协议出让国有土地使用权规范》(试行)的通知	国土资发〔2006〕114号	
193	关于加快推进征地补偿安置争议协调裁决制度的通知	国土资发〔2006〕133号	
194	关于调整矿业权价款确认(备案)和储量评审备案管理权限的通知	国土资发〔2006〕166号	
195	关于适应新形势切实搞好土地开发整理有关工作的通知	国土资发〔2006〕217号	
196	关于加强生产建设项目土地复垦管理工作的通知	国土资发〔2006〕225号	国土资源部、国家发展和改革委员会、财政部、铁道部、交通部、水利部、国家环境保护总局
197	关于加强地质勘查行业管理的通知	国土资发〔2006〕288号	
198	关于发布实施《全国工业用地出让最低价标准》的通知	国土资发〔2006〕307号	
199	关于调整报国务院批准城市建设用地审批方式有关问题的通知	国土资发〔2006〕320号	

(续表)

序号	名　　称	文　号	备　注
200	关于印发《关于制订征地统一年产值标准和征地区片综合地价工作有关问题的意见》的通知	国土资厅发〔2006〕3号	
201	关于加强国家矿山公园建设的通知	国土资厅发〔2006〕5号	
202	关于海域概念法律含义的复函	国土资厅函〔2006〕215号	
203	对处理有关收回土地使用权问题意见的函	国土资厅函〔2006〕356号	
204	关于矿泉水属性和适用法律的复函	国土资厅函〔2006〕509号	
205	关于加强和改进土地开发整理工作的通知	国土资发〔2005〕29号	
206	关于开展制订征地统一年产值标准和征地区片综合地价工作的通知	国土资发〔2005〕144号	
207	国土资源部、教育部关于加强中小学校校区（舍）地质灾害防治工作的通知	国土资发〔2005〕153号	国土资源部、教育部联合发布
208	关于印发《非法采矿、破坏性采矿造成矿产资源破坏价值鉴定程序的规定》的通知	国土资发〔2005〕175号	
209	关于进一步做好基本农田保护有关工作的意见	国土资发〔2005〕196号	国土资源部、农业部、国家发展和改革委员会、财政部、建设部、水利部、国家林业局联合发布
210	关于规范勘查许可证采矿许可证权限有关问题的通知	国土资发〔2005〕200号	
211	关于印发土地权属争议案件文书格式的通知	国土资厅发〔2005〕57号	
212	关于印发《国家矿山公园领导小组第一次会议纪要》的通知	国土资厅发〔2005〕102号	
213	关于对农民集体土地确权有关问题的复函	国土资厅函〔2005〕58号	
214	关于开展矿产资源储量登记工作的通知	国土资发〔2004〕35号	
215	国土资源部关于加强地质灾害危险性评估工作的通知	国土资发〔2004〕69号	

(续表)

序号	名称	文号	备注
216	国土资源部 监察部关于继续开展经营性土地使用权招标拍卖挂牌出让情况执法监察工作的通知	国土资发〔2004〕71号	国土资源部、监察部联合发布
217	国土资源部关于认真贯彻行政许可法进一步规范行政许可行为的通知	国土资发〔2004〕139号	
218	关于调整部分矿种矿山生产建设规模标准的通知	国土资发〔2004〕208号	
219	印发《关于加强农村宅基地管理的意见》的通知	国土资发〔2004〕234号	
220	关于印发《关于完善农用地转用和土地征收审查报批工作的意见》的通知	国土资发〔2004〕237号	
221	关于印发《关于完善征地补偿安置制度的指导意见》的通知	国土资发〔2004〕238号	
222	关于申报国家矿山公园的通知	国土资发〔2004〕256号	
223	关于股权转让涉及土地使用权变更有关问题的批复	国土资厅函〔2004〕224号	
224	关于确认海涂、滩涂土地权属问题的复函	国土资厅函〔2004〕281号	
225	关于印发《市(地)县(市)级国土资源主管部门矿产资源监督管理暂行办法》的通知	国土资发〔2003〕17号	
226	关于印发《矿产督察工作制度》的通知	国土资发〔2003〕62号	
227	关于印发《矿产勘查及油气开采督察员工作制度》的通知	国土资发〔2003〕99号	
228	关于加强矿产资源储量评审监督管理的通知	国土资发〔2003〕136号	
229	关于印发《探矿权采矿权招标拍卖挂牌管理办法(试行)》的通知	国土资发〔2003〕197号	
230	国土资源部、国家旅游局关于加强旅游区(点)地质灾害防治工作的通知	国土资发〔2003〕324号	国土资源部、国家旅游局联合发布
231	关于转发《国务院办公厅关于清理整顿各类开发区加强建设用地管理的通知》的通知	国土资发〔2003〕330号	

(续表)

序号	名　　称	文　　号	备　　注
232	关于加强城市建设用地审查报批工作有关问题的通知	国土资发〔2003〕345号	
233	关于加强土地供应管理促进房地产市场持续健康发展的通知	国土资发〔2003〕356号	
234	国土资源部关于印发《土地开发整理若干意见》的通知	国土资发〔2003〕363号	
235	关于深海及特殊海域免缴探矿权使用费等有关问题的复函	国土资厅函〔2003〕87号	
236	关于无人居住的岛屿土地所有权确定问题的复函	国土资厅函〔2003〕146号	
237	关于进一步明确矿泉水、地热水管理职责分工问题的复函	国土资厅函〔2003〕228号	
238	关于耕地开垦费有关问题的复函	国土资厅函〔2003〕244号	
239	关于地热、矿泉水管理职能有关问题的复函	国土资厅函〔2003〕322号	
240	关于改革土地估价人员和机构监督管理方式的通知	国土资发〔2002〕237号	
241	国土资源部 监察部关于严格实行经营性土地使用权招标拍卖挂牌出让的通知	国土资发〔2002〕265号	国土资源部、监察部联合发布
242	关于进一步加强地热、矿泉水资源管理的通知	国土资发〔2002〕414号	
243	关于跨越或穿越铁路用地土地权属问题的复函	国土资厅函〔2002〕84号	
244	关于农民建房占补平衡有关问题的复函	国土资厅函〔2002〕165号	
245	关于处理农村集体土地权属问题的复函	国土资厅函〔2002〕181号	
246	关于供销合作社使用土地权属问题的复函	国土资厅函〔2002〕328号	
247	关于确认耕地主体部门有关问题的复函	国土资厅函〔2002〕338号	

(续表)

序号	名称	文号	备注
248	关于对陕西省国土资源厅《关于我省地热水矿泉水行政管理职能有关问题的请示》的意见的函	国土资厅函〔2002〕390号	
249	关于带地入社土地确权问题的复函	国土资厅函〔2002〕437号	
250	关于改革土地估价结果确认和土地资产处置审批办法的通知	国土资发〔2001〕44号	
251	关于在海域颁发采矿许可证有关问题的通知	国土资发〔2001〕92号	
252	关于印发《土地估价师继续教育暂行规定》的通知	国土资发〔2001〕170号	
253	关于印发《矿产资源储量评审机构资格管理暂行办法》的通知	国土资发〔2001〕172号	
254	关于重组矿产督察员队伍的通知	国土资发〔2001〕279号	
255	关于进一步加强行政复议工作的通知	国土资发〔2001〕302号	
256	关于进一步加强和改进耕地占补平衡工作的通知	国土资发〔2001〕374号	
257	关于印发《企业改制土地资产处置审批意见(试行)》和《土地估价报告备案办法(试行)》的通知	国土资厅发〔2001〕42号	
258	关于进一步简化报国务院批准的建设用地审批工作程序有关问题的通知	国土资厅发〔2001〕43号	
259	关于启用中华人民共和国国土资源部行政复议专用章的通知	国土资厅发〔2001〕127号	
260	关于对原铁路用地土地使用权问题的批复	国土资函〔2001〕441号	
261	对有关土地权属确认问题的复函	国土资厅函〔2001〕25号	
262	对《关于〈土地管理法〉第三十一条占用耕地的单位是否包括个人的紧急请示》的复函	国土资厅函〔2001〕165号	
263	关于印发国土资源部关于全面推进依法行政的实施意见的通知	国土资发〔2000〕1号	

(续表)

序号	名　　称	文　号	备　注
264	关于建立土地有形市场促进土地使用权规范交易的通知	国土资发〔2000〕11号	
265	关于加大补充耕地工作力度确保实现耕地占补平衡的通知	国土资发〔2000〕120号	
266	关于报国务院批准的建设用地审查报批工作有关问题的通知	国土资发〔2000〕201号	
267	关于印发《矿业权出让转让管理暂行规定》的通知	国土资发〔2000〕309号	
268	关于加强管理依法行政从源头上防治腐败的决定	国土资发〔2000〕338号	
269	关于印发《矿产资源储量评审认定工作有关规定》的通知	国土资厅发〔2000〕54号	
270	关于国家紧缺矿产资源探矿权采矿权使用费减免办法的通知	国土资厅发〔2000〕76号	
271	关于申报国家地质公园的通知	国土资厅发〔2000〕77号	
272	关于土地确权有关问题的复函	国土资厅函〔2000〕47号	
273	关于城市国有土地权属问题的复函	国土资厅函〔2000〕260号	
274	关于转发矿泉水地热水管理职责分工文件的通知	国土资发〔1999〕25号	
275	关于切实做好耕地占补平衡工作的通知	国土资发〔1999〕39号	
276	关于查处土地违法行为如何适用《土地管理法》有关问题的通知	国土资发〔1999〕87号	
277	关于加强对矿产资源开发利用方案审查的通知	国土资发〔1999〕98号	
278	关于认真贯彻执行《基本农田保护条例》进一步做好基本农田保护工作的通知	国土资发〔1999〕122号	国土资源部、农业部联合发布
279	关于认真做好《中华人民共和国行政复议法》贯彻实施工作的通知	国土资发〔1999〕197号	

(续表)

序号	名 称	文 号	备 注
280	关于颁布《矿产资源储量评审认定办法》的通知	国土资发〔1999〕205号	国土资源部、国家计委、国家经贸委、中国人民银行、中国证监会联合发布
281	关于印发《规范国有土地租赁若干意见》的通知	国土资发〔1999〕222号	
282	国土资源部、民政部关于密切配合推进勘界工作加强土地管理的通知	国土资发〔1999〕335号	国土资源部、民政部联合发布
283	关于转发国务院对国土资源部《报国务院批准的建设用地审查办法》批复的通知	国土资发〔1999〕384号	
284	关于转发中央机构编制委员会办公室《关于解释重要矿产资源管理有关问题的复函》的通知	国土资发〔1999〕432号	
285	关于印发《国土资源部关于加强土地资产管理促进国有企业改革和发展的若干意见》的通知	国土资发〔1999〕433号	
286	关于贯彻执行《中华人民共和国土地管理法》和《中华人民共和国土地管理法实施条例》若干问题的意见	国土资厅发〔1999〕97号	
287	关于土地确权有关问题的复函	国土资函〔1999〕217号	
288	关于确定土地所有权和使用权有关问题的复函	国土资厅函〔1999〕112号	
289	关于矿产资源勘查登记、开采登记有关规定的通知	国土资发〔1998〕7号	
290	对广西壮族自治区土地管理局有关土地权属问题的批复	国土批〔1997〕12号	国家土地管理局发布
291	对浙江省土地管理局有关土地权属问题的批复	国土批〔1997〕78号	国家土地管理局发布
292	国家土地管理局关于城市房地产管理部门管理的公房占地土地使用权问题的批复	国土批〔1997〕126号	国家土地管理局发布
293	对山东省土地管理局有关黄河滩地权属问题的复函	〔1997〕国土函字第55号	国家土地管理局发布
294	关于印发《矿产资源补偿费专用票据管理办法》的通知	地发〔1996〕177号	地质矿产部、中国人民银行联合发布
295	关于新发现矿种履行申报手续的通知	地发〔1996〕232号	地质矿产部发布

（续表）

序号	名　称	文　号	备　注
296	关于加强矿产资源补偿费征收财务管理与监督的通知	地发〔1996〕277号	地质矿产部发布
297	对陕西省土地管理局有关问题的请示的批复	国土批〔1996〕72号	国家土地管理局发布
298	国家土地管理局对山东省土地管理局有关土地权属问题的函的答复	〔1996〕国土函字第88号	国家土地管理局发布
299	关于印发《矿产资源勘查区块划分及编号办法》的通知	地发〔1995〕125号	地质矿产部发布
300	关于征收煤泥矿产资源补偿费问题的复函	地函〔1995〕24号	地质矿产部发布
301	关于印发《确定土地所有权和使用权的若干规定》的通知	〔1995〕国土〔籍〕字第26号	国家土地管理局发布
302	国家土地管理局对鲁土籍函字(95)第17号文的复函	〔1995〕国土函字第74号	国家土地管理局发布
303	国家土地管理局对山西省土地管理局关于《确定土地所有权和使用权的若干规定》中第五十六条适用范围的请示的复函	〔1995〕国土函字第75号	国家土地管理局发布
304	国家土地管理局对辽宁省土地管理局关于确认土地权属政策有关条款的请示的批复	国土批〔1995〕51号	国家土地管理局发布
305	国家土地管理局对浙江省土地管理局有关确权问题请示的批复	国土批〔1995〕61号	国家土地管理局发布
306	地质矿产部关于矿产资源补偿费管理工作中若干问题的补充规定	地发〔1994〕99号	地质矿产部发布
307	关于开采水体下矿产资源含义的复函	地函〔1994〕281号	地质矿产部发布
308	国家土地管理局 水利部关于水利工程用地确权有关问题的通知	〔1992〕国土〔籍〕字第11号	国家土地管理局、水利部联合发布

国家旅游局、商务部关于废止《香港和澳门服务提供者在广东省设立旅行社申请审批办法》的决定

国家旅游局、商务部令第 45 号

《国家旅游局、商务部关于废止〈香港和澳门服务提供者在广东省设立旅行社申请审批办法〉的决定》已经 2017 年 12 月 15 日国家旅游局第 21 次局长办公会议审议通过,并经商务部批准,现予公布,自公布之日起生效。

国家旅游局局长　李金早
商务部部长　钟山
2018 年 2 月 5 日

国家旅游局、商务部关于废止《香港和澳门服务提供者在广东省设立旅行社申请审批办法》的决定

为深入推进简政放权、放管结合、优化服务改革,确保各项改革措施有效落实,根据《国务院办公厅关于进一步做好"放管服"改革涉及的规章、规范性文件清理工作的通知》(国办发〔2017〕40 号)、《国务院法制办公室关于做好法规清理工作的函》(国法函〔2017〕84 号)的要求,国家旅游局、商务部决定废止 2008 年 12 月 25 日国家旅游局、商务部令第 29 号公布,自 2009 年 1 月 1 日起施行的《香港和澳门服务提供者在广东省设立旅行社申请审批办法》。

本决定自公布之日起生效。

国家发展改革委、人民银行、质检总局等印发《关于对出入境检验检疫企业实施守信联合激励和失信联合惩戒的合作备忘录》的通知

发改财金〔2018〕176号

各省、自治区、直辖市、新疆生产建设兵团有关部门、机构：

为深入学习贯彻习近平新时代中国特色社会主义思想和党的十九大精神,落实《国务院关于印发社会信用体系建设规划纲要(2014—2020年)的通知》(国发〔2014〕21号)、《国务院关于建立完善守信联合激励和失信联合惩戒制度加快推进社会诚信建设的指导意见》(国发〔2016〕33号)、《国家发展改革委、人民银行关于加强和规范守信联合激励和失信联合惩戒对象名单管理工作的指导意见》(发改财金规〔2017〕1798号)等文件要求,建立健全守信联合激励和失信联合惩戒协同机制,完善进出口领域质量诚信体系建设,国家发展改革委、人民银行、质检总局、中央宣传部、中央文明办、中央网信办、科技部、工业和信息化部、公安部、财政部、人力资源社会保障部、国土资源部、环境保护部、住房城乡建设部、交通运输部、水利部、农业部、商务部、文化部、卫生计生委、国资委、海关总署、税务总局、工商总局、新闻出版广电总局、安全监管总局、食品药品监管总局、林业局、知识产权局、旅游局、法制办、银监会、证监会、保监会、海洋局、民航局、外汇局、全国总工会、共青团中央、全国工商联、贸促会、铁路总公司等部门联合签署了《关于对出入境检验检疫企业实施守信联合激励和失信联合惩戒的合作备忘录》。现印发给你们,请认真贯彻执行。

附件:关于对出入境检验检疫企业实施守信联合激励和失信联合惩戒的合作备忘录(略——编者注)

国家发展改革委　人民银行　质检总局
中央宣传部　中央文明办　中央网信办
科技部　工业和信息化部　公安部　财政部
人力资源社会保障部　国土资源部　环境保护部
住房城乡建设部　交通运输部　水利部　农业部
商务部　文化部　卫生计生委　国资委
海关总署　税务总局　工商总局
新闻出版广电总局　安全监管总局

食品药品监管总局　林业局
知识产权局　旅游局　法制办　银监会
证监会　保监会　海洋局　民航局
外汇局　全国总工会　共青团中央
全国工商联　贸促会　铁路总公司
2018年1月25日

商务部办公厅关于印发《商务部主动公开基本目录(试行)》的通知

商办厅函〔2018〕第25号

为贯彻落实《国务院办公厅印发〈关于全面推进政务公开工作的意见〉实施细则的通知》(国办发〔2016〕80号)要求,提高商务领域政府信息公开标准化、规范化水平,进一步落实决策、执行、管理、服务、结果"五公开",在商务部政府信息公开目录的基础上,现制定《商务部主动公开基本目录(试行)》(以下简称《基本目录》),并就有关事项通知如下:

一、公开事项和内容

重点公开机构信息、规范性文件、政策发布、规划计划、政府信息公开相关文件、分析报告、商务部本级保留的行政许可事项信息、商务部指定地方实施的行政许可事项信息、行政处罚结果信息、人事信息、财务信息、新闻舆论信息和综合类信息等13类67项内容,具体内容详见附件。

凡列入《基本目录》的公开事项,除涉及国家秘密、商业秘密、个人隐私及其他按规定不予公开的内容外,均应主动公开。

二、公开时限

满足前述条件的相关信息自形成或变更之日起20个工作日内,应当予以公开。法律、法规对政府信息公开的期限另有规定的,从其规定。

三、公开方式

商务部政府网站是商务部政务公开的第一平台。积极通过新闻发布会和传统媒体渠道,灵活运用微信、微博等新媒体平台进行主动公开。

四、责任主体

办公厅牵头,本部各直属单位根据责任分工分别负责。

五、监督渠道

社会各界可通过商务部政府网站(www.mofcom.gov.cn)"交流互动"栏目和网站首页"商务部邮箱"功能进行监督。

商务部主动公开基本目录(试行)(略——编者注)

商务部办公厅
2018年1月19日

现行有效外汇管理主要法规目录
(截至2017年12月31日)①

2018年

一、综合(21项)

(一)基本法规(8项)
1. 中华人民共和国外汇管理条例　国务院令第532号
2. 境内外汇划转管理暂行规定　〔97〕汇管函字第250号
3. 个人外汇管理办法　中国人民银行令2006年第3号
4. 个人外汇管理办法实施细则　汇发〔2007〕1号
5. 国家外汇管理局关于印发《海关特殊监管区域外汇管理办法》的通知　汇发〔2013〕15号
6. 国家外汇管理局关于印发《跨国公司外汇资金集中运营管理规定》的通知　汇发〔2015〕36号
7. 国家外汇管理局关于进一步促进贸易投资便利化完善真实性审核的通知　汇发〔2016〕7号

---

① 共收录外汇管理法规223件。

8. 国家外汇管理局关于进一步推进外汇管理改革完善真实合规性审核的通知　汇发〔2017〕3号

(二)账户管理(6项)

9. 境内外汇账户管理规定　银发〔1997〕416号
10. 境外外汇账户管理规定　〔97〕汇政发字第10号
11. 国家外汇管理局综合司关于驻华使领馆经常项目外汇账户管理有关问题的通知　汇综发〔2007〕114号
12. 国家外汇管理局关于对公外汇账户业务涉及有关外汇管理政策问题的批复　汇复〔2007〕398号
13. 国家外汇管理局综合司关于驻华外交机构外汇业务有关问题的批复　汇综复〔2008〕53号
14. 国家外汇管理局关于境外机构境内外汇账户管理有关问题的通知　汇发〔2009〕29号

(三)行政许可(1项)

15. 国家外汇管理局关于外汇管理行政审批有关工作事项的通知　汇发〔2015〕31号

(四)其他(6项)

16. 国家外汇管理局关于印发《国家外汇管理局政府信息公开指南》、《国家外汇管理局政府信息公开目录》、《国家外汇管理局依申请公开政府信息工作规程》的通知　汇发〔2008〕12号
17. 国家外汇管理局法律咨询工作管理规定　汇综发〔2009〕106号
18. 国家外汇管理局综合司关于办理二氧化碳减排量等环境权益跨境交易有关外汇业务问题的通知　汇综发〔2010〕151号
19. 国家外汇管理局关于废止和修改涉及注册资本登记制度改革相关规范性文件的通知　汇发〔2015〕20号
20. 国家外汇管理局关于亚洲基础设施投资银行和新开发银行外汇管理有关问题的通知　汇发〔2016〕10号
21. 国家外汇管理局公告2016年第2号

二、经常项目外汇管理(27项)

(一)经常项目综合(5项)

22. 国家外汇管理局关于免税商品外汇管理有关问题的通知　汇发〔2006〕16号
23. 国家外汇管理局关于调整经常项目外汇管理政策的通知　汇发〔2006〕19号
24. 国家外汇管理局关于境内机构自行保留经常项目外汇收入的通知　汇发〔2007〕49号
25. 国家外汇管理局关于改进海关特殊监管区域经常项目外汇管理有关问题的通知　汇发〔2013〕22号
26. 国家外汇管理局关于开展支付机构跨境外汇支付业务试点的通知　汇发〔2015〕7号

(二)货物贸易外汇管理(8项)

27. 国家外汇管理局综合司关于商业银行办理黄金进出口收付汇有关问题的通知　汇

综发〔2012〕85号

28. 国家外汇管理局、海关总署、国家税务总局关于货物贸易外汇管理制度改革的公告　国家外汇管理局公告2012年第1号

29. 国家外汇管理局关于印发货物贸易外汇管理法规有关问题的通知　汇发〔2012〕38号

30. 国家外汇管理局综合司关于做好货物贸易外汇管理应急工作有关问题的通知　汇综发〔2012〕123号

31. 中华人民共和国海关总署、国家外汇管理局公告2013年第52号

32. 国家外汇管理局关于完善银行贸易融资业务外汇管理有关问题的通知　汇发〔2013〕44号

33. 国家外汇管理局关于规范货物贸易外汇收支电子单证审核的通知　汇发〔2016〕25号

34. 国家外汇管理局关于便利银行开展贸易单证审核有关工作的通知　汇发〔2017〕9号

(三)边境贸易(1项)

35. 国家外汇管理局关于边境地区贸易外汇管理有关问题的通知　汇发〔2014〕12号

(四)服务贸易外汇管理(4项)

36. 国家外汇管理局关于外币旅行支票代售管理等有关问题的通知　汇发〔2004〕15号

37. 国家外汇管理局关于境内机构捐赠外汇管理有关问题的通知　汇发〔2009〕63号

38. 国家外汇管理局关于印发服务贸易外汇管理法规的通知　汇发〔2013〕30号

39. 国家税务总局、国家外汇管理局关于服务贸易等项目对外支付税务备案有关问题的公告　国家税务总局、国家外汇管理局公告2013年第40号

(五)个人经常项目外汇管理(5项)

40. 国家外汇管理局关于进一步完善个人结售汇业务管理的通知　汇发〔2009〕56号

41. 国家外汇管理局关于进一步完善个人外汇管理有关问题的通知　汇发〔2015〕49号

42. 国家外汇管理局关于优化个人外汇业务信息系统的通知　汇发〔2016〕34号

43. 国家外汇管理局综合司关于外籍人员持外国人永久居留身份证办理结售汇业务有关事宜的通知　汇综发〔2017〕59号

44. 国家外汇管理局综合司关于完善个人外汇信息申报的通知　汇综发〔2017〕65号

(六)外币现钞与外币计价管理(4项)

45. 携带外币现钞出入境管理暂行办法　汇发〔2003〕102号

46. 携带外币现钞出入境管理操作规程　汇发〔2004〕21号

47. 国家外汇管理局、海关总署关于印发《银行调运外币现钞进出境管理规定》的通知　汇发〔2014〕24号

48. 国家外汇管理局关于印发《境内机构外币现钞收付管理办法》的通知　汇发〔2015〕47号

三、资本项目外汇管理(78项)

(一)资本项目综合(6项)

49. 国家外汇管理局关于下放部分资本项目外汇业务审批权限有关问题的通知　汇发〔2005〕63号

50. 国家外汇管理局关于调整部分资本项目外汇业务审批权限的通知　汇发〔2010〕29号

51. 国家外汇管理局关于鼓励和引导民间投资健康发展有关外汇管理问题的通知　汇发〔2012〕33号

52. 国家外汇管理局关于推广资本项目信息系统的通知　汇发〔2013〕17号

53. 国家外汇管理局关于进一步改进和调整资本项目外汇管理政策的通知　汇发〔2014〕2号

54. 国家外汇管理局关于改革和规范资本项目结汇管理政策的通知　汇发〔2016〕16号

(二)外商直接投资外汇管理(13项)

1—基本法规

55. 利用外资改组国有企业暂行规定　国家经济贸易委员会、财政部、国家工商行政管理总局、国家外汇管理局令2002年第42号

56. 外商投资创业投资企业管理规定　对外贸易经济合作部、科学技术部、国家工商行政管理总局、国家税务总局、国家外汇管理局令2003年第2号

57. 外国投资者对上市公司战略投资管理办法　商务部、中国证券监督管理委员会、国家税务总局、国家工商行政管理总局、国家外汇管理局令2005年第28号

58. 关于外国投资者并购境内企业的规定　商务部、国务院国有资产监督管理委员会、国家税务总局、国家工商行政管理总局、中国证券监督管理委员会、国家外汇管理局令2006年第10号〔《商务部关于修改〈关于外国投资者并购境内企业的规定〉的决定》(商务部令2009年第6号)修改〕

59. 国家外汇管理局关于进一步改进和调整直接投资外汇管理政策的通知　汇发〔2012〕59号

60. 国家外汇管理局关于印发《外国投资者境内直接投资外汇管理规定》及配套文件的通知　汇发〔2013〕21号

61. 国家外汇管理局关于进一步简化和改进直接投资外汇管理政策的通知　汇发〔2015〕13号

62. 国家外汇管理局关于改革外商投资企业外汇资本金结汇管理方式的通知　汇发〔2015〕19号

2—其他

63. 国家外汇管理局、建设部关于规范房地产市场外汇管理有关问题的通知　汇发〔2006〕47号

64. 住房和城乡建设部、国家外汇管理局关于进一步规范境外机构和个人购房管理的通知　建房〔2010〕186号

65. 建设部、商务部、国家发展和改革委员会、中国人民银行、国家工商行政管理总局、国家外汇管理局关于规范房地产市场外资准入和管理的意见　建住房〔2006〕171号

66. 住房城乡建设部、商务部、国家发展改革委、人民银行、工商总局、外汇局关于调整房地产市场外资准入和管理有关政策的通知　建房〔2015〕122号

67. 商务部、外汇局关于进一步改进外商投资房地产备案工作的通知　商资函〔2015〕895号

(三)境外投资外汇管理(4项)

68. 国家外汇管理局关于境内企业境外放款外汇管理有关问题的通知 汇发〔2009〕24号

69. 境内机构境外直接投资外汇管理规定 汇发〔2009〕30号

70. 国家外汇管理局关于境内银行境外直接投资外汇管理有关问题的通知 汇发〔2010〕31号

71. 国家外汇管理局关于境内居民通过特殊目的公司境外投融资及返程投资外汇管理有关问题的通知 汇发〔2014〕37号

(四)境外融资及有价证券管理(6项)

1—境外发债及上市

72. 国务院办公厅转发国家计委、人民银行关于进一步加强对外发债管理意见的通知 国办发〔2000〕23号

73. 国家外汇管理局关于境外上市外汇管理有关问题的通知 汇发〔2014〕54号

2—套期保值

74. 国有企业境外期货套期保值业务管理办法 证监发〔2001〕81号

75. 国家外汇管理局关于国有企业境外期货套期保值业务外汇管理有关问题的通知 汇发〔2013〕25号

3—其他

76. 国家外汇管理局关于调整境内发行B股和境外上市股票外汇专用账户的开立和募股收入结汇审批权限的通知 汇发〔1999〕380号

77. 中国人民银办公厅关于A股上市公司外资股东减持股份及分红所涉账户开立与外汇管理有关问题的通知 银办发〔2009〕178号

(五)证券市场投资外汇管理(14项)

1—境内证券市场投资外汇管理

78. 合格境外机构投资者境内证券投资管理办法 中国证券监督管理委员会、中国人民银行、国家外汇管理局令2006年第36号

79. 国家外汇管理局综合司关于绿庭(香港)有限公司减持A股资金管理有关问题的批复 汇综复〔2010〕58号

80. 国际开发机构人民币债券发行管理暂行办法 中国人民银行、财政部、国家发展和改革委员会、中国证券监督管理委员会公告〔2010〕第10号

81. 人民币合格境外机构投资者境内证券投资试点办法 中国证券监督管理委员会、中国人民银行、国家外汇管理局令2013年第90号

82. 国家外汇管理局关于境外交易者和境外经纪机构从事境内特定品种期货交易外汇管理有关问题的通知 汇发〔2015〕35号

83. 国家外汇管理局关于调整合格机构投资者数据报送方式的通知 汇发〔2015〕45号

84. 合格境外机构投资者境内证券投资外汇管理规定 国家外汇管理局公告2016年第1号

85. 国家外汇管理局关于境外机构投资者投资银行间债券市场有关外汇管理问题的通知 汇发〔2016〕12号

86. 中国人民银行、国家外汇管理局关于人民币合格境外机构投资者境内证券投资管理有关问题的通知　银发〔2016〕227号

2—境外证券市场投资外汇管理

87. 商业银行开办代客境外理财业务管理暂行办法　银发〔2006〕121号

88. 保险资金境外投资管理暂行办法　中国保险监督管理委员会、中国人民银行、国家外汇管理局令2007年第2号

89. 信托公司受托境外理财业务管理暂行办法　银监发〔2007〕27号

90. 合格境内机构投资者境外证券投资外汇管理规定　国家外汇管理局公告2013年第1号

3—其他

91. 内地与香港证券投资基金跨境发行销售资金管理操作指引　中国人民银行、国家外汇管理局公告〔2015〕第36号

(六)外债及对外担保管理(21项)

1—基本法规

92. 国家外汇管理局关于印发《银行外汇业务管理规定》等规章的通知　附件:境内机构借用国际商业贷款管理办法　(97)汇政发字第06号

93. 外债管理暂行办法　国家发展计划委员会、财政部、国家外汇管理局令2003年第28号

94. 境内外资银行外债管理办法　国家发展和改革委员会、中国人民银行、中国银行业监督管理委员会令2004年第9号

95. 境内金融机构赴香港特别行政区发行人民币债券管理暂行办法　中国人民银行、国家发展改革委员会公告2007年第12号

96. 中国人民银行关于实施全口径跨境融资宏观审慎管理有关事宜的通知　银发〔2017〕9号

2—外债统计与管理

97. 外债统计监测暂行规定

98. 国家外汇管理局关于印发《银行外汇业务管理规定》等规章的通知　附件:外债统计监测实施细则　〔97〕汇政发字第06号

99. 国家计委、中国人民银行、国家外汇管理局关于国有商业银行实行中长期外债余额管理的通知　计外资〔2000〕53号

100. 国家外汇管理局关于调整我国外债口径及相关问题的通知　汇发〔2001〕174号

101. 国家外汇管理局关于发布《外债登记管理办法》的通知　汇发〔2013〕19号

102. 国家外汇管理局关于核定2015年度境内机构短期外债余额指标有关问题的通知　汇发〔2015〕14号

3—担保

103. 国家外汇管理局关于发布《跨境担保外汇管理规定》的通知　汇发〔2014〕29号

104. 中国人民银行公告〔2014〕第13号

105. 国家外汇管理局关于对部分非银行机构内保外贷业务实行集中登记管理的通

知　汇发〔2015〕15 号

106. 国家外汇管理局综合司关于完善银行内保外贷外汇管理的通知　汇综发〔2017〕108 号

4—贸易信贷

107. 中国人民银行关于商业银行办理信用证和保函业务有关问题的通知　银发〔2002〕124 号

5—外汇贷款

108. 国家外汇管理局关于实施国内外汇贷款外汇管理方式改革的通知　汇发〔2002〕125 号

109. 境内企业内部成员外汇资金集中运营管理规定　汇发〔2009〕49 号

110. 国家外汇管理局关于境内企业外汇质押人民币贷款政策有关问题的通知　汇发〔2011〕46 号

111. 国家外汇管理局关于印发《外债转贷款外汇管理规定》的通知　汇发〔2014〕5 号

112. 国家外汇管理局关于融资租赁业务外汇管理有关问题的通知　汇发〔2017〕21 号

(七)个人资本项目外汇管理(14 项)

1—资产转移

113. 中国人民银行公告 2004 年第 16 号——个人财产对外转移售付汇管理暂行办法

114.《个人财产对外转移售付汇管理暂行办法》操作指引(试行)　汇发〔2004〕118 号

115. 国家外汇管理局、外交部、公安部、监察部、司法部关于实施《个人财产对外转移售付汇管理暂行办法》有关问题的通知　汇发〔2005〕9 号

116. 国家税务总局、国家外汇管理局关于个人财产对外转移提交税收证明或者完税凭证有关问题的通知　国税发〔2005〕13 号

2—证券投资

117. 国家外汇管理局、中国证券监督管理委员会关于国内证券经营机构从事 B 股交易有关问题的通知　〔95〕汇管函字第 140 号

118. 中国证券监督管理委员会、国家外汇管理局关于境内居民个人投资境内上市外资股若干问题的通知　证监发〔2001〕22 号

119. 国家外汇管理局关于贯彻实施《关于境内居民个人投资境内上市外资股若干问题的通知》中有关问题的通知　汇发〔2001〕26 号

120. 国家外汇管理局关于境内居民投资境内上市外资股有关问题的补充通知　汇发〔2001〕31 号

121. 国家外汇管理局关于贯彻实施《关于境内居民个人投资境内上市外资股若干问题的通知》中有关问题的补充通知　汇发〔2001〕32 号

122. 国家外汇管理局综合司关于境内个人投资 B 股购汇有关问题的批复　汇综复〔2011〕148 号

123. 国家外汇管理局关于境内个人参与境外上市公司股权激励计划外汇管理有关问题的通知　汇发〔2012〕7 号

124. 国家外汇管理局关于重庆长安汽车股份有限公司回购 B 股股份购汇额度等外汇管

理事项的批复 汇复〔2012〕21号

125.国家外汇管理局关于美国银行有限公司中国区分行行为境内个人参与境外上市公司股权激励计划境内代理机构开立结汇待支付专用账户的批复 汇复〔2017〕1号

3—外汇质押人民币贷款

126.国家外汇管理局关于境内居民个人以外汇抵押人民币贷款政策问题的通知 汇发〔2003〕2号

四、金融机构外汇业务监管(45项)

(一)基本法规(5项)

127.国家外汇管理局关于下发《银行外汇业务管理规定》和《非银行金融机构外汇业务管理规定》的补充规定的通知 附件:关于非银行金融机构外汇业务管理的相关规定 〔93〕汇业函字第83号

128.非银行金融机构外汇业务范围界定 〔96〕汇管函字第142号

129.关于规范金融机构同业业务的通知 银发〔2014〕127号

130.国家外汇管理局关于修订《银行执行外汇管理规定情况考核办法》相关事宜的通知 汇发〔2015〕26号

131.国家外汇管理局综合司关于印发《银行执行外汇管理规定情况考核内容及评分标准(2017年)》的通知 汇综发〔2017〕31号

(二)银行结售汇业务(15项)

1—银行结售汇业务

132.国家外汇管理局关于境外黄金借贷和衍生产品交易业务外汇管理问题的批复 汇复〔2005〕253号

133.国家外汇管理局关于银行贵金属业务汇率敞口外汇管理有关问题的通知 汇发〔2012〕8号

134.银行办理结售汇业务管理办法 中国人民银行令〔2014〕第2号

135.国家外汇管理局关于印发《银行办理结售汇业务管理办法实施细则》的通知 汇发〔2014〕53号

136.中国人民银行关于外资银行结售汇专用人民币账户管理有关问题的通知 银发〔2015〕12号

137.国家外汇管理局关于银行间债券市场境外机构投资者外汇风险管理有关问题的通知 汇发〔2017〕5号

2—银行结售汇头寸管理

138.国家外汇管理局综合司关于调整银行结售汇综合头寸统计报表及报送方式的通知 汇综发〔2012〕129号

3—银行结售汇报表

139.银行结售汇统计制度 汇发〔2006〕42号

140.国家外汇管理局关于进一步规范银行结售汇统计管理有关问题的通知 汇发

〔2008〕54号

141. 国家外汇管理局综合司关于将人民币购售业务纳入结售汇统计有关问题的通知　汇综发〔2010〕99号

142. 国家外汇管理局关于进一步强化国际收支核查工作的通知　汇发〔2011〕47号

143. 国家外汇管理局综合司关于调整银行结售汇统计报表相关指标的通知　汇综发〔2014〕65号

144. 国家外汇管理局综合司关于调整银行结售汇统计报表有关问题的通知　汇综发〔2017〕4号

4—结售汇相关产品管理

145. 中国人民银行关于政策性银行为合格境外机构办理人民币贷款业务和货币互换业务有关问题的通知　银发〔2007〕81号

146. 国家外汇管理局关于合作办理远期结售汇业务有关问题的通知　汇发〔2010〕62号

(三)离岸业务(2项)

147. 离岸银行业务管理办法　银发〔1997〕438号

148. 离岸银行业务管理办法实施细则　〔98〕汇管发字第09号

(四)银行卡相关业务(6项)

149. 国家外汇管理局关于规范银行外币卡管理的通知　汇发〔2010〕53号

150. 国家外汇管理局关于银联国际有限公司承接银联卡境外业务相关外汇业务资质等事宜的批复　汇复〔2013〕125号

151. 国家外汇管理局关于进一步加强银联人民币卡境外提现管理的通知　汇发〔2015〕40号

152. 国家外汇管理局关于金融机构报送银行卡境外交易信息的通知　汇发〔2017〕15号

153. 国家外汇管理局综合司关于银行卡境外交易外汇管理系统上线有关工作的通知　汇综发〔2017〕81号

154. 国家外汇管理局关于规范银行卡境外大额提取现金交易的通知　汇发〔2017〕29号

(五)不良债权(1项)

155. 国家发展改革委、国家外汇管理局关于规范境内金融机构对外转让不良债权备案管理的通知　发改外资〔2007〕254号

(六)银行相关其他业务(4项)

156. 中国人民银行关于内地银行与香港和澳门银行办理个人人民币业务有关问题的通知　银发〔2004〕254号

157. 国家外汇管理局关于中国银行福建省分行开办个人外汇保证金交易的批复　汇复〔2006〕95号

158. 国家外汇管理局关于交通银行开办代理境外分支机构开户见证业务的批复　汇复〔2010〕208号

159. 国家外汇管理局关于新台币兑换管理有关问题的通知　汇发〔2013〕11号

(七)保险公司(2项)

160. 国家外汇管理局关于印发《保险业务外汇管理指引》的通知　汇发〔2015〕6号

161. 国家外汇管理局综合司关于上线保险业务数据报送系统的通知　汇综发〔2015〕97号

(八)信托公司、金融资产公司及其他非银行金融机构(5 项)

162. 中国人民银行关于金融资产管理公司外汇业务经营范围的通知　银发〔2000〕160 号
163. 中国证券监督管理委员会、国家外汇管理局关于证券经营机构从事 B 股业务若干问题的补充通知　证监发〔2001〕26 号
164. 国家外汇管理局关于外资参股基金管理公司有关外汇管理问题的通知　汇发〔2003〕44 号
165. 国家外汇管理局关于汽车金融公司有关外汇管理问题的通知　汇发〔2004〕72 号
166. 国家外汇管理局关于金融资产管理公司对外处置不良资产外汇管理有关问题的通知　汇发〔2015〕3 号

(九)外币代兑机构、个人本外币兑换特许机构、自助兑换机(5 项)

167. 国家外汇管理局关于印发《个人本外币兑换特许业务试点管理办法》的通知　汇发〔2012〕27 号
168. 国家外汇管理局综合司关于规范个人本外币兑换特许业务和外币代兑业务有关事项的通知　汇综发〔2015〕38 号
169. 国家外汇管理局关于个人本外币兑换特许机构办理调运外币现钞进出境及外币批发业务的批复　汇复〔2015〕169 号
170. 国家外汇管理局关于个人本外币兑换特许机构通过互联网办理兑换业务有关问题的通知　汇发〔2015〕41 号
171. 国家外汇管理局关于印发《外币代兑机构和自助兑换机业务管理规定》的通知　汇发〔2016〕11 号

五、人民币汇率与外汇市场(19 项)

(一)汇价(5 项)

172. 中国人民银行公告〔2005〕第 16 号——关于完善人民币汇率形成机制改革有关事宜
173. 中国人民银行公告〔2006〕第 1 号——关于进一步完善银行间即期外汇市场、改进人民币汇率中间价形成方式有关事宜
174. 中国人民银行公告〔2007〕第 9 号——关于扩大银行间即期外汇市场人民币兑美元交易价浮动幅度
175. 中国人民银行公告〔2014〕第 5 号
176. 中国人民银行关于银行间外汇市场交易汇价和银行挂牌汇价管理有关事项的通知　银发〔2014〕188 号

(二)外汇交易市场(14 项)

177. 国家外汇管理局关于加强对外汇市场监管规范办公程序的通知　〔95〕汇国函字第 009 号
178. 银行间外汇市场管理暂行规定　银发〔1996〕423 号
179. 中国人民银行公告〔2003〕第 16 号——关于在香港办理个人人民币存款、兑换、银行卡和汇款业务的有关银行清算安排事宜

180.国家外汇管理局关于在银行间外汇市场推出即期询价交易有关问题的通知 汇发〔2005〕87号

181.非金融企业和非银行金融机构申请银行间即期外汇市场会员资格实施细则(暂行) 汇发〔2005〕94号

182.中国人民银行关于加快发展外汇市场有关问题的通知 银发〔2005〕202号

183.中国人民银行关于在银行间外汇市场开办人民币外汇货币掉期业务有关问题的通知 银发〔2007〕287号

184.货币经纪公司外汇经纪业务管理暂行办法 汇发〔2008〕55号

185.中国人民银行、国家外汇管理局关于停办外币清算业务有关事宜的通知 银发〔2009〕137号

186.国家外汇管理局关于中国外汇交易中心在银行间外汇市场推出人民币对外汇期权交易的批复 汇复〔2011〕30号

187.国家外汇管理局关于修订《银行间外汇市场做市商指引》的通知 汇发〔2013〕13号

188.国家外汇管理局关于调整金融机构进入银行间外汇市场有关管理政策通知 汇发〔2014〕48号

189.国家外汇管理局关于境外中央银行类机构投资银行间市场外汇账户管理有关问题的通知 汇发〔2015〕43号

190.中国人民银行、国家外汇管理局公告〔2015〕第40号

六、国际收支与外汇统计(13项)

(一)国际收支统计综合法规(1项)

191.国务院关于修改《国际收支统计申报办法》的决定 中华人民共和国国务院令第642号

(二)国际收支统计间接申报(5项)

192.国家外汇管理局关于印发《境内银行涉外收付凭证管理规定》的通知 汇发〔2014〕19号

193.国家外汇管理局关于印发《涉外收支交易分类与代码〔2014版〕》的通知 汇发〔2014〕21号

194.国家外汇管理局关于印发《通过银行进行国际收支统计申报业务实施细则》的通知 汇发〔2015〕27号

195.国家外汇管理局关于印发《通过银行进行国际收支统计申报业务指引(2016年版)》的通知 汇发〔2016〕4号

196.国家外汇管理局综合司关于印发《通过银行进行国际收支统计申报业务核查规则(2017年版)》的通知 汇综发〔2017〕67号

(三)国际收支统计直接申报(6项)

197.国家外汇管理局关于中资金融机构报送外汇资产负债统计报表的通知 汇发〔2009〕6号

198. 国家外汇管理局综合司关于调整中资金融机构外汇资产负债等报表报送方式的通知　汇综发〔2012〕136号

199. 商务部、国家统计局、国家外汇管理局关于印发《对外直接投资统计制度》的通知　商合函〔2015〕6号

200. 国家外汇管理局关于印发《对外金融资产负债及交易统计制度》的通知　汇发〔2016〕15号

201. 国家外汇管理局综合司关于印发《对外金融资产负债及交易统计核查规则(2017年版)》的通知　汇综发〔2017〕72号

202. 国家外汇管理局综合司关于印发《对外金融资产负债及交易统计业务指引(2017年版)》的通知　汇综发〔2017〕106号

(四)抽样调查制度(1项)

203. 国家外汇管理局关于印发《贸易信贷调查制度》的通知　汇发〔2016〕1号

七、外汇检查与法规适用(11项)

(一)办案程序(3项)

204. 国家外汇管理局外汇检查处罚权限管理规定　汇发〔2001〕219号

205. 国家外汇管理局行政处罚听证程序　汇发〔2002〕79号

206. 国家外汇管理局行政复议程序　汇发〔2002〕80号

(二)法律依据(3项)

207. 国家外汇管理局关于转发《关于骗购外汇、非法套汇、逃汇、非法买卖外汇等违反外汇管理规定行为的行政处分或者纪律处分暂行规定》的通知　汇发〔1999〕102号

208. 国家外汇管理局关于《中华人民共和国外汇管理条例》第七章法律责任部分条款内容含义和适用原则有关问题的通知　汇发〔2008〕59号

209. 对国家外汇管理局关于提请解释《外汇管理条例》法律责任有关条款的复函　国法函〔2012〕219号

(三)其他(5项)

210. 中国证监会、国家外汇管理局、国家工商行政管理局、公安部关于严厉查处非法外汇期货和外汇按金交易活动的通知　证监发字〔1994〕165号

211. 中国证券监督管理委员会、国家工商行政管理局、国家外汇管理局、公安部关于印发《关于贯彻中国证监会、国家外汇管理局、国家工商行政管理局、公安部〈关于严厉查处非法外汇期货和外汇按金交易活动的通知〉的会议纪要》的通知　证监发字〔1994〕196号

212. 国家外汇管理局、国家工商行政管理局关于禁止国内私自以外币计价结算和禁止发布含有外币计价结算内容的广告的通知　〔96〕汇管函字第177号

213. 国家外汇管理局、公安部关于严厉打击非法买卖外汇违法犯罪活动的通知　汇发〔2001〕155号

214. 国家外汇管理局综合司关于非法网络炒汇行为有关问题认定的批复　汇综复〔2008〕56号

八、外汇科技管理(9 项)

215. 国家外汇管理局信息系统代码标准化工作管理办法(暂行)　汇综发〔2008〕162 号
216. 国家外汇管理局综合司关于修订印发《国家外汇管理局信息系统代码标准管理实施细则》的通知　汇综发〔2011〕131 号
217. 国家外汇管理局、国家质量监督检验检疫总局关于修订印发《特殊机构代码赋码业务操作规程》的通知　汇发〔2014〕16 号
218. 国家外汇管理局综合司关于报送对外金融资产负债及交易数据、个人外币现钞存取数据和银行自身外债数据的通知　汇综发〔2014〕95 号
219. 国家外汇管理局综合司关于扩大企业联机接口服务应用范围的通知　汇综发〔2015〕35 号
220. 国家外汇管理局关于发布《金融机构外汇业务数据采集操作规程》的通知　汇发〔2015〕44 号
221. 国家外汇管理局关于发布《金融机构外汇业务数据采集规范(1.1 版)》的通知　汇发〔2016〕22 号
222. 国家外汇管理局综合司关于对外金融资产负债及交易数据、机构外币现钞存取数据、外汇账户和账户内结售汇数据接口程序自查、联调和数据报送有关工作的通知　汇综发〔2017〕34 号
223. 国家外汇管理局综合司关于做好外汇业务系统适用统一社会信用代码工作的通知　汇综发〔2017〕93 号

商务部、发展改革委、工业和信息化部、财政部、交通运输部、统计局、邮政局、国家认监委、国家标准委、中国铁路总公司关于推广标准托盘发展单元化物流的意见

商流通函〔2017〕968 号

各省、自治区、直辖市、计划单列市及新疆生产建设兵团商务、发展改革、工业和信息化、财政、交通运输、统计、邮政、质量技术监督、市场监督管理、铁路部门(集团公司),中国物流与采购联合会、中国仓储与配送协会:

托盘作为物流集装单元器具,广泛应用于生产和流通领域,推广应用标准托盘(以下均

指 1200mm×1000mm 平面尺寸)、发展单元化物流,是降低物流成本、提高流通效率的有效措施。为贯彻党的十九大精神,落实《国务院办公厅关于进一步推进物流降本增效促进实体经济发展的意见》(国办发〔2017〕73号),加快推广标准托盘、发展单元化物流,促进物流提质增效,现提出以下意见。

一、总体要求

(一)基本思路

从标准托盘推广应用切入,促进包装箱、周转箱(筐)、货运车厢、集装箱等物流载具标准衔接,提升物流上下游设施设备和服务标准化水平。以托盘、周转箱(筐)为集装单元、作业单元、计量单元和数据单元,发展单元化物流,推进物流链各环节高效运作,各主体信息顺畅交换。

(二)工作原则

坚持市场主导。发挥市场主体作用,以用户需求为导向,以模式创新为动力,以信息技术为支撑,鼓励标准托盘在适用领域广泛应用。

坚持问题导向。推动解决设施设备不衔接、循环共用体系不完善、物流运作规范不统一、信息数据交互不顺畅等问题,实现物流一体化运作。

坚持协同推进。发挥商贸、生产、物流企业及设备运营商等各方面作用,鼓励联盟合作和区域联动,以点连线、以线联网,协同推进物流标准化。

(三)工作目标

到 2020 年,物流标准化水平明显提升。标准托盘占全国托盘保有量比例由目前的 27% 提高到 32% 以上,适用领域占比由目前的 65% 提高到 70% 以上。物流降本增效取得明显进展。企业装卸成本大幅降低,货损率显著下降,装卸货效率、车辆周转率明显提高。

二、重点任务

(一)加快标准托盘推广应用。重点在快消品、农产品、药品、电商、中小型电器和工业零部件等适用领域,推广规格统一、质量合格的标准托盘。鼓励托盘生产企业从供给端减少一次性托盘、非标托盘的生产与供应。鼓励用户以租赁、转售、交换等形式使用标准托盘,促进托盘沿供应链流转,减少托盘自购自用和静态使用。加快淘汰存量非标托盘,鼓励采用"回购返租"等创新模式实现非标托盘转换。

(二)促进物流链各环节标准化衔接。推动单元化物流载具应用并与标准托盘衔接配套,鼓励产品制造环节采用符合 600mm×400mm 模数系列的包装箱,鼓励商品流通环节采用 600mm×400mm 模数系列的周转箱(筐),鼓励物流运输环节推广外廓尺寸为 2550mm(冷藏货运车辆外廓 2600mm)的货运车辆。推动物流配套设施设备标准化,适应托盘一贯化运作。鼓励对仓库、配送中心、零售门店等物流设施进行标准化建设和改造,对存储、装卸、搬运、分拣、包装等设备进行标准化投入和更新。

(三)推进物流载具循环共用。逐步建立以全国运营为主体、区域运营为补充、相互协同开放的托盘、周转箱(筐)循环共用体系,为发展单元化物流提供保障。鼓励物流载具运营企业做大做强,扩大标准托盘、周转箱(筐)运营规模,通过自建、共建、合作等多种方式拓展公共运营网点,为用户提供托盘、周转箱提取、退还、调拨、维修、数据等便利化、信息化服务。鼓励物流载具生产企业、第三方物流企业、物流园区发挥各自优势,盘活存量标准托盘、周转箱(筐),拓展租赁运营服务。鼓励通过信息技术应用,加强物流载具循环共用线上服务,探索模式创新,整合线下物流资源,提高物流载具循环共用水平。鼓励各类运营主体加强协同合作,实现规则互通、资源共享和网络融合。鼓励开展托盘认证,制定托盘交换规则,探索建立托盘租赁、交换相结合的自由流转机制。

(四)推进物流单元化、一体化运作。以托盘、包装箱、周转箱(筐)、集装箱为单元,推动包装、储存、装卸、搬运、分拣、配送、运输等物流各环节一体化运作。鼓励生产制造企业使用标准托盘、包装箱(600mm×400mm模数系列)将产品整合为规格化、标准化的集装单元,从源头发展单元化物流。鼓励物流企业将标准集装单元与共同配送、集装箱运输、多式联运相结合,推广带托盘运输,提高港口、场站、仓库装卸效率和空间利用率。鼓励批发、零售、电商等流通企业以标准托盘、周转箱(筐)为集装单元和计量单元,进行采购订货、计算运费、收发货和验货,推动流通全过程"不倒托"、"不倒箱",优化商业流程和流通组织方式,减少流通环节和货物损耗。

(五)提高物流链信息化、智能化水平。拓展标准托盘、周转箱(筐)的信息承载功能,从集装单元提升为数据单元,应用全球统一编码标识(GS1),探索托盘条码与商品条码、箱码、物流单元代码关联衔接,推动物流链上下游企业数据传输交换顺畅。利用大数据、云计算、物联网、区块链、人工智能等先进技术,加强数据分析应用,挖掘商业价值,优化生产、流通、销售及追溯管理,以智能物流载具为节点打造智慧供应链。

(六)推广先进成熟模式。推广"集团整体推进"模式,鼓励集团型企业整合内部资源,统一托盘采购、租赁、带托盘运输等业务,依托网点优势,实现全国托盘循环共用;推广"供应链协同推进"模式,鼓励生产企业、连锁商贸企业等供应链上下游企业"结对子"、"建联盟",开展统一租赁、托盘互换,协同推进托盘标准化;推广"社会化服务推进"模式,鼓励第三方物流企业、托盘租赁运营企业依托服务供需两端的客户资源优势,引导用户从托盘自购向租赁转变,从仓库内部使用向带托盘运输转变,从企业自用向循环共用转变;推广"平台整合推进"模式,鼓励平台型企业发挥信息化优势,整合托盘供方、需方、运营方等各类资源,为用户提供开放式循环共用服务,推动标准托盘广泛应用。

三、保障措施

(一)健全标准体系。围绕标准托盘及其循环共用,开展包装箱、周转箱(筐)、托盘、集装箱等集装单元器具标准研究,促进物流链上下游设施设备标准、信息标准、服务标准相衔接。鼓励行业组织制定先进的团体标准,完善带托运输通用规则、货物堆码通用规则、托盘交换规则、诚信交接免验货机制,推进托盘循环共用和单元化物流发展。(国家标准委、商务部、国家发展改革委、工业和信息化部、交通运输部负责)

(二)加大政策扶持。鼓励有条件的地区创新扶持政策,支持跨区域联动、辐射带动周边的项目,对在外地注册法人但在当地有实体的非法人机构,及在当地注册法人但在外地建设实体的机构,均可在当地申报项目,促进大物流、大流通发展。(商务部、财政部、地方有关部门负责)按照《外商投资产业指导目录》,鼓励外商投资托盘及集装箱单元共用系统建设、运营。(发展改革委、商务部负责)鼓励地方因地制宜,出台支持标准托盘应用和单元化物流发展的相关扶持政策。(地方有关部门负责)

(三)营造市场环境。研究成立托盘认证技术委员会,推动有关机构开展托盘质量认证,从供给侧统一托盘规格、标识和质量,形成标准托盘持续增长的长效机制,为托盘交换共用打好基础。(商务部、国家标准委、国家认监委负责)引导电商和物流企业推广标准包装箱、周转箱(筐)和托盘箱(笼),开展绿色包装认证。(商务部、国家邮政局、国家认监委负责)支持港口、场站等发展带托盘运输和多式联运。(交通运输部、中国铁路总公司负责)指导用户企业对以标准托盘、周转箱(筐)为计量单位的合作方,给予优先收货、开辟绿色通道等优惠措施。(商务部、工业和信息化部负责)

(四)加强统计培训。研究建立物流标准化统计制度(国家统计局、商务部、发展改革委负责)发挥有关协会、联盟和研究机构作用,定期开展标准托盘应用情况调查,监测分析相关成本、效率指标,加强标准宣贯和专业培训,加大典型案例推广力度,提高物流标准化认识。(有关协会、联盟、研究机构负责)

商务部
发展改革委
工业和信息化部
财政部
交通运输部
统计局
邮政局
国家认监委
国家标准委
中国铁路总公司
2017年12月29日

国家鼓励发展的重大环保技术装备目录(2017年版)

工业和信息化部、科学技术部公告2017年第61号

为贯彻落实《中国制造2025》(国发〔2015〕28号)和《"十三五"国家战略性新兴产业发展规划》(国发〔2016〕67号),引导重大环保技术装备研发与产业化对接,加快新技术、新产品、新装备的推广应用,提高环保装备制造业水平,促进环保产业持续健康发展,工业和信息

化部联合科技部制定了《国家鼓励发展的重大环保技术装备目录(2017年版)》,现予公告。

附件:国家鼓励发展的重大环保技术装备目录(2017年版)(略——编者注)

工业和信息化部
科学技术部
2017年12月27日

关于内地与香港、澳门《〈关于建立更紧密经贸关系的安排〉投资协议》实施后有关备案工作的公告

商务部公告2017年第86号

经国务院批准,内地与香港、澳门《〈关于建立更紧密经贸关系的安排〉投资协议》(以下简称内地与港澳《投资协议》)分别于2017年6月28日、12月18日签署,将于2018年1月1日起实施。为做好上述协议实施后香港、澳门投资者在内地投资企业的备案管理工作,现就有关事项公告如下:

一、香港、澳门投资者根据内地与港澳《投资协议》在内地投资,所投资企业的设立及变更备案,参照《外商投资企业设立及变更备案管理暂行办法》(商务部令2017年2号修订,以下简称《暂行办法》)规定的程序及要求办理。

二、符合内地与港澳《投资协议》附件一规定的香港、澳门投资者,分别在上述协议中内地仅对香港、澳门开放的领域内投资,除在线提交《暂行办法》第八条规定的文件外,还应在线提交内地与港澳《投资协议》规定的香港、澳门投资者证明文件。

本公告自2018年1月1日起执行。

商务部
2017年12月20日

海关总署关于修改部分规章的决定

海关总署令第 235 号

《海关总署关于修改部分规章的决定》已于 2017 年 11 月 20 日经海关总署署务会议审议通过,现予公布,自 2018 年 2 月 1 日起施行。

署长　于广洲
2017 年 12 月 20 日

海关总署关于修改部分规章的决定

为进一步深化海关简政放权放管结合优化服务改革,在保证海关有效监管、精准监管的同时,推动通关以及相关作业流程"去繁就简",去除不必要的制度性成本,营造良好营商环境,海关总署决定对《中华人民共和国海关对进出境旅客行李物品监管办法》等 23 部规章进行修改,具体内容如下:

一、对《中华人民共和国海关对进出境旅客行李物品监管办法》(海关总署令第 9 号公布,根据海关总署令第 198 号修改)作如下修改:

(一)将第八条第二款中的"持有效的出境证件"修改为"凭有效的出境证件",将第十七条第五款中的"持特殊通行证件"修改为"凭特殊通行证件",将第二十七条中的"持有效过境签证"修改为"凭有效过境签证"。

(二)将第十六条中的"办理进出境物品的申请、报关、纳税以及其他有关手续的"修改为"办理进出境物品的报关、纳税以及其他有关手续的"。

(三)删去第十八条第一款中的"应事先向主管海关提出书面申请",将"办理审批验放手续"修改为"办理通关手续"。

(四)将第二十条第一款中的"应事先向主管海关提出书面申请,并向海关交验中华人民共和国政府主管部门签发的定居证明或批准文件办理审批手续"修改为"应当依照有关规定向主管海关或者口岸海关提交中华人民共和国政府主管部门签发的定居证明或者批准文件",删去"经核准"和"旅客持主管海关的书面通知,到物品进境地海关办理验放手续"。

二、对《中华人民共和国海关对中国籍旅客进出境行李物品的管理规定》(海关总署令第 58 号公布,根据海关总署令第 198 号修改)作如下修改:

(一)将第二条中的"持中华人民共和国护照"修改为"凭中华人民共和国护照",将第三条第一款中的"验凭旅客所持有效出入境旅行证件"修改为"验凭旅客有效出入境旅行证件",将第十条第二款中的"持有效的出境证件"修改为"凭有效的出境证件"。

(二)将第六条第一款中的"应在获准定居后三个月内持中华人民共和国有关主管部门签发的定居证明,向定居地主管海关一次性提出申请"修改为"应当在获准定居后六个月内凭中华人民共和国有关主管部门签发的定居证明,向海关办理通关手续",将"上述自用物品中,除本规定所附《定居旅客应税自用及安家物品清单》(见附件2)所列物品需征税外"修改为"上述自用物品可以向定居地主管海关或者口岸海关申报,除《定居旅客应税自用及安家物品清单》(见附件2)所列物品需征税外",将"自用小汽车和摩托车准予每户进境各1辆,海关照章征税"修改为"自用小汽车和摩托车向定居地主管海关申报,每户准予征税进境各1辆"。

删去第二款。

三、对《中华人民共和国海关关于境内公路承运海关监管货物的运输企业及其车辆、驾驶员的管理办法》(海关总署令第88号公布,根据海关总署令第121号和第227号修改)作如下修改:

(一)将第三条中的"企业所在关区的直属海关"修改为"主管地的直属海关或者隶属海关(以下简称主管海关)"。

(二)将第五条第(一)项修改为"具有企业法人资格",将第(二)项修改为"取得与运输企业经营范围相一致的工商核准登记",删去第(三)项和第(四)项。

(三)删去第六条第一款第(一)项中的"(见附件1)"、第(三)项和第(四)项。

将第二款修改为"主管海关可以通过网络共享获取前款规定材料的,无需另行提交。"

(四)删去第七条中的"见附件4"。

(五)删去第八条第(二)项中的"厢体必须为金属结构"和第(五)项。

(六)删去第九条第一款第(一)项中的"(见附件2)"和第(三)项。

将第二款修改为"主管海关可以通过网络共享获取前款规定材料的,无需另行提交。"

(七)删去第十条中的"《中华人民共和国境内汽车载运海关监管货物车辆准载证》(见附件5,以下简称《准载证》)"和"见附件6"。

(八)删去第十一条。

(九)删去第十二条第一款第(一)项中的"(见附件3)"和第(二)项中的"驾驶员的国内居民身份证"。

将第二款修改为"主管海关可以通过网络共享获取前款规定材料的,无需另行提交。"

(十)删去第十三条。

(十一)删去第十四条、第十六条、第十八条、第二十条和第二十七条中的"《准载证》"。

(十二)删去第十五条。

(十三)将第十九条中的"监管场所"修改为"海关监管作业场所"。

(十四)将第三十条修改为"运输企业、车辆注册有效期届满未延续的,海关应当依照有关规定办理注销手续。"

(十五)增加一条,作为第三十一条"本办法所规定的文书由海关总署另行制定并且发布。"

(十六)对条文顺序作相应调整。

(十七)删去附件。

四、对《中华人民共和国海关关于转关货物监管办法》(海关总署令第89号公布,根据海关总署令第218号修改)作如下修改:

(一)删去第二条中的"除另有规定外(见附件1),进出口货物均可办理转关手续"。

增加一款,作为第二款"对商业封志完好的内支线船舶和铁路承运的转关货物,海关可以不施加海关封志。"

增加一款,作为第三款"可以办理转关手续的进出口货物范围由海关总署另行确定并且发布。"

(二)将第三条中的"应当按规定向海关缴纳规费,并提供方便"修改为"应当提供方便"。

(三)将第四条中的"监管场所"修改为"海关监管作业场所"。

(四)将第四条、第十五条、第二十三条、第二十四条、第三十一条和第三十二条中的"海关监管场所"修改为"海关监管作业场所"。

(五)删去第八条中的"(附件2)"、"(附件3)",第十六条中的"(见附件4)",第十七条中的"(见附件5)",第二十二条中的"(见附件6)",第二十五条中的"(附件7)"和第二十九条中的"(见附件8)"。

(六)删去第九条。

(七)删去第十条。

(八)将第二十条、第二十二条和第二十六条中的"持以下单证"修改为"凭以下单证"。

(九)将第二十二条第一款第(三)项中的"纸质舱单"修改为"电子或者纸质舱单"。

(十)将第二十七条中的"持《汽车载货登记簿》"修改为"凭《汽车载货登记簿》"。

(十一)删去第三十四条中的"3.从境内一个设关地点运往境内另一个设关地点,需经海关监管的货物"。

(十二)增加一条作为第三十三条"本办法所规定的文书由海关总署另行制定并且发布。"

(十三)对条文顺序作相应调整。

(十四)删去附件。

五、对《中华人民共和国海关进出口货物申报管理规定》(海关总署令第103号公布,根据海关总署令第198号和第218号修改)作如下修改:

(一)将第十八条第二款中的"海关监管场所"修改为"海关监管作业场所"。

(二)删去第二十五条中的"与电子数据报关单内容相一致的纸质报关单"。

(三)将第二十九条第一款第(一)项修改为"用于办理出口退税的实施启运港退税政策的出口货物报关单证明联",将第(二)项修改为"用于办理付汇的货物贸易外汇管理B类、C类企业进口货物报关单证明联",将第(三)项修改为"用于办理收汇的货物贸易外汇管理B类、C类企业出口货物报关单证明联"。

六、对《中华人民共和国海关对保税仓库及所存货物的管理规定》(海关总署令第105号公布,根据海关总署令第198号和第227号修改)作如下修改:

（一）将第四条第二款、第九条第（七）项中的"液体危险品保税仓库"修改为"液体保税仓库"。

将第四条第三款修改为"液体保税仓库,是指专门提供石油、成品油或者其他散装液体保税仓储服务的保税仓库。"

（二）删去第五条第二款。

（三）删去第八条第（二）项、第（四）项和第（五）项。

（四）将第九条第（二）项中的"安全隔离设施"修改为"隔离设施",删去第（四）项中的"符合会计法要求的会计制度"和第（五）项。

（五）删去第十条。

（六）将第十二条中的"直属海关"修改为"主管海关"。

（七）将第十三条中的"经海关注册登记并核发《中华人民共和国海关保税仓库注册登记证书》（以下简称《保税仓库注册登记证书》）,方可投入运营"修改为"经海关注册登记并核发《保税仓库注册登记证书》,方可以开展有关业务"。

增加一款,作为第二款"《保税仓库注册登记证书》有效期为3年。"

（八）删去第十六条。

（九）将第十八条中的"并定期以计算机电子数据和书面形式报送主管海关"修改为"并定期报送主管海关"。

（十）删去第十九条第二款中的"所存货物范围和商品种类",将"应当经直属海关批准"修改为"主管海关受理企业申请后,报直属海关审批"。

删去第三款。

（十一）删去第二十条第一款。

删去第二款。

删去第三款中的"因其他事由",将"经海关审核后"修改为"经主管海关受理报直属海关审批后"。

（十二）将第二十一条第一款中的"持有关单证"修改为"凭有关单证",删去"根据核定的保税仓库存放货物范围和商品种类"。

删去第二款。

（十三）删去第二十六条第二款。

（十四）删去第二十七条第二款。

（十五）增加一条作为第三十一条"本规定所规定的文书由海关总署另行制定并且发布。"

（十六）对条文顺序作相应调整。

七、对《中华人民共和国海关关于加工贸易边角料、剩余料件、残次品、副产品和受灾保税货物的管理办法》（海关总署令第111号公布,根据海关总署令第198号和第218号修改）作如下修改：

（一）删去第一条和第十五条中的"内销审批和"。

（二）删去第四条中的"商务主管部门免予审批,企业直接报主管海关核准并办理内销有关手续"。

(三)删去第六条第(一)项中的"商务主管部门免予审批,企业直接报主管海关核准",将第(二)项中的"由商务主管部门按照有关内销审批规定审批,海关凭商务主管部门批件对合同内销的全部剩余料件按照规定计征税款和缓税利息"修改为"海关对合同内销的全部剩余料件按照规定计征税款和缓税利息"。

(四)删去第八条第二款中的"加工贸易企业需要内销的副产品,由商务主管部门按照副产品实物状态列明内销商品名称,并且按照加工贸易有关内销规定审批,海关凭商务主管部门批件办理内销有关手续"。

八、对《中华人民共和国海关关于来往香港、澳门小型船舶及所载货物、物品管理办法》(海关总署令第112号公布)作如下修改:

(一)删去第七条第一款第(一)项中的"(见附件1)"、第(三)项、第(四)项和第(六)项。

将第二款中的"提交上述(二)、(三)、(四)、(五)项文件"修改为"提交前款第(二)项、第(三)项文件"。

(二)删去第八条中的"见附件2"、"见附件3"、"(见附件4)",第二十一条中的"(见附件6)"、"(见附件7)"和第二十二条中的"(见附件8)"。

(三)删去第九条第一款中的"海关对小型船舶实行年审管理",将"运输企业应当在海关规定的时间内向备案海关提交下列文件,办理小型船舶年审手续"修改为"运输企业需要延续备案的,应当在有效期届满30日前向备案海关提交下列文件,办理小型船舶延续手续",将第(一)项修改为"《来往港澳小型船舶延续申请书》"。

将第二款修改为"有效期届满未延续的,海关应当依照有关规定办理注销手续。"

(四)将第十条中的"运输企业应当持书面申请和有关批准文件到备案海关办理变更手续"修改为"运输企业应当凭书面申请和有关批准文件向备案海关办理变更手续"。

(五)删去第十一条第二款、第十八条第一款和第十九条中的"纸质舱单"。

(六)增加一条作为第三十一条"本办法所规定的文书由海关总署另行制定并且发布。"

(七)对条文顺序作相应调整。

(八)删去附件。

九、对《中华人民共和国海关对常驻机构进出境公用物品监管办法》(海关总署令第115号公布,根据海关总署令第193号和第198号修改)作如下修改:

(一)删去第二条第一款中的"申请"。

将第二款中的"应当由本机构或其委托的报关企业向主管海关提交书面申请。经主管海关审核批准后,进出境地海关凭主管海关的审批单证和其他相关单证予以验放"修改为"可以由本机构或者其委托的报关企业向主管海关或者口岸海关办理通关手续。常驻机构进出境公用车辆,向主管海关办理通关手续"。

增加一款,作为第三款"公用物品通关时,海关可以对相关物品进行查验,防止违禁物品进出境。"

增加一款,作为第四款"公用物品放行后,海关可以通过实地核查等方式对使用情况进行抽查。"

(二)将第四条第一款和第八条中的"申请进境"修改为"申报进境"。

(三)删去第五条。

(四)将第六条第一款修改为"常驻机构申报进境公用物品时,应当填写《进口货物报关单》,并提交《海关备案证》、提(运)单、发票和装箱单等相关单证。"

将第二款修改为"常驻机构申报进境机动车辆时,除提交前款规定的单证外,还应当提交本机构所有常驻人员的有效身份证件。"

(五)将第九条中的"持公安交通管理部门颁发的《机动车辆行驶证》"修改为"凭公安交通管理部门颁发的《机动车辆行驶证》"。

(六)删去第十条中的"经主管海关核准后"。

(七)删去第十一条。

(八)将第十二条第一款修改为"常驻机构申报出境原进境公用物品时,应当填写《出口货物报关单》,并提交《海关备案证》、提(运)单、发票和装箱单等相关单证。"

将第二款修改为"常驻机构申报出境原进境机动车辆的,海关开具《领/销牌照通知书》,常驻机构凭此向公安交通管理部门办理注销牌照手续。"

(九)将第十四条中的"持《监管车辆登记证》、《机动车辆行驶证》、《海关备案证》到主管海关办理机动车辆海关年审手续"修改为"凭《监管车辆登记证》、《机动车辆行驶证》、《海关备案证》向主管海关办理机动车辆海关年审手续"。

(十)删去第十六条第一款中的"出让方主管海关批准后"。

将第二款修改为"常驻机构将进境监管机动车辆出售给特许经营单位的,特许经营单位应当向常驻机构的主管海关提交经常驻机构盖章确认的《转让申请表》,参照前款规定办理结案手续,并依法向主管海关补缴税款。"

(十一)将第十七条中的"持《中华人民共和国海关公/自用车辆解除监管申请表》"修改为"凭《中华人民共和国海关公/自用车辆解除监管申请表》"。

(十二)将第二十条中的"常驻机构未按照本办法规定向海关办理监管机动车辆年审手续,擅自转让、出售监管机动车辆,或者有其他走私、违反海关监管规定行为的"修改为"违反本办法,构成走私行为、违反海关监管规定行为或者其他违反海关法行为的"。

(十三)对条文顺序作相应调整。

十、对《中华人民共和国海关对非居民长期旅客进出境自用物品监管办法》(海关总署令第116号公布,根据海关总署令第194号和第198号修改)作如下修改:

(一)将第二条第一款中的"非居民长期旅客进出境自用物品应当以个人自用、合理数量为限"修改为"非居民长期旅客进出境自用物品应当符合《非居民长期旅客自用物品目录》(以下简称《物品目录》),以个人自用、合理数量为限。《物品目录》由海关总署另行制定并且发布"。

将第二款中的"应当由本人或其委托的报关企业向主管海关提交书面申请。经主管海关审核批准后,进出境地海关凭主管海关的审批单证和其他相关单证予以验放"修改为"可以由本人或者其委托的报关企业向主管海关或者口岸海关办理通关手续。常驻人员进境机动车辆,向主管海关办理通关手续"。

增加一款,作为第三款"自用物品通关时,海关可以对相关物品进行查验,防止违禁物品进出境。"

增加一款,作为第四款"自用物品放行后,海关可以通过实地核查等方式对使用情况进行抽查。"

(二)将第三条和第六条中的"申请进境"修改为"申报进境"。

(三)删去第四条。

(四)将第五条第一款修改为"非居民长期旅客申报进境自用物品时,应当填写《中华人民共和国海关进出境自用物品申报单》(以下简称《申报单》,见附件1),并提交身份证件、长期居留证件、提(运)单和装箱单等相关单证。港澳台人员还需提供其居住地公安机关出具的居留证明。"

将第二款修改为"常驻人员申报进境机动车辆时,应当填写《进口货物报关单》,并提交前款规定的单证。专家以外的常驻人员还应当提交所在常驻机构的《中华人民共和国海关常驻机构备案证》或者所在外商投资企业的《中华人民共和国海关报关单位注册登记证书》。"

(五)将第七条中的"持公安交通管理部门颁发的《机动车辆行驶证》"修改为"凭公安交通管理部门颁发的《机动车辆行驶证》"。

(六)删去第八条。

(七)将第九条第一款修改为"非居民长期旅客申报出境原进境自用物品时,应当填写《申报单》,并提交身份证件、长期居留证件、提(运)单和装箱单等相关单证。"

将第二款修改为"常驻人员申报出境原进境机动车辆的,海关开具《领/销牌照通知书》,常驻人员凭此向公安交通管理部门办理注销牌照手续。"

(八)将第十一条中的"持本人身份证件、长期居留证件、《监管车辆登记证》、《机动车辆行驶证》到主管海关办理机动车辆海关年审手续"修改为"凭本人身份证件、长期居留证件、《监管车辆登记证》、《机动车辆行驶证》向主管海关办理机动车辆海关年审手续"。

(九)删去第十三条第一款中的"出让方主管海关批准后"。

(十)将第十四条中的"持《中华人民共和国海关公/自用车辆解除监管申请表》"修改为"凭《中华人民共和国海关公/自用车辆解除监管申请表》"。

(十一)将第十七条中的"非居民长期旅客未按照本办法规定向海关办理监管机动车辆年审手续,擅自转让、出售监管机动车辆,或者有其他走私、违反海关监管规定行为的"修改为"违反本办法,构成走私行为、违反海关监管规定行为或者其他违反海关法行为的"。

(十二)将第十八条中的"《中华人民共和国外国人就业证》、《中华人民共和国外国专家证》"修改为"《中华人民共和国外国人工作许可证》",将"'长期居留证件'是指中华人民共和国主管部门签发的《中华人民共和国外国人长期居留证》、《华侨、港澳地区人员暂住证》等准予在境内长期居留的证件"修改为"'长期居留证件'是指有效期一年及以上的《中华人民共和国外国人居留许可》、《港澳居民来往内地通行证》、《台湾居民来往大陆通行证》等准予在境内长期居留的证件",将"'自用物品'是指非居民长期旅客在境内居留期间日常生活所必需的《中华人民共和国海关旅客进出境行李物品分类表》所列物品(烟、酒除外)及机动车辆"修改为"'自用物品'是指非居民长期旅客在境内居留期间日常生活所需的《物品目录》范围内物品及机动车辆"。

(十三)对条文顺序作相应调整。

十一、对《中华人民共和国海关进出口货物征税管理办法》(海关总署令第124号公布,根据海关总署令第198号和第218号修改)作如下修改:

(一)删去第五条第二款中的"格式详见附件1",第十九条中的"(格式详见附件2)",第六十条第二款中的"(格式详见附件3)",第六十七条中的"(格式详见附件4)"和第七十条第一款中的"(格式详见附件5)"。

(二)删去第十四条第(四)项中的"经批准"。

(三)将第二十四条第一款中的"应当在货物进出口前向申报地的直属海关或者其授权的隶属海关提出延期缴纳税款的书面申请并且随附相关材料,同时还应当提供缴税计划"修改为"依法提供税款担保后,可以向海关办理延期缴纳税款手续"。

删去第二款。

(四)删去第二十五条。

(五)删去第二十六条。

(六)删去第四十二条中的"经海关批准"和第四十六条中的"经海关批准的"。

(七)将第七十二条中的"持有关文件"修改为"凭有关文件",将"减免税审批"修改为"减免税审核确认"。

(八)将第七十四条中的"减免税审批"修改为"减免税审核确认"。

(九)将第七十五条第二款第(三)项"其他货物:5年"修改为"其他货物:3年"。

(十)将第七十六条第二款中的"持有关单证"修改为"凭有关单证"。

(十一)将第七十七条第(二)项中的"减免税审批"修改为"减免税审核确认",将第(三)项修改为"正在海关办理延期缴纳税款手续的"。

(十二)将第七十八条第一款中的"特殊情况经直属海关关长或者其授权人批准可以酌情延长"修改为"特殊情况需要延期的,应当经主管海关核准"。

(十三)将第八十二条中的"海关监管场所"修改为"保税监管场所"。

(十四)增加一条作为第八十二条"本办法所规定的文书由海关总署另行制定并且发布。"

(十五)对条文顺序作相应调整。

(十六)删去附件。

十二、对《中华人民共和国海关对保税物流中心(A型)的暂行管理办法》(海关总署令第129号公布,根据海关总署令第227号修改)作如下修改:

(一)将第二条、第三条中的"海关监管场所"修改为"保税监管场所"。

(二)删去第四条第二款。

(三)删去第六条第(二)项、第(四)项和第(五)项,删去第(六)项中的"和符合会计法规定的会计制度"。

(四)将第七条第(二)项修改为"公用型物流中心的仓储面积(含堆场),东部地区不低于4000平方米,中西部地区、东北地区不低于2000平方米",将第(三)项修改为"自用型物流中心的仓储面积(含堆场),东部地区不低于2000平方米,中西部地区、东北地区不低于1000平方米",增加一项,作为第(四)项"物流中心为储罐的,容积不低于5000立方米",将第(四)项改为第(五)项,修改为"建立符合海关监管要求的计算机管理系统,提供供海关查阅数据的终端设备,并按照海关规定的认证方式和数据标准与海关联网",将第(五)项改为第(六)项,修改为"设置符合海关监管要求的隔离设施、监管设施和办理业务必需的其他设施",删去第(六)项。

(五)将第八条中的"直属海关"修改为"所在地主管海关",删去第(一)项中的"(样式见附件1)"、第(二)项、第(五)项、第(六)项和第(七)项,将第(八)项改为第(四)项,修改为"符合海关监管要求的物流中心管理制度",将第(九)项改为第(五)项,修改为"物流中心所用土地、场所的产权证明或者剩余租赁期限不少于3年的租赁协议及地理位置图、平面规划图",将第(十)项改为第(六)项,修改为"报关单位注册登记证书复印件"。

(六)将第九条修改为"企业申请设立物流中心,由主管海关受理,报直属海关审批。"

(七)将第十条第一款修改为"企业自直属海关出具批准其筹建物流中心文件之日起1年内向海关申请验收,由主管海关按照本办法的规定进行审核验收。"

将第二款中的"海关总署"修改为"直属海关",删去"《保税物流中心(A型)验收合格证书》(样式见附件2)和"、"(样式见附件3),颁发保税物流中心(A型)标牌(样式见附件4)"。

(八)将第十一条第一款中的"但延期不得超过6个月。如果有特殊情况需要二次延期的,报海关总署批准"修改为"除特殊情况外,延期不得超过6个月"。

(九)将第十六条中的"海关采取联网监管、视频监控、实地核查等方式"修改为"海关可以采取联网监管、视频监控、实地核查等方式"。

(十)删去第十八条。

(十一)将第十九条第一款中的"2年"修改为"3年"。

将第二款中的"向直属海关办理延期审查申请手续"修改为"办理延期手续,由主管海关受理,报直属海关审批"。

将第三款中的"办理延期审查申请"修改为"办理延期手续",将第(一)项修改为"《保税物流中心(A型)注册登记证书》、本年度资产负债表和损益表复印件",删去第(二)项。

将第四款修改为"对审查合格的企业准予延期3年。"

(十二)将第二十条中的"仓储面积"修改为"仓储面积(容积)",将"企业申请并由直属海关报海关总署审批。其它变更事项报直属海关备案"修改为"主管海关受理企业申请后,报直属海关审批"。

(十三)删去第二十一条第一款。

将第二款中的"经海关总署审批后"修改为"主管海关受理后报直属海关审批",将"《保税物流中心(A型)验收合格证书》和《保税物流中心(A型)注册登记证书》"修改为"《保税物流中心(A型)注册登记证书》"。

(十四)将第二十三条修改为"物流中心与境外间进出的货物,应当按照规定向海关办理相关手续。"

(十五)删去第二十九条第三款。

(十六)将第三十二条修改为"物流中心与海关特殊监管区域、其他保税监管场所之间可以进行货物流转并按照规定办理相关海关手续。"

(十七)增加一条作为第三十五条"本办法所规定的文书由海关总署另行制定并且发布。"

(十八)对条文顺序作相应调整。

(十九)删去附件。

十三、对《中华人民共和国海关对保税物流中心(B型)的暂行管理办法》(海关总署令第130号公布,根据海关总署令第227号修改)作如下修改:

(一)将第二条中的"海关集中监管场所"修改为"保税监管场所"。

(二)删去第三条第二款。

(三)将第四条第(一)项修改为"物流中心仓储面积,东部地区不低于5万平方米,中西部地区、东北地区不低于2万平方米",将第(六)项修改为"设置符合海关监管要求的隔离设施、监管设施和办理业务必需的其他设施"。

(四)删去第六条第一款第(三)项。

(五)删去第七条第(二)项中的"(附可行性研究报告)"和第(六)项。

(六)将第九条第一款中的"海关总署"修改为"海关总署会同有关部门"。

将第二款修改为"企业自海关总署等部门出具批准其筹建物流中心文件之日起1年内向海关总署申请验收,由海关总署会同有关部门或者委托被授权的机构按照本办法的规定进行审核验收。"

将第三款中的"《保税物流中心(B型)验收合格证书》(样式见附件1)和《保税物流中心(B型)注册登记证书》(样式见附件2)"修改为"《保税物流中心(B型)注册登记证书》",删去"颁发标牌(样式见附件5)"。

(七)删去第十一条第(二)项。

(八)删去第十二条第(一)项中的"(样式见附件3)"、第(四)项、第(五)项、第(六)项和第(七)项,将第(二)项修改为"符合海关监管要求的企业管理制度",将第(九)项改为第(五)项,修改为"报关单位注册登记证书复印件"。

(九)删去第十三条第一款。

将第二款修改为"主管海关受理后对符合条件的企业制发《保税物流中心(B型)企业注册登记证书》。"

(十)将第十八条中的"海关采取联网监管、视频监控、实地核查等方式"修改为"海关可以采取联网监管、视频监控、实地核查等方式"。

(十一)删去第二十条。

(十二)将第二十一条第二款中的"向直属海关办理延期审查申请手续"修改为"办理延期手续,由直属海关受理,报海关总署审批"。

将第三款中的"办理延期审查申请"修改为"办理延期手续",将第(一)项修改为"《保税物流中心(B型)注册登记证书》、本年度资产负债表和损益表复印件"。

(十三)将第二十三条修改为"中心内企业需变更有关事项的,应当向主管海关备案。"

(十四)删去第二十四条第一款。

将第二款中的"海关总署"修改为"海关总署会同有关部门","办理注销手续并交回标牌和《保税物流中心(B型)验收合格证书》"修改为"办理注销手续并交回《保税物流中心(B型)注册登记证书》"。

(十五)删去第二十五条。

（十六）将第二十七条修改为"物流中心与境外间进出的货物,应当按照规定向海关办理相关手续。"

（十七）将第三十三条第一款中的"货物从境内进入物流中心视同出口,办理出口报关手续"修改为"除另有规定外,货物从境内进入物流中心视同出口,办理出口报关手续,享受出口退税"。

删去第三款。

（十八）将第三十六条修改为"物流中心与海关特殊监管区域、其他保税监管场所之间可以进行货物流转并按照规定办理相关海关手续。"

（十九）增加一条作为第三十九条"本办法所规定的文书由海关总署另行制定并且发布。"

（二十）对条文顺序作相应调整。

（二十一）删去附件。

十四、对《中华人民共和国海关对出口监管仓库及所存货物的管理办法》（海关总署令第133号公布,根据海关总署令第227号修改）作如下修改：

（一）将第二条中的"海关专用监管仓库"修改为"仓库"。

（二）将第五条修改为"出口监管仓库的设立应当符合海关对出口监管仓库布局的要求。"

（三）删去第九条第（三）项,将第（四）项改为第（三）项,修改为"具有专门存储货物的场所,其中出口配送型仓库的面积不得低于2000平方米,国内结转型仓库的面积不得低于1000平方米"。

（四）将第十条第一款中的"书面材料"修改为"加盖企业印章的书面材料",删去第（三）项中的"及可行性报告"和第（四）项,将第（五）项改为第（四）项,修改为"营业执照复印件",将第（六）项改为第（五）项,修改为"报关单位注册登记证书复印件"。

删去第二款。

（五）将第十二条第二款第（一）项中的"第（五）项"修改为"第（三）项",删去第（二）项中的"安全"、第（四）项中的"和会计制度"和第（六）项。

（六）将第十三条中的"经直属海关注册登记并核发《中华人民共和国海关出口监管仓库注册登记证书》,可以投入运营。《中华人民共和国海关出口监管仓库注册登记证书》有效期为3年"修改为"经海关注册登记并核发《出口监管仓库注册登记证书》,方可以开展有关业务。《出口监管仓库注册登记证书》有效期为3年"。

（七）删去第十七条。

（八）删去第二十条第一款中的"主管"。

将第二款中的"应当经直属海关批准"修改为"主管海关受理企业申请后,报直属海关审批"。

（九）将第二十一条中的"有下列行为之一的"修改为"有下列情形之一的",删去第（一）项,增加一项,作为第（五）项"法律、法规规定的应当注销行政许可的其他情形"。

（十）将第二十四条中的"签发出口货物报关单证明联"修改为"办理出口货物退税证明手续"。

(十一)将第二十五条第一款修改为"出口监管仓库与海关特殊监管区域、其他保税监管场所之间的货物流转应当符合海关监管要求并按照规定办理相关手续。"

(十二)将第二十七条第一款和第二十八条第一款中的"向主管海关申报"修改为"按照规定办理海关手续",删去"(见附件1)"和"(见附件2)"。

删去第二十八条第二款。

(十三)增加一条作为第三十六条"本办法所规定的文书由海关总署另行制定并且发布。"

(十四)对条文顺序作相应调整。

(十五)删去附件。

十五、对《中华人民共和国海关对保税物流园区的管理办法》(海关总署令第134号公布,根据海关总署令第190号修改)作如下修改:

(一)将第三条中的"实行24小时监管"修改为"实施监管"。

(二)将第十二条改为第十三条,修改为"特殊情况下,经园区主管海关核准,区外法人企业可以依法在园区内设立分支机构。"

(三)将第十三条改为第十二条,将第(一)项修改为"具有企业法人资格"。

(四)将第十四条第一款修改为"园区企业变更营业场所面积、地址、名称、组织机构、性质、法定代表人等注册登记内容的,应当在变更后5个工作日内向主管海关书面报告。"

(五)将第十八条修改为"园区与境外间进出的货物,应当按照规定向海关办理相关手续。"

(六)将第二十五条第一款中的"在园区主管海关办理申报手续"修改为"按照规定向海关办理相关手续"。

删去第二款。

(七)将第二十六条中的"按照进口货物的有关规定向园区主管海关申报"修改为"按照规定向海关办理相关手续"。

(八)将二十七条中的"可以在园区主管海关办理申报手续,也可以按照海关规定办理进口转关手续"修改为"应当按照规定向海关办理相关手续"。

(九)将第二十九条第一款中的"向园区主管海关办理出口申报手续"修改为"按照规定向海关办理相关手续"。

将第二款修改为"境内区外货物、设备以出口报关方式进入园区的,其出口退税按照国家有关规定办理。境内区外货物、设备属于原进口货物、设备的,原已缴纳的关税、进口环节海关代征税海关不予退还。"

(十)将第三十四条第二款修改为"对在区外更换的国产零配件或者附件,如需退税,由企业按照出口货物的有关规定办理手续。"

(十一)将第三十九条中的"园区企业所维修的产品及其零配件仅限于来自境外,检测维修后的产品、更换的零配件以及维修过程中产生的物料等应当复运出境"修改为"在园区内开展保税维修业务的企业,海关按照相关规定进行监管"。

(十二)删去第四十二条第二款中的"但海关不予签发出口货物报关单证明联"。

(十三)删去第四十三条。

（十四）将第四十七条修改为"除国家另有规定外,园区货物不设存储期限。"

（十五）删去第四十八条中的"不予签发出口货物报关单证明联"和"由转出地海关签发出口货物报关单证明联"。

（十六）将第五十五条中的"园区规划面积内、围网外"修改为"园区围网外",删去"海关特殊监管区域,是指经国务院批准设立的保税区、出口加工区、园区、保税港区及其他特殊监管区域"。

（十七）对条文顺序作相应调整。

十六、对《中华人民共和国海关行业标准管理办法》（海关总署令第140号公布）作如下修改：

（一）删去第三条中的"（见附件1）"、第十条中的"（见附件2）"、第十一条中的"（见附件3）"和第十七条中的"（见附件4）"。

（二）将第五条第一款修改为"海关行业标准的制定应当依据国家有关海关工作和标准工作的法律、行政法规,符合科学、合理、可行的原则,不得与强制性国家标准不一致。"

删去第二款。

删去第三款。

（三）删去附件。

十七、对《中华人民共和国海关珠澳跨境工业区珠海园区管理办法》（海关总署令第160号公布,根据海关总署令第189号修改）作如下修改：

（一）将第三条中的"实行24小时监管"修改为"实施监管"。

（二）将第七条第一款修改为"珠海园区内企业（以下简称区内企业）应当具有法人资格。特殊情况下,经珠海园区主管海关核准,区外法人企业可以依法在园区内设立分支机构。"

删去第二款。

（三）将第九条第一款修改为"海关对区内企业实行电子账册监管制度和计算机联网管理制度,电子账册的备案、核销等作业按有关规定执行。"

（四）删去第十条。

（五）将第十四条修改为"珠海园区与境外之间进出的货物应当按照规定向海关办理相关手续。"

（六）将第二十一条第二款中的"委托区外企业加工的期限不得超过6个月"修改为"委托区外企业加工的期限不得超过合同或者协议有效期"。

（七）将第二十三条第三款中的"对在区外更换的国产零件、配件或者附件,需要退税的,由区内企业或者区外企业提出申请,园区主管海关按照出口货物的有关规定办理手续,签发出口货物报关单证明联"修改为"对在区外更换的国产零件、配件或者附件,需要退税的,由企业按照出口货物的有关规定办理手续"。

（八）将第二十四条第二款修改为"境内区外货物、设备以出口报关方式进入园区的,其出口退税按照国家有关规定办理。境内区外货物、设备属于原进口货物、设备的,原已缴纳的关税、进口环节海关代征税海关不予退还。"

（九）删去第三十三条第二款中的"货物从已经实行国内货物入区（仓）环节出口退税制

度的海关特殊监管区域或者海关保税监管场所转入珠海园区的,海关不予签发出口货物报关单证明联"和"由转出地海关签发出口货物报关单证明联"。

（十）将第三十五条第二款中的"持主管部门批文"修改为"凭主管部门批文"。

（十一）对条文顺序作相应调整。

十八、对《中华人民共和国海关关于大嶝对台小额商品交易市场管理办法》（海关总署令第163号公布,根据海关总署令第214号修改）作如下修改：

（一）将第五条第一款中的"（见附件1）"修改为"具体商品范围由海关总署另行确定并且发布"。

（二）将第七条第二款中的"本办法附件2列明的商品仅限在规定数量内携带出交易市场"修改为"仅限在规定数量内携带出交易市场的商品及数量限制由海关总署另行确定并且发布"。

（三）删去附件。

十九、对《中华人民共和国海关保税港区管理暂行办法》（海关总署令第164号公布,根据海关总署令第191号修改）作如下修改：

（一）将第五条第二款修改为"海关及其他行政管理机构的办公场所应当设置在保税港区围网以外。"

（二）将第九条修改为"保税港区内企业（以下简称区内企业）应当具有法人资格。特殊情况下,经保税港区主管海关核准,区外法人企业可以依法在保税港区内设立分支机构。"

（三）将第十五条修改为"保税港区与境外之间进出的货物应当按照规定向海关办理相关手续。"

（四）将第二十一条第一款中的"按照进出口货物的有关规定向保税港区主管海关办理申报手续"修改为"按照规定向海关办理相关手续",将"需要征税的,区内企业或者区外收发货人按照货物进出区时的实际状态缴纳税款"修改为"需要征税的,除另有规定外,区内企业或者区外收发货人按照货物进出区时的实际状态缴纳税款"。

删去第二款。

（五）将第二十六条修改为"境内区外货物、设备以出口报关方式进入保税港区的,其出口退税按照国家有关规定办理;境内区外货物、设备属于原进口货物、设备的,原已缴纳的关税、进口环节海关代征税海关不予退还。

"除另有规定外,海关对前款货物比照保税货物进行管理,对前款设备比照减免税设备进行管理。"

（六）将第二十八条第三款中的"对在区外更换的国产零件、配件或者附件,需要退税的,由区内企业或者区外企业提出申请,保税港区主管海关按照出口货物的有关规定办理手续,签发出口货物报关单证明联"修改为"对在区外更换的国产零件、配件或者附件,需要退税的,由企业按照出口货物的有关规定办理手续"。

（七）将第二十九条第二款中的"委托区外企业加工的期限不得超过6个月"修改为"委托区外企业加工的期限不得超过合同或者协议有效期"。

（八）将第三十一条中的"区内企业不实行加工贸易银行保证金台账和合同核销制度"修改为"区内企业设立电子账册,电子账册的备案、核销等作业按有关规定执行"。

(九)将第三十二条中的"区内企业所维修的产品仅限于我国出口的机电产品售后维修,维修后的产品、更换的零配件以及维修过程中产生的物料等应当复运出境"修改为"在保税港区内开展保税维修业务的企业,海关按照相关规定进行监管"。

(十)删去第三十三条。

(十一)将第三十七条第一款修改为"除国家另有规定外,保税港区货物不设存储期限。"

删去第二款。

(十二)删去第三十八条第一款中的"不予签发用于办理出口退税的出口货物报关单证明联"和"由转出地海关签发用于办理出口退税的出口货物报关单证明联"。

删去第三款。

(十三)删去第三十九条中的"出口货物运抵保税港区,海关接受申报并放行结关后,按照有关规定签发出口货物报关单证明联"。

(十四)对条文顺序作相应调整。

二十、对《中华人民共和国海关进出境运输工具舱单管理办法》(海关总署令第172号公布)作如下修改:

(一)将第四条第二款、第六条第三款、第二十二条第一款、第二十八条和第三十四条中的"海关监管场所"修改为"海关监管作业场所"。

(二)将第六条第一款、第五款中的"监管场所"修改为"海关监管作业场所"。

删去第二款第(一)项中的"(附件1)"和第(四)项。

将第三款中的"应当向海关提交上述(一)、(四)、(五)项文件"修改为"应当向海关提交前款第(一)项、第(四)项文件"。

将第五款中的"持书面申请和有关文件到海关办理备案变更手续"修改为"凭书面申请和有关文件向海关办理备案变更手续"。

(三)将第十三条第一款、第十六条第二款、第十七条第一款、第二十二条和第三十五条中的"海关监管场所"修改为"海关监管作业场所、旅客通关类、邮件类场所",将第十六条第二款、第三款、第十七条第二款和第二十二条中的"海关监管场所经营人"修改为"相关场所经营人"。

(四)将第十八条修改为"疏港分流货物、物品提交运抵报告后,海关即可办理货物、物品的查验、放行手续。"

(五)将第十九条中的"海关监管场所"修改为"旅客通关类场所"。

(六)将第三十一条中的"舱单传输人向海关递交舱单变更书面申请,经海关审核同意后,可以进行变更"修改为"舱单传输人可以向海关办理变更手续"。

(七)删去第三十三条中的"(见附件2)"。

(八)将第三十四条中的"'运抵报告',是指进出境货物、物品运抵海关监管场所时,海关监管场所经营人向海关提交的反映货物、物品实际到货情况的记录"修改为"'运抵报告',是指进出境货物运抵海关监管作业场所时,海关监管作业场所经营人向海关提交的反映货物实际到货情况的记录,以及进出境物品运抵旅客通关类、邮件类场所时,相关场所经营人向海关提交的反映物品实际到货情况的记录"。

将"'理货报告',是指海关监管场所经营人或者理货部门对进出境运输工具所载货物、物品的实际装卸情况予以核对、确认的记录"修改为"'理货报告',是指海关监管作业场所、旅客通关类、邮件类场所经营人或者理货部门对进出境运输工具所载货物、物品的实际装卸情况予以核对、确认的记录"。

将"'疏港分流',是指为防止货物、物品积压、阻塞港口,根据港口行政管理部门的决定,将相关货物、物品疏散到其他海关监管场所的行为"修改为"'疏港分流',是指为防止货物、物品积压、阻塞港口,根据港口行政管理部门的决定,将相关货物、物品疏散到其他海关监管作业场所、旅客通关类、邮件类场所的行为"。

将"'分拨',是指海关监管场所经营人将进境货物、物品从一海关监管场所运至另一海关监管场所的行为"修改为"'分拨',是指海关监管作业场所、旅客通关类、邮件类场所经营人将进境货物、物品从一场所运至另一场所的行为"。

(九)增加一条作为第三十八条"本办法所规定的文书由海关总署另行制定并且发布。"

(十)对条文顺序作相应调整。

(十一)删去附件。

二十一、对《中华人民共和国海关进出口货物减免税管理办法》(海关总署令第179号公布)作如下修改:

(一)将第四条第二款中的"持减免税申请人出具的《减免税手续办理委托书》"修改为"凭减免税申请人出具的《减免税手续办理委托书》"。

(二)将第二十二条第一款中的"税款担保期限不超过6个月,经直属海关关长或者其授权人批准可以予以延期"修改为"减免税货物税款担保期限不超过6个月,经主管海关核准可以予以延期"。

将第二款修改为"特殊情况仍需要延期的,应当经直属海关核准。"

(三)将第二十八条第一款第(一)项和第三十八条第二款中的"持有关单证"修改为"凭有关单证"。

(四)将第三十六条第二款第(三)项"其他货物:5年"修改为"其他货物:3年"。

(五)将第四十一条第二款中的"持出口报关单"修改为"凭出口报关单"。

二十二、对《中华人民共和国海关加工贸易货物监管办法》(海关总署令第219号公布)作如下修改:

(一)将第十条第二款中的"企业变更加工贸易货物存放场所的,应当经海关批准"修改为"企业变更加工贸易货物存放场所的,应当事先通知海关,并办理备案变更手续"。

(二)删去第十一条第二款。

(三)删去第十二条第(一)项。

(四)删去第十九条第二款。

(五)将第三十三条第一款中的"加工贸易保税进口料件或者成品因故转为内销的,海关凭主管部门准予内销的有效批准文件,对保税进口料件依法征收税款并且加征缓税利息"修改为"加工贸易保税进口料件或者成品内销的,海关对保税进口料件依法征收税款并且加征缓税利息"。

二十三、对《中华人民共和国海关报关单位注册登记管理规定》(海关总署令第221号公

布)作如下修改:

(一)删去第九条第一款第(二)项、第十六条第一款第(三)项和第二十四条第一款第(二)项中的"以及组织机构代码证书副本复印件"。

(二)将第十七条第二款中的"持本规定第十六条规定的材料到分支机构所在地海关办理换证手续"修改为"凭本规定第十六条规定的材料向分支机构所在地海关办理换证手续"。

(三)将第十八条第一款修改为"报关企业的企业名称、法定代表人发生变更的,应当凭《报关单位情况登记表》、《中华人民共和国海关报关单位注册登记证书》、变更后的工商营业执照或者其他批准文件及复印件,以书面形式向注册地海关申请变更注册登记许可。"

将第二款中的"持变更后的营业执照副本或者其他批准文件及复印件,到所在地海关办理变更手续"修改为"凭变更后的营业执照副本或者其他批准文件及复印件,向所在地海关办理变更手续"。

将第三款中的"持变更证明文件等相关材料到注册地海关办理变更手续"修改为"凭变更证明文件等相关材料向注册地海关办理变更手续"。

(四)第二十四条增加一款,作为第三款"海关可以通过网络共享获取本条第一款规定材料的,申请人无需另行提交。"

(五)将第二十九条中的"持本单位出具的委派证明"修改为"凭本单位出具的委派证明"。

(六)将第三十一条第一款中的"持变更后的营业执照副本或者其他批准文件以及复印件,到注册地海关办理变更手续"修改为"凭变更后的营业执照副本或者其他批准文件以及复印件,向注册地海关办理变更手续"。

将第二款中的"持变更证明文件等相关材料到注册地海关办理变更手续"修改为"凭变更证明文件等相关材料向注册地海关办理变更手续"。

本决定自2018年2月1日起施行。

《中华人民共和国海关对进出境旅客行李物品监管办法》、《中华人民共和国海关对中国籍旅客进出境行李物品的管理规定》、《中华人民共和国海关关于境内公路承运海关监管货物的运输企业及其车辆、驾驶员的管理办法》、《中华人民共和国海关关于转关货物监管办法》、《中华人民共和国海关进出口货物申报管理规定》、《中华人民共和国海关对保税仓库及所存货物的管理规定》、《中华人民共和国海关关于加工贸易边角料、剩余料件、残次品、副产品和受灾保税货物的管理办法》、《中华人民共和国海关关于来往香港、澳门小型船舶及所载货物、物品管理办法》、《中华人民共和国海关对常驻机构进出境公用物品监管办法》、《中华人民共和国海关对非居民长期旅客进出境自用物品监管办法》、《中华人民共和国海关进出口货物征税管理办法》、《中华人民共和国海关对保税物流中心(A型)的暂行管理办法》、《中华人民共和国海关对保税物流中心(B型)的暂行管理办法》、《中华人民共和国海关对出口监管仓库及所存货物的管理办法》、《中华人民共和国海关对保税物流园区的管理办法》、《中华人民共和国海关行业标准管理办法》、《中华人民共和国海关珠澳跨境工业区珠海园区管理办法》、《中华人民共和国海关关于大嶝对台小额商品交易市场管理办法》、《中华人民共和国海关保税港区管理暂行办法》、《中华人民共和国海关进出境运输工具舱单管理办法》《中华人民共和国海关进出口货物减免税管理办法》《中华人民共和国海关加工贸易货物监管办法》《中华人民共和国海关报关单位注册登记管理规定》，根据本决定作相应修改，重新公布。

《内地与澳门关于建立更紧密经贸关系的安排》投资协议

2017年12月18日

序　言

为促进和保护内地[①]与澳门特别行政区（以下简称"双方"）投资者在对方的投资，逐步减少或取消双方之间投资实质上所有歧视性措施，保护双方投资者权益，推动双方逐步实现投资自由化、便利化，进一步提高双方经贸交流与合作的水平，双方决定，在《内地与澳门关于建立更紧密经贸关系的安排》（以下简称《安排》）框架下，签署内地与澳门特别行政区（以下简称"澳门"）投资协议如下：

第一章　初始条款

第一条　与《安排》的关系

一、本协议是《安排》的投资协议。

二、本协议第五条（国民待遇）、第六条（最惠待遇）、第七条（业绩要求）、第八条（高级管理人员、董事会成员与人员入境）不适用于《〈安排〉服务贸易协议》所涵盖的部门及任何形式投资的措施。

第二条　定义

在本协议内：

一、"投资"指所有由投资者直接或间接拥有或控制的、具有投资特征的各种资产，投资特征包括：资本或其他资源的投入、收益或利润的预期和风险的承担。投资形式包括，但不限于：

（一）一家企业；

（二）企业的股份、股票和其他形式的参股；

---

① 内地系指中华人民共和国的全部关税领土。

(三)债券、信用债券、贷款和其他债务工具,包括由企业或一方发行的债务工具[2];

(四)期货、期权及其他衍生工具;

(五)交钥匙[3]、建筑、管理、生产、特许、收入分配及其他类似合同;

(六)知识产权;

(七)根据一方法律授予的执照、授权、许可及类似权益[4][5];以及

(八)其他有形或无形资产、动产、不动产以及相关财产权利,如租赁、抵押、留置权及质押权;

为进一步明确,投资的资产形式上的任何变化并不影响其作为投资的性质;

二、"投资者"指寻求从事、正在从事或者已经从事一项涵盖投资的一方或其自然人或企业;

三、对于一方来说,"涵盖投资"指本协议生效时另一方投资者在前述一方境内直接或间接拥有或控制的已存在的投资,或在其后作出或取得的投资;

四、"自然人",对内地而言,是指中华人民共和国公民;对澳门而言,是指中华人民共和国澳门特别行政区永久性居民;

五、"企业"指:

(一)根据一方法律组成或组织的实体,不论是否以营利为目的,不论私人拥有或政府拥有,也不论其责任是有限责任还是其他形式,例如公共机构、公司、基金会、代理、合作社、信托、社团、协会和类似实体,以及私人公司、企业、合伙、机构、合资企业和组织;以及

(二)任何此类实体的分支机构;

六、"措施"包括任何法律、法规、规定、程序、决定、要求、行政行为或实践;

七、"政府采购"指政府出于政府目的,以购买、租赁和无论是否享有购买选择权的租购,以及建设—运营—转让合同、公共工程特许合同等各种合同形式,取得商品或服务的使用权或获得商品或服务,或两者兼得的行为。其目的并非是商业销售或转售,或为商业销售或转售而在生产中使用、提供商品或服务;

八、"收益"是指由投资产生的款项,特别包括,但不限于,利润、资本利得、分红、利息、特许权使用费、实物回报或其他收入;

九、"争端投资者"指依据第十九条(澳门投资者与内地一方争端解决)、第二十条(内地投资者与澳门一方争端解决)提出诉请的投资者;

十、"争端一方"指依据第十八条(本协议双方的争端解决)、第十九条(澳门投资者与内地一方争端解决)、第二十条(内地投资者与澳门一方争端解决)提出诉请所针对的一方;

---

[2] 若干债务形式,如债券、信用债券及长期票据较可能具有投资特征;而其他债务形式,如由于货物或服务销售所得而即将到期的付款索偿,则具有投资特征的可能性较小。

[3] "交钥匙"合同,对在澳门境内的投资而言,是指买卖双方签订的以成套工厂设备和技术转让为目标的买卖协议。指承包商从工程的方案选择、建筑施工、设备供应与安装、人员培训直至试生产承担全部责任的合同,最后把一所随时可以使用的工程交给买方。又称启锁契约、一揽子合同。

[4] 个别种类的执照、授权、许可及类似工具(包括特许权,如具有此工具的性质)是否具有投资特征的资产,亦取决于例如持有人在一方法律下所享有权利的性质及范围等因素。在不构成具有投资特征资产的工具当中,包括并不产生受一方法律保障的任何权利的工具。为进一步明确,以上不影响与此类工具有关联的任何资产是否具有投资特征。

[5] "投资"此词并不包括司法或行政程序中的命令或判决。

十一、"争端方"指争端投资者或争端一方;

十二、《世界贸易组织协定》指于1994年4月15日在马拉喀什签署的《建立世界贸易组织马拉喀什协定》;

十三、《与贸易有关的知识产权协定》指《世界贸易组织协定》附件1C所载的《与贸易有关的知识产权协定》,并经适用于双方的不时修改或修订,包括世界贸易组织总理事会授予该协定的任何条款的任何豁免;

十四、"税收协议"指防止双重征税的协议、协定、条约或安排,或其他与税收有关的双边或多边协议、协定、条约或安排;

十五、"竞争主管部门"指:

(一)对内地而言,国务院反垄断执法机构和反不正当竞争主管部门(执法机构),或其继任者;以及

(二)对澳门而言,由特区政府设立的监察及处理商业垄断及不当竞争事宜的权限部门;

十六、"受其竞争法律保护的信息"指:

(一)对内地而言,受《反垄断法》、《价格法》和《反不正当竞争法》保护不得披露的信息,或其任何后续条款规定的信息;以及

(二)对澳门而言,《商法典》(第一卷第十编"企业主之间之竞争规则")所保护的信息,或其任何后续条款规定的信息。

第三条 适用范围

一、本协议应适用于一方采取或维持的与另一方投资者和涵盖投资有关的措施。

二、本协议应适用于一方投资者在另一方于本协议生效前或生效后的投资,但不适用于本协议生效前已解决的本协议第十九条(澳门投资者与内地一方争端解决)第一款及第二十条(内地投资者与澳门一方争端解决)第一款所指的"投资争端"。

三、一方在本协议项下的义务应适用于任何由该方授权其行使监管职权、行政职权或其他政府职权的实体,例如,征收、授予许可证、审批商业交易或设定配额、征收税费或其他费用的权力。

第二章 实体性义务

第四条 最低标准待遇

一、一方应确保给予另一方投资者及其涵盖投资公正与公平待遇,并提供充分保护与安全。

二、本条第一款中:

(一)"公正与公平待遇"是指依照正当法律程序,一方不得在刑事、民事或行政裁定程序中拒绝司法,或实行明显的歧视性或专断性措施;

(二)"充分保护与安全"指一方应采取合理、必要的措施,为另一方投资者及其涵盖投资提供治安保护。

三、一项对本协议的其他条款的违反,不能认定为对本条的违反。

四、为进一步明确,一方采取或未采取某一行为且可能与投资者的期待不符,仅这一事

实不构成对本条的违反,无论涵盖投资是否因此受到了损失或损害。

五、为进一步明确,一方没有发放或继续发放、维持一项补贴或赠款,或修改或减少一项补贴或赠款,仅这一事实不构成对本条的违反,无论涵盖投资是否因此受到了损失或损害。

第五条 国民待遇

一、一方给予另一方投资者在设立、取得、扩大、管理、经营、运营和销售或其他处置其境内投资方面的待遇,不得低于在类似情形下给予其本地投资者的待遇。

二、一方给予涵盖投资在设立、取得、扩大、管理、经营、运营和销售或其他处置其境内投资方面的待遇,不得低于在类似情形下给予其本地投资者投资的待遇。

第六条 最惠待遇

一、一方给予另一方投资者在设立、取得、扩大、管理、经营、运营和销售或其他处置其境内涵盖投资方面的待遇,不得低于在类似情形下给予其他方投资者的待遇。

二、一方给予涵盖投资在设立、取得、扩大、管理、经营、运营和销售或其他处置其境内投资方面的待遇,不得低于在类似情形下给予其他方投资者投资的待遇。

三、为进一步明确,本协议的规定不应解释为阻止一方对相邻国家或地区授予或给予优惠,以便利仅限于毗连边境地区的当地生产和消费的投资。

四、为进一步明确,本条第一款和第二款提及的"待遇"不包括其他投资协定、国际投资条约和其他贸易协定中的争端解决机制。

第七条 业绩要求

一、任何一方不得就其境内的涵盖投资在设立、取得、扩大、管理、经营、运营、销售或其他处置方面施加或强制执行以下要求,或者强制要求其承诺或保证:

(一)出口一定水平或比例的货物或服务;

(二)达到一定水平或比例的当地含量;

(三)购买、使用或优先选择其境内生产的货物,或者向其境内的人购买货物;

(四)以任何方式将进口产品的数量或价值与出口产品的数量或价值或与此投资有关的外汇流入金额相联系;

(五)通过以任何方式将该投资生产或提供的货物或服务与出口产品的数量或价值或外汇收入相联系,以限制该等货物或服务在其境内的销售;

(六)将特定的技术、生产流程或其他专有知识转移给其境内的人;或

(七)仅从一方境内向一个特定区域市场或世界市场供应投资所生产的货物或提供的服务。

二、任何一方不得就其境内的涵盖投资在设立、取得、扩大、管理、经营、销售或其他处置方面,要求以遵守下列要求作为获得或继续获得优惠的条件:

(一)达到一定水平或比例的当地含量;

(二)购买、使用或优先选择其境内生产的货物,或者向其境内的人购买货物;

(三)以任何方式将进口产品的数量或价值与出口产品的数量或价值或与此投资有关的外汇流入金额相联系;或

(四)通过以任何方式将该投资生产或提供的货物或服务与出口产品的数量或价值或外汇收入相联系,以限制该等货物或服务在其境内的销售。

三、(一)第一款不应被解释为阻止一方针对另一方的投资者在其境内的投资施加或强制执行以下要求,或者强制要求其承诺或保证:在该方境内确定生产地点、提供服务、培训或雇用员工、建设或扩大特定设施、开展研发,前提是该等措施与第一款第(六)项相符。

(二)第二款不应被解释为阻止一方将在其境内确定生产地点、提供服务、培训或雇用员工、建设或扩大特定设施、开展研发的要求,作为另一方的投资者在其境内的投资获得或者继续获得优惠的条件。

(三)第一款第(六)项不适用于以下情形或措施:

1. 一方根据《与贸易有关的知识产权协定》第三十一条授权使用一项知识产权的情形,或在《与贸易有关的知识产权协定》第三十九条的范围内且符合该条规定要求披露专有信息的措施;或

2. 由司法机构或竞争主管机构施加或强制执行这种要求、承诺或保证,以救济在司法或者行政程序之中确定的一方竞争法项下的反竞争行为的情形。

(四)第一款第(一)、(二)、(三)项和第二款第(一)、(二)项不适用于关于出口促进和对外援助项目的货物或服务的资格要求。

(五)第一款第(二)、(三)、(六)和(七)项,以及第二款第(一)、(二)项不适用于政府采购。

(六)第二款第(一)项和第(二)项不适用于进口的一方施加的、与获得适用优惠关税或者优惠配额的产品资格所必须满足的货物成分相关的要求。

四、为进一步明确,第一款和第二款不适用于这些条款所列之外的其他承诺、保证或要求。

五、本条并不排除任何私人主体之间、而非由一方施加或要求的承诺、保证或要求的履行。

第八条 高级管理人员、董事会成员与人员入境

一、一方不得要求作为涵盖投资的该方企业任命具备某一特定国籍的人员担任高管职务。

二、一方可要求作为涵盖投资的该方企业的董事会或者其任何委员会的大部分成员,具有特定的国籍或某一地方区域内特定居民身份,前提条件是该要求不得实质性损害投资者控制其投资的能力。

三、依据其关于入境和逗留的法律及政策,一方应当准许作为投资者涵盖投资的企业、其子公司或附属机构雇用的另一方自然人入境并作短暂停留,以担任管理、执行或专业职务。

第九条 不符措施

一、第五条(国民待遇)、第六条(最惠待遇)、第七条(业绩要求)、第八条(高级管理人员、董事会成员与人员入境)不适用于:

(一)1. 一方维持的任何现存的不符措施,由该一方在其附件2之第一部分(内地减让表)附表1或附件2之第二部分(澳门减让表)的清单中列明;及

2. 自本协议生效后,在销售或以其他方式处置某一现存政府拥有或出资的企业或某一现存政府机构中政府的股东权益或资产时维持或采取的措施,该措施禁止或限制对股东权

益或资产的所有或控制,或者对高级管理人员或董事会人员施加国籍的要求;

(二)前述第(一)项中所指的不符措施的继续或即时延续;或

(三)前述第(一)项中所指不符措施的修订,只要该修订与修订即刻前相比,不可更不符合第五条(国民待遇)、第六条(最惠待遇)、第七条(业绩要求)、第八条(高级管理人员、董事会成员与人员入境)的义务。

二、第五条(国民待遇)、第六条(最惠待遇)、第七条(业绩要求)、第八条(高级管理人员、董事会成员与人员入境)不适用于一方根据附件2之第一部分(内地减让表)附表2或附件2之第二部分(澳门减让表)保留权利采取或维持的措施。

三、为进一步明确,对本协议涵盖的非服务业投资领域,就第五条(国民待遇)、第六条(最惠待遇)、第七条(业绩要求)、第八条(高级管理人员、董事会成员与人员入境)规定的义务,澳门对内地投资者不增加任何限制性措施。双方通过磋商,拟订和实施澳门对内地投资者及涵盖投资进一步开放的内容。有关具体承诺列入本协议附件2之第二部分(澳门减让表)。

四、在不影响本协议其他条款及附件规定的前提下,为享受第五条(国民待遇)、第六条(最惠待遇)、第七条(业绩要求)、第八条(高级管理人员、董事会成员与人员入境)所规定的投资待遇,一方投资者须满足本协议附件1关于"投资者"定义的相关规定。

五、就知识产权而言,一方可按照符合双方均为成员方的或对双方均适用的与知识产权有关协定的方式,背离本协议第五条(国民待遇)、第六条(最惠待遇)、第七条(业绩要求)。

六、第五条(国民待遇)、第六条(最惠待遇)、第八条(高级管理人员、董事会成员与人员入境)不适用于:

(一)一方进行的政府采购;

(二)一方提供的补贴或赠款,包括政府支持贷款、担保与保险。

但一方法律就本款第(一)、(二)项另有规定的从其规定。

七、如各方对本协议附件2附表的范围有不同的理解,双方应通过依第十七条(投资工作小组)设立的投资工作小组作出解释。

第十条　特殊手续和信息要求

一、如果特殊手续要求不实质性损害一方根据本协议承担的对另一方投资者及涵盖投资的义务,则第五条(国民待遇)不应被解释为阻止一方采取或维持与投资者及涵盖投资相关的特殊手续的措施,例如,投资者须是一方居民的要求,或该涵盖投资须根据一方的法律合法组建的要求。

二、尽管有第五条(国民待遇)和第六条(最惠待遇)的规定,一方可仅为了信息或统计的目的,要求另一方的投资者或其涵盖投资提供与投资者或涵盖投资有关的信息。前述一方应保护商业机密信息防止因泄露而有损投资者或涵盖投资的竞争地位。本款不应被解释为阻碍一方获得或披露与公正和诚信适用法律有关的信息。

第十一条　征收

一、一方投资者的涵盖投资或投资收益均不得在另一方境内被征收,亦不得被采取具有相当于征收效果的措施(以下称"征收"),基于公共目的、根据正当法律程序、以非歧视方式并给予补偿的情况除外。为进一步明确,本款应根据附件3来理解。

二、本条第一款所指的补偿应相当于采取征收前或征收为公众所知时(以较早者为准)

被征收投资的实际价值⑥,并应包括直至补偿支付之时按通常商业利率计算的利息。补偿的支付应可以有效实现、自由转移,且不得迟延。根据实施征收一方的法律,受影响的投资者应有权根据本款规定的原则,要求该方司法机构或其他独立机构迅速审查其案件及对其投资的估值。

三、本条不适用于有关知识产权强制许可的颁发,亦不适用于与知识产权相关的其他措施,只要该措施符合双方均为成员方的或对双方均适用的与知识产权有关的协定。

四、为进一步明确,一方没有发放或继续发放、维持一项补贴或赠款,或修改或减少一项补贴或赠款,仅这一事实不构成征收,无论涵盖投资是否因此受到了损失或损害。

第十二条 损失补偿

一、尽管有第九条(不符措施)第六款第(二)项的规定,一方投资者的涵盖投资,如果由于战争、紧急状态、叛乱、暴乱、自然灾难或其他类似事件而遭受损失,在恢复原状、赔偿、补偿或其他解决措施方面,另一方给予前述一方投资者的待遇,不得低于相似条件下给予其投资者或其他方投资者的待遇中最优者。

二、在不损害本条第一款的情况下,如果一方投资者在另一方境内,在本条第一款所述情况下遭受损失,是由于:

(一)该另一方征用该投资者的全部或部分涵盖投资;或

(二)在并非必需的情形下,该另一方破坏该投资者的全部或部分涵盖投资,

该另一方应当对此损失向投资者提供恢复原状或补偿,或在适当情况下同时提供恢复原状和补偿。补偿应当按照第十一条(征收)第二款规定的标准进行。

第十三条 代位

若一方或其代理机构依据其对投资者的涵盖投资授予的担保或保险合同向该投资者作了支付,则另一方应承认该投资者的任何权利或诉请均转移给前述一方或其代理机构。所代位的权利或诉请不得超过前述投资者原有权利或诉请。此权利可由一方行使,或由其授权的任何代理机构行使。

第十四条 转移⑦

一、一方应允许所有与涵盖投资有关的转移自由、无迟延地进出其境内。该等转移包括:

(一)资本的投入;

(二)利润、股息、资本所得、全部或部分出售或清算涵盖投资所得收入;

(三)利息、特许使用费、管理费以及技术援助和其他费用;

(四)根据合同所付的款项,包括贷款协议或雇佣合同;

(五)根据本协议第十一条(征收)、第十二条(损失补偿)所付的款项;

(六)本协议第三章(投资便利化及争端解决)所涉款项,以及

(七)在另一方境内从事与一项涵盖投资相关工作的一方自然人所获收入和报酬。

二、一方应允许与涵盖投资有关的转移以可自由使用的货币、按照转移时的市场汇率

---

⑥ 为进一步明确,实际价值应按被征收投资的市场价值为基础计算。

⑦ 第十四条(转移)不影响协议一方为了维护包括外汇、股票、债券和金融衍生品市场等在内的金融体系的稳定而对其资本账户进行管理的能力。

进行。

三、一方应允许与涵盖投资有关的实物回报以该方与涵盖投资或另一方的投资者之间达成的书面协议所授权或规定的方式进行。

四、尽管有第一至三款的规定，一方仍可通过公正、非歧视和善意地适用与下列事项有关的法律来阻止或延迟转移：

（一）破产、资不抵债或保护债权人权利；

（二）证券、期货、期权或衍生品的发行、买卖或交易；

（三）刑事犯罪；

（四）在为执法或金融监管部门提供必要协助时，对转移进行财务报告或备案；或

（五）确保司法或行政程序中的判决或决定得到遵守。

五、在面临严重的国际收支平衡困难或威胁的情形下，一方可依据《国际货币基金组织协定》有关原则实施限制转移的措施。该限制措施的施行应当基于公正、非歧视的原则，仅能够暂时实施并应随该种情形的好转而逐步取消，且不得超过为应对该种情形所必要的程度。

六、第一至三款不应被解释为阻止协议一方采取或维持必要的措施以确保不违反本协议的法律得到遵守，包括防止欺诈的法律，前提是该类措施不以专断的或不合理的方式适用，并且不构成对国际贸易或投资的变相限制。

第三章　投资便利化及争端解决

第十五条　投资促进和便利化

一、一方应鼓励另一方的投资者在其境内投资。

二、为提高双方之间的投资便利化水平，一方承诺不时评估并逐步简化有关另一方的投资者在其境内投资的手续和要求。

三、双方同意相互提供投资便利，包括：

（一）一方对另一方投资者取得投资讯息、相关营运证照，以及人员进出和经营管理等提供便利；

（二）一方对另一方及其投资者举办说明会、研讨会及其他有利于投资的活动提供便利；

（三）一方将努力建立明确、统一的投资申请审查和批准的标准和程序，优化投资相关许可、资格要求和程序；

（四）一方将同意明确相关审批机构对投资申请进行审查和作出决定的合理时限，并及时将相关申请的审批结果告知申请者；

（五）一方应根据其法律要求，在投资申请不完备时，明确使申请完备所需的信息，并给予改正的机会；

（六）一方将鼓励、促进各自不同监管机构之间的合作协调，在可能情况下，建立"一站式"审批机构，依法明确各监管部门与审批相关的责任权限，及多机构共同审批情况下各机构的责任权限；

（七）一方应尽可能将投资者申请批准过程中承担的成本降到最低，收取的任何费用应与处理申请所需的行政成本相当；

(八)一方将尽可能使另一方投资者可以按照合理和非歧视的条件接入和使用公共基础设施。

第十六条 法律与政策的透明度

一、为促进理解与涵盖投资相关或影响涵盖投资的法律与政策,一方应:

(一)迅速公布这些法律与政策,并使其易于获得,包括通过电子方式;

(二)应要求,向另一方提供特定法律与政策的副本;以及

(三)应要求,与另一方磋商,以对特定法律与政策进行解释。

二、对于与投资准入条件相关的法律与政策,包括申请与注册程序、评估与审批标准、处理申请及作出决定的时间表,以及对决定的复议或申诉程序,一方应确保能够为另一方投资者所知悉。

三、鼓励一方:

(一)提前公布其计划采取的任何措施;以及

(二)向利害关系人及另一方提供对其计划采取的措施进行评论的合理机会。

第十七条 投资工作小组

一、双方同意在《安排》联合指导委员会机制下设立投资工作小组,由投资工作小组负责处理本协议相关事宜,由双方业务主管部门各自指定的联络人负责联络。

二、投资工作小组的职能包括:

(一)投资咨询:交换投资讯息、开展投资促进、推动投资便利化、提供与本协议相关事项的咨询;

(二)投资争端通报及协调处理:对于第十九条(澳门投资者与内地一方争端解决)第一款或第二十条(内地投资者与澳门一方争端解决)第一款所指的"投资争端",如双方认为有需要,一方应向其相关部门或机构通报及协调处理在其境内发生的"投资争端",或向另一方通报在前述一方境内的"投资争端";

(三)争端解决:协商解决双方之间关于本协议的解释、实施和适用的争端;

(四)协议解释:双方认为如有需要,可根据第九条(不符措施)第七款通过协商对本协议附件2附表作出解释;

(五)经双方同意的其他与本协议相关的工作。

三、投资工作小组的任何决定都应经双方一致同意做出,投资工作小组应将所做出的决定及时向《安排》联合指导委员会通报。

第十八条 本协议双方的争端解决

一、双方之间关于本协议的解释、实施和适用的任何争端,应由双方通过协商解决。

二、双方应按照本协议第十七条(投资工作小组)的工作机制进行协商解决。

第十九条 澳门投资者与内地一方争端解决

一、澳门投资者主张内地相关部门或机构违反本协议[8]所规定的义务,且该违反义务的

---

[8] 限于第四条(最低标准待遇)、第五条(国民待遇)、第六条(最惠待遇)、第七条(业绩要求)、第八条(高级管理人员、董事会成员与人员入境)第一款、第八条(高级管理人员、董事会成员与人员入境)第二款、第十一条(征收)、第十二条(损失补偿)、第十四条(转移)。

行为与澳门投资者或其涵盖投资相关,致该投资者或其涵盖投资受到损失或损害所产生的争端(以下称"投资争端"),可依下列方式解决:

(一)争端双方友好协商解决;

(二)由内地的外商投资企业投诉受理机构依据内地一方有关规定协调解决;

(三)由本协议第十七条(投资工作小组)所设投资争端通报及协调处理职能推动解决;

(四)依据内地一方法律通过行政复议解决;

(五)因本协议⑨所产生的澳门投资者与内地一方的投资争端,可由投资者提交内地一方调解机构通过调解方式解决;

(六)依据内地一方法律通过司法程序解决。

二、涉及本条第一款第(五)项的调解应遵守内地法律法规,充分发挥调解机制的作用和功能,使争议得以有效解决。内地方将就相关调解机制做出安排。

三、如澳门投资者已选择依本条第一款第(四)项或第(六)项解决,除非符合内地一方相关规定,该澳门投资者不得再就同一争端提交内地一方调解机构调解。

四、本协议生效前已进入司法程序的本条第一款所指的"投资争端",除非当事双方同意并符合内地一方相关规定,不适用本条第一款第(五)项规定的调解程序。

五、如澳门投资者已选择依本条第一款第(二)项至第(六)项中任一项解决,除非符合内地一方相关规定,该澳门投资者不得再就同一争端提交内地外商投资企业投诉受理机构协调解决。

六、为进一步明确,在解决涉税争端时,在相关税收协议下的一方税收主管部门应负责判定税收协议是否管辖此类争端。涉税争端的解决方式限于《内地和澳门特别行政区关于对所得避免双重征税和防止偷漏税的安排》第二十五条(相互协商程序)列明的方式。

第二十条 内地投资者与澳门一方争端解决

一、内地投资者主张澳门相关部门或机构违反本协议⑩所规定的义务,且该违反义务的行为与内地投资者或其涵盖投资相关,致该投资者或其涵盖投资受到损失或损害所产生的争端,可依下列方式解决:

(一)争端双方友好协商解决;

(二)由澳门相关部门或机构所设立的投诉处理机制依据澳门一方有关规定解决;

(三)由本协议第十七条(投资工作小组)所设投资争端通报及协调处理职能推动解决;

(四)因本协议⑪所产生的内地投资者与澳门一方的投资争端,可由投资者提交澳门一方调解机构通过调解方式解决;

---

⑨ 限于第四条(最低标准待遇)、第五条(国民待遇)、第六条(最惠待遇)、第七条(业绩要求)、第八条(高级管理人员、董事会成员与人员入境)第一款、第八条(高级管理人员、董事会成员与人员入境)第二款、第十一条(征收)、第十二条(损失补偿)、第十四条(转移)。

⑩ 限于第四条(最低标准待遇)、第五条(国民待遇)、第六条(最惠待遇)、第七条(业绩要求)、第八条(高级管理人员、董事会成员与人员入境)第一款、第八条(高级管理人员、董事会成员与人员入境)第二款、第十一条(征收)、第十二条(损失补偿)、第十四条(转移)。

⑪ 限于第四条(最低标准待遇)、第五条(国民待遇)、第六条(最惠待遇)、第七条(业绩要求)、第八条(高级管理人员、董事会成员与人员入境)第一款、第八条(高级管理人员、董事会成员与人员入境)第二款、第十一条(征收)、第十二条(损失补偿)、第十四条(转移)。

（五）依据澳门一方法律通过司法程序解决。

二、涉及本条第一款第（四）项的调解应遵守澳门法律法规，充分发挥调解机制的作用和功能，使争议得以有效解决。澳门方将就相关调解机制做出安排。

三、如内地投资者已选择依本条第一款第（五）项解决，除非符合澳门一方相关规定，该内地投资者不得再就同一争端提交澳门一方调解机构调解。

四、本协议生效前已进入司法程序的本条第一款所指的"投资争端"，除非当事双方同意并符合澳门一方相关规定，不适用本条第一款第（四）项规定的调解程序。

五、为进一步明确，在解决涉税争端时，在相关税收协议下的一方税收主管部门应负责判定税收协议是否管辖此类争端。涉税争端的解决方式限于《内地和澳门特别行政区关于对所得避免双重征税和防止偷漏税的安排》第二十五条（相互协商程序）列明的方式。

第四章 最终条款

第二十一条 拒绝授予利益

一、出现下列情形时，在包括按第三章（投资便利化及争端解决）启动任何程序后的任何时候，一方可拒绝将本协议的利益授予作为另一方企业的该另一方投资者及该投资者的涵盖投资：

（一）其他方的投资者拥有或控制该企业；以及

（二）拒绝授予利益的一方针对其他方采取或维持如下措施：

1. 阻止与该企业进行交易；或者

2. 若本协议的利益被授予该企业或其涵盖投资，将导致对该措施的违反或规避。

二、为进一步明确，一方可在包括按照第三章（投资便利化及争端解决）启动任何程序之后的任何时候，依据本条第一款拒绝授予本协议的利益。

第二十二条 例外

一、只要相关措施不以武断或不合理之方式适用，或不构成对贸易或投资之变相限制，本协议中任何规定均不应被解释为阻止一方采取或维持下述措施，包括环境措施：

（一）确保遵守与本协议条款无不一致的法律所必要的措施；

（二）保护人类、动物或植物生命或健康所必要的措施；或

（三）与保护有生命或无生命的可耗尽自然资源相关的措施，如果此类措施与限制本地生产或消费的措施同时有效实施。

二、本协议中任何规定并不妨碍一方维持或采取与世界贸易组织规则相一致的例外措施。

三、（一）本协议中任何规定均不得被解释为要求一方提供或允许获得这样的信息，此类信息披露后将阻碍法律执行或有违该方保护政府机密、个人隐私或金融机构的金融事务和个人顾客账户信息保密性的法律。

（二）本协议中任何规定均不得被解释为，在本协议下任何争端解决过程中，要求一方提供或允许获得受其竞争法律保护的信息，或要求一方的竞争主管部门提供或允许获得任何其他秘密信息或保护不被披露的信息。

四、一方采取的符合依据《世界贸易组织协定》第九条第三款通过的决定的措施,应视为不违反本协议。投资者不得根据本协议提出该措施违反本协议的诉请。

五、本协议不应被解释为要求一方提供或允许获得一方认为有可能违背其根本安全利益的信息,或阻止一方采用该方认为是为保护其自身根本安全利益所必需的措施。

六、当因执行本协议对一方的产业或公共利益造成重大影响时,一方保留新设或维持与另一方投资者及涵盖投资有关的限制性措施的权利。

第二十三条 金融审慎

一、尽管本协议有其他规定,一方不应被阻止出于审慎原因而采取或维持与金融服务有关的措施。这些审慎原因[12]包括保护投资者、存款人、投保人或金融服务提供者对其负有信托义务的人或确保金融系统的完整与稳定。[13]

二、本协议的任何规定不适用于为执行货币或相关信贷政策或汇率政策而采取的普遍适用的非歧视性措施。[14]

三、"金融服务"应当与世界贸易组织《服务贸易总协定》的《关于金融服务的附件》第五款第(a)项中的金融服务具有相同的含义,并且该条款中"金融服务提供者"也包括《关于金融服务的附件》第五款第(c)项所定义的公共实体。

四、为进一步明确,本协议不应被解释为阻止一方在金融机构中适用或者执行为保证遵守与本协议无不一致的法律而采取的与另一方的投资者或者涵盖投资有关的必要措施,包括与防范虚假和欺诈做法或者应对金融服务合同违约影响有关的措施,但这些措施的实施方式不得在情形类似的国家(或地区)间构成任意的或者不合理的歧视,或者构成对金融机构的投资的变相限制。

第二十四条 税收

一、除本条规定外,本协议的其他任何规定不适用于税收措施。

二、本协议的任何规定不得影响一方在任何税收协议项下的权利与义务。如果本协议的规定与任何此类协议出现不一致,在不一致的范围内则应以该税收协议为准。

三、如披露某些信息将违反一方有关保护纳税人税收事务信息的法律规定,本协议的任何规定不得被理解为要求该方提供或允许获得此信息。

四、第十一条(征收)的相关规定应适用于税收措施。[15]

五、一方的措施是否为本条第一款所述税收措施的问题,仅可以由双方税收协议下的主管部门通过协商共同决定。双方税收协议下的主管部门的共同决定对依据本协议处理投资者诉请的任何程序具约束力。

六、投资者不得根据本条第四款提出诉请,以下情况除外:

---

[12] "审慎原因"这一用语应理解为包括维持单个金融机构或金融体系的安全、稳固、稳健和财务责任,以及维护支付和清算系统的安全以及财务和运营的稳健性。

[13] 双方确认,如遇及判断某一具体措施是否属于第二十三条(金融审慎)第一款的范围的问题,应当由双方金融主管部门通过协商解决。

[14] 为进一步明确,为执行货币或相关信贷政策或汇率政策而采取的普遍适用的措施,不包括明将规定了计价货币或货币汇率的合同条款宣布为无效或修改该种条款的措施。

[15] 为进一步明确,确保公平有效地课征或收取税赋而采取或执行的非歧视性税收保全和对于违法行为的处罚措施,不构成第十一条(征收)规定的征收。

（一）投资者向双方税收协议下的主管部门提交了诉请通知的副本；并且

（二）在收到投资者的诉请通知 6 个月之后，双方税收协议下的主管部门未能就争议措施并非征收达成共同决定。

第二十五条　环境措施[16]

双方均承认，通过放松环境措施来鼓励另一方投资者进行投资是不适当的。为此，一方不应豁免、违背或以其他方式减损此类环境措施去鼓励另一方投资者在前述一方境内设立、取得、扩大或保留投资。

第二十六条　不可贬损

一、本协议并不妨碍一方投资者利用另一方适用于该投资者及其涵盖投资并较本协议条款更有利的任何法律，或利用双方之间适用于该投资者及其涵盖投资并较本协议条款更有利的任何其他义务。

二、一方应遵守其对另一方投资者的涵盖投资已同意的任何其他义务。

第二十七条　附件及脚注

本协议附件及脚注构成本协议不可分割的组成部分。

第二十八条　增补和修正

根据需要，双方可以书面形式对本协议及附件的内容进行增补和修正。任何增补和修正在双方授权的代表签署后正式生效。

第二十九条　生效和实施

本协议自双方代表正式签署之日起生效，自 2018 年 1 月 1 日起实施。

本协议以中文书就，一式两份。

本协议于 2017 年 12 月 18 日在澳门签署。

中华人民共和国	中华人民共和国
商务部副部长	澳门特别行政区经济财政司司长
高　燕	梁维特

附件1

关于"投资者"定义的相关规定[17]

一、澳门企业以商业存在形式在内地进行投资的，在满足以下条件的情况下，可以构成本协议第二条（定义）第二款所规定的"投资者"：

---

[16]　为本条款之目的，环境措施限于环境法律、法规、程序、要求或惯例。

[17]　为进一步明确，在不影响本协议其他条款及附件规定的前提下，为享受第五条（国民待遇）、第六条（最惠待遇）、第七条（业绩要求）、第八条（高级管理人员、董事会成员与人员入境）所规定的投资待遇，一方投资者须满足本协议附件1关于"投资者"定义的相关规定。

(一)根据澳门特别行政区《商法典》、《商业登记法典》或其他有关法规登记设立[18],并提供由商业及动产登记局发出的商业及动产登记证明;以及

(二)在澳门从事实质性商业经营。其判断标准为:

1. 年限

澳门投资者应已在澳门登记设立并从事实质性商业经营3年以上(含3年)[19];

2. 所得补充税

澳门投资者在澳门从事实质性商业经营期间依法缴纳所得补充税;

3. 业务场所

澳门投资者应在澳门拥有或租用业务场所从事实质性商业经营,其业务场所应与其在澳门业务范围和规模相符合;以及

4. 雇用员工

澳门投资者在澳门雇用的员工中在澳门居留不受限制的居民和按澳门有关法规获准在澳门定居的人士应占其员工总数的50%以上。

为进一步明确,澳门企业以非商业存在形式在内地进行投资的,无需满足本条第(一)项、第(二)项规定的条件。

二、除非本协议及其附件另有规定,澳门自然人在内地进行投资的,仅中华人民共和国澳门特别行政区永久性居民可构成本协议第二条(定义)第二款所规定的"投资者"。

三、为成为本协议第二条(定义)第二款项下的适格"投资者",澳门投资者按本协议申请以商业存在形式在内地进行投资时应满足以下规定:

(一)企业形式的澳门投资者应提交澳门特别行政区政府经济局(简称经济局)发出的证明书。在申请证明书时,澳门投资者须申报其在澳门从事的业务性质和范围及其拟在内地投资的性质和范围,并将以下文件资料和声明提交经济局审核:

1. 文件资料(如适用)

1)澳门特别行政区商业及动产登记局发出的商业及动产登记证明副本。

2)澳门特别行政区财政局发出的营业税 M/1 格式申报书或职业税—第二组自由或专门职业—开业/更改资料申报表 M1/M1A 格式申报书副本。

3)澳门投资者过去3年在澳门的公司年报或经审计的财务报表。

4)澳门投资者在澳门拥有或租用业务场所的证明文件正本或副本。

5)澳门投资者过去3年所得补充税申报表或职业税收益申报表及缴税证明的副本;在亏损的情况下,澳门投资者仍须提供有关所得补充税申报表或职业税收益申报表及所得补充税收益评定通知书 M/5 或职业税收益评定通知书 M/16 副本。

6)澳门投资者在澳门的雇员在社会保障基金供款凭单副本,以及有关文件或其副本以证明该投资者符合本附件第一条第(二)款第4项规定的百分比。

7)其他证明澳门投资者在澳门从事实质性商业经营的有关文件或其副本,如澳门法例

---

[18] 在澳门登记的海外公司、办事处、联络处、"信箱公司"和特别成立用于为母公司提供某些服务的公司不属于本附件所指的澳门投资者。

[19] 自本协议生效之日起,双方以外的投资者通过收购或兼并的方式取得澳门投资者50%以上股权满1年的,该被收购或兼并的投资者属于澳门投资者。

或本附件有关澳门业务性质和范围规定所需的牌照、许可或澳门有关部门、机构发出的确认信。

2. 声明

对于任何申请取得本协议中待遇的澳门投资者,其负责人应向澳门特别行政区作出声明[20]。声明格式由内地与澳门特别行政区有关部门磋商确定。

3. 证明书申请表格

经济局在认为必要的情况下,委托澳门特别行政区有关政府部门、法定机构或独立专业机构(人士)作出核实证明。经济局认为符合本附件规定的澳门投资者标准的,向其发出证明书。证明书内容及格式由内地与澳门特别行政区有关部门磋商确定。内地与澳门特别行政区有关部门可磋商容许豁免证明书的情况,并予以公布。

(二)自然人形式的澳门投资者应提供澳门永久性居民的身份证明,其中属于中国公民的还应提供港澳居民来往内地通行证(回乡证)或澳门特别行政区护照。

四、为成为本协议第二条(定义)第二款项下的适格"投资者",澳门投资者按本协议向内地审核机关申请以商业存在形式投资时,应按以下程序进行:

(一)澳门投资者申请在内地从事附件2适用范围内的涵盖投资时,向内地审核机关提交本附件第三条规定的证明书。

(二)根据法律规定的审核权限,如内地审核机关在审核澳门投资申请时认为有必要,可一并对澳门投资者的资格进行核证。内地审核机关应在规定的时间内要求澳门投资者提交本附件第三条规定的文件资料、声明,并应向商务部提交对澳门投资者资格进行核证的书面理由。

(三)内地审核机关对澳门投资者的资格有异议时,应在规定时间内通知澳门投资者,并向商务部通报,由商务部通知经济局,并说明原因。澳门投资者可通过经济局向商务部提出书面理由,要求给予再次考虑。商务部应在规定时间内书面回复经济局。

五、内地投资者在澳门投资的,须符合本协议第二条(定义)第二款的规定。

六、本附件中,"商业存在"指一方任何类型的商业或专业机构在另一方境内:

(一)设立、取得或经营一企业,或

(二)设立或经营一分支机构或代表处。

附件2 目录(略——编者注)

---

[20] 任何人如作出虚假或不真实声明,将根据澳门法律承担法律责任。

《内地与澳门关于建立更紧密经贸关系的安排》经济技术合作协议

2017 年 12 月 18 日

序　言

为促进内地[①]与澳门特别行政区(以下简称"双方")贸易投资便利化,全面提升双方经济技术交流与合作的水平,双方决定,就加强内地与澳门特别行政区(以下简称"澳门")的经济和技术合作签署本协议。

第一章　与《安排》[②]的关系

第一条　与《安排》的关系

一、双方决定在《安排》及其所有补充协议的基础上签署本协议。本协议是《安排》的经济技术合作协议。

二、《安排》第四章第十三条、第十四条、第十五条、第五章第十六条、第十七条及附件六的有关内容按照本协议执行。本协议条款与《安排》及其所有补充协议条款产生抵触时,以本协议条款为准。

三、双方重申《安排》中已有的合作,以及同意探索新的合作领域。

第二章　合作目标及机制

第二条　合作目标

一、双方同意,以互利共赢为原则,为进一步便利及促进双方之间的贸易投资,提升双方经贸合作水平,按照各自法律法规、政策目标和资源分配,加强经济技术合作。

二、鼓励澳门参与"一带一路"建设,深化澳门建设中葡商贸合作服务平台的合作,支持两地加强次区域经贸合作,进一步深化内地与澳门在重点领域的合作,推动贸易投资便利化,促进两地共同发展。

第三条　合作机制

一、根据《安排》第六章第十九条,在联合指导委员会的指导和协调下,双方通过已有工作机制或成立新的工作组,建立沟通渠道和协商协调机制,相互通报重要政策信息,支持双

[①] 内地系指中华人民共和国的全部关税领土。
[②] 《安排》系《内地与澳门关于建立更紧密经贸关系的安排》的简称。

方工商界之间的交流,共同推动相关领域合作与发展。

二、应一方的要求,双方可通过协商、增补及修订根据第二条进行合作的领域和具体合作内容。

第三章 深化"一带一路"建设经贸领域的合作

第四条 深化"一带一路"建设经贸领域的合作

双方同意采取以下措施,深化"一带一路"建设经贸领域的合作:

一、建立工作联系机制,加强两地关于"一带一路"建设信息的交流与沟通。

二、鼓励双方政府部门、行业组织和投资促进机构等建立多层次的信息沟通渠道,实现信息共享。

三、搭建交流平台,支持两地的半官方机构、非官方机构和业界在推动共建"一带一路"中发挥作用。

四、发挥澳门在世界旅游休闲中心、中葡商贸合作服务平台、特色金融、专业服务及会展等方面的优势,利用澳门归侨侨眷的人脉网络,支持澳门业界参与各建设项目。

五、支持两地业界加强合作,联合参与"一带一路"重大项目建设,共同开拓"一带一路"沿线市场。支持澳门为"一带一路"建设提供特色金融、会展及其他专业服务,包括以市场化的方式为内地企业拓展海外市场和投资项目,以及为促进内地与"一带一路"沿线国家产能合作提供专业的服务。支持两地在旅游及文化交流方面的合作,支持中葡合作发展基金发挥更大的作用。

六、加强与"一带一路"建设相关的宣传活动。支持澳门举办高层次"一带一路"建设主题会议及论坛。鼓励澳门政府、行业协会、业界组织开展与"一带一路"建设相关的研讨、培训等活动。

第四章 深化澳门中葡商贸合作服务平台建设合作

双方同意以"中国—葡语国家经贸合作论坛(澳门)"(以下简称中葡论坛)为依托,充分发挥澳门作为中葡论坛永久举办地、中葡论坛常设秘书处所在地的优势,推进澳门中葡商贸合作服务平台建设,提升澳门国际影响力和竞争力,深化中国与葡语国家经贸合作。为此,双方同意采取措施,加强在以下领域的合作:

第五条 推进澳门"一个平台、三个中心"建设

通过设立实体服务设施和构建网上功能平台相结合,推进澳门"一个平台、三个中心"建设,为中国内地、澳门及葡语国家的双语人才、投资项目和贸易往来的交流与合作搭建全新、高效的服务平台。

一、支持澳门建设"中国与葡语国家双语人才、企业合作与交流互动信息共享平台"。丰富"中国—葡语国家经贸合作及人才信息网"内容,实现中葡双语人才信息以及中葡中小企业服务、中葡会展、葡语国家食品等领域的信息服务,逐步实现交易支付功能。

二、推进澳门"论坛与会国中小企业商贸服务中心"建设。发挥澳门在商贸专业服务方面的优势,为中国和葡语国家投资者提供服务。

三、推进澳门"论坛与会国经贸合作会展中心"建设。包括:在澳门举办针对葡语国家的专题展会;组织代表团赴葡语国家参展参会,提升每年在各葡语国家轮流举办的"中国与葡语国家企业经贸合作洽谈会"的实效;研究将内地举办的较成熟的特色展会引进澳门。

四、推进澳门"葡语国家食品集散中心"建设。包括:充分发挥两地共同成立的专责小组的作用,研究解决澳门"葡语国家食品集散中心"建设过程中涉及的具体问题;研究出台通关和检验检疫方面的便利化措施,进一步便利葡语国家食品经澳门进入内地;加强对葡语国家食品集散中心实体设施的宣传;支持澳门在内地省市设立葡语国家食品展示中心,为葡语国家食品提供展示和交易平台。在内地、澳门和葡语国家相关展会设立"葡语国家食品专区",为葡语国家食品销售及推广拓展渠道。

第六条 完善中国与葡语国家贸易投资促进功能

一、鼓励和支持内地与澳门贸易投资促进机构、商协会,在内地、澳门和葡语国家共同组织和参加贸易投资促进、考察交流活动。

二、进一步发挥在澳门设立的中葡合作发展基金总部的作用,支持内地与澳门企业利用中葡基金赴葡语国家开展投资合作。

三、通过中国与葡语国家企业家联合会秘书处,为中国与葡语国家企业间合作提供支持和服务。

四、积极推动中葡论坛产能合作工作组工作,通过召开工作会议、举办产能合作推介和洽谈、项目对接等,推动中国与葡语国家在重点领域和重点项目的产能合作。

五、提高澳门企业在中葡经贸交流合作中的参与度。支持澳门企业发挥自身在语言、商贸服务等方面的优势,以市场化的方式为内地企业拓展葡语国家市场和赴葡语国家投资提供服务,支持两地企业共同开拓葡语国家市场。

六、支持澳门打造中葡金融服务平台,为中国与葡语国家企业间合作提供金融支持。

第七条 发挥中国与葡语国家人文交流作用

一、推进澳门中葡文化交流中心建设。发挥澳门中葡双语优势,推动中国和葡语国家的艺术团体、艺术家在澳门举办各类文化活动。

二、继续办好每年在澳门举办的"中国—葡语国家文化周"系列活动。

三、在澳门建设中葡双语人才培养基地。鼓励澳门参与内地援外学历学位教育工作,研究内地与澳门联合培养葡语国家人才的具体路径。

四、支持在澳门继续举办"中葡双语人才培养及教学研讨会"。

五、进一步发挥"中葡论坛(澳门)培训中心"作用,鼓励其安排葡语国家学员到内地考察、交流。

第八条 拓展内地省市与葡语国家合作渠道

一、推动内地相关省市利用澳门的平台优势,与葡语国家在经贸领域开展经常性的交流互访和产业对接。

二、继续鼓励内地省市赴澳门举办贸易投资促进活动。

三、支持中葡论坛常设秘书处继续在澳门举办中国与葡语国家省市长圆桌会。

第五章　重点领域合作

第九条　旅游合作

双方同意采取以下措施,进一步加强在旅游领域的合作:

一、支持澳门建设世界旅游休闲中心,推进区域旅游发展,支持澳门打造旅游教育培训基地。

二、支持内地与澳门旅游企业拓宽合作范畴,加强产业互动,深化旅游线路开发、宣传推广和人才培训等合作。推进澳门多元旅游平台建设。

三、利用海外旅游展览展会等平台开展联合宣传推广,进一步加强双方驻外旅游办事机构的合作。开展内地与澳门旅游交流合作活动。

四、建立健全内地与澳门旅游市场监管协调机制,推进市场监管信息交流、加强旅游执法协作,共同打击以不合理低价组织的团队游和其他违法违规行为。规范旅游企业经营行为,维护游客合法权益,共同推动内地与澳门旅游市场健康有序发展。

五、深化粤港澳区域旅游合作,支持粤港澳大湾区世界级旅游目的地建设。发挥粤港澳对接广西、福建等内地沿海省份的重要节点作用,丰富"一程多站"旅游精品线路,联合开发海上丝绸之路旅游产品。

六、推动广东省与澳门游艇自由行项目,丰富粤澳两地的旅游资源。

第十条　会展业合作

双方同意采取以下措施,进一步加强在会展领域的合作:

一、支持澳门结合自身产业特点和发展定位,培育若干个品牌会议、展览活动,推动澳门会展业及其周边产业发展。

二、重点支持"澳门国际基础设施投资建设高峰论坛(IIICF)"、"澳门国际贸易投资展览会(MIF)"、"澳门国际环保合作发展论坛及展览(MIECF)"及"央企支持澳门中葡平台建设高峰会"等大型国际会议和展览会,继续支持澳门举办高层次的中葡会展活动。

三、为推动澳门会展产业的发展,应澳门特区政府要求,经国家主管部门同意,内地有关部门研究为内地赴澳参会参展人员办理赴澳门出入境证件及签注提供进一步的便利措施。

四、为促进两地会展活动客源互引,向参与澳门会展活动的海外人士赴内地参展参会办理出入境证件及签注提供便利。

五、加强两地在展品通关合作领域的交流与沟通,在展品通关的法律法规执行方面交换信息。在符合双方法律法规的前提下,鼓励两地相关部门简化展品检验检疫手续,并探讨进一步促进展品通关便利合作协议,便利两地展品通关。

六、鼓励内地企业和商协会参与澳门经贸活动,鼓励内地会展活动组织者在澳门举办会展活动,允许内地会展活动组织者及参展参会者以跨境支付的方式向澳门业界支付会展费用。

七、加强内地与澳门在会展人才培养和人员培训领域的合作。

八、支持两地会展产业领域相关的半官方机构、非官方机构和业界在促进两地会展产业合作中发挥作用。

第十一条　中医药产业合作

双方同意采取以下措施,进一步加强在中医药产业发展领域的合作:

一、相互通报各自在中药法规建设和中医药管理方面的情况,实现信息共享。

二、就中医药产业发展战略和行业发展导向等方面的信息数据加强沟通。

三、加强在中药注册管理方面的沟通与协调,实现中药规范管理,为两地的中药贸易提供便利。

四、支持两地中医药企业的合作,共同开拓国际市场。

五、加强中医药产业合作和贸易投资促进,大力发展中医药服务贸易。内地以横琴为试点,充分结合粤澳合作中医药产业园的养生保健及澳门现代医疗的优势,打造粤澳两地健康医疗的示范区。

六、支持和协助半官方和非官方机构在促进两地中医药产业合作中发挥作用。

第十二条 金融合作

双方同意采取以下措施,进一步加强在特色金融、银行、证券和保险领域的合作:

一、支持澳门发展特色金融,研究支持内地金融租赁企业以及融资租赁企业在风险可控、商业可持续的原则下落户澳门;支持澳门引入及研发人民币金融产品。

二、支持澳门探索与邻近地区错位发展,研究在澳门建立以人民币计价的证券市场、绿色金融平台、中葡金融服务平台。支持澳门建立出口信用保险制度。

三、在金融基础设施的构建,特别是法律法规及监管指引的制定,以及监管人员培训方面,给予相应支持。

四、支持内地银行在审慎经营的前提下,利用澳门的中国与葡语国家金融服务平台,发展葡语国家的业务。

五、支持内地大型商业银行、股份制银行、央企在商业可持续和风险可控的基础上,结合自身特点和发展实际,坚持自愿原则,审慎将其国际资金外汇交易中心,特别是与葡语国家的人民币结算业务移至澳门。

六、支持内地银行在商业可持续和风险可控的基础上,结合自身特点和发展实际,坚持自愿原则,审慎开展与澳门银行的业务合作以及赴澳门开设分支机构经营业务等。

七、为澳门银行在内地中西部、东北地区和广东省开设分行设立绿色通道。

八、鼓励符合条件的澳门银行到内地农村设立村镇银行。

九、促进跨境人民币资金双向流通机制及两地更紧密的金融合作,包括积极推动跨境投资业务的发展,落实澳门的人民币合格境外投资者(RQFII)投资额度,推动人民币跨境支付系统(CIPS)作为跨境人民币资金结算主渠道,以进一步完善内地与澳门跨境人民币结算基建。

十、研究进一步放宽澳门金融机构在内地设立合资证券公司、基金公司、期货公司和证券投资咨询公司的持股比例限制,降低准入门槛;视情逐步增加澳门金融机构在内地设立澳资控股两地合资证券公司的家数。

十一、继续鼓励内地企业在澳门发行人民币和外币债券,利用澳门平台筹集资金。

十二、内地本着尊重市场规律、提高监管效率的原则,支持符合条件的内地保险企业到澳门开设分公司或子公司。

十三、支持澳门的保险公司设立营业机构或通过参股的方式进入市场,参与和分享内地保险市场的发展。加强双方在保险产品研发、业务经营和运作管理等方面的合作。

十四、积极支持符合资格的澳门保险业者参与经营内地交通事故责任强制保险业务。内地将根据有关规定积极考虑,对澳门保险业者提出的申请提供便利。

十五、支持澳门的保险公司与内地经营出口信用保险业务的公司在业务经营和运作管理等方面的合作。

十六、内地在金融改革、重组和发展中支持充分利用和发挥澳门的中国与葡语国家商贸合作金融服务平台、葡语国家人民币清算中心的作用。

十七、双方加强金融监管部门的合作和信息共享,并支持两地银行业协会之间建立"一带一路"建设投资及融资需求的信息通报机制。

十八、研究适时在澳门举办中国与葡语国家金融领域合作研讨会、交流会等。

第十三条 电子商务合作

双方同意采取以下措施,进一步加强在电子商务领域的合作:

一、在电子商务法规、规则、标准的研究和制定方面进行专项合作,创造良好的电子商务环境,推动并确保其健康发展。

二、在企业应用、推广、培训等方面加强交流与合作。发挥两地政府部门的推动和协调功能,推动相关政府部门和企业间相互交流,并通过建立示范项目,促进企业间开展电子商务。

三、加强在推行电子政务方面的合作,密切双方多层面电子政务发展计划的交流与合作。

四、开展经贸信息交流合作,拓展合作的广度和深度,以粤港澳为核心加强电子商务物流信息对接,支持区域内电子商务快速发展。

五、继续合作推广符合《粤澳电子签名证书互认证书策略》等互认策略的电子签名证书,保障服务和贸易的跨境电子文件签署及电子交易的安全可靠。

六、充分利用两地优势,推动重点行业和大宗商品的跨境电子商务发展。

七、加强两地在跨境数据流动方面的交流。

第十四条 环保合作

双方同意采取以下措施,进一步加强在环保产业领域的合作:

一、加强两地在环保产业合作领域的交流与沟通。

二、在环保产业的法律法规制定和执行方面交换信息。

三、加强在培训、考察等方面的合作。

四、通过展会推介、举办研讨会等多种方式加强两地环保产业领域的合作。

五、探讨进一步促进营商便利化的合作建议,以支持两地环保产业发展。

六、支持和协助半官方机构、非官方机构和业界在促进两地环保合作中发挥作用。

第十五条 法律和争议解决合作

双方同意采取以下措施,进一步加强在法律和争议解决领域的合作:

一、支持两地法律和争议解决专业机构搭建合作交流平台,加强业务交流和协作。

二、研究利用澳门优势,推动澳门建设成为中国与葡语国家企业解决双方商业纠纷的仲裁中心。

三、加强内地与澳门在法律和争议解决、商业纠纷仲裁领域人才培养和人员培训领域交流与合作。

第十六条　会计合作

双方同意采取以下措施,进一步加强在会计领域的合作:

一、完善两地会计准则③和审计准则④沟通协调工作机制,共同在国际会计审计标准制定机构中发挥作用,促进高质量的国际相关准则的制定。

二、支持取得中国注册会计师资格的澳门会计专业人士成为内地会计师事务所的合伙人,支持取得澳门会计师⑤资格的内地会计专业人士成为澳门会计师事务所的合伙人。

三、支持两地会计业界在有关会计审计标准制定、会计行业管理制度建设中发挥作用,聘任澳门会计专业人士担任会计咨询专家。

四、研究探讨内地注册会计师考试和澳门会计师专业资格考试部分科目互免机制。

五、研究建立相互依赖的监管合作机制,推动内地与澳门实现审计监管等效。

六、支持内地会计师事务所在澳门设立代表处、分支机构,发展成员所。

七、鼓励两地会计师事务所在深化"一带一路"建设、内地企业境外上市审计等业务中加强合作和交流。

第十七条　文化合作

双方同意采取以下措施,进一步加强在文化产业领域的合作:

一、支持、加强两地在文化产业方面的交流与沟通,促进两地文化贸易发展。

二、在文化产业的法律法规制定和执行方面交换信息。

三、及时研究解决文化产业交流中出现的问题。

四、加强在考察、交流、展览等方面的合作。

五、共同探讨开拓市场和开展其他方面的合作。

六、支持两地文化产业领域相关的半官方机构、非官方机构和业界在促进两地文化合作中发挥作用。

第十八条　创新科技合作

双方同意采取以下措施,进一步加强在创新科技领域的合作:

一、加强两地在创新科技领域(包括技术贸易)的交流与合作,支持澳门发展包括中医药、生物医药、信息通信、节能环保、智慧城市以及海洋科技等领域的科研及创新科技产业;支持澳门举办科技活动周、科普夏令营等科普教育活动,适时举办内地赴澳科技展览。

二、鼓励澳门科研人员和机构参评国家科技奖励,支持其参与国家科技计划,开展内地与澳门联合资助研发计划,稳步推动实施合作研发项目工作,逐步推动澳门科研机构和企业纳入国家创新科技体系。

三、依托国家重点实验室澳门伙伴实验室,加强两地在科学研究、高新技术研发、科技产业应用的合作;继续支持澳门伙伴实验室的工作,并探索建立国家工程技术研究中心澳门分中心等平台。

---

③ 指企业会计准则。
④ 指注册会计师审计准则。
⑤ 包括核数师及会计师。

四、支持两地孵化器、众创空间等的合作与交流,鼓励澳门青年人创新创业,推动创新科技产业化。加强两地青年创业人才沟通交流,推动澳门创业青年到内地考察参观,拓展"双创"合作,为青年人才提供发展空间。

五、透过合作举办研修班、研讨会等方式,促进两地产学研各界的相互了解,为进一步开展合作奠定基础。

六、加强两地在创新科技领域的交流和信息资源共享。

七、支持和协助半官方机构、非官方机构和业界在推动两地创新科技合作中发挥作用。

第十九条 教育合作

双方同意采取以下措施,进一步加强在教育领域的合作:

一、加强两地在教育合作领域的交流与沟通。

二、加强教育信息的交流。

三、加强在培训、考察等方面的合作。

四、通过专业交流协作、举办研讨会等多种方式加强教育领域的合作。

五、支持内地教育机构与澳门高等院校在内地合作办学,合作建设研究设施,培养本科或以上高层次人才。

第二十条 中小企业合作

双方同意采取以下措施,进一步加强两地中小企业的交流与合作:

一、通过考察与交流,共同探讨支持中小企业发展的策略和扶持政策。

二、考察、交流双方为中小企业服务的中介机构的组织形式和运作方式,并推动中介机构的合作。

三、建立为两地中小企业提供信息服务的渠道,定期交换有关出版刊物,逐步实现双方信息网站数据库的对接和信息互换。

四、通过各种形式组织两地中小企业直接交流与沟通,促进企业间的合作。

五、支持和协助半官方机构、非官方机构在促进两地中小企业合作中发挥作用。

第二十一条 知识产权合作

双方同意采取以下措施,进一步加强知识产权领域的合作:

一、在知识产权保护的法律法规的制定和执行方面交换信息和交流经验。

二、通过各种形式的交流,包括业务访问、交流活动、举办研讨会、出版有关刊物,向公众、业界及相关各方分享及推广有关知识产权保护、运用和贸易的资料与信息。

三、继续加强内地与澳门在人才培养和人员培训领域的合作。

四、推动内地与澳门在知识产权实施运用、知识产权中介服务、知识产权贸易方面的合作。

五、支持完善澳门知识产权法律制度,为澳门特区提供专利争议或纠纷处理和自动化服务等方面的技术支持和帮助。

六、支持粤澳双方在知识产权创造、运用、保护和贸易发展方面的合作,推动粤澳两地知识产权宣传教育工作,助力高端知识产权服务业的发展。

第二十二条 商标品牌合作

双方同意采取以下措施,进一步加强商标品牌合作:

一、国家工商行政管理总局港澳台办与澳门经济局建立联络机制,进一步加强商标品牌领域的交流与合作。

二、加强内地与澳门在商标注册业务、商标保护工作等方面的交流与合作。

三、双方在品牌保护的法律法规制定和执行方面交换信息;加强在培训、考察、出版刊物等方面的合作;通过网站宣传、展会推介、举办研讨会等多种方式加强两地品牌的推广促进。

第六章 次区域经贸合作

第二十三条 深化泛珠三角区域经贸合作

一、发挥现有合作平台和联络机制的作用,继续深化泛珠三角区域经贸合作。

二、发挥澳门优势,加强在泛珠三角区域内特色金融、商贸服务、会议展览、文化创意、旅游等产业的合作,推动扩大相互投资,共同开拓国际市场。

三、支持泛珠三角区域各省区进一步结合澳门国际环保合作发展论坛及展览(MIECF),打造 MIECF 成为泛珠与葡语国家、欧盟国家的环保产品、技术、知识产权交流合作平台。支持澳门探索发展绿色金融平台。

四、推动泛珠三角区域企业利用澳门平台,赴葡语国家、"一带一路"沿线国家和地区开展投资合作。

五、支持泛珠三角区域内地九省区发挥各自优势与澳门参与泛珠双向投资,共同"走出去,引进来"。

六、在现有经贸合作基础上,积极推进粤港澳大湾区建设。

第二十四条 支持澳门参与自由贸易试验区建设

一、利用两地经贸合作机制,加强双方就内地自由贸易试验区建设的政策通报和信息交流。

二、研究《安排》框架下在自由贸易试验区内进一步扩大对澳门服务业开放。鼓励澳门通过自由贸易试验区,积极参与国家重大发展战略。发挥中国(广东)自由贸易试验区"依托港澳、服务内地、面向世界"的战略定位优势,深入推进粤澳服务贸易自由化。

三、鼓励澳门中小微企业和青年到自由贸易试验区创业。

四、发挥澳门在特色金融、旅游、中葡商贸合作服务平台等方面的优势,与内地自由贸易试验区改革开放相结合,创新发展模式,拓展合作空间。

第二十五条 深化澳门与横琴、南沙、前海等地区合作

一、发挥现有合作平台和联络机制的作用,推动深化澳门与横琴、南沙、前海的合作。

二、支持横琴、南沙、前海在会展、特色金融、中医药等重点领域继续先行先试,进一步扩大对澳门开放,探索与澳门深化经济合作的新模式。

三、推进粤澳人才合作示范区建设,支持澳门青年到横琴、南沙、前海发展创业,例如横琴澳门青年创业谷、南沙创汇谷—粤港澳青年文创小区、前海深港青年梦工场等。

四、深化澳门与横琴、南沙、前海的仲裁机构的合作,建立仲裁的合作机制。

五、支持苏澳合作园区建设,深化澳门与长江三角洲地区的经贸合作。

六、支持澳门与中山翠亨新区深化合作,推进粤澳全面合作示范区建设。

第七章 贸易投资便利化

第二十六条 贸易投资促进

双方同意采取以下措施,进一步加强在贸易投资促进领域的合作:

一、通报和宣传各自对外贸易、吸收外资的政策法规,实现信息共享。

二、对解决双方贸易投资领域中存在的普遍性问题交换意见,进行协商。

三、在促进相互投资及向海外投资方面加强沟通与协作。

四、在举办展览会、组织出境或出国参加展览会方面加强合作。

五、共同开展经贸促进活动,推动双方与葡语国家的贸易和投资。

六、加强在统计领域的交流与合作。通过专业交流协作、举办研讨会等多种方式,进一步提高合作水平。

七、加强两地在税收征管方面的沟通与协调。搭建合作交流平台,就税务领域的法律法规、重大政策的颁布与修改情况交换信息。

八、对双方共同关注的与贸易投资促进有关的其他问题进行交流。

九、支持和协助半官方和非官方机构在贸易投资促进领域中发挥作用,开展贸易投资促进活动。

第二十七条 质量监督检验检疫

双方同意采取以下措施,进一步加强在质量监督检验检疫领域的合作:

一、动植物检验检疫和食品安全

完善和深化双方现有检验检疫协调和联络机制,探索制度创新,加强在动植物检验检疫和食品安全方面的合作,促进两地农产品食品贸易健康发展。

双方同意积极研究关于进口葡萄酒经澳门中转内地的检验合作事宜,在符合双方相关法律法规并确保安全的前提下,对经澳门中转输内地葡萄酒产品采取便利通关等相关措施。

二、进口食品检验前置监管

深化双方对进口食品检验监管方面的合作,对于由澳门政府部门或经官方授权的第三方检验机构出具食品检验证书的澳门生产进口内地的食品,研究给予便利通关措施;总结上述措施经验,研究将相关措施延伸至经澳门中转进口内地的指定食品。

三、卫生检疫监管

双方利用现有渠道,定期通报两地的疫情信息,加强卫生检疫的学术交流与合作研究;探讨往返广东各口岸小型船舶的卫生监督问题;加强在热带传染病、病媒生物调查和防范,以及在生物医药类特殊物品卫生检疫监管和核生化物品检测、处置方面的合作。

探讨人体移植器官、体液和组织等跨境运输时的检疫合作。

四、双方主管部门利用现有合作渠道,加强认证认可领域制度创新方面的合作,支持认证认可、检验检测机构间开展技术交流与合作。

五、为保障两地消费品安全,加强两地在消费品安全领域的合作与交流,根据两地主管部门签署的制度安排及建立的沟通联系渠道,定期举行工作会议,加强两地互输消费品不合格信息的通报,同时开展消费品安全领域的技术交流与培训等合作。

六、积极推动澳门检测实验室与已加入设有国家成员机构的认证检测国际多边互认体系(如 IECEE/CB 体系)的内地认证机构开展合作,成为该互认体系所接受的检测实验室。

七、研究符合条件的澳门企业在内地开设的检测机构,申请成为中国强制性产品认证(CCC)制度的指定检测机构。

第二十八条 劳动培训就业和青年创业

双方同意采取以下措施,进一步加强两地劳动培训就业及创新创业方面的交流与合作:

一、推动两地劳动培训的合作,拓展在澳门的技能人员职业资格考试的项目,加强人才培训,提升人力资源开发水平。

二、继续举办区域性职业技能竞赛,促进青年技能交流。

三、加快推进职业技能鉴定一试多证的工作,探索引进国际职业标准,促进人资水平与国际接轨。

四、推动就业领域的实习交流,拓展澳门青年职涯发展的多样性。

五、考察及交流两地青年创新创业的孵化及加速机构的组织形式和运作方式,并推动该等机构的合作。

六、建立为两地青年创新创业提供信息服务的渠道,定期交换有关出版刊物,逐步实现双方信息网站对接和信息互换。

七、通过各种形式组织两地青年创新创业直接交流与沟通,促进双方合作。

八、支持和协助半官方机构、非官方机构在促进两地劳动培训就业和青年创新创业合作中发挥作用。

第二十九条 透明度

双方同意采取以下措施,进一步加强在透明度领域的合作:

一、就投资、贸易及其他经贸领域法律、法规、规章的颁布、修订情况交换信息数据。

二、通过报刊、网站等多种媒体及时发布政策、法规信息。

三、举办和支持举办多种形式的经贸政策法规说明会、研讨会。

四、通过内地 WTO 咨询点、中国投资指南网站、中国贸易指南网站、澳门经济局网站及澳门贸易投资促进局网站等为工商企业提供咨询服务。

第八章 其他条款

第三十条 生效

本协议自双方代表正式签署之日起生效。

本协议以中文书就,一式两份。

本协议于 2017 年 12 月 18 日在澳门签署。

中华人民共和国　　　　　　　　　　中华人民共和国
商务部副部长　　　　　　　　　　　澳门特别行政区经济财政司司长
高　燕　　　　　　　　　　　　　　梁维特

外国公共航空运输承运人运行合格审定规则

交通运输部令 2017 年第 35 号

《外国公共航空运输承运人运行合格审定规则》已于 2017 年 12 月 13 日经第 24 次部务会议通过,现予公布,自 2018 年 1 月 29 日起施行。

部长　李小鹏
2017 年 12 月 18 日

外国公共航空运输承运人运行合格审定规则

A 章　总　　则

第 129.1 条　目的和依据

为了对在中华人民共和国境内实施运行的外国公共航空运输承运人进行运行合格审定和监督检查,确保其符合在中华人民共和国境内的运行要求,根据《中华人民共和国民用航空法》和《国务院对确需保留的行政审批项目设定行政许可的决定》,制定本规则。

第 129.3 条　适用范围

本规则适用于符合下列条件的公共航空运输承运人:

(a)持有外国民用航空管理当局颁发的批准其实施公共航空运输飞行的航空运营人合格证和运行规范;

(b)使用飞机或者直升机在中华人民共和国境内进行起降,实施定期或者不定期公共航空运输飞行。

第 129.5 条　定义

以下定义适用于本规则:

(a)公共航空运输:以营利为目的,使用民用航空器为他人提供旅客、行李、邮件或者货物运送服务的行为。

(b)定期公共航空运输:按照承运人预先公布的起飞时间、起始地点和终止地点实施的公共航空运输。包括公布航班时刻表的定期航班运输,以及在定期航班运输的航线上临时增加的、预先确定起飞时间并告知旅客的加班运输。不包括承运人与客户协商确定上述时间和地点的公共航空运输包机飞行。

(c) 不定期公共航空运输:除定期公共航空运输以外的公共航空运输。
(d) 湿租:按照租赁协议,承租人租赁飞机时携带出租人一名或者多名机组成员的租赁。
(e) 主任监察员:由民航地区管理局指定的代表其签署运行规范的人员。

第 129.7 条 运行合格审定和监督检查的基本要求

(a) 本规则第 129.3 条规定的公共航空运输承运人应当通过中国民用航空局指定管辖权的民航地区管理局按照本规则实施的运行合格审定,取得民航地区管理局颁发的《外国公共航空运输承运人运行规范》(以下简称运行规范),方可在中华人民共和国境内实施公共航空运输飞行。

(b)《外国公共航空运输承运人运行规范》的持有人(以下简称运行规范持有人)在中华人民共和国境内实施公共航空运输飞行应当遵守下列文件中的相应规定:

(1) 本规则以及按本规则颁发的运行规范;

(2)《国际民用航空公约》及其附件一《人员执照的颁发》、附件六《航空器运行》、附件八《航空器适航性》的标准条款;

(3)《中华人民共和国飞行基本规则》和涉及民航管理的规章中对外国民用航空器进行运行管理、安全管理、安全保卫和空中交通管制的相关规定;

(4) 其他相关法律、法规和规章。

(c) 运行规范持有人所在国民用航空管理当局为其颁发的航空运营人合格证和运行规范中所规定的运行条件和限制,同样适用于运行规范持有人在中华人民共和国境内的运行。民航地区管理局颁发的运行规范所批准的运行范围不得超出上述航空运营人合格证和运行规范中批准的范围。

运行规范持有人所在国民用航空管理当局为其颁发的航空运营人合格证和运行规范的内容发生变化,需要对按本规则颁发的运行规范作相应修改的,运行规范持有人应当立即通知相应的民航地区管理局,并在通知后五个工作日内按照本规则第 129.35 条的要求申请运行规范的修改。

(d) 运行规范持有人所在国民用航空管理当局为其颁发的航空运营人合格证和运行规范中没有具体规定,但是我国有明确要求的特殊运行(例如高高原运行),民航地区管理局应当确定其具备运行能力后,运行规范持有人方可实施该种运行。

(e) 运行规范持有人在中华人民共和国境内运行时,应当接受中国民用航空局或者民航地区管理局及其派出机构对其民用航空器和人员实施的监督检查。

(f) 对于《国际民用航空公约》附件六《航空器运行》规定的标准和建议措施,如果运行规范持有人所在国民用航空管理当局已经向国际民航组织通知了差异,运行规范持有人可以向民航地区管理局提交相应的偏离申请。偏离由民航地区管理局批准。

第 129.9 条 豁免

(a) 对于符合下列要求从事不定期公共航空运输的外国公共航空运输承运人,经中国民用航空局批准,可以适用简化程序,不取得运行规范即在中华人民共和国境内实施运行:

(1) 任意连续十二个日历月内在中华人民共和国境内总飞行班次不超过十次,或者在特定时期内从事某项特定的运输任务。特定的运输任务是指紧急医疗救护、救灾、特殊人员物资转移等具有特殊性质,对社会公众具有特殊意义,且时间紧迫的民航运输任务。

(2)向中国民用航空局提供承运人所在国民用航空管理当局颁发的批准其飞入中华人民共和国境内并证明其具有安全运行能力的航空运营人合格证和运行规范。

(b)前款所述的承运人在中华人民共和国境内运行时,应当接受中国民用航空局或者民航地区管理局及其派出机构对其民用航空器和人员实施的监督检查。

(c)对于本规则没有明确允许偏离的条款,运行规范持有人在提出恰当的理由、相应的安全措施并证明这些安全措施能够保证同等安全水平的情况下,可以通过民航地区管理局向中国民用航空局提出豁免申请。经中国民用航空局批准,运行规范持有人可以不执行相应的本规则条款,而执行中国民用航空局在作出此项批准时所列明的规定、条件或者限制。豁免是遵守本规则的一种替代做法,遵守所颁发的豁免及其条件和限制,就是遵守本规则。

第 129.11 条 湿租的限制

运行规范持有人不得湿租除按本规则颁发的运行规范持有人或者《大型飞机公共航空运输承运人运行合格审定规则》(CCAR121)、《小型航空器商业运输运营人运行合格审定规则》(CCAR135)所规定的合格证持有人以外的运营人的民用航空器实施本规则运行。

B 章 运行合格审定的条件和程序

第 129.21 条 运行规范的颁发条件

申请运行规范的外国公共航空运输承运人(以下简称申请人)应当具备下列条件:

(a)申请人所在国民用航空管理当局为其颁发的航空运营人合格证和运行规范中允许申请人实施所申请的运行;

(b)按照涉及民航管理的规章的规定,配备了合格和足够的人员、设备、设施,满足在中华人民共和国境内安全运行的要求;

(c)经过运行评估,达到在中华人民共和国境内运行的安全水平;

(d)如果申请湿租运行,需要满足本规则第 129.11 条的规定。

第 129.23 条 申请运行规范需要提交的材料

(a)申请人应当向中国民用航空局指定管辖权的民航地区管理局提交以下材料:

(1)按规定格式填写的申请书;

(2)申请人所在国民用航空管理当局为其颁发的航空运营人合格证和运行规范,并载明批准其实施的运行范围和运行种类等事项;

(3)计划飞入中华人民共和国境内的民用航空器的清单,并载明民用航空器的型号、国籍和登记标志;

(4)初次申请定期公共航空运输的申请人,应当提交飞入中华人民共和国境内的经济批准的文件;

(5)中国民用航空局或者民航地区管理局要求提供的其他文件。

(b)申请书应当按照中国民用航空局规定的内容如实填写。申请人应当如实提交有关材料和反映真实情况,并对申请材料实质内容的真实性负责。

(c)申请人提交的上述文件应当使用中文或者英文版本的纸质或者电子文件。其中,申请书应当是由法定代表人或者其授权人签署的原件或者其扫描件。

第 129.25 条　申请的受理

(a)对于材料不齐全或者不符合法定形式的,民航地区管理局应当当场或者在五个工作日内一次告知申请人需要补正的全部内容,逾期不告知的,自收到申请材料之日起即为受理。申请材料齐全、符合法定形式,或者申请人按照要求提交全部补正材料的,民航地区管理局应当受理申请。

(b)民航地区管理局受理或者不予受理申请,应当向申请人出具书面凭证。对不予受理的,应当注明理由。

第 129.27 条　审查和批准

(a)民航地区管理局应当自受理申请之日起二十个工作日内对申请人的申请材料进行审查并做出许可决定。二十个工作日不能做出决定的,经民航地区管理局负责人批准,可以延长十个工作日,并应当将延长期限的理由告知申请人。民航地区管理局作出行政许可决定,需要实施检验、检测和专家评审的,所需时间不计入前述二十个工作日的期限。

(b)民航地区管理局依法作出不予颁发运行规范的书面决定的,应当说明理由,并告知申请人享有依法申请行政复议或者提起行政诉讼的权利。

(c)运行规范应当由主任监察员签字。

(d)运行规范持有人在中华人民共和国境内运行,不符合安全和公共利益需要的,民航地区管理局应当按照下列程序修改运行规范:

(1)民航地区管理局以书面形式提出修改内容,通知运行规范持有人;

(2)运行规范持有人应当自收到通知之日起七个工作日内对修改内容向民航地区管理局提交书面意见;

(3)民航地区管理局在考虑运行规范持有人的意见后,作出决定并通知运行规范持有人;

(4)运行规范持有人可以在收到通知后五个工作日内提出申诉意见,民航地区管理局考虑运行规范持有人的申诉意见后,作出决定并颁发运行规范的修改项。

(e)如果民航地区管理局发现存在危及安全、需要立即行动的紧急情况,不能按照本条(d)款规定的程序修改运行规范,则可以采取下列措施:

(1)民航地区管理局可以单方面决定修改运行规范,修改项在运行规范持有人收到该修改通知之日起生效;

(2)在发给运行规范持有人的通知中,应当说明原因,指出存在危及安全、需要立即行动的紧急情况,或者指出不及时修改运行规范将违背公共利益的情况。

第 129.29 条　运行规范的内容

运行规范至少包含下列内容:

(a)运行规范持有人的名称和地址;

(b)运行规范持有人与民航地区管理局进行业务联系的机构的名称和通信地址;

(c)运行规范的编号和生效日期;

(d)管辖该运行规范持有人的民航地区管理局内设机构的名称;

(e)被批准的运行种类,包括定期载客运行、不定期载客运行和全货机运行;

(f)说明经审定,该运行规范持有人符合本规则的相关要求,批准其按所颁发的运行规范实施运行；
(g)对每种运行的实施规定的权利、限制和主要程序；
(h)每个厂商、型号和系列的民用航空器在运行中需要遵守的其他程序；
(i)批准使用的每架民用航空器的型号、系列编号、国籍标志和登记标志,运行中需要使用的每个正常使用机场、备降机场和加油机场；
(j)机场的限制；
(k)按照规定颁发的豁免或者批准的偏离；
(l)说明基于安全和公共利益的需要,民航地区管理局可以修改运行规范；
(m)民航地区管理局认为应当包含的其他内容。

第129.31条 运行规范的有效期限

除发生下列失效的情况外,运行规范长期有效：
(a)运行规范持有人自愿放弃,则运行规范全部失效；
(b)民航地区管理局依法撤销该运行规范,则运行规范全部失效；
(c)运行规范持有人所在国民用航空管理当局为其颁发的航空运营人合格证和运行规范失效,则运行规范全部失效；
(d)运行规范持有人连续十二个日历月停止中华人民共和国境内的运行,则运行规范全部失效；
(e)民航地区管理局部分或者全部撤销运行规范的相关条款,则运行规范相应的部分或者全部条款失效。

第129.33条 运行规范的保存和检查

运行规范持有人设在中华人民共和国境内与民用航空器运行相关的分支机构和代理人应当保存一份现行有效运行规范的影印件,并且应当接受中国民用航空局或者民航地区管理局及其派出机构的检查。

第129.35条 运行规范持有人申请变更的情形

(a)运行规范持有人可以申请修改按本规则颁发的运行规范。
(b)运行规范持有人所在国民用航空管理当局为其颁发的航空运营人合格证和运行规范的内容发生变化,运行规范持有人应当按照本规则第129.7条(c)款要求修改运行规范。
(c)运行规范持有人申请修改其运行规范,受理、审查和批准按照本规则第129.25条和第129.27条的规定进行。

C章 运行的一般要求

第129.41条 民用航空器和机组应当携带的文件资料

(a)运行规范持有人飞入中华人民共和国境内的民用航空器上至少应当携带下列文件：
(1)所在国民用航空管理当局为其颁发的航空运营人合格证和运行规范副本；
(2)民用航空器的国籍登记证、适航证和无线电台执照；
(3)运行手册中与机组人员所履行的职责相关的部分。其中,与飞行的实施直接相关的部分,应当放置在机组成员值勤时易于取用的位置；

(4)民用航空器飞行手册或者等效资料；
(5)包含民用航空器维修信息的飞行记录本。

(b)除本条(a)款所述文件外，还应当根据运行的实际情况，在民用航空器上携带与运行的类型和区域相适应的下列文件：

(1)重量与平衡单，以及旅客和货物装载舱单；
(2)签派或者飞行放行单，以及满足国际民航组织要求的飞行计划；
(3)航行通告、航空信息服务文件和相应的气象资料；
(4)适用于运行区域的航图。

(c)飞行机组成员应当携带适用于该次运行的航空人员执照和体检合格证。

第129.43条　按照运行手册实施运行

运行规范持有人的航空人员和其他直接参与运行的个人，应当按照运行规范持有人的运行手册实施运行。

第129.45条　飞行记录器和驾驶舱话音记录器数据的保留

运行规范持有人的民用航空器发生由中国民用航空局负责调查的事故或者事故征候后，应当按照中国民用航空局的要求保留并提供飞行记录器和驾驶舱话音记录器所记载的数据。

第129.47条　应急频率的监听

运行规范持有人的民用航空器在中华人民共和国境内飞行过程中，机组应当有效监听VHF121.50Mhz应急频率，避免出现通信失效。

第129.49条　地形警告系统和机载防撞系统的安装要求

运行规范持有人使用的民用航空器应当安装近地警告系统(GPWS)、A类地形提示和警告系统(TAWS)，以及机载防撞系统[ACAS Ⅱ，等同于交通告警和防撞系统(TCAS Ⅱ) 7.1版本]。

第129.51条　民用航空器与机场的使用

(a)运行规范持有人不得在中华人民共和国境内使用未列在运行规范中的民用航空器，发生紧急情况的除外。

(b)在制定飞行计划时，运行规范持有人不得在中华人民共和国境内使用未列在运行规范中的机场作为目的地机场或者目的地备降机场，发生紧急情况的除外。

D章　监督检查

第129.61条　监督检查的实施

(a)中国民用航空局或者民航地区管理局及其派出机构可以对运行规范持有人设在中华人民共和国境内的与民用航空器运行相关的分支机构和代理人进行检查；运行规范持有人的民用航空器在中华人民共和国境内停留时，中国民用航空局或者民航地区管理局及其派出机构可以在不事先通知的情况下登机检查。

(b)通过上述方式无法确认运行规范持有人安全运行能力的，中国民用航空局或者民航地区管理局可以在必要时对运行规范持有人设在其本国境内的基地实施检查，以及进入运行规范持有人的民用航空器驾驶舱实施航路检查。

（c）运行规范持有人应当接受并配合中国民用航空局或者民航地区管理局及其派出机构对其民用航空器和人员实施的监督检查。

（d）中国民用航空局或者民航地区管理局及其派出机构应当对运行规范持有人的运行情况进行全面检查和评估，包括对各种手册和文件的检查；登机检查时，可以对民用航空器的适航状态、民用航空器携带的文件资料以及航空人员的证件等进行检查。

第129.63条　对运行规范的撤销

中国民用航空局或者民航地区管理局及其派出机构实施检查和运行评估，发现运行规范持有人不再具备安全生产条件的，民航地区管理局应当撤销运行规范的相关条款。

E章　法律责任

第129.71条　未取得本规则运行规范或者未按照第129.9条（a）款获得批准从事本规则规定的运行

外国公共航空运输承运人未按照本规则第129.7条（a）款取得运行规范或者未按照本规则第129.9条（a）款获得批准即从事本规则第129.3条规定的运行活动的，由民航地区管理局责令其停止上述运行活动，处三万元以下的罚款；情节严重的，按有关法律法规给予相应的处罚。

第129.73条　存在弄虚作假情况的处罚

（a）外国公共航空运输承运人隐瞒有关情况或者提供虚假材料申请运行规范的，民航地区管理局不予受理或者不予批准运行规范，并给予警告；申请人在一年内不得再次申请该运行规范。

（b）外国公共航空运输承运人以欺骗、贿赂等不正当手段取得运行规范的，由民航地区管理局给予警告，或者处三万元以下的罚款，并撤销运行规范的批准；申请人在三年内不得再次申请该运行规范。

第129.75条　违反本规则规定的运行的处罚

（a）运行规范持有人违反批准的运行规范实施运行的，由民航地区管理局责令改正，处警告或者三万元以下的罚款。

（b）运行规范持有人或者按照本规则第129.9条（a）款获得批准的外国公共航空运输承运人存在下列行为的，由民航地区管理局责令改正，处警告或者三万元以下的罚款：

（1）违反本规则第129.7条（b）款第（2）项要求，未能遵守《国际民用航空公约》及其附件一《人员执照的颁发》、附件六《航空器运行》、附件八《航空器适航性》的标准条款的，取得相应豁免或者偏离批准的除外；

（2）违反本规则第129.7条（c）款要求，在中华人民共和国境内运行未能遵守所在国民用航空管理当局为其颁发的航空运营人合格证和运行规范中所规定的运行条件和限制的；

（3）违反本规则第129.9条（c）款要求，未执行颁发豁免时所列的规定、条件或者限制的；

（4）违反本规则第129.41条要求，未按规定携带文件资料的；

(5)违反本规则第129.45条要求,未按要求保留并提供飞行记录器和驾驶舱话音记录器所记载的数据的;

(6)违反本规则第129.47条要求,未有效监听应急频率导致通信失效的;

(7)违反本规则第129.49条要求,未安装近地警告系统(GPWS)、A类地形提示和警告系统(TAWS),以及机载防撞系统[ACAS Ⅱ,等同于交通告警和防撞系统(TCAS Ⅱ)7.1版本]的。

(c)运行规范持有人或者按照本规则第129.9条(a)款获得批准的外国公共航空运输承运人,违反本规则第129.9条(b)款或者第129.61条要求,拒绝、阻碍中国民用航空局或者民航地区管理局及其派出机构的监督检查的,由民航地区管理局责令改正;拒不改正的,处二万元以上二十万元以下的罚款;对其直接负责的主管人员和其他直接责任人员处一万元以上二万元以下的罚款。

(d)运行规范持有人的航空人员和其他直接参与运行的个人,不按照运行规范持有人运行手册实施运行,导致违反本规则规定的,由民航地区管理局处警告或者一千元以下的罚款。

F章 附　　则

第129.81条　香港、澳门特别行政区公共航空运输承运人的管理

对于持有香港、澳门特别行政区民用航空管理当局颁发的航空运营人合格证和运行规范,使用飞机或者直升机在中华人民共和国境内从事公共航空运输的公共航空运输承运人,参照本规则进行管理。

第129.83条　守法信用信息记录

对运行规范持有人的撤销运行规范、行政处罚、行政强制等处理措施及其执行情况记入守法信用信息记录,并按照有关规定进行公示。

第129.85条　施行

本规则自2018年1月29日起施行。民航总局于2004年8月23日公布的《外国公共航空运输承运人运行合格审定规则》(民航总局令第127号)同时废止。本规则施行之前已经取得运行规范的外国公共航空运输承运人应当于2018年7月29日之前符合本规则的相应要求。

全国人民代表大会常务委员会关于修改《中华人民共和国招标投标法》、《中华人民共和国计量法》的决定

中华人民共和国主席令第 86 号

《全国人民代表大会常务委员会关于修改〈中华人民共和国招标投标法〉、〈中华人民共和国计量法〉的决定》已由中华人民共和国第十二届全国人民代表大会常务委员会第三十一次会议于 2017 年 12 月 27 日通过，现予公布，自 2017 年 12 月 28 日起施行。

中华人民共和国主席　习近平
2017 年 12 月 27 日

第十二届全国人民代表大会常务委员会第三十一次会议决定：

一、对《中华人民共和国招标投标法》作出修改

（一）删去第十三条第二款第三项。

（二）删去第十四条第一款。

（三）将第五十条第一款中的"情节严重的，暂停直至取消招标代理资格"修改为"情节严重的，禁止其一年至二年内代理依法必须进行招标的项目并予以公告，直至由工商行政管理机关吊销营业执照"。

二、对《中华人民共和国计量法》作出修改

（一）将第三条第一款修改为："国家实行法定计量单位制度。"

第三款修改为："因特殊需要采用非法定计量单位的管理办法，由国务院计量行政部门另行制定。"

（二）删去第九条第二款中的"县级以上人民政府计量行政部门应当进行监督检查"。

（三）将第十二条修改为："制造、修理计量器具的企业、事业单位，必须具有与所制造、修理的计量器具相适应的设施、人员和检定仪器设备。"

（四）将第十四条修改为："任何单位和个人不得违反规定制造、销售和进口非法定计量单位的计量器具。"

（五）删去第十五条第二款。

（六）删去第十七条第二款。

（七）第四章增加一条作为第十八条："县级以上人民政府计量行政部门应当依法对制造、修理、销售、进口和使用计量器具，以及计量检定等相关计量活动进行监督检查。有关单

位和个人不得拒绝、阻挠。"

（八）删去第二十二条。

本决定自2017年12月28日起施行。

《中华人民共和国招标投标法》、《中华人民共和国计量法》根据本决定作相应修改,重新公布。

中华人民共和国招标投标法

目　录

第一章　总则

第二章　招标

第三章　投标

第四章　开标、评标和中标

第五章　法律责任

第六章　附则

第一章　总　　则

第一条　为了规范招标投标活动,保护国家利益、社会公共利益和招标投标活动当事人的合法权益,提高经济效益,保证项目质量,制定本法。

第二条　在中华人民共和国境内进行招标投标活动,适用本法。

第三条　在中华人民共和国境内进行下列工程建设项目包括项目的勘察、设计、施工、监理以及与工程建设有关的重要设备、材料等的采购,必须进行招标:

（一）大型基础设施、公用事业等关系社会公共利益、公众安全的项目;

（二）全部或者部分使用国有资金投资或者国家融资的项目;

（三）使用国际组织或者外国政府贷款、援助资金的项目。

前款所列项目的具体范围和规模标准,由国务院发展计划部门会同国务院有关部门制订,报国务院批准。

法律或者国务院对必须进行招标的其他项目的范围有规定的,依照其规定。

第四条　任何单位和个人不得将依法必须进行招标的项目化整为零或者以其他任何方式规避招标。

第五条　招标投标活动应当遵循公开、公平、公正和诚实信用的原则。

第六条　依法必须进行招标的项目,其招标投标活动不受地区或者部门的限制。任何单位和个人不得违法限制或者排斥本地区、本系统以外的法人或者其他组织参加投标,不得以任何方式非法干涉招标投标活动。

第七条 招标投标活动及其当事人应当接受依法实施的监督。

有关行政监督部门依法对招标投标活动实施监督,依法查处招标投标活动中的违法行为。

对招标投标活动的行政监督及有关部门的具体职权划分,由国务院规定。

第二章 招　　标

第八条 招标人是依照本法规定提出招标项目、进行招标的法人或者其他组织。

第九条 招标项目按照国家有关规定需要履行项目审批手续的,应当先履行审批手续,取得批准。

招标人应当有进行招标项目的相应资金或者资金来源已经落实,并应当在招标文件中如实载明。

第十条 招标分为公开招标和邀请招标。

公开招标,是指招标人以招标公告的方式邀请不特定的法人或者其他组织投标。

邀请招标,是指招标人以投标邀请书的方式邀请特定的法人或者其他组织投标。

第十一条 国务院发展计划部门确定的国家重点项目和省、自治区、直辖市人民政府确定的地方重点项目不适宜公开招标的,经国务院发展计划部门或者省、自治区、直辖市人民政府批准,可以进行邀请招标。

第十二条 招标人有权自行选择招标代理机构,委托其办理招标事宜。任何单位和个人不得以任何方式为招标人指定招标代理机构。

招标人具有编制招标文件和组织评标能力的,可以自行办理招标事宜。任何单位和个人不得强制其委托招标代理机构办理招标事宜。

依法必须进行招标的项目,招标人自行办理招标事宜的,应当向有关行政监督部门备案。

第十三条 招标代理机构是依法设立、从事招标代理业务并提供相关服务的社会中介组织。

招标代理机构应当具备下列条件:

(一)有从事招标代理业务的营业场所和相应资金;

(二)有能够编制招标文件和组织评标的相应专业力量。

第十四条 招标代理机构与行政机关和其他国家机关不得存在隶属关系或者其他利益关系。

第十五条 招标代理机构应当在招标人委托的范围内办理招标事宜,并遵守本法关于招标人的规定。

第十六条 招标人采用公开招标方式的,应当发布招标公告。依法必须进行招标的项目的招标公告,应当通过国家指定的报刊、信息网络或者其他媒介发布。

招标公告应当载明招标人的名称和地址、招标项目的性质、数量、实施地点和时间以及获取招标文件的办法等事项。

第十七条 招标人采用邀请招标方式的,应当向三个以上具备承担招标项目的能力、资信良好的特定的法人或者其他组织发出投标邀请书。

投标邀请书应当载明本法第十六条第二款规定的事项。

第十八条 招标人可以根据招标项目本身的要求，在招标公告或者投标邀请书中，要求潜在投标人提供有关资质证明文件和业绩情况，并对潜在投标人进行资格审查；国家对投标人的资格条件有规定的，依照其规定。

招标人不得以不合理的条件限制或者排斥潜在投标人，不得对潜在投标人实行歧视待遇。

第十九条 招标人应当根据招标项目的特点和需要编制招标文件。招标文件应当包括招标项目的技术要求、对投标人资格审查的标准、投标报价要求和评标标准等所有实质性要求和条件以及拟签订合同的主要条款。

国家对招标项目的技术、标准有规定的，招标人应当按照其规定在招标文件中提出相应要求。

招标项目需要划分标段、确定工期的，招标人应当合理划分标段、确定工期，并在招标文件中载明。

第二十条 招标文件不得要求或者标明特定的生产供应者以及含有倾向或者排斥潜在投标人的其他内容。

第二十一条 招标人根据招标项目的具体情况，可以组织潜在投标人踏勘项目现场。

第二十二条 招标人不得向他人透露已获取招标文件的潜在投标人的名称、数量以及可能影响公平竞争的有关招标投标的其他情况。

招标人设有标底的，标底必须保密。

第二十三条 招标人对已发出的招标文件进行必要的澄清或者修改的，应当在招标文件要求提交投标文件截止时间至少十五日前，以书面形式通知所有招标文件收受人。该澄清或者修改的内容为招标文件的组成部分。

第二十四条 招标人应当确定投标人编制投标文件所需要的合理时间；但是，依法必须进行招标的项目，自招标文件开始发出之日起至投标人提交投标文件截止之日止，最短不得少于二十日。

第三章 投　　标

第二十五条 投标人是响应招标、参加投标竞争的法人或者其他组织。

依法招标的科研项目允许个人参加投标的，投标的个人适用本法有关投标人的规定。

第二十六条 投标人应当具备承担招标项目的能力；国家有关规定对投标人资格条件或者招标文件对投标人资格条件有规定的，投标人应当具备规定的资格条件。

第二十七条 投标人应当按照招标文件的要求编制投标文件。投标文件应当对招标文件提出的实质性要求和条件作出响应。

招标项目属于建设施工的，投标文件的内容应当包括拟派出的项目负责人与主要技术人员的简历、业绩和拟用于完成招标项目的机械设备等。

第二十八条 投标人应当在招标文件要求提交投标文件的截止时间前，将投标文件送达投标地点。招标人收到投标文件后，应当签收保存，不得开启。投标人少于三个的，招标人应当依照本法重新招标。

在招标文件要求提交投标文件的截止时间后送达的投标文件，招标人应当拒收。

第二十九条 投标人在招标文件要求提交投标文件的截止时间前，可以补充、修改或者撤回已提交的投标文件，并书面通知招标人。补充、修改的内容为投标文件的组成部分。

第三十条 投标人根据招标文件载明的项目实际情况，拟在中标后将中标项目的部分非主体、非关键性工作进行分包的，应当在投标文件中载明。

第三十一条 两个以上法人或者其他组织可以组成一个联合体，以一个投标人的身份共同投标。

联合体各方均应当具备承担招标项目的相应能力；国家有关规定或者招标文件对投标人资格条件有规定的，联合体各方均应当具备规定的相应资格条件。由同一专业的单位组成的联合体，按照资质等级较低的单位确定资质等级。

联合体各方应当签订共同投标协议，明确约定各方拟承担的工作和责任，并将共同投标协议连同投标文件一并提交招标人。联合体中标的，联合体各方应当共同与招标人签订合同，就中标项目向招标人承担连带责任。

招标人不得强制投标人组成联合体共同投标，不得限制投标人之间的竞争。

第三十二条 投标人不得相互串通投标报价，不得排挤其他投标人的公平竞争，损害招标人或者其他投标人的合法权益。

投标人不得与招标人串通投标，损害国家利益、社会公共利益或者他人的合法权益。

禁止投标人以向招标人或者评标委员会成员行贿的手段谋取中标。

第三十三条 投标人不得以低于成本的报价竞标，也不得以他人名义投标或者以其他方式弄虚作假，骗取中标。

第四章 开标、评标和中标

第三十四条 开标应当在招标文件确定的提交投标文件截止时间的同一时间公开进行；开标地点应当为招标文件中预先确定的地点。

第三十五条 开标由招标人主持，邀请所有投标人参加。

第三十六条 开标时，由投标人或者其推选的代表检查投标文件的密封情况，也可以由招标人委托的公证机构检查并公证；经确认无误后，由工作人员当众拆封，宣读投标人名称、投标价格和投标文件的其他主要内容。

招标人在招标文件要求提交投标文件的截止时间前收到的所有投标文件，开标时都应当当众予以拆封、宣读。

开标过程应当记录，并存档备查。

第三十七条 评标由招标人依法组建的评标委员会负责。

依法必须进行招标的项目，其评标委员会由招标人的代表和有关技术、经济等方面的专家组成，成员人数为五人以上单数，其中技术、经济等方面的专家不得少于成员总数的三分之二。

前款专家应当从事相关领域工作满八年并具有高级职称或者具有同等专业水平，由招标人从国务院有关部门或者省、自治区、直辖市人民政府有关部门提供的专家名册或者招标代理机构的专家库内的相关专业的专家名单中确定;一般招标项目可以采取随机抽取方式,特殊招标项目可以由招标人直接确定。

与投标人有利害关系的人不得进入相关项目的评标委员会;已经进入的应当更换。

评标委员会成员的名单在中标结果确定前应当保密。

第三十八条 招标人应当采取必要的措施,保证评标在严格保密的情况下进行。

任何单位和个人不得非法干预、影响评标的过程和结果。

第三十九条 评标委员会可以要求投标人对投标文件中含义不明确的内容作必要的澄清或者说明,但是澄清或者说明不得超出投标文件的范围或者改变投标文件的实质性内容。

第四十条 评标委员会应当按照招标文件确定的评标标准和方法,对投标文件进行评审和比较;设有标底的,应当参考标底。评标委员会完成评标后,应当向招标人提出书面评标报告,并推荐合格的中标候选人。

招标人根据评标委员会提出的书面评标报告和推荐的中标候选人确定中标人。招标人也可以授权评标委员会直接确定中标人。

国务院对特定招标项目的评标有特别规定的,从其规定。

第四十一条 中标人的投标应当符合下列条件之一:

(一)能够最大限度地满足招标文件中规定的各项综合评价标准;

(二)能够满足招标文件的实质性要求,并且经评审的投标价格最低;但是投标价格低于成本的除外。

第四十二条 评标委员会经评审,认为所有投标都不符合招标文件要求的,可以否决所有投标。

依法必须进行招标的项目的所有投标被否决的,招标人应当依照本法重新招标。

第四十三条 在确定中标人前,招标人不得与投标人就投标价格、投标方案等实质性内容进行谈判。

第四十四条 评标委员会成员应当客观、公正地履行职务,遵守职业道德,对所提出的评审意见承担个人责任。

评标委员会成员不得私下接触投标人,不得收受投标人的财物或者其他好处。

评标委员会成员和参与评标的有关工作人员不得透露对投标文件的评审和比较、中标候选人的推荐情况以及与评标有关的其他情况。

第四十五条 中标人确定后,招标人应当向中标人发出中标通知书,并同时将中标结果通知所有未中标的投标人。

中标通知书对招标人和中标人具有法律效力。中标通知书发出后,招标人改变中标结果的,或者中标人放弃中标项目的,应当依法承担法律责任。

第四十六条 招标人和中标人应当自中标通知书发出之日起三十日内,按照招标文件和中标人的投标文件订立书面合同。招标人和中标人不得再行订立背离合同实质性内容的其他协议。

招标文件要求中标人提交履约保证金的,中标人应当提交。

第四十七条 依法必须进行招标的项目,招标人应当自确定中标人之日起十五日内,向有关行政监督部门提交招标投标情况的书面报告。

第四十八条 中标人应当按照合同约定履行义务,完成中标项目。中标人不得向他人转让中标项目,也不得将中标项目肢解后分别向他人转让。

中标人按照合同约定或者经招标人同意,可以将中标项目的部分非主体、非关键性工作分包给他人完成。接受分包的人应当具备相应的资格条件,并不得再次分包。

中标人应当就分包项目向招标人负责,接受分包的人就分包项目承担连带责任。

第五章 法律责任

第四十九条 违反本法规定,必须进行招标的项目而不招标的,将必须进行招标的项目化整为零或者以其他任何方式规避招标的,责令限期改正,可以处项目合同金额千分之五以上千分之十以下的罚款;对全部或者部分使用国有资金的项目,可以暂停项目执行或者暂停资金拨付;对单位直接负责的主管人员和其他直接责任人员依法给予处分。

第五十条 招标代理机构违反本法规定,泄露应当保密的与招标投标活动有关的情况和资料的,或者与招标人、投标人串通损害国家利益、社会公共利益或者他人合法权益的,处五万元以上二十五万元以下的罚款;对单位直接负责的主管人员和其他直接责任人员处单位罚款数额百分之五以上百分之十以下的罚款;有违法所得的,并处没收违法所得;情节严重的,禁止其一年至二年内代理依法必须进行招标的项目并予以公告,直至由工商行政管理机关吊销营业执照;构成犯罪的,依法追究刑事责任。给他人造成损失的,依法承担赔偿责任。

前款所列行为影响中标结果的,中标无效。

第五十一条 招标人以不合理的条件限制或者排斥潜在投标人的,对潜在投标人实行歧视待遇的,强制要求投标人组成联合体共同投标的,或者限制投标人之间竞争的,责令改正,可以处一万元以上五万元以下的罚款。

第五十二条 依法必须进行招标的项目的招标人向他人透露已获取招标文件的潜在投标人的名称、数量或者可能影响公平竞争的有关招标投标的其他情况的,或者泄露标底的,给予警告,可以并处一万元以上十万元以下的罚款;对单位直接负责的主管人员和其他直接责任人员依法给予处分;构成犯罪的,依法追究刑事责任。

前款所列行为影响中标结果的,中标无效。

第五十三条 投标人相互串通投标或者与招标人串通投标的,投标人以向招标人或者评标委员会成员行贿的手段谋取中标的,中标无效,处中标项目金额千分之五以上千分之十以下的罚款,对单位直接负责的主管人员和其他直接责任人员处单位罚款数额百分之五以上百分之十以下的罚款;有违法所得的,并处没收违法所得;情节严重的,取消其一年至二年内参加依法必须进行招标的项目的投标资格并予以公告,直至由工商行政管理机关吊销营业执照;构成犯罪的,依法追究刑事责任。给他人造成损失的,依法承担赔偿责任。

第五十四条 投标人以他人名义投标或者以其他方式弄虚作假,骗取中标的,中标无效,给招标人造成损失的,依法承担赔偿责任;构成犯罪的,依法追究刑事责任。

依法必须进行招标的项目的投标人有前款所列行为尚未构成犯罪的,处中标项目金额千分之五以上千分之十以下的罚款,对单位直接负责的主管人员和其他直接责任人员处单位罚款数额百分之五以上百分之十以下的罚款;有违法所得的,并处没收违法所得;情节严重的,取消其一年至三年内参加依法必须进行招标的项目的投标资格并予以公告,直至由工商行政管理机关吊销营业执照。

第五十五条　依法必须进行招标的项目,招标人违反本法规定,与投标人就投标价格、投标方案等实质性内容进行谈判的,给予警告,对单位直接负责的主管人员和其他直接责任人员依法给予处分。

前款所列行为影响中标结果的,中标无效。

第五十六条　评标委员会成员收受投标人的财物或者其他好处的,评标委员会成员或者参加评标的有关工作人员向他人透露对投标文件的评审和比较、中标候选人的推荐以及与评标有关的其他情况的,给予警告,没收收受的财物,可以并处三千元以上五万元以下的罚款,对有所列违法行为的评标委员会成员取消担任评标委员会成员的资格,不得再参加任何依法必须进行招标的项目的评标;构成犯罪的,依法追究刑事责任。

第五十七条　招标人在评标委员会依法推荐的中标候选人以外确定中标人的,依法必须进行招标的项目在所有投标被评标委员会否决后自行确定中标人的,中标无效,责令改正,可以处中标项目金额千分之五以上千分之十以下的罚款;对单位直接负责的主管人员和其他直接责任人员依法给予处分。

第五十八条　中标人将中标项目转让给他人的,将中标项目肢解后分别转让给他人的,违反本法规定将中标项目的部分主体、关键性工作分包给他人的,或者分包人再次分包的,转让、分包无效,处转让、分包项目金额千分之五以上千分之十以下的罚款;有违法所得的,并处没收违法所得;可以责令停业整顿;情节严重的,由工商行政管理机关吊销营业执照。

第五十九条　招标人与中标人不按照招标文件和中标人的投标文件订立合同的,或者招标人、中标人订立背离合同实质性内容的协议的,责令改正;可以处中标项目金额千分之五以上千分之十以下的罚款。

第六十条　中标人不履行与招标人订立的合同的,履约保证金不予退还,给招标人造成的损失超过履约保证金数额的,还应当对超过部分予以赔偿;没有提交履约保证金的,应当对招标人的损失承担赔偿责任。

中标人不按照与招标人订立的合同履行义务,情节严重的,取消其二年至五年内参加依法必须进行招标的项目的投标资格并予以公告,直至由工商行政管理机关吊销营业执照。

因不可抗力不能履行合同的,不适用前两款规定。

第六十一条　本章规定的行政处罚,由国务院规定的有关行政监督部门决定。本法已对实施行政处罚的机关作出规定的除外。

第六十二条　任何单位违反本法规定,限制或者排斥本地区、本系统以外的法人或者其他组织参加投标的,为招标人指定招标代理机构的,强制招标人委托招标代理机构办理招标事宜的,或者以其他方式干涉招标投标活动的,责令改正;对单位直接负责的主管人员和其他直接责任人员依法给予警告、记过、记大过的处分,情节较重的,依法给予降级、撤职、开除的处分。

个人利用职权进行前款违法行为的,依照前款规定追究责任。

第六十三条 对招标投标活动依法负有行政监督职责的国家机关工作人员徇私舞弊、滥用职权或者玩忽职守,构成犯罪的,依法追究刑事责任;不构成犯罪的,依法给予行政处分。

第六十四条 依法必须进行招标的项目违反本法规定,中标无效的,应当依照本法规定的中标条件从其余投标人中重新确定中标人或者依照本法重新进行招标。

第六章 附 则

第六十五条 投标人和其他利害关系人认为招标投标活动不符合本法有关规定的,有权向招标人提出异议或者依法向有关行政监督部门投诉。

第六十六条 涉及国家安全、国家秘密、抢险救灾或者属于利用扶贫资金实行以工代赈、需要使用农民工等特殊情况,不适宜进行招标的项目,按照国家有关规定可以不进行招标。

第六十七条 使用国际组织或者外国政府贷款、援助资金的项目进行招标,贷款方、资金提供方对招标投标的具体条件和程序有不同规定的,可以适用其规定,但违背中华人民共和国的社会公共利益的除外。

第六十八条 本法自 2000 年 1 月 1 日起施行。

中华人民共和国计量法

目 录

第一章 总则
第二章 计量基准器具、计量标准器具和计量检定
第三章 计量器具管理
第四章 计量监督
第五章 法律责任
第六章 附则

第一章 总 则

第一条 为了加强计量监督管理,保障国家计量单位制的统一和量值的准确可靠,有利于生产、贸易和科学技术的发展,适应社会主义现代化建设的需要,维护国家、人民的利益,制定本法。

第二条 在中华人民共和国境内,建立计量基准器具、计量标准器具,进行计量检定,制造、修理、销售、使用计量器具,必须遵守本法。

第三条 国家实行法定计量单位制度。

国际单位制计量单位和国家选定的其他计量单位,为国家法定计量单位。国家法定计量单位的名称、符号由国务院公布。

因特殊需要采用非法定计量单位的管理办法,由国务院计量行政部门另行制定。

第四条 国务院计量行政部门对全国计量工作实施统一监督管理。

县级以上地方人民政府计量行政部门对本行政区域内的计量工作实施监督管理。

第二章 计量基准器具、计量标准器具和计量检定

第五条 国务院计量行政部门负责建立各种计量基准器具,作为统一全国量值的最高依据。

第六条 县级以上地方人民政府计量行政部门根据本地区的需要,建立社会公用计量标准器具,经上级人民政府计量行政部门主持考核合格后使用。

第七条 国务院有关主管部门和省、自治区、直辖市人民政府有关主管部门,根据本部门的特殊需要,可以建立本部门使用的计量标准器具,其各项最高计量标准器具经同级人民政府计量行政部门主持考核合格后使用。

第八条 企业、事业单位根据需要,可以建立本单位使用的计量标准器具,其各项最高计量标准器具经有关人民政府计量行政部门主持考核合格后使用。

第九条 县级以上人民政府计量行政部门对社会公用计量标准器具,部门和企业、事业单位使用的最高计量标准器具,以及用于贸易结算、安全防护、医疗卫生、环境监测方面的列入强制检定目录的工作计量器具,实行强制检定。未按照规定申请检定或者检定不合格的,不得使用。实行强制检定的工作计量器具的目录和管理办法,由国务院制定。

对前款规定以外的其他计量标准器具和工作计量器具,使用单位应当自行定期检定或者送其他计量检定机构检定。

第十条 计量检定必须按照国家计量检定系统表进行。国家计量检定系统表由国务院计量行政部门制定。

计量检定必须执行计量检定规程。国家计量检定规程由国务院计量行政部门制定。没有国家计量检定规程的,由国务院有关主管部门和省、自治区、直辖市人民政府计量行政部门分别制定部门计量检定规程和地方计量检定规程。

第十一条 计量检定工作应当按照经济合理的原则,就地就近进行。

第三章 计量器具管理

第十二条 制造、修理计量器具的企业、事业单位,必须具有与所制造、修理的计量器具相适应的设施、人员和检定仪器设备。

第十三条 制造计量器具的企业、事业单位生产本单位未生产过的计量器具新产品,必须经省级以上人民政府计量行政部门对其样品的计量性能考核合格,方可投入生产。

第十四条 任何单位和个人不得违反规定制造、销售和进口非法定计量单位的计量器具。

第十五条 制造、修理计量器具的企业、事业单位必须对制造、修理的计量器具进行检定,保证产品计量性能合格,并对合格产品出具产品合格证。

第十六条 使用计量器具不得破坏其准确度,损害国家和消费者的利益。

第十七条 个体工商户可以制造、修理简易的计量器具。

个体工商户制造、修理计量器具的范围和管理办法,由国务院计量行政部门制定。

第四章 计量监督

第十八条 县级以上人民政府计量行政部门应当依法对制造、修理、销售、进口和使用计量器具,以及计量检定等相关计量活动进行监督检查。有关单位和个人不得拒绝、阻挠。

第十九条 县级以上人民政府计量行政部门,根据需要设置计量监督员。计量监督员管理办法,由国务院计量行政部门制定。

第二十条 县级以上人民政府计量行政部门可以根据需要设置计量检定机构,或者授权其他单位的计量检定机构,执行强制检定和其他检定、测试任务。

执行前款规定的检定、测试任务的人员,必须经考核合格。

第二十一条 处理因计量器具准确度所引起的纠纷,以国家计量基准器具或者社会公用计量标准器具检定的数据为准。

第二十二条 为社会提供公证数据的产品质量检验机构,必须经省级以上人民政府计量行政部门对其计量检定、测试的能力和可靠性考核合格。

第五章 法律责任

第二十三条 制造、销售未经考核合格的计量器具新产品的,责令停止制造、销售该种新产品,没收违法所得,可以并处罚款。

第二十四条 制造、修理、销售的计量器具不合格的,没收违法所得,可以并处罚款。

第二十五条 属于强制检定范围的计量器具,未按照规定申请检定或者检定不合格继续使用的,责令停止使用,可以并处罚款。

第二十六条 使用不合格的计量器具或者破坏计量器具准确度,给国家和消费者造成损失的,责令赔偿损失,没收计量器具和违法所得,可以并处罚款。

第二十七条 制造、销售、使用以欺骗消费者为目的的计量器具的,没收计量器具和违法所得,处以罚款;情节严重的,并对个人或者单位直接责任人员依照刑法有关规定追究刑事责任。

第二十八条 违反本法规定,制造、修理、销售的计量器具不合格,造成人身伤亡或者重大财产损失的,依照刑法有关规定,对个人或者单位直接责任人员追究刑事责任。

第二十九条 计量监督人员违法失职,情节严重的,依照刑法有关规定追究刑事责任;情节轻微的,给予行政处分。

第三十条 本法规定的行政处罚,由县级以上地方人民政府计量行政部门决定。本法第二十六条规定的行政处罚,也可以由工商行政管理部门决定。

第三十一条 当事人对行政处罚决定不服的,可以在接到处罚通知之日起十五日内向人民法院起诉;对罚款、没收违法所得的行政处罚决定期满不起诉又不履行的,由作出行政处罚决定的机关申请人民法院强制执行。

第六章 附 则

第三十二条 中国人民解放军和国防科技工业系统计量工作的监督管理办法,由国务院、中央军事委员会依据本法另行制定。

第三十三条 国务院计量行政部门根据本法制定实施细则,报国务院批准施行。

第三十四条 本法自1986年7月1日起施行。

国家发展和改革委员会与香港特别行政区政府关于支持香港全面参与和助力"一带一路"建设的安排

2017年12月14日

为充分发挥香港特别行政区(以下简称"香港")的优势,支持其参与和助力"一带一路"建设,国家发展和改革委员会与香港特别行政区政府(以下简称"双方")经协商一致并报国务院审批同意,现签署《国家发展和改革委员会与香港特别行政区政府关于支持香港全面参与和助力"一带一路"建设的安排》(以下简称《安排》)。

一、原则和目标

全面准确贯彻"一国两制"方针,在宪法和基本法框架下,双方愿以《推动共建丝绸之路经济带和21世纪海上丝绸之路的愿景与行动》为指导,遵循政府引导、市场运作的原则,发挥政府"促成者"和"推广者"作用,围绕实现"五通"加强沟通协商,为香港充分发挥独特的经贸、金融和专业优势,参与和助力"一带一路"建设做出适当安排,实现内地与香港互利共赢、协调发展。

二、重点领域

(一)金融与投资

1. 在符合相关金融市场规范及金融领域监管的基础上,促进各主要利益相关方(包括投融资方和项目营运方)通过香港平台共同合作,为"一带一路"建设提供所需资金和多元化的融资渠道,包括上市集资、银团贷款、私募基金、债券融资等服务。

2. 支持香港金融管理局基建融资促进办公室(IFFO)继续发挥作用,汇聚主要参与者,共同促进基础设施建设项目投融资。

3. 推动基于香港平台发展绿色债券市场,支持符合条件的中资机构为"一带一路"建设相关的绿色项目在香港平台发债集资;推动建立国际认可的绿色债券认证机构。

4. 配合人民币国际化的方向,充分发挥香港作为全球离岸人民币业务枢纽的地位,完善内地与香港之间的人民币跨境双向流动渠道,鼓励通过人民币跨境支付系统(CIPS)完成跨境人民币业务的资金结算,推动两地资本市场进一步互联互通,便利两地规范的跨境投资活动。

5. 支持参与和助力"一带一路"建设的金融机构(含相关投资机构和多边发展银行)进一步加强与香港的合作联系,在符合相关法律规定、规则及程序的基础上,上述机构根据业务需要在香港设立分支机构及开展资金运作、市场营运等业务,鼓励已在香港设立办事处的机构进一步发展其在港业务。

6. 鼓励香港与内地企业、金融机构共同参与和助力"一带一路"建设项目,并与项目所在地的相关部门、企业、金融机构共同合作,进一步探索以"政府和社会资本合作模式"(Public Private Partnership, PPP)推动项目建设,并参照国际规范建立项目合作机制和协议范本,充分调动社会投资。

(二)基础设施与航运服务

7. 支持香港为"一带一路"建设基础设施项目提供可行性及风险评估、研发、融资,以及规划、设计、建造、监理、管理及养护等专业服务,鼓励内地企业以香港为平台,与香港企业一起"走出去",共同开拓相关国家和地区的基建市场。

8. 支持香港为"一带一路"建设的大型基础设施项目提供保险及再保险等专业服务,视情推动内地企业在香港成立专属自保公司,为其海外业务安排保险,完善企业的风险管理体系。

9. 利用香港在环境和规划管理方面的专业优势,例如在港的专业机构提供有关环境影响评估、绿色建筑和污染控制等方面的技术及服务,促进"一带一路"建设项目符合可持续发展和环保等要求。

10. 支持香港发展高增值海运服务,包括海事保险、船舶融资、海事法律和争议解决、船舶管理等,鼓励内地海运企业充分利用香港的专业服务,推动香港发展成为重要的国际海运服务中心。

11. 巩固香港国际航空枢纽地位,推动珠三角地区机场群良性互动,利用香港通达全球的航空运输网络,发挥香港在国家开放格局中的重要门户作用。

12. 进一步推动内地和香港在信息、公路、铁路、港口、机场等基础设施领域建立合作伙伴关系,积极与相关国家和地区开展工程承包与劳务合作。在发挥内地基础设施设计和制造方面优势的同时,带动香港咨询、金融、项目管理、保险等专业服务发展。

(三)经贸交流与合作

13. 鼓励内地企业根据需要在香港成立地区总部,以香港作为进入相关国家和地区的前沿平台,在"一带一路"建设框架下开展合规经营;支持相关国家和地区的企业在香港成立地区总部,开拓内地市场,使香港能在"走出去"和"引进来"两方面都发挥重要作用。

14. 支持香港参与国家主导的区域经济合作机制,与相关国家和地区及经济体商签自由贸易协议及双重课税宽免安排。

15. 加大内地对香港开放力度,推动《内地与香港关于建立更紧密经贸关系的安排》升级,进一步促进与相关国家和地区的贸易及投资。

(四)民心相通

16. 鼓励香港高等院校积极与相关国家和地区的高等院校合作,吸引相关国家和地区的学生来港升学及进修,培育各方面优秀人才。

17. 鼓励举办更多交流项目,支持香港与具备条件的国家研究签订工作假期计划的双边安排,增加香港青年在相关国家和地区中资企业的实习机会,支持香港艺术机构及艺术家参与在相关国家和地区开展的文化艺术交流。

18. 支持香港为相关国家和地区政府机关、投资机构及企业提供公共行政、城市管理、金融规管、公共关系、宣传推广、航运(特别是航空)、城市轨道交通运营等专业培训。

19. 支持在香港举办高层次的"一带一路"建设主题论坛和国际性展览。支持香港各界参与内地"一带一路"建设主题论坛和国际性展览。

20. 鼓励香港发挥区位优势,与相关国家和地区合作开发"一程多站"旅游产品;利用香港作为亚洲邮轮枢纽地位,积极拓展"海上丝绸之路"旅游线路。支持香港举办"一带一路"建设会展活动,加强与相关国家和地区合作关系。支持香港今后加入内地建立的有关"一带一路"旅游信息平台,共享"一带一路"旅游资源、发展机遇等旅游信息。

(五)推动粤港澳大湾区建设

21. 支持香港积极参与和推动粤港澳大湾区建设,深度参与粤港澳大湾区科技创新中心建设,与大湾区其他城市优势互补,发挥协同效应,并作为双向开放平台,与大湾区城市共同"走出去",建设带动中南、西南地区发展,辐射东南亚及南亚的重要经济支撑带,积极参与和助力"一带一路"建设。支持香港把握粤港澳大湾区建设的机遇,拓展自身经济社会发展空间,提升在国家经济发展和对外开放中的地位与功能。

22. 深化大湾区与相关国家和地区在基础设施互联互通、经贸、金融、法律及争议解决服务、生态环保及人文交流领域的合作,进一步完善对外开放平台,打造推进"一带一路"建设的重要支撑区。

(六)加强对接合作与争议解决服务

23. 进一步完善内地和香港围绕"一带一路"建设投资合作方面的沟通机制,探讨搭建"一带一路"共用项目库。通过项目库建设及相关信息交流,促进与内地主管部门、贸易投资促进机构和参与项目的内地商协会、企业、金融机构进行充分对接。

24. 推动香港与内地企业及金融机构发挥各自优势,并充分利用内地的贸易投资促进机构和特区政府的海外经济及贸易办事处、香港贸易发展局及旅游发展局的海外网络,通过多种方式合作"走出去",包括共同组织赴相关国家考察、推介和招商。

25. 进一步推动参与和助力"一带一路"建设的内地和香港企业、金融机构建立策略伙伴关系,联合参与项目投资和产业园区建设,降低企业赴相关国家投资的风险。

26. 支持香港建设亚太区国际法律及争议解决服务中心,为"一带一路"建设提供国际

三、机制

（一）建立联席会议制度，由国家发展和改革委员会、国务院港澳事务办公室等相关部门负责同志和香港特别行政区政府高层代表组成。

（二）联席会议每年至少召开一次例会，围绕香港参与和助力"一带一路"建设中的重大问题和合作事项进行沟通协商，总结工作进展，研究年度工作重点，协调解决《安排》实施中遇到的新情况新问题。

《安排》自双方代表正式签署之日起生效。

国家发展和改革委员会 香港特别行政区政府

国家发展改革委、财政部、商务部关于印发《2017—2018年清理现行排除限制竞争政策措施的工作方案》的通知

发改价监〔2017〕2091号

各省、自治区、直辖市人民政府，国务院各部委、各直属机构：

根据《国务院关于在市场体系建设中建立公平竞争审查制度的意见》（国发〔2016〕34号）要求，国家发展改革委、财政部、商务部会同有关部门研究制定了《2017—2018年清理现行排除限制竞争政策措施的工作方案》，经国务院同意，现予印发，请认真贯彻执行。

附件：2017—2018年清理现行排除限制竞争政策措施的工作方案

国家发展改革委
财政部
商务部
2017年12月5日

附件：

2017—2018 年清理现行排除限制竞争政策措施的工作方案

国务院印发的《关于在市场体系建设中建立公平竞争审查制度的意见》（国发〔2016〕34号，以下称《意见》）明确了在对新出台的政策措施开展公平竞争审查的同时，有序清理存量政策。为贯彻落实《意见》要求，做好 2017—2018 年清理工作，突出清理重点，明确清理要求，把握清理节奏，现制定 2017—2018 年清理现行排除限制竞争政策措施的工作方案。

一、清理主体

国务院各部门和地方各级人民政府及所属部门按照"谁制定、谁清理"原则，对现行政策措施组织清理。政策措施制定部门被撤销或者职权已调整的，由继续行使其职权的部门负责清理。省级人民政府和国务院各部门研究拟定本地区和本部门具体清理工作方案，督促落实清理工作。各级公平竞争审查联席会议统筹协调清理工作。

二、清理范围和重点

国务院各部门和地方各级人民政府及所属部门要对照《反垄断法》和《意见》，对现行规章、规范性文件和其他政策措施中含有的地方保护、指定交易、市场壁垒等内容进行清理。重点包括：

（一）设置不合理和歧视性的准入和退出条件；
（二）限定经营、购买、使用特定经营者提供的商品和服务；
（三）对外地和进口商品、服务实行歧视性价格和歧视性补贴政策；
（四）限制外地和进口商品、服务进入本地市场或者阻碍本地商品运出、服务输出；
（五）排斥或者限制外地经营者参加本地招标投标活动；
（六）强制经营者从事《反垄断法》规定的垄断行为。

三、清理步骤

清理分五个阶段推进：

（一）自查梳理阶段：2017 年 12 月—2018 年 1 月，国务院各部门和地方各级人民政府及所属部门根据清理的标准和重点，对本部门、本地区制定的政策措施开展自查，梳理出可能需要清理废除的政策措施清单。

（二）审核排查阶段：2018 年 3 月之前，国务院各部门和地方各级人民政府及所属部门在自查清理的基础上,对本部门、本地区梳理出的可能需要清理废除的政策措施组织进行审核排查,对部分模糊不清、不易判断是否排除限制竞争,或者废止可能带来重大影响的政策措施,组织进行研究,形成初步处理结论。

(三)公开清废阶段:2018年5月之前,国务院各部门和地方各级人民政府及所属部门对清理出的排除限制竞争的政策措施形成处理结论,并按程序予以废除或者调整。其中对于立即终止会带来重大影响的政策措施,要设置合理的过渡期。适用例外规定的政策措施,要说明相关政策措施对实现政策目的不可或缺,且不会严重排除和限制市场竞争,并明确实施期限。废除的政策措施清单、调整的政策措施内容、设置过渡期情况以及符合例外规定政策措施的实施期限等要及时向社会公布。

(四)总结汇报阶段:2018年7月之前,地方各级人民政府及所属部门对清理工作进行全面总结,就清理工作开展情况、废除和调整的政策措施、取得的成效等形成书面报告,逐级上报。各省(区、市)、各部门汇总本地区和本部门清理工作情况,形成书面报告报送公平竞争审查工作部际联席会议。

(五)督促检查阶段:2018年11月之前,公平竞争审查工作部际联席会议组织对各省(区、市)和各部门清理工作进行督查,对清理不到位的进行纠正。各省(区、市)人民政府负责组织对本地区清理工作的督查,确保清理工作顺利开展、取得实效。

四、清理要求

(一)层层落实责任。各地要充分发挥公平竞争审查工作协调机制作用,加强工作协作,推进信息共享,形成工作合力,确保按照时限有效推进清理工作。国务院各部门和地方各级人民政府及所属部门在清理工作中,要严格按照清理重点和要求,加强督促和指导,统一政策标准,把握政策界限,一层抓一层,层层抓落实,确保清理工作取得实效。

(二)强化社会监督。坚持自我清理与社会监督相结合的原则,坚持公开透明推进清理工作,充分发挥社会监督的作用,充分听取社会各方面对清理工作的意见,形成政府部门主导、社会有效参与的清理工作局面。

(三)加强反垄断执法。反垄断执法机构要在清理期间加大执法力度,查处并公开典型的滥用行政权力排除限制竞争案件,形成执法威慑力,推动政策制定机关认真开展清理工作。对违反《反垄断法》构成滥用行政权力排除限制竞争行为的,要向政策制定机关的上级机关发出执法建议函,督促政策制定机关纠正相关政策措施。

(四)加强宣传报道。充分利用电视、广播、报刊、网络等传播渠道,向社会广泛宣传清理工作的重要意义、取得的进展和成效,及时曝光典型案例,营造良好舆论氛围和工作环境。

国务院关于修改部分行政法规的决定

中华人民共和国国务院令第690号

现公布《国务院关于修改部分行政法规的决定》,自公布之日起施行。

总理 李克强
2017年11月17日

国务院关于修改部分行政法规的决定

为了依法推进简政放权、放管结合、优化服务改革,国务院对取消行政审批项目涉及的行政法规进行了清理。经过清理,国务院决定:对2部行政法规的部分条款予以修改。

一、删去《中华人民共和国中外合作经营企业法实施细则》第三十五条第二款。

二、将《中华人民共和国母婴保健法实施办法》第二十四条修改为:"国家提倡住院分娩。医疗、保健机构应当按照国务院卫生行政部门制定的技术操作规范,实施消毒接生和新生儿复苏,预防产伤及产后出血等产科并发症,降低孕产妇及围产儿发病率、死亡率。

"没有条件住院分娩的,应当由经过培训、具备相应接生能力的家庭接生人员接生。

"高危孕妇应当在医疗、保健机构住院分娩。

"县级人民政府卫生行政部门应当加强对家庭接生人员的培训、技术指导和监督管理。"

删去第三十五条第三款中的"以及从事家庭接生的人员"。

本决定自公布之日起施行。

工商总局关于公布规范性文件清理结果的公告

工商办字〔2017〕205号

为深入推进"放管服"改革,确保各项改革措施有效落实,根据《国务院办公厅关于进一步做好"放管服"涉及规章和规范性文件清理工作的通知》(国办发〔2017〕40号)的要求,工商总局对截至2016年底印发的规范性文件再次进行认真清理,对照国务院改革决策和根据国务院改革决策已修改的法律、法规,决定废止26件与"放管服"改革政策不一致的规范性文件。

现将工商总局决定保留继续有效的306件和决定废止失效的26件规范性文件目录予以公布。

工商总局
2017年11月8日

工商总局规范性文件清理结果目录

一、继续有效的规范性文件

(一)市场规范管理

1. 国家工商行政管理总局关于拍卖人接受竞买人委托参与竞买问题的答复
   工商市字〔2003〕115号 2003.9.8
2. 国家工商行政管理总局关于证券经纪人工商登记注册有关问题的通知
   工商市字〔2009〕169号 2009.8.21
3. 国家工商行政管理总局关于在农村广泛开展创建文明集市活动的通知
   工商市字〔2010〕56号 2010.3.25
4. 国家工商行政管理总局关于印发创建文明集市示范标准的通知
   工商市字〔2010〕227号 2010.11.22
5. 国家工商行政管理总局关于进一步开展创建诚信市场活动的通知
   工商市字〔2011〕110号 2011.5.27
6. 国家工商行政管理总局关于加强跨省网络商品交易及有关服务违法行为查处工作的意见
   工商市字〔2011〕111号 2011.5.27
7. 国家工商行政管理总局关于工商行政管理机关电子数据证据取证工作的指导意见
   工商市字〔2011〕248号 2011.12.12
8. 国家工商行政管理总局关于加快建立网络经营主体数据库的通知
   工商市字〔2012〕87号 2012.5.7
9. 国家工商行政管理总局关于开展农资市场监管信息化建设的指导意见
   工商市字〔2012〕156号 2012.8.31
10. 工商总局对北京市工商局关于拍卖活动备案管辖问题的答复意见
    工商市字〔2013〕91号 2013.6.18
11. 工商总局关于印发《柜台租赁经营合同(示范文本)》的通知

工商市字〔2013〕203 号　2013.12.19
12. 工商总局关于加强商品交易市场规范管理的指导意见
工商市字〔2013〕210 号　2013.12.25
13. 工商总局关于贯彻实施《网络交易管理办法》的指导意见
工商市字〔2014〕34 号　2014.2.27
14. 工商总局关于发挥工商职能作用加强旅游市场监管的指导意见
工商市字〔2014〕107 号　2014.5.28
15. 工商总局关于发布网络交易平台合同格式条款规范指引的公告
工商市字〔2014〕144 号　2014.7.30
16. 工商总局 工业和信息化部关于加强境内网络交易网站监管工作协作积极促进电子商务发展的意见
工商市字〔2014〕180 号　2014.9.29
17. 工商总局关于加强汽车市场监管的指导意见
工商市字〔2014〕190 号　2014.10.29
18. 工商总局关于进一步加强海洋野生动物保护工作的通知
工商市字〔2015〕29 号　2015.2.26
19. 工商总局关于指定湖北省工商局管辖于云波等涉嫌侵权案件的批复
工商市字〔2015〕32 号　2015.3.3
20. 工商总局对关于加强汽车市场监管的指导意见有关表述问题的答复意见
工商市字〔2015〕35 号　2015.3.4
21. 工商总局关于工商部门在房地产中介市场专项治理工作中职责的答复意见
工商市字〔2015〕92 号　2015.6.23
22. 工商总局关于网络拍卖监管有关问题的答复意见
工商市字〔2015〕136 号　2015.8.25
23. 工商总局关于制定推行合同示范文本工作的指导意见
工商市字〔2015〕178 号　2015.10.30
24. 工商总局关于加强网络市场监管的意见
工商办字〔2015〕183 号　2015.11.6
25. 工商总局对江苏天易拍卖行有限公司拍卖行为定性处罚的意见
工商市字〔2015〕212 号　2015.12.10
26. 工商总局关于促进网络服务交易健康发展规范网络服务交易行为的指导意见（暂行）
工商网监字〔2016〕2 号　2016.01.08
27. 工商总局关于进一步加强成品油市场监管工作的通知
工商市字〔2016〕68 号　2016.04.21
28. 工商总局关于开展格式条款监管工作的通知
工商市字〔2016〕72 号　2016.04.27
29. 工商总局关于公示 2014—2015 年度"守合同重信用"企业的公告
工商市字〔2016〕118 号　2016.06.27

30. 工商总局关于依企业申请撤销丹东欣泰电气股份有限公司"守合同重信用"公示资格的公告

　　工商市字〔2016〕166号　2016.08.29

31. 工商总局关于同意在上海市长宁区开展"网络市场监管与服务示范区"创建工作的批复

　　工商网监字〔2016〕220号　2016.11.15

32. 工商总局关于同意在江苏省宿迁市开展"网络市场监管与服务示范区"创建工作的批复

　　工商网监字〔2016〕255号　2016.12.28

33. 工商总局关于动产抵押登记中有关问题的答复意见

　　工商市字〔2016〕257号　2016.12.28

（二）竞争执法、打传规直

34. 国家工商行政管理局关于对商品价格和市场信息进行虚假宣传定性处理问题的答复

　　工商公字〔1994〕292号　1994.10.20

35. 国家工商行政管理局关于营利性保龄球场馆举办高额奖励活动是否属于不正当竞争行为问题的答复

　　工商公字〔1996〕386号　1996.12.4

36. 国家工商行政管理局关于擅自制造、销售知名商品特有包装、装潢的行为如何定性处罚问题的答复

　　工商公字〔1997〕128号　1997.5.7

37. 国家工商行政管理局关于信用合作社限定贷款人购买其指定经营者的商品的行为定性处理问题的答复

　　工商公字〔1997〕170号　1997.7.7

38. 国家工商行政管理局关于超出国家规定标准支付、收取保险代办手续费行为定性处理问题的答复

　　工商公字〔1997〕256号　1997.10.28

39. 国家工商行政管理局关于医院给付医生CT"介绍费"等是否构成不正当竞争行为的答复

　　工商公字〔1997〕257号　1997.10.28

40. 国家工商行政管理局关于有线电视台实施强制交易行为定性处理问题的答复

　　工商公字〔1997〕320号　1997.12.30

41. 国家工商行政管理局关于以收买瓶盖等方式推销啤酒的行为定性处理问题的答复

　　工商公字〔1997〕321号　1997.12.30

42. 国家工商行政管理局关于有线电视台在提供电视节目服务中进行有奖竞猜是否构成不正当竞争行为的答复

　　工商公字〔1998〕55号　1998.4.2

43. 国家工商行政管理局关于商业秘密构成要件问题的答复

工商公字〔1998〕109 号　1998.6.12

44. 国家工商行政管理局关于抽奖式有奖销售认定及国家工商行政管理局对《反不正当竞争法》具体应用解释权问题的答复

工商公字〔1998〕143 号　1998.7.14

45. 国家工商行政管理局关于在非相同非类似商品上擅自将他人知名商品特有的名称、包装、装潢作相同或者近似使用的定性处理问题的答复

工商公字〔1998〕267 号　1998.11.20

46. 国家工商行政管理局关于有奖促销中不正当竞争行为认定问题的答复

工商公字〔1999〕79 号　1999.4.5

47. 国家工商行政管理局关于旅行社或导游人员接受商场支付的"人头费"、"停车费"等费用定性处理问题的答复

工商公字〔1999〕170 号　1999.6.22

48. 国家工商行政管理局关于电信局对不从该局购买手机入网者多收入网费的行为是否构成不正当竞争行为问题的答复

工商公字〔1999〕190 号　1999.7.27

49. 国家工商行政管理局关于擅自使用知名商品特有包装行为定性处理问题的答复

工商公字〔1999〕274 号　1999.10.20

50. 国家工商行政管理局关于对供电企业限制竞争行为定性处罚问题的答复

工商公字〔1999〕275 号　1999.10.26

51. 国家工商行政管理局关于工商行政管理机关应当依照《反不正当竞争法》查处邮政企业强制他人接受其邮政储蓄服务的限制竞争行为的答复

工商公字〔1999〕276 号　1999.10.26

52. 国家工商行政管理局关于对电信部门强行向用户收取话费预付款、话费抵押金行为定性处罚问题的答复

工商公字〔1999〕277 号　1999.10.26

53. 国家工商行政管理局关于铁路运输部门限定用户接受其指定的经营者提供的铁路运输延伸服务是否构成限制竞争行为及行为主体认定问题的答复

工商公字〔1999〕278 号　1999.10.26

54. 国家工商行政管理局关于民族自治州工商行政管理局是否具有对公用企业或者其他依法具有独占地位的经营者限制竞争行为行政处罚权问题的答复

工商公字〔1999〕279 号　1999.10.26

55. 国家工商行政管理局关于《反不正当竞争法》第二十三条滥收费用行为的构成及违法所得起算问题的答复

工商公字〔1999〕310 号　1999.11.29

56. 国家工商行政管理局关于《反不正当竞争法》第二十三条和第三十条"质次价高"、"滥收费用"及"违法所得"认定问题的答复

工商公字〔1999〕313 号　1999.12.1

57. 国家工商行政管理局关于如何认定其他依法具有独占地位的经营者问题的答复

工商公字〔2000〕48号　2000.3.17

58. 国家工商行政管理局关于以抽签等方式降价销售商品行为定性问题的答复

工商公字〔2000〕61号　2000.3.31

59. 国家工商行政管理局关于以贿赂手段承包建筑工程项目定性处理问题的答复

工商公字〔2000〕62号　2000.3.31

60. 国家工商行政管理局对铁路运输部门强制为托运人提供保价运输服务是否排挤保险公司货物运输保险公平竞争问题的答复

工商公字〔2000〕96号　2000.5.17

61. 国家工商行政管理局关于石油公司、石化公司实施限制竞争行为定性处理问题的答复

工商公字〔2000〕134号　2000.6.25

62. 国家工商行政管理局关于电力公司强制用户接受其不合理条件的行为定性处理问题的答复

工商公字〔2000〕143号　2000.7.6

63. 国家工商行政管理局关于盐业公司在销售无碘盐时强制用户购买碘盐行为定性处理问题的答复

工商公字〔2000〕200号　2000.9.13

64. 国家工商行政管理局关于对旅游行政管理机关限制竞争行为和旅游服务机构滥收费用行为定性处理问题的答复

工商公字〔2000〕245号　2000.10.17

65. 国家工商行政管理局关于电业局在农网改造中滥收费用定性处理问题的答复

工商公字〔2000〕311号　2000.12.26

66. 国家工商行政管理局对信用社用借据发放贷款行为定性处理问题的答复

工商公字〔2001〕38号　2001.2.9

67. 国家工商行政管理总局关于在柜台联营中收取对方商业赞助金宣传费广告费行为能否按商业贿赂定性问题的答复

工商公字〔2001〕152号　2001.6.13

68. 国家工商行政管理总局对供电部门强行收取不该收取的费用行为定性处罚问题的答复

工商公字〔2001〕175号　2001.7.6

69. 国家工商行政管理总局对火车站限制竞争行为行政处罚当事人认定问题的答复

工商公字〔2001〕179号　2001.7.11

70. 国家工商行政管理总局对保险公司借助学校强制保险行为定性处罚问题的答复

工商公字〔2001〕211号　2001.8.6

71. 国家工商行政管理总局对有线电视台强行向用户收取解扰器押金行为定性处理问题的答复

工商公字〔2001〕285号　2001.10.12

72. 国家工商行政管理总局关于对获奖获优情况作不真实宣传行为认定问题的答复

工商公字〔2002〕54 号　2002.3.11

73. 国家工商行政管理总局关于火车站限定他人接受其指定的经营者提供的服务行为定性处理问题的答复

工商公字〔2002〕249 号　2002.10.15

74. 国家工商行政管理总局关于工商行政管理部门对自来水公司强制收取水增容费行为是否具有管辖权问题的答复

工商公字〔2002〕260 号　2002.11.13

75. 国家工商行政管理总局关于自来水公司强行收取底度费行为定性处理问题的答复

工商公字〔2002〕278 号　2002.12.17

76. 国家工商行政管理总局关于电力局在农网改造中实施限制竞争行为及被指定的经营者借此滥收费用问题的答复

工商公字〔2002〕287 号　2002.12.31

77. 国家工商行政管理总局关于擅自将他人知名商品特有的包装、装潢作相同或者近似使用并取得外观设计专利的行为定性处理问题的答复

工商公字〔2003〕39 号　2003.3.17

78. 国家工商行政管理总局关于对烟草公司依据卷烟零售协会文件实施限制竞争行为定性处理问题的答复

工商公字〔2003〕80 号　2003.6.18

79. 国家工商行政管理总局关于擅自将他人知名餐饮服务特有的装饰、装修风格作相同或近似使用的行为定性处理问题的答复

工商公字〔2003〕85 号　2003.6.25

80. 国家工商行政管理总局关于对查处非法拆解、拼装报废汽车活动的法律依据问题的答复

工商公字〔2003〕91 号　2003.7.17

81. 国家工商行政管理总局关于网站在提供网上购物服务中从事有奖销售活动是否构成不正当竞争行为问题的答复

工商公字〔2004〕46 号　2004.3.17

82. 国家工商行政管理总局关于切实做好贯彻实施《禁止传销条例》和《直销管理条例》有关工作的通知

工商公字〔2005〕155 号　2005.10.19

83. 国家工商行政管理总局关于公办学校收受商业贿赂行为是否受《反不正当竞争法》调整问题的答复

工商公字〔2006〕90 号　2006.5.15

84. 国家工商行政管理总局关于出租房给传销人员居住的行为是否依据《禁止传销条例》进行处罚问题的答复

工商直字〔2007〕189 号　2007.9.6

85. 国家工商行政管理总局关于印发《工商行政管理机关和公安机关打击传销执法协作规定》的通知

工商直字〔2007〕212号　2007.9.24

86.国家工商行政管理总局关于对《反不正当竞争法》第五条第(四)项所列举的行为之外的虚假表示如何定性处理问题的答复

工商公字〔2007〕220号　2007.10.17

87.国家工商行政管理总局关于加强直销监督管理工作的意见

工商直字〔2007〕263号　2007.11.28

88.国家工商行政管理总局关于商业银行等金融企业不正当竞争管辖权问题的答复

工商公字〔2008〕7号　2008.1.8

89.国家工商行政管理总局关于对中介服务机构通过行贿手段获得交易的违法所得计算问题的答复

工商公字〔2008〕198号　2008.9.12

90.国家工商行政管理总局关于积极应对新形势新要求进一步加强打击传销规范直销工作的意见

工商直字〔2009〕77号　2009.4.14

91.国家工商行政管理总局关于具有市场独占地位的经营者拒绝交易行为定性处理问题的答复意见

工商竞争函字〔2009〕125号　2009.4.23

92.国家工商行政管理总局关于印发《打击传销规范直销信息系统使用管理暂行规定》的通知

工商直字〔2011〕214号　2011.11.3

93.工商总局对民用爆炸物品的经营者指定交易有关问题的答复意见

工商竞争字〔2013〕70号　2013.4.26

94.工商总局 公安部 中央文明办 中央综治办关于开展创建无传销城市工作的意见

工商直字〔2013〕166号　2013.10.23

95.工商总局关于为传销人员提供委托见证属为传销提供条件的答复意见

工商直字〔2014〕87号　2014.4.28

96.工商总局关于查处机动车检测企业收取拓号费行为适用法律问题的答复意见

工商竞争字〔2014〕183号　2014.10.14

(三)个体私营经济监管

97.国家工商行政管理局关于贯彻实施《个人独资企业登记管理办法》有关问题的通知

工商个字〔2000〕9号　2000.1.13

98.国家工商行政管理总局关于印发《个体工商户分层分类登记管理办法》的通知

工商个字〔2005〕26号　2005.2.5

99.国家工商行政管理总局关于印发《个体工商户委托登记管理实施意见》的通知

工商个字〔2006〕74号　2006.4.13

100.国家工商行政管理总局关于做好合伙企业登记管理工作的通知

工商个字〔2007〕108号　2007.5.29

101.国家工商行政管理总局关于印发《关于农民专业合作社登记管理的若干意见》和

《农民专业合作社登记文书格式规范》的通知

  工商个字〔2007〕126 号 2007.6.21

  102. 国家工商行政管理总局关于印发《台湾农民在海峡两岸农业合作实验区和台湾农民创业园申办个体工商户登记管理工作的若干意见》的通知

  工商个字〔2007〕247 号 2007.11.16

  103. 国家工商行政管理总局关于合伙企业名称登记有关问题的答复

  工商个字〔2008〕18 号 2008.2.4

  104. 国家工商行政管理总局关于规范自然人投资一人有限责任公司登记管理工作的通知

  工商个字〔2010〕39 号 2010.3.2

  105. 工商总局关于新疆生产建设兵团农工设立农民专业合作社登记管理问题的批复

  工商个字〔2013〕101 号 2013.7.2

  106. 工商总局关于落实党的群众路线教育实践活动要求加强个私协会会员入会和会费管理的通知

  工商个字〔2013〕145 号 2013.9.25

  107. 工商总局关于进一步发挥工商行政管理职能作用做好退役士兵安置工作的通知

  工商个字〔2013〕163 号 2013.10.18

  108. 工商总局 农业部关于进一步做好农民专业合作社登记与相关管理工作的意见

  工商个字〔2013〕199 号 2013.12.18

  109. 工商总局关于为无照经营提供场地违法所得计算有关问题的答复意见

  工商个字〔2014〕86 号 2014.4.21

  110. 工商总局关于同意宿迁市开展个人网店登记监管模式改革试点的批复

  工商个字〔2014〕226 号 2014.12.22

  111. 工商总局关于开展个体工商户简易注销改革试点的通知

  工商个字〔2015〕45 号 2015.4.1

  112. 工商总局关于指导小微企业个体工商户专业市场党组织开展"亮身份、亮职责、亮承诺"活动的通知

  工商个字〔2015〕46 号 2015.4.1

  113. 工商总局关于进一步做好农民工工作的通知

  工商个字〔2015〕109 号 2015.7.17

  114. 工商总局 共青团中央关于发挥工商行政管理职能作用加强新形势下非公有制经济组织团建工作的通知

  工商个字〔2015〕117 号 2015.7.27

  115. 工商总局关于同意江苏省盐城市工商行政管理局开展个体工商户简易注销改革试点工作实施方案的批复

  工商个字〔2015〕163 号 2015.10.8

  116. 工商总局关于同意宁波市市场监管局开展个体工商户简易注销改革试点工作实施方案的批复

工商个字〔2015〕164号　2015.10.8

117.工商总局关于印发2015年无证无照经营综合治理虚假违法广告整治及非公有制经济组织信用监管体制建设三项综治考评工作实施办法的通知

工商个字〔2015〕186号　2015.11.10

118.工商总局关于同意重庆市永川区个体工商户简易注销改革试点实施方案的批复

工商个字〔2015〕190号　2015.11.13

119.工商总局关于同意上海市浦东新区个体工商户简易注销改革试点实施方案的批复

工商个字〔2015〕191号　2015.11.13

120.工商总局、福建省人民政府关于发布中国（福建）自由贸易试验区台湾居民个体工商户营业范围的公告

工商个字〔2015〕208号　2015.12.1

121.工商总局关于扩大开放台湾居民在大陆申办个体工商户登记管理工作的意见

工商个字〔2015〕224号　2015.12.28

122.工商总局关于汇总发布海峡两岸农业合作试验区和台湾农民创业园名录的通知

工商个字〔2016〕39号　2016.3.11

123.工商总局关于扩大开放港澳居民在内地申办个体工商户登记管理工作的意见

工商个字〔2016〕99号　2016.5.31

124.工商总局等四部门关于实施个体工商户营业执照和税务登记证"两证整合"的意见

工商个字〔2016〕167号　2016.8.29

125.工商总局关于推进个体工商户简易注销试点工作的通知

工商个字〔2016〕187号　2016.9.26

126.工商总局关于做好小微企业名录系统升级改造有关工作的通知

工商个字〔2016〕246号　2016.12.13

（四）广告监管

127.国家工商行政管理总局 中国银行业监督管理委员会 国家广播电影电视总局 新闻出版总署关于处置非法集资活动中加强广告审查和监管工作有关问题的通知

工商广字〔2007〕190号　2007.7.25

128.国家工商行政管理总局、国家邮政局关于加强集邮票品广告管理有关问题的通知

工商广字〔2007〕198号　2007.9.17

129.国家工商行政管理总局、国家发展和改革委员会关于促进广告业发展的指导意见

工商广字〔2008〕85号　2008.4.23

130.国家工商行政管理总局关于进一步加强参加国际广告赛事活动管理的通知

工商广字〔2008〕242号　2008.11.19

131.国家工商行政管理总局、中国人民银行关于加强各类纪念章（品）以及人民币相关广告管理的通知

工商广字〔2009〕85号　2009.4.22

132.国家工商行政管理总局、中央宣传部、国务院新闻办公室、公安部、监察部、国务院纠风办、工业和信息化部、卫生部、国家广播电影电视总局、新闻出版总署、国家食品药品监

督管理局、国家中医药管理局关于印发《大众传播媒介广告发布审查规定》的通知

　　工商广字〔2012〕26号　2012.2.9

133.国家工商行政管理总局关于印发《国家广告产业园区认定和管理暂行办法》的通知

　　工商广字〔2012〕48号　2012.3.26

134.国家工商行政管理总局关于推进广告战略实施的意见

　　工商广字〔2012〕60号　2012.4.11

135.国家工商行政管理总局、国家旅游局关于加强旅游服务广告市场管理的通知

　　工商广字〔2012〕78号　2012.4.24

136.工商总局关于违法广告案件线索移送程序适用法律有关问题的答复意见

　　工商广字〔2014〕150号　2014.8.8

137.工商总局关于印发《广告业统计报表制度》的通知

　　工商广字〔2015〕42号　2015.3.24

138.工商总局等九部门关于印发整治虚假违法广告部际联席会议工作制度的通知

　　工商广字〔2015〕106号　2015.6.30

139.工商总局关于在查处广告违法案件中如何认定广告经营者广告费金额的答复意见

　　工商广字〔2015〕221号　2015.12.28

140.工商总局等十七部门关于印发开展互联网金融及以投资理财名义从事金融活动风险专项整治工作实施方案的通知

　　工商办字〔2016〕61号　2016.4.13

141.工商总局关于商品包装含有违法广告内容销售者是否应当承担法律责任问题的答复意见

　　工商广字〔2016〕107号　2016.6.8

142.工商总局关于做好《互联网广告管理暂行办法》贯彻实施工作的通知

　　工商广字〔2016〕148号　2016.7.26

143.工商总局关于开展清理整治含有"特供""专供"国家机关等内容广告专项行动的通知

　　工商广字〔2016〕194号　2016.10.9

144.工商总局关于做好广告发布登记管理工作的指导意见

　　工商广字〔2016〕256号　2016.12.28

（五）消费者权益保护

145.国家工商行政管理局、公安部关于严厉打击制造销售假冒伪劣商品违法犯罪活动进一步加大保护消费者合法权益工作力度的通知

　　工商消字〔2000〕201号　2000.9.6

146.国家工商行政管理总局、交通运输部、国家质量监督检验检疫总局关于进一步加强汽车销售行为及汽车配件质量监管工作的通知

　　工商消字〔2010〕148号　2010.7.26

147.国家工商行政管理总局关于进一步加强12315"五进"规范化建设的意见

工商消字〔2011〕113号　2011.5.30
148. 国家工商行政管理总局关于印发《12315消费者申诉举报中心工作规则》的通知
工商消字〔2011〕217号　2011.11.14
149. 国家工商行政管理总局关于进一步加强有关服务领域消费维权工作的指导意见
工商消字〔2011〕222号　2011.11.18
150. 工商总局关于依法做好食品市场监管相关工作的意见
工商消字〔2013〕108号　2013.7.15
151. 工商总局关于做好新《消费者权益保护法》贯彻落实工作的通知
工商消字〔2013〕197号　2013.12.17
152. 工商总局关于印发流通领域商品质量抽查检验文书参考式样的通知
工商消字〔2014〕43号　2014.3.4
153. 工商总局关于印发《工商行政管理部门处理消费者投诉文书式样》的通知
工商消字〔2014〕51号　2014.3.12
154. 工商总局关于进一步加强12315体系建设的意见
工商消字〔2014〕91号　2014.4.30
155. 工商总局关于加强流通领域商品质量安全风险警示工作的指导意见
工商消字〔2014〕233号　2014.12.29
156. 工商总局关于做好《侵害消费者权益行为处罚办法》贯彻实施工作的通知
工商消字〔2015〕9号　2015.1.14
157. 工商总局关于明确全国工商行政管理机关12315消费维权措施文件效力的答复意见
工商消字〔2015〕18号　2015.1.27
158. 工商总局关于完善消费环节经营者首问和赔偿先付制度切实保护消费者合法权益的意见
工商消字〔2015〕36号　2015.3.4
159. 工商总局对工商行政管理部门授权其派出机构处理消费者投诉有关问题的答复意见
工商消字〔2015〕105号　2015.7.13
160. 工商总局关于加强和规范网络交易商品质量抽查检验的意见
工商消字〔2015〕189号　2015.11.12
161. 工商总局关于加强互联网领域消费者权益保护工作的意见
工商消字〔2016〕204号　2016.10.19

(六)商标注册管理

162. 国家工商行政管理局关于转发《国家计委、财政部关于商标业务收费标准的通知》的通知
工商标字〔1996〕24号　1996.1.16
163. 国家工商行政管理局关于特殊标志核准登记有关问题的通知
工商标字〔1997〕71号　1997.3.13

164. 国家工商行政管理总局关于侵权商品有关问题的批复

　　工商标字〔2003〕99号　2003.8.8

165. 国家工商行政管理总局关于发布《地理标志产品专用标志管理办法》的通知

　　工商标字〔2007〕15号　2007.1.24

166. 国家工商行政管理总局关于进一步规范商标代理市场秩序的通知

　　工商办字〔2009〕159号　2009.8.12

167. 国家工商行政管理总局关于印发《注册商标专用权质权登记程序规定》的通知

　　工商标字〔2009〕182号　2009.9.1

168. 国家工商行政管理总局关于如何处理商标专用权与外观设计专利权冲突问题的批复

　　工商标函字〔2009〕291号　2009.11.9

169. 国家工商行政管理总局关于印发《国家工商行政管理总局对国家商标战略实施示范企业的扶持措施》的通知

　　工商标字〔2010〕129号　2010.7.7

170. 国家工商行政管理总局关于印发《国家工商行政管理总局对国家商标战略实施示范城市（区）的扶持措施》的通知

　　工商标字〔2010〕130号　2010.7.7

171. 工商总局 司法部关于印发《律师事务所从事商标代理业务管理办法》的通知

　　工商标字〔2012〕192号　2012.9.27

172. 工商总局关于赠品涉嫌侵犯注册商标专用权行为有关问题的答复意见

　　工商标字〔2013〕196号　2013.12.31

173. 工商总局关于执行修改后的《中华人民共和国商标法》有关问题的通知

　　工商标字〔2014〕81号　2014.4.15

174. 工商总局关于公主岭市工商局、梅河口市工商局驰名商标案件立案权限有关问题的答复意见

　　工商标字〔2014〕100号　2014.5.19

175. 工商总局关于商标代理机构备案有关问题的通知

　　工商标字〔2014〕134号　2014.7.10

176. 工商总局关于印发国家工商行政管理总局驰名商标认定工作制度的通知

　　工商标字〔2014〕146号　2014.7.31

177. 工商总局关于河南巩义等省直管县工商行政管理部门涉及驰名商标保护案件管辖权限有关问题的答复意见

　　工商标字〔2015〕7号　2015.1.13

178. 工商总局关于同意在浙江省台州市设立注册商标专用权质权登记申请受理点（试点）的批复

　　工商标字〔2015〕95号　2015.6.30

179. 工商总局关于授予共青城等江西省直管县（市）工商、市场监管部门涉及驰名商标保护案件管辖权限的批复

工商标字〔2015〕135号　2015.8.24

180. 工商总局关于授予浏阳市等湖南省直管县(市)工商行政管理局涉及驰名商标保护案件管辖权限的批复

工商标字〔2015〕214号　2015.12.14

181. 工商总局对支持武汉创新改革有关请示的答复意见

工商标字〔2016〕14号　2016.1.22

182. 工商总局关于设立注册商标专用权质权登记申请受理点的通知

工商标字〔2016〕106号　2016.6.7

183. 工商总局关于设立国家工商行政管理总局商标局雅安商标受理处的批复

工商标字〔2016〕121号　2016.6.30

184. 工商总局关于设立国家工商行政管理总局商标局台州商标受理处的批复

工商标字〔2016〕122号　2016.6.30

185. 工商总局关于赋予河北省直管县(市)工商、市场监管部门涉及驰名商标保护案件管辖权的批复

工商标字〔2016〕136号　2016.7.12

186. 工商总局关于大力推进商标注册便利化改革的意见

工商标字〔2016〕139号　2016.7.14

187. 工商总局关于赋予陕西省神木县、府谷县工商局驰名商标案件立案权限的批复

工商标字〔2016〕143号　2016.7.20

188. 工商总局关于授予仙桃市、潜江市、天门市、神农架林区等省直管市(区)工商行政管理部门驰名商标管辖权限的批复

工商标字〔2016〕153号　2016.8.1

189. 工商总局关于授予福建省平潭综合实验区市场监督管理局驰名商标管辖权限的批复

工商标字〔2016〕154号　2016.8.1

190. 工商总局关于同意在江西省工商局设立注册商标专用权质权登记受理点的批复

工商标字〔2016〕155号　2016.8.1

191. 工商总局关于印发《委托地方工商和市场监管部门受理商标注册申请暂行规定》的通知

工商标字〔2016〕168号　2016.8.31

192. 工商总局关于同意在四川省成都市工商局、雅安市工商局设立注册商标专用权质权登记受理点的批复

工商标字〔2016〕211号　2016.10.28

193. 工商总局关于授予江苏省昆山、泰兴、沭阳县市场监督管理局驰名商标管辖权限的批复

工商标字〔2016〕212号　2016.10.28

194. 工商总局关于授予安徽省广德县、宿松县市场监督管理局驰名商标管辖权限的批复

工商标字〔2016〕213号　2016.10.28

195. 工商总局关于同意在广州市建设国家商标品牌创新创业（广州）基地的批复

工商标字〔2016〕240号　2016.11.30

196. 工商总局关于卷烟包装标识调整后商标执法工作中有关问题的通知

工商标字〔2016〕241号　2016.12.6

（七）企业（外资）注册监管

197. 国家工商行政管理局关于中外合资经营企业注册资本与投资总额比例的暂行规定

工商企字〔1987〕38号　1987.2.17

198. 国家工商行政管理局、国家档案局企业法人登记档案管理办法

工商〔1990〕166号　1990.6.6

199. 国家工商行政管理局关于自治州、地区工商行政管理局对企业进行登记管理有关问题的通知

工商〔1990〕429号　1991.1.7

200. 国家工商行政管理局关于印发《企业集团登记管理暂行规定》的通知

工商企字〔1998〕59号　1998.4.16

201. 国家工商行政管理局、中国人民解放军总后勤部关于严禁利用军队、武警部队名义从事经营活动的通知

工商企字〔1999〕88号　1999.4.2

202. 国家工商行政管理局关于黑龙江省垦区工商行政管理局企业登记管理有关问题的答复

工商企字〔1999〕256号　1999.10.10

203. 国家工商行政管理局关于中国石油天然气股份有限公司、中国石油化工股份有限公司的分公司登记注册有关问题的通知

工商企字〔2000〕115号　2000.6.5

204. 国家工商行政管理局关于工会所办企业如何核定经济性质问题的答复

工商企字〔2000〕298号　2000.12.11

205. 国家工商行政管理局关于军队审计事务所登记注册有关问题的通知

工商企字〔2001〕2号　2001.1.2

206. 国家工商行政管理局关于《企业名称登记管理规定》有关问题的答复

工商企字〔2001〕28号　2001.1.19

207. 国家工商行政管理局关于清理含有"中南海"等字样企业名称的通知

工商企字〔2001〕58号　2001.3.2

208. 国家工商行政管理局关于公司登记机关是否有权对非本机关登记注册的公司违反登记管理规定的行为实施行政处罚问题的答复

工商企字〔2001〕106号　2001.4.19

209. 国家工商行政管理总局关于企业名称核准权限有关问题的答复

工商企字〔2001〕186号　2001.7.16

210. 国家工商行政管理总局关于保护"华润"字号有关问题的通知

工商企字〔2001〕310 号　2001.10.20
211. 国家工商行政管理总局关于企业名称使用有关问题的答复
　　工商企字〔2002〕3 号　2002.1.14
212. 国家工商行政管理总局关于对企业名称许可使用有关问题的答复
　　工商企字〔2002〕33 号　2002.2.7
213. 国家工商行政管理总局关于小煤矿企业重新登记有关问题的答复
　　工商企字〔2002〕143 号　2002.6.25
214. 国家工商行政管理总局关于对含有"战略研究"、"战备管理"等字样的企业名称进行清理的通知
　　工商企字〔2002〕158 号　2002.7.16
215. 国家工商行政管理总局、总后勤部、总装备部关于军队、武警部队企业审批、登记和管理有关问题的通知
　　工商企字〔2002〕252 号　2002.9.5
216. 国家工商行政管理总局关于修改《企业登记档案资料查询办法》的通知
　　工商企字〔2003〕35 号　2003.3.13
217. 国家工商行政管理总局、中国人民解放军总政治部关于军队、武警部队出版单位登记和管理有关问题的通知
　　工商企字〔2003〕56 号　2003.4.29
218. 国家工商行政管理总局关于外商投资企业法定代表人变更登记有关问题的答复
　　工商外企字〔2003〕75 号　2003.6.6
219. 国家工商行政管理总局、国家民航总局关于外国航空公司常驻代表机构监督管理有关问题的答复
　　工商外企字〔2004〕8 号　2004.1.9
220. 国家工商行政管理总局关于涉港企业登记文书证明效力问题的通知
　　工商外企字〔2004〕19 号　2004.2.9
221. 国家工商行政管理总局关于建立全国工商系统黑牌企业数据库的通知
　　工商企字〔2005〕129 号　2005.9.6
222. 国家工商行政管理总局关于中山、东莞市工商行政管理局公司登记管辖权问题的答复
　　工商企字〔2006〕42 号　2006.3.6
223. 国家工商行政管理总局、商务部、海关总署、国家外汇管理局关于外商投资的公司审批登记管理法律适用若干问题的执行意见
　　工商外企字〔2006〕81 号　2006.4.24
224. 国家工商行政管理总局关于实施《关于外商投资的公司审批登记管理法律适用若干问题的执行意见》的通知
　　工商外企字〔2006〕102 号　2006.5.26
225. 国家工商行政管理总局关于做好外资银行改制工商登记工作有关问题的通知
　　工商外企字〔2006〕240 号　2006.12.19

226. 国家工商行政管理总局关于未成年人能否成为公司股东问题的答复
　　　　工商企字〔2007〕131号　2007.6.25
227. 国家工商行政管理总局关于印发《工商行政管理机关股权出质登记文书格式文本》的通知
　　　　工商企字〔2008〕192号　2008.9.1
228. 国家工商行政管理总局、商务部关于外商投资企业解散注销登记管理有关问题的通知
　　　　工商外企字〔2008〕226号　2008.9.4
229. 国家工商行政管理总局关于禁止在企业名称中使用"八一"等涉及军队和武警部队字样的通知
　　　　工商企字〔2008〕238号　2008.11.17
230. 国家工商行政管理总局关于《外国（地区）企业在中国境内从事经营活动登记管理办法》第六条中"同时申报"含义的答复意见
　　　　工商外企函字〔2009〕270号　2009.9.29
231. 国家工商行政管理总局关于进一步做好企业法人法定代表人任职限制规定执行工作的通知
　　　　工商企字〔2010〕82号　2010.4.15
232. 国家工商行政管理总局关于切实做好企业登记管理信息综合运用服务工作的意见
　　　　工商企字〔2010〕124号　2010.6.30
233. 国家工商行政管理总局关于印发修订后的外国（地区）企业常驻代表机构登记文书格式、《外国（地区）企业常驻代表机构年度报告书》的通知
　　　　工商外企字〔2011〕26号　2011.2.17
234. 国家工商行政管理总局关于贯彻落实《外国企业常驻代表机构登记管理条例》的通知
　　　　工商外企字〔2011〕27号　2011.2.17
235. 国家工商行政管理总局关于启用新版《外国（地区）企业常驻代表机构登记证》和《外国（地区）企业常驻代表机构代表证》的通知
　　　　工商外企字〔2011〕28号　2011.2.17
236. 国家工商行政管理总局关于认真做好中西部地区承接产业转移中工商登记衔接工作的意见
　　　　工商企字〔2011〕170号　2011.8.11
237. 国家工商行政管理总局关于外资登记注册中提交境外自然人身份证明有关问题的通知
　　　　工商外企字〔2011〕187号　2011.9.1
238. 国家工商行政管理总局关于做好公司合并分立登记支持企业兼并重组的意见
　　　　工商企字〔2011〕226号　2011.11.28
239. 国家工商行政管理总局关于贯彻落实国务院决定做好各类交易场所清理整顿工作的意见

　　　　工商企字〔2011〕234号　2011.11.30
　240.国家工商行政管理总局对河北省工商局关于内蒙古自治区临港产业园市场主体工商登记事项相关法律法规依据的请示的答复意见
　　　　工商企字〔2012〕155号　2012.8.30
　241.工商总局对西藏自治区工商局关于入驻格尔木藏青工业园区企业登记注册和监管范围请示的答复
　　　　工商企字〔2012〕167号　2012.9.21
　242.工商总局关于服务科技体制改革和国家创新体系建设的若干意见
　　　　工商企字〔2012〕197号　2012.11.16
　243.工商总局关于同意广东省商事登记营业执照改革方案的批复
　　　　工商企字〔2013〕36号　2013.2.20
　244.关于印发《国家工商行政管理总局关于支持中国（上海）自由贸易试验区建设的若干意见》的通知
　　　　工商外企字〔2013〕147号　2013.9.26
　245.工商总局关于印发《内资企业登记提交材料规范》和《内资企业登记文书规范》的通知
　　　　工商企字〔2014〕29号　2014.2.17
　246.工商总局关于启用新版营业执照有关问题的通知
　　　　工商企字〔2014〕30号　2014.2.17
　247.工商总局关于修订外商投资企业登记书式的通知
　　　　工商外企字〔2014〕31号　2014.2.18
　248.工商总局关于做好注册资本登记制度改革实施前后登记管理衔接工作的通知
　　　　工商企字〔2014〕32号　2014.2.18
　249.工商总局关于同意吉林省延边朝鲜族自治州工商局使用朝鲜族文字和汉字双语营业执照的批复
　　　　工商企字〔2014〕47号　2014.3.11
　250.工商总局关于同意新疆自治区工商局使用维吾尔语汉语双语营业执照的批复
　　　　工商企字〔2014〕48号　2014.3.11
　251.工商总局关于同意内蒙古自治区工商局使用蒙古族文字和汉字双语营业执照的批复
　　　　工商企字〔2014〕49号　2014.3.11
　252.工商总局关于同意西藏自治区工商局使用汉藏两种文字新版营业执照的批复
　　　　工商企字〔2014〕59号　2014.3.31
　253.工商总局关于印发《工商行政管理系统窗口服务规范（试行）》的通知
　　　　工商企字〔2014〕63号　2014.4.1
　254.工商总局关于贯彻落实企业信息公示暂行条例有关问题的通知
　　　　工商外企字〔2014〕166号　2014.9.2
　255.工商总局关于公布企业信息公示文书（样式）的通知

工商外企字〔2014〕167号　2014.9.2

256. 工商总局关于开展企业简易注销改革试点的通知

　　工商企注字〔2015〕2号　2015.1.6

257. 工商总局关于授予北京市等18个省级工商局市场监督管理部门内资企业登记管理权的通知

　　工商企注字〔2015〕12号　2015.1.15

258. 工商总局关于授权深圳市市场和质量监督管理委员会开展企业名称登记改革试点的批复

　　工商企注字〔2015〕47号　2015.4.2

259. 工商总局关于授予天津市自由贸易试验区市场和质量监督管理委员会外商投资企业登记管理权等事项的批复

　　工商企注字〔2015〕55号　2015.4.20

260. 工商总局关于做好企业公示信息抽查工作有关问题的通知

　　工商企监字〔2015〕59号　2015.4.30

261. 工商总局关于同意上海市等部分地方企业简易注销改革试点方案的批复

　　工商企注字〔2015〕60号　2015.4.30

262. 工商总局关于严格落实先照后证改革严格执行工商登记前置审批事项的通知

　　工商企注字〔2015〕65号　2015.5.11

263. 工商总局关于将党建读物出版社等481户企业迁移至北京市等8个省级工商局、市场监督管理部门登记管理的通知

　　工商企注字〔2015〕67号　2015.5.13

264. 工商总局、最高人民检察院关于工商、市场监管部门向检察机关提供信息加强合作的意见

　　工商企监字〔2015〕68号　2015.5.18

265. 工商总局关于支持中国（广东）自由贸易试验区建设的若干意见

　　工商办字〔2015〕76号　2015.5.25

266. 工商总局关于调整企业信息公示文书（样式）的通知

　　工商企监字〔2015〕96号　2015.6.30

267. 工商总局等六部门关于贯彻落实《国务院办公厅关于加快推进"三证合一"登记制度改革的意见》的通知

　　工商企注字〔2015〕121号　2015.8.7

268. 工商总局关于同意防城港工商行政管理局开展企业名称登记管理改革试点工作的批复

　　工商企注字〔2015〕124号　2015.8.10

269. 工商总局关于进一步推进企业简易注销改革试点有关工作的通知

　　工商企注字〔2015〕142号　2015.9.2

270. 工商总局关于进一步推进电子营业执照试点工作的意见

　　工商企注字〔2015〕146号　2015.9.8

271. 工商总局 税务总局关于做好"三证合一"有关工作衔接的通知
    工商企注字〔2015〕147号　2015.9.9
272. 工商总局关于调整新版营业执照打印技术标准及有关事项的通知
    工商企注字〔2015〕153号　2015.9.18
273. 工商总局关于依法对失信被执行人实施信用惩戒的通知
    工商企监字〔2015〕154号　2015.9.18
274. 工商总局关于促进中关村国家自主创新示范区创新发展的若干意见
    工商办字〔2015〕161号　2015.9.29
275. 工商总局关于调整工商登记前置审批事项目录的通知
    工商企注字〔2015〕199号　2015.11.18
276. 工商总局关于落实《国务院关于"先照后证"改革后加强事中事后监管的意见》做好"双告知"工作的通知
    工商企注字〔2015〕211号　2015.12.8
277. 工商总局 税务总局关于进一步做好"三证合一"有关工作衔接的补充通知
    工商企注字〔2015〕228号　2015.12.29
278. 工商总局关于推行企业登记全程电子化试点工作的指导意见
    工商企注字〔2015〕231号　2015.12.30
279. 工商总局关于支持中国(杭州)跨境电子商务综合试验区建设发展的若干意见
    工商办字〔2015〕233号　2015.12.31
280. 工商总局关于做好2016年企业公示信息抽查工作的通知
    工商企监字〔2016〕30号　2016.2.26
281. 工商总局关于加快推进国家企业信用信息公示系统建设工作的通知
    工商企监字〔2016〕70号　2016.4.21
282. 工商总局、税务总局关于清理长期停业未经营企业工作有关问题的通知
    工商企监字〔2016〕97号　2016.5.27
283. 工商总局关于同意海南省工商行政管理局作为推行电子营业执照试点单位的批复
    工商企注字〔2016〕102号　2016.6.6
284. 工商总局关于将中国铁路建设投资公司等73户企业迁移至北京市、上海市、广东省工商局登记管理的通知
    工商企注字〔2016〕105号　2016.6.7
285. 工商总局关于调整工商登记前置审批事项目录的通知
    工商企注字〔2016〕117号　2016.6.24
286. 工商总局关于在部分省市开展大数据加强市场监管试点工作的通知
    工商企监字〔2016〕141号　2016.7.19
287. 工商总局等五部门关于贯彻落实《国务院办公厅关于加快推进"五证合一、一照一码"登记制度改革的通知》的通知
    工商企注字〔2016〕150号　2016.7.28
288. 工商总局关于委托对总局登记企业进行年报抽查的通知

工商企监字〔2016〕177号　2016.9.8

289. 工商总局关于新形势下推进监管方式改革创新的意见

工商企监字〔2016〕185号　2016.9.14

290. 工商总局关于做好外商投资企业实施备案管理后有关登记工作的通知

工商企注字〔2016〕189号　2016.9.30

291. 工商总局关于调整工商登记前置审批事项目录的通知

工商企注字〔2016〕198号　2016.10.13

292. 工商总局关于开放企业名称库有序推进企业名称登记管理改革的指导意见

工商企注字〔2016〕203号　2016.10.18

293. 工商总局、人力资源社会保障部、统计局关于在企业年报中增加社保和统计事项有关问题的通知

工商企监字〔2016〕226号　2016.11.17

294. 工商总局关于做好2016年度年报公示工作的通知

工商企监字〔2016〕247号　2016.12.14

295. 工商总局关于企业事中事后监管开展社会共治试点工作的通知

工商企监字〔2016〕248号　2016.12.14

296. 工商总局关于印发《关于加大对真抓实干成效明显地方激励支持力度的实施办法》的通知

工商企监字〔2016〕251号　2016.12.22

297. 工商总局关于全面推进企业简易注销登记改革的指导意见

工商企注字〔2016〕253号　2016.12.26

298. 工商总局关于调整直通港澳运输企业登记管理权有关问题的批复

工商企注字〔2016〕254号　2016.12.26

299. 工商总局关于公布随机抽查事项清单(第一版)的通知

工商企监字〔2016〕259号　2016.12.29

(八)综合部分

300. 国家工商行政管理局关于实施《工商行政管理所条例》有关权限问题的意见

工商法字〔1991〕163号　1991.5.30

301. 国家工商行政管理局关于工商所是否有权以所的名义处罚无照经营者问题的答复

工商法字〔1997〕101号　1997.4.14

302. 国家工商行政管理总局关于非营利性医疗机构是否属于《反不正当竞争法》规范主体问题的答复

工商法字〔2001〕248号　2001.9.5

303. 国家工商行政管理总局对《关于工商行政管理机关对人民法院的协助执行通知书是否负有审核责任的请示》的批复

工商法字〔2010〕116号　2010.6.9

304. 国家工商行政管理总局关于未被冻结股权的股东能否增加出资额、公司增加注册资本的答复意见

工商法字〔2011〕188号 2011.9.16

305. 工商总局对银行转嫁责任侵害消费者权益节省的成本费用能否认定为违法所得问题的答复意见

   工商法函字〔2013〕134号 2013.9.17

306. 工商总局关于工商行政管理机关行政处罚案件听证规则第十八条适用问题的答复意见

   工商法字〔2015〕22号 2015.2.5

二、废止的规范性文件

（一）市场规范管理

1. 工商总局关于"守合同重信用"企业公示工作的若干意见

   工商市字〔2014〕223号 2014.12.17

2. 工商总局关于做好2014—2015年度"守合同重信用"企业公示工作的通知

   工商市字〔2015〕219号 2015.12.23

3. 工商总局关于开展2016年红盾护农行动的通知

   工商市字〔2016〕11号 2016.01.19

4. 工商总局关于印发2016网络市场监管专项行动方案的通知

   工商办字〔2016〕87号 2016.05.04

（二）个体私营经济监管

5. 国家工商行政管理总局关于印发《个体工商户、个人独资企业、合伙企业登记申请材料及格式规范》的通知

   工商个字〔2004〕118号 2004.7.30

6. 国家工商行政管理总局关于印发《港澳居民在内地申办个体工商户登记管理工作的若干意见》的通知

   工商个字〔2004〕190号 2004.11.19

7. 国家工商行政管理总局关于港澳居民在内地设立个体工商户经营范围进一步放宽问题的通知

   工商个字〔2005〕189号 2005.12.8

8. 国家工商行政管理总局关于进一步放宽港澳居民个体工商户经营范围问题的通知

   工商个字〔2006〕196号 2006.10.25

9. 国家工商行政管理总局关于允许港澳居民个体工商户从事计算机服务业、软件业等行业的通知

   工商个字〔2007〕205号 2007.9.25

10. 国家工商行政管理总局关于允许港澳居民个体工商户从事建筑物清洁服务和广告制作的通知

    工商个字〔2008〕256号 2008.12.4

11. 国家工商行政管理总局关于允许港澳居民个体工商户从事个体诊所等行业的通知

工商个字〔2009〕122号 2009.6.19

12. 国家工商行政管理总局关于允许港澳居民个体工商户从事婚姻服务（不含婚介服务）等行业的通知

工商个字〔2010〕151号 2010.7.27

13. 国家工商行政管理总局关于印发《个体工商户登记文书格式规范》的通知

工商个字〔2011〕201号 2011.9.30

14. 国家工商行政管理总局关于进一步放宽港澳居民个体工商户经营范围、从业人员及营业面积规定的通知

工商个字〔2012〕41号 2012.3.13

15. 工商总局关于进一步放宽港澳居民个体工商户经营范围、从业人员及营业面积等问题的通知

工商个字〔2012〕164号 2012.9.14

16. 工商总局关于贯彻落实内地与香港、澳门签署有关协议，做好在广东省进一步放宽港澳居民个体户经营范围工作的通知

工商个字〔2015〕26号 2015.2.15

（三）广告监管

17. 工商总局、国家统计局关于认真做好广告业统计工作的通知

工商广字〔2012〕157号 2012.8.29

（四）消费者权益保护

18. 工商总局关于认真做好2016年流通领域商品质量抽查检测工作的通知

工商消字〔2016〕17号 2016.1.28

19. 工商总局关于开展2016年红盾质量维权行动的通知

工商消字〔2016〕66号 2016.4.19

（五）商标注册管理

20. 国家工商行政管理总局关于卷烟包装标识调整后商标执法工作中有关问题的通知

工商标字〔2008〕204号 2008.9.21

21. 国家工商行政管理总局关于执行《商标注册用商品和服务国际分类》第十版的公告

工商标字〔2011〕247号 2011.12.2

22. 工商总局关于依法公开制售假冒伪劣产品和侵犯知识产权行政处罚案件信息的意见（试行）

工商标字〔2014〕110号 2014.6.3

23. 工商总局关于印发《2015年全国工商系统落实〈中国制造海外形象维护"清风"行动方案〉的工作安排》的通知

工商标字〔2015〕79号 2015.5.27

24. 工商总局关于开展保护"迪士尼"注册商标专用权专项行动的通知

工商标字〔2015〕170号 2015.10.19

（六）企业（外资）注册、监管

25. 国家工商行政管理总局、公安部关于进一步加强外国企业常驻代表机构登记管理的通知

工商外企字〔2010〕4号　2010.1.4

26.国家工商行政管理总局关于贯彻落实《国务院关于加强道路交通安全工作的意见》的通知

工商企字〔2012〕153号　2012.8.30

全国人民代表大会常务委员会关于批准《中华人民共和国和埃塞俄比亚联邦民主共和国关于民事和商事司法协助的条约》的决定

2017年11月4日

第十二届全国人民代表大会常务委员会第三十次会议决定：批准2014年5月4日由中华人民共和国代表在亚的斯亚贝巴签署的《中华人民共和国和埃塞俄比亚联邦民主共和国关于民事和商事司法协助的条约》。

全国人民代表大会常务委员会关于修改《中华人民共和国会计法》等十一部法律的决定

中华人民共和国主席令第81号

《全国人民代表大会常务委员会关于修改〈中华人民共和国会计法〉等十一部法律的决定》已由中华人民共和国第十二届全国人民代表大会常务委员会第三十次会议于2017年11月4日通过，现予公布，自2017年11月5日起施行。

中华人民共和国主席　习近平
2017年11月4日

第十二届全国人民代表大会常务委员会第三十次会议决定：
一、对《中华人民共和国会计法》作出修改
（一）将第三十二条第一款第四项修改为："（四）从事会计工作的人员是否具备专业能

力、遵守职业道德"。

（二）将第三十八条修改为："会计人员应当具备从事会计工作所需要的专业能力。

"担任单位会计机构负责人（会计主管人员）的，应当具备会计师以上专业技术职务资格或者从事会计工作三年以上经历。

"本法所称会计人员的范围由国务院财政部门规定。"

（三）将第四十条第一款中的"不得取得或者重新取得会计从业资格证书"修改为"不得再从事会计工作"。

删去第二款。

（四）将第四十二条第三款修改为："会计人员有第一款所列行为之一，情节严重的，五年内不得从事会计工作。"

（五）将第四十三条第二款、第四十四条第二款中的"对其中的会计人员，并由县级以上人民政府财政部门吊销会计从业资格证书"修改为"其中的会计人员，五年内不得从事会计工作"。

二、对《中华人民共和国海洋环境保护法》作出修改

（一）将第三十条第一款修改为："入海排污口位置的选择，应当根据海洋功能区划、海水动力条件和有关规定，经科学论证后，报设区的市级以上人民政府环境保护行政主管部门备案。"

第二款修改为："环境保护行政主管部门应当在完成备案后十五个工作日内将入海排污口设置情况通报海洋、海事、渔业行政主管部门和军队环境保护部门。"

（二）第七十七条增加一款，作为第二款："海洋、海事、渔业行政主管部门和军队环境保护部门发现入海排污口设置违反本法第三十条第一款、第三款规定的，应当通报环境保护行政主管部门依照前款规定予以处罚。"

三、对《中华人民共和国文物保护法》作出修改

（一）将第二十条第二款修改为："实施原址保护的，建设单位应当事先确定保护措施，根据文物保护单位的级别报相应的文物行政部门批准；未经批准的，不得开工建设。"

（二）将第四十条第二款修改为："国有文物收藏单位之间因举办展览、科学研究等需借用馆藏文物的，应当报主管的文物行政部门备案；借用馆藏一级文物的，应当同时报国务院文物行政部门备案。"

（三）将第五十六条第一款修改为："文物商店不得销售、拍卖企业不得拍卖本法第五十一条规定的文物。"

（四）将第五十七条第一款修改为："省、自治区、直辖市人民政府文物行政部门应当建立文物购销、拍卖信息与信用管理系统。文物商店购买、销售文物，拍卖企业拍卖文物，应当按照国家有关规定作出记录，并于销售、拍卖文物后三十日内报省、自治区、直辖市人民政府文物行政部门备案。"

（五）第七十一条增加一款，作为第二款："文物商店、拍卖企业有前款规定的违法行为的，由县级以上人民政府文物主管部门没收违法所得、非法经营的文物，违法经营额五万元以上的，并处违法经营额一倍以上三倍以下的罚款；违法经营额不足五万元的，并处五千元以上五万元以下的罚款；情节严重的，由原发证机关吊销许可证书。"

(六)将第七十三条第三项修改为:"(三)拍卖企业拍卖的文物,未经审核的"。

四、对《中华人民共和国海关法》作出修改

将第三十三条第一款修改为:"企业从事加工贸易,应当按照海关总署的规定向海关备案。加工贸易制成品单位耗料量由海关按照有关规定核定。"

第三款修改为:"加工贸易保税进口料件或者制成品内销的,海关对保税的进口料件依法征税;属于国家对进口有限制性规定的,还应当向海关提交进口许可证件。"

五、对《中华人民共和国中外合作经营企业法》作出修改

(一)删去第十二条第二款中的"报审查批准机关批准"。

(二)删去第二十五条中的"第十二条第二款"。

六、对《中华人民共和国母婴保健法》作出修改

(一)将第二十二条修改为:"不能住院分娩的孕妇应当由经过培训、具备相应接生能力的接生人员实行消毒接生。"

(二)删去第三十三条第二款中的"以及从事家庭接生的人员"。

七、对《中华人民共和国民用航空法》作出修改

删去第一百四十七条第二款中的"并依法办理工商登记;未取得经营许可证的,工商行政管理部门不得办理工商登记"。

八、对《中华人民共和国公路法》作出修改

(一)将第六十条第二款修改为:"有偿转让公路收费权的公路,收费权转让后,由受让方收费经营。收费权的转让期限由出让、受让双方约定,最长不得超过国务院规定的年限。"

(二)将第六十一条第一款修改为:"本法第五十九条第一款第一项规定的公路中的国道收费权的转让,应当在转让协议签订之日起三十个工作日内报国务院交通主管部门备案;国道以外的其他公路收费权的转让,应当在转让协议签订之日起三十个工作日内报省、自治区、直辖市人民政府备案。"

九、对《中华人民共和国港口法》作出修改

(一)将第十七条中的"经依法办理有关手续,并经港口行政管理部门批准后,方可建设"修改为"经依法办理有关手续后,方可建设"。

(二)将第四十六条修改为:"在港口建设的危险货物作业场所、实施卫生除害处理的专用场所与人口密集区或者港口客运设施的距离不符合国务院有关部门的规定的,由港口行政管理部门责令停止建设或者使用,限期改正,可以处五万元以下罚款。"

(三)删去第五十六条第一项中的"违法批准建设港口危险货物作业场所或者实施卫生除害处理的专用场所"。

十、对《中华人民共和国职业病防治法》作出修改

(一)将第三十五条第三款修改为:"职业健康检查应当由取得《医疗机构执业许可证》的医疗卫生机构承担。卫生行政部门应当加强对职业健康检查工作的规范管理,具体管理办法由国务院卫生行政部门制定。"

(二)删去第四十六条第三款。

第四款改为第三款,修改为:"职业病诊断证明书应当由参与诊断的取得职业病诊断资格的执业医师签署,并经承担职业病诊断的医疗卫生机构审核盖章。"

(三) 删去第七十九条、第八十条中的"职业健康检查"。

十一、对《中华人民共和国境外非政府组织境内活动管理法》作出修改

删去第二十四条中的"聘请具有中国会计从业资格的会计人员依法进行会计核算"。

本决定自 2017 年 11 月 5 日起施行。

《中华人民共和国会计法》《中华人民共和国海洋环境保护法》《中华人民共和国文物保护法》《中华人民共和国海关法》《中华人民共和国中外合作经营企业法》《中华人民共和国母婴保健法》《中华人民共和国民用航空法》《中华人民共和国公路法》《中华人民共和国港口法》《中华人民共和国职业病防治法》《中华人民共和国境外非政府组织境内活动管理法》根据本决定作相应修改,重新公布。

中华人民共和国会计法

目 录

第一章 总则

第二章 会计核算

第三章 公司、企业会计核算的特别规定

第四章 会计监督

第五章 会计机构和会计人员

第六章 法律责任

第七章 附则

第一章 总 则

第一条 为了规范会计行为,保证会计资料真实、完整,加强经济管理和财务管理,提高经济效益,维护社会主义市场经济秩序,制定本法。

第二条 国家机关、社会团体、公司、企业、事业单位和其他组织(以下统称单位)必须依照本法办理会计事务。

第三条 各单位必须依法设置会计账簿,并保证其真实、完整。

第四条 单位负责人对本单位的会计工作和会计资料的真实性、完整性负责。

第五条 会计机构、会计人员依照本法规定进行会计核算,实行会计监督。

任何单位或者个人不得以任何方式授意、指使、强令会计机构、会计人员伪造、变造会计凭证、会计账簿和其他会计资料,提供虚假财务会计报告。

任何单位或者个人不得对依法履行职责、抵制违反本法规定行为的会计人员实行打击报复。

第六条 对认真执行本法,忠于职守,坚持原则,做出显著成绩的会计人员,给予精神的或者物质的奖励。

第七条 国务院财政部门主管全国的会计工作。

县级以上地方各级人民政府财政部门管理本行政区域内的会计工作。

第八条 国家实行统一的会计制度。国家统一的会计制度由国务院财政部门根据本法制定并公布。

国务院有关部门可以依照本法和国家统一的会计制度制定对会计核算和会计监督有特殊要求的行业实施国家统一的会计制度的具体办法或者补充规定,报国务院财政部门审核批准。

中国人民解放军总后勤部可以依照本法和国家统一的会计制度制定军队实施国家统一的会计制度的具体办法,报国务院财政部门备案。

第二章 会计核算

第九条 各单位必须根据实际发生的经济业务事项进行会计核算,填制会计凭证,登记会计账簿,编制财务会计报告。

任何单位不得以虚假的经济业务事项或者资料进行会计核算。

第十条 下列经济业务事项,应当办理会计手续,进行会计核算:

(一)款项和有价证券的收付;

(二)财物的收发、增减和使用;

(三)债权债务的发生和结算;

(四)资本、基金的增减;

(五)收入、支出、费用、成本的计算;

(六)财务成果的计算和处理;

(七)需要办理会计手续、进行会计核算的其他事项。

第十一条 会计年度自公历1月1日起至12月31日止。

第十二条 会计核算以人民币为记账本位币。

业务收支以人民币以外的货币为主的单位,可以选定其中一种货币作为记账本位币,但是编报的财务会计报告应当折算为人民币。

第十三条 会计凭证、会计账簿、财务会计报告和其他会计资料,必须符合国家统一的会计制度的规定。

使用电子计算机进行会计核算的,其软件及其生成的会计凭证、会计账簿、财务会计报告和其他会计资料,也必须符合国家统一的会计制度的规定。

任何单位和个人不得伪造、变造会计凭证、会计账簿及其他会计资料,不得提供虚假的财务会计报告。

第十四条 会计凭证包括原始凭证和记账凭证。

办理本法第十条所列的经济业务事项,必须填制或者取得原始凭证并及时送交会计机构。

会计机构、会计人员必须按照国家统一的会计制度的规定对原始凭证进行审核,对不真实、不合法的原始凭证有权不予接受,并向单位负责人报告;对记载不准确、不完整的原始凭证予以退回,并要求按照国家统一的会计制度的规定更正、补充。

原始凭证记载的各项内容均不得涂改;原始凭证有错误的,应当由出具单位重开或者更正,更正处应当加盖出具单位印章。原始凭证金额有错误的,应当由出具单位重开,不得在原始凭证上更正。

记账凭证应当根据经过审核的原始凭证及有关资料编制。

第十五条 会计账簿登记,必须以经过审核的会计凭证为依据,并符合有关法律、行政法规和国家统一的会计制度的规定。会计账簿包括总账、明细账、日记账和其他辅助性账簿。

会计账簿应当按照连续编号的页码顺序登记。会计账簿记录发生错误或者隔页、缺号、跳行的,应当按照国家统一的会计制度规定的方法更正,并由会计人员和会计机构负责人(会计主管人员)在更正处盖章。

使用电子计算机进行会计核算的,其会计账簿的登记、更正,应当符合国家统一的会计制度的规定。

第十六条 各单位发生的各项经济业务事项应当在依法设置的会计账簿上统一登记、核算,不得违反本法和国家统一的会计制度的规定私设会计账簿登记、核算。

第十七条 各单位应当定期将会计账簿记录与实物、款项及有关资料相互核对,保证会计账簿记录与实物及款项的实有数额相符、会计账簿记录与会计凭证的有关内容相符、会计账簿之间相对应的记录相符、会计账簿记录与会计报表的有关内容相符。

第十八条 各单位采用的会计处理方法,前后各期应当一致,不得随意变更;确有必要变更的,应当按照国家统一的会计制度的规定变更,并将变更的原因、情况及影响在财务会计报告中说明。

第十九条 单位提供的担保、未决诉讼等或有事项,应当按照国家统一的会计制度的规定,在财务会计报告中予以说明。

第二十条 财务会计报告应当根据经过审核的会计账簿记录和有关资料编制,并符合本法和国家统一的会计制度关于财务会计报告的编制要求、提供对象和提供期限的规定;其他法律、行政法规另有规定的,从其规定。

财务会计报告由会计报表、会计报表附注和财务情况说明书组成。向不同的会计资料使用者提供的财务会计报告,其编制依据应当一致。有关法律、行政法规规定会计报表、会计报表附注和财务情况说明书须经注册会计师审计的,注册会计师及其所在的会计师事务所出具的审计报告应当随同财务会计报告一并提供。

第二十一条 财务会计报告应当由单位负责人和主管会计工作的负责人、会计机构负责人(会计主管人员)签名并盖章;设置总会计师的单位,还须由总会计师签名并盖章。

单位负责人应当保证财务会计报告真实、完整。

第二十二条 会计记录的文字应当使用中文。在民族自治地方,会计记录可以同时使用当地通用的一种民族文字。在中华人民共和国境内的外商投资企业、外国企业和其他外国组织的会计记录可以同时使用一种外国文字。

第二十三条 各单位对会计凭证、会计账簿、财务会计报告和其他会计资料应当建立档案,妥善保管。会计档案的保管期限和销毁办法,由国务院财政部门会同有关部门制定。

第三章 公司、企业会计核算的特别规定

第二十四条 公司、企业进行会计核算,除应当遵守本法第二章的规定外,还应当遵守本章规定。

第二十五条 公司、企业必须根据实际发生的经济业务事项,按照国家统一的会计制度的规定确认、计量和记录资产、负债、所有者权益、收入、费用、成本和利润。

第二十六条 公司、企业进行会计核算不得有下列行为:

(一)随意改变资产、负债、所有者权益的确认标准或者计量方法,虚列、多列、不列或者少列资产、负债、所有者权益;

(二)虚列或者隐瞒收入,推迟或者提前确认收入;

(三)随意改变费用、成本的确认标准或者计量方法,虚列、多列、不列或者少列费用、成本;

(四)随意调整利润的计算、分配方法,编造虚假利润或者隐瞒利润;

(五)违反国家统一的会计制度规定的其他行为。

第四章 会计监督

第二十七条 各单位应当建立、健全本单位内部会计监督制度。单位内部会计监督制度应当符合下列要求:

(一)记账人员与经济业务事项和会计事项的审批人员、经办人员、财物保管人员的职责权限应当明确,并相互分离、相互制约;

(二)重大对外投资、资产处置、资金调度和其他重要经济业务事项的决策和执行的相互监督、相互制约程序应当明确;

(三)财产清查的范围、期限和组织程序应当明确;

(四)对会计资料定期进行内部审计的办法和程序应当明确。

第二十八条 单位负责人应当保证会计机构、会计人员依法履行职责,不得授意、指使、强令会计机构、会计人员违法办理会计事项。

会计机构、会计人员对违反本法和国家统一的会计制度规定的会计事项,有权拒绝办理或者按照职权予以纠正。

第二十九条 会计机构、会计人员发现会计账簿记录与实物、款项及有关资料不相符的,按照国家统一的会计制度的规定有权自行处理的,应当及时处理;无权处理的,应当立即向单位负责人报告,请求查明原因,作出处理。

第三十条 任何单位和个人对违反本法和国家统一的会计制度规定的行为,有权检举。收到检举的部门有权处理的,应当依法按照职责分工及时处理;无权处理的,应当及时移送有权处理的部门处理。收到检举的部门、负责处理的部门应当为检举人保密,不得将检举人姓名和检举材料转给被检举单位和被检举人个人。

第三十一条 有关法律、行政法规规定,须经注册会计师进行审计的单位,应当向受委

托的会计师事务所如实提供会计凭证、会计账簿、财务会计报告和其他会计资料以及有关情况。

任何单位或者个人不得以任何方式要求或者示意注册会计师及其所在的会计师事务所出具不实或者不当的审计报告。

财政部门有权对会计师事务所出具审计报告的程序和内容进行监督。

第三十二条 财政部门对各单位的下列情况实施监督：

（一）是否依法设置会计账簿；

（二）会计凭证、会计账簿、财务会计报告和其他会计资料是否真实、完整；

（三）会计核算是否符合本法和国家统一的会计制度的规定；

（四）从事会计工作的人员是否具备专业能力、遵守职业道德。

在对前款第（二）项所列事项实施监督，发现重大违法嫌疑时，国务院财政部门及其派出机构可以向与被监督单位有经济业务往来的单位和被监督单位开立账户的金融机构查询有关情况，有关单位和金融机构应当给予支持。

第三十三条 财政、审计、税务、人民银行、证券监管、保险监管等部门应当依照有关法律、行政法规规定的职责，对有关单位的会计资料实施监督检查。

前款所列监督检查部门对有关单位的会计资料依法实施监督检查后，应当出具检查结论。有关监督检查部门已经作出的检查结论能够满足其他监督检查部门履行本部门职责需要的，其他监督检查部门应当加以利用，避免重复查账。

第三十四条 依法对有关单位的会计资料实施监督检查的部门及其工作人员对在监督检查中知悉的国家秘密和商业秘密负有保密义务。

第三十五条 各单位必须依照有关法律、行政法规的规定，接受有关监督检查部门依法实施的监督检查，如实提供会计凭证、会计账簿、财务会计报告和其他会计资料以及有关情况，不得拒绝、隐匿、谎报。

第五章 会计机构和会计人员

第三十六条 各单位应当根据会计业务的需要，设置会计机构，或者在有关机构中设置会计人员并指定会计主管人员；不具备设置条件的，应当委托经批准设立从事会计代理记账业务的中介机构代理记账。

国有的和国有资产占控股地位或者主导地位的大、中型企业必须设置总会计师。总会计师的任职资格、任免程序、职责权限由国务院规定。

第三十七条 会计机构内部应当建立稽核制度。

出纳人员不得兼任稽核、会计档案保管和收入、支出、费用、债权债务账目的登记工作。

第三十八条 会计人员应当具备从事会计工作所需要的专业能力。

担任单位会计机构负责人（会计主管人员）的，应当具备会计师以上专业技术职务资格或者从事会计工作三年以上经历。

本法所称会计人员的范围由国务院财政部门规定。

第三十九条 会计人员应当遵守职业道德，提高业务素质。对会计人员的教育和培训工作应当加强。

第四十条 因有提供虚假财务会计报告,做假账,隐匿或者故意销毁会计凭证、会计账簿、财务会计报告,贪污,挪用公款,职务侵占等与会计职务有关的违法行为被依法追究刑事责任的人员,不得再从事会计工作。

第四十一条 会计人员调动工作或者离职,必须与接管人员办清交接手续。

一般会计人员办理交接手续,由会计机构负责人(会计主管人员)监交;会计机构负责人(会计主管人员)办理交接手续,由单位负责人监交,必要时主管单位可以派人会同监交。

第六章 法律责任

第四十二条 违反本法规定,有下列行为之一的,由县级以上人民政府财政部门责令限期改正,可以对单位并处三千元以上五万元以下的罚款;对其直接负责的主管人员和其他直接责任人员,可以处二千元以上二万元以下的罚款;属于国家工作人员的,还应当由其所在单位或者有关单位依法给予行政处分:

(一)不依法设置会计账簿的;
(二)私设会计账簿的;
(三)未按照规定填制、取得原始凭证或者填制、取得的原始凭证不符合规定的;
(四)以未经审核的会计凭证为依据登记会计账簿或者登记会计账簿不符合规定的;
(五)随意变更会计处理方法的;
(六)向不同的会计资料使用者提供的财务会计报告编制依据不一致的;
(七)未按照规定使用会计记录文字或者记账本位币的;
(八)未按照规定保管会计资料,致使会计资料毁损、灭失的;
(九)未按照规定建立并实施单位内部会计监督制度或者拒绝依法实施的监督或者不如实提供有关会计资料及有关情况的;
(十)任用会计人员不符合本法规定的。

有前款所列行为之一,构成犯罪的,依法追究刑事责任。

会计人员有第一款所列行为之一,情节严重的,五年内不得从事会计工作。

有关法律对第一款所列行为的处罚另有规定的,依照有关法律的规定办理。

第四十三条 伪造、变造会计凭证、会计账簿,编制虚假财务会计报告,构成犯罪的,依法追究刑事责任。

有前款行为,尚不构成犯罪的,由县级以上人民政府财政部门予以通报,可以对单位并处五千元以上十万元以下的罚款;对其直接负责的主管人员和其他直接责任人员,可以处三千元以上五万元以下的罚款;属于国家工作人员的,还应当由其所在单位或者有关单位依法给予撤职直至开除的行政处分;其中的会计人员,五年内不得从事会计工作。

第四十四条 隐匿或者故意销毁依法应当保存的会计凭证、会计账簿、财务会计报告,构成犯罪的,依法追究刑事责任。

有前款行为,尚不构成犯罪的,由县级以上人民政府财政部门予以通报,可以对单位并处五千元以上十万元以下的罚款;对其直接负责的主管人员和其他直接责任人员,可以处三千元以上五万元以下的罚款;属于国家工作人员的,还应当由其所在单位或者有关单位依法给予撤职直至开除的行政处分;其中的会计人员,五年内不得从事会计工作。

第四十五条 授意、指使、强令会计机构、会计人员及其他人员伪造、变造会计凭证、会计账簿,编制虚假财务会计报告或者隐匿、故意销毁依法应当保存的会计凭证、会计账簿、财务会计报告,构成犯罪的,依法追究刑事责任;尚不构成犯罪的,可以处五千元以上五万元以下的罚款;属于国家工作人员的,还应当由其所在单位或者有关单位依法给予降级、撤职、开除的行政处分。

第四十六条 单位负责人对依法履行职责、抵制违反本法规定行为的会计人员以降级、撤职、调离工作岗位、解聘或者开除等方式实行打击报复,构成犯罪的,依法追究刑事责任;尚不构成犯罪的,由其所在单位或者有关单位依法给予行政处分。对受打击报复的会计人员,应当恢复其名誉和原有职务、级别。

第四十七条 财政部门及有关行政部门的工作人员在实施监督管理中滥用职权、玩忽职守、徇私舞弊或者泄露国家秘密、商业秘密,构成犯罪的,依法追究刑事责任;尚不构成犯罪的,依法给予行政处分。

第四十八条 违反本法第三十条规定,将检举人姓名和检举材料转给被检举单位和被检举人个人的,由所在单位或者有关单位依法给予行政处分。

第四十九条 违反本法规定,同时违反其他法律规定的,由有关部门在各自职权范围内依法进行处罚。

第七章 附 则

第五十条 本法下列用语的含义:

单位负责人,是指单位法定代表人或者法律、行政法规规定代表单位行使职权的主要负责人。

国家统一的会计制度,是指国务院财政部门根据本法制定的关于会计核算、会计监督、会计机构和会计人员以及会计工作管理的制度。

第五十一条 个体工商户会计管理的具体办法,由国务院财政部门根据本法的原则另行规定。

第五十二条 本法自2000年7月1日起施行。

中华人民共和国海洋环境保护法

目　录

第一章　总则
第二章　海洋环境监督管理
第三章　海洋生态保护
第四章　防治陆源污染物对海洋环境的污染损害
第五章　防治海岸工程建设项目对海洋环境的污染损害
第六章　防治海洋工程建设项目对海洋环境的污染损害
第七章　防治倾倒废弃物对海洋环境的污染损害
第八章　防治船舶及有关作业活动对海洋环境的污染损害
第九章　法律责任
第十章　附则

第一章　总　　则

第一条　为了保护和改善海洋环境，保护海洋资源，防治污染损害，维护生态平衡，保障人体健康，促进经济和社会的可持续发展，制定本法。

第二条　本法适用于中华人民共和国内水、领海、毗连区、专属经济区、大陆架以及中华人民共和国管辖的其他海域。

在中华人民共和国管辖海域内从事航行、勘探、开发、生产、旅游、科学研究及其他活动，或者在沿海陆域内从事影响海洋环境活动的任何单位和个人，都必须遵守本法。

在中华人民共和国管辖海域以外，造成中华人民共和国管辖海域污染的，也适用本法。

第三条　国家在重点海洋生态功能区、生态环境敏感区和脆弱区等海域划定生态保护红线，实行严格保护。

国家建立并实施重点海域排污总量控制制度，确定主要污染物排海总量控制指标，并对主要污染源分配排放控制数量。具体办法由国务院制定。

第四条　一切单位和个人都有保护海洋环境的义务，并有权对污染损害海洋环境的单位和个人，以及海洋环境监督管理人员的违法失职行为进行监督和检举。

第五条　国务院环境保护行政主管部门作为对全国环境保护工作统一监督管理的部门，对全国海洋环境保护工作实施指导、协调和监督，并负责全国防治陆源污染物和海岸工程建设项目对海洋污染损害的环境保护工作。

国家海洋行政主管部门负责海洋环境的监督管理，组织海洋环境的调查、监测、监视、评价和科学研究，负责全国防治海洋工程建设项目和海洋倾倒废弃物对海洋污染损害的环境保护工作。

国家海事行政主管部门负责所辖港区水域内非军事船舶和港区水域外非渔业、非军事船舶污染海洋环境的监督管理,并负责污染事故的调查处理;对在中华人民共和国管辖海域航行、停泊和作业的外国籍船舶造成的污染事故登轮检查处理。船舶污染事故给渔业造成损害的,应当吸收渔业行政主管部门参与调查处理。

国家渔业行政主管部门负责渔港水域内非军事船舶和渔港水域外渔业船舶污染海洋环境的监督管理,负责保护渔业水域生态环境工作,并调查处理前款规定的污染事故以外的渔业污染事故。

军队环境保护部门负责军事船舶污染海洋环境的监督管理及污染事故的调查处理。

沿海县级以上地方人民政府行使海洋环境监督管理权的部门的职责,由省、自治区、直辖市人民政府根据本法及国务院有关规定确定。

第六条 环境保护行政主管部门、海洋行政主管部门和其他行使海洋环境监督管理权的部门,根据职责分工依法公开海洋环境相关信息;相关排污单位应当依法公开排污信息。

第二章 海洋环境监督管理

第七条 国家海洋行政主管部门会同国务院有关部门和沿海省、自治区、直辖市人民政府根据全国海洋主体功能区规划,拟定全国海洋功能区划,报国务院批准。

沿海地方各级人民政府应当根据全国和地方海洋功能区划,保护和科学合理地使用海域。

第八条 国家根据海洋功能区划制定全国海洋环境保护规划和重点海域区域性海洋环境保护规划。

毗邻重点海域的有关沿海省、自治区、直辖市人民政府及行使海洋环境监督管理权的部门,可以建立海洋环境保护区域合作组织,负责实施重点海域区域性海洋环境保护规划、海洋环境污染的防治和海洋生态保护工作。

第九条 跨区域的海洋环境保护工作,由有关沿海地方人民政府协商解决,或者由上级人民政府协调解决。

跨部门的重大海洋环境保护工作,由国务院环境保护行政主管部门协调;协调未能解决的,由国务院作出决定。

第十条 国家根据海洋环境质量状况和国家经济、技术条件,制定国家海洋环境质量标准。

沿海省、自治区、直辖市人民政府对国家海洋环境质量标准中未作规定的项目,可以制定地方海洋环境质量标准。

沿海地方各级人民政府根据国家和地方海洋环境质量标准的规定和本行政区近岸海域环境质量状况,确定海洋环境保护的目标和任务,并纳入人民政府工作计划,按相应的海洋环境质量标准实施管理。

第十一条 国家和地方水污染物排放标准的制定,应当将国家和地方海洋环境质量标准作为重要依据之一。在国家建立并实施排污总量控制制度的重点海域,水污染物排放标准的制定,还应当将主要污染物排海总量控制指标作为重要依据。

排污单位在执行国家和地方水污染物排放标准的同时,应当遵守分解落实到本单位的主要污染物排海总量控制指标。

对超过主要污染物排海总量控制指标的重点海域和未完成海洋环境保护目标、任务的海域,省级以上人民政府环境保护行政主管部门、海洋行政主管部门,根据职责分工暂停审批新增相应种类污染物排放总量的建设项目环境影响报告书(表)。

第十二条 直接向海洋排放污染物的单位和个人,必须按照国家规定缴纳排污费。依照法律规定缴纳环境保护税的,不再缴纳排污费。

向海洋倾倒废弃物,必须按照国家规定缴纳倾倒费。

根据本法规定征收的排污费、倾倒费,必须用于海洋环境污染的整治,不得挪作他用。具体办法由国务院规定。

第十三条 国家加强防治海洋环境污染损害的科学技术的研究和开发,对严重污染海洋环境的落后生产工艺和落后设备,实行淘汰制度。

企业应当优先使用清洁能源,采用资源利用率高、污染物排放量少的清洁生产工艺,防止对海洋环境的污染。

第十四条 国家海洋行政主管部门按照国家环境监测、监视规范和标准,管理全国海洋环境的调查、监测、监视,制定具体的实施办法,会同有关部门组织全国海洋环境监测、监视网络,定期评价海洋环境质量,发布海洋巡航监视通报。

依照本法规定行使海洋环境监督管理权的部门分别负责各自所辖水域的监测、监视。

其他有关部门根据全国海洋环境监测网的分工,分别负责对入海河口、主要排污口的监测。

第十五条 国务院有关部门应当向国务院环境保护行政主管部门提供编制全国环境质量公报所必需的海洋环境监测资料。

环境保护行政主管部门应当向有关部门提供与海洋环境监督管理有关的资料。

第十六条 国家海洋行政主管部门按照国家制定的环境监测、监视信息管理制度,负责管理海洋综合信息系统,为海洋环境保护监督管理提供服务。

第十七条 因发生事故或者其他突发性事件,造成或者可能造成海洋环境污染事故的单位和个人,必须立即采取有效措施,及时向可能受到危害者通报,并向依照本法规定行使海洋环境监督管理权的部门报告,接受调查处理。

沿海县级以上地方人民政府在本行政区域近岸海域的环境受到严重污染时,必须采取有效措施,解除或者减轻危害。

第十八条 国家根据防止海洋环境污染的需要,制定国家重大海上污染事故应急计划。

国家海洋行政主管部门负责制定全国海洋石油勘探开发重大海上溢油应急计划,报国务院环境保护行政主管部门备案。

国家海事行政主管部门负责制定全国船舶重大海上溢油污染事故应急计划,报国务院环境保护行政主管部门备案。

沿海可能发生重大海洋环境污染事故的单位,应当依照国家的规定,制定污染事故应急计划,并向当地环境保护行政主管部门、海洋行政主管部门备案。

沿海县级以上地方人民政府及其有关部门在发生重大海上污染事故时,必须按照应急计划解除或者减轻危害。

第十九条 依照本法规定行使海洋环境监督管理权的部门可以在海上实行联合执法,在巡航监视中发现海上污染事故或者违反本法规定的行为时,应当予以制止并调查取证,必要时有权采取有效措施,防止污染事态的扩大,并报告有关主管部门处理。

依照本法规定行使海洋环境监督管理权的部门,有权对管辖范围内排放污染物的单位和个人进行现场检查。被检查者应当如实反映情况,提供必要的资料。

检查机关应当为被检查者保守技术秘密和业务秘密。

第三章 海洋生态保护

第二十条 国务院和沿海地方各级人民政府应当采取有效措施,保护红树林、珊瑚礁、滨海湿地、海岛、海湾、入海河口、重要渔业水域等具有典型性、代表性的海洋生态系统,珍稀、濒危海洋生物的天然集中分布区,具有重要经济价值的海洋生物生存区域及有重大科学文化价值的海洋自然历史遗迹和自然景观。

对具有重要经济、社会价值的已遭到破坏的海洋生态,应当进行整治和恢复。

第二十一条 国务院有关部门和沿海省级人民政府应当根据保护海洋生态的需要,选划、建立海洋自然保护区。

国家级海洋自然保护区的建立,须经国务院批准。

第二十二条 凡具有下列条件之一的,应当建立海洋自然保护区:

(一)典型的海洋自然地理区域、有代表性的自然生态区域,以及遭受破坏但经保护能恢复的海洋自然生态区域;

(二)海洋生物物种高度丰富的区域,或者珍稀、濒危海洋生物物种的天然集中分布区域;

(三)具有特殊保护价值的海域、海岸、岛屿、滨海湿地、入海河口和海湾等;

(四)具有重大科学文化价值的海洋自然遗迹所在区域;

(五)其他需要予以特殊保护的区域。

第二十三条 凡具有特殊地理条件、生态系统、生物与非生物资源及海洋开发利用特殊需要的区域,可以建立海洋特别保护区,采取有效的保护措施和科学的开发方式进行特殊管理。

第二十四条 国家建立健全海洋生态保护补偿制度。

开发利用海洋资源,应当根据海洋功能区划合理布局,严格遵守生态保护红线,不得造成海洋生态环境破坏。

第二十五条 引进海洋动植物物种,应当进行科学论证,避免对海洋生态系统造成危害。

第二十六条 开发海岛及周围海域的资源,应当采取严格的生态保护措施,不得造成海岛地形、岸滩、植被以及海岛周围海域生态环境的破坏。

第二十七条 沿海地方各级人民政府应当结合当地自然环境的特点,建设海岸防护设施、沿海防护林、沿海城镇园林和绿地,对海岸侵蚀和海水入侵地区进行综合治理。

禁止毁坏海岸防护设施、沿海防护林、沿海城镇园林和绿地。

第二十八条 国家鼓励发展生态渔业建设,推广多种生态渔业生产方式,改善海洋生态状况。

新建、改建、扩建海水养殖场,应当进行环境影响评价。

海水养殖应当科学确定养殖密度,并应当合理投饵、施肥,正确使用药物,防止造成海洋环境的污染。

第四章 防治陆源污染物对海洋环境的污染损害

第二十九条 向海域排放陆源污染物,必须严格执行国家或者地方规定的标准和有关规定。

第三十条 入海排污口位置的选择,应当根据海洋功能区划、海水动力条件和有关规定,经科学论证后,报设区的市级以上人民政府环境保护行政主管部门备案。

环境保护行政主管部门应当在完成备案后十五个工作日内将入海排污口设置情况通报海洋、海事、渔业行政主管部门和军队环境保护部门。

在海洋自然保护区、重要渔业水域、海滨风景名胜区和其他需要特别保护的区域,不得新建排污口。

在有条件的地区,应当将排污口深海设置,实行离岸排放。设置陆源污染物深海离岸排放排污口,应当根据海洋功能区划、海水动力条件和海底工程设施的有关情况确定,具体办法由国务院规定。

第三十一条 省、自治区、直辖市人民政府环境保护行政主管部门和水行政主管部门应当按照水污染防治有关法律的规定,加强入海河流管理,防治污染,使入海河口的水质处于良好状态。

第三十二条 排放陆源污染物的单位,必须向环境保护行政主管部门申报拥有的陆源污染物排放设施、处理设施和在正常作业条件下排放陆源污染物的种类、数量和浓度,并提供防治海洋环境污染方面的有关技术和资料。

排放陆源污染物的种类、数量和浓度有重大改变的,必须及时申报。

第三十三条 禁止向海域排放油类、酸液、碱液、剧毒废液和高、中水平放射性废水。

严格限制向海域排放低水平放射性废水;确需排放的,必须严格执行国家辐射防护规定。

严格控制向海域排放含有不易降解的有机物和重金属的废水。

第三十四条 含病原体的医疗污水、生活污水和工业废水必须经过处理,符合国家有关排放标准后,方能排入海域。

第三十五条 含有机物和营养物质的工业废水、生活污水,应当严格控制向海湾、半封闭海及其他自净能力较差的海域排放。

第三十六条 向海域排放含热废水,必须采取有效措施,保证邻近渔业水域的水温符合国家海洋环境质量标准,避免热污染对水产资源的危害。

第三十七条 沿海农田、林场施用化学农药,必须执行国家农药安全使用的规定和标准。

沿海农田、林场应当合理使用化肥和植物生长调节剂。

第三十八条 在岸滩弃置、堆放和处理尾矿、矿渣、煤灰渣、垃圾和其他固体废物的,依照《中华人民共和国固体废物污染环境防治法》的有关规定执行。

第三十九条 禁止经中华人民共和国内水、领海转移危险废物。

经中华人民共和国管辖的其他海域转移危险废物的,必须事先取得国务院环境保护行政主管部门的书面同意。

第四十条 沿海城市人民政府应当建设和完善城市排水管网,有计划地建设城市污水处理厂或者其他污水集中处理设施,加强城市污水的综合整治。

建设污水海洋处置工程,必须符合国家有关规定。

第四十一条 国家采取必要措施,防止、减少和控制来自大气层或者通过大气层造成的海洋环境污染损害。

第五章 防治海岸工程建设项目对海洋环境的污染损害

第四十二条 新建、改建、扩建海岸工程建设项目,必须遵守国家有关建设项目环境保护管理的规定,并把防治污染所需资金纳入建设项目投资计划。

在依法划定的海洋自然保护区、海滨风景名胜区、重要渔业水域及其他需要特别保护的区域,不得从事污染环境、破坏景观的海岸工程项目建设或者其他活动。

第四十三条 海岸工程建设项目单位,必须对海洋环境进行科学调查,根据自然条件和社会条件,合理选址,编制环境影响报告书(表)。在建设项目开工前,将环境影响报告书(表)报环境保护行政主管部门审查批准。

环境保护行政主管部门在批准环境影响报告书(表)之前,必须征求海洋、海事、渔业行政主管部门和军队环境保护部门的意见。

第四十四条 海岸工程建设项目的环境保护设施,必须与主体工程同时设计、同时施工、同时投产使用。环境保护设施应当符合经批准的环境影响评价报告书(表)的要求。

第四十五条 禁止在沿海陆域内新建不具备有效治理措施的化学制浆造纸、化工、印染、制革、电镀、酿造、炼油、岸边冲滩拆船以及其他严重污染海洋环境的工业生产项目。

第四十六条 兴建海岸工程建设项目,必须采取有效措施,保护国家和地方重点保护的野生动植物及其生存环境和海洋水产资源。

严格限制在海岸采挖砂石。露天开采海滨砂矿和从岸上打井开采海底矿产资源,必须采取有效措施,防止污染海洋环境。

第六章 防治海洋工程建设项目对海洋环境的污染损害

第四十七条 海洋工程建设项目必须符合全国海洋主体功能区规划、海洋功能区划、海洋环境保护规划和国家有关环境保护标准。海洋工程建设项目单位应当对海洋环境进行科学调查,编制海洋环境影响报告书(表),并在建设项目开工前,报海洋行政主管部门审查批准。

海洋行政主管部门在批准海洋环境影响报告书(表)之前,必须征求海事、渔业行政主管部门和军队环境保护部门的意见。

第四十八条 海洋工程建设项目的环境保护设施,必须与主体工程同时设计、同时施工、同时投产使用。环境保护设施未经海洋行政主管部门验收,或者经验收不合格的,建设项目不得投入生产或者使用。

拆除或者闲置环境保护设施,必须事先征得海洋行政主管部门的同意。

第四十九条 海洋工程建设项目,不得使用含超标准放射性物质或者易溶出有毒有害物质的材料。

第五十条 海洋工程建设项目需要爆破作业时,必须采取有效措施,保护海洋资源。

海洋石油勘探开发及输油过程中,必须采取有效措施,避免溢油事故的发生。

第五十一条 海洋石油钻井船、钻井平台和采油平台的含油污水和油性混合物,必须经过处理达标后排放;残油、废油必须予以回收,不得排放入海。经回收处理后排放的,其含油量不得超过国家规定的标准。

钻井所使用的油基泥浆和其他有毒复合泥浆不得排放入海。水基泥浆和无毒复合泥浆及钻屑的排放,必须符合国家有关规定。

第五十二条 海洋石油钻井船、钻井平台和采油平台及其有关海上设施,不得向海域处置含油的工业垃圾。处置其他工业垃圾,不得造成海洋环境污染。

第五十三条 海上试油时,应当确保油气充分燃烧,油和油性混合物不得排放入海。

第五十四条 勘探开发海洋石油,必须按有关规定编制溢油应急计划,报国家海洋行政主管部门的海区派出机构备案。

第七章 防治倾倒废弃物对海洋环境的污染损害

第五十五条 任何单位未经国家海洋行政主管部门批准,不得向中华人民共和国管辖海域倾倒任何废弃物。

需要倾倒废弃物的单位,必须向国家海洋行政主管部门提出书面申请,经国家海洋行政主管部门审查批准,发给许可证后,方可倾倒。

禁止中华人民共和国境外的废弃物在中华人民共和国管辖海域倾倒。

第五十六条 国家海洋行政主管部门根据废弃物的毒性、有毒物质含量和对海洋环境影响程度,制定海洋倾倒废弃物评价程序和标准。

向海洋倾倒废弃物,应当按照废弃物的类别和数量实行分级管理。

可以向海洋倾倒的废弃物名录,由国家海洋行政主管部门拟定,经国务院环境保护行政主管部门提出审核意见后,报国务院批准。

第五十七条 国家海洋行政主管部门按照科学、合理、经济、安全的原则选划海洋倾倒区,经国务院环境保护行政主管部门提出审核意见后,报国务院批准。

临时性海洋倾倒区由国家海洋行政主管部门批准,并报国务院环境保护行政主管部门备案。

国家海洋行政主管部门在选划海洋倾倒区和批准临时性海洋倾倒区之前,必须征求国家海事、渔业行政主管部门的意见。

第五十八条 国家海洋行政主管部门监督管理倾倒区的使用,组织倾倒区的环境监测。对经确认不宜继续使用的倾倒区,国家海洋行政主管部门应当予以封闭,终止在该倾倒区的一切倾倒活动,并报国务院备案。

第五十九条 获准倾倒废弃物的单位,必须按照许可证注明的期限及条件,到指定的区域进行倾倒。废弃物装载之后,批准部门应当予以核实。

第六十条 获准倾倒废弃物的单位,应当详细记录倾倒的情况,并在倾倒后向批准部门作出书面报告。倾倒废弃物的船舶必须向驶出港的海事行政主管部门作出书面报告。

第六十一条 禁止在海上焚烧废弃物。

禁止在海上处置放射性废弃物或者其他放射性物质。废弃物中的放射性物质的豁免浓度由国务院制定。

第八章 防治船舶及有关作业活动对海洋环境的污染损害

第六十二条 在中华人民共和国管辖海域,任何船舶及相关作业不得违反本法规定向海洋排放污染物、废弃物和压载水、船舶垃圾及其他有害物质。

从事船舶污染物、废弃物、船舶垃圾接收、船舶清舱、洗舱作业活动的,必须具备相应的接收处理能力。

第六十三条 船舶必须按照有关规定持有防止海洋环境污染的证书与文书,在进行涉及污染物排放及操作时,应当如实记录。

第六十四条 船舶必须配置相应的防污设备和器材。

载运具有污染危害性货物的船舶,其结构与设备应当能够防止或者减轻所载货物对海洋环境的污染。

第六十五条 船舶应当遵守海上交通安全法律、法规的规定,防止因碰撞、触礁、搁浅、火灾或者爆炸等引起的海难事故,造成海洋环境的污染。

第六十六条 国家完善并实施船舶油污损害民事赔偿责任制度;按照船舶油污损害赔偿责任由船东和货主共同承担风险的原则,建立船舶油污保险、油污损害赔偿基金制度。

实施船舶油污保险、油污损害赔偿基金制度的具体办法由国务院规定。

第六十七条 载运具有污染危害性货物进出港口的船舶,其承运人、货物所有人或者代理人,必须事先向海事行政主管部门申报。经批准后,方可进出港口、过境停留或者装卸作业。

第六十八条 交付船舶装运污染危害性货物的单证、包装、标志、数量限制等,必须符合对所装货物的有关规定。

需要船舶装运污染危害性不明的货物,应当按照有关规定事先进行评估。

装卸油类及有毒有害货物的作业,船岸双方必须遵守安全防污操作规程。

第六十九条 港口、码头、装卸站和船舶修造厂必须按照有关规定备有足够的用于处理船舶污染物、废弃物的接收设施,并使该设施处于良好状态。

装卸油类的港口、码头、装卸站和船舶必须编制溢油污染应急计划,并配备相应的溢油污染应急设备和器材。

第七十条 船舶及有关作业活动应当遵守有关法律法规和标准,采取有效措施,防止造成海洋环境污染。海事行政主管部门等有关部门应当加强对船舶及有关作业活动的监督管理。

船舶进行散装液体污染危害性货物的过驳作业,应当事先按照有关规定报经海事行政主管部门批准。

第七十一条 船舶发生海难事故,造成或者可能造成海洋环境重大污染损害的,国家海事行政主管部门有权强制采取避免或者减少污染损害的措施。

对在公海上因发生海难事故,造成中华人民共和国管辖海域重大污染损害后果或者具有污染威胁的船舶、海上设施,国家海事行政主管部门有权采取与实际的或者可能发生的损害相称的必要措施。

第七十二条 所有船舶均有监视海上污染的义务,在发现海上污染事故或者违反本法规定的行为时,必须立即向就近的依照本法规定行使海洋环境监督管理权的部门报告。

民用航空器发现海上排污或者污染事件,必须及时向就近的民用航空空中交通管制单位报告。接到报告的单位,应当立即向依照本法规定行使海洋环境监督管理权的部门通报。

第九章 法律责任

第七十三条 违反本法有关规定,有下列行为之一的,由依照本法规定行使海洋环境监督管理权的部门责令停止违法行为、限期改正或者责令采取限制生产、停产整治等措施,并处以罚款;拒不改正的,依法作出处罚决定的部门可以自责令改正之日的次日起,按照原罚款数额按日连续处罚;情节严重的,报经有批准权的人民政府批准,责令停业、关闭:

(一)向海域排放本法禁止排放的污染物或者其他物质的;

(二)不按照本法规定向海洋排放污染物,或者超过标准、总量控制指标排放污染物的;

(三)未取得海洋倾倒许可证,向海洋倾倒废弃物的;

(四)因发生事故或者其他突发性事件,造成海洋环境污染事故,不立即采取处理措施的。

有前款第(一)、(三)项行为之一的,处三万元以上二十万元以下的罚款;有前款第(二)、(四)项行为之一的,处二万元以上十万元以下的罚款。

第七十四条 违反本法有关规定,有下列行为之一的,由依照本法规定行使海洋环境监督管理权的部门予以警告,或者处以罚款:

(一)不按照规定申报,甚至拒报污染物排放有关事项,或者在申报时弄虚作假的;

(二)发生事故或者其他突发性事件不按照规定报告的;

(三)不按照规定记录倾倒情况,或者不按照规定提交倾倒报告的;

(四)拒报或者谎报船舶载运污染危害性货物申报事项的。

有前款第(一)、(三)项行为之一的,处二万元以下的罚款;有前款第(二)、(四)项行为之一的,处五万元以下的罚款。

第七十五条 违反本法第十九条第二款的规定,拒绝现场检查,或者在被检查时弄虚作假的,由依照本法规定行使海洋环境监督管理权的部门予以警告,并处二万元以下的罚款。

第七十六条 违反本法规定,造成珊瑚礁、红树林等海洋生态系统及海洋水产资源、海洋保护区破坏的,由依照本法规定行使海洋环境监督管理权的部门责令限期改正和采取补救措施,并处一万元以上十万元以下的罚款;有违法所得的,没收其违法所得。

第七十七条 违反本法第三十条第一款、第三款规定设置入海排污口的,由县级以上地方人民政府环境保护行政主管部门责令其关闭,并处二万元以上十万元以下的罚款。

海洋、海事、渔业行政主管部门和军队环境保护部门发现入海排污口设置违反本法第三十条第一款、第三款规定的,应当通报环境保护行政主管部门依照前款规定予以处罚。

第七十八条 违反本法第三十九条第二款的规定,经中华人民共和国管辖海域,转移危险废物的,由国家海事行政主管部门责令非法运输该危险废物的船舶退出中华人民共和国管辖海域,并处五万元以上五十万元以下的罚款。

第七十九条 海岸工程建设项目未依法进行环境影响评价的,依照《中华人民共和国环境影响评价法》的规定处理。

第八十条 违反本法第四十四条的规定,海岸工程建设项目未建成环境保护设施,或者环境保护设施未达到规定要求即投入生产、使用的,由环境保护行政主管部门责令其停止生产或者使用,并处二万元以上十万元以下的罚款。

第八十一条 违反本法第四十五条的规定,新建严重污染海洋环境的工业生产建设项目的,按照管理权限,由县级以上人民政府责令关闭。

第八十二条 违反本法第四十七条第一款的规定,进行海洋工程建设项目的,由海洋行政主管部门责令其停止施工,根据违法情节和危害后果,处建设项目总投资额百分之一以上百分之五以下的罚款,并可以责令恢复原状。

违反本法第四十八条的规定,海洋工程建设项目未建成环境保护设施、环境保护设施未达到规定要求即投入生产、使用的,由海洋行政主管部门责令其停止生产、使用,并处五万元以上二十万元以下的罚款。

第八十三条 违反本法第四十九条的规定,使用含超标准放射性物质或者易溶出有毒有害物质材料的,由海洋行政主管部门处五万元以下的罚款,并责令其停止该建设项目的运行,直到消除污染危害。

第八十四条 违反本法规定进行海洋石油勘探开发活动,造成海洋环境污染的,由国家海洋行政主管部门予以警告,并处二万元以上二十万元以下的罚款。

第八十五条 违反本法规定,不按照许可证的规定倾倒,或者向已经封闭的倾倒区倾倒废弃物的,由海洋行政主管部门予以警告,并处三万元以上二十万元以下的罚款;对情节严重的,可以暂扣或者吊销许可证。

第八十六条 违反本法第五十五条第三款的规定,将中华人民共和国境外废弃物运进中华人民共和国管辖海域倾倒的,由国家海洋行政主管部门予以警告,并根据造成或者可能造成的危害后果,处十万元以上一百万元以下的罚款。

第八十七条 违反本法规定,有下列行为之一的,由依照本法规定行使海洋环境监督管理权的部门予以警告,或者处以罚款:

(一)港口、码头、装卸站及船舶未配备防污设施、器材的;

(二)船舶未持有防污证书、防污文书,或者不按照规定记载排污记录的;

(三)从事水上和港区水域拆船、旧船改装、打捞和其他水上、水下施工作业,造成海洋环境污染损害的;

(四)船舶载运的货物不具备防污适运条件的。

有前款第(一)、(四)项行为之一的,处二万元以上十万元以下的罚款;有前款第(二)项行为的,处二万元以下的罚款;有前款第(三)项行为的,处五万元以上二十万元以下的罚款。

第八十八条 违反本法规定,船舶、石油平台和装卸油类的港口、码头、装卸站不编制溢油应急计划的,由依照本法规定行使海洋环境监督管理权的部门予以警告,或者责令限期改正。

第八十九条 造成海洋环境污染损害的责任者,应当排除危害,并赔偿损失;完全由于第三者的故意或者过失,造成海洋环境污染损害的,由第三者排除危害,并承担赔偿责任。

对破坏海洋生态、海洋水产资源、海洋保护区,给国家造成重大损失的,由依照本法规定行使海洋环境监督管理权的部门代表国家对责任者提出损害赔偿要求。

第九十条 对违反本法规定,造成海洋环境污染事故的单位,除依法承担赔偿责任外,由依照本法规定行使海洋环境监督管理权的部门依照本条第二款的规定处以罚款;对直接负责的主管人员和其他直接责任人员可以处上一年度从本单位取得收入百分之五十以下的罚款;直接负责的主管人员和其他直接责任人员属于国家工作人员的,依法给予处分。

对造成一般或者较大海洋环境污染事故的,按照直接损失的百分之二十计算罚款;对造成重大或者特大海洋环境污染事故的,按照直接损失的百分之三十计算罚款。

对严重污染海洋环境、破坏海洋生态,构成犯罪的,依法追究刑事责任。

第九十一条 完全属于下列情形之一,经过及时采取合理措施,仍然不能避免对海洋环境造成污染损害的,造成污染损害的有关责任者免予承担责任:

(一)战争;

(二)不可抗拒的自然灾害;

(三)负责灯塔或者其他助航设备的主管部门,在执行职责时的疏忽,或者其他过失行为。

第九十二条 对违反本法第十二条有关缴纳排污费、倾倒费规定的行政处罚,由国务院规定。

第九十三条 海洋环境监督管理人员滥用职权、玩忽职守、徇私舞弊,造成海洋环境污染损害的,依法给予行政处分;构成犯罪的,依法追究刑事责任。

第十章 附 则

第九十四条 本法中下列用语的含义是:

(一)海洋环境污染损害,是指直接或者间接地把物质或者能量引入海洋环境,产生损害海洋生物资源、危害人体健康、妨害渔业和海上其他合法活动、损害海水使用素质和减损环境质量等有害影响。

(二)内水,是指我国领海基线向内陆一侧的所有海域。

(三)滨海湿地,是指低潮时水深浅于六米的水域及其沿岸浸湿地带,包括水深不超过六米的永久性水域、潮间带(或洪泛地带)和沿海低地等。

(四)海洋功能区划,是指依据海洋自然属性和社会属性,以及自然资源和环境特定条件,界定海洋利用的主导功能和使用范畴。

(五)渔业水域,是指鱼虾类的产卵场、索饵场、越冬场、洄游通道和鱼虾贝藻类的养殖场。

(六)油类,是指任何类型的油及其炼制品。

(七)油性混合物,是指任何含有油份的混合物。

(八)排放,是指把污染物排入海洋的行为,包括泵出、溢出、泄出、喷出和倒出。

(九)陆地污染源(简称陆源),是指从陆地向海域排放污染物,造成或者可能造成海洋环境污染的场所、设施等。

(十)陆源污染物,是指由陆地污染源排放的污染物。

(十一)倾倒,是指通过船舶、航空器、平台或者其他载运工具,向海洋处置废弃物和其他有害物质的行为,包括弃置船舶、航空器、平台及其辅助设施和其他浮动工具的行为。

(十二)沿海陆域,是指与海岸相连,或者通过管道、沟渠、设施,直接或者间接向海洋排放污染物及其相关活动的一带区域。

(十三)海上焚烧,是指以热摧毁为目的,在海上焚烧设施上,故意焚烧废弃物或者其他物质的行为,但船舶、平台或者其他人工构造物正常操作中,所附带发生的行为除外。

第九十五条 涉及海洋环境监督管理的有关部门的具体职权划分,本法未作规定的,由国务院规定。

第九十六条 中华人民共和国缔结或者参加的与海洋环境保护有关的国际条约与本法有不同规定的,适用国际条约的规定;但是,中华人民共和国声明保留的条款除外。

第九十七条 本法自2000年4月1日起施行。

中华人民共和国文物保护法

目 录

第一章 总则
第二章 不可移动文物
第三章 考古发掘
第四章 馆藏文物
第五章 民间收藏文物
第六章 文物出境进境
第七章 法律责任
第八章 附则

第一章 总 则

第一条 为了加强对文物的保护,继承中华民族优秀的历史文化遗产,促进科学研究工作,进行爱国主义和革命传统教育,建设社会主义精神文明和物质文明,根据宪法,制定本法。

第二条 在中华人民共和国境内,下列文物受国家保护:

(一)具有历史、艺术、科学价值的古文化遗址、古墓葬、古建筑、石窟寺和石刻、壁画;

(二)与重大历史事件、革命运动或者著名人物有关的以及具有重要纪念意义、教育意义或者史料价值的近代现代重要史迹、实物、代表性建筑;

(三)历史上各时代珍贵的艺术品、工艺美术品;

(四)历史上各时代重要的文献资料以及具有历史、艺术、科学价值的手稿和图书资料等;

(五)反映历史上各时代、各民族社会制度、社会生产、社会生活的代表性实物。

文物认定的标准和办法由国务院文物行政部门制定,并报国务院批准。

具有科学价值的古脊椎动物化石和古人类化石同文物一样受国家保护。

第三条 古文化遗址、古墓葬、古建筑、石窟寺、石刻、壁画、近代现代重要史迹和代表性建筑等不可移动文物,根据它们的历史、艺术、科学价值,可以分别确定为全国重点文物保护单位,省级文物保护单位,市、县级文物保护单位。

历史上各时代重要实物、艺术品、文献、手稿、图书资料、代表性实物等可移动文物,分为珍贵文物和一般文物;珍贵文物分为一级文物、二级文物、三级文物。

第四条 文物工作贯彻保护为主、抢救第一、合理利用、加强管理的方针。

第五条 中华人民共和国境内地下、内水和领海中遗存的一切文物,属于国家所有。

古文化遗址、古墓葬、石窟寺属于国家所有。国家指定保护的纪念建筑物、古建筑、石刻、壁画、近代现代代表性建筑等不可移动文物,除国家另有规定的以外,属于国家所有。

国有不可移动文物的所有权不因其所依附的土地所有权或者使用权的改变而改变。

下列可移动文物,属于国家所有:

(一)中国境内出土的文物,国家另有规定的除外;

(二)国有文物收藏单位以及其他国家机关、部队和国有企业、事业组织等收藏、保管的文物;

(三)国家征集、购买的文物;

(四)公民、法人和其他组织捐赠给国家的文物;

(五)法律规定属于国家所有的其他文物。

属于国家所有的可移动文物的所有权不因其保管、收藏单位的终止或者变更而改变。

国有文物所有权受法律保护,不容侵犯。

第六条 属于集体所有和私人所有的纪念建筑物、古建筑和祖传文物以及依法取得的其他文物,其所有权受法律保护。文物的所有者必须遵守国家有关文物保护的法律、法规的规定。

第七条 一切机关、组织和个人都有依法保护文物的义务。

第八条 国务院文物行政部门主管全国文物保护工作。

地方各级人民政府负责本行政区域内的文物保护工作。县级以上地方人民政府承担文物保护工作的部门对本行政区域内的文物保护实施监督管理。

县级以上人民政府有关行政部门在各自的职责范围内,负责有关的文物保护工作。

第九条 各级人民政府应当重视文物保护,正确处理经济建设、社会发展与文物保护的关系,确保文物安全。

基本建设、旅游发展必须遵守文物保护工作的方针,其活动不得对文物造成损害。

公安机关、工商行政管理部门、海关、城乡建设规划部门和其他有关国家机关,应当依法认真履行所承担的保护文物的职责,维护文物管理秩序。

第十条 国家发展文物保护事业。县级以上人民政府应当将文物保护事业纳入本级国民经济和社会发展规划,所需经费列入本级财政预算。

国家用于文物保护的财政拨款随着财政收入增长而增加。

国有博物馆、纪念馆、文物保护单位等的事业性收入,专门用于文物保护,任何单位或者个人不得侵占、挪用。

国家鼓励通过捐赠等方式设立文物保护社会基金,专门用于文物保护,任何单位或者个人不得侵占、挪用。

第十一条 文物是不可再生的文化资源。国家加强文物保护的宣传教育,增强全民文物保护的意识,鼓励文物保护的科学研究,提高文物保护的科学技术水平。

第十二条 有下列事迹的单位或者个人,由国家给予精神鼓励或者物质奖励:

(一)认真执行文物保护法律、法规,保护文物成绩显著的;

(二)为保护文物与违法犯罪行为作坚决斗争的;

(三)将个人收藏的重要文物捐献给国家或者为文物保护事业作出捐赠的;

(四)发现文物及时上报或者上交,使文物得到保护的;

(五)在考古发掘工作中作出重大贡献的;

(六)在文物保护科学技术方面有重要发明创造或者其他重要贡献的;

(七)在文物面临破坏危险时,抢救文物有功的;

(八)长期从事文物工作,作出显著成绩的。

第二章 不可移动文物

第十三条 国务院文物行政部门在省级、市、县级文物保护单位中,选择具有重大历史、艺术、科学价值的确定为全国重点文物保护单位,或者直接确定为全国重点文物保护单位,报国务院核定公布。

省级文物保护单位,由省、自治区、直辖市人民政府核定公布,并报国务院备案。

市级和县级文物保护单位,分别由设区的市、自治州和县级人民政府核定公布,并报省、自治区、直辖市人民政府备案。

尚未核定公布为文物保护单位的不可移动文物,由县级人民政府文物行政部门予以登记并公布。

第十四条 保存文物特别丰富并且具有重大历史价值或者革命纪念意义的城市,由国务院核定公布为历史文化名城。

保存文物特别丰富并且具有重大历史价值或者革命纪念意义的城镇、街道、村庄,由省、自治区、直辖市人民政府核定公布为历史文化街区、村镇,并报国务院备案。

历史文化名城和历史文化街区、村镇所在地的县级以上地方人民政府应当组织编制专门的历史文化名城和历史文化街区、村镇保护规划,并纳入城市总体规划。

历史文化名城和历史文化街区、村镇的保护办法,由国务院制定。

第十五条 各级文物保护单位,分别由省、自治区、直辖市人民政府和市、县级人民政府划定必要的保护范围,作出标志说明,建立记录档案,并区别情况分别设置专门机构或者专人负责管理。全国重点文物保护单位的保护范围和记录档案,由省、自治区、直辖市人民政府文物行政部门报国务院文物行政部门备案。

县级以上地方人民政府文物行政部门应当根据不同文物的保护需要,制定文物保护单位和未核定为文物保护单位的不可移动文物的具体保护措施,并公告施行。

第十六条 各级人民政府制定城乡建设规划,应当根据文物保护的需要,事先由城乡建设规划部门会同文物行政部门商定对本行政区域内各级文物保护单位的保护措施,并纳入规划。

第十七条 文物保护单位的保护范围内不得进行其他建设工程或者爆破、钻探、挖掘等作业。但是,因特殊情况需要在文物保护单位的保护范围内进行其他建设工程或者爆破、钻探、挖掘等作业的,必须保证文物保护单位的安全,并经核定公布该文物保护单位的人民政府批准,在批准前应当征得上一级人民政府文物行政部门同意;在全国重点文物保护单位的保护范围内进行其他建设工程或者爆破、钻探、挖掘等作业的,必须经省、自治区、直辖市人民政府批准,在批准前应当征得国务院文物行政部门同意。

第十八条 根据保护文物的实际需要,经省、自治区、直辖市人民政府批准,可以在文物保护单位的周围划出一定的建设控制地带,并予以公布。

在文物保护单位的建设控制地带内进行建设工程,不得破坏文物保护单位的历史风貌;工程设计方案应当根据文物保护单位的级别,经相应的文物行政部门同意后,报城乡建设规划部门批准。

第十九条 在文物保护单位的保护范围和建设控制地带内,不得建设污染文物保护单位及其环境的设施,不得进行可能影响文物保护单位安全及其环境的活动。对已有的污染文物保护单位及其环境的设施,应当限期治理。

第二十条 建设工程选址,应当尽可能避开不可移动文物;因特殊情况不能避开的,对文物保护单位应当尽可能实施原址保护。

实施原址保护的,建设单位应当事先确定保护措施,根据文物保护单位的级别报相应的文物行政部门批准;未经批准的,不得开工建设。

无法实施原址保护,必须迁移异地保护或者拆除的,应当报省、自治区、直辖市人民政府批准;迁移或者拆除省级文物保护单位的,批准前须征得国务院文物行政部门同意。全国重点文物保护单位不得拆除;需要迁移的,须由省、自治区、直辖市人民政府报国务院批准。

依照前款规定拆除的国有不可移动文物中具有收藏价值的壁画、雕塑、建筑构件等,由文物行政部门指定的文物收藏单位收藏。

本条规定的原址保护、迁移、拆除所需费用,由建设单位列入建设工程预算。

第二十一条 国有不可移动文物由使用人负责修缮、保养;非国有不可移动文物由所有人负责修缮、保养。非国有不可移动文物有损毁危险,所有人不具备修缮能力的,当地人民政府应当给予帮助;所有人具备修缮能力而拒不依法履行修缮义务的,县级以上人民政府可以给予抢救修缮,所需费用由所有人负担。

对文物保护单位进行修缮,应当根据文物保护单位的级别报相应的文物行政部门批准;对未核定为文物保护单位的不可移动文物进行修缮,应当报登记的县级人民政府文物行政部门批准。

文物保护单位的修缮、迁移、重建,由取得文物保护工程资质证书的单位承担。

对不可移动文物进行修缮、保养、迁移,必须遵守不改变文物原状的原则。

第二十二条 不可移动文物已经全部毁坏的,应当实施遗址保护,不得在原址重建。但是,因特殊情况需要在原址重建的,由省、自治区、直辖市人民政府文物行政部门报省、自治区、直辖市人民政府批准;全国重点文物保护单位需要在原址重建的,由省、自治区、直辖市人民政府报国务院批准。

第二十三条 核定为文物保护单位的属于国家所有的纪念建筑物或者古建筑,除可以建立博物馆、保管所或者辟为参观游览场所外,作其他用途的,市、县级文物保护单位应当经核定公布该文物保护单位的人民政府文物行政部门征得上一级文物行政部门同意后,报核定公布该文物保护单位的人民政府批准;省级文物保护单位应当经核定公布该文物保护单位的省级人民政府的文物行政部门审核同意后,报该省级人民政府批准;全国重点文物保护单位作其他用途的,应当由省、自治区、直辖市人民政府报国务院批准。国有未核定为文物保护单位的不可移动文物作其他用途的,应当报告县级人民政府文物行政部门。

第二十四条 国有不可移动文物不得转让、抵押。建立博物馆、保管所或者辟为参观游览场所的国有文物保护单位,不得作为企业资产经营。

第二十五条 非国有不可移动文物不得转让、抵押给外国人。

非国有不可移动文物转让、抵押或者改变用途的,应当根据其级别报相应的文物行政部门备案。

第二十六条 使用不可移动文物,必须遵守不改变文物原状的原则,负责保护建筑物及其附属文物的安全,不得损毁、改建、添建或者拆除不可移动文物。

对危害文物保护单位安全、破坏文物保护单位历史风貌的建筑物、构筑物,当地人民政府应当及时调查处理,必要时,对该建筑物、构筑物予以拆迁。

第三章 考古发掘

第二十七条 一切考古发掘工作,必须履行报批手续;从事考古发掘的单位,应当经国务院文物行政部门批准。

地下埋藏的文物,任何单位或者个人都不得私自发掘。

第二十八条 从事考古发掘的单位,为了科学研究进行考古发掘,应当提出发掘计划,报国务院文物行政部门批准;对全国重点文物保护单位的考古发掘计划,应当经国务院文物行政部门审核后报国务院批准。国务院文物行政部门在批准或者审核前,应当征求社会科学研究机构及其他科研机构和有关专家的意见。

第二十九条 进行大型基本建设工程,建设单位应当事先报请省、自治区、直辖市人民政府文物行政部门组织从事考古发掘的单位在工程范围内有可能埋藏文物的地方进行考古调查、勘探。

考古调查、勘探中发现文物的,由省、自治区、直辖市人民政府文物行政部门根据文物保护的要求会同建设单位共同商定保护措施;遇有重要发现的,由省、自治区、直辖市人民政府文物行政部门及时报国务院文物行政部门处理。

第三十条 需要配合建设工程进行的考古发掘工作,应当由省、自治区、直辖市文物行政部门在勘探工作的基础上提出发掘计划,报国务院文物行政部门批准。国务院文物行政部门在批准前,应当征求社会科学研究机构及其他科研机构和有关专家的意见。

确因建设工期紧迫或者有自然破坏危险,对古文化遗址、古墓葬急需进行抢救发掘的,由省、自治区、直辖市人民政府文物行政部门组织发掘,并同时补办审批手续。

第三十一条 凡因进行基本建设和生产建设需要的考古调查、勘探、发掘,所需费用由建设单位列入建设工程预算。

第三十二条 在进行建设工程或者在农业生产中,任何单位或者个人发现文物,应当保护现场,立即报告当地文物行政部门,文物行政部门接到报告后,如无特殊情况,应当在二十四小时内赶赴现场,并在七日内提出处理意见。文物行政部门可以报请当地人民政府通知公安机关协助保护现场;发现重要文物的,应当立即上报国务院文物行政部门,国务院文物行政部门应当在接到报告后十五日内提出处理意见。

依照前款规定发现的文物属于国家所有,任何单位或者个人不得哄抢、私分、藏匿。

第三十三条 非经国务院文物行政部门报国务院特别许可,任何外国人或者外国团体不得在中华人民共和国境内进行考古调查、勘探、发掘。

第三十四条 考古调查、勘探、发掘的结果,应当报告国务院文物行政部门和省、自治区、直辖市人民政府文物行政部门。

考古发掘的文物,应当登记造册,妥善保管,按照国家有关规定移交给由省、自治区、直辖市人民政府文物行政部门或者国务院文物行政部门指定的国有博物馆、图书馆或者其他国有收藏文物的单位收藏。经省、自治区、直辖市人民政府文物行政部门批准,从事考古发掘的单位可以保留少量出土文物作为科研标本。

考古发掘的文物,任何单位或者个人不得侵占。

第三十五条 根据保证文物安全、进行科学研究和充分发挥文物作用的需要,省、自治区、直辖市人民政府文物行政部门经本级人民政府批准,可以调用本行政区域内的出土文物;国务院文物行政部门经国务院批准,可以调用全国的重要出土文物。

第四章 馆藏文物

第三十六条 博物馆、图书馆和其他文物收藏单位对收藏的文物,必须区分文物等级,设置藏品档案,建立严格的管理制度,并报主管的文物行政部门备案。

县级以上地方人民政府文物行政部门应当分别建立本行政区域内的馆藏文物档案;国务院文物行政部门应当建立国家一级文物藏品档案和其主管的国有文物收藏单位馆藏文物

档案。

第三十七条 文物收藏单位可以通过下列方式取得文物：

（一）购买；

（二）接受捐赠；

（三）依法交换；

（四）法律、行政法规规定的其他方式。

国有文物收藏单位还可以通过文物行政部门指定保管或者调拨方式取得文物。

第三十八条 文物收藏单位应当根据馆藏文物的保护需要，按照国家有关规定建立、健全管理制度，并报主管的文物行政部门备案。未经批准，任何单位或者个人不得调取馆藏文物。

文物收藏单位的法定代表人对馆藏文物的安全负责。国有文物收藏单位的法定代表人离任时，应当按照馆藏文物档案办理馆藏文物移交手续。

第三十九条 国务院文物行政部门可以调拨全国的国有馆藏文物。省、自治区、直辖市人民政府文物行政部门可以调拨本行政区域内其主管的国有文物收藏单位馆藏文物；调拨国有馆藏一级文物，应当报国务院文物行政部门备案。

国有文物收藏单位可以申请调拨国有馆藏文物。

第四十条 文物收藏单位应当充分发挥馆藏文物的作用，通过举办展览、科学研究等活动，加强对中华民族优秀的历史文化和革命传统的宣传教育。

国有文物收藏单位之间因举办展览、科学研究等需借用馆藏文物的，应当报主管的文物行政部门备案；借用馆藏一级文物的，应当同时报国务院文物行政部门备案。

非国有文物收藏单位和其他单位举办展览需借用国有馆藏文物的，应当报主管的文物行政部门批准；借用国有馆藏一级文物，应当经国务院文物行政部门批准。

文物收藏单位之间借用文物的最长期限不得超过三年。

第四十一条 已经建立馆藏文物档案的国有文物收藏单位，经省、自治区、直辖市人民政府文物行政部门批准，并报国务院文物行政部门备案，其馆藏文物可以在国有文物收藏单位之间交换。

第四十二条 未建立馆藏文物档案的国有文物收藏单位，不得依照本法第四十条、第四十一条的规定处置其馆藏文物。

第四十三条 依法调拨、交换、借用国有馆藏文物，取得文物的文物收藏单位可以对提供文物的文物收藏单位给予合理补偿，具体管理办法由国务院文物行政部门制定。

国有文物收藏单位调拨、交换、出借文物所得的补偿费用，必须用于改善文物的收藏条件和收集新的文物，不得挪作他用；任何单位或者个人不得侵占。

调拨、交换、借用的文物必须严格保管，不得丢失、损毁。

第四十四条 禁止国有文物收藏单位将馆藏文物赠与、出租或者出售给其他单位、个人。

第四十五条 国有文物收藏单位不再收藏的文物的处置办法，由国务院另行制定。

第四十六条 修复馆藏文物，不得改变馆藏文物的原状；复制、拍摄、拓印馆藏文物，不得对馆藏文物造成损害。具体管理办法由国务院制定。

不可移动文物的单体文物的修复、复制、拍摄、拓印,适用前款规定。

第四十七条 博物馆、图书馆和其他收藏文物的单位应当按照国家有关规定配备防火、防盗、防自然损坏的设施,确保馆藏文物的安全。

第四十八条 馆藏一级文物损毁的,应当报国务院文物行政部门核查处理。其他馆藏文物损毁的,应当报省、自治区、直辖市人民政府文物行政部门核查处理;省、自治区、直辖市人民政府文物行政部门应当将核查处理结果报国务院文物行政部门备案。

馆藏文物被盗、被抢或者丢失的,文物收藏单位应当立即向公安机关报案,并同时向主管的文物行政部门报告。

第四十九条 文物行政部门和国有文物收藏单位的工作人员不得借用国有文物,不得非法侵占国有文物。

第五章　民间收藏文物

第五十条 文物收藏单位以外的公民、法人和其他组织可以收藏通过下列方式取得的文物:

(一)依法继承或者接受赠与;

(二)从文物商店购买;

(三)从经营文物拍卖的拍卖企业购买;

(四)公民个人合法所有的文物相互交换或者依法转让;

(五)国家规定的其他合法方式。

文物收藏单位以外的公民、法人和其他组织收藏的前款文物可以依法流通。

第五十一条 公民、法人和其他组织不得买卖下列文物:

(一)国有文物,但是国家允许的除外;

(二)非国有馆藏珍贵文物;

(三)国有不可移动文物中的壁画、雕塑、建筑构件等,但是依法拆除的国有不可移动文物中的壁画、雕塑、建筑构件等不属于本法第二十条第四款规定的应由文物收藏单位收藏的除外;

(四)来源不符合本法第五十条规定的文物。

第五十二条 国家鼓励文物收藏单位以外的公民、法人和其他组织将其收藏的文物捐赠给国有文物收藏单位或者出借给文物收藏单位展览和研究。

国有文物收藏单位应当尊重并按照捐赠人的意愿,对捐赠的文物妥善收藏、保管和展示。

国家禁止出境的文物,不得转让、出租、质押给外国人。

第五十三条 文物商店应当由省、自治区、直辖市人民政府文物行政部门批准设立,依法进行管理。

文物商店不得从事文物拍卖经营活动,不得设立经营文物拍卖的拍卖企业。

第五十四条 依法设立的拍卖企业经营文物拍卖的,应当取得省、自治区、直辖市人民政府文物行政部门颁发的文物拍卖许可证。

经营文物拍卖的拍卖企业不得从事文物购销经营活动,不得设立文物商店。

第五十五条 文物行政部门的工作人员不得举办或者参与举办文物商店或者经营文物拍卖的拍卖企业。

文物收藏单位不得举办或者参与举办文物商店或者经营文物拍卖的拍卖企业。

禁止设立中外合资、中外合作和外商独资的文物商店或者经营文物拍卖的拍卖企业。

除经批准的文物商店、经营文物拍卖的拍卖企业外,其他单位或者个人不得从事文物的商业经营活动。

第五十六条 文物商店不得销售、拍卖企业不得拍卖本法第五十一条规定的文物。

拍卖企业拍卖的文物,在拍卖前应当经省、自治区、直辖市人民政府文物行政部门审核,并报国务院文物行政部门备案。

第五十七条 省、自治区、直辖市人民政府文物行政部门应当建立文物购销、拍卖信息与信用管理系统。文物商店购买、销售文物,拍卖企业拍卖文物,应当按照国家有关规定作出记录,并于销售、拍卖文物后三十日内报省、自治区、直辖市人民政府文物行政部门备案。

拍卖文物时,委托人、买受人要求对其身份保密的,文物行政部门应当为其保密;但是,法律、行政法规另有规定的除外。

第五十八条 文物行政部门在审核拟拍卖的文物时,可以指定国有文物收藏单位优先购买其中的珍贵文物。购买价格由文物收藏单位的代表与文物的委托人协商确定。

第五十九条 银行、冶炼厂、造纸厂以及废旧物资回收单位,应当与当地文物行政部门共同负责拣选掺杂在金银器和废旧物资中的文物。拣选文物除供银行研究所必需的历史货币可以由人民银行留用外,应当移交当地文物行政部门。移交拣选文物,应当给予合理补偿。

第六章 文物出境进境

第六十条 国有文物、非国有文物中的珍贵文物和国家规定禁止出境的其他文物,不得出境;但是依照本法规定出境展览或者因特殊需要经国务院批准出境的除外。

第六十一条 文物出境,应当经国务院文物行政部门指定的文物进出境审核机构审核。经审核允许出境的文物,由国务院文物行政部门发给文物出境许可证,从国务院文物行政部门指定的口岸出境。

任何单位或者个人运送、邮寄、携带文物出境,应当向海关申报;海关凭文物出境许可证放行。

第六十二条 文物出境展览,应当报国务院文物行政部门批准;一级文物超过国务院规定数量的,应当报国务院批准。

一级文物中的孤品和易损品,禁止出境展览。

出境展览的文物出境,由文物进出境审核机构审核、登记。海关凭国务院文物行政部门或者国务院的批准文件放行。出境展览的文物复进境,由原文物进出境审核机构审核查验。

第六十三条 文物临时进境,应当向海关申报,并报文物进出境审核机构审核、登记。

临时进境的文物复出境,必须经原审核、登记的文物进出境审核机构审核查验;经审核查验无误的,由国务院文物行政部门发给文物出境许可证,海关凭文物出境许可证放行。

第七章　法律责任

第六十四条　违反本法规定,有下列行为之一,构成犯罪的,依法追究刑事责任:

(一)盗掘古文化遗址、古墓葬的;
(二)故意或者过失损毁国家保护的珍贵文物的;
(三)擅自将国有馆藏文物出售或者私自送给非国有单位或者个人的;
(四)将国家禁止出境的珍贵文物私自出售或者送给外国人的;
(五)以牟利为目的倒卖国家禁止经营的文物的;
(六)走私文物的;
(七)盗窃、哄抢、私分或者非法侵占国有文物的;
(八)应当追究刑事责任的其他妨害文物管理行为。

第六十五条　违反本法规定,造成文物灭失、损毁的,依法承担民事责任。

违反本法规定,构成违反治安管理行为的,由公安机关依法给予治安管理处罚。

违反本法规定,构成走私行为,尚不构成犯罪的,由海关依照有关法律、行政法规的规定给予处罚。

第六十六条　有下列行为之一,尚不构成犯罪的,由县级以上人民政府文物主管部门责令改正,造成严重后果的,处五万元以上五十万元以下的罚款;情节严重的,由原发证机关吊销资质证书:

(一)擅自在文物保护单位的保护范围内进行建设工程或者爆破、钻探、挖掘等作业的;
(二)在文物保护单位的建设控制地带内进行建设工程,其工程设计方案未经文物行政部门同意、报城乡建设规划部门批准,对文物保护单位的历史风貌造成破坏的;
(三)擅自迁移、拆除不可移动文物的;
(四)擅自修缮不可移动文物,明显改变文物原状的;
(五)擅自在原址重建已全部毁坏的不可移动文物,造成文物破坏的;
(六)施工单位未取得文物保护工程资质证书,擅自从事文物修缮、迁移、重建的。

刻划、涂污或者损坏文物尚不严重的,或者损毁依照本法第十五条第一款规定设立的文物保护单位标志的,由公安机关或者文物所在单位给予警告,可以并处罚款。

第六十七条　在文物保护单位的保护范围内或者建设控制地带内建设污染文物保护单位及其环境的设施的,或者对已有的污染文物保护单位及其环境的设施未在规定的期限内完成治理的,由环境保护行政部门依照有关法律、法规的规定给予处罚。

第六十八条　有下列行为之一的,由县级以上人民政府文物主管部门责令改正,没收违法所得,违法所得一万元以上的,并处违法所得二倍以上五倍以下的罚款;违法所得不足一万元的,并处五千元以上二万元以下的罚款:

(一)转让或者抵押国有不可移动文物,或者将国有不可移动文物作为企业资产经营的;
(二)将非国有不可移动文物转让或者抵押给外国人的;
(三)擅自改变国有文物保护单位的用途的。

第六十九条　历史文化名城的布局、环境、历史风貌等遭到严重破坏的,由国务院撤销其历史文化名城称号;历史文化城镇、街道、村庄的布局、环境、历史风貌等遭到严重破坏的,由省、自治区、直辖市人民政府撤销其历史文化街区、村镇称号;对负有责任的主管人员和其他直接责任人员依法给予行政处分。

第七十条　有下列行为之一,尚不构成犯罪的,由县级以上人民政府文物主管部门责令改正,可以并处二万元以下的罚款,有违法所得的,没收违法所得:

(一)文物收藏单位未按照国家有关规定配备防火、防盗、防自然损坏的设施的;

(二)国有文物收藏单位法定代表人离任时未按照馆藏文物档案移交馆藏文物,或者所移交的馆藏文物与馆藏文物档案不符的;

(三)将国有馆藏文物赠与、出租或者出售给其他单位、个人的;

(四)违反本法第四十条、第四十一条、第四十五条规定处置国有馆藏文物的;

(五)违反本法第四十三条规定挪用或者侵占依法调拨、交换、出借文物所得补偿费用的。

第七十一条　买卖国家禁止买卖的文物或者将禁止出境的文物转让、出租、质押给外国人,尚不构成犯罪的,由县级以上人民政府文物主管部门责令改正,没收违法所得,违法经营额一万元以上的,并处违法经营额二倍以上五倍以下的罚款;违法经营额不足一万元的,并处五千元以上二万元以下的罚款。

文物商店、拍卖企业有前款规定的违法行为的,由县级以上人民政府文物主管部门没收违法所得、非法经营的文物,违法经营额五万元以上的,并处违法经营额一倍以上三倍以下的罚款;违法经营额不足五万元的,并处五千元以上五万元以下的罚款;情节严重的,由原发证机关吊销许可证书。

第七十二条　未经许可,擅自设立文物商店、经营文物拍卖的拍卖企业,或者擅自从事文物的商业经营活动,尚不构成犯罪的,由工商行政管理部门依法予以制止,没收违法所得、非法经营的文物,违法经营额五万元以上的,并处违法经营额二倍以上五倍以下的罚款;违法经营额不足五万元的,并处二万元以上十万元以下的罚款。

第七十三条　有下列情形之一的,由工商行政管理部门没收违法所得、非法经营的文物,违法经营额五万元以上的,并处违法经营额一倍以上三倍以下的罚款;违法经营额不足五万元的,并处五千元以上五万元以下的罚款;情节严重的,由原发证机关吊销许可证书:

(一)文物商店从事文物拍卖经营活动的;

(二)经营文物拍卖的拍卖企业从事文物购销经营活动的;

(三)拍卖企业拍卖的文物,未经审核的;

(四)文物收藏单位从事文物的商业经营活动的。

第七十四条　有下列行为之一,尚不构成犯罪的,由县级以上人民政府文物主管部门会同公安机关追缴文物;情节严重的,处五千元以上五万元以下的罚款:

(一)发现文物隐匿不报或者拒不上交的;

(二)未按照规定移交拣选文物的。

第七十五条　有下列行为之一的,由县级以上人民政府文物主管部门责令改正:

(一)改变国有未核定为文物保护单位的不可移动文物的用途,未依照本法规定报告的;

(二)转让、抵押非国有不可移动文物或者改变其用途,未依照本法规定备案的;

(三)国有不可移动文物的使用人拒不依法履行修缮义务的;

(四)考古发掘单位未经批准擅自进行考古发掘,或者不如实报告考古发掘结果的;

(五)文物收藏单位未按照国家有关规定建立馆藏文物档案、管理制度,或者未将馆藏文物档案、管理制度备案的;

(六)违反本法第三十八条规定,未经批准擅自调取馆藏文物的;

(七)馆藏文物损毁未报文物行政部门核查处理,或者馆藏文物被盗、被抢或者丢失,文物收藏单位未及时向公安机关或者文物行政部门报告的;

(八)文物商店销售文物或者拍卖企业拍卖文物,未按照国家有关规定作出记录或者未将所作记录报文物行政部门备案的。

第七十六条 文物行政部门、文物收藏单位、文物商店、经营文物拍卖的拍卖企业的工作人员,有下列行为之一的,依法给予行政处分,情节严重的,依法开除公职或者吊销其从业资格;构成犯罪的,依法追究刑事责任:

(一)文物行政部门的工作人员违反本法规定,滥用审批权限、不履行职责或者发现违法行为不予查处,造成严重后果的;

(二)文物行政部门和国有文物收藏单位的工作人员借用或者非法侵占国有文物的;

(三)文物行政部门的工作人员举办或者参与举办文物商店或者经营文物拍卖的拍卖企业的;

(四)因不负责任造成文物保护单位、珍贵文物损毁或者流失的;

(五)贪污、挪用文物保护经费的。

前款被开除公职或者被吊销从业资格的人员,自被开除公职或者被吊销从业资格之日起十年内不得担任文物管理人员或者从事文物经营活动。

第七十七条 有本法第六十六条、第六十八条、第七十条、第七十一条、第七十四条、第七十五条规定所列行为之一的,负有责任的主管人员和其他直接责任人员是国家工作人员的,依法给予行政处分。

第七十八条 公安机关、工商行政管理部门、海关、城乡建设规划部门和其他国家机关,违反本法规定滥用职权、玩忽职守、徇私舞弊,造成国家保护的珍贵文物损毁或者流失的,对负有责任的主管人员和其他直接责任人员依法给予行政处分;构成犯罪的,依法追究刑事责任。

第七十九条 人民法院、人民检察院、公安机关、海关和工商行政管理部门依法没收的文物应当登记造册,妥善保管,结案后无偿移交文物行政部门,由文物行政部门指定的国有文物收藏单位收藏。

第八章 附 则

第八十条 本法自公布之日起施行。

中华人民共和国海关法

目　录

第一章　总则
第二章　进出境运输工具
第三章　进出境货物
第四章　进出境物品
第五章　关税
第六章　海关事务担保
第七章　执法监督
第八章　法律责任
第九章　附则

第一章　总　则

第一条　为了维护国家的主权和利益,加强海关监督管理,促进对外经济贸易和科技文化交往,保障社会主义现代化建设,特制定本法。

第二条　中华人民共和国海关是国家的进出关境(以下简称进出境)监督管理机关。海关依照本法和其他有关法律、行政法规,监管进出境的运输工具、货物、行李物品、邮递物品和其他物品(以下简称进出境运输工具、货物、物品),征收关税和其他税、费,查缉走私,并编制海关统计和办理其他海关业务。

第三条　国务院设立海关总署,统一管理全国海关。

国家在对外开放的口岸和海关监管业务集中的地点设立海关。海关的隶属关系,不受行政区划的限制。

海关依法独立行使职权,向海关总署负责。

第四条　国家在海关总署设立专门侦查走私犯罪的公安机构,配备专职缉私警察,负责对其管辖的走私犯罪案件的侦查、拘留、执行逮捕、预审。

海关侦查走私犯罪公安机构履行侦查、拘留、执行逮捕、预审职责,应当按照《中华人民共和国刑事诉讼法》的规定办理。

海关侦查走私犯罪公安机构根据国家有关规定,可以设立分支机构。各分支机构办理其管辖的走私犯罪案件,应当依法向有管辖权的人民检察院移送起诉。

地方各级公安机关应当配合海关侦查走私犯罪公安机构依法履行职责。

第五条　国家实行联合缉私、统一处理、综合治理的缉私体制。海关负责组织、协调、管理查缉走私工作。有关规定由国务院另行制定。

各有关行政执法部门查获的走私案件,应当给予行政处罚的,移送海关依法处理;涉嫌犯罪的,应当移送海关侦查走私犯罪公安机构、地方公安机关依据案件管辖分工和法定程序办理。

第六条 海关可以行使下列权力:

(一)检查进出境运输工具,查验进出境货物、物品;对违反本法或者其他有关法律、行政法规的,可以扣留。

(二)查阅进出境人员的证件;查问违反本法或者其他有关法律、行政法规的嫌疑人,调查其违法行为。

(三)查阅、复制与进出境运输工具、货物、物品有关的合同、发票、账册、单据、记录、文件、业务函电、录音录像制品和其他资料;对其中与违反本法或者其他有关法律、行政法规的进出境运输工具、货物、物品有牵连的,可以扣留。

(四)在海关监管区和海关附近沿海沿边规定地区,检查有走私嫌疑的运输工具和有藏匿走私货物、物品嫌疑的场所,检查走私嫌疑人的身体;对有走私嫌疑的运输工具、货物、物品和走私犯罪嫌疑人,经直属海关关长或者其授权的隶属海关关长批准,可以扣留;对走私犯罪嫌疑人,扣留时间不超过二十四小时,在特殊情况下可以延长至四十八小时。

在海关监管区和海关附近沿海沿边规定地区以外,海关在调查走私案件时,对有走私嫌疑的运输工具和除公民住处以外的有藏匿走私货物、物品嫌疑的场所,经直属海关关长或者其授权的隶属海关关长批准,可以进行检查,有关当事人应当到场;当事人未到场的,在有见证人在场的情况下,可以径行检查;对其中有证据证明有走私嫌疑的运输工具、货物、物品,可以扣留。

海关附近沿海沿边规定地区的范围,由海关总署和国务院公安部门会同有关省级人民政府确定。

(五)在调查走私案件时,经直属海关关长或者其授权的隶属海关关长批准,可以查询案件涉嫌单位和涉嫌人员在金融机构、邮政企业的存款、汇款。

(六)进出境运输工具或者个人违抗海关监管逃逸的,海关可以连续追至海关监管区和海关附近沿海沿边规定地区以外,将其带回处理。

(七)海关为履行职责,可以配备武器。海关工作人员佩带和使用武器的规则,由海关总署会同国务院公安部门制定,报国务院批准。

(八)法律、行政法规规定由海关行使的其他权力。

第七条 各地方、各部门应当支持海关依法行使职权,不得非法干预海关的执法活动。

第八条 进出境运输工具、货物、物品,必须通过设立海关的地点进境或者出境。在特殊情况下,需要经过未设立海关的地点临时进境或者出境的,必须经国务院或者国务院授权的机关批准,并依照本法规定办理海关手续。

第九条 进出口货物,除另有规定的外,可以由进出口货物收发货人自行办理报关纳税手续,也可以由进出口货物收发货人委托海关准予注册登记的报关企业办理报关纳税手续。

进出境物品的所有人可以自行办理报关纳税手续,也可以委托他人办理报关纳税手续。

第十条 报关企业接受进出口货物收发货人的委托,以委托人的名义办理报关手续的,应当向海关提交由委托人签署的授权委托书,遵守本法对委托人的各项规定。

报关企业接受进出口货物收发货人的委托,以自己的名义办理报关手续的,应当承担与收发货人相同的法律责任。

委托人委托报关企业办理报关手续的,应当向报关企业提供所委托报关事项的真实情况;报关企业接受委托人的委托办理报关手续的,应当对委托人所提供情况的真实性进行合理审查。

第十一条 进出口货物收发货人、报关企业办理报关手续,必须依法经海关注册登记。未依法经海关注册登记,不得从事报关业务。

报关企业和报关人员不得非法代理他人报关,或者超出其业务范围进行报关活动。

第十二条 海关依法执行职务,有关单位和个人应当如实回答询问,并予以配合,任何单位和个人不得阻挠。

海关执行职务受到暴力抗拒时,执行有关任务的公安机关和人民武装警察部队应当予以协助。

第十三条 海关建立对违反本法规定逃避海关监管行为的举报制度。

任何单位和个人均有权对违反本法规定逃避海关监管的行为进行举报。

海关对举报或者协助查获违反本法案件的有功单位和个人,应当给予精神的或者物质的奖励。

海关应当为举报人保密。

第二章 进出境运输工具

第十四条 进出境运输工具到达或者驶离设立海关的地点时,运输工具负责人应当向海关如实申报,交验单证,并接受海关监管和检查。

停留在设立海关的地点的进出境运输工具,未经海关同意,不得擅自驶离。

进出境运输工具从一个设立海关的地点驶往另一个设立海关的地点的,应当符合海关监管要求,办理海关手续,未办结海关手续的,不得改驶境外。

第十五条 进境运输工具在进境以后向海关申报以前,出境运输工具在办结海关手续以后出境以前,应当按照交通主管机关规定的路线行进;交通主管机关没有规定的,由海关指定。

第十六条 进出境船舶、火车、航空器到达和驶离时间、停留地点、停留期间更换地点以及装卸货物、物品时间,运输工具负责人或者有关交通运输部门应当事先通知海关。

第十七条 运输工具装卸进出境货物、物品或者上下进出境旅客,应当接受海关监管。

货物、物品装卸完毕,运输工具负责人应当向海关递交反映实际装卸情况的交接单据和记录。

上下进出境运输工具的人员携带物品的,应当向海关如实申报,并接受海关检查。

第十八条 海关检查进出境运输工具时,运输工具负责人应当到场,并根据海关的要求开启舱室、房间、车门;有走私嫌疑的,并应当开拆可能藏匿走私货物、物品的部位,搬移货物、物料。

海关根据工作需要,可以派员随运输工具执行职务,运输工具负责人应当提供方便。

第十九条 进境的境外运输工具和出境的境内运输工具,未向海关办理手续并缴纳关税,不得转让或者移作他用。

第二十条 进出境船舶和航空器兼营境内客、货运输,应当符合海关监管要求。

进出境运输工具改营境内运输,需向海关办理手续。

第二十一条 沿海运输船舶、渔船和从事海上作业的特种船舶,未经海关同意,不得载运或者换取、买卖、转让进出境货物、物品。

第二十二条 进出境船舶和航空器,由于不可抗力的原因,被迫在未设立海关的地点停泊、降落或者抛掷、起卸货物、物品,运输工具负责人应当立即报告附近海关。

第三章 进出境货物

第二十三条 进口货物自进境起到办结海关手续止,出口货物自向海关申报起到出境止,过境、转运和通运货物自进境起到出境止,应当接受海关监管。

第二十四条 进口货物的收货人、出口货物的发货人应当向海关如实申报,交验进出口许可证件和有关单证。国家限制进出口的货物,没有进出口许可证件的,不予放行,具体处理办法由国务院规定。

进口货物的收货人应当自运输工具申报进境之日起十四日内,出口货物的发货人除海关特准的外应当在货物运抵海关监管区后、装货的二十四小时以前,向海关申报。

进口货物的收货人超过前款规定期限向海关申报的,由海关征收滞报金。

第二十五条 办理进出口货物的海关申报手续,应当采用纸质报关单和电子数据报关单的形式。

第二十六条 海关接受申报后,报关单证及其内容不得修改或者撤销,但符合海关规定情形的除外。

第二十七条 进口货物的收货人经海关同意,可以在申报前查看货物或者提取货样。需要依法检疫的货物,应当在检疫合格后提取货样。

第二十八条 进出口货物应当接受海关查验。海关查验货物时,进口货物的收货人、出口货物的发货人应当到场,并负责搬移货物,开拆和重封货物的包装。海关认为必要时,可以径行开验、复验或者提取货样。

海关在特殊情况下对进出口货物予以免验,具体办法由海关总署制定。

第二十九条 除海关特准的外,进出口货物在收发货人缴清税款或者提供担保后,由海关签印放行。

第三十条 进口货物的收货人自运输工具申报进境之日起超过三个月未向海关申报的,其进口货物由海关提取依法变卖处理,所得价款在扣除运输、装卸、储存等费用和税款后,尚有余款的,自货物依法变卖之日起一年内,经收货人申请,予以发还;其中属于国家对进口有限制性规定,应当提交许可证件而不能提供的,不予发还。逾期无人申请或者不予发还的,上缴国库。

确属误卸或者溢卸的进境货物,经海关审定,由原运输工具负责人或者货物的收发货人自该运输工具卸货之日起三个月内,办理退运或者进口手续;必要时,经海关批准,可以延期三个月。逾期未办手续的,由海关按前款规定处理。

前两款所列货物不宜长期保存的,海关可以根据实际情况提前处理。

收货人或者货物所有人声明放弃的进口货物,由海关提取依法变卖处理;所得价款在扣除运输、装卸、储存等费用后,上缴国库。

第三十一条 按照法律、行政法规、国务院或者海关总署规定暂时进口或者暂时出口的货物,应当在六个月内复运出境或者复运进境;需要延长复运出境或者复运进境期限的,应当根据海关总署的规定办理延期手续。

第三十二条 经营保税货物的储存、加工、装配、展示、运输、寄售业务和经营免税商店,应当符合海关监管要求,经海关批准,并办理注册手续。

保税货物的转让、转移以及进出保税场所,应当向海关办理有关手续,接受海关监管和查验。

第三十三条 企业从事加工贸易,应当按照海关总署的规定向海关备案。加工贸易制成品单位耗料量由海关按照有关规定核定。

加工贸易制成品应当在规定的期限内复出口。其中使用的进口料件,属于国家规定准予保税的,应当向海关办理核销手续;属于先征收税款的,依法向海关办理退税手续。

加工贸易保税进口料件或者制成品内销的,海关对保税的进口料件依法征税;属于国家对进口有限制性规定的,还应当向海关提交进口许可证件。

第三十四条 经国务院批准在中华人民共和国境内设立的保税区等海关特殊监管区域,由海关按照国家有关规定实施监管。

第三十五条 进口货物应当由收货人在货物的进境地海关办理海关手续,出口货物应当由发货人在货物的出境地海关办理海关手续。

经收发货人申请,海关同意,进口货物的收货人可以在设有海关的指运地、出口货物的发货人可以在设有海关的启运地办理海关手续。上述货物的转关运输,应当符合海关监管要求;必要时,海关可以派员押运。

经电缆、管道或者其他特殊方式输送进出境的货物,经营单位应当定期向指定的海关申报和办理海关手续。

第三十六条 过境、转运和通运货物,运输工具负责人应当向进境地海关如实申报,并应当在规定期限内运输出境。

海关认为必要时,可以查验过境、转运和通运货物。

第三十七条 海关监管货物,未经海关许可,不得开拆、提取、交付、发运、调换、改装、抵押、质押、留置、转让、更换标记、移作他用或者进行其他处置。

海关加施的封志,任何人不得擅自开启或者损毁。

人民法院判决、裁定或者有关行政执法部门决定处理海关监管货物的,应当责令当事人办结海关手续。

第三十八条 经营海关监管货物仓储业务的企业,应当经海关注册,并按照海关规定,办理收存、交付手续。

在海关监管区外存放海关监管货物,应当经海关同意,并接受海关监管。

违反前两款规定或者在保管海关监管货物期间造成海关监管货物损毁或者灭失的,除不可抗力外,对海关监管货物负有保管义务的人应当承担相应的纳税义务和法律责任。

第三十九条 进出境集装箱的监管办法、打捞进出境货物和沉船的监管办法、边境小额贸易进出口货物的监管办法,以及本法未具体列明的其他进出境货物的监管办法,由海关总署或者由海关总署会同国务院有关部门另行制定。

第四十条 国家对进出境货物、物品有禁止性或者限制性规定的,海关依据法律、行政法规、国务院的规定或者国务院有关部门依据法律、行政法规的授权作出的规定实施监管。具体监管办法由海关总署制定。

第四十一条 进出口货物的原产地按照国家有关原产地规则的规定确定。

第四十二条 进出口货物的商品归类按照国家有关商品归类的规定确定。

海关可以要求进出口货物的收发货人提供确定商品归类所需的有关资料;必要时,海关可以组织化验、检验,并将海关认定的化验、检验结果作为商品归类的依据。

第四十三条 海关可以根据对外贸易经营者提出的书面申请,对拟作进口或者出口的货物预先作出商品归类等行政裁定。

进口或者出口相同货物,应当适用相同的商品归类行政裁定。

海关对所作出的商品归类等行政裁定,应当予以公布。

第四十四条 海关依照法律、行政法规的规定,对与进出境货物有关的知识产权实施保护。

需要向海关申报知识产权状况的,进出口货物收发货人及其代理人应当按照国家规定向海关如实申报有关知识产权状况,并提交合法使用有关知识产权的证明文件。

第四十五条 自进出口货物放行之日起三年内或者在保税货物、减免税进口货物的海关监管期限内及其后的三年内,海关可以对与进出口货物直接有关的企业、单位的会计账簿、会计凭证、报关单证以及其他有关资料和有关进出口货物实施稽查。具体办法由国务院规定。

第四章 进出境物品

第四十六条 个人携带进出境的行李物品、邮寄进出境的物品,应当以自用、合理数量为限,并接受海关监管。

第四十七条 进出境物品的所有人应当向海关如实申报,并接受海关查验。

海关加施的封志,任何人不得擅自开启或者损毁。

第四十八条 进出境邮袋的装卸、转运和过境,应当接受海关监管。邮政企业应当向海关递交邮件路单。

邮政企业应当将开拆及封发国际邮袋的时间事先通知海关,海关应当按时派员到场监管查验。

第四十九条 邮运进出境的物品,经海关查验放行后,有关经营单位方可投递或者交付。

第五十条 经海关登记准予暂时免税进境或者暂时免税出境的物品,应当由本人复带出境或者复带进境。

过境人员未经海关批准,不得将其所带物品留在境内。

第五十一条 进出境物品所有人声明放弃的物品、在海关规定期限内未办理海关手续或者无人认领的物品,以及无法投递又无法退回的进境邮递物品,由海关依照本法第三十条的规定处理。

第五十二条 享有外交特权和豁免的外国机构或者人员的公务用品或者自用物品进出境,依照有关法律、行政法规的规定办理。

第五章 关 税

第五十三条 准许进出口的货物、进出境物品,由海关依法征收关税。

第五十四条 进口货物的收货人、出口货物的发货人、进出境物品的所有人,是关税的纳税义务人。

第五十五条 进出口货物的完税价格,由海关以该货物的成交价格为基础审查确定。成交价格不能确定时,完税价格由海关依法估定。

进口货物的完税价格包括货物的货价、货物运抵中华人民共和国境内输入地点起卸前的运输及其相关费用、保险费;出口货物的完税价格包括货物的货价、货物运至中华人民共和国境内输出地点装载前的运输及其相关费用、保险费,但是其中包含的出口关税税额,应当予以扣除。

进出境物品的完税价格,由海关依法确定。

第五十六条 下列进出口货物、进出境物品,减征或者免征关税:

(一)无商业价值的广告品和货样;
(二)外国政府、国际组织无偿赠送的物资;
(三)在海关放行前遭受损坏或者损失的货物;
(四)规定数额以内的物品;
(五)法律规定减征、免征关税的其他货物、物品;
(六)中华人民共和国缔结或者参加的国际条约规定减征、免征关税的货物、物品。

第五十七条 特定地区、特定企业或者有特定用途的进出口货物,可以减征或者免征关税。特定减税或者免税的范围和办法由国务院规定。

依照前款规定减征或者免征关税进口的货物,只能用于特定地区、特定企业或者特定用途,未经海关核准并补缴关税,不得移作他用。

第五十八条 本法第五十六条、第五十七条第一款规定范围以外的临时减征或者免征关税,由国务院决定。

第五十九条 暂时进口或者暂时出口的货物,以及特准进口的保税货物,在货物收发货人向海关缴纳相当于税款的保证金或者提供担保后,准予暂时免纳关税。

第六十条 进出口货物的纳税义务人,应当自海关填发税款缴款书之日起十五日内缴纳税款;逾期缴纳的,由海关征收滞纳金。纳税义务人、担保人超过三个月仍未缴纳的,经直属海关关长或者其授权的隶属海关关长批准,海关可以采取下列强制措施:

(一)书面通知其开户银行或者其他金融机构从其存款中扣缴税款;
(二)将应税货物依法变卖,以变卖所得抵缴税款;

(三)扣留并依法变卖其价值相当于应纳税款的货物或者其他财产,以变卖所得抵缴税款。

海关采取强制措施时,对前款所列纳税义务人、担保人未缴纳的滞纳金同时强制执行。

进出境物品的纳税义务人,应当在物品放行前缴纳税款。

第六十一条 进出口货物的纳税义务人在规定的纳税期限内有明显的转移、藏匿其应税货物以及其他财产迹象的,海关可以责令纳税义务人提供担保;纳税义务人不能提供纳税担保的,经直属海关关长或者其授权的隶属海关关长批准,海关可以采取下列税收保全措施:

(一)书面通知纳税义务人开户银行或者其他金融机构暂停支付纳税义务人相当于应纳税款的存款;

(二)扣留纳税义务人价值相当于应纳税款的货物或者其他财产。

纳税义务人在规定的纳税期限内缴纳税款的,海关必须立即解除税收保全措施;期限届满仍未缴纳税款的,经直属海关关长或者其授权的隶属海关关长批准,海关可以书面通知纳税义务人开户银行或者其他金融机构从其暂停支付的存款中扣缴税款,或者依法变卖所扣留的货物或者其他财产,以变卖所得抵缴税款。

采取税收保全措施不当,或者纳税义务人在规定期限内已缴纳税款,海关未立即解除税收保全措施,致使纳税义务人的合法权益受到损失的,海关应当依法承担赔偿责任。

第六十二条 进出口货物、进出境物品放行后,海关发现少征或者漏征税款,应当自缴纳税款或者货物、物品放行之日起一年内,向纳税义务人补征。因纳税义务人违反规定而造成的少征或者漏征,海关在三年以内可以追征。

第六十三条 海关多征的税款,海关发现后应当立即退还;纳税义务人自缴纳税款之日起一年内,可以要求海关退还。

第六十四条 纳税义务人同海关发生纳税争议时,应当缴纳税款,并可以依法申请行政复议;对复议决定仍不服的,可以依法向人民法院提起诉讼。

第六十五条 进口环节海关代征税的征收管理,适用关税征收管理的规定。

第六章 海关事务担保

第六十六条 在确定货物的商品归类、估价和提供有效报关单证或者办结其他海关手续前,收发货人要求放行货物的,海关应当在其提供与其依法应当履行的法律义务相适应的担保后放行。法律、行政法规规定可以免除担保的除外。

法律、行政法规对履行海关义务的担保另有规定的,从其规定。

国家对进出境货物、物品有限制性规定,应当提供许可证件而不能提供的,以及法律、行政法规规定不得担保的其他情形,海关不得办理担保放行。

第六十七条 具有履行海关事务担保能力的法人、其他组织或者公民,可以成为担保人。法律规定不得为担保人的除外。

第六十八条 担保人可以以下列财产、权利提供担保:

(一)人民币、可自由兑换货币;

(二)汇票、本票、支票、债券、存单;

(三)银行或者非银行金融机构的保函;

(四)海关依法认可的其他财产、权利。

第六十九条 担保人应当在担保期限内承担担保责任。担保人履行担保责任的,不免除被担保人应当办理有关海关手续的义务。

第七十条 海关事务担保管理办法,由国务院规定。

第七章 执法监督

第七十一条 海关履行职责,必须遵守法律,维护国家利益,依照法定职权和法定程序严格执法,接受监督。

第七十二条 海关工作人员必须秉公执法,廉洁自律,忠于职守,文明服务,不得有下列行为:

(一)包庇、纵容走私或者与他人串通进行走私;

(二)非法限制他人人身自由,非法检查他人身体、住所或者场所,非法检查、扣留进出境运输工具、货物、物品;

(三)利用职权为自己或者他人谋取私利;

(四)索取、收受贿赂;

(五)泄露国家秘密、商业秘密和海关工作秘密;

(六)滥用职权,故意刁难,拖延监管、查验;

(七)购买、私分、占用没收的走私货物、物品;

(八)参与或者变相参与营利性经营活动;

(九)违反法定程序或者超越权限执行职务;

(十)其他违法行为。

第七十三条 海关应当根据依法履行职责的需要,加强队伍建设,使海关工作人员具有良好的政治、业务素质。

海关专业人员应当具有法律和相关专业知识,符合海关规定的专业岗位任职要求。

海关招收工作人员应当按照国家规定,公开考试,严格考核,择优录用。

海关应当有计划地对其工作人员进行政治思想、法制、海关业务培训和考核。海关工作人员必须定期接受培训和考核,经考核不合格的,不得继续上岗执行职务。

第七十四条 海关总署应当实行海关关长定期交流制度。

海关关长定期向上一级海关述职,如实陈述其执行职务情况。海关总署应当定期对直属海关关长进行考核,直属海关应当定期对隶属海关关长进行考核。

第七十五条 海关及其工作人员的行政执法活动,依法接受监察机关的监督;缉私警察进行侦查活动,依法接受人民检察院的监督。

第七十六条 审计机关依法对海关的财政收支进行审计监督,对海关办理的与国家财政收支有关的事项,有权进行专项审计调查。

第七十七条 上级海关应当对下级海关的执法活动依法进行监督。上级海关认为下级海关作出的处理或者决定不适当的,可以依法予以变更或者撤销。

第七十八条 海关应当依照本法和其他有关法律、行政法规的规定,建立健全内部监督制度,对其工作人员执行法律、行政法规和遵守纪律的情况,进行监督检查。

第七十九条 海关内部负责审单、查验、放行、稽查和调查等主要岗位的职责权限应当明确,并相互分离、相互制约。

第八十条 任何单位和个人均有权对海关及其工作人员的违法、违纪行为进行控告、检举。收到控告、检举的机关有权处理的,应当依法按照职责分工及时查处。收到控告、检举的机关和负责查处的机关应当为控告人、检举人保密。

第八十一条 海关工作人员在调查处理违法案件时,遇有下列情形之一的,应当回避:

(一)是本案的当事人或者是当事人的近亲属;

(二)本人或者其近亲属与本案有利害关系;

(三)与本案当事人有其他关系,可能影响案件公正处理的。

第八章 法律责任

第八十二条 违反本法及有关法律、行政法规,逃避海关监管,偷逃应纳税款、逃避国家有关进出境的禁止性或者限制性管理,有下列情形之一的,是走私行为:

(一)运输、携带、邮寄国家禁止或者限制进出境货物、物品或者依法应当缴纳税款的货物、物品进出境的;

(二)未经海关许可并且未缴纳应纳税款、交验有关许可证件,擅自将保税货物、特定减免税货物以及其他海关监管货物、物品,进境的境外运输工具,在境内销售的;

(三)有逃避海关监管,构成走私的其他行为的。

有前款所列行为之一,尚不构成犯罪的,由海关没收走私货物、物品及违法所得,可以并处罚款;专门或者多次用于掩护走私的货物、物品,专门或者多次用于走私的运输工具,予以没收,藏匿走私货物、物品的特制设备,责令拆毁或者没收。

有第一款所列行为之一,构成犯罪的,依法追究刑事责任。

第八十三条 有下列行为之一的,按走私行为论处,依照本法第八十二条的规定处罚:

(一)直接向走私人非法收购走私进口的货物、物品的;

(二)在内海、领海、界河、界湖,船舶及所载人员运输、收购、贩卖国家禁止或者限制进出境的货物、物品,或者运输、收购、贩卖依法应当缴纳税款的货物,没有合法证明的。

第八十四条 伪造、变造、买卖海关单证,与走私人通谋为走私人提供贷款、资金、账号、发票、证明、海关单证,与走私人通谋为走私人提供运输、保管、邮寄或者其他方便,构成犯罪的,依法追究刑事责任;尚不构成犯罪的,由海关没收违法所得,并处罚款。

第八十五条 个人携带、邮寄超过合理数量的自用物品进出境,未依法向海关申报的,责令补缴关税,可以处以罚款。

第八十六条 违反本法规定有下列行为之一的,可以处以罚款,有违法所得的,没收违法所得:

(一)运输工具不经设立海关的地点进出境的;

(二)不将进出境运输工具到达的时间、停留的地点或者更换的地点通知海关的;

(三)进出口货物、物品或者过境、转运、通运货物向海关申报不实的;

(四)不按照规定接受海关对进出境运输工具、货物、物品进行检查、查验的;

(五)进出境运输工具未经海关同意,擅自装卸进出境货物、物品或者上下进出境旅客的;

(六)在设立海关的地点停留的进出境运输工具未经海关同意,擅自驶离的;

(七)进出境运输工具从一个设立海关的地点驶往另一个设立海关的地点,尚未办结海关手续又未经海关批准,中途擅自改驶境外或者境内未设立海关的地点的;

(八)进出境运输工具,不符合海关监管要求或者未向海关办理手续,擅自兼营或者改营境内运输的;

(九)由于不可抗力的原因,进出境船舶和航空器被迫在未设立海关的地点停泊、降落或者在境内抛掷、起卸货物、物品,无正当理由,不向附近海关报告的;

(十)未经海关许可,擅自将海关监管货物开拆、提取、交付、发运、调换、改装、抵押、质押、留置、转让、更换标记、移作他用或者进行其他处置的;

(十一)擅自开启或者损毁海关封志的;

(十二)经营海关监管货物的运输、储存、加工等业务,有关货物灭失或者有关记录不真实,不能提供正当理由的;

(十三)有违反海关监管规定的其他行为的。

第八十七条 海关准予从事有关业务的企业,违反本法有关规定的,由海关责令改正,可以给予警告,暂停其从事有关业务,直至撤销注册。

第八十八条 未经海关注册登记从事报关业务的,由海关予以取缔,没收违法所得,可以并处罚款。

第八十九条 报关企业非法代理他人报关或者超出其业务范围进行报关活动的,由海关责令改正,处以罚款;情节严重的,撤销其报关注册登记。

报关人员非法代理他人报关或者超出其业务范围进行报关活动的,由海关责令改正,处以罚款。

第九十条 进出口货物收发货人、报关企业向海关工作人员行贿的,由海关撤销其报关注册登记,并处以罚款;构成犯罪的,依法追究刑事责任,并不得重新注册登记为报关企业。

报关人员向海关工作人员行贿的,处以罚款;构成犯罪的,依法追究刑事责任。

第九十一条 违反本法规定进出口侵犯中华人民共和国法律、行政法规保护的知识产权的货物的,由海关依法没收侵权货物,并处以罚款;构成犯罪的,依法追究刑事责任。

第九十二条 海关依法扣留的货物、物品、运输工具,在人民法院判决或者海关处罚决定作出之前,不得处理。但是,危险品或者鲜活、易腐、易失效等不宜长期保存的货物、物品以及所有人申请先行变卖的货物、物品、运输工具,经直属海关关长或者其授权的隶属海关关长批准,可以先行依法变卖,变卖所得价款由海关保存,并通知其所有人。

人民法院判决没收或者海关决定没收的走私货物、物品、违法所得、走私运输工具、特制设备,由海关依法统一处理,所得价款和海关决定处以的罚款,全部上缴中央国库。

第九十三条 当事人逾期不履行海关的处罚决定又不申请复议或者向人民法院提起诉讼的,作出处罚决定的海关可以将其保证金抵缴或者将其被扣留的货物、物品、运输工具依法变价抵缴,也可以申请人民法院强制执行。

第九十四条 海关在查验进出境货物、物品时,损坏被查验的货物、物品的,应当赔偿实际损失。

第九十五条 海关违法扣留货物、物品、运输工具,致使当事人的合法权益受到损失的,应当依法承担赔偿责任。

第九十六条 海关工作人员有本法第七十二条所列行为之一的,依法给予行政处分;有违法所得的,依法没收违法所得;构成犯罪的,依法追究刑事责任。

第九十七条 海关的财政收支违反法律、行政法规规定的,由审计机关以及有关部门依照法律、行政法规的规定作出处理;对直接负责的主管人员和其他直接责任人员,依法给予行政处分;构成犯罪的,依法追究刑事责任。

第九十八条 未按照本法规定为控告人、检举人、举报人保密的,对直接负责的主管人员和其他直接责任人员,由所在单位或者有关单位依法给予行政处分。

第九十九条 海关工作人员在调查处理违法案件时,未按照本法规定进行回避的,对直接负责的主管人员和其他直接责任人员,依法给予行政处分。

第九章 附 则

第一百条 本法下列用语的含义:

直属海关,是指直接由海关总署领导,负责管理一定区域范围内的海关业务的海关;隶属海关,是指由直属海关领导,负责办理具体海关业务的海关。

进出境运输工具,是指用以载运人员、货物、物品进出境的各种船舶、车辆、航空器和驮畜。

过境、转运和通运货物,是指由境外启运、通过中国境内继续运往境外的货物。其中,通过境内陆路运输的,称过境货物;在境内设立海关的地点换装运输工具,而不通过境内陆路运输的,称转运货物;由船舶、航空器载运进境并由原装运输工具载运出境的,称通运货物。

海关监管货物,是指本法第二十三条所列的进出口货物,过境、转运、通运货物,特定减免税货物,以及暂时进出口货物、保税货物和其他尚未办结海关手续的进出境货物。

保税货物,是指经海关批准未办理纳税手续进境,在境内储存、加工、装配后复运出境的货物。

海关监管区,是指设立海关的港口、车站、机场、国界孔道、国际邮件互换局(交换站)和其他有海关监管业务的场所,以及虽未设立海关,但是经国务院批准的进出境地点。

第一百零一条 经济特区等特定地区同境内其他地区之间往来的运输工具、货物、物品的监管办法,由国务院另行规定。

第一百零二条 本法自1987年7月1日起施行。1951年4月18日中央人民政府公布的《中华人民共和国暂行海关法》同时废止。

中华人民共和国中外合作经营企业法

第一条 为了扩大对外经济合作和技术交流,促进外国的企业和其他经济组织或者个人(以下简称外国合作者)按照平等互利的原则,同中华人民共和国的企业或者其他经济组织(以下简称中国合作者)在中国境内共同举办中外合作经营企业(以下简称合作企业),特制定本法。

第二条 中外合作者举办合作企业,应当依照本法的规定,在合作企业合同中约定投资或者合作条件、收益或者产品的分配、风险和亏损的分担、经营管理的方式和合作企业终止时财产的归属等事项。

合作企业符合中国法律关于法人条件的规定的,依法取得中国法人资格。

第三条 国家依法保护合作企业和中外合作者的合法权益。

合作企业必须遵守中国的法律、法规,不得损害中国的社会公共利益。

国家有关机关依法对合作企业实行监督。

第四条 国家鼓励举办产品出口的或者技术先进的生产型合作企业。

第五条 申请设立合作企业,应当将中外合作者签订的协议、合同、章程等文件报国务院对外经济贸易主管部门或者国务院授权的部门和地方政府(以下简称审查批准机关)审查批准。审查批准机关应当自接到申请之日起四十五天内决定批准或者不批准。

第六条 设立合作企业的申请经批准后,应当自接到批准证书之日起三十天内向工商行政管理机关申请登记,领取营业执照。合作企业的营业执照签发日期,为该企业的成立日期。

合作企业应当自成立之日起三十天内向税务机关办理税务登记。

第七条 中外合作者在合作期限内协商同意对合作企业合同作重大变更的,应当报审查批准机关批准;变更内容涉及法定工商登记项目、税务登记项目的,应当向工商行政管理机关、税务机关办理变更登记手续。

第八条 中外合作者的投资或者提供的合作条件可以是现金、实物、土地使用权、工业产权、非专利技术和其他财产权利。

第九条 中外合作者应当依照法律、法规的规定和合作企业合同的约定,如期履行缴足投资、提供合作条件的义务。逾期不履行的,由工商行政管理机关限期履行;限期届满仍未履行的,由审查批准机关和工商行政管理机关依照国家有关规定处理。

中外合作者的投资或者提供的合作条件,由中国注册会计师或者有关机构验证并出具证明。

第十条 中外合作者的一方转让其在合作企业合同中的全部或者部分权利、义务的,必须经他方同意,并报审查批准机关批准。

第十一条 合作企业依照经批准的合作企业合同、章程进行经营管理活动。合作企业的经营管理自主权不受干涉。

第十二条 合作企业应当设立董事会或者联合管理机构,依照合作企业合同或者章程的规定,决定合作企业的重大问题。中外合作者的一方担任董事会的董事长、联合管理机构的主任的,由他方担任副董事长、副主任。董事会或者联合管理机构可以决定任命或者聘请总经理负责合作企业的日常经营管理工作。总经理对董事会或者联合管理机构负责。

合作企业成立后改为委托中外合作者以外的他人经营管理的,必须经董事会或者联合管理机构一致同意,并向工商行政管理机关办理变更登记手续。

第十三条 合作企业职工的录用、辞退、报酬、福利、劳动保护、劳动保险等事项,应当依法通过订立合同加以规定。

第十四条 合作企业的职工依法建立工会组织,开展工会活动,维护职工的合法权益。

合作企业应当为本企业工会提供必要的活动条件。

第十五条 合作企业必须在中国境内设置会计账簿,依照规定报送会计报表,并接受财政税务机关的监督。

合作企业违反前款规定,不在中国境内设置会计账簿的,财政税务机关可以处以罚款,工商行政管理机关可以责令停止营业或者吊销其营业执照。

第十六条 合作企业应当凭营业执照在国家外汇管理机关允许经营外汇业务的银行或者其他金融机构开立外汇账户。

合作企业的外汇事宜,依照国家有关外汇管理的规定办理。

第十七条 合作企业可以向中国境内的金融机构借款,也可以在中国境外借款。

中外合作者用作投资或者合作条件的借款及其担保,由各方自行解决。

第十八条 合作企业的各项保险应当向中国境内的保险机构投保。

第十九条 合作企业可以在经批准的经营范围内,进口本企业需要的物资,出口本企业生产的产品。合作企业在经批准的经营范围内所需的原材料、燃料等物资,按照公平、合理的原则,可以在国内市场或者在国际市场购买。

第二十条 合作企业依照国家有关税收的规定缴纳税款并可以享受减税、免税的优惠待遇。

第二十一条 中外合作者依照合作企业合同的约定,分配收益或者产品,承担风险和亏损。

中外合作者在合作企业合同中约定合作期满时合作企业的全部固定资产归中国合作者所有的,可以在合作企业合同中约定外国合作者在合作期限内先行回收投资的办法。

依照前款规定外国合作者在合作期限内先行回收投资的,中外合作者应当依照有关法律的规定和合作企业合同的约定对合作企业的债务承担责任。

第二十二条 外国合作者在履行法律规定和合作企业合同约定的义务后分得的利润、其他合法收入和合作企业终止时分得的资金,可以依法汇往国外。

合作企业的外籍职工的工资收入和其他合法收入,依法缴纳个人所得税后,可以汇往国外。

第二十三条 合作企业期满或者提前终止时,应当依照法定程序对资产和债权、债务进行清算。中外合作者应当依照合作企业合同的约定确定合作企业财产的归属。

合作企业期满或者提前终止,应当向工商行政管理机关和税务机关办理注销登记手续。

第二十四条 合作企业的合作期限由中外合作者协商并在合作企业合同中订明。中外合作者同意延长合作期限的,应当在距合作期满一百八十天前向审查批准机关提出申请。审查批准机关应当自接到申请之日起三十天内决定批准或者不批准。

第二十五条 举办合作企业不涉及国家规定实施准入特别管理措施的,对本法第五条、第七条、第十条、第二十四条规定的审批事项,适用备案管理。国家规定的准入特别管理措施由国务院发布或者批准发布。

第二十六条 中外合作者履行合作企业合同、章程发生争议时,应当通过协商或者调解解决。中外合作者不愿通过协商、调解解决的,或者协商、调解不成的,可以依照合作企业合同中的仲裁条款或者事后达成的书面仲裁协议,提交中国仲裁机构或者其他仲裁机构仲裁。

中外合作者没有在合作企业合同中订立仲裁条款,事后又没有达成书面仲裁协议的,可以向中国法院起诉。

第二十七条 国务院对外经济贸易主管部门根据本法制定实施细则,报国务院批准后施行。

第二十八条 本法自公布之日起施行。

中华人民共和国母婴保健法

目　　录

第一章　总则
第二章　婚前保健
第三章　孕产期保健
第四章　技术鉴定
第五章　行政管理
第六章　法律责任
第七章　附则

第一章　总　　则

第一条 为了保障母亲和婴儿健康,提高出生人口素质,根据宪法,制定本法。

第二条 国家发展母婴保健事业,提供必要条件和物质帮助,使母亲和婴儿获得医疗保健服务。

国家对边远贫困地区的母婴保健事业给予扶持。

第三条 各级人民政府领导母婴保健工作。

母婴保健事业应当纳入国民经济和社会发展计划。

第四条 国务院卫生行政部门主管全国母婴保健工作,根据不同地区情况提出分级分类指导原则,并对全国母婴保健工作实施监督管理。

国务院其他有关部门在各自职责范围内,配合卫生行政部门做好母婴保健工作。

第五条 国家鼓励、支持母婴保健领域的教育和科学研究,推广先进、实用的母婴保健技术,普及母婴保健科学知识。

第六条 对在母婴保健工作中做出显著成绩和在母婴保健科学研究中取得显著成果的组织和个人,应当给予奖励。

第二章 婚前保健

第七条 医疗保健机构应当为公民提供婚前保健服务。

婚前保健服务包括下列内容:

(一)婚前卫生指导:关于性卫生知识、生育知识和遗传病知识的教育;

(二)婚前卫生咨询:对有关婚配、生育保健等问题提供医学意见;

(三)婚前医学检查:对准备结婚的男女双方可能患影响结婚和生育的疾病进行医学检查。

第八条 婚前医学检查包括对下列疾病的检查:

(一)严重遗传性疾病;

(二)指定传染病;

(三)有关精神病。

经婚前医学检查,医疗保健机构应当出具婚前医学检查证明。

第九条 经婚前医学检查,对患指定传染病在传染期内或者有关精神病在发病期内的,医师应当提出医学意见;准备结婚的男女双方应当暂缓结婚。

第十条 经婚前医学检查,对诊断患医学上认为不宜生育的严重遗传性疾病的,医师应当向男女双方说明情况,提出医学意见;经男女双方同意,采取长效避孕措施或者施行结扎手术后不生育的,可以结婚。但《中华人民共和国婚姻法》规定禁止结婚的除外。

第十一条 接受婚前医学检查的人员对检查结果持有异议的,可以申请医学技术鉴定,取得医学鉴定证明。

第十二条 男女双方在结婚登记时,应当持有婚前医学检查证明或者医学鉴定证明。

第十三条 省、自治区、直辖市人民政府根据本地区的实际情况,制定婚前医学检查制度实施办法。

省、自治区、直辖市人民政府对婚前医学检查应当规定合理的收费标准,对边远贫困地区或者交费确有困难的人员应当给予减免。

第三章 孕产期保健

第十四条 医疗保健机构应当为育龄妇女和孕产妇提供孕产期保健服务。

孕产期保健服务包括下列内容:

(一)母婴保健指导:对孕育健康后代以及严重遗传性疾病和碘缺乏病等地方病的发病

原因、治疗和预防方法提供医学意见；

（二）孕妇、产妇保健：为孕妇、产妇提供卫生、营养、心理等方面的咨询和指导以及产前定期检查等医疗保健服务；

（三）胎儿保健：为胎儿生长发育进行监护，提供咨询和医学指导；

（四）新生儿保健：为新生儿生长发育、哺乳和护理提供医疗保健服务。

第十五条　对患严重疾病或者接触致畸物质，妊娠可能危及孕妇生命安全或者可能严重影响孕妇健康和胎儿正常发育的，医疗保健机构应当予以医学指导。

第十六条　医师发现或者怀疑患严重遗传性疾病的育龄夫妻，应当提出医学意见。育龄夫妻应当根据医师的医学意见采取相应的措施。

第十七条　经产前检查，医师发现或者怀疑胎儿异常的，应当对孕妇进行产前诊断。

第十八条　经产前诊断，有下列情形之一的，医师应当向夫妻双方说明情况，并提出终止妊娠的医学意见：

（一）胎儿患严重遗传性疾病的；

（二）胎儿有严重缺陷的；

（三）因患严重疾病，继续妊娠可能危及孕妇生命安全或者严重危害孕妇健康的。

第十九条　依照本法规定施行终止妊娠或者结扎手术，应当经本人同意，并签署意见。本人无行为能力的，应当经其监护人同意，并签署意见。

依照本法规定施行终止妊娠或者结扎手术的，接受免费服务。

第二十条　生育过严重缺陷患儿的妇女再次妊娠前，夫妻双方应当到县级以上医疗保健机构接受医学检查。

第二十一条　医师和助产人员应当严格遵守有关操作规程，提高助产技术和服务质量，预防和减少产伤。

第二十二条　不能住院分娩的孕妇应当由经过培训、具备相应接生能力的接生人员实行消毒接生。

第二十三条　医疗保健机构和从事家庭接生的人员按照国务院卫生行政部门的规定，出具统一制发的新生儿出生医学证明；有产妇和婴儿死亡以及新生儿出生缺陷情况的，应当向卫生行政部门报告。

第二十四条　医疗保健机构为产妇提供科学育儿、合理营养和母乳喂养的指导。

医疗保健机构对婴儿进行体格检查和预防接种，逐步开展新生儿疾病筛查、婴儿多发病和常见病防治等医疗保健服务。

第四章　技　术　鉴　定

第二十五条　县级以上地方人民政府可以设立医学技术鉴定组织，负责对婚前医学检查、遗传病诊断和产前诊断结果有异议的进行医学技术鉴定。

第二十六条　从事医学技术鉴定的人员，必须具有临床经验和医学遗传学知识，并具有主治医师以上的专业技术职务。

医学技术鉴定组织的组成人员，由卫生行政部门提名，同级人民政府聘任。

第二十七条 医学技术鉴定实行回避制度。凡与当事人有利害关系,可能影响公正鉴定的人员,应当回避。

第五章 行政管理

第二十八条 各级人民政府应当采取措施,加强母婴保健工作,提高医疗保健服务水平,积极防治由环境因素所致严重危害母亲和婴儿健康的地方性高发性疾病,促进母婴保健事业的发展。

第二十九条 县级以上地方人民政府卫生行政部门管理本行政区域内的母婴保健工作。

第三十条 省、自治区、直辖市人民政府卫生行政部门指定的医疗保健机构负责本行政区域内的母婴保健监测和技术指导。

第三十一条 医疗保健机构按照国务院卫生行政部门的规定,负责其职责范围内的母婴保健工作,建立医疗保健工作规范,提高医学技术水平,采取各种措施方便人民群众,做好母婴保健服务工作。

第三十二条 医疗保健机构依照本法规定开展婚前医学检查、遗传病诊断、产前诊断以及施行结扎手术和终止妊娠手术的,必须符合国务院卫生行政部门规定的条件和技术标准,并经县级以上地方人民政府卫生行政部门许可。

严禁采用技术手段对胎儿进行性别鉴定,但医学上确有需要的除外。

第三十三条 从事本法规定的遗传病诊断、产前诊断的人员,必须经过省、自治区、直辖市人民政府卫生行政部门的考核,并取得相应的合格证书。

从事本法规定的婚前医学检查、施行结扎手术和终止妊娠手术的人员,必须经过县级以上地方人民政府卫生行政部门的考核,并取得相应的合格证书。

第三十四条 从事母婴保健工作的人员应当严格遵守职业道德,为当事人保守秘密。

第六章 法律责任

第三十五条 未取得国家颁发的有关合格证书的,有下列行为之一,县级以上地方人民政府卫生行政部门应当予以制止,并可以根据情节给予警告或者处以罚款:

(一)从事婚前医学检查、遗传病诊断、产前诊断或者医学技术鉴定的;

(二)施行终止妊娠手术的;

(三)出具本法规定的有关医学证明的。

上款第(三)项出具的有关医学证明无效。

第三十六条 未取得国家颁发的有关合格证书,施行终止妊娠手术或者采取其他方法终止妊娠,致人死亡、残疾、丧失或者基本丧失劳动能力的,依照刑法有关规定追究刑事责任。

第三十七条 从事母婴保健工作的人员违反本法规定,出具有关虚假医学证明或者进行胎儿性别鉴定的,由医疗保健机构或者卫生行政部门根据情节给予行政处分;情节严重的,依法取消执业资格。

第七章 附 则

第三十八条 本法下列用语的含义:

指定传染病,是指《中华人民共和国传染病防治法》中规定的艾滋病、淋病、梅毒、麻风病以及医学上认为影响结婚和生育的其他传染病。

严重遗传性疾病,是指由于遗传因素先天形成,患者全部或者部分丧失自主生活能力,后代再现风险高,医学上认为不宜生育的遗传性疾病。

有关精神病,是指精神分裂症、躁狂抑郁型精神病以及其他重型精神病。

产前诊断,是指对胎儿进行先天性缺陷和遗传性疾病的诊断。

第三十九条 本法自 1995 年 6 月 1 日起施行。

中华人民共和国民用航空法

目 录

第一章 总则
第二章 民用航空器国籍
第三章 民用航空器权利
　第一节 一般规定
　第二节 民用航空器所有权和抵押权
　第三节 民用航空器优先权
　第四节 民用航空器租赁
第四章 民用航空器适航管理
第五章 航空人员
　第一节 一般规定
　第二节 机组
第六章 民用机场
第七章 空中航行
　第一节 空域管理
　第二节 飞行管理
　第三节 飞行保障
　第四节 飞行必备文件
第八章 公共航空运输企业
第九章 公共航空运输

第一节 一般规定
第二节 运输凭证
第三节 承运人的责任
第四节 实际承运人履行航空运输的特别规定
第十章 通用航空
第十一章 搜寻援救和事故调查
第十二章 对地面第三人损害的赔偿责任
第十三章 对外国民用航空器的特别规定
第十四章 涉外关系的法律适用
第十五章 法律责任
第十六章 附则

第一章 总 则

第一条 为了维护国家的领空主权和民用航空权利,保障民用航空活动安全和有秩序地进行,保护民用航空活动当事人各方的合法权益,促进民用航空事业的发展,制定本法。

第二条 中华人民共和国的领陆和领水之上的空域为中华人民共和国领空。中华人民共和国对领空享有完全的、排他的主权。

第三条 国务院民用航空主管部门对全国民用航空活动实施统一监督管理;根据法律和国务院的决定,在本部门的权限内,发布有关民用航空活动的规定、决定。

国务院民用航空主管部门设立的地区民用航空管理机构依照国务院民用航空主管部门的授权,监督管理各该地区的民用航空活动。

第四条 国家扶持民用航空事业的发展,鼓励和支持发展民用航空的科学研究和教育事业,提高民用航空科学技术水平。

国家扶持民用航空器制造业的发展,为民用航空活动提供安全、先进、经济、适用的民用航空器。

第二章 民用航空器国籍

第五条 本法所称民用航空器,是指除用于执行军事、海关、警察飞行任务外的航空器。

第六条 经中华人民共和国国务院民用航空主管部门依法进行国籍登记的民用航空器,具有中华人民共和国国籍,由国务院民用航空主管部门发给国籍登记证书。

国务院民用航空主管部门设立中华人民共和国民用航空器国籍登记簿,统一记载民用航空器的国籍登记事项。

第七条 下列民用航空器应当进行中华人民共和国国籍登记:
(一)中华人民共和国国家机构的民用航空器;
(二)依照中华人民共和国法律设立的企业法人的民用航空器;企业法人的注册资本中有外商出资的,其机构设置、人员组成和中方投资人的出资比例,应当符合行政法规的规定;

（三）国务院民用航空主管部门准予登记的其他民用航空器。

自境外租赁的民用航空器，承租人符合前款规定，该民用航空器的机组人员由承租人配备的，可以申请登记中华人民共和国国籍，但是必须先予注销该民用航空器原国籍登记。

第八条 依法取得中华人民共和国国籍的民用航空器，应当标明规定的国籍标志和登记标志。

第九条 民用航空器不得具有双重国籍。未注销外国国籍的民用航空器不得在中华人民共和国申请国籍登记。

第三章 民用航空器权利

第一节 一般规定

第十条 本章规定的对民用航空器的权利，包括对民用航空器构架、发动机、螺旋桨、无线电设备和其他一切为了在民用航空器上使用的，无论安装于其上或者暂时拆离的物品的权利。

第十一条 民用航空器权利人应当就下列权利分别向国务院民用航空主管部门办理权利登记：

（一）民用航空器所有权；

（二）通过购买行为取得并占有民用航空器的权利；

（三）根据租赁期限为六个月以上的租赁合同占有民用航空器的权利；

（四）民用航空器抵押权。

第十二条 国务院民用航空主管部门设立民用航空器权利登记簿。同一民用航空器的权利登记事项应当记载于同一权利登记簿中。

民用航空器权利登记事项，可以供公众查询、复制或者摘录。

第十三条 除民用航空器经依法强制拍卖外，在已经登记的民用航空器权利得到补偿或者民用航空器权利人同意之前，民用航空器的国籍登记或者权利登记不得转移至国外。

第二节 民用航空器所有权和抵押权

第十四条 民用航空器所有权的取得、转让和消灭，应当向国务院民用航空主管部门登记；未经登记的，不得对抗第三人。

民用航空器所有权的转让，应当签订书面合同。

第十五条 国家所有的民用航空器，由国家授予法人经营管理或者使用的，本法有关民用航空器所有人的规定适用于该法人。

第十六条 设定民用航空器抵押权，由抵押权人和抵押人共同向国务院民用航空主管部门办理抵押权登记；未经登记的，不得对抗第三人。

第十七条 民用航空器抵押权设定后，未经抵押权人同意，抵押人不得将被抵押民用航空器转让他人。

第三节 民用航空器优先权

第十八条 民用航空器优先权,是指债权人依照本法第十九条规定,向民用航空器所有人、承租人提出赔偿请求,对产生该赔偿请求的民用航空器具有优先受偿的权利。

第十九条 下列各项债权具有民用航空器优先权:
（一）援救该民用航空器的报酬;
（二）保管维护该民用航空器的必需费用。
前款规定的各项债权,后发生的先受偿。

第二十条 本法第十九条规定的民用航空器优先权,其债权人应当自援救或者保管维护工作终了之日起三个月内,就其债权向国务院民用航空主管部门登记。

第二十一条 为了债权人的共同利益,在执行人民法院判决以及拍卖过程中产生的费用,应当从民用航空器拍卖所得价款中先行拨付。

第二十二条 民用航空器优先权先于民用航空器抵押权受偿。

第二十三条 本法第十九条规定的债权转移的,其民用航空器优先权随之转移。

第二十四条 民用航空器优先权应当通过人民法院扣押产生优先权的民用航空器行使。

第二十五条 民用航空器优先权自援救或者保管维护工作终了之日起满三个月时终止;但是,债权人就其债权已经依照本法第二十条规定登记,并具有下列情形之一的除外:
（一）债权人、债务人已经就此项债权的金额达成协议;
（二）有关此项债权的诉讼已经开始。
民用航空器优先权不因民用航空器所有权的转让而消灭;但是,民用航空器经依法强制拍卖的除外。

第四节 民用航空器租赁

第二十六条 民用航空器租赁合同,包括融资租赁合同和其他租赁合同,应当以书面形式订立。

第二十七条 民用航空器的融资租赁,是指出租人按照承租人对供货方和民用航空器的选择,购得民用航空器,出租给承租人使用,由承租人定期交纳租金。

第二十八条 融资租赁期间,出租人依法享有民用航空器所有权,承租人依法享有民用航空器的占有、使用、收益权。

第二十九条 融资租赁期间,出租人不得干扰承租人依法占有、使用民用航空器;承租人应当适当地保管民用航空器,使之处于原交付时的状态,但是合理损耗和经出租人同意的对民用航空器的改变除外。

第三十条 融资租赁期满,承租人应当将符合本法第二十九条规定状态的民用航空器退还出租人;但是,承租人依照合同行使购买民用航空器的权利或者为继续租赁而占有民用航空器的除外。

第三十一条 民用航空器融资租赁中的供货方,不就同一损害同时对出租人和承租人承担责任。

第三十二条 融资租赁期间,经出租人同意,在不损害第三人利益的情况下,承租人可以转让其对民用航空器的占有权或者租赁合同约定的其他权利。

第三十三条 民用航空器的融资租赁和租赁期限为六个月以上的其他租赁,承租人应当就其对民用航空器的占有权向国务院民用航空主管部门办理登记;未经登记的,不得对抗第三人。

第四章 民用航空器适航管理

第三十四条 设计民用航空器及其发动机、螺旋桨和民用航空器上设备,应当向国务院民用航空主管部门申请领取型号合格证书。经审查合格的,发给型号合格证书。

第三十五条 生产、维修民用航空器及其发动机、螺旋桨和民用航空器上设备,应当向国务院民用航空主管部门申请领取生产许可证书、维修许可证书。经审查合格的,发给相应的证书。

第三十六条 外国制造人生产的任何型号的民用航空器及其发动机、螺旋桨和民用航空器上设备,首次进口中国的,该外国制造人应当向国务院民用航空主管部门申请领取型号认可证书。经审查合格的,发给型号认可证书。

已取得外国颁发的型号合格证书的民用航空器及其发动机、螺旋桨和民用航空器上设备,首次在中国境内生产的,该型号合格证书的持有人应当向国务院民用航空主管部门申请领取型号认可证书。经审查合格的,发给型号认可证书。

第三十七条 具有中华人民共和国国籍的民用航空器,应当持有国务院民用航空主管部门颁发的适航证书,方可飞行。

出口民用航空器及其发动机、螺旋桨和民用航空器上设备,制造人应当向国务院民用航空主管部门申请领取出口适航证书。经审查合格的,发给出口适航证书。

租用的外国民用航空器,应当经国务院民用航空主管部门对其原国籍登记国发给的适航证书审查认可或者另发适航证书,方可飞行。

民用航空器适航管理规定,由国务院制定。

第三十八条 民用航空器的所有人或者承租人应当按照适航证书规定的使用范围使用民用航空器,做好民用航空器的维修保养工作,保证民用航空器处于适航状态。

第五章 航 空 人 员

第一节 一 般 规 定

第三十九条 本法所称航空人员,是指下列从事民用航空活动的空勤人员和地面人员:

(一)空勤人员,包括驾驶员、飞行机械人员、乘务员;

(二)地面人员,包括民用航空器维修人员、空中交通管制员、飞行签派员、航空电台通信员。

第四十条　航空人员应当接受专门训练,经考核合格,取得国务院民用航空主管部门颁发的执照,方可担任其执照载明的工作。

空勤人员和空中交通管制员在取得执照前,还应当接受国务院民用航空主管部门认可的体格检查单位的检查,并取得国务院民用航空主管部门颁发的体格检查合格证书。

第四十一条　空勤人员在执行飞行任务时,应当随身携带执照和体格检查合格证书,并接受国务院民用航空主管部门的查验。

第四十二条　航空人员应当接受国务院民用航空主管部门定期或者不定期的检查和考核;经检查、考核合格的,方可继续担任其执照载明的工作。

空勤人员还应当参加定期的紧急程序训练。

空勤人员间断飞行的时间超过国务院民用航空主管部门规定时限的,应当经过检查和考核;乘务员以外的空勤人员还应当经过带飞。经检查、考核、带飞合格的,方可继续担任其执照载明的工作。

第二节　机　　组

第四十三条　民用航空器机组由机长和其他空勤人员组成。机长应当由具有独立驾驶该型号民用航空器的技术和经验的驾驶员担任。

机组的组成和人员数额,应当符合国务院民用航空主管部门的规定。

第四十四条　民用航空器的操作由机长负责,机长应当严格履行职责,保护民用航空器及其所载人员和财产的安全。

机长在其职权范围内发布的命令,民用航空器所载人员都应当执行。

第四十五条　飞行前,机长应当对民用航空器实施必要的检查;未经检查,不得起飞。

机长发现民用航空器、机场、气象条件等不符合规定,不能保证飞行安全的,有权拒绝起飞。

第四十六条　飞行中,对于任何破坏民用航空器、扰乱民用航空器内秩序、危害民用航空器所载人员或者财产安全以及其他危及飞行安全的行为,在保证安全的前提下,机长有权采取必要的适当措施。

飞行中,遇到特殊情况时,为保证民用航空器及其所载人员的安全,机长有权对民用航空器作出处置。

第四十七条　机长发现机组人员不适宜执行飞行任务的,为保证飞行安全,有权提出调整。

第四十八条　民用航空器遇险时,机长有权采取一切必要措施,并指挥机组人员和航空器上其他人员采取抢救措施。在必须撤离遇险民用航空器的紧急情况下,机长必须采取措施,首先组织旅客安全离开民用航空器;未经机长允许,机组人员不得擅自离开民用航空器;机长应当最后离开民用航空器。

第四十九条　民用航空器发生事故,机长应当直接或者通过空中交通管制单位,如实将事故情况及时报告国务院民用航空主管部门。

第五十条　机长收到船舶或者其他航空器的遇险信号,或者发现遇险的船舶、航空器及其人员,应当将遇险情况及时报告就近的空中交通管制单位并给予可能的合理的援助。

第五十一条 飞行中,机长因故不能履行职务的,由仅次于机长职务的驾驶员代理机长;在下一个经停地起飞前,民用航空器所有人或者承租人应当指派新机长接任。

第五十二条 只有一名驾驶员,不需配备其他空勤人员的民用航空器,本节对机长的规定,适用于该驾驶员。

第六章 民 用 机 场

第五十三条 本法所称民用机场,是指专供民用航空器起飞、降落、滑行、停放以及进行其他活动使用的划定区域,包括附属的建筑物、装置和设施。

本法所称民用机场不包括临时机场。

军民合用机场由国务院、中央军事委员会另行制定管理办法。

第五十四条 民用机场的建设和使用应当统筹安排、合理布局,提高机场的使用效率。

全国民用机场的布局和建设规划,由国务院民用航空主管部门会同国务院其他有关部门制定,并按照国家规定的程序,经批准后组织实施。

省、自治区、直辖市人民政府应当根据全国民用机场的布局和建设规划,制定本行政区域内的民用机场建设规划,并按照国家规定的程序报经批准后,将其纳入本级国民经济和社会发展规划。

第五十五条 民用机场建设规划应当与城市建设规划相协调。

第五十六条 新建、改建和扩建民用机场,应当符合依法制定的民用机场布局和建设规划,符合民用机场标准,并按照国家规定报经有关主管机关批准并实施。

不符合依法制定的民用机场布局和建设规划的民用机场建设项目,不得批准。

第五十七条 新建、扩建民用机场,应当由民用机场所在地县级以上地方人民政府发布公告。

前款规定的公告应当在当地主要报纸上刊登,并在拟新建、扩建机场周围地区张贴。

第五十八条 禁止在依法划定的民用机场范围内和按照国家规定划定的机场净空保护区域内从事下列活动:

(一)修建可能在空中排放大量烟雾、粉尘、火焰、废气而影响飞行安全的建筑物或者设施;

(二)修建靶场、强烈爆炸物仓库等影响飞行安全的建筑物或者设施;

(三)修建不符合机场净空要求的建筑物或者设施;

(四)设置影响机场目视助航设施使用的灯光、标志或者物体;

(五)种植影响飞行安全或者影响机场助航设施使用的植物;

(六)饲养、放飞影响飞行安全的鸟类动物和其他物体;

(七)修建影响机场电磁环境的建筑物或者设施。

禁止在依法划定的民用机场范围内放养牲畜。

第五十九条 民用机场新建、扩建的公告发布前,在依法划定的民用机场范围内和按照国家规定划定的机场净空保护区域内存在的可能影响飞行安全的建筑物、构筑物、树木、灯光和其他障碍物体,应当在规定的期限内清除;对由此造成的损失,应当给予补偿或者依法采取其他补救措施。

第六十条 民用机场新建、扩建的公告发布后,任何单位和个人违反本法和有关行政法规的规定,在依法划定的民用机场范围内和按照国家规定划定的机场净空保护区域内修建、种植或者设置影响飞行安全的建筑物、构筑物、树木、灯光和其他障碍物体的,由机场所在地县级以上地方人民政府责令清除;由此造成的损失,由修建、种植或者设置该障碍物体的人承担。

第六十一条 在民用机场及其按照国家规定划定的净空保护区域以外,对可能影响飞行安全的高大建筑物或者设施,应当按照国家有关规定设置飞行障碍灯和标志,并使其保持正常状态。

第六十二条 民用机场应当持有机场使用许可证,方可开放使用。

民用机场具备下列条件,并按照国家规定经验收合格后,方可申请机场使用许可证:

(一)具备与其运营业务相适应的飞行区、航站区、工作区以及服务设施和人员;
(二)具备能够保障飞行安全的空中交通管制、通信导航、气象等设施和人员;
(三)具备符合国家规定的安全保卫条件;
(四)具备处理特殊情况的应急计划以及相应的设施和人员;
(五)具备国务院民用航空主管部门规定的其他条件。

国际机场还应当具备国际通航条件,设立海关和其他口岸检查机关。

第六十三条 民用机场使用许可证由机场管理机构向国务院民用航空主管部门申请,经国务院民用航空主管部门审查批准后颁发。

第六十四条 设立国际机场,由国务院民用航空主管部门报请国务院审查批准。

国际机场的开放使用,由国务院民用航空主管部门对外公告;国际机场资料由国务院民用航空主管部门统一对外提供。

第六十五条 民用机场应当按照国务院民用航空主管部门的规定,采取措施,保证机场内人员和财产的安全。

第六十六条 供运输旅客或者货物的民用航空器使用的民用机场,应当按照国务院民用航空主管部门规定的标准,设置必要设施,为旅客和货物托运人、收货人提供良好服务。

第六十七条 民用机场管理机构应当依照环境保护法律、行政法规的规定,做好机场环境保护工作。

第六十八条 民用航空器使用民用机场及其助航设施的,应当缴纳使用费、服务费;使用费、服务费的收费标准,由国务院民用航空主管部门制定。

第六十九条 民用机场废弃或者改作他用,民用机场管理机构应当依照国家规定办理报批手续。

第七章 空中航行

第一节 空域管理

第七十条 国家对空域实行统一管理。

第七十一条 划分空域,应当兼顾民用航空和国防安全的需要以及公众的利益,使空域得到合理、充分、有效的利用。

第七十二条 空域管理的具体办法,由国务院、中央军事委员会制定。

第二节 飞 行 管 理

第七十三条 在一个划定的管制空域内,由一个空中交通管制单位负责该空域内的航空器的空中交通管制。

第七十四条 民用航空器在管制空域内进行飞行活动,应当取得空中交通管制单位的许可。

第七十五条 民用航空器应当按照空中交通管制单位指定的航路和飞行高度飞行;因故确需偏离指定的航路或者改变飞行高度飞行的,应当取得空中交通管制单位的许可。

第七十六条 在中华人民共和国境内飞行的航空器,必须遵守统一的飞行规则。

进行目视飞行的民用航空器,应当遵守目视飞行规则,并与其他航空器、地面障碍物体保持安全距离。

进行仪表飞行的民用航空器,应当遵守仪表飞行规则。

飞行规则由国务院、中央军事委员会制定。

第七十七条 民用航空器机组人员的飞行时间、执勤时间不得超过国务院民用航空主管部门规定的时限。

民用航空器机组人员受到酒类饮料、麻醉剂或者其他药物的影响,损及工作能力的,不得执行飞行任务。

第七十八条 民用航空器除按照国家规定经特别批准外,不得飞入禁区;除遵守规定的限制条件外,不得飞入限制区。

前款规定的禁区和限制区,依照国家规定划定。

第七十九条 民用航空器不得飞越城市上空;但是,有下列情形之一的除外:

(一)起飞、降落或者指定的航路所必需的;

(二)飞行高度足以使该航空器在发生紧急情况时离开城市上空,而不致危及地面上的人员、财产安全的;

(三)按照国家规定的程序获得批准的。

第八十条 飞行中,民用航空器不得投掷物品;但是,有下列情形之一的除外:

(一)飞行安全所必需的;

(二)执行救助任务或者符合社会公共利益的其他飞行任务所必需的。

第八十一条 民用航空器未经批准不得飞出中华人民共和国领空。

对未经批准正在飞离中华人民共和国领空的民用航空器,有关部门有权根据具体情况采取必要措施,予以制止。

第三节 飞 行 保 障

第八十二条 空中交通管制单位应当为飞行中的民用航空器提供空中交通服务,包括空中交通管制服务、飞行情报服务和告警服务。

提供空中交通管制服务,旨在防止民用航空器同航空器、民用航空器同障碍物体相撞,维持并加速空中交通的有秩序的活动。

提供飞行情报服务,旨在提供有助于安全和有效地实施飞行的情报和建议。

提供告警服务,旨在当民用航空器需要搜寻援救时,通知有关部门,并根据要求协助该有关部门进行搜寻援救。

第八十三条 空中交通管制单位发现民用航空器偏离指定航路、迷失航向时,应当迅速采取一切必要措施,使其回归航路。

第八十四条 航路上应当设置必要的导航、通信、气象和地面监视设备。

第八十五条 航路上影响飞行安全的自然障碍物体,应当在航图上标明;航路上影响飞行安全的人工障碍物体,应当设置飞行障碍灯和标志,并使其保持正常状态。

第八十六条 在距离航路边界三十公里以内的地带,禁止修建靶场和其他可能影响飞行安全的设施;但是,平射轻武器靶场除外。

在前款规定地带以外修建固定的或者临时性对空发射场,应当按照国家规定获得批准;对空发射场的发射方向,不得与航路交叉。

第八十七条 任何可能影响飞行安全的活动,应当依法获得批准,并采取确保飞行安全的必要措施,方可进行。

第八十八条 国务院民用航空主管部门应当依法对民用航空无线电台和分配给民用航空系统使用的专用频率实施管理。

任何单位或者个人使用的无线电台和其他仪器、装置,不得妨碍民用航空无线电专用频率的正常使用。对民用航空无线电专用频率造成有害干扰的,有关单位或者个人应当迅速排除干扰;未排除干扰前,应当停止使用该无线电台或者其他仪器、装置。

第八十九条 邮电通信企业应当对民用航空电信传递优先提供服务。

国家气象机构应当对民用航空气象机构提供必要的气象资料。

第四节 飞行必备文件

第九十条 从事飞行的民用航空器,应当携带下列文件:

(一)民用航空器国籍登记证书;

(二)民用航空器适航证书;

(三)机组人员相应的执照;

(四)民用航空器航行记录簿;

(五)装有无线电设备的民用航空器,其无线电台执照;

(六)载有旅客的民用航空器,其所载旅客姓名及其出发地点和目的地点的清单;

(七)载有货物的民用航空器,其所载货物的舱单和明细的申报单;

(八)根据飞行任务应当携带的其他文件。

民用航空器未按规定携带前款所列文件的,国务院民用航空主管部门或者其授权的地区民用航空管理机构可以禁止该民用航空器起飞。

第八章 公共航空运输企业

第九十一条 公共航空运输企业,是指以营利为目的,使用民用航空器运送旅客、行李、邮件或者货物的企业法人。

第九十二条 企业从事公共航空运输,应当向国务院民用航空主管部门申请领取经营许可证。

第九十三条 取得公共航空运输经营许可,应当具备下列条件:

(一)有符合国家规定的适应保证飞行安全要求的民用航空器;

(二)有必需的依法取得执照的航空人员;

(三)有不少于国务院规定的最低限额的注册资本;

(四)法律、行政法规规定的其他条件。

第九十四条 公共航空运输企业的组织形式、组织机构适用公司法的规定。

本法施行前设立的公共航空运输企业,其组织形式、组织机构不完全符合公司法规定的,可以继续沿用原有的规定,适用前款规定的日期由国务院规定。

第九十五条 公共航空运输企业应当以保证飞行安全和航班正常,提供良好服务为准则,采取有效措施,提高运输服务质量。

公共航空运输企业应当教育和要求本企业职工严格履行职责,以文明礼貌、热情周到的服务态度,认真做好旅客和货物运输的各项服务工作。

旅客运输航班延误的,应当在机场内及时通告有关情况。

第九十六条 公共航空运输企业申请经营定期航班运输(以下简称航班运输)的航线,暂停、终止经营航线,应当报经国务院民用航空主管部门批准。

公共航空运输企业经营航班运输,应当公布班期时刻。

第九十七条 公共航空运输企业的营业收费项目,由国务院民用航空主管部门确定。

国内航空运输的运价管理办法,由国务院民用航空主管部门会同国务院物价主管部门制定,报国务院批准后执行。

国际航空运输运价的制定按照中华人民共和国政府与外国政府签订的协定、协议的规定执行;没有协定、协议的,参照国际航空运输市场价格确定。

第九十八条 公共航空运输企业从事不定期运输,应当经国务院民用航空主管部门批准,并不得影响航班运输的正常经营。

第九十九条 公共航空运输企业应当依照国务院制定的公共航空运输安全保卫规定,制定安全保卫方案,并报国务院民用航空主管部门备案。

第一百条 公共航空运输企业不得运输法律、行政法规规定的禁运物品。

公共航空运输企业未经国务院民用航空主管部门批准,不得运输作战军火、作战物资。

禁止旅客随身携带法律、行政法规规定的禁运物品乘坐民用航空器。

第一百零一条 公共航空运输企业运输危险品,应当遵守国家有关规定。

禁止以非危险品品名托运危险品。

禁止旅客随身携带危险品乘坐民用航空器。除因执行公务并按照国家规定经过批准外,禁止旅客携带枪支、管制刀具乘坐民用航空器。禁止违反国务院民用航空主管部门的规定将危险品作为行李托运。

危险品品名由国务院民用航空主管部门规定并公布。

第一百零二条 公共航空运输企业不得运输拒绝接受安全检查的旅客,不得违反国家规定运输未经安全检查的行李。

公共航空运输企业必须按照国务院民用航空主管部门的规定,对承运的货物进行安全检查或者采取其他保证安全的措施。

第一百零三条 公共航空运输企业从事国际航空运输的民用航空器及其所载人员、行李、货物应当接受边防、海关、检疫等主管部门的检查;但是,检查时应当避免不必要的延误。

第一百零四条 公共航空运输企业应当依照有关法律、行政法规的规定优先运输邮件。

第一百零五条 公共航空运输企业应当投保地面第三人责任险。

第九章 公共航空运输

第一节 一般规定

第一百零六条 本章适用于公共航空运输企业使用民用航空器经营的旅客、行李或者货物的运输,包括公共航空运输企业使用民用航空器办理的免费运输。

本章不适用于使用民用航空器办理的邮件运输。

对多式联运方式的运输,本章规定适用于其中的航空运输部分。

第一百零七条 本法所称国内航空运输,是指根据当事人订立的航空运输合同,运输的出发地点、约定的经停地点和目的地点均在中华人民共和国境内的运输。

本法所称国际航空运输,是指根据当事人订立的航空运输合同,无论运输有无间断或者有无转运,运输的出发地点、目的地点或者约定的经停地点之一不在中华人民共和国境内的运输。

第一百零八条 航空运输合同各方认为几个连续的航空运输承运人办理的运输是一项单一业务活动的,无论其形式是以一个合同订立或者数个合同订立,应当视为一项不可分割的运输。

第二节 运输凭证

第一百零九条 承运人运送旅客,应当出具客票。旅客乘坐民用航空器,应当交验有效客票。

第一百一十条 客票应当包括的内容由国务院民用航空主管部门规定,至少应当包括以下内容:

(一)出发地点和目的地点;

(二)出发地点和目的地点均在中华人民共和国境内,而在境外有一个或者数个约定的经停地点的,至少注明一个经停地点;

(三)旅客航程的最终目的地点、出发地点或者约定的经停地点之一不在中华人民共和国境内,依照所适用的国际航空运输公约的规定,应当在客票上声明此项运输适用该公约的,客票上应当载有该项声明。

第一百一十一条 客票是航空旅客运输合同订立和运输合同条件的初步证据。

旅客未能出示客票、客票不符合规定或者客票遗失,不影响运输合同的存在或者有效。

在国内航空运输中,承运人同意旅客不经其出票而乘坐民用航空器的,承运人无权援用本法第一百二十八条有关赔偿责任限制的规定。

在国际航空运输中,承运人同意旅客不经其出票而乘坐民用航空器的,或者客票上未依照本法第一百一十条第(三)项的规定声明的,承运人无权援用本法第一百二十九条有关赔偿责任限制的规定。

第一百一十二条 承运人载运托运行李时,行李票可以包含在客票之内或者与客票相结合。除本法第一百一十条的规定外,行李票还应当包括下列内容:

(一)托运行李的件数和重量;

(二)需要声明托运行李在目的地点交付时的利益的,注明声明金额。

行李票是行李托运和运输合同条件的初步证据。

旅客未能出示行李票、行李票不符合规定或者行李票遗失,不影响运输合同的存在或者有效。

在国内航空运输中,承运人载运托运行李而不出具行李票的,承运人无权援用本法第一百二十八条有关赔偿责任限制的规定。

在国际航空运输中,承运人载运托运行李而不出具行李票的,或者行李票上未依照本法第一百一十条第(三)项的规定声明的,承运人无权援用本法第一百二十九条有关赔偿责任限制的规定。

第一百一十三条 承运人有权要求托运人填写航空货运单,托运人有权要求承运人接受该航空货运单。托运人未能出示航空货运单、航空货运单不符合规定或者航空货运单遗失,不影响运输合同的存在或者有效。

第一百一十四条 托运人应当填写航空货运单正本一式三份,连同货物交给承运人。

航空货运单第一份注明"交承运人",由托运人签字、盖章;第二份注明"交收货人",由托运人和承运人签字、盖章;第三份由承运人在接受货物后签字、盖章,交给托运人。

承运人根据托运人的请求填写航空货运单的,在没有相反证据的情况下,应当视为代托运人填写。

第一百一十五条 航空货运单应当包括的内容由国务院民用航空主管部门规定,至少应当包括以下内容:

(一)出发地点和目的地点;

(二)出发地点和目的地点均在中华人民共和国境内,而在境外有一个或者数个约定的经停地点的,至少注明一个经停地点;

(三)货物运输的最终目的地点、出发地点或者约定的经停地点之一不在中华人民共和国境内,依照所适用的国际航空运输公约的规定,应当在货运单上声明此项运输适用该公约的,货运单上应当载有该项声明。

第一百一十六条 在国内航空运输中,承运人同意未经填具航空货运单而载运货物的,承运人无权援用本法第一百二十八条有关赔偿责任限制的规定。

在国际航空运输中,承运人同意未经填具航空货运单而载运货物的,或者航空货运单上未依照本法第一百一十五条第(三)项的规定声明的,承运人无权援用本法第一百二十九条有关赔偿责任限制的规定。

第一百一十七条 托运人应当对航空货运单上所填关于货物的说明和声明的正确性负责。

因航空货运单上所填的说明和声明不符合规定、不正确或者不完全,给承运人或者承运人对之负责的其他人造成损失的,托运人应当承担赔偿责任。

第一百一十八条 航空货运单是航空货物运输合同订立和运输条件以及承运人接受货物的初步证据。

航空货运单上关于货物的重量、尺寸、包装和包装件数的说明具有初步证据的效力。除经过承运人和托运人当面查对并在航空货运单上注明经过查对或者书写关于货物的外表情况的说明外,航空货运单上关于货物的数量、体积和情况的说明不能构成不利于承运人的证据。

第一百一十九条 托运人在履行航空货物运输合同规定的义务的条件下,有权在出发地机场或者目的地机场将货物提回,或者在途中经停时中止运输,或者在目的地点或者途中要求将货物交给非航空货运单上指定的收货人,或者要求将货物运回出发地机场;但是,托运人不得因行使此种权利而使承运人或者其他托运人遭受损失,并应当偿付由此产生的费用。

托运人的指示不能执行的,承运人应当立即通知托运人。

承运人按照托运人的指示处理货物,没有要求托运人出示其所收执的航空货运单,给该航空货运单的合法持有人造成损失的,承运人应当承担责任,但是不妨碍承运人向托运人追偿。

收货人的权利依照本法第一百二十条规定开始时,托运人的权利即告终止;但是,收货人拒绝接受航空货运单或者货物,或者承运人无法同收货人联系的,托运人恢复其对货物的处置权。

第一百二十条 除本法第一百一十九条所列情形外,收货人于货物到达目的地点,并在缴付应付款项和履行航空货运单上所列运输条件后,有权要求承运人移交航空货运单并交付货物。

除另有约定外,承运人应当在货物到达后立即通知收货人。

承运人承认货物已经遗失,或者货物在应当到达之日起七日后仍未到达的,收货人有权向承运人行使航空货物运输合同所赋予的权利。

第一百二十一条 托运人和收货人在履行航空货物运输合同规定的义务的条件下,无论为本人或者他人的利益,可以以本人的名义分别行使本法第一百一十九条和第一百二十条所赋予的权利。

第一百二十二条 本法第一百一十九条、第一百二十条和第一百二十一条的规定,不影响托运人同收货人之间的相互关系,也不影响从托运人或者收货人获得权利的第三人之间的关系。

任何与本法第一百一十九条、第一百二十条和第一百二十一条规定不同的合同条款,应当在航空货运单上载明。

第一百二十三条 托运人应当提供必需的资料和文件,以便在货物交付收货人前完成法律、行政法规规定的有关手续;因没有此种资料、文件,或者此种资料、文件不充足或者不符合规定造成的损失,除由于承运人或者其受雇人、代理人的过错造成的外,托运人应当对承运人承担责任。

除法律、行政法规另有规定外,承运人没有对前款规定的资料或者文件进行检查的义务。

第三节 承运人的责任

第一百二十四条 因发生在民用航空器上或者在旅客上、下民用航空器过程中的事件,造成旅客人身伤亡的,承运人应当承担责任;但是,旅客的人身伤亡完全是由于旅客本人的健康状况造成的,承运人不承担责任。

第一百二十五条 因发生在民用航空器上或者在旅客上、下民用航空器过程中的事件,造成旅客随身携带物品毁灭、遗失或者损坏的,承运人应当承担责任。因发生在航空运输期间的事件,造成旅客的托运行李毁灭、遗失或者损坏的,承运人应当承担责任。

旅客随身携带物品或者托运行李的毁灭、遗失或者损坏完全是由于行李本身的自然属性、质量或者缺陷造成的,承运人不承担责任。

本章所称行李,包括托运行李和旅客随身携带的物品。

因发生在航空运输期间的事件,造成货物毁灭、遗失或者损坏的,承运人应当承担责任;但是,承运人证明货物的毁灭、遗失或者损坏完全是由于下列原因之一造成的,不承担责任:

(一)货物本身的自然属性、质量或者缺陷;
(二)承运人或者其受雇人、代理人以外的人包装货物的,货物包装不良;
(三)战争或者武装冲突;
(四)政府有关部门实施的与货物入境、出境或者过境有关的行为。

本条所称航空运输期间,是指在机场内、民用航空器上或者机场外降落的任何地点,托运行李、货物处于承运人掌管之下的全部期间。

航空运输期间,不包括机场外的任何陆路运输、海上运输、内河运输过程;但是,此种陆路运输、海上运输、内河运输是为了履行航空运输合同而装载、交付或者转运,在没有相反证据的情况下,所发生的损失视为在航空运输期间发生的损失。

第一百二十六条 旅客、行李或者货物在航空运输中因延误造成的损失,承运人应当承担责任;但是,承运人证明本人或者其受雇人、代理人为了避免损失的发生,已经采取一切必要措施或者不可能采取此种措施的,不承担责任。

第一百二十七条 在旅客、行李运输中,经承运人证明,损失是由索赔人的过错造成或者促成的,应当根据造成或者促成此种损失的过错的程度,相应免除或者减轻承运人的责任。旅客以外的其他人就旅客死亡或者受伤提出赔偿请求时,经承运人证明,死亡或者受伤是旅客本人的过错造成或者促成的,同样应当根据造成或者促成此种损失的过错的程度,相应免除或者减轻承运人的责任。

在货物运输中,经承运人证明,损失是由索赔人或者代行权利人的过错造成或者促成的,应当根据造成或者促成此种损失的过错的程度,相应免除或者减轻承运人的责任。

第一百二十八条 国内航空运输承运人的赔偿责任限额由国务院民用航空主管部门制定,报国务院批准后公布执行。

旅客或者托运人在交运托运行李或者货物时,特别声明在目的地点交付时的利益,并在必要时支付附加费的,除承运人证明旅客或者托运人声明的金额高于托运行李或者货物在目的地点交付时的实际利益外,承运人应当在声明金额范围内承担责任;本法第一百二十九条的其他规定,除赔偿责任限额外,适用于国内航空运输。

第一百二十九条 国际航空运输承运人的赔偿责任限额按照下列规定执行:

(一)对每名旅客的赔偿责任限额为16600计算单位;但是,旅客可以同承运人书面约定高于本项规定的赔偿责任限额。

(二)对托运行李或者货物的赔偿责任限额,每公斤为17计算单位。旅客或者托运人在交运托运行李或者货物时,特别声明在目的地点交付时的利益,并在必要时支付附加费的,除承运人证明旅客或者托运人声明的金额高于托运行李或者货物在目的地点交付时的实际利益外,承运人应当在声明金额范围内承担责任。

托运行李或者货物的一部分或者托运行李、货物中的任何物件毁灭、遗失、损坏或者延误的,用以确定承运人赔偿责任限额的重量,仅为该一包件或者数包件的总重量;但是,因托运行李或者货物的一部分或者托运行李、货物中的任何物件的毁灭、遗失、损坏或者延误,影响同一份行李票或者同一份航空货运单所列其他包件的价值的,确定承运人的赔偿责任限额时,此种包件的总重量也应当考虑在内。

(三)对每名旅客随身携带的物品的赔偿责任限额为332计算单位。

第一百三十条 任何旨在免除本法规定的承运人责任或者降低本法规定的赔偿责任限额的条款,均属无效;但是,此种条款的无效,不影响整个航空运输合同的效力。

第一百三十一条 有关航空运输中发生的损失的诉讼,不论其根据如何,只能依照本法规定的条件和赔偿责任限额提出,但是不妨碍谁有权提起诉讼以及他们各自的权利。

第一百三十二条 经证明,航空运输中的损失是由于承运人或者其受雇人、代理人的故意或者明知可能造成损失而轻率地作为或者不作为造成的,承运人无权援用本法第一百二十八条、第一百二十九条有关赔偿责任限制的规定;证明承运人的受雇人、代理人有此种作为或者不作为的,还应当证明该受雇人、代理人是在受雇、代理范围内行事。

第一百三十三条 就航空运输中的损失向承运人的受雇人、代理人提起诉讼时,该受雇人、代理人证明他是在受雇、代理范围内行事的,有权援用本法第一百二十八条、第一百二十九条有关赔偿责任限制的规定。

在前款规定情形下,承运人及其受雇人、代理人的赔偿总额不得超过法定的赔偿责任限额。

经证明,航空运输中的损失是由于承运人的受雇人、代理人的故意或者明知可能造成损失而轻率地作为或者不作为造成的,不适用本条第一款和第二款的规定。

第一百三十四条 旅客或者收货人收受托运行李或者货物而未提出异议,为托运行李或者货物已经完好交付并与运输凭证相符的初步证据。

托运行李或者货物发生损失的,旅客或者收货人应当在发现损失后向承运人提出异议。托运行李发生损失的,至迟应当自收到托运行李之日起七日内提出;货物发生损失的,至迟应当自收到货物之日起十四日内提出。托运行李或者货物发生延误的,至迟应当自托运行李或者货物交付旅客或者收货人处置之日起二十一日内提出。

任何异议均应当在前款规定的期间内写在运输凭证上或者另以书面提出。

除承运人有欺诈行为外,旅客或者收货人未在本条第二款规定的期间内提出异议的,不能向承运人提出索赔诉讼。

第一百三十五条 航空运输的诉讼时效期间为二年,自民用航空器到达目的地点、应当到达目的地点或者运输终止之日起计算。

第一百三十六条 由几个航空承运人办理的连续运输,接受旅客、行李或者货物的每一个承运人应当受本法规定的约束,并就其根据合同办理的运输区段作为运输合同的订约一方。

对前款规定的连续运输,除合同明文约定第一承运人应当对全程运输承担责任外,旅客或者其继承人只能对发生事故或者延误的运输区段的承运人提起诉讼。

托运行李或者货物的毁灭、遗失、损坏或者延误,旅客或者托运人有权对第一承运人提起诉讼,旅客或者收货人有权对最后承运人提起诉讼,旅客、托运人和收货人均可以对发生毁灭、遗失、损坏或者延误的运输区段的承运人提起诉讼。上述承运人应当对旅客、托运人或者收货人承担连带责任。

第四节 实际承运人履行航空运输的特别规定

第一百三十七条 本节所称缔约承运人,是指以本人名义与旅客或者托运人,或者与旅客或者托运人的代理人,订立本章调整的航空运输合同的人。

本节所称实际承运人,是指根据缔约承运人的授权,履行前款全部或者部分运输的人,不是指本章规定的连续承运人;在没有相反证明时,此种授权被认为是存在的。

第一百三十八条 除本节另有规定外,缔约承运人和实际承运人都应当受本章规定的约束。缔约承运人应当对合同约定的全部运输负责。实际承运人应当对其履行的运输负责。

第一百三十九条 实际承运人的作为和不作为,实际承运人的受雇人、代理人在受雇、代理范围内的作为和不作为,关系到实际承运人履行的运输的,应当视为缔约承运人的作为和不作为。

缔约承运人的作为和不作为,缔约承运人的受雇人、代理人在受雇、代理范围内的作为和不作为,关系到实际承运人履行的运输的,应当视为实际承运人的作为和不作为;但是,实际承运人承担的责任不因此种作为或者不作为而超过法定的赔偿责任限额。

任何有关缔约承运人承担本章未规定的义务或者放弃本章赋予的权利的特别协议,或者任何有关依照本法第一百二十八条、第一百二十九条规定所作的在目的地点交付时利益的特别声明,除经实际承运人同意外,均不得影响实际承运人。

第一百四十条　依照本章规定提出的索赔或者发出的指示,无论是向缔约承运人还是向实际承运人提出或者发出的,具有同等效力;但是,本法第一百一十九条规定的指示,只在向缔约承运人发出时,方有效。

第一百四十一条　实际承运人的受雇人、代理人或者缔约承运人的受雇人、代理人,证明他是在受雇、代理范围内行事的,就实际承运人履行的运输而言,有权援用本法第一百二十八条、第一百二十九条有关赔偿责任限制的规定,但是依照本法规定不得援用赔偿责任限制规定的除外。

第一百四十二条　对于实际承运人履行的运输,实际承运人、缔约承运人以及他们的在受雇、代理范围内行事的受雇人、代理人的赔偿总额不得超过依照本法得以从缔约承运人或者实际承运人获得赔偿的最高数额;但是,其中任何人都不承担超过对他适用的赔偿责任限额。

第一百四十三条　对实际承运人履行的运输提起的诉讼,可以分别对实际承运人或者缔约承运人提起,也可以同时对实际承运人和缔约承运人提起;被提起诉讼的承运人有权要求另一承运人参加应诉。

第一百四十四条　除本法第一百四十三条规定外,本节规定不影响实际承运人和缔约承运人之间的权利、义务。

第十章　通用航空

第一百四十五条　通用航空,是指使用民用航空器从事公共航空运输以外的民用航空活动,包括从事工业、农业、林业、渔业和建筑业的作业飞行以及医疗卫生、抢险救灾、气象探测、海洋监测、科学实验、教育训练、文化体育等方面的飞行活动。

第一百四十六条　从事通用航空活动,应当具备下列条件:

(一)有与所从事的通用航空活动相适应,符合保证飞行安全要求的民用航空器;

(二)有必需的依法取得执照的航空人员;

(三)符合法律、行政法规规定的其他条件。

从事经营性通用航空,限于企业法人。

第一百四十七条　从事非经营性通用航空的,应当向国务院民用航空主管部门办理登记。

从事经营性通用航空的,应当向国务院民用航空主管部门申请领取通用航空经营许可证。

第一百四十八条　通用航空企业从事经营性通用航空活动,应当与用户订立书面合同,但是紧急情况下的救护或者救灾飞行除外。

第一百四十九条　组织实施作业飞行时,应当采取有效措施,保证飞行安全,保护环境和生态平衡,防止对环境、居民、作物或者牲畜等造成损害。

第一百五十条　从事通用航空活动的,应当投保地面第三人责任险。

第十一章　搜寻援救和事故调查

第一百五十一条　民用航空器遇到紧急情况时,应当发送信号,并向空中交通管制单位报告,提出援救请求;空中交通管制单位应当立即通知搜寻援救协调中心。民用航空器在海上遇到紧急情况时,还应当向船舶和国家海上搜寻援救组织发送信号。

第一百五十二条　发现民用航空器遇到紧急情况或者收听到民用航空器遇到紧急情况的信号的单位或者个人,应当立即通知有关的搜寻援救协调中心、海上搜寻援救组织或者当地人民政府。

第一百五十三条　收到通知的搜寻援救协调中心、地方人民政府和海上搜寻援救组织,应当立即组织搜寻援救。

收到通知的搜寻援救协调中心,应当设法将已经采取的搜寻援救措施通知遇到紧急情况的民用航空器。

搜寻援救民用航空器的具体办法,由国务院规定。

第一百五十四条　执行搜寻援救任务的单位或者个人,应当尽力抢救民用航空器所载人员,按照规定对民用航空器采取抢救措施并保护现场,保存证据。

第一百五十五条　民用航空器事故的当事人以及有关人员在接受调查时,应当如实提供现场情况和与事故有关的情节。

第一百五十六条　民用航空器事故调查的组织和程序,由国务院规定。

第十二章　对地面第三人损害的赔偿责任

第一百五十七条　因飞行中的民用航空器或者从飞行中的民用航空器上落下的人或者物,造成地面(包括水面,下同)上的人身伤亡或者财产损害的,受害人有权获得赔偿;但是,所受损害并非造成损害的事故的直接后果,或者所受损害仅是民用航空器依照国家有关的空中交通规则在空中通过造成的,受害人无权要求赔偿。

前款所称飞行中,是指自民用航空器为实际起飞而使用动力时起至着陆冲程终了时止;就轻于空气的民用航空器而言,飞行中是指自其离开地面时起至其重新着地时止。

第一百五十八条　本法第一百五十七条规定的赔偿责任,由民用航空器的经营人承担。

前款所称经营人,是指损害发生时使用民用航空器的人。民用航空器的使用权已经直接或者间接地授予他人,本人保留对该民用航空器的航行控制权的,本人仍被视为经营人。

经营人的受雇人、代理人在受雇、代理过程中使用民用航空器,无论是否在其受雇、代理范围内行事,均视为经营人使用民用航空器。

民用航空器登记的所有人应当被视为经营人,并承担经营人的责任;除非在判定其责任的诉讼中,所有人证明经营人是他人,并在法律程序许可的范围内采取适当措施使该人成为诉讼当事人之一。

第一百五十九条　未经对民用航空器有航行控制权的人同意而使用民用航空器,对地面第三人造成损害的,有航行控制权的人除证明本人已经适当注意防止此种使用外,应当与该非法使用人承担连带责任。

第一百六十条 损害是武装冲突或者骚乱的直接后果,依照本章规定应当承担责任的人不承担责任。

依照本章规定应当承担责任的人对民用航空器的使用权业经国家机关依法剥夺的,不承担责任。

第一百六十一条 依照本章规定应当承担责任的人证明损害是完全由于受害人或者其受雇人、代理人的过错造成的,免除其赔偿责任;应当承担责任的人证明损害是部分由于受害人或者其受雇人、代理人的过错造成的,相应减轻其赔偿责任。但是,损害是由于受害人的受雇人、代理人的过错造成时,受害人证明其受雇人、代理人的行为超出其所授权的范围的,不免除或者不减轻应当承担责任的人的赔偿责任。

一人对另一人的死亡或者伤害提起诉讼,请求赔偿时,损害是该另一人或者其受雇人、代理人的过错造成的,适用前款规定。

第一百六十二条 两个以上的民用航空器在飞行中相撞或者相扰,造成本法第一百五十七条规定的应当赔偿的损害,或者两个以上的民用航空器共同造成此种损害的,各有关民用航空器均应当被认为已经造成此种损害,各有关民用航空器的经营人均应当承担责任。

第一百六十三条 本法第一百五十八条第四款和第一百五十九条规定的人,享有依照本章规定经营人所能援用的抗辩权。

第一百六十四条 除本章有明确规定外,经营人、所有人和本法第一百五十九条规定的应当承担责任的人,以及他们的受雇人、代理人,对于飞行中的民用航空器或者从飞行中的民用航空器上落下的人或者物造成的地面上的损害不承担责任,但是故意造成此种损害的人除外。

第一百六十五条 本章不妨碍依照本章规定应当对损害承担责任的人向他人追偿的权利。

第一百六十六条 民用航空器的经营人应当投保地面第三人责任险或者取得相应的责任担保。

第一百六十七条 保险人和担保人除享有与经营人相同的抗辩权,以及对伪造证件进行抗辩的权利外,对依照本章规定提出的赔偿请求只能进行下列抗辩:

(一)损害发生在保险或者担保终止有效后;然而保险或者担保在飞行中期满的,该项保险或者担保在飞行计划中所载下一次降落前继续有效,但是不得超过二十四小时;

(二)损害发生在保险或者担保所指定的地区范围外,除非飞行超出该范围是由于不可抗力、援助他人所必需,或者驾驶、航行或者领航上的差错造成的。

前款关于保险或者担保继续有效的规定,只在对受害人有利时适用。

第一百六十八条 仅在下列情形下,受害人可以直接对保险人或者担保人提起诉讼,但是不妨碍受害人根据有关保险合同或者担保合同的法律规定提起直接诉讼的权利:

(一)根据本法第一百六十七条第(一)项、第(二)项规定,保险或者担保继续有效的;

(二)经营人破产的。

除本法第一百六十七条第一款规定的抗辩权,保险人或者担保人对受害人依照本章规定提起的直接诉讼不得以保险或者担保的无效或者追溯力终止为由进行抗辩。

第一百六十九条 依照本法第一百六十六条规定提供的保险或者担保,应当被专门指定优先支付本章规定的赔偿。

第一百七十条 保险人应当支付给经营人的款项,在本章规定的第三人的赔偿请求未满足前,不受经营人的债权人的扣留和处理。

第一百七十一条 地面第三人损害赔偿的诉讼时效期间为二年,自损害发生之日起计算;但是,在任何情况下,时效期间不得超过自损害发生之日起三年。

第一百七十二条 本章规定不适用于下列损害:

(一)对飞行中的民用航空器或者对该航空器上的人或者物造成的损害;

(二)为受害人同经营人或者同发生损害时对民用航空器有使用权的人订立的合同所约束,或者为适用两方之间的劳动合同的法律有关职工赔偿的规定所约束的损害;

(三)核损害。

第十三章 对外国民用航空器的特别规定

第一百七十三条 外国人经营的外国民用航空器,在中华人民共和国境内从事民用航空活动,适用本章规定;本章没有规定的,适用本法其他有关规定。

第一百七十四条 外国民用航空器根据其国籍登记国政府与中华人民共和国政府签订的协定、协议的规定,或者经中华人民共和国国务院民用航空主管部门批准或者接受,方可飞入、飞出中华人民共和国领空和在中华人民共和国境内飞行、降落。

对不符合前款规定,擅自飞入、飞出中华人民共和国领空的外国民用航空器,中华人民共和国有关机关有权采取必要措施,令其在指定的机场降落;对虽然符合前款规定,但是有合理的根据认为需要对其进行检查的,有关机关有权令其在指定的机场降落。

第一百七十五条 外国民用航空器飞入中华人民共和国领空,其经营人应当提供有关证明书,证明其已经投保地面第三人责任险或者已经取得相应的责任担保;其经营人未提供有关证明书的,中华人民共和国国务院民用航空主管部门有权拒绝其飞入中华人民共和国领空。

第一百七十六条 外国民用航空器的经营人经其本国政府指定,并取得中华人民共和国国务院民用航空主管部门颁发的经营许可证,方可经营中华人民共和国政府与该外国政府签订的协定、协议规定的国际航班运输;外国民用航空器的经营人经其本国政府批准,并获得中华人民共和国国务院民用航空主管部门批准,方可经营中华人民共和国境内一地和境外一地之间的不定期航空运输。

前款规定的外国民用航空器经营人,应当依照中华人民共和国法律、行政法规的规定,制定相应的安全保卫方案,报中华人民共和国国务院民用航空主管部门备案。

第一百七十七条 外国民用航空器的经营人,不得经营中华人民共和国境内两点之间的航空运输。

第一百七十八条 外国民用航空器,应当按照中华人民共和国国务院民用航空主管部门批准的班期时刻或者飞行计划飞行;变更班期时刻或者飞行计划的,其经营人应当获得中华人民共和国国务院民用航空主管部门的批准;因故变更或者取消飞行的,其经营人应当及时报告中华人民共和国国务院民用航空主管部门。

第一百七十九条 外国民用航空器应当在中华人民共和国国务院民用航空主管部门指定的设关机场起飞或者降落。

第一百八十条 中华人民共和国国务院民用航空主管部门和其他主管机关,有权在外国民用航空器降落或者飞出时查验本法第九十条规定的文件。

外国民用航空器及其所载人员、行李、货物,应当接受中华人民共和国有关主管机关依法实施的入境出境、海关、检疫等检查。

实施前两款规定的查验、检查,应当避免不必要的延误。

第一百八十一条 外国民用航空器国籍登记国发给或者核准的民用航空器适航证书、机组人员合格证书和执照,中华人民共和国政府承认其有效;但是,发给或者核准此项证书或者执照的要求,应当等于或者高于国际民用航空组织制定的最低标准。

第一百八十二条 外国民用航空器在中华人民共和国搜寻援救区内遇险,其所有人或者国籍登记国参加搜寻援救工作,应当经中华人民共和国国务院民用航空主管部门批准或者按照两国政府协议进行。

第一百八十三条 外国民用航空器在中华人民共和国境内发生事故,其国籍登记国和其他有关国家可以指派观察员参加事故调查。事故调查报告和调查结果,由中华人民共和国国务院民用航空主管部门告知该外国民用航空器的国籍登记国和其他有关国家。

第十四章 涉外关系的法律适用

第一百八十四条 中华人民共和国缔结或者参加的国际条约同本法有不同规定的,适用国际条约的规定;但是,中华人民共和国声明保留的条款除外。

中华人民共和国法律和中华人民共和国缔结或者参加的国际条约没有规定的,可以适用国际惯例。

第一百八十五条 民用航空器所有权的取得、转让和消灭,适用民用航空器国籍登记国法律。

第一百八十六条 民用航空器抵押权适用民用航空器国籍登记国法律。

第一百八十七条 民用航空器优先权适用受理案件的法院所在地法律。

第一百八十八条 民用航空运输合同当事人可以选择合同适用的法律,但是法律另有规定的除外;合同当事人没有选择的,适用与合同有最密切联系的国家的法律。

第一百八十九条 民用航空器对地面第三人的损害赔偿,适用侵权行为地法律。

民用航空器在公海上空对水面第三人的损害赔偿,适用受理案件的法院所在地法律。

第一百九十条 依照本章规定适用外国法律或者国际惯例,不得违背中华人民共和国的社会公共利益。

第十五章 法 律 责 任

第一百九十一条 以暴力、胁迫或者其他方法劫持航空器的,依照刑法有关规定追究刑事责任。

第一百九十二条 对飞行中的民用航空器上的人员使用暴力,危及飞行安全的,依照刑法有关规定追究刑事责任。

第一百九十三条 违反本法规定,隐匿携带炸药、雷管或者其他危险品乘坐民用航空器,或者以非危险品品名托运危险品的,依照刑法有关规定追究刑事责任。

企业事业单位犯前款罪的,判处罚金,并对直接负责的主管人员和其他直接责任人员依照前款规定追究刑事责任。

隐匿携带枪支子弹、管制刀具乘坐民用航空器的,依照刑法有关规定追究刑事责任。

第一百九十四条 公共航空运输企业违反本法第一百零一条的规定运输危险品的,由国务院民用航空主管部门没收违法所得,可以并处违法所得一倍以下的罚款。

公共航空运输企业有前款行为,导致发生重大事故的,没收违法所得,判处罚金;并对直接负责的主管人员和其他直接责任人员依照刑法有关规定追究刑事责任。

第一百九十五条 故意在使用中的民用航空器上放置危险品或者唆使他人放置危险品,足以毁坏该民用航空器,危及飞行安全的,依照刑法有关规定追究刑事责任。

第一百九十六条 故意传递虚假情报,扰乱正常飞行秩序,使公私财产遭受重大损失的,依照刑法有关规定追究刑事责任。

第一百九十七条 盗窃或者故意损毁、移动使用中的航行设施,危及飞行安全,足以使民用航空器发生坠落、毁坏危险的,依照刑法有关规定追究刑事责任。

第一百九十八条 聚众扰乱民用机场秩序的,依照刑法有关规定追究刑事责任。

第一百九十九条 航空人员玩忽职守,或者违反规章制度,导致发生重大飞行事故,造成严重后果的,依照刑法有关规定追究刑事责任。

第二百条 违反本法规定,尚不够刑事处罚,应当给予治安管理处罚的,依照治安管理处罚法的规定处罚。

第二百零一条 违反本法第三十七条的规定,民用航空器无适航证书而飞行,或者租用的外国民用航空器未经国务院民用航空主管部门对其原国籍登记国发给的适航证书审查认可或者另发适航证书而飞行的,由国务院民用航空主管部门责令停止飞行,没收违法所得,可以并处违法所得一倍以上五倍以下的罚款;没有违法所得的,处以十万元以上一百万元以下的罚款。

适航证书失效或者超过适航证书规定范围飞行的,依照前款规定处罚。

第二百零二条 违反本法第三十四条、第三十六条第二款的规定,将未取得型号合格证书、型号认可证书的民用航空器及其发动机、螺旋桨或者民用航空器上的设备投入生产的,由国务院民用航空主管部门责令停止生产,没收违法所得,可以并处违法所得一倍以下的罚款;没有违法所得的,处以五万元以上五十万元以下的罚款。

第二百零三条 违反本法第三十五条的规定,未取得生产许可证书、维修许可证书而从事生产、维修活动的,违反本法第九十二条、第一百四十七条第二款的规定,未取得公共航空运输经营许可证或者通用航空经营许可证而从事公共航空运输或者从事经营性通用航空的,国务院民用航空主管部门可以责令停止生产、维修或者经营活动。

第二百零四条 已取得本法第三十五条规定的生产许可证书、维修许可证书的企业,因生产、维修的质量问题造成严重事故的,国务院民用航空主管部门可以吊销其生产许可证书或者维修许可证书。

第二百零五条 违反本法第四十条的规定,未取得航空人员执照、体格检查合格证书而从事相应的民用航空活动的,由国务院民用航空主管部门责令停止民用航空活动,在国务院民用航空主管部门规定的限期内不得申领有关执照和证书,对其所在单位处以二十万元以下的罚款。

第二百零六条 有下列违法情形之一的,由国务院民用航空主管部门对民用航空器的机长给予警告或者吊扣执照一个月至六个月的处罚,情节较重的,可以给予吊销执照的处罚:

(一)机长违反本法第四十五条第一款的规定,未对民用航空器实施检查而起飞的;

(二)民用航空器违反本法第七十五条的规定,未按照空中交通管制单位指定的航路和飞行高度飞行,或者违反本法第七十九条的规定飞越城市上空的。

第二百零七条 违反本法第七十四条的规定,民用航空器未经空中交通管制单位许可进行飞行活动的,由国务院民用航空主管部门责令停止飞行,对该民用航空器所有人或者承租人处以一万元以上十万元以下的罚款;对该民用航空器的机长给予警告或者吊扣执照一个月至六个月的处罚,情节较重的,可以给予吊销执照的处罚。

第二百零八条 民用航空器的机长或者机组其他人员有下列行为之一的,由国务院民用航空主管部门给予警告或者吊扣执照一个月至六个月的处罚;有第(二)项或者第(三)项所列行为的,可以给予吊销执照的处罚:

(一)在执行飞行任务时,不按照本法第四十一条的规定携带执照和体格检查合格证书的;

(二)民用航空器遇险时,违反本法第四十八条的规定离开民用航空器的;

(三)违反本法第七十七条第二款的规定执行飞行任务的。

第二百零九条 违反本法第八十条的规定,民用航空器在飞行中投掷物品的,由国务院民用航空主管部门给予警告,可以对直接责任人员处以二千元以上二万元以下的罚款。

第二百一十条 违反本法第六十二条的规定,未取得机场使用许可证开放使用民用机场的,由国务院民用航空主管部门责令停止开放使用;没收违法所得,可以并处违法所得一倍以下的罚款。

第二百一十一条 公共航空运输企业、通用航空企业违反本法规定,情节较重的,除依照本法规定处罚外,国务院民用航空主管部门可以吊销其经营许可证。

第二百一十二条 国务院民用航空主管部门和地区民用航空管理机构的工作人员,玩忽职守、滥用职权、徇私舞弊,构成犯罪的,依法追究刑事责任;尚不构成犯罪的,依法给予行政处分。

第十六章 附 则

第二百一十三条 本法所称计算单位,是指国际货币基金组织规定的特别提款权;其人民币数额为法院判决之日、仲裁机构裁决之日或者当事人协议之日,按照国家外汇主管机关规定的国际货币基金组织的特别提款权对人民币的换算办法计算得出的人民币数额。

第二百一十四条 本法自1996年3月1日起施行。

中华人民共和国公路法

目 录

第一章 总则
第二章 公路规划
第三章 公路建设
第四章 公路养护
第五章 路政管理
第六章 收费公路
第七章 监督检查
第八章 法律责任
第九章 附则

第一章 总　　则

第一条 为了加强公路的建设和管理,促进公路事业的发展,适应社会主义现代化建设和人民生活的需要,制定本法。

第二条 在中华人民共和国境内从事公路的规划、建设、养护、经营、使用和管理,适用本法。

本法所称公路,包括公路桥梁、公路隧道和公路渡口。

第三条 公路的发展应当遵循全面规划、合理布局、确保质量、保障畅通、保护环境、建设改造与养护并重的原则。

第四条 各级人民政府应当采取有力措施,扶持、促进公路建设。公路建设应当纳入国民经济和社会发展计划。

国家鼓励、引导国内外经济组织依法投资建设、经营公路。

第五条 国家帮助和扶持少数民族地区、边远地区和贫困地区发展公路建设。

第六条 公路按其在公路路网中的地位分为国道、省道、县道和乡道,并按技术等级分为高速公路、一级公路、二级公路、三级公路和四级公路。具体划分标准由国务院交通主管部门规定。

新建公路应当符合技术等级的要求。原有不符合最低技术等级要求的等外公路,应当采取措施,逐步改造为符合技术等级要求的公路。

第七条 公路受国家保护,任何单位和个人不得破坏、损坏或者非法占用公路、公路用地及公路附属设施。

任何单位和个人都有爱护公路、公路用地及公路附属设施的义务,有权检举和控告破坏、损坏公路、公路用地、公路附属设施和影响公路安全的行为。

第八条 国务院交通主管部门主管全国公路工作。

县级以上地方人民政府交通主管部门主管本行政区域内的公路工作;但是,县级以上地方人民政府交通主管部门对国道、省道的管理、监督职责,由省、自治区、直辖市人民政府确定。

乡、民族乡、镇人民政府负责本行政区域内的乡道的建设和养护工作。

县级以上地方人民政府交通主管部门可以决定由公路管理机构依照本法规定行使公路行政管理职责。

第九条 禁止任何单位和个人在公路上非法设卡、收费、罚款和拦截车辆。

第十条 国家鼓励公路工作方面的科学技术研究,对在公路科学技术研究和应用方面作出显著成绩的单位和个人给予奖励。

第十一条 本法对专用公路有规定的,适用于专用公路。

专用公路是指由企业或者其他单位建设、养护、管理,专为或者主要为本企业或者本单位提供运输服务的道路。

第二章 公 路 规 划

第十二条 公路规划应当根据国民经济和社会发展以及国防建设的需要编制,与城市建设发展规划和其他方式的交通运输发展规划相协调。

第十三条 公路建设用地规划应当符合土地利用总体规划,当年建设用地应当纳入年度建设用地计划。

第十四条 国道规划由国务院交通主管部门会同国务院有关部门并商国道沿线省、自治区、直辖市人民政府编制,报国务院批准。

省道规划由省、自治区、直辖市人民政府交通主管部门会同同级有关部门并商省道沿线下一级人民政府编制,报省、自治区、直辖市人民政府批准,并报国务院交通主管部门备案。

县道规划由县级人民政府交通主管部门会同同级有关部门编制,经本级人民政府审定后,报上一级人民政府批准。

乡道规划由县级人民政府交通主管部门协助乡、民族乡、镇人民政府编制,报县级人民政府批准。

依照第三款、第四款规定批准的县道、乡道规划,应当报批准机关的上一级人民政府交通主管部门备案。

省道规划应当与国道规划相协调。县道规划应当与省道规划相协调。乡道规划应当与县道规划相协调。

第十五条 专用公路规划由专用公路的主管单位编制,经其上级主管部门审定后,报县级以上人民政府交通主管部门审核。

专用公路规划应当与公路规划相协调。县级以上人民政府交通主管部门发现专用公路规划与国道、省道、县道、乡道规划有不协调的地方,应当提出修改意见,专用公路主管部门和单位应当作出相应的修改。

第十六条 国道规划的局部调整由原编制机关决定。国道规划需要作重大修改的,由原编制机关提出修改方案,报国务院批准。

经批准的省道、县道、乡道公路规划需要修改的,由原编制机关提出修改方案,报原批准机关批准。

第十七条 国道的命名和编号,由国务院交通主管部门确定;省道、县道、乡道的命名和编号,由省、自治区、直辖市人民政府交通主管部门按照国务院交通主管部门的有关规定确定。

第十八条 规划和新建村镇、开发区,应当与公路保持规定的距离并避免在公路两侧对应进行,防止造成公路街道化,影响公路的运行安全与畅通。

第十九条 国家鼓励专用公路用于社会公共运输。专用公路主要用于社会公共运输时,由专用公路的主管单位申请,或者由有关方面申请,专用公路的主管单位同意,并经省、自治区、直辖市人民政府交通主管部门批准,可以改划为省道、县道或者乡道。

第三章 公路建设

第二十条 县级以上人民政府交通主管部门应当依据职责维护公路建设秩序,加强对公路建设的监督管理。

第二十一条 筹集公路建设资金,除各级人民政府的财政拨款,包括依法征税筹集的公路建设专项资金转为的财政拨款外,可以依法向国内外金融机构或者外国政府贷款。

国家鼓励国内外经济组织对公路建设进行投资。开发、经营公路的公司可以依照法律、行政法规的规定发行股票、公司债券筹集资金。

依照本法规定出让公路收费权的收入必须用于公路建设。

向企业和个人集资建设公路,必须根据需要与可能,坚持自愿原则,不得强行摊派,并符合国务院的有关规定。

公路建设资金还可以采取符合法律或者国务院规定的其他方式筹集。

第二十二条 公路建设应当按照国家规定的基本建设程序和有关规定进行。

第二十三条 公路建设项目应当按照国家有关规定实行法人负责制度、招标投标制度和工程监理制度。

第二十四条 公路建设单位应当根据公路建设工程的特点和技术要求,选择具有相应资格的勘查设计单位、施工单位和工程监理单位,并依照有关法律、法规、规章的规定和公路工程技术标准的要求,分别签订合同,明确双方的权利义务。

承担公路建设项目的可行性研究单位、勘查设计单位、施工单位和工程监理单位,必须持有国家规定的资质证书。

第二十五条 公路建设项目的施工,须按国务院交通主管部门的规定报请县级以上地方人民政府交通主管部门批准。

第二十六条 公路建设必须符合公路工程技术标准。

承担公路建设项目的设计单位、施工单位和工程监理单位,应当按照国家有关规定建立健全质量保证体系,落实岗位责任制,并依照有关法律、法规、规章以及公路工程技术标准的要求和合同约定进行设计、施工和监理,保证公路工程质量。

第二十七条 公路建设使用土地依照有关法律、行政法规的规定办理。

公路建设应当贯彻切实保护耕地、节约用地的原则。

第二十八条 公路建设需要使用国有荒山、荒地或者需要在国有荒山、荒地、河滩、滩涂上挖砂、采石、取土的,依照有关法律、行政法规的规定办理后,任何单位和个人不得阻挠或者非法收取费用。

第二十九条 地方各级人民政府对公路建设依法使用土地和搬迁居民,应当给予支持和协助。

第三十条 公路建设项目的设计和施工,应当符合依法保护环境、保护文物古迹和防止水土流失的要求。

公路规划中贯彻国防要求的公路建设项目,应当严格按照规划进行建设,以保证国防交通的需要。

第三十一条 因建设公路影响铁路、水利、电力、邮电设施和其他设施正常使用时,公路建设单位应当事先征得有关部门的同意;因公路建设对有关设施造成损坏的,公路建设单位应当按照不低于该设施原有的技术标准予以修复,或者给予相应的经济补偿。

第三十二条 改建公路时,施工单位应当在施工路段两端设置明显的施工标志、安全标志。需要车辆绕行的,应当在绕行路口设置标志;不能绕行的,必须修建临时道路,保证车辆和行人通行。

第三十三条 公路建设项目和公路修复项目竣工后,应当按照国家有关规定进行验收;未经验收或者验收不合格的,不得交付使用。

建成的公路,应当按照国务院交通主管部门的规定设置明显的标志、标线。

第三十四条 县级以上地方人民政府应当确定公路两侧边沟(截水沟、坡脚护坡道,下同)外缘起不少于一米的公路用地。

第四章 公路养护

第三十五条 公路管理机构应当按照国务院交通主管部门规定的技术规范和操作规程对公路进行养护,保证公路经常处于良好的技术状态。

第三十六条 国家采用依法征税的办法筹集公路养护资金,具体实施办法和步骤由国务院规定。

依法征税筹集的公路养护资金,必须专项用于公路的养护和改建。

第三十七条 县、乡级人民政府对公路养护需要的挖砂、采石、取土以及取水,应当给予支持和协助。

第三十八条 县、乡级人民政府应当在农村义务工的范围内,按照国家有关规定组织公路两侧的农村居民履行为公路建设和养护提供劳务的义务。

第三十九条 为保障公路养护人员的人身安全,公路养护人员进行养护作业时,应当穿着统一的安全标志服;利用车辆进行养护作业时,应当在公路作业车辆上设置明显的作业标志。

公路养护车辆进行作业时,在不影响过往车辆通行的前提下,其行驶路线和方向不受公路标志、标线限制;过往车辆对公路养护车辆和人员应当注意避让。

公路养护工程施工影响车辆、行人通行时,施工单位应当依照本法第三十二条的规定办理。

第四十条 因严重自然灾害致使国道、省道交通中断,公路管理机构应当及时修复;公路管理机构难以及时修复时,县级以上地方人民政府应当及时组织当地机关、团体、企业事业单位、城乡居民进行抢修,并可以请求当地驻军支援,尽快恢复交通。

第四十一条 公路用地范围内的山坡、荒地,由公路管理机构负责水土保持。

第四十二条 公路绿化工作,由公路管理机构按照公路工程技术标准组织实施。

公路用地上的树木,不得任意砍伐;需要更新砍伐的,应当经县级以上地方人民政府交通主管部门同意后,依照《中华人民共和国森林法》的规定办理审批手续,并完成更新补种任务。

第五章 路政管理

第四十三条 各级地方人民政府应当采取措施,加强对公路的保护。

县级以上地方人民政府交通主管部门应当认真履行职责,依法做好公路保护工作,并努力采用科学的管理方法和先进的技术手段,提高公路管理水平,逐步完善公路服务设施,保障公路的完好、安全和畅通。

第四十四条 任何单位和个人不得擅自占用、挖掘公路。

因修建铁路、机场、电站、通信设施、水利工程和进行其他建设工程需要占用、挖掘公路或者使公路改线的,建设单位应当事先征得有关交通主管部门的同意;影响交通安全的,还须征得有关公安机关的同意。占用、挖掘公路或者使公路改线的,建设单位应当按照不低于该段公路原有的技术标准予以修复、改建或者给予相应的经济补偿。

第四十五条 跨越、穿越公路修建桥梁、渡槽或者架设、埋设管线等设施的,以及在公路用地范围内架设、埋设管线、电缆等设施的,应当事先经有关交通主管部门同意,影响交通安全的,还须征得有关公安机关的同意;所修建、架设或者埋设的设施应当符合公路工程技术标准的要求。对公路造成损坏的,应当按照损坏程度给予补偿。

第四十六条 任何单位和个人不得在公路上及公路用地范围内摆摊设点、堆放物品、倾倒垃圾、设置障碍、挖沟引水、利用公路边沟排放污物或者进行其他损坏、污染公路和影响公路畅通的活动。

第四十七条 在大中型公路桥梁和渡口周围二百米、公路隧道上方和洞口外一百米范围内,以及在公路两侧一定距离内,不得挖砂、采石、取土、倾倒废弃物,不得进行爆破作业及其他危及公路、公路桥梁、公路隧道、公路渡口安全的活动。

在前款范围内因抢险、防汛需要修筑堤坝、压缩或者拓宽河床的,应当事先报经省、自治区、直辖市人民政府交通主管部门会同水行政主管部门批准,并采取有效的保护有关的公路、公路桥梁、公路隧道、公路渡口安全的措施。

第四十八条 铁轮车、履带车和其他可能损害公路路面的机具,不得在公路上行驶。

农业机械因当地田间作业需要在公路上短距离行驶或者军用车辆执行任务需要在公路

上行驶的,可以不受前款限制,但是应当采取安全保护措施。对公路造成损坏的,应当按照损坏程度给予补偿。

第四十九条 在公路上行驶的车辆的轴载质量应当符合公路工程技术标准要求。

第五十条 超过公路、公路桥梁、公路隧道或者汽车渡船的限载、限高、限宽、限长标准的车辆,不得在有限定标准的公路、公路桥梁上或者公路隧道内行驶,不得使用汽车渡船。超过公路或者公路桥梁限载标准确需行驶的,必须经县级以上地方人民政府交通主管部门批准,并按要求采取有效的防护措施;运载不可解体的超限物品的,应当按照指定的时间、路线、时速行驶,并悬挂明显标志。

运输单位不能按照前款规定采取防护措施的,由交通主管部门帮助其采取防护措施,所需费用由运输单位承担。

第五十一条 机动车制造厂和其他单位不得将公路作为检验机动车制动性能的试车场地。

第五十二条 任何单位和个人不得损坏、擅自移动、涂改公路附属设施。

前款公路附属设施,是指为保护、养护公路和保障公路安全畅通所设置的公路防护、排水、养护、管理、服务、交通安全、渡运、监控、通信、收费等设施、设备以及专用建筑物、构筑物等。

第五十三条 造成公路损坏的,责任者应当及时报告公路管理机构,并接受公路管理机构的现场调查。

第五十四条 任何单位和个人未经县级以上地方人民政府交通主管部门批准,不得在公路用地范围内设置公路标志以外的其他标志。

第五十五条 在公路上增设平面交叉道口,必须按照国家有关规定经过批准,并按照国家规定的技术标准建设。

第五十六条 除公路防护、养护需要的以外,禁止在公路两侧的建筑控制区内修建建筑物和地面构筑物;需要在建筑控制区内埋设管线、电缆等设施的,应当事先经县级以上地方人民政府交通主管部门批准。

前款规定的建筑控制区的范围,由县级以上地方人民政府按照保障公路运行安全和节约用地的原则,依照国务院的规定划定。

建筑控制区范围经县级以上地方人民政府依照前款规定划定后,由县级以上地方人民政府交通主管部门设置标桩、界桩。任何单位和个人不得损坏、擅自挪动该标桩、界桩。

第五十七条 除本法第四十七条第二款的规定外,本章规定由交通主管部门行使的路政管理职责,可以依照本法第八条第四款的规定,由公路管理机构行使。

第六章 收费公路

第五十八条 国家允许依法设立收费公路,同时对收费公路的数量进行控制。

除本法第五十九条规定可以收取车辆通行费的公路外,禁止任何公路收取车辆通行费。

第五十九条 符合国务院交通主管部门规定的技术等级和规模的下列公路,可以依法收取车辆通行费:

（一）由县级以上地方人民政府交通主管部门利用贷款或者向企业、个人集资建成的公路；

（二）由国内外经济组织依法受让前项收费公路收费权的公路；

（三）由国内外经济组织依法投资建成的公路。

第六十条　县级以上地方人民政府交通主管部门利用贷款或者集资建成的收费公路的收费期限，按照收费偿还贷款、集资款的原则，由省、自治区、直辖市人民政府依照国务院交通主管部门的规定确定。

有偿转让公路收费权的公路，收费权转让后，由受让方收费经营。收费权的转让期限由出让、受让双方约定，最长不得超过国务院规定的年限。

国内外经济组织投资建设公路，必须按照国家有关规定办理审批手续；公路建成后，由投资者收费经营。收费经营期限按照收回投资并有合理回报的原则，由有关交通主管部门与投资者约定并按照国家有关规定办理审批手续，但最长不得超过国务院规定的年限。

第六十一条　本法第五十九条第一款第一项规定的公路中的国道收费权的转让，应当在转让协议签订之日起三十个工作日内报国务院交通主管部门备案；国道以外的其他公路收费权的转让，应当在转让协议签订之日起三十个工作日内报省、自治区、直辖市人民政府备案。

前款规定的公路收费权出让的最低成交价，以国有资产评估机构评估的价值为依据确定。

第六十二条　受让公路收费权和投资建设公路的国内外经济组织应当依法成立开发、经营公路的企业（以下简称公路经营企业）。

第六十三条　收费公路车辆通行费的收费标准，由公路收费单位提出方案，报省、自治区、直辖市人民政府交通主管部门会同同级物价行政主管部门审查批准。

第六十四条　收费公路设置车辆通行费的收费站，应当报经省、自治区、直辖市人民政府审查批准。跨省、自治区、直辖市的收费公路设置车辆通行费的收费站，由有关省、自治区、直辖市人民政府协商确定；协商不成的，由国务院交通主管部门决定。同一收费公路由不同的交通主管部门组织建设或者由不同的公路经营企业经营的，应当按照"统一收费、按比例分成"的原则，统筹规划，合理设置收费站。

两个收费站之间的距离，不得小于国务院交通主管部门规定的标准。

第六十五条　有偿转让公路收费权的公路，转让收费权合同约定的期限届满，收费权由出让方收回。

由国内外经济组织依照本法规定投资建成并经营的收费公路，约定的经营期限届满，该公路由国家无偿收回，由有关交通主管部门管理。

第六十六条　依照本法第五十九条规定受让收费权或者由国内外经济组织投资建成经营的公路的养护工作，由各该公路经营企业负责。各该公路经营企业在经营期间应当按照国务院交通主管部门规定的技术规范和操作规程做好对公路的养护工作。在受让收费权的期限届满，或者经营期限届满时，公路应当处于良好的技术状态。

前款规定的公路的绿化和公路用地范围内的水土保持工作，由各该公路经营企业负责。

第一款规定的公路的路政管理，适用本法第五章的规定。该公路路政管理的职责由县级以上地方人民政府交通主管部门或者公路管理机构的派出机构、人员行使。

第六十七条 在收费公路上从事本法第四十四条第二款、第四十五条、第四十八条、第五十条所列活动的,除依照各该条的规定办理外,给公路经营企业造成损失的,应当给予相应的补偿。

第六十八条 收费公路的具体管理办法,由国务院依照本法制定。

第七章 监督检查

第六十九条 交通主管部门、公路管理机构依法对有关公路的法律、法规执行情况进行监督检查。

第七十条 交通主管部门、公路管理机构负有管理和保护公路的责任,有权检查、制止各种侵占、损坏公路、公路用地、公路附属设施及其他违反本法规定的行为。

第七十一条 公路监督检查人员依法在公路、建筑控制区、车辆停放场所、车辆所属单位等进行监督检查时,任何单位和个人不得阻挠。

公路经营者、使用者和其他有关单位、个人,应当接受公路监督检查人员依法实施的监督检查,并为其提供方便。

公路监督检查人员执行公务,应当佩戴标志,持证上岗。

第七十二条 交通主管部门、公路管理机构应当加强对所属公路监督检查人员的管理和教育,要求公路监督检查人员熟悉国家有关法律和规定,公正廉洁,热情服务,秉公执法,对公路监督检查人员的执法行为应当加强监督检查,对其违法行为应当及时纠正,依法处理。

第七十三条 用于公路监督检查的专用车辆,应当设置统一的标志和示警灯。

第八章 法律责任

第七十四条 违反法律或者国务院有关规定,擅自在公路上设卡、收费的,由交通主管部门责令停止违法行为,没收违法所得,可以处违法所得三倍以下的罚款,没有违法所得的,可以处二万元以下的罚款;对负有直接责任的主管人员和其他直接责任人员,依法给予行政处分。

第七十五条 违反本法第二十五条规定,未经有关交通主管部门批准擅自施工的,交通主管部门可以责令停止施工,并可以处五万元以下的罚款。

第七十六条 有下列违法行为之一的,由交通主管部门责令停止违法行为,可以处三万元以下的罚款:

(一)违反本法第四十四条第一款规定,擅自占用、挖掘公路的;

(二)违反本法第四十五条规定,未经同意或者未按照公路工程技术标准的要求修建桥梁、渡槽或者架设、埋设管线、电缆等设施的;

(三)违反本法第四十七条规定,从事危及公路安全的作业的;

(四)违反本法第四十八条规定,铁轮车、履带车和其他可能损害路面的机具擅自在公路上行驶的；

（五）违反本法第五十条规定，车辆超限使用汽车渡船或者在公路上擅自超限行驶的；

（六）违反本法第五十二条、第五十六条规定，损坏、移动、涂改公路附属设施或者损坏、挪动建筑控制区的标桩、界桩，可能危及公路安全的。

第七十七条 违反本法第四十六条的规定，造成公路路面损坏、污染或者影响公路畅通的，或者违反本法第五十一条规定，将公路作为试车场地的，由交通主管部门责令停止违法行为，可以处五千元以下的罚款。

第七十八条 违反本法第五十三条规定，造成公路损坏，未报告的，由交通主管部门处一千元以下的罚款。

第七十九条 违反本法第五十四条规定，在公路用地范围内设置公路标志以外的其他标志的，由交通主管部门责令限期拆除，可以处二万元以下的罚款；逾期不拆除的，由交通主管部门拆除，有关费用由设置者负担。

第八十条 违反本法第五十五条规定，未经批准在公路上增设平面交叉道口的，由交通主管部门责令恢复原状，处五万元以下的罚款。

第八十一条 违反本法第五十六条规定，在公路建筑控制区内修建建筑物、地面构筑物或者擅自埋设管线、电缆等设施的，由交通主管部门责令限期拆除，并可以处五万元以下的罚款。逾期不拆除的，由交通主管部门拆除，有关费用由建筑者、构筑者承担。

第八十二条 除本法第七十四条、第七十五条的规定外，本章规定由交通主管部门行使的行政处罚权和行政措施，可以依照本法第八条第四款的规定由公路管理机构行使。

第八十三条 阻碍公路建设或者公路抢修，致使公路建设或者抢修不能正常进行，尚未造成严重损失的，依照《中华人民共和国治安管理处罚法》的规定处罚。

损毁公路或者擅自移动公路标志，可能影响交通安全，尚不够刑事处罚的，适用《中华人民共和国道路交通安全法》第九十九条的处罚规定。

拒绝、阻碍公路监督检查人员依法执行职务未使用暴力、威胁方法的，依照《中华人民共和国治安管理处罚法》的规定处罚。

第八十四条 违反本法有关规定，构成犯罪的，依法追究刑事责任。

第八十五条 违反本法有关规定，对公路造成损害的，应当依法承担民事责任。

对公路造成较大损害的车辆，必须立即停车，保护现场，报告公路管理机构，接受公路管理机构的调查、处理后方得驶离。

第八十六条 交通主管部门、公路管理机构的工作人员玩忽职守、徇私舞弊、滥用职权，构成犯罪的，依法追究刑事责任；尚不构成犯罪的，依法给予行政处分。

第九章　附　　则

第八十七条 本法自1998年1月1日起施行。

中华人民共和国港口法

目　录

第一章　总则
第二章　港口规划与建设
第三章　港口经营
第四章　港口安全与监督管理
第五章　法律责任
第六章　附则

第一章　总　　则

第一条　为了加强港口管理，维护港口的安全与经营秩序，保护当事人的合法权益，促进港口的建设与发展，制定本法。

第二条　从事港口规划、建设、维护、经营、管理及其相关活动，适用本法。

第三条　本法所称港口，是指具有船舶进出、停泊、靠泊，旅客上下，货物装卸、驳运、储存等功能，具有相应的码头设施，由一定范围的水域和陆域组成的区域。

港口可以由一个或者多个港区组成。

第四条　国务院和有关县级以上地方人民政府应当在国民经济和社会发展计划中体现港口的发展和规划要求，并依法保护和合理利用港口资源。

第五条　国家鼓励国内外经济组织和个人依法投资建设、经营港口，保护投资者的合法权益。

第六条　国务院交通主管部门主管全国的港口工作。

地方人民政府对本行政区域内港口的管理，按照国务院关于港口管理体制的规定确定。

依照前款确定的港口管理体制，由港口所在地的市、县人民政府管理的港口，由市、县人民政府确定一个部门具体实施对港口的行政管理；由省、自治区、直辖市人民政府管理的港口，由省、自治区、直辖市人民政府确定一个部门具体实施对港口的行政管理。

依照前款确定的对港口具体实施行政管理的部门，以下统称港口行政管理部门。

第二章　港口规划与建设

第七条　港口规划应当根据国民经济和社会发展的要求以及国防建设的需要编制，体现合理利用岸线资源的原则，符合城镇体系规划，并与土地利用总体规划、城市总体规划、江河流域规划、防洪规划、海洋功能区划、水路运输发展规划和其他运输方式发展规划以及法律、行政法规规定的其他有关规划相衔接、协调。

编制港口规划应当组织专家论证,并依法进行环境影响评价。

第八条 港口规划包括港口布局规划和港口总体规划。

港口布局规划,是指港口的分布规划,包括全国港口布局规划和省、自治区、直辖市港口布局规划。

港口总体规划,是指一个港口在一定时期的具体规划,包括港口的水域和陆域范围、港区划分、吞吐量和到港船型、港口的性质和功能、水域和陆域使用、港口设施建设岸线使用、建设用地配置以及分期建设序列等内容。

港口总体规划应当符合港口布局规划。

第九条 全国港口布局规划,由国务院交通主管部门征求国务院有关部门和有关军事机关的意见编制,报国务院批准后公布实施。

省、自治区、直辖市港口布局规划,由省、自治区、直辖市人民政府根据全国港口布局规划组织编制,并送国务院交通主管部门征求意见。国务院交通主管部门自收到征求意见的材料之日起满三十日未提出修改意见的,该港口布局规划由有关省、自治区、直辖市人民政府公布实施;国务院交通主管部门认为不符合全国港口布局规划的,应当自收到征求意见的材料之日起三十日内提出修改意见;有关省、自治区、直辖市人民政府对修改意见有异议的,报国务院决定。

第十条 港口总体规划由港口行政管理部门征求有关部门和有关军事机关的意见编制。

第十一条 地理位置重要、吞吐量较大、对经济发展影响较广的主要港口的总体规划,由国务院交通主管部门征求国务院有关部门和有关军事机关的意见后,会同有关省、自治区、直辖市人民政府批准,并公布实施。主要港口名录由国务院交通主管部门征求国务院有关部门意见后确定并公布。

省、自治区、直辖市人民政府征求国务院交通主管部门的意见后确定本地区的重要港口。重要港口的总体规划由省、自治区、直辖市人民政府征求国务院交通主管部门意见后批准,公布实施。

前两款规定以外的港口的总体规划,由港口所在地的市、县人民政府批准后公布实施,并报省、自治区、直辖市人民政府备案。

市、县人民政府港口行政管理部门编制的属于本条第一款、第二款规定范围的港口的总体规划,在报送审批前应当经本级人民政府审核同意。

第十二条 港口规划的修改,按照港口规划制定程序办理。

第十三条 在港口总体规划区内建设港口设施,使用港口深水岸线的,由国务院交通主管部门会同国务院经济综合宏观调控部门批准;建设港口设施,使用非深水岸线的,由港口行政管理部门批准。但是,由国务院或者国务院经济综合宏观调控部门批准建设的项目使用港口岸线,不再另行办理使用港口岸线的审批手续。

港口深水岸线的标准由国务院交通主管部门制定。

第十四条 港口建设应当符合港口规划。不得违反港口规划建设任何港口设施。

第十五条 按照国家规定须经有关机关批准的港口建设项目,应当按照国家有关规定办理审批手续,并符合国家有关标准和技术规范。

建设港口工程项目,应当依法进行环境影响评价。

港口建设项目的安全设施和环境保护设施,必须与主体工程同时设计、同时施工、同时投入使用。

第十六条 港口建设使用土地和水域,应当依照有关土地管理、海域使用管理、河道管理、航道管理、军事设施保护管理的法律、行政法规以及其他有关法律、行政法规的规定办理。

第十七条 港口的危险货物作业场所、实施卫生除害处理的专用场所,应当符合港口总体规划和国家有关安全生产、消防、检验检疫和环境保护的要求,其与人口密集区和港口客运设施的距离应当符合国务院有关部门的规定;经依法办理有关手续后,方可建设。

第十八条 航标设施以及其他辅助性设施,应当与港口同步建设,并保证按期投入使用。

港口内有关行政管理机构办公设施的建设应当符合港口总体规划,建设费用不得向港口经营人摊派。

第十九条 港口设施建设项目竣工后,应当按照国家有关规定经验收合格,方可投入使用。

港口设施的所有权,依照有关法律规定确定。

第二十条 县级以上有关人民政府应当保证必要的资金投入,用于港口公用的航道、防波堤、锚地等基础设施的建设和维护。具体办法由国务院规定。

第二十一条 县级以上有关人民政府应当采取措施,组织建设与港口相配套的航道、铁路、公路、给排水、供电、通信等设施。

第三章 港口经营

第二十二条 从事港口经营,应当向港口行政管理部门书面申请取得港口经营许可,并依法办理工商登记。

港口行政管理部门实施港口经营许可,应当遵循公开、公正、公平的原则。

港口经营包括码头和其他港口设施的经营,港口旅客运输服务经营,在港区内从事货物的装卸、驳运、仓储的经营和港口拖轮经营等。

第二十三条 取得港口经营许可,应当有固定的经营场所,有与经营业务相适应的设施、设备、专业技术人员和管理人员,并应当具备法律、法规规定的其他条件。

第二十四条 港口行政管理部门应当自收到本法第二十二条第一款规定的书面申请之日起三十日内依法作出许可或者不予许可的决定。予以许可的,颁发港口经营许可证;不予许可的,应当书面通知申请人并告知理由。

第二十五条 经营港口理货业务,应当按照规定取得许可。实施港口理货业务经营许可,应当遵循公开、公正、公平的原则。具体办法由国务院交通主管部门规定。

港口理货业务经营人应当公正、准确地办理理货业务;不得兼营本法第二十二条第三款规定的货物装卸经营业务和仓储经营业务。

第二十六条 港口经营人从事经营活动,必须遵守有关法律、法规,遵守国务院交通主管部门有关港口作业规则的规定,依法履行合同约定的义务,为客户提供公平、良好的服务。

从事港口旅客运输服务的经营人,应当采取保证旅客安全的有效措施,向旅客提供快捷、便利的服务,保持良好的候船环境。

港口经营人应当依照有关环境保护的法律、法规的规定,采取有效措施,防治对环境的污染和危害。

第二十七条 港口经营人应当优先安排抢险物资、救灾物资和国防建设急需物资的作业。

第二十八条 港口经营人应当在其经营场所公布经营服务的收费项目和收费标准;未公布的,不得实施。

港口经营性收费依法实行政府指导价或者政府定价的,港口经营人应当按照规定执行。

第二十九条 国家鼓励和保护港口经营活动的公平竞争。

港口经营人不得实施垄断行为和不正当竞争行为,不得以任何手段强迫他人接受其提供的港口服务。

第三十条 港口行政管理部门依照《中华人民共和国统计法》和有关行政法规的规定要求港口经营人提供的统计资料,港口经营人应当如实提供。

港口行政管理部门应当按照国家有关规定将港口经营人报送的统计资料及时上报,并为港口经营人保守商业秘密。

第三十一条 港口经营人的合法权益受法律保护。任何单位和个人不得向港口经营人摊派或者违法收取费用,不得违法干预港口经营人的经营自主权。

第四章 港口安全与监督管理

第三十二条 港口经营人必须依照《中华人民共和国安全生产法》等有关法律、法规和国务院交通主管部门有关港口安全作业规则的规定,加强安全生产管理,建立健全安全生产责任制等规章制度,完善安全生产条件,采取保障安全生产的有效措施,确保安全生产。

港口经营人应当依法制定本单位的危险货物事故应急预案、重大生产安全事故的旅客紧急疏散和救援预案以及预防自然灾害预案,保障组织实施。

第三十三条 港口行政管理部门应当依法制定可能危及社会公共利益的港口危险货物事故应急预案、重大生产安全事故的旅客紧急疏散和救援预案以及预防自然灾害预案,建立健全港口重大生产安全事故的应急救援体系。

第三十四条 船舶进出港口,应当依照有关水上交通安全的法律、行政法规的规定向海事管理机构报告。海事管理机构接到报告后,应当及时通报港口行政管理部门。

船舶载运危险货物进出港口,应当按照国务院交通主管部门的规定将危险货物的名称、特性、包装和进出港口的时间报告海事管理机构。海事管理机构接到报告后,应当在国务院交通主管部门规定的时间内作出是否同意的决定,通知报告人,并通报港口行政管理部门。但是,定船舶、定航线、定货种的船舶可以定期报告。

第三十五条 在港口内进行危险货物的装卸、过驳作业,应当按照国务院交通主管部门的规定将危险货物的名称、特性、包装和作业的时间、地点报告港口行政管理部门。港口行政管理部门接到报告后,应当在国务院交通主管部门规定的时间内作出是否同意的决定,通知报告人,并通报海事管理机构。

第三十六条 港口行政管理部门应当依法对港口安全生产情况实施监督检查,对旅客上下集中、货物装卸量较大或者有特殊用途的码头进行重点巡查;检查中发现安全隐患的,应当责令被检查人立即排除或者限期排除。

负责安全生产监督管理的部门和其他有关部门依照法律、法规的规定,在各自职责范围内对港口安全生产实施监督检查。

第三十七条 禁止在港口水域内从事养殖、种植活动。

不得在港口进行可能危及港口安全的采掘、爆破等活动;因工程建设等确需进行的,必须采取相应的安全保护措施,并报经港口行政管理部门批准。港口行政管理部门应当将审批情况及时通报海事管理机构,海事管理机构不再依照有关水上交通安全的法律、行政法规的规定进行审批。

禁止向港口水域倾倒泥土、砂石以及违反有关环境保护的法律、法规的规定排放超过规定标准的有毒、有害物质。

第三十八条 建设桥梁、水底隧道、水电站等可能影响港口水文条件变化的工程项目,负责审批该项目的部门在审批前应当征求港口行政管理部门的意见。

第三十九条 依照有关水上交通安全的法律、行政法规的规定,进出港口须经引航的船舶,应当向引航机构申请引航。引航的具体办法由国务院交通主管部门规定。

第四十条 遇有旅客滞留、货物积压阻塞港口的情况,港口行政管理部门应当及时采取有效措施,进行疏港;港口所在地的市、县人民政府认为必要时,可以直接采取措施,进行疏港。

第四十一条 港口行政管理部门应当组织制定所管理的港口的章程,并向社会公布。

港口章程的内容应当包括对港口的地理位置、航道条件、港池水深、机械设施和装卸能力等情况的说明,以及本港口贯彻执行有关港口管理的法律、法规和国务院交通主管部门有关规定的具体措施。

第四十二条 港口行政管理部门依据职责对本法执行情况实施监督检查。

港口行政管理部门的监督检查人员依法实施监督检查时,有权向被检查单位和有关人员了解有关情况,并可查阅、复制有关资料。

监督检查人员对检查中知悉的商业秘密,应当保密。

监督检查人员实施监督检查时,应当出示执法证件。

第四十三条 监督检查人员应当将监督检查的时间、地点、内容、发现的问题及处理情况作出书面记录,并由监督检查人员和被检查单位的负责人签字;被检查单位的负责人拒绝签字的,监督检查人员应当将情况记录在案,并向港口行政管理部门报告。

第四十四条 被检查单位和有关人员应当接受港口行政管理部门依法实施的监督检查,如实提供有关情况和资料,不得拒绝检查或者隐匿、谎报有关情况和资料。

第五章 法 律 责 任

第四十五条 有下列行为之一的,由县级以上地方人民政府或者港口行政管理部门责令限期改正;逾期不改正的,由作出限期改正决定的机关申请人民法院强制拆除违法建设的设施;可以处五万元以下罚款:

(一)违反港口规划建设港口、码头或者其他港口设施的;

(二)未经依法批准,建设港口设施使用港口岸线的。

建设项目的审批部门对违反港口规划的建设项目予以批准的,对其直接负责的主管人员和其他直接责任人员,依法给予行政处分。

第四十六条 在港口建设的危险货物作业场所、实施卫生除害处理的专用场所与人口密集区或者港口客运设施的距离不符合国务院有关部门的规定的,由港口行政管理部门责令停止建设或者使用,限期改正,可以处五万元以下罚款。

第四十七条 码头或者港口装卸设施、客运设施未经验收合格,擅自投入使用的,由港口行政管理部门责令停止使用,限期改正,可以处五万元以下罚款。

第四十八条 有下列行为之一的,由港口行政管理部门责令停止违法经营,没收违法所得;违法所得十万元以上的,并处违法所得二倍以上五倍以下罚款;违法所得不足十万元的,处五万元以上二十万元以下罚款:

(一)未依法取得港口经营许可证,从事港口经营的;

(二)未经依法许可,经营港口理货业务的;

(三)港口理货业务经营人兼营货物装卸经营业务、仓储经营业务的。

有前款第(三)项行为,情节严重的,由有关主管部门吊销港口理货业务经营许可证。

第四十九条 港口经营人不优先安排抢险物资、救灾物资、国防建设急需物资的作业的,由港口行政管理部门责令改正;造成严重后果的,吊销港口经营许可证。

第五十条 港口经营人违反有关法律、行政法规的规定,在经营活动中实施垄断行为或者不正当竞争行为的,依照有关法律、行政法规的规定承担法律责任。

第五十一条 港口经营人违反本法第三十二条关于安全生产的规定的,由港口行政管理部门或者其他依法负有安全生产监督管理职责的部门依法给予处罚;情节严重的,由港口行政管理部门吊销港口经营许可证,并对其主要负责人依法给予处分;构成犯罪的,依法追究刑事责任。

第五十二条 船舶进出港口,未依照本法第三十四条的规定向海事管理机构报告的,由海事管理机构依照有关水上交通安全的法律、行政法规的规定处罚。

第五十三条 未依法向港口行政管理部门报告并经其同意,在港口内进行危险货物的装卸、过驳作业的,由港口行政管理部门责令停止作业,处五千元以上五万元以下罚款。

第五十四条 在港口水域内从事养殖、种植活动的,由海事管理机构责令限期改正;逾期不改正的,强制拆除养殖、种植设施,拆除费用由违法行为人承担;可以处一万元以下罚款。

第五十五条 未经依法批准在港口进行可能危及港口安全的采掘、爆破等活动的,向港口水域倾倒泥土、砂石的,由港口行政管理部门责令停止违法行为,限期消除因此造成的安全隐患;逾期不消除的,强制消除,因此发生的费用由违法行为人承担;处五千元以上五万元以下罚款;依照有关水上交通安全的法律、行政法规的规定由海事管理机构处罚的,依照其规定;构成犯罪的,依法追究刑事责任。

第五十六条 交通主管部门、港口行政管理部门、海事管理机构等不依法履行职责,有下列行为之一的,对直接负责的主管人员和其他直接责任人员依法给予行政处分;构成犯罪的,依法追究刑事责任:

(一)违法批准建设港口设施使用港口岸线,或者违法批准船舶载运危险货物进出港口、

违法批准在港口内进行危险货物的装卸、过驳作业的;

(二)对不符合法定条件的申请人给予港口经营许可或者港口理货业务经营许可的;

(三)发现取得经营许可的港口经营人、港口理货业务经营人不再具备法定许可条件而不及时吊销许可证的;

(四)不依法履行监督检查职责,对违反港口规划建设港口、码头或者其他港口设施的行为,未经依法许可从事港口经营、港口理货业务的行为,不遵守安全生产管理规定的行为,危及港口作业安全的行为,以及其他违反本法规定的行为,不依法予以查处的。

第五十七条 行政机关违法干预港口经营人的经营自主权的,由其上级行政机关或者监察机关责令改正;向港口经营人摊派财物或者违法收取费用的,责令退回;情节严重的,对直接负责的主管人员和其他直接责任人员依法给予行政处分。

第六章 附 则

第五十八条 对航行国际航线的船舶开放的港口,由有关省、自治区、直辖市人民政府按照国家有关规定商国务院有关部门和有关军事机关同意后,报国务院批准。

第五十九条 渔业港口的管理工作由县级以上人民政府渔业行政主管部门负责。具体管理办法由国务院规定。

前款所称渔业港口,是指专门为渔业生产服务、供渔业船舶停泊、避风、装卸渔获物、补充渔需物资的人工港口或者自然港湾,包括综合性港口中渔业专用的码头、渔业专用的水域和渔船专用的锚地。

第六十条 军事港口的建设和管理办法由国务院、中央军事委员会规定。

第六十一条 本法自2004年1月1日起施行。

中华人民共和国职业病防治法

目 录

第一章 总则
第二章 前期预防
第三章 劳动过程中的防护与管理
第四章 职业病诊断与职业病病人保障
第五章 监督检查
第六章 法律责任
第七章 附则

第一章 总 则

第一条 为了预防、控制和消除职业病危害,防治职业病,保护劳动者健康及其相关权益,促进经济社会发展,根据宪法,制定本法。

第二条 本法适用于中华人民共和国领域内的职业病防治活动。

本法所称职业病,是指企业、事业单位和个体经济组织等用人单位的劳动者在职业活动中,因接触粉尘、放射性物质和其他有毒、有害因素而引起的疾病。

职业病的分类和目录由国务院卫生行政部门会同国务院安全生产监督管理部门、劳动保障行政部门制定、调整并公布。

第三条 职业病防治工作坚持预防为主、防治结合的方针,建立用人单位负责、行政机关监管、行业自律、职工参与和社会监督的机制,实行分类管理、综合治理。

第四条 劳动者依法享有职业卫生保护的权利。

用人单位应当为劳动者创造符合国家职业卫生标准和卫生要求的工作环境和条件,并采取措施保障劳动者获得职业卫生保护。

工会组织依法对职业病防治工作进行监督,维护劳动者的合法权益。用人单位制定或者修改有关职业病防治的规章制度,应当听取工会组织的意见。

第五条 用人单位应当建立、健全职业病防治责任制,加强对职业病防治的管理,提高职业病防治水平,对本单位产生的职业病危害承担责任。

第六条 用人单位的主要负责人对本单位的职业病防治工作全面负责。

第七条 用人单位必须依法参加工伤保险。

国务院和县级以上地方人民政府劳动保障行政部门应当加强对工伤保险的监督管理,确保劳动者依法享受工伤保险待遇。

第八条 国家鼓励和支持研制、开发、推广、应用有利于职业病防治和保护劳动者健康的新技术、新工艺、新设备、新材料,加强对职业病的机理和发生规律的基础研究,提高职业病防治科学技术水平;积极采用有效的职业病防治技术、工艺、设备、材料;限制使用或者淘汰职业病危害严重的技术、工艺、设备、材料。

国家鼓励和支持职业病医疗康复机构的建设。

第九条 国家实行职业卫生监督制度。

国务院安全生产监督管理部门、卫生行政部门、劳动保障行政部门依照本法和国务院确定的职责,负责全国职业病防治的监督管理工作。国务院有关部门在各自的职责范围内负责职业病防治的有关监督管理工作。

县级以上地方人民政府安全生产监督管理部门、卫生行政部门、劳动保障行政部门依据各自职责,负责本行政区域内职业病防治的监督管理工作。县级以上地方人民政府有关部门在各自的职责范围内负责职业病防治的有关监督管理工作。

县级以上人民政府安全生产监督管理部门、卫生行政部门、劳动保障行政部门(以下统称职业卫生监督管理部门)应当加强沟通,密切配合,按照各自职责分工,依法行使职权,承担责任。

第十条 国务院和县级以上地方人民政府应当制定职业病防治规划,将其纳入国民经济和社会发展计划,并组织实施。

县级以上地方人民政府统一负责、领导、组织、协调本行政区域的职业病防治工作,建立健全职业病防治工作体制、机制,统一领导、指挥职业卫生突发事件应对工作;加强职业病防治能力建设和服务体系建设,完善、落实职业病防治工作责任制。

乡、民族乡、镇的人民政府应当认真执行本法,支持职业卫生监督管理部门依法履行职责。

第十一条 县级以上人民政府职业卫生监督管理部门应当加强对职业病防治的宣传教育,普及职业病防治的知识,增强用人单位的职业病防治观念,提高劳动者的职业健康意识、自我保护意识和行使职业卫生保护权利的能力。

第十二条 有关防治职业病的国家职业卫生标准,由国务院卫生行政部门组织制定并公布。

国务院卫生行政部门应当组织开展重点职业病监测和专项调查,对职业健康风险进行评估,为制定职业卫生标准和职业病防治政策提供科学依据。

县级以上地方人民政府卫生行政部门应当定期对本行政区域的职业病防治情况进行统计和调查分析。

第十三条 任何单位和个人有权对违反本法的行为进行检举和控告。有关部门收到相关的检举和控告后,应当及时处理。

对防治职业病成绩显著的单位和个人,给予奖励。

第二章 前期预防

第十四条 用人单位应当依照法律、法规要求,严格遵守国家职业卫生标准,落实职业病预防措施,从源头上控制和消除职业病危害。

第十五条 产生职业病危害的用人单位的设立除应当符合法律、行政法规规定的设立条件外,其工作场所还应当符合下列职业卫生要求:

(一)职业病危害因素的强度或者浓度符合国家职业卫生标准;

(二)有与职业病危害防护相适应的设施;

(三)生产布局合理,符合有害与无害作业分开的原则;

(四)有配套的更衣间、洗浴间、孕妇休息间等卫生设施;

(五)设备、工具、用具等设施符合保护劳动者生理、心理健康的要求;

(六)法律、行政法规和国务院卫生行政部门、安全生产监督管理部门关于保护劳动者健康的其他要求。

第十六条 国家建立职业病危害项目申报制度。

用人单位工作场所存在职业病目录所列职业病的危害因素的,应当及时、如实向所在地安全生产监督管理部门申报危害项目,接受监督。

职业病危害因素分类目录由国务院卫生行政部门会同国务院安全生产监督管理部门制定、调整并公布。职业病危害项目申报的具体办法由国务院安全生产监督管理部门制定。

第十七条 新建、扩建、改建建设项目和技术改造、技术引进项目(以下统称建设项目)可能产生职业病危害的,建设单位在可行性论证阶段应当进行职业病危害预评价。

医疗机构建设项目可能产生放射性职业病危害的,建设单位应当向卫生行政部门提交放射性职业病危害预评价报告。卫生行政部门应当自收到预评价报告之日起三十日内,作出审核决定并书面通知建设单位。未提交预评价报告或者预评价报告未经卫生行政部门审核同意的,不得开工建设。

职业病危害预评价报告应当对建设项目可能产生的职业病危害因素及其对工作场所和劳动者健康的影响作出评价,确定危害类别和职业病防护措施。

建设项目职业病危害分类管理办法由国务院安全生产监督管理部门制定。

第十八条 建设项目的职业病防护设施所需费用应当纳入建设项目工程预算,并与主体工程同时设计,同时施工,同时投入生产和使用。

建设项目的职业病防护设施设计应当符合国家职业卫生标准和卫生要求;其中,医疗机构放射性职业病危害严重的建设项目的防护设施设计,应当经卫生行政部门审查同意后,方可施工。

建设项目在竣工验收前,建设单位应当进行职业病危害控制效果评价。

医疗机构可能产生放射性职业病危害的建设项目竣工验收时,其放射性职业病防护设施经卫生行政部门验收合格后,方可投入使用;其他建设项目的职业病防护设施应当由建设单位负责依法组织验收,验收合格后,方可投入生产和使用。安全生产监督管理部门应当加强对建设单位组织的验收活动和验收结果的监督核查。

第十九条 国家对从事放射性、高毒、高危粉尘等作业实行特殊管理。具体管理办法由国务院制定。

第三章 劳动过程中的防护与管理

第二十条 用人单位应当采取下列职业病防治管理措施:

(一)设置或者指定职业卫生管理机构或者组织,配备专职或者兼职的职业卫生管理人员,负责本单位的职业病防治工作;

(二)制定职业病防治计划和实施方案;

(三)建立、健全职业卫生管理制度和操作规程;

(四)建立、健全职业卫生档案和劳动者健康监护档案;

(五)建立、健全工作场所职业病危害因素监测及评价制度;

(六)建立、健全职业病危害事故应急救援预案。

第二十一条 用人单位应当保障职业病防治所需的资金投入,不得挤占、挪用,并对因资金投入不足导致的后果承担责任。

第二十二条 用人单位必须采用有效的职业病防护设施,并为劳动者提供个人使用的职业病防护用品。

用人单位为劳动者个人提供的职业病防护用品必须符合防治职业病的要求;不符合要求的,不得使用。

第二十三条 用人单位应当优先采用有利于防治职业病和保护劳动者健康的新技术、新工艺、新设备、新材料,逐步替代职业病危害严重的技术、工艺、设备、材料。

第二十四条 产生职业病危害的用人单位,应当在醒目位置设置公告栏,公布有关职业病防治的规章制度、操作规程、职业病危害事故应急救援措施和工作场所职业病危害因素检测结果。

对产生严重职业病危害的作业岗位,应当在其醒目位置,设置警示标识和中文警示说明。警示说明应当载明产生职业病危害的种类、后果、预防以及应急救治措施等内容。

第二十五条 对可能发生急性职业损伤的有毒、有害工作场所,用人单位应当设置报警装置,配置现场急救用品、冲洗设备、应急撤离通道和必要的泄险区。

对放射工作场所和放射性同位素的运输、贮存,用人单位必须配置防护设备和报警装置,保证接触放射线的工作人员佩戴个人剂量计。

对职业病防护设备、应急救援设施和个人使用的职业病防护用品,用人单位应当进行经常性的维护、检修,定期检测其性能和效果,确保其处于正常状态,不得擅自拆除或者停止使用。

第二十六条 用人单位应当实施由专人负责的职业病危害因素日常监测,并确保监测系统处于正常运行状态。

用人单位应当按照国务院安全生产监督管理部门的规定,定期对工作场所进行职业病危害因素检测、评价。检测、评价结果存入用人单位职业卫生档案,定期向所在地安全生产监督管理部门报告并向劳动者公布。

职业病危害因素检测、评价由依法设立的取得国务院安全生产监督管理部门或者设区的市级以上地方人民政府安全生产监督管理部门按照职责分工给予资质认可的职业卫生技术服务机构进行。职业卫生技术服务机构所作检测、评价应当客观、真实。

发现工作场所职业病危害因素不符合国家职业卫生标准和卫生要求时,用人单位应当立即采取相应治理措施,仍然达不到国家职业卫生标准和卫生要求的,必须停止存在职业病危害因素的作业;职业病危害因素经治理后,符合国家职业卫生标准和卫生要求的,方可重新作业。

第二十七条 职业卫生技术服务机构依法从事职业病危害因素检测、评价工作,接受安全生产监督管理部门的监督检查。安全生产监督管理部门应当依法履行监督职责。

第二十八条 向用人单位提供可能产生职业病危害的设备的,应当提供中文说明书,并在设备的醒目位置设置警示标识和中文警示说明。警示说明应当载明设备性能、可能产生的职业病危害、安全操作和维护注意事项、职业病防护以及应急救治措施等内容。

第二十九条 向用人单位提供可能产生职业病危害的化学品、放射性同位素和含有放射性物质的材料的,应当提供中文说明书。说明书应当载明产品特性、主要成份、存在的有害因素、可能产生的危害后果、安全使用注意事项、职业病防护以及应急救治措施等内容。产品包装应当有醒目的警示标识和中文警示说明。贮存上述材料的场所应当在规定的部位设置危险物品标识或者放射性警示标识。

国内首次使用或者首次进口与职业病危害有关的化学材料,使用单位或者进口单位按照国家规定经国务院有关部门批准后,应当向国务院卫生行政部门、安全生产监督管理部门报送该化学材料的毒性鉴定以及经有关部门登记注册或者批准进口的文件等资料。

进口放射性同位素、射线装置和含有放射性物质的物品的,按照国家有关规定办理。

第三十条 任何单位和个人不得生产、经营、进口和使用国家明令禁止使用的可能产生职业病危害的设备或者材料。

第三十一条 任何单位和个人不得将产生职业病危害的作业转移给不具备职业病防护条件的单位和个人。不具备职业病防护条件的单位和个人不得接受产生职业病危害的作业。

第三十二条 用人单位对采用的技术、工艺、设备、材料,应当知悉其产生的职业病危害,对有职业病危害的技术、工艺、设备、材料隐瞒其危害而采用的,对所造成的职业病危害后果承担责任。

第三十三条 用人单位与劳动者订立劳动合同(含聘用合同,下同)时,应当将工作过程中可能产生的职业病危害及其后果、职业病防护措施和待遇等如实告知劳动者,并在劳动合同中写明,不得隐瞒或者欺骗。

劳动者在已订立劳动合同期间因工作岗位或者工作内容变更,从事与所订立劳动合同中未告知的存在职业病危害的作业时,用人单位应当依照前款规定,向劳动者履行如实告知的义务,并协商变更原劳动合同相关条款。

用人单位违反前两款规定的,劳动者有权拒绝从事存在职业病危害的作业,用人单位不得因此解除与劳动者所订立的劳动合同。

第三十四条 用人单位的主要负责人和职业卫生管理人员应当接受职业卫生培训,遵守职业病防治法律、法规,依法组织本单位的职业病防治工作。

用人单位应当对劳动者进行上岗前的职业卫生培训和在岗期间的定期职业卫生培训,普及职业卫生知识,督促劳动者遵守职业病防治法律、法规、规章和操作规程,指导劳动者正确使用职业病防护设备和个人使用的职业病防护用品。

劳动者应当学习和掌握相关的职业卫生知识,增强职业病防范意识,遵守职业病防治法律、法规、规章和操作规程,正确使用、维护职业病防护设备和个人使用的职业病防护用品,发现职业病危害事故隐患应当及时报告。

劳动者不履行前款规定义务的,用人单位应当对其进行教育。

第三十五条 对从事接触职业病危害的作业的劳动者,用人单位应当按照国务院安全生产监督管理部门、卫生行政部门的规定组织上岗前、在岗期间和离岗时的职业健康检查,并将检查结果书面告知劳动者。职业健康检查费用由用人单位承担。

用人单位不得安排未经上岗前职业健康检查的劳动者从事接触职业病危害的作业;不得安排有职业禁忌的劳动者从事其所禁忌的作业;对在职业健康检查中发现有与所从事的职业相关的健康损害的劳动者,应当调离原工作岗位,并妥善安置;对未进行离岗前职业健康检查的劳动者不得解除或者终止与其订立的劳动合同。

职业健康检查应当由取得《医疗机构执业许可证》的医疗卫生机构承担。卫生行政部门应当加强对职业健康检查工作的规范管理,具体管理办法由国务院卫生行政部门制定。

第三十六条 用人单位应当为劳动者建立职业健康监护档案,并按照规定的期限妥善保存。

职业健康监护档案应当包括劳动者的职业史、职业病危害接触史、职业健康检查结果和职业病诊疗等有关个人健康资料。

劳动者离开用人单位时,有权索取本人职业健康监护档案复印件,用人单位应当如实、无偿提供,并在所提供的复印件上签章。

第三十七条 发生或者可能发生急性职业病危害事故时,用人单位应当立即采取应急救援和控制措施,并及时报告所在地安全生产监督管理部门和有关部门。安全生产监督管理部门接到报告后,应当及时会同有关部门组织调查处理;必要时,可以采取临时控制措施。卫生行政部门应当组织做好医疗救治工作。

对遭受或者可能遭受急性职业病危害的劳动者,用人单位应当及时组织救治、进行健康检查和医学观察,所需费用由用人单位承担。

第三十八条 用人单位不得安排未成年工从事接触职业病危害的作业;不得安排孕期、哺乳期的女职工从事对本人和胎儿、婴儿有危害的作业。

第三十九条 劳动者享有下列职业卫生保护权利:

(一)获得职业卫生教育、培训;

(二)获得职业健康检查、职业病诊疗、康复等职业病防治服务;

(三)了解工作场所产生或者可能产生的职业病危害因素、危害后果和应当采取的职业病防护措施;

(四)要求用人单位提供符合防治职业病要求的职业病防护设施和个人使用的职业病防护用品,改善工作条件;

(五)对违反职业病防治法律、法规以及危及生命健康的行为提出批评、检举和控告;

(六)拒绝违章指挥和强令进行没有职业病防护措施的作业;

(七)参与用人单位职业卫生工作的民主管理,对职业病防治工作提出意见和建议。

用人单位应当保障劳动者行使前款所列权利。因劳动者依法行使正当权利而降低其工资、福利等待遇或者解除、终止与其订立的劳动合同的,其行为无效。

第四十条 工会组织应当督促并协助用人单位开展职业卫生宣传教育和培训,有权对用人单位的职业病防治工作提出意见和建议,依法代表劳动者与用人单位签订劳动安全卫生专项集体合同,与用人单位就劳动者反映的有关职业病防治的问题进行协调并督促解决。

工会组织对用人单位违反职业病防治法律、法规,侵犯劳动者合法权益的行为,有权要求纠正;产生严重职业病危害时,有权要求采取防护措施,或者向政府有关部门建议采取强制性措施;发生职业病危害事故时,有权参与事故调查处理;发现危及劳动者生命健康的情形时,有权向用人单位建议组织劳动者撤离危险现场,用人单位应当立即作出处理。

第四十一条 用人单位按照职业病防治要求,用于预防和治理职业病危害、工作场所卫生检测、健康监护和职业卫生培训等费用,按照国家有关规定,在生产成本中据实列支。

第四十二条 职业卫生监督管理部门应当按照职责分工,加强对用人单位落实职业病防护管理措施情况的监督检查,依法行使职权,承担责任。

第四章 职业病诊断与职业病病人保障

第四十三条 医疗卫生机构承担职业病诊断,应当经省、自治区、直辖市人民政府卫生行政部门批准。省、自治区、直辖市人民政府卫生行政部门应当向社会公布本行政区域内承担职业病诊断的医疗卫生机构的名单。

承担职业病诊断的医疗卫生机构应当具备下列条件:

（一）持有《医疗机构执业许可证》；
（二）具有与开展职业病诊断相适应的医疗卫生技术人员；
（三）具有与开展职业病诊断相适应的仪器、设备；
（四）具有健全的职业病诊断质量管理制度。

承担职业病诊断的医疗卫生机构不得拒绝劳动者进行职业病诊断的要求。

第四十四条 劳动者可以在用人单位所在地、本人户籍所在地或者经常居住地依法承担职业病诊断的医疗卫生机构进行职业病诊断。

第四十五条 职业病诊断标准和职业病诊断、鉴定办法由国务院卫生行政部门制定。职业病伤残等级的鉴定办法由国务院劳动保障行政部门会同国务院卫生行政部门制定。

第四十六条 职业病诊断,应当综合分析下列因素：
（一）病人的职业史；
（二）职业病危害接触史和工作场所职业病危害因素情况；
（三）临床表现以及辅助检查结果等。

没有证据否定职业病危害因素与病人临床表现之间的必然联系的,应当诊断为职业病。

职业病诊断证明书应当由参与诊断的取得职业病诊断资格的执业医师签署,并经承担职业病诊断的医疗卫生机构审核盖章。

第四十七条 用人单位应当如实提供职业病诊断、鉴定所需的劳动者职业史和职业病危害接触史、工作场所职业病危害因素检测结果等资料；安全生产监督管理部门应当监督检查和督促用人单位提供上述资料；劳动者和有关机构也应当提供与职业病诊断、鉴定有关的资料。

职业病诊断、鉴定机构需要了解工作场所职业病危害因素情况时,可以对工作场所进行现场调查,也可以向安全生产监督管理部门提出,安全生产监督管理部门应当在十日内组织现场调查。用人单位不得拒绝、阻挠。

第四十八条 职业病诊断、鉴定过程中,用人单位不提供工作场所职业病危害因素检测结果等资料的,诊断、鉴定机构应当结合劳动者的临床表现、辅助检查结果和劳动者的职业史、职业病危害接触史,并参考劳动者的自述、安全生产监督管理部门提供的日常监督检查信息等,作出职业病诊断、鉴定结论。

劳动者对用人单位提供的工作场所职业病危害因素检测结果等资料有异议,或者因劳动者的用人单位解散、破产,无用人单位提供上述资料的,诊断、鉴定机构应当提请安全生产监督管理部门进行调查,安全生产监督管理部门应当自接到申请之日起三十日内对存在异议的资料或者工作场所职业病危害因素情况作出判定；有关部门应当配合。

第四十九条 职业病诊断、鉴定过程中,在确认劳动者职业史、职业病危害接触史时,当事人对劳动关系、工种、工作岗位或者在岗时间有争议的,可以向当地的劳动人事争议仲裁委员会申请仲裁；接到申请的劳动人事争议仲裁委员会应当受理,并在三十日内作出裁决。

当事人在仲裁过程中对自己提出的主张,有责任提供证据。劳动者无法提供由用人单位掌握管理的与仲裁主张有关的证据的,仲裁庭应当要求用人单位在指定期限内提供；用人单位在指定期限内不提供的,应当承担不利后果。

劳动者对仲裁裁决不服的,可以依法向人民法院提起诉讼。

用人单位对仲裁裁决不服的,可以在职业病诊断、鉴定程序结束之日起十五日内依法向人民法院提起诉讼;诉讼期间,劳动者的治疗费用按照职业病待遇规定的途径支付。

第五十条 用人单位和医疗卫生机构发现职业病病人或者疑似职业病病人时,应当及时向所在地卫生行政部门和安全生产监督管理部门报告。确诊为职业病的,用人单位还应当向所在地劳动保障行政部门报告。接到报告的部门应当依法作出处理。

第五十一条 县级以上地方人民政府卫生行政部门负责本行政区域内的职业病统计报告的管理工作,并按照规定上报。

第五十二条 当事人对职业病诊断有异议的,可以向作出诊断的医疗卫生机构所在地地方人民政府卫生行政部门申请鉴定。

职业病诊断争议由设区的市级以上地方人民政府卫生行政部门根据当事人的申请,组织职业病诊断鉴定委员会进行鉴定。

当事人对设区的市级职业病诊断鉴定委员会的鉴定结论不服的,可以向省、自治区、直辖市人民政府卫生行政部门申请再鉴定。

第五十三条 职业病诊断鉴定委员会由相关专业的专家组成。

省、自治区、直辖市人民政府卫生行政部门应当设立相关的专家库,需要对职业病争议作出诊断鉴定时,由当事人或者当事人委托有关卫生行政部门从专家库中以随机抽取的方式确定参加诊断鉴定委员会的专家。

职业病诊断鉴定委员会应当按照国务院卫生行政部门颁布的职业病诊断标准和职业病诊断、鉴定办法进行职业病诊断鉴定,向当事人出具职业病诊断鉴定书。职业病诊断、鉴定费用由用人单位承担。

第五十四条 职业病诊断鉴定委员会组成人员应当遵守职业道德,客观、公正地进行诊断鉴定,并承担相应的责任。职业病诊断鉴定委员会组成人员不得私下接触当事人,不得收受当事人的财物或者其他好处,与当事人有利害关系的,应当回避。

人民法院受理有关案件需要进行职业病鉴定时,应当从省、自治区、直辖市人民政府卫生行政部门依法设立的相关的专家库中选取参加鉴定的专家。

第五十五条 医疗卫生机构发现疑似职业病病人时,应当告知劳动者本人并及时通知用人单位。

用人单位应当及时安排对疑似职业病病人进行诊断;在疑似职业病病人诊断或者医学观察期间,不得解除或者终止与其订立的劳动合同。

疑似职业病病人在诊断、医学观察期间的费用,由用人单位承担。

第五十六条 用人单位应当保障职业病病人依法享受国家规定的职业病待遇。

用人单位应当按照国家有关规定,安排职业病病人进行治疗、康复和定期检查。

用人单位对不适宜继续从事原工作的职业病病人,应当调离原岗位,并妥善安置。

用人单位对从事接触职业病危害的作业的劳动者,应当给予适当岗位津贴。

第五十七条 职业病病人的诊疗、康复费用,伤残以及丧失劳动能力的职业病病人的社会保障,按照国家有关工伤保险的规定执行。

第五十八条 职业病病人除依法享有工伤保险外,依照有关民事法律,尚有获得赔偿的权利的,有权向用人单位提出赔偿要求。

第五十九条 劳动者被诊断患有职业病,但用人单位没有依法参加工伤保险的,其医疗和生活保障由该用人单位承担。

第六十条 职业病病人变动工作单位,其依法享有的待遇不变。

用人单位在发生分立、合并、解散、破产等情形时,应当对从事接触职业病危害的作业的劳动者进行健康检查,并按照国家有关规定妥善安置职业病病人。

第六十一条 用人单位已经不存在或者无法确认劳动关系的职业病病人,可以向地方人民政府民政部门申请医疗救助和生活等方面的救助。

地方各级人民政府应当根据本地区的实际情况,采取其他措施,使前款规定的职业病病人获得医疗救治。

第五章 监督检查

第六十二条 县级以上人民政府职业卫生监督管理部门依照职业病防治法律、法规、国家职业卫生标准和卫生要求,依据职责划分,对职业病防治工作进行监督检查。

第六十三条 安全生产监督管理部门履行监督检查职责时,有权采取下列措施:

(一)进入被检查单位和职业病危害现场,了解情况,调查取证;

(二)查阅或者复制与违反职业病防治法律、法规的行为有关的资料和采集样品;

(三)责令违反职业病防治法律、法规的单位和个人停止违法行为。

第六十四条 发生职业病危害事故或者有证据证明危害状态可能导致职业病危害事故发生时,安全生产监督管理部门可以采取下列临时控制措施:

(一)责令暂停导致职业病危害事故的作业;

(二)封存造成职业病危害事故或者可能导致职业病危害事故发生的材料和设备;

(三)组织控制职业病危害事故现场。

在职业病危害事故或者危害状态得到有效控制后,安全生产监督管理部门应当及时解除控制措施。

第六十五条 职业卫生监督执法人员依法执行职务时,应当出示监督执法证件。

职业卫生监督执法人员应当忠于职守,秉公执法,严格遵守执法规范;涉及用人单位的秘密的,应当为其保密。

第六十六条 职业卫生监督执法人员依法执行职务时,被检查单位应当接受检查并予以支持配合,不得拒绝和阻碍。

第六十七条 卫生行政部门、安全生产监督管理部门及其职业卫生监督执法人员履行职责时,不得有下列行为:

(一)对不符合法定条件的,发给建设项目有关证明文件、资质证明文件或者予以批准;

(二)对已经取得有关证明文件的,不履行监督检查职责;

(三)发现用人单位存在职业病危害的,可能造成职业病危害事故,不及时依法采取控制措施;

(四)其他违反本法的行为。

第六十八条 职业卫生监督执法人员应当依法经过资格认定。

职业卫生监督管理部门应当加强队伍建设,提高职业卫生监督执法人员的政治、业务素质,依照本法和其他有关法律、法规的规定,建立、健全内部监督制度,对其工作人员执行法律、法规和遵守纪律的情况,进行监督检查。

第六章 法律责任

第六十九条 建设单位违反本法规定,有下列行为之一的,由安全生产监督管理部门和卫生行政部门依据职责分工给予警告,责令限期改正;逾期不改正的,处十万元以上五十万元以下的罚款;情节严重的,责令停止产生职业病危害的作业,或者提请有关人民政府按照国务院规定的权限责令停建、关闭:

(一)未按照规定进行职业病危害预评价的;

(二)医疗机构可能产生放射性职业病危害的建设项目未按照规定提交放射性职业病危害预评价报告,或者放射性职业病危害预评价报告未经卫生行政部门审核同意,开工建设的;

(三)建设项目的职业病防护设施未按照规定与主体工程同时设计、同时施工、同时投入生产和使用的;

(四)建设项目的职业病防护设施设计不符合国家职业卫生标准和卫生要求,或者医疗机构放射性职业病危害严重的建设项目的防护设施设计未经卫生行政部门审查同意擅自施工的;

(五)未按照规定对职业病防护设施进行职业病危害控制效果评价的;

(六)建设项目竣工投入生产和使用前,职业病防护设施未按照规定验收合格的。

第七十条 违反本法规定,有下列行为之一的,由安全生产监督管理部门给予警告,责令限期改正;逾期不改正的,处十万元以下的罚款:

(一)工作场所职业病危害因素检测、评价结果没有存档、上报、公布的;

(二)未采取本法第二十条规定的职业病防治管理措施的;

(三)未按照规定公布有关职业病防治的规章制度、操作规程、职业病危害事故应急救援措施的;

(四)未按照规定组织劳动者进行职业卫生培训,或者未对劳动者个人职业病防护采取指导、督促措施的;

(五)国内首次使用或者首次进口与职业病危害有关的化学材料,未按照规定报送毒性鉴定资料以及经有关部门登记注册或者批准进口的文件的。

第七十一条 用人单位违反本法规定,有下列行为之一的,由安全生产监督管理部门责令限期改正,给予警告,可以并处五万元以上十万元以下的罚款:

(一)未按照规定及时、如实向安全生产监督管理部门申报产生职业病危害的项目的;

(二)未实施由专人负责的职业病危害因素日常监测,或者监测系统不能正常监测的;

(三)订立或者变更劳动合同时,未告知劳动者职业病危害真实情况的;

(四)未按照规定组织职业健康检查、建立职业健康监护档案或者未将检查结果书面告知劳动者的;

（五）未依照本法规定在劳动者离开用人单位时提供职业健康监护档案复印件的。

第七十二条 用人单位违反本法规定，有下列行为之一的，由安全生产监督管理部门给予警告，责令限期改正，逾期不改正的，处五万元以上二十万元以下的罚款；情节严重的，责令停止产生职业病危害的作业，或者提请有关人民政府按照国务院规定的权限责令关闭：

（一）工作场所职业病危害因素的强度或者浓度超过国家职业卫生标准的；

（二）未提供职业病防护设施和个人使用的职业病防护用品，或者提供的职业病防护设施和个人使用的职业病防护用品不符合国家职业卫生标准和卫生要求的；

（三）对职业病防护设备、应急救援设施和个人使用的职业病防护用品未按照规定进行维护、检修、检测，或者不能保持正常运行、使用状态的；

（四）未按照规定对工作场所职业病危害因素进行检测、评价的；

（五）工作场所职业病危害因素经治理仍然达不到国家职业卫生标准和卫生要求时，未停止存在职业病危害因素的作业的；

（六）未按照规定安排职业病病人、疑似职业病病人进行诊治的；

（七）发生或者可能发生急性职业病危害事故时，未立即采取应急救援和控制措施或者未按照规定及时报告的；

（八）未按照规定在产生严重职业病危害的作业岗位醒目位置设置警示标识和中文警示说明的；

（九）拒绝职业卫生监督管理部门监督检查的；

（十）隐瞒、伪造、篡改、毁损职业健康监护档案、工作场所职业病危害因素检测评价结果等相关资料，或者拒不提供职业病诊断、鉴定所需资料的；

（十一）未按照规定承担职业病诊断、鉴定费用和职业病病人的医疗、生活保障费用的。

第七十三条 向用人单位提供可能产生职业病危害的设备、材料，未按照规定提供中文说明书或者设置警示标识和中文警示说明的，由安全生产监督管理部门责令限期改正，给予警告，并处五万元以上二十万元以下的罚款。

第七十四条 用人单位和医疗卫生机构未按照规定报告职业病、疑似职业病的，由有关主管部门依据职责分工责令限期改正，给予警告，可以并处一万元以下的罚款；弄虚作假的，并处二万元以上五万元以下的罚款；对直接负责的主管人员和其他直接责任人员，可以依法给予降级或者撤职的处分。

第七十五条 违反本法规定，有下列情形之一的，由安全生产监督管理部门责令限期治理，并处五万元以上三十万元以下的罚款；情节严重的，责令停止产生职业病危害的作业，或者提请有关人民政府按照国务院规定的权限责令关闭：

（一）隐瞒技术、工艺、设备、材料所产生的职业病危害而采用的；

（二）隐瞒本单位职业卫生真实情况的；

（三）可能发生急性职业损伤的有毒、有害工作场所、放射工作场所或者放射性同位素的运输、贮存不符合本法第二十五条规定的；

（四）使用国家明令禁止使用的可能产生职业病危害的设备或者材料的；

（五）将产生职业病危害的作业转移给没有职业病防护条件的单位和个人，或者没有职业病防护条件的单位和个人接受产生职业病危害的作业的；

(六)擅自拆除、停止使用职业病防护设备或者应急救援设施的;

(七)安排未经职业健康检查的劳动者、有职业禁忌的劳动者、未成年工或者孕期、哺乳期女职工从事接触职业病危害的作业或者禁忌作业的;

(八)违章指挥和强令劳动者进行没有职业病防护措施的作业的。

第七十六条 生产、经营或者进口国家明令禁止使用的可能产生职业病危害的设备或者材料的,依照有关法律、行政法规的规定给予处罚。

第七十七条 用人单位违反本法规定,已经对劳动者生命健康造成严重损害的,由安全生产监督管理部门责令停止产生职业病危害的作业,或者提请有关人民政府按照国务院规定的权限责令关闭,并处十万元以上五十万元以下的罚款。

第七十八条 用人单位违反本法规定,造成重大职业病危害事故或者其他严重后果,构成犯罪的,对直接负责的主管人员和其他直接责任人员,依法追究刑事责任。

第七十九条 未取得职业卫生技术服务资质认可擅自从事职业卫生技术服务的,或者医疗卫生机构未经批准擅自从事职业病诊断的,由安全生产监督管理部门和卫生行政部门依据职责分工责令立即停止违法行为,没收违法所得;违法所得五千元以上的,并处违法所得二倍以上十倍以下的罚款;没有违法所得或者违法所得不足五千元的,并处五千元以上五万元以下的罚款;情节严重的,对直接负责的主管人员和其他直接责任人员,依法给予降级、撤职或者开除的处分。

第八十条 从事职业卫生技术服务的机构和承担职业病诊断的医疗卫生机构违反本法规定,有下列行为之一的,由安全生产监督管理部门和卫生行政部门依据职责分工责令立即停止违法行为,给予警告,没收违法所得;违法所得五千元以上的,并处违法所得二倍以上五倍以下的罚款;没有违法所得或者违法所得不足五千元的,并处五千元以上二万元以下的罚款;情节严重的,由原认可或者批准机关取消其相应的资格;对直接负责的主管人员和其他直接责任人员,依法给予降级、撤职或者开除的处分;构成犯罪的,依法追究刑事责任:

(一)超出资质认可或者批准范围从事职业卫生技术服务或者职业病诊断的;

(二)不按照本法规定履行法定职责的;

(三)出具虚假证明文件的。

第八十一条 职业病诊断鉴定委员会组成人员收受职业病诊断争议当事人的财物或者其他好处的,给予警告,没收收受的财物,可以并处三千元以上五万元以下的罚款,取消其担任职业病诊断鉴定委员会组成人员的资格,并从省、自治区、直辖市人民政府卫生行政部门设立的专家库中予以除名。

第八十二条 卫生行政部门、安全生产监督管理部门不按照规定报告职业病和职业病危害事故的,由上一级行政部门责令改正,通报批评,给予警告;虚报、瞒报的,对单位负责人、直接负责的主管人员和其他直接责任人员依法给予降级、撤职或者开除的处分。

第八十三条 县级以上地方人民政府在职业病防治工作中未依照本法履行职责,本行政区域出现重大职业病危害事故、造成严重社会影响的,依法对直接负责的主管人员和其他直接责任人员给予记大过直至开除的处分。

县级以上人民政府职业卫生监督管理部门不履行本法规定的职责,滥用职权、玩忽职守、徇私舞弊,依法对直接负责的主管人员和其他直接责任人员给予记大过或者降级的处分;造成职业病危害事故或者其他严重后果的,依法给予撤职或者开除的处分。

第八十四条 违反本法规定,构成犯罪的,依法追究刑事责任。

第七章 附 则

第八十五条 本法下列用语的含义:

职业病危害,是指对从事职业活动的劳动者可能导致职业病的各种危害。职业病危害因素包括:职业活动中存在的各种有害的化学、物理、生物因素以及在作业过程中产生的其他职业有害因素。

职业禁忌,是指劳动者从事特定职业或者接触特定职业病危害因素时,比一般职业人群更易于遭受职业病危害和罹患职业病或者可能导致原有自身疾病病情加重,或者在从事作业过程中诱发可能导致对他人生命健康构成危险的疾病的个人特殊生理或者病理状态。

第八十六条 本法第二条规定的用人单位以外的单位,产生职业病危害的,其职业病防治活动可以参照本法执行。

劳务派遣用工单位应当履行本法规定的用人单位的义务。

中国人民解放军参照执行本法的办法,由国务院、中央军事委员会制定。

第八十七条 对医疗机构放射性职业病危害控制的监督管理,由卫生行政部门依照本法的规定实施。

第八十八条 本法自2002年5月1日起施行。

中华人民共和国境外非政府组织境内活动管理法

目 录

第一章 总则
第二章 登记和备案
第三章 活动规范
第四章 便利措施
第五章 监督管理
第六章 法律责任
第七章 附则

第一章 总 则

第一条 为了规范、引导境外非政府组织在中国境内的活动,保障其合法权益,促进交流与合作,制定本法。

第二条 境外非政府组织在中国境内开展活动适用本法。

本法所称境外非政府组织,是指在境外合法成立的基金会、社会团体、智库机构等非营利、非政府的社会组织。

第三条 境外非政府组织依照本法可以在经济、教育、科技、文化、卫生、体育、环保等领域和济困、救灾等方面开展有利于公益事业发展的活动。

第四条 境外非政府组织在中国境内依法开展活动,受法律保护。

第五条 境外非政府组织在中国境内开展活动应当遵守中国法律,不得危害中国的国家统一、安全和民族团结,不得损害中国国家利益、社会公共利益和公民、法人以及其他组织的合法权益。

境外非政府组织在中国境内不得从事或者资助营利性活动、政治活动,不得非法从事或者资助宗教活动。

第六条 国务院公安部门和省级人民政府公安机关,是境外非政府组织在中国境内开展活动的登记管理机关。

国务院有关部门和单位、省级人民政府有关部门和单位,是境外非政府组织在中国境内开展活动的相应业务主管单位。

第七条 县级以上人民政府公安机关和有关部门在各自职责范围内对境外非政府组织在中国境内开展活动依法实施监督管理、提供服务。

国家建立境外非政府组织监督管理工作协调机制,负责研究、协调、解决境外非政府组织在中国境内开展活动监督管理和服务便利中的重大问题。

第八条 国家对为中国公益事业发展做出突出贡献的境外非政府组织给予表彰。

第二章 登记和备案

第九条 境外非政府组织在中国境内开展活动,应当依法登记设立代表机构;未登记设立代表机构需要在中国境内开展临时活动的,应当依法备案。

境外非政府组织未登记设立代表机构、开展临时活动未经备案的,不得在中国境内开展或者变相开展活动,不得委托、资助或者变相委托、资助中国境内任何单位和个人在中国境内开展活动。

第十条 境外非政府组织符合下列条件,根据业务范围、活动地域和开展活动的需要,可以申请在中国境内登记设立代表机构:

(一)在境外合法成立;
(二)能够独立承担民事责任;
(三)章程规定的宗旨和业务范围有利于公益事业发展;
(四)在境外存续二年以上并实质性开展活动;
(五)法律、行政法规规定的其他条件。

第十一条 境外非政府组织申请登记设立代表机构,应当经业务主管单位同意。

业务主管单位的名录由国务院公安部门和省级人民政府公安机关会同有关部门公布。

第十二条 境外非政府组织应当自业务主管单位同意之日起三十日内,向登记管理机关申请设立代表机构登记。申请设立代表机构登记,应当向登记管理机关提交下列文件、材料:

（一）申请书；
（二）符合本法第十条规定的证明文件、材料；
（三）拟设代表机构首席代表的身份证明、简历及其无犯罪记录证明材料或者声明；
（四）拟设代表机构的住所证明材料；
（五）资金来源证明材料；
（六）业务主管单位的同意文件；
（七）法律、行政法规规定的其他文件、材料。

登记管理机关审查境外非政府组织代表机构设立申请，根据需要可以组织专家进行评估。

登记管理机关应当自受理申请之日起六十日内作出准予登记或者不予登记的决定。

第十三条 对准予登记的境外非政府组织代表机构，登记管理机关发给登记证书，并向社会公告。登记事项包括：
（一）名称；
（二）住所；
（三）业务范围；
（四）活动地域；
（五）首席代表；
（六）业务主管单位。

境外非政府组织代表机构凭登记证书依法办理税务登记，刻制印章，在中国境内的银行开立银行账户，并将税务登记证件复印件、印章式样以及银行账户报登记管理机关备案。

第十四条 境外非政府组织代表机构需要变更登记事项的，应当自业务主管单位同意之日起三十日内，向登记管理机关申请变更登记。

第十五条 有下列情形之一的，境外非政府组织代表机构由登记管理机关注销登记，并向社会公告：
（一）境外非政府组织撤销代表机构的；
（二）境外非政府组织终止的；
（三）境外非政府组织代表机构依法被撤销登记或者吊销登记证书的；
（四）由于其他原因终止的。

境外非政府组织代表机构注销登记后，设立该代表机构的境外非政府组织应当妥善办理善后事宜。境外非政府组织代表机构不具有法人资格，涉及相关法律责任的，由该境外非政府组织承担。

第十六条 境外非政府组织未在中国境内设立代表机构，在中国境内开展临时活动的，应当与中国的国家机关、人民团体、事业单位、社会组织（以下称中方合作单位）合作进行。

第十七条 境外非政府组织开展临时活动，中方合作单位应当按照国家规定办理审批手续，并在开展临时活动十五日前向其所在地的登记管理机关备案。备案应当提交下列文件、材料：
（一）境外非政府组织合法成立的证明文件、材料；
（二）境外非政府组织与中方合作单位的书面协议；

（三）临时活动的名称、宗旨、地域和期限等相关材料；
（四）项目经费、资金来源证明材料及中方合作单位的银行账户；
（五）中方合作单位获得批准的文件；
（六）法律、行政法规规定的其他文件、材料。

在赈灾、救援等紧急情况下，需要开展临时活动的，备案时间不受前款规定的限制。

临时活动期限不超过一年，确实需要延长期限的，应当重新备案。

登记管理机关认为备案的临时活动不符合本法第五条规定的，应当及时通知中方合作单位停止临时活动。

第三章 活动规范

第十八条 境外非政府组织代表机构应当以登记的名称，在登记的业务范围和活动地域内开展活动。

境外非政府组织不得在中国境内设立分支机构，国务院另有规定的除外。

第十九条 境外非政府组织代表机构应当于每年12月31日前将包含项目实施、资金使用等内容的下一年度活动计划报业务主管单位，业务主管单位同意后十日内报登记管理机关备案。特殊情况下需要调整活动计划的，应当及时向登记管理机关备案。

第二十条 境外非政府组织在中国境内开展活动不得对中方合作单位、受益人附加违反中国法律法规的条件。

第二十一条 境外非政府组织在中国境内活动资金包括：

（一）境外合法来源的资金；
（二）中国境内的银行存款利息；
（三）中国境内合法取得的其他资金。

境外非政府组织在中国境内活动不得取得或者使用前款规定以外的资金。

境外非政府组织及其代表机构不得在中国境内进行募捐。

第二十二条 设立代表机构的境外非政府组织应当通过代表机构在登记管理机关备案的银行账户管理用于中国境内的资金。

开展临时活动的境外非政府组织应当通过中方合作单位的银行账户管理用于中国境内的资金，实行单独记账，专款专用。

未经前两款规定的银行账户，境外非政府组织、中方合作单位和个人不得以其他任何形式在中国境内进行项目活动资金的收付。

第二十三条 境外非政府组织应当按照代表机构登记的业务范围、活动地域或者与中方合作单位协议的约定使用资金。

第二十四条 境外非政府组织代表机构应当执行中国统一的会计制度。财务会计报告应当经中国境内会计师事务所审计。

第二十五条 境外非政府组织在中国境内开展活动，应当按照中国有关外汇管理的规定办理外汇收支。

第二十六条 境外非政府组织代表机构应当依法办理税务登记、纳税申报和税款缴纳等事项。

第二十七条 境外非政府组织代表机构在中国境内聘用工作人员应当遵守法律、行政法规,并将聘用的工作人员信息报业务主管单位和登记管理机关备案。

第二十八条 境外非政府组织代表机构、开展临时活动的境外非政府组织不得在中国境内发展会员,国务院另有规定的除外。

第二十九条 境外非政府组织代表机构应当设一名首席代表,可以根据业务需要设一至三名代表。

有下列情形之一的,不得担任首席代表、代表:

(一)无民事行为能力或者限制民事行为能力的;

(二)有犯罪记录的;

(三)依法被撤销登记、吊销登记证书的代表机构的首席代表、代表,自被撤销、吊销之日起未逾五年的;

(四)法律、行政法规规定的其他情形。

第三十条 开展临时活动的境外非政府组织,应当以经备案的名称开展活动。

境外非政府组织、中方合作单位应当于临时活动结束后三十日内将活动情况、资金使用情况等书面报送登记管理机关。

第三十一条 境外非政府组织代表机构应当于每年1月31日前向业务主管单位报送上一年度工作报告,经业务主管单位出具意见后,于3月31日前报送登记管理机关,接受年度检查。

年度工作报告应当包括经审计的财务会计报告、开展活动的情况以及人员和机构变动的情况等内容。

境外非政府组织代表机构应当将年度工作报告在登记管理机关统一的网站上向社会公开。

第三十二条 中国境内任何单位和个人不得接受未登记代表机构、开展临时活动未经备案的境外非政府组织的委托、资助,代理或者变相代理境外非政府组织在中国境内开展活动。

第四章 便利措施

第三十三条 国家保障和支持境外非政府组织在中国境内依法开展活动。各级人民政府有关部门应当为境外非政府组织在中国境内依法开展活动提供必要的便利和服务。

第三十四条 国务院公安部门和省级人民政府公安机关会同有关部门制定境外非政府组织活动领域和项目目录,公布业务主管单位名录,为境外非政府组织开展活动提供指引。

第三十五条 县级以上人民政府有关部门应当依法为境外非政府组织提供政策咨询、活动指导服务。

登记管理机关应当通过统一的网站,公布境外非政府组织申请设立代表机构以及开展临时活动备案的程序,供境外非政府组织查询。

第三十六条 境外非政府组织代表机构依法享受税收优惠等政策。

第三十七条 对境外非政府组织代表机构进行年度检查不得收取费用。

第三十八条 境外非政府组织代表机构首席代表和代表中的境外人员，可以凭登记证书、代表证明文件等依法办理就业等工作手续。

第五章 监督管理

第三十九条 境外非政府组织在中国境内开展活动，应当接受公安机关、有关部门和业务主管单位的监督管理。

第四十条 业务主管单位负责对境外非政府组织设立代表机构、变更登记事项、年度工作报告提出意见，指导、监督境外非政府组织及其代表机构依法开展活动，协助公安机关等部门查处境外非政府组织及其代表机构的违法行为。

第四十一条 公安机关负责境外非政府组织代表机构的登记、年度检查，境外非政府组织临时活动的备案，对境外非政府组织及其代表机构的违法行为进行查处。

公安机关履行监督管理职责，发现涉嫌违反本法规定行为的，可以依法采取下列措施：

（一）约谈境外非政府组织代表机构的首席代表以及其他负责人；

（二）进入境外非政府组织在中国境内的住所、活动场所进行现场检查；

（三）询问与被调查事件有关的单位和个人，要求其对与被调查事件有关的事项作出说明；

（四）查阅、复制与被调查事件有关的文件、资料，对可能被转移、销毁、隐匿或者篡改的文件、资料予以封存；

（五）查封或者扣押涉嫌违法活动的场所、设施或者财物。

第四十二条 公安机关可以查询与被调查事件有关的单位和个人的银行账户，有关金融机构、金融监督管理机构应当予以配合。对涉嫌违法活动的银行账户资金，经设区的市级以上人民政府公安机关负责人批准，可以提请人民法院依法冻结；对涉嫌犯罪的银行账户资金，依照《中华人民共和国刑事诉讼法》的规定采取冻结措施。

第四十三条 国家安全、外交外事、财政、金融监督管理、海关、税务、外国专家等部门按照各自职责对境外非政府组织及其代表机构依法实施监督管理。

第四十四条 国务院反洗钱行政主管部门依法对境外非政府组织代表机构、中方合作单位以及接受境外非政府组织资金的中国境内单位和个人开立、使用银行账户过程中遵守反洗钱和反恐怖主义融资法律规定的情况进行监督管理。

第六章 法律责任

第四十五条 境外非政府组织代表机构、开展临时活动的境外非政府组织或者中方合作单位有下列情形之一的，由设区的市级以上人民政府公安机关给予警告或者责令限期停止活动；没收非法财物和违法所得；情节严重的，由登记管理机关吊销登记证书、取缔临时活动：

（一）未按照规定办理变更登记、备案相关事项的；

（二）未按照登记或者备案的名称、业务范围、活动地域开展活动的；

（三）从事、资助营利性活动，进行募捐或者违反规定发展会员的；

（四）违反规定取得、使用资金，未按照规定开立、使用银行账户或者进行会计核算的；

（五）未按照规定报送年度活动计划、报送或者公开年度工作报告的；

（六）拒不接受或者不按照规定接受监督检查的。

境外非政府组织代表机构、开展临时活动的境外非政府组织或者中方合作单位以提供虚假材料等非法手段，取得代表机构登记证书或者进行临时活动备案的，或者有伪造、变造、买卖、出租、出借登记证书、印章行为的，依照前款规定处罚。

第四十六条 有下列情形之一的，由设区的市级以上人民政府公安机关予以取缔或者责令停止违法行为；没收非法财物和违法所得；对直接责任人员给予警告，情节严重的，处十日以下拘留：

（一）未经登记、备案，以境外非政府组织代表机构、境外非政府组织名义开展活动的；

（二）被撤销登记、吊销登记证书或者注销登记后以境外非政府组织代表机构名义开展活动的；

（三）境外非政府组织临时活动期限届满或者临时活动被取缔后在中国境内开展活动的；

（四）境外非政府组织未登记代表机构、临时活动未备案，委托、资助中国境内单位和个人在中国境内开展活动的。

中国境内单位和个人明知境外非政府组织未登记代表机构、临时活动未备案，与其合作的，或者接受其委托、资助，代理或者变相代理其开展活动、进行项目活动资金收付的，依照前款规定处罚。

第四十七条 境外非政府组织、境外非政府组织代表机构有下列情形之一的，由登记管理机关吊销登记证书或者取缔临时活动；尚不构成犯罪的，由设区的市级以上人民政府公安机关对直接责任人员处十五日以下拘留：

（一）煽动抗拒法律、法规实施的；

（二）非法获取国家秘密的；

（三）造谣、诽谤或者发表、传播其他有害信息，危害国家安全或者损害国家利益的；

（四）从事或者资助政治活动，非法从事或者资助宗教活动的；

（五）有其他危害国家安全、损害国家利益或者社会公共利益情形的。

境外非政府组织、境外非政府组织代表机构有分裂国家、破坏国家统一、颠覆国家政权等犯罪行为的，由登记管理机关依照前款规定处罚，对直接责任人员依法追究刑事责任。

第四十八条 境外非政府组织、境外非政府组织代表机构违反本法规定被撤销登记、吊销登记证书或者临时活动被取缔的，自被撤销、吊销、取缔之日起五年内，不得在中国境内再设立代表机构或者开展临时活动。

未登记代表机构或者临时活动未备案开展活动的境外非政府组织，自活动被取缔之日起五年内，不得在中国境内再设立代表机构或者开展临时活动。

有本法第四十七条规定情形之一的境外非政府组织，国务院公安部门可以将其列入不受欢迎的名单，不得在中国境内再设立代表机构或者开展临时活动。

第四十九条　境外非政府组织代表机构被责令限期停止活动的,由登记管理机关封存其登记证书、印章和财务凭证。对被撤销登记、吊销登记证书的,由登记管理机关收缴其登记证书、印章并公告作废。

第五十条　境外人员违反本法规定的,有关机关可以依法限期出境、遣送出境或者驱逐出境。

第五十一条　公安机关、有关部门和业务主管单位及其工作人员在境外非政府组织监督管理工作中,不履行职责或者滥用职权、玩忽职守、徇私舞弊的,依法追究法律责任。

第五十二条　违反本法规定,构成违反治安管理行为的,由公安机关依法给予治安管理处罚;构成犯罪的,依法追究刑事责任。

第七章　附　　则

第五十三条　境外学校、医院、自然科学和工程技术的研究机构或者学术组织与境内学校、医院、自然科学和工程技术的研究机构或者学术组织开展交流合作,按照国家有关规定办理。

前款规定的境外学校、医院、机构和组织在中国境内的活动违反本法第五条规定的,依法追究法律责任。

第五十四条　本法自2017年1月1日起施行。

国家工商行政管理总局关于废止和修改部分规章的决定

国家工商行政管理总局令第92号

《国家工商行政管理总局关于废止和修改部分规章的决定》已经国家工商行政管理总局局务会议审议通过,现予公布,自公布之日起施行。

局长　张茅
2017年10月27日

国家工商行政管理总局关于废止和修改部分规章的决定

为深入推进"放管服"改革,确保各项改革措施有效落实,国家工商行政管理总局对现行有效的工商行政管理规章进行了清理。经过清理,国家工商行政管理总局决定:

一、对6部规章予以废止。(附件1)

二、对2部规章的部分条款予以修改。(附件2)

本决定自公布之日起施行。

《中华人民共和国企业法人登记管理条例施行细则》《外国(地区)企业在中国境内从事生产经营活动登记管理办法》根据本决定作相应修改,重新公布。

附件:1. 国家工商行政管理总局决定废止的规章
　　　2. 国家工商行政管理总局决定修改的规章

附件1

国家工商行政管理总局决定废止的规章

一、《化妆品广告管理办法》(1993年7月13日国家工商行政管理局令第12号公布 2005年9月28日国家工商行政管理总局令第21号修订)

二、《兽药广告审查办法》(1995年4月7日国家工商行政管理局、农业部令第29号公布 1998年12月22日国家工商行政管理局、农业部令第88号修订)

三、《农药广告审查办法》(1995年4月7日国家工商行政管理局、农业部令第30号公布 1998年12月22日国家工商行政管理局、农业部令第88号修订)

四、《酒类广告管理办法》(1995年11月17日国家工商行政管理局令第39号公布 2005年9月28日国家工商行政管理总局令第21号修订)

五、《合同争议行政调解办法》(1997年11月3日国家工商行政管理局令第79号公布)

六、《农业生产资料市场监督管理办法》(2009年9月14日国家工商行政管理总局令第45号公布)

附件2

国家工商行政管理总局决定修改的规章

一、对《中华人民共和国企业法人登记管理条例施行细则》作出修改

（一）将第十四条第二项修改为"有合同、章程"。

（二）将第三十条第二项修改为"合同、章程"，同时增加一款："涉及国家规定实施准入特别管理措施的外商投资企业还应当提交审批机关的批准文件和批准证书。"

（三）删除第三十七条第二款。

（四）将第四十一条第一款第三项修改为"（三）涉及国家规定实施准入特别管理措施的外商投资企业变更股东、注册资本、经营范围、经营期限时应提交原审批机关的批准文件"。

（五）将第四十六条第一款中的"外商投资企业应当自经营期满之日或者终止营业之日、批准证书自动失效之日、原审批机关批准终止合同之日起三个月内"修改为"外商投资企业应当自经营期满之日或者终止营业之日，需经过批准的，在批准证书自动失效之日、原审批机关批准终止合同之日起三个月内"。

二、对《外国（地区）企业在中国境内从事生产经营活动登记管理办法》作出修改

（一）删除第十三条。

（二）条文顺序做相应的调整。

工业和信息化部关于废止和修改部分规章、规范性文件的决定

工业和信息化部令第45号

《工业和信息化部关于废止和修改部分规章、规范性文件的决定》已经2017年10月16日工业和信息化部第33次部务会议审议通过，现予公布，自公布之日起施行。

部长　苗圩
2017年10月20日

工业和信息化部关于废止和修改部分规章、规范性文件的决定

为了贯彻落实国务院有关"简政放权、放管结合、优化服务"改革措施和生态文明建设、环境保护要求,工业和信息化部对有关规章和规范性文件进行了清理。经过清理,并征求相关部门同意,现决定:

一、废止《互联网新闻信息服务管理规定》(2005年9月25日国务院新闻办公室、原信息产业部令第37号公布)。

二、废止《无线电设备发射特性核准检测机构认定办法》(2006年10月16日原信息产业部令第41号公布)。

三、删除《工业和信息化部行政许可实施办法》(2009年3月1日工业和信息化部令第2号公布,根据2014年9月23日工业和信息化部令第28号公布的《工业和信息化部关于废止和修改部分规章的决定》修正)附件"行政许可项目的条件和程序规定(第一批)"第5项和第6项,对其他项目的编号顺序作相应调整。

四、废止以下规范性文件:

(一)原邮电部《关于加强移动电话机管理和调整移动电话资费标准的通知》(邮部〔1994〕281号,1994年5月3日公布);

(二)原邮电部电信总局《关于印发新〈国内公众电信业务资费表〉的通知》(电经资〔1996〕1068号,1996年12月27日公布);

(三)原信息产业部《关于降低移动电话停机保号业务资费上限标准的通知》(信部清〔2007〕266号,2007年5月31日公布);

(四)《工业和信息化部关于加强汽车产品质量建设促进汽车产业健康发展的指导意见》(工信部装〔2010〕100号,2010年3月14日公布);

(五)工业和信息化部等6部门《关于加强工业产品质量信誉建设的指导意见》(工信部联科〔2010〕112号,2010年3月15日公布);

(六)工业和信息化部办公厅《关于印发〈工业和信息化部部属高校固定资产投资项目核准暂行办法〉的通知》(工信厅规〔2010〕240号,2010年12月9日公布);

(七)工业和信息化部《关于印发装备制造和信息产业人才队伍建设中长期规划的通知》(工信部规〔2011〕180号,2011年4月14日公布);

(八)工业和信息化部《关于印发〈国家无线电管理"十二五"规划〉的通知》(工信部规〔2011〕307号,2011年6月27日公布);

(九)工业和信息化部《关于印发〈工业和信息化部所属高校教育事业改革和发展"十二五"规划〉的通知》(工信部规〔2011〕448号,2011年9月27日公布);

(十)工业和信息化部《关于印发〈民用爆炸物品行业"十二五"发展规划〉的通知》(工

信部规〔2011〕512号,2011年11月7日公布);

(十一)《工业和信息化部关于印发〈国家小型微型企业创业示范基地建设管理办法〉的通知》(工信部企业〔2015〕110号,2015年4月13日公布)。

本决定自公布之日起施行。

国务院关于取消一批行政许可事项的决定

国发〔2017〕46号

各省、自治区、直辖市人民政府,国务院各部委、各直属机构:

经研究论证,国务院决定取消40项国务院部门实施的行政许可事项和12项中央指定地方实施的行政许可事项。另有23项依据有关法律设定的行政许可事项,国务院将依照法定程序提请全国人民代表大会常务委员会修订相关法律规定。

以上公布取消的行政许可事项,其中市场已具备自我调节能力的事项改革后,相关部门的管理职能要重点转向制定行业标准规范,加强事中事后监管,惩处违法违规行为,维护市场秩序;由同一部门对相同内容进行重复审批的事项改革后,相关部门在削减重复审批、合并办事环节的同时,要进一步强化保留审批事项的准入把关作用,发挥认证管理的积极作用,落实监管责任,防止出现监管盲区;由不同部门多道审批改为负主要责任的部门一道审批的事项改革后,不再实施审批的部门负责制定有关行业标准规范,负责审批的部门按标准规范审核把关,遇到特殊疑难问题通过内部征求意见解决,部门间要优化工作流程,压缩审批时限,便利企业办事。改革涉及的部门要制定完善事中事后监管细则,自本决定发布之日起20个工作日内将适宜公开的向社会公布并加强宣传、确保落实。各地区、各部门要抓紧做好衔接工作,认真落实事中事后监管责任,坚决维护公平公正的市场秩序。

附件:1.国务院决定取消的国务院部门行政许可事项目录(共计40项)(略——编者注)
　　　2.国务院决定取消的中央指定地方实施的行政许可事项目录(共计12项)(略——编者注)

国务院
2017年9月22日

中国国家认证认可监督管理委员会关于发布《关于〈内地与澳门关于建立更紧密经贸关系的安排〉〈服务贸易协议〉中认证认可有关条款的实施指南》的公告

国家认监委公告2017年第25号

2015年11月28日,内地与澳门签署了《〈内地与澳门关于建立更紧密经贸关系的安排〉服务贸易协议》(以下简称《CEPA服贸协议》)。

为推进《CEPA服贸协议》认证认可条款的落实,国家认监委制定了《关于〈内地与澳门关于建立更紧密经贸关系的安排〉服务贸易协议中认证认可有关条款的实施指南》,现将该实施指南予以公布。

特此公告。

国家认监委
2017年9月17日

关于《〈内地与澳门关于建立更紧密经贸关系的安排〉服务贸易协议》中认证认可有关条款的实施指南

《〈内地与澳门关于建立更紧密经贸关系的安排〉服务贸易协议》(以下简称:《CEPA服贸协议》)及其附件中,涉及认证认可开放措施共6项,其中第1项涵盖《CEPA补充协议七》和《CEPA补充协议八》中已有开放措施,第2、3项涵盖《CEPA广东协议》中已有开放措施,第5、6项涵盖《CEPA补充协议十》中已有开放措施,该几项措施的实施规则维持以往不变;其中第4项为新增开放措施,即"在中国(广东)自由贸易试验区①内试行粤港澳认证及相关检测业务互认制度,实行'一次认证、一次检测、三地通行'",关于该项新增措施的实施指南如下:

---

① "中国(广东)自由贸易试验区"包含此实施指南发布时已在中国广东省设立的自由贸易试验区以及未来中国(广东)自由贸易试验区范围调整覆盖区域。

粤(限中国广东自由贸易试验区内)港澳三地在法规认证和自愿性认证及相关检测业务试行互认制度,实行"一次检测、一次认证、三地通行"。内地与港澳认证检测机构在粤(限中国广东自由贸易试验区内)港澳三地境内从事认证及相关检测业务享有同等待遇。

现仅就澳门认证检测机构在中国(广东)自由贸易试验区内开展强制性产品认证检测业务做出如下安排:

一、在强制性产品认证(CCC)领域,允许经澳门特区政府认可机构认可的具备中国强制性产品认证制度相关产品检测能力的澳门检测机构,与内地指定认证机构开展合作,承担在中国(广东)自由贸易试验区加工或生产的CCC目录内所有产品的检测任务。

(一)实施范围

1. 产品范围

CCC目录内所有产品。

2. 产品产地

在中国(广东)自由贸易试验区内加工或生产的产品,不论设计定型地点。

(二)检测机构资质和监管要求

澳门境内的检测机构,如从事CCC产品检测业务,应获得澳门特区政府认可机构认可,具备CCC产品检测能力。

澳门特区政府认可机构应参照《强制性产品认证机构、检查机构和实验室管理办法》(国家质检总局令第65号)第十一条、相关CCC产品认证实施规则、及中国合格评定国家认可委员会实验室认可准则在相关领域的应用说明,对澳门检测机构是否具备相关CCC产品检测能力进行确认,并对具备条件的实验室出具确认文件。对于已确认具备条件的实验室,澳门特区政府认可机构每年进行一次监督评审,确认其持续符合条件。

对于澳门特区政府认可机构通过监督评审发现不能持续符合条件的澳门检测实验室,澳门特区政府认可机构及时向国家认监委通报。

(三)实施程序

1. 具备相关资质并有意承担CCC产品检测业务的澳门检测机构可与内地CCC产品指定认证机构就相关检测业务进行接洽并提出合作意向。内地指定认证机构联系方式及其业务资质范围,可通过国家认监委网站(www.cnca.gov.cn)查询。

2. 按照认证实施规则要求,检测机构与内地指定认证机构达成合作意向,通过建立委托关系在约定的范围内承担认证检测业务。指定认证机构将委托合作协议报国家认监委审批,协议经国家认监委审批后方可签署生效(注:审批内容不涉及检测实验室资质认定)。CCC指定认证机构将签署的合作协议报国家认监委备案。国家认监委在官方网站上公布与CCC产品指定认证机构签署合作协议的澳门检测机构名录,并告知有关内地认证监督管理部门。

3. 对于澳门特区政府认可机构向国家认监委通报的不能持续符合条件的澳门检测机构,国家认监委告知有关CCC指定认证机构,CCC指定认证机构对与该检测机构的合作做出调整,并向国家认监委报告调整结果。国家认监委在其官方网站上公布调整名录,并告知有关内地认证监督管理部门。

4. 内地认证监督管理部门发现澳门检测机构在承担CCC认证检测业务中违反相关认证认可法律法规、实施规则的,应当将相关情况上报国家认监委,由国家认监委将相关情况通报澳门特区政府主管部门。澳门特区政府主管部门调查处理后将情况反馈国家认监委，由国家认监委决定是否调整机构名录。

二、在强制性产品认证（CCC）领域，允许澳门认证机构与内地强制性产品认证机构就CCC工厂检查开展委托合作，委派检查员对在中国（广东）自由贸易试验区内的CCC产品生产厂家进行CCC工厂检查。

（一）实施范围

1. 检查对象

位于中国（广东）自由贸易试验区内的所有CCC目录内产品的生产厂家。

2. 检查内容

对CCC产品的首次工厂审查和跟踪工厂检查。

（二）工厂检查员资质要求

工厂检查员应满足《强制性产品认证检查员管理办法》（国家认监委2004年第29号公告）的相关要求，取得国家CCC产品认证检查员的资格注册。

（三）实施程序

1. 澳门认证机构与内地CCC产品指定认证机构就相关工厂检查业务进行接洽并提出合作意向。内地指定认证机构联系方式及其业务资质范围，可通过国家认监委网站（www.cnca.gov.cn）查询。

2. 澳门认证机构与内地指定认证机构达成合作意向，建立委托关系，在约定的范围内承担CCC产品工厂检查业务。指定认证机构将委托合作协议报国家认监委审批，协议经国家认监委审批后方可签署生效（注：审批内容不涉及设立认证机构审批），指定认证机构将签署的协议报国家认监委备案。国家认监委在官方网站上公布与CCC产品指定认证机构签署合作协议的澳门认证机构名录，并告知有关内地认证监督管理部门。

3. 澳门认证机构向内地指定认证机构推荐CCC工厂检查员申请人选，并通过内地指定认证机构向中国认证认可协会（CCAA）提出CCC产品认证检查员资格注册申请。申请人按照《强制性产品认证检查员管理办法》和CCAA的相关要求提交申请材料、参加检查员培训、并参加资格考试，满足条件后可取得CCC产品认证检查员资格注册，从事CCC产品工厂检查业务。检查员名单通过CCAA网站公告对外发布，检查员资质注册的状态可通过CCAA网站的认证人员注册与管理系统查询。

4. 内地认证监督管理部门发现澳门CCC工厂检查员在承担CCC产品工厂检查业务中违反相关认证认可法律法规、实施规则的，应将相关情况上报国家认监委，由国家认监委调查处理后决定是否调整检查员资质注册的状态，并将相关情况通报澳门特区政府主管部门。

三、内地认证监督管理部门负责对依据本指南开展的活动的监督管理

内地认证监督管理部门依据《〈内地与澳门关于建立更紧密经贸关系的安排〉服务贸易协议》和本指南对相关认证、检测机构在内地开展的活动进行监督管理。

附件：1.《〈内地与澳门关于建立更紧密经贸关系的安排〉服务贸易协议》及其附件中涉及认证认可的内容

2. 相关单位联系方式

附件1

《〈内地与澳门关于建立更紧密经贸关系的安排〉服务贸易协议》及其附件中涉及认证认可的内容

1. 在内地强制性产品认证（CCC）领域，允许经澳门特区政府认可机构认可的具备内地强制性产品认证制度相关产品检测能力的澳门检测机构，与内地指定机构开展合作，承担现行所有需CCC认证的澳门本地加工的（即产品加工场所在澳门境内）产品的CCC检测任务。具体合作安排按照《中华人民共和国认证认可条例》有关规定执行。

2. 在强制性产品认证（CCC）领域，允许经澳门特区政府认可机构认可的具备内地强制性产品认证制度相关产品检测能力的澳门检测机构，与内地指定机构开展合作，承担在澳设计定型且在广东省加工或生产的音视频设备类产品的CCC检测任务。

3. 在自愿性认证领域，允许经澳门特区政府认可机构认可的具备相关产品检测能力的澳门检测机构与内地认证机构合作，对澳门本地或内地生产或加工的产品进行检测。

4. 在中国（广东）自由贸易试验区内试行粤港澳认证及相关检测业务互认制度，实行"一次认证、一次检测、三地通行"。

5. 在互信互利的基础上，允许在澳门的认证检测机构与内地认证检测机构开展检测数据（结果）的接受合作。具体合作安排另行商定。

6. 允许澳门服务提供者雇用的合同服务提供者以自然人流动的方式在内地提供本部门或分部门分类项下的服务。

附件2

相关单位联系方式

国家认监委国际合作部
联系人：刘志伟
电子邮件：liuzw@cnca.gov.cn
电话：(86) 10 82262682　传真：(86)10 82260767
中国认证认可协会认证人员注册二部
联系人：牛东波
电子邮件：niudb@ccaa.org.cn
电话：(86) 10 65994561　传真：(86)10 65994572

广东出入境检验检疫局认证处
联系人:何腾瑞
电子邮件:hetr@gdciq.gov.cn
电话:(86)20 38290501
广东省质量技术监督局认证处
联系人:胡晓伟
电子邮件:403872797@qq.com
电话:(86)20 38835939
深圳出入境检验检疫局认证监管处
联系人:陈力军
电子邮件:chenlj@szciq.gov.cn
电话:(86)755 82532451
珠海出入境检验检疫局认证监管处
联系人:吴小伦
电子邮件:wuxiaolun@zhciq.gov.cn
电话:(86)756 3226132
深圳市市场和质量监督管理委员会计量处
联系人:孙世海
电子邮件:sunsh@szaic.gov.cn
电话:(86)755 83070955

中国国家认证认可监督管理委员会关于发布《关于〈内地与香港关于建立更紧密经贸关系的安排〉〈服务贸易协议〉中认证认可有关条款的实施指南》的公告

国家认监委公告2017年第24号

2015年11月27日,内地与香港签署了《〈内地与香港关于建立更紧密经贸关系的安排〉服务贸易协议》(以下简称《CEPA服贸协议》)。

为推进《CEPA服贸协议》认证认可条款的落实,国家认监委制定了《关于〈内地与香港关于建立更紧密经贸关系的安排〉服务贸易协议中认证认可有关条款的实施指南》,现将该实施指南予以公布。

特此公告。

国家认监委
2017年9月17日

关于《〈内地与香港关于建立更紧密经贸关系的安排〉服务贸易协议》中认证认可有关条款的实施指南

《〈内地与香港关于建立更紧密经贸关系的安排〉服务贸易协议》(以下简称:《CEPA 服贸协议》)及其附件中,涉及认证认可开放措施共6项,其中第1项涵盖《CEPA 补充协议七》和《CEPA 补充协议八》中已有开放措施,第2、3项涵盖《CEPA 广东协议》中已有开放措施,第5、6项涵盖《CEPA 补充协议十》中已有开放措施,该几项措施的实施规则维持以往不变;其中第4项为新增开放措施,即"在中国(广东)自由贸易试验区①内试行粤港澳认证及相关检测业务互认制度,实行'一次认证、一次检测、三地通行'",关于该项新增措施的实施指南如下:

粤(限中国广东自由贸易试验区内)港澳三地在法规认证和自愿性认证及相关检测业务试行互认制度,实行"一次检测、一次认证、三地通行"。内地与港澳认证检测机构在粤(限中国广东自由贸易试验区内)港澳三地境内从事认证及相关检测业务享有同等待遇。

现仅就香港认证检测机构在中国(广东)自由贸易试验区内开展强制性产品认证检测业务做出如下安排:

一、在强制性产品认证(CCC)领域,允许经香港特区政府认可机构(香港认可处)认可的具备中国强制性产品认证制度相关产品检测能力的香港检测机构,与内地指定认证机构开展合作,承担在中国(广东)自由贸易试验区加工或生产的 CCC 目录内所有产品的检测任务。

(一)实施范围

1. 产品范围

CCC 目录内所有产品。

2. 产品产地

在中国(广东)自由贸易试验区内加工或生产的产品,不论设计定型地点。

(二)检测机构资质和监管要求

香港境内的检测机构,如从事 CCC 产品检测业务,应获得香港特区政府认可机构认可,具备 CCC 产品检测能力。

香港特区政府认可机构应参照《强制性产品认证机构、检查机构和实验室管理办法》(国家质检总局令第65号)第十一条、相关 CCC 产品认证实施规则、及中国合格评定国家认

---

① "中国(广东)自由贸易试验区"包含此实施指南发布时已在中国广东省设立的自由贸易试验区以及未来中国(广东)自由贸易试验区范围调整覆盖区域。

可委员会实验室认可准则在相关领域的应用说明,对香港检测机构是否具备相关 CCC 产品检测能力进行确认,并对具备条件的实验室出具确认文件。对于已确认具备条件的实验室,香港特区政府认可机构每年进行一次监督评审,确认其持续符合条件。

对于香港特区政府认可机构通过监督评审发现不能持续符合条件的香港检测实验室,香港特区政府认可机构及时向国家认监委通报。

(三)实施程序

1. 具备相关资质并有意承担 CCC 产品检测业务的香港检测机构可与内地 CCC 产品指定认证机构就相关检测业务进行接洽并提出合作意向。内地指定认证机构联系方式及其业务资质范围,可通过国家认监委网站(www.cnca.gov.cn)查询。

2. 按照认证实施规则要求,检测机构与内地指定认证机构达成合作意向,通过建立委托关系在约定的范围内承担认证检测业务。指定认证机构将委托合作协议报国家认监委审批,协议经国家认监委审批后方可签署生效(注:审批内容不涉及检测实验室资质认定)。CCC 指定认证机构将签署的合作协议报国家认监委备案。国家认监委在官方网站上公布与 CCC 产品指定认证机构签署合作协议的香港检测机构名录,并告知有关内地认证监督管理部门。

3. 对于香港特区政府认可机构向国家认监委通报的不能持续符合条件的香港检测机构,国家认监委告知有关 CCC 指定认证机构,CCC 指定认证机构对与该检测机构的合作做出调整,并向国家认监委报告调整结果。国家认监委在其官方网站上公布调整名录,并告知有关内地认证监督管理部门。

4. 内地认证监督管理部门发现香港检测机构在承担 CCC 认证检测业务中违反相关认证认可法律法规、实施规则的,应当将相关情况上报国家认监委,由国家认监委将相关情况通报香港特区政府主管部门。香港特区政府主管部门调查处理后将情况反馈国家认监委,由国家认监委决定是否调整机构名录。

二、在强制性产品认证(CCC)领域,允许香港认证机构与内地强制性产品认证机构就 CCC 工厂检查开展委托合作,委派检查员对在中国(广东)自由贸易试验区内的 CCC 产品生产厂家进行 CCC 工厂检查。

(一)实施范围

1. 检查对象

位于中国(广东)自由贸易试验区内的所有 CCC 目录内产品的生产厂家。

2. 检查内容

对 CCC 产品的首次工厂审查和跟踪工厂检查。

(二)工厂检查员资质要求

工厂检查员应满足《强制性产品认证检查员管理办法》(国家认监委 2004 年第 29 号公告)的相关要求,取得国家 CCC 产品认证检查员的资格注册。

(三)实施程序

1. 香港认证机构与内地 CCC 产品指定认证机构就相关工厂检查业务进行接洽并提出合作意向。内地指定认证机构联系方式及其业务资质范围,可通过国家认监委网站(www.cnca.gov.cn)查询。

2. 香港认证机构与内地指定认证机构达成合作意向,建立委托关系,在约定的范围内承担CCC产品工厂检查业务。指定认证机构将委托合作协议报国家认监委审批,协议经国家认监委审批后方可签署生效(注:审批内容不涉及设立认证机构审批),指定认证机构将签署的协议报国家认监委备案。国家认监委在官方网站上公布与CCC产品指定认证机构签署合作协议的香港认证机构名录,并告知有关内地认证监督管理部门。

3. 香港认证机构向内地指定认证机构推荐CCC工厂检查员申请人选,并通过内地指定认证机构向中国认证认可协会(CCAA)提出CCC产品认证检查员资格注册申请。申请人按照《强制性产品认证检查员管理办法》和CCAA的相关要求提交申请材料、参加检查员培训、并参加资格考试,满足条件后可取得CCC产品认证检查员资格注册,从事CCC产品工厂检查业务。检查员名单通过CCAA网站公告对外发布,检查员资质注册的状态可通过CCAA网站的认证人员注册与管理系统查询。

4. 内地认证监督管理部门发现香港CCC工厂检查员在承担CCC产品工厂检查业务中违反相关认证认可法律法规、实施规则的,应将相关情况上报国家认监委,由国家认监委调查处理后决定是否调整检查员资质注册的状态,并将相关情况通报香港特区政府主管部门。

三、内地认证监督管理部门负责对依据本指南开展的活动的监督管理

内地认证监督管理部门依据《内地与香港关于建立更紧密经贸关系的安排》《服务贸易协议》和本指南对相关认证、检测机构在内地开展的活动进行监督管理。

附件:1.《内地与香港关于建立更紧密经贸关系的安排》《服务贸易协议》及其附件中涉及认证认可的内容
2. 相关单位联系方式

附件1

《内地与香港关于建立更紧密经贸关系的安排》《服务贸易协议》及其附件中涉及认证认可的内容

1. 在内地强制性产品认证(CCC)领域,允许经香港特区政府认可机构(香港认可处)认可的具备内地强制性产品认证制度相关产品检测能力的香港检测机构,与内地指定机构开展合作,承担现行所有需CCC认证的香港本地加工的(即产品加工场所在香港境内)产品的CCC检测任务。具体合作安排按照《中华人民共和国认证认可条例》有关规定执行。

2. 在强制性产品认证(CCC)领域,允许经香港特区政府认可机构(香港认可处)认可的具备内地强制性产品认证制度相关产品检测能力的香港检测机构,与内地指定机构开展合作,承担在港设计定型且在广东省加工或生产的音视频设备类产品的CCC检测任务。

3. 在自愿性认证领域,允许经香港特区政府认可机构(香港认可处)认可的具备相关产品检测能力的香港检测机构与内地认证机构合作,对香港本地或内地生产或加工的产品进

行检测。

4. 在中国(广东)自由贸易试验区内试行粤港澳认证及相关检测业务互认制度,实行"一次认证、一次检测、三地通行"。

5. 在互信互利的基础上,允许在香港的认证检测机构与内地认证检测机构开展检测数据(结果)的接受合作。具体合作安排另行商定。

6. 允许香港服务提供者雇用的合同服务提供者以自然人流动的方式在内地提供本部门或分部门分类项下的服务。

附件2

相关单位联系方式

国家认监委国际合作部
联系人:刘志伟
电子邮件:liuzw@cnca.gov.cn
电话:(86)10 82262682　传真:(86)10 82260767
香港创新科技署香港认可处
联系人:陈健华
电子邮件:kwchen@itc.gov.hk
电话:(852) 2829 4826　传真:(852) 2824 1302
中国认证认可协会认证人员注册二部
联系人:牛东波
电子邮件:niudb@ccaa.org.cn
电话:(86)10 65994561　传真:(86)10 65994572
广东出入境检验检疫局认证处
联系人:何腾瑞
电子邮件:hetr@gdciq.gov.cn
电话:(86)20 38290501
广东省质量技术监督局认证处
联系人:胡晓伟
电子邮件:403872797@qq.com
电话:(86)20 38835939
深圳出入境检验检疫局认证监管处
联系人:陈力军
电子邮件:chenlj@szciq.gov.cn
电话:(86)755 82532451
珠海出入境检验检疫局认证监管处

联系人:吴小伦
电子邮件:wuxiaolun@zhciq.gov.cn
电话:(86)756 3226132
深圳市市场和质量监督管理委员会计量处
联系人:孙世海
电子邮件:sunsh@szaic.gov.cn
电话:(86)755 83070955

《内地与香港关于建立更紧密经贸关系的安排》经济技术合作协议

2017年6月28日

序　言

为促进内地①与香港特别行政区(以下简称"双方")贸易投资便利化,全面提升双方经济技术交流与合作的水平,双方决定,就加强内地与香港特别行政区(以下简称"香港")的经济和技术合作签署本协议。

第一章　与《安排》②的关系

第一条　与《安排》的关系

一、双方决定在《安排》及其所有补充协议的基础上签署本协议。本协议是《安排》的经济技术合作协议。

二、《安排》第四章第十三条、第十四条、第十五条、第五章第十六条、第十七条及附件六的有关内容按照本协议执行。本协议条款与《安排》及其所有补充协议条款产生抵触时,以本协议条款为准。

三、双方重申《安排》中已有的合作,以及同意探索新的合作领域。

第二章　合作目标及机制

第二条　合作目标

一、双方同意,以互利共赢为原则,为进一步便利及促进双方之间的贸易投资,提升双方

---

① 内地系指中华人民共和国的全部关税领土。
② 《安排》系《内地与香港关于建立更紧密经贸关系的安排》的简称。

经贸合作水平,按照各自法律法规、政策目标和资源分配,加强经济技术合作。

二、鼓励香港参与"一带一路"建设,支持两地加强次区域经贸合作,进一步深化内地与香港在重点领域的合作,推动贸易投资便利化,促进两地共同发展。

第三条 合作机制

一、根据《安排》第六章第十九条,在联合指导委员会的指导和协调下,双方通过已有工作机制或成立新的工作组,建立沟通渠道和协商协调机制,相互通报重要政策信息,支持双方工商界之间的交流,共同推动相关领域合作与发展。

二、应一方的要求,双方可通过协商、增补及修订根据第二条进行合作的领域和具体合作内容。

第三章 深化"一带一路"建设经贸领域的合作

第四条 深化"一带一路"建设经贸领域的合作

双方同意采取以下措施,深化"一带一路"建设经贸领域的合作:

一、建立工作联系机制,加强两地关于"一带一路"建设信息的交流与沟通。

二、鼓励双方政府部门、行业组织和投资促进机构等建立多层次的信息沟通渠道,实现信息共享。

三、搭建交流平台,支持两地的半官方机构、非官方机构和业界在推动共建"一带一路"中发挥作用。

四、发挥香港在金融、专业服务、物流、贸易等方面的优势,支持香港业界参与各类园区的建设。

五、支持两地业界加强合作,联合参与"一带一路"重大项目建设,共同开拓"一带一路"沿线市场。支持香港为"一带一路"建设提供专业服务,包括以市场化的方式为内地企业拓展海外市场和投资项目提供专业的法律、争议解决、会计、税务等服务。支持两地在大型基建项目建设运营一体化方面的合作。

六、加强与"一带一路"建设相关的宣传活动。支持香港举办高层次"一带一路"主题论坛。鼓励香港投资促进机构、行业协会、业界组织开展与"一带一路"相关的研讨、培训等活动。

第四章 重点领域合作

第五条 金融合作

双方同意采取以下措施,进一步加强在银行、证券和保险领域的合作:

一、支持内地银行在审慎经营的前提下,利用香港的国际金融平台发展国际业务。

二、支持内地大型商业银行、股份制银行在商业可持续和风险可控的基础上,结合自身特点和发展实际,坚持自愿原则,审慎将其国际资金外汇交易中心移至香港。

三、支持内地银行在商业可持续和风险可控的基础上,结合自身特点和发展实际,坚持自愿原则,审慎开展在香港地区以收购方式发展网络和业务以及赴香港开设分支机构经营业务等活动。

四、为香港银行在内地中西部、东北地区和广东省开设分行设立绿色通道。

五、鼓励符合条件的香港银行到内地农村设立村镇银行。

六、促进跨境人民币资金双向流通机制及两地更紧密的金融合作,包括积极推动跨境投资业务的发展,扩大香港市场的人民币合格境外投资者(RQFII)投资额度,推动人民币跨境支付系统(CIPS)作为跨境人民币资金结算主渠道,以进一步完善内地与香港跨境人民币结算基建。

七、内地将进一步完善境外上市的相关规定,支持符合香港上市条件的内地企业赴香港上市,为内地企业特别是中小企业到境外市场直接上市融资创造便利条件。

八、研究进一步放宽香港金融机构在内地设立合资证券公司、基金公司、期货公司和证券投资咨询公司的持股比例限制,降低准入门槛;视情逐步增加香港金融机构在内地设立港资控股两地合资证券公司的家数。

九、研究在风险可控的前提下进一步有序扩大两地互联互通标的,设定建立互联互通下的投资者身份识别机制的时间表,相关条件具备后推出实施将交易型开放式基金(ETF)纳入标的范围的方案。积极支持推动包括债券市场在内的两地金融基础设施互联合作。

十、总结评估内地与香港基金互认进展情况,针对互认过程中出现的新情况、新问题,不断调整和优化互认规则和监管政策。

十一、支持符合条件的内地期货公司在香港设立的子公司在港依法开展业务。

十二、积极研究深化内地与香港商品期货市场合作的途径和方式,推动两地建立优势互补、分工合作、共同发展的期货市场体系。

十三、继续鼓励内地企业在香港发行人民币和外币债券,推动实现内地企业在香港发行人民币计价股票,利用香港平台筹集资金,并推动实现 H 股全流通。

十四、积极推动两地债券市场互联互通,包括积极推动两地交易所债券市场互联互通。支持香港发展针对内地金融市场的离岸风险管理业务,并研究两地债券、场外金融衍生品及大宗商品衍生品市场的互通模式。推动人民币跨境支付系统(CIPS)作为跨境人民币资金结算主渠道,以进一步完善内地与香港跨境人民币结算基建。

十五、内地本着尊重市场规律、提高监管效率的原则,支持符合条件的内地保险企业到香港上市。

十六、支持香港的保险公司设立营业机构或通过参股的方式进入市场,参与和分享内地保险市场的发展。加强双方在保险产品研发、业务经营和运作管理等方面的合作。

十七、积极支持符合资格的香港保险业者参与经营内地交通事故责任强制保险业务。内地将根据有关规定积极考虑,对香港保险业者提出的申请提供便利。

十八、内地在金融改革、重组和发展中支持充分利用和发挥香港金融中介机构的作用。

十九、双方加强金融监管部门的合作和信息共享。

第六条 旅游合作

双方同意采取以下措施,进一步加强在旅游领域的合作:

一、支持内地与香港旅游企业拓宽合作范畴,加强产业互动。推进内地与香港邮轮旅游合作发展,支持区域邮轮母港之间的互惠及协调合作,加强邮轮旅游线路开发、宣传推广和人才培训等合作。推进香港多元旅游平台建设。

二、利用海外旅游展览展会等平台开展联合宣传推广,进一步加强双方驻外旅游办事机构的合作。开展内地与香港旅游交流合作活动。

三、建立健全内地与香港旅游市场监管协调机制,推进市场监管信息交流、加强旅游执法协作,共同打击以不合理低价组织的团队游和其他违法违规行为。规范旅游企业经营行为,维护游客合法权益,共同推动内地与香港旅游市场健康有序发展。

四、深化粤港澳区域旅游合作,支持粤港澳大湾区世界级旅游目的地建设。发挥粤港澳对接广西、福建等内地沿海省份的重要节点作用,丰富"一程多站"旅游精品线路,联合开发海上丝绸之路旅游产品。

第七条 法律和争议解决合作

双方同意采取以下措施,进一步加强在法律和争议解决领域的合作:

一、支持两地法律和争议解决专业机构搭建合作交流平台,加强业务交流和协作。

二、支持香港建设亚太区国际法律及争议解决服务中心。

第八条 会计合作

双方同意采取以下措施,进一步加强在会计领域的合作:

一、完善两地会计准则和审计准则持续等效工作机制,共同在国际会计审计标准制定机构中发挥作用,促进高质量的国际相关准则的制定。

二、支持取得中国注册会计师资格的香港会计专业人士成为内地会计师事务所的合伙人,支持取得香港会计师资格的内地会计专业人士成为香港会计师事务所的合伙人。

三、支持两地会计业界在有关会计审计标准制定、会计行业管理制度建设中发挥作用,聘任香港会计专业人士担任会计咨询专家。

四、完善内地注册会计师考试和香港会计师专业资格考试部分科目互免机制。

五、深化内地与香港审计监管等效,进一步完善相互依赖的监管合作机制。

六、支持内地会计师事务所在香港设立代表处、分支机构,发展成员所。

七、鼓励两地会计师事务所在深化"一带一路"建设、内地企业境外上市审计等业务中加强合作和交流。

第九条 会展业合作

双方同意采取以下措施,进一步加强在会展领域的合作:

一、内地支持和配合香港举办大型国际会议和展览会。

二、为推动香港会展产业的发展,应香港特区政府要求,经国家主管部门同意,内地有关部门将为内地参展人员办理赴香港出入境证件及签注提供便利,以方便内地企业和人员参加在香港举办的会展活动。

三、支持两地会展产业领域相关的半官方机构、非官方机构和业界在促进两地会展产业合作中发挥作用。

第十条 文化合作

双方同意采取以下措施,进一步加强在文化产业领域的合作:

一、支持、加强两地在文化产业方面的交流与沟通,促进两地文化贸易发展。

二、在文化产业的法律法规制定和执行方面交换信息。

三、及时研究解决文化产业交流中出现的问题。

四、加强在考察、交流、展览等方面的合作。

五、共同探讨开拓市场和开展其他方面的合作。

六、支持两地文化产业领域相关的半官方机构、非官方机构和业界在促进两地文化合作中发挥作用。

第十一条 环保合作

双方同意采取以下措施,进一步加强在环保产业领域的合作:

一、加强两地在环保产业合作领域的交流与沟通。

二、在环保产业的法律法规制定和执行方面交换信息。

三、加强在培训、考察等方面的合作。

四、通过展会推介、举办研讨会等多种方式加强两地环保产业领域的合作。

五、探讨进一步促进营商便利化的合作建议,以支持两地环保产业发展。

六、支持和协助半官方机构、非官方机构和业界在促进两地环保合作中发挥作用。

第十二条 创新科技合作

双方同意采取以下措施,进一步加强在创新科技领域的合作:

一、加强两地在创新科技领域(包括技术贸易)的交流与合作,继续举办内地赴港科技展览。支持香港发展包括机器人技术、生物医药、智慧城市、金融科技等领域在内的创新科技产业,培育新兴产业。

二、两地共建平台,通过互补优势,发挥协同效应,积极联系并引进国际上优秀的科研机构和人才,促进内地、香港以及海外的机构和企业在科技研发和成果转化方面的交流和合作。

三、支持香港科研人员和机构参与国家科技计划,稳步推动实施合作研发项目工作,逐步推动香港科研机构和企业纳入国家创新科技体系。

四、依托国家重点实验室香港伙伴实验室、国家工程技术研究中心香港分中心、国家高新技术产业化基地香港伙伴基地等平台,加强两地在科学研究、高新技术研发、科技产业应用的合作;继续支持香港伙伴实验室和香港分中心的工作。

五、支持两地高新园区、众创空间的合作与交流,鼓励香港青年人创新创业,推动创新科技产业化。加强两地青年创业人才沟通交流,推动香港创业青年到内地考察参观,拓展"双创"合作,为青年人才提供发展空间。

六、支持和协助半官方机构、非官方机构和业界在推动两地创新科技合作中发挥作用。

第十三条 教育合作

双方同意采取以下措施,进一步加强在教育领域的合作:

一、加强两地在教育合作领域的交流与沟通。

二、加强教育信息的交流。

三、加强在培训、考察等方面的合作。

四、通过专业交流协作、举办研讨会等多种方式加强教育领域的合作。

五、支持内地教育机构与香港高等院校在内地合作办学,合作建设研究设施,培养本科或以上高层次人才。

第十四条 电子商务合作

双方同意采取以下措施,进一步加强在电子商务领域的合作:

一、在电子商务法规、规则、标准的研究和制定方面进行专项合作,创造良好的电子商务环境,推动并确保其健康发展。

二、在企业应用、推广、培训等方面加强交流与合作。发挥两地政府部门的推动和协调功能,推动相关政府部门和企业间相互交流,并通过建立示范项目,促进企业间开展电子商务。

三、加强在推行电子政务方面的合作,密切双方多层面电子政务发展计划的交流与合作。

四、开展经贸信息交流合作,拓展合作的广度和深度,以粤港澳为核心加强电子商务物流信息对接,支持区域内电子商务快速发展。

五、继续合作推广符合互认策略的电子签名证书,保障跨境电子交易安全可靠。

六、充分利用两地优势,推动重点行业和大宗商品的跨境电子商务发展。

七、加强两地在跨境数据流动方面的交流,组成合作专责小组共同研究可行的政策措施安排。

第十五条 中小企业合作

双方同意采取以下措施,进一步加强两地中小企业的交流与合作:

一、通过考察与交流,共同探讨支持中小企业发展的策略和扶持政策。

二、考察、交流双方为中小企业服务的中介机构的组织形式和运作方式,并推动中介机构的合作。

三、建立为两地中小企业提供信息服务的渠道,定期交换有关出版刊物,逐步实现双方信息网站数据库的对接和信息互换。

四、通过各种形式组织两地中小企业直接交流与沟通,促进企业间的合作。

五、支持和协助半官方机构、非官方机构在促进两地中小企业合作中发挥作用。

第十六条 知识产权合作

双方同意采取以下措施,进一步加强知识产权领域的合作:

一、在知识产权保护的法律法规的制定和执行方面交换信息和交流经验。

二、通过各种形式的交流,包括业务访问、交流活动、举办研讨会、出版有关刊物,向公众、业界及相关各方分享及推广有关知识产权保护、运用和贸易的资料与信息。

三、继续加强内地与香港在人才培养和人员培训领域的合作。

四、推动内地与香港在知识产权实施运用、知识产权中介服务、知识产权贸易,以及通过替代争议解决方式(包括仲裁或调解)处理知识产权纠纷方面的合作。

五、继续支持完善香港专利制度,为香港特区实施专利制度提供实质审查、复审、专利批予后的争议和自动化服务等方面的技术支持和帮助。

六、支持粤港双方在知识产权创造、运用、保护和贸易发展方面的合作,推动粤港两地知识产权宣传教育工作,助力高端知识产权服务业的发展。

第十七条 商标品牌合作

双方同意采取以下措施,进一步加强商标品牌合作:

一、国家工商行政管理总局港澳台办与香港知识产权署成立商标工作协调小组,作为双方固定的联系窗口,进一步加强商标品牌领域的交流与合作。

二、加强内地与香港在商标注册业务、商标保护工作以及有关《商标国际注册马德里协定有关议定书》事宜等方面的交流与合作。

三、双方在品牌保护的法律法规制定和执行方面交换信息；加强在培训、考察、出版刊物等方面的合作；通过网站宣传、展会推介、举办研讨会等多种方式加强两地品牌的推广促进。

第十八条　中医药产业合作

双方同意采取以下措施，进一步加强在中医药产业发展领域的合作：

一、相互通报各自在中药法规建设和中医药管理方面的情况，实现信息共享。

二、就中医药产业发展战略和行业发展导向等方面的信息资料加强沟通。

三、加强在中药注册管理方面的沟通与协调，实现中药规范管理，为两地的中药贸易提供便利。

四、支持两地中医药企业的合作，共同开拓国际市场。

五、加强中医药产业合作和贸易投资促进，大力发展中医药服务贸易。

六、支持和协助半官方和非官方机构在促进两地中医药产业合作中发挥作用。

第五章　次区域经贸合作

第十九条　深化泛珠三角区域经贸合作

一、发挥现有合作平台和联络机制的作用，继续深化泛珠三角区域经贸合作。

二、发挥香港作为国际金融、贸易和航运中心的优势，加强在泛珠三角区域内金融、商贸、科技、旅游等产业的合作，推动扩大相互投资，共同开拓国际市场。

三、推动泛珠三角区域企业利用香港平台，赴"一带一路"沿线国家和地区开展投资合作。

四、支持泛珠三角区域内地九省区发挥各自优势与香港共建各类合作园区。

五、在现有经贸合作基础上，积极推进粤港澳大湾区城市群建设。

第二十条　支持香港参与自由贸易试验区建设

一、利用两地经贸合作机制，加强双方就内地自由贸易试验区建设的政策通报和信息交流。

二、研究《安排》框架下在自由贸易试验区内进一步扩大对香港服务业开放。鼓励香港通过自由贸易试验区，积极参与国家重大发展战略。发挥中国（广东）自由贸易试验区"依托港澳、服务内地、面向世界"的战略定位优势，深入推进粤港服务贸易自由化。

三、鼓励香港中小微企业和青年到自由贸易试验区创业。

四、发挥香港在投资管理、贸易监管、金融创新等方面的优势，与内地自由贸易试验区改革开放相结合，创新发展模式，拓展合作空间。

第二十一条　深化香港与前海、南沙、横琴合作

一、发挥现有合作平台和联络机制的作用，推动深化香港与前海、南沙、横琴的合作。

二、支持前海、南沙、横琴在金融、交通航运、商贸、专业服务、科技等重点领域继续先行先试，进一步扩大对香港开放，探索与香港深化经济合作的新模式。

三、推进粤港人才合作示范区建设，支持香港青年到南沙、前海、横琴发展创业，例如粤港澳青年创业工场、青年梦工厂等。

第六章 贸易投资便利化

第二十二条 贸易投资促进

双方同意采取以下措施,进一步加强在贸易投资促进领域的合作:

一、通报和宣传各自对外贸易、吸收外资的政策法规,实现信息共享。

二、对解决双方贸易投资领域中存在的普遍性问题交换意见,进行协商。

三、在促进相互投资及向海外投资的方面加强沟通与协作。

四、在举办展览会、组织出境或出国参加展览会方面加强合作。

五、对双方共同关注的与贸易投资促进有关的其他问题进行交流。

六、支持和协助半官方和非官方机构在贸易投资促进领域中发挥作用,开展贸易投资促进活动。

第二十三条 质量监督检验检疫

双方同意采取以下措施,进一步加强在质量监督检验检疫领域的合作:

一、机电产品检验监督

为确保双方消费者的安全,双方通过已建立的联系渠道,加强信息互通与交流,并特别注重有关机电产品的安全信息和情报的交换,共同防范机电产品出现的安全问题。共同促进检验监督人员的培训合作。

双方将致力落实国家质量监督检验检疫总局与香港机电工程署于二〇〇三年二月十二日签署的《机电产品安全合作安排》的有关工作。

二、动植物检验检疫和食品安全

利用双方现有检验检疫协调机制,加强在动植物检验检疫和食品安全方面的合作,以便双方更有效地执行各自有关法规。

双方同意积极推进《国家质检总局与香港商务及经济发展局关于进口葡萄酒经香港中转内地的检验安排谅解备忘录》的磋商进程,积极开展合作,在符合双方相关法律法规并确保安全的前提下,对经香港中转输内地葡萄酒产品采取便利通关等相关措施。

三、卫生检疫监管

双方利用现有渠道,定期通报两地的疫情信息,加强卫生检疫的学术交流与合作研究;探讨往返广东、深圳各口岸小型船舶的卫生监督问题;加强在热带传染病、病媒生物调查和防范,以及在生物医药类特殊物品卫生检疫监管和核生化物品检测、处置方面的合作。

四、双方主管部门利用现有合作渠道,加强认证认可领域制度创新方面的合作,支持认证认可、检验检测机构间开展技术交流与合作。

五、为保障两地消费品安全,加强两地在消费品安全领域的合作与交流,根据两地主管部门签署的制度安排及建立的沟通联系渠道,定期举行工作会议,同时开展消费品安全领域的技术交流与培训等合作。

六、积极推动香港检测实验室与已加入设有国家成员机构的认证检测国际多边互认体系(如 IECEE/CB 体系)的内地认证机构开展合作,成为该互认体系所接受的检测实验室。

七、积极考虑推荐一家符合条件的位于香港的认证机构作为中国国家认证机构(NCB)

加入国际电工委员会电工产品合格测试与认证组织(IECEE)。

八、研究符合条件的香港企业在内地开设的认证机构,申请成为中国强制性产品认证(CCC)制度的指定认证机构。

第二十四条　透明度

双方同意采取以下措施,进一步加强在透明度领域的合作:

一、就投资、贸易及其他经贸领域法律、法规、规章的颁布、修订情况交换信息资料。

二、通过报刊、网站等多种媒体及时发布政策、法规信息。

三、举办和支持举办多种形式的经贸政策法规说明会、研讨会。

四、通过内地WTO咨询点、中国投资指南网站和中国贸易指南网站等为工商企业提供咨询服务。

第二十五条　专业人员资格的相互承认

一、双方同意在建筑及相关工程、房地产等领域开展专业人员资格的相互承认。

二、双方主管部门或行业机构将启动勘察设计注册电气工程师、勘察设计注册公用设备工程师资格互认的交流工作,开展勘察设计注册土木工程师(岩土)和测绘工作的技术交流。

三、双方成立工作专责小组,研究推进建筑领域专业人员资格互认后的注册和执业工作。

四、双方主管部门或行业机构将在已签署互认协议且条件成熟的领域,继续开展专业人员资格互认工作。

五、研究内地监理工程师与香港建筑测量师资格互认继续开展的相关事宜。双方主管部门或行业机构将启动内地监理工程师与香港建造工程师的专业人员资格(监理)相互承认以及香港建筑师取得内地监理工程师资格认可的交流工作。

六、双方主管部门或行业机构将开展两地风景园林专业的技术交流工作。

七、双方继续内地房地产估价师、造价工程师与香港产业测量师、工料测量师的资格互认工作。

八、继续推动内地房地产经纪人与香港地产代理的专业人员资格相互承认工作。

九、允许2009年3月31日及以前成为香港会计师公会正式会员的香港居民,在参加内地税务师资格考试时,可免试《财务与会计》科目。

十、双方主管部门或行业机构将研究、协商和制订相互承认专业人员资格的具体办法。

第七章　其他条款

第二十六条　生效

本协议自双方代表正式签署之日起生效。

本协议以中文书就,一式两份。

本协议于二〇一七年六月二十八日在香港签署。

中华人民共和国　　　　　　　　　中华人民共和国
商务部副部长　　　　　　　　　香港特别行政区财政司司长
高　燕　　　　　　　　　　　　陈茂波

《内地与香港关于建立更紧密经贸关系的安排》投资协议

2017年6月28日

序　　言

为促进和保护内地[①]与香港特别行政区(以下简称"双方")投资者在对方的投资,逐步减少或取消双方之间投资实质上所有歧视性措施,保护双方投资者权益,推动双方逐步实现投资自由化、便利化,进一步提高双方经贸交流与合作的水平,双方决定,在《内地与香港关于建立更紧密经贸关系的安排》(以下简称《安排》)框架下,签署内地与香港特别行政区(以下简称"香港")投资协议如下:

第一章　初始条款

第一条　与《安排》的关系

一、本协议是《安排》的投资协议。

二、本协议第五条(国民待遇)、第六条(最惠待遇)、第七条(业绩要求)、第八条(高级管理人员、董事会成员与人员入境)不适用于《〈安排〉服务贸易协议》所涵盖的部门及任何形式投资的措施。

第二条　定义

在本协议内:

一、"投资"指所有由投资者直接或间接拥有或控制的、具有投资特征的各种资产,投资特征包括:资本或其他资源的投入、收益或利润的预期和风险的承担。投资形式包括,但不限于:

(一)一家企业;

(二)企业的股份、股票和其他形式的参股;

(三)债券、信用债券、贷款和其他债务工具,包括由企业或一方发行的债务工具[②];

(四)期货、期权及其他衍生工具;

(五)交钥匙、建筑、管理、生产、特许、收入分配及其他类似合同;

(六)知识产权;

[①]　内地系指中华人民共和国的全部关税领土。

[②]　若干债务形式,如债券、信用债券及长期票据较可能具有投资特征;而其他债务形式,如由于货物或服务销售所得而即将到期的付款索偿,则具有投资特征的可能性较小。

(七)根据一方法律授予的执照、授权、许可及类似权益[3][4];以及

(八)其他有形或无形资产、动产、不动产以及相关财产权利,如租赁、抵押、留置权及质押权;

为进一步明确,投资的资产形式上的任何变化并不影响其作为投资的性质;

二、"投资者"指寻求从事、正在从事或者已经从事一项涵盖投资的一方或其自然人或企业;

三、对于一方来说,"涵盖投资"指本协议生效时另一方投资者在前述一方境内直接或间接拥有或控制的已存在的投资,或在其后作出或取得的投资;

四、"自然人",对内地而言,是指中华人民共和国公民;对香港而言,是指中华人民共和国香港特别行政区永久性居民;

五、"企业"指:

(一)根据一方法律组成或组织的实体,不论是否以营利为目的,不论私人拥有或政府拥有,也不论其责任是有限责任还是其他形式,例如公共机构、公司、基金会、代理、合作社、信托、社团、协会和类似实体,以及私人公司、企业、合伙、机构、合资企业和组织;以及

(二)任何此类实体的分支机构;

六、"措施"包括任何法律、法规、规定、程序、决定、要求、行政行为或实践;

七、"政府采购"指政府出于政府目的,以购买、租赁和无论是否享有购买选择权的租购,以及建设—运营—转让合同、公共工程特许合同等各种合同形式,取得商品或服务的使用权或获得商品或服务,或两者兼得的行为。其目的并非是商业销售或转售,或为商业销售或转售而在生产中使用、提供商品或服务;

八、"收益"是指由投资产生的款项,特别包括,但不限于,利润、资本利得、分红、利息、特许权使用费、实物回报或其他收入;

九、"争端投资者"指依据第十九条(香港投资者与内地一方争端解决)、第二十条(内地投资者与香港一方争端解决)提出诉请的投资者;

十、"争端一方"指依据第十八条(本协议双方的争端解决)、第十九条(香港投资者与内地一方争端解决)、第二十条(内地投资者与香港一方争端解决)提出诉请所针对的一方;

十一、"争端方"指争端投资者或争端一方;

十二、《世界贸易组织协定》指于1994年4月15日在马拉喀什签署的《建立世界贸易组织马拉喀什协定》;

十三、《与贸易有关的知识产权协定》指《世界贸易组织协定》附件1C所载的《与贸易有关的知识产权协定》,并经适用于双方的不时修改或修订,包括世界贸易组织总理事会授予该协定的任何条款的任何豁免;

十四、"税收协议"指防止双重征税的协议、协定、条约或安排,或其他与税收有关的双边或多边协议、协定、条约或安排;

十五、"竞争主管部门"指:

---

[3] 个别种类的执照、授权、许可及类似工具(包括特许权,如具有此工具的性质)是否具有投资特征的资产,亦取决于例如持有人在一方法律下所享有权利的性质及范围等因素。在不构成具有投资特征资产的工具当中,包括并不产生受一方法律保障的任何权利的工具。为进一步明确,以上不影响与此类工具有关联的任何资产是否具有投资特征。

[4] "投资"此词并不包括司法或行政程序中的命令或判决。

(一)对内地而言,国务院反垄断执法机构和反不正当竞争主管部门(执法机构),或其继任者;以及

(二)对香港而言,根据《竞争条例》(第619章)设立的竞争事务委员会,或其继任者;

十六、"受其竞争法律保护的信息"指:

(一)对内地而言,受《反垄断法》、《价格法》和《反不正当竞争法》保护不得披露的信息,或其任何后续条款规定的信息;以及

(二)对香港而言,《竞争条例》(第619章)所保护的信息,或其任何后续条款规定的信息。

第三条 适用范围

一、本协议应适用于一方采取或维持的与另一方投资者和涵盖投资有关的措施。

二、本协议应适用于一方投资者在另一方于本协议生效前或生效后的投资,但不适用于本协议生效前已解决的本协议第十九条(香港投资者与内地一方争端解决)第一款及第二十条(内地投资者与香港一方争端解决)第一款所指的"投资争端"。

三、一方在本协议项下的义务应适用于任何由该方授权其行使监管职权、行政职权或其他政府职权的实体,例如,征收、授予许可证、审批商业交易或设定配额、征收税费或其他费用的权力。

第二章 实体性义务

第四条 最低标准待遇

一、一方应确保给予另一方投资者及其涵盖投资公正与公平待遇,并提供充分保护与安全。

二、本条第一款中:

(一)"公正与公平待遇"是指依照正当法律程序,一方不得在刑事、民事或行政裁定程序中拒绝司法,或实行明显的歧视性或专断性措施;

(二)"充分保护与安全"指一方应采取合理、必要的措施,为另一方投资者及其涵盖投资提供治安保护。

三、一项对本协议的其他条款的违反,不能认定为对本条的违反。

四、为进一步明确,一方采取或未采取某一行为且可能与投资者的期待不符,仅这一事实不构成对本条的违反,无论涵盖投资是否因此受到了损失或损害。

五、为进一步明确,一方没有发放或继续发放、维持一项补贴或赠款,或修改或减少一项补贴或赠款,仅这一事实不构成对本条的违反,无论涵盖投资是否因此受到了损失或损害。

第五条 国民待遇

一、一方给予另一方投资者在设立、取得、扩大、管理、经营、运营和销售或其他处置其境内投资方面的待遇,不得低于在类似情形下给予其本地投资者的待遇。

二、一方给予涵盖投资在设立、取得、扩大、管理、经营、运营和销售或其他处置其境内投资方面的待遇,不得低于在类似情形下给予其本地投资者投资的待遇。

第六条 最惠待遇

一、一方给予另一方投资者在设立、取得、扩大、管理、经营、运营和销售或其他处置其境内涵盖投资方面的待遇,不得低于在类似情形下给予其他方投资者的待遇。

二、一方给予涵盖投资在设立、取得、扩大、管理、经营、运营和销售或其他处置其境内投资方面的待遇,不得低于在类似情形下给予其他方投资者投资的待遇。

三、为进一步明确,本协议的规定不应解释为阻止一方对相邻国家或地区授予或给予优惠,以便利仅限于毗连边境地区的当地生产和消费的投资。

四、为进一步明确,本条第一款和第二款提及的"待遇"不包括其他投资协定、国际投资条约和其他贸易协定中的争端解决机制。

第七条 业绩要求

一、任何一方不得就其境内的涵盖投资在设立、取得、扩大、管理、经营、运营、销售或其他处置方面施加或强制执行以下要求,或者强制要求其承诺或保证:

(一)出口一定水平或比例的货物或服务;

(二)达到一定水平或比例的当地含量;

(三)购买、使用或优先选择其境内生产的货物,或者向其境内的人购买货物;

(四)以任何方式将进口产品的数量或价值与出口产品的数量或价值或与此投资有关的外汇流入金额相联系;

(五)通过以任何方式将该投资生产或提供的货物或服务与出口产品的数量或价值或外汇收入相联系,以限制该等货物或服务在其境内的销售;

(六)将特定的技术、生产流程或其他专有知识转移给其境内的人;或

(七)仅从一方境内向一个特定区域市场或世界市场供应投资所生产的货物或提供的服务。

二、任何一方不得就其境内的涵盖投资在设立、取得、扩大、管理、经营、运营、销售或其他处置方面,要求以遵守下列要求作为获得或继续获得优惠的条件:

(一)达到一定水平或比例的当地含量;

(二)购买、使用或优先选择其境内生产的货物,或者向其境内的人购买货物;

(三)以任何方式将进口产品的数量或价值与出口产品的数量或价值或与此投资有关的外汇流入金额相联系;或

(四)通过以任何方式将该投资生产或提供的货物或服务与出口产品的数量或价值或外汇收入相联系,以限制该等货物或服务在其境内的销售。

三、(一)第一款不应被解释为阻止一方针对另一方的投资者在其境内的投资施加或强制执行以下要求,或者强制要求其承诺或保证:在该方境内确定生产地点、提供服务、培训或雇用员工、建设或扩大特定设施、开展研发,前提是该等措施与第一款第(六)项相符。

(二)第二款不应被解释为阻止一方将在其境内确定生产地点、提供服务、培训或雇用员工、建设或扩大特定设施、开展研发的要求,作为另一方的投资者在其境内的投资获得或者继续获得优惠的条件。

(三)第一款第(六)项不适用于以下情形或措施:

1.一方根据《与贸易有关的知识产权协定》第三十一条授权使用一项知识产权的情形,或在《与贸易有关的知识产权协定》第三十九条的范围内且符合该条规定要求披露专有信息的措施;或

2.由司法机构或竞争主管机构施加或强制执行这种要求、承诺或保证,以救济在司法或者行政程序之中确定的一方竞争法项下的反竞争行为的情形。

（四）第一款第（一）、（二）、（三）项和第二款第（一）、（二）项不适用于关于出口促进和对外援助项目的货物或服务的资格要求。

（五）第一款第（二）、（三）、（六）和（七）项，以及第二款第（一）、（二）项不适用于政府采购。

（六）第二款第（一）项和第（二）项不适用于进口的一方施加的、与获得适用优惠关税或者优惠配额的产品资格所必须满足的货物成分相关的要求。

四、为进一步明确，第一款和第二款不适用于这些条款所列之外的其他承诺、保证或要求。

五、本条并不排除任何私人主体之间、而非由一方施加或要求的承诺、保证或要求的履行。

第八条 高级管理人员、董事会成员与人员入境

一、一方不得要求作为涵盖投资的该方企业任命具备某一特定国籍的人员担任高管职务。

二、一方可要求作为涵盖投资的该方企业的董事会或者其任何委员会的大部分成员，具有特定的国籍或某一地方区域内特定居民身份，前提条件是该要求不得实质性损害投资者控制其投资的能力。

三、依据其关于入境和逗留的法律及政策，一方应当准许作为投资者涵盖投资的企业、其子公司或附属机构雇用的另一方自然人入境并作短暂停留，以担任管理、执行或专业职务。

第九条 不符措施

一、第五条（国民待遇）、第六条（最惠待遇）、第七条（业绩要求）、第八条（高级管理人员、董事会成员与人员入境）不适用于：

（一）1. 一方维持的任何现存的不符措施，由该一方在其附件2之第一部分（内地减让表）附表1或附件2之第二部分（香港减让表）的清单中列明；及

2. 自本协议生效后，在销售或以其他方式处置某一现存政府拥有或出资的企业或某一现存政府机构中政府的股东权益或资产时维持或采取的措施，该措施禁止或限制对股东权益或资产的所有或控制，或者对高级管理人员或董事会人员施加国籍的要求；

（二）前述第（一）项中所指的不符措施的继续或即时延续；或

（三）前述第（一）项中所指不符措施的修订，只要该修订与修订即刻前相比，不可更不符合第五条（国民待遇）、第六条（最惠待遇）、第七条（业绩要求）、第八条（高级管理人员、董事会成员与人员入境）的义务。

二、第五条（国民待遇）、第六条（最惠待遇）、第七条（业绩要求）、第八条（高级管理人员、董事会成员与人员入境）不适用于一方根据附件2之第一部分（内地减让表）附表2或附件2之第二部分（香港减让表）保留权利采取或维持的措施。

三、为进一步明确，对本协议涵盖的非服务业投资领域，就第五条（国民待遇）、第六条（最惠待遇）、第七条（业绩要求）、第八条（高级管理人员、董事会成员与人员入境）规定的义务，香港对内地投资者不增加任何限制性措施。双方通过磋商，拟订和实施香港对内地投资者及涵盖投资进一步开放的内容。有关具体承诺列入本协议附件2之第二部分（香港减让表）。

四、在不影响本协议其他条款及附件规定的前提下，为享受第五条（国民待遇）、第六条（最惠待遇）、第七条（业绩要求）、第八条（高级管理人员、董事会成员与人员入境）所规定的投资待遇，一方投资者须满足本协议附件1关于"投资者"定义的相关规定。

五、就知识产权而言,一方可按照符合双方均为成员方的或对双方均适用的与知识产权有关协定的方式,背离本协议第五条(国民待遇)、第六条(最惠待遇)、第七条(业绩要求)。

六、第五条(国民待遇)、第六条(最惠待遇)、第八条(高级管理人员、董事会成员与人员入境)不适用于:

(一)一方进行的政府采购;

(二)一方提供的补贴或赠款,包括政府支持贷款、担保与保险。

但一方法律就本款第(一)、(二)项另有规定的从其规定。

七、如各方对本协议附件2附表的范围有不同的理解,双方应通过依第十七条(投资工作小组)设立的投资工作小组作出解释。

第十条　特殊手续和信息要求

一、如果特殊手续要求不实质性损害一方根据本协议承担的对另一方投资者及涵盖投资的义务,则第五条(国民待遇)不应被解释为阻止一方采取或维持与投资者及涵盖投资相关的特殊手续的措施,例如,投资者须是一方居民的要求,或该涵盖投资须根据一方的法律合法组建的要求。

二、尽管有第五条(国民待遇)和第六条(最惠待遇)的规定,一方可仅为了信息或统计的目的,要求另一方的投资者或其涵盖投资提供与投资者或涵盖投资有关的信息。前述一方应保护商业机密信息防止因泄露而有损投资者或涵盖投资的竞争地位。本款不应被解释为阻碍一方获得或披露与公正和诚信适用法律有关的信息。

第十一条　征收

一、一方投资者的涵盖投资或投资收益均不得在另一方境内被征收,亦不得被采取具有相当于征收效果的措施(以下称"征收"),基于公共目的、根据正当法律程序、以非歧视方式并给予补偿的情况除外。为进一步明确,本款应根据附件3来理解。

二、本条第一款所指的补偿应相当于采取征收前或征收为公众所知时(以较早者为准)被征收投资的实际价值⑤,并应包括直至补偿支付之时按通常商业利率计算的利息。补偿的支付应可以有效实现、自由转移,且不得迟延。根据实施征收一方的法律,受影响的投资者应有权根据本款规定的原则,要求该方司法机构或其他独立机构迅速审查其案件及对其投资的估值。

三、本条不适用于有关知识产权强制许可的颁发,亦不适用于与知识产权相关的其他措施,只要该措施符合双方均为成员方的或对双方均适用的与知识产权有关的协定。

四、为进一步明确,一方没有发放或继续发放、维持一项补贴或赠款,或修改或减少一项补贴或赠款,仅这一事实不构成征收,无论涵盖投资是否因此受到了损失或损害。

第十二条　损失补偿

一、尽管有第九条(不符措施)第六款第(二)项的规定,一方投资者的涵盖投资,如果由于战争、紧急状态、叛乱、暴乱、自然灾难或其他类似事件而遭受损失,在恢复原状、赔偿、补偿或其他解决措施方面,另一方给予前述一方投资者的待遇,不得低于相似条件下给予其投资者或其他方投资者的待遇中最优者。

---

⑤　为进一步明确,实际价值应按被征收投资的市场价值为基础计算。

二、在不损害本条第一款的情况下,如果一方投资者在另一方境内,在本条第一款所述情况下遭受损失,是由于:

(一)该另一方征用该投资者的全部或部分涵盖投资;或

(二)在并非必需的情形下,该另一方破坏该投资者的全部或部分涵盖投资,

该另一方应当对此损失向投资者提供恢复原状或补偿,或在适当情况下同时提供恢复原状和补偿。补偿应当按照第十一条(征收)第二款规定的标准进行。

第十三条 代位

若一方或其代理机构依据其对投资者的涵盖投资授予的担保或保险合同向该投资者作了支付,则另一方应承认该投资者的任何权利或诉请均转移给前述一方或其代理机构。所代位的权利或诉请不得超过前述投资者原有权利或诉请。此权利可由一方行使,或由其授权的任何代理机构行使。

第十四条 转移⑥

一、一方应允许所有与涵盖投资有关的转移自由、无迟延地进出其境内。该等转移包括:

(一)资本的投入;

(二)利润、股息、资本所得、全部或部分出售或清算涵盖投资所得收入;

(三)利息、特许使用费、管理费以及技术援助和其他费用;

(四)根据合同所付的款项,包括贷款协议或雇佣合同;

(五)根据本协议第十一条(征收)、第十二条(损失补偿)所付的款项;

(六)本协议第三章(投资便利化及争端解决)所涉款项,以及

(七)在另一方境内从事与一项涵盖投资相关工作的一方自然人所获收入和报酬。

二、一方应允许与涵盖投资有关的转移以可自由使用的货币、按照转移时的市场汇率进行。

三、一方应允许与涵盖投资有关的实物回报以该方与涵盖投资或另一方的投资者之间达成的书面协议所授权或规定的方式进行。

四、尽管有第一至三款的规定,一方仍可通过公正、非歧视和善意地适用与下列事项有关的法律来阻止或延迟转移:

(一)破产、资不抵债或保护债权人权利;

(二)证券、期货、期权或衍生品的发行、买卖或交易;

(三)刑事犯罪;

(四)在为执法或金融监管部门提供必要协助时,对转移进行财务报告或备案;或

(五)确保司法或行政程序中的判决或决定得到遵守。

五、在面临严重的国际收支平衡困难或威胁的情形下,一方可依据《国际货币基金组织协定》有关原则实施限制转移的措施。该限制措施的施行应当基于公正、非歧视的原则,仅能够暂时实施并应随该种情形的好转而逐步取消,且不得超过为应对该种情形所必要的程度。

六、第一至三款不应被解释为阻止协议一方采取或维持必要的措施以确保不违反本协议的法律得到遵守,包括防止欺诈的法律,前提是该类措施不以专断的或不合理的方式适

---

⑥ 第十四条(转移)不影响协议一方为了维护包括外汇、股票、债券和金融衍生品市场等在内的金融体系的稳定而对其资本账户进行管理的能力。

用,并且不构成对国际贸易或投资的变相限制。

第三章 投资便利化及争端解决

第十五条 投资促进和便利化

一、一方应鼓励另一方的投资者在其境内投资。

二、为提高双方之间的投资便利化水平,一方承诺不时评估并逐步简化有关另一方的投资者在其境内投资的手续和要求。

三、双方同意相互提供投资便利,包括:

（一）一方对另一方投资者取得投资讯息、相关营运证照,以及人员进出和经营管理等提供便利;

（二）一方对另一方及其投资者举办说明会、研讨会及其他有利于投资的活动提供便利;

（三）一方将努力建立明确、统一的投资申请审查和批准的标准和程序,优化投资相关许可、资格要求和程序;

（四）一方将同意明确相关审批机构对投资申请进行审查和作出决定的合理时限,并及时将相关申请的审批结果告知申请者;

（五）一方应根据其法律要求,在投资申请不完备时,明确使申请完备所需的信息,并给予改正的机会;

（六）一方将鼓励、促进各自不同监管机构之间的合作协调,在可能情况下,建立"一站式"审批机构,依法明确各监管部门与审批相关的责任权限,及多机构共同审批情况下各机构的责任权限;

（七）一方应尽可能将投资者申请批准过程中承担的成本降到最低,收取的任何费用应与处理申请所需的行政成本相当;

（八）一方将尽可能使另一方投资者可以按照合理和非歧视的条件接入和使用公共基础设施。

第十六条 法律与政策的透明度

一、为促进理解与涵盖投资相关或影响涵盖投资的法律与政策,一方应:

（一）迅速公布这些法律与政策,并使其易于获得,包括通过电子方式;

（二）应要求,向另一方提供特定法律与政策的副本;以及

（三）应要求,与另一方磋商,以对特定法律与政策进行解释。

二、对于与投资准入条件相关的法律与政策,包括申请与注册程序、评估与审批标准、处理申请及作出决定的时间表,以及对决定的复议或申诉程序,一方应确保能够为另一方投资者所知悉。

三、鼓励一方:

（一）提前公布其计划采取的任何措施;以及

（二）向利害关系人及另一方提供对其计划采取的措施进行评论的合理机会。

第十七条 投资工作小组

一、双方同意在《安排》联合指导委员会机制下设立投资工作小组,由投资工作小组负责

处理本协议相关事宜,由双方业务主管部门各自指定的联络人负责联络。

二、投资工作小组的职能包括:

(一)投资咨询:交换投资讯息、开展投资促进、推动投资便利化、提供与本协议相关事项的咨询;

(二)投资争端通报及协调处理:对于第十九条(香港投资者与内地一方争端解决)第一款或第二十条(内地投资者与香港一方争端解决)第一款所指的"投资争端",如双方认为有需要,一方应向其相关部门或机构通报及协调处理在其境内发生的"投资争端",或向另一方通报在前述一方境内的"投资争端";

(三)争端解决:协商解决双方之间关于本协议的解释、实施和适用的争端;

(四)协议解释:双方认为如有需要,可根据第九条(不符措施)第七款通过协商对本协议附件2附表作出解释;

(五)经双方同意的其他与本协议相关的工作。

三、投资工作小组的任何决定都应经双方一致同意做出,投资工作小组应将所做出的决定及时向《安排》联合指导委员会通报。

第十八条 本协议双方的争端解决

一、双方之间关于本协议的解释、实施和适用的任何争端,应由双方通过协商解决。

二、双方应按照本协议第十七条(投资工作小组)的工作机制进行协商解决。

第十九条 香港投资者与内地一方争端解决

一、香港投资者主张内地相关部门或机构违反本协议⑦所规定的义务,且该违反义务的行为与香港投资者或其涵盖投资相关,致该投资者或其涵盖投资受到损失或损害所产生的争端(以下称"投资争端"),可依下列方式解决:

(一)争端双方友好协商解决;

(二)由内地的外商投资企业投诉受理机构依据内地一方有关规定协调解决;

(三)由本协议第十七条(投资工作小组)所设投资争端通报及协调处理职能推动解决;

(四)依据内地一方法律通过行政复议解决;

(五)因本协议⑧所产生的香港投资者与内地一方的投资争端,可由投资者提交内地一方调解机构通过调解方式解决;

(六)依据内地一方法律通过司法程序解决。

二、涉及本条第一款第(五)项的调解应遵守内地法律法规,充分发挥调解机制的作用和功能,使争议得以有效解决。内地方将就相关调解机制做出安排。

三、如香港投资者已选择依本条第一款第(四)项或第(六)项解决,除非符合内地一方相关规定,该香港投资者不得再就同一争端提交内地一方调解机构调解。

---

⑦ 限于第四条(最低标准待遇)、第五条(国民待遇)、第六条(最惠待遇)、第七条(业绩要求)、第八条(高级管理人员、董事会成员与人员入境)第一款、第八条(高级管理人员、董事会成员与人员入境)第二款、第十一条(征收)、第十二条(损失补偿)、第十四条(转移)。

⑧ 限于第四条(最低标准待遇)、第五条(国民待遇)、第六条(最惠待遇)、第七条(业绩要求)、第八条(高级管理人员、董事会成员与人员入境)第一款、第八条(高级管理人员、董事会成员与人员入境)第二款、第十一条(征收)、第十二条(损失补偿)、第十四条(转移)。

四、本协议生效前已进入司法程序的本条第一款所指的"投资争端",除非当事双方同意并符合内地一方相关规定,不适用本条第一款第(五)项规定的调解程序。

五、如香港投资者已选择依本条第一款第(二)项至第(六)项中任一项解决,除非符合内地一方相关规定,该香港投资者不得再就同一争端提交内地外商投资企业投诉受理机构协调解决。

六、为进一步明确,在解决涉税争端时,在相关税收协议下的一方税收主管部门应负责判定税收协议是否管辖此类争端。涉税争端的解决方式限于《内地和香港特别行政区关于对所得避免双重征税和防止偷漏税的安排》第二十三条(协商程序)列明的方式。

第二十条 内地投资者与香港一方争端解决

一、内地投资者主张香港相关部门或机构违反本协议⑨所规定的义务,且该违反义务的行为与内地投资者或其涵盖投资相关,致该投资者或其涵盖投资受到损失或损害所产生的争端,可依下列方式解决:

(一)争端双方友好协商解决;

(二)由香港相关部门或机构所设立的投诉处理机制依据香港一方有关规定解决;

(三)由本协议第十七条(投资工作小组)所设投资争端通报及协调处理职能推动解决;

(四)因本协议⑩所产生的内地投资者与香港一方的投资争端,可由投资者提交香港一方调解机构通过调解方式解决;

(五)依据香港一方法律通过司法程序解决。

二、如内地投资者已选择依本条第一款第(五)项解决,除非符合香港一方相关规定,该内地投资者不得再就同一争端提交香港一方调解机构调解。

三、本协议生效前已进入司法程序的本条第一款所指的"投资争端",除非当事双方同意并符合香港一方相关规定,不适用本条第一款第(四)项规定的调解程序。

四、为进一步明确,在解决涉税争端时,在相关税收协议下的一方税收主管部门应负责判定税收协议是否管辖此类争端。涉税争端的解决方式限于《内地和香港特别行政区关于对所得避免双重征税和防止偷漏税的安排》第二十三条(协商程序)列明的方式。

第四章 最终条款

第二十一条 拒绝授予利益

一、出现下列情形时,在包括按第三章(投资便利化及争端解决)启动任何程序后的任何时候,一方可拒绝将本协议的利益授予作为另一方企业的该另一方投资者及该投资者的涵盖投资:

(一)其他方的投资者拥有或控制该企业;以及

(二)拒绝授予利益的一方针对其他方采取或维持如下措施:

---

⑨ 限于第四条(最低标准待遇)、第五条(国民待遇)、第六条(最惠待遇)、第七条(业绩要求)、第八条(高级管理人员、董事会成员与人员入境)第一款、第八条(高级管理人员、董事会成员与人员入境)第二款、第十一条(征收)、第十二条(损失补偿)、第十四条(转移)。

⑩ 限于第四条(最低标准待遇)、第五条(国民待遇)、第六条(最惠待遇)、第七条(业绩要求)、第八条(高级管理人员、董事会成员与人员入境)第一款、第八条(高级管理人员、董事会成员与人员入境)第二款、第十一条(征收)、第十二条(损失补偿)、第十四条(转移)。

1. 阻止与该企业进行交易;或者

2. 若本协议的利益被授予该企业或其涵盖投资,将导致对该措施的违反或规避。

二、为进一步明确,一方可在包括按照第三章(投资便利化及争端解决)启动任何程序之后的任何时候,依据本条第一款拒绝授予本协议的利益。

第二十二条 例外

一、只要相关措施不以武断或不合理之方式适用,或不构成对贸易或投资之变相限制,本协议中任何规定均不应被解释为阻止一方采取或维持下述措施,包括环境措施:

(一)确保遵守与本协议条款无不一致的法律所必要的措施;

(二)保护人类、动物或植物生命或健康所必要的措施;或

(三)与保护有生命或无生命的可耗尽自然资源相关的措施,如果此类措施与限制本地生产或消费的措施同时有效实施。

二、本协议中任何规定并不妨碍一方维持或采取与世界贸易组织规则相一致的例外措施。

三、(一)本协议中任何规定均不得被解释为要求一方提供或允许获得这样的信息,此类信息披露后将阻碍法律执行或有违该方保护政府机密、个人隐私或金融机构的金融事务和个人顾客账户信息保密性的法律。

(二)本协议中任何规定均不得被解释为,在本协议下任何争端解决过程中,要求一方提供或允许获得受其竞争法律保护的信息,或要求一方的竞争主管部门提供或允许获得任何其他秘密信息或保护不被披露的信息。

四、一方采取的符合依据《世界贸易组织协定》第九条第三款通过的决定的措施,应视为不违反本协议。投资者不得根据本协议提出该措施违反本协议的诉请。

五、本协议不应被解释为要求一方提供或允许获得一方认为有可能违背其根本安全利益的信息,或阻止一方采用该方认为是为保护其自身根本安全利益所必需的措施。

六、当因执行本协议对一方的产业或公共利益造成重大影响时,一方保留新设或维持与另一方投资者及涵盖投资有关的限制性措施的权利。

第二十三条 金融审慎

一、尽管本协议有其他规定,一方不应被阻止出于审慎原因而采取或维持与金融服务有关的措施。这些审慎原因⑪包括保护投资者、存款人、投保人或金融服务提供者对其负有信托义务的人或确保金融系统的完整与稳定。⑫

二、本协议的任何规定不适用于为执行货币或相关信贷政策或汇率政策而采取的普遍适用的非歧视性措施。⑬

三、"金融服务"应当与世界贸易组织《服务贸易总协定》的《关于金融服务的附件》第五款第(a)项中的金融服务具有相同的含义,并且该条款中"金融服务提供者"也包括《关于金

---

⑪ "审慎原因"这一用语应理解为包括维持单个金融机构或金融体系的安全、稳固、稳健和财务责任,以及维护支付和清算系统的安全以及财务和运营的稳健性。

⑫ 双方确认,如遇及判断某一具体措施是否属于第二十三条(金融审慎)第一款的范围的问题,应当由双方金融主管部门通过协商解决。

⑬ 为进一步明确,为执行货币或相关信贷政策或汇率政策而采取的普遍适用的措施,不包括明确将规定了计价货币或货币汇率的合同条款宣布为无效或修改该种条款的措施。

融服务的附件》第五款第(c)项所定义的公共实体。

四、为进一步明确,本协议不应被解释为阻止一方在金融机构中适用或者执行为保证遵守与本协议无不一致的法律而采取的与另一方的投资者或者涵盖投资有关的必要措施,包括与防范虚假和欺诈做法或者应对金融服务合同违约影响有关的措施,但这些措施的实施方式不得在情形类似的国家(或地区)间构成任意的或者不合理的歧视,或者构成对金融机构的投资的变相限制。

第二十四条 税收

一、除本条规定外,本协议的其他任何规定不适用于税收措施。

二、本协议的任何规定不得影响一方在任何税收协议项下的权利与义务。如果本协议的规定与任何此类协议出现不一致,在不一致的范围内则应以该税收协议为准。

三、如披露某些信息将违反一方有关保护纳税人税收事务信息的法律规定,本协议的任何规定不得被理解为要求该方提供或允许获得此信息。

四、第十一条(征收)的相关规定应适用于税收措施。⑭

五、一方的措施是否为本条第一款所述税收措施的问题,仅可以由双方税收协议下的主管部门通过协商共同决定。双方税收协议下的主管部门的共同决定对依据本协议处理投资者诉请的任何程序具约束力。

六、投资者不得根据本条第四款提出诉请,以下情况除外:

(一)投资者向双方税收协议下的主管部门提交了诉请通知的副本;并且

(二)在收到投资者的诉请通知6个月之后,双方税收协议下的主管部门未能就争议措施并非征收达成共同决定。

第二十五条 环境措施⑮

双方均承认,通过放松环境措施来鼓励另一方投资者进行投资是不适当的。为此,一方不应豁免、违背或以其他方式减损此类环境措施去鼓励另一方投资者在前述一方境内设立、取得、扩大或保留投资。

第二十六条 不可贬损

一、本协议并不妨碍一方投资者利用另一方适用于该投资者及其涵盖投资并较本协议条款更有利的任何法律,或利用双方之间适用于该投资者及其涵盖投资并较本协议条款更有利的任何其他义务。

二、一方应遵守其对另一方投资者的涵盖投资已同意的任何其他义务。

第二十七条 附件及脚注

本协议附件及脚注构成本协议不可分割的组成部分。

第二十八条 增补和修正

根据需要,双方可以书面形式对本协议及附件的内容进行增补和修正。任何增补和修正在双方授权的代表签署后正式生效。

---

⑭ 为进一步明确,确保公平有效地课征或收取税赋而采取或执行的非歧视性税收保全和对于违法行为的处罚措施,不构成第十一条(征收)规定的征收。

⑮ 为本条款之目的,环境措施限于环境法律、法规、程序、要求或惯例。

第二十九条 生效和实施

本协议自双方代表正式签署之日起生效,自2018年1月1日起实施。

本协议以中文书就,一式两份。

本协议于二〇一七年六月二十八日在香港签署。

中华人民共和国
商务部副部长
高　燕
中华人民共和国
香港特别行政区财政司司长
陈茂波

附件1

关于"投资者"定义的相关规定[16]

一、香港企业以商业存在形式在内地进行投资的,在满足以下条件的情况下,可以构成本协议第二条(定义)第二款所规定的"投资者":

(一)根据香港特别行政区《公司条例》或其他有关条例注册或登记设立[17],并取得有效商业登记证;以及

(二)在香港从事实质性商业经营。其判断标准为:

1. 年限

香港投资者应已在香港注册或登记设立并从事实质性商业经营3年以上(含3年)[18];

2. 利得税

香港投资者在香港从事实质性商业经营期间依法缴纳利得税;

3. 业务场所

香港投资者应在香港拥有或租用业务场所从事实质性商业经营,其业务场所应与其在香港业务范围和规模相符合;以及

4. 雇用员工

香港投资者在香港雇用的员工中在香港居留不受限制的居民和持单程证来香港定居的内地人士应占其员工总数的50%以上。

为进一步明确,香港企业以非商业存在形式在内地进行投资的,无需满足本条第(一)项、第(二)项规定的条件。

二、除非本协议及其附件另有规定,香港自然人在内地进行投资的,仅中华人民共和国

---

[16] 为进一步明确,在不影响本协议其他条款及附件规定的前提下,为享受第五条(国民待遇)、第六条(最惠待遇)、第七条(业绩要求)、第八条(高级管理人员、董事会成员与人员入境)所规定的投资待遇,一方投资者须满足本协议附件1关于"投资者"定义的相关规定。

[17] 在香港登记的海外公司、办事处、联络处、"信箱公司"和特别成立用于为母公司提供某些服务的公司不属于本附件所指的香港投资者。

[18] 自本协议生效之日起,双方以外的投资者通过收购或兼并的方式取得香港投资者50%以上股权满1年的,该被收购或兼并的投资者属于香港投资者。

香港特别行政区永久性居民可构成本协议第二条（定义）第二款所规定的"投资者"。

三、为成为本协议第二条（定义）第二款项下的适格"投资者"，香港投资者按本协议申请以商业存在形式在内地进行投资时应满足以下规定：

（一）企业形式的香港投资者应提交香港特别行政区政府工业贸易署（简称工业贸易署）发出的证明书。在申请证明书时，香港投资者须申报其在香港从事的业务性质和范围及其拟在内地投资的性质和范围，并将以下文件资料和法定声明提交工业贸易署审核：

1．文件资料（如适用）

1）香港特别行政区公司注册处签发的公司注册证明书副本；

2）香港特别行政区商业登记证及登记册内资料摘录的副本；

3）香港投资者过去3年在香港的公司年报或经审计的财务报表；

4）香港投资者在香港拥有或租用业务场所的证明文件正本或副本；

5）香港投资者过去3年利得税报税表和评税及缴纳税款通知书的副本；在亏损的情况下，香港投资者须提供香港特别行政区政府有关部门关于其亏损情况的证明文件；

6）香港投资者在香港的雇员薪酬及退休金报税表副本，以及有关文件或其副本以证明该投资者符合本附件第一条第（二）款第4项规定的百分比；

7）其他证明香港投资者在香港从事实质性商业经营的有关文件或其副本，如香港法例或本附件有关香港业务性质和范围规定所需的牌照、许可或香港有关部门、机构发出的确认信。

2．法定声明

对于任何申请取得本协议中待遇的香港投资者，其负责人应根据香港特别行政区《宣誓及声明条例》的程序及要求作出法定声明[19]。声明格式由内地与香港特别行政区有关部门磋商确定。

3．证明书申请表格

工业贸易署在认为必要的情况下，委托香港特别行政区有关政府部门、法定机构或独立专业机构（人士）作出核实证明。工业贸易署认为符合本附件规定的香港投资者标准的，向其发出证明书。证明书内容及格式由内地与香港特别行政区有关部门磋商确定。内地与香港特别行政区有关部门可磋商容许豁免证明书的情况，并予以公布。

（二）自然人形式的香港投资者应提供香港永久性居民的身份证明，其中属于中国公民的还应提供港澳居民来往内地通行证（回乡证）或香港特别行政区护照。

四、为成为本协议第二条（定义）第二款项下的适格"投资者"，香港投资者按本协议向内地审核机关申请以商业存在形式投资时，应按以下程序进行：

（一）香港投资者申请在内地从事附件2适用范围内的涵盖投资时，向内地审核机关提交本附件第三条规定的证明书。

（二）根据法律规定的审核权限，如内地审核机关在审核香港投资申请时认为有必要，可一并对香港投资者的资格进行核证。内地审核机关应在规定的时间内要求香港投资者提交本附件第三条规定的文件资料、法定声明，并应向商务部提交对香港投资者资格进行核证的书面理由。

---

[19] 任何人如按《宣誓及声明条例》故意作出虚假或不真实声明，将根据香港法律负刑事法律责任。

（三）内地审核机关对香港投资者的资格有异议时，应在规定时间内通知香港投资者，并向商务部通报，由商务部通知工业贸易署，并说明原因。香港投资者可通过工业贸易署向商务部提出书面理由，要求给予再次考虑。商务部应在规定时间内书面回复工业贸易署。

五、内地投资者在香港投资的，须符合本协议第二条（定义）第二款的规定。

六、本附件中，"商业存在"指一方任何类型的商业或专业机构在另一方境内：

（一）设立、取得或经营一企业，或

（二）设立或经营一分支机构或代表处。

附件2　目录（略——编者注）

附件3

征　　收

双方确认如下共同理解：

一、第十一条（征收）第一款描述了两种情形。第一种情形是直接征收，即投资被直接通过所有权的正式转移或完全没收而被直接征收。第二种情形是间接征收，即一方的一项行为或一系列行为虽然不构成所有权正式转移或完全没收，但具有与直接征收同等效果。

二、关于一方的一项行为或一系列行为在具体情况下是否构成间接征收的判定，需要在事实的基础上针对个案进行调查，需要考虑的因素包括但不限于：

（一）一方行为的经济影响，即使一方的一项行为或一系列行为对投资的经济价值有负面影响，这种影响本身并不能证明已经发生间接征收；

（二）该行为或该系列行为在何种程度上干预了作出投资的明显、合理期待；以及

（三）该行为或该系列行为的性质及目标。

三、除了在极少数的情况下，一方为保护正当社会公共福利目标，如公共道德、公共健康、安全和环境而设计并适用的非歧视性监管行为不构成间接征收。

关于公布2017年7月1日起新增香港澳门享受零关税货物原产地标准及相关事宜的公告

海关总署公告2017年第22号

根据《内地与香港关于建立更紧密经贸关系的安排》（香港CEPA）和《内地与澳门关于

建立更紧密经贸关系的安排》（澳门 CEPA）及其相关补充协议，现将海关总署制定的《2017年7月1日起香港 CEPA 项下新增零关税货物原产地标准表》（见附件1）、《2017年7月1日起澳门 CEPA 项下新增零关税货物原产地标准表》（见附件2），以及对部分享受货物贸易优惠措施的香港、澳门货物原产地标准的修改（见附件3、4）事宜公告如下：

一、《2017年7月1日起香港 CEPA 项下新增零关税货物原产地标准表》、《2017年7月1日起澳门 CEPA 项下新增零关税货物原产地标准表》使用简化的货物名称，自2017年7月1日起执行。新增香港、澳门享受零关税货物的范围与2017年《中华人民共和国进出口税则》中相应税号对应的商品范围一致。

二、对海关总署公告2011年第82号附件1《享受货物贸易优惠措施的香港货物原产地标准表（2012年版）》和附件2《享受货物贸易优惠措施的澳门货物原产地标准表（2012年版）》所列部分税号的原产地标准进行了修改。修改后的原产地标准自2017年7月1日起执行。

特此公告。

附件：
1. 2017年7月1日起香港 CEPA 项下新增零关税货物原产地标准表（略——编者注）
2. 2017年7月1日起澳门 CEPA 项下新增零关税货物原产地标准表（略——编者注）
3. 2017年7月1日起香港 CEPA 项下修订零关税货物原产地标准表（略——编者注）
4. 2017年7月1日起澳门 CEPA 项下修订零关税货物原产地标准表（略——编者注）

海关总署
2017年6月12日

中华人民共和国测绘法

中华人民共和国主席令第67号

《中华人民共和国测绘法》已由中华人民共和国第十二届全国人民代表大会常务委员会第二十七次会议于2017年4月27日修订通过，现将修订后的《中华人民共和国测绘法》公布，自2017年7月1日起施行。

中华人民共和国主席　习近平
2017年4月27日

中华人民共和国测绘法

目 录

第一章 总则
第二章 测绘基准和测绘系统
第三章 基础测绘
第四章 界线测绘和其他测绘
第五章 测绘资质资格
第六章 测绘成果
第七章 测量标志保护
第八章 监督管理
第九章 法律责任
第十章 附则

第一章 总 则

第一条 为了加强测绘管理,促进测绘事业发展,保障测绘事业为经济建设、国防建设、社会发展和生态保护服务,维护国家地理信息安全,制定本法。

第二条 在中华人民共和国领域和中华人民共和国管辖的其他海域从事测绘活动,应当遵守本法。

本法所称测绘,是指对自然地理要素或者地表人工设施的形状、大小、空间位置及其属性等进行测定、采集、表述,以及对获取的数据、信息、成果进行处理和提供的活动。

第三条 测绘事业是经济建设、国防建设、社会发展的基础性事业。各级人民政府应当加强对测绘工作的领导。

第四条 国务院测绘地理信息主管部门负责全国测绘工作的统一监督管理。国务院其他有关部门按照国务院规定的职责分工,负责本部门有关的测绘工作。

县级以上地方人民政府测绘地理信息主管部门负责本行政区域测绘工作的统一监督管理。县级以上地方人民政府其他有关部门按照本级人民政府规定的职责分工,负责本部门有关的测绘工作。

军队测绘部门负责管理军事部门的测绘工作,并按照国务院、中央军事委员会规定的职责分工负责管理海洋基础测绘工作。

第五条 从事测绘活动,应当使用国家规定的测绘基准和测绘系统,执行国家规定的测绘技术规范和标准。

第六条 国家鼓励测绘科学技术的创新和进步,采用先进的技术和设备,提高测绘水平,推动军民融合,促进测绘成果的应用。国家加强测绘科学技术的国际交流与合作。

对在测绘科学技术的创新和进步中做出重要贡献的单位和个人,按照国家有关规定给予奖励。

第七条 各级人民政府和有关部门应当加强对国家版图意识的宣传教育,增强公民的国家版图意识。新闻媒体应当开展国家版图意识的宣传。教育行政部门、学校应当将国家版图意识教育纳入中小学教学内容,加强爱国主义教育。

第八条 外国的组织或者个人在中华人民共和国领域和中华人民共和国管辖的其他海域从事测绘活动,应当经国务院测绘地理信息主管部门会同军队测绘部门批准,并遵守中华人民共和国有关法律、行政法规的规定。

外国的组织或者个人在中华人民共和国领域从事测绘活动,应当与中华人民共和国有关部门或者单位合作进行,并不得涉及国家秘密和危害国家安全。

第二章 测绘基准和测绘系统

第九条 国家设立和采用全国统一的大地基准、高程基准、深度基准和重力基准,其数据由国务院测绘地理信息主管部门审核,并与国务院其他有关部门、军队测绘部门会商后,报国务院批准。

第十条 国家建立全国统一的大地坐标系统、平面坐标系统、高程系统、地心坐标系统和重力测量系统,确定国家大地测量等级和精度以及国家基本比例尺地图的系列和基本精度。具体规范和要求由国务院测绘地理信息主管部门会同国务院其他有关部门、军队测绘部门制定。

第十一条 因建设、城市规划和科学研究的需要,国家重大工程项目和国务院确定的大城市确需建立相对独立的平面坐标系统的,由国务院测绘地理信息主管部门批准;其他确需建立相对独立的平面坐标系统的,由省、自治区、直辖市人民政府测绘地理信息主管部门批准。

建立相对独立的平面坐标系统,应当与国家坐标系统相联系。

第十二条 国务院测绘地理信息主管部门和省、自治区、直辖市人民政府测绘地理信息主管部门应当会同本级人民政府其他有关部门,按照统筹建设、资源共享的原则,建立统一的卫星导航定位基准服务系统,提供导航定位基准信息公共服务。

第十三条 建设卫星导航定位基准站的,建设单位应当按照国家有关规定报国务院测绘地理信息主管部门或者省、自治区、直辖市人民政府测绘地理信息主管部门备案。国务院测绘地理信息主管部门应当汇总全国卫星导航定位基准站建设备案情况,并定期向军队测绘部门通报。

本法所称卫星导航定位基准站,是指对卫星导航信号进行长期连续观测,并通过通信设施将观测数据实时或者定时传送至数据中心的地面固定观测站。

第十四条 卫星导航定位基准站的建设和运行维护应当符合国家标准和要求,不得危害国家安全。

卫星导航定位基准站的建设和运行维护单位应当建立数据安全保障制度,并遵守保密法律、行政法规的规定。

县级以上人民政府测绘地理信息主管部门应当会同本级人民政府其他有关部门,加强对卫星导航定位基准站建设和运行维护的规范和指导。

第三章 基础测绘

第十五条 基础测绘是公益性事业。国家对基础测绘实行分级管理。

本法所称基础测绘,是指建立全国统一的测绘基准和测绘系统,进行基础航空摄影,获取基础地理信息的遥感资料,测制和更新国家基本比例尺地图、影像图和数字化产品,建立、更新基础地理信息系统。

第十六条 国务院测绘地理信息主管部门会同国务院其他有关部门、军队测绘部门组织编制全国基础测绘规划,报国务院批准后组织实施。

县级以上地方人民政府测绘地理信息主管部门会同本级人民政府其他有关部门,根据国家和上一级人民政府的基础测绘规划及本行政区域的实际情况,组织编制本行政区域的基础测绘规划,报本级人民政府批准后组织实施。

第十七条 军队测绘部门负责编制军事测绘规划,按照国务院、中央军事委员会规定的职责分工负责编制海洋基础测绘规划,并组织实施。

第十八条 县级以上人民政府应当将基础测绘纳入本级国民经济和社会发展年度计划,将基础测绘工作所需经费列入本级政府预算。

国务院发展改革部门会同国务院测绘地理信息主管部门,根据全国基础测绘规划编制全国基础测绘年度计划。

县级以上地方人民政府发展改革部门会同本级人民政府测绘地理信息主管部门,根据本行政区域的基础测绘规划编制本行政区域的基础测绘年度计划,并分别报上一级部门备案。

第十九条 基础测绘成果应当定期更新,经济建设、国防建设、社会发展和生态保护急需的基础测绘成果应当及时更新。

基础测绘成果的更新周期根据不同地区国民经济和社会发展的需要确定。

第四章 界线测绘和其他测绘

第二十条 中华人民共和国国界线的测绘,按照中华人民共和国与相邻国家缔结的边界条约或者协定执行,由外交部组织实施。中华人民共和国地图的国界线标准样图,由外交部和国务院测绘地理信息主管部门拟定,报国务院批准后公布。

第二十一条 行政区域界线的测绘,按照国务院有关规定执行。省、自治区、直辖市和自治州、县、自治县、市行政区域界线的标准画法图,由国务院民政部门和国务院测绘地理信息主管部门拟定,报国务院批准后公布。

第二十二条 县级以上人民政府测绘地理信息主管部门应当会同本级人民政府不动产登记主管部门,加强对不动产测绘的管理。

测量土地、建筑物、构筑物和地面其他附着物的权属界址线,应当按照县级以上人民政府确定的权属界线的界址点、界址线或者提供的有关登记资料和附图进行。权属界址线发生变化的,有关当事人应当及时进行变更测绘。

第二十三条 城乡建设领域的工程测量活动,与房屋产权、产籍相关的房屋面积的测量,应当执行由国务院住房城乡建设主管部门、国务院测绘地理信息主管部门组织编制的测量技术规范。

水利、能源、交通、通信、资源开发和其他领域的工程测量活动,应当执行国家有关的工程测量技术规范。

第二十四条 建立地理信息系统,应当采用符合国家标准的基础地理信息数据。

第二十五条 县级以上人民政府测绘地理信息主管部门应当根据突发事件应对工作需要,及时提供地图、基础地理信息数据等测绘成果,做好遥感监测、导航定位等应急测绘保障工作。

第二十六条 县级以上人民政府测绘地理信息主管部门应当会同本级人民政府其他有关部门依法开展地理国情监测,并按照国家有关规定严格管理、规范使用地理国情监测成果。

各级人民政府应当采取有效措施,发挥地理国情监测成果在政府决策、经济社会发展和社会公众服务中的作用。

第五章　测绘资质资格

第二十七条 国家对从事测绘活动的单位实行测绘资质管理制度。

从事测绘活动的单位应当具备下列条件,并依法取得相应等级的测绘资质证书,方可从事测绘活动:

(一)有法人资格;
(二)有与从事的测绘活动相适应的专业技术人员;
(三)有与从事的测绘活动相适应的技术装备和设施;
(四)有健全的技术和质量保证体系、安全保障措施、信息安全保密管理制度以及测绘成果和资料档案管理制度。

第二十八条 国务院测绘地理信息主管部门和省、自治区、直辖市人民政府测绘地理信息主管部门按照各自的职责负责测绘资质审查、发放测绘资质证书。具体办法由国务院测绘地理信息主管部门商国务院其他有关部门规定。

军队测绘部门负责军事测绘单位的测绘资质审查。

第二十九条 测绘单位不得超越资质等级许可的范围从事测绘活动,不得以其他测绘单位的名义从事测绘活动,不得允许其他单位以本单位的名义从事测绘活动。

测绘项目实行招投标的,测绘项目的招标单位应当依法在招标公告或者投标邀请书中对测绘单位资质等级作出要求,不得让不具有相应测绘资质等级的单位中标,不得让测绘单位低于测绘成本中标。

中标的测绘单位不得向他人转让测绘项目。

第三十条 从事测绘活动的专业技术人员应当具备相应的执业资格条件。具体办法由国务院测绘地理信息主管部门会同国务院人力资源社会保障主管部门规定。

第三十一条 测绘人员进行测绘活动时,应当持有测绘作业证件。

任何单位和个人不得阻碍测绘人员依法进行测绘活动。

第三十二条 测绘单位的测绘资质证书、测绘专业技术人员的执业证书和测绘人员的测绘作业证件的式样,由国务院测绘地理信息主管部门统一规定。

第六章 测 绘 成 果

第三十三条 国家实行测绘成果汇交制度。国家依法保护测绘成果的知识产权。

测绘项目完成后,测绘项目出资人或者承担国家投资的测绘项目的单位,应当向国务院测绘地理信息主管部门或者省、自治区、直辖市人民政府测绘地理信息主管部门汇交测绘成果资料。属于基础测绘项目的,应当汇交测绘成果副本;属于非基础测绘项目的,应当汇交测绘成果目录。负责接收测绘成果副本和目录的测绘地理信息主管部门应当出具测绘成果汇交凭证,并及时将测绘成果副本和目录移交给保管单位。测绘成果汇交的具体办法由国务院规定。

国务院测绘地理信息主管部门和省、自治区、直辖市人民政府测绘地理信息主管部门应当及时编制测绘成果目录,并向社会公布。

第三十四条 县级以上人民政府测绘地理信息主管部门应当积极推进公众版测绘成果的加工和编制工作,通过提供公众版测绘成果、保密技术处理等方式,促进测绘成果的社会化应用。

测绘成果保管单位应当采取措施保障测绘成果的完整和安全,并按照国家有关规定向社会公开和提供利用。

测绘成果属于国家秘密的,适用保密法律、行政法规的规定;需要对外提供的,按照国务院和中央军事委员会规定的审批程序执行。

测绘成果的秘密范围和秘密等级,应当依照保密法律、行政法规的规定,按照保障国家秘密安全、促进地理信息共享和应用的原则确定并及时调整、公布。

第三十五条 使用财政资金的测绘项目和涉及测绘的其他使用财政资金的项目,有关部门在批准立项前应当征求本级人民政府测绘地理信息主管部门的意见;有适宜测绘成果的,应当充分利用已有的测绘成果,避免重复测绘。

第三十六条 基础测绘成果和国家投资完成的其他测绘成果,用于政府决策、国防建设和公共服务的,应当无偿提供。

除前款规定情形外,测绘成果依法实行有偿使用制度。但是,各级人民政府及有关部门和军队因防灾减灾、应对突发事件、维护国家安全等公共利益的需要,可以无偿使用。

测绘成果使用的具体办法由国务院规定。

第三十七条 中华人民共和国领域和中华人民共和国管辖的其他海域的位置、高程、深度、面积、长度等重要地理信息数据,由国务院测绘地理信息主管部门审核,并与国务院其他有关部门、军队测绘部门会商后,报国务院批准,由国务院或者国务院授权的部门公布。

第三十八条 地图的编制、出版、展示、登载及更新应当遵守国家有关地图编制标准、地图内容表示、地图审核的规定。

互联网地图服务提供者应当使用经依法审核批准的地图,建立地图数据安全管理制度,采取安全保障措施,加强对互联网地图新增内容的核校,提高服务质量。

县级以上人民政府和测绘地理信息主管部门、网信部门等有关部门应当加强对地图编制、出版、展示、登载和互联网地图服务的监督管理,保证地图质量,维护国家主权、安全和利益。

地图管理的具体办法由国务院规定。

第三十九条 测绘单位应当对完成的测绘成果质量负责。县级以上人民政府测绘地理信息主管部门应当加强对测绘成果质量的监督管理。

第四十条 国家鼓励发展地理信息产业,推动地理信息产业结构调整和优化升级,支持开发各类地理信息产品,提高产品质量,推广使用安全可信的地理信息技术和设备。

县级以上人民政府应当建立健全政府部门间地理信息资源共建共享机制,引导和支持企业提供地理信息社会化服务,促进地理信息广泛应用。

县级以上人民政府测绘地理信息主管部门应当及时获取、处理、更新基础地理信息数据,通过地理信息公共服务平台向社会提供地理信息公共服务,实现地理信息数据开放共享。

第七章　测量标志保护

第四十一条 任何单位和个人不得损毁或者擅自移动永久性测量标志和正在使用中的临时性测量标志,不得侵占永久性测量标志用地,不得在永久性测量标志安全控制范围内从事危害测量标志安全和使用效能的活动。

本法所称永久性测量标志,是指各等级的三角点、基线点、导线点、军用控制点、重力点、天文点、水准点和卫星定位点的觇标和标石标志,以及用于地形测图、工程测量和形变测量的固定标志和海底大地点设施。

第四十二条 永久性测量标志的建设单位应当对永久性测量标志设立明显标记,并委托当地有关单位指派专人负责保管。

第四十三条 进行工程建设,应当避开永久性测量标志;确实无法避开,需要拆迁永久性测量标志或者使永久性测量标志失去使用效能的,应当经省、自治区、直辖市人民政府测绘地理信息主管部门批准;涉及军用控制点的,应当征得军队测绘部门的同意。所需迁建费用由工程建设单位承担。

第四十四条 测绘人员使用永久性测量标志,应当持有测绘作业证件,并保证测量标志的完好。

保管测量标志的人员应当查验测量标志使用后的完好状况。

第四十五条 县级以上人民政府应当采取有效措施加强测量标志的保护工作。

县级以上人民政府测绘地理信息主管部门应当按照规定检查、维护永久性测量标志。

乡级人民政府应当做好本行政区域内的测量标志保护工作。

第八章 监督管理

第四十六条 县级以上人民政府测绘地理信息主管部门应当会同本级人民政府其他有关部门建立地理信息安全管理制度和技术防控体系,并加强对地理信息安全的监督管理。

第四十七条 地理信息生产、保管、利用单位应当对属于国家秘密的地理信息的获取、持有、提供、利用情况进行登记并长期保存,实行可追溯管理。

从事测绘活动涉及获取、持有、提供、利用属于国家秘密的地理信息,应当遵守保密法律、行政法规和国家有关规定。

地理信息生产、利用单位和互联网地图服务提供者收集、使用用户个人信息的,应当遵守法律、行政法规关于个人信息保护的规定。

第四十八条 县级以上人民政府测绘地理信息主管部门应当对测绘单位实行信用管理,并依法将其信用信息予以公示。

第四十九条 县级以上人民政府测绘地理信息主管部门应当建立健全随机抽查机制,依法履行监督检查职责,发现涉嫌违反本法规定行为的,可以依法采取下列措施:

(一)查阅、复制有关合同、票据、账簿、登记台账以及其他有关文件、资料;

(二)查封、扣押与涉嫌违法测绘行为直接相关的设备、工具、原材料、测绘成果资料等。

被检查的单位和个人应当配合,如实提供有关文件、资料,不得隐瞒、拒绝和阻碍。

任何单位和个人对违反本法规定的行为,有权向县级以上人民政府测绘地理信息主管部门举报。接到举报的测绘地理信息主管部门应当及时依法处理。

第九章 法律责任

第五十条 违反本法规定,县级以上人民政府测绘地理信息主管部门或者其他有关部门工作人员利用职务上的便利收受他人财物、其他好处或者玩忽职守,对不符合法定条件的单位核发测绘资质证书,不依法履行监督管理职责,或者发现违法行为不予查处的,对负有责任的领导人员和直接责任人员,依法给予处分;构成犯罪的,依法追究刑事责任。

第五十一条 违反本法规定,外国的组织或者个人未经批准,或者未与中华人民共和国有关部门、单位合作,擅自从事测绘活动的,责令停止违法行为,没收违法所得、测绘成果和测绘工具,并处十万元以上五十万元以下的罚款;情节严重的,并处五十万元以上一百万元以下的罚款,限期出境或者驱逐出境;构成犯罪的,依法追究刑事责任。

第五十二条 违反本法规定,未经批准擅自建立相对独立的平面坐标系统,或者采用不符合国家标准的基础地理信息数据建立地理信息系统的,给予警告,责令改正,可以并处五十万元以下的罚款;对直接负责的主管人员和其他直接责任人员,依法给予处分。

第五十三条 违反本法规定,卫星导航定位基准站建设单位未报备案的,给予警告,责令限期改正;逾期不改正的,处十万元以上三十万元以下的罚款;对直接负责的主管人员和其他直接责任人员,依法给予处分。

第五十四条 违反本法规定,卫星导航定位基准站的建设和运行维护不符合国家标准、要求的,给予警告,责令限期改正,没收违法所得和测绘成果,并处三十万元以上五十万元以下的罚款;逾期不改正的,没收相关设备;对直接负责的主管人员和其他直接责任人员,依法给予处分;构成犯罪的,依法追究刑事责任。

第五十五条 违反本法规定,未取得测绘资质证书,擅自从事测绘活动的,责令停止违法行为,没收违法所得和测绘成果,并处测绘约定报酬一倍以上二倍以下的罚款;情节严重的,没收测绘工具。

以欺骗手段取得测绘资质证书从事测绘活动的,吊销测绘资质证书,没收违法所得和测绘成果,并处测绘约定报酬一倍以上二倍以下的罚款;情节严重的,没收测绘工具。

第五十六条 违反本法规定,测绘单位有下列行为之一的,责令停止违法行为,没收违法所得和测绘成果,处测绘约定报酬一倍以上二倍以下的罚款,并可以责令停业整顿或者降低测绘资质等级;情节严重的,吊销测绘资质证书:

(一)超越资质等级许可的范围从事测绘活动;

(二)以其他测绘单位的名义从事测绘活动;

(三)允许其他单位以本单位的名义从事测绘活动。

第五十七条 违反本法规定,测绘项目的招标单位让不具有相应资质等级的测绘单位中标,或者让测绘单位低于测绘成本中标的,责令改正,可以处测绘约定报酬二倍以下的罚款。招标单位的工作人员利用职务上的便利,索取他人财物,或者非法收受他人财物为他人谋取利益的,依法给予处分;构成犯罪的,依法追究刑事责任。

第五十八条 违反本法规定,中标的测绘单位向他人转让测绘项目的,责令改正,没收违法所得,处测绘约定报酬一倍以上二倍以下的罚款,并可以责令停业整顿或者降低测绘资质等级;情节严重的,吊销测绘资质证书。

第五十九条 违反本法规定,未取得测绘执业资格,擅自从事测绘活动的,责令停止违法行为,没收违法所得和测绘成果,对其所在单位可以处违法所得二倍以下的罚款;情节严重的,没收测绘工具;造成损失的,依法承担赔偿责任。

第六十条 违反本法规定,不汇交测绘成果资料的,责令限期汇交;测绘项目出资人逾期不汇交的,处重测所需费用一倍以上二倍以下的罚款;承担国家投资的测绘项目的单位逾期不汇交的,处五万元以上二十万元以下的罚款,并处暂扣测绘资质证书,自暂扣测绘资质证书之日起六个月内仍不汇交的,吊销测绘资质证书;对直接负责的主管人员和其他直接责任人员,依法给予处分。

第六十一条 违反本法规定,擅自发布中华人民共和国领域和中华人民共和国管辖的其他海域的重要地理信息数据的,给予警告,责令改正,可以并处五十万元以下的罚款;对直接负责的主管人员和其他直接责任人员,依法给予处分;构成犯罪的,依法追究刑事责任。

第六十二条 违反本法规定,编制、出版、展示、登载、更新的地图或者互联网地图服务不符合国家有关地图管理规定的,依法给予行政处罚、处分;构成犯罪的,依法追究刑事责任。

第六十三条 违反本法规定,测绘成果质量不合格的,责令测绘单位补测或者重测;情节严重的,责令停业整顿,并处降低测绘资质等级或者吊销测绘资质证书;造成损失的,依法承担赔偿责任。

第六十四条 违反本法规定,有下列行为之一的,给予警告,责令改正,可以并处二十万元以下的罚款;对直接负责的主管人员和其他直接责任人员,依法给予处分;造成损失的,依法承担赔偿责任;构成犯罪的,依法追究刑事责任:

(一)损毁、擅自移动永久性测量标志或者正在使用中的临时性测量标志;

(二)侵占永久性测量标志用地;

(三)在永久性测量标志安全控制范围内从事危害测量标志安全和使用效能的活动;

(四)擅自拆迁永久性测量标志或者使永久性测量标志失去使用效能,或者拒绝支付迁建费用;

(五)违反操作规程使用永久性测量标志,造成永久性测量标志毁损。

第六十五条 违反本法规定,地理信息生产、保管、利用单位未对属于国家秘密的地理信息的获取、持有、提供、利用情况进行登记、长期保存的,给予警告,责令改正,可以并处二十万元以下的罚款;泄露国家秘密的,责令停业整顿,并处降低测绘资质等级或者吊销测绘资质证书;构成犯罪的,依法追究刑事责任。

违反本法规定,获取、持有、提供、利用属于国家秘密的地理信息的,给予警告,责令停止违法行为,没收违法所得,可以并处违法所得二倍以下的罚款;对直接负责的主管人员和其他直接责任人员,依法给予处分;造成损失的,依法承担赔偿责任;构成犯罪的,依法追究刑事责任。

第六十六条 本法规定的降低测绘资质等级、暂扣测绘资质证书、吊销测绘资质证书的行政处罚,由颁发测绘资质证书的部门决定;其他行政处罚,由县级以上人民政府测绘地理信息主管部门决定。

本法第五十一条规定的限期出境和驱逐出境由公安机关依法决定并执行。

第十章 附 则

第六十七条 军事测绘管理办法由中央军事委员会根据本法规定。

第六十八条 本法自 2017 年 7 月 1 日起施行。

商务部关于进一步推进国家电子商务示范基地建设工作的指导意见

商电发〔2017〕26 号

国家电子商务示范基地(以下简称示范基地)是引领和推动我国电子商务创新发展的重要载体。自 2011 年开展示范基地创建工作以来,在服务电子商务相关企业、支撑电子商务创业创新和推动传统产业转型升级等方面取得了积极成效。为加强对示范基地建设工作的指导,现就"十三五"时期示范基地建设工作提出如下意见。

一、指导思想

全面贯彻党的十八大和十八届三中、四中、五中、六中全会精神,深入贯彻习近平总书记系列重要讲话精神,牢固树立创新、协调、绿色、开放、共享的发展理念,积极推进供给侧结构性改革,深入实施"互联网+流通"行动计划,创新示范基地发展模式,构建产业协同发展生态,服务"大众创业、万众创新",助力地方经济转型和产业升级,培育经济发展新动能。

二、发展目标

按照国家电子商务"十三五"发展规划,结合地方电子商务和经济发展情况,发挥政府的引导作用,实施体制机制和政策创新,强化市场的主导作用,进一步激发示范基地和电子商务企业活力,实现创新引领、协调发展。争取到2020年,示范基地内电子商务企业数量达到10万家,孵化电子商务企业数量超过3万家,带动就业人数超过500万,形成园企互动、要素汇聚、服务完备、跨域合作、融合发展的电子商务集聚区。

三、主要任务

(一)强化承载能力,服务电子商务新经济。

1. 完善载体功能。围绕电子商务新经济发展需要,示范基地要创新运营服务模式,发挥市场主导作用,进一步完善基础设施和服务体系,向示范基地内企业提供营销推广、技术运维、仓储物流、安全认证、交易追溯、数据存证、法律财税咨询、专利申请代理等服务,打造产业链完整、功能齐备的电子商务产业基地。

2. 创新公共服务。整合政府和社会资源,完善线上线下协同的示范基地公共服务平台,打造便捷高效的电子商务公共服务体系。鼓励依托示范基地率先制定和实施电子商务相关行业标准和服务规范,逐步推广。完善示范基地内企业信息采集制度,建立健全电子商务统计监测体系,依托大数据技术加强示范基地管理。开展信用评价服务,探索建立企业信用信息共享机制,促进电子商务产业规范发展。

3. 构建协作机制。完善政产学研多方合作机制,鼓励示范基地设立电子商务研究机构、专家工作站、示范基地联盟等,开展电子商务重点课题研究及核心关键技术研发。推动各示范基地间交流合作,形成优势互补、协同发展的健康生态体系。鼓励示范基地推动入驻企业间开展电子商务业务合作。

(二)提升孵化能力,支撑大众创业万众创新。

4. 营造双创环境。发挥示范基地配套优势,营造有利于创业创新的良好氛围,支持新技术、新产业、新业态、新模式发展。大力发展众创空间等新型孵化器,完善技术支撑服务和创业孵化服务,提升孵化能力。推动示范基地创业孵化与科研院所技术成果转化有效结合,促进大数据、物联网、云计算、人工智能、区块链等技术创新应用。

5. 引育双创人才。加大示范基地招才引智政策激励力度,创建有利于吸引人才的生活工作配套环境。鼓励示范基地与政府机构、大专院校、培训机构、行业协会和企业联合开展实用型人才培训。支持有条件的示范基地设立电子商务创业创新实训基地。创新培训方式,积极发展企业现代学徒制、订单式等培养模式。支持示范基地举办或参与各类电子商务创新创意创业大赛,发现和引育优秀的创业创新项目和创业创新人才。

6. 拓宽资金渠道。鼓励示范基地构建多元化、多渠道的投融资机制。鼓励设立面向示范基地内企业的地方政府创业创新投资引导基金,带动社会资金投入。鼓励示范基地与金融机构合作,依法合规开展金融服务创新,构建企业投资、融资、孵化的良性运作环境和服务体系。

(三)增强辐射能力,推动传统产业转型升级。

7. 联动传统产业。鼓励示范基地结合地方经济发展特点,推动电子商务与生产制造、商贸流通、民生服务、文化娱乐等产业的深度融合。引导电子商务企业延伸产业链条,加强纵向整合,助力电子商务精准扶贫,拓展民生消费新领域,提升国际贸易便利化水平。鼓励企业建设信息化追溯系统,提升品牌价值,推进流通创新发展。

8. 发挥辐射作用。进一步充实示范基地电子商务服务资源,提升服务水平,打造区域性电子商务服务辐射中心。面向地方优势产业和重点企业,开展线上线下相结合的资源对接服务,提升企业电子商务应用水平,带动地方产业加速转型升级。

四、保障措施

(一)加强组织领导。商务部对示范基地建设工作进行总体布局、统筹协调和政策指导。各省级商务主管部门会同有关部门及示范基地所在城市的商务主管部门负责辖区内示范基地建设工作的规划布局,制定建设工作方案并组织实施。各级商务部门要增强责任意识,发挥牵头作用,充分利用跨部门工作机制,加强部门协调,进一步建立健全示范基地建设管理制度,落实保障措施。

(二)完善政策支持。各地商务主管部门要充分重视示范基地的建设工作,积极争取所在地人民政府根据实际情况和条件,在示范基地基础设施建设、公共服务体系建设、服务"大众创业、万众创新"、搭建政产学研和人才培养体系、改善中小企业融资环境等方面给予必要的政策和资金支持。

(三)优化营商环境。探索建立适应电子商务新模式新业态发展规律的政策环境。在示范基地内深化推动政府"放管服"改革,加大简政放权、放管结合、优化服务力度。创新监管手段,加强事中事后监管。加大对侵权假冒、虚假交易等违法行为的打击力度。

(四)实施动态管理。商务部将按照示范基地建设工作总体部署,细化和完善示范基地综合评价指标体系,突出创业就业、孵化创新、绿色流通等重点发展方向。制定综合评价管理办法,建立工作机制,开展定期评估。结合各地电子商务发展情况,加强分类指导和动态管理,鼓励争先进位。通过优胜劣汰进一步优化示范基地发展布局,提升示范基地建设水平,发挥示范作用。

（五）加强宣传推广。各地商务主管部门要及时总结示范基地建设的好经验、好做法，梳理典型案例，加强宣传推广。商务部将组织开展示范基地工作交流，通过情况通报、考察座谈、交流培训等方式，推广典型经验，扩大示范效应。

商务部
2017年1月17日

国务院关于印发"十三五"市场监管规划的通知

国发〔2017〕6号

各省、自治区、直辖市人民政府，国务院各部委、各直属机构：

现将《"十三五"市场监管规划》印发给你们，请认真贯彻执行。

国务院
2017年1月12日

"十三五"市场监管规划

"十三五"时期，是全面建成小康社会决胜阶段，是我国经济转型和体制完善的关键时期。加强和改善市场监管，是政府职能转变的重要方向，是维护市场公平竞争、充分激发市场活力和创造力的重要保障，是国家治理体系和治理能力现代化的重要任务。本规划是市场监管的综合性、基础性和战略性规划，强调从维护全国统一大市场出发，从维护市场公平竞争出发，从维护广大消费者权益出发，对市场秩序、市场环境进行综合监管，为市场监管提供一个明确的框架，给广大市场主体一个清晰的信号和稳定的预期，形成综合监管与行业领域专业监管、社会协同监管分工协作、优势互补、相互促进的市场监管格局。

第一章 规划编制背景

一、市场监管的成效与问题

"十二五"时期特别是党的十八大以来，党中央、国务院高度重视市场监管工作，明确把市场监管作为政府的重要职能。各地区、各部门按照简政放权、放管结合、优化服务改革部署,以商事制度改革为突破口,市场监管改革创新取得显著成效,促进了大众创业、万众创新。

商事制度改革取得突破性进展。针对百姓投资创业面临的难点问题,转变政府职能,减少行政审批,大力推进"先照后证"和工商登记制度改革。将注册资本实缴制改为认缴登记制,降低创办企业的资金门槛。将企业年检制改为年报公示制,增强了企业责任意识、信用意识。简化市场主体住所(经营场所)登记,释放住所存量资源。开展名称登记改革,推进电子营业执照和全程电子化登记管理,提高服务效率。实施"五证合一、一照一码"改革,推动相关证照整合。市场主体数量快速增长,我国成为世界上拥有市场主体数量最多的国家。

市场监管新机制逐步建立。精简事前审批,加强事中事后监管,探索市场监管新模式。建立以信用为核心的新型监管机制,强化企业自我约束功能。建立企业信息公示制度、经营异常名录制度和严重违法失信企业名单制度,实施"双随机、一公开"监管,依托全国信用信息共享平台建立政府部门之间信息共享与联合惩戒机制,建设国家企业信用信息公示系统和"信用中国"网站。通过信用监管机制,提高信息透明度,降低市场交易风险,减少政府监管成本,提高经济运行效率。

市场监管体制改革取得初步成效。针对权责交叉、多头执法等问题,推进行政执法体制改革,整合执法主体,相对集中执法权,推进综合执法。各地积极探索综合执法改革,优化执法资源,形成监管合力,提高基层监管效率。同时,确定了"谁审批、谁监管,谁主管、谁监管"的原则,明确了行业主管部门的监管职责。

市场监管法律法规体系逐步完善。按照全面依法治国、建设法治政府的要求,加强市场监管法治建设。制修订公司法、消费者权益保护法、特种设备安全法、商标法、广告法等,基本形成比较完备的市场监管法律法规体系,运用法治思维和法治方式加强市场监管的能力不断提升。

市场秩序和市场环境不断改善。强化生产经营者主体责任,依法规范生产、经营、交易行为,加强质量标准管理,产品质量监督抽查合格率不断提高。加强消费品、食品药品质量安全监管,对消费品实现从生产到流通的全过程管理。消费环境不断改善,消费者权益保护迈上新台阶。中国消费者协会和各类消协组织不断发展,成为维护消费者权益的重要力量。改进和加强竞争执法,加大反垄断和反不正当竞争执法力度,加强市场价格行为监管,加强网络市场、电子商务等新领域监管,积极开展监督检查,打击传销和规范直销,打击侵犯知识产权、制售假冒伪劣商品的行为,产品和服务质量不断提升,市场经济秩序进一步好转。

当前我国正处于经济转型和体制完善的过程中,虽然市场监管取得突出成效,但市场秩序、市场环境还存在一些矛盾和问题。主要是,假冒伪劣、虚假宣传、盗版侵权、价格违法行为和食品药品安全等问题多发,企业的主体责任意识不强,消费者维权难;市场竞争不充分与过度竞争并存,垄断现象与不正当竞争行为时有发生,尤其是行业垄断、地方保护、市场分割等问题比较突出;市场信用体系不健全,信用意识淡薄,各种失信行为比较普遍;行业协会、中介组织监督和约束作用发挥不够,公众监督比较缺乏,推进社会共治不足;行政审批仍较多,百姓投资创业的环节多、程序复杂,市场准入门槛较高;政府职能转变不到位,市场监管体制机制不适应经济发展的需要等。这些问题,影响着市场机制作用的发挥,影响着资源的优化配置,影响着我国经济的健康发展。

二、加强和改善市场监管的重要意义

在全球经济格局调整和竞争优势重塑的重要时期,在我国经济转型和体制完善的关键时期,加强和改善市场监管具有重要意义。

加强和改善市场监管,是完善社会主义市场经济体制的迫切需要。我国社会主义市场经济体制已经初步建立,但仍存在不少问题。主要是,市场秩序不规范,以不正当手段谋取经济利益的现象广泛存在;生产要素市场发展滞后,要素闲置和大量有效需求得不到满足并存;市场规则不统一,部门和地方保护主义大量存在;市场竞争不充分,阻碍优胜劣汰和结构调整;等等。这些问题不解决,完善的社会主义市场经济体制难以形成,迫切需要加强和改善市场监管,破除制约体制完善的各种障碍。

加强和改善市场监管,是加快政府职能转变的迫切需要。发挥市场配置资源的决定性作用和更好发挥政府作用,关键要按照市场化改革方向,深化行政体制改革,转变政府职能,创新政府管理。政府要从发展的主体转为推动发展的主体,加强市场监管,营造公平竞争的市场环境。目前,市场监管的任务越来越重,要通过科学高效的市场监管,维护市场经济的繁荣发展,这是国家治理体系和治理能力现代化的客观要求,是市场经济条件下履行好政府职能的重要方向。

加强和改善市场监管,是推进供给侧结构性改革的迫切需要。落实好化解过剩产能、淘汰"僵尸企业"、培育新产业新动能等一系列任务,迫切需要加强和改善市场监管,充分发挥市场的力量。只有打击各种假冒伪劣、侵害企业权益行为,才能为诚信企业的发展腾出市场空间。只有促进优胜劣汰,形成"僵尸企业"退出机制,才能减少社会资源消耗,促进产业转型升级。只有鼓励竞争,形成有利于大众创业、万众创新的市场环境,才能为经济发展提供新活力。只有改革扭曲市场竞争的政策和制度安排,消除地方保护和行政垄断,才能充分发挥我国统一大市场的优势和潜力。

加强和改善市场监管,是适应科技革命和产业变革新趋势的迫切需要。以大数据、云计算等为代表的新一轮科技革命和产业变革,促进了技术、资源、产业和市场的跨时空、跨领域融合,网络经济、分享经济、众创空间、线上线下互动等新产业、新业态、新模式不断涌现,颠覆了许多传统的生产经营模式和消费模式,对市场监管提出了新要求、新挑战。市场经济在繁荣发展,市场监管也要与时俱进、开拓创新,不断探索市场监管新机制,才能更好地适应发展变化的需要。

总之,要深刻认识"十三五"时期我国市场监管面临的新形势新任务新挑战,强化改革意识,增强创新精神,扩大开放视野,用现代理念引领市场监管,用现代科技武装市场监管,用现代监管方式推进市场监管,积极探索具有中国特色、符合时代要求的市场监管新模式,为各类市场主体营造公平竞争的发展环境。

第二章 总体思路

按照国家"十三五"时期的总体部署,准确把握经济发展规律和市场监管趋势,立足当前,着眼长远,统筹谋划,有序推进,充分发挥市场监管在改革发展大局中的重要作用,为市场经济的高效运行提供保障。

一、指导思想

全面贯彻党的十八大和十八届三中、四中、五中、六中全会精神,深入贯彻习近平总书记系列重要讲话精神和治国理政新理念新思想新战略,认真落实党中央、国务院决策部署,统筹推进"五位一体"总体布局和协调推进"四个全面"战略布局,牢固树立和贯彻落实创新、协调、绿色、开放、共享的发展理念,以深化商事制度改革为突破口,围绕营造良好的市场准入环境、市场竞争环境和市场消费环境,树立现代市场监管理念,改革市场监管体制,创新市场监管机制,强化市场综合监管,提升市场监管的科学性和有效性,促进经济社会持续健康发展。

——激发市场活力。市场经济的内在活力是经济持续增长的重要动力,是经济走向繁荣的重要基础。要改变传统"管"的观念,把激发市场活力和创造力作为市场监管的重要方向,深化商事制度改革,破除各种体制障碍,营造有利于大众创业、万众创新的市场环境,服务市场主体,服务改革发展大局。

——规范市场秩序。完善的市场经济是有活力、有秩序的。没有活力,市场经济就失去了生机;没有秩序,市场经济就失去了保障。要把规范市场秩序、维护公平竞争作为市场监管的重要着力点,坚持放活和管好相结合,做到放而不乱、活而有序,为企业优胜劣汰和产业转型升级提供保障。

——维护消费者权益。保护好消费者权益,保护好人民群众利益,是实现共享发展的本质要求。要树立消费者至上的理念,把维护消费者权益放在市场监管的核心位置,提高人民群众幸福感和获得感。把强化消费维权、改善消费环境,作为推进供给侧结构性改革、实现供给与需求两端发力的重要举措。

——提高监管效率。提高市场运行效率,必须提高市场监管效率。要强化成本意识,增强效能观念,把提高监管效率作为市场监管的基本要求,改变传统的无限监管理念,改革传统的人盯人、普遍撒网的烦苛监管方式,推动市场监管的改革创新。

——强化全球视野。在经济全球化进程中,市场监管理念、监管模式已经成为影响国家竞争力和国际影响力的重要因素。要与我国经济发展全球化趋势相适应,按照提高我国在全球治理中制度性话语权的要求,用国际视野审视市场监管规则的制定和市场监管执法效应,不断提升市场监管的国际化水平。

二、主要目标

到 2020 年,按照全面建成小康社会和完善社会主义市场经济体制的要求,围绕建设统一开放、竞争有序、诚信守法、监管有力的现代市场体系,完善商事制度框架,健全竞争政策体系,初步形成科学高效的市场监管体系,构建以法治为基础、企业自律和社会共治为支撑的市场监管新格局,形成有利于创业创新、诚信守法、公平竞争的市场环境,形成便利化、国际化、法治化的营商环境。具体目标是:

——宽松便捷的市场准入环境基本形成。市场准入制度进一步完善,公平统一、开放透明的市场准入规则基本形成。各种行政审批大幅削减,商事登记前置、后置审批事项大幅减少,各类不必要的证照基本取消。百姓投资办企业时间缩减,新增市场主体持续增长、活跃发展,新设企业生命周期延长,千人企业数量显著提高。

——公平有序的市场竞争环境基本形成。全国统一的市场监管规则基本形成,多头监管、重复执法基本消除,全国统一大市场进一步完善。反垄断和反不正当竞争执法成效显著,侵权假冒、地方保护、行业垄断得到有效治理,公平竞争、优胜劣汰机制基本建立,市场秩序明显改善,商标品牌作用充分发挥,市场主体质量显著提升。

——安全放心的市场消费环境基本形成。消费维权的法律体系进一步完善,消费维权机制进一步健全。全国统一的消费投诉举报网络平台基本形成,消费维权的便利程度大幅度提高。消费者协会和其他消费者组织发展壮大,消费维权社会化水平明显提高。商品和服务消费的质量安全水平全面提升,消费满意度持续提高。

——权威高效的市场监管体制机制基本建立。市场监管综合执法体制改革全面完成,市场监管格局进一步完善,形成统一规范、权责明确、公正高效、法治保障的市场监管和反垄断执法体系。信用监管、大数据监管以及多元共治等新型监管机制进一步完善。

三、主要原则

——坚持依法依规监管。对各类市场主体一视同仁,依法依规实施公平公正监管,平等保护各类市场主体合法权益。要运用法治思维和法治方式履行市场监管职责,全面实施清单管理制度,通过权力清单明确法无授权不可为,通过责任清单明确法定职责必须为,通过负面清单明确法无禁止即可为,没有法律依据不能随意检查,规范政府部门自由裁量权,推进市场监管的制度化、规范化、法治化。

——坚持简约监管。按照简政放权、放管结合、优化服务改革要求,坚持"简"字当头,实行简约高效的监管方式,消除不必要的管制,革除不合时宜的陈规旧制,打破不合理的条条框框,砍掉束缚创业创新的繁文缛节,减轻企业负担,减少社会成本。

——坚持审慎监管。适应新技术、新产业、新业态、新模式蓬勃发展的趋势,围绕鼓励创新、促进创业,探索科学高效的监管机制和方式方法,实行包容式监管,改革传统监管模式,推动创新经济繁荣发展。对潜在风险大、社会风险高的领域,要严格监管,消除风险隐患。

——坚持综合监管。适应科技创新、产业融合、跨界发展的大趋势,克服相互分割、多头执法、标准不一等痼疾,推进市场监管领域综合执法,建立综合监管体系,发挥各种监管资源的综合效益。加强信息共享,强化部门上下统筹,建立健全跨部门、跨区域执法联动响应和协作机制,消除监管盲点,降低执法成本。

——坚持智慧监管。适应新一轮科技革命和产业变革趋势,适应市场主体活跃发展的客观要求,充分发挥新科技在市场监管中的作用。运用大数据等推动监管创新,依托互联网、大数据技术,打造市场监管大数据平台,推动"互联网+监管",提高市场监管智能化水平。

——坚持协同监管。市场监管要改变政府大包大揽的传统方式,明确企业的主体责任,推动市场主体自我约束、诚信经营,改变"政府急、企业不急"、"消费者无奈、经营者无惧"的弊端。充分发挥信用体系的约束作用、行业组织的自律作用以及消费者组织、社会舆论和公众的监督作用,实现社会共治。

第三章 市场监管重点任务

围绕供给侧结构性改革,供给需求两端发力,全面深化商事制度改革,加强事中事后监管,把改善市场准入环境、市场竞争环境和市场消费环境作为市场监管重点,为经济发展营造良好的市场环境和具有国际竞争力的营商环境。

一、营造宽松便捷的市场准入环境

推进行政审批制度改革,转变政府职能,减少行政审批,激发百姓创业创新热情,促进市场主体持续较快增长,为经济发展注入新活力新动力。

(一)改革市场准入制度。

放宽市场准入。改革各种审批限制,建立统一公开透明的市场准入制度,为投资创业创造公平的准入环境。凡是法律法规未明确禁入的行业和领域,都允许各类市场主体进入。凡是已向外资开放或承诺开放的领域,都向国内民间资本放开。凡是影响民间资本公平进入和竞争的不合理障碍,都予以取消。破除民间投资进入电力、电信、交通、油气、市政公用、养老、医疗、教育等领域的不合理限制和隐性壁垒,取消对民间资本单独设置的附加条件和歧视性条款,保障民间资本的合法权益。建立完善市场准入负面清单制度,对关系人民群众生命财产安全、国家安全、公共安全、生态环境安全等领域,明确市场准入的质量安全、环境和技术等标准,明确市场准入领域和规则。对外商投资实行准入前国民待遇加负面清单的管理模式,逐步减少限制外资进入的领域,培育和扩大国际合作新优势。健全完善相关领域的国家安全审查制度。

深化"先照后证"改革。改革"审批经济"的传统观念,进一步削减各类生产许可证、经营许可证和资质认定,最大限度缩减政府审批范围。加大改革力度,继续削减商事登记前置、后置审批,化解"领照容易、领证难"的矛盾。除涉及人民群众生命财产安全、文化安全和国家安全等的审批事项外,一律放给市场、放给社会,充分发挥市场的调节作用和社会管理功能。完善商事登记前置、后置审批事项目录管理,适时动态调整完善。简化、整合和规范投资项目审批,实行"一站式"网上并联审批,明确标准、缩短流程、限时办结。深化上海"证照分离"改革试点,总结经验,适时向全国推广。

(二)深化商事登记制度改革。

推进"多证合一"改革。改革多部门对市场主体的重复审批、重复管理,提高社会投资创业效率。全面实施"五证合一、一照一码"改革,推进"多证合一",在更大范围、更深层次实现信息共享和业务协同,为企业开办和成长提供便利化服务。做好个体工商户营业执照和税务登记证整合,促进个体私营经济健康发展。通过改革,使营业执照成为企业唯一"身份证",统一社会信用代码成为企业唯一身份代码。鼓励各地方、有关部门进一步整合各类证照管理,鼓励地方开展证照联办,进一步精简材料手续、精简流程时间。各部门要加强衔接配合,积极推动相关法律、法规的修改完善。建立政企合作机制,支持创业创新孵化机构丰富对企业的服务。对标国际营商环境先进水平,建立开办企业时间统计通报制度,大幅度缩减企业开办时间。研究建立新生市场主体统计调查、监测分析制度。

提高便利化服务水平。改革企业名称核准制度,赋予企业名称自主选择权。除涉及前置审批事项或企业名称核准与企业设立登记不在同一机关外,逐步实现企业名称不再实行预先核准。向社会开放企业名称数据库,完善企业名称管理规范,丰富名称资源。增强企业变更名称的便捷性,提高办理效率。建立企业名称争议处理机制,完善企业名称与驰名商标、注册商标权利冲突解决机制,维护企业合法权益。强化不适宜名称强制纠正机制,维护社会公序良俗。推进企业集团登记制度改革,取消不合理限制。加快推进企业全程电子化登记,提高信息化、便利化水平。推动电子营业执照改革试点,扩大电子营业执照应用范围。

服务创业创新大潮。推进商事登记制度改革,支持创业创新发展。对民间投资进入自然资源开发、环境保护、能源、交通、市政公用事业等领域,除法律法规有明确规定的外,取消最低注册资本、股东结构、股份比例等限制。鼓励创新型公司的发展,在一些创业创新试点地区,在符合法律法规规定的前提下,探索灵活的登记模式。顺应众创空间、创新工场等多样化创业创新孵化平台的发展,支持开展"一址多照"、"一照多址"、工位注册、集群注册、商务秘书公司等多样化改革探索。总结推广自由贸易试验区以及国家自主创新示范区的改革成果,允许具备条件的电商企业实行"一城一号"。对连锁企业设立非企业法人门店和配送中心,所在地政府及有关部门不得设置障碍。

保障企业登记自主权。尊重企业自主经营的权利,允许企业根据实际需要选择组织形式和注册地。除法律法规明确规定外,不得限制企业依法注册登记,不得限制企业必须采取某种组织形式,不得限制企业依法变更其组织形式、住所和注册地,不得限制企业必须在某地登记注册,不得为企业自由迁移设置障碍。除特殊规定外,对已经在其他地方取得营业执照的企业,不得要求其在本地开展经营活动时必须设立子公司。

(三)完善企业退出机制。

完善简易注销机制。简化和完善企业、个体工商户注销流程,构建便捷有序的市场退出机制。探索对资产数额不大、经营地域不广的企业实行简易破产程序。试行对个体工商户、未开业企业以及无债权债务企业实行简易注销程序。

建立强制退出机制。配合去产能、去库存,加大对"僵尸企业"清理力度,释放社会资源。对长期未履行年报义务、长期缺乏有效联系方式、长期无生产经营活动、严重侵害消费者权益等严重违法失信企业探索建立强制退出市场制度。对违反法律法规禁止性规定或达不到节能环保、安全生产、食品药品、工程质量等强制性标准的市场主体,依法予以取缔,吊销相关证照。

形成优胜劣汰长效机制。消除地方保护、行政干预和各种违规补贴,通过市场竞争形成劣势企业的正常退出机制,化解行业性、区域性市场风险。依据法律法规规定,鼓励通过兼并重组、债务重组、破产清算等方式优化资源配置。在一些创新密集区和高科技领域,探索与便捷准入相适应的灵活的企业退出机制,培育创新文化。

(四)为小微企业创造良好环境。

继续研究完善支持小微企业发展的财税优惠政策和金融政策,加快构建中小企业征信体系,发挥国家中小企业发展基金作用,落实完善对小微企业的收费减免政策。

充分发挥国务院促进中小企业发展工作领导小组及其办公室的作用,强化政策协同。梳理已发布的有关支持创业创新发展的各项政策措施,推动"双创"发展,培育"双创"支撑平台,打造"双创"示范基地和城市,促进各项政策惠及更多的小微企业。

充分发挥小微企业名录的作用,拓展小微企业名录功能,完善小微企业名录系统,促进扶持政策宣传和实施。对长期拖欠小微企业货款的大中型企业,经司法认定后,依照相关规定实施联合惩戒,并通过国家企业信用信息公示系统公示。

鼓励各地结合实际制定扶持小微企业发展的政策措施,完善服务体系,创新发展措施和机制,有针对性地提供政策、信息、法律、人才、场地等全方位服务。运用大数据等手段,跟踪分析小微企业特别是新设小微企业运行情况,为完善相关政策提供支持。

二、营造公平有序的市场竞争环境

坚持放管结合,加强事中事后监管,规范企业生产经营行为,维护公平竞争,维护市场秩序,强化市场经营安全,改善市场主体经营发展环境,发挥我国统一大市场的优势和潜力,为企业优胜劣汰和产业转型升级提供保障。

(一)维护全国统一大市场。

按照市场经济发展规律,完善市场监管和服务,促进企业自主经营、公平竞争,消费者自由选择、自主消费,商品和要素自由流动、平等交换,加快形成统一开放、竞争有序的全国统一大市场。

清除统一大市场障碍。按照构建全国统一大市场的要求,废除妨碍全国统一市场和公平竞争的规定和做法,清除针对特定行业的不合理补贴政策,打破制约商品要素流动和服务供给的地区分割、行业垄断和市场壁垒,保证各类市场主体依法平等使用生产要素、公平参与市场竞争。严禁对外地企业、产品和服务设置歧视性准入条件,各地区凡是对本地企业开放的市场领域,不得限制外地企业进入,严禁设置限制企业跨地区经营发展的规定。

健全统一市场监管规则。强化市场规则的统一性、市场监管执法的统一性,建立统一协调的执法体制、执法规则和执法程序,提高市场监管的公开性和透明度。地区性、行业性市场监管规则,不得分割全国统一大市场、限制其发展。

推动市场开放共享。鼓励市场创新,发挥现代科技和商业模式的改革效应,促进区域市场开放、行业资源共享,提高全国市场开放度。发挥现代流通对全国统一大市场的促进作用,通过大市场培育大产业、促进大发展。建立统一市场评价体系和发布机制,推动全国统一大市场建设。

(二)加强重点领域市场监管。

把握经济发展的趋势和特点,对一些影响范围广、涉及百姓利益的市场领域,加强监管方式创新,依法规范企业生产经营行为,促进市场健康发展。

加强网络市场监管。坚持创新和规范并重,完善网络市场规制体系,促进网络市场健康发展。加强对网络售假、虚假宣传、虚假促销、刷单炒信、恶意诋毁等违法行为的治理,净化网络市场环境。加强对社交电商、手机应用软件商城等新模式,以及农村电商、跨境电商和服务电商等新业态的监管。强化网络交易平台的责任,规范网络商品和服务经营者行为,推动网络身份认证、网店实名制,保障网络经营活动的规范性和可追溯性。创新网络市场监管机制,完善网络市场监管部际联席会议制度。推进线上线下一体化监管,探索建立风险监测、网上抽查、源头追溯、属地查处、信用管理、电子商务产品质量监督机制,完善网络经营主体数据库,鼓励消费者开展网络监督评议。加强网络市场发展趋势研判,及时完善法律法规,防范网络交易风险。

打击传销、规范直销。强化各级政府责任,加强部门执法联动,通过实施平安建设考核评价、全国文明城市测评等,开展重点区域专项整治,加大打击传销力度。加强对网络传销的查处,遏制网络传销蔓延势头。加强对新形势下假借"微商"、"电商"、"消费投资"等名义开展新型传销的研判,加强风险预警提示和防范,强化案例宣传教育,提高公众识别和防范传销的能力。加强直销企业监管,促进企业规范经营,依法查处直销违法违规行为。

加强广告监管。在支持广告业创新发展的同时,依法强化广告市场监管。围绕食品、医疗、药品、医疗器械、保健食品等重点商品或服务,加大虚假违法广告整治力度。严格规范互联网广告,依法惩处虚假违法广告行为。坚持广告宣传正确导向,严厉打击违背社会良好风尚和造成不良影响的广告,弘扬社会主义核心价值观和中华民族优秀传统文化。创新广告监管方式,加强广告监管平台和互联网广告监测平台建设,健全广告监测制度体系。实施广告信用评价制度,建立违法广告预警机制,完善广告市场主体失信惩戒机制。充分发挥广告行业组织的作用,强化广告经营者、发布者主体责任,引导行业自律,促进行业发展。

加强相关领域规范管理。规范商品交易市场主体经营行为,推动商品质量合格、自律制度健全,深化诚信市场创建活动,积极推进市场诚信体系建设。依法依规开展成品油质量抽检,加大案件查办力度。做好旅游、野生动物保护、拍卖、文物、粮食等领域规范管理。加强合同监管,加大打击合同欺诈力度,强化经纪人监管。加强对中介服务机构的监督管理,规范收费服务行为。加强会计监管,规范市场主体会计核算和信息披露。加大注册会计师行业监管力度,优化会计师事务所执业环境,推动有效履行社会审计监督职能。强化对企业和会计师事务所的监督检查,严肃惩处会计违法违规行为。加强"扫黄打非"和打击非法集资、电信网络犯罪等社会综合治理工作。

加强特种设备安全监管。按照"谁使用、谁管理、谁负责"的原则,强化特种设备使用单位主体责任,建立以多元共治为特征、以风险管理为主线的特种设备安全治理体系。完善特种设备法规标准体系与运行保障机制,健全安全监管制度,实施重点监督检查制度。加强重点使用单位和薄弱环节的安全监察,创新企业主体责任落实机制,完善特种设备隐患排查治理和安全防控体系。根据不同设备、不同环节的安全风险和公共性程度,推进生产环节、使用环节行政许可改革。以电梯、移动式压力容器、气瓶等产品为重点,建立生产单位、使用单位、检验检测机构特种设备数据报告制度,实现特种设备质量安全信息全生命周期可追溯。推进电梯等特种设备安全监管方式改革,构建锅炉安全、节能、环保三位一体的监管体系。强化安全监管能力建设,推进特种设备技术检查机构设置,加强基层安全监察人员培训。提升特种设备风险监测和检验检测能力,建立特种设备风险预警与应急处置平台。鼓励发挥第三方专业服务机构的作用,培育新型服务市场。

(三)强化竞争执法力度。

针对市场竞争中的突出问题,强化反垄断和反不正当竞争执法力度,严厉打击侵犯知识产权和制售假冒伪劣商品等违法行为,净化市场环境。

加强反垄断和反不正当竞争执法。加大反垄断法、反不正当竞争法、价格法等执法力度,严肃查处达成实施垄断协议、滥用市场支配地位行为。依法制止滥用行政权力排除、限制竞争行为,依法做好经营者集中反垄断审查工作,保障市场公平竞争、维护消费者权益。针对经济发展中的突出问题,把公用企业、依法实行专营专卖的行业作为监管重点,加强对供水、供电、供气、烟草、邮政等行业的监管,严厉打击滥收费用、强迫交易、搭售商品、附加不合理交易条件等限制竞争和垄断行为。促进医疗、养老、教育等民生领域公平竞争、健康发展。针对经济发展的新趋势,加强网络市场、分享经济以及高技术领域市场监管,制止滥用知识产权排除和限制竞争、阻碍创新行为。加强对与百姓生活密切相关的商品和服务价格垄断、价格欺诈行为的监管,全面放开竞争性领域商品和服务价格。严厉打击仿冒、虚假宣传、价格欺诈、商业贿赂、违法有奖销售、侵犯商业秘密、经营无合法来源进口货物等不正当竞争行为。对公用事业和公共基础设施领域,要引入竞争机制,放开自然垄断行业竞争性业务。

打击制售假冒伪劣商品违法行为。围绕保障和改善民生,加大对与百姓生活密切相关、涉及人身财产安全的日常消费品的打假力度,严惩不符合强制性标准、掺杂掺假、以假充真、以次充好、以不合格产品冒充合格产品等违法行为。强化对利用互联网销售假冒伪劣商品和传播制假售假违法信息的监管。加大对城乡结合部、农村假冒伪劣的打击力度,加强对食品药品、农资、家用电器、儿童用品等商品市场的整治,对列入强制性产品认证目录的产品未经认证擅自出厂、销售、进口或者在其他经营活动中使用的行为,加强执法查处。强化假冒伪劣源头治理,建立商品生产、流通、销售全链条监管机制,完善重点产品追溯制度,构建清晰可追溯的责任体系。探索惩罚性巨额赔偿制度,严厉查处制售假冒伪劣商品违法行为,增强打击侵权假冒违法行为的震慑力。明确地方政府对本地打击假冒伪劣工作的领导责任,严格责任追究和奖惩约束。

(四)推动质量监管。

围绕质量强国战略,完善国家计量体系,发挥计量对质量发展的支撑和保障作用,加快质量安全标准与国际标准接轨,发挥标准的引领和规范作用,发挥认证认可检验检测传递信任的证明作用,推动产品和服务质量向国际高端水平迈进。

完善国家计量体系。紧盯国际发展前沿,建立一批高准确度、高稳定性量子计量基准;紧贴战略性新兴产业、高新技术产业等重点领域需求,突破一批关键测量技术,研制一批新型标准物质,不断完善国家计量基标准体系。推动重大测量基础设施和计量科技创新基地建设,按照"全产业链、全量传链、全寿命周期和产业前瞻性"建设思路以及"中心、平台、联盟"整体发展路径,构建国家产业计量测试体系。创新计量监管模式,完善计量法律法规体系、计量监管体系和诚信计量体系。深入推进计量技术机构改革,探索推进计量校准市场和校准机构建设的有效途径,规范计量校准市场,满足社会对量值溯源和校准服务的需求。以贸易便利化、服务外贸进出口、密切国际合作、促进装备走出去为目标,实施计量走出去的国际化发展战略,为建立和维护中国制造、中国创造、中国质量和中国品牌在海外的良好声誉保驾护航。

强化标准体系。改革创新标准制定方式,完善产品和服务质量标准体系。整合精简强制性标准,严格限定在保障人身健康和生命财产安全、国家安全、公共安全、生态环境安全和满足社会经济管理基本要求的范围内,对于强制性标准,市场主体必须严格执行,市场监管部门必须严格监管。优化完善推荐性标准,推动向政府职责范围内的公益类标准过渡。鼓励社会团体制定团体标准,并参与国家标准、行业标准制定。完善企业标准体系,鼓励企业制定高于国家标准或行业标准的企业标准,鼓励领先企业创建国际标准。鼓励组建标准联盟,参与国际标准制定,推动特色优势领域标准国际化,推动与主要贸易国之间加大标准互认力度。适应经济发展趋势,加强服务标准体系建设。加强新产业新业态标准的研究制定,发挥标准的引领规范作用。

健全认证认可检验检测体系。加强认证认可检验检测能力建设,推进检验检测认证机构市场化改革,支持第三方检验检测认证服务发展。完善政府购买检验检测认证服务制度,健全在市场准入、市场监督和行政执法中采信认证认可检验检测结果的措施和办法。加强创新,攻克关键技术,提高现场快速智能识别和定性定量分析的检测技术水平。加快提升认证认可检验检测服务市场监管能力,推进其在电商、微商等新兴领域的广泛应用。加强强制性产品认证,维护质量安全底线。加强自愿性产品、服务、管理体系认证,筑牢质量品牌提升基础。加强检验检测认证品牌建设。深化国际合作,推进国际互认。

强化产品质量和服务监管。落实产品质量法、消费者权益保护法等法律法规,加强产品服务质量监管。严厉查处质量低劣、违反强制性标准、存在质量和安全风险的产品,坚决遏制质量安全事故。加强质量安全日常监管,对重点领域、重点区域、重点商品,加大质量抽检力度,推进线上线下一体化监管。强化全过程质量安全管理与风险监控,对食品、药品、农产品、日用消费品、特种设备、地理标志保护产品等关系人民群众生命财产安全的重要产品加强监督管理,建立健全产品质量追溯体系,形成来源可查、去向可追、责任可究的信息链条。实施质量强国战略,强化企业的主体责任,实行企业产品和服务标准自我声明公开和监督制度,建立完善缺陷产品召回制度、产品事故强制报告制度、产品质量风险监控及风险调查制度,建立商品质量惩罚性赔偿制度,对相关企业、责任人实行市场禁入,增强企业提升质量的内在动力和外部压力。健全服务质量治理与促进体系,推广优质服务承诺标志与管理制度。建立质量信用信息收集和发布制度,形成区域和行业质量安全监测预警机制,防范化解产品服务的质量安全风险。

(五)实施商标品牌战略。

围绕品牌经济发展,完善商标注册和管理机制,加强商标品牌法律保护和服务能力建设,充分发挥商标对经济社会发展的促进作用。

推进商标品牌建设。实施商标品牌战略,提高产品服务的品牌价值和影响力,推动中国产品向中国品牌转变。引导企业增强商标品牌意识,发挥企业品牌建设的主体作用。加强对中小企业自主商标、战略性新兴产业商标品牌的培育,推动中华老字号改革创新发展。加强产业集群和区域品牌建设,加强对集体商标和证明商标的管理与保护,运用农产品商标和地理标志推进精准扶贫,开展全国知名品牌创建示范区建设工作,提升区域品牌价值。完善商标服务体系,推进商标注册便利化改革,委托地方受理商标注册申请,优化商标注册流程,完善审查机制,推进商标注册全程电子化。提升商标品牌服务能力,培育一批具有较强影响力的专业服务机构,加强人才培养,建立完善商标品牌评价体系,开展商标品牌评价。加强商标品牌推广和标准制定,鼓励开展国际交流合作,加强自主商标品牌海外保护,提升国际竞争力。

强化商标知识产权等保护。加大对商标、地理标志、知名商品特有名称等保护力度,打击侵犯知识产权和企业合法权益的行为,切实保护商标专用权,加强品牌商誉保护。加强互联网、电子商务、大数据等领域知识产权保护与云服务规则研究,完善相关法律法规。强化商标信用监管,将故意侵犯商标权、假冒商标、违法商标代理行为等纳入全国信用信息共享平台和国家企业信用信息公示系统,加大失信惩戒力度。加强商标代理市场秩序整治,促进商标代理行业自律。

三、营造安全放心的市场消费环境

顺应百姓消费水平提升、消费结构升级趋势,建立从生产、流通到消费全过程的商品质量监管机制,强化消费者权益保护,为百姓营造安全放心的消费环境,提振百姓消费信心。发挥消费的引领作用,通过扩大新消费,带动新投资,培育新产业,形成新动能,促进经济发展良性循环。

(一)加强日常消费领域市场监管。

适应百姓消费品质提升的迫切要求,加强质量标准和品牌的引导和约束功能,提高产品和服务质量,缩小国内标准和国际先进标准的差距,提高重点领域主要消费品国际标准一致性程度,逐步实现出口产品与国内销售产品同标准、同质量。

加强食品药品质量安全监管。健全统一权威的食品药品安全监管体系,落实最严谨的标准、最严格的监管、最严厉的处罚、最严肃的问责,实施好国家食品药品安全相关规划。健全食品药品安全领域消费维权机制,加强消费维权制度建设,简化消费争议处理程序,推动完善食品药品消费公益诉讼机制,充分发挥消费者组织作用,提高百姓食品药品消费维权效率。

加强日用消费品监管。强化服装、日用百货、家用电器、建材等质量监管,查处经销无商品名称、无厂名、无厂址等"三无"产品和以假充真、以次充好等损害消费者权益行为。规范家用电器、汽车销售及售后服务市场,明确电动车、老年代步车等交通工具的管理理念和监管规则,完善服务标准,清理整顿虚假售后服务网点。加强对名牌服装、手表、洁具、箱包等品牌商品的监管,规范跨境电子商务经营行为。

加强日常服务消费维权。对百姓住房等大宗消费,要结合去库存,促进房地产市场健康发展,规范购房市场和住房租赁及二手房市场,规范中介服务,加强家装建材质量监管,打击虚假信息、价格欺诈和不公平合同格式条款,保障业主权利,保护购房者和承租者的权益。加强供水、供电、供气、供暖、广播电视、通信、交通运输、银行业、医疗等公用事业领域消费监管,提高服务质量,维护消费者权益。

(二)加强新消费领域市场监管。

把握百姓消费升级的发展趋势,针对新的消费领域、新的消费模式和新的消费热点,着眼关键环节和风险点,创新监管思维和监管方式,加强市场监管的前瞻性,消除消费隐患,促进新消费市场健康发展。

加强新消费领域维权。规范电商、微商等新消费领域,强化电商平台、社交平台、搜索引擎等法律责任,打击利用互联网制假售假、虚假宣传等侵害消费者权益的行为,净化网络商品市场,落实网络、电视、电话、邮购等方式销售商品的七日无理由退货制度。强化电信运营商、虚拟运营商的法律责任与社会责任,严惩不良企业利用频道、号码资源进行欺诈的行为。加强对消费者个人信息的保护,加大对违法出售、提供、获取消费者个人信息的处罚力度。

加强新消费领域监管。创新对网约车、房屋分享等新业态的监管,完善服务标准和规范,建立鼓励发展和有效规范相结合的监管机制。加强对平衡车、小型无人机等智能休闲产品的引导和规范,督促生产企业完善质量安全标准,取缔无技术资质、无规范标准的生产经营行为,防范安全风险。加强对旅游、文化、教育、快递、健身等新兴服务消费的监管,完善服务质量标准,强化服务品质保障,做好服务价格监管。加强对预付卡消费的规范,强化对预付卡企业资金管理、备案机制、退费解约等关键环节的监督检查,保障消费安全。

(三)加强重点人群消费维权。

维护老年人消费权益。丰富老年人消费需求,加大对老年保健食品、健康用品、休闲旅游等领域虚假宣传、消费欺诈的整治力度,清除消费陷阱。提高老年用品设计、制造标准,确保老年用品的安全性、便捷性和适用性。规范基本生活照料、康复护理、精神慰藉、文化服务等养老服务设施,提高服务质量,满足日益增长的养老服务需求。

维护未成年人消费权益。加强对婴幼儿用品的监管,提高产品质量安全标准,加大对婴幼儿奶粉、食品、服装、玩具等的抽查检验力度,严厉打击制售假冒伪劣商品,确保婴幼儿消费安全。加强学校体育设施器材、文化用品的质量安全监管,为未成年人健康成长提供保障。加强对康复治疗、特殊教育市场监管,严格经营资质和服务标准,严厉查处无照无证经营、超范围经营等不法行为。

(四)加强农村市场监管。

按照全面建成小康社会的目标要求,坚持普惠性、均等化发展方向,把加强农村、农民的消费维权作为重要任务,提高城乡消费维权的均等化水平。

加强农村消费市场监管。开展农村日常消费品质量安全检查,防止把农村作为假冒伪劣商品的倾销地。围绕重要节庆时点和春耕、夏种等重要时段,突出城乡结合部、偏远乡镇等重点区域,对农副产品市场、农业生产资料市场等商品交易市场开展综合治理,推动诚信示范市场建设,维护农村市场秩序。以日常大宗生活消费品为重点,针对假冒伪劣和侵权易发多发的商品,从生产源头、流通渠道和消费终端进行全方位整治。结合农村电商发展,在消费网点设立消费投诉点,方便农民就近投诉维权。

保障农业生产安全。围绕重点品种和相应农时,以"打假、护农、增收"为目标,加强对农机、农药、肥料、农膜、种子、兽药、饲料等涉农商品质量监管,开展农资产品抽检,严厉打击假劣农资坑农害农行为,切实保护农民权益。深入开展"合同帮农"、"红盾护农"等专项执法,指导农资经营者完善进货查验、票据管理等制度,推动农商品质量可追溯,建立维护农村市场秩序的长效机制。

(五)健全消费维权机制。

针对百姓维权难、维权成本高,企业侵权成本低、赔付难等突出问题,完善消费维权机制,强化企业主体责任,加大企业违法侵权成本,提高百姓维权效率。

完善消费投诉举报平台。按照便利消费者投诉的要求,建立全国统一的消费者投诉举报互联网平台,优化提升食品药品、质量安全、价格投诉等重点领域消费投诉举报平台功能,建立消费投诉、消费维权公开公示制度。推进"12315"进商场、进超市、进市场、进企业、进景区工作向基层和新领域延伸,建立覆盖城乡的基层消费投诉举报网络。推进"12315"与相关行业、系统消费者申诉平台的衔接与联动。加强消费者权益保护指挥调度系统建设,强化统筹协调、考核督办、提示警示和应急指挥。

健全消费争议处理机制。探索建立消费纠纷多元化解机制,简化消费争议处理程序,提高消费者维权效率。鼓励经营者建立小额消费争议快速和解机制,督促指导经营者主动与消费者协商和解。鼓励社会力量建立消费仲裁机构,完善消费仲裁程序。鼓励小额消费纠纷案件通过小额诉讼程序一审终审,快速处理小额消费纠纷。推动完善消费公益诉讼机制,维护消费群体的合法权益。推动人民调解、行政调解与司法调解有机衔接,完善诉讼、仲裁与调解对接机制。完善消费领域惩罚性赔偿制度,大幅度提高消费者权益损害赔偿力度,强化以消费者为核心的社会监督机制,使消费者成为消费秩序的有力监督者和维护者。

加强消费维权制度建设。完善消费者权益保护法相关配套法规规章,推动调整现行法律法规中不利于消费者权益保护的规定,充分发挥消费者权益保护工作部际联席会议制度的作用。推动在全国范围内开展放心消费创建活动,提高消费环境安全度、经营者诚信度和消费者满意度。鼓励行业组织开展诚信自律等行业信用建设,完善银行、证券、保险及其他金融或金融相关行业,以及电信、快递、教育等领域消费者权益保护制度,建立跨行业、跨领域的消费争议处理和监管执法合作机制。加强国际和地区间消费者权益保护交流与合作,加快建立跨境消费者权益保护机制。

强化生产经营者主体责任。建立"谁生产谁负责、谁销售谁负责"的责任制,明确消费维权的责任链条,提高企业违法成本。健全消费品生产、运输、销售、消费全链条可追溯体系,实现产品可追溯、责任可追查。严格落实企业"三包"制度和缺陷产品召回制度,完善产品质量担保责任,对问题产品采取修理、更换、退货、损害赔偿等措施。严格规范生产经营者价格行为,落实明码标价和收费公示制度。建立产品质量和服务保证金制度,全面推行消费争议先行赔付。完善汽车、家电等耐用消费品举证责任倒置制度。在产品"三包"、重点消费品等领域实施产品质量安全责任保险制度,加强第三方专业监管和服务。

发挥消费者组织的作用。充分发挥消费者协会等组织在维护消费者权益方面的作用。推动扩大公益诉讼的主体范围,增加诉讼类型,针对垄断行业、公用事业、新兴领域以及涉及百姓消费利益的重大事件,加大公益诉讼力度。开展比较试验和体验式调查等消费引导,及时公布权威性调查报告,提高消费者自我保护能力。积极参与有关消费者权益的立法立标工作,反映消费者意见。加强基层消协组织建设,强化消协履职保障。发挥消费者协会专家委员会、消费者协会律师团和消费维权志愿者的作用,为消费者提供专业化消费咨询服务,加大法律援助力度,维护弱势群体利益。加强消费教育引导,提供消费指南,开展风险警示,引导科学理性消费。

第四章 健全市场监管体制机制

要与时俱进、开拓创新,不断完善市场监管体制机制,创新市场监管方式方法,适应市场经济发展变化趋势,提高市场监管的科学性和有效性。

一、强化竞争政策实施

竞争政策是推动市场经济繁荣发展的重要政策体系,具有规范市场秩序、维护公平竞争、鼓励市场创新、推动体制改革、提升市场效率和社会效益的重要作用。

(一)强化竞争政策基础性地位。

要以完善社会主义市场经济体制为目标,强化竞争政策在国家政策体系中的基础性地位,健全竞争政策体系,完善竞争法律制度,明确竞争优先目标,建立政策协调机制,倡导竞争文化,推动竞争政策有效实施。发挥国务院反垄断委员会在研究拟订有关竞争政策、评估市场竞争状况、制定反垄断指南、协调反垄断行政执法等方面的职责。

发挥竞争政策的基础性作用,把竞争政策贯穿到经济发展的全过程,推动我国经济转型和体制完善。把竞争政策作为制定经济政策的重要基础,以国家中长期战略规划为导向,充分尊重市场,充分发挥市场的力量,实行竞争中立制度,避免对市场机制的扭曲,影响资源优化配置。把竞争政策作为制定改革政策的重要导向,按照全面市场化改革方向,准确把握改革方向和改革举措,推进垄断行业改革,破除传统体制、传统管理模式的束缚,避免压抑市场创新、抑制发展活力。把竞争政策作为完善法律法规的重要指引,按照全面依法治国的要求,不断完善竞争法律制度,为市场经济高效运行提供法律保障,打破固有利益格局,避免部门分割和地方保护法制化。把竞争政策作为社会文化的重要倡导,形成与社会主义市场经济发展相适应的竞争文化,改革传统计划经济思维和惯性,规范和约束政府行为,推进创业创新、诚信守法、公平竞争。

(二)完善公平竞争审查制度。

把规范和约束政府行为作为实施竞争政策的重要任务。实施并完善公平竞争审查制度,研究制定公平竞争审查实施细则,指导政策制定机关开展公平竞争审查和相关政策措施清理工作,保障公平竞争审查制度有序实施。推动产业政策从选择性向功能性转型,建立产业政策与竞争政策的协调机制。开展公平竞争审查制度效应分析,对政策制定机关开展的公平竞争审查成效进行跟踪评估,及时总结经验并发现问题,推动制度不断完善。在条件成熟时适时组织开展第三方评估,提高公平竞争审查的公正性、科学性和规范性。与公平竞争审查制度的事前审查相呼应,建立公平竞争后评估制度,对已经出台的政策措施进行公平竞争评估,对不合理的政策安排进行相应调整完善。

(三)积极倡导竞争文化。

倡导竞争文化,形成推动竞争政策实施的良好氛围。在各级政府部门全面普及竞争政策理论,以更好地推动市场经济建设,消除不公平竞争对经济发展的危害。加大竞争政策宣传力度,使各类企业更好地了解市场竞争规则,积极主动面向市场,改变依赖政府优惠政策支持的倾向,使企业成为真正的市场主体,强化经济发展的微观基础。发挥新闻媒体特别是网络新媒体的作用,采取多种形式宣传普及竞争政策的目标任务和政策工具,加强竞争执法案例的分析解读,推动竞争政策的有效实施。

二、健全企业信用监管机制

健全企业信用监管机制,强化企业责任意识,增强企业自我约束机制,让信用创造财富,用信用积累财富,发挥信用在经济运行中的基础性作用,促进社会信用体系建设。

(一)完善企业信息公示制度。

完善企业信息公示制度,提高企业信息透明度,增强企业之间的交易安全,降低市场交易风险,提高经济运行效率。适时修改完善《企业信息公示暂行条例》,明确企业信息公示的责任和义务,提高企业年报的公示率和年报信息的准确性。指导市场主体及时公示即时信息,强化对与市场监管有关的出资、行政许可和受到行政处罚等信息的公示。政府部门要提高市场监管行政执法的公开性和透明度,及时公示对企业的行政处罚信息。支持利用新媒体等多渠道公示市场主体信用信息,为社会公众查询信息提供便捷高效的服务。

(二)强化企业信息归集机制。

企业信息归集是实现企业信用监管、协同监管、联合惩戒和社会共治的基础。加强信息整合,建立涉企信用信息归集机制,整合各部门涉企信息资源,解决企业信息碎片化、分散化、区域化的问题。建立企业财务会计报表单一来源制度。依托国家企业信用信息公示系统,将企业基础信息和政府部门在履职过程中形成的行政许可、行政处罚及其他监管信息,全部归集到企业名下,形成企业的全景多维画像。建立跨部门信息交换机制,依托全国信用信息共享平台和国家企业信用信息公示系统,推动政府及相关部门及时、有效地交换共享信息,打破信息"孤岛"。健全信息归集机制,完善企业信息归集办法,定期公布涉企信息归集资源目录,制定信息归集标准规范,提升信息归集的统一调度处理能力和互联互通的协同能力。

(三)健全信用约束和失信联合惩戒机制。

发挥企业信用监管的作用,推动企业诚信经营。建立市场主体准入前信用承诺制度,将信用承诺纳入市场主体信用记录。完善经营异常名录、严重违法失信企业名单制度,在各地区、各部门"黑名单"管理基础上,形成统一的"黑名单"管理规范。完善法定代表人、相关负责人及高级管理人员任职限制制度,将信用信息作为惩戒失信市场主体的重要依据。实行跨部门信用联合惩戒,加大对失信企业惩治力度,对具有不良信用记录的失信市场主体,在经营、投融资、取得政府供应土地、进出口、出入境、注册新公司、工程招投标、政府采购、获得荣誉、安全许可、生产许可、从业任职资格、资质审核等方面,依法予以限制或禁止。实行企业信用风险分类管理,依据企业信用记录,发布企业风险提示,加强分类监管和风险预防。建立企业信用修复机制,鼓励企业重塑信用。

(四)全面推行"双随机、一公开"监管。

推进监管方式改革,提高政府部门对企业监管的规范性、公正性和透明度。改革传统的巡查监管方式,建立健全"双随机、一公开"监管机制,全面推行"双随机、一公开"跨部门联合检查和监管全覆盖。在一些综合执法领域,要建立部门协同、联合监管的工作机制,加强对基层工作的统筹指导,提高执法效能。鼓励地方把"双随机、一公开"扩展到相关政府部门,扩展到对市场主体的各项检查事项上,建立政府部门的"随机联查"制度,发挥跨部门联合惩戒的作用,切实减轻分散检查对企业造成的负担。

三、加强大数据监管

以市场监管信息化推动市场监管现代化,充分运用大数据等新一代信息技术,增强大数据运用能力,实现"互联网+"背景下的监管创新,降低监管成本,提高监管效率,增强市场监管的智慧化、精准化水平。

(一)加强大数据广泛应用。

加强大数据综合分析,整合工商登记、质量安全监管、食品安全、竞争执法、消费维权、企业公示和涉企信息等数据资源,研究构建大数据监管模型,加强对市场环境的监测分析、预测预警,提高市场监管的针对性、科学性和时效性。加强对市场主体经营行为和运行规律的分析,对高风险领域建立市场风险监测预警机制,防范行业性、系统性、区域性风险。在工商登记、质量安全监管、竞争执法、消费维权等领域率先开展大数据示范应用,建设市场监管大数据实验室,推进统一的市场监管综合执法平台建设。加强市场监管数据与宏观经济数据的关联应用,定期形成市场环境形势分析报告,为宏观决策提供依据。运用大数据资源科学研究制定市场监管政策和制度,对监管对象、市场和社会反应进行预测,并就可能出现的风险提出预案。加强对市场监管政策和制度实施效果的跟踪监测,定期评估并根据需要及时调整。

(二)加强大数据基础设施建设。

适应大数据监管趋势要求,推动"互联网+监管"信息化建设,提高政府信用监管的信息化水平。加强国家企业信用信息公示系统建设,按照"全国一体、纵向贯通、横向互联、资源共享、规范统一"的要求,强化顶层设计,结合地方实际,建立完善企业信用信息汇集、共享和利用的国家级一体化信息平台。加强大数据资源体系建设,加快建设国家法人单位基础信息库、全国动物疫病监测和疫情系统,完善市场监管平台建设。依托全国信用信息共享平台和国家企业信用信息公示系统,健全部门信息共享交换机制,进一步加强"信用中国"网站建设。建立大数据标准体系,研究制定有关大数据的基础标准、技术标准、应用标准和管理标准等。加快建立政府信息采集、存储、公开、共享、使用、质量保障和安全管理的技术标准。引导建立企业间信息共享交换的标准规范。建立健全信息安全保障体系,切实保护国家信息安全以及公民、法人和其他组织信息安全。

(三)发展大数据信用服务市场。

积极稳妥推动市场监管数据向社会开放,明确政府统筹利用市场主体大数据的权限及范围,构建政府和社会互动的信息应用机制。加强与企业、社会机构合作,通过政府采购、服务外包、社会众包等多种方式,依托专业企业开展市场监管大数据应用,降低市场监管成本。发展各类信用服务机构,鼓励征信机构、消费者协会、互联网企业、行业组织等社会力量依法采集企业信用信息,建立覆盖各领域、各环节的市场主体信用记录,提供更多的信用产品和服务,扩大信用报告在市场监管和公共服务领域中的应用。加强信用服务市场监管,提高信用服务行业的市场公信力和社会影响力,打击虚假评价信息,培育有公信力、有国际影响力的信用服务机构。通过政府信息公开和数据开放、社会信息资源开放共享,提高市场主体生产经营活动的透明度,为新闻媒体、行业组织、利益相关主体和消费者共同参与对市场主体的监督创造条件。

四、完善市场监管体制

按照加强和改善市场监管的要求,进一步理顺市场监管体制,完善监管机制,优化执法资源,统一执法规则,建立协调配合、运转高效的市场监管体制机制,形成大市场、大监管、大服务的新格局。

(一)推进综合执法。

综合执法改革是市场监管改革的重要方向和重点任务,必须科学谋划、统筹推进。研究制定深化地方市场监管领域综合执法改革的政策思路,指导各地规范有序开展综合执法改革,大力推动市场综合监管。大力推进市、县综合行政执法,在总结县级层面经验做法基础上,积极推进地市层面综合执法,尽快完成市、县市场监管综合执法改革。按照市场统一性和执法统一性的要求,从完善政府管理架构、强化治理能力出发,加强市场监管体制改革的顶层设计,明确全国市场监管体制改革的方向。合理确定综合执法范围,探索有效的改革模式,统一执法资格和执法标准,提高综合执法效能。"十三五"期间,形成统一规范、权责明确、公正高效、法治保障的市场监管和反垄断执法体系。

(二)强化部门联动。

依法充分发挥综合监管和行业监管作用,建立综合监管部门和行业监管部门联动的工作机制,形成优势互补、分工协作、沟通顺畅、齐抓共管的监管格局。按照"谁审批、谁监管,谁主管、谁监管"的原则,健全行业监管机构和队伍,充分发挥行业监管部门的作用,履行专业监管职责,进一步规范行业领域市场秩序。综合监管部门要强化市场秩序、市场环境的综合监管,维护全国统一大市场,维护公平竞争的市场机制,维护广大消费者合法权益,推动市场经济繁荣发展。建立健全行业监管部门和综合监管部门的协调配合机制,行业监管部门没有专门执法力量或执法力量不足的,应充分发挥综合监管部门市场监管骨干作用,推动跨行业、跨区域执法协作,形成促进行业发展和统一市场协同发展的格局。完善不同层级部门之间执法联动机制,科学划分不同层级的执法权限,增强纵向联动执法合力。

(三)加强基层建设。

按照市场监管执法重心下移的要求,推动人财物等资源向基层倾斜,加强基层执法能力建设。充实执法力量,加强业务培训,优化基层干部年龄结构和知识结构,建设高素质、专业化的执法队伍。推行行政执法类、专业技术类公务员分类改革,完善市场监管人员激励机制。研究制定基层执法装备配备标准,合理保障基层装备投入,配备执法记录仪、检验检测设备等先进设备,提高现代科技手段在执法办案中的应用水平。应结合实际需要和财力可能,统筹安排基层执法能力建设经费,并通过优化支出结构、提高资金使用效益予以合理保障。

(四)推动社会共治。

顺应现代治理趋势,努力构建"企业自治、行业自律、社会监督、政府监管"的社会共治新机制。强化生产经营者的主体责任,企业要履行好质量管理、营销宣传、售后服务、安全生产等方面的义务,引导企业成为行业秩序、市场环境的监督者和维护者,培育有社会责任的市场主体。引导非公经济组织加强党建、团建工作,自觉依法依规经营。结合行业组织改革,加强行业组织行业自治功能,鼓励参与制定行业标准和行业自律规范,建立行业诚信体系,充分发挥服务企业发展、规范行业主体行为、维护行业秩序的重要作用。充分利用认证认可检验检测等第三方技术手段,为市场监管执法提供技术支撑。积极推动社会共治立法,明晰社会共治主体的权利和义务,加强社会公众、中介机构、新闻媒体等对市场秩序的监督,发挥消费者对生产经营活动的直接监督作用,健全激励和保护消费者制度,构筑全方位市场监管新格局。

五、推动市场监管法治建设

适应市场监管工作新需要,加强市场监管法治建设,完善法律法规体系,推进依法行政,强化执法能力保障,确保市场监管有法可依、执法必严、清正廉洁、公正为民。

(一)完善法律法规。

根据市场监管实际需要和行政审批制度改革情况,加快市场监管法律法规体系建设,完善商事法律制度。完善市场监管重点领域立法,研究推动市场竞争、产品质量、外国投资、电子商务等领域的立法。夯实商事制度改革法治基础,适时推动反不正当竞争法、标准化法、无证无照经营查处办法等法律、行政法规的制修订工作,加强相关配套规章的制定、修改和废止工作。

(二)规范执法行为。

坚持法定职责必须为,严格依法履行职责。市场监管部门依照法定权限和程序行使权力、履行职责。建立科学监管的规则和方法,优化细化执法工作流程,解决不执法、乱执法、执法扰民等问题。完善行政执法程序和制度,全面落实行政执法责任制。建立行政执法自由裁量基准制度,严格限定和合理规范自由裁量权的行使。健全行政执法调查取证、告知、罚没收入管理等制度。严格执行重大行政执法决定法制审核制度,完善规范性文件制定程序,落实合法性审查制度。建立健全法律顾问制度。按照"谁执法谁普法"的普法要求,建立常态化的普法教育机制,开展法治宣传教育,营造良好的法治环境。

(三)强化执法监督。

推行地方各级市场监管部门权力清单制度,依法公开权力运行流程。实行行政执法公示制度,公示行政审批事项目录,公开审批依据、程序、申报条件,公开监测、抽查和监管执法的依据、内容和结果。强化执法考核和行政问责,综合运用监察、审计、行政复议等方式,加强对行政机关不作为、乱作为、以罚代管等违法违规行为的监督。完善内部层级监督和专门监督,建立常态化监督制度,加强行政执法事中事后监督。开展法治建设评价工作,改进上级市场监管机关对下级机关的监督。

(四)加强行政执法与刑事司法衔接。

完善案件移送标准和程序,严格执行执法协作相关规定,解决有案不移、有案难移问题。建立和加强市场监管部门、公安机关、检察机关间案情通报机制。市场监管部门发现违法行为涉嫌犯罪的,要及时依法移送公安机关并抄送同级检察机关,严禁以罚代刑、罚过放行。推进市场监管行政执法与刑事司法信息共享系统建设,实现违法犯罪案件信息互联互通。

第五章　规划组织实施

落实本规划提出的目标任务,要履行好各部门、地方各级政府的职责,充分激发各类市场主体、广大消费者、行业组织和社会媒体的积极性,形成市场监管合力。

一、加强组织协调

各部门、各地方要转变观念、提高认识,把加强和改善市场监管作为推动改革、促进发展的一项重大任务,切实抓实抓好。建立市场监管部际联席会议制度,加强组织领导,密切协调配合,健全工作机制,强化部门协同和上下联动,统筹推进规划明确的重要任务和改革部署,全面实现规划目标。加强国际交流,强化国际人才培养,积极参与国际规则制定。组织开展规划的宣传和解读工作,为规划实施营造良好的舆论氛围。

二、明确责任分工

各部门、各地方要积极探索、大胆创新、勇于改革,运用创新性思维、改革性举措,创造性地落实好规划任务。各部门要强化责任意识,树立大局观念,按照职责分工,各司其职,密切配合,把规划提出的目标任务纳入年度工作部署,明确时间表、路线图,扎实推进规划的实施。地方各级政府要切实转变观念,把加强市场监管作为改善地方经济发展环境、推动地方经济繁荣发展的重要保障,把规划目标任务纳入政府工作部署予以落实。相关社会组织和行业协会要按照规划要求,积极参与,主动作为,发挥作用。要发挥市场监管专家委员会以及有关专家学者的作用,加强竞争政策智库建设,针对规划中的重点难点问题,加强理论研究和对策研究,促进重大决策的科学化和民主化。

三、强化督查考核

建立规划实施跟踪评估和绩效考核机制,推动规划有效落实。加强对规划实施情况的动态监测与总结,每年向国务院报送规划实施情况报告,总结规划实施进展,提出推进规划实施建议。各部门和各地方相应做好本领域、本地方的规划落实情况报告。在规划实施中期组织开展评估工作,并将评估结果纳入政府综合评价和绩效考核范畴,建立规划实施长效机制。

国务院关于第三批取消中央指定地方实施行政许可事项的决定

国发〔2017〕7号

各省、自治区、直辖市人民政府,国务院各部委、各直属机构:

　　经研究论证,国务院决定第三批取消39项中央指定地方实施的行政许可事项。另有14项依据有关法律设立的行政许可事项,国务院将依照法定程序提请全国人民代表大会常务委员会修订相关法律规定。

　　各地区、各部门要抓紧做好事中事后监管措施的落实和衔接工作,明确责任主体和工作方法,切实提高行政审批改革的系统性、协同性、针对性和有效性。

　　附件:国务院决定第三批取消中央指定地方实施的行政许可事项目录(共计39项)

国务院
2017年1月12日

附件:

国务院决定第三批取消中央指定地方实施的行政许可事项目录

（共计39项）

序号	项目名称	审批部门	设定依据	加强事中事后监管措施
1	棉花加工资格认定	省级发展改革、工商行政管理、质量技术监督部门	《棉花质量监督管理条例》《棉花加工资格认定和市场管理暂行办法》(国家发展改革委、工商总局、质检总局令2006年第49号)	取消审批后,质检总局、国家发展改革委等部门要按照职责分工,进一步健全棉花加工抽检、预警机制,健全质量追溯体系,加强棉花加工企业诚信体系建设,加大违法责任追究力度。

(续表)

序号	项目名称	审批部门	设定依据	加强事中事后监管措施
2	普通中小学、幼儿园、中等职业学校（含民办）章程核准	省、市、县级教育行政部门	《中华人民共和国教育法》《中华人民共和国民办教育促进法》《全面推进依法治校实施纲要》（教政法〔2012〕9号）	取消审批后，在学校设立审批过程中严格把关。地方教育行政部门要通过明确章程规范标准、制定范本、加强随机抽查等方式，对学校章程进行管理。
3	自费出国留学中介服务机构资格认定	省级教育行政部门	《国务院对确需保留的行政审批项目设定行政许可的决定》《国务院关于第六批取消和调整行政审批项目的决定》（国发〔2012〕52号）	取消审批后，教育部要会同工商总局研究制定相关合同示范文本，加强对自费出国留学中介服务机构的规范、指导和服务。要发挥行业组织的行业自律和行业规范的作用。教育、工商等部门要在相应职责范围内加强事中事后监管，依法查处违法行为。
4	高等学校副教授评审权审批	省级教育行政部门	《国务院对确需保留的行政审批项目设定行政许可的决定》《国务院关于第六批取消和调整行政审批项目的决定》（国发〔2012〕52号）	取消审批后，教育部要制定相关管理办法，规范监管。教育行政部门要通过开展随机抽查、畅通投诉举报渠道等方式，加强事中事后监管。
5	民办学校招生简章和广告备案核准	省、市、县级教育行政部门	《中华人民共和国民办教育促进法》《民办高等学校办学管理若干规定》（教育部令2007年第25号，2015年11月10日予以修改）《独立学院设置与管理办法》（教育部令2008年第26号，2015年11月10日予以修改）	取消审批后，实行事后备案管理。教育行政部门要加大检查力度，畅通投诉举报渠道，依法查处违法行为。

（续表）

序号	项目名称	审批部门	设定依据	加强事中事后监管措施
6	生产无线电发射设备型号核准初审	省级无线电管理机构	《中华人民共和国无线电管理条例》《信息产业部关于加强无线电发射设备管理的通告》（信部无〔1999〕363号）《关于改进无线电发射设备型号核准审查工作的通知》（工信无函〔2008〕103号）	取消地方初审后，工业和信息化部直接受理审批，直接承担相应责任，并通过"双随机"抽查，加强型号生产一致性监督检查。
7	食盐准运许可	省级盐业主管机构	《食盐专营办法》	取消审批后，盐业主管机构要按照《国务院关于印发盐业体制改革方案的通知》（国发〔2016〕25号）"完善食盐专业化监管体制"的具体要求，做好食盐管理与监督等事中事后监管工作。
8	食盐中添加营养强化剂或药物许可	省级盐业主管机构、卫生计生行政部门	《盐业管理条例》	取消审批后，食品药品监管总局要加大《中华人民共和国食品安全法》执法力度，规范生产经营者在食盐中添加营养强化剂的行为。各级食品药品监督管理部门要加强事中事后监管，对违法生产行为实施行政处罚，涉嫌犯罪的移送司法机关。
9	公章刻制审批	县级公安机关	《印铸刻字业暂行管理规则》	取消审批后，实行公章刻制备案管理，继续保留公安机关对公章刻制企业的审批。要修订《印铸刻字业暂行管理规则》，明确监管标准、要求和处罚措施，要求公章刻制企业在刻制公章后，将用章单位、公章刻制申请人、印模等基本信息报公安机关备案。公安机关要加强事中事后监管，建立统一的公章治安管理信息系统，逐步实现公章刻制网上备案、信息采集及公众查询。

（续表）

序号	项目名称	审批部门	设定依据	加强事中事后监管措施
10	香港、澳门律师担任内地律师事务所法律顾问核准	省级司法行政主管部门	《国务院对确需保留的行政审批项目设定行政许可的决定》	取消审批后，实行备案管理。司法行政主管部门要通过备案了解掌握内地律师事务所聘用的港澳律师信息，进一步完善日常管理。
11	在环保部门管理的地方级自然保护区的实验区开展参观、旅游活动审批	省级环境保护行政主管部门	《中华人民共和国自然保护区条例》	取消审批后，环境保护行政主管部门要研究制定相关标准和技术规范，编制保护区生态旅游专项规划，加强规划环评和建设项目环评，防止不合理的旅游开发活动。要加强对保护区内旅游开发活动的监督检查，依法查处违法旅游开发建设活动。
12	物业服务企业二级及以下资质认定	省、市级住房城乡建设主管部门	《物业管理条例》《物业服务企业资质管理办法》（建设部令2004年第125号，2007年11月26日、2015年5月4日予以修改）	取消审批后，住房城乡建设部要研究制定物业服务标准规范，通过建立黑名单制度、信息公开、推动行业自律等方式，加强事中事后监管。
13	在历史文化名城、名镇、名村保护范围内进行相关活动方案的审批	城市、县城乡规划主管部门、文物主管部门	《历史文化名城名镇名村保护条例》	取消审批后，城乡规划主管部门、文物主管部门要强化名城、名镇、名村保护，在规划中对相关建设和活动提出保护要求，加大规划执行监督力度，并采取随机抽查等方式，加强对保护范围内相关活动的监管。
14	水利施工图设计文件审批	省、市、县级水行政主管部门	《建设工程质量管理条例》《建设工程勘察设计管理条例》	取消审批后，水行政主管部门要强化水利工程初步设计审查、工程验收，对工程质量严格把关。要加强巡查检查，发现问题及时督促整改，对出现设计质量问题的，严肃追究有关单位和人员的责任，处理结果记入水利建设市场主体信用体系黑名单。

(续表)

序号	项目名称	审批部门	设定依据	加强事中事后监管措施
15	在堤防上新建建筑物及设施竣工验收	省、市、县级河道主管机关	《中华人民共和国河道管理条例》	取消审批后,河道主管机关在参加河道管理范围内建筑物和设施竣工验收时,要对河道和堤防安全严格把关。要加强巡查检查,发现问题及时督促整改,对出现质量问题的,严肃追究有关单位和人员的责任,处理结果记入水利建设市场主体信用体系黑名单。
16	水利工程采用没有国家技术标准的新技术、新材料审定	省级水行政主管部门	《建设工程勘察设计管理条例》	取消审批后,水行政主管部门要强化水利工程初步设计审查、工程验收,对工程质量严格把关。
17	重大动物疫病病料采集审批	省级兽医行政主管部门	《重大动物疫情应急条例》《国务院关于取消和下放一批行政审批项目的决定》(国发〔2013〕44号)	取消审批后,兽医行政主管部门要强化"从事高致病性或疑似高致病性病原微生物实验活动审批",严格把关。农业部要加快制定实施《动物疫情报告、通报和公布管理办法》,进一步加强和规范动物疫情管理工作,防控动物疫病风险。
18	在渔港内的航道、港池、锚地和停泊区从事捕捞、养殖等生产活动审批	市、县级渔政渔港监督管理机关	《中华人民共和国渔港水域交通安全管理条例》	取消审批后,渔政渔港监督管理机关要严格执行"在渔港内的航道、港池、锚地和停泊区,禁止从事有碍海上交通安全的捕捞、养殖等生产活动"的规定,加大执法监督力度,加强政策宣传,畅通举报渠道,加强日常巡查检查,严格查处违法违规行为。
19	境内申请肥料临时登记	省级农业行政主管部门	《中华人民共和国农业法》《肥料登记管理办法》(农业部令2000年第32号,2004年7月1日予以修改)	取消审批后,农业行政主管部门直接受理肥料登记申请,要加大肥料打假力度,对肥料产品质量开展"双随机"抽查,并将抽查结果向社会公布。

(续表)

序号	项目名称	审批部门	设定依据	加强事中事后监管措施
20	国内农业转基因生物标识审查	省、市、县级农业行政主管部门	《农业转基因生物安全管理条例》《农业转基因生物标识管理办法》（农业部令2002年第10号，2004年7月1日予以修改）	取消审批后，农业部要强化"农业转基因生物安全审批"，严格把关。农业行政主管部门要通过开展随机抽查、设立举报平台、建立黑名单制度等方式，加强对农业转基因生物标识的监督检查，及时公开不按规定标识的企业信息。
21	从境外引进蚕遗传资源初审	省级畜牧兽医行政主管部门	《中华人民共和国畜牧法》	取消地方初审后，农业部直接受理审批，直接承担相应责任，并进一步明确各级畜牧兽医行政主管部门的监管责任。
22	在渔业行政主管部门管理的自然保护区的实验区开展参观、旅游活动审批	省级渔业行政主管部门	《中华人民共和国自然保护区条例》《国务院关于第六批取消和调整行政审批项目的决定》（国发〔2012〕52号）	取消审批后，渔业行政主管部门要在制定自然保护区总体规划和管理制度时提出具体要求，加大对保护区管理机构执行规划和制度的监督力度，同时完善应急预案，通过畅通举报渠道、开展随机抽查等方式加强监管。
23	药物临床试验机构资格认定初审	省级卫生计生行政部门	《中华人民共和国药品管理法》《药物临床试验机构资格认定办法（试行）》（国食药监安〔2004〕44号）	取消地方初审后，食品药品监管总局直接受理审批，审批时征求国家卫生计生委意见，并进一步明确各自责任。
24	机动车安全技术检验机构检验资格许可	省级质量技术监督部门	《中华人民共和国道路交通安全法实施条例》《机动车安全技术检验机构监督管理办法》（质检总局令2009年第121号）	取消审批后，质量技术监督部门要强化"为社会提供公证数据的产品质量检验机构计量认证"，对机动车安全技术检验机构严格把关，采用监督检查、能力验证、投诉处理、信息公开等多种方式，加强事中事后监管。
25	复印打印业务审批	省、市、县级新闻出版广电行政部门	《印刷业管理条例》《印刷业经营者资格条件暂行规定》（新闻出版总署2001年第15号令，2015年8月28日予以修改）	取消审批后，新闻出版广电行政部门要建立完善相关举报制度，开展随机抽查、定期检查等，加强事中事后监管，发现复印打印含有反动、淫秽、迷信内容和国家明令禁止的其他内容等违法违规行为，依法进行查处。

十一、其他 1551

(续表)

序号	项目名称	审批部门	设定依据	加强事中事后监管措施
26	非电子出版物出版单位委托电子出版物复制单位复制计算机软件、电子媒体非卖品审批	省级新闻出版广电行政部门	《国务院对确需保留的行政审批项目设定行政许可的决定》	取消审批后,新闻出版广电行政部门要在电子出版物非卖品内容、标识等方面加强监管,明确非卖品内容应限于公益宣传、企事业单位宣传、交流、商品介绍,在非卖品载体印刷标识面及装帧的显著位置注明电子出版物非卖品的制作单位和复制单位,加强对电子出版物复制单位的监督检查,依法查处违法行为。
27	药用辅料(不含新药用辅料和进口药用辅料)注册	省级食品药品监督管理部门	《国务院对确需保留的行政审批项目设定行政许可的决定》	取消审批后,将药用辅料注册纳入药品审批一并办理。食品药品监管总局要明确,药品注册申请人所在地食品药品监督管理部门应加强延伸监管,将药用辅料生产企业纳入日常监管范围。
28	互联网药品交易服务企业(第三方平台除外)审批	省级食品药品监督管理部门	《国务院对确需保留的行政审批项目设定行政许可的决定》	取消审批后,食品药品监督管理部门要强化"药品生产企业许可"、"药品批发企业许可"、"药品零售企业许可",对互联网药品交易服务企业严格把关。要建立网上信息发布系统,方便公众查询,指导公众安全用药,同时建立网上售药监测机制,加强监督检查,依法查处违法行为。
29	药物临床试验机构资格认定初审	省级食品药品监督管理部门	《中华人民共和国药品管理法》《药物临床试验机构资格认定办法(试行)》(国食药监安〔2004〕44号)	取消地方初审后,食品药品监管总局直接受理审批,审批时征求国家卫生计生委意见,并进一步明确各自责任。
30	在非疫区进行植物检疫对象研究审批	省级林业行政主管部门	《植物检疫条例》《国务院关于第三批取消和调整行政审批项目的决定》(国发〔2004〕16号)	取消审批后,林业行政主管部门要严格执行"对植物检疫对象的研究,不得在检疫对象的非疫区进行"的规定,加大执法力度,加强宣传引导,对进行植物检疫对象研究的单位加强监管,禁止将植物检疫对象活体带入非疫区,畅通投诉举报渠道,对违法行为严格处罚。

（续表）

序号	项目名称	审批部门	设定依据	加强事中事后监管措施
31	采集国家一级保护野生植物初审	省级林业行政主管部门	《中华人民共和国野生植物保护条例》	取消地方初审后，国家林业局直接受理审批，直接承担相应责任，并进一步明确各级林业行政主管部门的监管责任。
32	出口国家重点保护野生植物或进出口中国参加的国际公约限制进出口的野生植物初审	省级林业行政主管部门	《中华人民共和国野生植物保护条例》	取消地方初审后，国家林业局直接受理审批，直接承担相应责任，并进一步明确各级林业行政主管部门的监管责任。林业行政主管部门要采取专项检查、随机抽查等方式，加强事中事后监管。
33	营造林工程监理员职业资格审核	省级林业行政主管部门	《中华人民共和国劳动法》《国务院关于取消和下放一批行政审批项目的决定》（国发〔2014〕5号）	取消审批后，林业行政主管部门要加强对营造林工程质量的监管，建立营造林工程诚信档案并向社会公布。
34	采集或采伐国家重点保护的天然种质资源初审	省级林业行政主管部门	《中华人民共和国种子法》国家林业局公告（2006年第6号）	取消地方初审后，国家林业局直接受理审批，直接承担相应责任，并进一步明确各级林业行政主管部门的监管责任。要对被许可人开展随机抽查，确保其按照采集或采伐国家重点保护林木天然种质资源审批内容开展相关活动，加强国家林木种质资源库日常管理，避免林木种质资源流失。
35	废弃物海洋倾倒许可证核发	省级海洋行政主管部门	《中华人民共和国海洋环境保护法》《委托签发废弃物海洋倾倒许可证管理办法》（国土资源部令2004年第25号）	取消委托地方的许可后，国家海洋局直接受理审批，直接承担相应责任。要完善并公布禁止倾倒、经批准方可倾倒的废弃物目录，明确倾倒废弃物的海域范围，加强巡查检查，及时查处违法行为。
36	在海洋行政主管部门管理的地方级自然保护区的实验区开展参观、旅游活动审批	省级海洋行政主管部门	《中华人民共和国自然保护区条例》	取消审批后，海洋行政主管部门要在制定自然保护区总体规划和管理制度时提出具体要求，加大对保护区管理机构执行规划和制度的监督力度，改进管理方式，畅通举报渠道，开展随机抽查，加强对在保护区开展相关活动的监管。

(续表)

序号	项目名称	审批部门	设定依据	加强事中事后监管措施
37	在古建筑内安装电器设备审批	省、市、县级文物行政主管部门、公安机关	《国务院对确需保留的行政审批项目设定行政许可的决定》	取消审批后,国家文物局、公安部要修改完善《古建筑消防管理规则》,研究制定古建筑电器火灾防范相关标准,指导地方文物行政主管部门和公安机关加强对古建筑防火安全的监督检查和日常监管,督促古建筑管理使用单位和产权人制定实施各项防火安全制度,定期组织防火安全检查,及时整改风险隐患,真正落实消防安全主体责任。
38	在古建筑内设置生产用火审批	省、市、县级文物行政主管部门、公安机关	《国务院对确需保留的行政审批项目设定行政许可的决定》	取消审批后,国家文物局、公安部要修改完善《古建筑消防管理规则》,研究制定古建筑电器火灾防范相关标准,指导地方文物行政主管部门和公安机关加强对古建筑防火安全的监督检查和日常监管,督促古建筑管理使用单位和产权人制定实施各项防火安全制度,定期组织防火安全检查,及时整改风险隐患,真正落实消防安全主体责任。
39	对国家文物局关于馆藏一级文物修复、复制、拓印审批的初审	省级文物行政主管部门	《中华人民共和国文物保护法实施条例》	取消地方初审后,国家文物局直接受理审批,直接承担相应责任,并进一步明确各级文物行政主管部门的监管责任。

国务院关于第三批清理规范国务院部门行政审批中介服务事项的决定

国发〔2017〕8号

国务院各部委、各直属机构：

经研究论证，国务院决定第三批清理规范17项国务院部门行政审批中介服务事项，不再作为行政审批的受理条件。另有2项涉及修改法律的中介服务事项，国务院将依照法定程序提请全国人民代表大会常务委员会修订相关法律规定；另有1项涉及修改《内地与香港关于建立更紧密经贸关系的安排》和《内地与澳门关于建立更紧密经贸关系的安排》的中介服务事项，国务院有关部门将按程序与香港、澳门特别行政区政府磋商，修改补充相关安排。

各有关部门要认真做好清理规范行政审批中介服务事项的落实工作，加快配套改革和相关制度建设，加强事中事后监管，保障行政审批质量和效率。对于涉及公共安全的行政审批事项，中介服务清理规范后，要进一步强化相关监管措施，确保安全责任落实到位。

附件：国务院决定第三批清理规范的国务院部门行政审批中介服务事项目录（共计17项）

国务院
2017年1月12日

附件

国务院决定第三批清理规范的
国务院部门行政审批中介服务事项目录

（共计 17 项）

序号	中介服务事项名称	涉及的审批事项项目名称	审批部门	中介服务设定依据	中介服务实施机构	处理决定
1	固定资产投资项目节能评估文件编制	固定资产投资项目节能评估和审查	国家发展改革委	《固定资产投资项目节能评估和审查暂行办法》（国家发展改革委令2010年第6号）注：审批工作中要求申请人委托有关机构出具固定资产投资项目节能评估文件	有相应能力的编制机构	申请人可按要求自行编制节能评估文件，也可委托有关机构编制，审批部门不得以任何形式要求申请人必须委托特定中介机构提供服务；保留审批部门现有的固定资产投资项目节能评估文件技术评估、评审
2	无线电发射设备型号核准测试	无线电发射设备型号核准	工业和信息化部	《信息产业部关于加强无线电发射设备管理的通告》（信部无〔1999〕363号）注：审批工作中要求申请人委托有关机构编制型号核准测试报告	国家无线电监测中心检测中心等12家单位	不再要求申请人进行无线电发射设备型号核准测试，改由审批部门委托有关机构开展无线电发射设备型号核准测试

(续表)

序号	中介服务事项名称	涉及的审批事项项目名称	审批部门	中介服务设定依据	中介服务实施机构	处理决定
3	台湾居民申请法律职业资格户籍誊本或户口名簿复印件公证	法律职业资格认定	司法部	《台湾居民参加国家司法考试若干规定》（司法部令第110号）	台湾地区公证机构	不再要求申请人提供户籍誊本或户口名簿复印件公证；申请人按要求提交能够证明其身份的有关材料并承诺其真实性，审批部门严格审核，加强与相关部门的信息沟通，做好对申请人身份信息的核查工作
4	申请中国委托公证人资格（香港）所需的学历、经历证明文件公证	中国委托公证人资格（香港）审批	司法部	《中国委托公证人（香港）管理办法》（司法部令第69号）	香港律师会，中国委托公证人	不再要求申请人提供学历、经历证明文件公证；申请人按要求提交能够证明其学历、经历情况的有关材料并承诺其真实性，审批部门严格审核，加强与相关部门的信息沟通，做好对申请人学历、经历等信息的核查工作
5	申请中国委托公证人资格（澳门）所需的学历、经历证明文件公证	中国委托公证人资格（澳门）审批	司法部	注：审批工作中要求申请人委托有关机构对学历、经历证明文件进行公证	澳门律师会，公证机构	不再要求申请人提供学历、经历证明文件公证；申请人按要求提交能够证明其学历、经历情况的有关材料并承诺其真实性，审批部门严格审核，加强与相关部门的信息沟通，做好对申请人学历、经历等信息的核查工作

（续表）

序号	中介服务事项名称	涉及的审批事项项目名称	审批部门	中介服务设定依据	中介服务实施机构	处理决定
6	境外公司申请向我国出口农业转基因生物用作加工原料所需的安全检测（成分、环境和食用）	境外研发商首次申请农业转基因生物安全证书（农业转基因生物研究、试验、生产、经营和进口审批的子项）	农业部	《农业转基因生物安全管理条例》《农业转基因生物进口安全管理办法》（农业部令2002年第9号，2004年7月1日予以修改）	通过认证的、有资质的农业转基因生物技术检测机构	不再要求申请人进行转基因生物安全检测，改由审批部门委托有关机构开展转基因生物安全检测
7	农业转基因生物安全检测（成分、环境和食用）	农业转基因生物安全证书（生产应用）（农业转基因生物研究、试验、生产、经营和进口审批的子项）	农业部	《农业转基因生物安全管理条例》《农业转基因生物安全评价管理办法》（农业部令2002年第8号，2004年7月1日、2007年11月8日、2016年7月25日予以修改）	通过认证的、有资质的农业转基因生物技术检测机构	不再要求申请人进行转基因生物安全检测，改由审批部门委托有关机构开展转基因生物安全检测
8	特种设备生产单位鉴定评审	特种设备生产单位许可（移动式压力容器、气瓶充装单位许可除外）	质检总局	《特种设备行政许可实施办法（试行）》（国质检锅〔2003〕172号）注：审批工作中要求申请人委托有关机构开展鉴定评审	审批部门公布的鉴定评审机构	不再要求申请人进行特种设备生产实地条件鉴定评审，改由审批部门委托有关机构开展特种设备生产实地条件鉴定评审

(续表)

序号	中介服务事项名称	涉及的审批事项项目名称	审批部门	中介服务设定依据	中介服务实施机构	处理决定
9	特种设备检验检测机构鉴定评审	特种设备检验、检测机构（气瓶检验机构除外）核准	质检总局	《中华人民共和国特种设备安全法》《特种设备检验检测机构核准规则》（TSG Z7001—2004）注：审批工作中要求申请人委托有关机构开展鉴定评审	审批部门公布的鉴定评审机构	不再要求申请人进行特种设备检验检测机构鉴定评审，改由审批部门委托有关机构开展特种设备检验检测机构鉴定评审
10	特种设备检验检测人员考试	特种设备检验检测人员资格认定	质检总局	《特种设备安全监察条例》《特种设备检验人员考核规则》（TSG Z8002—2013）注：审批工作中要求申请人委托有关考试机构提供考试服务	审批部门公布的考试机构	不再要求申请人委托有关机构提供考试服务，改由审批部门委托有关机构对申请人进行考试
11	金属冶炼建设项目安全预评价报告编制	矿山、金属冶炼建设项目和用于生产、储存危险物品的建设项目的安全设施设计审查	安全监管总局	《中华人民共和国安全生产法》注：审批工作中要求申请人委托有关机构出具金属冶炼建设项目安全预评价报告	冶金、有色安全评价甲级机构	申请人可按要求自行编制安全预评价报告，也可委托有关机构编制，审批部门不得以任何形式要求申请人必须委托特定中介机构提供服务；审批部门完善审核标准，申请人按审核标准提供初步设计阶段安全设施设计文件，审批部门按标准和要求对安全设施设计文件进行严格审查

（续表）

序号	中介服务事项名称	涉及的审批事项项目名称	审批部门	中介服务设定依据	中介服务实施机构	处理决定
12	煤矿建设项目安全预评价报告编制	矿山、金属冶炼建设项目和用于生产、储存危险物品的建设项目的安全设施设计审查	安全监管总局	《中华人民共和国安全生产法》注：审批工作中要求申请人委托有关机构出具煤矿建设项目安全预评价报告	具有煤矿安全评价甲级资质的单位	申请人可按要求自行编制安全预评价报告，也可委托有关机构编制，审批部门不得以任何形式要求申请人必须委托特定中介机构提供服务；审批部门完善审核标准，申请人按审核标准提供初步设计阶段安全设施设计文件，审批部门按标准和要求对安全设施设计文件进行严格审查
13	铁路运输基础设备生产企业安全度等级认证	铁路运输基础设备生产企业审批	国家铁路局	《铁路运输基础设备生产企业审批办法》（交通运输部令2013年第21号）《铁路通信信号设备生产企业审批实施细则》（国铁设备监〔2014〕15号）	国家认监委认证的第三方专业技术机构	不再要求申请人提供安全度等级认证证书；申请人按规定建立完善的安全管理制度并提交相关材料，审批部门按标准和要求严格审查

（续表）

序号	中介服务事项名称	涉及的审批事项项目名称	审批部门	中介服务设定依据	中介服务实施机构	处理决定
14	铁路运输基础设备生产企业质量管理体系认证	铁路运输基础设备生产企业审批	国家铁路局	《铁路运输基础设备生产企业审批办法》（交通运输部令2013年第21号）《铁路牵引供电设备生产企业审批实施细则》（国铁设备监〔2014〕13号）《铁路道岔设备生产企业审批实施细则》（国铁设备监〔2014〕14号）《铁路通信信号设备生产企业审批实施细则》（国铁设备监〔2014〕15号）	国家认监委认证的第三方专业技术机构	不再要求申请人提供质量管理体系认证证书；申请人按规定建立完善的产品质量保证体系并提供相关材料，审批部门按标准和要求严格审查
15	铁路机车车辆驾驶证申请人委托医疗机构开展职业健康检查	铁路机车车辆驾驶人员资格许可	国家铁路局	《铁路机车车辆驾驶人员资格许可办法》（交通运输部令2013年第14号）	县级或部队团级以上医疗机构	不再要求申请人委托有关机构提供职业健康检查服务，改由审批部门委托有关机构对申请人进行职业健康检查
16	铁路机车车辆设计、制造、维修或进口质量管理体系认证	铁路机车车辆设计、制造、维修或进口许可	国家铁路局	《铁路机车车辆设计制造维修进口许可办法》（交通运输部令2013年第13号）	国家认监委认证的第三方专业技术机构	不再要求申请人提供质量管理体系认证证书；申请人按规定建立完善的产品质量保证体系并提供相关材料，审批部门按标准和要求严格审查

（续表）

序号	中介服务事项名称	涉及的审批事项项目名称	审批部门	中介服务设定依据	中介服务实施机构	处理决定
17	被清算的外资金融机构提取生息资产审批所需的清算报告编制	被清算的外资金融机构提取生息资产审批	银监会	《中华人民共和国外资银行管理条例实施细则》（银监会令2015年第7号）《中国银监会外资银行行政许可事项实施办法》（银监会令2015年第4号）	会计师事务所	根据《国务院关于取消13项国务院部门行政许可事项的决定》（国发〔2016〕10号），该行政审批事项已取消，该中介服务事项相应取消

中华人民共和国公共文化服务保障法

中华人民共和国主席令第60号

《中华人民共和国公共文化服务保障法》已由中华人民共和国第十二届全国人民代表大会常务委员会第二十五次会议于2016年12月25日通过，现予公布，自2017年3月1日起施行。

中华人民共和国主席　习近平

2016年12月25日

中华人民共和国公共文化服务保障法

目 录

第一章 总则
第二章 公共文化设施建设与管理
第三章 公共文化服务提供
第四章 保障措施
第五章 法律责任
第六章 附则

第一章 总 则

第一条 为了加强公共文化服务体系建设,丰富人民群众精神文化生活,传承中华优秀传统文化,弘扬社会主义核心价值观,增强文化自信,促进中国特色社会主义文化繁荣发展,提高全民族文明素质,制定本法。

第二条 本法所称公共文化服务,是指由政府主导、社会力量参与,以满足公民基本文化需求为主要目的而提供的公共文化设施、文化产品、文化活动以及其他相关服务。

第三条 公共文化服务应当坚持社会主义先进文化前进方向,坚持以人民为中心,坚持以社会主义核心价值观为引领;应当按照"百花齐放、百家争鸣"的方针,支持优秀公共文化产品的创作生产,丰富公共文化服务内容。

第四条 县级以上人民政府应当将公共文化服务纳入本级国民经济和社会发展规划,按照公益性、基本性、均等性、便利性的要求,加强公共文化设施建设,完善公共文化服务体系,提高公共文化服务效能。

第五条 国务院根据公民基本文化需求和经济社会发展水平,制定并调整国家基本公共文化服务指导标准。

省、自治区、直辖市人民政府根据国家基本公共文化服务指导标准,结合当地实际需求、财政能力和文化特色,制定并调整本行政区域的基本公共文化服务实施标准。

第六条 国务院建立公共文化服务综合协调机制,指导、协调、推动全国公共文化服务工作。国务院文化主管部门承担综合协调具体职责。

地方各级人民政府应当加强对公共文化服务的统筹协调,推动实现共建共享。

第七条 国务院文化主管部门、新闻出版广电主管部门依照本法和国务院规定的职责负责全国的公共文化服务工作;国务院其他有关部门在各自职责范围内负责相关公共文化服务工作。

县级以上地方人民政府文化、新闻出版广电主管部门根据其职责负责本行政区域内的公共文化服务工作；县级以上地方人民政府其他有关部门在各自职责范围内负责相关公共文化服务工作。

第八条 国家扶助革命老区、民族地区、边疆地区、贫困地区的公共文化服务，促进公共文化服务均衡协调发展。

第九条 各级人民政府应当根据未成年人、老年人、残疾人和流动人口等群体的特点与需求，提供相应的公共文化服务。

第十条 国家鼓励和支持公共文化服务与学校教育相结合，充分发挥公共文化服务的社会教育功能，提高青少年思想道德和科学文化素质。

第十一条 国家鼓励和支持发挥科技在公共文化服务中的作用，推动运用现代信息技术和传播技术，提高公众的科学素养和公共文化服务水平。

第十二条 国家鼓励和支持在公共文化服务领域开展国际合作与交流。

第十三条 国家鼓励和支持公民、法人和其他组织参与公共文化服务。

对在公共文化服务中作出突出贡献的公民、法人和其他组织，依法给予表彰和奖励。

第二章 公共文化设施建设与管理

第十四条 本法所称公共文化设施是指用于提供公共文化服务的建筑物、场地和设备，主要包括图书馆、博物馆、文化馆(站)、美术馆、科技馆、纪念馆、体育场馆、工人文化宫、青少年宫、妇女儿童活动中心、老年人活动中心、乡镇(街道)和村(社区)基层综合性文化服务中心、农家(职工)书屋、公共阅报栏(屏)、广播电视播出传输覆盖设施、公共数字文化服务点等。

县级以上地方人民政府应当将本行政区域内的公共文化设施目录及有关信息予以公布。

第十五条 县级以上地方人民政府应当将公共文化设施建设纳入本级城乡规划，根据国家基本公共文化服务指导标准、省级基本公共文化服务实施标准，结合当地经济社会发展水平、人口状况、环境条件、文化特色，合理确定公共文化设施的种类、数量、规模以及布局，形成场馆服务、流动服务和数字服务相结合的公共文化设施网络。

公共文化设施的选址，应当征求公众意见，符合公共文化设施的功能和特点，有利于发挥其作用。

第十六条 公共文化设施的建设用地，应当符合土地利用总体规划和城乡规划，并依照法定程序审批。

任何单位和个人不得侵占公共文化设施建设用地或者擅自改变其用途。因特殊情况需要调整公共文化设施建设用地的，应当重新确定建设用地。调整后的公共文化设施建设用地不得少于原有面积。

新建、改建、扩建居民住宅区，应当按照有关规定、标准，规划和建设配套的公共文化设施。

第十七条 公共文化设施的设计和建设，应当符合实用、安全、科学、美观、环保、节约的要求和国家规定的标准，并配置无障碍设施设备。

第十八条 地方各级人民政府可以采取新建、改建、扩建、合建、租赁、利用现有公共设施等多种方式，加强乡镇(街道)、村(社区)基层综合性文化服务中心建设，推动基层有关公共设施的统一管理、综合利用,并保障其正常运行。

第十九条 任何单位和个人不得擅自拆除公共文化设施,不得擅自改变公共文化设施的功能、用途或者妨碍其正常运行,不得侵占、挪用公共文化设施,不得将公共文化设施用于与公共文化服务无关的商业经营活动。

因城乡建设确需拆除公共文化设施,或者改变其功能、用途的,应当依照有关法律、行政法规的规定重建、改建,并坚持先建设后拆除或者建设拆除同时进行的原则。重建、改建的公共文化设施的设施配置标准、建筑面积等不得降低。

第二十条 公共文化设施管理单位应当按照国家规定的标准,配置和更新必需的服务内容和设备,加强公共文化设施经常性维护管理工作,保障公共文化设施的正常使用和运转。

第二十一条 公共文化设施管理单位应当建立健全管理制度和服务规范,建立公共文化设施资产统计报告制度和公共文化服务开展情况的年报制度。

第二十二条 公共文化设施管理单位应当建立健全安全管理制度,开展公共文化设施及公众活动的安全评价,依法配备安全保护设备和人员,保障公共文化设施和公众活动安全。

第二十三条 各级人民政府应当建立有公众参与的公共文化设施使用效能考核评价制度,公共文化设施管理单位应当根据评价结果改进工作,提高服务质量。

第二十四条 国家推动公共图书馆、博物馆、文化馆等公共文化设施管理单位根据其功能定位建立健全法人治理结构,吸收有关方面代表、专业人士和公众参与管理。

第二十五条 国家鼓励和支持公民、法人和其他组织兴建、捐建或者与政府部门合作建设公共文化设施,鼓励公民、法人和其他组织依法参与公共文化设施的运营和管理。

第二十六条 公众在使用公共文化设施时,应当遵守公共秩序,爱护公共设施,不得损坏公共设施设备和物品。

第三章 公共文化服务提供

第二十七条 各级人民政府应当充分利用公共文化设施,促进优秀公共文化产品的提供和传播,支持开展全民阅读、全民普法、全民健身、全民科普和艺术普及、优秀传统文化传承活动。

第二十八条 设区的市级、县级地方人民政府应当根据国家基本公共文化服务指导标准和省、自治区、直辖市基本公共文化服务实施标准,结合当地实际,制定公布本行政区域公共文化服务目录并组织实施。

第二十九条 公益性文化单位应当完善服务项目、丰富服务内容,创造条件向公众提供免费或者优惠的文艺演出、陈列展览、电影放映、广播电视节目收听收看、阅读服务、艺术培训等,并为公众开展文化活动提供支持和帮助。

国家鼓励经营性文化单位提供免费或者优惠的公共文化产品和文化活动。

第三十条 基层综合性文化服务中心应当加强资源整合,建立完善公共文化服务网络,充分发挥统筹服务功能,为公众提供书报阅读、影视观赏、戏曲表演、普法教育、艺术普及、科学普及、广播播送、互联网上网和群众性文化体育活动等公共文化服务,并根据其功能特点,因地制宜提供其他公共服务。

第三十一条 公共文化设施应当根据其功能、特点,按照国家有关规定,向公众免费或者优惠开放。

公共文化设施开放收取费用的,应当每月定期向中小学生免费开放。

公共文化设施开放或者提供培训服务等收取费用的,应当报经县级以上人民政府有关部门批准;收取的费用,应当用于公共文化设施的维护、管理和事业发展,不得挪作他用。

公共文化设施管理单位应当公示服务项目和开放时间;临时停止开放的,应当及时公告。

第三十二条 国家鼓励和支持机关、学校、企业事业单位的文化体育设施向公众开放。

第三十三条 国家统筹规划公共数字文化建设,构建标准统一、互联互通的公共数字文化服务网络,建设公共文化信息资源库,实现基层网络服务共建共享。

国家支持开发数字文化产品,推动利用宽带互联网、移动互联网、广播电视网和卫星网络提供公共文化服务。

地方各级人民政府应当加强基层公共文化设施的数字化和网络建设,提高数字化和网络服务能力。

第三十四条 地方各级人民政府应当采取多种方式,因地制宜提供流动文化服务。

第三十五条 国家重点增加农村地区图书、报刊、戏曲、电影、广播电视节目、网络信息内容、节庆活动、体育健身活动等公共文化产品供给,促进城乡公共文化服务均等化。

面向农村提供的图书、报刊、电影等公共文化产品应当符合农村特点和需求,提高针对性和时效性。

第三十六条 地方各级人民政府应当根据当地实际情况,在人员流动量较大的公共场所、务工人员较为集中的区域以及留守妇女儿童较为集中的农村地区,配备必要的设施,采取多种形式,提供便利可及的公共文化服务。

第三十七条 国家鼓励公民主动参与公共文化服务,自主开展健康文明的群众性文化体育活动;地方各级人民政府应当给予必要的指导、支持和帮助。

居民委员会、村民委员会应当根据居民的需求开展群众性文化体育活动,并协助当地人民政府有关部门开展公共文化服务相关工作。

国家机关、社会组织、企业事业单位应当结合自身特点和需要,组织开展群众性文化体育活动,丰富职工文化生活。

第三十八条 地方各级人民政府应当加强面向在校学生的公共文化服务,支持学校开展适合在校学生特点的文化体育活动,促进德智体美教育。

第三十九条 地方各级人民政府应当支持军队基层文化建设,丰富军营文化体育活动,加强军民文化融合。

第四十条 国家加强民族语言文字文化产品的供给,加强优秀公共文化产品的民族语言文字译制及其在民族地区的传播,鼓励和扶助民族文化产品的创作生产,支持开展具有民族特色的群众性文化体育活动。

第四十一条 国务院和省、自治区、直辖市人民政府制定政府购买公共文化服务的指导性意见和目录。国务院有关部门和县级以上地方人民政府应当根据指导性意见和目录,结合实际情况,确定购买的具体项目和内容,及时向社会公布。

第四十二条 国家鼓励和支持公民、法人和其他组织通过兴办实体、资助项目、赞助活动、提供设施、捐赠产品等方式,参与提供公共文化服务。

第四十三条 国家倡导和鼓励公民、法人和其他组织参与文化志愿服务。

公共文化设施管理单位应当建立文化志愿服务机制,组织开展文化志愿服务活动。

县级以上地方人民政府有关部门应当对文化志愿活动给予必要的指导和支持,并建立管理评价、教育培训和激励保障机制。

第四十四条 任何组织和个人不得利用公共文化设施、文化产品、文化活动以及其他相关服务,从事危害国家安全、损害社会公共利益和其他违反法律法规的活动。

第四章 保障措施

第四十五条 国务院和地方各级人民政府应当根据公共文化服务的事权和支出责任,将公共文化服务经费纳入本级预算,安排公共文化服务所需资金。

第四十六条 国务院和省、自治区、直辖市人民政府应当增加投入,通过转移支付等方式,重点扶助革命老区、民族地区、边疆地区、贫困地区开展公共文化服务。

国家鼓励和支持经济发达地区对革命老区、民族地区、边疆地区、贫困地区的公共文化服务提供援助。

第四十七条 免费或者优惠开放的公共文化设施,按照国家规定享受补助。

第四十八条 国家鼓励社会资本依法投入公共文化服务,拓宽公共文化服务资金来源渠道。

第四十九条 国家采取政府购买服务等措施,支持公民、法人和其他组织参与提供公共文化服务。

第五十条 公民、法人和其他组织通过公益性社会团体或者县级以上人民政府及其部门,捐赠财产用于公共文化服务的,依法享受税收优惠。

国家鼓励通过捐赠等方式设立公共文化服务基金,专门用于公共文化服务。

第五十一条 地方各级人民政府应当按照公共文化设施的功能、任务和服务人口规模,合理设置公共文化服务岗位,配备相应专业人员。

第五十二条 国家鼓励和支持文化专业人员、高校毕业生和志愿者到基层从事公共文化服务工作。

第五十三条 国家鼓励和支持公民、法人和其他组织依法成立公共文化服务领域的社会组织,推动公共文化服务社会化、专业化发展。

第五十四条 国家支持公共文化服务理论研究,加强多层次专业人才教育和培训。

第五十五条 县级以上人民政府应当建立健全公共文化服务资金使用的监督和统计公告制度,加强绩效考评,确保资金用于公共文化服务。任何单位和个人不得侵占、挪用公共文化服务资金。

审计机关应当依法加强对公共文化服务资金的审计监督。

第五十六条　各级人民政府应当加强对公共文化服务工作的监督检查,建立反映公众文化需求的征询反馈制度和有公众参与的公共文化服务考核评价制度,并将考核评价结果作为确定补贴或者奖励的依据。

第五十七条　各级人民政府及有关部门应当及时公开公共文化服务信息,主动接受社会监督。

新闻媒体应当积极开展公共文化服务的宣传报道,并加强舆论监督。

第五章　法律责任

第五十八条　违反本法规定,地方各级人民政府和县级以上人民政府有关部门未履行公共文化服务保障职责的,由其上级机关或者监察机关责令限期改正;情节严重的,对直接负责的主管人员和其他直接责任人员依法给予处分。

第五十九条　违反本法规定,地方各级人民政府和县级以上人民政府有关部门,有下列行为之一的,由其上级机关或者监察机关责令限期改正;情节严重的,对直接负责的主管人员和其他直接责任人员依法给予处分:

(一)侵占、挪用公共文化服务资金的;

(二)擅自拆除、侵占、挪用公共文化设施,或者改变其功能、用途,或者妨碍其正常运行的;

(三)未依照本法规定重建公共文化设施的;

(四)滥用职权、玩忽职守、徇私舞弊的。

第六十条　违反本法规定,侵占公共文化设施的建设用地或者擅自改变其用途的,由县级以上地方人民政府土地主管部门、城乡规划主管部门依据各自职责责令限期改正;逾期不改正的,由作出决定的机关依法强制执行,或者依法申请人民法院强制执行。

第六十一条　违反本法规定,公共文化设施管理单位有下列情形之一的,由其主管部门责令限期改正;造成严重后果的,对直接负责的主管人员和其他直接责任人员,依法给予处分:

(一)未按照规定对公众开放的;

(二)未公示服务项目、开放时间等事项的;

(三)未建立安全管理制度的;

(四)因管理不善造成损失的。

第六十二条　违反本法规定,公共文化设施管理单位有下列行为之一的,由其主管部门或者价格主管部门责令限期改正,没收违法所得,违法所得五千元以上的,并处违法所得两倍以上五倍以下罚款;没有违法所得或者违法所得五千元以下的,可以处一万元以下的罚款;对直接负责的主管人员和其他直接责任人员,依法给予处分:

(一)开展与公共文化设施功能、用途不符的服务活动的;

(二)对应当免费开放的公共文化设施收费或者变相收费的;

(三)收取费用未用于公共文化设施的维护、管理和事业发展,挪作他用的。

第六十三条　违反本法规定,损害他人民事权益的,依法承担民事责任;构成违反治安管理行为的,由公安机关依法给予治安管理处罚;构成犯罪的,依法追究刑事责任。

第六章 附 则

第六十四条 境外自然人、法人和其他组织在中国境内从事公共文化服务的,应当符合相关法律、行政法规的规定。

第六十五条 本法自2017年3月1日起施行。

商务部现行有效规章目录及现行有效规范性文件目录

商务部公告2016年第69号

现将商务部现行有效规章目录及现行有效规范性文件目录予以公布。

商务部
2016年11月15日

附件:1.商务部现行有效规章(截至2016年11月10日)
      2.商务部现行有效规范性文件(截至2016年6月30日)

附件1

商务部现行有效规章
(截至2016年11月10日)目录(163件)

序号	制定机关	规章名称	发布日期	实施日期	文号
1	对外贸易经济合作部、海关总署	对台湾地区小额贸易的管理办法	1993年9月25日	1993年9月25日	〔1993〕外经贸台发第285号
2	对外贸易经济合作部、国家经济贸易委员会、国家档案局	外商投资企业档案管理暂行规定	1994年12月29日	1994年12月29日	档发字〔1994〕23号
3	对外贸易经济合作部	关于设立外商投资股份有限公司若干问题的暂行规定	1995年1月10日	1995年1月10日	对外贸易经济合作部令1995第1号
4	对外贸易经济合作部	关于审批和管理外国企业在华常驻代表机构的实施细则	1995年2月13日	1995年2月13日	对外贸易经济合作部令1995年第3号

（续表）

序号	制定机关	规章名称	发布日期	实施日期	文号
5	对外贸易经济合作部、国家进出口商品检验局	关于供港澳冻肉禽的包装箱唛头及商检证书有关事项的规定	1995年3月15日	1995年7月1日	〔1995〕外经贸管发第99号
6	对外贸易经济合作部	对外贸易经济合作部关于供应港澳鲜活冷冻商品主动配额管理暂行规定	1995年4月11日	1995年4月11日	〔1995〕外经贸管发第241号
7	对外贸易经济合作部、海关总署	边境小额贸易和边境地区对外经济技术合作管理办法	1996年3月29日	1996年4月1日	〔1996〕外经贸政发第222号
8	国家经贸委、对外贸易经济合作部、海关总署	边境小额贸易机电产品进口管理实施办法	1996年3月29日	1996年4月1日	国经贸机〔1996〕201号
9	对外贸易经济合作部	对香港地区劳务合作管理办法	1996年9月5日	1996年9月5日	〔1996〕外经贸合发第605号
10	对外贸易经济合作部	关于确认和考核外商投资的产品出口企业和先进技术企业的实施办法	1996年12月3日	1997年1月1日	〔1996〕外经贸资发第822号
11	对外贸易经济合作部、工商总局	关于外商投资企业投资者股权变更的规定	1997年5月28日	1997年5月28日	〔1997〕外经贸法发第267号
12	对外贸易经济合作部	中华人民共和国国际货物运输代理业管理规定实施细则	1998年1月26日	1998年1月26日	〔1998〕外经贸运发第20号，商务部公告2003年第82号修订
13	国内贸易部、公安部	旧货流通管理办法（试行）	1998年3月9日	1998年3月9日	内贸行一联字〔1998〕第6号
14	对外贸易经济合作部	供港活家禽出口管理暂行规定	1998年3月13日	1998年3月13日	〔1998〕外经贸管发第166号
15	对外贸易经济合作部	在境内举办对外经济技术展览会管理暂行办法	1998年9月22日	1998年9月22日	外经贸政发〔1998〕第325号
16	对外贸易经济合作部、海关总署、外汇局	关于印发《规范进出口代理业务的若干规定》的通知	1998年10月6日	1998年12月1日	外经贸政发〔1998〕第725号
17	对外贸易经济合作部	在祖国大陆举办对台湾经济技术展览会管理办法	1998年12月1日	1998年12月1日	外经贸台发〔1998〕792号
18	对外贸易经济合作部	供港鲜活冷冻商品管理暂行办法	1999年1月30日	1999年1月30日	〔1999〕外经贸管发第66号
19	对外贸易经济合作部	加工贸易审批管理暂行办法	1999年5月27日	1999年6月1日	外经贸管发〔1999〕314号

(续表)

序号	制定机关	规章名称	发布日期	实施日期	文号
20	对外贸易经济合作部	加工贸易保税进口料件内销审批管理暂行办法	1999年5月27日	1999年6月1日	外经贸管发〔1999〕315号
21	国家经济贸易委员会、国家发展计划委员会、财政部、人事部、审计署、税务总局、国家统计局、工商总局、国家质量技术监督局、外汇局	控制对企业进行经济检查的规定	1999年7月9日	1999年7月23日	国经贸贸易〔1999〕706号
22	对外贸易经济合作部、工商总局	关于外商投资企业合并与分立的规定	1999年9月23日	1999年11月1日	〔1999〕外经贸法发第395号（2001年11月22日对外贸易经济合作部令2001年第8号修订）
23	对外贸易经济合作部	进出口许可证收费财务管理办法	1999年11月24日	2000年1月1日	外经贸配字〔1999〕89号
24	对外贸易经济合作部	白银出口管理暂行办法	1999年11月26日	2000年1月1日	〔1999〕外经贸管发第702号
25	对外贸易经济合作部、工商总局	关于外商投资企业境内投资的暂行规定	2000年7月25日	2000年9月1日	对外贸易经济合作部令2000年第6号
26	对外贸易经济合作部	对台湾地区贸易管理办法	2000年12月29日	2000年12月29日	对外贸易经济合作部令2000年第9号
27	对外贸易经济合作部、财政部、人民银行	金融资产管理公司吸收外资参与资产重组与处置的暂行规定	2001年10月26日	2001年10月26日	对外贸易经济合作部令2001年第6号
28	对外贸易经济合作部	出口商品配额招标办法	2001年12月20日	2002年1月1日	对外贸易经济合作部令2001年第11号
29	对外贸易经济合作部	出口商品配额管理办法	2001年12月20日	2002年1月1日	对外贸易经济合作部令2001年第12号
30	对外贸易经济合作部	机电产品进口配额管理实施细则	2001年12月20日	2002年1月1日	对外贸易经济合作部令2001年第23号
31	对外贸易经济合作部	机电产品出口招标办法	2001年12月20日	2002年1月1日	对外贸易经济合作部令2001年第19号

（续表）

序号	制定机关	规章名称	发布日期	实施日期	文号
32	对外贸易经济合作部	大型单机和成套设备出口项目协调管理办法	2001年12月21日	2002年1月1日	对外贸易经济合作部令2001年第33号
33	国家经贸委、海关总署	化肥进口关税配额管理暂行办法	2002年1月15日	2002年2月1日	国家经济贸易委员会令第27号
34	对外贸易经济合作部	反倾销调查听证会暂行规则	2002年1月16日	2002年1月16日	对外贸易经济合作部令2002年第3号
35	对外贸易经济合作部	外派劳务人员培训工作管理规定	2002年1月24日	2002年2月1日	对外贸易经济合作部令2002年第1号
36	对外贸易经济合作部、海关总署	外商投资企业自动进口许可管理实施细则	2002年2月8日	2002年2月8日	对外贸易经济合作部令2002年第4号
37	对外贸易经济合作部	反倾销调查立案暂行规则	2002年2月10日	2002年3月13日	对外贸易经济合作部令2002年第8号
38	对外贸易经济合作部	保障措施调查立案暂行规则	2002年2月10日	2002年3月13日	对外贸易经济合作部令2002年第9号
39	对外贸易经济合作部	反补贴调查听证会暂行规则	2002年2月10日	2002年3月13日	对外贸易经济合作部令2002年第10号
40	对外贸易经济合作部	保障措施调查听证会暂行规则	2002年2月10日	2002年3月13日	对外贸易经济合作部令2002年第11号
41	对外贸易经济合作部	反补贴调查立案暂行规则	2002年2月10日	2002年3月13日	对外贸易经济合作部令2002年第12号
42	对外贸易经济合作部、海关总署	关于对走私、违规企业给予警告或暂停、撤销对外贸易、国际货运代理经营许可行政处罚的规定	2002年2月26日	2002年4月15日	对外贸易经济合作部、海关总署令2002年第6号
43	对外贸易经济合作部、外交部、公安部	办理劳务人员出国手续的办法	2002年3月12日	2002年4月1日	对外贸易经济合作部、外交部、公安部令2002年第2号
44	对外贸易经济合作部	反倾销调查实地核查暂行规则	2002年3月13日	2002年4月15日	对外贸易经济合作部令2002年第13号
45	对外贸易经济合作部	反倾销问卷调查暂行规则	2002年3月13日	2002年4月15日	对外贸易经济合作部令2002年第14号

(续表)

序号	制定机关	规章名称	发布日期	实施日期	文号
46	对外贸易经济合作部	反倾销调查抽样暂行规则	2002年3月13日	2002年4月15日	对外贸易经济合作部令2002年第15号
47	对外贸易经济合作部	反补贴问卷调查暂行规则	2002年3月13日	2002年4月15日	对外贸易经济合作部令2002年第16号
48	对外贸易经济合作部	反补贴调查实地核查暂行规则	2002年3月13日	2002年4月15日	对外贸易经济合作部令2002年第17号
49	对外贸易经济合作部	反倾销调查信息披露暂行规则	2002年3月13日	2002年4月15日	对外贸易经济合作部令2002年第18号
50	对外贸易经济合作部	反倾销调查公开信息查阅暂行规则	2002年3月13日	2002年4月15日	对外贸易经济合作部令2002年第19号
51	对外贸易经济合作部	反倾销价格承诺暂行规则	2002年3月13日	2002年4月15日	对外贸易经济合作部令2002年第20号
52	对外贸易经济合作部	反倾销新出口商复审暂行规则	2002年3月13日	2002年4月15日	对外贸易经济合作部令2002年第21号
53	对外贸易经济合作部	反倾销退税暂行规则	2002年3月13日	2002年4月15日	对外贸易经济合作部令2002年第22号
54	对外贸易经济合作部	倾销及倾销幅度期中复审暂行规则	2002年3月13日	2002年4月15日	对外贸易经济合作部令2002年第23号
55	对外贸易经济合作部	原油、成品油、化肥国营贸易进口经营管理试行办法	2002年7月18日	公布之日起30日后	对外贸易经济合作部令2002年第27号
56	对外贸易经济合作部、国家经济贸易委员会、海关总署	有关化学品及相关设备和技术出口管制办法	2002年10月18日	2002年11月19日	对外贸易经济合作部令2002年第33号
57	对外贸易经济合作部	中华人民共和国敏感物项和技术出口经营登记管理办法	2002年11月12日	2002年11月12日	对外贸易经济合作部令2002年第35号
58	对外贸易经济合作部	关于反倾销产品范围调整程序的暂行规则	2002年12月13日	2003年1月13日	对外贸易经济合作部令2002年第37号

（续表）

序号	制定机关	规章名称	发布日期	实施日期	文号
59	对外贸易经济合作部	关于保障措施产品范围调整程序的暂行规则	2002年12月13日	2003年1月13日	对外贸易经济合作部令2002年第38号
60	国家经济贸易委员会	产业损害调查听证规则	2002年12月13日	2003年1月15日	国家经济贸易委员会令第44号
61	对外贸易经济合作部、科学技术部、工商总局、税务总局、外汇局	外商投资创业投资企业管理规定	2003年1月30日	2003年3月1日	对外贸易经济合作部令2003年第2号
62	商务部、发展改革委	农产品进口关税配额管理暂行办法	2003年9月27日	2003年9月27日	商务部令2003年第4号
63	商务部	反倾销产业损害调查规定	2003年10月17日	公布之日起30日后	商务部令2003年第5号
64	商务部	反补贴产业损害调查规定	2003年10月17日	公布之日起30日后	商务部令2003年第5号
65	商务部	保障措施产业损害调查规定	2003年10月17日	公布之日起30日后	商务部令2003年第5号
66	商务部、财政部、建设部、铁道部、交通部、质检总局、国家环境保护总局	散装水泥管理办法	2004年3月29日	2004年3月29日	商务部令2004年第5号
67	商务部	商务部行政复议实施办法	2004年5月20日	2004年7月1日	商务部令2004年第7号
68	商务部	对外贸易经营者备案登记办法	2004年6月25日	2004年7月1日	商务部令2004年第14号
69	商务部	援外青年志愿者选派和管理暂行办法	2004年11月2日	公布之日起30日后	商务部令2004年第18号
70	商务部	美容美发业管理暂行办法	2004年11月8日	2005年1月1日	商务部令2004年第19号
71	商务部	关于外商投资举办投资性公司的规定	2004年11月17日	2004年12月17日	商务部令2004年第22号
72	商务部	拍卖管理办法	2004年12月2日	2005年1月1日	商务部令2004年第24号
73	商务部、海关总署	货物自动进口许可管理办法	2004年12月10日	2005年1月1日	商务部令2004年第26号
74	商务部	货物进口许可证管理办法	2004年12月10日	2005年1月1日	商务部令2004年第27号

(续表)

序号	制定机关	规章名称	发布日期	实施日期	文号
75	商务部	商务部行政处罚实施办法（试行）	2005年1月7日	2005年3月1日	商务部令2005年第1号
76	商务部	对外贸易壁垒调查规则	2005年2月2日	2005年3月1日	商务部令2005年第4号
77	商务部	外商投资租赁业管理办法	2005年2月3日	2005年3月5日	商务部令2005年第5号
78	商务部	纺织品出口自动许可暂行办法	2005年2月6日	2005年3月1日	商务部令2005年第3号
79	商务部、公安部	典当管理办法	2005年2月9日	2005年4月1日	商务部令2005年第8号
80	商务部、发展改革委、工商总局	汽车品牌销售管理实施办法	2005年2月21日	2005年4月1日	商务部令2005年第10号
81	商务部	国际货运代理企业备案（暂行）办法	2005年3月2日	2005年4月1日	商务部令2005年第9号
82	商务部、公安部、海关总署、安全监管总局、食品药品监督管理总局	向特定国家（地区）出口易制毒化学品暂行管理规定	2005年8月1日	2005年9月1日	商务部令2005年第12号
83	商务部	汽车贸易政策	2005年8月10日	2005年8月10日	商务部令2005年第16号
84	商务部	对外贸易经营者违法违规行为公告办法	2005年8月23日	2005年9月1日	商务部令2005年第17号
85	商务部、公安部、工商总局、税务总局	二手车流通管理办法	2005年8月29日	2005年10月1日	商务部令2005年第2号
86	商务部、工商总局	直销企业保证金存缴、使用管理办法	2005年11月1日	2005年12月1日	商务部令2005年第22号
87	商务部、公安部、工商总局	直销员业务培训管理办法	2005年11月1日	2005年12月1日	商务部令2005年第23号
88	商务部、工商总局	直销企业信息报备、披露管理办法	2005年11月1日	2005年12月1日	商务部令2005年第24号
89	商务部	出口加工区加工贸易管理暂行办法	2005年11月22日	2006年1月1日	商务部令2005年第27号
90	商务部	外商投资国际货物运输代理企业管理办法	2005年12月1日	2005年12月11日	商务部令2005年第19号

(续表)

序号	制定机关	规章名称	发布日期	实施日期	文号
91	商务部、证监会、税务总局、工商总局、外汇局	外国投资者对上市公司战略投资管理办法	2005年12月31日	发布之日起30日后	商务部令2005年第28号
92	商务部、海关总署	两用物项和技术进出口许可证管理办法	2005年12月31日	2006年1月1日	商务部令2005年第29号
93	商务部、海关总署、税务总局	低开出口发票行为处罚暂行办法	2006年1月10日	发布之日起3个月后	商务部令2005年第26号
94	商务部、工商总局、国家版权局、知识产权局	展会知识产权保护办法	2006年1月10日	2006年3月1日	商务部令2006年第1号
95	商务部	《关于外商投资举办投资性公司的规定》的补充规定	2006年5月26日	2006年7月1日	商务部令2006年第3号
96	商务部	出口产品反倾销案件应诉规定	2006年7月14日	2006年8月14日	商务部令2006年第12号
97	商务部、海关总署	民用航空零部件出口分类管理办法	2006年8月1日	公布之日起30日后	商务部令2006年第6号
98	商务部	产业损害调查信息查阅与信息披露规定	2006年8月4日	公布之日起30日后	商务部令2006年第19号
99	商务部	中国企业境外商务投诉服务暂行办法	2006年8月16日	2006年8月16日	商务部令2006年第16号
100	商务部	商务部外商投资企业投诉工作暂行办法	2006年9月1日	2006年10月1日	商务部令2006年第2号
101	商务部、公安部	易制毒化学品进出口国际核查管理规定	2006年9月7日	公布之日起30日后	商务部令2006年第8号
102	商务部、发展改革委、公安部、税务总局、工商总局	零售商促销行为管理办法	2006年9月12日	2006年10月15日	商务部令2006年第18号
103	商务部	纺织品出口管理办法（暂行）	2006年9月18日	2006年9月18日	商务部令2006年第21号
104	商务部	易制毒化学品进出口管理规定	2006年9月21日	公布之日起30日后	商务部令2006年第7号
105	商务部	直销行业服务网点设立管理办法	2006年9月21日	2006年10月20日	商务部令2006年第20号
106	商务部、公安部、海关总署、食品药品监督管理总局	麻黄素类易制毒化学品出口企业核定暂行办法	2006年10月10日	公布之日起30日后	商务部令2006年第9号

(续表)

序号	制定机关	规章名称	发布日期	实施日期	文号
107	商务部、发展改革委、公安部、税务总局、工商总局	零售商供应商公平交易管理办法	2006年10月13日	2006年11月15日	商务部令2006年第17号
108	商务部	成品油市场管理办法	2006年12月4日	2007年1月1日	商务部令2006年第23号
109	商务部	原油市场管理办法	2006年12月4日	2007年1月1日	商务部令2006年第24号
110	商务部、发展改革委、公安部、建设部、工商总局、国家环境保护总局	再生资源回收管理办法	2007年3月27日	2007年5月1日	商务部令2007年第8号
111	商务部	商业特许经营备案管理办法	2007年4月30日	2007年5月1日	商务部令2007年第15号（2011年12月12日商务部令2011年第5号修订）
112	商务部	商业特许经营信息披露管理办法	2007年4月30日	2007年5月1日	商务部令2007年第16号（2012年2月23日商务部令2012年第2号修订）
113	商务部、工商总局、国家环境保护总局	洗染业管理办法	2007年5月11日	2007年7月1日	商务部令2007年第5号
114	商务部、财政部	中央储备肉管理办法	2007年8月13日	2007年9月15日	商务部令2007年第9号
115	商务部	中国禁止进口限制进口技术目录	2007年10月23日	公布之日起30日后	商务部令2007年第7号
116	商务部、发展改革委、财政部	中央储备糖管理办法	2008年1月24日	2008年3月1日	商务部令2008年第1号
117	商务部、海关总署、质检总局	重点旧机电产品进口管理办法	2008年4月7日	2008年5月1日	商务部、海关总署、质检总局令2008年第5号
118	商务部、海关总署	机电产品进口自动许可实施办法	2008年4月7日	2008年5月1日	商务部、海关总署令2008年第6号
119	商务部、海关总署、质检总局	机电产品进口管理办法	2008年4月7日	2008年5月1日	商务部、海关总署、质检总局令2008年第7号
120	商务部、发展改革委、工商总局	商品零售场所塑料购物袋有偿使用管理办法	2008年5月15日	2008年6月1日	商务部、发展改革委、工商总局令2008年第8号

（续表）

序号	制定机关	规章名称	发布日期	实施日期	文号
121	商务部	货物出口许可证管理办法	2008年6月7日	2008年7月1日	商务部令2008年第11号
122	商务部	大宗农产品进口报告和信息发布管理办法（试行）	2008年6月24日	2008年8月1日	商务部令2008年第10号
123	商务部、国土资源部	外商投资矿产勘查企业管理办法	2008年7月18日	2008年8月20日	商务部、国土资源部令2008年第4号
124	商务部	易制毒化学品、计算机、监控化学品管理适用的规定	2008年8月5日	2008年8月5日	商务部令2008年第14号
125	商务部、科技部	中国禁止出口限制出口技术目录	2008年9月16日	2008年11月1日	商务部、科技部令2008年第12号
126	商务部	禁止进口限制进口技术管理办法	2009年2月1日	公布之日起30日后	商务部令2009年第1号
127	商务部	技术进出口合同登记管理办法（修订）	2009年2月1日	公布之日起30日后	商务部令2009年第3号
128	商务部、科技部	禁止出口限制出口技术管理办法	2009年4月20日	2009年5月20日	商务部、科技部令2009年第2号
129	商务部	两用物项和技术出口通用许可管理办法	2009年5月13日	2009年7月1日	商务部令2009年第8号
130	商务部	关于外国投资者并购境内企业的规定	2009年6月22日	2009年6月22日	商务部令2009年第6号
131	商务部、人民银行、银监会、证监会、保监会	金融业经营者集中申报营业额计算办法	2009年7月15日	公布之日起30日后	商务部、人民银行、银监会、证监会、保监会令2009年第10号
132	商务部、住房城乡建设部	对外承包工程资格管理办法	2009年9月28日	2009年11月1日	商务部、住房和城乡建设部令2009年第9号
133	商务部	经营者集中申报办法	2009年11月21日	2010年1月1日	商务部令2009年第11号
134	商务部	经营者集中审查办法	2009年11月24日	2010年1月1日	商务部令2009年第12号
135	商务部、工业和信息化部	关于境内企业承接服务外包业务信息保护的若干规定	2009年12月28日	2010年2月1日	商务部、工业和信息化部令2009年第13号
136	商务部	关于修改《进出口商品许可证发证机构管理办法》的决定	2010年9月12日	2010年9月12日	商务部2010年第3号令

（续表）

序号	制定机关	规章名称	发布日期	实施日期	文号
137	商务部、银监会、保监会	对外承包工程项目投标（议标）管理办法	2011年12月7日	2012年1月15日	商务部、银监会、保监会令2011年第3号
138	商务部	生活必需品市场供应应急管理办法	2011年12月12日	2012年2月1日	商务部2011年第4号令
139	商务部	未依法申报经营者集中调查处理暂行办法	2011年12月30日	2012年2月1日	商务部令2011年第6号
140	商务部	进出口许可证证书管理规定	2012年2月4日	2012年3月5日	商务部令2012年第1号
141	商务部	商务领域标准化管理办法（试行）	2012年5月8日	2012年7月1日	商务部令2012年第5号
142	商务部	商务行政处罚程序规定	2012年5月12日	2012年7月1日	商务部令2012年第6号
143	商务部	家电维修服务业管理办法	2012年6月9日	2012年8月1日	商务部令2012年第7号
144	商务部	商务部关于涉及外商投资公司股权出资的暂行规定	2012年9月21日	2012年10月22日	商务部令2012年第8号
145	商务部	单用途商业预付卡管理办法（试行）	2012年9月21日	2012年11月1日	商务部令2012年第9号
146	商务部	家庭服务业管理暂行办法	2012年12月18日	2013年2月1日	商务部令2012年第11号
147	商务部、发展改革委、公安部、环境保护部	机动车强制报废标准规定	2012年12月27日	2013年5月1日	商务部、发展改革委、公安部、环境保护部令2012年第12号
148	商务部	旧电器电子产品流通管理办法	2013年3月15日	2013年5月1日	商务部令2013年第1号
149	商务部	执行世界贸易组织贸易救济争端裁决暂行规则	2013年7月29日	2013年7月29日	商务部令2013年第2号
150	商务部、人民银行、证监会	商品现货市场交易特别规定	2013年11月8日	2014年1月1日	商务部令2013年第3号
151	商务部	机电产品国际招标投标实施办法（试行）	2014年2月21日	2014年4月1日	商务部令2014年第1号
152	商务部、财政部	对外劳务合作风险处置备用金管理办法（试行）	2014年7月18日	2014年8月17日	商务部、财政部令2014年第2号

（续表）

序号	制定机关	规章名称	发布日期	实施日期	文号
153	商务部	境外投资管理办法	2014年9月6日	2014年10月6日	商务部令2014年第3号
154	商务部、发展改革委	餐饮业经营管理办法（试行）	2014年9月22日	2014年11月1日	商务部令2014年第4号
155	商务部	对外援助管理办法（试行）	2014年11月15日	2014年12月15日	商务部令2014年第5号
156	商务部	关于经营者集中附加限制性条件的规定（试行）	2014年12月4日	2015年1月5日	商务部令2014年第6号
157	商务部	网络零售第三方平台交易规则制定程序规定（试行）	2014年12月24日	2015年4月1日	商务部令2014年第7号
158	商务部	对外援助项目实施企业资格认定办法（试行）	2015年10月29日	2015年10月29日	商务部令2015年第1号
159	商务部	对外援助成套项目管理办法（试行）	2015年12月9日	2016年1月8日	商务部令2015年第3号
160	商务部	对外援助物资项目管理办法（试行）	2015年12月9日	2016年1月8日	商务部令2015年第4号
161	商务部	对外技术援助项目管理办法（试行）	2015年12月9日	2016年1月8日	商务部令2015年第5号
162	商务部	对外援助标识使用管理办法（试行）	2016年5月23日	2016年6月22日	商务部令2016年第1号
163	商务部	外商投资企业设立及变更备案管理暂行办法	2016年10月8日	2016年10月8日	商务部令2016年第3号

附件2

商务部现行有效规范性文件
（截至2016年6月30日）目录（653件）

一、对外贸易（197件）

序号	文件名称（含文号）	发布单位	发布日期	实施日期
1	国家经委关于印发《关于机电产品国产化率计算方法的暂行规定》的通知（经进〔1987〕645号）	国家经委	1987年10月16日	1987年10月16日
2	国家机电办关于机电产品进口证件收取工本费问题的通知（国机进管〔1995〕19号）	国家机电办	1995年9月28日	1995年10月10日
3	国家机电办、国家技监局关于加强计量器具进口管理的通知（国机进综〔1996〕35号）	国家机电办、技监局	1996年12月30日	1997年3月1日
4	关于印发《国家评标委员会工作章程》的通知（国经贸机〔1997〕第89号）	国家经济贸易委员会、国家计划委员会、财政部、对外贸易经济合作部、人民银行	1997年2月26日	1997年2月26日
5	国家经贸委、国家计委、财政部、对外贸易经济合作部、人民银行关于国际招标采购中有关税收等问题的通知（国经贸机〔1997〕778号）	国家经贸委、国家计委、财政部、对外贸易经济合作部、人民银行	1997年11月20日	1997年11月20日
6	对外贸易经济合作部 海关总署关于加工贸易进口设备有关问题的通知（外经贸政发〔1998〕383号）	对外贸易经济合作部、海关总署	1998年7月1日	1998年7月1日
7	对外贸易经济合作部关于进一步规范国家评标委员会评标工作的通知（〔1998〕外经贸机电发第941号）	对外贸易经济合作部	1998年12月16日	1998年12月16日
8	对外贸易经济合作部关于改革许可证管理体制的通知（外经贸配发〔1999〕第187号）	对外贸易经济合作部	1999年3月30日	1999年3月30日
9	对外贸易经济合作部办公厅关于对机电商会和承包商会项目协调职能进行重新分工意见的函（〔1999〕外经贸办字第72号）	对外贸易经济合作部办公厅	1999年7月20日	1999年7月20日
10	对外贸易经济合作部、国家经贸委、财政部、公安部、工商局、海关总署关于印发《关于执行〈关于禁止非法拼（组）装汽车、摩托车的通告〉的实施细则》的通知（外经贸机电发〔1999〕第628号）	对外贸易经济合作部、国家经贸委、财政部、公安部、国家工商局、海关总署	1999年10月25日	2000年1月1日

（续表）

序号	文件名称（含文号）	发布单位	发布日期	实施日期
11	对外贸易经济合作部、国家计委、财政部关于国际招标采购中有关税收问题的补充通知（外经贸机电发〔1999〕第571号）	对外贸易经济合作部、国家计委、财政部	1999年11月15日	1999年11月15日
12	对外贸易经济合作部、科技部关于印发《对外贸易经济合作部、科技部关于推动高新技术产品出口的指导性意见》的通知（外经贸政发〔1999〕639号）	对外贸易经济合作部、科技部	1999年12月2日	1999年12月2日
13	对外贸易经济合作部关于发布《白银出口暂行管理办法》的通知（〔1999〕外经贸管发第702号）	对外贸易经济合作部	1999年12月26日	2000年1月1日
14	对外贸易经济合作部关于印发《钨及钨制品、锑及锑制品出口经营管理暂行办法》的通知（外经贸管发〔2000〕第649号）	对外贸易经济合作部	2000年12月4日	2001年1月1日
15	对外贸易经济合作部关于加强冻鸡加工贸易审批管理有关问题的紧急通知（外经贸管发〔2000〕第646号）	对外贸易经济合作部	2000年12月27日	2001年1月1日
16	对外贸易经济合作部、财政部、人民银行关于印发《关于大型出口信贷及出口信用保险项目的报批程序》的通知（外经贸机电发〔2001〕282号）	对外贸易经济合作部、财政部、人民银行	2001年6月11日	2001年6月11日
17	关于印发《软件出口管理和统计办法》的通知（外经贸技发〔2001〕604号）	对外贸易经济合作部、科技部、信息产业部、统计局、外汇管理局	2001年10月25日	2001年10月25日
18	关于印发《工业品出口配额招标实施细则》的通知（外经贸贸发〔2001〕第626号）	对外贸易经济合作部	2001年11月8日	2002年1月1日
19	关于将锡制品纳入出口配额管理的通知（外经贸贸工函〔2001〕892号）	对外贸易经济合作部	2001年12月2日	2002年1月1日
20	对外贸易经济合作部《关于印发〈农产品出口配额招标实施细则〉的通知》（外经贸贸发〔2001〕670号）	对外贸易经济合作部	2001年12月3日	2001年12月3日
21	关于重申和明确在境内举办对外经济技术展览会有关管理规定的通知（外经贸贸发〔2001〕651号）	对外贸易经济合作部	2001年12月5日	2001年12月5日
22	对外贸易经济合作部公告2001年第38号（发布《关于船舶进口有关事项的规定》）	对外贸易经济合作部	2001年12月21日	2002年1月1日
23	对外贸易经济合作部公告2001年第39号（发布《关于国际组织无偿援助项下进口配额机电产品有关事项的规定》）	对外贸易经济合作部	2001年12月21日	2002年1月1日

（续表）

序号	文件名称（含文号）	发布单位	发布日期	实施日期
24	对外贸易经济合作部、海关总署、质检总局公告 2001 年第 37 号［发布《禁止进口货物目录（第二批）》］	对外贸易经济合作部、海关总署、质检总局	2001 年 12 月 27 日	2002 年 1 月 1 日
25	对外贸易经济合作部、国家外汇管理局关于加强技术进口合同售付汇管理的通知（外经贸技发〔2002〕50 号）	对外贸易经济合作部、国家外汇管理总局	2002 年 2 月 20 日	2002 年 3 月 1 日
26	对外贸易经济合作部、海关总署关于机电产品自动进口许可有关问题的通知（外经贸机电发〔2002〕180 号）	对外贸易经济合作部、海关总署	2002 年 4 月 15 日	2002 年 4 月 15 日
27	关于原油、成品油、化肥非国营贸易进口经营企业资格备案申请条件、申报材料和申报程序（对外贸易经济合作部公告 2002 年第 19 号）	对外贸易经济合作部	2002 年 8 月 1 日	2002 年 8 月 1 日
28	商务部、海关总署公告 2003 年第 5 号（经国务院批准，公布对磷酸三丁酯实施临时出口管制的决定）	商务部、海关总署	2003 年 4 月 4 日	2003 年 4 月 4 日
29	商务部办公厅、海关总署办公厅关于钢铁最终保障措施终止后加工贸易进口相关钢铁产品有关事项的通知（商机电字〔2004〕4 号）	商务部办公厅、海关总署办公厅	2004 年 3 月 29 日	2004 年 3 月 29 日
30	商务部关于印发《关于做好维护国内产业安全工作的指导意见》的通知（商调查发〔2004〕170 号）	商务部	2004 年 4 月 13 日	2004 年 4 月 13 日
31	商务部、外交部关于印发《简化机电产品生产和出口企业人员出国（境）审批办法》的通知（商机电发〔2004〕305 号）	商务部、外交部	2004 年 7 月 15 日	2004 年 7 月 15 日
32	商务部、财政部、农业部、中国人民银行、国家税务总局、国家质量监督检验检疫总局、国家认证认可监督管理委员会关于印发《关于扩大农产品出口的指导性意见》的通知（商贸发〔2004〕491 号）	商务部、财政部、农业部、人民银行、税务总局、质检总局、国家认证认可监督管理委员会	2004 年 10 月 11 日	2004 年 10 月 11 日
33	商务部办公厅关于对国内产业损害及恢复发展情况开展跟踪工作的通知（商调查字〔2004〕15 号）	商务部办公厅	2004 年 10 月 13 日	2004 年 10 月 13 日
34	汽车产品自动进口许可证签发管理实施细则（商务部公告 2004 年第 92 号）	商务部	2004 年 12 月 17 日	2005 年 1 月 1 日
35	商务部、国家工商行政管理总局关于国际货物运输代理企业登记和管理有关问题的通知（商贸发〔2005〕32 号）	商务部、工商总局	2005 年 2 月 1 日	2005 年 2 月 1 日

(续表)

序号	文件名称(含文号)	发布单位	发布日期	实施日期
36	商务部、中国出口信用保险公司关于利用出口信用保险扶持出口名牌发展的通知(商贸发〔2005〕332号)	商务部、中信保公司	2005年6月24日	2005年6月24日
37	纺织品出口许可数量招标实施细则(商贸发2005年502号)	商务部	2005年9月16日	2005年9月16日
38	商务部、科技部关于鼓励科技型企业"走出去"的若干意见(商技发〔2005〕139号)	商务部、科技部	2005年11月29日	2005年11月29日
39	关于取消豆油、棕榈油、菜子油进口关税配额和进口国营贸易管理实行自动进口许可管理的公告(商务部公告2005年第93号)	商务部	2005年12月8日	2006年1月1日
40	商务部关于商会组织反倾销应诉工作的指导意见(商公平函〔2005〕16号)	商务部	2005年12月13日	2005年12月13日
41	商务部、质检总局关于印发《关于鼓励企业应对国外技术贸易壁垒的指导意见》的通知(商技发〔2005〕613号)	商务部、质检总局	2005年12月19日	2005年12月19日
42	商务部关于印发《纺织品临时出口许可证申领签发工作规范》的通知(商配发〔2005〕707号)	商务部	2005年12月28日	2006年1月1日
43	商务部办公厅关于《出口加工区加工贸易管理办法》实施中有关问题的通知(商机电字〔2006〕5号)	商务部办公厅	2006年2月17日	2006年2月17日
44	关于中国—东盟自贸区项下"混合制成的食用油脂或制品"进口有关规定的公告(商务部公告2006年第23号)	商务部	2006年4月20日	2006年4月20日
45	商务部关于印发《大型成套电信设备出口项目协调管理实施细则》的通知(商产发〔2006〕185号)	商务部	2006年6月5日	2006年7月4日
46	商务部、海关总署公告2006年第41号(公布N-乙酰邻氨基苯甲酸等商品编码调整和管理适用的规定)	商务部、海关总署	2006年6月15日	2006年6月15日
47	商务部、信息产业部、海关总署关于卫星电视接收设施加工贸易管理的通知(商产发〔2006〕302号)	商务部、信息产业部、海关总署	2006年7月6日	2006年7月6日
48	商务部、发展改革委、科技部、财政部、海关总署、税务总局、知识产权局、外汇局关于鼓励技术引进和创新,促进转变外贸增长方式的若干意见(商服贸发〔2006〕13号)	商务部、发展改革委、科技部、财政部、海关总署、税务总局、知识产权局、外汇局	2006年7月14日	2006年7月14日

（续表）

序号	文件名称（含文号）	发布单位	发布日期	实施日期
49	商务部、国防科委、海关总署公告2006年第50号（经国务院批准，公布对石墨类相关制品实施临时出口管制的决定）	商务部、国防科工委、海关总署	2006年7月27日	2006年9月1日
50	商务部公告2006年第61号（经国务院批准，发布《中华人民共和国生物两用品及相关设备和技术出口管制清单》）	商务部	2006年7月31日	2006年9月1日
51	商务部、中国出口信用保险公司关于利用出口信用保险进一步支持农产品出口的通知（商贸函〔2006〕80号）	商务部、中国出口信用保险公司	2006年8月7日	2006年8月7日
52	商务部、中国出口信用保险公司关于利用出口信用保险支持自主品牌出口企业开展国际化经营的通知（商贸发〔2006〕410号）	商务部、中信保公司	2006年8月16日	2006年8月16日
53	商务部、公安部、海关总署公告2006年第57号（公布向缅甸、老挝出口易制毒化学品的规定）	商务部、公安部、海关总署	2006年8月30日	2006年8月30日
54	商务部、海关总署公告2006年第87号（天然砂出口公告）	商务部、海关总署	2006年12月14日	2007年3月1日
55	中国鼓励引进技术目录（商务部、国家税务总局公告〔2006〕13号）	商务部、税务总局	2006年12月18日	2006年12月18日
56	商务部公告2007年第26号（天然砂出口许可证申领标准及相关事项）	商务部	2007年3月12日	2007年3月25日
57	国家机电办关于印发《机电产品进出口机构管理办法》的通知（机电办综字〔2007〕8号）	国家机电办	2007年3月19日	2007年4月15日
58	商务部、财政部、人民银行、银监会关于进一步加强大型成套设备出口项目及对外承包工程项目有关融资管理的通知（商产发〔2007〕92号）	商务部、财政部、人民银行、银监会	2007年3月23日	2007年3月23日
59	商务部公告2007年第23号（公布含易制毒化学品混合物管理适用的规定）	商务部	2007年5月16日	2007年5月16日
60	商务部办公厅关于民营企业开展机电产品国际采购有关问题的通知（商产字〔2007〕43号）	商务部办公厅	2007年5月29日	2007年5月29日
61	商务部、海关总署公告2007年第51号《自2007年6月15日起对标准砂出口实行出口许可证管理》	商务部、海关总署	2007年6月5日	2007年6月15日
62	商务部办公厅关于做好大型出口信贷及出口信用保险项目企业推荐有关工作的通知（商办产函〔2007〕46号）	商务部办公厅	2007年6月6日	2007年6月6日

（续表）

序号	文件名称(含文号)	发布单位	发布日期	实施日期
63	商务部、海关总署公告2007年第54号(自2007年6月18日起对钢、钼实行出口配额许可证管理)	商务部、海关总署	2007年6月11日	2007年6月18日
64	商务部、科技部关于推进科技兴贸创新基地建设有关工作的通知(商产函〔2007〕32号)	商务部、科技部	2007年6月29日	2007年6月29日
65	商务部办公厅、海关总署办公厅、环保总局办公厅、质检总局办公厅关于2007年第17号公告有关事项的补充通知(商产字〔2007〕65号)	商务部办公厅、海关总署办公厅、环保总局办公厅、质检总局办公厅	2007年7月6日	2007年7月6日
66	商务部办公厅关于在维护产业安全工作中进一步加强产业联系的通知(商调查字〔2007〕6号)	商务部办公厅	2007年7月12日	2007年7月12日
67	商务部关于进一步做好供港活猪出口代理及其他相关工作的通知(商贸函〔2007〕65号)	商务部	2007年7月21日	2007年7月21日
68	商务部关于印发《进出口商品技术服务中心管理办法》的通知(商世贸发〔2007〕300号)	商务部	2007年8月1日	2007年9月1日
69	商务部、质检总局关于供港活猪注册养殖场申报自营出口经营权的通知(商贸函〔2007〕71号)	商务部、质检总局	2007年8月3日	2007年8月3日
70	商务部、发展改革委关于印发《重大装备自主化依托工程设备招标采购活动的有关规定》的通知(商产发〔2007〕331号)	商务部、发展改革委	2007年8月14日	2007年9月14日
71	商务部、公安部、海关总署、安监总局、食品药品监管局公告2007年第58号〔公布调整后的《特定国家(地区)目录》〕	商务部、公安部、海关总署、安监总局、食品药品监管局	2007年8月22日	2007年9月1日
72	商务部公告2007年第69号(公布关于两用物项和技术出口经营者建立内部出口控制机制的指导意见)	商务部	2007年8月29日	2007年8月29日
73	商务部、海关总署、银监会公告2007年第71号(经国务院批准,公布加工贸易台账保证金缴纳方式)	商务部、海关总署、银监会	2007年9月5日	2007年9月5日
74	商务部办公厅、质检总局办公厅关于进一步做好对台小额贸易检验检疫工作的通知(商台字〔2007〕40号)	商务部办公厅、质检总局办公厅	2007年9月5日	2007年10月1日
75	商务部办公厅、海关总署办公厅关于在部分对台小额贸易点试行更开放管理措施的通知(商台字〔2007〕19号)	商务部办公厅、海关总署办公厅	2007年9月5日	2007年10月1日
76	进口许可证签发工作规范(商配发〔2007〕360号)	商务部	2007年9月7日	2007年9月7日

(续表)

序号	文件名称(含文号)	发布单位	发布日期	实施日期
77	商务部公告2007年第60号(公布境内企事业单位不得接受与出口管制相关的现场访问或审查的规定)	商务部	2007年9月11日	2007年9月11日
78	商务部办公厅关于报送铁矿石进口信息的通知(商办贸函〔2007〕187号)	商务部办公厅	2007年9月13日	2007年9月13日
79	商务部、财政部、发展改革委、银监会关于给予国家鼓励的进口商品信贷支持有关问题的通知(商贸发〔2007〕第385号)	商务部、财政部、发展改革委、银监会	2007年9月29日	2007年9月29日
80	商务部、国家开发银行关于支持中西部地区承接加工贸易梯度转移工作的意见(商产发〔2007〕428号)	商务部、国家开发银行	2007年10月30日	2007年10月30日
81	商务部关于申请2008年供港活猪出口配额有关事项的通知(商贸函〔2007〕105号)	商务部	2007年11月9日	2007年11月9日
82	商务部关于进一步加强产业安全数据库扩容工作的指导意见(商调查发〔2007〕486号)	商务部	2007年12月4日	2007年12月4日
83	商务部公告2007年第104号《天然砂出口许可证申领补充标准及相关事项》	商务部	2007年12月11日	2007年12月11日
84	商务部关于印发《输欧盟纺织品出口许可证件申领签发规范》的通知(商配发〔2007〕492号)	商务部	2007年12月14日	2008年1月1日
85	商务部、公安部、财政部、人民银行、国资委、海关总署、税务总局、证监会、外汇局关于支持会计师事务所扩大服务出口的若干意见(商服贸〔2007〕507号)	商务部、公安部、财政部、人民银行、国资委、海关总署、税务总局、证监会、外汇局	2007年12月26日	2007年12月26日
86	商务部、科技部、发展改革委、信息产业部、财政部、海关总署、税务总局、质检总局关于建设科技兴贸创新基地的指导意见(商产发〔2007〕509号)	商务部、科技部、发展改革委、信息产业部、财政部、海关总署、税务总局、质检总局	2007年12月27日	2007年12月27日
87	关于固态棕榈硬脂实行自动进口许可证管理的公告(商务部公告2007年第118号)	商务部	2007年12月29日	2008年1月1日
88	商务部关于对外贸易经营者备案登记有关问题的通知(商贸函〔2007〕122号)	商务部	2008年1月10日	2008年1月10日
89	2008年粮食制粉出口配额申请条件和申报程序(商务部公告2008年第4号)	商务部	2008年1月19日	2008年1月19日
90	商务部公告2008年第5号(公布委托省级商务主管部门负责三氯甲烷、乙醚和哌啶进出口许可)	商务部	2008年2月29日	2008年3月1日

（续表）

序号	文件名称(含文号)	发布单位	发布日期	实施日期
91	商务部办公厅关于下放部分易制毒化学品进出口审批权的通知（商产字〔2008〕7号）	商务部办公厅	2008年2月29日	2008年3月1日
92	商务部、海关总署公告2008年第17号《对台湾地区天然砂出口许可证申领程序及相关事项》	商务部、海关总署	2008年3月7日	2008年3月10日
93	商务部、科技部、出口信保公司关于利用信用保险支持国家科技兴贸创新基地建设的意见（商产发〔2008〕65号）	商务部、科技部、出口信保公司	2008年3月10日	2008年3月10日
94	商务部、科技部、进出口银行关于利用金融手段支持国家科技兴贸创新基地的指导意见（商产发〔2008〕66号）	商务部、科技部、进出口银行	2008年3月10日	2008年3月10日
95	商务部办公厅关于供港活大猪月度配额安排有关问题的通知（商办贸函〔2008〕37号）	商务部办公厅	2008年3月26日	2008年3月26日
96	商务部关于加强供港粮食及其制粉出口管理问题的通知（商贸发〔2008〕59号）	商务部	2008年4月1日	2008年4月1日
97	商务部公告2008年第32号（公布联合国安理会制裁决议豁免许可的规定）	商务部	2008年5月22日	2008年5月22日
98	关于中国—东盟自贸区项下起酥油进口有关事项的公告（商务部公告2008年第48号）	商务部	2008年6月17日	2008年6月17日
99	实行进口报告的大宗农产品目录及有关事项的公告（商务部公告2008年第46号）	商务部	2008年6月24日	2008年8月1日
100	商务部关于印发《机电产品国际招标综合评价法实施规范（试行）》的通知（商产发〔2008〕311号）	商务部	2008年8月15日	2008年8月15日
101	商务部关于加强供澳门粮食及其制粉出口管理有关事项的通知（商贸发〔2008〕369号）	商务部	2008年9月19日	2008年9月19日
102	《商务部关于印发〈出口许可证签发工作规范〉的通知》（商配发〔2008〕398号）	商务部	2008年9月26日	2008年9月26日
103	商务部公告2008年第92号（关于磷矿石出口配额管理有关问题的公告）	商务部	2008年11月10日	2009年1月1日
104	国家机电办关于进一步做好进口便利化工作有关问题的通知（机电办进字〔2008〕39号）	国家机电办	2008年12月3日	2008年12月3日
105	商务部关于进一步下放对外贸易经营者备案登记工作有关问题的通知（商贸函〔2009〕5号）	商务部	2009年1月23日	2009年1月23日
106	商务部公告2009年第9号（发布最终用户备案登记手续办理的规定）	商务部	2009年2月10日	2009年2月10日

(续表)

序号	文件名称(含文号)	发布单位	发布日期	实施日期
107	商务部办公厅关于做好两用物项和技术进出口管制便利化工作的通知(商办产〔2009〕32号)	商务部办公厅	2009年2月24日	2009年2月24日
108	商务部、环保部、海关总署公告2009年第8号(经国务院批准,公布生皮加工贸易政策调整有关事项)	商务部、环保部、海关总署	2009年3月2日	2009年3月2日
109	商务部、海关总署关于开展铜精矿加工贸易有关问题的通知(商产函〔2009〕3号)	商务部、海关总署	2009年3月2日	2009年3月2日
110	商务部办公厅关于印发《关于开展进出口公平贸易基层行业工作点试点工作的指导意见》的通知(商公平字〔2009〕8号)	商务部办公厅	2009年3月16日	2009年3月16日
111	关于推进国际知名品牌培育工作的指导意见(商贸发〔2009〕150号)	商务部、发展改革委、财政部、科技部、海关总署、工商总局、质检总局、税务总局	2009年4月2日	2009年4月2日
112	商务部关于贸易救济涉案产业规范工作的指导意见(商调查发〔2009〕157号)	商务部	2009年4月7日	2009年4月7日
113	商务部、海关总署、质检总局关于进一步简化旧机电设备进口手续的通知(商产发〔2009〕166号)	商务部、海关总署、质检总局	2009年4月10日	2009年4月10日
114	商务部公告2009年第30号《对台港澳地区天然砂出口许可证申领补充标准及申报程序》	商务部	2009年4月24日	2009年4月24日
115	商务部、文化部、广电总局、新闻出版总署、进出口银行关于金融支持文化出口的指导意见(商服贸发〔2009〕191号)	商务部、文化部、广电总局、新闻出版总署、进出口银行	2009年4月27日	2009年4月27日
116	商务部、海关总署公告2009年第34号《公布对台港澳地区天然砂出口许可证补充申领程序及相关事项》	商务部	2009年5月13日	2009年5月13日
117	商务部关于向符合条件的区县级商务主管部门下放对外贸易经营者备案登记工作有关问题的通知(商贸函〔2009〕33号)	商务部	2009年5月22日	2009年5月22日
118	商务部办公厅关于做好《两用物项和技术进出口通用许可管理办法》实施工作的通知(商办产〔2009〕107号)	商务部办公厅	2009年5月25日	2009年5月25日
119	商务部、海关总署公告2009年第37号(经国务院批准,公布加工贸易禁止类目录调整有关事项)	商务部、海关总署	2009年6月3日	2009年6月3日

(续表)

序号	文件名称(含文号)	发布单位	发布日期	实施日期
120	关于调整《实行进口报告管理的大宗农产品目录》的公告(商务部公告2009年第50号)	商务部	2009年7月10日	2009年8月1日
121	商务部、发展改革委、工业和信息化部、财政部、海关总署、质检总局关于促进我国汽车产品出口持续健康发展的意见(商产发〔2009〕523号)	商务部、发展改革委、工业和信息化部、财政部、海关总署、质检总局	2009年10月23日	2009年10月23日
122	关于禁止进出口莱克多巴胺和盐酸莱克多巴胺的公告(商务部公告2009年第110号)	商务部、海关总署	2009年12月4日	2009年12月9日
123	商务部、科技部关于鼓励技术出口的若干意见(商服贸发〔2009〕584号)	商务部、科技部	2009年12月7日	2009年12月7日
124	商务部、发展改革委、工业和信息化部、财政部、环保部、交通运输部、农业部、海关总署关于规范发展拆船业的若干意见(商产发〔2009〕614号)	商务部、发展改革委、工业和信息化部、财政部、环保部、交通运输部、农业部、海关总署	2009年12月30日	2009年12月30日
125	商务部等十部门关于进一步推进国家文化出口重点企业及项目目录相关工作的指导意见(商服贸发〔2010〕28号)	商务部、中宣部、财政部、文化部、人民银行、海关总署、税务总局、广电总局、新闻出版总署、外汇局	2010年2月1日	2010年2月1日
126	商务部关于印发《贸易救济涉案产业规范工作指导意见实施办法》的通知(商调查发〔2010〕106号)	商务部	2010年4月8日	2010年4月8日
127	商务部关于加强新时期进出口公平贸易工作的意见(商公平发〔2010〕125号)	商务部	2010年4月16日	2010年4月16日
128	商务部办公厅关于进一步完善服务外包统计管理有关问题的通知(商办服贸函〔2010〕880号)	商务部办公厅	2010年6月13日	2010年6月13日
129	商务部、科技部关于印发《国家科技兴贸创新基地建设和管理办法》的通知(商产发〔2010〕298号)	商务部、科技部	2010年8月3日	2010年8月3日
130	关于鼓励引进技术消化吸收再创新的指导意见(商服贸发〔2010〕505号)	商务部、科技部、工业和信息化部、财政部、税务总局、国家知识产权局	2010年12月16日	2010年12月16日
131	商务部、发展改革委、财政部、人民银行、海关总署、税务总局、质检总局、外汇局关于"十二五"期间实施积极的机电产品进口促进战略的若干意见(商产发〔2011〕48号)	商务部、发展改革委、财政部、人民银行、海关总署、税务总局、质检总局、外汇局	2011年3月4日	2011年3月4日

（续表）

序号	文件名称（含文号）	发布单位	发布日期	实施日期
132	商务部、外交部、发展改革委、科技部、工业和信息化部、财政部、人民银行、海关总署、税务总局、质检总局、银监会关于"十二五"期间促进机电产品出口持续健康发展的意见（商产发〔2011〕234号）	商务部、外交部、发展改革委、科技部、工业和信息化部、财政部、人民银行、海关总署、税务总局、质检总局、银监会	2011年7月7日	2011年7月7日
133	商务部、人力资源社会保障部、海关总署关于建设珠江三角洲地区全国加工贸易转型升级示范区的指导意见（商产发〔2011〕269号）	商务部、人力资源社会保障部、海关总署	2011年8月2日	2011年8月2日
134	商务部办公厅关于进一步加强最终用户管理工作的通知（商办产函〔2011〕975号）	商务部办公厅	2011年8月30日	2011年8月30日
135	商务部、发展改革委、科技部、工业和信息化部、财政部、环境保护部、海关总署、税务总局、质检总局、知识产权局关于促进战略性新兴产业国际化发展的指导意见（商产发〔2011〕310号）	商务部、发展改革委、科技部、工业和信息化部、财政部、环境保护部、海关总署、税务总局、质检总局、知识产权局	2011年9月8日	2011年9月8日
136	商务部、发展改革委、工业和信息化部、人力资源社会保障部、海关总署、税务总局关于促进加工贸易转型升级的指导意见（商产发〔2011〕448号）	商务部、发展改革委、工业和信息化部、人力资源社会保障部、海关总署、税务总局	2011年11月29日	2011年11月29日
137	商务部办公厅关于《最终用户和最终用途说明》初审工作的通知（商办产函〔2011〕1197号）	商务部办公厅	2011年12月1日	2011年12月1日
138	商务部、人力资源社会保障部、海关总署关于促进加工贸易梯度转移重点承接地发展的指导意见（商产发〔2011〕473号）	商务部、人力资源社会保障部、海关总署	2011年12月16日	2011年12月16日
139	商务部、中宣部、外交部、财政部、文化部、海关总署、国税总局、广电总局、新闻出版总署、国务院新闻办公告2012年第3号（修订公布《文化产品和服务出口指导目录》）	商务部、中宣部、外交部、财政部、文化部、海关总署、国税总局、广电总局、新闻出版总署、国务院新闻办	2012年2月1日	2012年2月1日
140	商务部关于做好自用车进口管理工作的通知（商产函〔2012〕177号）	商务部	2012年3月23日	2012年3月23日
141	商务部、中国进出口银行关于"十二五"期间金融支持服务贸易发展的指导意见（商服贸发〔2012〕86号）	商务部、中国进出口银行	2012年3月26日	2012年3月26日
142	关于印发《国家船舶出口基地管理办法（试行）》的通知（商产函〔2012〕296号）	商务部、工业和信息化部	2012年5月16日	2012年5月16日

（续表）

序号	文件名称（含文号）	发布单位	发布日期	实施日期
143	商务部关于"十二五"期间健全产业联系机制的指导意见（商产函〔2012〕352号）	商务部	2012年6月8日	2012年6月8日
144	商务部、发展改革委关于印发《国家汽车及零部件出口基地管理办法》的通知（商产发〔2012〕255号）	商务部、发展改革委	2012年8月9日	2012年8月9日
145	商务部、统计局关于印发《国际服务贸易统计制度》的通知（商服贸函〔2012〕655号）	商务部、国家统计局	2012年8月20日	2012年8月1日
146	关于做好大型成套设备出口融资保险专项信息统计工作的通知（商产函〔2012〕738号）	商务部、外交部、财政部	2012年8月28日	2012年8月28日
147	商务部、工业和信息化部、海关总署、质检总局、国家认监委关于进一步规范汽车和摩托车产品出口秩序的通知（商产发〔2012〕318号）	商务部、工业和信息化部、海关总署、质检总局、国家认监委	2012年9月6日	2012年9月6日
148	商务部关于加快国际货运代理物流业健康发展的指导意见（商服贸发〔2013〕11号）	商务部	2013年1月8日	2013年1月8日
149	商务部办公厅、海关总署办公厅关于做好民用航空零部件出口管制工作的通知（商办产〔2013〕91号）	商务部办公厅、海关总署办公厅	2013年2月16日	2013年2月16日
150	商务部办公厅、科技部办公厅关于印发《国家科技兴贸创新基地考核细则》的通知（商办产函〔2013〕350号）	商务部办公厅、科技部办公厅	2013年5月27日	2013年5月27日
151	商务部办公厅、工业和信息化部办公厅、海关总署办公厅关于调整卫星电视接收设施加工贸易企业资质的通知（商办产函〔2013〕379号）	商务部办公厅、工业和信息化部办公厅、海关总署办公厅	2013年5月30日	2013年5月30日
152	商务部办公厅关于加强自用车进口管理工作的通知（商办产函〔2013〕520号）	商务部办公厅	2013年6月7日	2013年6月7日
153	公布调整至广东省管理的自动进口许可货物目录（商务部、海关总署公告2013年第46号）	商务部、海关总署	2013年6月28日	2013年7月1日
154	公布取消的自动进口许可管理货物目录（商务部、海关总署公告2013年第60号）	商务部、海关总署	2013年8月26日	2013年9月1日
155	禁止向朝鲜出口的两用物项和技术清单（商务部、工业和信息化部、海关总署、国家原子能机构公告2013年第59号）	商务部、工业和信息化部、海关总署、国家原子能机构	2013年9月23日	2013年9月23日
156	《国家机电产品进出口办公室关于加强新注册机电产品国际招标代理机构监督管理工作的通知》（机电办进字〔2014〕17号）	国家机电办	2014年5月30日	2014年5月30日

(续表)

序号	文件名称(含文号)	发布单位	发布日期	实施日期
157	商务部办公厅关于建立外贸转型升级基地信息定期报送制度的通知(商办贸函〔2014〕625号)	商务部办公厅	2014年8月14日	2014年8月15日
158	商务部关于印发《2014—2016年度产业预警统计报表制度》的通知(商安管函〔2014〕827号)	商务部	2014年10月10日	2014年10月10日
159	公布《加工贸易禁止类目录》(商务部、海关总署公告2014年第90号)	商务部、海关总署	2014年12月19日	2015年1月1日
160	商务部 国家统计局关于印发《服务外包统计报表制度》的通知(商服贸函〔2015〕145号)	商务部、国家统计局	2015年4月2日	2015年4月2日
161	商务部关于进一步做好产业安全预警工作的通知(商安管函〔2015〕152号)	商务部	2015年4月8日	2015年4月8日
162	关于对军民两用无人驾驶航空飞行器实施临时出口管制措施的公告(商务部、海关总署、国防科工局、总装备部2015年第20号)	商务部、海关总署、国防科工局、总装备部	2015年6月25日	2015年7月1日
163	商务部、国家原子能机构公告2015年第14号(发布修订后的《核两用品及相关技术出口管制清单》)	商务部、国家原子能机构	2015年7月1日	2015年7月1日
164	商务部办公厅关于印发《货物进出口许可证电子证书申请签发使用规范(试行)》的通知(商办配函〔2015〕494号)	商务部办公厅	2015年7月3日	2015年7月3日
165	商务部、海关总署公告2015年第31号(发布对部分无人机和高性能计算机实施出口管制)	商务部、海关总署	2015年7月31日	2015年7月31日
166	《商务部、发展改革委、财政部、银监会关于给予国家鼓励的进口商品信贷支持的补充通知》	商务部、发展改革委、财政部、银监会	2015年8月31日	2015年8月31日
167	《商务部办公厅关于〈对外贸易经营者备案登记表〉使用法人和其他组织统一社会信用代码的通知》(商办贸函〔2015〕665号)	商务部	2015年9月14日	2015年9月14日
168	商务部《关于做好两用物项和技术进出口管制许可工作的通知》(商安管函〔2015〕679号)	商务部	2015年9月21日	2015年9月21日
169	《2016年食糖进口关税配额管理实施细则》(商务部公告2015年第42号)	商务部	2015年10月8日	2015年10月8日
170	公布2016年自动进口许可管理货物目录(商务部、海关总署公告2015年第74号)	商务部、海关总署	2015年10月10日	2016年1月1日
171	《商务部、海关总署关于铜精矿加工贸易有关问题的通知》(商贸函2015第827号)	商务部、海关总署	2015年10月10日	2015年10月10日

(续表)

序号	文件名称(含文号)	发布单位	发布日期	实施日期
172	《2016年羊毛、毛条进口关税配额管理实施细则》(商务部公告2015年第45号)	商务部	2015年10月16日	2015年10月16日
173	《2016年度铁合金出口许可申报条件和申报程序》(商务部公告2015年第47号)	商务部	2015年10月28日	2015年10月28日
174	《2016年磷矿石出口配额申报条件、申报程序及分配原则》(商务部公告2015年第48号)	商务部	2015年10月28日	2015年10月28日
175	《2016年钨、锑、白银出口国营贸易企业申报条件及申报程序》(商务部公告2015年第49号)	商务部	2015年10月28日	2015年10月28日
176	《2016年铟、锡出口配额申报条件及申报程序》(商务部公告2015年第50号)	商务部	2015年10月28日	2015年10月28日
177	《2016年化肥进口关税配额总量、分配原则及相关程序》(商务部公告2015年第51号)	商务部	2015年10月28日	2015年10月28日
178	《2016年原油非国营贸易进口允许量总量、申请条件和申请程序》(商务部公告2015年第52号)	商务部	2015年10月28日	2015年10月28日
179	《2016年成品油(燃料油)非国营贸易进口允许量申领条件、分配原则和相关程序》(商务部公告2015年第54号)	商务部	2015年10月28日	2015年10月28日
180	公布2016年农产品和工业品出口配额总量(商务部公告2015年第53号)	商务部	2015年10月29日	2015年10月29日
181	《2016年度镁砂、滑石出口配额招标资质的公告》(商务部公告2015年第55号)	商务部	2015年11月4日	2015年11月4日
182	《公布2016年度符合铁合金出口许可条件的企业名单》(商务部公告2015年第73号)	商务部	2015年11月4日	2015年11月4日
183	关于调整《加工贸易禁止类目录》的公告(商务部、海关总署公告2015年第59号)	商务部、海关总署	2015年11月10日	2015年11月10日
184	关于加工贸易限制类目录的公告(商务部、海关总署公告2015年第63号)	商务部、海关总署	2015年11月25日	2015年11月25日
185	《商务部办公厅关于调整生皮加工贸易进口数量的通知》(商办贸函2015第767号)	商务部	2015年11月27日	2015年11月27日
186	《2016年羊毛、毛条国别进口关税配额管理实施细则》(商务部公告2015年第86号)	商务部	2015年12月4日	2015年12月4日
187	商务部关于做好外贸转型升级基地有关工作的通知(商办贸函〔2015〕998号)	商务部	2015年12月21日	2015年12月22日

(续表)

序号	文件名称(含文号)	发布单位	发布日期	实施日期
188	公布2016年出口许可证管理货物目录(商务部、海关总署公告2015年第76号)	商务部、海关总署	2015年12月29日	2016年1月1日
189	两用物项和技术进出口许可证管理货物目录(商务部、海关总署公告2015年第77号)	商务部、海关总署	2015年12月31日	2016年1月1日
190	公布2016年进口许可证管理货物目录(商务部、海关总署、质检总局公告2015年第75号)	商务部、海关总署、质检总局	2015年12月31日	2016年1月1日
191	公布2016年进口许可证管理货物分级发证目录(商务部公告2015年第78号)	商务部	2015年12月31日	2016年1月1日
192	公布2016年出口许可证管理货物分级发证目录(商务部公告2015年第79号)	商务部	2015年12月31日	2016年1月1日
193	商务部、海关总署关于允许东营鲁方金属材料有限公司开展铜精矿加工贸易业务的通知(商贸函2016第79号)	商务部	2016年2月24日	2016年2月24日
194	2016年澳大利亚羊毛国别进口关税配额管理实施细则(商务部、海关总署公告2016年第12号)	商务部、海关总署	2016年3月29日	2016年3月29日
195	关于向伊朗出口核两用品及相关技术有关规定的公告(2016年第13号)	商务部、外交部、国家原子能机构、海关总署	2016年4月1日	2016年4月1日
196	商务部、人力资源社会保障部、海关总署关于认定重庆、郑州、赣州为加工贸易承接转移示范地的通知(商贸函2016第108号)	商务部、人力资源社会保障部、海关总署	2016年4月12日	2016年4月12日
197	关于增列禁止向朝鲜出口的两用物项和技术清单公告(2016年第22号)	商务部、工业和信息化部、国家原子能机构、海关总署	2016年6月14日	2016年6月14日

二、国内贸易与反垄断(249件)

序号	文件名称(含文号)	发布单位	发布日期	实施日期
1	冷库管理规范(商业部〔1989〕商副食字第153号)	商业部	1989年12月21日	1990年1月1日
2	关于印发《国家厂丝绸储备管理暂行办法》的通知(国茧协〔1996〕4号)	国家茧丝绸协调小组	1996年12月18日	1996年12月18日
3	关于土地使用权拍卖中有关问题的通知(内贸局发营销字〔1999〕第126号)	国内贸易局	1999年7月26日	1999年7月26日
4	关于印发《报废汽车回收企业总量控制方案》的通知(国经贸资源〔2001〕773号)	国家经贸委	2001年7月1日	2001年7月1日

（续表）

序号	文件名称（含文号）	发布单位	发布日期	实施日期
5	关于贯彻《报废汽车回收管理办法》的实施意见（国经贸资源〔2001〕900号）	国家经贸委、监察部、公安部、工商总局	2001年9月5日	2001年9月5日
6	关于实行典当经营许可证编码管理的通知（国经贸综合〔2001〕834号）	国家经贸委	2001年9月17日	2001年9月17日
7	国家经贸委、海关总署关于开展缉私罚没车辆定点拍卖工作的通知（国经贸贸易〔2002〕446号）	国家经贸委、海关总署	2002年6月24日	2002年6月24日
8	关于规范旧机动车鉴定评估工作的通知（国经贸贸易〔2002〕825号）	国家经贸委、劳动保障部	2002年11月5日	2002年11月5日
9	关于对典当行进行年审的通知（国经贸综合〔2002〕1009号）	国家经贸委	2002年12月31日	2003年2月1日
10	国家经济贸易委员会、公安部、国家工商行政管理总局关于促进我国旧货行业发展的意见（国经贸贸易〔2003〕142号）	国家经济贸易委员会、公安部、工商总局	2003年2月21日	2003年2月21日
11	商务部、公安部、建设部、交通部关于限期禁止在城市城区现场搅拌混凝土的通知（商改发〔2003〕341号）	商务部、公安部、建设部、交通部	2003年10月16日	2003年12月31日
12	商务部关于加强典当业监管工作的通知（商建发〔2003〕441号）	商务部	2003年11月25日	2003年11月25日
13	商务部、工商总局、税务总局关于更换成品油经营证书和建立成品油市场监管信息交换制度的通知（商改发〔2003〕512号）	商务部、工商总局、税务总局	2003年12月30日	2003年12月30日
14	商务部、建设部关于做好地级城市商业网点规划工作的通知（商建发〔2004〕18号）	商务部、建设部	2004年1月15日	2004年1月15日
15	商务部关于加快旧货行业发展的通知（商建发〔2004〕92号）	商务部	2004年2月27日	2004年2月27日
16	商务部关于印发《城市商业网点规划编制规范》的通知（商建发〔2004〕180号）	商务部	2004年4月13日	2004年4月13日
17	全国生活必需品市场供应应急预案（商运发〔2004〕198号）	商务部、中宣部、发展改革委、公安部、财政部、铁道部、交通部、农业部、卫生部、海关总署、工商总局、质检总局、统计局、食品药品监管局、粮食局	2004年4月29日	2004年4月29日
18	商务部关于加强商品市场运行监测工作的指导意见（商运发〔2004〕277号）	商务部	2004年6月2日	2004年6月2日

(续表)

序号	文件名称(含文号)	发布单位	发布日期	实施日期
19	商务部办公厅关于印发《城市商业网点规划资料汇编》的通知(商建字〔2004〕63号)	商务部办公厅	2004年7月29日	2004年7月29日
20	商务部办公厅关于启动全国成品油市场管理信息系统的通知(商改字〔2004〕59号)	商务部办公厅	2004年9月10日	2004年9月10日
21	商务部、国家税务总局关于从事融资租赁业务有关问题的通知(商建发〔2004〕第560号)	商务部、税务总局	2004年10月22日	2004年10月22日
22	商务部办公厅关于规范成品油零售经营批准证书印制与发放工作的通知(商改字〔2004〕77号)	商务部办公厅	2004年12月31日	2004年12月31日
23	商务部办公厅关于实行拍卖经营批准证书编码管理的通知(商建字〔2005〕6号)	商务部办公厅	2005年2月24日	2005年2月24日
24	商务部、劳动保障部关于在旧货行业推行鉴定估价师职业资格制度的通知(商建发〔2005〕73号)	商务部、劳动保障部	2005年3月7日	2005年3月7日
25	商务部关于加快我国社区商业发展的指导意见(商改发函〔2005〕223号)	商务部	2005年4月22日	2005年4月22日
26	商务部、公安部关于贯彻实施《典当管理办法》有关问题的通知(商建发〔2005〕201号)	商务部、公安部	2005年5月17日	2005年5月17日
27	商务部办公厅关于印发《〈汽车品牌销售管理实施办法〉项目申报备案材料》的通知(商资字〔2005〕第28号)	商务部办公厅	2005年5月30日	2005年5月30日
28	商务部关于印发《生活必需品市场供应突发事件应急预案》的通知(商运发〔2005〕351号)	商务部	2005年6月30日	2005年6月30日
29	商务部、财政部、建设部关于进一步做好城市商业网点规划制定和实施工作的通知(商建发〔2005〕378号)	商务部、财政部、建设部	2005年9月19日	2005年9月19日
30	关于直销产品范围的公告(商务部、工商总局〔2005〕第72号公告)	商务部、工商总局	2005年11月1日	2005年11月1日
31	关于发布《直销员证》式样的公告(商务部公告2005年第74号)	商务部	2005年11月1日	2005年11月1日
32	关于发布《直销培训员证》式样的公告(商务部公告2005年第75号)	商务部	2005年11月1日	2005年11月1日
33	商务部办公厅关于实施《二手车流通管理办法》有关问题的通知(商建字〔2005〕70号)	商务部办公厅	2005年11月14日	2005年11月14日
34	全国整规办、国资委关于印发《商会协会行业信用建设工作指导意见》的通知(整规办发〔2005〕29号)	全国整规办、国资委	2005年11月25日	2005年11月25日

(续表)

序号	文件名称(含文号)	发布单位	发布日期	实施日期
35	商务部关于答复涉及直销业有关问题的函(商资函[2005]第98号)	商务部	2005年12月15日	2005年12月15日
36	商务部关于申报直销企业服务网点认可函和确认函格式的通知(商资函[2006]第5号)	商务部	2006年1月13日	2006年1月13日
37	商务部关于做好酒类流通备案登记工作的通知(商运字[2005]78号)	商务部	2006年1月24日	2006年1月24日
38	商务部关于加快再生资源回收体系建设的指导意见(商改发[2006]20号)	商务部	2006年2月8日	2006年2月8日
39	商务部办公厅关于未经允许不得举办与直销有关的各项活动的通知(商办建函[2006]17号)	商务部办公厅	2006年2月24日	2006年2月24日
40	商务部关于实施酒类流通随附单制度的通知(商运发[2006]102号)	商务部	2006年3月6日	2006年3月6日
41	二手车交易规范(商务部公告2006年第22号)	商务部	2006年3月24日	2006年3月24日
42	商务部关于实施"振兴老字号工程"的通知(商改发[2006]171号)	商务部	2006年4月10日	2006年4月10日
43	商务部、国家税务总局关于加强内资融资租赁试点监管工作的通知(商建发[2006]160号)	商务部、税务总局	2006年4月12日	2006年4月12日
44	全国整规办、国资委行业协会联系办公室关于印发《行业信用评价试点工作实施办法》的通知(整规办发[2006]12号)	全国整规办、国资委行业协会联系办公室	2006年4月20日	2006年4月20日
45	商务部关于贯彻落实《国务院关于加强和改进社区服务工作的意见》(商改发[2006]243号)	商务部	2006年5月15日	2006年5月15日
46	商务部、工商总局、外汇管理局关于直销企业缴纳保证金的通知(商资发[2006]第194号)	商务部、工商总局、外汇管理局	2006年6月15日	2006年6月15日
47	商务部关于加强管理直销企业从事直销活动有关问题的通知(商建发[2006]115号)	商务部	2006年8月8日	2006年8月8日
48	商务部、国家文物局关于加强老字号文化遗产保护工作的通知(商改发[2006]554号)	商务部、国家文物局	2006年10月26日	2006年10月26日
49	超市食品安全操作规范(试行)(商运字[2006]122号)	商务部办公厅	2006年12月8日	2006年12月8日
50	全国整规办、国资委行业协会联系办公室关于加强行业信用评价试点管理工作的通知(整规办发[2007]3号)	全国整规办、国资委行业协会联系办公室	2007年1月15日	2007年1月15日

（续表）

序号	文件名称（含文号）	发布单位	发布日期	实施日期
51	商务部办公厅关于印发《市场运行报告制度实施办法》的通知（商运字〔2006〕80号）	商务部办公厅	2007年1月18日	2007年1月18日
52	关于网上交易的指导意见（暂行）（商务部公告2007年第19号）	商务部	2007年3月6日	2007年3月6日
53	商务部关于明确直销企业服务网点核查工作有关问题的通知（商资函〔2007〕第35号）	商务部	2007年3月21日	2007年3月21日
54	商务部办公厅关于加强典当业监督核查和信息报送工作的通知（商办建函〔2007〕34号）	商务部办公厅	2007年3月26日	2007年3月26日
55	"中华老字号"标识使用规定的通知（商改发〔2007〕137号）	商务部	2007年4月13日	2007年4月13日
56	商务部办公厅关于直销企业服务网点、核查及直销分支机构变更等有关问题的答复（商办资函〔2007〕第44号）	商务部	2007年4月18日	2007年4月18日
57	商务部办公厅关于获得直销经营许可的企业从事直销经营活动有关问题的意见（商办建函〔2007〕60号）	商务部办公厅	2007年5月16日	2007年5月16日
58	关于在部分城市限期禁止现场搅拌砂浆工作的通知（商改发〔2007〕205号）	商务部、公安部、建设部、交通部、质检总局、环保总局	2007年6月7日	2007年9月1日
59	商务部办公厅关于加强拍卖业信息报送和统计工作的通知（商办建函〔2007〕68号）	商务部办公厅	2007年6月8日	2007年6月8日
60	商务领域信用信息管理办法（商信用发〔2007〕254号）	商务部	2007年7月5日	2007年10月1日
61	商务部办公厅关于做好典当经营许可证换发工作的通知（商办建函〔2007〕83号）	商务部办公厅	2007年8月1日	2007年8月1日
62	商务部关于加快发展大众化餐饮工作的意见（商改发〔2007〕358号）	商务部	2007年9月6日	2007年9月6日
63	商务部、公安部、工商总局、质检总局关于规范自行车购销管理的通知（商建发〔2007〕384号）	商务部、公安部、工商总局、质检总局	2007年9月27日	2007年12月1日
64	商务部办公厅关于做好县级城市商业网点规划工作的通知（商建字〔2007〕109号）	商务部办公厅	2007年11月28日	2007年11月28日
65	商务部办公厅关于进一步加强成品油市场监测工作的通知（商办改函〔2007〕108号）	商务部办公厅	2007年12月5日	2007年12月5日
66	商务部关于促进电子商务规范发展的意见（商改发〔2007〕490号）	商务部	2007年12月13日	2007年12月13日

（续表）

序号	文件名称（含文号）	发布单位	发布日期	实施日期
67	商务部关于进一步加强抗灾减灾及节日期间成品油市场供应工作的紧急通知（商改发〔2008〕30号）	商务部	2008年2月2日	2008年2月2日
68	商务部关于加快我国流通领域现代物流发展的指导意见（商改发〔2008〕53号）	商务部	2008年3月4日	2008年3月4日
69	关于保护和促进老字号发展的若干意见（商改发〔2008〕104号）	商务部、发展改革委等14部门	2008年3月31日	2008年3月31日
70	商务部办公厅关于进一步做好典当行年审有关工作的通知（商办建函〔2008〕20号）	商务部办公厅	2008年4月1日	2008年4月1日
71	商务部办公厅关于进一步加强农村市场柴油供应保障工作的紧急通知（商改字〔2008〕21号）	商务部办公厅	2008年4月23日	2008年4月23日
72	农产品批发市场食品安全操作规范（试行）（商运字〔2008〕43号）	商务部办公厅	2008年4月23日	2008年4月23日
73	商务部关于加快民族贸易发展的指导意见（商改发〔2008〕188号）	商务部	2008年5月16日	2008年5月16日
74	商务部办公厅关于开展零售企业促销安全检查工作的紧急通知（商建字〔2008〕95号）	商务部办公厅	2008年9月5日	2008年9月5日
75	商务部办公厅关于做好《报废汽车回收拆解企业技术规范》宣传贯彻工作的通知（商建字〔2008〕120号）	商务部办公厅	2008年11月7日	2008年11月7日
76	商务部办公厅关于进一步完善典当业监管及风险防范制度的通知（商建字〔2008〕119号）	商务部办公厅	2008年11月12日	2008年11月12日
77	商务部关于加强商务行政执法工作的意见（商秩发〔2008〕503号）	商务部	2008年12月17日	2008年12月17日
78	商务部办公厅关于进一步规范促销扩大消费的通知（商建字〔2008〕131号）	商务部办公厅	2008年12月26日	2008年12月26日
79	关于经营者集中申报的指导意见	商务部反垄断局	2009年1月5日	2009年1月5日
80	商务部关于健全旧货流通网络的意见（商建发〔2009〕100号）	商务部	2009年3月9日	2009年3月9日
81	商务部、国家发展改革委、工业和信息化部、财政部、农业部、国家工商行政管理总局、国家质量监督检验检疫局、中华全国供销合作总社关于完善农业生产资料流通体系的意见（商建发〔2009〕98号）	商务部、发展改革委、工业和信息化部、财政部、农业部、工商总局、质检总局、中华全国供销合作总社	2009年3月9日	2009年3月9日

(续表)

序号	文件名称(含文号)	发布单位	发布日期	实施日期
82	商务部关于加快我国商业街建设与发展的指导意见(商商贸发〔2009〕158号)	商务部	2009年3月16日	2009年3月16日
83	商务部关于加强商务领域12312举报投诉服务体系建设工作的通知(商秩发〔2009〕120号)	商务部	2009年3月18日	2009年3月18日
84	网络交易服务规范(公告2009年第21号)	商务部	2009年4月2日	2009年12月1日
85	电子商务模式规范(公告2009年第21号)	商务部	2009年4月2日	2009年12月1日
86	商务部关于学习贯彻《食品安全法》做好流通领域食品安全工作的意见(商秩发〔2009〕162号)	商务部	2009年4月9日	2009年4月9日
87	商务部信用工作办公室、国资委行业协会联系办公室关于行业信用评价工作有关事项的通知(商秩字〔2009〕7号)	商务部	2009年5月12日	2009年5月12日
88	商务部办公厅关于启用12312商务举报投诉服务中心标志的通知(商秩字〔2009〕9号)	商务部办公厅	2009年5月15日	2009年5月15日
89	商务部关于进一步推进商务领域信用建设的意见(商秩发〔2009〕234号)	商务部	2009年5月18日	2009年5月18日
90	商务部、国家食品药品监督管理局关于餐饮业贯彻落实《食品安全法》的通知(商商贸发〔2009〕252号)	商务部、食品药品监管局	2009年5月25日	2009年5月25日
91	商务部办公厅关于在商务领域开展"诚信经营"示范创建活动的意见(商秩字〔2009〕10号)	商务部	2009年5月31日	2009年5月31日
92	商务部、财政部关于完善流通领域市场监管公共服务体系的通知(商秩发〔2009〕271号)	商务部、财政部	2009年6月5日	2009年6月5日
93	商务部、财政部、全国总工会关于实施"家政服务工程"的通知(商商贸发〔2009〕276号)	商务部、财政部、全国总工会	2009年6月8日	2009年6月8日
94	商务部办公厅关于做好12312电话号码使用工作的通知(商秩字〔2009〕14号)	商务部办公厅	2009年6月19日	2009年6月19日
95	商务部办公厅关于启用新《报废汽车回收证明》有关事宜的通知(商办建函〔2009〕78号)	商务部办公厅	2009年7月17日	2009年7月17日
96	商务部、住房和城乡建设部关于进一步做好城市禁止现场搅拌砂浆工作的通知(商商贸发〔2009〕361号)	商务部、住房城乡建设部	2009年7月20日	2009年7月20日
97	商务部关于典当企业执行《企业会计准则》有关事项的通知(商建函〔2009〕28号)	商务部	2009年7月21日	2009年7月21日

(续表)

序号	文件名称(含文号)	发布单位	发布日期	实施日期
98	商务部关于印发《成品油分销体系"十二五"发展规划编制工作总体方案》的通知(商商贸发〔2009〕393号)	商务部	2009年8月10日	2009年8月10日
99	商务部办公厅关于加强典当行业监管工作的通知(商办建函〔2009〕81号)	商务部办公厅	2009年8月18日	2009年8月18日
100	商务部办公厅关于印发《商务综合行政执法试点工作考核评估办法(试行)》的通知(商秩字〔2009〕26号)	商务部办公厅	2009年9月2日	2009年9月2日
101	商务部办公厅关于印发《流通领域市场监管公共服务体系项目验收规范》的通知(商秩字〔2009〕30号)	商务部办公厅	2009年10月10日	2009年10月10日
102	商务部关于进一步完善日用工业品流通体系的意见(商商贸发〔2009〕515号)	商务部	2009年10月15日	2009年10月15日
103	商务部、食品药品监管局关于加强药品流通行业管理的通知(商秩发〔2009〕571号)	商务部、食品药品监管局	2009年11月25日	2009年11月25日
104	商务部、公安部、环境保护部、交通运输部、工商总局关于加强报废汽车监督管理有关工作的通知(商建发〔2009〕572号)	商务部、公安部、环境保护部、交通运输部、工商总局	2009年11月26日	2009年11月26日
105	商务部关于加快流通领域电子商务发展的意见(商商贸发〔2009〕540号)	商务部	2009年11月30日	2009年11月30日
106	商务部关于促进加油站非油品业务发展的指导意见(商商贸发〔2010〕41号)	商务部	2010年2月11日	2010年2月11日
107	商务部办公厅关于进一步做好拍卖行业信息报送工作的通知(商办建函〔2010〕382号)	商务部办公厅	2010年4月6日	2010年4月6日
108	商务部关于完善生产资料流通体系的意见(商商贸发〔2010〕115号)	商务部	2010年4月13日	2010年4月13日
109	商务部办公厅关于加强商贸服务行业统计工作的通知(商办商贸函〔2010〕462号)	商务部	2010年4月22日	2010年4月22日
110	关于加强主食加工配送中心信息管理系统建设的通知(商商贸司函〔2010〕43号)	商务部	2010年5月6日	2010年5月6日
111	商务部关于进一步推进再生资源回收行业发展的指导意见(商商贸发〔2010〕187号)	商务部	2010年5月28日	2010年5月28日
112	商务部办公厅关于建立生产资料流通行业重点企业联系制度的通知(商商贸字〔2010〕427号)	商务部办公厅	2010年6月8日	2010年6月8日

(续表)

序号	文件名称(含文号)	发布单位	发布日期	实施日期
113	关于在餐饮与饭店业开展减少使用一次性筷子工作的通知(商商贸发〔2010〕220号)	商务部、发展改革委、环境保护部、税务总局、质检总局、林业局、食品药品监管局	2010年6月17日	2010年6月17日
114	商务部关于促进网络购物健康发展的指导意见(商商贸发〔2010〕239号)	商务部	2010年6月24日	2010年6月24日
115	商务部办公厅、财政部办公厅关于肉类蔬菜流通追溯体系建设试点指导意见的通知(商秩字〔2010〕279号)	商务部、财政部	2010年9月26日	2010年9月26日
116	商务部办公厅关于启用典当行业监督管理信息系统的通知(商办建函〔2010〕1365号)	商务部	2010年9月28日	2010年9月28日
117	商务部关于发布8项国内贸易行业标准的公告(商务部公告2010年第67号)	商务部	2010年10月9日	2010年10月9日
118	商务部关于加强流通服务业节能减排工作的指导意见(商商贸发〔2010〕397号)	商务部	2010年10月9日	2010年10月9日
119	商务部关于开展电子商务示范工作的通知(商商贸发〔2010〕428号)	商务部	2010年10月27日	2010年10月27日
120	商务部关于做好新时期蔬菜流通工作的指导意见(商运发〔2010〕437号)	商务部	2010年10月29日	2010年10月29日
121	商务部办公厅关于印发《拍卖行业信息报送管理办法》的通知(商办建函〔2010〕1497号)	商务部办公厅	2010年11月4日	2010年11月4日
122	商务部关于印发《全国肉类蔬菜流通追溯体系建设规范(试行)》的通知(商秩发〔2010〕457号)	商务部	2010年11月8日	2010年11月8日
123	商务部关于发布7项国内贸易行业标准的公告(商务部公告2010年第95号)	商务部	2010年12月21日	2010年12月21日
124	商务部办公厅关于做好典当业人才培养工作的指导意见(商建字〔2010〕375号)	商务部办公厅	2010年12月22日	2010年12月22日
125	商务部关于规范网络购物促销行为的通知(商商贸发〔2011〕3号)	商务部	2011年1月5日	2011年1月5日
126	商务部关于全国统一当票使用和管理的通知(商建发〔2011〕49号)	商务部	2011年3月4日	2011年3月4日
127	商务部关于印发《肉类流通追溯体系基本要求》、《蔬菜流通追溯体系基本要求》等技术规范的通知(商秩发〔2011〕56号)	商务部	2011年3月9日	2011年3月9日
128	商贸物流发展专项规划(商商发〔2011〕67号)	商务部、发展改革委、供销总社	2011年3月14日	2011年3月14日

（续表）

序号	文件名称（含文号）	发布单位	发布日期	实施日期
129	第三方电子商务交易平台服务规范（商务部公告2011年第18号）	商务部	2011年4月12日	2011年4月12日
130	商务部办公厅关于进一步做好当前成品油市场管理有关工作的通知（商办商贸函〔2011〕333号）	商务部办公厅	2011年5月5日	2011年5月5日
131	商务部关于发布46项国内贸易行业标准的公告（商务部公告2011年第40号）	商务部	2011年7月7日	2011年7月7日
132	商务部银监会关于支持商圈融资发展的指导意见（商秩发〔2011〕253号）	商务部、银监会	2011年7月21日	2011年7月21日
133	"万村千乡市场工程"考核办法（商务部公告2011年第42号）	商务部	2011年7月26日	2011年7月26日
134	商务部办公厅关于贯彻落实规范商业预付卡管理意见的通知（商办秩函〔2011〕876号）	商务部	2011年8月1日	2011年8月1日
135	关于评估经营者集中竞争影响的暂行规定（商务部公告2011年第55号）	商务部	2011年8月29日	2011年9月5日
136	商务部关于"十二五"期间加快散装水泥发展的指导意见（商流通发〔2011〕322号）	商务部	2011年9月13日	2011年9月13日
137	商务部关于"十二五"电子商务发展的指导意见（商电发〔2011〕第375号）	商务部	2011年10月18日	2011年10月18日
138	商务部、财政部、中国人民银行关于"十二五"时期做好扩大消费工作的意见（商运发〔2011〕381号）	商务部、财政部、人民银行	2011年10月21日	2011年10月21日
139	商务部关于加强中小商贸流通企业服务体系建设的指导意见（商流通发〔2011〕399号）	商务部	2011年10月27日	2011年10月27日
140	商务部关于印发《茧丝绸行业"十二五"发展纲要》的通知（商运发〔2011〕411号）	商务部	2011年11月7日	2011年11月7日
141	商务部关于"十二五"期间石油流通行业发展的指导意见（商运发〔2011〕413号）	商务部	2011年11月8日	2011年11月8日
142	商务部关于加快农机现代流通体系建设的意见（商建发〔2011〕431号）	商务部	2011年11月14日	2011年11月14日
143	商务部关于"十二五"时期流通标准化建设的指导意见（商流通发〔2011〕430号）	商务部	2011年11月14日	2011年11月14日
144	商务部关于"十二五"期间加强酒类流通管理的指导意见（商运发〔2011〕459号）	商务部	2011年12月6日	2011年12月6日
145	商务部关于"十二五"期间流通服务业节能减排工作的指导意见（商流通发〔2011〕468号）	商务部	2011年12月12日	2011年12月12日

(续表)

序号	文件名称(含文号)	发布单位	发布日期	实施日期
146	商务部关于"十二五"期间推进生产资料流通现代化的指导意见(商流通发〔2011〕474号)	商务部	2011年12月14日	2011年12月14日
147	商务部关于"十二五"期间促进典当业发展的指导意见(商流通发〔2011〕481号)	商务部	2011年12月15日	2011年12月15日
148	商务部关于"十二五"期间促进旧货业发展的指导意见(商流通发〔2011〕479号)	商务部	2011年12月15日	2011年12月15日
149	商务部关于"十二五"期间促进拍卖业发展的指导意见(商流通发〔2011〕480号)	商务部	2011年12月15日	2011年12月15日
150	商务部关于"十二五"电子商务信用体系建设的指导意见(商电发〔2011〕478号)	商务部	2011年12月15日	2011年12月15日
151	商务部办公厅关于印发《肉类蔬菜流通追溯体系专用标识使用规定(试行)》的通知(商办秩函〔2011〕1251号)	商务部	2011年12月20日	2011年12月20日
152	商务部关于贯彻落实《国务院办公厅关于建立完整的先进的废旧商品回收体系的意见》的通知(商流通函〔2011〕1101号)	商务部	2011年12月20日	2011年12月20日
153	商务部关于国家电子商务示范基地创建工作的指导意见(商电发〔2011〕490号)	商务部	2011年12月22日	2011年12月22日
154	商务部关于"十二五"期间加强工业消费品市场建设的指导意见(商建发〔2011〕503号)	商务部	2011年12月31日	2011年12月31日
155	商务部关于"十二五"期间促进商业特许经营健康发展的指导意见(商流通发〔2011〕510号)	商务部	2012年1月4日	2012年1月4日
156	商务部关于"十二五"时期促进零售业发展的指导意见(商流通发〔2012〕27号)	商务部	2012年1月30日	2012年1月30日
157	商务部办公厅关于开展中药材重点品种流通分析的通知(商办秩函〔2012〕114号)	商务部办公厅	2012年2月23日	2012年2月23日
158	商务部关于贯彻落实国务院决定推动大宗商品市场有序转型的通知(商建发〔2012〕59号)	商务部	2012年2月24日	2012年2月24日
159	商务部办公厅关于印发应急商品数据库信息报送考核办法的通知(商办运函〔2012〕184号)	商务部办公厅	2012年3月15日	2012年3月15日
160	商务部办公厅关于加强直销业信息报送及统计工作的通知(商办秩函〔2012〕213号)	商务部办公厅	2012年3月26日	2012年3月26日
161	商务部办公厅关于印发《建立商贸服务业促进工作联系机制的方案》的通知(商办服贸函〔2012〕421号)	商务部办公厅	2012年5月29日	2012年5月29日

（续表）

序号	文件名称（含文号）	发布单位	发布日期	实施日期
162	商务部办公厅关于做好司法拍卖改革相关工作的通知（商办流通函〔2012〕487号）	商务部办公厅	2012年6月7日	2012年6月7日
163	商务部关于进一步推进商贸流通业统计工作的指导意见（商流通发〔2012〕193号）	商务部	2012年6月8日	2012年6月8日
164	商务部关于推进现代物流技术应用和共同配送工作的指导意见（商流通发〔2012〕211号）	商务部	2012年6月21日	2012年6月21日
165	商务部关于商业保理试点有关工作的通知（商资函〔2012〕419号）	商务部	2012年6月27日	2012年6月27日
166	商务部办公厅、财政部办公厅关于印发《现代服务业综合试点项目管理工作规定》的通知（商办流通函〔2012〕709号）	商务部办公厅、财政部办公厅	2012年6月29日	2012年6月29日
167	商务部办公厅关于做好2012年中小商贸流通企业公共服务平台建设试点工作的通知（商办流通发〔2012〕820号）	商务部办公厅	2012年7月25日	2012年7月25日
168	商务部办公厅关于进一步做好废旧商品回收体系建设工作的通知（商办流通函〔2012〕831号）	商务部办公厅	2012年7月27日	2012年7月27日
169	商务部办公厅关于进一步做好商业特许经营管理工作的通知（商办流通函〔2012〕893号）	商务部办公厅	2012年8月17日	2012年8月17日
170	商务部办公厅、财政部办公厅关于开展2012年中药材流通追溯体系建设试点的通知（商办秩函〔2012〕881号）	商务部办公厅、财政部办公厅	2012年8月22日	2012年8月22日
171	国家质检总局、环境保护部、商务部、国家能源局关于促进车用汽柴油产品质量提升的指导意见（国质检监联〔2012〕496号）	质检总局、环境保护部、商务部、国家能源局	2012年8月28日	2012年8月28日
172	商务部办公厅关于印发《流通行业标准制修订流程管理规范（试行）》的通知（商办流通〔2012〕1038号）	商务部办公厅	2012年9月27日	2012年9月27日
173	商务部关于开展三绿工程试点工作的指导意见（商运函〔2012〕929号）	商务部	2012年10月11日	2012年10月11日
174	商务部办公厅关于印发《商务部食品安全事故（事件）信息报告制度（试行）》的通知（商秩字〔2012〕35号）	商务部办公厅	2012年10月15日	2012年10月15日
175	商务部关于印发《肉类蔬菜流通批发自助交易终端技术要求》、《肉类蔬菜流通追溯零售电子秤技术要求》等技术规范的通知（商秩发〔2012〕414号）	商务部	2012年11月21日	2012年11月21日

（续表）

序号	文件名称（含文号）	发布单位	发布日期	实施日期
176	商务部办公厅关于做好《药品批发企业物流服务能力评估指标》等五个药品流通行业标准宣传贯彻工作的通知（商办秩函〔2012〕1192号）	商务部办公厅	2012年11月22日	2012年11月22日
177	商务部办公厅关于印发《中央储备肉数量检查和质量公检实施细则》的函（商办运函〔2012〕1209号）	商务部办公厅	2012年11月27日	2012年11月27日
178	商务部关于印发《典当行业监管规定》的通知（商流通发〔2012〕423号）	商务部	2012年12月5日	2012年12月5日
179	商务部关于促进中国品牌消费的指导意见（商运法〔2012〕434号）	商务部	2012年12月17日	2012年12月17日
180	商务部关于促进仓储业转型升级的指导意见（商流通发〔2012〕435号）	商务部	2012年12月18日	2012年12月18日
181	商务部办公厅关于进一步加强报废汽车回收拆解行业监督管理工作的通知（商办建函〔2013〕59号）	商务部办公厅	2013年2月2日	2013年2月2日
182	商务部办公厅关于印发中央储备肉入库（栏）计划及中央储备糖入库点计划安排程序制度的通知（商办运函〔2013〕175号）	商务部办公厅	2013年3月26日	2013年3月26日
183	商务部关于深入贯彻落实国内贸易"十二五"规划加强内贸规划工作的实施意见（商建发〔2013〕195号）	商务部	2013年5月24日	2013年5月24日
184	商务部关于印发2013—2015年度应急商品数据监测报表制度的函（商运函〔2013〕273号）	商务部	2013年5月31日	2013年5月31日
185	关于做好商业保理行业管理工作的通知（商办秩函〔2013〕718号）	商务部办公厅	2013年8月15日	2013年8月15日
186	商务部办公厅、财政部办公厅关于印发《第一批中药材流通追溯体系试点城市建设工作考核办法》的通知（商秩字〔2013〕22号）	商务部办公厅、财政部办公厅	2013年8月27日	2013年8月27日
187	商务部关于印发《融资租赁企业监督管理办法》的通知（商流通发〔2013〕337号）	商务部	2013年9月18日	2013年10月1日
188	商务部、发展改革委、科技部、工业和信息化部、财政部、农业部、人民银行、税务总局关于进一步促进茧丝绸行业健康发展的意见（商运发〔2013〕358号）	商务部、发展改革委、科技部、工业和信息化部、财政部、农业部、人民银行、税务总局	2013年9月30日	2013年9月30日
189	商务部关于进一步加强内贸规划工作的实施意见（商建函〔2013〕875号）	商务部	2013年10月17日	2013年10月17日
190	关于规范单用途商业预付卡履约保证保险业务的通知（商秩函〔2013〕881号）	商务部、保监会	2013年10月17日	2013年10月17日

（续表）

序号	文件名称（含文号）	发布单位	发布日期	实施日期
191	商务部办公厅关于开展2013年中药材流通追溯体系建设工作的通知（商办秩函〔2013〕848号）	商务部办公厅	2013年11月7日	2013年11月7日
192	商务部关于进一步加强商务行政执法工作的意见（商秩发〔2013〕434号）	商务部	2013年11月22日	2013年11月22日
193	商务部关于进一步做好市场监测和保供工作的实施意见（商运函〔2013〕1006号）	商务部	2013年12月10日	2013年12月10日
194	商务部办公厅关于印发《中央储备肉、糖在库管理制度》的通知	商务部办公厅	2013年12月13日	2013年12月13日
195	关于经营者集中简易案件适用标准的暂行规定（公告2014年第12号）	商务部	2014年2月11日	2014年2月12日
196	商务部等13部门关于进一步加强农产品市场体系建设的指导意见（商建发〔2014〕60号）	商务部、发展改革委、财政部、国土资源部、住房和城乡建设部、交通运输部、农业部、人民银行、国资委、税务总局、银监会、保监会、标准委	2014年2月25日	2014年2月25日
197	商务部办公厅关于加强肉菜流通追溯体系宣传工作的通知（商办秩函〔2014〕110号）	商务部办公厅	2014年3月18日	2014年3月18日
198	商务部办公厅关于印发《中央储备肉、糖入库（栏）管理制度》等两项制度的通知（商办运函〔2014〕128号）	商务部办公厅	2014年4月4日	2014年4月4日
199	商务部关于加快发展大众化餐饮的指导意见（商服贸函〔2014〕265号）	商务部	2014年5月27日	2014年5月27日
200	商务部办公厅关于印发肉类蔬菜流通追溯体系项目建设中期评估规范和考核验收规范的通知（商办秩函〔2014〕512号）	商务部办公厅	2014年6月23日	2014年6月23日
201	商务部办公厅关于抓好肉类蔬菜中药材流通追溯体系运行管理工作的通知（商办秩函〔2014〕584号）	商务部办公厅	2014年7月22日	2014年7月22日
202	商务部等6部门关于落实2014年度医改重点工作任务提升药品流通服务水平和效率工作的通知（商秩函〔2014〕705号）	财政部、发展改革委、商务部、人力资源和社会保障部、国家卫生和计划生育委员会、国家食品药品监督管理总局	2014年9月1日	2014年9月1日
203	商务部关于厉行节约反对食品浪费有关工作的通知（商服贸函〔2014〕689号）	商务部	2014年9月1日	2014年9月1日

（续表）

序号	文件名称（含文号）	发布单位	发布日期	实施日期
204	商务部关于加快推进商务诚信建设工作的实施意见（商秩函〔2014〕772号）	商务部	2014年9月12日	2014年9月12日
205	商务部关于促进商贸物流发展的实施意见（商流通函〔2014〕790号）	商务部	2014年9月22日	2014年9月22日
206	商务部关于大力发展绿色流通的指导意见（商流通函〔2014〕792号）	商务部	2014年9月22日	2014年9月22日
207	商务部关于推动养老服务产业发展的指导意见（商服贸函〔2014〕899号）	商务部	2014年11月14日	2014年11月14日
208	商务部办公厅、国家标准委办公室关于印发《商贸物流标准化专项行动计划》的通知（商办流通函〔2014〕752号）	商务部办公厅、国家标准委办公室	2014年11月20日	2014年11月20日
209	商务部关于促进中小商贸流通企业健康发展的指导意见（商流通函〔2014〕919号）	商务部	2014年11月28日	2014年11月28日
210	商务部关于利用全国融资租赁企业管理信息系统进行租赁物登记查询等有关问题的公告（商务部公告〔2014〕84号）	商务部	2014年12月4日	2014年12月4日
211	商务部 银监会关于完善融资环境加强小微商贸流通企业融资服务的指导意见（商流通函〔2014〕938号）	商务部、银监会	2014年12月9日	2014年12月9日
212	商务部 环境保护部 工业和信息化部关于印发《企业绿色采购指南（试行）》的通知（商流通函〔2014〕973号）	商务部、环境保护部、工业和信息化部	2014年12月22日	2014年12月22日
213	商务部办公厅关于加快推进中药材现代物流体系建设指导意见的通知（商办秩函〔2014〕809号）	商务部办公厅	2014年12月31日	2014年12月31日
214	商务部办公厅关于加快推进中药材现代物流体系建设指导意见的通知（商办秩函〔2014〕809号）	商务部办公厅	2014年12月31日	2014年12月31日
215	商务部办公厅关于进一步引导和支持典当行做好中小微企业融资服务的通知（商办流通函〔2015〕6号）	商务部办公厅	2015年1月7日	2015年1月7日
216	商务部、发展改革委、国土资源部、住房和城乡建设部、供销合作总社关于印发《再生资源回收体系建设中长期规划（2015—2020）》的通知（商流通发〔2015〕21号）	商务部、发展改革委、国土资源部、住房和城乡建设部、供销合作总社	2015年1月21日	2015年1月21日

（续表）

序号	文件名称（含文号）	发布单位	发布日期	实施日期
217	商务部办公厅、发展改革委办公厅、公安部办公厅、税务总局办公厅、工商总局办公厅关于进一步加强零售商供应商交易监管工作的通知（商办秩函〔2015〕42号）	商务部办公厅、发展改革委办公厅、公安部办公厅、税务总局办公厅、工商总局办公厅	2015年1月26日	2015年1月27日
218	商务部办公厅关于启用新版全国拍卖行业管理信息系统有关事项的通知（商办流通函〔2015〕58号）	商务部办公厅	2015年2月4日	2015年2月4日
219	商务部关于印发《药品流通统计报表制度（2015—2016）》的通知（商秩函〔2015〕64号）	商务部	2015年2月25日	2015年2月25日
220	商务部办公厅关于建立百家百亿市场联系制度的通知	商务部办公厅	2015年4月29日	2015年4月29日
221	商务部办公厅关于进一步加强肉菜中药材流通追溯体系建设信息报送工作的通知（商办秩函〔2015〕169号）	商务部办公厅	2015年5月6日	2015年5月6日
222	商务部办公厅关于智慧物流配送体系建设实施方案的通知（商办流通函〔2015〕548号）	商务部办公厅	2015年7月17日	2015年7月7日
223	商务部办公厅关于融资租赁行业推广中国（上海）自由贸易试验区可复制改革试点经验的通知（商办流通函〔2015〕575号）	商务部办公厅	2015年7月23日	2015年7月23日
224	关于进一步做好行业信用评价工作的意见（商信用字〔2015〕1号）	商务部、国有资产监督管理委员会	2015年8月5日	2015年8月5日
225	商务部办公厅关于印发《肉类蔬菜流通追溯体系运行考核办法》的通知（商办秩函〔2015〕601号）	商务部办公厅	2015年8月5日	2015年8月5日
226	商务部等19部门关于加快发展农村电子商务的意见（商建发〔2015〕306号）	商务部等19部门	2015年8月21日	2015年8月21日
227	商务部关于直销企业分支机构管理有关问题的通知（商秩函〔2015〕591号）	商务部	2015年8月31日	2015年8月31日
228	商务部关于印发《重要生产资料市场监测报表制度（2015—2017年）》的通知（商运函〔2015〕636号）	商务部	2015年9月1日	2015年9月1日
229	商务部办公厅关于典当和拍卖经营许可证印制有关工作的通知（商办流通函〔2015〕625号）	商务部办公厅	2015年9月8日	2015年9月8日
230	商务部办公厅关于开展典当行业风险检查的通知（商办流通函2015〔662〕号）	商务部办公厅	2015年9月23日	2015年9月23日

(续表)

序号	文件名称(含文号)	发布单位	发布日期	实施日期
231	商务部办公厅关于加强单用途商业预付卡备案企业业务报告工作的通知(商办秩函〔2015〕666号)	商务部办公厅	2015年9月25日	2015年9月25日
232	商务部关于加快居民生活服务业线上线下融合创新发展的实施意见(商服贸函〔2015〕865号)	商务部	2015年10月19日	2015年10月19日
233	商务部、中央编办关于商务综合行政执法体制改革试点工作的指导意见(商秩发〔2015〕499号)	商务部、中央编办	2015年12月24日	2015年12月24日
234	商务部办公厅关于印发《全国散装水泥使用、供应和主要设施装备统计报表制度》的通知(商办流通函〔2015〕813号)	商务部办公厅	2015年12月31日	2015年12月31日
235	商务部办公厅关于做好商业保理业务信息系统信息传送工作的通知(商办秩函〔2015〕814号)	商务部办公厅	2015年12月31日	2015年12月31日
236	商务部关于印发《商贸服务典型企业统计报表制度(2016—2017年)》的通知(商运函〔2016〕43号)	商务部	2016年2月1日	2016年1月
237	商务部等8部门关于促进汽车平行进口试点的若干意见(商建发〔2016〕50号)	商务部、工业和信息化部、公安部、环境保护部、交通运输部、海关总署、质检总局、认监委	2016年2月22日	2016年2月22日
238	商务部关于推动餐饮业转型发展的指导意见(商服贸发〔2016〕71号)	商务部	2016年3月7日	2016年3月7日
239	商务部办公厅关于加强汽车平行进口试点工作的通知(商办建函〔2016〕114号)	商务部办公厅	2016年3月16日	2016年3月16日
240	商务部、税务总局关于天津等4个自由贸易试验区内资租赁企业从事融资租赁业务有关问题的通知(商流通函〔2016〕90号)	商务部、税务总局	2016年3月17日	2016年3月17日
241	商务部等六部门印发《全国电子商务物流发展专项规划(2016—2020)》(商流通发〔2016〕85号)	商务部、发展改革委、交通运输部、海关总署、国家邮政局、国家标准委	2016年3月17日	2016年3月17日
242	商务部办公厅关于做好2016年绿色流通有关工作的通知(商办流通函〔2016〕131号)	商务部办公厅	2016年3月18日	2016年3月18日
243	商务部办公厅关于进一步加强单用途商业预付卡管理工作的通知(商办秩函〔2016〕122号)	商务部办公厅	2016年3月18日	2016年3月18日

（续表）

序号	文件名称（含文号）	发布单位	发布日期	实施日期
244	商务部办公厅关于建立百家百亿市场信息直报制度（试行）的通知	商务部办公厅	2016年3月22日	2016年3月22日
245	商务部关于直销产品和直销培训员备案管理有关事项的通知（商秩函〔2016〕153号）	商务部	2016年4月8日	2016年4月8日
246	商务部、发展改革委、工业和信息化部、环境保护部、住房城乡建设部、供销合作总社关于推进再生资源回收产业转型升级的意见（商流通函〔2016〕206号）	商务部、发展改革委、工业和信息化部、环境保护部、住房城乡建设部、供销合作总社	2016年5月5日	2016年5月5日
247	商务部办公厅关于进一步做好商务诚信建设试点工作的通知（商办秩函〔2016〕227号）	商务部办公厅	2016年5月23日	2016年5月23日
248	商务部等11部门办公厅关于促进二手车便利交易 加快活跃二手车市场的通知（商建字〔2016〕8号）	商务部、发展改革委、工业和信息化部、公安部、财政部、环境保护部、交通运输部、税务总局、工商总局、银监会、保监会办公厅	2016年6月8日	2016年6月8日
249	商务部办公厅关于印发《茧丝绸行业信息监测统计报表制度（2016年—2018年）》的通知（商办运函〔2016〕454号）	商务部办公厅	2016年6月16日	2016年6月16日

三、外商投资（101件）

序号	文件名称（含文号）	发布单位	发布日期	实施日期
1	对外经济贸易部关于合资企业或合资企业的中外方投资者能否用租赁来的设备作为注册资本投入合资企业问题的通知（外经贸法字〔1986〕第12号）	对外经济贸易部	1986年5月19日	1986年5月19日
2	对外经济贸易部关于实施《中外合资经营企业合营期限暂行规定》有关问题的通知（外经贸资发〔1991〕第454号）	对外经济贸易部	1991年6月24日	1991年6月24日
3	对外贸易经济合作部关于以BOT方式吸收外商投资有关问题的通知（外经贸法函〔1994〕第89号）	对外贸易经济合作部	1995年1月16日	1995年1月16日
4	对外贸易经济合作部、国家工商行政管理局关于外商投资企业调整投资总额和注册资本有关规定及程序的通知（外经贸法发〔1995〕第366号）	对外贸易经济合作部、工商总局	1995年5月25日	1995年5月25日

(续表)

序号	文件名称(含文号)	发布单位	发布日期	实施日期
5	关于发布《关于执行〈中华人民共和国中外合作经营企业法实施细则〉若干条款的说明》的通知(外经贸法发〔1996〕658号)	对外贸易经济合作部	1996年10月22日	1996年10月22日
6	对外贸易经济合作部关于对外资企业将其财产或者权益对外抵押问题的答复(外经贸法函字〔1996〕第66号)	对外贸易经济合作部	1996年10月31日	1996年10月31日
7	对外贸易经济合作部关于印发《关于解决外商投资企业董事不出席企业董事会会议问题的指导意见》的通知(外经贸法发〔1998〕第302号)	对外贸易经济合作部	1998年4月20日	1998年4月20日
8	对外贸易经济合作部关于加强项目确认书出具工作的通知(外经贸资综函字〔1998〕第254号)	对外贸易经济合作部	1998年5月6日	1998年5月6日
9	对外贸易经济合作部关于加强外商投资企业审批管理工作的通知(外经贸资综函字〔1998〕第260号)	对外贸易经济合作部	1998年5月7日	1998年5月7日
10	关于外商投资设立研发中心有关问题的通知(外经贸资发〔2000〕第218号)	对外贸易经济合作部	2000年4月18日	2000年4月18日
11	对外贸易经济合作部关于外商投资企业批准证书发放权有关事宜的通知(外经贸资综函〔2001〕第287号)	对外贸易经济合作部	2001年3月30日	2001年3月30日
12	关于印发《关于上市公司涉及外商投资有关问题的若干意见》的通知(外经贸资发〔2001〕538号)	对外贸易经济合作部、证监会	2001年10月8日	2001年10月8日
13	对外经济贸易合作部关于开展试点设立外商投资物流企业有关问题的通知(外经贸资一函〔2002〕615号)	对外经济贸易合作部	2002年6月20日	2002年7月20日
14	对外经济贸易合作部、国家税务总局、国家工商行政管理总局、国家外汇管理局关于加强外商投资企业审批、登记、外汇及税收管理有关问题的通知(外经贸法发〔2002〕575号)	对外贸易经济合作部、税务总局、工商总局、外汇局	2002年12月30日	2002年12月30日
15	商务部、财政部、国务院国有资产监督管理委员会、中国证券监督管理委员会公告〔2003〕第25号	商务部、财政部、国资委、证监会	2003年8月5日	2003年8月5日
16	关于上市公司国有股向外国投资者及外商投资企业转让申报程序有关问题的通知(商资字〔2004〕1号)	商务部办公厅、国资委	2004年1月21日	2004年1月21日
17	商务部关于外商投资企业在清算过程中终止清算、恢复经营问题答复的函(商法函〔2004〕第45号)	商务部	2004年7月15日	2004年7月15日

(续表)

序号	文件名称(含文号)	发布单位	发布日期	实施日期
18	商务部关于外商投资企业外贸权备案登记有关问题的通知(商资函〔2004〕第46号)	商务部	2004年8月17日	2004年8月17日
19	商务部关于外商投资企业申请延期有关问题的意见(商法函〔2004〕第71号)	商务部	2004年11月11日	2004年11月11日
20	商务部关于依法行政做好外商投资企业审批工作的通知(商资函〔2005〕第3号)	商务部	2005年1月21日	2005年1月21日
21	商务部办公厅关于转发国务院法制办公室对于外商投资企业投资者出资及清算具体应用问题的复函的通知(商法字〔2005〕第32号)	商务部办公厅	2005年3月18日	2005年3月18日
22	商务部办公厅关于加强外商投资处置不良资产审批管理的通知(商资字〔2005〕第37号)	商务部办公厅	2005年4月29日	2005年4月29日
23	商务部、海关总署办公厅关于保税区及保税物流园区贸易管理有关问题的通知(商资字〔2005〕第76号)	商务部、海关总署办公厅	2005年7月13日	2005年7月13日
24	商务部、证监会关于上市公司股权分置改革涉及外资管理有关问题的通知(商资发〔2005〕第565号)	商务部、证监会	2005年10月26日	2005年10月26日
25	下放外商投资企业备案和批准证书发放管理权限、进一步简化审批程序等有关问题(商务部公告〔2005〕第59号)	商务部	2005年11月14日	2006年1月1日
26	商务部办公厅关于扩大开放、提高吸收外资水平、促进中部崛起的指导意见(商资字〔2005〕第130号)	商务部办公厅	2005年12月28日	2005年12月28日
27	关于2006年12月1日起废止外商投资传销转型企业有关规定的公告(商务部、工商总局〔2005〕第100号公告)	商务部、工商总局	2005年12月31日	2005年12月31日
28	商务部、财政部、海关总署、国家税务总局关于印发《产品全部直接出口的允许类外商投资企业产品出口情况检查暂行办法》的通知(商资发〔2006〕第1号)	商务部、财政部、海关总署、税务总局	2006年3月1日	2006年3月1日
29	商务部办公厅关于对外商投资企业股权变更有关问题的答复(商办法函〔2006〕第32号)	商务部办公厅	2006年3月18日	2006年3月18日
30	商务部关于办理鼓励类外商投资企业免税确认书有关问题的复函(商资函〔2006〕第41号)	商务部	2006年4月6日	2006年4月6日
31	商务部关于进一步做好物流领域吸引外资工作的通知(商资函〔2006〕第38号)	商务部	2006年4月20日	2006年3月31日

（续表）

序号	文件名称（含文号）	发布单位	发布日期	实施日期
32	商务部关于办理外商投资企业《国家鼓励发展的内外资项目确认书》有关问题的通知（商资发〔2006〕第201号）	商务部	2006年4月29日	2006年4月29日
33	商务部办公厅关于贯彻落实《关于规范房地产市场外资准入和管理的意见》有关问题的通知（商资字〔2006〕第192号）	商务部办公厅	2006年8月14日	2006年8月14日
34	商务部关于实施"万商西进工程"的通知（商资发〔2006〕530号）	商务部	2006年9月30日	2006年9月30日
35	商务部办公厅关于制止层层分解并考核招商引资指标的通知（商资字〔2007〕第5号）	商务部办公厅	2007年2月2日	2007年2月2日
36	商务部办公厅关于在招商引资工作中严格执行国家有关土地政策的通知（商资字〔2007〕32号）	商务部	2007年4月3日	2007年4月3日
37	商务部、国家外汇管理局关于进一步加强、规范外商直接投资房地产业审批和监管的通知（商资函〔2007〕第50号）	商务部、外汇局	2007年5月23日	2007年5月23日
38	商务部、国家发展和改革委员会、国土资源部关于进一步扩大煤层气开采对外合作有关事项的通知（商资函〔2007〕第94号）	商务部、发展改革委、国土资源部	2007年10月17日	2007年10月17日
39	商务部关于促进国家级经济技术开发区发展服务外包产业的指导意见（商资发〔2007〕451号）	商务部	2007年11月14日	2007年11月14日
40	商务部关于国家级经济技术开发区加强社会责任建设的若干意见（商资发〔2007〕462号）	商务部	2007年11月21日	2007年11月21日
41	商务部关于落实科学发展观建和谐开发区的指导意见（商资发〔2007〕500号）	商务部	2007年12月19日	2007年12月19日
42	关于依法做好外商投资企业解散和清算工作的指导意见（商法字〔2008〕31号）	商务部	2008年5月5日	2008年5月5日
43	关于做好外商投资企业房地产业备案工作的通知（商资函〔2008〕第23号）	商务部	2008年6月18日	2008年7月1日
44	关于下放外商投资股份有限公司非上市外资股转B股流通有关问题的通知（商资函〔2008〕59号）	商务部	2008年7月30日	2008年7月30日
45	关于进一步加强外商投资涉及宏观调控审核和备案工作的通知（商资函〔2008〕54号）	商务部	2008年8月18日	2008年8月18日
46	商务部关于进一步简化和规范外商投资行政许可的通知（商资函〔2008〕第21号）	商务部	2008年8月26日	2008年8月26日

(续表)

序号	文件名称(含文号)	发布单位	发布日期	实施日期
47	关于下放外商投资商业企业审批事项的通知(商资函[2008]第51号)	商务部	2008年9月12日	2008年9月12日
48	关于推动外商投资企业开展节能减排工作的若干意见(商资发[2008]416号)	商务部	2008年10月20日	2008年10月20日
49	商务部关于省级商务主管部门和国家级经济技术开发区负责审核管理部分服务业外商投资企业审批事项的通知(商资函[2008]第64号)	商务部	2008年10月30日	2008年10月30日
50	关于印发《外资非正常撤离中国相关利益方跨国追究与诉讼工作指引》的通知(商资字[2008]323号)	商务部	2008年11月19日	2008年11月19日
51	关于建立招商选资综合评价体系的指导意见(商资发[2008]510号)	商务部	2008年12月22日	2008年12月22日
52	关于进一步发挥外商投资促进我国自主创新积极作用的指导意见(商资发[2008]519号)	商务部	2008年12月25日	2008年12月25日
53	关于加强外商投资土地利用统计工作的通知(商资函[2008]89号)	商务部	2009年1月16日	2009年1月16日
54	商务部关于由省级商务主管部门和国家经济技术开发区负责审核管理部分服务业外商投资企业审批事项的通知(商资函[2009]第2号)	商务部	2009年2月7日	2009年2月7日
55	商务部办公厅关于建立外商投资企业突发事件预防及应急机制的通知(商资字[2009]35号)	商务部办公厅	2009年2月11日	2009年2月11日
56	关于进一步改进外商投资审批工作的通知(商资函[2009]7号)	商务部	2009年3月5日	2009年3月5日
57	关于外商投资创业投资企业、创业投资管理企业审批事项的通知(商资函[2009]第9号)	商务部	2009年3月5日	2009年3月5日
58	关于下放外商投资举办投资性公司审批权限的通知(商资函[2009]8号)	商务部	2009年3月6日	2009年3月6日
59	商务部办公厅关于做好收费公路权益转让实际外商投资事项有关工作的通知(商资字[2009]48号)	商务部办公厅	2009年3月10日	2009年3月11日
60	关于确定外商投资企业自动进口许可证发证平台调整时间的通知(商办资函[2009]56号)	商务部办公厅	2009年3月16日	2009年4月1日

（续表）

序号	文件名称（含文号）	发布单位	发布日期	实施日期
61	关于调整外商投资企业易制毒化学品进出口管理工作有关事项的通知（商办资函〔2009〕77号）	商务部办公厅	2009年4月1日	2009年4月1日
62	商务部关于省级商务主管部门和国家经济技术开发区审核管理部分服务业外商投资企业相关事项的通知（商资函〔2009〕第6号）	商务部	2009年5月4日	2009年5月4日
63	商务部、工业和信息化部关于境外直接上市的境内企业申请经营电信业务适用程序有关问题的通知（商资函〔2009〕71号）	商务部、工业和信息化部	2009年9月18日	2009年9月18日
64	商务部关于加强外商投资管理引导产业健康发展的通知（商资发〔2009〕573号）	商务部	2009年11月26日	2009年11月26日
65	商务部办公厅关于规范外商投资举办投资性公司审批工作的通知（商办资函〔2010〕109号）	商务部	2010年1月29日	2010年1月29日
66	关于外商投资企业进出口配额、许可证商品管理工作调整有关事项的通知（商办资函〔2010〕188号）	商务部办公厅	2010年2月11日	2010年2月11日
67	商务部关于印发《国家级经济技术开发区综合统计制度》（修订稿）的通知（商资函〔2010〕148号）	商务部	2010年3月8日	2010年3月8日
68	商务部关于加强淘汰落后产能做好利用外资工作的通知（商资函〔2010〕323号）	商务部	2010年3月15日	2010年3月15日
69	商务部关于下放外商投资审批权限有关问题的通知（商资发〔2010〕209号）	商务部	2010年6月10日	2010年6月10日
70	商务部办公厅关于外商投资互联网、自动售货机方式销售项目审批管理有关问题的通知（商资字〔2010〕272号）	商务部办公厅	2010年8月19日	2010年8月19日
71	商务部关于外商投资融资性担保公司审核管理有关事项的通知（商资函〔2010〕762号）	商务部	2010年8月25日	2010年8月25日
72	商务部办公厅关于加强外商投资房地产业审批备案管理的通知（商办资函〔2010〕1542号）	商务部办公厅	2010年11月22日	2010年11月22日
73	商务部、国家发展改革委、国土资源部、国家能源局关于同意中国石油天然气集团公司等三家公司开展对外合作开采煤层气资源试点工作的通知（商资函〔2010〕984号）	商务部、发展改革委、国土资源部、国家能源局	2010年11月30日	2010年11月30日
74	商务部关于外商投资管理工作有关问题的通知（商资函〔2011〕72号）	商务部	2011年2月25日	2011年2月25日

（续表）

序号	文件名称（含文号）	发布单位	发布日期	实施日期
75	关于建立外资统计联络员制度的通知（商办资函〔2011〕542号）	商务部办公厅	2011年6月1日	2011年6月1日
76	商务部实施外国投资者并购境内企业安全审查制度的规定（商务部公告2011年第53号）	商务部	2011年8月25日	2011年9月1日
77	商务部、外汇局关于进一步完善外商投资性公司有关管理措施的通知（商资函〔2011〕1078号）	商务部	2011年12月8日	2011年12月8日
78	商务部关于印发《国家级经济技术开发区及边境经济合作区综合统计制度》（修订稿）的通知（商资函〔2012〕144号）	商务部	2012年3月9日	2012年3月9日
79	商务部关于完善外商投资创业投资企业备案管理的通知（商资函〔2012〕269号）	商务部	2012年5月7日	2012年5月7日
80	商务部办公厅关于正式启用全口径外资管理信息系统的通知（商办资函〔2012〕428号）	商务部办公厅	2012年5月29日	2012年5月29日
81	商务部关于香港、澳门服务提供者在深圳市、广州市试点设立商业保理企业的通知（商资函〔2012〕1091号）	商务部	2012年12月7日	2012年12月7日
82	商务部、民政部关于香港、澳门服务提供者在内地举办营利性养老机构和残疾人服务机构有关事项的通知（商资函〔2013〕67号）	商务部 民政部	2013年2月17日	2013年2月17日
83	台湾投资者经第三地转投资认定暂行办法（商务部、台办公告2013年第12号）	商务部、台办	2013年2月20日	2013年2月20日
84	商务部办公厅关于加强和改善外商投资融资租赁公司审批与管理工作的通知（商办资函〔2013〕657号）	商务部办公厅	2013年7月11日	2013年7月11日
85	关于跨境人民币直接投资有关问题的公告（商务部公告2013年第87号）	商务部	2013年12月1日	2014年1月1日
86	商务部公告2014年第41号——关于开展规范优化外商投资审批试点工作的公告	商务部	2014年5月28日	2014年5月28日
87	商务部关于改进外资核管理工作的通知（商资函〔2014〕314号）	商务部	2014年6月19日	2014年6月17日
88	商务部办公厅关于中外合资经营等类型企业转变为外商投资股份有限公司有关问题的函（商办资函〔2014〕516号）	商务部	2014年6月24日	2014年6月24日
89	商务部、外汇局关于改进外商投资房地产备案工作的通知（商资函〔2014〕340号）	商务部、外汇局	2014年6月27日	2014年8月1日

(续表)

序号	文件名称(含文号)	发布单位	发布日期	实施日期
90	商务部办公厅关于明确外商投资殡葬服务设施审批权限的通知(商办资函〔2015〕123号)	商务部	2015年4月7日	2015年4月7日
91	《自由贸易试验区外商投资备案管理办法(试行)》(商务部公告2015年第12号)	商务部	2015年4月8日	2015年5月8日
92	商务部关于做好取消鼓励类外商投资企业项目确认审批后续工作的通知(商资函〔2015〕160号)	商务部	2015年4月13日	2015年4月13日
93	商务部关于支持自由贸易试验区创新发展的意见(商资发〔2015〕313号)	商务部	2015年8月25日	2015年8月25日
94	商务部外汇局关于进一步改进外商投资房地产备案工作的通知(商资函〔2015〕895号)	商务部、外汇局	2015年11月6日	2015年11月6日
95	商务部关于印发自由贸易试验区"最佳实践案例"的函(商资函〔2015〕945号)	商务部	2015年11月30日	2015年11月30日
96	商务部关于进一步加强外资统计工作的通知(商资函〔2016〕44号)	商务部	2016年2月2日	2016年2月2日
97	商务部关于开展中国外商投资存量调查工作的通知(商资函〔2016〕183号)	商务部	2016年4月27日	2016年5月16日
98	商务部关于印发《国家级经济技术开发区综合发展水平考核评价办法》的通知	商务部	2016年5月3日	2016年5月3日
99	《港澳服务提供者在内地投资备案管理办法(试行)》(商务部公告2016年第20号)	商务部	2016年5月18日	2016年6月1日
100	商务部、财政部、税务总局、统计局关于开展2016年外商投资企业年度投资经营信息联合报告工作的通知(商资函〔2016〕223号)	商务部、财政部、税务总局、统计局	2016年5月19日	2016年5月16日
101	商务部关于印发《外商投资统计制度(2016年)》的通知(商资函〔2016〕248号)	商务部	2016年5月26日	2016年5月1日

四、国际经济合作与对外援助(100件)

序号	文件名称(含文号)	发布单位	发布日期	实施日期
1	对外贸易经济合作部关于印发《关于援外技术合作项目招(议)标报价取费标准的暂行规定》的通知(外经贸援发〔1994〕第745号)	对外贸易经济合作部	1995年2月14日	1995年3月1日
2	关于外派劳务培训收费标准的规定的通知(外经贸合函字〔1996〕第8号)	对外贸易经济合作部	1996年3月5日	1996年3月5日

(续表)

序号	文件名称(含文号)	发布单位	发布日期	实施日期
3	对外贸易经济合作部、国家出入境检验检疫局关于进一步加强对外援助物资检验管理有关事宜的通知(外经贸援发〔1999〕第108号)	对外贸易经济合作部、国家出入境检验检疫局	1999年3月2日	1999年3月2日
4	关于印发《中华人民共和国政府和俄罗斯联邦政府关于中华人民共和国公民在俄罗斯联邦和俄罗斯联邦公民在中华人民共和国的短期劳务协定》的通知(外经贸合发〔2001〕123号)	对外贸易经济合作部、劳动保障部、外国专家局	2001年6月3日	2001年6月3日
5	对外贸易经济合作部、海关总署关于印发《关于对外承包工程项目项下出口设备材料的工作规程》的通知(外经贸合发〔2001〕579号)	对外贸易经济合作部、海关总署	2001年12月25日	2002年1月1日
6	对外贸易经济合作部、财政部关于印发《优惠贷款贴息暂行管理办法》的通知(外经贸计财发〔2001〕690号)	对外贸易经济合作部、财政部	2002年1月24日	2002年1月1日
7	关于印发《对外劳务合作项目审查有关问题的规定》的通知(外经贸合发〔2002〕137号)	对外贸易经济合作部	2002年3月14日	2002年4月1日
8	对外贸易经济合作部、海关总署关于印发《关于对外承包工程项目项下出口设备材料的工作规程》补充规定的通知(外经贸合发〔2002〕451号)	对外贸易经济合作部、海关总署	2002年9月17日	2002年9月17日
9	对外贸易经济合作部、海关总署、国家质量监督检验检疫总局关于加强我国对外经济技术援助物资质量监管和口岸验放管理的通知(外经贸援发〔2002〕第560号)	对外贸易经济合作部、海关总署、质检总局	2002年12月20日	2002年12月20日
10	关于请协助建立外派劳务援助工作机制有关问题的函(外经贸合函〔2003〕30号)	对外贸易经济合作部	2003年1月10日	2003年1月10日
11	关于转发《关于执行〈办理劳务人员出国手续的办法〉有关问题的补充规定》的通知(商合函〔2003〕7号)	商务部	2003年3月26日	2003年5月1日
12	关于印发《对外劳务合作项目审查有关问题的补充通知》的通知(商合发〔2003〕44号)	商务部	2003年4月9日	2003年5月1日
13	商务部关于不再受理高级劳务人员赴港申请的通知(商合发〔2003〕142号)	商务部	2003年6月25日	2003年6月25日
14	商务部、国务院港澳办、中央政府驻澳门联络办关于内地输澳劳务管理体制改革的通知(商合发〔2003〕262号)	商务部、港澳办、中央驻澳门联络办	2003年8月1日	2003年9月1日
15	商务部关于印发《外派劳务培训管理办法》的通知(商合发〔2004〕63号)	商务部	2004年2月16日	公布30日后

(续表)

序号	文件名称(含文号)	发布单位	发布日期	实施日期
16	商务部办公厅关于贯彻落实内地输澳劳务管理体制改革(有关问题)的紧急通知(商合字〔2004〕28号)	商务部办公厅	2004年6月14日	2004年6月14日
17	商务部、外交部关于发布《对外投资国别产业导向目录(一)》的通知(商合发〔2004〕294号)	商务部、外交部	2004年7月8日	2004年7月8日
18	商务部、国土资源部关于实行境外矿产资源开发网上备案的通知(商合发〔2004〕408号)	商务部、国土资源部	2004年8月17日	2004年8月17日
19	商务部办公厅关于切实做好援外人力资源开发合作培训班安全工作的通知(商援字〔2004〕17号)	商务部办公厅	2004年9月1日	2004年9月1日
20	商务部、国家林业局关于中俄森林采伐、更新及木材加工合作备案管理有关问题的通知(商合发〔2004〕416号)	商务部、国家林业局	2004年9月9日	2004年9月9日
21	商务部办公厅关于进一步加强外派劳务培训管理工作有关问题的通知(商合字〔2004〕53号)	商务部办公厅	2004年9月23日	2004年9月23日
22	商务部关于印发《国别投资经营障碍报告制度》的通知(商合发〔2004〕558号)	商务部	2004年11月11日	2004年11月11日
23	商务部、国家外汇管理局关于印发《企业境外并购事项前期报告制度》的通知(商合发〔2005〕131号)	商务部、国家外汇管理局	2005年3月31日	2005年5月1日
24	商务部、外交部关于发布《对外投资国别产业导向目录(二)》的通知(商合发〔2005〕151号)	商务部、外交部	2005年5月12日	2005年5月12日
25	商务部、外交部关于加强我驻外使(领)馆对外劳务合作业务管理的通知(商合发〔2005〕285号)	商务部、外交部	2005年6月28日	2005年6月28日
26	商务部、公安部关于严禁向境外博彩色情经营场所派遣劳务人员的通知(商合发〔2005〕318号)	商务部、公安部	2005年6月30日	2005年6月30日
27	商务部关于印发《商务部关于加强外派对外援助人员防范恐怖主义威胁指导性措施的意见》的通知(商援发〔2005〕393号)	商务部	2005年7月27日	2005年7月27日
28	商务部关于印发《境外中资企业(机构)报到登记制度》的通知(商合发〔2005〕447号)	商务部	2005年9月14日	2005年9月14日
29	商务部关于印发《对外承包工程项下外派劳务管理暂行办法》的通知(商合发〔2005〕726号)	商务部	2006年1月10日	公布30日后

(续表)

序号	文件名称(含文号)	发布单位	发布日期	实施日期
30	商务部关于规范境外中资企业及机构冠名有关事项的通知(商合函〔2006〕1号)	商务部	2006年1月22日	2006年1月22日
31	商务部、外交部、国家发展改革委关于公布《对外投资国别产业导向目录(三)》的通知(商合发〔2007〕29号)	商务部、外交部、发展改革委	2007年1月31日	2007年1月31日
32	商务部办公厅关于做好对外劳务合作项目确认工作的通知(商合字〔2007〕27号)	商务部办公厅	2007年3月23日	2007年3月23日
33	商务部、财政部、人民银行、全国工商联关于鼓励支持和引导非公有制企业对外投资合作的意见(商合发〔2007〕94号)	商务部、财政部、人民银行、全国工商联	2007年5月10日	2007年5月10日
34	商务部关于进一步加强援外出国人员思想政治建设的指导意见(商合促发〔2007〕405号)	商务部	2007年10月15日	2007年10月15日
35	商务部办公厅关于规范境外中资企业撤销手续的通知(商合字〔2007〕111号)	商务部	2007年12月19日	2007年12月19日
36	商务部关于中韩雇佣制劳务合作有关事宜的通知(商合函〔2008〕10号)	商务部	2008年4月17日	2008年4月17日
37	商务部、外交部、国资委关于进一步规范我国企业对外投资合作的通知(商合发〔2008〕222号)	商务部、外交部、国资委	2008年6月6日	2008年6月6日
38	商务部、财政部关于印发《对外援助成套项目施工监理取费标准内部暂行规定》的通知(商援发〔2008〕285号)	商务部、财政部	2008年7月28日	2008年1月1日
39	商务部、外交部、公安部、工商总局关于实行外派劳务招收备案制的通知(商合发〔2008〕343号)	商务部、外交部、公安部、工商总局	2008年9月5日	公布30日后
40	商务部关于做好外派劳务招收备案工作的通知(商合发〔2008〕382号)	商务部	2008年9月25日	2008年9月25日
41	商务部办公厅关于启用"境外投资管理系统"和《企业境外投资证书》、《企业境外机构证书》等有关事项的通知(商合字〔2009〕65号)	商务部	2009年4月17日	2009年5月1日
42	商务部、外交部关于印送《防范和处置境外劳务事件的规定》的通知(商合发〔2009〕303号)	商务部、外交部	2009年6月23日	2009年6月23日
43	商务部、外交部关于建立境外劳务群体性事件预警机制的通知(商合发〔2009〕392号)	商务部、外交部	2009年8月10日	2009年8月10日
44	商务部、外交部、信访局关于做好外派劳务人员来信来访工作的函(商合函〔2009〕51号)	商务部、外交部、国家信访局	2009年9月14日	2009年9月14日

(续表)

序号	文件名称(含文号)	发布单位	发布日期	实施日期
45	商务部办公厅、住房城乡建设部办公厅、安全监管总局办公厅关于做好境外投资合作项目安全生产工作的通知(商办合函〔2010〕266号)	商务部办公厅、住房城乡建设部办公厅、安全监管总局办公厅	2010年3月29日	2010年3月29日
46	商务部交通运输部关于加强外派海员类对外劳务合作管理有关事宜的通知(商合发〔2010〕148号)	商务部、交通运输部	2010年5月5日	2010年5月5日
47	商务部办公厅关于印送《中韩雇佣制劳务合作公共机构管理暂行办法》的函(商办合函〔2010〕856号)	商务部办公厅	2010年6月12日	2010年6月12日
48	对外援助培训项目管理规定(商援发〔2010〕241号)	商务部	2010年6月25日	2010年7月1日
49	商务部、外交部、公安部、工商总局关于印送《对外劳务合作服务平台建设试行办法》的函(商合函〔2010〕484号)	商务部、外交部、公安部、工商总局	2010年7月1日	2010年7月1日
50	援外项目突发事件应急预案(商援发〔2010〕83号)	商务部	2010年7月5日	2010年7月5日
51	商务部办公厅关于启动中韩雇佣制劳务合作有关问题的通知(商办合函〔2010〕1063号)	商务部办公厅	2010年7月20日	2010年7月20日
52	商务部国际商务官员研修基地管理规定(商援字〔2010〕444号)	商务部办公厅	2010年8月6日	2010年9月1日
53	商务部、外交部、发展改革委、公安部、国资委、安全监管总局、全国工商联关于印发《境外中资企业机构和人员安全管理规定》的通知(商合发〔2010〕313号)	商务部、外交部、发展改革委、公安部、国资委、安全监管总局、全国工商联	2010年8月13日	2010年8月13日
54	商务部关于印发《对外投资合作境外安全风险预警和信息通报制度》的通知(商合发〔2010〕348号)	商务部	2010年8月26日	2010年8月26日
55	商务部关于对外劳务合作经营资格核准有关事宜的通知(商合发〔2010〕375号)	商务部	2010年9月15日	2010年9月15日
56	商务部、外交部关于印发《对外投资合作企业在外人员相关信息备案制度》的通知(商合发〔2010〕419号)	商务部、外交部	2010年10月25日	2010年10月25日
57	商务部、外交部、国资委、全国工商联关于印发《境外中资企业(机构)员工管理指引》的通知(商合发〔2011〕64号)	商务部、外交部、国资委、全国工商联	2011年3月14日	2011年3月14日
58	商务部办公厅关于涉及多国利益境外投资有关事项的通知(商办合函〔2011〕189号)	商务部办公厅	2011年3月17日	2011年3月17日

（续表）

序号	文件名称（含文号）	发布单位	发布日期	实施日期
59	商务部、住房城乡建设部、安全监管总局关于印发《对外承包工程违法违规行为行政处罚规定》的通知（商合发〔2011〕91号）	商务部、住房城乡建设部、安全监管总局	2011年3月31日	2011年3月31日
60	商务部办公厅关于做好人民币境外直接投资管理工作的通知（商办合函〔2011〕242号）	商务部办公厅	2011年4月1日	2011年4月1日
61	商务部、外交部、公安部、交通运输部、农业部、工商总局、台办关于促进对台渔船船员劳务合作有关问题的通知（商合函〔2011〕333号）	商务部、外交部、公安部、交通运输部、农业部、工商总局、台办	2011年5月25日	2011年5月25日
62	商务部办公厅关于印发《对外承包工程通报制度》的通知（商办合函〔2011〕457号）	商务部办公厅	2011年5月30日	2011年5月30日
63	商务部办公厅关于内地输澳门劳务合作管理有关事宜的通知（商办合函〔2011〕1056号）	商务部办公厅	2011年10月8日	2011年10月8日
64	商务部关于印发《境外中资企业机构和人员安全管理指南》的通知（商合发〔2012〕28号）	商务部	2012年1月11日	2012年1月11日
65	商务部办公厅关于印发《商务部援外专业技术培训基地试行办法》的通知（商援字〔2012〕11号）	商务部办公厅	2012年3月26日	2012年5月1日
66	商务部、中央外宣办、外交部、发展改革委、国资委、预防腐败局、全国工商联关于印发《中国境外企业文化建设若干意见》的通知（商政发〔2012〕104号）	商务部、中央外宣办、外交部、发展改革委、国资委、预防腐败局、全国工商联	2012年4月9日	2012年4月9日
67	商务部办公厅关于加强境外中资企业安全生产管理工作的函（商办合函〔2012〕371号）	商务部办公厅	2012年5月17日	2012年5月17日
68	商务部关于对外劳务合作经营资格管理有关工作的函（商合函〔2012〕644号）	商务部	2012年8月16日	2012年8月16日
69	商务部关于印发《对外承包工程行业社会责任指引》的通知（商合函〔2012〕779号）	商务部	2012年9月5日	2012年9月5日
70	商务部、国务院港澳办关于商请开展内地输澳门家政人员合作试点工作的函（商合函〔2012〕938号）	商务部、国务院港澳办	2012年10月15日	2012年10月15日
71	商务部关于印发《对外援助成套项目工程勘察管理规定》（商援发〔2012〕390号）	商务部	2012年11月5日	2012年11月5日
72	商务部办公厅关于进一步做好我外派劳务人员合法权益保护工作的紧急通知（商办合函〔2012〕1237号）	商务部办公厅	2012年12月10日	2012年12月10日
73	商务部、环境保护部关于印发《对外投资合作环境保护指南》的通知（商合函〔2013〕74号）	商务部、环境保护部	2013年2月18日	2013年2月18日
74	商务部关于印发《规范对外投资合作领域竞争行为的规定》的通知（商合发〔2013〕88号）	商务部	2013年3月18日	2013年3月18日

（续表）

序号	文件名称（含文号）	发布单位	发布日期	实施日期
75	商务部办公厅关于启用对外投资合作在外人员信息管理系统的通知（商办合函〔2013〕253号）	商务部办公厅	2013年5月6日	2013年5月6日
76	商务部、外交部、住房城乡建设部、卫生和计划生育委员会、国资委、安全监管总局关于印发《对外投资合作境外安全事件应急响应和处置规定》的通知（商合发〔2013〕242号）	商务部、外交部、住房城乡建设部、卫生和计划生育委员会、国资委、安全监管总局	2013年7月1日	2013年7月1日
77	商务部等9部门关于印发《对外投资合作和对外贸易领域不良信用记录试行办法》的通知（商合发〔2013〕248号）	商务部、外交部、公安部、住房城乡建设部、海关总署、税务总局、工商总局、质检总局、外汇局	2013年7月5日	公布30日后
78	商务部关于印发《境外中资企业商（协）会建设指引》的通知（商合函〔2013〕620号）	商务部	2013年8月19日	2013年8月19日
79	商务部关于加强对外投资合作在外人员分类管理工作的通知（商合函〔2013〕874号）	商务部	2013年10月15日	2013年10月15日
80	商务部办公厅关于变更中韩雇佣劳务合作执行机构的通知（商办合函〔2013〕900号）	商务部办公厅	2013年12月6日	2013年12月6日
81	商务部、国家开发银行关于支持境外经济贸易合作区建设发展有关问题的通知（商合函〔2013〕1016号）	商务部、国家开发银行	2013年12月13日	2013年12月13日
82	商务部、国务院港澳办关于开展内地输澳门家政人员合作有关事宜的通知（商合函〔2013〕1018号）	商务部、国务院港澳办	2013年12月16日	2013年12月16日
83	商务部办公厅关于继续做好对外劳务合作服务平台名单公布和数据填报工作的通知（商办合函〔2014〕100号）	商务部办公厅	2014年3月12日	2014年3月11日
84	商务部、安全监管总局、外交部、发展改革委、国资委关于进一步加强境外中资企业安全生产监督管理工作的通知（商合函〔2014〕226号）	商务部、安全监管总局、外交部、发展改革委、国资委	2014年5月12日	2014年5月12日
85	商务部关于加强对外劳务合作管理的通知（商合函〔2014〕733号）	商务部	2014年9月5日	2014年9月5日
86	商务部办公厅关于做好境外投资管理工作的通知（商办合函〔2014〕663号）	商务部办公厅	2014年9月16日	2014年9月16日
87	商务部办公厅关于发布《对外投资合作在外人员培训教材》的通知（商办合函〔2014〕756号）	商务部办公厅	2014年11月26日	2014年11月25日
88	商务部关于印发《对外承包工程业务统计制度》和《对外劳务合作业务统计制度》的通知（商合函〔2014〕976号）	商务部	2014年12月26日	2015年1月1日

(续表)

序号	文件名称(含文号)	发布单位	发布日期	实施日期
89	商务部、国家统计局、国家外汇管理局关于印发《对外直接投资统计制度》的通知(商合函〔2015〕6号)	商务部、国家统计局、国家外汇管理局	2015年1月8日	2015年1月8日
90	商务部办公厅关于继续做好对外劳务合作管理有关工作的通知(商办合函〔2015〕35号)	商务部办公厅	2015年1月20日	2015年1月20日
91	商务部关于新形势下做好境外中资企业商(协)会工作的通知(商合函〔2015〕47号)	商务部	2015年2月9日	2015年2月9日
92	商务部办公厅关于进一步做好对外投资合作企业环境保护工作的通知(商办合函〔2015〕129号)	商务部办公厅	2015年4月13日	2015年4月13日
93	商务部办公厅关于境外投资备案实行无纸化管理和简化境外投资注销手续的通知(商办合函〔2015〕197号)	商务部办公厅	2015年5月18日	2015年5月18日
94	商务部关于印发《境外经贸合作区服务指南范本》的通知(商合函〔2015〕408号)	商务部	2015年8月4日	2015年8月4日
95	商务部、财政部关于印发《境外经济贸易合作区考核办法》的通知(商合发〔2015〕296号)	商务部、财政部	2015年8月14日	2015年8月14日
96	商务部办公厅关于印发《关于驻外经商机构为企业办理对外承包工程项目投标(议标)核准意见的暂行规定》的通知(商办合函〔2015〕686号)	商务部办公厅	2015年10月10日	2015年10月10日
97	商务部、外交部、国资委关于规范对外承包工程外派人员管理的通知(商合函〔2015〕877号)	商务部、外交部、国资委	2015年10月21日	2015年10月21日
98	商务部关于印发《对外援助项目采购管理规定(试行)》的通知(商援发〔2015〕484号)	商务部	2015年12月18日	2016年1月8日
99	商务部、外交部、公安部、工商总局关于印发《涉外劳务纠纷投诉举报处置办法》的通知(商合发〔2016〕87号)	商务部、外交部、公安部、工商总局	2016年3月16日	2016年3月16日
100	商务部关于内地输港澳劳务合作项目备案有关工作的通知(商合函〔2016〕216号)	商务部	2016年5月16日	2016年6月1日

五、其他(6件)

序号	文件名称(含文号)	发布单位	发布日期	实施日期
1	商务部办公厅关于印发《公共商务信息服务项目管理办法(暂行)》的通知(商信字〔2003〕13号)	商务部办公厅	2003年9月30日	2003年9月30日
2	商务部关于印发《商务部政务公开暂行办法》的通知(商办发〔2003〕444号)	商务部	2003年11月25日	2003年11月25日
3	商务部办公厅关于印发《公共商务信息服务项目承办资格合同管理规程》的通知(商信字〔2005〕46号)	商务部办公厅	2005年12月22日	2006年1月1日
4	商务部关于印发《商务部关于外国政府和国际组织对华无偿援助项目管理办法》的通知(商国际发〔2006〕405号)	商务部	2006年8月10日	2006年8月10日
5	商务部政府信息依申请公开管理办法(试行)(商信字〔2010〕265号)	商务部办公厅	2010年3月17日	2010年3月17日
6	贸易政策合规工作实施办法(试行)(商务部公告2014年第86号)	商务部	2014年12月12日	公布后30日

中华人民共和国网络安全法

中华人民共和国主席令第53号

《中华人民共和国网络安全法》已由中华人民共和国第十二届全国人民代表大会常务委员会第二十四次会议于2016年11月7日通过,现予公布,自2017年6月1日起施行。

中华人民共和国主席　习近平

2016年11月7日

中华人民共和国网络安全法

目　录

第一章　总则
第二章　网络安全支持与促进
第三章　网络运行安全
　　第一节　一般规定
　　第二节　关键信息基础设施的运行安全
第四章　网络信息安全
第五章　监测预警与应急处置
第六章　法律责任
第七章　附则

第一章　总　　则

第一条　为了保障网络安全,维护网络空间主权和国家安全、社会公共利益,保护公民、法人和其他组织的合法权益,促进经济社会信息化健康发展,制定本法。

第二条　在中华人民共和国境内建设、运营、维护和使用网络,以及网络安全的监督管理,适用本法。

第三条　国家坚持网络安全与信息化发展并重,遵循积极利用、科学发展、依法管理、确保安全的方针,推进网络基础设施建设和互联互通,鼓励网络技术创新和应用,支持培养网络安全人才,建立健全网络安全保障体系,提高网络安全保护能力。

第四条　国家制定并不断完善网络安全战略,明确保障网络安全的基本要求和主要目标,提出重点领域的网络安全政策、工作任务和措施。

第五条　国家采取措施,监测、防御、处置来源于中华人民共和国境内外的网络安全风险和威胁,保护关键信息基础设施免受攻击、侵入、干扰和破坏,依法惩治网络违法犯罪活动,维护网络空间安全和秩序。

第六条　国家倡导诚实守信、健康文明的网络行为,推动传播社会主义核心价值观,采取措施提高全社会的网络安全意识和水平,形成全社会共同参与促进网络安全的良好环境。

第七条　国家积极开展网络空间治理、网络技术研发和标准制定、打击网络违法犯罪等方面的国际交流与合作,推动构建和平、安全、开放、合作的网络空间,建立多边、民主、透明的网络治理体系。

第八条　国家网信部门负责统筹协调网络安全工作和相关监督管理工作。国务院电信主管部门、公安部门和其他有关机关依照本法和有关法律、行政法规的规定,在各自职责范围内负责网络安全保护和监督管理工作。

县级以上地方人民政府有关部门的网络安全保护和监督管理职责,按照国家有关规定确定。

第九条 网络运营者开展经营和服务活动,必须遵守法律、行政法规,尊重社会公德,遵守商业道德,诚实信用,履行网络安全保护义务,接受政府和社会的监督,承担社会责任。

第十条 建设、运营网络或者通过网络提供服务,应当依照法律、行政法规的规定和国家标准的强制性要求,采取技术措施和其他必要措施,保障网络安全、稳定运行,有效应对网络安全事件,防范网络违法犯罪活动,维护网络数据的完整性、保密性和可用性。

第十一条 网络相关行业组织按照章程,加强行业自律,制定网络安全行为规范,指导会员加强网络安全保护,提高网络安全保护水平,促进行业健康发展。

第十二条 国家保护公民、法人和其他组织依法使用网络的权利,促进网络接入普及,提升网络服务水平,为社会提供安全、便利的网络服务,保障网络信息依法有序自由流动。

任何个人和组织使用网络应当遵守宪法法律,遵守公共秩序,尊重社会公德,不得危害网络安全,不得利用网络从事危害国家安全、荣誉和利益,煽动颠覆国家政权、推翻社会主义制度,煽动分裂国家、破坏国家统一,宣扬恐怖主义、极端主义,宣扬民族仇恨、民族歧视,传播暴力、淫秽色情信息,编造、传播虚假信息扰乱经济秩序和社会秩序,以及侵害他人名誉、隐私、知识产权和其他合法权益等活动。

第十三条 国家支持研究开发有利于未成年人健康成长的网络产品和服务,依法惩治利用网络从事危害未成年人身心健康的活动,为未成年人提供安全、健康的网络环境。

第十四条 任何个人和组织有权对危害网络安全的行为向网信、电信、公安等部门举报。收到举报的部门应当及时依法作出处理;不属于本部门职责的,应当及时移送有权处理的部门。

有关部门应当对举报人的相关信息予以保密,保护举报人的合法权益。

第二章 网络安全支持与促进

第十五条 国家建立和完善网络安全标准体系。国务院标准化行政主管部门和国务院其他有关部门根据各自的职责,组织制定并适时修订有关网络安全管理以及网络产品、服务和运行安全的国家标准、行业标准。

国家支持企业、研究机构、高等学校、网络相关行业组织参与网络安全国家标准、行业标准的制定。

第十六条 国务院和省、自治区、直辖市人民政府应当统筹规划,加大投入,扶持重点网络安全技术产业和项目,支持网络安全技术的研究开发和应用,推广安全可信的网络产品和服务,保护网络技术知识产权,支持企业、研究机构和高等学校等参与国家网络安全技术创新项目。

第十七条 国家推进网络安全社会化服务体系建设,鼓励有关企业、机构开展网络安全认证、检测和风险评估等安全服务。

第十八条 国家鼓励开发网络数据安全保护和利用技术,促进公共数据资源开放,推动技术创新和经济社会发展。

国家支持创新网络安全管理方式，运用网络新技术，提升网络安全保护水平。

第十九条 各级人民政府及其有关部门应当组织开展经常性的网络安全宣传教育，并指导、督促有关单位做好网络安全宣传教育工作。

大众传播媒介应当有针对性地面向社会进行网络安全宣传教育。

第二十条 国家支持企业和高等学校、职业学校等教育培训机构开展网络安全相关教育与培训，采取多种方式培养网络安全人才，促进网络安全人才交流。

第三章　网络运行安全

第一节　一般规定

第二十一条 国家实行网络安全等级保护制度。网络运营者应当按照网络安全等级保护制度的要求，履行下列安全保护义务，保障网络免受干扰、破坏或者未经授权的访问，防止网络数据泄露或者被窃取、篡改：

（一）制定内部安全管理制度和操作规程，确定网络安全负责人，落实网络安全保护责任；

（二）采取防范计算机病毒和网络攻击、网络侵入等危害网络安全行为的技术措施；

（三）采取监测、记录网络运行状态、网络安全事件的技术措施，并按照规定留存相关的网络日志不少于六个月；

（四）采取数据分类、重要数据备份和加密等措施；

（五）法律、行政法规规定的其他义务。

第二十二条 网络产品、服务应当符合相关国家标准的强制性要求。网络产品、服务的提供者不得设置恶意程序；发现其网络产品、服务存在安全缺陷、漏洞等风险时，应当立即采取补救措施，按照规定及时告知用户并向有关主管部门报告。

网络产品、服务的提供者应当为其产品、服务持续提供安全维护；在规定或者当事人约定的期限内，不得终止提供安全维护。

网络产品、服务具有收集用户信息功能的，其提供者应当向用户明示并取得同意；涉及用户个人信息的，还应当遵守本法和有关法律、行政法规关于个人信息保护的规定。

第二十三条 网络关键设备和网络安全专用产品应当按照相关国家标准的强制性要求，由具备资格的机构安全认证合格或者安全检测符合要求后，方可销售或者提供。国家网信部门会同国务院有关部门制定、公布网络关键设备和网络安全专用产品目录，并推动安全认证和安全检测结果互认，避免重复认证、检测。

第二十四条 网络运营者为用户办理网络接入、域名注册服务，办理固定电话、移动电话等入网手续，或者为用户提供信息发布、即时通讯等服务，在与用户签订协议或者确认提供服务时，应当要求用户提供真实身份信息。用户不提供真实身份信息的，网络运营者不得为其提供相关服务。

国家实施网络可信身份战略，支持研究开发安全、方便的电子身份认证技术，推动不同电子身份认证之间的互认。

第二十五条 网络运营者应当制定网络安全事件应急预案，及时处置系统漏洞、计算机病毒、网络攻击、网络侵入等安全风险；在发生危害网络安全的事件时，立即启动应急预案，采取相应的补救措施，并按照规定向有关主管部门报告。

第二十六条 开展网络安全认证、检测、风险评估等活动，向社会发布系统漏洞、计算机病毒、网络攻击、网络侵入等网络安全信息，应当遵守国家有关规定。

第二十七条 任何个人和组织不得从事非法侵入他人网络、干扰他人网络正常功能、窃取网络数据等危害网络安全的活动；不得提供专门用于从事侵入网络、干扰网络正常功能及防护措施、窃取网络数据等危害网络安全活动的程序、工具；明知他人从事危害网络安全的活动的，不得为其提供技术支持、广告推广、支付结算等帮助。

第二十八条 网络运营者应当为公安机关、国家安全机关依法维护国家安全和侦查犯罪的活动提供技术支持和协助。

第二十九条 国家支持网络运营者之间在网络安全信息收集、分析、通报和应急处置等方面进行合作，提高网络运营者的安全保障能力。

有关行业组织建立健全本行业的网络安全保护规范和协作机制，加强对网络安全风险的分析评估，定期向会员进行风险警示，支持、协助会员应对网络安全风险。

第三十条 网信部门和有关部门在履行网络安全保护职责中获取的信息，只能用于维护网络安全的需要，不得用于其他用途。

第二节 关键信息基础设施的运行安全

第三十一条 国家对公共通信和信息服务、能源、交通、水利、金融、公共服务、电子政务等重要行业和领域，以及其他一旦遭到破坏、丧失功能或者数据泄露，可能严重危害国家安全、国计民生、公共利益的关键信息基础设施，在网络安全等级保护制度的基础上，实行重点保护。关键信息基础设施的具体范围和安全保护办法由国务院制定。

国家鼓励关键信息基础设施以外的网络运营者自愿参与关键信息基础设施保护体系。

第三十二条 按照国务院规定的职责分工，负责关键信息基础设施安全保护工作的部门分别编制并组织实施本行业、本领域的关键信息基础设施安全规划，指导和监督关键信息基础设施运行安全保护工作。

第三十三条 建设关键信息基础设施应当确保其具有支持业务稳定、持续运行的性能，并保证安全技术措施同步规划、同步建设、同步使用。

第三十四条 除本法第二十一条的规定外，关键信息基础设施的运营者还应当履行下列安全保护义务：

（一）设置专门安全管理机构和安全管理负责人，并对该负责人和关键岗位的人员进行安全背景审查；

（二）定期对从业人员进行网络安全教育、技术培训和技能考核；

（三）对重要系统和数据库进行容灾备份；

（四）制定网络安全事件应急预案，并定期进行演练；

（五）法律、行政法规规定的其他义务。

第三十五条 关键信息基础设施的运营者采购网络产品和服务，可能影响国家安全的，应当通过国家网信部门会同国务院有关部门组织的国家安全审查。

第三十六条 关键信息基础设施的运营者采购网络产品和服务,应当按照规定与提供者签订安全保密协议,明确安全和保密义务与责任。

第三十七条 关键信息基础设施的运营者在中华人民共和国境内运营中收集和产生的个人信息和重要数据应当在境内存储。因业务需要,确需向境外提供的,应当按照国家网信部门会同国务院有关部门制定的办法进行安全评估;法律、行政法规另有规定的,依照其规定。

第三十八条 关键信息基础设施的运营者应当自行或者委托网络安全服务机构对其网络的安全性和可能存在的风险每年至少进行一次检测评估,并将检测评估情况和改进措施报送相关负责关键信息基础设施安全保护工作的部门。

第三十九条 国家网信部门应当统筹协调有关部门对关键信息基础设施的安全保护采取下列措施:

(一)对关键信息基础设施的安全风险进行抽查检测,提出改进措施,必要时可以委托网络安全服务机构对网络存在的安全风险进行检测评估;

(二)定期组织关键信息基础设施的运营者进行网络安全应急演练,提高应对网络安全事件的水平和协同配合能力;

(三)促进有关部门、关键信息基础设施的运营者以及有关研究机构、网络安全服务机构等之间的网络安全信息共享;

(四)对网络安全事件的应急处置与网络功能的恢复等,提供技术支持和协助。

第四章 网络信息安全

第四十条 网络运营者应当对其收集的用户信息严格保密,并建立健全用户信息保护制度。

第四十一条 网络运营者收集、使用个人信息,应当遵循合法、正当、必要的原则,公开收集、使用规则,明示收集、使用信息的目的、方式和范围,并经被收集者同意。

网络运营者不得收集与其提供的服务无关的个人信息,不得违反法律、行政法规的规定和双方的约定收集、使用个人信息,并应当依照法律、行政法规的规定和与用户的约定,处理其保存的个人信息。

第四十二条 网络运营者不得泄露、篡改、毁损其收集的个人信息;未经被收集者同意,不得向他人提供个人信息。但是,经过处理无法识别特定个人且不能复原的除外。

网络运营者应当采取技术措施和其他必要措施,确保其收集的个人信息安全,防止信息泄露、毁损、丢失。在发生或者可能发生个人信息泄露、毁损、丢失的情况时,应当立即采取补救措施,按照规定及时告知用户并向有关主管部门报告。

第四十三条 个人发现网络运营者违反法律、行政法规的规定或者双方的约定收集、使用其个人信息的,有权要求网络运营者删除其个人信息;发现网络运营者收集、存储的其个人信息有错误的,有权要求网络运营者予以更正。网络运营者应当采取措施予以删除或者更正。

第四十四条 任何个人和组织不得窃取或者以其他非法方式获取个人信息,不得非法出售或者非法向他人提供个人信息。

第四十五条 依法负有网络安全监督管理职责的部门及其工作人员,必须对在履行职责中知悉的个人信息、隐私和商业秘密严格保密,不得泄露、出售或者非法向他人提供。

第四十六条 任何个人和组织应当对其使用网络的行为负责,不得设立用于实施诈骗,传授犯罪方法,制作或者销售违禁物品、管制物品等违法犯罪活动的网站、通讯群组,不得利用网络发布涉及实施诈骗,制作或者销售违禁物品、管制物品以及其他违法犯罪活动的信息。

第四十七条 网络运营者应当加强对其用户发布的信息的管理,发现法律、行政法规禁止发布或者传输的信息的,应当立即停止传输该信息,采取消除等处置措施,防止信息扩散,保存有关记录,并向有关主管部门报告。

第四十八条 任何个人和组织发送的电子信息、提供的应用软件,不得设置恶意程序,不得含有法律、行政法规禁止发布或者传输的信息。

电子信息发送服务提供者和应用软件下载服务提供者,应当履行安全管理义务,知道其用户有前款规定行为的,应当停止提供服务,采取消除等处置措施,保存有关记录,并向有关主管部门报告。

第四十九条 网络运营者应当建立网络信息安全投诉、举报制度,公布投诉、举报方式等信息,及时受理并处理有关网络信息安全的投诉和举报。

网络运营者对网信部门和有关部门依法实施的监督检查,应当予以配合。

第五十条 国家网信部门和有关部门依法履行网络信息安全监督管理职责,发现法律、行政法规禁止发布或者传输的信息的,应当要求网络运营者停止传输,采取消除等处置措施,保存有关记录;对来源于中华人民共和国境外的上述信息,应当通知有关机构采取技术措施和其他必要措施阻断传播。

第五章 监测预警与应急处置

第五十一条 国家建立网络安全监测预警和信息通报制度。国家网信部门应当统筹协调有关部门加强网络安全信息收集、分析和通报工作,按照规定统一发布网络安全监测预警信息。

第五十二条 负责关键信息基础设施安全保护工作的部门,应当建立健全本行业、本领域的网络安全监测预警和信息通报制度,并按照规定报送网络安全监测预警信息。

第五十三条 国家网信部门协调有关部门建立健全网络安全风险评估和应急工作机制,制定网络安全事件应急预案,并定期组织演练。

负责关键信息基础设施安全保护工作的部门应当制定本行业、本领域的网络安全事件应急预案,并定期组织演练。

网络安全事件应急预案应当按照事件发生后的危害程度、影响范围等因素对网络安全事件进行分级,并规定相应的应急处置措施。

第五十四条 网络安全事件发生的风险增大时,省级以上人民政府有关部门应当按照规定的权限和程序,并根据网络安全风险的特点和可能造成的危害,采取下列措施:

(一)要求有关部门、机构和人员及时收集、报告有关信息,加强对网络安全风险的监测;

(二)组织有关部门、机构和专业人员,对网络安全风险信息进行分析评估,预测事件发生的可能性、影响范围和危害程度;

(三)向社会发布网络安全风险预警,发布避免、减轻危害的措施。

第五十五条 发生网络安全事件,应当立即启动网络安全事件应急预案,对网络安全事件进行调查和评估,要求网络运营者采取技术措施和其他必要措施,消除安全隐患,防止危害扩大,并及时向社会发布与公众有关的警示信息。

第五十六条 省级以上人民政府有关部门在履行网络安全监督管理职责中,发现网络存在较大安全风险或者发生安全事件的,可以按照规定的权限和程序对该网络的运营者的法定代表人或者主要负责人进行约谈。网络运营者应当按照要求采取措施,进行整改,消除隐患。

第五十七条 因网络安全事件,发生突发事件或者生产安全事故的,应当依照《中华人民共和国突发事件应对法》、《中华人民共和国安全生产法》等有关法律、行政法规的规定处置。

第五十八条 因维护国家安全和社会公共秩序,处置重大突发社会安全事件的需要,经国务院决定或者批准,可以在特定区域对网络通信采取限制等临时措施。

第六章 法律责任

第五十九条 网络运营者不履行本法第二十一条、第二十五条规定的网络安全保护义务的,由有关主管部门责令改正,给予警告;拒不改正或者导致危害网络安全等后果的,处一万元以上十万元以下罚款,对直接负责的主管人员处五千元以上五万元以下罚款。

关键信息基础设施的运营者不履行本法第三十三条、第三十四条、第三十六条、第三十八条规定的网络安全保护义务的,由有关主管部门责令改正,给予警告;拒不改正或者导致危害网络安全等后果的,处十万元以上一百万元以下罚款,对直接负责的主管人员处一万元以上十万元以下罚款。

第六十条 违反本法第二十二条第一款、第二款和第四十八条第一款规定,有下列行为之一的,由有关主管部门责令改正,给予警告;拒不改正或者导致危害网络安全等后果的,处五万元以上五十万元以下罚款,对直接负责的主管人员处一万元以上十万元以下罚款:

(一)设置恶意程序的;

(二)对其产品、服务存在的安全缺陷、漏洞等风险未立即采取补救措施,或者未按照规定及时告知用户并向有关主管部门报告的;

(三)擅自终止为其产品、服务提供安全维护的。

第六十一条 网络运营者违反本法第二十四条第一款规定,未要求用户提供真实身份信息,或者对不提供真实身份信息的用户提供相关服务的,由有关主管部门责令改正;拒不改正或者情节严重的,处五万元以上五十万元以下罚款,并可以由有关主管部门责令暂停相关业务、停业整顿、关闭网站、吊销相关业务许可证或者吊销营业执照,对直接负责的主管人员和其他直接责任人员处一万元以上十万元以下罚款。

第六十二条 违反本法第二十六条规定,开展网络安全认证、检测、风险评估等活动,或者向社会发布系统漏洞、计算机病毒、网络攻击、网络侵入等网络安全信息的,由有关主管部门责令改正,给予警告;拒不改正或者情节严重的,处一万元以上十万元以下罚款,并可以由有关主管部门责令暂停相关业务、停业整顿、关闭网站、吊销相关业务许可证或者吊销营业执照,对直接负责的主管人员和其他直接责任人员处五千元以上五万元以下罚款。

第六十三条 违反本法第二十七条规定,从事危害网络安全的活动,或者提供专门用于从事危害网络安全活动的程序、工具,或者为他人从事危害网络安全的活动提供技术支持、广告推广、支付结算等帮助,尚不构成犯罪的,由公安机关没收违法所得,处五日以下拘留,可以并处五万元以上五十万元以下罚款;情节较重的,处五日以上十五日以下拘留,可以并处十万元以上一百万元以下罚款。

单位有前款行为的,由公安机关没收违法所得,处十万元以上一百万元以下罚款,并对直接负责的主管人员和其他直接责任人员依照前款规定处罚。

违反本法第二十七条规定,受到治安管理处罚的人员,五年内不得从事网络安全管理和网络运营关键岗位的工作;受到刑事处罚的人员,终身不得从事网络安全管理和网络运营关键岗位的工作。

第六十四条　网络运营者、网络产品或者服务的提供者违反本法第二十二条第三款、第四十一条至第四十三条规定,侵害个人信息依法得到保护的权利的,由有关主管部门责令改正,可以根据情节单处或者并处警告、没收违法所得、处违法所得一倍以上十倍以下罚款,没有违法所得的,处一百万元以下罚款,对直接负责的主管人员和其他直接责任人员处一万元以上十万元以下罚款;情节严重的,并可以责令暂停相关业务、停业整顿、关闭网站、吊销相关业务许可证或者吊销营业执照。

违反本法第四十四条规定,窃取或者以其他非法方式获取、非法出售或者非法向他人提供个人信息,尚不构成犯罪的,由公安机关没收违法所得,并处违法所得一倍以上十倍以下罚款,没有违法所得的,处一百万元以下罚款。

第六十五条　关键信息基础设施的运营者违反本法第三十五条规定,使用未经安全审查或者安全审查未通过的网络产品或者服务的,由有关主管部门责令停止使用,处采购金额一倍以上十倍以下罚款;对直接负责的主管人员和其他直接责任人员处一万元以上十万元以下罚款。

第六十六条　关键信息基础设施的运营者违反本法第三十七条规定,在境外存储网络数据,或者向境外提供网络数据的,由有关主管部门责令改正,给予警告,没收违法所得,处五万元以上五十万元以下罚款,并可以责令暂停相关业务、停业整顿、关闭网站、吊销相关业务许可证或者吊销营业执照;对直接负责的主管人员和其他直接责任人员处一万元以上十万元以下罚款。

第六十七条　违反本法第四十六条规定,设立用于实施违法犯罪活动的网站、通讯群组,或者利用网络发布涉及实施违法犯罪活动的信息,尚不构成犯罪的,由公安机关处五日以下拘留,可以并处一万元以上十万元以下罚款;情节较重的,处五日以上十五日以下拘留,可以并处五万元以上五十万元以下罚款。关闭用于实施违法犯罪活动的网站、通讯群组。

单位有前款行为的,由公安机关处十万元以上五十万元以下罚款,并对直接负责的主管人员和其他直接责任人员依照前款规定处罚。

第六十八条　网络运营者违反本法第四十七条规定,对法律、行政法规禁止发布或者传输的信息未停止传输、采取消除等处置措施、保存有关记录的,由有关主管部门责令改正,给予警告,没收违法所得;拒不改正或者情节严重的,处十万元以上五十万元以下罚款,并可以责令暂停相关业务、停业整顿、关闭网站、吊销相关业务许可证或者吊销营业执照,对直接负责的主管人员和其他直接责任人员处一万元以上十万元以下罚款。

电子信息发送服务提供者、应用软件下载服务提供者,不履行本法第四十八条第二款规定的安全管理义务的,依照前款规定处罚。

第六十九条 网络运营者违反本法规定,有下列行为之一的,由有关主管部门责令改正;拒不改正或者情节严重的,处五万元以上五十万元以下罚款,对直接负责的主管人员和其他直接责任人员,处一万元以上十万元以下罚款:

(一)不按照有关部门的要求对法律、行政法规禁止发布或者传输的信息,采取停止传输、消除等处置措施的;

(二)拒绝、阻碍有关部门依法实施的监督检查的;

(三)拒不向公安机关、国家安全机关提供技术支持和协助的。

第七十条 发布或者传输本法第十二条第二款和其他法律、行政法规禁止发布或者传输的信息的,依照有关法律、行政法规的规定处罚。

第七十一条 有本法规定的违法行为的,依照有关法律、行政法规的规定记入信用档案,并予以公示。

第七十二条 国家机关政务网络的运营者不履行本法规定的网络安全保护义务的,由其上级机关或者有关机关责令改正;对直接负责的主管人员和其他直接责任人员依法给予处分。

第七十三条 网信部门和有关部门违反本法第三十条规定,将在履行网络安全保护职责中获取的信息用于其他用途的,对直接负责的主管人员和其他直接责任人员依法给予处分。

网信部门和有关部门的工作人员玩忽职守、滥用职权、徇私舞弊,尚不构成犯罪的,依法给予处分。

第七十四条 违反本法规定,给他人造成损害的,依法承担民事责任。

违反本法规定,构成违反治安管理行为的,依法给予治安管理处罚;构成犯罪的,依法追究刑事责任。

第七十五条 境外的机构、组织、个人从事攻击、侵入、干扰、破坏等危害中华人民共和国的关键信息基础设施的活动,造成严重后果的,依法追究法律责任;国务院公安部门和有关部门并可以决定对该机构、组织、个人采取冻结财产或者其他必要的制裁措施。

第七章 附　　则

第七十六条 本法下列用语的含义:

(一)网络,是指由计算机或者其他信息终端及相关设备组成的按照一定的规则和程序对信息进行收集、存储、传输、交换、处理的系统。

(二)网络安全,是指通过采取必要措施,防范对网络的攻击、侵入、干扰、破坏和非法使用以及意外事故,使网络处于稳定可靠运行的状态,以及保障网络数据的完整性、保密性、可用性的能力。

(三)网络运营者,是指网络的所有者、管理者和网络服务提供者。

(四)网络数据,是指通过网络收集、存储、传输、处理和产生的各种电子数据。

(五)个人信息,是指以电子或者其他方式记录的能够单独或者与其他信息结合识别自然人个人身份的各种信息,包括但不限于自然人的姓名、出生日期、身份证件号码、个人生物识别信息、住址、电话号码等。

第七十七条 存储、处理涉及国家秘密信息的网络的运行安全保护,除应当遵守本法外,还应当遵守保密法律、行政法规的规定。

第七十八条 军事网络的安全保护,由中央军事委员会另行规定。

第七十九条 本法自 2017 年 6 月 1 日起施行。

关于落实内地与香港、澳门《〈关于建立更紧密经贸关系的安排〉服务贸易协议》有关事项的公告

交通运输部公告 2016 年第 27 号

为落实内地与香港、澳门分别签署的《〈内地与香港关于建立更紧密经贸关系的安排〉服务贸易协议》和《〈内地与澳门关于建立更紧密经贸关系的安排〉服务贸易协议》,按照国务院《关于在内地对香港、澳门服务提供者暂时调整有关行政审批和准入特别管理措施的决定》(国发〔2016〕32 号)有关要求,现将有关事项公告如下:

一、香港、澳门服务提供者可在内地设立独资企业,经营国际船舶运输业务。相关要求和办理程序,按照《中华人民共和国国际海运条例》第五条和《中华人民共和国国际海运条例实施细则》第三十九条规定执行。

二、经国务院交通运输主管部门批准,香港、澳门服务提供者可在内地设立中外合资、合作企业经营公共国际船舶代理业务,港澳资本股比放宽至 51%。相关要求和办理程序,按照《中华人民共和国国际海运条例》和《中华人民共和国国际海运条例实施细则》有关规定执行。

三、香港、澳门服务提供者在广东设立外商投资企业经营国际船舶管理、国际海运货物仓储、国际海运集装箱站和堆场业务由广东省交通运输主管部门负责审批。广东省交通运输主管部门参照《中华人民共和国国际海运条例》第九条、第十条、第二十八条和《中华人民共和国国际海运条例实施细则》第八条、第四十三条、第四十四条、第四十五条、第四十六条的相关规定办理审批程序,并将审批结果向国务院交通运输主管部门备案。

四、由福建省、广东省、广西壮族自治区、海南省交通运输主管部门承担本辖区内企业经营福建省、广东省、广西壮族自治区、海南省至香港、澳门航线普通货物船舶运输(不含油品、化学品、集装箱货物以及旅客运输),以及福建省、广东省、广西壮族自治区、海南省至香港、澳门航线在航船舶变更船舶证书上的数据后继续从事港澳航线船舶运输的审批工作。审批结果报国务院交通运输主管部门备案并抄送相关省级交通运输主管部门。

注册在上述四省(区)的企业申请经营该四省(区)至港澳航线普通货物船舶运输的,若从事非注册地省(区)至港澳航线运输,企业注册地省级交通运输主管部门应事先征求非注册地

省(区)交通运输主管部门意见(被征求意见单位应在十个工作日内回复,逾期视为无意见)。

经营企业应使用全资自有船舶运力经营港澳航线船舶运输业务,不得采用挂靠经营方式。

五、我部印发的《关于进一步加强港澳航线运输管理工作的通知》(厅函水〔2012〕157号)内容与本公告内容不符的,以本公告内容为准。

特此公告。

交通运输部
2016年7月11日

国务院关于在市场体系建设中建立公平竞争审查制度的意见

国发〔2016〕34号

各省、自治区、直辖市人民政府,国务院各部委、各直属机构:

公平竞争是市场经济的基本原则,是市场机制高效运行的重要基础。随着经济体制改革不断深化,全国统一市场基本形成,公平竞争环境逐步建立。但同时也要看到,地方保护、区域封锁、行业壁垒、企业垄断,违法给予优惠政策或减损市场主体利益等不符合建设全国统一市场和公平竞争的现象仍然存在。为规范政府有关行为,防止出台排除、限制竞争的政策措施,逐步清理废除妨碍全国统一市场和公平竞争的规定和做法,现就市场体系建设中建立公平竞争审查制度提出以下意见。

一、充分认识建立公平竞争审查制度的重要性和紧迫性

一是深入推进经济体制改革的客观需要。经济体制改革的核心是使市场在资源配置中起决定性作用和更好发挥政府作用。统一开放、竞争有序的市场体系,是市场在资源配置中起决定性作用的基础。建立公平竞争审查制度,防止政府过度和不当干预市场,有利于保障资源配置依据市场规则、市场价格、市场竞争实现效益最大化和效率最优化。

二是全面推进依法治国的有力保障。全面推进依法治国,要求政府依法全面正确履行职能。《中华人民共和国反垄断法》明确禁止行政机关滥用行政权力,排除、限制市场竞争。建立公平竞争审查制度,健全行政机关内部决策合法性审查机制,有利于保证政府行为符合相关法律法规要求,确保政府依法行政。

三是实现创新驱动发展的必然选择。当前我国经济发展进入新常态,必须靠创新驱动来推进经济持续健康发展。企业是创新的主体,公平竞争是创新的重要动力。建立公平竞

争审查制度,大力消除影响公平竞争、妨碍创新的各种制度束缚,有利于为大众创业、万众创新营造公平竞争的市场环境。

四是释放市场主体活力的有效举措。我国经济发展正处于动力转换的关键时期,大力培育新动能,改造提升传统动能,都需要充分激发市场主体活力。建立公平竞争审查制度,降低制度性交易成本,克服市场价格和行为扭曲,有利于调动各类市场主体的积极性和创造性,培育和催生经济发展新动能。

二、明确建立公平竞争审查制度的总体要求和基本原则

建立公平竞争审查制度,要按照加快建设统一开放、竞争有序市场体系的要求,确保政府相关行为符合公平竞争要求和相关法律法规,维护公平竞争秩序,保障各类市场主体平等使用生产要素、公平参与市场竞争、同等受到法律保护,激发市场活力,提高资源配置效率,推动大众创业、万众创新,促进实现创新驱动发展和经济持续健康发展。

尊重市场,竞争优先。尊重市场经济规律,处理好政府与市场的关系,着力转变政府职能,最大限度减少对微观经济的干预,促进和保护市场主体公平竞争,保障市场配置资源的决定性作用得到充分发挥。

立足全局,统筹兼顾。着力打破地区封锁和行业垄断,清除市场壁垒,促进商品和要素在全国范围内自由流动。统筹考虑维护国家利益和经济安全、促进区域协调发展、保持经济平稳健康运行等多重目标需要,稳妥推进制度实施。

科学谋划,分步实施。建立公平竞争审查制度是一项长期性、系统性、复杂性工程。要尊重国情,坚持从实际出发,研究制定具有可操作性的方案;破立结合,在规范增量政策的同时,坚持分类处理、不溯及既往,逐步清理废除妨碍全国统一市场和公平竞争的存量政策;着眼长远,做好整体规划,在实践中分阶段、分步骤地推进和完善。

依法审查,强化监督。加强与现行法律体系和行政管理体制的衔接,提高公平竞争审查的权威和效能。建立健全公平竞争审查保障机制,把自我审查和外部监督结合起来,加强社会监督和执法监督,及时纠正滥用行政权力排除、限制竞争行为。

三、科学建立公平竞争审查制度

(一)审查对象。行政机关和法律、法规授权的具有管理公共事务职能的组织(以下统称政策制定机关)制定市场准入、产业发展、招商引资、招标投标、政府采购、经营行为规范、资质标准等涉及市场主体经济活动的规章、规范性文件和其他政策措施,应当进行公平竞争审查。

行政法规和国务院制定的其他政策措施、地方性法规,起草部门应当在起草过程中进行公平竞争审查。未进行自我审查的,不得提交审议。

(二)审查方式。政策制定机关在政策制定过程中,要严格对照审查标准进行自我审查。经审查认为不具有排除、限制竞争效果的,可以实施;具有排除、限制竞争效果的,应当不予出台,或调整至符合相关要求后出台。没有进行公平竞争审查的,不得出台。制定政策措施及开展公平竞争审查应当听取利害关系人的意见,或者向社会公开征求意见。有关政策措

施出台后,要按照《中华人民共和国政府信息公开条例》要求向社会公开。

(三)审查标准。要从维护全国统一市场和公平竞争的角度,按照以下标准进行审查:

1. 市场准入和退出标准。

(1)不得设置不合理和歧视性的准入和退出条件;

(2)公布特许经营权目录清单,且未经公平竞争,不得授予经营者特许经营权;

(3)不得限定经营、购买、使用特定经营者提供的商品和服务;

(4)不得设置没有法律法规依据的审批或者事前备案程序;

(5)不得对市场准入负面清单以外的行业、领域、业务等设置审批程序。

2. 商品和要素自由流动标准。

(1)不得对外地和进口商品、服务实行歧视性价格和歧视性补贴政策;

(2)不得限制外地和进口商品、服务进入本地市场或者阻碍本地商品运出、服务输出;

(3)不得排斥或者限制外地经营者参加本地招标投标活动;

(4)不得排斥、限制或者强制外地经营者在本地投资或者设立分支机构;

(5)不得对外地经营者在本地的投资或者设立的分支机构实行歧视性待遇,侵害其合法权益。

3. 影响生产经营成本标准。

(1)不得违法给予特定经营者优惠政策;

(2)安排财政支出一般不得与企业缴纳的税收或非税收入挂钩;

(3)不得违法免除特定经营者需要缴纳的社会保险费用;

(4)不得在法律规定之外要求经营者提供或者扣留经营者各类保证金。

4. 影响生产经营行为标准。

(1)不得强制经营者从事《中华人民共和国反垄断法》规定的垄断行为;

(2)不得违法披露或者要求经营者披露生产经营敏感信息,为经营者从事垄断行为提供便利条件;

(3)不得超越定价权限进行政府定价;

(4)不得违法干预实行市场调节价的商品和服务的价格水平。

没有法律、法规依据,各地区、各部门不得制定减损市场主体合法权益或者增加其义务的政策措施;不得违反《中华人民共和国反垄断法》,制定含有排除、限制竞争内容的政策措施。

(四)例外规定。属于下列情形的政策措施,如果具有排除和限制竞争的效果,在符合规定的情况下可以实施:

1. 维护国家经济安全、文化安全或者涉及国防建设的;

2. 为实现扶贫开发、救灾救助等社会保障目的的;

3. 为实现节约能源资源、保护生态环境等社会公共利益的;

4. 法律、行政法规规定的其他情形。

政策制定机关应当说明相关政策措施对实现政策目的不可或缺,且不会严重排除和限制市场竞争,并明确实施期限。

政策制定机关要逐年评估相关政策措施的实施效果。实施期限到期或未达到预期效果的政策措施,应当及时停止执行或者进行调整。

四、推动公平竞争审查制度有序实施

(一)明确工作机制。从 2016 年 7 月起,国务院各部门、各省级人民政府及所属部门均应在有关政策措施制定过程中进行公平竞争审查。国家发展改革委、国务院法制办、商务部、工商总局要会同有关部门,建立健全工作机制,指导公平竞争审查制度实施工作,并及时总结成效和经验,推动制度不断完善,在条件成熟时组织开展第三方评估。各省级人民政府要抓紧研究制定具体工作措施和办法,落实制度要求,并从 2017 年起在本行政区域内逐步推开,指导市县级人民政府及所属部门开展公平竞争审查。

(二)有序清理存量。按照"谁制定、谁清理"的原则,各级人民政府及所属部门要对照公平竞争审查标准,对现行政策措施区分不同情况,稳妥把握节奏,有序清理和废除妨碍全国统一市场和公平竞争的各种规定和做法。对市场主体反映比较强烈、问题暴露比较集中、影响比较突出的规定和做法,要尽快废止;对以合同协议等形式给予企业的优惠政策,以及部分立即终止会带来重大影响的政策措施,要设置过渡期,留出必要的缓冲空间;对已兑现的优惠政策,不溯及既往。

(三)定期评估完善。对建立公平竞争审查制度后出台的政策措施,各级人民政府及所属部门要在定期清理规章和规范性文件时,一并对政策措施影响全国统一市场和公平竞争的情况进行评估。鼓励委托第三方开展评估。评估报告应当向社会公开征求意见,评估结果应当向社会公开。经评估认为妨碍全国统一市场和公平竞争的政策措施,要及时废止或者修改完善。

(四)制定实施细则。国家发展改革委、国务院法制办、商务部、工商总局要会同有关部门,抓紧研究起草公平竞争审查实施细则,进一步细化公平竞争审查的内容、程序、方法,指导政策制定机关开展公平竞争审查和相关政策措施清理废除工作,保障公平竞争审查制度有序实施。各地区、各部门要紧密结合实际,制定相关政策措施清理废除工作方案,明确工作方式、工作步骤和时间节点,加强分类指导,确保本地区、本部门相关政策措施清理废除工作稳妥推进。

(五)加强宣传培训。有关部门要切实加大宣传培训力度,加强政策解读和舆论引导,增进全社会对公平竞争审查制度的认识和理解,为公平竞争审查制度实施营造良好的舆论氛围和工作环境。

五、健全公平竞争审查保障措施

(一)健全竞争政策。国务院反垄断委员会要发挥职能作用,组织、协调、指导反垄断工作,研究拟订有关竞争政策,组织调查、评估市场总体竞争状况,为推进和逐步完善公平竞争审查制度奠定坚实基础。各地区、各部门要按照确立竞争政策基础性地位的要求,有针对性地制定政策措施,及时研究新经济领域市场监管问题,不断完善市场竞争规则,加快形成统一开放、竞争有序的市场体系。

(二)完善政府守信机制。严格履行政府向社会作出的承诺,把政务履约和守诺服务纳入政府绩效评价体系,建立健全政务和行政承诺考核制度。各级人民政府对依法作出的政策承诺和签订的各类合同要认真履约和兑现。完善政务诚信约束和问责机制。进一步推广重大决策事项公示和听证制度,拓宽公众参与政府决策的渠道,加强对权力运行的社会监督和约束。

(三)加强执法监督。对涉嫌违反公平竞争审查标准的政策措施,任何单位和个人有权举报,有关部门要及时予以处理;涉嫌违反《中华人民共和国反垄断法》的,反垄断执法机构要依法调查核实,并向有关上级机关提出处理建议。案件情况和处理建议要向社会公开。政策制定机关要及时纠正排除和限制竞争的政策措施,维护公平竞争的市场秩序。

(四)强化责任追究。对未进行公平竞争审查或者违反公平竞争审查标准出台政策措施,以及不及时纠正相关政策措施的地方政府和部门,有关部门依法查实后要作出严肃处理。对失职渎职等需要追究有关人员党纪政纪责任的,要及时将有关情况移送纪检监察机关。

国务院
2016年6月1日

国务院关于在内地对香港、澳门服务提供者暂时调整有关行政审批和准入特别管理措施的决定

国发〔2016〕32号

各省、自治区、直辖市人民政府,国务院各部委、各直属机构:

为保障内地与香港、澳门分别签署的《〈内地与香港关于建立更紧密经贸关系的安排〉服务贸易协议》和《〈内地与澳门关于建立更紧密经贸关系的安排〉服务贸易协议》(以下统称《协议》)的实施,现作出如下决定:

一、对香港、澳门服务提供者在内地投资《协议》开放的服务贸易领域,其公司设立及变更的合同、章程审批改为备案管理,暂时停止参照执行有关外商投资企业设立及变更的合同、章程审批规定。但是,《协议》中保留的限制性措施及电信、文化领域公司、金融机构的设立和变更,以及公司以外其他形式的商业存在的设立和变更除外。

二、在内地对香港、澳门进一步扩大开放服务业,暂时调整下列规定的行政审批以及资质要求、股比限制、经营范围限制等准入特别管理措施:

(一)《外商投资电信企业管理规定》第二条、第六条第二款、第十一条、第十二条、第十四条、第十五条、第十六条;

(二)《中华人民共和国国际海运条例》第二十八条第一款、第二款、第三款;

(三)《中华人民共和国中外合作办学条例》第六十二条;

（四）《营业性演出管理条例》第十一条第一款；

（五）《国务院对确需保留的行政审批项目设定行政许可的决定》第179项；

（六）《国务院办公厅关于对在我国境内举办对外经济技术展览会加强管理的通知》（国办发〔1997〕25号）第二条、第三条第二项；

（七）《外商投资民用航空业规定》第六条第四款。

此外，在广东省对香港、澳门进一步扩大开放服务业，暂时调整《娱乐场所管理条例》第六条规定的准入特别管理措施。

三、国务院有关部门和各省、自治区、直辖市人民政府要根据行政法规、国务院文件和经国务院批准的部门规章部分规定的调整情况，及时对本部门和本省、自治区、直辖市制定的规章和规范性文件作相应调整，建立与《协议》要求相适应的管理制度。

四、国务院将根据内地对香港、澳门的开放情况，适时对本决定的内容进行调整。

本决定自2016年6月1日起施行。2015年3月3日国务院发布的《国务院关于在广东省对香港、澳门服务提供者暂时调整有关行政审批和准入特别管理措施的决定》（国发〔2015〕12号）同时废止。

附件：国务院决定在内地对香港、澳门服务提供者暂时调整有关行政法规、国务院文件和经国务院批准的部门规章规定的行政审批和准入特别管理措施目录

国务院

2016年5月31日

附件

国务院决定在内地对香港、澳门服务提供者暂时调整有关行政法规、国务院文件和经国务院批准的部门规章规定的行政审批和准入特别管理措施目录

序号	行政法规、国务院文件和经国务院批准的部门规章的有关规定	调整实施情况
1	《外商投资电信企业管理规定》 第二条：外商投资电信企业，是指外国投资者同中国投资者在中华人民共和国境内依法以中外合资经营形式，共同投资设立的经营电信业务的企业。 第六条第二款：经营增值电信业务（包括基础电信业务中的无线寻呼业务）的外商投资电信企业的外方投资者在企业中的出资比例，最终不得超过50%。	在内地对香港、澳门服务提供者暂时调整实施相关行政审批和准入特别管理措施，允许其在内地从事《协议》规定的电信服务业务；具体管理办法由国务院工业和信息化主管部门制定。

（续表）

序号	行政法规、国务院文件和经国务院批准的部门规章的有关规定	调整实施情况
	第十一条：设立经营基础电信业务或者跨省、自治区、直辖市范围增值电信业务的外商投资电信企业，由中方主要投资者向国务院工业和信息化主管部门提出申请并报送下列文件： （一）项目申请报告； （二）本规定第八条、第九条、第十条规定的合营各方投资者的资格证明或者有关确认文件； （三）电信条例规定的经营基础电信业务或者增值电信业务应当具备的其他条件的证明或者确认文件。 国务院工业和信息化主管部门应当自收到申请之日起对前款规定的有关文件进行审查。属于基础电信业务的，应当在180日内审查完毕，作出批准或者不予批准的决定；属于增值电信业务的，应当在90日内审查完毕，作出批准或者不予批准的决定。予以批准的，颁发《外商投资经营电信业务审定意见书》；不予批准的，应当书面通知申请人并说明理由。 第十二条：设立外商投资电信企业经营省、自治区、直辖市范围内增值电信业务，由中方主要投资者向省、自治区、直辖市电信管理机构提出申请并报送下列文件： （一）本规定第十条规定的资格证明或者有关确认文件； （二）电信条例规定的经营增值电信业务应当具备的其他条件的证明或者确认文件。 省、自治区、直辖市电信管理机构应当自收到申请之日起60日内签署意见。同意的，转报国务院工业和信息化主管部门；不同意的，应当书面通知申请人并说明理由。 国务院工业和信息化主管部门应当自收到省、自治区、直辖市电信管理机构签署同意的申请文件之日起30日内审查完毕，作出批准或者不予批准的决定。予以批准的，颁发《外商投资经营电信业务审定意见书》；不予批准的，应当书面通知申请人并说明理由。 第十四条：设立外商投资电信企业，按照国家有关规定，其投资项目需要经国务院发展改革部门核准的，国务院工业和信息化主管部门应当在颁发《外商投资经营电信业务审定意见书》前，将申请材料转送国务院发展改革部门核准。转送国务院发展改革部门核准的，本规定第十一条、第十二条规定的审批期限可以延长30日。 第十五条：设立外商投资电信企业，属于经营基础电信业务或者跨省、自治区、直辖市范围增值电信业务的，由中方主要投资者凭《外商投资经营电信业务审定意见书》向国务院	

（续表）

序号	行政法规、国务院文件和经国务院批准的部门规章的有关规定	调整实施情况
	商务主管部门报送拟设立外商投资电信企业的合同、章程；属于经营省、自治区、直辖市范围内增值电信业务的，由中方主要投资者凭《外商投资经营电信业务审定意见书》向省、自治区、直辖市人民政府商务主管部门报送拟设立外商投资电信企业的合同、章程。 　　国务院商务主管部门和省、自治区、直辖市人民政府商务主管部门应当自收到报送的拟设立外商投资电信企业的合同、章程之日起90日内审查完毕，作出批准或者不予批准的决定。予以批准的，颁发《外商投资企业批准证书》；不予批准的，应当书面通知申请人并说明理由。 　　第十六条：外商投资电信企业的中方主要投资者凭《外商投资企业批准证书》向工商行政管理机关申请企业注册登记后，凭《外商投资企业批准证书》和营业执照向国务院工业和信息化主管部门申请电信业务经营许可。	
2	《中华人民共和国国际海运条例》 　　第二十八条第一款、第二款、第三款： 　　经国务院交通主管部门批准，外商可以依照有关法律、行政法规以及国家其他有关规定，投资设立中外合资经营企业或者中外合作经营企业，经营国际船舶运输、国际船舶代理、国际船舶管理、国际海运货物装卸、国际海运货物仓储、国际海运集装箱站和堆场业务；并可以投资设立外资企业经营国际海运货物仓储业务。 　　经营国际船舶运输、国际船舶代理业务的中外合资经营企业，企业中外商的出资比例不得超过49%。 　　经营国际船舶运输、国际船舶代理业务的中外合作经营企业，企业中外商的投资比例比照适用前款规定。	在内地对香港、澳门服务提供者暂时调整实施相关准入特别管理措施，允许其在内地从事《协议》规定的运输服务；具体管理办法由国务院交通运输主管部门制定。
3	《中华人民共和国中外合作办学条例》 　　第六十二条：外国教育机构、其他组织或者个人不得在中国境内单独设立以中国公民为主要招生对象的学校及其他教育机构。	在内地对香港、澳门服务提供者暂时调整实施相关准入特别管理措施，允许其在内地从事《协议》规定的非学历职业技能培训业务；具体管理办法由国务院人力资源行政主管部门制定。

（续表）

序号	行政法规、国务院文件和经国务院批准的部门规章的有关规定	调整实施情况
4	《营业性演出管理条例》 　　第十一条第一款：香港特别行政区、澳门特别行政区的投资者可以在内地投资设立合资、合作、独资经营的演出经纪机构、演出场所经营单位；香港特别行政区、澳门特别行政区的演出经纪机构可以在内地设立分支机构。	在内地对香港、澳门服务提供者暂时调整实施相关准入特别管理措施，允许其在内地投资设立地方控股的合资文艺表演团体；香港、澳门永久性居民中的中国公民无需经过外资审批可以在内地设立个体工商户，从事个体演出经纪人业务；具体办法由国务院文化主管部门会同国务院有关部门制定。
5	《娱乐场所管理条例》 　　第六条：外国投资者可以与中国投资者依法设立中外合资经营、中外合作经营的娱乐场所，不得设立外商独资经营的娱乐场所。	在广东省对香港、澳门服务提供者暂时调整实施相关准入特别管理措施，允许其在广东省独资设立娱乐场所；具体管理办法由广东省人民政府制定。
6	1.《国务院对确需保留的行政审批项目设定行政许可的决定》 　　第179项：境内举办对外经济技术展览会办展项目审批。 2.《国务院办公厅关于对在我国境内举办对外经济技术展览会加强管理的通知》（国办发〔1997〕25号） 　　二、对外经济技术展览会的主办和承办单位，必须具有外经贸主管部门批准的主办和承办资格；境外机构在华举办经济技术展览会，必须联合或委托我国境内有主办资格的单位进行。 　　三、对展览面积在1000平方米以上的对外经济技术展览会，实行分级审批管理。 　　（二）国务院部门所属单位主办的，以及境外机构主办的对外经济技术展览会，报对外贸易经济合作部审批。对在北京以外地区举办的，主办单位须事先征得举办地外经贸主管部门同意。	在内地对香港、澳门服务提供者暂时调整实施相关行政审批和准入特别管理措施，允许其在内地从事《协议》规定的会议和展览服务；具体管理办法由国务院商务主管部门制定。
7	《外商投资民用航空业规定》 　　第六条第四款：外商投资飞机维修（有承揽国际维修市场业务的义务）和航空油料项目，由中方控股；货运仓储、地面服务、航空食品、停车场等项目，外商投资比例由中外双方商定。	在内地对香港、澳门服务提供者暂时调整实施相关的准入特别管理措施，允许其在内地从事《协议》规定的空运支持服务；具体管理办法由国务院民用航空主管部门制定。

国务院关于北京市开展公共服务类建设项目投资审批改革试点的批复

国函〔2016〕83号

北京市人民政府、国务院审改办：

国务院审改办关于拟同意北京市开展公共服务类建设项目投资审批改革试点的请示收悉。现批复如下：

一、同意在北京城市副中心开展公共服务类建设项目投资审批改革试点，中央国家机关在京重点建设项目参照执行。试点期为3年，自国务院批复之日起算。请认真组织实施《北京市开展公共服务类建设项目投资审批改革试点方案》（以下简称《试点方案》）。

二、试点工作要全面贯彻党的十八大和十八届二中、三中、四中、五中全会精神，认真落实党中央、国务院决策部署，紧紧围绕简政放权、放管结合、优化服务，坚持改革创新、大胆探索，坚持依法行政、稳妥推进。

三、北京市人民政府要加强组织领导，明确责任主体，细化改革措施，通过先行先试，提高投资项目审批服务效率和监管水平，加快北京城市副中心建设，促进非首都功能疏解。对《试点方案》实施中的具体问题以及改革的新措施，要及时与国务院审改办沟通协商，重大问题和情况及时报告国务院。

四、国务院有关部门要按照职能分工，加强指导和服务，积极支持北京市开展改革试点。国务院审改办要加强统筹协调、跟踪分析和督促检查，协调推进改革试点措施落实到位，适时对试点工作进行评估，总结可复制可推广的改革经验。

附件：北京市开展公共服务类建设项目投资审批改革试点方案

国务院
2016年5月13日

附件

北京市开展公共服务类建设项目
投资审批改革试点方案

为有效推进北京市公共服务类建设项目投资审批改革试点工作,制定本方案。

一、总体要求

全面贯彻党的十八大和十八届二中、三中、四中、五中全会精神,按照党中央、国务院决策部署,紧紧围绕京津冀协同发展战略和首都功能定位,坚持改革创新、大胆探索,坚持依法行政、稳妥推进,坚持简政放权、放管结合、优化服务,积极开展公共服务类建设项目投资审批改革试点,促进投资项目尽快落地,加快建设北京城市副中心,推动非首都功能疏解。

二、试点范围

北京城市副中心道路、停车设施、垃圾和污水处理设施及教育、医疗等公共服务类建设项目。中央国家机关在京重点建设项目,本着协调沟通、保障重点的原则参照执行。

三、主要措施

(一)实行集体审议,提高决策效率和水平。

在做好相关基础工作前提下,由北京市人民政府召开会议,对具备条件的项目集中审议。在充分听取各部门意见后,形成投资项目建设计划,明确建设时序安排。各有关部门根据会议精神分别办理项目审批手续。

(二)优化审批流程,简化审批手续和环节。

1. 简化建设项目前期工作启动手续。根据北京市人民政府会议审议通过的投资项目建设计划,发展改革部门按照立项权限,向项目单位和有关审批部门制发《建设项目前期工作函》,确定项目主体。对符合条件的建设项目,按规定拨付前期工作经费,并督促项目单位加快组织开展环境影响报告书(表)、可行性研究报告、规划设计方案编制,以及勘察设计招投标、施工招投标等项目开工前所有前期工作。

2. 简化建设项目立项手续。将项目建议书和可行性研究报告合并审批。

3. 简化规划许可手续。规划部门会同相关单位先行审定建设项目设计方案,并出具审查意见;项目单位可依据审查意见到相关部门办理审批手续,并组织开展有关工作。相关审批手续齐备后,即可办理建设项目选址意见书、建设用地规划许可证、建设工程规划许可证。

4. 简化划拨用地报批手续。北京市人民政府批准用地的,在征地"一书四方案"(建设项目用地呈报说明书和农用地转用方案、补充耕地方案、征收土地方案、供地方案)和区政府用地申请函中提出供地方式,由北京市国土局审核并报北京市人民政府批准后,办理征地批复,在征地批复中明确供地方式,并据此核发《国有建设用地划拨决定书》。

5. 简化施工招标投标手续。在保证招标投标工作质量前提下,招标人与投标人可协商确定与工程规模相匹配的投标文件编制时间。项目单位可依据建设项目设计方案的审查意见办理开标手续。

6. 批手续。规划部门出具建设项目设计方案审查意见后,项目单位即可申请办理施工图审查、施工登记等手续。在项目单位取得用地批准手续、规划部门出具的相应确认文件、公安消防机构出具的消防设计审核意见,并依法确定施工单位、施工现场具备施工条件的前提下,住房城乡建设部门予以办理施工登记,并同步开展质量监督、安全监督、建筑节能设计备案工作。将除北京市人民政府投资项目外的年度投资计划与施工许可并联办理。

7. 简化水影响评价审查手续。将水影响评价技术审查内容简化为符合水资源和供排水条件、符合防洪安全要求、不改变排水分区、保水保土措施四项控制要素。项目单位以上述四项控制要素为主要内容编制水影响评价文件,报水务部门。

(三) 精简审批事项及中介服务事项,加强事中事后监管。

1. 凡是在控制性详细规划阶段、土地整理储备阶段交通、水务部门已经出具意见的,对区域内的具体建设项目,简化交通影响、水影响方面的评估审查。

2. 取消在已批准建设用地范围内改建或扩建项目的用地预审;经勘查未形成重要矿产资源储量的通州区,建设项目用地手续不需进行压覆重要矿产资源核查工作(建设项目用地预审属于国土资源部审批的不在此限)。

3. 建设项目节水设施方案改由项目单位按权限向北京市水务局或区水务局备案,北京市水务局或区水务局加强监管。

4. 取消人民防空工程施工图备案。在施工图审查阶段,区民防局加强与人民防空工程施工图审查机构工作衔接,同步履行监管职责。

5. 严格按照《中华人民共和国水法》、《中华人民共和国防洪法》和《中华人民共和国水土保持法》等法律法规限定的范围开展水影响评价中的洪水影响评价、编制水土保持方案工作,该范围外的项目不再开展。

6. 除国家法律法规设定的中介服务事项外,结合北京市实际,对投资领域中介服务事项进行清理,并对保留的中介服务事项的服务范围、内容、程序、时限等进行优化和规范。针对重大项目(高风险项目)的环境影响评价和社会稳定风险评估,同步开展入户调查、发放调查问卷等工作。

7. 对适宜由区政府部门审批的事项,按照方便项目单位就近办理和基层政府贴近服务的原则,尽量交由区政府部门办理。中央国家机关在京重点建设项目,仍由北京市人民政府主管部门办理。

(四) 创新审批方式,探索实行告知承诺制。

探索实行审批部门一次性告知项目单位应具备的条件和需提交的材料,以及项目建设具体标准和要求;项目单位书面承诺按照标准和要求执行后,审批部门即以一定方式认可项目单位的申请事项,项目单位据此即可开展所申请事项的实施工作。同时,审批部门要对项目单位承诺事项的落实情况加强监管,对于确按标准和要求实施的,予以发放证照。

商务部、发展改革委、教育部、科技部、工业和信息化部、财政部、人力资源社会保障部、税务总局、外汇局关于新增中国服务外包示范城市的通知

商服贸函〔2016〕208号

辽宁省、吉林省、江苏省、浙江省、福建省、山东省、河南省、广西壮族自治区、新疆维吾尔自治区人民政府：

为贯彻落实国务院常务会议精神和《国务院关于促进服务外包产业加快发展的意见》（国发〔2014〕67号），根据服务外包产业集聚区布局，统筹考虑东、中、西部城市，将中国服务外包示范城市数量从21个有序增加到31个，我们开展了增加中国服务外包示范城市的相关工作。经国务院批准，现将有关事项通知如下：

一、同意将沈阳市、长春市、南通市、镇江市、宁波市、福州市（含平潭综合实验区）、青岛市、郑州市、南宁市和乌鲁木齐市等10个城市确定为中国服务外包示范城市，享受现有服务外包示范城市的中央财政专项资金、技术先进型服务企业税收优惠等支持政策。

二、为保持政策连贯性和延续性，"十三五"期间中央财政将利用现有财政资金渠道，支持示范城市服务外包公共服务平台建设，并依据服务外包示范城市综合评价结果对各示范城市进行差异化支持。

三、为充分发挥产业政策激励示范、淘汰落后的作用，经国务院同意，我们将研究制订服务外包示范城市末位淘汰的动态调整机制。请你们加强对示范城市发展服务外包产业的指导和支持，积极对接国家发展战略，提高公共服务水平，鼓励产业创新发展，营造法治化、国际化、便利化营商环境，进一步发挥服务外包产业稳增长、促改革、调结构、惠民生的积极作用。

商务部
发展改革委
教育部
科技部
工业和信息化部
财政部
人力资源社会保障部
税务总局
外汇局
2016年5月5日

关于公布跨境电子商务零售进口商品清单(第二批)的公告

财政部、发展改革委、工业和信息化部、环境保护部、农业部、商务部、中国人民银行、海关总署、国家税务总局、质检总局、新闻出版广电总局、食品药品监管总局、濒管办公告 2016 年第 47 号

为落实跨境电子商务零售进口税收政策,现将《跨境电子商务零售进口商品清单(第二批)》予以公布,自 2016 年 4 月 16 日起实施。

本批清单与《财政部等 11 个部门关于公布跨境电子商务零售进口商品清单的公告(2016 年第 40 号)》中《跨境电子商务零售进口商品清单》税则号列相同的商品,其"备注"以本批清单为准。

附件:跨境电子商务零售进口商品清单(第二批)(略——编者注)

财政部
发展改革委
工业和信息化部
环境保护部
农业部
商务部
中国人民银行
海关总署
国家税务总局
质检总局
新闻出版广电总局
食品药品监管总局
濒管办
2016 年 4 月 15 日

国务院关于印发上海系统推进全面创新改革试验加快建设具有全球影响力科技创新中心方案的通知

国发〔2016〕23号

各省、自治区、直辖市人民政府,国务院各部委、各直属机构:

国务院批准《上海系统推进全面创新改革试验加快建设具有全球影响力的科技创新中心方案》,现予印发。

一、依托上海市开展全面创新改革试验,是贯彻落实党中央、国务院重大决策,推进全面深化改革,破解制约创新驱动发展瓶颈的重要举措,对促进上海进一步解放思想、大胆探索实践、实现重点突破、发挥改革创新示范带动作用,具有重要意义。

二、上海市系统推进全面创新改革试验,要围绕率先实现创新驱动发展转型,以推动科技创新为核心,以破除体制机制障碍为主攻方向,加快向具有全球影响力的科技创新中心进军。

三、国家发展改革委和科技部要加强统筹,指导并及时协调解决改革试验中出现的新情况、新问题,组织开展试点经验和成效的总结评估,尽快推广一批有力度、有特色、有影响的重大改革举措。相关部门要主动作为,加强与上海市的衔接和协调,使本领域的重大改革举措真正落实落地。

四、本方案实施中的重大问题,以及需要由全国人民代表大会常务委员会授权、相应调整有关行政法规和国务院文件部分规定的事项,上海市人民政府要及时向国务院请示报告,按程序报批。有关重大工程、重大项目、重点产业等部署要与相关部门沟通协调,协同推进。

国务院

2016年4月12日

上海系统推进全面创新改革试验加快建设具有全球影响力的科技创新中心方案

为深入贯彻党的十八大和十八届三中、四中、五中全会精神,全面落实《中共中央、国务院关于深化体制机制改革加快实施创新驱动发展战略的若干意见》和《国家创新驱动发展战略纲要》的要求,支持上海系统推进全面创新改革试验,加快向具有全球影响力的科技创新中心进军,制订本方案。

一、指导思想

按照党中央、国务院决策部署,紧紧抓住全球新一轮科技革命和产业变革带来的重大机遇,当好改革开放排头兵、创新发展先行者,坚持问题导向、企业主体、以人为本、开放合作的原则,以实现创新驱动发展转型为目标,以推动科技创新为核心,以破除体制机制障碍为主攻方向,以长江经济带发展战略为纽带,在国际和国内创新资源、创新链和产业链、中国(上海)自由贸易试验区和上海张江国家自主创新示范区制度改革创新三个方面加强统筹结合,突出改革重点,采取新模式,系统推进全面创新改革试验,充分激发全社会创新活力和动力,把大众创业、万众创新不断引向深入,把"互联网+"、"+互联网"植入更广领域,把科技人员与普通群众、企业与科研院所、大中小微企业、线上线下的创业创新活动有机结合起来,推动科技创新与经济社会发展深度融合,加快向具有全球影响力的科技创新中心进军,率先转变经济发展方式,推进供给侧结构性改革,发展新经济、培育新动能、改造提升传统动能,推动形成增长新亮点、发展新优势。

二、总体目标

力争通过3年系统推进全面创新改革试验,基本构建推进全面创新改革的长效机制,在科技金融创新、人才引进、科技成果转化、知识产权、国资国企、开放创新等方面,取得一批重大创新改革成果,形成一批可复制可推广的创新改革经验,破解科技成果产业化机制不顺畅、投融资体制不完善、收益分配和激励机制不合理、创新人才制度不健全等瓶颈问题,持续释放改革红利;推动经济增长动力加快由要素驱动向创新驱动转换,在综合性国家科学中心建设、若干国家亟需的基础科研和关键核心技术领域取得突破,科技创新投入进一步增强,研究与试验发展(R&D)经费支出占全市地区生产总值比例超过3.7%;产业结构进一步优化,战略性新兴产业增加值占全市地区生产总值的比重提高到18%左右;张江国家自主创新示范区进入国际先进高科技园区行列。

通过滚动实施全面创新改革试验,2020年前,形成具有全球影响力的科技创新中心的基本框架体系;R&D经费支出占全市地区生产总值比例超过3.8%;战略性新兴产业增加值占全市地区生产总值的比重提高到20%左右;基本形成适应创新驱动发展要求的制度环境,基本形成科技创新支撑体系,基本形成大众创业、万众创新的发展格局,基本形成科技创新中心城市的经济辐射力,带动长三角区域、长江经济带创新发展,为我国进入创新型国家行列提供有力支撑。

到2030年,着力形成具有全球影响力的科技创新中心的核心功能,在服务国家参与全球经济科技合作与竞争中发挥枢纽作用,为我国经济提质增效升级作出更大贡献,创新驱动发展走在全国前头、走到世界前列。

最终要全面建成具有全球影响力的科技创新中心,成为与我国经济科技实力和综合国力相匹配的全球创新城市,为实现"两个一百年"奋斗目标和中华民族伟大复兴的中国梦,提供科技创新的强劲动力,打造创新发展的重要引擎。

三、主要任务

重点建设一个大科学设施相对集中、科研环境自由开放、运行机制灵活有效的综合性国家科学中心,打造若干面向行业关键共性技术、促进成果转化的研发和转化平台,实施一批能填补国内空白、解决国家"卡脖子"瓶颈的重大战略项目和基础工程,营造激发全社会创新创业活力和动力的环境,形成大众创业、万众创新的局面。

(一)建设上海张江综合性国家科学中心。

国家科学中心是国家创新体系的基础平台。建设上海张江综合性国家科学中心,有助于提升我国基础研究水平,强化源头创新能力,攻克一批关键核心技术,增强国际科技竞争话语权。

1. 打造高度集聚的重大科技基础设施群。

依托张江地区已形成的大科学设施基础,加快上海光源线站工程、蛋白质科学设施、软X射线自由电子激光、转化医学等大设施建设;瞄准世界科技发展趋势,根据国家战略需要和布局,积极争取超强超短激光、活细胞成像平台、海底长期观测网、国家聚变能源装置等新一批大设施落户上海,打造高度集聚的重大科技基础设施集群。

2. 建设有国际影响力的大学和科研机构。

依托复旦大学张江校区、上海交通大学张江校区,重点推动复旦大学建设微纳电子、新药创制等国际联合研究中心,重点推动上海交通大学建设前沿物理、代谢与发育科学等国际前沿科学中心。推动同济大学建设海洋科学研究中心、中美合作干细胞医学研究中心。发挥上海科技大学的体制机制优势,加快物质、生命、信息等领域特色研究机构建设,开展系统材料工程、定制量子材料、干细胞与再生医学、新药发现、抗体药物等特色创新研究,建设科研、教育、创业深度融合的高水平、国际化创新型大学。发挥中科院在沪科研机构的科研力量,推动中科院按规定建设微小卫星创新研究院、先进核能创新研究院、脑科学卓越创新中心等机构。大力吸引海内外顶尖实验室、研究所、高校、跨国公司来沪设立全球领先的科学实验室和研发中心。着力增强上海地区高校和科研机构服务和辐射全国的能力,并进一步发挥国际影响力。

3. 开展多学科交叉前沿研究。

聚焦生命、材料、环境、能源、物质等基础科学领域,由国家科学中心在国家支持和预研究基础上,发起多学科交叉前沿研究计划,开展重大基础科学研究、科学家自由探索研究、重大科技基础设施关键技术研究,推动实现多学科交叉前沿领域重大原创性突破,为科技、产业持续发展提供源头创新支撑。

4. 探索建立国家科学中心运行管理新机制。

成立国家有关部委、上海市政府,以及高校、科研院所和企业等组成的上海张江综合性国家科学中心理事会,下设管理中心,探索实施科研组织新体制,研究设立全国性科学基金会,募集社会资金用于科学研究和技术开发活动。建立和完善重大科技基础设施建设协调推进机制和运行保障机制。建立符合科学规律、自由开放的科学研究制度环境。

(二)建设关键共性技术研发和转化平台。

共性技术平台是科技成果转化的重要环节。聚焦国家和上海市经济社会发展重大需求,在信息技术、生命科学、高端装备等领域先行布局一批开放式创新平台,通过政府支持、市场化运作,攻克关键共性技术,支撑战略性新兴产业实现跨越式发展。

1.关键共性技术研发平台。

在信息技术领域,提升上海集成电路研发中心能级,打造我国技术最先进、辐射能力最强的世界级集成电路共性技术平台,为自主芯片制造提供技术支撑,为国产设备及材料提供验证环境;建设上海微技术工业研究院,形成全球化的微机电系统(MEMS)及先进传感器技术创新网络,发展特色工艺,突破传感器中枢、融合算法、微能源等共性技术,并在物联网领域探索应用模式创新;建设微电子示范学院和微纳电子混合集成技术研发中心,研究硅集成电路技术与非硅材料的融合,开发新型微纳电子材料和器件共性技术;发展数字电视国家工程研究中心,建成面向全球的数字电视标准制订和共性技术研发的未来媒体网络协同创新中心,探索向整机制造商收取合理费用、促进技术标准持续开发升级的市场化运作模式。推动大数据与社会治理深度融合,不断推进社会治理创新,提升维护公共安全、建设平安中国的能力水平。

在生命科学领域,发挥中科院上海药物研究所、中科院上海生命科学研究院、上海医药工业研究院、复旦大学、上海交通大学等单位的研发优势,建设创新药物综合研发平台,攻克治疗恶性肿瘤、心脑血管疾病、神经精神系统疾病、代谢性疾病、自身免疫性疾病等领域创新药物关键技术;促进上海转化医学研究中心、中科院上海生命科学研究院、国家肝癌科学中心、上海医药临床研究中心、上海市质子重离子医院等单位协作,建设精准医疗研发与示范应用平台。开展转化医学和精准医疗前沿基础研究,建立百万例级人群(跟踪)队列和生物信息数据库。

在高端装备领域,发挥中国航空研究院上海分院及相关工程研究中心等的技术优势,建立面向全国的燃气轮机与航空发动机研发平台,形成重型燃气轮机和民用航空发动机设计、关键系统部件研制、总装集成的能力;建设智能型新能源汽车协同创新中心,提升新能源汽车及动力系统国家工程实验室技术服务能级,打造磁浮交通、轨道交通等领域关键共性技术研发平台。突破智能汽车所需的定位导航、辅助驾驶、语音识别等共性技术,开发新能源汽车整车及动力系统集成与匹配、控制等关键技术;开展大型商用压水堆和第四代核电研发及工程设计研究,开发钍基熔盐堆材料、装备、部件等制造技术,以及仿真装置和实验装置工程设计技术。建设微小卫星创新平台。开展海上小型核能海水淡化和供电平台研究。加强机器人产品整机开发和关键零部件研制,提升机器人检测和评定服务水平,形成机器人整机和关键零部件设计、制造和检测服务能力。建设嵌入式控制系统开发服务平台,提升工业智能控制系统技术水平和开发效率。

在质量技术基础领域,加强以标准、计量、检验检测、认证为主要内容的质量技术基础平台建设,建设技术标准创新基地,推进相关国际标准组织分支机构、国家时间频率中心上海计量分支机构、质量发展相关智库等落地,全力构建具有国际水准的支撑保障体系。

2.科技成果转化和产业化平台。

加快建设国家技术转移东部中心、上海市国际技术进出口促进中心等专业化、市场化技术转移机构,提升上海产业技术研究院、上海紫竹新兴产业技术研究院、中科院上海高等研究院、复旦大学张江研究院、上海交通大学先进产业技术研究院等的技术孵化能力,充分发挥在沪中央部委所属高校和上海市高校作用,推进高校和研究机构技术成果快速转移转化。加强军民融合创新平台建设,支持民用先进技术在国防科技工业领域的应用,推动军用技术成果向民用领域转化和产业化。

(三)实施引领产业发展的重大战略项目和基础工程。

在国家战略布局、上海自身有基础有望突破且能填补国内空白的领域,基于"成熟一项、启动一项"原则,充分发挥企业主体作用,以及科研院所、高校和企业结合的作用,实施一批上海市重大战略项目和基础工程,解决国家战略性新兴产业发展中的瓶颈问题。

在信息技术领域,开发中央处理器(CPU)、控制器、图像处理器等高端芯片设计技术。加快实现12英寸芯片制造先进工艺水平产品量产,开发集成电路装备和材料,建设国内首条8英寸MEMS及先进传感器研发线。打造面向第五代移动通信技术(5G)应用的物联网试验网。布局下一代新型显示技术,研制中小尺寸显示产品并实现量产。开发云计算关键技术,开发一批有国际影响力的大数据分析软件产品。

在生物医药领域,开发满足临床治疗需求的原创新药,实现若干个1.1类新药上市。以攻克严重危害人类健康的多发病、慢性病以及疑难重病为目标,开展致病机理和预防、诊断、治疗、康复等方面技术的联合攻关,在基因诊断和治疗、肿瘤定向治疗、细胞治疗、再生医疗、个性化药物等领域开展个性化精准治疗示范。开发医学影像诊疗、介入支架等重大医疗器械产品,实现关键核心技术重大突破,推动在国内广泛应用,进一步扩大在国际市场的份额。

在高端装备领域,完成窄体客机发动机验证机研制,开展宽体客机发动机关键技术研究;突破重型燃机关键技术,建设燃气轮机试验电站。突破干支线飞机、机载设备、航空标准件、航空材料等关键制造技术,实现ARJ21支线飞机成系列化发展,开展C919大型客机试飞验证工作。开展北斗高精度芯片/主板/天线/模块/软件/解决方案的开发,打造北斗卫星同步授时产业。建设高新船舶与深海开发装备协同创新中心,提升深远海海底资源(特别是油气资源)海洋工程装备的总包建造能力、产品自主研制能力和核心配套能力。

在新能源及智能型新能源汽车领域,加快开发推广智能变电站系统等智能电网设备,研制微型和小型系列化燃气轮机发电机组、储能电池智能模块和大容量储能系统。开发动力电池、电机、电控等核心零部件,研制高性能的新能源汽车整车控制系统产品。

在智能制造领域,开发具有国际先进水平的工业机器人、服务机器人产品,逐步实现高精密减速机、高性能交流伺服电机、高速高性能控制器等核心零部件国产替代。开发三维(3D)打印相关材料和装备技术,推动其与重点制造行业对接应用。

同时,在量子通信、拟态安全、脑科学及人工智能、干细胞与再生医学、国际人类表型组、材料基因组、高端材料、深海科学等方向布局一批重大科学基础工程。

(四)推进建设张江国家自主创新示范区,加快形成大众创业、万众创新的局面。

充分发挥张江国家自主创新示范区与自贸试验区的"双自"联动优势,以制度创新和开放创新推动科技创新,打造若干创新要素集聚、创新特色鲜明、创新功能突出、适宜创新创业、具有较强辐射带动力的创新集聚区。实施"互联网+"行动计划,优化经济发展环境,营造公平参与的民营经济发展环境,推进对内对外开放合作,建设开放共享、融合创新的智慧城市,完善创新创业服务体系,打造开放便捷的众创空间,形成对全社会大众创业、万众创新的有力支撑。

实施"双创"示范基地三年行动计划,结合上海市创业创新优势,打造一批"双创"示范基地,完善创新服务,推动创新成果加快转化为现实生产力,以创新带动创业就业。鼓励发展面向大众、服务中小微企业的低成本、便利化、开放式服务平台,引导各类社会资源支持大众创业。加快发展"互联网+"创业网络体系,促进创业与创新、创业与就业、线上与线下相结合。

上海系统推进全面创新改革试验,加快建设具有全球影响力的科技创新中心,要聚焦关键核心技术领域,提升我国自主创新特别是原始创新能力,推动经济转型升级,解决经济发展中的"卡脖子"问题;要通过体制机制改革试验,破解制约创新驱动发展的瓶颈问题,激发科技创新内生动力,释放全社会创新创业活力,营造良好的制度政策环境,实现经济增长动力由要素驱动向创新驱动的转换。

四、改革措施

聚焦政府管理体制不适应创新发展需要、市场导向的科技成果产业化机制不顺畅、企业为主体的科技创新投融资体制不完善、国有企事业单位创新成果收益分配和激励机制不合理、集聚国际国内一流创新人才的制度不健全等问题,重点在政府创新管理、科技成果转移转化、收益分配和股权激励、市场化投入、人才引进、开放合作等方面作出新的制度安排,着力在创新体制机制上迈出大步子,打破不合理的束缚,推动以科技创新为核心的全面创新。

(一)建立符合创新规律的政府管理制度。

坚持市场导向,以互联网思维创新政府管理和服务模式,减少政府对企业创新活动的行政干预,改革政府创新投入管理方式,充分发挥市场配置资源的决定性作用,加强需求侧政策对创新的引导和支持,释放全社会创新活力和潜能。

1. 最大限度减少政府对企业创新创业活动的干预。

对应由市场作主的事项,政府做到少管、不管,最大限度取消企业资质类、项目类等审批审查事项,消除行政审批中部门互为前置的认可程序和条件。完善事中事后监管,以"管"促"放",深化商事制度、"多规合一"等改革,进一步完善配套监管措施,探索建立符合创新规律的政府管理制度。根据新兴产业特点,完善企业行业归类规则和经营范围的管理方式。对国有企事业单位技术和管理人员参与国际创新合作交流活动,取消因公出境的批次、公示、时限等限制。

调整现有行业管理制度中不适应"互联网+"等新兴产业特点的市场准入要求,改进对与互联网融合的金融、医疗保健、教育培训等企业的监管,促进产业跨界融合发展。

主动探索药品审评审批管理制度改革,试点开展创新药物临床试验审批制度改革。试点推进药品上市许可和生产许可分离的创新药物上市许可持有人制度。

2. 改革政府扶持创新活动的机制。

改革以单向支持为主的政府专项资金支持方式。建立健全符合国际规则的支持采购创新产品和服务的政策体系,完善政府采购促进中小企业创新发展的相关措施,加大对创新产品和服务的采购力度,促进创新产品研发和规模化应用。完善相关管理办法,加强对创新产品研制企业和用户方的双向支持,加大支持力度,拓展支持范围,突破创新产品示范应用瓶颈。

3. 改革科研项目经费管理机制。

简化科研项目预算编制,改进科研项目结余资金管理,进一步落实科研项目预算调整审批权下放,适应创新活动资源配置特点;实施科研项目间接费用补偿机制,完善间接费用管理,项目承担单位可以结合一线科研人员实际贡献,公开公正安排绩效支出,充分体现科研人员价值。

完善对基础前沿类科技工作持续稳定的财政支持机制,为科学家静下来潜心研究和自由探索创造条件;对市场需求明确的技术创新活动,通过风险补偿、后补助、创投引导等方式发挥财政资金的杠杆作用,促进科技成果转移转化和资本化、产业化。

4. 建立财政科技投入统筹联动机制。

建立科技创新投入决策和协调机制,加强顶层设计和部门间沟通协调。转变政府科技管理职能,逐步实现依托专业机构管理科研项目,政府相关部门的主要职责是制定科技发展战略、规划、政策,做好评估和监管。建立公开统一的科技管理平台,统筹衔接基础研究、应用开发、成果转化、产业发展等各环节工作,优化科技计划(专项、基金等)布局,梳理整合和动态调整现有各类科技计划(专项、基金等)。

5. 建立上海科技创新评价机制。

在完善现有科技指标体系基础上,参考和借鉴国际、国内主要科技创新评价指标,建立和发布上海科技创新指数,从科技创新资源、科技创新环境、科技创新投入、科技创新产出、科技创新溢出与驱动等5个方面,综合评价上海科技创新总体发展情况。

6. 完善促进创新发展的地方性法规。

统筹促进科技创新的地方立法。制修订技术转移等地方性法规。制定促进张江国家自主创新示范区发展的政府规章。在对实施效果进行评估的基础上,及时清理、更新涉及创新的法规、规章和政策文件。对新制订政策是否制约创新进行审查。

(二)构建市场导向的科技成果转移转化机制。

建立科技成果转化、技术产权交易、知识产权运用和保护协同的制度,确立企业、高校、科研机构在技术市场中的主体地位,强化市场在创新要素配置中的决定性作用。

1. 下放高校和科研院所科技成果的管理、使用和处置权。

由高校和科研院所自主实施科技成果转移转化,主管部门和财政部门不再审批或备案,成果转化收益全部留归单位,不再上缴国库;探索建立符合科技成果转化规律的市场定价机制,收益分配向发明人和转移转化人员倾斜,充分调动高校、科研院所及科技人员积极性。对于高校、科研院所由财政资金支持形成的、不涉及国家安全的科技成果,明确转化责任和时限,选择转化主体,实施转化。研究完善专利强制许可制度。

2. 改革高校和科研院所管理体制。

建立现代科研院所分类管理体制,推行章程式管理考核模式。探索理事会制度,推进取消行政级别。推进科研院所编制管理、人员聘用、职称评定等方面创新,探索建立科研事业单位领导人员管理制度。根据科研院所职能定位、特点、收支等情况,对从事基础研究、前沿技术研究和社会公益研究的科研院所,完善财政投入为主、引导社会参与的支持机制,并建立健全稳定支持和竞争性支持相协调的机制,扩大科研院所管理自主权和科研课题选择权,探索体现科研人员劳动价值的收入分配办法。探索建立上海科研院所联盟,统筹配置相关创新资源,组织科研院所开展协同创新。完善高校与企业开展技术开发、技术咨询、技术服务等横向合作项目经费管理制度,鼓励开展产学研合作。

3. 实行严格的知识产权保护制度。

强化权利人维权机制。建立知识产权侵权查处快速反应机制,完善知识产权行政管理和执法"三合一"机制。强化行政执法与司法衔接,加强知识产权综合行政执法。建立健全知识产权多元化纠纷解决机制。为企业"走出去"提供知识产权侵权预警、海外维权援助等服务。依托上海市公共信用信息服务平台,建立知识产权信用体系,强化对侵犯知识产权等失信行为的联动惩戒。

4. 建立知识产权资本化交易制度。

简化知识产权质押融资流程,拓展专利保险业务,建立知识产权评估规范。严格按照国家规定,探索开展知识产权证券化业务。

5. 探索新型产业技术研发机制。

培育新型产业技术研发组织,形成购买服务、后补助、奖励等财政投入与竞争性收入相协调的持续支持机制,采用产业技术创新联盟等市场化机制,探索建立专利导航产业创新发展工作机制,组织推进产学研一体化,在承担政府科技计划、人才引进等方面加大支持力度。

(三)实施激发市场创新动力的收益分配制度。

充分发挥利益导向作用,建立尊重知识、尊重创新、让创新主体获益的创新收益分配制度,完善创新业绩考核、长期激励和职务晋升制度,激发市场主体的创新动力。

1. 完善职务发明法定收益分配制度。

制定职务发明方面的政府规章,建立职务发明法定收益分配制度。支持国有企业按照国家有关法律法规,制定并实施科技成果收益分配具体实施办法,探索建立健全科技成果、知识产权归属和利益分享机制,鼓励国有企业与职务发明人(团队)事先协商,确定科技成果收益分配的方式、数额和比例,适度提高骨干团队和主要发明人的收益比例。

2. 完善股权激励制度。

鼓励符合条件的转制科研院所、高新技术企业和科技服务机构等按照国有科技型企业股权和分红激励相关规定,采取股权出售、股权奖励、股权期权、项目收益分红和岗位分红等多种方式开展股权和分红激励。

3. 完善创新导向的国企经营业绩考核制度。

突出创新驱动发展,完善国有企业经营业绩考核办法,建立鼓励创新、宽容失败的考核机制。在国有企业领导人员任期考核中加大科技创新指标权重。对竞争类企业,实施以创新体系建设和重点项目为主要内容的任期创新转型专项评价,评价结果与任期激励挂钩。落实创新投入视同于利润的鼓励政策,对主动承接国家和上海市重大专项、科技计划、战略性新兴产业领域产业化项目,收购创新资源和境外研发中心,服务业企业加快模式创新和业态转型所发生的相关费用,经认定可视同考核利润。

4. 创新国资创投管理机制。

允许符合条件的国有创投企业建立跟投机制,并按市场化方式确定考核目标及相应的薪酬水平。探索符合条件的国有创投企业在国有资产评估中使用估值报告，实行事后备案。

5. 实施管理、技术"双通道"的国企晋升制度。

改革国有企业技术人员主要依靠职务提升的单一晋升模式，拓宽技术条线晋升渠道，鼓励设立首席研究员、首席科学家等高级技术岗位，给予其与同级别管理岗位一致的地位和薪酬待遇。

(四)健全企业为主体的创新投入制度。

建立有利于激发市场创新投入动力的制度环境，发挥金融财税政策对科技创新投入的放大作用，形成创业投资基金和天使投资人群集聚活跃、科技金融支撑有力、企业投入动力得到充分激发的创新投融资体系。

1. 强化多层次资本市场的支持作用。

支持科技创新企业通过发行公司债券融资，支持政府性担保机构为中小科技创新企业发债提供担保或者贴息支持。在上海股权托管交易中心设立科技创新专门板块，在符合国家规定的前提下，探索相关制度创新，为挂牌企业提供股权融资、股份转让、债券融资等创新服务。

2. 鼓励创业投资基金和天使投资人群发展。

对包括创业投资基金和天使投资人在内的上海市各类创业投资主体，上海市以不同方式给予有针对性的支持和引导，有效激发各类创业投资主体对处于种子期、初创期创业企业的投入。

3. 创新和健全科技型中小企业融资服务体系。

成立不以盈利为目的的市级信用担保基金，通过融资担保、再担保和股权投资等形式，与上海市现有政府性融资担保机构、商业性融资担保机构合作，为科技型中小企业提供信用增进服务；完善相关考核机制，不进行盈利性指标考核，并设置一定代偿损失容忍度；建立与银行的风险分担机制。

完善上海市科技企业和小型微型企业信贷风险补偿办法，优化补偿比例和门槛设定机制，继续扩大商业银行试点小微企业信贷产品的品种和范围；研究单列商业银行科技支行和科技金融事业部信贷奖励政策，按单户授信一定标准以下、信贷投向对象为科技型小微企业形成的年度信贷余额增量进行专项奖励。

鼓励保险机构通过投资创业投资基金、设立股权投资基金或与国内外基金管理公司合作等方式，服务科技创新企业发展。鼓励在沪保险公司积极推出符合科技创新企业需求的保险产品，针对科技创新企业在产品研发、生产、销售各环节以及数据安全、知识产权保护等方面提供保险保障方案。

(五)建立积极灵活的创新人才发展制度。

建设一支富有创新精神、勇于承担风险的创新型人才队伍，充分发挥市场在人才资源配置中的决定性作用，建立健全集聚人才、培养人才的体制机制，创造人尽其才、才尽其用的政策环境。

1. 打造具有国际竞争力的人才引进制度。

建立更加便捷、更有针对性、更具吸引力的海内外人才引进制度。开展海外人才永久居留、出入境等便利服务试点。健全国际医疗保险境内使用机制，扩大国际医疗保险定点结算医院范围。开展在沪外国留学生毕业后直接留沪就业试点。在稳定非沪籍高校毕业生直接留沪政策的基础上,进一步完善户籍和居住证积分制度,突出人才业绩、实际贡献、薪酬水平等市场评价标准,加大对企业创新创业人才的倾斜力度。

统筹协调上海市各类人才计划,加大企业高层次人才引进力度,取消海外高层次人才引进的年龄限制,允许符合条件的外籍人士担任国有企业部分高层管理职务。建立更便捷的人才引进和服务体系,将人才工作纳入领导干部考核的核心指标。

推进张江国家自主创新示范区建设国际人才试验区,建设海外人才离岸创业基地;开展将申办亚太经合组织(APEC)商务旅行卡审批权下放园区试点,支持企业主动参与全球人才竞争,集聚海内外优秀人才。

2. 打通科研人才双向流动通道。

推进社会保障制度改革,完善社会保险关系转移接续办法,促进科技人才自由流动。改进专家教授薪酬和岗位管理制度;完善科研人员兼职兼薪管理政策,鼓励科研院校人才向企业流动,科研人员可保留人事关系离岗创业,在3—5年的创业孵化期内返回原单位的,待遇和聘任岗位等级不降低。探索支持高校形成专职科研队伍建设机制。探索建立弹性学制,允许在校学生休学创业。具有硕士学位授予权的高校、科研机构可聘任企业的高层次人才担任研究生导师,促进产学研用各环节之间协同创新。

3. 改革高校人才培养模式。

把握"互联网+"、"中国制造2025"背景下全球产业变革和技术融合的大趋势,优化学科设置,在国内率先创设一批前沿交叉型新学科。聚焦微电子、生物医药、高端装备制造、新材料等重点领域,在高校建设若干个标志性学科,试点建立"学科(人才)特区",力争2020年前20个左右一级学科点和一批学科方向达到国际一流水平,培育一批在国际上有重要影响力的杰出人才。对标国际先进水平,改革本科教学,建设一批具有国际水平的本科专业。推进部分普通本科高校向应用型高校转型,探索校企联合培养模式,提升高校人才培养对产业实际需求的支撑水平。

4. 完善高校和科研机构考核聘用机制。

改革高校和科研机构考核制度,完善人才分类评价体系。对从事基础研究和前沿技术研究的优秀科研人员,弱化中短期目标考核,建立持续稳定的财政支持机制。改革高校和科研机构岗位聘用机制,灵活引进高层次人才及其团队,对高层次人才探索建立协议工资和项目工资等符合人才特点和市场规律、有竞争优势的薪酬制度。支持部分高校推进"长聘教职制度",实施"非升即走"或"非升即转"的用人机制。

5. 有效配置高校的创新资源。

落实高校办学自主权,逐步将市属高校经常性经费比例提高到70%,实现市属和部属高校的统一。分步推广市属和部属高校综合预算管理制度试点,由高校自主统筹经费使用和分配,让创新主体自主决定科研经费使用、成果转移转化等,更大程度调动科技人员积极性。着力打破创新资源配置的条块分割,赋予高校和科研院所更大自主权,鼓励市属和部属高校协同创新,支持上海市统筹用好各类创新资源。

(六)推动形成跨境融合的开放合作新局面。

坚持扩大对内对外开放与全面增强自主创新能力相结合,发挥自贸试验区制度创新优势,营造更加适于创新要素跨境流动的便利环境,集聚全球创新资源,全面提高上海科技创新的国际合作水平。

1. 加大对境外创新投资并购的支持力度。

探索开展设立境外股权投资企业试点工作,支持上海市企业直接到境外设立基金开展创新投资。鼓励上海市创业投资、股权投资机构加大境外投资并购,支持其与境外知名科技投资机构合作组建国际科技创新基金、并购基金。

探索拓宽上海市产业化专项资金使用范围,允许资金用于支持企业以获取新兴技术、知识产权、研发机构、高端人才和团队为目标的境外投资并购活动,增强创新发展能力。

2. 大力吸引境内外创投机构落户上海。

进一步扩大上海市外商投资的股权投资企业试点工作范围,吸引具有丰富科技企业投资经验的创业投资基金、股权投资基金参与试点。

积极吸引具有国内外综合优势的基金,在自贸试验区开展境内外双向直接投资。积极创造条件,吸引国有金融机构发起设立的国家海外创新投资基金落户上海。

3. 积极发挥外资研发机构溢出效应。

大力吸引外资研发中心集聚,鼓励其转型升级成为全球性研发中心和开放式创新平台。鼓励外资研发中心与上海市高校、科研院所、企业,共建实验室和人才培养基地,联合开展产业链核心技术攻关。在确保对等开放、保障安全、利益共享的前提下,支持外资研发中心参与承担政府科技计划,强化相关成果在本地转化的机制。简化研发用途设备和样本样品进出口、研发及管理人员出入境等手续,优化非贸付汇的办理流程。

4. 加强国内外创新交流服务平台建设。

鼓励国内知名高校、科研机构、企业与上海市相关单位开展科技创新合作,支持本土跨国企业在沪设立和培育全球研发中心和实验室,加强联合攻关,进一步发挥上海市对长江经济带的辐射带动作用。

探索允许国外企业、机构、合伙人或个人参照《民办非企业单位登记管理暂行条例》在自贸试验区内设立提供科技成果转化、科技成果输入或输出以及其他相关科技服务的非企业机构。

鼓励上海市高科技园区创新国际科技合作模式,与重点国家和地区共建合作园、互设分基地、联合成立创业投资基金等,利用两地优势资源孵化创新企业。用好中国(上海)国际技术进出口交易会等国家级科技创新交流平台,吸引全球企业在上海发布最新创新成果。建设国际技术贸易合作平台,发挥上海国际技术进出口促进中心、国家技术转移东部中心、南南全球技术产权交易所等的作用,健全面向国际的科技服务体系,形成国际化的科技创新成果发现、项目储备对接和跟踪服务机制。

(七)授权推进的先行先试改革举措。

全面贯彻落实国家关于深化体制机制改革、加快实施创新驱动发展战略的有关要求,加快实施普惠性财税、创新产品采购、成果转化激励等政策,加强知识产权运用和保护,改革行业准入和市场监管、科研院所和高校科研管理等制度,完善产业技术创新、人才发展等机制,推进开放合作创新。在此基础上,结合上海市特点,在研究探索鼓励创新创业的普惠税制、开展投贷联动等金融服务模式创新、改革药品注册和生产管理制度、建立符合科学规律的国家科学中心运行管理制度等10个方面进行重点突破和先行先试。

1. 研究探索鼓励创新创业的普惠税制。

按照国家税制改革的总体方向与要求,对包括天使投资在内的投向种子期、初创期等创新活动的投资,研究探索相关税收支持政策。(财政部、税务总局)

落实新修订的研发费用加计扣除政策,研究探索鼓励促进研究开发和科研成果转化的便利化措施。(财政部、科技部、税务总局)

2. 探索开展投贷联动等金融服务模式创新。

争取新设以服务科技创新为主的民营银行,建立灵活的运作、考核和分配机制,探索与科技创新企业发展需要相适应的银行信贷产品,开展针对科技型中小企业的金融服务创新。选择符合条件的银行业金融机构,探索试点为企业创新活动提供股权和债权相结合的融资服务方式,与创业投资、股权投资机构实现投贷联动。(银监会、人民银行)

探索设立服务于现代科技类企业的专业证券类机构,为科技企业提供债权融资、股权投资、夹层投资、并购融资等融资服务,在上市培育、并购交易等方面提供专业化服务。(证监会)

支持符合条件的银行业金融机构在沪成立科技企业金融服务事业部,在企业贷款准入标准、信贷审批审查机制、考核激励机制方面建立特别的制度。(银监会、人民银行)

3. 改革股权托管交易中心市场制度。

支持上海股权托管交易中心设立科技创新专门板块。支持上海地区为开展股权众筹融资试点创造条件。(证监会)

4. 落实和探索高新技术企业认定政策。

落实新修订的高新技术企业认定管理办法,积极探索促进高新技术产业发展的便利化措施。(科技部、财政部、税务总局)

5. 完善股权激励机制。

实施股权奖励递延纳税试点政策,对高新技术企业和科技型中小企业转化科技成果给予个人的股权奖励,递延至取得股权分红或转让股权时纳税,并加强和改进相关配套管理措施。(财政部、税务总局、科技部)

6. 探索发展新型产业技术研发组织。

从事科技研发的民办非企业单位,登记开办时允许其国有资产份额突破合法总财产的三分之一,发展国有资本和民间资本共同参与的非营利性新型产业技术研发组织。(民政部、科技部)

7. 开展海外人才永久居留便利服务等试点。

在上海开展海外人才永久居留、出入境便利服务以及在沪外国留学生毕业后直接留沪就业等政策试点。推进张江国家自主创新示范区建设国际人才试验区,建设海外人才离岸创业基地。(公安部、人力资源社会保障部、国家外专局等)

8. 简化外商投资管理。

支持外资创业投资、股权投资机构创新发展,积极探索外资创业投资、股权投资机构投资项目管理新模式。(国家发展改革委、商务部)

9. 改革药品注册和生产管理制度。

探索开展药品审评审批制度改革。试点实施上市许可和生产许可分离的药品上市许可持有人制度,允许上市许可持有人委托生产企业生产药品。(食品药品监管总局)

10. 建立符合科学规律的国家科学中心运行管理制度。

完善重大科技基础设施运行保障机制。支持国家科学中心发起组织多学科交叉前沿研究计划。探索设立全国性科学基金会,探索实施科研组织新体制,参与承担国家科技计划管理改革任务。建立生命科学研究涉及的动物实验设施建设、临床研究等事项的行政审批绿色通道。(国家发展改革委、科技部、财政部、税务总局、教育部、中科院、民政部、自然科学基金会等)

要强化责任意识,明确年度工作重点,聚焦目标,力争通过2—3年的努力,在上述10个方面先行先试重点突破,形成一批向全国复制推广的改革经验。同时,上海市要进一步加强政策研究,加快制订新一批改革举措,根据"成熟一项,实施一项"的原则,分批争取国家授权实施。要切实加强组织实施,建立部门协同推进工作机制,落实工作责任,按照方案明确的目标和任务,推动各项改革举措和政策措施加快实施。

关于公布跨境电子商务零售进口商品清单的公告

财政部、发展改革委、工业和信息化部、农业部、商务部、海关总署、
国家税务总局、质检总局、食品药品监管总局、濒管办、密码局公告2016年第40号

为营造公平竞争的市场环境,促进跨境电子商务零售进口健康发展,经国务院批准,财政部、海关总署、国家税务总局已印发《关于跨境电子商务零售进口税收政策的通知》(财关税[2016]18号)。为落实跨境电子商务零售进口税收政策,现将《跨境电子商务零售进口商品清单》予以公布。

附件:跨境电子商务零售进口商品清单(略——编者注)

财政部
发展改革委
工业和信息化部
农业部
商务部
海关总署
国家税务总局
质检总局
食品药品监管总局
濒管办
密码局
2016年4月6日

附 录

中国利用外资法律法规中英文名称与北大法宝引证码、二维码对照表[①]

序号	法规名称（拼音序）	发文字号	实施日期	法宝引证码（中英文）	法宝英文标题	法宝二维码
001	保险公司股权管理办法	保监会令〔2018〕5号	20180410	CLI.4.311086 CLI.4.311086(EN)	Measures for the Administration of the Equities of Insurance Companies (2018)	
002	保险资金运用管理办法	保监会令〔2018〕1号	20180401	CLI.4.309315 CLI.4.309315(EN)	Measures for the Administration of the Utilization of Insurance Funds	
003	财政部、发展改革委、工业和信息化部、海关总署、税务总局、能源局关于调整重大技术装备进口税收政策有关目录的通知	财关税〔2017〕39号	20180101	CLI.4.308566 CLI.4.308566(EN)	Notice of the Ministry of Finance, the National Development and Reform Commission, the Ministry of Industry and Information Technology, et al on Adjusting the Relevant Catalogues of the Import Tax Policies for Crucial High-Tech Equipment	
004	财政部、国家税务总局关于简并增值税税率有关政策的通知	财税〔2017〕37号	20170701	CLI.4.293975 CLI.4.293975(EN)	Notice of the Ministry of Finance and the State Administration of Taxation on the Relevant Policies on the Streamlining and Combination of Value-added Tax Rates	
005	财政部、国家税务总局关于落实降低企业杠杆率税收支持政策的通知	财税〔2016〕125号	20161122	CLI.4.285832 CLI.4.285832(EN)	Notice of the Ministry of Finance and the State Administration of Taxation on Implementing the Supporting Tax Policies for Reducing the Leverage Ratios of Enterprises	
006	财政部、国家税务总局关于全面推进资源税改革的通知	财税〔2016〕53号	20160701	CLI.4.269866 CLI.4.269866(EN)	Notice of the Ministry of Finance and the State Administration of Taxation on Comprehensively Promoting the Reform of Resource Tax	

[①] 该表由北京北大英华科技有限公司智能型法律信息一站式检索平台"北大法宝"提供技术支持。手机扫描二维码，或者在北大法宝引证码查询系统http://www.pkulaw.cn/fbm 输入"法宝引证码"，均可阅读法律法规全文。在数据库重大调整之前，均可使用。

(续表)

序号	法规名称（拼音序）	发文字号	实施日期	法宝引证码（中英文）	法宝英文标题	法宝二维码
007	财政部、国家税务总局关于资源税改革具体政策问题的通知	财税〔2016〕54号	20160701	CLI.4.269867 CLI.4.269867(EN)	Notice of the Ministry of Finance and the State Administration of Taxation on Issues on Specific Policies on the Reform of Resource Tax	
008	财政部、海关总署、税务总局关于完善启运港退税政策的通知	财税〔2018〕5号	20180108	CLI.4.309343 CLI.4.309343(EN)	Notice of the Ministry of Finance, the General Administration of Customs and the State Administration of Taxation on Improving the Tax Refund Policies for Ports of Shipment	
009	财政部、税务总局关于调整增值税税率的通知	财税〔2018〕32号	20180501	CLI.4.312705 CLI.4.312705(EN)	Notice of the Ministry of Finance and the State Administration of Taxation on Adjusting Value-added Tax Rates	
010	财政部、税务总局关于统一增值税小规模纳税人标准的通知	财税〔2018〕33号	20180501	CLI.4.312704		
011	财政部、税务总局关于租入固定资产进项税额抵扣等增值税政策的通知	财税〔2017〕90号	20180101	CLI.4.307354 CLI.4.307354(EN)	Notice of the Ministry of Finance and the State Administration of Taxation on the Value-added Tax Policies for the Deduction of Input Taxes on Rented Fixed Assets and Other Matters	
012	财政部、税务总局、国家发展改革委、商务部关于境外投资者以分配利润直接投资暂不征收预提所得税政策问题的通知	财税〔2017〕88号	20170101	CLI.4.307529 CLI.4.307529(EN)	Notice of the Ministry of Finance, the State Administration of Taxation, the National Development and Reform Commission and the Ministry of Commerce on Issues concerning the Policy of Temporary Exemption of Withholding Income Tax from Overseas Investors' Direct Investment with Distributed Profits	
013	财政部、税务总局、商务部、科技部、国家发展改革委关于将技术先进型服务企业所得税政策推广至全国实施的通知	财税〔2017〕79号	20180101	CLI.4.304631 CLI.4.304631(EN)	Notice of the Ministry of Finance, the State Administration of Taxation, the Ministry of Commerce and Other Departments on Promoting Nationwide the Enterprise Income Tax Policies for Advanced Technology Service Enterprises	
014	财政部、税务总局、生态环境部关于环境保护税有关问题的通知	财税〔2018〕23号	20180330	CLI.4.312640		
015	财政部、税务总局、证监会关于支持原油等货物期货市场对外开放税收政策的通知	财税〔2018〕21号	20180313	CLI.4.311827 CLI.4.311827(EN)	Notice of the Ministry of Finance, State Administration of Taxation and the China Securities Regulatory Commission on Tax Policies to Support the Opening of the Crude Oil and Other Commodity Futures Markets	

附　录　1667

(续表)

序号	法规名称（拼音序）	发文字号	实施日期	法宝引证码（中英文）	法宝英文标题	法宝二维码
016	出口食品生产企业备案管理规定	国家质量监督检验检疫总局令第192号	20180101	CLI.4.305191 CLI.4.305191(EN)	Provisions on the Recordation Administration of Enterprises Producing Exported Food (2017)	
017	第十三届全国人民代表大会第一次会议关于国务院机构改革方案的决定		20180317	CLI.1.311597 CLI.1.311597(EN)	Decision of the First Session of the Thirteenth National People's Congress on the State Council Institutional Reform Proposal	
018	反倾销和反补贴调查听证会规则	商务部令2018年第2号	20180504	CLI.4.312912		
019	反倾销问卷调查规则	商务部令2018年第3号	20180504	CLI.4.312918		
020	港澳服务提供者在内地投资备案管理办法（试行）	商务部公告2016年第20号	20160601	CLI.3.270557		
021	工程咨询行业管理办法	国家发展和改革委员会令第9号	20171206	CLI.4.304736 CLI.4.304736(EN)	Measures for the Administration of the Engineering Consulting Industry	
022	工商总局办公厅关于进一步统一规范企业登记注册管理工作的通知	工商办字〔2018〕1号	20180105	CLI.4.308393 CLI.4.308393(EN)	Notice of the General Office of the State Administration for Industry and Commerce on Further Unifying and Standardizing Enterprise Registration Administration	
023	工商总局办公厅关于清理规范外商投资企业授权登记工作的通知	工商办字〔2018〕18号	20180123	CLI.4.309221 CLI.4.309221(EN)	Notice of the General Office of the State Administration for Industry and Commerce on Reviewing and Regulating Authorized Registration of Foreign-Funded Enterprises	
024	工商总局、发展改革委、公安部、财政部、人力资源社会保障部、城乡建设部、农业部、商务部、海关总署、质检总局、新闻出版广电总局、旅游局、气象局关于推进全国统一"多证合一"改革的意见	工商企注字〔2018〕31号	20180301	CLI.4.310978 CLI.4.310978(EN)	Opinions of 13 Departments including the State Administration for Industry and Commerce on Advancing the National Unified Reform of "Integrating Certificates into One"	

(续表)

序号	法规名称（拼音序）	发文字号	实施日期	法宝引证码（中英文）	法宝英文标题	法宝二维码
025	工商总局关于公布规范性文件清理结果的公告	工商办字〔2017〕205号	20171108	CLI.4.304664 CLI.4.304664(EN)	Announcement of the State Administration for Industry and Commerce on Issuing the Results of the Review of Regulatory Documents (2017)	
026	工商总局关于落实"证照分离"改革举措促进企业登记监管统一规范的指导意见	工商企注字〔2017〕175号	20170930	CLI.4.304197 CLI.4.304197(EN)	Guiding Opinions of the State Administration for Industry and Commerce on Implementing the Measures for the Reform of "Separating Permits from Business Licenses" and Promoting the Unified and Regulated Enterprise Registration Regulation	
027	工商总局关于深化商标注册便利化改革切实提高商标注册效率的意见	工商标字〔2017〕213号	20171114	CLI.4.305054 CLI.4.305054(EN)	Opinions of the State Administration for Industry and Commerce on Deepening the Reform of Trademark Registration Facilitation and Effectively Raising Efficiency of Trademark Registration	
028	工业和信息化部关于废止和修改部分规章、规范性文件的决定	工业和信息化部令第45号	20171020	CLI.4.303857 CLI.4.303857(EN)	Decision of the Ministry of Industry and Information Technology on Repealing and Amending Some Rules and Regulatory Documents	
029	工业和信息化部关于印发《建材行业规范公告管理办法》的通知	工信部原〔2017〕278号	20180101	CLI.4.305010		
030	工业和信息化部关于印发稀土行业发展规划(2016—2020年)的通知	工信部规〔2016〕319号	20160929	CLI.4.282354		
031	工业和信息化部关于印发有色金属工业发展规划(2016—2020年)的通知	工信部规〔2016〕316号	20160928	CLI.4.282504		
032	公布2018年出口许可证管理货物目录	商务部、海关总署公告2017年第88号	20180101	CLI.4.314721		
033	公布2018年进口许可证管理货物目录	商务部、海关总署、质检总局公告2017年第89号	20180101	CLI.4.314724 CLI.4.314724(EN)	Announcement on Issuing the Catalogue of Goods Subject to Import License Administration in 2018	
034	公开发行证券的公司信息披露内容与格式准则第26号——上市公司重大资产重组(2017年修订)	中国证券监督管理委员会公告〔2017〕14号	20170921	CLI.4.302423 CLI.4.302423(EN)	Standards for the Contents and Formats of Information Disclosure by Companies Offering Securities to the Public No. 26-Material Asset Restructurings of Listed Companies (2017 Revision)	

（续表）

序号	法规名称（拼音序）	发文字号	实施日期	法宝引证码（中英文）	法宝英文标题	法宝二维码
035	关于出境加工业务有关问题的公告	海关总署公告2016年第69号	20161130	CLI.4.288667 CLI.4.288667(EN)	Announcement on Issues Concerning Outbound Processing Business	
036	关于调整进口减免税货物监管年限的公告	海关总署公告2017年第51号	20171024	CLI.4.303754 CLI.4.303754(EN)	Announcement on Adjusting the Customs Supervision Periods of Imported Tax-relief Goods	
037	关于调整原产于台湾地区的进口农产品免征关税的产品清单的公告	海关总署公告2016年第88号	20170101	CLI.4.287833 CLI.4.287833(EN)	Announcement on Adjusting the List of Imported Agricultural Products Originated in Taiwan Region Which Are Exempted from Tariffs	
038	关于对原产于美国的部分进口商品加征关税的公告	商务部公告2018年第34号	20180404	CLI.4.312755 CLI.4.312755(EN)	Announcement on Imposing Additional Tariff on Several Imports of Products Originating in the U.S.	
039	关于发布2017版《进出口税则商品及品目注释》修订（第一、二期）的公告	海关总署公告2017年第36号	20170901	CLI.4.300747 CLI.4.300747(EN)	Announcement on Issuing the Phrases I and II Revised Explanatory Notes to the Commodities and Headings of the Customs Import and Export Tariff Schedule (2017 Version)	
040	关于发布《服务外包产业重点发展领域指导目录》的公告	商务部、财政部、海关总署联合公告2016年第29号	20160613	CLI.4.275911 CLI.4.275911(EN)	Joint Announcement No. 29〔2016〕of the Ministry of Commerce, the Ministry of Finance, and the General Administration of Customs—Announcement on Issuing the Catalogue for Guiding the Key Development Fields of the Service Outsourcing Industry	
041	关于发布《工业产品生产许可证试行简化审批程序工作细则》的公告	质检总局公告2017年第91号	20171027	CLI.4.304507		
042	关于发布《鼓励进口服务目录》的公告	商务部、发展改革委、财政部公告2016年第47号	20160826	CLI.4.280447		
043	关于发布《资源税征收管理规程》的公告	国家税务总局公告2018年第13号	20180701	CLI.4.312706 CLI.4.312706(EN)	Announcement on Issuing the Operating Rules for the Administration of Resource Tax Collection	
044	关于各优惠贸易安排项下经港澳中转进口货物单证提交事宜的公告	海关总署公告2016年第52号	20161001	CLI.4.280828 CLI.4.280828(EN)	Announcement on Matters concerning the Submission of Documents of the Imported Goods Transited through Hong Kong or Macao under Various Preferential Trade Agreements	

(续表)

序号	法规名称 (拼音序)	发文字号	实施日期	法宝引证码 (中英文)	法宝英文标题	法宝二维码
045	关于公布大嶝对台小额商品交易市场经营商品范围和数量限制商品清单的公告	海关总署公告2018年第8号	20180201	CLI.4.308669		
046	关于公布跨境电子商务零售进口商品清单的公告	财政部、发展改革委、工业和信息化部、商务部、海关总署、国家税务总局、质检总局、食品药品监管总局、濒管办、密码局公告2016年第40号	20160406	CLI.4.267817 CLI.4.267817(EN)	Announcement on Issuing the List of the Cross-border E-commerce Retail Imports	
047	关于公布跨境电子商务零售进口商品清单(第二批)的公告	财政部、发展改革委、工业和信息化部、环境保护部、农业部、商务部、中国人民银行、海关总署、国家税务总局、质检总局、新闻出版广电总局、食品药品监管总局、濒管办公告2016年第47号	20160416	CLI.4.268568 CLI.4.268568(EN)	Announcement on Issuing the List of Retail Imports in Cross-Border E-commerce (Second Group)	
048	关于公布2016年7月1日起港澳CEPA项下新增及修订零关税货物原产地标准的公告	海关总署公告2016年第35号	20160701	CLI.4.271089 CLI.4.271089(EN)	Announcement on Issuing the Origin Criteria for the Newly Added Goods Entitled to Zero Tariff and the Revised Origin Criteria for Some Goods Entitled to Zero Tariff under CEPAs with Hong Kong and Macao as of July 1, 2016	
049	关于公布2017年7月1日起新增香港澳门享受零关税货物原产地标准及相关事宜的公告	海关总署公告2017年第22号	20170701	CLI.4.296308 CLI.4.296308(EN)	Announcement on Issuing the Origin Criteria for the Newly Added Goods Entitled to Zero Tariff under CEPAs with Hong Kong and Macao as of July 1, 2017 and Related Matters	
050	关于公布2018年1月1日起新增香港澳门享受零关税货物原产地标准及相关事宜的公告	海关总署公告2017年第59号	20180101	CLI.4.306325 CLI.4.306325(EN)	Announcement on Issuing the Origin Criteria for the Newly Added Goods Entitled to Zero Tariff under CEPAs with Hong Kong and Macao as of August 1, 2018 and Other Related Matters	
051	关于公布2017年1月1日起新增香港澳门享受零关税货物原产地标准及相关事宜的公告	海关总署公告2016年第77号	20170101	CLI.4.286096 CLI.4.286096(EN)	Announcement on Issuing the Origin Criteria for Newly Added Zero-Tariff Goods under CEPAs with Hong Kong and Macao from January 1, 2017 and Related Matters	
052	关于海峡两岸海关"经认证的经营者(AEO)"互认试点的公告	海关总署公告2016年第49号	20160902	CLI.4.279664 CLI.4.279664(EN)	Announcement on the Pilot Program of the Mutual Recognition of "Certified Economic Operator (AEO)" by the Customs Authorities on Both Sides of the Strait	

(续表)

序号	法规名称（拼音序）	发文字号	实施日期	法宝引证码（中英文）	法宝英文标题	法宝二维码
053	关于进一步简化经港澳中转货物原产地管理要求的公告	海关总署公告2017年第26号	20170710	CLI.4.297219 CLI.4.297219(EN)	Announcement on Further Simplifying the Administrative Requirements for the Origin of Goods Transiting Hong Kong or Macao	
054	关于跨境电子商务零售进出口商品有关监管事宜的公告	海关总署公告2016年第26号	20160408	CLI.4.267822 CLI.4.267822(EN)	Announcement on Matters concerning the Supervision of Retail Imports and Exports in Cross-Border E-commerce	
055	关于落实内地与香港、澳门《〈关于建立更紧密经贸关系的安排〉服务贸易协议》有关事项的公告	交通运输部公告2016年第27号	20160711	CLI.4.276089 CLI.4.276089(EN)	Announcement on Issues concerning the Implementation of the Agreements on Trade in Services under the Closer Economic Partnership Arrangements between the Mainland and Hong Kong and between the Mainland and Macao	
056	关于内地与香港、澳门《〈关于建立更紧密经贸关系的安排〉投资协议》实施后有关备案工作的公告	商务部公告2017年第86号	20180101	CLI.4.307050 CLI.4.307050(EN)	Announcement on Record Filing after Implementation of the Investment Agreements under the Mainland / Hong Kong, Macau Closer Economic Partnership Arrangements	
057	关于批准发布《国民经济行业分类》国家标准的公告	国家标准公告2017年第17号	20171001	CLI.4.297396		
058	关于取消区域通关一体化通关模式的公告	海关总署公告2017年第38号	20170822	CLI.4.300749 CLI.4.300749(EN)	Announcement on Canceling the Customs Clearance Modes of Regional Customs Clearance Integration	
059	关于外商投资企业设立及变更备案管理有关事项的公告	商务部公告2017年第37号	20170730	CLI.4.298963		
060	关于外商投资企业注册登记有关事宜的公告	海关总署公告2017年第9号	20170203	CLI.4.289546 CLI.4.289546(EN)	Announcement on Matters concerning the Registration of Foreign-Funded Enterprises	
061	关于印发《工业产品生产许可证"一企一证"改革实施方案》的公告	质检总局公告2018年第10号	20180115	CLI.4.308445		
062	关于营业税改征增值税部分试点纳税人增值税纳税申报有关事项调整的公告	国家税务总局公告2016年第30号	20160601	CLI.4.269950 CLI.4.269950(EN)	Announcement on Adjusting Matters concerning the Filing of Value-Added Tax Returns by Certain Taxpayers Covered by the Pilot Program of Replacing Business Tax with Value-Added Tax	

(续表)

序号	法规名称（拼音序）	发文字号	实施日期	法宝引证码（中英文）	法宝英文标题	法宝二维码
063	关于优化汇总征税制度的公告	海关总署公告2017年第45号	20170921	CLI.4.302185 CLI.4.302185(EN)	Announcement on Optimizing the Consolidated Duty Collection System	
064	关于在全国范围内取消加工贸易业务审批、建立健全事中事后监管机制有关事项的公告	商务部、海关总署公告2016年第45号	20160901	CLI.4.278836		
065	关于执行《外商投资产业指导目录（2017年修订）》有关问题的公告	海关总署公告2017年第30号	20170728	CLI.4.298395 CLI.4.298395(EN)	Announcement on Issues concerning the Implementation of the Catalogue of Industries for Guiding Foreign Investment (2017 Revision)	
066	关于执行《中西部地区外商投资优势产业目录（2017年修订）》的公告	海关总署公告2017年第14号	20170317	CLI.4.291766 CLI.4.291766(EN)	Announcement on Implementing the Catalogue of Priority Industries for Foreign Investment in Central and Western China, as Revised 2017	
067	关于《中华人民共和国和罗马尼亚对所得消除双重征税和防止逃避税的协定》生效执行的公告	国家税务总局公告2017年第38号	20170617	CLI.4.304196 CLI.4.304196(EN)	Announcement on the Entry into Force and Implementation of the Agreement between the People's Republic of China and Romania for the Elimination of Double Taxation and the Prevention of Fiscal Evasion with Respect to Taxes on Income	
068	关于《中华人民共和国进境物品归类表》和《中华人民共和国进境物品完税价格表》的公告	海关总署公告2016年第25号	20160408	CLI.4.267823 CLI.4.267823(EN)	Announcement on the Classification Table of Personal Imports of the People's Republic of China and the Table of Dutiable Values of Personal Imports of the People's Republic of China	
069	关于《中华人民共和国政府和格鲁吉亚政府自由贸易协定》实施相关事宜的公告	海关总署公告2017年第64号	20171221	CLI.4.307175 CLI.4.307175(EN)	Announcement on Matters concerning the Implementation of the Free Trade Agreement between the Government of the People's Republic of China and the Government of Georgia	
070	国家标准化管理委员会、国家发展和改革委员会、科学技术部、工业和信息化部、财政部、人力资源和社会保障部、中国人民银行、国家工商行政管理总局、国家统计局、国家知识产权局关于培育发展标准化服务业的指导意见	国标委服务联〔2018〕18号	20180211	CLI.4.311436		

(续表)

序号	法规名称（拼音序）	发文字号	实施日期	法宝引证码（中英文）	法宝英文标题	法宝二维码
071	国家标准委、国家发展改革委、商务部关于印发《外商投资企业参与我国标准化工作的指导意见》的通知	国标委综合联〔2017〕119号	20171106	CLI.4.305610 CLI.4.305610(EN)	Notice of the Standardization Administration, the National Development and Reform Commission, and the Ministry of Commerce on Issuing the Guiding Opinions on Foreign-Funded Enterprises Participating in the Standardization Work of China	
072	国家发展改革委、财政部、商务部关于印发鼓励进口技术和产品目录（2016年版）的通知	发改产业〔2016〕1982号	20160909	CLI.4.284114 CLI.4.284114(EN)	Notice of the National Development and Reform Commission, the Ministry of Finance and the Ministry of Commerce on Issuing the Catalogue of Technologies and Products Encouraged for Import (2016 Edition)	
073	国家发展改革委、财政部、商务部关于印发《2017—2018年清理现行排除限制竞争政策措施的工作方案》的通知	发改价监〔2017〕2091号	20171205	CLI.4.306293 CLI.4.306293(EN)	Notice of the National Development and Reform Commission, the Ministry of Finance, and the Ministry of Commerce on Issuing the Work Plan for Reviewing the Existing Policies and Measures Excluding or Restricting Competition (2017—2018)	
074	国家发展改革委关于印发西部大开发"十三五"规划的通知	发改西部〔2017〕89号	20170111	CLI.4.289367		
075	国家发展改革委关于做好贯彻落实《政府核准的投资项目目录（2016年本）》有关外资工作的通知	发改外资规〔2017〕111号	20170114	CLI.4.288958 CLI.4.288958(EN)	Notice of the National Development and Reform Commission on Effectively Conducting the Relevant Foreign Investment Work concerning the Implementation of the Catalogue of Investment Projects Subject to Government Confirmation (2016 Version)	
076	国家发展改革委、人民银行、质检总局等印发《关于对出入境检验检疫企业实施守信联合激励和失信联合惩戒的合作备忘录》的通知	发改财金〔2018〕176号	20180125	CLI.4.311039 CLI.4.311039(EN)	Notice of the National Development and Reform Commission, the People's Bank of China, the General Administration of Quality Supervision, Inspection and Quarantine, et al. on Issuing the Memorandum of Cooperation on Implementing Joint Incentives for Honesty and Joint Punishment for Dishonesty in Entry-Exit Inspection and Quarantine Enterprises	
077	国家发展改革委、商务部公告2016年第22号		20161008	CLI.4.281602 CLI.4.281602(EN)	Announcement No. 22〔2016〕of the National Development and Reform Commission and the Ministry of Commerce—Announcement on Subjecting the Formation or Modification of Foreign-Funded Enterprise Which Does Not Involve the Implementation of Special Access Management Measures as Prescribed by the State to Recordation Administration In Lieu of Approval	

(续表)

序号	法规名称（拼音序）	发文字号	实施日期	法宝引证码（中英文）	法宝英文标题	法宝二维码
078	国家发展和改革委员会与香港特别行政区政府关于支持香港全面参与和助力"一带一路"建设的安排		20171214	CLI.4.312438 CLI.4.312438(EN)	Arrangement between the National Development and Reform Commission and the Government of Hong Kong Special Administrative Region for Supporting Hong Kong in Fully Participating in and Contributing to the Belt and Road Initiative	
079	国家工商行政管理总局关于调整工商登记前置审批事项目录的通知	工商企注字〔2018〕24号	20180211	CLI.4.310221 CLI.4.310221(EN)	Notice of the State Administration for Industry and Commerce on Amending the Catalogue of Pre-Approval Items for the Industrial and Commercial Registration	
080	国家工商行政管理总局关于废止和修改部分规章的决定	国家工商行政管理总局令第92号	20171027	CLI.4.303997 CLI.4.303997(EN)	Decision of the State Administration for Industry and Commerce on Repealing and Amending Some Rules	
081	国家工商行政管理总局关于支持河北雄安新区规划建设的若干意见	工商综字〔2017〕161号	20170925	CLI.4.302926 CLI.4.302926(EN)	Several Opinions of the State Administration for Industry and Commerce on Supporting the Planning and Construction of Xiong'an New Area in Hebei	
082	国家工商行政管理总局关于做好外商投资企业实行备案管理后有关登记注册工作的通知	工商企注字〔2016〕189号	20160930	CLI.4.281466 CLI.4.281466(EN)	Notice of the State Administration for Industry and Commerce on Effectively Conducting the Relevant Registration Work after the Implementation of the Recordation Administration of Foreign-Funded Enterprises	
083	国家鼓励发展的重大环保技术装备目录（2017年版）	工业和信息化部、科学技术部公告2017年第61号	20171227	CLI.4.307526		
084	国家口岸管理办公室关于印发《提升跨境贸易便利化水平的措施（试行）》的通知	国岸发〔2018〕3号	20180309	CLI.4.312392		
085	国家旅游局、商务部关于废止《香港和澳门服务提供者在广东省设立旅行社申请审批办法》的决定	国家旅游局、商务部令第45号	20180205	CLI.4.310306 CLI.4.310306(EN)	Decision of the China National Tourism Administration and the Ministry of Commerce on Repealing the Measures for the Approval of the Applications for Establishment of Travel Agencies in Guangdong Province by Service Providers from Hong Kong and Macao	
086	国家税务总局关于调整增值税纳税申报有关事项的公告	国家税务总局公告2018年第17号	20180601	CLI.4.313701 CLI.4.313701(EN)	Announcement of the State Administration of Taxation on Issues concerning Adjustments to the Filing of Value-Added Tax Returns	

(续表)

序号	法规名称（拼音序）	发文字号	实施日期	法宝引证码（中英文）	法宝英文标题	法宝二维码
087	国家税务总局关于发布《办税事项"最多跑一次"清单》的公告	国家税务总局公告2018年第12号	20180401	CLI.4.310331		
088	国家税务总局关于发布《营业税改征增值税跨境应税行为增值税免税管理办法（试行）》的公告	国家税务总局公告2016年第29号	20160501	CLI.4.269955 CLI.4.269955(EN)	Announcement of the State Administration of Taxation on Issuing the Measures for the Exemption of Value-Added Tax on Cross-Border Taxable Acts during the Replacement of Business Tax with Value-Added Tax (for Trial Implementation)	
089	国家税务总局关于非居民企业所得税源泉扣缴有关问题的公告	国家税务总局公告2017年第37号	20171201	CLI.4.303873 CLI.4.303873(EN)	Announcement on Issues concerning the Withholding of Enterprise Income Tax at Source on Non-Resident Enterprises	
090	国家税务总局关于《关于修订〈中华人民共和国政府和爱沙尼亚共和国政府关于对所得避免双重征税和防止偷漏税的协定〉的议定书》生效执行的公告	国家税务总局公告2016年第60号	20151218	CLI.4.280364 CLI.4.280364(EN)	Announcement of the State Administration of Taxation on the Entry into Force and Implementation of the Protocol Amending the Agreement between the Government of the People's Republic of China and the Government of the Republic of Estonia for the Avoidance of Double Taxation and the Prevention of Fiscal Evasion with Respect to Taxes on Income	
091	国家税务总局关于简化建筑服务增值税简易计税方法备案事项的公告	国家税务总局公告2017年第43号	20180101	CLI.4.305849 CLI.4.305849(EN)	Announcement of the State Administration of Taxation on Simplifying the Recordation Matters of the Simplified Value-added Tax Calculation Method for Construction Services	
092	国家税务总局关于进一步优化外贸综合服务企业出口货物退（免）税管理的公告	国家税务总局公告2016年第61号	20161001	CLI.4.281405 CLI.4.281405(EN)	Announcement of the State Administration of Taxation on Further Optimizing the Administration of the Refund (Exemption) of Taxes on Goods Exported by Foreign Trade Comprehensive Service Enterprises	
093	国家税务总局关于进一步优化增值税、消费税有关涉税事项办理程序的公告	国家税务总局公告2017年第36号	20180101	CLI.4.303982 CLI.4.303982(EN)	Announcement on Further Optimizing the Handling Procedures for the Relevant Matters related to Value-added Tax and Consumption Tax	
094	国家税务总局关于境外投资者以分配利润直接投资暂不征收预提所得税政策有关执行问题的公告	国家税务总局公告2018年第3号	20170101	CLI.4.308277 CLI.4.308277(EN)	Announcement of the State Administration of Taxation on Issues concerning the Implementation of the Policy of Temporary Exemption of Withholding Taxes on the Direct Investment Made by Overseas Investors with Distributed Profits	

(续表)

序号	法规名称（拼音序）	发文字号	实施日期	法宝引证码（中英文）	法宝英文标题	法宝二维码
095	国家税务总局关于跨境应税行为免税备案等增值税问题的公告	国家税务总局公告2017年第30号	20170901	CLI.4.300536 CLI.4.300536(EN)	Announcement of the State Administration of Taxation on the Recordation of Tax Exemption on Cross-Border Taxable Acts and Other Value-Added Tax Issues	
096	国家税务总局关于明确营改增试点若干征管问题的公告	国家税务总局公告2016年第26号	20160501	CLI.4.269256 CLI.4.269256(EN)	Announcement of the State Administration of Taxation on Specifying the Several Issues of Collection Administration concerning the Pilot Program of Replacing Business Tax with Value-Added Tax	
097	国家税务总局关于《内地和澳门特别行政区关于对所得避免双重征税和防止偷漏税的安排》第三议定书生效执行的公告	国家税务总局公告2016年第89号	20161212	CLI.4.287948 CLI.4.287948(EN)	Announcement of the State Administration of Taxation on the Entry into Force and Implementation of the Protocol III to the Arrangement between the Mainland and the Macao Special Administrative Region for the Avoidance of Double Taxation and the Prevention of Fiscal Evasion with Respect to Taxes on Income	
098	国家税务总局关于全面推开营业税改征增值税试点有关税收征收管理事项的公告	国家税务总局公告2016年第23号	20160501	CLI.4.268735 CLI.4.268735(EN)	Announcement of the State Administration of Taxation on Issues concerning Tax Collection Administration during the Comprehensive Implementation of the Pilot Program of Replacing Business Tax with Value-Added Tax	
099	国家税务总局关于税收协定执行若干问题的公告	国家税务总局公告2018年第11号	20180401	CLI.4.310229 CLI.4.310229(EN)	Announcement of the State Administration of Taxation on Several Issues concerning the Implementation of Tax Agreements	
100	国家税务总局关于统一小规模纳税人标准等若干增值税问题的公告	国家税务总局公告2018年第18号	20180501	CLI.4.313708 CLI.4.313708(EN)	Announcement on the Unification of the Standards for Small-scale Taxpayers and Other Several Value-added Tax Issues	
101	国家税务总局关于增值税发票管理若干事项的公告	国家税务总局公告2017年第45号	20171218	CLI.4.307172 CLI.4.307172(EN)	Announcement of the State Administration of Taxation on Several Issues concerning the Administration of Value-added Tax Invoices	
102	国家税务总局关于增值税普通发票管理有关事项的公告	国家税务总局公告2017年第44号	20180101	CLI.4.306372 CLI.4.306372(EN)	Announcement on Matters concerning the Administration of? Plain Value-Added Tax Invoices	
103	国家税务总局关于增值税一般纳税人登记管理若干事项的公告	国家税务总局公告2018年第6号	20180201	CLI.4.309421 CLI.4.309421(EN)	Announcement of the State Administration of Taxation on Several Matters concerning the Registration of General Value-added Tax Taxpayers	

(续表)

序号	法规名称（拼音序）	发文字号	实施日期	法宝引证码（中英文）	法宝英文标题	法宝二维码
104	国家税务总局关于《〈中华人民共和国政府和巴基斯坦伊斯兰共和国政府关于对所得避免双重征税和防止偷漏税的协定〉第三议定书》生效执行的公告	国家税务总局公告2017年第25号	20170424	CLI.4.299013 CLI.4.299013(EN)	Announcement of the State Administration of Taxation on the Entry into Force and Implementation of the Third Protocol to the Agreement between the Government of the People's Republic of China and the Government of the Islamic Republic of Pakistan for the Avoidance of Double Taxation and the Prevention of Fiscal Evasion with respect to Taxes on Income	
105	国家税务总局关于《中华人民共和国政府和巴林王国政府关于对所得避免双重征税和防止偷漏税的协定》议定书生效执行的公告	国家税务总局公告2016年第31号	20160401	CLI.4.271079 CLI.4.271079(EN)	Announcement on the Entry into Force and Implementation of the Protocol to the Agreement between the Government of the People's Republic of China and the Government of the Kingdom of Bahrain for the Avoidance of Double Taxation and the Prevention of Fiscal Evasion with Respect to Taxes on Income	
106	国家税务总局关于《中华人民共和国政府和波兰共和国政府对国际航空运输服务互免增值税或类似税收的协议》生效执行的公告	国家税务总局公告2016年第49号	20160701	CLI.4.276777 CLI.4.276777(EN)	Announcement of the State Administration of Taxation on the Entry into Force and Implementation of the Agreement between the Government of the Republic of Poland and the Government of the People's Republic of China on the Reciprocal Exemption of International Air Transportation Services from Value-Added Tax or Any Tax of a Similar Nature	
107	国家税务总局关于《中华人民共和国政府和俄罗斯联邦政府对所得避免双重征税和防止偷漏税的协定》及修订协定的议定书生效执行及有关事项的公告	国家税务总局公告2016年第48号	20160725	CLI.4.276779 CLI.4.276779(EN)	Announcement of the State Administration of Taxation on the Entry into Force and Implementation of the Agreement between the Government of the People's Republic of China and the Government of the Russian Federation for the Avoidance of Double Taxation and the Prevention of Fiscal Evasion with respect to Taxes on Income and the Protocol Amending the Agreement between the Government of the People's Republic of China and the Government of the Russian Federation for the Avoidance of Double Taxation and the Prevention of Fiscal Evasion with respect to Taxes on Income and Other Relevant Matters	
108	国家税务总局关于《中华人民共和国政府和津巴布韦共和国政府对所得避免双重征税和防止偷漏税的协定》生效执行的公告	国家税务总局公告2016年第90号	20170101	CLI.4.287946 CLI.4.287946(EN)	Announcement of the State Administration of Taxation on the Entry into Force and Implementation of the Agreement between the Government of the People's Republic of China and the Government of the Republic of Zimbabwe for the Avoidance of Double Taxation and the Prevention of Fiscal Evasion with Respect to Taxes on Income	

(续表)

序号	法规名称（拼音序）	发文字号	实施日期	法宝引证码（中英文）	法宝英文标题	法宝二维码
109	国家税务总局关于《〈中华人民共和国政府和马来西亚政府关于对所得避免双重征税和防止偷漏税的协定〉的换函》生效执行的公告	国家税务总局公告2016年第84号	20161101	CLI.4.287481		
110	国家税务总局关于《中华人民共和国政府和印度尼西亚共和国政府关于对所得避免双重征税和防止偷漏税的协定》议定书生效执行的公告	国家税务总局公告2016年第21号	20160316	CLI.4.268212 CLI.4.268212(EN)	Announcement on the Entry into Force and Implementation of the Protocol to the Agreement between the Government of the People's Republic of China and the Government of the Republic of Indonesia for the Avoidance of Double Taxation and the Prevention of Fiscal Evasion with Respect to Taxes on Income	
111	国家税务总局关于《中华人民共和国政府和智利共和国政府对所得避免双重征税和防止逃避税的协定》及议定书生效执行的公告	国家税务总局公告2016年第79号	20161211	CLI.4.286629 CLI.4.286629(EN)	Announcement of the State Administration of Taxation on the Entry into Force and Implementation of the Agreement between the Government of the People's Republic of China and the Government of the Republic of Chile for the Avoidance of Double Taxation and the Prevention of Fiscal Evasion with Respect to Taxes on Income and the Protocol Thereto	
112	国家外汇管理局公告2016年第2号		20160701	CLI.4.274807 CLI.4.274807(EN)	Catalogue of Major Legislation for Reference on Foreign Exchange Administration Involved in the "Three-in-One License" Registration System Reform	
113	国家外汇管理局关于改革和规范资本项目结汇管理政策的通知	汇发[2016]16号	20160609	CLI.4.272374 CLI.4.272374(EN)	Notice of the State Administration of Foreign Exchange on Reforming and Regulating the Policies for the Administration of Foreign Exchange Settlement under the Capital Account	
114	国家外汇管理局关于进一步促进贸易投资便利化完善真实性审核的通知	汇发[2016]7号	20160426	CLI.4.269557 CLI.4.269557(EN)	Notice of the State Administration of Foreign Exchange on Further Promoting Trade and Investment Facilitation and Improving the Authenticity Review	
115	国家外汇管理局关于融资租赁业务外汇管理有关问题的通知	汇发[2017]21号	20171012	CLI.4.303426 CLI.4.303426(EN)	Notice of the State Administration of Foreign Exchange on Issues concerning the Foreign Exchange Administration in Financial Leasing Business	
116	国家知识产权局关于印发《知识产权重点支持产业目录（2018年本）》的通知	国知发协函字[2018]9号	20180117	CLI.4.309139 CLI.4.309139(EN)	Notice of the State Intellectual Property Office on Issuing the Catalogue of Industries under Key Support of Intellectual Property Rights (2018 Version)	

（续表）

序号	法规名称（拼音序）	发文字号	实施日期	法宝引证码（中英文）	法宝英文标题	法宝二维码
117	国家质量监督检验检疫总局关于进一步支持国际贸易单一窗口建设的公告	质检总局公告2017年第26号	20170317	CLI.3.292301 CLI.3.292301(EN)	Announcement on Further Supporting the Building of Single Windows for International Trade	
118	国土资源部关于公布继续有效的规范性文件目录的公告	国土资源部公告2018年第5号	20180208	CLI.4.310670		
119	国土资源部关于进一步规范矿产资源勘查审批登记管理的通知	国土资规〔2017〕14号	20171214	CLI.4.307212 CLI.4.307212(EN)	Notice of the Ministry of Land and Resources on Further Regulating the Approval and Registration of Exploration of Mineral Resources	
120	国土资源部关于进一步规范矿业权申请资料的通知	国土资规〔2017〕15号	20180318	CLI.4.307612 CLI.4.307612(EN)	Ministry of Land and Resources on Further Regulating the Mineral Right Application Documents	
121	国土资源部关于完善矿产资源开采审批登记管理有关事项的通知	国土资规〔2017〕16号	20171229	CLI.4.307850 CLI.4.307850(EN)	Notice of the Ministry of Land and Resources on Issues concerning Improving the Approval and Registration Administration of the Exploitation of Mineral Resources	
122	国务院办公厅关于创建"中国制造2025"国家级示范区的通知	国办发〔2017〕90号	20171120	CLI.2.305366		
123	国务院办公厅关于促进开发区改革和创新发展的若干意见	国办发〔2017〕7号	20170119	CLI.2.289553 CLI.2.289553(EN)	Several Opinions of the General Office of the State Council on Promoting the Reform and Innovative Development of Development Zones	
124	国务院办公厅关于加快发展健身休闲产业的指导意见	国办发〔2016〕77号	20161025	CLI.2.283153		
125	国务院办公厅关于加快发展商业养老保险的若干意见	国办发〔2017〕59号	20170629	CLI.2.297442		
126	国务院办公厅关于加快推进"多证合一"改革的指导意见	国办发〔2017〕41号	20170505	CLI.2.294655 CLI.2.294655(EN)	Guiding Opinions of the General Office of the State Council on Accelerating the Advancement of the Reform of "Integrating Certificates into One"	

（续表）

序号	法规名称（拼音序）	发文字号	实施日期	法宝引证码（中英文）	法宝英文标题	法宝二维码
127	国务院办公厅关于加快推进农业供给侧结构性改革大力发展粮食产业经济的意见	国办发〔2017〕78号	20170901	CLI.2.301613		
128	国务院办公厅关于加快推进"五证合一、一照一码"登记制度改革的通知	国办发〔2016〕53号	20160630	CLI.2.274608 CLI.2.274608(EN)	Notice of the General Office of the State Council on Accelerating the Reform of the "Five in One" and "One License One Code" Registration System	
129	国务院办公厅关于建设大众创业万众创新示范基地的实施意见	国办发〔2016〕35号	20160508	CLI.2.269958 CLI.2.269958(EN)	Implementing Opinions of the General Office of the State Council on Construction of the Popular Entrepreneurship and Innovation Demonstration Bases	
130	国务院办公厅关于建设第二批大众创业万众创新示范基地的实施意见	国办发〔2017〕54号	20170615	CLI.2.296809		
131	国务院办公厅关于进一步促进农产品加工业发展的意见	国办发〔2016〕93号	20161217	CLI.2.287569		
132	国务院办公厅关于全面放开养老服务市场提升养老服务质量的若干意见	国办发〔2016〕91号	20161207	CLI.2.287270		
133	国务院办公厅关于推广支持创新相关改革举措的通知	国办发〔2017〕80号	20170907	CLI.2.301825 CLI.2.301825(EN)	Notice of the General Office of the State Council on Promoting Reform Measures Supporting Innovation	
134	国务院办公厅关于推进电子商务与快递物流协同发展的意见	国办发〔2018〕1号	20180102	CLI.2.309120 CLI.2.309120(EN)	Guiding Opinions of the General Office of the State Council on Advancing the Collaborative Development of E-commerce and Express Delivery Logistics	
135	国务院办公厅关于推进农业高新技术产业示范区建设发展的指导意见	国办发〔2018〕4号	20180116	CLI.2.309359		
136	国务院办公厅关于印发自由贸易试验区外商投资准入特别管理措施（负面清单）（2017年版）的通知	国办发〔2017〕51号	20170710	CLI.2.296568 CLI.2.296568(EN)	Notice of the General Office of the State Council on Issuing the Special Management Measures (Negative List) for the Access of Foreign Investment in the Pilot Free Trade Zones (2017)	

(续表)

序号	法规名称（拼音序）	发文字号	实施日期	法宝引证码（中英文）	法宝英文标题	法宝二维码
137	国务院关税税则委员会对原产于美国的部分进口商品中止关税减让义务的通知	税委会〔2018〕13号	20180402	CLI.4.312565		
138	国务院关税税则委员会关于调整部分消费品进口关税的通知	税委会〔2017〕25号	20171201	CLI.4.305462 CLI.4.305462(EN)	Notice of the Customs Tariff Commission of the State Council on Adjusting Import Tariffs on Certain Consumer Goods	
139	国务院关税税则委员会关于对原产于美国的部分进口商品加征关税的公告	税委会公告〔2018〕1号	20180404	CLI.4.312699		
140	国务院关税税则委员会关于给予冈比亚共和国圣多美和普林西比民主共和国97%税目产品零关税待遇的通知	税委会〔2017〕22号	20171201	CLI.4.304119 CLI.4.304119(EN)	Notice of the Customs Tariff Commission of the State Council on Granting Zero Tariff Treatment to the Products in 97% of the Tariff Lines of the Republic of the Gambia and the Democratic Republic of Sao Tome and Principe	
141	国务院关税税则委员会关于2018年关税调整方案的通知	税委会〔2017〕27号	20180101	CLI.4.306752 CLI.4.306752(EN)	Notice of the Customs Tariff Commission of the State Council on the Tariff Adjustment Plan for 2018	
142	国务院关税税则委员会关于2017年下半年CEPA项下部分货物实施零关税的通知	税委会〔2017〕10号	20170701	CLI.4.297373 CLI.4.297373(EN)	Notice of the Customs Tariff Commission of the State Council on Applying Zero Tariff to Some Goods under the CEPA in the Second Half of 2017	
143	国务院关于北部湾城市群发展规划的批复	国函〔2017〕6号	20170120	CLI.2.289488		
144	国务院关于北京市开展公共服务类建设项目投资审批改革试点的批复	国函〔2016〕83号	20160513	CLI.2.270625		
145	国务院关于长江三角洲城市群发展规划的批复	国函〔2016〕87号	20160522	CLI.2.270821		
146	国务院关于川陕革命老区振兴发展规划的批复	国函〔2016〕120号	20160710	CLI.2.275477		

(续表)

序号	法规名称（拼音序）	发文字号	实施日期	法宝引证码（中英文）	法宝英文标题	法宝二维码
147	国务院关于促进创业投资持续健康发展的若干意见	国发〔2016〕53号	20160916	CLI.2.280732 CLI.2.280732(EN)	Several Opinions of the State Council on Promoting the Sustainable and Sound Development of Venture Capital	
148	国务院关于促进外贸回稳向好的若干意见	国发〔2016〕27号	20160505	CLI.2.269796 CLI.2.269796(EN)	Several Opinions of the State Council on Promoting Foreign Trade in Stabilizing for the Better	
149	国务院关于促进外资增长若干措施的通知	国发〔2017〕39号	20170808	CLI.2.300431 CLI.2.300431(EN)	Notice of the State Council on Several Measures for Promoting Growth of Foreign Investment	
150	国务院关于促进中部地区崛起"十三五"规划的批复	国函〔2016〕204号	20161217	CLI.2.287269		
151	国务院关于第三批清理规范国务院部门行政审批中介服务事项的决定	国发〔2017〕8号	20170112	CLI.2.289335 CLI.2.289335(EN)	Decision of the State Council on Reviewing and Regulating the Third Group of Items of Intermediary Services for Administrative Approval of the Departments of the State Council	
152	国务院关于第三批取消中央指定地方实施行政许可事项的决定	国发〔2017〕7号	20170112	CLI.2.289223 CLI.2.289223(EN)	Decision of the State Council on Canceling the Third Batch of Administrative Licensing Items Designated by the Central Government for Implementation by Local Governments	
153	国务院关于调整工业产品生产许可证管理目录和试行简化审批程序的决定	国发〔2017〕34号	20170624	CLI.2.297270 CLI.2.297270(EN)	Decision of the State Council on the Adjustment of the Catalogue of Industrial Products Subject to Production License Administration and the Trial Implementation of Simplified Approval Procedures	
154	国务院关于东北振兴"十三五"规划的批复	国函〔2016〕177号	20161101	CLI.2.283842		
155	国务院关于发布政府核准的投资项目目录（2016年本）的通知	国发〔2016〕72号	20161212	CLI.2.287013 CLI.2.287013(EN)	Notice of the State Council on Issuing the Catalog of Investment Projects Subject to Government Confirmation (2016)	
156	国务院关于废止《中华人民共和国营业税暂行条例》和修改《中华人民共和国增值税暂行条例》的决定	中华人民共和国国务院令第691号	20171119	CLI.2.305816 CLI.2.305816(EN)	Decision of the State Council to Repeal the Interim Regulation of the People's Republic of China on Business Tax and Amend the Interim Regulation of the People's Republic of China on Value-Added Tax	

(续表)

序号	法规名称（拼音序）	发文字号	实施日期	法宝引证码（中英文）	法宝英文标题	法宝二维码
157	国务院关于关中平原城市群发展规划的批复	国函〔2018〕6号	20180109	CLI.2.308539		
158	国务院关于呼包鄂榆城市群发展规划的批复	国函〔2018〕16号	20180205	CLI.2.310218		
159	国务院关于加快发展康复辅助器具产业的若干意见	国发〔2016〕60号	20161023	CLI.2.283026 CLI.2.283026(EN)	Several Opinions of the State Council on Accelerating the Development of the Assistive Device Industry	
160	国务院关于进一步削减工商登记前置审批事项的决定	国发〔2017〕32号	20170507	CLI.2.294586 CLI.2.294586(EN)	Decision of the State Council on Further Reducing the Number of the Pre-Approval Items for Industrial and Commercial Registration	
161	国务院关于扩大对外开放积极利用外资若干措施的通知	国发〔2017〕5号	20170112	CLI.2.288956 CLI.2.288956(EN)	Notice of the State Council on Several Measures for Expanding Opening Up and Vigorously Using Foreign Capital	
162	国务院关于兰州—西宁城市群发展规划的批复	国函〔2018〕38号	20180222	CLI.2.310703		
163	国务院关于落实《政府工作报告》重点工作部门分工的意见	国发〔2018〕9号	20180401	CLI.2.313112		
164	国务院关于强化实施创新驱动发展战略进一步推进大众创业万众创新深入发展的意见	国发〔2017〕37号	20170721	CLI.2.298857		
165	国务院关于取消一批行政许可事项的决定	国发〔2017〕46号	20170922	CLI.2.302745 CLI.2.302745(EN)	Decision of the State Council on Canceling a Group of Administrative Licensing Items	
166	国务院关于山东新旧动能转换综合试验区建设总体方案的批复	国函〔2018〕1号	20180103	CLI.2.308388		

（续表）

序号	法规名称（拼音序）	发文字号	实施日期	法宝引证码（中英文）	法宝英文标题	法宝二维码
167	国务院关于深化改革推进北京市服务业扩大开放综合试点工作方案的批复	国函〔2017〕86号	20170625	CLI.2.297804 CLI.2.297804(EN)	Official Reply of the State Council to the Plan for Deepening the Reform and Promoting the Comprehensive Pilot Program of Expanding Opening-up in the Service Industry of Beijing Municipality	
168	国务院关于深化"互联网+先进制造业"发展工业互联网的指导意见		20171119	CLI.2.305507		
169	国务院关于深入推进实施新一轮东北振兴战略加快推动东北地区经济企稳向好若干重要举措的意见	国发〔2016〕62号	20161101	CLI.2.284485		
170	国务院关于同意福厦泉国家高新区建设国家自主创新示范区的批复	国函〔2016〕106号	20160616	CLI.2.272737		
171	国务院关于同意合芜蚌国家高新区建设国家自主创新示范区的批复	国函〔2016〕107号	20160616	CLI.2.272736		
172	国务院关于同意设立广西凭祥重点开发开放试验区的批复	国函〔2016〕141号	20160802	CLI.2.277825		
173	国务院关于同意设立贵州内陆开放型经济试验区的批复	国函〔2016〕142号	20160805	CLI.2.277943		
174	国务院关于同意设立中韩产业园的批复	国函〔2017〕142号	20171211	CLI.2.306706		
175	国务院关于同意重庆高新技术产业开发区建设国家自主创新示范区的批复	国函〔2016〕130号	20160719	CLI.2.276313		
176	国务院关于修改部分行政法规的决定	中华人民共和国国务院令第690号	20171117	CLI.2.305664 CLI.2.305664(EN)	Decision of the State Council to Amend Certain Administrative Regulations	

(续表)

序号	法规名称（拼音序）	发文字号	实施日期	法宝引证码（中英文）	法宝英文标题	法宝二维码
177	国务院关于修改《国务院对确需保留的行政审批项目设定行政许可的决定》的决定	中华人民共和国国务院令第671号	20160825	CLI.2.279446 CLI.2.279446(EN)	Decision of the State Council on Amending the Decision of the State Council on Establishing Administrative Licensing for the Administrative Approval Items Really Necessary to Be Retained (2016)	
178	国务院关于修改《医疗器械监督管理条例》的决定	中华人民共和国国务院令第680号	20170504	CLI.2.295092 CLI.2.295092(EN)	Decision of the State Council on Amending the Regulation on the Supervision and Administration of Medical Devices	
179	国务院关于印发北京加强全国科技创新中心建设总体方案的通知	国发〔2016〕52号	20160911	CLI.2.280537 CLI.2.280537(EN)	Notice of the State Council on Issuing the Overall Plan for Strengthening the Construction of a National Sci-Tech Innovation Center in Beijing	
180	国务院关于印发2016年推进简政放权放管结合优化服务改革工作要点的通知	国发〔2016〕30号	20160523	CLI.2.270768 CLI.2.270768(EN)	Notice of the State Council on Printing and Distribution of the Key Points of the Work for Promoting the Reform in Streamlining Administration and Delegating Powers to Lower Levels, Combination of Deregulation with Regulation and Optimizing Services in 2016	
181	国务院关于印发全国农业现代化规划（2016—2020年）的通知	国发〔2016〕58号	20161017	CLI.2.282579		
182	国务院关于印发全面深化中国（上海）自由贸易试验区改革开放方案的通知	国发〔2017〕23号	20170330	CLI.2.292477 CLI.2.292477(EN)	Notice of the State Council on Issuing the Plan for Comprehensively Deepening the Reform and Opening up of China（Shanghai）Pilot Free Trade Zone	
183	国务院关于印发上海系统推进全面创新改革试验加快建设具有全球影响力科技创新中心方案的通知	国发〔2016〕23号	20160412	CLI.2.268556		
184	国务院关于印发"十三五"国家科技创新规划的通知	国发〔2016〕43号	20160728	CLI.2.277508		
185	国务院关于印发"十三五"国家战略性新兴产业发展规划的通知	国发〔2016〕67号	20161129	CLI.2.286929		
186	国务院关于印发"十三五"旅游业发展规划的通知	国发〔2016〕70号	20161207	CLI.2.287374		

(续表)

序号	法规名称（拼音序）	发文字号	实施日期	法宝引证码（中英文）	法宝英文标题	法宝二维码
187	国务院关于印发"十三五"生态环境保护规划的通知	国发[2016]65号	20161124	CLI.2.285758 CLI.2.285758(EN)	Circular of the State Council on Printing and Distributing the 13th Five-Year Plan for the Protection of Ecological Environment	
188	国务院关于印发"十三五"市场监管规划的通知	国发[2017]6号	20170112	CLI.2.289420 CLI.2.289420(EN)	Notice of the State Council on Issuing the Plan for Market Regulation during the 13th Five-Year Plan Period	
189	国务院关于印发盐业体制改革方案的通知	国发[2016]25号	20160422	CLI.2.269698		
190	国务院关于印发中国（河南）自由贸易试验区总体方案的通知	国发[2017]17号	20170315	CLI.2.292452 CLI.2.292452(EN)	Notice of the State Council on Issuing the Framework Plan for China (Henan) Pilot Free Trade Zone	
191	国务院关于印发中国（湖北）自由贸易试验区总体方案的通知	国发[2017]18号	20170315	CLI.2.292453 CLI.2.292453(EN)	Notice of the State Council on Issuing the Framework Plan for China (Hubei) Pilot Free Trade Zone	
192	国务院关于印发中国（辽宁）自由贸易试验区总体方案的通知	国发[2017]15号	20170315	CLI.2.292450 CLI.2.292450(EN)	Notice of the State Council on Issuing the Framework Plan for China (Liaoning) Pilot Free Trade Zone	
193	国务院关于印发中国（陕西）自由贸易试验区总体方案的通知	国发[2017]21号	20170315	CLI.2.292456 CLI.2.292456(EN)	Notice of the State Council on Issuing the Framework Plan for China (Shaanxi) Pilot Free Trade Zone	
194	国务院关于印发中国（四川）自由贸易试验区总体方案的通知	国发[2017]20号	20170315	CLI.2.292455 CLI.2.292455(EN)	Notice of the State Council on Issuing the Framework Plan for China (Sichuan) Pilot Free Trade Zone	
195	国务院关于印发中国（浙江）自由贸易试验区总体方案的通知	国发[2017]16号	20170315	CLI.2.292451 CLI.2.292451(EN)	Notice of the State Council on Issuing the Framework Plan for China (Zhejiang) Pilot Free Trade Zone	
196	国务院关于印发中国（重庆）自由贸易试验区总体方案的通知	国发[2017]19号	20170315	CLI.2.292454 CLI.2.292454(EN)	Notice of the State Council on Issuing the Framework Plan for China (Chongqing) Pilot Free Trade Zone	

(续表)

序号	法规名称（拼音序）	发文字号	实施日期	法宝引证码（中英文）	法宝英文标题	法宝二维码
197	国务院关于在北京市暂时调整有关行政审批和准入特别管理措施的决定	国发〔2017〕55号	20171210	CLI.2.307126 CLI.2.307126(EN)	Decision of the State Council on Temporarily Adjusting the Relevant Administrative Approval Items and Access-Related Special Administrative Measures in Beijing	
198	国务院关于在更大范围推进"证照分离"改革试点工作的意见	国发〔2017〕45号	20170922	CLI.2.302669 CLI.2.302669(EN)	Opinions of the State Council on Advancing the Pilot Program of the Reform of "Separating Certificates from Business License" in a Larger Scope	
199	国务院关于在内地对香港、澳门服务提供者暂时调整有关行政审批和准入特别管理措施的决定	国发〔2016〕32号	20160601	CLI.2.271080 CLI.2.271080(EN)	Decision of the State Council on Temporarily Adjusting the Relevant Administrative Approval Items and Special Access Administration Measures in Chinese Mainland for Service Providers from Hong Kong and Macao	
200	国务院关于在市场体系建设中建立公平竞争审查制度的意见	国发〔2016〕34号	20160601	CLI.2.272306 CLI.2.272306(EN)	Opinions of the State Council on Establishing A Fair Competition Examination System in the Building of the Market System	
201	国务院关于在自由贸易试验区暂时调整有关行政法规、国务院文件和经国务院批准的部门规章规定的决定	国发〔2017〕57号	20171225	CLI.2.308316 CLI.2.308316(EN)	Decision of the State Council to Temporarily Adjust the Provisions of Relevant Administrative Regulations, Documents of the State Council, and Departmental Rules Approved by the State Council in Pilot Free Trade Zones	
202	国务院关于在自由贸易试验区暂时调整有关行政法规、国务院文件和经国务院批准的部门规章规定的决定	国发〔2016〕41号	20160701	CLI.2.275899 CLI.2.275899(EN)	Decision of the State Council on Temporarily Adjusting the Provisions of Relevant Administrative Regulations, Documents of the State Council, and Departmental Rules Approved by the State Council in Pilot Free Trade Zones	
203	国务院关于中原城市群发展规划的批复	国函〔2016〕210号	20161228	CLI.2.287770		
204	国务院关于做好全面推开营改增试点工作的通知	国发明电〔2016〕1号	20160501	CLI.2.269485 CLI.2.269485(EN)	Notice of the State Council on Effectively and Comprehensively Promoting the Pilot Program of Replacing Business Tax with Value-Added Tax	
205	国务院关于做好自由贸易试验区新一批改革试点经验复制推广工作的通知	国发〔2016〕63号	20161102	CLI.2.284119 CLI.2.284119(EN)	Notice of the State Council on Effectively Implementing the Work of Replicating and Promoting A New Batch of Experience on the Pilot Reform Carried out in Pilot Free Trade Zones	

(续表)

序号	法规名称（拼音序）	发文字号	实施日期	法宝引证码（中英文）	法宝英文标题	法宝二维码
206	国务院台湾事务办公室、国家发展和改革委员会关于印发《关于促进两岸经济文化交流合作的若干措施》的通知	国台发〔2018〕1号	20180228	CLI.4.310598		
207	海关总署关于修改部分规章的决定	海关总署令第235号	20180201	CLI.4.307269 CLI.4.307269(EN)	Decision of the State Council to Amend Certain Rules (2017)	
208	滑石行业规范条件（2017年本）	工业和信息化部公告2017年第44号	20180101	CLI.4.304284		
209	交通运输部办公厅关于进一步加强外商投资国内水路运输业和船舶代理业管理的通知	交办水函〔2017〕1724号	20171120	CLI.4.305468		
210	交通运输部关于修改《铁路运输企业准入许可办法》的决定	交通运输部令2017年第31号	20170929	CLI.4.303741 CLI.4.303741(EN)	Decision of the Ministry of Transport to Amend the Measures for the Access Licensing of Railway Transport Enterprises (2017)	
211	科技部办公厅、商务部办公厅关于印发《支持自由贸易试验区创新发展若干措施》的通知	国科办创〔2017〕81号	20170904	CLI.4.304016 CLI.4.304016(EN)	Notice of the General Office of the Ministry of Science and Technology and the General Office of the Ministry of Commerce on Issuing the Several Measures for Supporting the Innovative Development of Pilot Free Trade Zones	
212	快递暂行条例	中华人民共和国国务院令第697号	20180501	CLI.2.312334		
213	旅游行政许可办法	国家旅游局令第46号	20180501	CLI.4.311511 CLI.4.311511(EN)	Measures for Tourism Administrative Licensing	
214	《内地与澳门关于建立更紧密经贸关系的安排》经济技术合作协议		20171218	CLI.4.310741 CLI.4.310741(EN)	MAINLAND AND MACAO CLOSER ECONOMIC PARTNERSHIP ARRANGEMENT Agreement on Economic and Technical Cooperation	
215	《内地与澳门关于建立更紧密经贸关系的安排》投资协议		20180101	CLI.4.310740 CLI.4.310740(EN)	MAINLAND AND MACAO CLOSER ECONOMIC PARTNERSHIP ARRANGEMENT Investment Agreement	

(续表)

序号	法规名称（拼音序）	发文字号	实施日期	法宝引证码（中英文）	法宝英文标题	法宝二维码
216	《内地与香港关于建立更紧密经贸关系的安排》经济技术合作协议		20170628	CLI.4.297530		
217	《内地与香港关于建立更紧密经贸关系的安排》投资协议		20180101	CLI.4.297528		
218	农药管理条例	中华人民共和国国务院令第677号	20170601	CLI.2.292499 CLI.2.292499(EN)	Regulation on Pesticide Administration (2017 Revision)	
219	农用薄膜行业规范条件(2017年本)	工业和信息化部公告2017年第53号	20180301	CLI.4.307203		
220	排污许可管理办法（试行）	环境保护部令第48号	20180110	CLI.4.308831 CLI.4.308831(EN)	Measures for Pollutant Discharge Permitting Administration (For Trial Implementation)	
221	企业投资项目核准和备案管理条例	中华人民共和国国务院令第673号	20170201	CLI.2.286525 CLI.2.286525(EN)	Regulation on the Administration of the Confirmation and Recordation of Enterprise Investment Projects	
222	企业投资项目事中事后监管办法	国家发展和改革委员会令第14号	20180204	CLI.4.308569 CLI.4.308569(EN)	Measures for the Interim and Ex Post Supervision of Enterprise Investment Projects	
223	汽车销售管理办法	商务部令2017年第1号	20170701	CLI.4.293147 CLI.4.293147(EN)	Measures for the Administration of Automobile Sales	
224	倾销及倾销幅度期间复审规则	商务部令2018年第4号	20180504	CLI.4.312925		
225	全国人民代表大会常务委员会关于批准《中华人民共和国和埃塞俄比亚联邦民主共和国关于民事和商事司法协助的条约》的决定		20171104	CLI.1.304272 CLI.1.304272(EN)	Decision of the Standing Committee of the National People's Congress on Ratifying the Treaty on Judicial Assistance in Civil and Commercial Matters between the People's Republic of China and the Federal Democratic Republic of Ethiopia	

(续表)

序号	法规名称（拼音序）	发文字号	实施日期	法宝引证码（中英文）	法宝英文标题	法宝二维码
226	全国人民代表大会常务委员会关于修改《中华人民共和国对外贸易法》等十二部法律的决定	中华人民共和国主席令第57号	20161107	CLI.1.283837 CLI.1.283837(EN)	Decision of the Standing Committee of the National People's Congress on Amending Twelve Laws including the Foreign Trade Law of the People's Republic of China	
227	全国人民代表大会常务委员会关于修改《中华人民共和国会计法》等十一部法律的决定	中华人民共和国主席令第81号	20171105	CLI.1.304265 CLI.1.304265(EN)	Decision of the Standing Committee of the National People's Congress on Amending Eleven Laws including the Accounting Law of the People's Republic of China	
228	全国人民代表大会常务委员会关于修改《中华人民共和国企业所得税法》的决定	中华人民共和国主席令第64号	20170224	CLI.1.290696 CLI.1.290696(EN)	Decision of the Standing Committee of the National People's Congress on Amending the Enterprise Income Tax Law of the People's Republic of China (2017)	
229	全国人民代表大会常务委员会关于修改《中华人民共和国外资企业法》等四部法律的决定	中华人民共和国主席令第51号	20161001	CLI.1.279342 CLI.1.279342(EN)	Decision of the Standing Committee of the National People's Congress on Amending Four Laws including the Law of the People's Republic of China on Wholly Foreign-Owned Enterprises	
230	全国人民代表大会常务委员会关于修改《中华人民共和国招标投标法》、《中华人民共和国计量法》的决定	中华人民共和国主席令第86号	20171228	CLI.1.307428 CLI.1.307428(EN)	Decision of the Standing Committee of the National People's Congress on Amending the Bidding Law of the People's Republic of China and the Metrology Law of the People's Republic of China	
231	认证机构管理办法	国家质量监督检验检疫总局令第193号	20180101	CLI.4.305459 CLI.4.305459(EN)	Measures for the Administration of Certification Institutions (2017)	
232	日用玻璃行业规范条件(2017年本)	工业和信息化部公告2017年第54号	20180401	CLI.4.307031		
233	融资担保公司监督管理条例	中华人民共和国国务院令第683号	20171001	CLI.2.300703 CLI.2.300703(EN)	Regulation on the Supervision and Administration of Financing Guarantee Companies	
234	商务部办公厅、工商总局办公厅关于实行外商投资企业商务备案与工商登记"单一窗口、单一表格"受理有关工作的通知	商办资函〔2018〕87号	20180228	CLI.4.310949 CLI.4.310949(EN)	Notice of the General Office of the Ministry of Commerce and the General Office of the State Administration for Industry and Commerce on Implementing the Work concerning "Single Window and Single Form" Acceptance for Commercial Recordation and Industrial and Commercial Registration of Foreign-Funded Enterprises	

(续表)

序号	法规名称（拼音序）	发文字号	实施日期	法宝引证码（中英文）	法宝英文标题	法宝二维码
235	商务部办公厅关于进一步做好鼓励类外商投资企业进口设备减免税有关工作的通知	商办资函〔2017〕367号	20170905	CLI.4.301868		
236	商务部办公厅关于印发《商务部主动公开基本目录（试行）》的通知	商办厅函〔2018〕第25号	20180119	CLI.4.309037		
237	商务部、财政部、税务总局、质检总局、统计局、外汇局关于开展2018年外商投资企业投资经营信息联合报告的通知	商资函〔2018〕92号	20180312	CLI.4.311450		
238	商务部、发展改革委、工业和信息化部、财政部、交通运输部、统计局、邮政局、国家认监委、国家标准委、中国铁路总公司关于推广标准托盘发展单元化物流的意见	商流通函〔2017〕968号	20171229	CLI.4.312541		
239	商务部、发展改革委、教育部、科技部、工业和信息化部、财政部、人力资源社会保障部、税务总局、外汇局关于新增中国服务外包示范城市的通知	商服贸函〔2016〕208号	20160505	CLI.4.270460		
240	商务部、发展改革委、教育部、科技部、工业和信息化部关于印发《国际服务外包产业发展"十三五"规划》的通知	商服贸发〔2017〕170号	20170428	CLI.4.294543		
241	商务部、发展改革委、人民银行、海关总署、质检总局关于进一步推进开放型经济新体制综合试点试验的若干意见	商政发〔2017〕125号	20170407	CLI.4.293148 CLI.4.293148(EN)	Several Opinions of the Ministry of Commerce, the National Development and Reform Commission, the People's Bank of China and Other Departments on Further Promoting the Comprehensive Pilot Program and Experiment for a New System of Open Economy	
242	商务部关于废止和修改部分规章的决定	商务部令2018年第1号	20180222	CLI.4.312501		
243	商务部关于进一步加强外商投资信息报告制度和信息公示平台建设有关工作的通知	商资函〔2017〕318号	20170620	CLI.4.298090		

(续表)

序号	法规名称（拼音序）	发文字号	实施日期	法宝引证码（中英文）	法宝英文标题	法宝二维码
244	商务部关于进一步推进国家电子商务示范基地建设工作的指导意见	商电发〔2017〕26号	20170117	CLI.4.289435 CLI.4.289435(EN)	Guiding Opinions of the Ministry of Commerce on Further Advancing the Construction of National E-Commerce Demonstration Bases	
245	商务部关于修改《外商投资企业设立及变更备案管理暂行办法》的决定	商务部令2017年第2号	20170730	CLI.4.298964 CLI.4.298964(EN)	Decision of the Ministry of Commerce to Amend the Interim Measures for the Recordation Administration of the Formation and Modification of Foreign-Funded Enterprises (2017)	
246	商务部关于印发《对外贸易发展"十三五"规划》的通知	商贸发〔2016〕484号	20161226	CLI.4.288336 CLI.4.288336(EN)	Notice of the Ministry of Commerce on Issuing the 13th Five-Year Plan for Foreign Trade Development	
247	商务部关于印发《外商投资统计制度（2017年）》的通知	商资函〔2017〕508号	201706	CLI.4.299047 CLI.4.299047(EN)	Notice of the Ministry of Commerce on Issuing the Statistical Rules for Foreign Investments (2017)	
248	商务部关于印发自由贸易试验区新一批"最佳实践案例"的函	商资函〔2017〕465号	20170717	CLI.3.315709		
249	商务部关于支持自由贸易试验区进一步创新发展的意见	商资发〔2017〕483号	20171217	CLI.4.314808 CLI.4.314808(EN)	Opinions of the Ministry of Commerce on Supporting the Further Innovative Development of Pilot Free Trade Zones	
250	商务部关于做好外商投资企业设立及变更备案监督检查有关工作的通知	商资函〔2016〕第954号	20161213	CLI.4.286923 CLI.4.286923(EN)	Notice of the Ministry of Commerce on Effectively Conducting the Relevant Work on the Supervision and Inspection of the Recordation of the Formation and Modification of Foreign-Funded Enterprises	
251	商务部、交通运输部、工商总局、质检总局、外汇局关于做好自由贸易试验区第三批改革试点经验复制推广工作的函	商资函〔2017〕515号	20170726	CLI.4.314722 CLI.4.314722(EN)	Letter of the Ministry of Commerce, the Ministry of Transport, the State Administration for Industry and Commerce, the General Administration of Quality Supervision, Inspection and Quarantine and the State Administration of Foreign Exchange on Effectively Replicating and Promoting the Third Group of Pilot Reform Experience in Pilot Free Trade Zones	
252	商务部现行有效规章目录及现行有效规范性文件目录	商务部公告2016年第69号	20161115	CLI.4.285771		

（续表）

序号	法规名称（拼音序）	发文字号	实施日期	法宝引证码（中英文）	法宝英文标题	法宝二维码
253	商务部、中央宣传部、发展改革委、工业和信息化部、财政部、交通运输部、卫生计生委、人民银行、海关总署、税务总局、统计局、旅游局、中医药局关于印发《服务贸易发展"十三五"规划》的通知	商服贸发〔2017〕76号	20170302	CLI.4.294188		
254	商业银行股权管理暂行办法	中国银行业监督管理委员会令2018年第1号	20180105	CLI.4.308004 CLI.4.308004(EN)	Interim Measures for the Equity Management of Commercial Banks	
255	上市公司创业投资基金股东减持股份的特别规定	中国证券监督管理委员会公告〔2018〕4号	20180602	CLI.4.310917 CLI.4.310917(EN)	Special Provisions on Shareholding Reduction by Venture Capital Fund Shareholders of Listed Companies	
256	食品药品监督管理总局关于规范化妆品注册及备案申报有关事宜的通告	食品药品监管总局公告2017年第195号	20171130	CLI.4.306020		
257	食品药品监管总局关于医疗器械经营备案有关事宜的公告	食品药品监管总局公告2017年第129号	20171027	CLI.4.304245		
258	食盐专营办法	中华人民共和国国务院令第696号	20171226	CLI.2.307795 CLI.2.307795(EN)	Measures for Monopoly of Table Salt (2017 Revision)	
259	外国公共航空运输承运人运行合格审定规则	交通运输部令2017年第35号	20180129	CLI.4.308543		
260	外商投资产业指导目录(2017年修订)	国家发展和改革委员会、商务部令2017年第4号	20170728	CLI.4.297212 CLI.4.297212(EN)	Catalogue of Industries for Guiding Foreign Investment (2017 Revision)	
261	《外商投资民用航空业规定》的补充规定（六）	交通运输部、商务部、发展和改革委员会令2017年第6号	20170501	CLI.4.293811 CLI.4.293811(EN)	Supplementary Provisions (VI) to the Provisions on Foreign Investment in the Civil Aviation Industry	

（续表）

序号	法规名称（拼音序）	发文字号	实施日期	法宝引证码（中英文）	法宝英文标题	法宝二维码
262	外商投资企业设立及变更备案管理暂行办法	商务部令2016年第3号	20161008	CLI.3.281603 CLI.3.281603(EN)	Interim Measures for the Recordation Administration of the Formation and Modification of Foreign-Funded Enterprises	
263	外商投资证券公司管理办法	中国证券监督管理委员会令第140号	20180428	CLI.4.314011 CLI.4.314011(EN)	Measures for the Administration of Foreign-Funded Securities Companies	
264	无证无照经营查处办法	中华人民共和国国务院令第684号	20171001	CLI.2.300763 CLI.2.300763(EN)	Measures for the Investigation and Punishment of Unpermitted and Unlicensed Business Operations	
265	现行有效外汇管理主要法规目录（截至2017年12月31日）		2018	CLI.4.308574		
266	增值税一般纳税人登记管理办法	国家税务总局令第43号	20180201	CLI.4.307803 CLI.4.307803(EN)	Measures for the Administration of the Registration of General Value-added Tax Taxpayers	
267	战略性新兴产业重点产品和服务指导目录（2016版）	国家发展和改革委员会公告2017年第1号	20170125	CLI.4.289506		
268	证券交易所管理办法	中国证券监督管理委员会令第136号	20180101	CLI.4.305040 CLI.4.305040(EN)	Measures for the Administration of Stock Exchanges (2017)	
269	质检总局关于印发《出入境检验检疫流程管理规定》的通知	国质检通〔2017〕437号	20171101	CLI.4.303390 CLI.4.303390(EN)	Notice of the General Administration of Quality Supervision, Inspection and Quarantine on Issuing the Provisions on the Administration of the Entry and Exit Inspection and Quarantine Procedures	
270	质检总局、海关总署关于《出入境检验检疫机构实施检验检疫的进出境商品目录(2018年)》调整的公告	国家质量监督检验检疫总局、海关总署公告2018年第21号	20180131	CLI.4.309541 CLI.4.309541(EN)	Announcement on the Adjustments to the Catalogue of Entry-Exit Commodities Subject to Inspection and Quarantine by Entry-Exit Inspection and Quarantine Institutions (2018)	
271	中共中央、国务院关于对《河北雄安新区规划纲要》的批复		20180414	CLI.2.313614		

(续表)

序号	法规名称（拼音序）	发文字号	实施日期	法宝引证码（中英文）	法宝英文标题	法宝二维码
272	中国保险监督管理委员会关于修改《中华人民共和国外资保险公司管理条例实施细则》等四部规章的决定	保监会令2018年第4号	20180213	CLI.4.310284 CLI.4.310284(EN)	Decision of the China Insurance Regulatory Commission to Amend Four Sets of Rules Including the Detailed Rules for the Implementation of the Regulation of the People's Republic of China on the Administration of Foreign-Funded Insurance Companies	
273	中国国家认证认可监督管理委员会关于发布《关于〈内地与澳门关于建立更紧密经贸关系的安排〉〈服务贸易协议〉中认证认可有关条款的实施指南》的公告	国家认监委公告2017年第25号	20170917	CLI.4.302337 CLI.4.302337(EN)	Announcement on Issuing the Guide to the Implementation of the Provisions on Certification and Accreditation in the Agreement on Trade in Services under the Mainland and Macao Closer Economic Partnership Arrangement	
274	中国国家认证认可监督管理委员会关于发布《关于〈内地与香港关于建立更紧密经贸关系的安排〉〈服务贸易协议〉中认证认可有关条款的实施指南》的公告	国家认监委公告2017年第24号	20170917	CLI.4.302336 CLI.4.302336(EN)	Announcement on Issuing the Guide to the Implementation of the Provisions on Certification and Accreditation in the Agreement on Trade in Services under the Mainland and Hong Kong Closer Economic Partnership Arrangement	
275	中国开发区审核公告目录(2018年版)	国家发展和改革委员会、科学技术部、国土资源部、住房和城乡建设部、商务部、海关总署公告2018年第4号	20180226	CLI.4.310918 CLI.4.310918(EN)	Catalogue of China's Development Zones the Approval of Which is Announced (2018 Version)	
276	中国人民银行办公厅关于境外机构境内发行人民币债券跨境人民币结算业务有关事宜的通知	银办发〔2016〕258号	20161223	CLI.4.288955 CLI.4.288955(EN)	Notice of the General Office of the People's Bank of China on Matters concerning the Cross-Border RMB Settlement of RMB Bonds Issued within China by Overseas Institutions	
277	中国人民银行公告〔2018〕第7号		20180319	CLI.4.311962 CLI.4.311962(EN)	Announcement on Matters concerning Foreign-funded Payment Institutions	
278	中国人民银行公告〔2018〕第2号		20180222	CLI.4.310405		
279	中国人民银行关于进一步完善人民币跨境业务政策促进贸易投资便利化的通知	银发〔2018〕3号	2018	CLI.4.307916 CLI.4.307916(EN)	Notice of the People's Bank of China on Further Improving Cross-Border RMB Service Policies to Promote Trade and Investment Facilitation	
280	中国人民银行、国家外汇管理局关于人民币合格境外机构投资者境内证券投资管理有关问题的通知	银发〔2018〕157号	20180612	CLI.4.315774		

(续表)

序号	法规名称（拼音序）	发文字号	实施日期	法宝引证码（中英文）	法宝英文标题	法宝二维码
281	中国人民银行令〔2018〕第1号		20180208	CLI.4.310403		
282	中国外汇交易中心关于境外银行参与银行间外汇市场区域交易有关事项的公告	中汇交公告〔2018〕1号	20180104	CLI.4.308151 CLI.4.308151(EN)	Announcement of the China Foreign Exchange Trade System on Matters concerning Overseas Banks' Participation in the Regional Trade on the Inter-Bank Foreign Exchange Market	
283	中国银行业监督管理委员会办公厅关于外资银行开展部分业务有关事项的通知	银监办发〔2017〕12号	20170310	CLI.4.291654 CLI.4.291654(EN)	Notice of the General Office of the China Banking Regulatory Commission on Matters concerning Certain Businesses of Foreign-Funded Banks	
284	中国银行业监督管理委员会关于规范性文件清理结果的公告	银监会公告〔2018〕1号	20180319	CLI.4.311906 CLI.4.311906(EN)	Announcement of the China Banking Regulatory Commission on the Results of the Review of Regulatory Documents	
285	中国银行业监督管理委员会关于规范银信类业务的通知	银监发〔2017〕55号	20171122	CLI.4.307133 CLI.4.307133(EN)	Notice of the China Banking Regulatory Commission on Regulating the Bank-Trust Business	
286	中国银行业监督管理委员会关于修改《中国银监会外资银行行政许可事项实施办法》的决定	中国银行业监督管理委员会令2018年第3号	20180213	CLI.4.310326 CLI.4.310326(EN)	Decision of the China Banking Regulatory Commission on Amending the Implementation Measures of the China Banking Regulatory Commission for the Administrative Licensing Items concerning Foreign-Funded Banks	
287	中国证券监督管理委员会关于修改、废止《证券公司次级债管理规定》等十三部规范性文件的决定	中国证券监督管理委员会公告〔2017〕16号	20171207	CLI.4.306129 CLI.4.306129(EN)	Decision of the China Securities Regulatory Commission to Amend and Repeal Thirteen Regulatory Documents including the Provisions on the Administration of Subordinated Debts of Securities Companies	
288	中国证券监督管理委员会关于修改《证券登记结算管理办法》等七部规章的决定	中国证券监督管理委员会令第137号	20171207	CLI.4.306140 CLI.4.306140(EN)	Decision of the China Securities Regulatory Commission to Amend Seven Rules including the Measures for the Administration of Securities Registration and Clearing	
289	中国证券监督管理委员会关于修改《中国证券监督管理委员会行政许可实施程序规定》的决定	中国证券监督管理委员会令第138号	20180423	CLI.4.312132		
290	中华人民共和国标准化法	中华人民共和国主席令第78号	20180101	CLI.1.304266 CLI.1.304266(EN)	Standardization Law of the People's Republic of China (2017 Revision)	

附　录　1697

（续表）

序号	法规名称（拼音序）	发文字号	实施日期	法宝引证码（中英文）	法宝英文标题	法宝二维码
291	中华人民共和国测绘法	中华人民共和国主席令第67号	20170701	CLI.1.293713 CLI.1.293713(EN)	Surveying and Mapping Law of the People's Republic of China (2017 Revision)	
292	中华人民共和国船舶吨税法	中华人民共和国主席令第85号	20180701	CLI.1.307427 CLI.1.307427(EN)	Vessel Tonnage Tax Law of the People's Republic of China	
293	中华人民共和国电影产业促进法	中华人民共和国主席令第54号	20170301	CLI.1.283839 CLI.1.283839(EN)	Film Industry Promotion Law of the People's Republic of China	
294	中华人民共和国反不正当竞争法	中华人民共和国主席令第77号	20180101	CLI.1.304262 CLI.1.304262(EN)	Anti-Unfair Competition Law of the People's Republic of China (2017 Revision)	
295	中华人民共和国公共文化服务保障法	中华人民共和国主席令第60号	20170301	CLI.1.287287 CLI.1.287287(EN)	Public Cultural Service Guarantee Law of the People's Republic of China	
296	中华人民共和国海关关于最不发达国家特别优惠关税待遇进口货物原产地管理办法	海关总署令第231号	20170401	CLI.4.291125 CLI.4.291125(EN)	Measures of the Customs of the People's Republic of China for the Administration of the Origin of Imported Goods under Special Preferential Tariff Treatment to the Least Developed Countries (2017)	
297	中华人民共和国海关企业信用管理办法	海关总署令第237号	20180501	CLI.4.311171 CLI.4.311171(EN)	Measures of the Customs of the People's Republic of China for the Administration of Enterprise Credit	
298	中华人民共和国海关预裁定管理暂行办法	海关总署令第236号	20180201	CLI.4.307453 CLI.4.307453(EN)	Interim Measures of the Customs of the People's Republic of China for the Administration of Pre-ruling	
299	中华人民共和国海关暂时进出境货物管理办法	海关总署令第233号	20180201	CLI.4.306126		
300	中华人民共和国环境保护税法实施条例	中华人民共和国国务院令第693号	20180101	CLI.2.307655 CLI.2.307655(EN)	Regulation on the Implementation of the Environmental Protection Tax Law of the People's Republic of China	

(续表)

序号	法规名称（拼音序）	发文字号	实施日期	法宝引证码（中英文）	法宝英文标题	法宝二维码
301	中华人民共和国环境保护税法	中华人民共和国主席令第61号	20180101	CLI.1.287291 CLI.1.287291(EN)	Environmental Protection Tax Law of the People's Republic of China	
302	中华人民共和国网络安全法	中华人民共和国主席令第53号	20170601	CLI.1.283838 CLI.1.283838(EN)	Cybersecurity Law of the People's Republic of China	
303	中华人民共和国宪法修正案(2018年)	全国人民代表大会公告第1号	20180311	CLI.1.311281 CLI.1.311281(EN)	Amendments to the Constitution of the People's Republic of China (2018)	
304	中西部地区外商投资优势产业目录(2017年修订)	国家发展和改革委员会、商务部令第46号	20170320	CLI.4.290291 CLI.4.290291(EN)	Catalogue of Priority Industries for Foreign Investment in Central and Western China (2017 Revision)	
305	最高人民法院关于适用《中华人民共和国公司法》若干问题的规定(四)	法释〔2017〕16号	20170901	CLI.3.300958 CLI.3.300958(EN)	Provisions of the Supreme People's Court on Several Issues concerning the Application of the Company Law of the People's Republic of China (IV)	
306	最高人民法院印发《关于为改善营商环境提供司法保障的若干意见》的通知	法发〔2017〕23号	20170807	CLI.3.300377 CLI.3.300377(EN)	Notice of the Supreme People's Court on Issuing the Several Opinions on Providing Judicial Guarantees for Improving the Business Environment	

"北大法宝"法律专业数据库介绍

"北大法宝"是由北京大学法制信息中心与北大英华科技有限公司联合推出的智能型法律信息一站式检索平台。1985年诞生于北京大学法律系,经过三十多年不断的改进与完善,已发展成为专业、智能、综合性的法律信息检索系统。

"北大法宝"致力于对法律信息数据的深度挖掘和知识发现,独创以"法条联想clink"为代表的一系列智能检索功能以不断提升用户体验,并围绕用户需求研发定制平台,进行专业法律信息数据整合,提供创新高效的检索体验;数据收录及时,收录渠道权威,内容均经过严格编辑和校对,录入后适时进行整理和修改,以保证数据内容的准确性和时效性,充分保障用户利益。

目前"北大法宝"6.0版是"北大法宝"的最新版本,包括法律法规(http://www.pkulaw.com)、司法案例(http://www.pkulaw.com/case/)、法学期刊(http://www.pkulaw.com/journal/)、律所实务(http://www.pkulaw.com/lawfirm/)、专题参考(http://www.pkulaw.com/reference/)、英文译本(http://www.pkulaw.com/english/)、法宝学堂(http://edu.pkulaw.com/)、刑事法宝(http://xs.pkulaw.cn/)、IP法宝(http://ip.pkulaw.cn/)、银行专题(http://bank.pkulaw.cn/)、检察文书(http://www.pkulaw.com/procuratorate/)、行政处罚(http://www.pkulaw.com/penalty/)、法考系统(http://exam.pkulaw.cn/)、企业信息(http://www.pkulaw.com/Company/)、法宝视频(http://www.pkulaw.com/video/)共计十五个检索系统,涵盖法律信息的各种类型,内容丰富,功能强大,取得了较高的市场占有率,受到国内外用户的一致好评,已成为法律工作者的必备工具。同时基于"北大法宝"庞大内容支持的法律软件开发业务日益受到用户青睐。

"北大法宝"针对国内法律文献引用领域对法律数据库引证码研究的空白及对法律数据库和网络资源引证不规范的现状,借鉴美国通行引注标准——《蓝皮书:统一注释体系》的模式,自主研发了"北大法宝引证码",这是在法律文献引证领域的首次实践,开创了法律信息检索领域引证趋势。

"北大法宝引证码"主要用于法律文献的引证注释和查询检索服务,现已在"北大法宝"数据库中全面应用。"北大法宝引证码"的统一标识为CLI,即"Chinalawinfo"的简写,意即中国法律信息编码,同时涵盖"北大法宝"之意。中文部分编写体例为"CLI.文件类型代码.文件编码",英文部分编写体例为"CLI.文件类型代码.文件编码(EN)",其中文件编码具有唯一性。

下面分述各库的引证码编写规范。

一、法律法规

1. 文件类型代码

法律:1

行政法规:2

司法解释:3

部门规章:4
团体规定:5
行业规定:6
军事法规规章:7
监察法规:8
党内法规:16
地方性法规:10
地方政府规章:11
地方规范性文件:12
地方司法文件:13
地方工作文件:14
行政许可批复:15

2.例如:《中华人民共和国保险法》(2009年2月28日修订)
北大法宝引证码为:CLI.1.113980

二、司法案例

1.文件类型代码:C(Cases)
2.例如:郑筱萸受贿、玩忽职守案
北大法宝引证码为:CLI.C.99328

三、法学期刊、律所实务、专题参考

1.文件类型代码:A(Articles)
2.例如:陈兴良:《四要件:没有构成要件的犯罪构成》
北大法宝引证码为:CLI.A.1143788

四、香港特别行政区法律法规

1.文件类型代码:HK(Hong Kong)
2.例如:第1085章 教育奖学基金条例
北大法宝引证码为:CLI.HK.4211

五、澳门特别行政区法律法规

1.文件类型代码:MAC(Macau)
2.例如:第10/2008号行政法规,修改《法定收藏制度》
北大法宝引证码为:CLI.MAC.7141

六、台湾地区法律法规

1.文件类型代码:TW(Taiwan)
2.例如:"粮食标示办法"

北大法宝引证码为:CLI.TW.14202

七、中外条约

1. 文件类型代码:T（Treaty）
2. 例如:中华人民共和国与美利坚合众国联合声明

北大法宝引证码为:CLI.T.6998

八、外国法律法规

1. 文件类型代码:FL（Foreign Law）
2. 例如:日本农业机械化促进法

北大法宝引证码为:CLI.FL.772

九、合同范本

1. 文件类型代码:CS（Contract Sample）
2. 例如:产品销售合同范本

北大法宝引证码为:CLI.CS.6292

十、法律文书

1. 文件类型代码:LD（Legal Documents）
2. 例如:安全生产行政执法文书行政处罚告知书

北大法宝引证码为:CLI.LD.3678

十一、案例报道

1. 文件类型代码:CR（Case Reports）
2. 例如:"售楼先生"骗女友冒领客户2万元　法院判决诈骗罪徒刑九月

北大法宝引证码为:CLI.CR.132167

十二、仲裁案例

1. 文件类型代码:AA（Arbitration Awards）
2. 例如:仲裁条款效力争议案裁决书

北大法宝引证码为:CLI.AA.419

十三、立法背景资料

1. 全国人民代表大会常务委员会工作报告

文件类型代码:WR（Work Report of the NPC Standing Committee）

例如:中华人民共和国第十一届全国人民代表大会第四次会议全国人民代表大会常务委员会工作报告

北大法宝引证码为:CLI.WR.3563

2. 国务院政府工作报告

文件类型代码:WR(Work Report of the State Council)

例如:中华人民共和国第十一届全国人民代表大会第四次会议政府工作报告

北大法宝引证码为:CLI.WR.3553

3. 最高人民法院工作报告

文件类型代码:WR(Work Report of the Supreme People's Court)

例如:中华人民共和国第十一届全国人民代表大会第四次会议最高人民法院工作报告

北大法宝引证码为:CLI.WR.3564

4. 最高人民检察院工作报告

文件类型代码:WR(Work Report of the Supreme People's Procuratorate)

例如:中华人民共和国第十一届全国人民代表大会第四次会议最高人民检察院工作报告

北大法宝引证码为:CLI.WR.3565

5. 立法草案

文件类型代码:DL(The Draft of Legislation)

例如:进出口许可证证书管理规定(修订征求意见稿)

北大法宝引证码为:CLI.DL.3658

6. 全国人民代表大会常务委员会执法检查

文件类型代码:WR(Law Enforcement Inspection)

例如:全国人民代表大会常务委员会执法检查组关于检查《中华人民共和国节约能源法》实施情况的报告(2010)

北大法宝引证码为:CLI.WR.3550

7. 白皮书

文件类型代码:WP(White Papers)

例如:中国的反腐败和廉政建设

北大法宝引证码为:CLI.WP.3529

8. 法规解读

文件类型代码:AR(Answer Questions from Reporters)

例如:国家预防腐败局办公室负责同志就《国务院办公厅转发人民银行监察部等部门关于规范商业预付卡管理意见的通知》有关问题答记者问

北大法宝引证码为:CLI.AR.3661

十四、英文译本

1. 文件类型代码与中文部分相同,编码后加(EN)

2. 例如:Law of the People's Republic of China on Choice of Law for Foreign-related Civil Relationships(《中华人民共和国涉外民事关系法律适用法》)

北大法宝引证码为:CLI.1.139684(EN)

十五、法律动态

1. 文件类型代码:N（News）
2. 例如:野生动物保护法等15部法律的修正案草案提请全国人大常委会审议
北大法宝引证码为:CLI.N.92873

十六、检察文书

1. 文件类型代码:P（Prosecution documents）
2. 例如:不起诉决定书（解某甲故意伤害案）
北大法宝引证码为:CLI.P.342577

十七、案件信息

1. 文件类型代码:PI（Procuratorial case information）
2. 例如:徐州市鼓楼区人民检察院对被告人姜某涉嫌抢劫罪依法提起公诉
北大法宝引证码为:CLI.PI.52221

中国利用外资法律法规文件汇编

（2016—2018年·上卷）

商务部外国投资管理司
商务部投资促进事务局 编

图书在版编目(CIP)数据

中国利用外资法律法规文件汇编. 2016—2018 年：全 2 册/商务部外国投资管理司，商务部投资促进事务局编. —北京：北京大学出版社，2018.11

ISBN 978-7-301-29928-9

Ⅰ. ①中… Ⅱ. ①商… ②商… Ⅲ. ①外资利用—法规—汇编—中国—2016—2018 Ⅳ. ①D922.295.9

中国版本图书馆 CIP 数据核字(2018)第 223666 号

书　　　名	中国利用外资法律法规文件汇编（2016—2018 年·上下卷） ZHONGGUO LIYONG WAIZI FALÜ FAGUI WENJIAN HUIBIAN（2016—2018 NIAN·SHANG XIA JUAN）
著作责任者	商务部外国投资管理司　商务部投资促进事务局　编
责任编辑	王建君
标准书号	ISBN 978-7-301-29928-9
出版发行	北京大学出版社
地　　　址	北京市海淀区成府路 205 号　100871
网　　　址	http://www.pup.cn　http://www.yandayuanzhao.com
电子信箱	yandayuanzhao@163.com
新浪微博	@北京大学出版社　@北大出版社燕大元照法律图书
电　　　话	邮购部 010-62752015　发行部 010-62750672　编辑部 010-62117788
印　刷　者	北京虎彩文化传播有限公司
经　销　者	新华书店
	787 毫米×1092 毫米　16 开本　109 印张　2575 千字 2018 年 11 月第 1 版　2018 年 11 月第 1 次印刷
定　　　价	348.00 元（上下卷）

未经许可，不得以任何方式复制或抄袭本书之部分或全部内容。
版权所有，侵权必究
举报电话：010-62752024　电子信箱：fd@pup.pku.edu.cn
图书如有印装质量问题，请与出版部联系，电话：010-62756370

目　录

上　卷

一、综合

中华人民共和国宪法修正案（2018年）
全国人民代表大会公告第1号　2018年3月11日 …………………………（0001）
第十三届全国人民代表大会第一次会议关于国务院机构改革方案的决定
2018年3月17日 ……………………………………………………………（0005）
商务部、财政部、税务总局、质检总局、统计局、外汇局关于开展2018年外商投资企业投资经营信息联合报告的通知
商资函〔2018〕92号　2018年3月12日 …………………………………（0009）
商务部办公厅、工商总局办公厅关于实行外商投资企业商务备案与工商登记"单一窗口、单一表格"受理有关工作的通知
商办资函〔2018〕87号　2018年2月28日 ………………………………（0010）
企业投资项目事中事后监管办法
国家发展和改革委员会令第14号　2018年1月4日 ……………………（0035）
国务院关于在北京市暂时调整有关行政审批和准入特别管理措施的决定
国发〔2017〕55号　2017年12月10日 …………………………………（0039）
国家标准委、国家发展改革委、商务部关于印发《外商投资企业参与我国标准化工作的指导意见》的通知
国标委综合联〔2017〕119号　2017年11月6日 ………………………（0041）
中华人民共和国标准化法
中华人民共和国主席令第78号　2017年11月4日 ……………………（0042）
中华人民共和国反不正当竞争法
中华人民共和国主席令第77号　2017年11月4日 ……………………（0047）
国务院关于在更大范围推进"证照分离"改革试点工作的意见
国发〔2017〕45号　2017年9月22日 …………………………………（0052）

国务院办公厅关于推广支持创新相关改革举措的通知
  国办发〔2017〕80号 2017年9月7日 ………………………………………………（0054）
商务部办公厅关于进一步做好鼓励类外商投资企业进口设备减免税有关工作的通知
  商办资函〔2017〕367号 2017年9月5日 ……………………………………（0056）
最高人民法院关于适用《中华人民共和国公司法》若干问题的规定（四）
  法释〔2017〕16号 2017年8月25日 ………………………………………（0057）
国务院关于促进外资增长若干措施的通知
  国发〔2017〕39号 2017年8月8日 …………………………………………（0061）
最高人民法院印发《关于为改善营商环境提供司法保障的若干意见》的通知
  法发〔2017〕23号 2017年8月7日 …………………………………………（0064）
无证无照经营查处办法
  中华人民共和国国务院令第684号 2017年8月6日 ……………………（0068）
商务部关于修改《外商投资企业设立及变更备案管理暂行办法》的决定
  商务部令2017年第2号 2017年7月30日 …………………………………（0070）
关于外商投资企业设立及变更备案管理有关事项的公告
  商务部公告2017年第37号 2017年7月30日 ……………………………（0076）
商务部关于印发《外商投资统计制度（2017年）》的通知
  商资函〔2017〕508号 2017年7月25日 …………………………………（0077）
国务院关于强化实施创新驱动发展战略进一步推进大众创业万众创新深入发展的
意见
  国发〔2017〕37号 2017年7月21日 ………………………………………（0113）
外商投资产业指导目录（2017年修订）
  国家发展和改革委员会、商务部令2017年第4号 2017年6月28日 ………（0119）
商务部关于进一步加强外商投资信息报告制度和信息公示平台建设有关工作的通知
  商资函〔2017〕318号 2017年6月20日 …………………………………（0138）
国务院关于进一步削减工商登记前置审批事项的决定
  国发〔2017〕32号 2017年5月7日 …………………………………………（0140）
国务院办公厅关于加快推进"多证合一"改革的指导意见
  国办发〔2017〕41号 2017年5月5日 ………………………………………（0140）
商务部、发展改革委、教育部、科技部、工业和信息化部关于印发《国际服务外包产业
发展"十三五"规划》的通知
  商服贸发〔2017〕170号 2017年4月28日 ………………………………（0144）
商务部、中央宣传部、发展改革委、工业和信息化部、财政部、交通运输部、卫生计生委、
人民银行、海关总署、税务总局、统计局、旅游局、中医药局关于印发《服务贸易发展"十
三五"规划》的通知
  商服贸发〔2017〕76号 2017年3月2日 …………………………………（0145）
中西部地区外商投资优势产业目录（2017年修订）
  国家发展和改革委员会、商务部令第46号 2017年2月17日 ……………（0164）

战略性新兴产业重点产品和服务指导目录(2016版)
  国家发展和改革委员会公告2017年第1号 2017年1月25日 ……………(0187)
国家发展改革委关于做好贯彻落实《政府核准的投资项目目录(2016年本)》有关外资
工作的通知
  发改外资规〔2017〕111号 2017年1月14日 ………………………………(0222)
国务院关于扩大对外开放积极利用外资若干措施的通知
  国发〔2017〕5号 2017年1月12日 ………………………………………………(0223)
商务部关于印发《对外贸易发展"十三五"规划》的通知
  商贸发〔2016〕484号 2016年12月26日 …………………………………………(0226)
商务部关于做好外商投资企业设立及变更备案监督检查有关工作的通知
  商资函〔2016〕第954号 2016年12月13日 ………………………………………(0237)
国务院关于发布政府核准的投资项目目录(2016年本)的通知
  国发〔2016〕72号 2016年12月12日 ……………………………………………(0242)
企业投资项目核准和备案管理条例
  中华人民共和国国务院令第673号 2016年11月30日 ……………………………(0247)
国务院关于印发"十三五"国家战略性新兴产业发展规划的通知
  国发〔2016〕67号 2016年11月29日 ……………………………………………(0251)
全国人民代表大会常务委员会关于修改《中华人民共和国对外贸易法》等十二部
法律的决定
  中华人民共和国主席令第57号 2016年11月7日 …………………………………(0280)
外商投资企业设立及变更备案管理暂行办法
  商务部令2016年第3号 2016年10月8日 ………………………………………(0283)
国家发展改革委、商务部公告2016年第22号
  2016年10月8日 ………………………………………………………………………(0288)
国务院关于促进创业投资持续健康发展的若干意见
  国发〔2016〕53号 2016年9月16日 ………………………………………………(0289)
国家发展改革委、财政部、商务部关于印发鼓励进口技术和产品目录(2016年版)的
通知
  发改产业〔2016〕1982号 2016年9月9日 ………………………………………(0295)
全国人民代表大会常务委员会关于修改《中华人民共和国外资企业法》等四部法律的
决定
  中华人民共和国主席令第51号 2016年9月3日 …………………………………(0295)
国务院关于修改《国务院对确需保留的行政审批项目设定行政许可的决定》的决定
  中华人民共和国国务院令第671号 2016年8月25日 ……………………………(0297)
国务院关于印发"十三五"国家科技创新规划的通知
  国发〔2016〕43号 2016年7月28日 ………………………………………………(0298)
国务院办公厅关于加快推进"五证合一、一照一码"登记制度改革的通知
  国办发〔2016〕53号 2016年6月30日 ……………………………………………(0357)

关于发布《服务外包产业重点发展领域指导目录》的公告
  商务部、财政部、海关总署联合公告2016年第29号　2016年6月13日 ………… (0360)
国务院关于印发2016年推进简政放权放管结合优化服务改革工作要点的通知
  国发〔2016〕30号　2016年5月23日 ……………………………………… (0367)
港澳服务提供者在内地投资备案管理办法（试行）
  商务部公告2016年第20号　2016年5月18日 …………………………… (0371)
国务院关于促进外贸回稳向好的若干意见
  国发〔2016〕27号　2016年5月5日 ………………………………………… (0375)

二、区域

（一）自贸试验区

国务院关于在自由贸易试验区暂时调整有关行政法规、国务院文件和经国务院批准的部门规章规定的决定
  国发〔2017〕57号　2017年12月25日 ……………………………………… (0379)
商务部关于支持自由贸易试验区进一步创新发展的意见
  商资发〔2017〕483号　2017年12月17日 ………………………………… (0384)
科技部办公厅、商务部办公厅关于印发《支持自由贸易试验区创新发展若干措施》的通知
  国科办创〔2017〕81号　2017年9月4日 …………………………………… (0387)
商务部、交通运输部、工商总局、质检总局、外汇局关于做好自由贸易试验区第三批改革试点经验复制推广工作的函
  商资函〔2017〕515号　2017年7月26日 …………………………………… (0389)
商务部关于印发自由贸易试验区新一批"最佳实践案例"的函
  商资函〔2017〕465号　2017年7月17日 …………………………………… (0391)
国务院办公厅关于印发自由贸易试验区外商投资准入特别管理措施（负面清单）（2017年版）的通知
  国办发〔2017〕51号　2017年6月5日 ……………………………………… (0401)
国务院关于印发全面深化中国（上海）自由贸易试验区改革开放方案的通知
  国发〔2017〕23号　2017年3月30日 ……………………………………… (0411)
国务院关于印发中国（陕西）自由贸易试验区总体方案的通知
  国发〔2017〕21号　2017年3月15日 ……………………………………… (0417)
国务院关于印发中国（四川）自由贸易试验区总体方案的通知
  国发〔2017〕20号　2017年3月15日 ……………………………………… (0425)

国务院关于印发中国(重庆)自由贸易试验区总体方案的通知
　　国发〔2017〕19号　2017年3月15日 ·· (0433)
国务院关于印发中国(湖北)自由贸易试验区总体方案的通知
　　国发〔2017〕18号　2017年3月15日 ·· (0441)
国务院关于印发中国(河南)自由贸易试验区总体方案的通知
　　国发〔2017〕17号　2017年3月15日 ·· (0449)
国务院关于印发中国(浙江)自由贸易试验区总体方案的通知
　　国发〔2017〕16号　2017年3月15日 ·· (0456)
国务院关于印发中国(辽宁)自由贸易试验区总体方案的通知
　　国发〔2017〕15号　2017年3月15日 ·· (0464)
国务院关于做好自由贸易试验区新一批改革试点经验复制推广工作的通知
　　国发〔2016〕63号　2016年11月2日 ·· (0470)
国务院关于在自由贸易试验区暂时调整有关行政法规、国务院文件和经国务院批准的
部门规章规定的决定
　　国发〔2016〕41号　2016年7月1日 ·· (0472)

(二) 开发区

中国开发区审核公告目录(2018年版)
　　国家发展和改革委员会、科学技术部、国土资源部、住房和城乡建设部、商务部、
　　　海关总署公告2018年第4号　2018年2月26日 ································· (0490)
国务院办公厅关于促进开发区改革和创新发展的若干意见
　　国办发〔2017〕7号　2017年1月19日 ·· (0490)

(三) 其他

中共中央、国务院关于对《河北雄安新区规划纲要》的批复
　　2018年4月14日 ·· (0496)
国务院关于兰州—西宁城市群发展规划的批复
　　国函〔2018〕38号　2018年2月22日 ·· (0499)
国务院关于呼包鄂榆城市群发展规划的批复
　　国函〔2018〕16号　2018年2月5日 ·· (0500)
国务院办公厅关于推进农业高新技术产业示范区建设发展的指导意见
　　国办发〔2018〕4号　2018年1月16日 ·· (0501)
国务院关于关中平原城市群发展规划的批复
　　国函〔2018〕6号　2018年1月9日 ·· (0504)
国务院关于山东新旧动能转换综合试验区建设总体方案的批复
　　国函〔2018〕1号　2018年1月3日 ·· (0505)

国务院关于同意设立中韩产业园的批复
　　国函〔2017〕142号　2017年12月11日 ………………………………………… (0506)
国务院办公厅关于创建"中国制造2025"国家级示范区的通知
　　国办发〔2017〕90号　2017年11月20日 ………………………………………… (0507)
国务院办公厅关于建设第二批大众创业万众创新示范基地的实施意见
　　国办发〔2017〕54号　2017年6月15日 …………………………………………… (0509)
商务部、发展改革委、人民银行、海关总署、质检总局关于进一步推进开放型经济新体制
综合试点试验的若干意见
　　商政发〔2017〕125号　2017年4月7日 …………………………………………… (0515)
国务院关于北部湾城市群发展规划的批复
　　国函〔2017〕6号　2017年1月20日 ………………………………………………… (0517)
国家发展改革委关于印发西部大开发"十三五"规划的通知
　　发改西部〔2017〕89号　2017年1月11日 ………………………………………… (0518)
国务院关于中原城市群发展规划的批复
　　国函〔2016〕210号　2016年12月28日 …………………………………………… (0518)
国务院关于促进中部地区崛起"十三五"规划的批复
　　国函〔2016〕204号　2016年12月17日 …………………………………………… (0519)
国务院关于东北振兴"十三五"规划的批复
　　国函〔2016〕177号　2016年11月1日 ……………………………………………… (0520)
国务院关于深入推进实施新一轮东北振兴战略加快推动东北地区经济企稳向好若干
重要举措的意见
　　国发〔2016〕62号　2016年11月1日 ………………………………………………… (0521)
国务院关于印发北京加强全国科技创新中心建设总体方案的通知
　　国发〔2016〕52号　2016年9月11日 ………………………………………………… (0526)
国务院关于同意设立贵州内陆开放型经济试验区的批复
　　国函〔2016〕142号　2016年8月5日 ………………………………………………… (0533)
国务院关于同意设立广西凭祥重点开发开放试验区的批复
　　国函〔2016〕141号　2016年8月2日 ………………………………………………… (0534)
国务院关于同意重庆高新技术产业开发区建设国家自主创新示范区的批复
　　国函〔2016〕130号　2016年7月19日 ……………………………………………… (0535)
国务院关于川陕革命老区振兴发展规划的批复
　　国函〔2016〕120号　2016年7月10日 ……………………………………………… (0536)
国务院关于同意福厦泉国家高新区建设国家自主创新示范区的批复
　　国函〔2016〕106号　2016年6月16日 ……………………………………………… (0537)
国务院关于同意合芜蚌国家高新区建设国家自主创新示范区的批复
　　国函〔2016〕107号　2016年6月16日 ……………………………………………… (0538)
国务院关于长江三角洲城市群发展规划的批复
　　国函〔2016〕87号　2016年5月22日 ………………………………………………… (0539)

国务院办公厅关于建设大众创业万众创新示范基地的实施意见
　　国办发〔2016〕35号　2016年5月8日 ……………………………………（0540）

三、行业

旅游行政许可办法
　　国家旅游局令第46号　2018年3月9日 ……………………………………（0547）
快递暂行条例
　　中华人民共和国国务院令第697号　2018年3月2日 ………………………（0554）
国家标准化管理委员会、国家发展和改革委员会、科学技术部、工业和信息化部、财政部、人力资源和社会保障部、中国人民银行、国家工商行政管理总局、国家统计局、国家知识产权局关于培育发展标准化服务业的指导意见
　　国标委服务联〔2018〕18号　2018年2月11日 ……………………………（0561）
国家知识产权局关于印发《知识产权重点支持产业目录（2018年本）》的通知
　　国知发协函字〔2018〕9号　2018年1月17日 ………………………………（0565）
关于印发《工业产品生产许可证"一企一证"改革实施方案》的公告
　　质检总局公告2018年第10号　2018年1月12日 ……………………………（0565）
国务院办公厅关于推进电子商务与快递物流协同发展的意见
　　国办发〔2018〕1号　2018年1月2日 …………………………………………（0568）
国土资源部关于完善矿产资源开采审批登记管理有关事项的通知
　　国土资规〔2017〕16号　2017年12月29日 ……………………………………（0571）
食盐专营办法
　　中华人民共和国国务院令第696号　2017年12月26日 ……………………（0575）
国土资源部关于进一步规范矿业权申请资料的通知
　　国土资规〔2017〕15号　2017年12月18日 ……………………………………（0579）
国土资源部关于进一步规范矿产资源勘查审批登记管理的通知
　　国土资规〔2017〕14号　2017年12月14日 ……………………………………（0581）
国家食品药品监督管理总局关于规范化妆品注册及备案申报有关事宜的通告
　　食品药品监管总局公告2017年第195号　2017年11月30日 ………………（0585）
农用薄膜行业规范条件（2017年本）
　　工业和信息化部公告2017年第53号　2017年11月29日 …………………（0586）
日用玻璃行业规范条件（2017年本）
　　工业和信息化部公告2017年第54号　2017年11月29日 …………………（0589）
交通运输部办公厅关于进一步加强外商投资国内水路运输业和船舶代理业管理的通知
　　交办水函〔2017〕1724号　2017年11月20日 ………………………………（0594）
国务院关于深化"互联网+先进制造业"发展工业互联网的指导意见
　　2017年11月19日 ………………………………………………………………（0595）

认证机构管理办法
　　国家质量监督检验检疫总局令第193号　2017年11月14日 ……………………(0604)
出口食品生产企业备案管理规定
　　国家质量监督检验检疫总局令第192号　2017年11月14日 ……………………(0610)
工业和信息化部关于印发《建材行业规范公告管理办法》的通知
　　工信部原〔2017〕278号　2017年11月10日 ………………………………………(0615)
工程咨询行业管理办法
　　国家发展和改革委员会令第9号　2017年11月6日 …………………………………(0618)
食品药品监管总局关于医疗器械经营备案有关事宜的公告
　　食品药品监管总局公告2017年第129号　2017年10月27日 …………………………(0623)
关于发布《工业产品生产许可证试行简化审批程序工作细则》的公告
　　质检总局公告2017年第91号　2017年10月27日 ……………………………………(0624)
滑石行业规范条件(2017年本)
　　工业和信息化部公告2017年第44号　2017年10月26日 ……………………………(0628)
交通运输部关于修改《铁路运输企业准入许可办法》的决定
　　交通运输部令2017年第31号　2017年9月29日 ………………………………………(0632)
国务院办公厅关于加快推进农业供给侧结构性改革大力发展粮食产业经济的意见
　　国办发〔2017〕78号　2017年9月1日 …………………………………………………(0637)
关于批准发布《国民经济行业分类》国家标准的公告
　　国家标准公告2017年第17号　2017年6月30日 ………………………………………(0643)
国务院办公厅关于加快发展商业养老保险的若干意见
　　国办发〔2017〕59号　2017年6月29日 ………………………………………………(0644)
国务院关于深化改革推进北京市服务业扩大开放综合试点工作方案的批复
　　国函〔2017〕86号　2017年6月25日 …………………………………………………(0647)
国务院关于调整工业产品生产许可证管理目录和试行简化审批程序的决定
　　国发〔2017〕34号　2017年6月24日 …………………………………………………(0648)
国务院关于修改《医疗器械监督管理条例》的决定
　　中华人民共和国国务院令第680号　2017年5月4日 …………………………………(0652)
汽车销售管理办法
　　商务部令2017年第1号　2017年4月5日 ………………………………………………(0654)
《外商投资民用航空业规定》的补充规定(六)
　　交通运输部、商务部、发展和改革委员会令2017年第6号　2017年4月1日 ……(0659)
农药管理条例
　　中华人民共和国国务院令第677号　2017年3月16日 ………………………………(0660)
国务院办公厅关于进一步促进农产品加工业发展的意见
　　国办发〔2016〕93号　2016年12月17日 ……………………………………………(0671)
国务院办公厅关于全面放开养老服务市场提升养老服务质量的若干意见
　　国办发〔2016〕91号　2016年12月7日 ………………………………………………(0675)

国务院关于印发"十三五"旅游业发展规划的通知
  国发〔2016〕70号 2016年12月7日 ……………………………………(0681)
中华人民共和国电影产业促进法
  中华人民共和国主席令第54号 2016年11月7日 …………………(0708)
国务院办公厅关于加快发展健身休闲产业的指导意见
  国办发〔2016〕77号 2016年10月25日 …………………………………(0716)
国务院关于加快发展康复辅助器具产业的若干意见
  国发〔2016〕60号 2016年10月23日 ……………………………………(0721)
国务院关于印发全国农业现代化规划(2016—2020年)的通知
  国发〔2016〕58号 2016年10月17日 ……………………………………(0726)
工业和信息化部关于印发稀土行业发展规划(2016—2020年)的通知
  工信部规〔2016〕319号 2016年9月29日 ………………………………(0748)
工业和信息化部关于印发有色金属工业发展规划(2016—2020年)的通知
  工信部规〔2016〕316号 2016年9月28日 ………………………………(0759)
国务院关于印发盐业体制改革方案的通知
  国发〔2016〕25号 2016年4月22日 ……………………………………(0776)

四、工商

工商总局、发展改革委、公安部、财政部、人力资源社会保障部、城乡建设部、农业部、商务部、海关总署、质检总局、新闻出版广电总局、旅游局、气象局关于推进全国统一"多证合一"改革的意见
  工商企注字〔2018〕31号 2018年3月1日 ………………………………(0781)
国家工商行政管理总局关于调整工商登记前置审批事项目录的通知
  工商企注字〔2018〕24号 2018年2月11日 ……………………………(0784)
工商总局办公厅关于清理规范外商投资企业授权登记工作的通知
  工商办字〔2018〕18号 2018年1月23日 ………………………………(0791)
工商总局办公厅关于进一步统一规范企业登记注册管理工作的通知
  工商办字〔2018〕1号 2018年1月5日 …………………………………(0792)
工商总局关于深化商标注册便利化改革切实提高商标注册效率的意见
  工商标字〔2017〕213号 2017年11月14日 ……………………………(0795)
工商总局关于落实"证照分离"改革举措促进企业登记监管统一规范的指导意见
  工商企注字〔2017〕175号 2017年9月30日 ……………………………(0798)
国家工商行政管理总局关于支持河北雄安新区规划建设的若干意见
  工商综字〔2017〕161号 2017年9月25日 ………………………………(0802)
国家工商行政管理总局关于做好外商投资企业实行备案管理后有关登记注册工作的通知
  工商企注字〔2016〕189号 2016年9月30日 ……………………………(0803)

五、海关

中华人民共和国海关企业信用管理办法
  海关总署令第237号　2018年3月3日 ………………………………………(0807)
质检总局、海关总署关于《出入境检验检疫机构实施检验检疫的进出境商品目录(2018年)》调整的公告
  国家质量监督检验检疫总局、海关总署公告2018年第21号　2018年1月31日
  …………………………………………………………………………………(0812)
关于公布大嶝对台小额商品交易市场经营商品范围和数量限制商品清单的公告
  海关总署公告2018年第8号　2018年1月16日 …………………………(0813)
中华人民共和国海关预裁定管理暂行办法
  海关总署令第236号　2017年12月26日 …………………………………(0814)
公布2018年出口许可证管理货物目录
  商务部、海关总署公告2017年第88号　2017年12月22日 ……………(0816)
公布2018年进口许可证管理货物目录
  商务部、海关总署、质检总局公告2017年第89号　2017年12月22日 …(0819)
关于《中华人民共和国政府和格鲁吉亚政府自由贸易协定》实施相关事宜的公告
  海关总署公告2017年第64号　2017年12月21日 ………………………(0819)
关于公布2018年1月1日起新增香港澳门享受零关税货物原产地标准及相关事宜的公告
  海关总署公告2017年第59号　2017年12月10日 ………………………(0820)
中华人民共和国海关暂时进出境货物管理办法
  海关总署令第233号　2017年12月8日 …………………………………(0822)
关于调整进口减免税货物监管年限的公告
  海关总署公告2017年第51号　2017年10月24日 ………………………(0827)
质检总局关于印发《出入境检验检疫流程管理规定》的通知
  国质检通〔2017〕437号　2017年10月16日 ……………………………(0828)
关于优化汇总征税制度的公告
  海关总署公告2017年第45号　2017年9月20日 ………………………(0830)
关于取消区域通关一体化通关模式的公告
  海关总署公告2017年第38号　2017年8月22日 ………………………(0832)
关于发布2017版《进出口税则商品及品目注释》修订(第一、二期)的公告
  海关总署公告2017年第36号　2017年8月18日 ………………………(0832)
关于执行《外商投资产业指导目录(2017年修订)》有关问题的公告
  海关总署公告2017年第30号　2017年7月18日 ………………………(0838)
关于进一步简化经港澳中转货物原产地管理要求的公告
  海关总署公告2017年第26号　2017年6月28日 ………………………(0840)

关于执行《中西部地区外商投资优势产业目录(2017年修订)》的公告
  海关总署公告2017年第14号 2017年3月17日 …………………………………(0840)
国家质量监督检验检疫总局关于进一步支持国际贸易单一窗口建设的公告
  质检总局公告2017年第26号 2017年3月17日 ……………………………………(0841)
中华人民共和国海关关于最不发达国家特别优惠关税待遇进口货物原产地管理办法
  海关总署令第231号 2017年3月1日…………………………………………………(0842)
关于外商投资企业注册登记有关事宜的公告
  海关总署公告2017年第9号 2017年2月3日 …………………………………………(0849)
关于公布2017年1月1日起新增香港澳门享受零关税货物原产地标准及相关事宜的
公告
  海关总署公告2016年第77号 2016年12月8日 ……………………………………(0850)
关于出境加工业务有关问题的公告
  海关总署公告2016年第69号 2016年11月28日 ……………………………………(0852)
关于各优惠贸易安排项下经港澳中转进口货物单证提交事宜的公告
  海关总署公告2016年第52号 2016年9月20日 ……………………………………(0854)
关于海峡两岸海关"经认证的经营者(AEO)"互认试点的公告
  海关总署公告2016年第49号 2016年9月2日 ………………………………………(0855)
关于公布2016年7月1日起港澳CEPA项下新增及修订零关税货物原产地标准的
公告
  海关总署公告2016年第35号 2016年6月1日 ………………………………………(0856)
关于跨境电子商务零售进出口商品有关监管事宜的公告
  海关总署公告2016年第26号 2016年4月6日 ………………………………………(0857)
关于《中华人民共和国进境物品归类表》和《中华人民共和国进境物品完税价格表》的
公告
  海关总署公告2016年第25号 2016年4月6日 ………………………………………(0860)

下 卷

六、外汇

中国外汇交易中心关于境外银行参与银行间外汇市场区域交易有关事项的公告
  中汇交公告〔2018〕1号 2018年1月4日 ……………………………………………(0863)
国家外汇管理局关于融资租赁业务外汇管理有关问题的通知
  汇发〔2017〕21号 2017年10月2日………………………………………………(0864)
国家外汇管理局公告2016年第2号
  2016年7月1日 ……………………………………………………………………………(0865)

国家外汇管理局关于改革和规范资本项目结汇管理政策的通知
  汇发〔2016〕16号　2016年6月9日 ………………………………………………（0866）
国家外汇管理局关于进一步促进贸易投资便利化完善真实性审核的通知
  汇发〔2016〕7号　2016年4月26日 …………………………………………（0869）

七、金融

外商投资证券公司管理办法
  中国证券监督管理委员会令第140号　2018年4月28日 ………………………（0871）
中国人民银行公告〔2018〕第7号
  2018年3月19日 ……………………………………………………………………（0875）
中国证券监督管理委员会关于修改《中国证券监督管理委员会行政许可实施程序规定》
的决定
  中国证券监督管理委员会令第138号　2018年3月8日 ………………………（0875）
保险公司股权管理办法
  保监会令〔2018〕5号　2018年3月2日 …………………………………………（0883）
上市公司创业投资基金股东减持股份的特别规定
  中国证券监督管理委员会公告〔2018〕4号　2018年3月1日 ………………（0896）
中国银行业监督管理委员会关于修改《中国银监会外资银行行政许可事项实施办法》
的决定
  中国银行业监督管理委员会令2018年第3号　2018年2月13日 ……………（0898）
中国保险监督管理委员会关于修改《中华人民共和国外资保险公司管理条例实施细则》
等四部规章的决定
  保监会令2018年第4号　2018年2月13日 ……………………………………（0934）
保险资金运用管理办法
  保监会令〔2018〕1号　2018年1月24日 ………………………………………（0958）
商业银行股权管理暂行办法
  中国银行业监督管理委员会令2018年第1号　2018年1月5日 ………………（0968）
中国人民银行关于进一步完善人民币跨境业务政策促进贸易投资便利化的通知
  银发〔2018〕3号　2018年 ………………………………………………………（0976）
中国证券监督管理委员会关于修改《证券登记结算管理办法》等七部规章的决定
  中国证券监督管理委员会令第137号　2017年12月7日 ………………………（0978）
中国证券监督管理委员会关于修改、废止《证券公司次级债管理规定》等十三部规范性
文件的决定
  中国证券监督管理委员会公告〔2017〕16号　2017年12月7日 ……………（0982）
中国银行业监督管理委员会关于规范银信类业务的通知
  银监发〔2017〕55号　2017年11月22日 ………………………………………（0985）

证券交易所管理办法
  中国证券监督管理委员会令第136号　2017年11月17日 ……………… (0987)
公开发行证券的公司信息披露内容与格式准则第26号——上市公司重大资产重组
(2017年修订)
  中国证券监督管理委员会公告〔2017〕14号　2017年9月21日 ………… (0999)
融资担保公司监督管理条例
  中华人民共和国国务院令第683号　2017年8月2日 ………………………… (1023)
中国银行业监督管理委员会办公厅关于外资银行开展部分业务有关事项的通知
  银监办发〔2017〕12号　2017年3月10日 …………………………………… (1029)
中国人民银行办公厅关于境外机构境内发行人民币债券跨境人民币结算业务有关
事宜的通知
  银办发〔2016〕258号　2016年12月23日 …………………………………… (1030)
中国人民银行、国家外汇管理局关于人民币合格境外机构投资者境内证券投资管理
有关问题的通知
  银发〔2018〕157号　2018年6月12日 ………………………………………… (1032)

八、进出口

反倾销和反补贴调查听证会规则
  商务部令2018年第2号　2018年4月4日 ……………………………………… (1037)
反倾销问卷调查规则
  商务部令2018年第3号　2018年4月4日 ……………………………………… (1039)
倾销及倾销幅度期间复审规则
  商务部令2018年第4号　2018年4月4日 ……………………………………… (1042)
国务院关税税则委员会关于对原产于美国的部分进口商品加征关税的公告
  税委会公告〔2018〕1号　2018年4月4日 …………………………………… (1045)
关于对原产于美国的部分进口商品加征关税的公告
  商务部公告2018年第34号　2018年4月4日 ………………………………… (1046)
国务院关税税则委员会对原产于美国的部分进口商品中止关税减让义务的通知
  税委会〔2018〕13号　2018年4月1日 ………………………………………… (1051)
国家口岸管理办公室关于印发《提升跨境贸易便利化水平的措施(试行)》的通知
  国岸发〔2018〕3号　2018年3月9日 ………………………………………… (1052)
财政部、发展改革委、工业和信息化部、海关总署、税务总局、能源局关于调整重大技术
装备进口税收政策有关目录的通知
  财关税〔2017〕39号　2017年12月22日 …………………………………… (1054)
国务院关税税则委员会关于2018年关税调整方案的通知
  税委会〔2017〕27号　2017年12月12日 …………………………………… (1056)

国务院关税税则委员会关于调整部分消费品进口关税的通知
　　税委会〔2017〕25号　2017年11月22日 ··· (1057)
国务院关税税则委员会关于给予冈比亚共和国圣多美和普林西比民主共和国97%税目产品零关税待遇的通知
　　税委会〔2017〕22号　2017年10月27日 ··· (1058)
关于调整原产于台湾地区的进口农产品免征关税的产品清单的公告
　　海关总署公告2016年第88号　2016年12月30日 ······································ (1058)
关于发布《鼓励进口服务目录》的公告
　　商务部、发展改革委、财政部公告2016年第47号　2016年8月26日 ·············· (1059)
关于在全国范围内取消加工贸易业务审批、建立健全事中事后监管机制有关事项的公告
　　商务部、海关总署公告2016年第45号　2016年8月25日 ··························· (1061)

九、财税

财政部、税务总局、生态环境部关于环境保护税有关问题的通知
　　财税〔2018〕23号　2018年3月30日 ·· (1063)
关于发布《资源税征收管理规程》的公告
　　国家税务总局公告2018年第13号　2018年3月30日 ································· (1065)
财政部、税务总局、证监会关于支持原油等货物期货市场对外开放税收政策的通知
　　财税〔2018〕21号　2018年3月13日 ·· (1068)
国家税务总局关于发布《办税事项"最多跑一次"清单》的公告
　　国家税务总局公告2018年第12号　2018年2月23日 ································· (1069)
国家税务总局关于税收协定执行若干问题的公告
　　国家税务总局公告2018年第11号　2018年2月9日 ··································· (1070)
中华人民共和国船舶吨税法
　　中华人民共和国主席令第85号　2017年12月27日 ····································· (1073)
国务院关于废止《中华人民共和国营业税暂行条例》和修改《中华人民共和国增值税暂行条例》的决定
　　中华人民共和国国务院令第691号　2017年11月19日 ································ (1076)
关于《中华人民共和国和罗马尼亚对所得消除双重征税和防止逃避税的协定》生效执行的公告
　　国家税务总局公告2017年第38号　2017年10月30日 ································ (1078)
国家税务总局关于进一步优化增值税、消费税有关涉税事项办理程序的公告
　　国家税务总局公告2017年第36号　2017年10月13日 ································ (1079)
国家税务总局关于《〈中华人民共和国政府和巴基斯坦伊斯兰共和国政府关于对所得避免双重征税和防止偷漏税的协定〉第三议定书》生效执行的公告
　　国家税务总局公告2017年第25号　2017年7月7日 ···································· (1080)

国务院关税税则委员会关于2017年下半年CEPA项下部分货物实施零关税的通知
  税委会〔2017〕10号 2017年6月29日 ……………………………………（1080）
国家税务总局关于《中华人民共和国政府和津巴布韦共和国政府对所得避免双重征税和防止偷漏税的协定》生效执行的公告
  国家税务总局公告2016年第90号 2016年12月29日 ………………………（1083）
国家税务总局关于《内地和澳门特别行政区关于对所得避免双重征税和防止偷漏税的安排》第三议定书生效执行的公告
  国家税务总局公告2016年第89号 2016年12月29日 ………………………（1084）
国家税务总局关于《〈中华人民共和国政府和马来西亚政府关于对所得避免双重征税和防止偷漏税的协定〉的换函》生效执行的公告
  国家税务总局公告2016年第84号 2016年12月19日 ………………………（1084）
国家税务总局关于《中华人民共和国政府和智利共和国政府对所得避免双重征税和防止逃避税的协定》及议定书生效执行的公告
  国家税务总局公告2016年第79号 2016年12月11日 ………………………（1085）
财政部、国家税务总局关于落实降低企业杠杆率税收支持政策的通知
  财税〔2016〕125号 2016年11月22日 ……………………………………（1085）
国家税务总局关于《关于修订〈中华人民共和国政府和爱沙尼亚共和国政府关于对所得避免双重征税和防止偷漏税的协定〉的议定书》生效执行的公告
  国家税务总局公告2016年第60号 2016年8月31日 …………………………（1087）
国家税务总局关于《中华人民共和国政府和波兰共和国政府对国际航空运输服务互免增值税或类似税收的协议》生效执行的公告
  国家税务总局公告2016年第49号 2016年7月26日 …………………………（1087）
国家税务总局关于《中华人民共和国政府和俄罗斯联邦政府对所得避免双重征税和防止偷漏税的协定》及修订协定的议定书生效执行及有关事项的公告
  国家税务总局公告2016年第48号 2016年7月25日 …………………………（1088）
国家税务总局关于《中华人民共和国政府和巴林王国政府关于对所得避免双重征税和防止偷漏税的协定》议定书生效执行的公告
  国家税务总局公告2016年第31号 2016年5月23日 …………………………（1088）
关于营业税改征增值税部分试点纳税人增值税纳税申报有关事项调整的公告
  国家税务总局公告2016年第30号 2016年5月10日 …………………………（1089）
财政部、国家税务总局关于资源税改革具体政策问题的通知
  财税〔2016〕54号 2016年5月9日 …………………………………………（1090）
财政部、国家税务总局关于全面推进资源税改革的通知
  财税〔2016〕53号 2016年5月9日 …………………………………………（1092）
国务院关于做好全面推开营改增试点工作的通知
  国发明电〔2016〕1号 2016年4月29日 ……………………………………（1095）

国家税务总局关于《中华人民共和国政府和印度尼西亚共和国政府关于对所得避免双重征税和防止偷漏税的协定》议定书生效执行的公告
  国家税务总局公告 2016 年第 21 号　2016 年 4 月 5 日 ……………… (1097)

(一)所得税

国家税务总局关于境外投资者以分配利润直接投资暂不征收预提所得税政策有关执行问题的公告
  国家税务总局公告 2018 年第 3 号　2018 年 1 月 2 日 ………………… (1098)
财政部、税务总局、国家发展改革委、商务部关于境外投资者以分配利润直接投资暂不征收预提所得税政策问题的通知
  财税〔2017〕88 号　2017 年 12 月 21 日 ……………………………… (1100)
财政部、税务总局、商务部、科技部、国家发展改革委关于将技术先进型服务企业所得税政策推广至全国实施的通知
  财税〔2017〕79 号　2017 年 11 月 2 日 ………………………………… (1102)
国家税务总局关于非居民企业所得税源泉扣缴有关问题的公告
  国家税务总局公告 2017 年第 37 号　2017 年 10 月 17 日 …………… (1104)
全国人民代表大会常务委员会关于修改《中华人民共和国企业所得税法》的决定
  中华人民共和国主席令第 64 号　2017 年 2 月 24 日 ………………… (1108)

(二)增值税

国家税务总局关于统一小规模纳税人标准等若干增值税问题的公告
  国家税务总局公告 2018 年第 18 号　2018 年 4 月 20 日 …………… (1115)
国家税务总局关于调整增值税纳税申报有关事项的公告
  国家税务总局公告 2018 年第 17 号　2018 年 4 月 19 日 …………… (1117)
财政部、税务总局关于统一增值税小规模纳税人标准的通知
  财税〔2018〕33 号　2018 年 4 月 4 日 ………………………………… (1118)
财政部、税务总局关于调整增值税税率的通知
  财税〔2018〕32 号　2018 年 4 月 4 日 ………………………………… (1119)
国家税务总局关于跨境应税行为免税备案等增值税问题的公告
  国家税务总局公告 2017 年第 30 号　2017 年 8 月 14 日 …………… (1120)
财政部、国家税务总局关于简并增值税税率有关政策的通知
  财税〔2017〕37 号　2017 年 4 月 28 日 ………………………………… (1121)
国家税务总局关于增值税一般纳税人登记管理若干事项的公告
  国家税务总局公告 2018 年第 6 号　2018 年 1 月 29 日 ……………… (1123)
增值税一般纳税人登记管理办法
  国家税务总局令第 43 号　2017 年 12 月 29 日 ………………………… (1124)

财政部、税务总局关于租入固定资产进项税额抵扣等增值税政策的通知
    财税〔2017〕90号　2017年12月25日 ………………………………………(1126)
国家税务总局关于增值税发票管理若干事项的公告
    国家税务总局公告2017年第45号　2017年12月18日 …………………(1128)
国家税务总局关于增值税普通发票管理有关事项的公告
    国家税务总局公告2017年第44号　2017年12月5日 ……………………(1130)
国家税务总局关于简化建筑服务增值税简易计税方法备案事项的公告
    国家税务总局公告2017年第43号　2017年11月26日 …………………(1131)
国家税务总局关于发布《营业税改征增值税跨境应税行为增值税免税管理办法(试行)》
的公告
    国家税务总局公告2016年第29号　2016年5月6日 ……………………(1132)
国家税务总局关于明确营改增试点若干征管问题的公告
    国家税务总局公告2016年第26号　2016年4月26日 …………………(1138)
国家税务总局关于全面推开营业税改征增值税试点有关税收征收管理事项的公告
    国家税务总局公告2016年第23号　2016年4月19日 …………………(1139)

(三)进出口退(免)税

财政部、海关总署、税务总局关于完善启运港退税政策的通知
    财税〔2018〕5号　2018年1月8日 ………………………………………(1143)
国家税务总局关于进一步优化外贸综合服务企业出口货物退(免)税管理的公告
    国家税务总局公告2016年第61号　2016年9月19日 …………………(1145)

十、环境保护

中华人民共和国环境保护税法实施条例
    中华人民共和国国务院令第693号　2017年12月25日 …………………(1147)
国务院关于印发"十三五"生态环境保护规划的通知
    国发〔2016〕65号　2016年11月24日 …………………………………(1150)
排污许可管理办法(试行)
    环境保护部令第48号　2018年1月10日 ………………………………(1190)
中华人民共和国环境保护税法
    中华人民共和国主席令第61号　2016年12月25日 ……………………(1202)

十一、其他

国务院关于落实《政府工作报告》重点工作部门分工的意见
    国发〔2018〕9号　2018年4月1日 ………………………………………(1207)

中国银行业监督管理委员会关于规范性文件清理结果的公告
　　银监会公告〔2018〕1号　2018年3月19日 ………………………………（1220）
国务院台湾事务办公室、国家发展和改革委员会关于印发《关于促进两岸经济文化交流合作的若干措施》的通知
　　国台发〔2018〕1号　2018年2月28日 …………………………………（1226）
商务部关于废止和修改部分规章的决定
　　商务部令2018年第1号　2018年2月22日 ……………………………（1229）
中国人民银行公告〔2018〕第2号
　　2018年2月22日 ……………………………………………………………（1230）
中国人民银行令〔2018〕第1号
　　2018年2月8日 ………………………………………………………………（1232）
国土资源部关于公布继续有效的规范性文件目录的公告
　　国土资源部公告2018年第5号　2018年2月8日 ………………………（1233）
国家旅游局、商务部关于废止《香港和澳门服务提供者在广东省设立旅行社申请审批办法》的决定
　　国家旅游局、商务部令第45号　2018年2月5日 ………………………（1254）
国家发展改革委、人民银行、质检总局等印发《关于对出入境检验检疫企业实施守信联合激励和失信联合惩戒的合作备忘录》的通知
　　发改财金〔2018〕176号　2018年1月25日 ……………………………（1255）
商务部办公厅关于印发《商务部主动公开基本目录（试行）》的通知
　　商办厅函〔2018〕第25号　2018年1月19日 ……………………………（1256）
现行有效外汇管理主要法规目录（截至2017年12月31日）
　　2018年 ………………………………………………………………………（1257）
商务部、发展改革委、工业和信息化部、财政部、交通运输部、统计局、邮政局、国家认监委、国家标准委、中国铁路总公司关于推广标准托盘发展单元化物流的意见
　　商流通函〔2017〕968号　2017年12月29日 ……………………………（1269）
国家鼓励发展的重大环保技术装备目录（2017年版）
　　工业和信息化部、科学技术部公告2017年第61号　2017年12月27日 ……（1272）
关于内地与香港、澳门《〈关于建立更紧密经贸关系的安排〉投资协议》实施后有关备案工作的公告
　　商务部公告2017年第86号　2017年12月20日 …………………………（1273）
海关总署关于修改部分规章的决定
　　海关总署令第235号　2017年12月20日 …………………………………（1274）
《内地与澳门关于建立更紧密经贸关系的安排》投资协议
　　2017年12月18日 ……………………………………………………………（1291）
《内地与澳门关于建立更紧密经贸关系的安排》经济技术合作协议
　　2017年12月18日 ……………………………………………………………（1306）

外国公共航空运输承运人运行合格审定规则
　　交通运输部令2017年第35号　2017年12月18日 ·················(1317)
全国人民代表大会常务委员会关于修改《中华人民共和国招标投标法》《中华人民
共和国计量法》的决定
　　中华人民共和国主席令第86号　2017年12月27日 ···············(1325)
国家发展和改革委员会与香港特别行政区政府关于支持香港全面参与和助力"一带
一路"建设的安排
　　2017年12月14日 ··(1336)
国家发展改革委、财政部、商务部关于印发《2017—2018年清理现行排除限制竞争
政策措施的工作方案》的通知
　　发改价监〔2017〕2091号　2017年12月5日 ······················(1339)
国务院关于修改部分行政法规的决定
　　中华人民共和国国务院令第690号　2017年11月17日 ············(1342)
工商总局关于公布规范性文件清理结果的公告
　　工商办字〔2017〕205号　2017年11月8日 ······················(1342)
全国人民代表大会常务委员会关于批准《中华人民共和国和埃塞俄比亚联邦民主
共和国关于民事和商事司法协助的条约》的决定
　　2017年11月4日 ··(1365)
全国人民代表大会常务委员会关于修改《中华人民共和国会计法》等十一部法律的决定
　　中华人民共和国主席令第81号　2017年11月4日 ··················(1365)
国家工商行政管理总局关于废止和修改部分规章的决定
　　国家工商行政管理总局令第92号　2017年10月27日 ··············(1475)
工业和信息化部关于废止和修改部分规章、规范性文件的决定
　　工业和信息化部令第45号　2017年10月20日 ····················(1477)
国务院关于取消一批行政许可事项的决定
　　国发〔2017〕46号　2017年9月22日 ·····························(1479)
中国国家认证认可监督管理委员会关于发布《关于〈内地与澳门关于建立更紧密经贸
关系的安排〉〈服务贸易协议〉中认证认可有关条款的实施指南》的公告
　　国家认监委公告2017年第25号　2017年9月17日 ·················(1480)
中国国家认证认可监督管理委员会关于发布《关于〈内地与香港关于建立更紧密经贸
关系的安排〉〈服务贸易协议〉中认证认可有关条款的实施指南》的公告
　　国家认监委公告2017年第24号　2017年9月17日 ·················(1484)
《内地与香港关于建立更紧密经贸关系的安排》经济技术合作协议
　　2017年6月28日 ··(1489)
《内地与香港关于建立更紧密经贸关系的安排》投资协议
　　2017年6月28日 ··(1498)

关于公布 2017 年 7 月 1 日起新增香港澳门享受零关税货物原产地标准及相关事宜的
公告
  海关总署公告 2017 年第 22 号　2017 年 6 月 12 日 ································· (1512)
中华人民共和国测绘法
  中华人民共和国主席令第 67 号　2017 年 4 月 27 日 ···························· (1513)
商务部关于进一步推进国家电子商务示范基地建设工作的指导意见
  商电发〔2017〕26 号　2017 年 1 月 17 日 ·· (1522)
国务院关于印发"十三五"市场监管规划的通知
  国发〔2017〕6 号　2017 年 1 月 12 日 ··· (1525)
国务院关于第三批取消中央指定地方实施行政许可事项的决定
  国发〔2017〕7 号　2017 年 1 月 12 日 ··· (1545)
国务院关于第三批清理规范国务院部门行政审批中介服务事项的决定
  国发〔2017〕8 号　2017 年 1 月 12 日 ··· (1554)
中华人民共和国公共文化服务保障法
  中华人民共和国主席令第 60 号　2016 年 12 月 25 日 ·························· (1561)
商务部现行有效规章目录及现行有效规范性文件目录
  商务部公告 2016 年第 69 号　2016 年 11 月 15 日 ······························· (1568)
中华人民共和国网络安全法
  中华人民共和国主席令第 53 号　2016 年 11 月 7 日 ···························· (1626)
关于落实内地与香港、澳门《〈关于建立更紧密经贸关系的安排〉服务贸易协议》
有关事项的公告
  交通运输部公告 2016 年第 27 号　2016 年 7 月 11 日 ·························· (1636)
国务院关于在市场体系建设中建立公平竞争审查制度的意见
  国发〔2016〕34 号　2016 年 6 月 1 日 ··· (1637)
国务院关于在内地对香港、澳门服务提供者暂时调整有关行政审批和准入特别管理
措施的决定
  国发〔2016〕32 号　2016 年 5 月 31 日 ·· (1641)
国务院关于北京市开展公共服务类建设项目投资审批改革试点的批复
  国函〔2016〕83 号　2016 年 5 月 13 日 ·· (1646)
商务部、发展改革委、教育部、科技部、工业和信息化部、财政部、人力资源社会保障部、
税务总局、外汇局关于新增中国服务外包示范城市的通知
  商服贸函〔2016〕208 号　2016 年 5 月 5 日 ··· (1649)
关于公布跨境电子商务零售进口商品清单(第二批)的公告
  财政部、发展改革委、工业和信息化部、环境保护部、农业部、商务部、中国人民
  银行、海关总署、国家税务总局、质检总局、新闻出版广电总局、食品药品监管
  总局、濒管办公告 2016 年第 47 号　2016 年 4 月 15 日 ······················· (1650)

国务院关于印发上海系统推进全面创新改革试验加快建设具有全球影响力科技创新中心方案的通知
  国发〔2016〕23号 2016年4月12日 ……………………………………（1651）
关于公布跨境电子商务零售进口商品清单的公告
  财政部、发展改革委、工业和信息化部、农业部、商务部、海关总署、国家税务总局、质检总局、食品药品监管总局、濒管办、密码局公告2016年第40号
  2016年4月6日 ……………………………………………………………（1663）

附　录

中国利用外资法律法规中英文名称与北大法宝引证码、二维码对照表 …………（1665）
"北大法宝"法律专业数据库介绍 ……………………………………………………（1699）

一、综合

中华人民共和国宪法修正案（2018年）

全国人民代表大会公告第 1 号

中华人民共和国宪法修正案已由中华人民共和国第十三届全国人民代表大会第一次会议于 2018 年 3 月 11 日通过，现予公布施行。

中华人民共和国第十三届全国人民代表大会第一次会议主席团
2018 年 3 月 11 日

中华人民共和国宪法修正案

第三十二条 宪法序言第七自然段中"在马克思列宁主义、毛泽东思想、邓小平理论和'三个代表'重要思想指引下"修改为"在马克思列宁主义、毛泽东思想、邓小平理论、'三个代表'重要思想、科学发展观、习近平新时代中国特色社会主义思想指引下"；"健全社会主义法制"修改为"健全社会主义法治"；在"自力更生，艰苦奋斗"前增写"贯彻新发展理念"；"推动物质文明、政治文明和精神文明协调发展，把我国建设成为富强、民主、文明的社会主义国家"修改为"推动物质文明、政治文明、精神文明、社会文明、生态文明协调发展，把我国建设成为富强民主文明和谐美丽的社会主义现代化强国，实现中华民族伟大复兴"。这一自然段相应修改为："中国新民主主义革命的胜利和社会主义事业的成就，是中国共产党领导中国各族人民，在马克思列宁主义、毛泽东思想的指引下，坚持真理，修正错误，战胜许多艰难险阻而取得的。我国将长期处于社会主义初级阶段。国家的根本任务是，沿着中国特色社会主义道路，集中力量进行社会主义现代化建设。中国各族人民将继续在中国共产党领导下，在马克思列宁主义、毛泽东思想、邓小平理论、'三个代表'重要思想、科学发展观、习近平新时代中国特色社会主义思想指引下，坚持人民民主专政，坚持社会主义道路，坚持改革开放，不断完善社会主义的各项制度，发展社会主义市场经济，发展社会主义民主，健全社会主义法治,贯彻新发展理念,自力更生,艰苦奋斗,逐步实现工业、农业、国防和科学技术的现代化,推动物质文明、政治文明、精神文明、社会文明、生态文明协调发展,把我国建设成为富强民主文明和谐美丽的社会主义现代化强国,实现中华民族伟大复兴。"

第三十三条 宪法序言第十自然段中"在长期的革命和建设过程中"修改为"在长期的革命、建设、改革过程中";"包括全体社会主义劳动者、社会主义事业的建设者、拥护社会主义的爱国者和拥护祖国统一的爱国者的广泛的爱国统一战线"修改为"包括全体社会主义劳动者、社会主义事业的建设者、拥护社会主义的爱国者、拥护祖国统一和致力于中华民族伟大复兴的爱国者的广泛的爱国统一战线"。这一自然段相应修改为:"社会主义的建设事业必须依靠工人、农民和知识分子,团结一切可以团结的力量。在长期的革命、建设、改革过程中,已经结成由中国共产党领导的,有各民主党派和各人民团体参加的,包括全体社会主义劳动者、社会主义事业的建设者、拥护社会主义的爱国者、拥护祖国统一和致力于中华民族伟大复兴的爱国者的广泛的爱国统一战线,这个统一战线将继续巩固和发展。中国人民政治协商会议是有广泛代表性的统一战线组织,过去发挥了重要的历史作用,今后在国家政治生活、社会生活和对外友好活动中,在进行社会主义现代化建设、维护国家的统一和团结的斗争中,将进一步发挥它的重要作用。中国共产党领导的多党合作和政治协商制度将长期存在和发展。"

第三十四条 宪法序言第十一自然段中"平等、团结、互助的社会主义民族关系已经确立,并将继续加强。"修改为:"平等团结互助和谐的社会主义民族关系已经确立,并将继续加强。"

第三十五条 宪法序言第十二自然段中"中国革命和建设的成就是同世界人民的支持分不开的"修改为"中国革命、建设、改革的成就是同世界人民的支持分不开的";"中国坚持独立自主的对外政策,坚持互相尊重主权和领土完整、互不侵犯、互不干涉内政、平等互利、和平共处的五项原则"后增加"坚持和平发展道路,坚持互利共赢开放战略";"发展同各国的外交关系和经济、文化的交流"修改为"发展同各国的外交关系和经济、文化交流,推动构建人类命运共同体"。这一自然段相应修改为:"中国革命、建设、改革的成就是同世界人民的支持分不开的。中国的前途是同世界的前途紧密地联系在一起的。中国坚持独立自主的对外政策,坚持互相尊重主权和领土完整、互不侵犯、互不干涉内政、平等互利、和平共处的五项原则,坚持和平发展道路,坚持互利共赢开放战略,发展同各国的外交关系和经济、文化交流,推动构建人类命运共同体;坚持反对帝国主义、霸权主义、殖民主义,加强同世界各国人民的团结,支持被压迫民族和发展中国家争取和维护民族独立、发展民族经济的正义斗争,为维护世界和平和促进人类进步事业而努力。"

第三十六条 宪法第一条第二款"社会主义制度是中华人民共和国的根本制度。"后增写一句,内容为:"中国共产党领导是中国特色社会主义最本质的特征。"

第三十七条 宪法第三条第三款"国家行政机关、审判机关、检察机关都由人民代表大会产生,对它负责,受它监督。"修改为:"国家行政机关、监察机关、审判机关、检察机关都由人民代表大会产生,对它负责,受它监督。"

第三十八条 宪法第四条第一款中"国家保障各少数民族的合法的权利和利益,维护和发展各民族的平等、团结、互助关系。"修改为:"国家保障各少数民族的合法的权利和利益,维护和发展各民族的平等团结互助和谐关系。"

第三十九条 宪法第二十四条第二款中"国家提倡爱祖国、爱人民、爱劳动、爱科学、爱社会主义的公德"修改为"国家倡导社会主义核心价值观,提倡爱祖国、爱人民、爱劳动、爱科学、爱社会主义的公德"。这一款相应修改为:"国家倡导社会主义核心价值观,提倡爱祖国、爱人民、爱劳动、爱科学、爱社会主义的公德,在人民中进行爱国主义、集体主义和国际主义、共产主义的教育,进行辩证唯物主义和历史唯物主义的教育,反对资本主义的、封建主义的和其他的腐朽思想。"

第四十条 宪法第二十七条增加一款,作为第三款:"国家工作人员就职时应当依照法律规定公开进行宪法宣誓。"

第四十一条 宪法第六十二条"全国人民代表大会行使下列职权"中增加一项,作为第七项"(七)选举国家监察委员会主任",第七项至第十五项相应改为第八项至第十六项。

第四十二条 宪法第六十三条"全国人民代表大会有权罢免下列人员"中增加一项,作为第四项"(四)国家监察委员会主任",第四项、第五项相应改为第五项、第六项。

第四十三条 宪法第六十五条第四款"全国人民代表大会常务委员会的组成人员不得担任国家行政机关、审判机关和检察机关的职务。"修改为:"全国人民代表大会常务委员会的组成人员不得担任国家行政机关、监察机关、审判机关和检察机关的职务。"

第四十四条 宪法第六十七条"全国人民代表大会常务委员会行使下列职权"中第六项"(六)监督国务院、中央军事委员会、最高人民法院和最高人民检察院的工作"修改为"(六)监督国务院、中央军事委员会、国家监察委员会、最高人民法院和最高人民检察院的工作";增加一项,作为第十一项"(十一)根据国家监察委员会主任的提请,任免国家监察委员会副主任、委员",第十一项至第二十一项相应改为第十二项至第二十二项。

宪法第七十条第一款中"全国人民代表大会设立民族委员会、法律委员会、财政经济委员会、教育科学文化卫生委员会、外事委员会、华侨委员会和其他需要设立的专门委员会。"修改为:"全国人民代表大会设立民族委员会、宪法和法律委员会、财政经济委员会、教育科学文化卫生委员会、外事委员会、华侨委员会和其他需要设立的专门委员会。"

第四十五条 宪法第七十九条第三款"中华人民共和国主席、副主席每届任期同全国人民代表大会每届任期相同,连续任职不得超过两届。"修改为:"中华人民共和国主席、副主席每届任期同全国人民代表大会每届任期相同。"

第四十六条 宪法第八十九条"国务院行使下列职权"中第六项"(六)领导和管理经济工作和城乡建设"修改为"(六)领导和管理经济工作和城乡建设、生态文明建设";第八项"(八)领导和管理民政、公安、司法行政和监察等工作"修改为"(八)领导和管理民政、公安、司法行政等工作"。

第四十七条 宪法第一百条增加一款,作为第二款:"设区的市的人民代表大会和它们的常务委员会,在不同宪法、法律、行政法规和本省、自治区的地方性法规相抵触的前提下,可以依照法律规定制定地方性法规,报本省、自治区人民代表大会常务委员会批准后施行。"

第四十八条 宪法第一百零一条第二款中"县级以上的地方各级人民代表大会选举并且有权罢免本级人民法院院长和本级人民检察院检察长。"修改为:"县级以上的地方各级人民代表大会选举并且有权罢免本级监察委员会主任、本级人民法院院长和本级人民检察院检察长。"

第四十九条 宪法第一百零三条第三款"县级以上的地方各级人民代表大会常务委员会的组成人员不得担任国家行政机关、审判机关和检察机关的职务。"修改为:"县级以上的地方各级人民代表大会常务委员会的组成人员不得担任国家行政机关、监察机关、审判机关和检察机关的职务。"

第五十条 宪法第一百零四条中"监督本级人民政府、人民法院和人民检察院的工作"修改为"监督本级人民政府、监察委员会、人民法院和人民检察院的工作"。这一条相应修改为:"县级以上的地方各级人民代表大会常务委员会讨论、决定本行政区域内各方面工作的重大事项;监督本级人民政府、监察委员会、人民法院和人民检察院的工作;撤销本级人民政府的不适当的决定和命令;撤销下一级人民代表大会的不适当的决议;依照法律规定的权限决定国家机关工作人员的任免;在本级人民代表大会闭会期间,罢免和补选上一级人民代表大会的个别代表。"

第五十一条 宪法第一百零七条第一款"县级以上地方各级人民政府依照法律规定的权限,管理本行政区域内的经济、教育、科学、文化、卫生、体育事业、城乡建设事业和财政、民政、公安、民族事务、司法行政、监察、计划生育等行政工作,发布决定和命令,任免、培训、考核和奖惩行政工作人员。"修改为:"县级以上地方各级人民政府依照法律规定的权限,管理本行政区域内的经济、教育、科学、文化、卫生、体育事业、城乡建设事业和财政、民政、公安、民族事务、司法行政、计划生育等行政工作,发布决定和命令,任免、培训、考核和奖惩行政工作人员。"

第五十二条 宪法第三章"国家机构"中增加一节,作为第七节"监察委员会";增加五条,分别作为第一百二十三条至第一百二十七条。内容如下:

第七节 监察委员会

第一百二十三条 中华人民共和国各级监察委员会是国家的监察机关。

第一百二十四条 中华人民共和国设立国家监察委员会和地方各级监察委员会。

监察委员会由下列人员组成:

主任,

副主任若干人,

委员若干人。

监察委员会主任每届任期同本级人民代表大会每届任期相同。国家监察委员会主任连续任职不得超过两届。

监察委员会的组织和职权由法律规定。

第一百二十五条 中华人民共和国国家监察委员会是最高监察机关。

国家监察委员会领导地方各级监察委员会的工作,上级监察委员会领导下级监察委员会的工作。

第一百二十六条 国家监察委员会对全国人民代表大会和全国人民代表大会常务委员会负责。地方各级监察委员会对产生它的国家权力机关和上一级监察委员会负责。

第一百二十七条 监察委员会依照法律规定独立行使监察权,不受行政机关、社会团体和个人的干涉。

监察机关办理职务违法和职务犯罪案件,应当与审判机关、检察机关、执法部门互相配合,互相制约。

第七节相应改为第八节,第一百二十三条至第一百三十八条相应改为第一百二十八条至第一百四十三条。

第十三届全国人民代表大会第一次会议关于国务院机构改革方案的决定

第十三届全国人民代表大会第一次会议听取了国务委员王勇受国务院委托所作的关于国务院机构改革方案的说明,审议了国务院机构改革方案,决定批准这个方案。

会议要求,国务院要坚持党中央集中统一领导,精心组织,周密部署,确保完成国务院机构改革任务。实施机构改革方案需要制定或修改法律的,要及时启动相关程序,依法提请全国人民代表大会常务委员会审议。

2018年3月17日

国务院机构改革方案

根据党的十九大和十九届三中全会部署,深化党和国家机构改革的总体要求是,全面贯彻党的十九大精神,坚持以马克思列宁主义、毛泽东思想、邓小平理论、"三个代表"重要思想、科学发展观、习近平新时代中国特色社会主义思想为指导,适应新时代中国特色社会主义发展要求,坚持稳中求进工作总基调,坚持正确改革方向,坚持以人民为中心,坚持全面依法治国,以加强党的全面领导为统领,以国家治理体系和治理能力现代化为导向,以推进党和国家机构职能优化协同高效为着力点,改革机构设置,优化职能配置,深化转职能、转方式、转作风,提高效率效能,为决胜全面建成小康社会、开启全面建设社会主义现代化国家新征程、实现中华民族伟大复兴的中国梦提供有力制度保障。

深化国务院机构改革,要着眼于转变政府职能,坚决破除制约使市场在资源配置中起决定性作用、更好发挥政府作用的体制机制弊端,围绕推动高质量发展,建设现代化经济体系,加强和完善政府经济调节、市场监管、社会管理、公共服务、生态环境保护职能,结合新的时代条件和实践要求,着力推进重点领域和关键环节的机构职能优化和调整,构建起职责明确、依法行政的政府治理体系,提高政府执行力,建设人民满意的服务型政府。

这次国务院机构改革的具体方案如下。

一、关于国务院组成部门调整

（一）组建自然资源部。将国土资源部的职责，国家发展和改革委员会的组织编制主体功能区规划职责，住房和城乡建设部的城乡规划管理职责，水利部的水资源调查和确权登记管理职责，农业部的草原资源调查和确权登记管理职责，国家林业局的森林、湿地等资源调查和确权登记管理职责，国家海洋局的职责，国家测绘地理信息局的职责整合，组建自然资源部，作为国务院组成部门。自然资源部对外保留国家海洋局牌子。

不再保留国土资源部、国家海洋局、国家测绘地理信息局。

（二）组建生态环境部。将环境保护部的职责，国家发展和改革委员会的应对气候变化和减排职责，国土资源部的监督防止地下水污染职责，水利部的编制水功能区划、排污口设置管理、流域水环境保护职责，农业部的监督指导农业面源污染治理职责，国家海洋局的海洋环境保护职责，国务院南水北调工程建设委员会办公室的南水北调工程项目区环境保护职责整合，组建生态环境部，作为国务院组成部门。生态环境部对外保留国家核安全局牌子。

不再保留环境保护部。

（三）组建农业农村部。将农业部的职责，以及国家发展和改革委员会的农业投资项目、财政部的农业综合开发项目、国土资源部的农田整治项目、水利部的农田水利建设项目等管理职责整合，组建农业农村部，作为国务院组成部门。

将农业部的渔船检验和监督管理职责划入交通运输部。

不再保留农业部。

（四）组建文化和旅游部。将文化部、国家旅游局的职责整合，组建文化和旅游部，作为国务院组成部门。

不再保留文化部、国家旅游局。

（五）组建国家卫生健康委员会。将国家卫生和计划生育委员会、国务院深化医药卫生体制改革领导小组办公室、全国老龄工作委员会办公室的职责，工业和信息化部的牵头《烟草控制框架公约》履约工作职责，国家安全生产监督管理总局的职业安全健康监督管理职责整合，组建国家卫生健康委员会，作为国务院组成部门。

保留全国老龄工作委员会，日常工作由国家卫生健康委员会承担。民政部代管的中国老龄协会改由国家卫生健康委员会代管。国家中医药管理局由国家卫生健康委员会管理。

不再保留国家卫生和计划生育委员会。不再设立国务院深化医药卫生体制改革领导小组办公室。

（六）组建退役军人事务部。将民政部的退役军人优抚安置职责，人力资源和社会保障部的军官转业安置职责，以及中央军委政治工作部、后勤保障部有关职责整合，组建退役军人事务部，作为国务院组成部门。

（七）组建应急管理部。将国家安全生产监督管理总局的职责，国务院办公厅的应急管理职责，公安部的消防管理职责，民政部的救灾职责，国土资源部的地质灾害防治、水利部的水旱灾害防治、农业部的草原防火、国家林业局的森林防火相关职责，中国地震局的震灾应急救援职责以及国家防汛抗旱总指挥部、国家减灾委员会、国务院抗震救灾指挥部、国家森林防火指挥部的职责整合,组建应急管理部,作为国务院组成部门。

中国地震局、国家煤矿安全监察局由应急管理部管理。公安消防部队、武警森林部队转制后,与安全生产等应急救援队伍一并作为综合性常备应急骨干力量,由应急管理部管理。

不再保留国家安全生产监督管理总局。

(八)重新组建科学技术部。将科学技术部、国家外国专家局的职责整合,重新组建科学技术部,作为国务院组成部门。科学技术部对外保留国家外国专家局牌子。

国家自然科学基金委员会改由科学技术部管理。

(九)重新组建司法部。将司法部和国务院法制办公室的职责整合,重新组建司法部,作为国务院组成部门。

不再保留国务院法制办公室。

(十)优化水利部职责。将国务院三峡工程建设委员会及其办公室、国务院南水北调工程建设委员会及其办公室并入水利部。

不再保留国务院三峡工程建设委员会及其办公室、国务院南水北调工程建设委员会及其办公室。

(十一)优化审计署职责。将国家发展和改革委员会的重大项目稽察、财政部的中央预算执行情况和其他财政收支情况的监督检查、国务院国有资产监督管理委员会的国有企业领导干部经济责任审计和国有重点大型企业监事会的职责划入审计署,构建统一高效审计监督体系。

不再设立国有重点大型企业监事会。

(十二)监察部并入新组建的国家监察委员会。国家预防腐败局并入国家监察委员会。

不再保留监察部、国家预防腐败局。

改革后,除国务院办公厅外,国务院设置组成部门26个:

1. 中华人民共和国外交部
2. 中华人民共和国国防部
3. 中华人民共和国国家发展和改革委员会
4. 中华人民共和国教育部
5. 中华人民共和国科学技术部
6. 中华人民共和国工业和信息化部
7. 中华人民共和国国家民族事务委员会
8. 中华人民共和国公安部
9. 中华人民共和国国家安全部
10. 中华人民共和国民政部
11. 中华人民共和国司法部
12. 中华人民共和国财政部
13. 中华人民共和国人力资源和社会保障部
14. 中华人民共和国自然资源部
15. 中华人民共和国生态环境部
16. 中华人民共和国住房和城乡建设部

17. 中华人民共和国交通运输部
18. 中华人民共和国水利部
19. 中华人民共和国农业农村部
20. 中华人民共和国商务部
21. 中华人民共和国文化和旅游部
22. 中华人民共和国国家卫生健康委员会
23. 中华人民共和国退役军人事务部
24. 中华人民共和国应急管理部
25. 中国人民银行
26. 中华人民共和国审计署

根据国务院组织法规定,国务院组成部门的调整和设置,提请全国人民代表大会审议批准。

二、关于国务院其他机构调整

(一)组建国家市场监督管理总局。将国家工商行政管理总局的职责,国家质量监督检验检疫总局的职责,国家食品药品监督管理总局的职责,国家发展和改革委员会的价格监督检查与反垄断执法职责,商务部的经营者集中反垄断执法以及国务院反垄断委员会办公室等职责整合,组建国家市场监督管理总局,作为国务院直属机构。同时,组建国家药品监督管理局,由国家市场监督管理总局管理。

将国家质量监督检验检疫总局的出入境检验检疫管理职责和队伍划入海关总署。

保留国务院食品安全委员会、国务院反垄断委员会,具体工作由国家市场监督管理总局承担。

国家认证认可监督管理委员会、国家标准化管理委员会职责划入国家市场监督管理总局,对外保留牌子。

不再保留国家工商行政管理总局、国家质量监督检验检疫总局、国家食品药品监督管理总局。

(二)组建国家广播电视总局。在国家新闻出版广电总局广播电视管理职责的基础上组建国家广播电视总局,作为国务院直属机构。

不再保留国家新闻出版广电总局。

(三)组建中国银行保险监督管理委员会。将中国银行业监督管理委员会和中国保险监督管理委员会的职责整合,组建中国银行保险监督管理委员会,作为国务院直属事业单位。

将中国银行业监督管理委员会和中国保险监督管理委员会拟订银行业、保险业重要法律法规草案和审慎监管基本制度的职责划入中国人民银行。

不再保留中国银行业监督管理委员会、中国保险监督管理委员会。

(四)组建国家国际发展合作署。将商务部对外援助工作有关职责、外交部对外援助协调等职责整合,组建国家国际发展合作署,作为国务院直属机构。对外援助的具体执行工作仍由有关部门按分工承担。

(五)组建国家医疗保障局。将人力资源和社会保障部的城镇职工和城镇居民基本医疗保险、生育保险职责,国家卫生和计划生育委员会的新型农村合作医疗职责,国家发展和改革委员会的药品和医疗服务价格管理职责,民政部的医疗救助职责整合,组建国家医疗保障局,作为国务院直属机构。

(六)组建国家粮食和物资储备局。将国家粮食局的职责,国家发展和改革委员会的组织实施国家战略物资收储、轮换和管理,管理国家粮食、棉花和食糖储备等职责,以及民政部、商务部、国家能源局等部门的组织实施国家战略和应急储备物资收储、轮换和日常管理职责整合,组建国家粮食和物资储备局,由国家发展和改革委员会管理。

不再保留国家粮食局。

(七)组建国家移民管理局。将公安部的出入境管理、边防检查职责整合,建立健全签证管理协调机制,组建国家移民管理局,加挂中华人民共和国出入境管理局牌子,由公安部管理。

(八)组建国家林业和草原局。将国家林业局的职责,农业部的草原监督管理职责,以及国土资源部、住房和城乡建设部、水利部、农业部、国家海洋局等部门的自然保护区、风景名胜区、自然遗产、地质公园等管理职责整合,组建国家林业和草原局,由自然资源部管理。国家林业和草原局加挂国家公园管理局牌子。

不再保留国家林业局。

(九)重新组建国家知识产权局。将国家知识产权局的职责、国家工商行政管理总局的商标管理职责、国家质量监督检验检疫总局的原产地地理标志管理职责整合,重新组建国家知识产权局,由国家市场监督管理总局管理。

(十)调整全国社会保障基金理事会隶属关系。将全国社会保障基金理事会由国务院管理调整为由财政部管理,作为基金投资运营机构,不再明确行政级别。

(十一)改革国税地税征管体制。将省级和省级以下国税地税机构合并,具体承担所辖区域内各项税收、非税收入征管等职责。国税地税机构合并后,实行以国家税务总局为主与省(区、市)人民政府双重领导管理体制。

国务院组成部门以外的国务院所属机构的调整和设置,将由新组成的国务院审查批准。

商务部、财政部、税务总局、质检总局、统计局、外汇局关于开展2018年外商投资企业投资经营信息联合报告的通知

商资函〔2018〕92号

为深入贯彻党的十九大精神,进一步转变政府职能,优化营商环境,加强对外商投资事中事后协同监管,现就2018年外商投资企业年度投资经营信息联合报告(以下简称联合年

报)有关事项通知如下：

一、在我国境内依法设立并登记注册的外商投资企业，应于2018年4月1日至6月30日期间，登录"全国外商投资企业年度投资经营信息联合报告应用"(http://www.lhnb.gov.cn)，填报2017年度投资经营信息。相关数据信息将在商务、财政、税务、质量技术监督(市场监督管理)、统计、外汇部门间实现共享。

2018年度设立的外商投资企业，自下一年度起填报企业年度投资经营信息。

二、参加联合年报的外商投资企业名录和企业所填报的投资经营信息，根据《企业信息公示暂行条例》(国务院令第654号)应向社会公示的，将通过"全国外商投资企业年度投资经营信息联合报告信息公示平台"(http://lhnbgs.mofcom.gov.cn)向社会公示。

三、各地商务主管部门应会同财政、税务、质量技术监督(市场监督管理)、统计、外汇部门做好联合年报组织实施工作，加强对联合年报数据的分析，形成总结分析报告，于2018年8月31日前报送商务部，并抄送同级财政、税务、质量技术监督(市场监督管理)、统计、外汇部门。

商务部
财政部
税务总局
质检总局
统计局
外汇局
2018年3月12日

商务部办公厅、工商总局办公厅关于实行外商投资企业商务备案与工商登记"单一窗口、单一表格"受理有关工作的通知

商办资函〔2018〕87号

各省、自治区、直辖市、新疆生产建设兵团商务主管部门、工商部门，各自由贸易试验区：

为深入贯彻落实党的十九大精神，进一步提升外商投资环境法治化、国际化、便利化水平，推动形成全面开放新格局，根据党中央、国务院有关部署，商务部、工商总局拟在全国推行外商投资企业商务备案与工商登记"单一窗口、单一表格"受理。现就有关工作通知如下：

一、重要意义

实施商务备案与工商登记"单一窗口、单一表格"受理，是进一步深化外商投资领域

"放管服"改革,持续推进商事制度改革,构建"互联网+政务服务"管理新模式的重要举措,对于优化营商环境、释放市场活力,提升外商投资便利度,打造吸引外资强磁场具有重要意义。

二、工作目标

贯彻落实国务院关于加快推进"多证合一"改革的有关要求,加强商务、工商部门间信息互联互通、数据共享,优化外商投资企业申请设立程序,减少办理时间,降低企业成本,自2018年6月30日起,在全国推行外商投资企业商务备案与工商登记"单一窗口、单一表格"受理,实现"信息多跑路,企业少跑腿",切实增强外商投资企业获得感。

三、进度安排

(一)前期准备阶段(2018年3—6月)。各省商务、工商部门按照商务部、工商总局联合制定的技术方案(见附件1)和"多证合一"信息化数据规范(将另行发文,与本文具有同等效力)加强信息系统建设改造,夯实基础和提供技术保障,确保数据在部门间实现顺畅传输和共享。

(二)全面实施阶段(2018年6月底)。各省全面执行外商投资企业商务备案与工商登记"单一窗口、单一表格"受理。

(三)总结评估阶段(2018年7—12月)。商务部、工商总局联合对外商投资企业商务备案与工商登记"单一窗口、单一表格"受理工作进行督查,梳理总结经验做法,查找存在的问题,进一步完善相关措施。

四、工作要求

各地商务、工商部门要认真学习贯彻党的十九大精神,按照各自职能做好外商投资企业商务备案和工商登记工作,加强协调配合与业务联动,抓紧制定工作方案,确保制度衔接,强化组织保障和技术支撑,按期完成工作任务。

(一)提高认识积极推进。

各地商务、工商部门应高度重视,指定相关负责同志牵头负责,主动作为,密切配合,明确工作分工和各方责任,加强组织保障,采取有力措施,从制度、人员、资金、技术等方面给予支持。

(二)整合优化办事流程。

各地商务、工商部门应在"多证合一"改革框架下,结合政务服务平台建设工作,以减轻企业负担、提高政府效能为目标,科学、合理制定方案,整合优化企业和投资者办事流程,将外商投资企业商务备案受理纳入"多证合一"备案事项整合范围。申请人应当通过各地工商部门的"单一窗口"申请办理商务备案和工商登记。将外商投资企业申请商务备案时采集的个性化信息项目列入《"多证合一"政府部门共享信息表》,形成"单一表格"(见附件2)。各地工商部门要改造完善工商登记网上受理平台,允许申请人自行勾选填报,登记系统自动提示申请人准确填报信息。鼓励自由贸易试验区继续探索"单一窗口、单一表格"新模式。

（三）推动信息系统互联互通。

各地商务、工商部门应认真贯彻执行《国务院关于促进外资增长若干措施的通知》（国发〔2017〕39号）关于"深化外商投资企业管理信息共享和业务协同"的要求，以及工商总局、商务部等部门《推进"多证合一"改革加强部门信息共享合作备忘录》有关内容，畅通部门间信息交换传递和数据共享渠道，加快信息管理系统升级改造，做好外商投资数据信息采集、传输、接收和导入等工作，加大互联互通力度，在各省级商务、工商部门间实现外商投资数据信息高效、及时双向流动。外商投资企业设立后如发生变更事项，两部门应及时相互推送采集到的变更信息，确保数据信息准确完整。

（四）加强数据信息安全管理。

各地商务、工商部门应建立规章制度、丰富技术手段，加强对共享外商投资数据信息的安全管理，明确信息使用部门的使用原则和监管责任，确保数据信息的合理使用，安全传输、共享与存储。

（五）提高服务和监管效能。

各地商务、工商部门应探索以数据信息共享为依托，提高政务服务水平，创新政务服务方式，增强对外商投资企业和投资者的服务科学性、针对性和有效性；以共享数据信息为基础，建立完善事中事后协同监管工作机制，发现企业承诺不实、不属于外商投资企业备案范围的，或企业补充更正信息后仍不满足备案条件的，两部门应及时依法予以处理；推动监管方式改革创新，开展监管风险的跨部门综合分析与联合研判，提高风险识别能力和防控能力，通过外商投资诚信档案系统和公示平台、国家企业信用信息公示系统有效实现两部门协同监管、联合惩戒，切实做到"监管更强、服务更优"。

商务部、工商总局将加强对各地工作推进的督促、指导。在工作过程中遇到问题，请及时与商务部（外资司）、工商总局（企业注册局）联系。

附件：1."多证合一"改革信息化技术方案
2. 外商投资企业商务备案、工商登记受理信息采集表（略——编者注）

商务部办公厅
工商总局办公厅
2018年2月28日

附件1：

"多证合一"改革信息化技术方案

1. 方案背景

按照《工商总局等十三部门关于推进全国统一"多证合一"改革的意见》要求，在"三证合一""五证合一"基础上,根据最新的业务文书、整合证照事项及相关部门的信息化需求,进一步提高多证合一工作的规范化水平,加强部门间信息交换共享,制定如下技术方案。

2. 建设目标

通过改造工商、各部门业务信息系统,实现在工商登记环节采集多证合一涉企信息,将工商设立、变更、注销登记基本信息和部门涉企备案信息推送至省级共享平台(信用信息共享平台、政务信息平台、国家企业信用信息公示系统等,下同)或省级部门间数据接口,实现企业信息的及时、定向推送和共享应用。

3. 建设需求

3.1 设立登记

(1)信息采集。

包括工商登记信息和其他政府部门备案信息。

(2)核准登记,数据共享。

各地工商部门核准登记后,及时将企业登记信息和其他政府部门备案信息做出采集备案标识,通过省级共享平台或省级部门间数据接口实现数据共享交换。

(3)事项公示。

工商部门将企业登记信息和备案事项目录通过国家企业信用信息公示系统进行公示。其中,涉及再生资源回收经营者备案、国际货运代理企业备案和外商投资企业商务备案受理的公示项下设有链接,点击链接可跳转到商务部门相关信息系统查看有关信息。

3.2 变更登记

(1)仅涉及工商登记事项变更,通过省级共享平台或省级部门间数据接口向原涉企证照事项所属部门共享变更信息(增加是否属于内资企业转外商投资企业的判断,如属于该情形,则同时填报外商投资企业商务备案受理信息)。

(2)仅涉及备案信息的调整和更正,在涉企证照事项所属部门办理,调整或更正后的信息不反馈工商部门。

(3)对于在设立阶段没有按照"多证合一"办理,在设立登记后申请人在该证照所属部门办理新增的,完成备案后,相关部门将该备案事项新增结果反馈工商部门,工商部门在国家企业信息信用公示系统中公示。

3.3 注销登记

(1)工商注销。

企业注销登记完成后,工商部门将注销结果与涉企证照事项所属部门共享。

(2)备案事项注销或取消。

相关部门对申请人通过"多证合一"办理的备案事项进行注销或取消的,将该备案事项的删除结果反馈工商部门,工商部门在国家企业信用信息公示系统中取消对该事项的公示。

(3)商务部门认为不属于外商投资企业商务备案受理范围的,由商务部门和工商部门及时依法处理。

4. 建设任务

4.1 工商部门

改造登记系统。通过省级共享平台或省级部门间数据接口向各部门提供企业登记基本信息、部门备案信息;接收各部门反馈的涉企备案信息。

改造公示系统,增加完善各部门涉及企业的"多证合一"公示事项。

改造数据中心,改造总局数据中心和省级数据中心,增加"多证合一"新增数据项的采集交换功能,提升数据交换能力。

4.1.1 登记系统改造

按照《工商总局等十三部门关于推进全国统一"多证合一"改革的意见》以及最新的文书规范要求,各省需要改造登记系统业务流程,调整文书材料、数据项采集等内容。

企业在办理工商登记业务(设立、变更、注销登记)时,以设立登记为例,根据企业类型、经营范围对相关部门备案信息进行填录。工商部门对企业提交的基本信息核准登记后,通过省级共享平台或省级部门间数据接口将企业基本信息、部门备案信息交换至相关部门,实现"多证合一"数据共享。

4.1.1.1 信息采集

(1)企业登记基本信息采集。各省登记系统根据涉企证照事项目录,建立企业类型、经营范围与相关部门证照的对应关系(如下表所示)。企业通过登记系统填写企业基本信息时,如其申请的企业类型或其填写的经营范围中包含涉及"多证合一"证照事项的,登记系统将提示企业选择可同步办理的"多证合一"事项。对"多证合一"事项的选择采用勾选方式。

(2)相关部门备案信息采集。各省登记系统增加对应部门的备案信息采集页面,根据申请人勾选办理"多证合一"证照的情况提供给申请人填报,实现"多证合一"信息的采集、预览、提交。涉及部门信息变更或调整的,提示申请人向相关部门办理。

企业类型、经营范围与相关部门的对应关系如下:

序号	证照事项名称	经营范围规范表述参考用语 (或备案事项)	办理部门
1	粮油仓储企业备案	粮油仓储 粮食仓储 食用油仓储	发展改革委(粮食管理部门)
2	保安服务公司分公司备案 (仅推送分公司等分支机构)	门卫、巡逻、守护、押运、随身护卫、安全检查以及安全技术防范、安全风险评估服务。(限分公司勾选,且隶属公司应有此经营范围)	公安部门
3	公章刻制备案	无特定经营范围表述	公安部门
4	资产评估机构及其分支机构备案	资产评估 资产评估专业服务	财政部门
5	劳务派遣单位设立分公司备案 (仅推送分公司等分支机构)	劳务派遣(限分公司勾选,且隶属公司应有此经营范围并已办理劳务派遣行政许可)	人社部门
6	社会保险登记证	无特定经营范围表述	人社部门
7	房地产经纪机构及其分支机构备案	房地产中介服务 房地产经纪服务 房地产居间代理服务	住建部门

(续表)

序号	证照事项名称	经营范围规范表述参考用语（或备案事项）	办理部门
8	《单位办理住房公积金缴存登记》	无特定经营范围表述	住建部门
9	工程造价咨询企业设立分支机构备案（推送分公司等分支机构）	工程造价专业咨询服务（限分公司勾选，且隶属公司应有此经营范围）	住建部门
10	物业服务企业及其分支机构备案	物业服务 物业管理	住建部门
11	农作物种子生产经营分支机构备案（仅推送分公司等分支机构）	生产经营农作物种子（限分公司勾选，且隶属公司应有此经营范围）	农业部门
12	再生资源回收经营者备案	再生资源回收（不含固体废物、危险废物、报废汽车等需经相关部门批准的项目） 再生资源回收、加工（不含固体废物、危险废物、报废汽车等需经相关部门批准的项目）	商务部门
13	国际货运代理企业备案	国际货物运输代理	商务部门
14	外商投资企业商务备案受理（仅推送外商投资企业）	不涉及国家规定实施准入特别管理措施的外商投资企业商务备案受理	商务部门
15	报关单位注册登记证书（进出口货物收发货人）（禁止分公司等分支机构勾选）	货物或技术进出口（国家禁止或涉及行政审批的货物和技术进出口除外）	海关部门
16	税务登记证	无特定经营范围表述	税务部门
17	出入境检验检疫报检企业备案证书	无特定经营范围表述	质检部门
18	机构代码证	无特定经营范围表述	质检部门
19	设立出版物出租企业或者其他单位、个人从事出版物出租业务备案	图书出租 报纸出租 期刊出租 音像制品出租 电子出版物出租	出版行政主管部门
20	统计证	无特定经营范围表述	统计部门

(续表)

序号	证照事项名称	经营范围规范表述参考用语（或备案事项）	办理部门
21	旅行社服务网点备案登记证明（仅推送分公司等分支机构）	国内旅游招徕、咨询服务 入境旅游招徕、咨询服务 出境旅游招徕、咨询服务 边境旅游招徕、咨询服务 （限分公司勾选，且隶属设立社应有此经营范围）	旅游管理部门
22	气象信息服务企业备案	气象信息	气象管理部门
23	营业执照		工商、市场监管部门
24	分公司《营业执照》备案	无特定经营范围表述	工商、市场监管部门

4.1.1.2 信息审核

与现有登记审核环节相同，申请人通过网上信息填报并提交以后，工商部门对企业工商登记信息进行审查核准。

4.1.1.3 发照

核准后，各省工商部门发放纸质营业执照，并同步生成电子营业执照。申请人可通过扫描营业执照二维码跳转至国家企业信用信息公示系统查询"多证合一"备案信息。

4.1.1.4 信息归档

对于在工商部门采集的"多证合一"备案信息，同企业登记信息一并归档。

4.1.1.5 "多证合一"信息推送

企业设立登记、变更登记、注销登记业务核准之后，登记系统根据企业类型、经营范围与推送部门的对应关系，将工商登记基本信息、部门备案信息推送到省级共享平台或省级部门间数据接口，并对该备案事项做备案标识。相关部门通过省级共享平台或省级部门间数据接口进行信息接收、导入及应用。

4.1.1.6 "多证合一"反馈信息接收

登记系统通过省级共享平台或省级部门间数据及时接收相关部门反馈的附件1备案事项增、删信息，并对系统中相关数据更新替换。

4.1.2 公示系统改造

企业详情页面，在"企业基本信息"和"行政许可信息"之间增加"多证合一"标签，公示"多证合一"备案事项目录，其中涉及商务部门的公示项下设有链接，商务部门备案事项情况点击链接查看。

"多证合一"备案事项被相关部门新增或删除的，相关部门应及时将备案事项增、删结果反馈省级工商部门，省级工商部门新增或取消该事项备案标识，并通过国家企业信用信息公示系统调整对该企业备案事项的公示。

4.1.3 数据中心改造

4.1.3.1 总局数据中心改造

按照文书规范、数据标准,调整汇总数据规范要求,增加需要公示"多证合一"备案事项目录及相关标识信息。

4.1.3.2 省级数据中心改造

各省将新增加的整合信息,各部门反馈的涉企信息,关联至企业名下,一并汇总至总局。

4.2 各相关部门系统改造

人社部门:完善数据交换前置系统,及时接收工商部门提供的"多证合一"涉企信息;改造升级业务管理系统,建设用人单位基础信息库,建立信息查询系统,实现工商部门共享信息在人社业务领域的有效应用。对于"多证合一"备案事项在本部门发生增删调整的,及时回传反馈给工商部门。

住建部门:改造数据共享平台,建立前置服务,接收工商部门共享的企业基本信息;改造升级业务管理系统,实现工商部门共享信息在住房公积金业务系统中有效应用;对于"多证合一"备案事项在本部门发生增删调整的,及时回传反馈给工商部门。

商务部门:开放与省级共享平台或省级部门间数据接口,接收省级共享平台或省级部门间数据接口推送的企业基本信息和商务部门备案信息;改造升级再生资源信息管理、国际货运代理企业信息管理、外商投资综合管理等三项业务应用,有效应用工商部门共享信息,做好相关备案信息调整、更正和公示工作,便利社会公众通过国家企业信用信息公示系统内设链接跳转上述商务部门系统公示平台查看商务部门备案公示信息。对于"多证合一"备案事项在本部门发生增删调整的,及时回传反馈给工商部门。

海关部门:搭建信息共享环境,改造业务管理系统。接收工商部门提供的企业基本信息及进出口货物收发货人信息;将涉及企业的相关基础信息反馈至信息共享平台。面向省级部门开放系统接口,接收工商部门共享的企业基本信息;改造升级业务管理系统,实现工商部门共享信息在海关业务系统中的有效应用;对于"多证合一"备案信息在本部门发生调整的,及时回传给工商部门。

旅游部门:面向省级部门开放全国旅游监管服务平台的系统接口,接收工商部门共享的企业基本信息;改造升级全国旅游监管服务平台,实现工商部门共享信息在全国旅游监管服务平台上的有效应用;对于"多证合一"备案事项在本部门发生增删调整的,及时回传反馈给工商部门。

气象部门:优化网络,完成数据交换字典开发,接收工商部门共享的企业基本信息;改造升级业务管理系统,实现工商部门共享信息在气象业务系统中的有效应用;对于"多证合一"备案事项在本部门发生增删调整的,及时回传反馈给工商部门。

其他相关部门:搭建信息共享环境,改造业务管理系统。接收工商部门提供的企业基本信息;将涉及企业的部门备案增删结果回传反馈至工商部门。

5. 各部门间数据交换

5.1 数据交换基本原则

以"三证合一""五证合一"的交换方式为基础,将信息交换部门范围扩展至各相关部门。

(1)交换层级。

工商部门与各部门以在省级层面进行信息交换为主,工商部门与海关部门在中央层面以"总对总"的方式进行信息交换。

(2)交换单位。

本方案适用于工商与发改、公安、财政、人社、住建、交通运输、农业、商务、海关、税务、质检、出版、统计、旅游、气象部门间数据交换。

(3)交换通道。

充分利用现有的省级共享平台或省级部门间数据接口进行数据交换,没有交换渠道的要尽快建立。

(4)交换环节。

企业设立登记:工商采集基本信息、部门备案信息(根据企业勾选),与对应部门共享;企业在相关部门办理新设多证合一备案事项的,相关部门向工商推送备案事项的新增结果。

企业变更登记:涉及工商登记事项变更,工商采集、推送;仅涉及部门备案信息变更的,由相关部门采集处理。

企业注销登记:办理工商注销登记的,与其他部门共享企业注销信息。部门注销或取消多证合一备案事项的,向工商反馈备案事项删除结果。

5.2 数据交换具体流程及功能点

5.2.1 交换流程

根据及时交换的原则,工商部门根据实际情况,参照目前"五证合一"交换流程,选择使用实时、定时、离线三种模式。从技术实现上可采用基于共享数据库、Web services 服务接口调用、基于消息的数据交换等方式实现数据共享。

5.2.2 数据对账

各省级工商部门或省级共享平台与各相关部门要建立数据对账工作机制。数据对账是指双方接收数据后需要将其接收情况(数据发送数、实际接收数、失败数等)以日志的形式反馈给对方。

5.3 交换的内容

工商部门根据企业登记申请及企业经营范围表述,将企业信息与各相关部门共享,形成工商登记信息、涉企证照事项、主管部门相互关联的业务流程模式。按照各部门实际信息需求不同,交换的内容包括:(1)工商向其他部门提供的基本信息、部门备案信息,(2)其他部门向工商提供的备案事项增删信息。

5.3.1 工商部门向其他部门提供的主体信息

5.3.1.1 基本信息

在三证合一、五证合一基础上,结合多证合一要求,工商部门提供的主体基本信息如下。

至少包含以下信息:

一、综合　0019

序号	数据项	备注
1	统一社会信用代码	
2	名称	
3	公司类型/经济性质/企业类型(登记注册类型)	
4	企业登记机关	
5	开业(设立)日期	
6	经营期限/营业期限/合伙期限自	
7	经营期限/营业期限/合伙期限止	
8	住所	
9	邮政编码	
10	联系电话	
11	生产经营地址	
12	经营范围	
13	法定代表人(负责人)姓名、身份证件类型、身份证件号码、固定电话、移动电话、电子邮箱	
14	财务负责人姓名、身份证件类型、身份证件号码、固定电话、移动电话、电子邮箱	
15	注册资本/注册资金/资金数额/出资额/成员出资总额	
16	币种	按实际情况可附列多行信息
17	币种金额	同上
18	股东(发起人)名称或者姓名/投资者名称或者姓名/合伙人名称或者姓名/出资成员名称或者姓名、证件类型、证件号码、出资时间、出资方式、认缴出资额、出资比例、国籍	同上
19	分支机构统一社会信用代码	
20	分支机构名称	
21	分支机构上级主管部门(公司、隶属单位、企业)统一社会信用代码	
22	分支机构上级主管部门(公司、隶属单位、企业)名称	
23	联络员姓名、固定电话、移动电话、电子邮箱、身份证类型、身份证号码	

注:依据相关法律、法规和文件的规定,不同类型企业以及农民专业合作社登记采集的指标项(包括指标项名称)有所不同。

5.3.1.2 部门备案信息
5.3.1.2.1 人力资源社会保障部门备案信息
(1) 劳务派遣单位设立分公司备案

序号	数据项	备注
1	隶属公司劳务派遣经营许可证编号	
2	隶属公司劳务派遣经营许可机关	

5.3.1.2.2 住建部门备案信息
(1) 房地产经纪机构及其分支机构备案

序号	数据项	备注
1	房地产经纪专业人员姓名	需1名以上房地产经纪专业人员执业
2	身份证号	
3	房地产经纪专业人员职业资格证书管理号	
4	房地产经纪专业人员登记证书登记号	

(2) 工程造价咨询企业设立分支机构备案

序号	数据项	备注
1	造价工程师姓名	需3名以上造价工程师执业
2	身份证号	
3	造价工程师注册证书编号	
4	造价工程师注册证书有效期	

5.3.1.2.3 商务部门备案信息
商务部门备案信息采集通过全程电子化方式进行网上办理。
(1) 再生资源回收经营者备案

序号	数据项	备注
1	联络员职务	
2	营业面积(平方米)	
3	网点数(个)	
4	企业类型	(单选)□国有企业 □集体企业 □股份合作企业 □联营企业 □有限责任公司 □股份有限公司 □私营企业 □港澳台商投资企业 □外商投资企业

(续表)

序号	数据项	备注
5	企业性质	(单选)□国有控股 □集体控股 □私人控股 □港澳台商控股 □外商控股
6	企业总资产(万元)	
7	固定资产净值(万元)	
8	从业人员(人)	
9	其中:大专以上人数(人)	
10	污水处理(台/套)	
11	运输车辆(台/套)	
12	打包机(台/套)	
13	分拣设备(台/套)	
14	消防设施(台/套)	
15	剪切工具(台/套)	
16	其他设备(台/套)	

(2)国际货运代理企业备案

序号	数据项	备注
1	运输方式	选项(可多选) □海运 □陆运 □空运
2	货物类型	选项(可多选) □一般货物 □国际展品 □过境运输 □私人物品
3	服务项目	选项(可多选) □揽货 □托运 □定舱 □仓储中转 □集装箱拼装拆箱 □结算运杂费 □报关 □报验 □保险 □相关短途运输 □运输咨询
4	特殊项目	选项(可多选) □多式联运 □办理国际快递(信件和具有信件性质的物品除外 □私人信函及县级以上党政军公文除外)
5	企业英文名称	
6	经营场所(英文)	

（续表）

序号	数据项	备注
7	货代企业类型	选项（可多选） ☐国有企业 ☐集体企业 ☐股份合作企业 ☐联营企业 ☐有限责任公司 ☐股份有限公司 ☐私营企业 ☐其他企业 ☐中外合资经营企业 ☐中外合作经营企业 ☐外资企业 ☐外商投资股份有限公司 ☐其他外商投资企业 ☐合资经营企业（港或澳、台资）☐合作经营企业（港或澳、台资）☐港澳、台商独自经营企业 ☐港、澳、台商投资股份有限公司 ☐其他港、澳、台商投资企业
8	联系传真	
9	企业网址	
10	企业电子信箱	
11	企业所属行业	国民经济行业分类代码
12	法人机构类别	选项 ☐企业 ☐事业单位 ☐党政机关 ☐社会团体 ☐民办非企业单位 ☐其他组织机构
13	是否上市	选项 ☐是 ☐否
14	上市地区	选项 ☐深交所主板 ☐上交所 ☐新加坡 ☐香港 ☐纳斯达克 ☐纽约交易所 ☐日本 ☐英国 ☐深交所创业板 ☐新三板 ☐深交所中小板 ☐其他
15	是否控股	选项 ☐内资控股 ☐港澳台商控股 ☐外商控股 ☐内资与境外资本（外商和港澳台商）投入各占50% ☐非股份制
16	主要控股公司名称	

（3）外商投资企业商务备案受理

数 据 项	
基本信息	
企业名称（英文）	
统计部门	（勾选统计部门）

一、综合　0023

(续表)

数　据　项				
是否位于自贸试验区内	□是(勾选片区) □否	是否位于国家级经济技术开发区内		□是(勾选经开区) □否
企业类型	□合资 □合作 □独资 □股份制：□上市　□非上市(□公众公司　□其他)			
投资行业	(从行业代码中勾选)	主营行业		(从行业代码中勾选)
业务类型	□高新技术企业 □研发中心(□独立法人研发中心　□非独立法人研发中心) □功能性机构(□地区总部　□采购中心　□财务管理中心　□结算中心　□销售中心　□分拨中心　□其他：_____)			
	□投资性公司　□创业投资企业　□创业投资管理企业　□股权投资企业　□股权投资管理企业　□金融资产管理公司			
	□境内居民返程投资　□投资性公司投资　□创业投资企业投资　□股权投资企业投资			
	□类金融企业(□融资租赁企业　□商业保理企业　□小额贷款公司　□其他)			
	□不涉及以上各类型			
□投资者为内地与香港、澳门《关于建立更紧密经贸关系的安排〉投资协议》规定的香港/澳门投资者				
经营范围	□经营范围不涉及国家规定实施的准入特别管理措施			
	□经营范围涉及国家规定实施的准入特别管理措施,但属于内地与香港、澳门《〈关于建立更紧密经贸关系的安排〉投资协议》对香港、澳门开放的领域(仅限于符合上述协议规定条件的香港、澳门投资者设立港、澳投资企业及与内地投资者设立合资、合作企业的情形)			
成立方式	新设	□普通新设	非外商投资企业转变为外商投资企业	□并购设立
		□合并新设		□吸收合并
		□分立新设		□外国投资者战略投资境内上市非外商投资企业
				□境外公开发行证券(发行H股、N股、S股等)
计价币种	(勾选币种)			
总股本 (股份公司填写)	股份总数：_____万股			每股票面金额：_____元原币

(续表)

	数 据 项		
企业组织机构（可按实际数量下拉）	最高权力机构：		
	董事：	姓名：	
		国籍（或地区）：[勾选国籍（或地区）]	
		□护照号：　　　　□身份证号：	
		□外国人永久居留身份证号：	
		□香港/澳门永久性居民身份证号码：	
		□香港/澳门居民来往内地通行证（回乡证）号码：	
		□台胞证号码：	
		产生方式： □选举 □委派，委派方：（勾选投资者）	
	监事：	姓名：	
		国籍（或地区）：[勾选国籍（或地区）]	
		□护照号：　　　　□身份证号：	
		□外国人永久居留身份证号：	
		□香港/澳门永久性居民身份证号码：	
		□香港/澳门居民来往内地通行证（回乡证）号码：	
		□台胞证号码：	
		产生方式： □选举 □委派，委派方：（勾选投资者）	
	总经理：	姓名：	
		国籍（或地区）：[勾选国籍（或地区）]	
		□护照号：　　　　□身份证号：	
		□外国人永久居留身份证号：	
		□香港/澳门永久性居民身份证号码：	
		□香港/澳门居民来往内地通行证（回乡证）号码：	
		□台胞证号码：	
		联系电话：	
法定代表人	姓名：	国籍（或地区）：[勾选国籍（或地区）]	
		□护照号：	
		□身份证号：	
		□外国人永久居留身份证号：	
		□香港/澳门永久性居民身份证号码：	
		□香港/澳门居民来往内地通行证（回乡证）号码：	
		□台胞证号码：	
	职务：	联系电话：	

一、综合　0025

(续表)

数　据　项			
外商投资企业最终实际控制人信息(可按实际控制人数量下拉填报)	姓名/名称	(中文)	(英文)
^	国籍(或地区)/注册地	[勾选国籍(或地区)]	
^	证照号码	证件类型:(勾选证件类型)	号码:
^	类别	从以下类型中勾选: □境外上市公司 □境外自然人 □外国政府机构(含政府基金) □国际组织 □境内上市公司 □境内自然人 □国有/集体企业 □其他:	
^	实际控制方式	从以下方式中勾选: □单独或与关联投资者共同直接或间接持有企业50%以上股份、股权、财产份额、表决权或者其他类似权益 □单独或与关联投资者共同直接或间接持有企业股份、股权、财产份额、表决权或者其他类似权益不足50%,但所享有的表决权足以对权力机构决议产生重大影响 □对企业的经营决策、人事、财务、技术等有重大影响的其他情形(请详细说明)_____	
履行公告程序有关情况的说明	(仅限合并、分立的情形,其他情形无需填写)		
企业联系人及联系方式	传真:		联系地址:
是否属于国家规定的进口设备减免税范围	□是:项目性质及适用产业政策条目: 　　□国家鼓励外商投资的产业(勾选条目) 　　□中西部地区外商投资优势产业(勾选条目) 　项目内容:_____ 　项目投资总额:_____(万美元) 　项目执行年限:___ 年　项目用汇额度:_____(万美元) □否		
投资者基本信息(可按投资者数量下拉填报)			
投资者名称/姓名	股份类型:(勾选股份类型)(股份公司填写) 上市地:(勾选上市地)(股份公司填写) (中文)		(英文)

(续表)

数 据 项			
内地与香港、澳门《〈关于建立更紧密经贸关系的安排〉投资协议》规定的香港/澳门投资者证明文件	☐已取得香港/澳门投资者证明 　证书编号：　　　　有效期至： ☐投资者为香港/澳门永久性居民 　身份证号码：　　　　有效期至： 　港澳居民来往内地通行证(回乡证)号码：　　有效期至： 　或香港/澳门特别行政区护照号码：　　有效期至：		
认缴出资额	持股数量：＿＿＿＿＿万股(股份公司填写) 出资金额：＿＿＿＿＿万元原币 合作条件：(合作企业投资者可以文字形式填写合作条件)		权益比例：＿＿＿＿＿%
出资方式	☐现金：＿＿＿＿＿万元原币　　☐实物：＿＿＿＿＿万元原币 ☐无形资产：＿＿＿＿＿万元原币　☐土地使用权：＿＿＿＿＿万元原币 ☐股权：＿＿＿＿＿万元原币　　☐其他：＿＿＿＿＿万元原币		
资金来源地	(勾选资金来源地)		
出资期限	年　　月　　日前		
投资者类型	境外投资者(从以下选项勾选)： ☐境外投资者(不属于以下投资类企业) ☐境内设立的外商投资的投资性公司 ☐境内设立的外商投资的创业投资企业		
	境内投资者(从以下选项中勾选)： ☐境内投资者为外商投资企业或存在外商投资企业境内再投资情况 ☐不存在前述情况		
投资者最终实际控制人信息(可按实际控制人数量下拉填报)	姓名/名称	(中文)	(英文)
	国籍(或地区)/注册地	[勾选国籍(或地区)]	
	证照号码	证件类型：(勾选证件类型)	号码：
	类别	从以下类型中勾选： ☐境外上市公司 ☐境外自然人 ☐外国政府机构(含政府基金) ☐国际组织 ☐境内上市公司 ☐境内自然人 ☐国有/集体企业 ☐其他：	

一、综合　0027

（续表）

	数　据　项	
	实际控制方式	从以下方式中勾选： □单独或与关联投资者共同直接或间接持有企业50%以上股份、股权、财产份额、表决权或者其他类似权益 □单独或与关联投资者共同直接或间接持有企业股份、股权、财产份额、表决权或者其他类似权益不足50%，但所享有的表决权足以对权力机构决议产生重大影响 □对企业的经营决策、人事、财务、技术等有重大影响的其他情形（请详细说明）_____
并购设立外商投资企业交易基本情况 （可按投资者数量下拉填报；仅限于外国投资者并购境内企业的情形，其他情形无需填写）		
	以并购方式成为股东	□是　□否
	被并购方	（如同一投资者购买企业多个股东股份，可填写多个被并购方）
	不存在关联并购	□本交易不涉及关联并购
	特殊行业并购	本交易是否涉及拥有中华老字号的境内企业　□是　□否
	涉及国有资产情况	本交易涉及国有资产转让　□是　□否
	被并购股权情况	被并购方认缴出资额：_____万元原币 被并购方实际出资额：_____万元原币
	并购支付对价	_____万元原币
	并购支付方式	□现金：_____万元原币　　□实物：_____万元原币 □无形资产：_____万元原币　□土地使用权：_____万元原币 □股权：_____万元原币　　　□境外上市公司股权：_____万元原币 　　　　　　　　　　　　　　□境内公司股权：_____万元原币 □其他：_____万元原币
	并购方出资股权评估值	_____万元原币
	被并购股权/资产价值评估情况	股权/资产评估值：_____万元原币 （如并购支付对价低于评估值90%需作出说明）：_____ 财务审计报告编号：_____ 核准/备案机构（涉及国有资产）：_____
	被并购企业所投资企业情况	被并购境内企业所投资企业是否涉及外商投资准入特别管理措施： □是　□否
外国投资者战略投资境内上市非外商投资企业交易基本情况 （可按投资者数量下拉填报；仅限于外国投资者战略投资境内上市非外商投资企业的情形，其他情形无需填写）		

(续表)

数 据 项	
以战略投资方式成为股东	□是　□否
战略投资阶段	□投资者首次战略投资 □投资者对其已持有股份的上市公司继续进行战略投资
不存在关联并购	□本交易不涉及关联并购
属于《备案办法》所称战略投资范围	□本交易属于《备案办法》所称"战略投资"范围
投资者主体性质	□依法设立、经营的外国法人或其他组织
持股比例	战略投资取得上市公司股份比例：_____%
是否成为控股股东	是否为被投资上市公司控股股东：□是　□否
投资方式	□定向增发 □协议转让　□要约收购　　股份转让方情况说明：_____ □其他：_____
特殊行业并购	本交易是否涉及拥有中华老字号的境内企业：□是　□否
涉及国有资产情况	本交易涉及国有资产转让：□是　□否
战略投资受让金额	_____万元原币
战略投资交易对价	_____万元原币
战略投资溢折价	_____万元原币
交易对价支付方式	□现金：_____万元原币　　□实物：_____万元原币 □无形资产：_____万元原币　□土地使用权：_____万元原币 □股权：_____万元原币　　□境外上市公司股权：_____万元原币 　　　　　　　　　　　　　　□境内公司股权：_____万元原币 □其他：_____万元原币
出资股权评估值	_____万元原币
被投资上市公司所投资企业情况	被投资上市公司所投资企业是否涉及外商投资准入特别管理措施： □是　□否
投资者承诺持股期	_____月
投资者资产状况	外国投资者自身境外实有资产总额：_____（万美元） 外国投资者管理的境外实有资产总额：_____（万美元） 外国投资者母公司境外实有资产总额：_____（万美元） 外国投资者母公司管理的境外实有资产总额：_____（万美元）

说明：上表中的"元原币"和"万元原币"应随着"计价币种"的选择而变化。例如：当计价币种为"人民币"时，"元原币"和"万元原币"分别显示为"人民币"和"万人民币"；当计价币种为"港元"时，"元原币"和"万元原币"分别显示为"港元"和"万港元"；当计价币种为"美元"时，"元原币"和"万元原币"分别显示为"美元"和"万美元"。

外商投资企业设立备案申报材料	
在线提交材料	（一）外商投资企业名称预先核准材料或外商投资企业营业执照 （二）外商投资企业的全体投资者（或外商投资股份有限公司的全体发起人）或其授权代表签署的《外商投资企业设立备案申报承诺书》 （三）全体投资者（或全体发起人）或外商投资企业指定代表或者共同委托代理人的证明,包括授权委托书及被委托人的身份证明 （四）外商投资企业投资者委托他人签署相关文件的证明,包括授权委托书及被委托人的身份证明（未委托他人签署相关文件的,无需提供） （五）投资者的主体资格证明或自然人身份证明 （六）法定代表人的自然人身份证明 （七）外商投资企业最终实际控制人股权架构图 （八）获得符合规定的境外公司股权的境内企业的《企业境外投资证书》（涉及外国投资者以境外公司股权作为支付手段的,需提供） 上述文件原件为外文的,应同时上传提交中文翻译件,外商投资企业或其投资者应确保中文翻译件内容与外文原件内容保持一致。

说明:上述外商投资企业商务备案受理数据项规范由中国国际电子商务中心与工商部门技术支撑单位协商确定。

5.3.1.2.4 海关部门备案信息
（1）中华人民共和国报关单位注册登记证书（进出口货物收发货人）

序号	数据项	备注
1	注册海关名称	选项
2	特殊贸易区域	选项
3	经济区划	选项
4	经营类别	
5	报关人员姓名	
6	报关人员身份证件类型	
7	报关人员身份证件号码	

5.3.1.2.5 税务部门备案信息
（1）税务登记证

序号	数据项	备注
1	核算方式	选项 □独立核算 □非独立核算
2	从业人数	
3	财务负责人身份证件复印件	

5.3.1.2.6 质检部门备案信息
(1) 出入境检验检疫报检企业备案

序号	数据项	备 注
1	备案类型	选项 □进出口企业 □代理报检企业 □快件运营企业 "进出口企业"为必选项；"代理报检企业"、"快件运营企业"为可选项
2	企业性质	单选 □国有企业 □中外合作企业 □中外合资企业 □外商独资企业 □集体企业 □私营企业 □其他
3	企业类别	选项(多选)□外贸企业 □有自营权的生产企业 □集装箱场站 □注册厂(库) □出口货物生产企业 □代理报检单位 □熏蒸单位 □国内定点加工厂 □国外定点加工厂 □配餐料使用单位 □进境动物产品仓储单位 □出境动物产品仓储单位 □进境动物产品运输单位 □出境动物产品运输单位 □进境动物隔离场 □出境动物隔离场 □进境动物养殖场 □出境动物养殖场 □进境植物产品仓储单位 □出境植物产品仓储单位 □进境植物产品运输单位 □出境植物产品运输单位 □进境植物隔离场 □出境植物隔离场 □进境植物种植场 □出境植物种植场 □其他
4	企业名称(英文)	
5	住所(英文)	
6	行政区划	
7	经营场所	企业实际办公地址(代理报检和快件运营企业必填)
8	报检专用章数量	代理企业必填
9	报检专用章编号	代理企业必填
10	快递业务经营许可证号	快件运营企业必填

5.3.1.2.7 旅游管理部门备案信息
(1) 旅行社企业设立服务网点备案

序号	数据项	备 注
1	隶属的旅行社企业经营许可证编号	
2	隶属的旅行社企业经营许可机关	

5.3.1.2.8 气象部门备案信息
(1)气象信息服务企业备案

序号	数据项	备 注
1	提供方式	选项(提供字典) □电视 □广播 □报纸 □声讯电话 □传真 □显示屏 □大喇叭 □网络 □微博 □微信 □手机客户端 □邮件 □短信
2	其他	
3	范围说明	

5.3.2 其他部门向工商部门反馈的增、删信息

反馈内容:备案证照事项名称和增加、删除结果。备案证照事项名称以《工商总局等十三部门关于推进全国统一"多证合一"改革的意见》中的附件1《全国统一"多证合一"改革涉企证照事项目录》为准,具体如下:

备案事项反馈结果	数 据 项
备案事项增加	统一社会信用代码、企业名称、反馈部门、反馈日期、备案机关、备案事项名称、备案事项核准日期、备案事项有效期自、备案事项有效期至。
备案事项删除	统一社会信用代码、企业名称、反馈部门、反馈日期、备案机关、备案事项名称、备案事项取消日期。

5.3.3 数据项参考依据

《国务院关于批转发展改革委等部门法人和其他组织统一社会信用代码制度建设总体方案的通知》(国发〔2015〕33号)、《GB 32100-2015 法人及其他组织统一社会信用代码编制规则》、《国民经济行业分类》(GB/T4754—2011)、《中华人民共和国国行政区划代码》、《GS7-2013 市场准入与退出数据规范—市场主体分册》、《GS41-2014 企业信用信息公示系统数据规范(暂行)》、《"多证合一"数据规范》、《社会保险管理信息系统指标集与代码》(LD/T 92-2013)、《劳动力市场管理信息系统指标体系》(LB102-2005)。

5.4 数据交换参考格式

各省级工商部门和各相关部门根据自身已有的数据交换方式,生成交换数据进行共享。根据各地实际交换方式不同,主要分为报文方式交换和数据库方式交换,以报文交换为例。

5.4.1 交换数据文件命名规则

交换数据文件名由业务类型、数据包类型、数据包编号三部分组成,各组成部分之间使用"_"连接,文件后缀为".XML",结构如下:

DZHY_××××_××××××××××××××××××××.XML		
业务类型	数据包类型	数据包编号

1. 业务类型:描述该交换数据文件属于多证合一业务,用"DZHY"表示。
2. 数据包类型:6 个字符,数据包类型分为 16 种,如表所示:

数据包类型	含义
GSBMXX	工商部门信息包
FZGGXX	发展改革委信息包
GABMXX	公安部门信息包
CZBMXX	财政部门信息包
RSBMXX	人社部门信息包
ZFCXXX	住房城乡建设部门信息包
JTYSXX	交通运输部门信息包
NYBMXX	农业部门信息包
SWBMXX	商务部门信息包
HGBMXX	海关部门信息包
SHBMXX	税务部门信息包
ZJBMXX	质检部门信息包
XWCBXX	新闻出版广电部门信息包
LYBMXX	旅游部门信息包
QXBMXX	气象部门信息包
TJBMXX	统计部门信息包

3. 数据包编号:20 个字符,采用的编码方法如下:

××××××××××××××××××××			
单位代码	年 月	日	顺序号

第 1 到 6 位为省级行政区划代码;
第 7 到 14 位为数据交换的日期,表示方法为:YYYYMMDD;
第 15 到 20 位为顺序号,每天零点置零,以 000001 为始。

5.4.2 交换数据报文结构

交换数据采用 XML 标准格式,由声明部分和包体部分组成,如下图所示:

声明	包体

1.声明部分

声明数据交换数据文件符合 XML 1.0 规范,文字编码采用 GB2312 标准。使用 XML 语言表述如下：

〈? xml version = "1.0" encoding = "GB2312"?〉

2. 包体部分

包体部分由数据包描述和交换数据组成。交换数据由多条数据记录组成，每条数据记录由本部分的交换数据项组成。如下图所示：

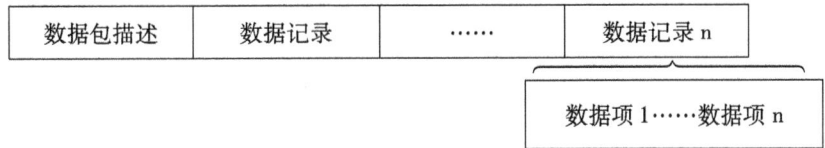

(1)包体部分的所有内容放置在标记〈Package〉…〈/Package〉之间。
(2)数据包描述中的所有内容放置在标记〈PackageHead〉…〈/PackageHead〉之间。
(3)所有的交换数据放置在标记〈Data〉…〈/Data〉之间。
(4)每一条数据记录放置在标记〈Record〉…〈/Record〉之间。
(5)每一个交换数据项放置在该交换数据项的标记之间。

交换数据文件结构示意如下：

```
〈? xml version = "1.0" encoding = "GB2312"?〉
〈Package〉
        〈PackageHead〉
            〈BBH〉1.00〈/BBH〉
        …
        〈/PackageHead〉
        〈Data〉
            〈Record index = 1〉
            〈INFOACTIONTYPE〉0〈/INFOACTIONTYPE〉
            〈ENTNAME〉中国 XX 科技有限公司〈/ENTNAME〉
            〈USCC〉MA000000X〈/USCC〉
            〈REGNO〉100000400069785〈/REGNO〉
            〈ENTTYPE〉有限责任公司(外国法人独资)〈/ENTTYPE〉
            〈ESTDATE〉20XX 年 X 月 X 日〈/ESTDATE〉
            〈OPSTATE〉登记成立〈/OPSTATE〉
            〈PROMANA〉生产经营地〈/PROMANA〉
            〈INVESTORLIST〉
                〈INVESTORDOCUMENT〉
                    〈INVTYPE〉11〈/INVTYPE〉
                    〈INV〉中国 XX 股份有限公司〈/INV〉
                    〈CERTYPE〉〈/CERTYPE〉
                    〈CERNO〉〈/CERNO〉
                    〈BLICTYPE〉12〈/BLICTYPE〉
                    〈BLICNO〉10000040003XXXX〈/BLICNO〉
```

```
            〈/INVESTORDOCUMENT〉
            〈INVESTORDOCUMENT〉
                〈INVTYPE〉11〈/INVTYPE〉
                〈INV〉中国XX信息有限公司〈/INV〉
                〈CERTYPE〉〈/CERTYPE〉
                〈CERNO〉〈/CERNO〉
                〈BLICTYPE〉12〈/BLICTYPE〉
                〈BLICNO〉10000040005XXX〈/BLICNO〉
            〈/INVESTORDOCUMENT〉
        〈/INVESTORLIST〉
        〈INFOFINANCE〉
            〈NAME〉名称〈/NAME〉
            〈CERTYPE〉身份证〈/CERTYPE〉
        〈/INFOFINANCE〉          …
        〈MATTERLIST〉        〈！-多证合一备案事项 -- 〉
            〈MATTERZSZYHSJYZ〉  〈！-以再生资源回收经营者备案为例 -- 〉
                〈YYMJ〉营业面积〈/YYMJ〉
                〈OUTLETCOUNT〉网点数〈/OUTLETCOUNT〉 …
            〈/ MATTERZSZYHSJYZ〉
        〈/MATTERLIST〉
    〈/Record〉
    〈Record index = 2〉 …
〈/Record〉 …
〈/Data〉
〈/Package〉
```

5.4.3 数据包描述

数据包描述部分包含数据包编号、数据包类型编码、单位代码、单位名称、记录数、时间等内容。规格要求如表所示。

顺序号	标记	长度(字节)	含义	备注
1	SJBBH	20	数据包编号	
2	SJBLX	6	数据包类型	
3	DWDM	20	单位代码	发送单位的代码。工商登记机关代码为6位
4	DWMC	60	单位名称	发送单位的名称
5	JLS	3	记录数	每个数据包最多不超过100条
6	SCRQ	14	生成日期	年月日时分秒：YYYYMMDDHH24MISS

5.4.4 数据包大小

每个数据包最多不超过 100 条记录。

5.4.5 报文特殊字符约定

报文中须尽量避免在数据中使用以下保留字符，如必须使用，则须参考以下规则进行替换。

保留字符	代替符号	字符含义
&	&	每一个代表符号的开头字符
〉	&gt;	标记的结束字符
〈	&lt;	标记的开始字符
"	"	设定属性值
'	'	设定属性值

企业投资项目事中事后监管办法

国家发展和改革委员会令第 14 号

《企业投资项目事中事后监管办法》已经国家发展和改革委员会主任办公会讨论通过，现予以发布，自 2018 年 2 月 4 日起施行。

主任：何立峰
2018 年 1 月 4 日

企业投资项目事中事后监管办法

第一章 总 则

第一条 为加强对企业投资项目的事中事后监管，规范企业投资行为，维护公共利益和企业合法权益，依据《行政许可法》《行政处罚法》《企业投资项目核准和备案管理条例》等法律法规，制定本办法。

第二条 各级发展改革部门根据核准和备案职责，对企业在境内投资建设的固定资产项目（以下简称项目）核准和备案的事中事后监督管理，适用本办法。

第三条 项目事中事后监管是指各级发展改革部门对项目开工前是否依法取得核准批复文件或者办理备案手续,并在开工后是否按照核准批复文件或者备案内容进行建设的监督管理。

各级发展改革部门开展项目事中事后监管,应当与规划、环保、国土、建设、安全生产等主管部门的事中事后监管工作各司其职、各负其责,并加强协调配合。

第四条 各级发展改革部门对项目实施分级分类监督管理。

对已经取得核准批复文件的项目,由核准机关实施监督管理;对已经备案的项目,由备案机关实施监督管理。对项目是否依法取得核准批复文件或者办理备案手续,由项目所在地县级以上地方发展改革部门实施监督管理。

第五条 各级发展改革部门应当建立健全行政监督和监管执法程序,加强监管执法队伍建设,保障监管执法经费,依法行使监督管理职权。

对政府投资项目以及企业投资项目使用政府投资的稽察工作,按照有关规定执行。

第二章 对核准项目的监管

第六条 核准机关对本机关已核准的项目,应当对以下方面进行监督管理:

(一)是否通过全国投资项目在线审批监管平台(以下简称在线平台),如实、及时报送项目开工建设、建设进度、竣工等建设实施基本信息;

(二)需要变更已核准建设地点或者对已核准建设规模、建设内容等作较大变更的,是否按规定办理变更手续;

(三)需要延期开工建设的,是否按规定办理延期开工建设手续;

(四)是否按照核准的建设地点、建设规模、建设内容等进行建设。

第七条 核准机关应当根据行业特点、监管需要和简易、可操作的原则,制定、上线核准项目报送建设实施基本信息的格式文本,并对报送的建设实施基本信息进行在线监测。

第八条 核准机关对其核准的项目,应当在项目开工后至少开展一次现场核查。

第九条 已开工核准项目未如实、及时报送建设实施基本信息的,核准机关应当责令项目单位予以纠正;拒不纠正的,给予警告。

第十条 项目未按规定办理核准批复文件、项目变更批复文件或者批复文件失效后开工建设的,核准机关应当依法责令停止建设或者责令停产,并依法处以罚款。

第十一条 项目未按照核准的建设地点、建设规模、建设内容等进行建设的,核准机关应当依法责令停止建设或者责令停产,并依法处以罚款。

对于有关部门依法认定项目建设内容属于产业政策禁止投资建设的,核准机关应当依法责令停止建设或者责令停产并恢复原状,并依法处以罚款。

第十二条 县级以上地方发展改革部门发现本行政区域内的项目列入《政府核准的投资项目目录》,但未依法办理核准批复文件、项目变更批复文件或者批复文件失效后开工建设的,应当报告对该项目有核准权限的机关,由核准机关依法责令停止建设或者责令停产,并依法处以罚款。

第三章 对备案项目的监管

第十三条 备案机关对本机关已备案的项目,应当对以下方面进行监督管理:

(一)是否通过在线平台如实、及时报送项目开工建设、建设进度、竣工等建设实施基本信息;

(二)是否属于实行核准管理的项目;

(三)是否按照备案的建设地点、建设规模、建设内容进行建设;

(四)是否属于产业政策禁止投资建设的项目。

第十四条 备案机关应当根据行业特点、监管需要和简易、可操作的原则,制定、上线备案项目报送建设实施基本信息的格式文本,并对报送的建设实施基本信息进行在线监测。

第十五条 项目自备案后2年内未开工建设或者未办理任何其他手续的,项目单位如果决定继续实施该项目,应当通过在线平台作出说明;如果不再继续实施,应当撤回已备案信息。

前款项目既未作出说明,也未撤回备案信息的,备案机关应当予以提醒。经提醒后仍未作出相应处理的,备案机关应当移除已向社会公示的备案信息,项目单位获取的备案证明文件自动失效。对其中属于故意报备不真实项目、影响投资信息准确性的,备案机关可以将项目列入异常名录,并向社会公开。

第十六条 备案机关对其备案的项目,应当根据"双随机一公开"的原则,结合投资调控实际需要,定期制定现场核查计划。对列入现场核查计划的项目,应当在项目开工后至少开展一次现场核查。列入现场核查计划的项目数量比例,由备案机关根据实际确定。

第十七条 已开工备案项目未如实、及时报送建设实施基本信息的,备案机关应当责令项目单位予以纠正;拒不纠正的,给予警告。

第十八条 项目建设与备案信息不符的,备案机关应当责令限期改正;逾期不改正的,依法处以罚款并列入失信企业名单,向社会公开。

对于有关部门依法认定项目建设内容属于产业政策禁止投资建设的,备案机关应当依法责令停止建设或者责令停产并恢复原状,并依法处以罚款。

第十九条 县级以上地方发展改革部门发现本行政区域内的已开工项目应备案但未依法备案的,应当报告对该项目有备案权限的机关,由备案机关责令其限期改正;逾期不改正的,依法处以罚款并列入失信企业名单,向社会公开。

第二十条 对本行政区域内的已开工项目,经有关部门依法认定属于产业政策禁止投资建设的,县级以上发展改革部门应当依法责令停止建设或者责令停产并恢复原状,并依法处以罚款。

第四章 监管程序和方式

第二十一条 各级发展改革部门对项目的现场核查,可以自行开展,也可以发挥工程咨询单位等机构的专业优势,以委托第三方机构的方式开展。

委托第三方机构开展现场核查的,应当建立核查机构名录,制订核查工作规范,加强对核查工作的指导和监督。委托第三方机构开展现场核查的经费由委托方承担。

第二十二条 各级发展改革部门应当依托在线平台,运用大数据、互联网、移动计算等信息技术手段,加强对各类信息的分析研判,提高发现问题线索的能力。

第二十三条 各级发展改革部门应当畅通投诉举报渠道,对投诉举报反映的问题线索及时予以处理。

第二十四条 各级发展改革部门对发现的涉嫌违法问题,应当按照法定权限和程序立案查处,并作出处理决定。

对发现的涉及其他部门职权的违法违纪线索,应当及时移送。涉嫌犯罪的,应当移送司法机关追究刑事责任。

第二十五条 各级发展改革部门对项目的行政处罚信息,应当通过在线平台进行归集,并通过在线平台和"信用中国"网站向社会公开。

对在项目事中事后监管中形成的项目异常名录和失信企业名单,应当通过在线平台与全国信用信息平台共享,通过"信用中国"网站向社会公开,并实施联合惩戒。

第二十六条 各级发展改革部门应当与规划、环保、国土、建设、安全生产等主管部门建立健全协同监管和联合执法机制,参加本级人民政府开展的综合执法工作,提高监管执法效率。

第二十七条 各级发展改革部门应当建立健全项目事中事后监管责任制和责任追究制,通过约谈、挂牌督办、上收核准权限等措施,督促下级发展改革部门落实工作责任。

第五章 法律责任

第二十八条 本办法第九条、第十七条所称的警告,均指《行政处罚法》规定的行政处罚罚种,各级发展改革部门应当依照法定程序和要求实施。

第二十九条 核准机关对未按规定办理核准手续的项目,未按照核准的建设地点、建设规模、建设内容等进行建设的项目,处以罚款的情形和幅度依照《企业投资项目核准和备案管理条例》第十八条执行。

第三十条 备案机关对未依法备案的项目,建设与备案信息不符的项目,处以罚款的情形和幅度依照《企业投资项目核准和备案管理条例》第十九条执行。

第三十一条 对属于产业政策禁止投资建设的项目,处以罚款的情形和幅度依照《企业投资项目核准和备案管理条例》第二十条执行。

第三十二条 违反本办法规定,但能够积极配合调查、认真整改纠正、主动消除或者减轻危害后果的,可以在法定幅度内减轻处罚。

第六章 附 则

第三十三条 外商投资项目事中事后监督管理另有规定的,从其规定。

第三十四条 事业单位、社会团体等非企业组织在境内投资建设的项目事中事后监督管理适用本办法,但通过预算安排的项目除外。

第三十五条 本办法由国家发展和改革委员会负责解释。

第三十六条 本办法自2018年2月4日起实施。

国务院关于在北京市暂时调整有关行政审批和准入特别管理措施的决定

国发〔2017〕55号

各省、自治区、直辖市人民政府,国务院各部委、各直属机构:

根据《国务院关于深化改革推进北京市服务业扩大开放综合试点工作方案的批复》(国函〔2017〕86号),国务院决定,即日起至2018年5月5日,在北京市暂时调整下列行政法规、经国务院批准的部门规章规定的行政审批和准入特别管理措施:

暂时调整《营业性演出管理条例》第十条、《娱乐场所管理条例》第六条、《中华人民共和国外资银行管理条例》第三十四条、《外商投资民用航空业规定》第三条、《外商投资产业指导目录》中"禁止外商投资产业目录"第22项规定的有关行政审批和资质要求、股比限制、经营范围限制等准入特别管理措施(目录附后)。

国务院有关部门、北京市人民政府要根据上述调整,及时对本部门、本市制定的规章和规范性文件作相应调整,建立与试点工作相适应的管理制度。

北京市服务业扩大开放综合试点期满,国务院将根据实施情况对本决定的内容进行调整。

附件:国务院决定在北京市暂时调整有关行政法规和经国务院批准的部门规章规定的行政审批和准入特别管理措施目录

国务院
2017年12月10日

附件

国务院决定在北京市暂时调整有关行政法规和经国务院批准的部门规章规定的行政审批和准入特别管理措施目录

序号	行政法规和经国务院批准的部门规章的有关规定	调整实施情况
1	《营业性演出管理条例》 第十条第一款、第二款：外国投资者可以与中国投资者依法设立中外合资经营、中外合作经营的演出经纪机构、演出场所经营单位；不得设立中外合资经营、中外合作经营、外资经营的文艺表演团体，不得设立外资经营的演出经纪机构、演出场所经营单位。 设立中外合资经营的演出经纪机构、演出场所经营单位，中国合营者的投资比例应当不低于51%；设立中外合作经营的演出经纪机构、演出场所经营单位，中国合作者应当拥有经营主导权。	选择文化娱乐业聚集的特定区域，允许外商投资设立演出场所经营单位，不设投资比例的限制。
2	《娱乐场所管理条例》 第六条：外国投资者可以与中国投资者依法设立中外合资经营、中外合作经营的娱乐场所，不得设立外商独资经营的娱乐场所。	选择文化娱乐业聚集的特定区域，允许外商投资设立娱乐场所，不设投资比例的限制。
3	《中华人民共和国外资银行管理条例》 第三十四条第一款第一项：外资银行营业性机构经营本条例第二十九条或者第三十一条规定业务范围内的人民币业务的，应当具备下列条件，并经国务院银行业监督管理机构批准： （一）提出申请前在中华人民共和国境内开业1年以上；	研究允许新设或改制成立的外商独资银行、中外合资银行或者外国银行分行在提交开业申请时可以同时申请人民币业务。
4	《外商投资民用航空业规定》 第三条：外商投资民航业范围包括民用机场、公共航空运输企业、通用航空企业和航空运输相关项目……	允许外商投资航空运输销售代理企业。
5	《外商投资产业指导目录》 禁止外商投资产业目录 22.音像制品和电子出版物的编辑、出版、制作业务	允许外商投资音像制品制作业务（限于在北京国家音乐产业基地、中国北京出版创意产业园区、北京国家数字出版基地内开展合作，中方应掌握经营主导权和内容终审权）。

国家标准委、国家发展改革委、商务部关于印发《外商投资企业参与我国标准化工作的指导意见》的通知

国标委综合联〔2017〕119号

各省、自治区、直辖市和计划单列市、副省级城市、新疆生产建设兵团质量技术监督局(市场监督管理部门)、发展改革委、商务主管部门,国务院各有关部门、行业协会,各全国专业标准化技术委员会:

为贯彻落实国务院《关于扩大对外开放积极利用外资若干措施的通知》(国发〔2017〕5号)的有关要求,进一步深化标准化工作改革,国家标准化管理委员会、国家发展和改革委员会、商务部组织制定了《外商投资企业参与我国标准化工作的指导意见》。现印发你们,请认真贯彻执行。

国家标准委
国家发展改革委
商务部
2017年11月6日

外商投资企业参与我国标准化工作的指导意见

为贯彻落实国务院《关于扩大对外开放积极利用外资若干措施的通知》(国发〔2017〕5号)有关要求,促进外商投资企业参与我国标准化工作,进一步提高我国标准化工作的公开性和透明度,提升我国标准国际化水平,现提出如下意见。

一、外商投资企业参与我国标准化工作,与内资企业享有同等待遇。本意见中的外商投资企业是指中外合资经营企业、中外合作经营企业和外资企业,不包括境外企业或其他境外经济组织在中国境内的分支机构。

二、外商投资企业参与我国标准化工作,应当遵守《中华人民共和国标准化法》《国家标准管理办法》等法律法规规章及有关规定。

三、参与我国标准化工作的外商投资企业代表应当具备一定的标准化工作基础和经验,具备相应的专业能力,有较好的中文表达能力和文字水平。

四、外商投资企业可以参与国家标准起草工作和国家标准外文版翻译工作,也可以在标

准立项、征求意见、标准实施等过程中提出意见和建议。

五、标准制定应当依法依规保护外商投资企业知识产权。涉及外商投资企业专利的,应当按照国家标准涉及专利的有关管理规定办理。

六、外商投资企业代表可以作为委员或观察员参加全国专业标准化技术委员会(包括分技术委员会、工作组等),按照《全国专业标准化技术委员会管理办法》等要求享有相应权利,履行相应义务。

七、鼓励外商投资企业开展标准化服务,提供标准咨询、标准信息交流、标准比对分析、标准跟踪研究等方面服务。

八、外商投资企业可以按照《参加国际标准化组织(ISO)和国际电工委员会(IEC)国际标准化活动管理办法》的规定,参与国际标准化组织的相关活动。鼓励外商投资企业在国际标准化双(多)边活动中发挥桥梁作用,开展标准化合作交流,提高中国标准国际化水平。

九、外商投资企业参与标准化工作,应当切实履行相关义务,遵守相关工作要求和保密规定,不得借助参与标准化活动从事不正当市场竞争行为、谋取不正当利益。

十、国务院各有关行政主管部门、行业协会和地方标准化行政主管部门,以及各全国专业标准化技术委员会应当充分认识外商投资企业参与我国标准化工作的意义,吸收外商投资企业参与我国标准化工作,努力为内外资企业创造公开、公平、公正的标准化环境,促进标准化工作健康发展。

本意见自发布之日起实施。香港特别行政区、澳门特别行政区、台湾地区投资者投资设立的企业参照适用本意见。行业标准、地方标准以及团体标准化工作,涉及外商投资企业参与的,可以参照适用本意见。

中华人民共和国标准化法

中华人民共和国主席令第 78 号

《中华人民共和国标准化法》已由中华人民共和国第十二届全国人民代表大会常务委员会第三十次会议于 2017 年 11 月 4 日修订通过,现将修订后的《中华人民共和国标准化法》公布,自 2018 年 1 月 1 日起施行。

中华人民共和国主席　习近平

2017 年 11 月 4 日

中华人民共和国标准化法

第一章 总 则

第一条 为了加强标准化工作,提升产品和服务质量,促进科学技术进步,保障人身健康和生命财产安全,维护国家安全、生态环境安全,提高经济社会发展水平,制定本法。

第二条 本法所称标准(含标准样品),是指农业、工业、服务业以及社会事业等领域需要统一的技术要求。

标准包括国家标准、行业标准、地方标准和团体标准、企业标准。国家标准分为强制性标准、推荐性标准,行业标准、地方标准是推荐性标准。

强制性标准必须执行。国家鼓励采用推荐性标准。

第三条 标准化工作的任务是制定标准、组织实施标准以及对标准的制定、实施进行监督。

县级以上人民政府应当将标准化工作纳入本级国民经济和社会发展规划,将标准化工作经费纳入本级预算。

第四条 制定标准应当在科学技术研究成果和社会实践经验的基础上,深入调查论证,广泛征求意见,保证标准的科学性、规范性、时效性,提高标准质量。

第五条 国务院标准化行政主管部门统一管理全国标准化工作。国务院有关行政主管部门分工管理本部门、本行业的标准化工作。

县级以上地方人民政府标准化行政主管部门统一管理本行政区域内的标准化工作。县级以上地方人民政府有关行政主管部门分工管理本行政区域内本部门、本行业的标准化工作。

第六条 国务院建立标准化协调机制,统筹推进标准化重大改革,研究标准化重大政策,对跨部门跨领域、存在重大争议标准的制定和实施进行协调。

设区的市级以上地方人民政府可以根据工作需要建立标准化协调机制,统筹协调本行政区域内标准化工作重大事项。

第七条 国家鼓励企业、社会团体和教育、科研机构等开展或者参与标准化工作。

第八条 国家积极推动参与国际标准化活动,开展标准化对外合作与交流,参与制定国际标准,结合国情采用国际标准,推进中国标准与国外标准之间的转化运用。

国家鼓励企业、社会团体和教育、科研机构等参与国际标准化活动。

第九条 对在标准化工作中做出显著成绩的单位和个人,按照国家有关规定给予表彰和奖励。

第二章 标准的制定

第十条 对保障人身健康和生命财产安全、国家安全、生态环境安全以及满足经济社会管理基本需要的技术要求,应当制定强制性国家标准。

国务院有关行政主管部门依据职责负责强制性国家标准的项目提出、组织起草、征求意见和技术审查。国务院标准化行政主管部门负责强制性国家标准的立项、编号和对外通报。国务院标准化行政主管部门应当对拟制定的强制性国家标准是否符合前款规定进行立项审查,对符合前款规定的予以立项。

省、自治区、直辖市人民政府标准化行政主管部门可以向国务院标准化行政主管部门提出强制性国家标准的立项建议,由国务院标准化行政主管部门会同国务院有关行政主管部门决定。社会团体、企业事业组织以及公民可以向国务院标准化行政主管部门提出强制性国家标准的立项建议,国务院标准化行政主管部门认为需要立项的,会同国务院有关行政主管部门决定。

强制性国家标准由国务院批准发布或者授权批准发布。

法律、行政法规和国务院决定对强制性标准的制定另有规定的,从其规定。

第十一条 对满足基础通用、与强制性国家标准配套、对各有关行业起引领作用等需要的技术要求,可以制定推荐性国家标准。

推荐性国家标准由国务院标准化行政主管部门制定。

第十二条 对没有推荐性国家标准、需要在全国某个行业范围内统一的技术要求,可以制定行业标准。

行业标准由国务院有关行政主管部门制定,报国务院标准化行政主管部门备案。

第十三条 为满足地方自然条件、风俗习惯等特殊技术要求,可以制定地方标准。

地方标准由省、自治区、直辖市人民政府标准化行政主管部门制定;设区的市级人民政府标准化行政主管部门根据本行政区域的特殊需要,经所在地省、自治区、直辖市人民政府标准化行政主管部门批准,可以制定本行政区域的地方标准。地方标准由省、自治区、直辖市人民政府标准化行政主管部门报国务院标准化行政主管部门备案,由国务院标准化行政主管部门通报国务院有关行政主管部门。

第十四条 对保障人身健康和生命财产安全、国家安全、生态环境安全以及经济社会发展所急需的标准项目,制定标准的行政主管部门应当优先立项并及时完成。

第十五条 制定强制性标准、推荐性标准,应当在立项时对有关行政主管部门、企业、社会团体、消费者和教育、科研机构等方面的实际需求进行调查,对制定标准的必要性、可行性进行论证评估;在制定过程中,应当按照便捷有效的原则采取多种方式征求意见,组织对标准相关事项进行调查分析、实验、论证,并做到有关标准之间的协调配套。

第十六条 制定推荐性标准,应当组织由相关方组成的标准化技术委员会,承担标准的起草、技术审查工作。制定强制性标准,可以委托相关标准化技术委员会承担标准的起草、技术审查工作。未组成标准化技术委员会的,应当成立专家组承担相关标准的起草、技术审查工作。标准化技术委员会和专家组的组成应当具有广泛代表性。

第十七条 强制性标准文本应当免费向社会公开。国家推动免费向社会公开推荐性标准文本。

第十八条 国家鼓励学会、协会、商会、联合会、产业技术联盟等社会团体协调相关市场主体共同制定满足市场和创新需要的团体标准,由本团体成员约定采用或者按照本团体的规定供社会自愿采用。

制定团体标准,应当遵循开放、透明、公平的原则,保证各参与主体获取相关信息,反映各参与主体的共同需求,并应当组织对标准相关事项进行调查分析、实验、论证。

国务院标准化行政主管部门会同国务院有关行政主管部门对团体标准的制定进行规范、引导和监督。

第十九条　企业可以根据需要自行制定企业标准,或者与其他企业联合制定企业标准。

第二十条　国家支持在重要行业、战略性新兴产业、关键共性技术等领域利用自主创新技术制定团体标准、企业标准。

第二十一条　推荐性国家标准、行业标准、地方标准、团体标准、企业标准的技术要求不得低于强制性国家标准的相关技术要求。

国家鼓励社会团体、企业制定高于推荐性标准相关技术要求的团体标准、企业标准。

第二十二条　制定标准应当有利于科学合理利用资源,推广科学技术成果,增强产品的安全性、通用性、可替换性,提高经济效益、社会效益、生态效益,做到技术上先进、经济上合理。

禁止利用标准实施妨碍商品、服务自由流通等排除、限制市场竞争的行为。

第二十三条　国家推进标准化军民融合和资源共享,提升军民标准通用化水平,积极推动在国防和军队建设中采用先进适用的民用标准,并将先进适用的军用标准转化为民用标准。

第二十四条　标准应当按照编号规则进行编号。标准的编号规则由国务院标准化行政主管部门制定并公布。

第三章　标准的实施

第二十五条　不符合强制性标准的产品、服务,不得生产、销售、进口或者提供。

第二十六条　出口产品、服务的技术要求,按照合同的约定执行。

第二十七条　国家实行团体标准、企业标准自我声明公开和监督制度。企业应当公开其执行的强制性标准、推荐性标准、团体标准或者企业标准的编号和名称;企业执行自行制定的企业标准的,还应当公开产品、服务的功能指标和产品的性能指标。国家鼓励团体标准、企业标准通过标准信息公共服务平台向社会公开。

企业应当按照标准组织生产经营活动,其生产的产品、提供的服务应当符合企业公开标准的技术要求。

第二十八条　企业研制新产品、改进产品,进行技术改造,应当符合本法规定的标准化要求。

第二十九条　国家建立强制性标准实施情况统计分析报告制度。

国务院标准化行政主管部门和国务院有关行政主管部门、设区的市级以上地方人民政府标准化行政主管部门应当建立标准实施信息反馈和评估机制,根据反馈和评估情况对其制定的标准进行复审。标准的复审周期一般不超过五年。经过复审,对不适应经济社会发展需要和技术进步的应当及时修订或者废止。

第三十条 国务院标准化行政主管部门根据标准实施信息反馈、评估、复审情况,对有关标准之间重复交叉或者不衔接配套的,应当会同国务院有关行政主管部门作出处理或者通过国务院标准化协调机制处理。

第三十一条 县级以上人民政府应当支持开展标准化试点示范和宣传工作,传播标准化理念,推广标准化经验,推动全社会运用标准化方式组织生产、经营、管理和服务,发挥标准对促进转型升级、引领创新驱动的支撑作用。

第四章 监督管理

第三十二条 县级以上人民政府标准化行政主管部门、有关行政主管部门依据法定职责,对标准的制定进行指导和监督,对标准的实施进行监督检查。

第三十三条 国务院有关行政主管部门在标准制定、实施过程中出现争议的,由国务院标准化行政主管部门组织协商;协商不成的,由国务院标准化协调机制解决。

第三十四条 国务院有关行政主管部门、设区的市级以上地方人民政府标准化行政主管部门未依照本法规定对标准进行编号、复审或者备案的,国务院标准化行政主管部门应当要求其说明情况,并限期改正。

第三十五条 任何单位或者个人有权向标准化行政主管部门、有关行政主管部门举报、投诉违反本法规定的行为。

标准化行政主管部门、有关行政主管部门应当向社会公开受理举报、投诉的电话、信箱或者电子邮件地址,并安排人员受理举报、投诉。对实名举报人或者投诉人,受理举报、投诉的行政主管部门应当告知处理结果,为举报人保密,并按照国家有关规定对举报人给予奖励。

第五章 法律责任

第三十六条 生产、销售、进口产品或者提供服务不符合强制性标准,或者企业生产的产品、提供的服务不符合其公开标准的技术要求的,依法承担民事责任。

第三十七条 生产、销售、进口产品或者提供服务不符合强制性标准的,依照《中华人民共和国产品质量法》、《中华人民共和国进出口商品检验法》、《中华人民共和国消费者权益保护法》等法律、行政法规的规定查处,记入信用记录,并依照有关法律、行政法规的规定予以公示;构成犯罪的,依法追究刑事责任。

第三十八条 企业未依照本法规定公开其执行的标准的,由标准化行政主管部门责令限期改正;逾期不改正的,在标准信息公共服务平台上公示。

第三十九条 国务院有关行政主管部门、设区的市级以上地方人民政府标准化行政主管部门制定的标准不符合本法第二十一条第一款、第二十二条第一款规定的,应当及时改正;拒不改正的,由国务院标准化行政主管部门公告废止相关标准;对负有责任的领导人员和直接责任人员依法给予处分。

社会团体、企业制定的标准不符合本法第二十一条第一款、第二十二条第一款规定的,由标准化行政主管部门责令限期改正;逾期不改正的,由省级以上人民政府标准化行政主管部门废止相关标准,并在标准信息公共服务平台上公示。

违反本法第二十二条第二款规定,利用标准实施排除、限制市场竞争行为的,依照《中华人民共和国反垄断法》等法律、行政法规的规定处理。

第四十条 国务院有关行政主管部门、设区的市级以上地方人民政府标准化行政主管部门未依照本法规定对标准进行编号或者备案,又未依照本法第三十四条的规定改正的,由国务院标准化行政主管部门撤销相关标准编号或者公告废止未备案标准;对负有责任的领导人员和直接责任人员依法给予处分。

国务院有关行政主管部门、设区的市级以上地方人民政府标准化行政主管部门未依照本法规定对其制定的标准进行复审,又未依照本法第三十四条的规定改正的,对负有责任的领导人员和直接责任人员依法给予处分。

第四十一条 国务院标准化行政主管部门未依照本法第十条第二款规定对制定强制性国家标准的项目予以立项,制定的标准不符合本法第二十一条第一款、第二十二条第一款规定,或者未依照本法规定对标准进行编号、复审或者予以备案的,应当及时改正;对负有责任的领导人员和直接责任人员可以依法给予处分。

第四十二条 社会团体、企业未依照本法规定对团体标准或者企业标准进行编号的,由标准化行政主管部门责令限期改正;逾期不改正的,由省级以上人民政府标准化行政主管部门撤销相关标准编号,并在标准信息公共服务平台上公示。

第四十三条 标准化工作的监督、管理人员滥用职权、玩忽职守、徇私舞弊的,依法给予处分;构成犯罪的,依法追究刑事责任。

第六章 附 则

第四十四条 军用标准的制定、实施和监督办法,由国务院、中央军事委员会另行制定。

第四十五条 本法自 2018 年 1 月 1 日起施行。

中华人民共和国反不正当竞争法

中华人民共和国主席令第 77 号

《中华人民共和国反不正当竞争法》已由中华人民共和国第十二届全国人民代表大会常务委员会第三十次会议于 2017 年 11 月 4 日修订通过,现将修订后的《中华人民共和国反不正当竞争法》公布,自 2018 年 1 月 1 日起施行。

中华人民共和国主席 习近平
2017 年 11 月 4 日

中华人民共和国反不正当竞争法

第一章 总 则

第一条 为了促进社会主义市场经济健康发展,鼓励和保护公平竞争,制止不正当竞争行为,保护经营者和消费者的合法权益,制定本法。

第二条 经营者在生产经营活动中,应当遵循自愿、平等、公平、诚信的原则,遵守法律和商业道德。

本法所称的不正当竞争行为,是指经营者在生产经营活动中,违反本法规定,扰乱市场竞争秩序,损害其他经营者或者消费者的合法权益的行为。

本法所称的经营者,是指从事商品生产、经营或者提供服务(以下所称商品包括服务)的自然人、法人和非法人组织。

第三条 各级人民政府应当采取措施,制止不正当竞争行为,为公平竞争创造良好的环境和条件。

国务院建立反不正当竞争工作协调机制,研究决定反不正当竞争重大政策,协调处理维护市场竞争秩序的重大问题。

第四条 县级以上人民政府履行工商行政管理职责的部门对不正当竞争行为进行查处;法律、行政法规规定由其他部门查处的,依照其规定。

第五条 国家鼓励、支持和保护一切组织和个人对不正当竞争行为进行社会监督。

国家机关及其工作人员不得支持、包庇不正当竞争行为。

行业组织应当加强行业自律,引导、规范会员依法竞争,维护市场竞争秩序。

第二章 不正当竞争行为

第六条 经营者不得实施下列混淆行为,引人误认为是他人商品或者与他人存在特定联系:

(一)擅自使用与他人有一定影响的商品名称、包装、装潢等相同或者近似的标识;

(二)擅自使用他人有一定影响的企业名称(包括简称、字号等)、社会组织名称(包括简称等)、姓名(包括笔名、艺名、译名等);

(三)擅自使用他人有一定影响的域名主体部分、网站名称、网页等;

(四)其他足以引人误认为是他人商品或者与他人存在特定联系的混淆行为。

第七条 经营者不得采用财物或者其他手段贿赂下列单位或者个人,以谋取交易机会或者竞争优势:

(一)交易相对方的工作人员;

(二)受交易相对方委托办理相关事务的单位或者个人;

(三)利用职权或者影响力影响交易的单位或者个人。

经营者在交易活动中,可以以明示方式向交易相对方支付折扣,或者向中间人支付佣金。经营者向交易相对方支付折扣、向中间人支付佣金的,应当如实入账。接受折扣、佣金的经营者也应当如实入账。

经营者的工作人员进行贿赂的,应当认定为经营者的行为;但是,经营者有证据证明该工作人员的行为与为经营者谋取交易机会或者竞争优势无关的除外。

第八条 经营者不得对其商品的性能、功能、质量、销售状况、用户评价、曾获荣誉等作虚假或者引人误解的商业宣传,欺骗、误导消费者。

经营者不得通过组织虚假交易等方式,帮助其他经营者进行虚假或者引人误解的商业宣传。

第九条 经营者不得实施下列侵犯商业秘密的行为:

(一)以盗窃、贿赂、欺诈、胁迫或者其他不正当手段获取权利人的商业秘密;

(二)披露、使用或者允许他人使用以前项手段获取的权利人的商业秘密;

(三)违反约定或者违反权利人有关保守商业秘密的要求,披露、使用或者允许他人使用其所掌握的商业秘密。

第三人明知或者应知商业秘密权利人的员工、前员工或者其他单位、个人实施前款所列违法行为,仍获取、披露、使用或者允许他人使用该商业秘密的,视为侵犯商业秘密。

本法所称的商业秘密,是指不为公众所知悉、具有商业价值并经权利人采取相应保密措施的技术信息和经营信息。

第十条 经营者进行有奖销售不得存在下列情形:

(一)所设奖的种类、兑奖条件、奖金金额或者奖品等有奖销售信息不明确,影响兑奖;

(二)采用谎称有奖或者故意让内定人员中奖的欺骗方式进行有奖销售;

(三)抽奖式的有奖销售,最高奖的金额超过五万元。

第十一条 经营者不得编造、传播虚假信息或者误导性信息,损害竞争对手的商业信誉、商品声誉。

第十二条 经营者利用网络从事生产经营活动,应当遵守本法的各项规定。

经营者不得利用技术手段,通过影响用户选择或者其他方式,实施下列妨碍、破坏其他经营者合法提供的网络产品或者服务正常运行的行为:

(一)未经其他经营者同意,在其合法提供的网络产品或者服务中,插入链接、强制进行目标跳转;

(二)误导、欺骗、强迫用户修改、关闭、卸载其他经营者合法提供的网络产品或者服务;

(三)恶意对其他经营者合法提供的网络产品或者服务实施不兼容;

(四)其他妨碍、破坏其他经营者合法提供的网络产品或者服务正常运行的行为。

第三章 对涉嫌不正当竞争行为的调查

第十三条 监督检查部门调查涉嫌不正当竞争行为,可以采取下列措施:

(一)进入涉嫌不正当竞争行为的经营场所进行检查;

(二)询问被调查的经营者、利害关系人及其他有关单位、个人,要求其说明有关情况或

者提供与被调查行为有关的其他资料;

(三)查询、复制与涉嫌不正当竞争行为有关的协议、账簿、单据、文件、记录、业务函电和其他资料;

(四)查封、扣押与涉嫌不正当竞争行为有关的财物;

(五)查询涉嫌不正当竞争行为的经营者的银行账户。

采取前款规定的措施,应当向监督检查部门主要负责人书面报告,并经批准。采取前款第四项、第五项规定的措施,应当向设区的市级以上人民政府监督检查部门主要负责人书面报告,并经批准。

监督检查部门调查涉嫌不正当竞争行为,应当遵守《中华人民共和国行政强制法》和其他有关法律、行政法规的规定,并应当将查处结果及时向社会公开。

第十四条 监督检查部门调查涉嫌不正当竞争行为,被调查的经营者、利害关系人及其他有关单位、个人应当如实提供有关资料或者情况。

第十五条 监督检查部门及其工作人员对调查过程中知悉的商业秘密负有保密义务。

第十六条 对涉嫌不正当竞争行为,任何单位和个人有权向监督检查部门举报,监督检查部门接到举报后应当依法及时处理。

监督检查部门应当向社会公开受理举报的电话、信箱或者电子邮件地址,并为举报人保密。对实名举报并提供相关事实和证据的,监督检查部门应当将处理结果告知举报人。

第四章 法律责任

第十七条 经营者违反本法规定,给他人造成损害的,应当依法承担民事责任。

经营者的合法权益受到不正当竞争行为损害的,可以向人民法院提起诉讼。

因不正当竞争行为受到损害的经营者的赔偿数额,按照其因被侵权所受到的实际损失确定;实际损失难以计算的,按照侵权人因侵权所获得的利益确定。赔偿数额还应当包括经营者为制止侵权行为所支付的合理开支。

经营者违反本法第六条、第九条规定,权利人因被侵权所受到的实际损失、侵权人因侵权所获得的利益难以确定的,由人民法院根据侵权行为的情节判决给予权利人三百万元以下的赔偿。

第十八条 经营者违反本法第六条规定实施混淆行为的,由监督检查部门责令停止违法行为,没收违法商品。违法经营额五万元以上的,可以并处违法经营额五倍以下的罚款;没有违法经营额或者违法经营额不足五万元的,可以并处二十五万元以下的罚款。情节严重的,吊销营业执照。

经营者登记的企业名称违反本法第六条规定的,应当及时办理名称变更登记;名称变更前,由原企业登记机关以统一社会信用代码代替其名称。

第十九条 经营者违反本法第七条规定贿赂他人的,由监督检查部门没收违法所得,处十万元以上三百万元以下的罚款。情节严重的,吊销营业执照。

第二十条 经营者违反本法第八条规定对其商品作虚假或者引人误解的商业宣传,或者通过组织虚假交易等方式帮助其他经营者进行虚假或者引人误解的商业宣传的,由监督检查部门责令停止违法行为,处二十万元以上一百万元以下的罚款;情节严重的,处一百万元以上二百万元以下的罚款,可以吊销营业执照。

经营者违反本法第八条规定,属于发布虚假广告的,依照《中华人民共和国广告法》的规定处罚。

第二十一条 经营者违反本法第九条规定侵犯商业秘密的,由监督检查部门责令停止违法行为,处十万元以上五十万元以下的罚款;情节严重的,处五十万元以上三百万元以下的罚款。

第二十二条 经营者违反本法第十条规定进行有奖销售的,由监督检查部门责令停止违法行为,处五万元以上五十万元以下的罚款。

第二十三条 经营者违反本法第十一条规定损害竞争对手商业信誉、商品声誉的,由监督检查部门责令停止违法行为、消除影响,处十万元以上五十万元以下的罚款;情节严重的,处五十万元以上三百万元以下的罚款。

第二十四条 经营者违反本法第十二条规定妨碍、破坏其他经营者合法提供的网络产品或者服务正常运行的,由监督检查部门责令停止违法行为,处十万元以上五十万元以下的罚款;情节严重的,处五十万元以上三百万元以下的罚款。

第二十五条 经营者违反本法规定从事不正当竞争,有主动消除或者减轻违法行为危害后果等法定情形的,依法从轻或者减轻行政处罚;违法行为轻微并及时纠正,没有造成危害后果的,不予行政处罚。

第二十六条 经营者违反本法规定从事不正当竞争,受到行政处罚的,由监督检查部门记入信用记录,并依照有关法律、行政法规的规定予以公示。

第二十七条 经营者违反本法规定,应当承担民事责任、行政责任和刑事责任,其财产不足以支付的,优先用于承担民事责任。

第二十八条 妨害监督检查部门依照本法履行职责,拒绝、阻碍调查的,由监督检查部门责令改正,对个人可以处五千元以下的罚款,对单位可以处五万元以下的罚款,并可以由公安机关依法给予治安管理处罚。

第二十九条 当事人对监督检查部门作出的决定不服的,可以依法申请行政复议或者提起行政诉讼。

第三十条 监督检查部门的工作人员滥用职权、玩忽职守、徇私舞弊或者泄露调查过程中知悉的商业秘密的,依法给予处分。

第三十一条 违反本法规定,构成犯罪的,依法追究刑事责任。

第五章 附 则

第三十二条 本法自 2018 年 1 月 1 日起施行。

国务院关于在更大范围推进"证照分离"改革试点工作的意见

国发〔2017〕45号

各省、自治区、直辖市人民政府,国务院各部委、各直属机构:

开展"证照分离"改革试点,是落实党中央、国务院重大决策部署,释放企业创新创业活力,推进营商环境法治化、国际化、便利化的重要举措。"证照分离"改革试点在上海市浦东新区首推以来,通过对116项行政许可等事项清理取消一批、改为备案一批、实行告知承诺制一批以及提高透明度和可预期性等措施,有效降低了企业制度性交易成本,取得了显著成效。为进一步破解"办照容易办证难"、"准入不准营"等突出问题,加快营造稳定公平透明可预期的营商环境,现就在更大范围推进"证照分离"改革试点工作提出以下意见:

一、试点范围和内容

在深入总结上海市浦东新区"证照分离"改革试点经验基础上,在天津、辽宁、浙江、福建、河南、湖北、广东、重庆、四川、陕西10个自贸试验区,复制推广上海市改革试点成熟做法。试点期为本意见印发之日起至2018年12月21日。

《国务院关于上海市开展"证照分离"改革试点总体方案的批复》(国函〔2015〕222号)和《国务院关于在上海市浦东新区暂时调整有关行政法规和国务院文件规定的行政审批等事项的决定》(国发〔2016〕24号)已经批复上海市改革试点的116项行政许可等事项(国务院或部门已取消的事项除外),在上述10个自贸试验区内适用,不再另行发文。116项以外不涉及修改法律和行政法规、国务院文件的行政审批等事项,地方可自行确定是否纳入改革范畴。超出116项的范围或改变相应改革措施,且涉及修改法律和行政法规、国务院文件的,应按程序报批。

二、改革重点

(一)清理规范各类许可。除涉及国家安全、公共安全、生态安全和公众健康等重大公共利益外,能分离的许可类的"证"都分离出去,根据地方实际分别采用适当管理方式。一是直接取消审批,实行行业自律管理,允许企业直接开展相关经营活动。二是由审批改为备案,企业将相关材料报送政府有关部门后,即可开展相关经营活动,政府部门不再对备案材料进行核准或许可。三是实行告知承诺制,企业承诺符合审批条件并提交有关材料,即可办理相关审批事项。四是提升透明度和可预期性,公开行政审批事项目录和程序,明晰具体受理条件和办理标准,列明审查要求和时限,实现服务事项标准化。大力推广并联审批、证照联办,切实打通企业办事环节。五是由各行业主管部门在清理规范行政审批事项的同时,全面加强行业规范建设,制定明确具体的行业经营标准,督促企业对照标准进行备案或实行告知承诺。培育壮大行业组织,发挥行业自律和规范的引导作用。

(二)切实加强事中事后监管。对于取消审批或审批改为备案、实行告知承诺制等事项,要逐项研究细化自律准则和标准,强化日常监管,做到放开准入和严格监管相结合,确保无缝衔接、不留死角。坚持"谁审批谁监管、谁主管谁监管"原则,探索完善监管措施。实行并联审批的,审批部门、主管部门、监管部门都要负起监管责任。要加大违法违规行为惩戒力度。各行业主管部门要从对市场主体的审批监管转变为合规监管,通过抽查、指导行业协会自查、信用评级等事中事后监管方式,督促指导企业严格执行行业规范,守法守规守信经营。健全企业信息公示制度和公示信息抽查制度,完善企业经营异常名录制度和严重违法企业名单制度。加强跨部门联动响应,实现工商部门、审批部门、行业主管部门以及其他相关部门间的信息实时共享和工作联动,构建"一处违法、处处受限"的联合惩戒机制。推进"双随机、一公开"监管和综合执法改革,打造综合监管模式,充分运用大数据等现代信息技术,提高监管效率,积极解决多头执法、重复执法问题,营造公平竞争的市场环境。

(三)加快推进信息共享。针对行政审批中申报材料重复提交、重复审查、重复证明等问题,加快推进公民、企事业单位和社会组织基本信息共享。进一步完善全国信用信息共享平台、国家企业信用信息公示系统等政府统一数据共享交换平台,探索实现部门间企业基础信息和相关信用信息共享、业务协同,让信息多跑路、群众少跑腿,方便企业和群众办事创业。各自贸试验区要提前完成接入国家数据共享交换平台的工作,尽快实现跨部门、跨层级、跨区域信息共享。

(四)统筹推进"证照分离"和"多证合一"改革。按照能整合的尽量整合、能简化的尽量简化、该减掉的坚决减掉的原则,全面梳理、分类处理各类涉企证照事项。将"证照分离"改革后属于信息采集、记载公示和管理备查类的各种证照进一步整合到营业执照上,实行"多证合一、一照一码"。对市场机制能够有效调节、企业能够自主管理的事项以及通过事中事后监管可以达到原设定涉企证照事项目的的,要逐步取消或改为备案管理。

三、组织实施

(一)各自贸试验区"证照分离"改革试点工作由所在地省级人民政府牵头负责,相关地方要对国务院已批复上海市浦东新区改革试点的116项行政许可等事项,结合本地实际,逐项提出取消审批、由审批改为备案、实行告知承诺制、提高透明度和可预期性、强化准入监管的意见,形成本自贸试验区"证照分离"改革试点方案。试点方案应于2017年10月底前送中央编办(国务院审改办)备案。

(二)试点过程中,试点地方对保留的行政审批事项,要逐项梳理明确办事依据、材料、程序和时限,研究优化办事流程、缩减自由裁量空间、提高工作效率的具体措施办法,逐项明确审批事项的事中事后监管措施,形成监管文件,将监管责任落到实处。国务院各相关部门要切实支持试点地方开展"证照分离"改革,及时调整相关规章、规范性文件,主动给予指导帮助。

(三)试点地方要及时总结可复制推广的经验做法,尤其是落实事中事后监管责任的做法。中央编办(国务院审改办)、工商总局、国务院法制办要牵头做好改革推进和组织协调工作,并对"证照分离"改革经验进行汇总评估,形成全面推开的意见建议。

经省级人民政府批准,各地有条件的国家自主创新示范区、国家高新技术产业开发区、国家级经济技术开发区、国家级新区,可从实际出发复制推广上海市浦东新区"证照分离"改革的具体做法(详见国函〔2015〕222号、国发〔2016〕24号文件)。同时,支持各地根据实际情况,依法积极创新探索与"证照分离"改革相配套的事中事后监管制度措施,有效防范风险。

四、工作要求

(一)加强组织领导。各相关省(区、市)人民政府要充分认识"证照分离"改革工作的重要性、复杂性和艰巨性,将该项工作列入重要议事日程,明确责任主体,加强组织领导,建立协同推进的工作机制,统筹推进"证照分离"改革与其他商事制度改革、行政审批制度改革。要周密制定、统筹实施试点方案和复制推广上海市具体做法的工作方案,细化分解任务,明确时间节点,层层压实责任,确保改革措施落地见效。

(二)鼓励探索创新。有关部门和地方要尊重并发挥基层首创精神,鼓励支持地方和基层大胆探索,积极营造良好环境,及时总结推广改革经验。各自贸试验区要敢为人先、积极探索,当好改革"排头兵",打造改革"新高地"。

(三)加大督查力度。各地要加强对"证照分离"改革工作的督促检查。对落实到位、积极作为的典型要通报表扬、给予激励,对遇到的问题困难要加强指导、帮助解决,对敷衍塞责、延误改革、工作不力、刁难市场主体的要严肃问责。

(四)坚持依法推进。按照重大改革于法有据的要求,依照法定程序开展相关工作,确保改革在法治轨道上推进。要对照已出台的"放管服"改革措施和修改法律法规的相关决定,结合改革工作情况,加快推进相关法规、规章的立改废释工作,为推进"证照分离"改革提供及时有效的制度支持。

国务院

2017年9月22日

国务院办公厅关于推广支持创新相关改革举措的通知

国办发〔2017〕80号

各省、自治区、直辖市人民政府,国务院各部委、各直属机构:

为深入实施创新驱动发展战略,党中央、国务院确定在京津冀、上海、广东(珠三角)、安徽(合芜蚌)、四川(成德绵)、湖北武汉、陕西西安、辽宁沈阳等8个区域开展全面创新改革试验,推进相关改革举措先行先试,着力破除制约创新发展的体制机制障碍。有关地区和部门认真落实党中央、国务院决策部署,在深化科技体制改革、提升自主创新能力、优化创新创业环境等方面进行了大胆探索,形成了一批支持创新的相关改革举措。为进一步加大支持创新的力度,营造有利于大众创业、万众创新的制度环境和公平竞争市场环境,为创新发展提供更加优质的服务,经国务院批准,将有关改革举措在全国或8个改革试验区域内推广。现就有关事项通知如下:

一、推广改革举措的主要内容

(一)科技金融创新方面3项:"以关联企业从产业链核心龙头企业获得的应收账款为质押的融资服务"、"面向中小企业的一站式投融资信息服务"、"贷款、保险、财政风险补偿捆绑的专利权质押融资服务"。

(二)创新创业政策环境方面5项:"专利快速审查、确权、维权一站式服务"、"强化创新导向的国有企业考核与激励"、"事业单位可采取年薪制、协议工资制、项目工资等灵活多样的分配形式引进紧缺或高层次人才"、"事业单位编制省内统筹使用"、"国税地税联合办税"。

(三)外籍人才引进方面2项:"鼓励引导优秀外国留学生在华就业创业,符合条件的外国留学生可直接申请工作许可和居留许可"、"积极引进外籍高层次人才,简化来华工作手续办理流程,新增工作居留向永久居留转换的申请渠道"。

(四)军民融合创新方面3项:"军民大型国防科研仪器设备整合共享"、"以股权为纽带的军民两用技术联盟创新合作"、"民口企业配套核心军品的认定和准入标准"。

二、高度重视推广工作

各地区、各部门要深入实施创新驱动发展战略,深刻认识推广支持创新相关改革举措的重大意义,将其作为深入贯彻落实创新、协调、绿色、开放、共享发展理念和推进供给侧结构性改革的重要抓手。要着力推动政策制度创新,深化简政放权、放管结合、优化服务改革,加快政府职能转变,提高政府管理水平,推进构建与创新驱动发展要求相适应的新体制、新模式,持续释放改革红利,激发全社会的创新创造活力,加快培育壮大经济发展新动能。

三、切实做好组织实施

各省(区、市)人民政府要将支持创新相关改革举措推广工作列为本地区重点工作,结合实际情况,积极创造条件、扎实推进,确保改革举措落地生根、产生实效。国务院各有关部门要结合工作职能,积极协调、指导推进推广工作。国家发展改革委和科技部要适时督促检查推广工作进展情况及效果,重大问题及时向国务院报告。

附件:支持创新相关改革举措推广清单(略——编者注)

国务院办公厅
2017 年 9 月 7 日

商务部办公厅关于进一步做好鼓励类外商投资企业进口设备减免税有关工作的通知

商办资函〔2017〕367 号

各省、自治区、直辖市、计划单列市、新疆生产建设兵团、副省级城市商务主管部门,各自由贸易试验区、国家级经济技术开发区:

2016 年 9 月,第十二届全国人大常委会第二十二次会议审议通过对《外资企业法》等四部法律的修正案,决定将不涉及国家规定实施准入特别管理措施的外商投资企业设立及变更由审批改为备案管理。2016 年 10 月,商务部发布《外商投资企业设立及变更备案管理暂行办法》(商务部令 2016 年第 3 号)(以下简称《备案办法》),明确备案机构、备案程序、监督管理和法律责任等事项;2017 年 7 月,商务部发布《关于修订〈外商投资企业设立及变更备案管理暂行办法〉的决定》(商务部令 2017 年第 2 号),进一步完善相关规定。为深化外商投资管理体制改革,继续有效实施《国务院关于调整进口设备税收政策的通知》(国发〔1997〕37 号)进口设备税收政策,根据《商务部关于做好取消鼓励类外商投资企业项目确认审批后续工作的通知》(商资函〔2015〕160 号),现就进一步做好备案适用范围内鼓励类外商投资企业进口设备减免税有关工作通知如下:

一、自 2017 年 7 月 30 日起,对符合《外商投资产业指导目录》鼓励类条目或《中西部地区外商投资优势产业目录》条目并适用备案程序设立或增资的外商投资企业(以下简称"企业"),企业或其投资者通过外商投资综合管理信息系统(以下简称系统)在线填报相关备案报告表时,应填报外商投资鼓励类项目有关信息,包括:适用产业政策条目、项目性质、项目内容、项目投资总额(美元值)、进口设备用汇额(美元值)、项目建设年限等。企业投资经营活动涉及多项鼓励类产业政策条目的,应当按照相关条目分别填报上述信息。

对于上述外商投资鼓励类项目有关信息(进口设备用汇额和项目建设年限除外)发生变更的,备案机构应要求企业在线填报变更事项。对于增资的,应在变更事项中填报本次增资额和进口设备用汇额以及增资后的投资总额和进口设备总用汇额。

对于仅涉及进口设备用汇额和建设年限发生变更的,企业可向主管海关提交说明材料,由主管海关予以审核确认。

二、备案机构通过系统发布备案结果后,企业或其投资者可以向备案机构领取"备注"栏中含有外商投资鼓励类项目有关信息的《外商投资企业设立备案回执》或《外商投资企业变更备案回执》(以下统称《备案回执》)。

省级以下备案机构应将外商投资鼓励类项目有关信息及企业其他备案信息一并通过系统报送省级商务主管部门比对,收到反馈结果后,应通过系统告知企业或其投资者。企业或其投资者可以向备案机构领取《备案回执》。

三、备案机构应切实履行备案监督管理责任,依据《备案办法》对企业填报信息是否真实、准确、完整进行监督检查,发现企业存在违反鼓励类外商投资项目项下进口设备减免税相关法律法规规定的,应及时通报有关直属海关。

四、自2016年10月8日至本通知印发期间,适用备案程序已设立或增资的企业,对其中符合《外商投资产业指导目录》鼓励类条目或《中西部地区外商投资优势产业目录》条目,尚未根据《商务部关于做好取消鼓励类外商投资企业项目确认审批后续工作的通知》(商资函〔2015〕160号)办理进口设备减免税手续的,备案机构应当填写《外商投资鼓励类项目信息汇总表》(以下简称《汇总表》,格式见附表)。

省级以下备案机构应于2017年9月30日前将《汇总表》报所属省级商务主管部门比对汇总,省级商务主管部门应于2017年10月31日前,将所辖范围内比对汇总完毕的《汇总表》发送相关直属海关,抄送商务部(外资司)。

五、对外商投资企业的设立及变更涉及外商投资准入特别管理措施的,有关外商投资企业开展的鼓励类外商投资项目项下进口设备涉及减免税手续的相关事宜,仍按照《商务部关于做好取消鼓励类外商投资企业项目确认审批后续工作的通知》(商资函〔2015〕160号)规定办理。

六、本通知自发布之日起执行。对于执行中遇有问题,请各备案机构与各直属海关加强沟通、协调、配合,必要时向商务部(外资司)、海关总署(关税征管司)反映。

附件:外商投资鼓励类项目信息汇总表(略——编者注)

商务部办公厅
2017年9月5日

最高人民法院关于适用《中华人民共和国公司法》若干问题的规定(四)

法释〔2017〕16号

《最高人民法院关于适用〈中华人民共和国公司法〉若干问题的规定(四)》已于2016年12月5日由最高人民法院审判委员会第1702次会议通过,现予公布,自2017年9月1

日起施行。

最高人民法院
2017年8月25日

为正确适用《中华人民共和国公司法》，结合人民法院审判实践，现就公司决议效力、股东知情权、利润分配权、优先购买权和股东代表诉讼等案件适用法律问题作出如下规定。

第一条 公司股东、董事、监事等请求确认股东会或者股东大会、董事会决议无效或者不成立的，人民法院应当依法予以受理。

第二条 依据公司法第二十二条第二款请求撤销股东会或者股东大会、董事会决议的原告，应当在起诉时具有公司股东资格。

第三条 原告请求确认股东会或者股东大会、董事会决议不成立、无效或者撤销决议的案件，应当列公司为被告。对决议涉及的其他利害关系人，可以依法列为第三人。

一审法庭辩论终结前，其他有原告资格的人以相同的诉讼请求申请参加前款规定诉讼的，可以列为共同原告。

第四条 股东请求撤销股东会或者股东大会、董事会决议，符合公司法第二十二条第二款规定的，人民法院应当予以支持，但会议召集程序或者表决方式仅有轻微瑕疵，且对决议未产生实质影响的，人民法院不予支持。

第五条 股东会或者股东大会、董事会决议存在下列情形之一，当事人主张决议不成立的，人民法院应当予以支持：

（一）公司未召开会议的，但依据公司法第三十七条第二款或者公司章程规定可以不召开股东会或者股东大会而直接作出决定，并由全体股东在决定文件上签名、盖章的除外；

（二）会议未对决议事项进行表决的；

（三）出席会议的人数或者股东所持表决权不符合公司法或者公司章程规定的；

（四）会议的表决结果未达到公司法或者公司章程规定的通过比例的；

（五）导致决议不成立的其他情形。

第六条 股东会或者股东大会、董事会决议被人民法院判决确认无效或者撤销的，公司依据该决议与善意相对人形成的民事法律关系不受影响。

第七条 股东依据公司法第三十三条、第九十七条或者公司章程的规定，起诉请求查阅或者复制公司特定文件材料的，人民法院应当依法予以受理。

公司有证据证明前款规定的原告在起诉时不具有公司股东资格的，人民法院应当驳回起诉，但原告有初步证据证明在持股期间其合法权益受到损害，请求依法查阅或者复制其持股期间的公司特定文件材料的除外。

第八条 有限责任公司有证据证明股东存在下列情形之一的，人民法院应当认定股东有公司法第三十三条第二款规定的"不正当目的"：

（一）股东自营或者为他人经营与公司主营业务有实质性竞争关系业务的，但公司章程另有规定或者全体股东另有约定的除外；

（二）股东为了向他人通报有关信息查阅公司会计账簿，可能损害公司合法利益的；

(三)股东在向公司提出查阅请求之日前的三年内,曾通过查阅公司会计账簿,向他人通报有关信息损害公司合法利益的;

(四)股东有不正当目的的其他情形。

第九条 公司章程、股东之间的协议等实质性剥夺股东依据公司法第三十三条、第九十七条规定查阅或者复制公司文件材料的权利,公司以此为由拒绝股东查阅或者复制的,人民法院不予支持。

第十条 人民法院审理股东请求查阅或者复制公司特定文件材料的案件,对原告诉讼请求予以支持的,应当在判决中明确查阅或者复制公司特定文件材料的时间、地点和特定文件材料的名录。

股东依据人民法院生效判决查阅公司文件材料的,在该股东在场的情况下,可以由会计师、律师等依法或者依据执业行为规范负有保密义务的中介机构执业人员辅助进行。

第十一条 股东行使知情权后泄露公司商业秘密导致公司合法利益受到损害,公司请求该股东赔偿相关损失的,人民法院应当予以支持。

根据本规定第十条辅助股东查阅公司文件材料的会计师、律师等泄露公司商业秘密导致公司合法利益受到损害,公司请求其赔偿相关损失的,人民法院应当予以支持。

第十二条 公司董事、高级管理人员等未依法履行职责,导致公司未依法制作或者保存公司法第三十三条、第九十七条规定的公司文件材料,给股东造成损失,股东依法请求负有相应责任的公司董事、高级管理人员承担民事赔偿责任的,人民法院应当予以支持。

第十三条 股东请求公司分配利润案件,应当列公司为被告。

一审法庭辩论终结前,其他股东基于同一分配方案请求分配利润并申请参加诉讼的,应当列为共同原告。

第十四条 股东提交载明具体分配方案的股东会或者股东大会的有效决议,请求公司分配利润,公司拒绝分配利润且其关于无法执行决议的抗辩理由不成立的,人民法院应当判决公司按照决议载明的具体分配方案向股东分配利润。

第十五条 股东未提交载明具体分配方案的股东会或者股东大会决议,请求公司分配利润的,人民法院应当驳回其诉讼请求,但违反法律规定滥用股东权利导致公司不分配利润,给其他股东造成损失的除外。

第十六条 有限责任公司的自然人股东因继承发生变化时,其他股东主张依据公司法第七十一条第三款规定行使优先购买权的,人民法院不予支持,但公司章程另有规定或者全体股东另有约定的除外。

第十七条 有限责任公司的股东向股东以外的人转让股权,应就其股权转让事项以书面或者其他能够确认收悉的合理方式通知其他股东征求同意。其他股东半数以上不同意转让,不同意的股东不购买的,人民法院应当认定视为同意转让。

经股东同意转让的股权,其他股东主张转让股东应当向其以书面或者其他能够确认收悉的合理方式通知转让股权的同等条件的,人民法院应当予以支持。

经股东同意转让的股权,在同等条件下,转让股东以外的其他股东主张优先购买的,人民法院应当予以支持,但转让股东依据本规定第二十条放弃转让的除外。

第十八条 人民法院在判断是否符合公司法第七十一条第三款及本规定所称的"同等

条件"时,应当考虑转让股权的数量、价格、支付方式及期限等因素。

第十九条 有限责任公司的股东主张优先购买转让股权的,应当在收到通知后,在公司章程规定的行使期间内提出购买请求。公司章程没有规定行使期间或者规定不明确的,以通知确定的期间为准,通知确定的期间短于三十日或者未明确行使期间的,行使期间为三十日。

第二十条 有限责任公司的转让股东,在其他股东主张优先购买后又不同意转让股权的,对其他股东优先购买的主张,人民法院不予支持,但公司章程另有规定或者全体股东另有约定的除外。其他股东主张转让股东赔偿其损失合理的,人民法院应当予以支持。

第二十一条 有限责任公司的股东向股东以外的人转让股权,未就其股权转让事项征求其他股东意见,或者以欺诈、恶意串通等手段,损害其他股东优先购买权,其他股东主张按照同等条件购买该转让股权的,人民法院应当予以支持,但其他股东自知道或者应当知道行使优先购买权的同等条件之日起三十日内没有主张,或者自股权变更登记之日起超过一年的除外。

前款规定的其他股东仅提出确认股权转让合同及股权变动效力等请求,未同时主张按照同等条件购买转让股权的,人民法院不予支持,但其他股东非因自身原因导致无法行使优先购买权,请求损害赔偿的除外。

股东以外的股权受让人,因股东行使优先购买权而不能实现合同目的的,可以依法请求转让股东承担相应民事责任。

第二十二条 通过拍卖向股东以外的人转让有限责任公司股权的,适用公司法第七十一条第二款、第三款或者第七十二条规定的"书面通知""通知""同等条件"时,根据相关法律、司法解释确定。

在依法设立的产权交易场所转让有限责任公司国有股权的,适用公司法第七十一条第二款、第三款或者第七十二条规定的"书面通知""通知""同等条件"时,可以参照产权交易场所的交易规则。

第二十三条 监事会或者不设监事会的有限责任公司的监事依据公司法第一百五十一条第一款规定对董事、高级管理人员提起诉讼的,应当列公司为原告,依法由监事会主席或者不设监事会的有限责任公司的监事代表公司进行诉讼。

董事会或者不设董事会的有限责任公司的执行董事依据公司法第一百五十一条第一款规定对监事提起诉讼的,或者依据公司法第一百五十一条第三款规定对他人提起诉讼的,应当列公司为原告,依法由董事长或者执行董事代表公司进行诉讼。

第二十四条 符合公司法第一百五十一条第一款规定条件的股东,依据公司法第一百五十一条第二款、第三款规定,直接对董事、监事、高级管理人员或者他人提起诉讼的,应当列公司为第三人参加诉讼。

一审法庭辩论终结前,符合公司法第一百五十一条第一款规定条件的其他股东,以相同的诉讼请求申请参加诉讼的,应当列为共同原告。

第二十五条 股东依据公司法第一百五十一条第二款、第三款规定直接提起诉讼的案件,胜诉利益归属于公司。股东请求被告直接向其承担民事责任的,人民法院不予支持。

第二十六条 股东依据公司法第一百五十一条第二款、第三款规定直接提起诉讼的案件,其诉讼请求部分或者全部得到人民法院支持的,公司应当承担股东因参加诉讼支付的合理费用。

第二十七条　本规定自2017年9月1日起施行。

本规定施行后尚未终审的案件,适用本规定;本规定施行前已经终审的案件,或者适用审判监督程序再审的案件,不适用本规定。

国务院关于促进外资增长若干措施的通知

国发〔2017〕39号

各省、自治区、直辖市人民政府,国务院各部委、各直属机构:

积极利用外资是我国对外开放战略的重要内容。当前经济全球化呈现新特点,我国利用外资面临新形势新任务。为深化供给侧结构性改革,推进简政放权、放管结合、优化服务改革,进一步提升我国外商投资环境法治化、国际化、便利化水平,促进外资增长,提高利用外资质量,现将有关事宜通知如下:

一、进一步减少外资准入限制

(一)全面实施准入前国民待遇加负面清单管理制度。尽快在全国推行自由贸易试验区试行过的外商投资负面清单,进一步增强投资环境的开放度、透明度、规范性。(国家发展改革委、商务部负责)

(二)进一步扩大市场准入对外开放范围。持续推进专用车和新能源汽车制造、船舶设计、支线和通用飞机维修、国际海上运输、铁路旅客运输、加油站、互联网上网服务营业场所、呼叫中心、演出经纪、银行业、证券业、保险业对外开放,明确对外开放时间表、路线图。(中央宣传部、中央网信办、国家发展改革委、工业和信息化部、交通运输部、商务部、文化部、人民银行、银监会、证监会、保监会、国家铁路局、中国民航局、中国铁路总公司按职责分工负责)

二、制定财税支持政策

(三)鼓励境外投资者持续扩大在华投资。对境外投资者从中国境内居民企业分配的利润直接投资于鼓励类投资项目,凡符合规定条件的,实行递延纳税政策,暂不征收预提所得税。(财政部、税务总局按职责分工负责)

(四)发挥外资对优化服务贸易结构的积极作用。将服务外包示范城市符合条件的技术先进型服务企业所得税优惠政策推广到全国,引导外资更多投向高技术、高附加值服务业。(财政部、商务部、税务总局等按职责分工负责)

(五)促进利用外资与对外投资相结合。对我国居民企业(包括跨国公司地区总部)分回

国内符合条件的境外所得,研究出台相关税收支持政策。(财政部、税务总局按职责分工负责)

(六)鼓励跨国公司在华投资设立地区总部。支持各地依法依规出台包括资金支持在内的吸引跨国公司地区总部的政策措施,积极参与全球产业格局调整。(各省级人民政府负责)

(七)促进外资向西部地区和东北老工业基地转移。充分发挥现有财政资金作用,积极支持西部地区及东北老工业基地的国家级开发区(含经济技术开发区、高新技术产业开发区、海关特殊监管区域等,下同)科技创新、生态环保、公共服务等领域建设,改善招商环境,提升引资质量,承接高水平制造业转移。(科技部、财政部、商务部、海关总署按职责分工负责)

(八)支持重点引资平台基础设施和重大项目建设。鼓励省级人民政府发行地方政府债券支持国家级开发区、边境经济合作区、跨境经济合作区基础设施建设。加快试点发展项目收益与融资自求平衡的地方政府专项债券品种,优先保障上述区域符合条件的重大项目融资需求。(科技部、财政部、商务部、海关总署、各省级人民政府按职责分工负责)

三、完善国家级开发区综合投资环境

(九)充分赋予国家级开发区投资管理权限。支持国家级开发区开展相对集中行政许可权改革试点。指导国家级开发区进一步推进简政放权、放管结合、优化服务改革,在营造外商投资优良环境等方面发挥示范引领作用。(中央编办、科技部、商务部、海关总署、国务院法制办按职责分工负责)

(十)支持国家级开发区项目落地。允许各地在符合经济社会发展规划、土地利用总体规划、城市总体规划的前提下,对国家级开发区利用外资项目所需建设用地指标予以优先保障,做到应保尽保。(科技部、国土资源部、住房城乡建设部、商务部、海关总署、各省级人民政府按职责分工负责)

(十一)支持国家级开发区拓展引资空间。对符合条件的国家级开发区,经国务院批准后允许调区、扩区,整合区位相邻、相近的开发区,建立飞地园区,对收储的低效用地,相应提供规划调整、简化审批等便利。(科技部、国土资源部、住房城乡建设部、商务部、海关总署、各地方人民政府按职责分工负责)

(十二)支持国家级开发区提升产业配套服务能力。在条件成熟的地区,引进生产服务型外资企业,试点开展高技术、高附加值项目境内外维修业务,促进加工贸易向全球产业链、价值链中高端延伸。(商务部、海关总署负责)

四、便利人才出入境

(十三)完善外国人才引进制度。在全国实施外国人来华工作许可制度,采用"告知+承诺"、"容缺受理"等方式,为外国人才办理工作许可提供便利。2018年,制定出台外国人在中国工作管理条例,建立标准统一、程序规范的外国人才来华工作许可制度。(外交部、公安部、国务院法制办、国家外专局等按职责分工负责)

(十四)积极引进国际高端人才。2017年下半年,制定出台外国人才签证实施细则,完善外国人才评价标准,扩大发放范围;放宽外国人才签证有效期限,对符合条件的外国人,签

发长期(5年至10年)多次往返签证,并可凭该签证办理工作许可、申请工作类居留证件。制定出台外国人永久居留管理条例,明确外国人申请和取得永久居留资格的条件和程序。(外交部、公安部、国务院法制办、国家外专局等按职责分工负责)

五、优化营商环境

(十五)抓紧完善外资法律体系。加快统一内外资法律法规,制定新的外资基础性法律。清理涉及外资的法律、法规、规章和政策性文件,推动限期废止或修订与国家对外开放大方向和大原则不符的法律法规或条款。(有关部门和各省级人民政府按职责分工负责)

(十六)提升外商投资服务水平。完善中央及地方外商投资企业投诉机制,协调解决境外投资者反映的突出问题,加大对外商投资企业享有准入后国民待遇的保障力度,努力营造统一开放、竞争有序的市场环境。建立行政事业性收费和政府性基金、政府定价的涉企经营服务性收费等涉企收费目录清单制度。(国家发展改革委、财政部、商务部等有关部门、各省级人民政府按职责分工负责)

(十七)保障境外投资者利润自由汇出。对于境外投资者在境内依法取得的利润、股息等投资收益,可依法以人民币或外汇自由汇出。(人民银行、国家外汇局按职责分工负责)

(十八)深化外商投资企业管理信息共享和业务协同。积极推进"互联网+政务服务",进一步完善"双随机、一公开"监管机制,构建高效便捷的外商投资事中事后监管与服务体系。加大商务部门与工商、海关、质检、外汇等部门之间信息管理系统的互联互通力度,实现外商投资企业从设立到运营的有关信息跨层级、跨部门共享。试点外商投资企业商务备案与工商登记"单一窗口、单一表格"受理新模式。(商务部、海关总署、工商总局、质检总局、国家外汇局等有关部门负责,各地方人民政府按职责分工负责)

(十九)鼓励外资参与国内企业优化重组。简化程序,放宽限制,支持境外投资者以并购方式设立外商投资企业。支持国内企业多渠道引进国际先进技术、管理经验和营销渠道。鼓励外资参与国有企业混合所有制改革。(国家发展改革委、商务部、国务院国资委按职责分工负责)

(二十)完善外商投资企业知识产权保护。针对网络侵权盗版、侵犯专利权、侵犯商标专用权等知识产权问题开展集中整治,强化司法保护和行政执法,加大对侵权违法行为的惩治力度。(全国打击侵权假冒工作领导小组办公室、工商总局、新闻出版广电总局、国家知识产权局等按职责分工负责)

(二十一)提升研发环境国际竞争力。为研发中心运营创造便利条件,依法简化具备条件的研发中心研发用样本样品、试剂等进口手续,促进外资研发投入。(海关总署、质检总局等按职责分工负责)

(二十二)保持外资政策稳定性连续性。地方各级人民政府要严格兑现向投资者及外商投资企业依法作出的政策承诺,认真履行在招商引资等活动中依法签订的各类合同。(各省级人民政府负责)

各地区、各部门要高度重视新形势下利用外资工作,按照职责分工,主动作为,密切配合。商务部要会同有关部门加强督促检查,确保各项措施落到实处,不断提升我国引资新优势,促进利用外资实现稳定增长。

国务院
2017年8月8日

最高人民法院印发《关于为改善营商环境提供司法保障的若干意见》的通知

法发〔2017〕23号

各省、自治区、直辖市高级人民法院,解放军军事法院,新疆维吾尔自治区高级人民法院生产建设兵团分院:

现将《最高人民法院关于为改善营商环境提供司法保障的若干意见》印发给你们,请认真贯彻执行。

最高人民法院
2017年8月7日

最高人民法院关于为改善营商环境提供司法保障的若干意见

为改善投资和市场环境,营造稳定公平透明、可预期的营商环境,加快建设开放型经济新体制提供更加有力的司法服务和保障,结合人民法院审判执行工作实际,制定本意见。

一、依法平等保护各类市场主体,推动完善社会主义市场经济主体法律制度

1. 坚持平等保护原则,充分保障各类市场主体的合法权益。全面贯彻平等保护不同所有制主体、不同地区市场主体、不同行业利益主体的工作要求,坚持各类市场主体法律地位平等、权利保护平等和发展机会平等的原则,依法化解各类矛盾纠纷,推动形成平等有序、充满活力的法治化营商环境。严格落实《最高人民法院关于依法平等保护非公有制经济促进非公有制经济健康发展的意见》,为非公有制经济健康发展提供良好的司法环境。

2. 根据《中华人民共和国民法总则》法人制度的规定,进一步完善法人规则体系。针对

《中华人民共和国民法总则》法人制度部分的变化,及时总结具体适用过程中存在的问题,区分情况加以研究解决,推动社会主义市场经济法人制度的进一步完善。

3.加强中小股东保护,推动完善公司治理结构。适时出台公司法相关司法解释,正确处理公司决议效力、股东知情权、利润分配权、优先购买权和股东代表诉讼等纠纷案件,依法加强股东权利保护,促进公司治理规范化,提升我国保护中小股东权益的国际形象,增强社会投资的积极性。

二、准确把握市场准入标准,服务开放型经济新体制建设

4.做好与商事制度改革的相互衔接,推动形成更加有利于大众创业、万众创新的营商氛围。妥善应对商事登记制度改革对司法审判工作的影响,切实推动解决注册资本认缴登记制改革后的法律适用问题。利用大数据和现代信息技术,积极推动建立全国统一的各类财产权属登记平台和金融交易登记平台,让市场交易更加便利、透明。

5.准确把握外商投资负面清单制度,促进外资的有效利用。在处理外商投资企业纠纷的案件中,依法落实外商投资管理体制改革的各项举措,准确把握外商投资负面清单制度的内容以及清单变化情况,妥善处理在逐步放开外商投资领域时产生的涉及外资准入限制和股比限制的法律适用问题,形成更加开放、公平、便利的投资环境。

6.依法审理各类涉外商事海事案件,服务和保障"一带一路"等国家重大战略的实施。充分发挥审判职能作用,依法行使司法管辖权,公正高效审理各类涉外商事海事案件,平等保护中外当事人程序权利和实体权益。按照《最高人民法院关于人民法院为"一带一路"建设提供司法服务和保障的若干意见》,加强与"一带一路"沿线国家的国际司法协助,完善相关工作机制,及时化解争议纠纷,为"一带一路"建设营造良好法治环境。

7.加强涉自贸试验区民商事审判工作,为开放型经济新体制建设提供司法保障。落实《最高人民法院关于为自由贸易试验区建设提供司法保障的意见》,积极配合自贸试验区政府职能转变、投资领域开放、贸易发展方式转变、金融领域开放创新等各项改革措施,公正高效审理各类涉自贸试验区案件,依法保障自贸试验区建设的制度创新。对案件审理过程中发现与自贸试验区市场规则有关的制度缺陷问题,及时提出司法建议,持续推进自贸试验区法治建设。

8.适时提出立法、修法建议和制定、修订司法解释,为外商投资提供良好的法制保障。清理涉及外商投资的司法解释及政策文件,对于已与国家对外开放基本政策、原则不符的司法解释及政策文件,及时修订或废止。对于需要通过制定相关法律法规予以解决的问题,及时提出立法、修法建议;对于需要出台司法解释解决的问题,及时出台司法解释。

三、保障市场交易公平公正,切实维护市场交易主体合法权益

9.加大产权保护力度,夯实良好营商环境的制度基础。严格落实《中共中央、国务院关于完善产权保护制度依法保护产权的意见》及《最高人民法院关于充分发挥审判职能作用切实加强产权司法保护的意见》,完善各类市场交易规则,妥善处理涉产权保护案件,推动建立健全产权保护法律制度体系。深入研究和合理保护新型权利类型,科学界定产权保护边界,

妥善调处权利冲突,切实实现产权保护法治化。

10. 依法审理各类合同案件,尊重契约自由,维护契约正义。尊重和保护市场主体的意思自治,合理判断各类交易模式和交易结构创新的合同效力,促进市场在资源配置中起决定性作用,提升市场经济活力。严格按照法律和司法解释规定,认定合同性质、效力、可撤销、可解除等情形,维护契约正义。通过裁判案件以及适时发布指导性案例等形式,向各类市场主体宣示正当的权利行使规则和违反义务的法律后果,强化市场主体的契约意识、规则意识和责任意识。妥善处理民行、民刑交叉问题,厘清法律适用边界,建立相应机制,准确把握裁判尺度。

11. 妥善审理各类金融案件,为优化营商环境提供金融司法支持。依法审理金融借款、担保、票据、证券、期货、保险、信托、民间借贷等案件,保护合法交易,平衡各方利益。以服务实体经济为宗旨,引导和规范各类金融行为。慎重审查各类金融创新的交易模式、合同效力,加快研究出台相应的司法解释和司法政策。严厉打击各类金融违法犯罪行为,维护金融秩序。加强对金融消费者的保护,切实维护其合法权益。加强金融审判机构和队伍的专业化建设,持续提升金融审判专业化水平。

12. 严格依法审理各类知识产权案件,加大知识产权保护力度,提升知识产权保护水平。严格落实《中国知识产权司法保护纲要(2016—2020)》,持续推进知识产权审判工作。加强对新兴领域和业态知识产权保护的法律问题研究,适时出台司法解释和司法政策,推动知识产权保护法律法规和制度体系的健全完善。加强知识产权法院体系建设,充分发挥审判机构专门化、审判人员专职化和审判工作专业化的制度优势。进一步发挥知识产权司法监督职能,加大对知识产权授权确权行政行为司法审查的深度和广度,推动完善知识产权诉讼中的权利效力审查机制,合理强化特定情形下民事诉讼对民行交叉纠纷解决的引导作用,促进知识产权行政纠纷的实质性解决。综合运用民事、行政和刑事手段从严惩处各类知识产权侵权违法犯罪行为,依法让侵权者付出相应代价。

13. 推动建立统一开放的社会主义市场体系,促进市场有序竞争。严格依据相关竞争法律法规,规制各类垄断行为和不正当竞争行为,妥善处理破坏市场竞争规则的案件,充分发挥司法裁判对公平竞争市场环境的维护和指引作用。进一步规范行政机关的行政许可和审批行为,并通过建立完善与行政区划适当分离的司法管辖制度等方式,打破部门垄断和地方保护,推动形成权责明确、公平公正、透明高效、法治保障的市场监管格局,为维护公平有序的市场竞争环境提供司法保障。

14. 加强执行工作,充分保障胜诉当事人合法权益的实现。全面构建综合治理执行难工作格局,按照《关于落实"用两到三年时间基本解决执行难问题"的工作纲要》要求,完善执行法律规范体系,加强执行信息化建设,加大执行力度,规范执行行为,切实增强执行威慑,优化执行效果。严格依据刑法及司法解释的规定,依法追究拒不执行人民法院判决、裁定的被执行人、协助执行义务人、担保人的刑事责任。

四、加强破产制度机制建设,完善社会主义市场主体救治和退出机制

15. 完善破产程序启动机制和破产企业识别机制,切实解决破产案件立案难问题。按照法律及司法解释的相关规定,及时受理符合立案条件的破产案件,不得在法定条件之外设置附加条件。全力推进执行案件移送破产审查工作,实现"能够执行的依法执行,整体执行不能符合破产法定条件的依法破产"的良性工作格局。积极探索根据破产案件的难易程度进行繁简分流,推动建立简捷高效的快速审理机制,尝试将部分事实清楚、债权债务关系清晰或者"无产可破"的案件,纳入快速审理范围。

16. 推动完善破产重整、和解制度,促进有价值的危困企业再生。引导破产程序各方充分认识破产重整、和解制度在挽救危困企业方面的重要作用。坚持市场化导向开展破产重整工作,更加重视营业整合和资产重组,严格依法适用强制批准权,以实现重整制度的核心价值和制度目标。积极推动构建庭外兼并重组与庭内破产程序的相互衔接机制,加强对预重整制度的探索研究。研究制定关于破产重整制度的司法解释。

17. 严厉打击各类"逃废债"行为,切实维护市场主体合法权益。严厉打击恶意逃废债务行为,依法适用破产程序中的关联企业合并破产、行使破产撤销权和取回权等手段,查找和追回债务人财产。加大对隐匿、故意销毁会计凭证、会计账簿、财务会计报告等犯罪行为的刑事处罚力度。

18. 协调完善破产配套制度,提升破产法治水平。推动设立破产费用专项基金,为"无产可破"案件提供费用支持。将破产审判工作纳入社会信用体系整体建设,对失信主体加大惩戒力度。推动制定针对破产企业豁免债务、财产处置等环节的税收优惠法律法规,切实减轻破产企业税费负担。协调解决重整或和解成功企业的信用修复问题,促进企业重返市场。推进府院联动破产工作统一协调机制,统筹推进破产程序中的业务协调、信息提供、维护稳定等工作。积极协调政府运用财政奖补资金或设立专项基金,妥善处理职工安置和利益保障问题。

19. 加强破产审判组织和破产管理人队伍的专业化建设,促进破产审判整体工作水平的持续提升。持续推进破产审判庭室的设立与建设工作,提升破产审判组织和人员的专业化水平。研究制定关于破产管理人的相关司法解释,加快破产管理人职业化建设。切实完善破产审判绩效考核等相关配套机制,提高破产审判工作效能。

五、推动社会信用体系建设,为持续优化营商环境提供信用保障

20. 充分运用信息化手段,促进社会信用体系建设的持续完善。探索社会信用体系建设与人民法院审判执行工作的深度融合路径,推动建立健全与市场主体信用信息相关的司法大数据的归集共享和使用机制,加大守信联合激励和失信联合惩戒工作力度。

21. 严厉惩处虚假诉讼行为,推进诉讼诚信建设。严格依照法律规定,追究虚假诉讼、妨害作证等行为人的刑事法律责任。适时出台相关司法解释,明确虚假诉讼罪的定罪量刑标准。完善对提供虚假证据、故意逾期举证等不诚信诉讼行为的规制机制,严厉制裁诉讼失信行为。

22. 强化对失信被执行人的信用惩戒力度,推动完善失信惩戒机制。按照中共中央办公厅、国务院办公厅印发的《关于加快推进失信被执行人信用监督、警示和惩戒机制建设的意见》要求,持续完善公布失信被执行人名单信息、限制被执行人高消费等制度规范,严厉惩戒被执行人失信行为。推动完善让失信主体"一处失信、处处受限"的信用惩戒大格局,促进社会诚信建设,实现长效治理。

无证无照经营查处办法

中华人民共和国国务院令第 684 号

现公布《无证无照经营查处办法》,自 2017 年 10 月 1 日起施行。

总理　李克强
2017 年 8 月 6 日

无证无照经营查处办法

第一条　为了维护社会主义市场经济秩序,促进公平竞争,保护经营者和消费者的合法权益,制定本办法。

第二条　任何单位或者个人不得违反法律、法规、国务院决定的规定,从事无证无照经营。

第三条　下列经营活动,不属于无证无照经营:

(一)在县级以上地方人民政府指定的场所和时间,销售农副产品、日常生活用品,或者个人利用自己的技能从事依法无须取得许可的便民劳务活动;

(二)依照法律、行政法规、国务院决定的规定,从事无须取得许可或者办理注册登记的经营活动。

第四条　县级以上地方人民政府负责组织、协调本行政区域的无证无照经营查处工作,建立有关部门分工负责、协调配合的无证无照经营查处工作机制。

第五条　经营者未依法取得许可从事经营活动的,由法律、法规、国务院决定规定的部门予以查处;法律、法规、国务院决定没有规定或者规定不明确的,由省、自治区、直辖市人民政府确定的部门予以查处。

第六条　经营者未依法取得营业执照从事经营活动的,由履行工商行政管理职责的部门(以下称工商行政管理部门)予以查处。

第七条　经营者未依法取得许可且未依法取得营业执照从事经营活动的,依照本办法第五条的规定予以查处。

第八条　工商行政管理部门以及法律、法规、国务院决定规定的部门和省、自治区、直辖市人民政府确定的部门(以下统称查处部门)应当依法履行职责,密切协同配合,利用信息网络平台加强信息共享;发现不属于本部门查处职责的无证无照经营,应当及时通报有关部门。

第九条 任何单位或者个人有权向查处部门举报无证无照经营。

查处部门应当向社会公开受理举报的电话、信箱或者电子邮件地址,并安排人员受理举报,依法予以处理。对实名举报的,查处部门应当告知处理结果,并为举报人保密。

第十条 查处部门依法查处无证无照经营,应当坚持查处与引导相结合、处罚与教育相结合的原则,对具备办理证照的法定条件、经营者有继续经营意愿的,应当督促、引导其依法办理相应证照。

第十一条 县级以上人民政府工商行政管理部门对涉嫌无照经营进行查处,可以行使下列职权:

(一)责令停止相关经营活动;

(二)向与涉嫌无照经营有关的单位和个人调查了解有关情况;

(三)进入涉嫌从事无照经营的场所实施现场检查;

(四)查阅、复制与涉嫌无照经营有关的合同、票据、账簿以及其他有关资料。

对涉嫌从事无照经营的场所,可以予以查封;对涉嫌用于无照经营的工具、设备、原材料、产品(商品)等物品,可以予以查封、扣押。

对涉嫌无证经营进行查处,依照相关法律、法规的规定采取措施。

第十二条 从事无证经营的,由查处部门依照相关法律、法规的规定予以处罚。

第十三条 从事无照经营的,由工商行政管理部门依照相关法律、行政法规的规定予以处罚。法律、行政法规对无照经营的处罚没有明确规定的,由工商行政管理部门责令停止违法行为,没收违法所得,并处1万元以下的罚款。

第十四条 明知属于无照经营而为经营者提供经营场所,或者提供运输、保管、仓储等条件的,由工商行政管理部门责令停止违法行为,没收违法所得,可以处5000元以下的罚款。

第十五条 任何单位或者个人从事无证无照经营的,由查处部门记入信用记录,并依照相关法律、法规的规定予以公示。

第十六条 妨害查处部门查处无证无照经营,构成违反治安管理行为的,由公安机关依照《中华人民共和国治安管理处罚法》的规定予以处罚。

第十七条 查处部门及其工作人员滥用职权、玩忽职守、徇私舞弊的,对负有责任的领导人员和直接责任人员依法给予处分。

第十八条 违反本办法规定,构成犯罪的,依法追究刑事责任。

第十九条 本办法自2017年10月1日起施行。2003年1月6日国务院公布的《无照经营查处取缔办法》同时废止。

商务部关于修改《外商投资企业设立及变更备案管理暂行办法》的决定

商务部令2017年第2号

《关于修改〈外商投资企业设立及变更备案管理暂行办法〉的决定》已经商务部第101次部务会议审议通过,现予公布,自公布之日起施行。

部长 钟 山
2017年7月30日

为推进外商投资管理体制改革,体现简政放权、放管结合、优化服务的改革方向,对于外国投资者并购境内非外商投资企业以及对上市公司实施战略投资,不涉及特别管理措施和关联并购的,适用备案管理。商务部决定,对《外商投资企业设立及变更备案管理暂行办法》(商务部令2016年第3号)作如下修改:

一、第五条增加一款,作为第二款:"由于并购、吸收合并等方式,非外商投资企业转变为外商投资企业,属于本办法规定的备案范围的,按照本条第一款办理设立备案手续,填报《设立申报表》。"

二、第六条第一款增加一项,作为第(三)项:"并购设立外商投资企业交易基本信息变更。"

三、增加一条,作为第七条:"外国投资者战略投资非外商投资的上市公司,属于本办法规定的备案范围的,应于证券登记结算机构证券登记前或登记后30日内办理备案手续,填报《设立申报表》。

外商投资的上市公司引入新的外国投资者战略投资,属于备案范围的,应于证券登记结算机构证券登记前或登记后30日内办理变更备案手续,填报《变更申报表》。

备案完成后,如战略投资备案信息发生变更的,应于《证券法》及相关规定要求的信息披露义务人履行信息披露义务之日起5日内办理变更备案。"

四、第七条第一款增加一项,作为第(七)项:"外商投资企业最终实际控制人股权架构图(变更事项不涉及外商投资企业最终实际控制人变更的,无需提供)",并在附件的"在线提交材料"部分增加此项内容。

五、第七条第一款增加一项,作为第(八)项:"涉及外国投资者以境外公司股权作为支付手段的,需提供获得境外公司股权的境内企业《企业境外投资证书》",并在附件的"在线提交材料"部分增加此项内容。

六、删除附件1"外商投资企业设立备案申报材料"中的"外商投资企业设立备案申报表";删除附件2"外商投资企业变更备案申报材料"中的"外商投资企业变更备案申报表"。

此外,对相关条款的顺序作相应调整。

外商投资企业设立及变更备案管理暂行办法

第一章 总 则

第一条 为进一步扩大对外开放,推进外商投资管理体制改革,完善法治化、国际化、便利化的营商环境,根据《中华人民共和国中外合资经营企业法》、《中华人民共和国中外合作经营企业法》、《中华人民共和国外资企业法》、《中华人民共和国公司法》及相关法律、行政法规及国务院决定,制定本办法。

第二条 外商投资企业的设立及变更,不涉及国家规定实施准入特别管理措施的,适用本办法。

第三条 国务院商务主管部门负责统筹和指导全国范围内外商投资企业设立及变更的备案管理工作。

各省、自治区、直辖市、计划单列市、新疆生产建设兵团、副省级城市的商务主管部门,以及自由贸易试验区、国家级经济技术开发区的相关机构是外商投资企业设立及变更的备案机构,负责本区域内外商投资企业设立及变更的备案管理工作。

备案机构通过外商投资综合管理信息系统(以下简称综合管理系统)开展备案工作。

第四条 外商投资企业或其投资者应当依照本办法真实、准确、完整地提供备案信息,填写备案申报承诺书,不得有虚假记载、误导性陈述或重大遗漏。外商投资企业或其投资者应妥善保存与已提交备案信息相关的证明材料。

第二章 备案程序

第五条 设立外商投资企业,属于本办法规定的备案范围的,在取得企业名称预核准后,应由全体投资者(或外商投资股份有限公司的全体发起人,以下简称全体发起人)指定的代表或共同委托的代理人在营业执照签发前,或由外商投资企业指定的代表或委托的代理人在营业执照签发后30日内,通过综合管理系统,在线填报和提交《外商投资企业设立备案申报表》(以下简称《设立申报表》)及相关文件,办理设立备案手续。

由于并购、吸收合并等方式,非外商投资企业转变为外商投资企业,属于本办法规定的备案范围的,按照本条第一款办理设立备案手续,填报《设立申报表》。

第六条 属于本办法规定的备案范围的外商投资企业,发生以下变更事项的,应由外商投资企业指定的代表或委托的代理人在变更事项发生后30日内通过综合管理系统在线填

报和提交《外商投资企业变更备案申报表》(以下简称《变更申报表》)及相关文件,办理变更备案手续:

(一)外商投资企业基本信息变更,包括名称、注册地址、企业类型、经营期限、投资行业、业务类型、经营范围、是否属于国家规定的进口设备减免税范围、注册资本、投资总额、组织机构构成、法定代表人、外商投资企业最终实际控制人信息、联系人及联系方式变更;

(二)外商投资企业投资者基本信息变更,包括姓名(名称)、国籍/地区或地址(注册地或注册地址)、证照类型及号码、认缴出资额、出资方式、出资期限、资金来源地、投资者类型变更;

(三)并购设立外商投资企业交易基本信息变更;

(四)股权(股份)、合作权益变更;

(五)合并、分立、终止;

(六)外资企业财产权益对外抵押转让;

(七)中外合作企业外国合作者先行回收投资;

(八)中外合作企业委托经营管理。

其中,合并、分立、减资等事项依照相关法律法规规定应当公告的,应当在办理变更备案时说明依法办理公告手续情况。

前述变更事项涉及最高权力机构作出决议的,以外商投资企业最高权力机构作出决议的时间为变更事项的发生时间;法律法规对外商投资企业变更事项的生效条件另有要求的,以满足相应要求的时间为变更事项的发生时间。

外商投资的上市公司及在全国中小企业股份转让系统挂牌的公司,可仅在外国投资者持股比例变化累计超过5%以及控股或相对控股地位发生变化时,就投资者基本信息或股份变更事项办理备案手续。

第七条 外国投资者战略投资非外商投资的上市公司,属于本办法规定的备案范围的,应于证券登记结算机构证券登记前或登记后30日内办理备案手续,填报《设立申报表》。

外商投资的上市公司引入新的外国投资者战略投资,属于备案范围的,应于证券登记结算机构证券登记前或登记后30日内办理变更备案手续,填报《变更申报表》。

备案完成后,如战略投资备案信息发生变更的,应于《证券法》及相关规定要求的信息披露义务人履行信息披露义务之日起5日内办理变更备案。

第八条 外商投资企业或其投资者办理外商投资企业设立或变更备案手续,需通过综合管理系统上传提交以下文件:

(一)外商投资企业名称预先核准材料或外商投资企业营业执照;

(二)外商投资企业全体投资者(或全体发起人)或其授权代表签署的《外商投资企业设立备案申报承诺书》,或外商投资企业法定代表人或其授权代表签署的《外商投资企业变更备案申报承诺书》;

(三)全体投资者(或全体发起人)或外商投资企业指定代表或者共同委托代理人的证明,包括授权委托书及被委托人的身份证明;

(四)外商投资企业投资者或法定代表人委托他人签署相关文件的证明,包括授权委托书及被委托人的身份证明(未委托他人签署相关文件的,无需提供);

（五）投资者主体资格证明或自然人身份证明（变更事项不涉及投资者基本信息变更的，无需提供）；

（六）法定代表人自然人身份证明（变更事项不涉及法定代表人变更的，无需提供）；

（七）外商投资企业最终实际控制人股权架构图（变更事项不涉及外商投资企业最终实际控制人变更的，无需提供）；

（八）涉及外国投资者以符合规定的境外公司股权作为支付手段的，需提供获得境外公司股权的境内企业《企业境外投资证书》。

前述文件原件为外文的，应同时上传提交中文翻译件，外商投资企业或其投资者应确保中文翻译件内容与外文原件内容保持一致。

第九条 外商投资企业的投资者在营业执照签发前已提交备案信息的，如投资的实际情况发生变化，应在营业执照签发后30日内向备案机构就变化情况履行变更备案手续。

第十条 经审批设立的外商投资企业发生变更，且变更后的外商投资企业不涉及国家规定实施准入特别管理措施的，应办理备案手续；完成备案的，其《外商投资企业批准证书》同时失效。

第十一条 备案管理的外商投资企业发生的变更事项涉及国家规定实施准入特别管理措施的，应按照外商投资相关法律法规办理审批手续。

第十二条 外商投资企业或其投资者在线提交《设立申报表》或《变更申报表》及相关文件后，备案机构对填报信息形式上的完整性和准确性进行核对，并对申报事项是否属于备案范围进行甄别。属于本办法规定的备案范围的，备案机构应在3个工作日内完成备案。不属于备案范围的，备案机构应在3个工作日内在线通知外商投资企业或其投资者按有关规定办理，并通知相关部门依法处理。

备案机构发现外商投资企业或其投资者填报的信息形式上不完整、不准确，或需要其对经营范围作出进一步说明的，应一次性在线告知其在15个工作日内在线补充提交相关信息。提交补充信息的时间不计入备案机构的备案时限。如外商投资企业或其投资者未能在15个工作日内补齐相关信息，备案机构将在线告知外商投资企业或其投资者未完成备案。外商投资企业或其投资者可就同一设立或变更事项另行提出备案申请，已实施该设立或变更事项的，应于5个工作日内另行提出。

备案机构应通过综合管理系统发布备案结果，外商投资企业或其投资者可在综合管理系统中查询备案结果信息。

第十三条 备案完成后，外商投资企业或其投资者可凭外商投资企业名称预核准材料（复印件）或外商投资企业营业执照（复印件）向备案机构领取《外商投资企业设立备案回执》或《外商投资企业变更备案回执》（以下简称《备案回执》）。

第十四条 备案机构出具的《备案回执》载明如下内容：

（一）外商投资企业或其投资者已提交设立或变更备案申报材料，且符合形式要求；

（二）备案的外商投资企业设立或变更事项；

（三）该外商投资企业设立或变更事项属于备案范围；

（四）是否属于国家规定的进口设备减免税范围。

第三章 监督管理

第十五条 商务主管部门对外商投资企业及其投资者遵守本办法情况实施监督检查。

商务主管部门可采取抽查、根据举报进行检查、根据有关部门或司法机关的建议和反映的情况进行检查，以及依职权启动检查等方式开展监督检查。

商务主管部门与公安、国有资产、海关、税务、工商、证券、外汇等有关行政管理部门应密切协同配合，加强信息共享。商务主管部门在监督检查的过程中发现外商投资企业或其投资者有不属于本部门管理职责的违法违规行为，应及时通报有关部门。

第十六条 商务主管部门应当按照公平规范的要求，根据外商投资企业的备案编号等随机抽取确定检查对象，随机选派检查人员，对外商投资企业及其投资者进行监督检查。抽查结果由商务主管部门通过商务部外商投资信息公示平台予以公示。

第十七条 公民、法人或其他组织发现外商投资企业或其投资者存在违反本办法的行为的，可以向商务主管部门举报。举报采取书面形式，有明确的被举报人，并提供相关事实和证据的，商务主管部门接到举报后应当进行必要的检查。

第十八条 其他有关部门或司法机关在履行其职责的过程中，发现外商投资企业或其投资者有违反本办法的行为的，可以向商务主管部门提出监督检查的建议，商务主管部门接到相关建议后应当及时进行检查。

第十九条 对于未按本办法的规定进行备案，或曾有备案不实、对监督检查不予配合、拒不履行商务主管部门作出的行政处罚决定记录的外商投资企业或其投资者，商务主管部门可依职权对其启动检查。

第二十条 商务主管部门对外商投资企业及其投资者进行监督检查的内容包括：

（一）是否按照本办法规定履行备案手续；

（二）外商投资企业或其投资者所填报的备案信息是否真实、准确、完整；

（三）是否在国家规定实施准入特别管理措施中所列的禁止投资领域开展投资经营活动；

（四）是否未经审批在国家规定实施准入特别管理措施中所列的限制投资领域开展投资经营活动；

（五）是否存在触发国家安全审查的情形；

（六）是否伪造、变造、出租、出借、转让《备案回执》；

（七）是否履行商务主管部门作出的行政处罚决定。

第二十一条 检查时，商务主管部门可以依法查阅或者要求被检查人提供有关材料，被检查人应当如实提供。

第二十二条 商务主管部门实施检查不得妨碍被检查人正常的生产经营活动，不得接受被检查人提供的财物或者服务，不得谋取其他非法利益。

第二十三条 商务主管部门和其他主管部门在监督检查中掌握的反映外商投资企业或其投资者诚信状况的信息，应记入商务部外商投资诚信档案系统。其中，对于未按本办法规定进行备案、备案不实、伪造、变造、出租、出借、转让《备案回执》，对监督检查不予配合或拒不履行商务主管部门作出的行政处罚决定的，商务主管部门应将相关诚信信息通过商务部外商投资信息公示平台予以公示。

商务部与相关部门共享外商投资企业及其投资者的诚信信息。

商务主管部门依据前二款公示或者共享的诚信信息不得含有外商投资企业或其投资者的个人隐私、商业秘密，或国家秘密。

第二十四条 外商投资企业及其投资者可以查询商务部外商投资诚信档案系统中的自身诚信信息，如认为有关信息记录不完整或者有错误的，可以提供相关证明材料并向商务主管部门申请修正。经核查属实的，予以修正。

对于违反本办法而产生的不诚信记录，在外商投资企业或其投资者改正违法行为、履行相关义务后3年内未再发生违反本办法行为的，商务主管部门应移除该不诚信记录。

第四章　法　律　责　任

第二十五条 外商投资企业或其投资者违反本办法的规定，未能按期履行备案义务，或在进行备案时存在重大遗漏的，商务主管部门应责令限期改正；逾期不改正，或情节严重的，处3万元以下罚款。

外商投资企业或其投资者违反本办法的规定，逃避履行备案义务，在进行备案时隐瞒真实情况、提供误导性或虚假信息，或伪造、变造、出租、出借、转让《备案回执》的，商务主管部门应责令限期改正，并处3万元以下罚款。违反其他法律法规的，由有关部门追究相应法律责任。

第二十六条 外商投资企业或其投资者未经审批在国家规定实施准入特别管理措施所列的限制投资领域开展投资经营活动的，商务主管部门应责令限期改正，并处3万元以下罚款。违反其他法律法规的，由有关部门追究相应法律责任。

第二十七条 外商投资企业或其投资者在国家规定实施准入特别管理措施所列的禁止投资领域开展投资经营活动的，商务主管部门应责令限期改正，并处3万元以下罚款。违反其他法律法规的，由有关部门追究相应法律责任。

第二十八条 外商投资企业或其投资者逃避、拒绝或以其他方式阻挠商务主管部门监督检查的，由商务主管部门责令改正，可处1万元以下的罚款。

第二十九条 有关工作人员在备案或监督管理的过程中滥用职权、玩忽职守、徇私舞弊、索贿受贿的，依法给予行政处分；构成犯罪的，依法追究刑事责任。

第五章　附　　则

第三十条 本办法实施前商务主管部门已受理的外商投资企业设立及变更事项，未完成审批且属于备案范围的，审批程序终止，外商投资企业或其投资者应按照本办法办理备案手续。

第三十一条 外商投资事项涉及反垄断审查的，按相关规定办理。

第三十二条 外商投资事项涉及国家安全审查的，按相关规定办理。备案机构在办理备案手续或监督检查时认为该外商投资事项可能属于国家安全审查范围，而外商投资企业的投资者未向商务部提出国家安全审查申请的，备案机构应及时告知投资者向商务部提出安全审查申请,并暂停办理相关手续,同时将有关情况报商务部。

第三十三条 投资类外商投资企业(包括投资性公司、创业投资企业)视同外国投资者,适用本办法。

第三十四条 香港特别行政区、澳门特别行政区、台湾地区投资者投资不涉及国家规定实施准入特别管理措施的,参照本办法办理。

第三十五条 香港服务提供者在内地仅投资《〈内地与香港关于建立更紧密经贸关系的安排〉服务贸易协议》对香港开放的服务贸易领域,澳门服务提供者在内地仅投资《〈内地与澳门关于建立更紧密经贸关系的安排〉服务贸易协议》对澳门开放的服务贸易领域,其公司设立及变更的备案按照《港澳服务提供者在内地投资备案管理办法(试行)》办理。

第三十六条 商务部于本办法生效前发布的部门规章及相关文件与本办法不一致的,适用本办法。

第三十七条 自由贸易试验区、国家级经济技术开发区的相关机构依据本办法第三章和第四章,对本区域内的外商投资企业及其投资者遵守本办法情况实施监督检查。

第三十八条 本办法自公布之日起施行。《自由贸易试验区外商投资备案管理办法(试行)》(商务部公告2015年第12号)同时废止。

附件:1.外商投资企业设立备案申报材料(略——编者注)
   2.外商投资企业变更备案申报材料(略——编者注)
   3.外商投资企业设立备案回执(略——编者注)
   4.外商投资企业变更备案回执(略——编者注)

关于外商投资企业设立及变更备案管理有关事项的公告

商务部公告2017年第37号

为进一步完善外商投资企业设立及变更备案管理,做好《外商投资企业设立及变更备案管理暂行办法》(以下简称《备案办法》)修订后的衔接工作,引导外商投资企业及其投资者在线便捷、准确填报备案信息,现就有关事项公告如下:

一、自由贸易试验区内,国家规定实施准入特别管理措施的范围,自2017年7月10日起,依照《自由贸易试验区外商投资准入特别管理措施(负面清单)(2017年版)》的规定执行;自由贸易试验区外,国家规定实施准入特别管理措施的范围,自2017年7月28日起,依照《外商投资产业指导目录(2017年修订)》中《外商投资准入特别管理措施(外商投资准入负面清单)》的规定执行。

二、外商投资企业设立及变更适用备案管理的,应按照《备案办法》第五条、第六条、第七条的规定,通过外商投资综合管理系统在线填报《外商投资企业设立备案申报表》(以下简称《设立申报表》)或《外商投资企业变更备案申报表》(以下简称《变更申报表》)。其中,境内非外商投资企业变更为外商投资企业的,应当填报《设立申报表》。

三、《备案办法》所称"并购"指《商务部关于外国投资者并购境内企业的规定》(商务部令2009年第6号)规定的外国投资者并购境内企业;《备案办法》所称"战略投资"指《外国投资者对上市公司战略投资管理办法》(商务部、证监会、税务总局、工商总局、外汇局令2005年第28号)规定的外国投资者对上市公司战略投资。

四、《设立申报表》、《变更申报表》见本公告附件。

附件:
  1.外商投资企业设立申报表(略——编者注)
  2.外商投资企业变更申报表(略——编者注)

商务部
2017年7月30日

商务部关于印发《外商投资统计制度(2017年)》的通知

商资函〔2017〕508号

根据对政府部门统计调查项目的相关要求,经国家统计局批准,我部修订编制了《外商投资统计制度(2017年)》,现印发给你们,自2017年6月起执行,执行中如遇到问题请及时反馈。《商务部关于印发〈外商投资统计制度(2016年)〉的通知》(商资函〔2016〕248号)同时废止。

主要修订内容包括:

一、根据外商投资企业审批改为备案管理的相关规定,增加"备案机构"、"备案回执"等内容。在主要指标解释中明确"鼓励类"和属于《中西部地区外商投资优势产业目录》的项目须在外商投资企业设立/变更的批复文件或备案回执中体现相关内容。

二、根据外商投资企业年度投资经营信息联合报告书(2016年度)内容,重新编制《外商投资企业经营状况统计表》(外资统基3表)。

三、删除《外商投资企业外方股东留存收益统计表》(原外资统基4表);删除《外商投资企业基础信息表》(外资统基1表)中土地利用、环保指标。

四、在外资统综3表中增加中外合作开发油气合同项目所在省/市/自治区、外方国别/地区,便于汇总分析中外油气合作开发项目具体分布情况。

五、根据最新版国家(地区)代码表,更新附录中"国家(地区)统计代码"内容。

附件:外商投资统计制度(2017年)

商务部
2017年7月25日

外商投资统计制度(2017年)

本报表制度根据《中华人民共和国统计法》的有关规定制定

《中华人民共和国统计法》第七条规定:国家机关、企业事业单位和其他组织以及个体工商户和个人等统计调查对象,必须依照本法和国家有关规定,真实、准确、完整、及时地提供统计调查所需的资料,不得提供不真实或者不完整的统计资料,不得迟报、拒报统计资料。

《中华人民共和国统计法》第九条规定:统计机构和统计人员在统计工作中知悉的国家秘密、商业秘密和个人信息,应当予以保密。

目　　录

一、总说明

二、报表目录

三、调查表式

　　(一)外商投资企业基础信息表

　　(二)外商投资企业实际投资统计表

　　(三)外商投资企业经营状况统计表

　　(四)中外合作开发油气合同基础信息表

　　(五)外商投资分方式表

　　(六)外商投资金融业、保险业、证券业情况表

　　(七)中外合作开发油气合同情况汇总表

　　(八)吸收外商投资评价表

四、主要指标解释

五、附录

　　(一)国家(地区)统计代码

　　(二)省、自治区、直辖市代码表

　　(三)附则

一、总说明

(一)目的和意义

为科学、有效地组织全国外商投资统计工作,按照《中华人民共和国统计法》及其实施细

则和国家有关利用外资的法律、法规,制定本制度。外商投资统计的基本任务是:及时、准确、全面地反映全国吸收外商投资情况,对国家批准的外商投资协议、合同和实际执行情况,以及由此产生的经济效益和已设立外商投资企业运营等方面的情况,进行系统的统计调查、统计分析,实行统计监督。为国家和各级政府部门经济管理和宏观决策提供统计信息、统计咨询、数据共享,并为对外交流提供服务。

(二)统计对象及范围

1. 本制度适用于地方各级商务主管部门和国家利用外资的有关综合部门和单位,以及在我国境内设立的外商投资企业、合作开发项目等。

2. 根据我国现行利用外资的政策、法规,外商投资统计的范围包括外商直接投资和外商其他投资。

3. 本制度所称外商投资,是指国外及港澳台地区的法人和自然人在中国大陆地区以现金、实物、无形资产、股权等方式进行投资。其中,外商直接投资是指外国投资者在非上市公司中的全部投资及在单个外国投资者所占股权比例不低于10%的上市公司中的投资。

(三)主要指标内容

1. 外商投资统计报表包括外商投资统计基层报表和外商投资统计综合报表。其中主要指标内容包括:

(1) 外商投资企业基础信息表,包括外商投资企业的各种属性,合同投资资金及其来源状况。

(2) 外商投资企业实际投资统计表,包括当期发生的实际投资及其详细分类。

(3) 外商投资企业经营状况统计表,包括企业资产负债、经营收益、人员、进出口等方面的指标。

《外商投资统计报表目录》及其说明是本制度的组成部分。

2. 本制度按照投资者所注册的国别/地区确定外商投资的来源,自由港投资按实际投资者国别/地区确定来源地。

(四)报送时间要求

外商投资企业设立时须在外商投资批准部门或备案机构办理统计登记,必须按《中华人民共和国统计法》和本制度的规定提供统计资料,填报统计报表。外商投资企业应根据统计调查任务需要配备专职或指定兼职统计人员。外商投资统计起止时间是:从企业设立或协议、合同生效开始至企业终止或协议、合同执行完毕为止。

(五)统计调查方法

本制度采用全面调查的方法。

(六)组织方式和渠道

1. 外商投资统计制度由商务部制定,国家统计局审批。外商投资统计工作由各级商务主管部门组织、协调、管理,并接受同级政府统计机构的业务指导。按照国务院授权,商务部负责全国外商投资统计资料的汇总、发布和对外交流工作。

2. 地方各级商务主管部门和国家利用外资的有关综合部门和单位应按本制度的规定,按时收集、审核、汇总、编制、报送有关报表,同时要做好外商投资统计资料的档案管理和综合分析工作。

3.外商投资统计报表采取以网络传输为基础的中心数据库管理模式,由地方各级商务主管部门报送上一级商务主管部门,省级商务主管部门报送商务部,同时抄报同级统计局,商务部汇总全国外商投资统计资料后报国家统计局。

银行、证券、保险的外商投资统计报表由银监会、证监会、保监会负责汇总,并报商务部。中外合作开发油气合同统计报表由对外签订合作开发合同的中国境内公司填报商务部。

4.外商投资统计工作实行统一领导、分级管理。全国性的外商投资统计报表格式、指标设置、计算口径等必须按本制度的规定统一执行。各地方、部门如需对外商投资企业进行本制度规定以外的专项的统计调查,须经同级政府统计机构批准。外商投资审批和备案数据、外商投资企业运营状况数据(含外商投资企业年度报告数据)可作为外商投资统计的基础数据。

5.各级商务主管部门应建立完备的外商投资综合信息管理平台,提高外资统计工作的信息化管理水平。

(七)统计资料公布方式

外商投资统计资料由商务部定期发布。外商投资管理工作中使用的以及对外提供的统计资料,以商务部、国家统计局发布的统计资料为准。

外商投资月度统计数据由商务部于月后30日内对外公布。股东贷款和外方股东留存收益以年度统计数据形式由商务部对外公布。

商务部可根据外商投资实际情况于每年9月30日前对往年数据进行一次性调整,最终数据以商务部年度公布数据为准。

对外公开发布和提供外商投资统计资料,应确保国家机密和企业商业秘密,地方各级商务主管部门应严格按照《中华人民共和国统计法》及其实施细则和国家有关规定执行。

(八)商务部对各地报送的统计数据进行核查,以保证外商投资统计数据准确性和严肃性。商务部、国家统计局对各省、自治区、直辖市的统计数据定期进行检查和评估。

二、报表目录

表号	表名	报告期别	填报范围	报送单位	报送日期	报送方式	页码
外资统基1表	外商投资企业基础信息表	月报	外商投资企业	外商投资企业	即时	电子数据网络直报	7
外资统基2表	外商投资企业实际投资统计表	月报	外商投资企业	外商投资企业	月后7日内	电子数据网络直报	9
外资统基3表	外商投资企业经营状况统计表	年报	外商投资企业	外商投资企业	年后180日内	电子数据网络直报	10
外资统基4表	中外合作开发油气合同基础信息表	月报	已生效的对外合作开发合同	对外签订合作开发合同的中国境内公司	即时	电子数据交换	16

一、综合　0081

（续表）

表号	表名	报告期别	填报范围	报送单位	报送日期	报送方式	页码
外资统综1表	外商投资分方式统计表	月报	外商投资企业	各级商务主管部门及银监会、证监会、保监会	月后7日内	电子数据网络直报及纸制报表交换	17
外资统综2表	外商投资金融业、保险业、证券业情况表	季报	外商投资金融、保险、证券企业	银监会、证监会、保监会	季后15日内	电子数据交换	18
外资统综3表	中外合作开发油气合同情况汇总表	季报	已生效的对外合作开发合同	对外签订合作开发合同的中国境内公司	季后15日内	电子数据交换	19
外资统综4表	吸收外商投资评价表	年报	外商投资企业	各级商务主管部门	年后180日内	电子数据网络直报	20

三、调查表式

（一）外商投资企业基础信息表

表　　号：外资统基1表
制定机关：商务部
批准机关：国家统计局
批准文号：国统制〔2017〕77号
有效期至：2019年6月
计量单位：万元人民币

01	企业名称	中文			
		英文			
02	统一社会信用代码				
03	进出口企业代码				
04	注册地址			邮政编码	
05	特殊经济区域				
06	行业代码				
07	经营年限				
08	项目性质	○鼓励类　鼓励类条目：_____ ○允许类 ○限制类 ○中西部优势产业　中西部优势产业条目：_____			

(续表)

09	企业类型	○合资 ○合作 ○独资 ○股份公司 ○合伙 ○合作开发(非独立法人) ○其他			
10	业务类型	○高新技术企业 ○研发中心(○独立法人研发中心 ○非独立法人研发中心) ○功能性机构(○地区总部 ○采购中心 ○财务管理中心 ○结算中心 ○销售中心 ○分拨中心 ○其他：_____)			
		○投资性公司 ○创业投资企业 ○创业投资管理企业 ○股权投资企业 ○股权投资管理企业 ○金融资产管理公司			
		○境内投资 ○境内居民返程投资 ○投资性公司投资 ○创业投资企业投资 ○股权投资企业投资			
11		○股权并购 ○资产并购	○并购涉及国有股权变更 ○并购涉及国有资产转移	○被并购公司为上市公司 ○被并购公司非上市公司	○战略投资 ○返程并购
		○境外中资机构投资 ○新设合并 ○吸收合并　　○存续分立 ○解散分立 ○外国分支机构(分公司)　　○BOT ○TOT			
		○不涉及以上各类型			
12	免税进口设备金额		_____万美元		
13	作为合同章程附件的技术引进数量		_____万美元		
14	投资总额	折_____万元人民币	本次增资额		折_____万元人民币
15	注册资本	折_____万元人民币	本次增资额		折_____万元人民币
16	投资总额内境外借款	折_____万元人民币	本次境外借款增加额		折_____万元人民币
17	外方股东贷款(来自境外)	折_____万元人民币	本次外方股东贷款增加额		折_____万元人民币

	投资者类别	投资者名称	注册地	最终实际控制人	注册地	出资方式	出资金额	折万元人民币	所占比例	其中技术出资额	折万元人民币	所占比例
18	中方投资者	股权并购/股权受让支付对价										
		股权并购/股权受让支付溢折价										
		本次增资额										
		增资溢折价										
	外商投资性公司	股权受让支付对价										
		股权受让支付溢折价										
		本次增资额										
		增资溢折价										

(续表)

外方投资者	股权并购/股权受让支付对价											
	股权并购/股权受让支付溢折价											
	本次增资额											
	增资溢折价											
19	经营范围											
20	主管机关			批准(备案)文号								
21	法人代表			总经理								
22	联系人			移动电话：								
	固定电话			传真								
	电子信箱											

发证原因：　　　　　　　　　　　　经办人：
原批准号：　　　　　　　　　　　　签发人：
批准号：　　　　　　　　　　　　　签发时间：　年　月　日
时　间：　年　月　日

说明：
　　一、制表目的：反映外商投资企业的基本情况。
　　二、填报单位：由外商投资企业填报。
　　三、报告时间及方法：根据报告期内外商投资企业的基本情况，以电子数据方式即时报送商务部。
　　四、折万元人民币：根据国家外汇管理局公布的《各种货币对美元内部统一折算率表》折算并用阿拉伯数字填写。

(二)外商投资企业实际投资统计表

填报企业：　　　　　　　　　　　　　　　　　　　表　　号：外资统基2表
统一社会信用代码：　　　　　　　　　　　　　　　制定机关：商务部
进出口企业代码：　　　　　　　　　　　　　　　　批准机关：国家统计局
　　　　　　　　　　　　　　　　　　　　　　　　批准文号：国统制〔2017〕77号
　　　　　　　　　　　　　　　　　　　　　　　　有效期至：2019年6月

年 1— 月　　　　　　　　　　　　　　　　　　　　计量单位：万

指标名称	代码	指标值（合计金额）		现金	实物	无形资产	土地使用权	股权出资	其他
		万元人民币	万美元						
甲	乙	1	2	3	4	5	6	7	8
实际投资合计	1								
中方（小计）	2								
投资性公司	3								
外方（小计）	4								
其中：外方境外出资	5								
外方境内出资	6								
外方股东贷款	7					—	—	—	—
备注：最近一次企业提供出资证明书时间： 出资证明书编号：									

单位负责人：　　　填报人：　　　固定电话：　　　移动电话：　　　经办人：

说明：

一、填表目的：反映外商投资企业实际出资情况。

二、填报单位：由外商投资企业填报。

三、报告时间及方法：以外商投资企业向投资者签发的出资证明书为主要统计依据，按出资证明书的时间进行统计，由地方各级商务主管部门逐级汇总，并于月后 7 日内以电子数据方式报商务部。

四、除"实际投资合计"行及"指标值（合计金额）"列外，表内各项数据均按验资报告、出资证明书或其他填报依据中载明的实际币种及其金额填写，统计系统将根据当期汇率自动折算为人民币数和美元数，并汇总得出"实际投资合计"行及"指标值（合计金额）"列数据。

五、备注栏应注明最近一次企业提供出资证明书的时间以及出资证明书编号。

（三）外商投资企业经营状况统计表

填报企业：　　　　　　　　　　　　　　　　　　　　表　号：外资统基 3 表

统一社会信用代码：　　　　　　　　　　　　　　　制定机关：商务部

进出口企业代码：　　　　　　　　　　　　　　　　批准机关：国家统计局

　　　　　　　　　　　　　　　　　　　　　　　　批准文号：国统制〔2017〕77 号

　　　　　　　　　　　　　　　　　　　　　　　　有效期至：2019 年 6 月

20_____年

			基本情况	
101	所在区域		☐自由贸易试验区：_____，片区：_____	
			☐国家级经济技术开发区：_____	
			☐国家高新技术产业开发区：_____	
			☐国家级边境经济合作区：_____	
			☐跨境经济合作区：_____	
			☐不在以上各类区域	
102	实际经营地址	地址	省（自治区、直辖市）	
			地（区、市、州、盟）	
			县（区、市、旗）	
			（具体地址）	
		邮政编码	☐☐☐☐☐☐	
103	企业属性		☐上市公司 　☐A股上市　☐B股上市　☐H股上市 　☐其他证券市场上市：_____	
			☐研发中心 　☐独立法人研发中心 　☐非独立法人研发中心 　　☐设立分公司研发中心：_____个 　　☐内设独立研发部门：_____个	
			☐高新技术企业，认定证号：_____	
			☐技术先进型服务企业，认定证号：____	
104	年末从业人数		总计 _____人	
			其中，外籍职工 _____人	
			大学及以上学历 _____人	
			研发人员（人） _____人	
			本年度新增就业人员 _____人	
105	本年从业人员工资性支出		_____元	
106	有效发明专利数		境内授权_____项；境外授权_____项	
107	企业情况简介			
108	官方网站网址			

（续表）

		投资情况	
201	实收资本(万美元)		
	其中:中方实缴(万美元)		
	外方实缴(万美元)		
202	是否已向当地商务主管部门提交所有外方出资凭证	□是　□否	
203	本年外方股东贷款借款(万美元)		
204	本年外方股东贷款还款(万美元)		
205	是否有世界500强企业参与投资	□否　□是:_____	
206	境内投资者累计实际出资金额(万美元)		
207	境外投资者累计实际出资金额(万美元)		
208	境外投资者累计已收到股利(元)		
209	反向投资	股权投资额_____元	
		股权比例_____%	
210	境外投资者属性	□外商投资的投资性公司 □外商投资的创业投资企业 □特殊目的实体 □境内居民为返程投资而设立的特殊目的实体 □不存在前述情况	
211	本企业对境外投资者的债务	应付债券_____元	
		短期借款_____元	
		应付票据_____元	
		应付账款_____元	
		预收款项_____元	
		应付利息_____元	
		应付股利_____元	
		其他应付款_____元	
		长期借款_____元	
		长期应付款_____元	
		其他债务_____元	
		小计_____元	

(续表)

212	本企业在境外投资者的存款(元)	
213	本企业对境外投资者的债权 (以原值列示)	债券投资_____元
		应收票据_____元
		应收账款_____元
		预付款项_____元
		应收利息_____元
		应收股利_____元
		其他应收款_____元
		长期应收款_____元
		其他债权_____元
		小计_____元
	经营情况	
301	进口额(万美元)	
	出口额(万美元)	
302	销售(营业)收入(元)	
	其中:国内销售(营业)收入(元)	
	服务销售(营业)收入(元)	
303	营业成本(元)	
304	研发投入(元)	
305	纳税总额(元)	
	其中:增值税(元)	
	消费税(元)	
	营业税(元)	
	企业所得税(元)	
	个人所得税(元)	
	关税(元)	
306	利润总额(元)	
	其中:净利润(元)	
	分配外方股东的利润(元)	
	汇往外方股东的利润(元)	
307	外方利润转投资(元)	

(续表)

308	累计归属于全体股东的净利润(元)	
	其中:累计外方股东享有的净利润(元)	
309	累计分配外方股东利润(元)	
310	累计汇往外方股东利润(元)	
311	累计已分配未汇出外方股利(元)	
资产负债情况		
401	资产(元)	
	其中:流动资产(元)	
	长期股权投资(元)	
	固定资产(元)	
	无形资产(元)	
	其他资产(元)	
402	负债(元)	
	其中:流动负债(元)	
	其中:应付外方股利(元)	
	非流动负债(元)	
403	所有者权益(元)	
	其中:实收资本(元)	
	资本公积(元)	
	盈余公积(元)	
	未分配利润(元)	
	其他(元)	
	其中:归属于外方股东的权益(元)	
	其中:实收资本(元)	
	资本公积(元)	
	盈余公积(元)	
	未分配利润(元)	
	其他(元)	

(续表)

\multicolumn{3}{c}{境内外投资及分支机构情况}	
501	境内投资企业	投资企业名称	
		统一社会信用代码	□□□□□□□□□□□□□□□□□□
		组织机构代码	□□□□□□□□-□
		注册地	省(自治区、直辖市) 地(区、市、州、盟) 县(区、市、旗)
		注册资本(万元)	
		本企业所占股权比例(%)	
		年末从业人数	
502	境外投资企业	投资企业名称	
		所在国家/地区	
		境外协议投资额(万美元)	
		境外协议投资所占比例(%)	
		年末从业人数	
503	境内分支机构	分支机构名称	
		统一社会信用代码	□□□□□□□□□□□□□□□□□□
		组织机构代码	□□□□□□□□-□
		注册地	省(自治区、直辖市) 地(区、市、州、盟) 县(区、市、旗)
		年末从业人数	
\multicolumn{3}{c}{研发中心情况}	
601		研发业务类型	□基础研究　□产品开发　□技术本地化研发
602	直接从事研发人员人数	外籍研发人员(人)	
		其中,博士(人)	
		硕士(人)	
		学士(人)	
		中国籍研发人员(人)	
		其中,博士(人)	
		硕士(人)	
		学士(人)	

(续表)

603	有效发明专利数	境内授权(项)	
		其中,发明(项)	
		实用新型(项)	
		外观设计(项)	
604	研发资金投入	合计(万元)	
		其中,研发活动直接消耗的费用(万元)	
		研发人员费用(万元)	
		用于研发活动的设备(万元)	
		与研发活动直接相关的其他费用(万元)	
605	四技服务收入(万元)		
606	技术出口额(万元)		
	技术进口额(万元)		
607	与中国企业、科研院所、高校等合作研发项目数(项)		
608	截止至本期末,是否有研发成果转化为产品	□是 □否	
地区总部情况			
701	认定地区总部日期		
702	认定文号		
703	总部类型	□投资性 □管理性等其他类型	
704	管理区域	□中国区 □北亚区 □亚洲区 □亚太区 □全球总部 □其他:_____	
705	主要职能	□投资经营决策 □资金运作和财务管理 □研究开发和技术支持 □商品采购、销售及市场营销服务 □供应链管理等物流运作 □本公司集团内部的共享服务及境外公司的服务外包 □员工培训与管理 □其他:_____	

(续表)

706	境外母公司	名称	
		国别(或地区)	
		主要业务	
		全球销售(营业)收入(万美元)	
		其中,中国境内销售(营业)收入(万元)	
		在中国境内投资企业数量(家)	
		在中国境内投资企业名称	
		在中国境内投资总额(万美元)	
		本年度是否变动过境外母公司	□否 □是,原境外母公司为_____

融资租赁情况		
801	应收融资租赁款净额(元)	
802	年内新增投入额(元)	
803	对外担保余额(元)	
804	不良资产余额(元)	

说明:

一、本表反映外商投资企业年度投资、生产、经营情况。

二、填报单位:由外商投资企业填报。

三、报告时间及方法:按照外商投资企业年度投资经营信息联合报告工作(简称联合年报)要求,外商投资企业于每年6月30日前向所在地商务主管部门报送上一年度运营情况信息。报告年度指填报时间的上一年度,即报告期为上年1月1日至12月31日。如填报时间为"2016年X月X日",报告年度应为"2015"年。

表中与外商投资企业基础信息表(外资统基1表)重复的指标不需要企业填报,外商投资企业年度投资经营信息联合报告系统(简称联合年报系统)直接从企业基础信息表中提取相关数据;表中期初数据不需要企业填报,联合年报系统从上年联合年报数据库中提取相关数据。

四、企业基本情况按年报时企业的实际情况填写;出资及生产经营情况按报告年度的情况填写。

五、表中所有填写的数据小数点后保留两位。其中要求以美元填写的,如与原始币种不同,则一律按实际发生时或合同规定的国家外汇牌价折合成"美元";其余涉及金额的数据以人民币为单位。

六、如不存在栏目所指的情况,应填写"无"。如所填写内容较多可另附纸。

(四)中外合作开发油气合同基础信息表

填报单位:　　　　　　　　　　　　　　　　　　　　表　　号:外资统基 4 表
　　　　　　　　　　　　　　　　　　　　　　　　　制定机关:商务部
　　　　　　　　　　　　　　　　　　　　　　　　　批准机关:国家统计局
　　　　　　　　　　　　　　　　　　　　　　　　　批准文号:国统制〔2017〕77 号
　　　　　　　　　　　　　　　　　　　　　　　　　有效期至:2019 年 6 月

　　　　　　　　　　　　　　　　　　　　　　　　　　　　　计量单位:万美元

01	合同项目名称	中文		02	合同区块		
		英文		03	合同区块面积		平方公里
04	合同签订日期			05	合同生效日期		
06	合同期限		07	勘探期		08	商业生产期	
09	审批机关			10	批准文号		
11	项目类型	○海洋石油(天然气)开发　○陆上石油(天然气)开发　○煤层气勘探开发
12	项目投资总额			13	本次增资额		

	投资者类别	投资者名称	注册地	开发期规定投资额	开发生产权益比例	最低义务工作量	年度分成额
14	中方						
15	外方						

单位负责人:　　　填表人:　　　电话:　　　报出日期:

说明:

一、本表反映已生效的中外油气合作开发项目基本情况。

二、填报单位:由根据《对外合作开发海洋石油资源条例》和《对外合作开采陆上石油资源条例》,与外国公司合作进行石油、天然气和煤层气资源勘探开发的中方公司依据合作项目情况分别填报。

三、报告时间及方法:中方公司在新的中外合作开发油气合同生效后的 1 个月内,或已生效的合同发生变更后 1 个月内,以电子数据方式报商务部。

（五）外商投资分方式表

汇总单位：

表　　号：外资统综1表
制定机关：商务部
批准机关：国家统计局
批准文号：国统制〔2017〕77号
有效期至：2019年6月

年1—　月

指标名称	代码	新设立企业数	合同外资金额（万美元）				实际使用外资金额（万美元）
			合计	新设立企业	增资	减资	
甲	乙	1	2	3	4	5	6
合计	101						
一、外商直接投资	201						
中外合资经营企业	202						
中外合作经营企业	203						
外资企业	204						
外商投资股份有限公司（非上市）	205						
外商投资上市公司	206						
其中：外商投资A股上市公司	207						
外商投资B股上市公司	208						
外商投资合伙企业	209						
中外合作开发项目	210						
其他	211						
二、外商其他投资	301						
对外发行股票	302						
国际租赁	303						
补偿贸易	304						
加工装配	305						
三、外商投资非营利性机构	401						

单位负责人：　　　填表人：　　　电话：　　　报出日期：

说明：

一、本表反映外商投资分方式情况。

二、填报单位：由省、自治区、直辖市及计划单列市商务主管部门汇总填报。其中，外商直接投资银行、保险、证券等其他项，以及外商其他投资的对外发行股票项由银监会、证监会、保监会等有关部门分别填报。

三、报告时间及方法：根据报告期内新设立或发生资金变更的外商投资企业基础信息表（外资统基1表）、外商投资企业实际投资情况表（外资统基2表）编制，于月后7日内以电子数据方式报商务部，同时抄报同级统计局。

（六）外商投资金融业、保险业、证券业情况表

汇总单位：

表　　号：外资统综 2 表
制定机关：商务部
批准机关：国家统计局
批准文号：国统制〔2017〕77 号
有效期至：2019 年 6 月

年第　　季度

指标名称	代码	新设营业性机构个数	撤销营业性机构个数	投资额（万美元）	营运资金（美元）	资本金（万美元）
甲	乙	1	2	3	4	5
合计	101					
一、金融机构	201					
合资银行	202					
外银行分行	203					
独资银行	204					
合资财务公司	205					
独资财务公司	206					
外资基金管理公司	207					
二、保险机构	301					
合资保险公司	302					
独保险公司	303					
外国保险公司分公司						
三、证券机构	304					
合	401					
证券公司	402					

单位负责人：　　　填表人：　　　电话：　　　填表日期：

说明：

一、本表反映外商投资金融业、保险业、证券业的情况。

二、填报单位：由中国银行业监督管理委员会、中国保险监督管理委员会、中国证券监督管理委员会分别填报。

三、报告时间及方法：由中国银行业监督管理委员会、中国保险监督管理委员会、中国证券监督管理委员会于季后 15 日内以电子数据方式报商务部。

(七)中外合作开发油气合同情况汇总表

汇总单位：

表　　号：外资统综3表
制定机关：商务部
批准机关：国家统计局
批准文号：国统制〔2017〕77号
有效期至：2019年6月

年1— 月

合作项目名称	项目所在省/市/自治区	外方投资者国别/地区	合同义务金额(万美元)		实际投入金额(万美元)	
			中方	外方	中方	外方
甲	1	2	3	4	5	6
项目名称一						
项目名称二						
……						
合计						

单位负责人：　　填表人：　　电话：　　填表日期：

说明：

一、本表反映已生效的中外油气合作开发项目中方投资者和外方投资者资金投入情况。

二、填报单位：由根据《对外合作开发海洋石油资源条例》和《对外合作开采陆上石油资源条例》，与外国公司合作进行石油、天然气和煤层气资源勘探开发的中方公司依据合作项目执行情况分别填报。

三、报告时间及方法：中方公司于每季度后15日内将上一季度中、外方投资者资金投入情况以电子数据方式报商务部。

四、合同义务金额：是指依据合作开发合同约定，中、外方投资者承诺投入的资金额。

五、实际投入金额：是指报告期(上一季度)内，中、外方投资者新投入的资金额。

(八)吸收外商投资评价表

汇总单位：

表　　号：外资统综4表
制定机关：商务部
批准机关：国家统计局
批准文号：国统制〔2017〕77号
有效期至：2019年6月

　　　　　　　　　　　　　　　　年

指标名称	代码	计量单位	数值
甲	乙	丙	1
资金到位率	1	%	
近三年（含当年）累计实际使用外资金额	2	万美元	
近三年（含当年）累计合同外资金额	3	万美元	
鼓励类企业率	4	%	
当年新设立鼓励类外商投资企业数	5	家	
当年新设立外商投资企业数	6	家	
出口销售收入占销售总收入比重	7	%	
当年出口销售收入	8	万人民币	
当年销售总收入	9	万人民币	
就业增长率	10	%	
外商投资企业从业人数（本年度）	11	人	
外商投资企业从业人数（上年度）	12	人	
纳税金额增长率	13	%	
外商投资企业纳税总额（本年度）	14	万人民币	
外商投资企业纳税总额（上年度）	15	万人民币	
年度信息报送比率	16	%	
报送年度信息企业数	17	家	
累计已设立外商投资企业数	18	家	
已终止/撤销外商投资企业数	19	家	
现存外商投资企业数	20	家	
高新技术企业率	21	%	
现存已认定的外商投资高新技术企业数	22	家	
当年新认定外商投资高新技术企业数	23	家	
研发投入率	24	%	
当年研发投资资金	25	万人民币	
当年营业收入	26	万人民币	

单位负责人：　　　填表人：　　　电话：　　　填表日期：

说明：

　　一、本表反映地区外商投资企业总体经营状况，衡量外资对当地经济社会发展的贡献，进而综合评价利用外资的质量。

　　二、填报单位：由省、自治区、直辖市及计划单列市商务主管部门汇总填报。

　　三、报告时间及方法：根据报告期内外商直接统计数据、外商投资企业运营状况统计数据，以及国家统计局相关国民经济数据编制，各省、自治区、直辖市、计划单列市商务主管部门于每年6月30日前将上年度报表以电子数据方式报商务部。

四、主要指标解释

1. 特殊经济区域:是指按照国家规定设立的经济特区、国家级经济技术开发区、国家级高新技术开发区、边境经济合作区,以及综合保税区和出口加工区等海关特殊监管区域和其他类型的特殊经济区域。

2. 行业代码:按中华人民共和国《国民经济行业分类》(GB/T4754-2011)中划分的小类行业类别代码填写,所选行业应以填报企业的主营业务为准。

3. 企业类型:按外商投资企业性质分别填写"合资"、"合作"、"独资"、"股份公司"、"合伙"、"合作开发(非独立法人)",或填写以括号加注"外商投资企业投资"、"外资比例低于25%"的企业类型,或"其他"。

4. 项目性质:按照《指导外商投资方向规定》和《外商投资产业指导目录》的规定填写"鼓励类"、"允许类"、"限制类","中西部优势产业";中西部优势产业:系指投资的产业属于《中西部地区外商投资优势产业目录》的外商投资企业。其中:"鼓励类"和属于《中西部地区外商投资优势产业目录》的项目须在外商投资企业设立/变更的批复文件或备案回执中体现相关内容。

5. 业务类型:凡领取批准证书,或办理设立及变更备案的外商投资企业、公司、机构必须填写其中的一项或多项。

(1)高新技术企业:系指根据科技部《高新技术企业认定管理办法》有关规定认定的高新技术企业。

(2)独立法人研发中心:系指依据《关于外商投资设立研发中心有关问题的通知》规定外国投资者以合资、合作、独资等方式设立的独立法人研发中心。

(3)非独立法人研发中心:系指依据《关于外商投资设立研发中心有关问题的通知》规定,外商投资企业内部设立的非独立法人的研发中心。

(4)功能性机构:系指依照有关规定设立的外商投资采购中心、财务管理中心、结算中心、销售中心、分拨中心和其他功能性机构,以及商务部或省级商务主管部门认定的地区总部。

(5)投资性公司:系指依据外商投资开办投资性公司的有关规定设立的外商投资性公司。

(6)投资性公司投资:系指由已设立的外商投资性公司投资设立的企业,投资性公司投资不计入全国外资统计。

(7)创业投资企业:系指依据设立外商投资创业投资企业的有关规定设立的外商投资创业投资企业。

(8)创业投资管理企业:系指根据外商投资创业投资企业有关规定从事创业投资管理服务的企业。

(9)创业投资企业投资:系指由已设立的外商投资创业投资企业所投资设立的企业,创业投资企业投资不计入全国外资统计。

(10)股权投资企业:系指依据外商投资股权投资企业相关规定在中国境内设立的从事

股权投资的外商投资企业。

（11）股权投资管理企业：系指依据外商投资股权投资企业相关规定在中国境内设立的从事股权投资管理服务的企业。

（12）股权投资企业投资：系指外商投资股权投资企业所投资设立的企业，股权投资企业投资不计入全国外资统计。

（13）境内投资：系指外商投资企业依据《关于外商投资企业境内投资的暂行规定》在中西部地区设立的享受外商投资企业待遇的境内投资企业，此类企业的批准证书应在"企业类型"一栏中以括号加注"外商投资企业投资"，外商投资企业境内投资不计入全国外资统计。

（14）金融资产管理公司：系指外商投资设立的金融资产管理公司和依据《金融资产管理公司吸收外资参与资产重组与处置的暂行规定》设立的外商投资企业。

（15）股权并购：系指依据《外国投资者并购境内企业的规定》，外国投资者购买境内非外商投资企业股东的股权或认购其增资，使其变更为外商投资企业。

（16）资产并购：系指依据《外国投资者并购境内企业的规定》，外国投资者设立外商投资企业，并通过该企业协议购买境内企业资产且运营该资产，或外国投资者协议购买境内企业资产，并以该资产投资设立外商投资企业运营该资产。

（17）战略投资：系指依据《外国投资者对上市公司战略投资管理办法》所进行的外国投资者对A股上市公司通过具有一定规模的中长期战略性并购投资，使其取得该公司股份的行为。

（18）返程并购：系指根据国家外汇管理局《关于境内居民通过境外特殊目的公司融资及返程投资外汇管理有关问题的通知》规定，境内居民通过特殊目的公司对其自身或关联投资者拥有的企业进行股权或资产并购。

（19）境外中资机构投资：系指具有中资或国有资产背景的境外投资者在华投资设立的外商投资企业。

（20）境内居民返程投资：系指根据国家外汇管理局《关于境内居民通过境外特殊目的公司融资及返程投资外汇管理有关问题的通知》规定，境内居民通过特殊目的公司在境内设立外商投资企业并开展经营活动。

（21）新设合并、吸收合并、存续分立、解散分立：系指依据《关于外商投资企业合并与分立的规定》进行合并与分立的外商投资企业。

（22）外国分支机构（分公司）：系指外国公司在华设立的分支机构或分公司。

（23）BOT：含义为"建设—经营—转让"，即"Build-Operate-Transfer"或"Building-Operating-Transfering"。

（24）TOT：含义为"转让—经营—转让"，即"Transfer-Operate-Transfer"或"Transfering-Operating-Transfering"。

如不属上述各种类型的，请选择填写"其他类型"。

6.投资总额、注册资本：按外商投资企业合同、章程规定的货币单位填写。

7.投资总额内境外借款：系指在外商投资企业投资总额内，以企业名义从境外借入的资金，不包括从境内外资金融机构的借款。外方股东贷款（来自境外）计入外方直接投资统计，外方股东担保贷款和外方股东商业贷款不计入外方直接投资统计。

8. 外方股东贷款(来自境外):系指投资总额内境外借款中由外方股东以自有资金提供的期限1年以上的中长期贷款。

9. 本次增资额、本次境外借款增加额:分别填写本次变更时的投资总额(注册资本、出资额)与原投资总额(注册资本、出资额)之差,以及本次变更时投资总额内境外借款额与原投资总额内境外借款额之差。减资时使用负数。增资的溢折价部分计入外资统计,但如果增资溢价部分计入资本公积,则当资本公积转增注册资本时,计入资本公积的溢价部分不得重复统计,差额部分可纳入统计。

10. 投资者名称:按中方投资者、外方投资者的顺序依次填写。外商投资性公司作为投资者的,须填写在中方投资者之投资性公司栏中。

11. 股权受让支付的对价:系指中方投资者受让外商投资企业中的外方投资者股权所支付的对价,此对价应统计为合同外资金额的减少,对价的实际交割应统计为实际使用外资金额的减少;或者指外方投资者受让外商投资企业中的中方投资者股权所支付的对价,此对价应统计为合同外资金额的增加,对价的实际交割应统计为实际使用外资金额的增加。股权受让溢折价部分计入外资统计,但如果股权受让溢价部分计入资本公积,则当资本公积转增注册资本时,计入资本公积的溢价部分不得重复统计,差额部分可纳入统计。

12. 股权并购支付的对价:系指依据《外国投资者并购境内企业暂行规定》外国投资者协议购买境内非外商投资企业的股东的股权或认购境内公司增资使该境内非外商投资企业变更设立为外商投资企业所支付的对价,此对价应统计为合同外资金额的增加,对价的实际交割应统计为实际使用外资金额的增加。股权并购溢折价部分纳计入外资统计,但如果股权并购溢价部分计入资本公积,则当资本公积转增注册资本时,计入资本公积的溢价部分不得重复统计,差额部分可计入统计。

13. 注册地:填写投资者、实际控制人的注册地(国家或地区)或个人投资者所在国家或地区。

14. 实际控制人:是虽不是投资者,但通过投资关系、协议或者其他安排,能够决定企业的财务和经营政策,并能从企业的经营活动中获取利益,能够实际支配企业行为的自然人或实体。

15. 出资方式:从现金、实物、无形资产、土地使用权、股权、其他等选项中选择填写。

16. 出资金额:填写投资者的出资金额,合作经营企业投资者以非货币出资且不作价的,需填写出资条件。中(外)方投资者出资货币币种不同,在进行中(外)方出资额合计时,可以人民币或美元为单位折算后进行加总。合作经营企业投资者以非货币出资且不作价的,可不进行出资额合计。

17. 所占比例:系指出资额占注册资本的比例以及技术性出资额占出资额的比例。

18. 主管机关:系指外商投资企业设立或变更的审批机关或备案机构。

19. 发证原因:填写"新设立"、"股权转让"、"资金变更(增资、减资)"、"转制"、"股东变更"、"经营范围变更"、"企业名称变更"、"注册地址变更"、"合并分立"、"新版换证"、"遗失补证"和"其他变更"。

20. 原批准号:填写换证前批准证书编号,如无特殊原因批准号不变。

21. 批准号:应根据发证单位名称,填写本次发证批准证书的编号。

22. 实际投资合计：系指当期企业各投资者通过投资交易直接向企业提供的资本额，包括中方实际投资和外方实际投资。

23. 外方境外出资：是指报告期内，外方投资者根据外商投资企业合同（章程）所规定的注册资本出资比例缴纳的来自境外的出资额。撤资及向境内投资者转让股权应作为扣减项。

24. 外方境内投资：是指报告期内，外方投资者根据外商投资企业合同（章程）所规定的注册资本出资比例以其在境内合法取得的人民币缴纳的出资额，包括利润再投资、资本公积转增注册资本以及其他所取得权益的投资。

25. 外方股东贷款：是指报告期当期内外国投资者以自有资金向外商投资企业提供的期限1年以上的中长期贷款本金和针对外国股东贷款所获得的利息，包括债券和信贷。外国投资者当期向企业提供的借贷作为当期实际投资，企业当期对外国投资者偿还的贷款本息应作扣减项。

26. 外方投资者实际出资金额：境外投资者以外汇、跨境人民币、无形资产、实物资产等各类形式的实际出资及购买中方股权支付的交易对价，外商投资企业以应付外方股东利润、资本公积、盈余公积、未分配利润和已登记外债（可含利息）转增资本的实际出资。外方投资者溢、折价（符合相关法律法规的规定）投入的实际出资均应记入本项目。

（1）现金：是指投资者以货币资本作为投资。

（2）实物：是指投资者以设备、建筑物、原材料等有形资产形式进行的投资。

（3）无形资产：是指依据法律取得的，且符合《会计准则》（2006）相关定义的工业产权、专有技术等，作价投资计入"无形资产"项下。

（4）土地使用权：是指投资者依法取得并作价出资的土地使用权。

（5）股权出资：是指依据《商务部关于涉及外商投资企业股权出资的暂行规定》，以股权作为出资的行为。股权出资不纳入外资统计。

27. 技术先进性企业：是指被认定为技术先进型服务企业的外商投资企业，以企业所在地科技部门颁发的《技术先进型服务企业证书》为准。

28. 年末就业人数：指报告年度年末在企业及其分支机构工作并取得劳动报酬或者经营收入的全部人员数量，包含劳务派遣人员和临时工。

29. 研发人员：指参与研究与试验发展项目研究、管理和辅助工作的人员，包括项目（课题）组人员、企业科技行政管理人员和直接为项目（课题）活动提供服务的辅助人员。

30. 从业人员工资性支出：根据《中华人民共和国企业所得税法实施条例》第三十四条，工资薪金是指企业每一纳税年度支付给在本企业任职或者受雇的员工的所有现金形式或者非现金形式的劳动报酬，包括基本工资、奖金、津贴、补贴、年终加薪、加班工资，以及与员工任职或者受雇有关的其他支出。以上列入企业的工资性支出。

31. 境内授权有效发明专利数：指报告期末企业作为专利权人在报告期拥有的、经中国境内知识产权行政部门授权且在有效期内的发明专利件数。

32. 境外授权有效发明专利数：指报告期末企业作为专利权人在报告期拥有的、经有关国家/地区知识产权行政部门授权且在有效期内的发明专利件数。

33. 企业情况简介：简要介绍企业服务对象、市场优势、技术创新成果、经营模式、有关投资发展计划等情况。

34. 境外投资者累计实际出资金额：指自企业成立之日起截至当年末，境外投资者以外汇、跨境人民币、无形资产、实物资产等各类形式的实际出资及购买中方股权支付的交易对价，外商投资企业以应付外方股东利润、资本公积、盈余公积、未分配利润和已登记外债（可含利息）转增资本的实际出资。外方投资者溢、折价（符合相关法律法规的规定）投入的实际出资均应记入本项目。不包括外方股东贷款和投资性公司出资部分。

35. 反向投资：是指本企业拥有的境外投资者的股权。股权投资额是指企业对境外投资者的实际出资额，不包括股东贷款。反向投资股权比例是指本企业拥有的境外投资者的股权投资额在境外投资者所有股权的比例。

36. 特殊目的实体：是指该境外投资者为控股或资金融通而设立，在注册地没有实际经营，几乎没有员工和办公场所的法律实体。

37. 销售（营业）收入：企业经营主要业务和其他业务所取得的收入总额。

38. 国内销售（营业）收入：企业经营境内主要业务和其他业务所取得的收入额。

39. 服务销售（营业）收入：企业通过提供各类服务取得的收入额。服务类型包括：运输，旅行，建筑，保险服务，金融服务，电信、计算机和信息服务，技术、专业和管理咨询服务（法律服务、会计服务、广告服务、展会服务），知识产权使用费，个人、文化和娱乐服务（文化服务、教育服务、医疗服务），维护和维修，其他服务（加工服务）。

40. 营业成本：包括主营业务成本与其他业务成本支出。

41. 研发投入：指企业研究与开发过程中发生的各项支出。

42. 纳税总额：反映企业本年实际缴纳的增值税、消费税、营业税、资源税、城建税、教育费附加、关税、企业所得税及其他各税的合计数额。

43. 企业所得税：指根据《中华人民共和国企业所得税法》的规定，企业填报《企业所得税年度纳税申报表》（A类、2014年）主表第31行"实际应纳所得税额"。

44. 个人所得税：指根据个人所得税相关规定，企业代扣代缴的员工个人所得税总额。

45. 利润总额：指企业在一定会计期间的经营成果，包括收入减去费用后的净额、直接计入当期利润的利得和损失等，亏损用"－"表示。按企业当年财务会计报告中"利润表"所披露的"利润总额"科目发生额填写。

46. 净利润：指企业实现的净利润，亏损用"－"表示。按企业当年财务会计报告中"利润表"所披露的"净利润"科目发生额填写。

47. 分配外方股东的利润、汇往外方股东的利润、外方利润转投资：按企业当年实际发生额填写，分配、汇出或转投资的利润中可能包含以往年度产生的利润。

48. 资产：指企业资产负债表上记录的资产总额，包括流动资产、长期股权资产、固定资产、无形资产与其他资产。

49. 负债：指企业资产负债表上记录的负债总额，包括流动负债和非流动负债。

50. 应付外方股利：与会计准则中资产负债表的概念一致，是指企业已宣告分配但尚未支付给外方的股利（未扣除应代扣代缴的税款）。

51. 所有者权益：指企业资产负债表上记录的权益总额，包括实收资本、资本公积、盈余公积和未分配利润。投资性外商投资企业应按母公司财务报表（而非合并报表）填写该项数据。外商投资企业中由境内投资性外商投资企业出资的部分视为"中方"投资者投资,不纳入本表的外方权益统计。

52. 归属于外方股东的权益:按股权比例或约定比例(符合相关法律法规的规定)计算确定的外方股东应享有的实收资本、资本公积、盈余公积和未分配利润等。其中,未执行财政部2006年2月15日颁布的《企业会计准则》的企业,其权益项目中的储备基金、发展基金等其他类留存收益余额可一并计入盈余公积。境内投资性外商投资企业应按母公司财务报表(而非合并报表)填写该项数据。外商投资企业中由境内投资性外商投资企业出资的部分视为"中方"投资者投资,不纳入本表的外方权益统计。

53. 境内投资企业:是指在中国境内再投资设立企业的情况,但不包括投资性公司再投资和创业投资企业再投资情况。所占股权比例是指占所投资企业的注册资本(金)的百分比。

54. 境外投资企业:是指企业作为出资人向境外其他企业的投资。境外协议投资所占比例指根据相关协议确定的在注册资本中的认缴份额。

55. 研发中心:根据《关于外商投资设立研发中心有关问题的通知》,外商投资研发中心是指从事自然科学及其相关科技领域的研究开发和实验发展(包括为研发活动服务的中间试验)的机构。基础研究指认识自然现象、揭示自然规律,获取新知识、新原理、新方法的研究活动。产品开发指运用基础研究及运用研究中所发现的科学知识及其成果转变为新产品、新材料、新生产过程的技术性工作。从事技术本地化研发指针对本地用户而进行的一系列产品技术创新。

56. 四技服务:技术开发、技术转让、技术咨询、技术服务。

57. 应收融资租赁款净额:根据会计准则中的资产负债表数据填写,应收融资租赁款净额=应收的融资租赁款总额-已收回的融资租赁款。

58. 对外担保余额:是指对外提供的担保额中已解除担保责任的金额以外的余额。对外担保余额=对外担保总额-已解除责任的担保额。

59. 不良资产余额:不能按预先约定的期限、利率收回本金和利息的融资租赁项目租金余额。

60. 合同项目名称:是指依据《对外合作开发海洋石油资源条例》和《对外合作开采陆上石油资源条例》,外国公司同中国公司签订的石油、天然气和煤层气资源合作勘探开发项目的名称。

61. 合同区块:是指为合作开采石油天然气资源,以地理坐标圈定的海洋(陆地)表面积。

62. 项目类型:是指合作勘探项目的具体类型,按海洋石油(天然气)开发、陆上石油(天然气)开发、煤层气勘探开发等分类填写。

63. 项目投资总额:是指合作开发合同约定的中外各方需投入的资金总额。

64. 新设立企业个数:是指报告期内新设立的外商投资企业家数、新生效的合作开发项目个数。

65. 合同外资金额:是指外商投资企业的合同、章程中规定的外方投资者认缴的出资额和企业投资总额内的应由外方投资者以自己的境外自有资金直接向企业提供的期限1年以上的中长期贷款。包括新设立企业合同外资和原有企业的增资/减资,增资/减资不对企业

(项目)个数进行调整。合伙企业的合同外资是指登记设立的外商投资合伙企业,其外方认缴的出资额。

"合同外资金额"按企业类型分别计算,即:

(1)中外合资经营企业、中外合作经营企业和外资企业按照合同外资金额=注册资本×外商出资比例+外方股东贷款计算。

(2)外商投资合伙企业按照合同外资=认缴资本×外方出资比例计算。

(3)外商投资股份制企业按外方股东在公司中的持股比例,按外方股东认购股票的价格计算出的出资额(不包括社会公开募集的金额)填列。

66.实际使用外资金额:是指合同外资金额的实际执行数,外方投资者根据外商投资企业的合同(章程)的规定实际缴付的出资额和企业投资总额内外方投资者以自己的境外自有资金实际直接向企业提供的期限1年以上的中长期贷款。

67.外商直接投资:是指外方投资者在我国境内通过设立外商投资企业、合伙企业、与中方投资者共同进行石油、天然气和煤层气等资源的合作勘探开发以及设立外国公司分支机构等方式进行投资。

外方投资者可以用现金、实物、无形资产、股权等投资,主要包括以下类型:

(1)中外合资经营企业:是指外国公司、企业和其他经济组织或个人依据《中华人民共和国中外合资经营企业法》,同中国的公司、企业或其他经济组织在中国境内共同投资举办的企业,合营各方按各自的出资比例分享利润、承担风险。

(2)中外合作经营企业:是指外国公司、企业和其他经济组织或个人依据《中华人民共和国中外合作经营企业法》,同中国的公司、企业或其他经济组织在中国境内共同投资或提供合作条件举办的企业。合作各方的权利、义务、利益分配和风险分担等在各方签订的合同中确定。

(3)外资企业:是指外国公司、企业和其他经济组织或个人依据《中华人民共和国外资企业法》,在中国境内设立的全部资本由外国投资者投资的企业。

(4)外商投资股份有限公司:是指根据《关于设立外商投资股份公司暂行规定》设立,且未上市的股份公司。

(5)外商投资合伙企业:是指根据《外国企业或者个人在中国境内设立合伙企业管理办法》规定,由两个以上外国企业或者个人在中国境内设立的合伙企业,以及外国企业或个人与中国的自然人、法人和其他组织在中国境内设立的合伙企业。

(6)合作开发项目:是指外国公司依据《对外合作开发海洋石油资源条例》和《对外合作开采陆上石油资源条例》,同中国的公司合作进行石油、天然气和煤层气资源勘探开发的项目。

(7)外商投资A股上市公司:是指以人民币计价,面对中国公民发行股票且在境内上市的外商投资企业。

(8)外商投资B股上市公司:是指以美元或港元计价,面向境内外投资者发行股票,但在中国境内上市的外商投资企业。

(9)其他直接投资:是指外国公司、金融机构在华设立从事经营活动的分支机构,如境外公司分公司、境外银行分行等,还包括在境内注册的企业对外发行股票,由境外投资者以外币认购后单个外国投资者在企业所占股权比例超过10%（含10%）的资金。

68. 外商其他投资：是指除外商直接投资以外其他方式吸收的外资，主要包括以下类型：

（1）对外发行股票：是指在境内注册的企业在境内外股票市场公开发行股票，由外国投资者以外币认购所筹集的资金（单个外国投资者在企业所占股权比例不超过10%）。

（2）国际租赁：是指我国境内企业通过签订租赁合同，从租赁公司较长期地租赁进口的机器设备，承租人将其用于生产经营活动，租赁期满后租赁物所有权一般归承租人。

（3）补偿贸易：是指国外厂商直接提供或通过国外信贷进口生产技术或设备，境内企业以该技术、设备生产的产品分期偿还外方技术、设备价款。

（4）加工装配（包括来料加工、来件装配等）：是指由外商提供全部或部分原辅材料、零部件、元器件等，我国境内的企业根据外商的要求进行加工生产、产品交外商销售，境内企业只收取工缴费，这种合作方式一般外商需进口部分机器设备，境内企业可用工缴费偿还。

69. 金融机构主要包括以下类型：

（1）合资银行：是指外国的金融机构同中国的公司、企业在中国境内合资经营的银行。

（2）独资银行：是指依照中华人民共和国有关法律、法规的规定，经批准在中国境内设立和营业的总行在中国境内的外国资本的银行。

（3）外国银行分行：是指外国银行在中国境内的分行。

（4）合资财务公司：是指外国的金融机构同中国的公司、企业在中国境内合资经营的财务公司。

（5）独资财务公司：是指总公司在中国境内的外国资本的财务公司

（6）外资基金管理公司：是指外国的金融机构同中国的公司、企业在中国境内合资经营的基金管理公司。

70. 保险机构主要包括以下类型：

（1）合资保险公司：是指外国保险公司同中国的公司、企业在中国境内合资经营的保险公司。

（2）独资保险公司：是指外国保险公司在中国境内投资经营的外国资本保险公司。

（3）外国保险公司分公司：是指外国保险公司在中国境内的分公司。

71. 合资证券公司：是指外国金融机构同中国的公司、企业在中国境内合资经营的证券公司。

72. 资金到位率：是指近三年（含当年）累计实际使用外资金额与近三年（含当年）累计合同外资金额之比。

73. 鼓励类企业率：是指当年新设立鼓励类外商投资企业数（包括研发机构）与当年新设立外商投资企业总数之比。

74. 出口销售收入占销售总收入比重：是指外商投资企业出口销售收入（包括货物、服务、技术）在其销售总收入中所占比重，该指标反映外商投资企业对外依存度。

75. 就业增长率：是指本地区外商投资企业当年就业人数比上年就业人数增长的比率，该指标反映外商投资企业对就业的贡献和对就业的持续影响力。

76. 纳税金额增长率：是指本地区外商投资企业当年纳税总额比上年纳税总额增长的比率，该指标反映外商投资企业经营状况及对财政收入的贡献。

77. 年度信息报送比率:是指按规定报送当年运营状况信息的外商投资企业数/(累计已设立企业数—已终止/撤销企业数)。

78. 高新技术企业率:是指现存已认定的高新技术企业数与现存外商投资企业数之比,该指标反映外商投资企业中高新技术企业的情况。

79. 研发投入率:是指当年外商投资企业用于研发投入的资金与营业收入之比,该指标反映外商投资企业用于研发投入的资金情况。

五、附录

(一) 国家(地区)统计代码

代码	名称	英文名称
100	亚洲	Asia
101	阿富汗	Afghanistan
102	巴林	Bahrain
103	孟加拉国	Bangladesh
104	不丹	Bhutan
105	文莱	Brunei
106	缅甸	Myanmar
107	柬埔寨	Cambodia
108	塞浦路斯	Cyprus
109	朝鲜	Korea,DPR
110	香港	Hong Kong
111	印度	India
112	印度尼西亚	Indonesia
113	伊朗	Iran
114	伊拉克	Iraq
115	以色列	Israel
116	日本	Japan
117	约旦	Jordan
118	科威特	Kuwait
119	老挝	Lao PDR
120	黎巴嫩	Lebanon
121	澳门	Macau
122	马来西亚	Malaysia
123	马尔代夫	Maldives
124	蒙古	Mongolia

125	尼泊尔联邦民主共和国	Nepal, FDR
126	阿曼	Oman
127	巴基斯坦	Pakistan
128	巴勒斯坦	Palestine
129	菲律宾	Philippines
130	卡塔尔	Qatar
131	沙特阿拉伯	Saudi Arabia
132	新加坡	Singapore
133	韩国	Korea, Rep.
134	斯里兰卡	Sri Lanka
135	叙利亚	Syrian Arab Republic
136	泰国	Thailand
137	土耳其	Turkey
138	阿联酋	United Arab Emirates
139	也门	Yemen
141	越南	Viet Nam
142	中国	China
143	台澎金马关税区	Taiwan, Prov. of China
144	东帝汶	Timor – Leste
145	哈萨克斯坦	Kazakhstan
146	吉尔吉斯斯坦	Kyrgyzstan
147	塔吉克斯坦	Tajikistan
148	土库曼斯坦	Turkmenistan
149	乌兹别克斯坦	Uzbekistan
199	亚洲其他国家（地区）	Oth. Asia nes
200	非洲	Africa
201	阿尔及利亚	Algeria
202	安哥拉	Angola
203	贝宁	Benin
204	博茨瓦纳	Botswana
205	布隆迪	Burundi
206	喀麦隆	Cameroon
207	加那利群岛	Canary Islands
208	佛得角	Cape Verde
209	中非	Central African Republic.

210	塞卜泰（休达）	Ceuta
211	乍得	Chad
212	科摩罗	Comoros
213	刚果（布）	Congo
214	吉布提	Djibouti
215	埃及	Egypt
216	赤道几内亚	Equatorial Guinea
217	埃塞俄比亚	Ethiopia
218	加蓬	Gabon
219	冈比亚	Gambia
220	加纳	Ghana
221	几内亚	Guinea
222	几内亚比绍	Guinea-Bissau
223	科特迪瓦	Cote d'Ivoire
224	肯尼亚	Kenya
225	利比里亚	Liberia
226	利比亚	Libyan Arab Jamahiriya
227	马达加斯加	Madagascar
228	马拉维	Malawi
229	马里	Mali
230	毛里塔尼亚	Mauritania
231	毛里求斯	Mauritius
232	摩洛哥	Morocco
233	莫桑比克	Mozambique
234	纳米比亚	Namibia
235	尼日尔	Niger
236	尼日利亚	Nigeria
237	留尼汪	Reunion
238	卢旺达	Rwanda
239	圣多美和普林西比	Sao Tome and Principe
240	塞内加尔	Senegal
241	塞舌尔	Seychelles
242	塞拉利昂	Sierra Leone
243	索马里	Somalia
244	南非	South Africa

245	西撒哈拉	Western Sahara
246	苏丹	Sudan
247	坦桑尼亚	Tanzania
248	多哥	Togo
249	突尼斯	Tunisia
250	乌干达	Uganda
251	布基纳法索	Burkina Faso
252	刚果(金)	Congo, DR
253	赞比亚	Zambia
254	津巴布韦	Zimbabwe
255	莱索托	Lesotho
256	梅利利亚	Melilla
257	斯威士兰	Swaziland
258	厄立特里亚	Eritrea
259	马约特	Mayotte
260	南苏丹共和国	Republic of South Sudan
299	非洲其他国家(地区)	Oth. Afr. nes
300	欧洲	Europe
301	比利时	Belgium
302	丹麦	Denmark
303	英国	United Kingdom
304	德国	Germany
305	法国	France
306	爱尔兰	Ireland
307	意大利	Italy
308	卢森堡	Luxembourg
309	荷兰	Netherlands
310	希腊	Greece
311	葡萄牙	Portugal
312	西班牙	Spain
313	阿尔巴尼亚	Albania
314	安道尔	Andorra
315	奥地利	Austria
316	保加利亚	Bulgaria
318	芬兰	Finland

320	直布罗陀	Gibraltar
321	匈牙利	Hungary
322	冰岛	Iceland
323	列支敦士登	Liechtenstein
324	马耳他	Malta
325	摩纳哥	Monaco
326	挪威	Norway
327	波兰	Poland
328	罗马尼亚	Romania
329	圣马力诺	San Marino
330	瑞典	Sweden
331	瑞士	Switzerland
334	爱沙尼亚	Estonia
335	拉脱维亚	Latvia
336	立陶宛	Lithuania
337	格鲁吉亚	Georgia
338	亚美尼亚	Armenia
339	阿塞拜疆	Azerbaijan
340	白俄罗斯	Belarus
343	摩尔多瓦	Moldova
344	俄罗斯联邦	Russian Federation
347	乌克兰	Ukraine
350	斯洛文尼亚	Slovenia
351	克罗地亚	Croatia
352	捷克	Czech Republic
353	斯洛伐克	Slovakia
354	前南马其顿	Macedonia, FYR
355	波黑	Bosnia and Hercegovina
356	梵蒂冈城国	Vatican City State
357	法罗群岛	Faroe Islands
358	塞尔维亚	Serbia
359	黑山	Montenegro
399	欧洲其他国家(地区)	Oth. Eur. nes
400	拉丁美洲	Latin America
401	安提瓜和巴布达	Antigua & Barbuda

402	阿根廷	Argentina
403	阿鲁巴	Aruba
404	巴哈马	Bahamas
405	巴巴多斯	Barbados
406	伯利兹	Belize
408	多民族玻利维亚国	Estado Plurinacional de Bolivia
409	博内尔	Bonaire
410	巴西	Brazil
411	开曼群岛	Cayman Islands
412	智利	Chile
413	哥伦比亚	Colombia
414	多米尼克	Dominica
415	哥斯达黎加	Costa Rica
416	古巴	Cuba
417	库腊索岛	Curacao
418	多米尼加共和国	Dominican Republic
419	厄瓜多尔	Ecuador
420	法属圭亚那	French Guiana
421	格林纳达	Grenada
422	瓜德罗普	Guadeloupe
423	危地马拉	Guatemala
424	圭亚那	Guyana
425	海地	Haiti
426	洪都拉斯	Honduras
427	牙买加	Jamaica
428	马提尼克	Martinique
429	墨西哥	Mexico
430	蒙特塞拉特	Montserrat
431	尼加拉瓜	Nicaragua
432	巴拿马	Panama
433	巴拉圭	Paraguay
434	秘鲁	Peru
435	波多黎各	Puerto Rico
436	萨巴	Saba
437	圣卢西亚	Saint Lucia

438	圣马丁岛	Saint Martin Islands
439	圣文森特和格林纳丁斯	Saint Vincent and Grenadines
440	萨尔瓦多	El Salvador
441	苏里南	Suriname
442	特立尼达和多巴哥	Trinidad and Tobago
443	特克斯和凯科斯群岛	Turks and Caicos Islands
444	乌拉圭	Uruguay
445	委内瑞拉	Venezuela
446	英属维尔京群岛	Virgin Islands, British
447	圣其茨和尼维斯	Saint Kitts and Nevis
448	圣皮埃尔和密克隆	Saint. Pierre and Miquelon
449	荷属安地列斯	Netherlands Antilles
499	拉丁美洲其他国家(地区)	Oth. L. Amer. nes
500	北美洲	North America
501	加拿大	Canada
502	美国	United States
503	格陵兰	Greenland
504	百慕大	Bermuda
599	北美洲其他国家(地区)	Oth. N. Amer. nes
600	大洋洲	Oceania
601	澳大利亚	Australia
602	库克群岛	Cook Islands
603	斐济	Fiji
604	盖比群岛	Gambier Islands
605	马克萨斯群岛	Marquesas Islands
606	瑙鲁	Nauru
607	新喀里多尼亚	New Caledonia
608	瓦努阿图	Vanuatu
609	新西兰	New Zealand
610	诺福克岛	Norfolk Island
611	巴布亚新几内亚	Papua New Guinea
612	社会群岛	Society Islands
613	所罗门群岛	Solomon Islands
614	汤加	Tonga
615	土阿莫土群岛	Tuamotu Islands

616	土布艾群岛	Tubai Islands
617	萨摩亚	Samoa
618	基里巴斯	Kiribati
619	图瓦卢	Tuvalu
620	密克罗尼西亚联邦	Micronesia, Fs
621	马绍尔群岛	Marshall Islands
622	帕劳	Palau
623	法属波利尼西亚	French Polynesia
625	瓦利斯和浮图纳	Wallis and Futuna
699	大洋洲其他国家(地区)	Oth. Ocean. nes
701	国(地)别不详	Countries(reg.) unknown
702	联合国及机构和国际组织	UN and oth. int1 org.

(二)省、自治区、直辖市代码表

北京市	110000
天津市	120000
河北省	130000
山西省	140000
内蒙古自治区	150000
辽宁省	210000
大连市	210200
吉林省	220000
黑龙江省	230000
上海市	310000
江苏省	320000
浙江省	330000
宁波市	330200
安徽省	340000
福建省	350000
厦门市	350200
江西省	360000
山东省	370000
青岛市	370200
河南省	410000
湖北省	420000
湖南省	430000

广东省	440000
深圳市	440300
广西壮族自治区	450000
海南省	460000
重庆市	500000
四川省	510000
贵州省	520000
云南省	530000
西藏自治区	540000
陕西省	610000
甘肃省	620000
青海省	630000
宁夏回族自治区	640000
新疆维吾尔自治区	650000

（三）附则

1. 外商投资统计货币币种为美元和人民币，美元、人民币与其他货币的折算率，按国家外汇管理局制定的《各种货币对美元内部统一折算率表》执行。

2. 本制度使用的国别（地区）统计代码，按国家海关总署制定的《国别（地区）统计代码》执行。所属行业类别按中华人民共和国《国民经济行业分类》（GB/T 4754—2011）执行。

逢法定节假日，报表报出日期可相应顺延（双休日报表不顺延）。

3. 本制度由国家统计局、商务部负责解释。

4. 本制度自2017年6月起实行。

国务院关于强化实施创新驱动发展战略进一步推进大众创业万众创新深入发展的意见

国发〔2017〕37号

各省、自治区、直辖市人民政府，国务院各部委、各直属机构：

创新是社会进步的灵魂，创业是推进经济社会发展、改善民生的重要途径，创新和创业相连一体、共生共存。近年来，大众创业、万众创新蓬勃兴起，催生了数量众多的市场新生力量，促进了观念更新、制度创新和生产经营管理方式的深刻变革，有效提高了创新效率、缩短了创新路径,已成为稳定和扩大就业的重要支撑、推动新旧动能转换和结构转型升级的重要力量,正在成为中国经济行稳致远的活力之源。为进一步系统性优化创新创业生态环境,强化政策供给,突破发展瓶颈,充分释放全社会创新创业潜能,在更大范围、更高层次、更深程度上推进大众创业、万众创新,现提出如下意见。

一、大众创业、万众创新深入发展是实施创新驱动发展战略的重要载体

深入推进供给侧结构性改革,全面实施创新驱动发展战略,加快新旧动能接续转换,着力振兴实体经济,必须坚持"融合、协同、共享",推进大众创业、万众创新深入发展。要进一步优化创新创业的生态环境,着力推动"放管服"改革,构建包容创新的审慎监管机制,有效促进政府职能转变;进一步拓展创新创业的覆盖广度,着力推动创新创业群体更加多元,发挥大企业、科研院所和高等院校的领军作用,有效促进各类市场主体融通发展;进一步提升创新创业的科技内涵,着力激发专业技术人才、高技能人才等的创造潜能,强化基础研究和应用技术研究的有机衔接,加速科技成果向现实生产力转化,有效促进创新型创业蓬勃发展;进一步增强创新创业的发展实效,着力推进创新创业与实体经济发展深度融合,结合"互联网+"、"中国制造2025"和军民融合发展等重大举措,有效促进新技术、新业态、新模式加快发展和产业结构优化升级。

——创新为本、高端引领。以科技创新为基础支撑,实现创新带动创业、创业促进创新的良性循环。坚持质量效率并重,引导创新创业多元化、特色化、专业化发展,推动产业迈向中高端。坚持创新创业与实体经济相结合,实现一二三产业相互渗透,推动军民融合深入发展,创造新供给、释放新需求,增强产业活力和核心竞争力。

——改革先行、精准施策。以深化改革为核心动力,主动适应、把握、引领经济发展新常态,面向新趋势、新特征、新需求,主动作为,针对重点领域、典型区域、关键群体的特点精准发力,出实招、下实功、见实效。着力破除制约创新创业发展的体制机制障碍,促进生产、管理、分配和创新模式的深刻变革,继续深入推进"放管服"改革,积极探索包容审慎监管,为新动能的成长打开更大空间。

——人才优先、主体联动。以人才支撑为第一要素,改革人才引进、激励、发展和评价机制,激发人才创造潜能,鼓励科技人员、中高等院校毕业生、留学回国人才、农民工、退役士兵等有梦想、有意愿、有能力的群体更多投身创新创业。加强科研机构、高校、企业、创客等主体协同,促进大中小微企业优势互补,推动城镇与农村创新创业同步发展,形成创新创业多元主体合力汇聚、活力迸发的良性格局。

——市场主导、资源聚合。充分发挥市场配置资源的决定性作用,整合政府、企业、社会等多方资源,建设众创、众包、众扶、众筹支撑平台,健全创新创业服务体系,推动政策、技术、资本等各类要素向创新创业集聚,充分发挥社会资本作用,以市场化机制促进多元化供给与多样化需求更好对接,实现优化配置。

——价值创造、共享发展。以价值创造为本质内涵,大力弘扬创新文化,厚植创业沃土,营造敢为人先、宽容失败的良好氛围,推动创新创业成为生活方式和人生追求。践行共享发展理念,实现人人参与、人人尽力、人人享有,使创新创业成果更多更公平地惠及全体人民,促进社会公平正义。

二、加快科技成果转化

重点突破科技成果转移转化的制度障碍,保护知识产权,活跃技术交易,提升创业服务能力,优化激励机制,共享创新资源,加速科技成果向现实生产力转化。

（一）建立完善知识产权运用和快速协同保护体系,扩大知识产权快速授权、确权、维权覆盖面,加快推进快速保护由单一产业领域向多领域扩展。搭建集专利快速审查、快速确权、快速维权等于一体,审查确权、行政执法、维权援助、仲裁调解、司法衔接相联动的知识产权保护中心。探索建立海外知识产权维权援助机制。发挥国家知识产权运营公共服务平台枢纽作用,加快建设国家知识产权运营服务体系。（国家知识产权局牵头负责）

（二）推动科技成果、专利等无形资产价值市场化,促进知识产权、基金、证券、保险等新型服务模式创新发展,依法发挥资产评估的功能作用,简化资产评估备案程序,实现协议定价和挂牌、拍卖定价。促进科技成果、专利在企业的推广应用。（国家知识产权局、财政部、科技部、中国科协等单位按职责分工负责）

（三）探索在战略性新兴产业相关领域率先建立利用财政资金形成的科技成果限时转化制度。财政资金支持形成的科技成果,除涉及国防、国家安全、国家利益、重大社会公共利益外,在合理期限内未能转化的,可由国家依法强制许可实施转化。（科技部、财政部、国家发展改革委等部门按职责分工负责）

（四）引导众创空间向专业化、精细化方向升级,支持龙头骨干企业、高校、科研院所围绕优势细分领域建设平台型众创空间。探索将创投孵化器等新型孵化器纳入科技企业孵化器管理服务体系,并享受相应扶持政策。（科技部牵头负责）

（五）推动科研院所落实国家科技成果转化法律法规和政策,强化激励导向,提高科研院所成果转化效率。坚持试点先行,进一步扩大科研院所自主权,激发科研院所和科技人员创新创业积极性。（科技部、人力资源社会保障部等部门按职责分工负责）

（六）促进仪器设备开放共享,探索仪器设备所有权和经营权分离机制,对于财政资金购置的仪器设备,探索引入专业服务机构进行社会化服务等多种方式。（科技部牵头负责）

（七）实施科研院所创新创业共享行动,鼓励科研院所发挥自身优势,进一步提高科技成果转化能力和创新创业能力,进一步开放现有科研设施和资源,推动科技成果在全社会范围实现共享和转化。（国家发展改革委、中科院、科技部等单位按职责分工负责）

三、拓展企业融资渠道

不断完善金融财税政策,创新金融产品,扩大信贷支持,发展创业投资,优化投入方式,推动破解创新创业企业融资难题。

（八）在有效防控风险的前提下,合理赋予大型银行县支行信贷业务权限。支持地方性法人银行在符合条件的情况下在基层区域增设小微支行、社区支行,提供普惠金融服务。支持商业银行改造小微企业信贷流程和信用评价模型,提高审批效率。（银监会牵头负责）

（九）完善债权、股权等融资服务机制，为科技型中小企业提供覆盖全生命周期的投融资服务。稳妥推进投贷联动试点工作。推广专利权质押等知识产权融资模式，鼓励保险公司为科技型中小企业知识产权融资提供保证保险服务，对符合条件的由地方各级人民政府提供风险补偿或保费补贴。持续优化科技型中小企业直接融资机制，稳步扩大创新创业公司债券试点规模。支持政府性融资担保机构为科技型中小企业发债提供担保。鼓励地方各级人民政府建立政银担、政银保等不同类型的风险补偿机制。（银监会、人民银行、保监会、财政部、科技部、国家知识产权局、证监会等部门按职责分工负责）

（十）改革财政资金、国有资本参与创业投资的投入、管理与退出标准和规则，建立完善与其特点相适应的绩效评价体系。依法依规豁免国有创业投资机构和国有创业投资引导基金国有股转持义务。（财政部、国务院国资委等部门按职责分工负责）

（十一）适时推广创业投资企业和天使投资个人有关税收试点政策，引导社会资本参与创业投资。推动创业投资企业、创业投资管理企业及其从业人员在第三方征信机构完善信用记录，实现创业投资领域信用记录全覆盖。（财政部、税务总局、国家发展改革委等部门按职责分工负责）

（十二）推动国家新兴产业创业投资引导基金、国家中小企业发展基金、国家科技成果转化引导基金设立一批创业投资子基金。引导和规范地方各级人民政府设立创业投资引导基金，建立完善对引导基金的运行监管机制、财政资金的绩效考核机制和基金管理机构的信用信息评价机制。（国家发展改革委、财政部、工业和信息化部等部门按职责分工负责）

（十三）健全完善创新券、创业券的管理制度和运行机制，在全面创新改革试验区域探索建立创新券、创业券跨区域互通互认机制。（科技部、国家发展改革委等部门按职责分工负责）

四、促进实体经济转型升级

深入实施"互联网+"、"中国制造2025"、军民融合发展、新一代人工智能等重大举措，着力加强创新创业平台建设，培育新兴业态，发展分享经济，以新技术、新业态、新模式改造传统产业，增强核心竞争力，实现新兴产业与传统产业协同发展。

（十四）加强基础研究，提升原始创新能力。改革和创新科研管理、投入和经费使用方式。高校和科研院所要鼓励科研人员与创业者开展合作和互动交流，建立集群思、汇众智、解难题的众创空间。面向企业和社会创新的难点，凝练和解决科学问题，举办各种形式的创新挑战赛，通过众包共议方式，提高创新效率和水平。（科技部、财政部等部门按职责分工负责）

（十五）在战略性领域布局建设若干产业创新中心，整合利用现有创新资源形成充满活力的创新网络。依托企业、联合高校和科研院所，建设符合发展需求的制造业创新中心，开展关键共性重大技术研究和产业化应用示范。推动建立一批军民结合、产学研一体的科技协同创新平台。（国家发展改革委、工业和信息化部、科技部、教育部等部门按职责分工负责）

（十六）实施企业创新创业协同行动。支持大型企业开放供应链资源和市场渠道，推动开展内部创新创业，带动产业链上下游发展，促进大中小微企业融通发展。（国家发展改革委、工业和信息化部、国务院国资委、全国工商联等单位按职责分工负责）

（十七）鼓励大型企业全面推进"双创"工作，建设"双创"服务平台与网络，开展各类"双创"活动,推广各类大型企业"双创"典型经验,促进跨界融合和成果转化。(国家发展改革委、工业和信息化部、国务院国资委、全国工商联等单位按职责分工负责)

（十八）促进分享经济发展,合理引导预期,创新监管模式,推动构建适应分享经济发展的包容审慎监管机制和社会多方协同治理机制,完善新就业形态、消费者权益、社会保障、信用体系建设、风险控制等方面的政策法规,研究完善适应分享经济特点的税收征管措施,研究建立平台企业履职尽责与依法获得责任豁免的联动机制。(国家发展改革委、人力资源社会保障部、人民银行、工商总局、税务总局、中央网信办等单位按职责分工负责)

（十九）发布促进数字经济发展战略纲要,强化系统性设计,打破制约数字生产力发展的制度障碍,推进市场化的生产资料分享,提升市场配置资源效率,加速数字化转型,引领和适应数字经济发展。发起"一带一路"数字经济国际合作倡议,促进"一带一路"沿线国家数字经济交流与合作。(国家发展改革委、中央网信办等单位按职责分工负责)

（二十）进一步完善新产业新业态新模式统计分类,充分利用大数据等现代信息技术手段,研究制定"双创"发展统计指标体系,科学、准确、及时反映经济结构优化升级的新进展。(国家统计局牵头负责)

（二十一）加快研究制定工业互联网安全技术标准,建设工业互联网网络安全监测平台和中小企业网络安全公共服务平台,强化工业互联网安全保障支撑能力。(工业和信息化部牵头负责)

（二十二）积极落实支持大众创业、万众创新的用地政策,加大新供用地保障力度,鼓励盘活利用现有用地,引导新产业集聚发展,完善新产业用地监管制度。(国土资源部牵头负责)

（二十三）研究制定促进首台(套)重大技术装备示范应用的意见,建立健全首台(套)重大技术装备研发、检测评定、示范应用体系,完善财政、金融、保险等支持政策,明确相关招标采购要求,建立示范应用激励和保障机制,营造良好的政策和市场环境。(国家发展改革委牵头负责)

（二十四）充分利用产业投资基金支持先进制造业发展。实施新一轮技术改造升级重大工程,支持关键领域和瓶颈环节技术改造。(国家发展改革委、工业和信息化部、财政部等部门按职责分工负责)

五、完善人才流动激励机制

充分激发人才创新创业活力,改革分配机制,引进国际高层次人才,促进人才合理流动,健全保障体系,加快形成规模宏大、结构合理、素质优良的创新创业人才队伍。

（二十五）制定人才签证实施细则,明确外国人申请和取得人才签证的标准条件和办理程序;全面实施外国人来华工作许可制度,简化外国高层次人才办理工作许可证和居留证件的程序。开展外国高层次人才服务"一卡通"试点,建立安居保障、子女入学和医疗保健服务通道。进一步完善外国人才由工作居留向永久居留转换机制,实现工作许可、签证和居留有机衔接。(国家外专局、公安部、外交部、人力资源社会保障部等部门按职责分工负责)

（二十六）允许外国留学生凭高校毕业证书、创业计划申请加注"创业"的私人事务类居留许可。外国人依法申请注册成为企业的,可凭创办企业注册证明等材料向有关部门申请

工作许可和工作类居留许可。(公安部、人力资源社会保障部、国家外专局等部门按职责分工负责)

(二十七)实施留学人员回国创新创业启动支持计划,吸引更多高素质留学人才回国创新创业。继续推进两岸青年创新创业基地建设,推动内地与港澳地区开展创新创业交流合作。深入开展"万侨创新行动",支持建设华侨华人创新创业基地,探索建立华侨华人创新创业综合服务体系,为华侨华人高层次专业人才和企业家出入境、停居留以及申办外国人永久居留身份证件提供便利。推动来内地创业的港澳同胞、回国(来华)创业的华侨华人享受当地城镇居民同等待遇的社会公共服务。继续推进海外人才离岸创新创业基地建设。(人力资源社会保障部、外交部、公安部、国务院港澳办、国务院台办、国务院侨办、中国科协等单位按职责分工负责)

(二十八)完善高校和科研院所绩效考核办法,在核定的绩效工资总量内高校和科研院所可自主分配。事业单位引进高层次人员和招聘急需紧缺人才,可简化招录程序,没有岗位空缺的可申请设置特设岗位,并按相关规定办理人事关系,确定岗位薪资。(人力资源社会保障部、教育部、科技部等部门按职责分工负责)

(二十九)实施社团创新创业融合行动,搭建创新创业资源对接平台,推介一批创新创业典型人物和案例,推动创新精神、企业家精神和工匠精神融合,进一步引导和推动各类科技人员投身创新创业大潮。(国家发展改革委、中国科协等单位按职责分工负责)

(三十)加快将现有支持"双创"相关财政政策措施向返乡下乡人员创新创业拓展,将符合条件的返乡下乡人员创新创业项目纳入强农惠农富农政策范围。探索实施农村承包土地经营权以及农业设施、农机具抵押贷款试点。允许返乡下乡人员依法使用集体建设用地开展创新创业。返乡农民工可在创业地参加各项社会保险。鼓励有条件的地方将返乡农民工纳入住房公积金缴存范围,按规定将其子女纳入城镇(城乡)居民基本医疗保险参保范围。地方人民政府要建立协调推动机制,有条件的县级人民政府应设立"绿色通道",为返乡下乡人员创新创业提供便利服务。(农业部、人力资源社会保障部、国土资源部等部门和有关地方人民政府按职责分工负责)

(三十一)各地区可根据实际需要制定灵活的引才引智政策,采取不改变人才的户籍、人事关系等方式,以用为本,发挥实效,解决关键领域高素质人才稀缺等问题。(各地方人民政府负责)

六、创新政府管理方式

持续深化"放管服"改革,加大普惠性政策支持力度,改善营商环境,放宽市场准入,推进试点示范,加强文化建设,推动形成政府、企业、社会良性互动的创新创业生态。

(三十二)出台公平竞争审查实施细则,进一步健全审查机制,明确审查程序,强化审查责任,推动全面实施公平竞争审查制度,为创新创业营造统一开放、竞争有序的市场环境。(国家发展改革委、财政部、商务部、工商总局等部门按职责分工负责)

(三十三)推进"多证合一"登记制度改革,将涉企登记、备案等有关事项和各类证照进一步整合到营业执照上。对内外资企业,在支持政策上一视同仁,推动实施一个窗口登记注册和限时办结。推动取消企业名称预先核准,推广自主申报。全面实施企业简易注销登记改革,实现市场主体退出便利化。建设全国统一的电子营业执照管理系统,推进无介质电子营业执照建设和应用。(工商总局牵头负责)

(三十四)加大事中事后监管力度,实现"双随机、一公开"监管全覆盖,开展跨部门"双随机"联合检查,提高监管效能。健全跨部门、跨地区执法协作机制,推进市场监管领域综合执法改革。(工商总局、中央编办、国务院法制办等单位按职责分工负责)

(三十五)在有条件的基层政府设立专业化的行政审批机构,实行审批职责、审批事项、审批环节"三个全集中"。(各地方人民政府、有关部门按职责分工负责)

(三十六)适时适当放宽教育等行业互联网准入条件,降低创新创业门槛,加强新兴业态领域事中事后监管。(教育部牵头负责)

(三十七)推进跨省经营企业部分涉税事项全国通办。推进银行卡受理终端、网上银行、手机银行等多元化缴税方式。加强国税、地税联合办税。建立健全市、县两级银税合作工作机制,加大基层银税合作力度,逐步扩大税务、银行信用信息共享内容。探索通过建立电子平台或在银税双方系统中互设接口等方式,实现银税信息"线上"互动。(税务总局牵头负责)

(三十八)积极有序推进试点示范,加快建设全国双创示范基地,推进小微企业创业创新基地城市示范,整合创建一批农村创新创业示范基地。推广全面创新改革试验经验。研究新设一批国家自主创新示范区、高新区,深化国家自主创新示范区政策试点。(国家发展改革委、科技部、财政部、工业和信息化部、农业部等部门按职责分工负责)

(三十九)办好全国"双创"活动周,营造创新创业良好氛围。组织实施好"创响中国"系列活动,开展创业投资企业、院士专家、新闻媒体地方行。高质量办好创新创业赛事,推动创新创业理念更加深入人心。(国家发展改革委、中国科协等单位按职责分工负责)

各地区、各部门要认真落实本意见的各项要求,进一步细化政策措施,切实履职尽责,密切配合,勇于探索,主动作为,及时总结经验,加强监督检查,确保各项政策落到实处,推进大众创业、万众创新深入发展,为全面实施创新驱动发展战略、培育壮大新动能、改造提升传统动能和促进我国经济保持中高速增长、迈向中高端水平提供强劲支撑。

国务院
2017 年 7 月 21 日

外商投资产业指导目录(2017 年修订)

国家发展和改革委员会、商务部令 2017 年第 4 号

《外商投资产业指导目录(2017 年修订)》已经党中央、国务院同意,现予以发布,自 2017 年 7 月 28 日起施行。2015 年 3 月 10 日国家发展和改革委员会、商务部发布的《外商

投资产业指导目录(2015年修订)》同时废止。

附件:外商投资产业指导目录(2017年修订)

国家发展和改革委员会主任:何立峰
商务部部长:钟山
2017年6月28日

外商投资产业指导目录

(2017年修订)

一、农、林、牧、渔业

1. 木本食用油料、调料和工业原料的种植及开发、生产
2. 绿色、有机蔬菜(含食用菌、西甜瓜)、干鲜果品、茶叶栽培技术开发及产品生产
3. 糖料、果树、牧草等农作物栽培新技术开发及产品生产
4. 花卉生产与苗圃基地的建设、经营
5. 橡胶、油棕、剑麻、咖啡种植
6. 中药材种植、养殖
7. 农作物秸秆资源综合利用、有机肥料资源的开发生产
8. 水产苗种繁育(不含我国特有的珍贵优良品种)
9. 防治荒漠化及水土流失的植树种草等生态环境保护工程建设、经营
10. 水产品养殖、深水网箱养殖、工厂化水产养殖、生态型海洋增养殖

二、采矿业

11. 石油、天然气的勘探、开发和矿井瓦斯利用
12. 提高原油采收率(以工程服务形式)及相关新技术的开发应用
13. 物探、钻井、测井、录井、井下作业等石油勘探开发新技术的开发与应用
14. 提高矿山尾矿利用率的新技术开发和应用及矿山生态恢复技术的综合应用
15. 我国紧缺矿种(如钾盐、铬铁矿等)的勘探、开采和选矿

三、制造业

(一)农副食品加工业

16. 安全高效环保饲料及饲料添加剂(含蛋氨酸)开发及生产

17. 水产品加工、贝类净化及加工、海藻保健食品开发

18. 蔬菜、干鲜果品、禽畜产品加工

（二）食品制造业

19. 婴幼儿配方食品、特殊医学用途配方食品及保健食品的开发、生产

20. 森林农产品加工

21. 天然食品添加剂、天然香料新技术开发与生产

（三）酒、饮料和精制茶制造业

22. 果蔬饮料、蛋白饮料、茶饮料、咖啡饮料、植物饮料的开发、生产

（四）纺织业

23. 采用非织造、机织、针织及其复合工艺技术的轻质、高强、耐高/低温、耐化学物质、耐光等多功能化的产业用纺织品生产

24. 采用先进节能减排技术和装备的高档织物印染及后整理加工

25. 符合生态、资源综合利用与环保要求的特种天然纤维（包括山羊绒等特种动物纤维、竹纤维、麻纤维、蚕丝、彩色棉花等）产品加工

（五）纺织服装、服饰业

26. 采用计算机集成制造系统的服装生产

27. 功能性特种服装生产

（六）皮革、毛皮、羽毛及其制品和制鞋业

28. 皮革和毛皮清洁化技术加工

29. 皮革后整饰新技术加工

30. 皮革废弃物综合利用

（七）木材加工和木、竹、藤、棕、草制品业

31. 林业三剩物，"次、小、薪"材和竹材的综合利用新技术、新产品开发与生产

（八）文教、工美、体育和娱乐用品制造业

32. 高档地毯、刺绣、抽纱产品生产

（九）石油加工、炼焦和核燃料加工业

33. 酚油加工、洗油加工、煤沥青高端化利用（不含改质沥青）

（十）化学原料和化学制品制造业

34. 聚氯乙烯和有机硅新型下游产品开发与生产

35. 合成材料的配套原料：过氧化氢氧化丙烯法环氧丙烷、过氧化氢氧化氯丙烯法环氧氯丙烷、萘二甲酸二甲酯（NDC）、1,4-环己烷二甲醇（CHDM）、5万吨/年及以上丁二烯法己二腈、己二胺生产

36. 合成纤维原料：尼龙66盐、1,3-丙二醇生产

37. 合成橡胶：聚氨酯橡胶、丙烯酸酯橡胶、氯醇橡胶，以及氟橡胶、硅橡胶等特种橡胶生产

38. 工程塑料及塑料合金：6万吨/年及以上非光气法聚碳酸酯（PC）、均聚法聚甲醛、聚苯硫醚、聚醚醚酮、聚酰亚胺、聚砜、聚醚砜、聚芳酯（PAR）、聚苯醚及其改性材料、液晶聚合物等产品生产

39. 精细化工：催化剂新产品、新技术，染（颜）料商品化加工技术，电子化学品和造纸化学品，皮革化学品（N-N二甲基甲酰胺除外），油田助剂，表面活性剂，水处理剂，胶粘剂，无机纤维、无机纳米材料生产，颜料包膜处理深加工

40. 水性油墨、电子束固化紫外光固化等低挥发性油墨、环保型有机溶剂生产

41. 天然香料、合成香料、单离香料生产

42. 高性能涂料，高固体份、无溶剂涂料，水性工业涂料及配套水性树脂生产

43. 高性能氟树脂、氟膜材料，医用含氟中间体，环境友好型含氟制冷剂、清洁剂、发泡剂生产

44. 从磷化工、铝冶炼中回收氟资源生产

45. 林业化学产品新技术、新产品开发与生产

46. 环保用无机、有机和生物膜开发与生产

47. 新型肥料开发与生产：高浓度钾肥、复合型微生物接种剂、复合微生物肥料、秸秆及垃圾腐熟剂、特殊功能微生物制剂

48. 高效、安全、环境友好的农药新品种、新剂型、专用中间体、助剂的开发与生产，以及相关清洁生产工艺的开发和应用（甲叉法乙草胺、水相法毒死蜱工艺、草甘膦回收氯甲烷工艺、定向合成法手性和立体结构农药生产、乙基氯化物合成技术）

49. 生物农药及生物防治产品开发与生产：微生物杀虫剂、微生物杀菌剂、农用抗生素、昆虫信息素、天敌昆虫、微生物除草剂

50. 废气、废液、废渣综合利用和处理、处置

51. 有机高分子材料生产：飞机蒙皮涂料、稀土硫化铈红色染料、无铅化电子封装材料、彩色等离子体显示屏专用系列光刻浆料、小直径大比表面积超细纤维、高精度燃油滤纸、锂离子电池隔膜、表面处理自我修复材料、超疏水纳米涂层材料

（十一）医药制造业

52. 新型化合物药物或活性成份药物的生产（包括原料药和制剂）

53. 氨基酸类：发酵法生产色氨酸、组氨酸、蛋氨酸等生产

54. 新型抗癌药物、新型心脑血管药及新型神经系统用药的开发及生产

55. 采用生物工程技术的新型药物生产

56. 艾滋病疫苗、丙肝疫苗、避孕疫苗及宫颈癌、疟疾、手足口病等新型疫苗生产

57. 海洋药物的开发及生产

58. 药品制剂：采用缓释、控释、靶向、透皮吸收等新技术的新剂型、新产品生产

59. 新型药用辅料的开发及生产

60. 动物专用抗菌原料药生产（包括抗生素、化学合成类）

61. 兽用抗菌药、驱虫药、杀虫药、抗球虫药新产品及新剂型生产

62. 新型诊断试剂的开发及生产

（十二）化学纤维制造业

63. 差别化化学纤维及芳纶、碳纤维、高强高模聚乙烯、聚苯硫醚（PPS）等高新技术化纤（粘胶纤维除外）生产

64. 纤维及非纤维用新型聚酯生产：聚对苯二甲酸丙二醇酯（PTT）、聚葵二甲酸乙二醇

酯(PEN)、聚对苯二甲酸环己烷二甲醇酯(PCT)、二元醇改性聚对苯二甲酸乙二醇酯(PETG)

65. 利用新型可再生资源和绿色环保工艺生产生物质纤维,包括新溶剂法纤维素纤维(Lyocell)、以竹、麻等为原料的再生纤维素纤维、聚乳酸纤维(PLA)、甲壳素纤维、聚羟基脂肪酸酯纤维(PHA)、动植物蛋白纤维等

66. 尼龙11、尼龙12、尼龙1414、尼龙46、长碳链尼龙、耐高温尼龙等新型聚酰胺开发与生产

67. 子午胎用芳纶纤维及帘线生产

(十三)橡胶和塑料制品业

68. 新型光生态多功能宽幅农用薄膜开发与生产

69. 废旧塑料的回收和再利用

70. 塑料软包装新技术、新产品(高阻隔、多功能膜及原料)开发与生产

(十四)非金属矿物制品业

71. 节能、环保、利废、轻质高强、高性能、多功能建筑材料开发生产

72. 以塑代钢、以塑代木、节能高效的化学建材品生产

73. 年产1000万平方米及以上弹性体、塑性体改性沥青防水卷材,宽幅(2米以上)三元乙丙橡胶防水卷材及配套材料,宽幅(2米以上)聚氯乙烯防水卷材,热塑性聚烯烃(TPO)防水卷材生产

74. 新技术功能玻璃开发生产:屏蔽电磁波玻璃、微电子用玻璃基板、透红外线无铅硫系玻璃及制品、电子级大规格石英玻璃制品(管、板、坩埚、仪器器皿等)、光学性能优异多功能风挡玻璃、信息技术用极端材料及制品(包括波导级高精密光纤预制棒石英玻璃套管和陶瓷基板)、高纯(≥99.998%)超纯(≥99.999%)水晶原料提纯加工

75. 薄膜电池导电玻璃、太阳能集光镜玻璃、建筑用导电玻璃生产

76. 玻璃纤维制品及特种玻璃纤维生产:低介电玻璃纤维、石英玻璃纤维、高硅氧玻璃纤维、高强高弹玻璃纤维、陶瓷纤维等及其制品

77. 光学纤维及制品生产:传像束及激光医疗光纤、超二代和三代微通道板、光学纤维面板、倒像器及玻璃光锥

78. 陶瓷原料的标准化精制、陶瓷用高档装饰材料生产

79. 水泥、电子玻璃、陶瓷、微孔炭砖等窑炉用环保(无铬化)耐火材料生产

80. 多孔陶瓷生产

81. 无机非金属新材料及制品生产:复合材料、特种陶瓷、特种密封材料(含高速油封材料)、特种摩擦材料(含高速摩擦制动制品)、特种胶凝材料、特种乳胶材料、水声橡胶制品、纳米材料

82. 有机—无机复合泡沫保温材料生产

83. 高技术复合材料生产:连续纤维增强热塑性复合材料和预浸料、耐温>300℃树脂基复合材料成型用工艺辅助材料、树脂基复合材料(包括体育用品、轻质高强交通工具部件)、特种功能复合材料及制品(包括深水及潜水复合材料制品、医用及康复用复合材料制品)、碳/碳复合材料、高性能陶瓷基复合材料及制品、金属基和玻璃基复合材料及制品、金属层状

复合材料及制品、压力≥320MPa超高压复合胶管、大型客机航空轮胎

84. 精密高性能陶瓷原料生产:碳化硅(SiC)超细粉体(纯度>99%,平均粒径<1μm)、氮化硅(Si_3N_4)超细粉体(纯度>99%,平均粒径<1μm)、高纯超细氧化铝微粉(纯度>99.9%,平均粒径<0.5μm)、低温烧结氧化锆(ZrO_2)粉体(烧结温度<1350℃)、高纯氮化铝(AlN)粉体(纯度>99%,平均粒径<1μm)、金红石型TiO_2粉体(纯度>98.5%)、白炭黑(粒径<100nm)、钛酸钡(纯度>99%,粒径<1μm)

85. 高品质人工晶体及晶体薄膜制品开发生产:高品质人工合成水晶(压电晶体及透紫外光晶体)、超硬晶体(立方氮化硼晶体)、耐高温高绝缘人工合成绝缘晶体(人工合成云母)、新型电光晶体、大功率激光晶体及大规格闪烁晶体、金刚石膜工具、厚度0.3mm及以下超薄人造金刚石锯片

86. 非金属矿精细加工(超细粉碎、高纯、精制、改性)

87. 超高功率石墨电极生产

88. 珠光云母生产(粒径3—150μm)

89. 多维多向整体编制织物及仿形织物生产

90. 利用新型干法水泥窑无害化处置固体废弃物

91. 建筑垃圾再生利用

92. 工业副产石膏等产业废弃物综合利用

93. 非金属矿山尾矿综合利用的新技术开发和应用及矿山生态恢复

(十五)有色金属冶炼和压延加工业

94. 直径200mm以上硅单晶及抛光片生产

95. 高新技术有色金属材料生产:化合物半导体材料(砷化镓、磷化镓、磷化铟、氮化镓),高温超导材料,记忆合金材料(钛镍、铜基及铁基记忆合金材料),超细(纳米)碳化钙及超细(纳米)晶硬质合金,超硬复合材料,贵金属复合材料,轻金属复合材料及异种材结合,散热器用铝箔,中高压阴极电容铝箔,特种大型铝合金型材,铝合金精密模锻件,电气化铁路架空导线,超薄铜带,耐蚀热交换器铜合金材,高性能铜镍、铜铁合金带,铍铜带、线、管及棒加工材,耐高温抗衰钨丝,镁合金铸件,无铅焊料,镁合金及其应用产品,泡沫铝,钛合金冶炼及加工,原子能级海绵锆,钨及钼深加工产品

(十六)金属制品业

96. 航空、航天、汽车、摩托车轻量化及环保型新材料研发与制造(专用铝板、铝镁合金材料、摩托车铝合金车架等)

97. 轻金属半固态快速成形材料研发与制造

98. 用于包装各类粮油食品、果蔬、饮料、日化产品等内容物的金属包装制品(应为完整品,容器壁厚度小于0.3毫米)的制造及加工(包括制品的内外壁印涂加工)

99. 节镍不锈钢制品的制造

(十七)通用设备制造业

100. 高档数控机床及关键零部件制造:五轴联动数控机床、数控坐标镗铣加工中心、数控坐标磨床

101. 1000吨及以上多工位镦锻成型机制造

102. 报废汽车拆解、破碎及后处理分选设备制造

103. FTL 柔性生产线制造

104. 垂直多关节工业机器人、焊接机器人及其焊接装置设备制造

105. 亚微米级超细粉碎机制造

106. 400 吨及以上轮式、履带式起重机械制造

107. 工作压力≥35MPa 高压柱塞泵及马达、工作压力≥35MPa 低速大扭矩马达的设计与制造

108. 工作压力≥25MPa 的整体式液压多路阀,电液比例伺服元件制造

109. 阀岛、功率 0.35W 以下气动电磁阀、200Hz 以上高频电控气阀设计与制造

110. 静液压驱动装置设计与制造

111. 压力 10MPa 以上非接触式气膜密封、压力 10MPa 以上干气密封(包括实验装置)的开发与制造

112. 汽车用高分子材料(摩擦片、改型酚醛活塞、非金属液压总分泵等)设备开发与制造

113. 第三代及以上轿车轮毂轴承、高中档数控机床和加工中心轴承、高速线材和板材轧机轴承、高速铁路轴承、振动值 Z4 以下低噪音轴承、各类轴承的 P4 和 P2 级轴承、风力发电机组轴承、航空轴承制造

114. 高密度、高精度、形状复杂的粉末冶金零件及汽车、工程机械等用链条的制造

115. 风电、高速列车用齿轮变速器,船用可变桨齿轮传动系统,大型、重载齿轮箱的制造

116. 耐高温绝缘材料(绝缘等级为 F、H 级)及绝缘成型件制造

117. 蓄能器胶囊、液压气动用橡塑密封件开发与制造

118. 高精度、高强度(12.9 级以上)、异形、组合类紧固件制造

119. 微型精密传动联结件(离合器)制造

120. 大型轧机连接轴制造

121. 机床、工程机械、铁路机车装备等机械设备再制造,汽车零部件再制造,医用成像设备关键部件再制造,复印机等办公设备再制造

122. 1000 万像素以上或水平视场角 120 度以上数字照相机及其光学镜头、光电模块的开发与制造

123. 办公机械(含工业用途)制造:多功能一体化办公设备(复印、打印、传真、扫描),打印设备,精度 2400dpi 及以上高分辨率彩色打印机头,感光鼓

124. 电影机械制造:2K、4K 数字电影放映机,数字电影摄像机,数字影像制作、编辑设备

(十八)专用设备制造业

125. 矿山无轨采、装、运设备制造:200 吨及以上机械传动矿用自卸车,移动式破碎机,5000 立方米/小时及以上斗轮挖掘机,8 立方米及以上矿用装载机,2500 千瓦以上电牵引采煤机设备等

126. 物探(不含重力、磁力测量)、测井设备制造:MEME 地震检波器,数字遥测地震仪,数字成像、数控测井系统,水平井、定向井、钻机装置及器具,MWD 随钻测井仪

127. 石油勘探、钻井、集输设备制造:工作水深大于 1500 米的浮式钻井系统和浮式生产系统及配套海底采油、集输设备

128. 口径 2 米以上深度 30 米以上大口径旋挖钻机、直径 1.2 米以上顶管机、回拖力 300 吨以上大型非开挖铺设地下管线成套设备、地下连续墙施工钻机制造

129. 520 马力及以上大型推土机设计与制造

130. 100 立方米/小时及以上规格的清淤机、1000 吨及以上挖泥船的挖泥装置设计与制造

131. 防汛堤坝用混凝土防渗墙施工装备设计与制造

132. 水下土石方施工机械制造：水深 9 米以下推土机、装载机、挖掘机等

133. 公路桥梁养护、自动检测设备制造

134. 公路隧道营运监控、通风、防灾和救助系统设备制造

135. 铁路大型施工、铁路线路、桥梁、隧道维修养护机械和检查、监测设备及其关键零部件的设计与制造

136. （沥青）油毡瓦设备、镀锌钢板等金属屋顶生产设备制造

137. 环保节能型现场喷涂聚氨酯防水保温系统设备、聚氨酯密封膏配制技术与设备、改性硅酮密封膏配制技术和生产设备制造

138. 高精度带材轧机（厚度精度 10 微米）设计与制造

139. 多元素、细颗粒、难选冶金属矿产的选矿装置制造

140. 100 万吨/年及以上乙烯成套设备中的关键设备制造：年处理能力 40 万吨以上混合造粒机，直径 1000 毫米及以上螺旋卸料离心机，小流量高扬程离心泵

141. 金属制品模具（铜、铝、钛、锆的管、棒、型材挤压模具）设计、制造

142. 汽车车身外覆盖件冲压模具，汽车仪表板、保险杠等大型注塑模具，汽车及摩托车夹具、检具设计与制造

143. 汽车动力电池专用生产设备的设计与制造

144. 精密模具（冲压模具精度高于 0.02 毫米、型腔模具精度高于 0.05 毫米）设计与制造

145. 非金属制品模具设计与制造

146. 6 万瓶/小时及以上啤酒灌装设备、5 万瓶/小时及以上饮料中温及热灌装设备、3.6 万瓶/小时及以上无菌灌装设备制造

147. 氨基酸、酶制剂、食品添加剂等生产技术及关键设备制造

148. 10 吨/小时及以上的饲料加工成套设备及关键部件制造

149. 楞高 0.75 毫米及以下的轻型瓦楞纸板及纸箱设备制造

150. 单张纸多色胶印机（幅宽≥750 毫米，印刷速度：单面多色≥16000 张/小时，双面多色≥13000 张小时）制造

151. 单幅单纸路卷筒纸平版印刷机印刷速度大于 75000 对开张/小时（787×880 毫米）、双幅单纸路卷筒纸平版印刷机印刷速度大于 170000 对开张/小时（787×880 毫米）、商业卷筒纸平版印刷机印刷速度大于 50000 对开张/小时（787×880 毫米）制造

152. 多色宽幅柔性版印刷机（印刷宽度≥1300 毫米，印刷速度≥350 米/秒），喷墨数字印刷机（出版用：印刷速度≥150 米/分，分辨率≥600dpi；包装用：印刷速度≥30 米/分，分辨率≥1000dpi；可变数据用：印刷速度≥100 米/分，分辨率≥300dpi）制造

153. 计算机墨色预调、墨色遥控、水墨速度跟踪、印品质量自动检测和跟踪系统、无轴传动技术、速度在75000张/小时的高速自动接纸机、给纸机和可以自动遥控调节的高速折页机、自动套印系统、冷却装置、加硅系统、调偏装置等制造

154. 电子枪自动镀膜机制造

155. 平板玻璃深加工技术及设备制造

156. 新型造纸机械(含纸浆)等成套设备制造

157. 皮革后整饰新技术设备制造

158. 农产品加工及储藏新设备开发与制造：粮食、油料、蔬菜、干鲜果品、肉食品、水产品等产品的加工储藏、保鲜、分级、包装、干燥等新设备，农产品品质检测仪器设备，农产品品质无损伤检测仪器设备，流变仪，粉质仪，超微粉碎设备，高效脱水设备，五效以上高效果汁浓缩设备，粉体食品物料杀菌设备，固态及半固态食品无菌包装设备，碟片式分离离心机

159. 农业机械制造：农业设施设备(温室自动灌溉设备、营养液自动配置与施肥设备、高效蔬菜育苗设备、土壤养分分析仪器)，配套发动机功率200千瓦以上拖拉机及配套农具，低油耗低噪音低排放柴油机，大型拖拉机配套的带有残余雾粒回收装置的喷雾机，高性能水稻插秧机，棉花采摘机及棉花采摘台，适应多种行距的自走式玉米联合收割机(液压驱动或机械驱动)，花生收获机，油菜籽收获机，甘蔗收割机，甜菜收割机

160. 林业机具新技术设备制造

161. 农作物秸秆收集、打捆及综合利用设备制造

162. 农用废物的资源化利用及规模化畜禽养殖废物的资源化利用设备制造

163. 节肥、节(农)药、节水型农业技术设备制造

164. 机电井清洗设备及清洗药物生产设备制造

165. 电子内窥镜制造

166. 眼底摄影机制造

167. 医用成像设备(高场强超导型磁共振成像设备、X线计算机断层成像设备、数字化彩色超声诊断设备等)关键部件的制造

168. 医用超声换能器(3D)制造

169. 硼中子俘获治疗设备制造

170. 图像引导适型调强放射治疗系统制造

171. 血液透析机、血液过滤机制造

172. 全自动生化监测设备、五分类血液细胞分析仪、全自动化学发光免疫分析仪、高通量基因测序系统制造

173. 药品质量控制新技术、新设备制造

174. 天然药物有效物质分析的新技术、提取的新工艺、新设备开发与制造

175. 非PVC医用输液袋多层共挤水冷式薄膜吹塑装备制造

176. 新型纺织机械、关键零部件及纺织检测、实验仪器开发与制造

177. 电脑提花人造毛皮机制造

178. 太阳能电池生产专用设备制造

179. 大气污染防治设备制造：耐高温及耐腐蚀滤料、低 NOx 燃烧装置、烟气脱氮催化剂

及脱氮成套装置、烟气脱硫设备、烟气除尘设备、工业有机废气净化设备、柴油车排气净化装置、含重金属废气处理装置

180. 水污染防治设备制造：卧式螺旋离心脱水机、膜及膜材料、50kg/h 以上的臭氧发生器、10kg/h 以上的二氧化氯发生器、紫外消毒装置、农村小型生活污水处理设备、含重金属废水处理装置

181. 固体废物处理处置设备制造：污水处理厂污泥处置及资源利用设备、日处理量500吨以上垃圾焚烧成套设备、垃圾填埋渗滤液处理技术装备、垃圾填埋场防渗土工膜、建筑垃圾处理和资源化利用装备、危险废物处理装置、垃圾填埋场沼气发电装置、废钢铁处理设备、污染土壤修复设备

182. 铝工业赤泥综合利用设备开发与制造

183. 尾矿综合利用设备制造

184. 废旧塑料、电器、橡胶、电池回收处理再生利用设备制造

185. 废旧纺织品回收处理设备制造

186. 废旧机电产品再制造设备制造

187. 废旧轮胎综合利用装置制造

188. 水生生态系统的环境保护技术、设备制造

189. 移动式组合净水设备制造

190. 非常规水处理、重复利用设备与水质监测仪器

191. 工业水管网和设备（器具）的检漏设备和仪器

192. 日产 10 万立方米及以上海水淡化及循环冷却技术和成套设备开发与制造

193. 特种气象观测及分析设备制造

194. 地震台站、台网和流动地震观测技术系统开发及仪器设备制造

195. 四鼓及以上子午线轮胎成型机制造

196. 滚动阻力试验机、轮胎噪音试验室制造

197. 供热计量、温控装置新技术设备制造

198. 氢能制备与储运设备及检查系统制造

199. 新型重渣油气化雾化喷嘴、漏气率 0.5% 及以下高效蒸汽疏水阀、1000℃ 及以上高温陶瓷换热器制造

200. 海上溢油回收装置制造

201. 低浓度煤矿瓦斯和乏风利用设备制造

202. 洁净煤技术产品的开发利用及设备制造（煤炭气化、液化、水煤浆、工业型煤）

203. 大型公共建筑、高层建筑、石油化工设施、森林、山岳、水域和地下设施消防灭火救援技术开发与设备制造

204. 智能化紧急医学救援设备制造

205. 水文监测传感器制造

（十九）汽车制造业

206. 汽车发动机制造及发动机研发机构建设：升功率不低于 70 千瓦的汽油发动机、升功率不低于 50 千瓦的排量 3 升以下柴油发动机、升功率不低于 40 千瓦的排量 3 升以上柴

油发动机、燃料电池和混合燃料等新能源发动机

207. 汽车关键零部件制造及关键技术研发：双离合器变速器（DCT）、无级自动变速器（CVT）、电控机械变速器（AMT）、汽油发动机涡轮增压器、粘性连轴器（四轮驱动用）、自动变速器执行器（电磁阀）、液力缓速器、电涡流缓速器、汽车安全气囊用气体发生器、燃油共轨喷射技术（最大喷射压力大于2000帕）、可变截面涡轮增压技术（VGT）、可变喷嘴涡轮增压技术（VNT）、达到中国第五阶段污染物排放标准的发动机排放控制装置、智能扭矩管理系统（ITM）及耦合器总成、线控转向系统、颗粒捕捉器、低地板大型客车专用车桥、吸能式转向系统、大中型客车变频空调系统、汽车用特种橡胶配件，以及上述零部件的关键零件、部件

208. 汽车电子装置制造与研发：发动机和底盘电子控制系统及关键零部件，车载电子技术（汽车信息系统和导航系统），汽车电子总线网络技术，电子控制系统的输入（传感器和采样系统）输出（执行器）部件，电动助力转向系统电子控制器，嵌入式电子集成系统、电控式空气弹簧，电子控制式悬挂系统，电子气门系统装置，电子组合仪表，ABS/TCS/ESP系统，电路制动系统（BBW），变速器电控单元（TCU），轮胎气压监测系统（TPMS），车载故障诊断仪（OBD），发动机防盗系统，自动避撞系统，汽车、摩托车型试验及维修用检测系统

209. 新能源汽车关键零部件制造：电池隔膜（厚度15—40μm，孔隙率40%~60%）；电池管理系统，电机管理系统，电动汽车电控集成；电动汽车驱动电机（峰值功率密度≥2.5kW/kg，高效区：65%工作区效率≥80%），车用DC/DC（输入电压100V—400V），大功率电子器件（IGBT，电压等级≥600V，电流≥300A）；插电式混合动力机电耦合驱动系统；燃料电池低铂催化剂、复合膜、膜电极、增湿器控制阀、空压机、氢气循环泵、70MPa氢瓶

（二十）铁路、船舶、航空航天和其他运输设备制造业

210. 达到中国摩托车第四阶段污染物排放标准的大排量（排量>250ml）摩托车发动机排放控制装置制造

211. 民用飞机设计、制造与维修：干线、支线飞机，通用飞机

212. 民用飞机零部件制造与维修

213. 民用直升机设计与制造

214. 民用直升机零部件制造

215. 地面、水面效应航行器制造及无人机、浮空器设计与制造

216. 航空发动机及零部件、航空辅助动力系统设计、制造与维修

217. 民用航空机载设备设计与制造

218. 航空地面设备制造：民用机场设施、民用机场运行保障设备、飞行试验地面设备、飞行模拟与训练设备、航空测试与计量设备、航空地面试验设备、机载设备综合测试设备、航空制造专用设备、航空材料试制专用设备、民用航空器地面接收及应用设备、运载火箭地面测试设备、运载火箭力学及环境实验设备

219. 民用卫星设计与制造，民用卫星有效载荷制造

220. 民用卫星零部件制造

221. 星上产品检测设备制造

222. 豪华邮轮及深水（3000米以上）海洋工程装备的设计

223. 船舶低、中速柴油机及其零部件的设计

224. 船舶舱室机械的设计

225. 船舶通讯导航设备的设计

226. 游艇的设计

(二十一)电气机械和器材制造业

227. 100万千瓦超超临界火电机组用关键辅机设备制造:安全阀、调节阀

228. 钢铁行业烧结机脱硝技术装备制造

229. 火电设备的密封件设计、制造

230. 燃煤电站、水电站设备用大型铸锻件制造

231. 水电机组用关键辅机设备制造

232. 输变电设备制造

233. 新能源发电成套设备或关键设备制造:光伏发电、地热发电、潮汐发电、波浪发电、垃圾发电、沼气发电、2.5兆瓦及以上风力发电设备

234. 斯特林发电机组制造

235. 直线和平面电机及其驱动系统开发与制造

236. 高技术绿色电池制造:动力镍氢电池、锌镍蓄电池、锌银蓄电池、锂离子电池、太阳能电池、燃料电池等(新能源汽车能量型动力电池除外)

237. 电动机采用直流调速技术的制冷空调用压缩机、采用$CO2$自然工质制冷空调压缩机、应用可再生能源(空气源、水源、地源)制冷空调设备制造

238. 太阳能空调、采暖系统、太阳能干燥装置制造

239. 生物质干燥热解系统、生物质气化装置制造

240. 交流调频调压牵引装置制造

(二十二)计算机、通信和其他电子设备制造业

241. 高清数字摄录机、数字放声设备制造

242. TFT－LCD、PDP、OLED等平板显示屏、显示屏材料制造(6代及6代以下TFT－LCD玻璃基板除外)

243. 大屏幕彩色投影显示器用光学引擎、光源、投影屏、高清晰度投影管和微显投影设备模块等关键件制造

244. 数字音、视频编解码设备,数字广播电视演播室设备,数字有线电视系统设备,数字音频广播发射设备,数字电视上下变换器,数字电视地面广播单频网(SFN)设备,卫星数字电视上行站设备制造

245. 集成电路设计、线宽28纳米及以下大规模数字集成电路制造,0.11微米及以下模拟、数模集成电路制造,MEMS和化合物半导体集成电路制造及BGA、PGA、FPGA、CSP、MCM等先进封装与测试

246. 大中型电子计算机、万万亿次高性能计算机、便携式微型计算机、大型模拟仿真系统、大型工业控制机及控制器制造

247. 计算机数字信号处理系统及板卡制造

248. 图形图像识别和处理系统制造

249. 大容量光、磁盘驱动器及其部件开发与制造

250. 高速、容量 100TB 及以上存储系统及智能化存储设备制造

251. 计算机辅助设计(三维 CAD)、电子设计自动化(EDA)、辅助测试(CAT)、辅助制造(CAM)、辅助工程(CAE)系统及其他计算机应用系统制造

252. 软件产品开发、生产

253. 电子专用材料开发与制造(光纤预制棒开发与制造除外)

254. 电子专用设备、测试仪器、工模具制造

255. 新型电子元器件制造：片式元器件、敏感元器件及传感器、频率控制与选择元件、混合集成电路、电力电子器件、光电子器件、新型机电元件、高分子固体电容器、超级电容器、无源集成元件、高密度互连积层板、多层挠性板、刚挠印刷电路板及封装载板

256. 触控系统(触控屏幕、触控组件等)制造

257. 虚拟现实(VR)、增强现实(AR)设备研发与制造

258. 发光效率 140lm/W 以上高亮度发光二极管、发光效率 140lm/W 以上发光二极管外延片(蓝光)、发光效率 140lm/W 以上且功率 200mW 以上白色发光管制造

259. 高密度数字光盘机用关键件开发与生产

260. 可录类光盘生产

261. 3D 打印设备关键零部件研发与制造

262. 卫星通信系统设备制造

263. 光通信测量仪表、速率 40Gbps 及以上光收发器制造

264. 超宽带(UWB)通信设备制造

265. 无线局域网(含支持 WAPI)、广域网设备制造

266. 100Gbps 及以上速率时分复用设备(TDM)、密集波分复用设备(DWDM)、宽带无源网络设备(包括 EPON、GPON、WDM – PON 等)、下一代 DSL 芯片及设备、光交叉连接设备(OXC)、自动光交换网络设备(ASON)、40Gbps 以上 SDH 光纤通信传输设备制造

267. 基于 IPv6 的下一代互联网系统设备、终端设备、检测设备、软件、芯片开发与制造

268. 第四代及后续移动通信系统手机、基站、核心网设备以及网络检测设备开发与制造

269. 整机处理能力大于 6.4Tbps(双向)的高端路由器、交换容量大于 40Tbps 的交换机开发与制造

270. 空中交通管制系统设备制造

271. 基于声、光、电、触控等计算机信息技术的中医药电子辅助教学设备,虚拟病理、生理模型人设备的开发与制造

(二十三)仪器仪表制造业

272. 工业过程自动控制系统与装置制造：现场总线控制系统,大型可编程控制器(PLC),两相流量计,固体流量计,新型传感器及现场测量仪表

273. 大型精密仪器、高分辨率显微镜(分辨率小于 200nm)开发与制造

274. 高精度数字电压表、电流表制造(显示量程七位半以上)

275. 无功功率自动补偿装置制造

276. 安全生产新仪器设备制造

277. VXI 总线式自动测试系统(符合 IEEE1155 国际规范)制造

278. 煤矿井下监测及灾害预报系统、煤炭安全检测综合管理系统开发与制造
279. 工程测量和地球物理观测设备制造
280. 环境监测仪器制造
281. 水文数据采集、处理与传输和防洪预警仪器及设备制造
282. 海洋勘探监测仪器和设备制造

(二十四)废弃资源综合利用业

283. 煤炭洗选及粉煤灰(包括脱硫石膏)、煤矸石等综合利用
284. 全生物降解材料的生产
285. 废旧电器电子产品、汽车、机电设备、橡胶、金属、电池回收处理

四、电力、热力、燃气及水生产和供应业

286. 单机60万千瓦及以上超超临界机组电站的建设、经营
287. 采用背压型热电联产、热电冷多联产、30万千瓦及以上热电联产机组电站的建设、经营
288. 缺水地区单机60万千瓦及以上大型空冷机组电站的建设、经营
289. 整体煤气化联合循环发电等洁净煤发电项目的建设、经营
290. 单机30万千瓦及以上采用流化床锅炉并利用煤矸石、中煤、煤泥等发电项目的建设、经营
291. 发电为主水电站的建设、经营
292. 核电站的建设、经营
293. 新能源电站(包括太阳能、风能、地热能、潮汐能、潮流能、波浪能、生物质能等)建设、经营
294. 电网的建设、经营
295. 海水利用(海水直接利用、海水淡化)
296. 供水厂建设、经营
297. 再生水厂建设、经营
298. 污水处理厂建设、经营
299. 机动车充电站、电池更换站建设、经营
300. 加氢站建设、经营

五、交通运输、仓储和邮政业

301. 铁路干线路网的建设、经营
302. 城际铁路、市域(郊)铁路、资源型开发铁路和支线铁路及其桥梁、隧道、轮渡和站场设施的建设、经营
303. 高速铁路、城际铁路基础设施综合维修
304. 公路、独立桥梁和隧道的建设、经营

305. 公路货物运输公司
306. 港口公用码头设施的建设、经营
307. 民用机场的建设、经营
308. 公共航空运输公司
309. 农、林、渔业通用航空公司
310. 国际海上运输公司
311. 国际集装箱多式联运业务
312. 输油(气)管道、油(气)库的建设、经营
313. 煤炭管道运输设施的建设、经营
314. 自动化高架立体仓储设施,包装、加工、配送业务相关的仓储一体化设施建设、经营

六、批发和零售业

315. 一般商品的共同配送、鲜活农产品和特殊药品低温配送等物流及相关技术服务
316. 农村连锁配送
317. 托盘及集装单元共用系统建设、经营

七、租赁和商务服务业

318. 国际经济、科技、环保、物流信息咨询服务
319. 以承接服务外包方式从事系统应用管理和维护、信息技术支持管理、银行后台服务、财务结算、软件开发、离岸呼叫中心、数据处理等信息技术和业务流程外包服务
320. 创业投资企业
321. 知识产权服务
322. 家庭服务业

八、科学研究和技术服务业

323. 生物工程与生物医学工程技术、生物质能源开发技术
324. 同位素、辐射及激光技术
325. 海洋开发及海洋能开发技术、海洋化学资源综合利用技术、相关产品开发和精深加工技术、海洋医药与生化制品开发技术
326. 海洋监测技术(海洋浪潮、气象、环境监测)、海底探测与大洋资源勘查评价技术
327. 综合利用海水淡化后的浓海水制盐、提取钾、溴、镁、锂及其深加工等海水化学资源高附加值利用技术
328. 海上石油污染清理与生态修复技术及相关产品开发,海水富营养化防治技术,海洋生物爆发性生长灾害防治技术,海岸带生态环境修复技术
329. 节能环保技术开发与服务

330. 资源再生及综合利用技术、企业生产排放物的再利用技术开发及其应用
331. 环境污染治理及监测技术
332. 化纤生产及印染加工的节能降耗、三废治理新技术
333. 防沙漠化及沙漠治理技术
334. 草畜平衡综合管理技术
335. 民用卫星应用技术
336. 研究开发中心
337. 高新技术、新产品开发与企业孵化中心
338. 物联网技术开发与应用
339. 工业设计、建筑设计、服装设计等创意产业

九、水利、环境和公共设施管理业

340. 城市封闭型道路的建设、经营
341. 城市地铁、轻轨等轨道交通的建设、经营
342. 垃圾处理厂,危险废物处理处置厂（焚烧厂、填埋场）及环境污染治理设施的建设、经营
343. 城市停车设施建设、经营

十、教育

344. 非学制类职业培训机构

十一、卫生和社会工作

345. 老年人、残疾人和儿童服务机构
346. 养老机构

十二、文化、体育和娱乐业

347. 演出场所经营
348. 体育场馆经营、健身、竞赛表演及体育培训和中介服务

外商投资准入特别管理措施

(外商投资准入负面清单)

说　明

一、外商投资准入特别管理措施(外商投资准入负面清单)统一列出股权要求、高管要求等外商投资准入方面的限制性措施。内外资一致的限制性措施以及不属于准入范畴的限制性措施，不列入外商投资准入特别管理措施(外商投资准入负面清单)。

二、境外投资者不得作为个体工商户、个人独资企业投资人、农民专业合作社成员，从事经营活动。

三、境外投资者不得从事外商投资准入特别管理措施(外商投资准入负面清单)中的禁止类项目；从事限制类有外资比例要求的项目，不得设立外商投资合伙企业。

四、境内公司、企业或自然人以其在境外合法设立或控制的公司并购与其有关联关系的境内公司，涉及外商投资项目和企业设立及变更事项的，按现行规定办理。

五、鼓励外商投资产业目录与外商投资准入特别管理措施(外商投资准入负面清单)重合的条目，享受鼓励类政策，同时须遵循相关准入规定。

六、《内地与香港关于建立更紧密经贸关系的安排》及其补充协议和服务贸易协议、《内地与澳门关于建立更紧密经贸关系的安排》及其补充协议和服务贸易协议、《海峡两岸经济合作框架协议》及其后续协议、我国与有关国家签订的自由贸易区协议和投资协定、我国参加的国际条约、我国法律法规另有规定的，从其规定。

七、境外服务提供者在中国境内提供新闻、文化服务(包括与互联网相关的新闻、文化服务)，须履行相关审批和安全评估、高管要求的，按照现行相关规定执行。

第一部分　限制外商投资产业目录

1. 农作物新品种选育和种子生产(中方控股)
2. 石油、天然气(含煤层气，油页岩、油砂、页岩气等除外)的勘探、开发(限于合资、合作)
3. 特殊和稀缺煤类勘查、开采(中方控股)
4. 石墨勘查、开采
5. 出版物印刷(中方控股)
6. 稀土冶炼、分离(限于合资、合作)，钨冶炼
7. 汽车整车、专用汽车制造：中方股比不低于50%，同一家外商可在国内建立两家及两家以下生产同类(乘用车类、商用车类)整车产品的合资企业，如与中方合资伙伴联合兼并国内其他汽车生产企业以及建立生产纯电动汽车整车产品的合资企业可不受两家的限制
8. 船舶(含分段)的设计、制造与修理(中方控股)

9. 干线、支线飞机设计、制造与维修,3 吨级及以上直升机设计与制造,地面、水面效应航行器制造及无人机、浮空器设计与制造(中方控股)

10. 通用飞机设计、制造与维修(限于合资、合作)

11. 卫星电视广播地面接收设施及关键件生产

12. 核电站的建设、经营(中方控股)

13. 电网的建设、经营(中方控股)

14. 城市人口 50 万以上的城市燃气、热力和供排水管网的建设、经营(中方控股)

15. 铁路干线路网的建设、经营(中方控股)

16. 铁路旅客运输公司(中方控股)

17. 国内水上运输公司(中方控股),国际海上运输公司(限于合资、合作)

18. 民用机场的建设、经营(中方相对控股)

19. 公共航空运输公司(中方控股,且一家外商及其关联企业投资比例不得超过 25%,法定代表人须具有中国国籍)

20. 通用航空公司(法定代表人须具有中国国籍,其中农、林、渔业通用航空公司限于合资,其他通用航空公司限于中方控股)

21. 电信公司:限于 WTO 承诺开放的业务,增值电信业务(外资比例不超过 50%,电子商务除外),基础电信业务(中方控股)

22. 稻谷、小麦、玉米收购、批发

23. 船舶代理(中方控股)

24. 加油站(同一外国投资者设立超过 30 家分店、销售来自多个供应商的不同种类和品牌成品油的连锁加油站,由中方控股)建设、经营

25. 银行(单个境外金融机构及被其控制或共同控制的关联方作为发起人或战略投资者向单个中资商业银行投资入股比例不得超过 20%,多个境外金融机构及被其控制或共同控制的关联方作为发起人或战略投资者投资入股比例合计不得超过 25%;投资农村中小金融机构的境外金融机构必须是银行类金融机构;设立外国银行分行、外商独资银行、中外合资银行的境外投资者、唯一或控股股东必须为境外商业银行,非控股股东可以为境外金融机构)

26. 保险公司(寿险公司外资比例不超过 50%)

27. 证券公司(设立时限于从事人民币普通股、外资股和政府债券、公司债券的承销与保荐,外资股的经纪,政府债券、公司债券的经纪和自营;设立满 2 年后符合条件的公司可申请扩大业务范围;中方控股)、证券投资基金管理公司(中方控股)

28. 期货公司(中方控股)

29. 市场调查(限于合资、合作,其中广播电视收听、收视调查要求中方控股)

30. 测绘公司(中方控股)

31. 学前、普通高中和高等教育机构(限于中外合作办学、中方主导*)

32. 医疗机构(限于合资、合作)

---

* 注:中方主导是指校长或者主要行政负责人应当具有中国国籍,中外合作办学机构的理事会、董事会或者联合管理委员会的中方组成人员不得少于1/2。

33. 广播电视节目、电影的制作业务(限于合作)

34. 电影院的建设、经营(中方控股)

35. 演出经纪机构(中方控股)

第二部分 禁止外商投资产业目录

1. 我国稀有和特有的珍贵优良品种的研发、养殖、种植以及相关繁殖材料的生产(包括种植业、畜牧业、水产业的优良基因)

2. 农作物、种畜禽、水产苗种转基因品种选育及其转基因种子(苗)生产

3. 我国管辖海域及内陆水域水产品捕捞

4. 钨、钼、锡、锑、萤石勘查、开采

5. 稀土勘查、开采、选矿

6. 放射性矿产的勘查、开采、选矿

7. 中药饮片的蒸、炒、炙、煅等炮制技术的应用及中成药保密处方产品的生产

8. 放射性矿产冶炼、加工,核燃料生产

9. 武器弹药制造

10. 宣纸、墨锭生产

11. 空中交通管制

12. 邮政公司、信件的国内快递业务

13. 烟叶、卷烟、复烤烟叶及其他烟草制品的批发、零售

14. 社会调查

15. 中国法律事务咨询(提供有关中国法律环境影响的信息除外)

16. 人体干细胞、基因诊断与治疗技术开发和应用

17. 大地测量、海洋测绘、测绘航空摄影、地面移动测量、行政区域界线测绘、地形图、世界政区地图、全国政区地图、省级及以下政区地图、全国性教学地图、地方性教学地图和真三维地图编制、导航电子地图编制,区域性的地质填图、矿产地质、地球物理、地球化学、水文地质、环境地质、地质灾害、遥感地质等调查

18. 国家保护的原产于我国的野生动、植物资源开发

19. 义务教育机构

20. 新闻机构(包括但不限于通讯社)

21. 图书、报纸、期刊的编辑、出版业务

22. 音像制品和电子出版物的编辑、出版、制作业务

23. 各级广播电台(站)、电视台(站)、广播电视频道(率)、广播电视传输覆盖网(发射台、转播台、广播电视卫星、卫星上行站、卫星收转站、微波站、监测台、有线广播电视传输覆盖网),广播电视视频点播业务和卫星电视广播地面接收设施安装服务

24. 广播电视节目制作经营(含引进业务)公司

25. 电影制作公司、发行公司、院线公司

26. 互联网新闻信息服务、网络出版服务、网络视听节目服务、互联网上网服务营业场所、互联网文化经营(音乐除外)、互联网公众发布信息服务

27. 经营文物拍卖的拍卖企业、文物商店
28. 人文社会科学研究机构

备注：《外商投资产业指导目录(2017年修订)》所称的"以上"、"以下"，不包括本数；所称的"及以上"、"及以下"，包括本数。

商务部关于进一步加强外商投资信息报告制度和信息公示平台建设有关工作的通知

商资函〔2017〕318号

商务部认真贯彻党中央、国务院决策部署，按照《中共中央国务院关于构建开放型经济新体制的若干意见》(中发〔2015〕13号)要求，创新外商投资管理体制，全面实施外商投资企业设立及变更备案报告(以下简称外商投资备案报告)制度，不断完善外商投资企业年度投资经营信息联合报告(以下简称外商投资联合年报)制度，建立了外商投资信息报告制度和外商投资信息公示平台，有效提升了外商投资管理和服务水平。

为进一步扩大对外开放，深化外商投资领域"放管服"改革，完善法治化国际化便利化营商环境，增创我国吸收外资新优势，现就加强外商投资信息报告制度和外商投资信息公示平台建设有关工作通知如下：

一、总体要求

全面贯彻党的十八大和十八届三中、四中、五中、六中全会精神，深入贯彻习近平总书记系列重要讲话精神和治国理政新理念新思想新战略，牢固树立和坚定践行新发展理念，坚持稳中求进的工作总基调，深化制度建设和平台建设，以外商投资备案报告、联合年报、诚信档案、信息公示平台为抓手，建立健全与国际规则相适应的外商投资管理服务新体制、新机制，提升投资便利化水平，由注重事前审批向优化事中事后监管转变、向优化外商投资服务转变、向营造优良营商环境转变。

二、全面实施外商投资备案报告

(一)提高信息质量。指导外商投资企业或其投资者依照外商投资企业设立及变更备案管理办法的要求真实、准确、完整地提供备案信息。做好备案甄别工作，对外商投资企业设立及变更备案报告文件的规范性、完整性和准确性进行认真核查。

(二)提高便利化水平。对于不涉及国家规定实施准入特别管理措施的外商投资企业设

立及变更事项,均实行告知性备案报告,不得要求外国投资者或外商投资企业提供超出备案办法规定范围的信息。通过商务部外商投资综合管理信息系统,依法及时发布备案报告信息,提供备案结果信息查询服务。

(三)提高信息应用实效。在备案监督检查中掌握的反映外商投资企业或其投资者诚信状况的信息,要及时记入商务部外商投资诚信档案系统,相关诚信信息通过商务部外商投资信息公示平台予以公示。主动与相关部门共享外商投资企业及其投资者的诚信信息。

三、协同推进外商投资联合年报

(四)提高信息报送率。通过互联网＋、大数据、云平台等现代信息技术手段,便利外商投资企业报告年度投资经营信息。会同有关部门,摸清外商投资企业实际经营状况,力争实现外商投资企业信息"应报尽报"。

(五)提高信息准确率。优化联合年报数据信息指标体系,提高信息的可获得性,引导企业真实、准确、完整填报联合年报报告书。统筹运用部门比对、系统比对、核查比对等手段,确保联合年报信息质量。

(六)提高信息使用率。完善联合年报系统信息采集、分析挖掘、跟踪监测功能,系统、准确掌握外商投资发展现状、经济效益、社会影响、发展趋势、共性问题等情况,为制定和完善外商投资法律法规及政策、加强事中事后监管、优化外资促进服务提供有力支撑。

四、整合提升外商投资信息公示平台

(七)加强信息公示平台基础建设。将外商投资审批管理、备案报告、联合年报、诚信档案工作形成的信息进行归集,实行信息资源的分级分类管理,保障安全高效可信应用。提高审批管理、备案报告、联合年报相关信息公示的及时性;严格履行诚信档案信息公示审核程序,加强公开共享环节的信息安全保护。

(八)拓展信息公示平台功能应用。进一步强化信息公示平台的创新应用,提高外商投资管理的透明度和可预期性,降低企业信息获取成本,便利企业开展投资经营活动。发挥信息公示的激励和警示作用,促进外商投资企业诚信自律,对诚实守信的企业提供便利化服务等激励措施,健全多部门、跨地区、跨行业联动响应和联合失信惩戒机制,有序推进信息公示工作。

五、完善横向协作纵向联动工作机制

(九)加强组织领导。各地要高度重视,切实加强对外商投资信息报告和信息公示平台建设工作的组织领导,细化工作任务,建立工作台账,充实工作力量,做好培训交流。省级商务主管部门要加强对各级商务主管部门、自由贸易试验区、国家级经济技术开发区的督促和指导,充分发挥有关行业协会的作用。及时总结推广成功经验做法,推动形成良好的工作氛围。

(十)推进互联互通。建立健全与有关部门的信息沟通渠道,主动开展外商投资企业信息的共享与交换。有条件的要率先与当地政府和有关部门政务信息系统互联互通,解决各自为政、条块分割、信息孤岛等问题。协同开展服务与监管,最大程度便利外商投资企业,让信息多跑路,让企业少跑腿、办好事、不添堵。

（十一）强化示范带动。鼓励自由贸易试验区、国家级经济技术开发区根据自身实际，优化行政审批、企业服务等信息报告系统，全面推行企业设立"单一窗口"，提供便捷顺畅的信息综合服务，率先建立功能完备、安全高效的外商投资信息公示平台，为本地区完善外商投资管理服务发挥示范和带动作用。

工作中遇到新情况、新问题，请及时报告商务部。

商务部
2017 年 6 月 20 日

国务院关于进一步削减工商登记前置审批事项的决定

国发〔2017〕32 号

各省、自治区、直辖市人民政府，国务院各部委、各直属机构：

经研究论证，国务院决定，进一步削减工商登记前置审批事项，将以下 5 项工商登记前置审批事项改为后置审批：省级人民政府商务行政主管部门实施的设立典当行及分支机构审批；省级人民政府新闻出版广电行政主管部门实施的设立中外合资、合作印刷企业和外商独资包装装潢印刷企业审批，设立从事出版物印刷经营活动的企业审批；中国民用航空局实施的外航驻华常设机构设立审批、民用航空器（发动机、螺旋桨）生产许可。建议将 1 项依据有关法律设立的工商登记前置审批事项改为后置审批，国务院将依照法定程序提请全国人民代表大会常务委员会修订相关法律规定。

各地区、各相关部门要抓紧做好以上事项改为后置审批的落实和衔接，增强工作紧迫感，加快推进配套改革和相关制度建设，进一步改进事中事后监管措施，确保安全责任落实到位。

国务院
2017 年 5 月 7 日

国务院办公厅关于加快推进"多证合一"改革的指导意见

国办发〔2017〕41 号

各省、自治区、直辖市人民政府，国务院各部委、各直属机构：

"五证合一"、"两证整合"登记制度改革的相继实施有效提升了政府行政服务效率,降低了市场主体创设的制度性交易成本,激发了市场活力和社会创新力,但目前仍然存在各类证照数量过多、"准入不准营"、简政放权措施协同配套不够等问题。为进一步优化营商环境,经国务院同意,现就加快推进"多证合一"改革提出以下意见。

一、统一思想,充分认识推行改革的重要意义

在全面实施企业、农民专业合作社工商营业执照、组织机构代码证、税务登记证、社会保险登记证、统计登记证"五证合一、一照一码"登记制度改革和个体工商户工商营业执照、税务登记证"两证整合"的基础上,将涉及企业(包括个体工商户、农民专业合作社,下同)登记、备案等有关事项和各类证照(以下统称涉企证照事项)进一步整合到营业执照上,实现"多证合一、一照一码",是贯彻中央关于推进供给侧结构性改革决策部署,推进简政放权、放管结合、优化服务的重要内容,是进一步推动政府职能转变、深化行政审批制度改革的重要途径,是深化商事制度改革、进一步释放改革红利的重要抓手;对于推动市场在资源配置中起决定性作用和更好发挥政府作用,构建"互联网+"环境下政府新型管理方式、营造便利宽松的创业创新环境和公开透明平等竞争的营商环境,建立程序更为便利、内容更为完善、流程更为优化、资源更为集约的市场准入新模式,促进提高劳动生产率具有重要意义。各地区、各部门要高度重视,积极作为,把这项改革的实施工作摆在重要位置,采取切实有力措施,确保"多证合一"改革在2017年10月1日前落到实处、取得实效。

二、认真梳理涉企证照事项,全面实行"多证合一"

坚持"多证合一"和行政审批制度改革相结合,按照市场化改革方向,充分发挥市场在资源配置中的决定性作用。各地区要按照能整合的尽量整合、能简化的尽量简化、该减掉的坚决减掉的原则,全面梳理、分类处理涉企证照事项,将信息采集、记载公示、管理备查类的一般经营项目涉企证照事项,以及企业登记信息能够满足政府部门管理需要的涉企证照事项,进一步整合到营业执照上,被整合证照不再发放,实行"多证合一、一照一码",使企业在办理营业执照后即能达到预定可生产经营状态,大幅度缩短企业从筹备开办到进入市场的时间。对于市场机制能够有效调节、企业能够自主管理的事项以及可以通过加强事中事后监管达到原设定涉企证照事项目的的,要逐步取消或改为备案管理。对于关系公共安全、经济安全、生态安全、生产安全、意识形态安全的涉企证照事项继续予以保留,要实行准入清单管理。对于没有法律法规依据、非按法定程序设定的涉企证照事项一律取消。

三、深化信息共享和业务协同,简化企业准入手续

坚持互联互通与数据共享相结合,大力推进信息共享,能向社会公开的尽量公开,打通信息孤岛。各地区要依托已有设施资源和政府统一数据共享交换平台,进一步完善省级信用信息共享平台、国家企业信用信息公示系统、部门间的数据接口,在更大范围、更深层次实现部门间企业基础信息和相关信用信息共享、业务协同。各地区要加快制定政府数据资源共享目录体系和管理办法,建立区域内统一标准的市场主体信息库,构建统一高效、互联互通、安全可靠的政府数据资源体系,打破部门和行业信息壁垒。从严控制个性化信息采集,凡是能通过信息共享获取的信息和前序流程已收取的材料,不得要求企业和群众重复提交;凡是能通过网络核验的信息,不得要求其他单位和申请人重复提交;凡是应由行政机关及相关机构调查核实的信息,由部门自行核实,实现相同信息"一次采集、一档管理",避免让企业重复登记、重复提交材料。

四、完善工作流程,做好改革衔接过渡

各地区要在"五证合一"登记制度改革工作机制及技术方案的基础上,继续全面实行"一套材料、一表登记、一窗受理"的工作模式,申请人办理企业注册登记时只需填写"一张表格",向"一个窗口"提交"一套材料"。登记部门直接核发加载统一社会信用代码的营业执照,相关信息在国家企业信用信息公示系统公示,并及时归集至全国信用信息共享平台。企业不再另行办理"多证合一"涉及的被整合证照事项,相关部门通过信息共享满足管理需要。已按照"五证合一"登记模式领取加载统一社会信用代码营业执照的企业,不需要重新申请办理"多证合一"登记,由登记机关将相关登记信息通过全国信用信息共享平台共享给被整合证照涉及的相关部门。企业原证照有效期满、申请变更登记或者申请换发营业执照的,由登记机关换发加载统一社会信用代码的营业执照。

五、推进"互联网+政务服务",不断提高服务效率

坚持优化政务服务与推进"互联网+"相结合,优化审批流程,提高审批效率,提升透明度和可预期性。各地区要加快一体化网上政务服务平台建设,打造"互联网+"模式下方便快捷、公平普惠、优质高效的政务服务体系。推进各类涉企证照事项线上并联审批,优化线上、线下办事流程,简化办事手续,减少办事环节,降低办事成本,实现"一网通办、一窗核发"。要推进涉企证照事项标准化管理,在全面梳理、分类处理的基础上,全面公开涉企证照事项目录和程序,明晰具体受理条件和办理标准,列明审查要求和时限,实现服务事项标准化。

六、加强事中事后监管,促进服务效能提升

坚持便捷准入与严格监管相结合,以有效监管保障便捷准入,防止劣币驱逐良币,提高开办企业积极性。各地区、各部门要切实转变理念,精简事前审批,加强事中事后监管,探索市场监管新模式。要全面推行"双随机、一公开"监管,按照"谁审批、谁监管,谁主管、谁监管"的原则,强化主动监管、认真履职意识,明确监管责任。要建立以信用为核心的新型监管机制,依托全国信用信息共享平台不断完善政府部门之间信息共享与联合惩戒机制,充分发挥国家企业信用信息公示系统和"信用中国"网站的作用,强化企业自我约束功能,降低市场

交易风险,减少政府监管成本,提高经济运行效率。

七、推进"一照一码"营业执照广泛应用,推动改革落地

坚持"多证合一"与推进"一照一码"营业执照应用相结合,打通改革成果落地的"最后一公里"。各地"多证合一"改革情况不同,证照整合项目、形式不同,各地区、各部门要加快完善各自相关信息系统,互认"一照一码"营业执照的法律效力,推进"一照一码"营业执照在区域内、行业内的互认和应用。对于被整合证照所涵盖的原有事项信息,不得再要求企业提供额外的证明文件,使"一照一码"营业执照成为企业唯一"身份证",使统一社会信用代码成为企业唯一身份代码,实现企业"一照一码"走天下。

八、强化中央和地方联动,统筹稳妥推进改革

坚持统筹推进与因地制宜相结合,鼓励地方大胆探索实践,自下而上,上下联动。各省级人民政府要结合实际,鼓励基层探索实践。要及时总结改革经验,巩固改革成果,不断扩大"多证合一"的覆盖范围。国务院各相关部门要解放思想,锐意进取,主动作为。各地区、各部门要按照职责分工,加强衔接配合,积极推进改革。要做好对改革政策的解读和宣传工作,形成推动改革落地见效的良好氛围,确保"多证合一"改革各项措施顺利推进。

九、完善配套制度和政策,确保改革于法有据

坚持基层先行先试与依法推动相结合,大力推进相关法律法规制修订和改革配套政策联动。各地区、各部门在推进"多证合一"改革时,要充分做好沟通和衔接工作,在全面梳理、分类处理涉企证照事项的基础上,对确需在全国范围内合并的事项中涉及法律、法规、规章和规范性文件修改、完善和清理的,要按照职责分工,依照法定程序开展相关工作,确保改革在法治轨道上推进。

十、加强窗口建设,做好人员、设施、经费保障

坚持内强素质与外提能力相结合,以内挖潜力、充分利用原有设施为重点,做好人员、设施、经费保障工作。"多证合一"改革后,基层登记窗口压力将进一步增大。各地区要通过合理调整、优化机构和人员配置,配足配强窗口人员队伍,确有必要时可以采用政府购买服务等方式,提高窗口服务能力。要加强窗口工作人员培训,提高业务素质。要优化支出结构,加强窗口软硬件设施配备,做好信息化保障。

十一、加强督查考核,完善激励机制

坚持鼓励先进与鞭策落后相结合,充分调动干事创业积极性、主动性。各地区要通过制

定任务清单、将落实情况纳入政府工作考核内容等方式,把"多证合一"改革摆进地方经济社会发展大局考虑,加强督查,形成有效激励机制和容错纠错机制。要对接国际营商环境指标,加强对本地区营商环境便利化的评估和排名工作,建立开办企业时间统计通报制度,研究建立新生市场主体统计调查、监测分析制度。相关部门要组织联合督导,对改革进展情况进行监督检查。

国务院办公厅

2017 年 5 月 5 日

商务部、发展改革委、教育部、科技部、工业和信息化部关于印发《国际服务外包产业发展"十三五"规划》的通知

商服贸发〔2017〕170 号

各省、自治区、直辖市、计划单列市及新疆生产建设兵团商务、发展改革、教育、科技、工业和信息化主管部门:

《中共中央、国务院关于构建开放型经济新体制的若干意见》(中发〔2015〕13 号)明确提出"促进服务外包升级,提升服务跨境交付能力"。加快发展服务外包产业,对于推进经济结构调整,形成产业升级新支撑、外贸增长新亮点、现代服务业发展新引擎和扩大就业新渠道,具有重要意义。为贯彻落实《中华人民共和国国民经济和社会发展第十三个五年规划纲要》《国务院关于促进服务外包产业加快发展的意见》(国发〔2014〕67 号)精神,促进服务外包转型升级和协调发展,商务部会同发展改革委、教育部、科技部、工业和信息化部制定了《国际服务外包产业发展"十三五"规划》。现印发给你们,请结合当地情况制定具体工作方案,切实抓好贯彻落实。

附件:国际服务外包产业发展"十三五"规划(略——编者注)

商务部

发展改革委

教育部

科技部

工业和信息化部

2017 年 4 月 28 日

商务部、中央宣传部、发展改革委、工业和信息化部、财政部、交通运输部、卫生计生委、人民银行、海关总署、税务总局、统计局、旅游局、中医药局关于印发《服务贸易发展"十三五"规划》的通知

商服贸发〔2017〕76号

各省、自治区、直辖市、计划单列市及新疆生产建设兵团商务、宣传、发展改革、工业和信息化、财政、交通运输、卫生计生、海关、税务、统计、旅游、中医药部门,中国人民银行上海总部、各分行、营业管理部、省会(首府)城市中心支行、副省级城市中心支行:

《中共中央国务院关于构建开放型经济新体制的若干意见》(中发〔2015〕13号)明确提出提升服务贸易战略地位。发展服务贸易是推动外贸转型升级的重要支撑,是培育经济发展新动能的重要抓手,是推进大众创业、万众创新的重要载体,是努力构建开放型经济新体制的重要内容。为贯彻落实《中华人民共和国国民经济和社会发展第十三个五年规划纲要》、《国务院关于加快发展服务贸易的若干意见》(国发〔2015〕8号)精神和工作部署,大力推动服务贸易创新发展,商务部会同有关部门制定了《服务贸易发展"十三五"规划》。现印发给你们,请结合当地情况制定具体工作方案,切实抓好贯彻落实。

附件:服务贸易发展十三五规划

商务部
中央宣传部
发展改革委
工业和信息化部
财政部
交通运输部
卫生计生委
人民银行
海关总署
税务总局
统计局
旅游局
中医药局
2017年3月2日

服务贸易发展"十三五"规划

目　录

一、发展形势
　　（一）发展基础
　　（二）发展前景
二、发展思路
　　（一）指导思想
　　（二）发展理念
　　（三）发展目标
三、战略布局
　　（一）优化境内布局
　　（二）优化境外布局
四、主要任务
　　（一）完善发展体制
　　（二）优化行业结构
　　（三）壮大市场主体
　　（四）培植创新动力
　　（五）扩大开放合作
　　（六）健全监管体系
五、保障措施
　　（一）优化营商环境
　　（二）完善促进体系
　　（三）健全合作机制
　　（四）强化人才支撑
　　（五）加强统计考核
附件：服务贸易发展重要领域

《服务贸易发展"十三五"规划》，根据《中华人民共和国国民经济和社会发展第十三个五年规划纲要》和《商务发展第十三个五年规划纲要》编制。

一、发展形势

(一)发展基础

"十二五"时期,在党中央、国务院的坚强领导下,我国加快建立开放型经济新体制,深入推进服务业改革开放,服务贸易发展各项目标任务圆满完成,服务贸易在国民经济中的地位显著提升。

贸易规模快速扩大。"十二五"期间,我国服务进出口年均增长15.7%,世界排名由"十一五"末的第四位上升至第二位,其中服务出口年均增长11%,服务进口年均增长19.4%。2015年,服务进出口达7529亿美元。其中,服务出口2867亿美元,世界排名第三;服务进口4662亿美元,世界排名第二。服务贸易占我国外贸(货物和服务进出口之和)的比重和我国服务出口、服务进口全球占比实现"三提升",2015年分别增至16%、6%、10.1%,比"十一五"末分别提高5.1、2和5.2个百分点。

行业结构持续优化。运输、旅游、建筑等传统领域保持较快增长,技术、文化、计算机和信息服务、咨询服务、金融、中医药服务等新兴领域优势逐步积累、发展加快。2015年,计算机和信息服务、保险服务出口分别为245.5亿美元、50亿美元,占比分别为8.6%、1.8%,比"十一五"末分别提高1.8和0.7个百分点。服务外包高速发展,2015年承接国际服务外包执行金额646.4亿美元,"十二五"期间年均增长28.3%,成为世界第二大服务接包国。

区域发展渐趋协调。以北京、上海、广东为中心的东部沿海地区是我国服务贸易发展最为集中的区域,中西部地区是拉动服务贸易快速增长的新生力量。2015年东部和中西部服务进出口占比分别为85.8%和14.2%,中西部地区占比比"十一五"末提高6个百分点。重点区域服务贸易增势良好,"十二五"期间长江经济带11个省市、京津冀地区和东北地区服务进出口分别增长77.1%、64.6%、133.1%。

市场开拓成效明显。服务贸易市场集中度进一步提升,2015年我国前十大服务贸易伙伴服务进出口占比为62.4%,比"十一五"末提高2.1个百分点。承接国际服务外包的国家或地区达197个,比"十一五"末增加29个。截至目前,我国与7个国家和地区签署了服务贸易合作备忘录,建立了服务贸易促进工作机制,开展双边务实合作。

(二)发展前景

1. 面临的机遇。

从国际看,一是服务业和服务贸易战略地位更加突出。服务业与其他产业融合趋势增强。作为全球价值链的核心环节,技术和知识密集型服务成为影响国际分工和贸易利益分配的关键因素,传统制造领域的跨国公司纷纷向服务提供商转型。二是服务贸易与投资合作的广度和深度不断拓展。2015年,世界服务出口47540亿美元,占货物和服务出口之和的比重升至22.4%。服务业投资占全球直接投资存量的比重超过60%,服务业跨境并购占比超过50%。三是数字化时代服务贸易创新不断加快。大数据、云计算、物联网、移动互联等技术运用,极大提高了服务的可贸易性,服务贸易企业形态、商业模式、交易方式发生深刻变革。

从国内看,一是服务贸易发展的产业基础更加坚实。供给侧结构性改革深入推进,有利于生产要素加快向服务领域集聚。2015年服务业增加值占比首次超过50%,预计到2020年提高到56%。二是对外经贸合作形成的国际市场网络优势更加明显。我国与230个国家和地区建立了贸易联系,货物贸易大国地位有利于相关服务贸易发展。海外投资合作加快发展,商业存在模式服务贸易具有较大发展潜力。三是服务贸易发展环境不断优化。服务贸易领域改革开放步伐加快,自贸试验区、北京扩大服务业开放试点以及面向全球的高标准自贸区网络建设,都将拓展服务贸易发展新空间。服务贸易创新发展试点深入推进,政策体系更趋完善。

2. 面临的挑战。

从国际看,一是世界经济复苏缓慢。国际金融危机深层次影响依然存在,世界经济持续调整、增速放缓。我国服务贸易发展面临外需不振、贸易保护主义抬头等不利因素。二是服务贸易国际竞争加剧。发达国家力争巩固服务贸易国际竞争制高点地位。发展中国家纷纷加大支持服务贸易力度,努力迈向全球价值链和国际服务业分工中高端。三是服务贸易领域的国际经贸规则面临重构。发达国家积极推进服务贸易规则谈判,不断提高服务业开放标准,服务贸易领域国际规则制定权争夺更加激烈。

从国内看,一是我国经济发展仍面临一些制约因素。劳动力、土地等要素成本持续攀升,资源和生态环境约束趋紧,竞争新优势尚待培育。二是服务业特别是生产性服务业发展相对滞后。生产性服务业与发达国家差距明显,服务贸易发展的产业基础仍然较弱。三是服务贸易发展面临突出问题。服务贸易逆差较大,服务出口规模和质量有待提升。服务贸易结构亟须优化,新兴行业发展滞后。服务贸易促进体系有待健全,政策框架还不够完善。

综合判断,"十三五"时期我国服务贸易面临的国际国内环境总体有利,发展机遇大于挑战。要认清当前服务贸易发展的历史方位,全面提升服务贸易战略地位,更加积极有效应对各种风险挑战,努力推动服务贸易迈向新台阶。

二、发展思路

(一)指导思想

全面贯彻党的十八大和十八届三中、四中、五中、六中全会精神,深入贯彻习近平总书记系列重要讲话精神,牢固树立和贯彻落实创新、协调、绿色、开放、共享发展理念,坚持市场在资源配置中起决定性作用和更好发挥政府作用,以推进服务贸易领域供给侧结构性改革为主线,夯实服务贸易产业基础,完善服务贸易体制机制、政策框架、促进体系,提高服务贸易开放程度和便利化水平,增强服务出口能力,扩大服务贸易规模,优化服务贸易结构,促进服务贸易与货物贸易、服务贸易与对外投资联动协调发展。

(二)发展理念

一是坚持创新发展。全面贯彻创新驱动发展战略,积极推动服务贸易技术创新和商业模式创新。拓展服务贸易发展领域,提升传统服务的可贸易性。大力发展跨境电子商务、供应链管理、服务外包和云众包等新型服务。推动服务业与制造业、服务贸易与货物贸易融合发展。加快形成人力资源、技术、品牌、知识产权、标准、市场网络等综合竞争新优势。

二是坚持协调发展。注重服务贸易与服务业、货物贸易、国际投资合作协调发展,不断夯实服务贸易发展的产业基础和国际经贸合作基础。努力扩大服务出口,促进服务出口与进口协调发展,缓解服务贸易逆差。突出各地服务贸易优势和特色领域,着力培育服务贸易中心城市,带动各地服务贸易协调发展。推进服务贸易各领域协调发展,大力促进知识技术密集型服务出口,着力优化服务贸易结构。

三是坚持绿色发展。把绿色发展理念贯穿服务贸易发展各领域、各环节。积极推进服务贸易数字化。鼓励服务贸易企业绿色采购和销售,推动服务贸易企业节能减排,大力发展绿色低碳型服务贸易。鼓励和推动绿色低碳型服务贸易企业国际化发展。

四是坚持开放发展。推进服务领域有序开放,放宽投资准入,全面实行准入前国民待遇加负面清单管理模式,打破地区封锁和行业垄断,破除服务业发展的体制机制障碍。加强服务贸易领域多边、区域和双边合作,努力开拓国际市场。支持企业和公共服务机构走出去开展全球市场网络布局,积极利用自由贸易协定等加强重点国别市场的开拓。

五是坚持共享发展。要牢固树立共享发展理念,充分发挥服务贸易对稳增长、扩就业的作用。支持电子商务、服务外包等领域创新创业。加快发展生活性服务贸易,着力提高养老、医疗、教育等与人民群众紧密相关的服务品质,增进社会福利。

(三)发展目标

服务贸易大国地位进一步巩固,服务贸易强国建设加快。"十三五"期间力争服务贸易年均增速高于全球服务贸易平均增速。技术、知识密集型和高附加值服务出口占比持续提升,人力资源密集型和中国特色服务出口优势进一步巩固,服务贸易在开放型经济发展中的战略地位显著提升。

三、战略布局

统筹利用国际国内两个市场两种资源,着力优化境外市场布局、境内区域布局,形成内外联动、开放发展的服务贸易新格局。

(一)优化境内布局

围绕国家区域发展总体战略,打造北京、上海、广东服务贸易核心区和环渤海、长三角、泛珠三角服务贸易集聚圈,在此基础上积极发展"两横一纵"服务贸易辐射带,努力形成三核引领、区域集聚、纵横辐射、全面发展的服务贸易地域布局。

1.打造三个服务贸易核心区。

打造北京服务贸易核心区,以北京市服务业扩大开放综合试点为契机,努力探索适应服务业和服务贸易发展的体制机制,培育"北京服务"世界品牌,带动京津冀服务贸易协同发展。打造上海服务贸易核心区,支持上海建设面向全球的服务贸易中心城市,加快上海服务贸易创新发展试点,对接高标准国际贸易投资规则,构建公平竞争的市场环境,完善政策支持体系,促进服务业各领域双向投资。打造广东服务贸易核心区,以广州、深圳服务贸易创新发展试点建设为重要抓手,发挥中国(广东)自由贸易试验区平台优势,深入推进粤港澳服务贸易自由化,提升广东对区域服务贸易发展的辐射带动力。

2.打造三大服务贸易集聚圈。

打造环渤海服务贸易集聚圈。增强北京服务贸易核心区对京津冀区域服务贸易交流合作的带动作用。推进天津服务贸易创新发展试点建设,加快济南、青岛、威海对日、韩服务贸易投资合作,吸引文化贸易、技术贸易、运输、旅游、教育、医疗保健、生态环保、环境服务、服务外包等领域的国际国内服务贸易资源在环渤海及其周边集聚,提升区域服务贸易国际化水平。

打造长三角服务贸易集聚圈。充分发挥上海服务贸易核心区的引领带动作用,推动江苏南京(江北新区)、苏州以及浙江杭州服务贸易创新发展试点先行先试,完善物流运输、旅游、跨境电子商务、金融服务、信息服务、文化贸易、技术贸易、服务外包、中医药服务等优势领域在长三角发展布局,促进长三角中心城市区域联动、协同发展,带动长三角地区全面参与国际竞争与合作,扩大长三角服务贸易集聚效应。

打造泛珠三角服务贸易集聚圈。突出广东服务贸易核心区与港澳服务贸易合作的定位,促进穗港澳之间资金、信息和人员的便捷流动,推动专业服务、金融服务、文化贸易、研发设计、服务外包等领域服务贸易资源向广东及其周边地区集聚,努力把泛珠三角建设成为引领华南、携手港澳、辐射东南亚、面向全球的服务贸易发展高地和综合服务枢纽。

3. 打造"两横一纵"服务贸易辐射带。

以环渤海、长三角、泛珠三角服务贸易集聚圈为中心,向南向北延伸贯通东北地区、海峡西岸经济区等,打造东部沿海服务贸易辐射带。着力加快沈阳、大连、长春和哈尔滨(新区)科技服务业支撑高端制造业发展,加强与东北亚地区服务贸易合作。积极推动福州(平潭)、厦门等海峡西岸城市群承接台湾服务业转移,努力打造对台服务业合作示范区。海南围绕建设国际旅游岛,积极探索扩大旅游服务出口新路径。广西南宁等城市以中国-东盟自由贸易区升级建设为契机,加强与东盟各国的服务贸易合作。

以长江经济带沿线服务贸易创新发展试点地区和中心城市为支撑,打造长江沿线服务贸易辐射带。发挥长三角服务贸易集聚圈在东部沿海服务贸易辐射带、长江沿线服务贸易辐射带中的叠加辐射效应,加快推动湖北以武汉为重点、重庆以两江新区为重点、四川以成都为重点、贵州以贵安新区为重点积极扩大服务出口。支持贵州以贵安新区电子信息产业园大数据基地、中关村贵阳科技园大数据基地、黔南州超算中心等产业基地为载体,努力打造贵州大数据服务品牌优势。

以西北地区服务贸易创新发展试点地区和中心城市为重点,打造面向中亚西亚的"一带一路"服务贸易辐射带。推动陕西以西安和西咸新区为重点,紧扣"一带一路"发展主题,大力发展文化旅游、国际物流运输等服务贸易。支持兰州、乌鲁木齐依托丝绸之路经济带,发挥特色优势,大力发展服务贸易。

充分发挥"两横一纵"辐射带作用,在辐射带内外依托现有国家级经济技术开发区、国家高新技术产业开发区、战略性新兴产业基地等平台和载体,规划建设特色服务贸易集聚区,积极推动服务贸易全面发展。

(二) 优化境外布局

1. 开拓"一带一路"沿线市场。

积极与"一带一路"沿线重点国家和地区签订服务贸易合作协议,扩大服务业相互开放。与有关国家共同开辟新航线和运输线路,大力发展国际运输服务。推动企业在沿线重点国家的交通枢纽和节点城市,建立仓储物流基地和分拨中心,完善区域营销和售后服务网络。

推动与有关国家扩大建筑服务资质、建筑服务市场准入等领域开放,提升建筑服务贸易水平,鼓励工程设计、施工建设、运营维护等建营一体化服务输出。鼓励境外经贸合作区、跨境经济合作区引进更多服务业和服务贸易项目。鼓励与"一带一路"沿线国家和地区加强服务外包合作,积极拓展发包市场,带动中国服务、标准、技术、品牌走出去。鼓励符合条件的金融机构在"一带一路"沿线国家和地区开设分支机构,为企业贸易结算和投融资创造条件。积极发展与"一带一路"沿线国家和地区文化贸易,扩大图书、影视剧、动漫、网络游戏等文化产品与服务出口,提升中华文化影响力。积极引导我国服务贸易企业争取亚洲基础设施投资银行、丝路基金、金砖国家新开发银行、中国—东盟银行联合体、上海合作组织银行联合体的融资支持。

加大对东盟各国开展服务业贸易投资合作的力度。发挥广西对东盟合作优势,利用中国—东盟博览会等平台,重点加强与新加坡、印度尼西亚、马来西亚、泰国、菲律宾、越南等国服务贸易合作,在基础设施建设、旅游、文化、医疗保健、技术和知识产权、跨境电子商务、服务外包、港口等领域加大合作力度,提高我国在东盟地区商业存在规模。发挥云南对南亚合作优势,办好中国—南亚博览会,加强云南与南亚服务贸易合作。

2. 巩固传统市场。

进一步提升与港澳台服务贸易合作水平。落实内地与香港、澳门《关于建立更紧密经贸关系的安排》(CEPA)及《CEPA 服务贸易协议》,巩固与港澳服务贸易合作,不断提高合作层次。以现代服务业合作为重点,加强内地与港澳在金融、会计、法律、市场推广、物流、设计、知识产权等领域合作。不断拓展内地与港澳服务业合作新空间,支持内地企业与港澳企业携手开拓"一带一路"沿线国家和地区市场。鼓励香港金融机构、商务服务机构和专业服务人才,联合内地企业开拓国际市场。加强两岸服务业合作,积极承接台湾服务业转移,重点加强与制造业相配套的服务业合作,不断提高两岸经贸互利合作水平。

加强与发达国家服务贸易合作。进一步加强与欧美发达国家在旅游、运输、建筑等传统服务贸易领域合作,着力引进先进技术,开展研发设计合作,发展节能环保、环境服务等先进生产性服务贸易。有针对性开展城市规划开发建设、城市运营管理、节能环保、城市治污治堵、智慧城市、海绵城市建设等领域合作。持续提升承接欧美发达国家服务外包业务能力,提高承接知识密集型的高附加值服务外包和提供系统解决方案的能力。积极推动大数据、中医药、健康养老等新兴服务贸易合作。

深化与周边国家服务贸易合作。实施好中韩自由贸易协定相关条款,进一步提升中韩服务贸易自由化和便利化水平。加强与韩国在文化贸易、服装设计等领域合作,扩大服务业双向投资。积极推进中日韩自由贸易协定谈判,加强与日本在工业设计、技术服务、节能环保、运输、旅游、文化等领域的合作。

3. 培育新兴市场。

加强与具有独特产业优势国家的服务贸易往来。从优势互补、互利合作出发,进一步加强与丹麦、爱尔兰、以色列和瑞士等国的经贸合作关系,在知识产权、工业设计、机器人技术、环保技术、农业技术等领域促进双方合作,促进我国产业升级。

积极发展与拉美服务贸易。依托中国—拉美和加勒比共同体论坛,强化中拉服务领域贸易投资合作,不断丰富中拉经贸合作内涵。充分发挥中国在计算机与信息、其他商业服务方面的比较优势,扩大对拉美出口。通过拉美产能合作带动中拉技术贸易、金融、保险和通讯等领域合作。推动中国对拉美服务业投资,积极开展对拉商业存在形式的服务贸易。加强与巴西等新兴经济体服务贸易合作。以中国与哥斯达黎加、智利、秘鲁等国家自由贸易协定为依托,促进双边服务贸易开放,不断提升中拉服务贸易自由化和便利化水平。

以中非十大合作计划带动中非服务贸易发展。依托中非合作论坛,积极落实"中非十大合作计划",带动中非服务贸易合作。加强与南非等新兴经济体服务贸易合作。以中非工业化合作计划和中非基础设施合作计划带动中国建筑、设计、技术、运营服务输出,通过中非公共卫生合作计划和中非人文合作计划带动旅游、建筑、文化、中医药、中文教育、中华特色餐饮等服务输出。

四、主要任务

(一)完善发展体制

加快完善服务贸易管理协调机制。充分发挥国务院服务贸易发展部际联席会议作用,加强对服务贸易工作的宏观指导和部门间的协调配合,统筹服务业对内对外开放,促进产业政策、贸易政策、投资政策的良性互动,形成政策合力。建立健全服务贸易法律体系,完善与服务贸易特点相适应的口岸通关管理模式、跨境人民币业务管理制度和外汇管理制度。推动各服务行业主管部门加强与行业协会、专业统计机构的协调,形成政府管理、行业自律、统计监测以及消费者监督的多层次服务贸易监管机制。健全政府、贸易促进机构、协会、企业协同配合的服务贸易促进和服务体系,建立全国服务贸易重点联系企业制度以及国家层面的服务贸易综合监管服务平台。

加快推进服务贸易创新发展试点。充分发挥试点地区在发展服务贸易中的积极性和创造性,推进服务贸易领域供给侧结构性改革,探索适应服务贸易创新发展的管理体制、促进机制、政策体系、监管模式,打造服务贸易制度创新高地。加强对试点工作的指导、督促推动和政策协调,及时总结成功经验做法并在全国复制推广。研究建立试点地区的评估机制,推动部分试点效果好的地区升级成为服务贸易创新发展示范区。

(二)优化行业结构

稳步提升传统服务出口。进一步扩大旅游、运输、建筑等服务出口,着力增强传统服务贸易国际竞争力。加快传统服务贸易创新发展,运用互联网等现代技术手段改造提升传统服务贸易。加快培育品牌优势,着力推动传统服务贸易品牌化发展。积极推动传统服务贸易行业跨界融合发展,打造跨界融合发展的产业集团和产业联盟。加强国际和区域合作,积极培育国际市场网络和渠道网点优势,支持有条件的服务贸易企业在境外建立服务网络,增强国际市场开拓能力,提高服务出口效益和附加值。

积极扩大新兴服务出口。利用互联网等现代信息技术,推进服务贸易数字化和交易模式创新。发挥我国人力资本、创新资源丰富的优势,全面贯彻落实国家创新驱动发展战略,加强技术创新、管理创新、业态创新和商业模式创新,提升服务质量和技术含量。重点培育通信、金融、保险、计算机和信息服务、咨询、研发设计、知识产权、节能、检验检测认证、环境、会展等资本、技术和知识密集型服务出口。加大科技创新投入,支持新兴服务领域企业原始创新,增强集成创新和消化吸收再创新能力,提高国际化经营水平。着力培育新兴服务贸易行业标准方面的优势,支持通信、互联网、物联网等领域的技术标准在海外推广应用,推动通信、计算机和信息服务、金融等领域企业积极参加国际标准和规范制修订。积极推动文化艺术、广播影视、新闻出版、教育等承载中华文化核心价值的文化服务出口,大力促进文化创意、数字出版、动漫游戏等新兴文化服务出口,努力培育我国中华特色文化贸易优势。

继续提升服务进口质量。鼓励对国民经济和社会发展影响深远、促进效应明显的重点服务进口,增加有效供给,满足日益增长的国内生产、生活需求,推进创业创新和经济结构优化升级。积极扩大国内急需的咨询、研发设计、节能环保、环境服务等知识、技术密集型生产性服务进口。有序发展运输、旅游服务进口。加强人员流动、资格互认、行业标准制定等方面的国际磋商与合作,为促进重要服务进口创造便利化环境。

(三)壮大市场主体

打造影响力大、国际竞争力强的服务贸易领军企业。依据企业规模、国际化程度、主营业务等指标,在金融、运输、工程承包、通讯等领域培育一定数量占据全球价值链高端地位的服务贸易领军企业。鼓励和支持服务贸易领军企业积极开展跨国投资合作,参与投资、建设和管理境外经贸合作区,带动国内劳务输出和货物、服务、技术、标准输出。支持领军企业开展全球服务贸易市场网络布局,通过新设、并购、合作等方式,加快建设境外研发中心和营销网络,积极开拓新业务、新领域和新市场。支持领军企业开展知识产权境外登记注册,完善知识产权海外布局。

做强主业突出、国内领先的服务贸易企业中间梯队。在互联网、电信、保险等领域培育一批具有区域和行业影响力的服务贸易大型企业。鼓励大型企业瞄准国际技术前沿和新型商业模式,推动迈向全球价值链中高端。推动大型企业强强联合,开展跨地区、跨行业兼并重组,整合区域和行业价值链,形成服务贸易品牌,提高核心竞争力。

积极扶持特色明显、善于创新的服务贸易中小型企业。在专业服务、旅游、文化、信息技术、检验检测认证、教育、医疗等服务贸易行业和细分领域,积极培育外向度高、具有独特竞争优势的中小型服务贸易企业。积极支持中小型企业参与服务贸易国际分工,找准定位,融入全球价值链。鼓励创新型、创业型服务贸易中小微企业发展,支持企业走"专、精、特、新"发展道路,加强与龙头、大型企业协作,形成服务贸易企业完整健康生态链。通过建立产业联盟、搭建公共服务平台、开展服务贸易知识和政策培训等方式,提高中小型企业国际市场开拓能力。

(四)培植创新动力

推动服务贸易交易模式创新。积极鼓励技术贸易、通信服务、计算机信息服务发展,着力扩大跨境交付服务贸易规模。加快国际营销网络和境外交付中心建设,促进服务业双向投资和商业存在模式的服务贸易发展。运用信息技术提升服务的可贸易性,重点支持远程医疗、在线教育等新型业态,促进金融与互联网深度融合,不断提高服务贸易的跨境交付能力。增强我国电子商务发展优势,创新境外消费服务贸易发展。依托大数据、物联网、移动互联网、云计算等新技术,打造新型服务贸易促进和交易平台。

加快服务贸易发展业态创新。顺应产业跨界融合发展新趋势,大力发展"制造+服务"、"文化+旅游"、"中医药+健康旅游"等,推动服务贸易新领域、新业态发展。抓住数字技术革命新机遇,大力发展数字内容服务、社交网站服务、搜索引擎服务等,积极参与相关国际规则制定。顺应全球价值链分工新趋势,大力发展国际供应链管理服务,着力打造国际绿色供应链,提高供应链管理控制能力和业务发展水平,着力增强国际商务服务能力和全球商务运营能力。支持云众包平台建设,构建开放式创新体系,提升我国企业整合国内外资源发展服务贸易的能力。

(五)扩大开放合作

积极推进对外开放,提升服务市场国际化新水平。推动服务业扩大开放,进一步推进金融、电信、教育、文化等服务业领域开放,逐步放开育幼养老、建筑设计、会计审计、商贸物流等服务业领域外资准入限制。以北京市服务业扩大开放综合试点为契机,大力推动服务业领域开放力度。充分利用自贸试验区对外开放先行先试平台和载体作用,总结评估并在全国范围内复制推广对外商投资实行准入前国民待遇加负面清单管理模式。提高服务业利用外资的质量和水平,鼓励引进全球服务业跨国公司,大力推动商业存在模式的服务贸易发展。加强与国际服务企业战略联盟合作,吸引世界500强企业、境外大型企业设立运营总部、研发中心、采购中心、分销中心、物流中心、品牌培育中心、外包中心、清算中心等贸易营运和管理功能总部。依托自由贸易区战略实施,进一步推动相关国家服务领域市场开放,加快推进我与自贸伙伴之间的服务贸易自由化。积极与主要服务贸易合作伙伴和"一带一路"沿线重点国家和地区签订服务贸易合作协议,深化服务贸易合作。创新边境地区服务贸易发展,在服务市场准入、人员出入境管理、服务提供人员资质互认等方面建立和完善与边境服务贸易相配套的服务贸易自由化、便利化政策体系,探索沿边和边境地区发展服务贸易的新模式,在旅游、分销、医疗保健、娱乐等领域发展边境特色服务贸易。

积极稳妥"走出去",拓展服务贸易发展新前沿。以海外投资和国际产能合作带动服务贸易发展。引导企业在境外项目规划、设计咨询、系统集成、运营维护、技术合作、检测维修等环节开展增值服务,建立境外分销、售后服务基地和全球维修体系,加快服务环节国际化。促进对外承包工程转型升级,推动承包工程与技术服务和运营管理相结合,推动业务向项目融资、设计咨询、运营管理等服务领域拓展。支持各类服务业企业通过新设、并购、合作等方式,开展境外投资合作。支持在境外开展技术研发投资合作,创建国际化营销网络和知名品牌,增加境外商业存在。支持服务业企业参与投资、建设和管理境外经贸合作区。探索建设服务外包境外合作区。鼓励企业在海外设立符合当地条件和规定的保税仓库,服务"走出去",积极构建跨境产业链,带动劳务输出和服务、技术出口。

积极参与规则制定,主动融入国际服务贸易新格局。积极参与多边、区域服务贸易谈判和全球服务贸易规则制定。积极维护多边贸易体制在国际服务贸易发展中的主渠道作用,切实反映发展中国家特别是新兴经济体的贸易利益诉求。努力在气候变化与环境保护、知识产权等领域参与规则制定。充分利用二十国集团、金砖国家、亚太经合组织、自贸协定等机制和平台,引领国际服务贸易规则走向。积极争取中医药等中华传统服务领域的技术标准制定主动权和主导权。积极推动中美、中欧投资协定谈判。深入挖掘自贸协定框架下加强双边服务贸易合作的潜力。

(六)健全监管体系

完善事中事后监管体系。创新监管举措,建立涵盖服务贸易领域业务流程记录、统计监测分析、信用综合评价、政策支持保障、事中事后监管等功能为一体的服务贸易综合监管服务平台。建立分类风险管理机制，完善以随机抽查、重点检查、举报核查为主的日常监管制度，对有失信记录的企业加大检查频次。建立定期分析和风险研判机制。做好跨部门国际服务贸易数据协调与共享，完善投诉举报管理制度，规范处理流程。强化企业主体责任，引导企业增强法律意识、诚信意识和自律意识。充分发挥行业协会和企业商会在规范行业行为、调解矛盾纠纷、促进行业自律、维护行业公平等方面的积极作用。加强社会监督和舆论监督，引导社会公众参与市场监管，形成各部门信息共享、协同监管和社会公众参与监督的监管体系。

加强信用监督体系建设。构建信用评价指标体系，建立服务贸易市场主体信用记录，纳入全国信用信息共享平台，加大服务贸易企业信用信息公示力度，促进行政许可、资质审查备案、行政处罚、日常监管、消费投诉、行业自律、司法裁决执行等信息的归集共享。推广市场准入前信用承诺制度、守信激励和失信惩戒典型案例发布制度。构建守信激励机制，对守信主体实行业务优先办理、简化程序等激励政策。建立服务贸易企业"黑名单"制度。

五、保障措施

（一）优化营商环境

优化服务贸易法制化环境。研究制修订服务贸易、技术进出口等方面的法律制度，逐步建立和完善服务贸易各领域法律体系。规范服务贸易市场准入、经营秩序、投资促进等相关政策。清理和规范服务贸易相关行业规章，推进服务行业基础性法律的制修订工作，鼓励有条件的地方出台服务贸易地方性法规。制订服务贸易重点专项领域促进办法。加快形成与国际接轨的高标准贸易投资规则体系，促进国内与国际服务贸易投资规则衔接。推动建立与国际接轨的服务业标准化体系。提高服务贸易政策措施的透明度。

推动服务领域市场化改革。加强对重点领域的支持引导，编制重点服务领域专项发展规划，制订发布服务出口、进口目录。探索建立符合国际惯例的服务贸易管理新模式，完善重点服务行业资质与认证管理，建立行业竞争自律公约机制。发挥市场在服务贸易领域资源配置中的决定性作用，激发市场主体新活力。完善社会资本公平参与相关行业发展的政策，破除制约服务业发展的体制机制障碍。简化服务领域行政审批程序，培育各类市场主体依法平等进入、公平竞争的营商环境。加大服务贸易领域版权、专利、商标等知识产权的执法监管力度。完善服务贸易企业诚信体系建设。

（二）完善促进体系

落实完善服务贸易财税政策。研究发挥财政资金的引导作用，营造良好的外部环境，促进服务贸易新兴领域发展，创新支持方式，加大对服务贸易发展的支持力度。扩大对离岸服务外包和技术出口支持的产业领域，加大对研发设计、节能环保和环境服务等国内急需的生产性服务进口支持，设立服务贸易创新发展引导基金，引导更多社会资金加大对符合产业导向服务贸易企业的支持力度。对符合条件的出口服务按现行规定享受增值税零税率或免税政策，落实技术先进型服务企业税收优惠政策，推进境外旅客购物离境退税政策实施，鼓励扩大服务出口。

加强金融服务体系建设。鼓励金融机构在风险可控和财务可持续的前提下创新金融产品和服务,鼓励开发性、政策性金融机构结合自身业务范围,在市场化运作的基础上加大对服务贸易企业开拓国际市场、开展国际并购等业务的支持力度,支持服务贸易重点项目建设。出台金融支持服务贸易发展的指导意见。推动扩大服务贸易领域人民币计价和结算。加强金融基础设施建设,便利跨境人民币结算,鼓励境内银行机构和支付机构扩大跨境支付服务范围。拓宽服务贸易企业的融资渠道,积极支持符合条件的服务贸易企业在资本市场融资。鼓励保险公司针对服务贸易企业的风险特点,有针对性地创新开发保险产品,提高服务贸易企业的出口信用保险覆盖面。以信用保险和保证保险为重点抓手,充分发挥信用保证保险在服务贸易领域的作用,为服务贸易企业提供损失补偿和增信融资等服务。

完善服务贸易外汇政策。完善服务贸易外汇收支管理,不断提升服务贸易外汇收支和融资便利化水平,降低汇率风险。加强服务贸易外汇形势监测分析,强化服务贸易跨境资金流动风险防控,做好跨境资金异常流动应对工作。加快推进外汇和国际收支法律法规修订,建立外汇管理负面清单制度。

创新服务贸易便利化政策。建立和完善与服务贸易特点相适应的口岸通关模式。创新服务贸易海关监管模式,完善符合跨境电子商务业态发展的工作机制,积极参与跨境电子商务国际规则和标准构建。发挥海关特殊监管区域和保税监管场所政策优势,大力发展国际转口贸易、国际物流、中转服务、研发、维修、国际结算、分销等服务贸易。探索对会展、拍卖、快递等服务企业所需通关的国际展品、艺术品、快件等特殊物品的监管模式创新,完善跨境电子商务通关服务。加强人员流动、资格互认、标准化等方面的国际磋商与合作,为专业人才和专业服务引进来、走出去提供便利。

健全服务贸易促进平台。通过政府购买服务的方式整体宣传"中国服务",提升中国服务贸易品牌和企业形象。积极培育服务贸易交流合作平台,形成以中国(北京)国际服务贸易交易会(京交会)为龙头、以各类专业性展会论坛为支撑的服务贸易会展格局,鼓励其他投资贸易类展会增设服务贸易展区。支持企业赴境外参加国际知名服务贸易展览展示活动,在境外重点展览会上增设服务贸易展区。支持在境外举办服务贸易综合类展会和专业性展会。鼓励服务贸易领军企业搭建行业公共服务平台,支持行业内中小企业服务企业融入全球价值链。

(三)健全合作机制

深化政府间交流合作,开展与主要服务贸易伙伴的对话与磋商。落实已签署的双边服务贸易合作协议,积极开展与美国等发达经济体的服务贸易合作对话,建立中国与金砖国家、中国与"一带一路"沿线重点国家和地区的服务贸易促进工作机制,确立双方共同关注的重点服务贸易领域,推动开展互利共赢合作。加快推进我国与自由贸易区伙伴国之间的服务贸易自由化进程。

(四)强化人才支撑

加大人才培育与引进力度。创新服务贸易人才培养模式,加快形成政府部门、科研院所、高校、企业联合培养人才的新机制。推动高校和科研院所加强服务贸易相关学科建设,鼓励和支持高校国际经济与贸易等学科专业开设服务贸易课程,加大服务贸易领域专业人才的培养力度。完善服务贸易人才"政府引导、机构主导、企业支持"的培训体系建设,开展多层次各行业服务贸易专项培训。建立健全人才激励机制,加快在有条件的地方建立服务贸易人才培训基地。支持企业引进海外服务贸易高端人才,为外籍高端人才在华永久居留、工作提供便利。

加强服务贸易战略研究和智库建设。建立服务贸易专家库,培养一批具有国际视野的服务贸易领域专家人才队伍,加强对服务贸易理论和实践问题研究,注重发达国家先进经验和成功实践的研究总结与借鉴,强化服务贸易国际规则动态追踪和谈判策略研究。支持国内智库加强与国际知名智库交流合作。成立服务贸易专家咨询委员会,为服务贸易发展提供咨询和智力支持。

(五)加强统计考核

完善统计体系。健全服务贸易统计指标体系,加强与国际组织、行业协会的数据信息交流,定期发布服务贸易统计数据。按创新服务贸易统计方法,拓宽数据来源渠道,建立以服务贸易综合监管服务平台数据为基础、以各部门行业数据为参考、以重点领域调查为依托、以专家学者研判为补充的服务贸易统计分析体系,提高服务贸易统计数据准确性、时效性和权威性。加强对地方服务贸易统计工作的指导和数据支持。提高月度服务贸易数据发布的及时性和权威性。不断扩大服务贸易直报覆盖面和统计范围。做好《国际服务贸易统计监测制度》的修订和落实工作。建立不同层级的服务贸易重点企业联系制度,针对具体行业建立重点项目库和企业库,形成企业诉求反馈机制。

强化考核评估。加强规划实施监督,分解任务、落实责任,开展规划落实的督查与中期评估等。完善服务贸易发展评价与考核机制,将加快发展服务贸易作为稳定外贸增长和培育外贸竞争新优势的重要工作内容。及时对服务贸易创新发展试点进行评估与总结,形成可复制、可推广的经验。研究服务贸易创新发展试点地区向示范区升级的举措,谋划好支持服务贸易发展的长期制度安排。

附件:

服务贸易发展重要领域

一、物流运输服务

(一)海运港口

加强国际海运立法工作,研究推进《国际海运条例》修订。加强海运企业与货主的紧密合作,推动签订长期运输合同,有序发展以资本为纽带的合资经营。进一步完善鼓励性措施,引导中资方便旗船舶在国内登记,扩大国轮船队规模。大力推动海运企业兼并重组,促进规模化、专业化经营,支持符合条件的中资海运企业开展对外投资和跨国经营。做好自贸试验区海运政策创新成果经验复制推广工作。完善港口功能体系,加强与区域内产业互动,注重港口与保税、临港物流园区经济融合,加快发展港口物流服务功能。建成高效、便捷、经济、安全、绿色的现代化海运系统,船队装备水平全面提升,服务网络进一步拓展,现代国际航运服务体系基本建立,关联产业协调联动发展,国际竞争力增强。

(二)航空运输

完善国际航线网络布局,统筹制定国际航空运输开放政策,构建通达全球的航线网络,建立通畅的空中丝绸之路,积极推进周边区域航空一体化进程。打造国际枢纽,着力提升北京、上海、广州机场国际枢纽竞争力,加快成都、昆明、深圳、重庆、西安、乌鲁木齐、哈尔滨等国际枢纽建设。合理配置航权和时刻资源,统筹推进国际枢纽地位和航空公司国际竞争力的同步提升。鼓励各类航空公司通过联营合作、资产并购、布局海外基地等方式拓展国际市场,加快全球市场布局。不断推进航权开放和航空合作,倡导和推动"一带一路"沿线国家和地区区域航空运输自由化,大力推进"中非区域航空合作计划",积极参与非洲区域航空网络建设。推进中国民航走出去,促进中国民航标准、管理、技术、产品、服务输出。形成多层次、广覆盖、差异化的国际航空运输服务体系,枢纽网络辐射范围和强度逐步强化,运输质量和效率大幅提升,国际竞争力和影响力不断提高。

(三)铁路运输

积极推进铁路在技术咨询、勘察设计、建设施工、装备制造、运输管理、人才培训及技术标准等领域的对外贸易合作。加快推进中俄、中巴、中印、中蒙等双边铁路合作。优化提升中欧、中亚国际班列功能。深度参与和承担铁路国际标准的研究制订,提高我国铁路标准的国际使用能力和使用率。支持铁路行业相关企业技术装备进出口。基本形成路网布局优化完善,装备水平先进适用,运营管理现代科学,运输能力和服务品质全面提升,市场竞争力和国际影响力明显增强的铁路网络,形成功能完善、衔接顺畅的对外铁路运输通道,对外经济和技术合作迈上新台阶。

(四)邮政快递

推进快递市场对外开放。支持跨境寄递发展,完善国际邮件处理中心布局,支持建设一批国际快件转运中心和海外仓,因地制宜加强各类口岸国际邮件互换局(交换站)和国际快件监管区建设。支持邮政企业开展国际小包业务。推动开展国际航空快件中转集拼业务。支持快递企业通过设立分支机构、合资合作、委托代理等方式拓展国际服务网络,依托"一带一路"国家和地区国际骨干通道建设,开辟中国与南亚、中亚、东南亚、欧洲跨境邮件、快件运输通道。推进完善邮政快递领域服务贸易相关政策,完善邮件、快件在通关、检验检疫、结汇等方面的管理体制机制。努力实现邮政、快递企业国际市场份额稳步提升;国际邮件、快件出口量稳步增长;跨境寄递服务与跨境电子商务联动效应明显,打造联通亚太、辐射全球的航空快递货运枢纽,构建联通国际的邮政快递服务网络,国际邮政快递服务通达范围更广,速度更快。

(五)国际货运代理

修订相关法律法规,健全行业统计制度和诚信体系建设,支持行业标准建设和宣贯协同推进。推进订舱平台、报关报检、港口中转、海陆空货运代理、会展运输、集运(拼)等传统货代业务的集约化和专业化水平。支持有条件的企业参与中欧和中亚班列的开通运行,经营海铁联运、多式联运等增量业务。开展工程物流、保税物流、电商物流、国际采购等相对高端专业的国际物流,提升国际竞争力。支持企业走出去,加快海外网络布局,投资并购海外物流项目,参与境外产业园区建设,开展境外属地化物流服务,提升国际化经营水平。促进国际货运代理市场规模明显扩大,从业人员数量有较大增长,支持一批具有较强竞争力的大型国际货代物流企业,培育发展一批功能完善、网络体系完备、专业物流突出的区域性大中型货运代理服务商。基本形成结构合理、业态多样、服务优质、运转有序的国际货代市场。

二、旅游服务

逐步优化旅游产品结构,提升国内旅游消费品质,采取综合手段吸引境外旅游消费回流。提升中国国际旅游竞争力,推动入境旅游品牌建设。重点打造丝绸之路旅游带、长江国际黄金旅游带、黄河华夏文明旅游带、长城生态文化旅游带等国家精品旅游带,推出一批入境旅游品牌和精品线路。不断提升丝绸之路旅游节、国际旅游博览会、大型体育赛事等旅游节庆、会展活动的知名度和影响力。努力实现中国旅游产品国际竞争力和吸引力进一步提升,中国旅游业"走出去"步伐加快。

三、建筑与工程服务

推动我国工程设计咨询企业走出去,鼓励有实力的勘察设计、招标代理、监理企业向工程咨询及全过程项目管理发展,拓展国际市场。进一步加强国际多边、双边谈判并商签自贸协定,争取其他世贸组织成员取消对我国建筑企业和相关技术人员走出去的限制,消除壁垒,放宽对我国企业的准入要求。在海外建设一批能源资源基地和物流集散中心。通过对外投资合作促进国内装备、技术、标准和服务走出去,引导企业开展售后运营维护和技术服务。推动对外承包工程向项目融资、设计咨询、后续运营维护管理等高附加值领域拓展,引导和鼓励企业开展投资、建设和运营相结合的建营一体化项目。鼓励企业提升跟随性服务水平,引导企业在海外建立加工组装、分销网络、售后服务基地和全球维修体系。努力实现建筑服务贸易额进一步增长,质量和效益进一步提升。建立统一开放、竞争有序的建筑市场。对外承包工程进一步转型升级,一批拥有知名品牌、具有较强国际竞争力的大型建筑业企业进入国际工程承包市场,并带动我国建造技术出口。

四、节能环保服务

健全和完善环境服务贸易定义、分类、统计和技术标准体系。加快培育壮大环境服务业,增强环境服务国际竞争力,推动我国环境服务企业服务"一带一路"沿线国家和地区。引导节能服务公司应用先进节能技术,开拓国际市场,带动节能产品、标准、技术和装备走出去。扩大环境治理、生态保护及修复、野生动植物保护等领域的对外援助。着力培育国际环境服务贸易领域的专业咨询服务机构,扩大环境服务贸易规模,优化环境服务贸易结构。鼓励国内企业到境外进行环境投资和并购,逐步提升我国环境服务业国际竞争能力。努力实现环境服务出口额比"十二五"时期翻一番。环境综合服务业发展模式不断创新,环境服务贸易管理制度和政策体系更加完善,环境服务贸易自由化和便利化水平进一步提升,环境服务贸易规模和国际竞争力稳步提高。

五、能源服务

拓展重点区域市场,促进能源相关服务出口。结合国内标准体系建设,逐步推动相关国际标准收集和关键性标准对标及翻译推广工作,推动中国能源相关服务标准、规范走出去。推动完善能源企业"联合出海"模式,支持高技术服务企业为我国投资项目、技术援助项目提供配套的技术服务。建立和完善能源企业走出去信息系统,为海外项目开发建设提供信息服务和技术支撑。建立能源企业国际市场信息沟通制度,搭建信息和交流共享平台。加强国际化人才、管理队伍建设,提升国际竞争力和精细化管理服务水平。推进核电领域在重点国家实现项目突破。能源信息统计、标准制定、绿色发展等方面的国际影响力提升。能源企业在项目、服务产品、技术出口等方面的综合能力稳步提升。

六、金融服务

(一)银行

进一步提升外商投资金融业的开放度和透明度。鼓励符合条件的中资金融机构根据需要完善境外分支机构和服务网点布局。完善信贷政策,推动服务贸易结算与融资发展,支持银行在风险可控、商业可持续的前提下,帮助企业参与海外并购、重大项目建设。继续完善人民币汇率市场化形成机制,有序实现人民币资本项目可兑换。拓宽人民币跨境使用和投融资渠道,稳步开展双边货币合作。努力实现金融业双向开放水平稳步提升,金融机构境外布局更加完善。跨境贸易金融产品开发、贸易金融服务水平进一步提升。

(二)证券

积极稳妥推进对外开放,逐步放宽外资参股境内证券期货经营机构的持股比例和业务范围限制,鼓励境内证券期货经营机构实施走出去战略,增强国际竞争力。基本形成结构合理、功能完善、规范透明、稳健高效、开放包容、具有一定国际竞争力的多层次资本市场体系。

(三)保险

鼓励中资保险公司尝试多形式、多渠道走出去,为我国海外企业提供风险保障,支持中资保险公司通过国际资本市场筹集资金,多渠道进入海外市场,努力扩大保险服务出口。努力实现保险业对外开放水平稳步提升,保险市场进一步对内对外开放,引进来和走出去更好结合,保险产品不断创新、承包理赔效率提高,保险服务质量和效率进一步提升。

七、信息通信服务

加强下一代国家信息基础设施发展的国家战略指导,明确国家战略性公共基础设施顶层架构,深入实施"互联网+"行动计划,稳步推进市场开放和国际合作。力争"宽带中国"战略各项目标全面实现,基本建成高速、移动、安全、泛在新一代信息基础设施。信息通信服务国际合作和交流顺利开展,在设备制造、业务运营、工程设计与工程施工等领域向更多国家和地区拓展业务,影响力显著增强。积极发展软件和信息技术服务贸易,围绕技术研发、标准研制、行业人才培养、应用推广等领域,积极开展双边、多边国际交流与合作。支持软件和信息技术服务企业与其他行业企业加强协作联动,发挥产业链协同竞争优势,创新业务模式和形态,扩大软件产品和服务出口,推动提升信息技术服务外包升级,打造产业国际竞争优势。

八、技术贸易

积极支持和引导各方科技力量通过引进技术、创新促进实现国际竞争力提升,重点扶持专利和专有技术对外许可、技术资讯和服务,推动有条件的企业走出去,把先进和成熟的实用技术推向国际市场。通过多双边合作、搭建技术贸易促进平台等多种方式,加强政府、非政府组织、企业间的交流与合作,拓展技术贸易渠道,健全技术贸易促进体系,为企业进入国际技术贸易市场提供综合性政策支撑。努力实现我国技术贸易总量和质量显著提升,技术进出口服务和管理体系逐步完善,基本形成覆盖技术进出口全链条的服务体系。

九、知识产权服务

放宽知识产权服务业准入,提升对外开放水平,承接境外高端服务业转移。提高知识产权服务机构涉外事务处理能力,培育一批市场化、专业化、品牌化、国际化的知识产权服务机构。鼓励知识产权服务机构在产品出口、服务外包、境外设展、海外投资、品牌输出等活动中提供专业化服务。研究发布主要贸易目标国、对外投资目的地知识产权环境信息。形成一批具有国际竞争力和影响力的知识产权服务品牌机构,为中国企业走出去提供全方位、高品质的知识产权服务。

十、商务服务

(一)会计服务

健全行业法规制度体系,深化对外开放与交流合作,有序扩大会计服务市场开放,支持会计师事务所更好更快走出去;引进新的国际服务项目和技术,加快构建公共部门注册会计师审计制度,鼓励国内会计师事务所拓展业务范围,走多元化发展道路;强化行业人才体系建设,全面提升注册会计师从业队伍的国际化执业能力职业道德和专业素质;完善会计服务信息系统,形成智能化、即时化、远程化的注册会计师行业管理服务与业务应用信息化体系。着力实现行业法规制度和管理体系逐步完善,会计师事务所规模结构更加合理,国际化发展取得重要突破,注册会计师专业胜任能力显著提高,行业信息化水平大幅提升。

(二)法律服务

深入开展专项法律服务,发展涉外法律服务,完善调解、仲裁等多元化纠纷解决服务,培养一批在业务领域、服务能力方面具有较强国际竞争力的涉外法律服务机构,组织开展诉讼和非诉讼代理、公证等多种形式的服务。努力实现法律服务领域进一步拓展,国际服务能力稳步提升,服务结构明显优化,执业环境切实改善,法律服务队伍专业化、国际化素质不断提高。

(三)展览服务

健全展览业管理体制,加强展览业法律体系建设,推进简政放权,充分发挥促进展览业改革发展部际联席会议制度作用,强化部门间协作关系。健全展览业标准体系、诚信体系、统计监测体系和知识产权保护体系,加强人才体系建设。培育品牌展会和龙头展览企业。优化展品出入境监管方式方法,提高展品出入境通关效率。支持官方贸易促进机构整合国内外展览资源,搭建展览机构相互协作的平台。用好世博会等国际展览平台,培育境外展览项目,改善境外办展结构,构建多元化、宽领域、高层次的境外参展办展新格局。努力实现国际招商招展能力、规模和水平大幅提升。培育品牌展会,打造有较强国际竞争力的展览企业。

(四)人力资源服务

加强顶层设计,营造外国人才引进的良好环境。完善人才引进体制机制,建立标准统一、程序规范的外国人来华工作许可制度,实现工作许可、签证与居留有机衔接。整合外国人才引进管理服务资源,优化机构与职能配置,建立统一、权威、高效的人才管理体制。服务国家重大发展战略和需求,以"高精尖缺"为导向,优化引才结构,着力吸引和集聚一批具有重大创新能力的科学家、科技领军人才、企业家人才和其他急需紧缺人才。创新引进外国人才方式,建立科学合理的外国人才评价办法。选择若干重大创新领域和地区对各项重点改革举措先行先试,引领示范和推进人才对外开放。深化国际人才和智力交流合作,加强政府间合作,强化驻外使领馆和中国国际人才交流协会驻外机构的公共服务功能。发挥市场在人才资源配置中的决定性作用和政府引导作用,健全中国国际人才市场的服务功能,制定市场服务标准,健全市场服务规则。努力使我国成为世界优秀人才集聚高地,较好满足我国经济社会发展对外国人才和智力的需求。

十一、个人、文化和娱乐服务

(一)文化服务

加强对中华优秀传统文化的凝炼萃取和对外推介,坚持创造性转化和创新性发展,做好中国文学、戏曲、书画、民乐等传统经典的现代呈现和译介推广,加强对我国世界文化遗产和非物质文化遗产的活态展示和国际推介。深度挖掘中医药、中餐、中华武术、传统曲艺等特色优势,支持中华特色服务贸易企业建立海外机构和服务网点,融合协同走出去。鼓励和引导文化企业加大内容创新力度,创作开发体现中华优秀文化、展示当代中国形象、面向国际市场的文化产品和服务。支持文化企业拓展文化出口平台和渠道,鼓励各类企业通过新设、收购、合作等方式,在境外开展文化领域投资合作。推动对外文化贸易优化升级,稳定传统优势文化产品出口,利用跨境电子商务等新兴贸易方式,提高数字文化产品的国际竞争力。尽快培育国家文化出口重点企业成为海关高信用企业,享受海关便捷通关措施。减少对文化出口的行政审批事项,简化手续,缩短时限。加强相关知识产权保护,支持文化企业开展涉外知识产权维权工作。加强老字号商标保护,在传承传统技艺的基础上,运用现代理念和技术创新服务方式,开发面向海内外的特色服务。培育一批具有国际竞争力的外向型文化企业,形成一批具有核心竞争力的文化产品,打造一批具有国际影响力的文化品牌;培育一批竞争力较强的中华传统服务企业,打造一批享誉海外的中华传统服务品牌。搭建若干具有较强辐射力的文化交易平台,使对外文化贸易额在对外贸易总额中的比重提高,我国文化产品和服务在国际市场的份额进一步扩大,中华文化影响力持续扩大。

(二)体育服务

制订体育服务贸易产品指导目录,鼓励各类运动项目,尤其是我国的优势项目和民族特色项目服务出口,以人才、版权、技术等多种方式输出体育资源。大力支持各地根据自身自然资源和人文优势,结合相关运动项目特点,培育具有国际影响力的体育品牌赛事,探索建立体育服务贸易出口聚集区。加强体育服务标准化工作,完善体育职业技能鉴定体系,提升体育服务行业整体竞争力,有选择地引导和规范体育服务进入我国市场。加强体育行业展会的国际化、市场化运作,整合相关展会资源,建设体育服务贸易推介平台,开展体育服务贸易推介活动。努力实现竞赛表演、健身休闲、场馆服务、体育中介、体育培训、体育传媒加快发展,体育服务规模逐步扩大,我国体育服务业在国际上的竞争力进一步提升。

(三)教育服务

以优质资源请进来和教育走出去为重点,深化与发达国家教育合作交流,以教育走出去为重点,扩大与发展中国家教育合作交流。提升中外合作办学质量,加强中外合作办学管理、完善准入制度建设;建立合作办学成功经验共享机制;重点围绕国家急需的自然科学与工程科学类专业建设,引进国外优质教育资源,建设一批示范性机构和项目;鼓励职业院校和社会力量配合企业走出去,积极参与境外办学。努力实现教育合作交流更加深化,培养一大批服务贸易专门人才,为加快发展服务贸易提供更加有力的人才和智力支撑。

(四)医疗服务

提高对外开放合作水平,积极推动在境外设立医疗机构。推动国际健康医疗旅游发展,建设健康医疗旅游示范基地,促进上下游产业集群发展。推动卫生应急产业发展并走向国际。积极推进中医药服务标准的国际化进程。健全国际谈判机制,降低中医药服务的准入。建立中医药服务贸易促进体系,完善境内外营销网络。设立由金融和产业资本共同筹资的健康产业投资基金,支持各类优秀中医药机构通过新设、并购、合作等方式,开展境外投资合作,搭建国际化公共服务平台,加大支持开拓国际市场。强化知识产权保护,加强海外专利战略布局。有利于健康服务业发展的体制机制进一步健全,打造一批医疗服务知名品牌和产业集群,形成一定国际竞争力。中医药服务贸易多元化发展,促进体系基本建立。培育一批境内外中医药服务贸易示范区域和示范机构(企业),打造一批具有国际影响力的知名品牌。

十二、国际服务外包

健全服务外包创新机制,培育创新环境,促进创新合作。建立服务外包企业信用记录和信用评价体系,完善知识产权保护体系,加强事中事后监管,营造法治化国际化的营商环境。积极支持有条件的企业走出去,加大对企业开拓国际市场、开展境外并购等业务的支持力度,提高离岸接包能力。发挥东部先发引领作用,培育中西部发展新动力,促进区域协调发展。以中国服务外包示范城市为基础,重点支持主导产业突出、创新能力强、体制机制先行先试的服务外包产业集聚区。努力实现我国服务外包产业规模日益扩大,产业结构明显优化,企业创新和专业服务水平显著提升,国际竞争力进一步增强。我国企业承接离岸外包执行额1000亿美元以上,年均增长10%左右,产业结构更加优化,数字化、智能化的高技术含量、高附加值服务外包比重明显提升。

中西部地区外商投资优势产业目录(2017年修订)

国家发展和改革委员会、商务部令第46号

《中西部地区外商投资优势产业目录(2017年修订)》已经国务院批准,现予以发布,自2017年3月20日起施行。2013年5月9日国家发展和改革委员会、商务部发布的《中西部地区外商投资优势产业目录(2013年修订)》(国家发展和改革委员会、商务部令2013年第1号)同时废止。

根据《指导外商投资方向规定》(国务院令2002年第346号)的规定,属于本目录的外商投资项目,享受鼓励类外商投资项目优惠政策。符合本目录规定的外商投资在建项目,可按照本目录的有关政策执行。

国家发展和改革委员会主任:徐绍史

商务部部长:高虎城

2017年2月17日

附件:

中西部地区外商投资优势产业目录(2017年修订)

山西省

1. 牧草饲料作物种植及深加工
2. 小杂粮、马铃薯种植及产品开发、生产
3. 畜禽规模化养殖、病死畜无害化处理(列入《外商投资产业指导目录》限制类、禁止类的除外)
4. 退耕还林还草、天然林保护等国家重点生态工程后续产业开发
5. 节水灌溉和旱作节水技术、保护性耕作技术开发与应用
6. 矿区生态系统恢复与重建工程
7. 非金属矿(高岭土、石灰石、硅石、石英砂)综合利用(勘探、开采除外)
8. 煤层气和煤炭伴生资源综合开发利用

9. 焦炭副产品综合利用

10. 高档棉、毛、麻、丝、化纤的纺织、针织及服装加工生产

11. 天然药、原料药、中成药的深加工（列入《外商投资产业指导目录》限制类、禁止类的除外）

12. 包装装潢印刷品印刷

13. 大型、高压、高纯度工业气体的生产和供应

14. 高档玻璃制品、高技术陶瓷（含工业陶瓷）技术开发和产品生产

15. 特殊品种（超白、超薄、在线Low－E、中空、超厚）优质浮法玻璃技术开发及深加工

16. 不锈钢制品生产

17. 高速列车用钢、非晶带材等钢铁新材料

18. 铝合金材料及制品生产

19. 钢丝绳芯橡胶输运带生产

20. 液压技术系统及模具生产

21. 旱地、山地中小农业机械及配套机具制造

22. 三轴以上联动的高速、精密数控机床及配套数控系统、伺服电机及驱动装置、功能部件、刀具、量具、量仪及高档磨具磨料生产

23. 大型煤矿综采设备和防爆机电产品生产

24. 新型医疗器械设备及医用材料生产加工

25. 第三代及后续移动通信系统手机零部件生产

26. 洗中煤、焦炉煤气余热发电、供热等综合利用

27. 火电厂废弃物等的综合利用

28. 物流业务相关的仓储设施建设和商贸服务

29. 宽带业务和增值电信业务（需在我国入世承诺框架内）

30. 公路旅客运输公司

31. 城市燃气、热力和供排水管网建设、经营（人口50万以上城市中方控股）

32. 中等高等职业院校（含技工院校,高等职业院校限于合作、中方主导）

33. 医疗机构（限于合资、合作）

34. 汽车加气站、充电设施建设和运营

35. 艺术表演培训和中介服务及文化用品、设备等产业化开发

36. 旅游景区（点）保护、开发和经营及其配套设施建设

内蒙古自治区

1. 标准化设施蔬菜基地、集约化蔬菜育苗场建设

2. 绿色农畜产品（乳、肉、绒、皮毛、粮油、马铃薯、果蔬）生产及加工（列入《外商投资产业指导目录》限制类、禁止类的除外）

3. 退耕还林还草、退牧还草、天然林保护、退田还湖、退耕还湿、沙漠治理等国家重点生态工程后续产业开发

4. 节水灌溉和旱作节水技术、保护性耕作、中低产田改造、盐碱地改良等技术开发与应用

5. 铜、铅、锌、镁、铝等有色金属精深加工

6. 非金属矿(高岭土、红柱石、膨润土、白云石、石墨、珍珠岩、沸石)综合利用、精加工及应用(勘探、开采除外)

7. 毛纺织、针织品高新技术产品开发

8. 煤层气和煤炭伴生资源综合开发利用

9. 稀土高端应用产品加工

10. 天然气下游化工产品开发和利用(列入《天然气利用政策》限制类和禁止类的除外)

11. 利用乙烯与氯气通过氧氯化法生产30万吨/年以上PVC,废盐酸制氯气等综合利用技术开发及利用

12. 大型、高压、高纯度工业气体的生产和供应

13. 高性能硅油、硅橡胶、树脂,高品质氟树脂,高性能氟橡胶,含氟精细化学品和高品质含氟无机盐等

14. 硅材料生产及其应用

15. 动植物药材资源开发、保护和可持续利用:内蒙古道地药材和特色蒙药材种植基地建设、濒危药用植物保育基地建设、种子种苗基地建设、道地药材提取物工厂研发中心建设(列入《外商投资产业指导目录》限制类、禁止类的除外)

16. 少数民族特需用品、工艺美术品、包装容器材料及日用玻璃制品及代表民族特色的旅游商品纪念品生产

17. 碳纤维产品生产及其应用

18. 天然气压缩机(含煤层气压缩机)制造

19. 蒙医药、蒙医医疗设备研究与开发

20. 汽车整车制造(外资比例不高于50%),专用汽车(不包括普通半挂车、自卸车、罐式车、厢式车和仓栅式汽车)制造(外资比例不高于50%)

21. 汽车零部件制造:六档以上自动变速箱、商用车用高功率密度驱动桥、随动前照灯系统、LED前照灯、轻量化材料应用(高强钢、铝镁合金、复合塑料、粉末冶金、高强度复合纤维等)、离合器、液压减震器、中控盘总成、座椅

22. 智能机器人研发与制造

23. 大型储能技术研发与生产应用(蓄能电池、抽水蓄能技术、空气储能技术、风电与后夜供热等)

24. 太阳能、风能发电设备及零部件制造

25. 洗中煤、焦炉煤气余热发电、供热等综合利用

26. 宽带业务和增值电信业务(需在我国入世承诺框架内)

27. 公路旅客运输公司

28. 汽车加气站、充电设施建设和运营

29. 城市燃气、热力和供排水管网建设、经营(人口50万以上城市中方控股)

30. 高等教育、普通高中教育、学前教育机构(限于合作,中方主导)

31. 医疗机构(限于合资、合作)

32. 动漫创作、制作(广播影视动漫制作业务限于合作)及衍生品开发(音像制品和电子出版物的出版、制作业务除外)

33. 文化演出场所建设、艺术表演培训等服务

34. 体育场馆设施建设、体育产业运营及体育健身休闲服务

35. 健康医疗旅游开发

36. 冰雪、森林、草原、沙漠生态旅游资源开发、建设和经营

37. 旅游景区(点)保护、开发和经营及其配套设施建设

辽宁省

1. 肉鸡、生猪、肉牛和肉羊饲养及产品深加工

2. 节水灌溉和旱作节水技术、保护性耕作技术开发与应用

3. 退耕还林还草等国家重点生态工程后续产业开发

4. 镁、锆石加工及综合利用

5. 高档棉、毛、麻、丝、化纤的纺织、针织及服装加工生产

6. 天然药、原料药、中成药的深加工(列入《外商投资产业指导目录》限制类、禁止类的除外)

7. 高性能子午线轮胎的生产。包括无内胎载重子午胎,低断面和扁平化(低于55系列)、大轮辋高性能轿车子午胎(15吋以上),航空轮胎及农用子午胎的生产

8. 金属包装、自动化立体仓库及仓储物流设备制造

9. 环保设备(大气、污水、固废处理设备)制造及其解决方案应用

10. 智能测控装置及关键零部件制造

11. 智能机器人研发与制造

12. 汽车零部件制造:六档以上自动变速箱、商用车用高功率密度驱动桥、随动前照灯系统、LED前照灯、轻量化材料应用(高强钢、铝镁合金、复合塑料、粉末冶金、高强度复合纤维等)、离合器、液压减震器、中控盘总成、座椅、汽车主被动安全保护装置、汽车启停电机、新能源汽车驱动装置及控制系统

13. 医疗设备及关键部件开发及生产

14. 高精度铜、铝及合金板带材深加工

15. 非易失性存储器设计、研发及制造

16. 数字医疗系统、社区护理、个人健康维护相关产品开发和应用

17. 大型储能技术研发与生产应用(蓄能电池、抽水蓄能技术、空气储能技术、风电与后夜供热等)

18. 生物质能开发、生产和利用

19. 宽带业务和增值电信业务(需在我国入世承诺框架内)

20. 城市燃气、热力和供排水管网建设、经营(人口50万以上城市中方控股)

21. 大型农产品批发市场建设、经营

22. 加气站建设、经营
23. 医疗机构(限于合资、合作)
24. 数字视听与数字家庭产品(有线电视网络、网络视听节目服务除外)
25. 旅游景区(点)保护、开发和经营及其配套设施建设
26. 经国家投资主管部门批准的资源枯竭型城市资源精深加工和接续产业等项目

吉林省

1. 节水灌溉和旱作节水技术、保护性耕作技术开发与应用
2. 肉鸡、肉鹅、生猪、肉牛、肉羊和梅花鹿饲养及产品深加工
3. 人参、鹿茸、山葡萄、果仁、山野菜、菌类、林蛙、柞蚕、蜂蜜等长白山特色生态食品、饮品的开发和加工
4. 饮用天然矿泉水生产
5. 硅藻土资源开发及综合利用(勘探、开采除外)
6. 高档棉、毛、麻、丝、化纤的纺织、针织及服装加工生产
7. 褐煤蜡萃取
8. 动植物药材资源开发、保护和可持续利用(列入《外商投资产业指导目录》限制类、禁止类除外)
9. 特殊品种(超白、超薄、在线Low-E、中空、超厚)优质浮法玻璃技术开发及深加工
10. 碳纤维原丝、碳纤维生产及其生产所需辅助材料、碳纤维复合材料及其制品生产
11. 玄武岩纤维新材料的生产、开发
12. 高性能子午线轮胎的生产。包括无内胎载重子午胎,低断面和扁平化(低于55系列)、大轮辋高性能轿车子午胎(15吋以上),航空轮胎及农用子午胎的生产
13. 蓝宝石基板、LED节能产品
14. 医疗设备及关键部件开发及生产
15. 冰雪体育和旅游用品生产
16. 索道缆车、游乐设施等旅游装备制造
17. 换热器设备的生产制造
18. 汽车零部件制造:六档以上自动变速箱、商用车用高功率密度驱动桥、随动前照灯系统、LED前照灯、轻量化材料应用(高强钢、铝镁合金、复合塑料、粉末冶金、高强度复合纤维等)、离合器、液压减震器、中控盘总成、座椅
19. 专用汽车(不包括普通半挂车、自卸车、罐式车、厢式车和仓栅式汽车)制造(外资比例不高于50%)
20. 生物质能开发、生产和利用
21. 宽带业务和增值电信业务(需在我国入世承诺框架内)
22. 公路旅客运输公司
23. 智能物流港、内陆港的建设、经营
24. 汽车金融服务

25. 城市燃气、热力和供排水管网建设、经营(人口50万以上城市中方控股)
26. 医疗机构(限于合资、合作)
27. 动漫创作、制作(广播影视动漫制作业务限于合作)及衍生品开发(音像制品和电子出版物的出版、制作业务除外)
28. 冰雪旅游资源开发及滑雪场建设、经营
29. 旅游景区(点)保护、开发和经营及其配套设施建设
30. 经国家投资主管部门批准的资源枯竭型城市资源精深加工和接续产业等项目

黑龙江省

1. 退耕还林还草、天然林保护等国家重点生态工程后续产业开发
2. 节水灌溉和旱作节水技术、保护性耕作技术开发与应用
3. 利用境外资源的木材加工
4. 饮用天然矿泉水生产
5. 日处理甜菜3000吨及以上甜菜制糖及副产品综合利用
6. 马铃薯深加工
7. 肉鹅、肉鸡、生猪、肉牛和肉羊饲养及产品加工
8. 绿色食品加工
9. 营养性豆奶粉、传统豆制品、功能性蛋白产品、大豆磷脂等非转基因大豆制品生产和加工
10. 天然药、原料药、中成药的深加工(列入《外商投资产业指导目录》限制类、禁止类的除外)
11. 冰雪体育和旅游用品生产
12. 工艺陶瓷生产
13. 石墨的高端应用和精深加工
14. 硅基及光伏新材料
15. 钛矿冶炼及钛制品加工
16. 切削刀具、量具、刃具制造
17. 智能机器人研发与制造
18. 现代农业装备及配套农机具的生产:大马力拖拉机配套零部件、水稻插秧机及其他种植机械、玉米收获机、谷物联合收获机、其他收获机及配套零部件
19. 高性能子午线轮胎的生产。包括无内胎载重子午胎,低断面和扁平化(低于55系列)、大轮辋高性能轿车子午胎(15吋以上),航空轮胎及农用子午胎的生产
20. 燃气轮机研发与制造
21. 汽车零部件制造:六档以上自动变速箱、商用车用高功率密度驱动桥、随动前照灯系统、LED前照灯、轻量化材料应用(高强钢、铝镁合金、复合塑料、粉末冶金、高强度复合纤维等)、离合器、液压减震器、中控盘总成、座椅
22. 医疗设备及关键部件开发及生产

23. 生物质能开发、生产和利用
24. 核电装备的生产：核电电机、电缆、核岛堆内构件等关键配套部件研发生产
25. 电网智能管理控制系统设备制造
26. 宽带业务和增值电信业务（需在我国入世承诺框架内）
27. 公路旅客运输公司
28. 大型农产品批发市场建设、经营
29. 医疗机构（限于合资、合作）
30. 城市燃气、热力和供排水管网建设、经营（人口50万以上城市中方控股）
31. 动漫创作、制作（广播影视动漫制作业务限于合作）及衍生品开发（音像制品和电子出版物的出版、制作业务除外）
32. 森林、冰雪旅游资源开发及滑雪场建设、经营
33. 旅游景区（点）保护、开发和经营及其配套设施建设
34. 经国家投资主管部门批准的资源枯竭型城市资源精深加工和接续产业等项目

安徽省

1. 节水灌溉和旱作节水技术、保护性耕作技术开发与应用
2. 高岭土、煤层气（瓦斯）、矿井水及天然焦等煤炭伴生资源综合利用（勘探、开采除外）
3. 非金属矿（方解石、膨润土、高岭土、凹凸棒粘土、石灰石、石英砂）综合利用（勘查、开采除外）
4. 高档棉、毛、麻、丝、化纤的纺织、针织及服装加工生产
5. 皮鞋、运动鞋等整鞋制造
6. 天然药、原料药、中成药的深加工（列入《外商投资产业指导目录》限制类、禁止类的除外）
7. 煤焦油深加工
8. 纳米材料等新材料研发与制造
9. 耐火材料生产
10. 铜、锌、铝等有色金属精深加工及综合利用
11. 高档无缝钢管、石油油井管制造
12. 包装装潢印刷品印刷
13. 特殊品种（超白、超薄、在线Low-E、中空、超厚）优质浮法玻璃技术开发及深加工
14. 利用木薯、麻风树、橡胶籽等非粮植物为原料的生物液体燃料（燃料乙醇、生物柴油）生产（中方控股）
15. 智能机器人研发与制造
16. 高性能子午线轮胎的生产。包括无内胎载重子午胎，低断面和扁平化（低于55系列）、大轮辋高性能轿车子午胎（15吋以上），航空轮胎及农用子午胎的生产
17. 汽车用钢、线材、棒材开发与制造
18. 汽车零部件制造：六档以上自动变速箱、商用车用高功率密度驱动桥、随动前照灯系

统、LED前照灯、轻量化材料应用(高强钢、铝镁合金、复合塑料、粉末冶金、高强度复合纤维等)、离合器、液压减震器、中控盘总成、座椅

19. 新型干法水泥成套设备制造

20. 电动叉车、30吨以上液压挖掘机及零部件开发与制造

21. 燃气轮机研发与制造

22. 500万吨/年及以上矿井、薄煤层综合采掘设备,1000万吨级/年及以上大型露天矿关键装备;大型冶金成套设备等重大技术装备用分散型控制系统(DCS)

23. 难选金属矿产选矿设备和大型冶金成套设备制造

24. 医疗设备及关键部件开发及生产

25. 家用电器、家电用板材及零部件制造

26. 半导体照明材料上下游产品及相关设备的研发与制造

27. 智能语音、量子通信等设备研发与制造

28. 工程勘察设计、平面设计和自动控制系统设计等创意产业

29. 大型、高压、高纯度工业气体的生产和供应

30. 公路旅客运输公司

31. 水上运输公司(中方控股)

32. 高等教育机构(限于合作、中方主导)

33. 动漫创作、制作(广播影视动漫制作业务限于合作)及衍生品开发(音像制品和电子出版物的出版、制作业务除外)

34. 城市燃气、热力和供排水管网建设、经营(人口50万以上城市中方控股)

35. 旅游景区(点)保护、开发和经营及其配套设施建设

江西省

1. 脐橙、蜜桔、油茶、苎麻、竹、山药、荞头、莲、葛等特色、优势植物及道地药材和药食两用作物种植及深加工

2. 铜矿选矿、伴生元素提取及精深加工及循环利用

3. 高岭土、粉石英、硅灰石、海泡石、化工用白云石等非金属矿产品精深加工

4. 高档棉、毛、麻、丝、化纤的纺织、针织及服装加工生产

5. 利用境外木材资源的木质家具设计、加工

6. 皮鞋、运动鞋等整鞋制造

7. 利用钨、镍、钴、钽、铌等稀有金属资源深加工、应用产品生产及循环利用

8. 利用乙烯与氯气通过氧氯化法生产30万吨/年以上PVC,废盐酸制氯气等综合利用技术开发及利用

9. 稀土高端应用产品加工

10. 天然药、原料药、中成药的研发与生产(列入《外商投资产业指导目录》限制类、禁止类的除外),满足我国重大、多发性疾病防治需求的通用名药物首次开发和利用

11. 艺术陶瓷、日用陶瓷、工业陶瓷、特种陶瓷等高技术陶瓷的研发与生产

12. 高性能子午线轮胎的生产。包括无内胎载重子午胎,低断面和扁平化(低于55系列)、大轮辋高性能轿车子午胎(15吋以上),航空轮胎及农用子午胎的生产

13. 包装装潢印刷品印刷

14. 智能机器人研发与制造

15. 触控显示和通讯终端产品及零部件的研发与生产

16. 汽车零部件制造:六档以上自动变速箱、商用车用高功率密度驱动桥、随动前照灯系统、LED前照灯、轻量化材料应用(高强钢、铝镁合金、复合塑料、粉末冶金、高强度复合纤维等)、离合器、液压减震器、中控盘总成、座椅

17. 医疗设备及关键部件开发及生产

18. 空调、高效节能压缩机及零部件生产

19. 太阳能发电设备及零部件制造

20. 半导体照明材料上下游产品及相关设备的研发与制造

21. 锂电池等锂产品生产专用设备的研发与制造

22. 光学部件及镀膜技术的研发、应用及制造

23. 宽带业务和增值电信业务(需在我国入世承诺框架内)

24. 公路旅客运输公司

25. 加气站建设、经营

26. 医疗机构(限于合资、合作)

27. 动漫创作、制作(广播影视动漫制作业务限于合作)及衍生品开发(音像制品和电子出版物的出版、制作业务除外)

28. 旅游景区(点)保护、开发和经营及其配套设施建设

河南省

1. 生猪、肉牛、肉羊、小家禽饲养

2. 优质粮油、茶、柳条等种植与加工(列入《外商投资产业指导目录》限制类、禁止类的除外)

3. 退耕还林还草、天然林保护等国家重点生态工程后续产业开发

4. 节水灌溉和旱作节水技术、保护性耕作技术开发与应用

5. 镁、锌精深加工

6. 高档棉、毛、麻、丝、化纤的纺织、针织及服装加工生产

7. 煤层气(煤矿瓦斯)抽采和利用技术产品开发与生产

8. 超硬材料产品生产

9. 铝合金材料及制品生产

10. 天然药、原料药、中成药的深加工(列入《外商投资产业指导目录》限制类、禁止类的除外)

11. 数字化包装装潢印刷品印刷

12. 特殊品种(超白、超薄、在线Low-E、中空、超厚)优质浮法玻璃技术开发及深加工

13. 高性能子午线轮胎的生产。包括无内胎载重子午胎,低断面和扁平化(低于55系

列)、大轮辋高性能轿车子午胎(15吋以上),航空轮胎及农用子午胎的生产

14. 大型、高压、高纯度工业气体的生产和供应

15. 汽车零部件制造:六档以上自动变速箱、商用车用高功率密度驱动桥、随动前照灯系统、LED前照灯、轻量化材料应用(高强钢、铝镁合金、复合塑料、粉末冶金、高强度复合纤维等)、离合器、液压减震器、中控盘总成、座椅

16. 三轴以上联动的高速、精密数控机床及配套数控系统、伺服电机及驱动装置、功能部件、刀具、量具、量仪及高档磨具磨料生产

17. 300马力以上配备无级变速器轮式拖拉机,300马力以上拖拉机关键零部件:无级变速拖拉机发动机、变速箱、液力联合控制系统、双输入双输出无级调速装置

18. 500万吨/年及以上矿井、薄煤层综合采掘设备,1000万吨级/年及以上大型露天矿关键装备;12000米及以上深井钻机、极地钻机、高位移性深井沙漠钻机、沼泽难进入区域用钻机、海洋钻机、车装钻机、特种钻井工艺用钻机等钻机成套设备

19. 电能综合管理自动化设备制造

20. 智能手机、平板电脑等智能终端产品的技术开发及生产

21. 空调、电冰箱、高效节能压缩机及零部件制造

22. 生物医药技术开发与生产

23. 生物质能开发、生产和利用

24. 宽带业务和增值电信业务(需在我国入世承诺框架内)

25. 城市公共停车设施建设、经营

26. 公路货运场站设施的建设和运营

27. 大型农产品批发市场建设、经营

28. 公路旅客运输公司

29. 医疗机构(限于合资、合作)

30. 动漫创作、制作(广播影视动漫制作业务限于合作)及衍生品开发(音像制品和电子出版物的出版、制作业务除外)

31. 城市燃气、热力和供排水管网建设、经营(人口50万以上城市中方控股)

32. 旅游景区(点)保护、开发和经营及其配套设施建设

湖北省

1. 农作物新品种选育和种子生产(中方控股)

2. 保护性耕作技术开发与应用

3. 饮用天然矿泉水生产

4. 高档纺织品及服装工艺技术开发

5. 无纺布及医用纺织品生产

6. 动植物药材、保健品资源的开发、保护和可持续利用,植物花叶根茎产品研发、籽粒榨油深加工(列入《外商投资产业指导目录》限制类、禁止类的除外)

7. 高档棉、毛、麻、丝、化纤的纺织、针织及服装加工生产

8. 包装装潢印刷品印刷

9. 特殊品种(超白、超薄、在线 Low-E、中空、超厚)优质浮法玻璃技术开发及深加工

10. 空调、高效节能压缩机及零部件制造

11. 汽车零部件开发与制造:六档以上自动变速箱、商用车用高功率密度驱动桥、随动前照灯系统、LED 前照灯、轻量化材料应用(高强钢、铝镁合金、碳纤维、复合塑料、粉末冶金、高强度复合纤维等)、离合器、液压减震器、中控盘总成、座椅、燃油共轨喷射系统相关产品、涡轮增压发动机、动力电池、电机及控制系统、主动安全及自动驾驶控制系统

12. 高性能子午线轮胎的生产。包括无内胎载重子午胎,低断面和扁平化(低于 55 系列)、大轮辋高性能轿车子午胎(15 吋以上),航空轮胎及农用子午胎的生产

13. 三轴以上联动的高速、精密数控机床及配套数控系统、伺服电机及驱动装置、功能部件、刀具、量具、量仪及高档磨具磨料生产

14. 特种钢丝绳、钢缆(平均抗拉强度 >2200MPa)制造

15. 激光医疗设备开发与制造

16. 光电子技术和产品(含光纤预制棒、半导体发光二极管 LED)开发与制造

17. 医药化工原料废气、废液、废渣的综合利用

18. 食品安全追溯体系开发和建设

19. 生物质能开发、生产和利用

20. 大型储能技术研发与生产应用(蓄能电池、抽水蓄能技术、空气储能技术、风电与后夜供热等)

21. 宽带业务和增值电信业务(需在我国入世承诺框架内)

22. 公路旅客运输公司

23. 汽车加气站、充电设施建设和运营

24. 物流业务相关的仓储设施建设和商贸服务

25. 医疗机构(限于合资、合作)

26. 动漫创作、制作(广播影视动漫制作业务限于合作)及衍生品开发(音像制品和电子出版物的出版、制作业务除外)

27. 城市燃气、热力和供排水管网建设、经营(人口 50 万以上城市中方控股)

28. 旅游景区(点)保护、开发和经营及其配套设施建设

湖南省

1. 蔬菜、水果、畜禽产品的生产及深加工

2. 高档棉、毛、麻、丝、化纤的纺织、针织及服装加工生产

3. 皮鞋、运动鞋等整鞋制造

4. 高性能混凝土掺和剂

5. 锌精深加工

6. 铋化合物生产

7. 艺术陶瓷、日用陶瓷、工业陶瓷、特种陶瓷等高技术陶瓷的研发与生产

8. 天然药、中成药的深加工(列入《外商投资产业指导目录》限制类、禁止类的除外)

9. 激素类药物深度开发(列入《外商投资产业指导目录》限制类、禁止类的除外)

10. 高端建筑用热轧无缝钢管、核电用管、超临界高压锅炉用无缝钢管及成品油套管等大口径钢管材加工

11. 硬质合金精深加工

12. 双金属高速锯切工具

13. 汽车零部件制造：六档以上自动变速箱、商用车用高功率密度驱动桥、随动前照灯系统、LED前照灯、轻量化材料应用(高强钢、铝镁合金、复合塑料、粉末冶金、高强度复合纤维等)、离合器、液压减震器、中控盘总成、座椅

14. 30吨以上液压挖掘机、6米及以上全断面掘进机、320马力及以上履带推土机、6吨及以上装载机、600吨及以上架桥设备(含架桥机、运梁车、提梁机)、400吨及以上履带起重机、100吨及以上全地面起重机、钻孔100毫米以上凿岩台车、400千瓦及以上砼冷热再生设备、1米宽及以上铣刨机；关键零部件：动力换挡变速箱、湿式驱动桥、回转支承、液力变矩器、为电动叉车配套的电机、电控、压力25兆帕以上液压马达、泵、控制阀

15. 60C及以上混凝土输送泵、50米及以上混凝土泵车、混凝土布料机、混凝土搅拌运输车、混凝土喷射机械手；起升机械：塔式起重机、50米及以上高空作业车、50吨级以上轮胎吊；路面机械：12米及以上沥青路面摊铺机、4吨以上沥青混凝土搅拌设备、26吨以上全液压压路机、垃圾收运和处理设备及系统等产品

16. 大型工程机械关键零部件：动力换挡变速箱、湿式驱动桥、回转支承、液力变矩器、为电动叉车配套的电机、电控、压力25兆帕以上液压马达、泵、控制阀

17. 新型橡胶机械成套设备制造

18. 电子产品整机、光电子、电子材料、电子元器件、零部件的开发和制造

19. 智能机器人研发与制造

20. 太阳能发电设备及零部件制造

21. 宽带业务和增值电信业务(需在我国入世承诺框架内)

22. 公路旅客运输公司

23. 医疗机构(限于合资、合作)

24. 物流业务相关的仓储设施建设和商贸服务

25. 动漫创作、制作(广播影视动漫制作业务限于合作)及衍生品开发(音像制品和电子出版物的出版、制作业务除外)

26. 城市燃气、热力和供排水管网建设、经营(人口50万以上城市中方控股)

27. 旅游景区(点)保护、开发和经营及其配套设施建设

广西自治区

1. 农作物新品种选育和种子生产(中方控股)

2. 退耕还林还草等国家重点生态工程后续产业开发

3. 动植物药材资源开发生产(列入《外商投资产业指导目录》限制类、禁止类的除外)

4. 日处理甘蔗5000吨及以上的蔗糖精深加工及副产品综合利用

5. 松香深加工

6. 高档棉、毛、麻、丝、化纤的纺织、针织及服装加工生产

7. 石墨烯技术研发及应用

8. 稀土高端应用产品加工

9. 不锈钢制品生产

10. 铜、铝合金材料及制品生产

11. 锌、锡、锑、钨、锰等金属精深加工

12. 艺术陶瓷、日用陶瓷、工业陶瓷、特种陶瓷等高技术陶瓷的研发与生产

13. 特殊品种(超白、超薄、在线Low－E、中空、超厚)优质浮法玻璃技术开发及深加工

14. 利用木薯、麻风树、橡胶籽等非粮植物为原料的生物液体燃料(燃料乙醇、生物柴油)生产(中方控股)

15. 高性能子午线轮胎的生产。包括无内胎载重子午胎,低断面和扁平化(低于55系列)、大轮辋高性能轿车子午胎(15吋以上),航空轮胎及农用子午胎的生产

16. 汽车整车制造(外资比例不高于50%),专用汽车(不包括普通半挂车、自卸车、罐式车、厢式车和仓栅式汽车)制造(外资比例不高于50%)

17. 汽车零部件制造:六档以上自动变速箱、商用车用高功率密度驱动桥、随动前照灯系统、LED前照灯、轻量化材料应用(高强钢、铝镁合金、复合塑料、粉末冶金、高强度复合纤维等)、离合器、液压减震器、中控盘总成、座椅

18. 甘蔗种植机、甘蔗收获机等农机具研发及制造。

19. 大型工程机械关键零部件:动力换挡变速箱、湿式驱动桥、回转支承、液力变矩器、为电动叉车配套的电机、电控、压力25兆帕以上液压马达、泵、控制阀

20. 宽带业务和增值电信业务(需在我国入世承诺框架内)

21. 公路旅客运输公司

22. 水上运输公司(中方控股)

23. 汽车加气站、充电设施建设和经营

24. 物流业务相关的仓储设施建设和商贸服务

25. 会展服务业

26. 医疗机构(限于合资、合作)

27. 城市燃气、热力和供排水管网建设、经营(人口50万以上城市中方控股)

28. 动漫创作、制作(广播影视动漫制作业务限于合作)及衍生品开发(音像制品和电子出版物的出版、制作业务除外)

29. 养生休闲服务、民族文化开发、休闲旅游等休闲产业

30. 旅游景区(点)保护、开发和经营及其配套设施建设

海南省

1. 农作物、畜禽优良品种选育和种苗生产(中方控股)

2. 畜、禽规模化养殖

3. 水产品加工及副产品综合利用

4. 海防林恢复、天然林保护、节水灌溉和旱作节水等技术、开发与应用

5. 饮用天然矿泉水生产

6. 海南省中药、民族药的研发、生产(列入《外商投资产业指导目录》限制类、禁止类的除外)

7. 旅游工艺品创意设计及生产

8. 天然气下游化工产品开发和利用(列入《天然气利用政策》限制类和禁止类的除外)

9. 锆、钛精深加工

10. 高性能子午线轮胎的生产。包括无内胎载重子午胎,低断面和扁平化(低于55系列)、大轮辋高性能轿车子午胎(15吋以上),航空轮胎及农用子午胎的生产

11. 邮轮制造

12. 深水海洋工程设备制造

13. 高尔夫用具制造

14. 光电子技术和产品(含光纤预制棒、半导体发光二极管 LED)开发与制造

15. 宽带业务和增值电信业务(需在我国入世承诺框架内)

16. 公路旅客运输公司

17. 国际航线邮轮服务

18. 船舶代理(中方控股)、外轮理货(限于合资、合作)

19. 大型农产品批发市场建设、经营

20. 国际会议展览业

21. 旅行社

22. 高等教育机构、普通高中教育机构、学前教育机构(限于合作、中方主导)

23. 医疗机构(限于合资、合作)

24. 城市燃气、热力和供排水管网建设、经营(人口50万以上城市中方控股)

25. 电影院的建设、经营(中方控股)

26. 动漫创作、制作(广播影视动漫制作业务限于合作)及衍生品开发(音像制品和电子出版物的出版、制作业务除外)

27. 演出经纪机构(中方控股)

28. 观光农业、休闲农业的开发和经营及其配套设施建设

29. 旅游景区(点)保护、开发和经营及其配套设施建设

30. 海洋、热带雨林生态旅游资源(国家禁止外商投资的自然保护区等除外)开发、经营及其配套设施建设

重庆市

1. 农林牧渔特色产业发展、技术研发、产品加工及出口(列入《外商投资产业指导目录》限制类、禁止类的除外)

2. 天然气下游化工产品生产和开发(列入《天然气利用政策》限制类和禁止类的除外)

3. 大型、高压、高纯度工业气体的生产和供应

4. 高性能、高附加值聚氨酯和工程塑料产品开发和生产

5. 石墨烯、碳纤维(复合材料)等碳系材料的生产设备(气象沉淀、碳化烧结等)的研发制造,石墨烯、碳纤维(含复合材料)等碳系材料的研发生产及终端产品制造

6. 铝、镁精深加工

7. 页岩气装备制造和油气技术工程服务

8. 智能机器人研发与制造

9. 环保设备(大气、污水、固废处理设备)制造及其解决方案应用

10. 排气量250ml及以上高性能摩托车整车(外资比例不高于50%)

11. 汽车整车制造(外资比例不高于50%),专用汽车(不包括普通半挂车、自卸车、罐式车、厢式车和仓栅式汽车)制造(外资比例不高于50%)

12. 高性能子午线轮胎的生产。包括无内胎载重子午胎,低断面和扁平化(低于55系列)、大轮辋高性能轿车子午胎(15吋以上),航空轮胎及农用子午胎以及列入《当前优先发展的高技术产业化重点领域指南》的子午线轮胎关键原材料生产

13. 汽车零部件制造:满足国六排放标准及以上的增压直喷汽油机/清洁高效柴油机、六档以上自动变速箱(AT、DCT、AMT)、新能源专用发动机/变速器;新能源车用动力锂电池、驱动电机、电控系统、电制动、电转向、电仪表、能量回收系统、电空调、远程监控系统等关键零部件;传动/安全/车身/行驶/信息控制系统、高级驾驶辅助系统(ADAS)、自动驾驶系统等智能汽车关键部件;DPF、GPF、SCR等发动机后处理系统、替代燃料发动机ECU控制策略及软硬件、全新新能源汽车/轻量化底盘及车身;行业精密生产装备和相关基础设施生产制造;轻量化材料应用(高强钢、铝镁合金、复合塑料、粉末冶金、高强度复合纤维等)、行业共性技术平台(汽车风洞、智能网联汽车测试评价、安全测试评价、轻量化、行业数据库、全球研发中心等)建设等。

14. 天然气分布式能源燃气轮机、内燃机研发及制造

15. 太阳能发电设备及零部件制造

16. 线宽0.25微米以下大规模数字集成电路制造

17. 智能手机、平板电脑等智能终端产品的技术开发及生产

18. 新型医疗器械设备及医用材料生产加工

19. 500千伏及以上高压直流换流变压器研发及制造

20. 三级能效以上节能环保型家电整机,压缩机、电机、变频器、液晶面板等关键零部件生产,无线输电、裸眼3D、体感输入等新技术开发

21. 半导体照明材料上下游产品及相关设备的研发与制造

22. 二氧化碳回收、一氧化碳等特殊工业气体制备及应用

23. FINEX技术及高速、无头连轧

24. 会展服务业

25. 物流业务相关的仓储设施建设和商贸服务

26. 跨境电子商务零售中心和大宗商品进出口分拨物流中心建设

27. 宽带业务和增值电信业务(需在我国入世承诺框架内)

28. 高等教育机构、普通高中教育机构、学前教育机构(限于合作、中方主导)

29. 医疗机构(限于合资、合作)

30. 城市燃气、热力和供排水管网建设、经营(人口50万以上城市中方控股)

31. 动漫创作、制作(广播影视动漫制作业务限于合作)及衍生品开发(音像制品和电子出版物的出版、制作业务除外)

32. 旅游景区(点)保护、开发和经营及其配套设施建设

四川省

1. 红薯及非粮作物加工和副产物综合利用

2. 畜禽产品加工

3. 节水灌溉和旱作节水技术、保护性耕作技术开发与应用

4. 葡萄酒及特色水果酿酒

5. 利用木薯、麻风树、橡胶籽等非粮植物为原料的生物液体燃料(燃料乙醇、生物柴油)生产(中方控股)

6. 高档棉、毛、麻、丝、化纤的纺织、针织及服装加工生产

7. 以境外木、藤为原材料的高端家具生产

8. 稀土高端应用产品加工

9. 钒钛资源综合利用新技术和新产品开发

10. 天然气下游化工产品生产和开发(列入《天然气利用政策》限制类和禁止类的除外)

11. 含氟精细化学品和高品质含氟无机盐生产

12. 特殊品种(超白、超薄、在线Low-E、中空、超厚)优质浮法玻璃技术开发及深加工

13. 石墨的高端应用和精深加工

14. 大型、高压、高纯度工业气体的生产和供应

15. 智能机器人研发与制造

16. 汽车整车制造(外资比例不高于50%),专用汽车(不包括普通半挂车、自卸车、罐式车、厢式车和仓栅式汽车)制造(外资比例不高于50%)

17. 高性能子午线轮胎的生产。包括无内胎载重子午胎,低断面和扁平化(低于55系列)、大轮辋高性能轿车子午胎(15吋以上),航空轮胎及农用子午胎的生产

18. 汽车零部件制造:六档以上自动变速箱、商用车用高功率密度驱动桥、随动前照灯系统、LED前照灯、轻量化材料应用(高强钢、铝镁合金、复合塑料、粉末冶金、高强度复合纤维等)、离合器、液压减震器、中控盘总成、座椅

19. 30吨以上液压挖掘机、6米及以上全断面掘进机、320马力及以上履带推土机、6吨及以上装载机、600吨及以上架桥设备(含架桥机、运梁车、提梁机)、400吨及以上履带起重机、100吨及以上全地面起重机、钻孔100毫米以上凿岩台车、400千瓦及以上砼冷热再生设备、1米宽及以上铣刨机;关键零部件:动力换挡变速箱、湿式驱动桥、回转支承、液力变矩器为电动叉车配套的电机、电控、压力25兆帕以上液压马达、泵、控制阀

20. 太阳能发电设备及零部件制造

21. 大型储能技术研发与生产应用(蓄能电池、抽水蓄能技术、空气储能技术、风电与后夜供热等)

22. 3000KW以上大型、重型燃气轮机高温部件及控制系统研发制造

23. 半导体照明材料上下游产品及相关设备的研发与制造

24. 精密电子注塑产品开发及生产

25. 液晶电视、数字电视、节能环保电冰箱、智能洗衣机等高档家用电器制造

26. TFT-LCD、OLED等平板显示屏、显示屏材料制造

27. 医疗设备及关键部件开发及生产

28. 天然气压缩机(含煤层气压缩机)制造

29. 环保设备(大气、污水、固废处理设备)制造及其解决方案应用

30. 物流业务相关的仓储设施建设和商贸服务

31. 跨境电子商务零售中心和大宗商品进出口分拨物流中心建设

32. 宽带业务和增值电信业务(需在我国入世承诺框架内)

33. 道路运输

34. 医疗机构(限于合资、合作)

35. 卫生咨询、健康管理、医疗知识等医疗信息服务

36. 城市燃气、热力和供排水管网建设、经营(人口50万以上城市中方控股)

37. 动漫创作、制作(广播影视动漫制作业务限于合作)及衍生品开发(音像制品和电子出版物的出版、制作业务除外)

38. 艺术表演培训和中介服务及文化用品、设备等产业化开发

39. 旅游景区(点)保护、开发和经营及其配套设施建设

贵州省

1. 退耕还林还草、天然林保护等国家重点生态工程后续产业开发

2. 节水灌溉和旱作节水技术开发与应用

3. 马铃薯、魔芋等产品深加工

4. 畜禽、辣椒、苦荞、山药、核桃深加工

5. 高档棉、毛、麻、丝、化纤的纺织、针织及服装加工生产

6. 钛冶炼

7. 用先进技术对固定层合成氨装置进行优化节能技改

8. 利用甲醇开发M100新型动力燃料及合成氨生产尾气发展新能源

9. 利用工业生产二氧化碳废气发展工业级、食品级二氧化碳

10. 己二酸生产

11. 采用先进技术建设30万吨/年及以上煤制合成氨及配套尿素项目

12. 动植物药材资源开发、保护和可持续利用(列入《外商投资产业指导目录》限制类、禁止类的除外)

13. 特殊品种(超白、超薄、在线 Low–E、中空、超厚)优质浮法玻璃技术开发及深加工
14. 铝等有色金属精深加工
15. 高性能铝合金系列产品开发
16. 新型短流程钢铁冶炼技术开发及应用
17. 非高炉冶炼技术(直接还原法)
18. 大型、高压、高纯度工业气体的生产和供应
19. 磨料磨具产品生产
20. 新型凿岩钎具的开发及用钢材料生产
21. 汽车整车制造(外资比例不高于50%),专用汽车(不包括普通半挂车、自卸车、罐式车、厢式车和仓栅式汽车)制造(外资比例不高于50%)
22. 汽车零部件制造:六档以上自动变速箱、商用车用高功率密度驱动桥、随动前照灯系统、LED前照灯、轻量化材料应用(高强钢、铝镁合金、复合塑料、粉末冶金、高强度复合纤维等)、离合器、液压减震器、中控盘总成、座椅
23. 有特色优势的特种工程机械、架桥铺路机械、破碎机械、液压基础件、数控机床、节能环保装备、4MW燃汽轮机及以下产品等开发及制造
24. 复式永磁电机抽油机系列化开发和产业化
25. 复杂地质条件的矿用开采、掘进、提升、井下运输等特种设备及产品的开发与制造
26. 适用于西部山区的轻便、耐用、低耗中小型耕种收和植保、节水灌溉、小型抗旱设备及粮油作物、茶叶、特色农产品等农业机械开发与制造
27. 太阳能发电设备及零部件制造
28. 宽带业务和增值电信业务(需在我国入世承诺框架内)
29. 公路旅客运输公司
30. 医疗机构(限于合资、合作)
31. 演出经纪机构(中方控股)
32. 城市燃气、热力和供排水管网建设、经营(人口50万以上城市中方控股)
33. 茅台生态带综合保护及赤水河流域遥感技术应用示范
34. 旅游景区(点)保护、开发和经营及其配套设施建设

云南省

1. 猪、牛、羊及小家禽畜(含高原畜产品)饲养和深加工
2. 新型天然橡胶开发与应用
3. 天然香料香精生产技术开发及制造
4. 退耕还林还草、天然林保护等国家重点生态工程后续产业开发
5. 节水灌溉和旱作节水技术开发与应用
6. 有色金属精深加工
7. 特色食用资源开发及应用
8. 符合生态与环保要求的亚麻加工、开发及副产品综合利用

9. 利用木薯、麻风树、橡胶籽等非粮植物为原料的生物液体燃料（燃料乙醇、生物柴油）生产（中方控股）

10. 高档棉、毛、麻、丝、化纤的纺织、针织及服装加工生产

11. 动植物药材资源开发、保护和可持续利用（列入《外商投资产业指导目录》限制类、禁止类的除外）

12. 以境外木、藤为原料的高端家具生产

13. 民族特需品、特色工艺品及包装容器材生产

14. 工业大麻加工开发及副产品综合利用

15. 生物医药技术开发与生产

16. 特殊品种（超白、超薄、在线 Low－E、中空、超厚）优质浮法玻璃技术开发及深加工

17. 生物质能发电设备制造

18. 太阳能、风能发电设备及零部件制造

19. 汽车整车制造（外资比例不高于50%），专用汽车（不包括普通半挂车、自卸车、罐式车、厢式车和仓栅式汽车）制造（外资比例不高于50%）

20. 宽带业务和增值电信业务（需在我国入世承诺框架内）

21. 大型农产品批发市场建设、经营

22. 汽车加气站、充电设施建设和经营

23. 物流业务相关的仓储设施建设和商贸服务

24. 医疗机构（限于合资、合作）

25. 民族特色文化产业、艺术表演培训、中介服务，生态旅游资源开发（自然保护区和国际重要湿地的建设、经营除外）

26. 旅游景区（点）保护、开发和经营及其配套设施建设

西藏自治区

1. 退耕还林还草、天然林保护等国家重点生态工程后续产业开发

2. 节水灌溉和旱作节水技术开发与应用

3. 盐湖资源的开发利用

4. 饮用天然矿泉水生产

5. 牛羊绒、皮革产品深加工及藏毯生产

6. 花卉与苗圃基地的建设经营

7. 林下资源的培植技术研发和林下产品深加工

8. 青稞、牧草等农作物新技术的开发利用

9. 高原特色食品资源开发利用

10. 天然药、原料药、中成药的深加工（列入《外商投资产业指导目录》限制类、禁止类的除外）

11. 藏药新品种、新剂型产品生产（列入《外商投资产业指导目录》禁止类的除外）

12. 少数民族特需用品、工艺美术品、包装容器材料、日用玻璃制品及极具藏民族特色的

旅游商品纪念品生产

13. 物流业务相关的仓储设施建设和商贸服务
14. 宽带业务和增值电信业务（需在我国入世承诺框架内）
15. 公路旅客运输公司
16. 医疗机构（限于合资、合作）
17. 城市燃气、热力和供排水管网建设、经营（人口50万以上城市中方控股）
18. 旅游景区（点）保护、开发和经营及其配套设施建设

陕西省

1. 退耕还林还草、天然林保护、水源地保护等国家重点生态工程后续产业开发
2. 节水灌溉和旱作节水技术、保护性耕作技术开发与应用
3. 清真食品开发加工
4. 高档棉、毛、麻、丝、化纤的纺织、针织及服装加工生产
5. 动植物药材资源开发、保护和可持续利用（列入《外商投资产业指导目录》限制类、禁止类的除外）
6. 天然气下游化工产品的生产与开发（列入《天然气利用政策》限制类和禁止类的除外）
7. 特殊品种（超白、超薄、在线Low－E、中空、超厚）优质浮法玻璃技术开发及深加工
8. 钒冶炼及钒合金制品生产加工
9. 钛金属精深加工
10. 高炉煤气能量回收透平装置设计制造
11. 大型、高压、高纯度工业气体的生产和供应
12. 汽车零部件制造：商用车用高功率密度驱动桥、随动前照灯系统、LED前照灯、离合器、液压减震器、中控盘总成、座椅、轻量化材料应用
13. 汽车整车制造（外资比例不高于50%），专用汽车（不包括普通半挂车、自卸车、罐式车、厢式车和仓栅式汽车）制造（外资比例不高于50%）
14. 智能制造及系统集成服务
15. 集成电路及生产设备研发生产
16. 智能手机、平板电脑等智能终端产品及关键零部件的技术开发及生产
17. 一般商品的批发、零售（列入《外商投资产业指导目录》限制类、禁止类的除外）
18. 汽车加气站、充电设施建设和运营
19. 宽带业务和增值电信业务（需在我国入世承诺框架内）
20. 公路旅客运输公司
21. 中等高等职业院校（含技工院校,高等职业院校限于合作、中方主导）
22. 医疗机构（限于合资、合作）
23. 动漫创作、制作（广播影视动漫制作业务限于合作）及衍生品开发（音像制品和电子出版物的出版、制作业务除外）
24. 城市燃气、热力和供排水管网建设、经营（人口50万以上城市中方控股）

25. 旅游景区(点)保护、开发和经营及其配套设施建设
26. 经国家投资主管部门批准的资源枯竭型城市资源精深加工和接续产业等项目

甘肃省

1. 节水灌溉和旱作节水技术、保护性耕作技术开发与应用
2. 瓜果、蔬菜、花卉种子的开发生产(中方控股)
3. 优质酿酒葡萄基地建设
4. 优质啤酒原料种植、加工
5. 特色中药材的种植、养殖及加工(列入《外商投资产业指导目录》限制类、禁止类的除外)
6. 天然气下游化工产品生产和开发(列入《天然气利用政策》限制类和禁止类的除外)
7. 稀土高端应用产品加工
8. 铝、铜、镍等有色金属精深加工
9. 石油钻采、炼化设备等高端装备制造
10. 汽车整车制造(外资比例不高于50%),专用汽车(不包括普通半挂车、自卸车、罐式车、厢式车和仓栅式汽车)制造(外资比例不高于50%)
11. 三轴以上联动的高速、精密数控机床及配套数控系统、伺服电机及驱动装置、功能部件、刀具、量具、量仪及高档磨具磨料
12. 太阳能发电及设备制造业
13. 宽带业务和增值电信业务(需在我国入世承诺框架内)
14. 公路旅客运输公司
15. 医疗机构(限于合资、合作)
16. 电影院的建设、经营(中方控股)
17. 城市燃气、热力和供排水管网建设、经营(人口50万以上城市中方控股)
18. 旅游景区(点)保护、开发和经营及其配套设施建设

青海省

1. 高原动植物资源保护、种养与加工利用(列入《外商投资产业指导目录》限制类、禁止类的除外)
2. 退耕还林还草、退牧还草、天然林保护、水土保持及水生态综合治理等国家重点生态工程后续产业开发(涉及自然保护区和重要湿地的建设、经营的除外)
3. 节水灌溉和旱作节水技术、保护性耕作技术、设施农业技术、光伏农业技术开发与应用
4. 有机天然农畜产品基地建设和产品精深加工(《外商投资产业指导目录》限制类、禁止类除外)
5. 铜、铝、镁等有色金属精深加工

6. 中、藏药新品种、新剂型产品生产（列入《外商投资产业指导目录》限制类、禁止类的除外）

7. 特殊品种（超白、超薄、在线 Low‒E、中空、超厚）优质浮法玻璃技术开发及深加工

8. 聚甲醛、聚苯硫醚等工程塑料生产

9. 工业尾矿及工业生产废弃物及低品位、复杂、难处理矿的资源化利用

10. 汽车整车制造（外资比例不高于50%），专用汽车（不包括普通半挂车、自卸车、罐式车、厢式车和仓栅式汽车）制造（外资比例不高于50%）

11. 半导体照明材料上下游产品及相关设备的研发与制造

12. 太阳能、风能发电设备及零部件制造

13. 锂电产品生产及专用设备研发与制造

14. 宽带业务和增值电信业务（需在我国入世承诺框架内）

15. 公路旅客运输公司

16. 医疗机构（限于合资、合作）

17. 水利工程的建设和运营（综合水利枢纽中方控股）

18. 城市及农村燃气、热力和供排水管网建设、经营（人口50万以上城市中方控股）

19. 体育场馆设施建设、体育产业运营及体育健身休闲服务

20. 旅游景区（点）保护、开发和经营及其配套设施建设

宁夏自治区

1. 马铃薯种子生产（中方控股）

2. 瓜果、蔬菜、花卉种子的选育生产（中方控股）

3. 退耕还林还草、退牧还草、天然林保护等国家重点生态工程后续产业开发

4. 节水灌溉和旱作节水技术、保护性耕作技术开发与应用

5. 枸杞、葡萄、马铃薯等种植及深加工

6. 沙生中药材、沙区生态经济林、沙区瓜果、沙区设施农业、沙料建材、沙区新能源和沙漠旅游休闲等沙产业

7. 牛羊的养殖及饲料加工（列入《外商投资产业指导目录》限制类、禁止类的除外）

8. 牛乳蛋白、干酪素等高端乳制品深加工

9. 少数民族特需用品及清真食品开发加工

10. 碳基材料开发及生产

11. 石膏和陶瓷粘土的深加工

12. 采用节能低成本工艺的多晶硅生产

13. 钽、铌等金属精深加工

14. 氢氧化镍生产及深加工

15. 铝合金、镁合金等材料的研发及生产

16. 熔体直纺及切片纺彩色涤纶的研发及生产

17. 高性能子午线轮胎的生产。包括无内胎载重子午胎，低断面和扁平化（低于55系

列)、大轮辋高性能轿车子午胎(15 吋以上),航空轮胎及农用子午胎的生产

18. 汽车整车制造(外资比例不高于 50%),专用汽车(不包括普通半挂车、自卸车、罐式车、厢式车和仓栅式汽车)制造(外资比例不高于 50%)

19. 三轴以上联动的高速、精密数控机床及配套数控系统、伺服电机及驱动装置、功能部件、刀具、量具、量仪及高档磨具磨料

20. 500 万吨/年及以上矿井、薄煤层综合采掘设备,1000 万吨级/年及以上大型露天矿关键装备

21. 宽带业务和增值电信业务(需在我国入世承诺框架内)

22. 公路旅客运输公司

23. 旅行社

24. 医疗机构(限于合资、合作)

25. 城市燃气、热力和供排水管网建设、经营(人口 50 万以上城市中方控股)

26. 旅游景区(点)保护、开发和经营及其配套设施建设

新疆自治区(含新疆生产建设兵团)

1. 退耕还林还草、退牧还草、天然林保护等国家重点生态工程后续产业开发
2. 节水灌溉和旱作节水技术、保护性耕作技术、设施农业、有机农业的开发与应用
3. 优质番茄、甜菜、香梨、葡萄、西甜瓜、红枣、核桃、杏子、石榴和枸杞等优质特色农产品的种植及深加工
4. 优质酿酒葡萄基地建设及葡萄酒生产
5. 亚麻、沙棘、薰衣草的种植及其制品生产
6. 高档棉、毛、麻、丝、化纤的纺织、针织及服装加工生产
7. 蛭石、云母、石棉、菱镁矿、石灰石、红柱石、石材等非金属矿产的综合利用(勘探、开发除外)
8. 石墨的高端应用和精深加工
9. 煤炭加工应用技术开发
10. 油气伴生资源综合利用
11. 放空天然气回收利用
12. 民族特色药用植物种植、加工和制药新工艺开发(列入《外商投资产业指导目录》限制类、禁止类的除外)
13. 民族特需用品、工艺美术品、包装容器材料及日用玻璃制品生产
14. 特殊品种(超白、超薄、在线 Low-E、中空、超厚)优质浮法玻璃技术开发及深加工
15. 直径 200mm 以上硅单晶及抛光片、多晶硅生产
16. 铜、锌、铝等有色金属精深加工
17. 汽车整车制造(外资比例不高于 50%),专用汽车(不包括普通半挂车、自卸车、罐式车、厢式车和仓栅式汽车)制造(外资比例不高于 50%)
18. 石油及采矿等特种设备制造

19. 智能电网设备、电气成套控制系统设备制造
20. 小型清雪设备制造
21. 宽带业务和增值电信业务(需在我国入世承诺框架内)
22. 公路旅客运输公司
23. 商业连锁经营、跨区域代理经营等新型流通业
24. 农产品批发市场建设、经营
25. 医疗机构(限于合资、合作)
26. 城市燃气、热力和供排水设施建设、经营(人口 50 万以上城市中方控股)
27. 旅游景区(点)保护、开发和经营及其配套设施建设

战略性新兴产业重点产品和服务指导目录(2016 版)

国家发展和改革委员会公告 2017 年第 1 号

为贯彻落实《"十三五"国家战略性新兴产业发展规划》,引导全社会资源投向,我委会同相关部门组织编制了《战略性新兴产业重点产品和服务指导目录》2016 版,现予公布。

本目录涉及战略性新兴产业 5 大领域 8 个产业(相关服务业单独列出)、40 个重点方向下的 174 个子方向,近 4000 项细分产品和服务。

国家发展改革委
2017 年 1 月 25 日

附件:

战略性新兴产业重点产品和服务指导目录(2016 版)

修订说明

为贯彻落实《"十三五"国家战略性新兴产业发展规划》(以下简称《规划》),国家发展改革委会同科技部、工业和信息化部、财政部等有关部门根据战略性新兴产业发展新变化,通过咨询战略性新兴产业专家委员会、网上征求全社会意见等方式,对《战略性新兴产业重点产品和服务指导目录》(以下简称《目录》)2013 版作了修订完善,形成了《目录》2016 版。

《目录》2016 版依据《规划》明确的 5 大领域 8 个产业,进一步细化到 40 个重点方向下 174 个子方向,近 4000 项细分的产品和服务。

欢迎社会各界持续对《目录》2016版提出修改完善意见，修改意见可发送邮件至xx-cytcxtc@ndrc.gov.cn。

1 新一代信息技术产业

1.1 下一代信息网络产业

1.1.1 网络设备

新一代移动通信设备。主要包括基于4G移动通信技术（包括LTE、LTE-Advanced宽带无线移动通信技术及其后续演进技术）和5G的接入网设备、核心网设备等。其中，移动通信基站类设备支持20MHz的系统带宽和下行100Mbps/上行50Mbps以上的传输数据率。

下一代互联网设备。包括核心路由器，单槽位处理能力≥400Gbps，整机处理能力≥6.4Tbps（双向），支持10Gbps/40Gbps/100Gbps等多种速率接口，同时也包括面向互联网骨干节点和数据互联中心节点的大规模集群路由器，应至少支持2＋x（x≥4）。支持10Gbps/40Gbps/100Gbps等多种速率接口的、支持IPv6路由协议的宽带网络接入服务器、以太网交换机、三层交换机、OpenFlow交换机。

光通信设备。包括光纤，FTTx用G.657光纤、大有效面积G.655光纤、G.656光纤、符合G.652标准的低损和超低损耗光纤、采用新型材料或特殊结构的光子晶体和光子带隙光纤、掺稀土光纤、面向未来超大容量传输的少模光纤、多芯光纤、涡旋（螺旋）光纤，以及具有一些特殊性能的新型光纤，如塑料光纤、聚合物光纤等。光传输设备，单通路线路速率10Gbit/s、40Gbit/s、100Gbit/s、200Gbit/s、400Gbit/s以及支持灵活栅格多速率的超大容量密集波分复用（DWDM）设备，可重构光分插复用设备（ROADM）、光交叉互连（OXC）设备、大容量高速率光传送网（OTN）设备、城域接入型有源和无源波分复用（WDM）设备、光互联设备、分组传送网（PTN）设备、分组增强型OTN（POTN）设备、智能光网络设备（ASON）、软件定义光传送设备（SDTN）、多业务传输和接入设备（MSTP/MSTP）。光接入设备，10G速率单波长PON设备，40G及以上速率基于波长可调激光器的多波长PON设备，波长路由方式的密集波分复用PON设备，利用照明LED的室内可见光接入设备。

网络设备和终端测试/计量设备。用于构成通信网络的系统设备和终端设备的测试及测试仪表的计量校准，包括终端设备的综合测试仪、通信基站测试系统、传输/接入/数据设备测试系统，和计量用测试仪表。

云计算设备。包括云存储系统与设备，主要包括用于云平台数据存储的存储服务器（HDD或SDD）或磁盘阵列等存储设备，以及基于分布式存储技术的存储管理系统等。服务器，主要包括用于云计算系统的服务器，包括硬件和软件系统，满足低功耗、高密度等要求，部分场景下需使用定制化服务器及整机柜服务器等。网络设备，主要包括用于云平台不同设备间互联的交换机、路由器等设备，需支持二层多路径、虚拟机接入等技术，部分场景下需支持SDN技术。云平台系统，主要包括用于支撑云服务的，由软硬件设施集成的平台、系统等，包括虚拟化、资源管理、业务管理、操作维护等功能。

物联网设备。包括传感器及节点设备，光纤传感器、MEMS传感器、智能传感器、多功能传感器、化学及生物量传感器、高清图像传感器等，低功耗、小型化、多功能、高性能、集成化感节点设备，极端环境传感器节点设备等。RFID读写机具/标签，高频、超高频、有源

RFID标签和读写机具等。物联网终端设备,M2M终端、RFID与移动通信集成终端、物联网通信终端模组、物联网智能终端操作系统和中间件等。近距离无线通信节点设备,各类低功耗低成本近距离无线通信设备。物联网网关,包括M2M网关、车联网网关等各类物联网网关。窄带物联网(NB-IoT)终端设备和基站设备。物联网数据开放平台。物联网标识解析设备。定位系统设备,北斗全球定位系统(GPS)终端与设备,RTLS定位系统等。物联网安全设备。

下一代广播电视网设备。包括下一代广播电视网宽带接入设备、接收设备、骨干网交换和传输设备、融合媒体分发网设备。宽带接入设备支持光纤、同轴电缆等传输介质,可提供吉比特每秒的高速数据接入和数字电视节目接收;骨干网交换和传输设备,支持广播节目和宽带数据的两个平面数据流量的高速传输、交换和服务质量要求,支持IPv6、多播VPN等协议;有线无线融合传输和分发设备,支持广播电视频段的有线无线协同传输与覆盖,实现融合媒体协同分发;融合媒体分发网支持融合媒体业务的跨域分发,确保业务的用户体验。地面数字电视及移动多媒体广播发射、接收设备、直播卫星地面接收设备等。数字家庭产品。指数字家庭智能终端、智能感知与控制设备、桥接设备、网关设备等。数字视频监控系统。包括网络摄像设备,视频监控存储、处理及智能控制设备,以及监控后端系统等。

1.1.2 信息终端设备

新一代移动终端设备。包括智能手机,指配备操作系统、支持多核技术、支持多点触控、支持应用商店及Web应用等多种模式、支持多传感器和增强现实等功能的智能手机。手持平板电脑,便携、小巧、可手持使用,以触摸屏作为基本输入设备的个人电脑。其他移动智能终端,包括车载智能终端等。

可穿戴终端设备。支持新型显示技术、新型触控技术、增强现实技术、语音和图像识别、体感操作技术等新型人机交互技术,具备多种传感能力和无线技术,具有软硬件一体的整机解决方案、应用程序及配套的应用支撑系统。

卫星移动通信、导航终端。包括移动卫星通信终端,利用地球静止轨道卫星或中、低轨道卫星作为中继站,实现区域乃至全球范围的移动通信的终端。包括车载、舰载、机载终端和手持机。卫星导航定位接收机,接收北斗等卫星导航定位系统的广播导航信号,用于导航定位功能的接收机设备。

下一代广播电视网终端设备。包括支持媒体融合业务的智能家庭多媒体网关,支持对外的有线无线宽带互联,具备家庭媒体设备的组网能力;智能机顶盒,设备支持4K、8K视频的解码能力,支持体感、语音等控制功能、支持广播网与宽带数据网业务的融合呈现,可支持多种呈现终端。

其他通信终端设备。包括智能家庭网关、智能路由器,支持可热插拔数据卡的智能终端,支持可热插拔其他通信卡的智能终端。

1.1.3 网络运营服务

新一代移动通信网运营服务。包括新一代移动通信核心网建设组网,新一代移动通信接入网建设组网,新一代移动通信网的优化和维护,新一代移动通信服务等。

下一代互联网运营服务。指基于IPv6技术以及IPv4/IPv6过渡技术的骨干网、城域网、接入网、内容分发网络、数据中心及业务平台的运营。光纤宽带网运营服务。包括家庭用户光纤接入服务,指为家庭(个人)用户提供的光纤到户服务。企业用户光纤接入服务,指利用光纤为企业提供互联网宽带接入的服务。其他相关接入服务,指其他与光纤接入有关的设备、组网服务,如用户驻地网的建设、服务等。光纤出租服务,指运营商为客户提供的管道和通信光纤、波长等光纤出租业务。出租数字电路服务,指出租数字电路,为用户提供高速数字信息传送的服务。

下一代广播电视网运营服务。包括基于有线、无线和卫星的下一代广播电视网网络建设、组网,实现运营商网络和业务的互联互通。下一代广播电视网音视频服务,指依托下一代广播电视网,为电视终端、移动终端等提供的音视频服务,如高清、4K、8K数字电视和交互电视服务等;下一代广播电视网数据及信息服务,指依托下一代广播电视网,提供的数据及互联网信息服务;下一代广播电视网语音业务,指依托下一代广播电视网,提供的 IP 语音服务;卫星直播电视业务,指基于卫星广播传输技术的电视业务。

卫星通信运营服务。指基于移动、宽带等卫星通信系统的运营服务,基于北斗卫星导航系统、北斗地基增强系统的导航定位、高精度网络同步和授时运营服务等。

工业互联网络运营服务,主要分为工厂内网络和工厂外网络。

1.2 信息技术服务

1.2.1 新兴软件及服务

基础软件。包括通用基础软件,嵌入式操作系统和数据库,新型网络化基础软件,关键信息基础设施配套的基础软件和支撑工具。云计算软件及服务。云计算软件包括虚拟化管理软件,新一代海量信息智能搜索软件,数据挖掘软件,云端融合应用运行支撑平台软件,度量计费、管理运营等支持云计算技术设施服务的其他软件产品。云计算服务包括软件即服务(SaaS),平台即服务(PaaS),设施即服务(IaaS)。工业等领域云计算服务。

移动计算软件平台。包括移动服务运营支撑与开发平台,智能移动终端软件系统。

数据处理和存储服务。包括数据加工处理服务,存储服务等。

工业软件。包括嵌入高端装备内部的软件,产品研发设计软件,产品制造过程管理和控制软件,经营管理和协作软件,节能减排控制和支撑软件,公路交通管理与决策软件。

广播电视网络维护及运营支撑软件。包括网络管理、用户管理、数字媒体内容管理、运营支撑系统、中间件、智能电视操作系统软件等。

信息技术咨询服务。包括信息化规划服务,信息技术管理咨询服务,信息系统工程监理服务,测试评估认证服务,信息技术培训服务。

信息系统集成服务。包括信息系统设计服务,信息系统集成实施服务,信息系统运行维护服务。

高端信息技术服务支撑软件。包括 IT 咨询设计支撑工具软件,系统集成实施支撑工具软件,系统运维支撑工具软件,数据处理支撑工具软件。

物联网应用服务。主要包括智能交通、电网、水务、医疗、环保、物流、安防、供热、供气、监控、公共安全等领域的物联网应用服务。

区块链技术相关产品和服务。

1.2.2 "互联网+"应用服务

主要包括"互联网+"创业创新、协同制造、现代农业、智慧能源、普惠金融、益民服务

(教育、医疗、就业、社保、广播电视、智慧社区等领域)、高效物流、电子商务、便捷交通、绿色生态等方面的应用服务。

公共信息服务。包括市场主体身份验证、市场信息管理与共享、市场交易安全保障等公共服务,以及电子商务纠纷处理、争议调解、法律咨询、在线信用信息服务等公共服务。

1.2.3 大数据服务

利用分布式并行计算、人工智能等技术对海量异构数据进行计算、分析和挖掘,并将由此产生的信息和知识应用于实际的生产生活中。包括数据探矿、数据化学、数据材料、数据制药等新业态新模式。

1.3 电子核心产业

1.3.1 集成电路

集成电路芯片设计及服务,芯片设计平台(EDA工具)及配套IP库。

集成电路芯片产品。主要包括中央处理器(CPU)、微控制器(MCU)、存储器、数字信号处理器(DSP)、嵌入式CPU、通信芯片、数字电视芯片、多媒体芯片、信息安全和视频监控芯片、智能卡芯片、汽车电子芯片、工业控制芯片、智能电网芯片、MEMS传感器芯片、功率控制电路及半导体电力电子器件、光电混合集成电路等。

集成电路芯片制造,线宽100纳米及以下大规模数字集成电路制造,0.5微米及以下模拟、数模集成电路制造。

集成电路芯片封装,采用SiP、MCP、MCM、CSP、WLP、BGA、FlipChip、TSV等技术的集成电路封装。

集成电路材料。主要包括6英寸/8英寸/12英寸集成电路硅片、绝缘体上硅(SOI)、化合物半导体材料,光刻胶、靶材、抛光液、研磨液、封装材料等。

集成电路设备。主要包括6英寸/8英寸/12英寸集成电路生产线所用的光刻机、刻蚀机、离子注入机、退火设备、单晶生长设备、薄膜生长设备、化学机械抛光设备、封装设备、测试设备等。

1.3.2 新型显示器件

新型显示面板(器件)。主要包括高性能非晶硅(a-Si)/低温多晶硅(LTPS)/氧化物(Oxide)液晶显示器(TFT-LCD)面板产品;新型有源有机电致发光二极管(AMOLED)面板产品;新型柔性显示、激光显示、立体显示、量子点发光二极管(QLED)显示器件产品等。

新型显示材料。主要包括6代及以上玻璃基板、高性能混合液晶、驱动IC、高纯度靶材、高性能长寿命有机发光材料、量子点材料、5.5代及以上精细金属掩膜板、高纯度化学品、柔性基板材料、高性能激光器等。

新型显示设备。主要包括5.5代及以上等离子体增强化学气相沉积设备(PECVD)、磁控溅射设备(Sputter)、曝光机、准分子激光退火设备、有机蒸镀设备、喷墨打印设备等。

1.3.3 新型元器件

新型片式元件、新型电声元件、新型连接元件、超导滤波器、高密度互连印制电路板、柔性多层印制电路板、特种印制电路板、节能环保型电子变压器、低损耗微波及GHZ频段抗EMI/EMP元件等电子元件,为新一代通信配套的低成本光纤光缆、光纤预制棒及相关的光器件,高速A/D和D/A器件、移动通信用宽频带功率放大器、滤波器,通信基站用石英晶体振荡器,新型通信设备用连接器及线缆组件。微型化、集成化、智能化、网络化的敏感元件及传感器。半导体激光器件、高性能全固态激光器件、高性能敏感元器件、新型晶体器件、高精密电阻器件。新型传感器。关键光电子器件、半导体发光二极管(LED)、新型真空开关管、特种用途真空器件等半导体器件。纳米发电功能器件。光纤激光器件。铝合金电缆、复合海底电缆及高压超高压电缆等新型电缆。

电力电子功率器件,包括金属氧化物半导体场效应管(MOSFET)、绝缘栅双极晶体管芯片(IGBT)及模块、快恢复二极管(FRD)、垂直双扩散金属—氧化物场效应晶体管(VD-MOS)、可控硅(SCR)、5英寸以上大功率晶闸管(GTO)、集成门极换流晶闸管(IGCT)、中小功率智能模块。

1.3.4 高端储能

储能装置材料及器件。正极材料包括橄榄石型磷酸盐类等富锂材料(如磷酸铁锂等),尖晶石型锰酸锂材料、层状材料(如镍钴铝和镍钴锰等)及其混合材料等;负极材料包括钛酸锂材料、石墨类材料(如人造石墨及天然石墨等)、硬碳材料、软材料及硅基复合材料等;电解质材料包括六氟磷酸锂碳酸酯类溶液及其他新型电解质盐等;隔膜材料包括聚烯烃类及其他新型电池隔膜材料;铜箔、铝箔及铝塑膜等辅助材料;电源控制用主控芯片(MCU),电源处理模块,电压传感器。

储能装置及其管理系统。锂离子电池单体、模块及系统;超级电容单体、模块及系统;新体系动力电池单体、模块和系统;混合储能电源模块及系统;模块化镍氢电池储能系统;电池管理系统、超级电容管理系统。

1.3.5 关键电子材料

半导体材料。包括硅材料(硅单晶、抛光片、外延片、绝缘硅、锗硅)及化合物半导体材料,蓝宝石和碳化硅等衬底材料,金属有机源和超高纯度气体等外延用原料,高端LED封装材料,高性能陶瓷基板等。

光电子材料。包括光纤材料、固体激光材料和光电显示材料等基础光电子材料,石英系光纤光缆材料、非氧化物光纤材料、激光晶体、半导体发光材料、透明导电薄膜材料、光学晶体材料、光电探测材料。新型电子元器件材料。包括高端专用材料如磁性材料、陶瓷材料、压电晶体材料、通信系统用高频覆铜板及相关材料、电子无铅焊料、厚薄膜材料等。气敏、湿敏、光敏、热敏材料,巨磁阻抗等传感材料。

1.3.6 电子专用设备仪器

半导体生产用镀膜、溅射、刻蚀等设备。高精密自动印刷机、高速多功能自动贴片机、无铅再流焊机等电子元器件表面贴装及整机装联设备。高性能永磁元件生产设备、金属化超薄膜电力电容器生产设备、超小型片式元件生产设备、高密度印制电路板生产设备等新型电子元器件设备。高端电子专用测量仪器。TD-LTE等新一代通信和网络测试仪器,数模混合信号集成电路测试系统、存储器测试器、分析测试仪器等半导体和集成电路测试仪器,数字电视信号源、数字音视频测试仪、图像质量分析仪、网络质量和安全测试仪等。

1.3.7 其他高端整机产品

高清广播电视制播设备。高性能安全服务器和存储设备。医疗电子、金融电子、汽车电子等领域应用电子产品和融合创新系统。工业控制设备。

1.4 网络信息安全产品和服务

1.4.1 网络与信息安全硬件

网络与信息安全硬件可分为安全应用类硬件产品和安全认证类硬件产品。其中,网络与信息安全应用类硬件主要包括防火墙/VPN设备、统一威胁管理系统(UTM)、入侵检测系统(IDS)、入侵防御系统(IPS)、高级可持续攻击(APT)、高性能安全隔离与信息交换系统、高性能防病毒网关、网络病毒监控系统(VDS)、网络审计系统、网络漏洞扫描和补丁管理产品、WEB应用防火墙、统一安全管理平台、抗拒绝服务攻击产品、上网行为管理产品、深度流量/数据包监测设备、网络违法信息识别与管控设备、网络与数据容灾备份设备等。网络与信息安全认证类硬件主要包括生物识别系统、智能卡、认证令牌等。

1.4.2 网络与信息安全软件

可信计算安全软件、安全操作系统、安全数据库等基础类网络与信息安全软件产品。部署在网络设备、通信终端或安全域边界上,用于支撑新一代信息网络应用,防御网络攻击的高性能防火墙软件、统一威胁管理平台软件、网络行为监控软件等网络与边界安全类软件产品。网络违法信息监测发现、定位管理系统,网络违法行为追踪定位、取证系统等违法信息及行为的监测管理类产品。防范信息系统或终端数据非授权泄露、更改、破坏的PKI、加强授权、单点登录控制、可靠电子签名应用安全软件等身份管理与访问控制类产品。基础服务管理与支持以及降低运行过程中网络与信息安全风险的内容与威胁管理类软件产品。支撑系统安全保障及业务应用安全的风险评估、安全测评等网络与信息安全支撑类软件产品等。工业控制系统漏洞挖掘、检测工具,工业控制系统入侵检测系统,工业防火墙等面向工业领域的信息安全产品。

1.4.3 网络与信息安全服务

网络与信息安全咨询服务、信息系统安全集成、网络与信息安全运行维护服务、网络与信息安全风险评估、信息系统等级保护咨询、攻击防护服务、加密保密服务、网络与信息安全应急服务、网络与信息安全测试服务,以及电子认证、网络与信息安全认证、网络与信息安全培训、电子取证、安全审计、数据备份及灾难恢复服务、网络与信息安全教育培训等。

基础服务管理与支持以及降低运行过程中安全风险的安全管理类软件产品。支撑系统安全保障及业务应用安全的风险评估、安全测评等安全支撑类软件产品等。信息安全咨询服务、信息系统安全集成、网络安全维护服务、信息安全风险评估、信息系统等级保护咨询、攻击防护服务、加密保密服务、网络安全应急服务、安全测试服务,以及电子认证、信息安全认证、信息安全培训、电子取证、安全审计、数据备份及灾难恢复服务等。安全态势感知、预警,安全风险评估,安全咨询等面向工业控制系统的信息安全服务。

1.5 人工智能

1.5.1 人工智能平台

人工智能公共服务平台,包括开放数据平台、基础资源与技术平台、双创服务平台。

人工智能公共数据平台包括面向社会开放的文本、语音、图像、视频、地图及行业应用数据等多类型人工智能海量训练资源库和标准测试数据集。人工智能基础资源与技术平台包括满足深度学习等智能计算需求的新型计算集群共享平台、云端智能分析处理服务平台、算法与技术开放平台、智能系统安全公共服务平台、多种生物特征识别的基础身份认证平台等基础资源服务平台，以及面向前沿研究的类脑基础服务平台。

人工智能双创服务平台是指提供人工智能领域的研发工具、检验评测、安全、标准、知识产权、创业咨询等专业化创新创业服务的公共平台。

1.5.2 人工智能软件

主要包括理论与算法、基础软件、应用软件。人工智能理论与算法包括深度学习、类脑智能等理论与算法。深度学习是指基于感知数据、多媒体、自然语言等大数据的深度学习理论与算法，类脑智能是指类脑神经计算系统、类脑信息处理等类脑智能领域的前沿理论与算法。

人工智能基础软件包括面向人工智能优化的操作系统、中间件、开发工具等软件技术，包括开源的软件开发平台或函数库。

人工智能应用软件包括计算机视听觉、生物特征识别、复杂环境识别、新型人机交互、自然语言理解、机器翻译、智能安全预警与控制、智能决策控制、网络安全等应用软件技术。

1.5.3 智能机器人及相关硬件

包括智能工业机器人、智能服务机器人、特种机器人，以及括面向人工智能的处理器、智能传感器等重要器件。

1.5.4 人工智能系统

人工智能系统包括人工智能通用应用系统、行业应用系统。

人工智能通用应用系统主要包括应用人工智能技术的综合生物验证系统、智能搜索系统、智能翻译系统、智能客服系统等。

人工智能行业应用系统主要包括在制造、健康医疗、教育、环境、交通、商业、金融、物流、文化、网络安全、社会治理、益民服务等重要生产性及公共服务领域的人工智能系统。典型应用系统如智能家居、智能汽车、智能无人系统、智能安防、智慧健康等智能应用系统。

2 高端装备制造产业

2.1 智能制造装备产业

2.1.1 智能测控装置

智能控制系统，指用于数控机床、基础制造装备、流程工业装备及其他制造装备中，实现控制功能的工业控制系统。包括机床数控系统、分散型控制系统、现场总线控制系统、可编程控制系统、嵌入式专用控制系统、安全控制系统、工业计算机系统等。

智能仪器仪表，指用于离散制造和流程工业装备中，连续测量温度、压力、流量、物位等变量，或者测量物体位置、倾斜、旋转等物性参数以及物质成分的仪器和仪表。包括传感器及其系统、智能（温度、压力、流量、物位）测量仪器仪表、智能执行器、特殊变量在线测量仪器仪表、智能化实验分析仪器、在线分析仪器、在线无损探伤仪器、在线材料性能试验仪器、智能电表、智能水表、智能煤气表、智能热量表及其监测装置等其他智能仪器仪表。

2.1.2 智能装备关键基础零部件

高速精密重载轴承。包括 P4、P2 级高速精密数控机床轴承，P5、P4 级高速精密冶金轧机轴承。

高速精密齿轮传动装置，指用于传递动力，实现机械输送和提升重物的基础件，铰接式链条等高速精密机械传动装置。

伺服控制机构,指使输出的机械位移(或转角)准确地跟踪输入的位移,用来精确地跟随或复现某个过程的反馈控制系统。包括高性能变频调速设备、数位伺服控制系统、网络分布式伺服系统。

液气密元件及系统,指以液体和气体为工作介质,靠液体和气体压力来传送能量的装置。包括高压大流量液压元件和液压系统、智能化阀岛、智能定位气动执行系统、高频响电液伺服阀和比例阀、高性能密封装置、高转速大功率液力耦合器调速装置。

2.1.3 工业机器人与工作站

工业机器人在工业生产中替代人类做一些作业,例如搬运、焊接、装配、涂装、水切割等。

工业机器人工作站,指以工业机器人为主体,配以相关装置,为完成某一工序相对独立的工作系统。工业机器人工作站可以与其他工作站或装置构成自动生产线或其他复杂自动化智能系统。

2.1.4 智能加工装备

数控机床,指数值控制的金属加工机床。包括数控金属切削机床、数控金属成形机床、数控特种加工机床等。

智能基础制造装备,指用于各种成形、连接、热处理、表面处理的智能装备和系统及自动生产线。包括智能铸造岛、智能焊接系统、智能热处理生产线、智能锻造生产线、用于复合材料生产的智能设备和生产线等。

2.1.5 智能物流装备

智能物料搬运装备,指用于制造车间内或车间之间物料移动、搬运的智能装备,包括自动导引小车(AGV)、激光导引小车(LGV)、智能悬挂输送系统等。

智能仓储装备,指能自动存储和取出货物的智能装备和系统,包括自动化立体仓库及其自动识别系统、巷道堆垛机、专家系统等。

智能港口装卸设备(用于自动化码头集装箱、散货等装卸、输送的智能装备和系统,包括集装箱自动导引车、自动摘锁装置、无人堆场智能控制系统、港口集装箱起重机远程操控系统等)。

农产品智能物流装备,指用于农产品物流微环境及农产品质量安全和货架期信息智能监控及预警预报的农产品仓储及运输专用装备、农产品专用智能物流包装装备等。

2.1.6 智能农机装备

智能农机装备指智能农业动力机械、高效精准环保多功能农田作业装备、粮食作物高效智能收获装备、经济作物高效智能收获与智能控制装备、设施智能化精细生产装备、农产品产后智能化干制与精细选别装备、食品工业化加工与智能制造装备。

2.1.7 增材制造(3D打印)

增材制造(Additive Manufacturing,AM)设备是依据三维CAD设计数据,采用离散材料(液体、粉末、丝、片、板等)逐层累加原理制造实体物件的技术设备。包括粉末/丝状材料高能束烧结或熔化成形、丝材挤出热熔成形、液态树脂光固化成形、液体喷印成形、片/板材粘结或焊接成形等。增材制造相关服务。

2.2 航空产业

2.2.1 民用飞机(含直升机)

60—90座级新型涡扇支线飞机及改进改型,150—200座级单通道干线飞机及改进改型,250—300座级双通道大型干线飞机及改进改型,新型通用飞机(含公务机),新型直升机、无人驾驶飞机等飞行器整机及其关键零部件、专用装备。

2.2.2 航空发动机

新型涡扇发动机,新型涡轴发动机,新型涡桨发动机,新型活塞发动机、应用航空生物燃料的涡轮发动机等民用航空发动机整机及零部件。

2.2.3 航空设备及系统

民用航空机载设备及系统(航电设备及系统、机电设备及系统),机载任务设备及系统,空中交通管制设备及系统,地面支持设备及系统。

2.2.4 航空材料

民用航空材料。包括新型航空铝、镁、钛合金、复合材料等。

2.2.5 航空运营及支持

航空示范运营、现代航空物流、航空商务服务、航空运营支持服务、民用飞机客户服务(包括客户培训、航材支援、工程技术服务、技术出版物全寿命服务和飞行运行支援)、通用航空服务等。

2.2.6 航空维修及技术服务

航空维修、航空再制造、航空技术服务等。

2.3 卫星及应用产业

2.3.1 空间基础设施

航天器系统(包括各类应用卫星),先进卫星平台及有效载荷,先进卫星分系统部组件产品。运载火箭,火箭发动机,先进运载火箭部组件。航天器测控地面站、移动测控设备。基于自主数据源的高速全交换式卫星遥感地面接收系统,基于网格架构的卫星遥感数据处理、存储系统,面向服务的卫星遥感数据分发系统,遥感卫星地面标校系统和增强系统。遥感卫星地面真实性检验场网与实验室仿真试验设施和综合测试与评价系统。卫星通信上行站、关口站。导航卫星地面监测站、导航信号增强系统等。

2.3.2 卫星通信应用系统

通信卫星地面用户终端、便携式多媒体终端以及采用卫星通信新技术(新协议)的高性价比地面通信系统,低轨数据采集卫星应用终端,应急减灾卫星通信应用系统,宽带/高频/激光卫星通信应用系统。与卫星固定通信业务、卫星移动通信业务、电视卫星直播业务(卫星数字音频广播)和互联网宽带接入等四大业务相关的地面终端设备及其关键配套件。移动中卫星通信设备。卫星搜救系统地面站(MEOLUT)与用户信标。基于卫星直播技术的数字内容投递服务、天地一体化信息网络服务。适应于卫星通信应用系统的芯片产品、天线产品等。

2.3.3 卫星导航应用服务系统

卫星导航多模增强应用服务系统(含连续观测网络、实时通信网络、数据处理中心和公共服务平台),导航信息行业应用(含各部门及区域的应用,如高精度形变监测、交通安全、应急服务等),基于北斗兼容型多模卫星导航芯片、个人移动信息终端SOC芯片,RNSS授时接收机,基于位置信息的综合服务系统及其应用服务终端(与无线通信网络结合的全球导航卫星系统技术和室内定位技术)、具有导航、通信、视听等多种功能的车辆、船舶信息系统、个人导航信息终端,兼容型卫星导航接收机,卫星导航用芯片和嵌入式软件,基于 BD-2 的气象测风终端、高现实性导航电子地图。卫星导航高精度测地应用平台,精确授时设备,卫星导航产品专用测试设备,卫星导航应用系统集成产品等。

2.3.4 卫星遥感应用系统

卫星遥感系统综合应用平台,遥感数据标准产品,遥感数据增值产品。卫星遥感在国土测绘与监测、气象观测与服务、资源考察、城市规划管理与监测、交通运输、农林水利监测、地质勘探、海洋监测、地震、环保监测、防灾减灾、地球系统科学与数字地球等领域的应用系统,卫星遥感区域应用系统,城市空间信息服务。遥感应用支撑数据库、软件,遥感试验观测关键设备和仪器,数字化综合应用(3S+C)终端。航空遥感应用系统。

2.3.5 卫星技术综合应用系统

遥感、卫星通信、卫星导航综合信息服务平台,多元数据管理规模化信息处理系统,业务化、标准化信息终端,农业、海洋、林业、水利、资源城市管理、环境保护、防灾减灾、应急救援等领域及石化、能源等重点行业的应用系统,基于位置信息网络、宽带通信网络和高分辨率遥感数据服务的商业消费产品终端、可穿戴电子设备等产品。

2.4 轨道交通装备产业

2.4.1 高速铁路机车车辆及动车组

350km/h、250km/h 等级及更高速度干线高速动车组,200km/h 速度等级动车组,高速检测列车、高寒防风沙动车组、城际动车组、双层动车组、智能高速列车等谱系化动车组。交流传动客货运机车、调车机车,适用于高海拔、高寒交流传动机车,混合动力机车。新型铁路客车。大轴重长编组重载货运列车,快速货运列车。上述各类机车车辆及动车组的成套关键设备。

2.4.2 城市轨道交通车辆

城市轨道地铁、轻轨车辆,市域轨道车辆,现代有轨电车,储能式城市轨道交通车辆,先进单轨车辆,中低速磁浮车辆。上述各类车辆的成套关键设备。

2.4.3 轨道交通通信信号系统

高速、城际铁路列车运行控制系统,高速宽带车地无线通信系统。城市轨道交通列车运行控制系统,CBTC 互联互通列车运行控制系统,全自动运行系统(FAO)、LTE 车地无线通信系统。现代有轨电车及其他轨道交通形式的信号控制系统。轨道交通计算机联锁系统,轨道电路、应答器、计轴设备。货运编组站综合集成自动化系统。轨道交通道岔转换系统、道岔融雪系统。

2.4.4 轨道交通工程机械及部件

钢轨探伤、打磨、铣磨车,道岔打磨、配砟整形车,高效轨道清洁、清筛车,高效线路捣固、稳定车,综合巡检车,铁路移动加载试验车,桥梁及隧道状态检测维修车,接触网多功能检修作业车。上述各类车辆的成套关键设备。双源制、高原型和多功能组合式工程及养路机械装备。高速、重载、城市轨道用钢轨及道岔。

2.4.5 轨道交通专用设备、关键系统及部件

铁路专用牵引供电系统,城市轨道交通牵引供电系统,能馈式牵引供电系统。动车组、

机车、车辆网络控制系统,列车网络控制系统,牵引控制系统。轨道交通交流牵引传动功率变流装置,中低速磁浮列车控制系统,混合动力机车控制及电能管理系统,储能式城轨车辆动力系统,上述系统的关键零部件。高速、城际、城市轨道交通车辆制动系统,客货运机车制动系统,重载、快速货物列车制动系统,磁轨制动装置,涡流制动装置,制动系统用高可靠性气动元件。轨道交通专用齿轮箱、驱动装置,高速动车组车轴、车轮、轴承等关键基础材料和零部件,减震降噪弹性车轮。轻量化车体。大功率中速柴油机,中等功率高速柴油机,双燃料发动机。动车组、机车、城轨车辆用异步牵引电机,永磁牵引电机,轻量化新型变压器。车载安全防护系统,牵引供电遥控、遥监、遥测系统,自然灾害防灾及预警系统。

2.4.6 轨道交通运营管理关键设备和系统

轨道交通调度指挥、调度集中系统,综合监控系统及关键设备;轨道交通应急管理系统及关键设备;轨道交通旅客信息服务系统、自动售检票系统、屏蔽门系统及关键设备;轨道交通路基、桥梁、隧道、轨道状态监测和预警系统及关键设备大掺量、高附加值综合利用产品。

2.5 海洋工程装备产业

2.5.1 海洋工程平台装备

物探船、工程勘察船、大型海洋(极地)科学考察船、海洋调查船、海底资源调查船、水文测量船、极地破冰船、落管抛石船、自升式钻井平台、自升式修井作业平台、半潜式钻井平台、半潜式生产平台、半潜式支持平台、钻井船、浮式生产储卸装置(FPSO)、半潜运输船、起重铺管船、铺缆船、风车安装船、多用途工作船、平台供应船、大型起重船、潜水作业支持船、平台守护船、环保/救援船、ROV 支持船、多功能动力定位船、液化天然气浮式生产储卸装置(LNG–FPSO)、液化石油气浮式生产储卸装置(LPG–FPSO)、深吃水立柱式平台(SPAR)、张力腿平台(TLP)、浮式钻井生产储卸装置(FDPSO)、自升式生产储卸油平台、多金属结核、天然气水合物等深海资源开采设备,海水提锂等海洋化学资源开发装备等。海底支持维护船、饱和潜水船、海洋工程支持居住船、海底管道巡检船、自升式/半潜式生活平台、半潜式修井平台、经济型深水钻井平台、极区(冰区)钻井平台、浮式液化天然气生产储卸装置(FLNG)、浮式液化天然气存储再气化装置(LNG–FSRU)、深海可燃冰勘探装备、海底矿产开采平台(船)、海洋核动力平台、岛礁浮动平台、深海空间站。海上机场、海上卫星发射场等空间资源开发装备等。

2.5.2 海洋工程关键配套设备和系统

自升式平台升降系统、深海锚泊系统、动力定位系统、FPSO 单点系泊系统、大型海洋平台电站、大型海上发电用内燃机/双燃料燃气轮机、天然气压缩机、燃气动力模块、储能电池组系统模块、自动化控制系统、大型海洋平台吊机、水下设备安装及维护系统、物探设备、测井/录井/固井系统及设备、铺管/铺缆设备、钻修井设备及系统、大型油气加工处理系统、安全防护及监测检测系统,小型高效油气水分离设备,半潜式钻井平台钻柱补偿系统及隔水管补偿系统、海水污染物与废弃物快速分离/回收/应急处置设备以及其他重大配套设备、深远海海洋观测系统、海底观测网络、海上试验场、海洋装备核心配套产品与材料检测、试验、认证公共服务平台等。钻井船定位绞车、泥浆系统、钻井系统、井控系统、海洋工程船舶综合信息集成管理系统、天然气预处理及液化系统、LNG 再气化系统。

2.5.3 海洋工程装备服务

海洋工程装备研发实验(试验)服务、工程设计和模块设计制造服务,海洋工程装备安装调试服务、维修保障服务,海洋工程装备技术咨询和交易服务、中介代理服务、信息咨询服务、海洋工程装备投资咨询服务、信贷金融服务、保险担保服务、法律服务、海洋工程风险评价、评估与排查服务等。

2.5.4 海洋环境监测与探测装备

海洋水文气象岸基与海上平台基观测台站用传感器、设备与系统,船用水文气象观测传感器、设备与系统,水文、气象与水质观测浮标、潜标、海床基、移动观测平台(AUV、ROV、滑翔器等),海洋水质与生态要素测量传感器与设备,声学测量与探测设备、光学测量与探测设备、高频地波雷达、S/C/X波段测波雷达、水位与波浪雷达、海洋型通用通讯模块、船用水文与地质调查绞车、深海通用材料与接插件等辅助设备。

2.5.5 海洋能相关系统与装备

海洋能发电机组。包括万千瓦级环境友好型低水头大容量潮汐水轮发电机组,300千瓦以上潮流发电机组,百千瓦级新型波浪能发电机组。

海洋能相关系统与设备。包括海洋能开发前期水文观测、地质地形观测、勘察设备,海上施工、运输、安装、维护船只及相应设备,海底电缆相关设备、海底电缆故障检测设备、连接器,防附着及防腐材料。

海洋能装置研发公共支撑平台相关系统与设备。包括海洋能海上试验场、海洋能综合检测中心、海洋动力环境模拟试验等公共服务平台建设和运行所需要的相关设备。

2.5.6 水下系统和作业装备

水下采油树、防喷器,水下成橇化生产装置、抽油设备,水下设施应急维修设备,应急减灾和消防设备,ROV/AUV和多功能水下机械手、载人深潜器、海底管线焊接设备、钻井/生产隔水管、水下管汇、压缩机、分离器、增压泵、水下控制系统、脐带缆系统、海底矿石采集系统等。

2.5.7 海水养殖和海洋生物资源利用装备

高产量、全控制、精准化、标准化、模块化、高循环率的工厂化循环水养殖设备、整装系统,抗12级台风的深远海网箱养殖整装系统,筏式/底播养殖、特殊培养系统、养殖动植物采收等海水养殖专用设备,新型海洋水产品加工设备和互联网+智能化服务系统。

3 新材料产业

3.1 新型功能材料产业

3.1.1 新型金属功能材料

稀有稀贵金属材料如金属储氢材料,钴基非晶软磁合金薄带,镍基非晶软磁合金薄带,钨钼材料如钼合金、钼铜合金、钼钛锆合金等,钽铌材料如高比容钽粉、高性能铌合金,铣纳合金材料,铍材及铍制品等;钛及钛合金粉体材料,多孔钛及钛合金材料,钛及其合金压延材料等;Al-Ca合金,Al-In合金,Al-V合金,Al-Ca-In合金,铝合金压铸材料产品等;新型金属纤维多孔材料,超细高纯活性锌粉,硬质合金材料,功能性金属粉末材料等;泡沫铜、泡沫铝、泡沫镍等泡沫金属材料。

3.1.2 新型功能陶瓷材料

热电陶瓷材料,压电陶瓷材料,铁电陶瓷材料,介电陶瓷材料,超导电陶瓷材料,高导热陶瓷材料,磁阻陶瓷材料,自旋电子陶瓷材料,低温烧结复相陶瓷,高温过滤及净化用多孔陶瓷材料。

3.1.3 稀土功能材料

高性能稀土(永)磁性材料及其制品,稀土催化材料,稀土储氢材料,稀土光功能材料,超磁致伸缩材料,稀土光导纤维,稀土激光晶体,稀土精密陶瓷材料,高性能稀土抛光材料,稀土磁光存储材料,稀土磁致冷材料,以及稀土纳米材料,高纯稀土化合物,稀土环保颜料等。

3.1.4 高纯元素及化合物

高功率石墨电极,锂离子电池负极用石墨,中间相碳微球,人造金刚石等,高纯锗,高纯铝,高纯锌,高纯碲,高纯硒,高纯镉,高纯汞,高纯砷,高纯硫,高纯度砷化镓,高纯度硒化镓,高纯度碲化镉,镍钴酸锂、镍锰酸锂二元体系,镍钴锰酸锂、镍钴铝酸锂三元体系。

3.1.5 表面功能材料

功能型涂料,新型涂层材料,环境友好型防腐涂料,环境友好型高性能工业涂料,高温陶瓷涂敷材料,高档汽车用金属颜料,水性重防腐涂料,耐高温抗强碱涂料,防火阻燃涂料,磁性热敏涂层材料,自清洁涂层材料,医用生物活性陶瓷涂层。

3.1.6 高品质新型有机活性材料

高品质无机颜料,新型有机/还原/分散染料,高品质有机颜料,新型油墨,无 PCB 酞菁铜,荧光增白系列。

3.1.7 新型膜材料

生物功能和仿生分离膜材料,质子膜材料,离子交换膜,功能高分子膜材料,均相系列荷垫膜,聚烯烃类微滤膜,液体脱气膜,汽液相分离膜,膜内转印用膜,氯碱用膜材料,无机分离催化膜材料,反渗透膜材料,陶瓷分离膜材料,渗透气化和蒸汽渗透分离膜材料,动力电池用复合膜、涂布膜,其他功能膜材料。

3.1.8 功能玻璃和新型

光学材料光功能玻璃及纤维,电磁功能玻璃,耐热性能玻璃,机械性功能玻璃,航空、车辆特种玻璃,节能玻璃,光学晶体材料,环境功能(调光、隔音、隔热、电磁屏蔽、防辐射)玻璃等。

3.1.9 生态环境材料

生物材料,环境降解材料,环境友好型涂料,环境污染治理材料,电子电器产品限用物质替代材料,低碳型和环境友好型包装材料,生态建材。绿色印刷材料。

3.1.10 高品质合成橡胶

耐热、耐蚀、耐磨损功能橡胶,特种橡胶材料,氟橡胶、硅橡胶,热塑性弹性体、新型反式丁戊共聚橡胶等其他橡胶材料。

3.1.11 高性能密封材料

高效密封剂、密封胶和胶带,轿车及中高档轻型车覆盖件,结构件及动力传动、减振、制动系统用密封材料,大型成套设备高压、液压、气动系统用密封件,电力设备高温、高压机械用密封件,石油化工业用高速透平压缩机的非接触气膜密封件,金属磁流体材料与密封件,高性能无石棉密封材料,高性能碳石墨密封材料,高性能无压烧结碳化硅材料,自润滑密封材料,航空航天用聚硫密封剂材料。

3.1.12 新型催化材料及助剂

固体酸催化剂,固体碱催化剂,生物催化剂,新型石油化工催化剂,化工、医药及环保用催化剂,新型煤化工催化剂,高温燃料电池催化剂,新型光催化材料及其他助剂。

3.1.13 新型化学纤维及功能纺织材料

抗菌抑菌纤维材料,抗静电纺织材料,阻燃纤维材料,抗熔滴纤维材料,相变储能纤维材料,导电纤维材料,抗辐射纺织材料,抗紫外线功能纤维材料,耐化学品纤维材料,轻量化纤维材料,土工纤维材料,医卫纤维材料,环保滤布材料,防刺防割布料等。

3.1.14 其他功能材料

超材料、石墨烯材料、3D打印基础材料等。

以海洋生物为来源的医学组织工程材料,新型功能纺织材料、药用辅料、生物纤维材料、生物分离材料、生物环境材料、生物防腐材料等海洋生物材料。

3.2 先进结构材料产业

3.2.1 高品质特种钢铁材料核电用、超超临界火电用、高性能汽车用、高速铁路用等特殊钢型材及其锻件,高品质不锈钢,高性能工模具用钢,耐腐蚀及耐高温,高压高强钢,高性能工程用钢等;铁基高温合金铸件,特殊钢铸件,高强度低温和超低温用可焊接铸钢件等,特殊品种高级无缝管等。高速钢、模具钢、高速钢薄扳、模具钢薄扳、钛及钛合金薄扳、双金属结构材料,镁及镁合金薄扳;高速钢扁丝、钛及钛合金丝。

3.2.2 高性能有色金属及合金材料

高精度铜及管、棒,线型材产品,铜镍、铜钛、铍铜等铜合金管、棒、线型材,高强高导铜材,电解铜箔,压延铜箔,电子铜,铜合金引线框架,高性能接插元件等电子产品用铜压延材料,其他高性能铜及铜合金压延产品。高性能铝及铝合金线、棒、带、管、板、异型材等产品,电容器铝箔,亲水,特薄铝及铝合金箔材,半凝固态铸造加工的铝和铝合金材,高强度铝合金锻件。高性能钛及钛合金线、棒、带、管、板、异型材等,钛及钛合金模锻件,旋锻件,铸锻件,医用钛合金材料(髋关节,骨钉,骨板),医用钛合金器件,大规格特种钛合金锻件。纯镍,镍合金丝,线、棒、管、带、板等型材,印花镍网,镍基合金、钴基合金铸件。高性能镁合金及变形镁合金,镁合金腐蚀控制及防护,镁合金锻件。

3.2.3 新型结构陶瓷材料

透明氧化铝材料,高纯氧化锆材料,新型超硬材料(氮化硅、氮化硼、碳化硼),陶瓷纤维复合材料,氧化锆增韧陶瓷、人造宝石。

3.2.4 工程塑料及合成树脂

新型工程塑料与塑料合金,新型特种工程塑料,新型氟塑料,液晶聚合物,高性能热塑性树脂,阻燃改性塑料,ABS及其改性制品,HIPS及其改性材料,不饱和聚酯树脂专用料,汽车轻量化热塑性复合材料。新型聚氨酯材料。高性能环氧树脂,聚双马来酰亚胺树脂,聚酰亚胺树脂,聚异氰酸酯树脂,酚醛树脂。

3.3 高性能复合材料产业

3.3.1 高性能纤维及复合材料

高性能碳纤维及其复合材料,碳/碳复合材料,高强玻璃纤维、连续玄武岩纤维、陶瓷纤维、石墨纤维等无机非金属高性能纤维及其复合材料,芳纶、超高分子量聚乙烯纤维及其复合材料。芳砜纶纤维,聚苯硫醚纤维,聚四氟乙烯纤维,聚酰亚胺纤维、酚醛纤维、高吸水性纤维等具有耐腐蚀、耐高温、高强高模、抗燃、传导等功能的新型纤维。高性能树脂复合材料的高效低成本、自动化成型。具有透波、吸波、电磁屏蔽、隐身等功能的结构/功能一体化复合材料,具有自检测、自诊断、自修复、自适应等功能的智能复合材料,阻燃功能复合材料,装甲功能复合材料,热防护功能复合材料,梯度功能复合材料。

3.3.2 金属基复合材料和陶瓷基复合材料

用碳化硅、碳化硼、硼化钛、氮化硅纤维、晶须、颗粒等增强的铝基复合材料,铜基复合材料,满足高温、高压、高速和有腐蚀介质服役环境的钛基陶瓷复合材料、镁基陶瓷复合材料、铝基陶瓷复合材料,钛基复合材料,镁基复合材料,镍基复合材料,铍基复合材料,难熔金属基复合材料,高温合金基复合材料,金属间化合物基复合材料。用连续碳化硅等纤维、晶须、颗粒补强的氮化硅、碳化硅等高温结构陶瓷基复合材料。

3.3.3 其他高性能复合材料

软磁复合材料,轨道交通绿色复合材料,熔纺氨纶材料等。

4 生物产业

4.1 生物医药产业

4.1.1 新型疫苗

肝炎、疟疾、结核、艾滋病、手足口病等重大或新发传染病疫苗,基因工程疫苗、核酸疫苗等新型疫苗。人畜共患病疫苗以及针对肿瘤、自身免疫性疾病和慢性感染性疾病的治疗性疫苗。流感百白破(无细胞)、水痘、麻疹、甲肝、脊髓灰质炎等传统基础免疫用疫苗升级换代和联合疫苗。新剂型口服疫苗,吸入性疫苗。

疫苗抗原大规模培养、疫苗抗原纯化技术、蛋白纯化生产新工艺技术,疫苗安全性与免疫性相关技术,冻干疫苗耐热保护技术和疫苗质量快速评价技术和方法等。

4.1.2 生物技术药物

治疗恶性肿瘤、自身免疫性疾病、神经系统疾病等难治性疾病以及用于紧急预防和治疗感染性疾病的抗体类药物,免疫原性低、稳定性好、靶向性强、长效、生物利用度高的基因工程蛋白质药物。针对恶性肿瘤等难治性疾病的细胞治疗产品和基因治疗药物。特异性免疫球蛋白等产品。利于提高血浆利用率的血液制品。

基因工程药物、抗体药物、核酸药物、稳定表达细胞系构建技术等的规模化制备生产技术、蛋白质工程技术、化学修饰技术、长效、缓释、控释等生物制剂技术,疫苗的新型载体、佐剂、稳定剂和保护剂,细胞治疗相关技术。

4.1.3 化学药品与原料药制造

抗病毒、抗耐药菌、抗深部和多重真菌、抗耐药结核杆菌、抗其他微生物(如衣原体、支原体、疟疾、寄生虫等)的新型抗感染药物,治疗肺癌、肝癌等我国高发肿瘤疾病的毒副作用小、临床疗效高的靶向、高选择性抗肿瘤药,防治高血压等心脑血管疾病及治疗糖尿病等内分泌及代谢疾病的作用机制新颖、长效速效、用药便捷的新型单、复方药物,治疗类风湿性关节炎、系统性红斑狼疮、银屑病、痛风、免疫低下等疾病以及移植排异反应的新型免疫调节剂。针对抑郁、焦虑、失眠、精神分裂等精神性疾病,阿尔茨海默氏病、帕金森氏病等神经退行性疾病,慢性神经性疼痛等,解除症状的新型速效药物和缓解病情的新型长效药物。儿童疾病治疗的新型药物,"孤儿病"治疗药物。

药物生产的分离纯化、手性合成和拆分、生物催化合成、晶型制备,药物生产在线质量控制,药物信息等技术;制剂生产的缓释、控释、长效制剂,速释制剂,靶向释药,透皮和粘膜给药制剂等新剂型工艺技术。

4.1.4 现代中药与民族药

围绕重大疾病针对中医药临床治疗优势病种的中药新药和中药健康产品开发研究。疗效确切、安全性高、有效组分明确、作用机理清晰、制备工艺先进的中药新药。疗效确切和市场占有率高的二次开发中成药大品种。

有显著疗效的二次开发民族药,针对民族和地方传统用药的新用途、新技术开发的新品种,源于昆虫动物开发的民族特色动物药物新品种。

中药提取精制、中药制剂、中药材种植、中药饮片炮制加工技术和装备、中药材农药残留、重金属及有害元素等安全限度研究、中药质量控制标准研究等,以及有重要经济价值的源于昆虫动物药的提取精制及质量控制特种技术等。

中药绿色制造、智能制造技术体系与装备开发研究。中药饮片炮制加工技术、中药质量控制技术装备等。

4.1.5 生物医药关键装备与原辅料

用于疫苗和药物生产的清洁动物(包括胚胎)、细胞系、培养基,基因工程、细胞工程、发酵工程、天然药物的生产、药物活性成分等分离用的高精度、自动化、程序化、连续高效的设备和介质,以及适用于生物制品厂的生产装置等。新型固体制剂用辅料,新型包衣材料,新型注射用辅料,药用制剂预混辅料。

4.1.6 生物医药服务

针对化学药、生物制品、中药和医疗器械等不同类型的创新产品,以获得上市许可为目标的临床前研究、临床试验的委托合同研究(CRO)。不同规模的原料、辅料和制剂的委托合同生产(CMO)。生物资源(包括人类、动植物及微生物资源)及其他特殊样本库(化合物库、细胞库、抗体库和其他生物元件库)的收集、保存和发掘利用服务。生物信息系统(基因组信息、蛋白组信息、系统生物学信息等)和数据库的建立、维护和发掘利用服务,生物大数据、医疗健康大数据共享平台。基因测序、药物筛选、实验动物模型、规模化动植物转基因等方面的专业技术服务。实验室仪器设备、试剂的供应、维护、检测监测服务。生物安全实验室、GMP生产车间的设计、建造、维护、报批和监控服务。针对个性化健康保障和精准医疗的基因检测服务,线上线下相结合的智能诊疗生态系统,针对重大疑难病症的生物治疗服务,基于物联网等技术开展的社区和家庭远程健康管理服务。

4.2 生物医学工程产业

4.2.1 医学影像设备及服务

医学影像设备。包括多能多排螺旋计算机断层成像(CT)、永磁磁共振或高场强超导磁共振成像(MRI),脑磁图(MEG)和功能近红外光谱成像(fNIRS),正电子发射断层成像(PET)、高性能超声成像(USI)及其一体化多模态混合成像设备;高性能电子内窥/腔镜(ES)(如胃镜、喉镜、支气管镜、腹腔镜、关节镜等)及其超声、光学相干、荧光、共聚焦等复合模态成像系统;高性能数字放射摄像(DR)、数字血管造影(DSA),以及胃肠、乳腺、膀胱、口腔等专科数字放射摄像;手提式、便携式、可移动、车载等多功能医学成像系统及其配套设备。核心部件包括高场超导磁体、超导射频阵列表面线圈、MRI 用低温制冷机、高热容量 X 线球管、快速多排 CT 探测器、非晶硅/氧化物平板平 X – 射线探测器、磁兼容全数字固体 PET 探测器、高密度面阵超声探头、低剂量探测器等核心部件及其关键技术。

医学影像服务。包括远程影像诊断、移动影像诊疗、第三方医学影像中心等服务相关的配套设备和技术。

4.2.2 先进治疗设备及服务

肿瘤治疗设备。包括具有实时的运动跟踪、图像引导、适形、调强等先进功能的电子直线加速器、质子/重离子回旋加速器的放射治疗系统及其高精度治疗计划系统;磁感应、高强度聚焦超声(HIFU)、射频、微波、氩氦刀等肿瘤热疗、消融、冷疗设备及其治疗监测系统;硼中子捕捉治疗系统及其靶向药物。

手术治疗设备。包括术中定位、术中成像、术中监护、影像导航等设备及其信息系统;数字化、一体化的外科手术、介入治疗、术中治疗、微创治疗等混合手术室设备及其信息系统;腹腔、胸腔、泌尿、骨科、介入等手术辅助机器人及其配套微创手术器械;高性能的激光、超声、等离子、高频等新型手术器,具有麻醉深度监测和控制等功能的数字麻醉机工作站。

康复治疗设备。包括植入式神经刺激器、多腔心脏起搏器、植入式除颤器、人工电子耳蜗;声、光动力学治疗及其增敏剂;超快电磁脉冲、超高静电场、大功率激光、电磁场、电磁波、超声、光学、力学等康复理疗设备;具有实时的三维肌力测评、步态分析、平衡测评控制、四肢联动、功能性电刺激(FES)、生物反馈、运动监测、感觉测试等功能的康复训练和治疗机器人;肌体功能训练、行为、心理、认知干预的康复训练和测评系统。

专科治疗设备。包括眼科准分子激光治疗仪、泌尿激光治疗仪、内镜激光治疗仪、口腔治疗设备;基于影像融合的心脏传导三维标测及射频消融治疗系统;基于传统医学原理的中医治疗设备。

生命支持设备。包括具有新型通气模式的高性能呼吸机、人工心肺机、体外膜肺氧合系统、心脏功能辅助装置;持续血液净化系统、血液透析机、腹膜透析机、人工肝治疗仪、血液灌流、血浆吸附及血浆置换设备和耗材;重症监护系统、自动除颤器、心肺复苏装置。

康复治疗服务。包括第三方肿瘤放射治疗中心、社区血净化中心、社区慢病治疗中心、社区康复理疗中心、社区康复训练中心等服务相关的配套设备和技术。

4.2.3 医用检查检验仪器及服务

医用检查检验仪器。包括心电、脑电、肌电、诱发电位、眼肌电等电生理信号检测分析仪,新型的血管功能、心功能、肺功能及心肺功能测试分析仪,连续动态心电、脑电、血压、血糖、血红蛋白等检测分析仪,低生理低心理负荷呼吸睡眠监测分析仪,多功能多参数生理参数监护仪;多普勒血流成像仪、超声骨密检测分析仪、眼科光相干层析成像(OCT)等专科诊断设备;无创/微创颅内压监测仪、无创/微创血糖测试仪、无创活体生化分析装置;基于物联网、可穿戴、传感网络、移动通信、全球定位等技术的健康信息终端、全科检查装置、生命信息监测装置及其相关的信息系统和云平台;肺癌、胃癌、肝癌、肠癌、乳腺癌、宫颈癌等重大慢病筛查诊断设备。

体外诊断检测仪器。包括高精度、高通量（快速）、全自动的生化、电解质、血气、尿液、体液、粪便、阴道分泌物、血红蛋白、糖化血红蛋白、特定蛋白、血细胞、微生物、代谢、营养、血凝等检测分析仪器（含干式）及其疾病诊断和筛查信息系统；全自动、高通量、高灵敏度的酶联光度、电化学、化学发光、电化学发光、荧光、时间分辨荧光、均相时间分辨荧光等方法的免疫分析系统，与组织/细胞检测分析相关的仪器、免疫组化自动化染色仪及其配套试剂；医用质谱分析仪、医用色谱分析仪、微量分光光度计、自动化血型测定仪、流式细胞分析仪、共聚焦扫描仪、现场快速多参数生化检测仪（POCT）、微生物培养仪；无汞体温计、各类体外诊断用试剂、试纸及其配套设备与耗材。

分子诊断检测仪器。包括实时荧光定量 PCR 仪、荧光原位杂交仪、高通量基因测序仪、恒温芯片核酸实时检测系统、生物芯片阅读仪、生物芯片杂交仪、生物芯片洗干仪、超分辨分子显微成像系统、快速全自动核酸提取仪；分子生物信息分析处理系统。

医用检查检测服务。包括第三方体外诊断中心、健康查体中心、健康档案和信息采集中心、分子诊断信息中心、健康小屋等服务相关的配套设备和技术。

4.2.4 植介入生物医用材料及服务

生物医用植介入体。包括血管造影/中央静脉/球囊扩张等医用导管和导丝、药物洗脱及可降解心血管支架、脑血管支架、大动脉支架；先心病封堵器、机械/生物人工心脏瓣膜、聚酯/膨体聚四氟乙烯/生物型/生物陶瓷等人工血管、髋/膝/肩等人工关节假体、骨诱导人工骨、软性/硬性人工晶体、人工角膜、羊膜等眼科植入物、聚酯/碳素纤维/生物等人工韧带；基于组织工程、生物打印和3D打印的新型生物医学植介入体。

生物医用材料。包括具有药物缓释功能的胶原基/聚乳酸基/钽基等生物陶瓷类骨修复材料、活性硅酸钙/磷酸钙复合骨水泥、人工骨/金属骨固定材料、人工椎间盘等骨植入材料、种植牙/牙周组织引导胶原膜/齿科专用胶原止血海绵等齿科植入物、昆虫动物源的生物可容性皮肤修复与美容控缓释药用生物膜材料，脑血管/α-氰基丙烯酸正辛酯液态血管/聚乙烯醇等栓塞剂、基因重组血红蛋白携氧治疗剂/脂质体包囊血红蛋白携氧治疗剂/聚合血红蛋白携氧治疗剂等人工血液、牛跟腱I型胶原膜/猪源心包膜/牛心包膜/膨体聚四氟乙烯等硬脑膜修补材料、中枢神经修复材料、透明质酸及胶原蛋白等软组织填充材料、细胞组织诱导性生物材料、具有止血/抗炎/修复等功能的壳聚糖基/海藻酸钠基等生物活性敷料。

生物医用材料服务。包括个性化医用植介入制造服务中心及其相关的配套设备和技术。

4.3 生物农业产业

4.3.1 生物育种生物育种

涉及的主要技术,包括农业生物重要功能基因发掘、分离与克隆技术、分子标记辅助育种技术、基因工程（转基因）育种技术、分子设计育种技术、植物脱毒性组织培养快繁技术、细胞工程育种技术、动物胚胎工程技术、动物克隆技术、动植物生物反应器技术、染色体操作技术、植物单倍体、双单倍体及多倍体诱导育种技术、种质资源辐照诱变育种技术、航天育种技术，以及基因组编辑技术、大数据分析优化育种管理技术等。

以上述技术体系为基础的重点产品。包括优质、高产、抗病虫、抗旱耐盐等粮棉油作物新品种及新组合，果蔬花卉新品种及种苗种芽、特色经济作物、林业绿化树种和园林植物新品种及种苗种芽,能源植物新品种与种苗,饲草新品种,优良畜禽新品种,种畜、良种动物精子和胚胎,动植物生物反应器及产品,水产新品种与大规模健康养殖,生物育种新材料,有重要经济及药用价值的动植物新品种与人工规模化繁育等。

4.3.2 生物农药

生物农药。包括细菌、真菌和病毒活体微生物、微生物代谢产物加工制剂、植物源农药等,以现代微生物技术、重组 DNA 技术、发酵工程等为技术支撑,包括微生物大规模分离鉴定与资源化利用技术,动植物及微生物功能基因分离、克隆、表达与重组技术,基因转移与生物微囊技术,抗生素组合生物合成技术,植物源农药规模化生产技术,寡糖分子结构化学修饰与改造技术,新型广谱长效生物农药剂型加工工艺与生产技术等。

重点产品。包括安全、高效、新型苏云金芽孢杆菌(BT)、白僵菌、绿僵菌、昆虫病毒等微生物杀虫剂,农用抗生素等微生物代谢产物制剂,抑菌防病芽孢杆菌制剂,微生态与寡糖制剂,昆虫信息素等生物化学制剂,植物源杀虫与抑菌杀菌剂等。

4.3.3 生物肥料

重点产品与技术服务。包括微生物肥料产生菌筛选及发酵工艺,共生固氮微生物应用新技术,农用沼气生产与综合利用,农作物秸秆还田技术,生物肥料缓释技术与装备,人造有机物和危险废弃物微生物降解技术,根瘤菌等共生固氮微生物菌剂,有机物料腐熟剂,生物有机肥料,复合微生物肥料产品等。

4.3.4 生物饲料

重点产品与技术服务。包括基因分离与修饰、酶工程与发酵工程技术,$\beta-1,4$ 木聚糖酶、$\beta-$甘露聚糖酶、$\beta-1,3-1,4$ 葡聚糖酶、$\alpha-$半乳糖苷酶、氨基酸等系列化饲用酶制剂和添加剂,新型饲料蛋白和耐高温、耐酸性、耐胃蛋白酶水解饲料酶制剂,酵母源生物饲料,高活性生物发酵饲料,微生态制剂,无抗全价生物饲料,生物活性肽及抗菌肽,饲料用寡聚糖和生物色素,幼龄动物专用饲料,植物提取添加剂,益生素添加剂,生物药物饲料添加剂、高效水产养殖饲料配制技术及动物性饲料源替代产品等。

4.3.5 生物兽药、兽用生物制品及疫苗

重点产品与技术服务。包括基因工程菌优选及下游纯化技术,预防禽流感、口蹄疫、猪蓝耳病等重大动物疫病及狂犬病、布氏杆菌病等人畜共患病的新型疫苗,包括亚单位疫苗、标记疫苗、基因缺失疫苗、活载体疫苗和转基因植物疫苗等基因工程疫苗,黏膜免疫疫苗,新型佐剂疫苗,干粉疫苗,多联多价疫苗等。常见、多发动物疫病的新型生物兽药、兽用中药和相关医疗设备。海水养殖病害预警监测技术,水生动物重大疫病预防疫苗。重大动物疫病和多发动物疫病的分子诊断与检测试剂盒。

4.3.6 生物食品

重点产品与技术服务。包括食品生物组学技术、生物活性因子靶向分离与萃取技术、食品合成生物工程技术、食品生物高效转化技术、肠道微生物宏基因组学技术、分子食品、精准营养食品等。

4.4 生物制造产业

4.4.1 生物基材料

基于生物质来源的生物塑料、生物纤维、生物橡胶等高分子材料。包括聚乳酸(PLA),

聚羟基烷酸(PHA)、聚对苯二甲酸丙二醇酯(PTT)、聚丁二酸丁二醇酯(PBS)、聚氨基酸、聚四氢呋喃、聚有机酸复合材料和产品,多元醇纤维,淀粉基塑料、生物基聚酯、生物基聚氨酯、生物质纤维、新型炭质吸附材料、壳聚糖纤维、海藻纤维、葡甘聚糖材料、蛋白质纤维,非主粮变性淀粉基生物降解材料、微生物多糖材料、生物基材料助剂等。

生物基材料聚合技术,高密度、高粘度微生物发酵工艺技术,生物聚合物的水相分离技术,生物聚合物等高效分离提取技术,生物立体复合材料及其成型加工和改性技术,生物质纤维生物脱胶技术,生物基材料清洁生产技术。

4.4.2 生物化工产品

生物法制备或生物质原料制备的大宗与精细化学品及其衍生物。包括生物乙烯、异戊二烯、丙烯酸、乙醇、乙二醇、丙二醇、异丙醇、3-羟基丙酸、丙烯酸、丁醇、异丁醇、丁二醇、丁三醇、多元醇、乙酸、乳酸、丙酸、丁酸、丁二酸、乙醛酸、富马酸、长链二元酸、长链脂肪酸、苹果酸、衣康酸、柠檬酸、柠檬酸酯、异山梨醇,手性化合物,甾体化合物,化工中间体,添加剂,秸秆糖,寡糖、稀少糖、非天然氨基酸等。

非粮原料转化技术,生物炼制技术,生物质气化技术,化工产品发酵技术,生物催化技术,全细胞催化转化技术,生物拆分技术,生物酶解技术,生物化学组合合成技术,生物合成过程控制技术等。

4.4.3 特殊发酵产品与生物过程装备

工业酶制剂。包括纺织用酶、造纸用酶、洗涤用酶、制革用酶、化工用酶、能源用酶、食品用酶等。临床诊断用酶、膳食补充用酶等特种和专用酶制剂。氨基酸、维生素、微生物制剂、生物色素、生物防腐剂、生物絮凝剂、微生物多糖、生物油脂、植物化学品、糖醇、核苷、功能肽、丙酮酸等新型发酵产品。自动发酵罐与自控系统、特殊细胞培养反应器、生物加工反应器、生物传感器、生物大分子产品专用分离设备等生物过程装备。

发酵过程优化技术装备。包括高密度发酵,固体发酵,气体发酵,清洁发酵,酶制剂评价,生物印染、生物漂白、生物制革、生物脱胶、生物勘探、生物冶金、膜分离、超临界流体浸提、高通量筛选、生物加工、生物提取、生物分离等技术与装备。

4.4.4 海洋生物活性物质及生物制品

基于现代生物技术,从海洋生物中获取海洋功能食品和生物制品。包括天然类胡萝卜素如虾青素、叶黄素、藻黄素等天然色素、多元不饱和脂肪酸如二十二碳六烯酸、二十碳五烯酸,蛋白酶、脂肪酶、纤维素酶等海洋新型酶类、海洋生物功能蛋白、肽和寡糖类等饲料添加剂,海洋生物肥料,海洋生物农药,海洋生物调节剂与除藻剂等,海洋微生物疫苗。海洋生物活性物质提取、纯化和合成技术,甲壳寡糖及其衍生物绿色制备技术,大型藻类培养与炼制、海藻能源技术开发,海洋药用生物资源及活性产物的发掘与利用技术,海洋农业生物药物创制高技术,海洋动植物生物大规模培养及反应器技术,海洋农业生物药物高效表达与产物纯化技术。

4.5 生物质能产业

4.5.1 原料供应体系

构建动态生物质能资源数据库信息系统平台。将生物质能资源数据信息与气象信息、土地开发利用信息、水土资源保护信息、以及农林生产规划信息等多类信息数据有机结合,形成完善的生物质能资源评价体系。

高效农作物秸秆和林业剩余物资源的收集、粉碎机械和运输设备。城市污泥除臭收集和运输设备。

优良能源树种、草种的筛选和改良。建设大规模能源作物原料供应基地,并形成与之配套的管理体系和标准。

4.5.2 生物质发电

生物质混燃计量监测装备;垃圾焚烧发电锅炉烟气污染物排放在线监测装置。

以农林剩余物、畜禽粪便、城镇生活垃圾、工业有机废液(包括造纸黑液、印染废液、酿造废液、皮革废液等)、污水污泥等生物质资源为主要原料,根据当地市场需求灵活配置发电、供热、制冷、燃气供应等多种形式的能源产品的高效、环保分布式能源站。分布式多联产生物质发电系统。适用于不同燃气的内燃发电机组和小型燃气轮机发电机组,单机功率范围300—2000千瓦,发电效率不低于35%。

4.5.3 生物质供热

以具有高效、高稳定性、无备用等性能的生物质供热锅炉为核心的分布式生物质能供热系统成套装备,包括高效蓄热器、自动控制、远程监控、多热源智能热网等。

4.5.4 生物天然气

针对如农林剩余物、畜禽粪便、城镇生活垃圾、工业有机废水废液等不同的生物质原料,具有高容积产气率的发酵工艺、纯化技术和成套装备。

4.5.5 生物质液体燃料

纤维素乙醇生产的工艺技术和装备。主要有高效、低耗、高产率的原料纤维素分离技术工艺和装备,低成本糖化酶。

F-T合成生物质液体燃料生产工艺及装备。高效生物质气化、净化工艺和装备,高效、低成本催化剂及在此研究基础上开发的完整的生产工艺和成套装备。

生物质直接液化技术及成套装备。具有液相得率高、能耗低的生物质快速裂解工艺技术及装备,适用于生物液体燃料生产规模的脱酸、酯化、重整工艺技术及装备。

4.5.6 生物质能技术服务

生物质能产品检测认证服务,生物质能资源评估服务,生物质能开发应用设计及建设服务,生物质能工程验收及后评价服务,生物质能工程维及优化服务,生物质能项目尽职调查及风险评估服务。

5 新能源汽车产业

5.1 新能源汽车产品

5.1.1 新能源汽车整车

纯电动乘用车,插电式混合动力乘用车(含增程式);纯电动商用车,插电式商用车(含增程式);燃料电池乘用车,燃料电池商用车;纯电动专用车等整车。

5.1.2 电机及其控制系统

用于驱动或发电的高效电机,轮毂电机,轮边电机;用于驱动或发电的电机控制器和控制软件;集成DC-DC和其他电气功能的控制器;可变电压控制器。

5.1.3 新能源汽车电附件

高可靠性高压继电器,高压熔断器,高压线缆,高压插接件,绝缘检测仪,电动制动真空泵,电动空压机,电动助力转向系统,电动空调及热管理系统(含热泵空调、电动压缩机、CO_2电动压缩机、电池冷却器、空调箱及冷却模块等),DC/DC 转换器,车载充电机,车载交直流充电接口等。

5.1.4 插电式混合动力专用发动机

阿特金森循环发动机,增程器专用发动机;专用发动机电控单元等。

5.1.5 机电耦合系统及能量回收系统

纯电动及插电式混合动力乘用车及商用车机电耦合系统,两档及多档自动变速传动系统及其电控自动执行机构,动力分流用行星齿轮,高性能自动离合器和制动器及其执行机构,新能源乘用车和商用车用机电分配式回收制动系统。

5.1.6 燃料电池系统及核心零部件

燃料电池电堆、模块及系统,空压机系统、空压机电机和空压泵,燃料电池相关材料包括MEA,双极板,碳纤维纸,质子交换膜,铂催化剂及其他新型催化剂等;燃料电池系统相关辅件包括高功率DC/DC,氢喷射器,循环泵,空压机,背压阀,水分离器,节温器,散热器,调压阀,加湿器,水分离器,冷却泵,氢压力传感器,流量传感器,氢浓度传感器等;车载储氢系统包括储氢瓶塑料内胆,高强度碳纤维,高性能储氢合金及金属氢化物,高压阀及接口等。

5.2 充电、换电及加氢设施

5.2.1 分布式交流充电桩

地面交流充电桩,地下交流充电桩;分布式交流充电桩的桩体、电气模块、通信模块、计量模块等核心组件。

5.2.2 集中式快速充电站

集中式快速充电站及集中式快速充电站的充电机、供电系统、通信系统、能量管理系统、安防系统及信息处理系统等核心设备。

5.2.3 换电设施

电池更换机器人;场站型高效可靠充换电一体化系统装备;乘用车底盘换电关键换电设备,自动解锁机构,现场控制系统及运行管理系统。

5.2.4 站用加氢及储氢设施

氢气制造设备,站用高压储氢罐,高压氢气运输车,高压氢气加注设备。

5.3 生产测试设备

5.3.1 电池生产装备

自动供粉系统,真空搅拌系统以及供浆系统,高速挤出式极片涂布设备,极片辊压设备,极片高速分切设备,极片成型、极耳焊接、卷绕及叠片单机自动化以及连线自动化生产线装备,注液、封装等单机自动化及连线自动化生产线装备,电池生产在线监测设备,电池模块自动堆垛设备,模块焊接设备及下线检测设备,电池节能化成装备,电池老化及分选等装备,电池回收再利用生产装备;燃料电池MEA、双极板制备装备,燃料电池电堆测试平台。

5.3.2 电机生产装备

电机大规模生产智能制造系统及关键工艺装备,电机定转子冲片和叠片—焊接设备,电机自动绕线设备,定子下线及浸漆成套设备,永磁体装配与注塑固定、转子充磁与自动平衡等设备,定转子检测设备,电机控制器电路板制造和冷却板加工设备,电机控制器制造检验系统,轻合金电机壳体铸造或焊接设备、无损检测设备;电机下线检测设备。

5.3.3 专用生产装备

机电耦合系统、动力电池系统、高压线束等部件专用的分组装和下线检测设备;燃料电池系统分组装设备;整车专用总装设备。

5.3.4 测试设备

电池单体、电池模块、电池系统研发测试设备,电池模拟器设备;交流电力测功机,动力总成试验台架,高性能底盘测功机,电机驱动传动系统总成等传动系统研发试验台;燃料电池系统测试设备;新能源汽车整车及零部件 NVH 试验台,新能源换挡系统试验台(包括低温试验台),新能源液压试验台;新能源汽车下线检测设备及维护诊断设备。

6 新能源产业

6.1 核电技术产业

6.1.1 核电站技术设备

百万千瓦级先进压水堆核电站成套设备,快中子堆和高温气冷堆核电站设备,模块化小型核能装置,核应急装置,核级海绵锆、核级泵、阀、百万千瓦级核电系列用管锆合金包壳管、换热管、核电用钛合金管道及其管配件和核动力蒸汽发生器传热管用特材等辅助设备。核电用防辐射材料。核安全技术保障平台。先进核电设备成套及工程技术。

6.1.2 核燃料加工设备制造

铀地质、矿冶纯化转化、铀浓缩等设备,高性能燃料元件,铀钚混合氧化物燃料制备装置,先进乏燃料后处理装置,核辐射安全与监测装置,核设施退役与放射性废物处理和处置装置,铀、钍伴生矿综合利用技术和设备。

6.2 风能产业

6.2.1 风力发电机组

适合我国风能资源和气候条件、先进高效的陆上风力发电机组和海上风力发电机组。

6.2.2 风力发电机组零部件

3兆瓦及以上海上和高原型、低温型、低风速风力发电机组配套的各类发电机、风轮叶片、轴承、齿轮箱、整机控制系统、变桨系统、偏航系统、变流器、变压器、密封件。

6.2.3 风电场相关系统与装备

风能测量与应用装备、风电场功率预测系统、风电机组在线监测与故障诊断系统、风电机组叶片维护装备、风电场监控系统、风电场远程监控系统、风电场群区域集控系统、风电场有功与无功功率控制系统。

6.2.4 海上风电相关系统与装备

海上风电项目前期海洋水文观测仪器、勘测设备、测风设备,海上风电机组基础制作、施工、运输、安装设备,220千伏交流输电 XLPE 绝缘海底电缆及电缆附件,±200—500千伏直流输电 XLPE 绝缘海底电缆及电缆附件。海缆敷设装备(包括护管),海缆故障检测设备,海上升压站专用设备,大型法兰锻造设备,施工专用高强度灌浆材料、防腐材料(包括重防腐涂料、阳极块、外加电流保护装置)及电位检测装置,运行维护专用船舶及装备,海上风电机组基础在线监测系统,海上风电逃生救援装置,防撞导航设备。

6.2.5 风力发电技术服务

风力发电。风电产品标准检测认证服务、风能资源评估服务、风电场设计及建设服务、风电场验收及后评价服务、风电场智能云服务等运维及优化服务,风电场尽职调查及风险评估服务。

6.3 太阳能产业

6.3.1 太阳能产品

光伏电池及组件。包括晶体硅光伏电池及组件,柔性砷化镓、硅基薄膜、碲化镉、铜铟镓硒、钙钛矿、聚光等新型光伏电池和组件。

光伏电池原材料及辅助材料。包括单晶硅锭/硅片,光伏电池封装材料,有机聚合物电极,光伏导电玻璃(TCO玻璃等),硅烷,专用银浆,高效率、低成本、新型太阳能光伏电池材料,长寿命石墨材料,高光利用率涂层材料。

光伏系统配套产品。包括并网光伏逆变器、离网光伏逆变器、蓄电池充放电控制器、太阳能跟踪装置、便携式控制逆变一体设备、光伏智能汇流箱、光伏电站监控设备。

热利用产品。包括中高温太阳能集热管,高效平板集热器,吸热体涂层材料,高效太阳能集热产品,储能材料及产品。

热发电产品。包括高强度曲面反射镜、聚光器、聚光场控制装置、聚光器用减速机、聚光器用控制器、抛物面槽式吸热管、塔式吸热器、与玻璃直接封接用新型金属材料、与金属封接用玻璃管材、低热损流体传输管、吸气剂、菲涅尔吸热器、350℃以上高温传热流体、储热材料和系统、油盐换热器、熔融盐泵、蒸汽发生器、滑参数汽轮机、斯特林发电机、有机郎肯循环发电设备、高聚焦比太阳炉。

6.3.2 太阳能生产装备

光伏装备。包括高纯度、低耗能太阳能级多晶硅生产设备、单晶硅拉制设备、多晶硅铸锭装备、多线切割设备、高效电池片及组件制造设备、金属有机物化学气相沉积设备、外延层剥离设备、薄膜铜铟镓硒吸收层共蒸发镀膜设备、低成本高效原子层沉积缓冲层设备、连续卷对卷多点分布式共蒸法镀膜设备、自动化集成芯片互联设备,聚光、柔性、钙钛矿、有机等新型太阳电池制造装备。

热利用装备。包括太阳能采暖系统与设备、太阳能中高温集热系统与设备、太阳能空调制冷系统与设备、太阳能热泵空调机组、太阳能与空气源热泵热水系统、太阳能在工农业应用的中低温系统与设备、太阳能与建筑结合集热系统、太阳能吸热涂层的镀膜设备、平板太阳能集热器生产设备、太阳能集热产品用的激光焊接设备,储能式多能互补清洁能源采暖、空调、热水三联供系统。

热发电装备。包括数兆瓦或数十兆瓦及太阳能高温热发电系统及装备,大型镀膜机,玻璃弯曲钢化设备,夹胶玻璃弯曲设备,银镜制备设备,高频加热器,集热管圆度校准机,金属/玻璃封接设备,真空管排气设备,熔融盐合成设备,真空管自动化装配生产线,真空管质量在线监测仪,高温热管生产设备,真空保温管生产线,储热器生产设备,定日镜生产线,槽式聚光器生产线,槽式真空管自动化生产线。

6.3.3 太阳能发电技术服务

太阳能发电。离网光伏发电系统技术服务,分布式并网光伏发电系统技术服务,公共电网侧并网光伏发电系统技术服务,微网光伏发电系统技术服务,槽式、塔式、碟式太阳能热发电系统技术服务,风光互补供电系统服务。太阳能发电产品标准检测认证服务,太阳能资源评估及电站发电量和功率预测服务,太阳能发电系统设计及建设服务,太阳能发电系统验收及后评价服务,太阳能发电系统智能云服务等运维及优化服务,太阳能发电系统尽职调查及风险评估服务。

6.4 智能电网

智能变压器、整流器和电感器,包括智能型大型变压器、直流换流变压器、电抗器、无功补偿设备。先进电力电子装置。高精度、高性能不间断电源,新型动态无功补偿及谐波治理装置,大功率高压变频装置,全数字控制交流电机调速系统,电气化铁路专用电力变流装置。

智能输配电及控制设备。包括500千伏及以上交直流输电技术及设备,750千伏以上级交流输电、交联聚乙烯(XLPE)绝缘电力电缆及电缆附件,先进可靠的配电网和供用电系统。大规模电网安全保障和防御体系及智能调度系统。安全高效施工技术及设备,电网环保与节能技术及设备,大规模储能系统。可再生能源规模化接入与消纳、分布式电源并网及控制系统,智能配电、用电技术,电动汽车充电设施。

智能电网与新能源相关的控制类产品。包括自同步电压源逆变器、双模式逆变器、大功率充放电控制器、双向变流器、微网综合自动化系统。

6.5 其他新能源产业

地热能发电及热利用、氢能等新兴能源技术研发、装备制造、工程开发及运维服务。地源热泵与采暖、空调、热水联供系统,水(气)源热泵系统,中高温地热发电系统,高效地热钻探设备制造、尾水回灌设备和地热水处理设备制造、高效率换热(制冷)材料,潮汐发电、波浪发电、海流发电、温差发电装备。

7 节能环保产业

7.1 高效节能产业

7.1.1 高效节能锅炉窑炉

工业锅炉燃烧自动调节控制技术装备,燃油、燃气工业锅炉窑炉燃烧技术装备,新型省煤器,采用高温空气燃烧技术的冶金加热炉,高低差速循环流化床油页岩锅炉,煤泥循环流化床锅炉,蓄热稳燃高炉煤气锅炉,分布式高效煤粉燃烧技术和装备,大型流化床等高效节能锅炉。高效低污染层燃室燃复合燃烧锅炉、工业锅炉效率与污染物实时传输及监控系统装备、低温烟气余热深度回收装备。熔窑保温、窑炉除尘脱硫脱硝及余热利用一体化装备。

多喷嘴对置式水煤浆气化、粉煤加压气化、非熔渣—熔渣水煤浆分级气化等先进煤气化技术和装备。焦炉煤气制合成氨、煤粉气流床加压气化技术、水煤浆气化技术等。

7.1.2 电机及拖动设备

中小功率稀土永磁无铁芯电机、变极起动无滑环绕线转子感应电动机、永磁同步电机等高效节能电机技术和设备。能效等级为1、2级的中小型三相异步电动机、通风机、水泵、空压机等技术和设备。高压变频调速技术和装置。

7.1.3 余热余压余气利用

余热发电关键技术和设备。低热值煤气燃气轮机、乏汽与凝结水闭式回收、螺杆膨胀动力驱动、汽轮机低真空供热技术、有机朗肯循环发电技术、基于吸收式换热的集中供热等技术和设备；高效换热器、蓄能器、冷凝器等设备。

矿井乏风和排水热能综合利用技术、非稳态余热回收及饱和蒸汽发电技术、火电厂烟气综合优化系统余热深度回收技术、矿热炉烟气余热利用技术、油田采油污水余热综合利用技术、氯化氢合成余热利用技术等各种余热余压余气利用技术与装置、隧（辊）道窑辐射换热式余热利用技术与装置。

7.1.4 高效储能、节能监测和能源计量

快速准确的便携或车载式节能检测设备，在线能源计量、检测技术和设备。热工检测便携式设备、在线检测技术和设备。石油、化工、冶金等流程工业领域压缩机、水泵、电机等通用设备运行效能评估及节能改造技术装置。

7.1.5 高效节能电器

空调、冰箱等高效压缩机及驱动控制器、高效换热及相变储能装置，各类家电智能控制节能技术与装置。能效等级为1、2级的节能家用电器、办公和商用设备。企业智能空调系统节能技术装置，低温水—直燃单双效溴化锂吸收式冷温水机，双工况太阳能热泵空调机组。

7.1.6 高效照明产品及系统

发光二极管（LED）用大尺寸开盒即用蓝宝石、碳化硅等衬底、高纯金属有机化合物（MO源）、高纯氨气、新型高效荧光粉等开发，生产型金属有机源化学气相沉积设备（MOCVD）、氢化物气相外延（HVPE）等外延装备，高强度气体放电灯用大功率电子镇流器、感应耦合等离子体（ICP）刻蚀机等芯片、封装关键设备，大尺寸高效低成本LED外延生长、芯片制备产业化技术装置，高效白光LED新型封装技术及配套材料开发，高效低成本筒灯、射灯、路灯、隧道灯、球泡灯等替代型半导体照明光源，新型LED照明应用产品，有机发光二极管（OLED）材料、器件、照明产品制备及生产设备，半导体照明检测技术及标准体系建设，半导体照明检测设备开发及检测平台建设，三基色双端直管荧光灯（T8、T5型）等高效照明产品。

7.1.7 绿色建筑材料

高效节能新型墙体材料、保温隔热材料、高性能建筑玻璃，复合保温砌块和轻质复合保温板材、无机防火保温材料。低辐射玻璃、真空节能玻璃、光伏一体化建筑用外墙玻璃。节能建筑门窗、隔热和安全性能高的节能膜和屋面防水保温系统，集节能、防火、保温、降噪等多功能于一体的新型建筑墙体和屋面系统等绿色建材。提升绿色建筑环境质量的功能材料，抗震减灾高性能快速修复建材，具备抗菌、防污、自洁净等特殊功能的建材产品。

7.1.8 采矿及电力行业高效节能技术和装备

综采工作面高效机械化充填开采技术、无人工作面智能化采煤技术、地下气化采煤技术、高效干法选煤技术等机械化自动化开采装备，页岩气开采设备，配电网全网无功优化及协调控制技术、新型节能导线，超临界及超超临界发电机组、煤矿低浓度瓦斯发电技术、煤矸石电厂低真空供热技术、选煤厂高效低能耗煤泥干燥脱水设备，煤气化多联产燃气轮机发电设备，中低热值燃气轮机，植物绝缘油变压器、非晶合金变压器，干式半芯电抗器，壳式电炉

变压器,三维立体卷铁心干式变压器。

7.1.9 信息节能技术与节能服务

钢铁等高耗能行业的能源管理,生产全过程各类能源介质的全面监视、过程能耗管控系统技术、分析及调度系统。节能评估、能源审计、节能量审核、能源管理体系认证、节能低碳产品认证、碳排放核查等,节能技术示范、产品产业化及推广应用,节能建筑设计,节能量交易服务,节能生产工艺设计等节能管理服务。

节能项目方案编制和设计、项目投融资、工程施工和调试、设施运营和维护、人员节能培训、节能量测量与验证等合同能源管理服务,节能技术产品认证评估服务、节能项目风险评估服务、节能服务公司综合能力评定服务等。

7.2 先进环保产业

7.2.1 水污染防治装备

城镇污水处理与回用装备。包括超细格栅、正渗透膜分离装备、高效节能曝气设备、精确曝气控制系统、厌氧氨氧化脱氮技术装备、氮磷资源回收与利用技术、电化学(催化)氧化技术装备、大功率污水消毒与脱色设备、集成式污水处理成套设备、城镇生活污水脱氮除磷深度处理技术装备、快速传质内循环生物流化床污水处理技术装备、城市住宅生活污水分管道分别处理技术装备、城镇再生水利用的技术设备。

农村污水处理与回用装备。包括分散式无人值守污水处理装备、一体化农村生活污水处理设备、畜禽养殖污废水资源化回收利用技术和设备、农村饮用水除氟、除砷技术与装置。

难处理工业废水处理及回用技术和装备。包括高氨氮、高盐、高浓度难降解有机废水处理技术设备及重金属、含汞废水处理技术设备、电絮凝和电解催化氧化设备、电脱盐技术设备、精馏—生化法耦合处理技术与成套装备、无酸金属材料表面清洗技术与成套设备、疏水膜蒸馏耦合处理技术及其成套设备、气助油膜分散大相比萃取装置、地埋式竖向流厌氧污水处理反应器、超旋磁氧曝气污水处理装置、高浊度污水磁分离处理技术和设备、含油污水真空分离净化机、微波处理技术与成套装备、重金属特征吸附—解吸及资源回收成套技术装备、重金属废水处理及资源回收微生物反应器、凝胶法重金属检测吸附一体化装备、耐压型超滤膜设备、叠式振动膜过滤装备、回用水技术设备、湿式氧化技术装备、船舶含油污水、化学品洗舱水、船舶生活污水接收处理技术装备。

地表水水体污染治理装备。包括藻类及水生植物的厌氧产沼气制取乙醇、藻类清除技术装备、溢油污染消除与水体修复技术、重金属污染水下固定化与水体修复技术,污染水体综合治理与水体生态修复技术和装备,包括(污染负荷系统削减、低影响开发的城市污染控制、河流生态修复、湖泊富营养化控制等水污染控制与治理关键技术装备)。

地下水污染防控与修复装备。包括地下水污染防治技术设备、工业废物堆存等典型场地地下水污染监测井网布设、优化与安装、储罐区和废物堆存填埋区等高风险地下水污染源的水平阻隔和垂直阻隔技术装置、排污管网泄漏检测及快速修复技术装备、基于地下水使用功能立体分区的地下水特征污染物修复技术及标准、地下水污染原位修复技术装备。

饮用水安全保障装备。包括饮用水强化处理、高效安全消毒、微污染净化、管网水质稳定、直饮水净化等装置。

7.2.2 大气污染防治装备

除尘技术装备。包括粉尘电凝并技术设备、烟气调质技术设备、电除尘高频高压整流设备、光触媒组件、细颗粒物去除技术设备、管束式除尘技术装备、高温长袋脉冲袋式除尘设备、移动极板静电除尘设备、湿式静电除尘器、低低温静电除尘器、电袋复合式除尘器、电袋混合式除尘器(嵌入式电袋复合式除尘器)、电厂及工业燃煤炉窑超净排放技术装备、移动污染源污染物减排技术设备、粉尘重污染场所和行业抑尘技术。

燃煤烟气脱硫脱硝技术及装备。包括双碱及强碱脱硫技术装备、氨法脱硫技术装备、燃煤工业锅炉脱硫脱硝脱汞一体化设备、CO循环还原脱硫脱硝技术和装备、焦炉烟气钢渣联合脱硫脱硝技术、高压细水雾脱硫除尘降温成套设备、低氮燃烧技术装备、烧结烟气复合污染物集成脱除设备、汽车尾气高效催化转化技术、资源化脱硫技术设备、超低排放石灰石—石膏脱硫技术装备、燃煤锅炉全负荷脱硝技术装备、脱硫石膏资源化利用技术设备、废弃脱硝催化剂回收再生技术装备。

其他气体处理装备。包括大流量等离子体有机废气治理成套装备、挥发性有机污染物新型吸附回收工艺技术装备、挥发性有机污染物新型优化催化燃烧及热回收装备、燃气锅炉氮氧化物排放控制技术装备、多污染物协同控制技术装备、污染物脱除与资源化利用一体化技术装备、油库和加油站油气回收设备、酸性气体处理硫回收设备、民用室内空气净化器。

7.2.3 土壤及场地等治理与修复装备

矿山复垦与生态修复技术装备。包括土壤生态修复与污染治理、典型污染场地土壤与地下水联合控制。

农田土壤污染修复技术装备。包括农药污染场地修复、农药污染场地的快速异位生物修复设备等装备。

工业污染场地修复装备。有毒与危险化学品污染土壤的治理与修复装备、有机污染物污染土壤的治理与修复装备、放射源污染土壤的治理与修复装备、重金属超富集植物选种培育、植物修复收获物安全处置设备、铬渣等重金属及汞等类金属污染土壤治理与修复设备。

7.2.4 固体废物处理处置装备

污泥处理装备。包括污泥脱水干化、生物法消减、厌氧消化和焚烧、污泥无害化处理技术装备、污泥生物发酵除臭一体化装置、污泥氧化法消减成套设备、活性污泥生物膜复合式一体化处理设备、污泥生物沥浸法处理装备、油泥回转式连续低温热解装备、油田钻井废物处理处置装备、污泥耦合煤电高效发电脱水回用装置。

生活垃圾处理装备。包括固体废物焚烧处理装备、垃圾热解气化处理装备、垃圾焚烧尾气处理系统、垃圾厌氧消化处理成套设备、垃圾好氧处理和除臭设备、污泥与餐厨垃圾等协同厌氧处理技术设备、农村固体废物处置装备、危险废物无害化处理成套设备、危险废物焚烧残渣、飞灰熔融装备。

7.2.5 减振降噪设备

室内低频噪声控制装备、固体声污染控制设备及集成控制、大荷载设备隔振、减振装置、低频噪声源头诊治装备、轨道噪音控制技术。

7.2.6 环境监测仪器与应急处理设备

大气污染监测及检测仪器仪表。包括空气质量及污染源在线监测系统、在线PM2.5成分分析仪、机动车尾气云检测系统工程装备、适用于超低排放的高精度燃煤烟气污染物监测系统、有毒及重金属在线监测系统、持久有机污染物（PPOs）自动在线检测系统、挥发性有机污染物（VOCs）自动在线检测系统、有机碳/元素碳（OC/EC）全自动在线分析仪、激光过程气体分析系统。

水质污染物监测及检测仪器仪表。包括在线生物毒性水质预警监控技术及设备、便携式无线广谱智能分光光度水体污染物检测仪、水质挥发性有机物（VOC）在线自动分析仪、水体中基因毒性污染物快速筛查仪、污水处理系统精细化控制仪器仪表、地下水采样与检测一体化移动式设备、填埋场防渗层渗漏监测/检测预警系统。

生态环境监测及检测仪器仪表。包括环境遥感监测和量值溯源标准设备、多物种智能生物预警仪、农村生态环境快速检测设备、化工园区环境污染监测预警系统、危险品运输载体实时监测系统。

固体废弃物检测仪器仪表。包括土壤重金属监测仪器、移动固体废弃物重金属在线快速检测装置及环境风险分析平台。

环境应急检测仪器仪表。包括土壤重金属便携式应急监测仪器、土壤污染物监测及检测仪器仪表、环境应急监测车（船）等设备、便携式现场快速测定仪及预警、警报仪器。

环境应急技术装备。包括移动式有毒有害泥水（液）环境污染快速应急处理集成装置、危险废物污染事故应急处理设备、移动式渗滤液处理设备、阻截式油水分离及回收装备、水上溢油处置及回收装置。

7.2.7 控制温室气体排放技术装备

碳减排及碳转化利用技术装备、碳捕捉及碳封存技术及利用系统、非能源领域的温室气体排放控制技术装备。

7.2.8 海洋水质与生态环境监测仪器设备

营养盐自动分析仪、各种有机物（多环芳烃等）测量仪、黄色有机物测量仪、重金属监测设备（汞、铅等）、藻类监测设备，海洋水质传感器（pH、溶解氧、浊度、叶绿素、甲烷、二氧化碳等）。突发性海上污损事故应急监测辅助管理系统、海上污染移动式野外应急监测设备、海上污染水体输移监测系统与设备等。

7.2.9 其他环保产品

环保材料。包括高性能袋式除尘滤料及纤维、袋除尘用大口径脉冲阀、无膜片高压低能耗脉冲阀、膜材料和膜组件、纳米级催化净化材料、电除尘器用高频电源、化学催化氧化材料、水处理用纳米纤维生物膜载体、水中除油用功能单分子复合材料及装备、高效生物膜填料、高性能防渗材料、地下水污染原位修复功能材料、挥发性有机污染物控制用新型功能性吸附材料及新型催化材料。离子交换树脂、生物滤料及填料、高效活性炭。

环保药剂。包括新型化学除磷药剂、杀菌灭藻剂、有机合成高分子絮凝剂、微生物絮凝剂、低磷缓蚀阻垢剂、微生物除臭剂、地下水污染原位修复药剂、湖泊蓝藻去除药剂、污泥脱水剂、循环冷却水处理药剂、固废处理固化剂和稳定剂。

7.2.10 智能水务

原水安全预警系统，水处理自适应投加系统，给水管网模型系统，给水管网渗漏监控系统，城市雨水分级收集处理控制系统，暴雨应急预警控制系统，精确曝气系统，排水管网模型系统,排水数据管理与模拟工具,城市给排水优化调度系统,给排水信息化平台,低能耗数据采集终端,仿真仪表技术。

7.2.11 大气环境污染防治服务

支撑大气环境污染监测技术与装备的研发、集成与工程化。支撑大气污染控制技术与装备的研发和工程化。支撑先进工业烟气净化技术与装备的研发和工程化。支撑挥发性有机污染物污染控制技术与装备的研发、集成与工程化。支撑机动车污染排放控制技术的研发、集成与工程化。

7.2.12 水环境污染防治服务

支撑先进水环境污染监测的研发与工程化,支撑饮用水安全保障技术的研发和工程化,支撑海洋和大型湖泊生态治理与修复技术的研发和工程化,支撑高浓度难降解有机废水处理技术的研发与工程化,支撑污水深度处理与再生利用技术的研发与工程化。地下水污染防治综合决策、地表水—地下水协同控制。

7.2.13 土壤环境污染防治服务

支撑土壤(地下水)环境监测评估技术与装备的研发与工程化。支撑农田土壤污染防控与修复技术的研发和工程化。支撑有机污染场地修复技术的研发和工程化。支撑重金属污染场地修复技术的研发与工程化。

7.2.14 农业面源和重金属污染防治技术服务

支撑农田面源污染防治技术的研发、系统集成与工程化。支撑重金属污染农田修复技术、产品与装备研发及工程化。支撑重金属污染耕地安全利用与替代种植技术、产品研发及工程化。支撑农业有机废弃物无害化消纳利用技术与装备研发及工程化。支撑村镇生活污水处理技术的研发和工程化。支撑畜禽养殖污染控制与资源化技术的研发和工程化。

7.2.15 其他环保服务

先进环保技术设备和环保材料及药剂评价、环保工程设计咨询和工程建设、环保设施运行效果、运营维护及评价、环境安全评估、生态效率评价服务、清洁生产审核、环境友好型产品评估和信息声明、环境服务质量评价、环境投融资及风险评估、环境调查和人才培训、噪声污染检测和治理服务、自然生态检测与保护服务、水力资源开发利用咨询服务、节水管理与技术咨询服务、化学品生态毒理测试与预测咨询服务。

碳交易市场化服务、碳排放数据统计核算服务、碳交易过程中的第三方认证服务、碳交易法律服务、碳减排方案咨询与服务、产品碳足迹评价服务、碳金融服务、碳信息管理服务、绿色低碳技术咨询服务。企业环境监测、环境质量监测等第三方环境监测服务,环境监测数据平台开发和信息提供服务。

7.3 资源循环利用产业

7.3.1 矿产资源综合利用

能源矿产。包括煤系油母页岩、高岭土等资源开发利用,煤焦油深度加工工程技术,油砂、油母页岩、页岩气、地热综合利用,数字矿山、自动化采矿选矿技术和设备。

煤层气(煤矿瓦斯)综合开发利用。包括高性能空气钻机,连续油管成套设备,水平井钻完井、分段压裂及随钻测量与地质导向设备,高压水力喷射工具、煤层气专用压裂排采设备,高效压缩液化设备和燃气发动机装备制造及应用。煤与瓦斯突出预警监控、瓦斯参数快速测定仪器,风排瓦斯和低浓度瓦斯安全高效发电、浓缩和液化装备,采动(空)区煤层气地面抽采装备,井下定向长钻孔钻机、压裂增产装备制造及应用,微生物开采煤层气技术。

黑色金属矿产。包括复合力场分选设备,生产过程自动控制与信息化技术。微细粒磁铁矿全磁分选、磁铁矿细筛—再磨再选、贫磁铁矿预选、贫磁铁矿弱磁—反浮选、永磁中磁场磁选机、大型永磁筒式磁选机、磁场筛选机等高效选矿技术与设备。

有色金属(含稀有金属)矿产。包括加压浸出、生物冶金、矿浆电解装置,稀土金属矿和复杂难处理稀贵金属共生矿选冶过程中的综合利用,电池破壳分离、钴镍元素提纯和原生化、超细粉末的再制备、废旧汽车尾气催化剂中贵金属高效消解技术和提纯装置,复杂铜铅锌金属矿资源高效开发装置,电化学控制浮选、低品位铜矿浸出—萃取—反萃—电积法、低品位氧化镍矿煤基直接还原镍铁等高效提取、难浸金精矿生物氧化预处理提金、复杂难处理金矿循环流态化焙烧等综合利用、大型机械搅拌式充气浮选机等高效选矿技术与装备。

非金属矿产,包括高岭土、铝矾土等共伴生非金属矿产资源的综合利用和深加工。磷矿酸性废水循环利用、磷矿伴生氟碘资源回收、从碳酸盐型富锂卤水中提取锂、鳞片石墨多段磨矿多段选别、低品位萤石和伴生矿物选矿等先进技术与装备。

7.3.2 固体废物综合利用

煤矸石、粉煤灰、脱硫石膏、磷石膏、化工废渣、冶炼废渣、尾矿等固体废物的二次利用或综合利用和技术装备,固体废物生产水泥、新型墙体材料等建材产品,大掺量、高附加值综合利用产品。冶金烟灰粉尘回收与稀贵金属高效低成本回收工艺与装备。

7.3.3 建筑废弃物和道路沥青资源化无害化利用

移动式和固定式相结合的建筑废弃物综合利用成套设备,建筑废弃物生产道路结构层材料、人行道透水材料、市政设施复合材料等。废旧沥青再生技术及装备、沥青再生材料、建筑废弃物混杂料再生利用装备。制备再生骨料的强化、废旧砂灰粉的活化和综合利用装置,轻质物料分选、除尘、降噪等设施的集成移动式设备。

7.3.4 餐厨废弃物资源化无害化利用

餐厨废弃物预处理技术设备、餐厨废弃物密闭化、专业化收集运输体系。餐厨废弃物低能耗高效灭菌和废油高效回收利用、厌氧发酵产沼技术及装备,好氧发酵及高效有机肥"酵父"土壤改良剂制造技术。餐厨废弃物制生物柴油、有机肥及沼气、工业乙醇等资源化产品与提纯净化技术及装备。餐厨废弃物分类回收和减量化、无害化处理技术。

7.3.5 汽车零部件及机电产品再制造

旧件无损检测与寿命评估技术、高效环保拆解清洗设备,纳米颗粒复合电刷镀、高速电弧喷涂、等离子熔覆等关键技术和装备,汽车零部件、工程机械、机床和基础制造装备、办公设备等产品再制造和轮胎翻新。微纳米表面工程、高密度能源的先进材料制备与成型一体化装备。

7.3.6 资源再生利用

再生金属。包括易拉罐有效组分分离及去除表面涂层,废铅蓄电池铅膏脱硫资源化利用,失效钴镍材料循环利用、4000马力以上废钢破碎成套装备等技术装备,从废旧机电、电线电缆、易拉罐等产品中规模化回收利用再生金属。

废橡胶、废塑料无害化再生利用。包括废轮胎常温粉碎及常压连续再生橡胶技术和成套设备、废塑料复合材料回收处理成套设备、废轮胎胶粉改性沥青成套装备、废轮胎整胎切块破碎机、废旧轮胎分解制油和炭黑装置,纸塑铝分离、橡塑分离及合成、深层清洗、再生造粒、无机改性聚合物再生循环利用及其装置。

废旧机电产品无害化再生利用。包括废旧机电产品分拣、拆解、高附加值利用的无害化处理装备,含铜、重金属废弃电子产品及污泥(渣)的回收提纯成套装备、废旧家电和废印刷电路板高效率分离多种物料,熔点不同、相容性差的多种塑料混杂物直接综合利用装置。

报废汽车拆解和再生利用。包括真空吸油机、防爆抽油机、漏斗式废油回收机等废液收集装置以及各种废液的专用密闭容器,报废汽车自动化拆解设备、安全气囊引爆装置,高压热水清洁机、自动清洗机等回用零配件清洁设备,报废汽车贵金属再生利用技术及装备,车身破碎和材料分选成套技术及装备,油水分离环保设施。报废新能源汽车动力蓄电池拆卸技术及装备。

废旧新能源汽车动力蓄电池回收利用。包括余能检测、拆解、梯级利用和无害化再生利用等技术装备。

废旧太阳能设备再生利用。包括废旧太阳能电池极、硅片回收利用,单晶硅棒边角料、硅片切割废砂浆的回收利用设备。

废旧纺织品无害化再生利用。包括废旧纺织品回收、清洗、分类、分拣、再利用设备。

废矿物油再生利用。包括废矿物油过滤与分离设备、减压蒸馏设备以及溶剂精制、加氢精制设备。

废弃生物质再生利用。包括秸秆、林产品加工剩余物、废塑料等废弃材料制成木塑、生物质聚氨酯泡沫材料,发泡技术、纤维素和木质素的液化技术装置。秸秆、生活垃圾、餐厨垃圾、林产品加工剩余物、园林绿化垃圾、城市粪便等废弃生物质材料制成纤维乙醇或成型燃料,节能节水型城市粪便收集输送装置。提高国产转化酶的性能并降低转化成本、制备成型燃料的原料配比、制备专用设备和使用成型燃料及木炭的小型锅炉专用燃烧设备、二氧化碳生物转化清洁能源装备、废油再生基础油成套装备、低能耗熔融气化裂解成套装备、生物质型煤锅炉、农林残余物耦合煤电高效发电装置。

7.3.7 非常规水源利用

电力、钢铁、有色、石油石化、化工、造纸、纺织印染、食品加工、机械、电子等高用水行业废水处理及再生水回用装置。矿井水利用和净化装置,苦咸水综合利用设施。雨水收集利用与回渗技术与装置。大型膜法反渗透海水淡化膜组件、高压泵、能量回收等关键部件和热法海水淡化核心部件。热膜耦合海水淡化装备,利用电厂余热以及核能、风能、海洋能和太阳能等可再生能源进行海水淡化的装备。浓盐水综合利用及浓缩洁净零排放装备。

7.3.8 农林废物资源化无害化利用

农作物秸秆还田、林区三剩物、代木代塑、制作生物培养基、炭化生物质燃料、聚氨酯泡沫材料等,秸秆气化、固化成型等能源化利用装备。畜禽养殖及加工废弃物资源化,水产加工废弃物综合利用,发酵制饲料、沼气/生物质天然气、高效有机肥等装置。

7.3.9 资源循环利用服务

循环经济(资源循环利用)项目规划和方案编制、项目投资与风险评估、工程设计和建设、设施运营和维护、环境安全评估与调查等,循环经济项目资源产出率评价服务,资源循环利用技术咨询与效益评价、产品认证评估服务、循环经济资源交易及鉴证服务等。

8 数字创意产业

8.1 数字文化创意

8.1.1 数字文化创意技术装备

虚拟现实、增强现实、全息成像、裸眼3D、交互娱乐引擎开发、文化资源数字化处理、互动影视等领域先进装备，包括虚拟现实头戴显示设备和增强现实眼镜等。超感影院、混合现实娱乐和广播影视融合媒体制播装备等。数据手套、游戏控制器等动作感知、追踪定位和人机交互装置。

数字化艺术展演展陈技术装备、文物数字化保护和传承装备、智慧博物馆和文化遗产地转化保护展陈装备、图书馆、美术馆和文化馆数字化装备等。

移动电子书、移动电视、手机电视等终端。

8.1.2 数字文化创意软件

数字内容加工处理软件，虚拟现实处理软件，动漫游戏制作引擎软件和开发系统，家庭娱乐产品软件，其他体现交互式、虚拟化、数字化、网络化特征的文艺创作、文化创意设计和产品制作软件。

8.1.3 数字文化创意内容制作

主要包括依托互联网、移动智能终端等新兴媒体进行传播的数字化音乐、动漫、影视、游戏、演出、艺术品、电子出版物、广告和移动多媒体等的设计开发制作。

8.1.4 新型媒体服务

依托现代化信息基础设施，在三网融合等领域，基于下一代广播电视网、移动互联网、云计算、物联网等新技术、新模式、新业态，开展的传统媒体和新兴媒体的融合发展。包括媒体数字化建设，电子期刊和数字智能出版发行、网络图书馆、数字家庭图书馆、数字电视电影院线、网络视频、网络广播、交互式网络电视、互联网社交、手机媒体等新产业新媒体。

8.1.5 数字文化创意内容应用服务

文化创意内容数字化加工整合、数字内容投送平台、数字内容多网络通道传输、语义分析及搜索等。传统文化产品和服务的数字化转化和开发服务，为各种新兴显示和传播终端提供数字文化内容的服务，地理信息加工处理服务。将数字内容领域中可视化、虚拟现实等技术利用到相关领域，实现可视化交互操作的服务，如三维城市展示，可视化城市基础设施管理、城市监控和工业设计等。以企业、科研机构、高校等为载体的数字文化相关行业领域技术创新和推广应用服务。以数字图书馆、美术馆、体验馆和智慧博物馆等数字文化场馆为载体的数字文化展示体验服务。

8.2 设计服务

8.2.1 工业设计服务

运用大数据、云计算、物联网、虚拟现实等先进技术，结合新材料、新技术、新工艺等，从社会的、经济的、技术的角度进行的产品设计、系统设计、工艺流程设计、商业模式和服务设计等。工业设计工具和软件，3D打印等领域工业设计大数据与知识库。设计服务在广告营销策划和品牌价值体系构建中的应用。

8.2.2 人居环境设计服务

基于大数据、虚拟现实等先进技术和先进理念的人居环境设计服务,在城乡规划、园区和建筑设计、园林设计和装饰设计等方面的应用。

8.2.3 其他专业设计服务

基于新创意、新技术、新工艺、新材料,面向社会和生产生活提供服务的专业设计,包括多媒体设计、动漫及衍生产品设计、饰物装饰设计、美术图案设计、展台设计、模型设计等专业化设计服务。

8.3 数字创意与相关产业融合应用服务

主要包括数字创意在电子商务、社交网络、教育、旅游、医疗、体育、三农、展览展示、公共管理等各领域的应用业态。

9 相关服务业

9.1 研发服务

研究和试验发展、研发外包,研发设计交易平台服务等。

9.2 知识产权服务

知识产权代理服务,知识产权诉讼、维权、尽职调查等法律服务,知识产权检索分析、数据加工、数据库建设、软件开发等信息服务,知识产权评估、交易、转化、托管、投融资、运营、保险等商用化服务,知识产权战略、管理、实务等咨询服务,知识产权教育培训服务,知识产权服务新兴业态。

9.3 检验检测服务

面向设计开发、生产制造、售后服务全过程的分析、测试、检验、计量等服务,培育第三方的质量和安全检验、检测、检疫、计量、认证技术服务机构,战略性新兴产业产品质量检验检测体系建设。

9.4 标准化服务

标准技术指标实验验证、标准信息服务、标准研制过程指导、标准实施宣贯等服务,基于标准化的组织战略咨询、管理流程再造、科技成果转移转化等服务,标准与相关产业融合发展衍生的"标准化+"服务。

9.5 双创服务

"双创"示范基地、众创空间、孵化器、技术交易市场和大学科技园等服务设施建设和运营。开源社区、开发者社群、资源共享平台、捐赠平台、创业沙龙等各类创新创业平台服务。各类创业辅导服务。其他科技中介服务。

9.6 专业技术服务

利用高技术开展的海洋、测绘、气象、地质勘探等服务。

9.7 技术推广服务

包括生物、农业、新材料、节能等技术推广服务。

9.8 相关金融服务

飞机、机器人等战略性新兴产业相关领域租赁服务,战略性新兴产业领域创业投资服务,战略性新兴产业领域产业投资基金管理服务、战略性新兴产业领域众筹平台服务。

国家发展改革委关于做好贯彻落实《政府核准的投资项目目录(2016年本)》有关外资工作的通知

发改外资规〔2017〕111号

各省、自治区、直辖市及计划单列市、新疆生产建设兵团发展改革委:

为贯彻落实《国务院关于发布政府核准的投资项目目录(2016年本)的通知》(国发〔2016〕72号)要求,进一步做好外商投资项目核准和备案管理工作,现将有关事项通知如下:

一、实行核准制的外商投资项目的范围为:

(一)《外商投资产业指导目录》中总投资(含增资)3亿美元及以上限制类项目,由我委核准,其中总投资(含增资)20亿美元及以上项目报国务院备案。

(二)《外商投资产业指导目录》中总投资(含增资)3亿美元以下限制类项目,由省级政府核准。

(三)前两项规定之外的属于《政府核准的投资项目目录(2016年本)》第一至十项所列的外商投资项目,按照《政府核准的投资项目目录(2016年本)》第一至十项的规定核准。

二、核准范围之外且不属于《外商投资产业指导目录》中禁止类的外商投资项目,由地方发展改革部门备案。

三、各级发展改革部门要贯彻落实国务院深化投资体制改革精神,进一步加强吸引外资工作,在外商投资管理中做好简政放权、放管结合、优化服务工作,简化核准和备案程序,营造良好的外商投资环境,提高利用外资水平和质量。

四、各级发展改革部门要抓紧规范和完善投资项目在线审批监管平台(简称在线平台),加强应用和管理,全面依托在线平台办理外商投资项目核准、备案手续,将外商投资项目核准、备案的相关政策及办事指南等通过在线平台公开,及时为企业提供相关咨询服务。同时,按照地方平台与中央平台的对接要求,及时、准确交换外商投资数据。

国家发展改革委
2017年1月14日

国务院关于扩大对外开放积极
利用外资若干措施的通知

国发〔2017〕5号

各省、自治区、直辖市人民政府,国务院各部委、各直属机构:

利用外资是我国对外开放基本国策和开放型经济体制的重要组成部分,在经济发展和深化改革进程中发挥了积极作用。当前,全球跨国投资和产业转移呈现新趋势,我国经济深度融入世界经济,经济发展进入新常态,利用外资面临新形势新任务。为深入贯彻落实《中共中央、国务院关于构建开放型经济新体制的若干意见》,进一步积极利用外资,营造优良营商环境,继续深化简政放权、放管结合、优化服务改革,降低制度性交易成本,实现互利共赢,现将有关事宜通知如下:

一、进一步扩大对外开放

(一)以开放发展理念为指导,推动新一轮高水平对外开放。修订《外商投资产业指导目录》及相关政策法规,放宽服务业、制造业、采矿业等领域外资准入限制。支持外资参与创新驱动发展战略实施、制造业转型升级和海外人才在华创业发展。(国家发展改革委、商务部牵头)

(二)服务业重点放宽银行类金融机构、证券公司、证券投资基金管理公司、期货公司、保险机构、保险中介机构外资准入限制,放开会计审计、建筑设计、评级服务等领域外资准入限制,推进电信、互联网、文化、教育、交通运输等领域有序开放。(国家发展改革委、商务部牵头,教育部、工业和信息化部、财政部、人力资源社会保障部、住房城乡建设部、交通运输部、文化部、人民银行、新闻出版广电总局、国家网信办、银监会、证监会、保监会等按职责分工负责)

(三)制造业重点取消轨道交通设备制造、摩托车制造、燃料乙醇生产、油脂加工等领域外资准入限制。采矿业放宽油页岩、油砂、页岩气等非常规油气以及矿产资源领域外资准入限制。石油、天然气领域对外合作项目由审批制改为备案制。(国家发展改革委、商务部牵头,工业和信息化部、国土资源部、国家粮食局、国家能源局等按职责分工负责)

(四)外商投资企业和内资企业同等适用"中国制造2025"战略政策措施。鼓励外商投资高端制造、智能制造、绿色制造等,以及工业设计和创意、工程咨询、现代物流、检验检测认证等生产性服务业,改造提升传统产业。(国家发展改革委、工业和信息化部、商务部、质检总局等按职责分工负责)

(五)支持外资依法依规以特许经营方式参与基础设施建设,包括能源、交通、水利、环保、市政公用工程等。相关支持政策同等适用于外资特许经营项目建设运营。(国家发展改革委、财政部、住房城乡建设部、交通运输部、水利部、人民银行等按职责分工负责)

(六)支持内外资企业、科研机构开展研发合作。支持外商投资企业建设研发中心、企业技术中心,申报设立博士后科研工作站。根据对等原则,允许外商投资企业参与承担国家科技计划项目。外商投资企业同等适用研发费用加计扣除、高新技术企业、研发中心等优惠政策。(国家发展改革委、科技部、财政部、人力资源社会保障部、商务部、税务总局等按职责分工负责)

(七)支持海外高层次人才在华创业发展。对持有外国人永久居留证的外籍高层次人才创办科技型企业,给予中国籍公民同等待遇。对外籍高层次人才及其外籍配偶、子女申请办理多次签证或者居留证件的,依法依规提供便利。(科技部、公安部、人力资源社会保障部、国家外专局等按职责分工负责)

二、进一步创造公平竞争环境

(八)各部门制定外资政策,要按照《国务院关于在市场体系建设中建立公平竞争审查制度的意见》(国发〔2016〕34号)规定进行公平竞争审查,原则上应公开征求意见,重要事项要报请国务院批准。各地区各部门要严格贯彻执行国家政策法规,确保政策法规执行的一致性,不得擅自增加对外商投资企业的限制。(各省、自治区、直辖市人民政府和国务院部门按职责分工负责)

(九)除法律法规有明确规定或确需境外投资者提供信息外,有关部门要按照内外资企业统一标准、统一时限的原则,审核外商投资企业业务牌照和资质申请,促进内外资企业一视同仁、公平竞争。(各省、自治区、直辖市人民政府和国务院有关部门按职责分工负责)

(十)促进内外资企业公平参与我国标准化工作。进一步深化标准化工作改革,提高标准制修订的透明度和开放度。推进标准制修订全过程信息公开,强化标准制修订过程中的信息共享和社会监督。(国家标准委牵头)

(十一)深化政府采购改革,坚持公开透明、公平竞争原则,依法依规对外商投资企业在我国境内生产的产品一视同仁、平等对待,促进内外资企业公平参与政府采购招投标。(财政部牵头)

(十二)依法依规严格保护外商投资企业知识产权。健全知识产权执法机制,加强知识产权执法、维权援助和仲裁调解工作。加强知识产权对外合作机制建设,推动相关国际组织在我国设立知识产权仲裁和调解分中心。(商务部、工商总局、国家知识产权局、国家版权局等按职责分工负责)

(十三)支持外商投资企业拓宽融资渠道。外商投资企业可以依法依规在主板、中小企业板、创业板上市,在新三板挂牌,以及发行企业债券、公司债券、可转换债券和运用非金融企业债务融资工具进行融资。(国家发展改革委、商务部、人民银行、证监会等按职责分工负责)

(十四)深化外商投资企业注册资本制度改革。除法律、行政法规另有规定外,取消外商投资公司的最低注册资本要求,落实内外资企业统一的注册资本制度。(国家发展改革委、商务部、工商总局等按职责分工负责)

三、进一步加强吸引外资工作

（十五）各地区要按照创新、协调、绿色、开放、共享的发展理念，结合地方实际，积极开展投资促进活动。允许地方政府在法定权限范围内制定出台招商引资优惠政策，支持对就业、经济发展、技术创新贡献大的项目，降低企业投资和运营成本，依法保护外商投资企业及其投资者权益，营造良好的投资环境。（各省、自治区、直辖市人民政府按职责分工负责）

（十六）支持中西部地区、东北地区承接外资产业转移。修订《中西部地区外商投资优势产业目录》，扩大中西部地区、东北地区鼓励外商投资产业范围。对符合条件的西部地区鼓励类产业外商投资企业实行企业所得税优惠政策。向中西部地区、东北地区转移的外商投资企业享受国家支持产业转移与加工贸易的资金、土地等优惠政策。对东部地区外商投资企业转移到中西部地区、东北地区的，人力资源社会保障部门要依申请及时办理社会保险异地转移接续。（国家发展改革委、商务部牵头，工业和信息化部、财政部、人力资源社会保障部、国土资源部、税务总局等按职责分工负责）

（十七）支持外商投资项目用地。外商投资企业与内资企业同等适用相关用地政策。继续对集约用地的鼓励类外商投资工业项目优先供应土地，在确定土地出让底价时可按不低于所在地土地等别相对应全国工业用地出让最低价标准的70%执行。（国土资源部牵头）

（十八）推进外资跨国公司本外币资金集中运营管理改革。积极吸引跨国公司在我国设立地区总部和采购中心、结算中心等功能性机构，允许外资跨国公司开展本外币资金集中运营，促进资金双向流动，提高资金使用效率和投资便利化水平。（人民银行、国家外汇局等按职责分工负责）

（十九）完善外商投资企业外债管理制度。统一内外资企业外债管理，改进企业外汇管理，提高外商投资企业境外融资能力和便利度。（国家发展改革委、商务部、人民银行、国家外汇局等按职责分工负责）

（二十）深化外商投资管理体制改革。推进对外商投资全面实施准入前国民待遇加负面清单管理模式，简化外商投资项目管理程序和外商投资企业设立、变更管理程序。推进审批环节并联办理，缩短海关登记、申领发票等环节办理时间。加大电子政务建设力度，推行一口受理、限时办结、进度可查询，提升外商投资管理信息化水平。推进自由贸易试验区建设，在更大范围推广复制经验。（国家发展改革委、商务部、海关总署、税务总局、工商总局等按职责分工负责）

各地区、各部门要充分认识新形势下做好利用外资工作的重要意义，高度重视，主动作为，强化责任，密切协作，国家发展改革委、商务部要会同有关部门加强督促检查，确保各项政策措施落到实处。结合各项政策措施实施，大力创造更加开放、便利、透明的营商环境，积极吸引外商投资以及先进技术和管理经验，稳定外商投资规模和速度，提高利用外资水平和质量，着力推动新一轮高水平对外开放，以开放促改革、促发展。

国务院

2017年1月12日

商务部关于印发《对外贸易发展"十三五"规划》的通知

商贸发〔2016〕484号

各省、自治区、直辖市、计划单列市及新疆生产建设兵团商务主管部门,本部各直属单位,各商会、协会、学会:

为贯彻落实《中华人民共和国国民经济和社会发展第十三个五年规划纲要》和《商务发展第十三个五年规划纲要》,推动外贸调结构转动力,向优质优价、优进优出转变,巩固贸易大国地位,推进贸易强国进程,商务部制定了《对外贸易发展"十三五"规划》,并经商务部部务会议审议通过,现印发给你们,请认真贯彻落实。

附件:对外贸易发展十三五规划(全文)

商务部
2016年12月26日

附件

对外贸易发展"十三五"规划

目　录

一、外贸发展"十二五"回顾与"十三五"形势
　　(一)"十二五"外贸发展回顾
　　(二)"十三五"外贸发展形势
二、指导思想、发展理念和主要目标
　　(一)指导思想
　　(二)践行新发展理念
　　(三)主要目标
三、外贸发展的主要任务
　　(一)加快培育外贸竞争新优势
　　(二)推动出口迈向中高端

（三）提升外贸企业跨国经营能力
　　（四）提升与"一带一路"沿线国家贸易合作水平
　　（五）促进加工贸易和边境贸易创新发展
　　（六）积极发展外贸新业态
　　（七）实行积极的进口政策
　　（八）扎实推进"三项建设"
四、外贸发展的保障措施
　　（一）完善外贸政策体系
　　（二）发挥双向投资对贸易的促进作用
　　（三）营造法治化、国际化、便利化的营商环境
　　（四）深化合作共赢的国际经贸关系
　　（五）加强组织领导和工作保障机制

　　对外贸易发展"十三五"规划，根据《中华人民共和国国民经济和社会发展第十三个五年规划纲要》和《商务发展第十三个五年规划纲要》编制，主要阐明"十三五"时期我国外贸发展的指导思想和基本理念，明确外贸发展的奋斗目标、主要任务和保障措施。该规划是指导各级外贸主管部门履行职责的重要依据，为外贸企业开展经营活动提供参考。

一、外贸发展"十二五"回顾与"十三五"形势

　　"十二五"时期，国际金融危机深层次影响持续显现，外需持续低迷，国内要素成本大幅上升，外贸形势十分复杂严峻，下行压力明显加大。面对错综复杂的国际环境和国内传统优势减弱等多重挑战，各地区、各部门认真贯彻落实党中央、国务院决策部署，迎难而上、开拓创新，扎实推进外贸稳增长、调结构各项工作，取得积极成效。"十三五"时期，我国外贸发展的国际环境和国内发展条件已经发生深刻变化，必须深刻认识、准确把握外贸发展的新形势新特征，抢抓机遇，务实应对挑战。
　　（一）"十二五"外贸发展回顾。
　　成为世界第一货物贸易大国。"十二五"期间，我国累计进出口总额19.9万亿美元，是"十一五"期间的1.7倍，年均增长5.9%，年度进出口规模从不到3万亿美元增长到4万亿美元的水平。2013年，我国进出口总额达到4.16万亿美元，超过美国成为世界第一货物贸易大国，这是我国开放型经济发展的重要里程碑，是我国坚持改革开放和参与经济全球化的重大成果。2013—2015年，我国连续三年保持世界第一货物贸易大国地位。
　　国际市场份额持续提升。"十二五"期间，我国出口年均增速达6.5%，远高于世界贸易平均增速。据世界贸易组织统计，2013、2014年我国国际市场份额分别提高了0.6个百分点，2015年我国出口增速远好于全球和主要经济体，国际市场份额升至约13.8%，提高了1.5个百分点，是5年来我国际市场份额上升最快的一年，比"十一五"末提高3.5个百分点。
　　新的发展动能正在集聚。民营企业成为外贸发展的重要力量，在我国出口中的比重首次超过外资企业，由2001年的7.3%提高到2015年的45.2%，比"十一五"末提高14.7个

百分点。外贸企业创新能力、品牌建设、营销能力不断增强,具有自主品牌、自主知识产权、自主营销渠道以及高技术、高附加值、高效益的产品出口增速高于传统商品。跨境电子商务、市场采购贸易等新型商业模式成为新的外贸增长点,2015年增幅分别超过30%和60%。

结构调整取得积极成效。近几年国际市场结构更加多元,2015年,发展中国家和新兴市场占外贸出口的比重达到45.8%,比"十一五"末提高5.1个百分点,对"一带一路"沿线国家的进出口突破了1万亿美元,占我国外贸总额的比重超过四分之一。国内区域布局更加均衡,中西部地区占全国外贸出口的比重达到16.5%,比"十一五"末提高7.8个百分点。一般贸易快速发展,占出口的比重提高到53.5%,比"十一五"末提高7.9个百分点。出口商品结构由消费品为主向消费品和资本品并重转变,资本品出口总额比"十一五"末增长超过30%。

进出口质量和效益提高。"十二五"期间,我铁路、通信、船舶、航天航空等大型成套设备出口年均增速保持在10%以上,出口总额超过5000亿美元。进口商品价格下降,出口价格相对上升,贸易条件不断改善。原油、铁矿石、大豆、铜精矿、天然气等大宗商品进口量增价跌,2014—2015年减少付汇2365亿美元,有利于企业提高效益、提升国际竞争力、增加国民福利。

对国民经济贡献增强。据估算,外贸直接或间接带动就业人数达到1.8亿左右,约占全国就业总数的23%。"十二五"期间,关税和进口环节增值税、消费税超过8万亿元,是国家财政的重要来源。先进技术设备大量引进、高端产品出口快速增加,对国民经济提质增效升级发挥了重要作用。此外,"中国制造"增加了全球消费者福利,"中国市场"带动了相关国家的经济发展。

外贸体制机制不断完善。"十二五"期间,进一步完善支持外贸发展的政策体系。坚持远近结合,既注重稳增长,也注重调结构、转方式,推动出台了培育外贸竞争新优势、促进进出口稳增长调结构、推进大通关建设、改进口岸工作、促进跨境电子商务发展、加强进口等政策文件,在完善出口退税分担机制、加大信保支持力度、减轻企业负担、提高贸易便利化水平、加快外贸新业态发展、支持先进装备和技术进口等方面出台一系列政策措施,为企业减负助力,营造良好环境。政策支持力度空前,效果明显。

对外贸易是我国开放型经济体系的重要组成部分和国民经济发展的重要推动力量。"十二五"时期,面对各种困难和挑战,外贸工作逆势进取,成绩来之不易。

(二)"十三五"外贸发展形势。

改革开放以来,我国充分利用内外部有利条件和机遇,外贸实现快速发展,取得举世瞩目的成就。"十三五"时期,世界经济在深度调整中曲折复苏,我国经济发展进入新常态、传统比较优势减弱,我国外贸发展的国际环境和国内发展条件已经发生深刻变化,对外贸发展带来广泛、深刻、持久、复杂的影响。

从外部需求看,国际金融危机前,美国IT革命和金融创新助推世界经济长周期繁荣,国际市场空间扩张很快;危机后,世界经济深度调整、增长乏力,发达经济体和新兴市场潜在增长率普遍下降,国际有效需求不足,大宗商品市场和金融市场动荡不稳,世界经济下行风险较大,短期难以恢复至金融危机前的高增长,长周期繁荣已转变为当前的低速增长,全球贸易持续低迷。"十三五"时期,国际金融危机冲击和深层次影响将依然存在,人口加速老龄化、通用技术创新难有新突破、发达经济体宏观政策空间大幅收窄、新兴市场国家债务风险上升、主要经济体结构性问题难以根本解决,将继续抑制消费、投资和供给,世界经济预计维持弱增长态势,再次进入上行周期尚需时日,世界贸易难以恢复至金融危机前增长水平。

从产业转移看,国际金融危机前,国际产业加速向我转移,使我快速形成出口能力;危机后,发达国家转向大力推动"产业回归"和"再工业化",部分产业向发达国家转移,发达国家部分制造业恢复竞争力,新兴经济体纷纷加快工业化进程,加快承接产业转移,国际招商引资竞争更加激烈,我承接国际产业转移已明显放缓,出口订单和产业向外转移加快,从跨国公司直属工厂蔓延到代工厂和配套企业,从劳动密集型产业发展到部分资本技术密集型产业。跨国投资并购日趋活跃,国际生产和产品供应不断向本地化方向发展,全球价值链扩张趋势放慢,促进国际贸易增长的作用减弱。3D打印技术、互联网技术应用、地缘政治风险等因素也影响了原有全球价值链分工模式,国际产业分工体系面临重构。

从国际经贸关系看,过去,在关税与贸易总协定及世界贸易组织的推动下,全球贸易与投资不断自由化与便利化。危机后,世界贸易投资自由化进程放缓。国际投资贸易规则体系加快重构,多边贸易体制受到区域性高标准自由贸易体制挑战,世界贸易组织多哈回合谈判进展缓慢,发达国家通过超大型区域自贸协定加快推行高标准国际贸易规则,涵盖环境、劳工、国企、竞争、反腐败、监管一致性等领域,围绕国际经贸规则主导权争夺日益加剧。局部地区地缘博弈更加激烈,传统安全威胁和非传统安全威胁交织,国际关系更加复杂,增加了世界贸易的风险和不确定性。贸易保护主义持续升温,经贸摩擦政治化倾向抬头,我国遭遇贸易救济调查案件涉及产品从传统行业向新兴行业延伸,发起国家从发达国家向发展中国家延伸,争执点从法律层面向政策和制度层面延伸。

从比较优势看,过去,我国农村富余劳动力充裕,生产要素价格低是最大优势;当前,我国劳动力、土地等要素成本不断上升,结构性短缺问题突出,一些地区生态环境承载能力接近极限。与此同时,我国技术追赶发达国家的空间收窄,生产效率提升速度放缓。我国制造业成本与部分发展中国家、甚至与发达国家部分地区相比都几乎没有明显优势,传统比较优势明显弱化,但新的竞争优势尚未完全形成,外贸产业主要处在全球产业链、价值链中低端环节,技术含量和附加值不高。此外,国内经济增速换档、结构调整、动能转换困难交织,有效需求乏力和有效供给不足并存,企业效益下滑,转型升级任务艰巨。

同时也要看到,我国外贸发展依然存在许多有利条件。和平发展仍然是时代主题,合作共赢是大势所趋,相互联系、相互开放、相互依存是大潮流;我国综合国力和国际地位持续上升,在世界经济中的重要性和影响力显著上升,参与国际事务的能力明显增强,比以往更有条件为外贸发展营造良好的外部环境;我国供给侧结构性改革深入推进,产业创新升级步伐明显加快,为外贸发展和结构调整增添新动能;我国与发达国家、发展中国家产业结构具有较强的互补性,基础设施完善、产业配套完备、人力素质较高,具有较强的综合竞争优势;具有一大批有国际竞争力的行业、企业和有国际视野的企业家队伍,积累了开拓市场和国际化经营的宝贵经验,拥有技术、标准、品牌、质量、服务等核心竞争力的企业蓬勃发展;简政放权、放管结合、优化服务改革向纵深推进,贸易便利化水平显著提高,投资准入门槛大幅降低,法治化、国际化、便利化的营商环境日益完善。特别是党的十八大和十八届三中、四中、五中、六中全会作出的一系列重大决定,实施"一带一路"战略,推进国际产能合作,促进我国与相关国家全方位合作,为外贸发展注入了新动力,外贸发展空间依然广阔。因此,我国外贸发展长期向好的基本面没有改变,与发达国家、发展中国家的产业互补优势没有改变,外贸结构调整和动力转换加快的趋势没有改变。

综合判断,"十三五"时期,我国外贸发展仍具有坚实基础,但也面临严峻挑战。要深刻认识世界贸易的普遍规律、一般规律和我国外贸的特殊规律,准确把握我国外贸发展趋势,既要增强做好外贸工作的紧迫感,也要坚定做好外贸工作的信心,主动适应我国经济发展新常态。

二、指导思想、发展理念和主要目标

(一)指导思想。

以马克思列宁主义、毛泽东思想、邓小平理论、"三个代表"重要思想、科学发展观为指导,全面贯彻党的十八大和十八届三中、四中、五中、六中全会精神,深入贯彻习近平总书记系列重要讲话精神,统筹推进"五位一体"总体布局和协调推进"四个全面"战略布局,牢固树立创新、协调、绿色、开放、共享的发展理念,以推进供给侧结构性改革为主线,以推进"一带一路"建设统领对外开放,大力实施优进优出战略,加快转变外贸发展方式,调结构转动力,巩固和提升外贸传统竞争优势,培育以技术、标准、品牌、质量、服务为核心的外贸竞争新优势,推动外贸向优质优价、优进优出转变,巩固贸易大国地位,推进贸易强国进程。

(二)践行新发展理念。

坚持创新发展,增强外贸发展动能。创新是引领发展的第一动力,必须把创新摆在外贸发展的核心位置,走创新驱动的外贸发展道路。深化外贸体制机制改革,营造创新发展环境。增强科技创新能力,创新商业模式和贸易业态,壮大装备制造业等新的出口主导产业,促进引进消化吸收再创新,集成新的竞争优势,增强外贸发展的内生动力。

坚持协调发展,优化外贸发展格局。协调是可持续发展的内在要求。坚持内外需协调,推动进出口平衡发展,外贸与内贸有效互补,实现货物贸易与服务贸易、贸易与投资、传统产业与新兴产业互动发展。完善对外开放战略布局,按照国家重点产业布局,加快内陆沿边开放和承接转移,提升沿海开放水平,推动外贸转型升级,促进东中西互动开放。

坚持绿色发展,提高外贸持续发展能力。绿色是永续发展的必要条件和人民对美好生活追求的重要体现。要坚持节约资源和保护环境的基本国策,抑制高污染、高耗能和资源类产品出口,鼓励紧缺性资源类产品进口,努力打造绿色贸易。加强节能环保国际合作,积极参与绿色发展国际规则制订。

坚持开放发展,着力实现合作共赢。开放是国家繁荣发展的必由之路。要以更大范围、更广领域、更高层次的开放,通过"走出去"与"引进来"相结合带动贸易增长,扩大与贸易伙伴利益汇合点,形成更加和谐稳定的发展环境,共创更大市场空间。完善法治化、国际化、便利化的营商环境,健全有利于合作共赢并同国际贸易投资规则相适应的体制机制。

坚持共享发展,强化外贸服务民生的功能。共享是中国特色社会主义的本质要求。要把共享发展作为外贸工作的出发点和落脚点,让人民群众在外贸发展中有更多获得感。稳定劳动密集型产品出口,促进加工贸易创新发展,充分发挥外贸扩大就业功能。畅通消费品进口渠道,合理增加一般消费品进口,促进人民群众品质消费。

(三)主要目标。

外贸结构进一步优化,发展动力加快转换,外贸发展的质量和效益进一步提升,贸易大国地位巩固,贸易强国建设取得重要进展。

外贸结构进一步优化。努力推进"五个优化"。一是优化国际市场布局。在巩固传统市场的同时,提高"一带一路"沿线国家等新兴市场在全国外贸中的比重。二是优化国内区域布局。在巩固东部沿海地区外贸的同时,更加发挥中西部地区在全国外贸中的作用。三是优化商品结构。在稳定传统优势产品出口的同时,提高出口品牌、高技术含量产品在全国外贸中的比重。四是优化外贸经营主体。在坚持外贸大中小企业并重、多种所有制企业共同发展的同时,培育一批具有较强创新能力和国际竞争力的跨国公司。五是优化贸易方式。不断创新贸易方式,做强一般贸易,提升加工贸易,发展其他贸易方式。

外贸发展动力加快转换。努力实现五个转变:一是推动出口由货物为主向货物、服务、技术、资本输出相结合转变;二是推动竞争优势由价格优势为主向技术、标准、品牌、质量、服务为核心的综合竞争优势转变;三是推动增长动力由要素驱动为主向创新驱动转变;四是推动营商环境由政策引导为主向制度规范和法治化国际化转变;五是推动我在全球经济治理的地位由遵守、适应国际经贸规则为主向主动参与国际经贸规则制订转变。

三、外贸发展的主要任务

(一)加快培育外贸竞争新优势。

加快提升出口产品技术含量。着力构建以企业为主体、市场为导向、产学研贸相结合的技术创新体系。加大科技创新投入,支持企业原始创新。鼓励企业以进口、境外并购、国际招标、招才引智等方式引进先进技术,促进消化吸收再创新。支持国内企业通过自建、合资、合作等方式设立海外研发中心。鼓励跨国公司和境外科研机构在我国设立研发机构。

加快提升国际标准制订能力。支持企业、行业组织参与国际标准制订,大力推动我国标准国际化。支持大型成套设备出口,重点支持能够带动中国标准"走出去"的项目。

加快培育外贸品牌。鼓励企业创立品牌,支持有实力的企业收购品牌。支持企业开展商标和专利的国外注册保护,开展海外维权。研究建立品牌商品出口统计制度。推动有条件的地区、行业和企业建立品牌推广中心,推介自主研发、拥有核心技术的品牌产品,大力培育区域性、行业性品牌。采取多种方式,加大中国品牌海外推介力度,培育一批重点行业专业性境外品牌展。

加快提高出口产品质量。建立国际认可的产品检测和认证体系,鼓励企业按照国际标准组织生产和质量检验。推动出口产品质量安全示范区建设。加快推进与重点出口市场检验检测、认证认可体系和证书互认。加强重要产品追溯体系建设,完善产品质量安全风险预警与快速反应机制,建立完善出口产品质量检测公共平台,支持出口企业开展质量管理体系认证。加强出口食品、农产品质量提升工作,加大对外技术质量磋商谈判力度。

加快建立出口产品服务体系。鼓励企业建立境外服务保障体系,支持重点企业建设汽车、机床、工程机械、通信、轨道交通、航空、船舶和海洋工程等境外售后维修服务中心及备件生产基地和培训中心。积极运用信息技术发展远程监测诊断、运营维护、技术支持等售后服务新业态。发展生产性服务贸易,顺应我国装备制造业走出去的趋势,鼓励维修、咨询、检验检测等服务出口,促进服务贸易与货物贸易紧密结合、联动发展。

(二)推动出口迈向中高端。

运用现代技术改造传统产业。加大科技创新投入,积极采用国际先进质量标准,提升产品检测和认证体系,提升轻工、纺织、家电、建材、化工等出口产品质量、档次和技术含量。继续巩固和提升劳动密集型产品在全球的主导地位,提升农产品精深加工能力和特色发展水平。

壮大装备制造业等新的出口主导产业。发挥我装备产品性价比高的优势,强化电力、轨道交通、通信设备、船舶、工程机械、航空航天等装备制造业和大型成套设备出口的综合竞争优势,推动国内金融机构为大型成套设备出口项目提供融资保险支持,着力扩大资本品出口。

鼓励战略性新兴产业开拓国际市场。强化双边高技术领域经贸合作机制,推动战略性新兴产业有关行业组织、地方、基地和企业间的合作,进一步提高节能环保、新一代信息技术、新能源等战略性新兴产业的国际竞争力,扩大高新技术产品出口。

(三)提升外贸企业跨国经营能力。

积极培育跨国公司。鼓励有实力的公司延长产业链,开展跨国并购,获取优品品牌、核心技术和营销渠道,提高国际化经营水平。推动优势企业强强联合、跨地区兼并重组和对外投资合作。在监管便利化、行业推介、广交会品牌展位、金融保险等方面对信用良好的跨国企业给予系统支持,加快形成一批在全球范围内配置要素资源、布局市场网络的具有跨国经营能力的大企业。

鼓励中小外贸企业发展。提高外贸公共服务水平,鼓励创新型、创业型和劳动密集型中小企业发展,支持中小微企业走"专精特新"和与大企业协作配套发展的道路,提升其参与国际分工、开拓国际市场的能力。创造良好的发展环境,支持有创新能力的外向型民营企业国际化发展。

(四)提升与"一带一路"沿线国家贸易合作水平。

深化与"一带一路"沿线国家贸易合作。稳定劳动密集型产品等优势产品对沿线国家出口,抓住沿线国家基础设施建设机遇,推动大型成套设备及技术、标准、服务出口。顺应沿线国家产业转型升级趋势,加快机电产品和高新技术产品出口。加快与相关国家开展食品农产品检验检疫合作及准入谈判,扩大与沿线国家食品农产品贸易,加快与相关国家的食品农产品认证国际互认合作。扩大自沿线国家进口,促进贸易平衡。

推动市场多元化。推动进出口市场结构从传统市场为主向多元化市场全面发展转变。深耕发达国家传统市场。加大新兴市场开拓力度,综合考虑经济规模、发展速度、资源禀赋、风险程度等因素,选择若干个新兴市场重点开拓。扩大先进技术设备进口,促进质量好、档次高、具有比较优势的产业和产品出口。

(五)促进加工贸易和边境贸易创新发展。

发挥沿海地区转型升级示范带动作用。继续发展传统劳动密集型加工贸易产业,鼓励电子信息、移动通信等辐射和技术溢出能力强的先进制造业加工贸易发展,促进提质增效。促进沿海地区加工贸易转型升级,向品牌、研发、分拨和结算中心等产业链高端延伸。加快珠三角加工贸易转型升级示范区建设,总结推广东莞、苏州加工贸易转型升级试点城市以及示范企业经验。

支持内陆地区承接产业转移。稳妥推进国内外企业将整机生产、零部件、原材料配套和研发结算环节向内陆沿边地区转移,形成产业集群。对海关特殊监管区域设立向中西部倾斜,培育和建设一批加工贸易转移重点承接地,加大对加工贸易梯度转移重点承接地的支持力度,重点加强承接地的公共服务平台建设、员工技能培训、招商引资、就业促进等工作。在严禁污染产业和落后产能转入的前提下,结合国家重点产业布局,综合运用财政、土地、金融等差异化政策,支持加工贸易向中西部地区转移。

大力发展边境贸易。将边贸政策与扶贫政策、民族政策相结合。完善边境贸易政策措施,提高贸易便利化水平,促进边境贸易及企业发展。通过中央财政对边境地区转移支付资金,继续支持边境贸易和边境小额贸易企业能力建设,并督促地方规范资金使用,确保将资金落实到基层一线地区,大力促进边境小额贸易企业发展。

(六)积极发展外贸新业态。

促进跨境电子商务健康快速发展。推进跨境电子商务综合试验区建设。加快建立适应跨境电子商务特点的政策体系和监管体系,提高贸易各环节便利化水平。鼓励设立海外仓储,推进B2B业务创新发展。总结评估并复制推广各综合试验区经验,推动全国跨境电子商务持续健康发展。推进"网上丝绸之路"经济合作试验区建设,推动与"一带一路"沿线国家和地区开展电子商务合作。深入参与或发起跨境电子商务规则交流和谈判,积极发挥建设性推动作用。发展跨境电子商务产业链。支持各地引导本地跨境电子商务产业向规模化、标准化、集群化、规范化方向发展。

促进市场采购贸易发展。继续推进浙江义乌、江苏叠石桥家纺城、浙江海宁皮革城、江苏常熟服装城、广州花都皮革皮具市场、山东临沂商城工程物资市场、武汉汉口北国际商品交易中心、河北白沟箱包市场等市场采购贸易试点,完善"一划定、三备案、一联网"的管理体制,复制推广市场采购贸易方式经验。

培育一批外贸综合服务企业。积极研究开展试点工作,认定培育一批外贸综合服务试点企业。加快建立与外贸综合服务企业发展相适应的管理模式,进一步优化外贸综合服务企业退(免)税管理,加强其通关、物流、退税、金融、保险等综合服务能力。

(七)实行积极的进口政策。

鼓励先进技术设备和关键零部件进口。完善进口贴息政策,及时调整《鼓励进口技术和产品目录》,加大进口信贷支持力度,扩大先进技术、关键设备及零部件等进口,鼓励企业引进消化吸收再创新,促进国内产业结构调整和优化升级,提高国际竞争能力。在风险可控、商业可持续的前提下,支持融资租赁和金融租赁企业开展进口设备融资租赁业务。

稳定资源性产品进口。完善深化大宗商品进口体制改革,鼓励能源资源商品贸易持续稳定增长,保障国内市场供应。落实"一带一路"战略,支持有实力的企业"走出去",开展境外资源能源开发和加工生产,鼓励有需求的半成品或成品回运国内。加快建设能源国际化平台,推动能源资源国际贸易人民币结算,增强我在能源资源国际市场战略买家的力量,提升在国际大宗商品市场的影响力。

合理增加一般消费品进口。继续采取有效措施,引导境外消费回流。加快与相关国家就水产品、水果等产品签订检验检疫协议,积极推动合格的加工企业和产品备案注册认证。切实推进汽车平行进口试点,促进汽车进口多元化发展。

(八)扎实推进"三项建设"。

加快外贸转型升级基地建设。培育一批综合型、专业型基地,加强公共服务和宣传引导,突出扶优扶强,增强基地创新发展能力,使之切实发挥示范带动作用。

加快推进贸易平台建设。进一步培育若干个国际知名度高、影响力大的会展平台,深入推进内外贸结合商品市场、电子商务平台建设,培育一批带动功能强、服务优质的进口促进平台,发挥其带动促进作用。

加快推进国际营销网络建设。鼓励企业在境外建设一批品牌推广效果好的展示中心、集散配送功能强的分拨中心、区域辐射半径大的批发市场、市场渗透能力强的零售网点、服务能力强的售后服务网点和备件基地、区域辐射能力强的临港经贸合作区等商贸物流性经贸合作区。

四、外贸发展的保障措施

(一)完善外贸政策体系。

深化外贸管理体制改革。推进简政放权、放管结合、优化服务,完善符合开放型经济发展需要、有利于发挥市场配置资源基础性作用的外贸管理体制。完善外贸政策协调机制,加强财税、金融、产业、贸易等政策之间的衔接和配合。完善外贸促进政策。根据安全标准、环保标准、社会责任等要求,完善对敏感商品的进出口管理。加强外贸行政审批事项下放后的监管体系建设,强化事中事后监管。加强"两用"物项和技术的出口管制,维护国家安全,履行国际义务。优化通关、质检、退税、外汇等管理方式,支持新型贸易方式发展。

完善财税政策。完善外经贸发展专项资金等现有财政支持政策,突出资金支持重点,丰富支持方式,加强对社会资金的引导,改善公共服务,推动中西部地区承接加工贸易梯度转移,推动外贸产品研发、品牌培育、标准制定、引进消化吸收再创新、国际营销和售后服务体系建设、跨境电子商务发展,促进外贸稳增长、调结构、转型升级、创新发展。完善支持服务贸易发展的政策促进体系。推动进一步优化进出口关税结构,完善出口退税政策。

改进金融服务。在风险可控、商业可持续的前提下,大力支持外贸企业融资,通过差别准备金、利率、再贷款、再贴现等政策,引导金融机构加大对小微企业的支持力度。鼓励和支持金融机构灵活运用流动资金贷款、对外担保等方式,对有订单、有效益的外贸企业贷款。加强银贸合作,鼓励和支持金融机构进一步扩大出口信用保险保单融资和出口退税账户质押等贸易融资规模。充分发挥出口信用保险作用,对大型成套设备出口融资应保尽保。扩大人民币在跨境贸易和投资中的使用,鼓励金融机构开发适应外贸发展需要的避险产品和风险管理工具,帮助企业有效规避汇率风险。鼓励金融机构完善海外机构布局,提高为外贸企业服务的能力。

提高公共服务能力。加强对重点市场相关法律、准入政策、技术法规等收集发布。加快技术性贸易措施公共信息服务平台建设,提高外贸企业防范和应对国际技术性贸易壁垒的能力和水平。发挥驻外使领馆在提供市场信息、应对贸易摩擦、市场准入交涉等方面的作用。深化商协会管理体制改革,推动其在行业信息交流、行业标准体系建设、组织企业开展贸易促进活动、推进行业自律、完善产业贸易政策等方面发挥更大作用。加强外贸人才培养,发展外贸职业教育,营造良好的外贸人才发展环境。

(二)发挥双向投资对贸易的促进作用。

推动对外投资合作和贸易相结合。深化对外投资管理体制改革,提高对外投资便利化水平。创新对外投资合作方式,支持开展绿地投资、联合投资等,大力推动中国装备"走出去",推进国际产能合作,带动我国产品、技术、标准、服务出口。推动有实力、有条件的企业加快国际产能合作,积极稳妥开展境外技术和营销网络等并购。深化国际能源资源开发和加工互利合作,稳步推进境外农业投资合作,带动相关产品进出口。

提高利用外资的质量和水平。加大招商引资力度,提高国家级经济技术开发区和各类园区的发展水平,进一步放开一般制造业。将承接国际制造业转移和促进国内产业转型升级相结合,引导外资投向现代农业、新能源、新材料、生物医药、信息通信、节能环保、智能制造、现代服务业等领域。鼓励外商投资地区性总部、研发中心等功能性机构,鼓励外资研发中心升级为全球研发中心和开放式创新平台,支持外资研发机构参与国内研发公共服务平台建设。引导外资投向中西部地区,提高中西部地区承接产业转移能力,促进东中西地区产业链互动合作。

(三)营造法治化、国际化、便利化的营商环境。

完善外贸法律法规体系。坚持依法行政,坚持外贸工作法治化,完善符合我国国情和国际惯例的外贸法律法规体系。以《对外贸易法》为基础,加强各部门制定、实施涉及外贸领域政策措施的协调。健全和完善货物进出口、服务贸易、出口管制、贸易调查、贸易救济、贸易促进以及与外贸有关的投资合作、知识产权、信用管理等领域的法律法规,加强各项外经贸立法之间的衔接。加强外贸及产业政策的合规性评估。

优化公平竞争的市场环境。加强外贸领域诚信体系建设,建立部门协调机制,加强对进出口企业信用评价体系的优化和推广应用,打造进出口新型监管体制,推动实施联合奖惩措施,以适当方式对外公布或推荐我信用状况良好的企业。加强反垄断执法,依法开展经营者集中反垄断审查工作,防范通过并购获取垄断地位损害市场竞争,维护公平竞争的市场秩序。加强外贸知识产权保护,持续开展外贸领域打击侵权假冒专项行动,加强境外知识产权争端解决和维权援助机制建设,健全多双边知识产权交流和执法协作机制,切实支持进出口企业应对境外知识产权纠纷。完善重点行业进出口资质管理和竞争自律公约机制,探索建立规范外贸经营秩序新模式。加强双边对话与合作,促美欧等发达国家放宽对华出口管制。

提高贸易便利化水平。积极履行世界贸易组织《贸易便利化协定》。推进大通关建设,全面实现口岸管理相关部门信息互换、监管互认、执法互助。加快全国通关一体化改革,建立高效便捷的通关制度,改善通关便利化的技术条件,全面推进通关作业无纸化,加强出口企业分类指导,对信用好的降低查验率,增强海关查验的针对性和有效性。加快电子口岸建设,推广国际贸易"单一窗口"建设,建立标准体系。建立完善国际贸易供应链管理机制,推动实施"经认证的经营者"(AEO)国际互认。规范经营服务性涉企收费,落实收费目录清单制度,加大对电子政务平台收费查处力度,合理规范港口、保险、运输、银行等收费,着重打破垄断,加强和创新收费监管,建立打击违规收费机制。

（四）深化合作共赢的国际经贸关系。

加快实施自贸区战略。不断扩大我国自由贸易区网络覆盖范围,逐步形成立足周边、辐射"一带一路"、面向全球的高标准自由贸易区网络。加快有关自贸区谈判,推进与"一带一路"相关国家和地区的自贸区建设,推动亚太自贸区进程。研究推动商建新的自贸区,推进与相关国家自贸区升级。落实好现有自由贸易协定。积极推动货物、服务、投资等领域双向开放,加快推进知识产权保护、环境保护、电子商务、竞争政策、政府采购等新议题谈判,提高我国自贸区建设的标准和质量。

提升国际经贸规则话语权。积极参与全球经济治理,维护世界贸易组织在全球贸易投资自由化中的主渠道地位,坚持多哈回合发展授权,推动多边贸易谈判进程,推进《环境产品协定》谈判、加入世界贸易组织《政府采购协定》谈判。积极推进中美、中欧投资协定谈判,推动制定多边投资规则。积极参与相关争端解决机制改革完善工作,积极参加贸易政策审议,广泛参与出口管制国际规则和管制清单制订。加强贸易增加值核算体系建设,建立健全全球价值链规则制订与利益分享机制。

积极应对贸易摩擦。强化商务部、地方、商协会、企业"四体联动"的综合应对机制,综合运用交涉、磋商、谈判、法律抗辩、业界合作等方法,妥善解决贸易摩擦,有效维护我正当经贸利益和企业合法权益。积极应对反补贴和反倾销调查,解决好调查中对我政治化、歧视性做法。通过对话磋商妥善解决与发展中国家的贸易摩擦。充分运用世界贸易组织争端解决机制、有关成员国司法诉讼等程序,纠正其滥用贸易保护及其他涉嫌违反规则的措施做法。加强产业损害预警,依法发起贸易救济调查,维护国内产业安全和对外贸易秩序。

（五）加强组织领导和工作保障机制。

加强党对外贸工作的领导。发挥商务系统各级党委（党组）领导核心作用,完善党委（党组）研究外贸发展战略、分析外贸形势、研究重大措施的工作体制机制,提高对重大外贸问题的科学决策、科学管理水平。优化领导班子知识结构和专业结构,加强政治、经济、法律、外交、管理等方面的学习,注重培养选拔政治强、懂专业、善治理、敢担当、作风正的党员领导干部,加强外贸人才队伍建设,增强党领导外贸工作专业化能力和法治化水平。落实全面从严治党主体责任,健全改进作风的长效机制,强化权力运行制约和监督。强化外贸领域基层党组织整体功能,发挥战斗堡垒作用和党员先锋模范作用,更好推进外贸事业发展。

强化工作机制。建立从组织领导、目标导向、形势研判、出台政策、狠抓落实、检查督导和舆论宣传的全链条外贸工作机制。科学合理制定进出口规模目标,建立结构调整和质量效益提升的评价指标。建立重点产业和重点企业联系制度,跟踪分析外贸运行情况,加强形势研判。充分利用国家智库等社会研究力量,做好外贸重大理论和政策的研究。深入基层和企业调研,坚持问题导向,积极研究提出对策建议。细化工作责任制,明确时间节点,严格督导检查,纳入绩效考核体系。加强舆论宣传引导,及时通过各种媒体解读外贸政策,大力宣传外贸发展的好经验、好做法,提振企业信心,鼓励创新发展。

完善规划实施机制。加强对本规划实施的组织、协调和督导。动态监测规划实施情况,扎实开展评估工作。加强外贸领域各专项规划、地方规划与本规划的衔接协调。制定年度工作计划要参照本规划,出台和调整外贸重大政策措施要有规划依据。对规划提出的目标和任务,要制定具体落实措施。在本规划执行期间,如国际环境和国内形势出现重大变化,在深入调研的基础上,依照相关程序,适当调整本规划的预期目标。

商务部关于做好外商投资企业设立及变更备案监督检查有关工作的通知

商资函[2016]第954号

各省、自治区、直辖市、计划单列市、新疆生产建设兵团、副省级城市商务主管部门,各自由贸易试验区、国家级经济技术开发区:

为深化外商投资管理体制改革,2016年9月3日,第十二届全国人大常委会第二十二次会议审议通过对《外资企业法》等四部法律的修正案,决定将不涉及国家规定实施准入特别管理措施的外商投资企业设立及变更由审批改为备案管理。为确保法律修订的顺利实施,经国务院批准,国家发展改革委、商务部发布2016年第22号公告,对外商投资特别管理措施的范围予以明确。同时,商务部发布了《外商投资企业设立及变更备案管理暂行办法》(商务部令2016年第3号,以下简称《备案办法》),对备案适用范围、备案程序、监督管理和法律责任等内容作出规范。《备案办法》发布后,各地外商投资企业设立及变更备案工作进展顺利。为强化事中事后监管,切实做好对外商投资企业及其投资者履行备案义务的监督检查工作,现就有关事项通知如下:

一、提高认识,强化事中事后监管责任意识

各省、自治区、直辖市、计划单列市、新疆生产建设兵团、副省级城市商务主管部门,各自由贸易试验区、国家级经济技术开发区相关机构(以下简称备案机构)要深入贯彻国务院关于简政放权、放管结合、优化服务等改革精神,充分认识监督检查工作对于履行事中事后监管责任的重要意义,按照《备案办法》及《外商投资企业设立及变更备案监督检查指引》(见附件)细化工作方案,强化责任落实,加强组织建设,做好对监督检查执法人员的培训,确保事中事后监管"跟得上、管得住"。

二、履职尽责,确保监督检查工作取得实效

备案机构应按照各级政府建立权力清单、责任清单制度的相关要求,将外商投资企业设立及变更备案监督检查纳入政府权力和责任体系,依法依规开展监督检查工作。

监督检查应以抽查方式为主,备案机构应按照"双随机、一公开"的原则制定年度抽查计划,结合工作实际确定抽查比例和频率,突出可操作性和实效性,通过现场检查、依法查阅或者

要求被检查人提供有关材料等手段,重点对外商投资企业及其投资者是否履行备案手续,备案信息是否真实、准确、完整,以及是否履行备案机构作出的行政处罚决定等方面进行监督检查。

在实施监督检查时,备案机构应认真甄别备案事项是否存在可能触发国家安全审查的情形。省级商务主管部门可通过主动与相关行业主管部门、行业协会沟通等方式进行判断,对可能属于外商投资安全审查范围的,应及时向商务部提交相关安全审查信息。根据商务部反馈结果,继续实施备案和监督检查,或书面要求相关外商投资企业的外国投资者向商务部提出安全审查申请。

三、信息共享,加强部门协同监管

备案机构应逐步建立并完善与公安、国有资产、海关、税务、工商、证券、外汇等部门的协同监管和信息共享工作机制,加强与相关监管部门的管理联动。鼓励备案机构会同相关部门开展联合检查、综合执法和联合惩戒,形成监管合力,并与全国商务综合执法体制改革试点工作做好衔接。

四、规范检查,保障企业和投资者合法权益

备案机构应依照《行政处罚法》等相关法律法规要求,制定备案、监督检查和执法人员行为规范,建立健全监督检查和执法回避制度,规范监督检查和执法程序,提高监督检查和执法效能。备案机构应畅通外商投资企业及其投资者的救济渠道,保障其合法权益,在实施监督检查过程中,避免对外商投资企业正常生产经营活动造成干扰。

省级商务主管部门应于每年1月31日前将本区域上一年度监督检查工作总结及本年度抽查计划报商务部(外资司);各自由贸易试验区、国家级经济技术开发区的相关机构应于每年1月15日前将上一年度监督检查工作总结及本年度抽查计划报省级商务主管部门汇总。在监督检查工作中遇有问题,请及时与商务部(外资司)联系。

附件:外商投资企业设立及变更备案监督检查指引

商务部
2016年12月13日

附件:

外商投资企业设立及变更备案监督检查指引

一、为加强对不涉及国家规定实施准入特别管理措施的外商投资企业设立及变更事中事后监管,规范对外商投资企业及其投资者的监督检查工作,依据《外商投资企业设立及变

更备案管理暂行办法》(以下简称《备案办法》)及相关法律、行政法规及国务院文件,制定本指引。

二、本指引所称外商投资企业设立及变更备案监督检查(以下简称监督检查),是指商务主管部门和依据《备案办法》第三十六条行使监督检查职能的自由贸易试验区、国家级经济技术开发区的相关机构(以下统称检查机构)对本区域内外商投资企业及其投资者(以下简称检查对象)遵守《备案办法》的情况进行检查,并对违反《备案办法》的行为实施行政处罚的活动。其中,商务部负责指导全国范围内监督检查工作,其他检查机构负责在本区域内组织、开展监督检查工作。

检查机构进行监督检查应以随机抽查为主。此外,可应举报、根据有关部门或司法机关建议和反映情况,或依职权启动检查。

三、监督检查应坚持以下原则:

依法监管原则。严格执行有关法律法规,规范监管行为,落实监管责任,确保事中事后监管依法有序进行。

公正透明原则。坚持检查事项公开、程序公开、结果公开,保障检查对象权利平等和机会平等。

协同高效原则。建立健全协同监管与信息共享机制,形成监管合力,提高监管效率。

谁检查谁反馈原则。检查机构负责向被检查对象反馈各自实施的检查结果。

四、检查机构应在外商投资综合管理信息系统(以下简称综合管理系统)中建立监督检查人员名录库,监督检查人员应具有行政执法资格。

采取随机抽查方式进行监督检查的,检查机构应根据本区域外商投资企业设立及变更备案的具体情况制定年度抽查计划,确定抽查频率和抽查比例。原则上抽查频率应不少于每年度两次。检查机构应通过综合管理系统随机抽取监督检查人员和检查对象。执行每次检查任务的工作人员应不少于2人。随机抽取的检查人员中,与检查对象有利害关系的,应依法回避。检查人员现场监督检查应佩戴执法标识,出示"行政执法证"。

抽查分为不定向抽查和定向抽查。不定向抽查指检查机构按照公平、规范的要求,根据外商投资企业的备案编号,按照不少于3%的比例随机抽取本区域内的企业,生成抽查名单,对名单内检查对象遵守《备案办法》的情况进行检查。定向抽查指检查机构按照外商投资企业投资规模、所属行业、地理区域等特征,以适当比例随机抽取本区域内企业,生成抽查名单,对名单内检查对象遵守《备案办法》的情况进行检查。

随机抽取的检查对象中,在最近一次检查中未发现违法违规及违反《备案办法》行为,且两次检查期间内未发生需办理备案手续的变更事项的,可不列入本次抽查名单。对于投诉举报多、列入经营异常名录或有严重违法记录等情况的检查对象,以及涉及群众生命财产安全的特殊行业、重点区域的检查对象,不受限制。

五、公民、法人或其他组织发现外商投资企业或其投资者存在违反《备案办法》行为的,可以向检查机构举报。检查机构应公布举报受理方式(电话号码、电子邮件及邮寄地址等)。采取书面形式并实名举报,并提供相关事实和证据的,检查机构接到举报后应及时进行必要的检查,并将检查结果书面反馈举报人。

六、有关部门或司法机关在履行其职责的过程中,发现外商投资企业或其投资者有违反

《备案办法》行为的,可以向检查机构提出监督检查建议。检查机构接到相关建议后应当及时进行检查,并将检查结果反馈有关部门或司法机关。

七、对于未按《备案办法》规定进行备案,或曾有备案不实、对监督检查不予配合、拒不履行检查机构作出的行政处罚决定记录的外商投资企业或其投资者,检查机构可依职权对其启动检查。

其中应备案而未按《备案办法》规定进行备案的,检查机构应通过信息共享机制定期比对工商市场主体登记注册信息与外商投资企业备案信息,发现问题后可对相关企业启动检查。

八、检查机构依照《备案办法》第十九条规定的监督检查内容进行现场查验或书面检查,应至少提前3个工作日向检查对象下达《外商投资企业设立及变更备案检查通知》,并告知检查时需查阅或要求提交的文件材料。

九、检查机构应在现场查验或收到检查对象提交的全部备查材料后20个工作日内将检查结果书面告知检查对象。

十、检查机构应制作检查工作记录表,如实记载检查情况,并将有关内容记入商务部外商投资诚信档案系统。

十一、检查对象存在《备案办法》第四章第二十四条、二十五条、二十六条、二十七条中所列行为的,检查机构应根据具体情况责令其在1—30个工作日内予以改正;符合罚款条件的,可依据相关规定对其作出罚款处罚。实施罚款应符合《行政处罚法》的有关规定。相关处罚情况将通过商务部外商投资信息公示平台予以公示。

十二、检查机构应发挥协同监管作用,对于监督检查过程中发现的检查对象可能存在不属于本部门管理职责的违法违规行为和监督检查结果,应及时通报公安、国有资产、海关、税务、工商、证券、外汇等相关监管部门,并按照国家社会信用信息平台建设的总体要求,通过商务部外商投资诚信档案系统与相关监管部门共享相关信息。

十三、对于因违反《备案办法》而公示的不诚信记录,检查对象改正违法违规行为,且在履行相关义务后3年内未再发生违反《备案办法》行为的,检查机构应在公示平台中移除该不诚信记录。

十四、各省、自治区、直辖市、计划单列市、新疆生产建设兵团、副省级城市的商务主管部门,以及各自由贸易试验区、国家级经济技术开发区的相关机构可依据本指引制定本区域监督检查实施细则,并抄报国务院商务主管部门。

十五、《外商投资企业设立及变更备案检查通知》样式由国务院商务主管部门统一制定。

十六、《港澳服务提供者在内地投资备案管理办法(试行)》的监督检查工作参照本指引执行。

附:1.《外商投资企业设立及变更备案检查通知》样式(书面检查)
  2.《外商投资企业设立及变更备案检查通知》样式(现场查验)

附1：

（检查机构名称）外商投资企业设立及变更备案检查通知

（书面检查）
文号

（企业名称）：
　　根据外商投资法律法规以及《外商投资企业设立及变更备案管理暂行办法》（下称《备案办法》）的相关规定，我（单位）拟对你公司遵守《备案办法》的有关情况进行书面检查。
　　根据《备案办法》第二十条，"检查时，商务主管部门可以依法查阅或要求被检查人提供有关材料，被检查人应当如实提供"，现请你公司于＿＿＿＿年＿＿月＿＿日前到（具体地址）提交如下材料：
　　（材料清单）

　　根据《备案办法》第二十七条之规定，如你公司对检查不予配合，我（单位）将对你公司作出行政处罚。
　　本次检查结果将记入"商务部外商投资诚信档案系统"，通报工商、外汇、海关等相关监管部门，并根据《备案办法》的有关规定通过商务部外商投资信息公示平台进行公示。
　　对检查事宜存有任何疑问，可与我（单位）（具体部门）进行联系。
联系人：
联系方式：

检查机构名称（加盖公章）
日期

附2：

（检查机构名称）外商投资企业设立及变更备案检查通知

（现场查验）
文号

（企业名称）：
　　根据外商投资法律法规以及《外商投资企业设立及变更备案管理暂行办法》（下称《备

案办法》)的相关规定,我(单位)拟于＿＿＿＿年＿＿＿月＿＿＿日对你公司遵守《备案办法》的有关情况进行现场查验。

根据《备案办法》第二十条,"检查时,商务主管部门可以依法查阅或要求被检查人提供有关材料,被检查人应当如实提供",现请你公司准备如下材料备查：

（材料清单）

根据《备案办法》第二十七条之规定,如你公司对检查不予配合,我(单位)将对你公司作出行政处罚。

本次检查结果将记入"商务部外商投资诚信档案系统",通报工商、外汇、海关等相关监管部门,并根据《备案办法》的有关规定通过商务部外商投资信息公示平台进行公示。

对检查事宜存有任何疑问,可与我(单位)(具体部门)进行联系。

联系人：

联系方式：

检查机构名称(加盖公章)

日期

国务院关于发布政府核准的投资项目目录（2016年本）的通知

国发〔2016〕72号

各省、自治区、直辖市人民政府,国务院各部委、各直属机构：

为贯彻落实《中共中央、国务院关于深化投融资体制改革的意见》,进一步加大简政放权、放管结合、优化服务改革力度,使市场在资源配置中起决定性作用,更好发挥政府作用,切实转变政府投资管理职能,加强和改进宏观调控,确立企业投资主体地位,激发市场主体扩大合理有效投资和创新创业的活力,现发布《政府核准的投资项目目录(2016年本)》,并就有关事项通知如下：

一、企业投资建设本目录内的固定资产投资项目,须按照规定报送有关项目核准机关核准。企业投资建设本目录外的项目,实行备案管理。事业单位、社会团体等投资建设的项目,按照本目录执行。

原油、天然气(含煤层气)开发项目由具有开采权的企业自行决定,并报国务院行业管理部门备案。具有开采权的相关企业应依据相关法律法规,坚持统筹规划,合理开发利用资源,避免资源无序开采。

二、法律、行政法规和国家制定的发展规划、产业政策、总量控制目标、技术政策、准入标准、用地政策、环保政策、用海用岛政策、信贷政策等是企业开展项目前期工作的重要依据,是项目核准机关和国土资源、环境保护、城乡规划、海洋管理、行业管理等部门以及金融机构对项目进行审查的依据。

发展改革部门要会同有关部门抓紧编制完善相关领域专项规划,为各地区做好项目核准工作提供依据。

环境保护部门应根据项目对环境的影响程度实行分级分类管理,对环境影响大、环境风险高的项目严格环评审批,并强化事中事后监管。

三、要充分发挥发展规划、产业政策和准入标准对投资活动的规范引导作用。把发展规划作为引导投资方向,稳定投资运行,规范项目准入,优化项目布局,合理配置资金、土地、能源、人力等资源的重要手段。完善产业结构调整指导目录、外商投资产业指导目录等,为企业投资活动提供依据和指导。构建更加科学、更加完善、更具可操作性的行业准入标准体系,强化节地节能节水、环境、技术、安全等市场准入标准。完善行业宏观调控政策措施和部门间协调机制,形成工作合力,促进相关行业有序发展。

四、对于钢铁、电解铝、水泥、平板玻璃、船舶等产能严重过剩行业的项目,要严格执行《国务院关于化解产能严重过剩矛盾的指导意见》(国发〔2013〕41号),各地方、各部门不得以其他任何名义、任何方式备案新增产能项目,各相关部门和机构不得办理土地(海域、无居民海岛)供应、能评、环评审批和新增授信支持等相关业务,并合力推进化解产能严重过剩矛盾各项工作。

对于煤矿项目,要严格执行《国务院关于煤炭行业化解过剩产能实现脱困发展的意见》(国发〔2016〕7号)要求,从2016年起3年内原则上停止审批新建煤矿项目、新增产能的技术改造项目和产能核增项目;确需新建煤矿的,一律实行减量置换。

严格控制新增传统燃油汽车产能,原则上不再核准新建传统燃油汽车生产企业。积极引导新能源汽车健康有序发展,新建新能源汽车生产企业须具有动力系统等关键技术和整车研发能力,符合《新建纯电动乘用车企业管理规定》等相关要求。

五、项目核准机关要改进完善管理办法,切实提高行政效能,认真履行核准职责,严格按照规定权限、程序和时限等要求进行审查。有关部门要密切配合,按照职责分工,相应改进管理办法,依法加强对投资活动的管理。

六、按照谁审批谁监管、谁主管谁监管的原则,落实监管责任,注重发挥地方政府就近就便监管作用,行业管理部门和环境保护、质量监督、安全监管等部门专业优势,以及投资主管部门综合监管职能,实现协同监管。投资项目核准、备案权限下放后,监管责任要同步下移。地方各级政府及其有关部门要积极探索创新监管方式方法,强化事中事后监管,切实承担起监管职责。

七、按照规定由国务院核准的项目,由国家发展改革委审核后报国务院核准。核报国务院及国务院投资主管部门核准的项目,事前须征求国务院行业管理部门的意见。

八、由地方政府核准的项目,各省级政府可以根据本地实际情况,按照下放层级与承接能力相匹配的原则,具体划分地方各级政府管理权限,制定本行政区域内统一的政府核准投资项目目录。基层政府承接能力要作为政府管理权限划分的重要因素,不宜简单地"一放到底"。对于涉及本地区重大规划布局、重要资源开发配置的项目,应充分发挥省级部门在政策把握、技术力量等方面的优势,由省级政府核准,原则上不下放到地市级政府、一律不得下放到县级及以下政府。

九、对取消核准改为备案管理的项目,项目备案机关要加强发展规划、产业政策和准入标准把关,行业管理部门与城乡规划、土地管理、环境保护、安全监管等部门要按职责分工加强对项目的指导和约束。

十、法律、行政法规和国家有专门规定的,按照有关规定执行。商务主管部门按国家有关规定对外商投资企业的设立和变更、国内企业在境外投资开办企业(金融企业除外)进行审核或备案管理。

十一、本目录自发布之日起执行,《政府核准的投资项目目录(2014年本)》即行废止。

国务院
2016年12月12日

政府核准的投资项目目录(2016年本)

一、农业水利

农业:涉及开荒的项目由省级政府核准。

水利工程:涉及跨界河流、跨省(区、市)水资源配置调整的重大水利项目由国务院投资主管部门核准,其中库容10亿立方米及以上或者涉及移民1万人及以上的水库项目由国务院核准。其余项目由地方政府核准。

二、能源

水电站:在跨界河流、跨省(区、市)河流上建设的单站总装机容量50万千瓦及以上项目由国务院投资主管部门核准,其中单站总装机容量300万千瓦及以上或者涉及移民1万人及以上的项目由国务院核准。其余项目由地方政府核准。

抽水蓄能电站:由省级政府按照国家制定的相关规划核准。

火电站(含自备电站):由省级政府核准,其中燃煤燃气火电项目应在国家依据总量控制制定的建设规划内核准。

热电站(含自备电站):由地方政府核准,其中抽凝式燃煤热电项目由省级政府在国家依据总量控制制定的建设规划内核准。

风电站:由地方政府在国家依据总量控制制定的建设规划及年度开发指导规模内核准。

核电站:由国务院核准。

电网工程:涉及跨境、跨省(区、市)输电的±500千伏及以上直流项目,涉及跨境、跨省

(区、市)输电的 500 千伏、750 千伏、1000 千伏交流项目,由国务院投资主管部门核准,其中±800 千伏及以上直流项目和 1000 千伏交流项目报国务院备案;不涉及跨境、跨省(区、市)输电的±500 千伏及以上直流项目和 500 千伏、750 千伏、1000 千伏交流项目由省级政府按照国家制定的相关规划核准,其余项目由地方政府按照国家制定的相关规划核准。

煤矿:国家规划矿区内新增年生产能力 120 万吨及以上煤炭开发项目由国务院行业管理部门核准,其中新增年生产能力 500 万吨及以上的项目由国务院投资主管部门核准并报国务院备案;国家规划矿区内的其余煤炭开发项目和一般煤炭开发项目由省级政府核准。国家规定禁止建设或列入淘汰退出范围的项目,不得核准。

煤制燃料:年产超过 20 亿立方米的煤制天然气项目、年产超过 100 万吨的煤制油项目,由国务院投资主管部门核准。

液化石油气接收、存储设施(不含油气田、炼油厂的配套项目):由地方政府核准。

进口液化天然气接收、储运设施:新建(含异地扩建)项目由国务院行业管理部门核准,其中新建接收储运能力 300 万吨及以上的项目由国务院投资主管部门核准并报国务院备案。其余项目由省级政府核准。

输油管网(不含油田集输管网):跨境、跨省(区、市)干线管网项目由国务院投资主管部门核准,其中跨境项目报国务院备案。其余项目由地方政府核准。

输气管网(不含油气田集输管网):跨境、跨省(区、市)干线管网项目由国务院投资主管部门核准,其中跨境项目报国务院备案。其余项目由地方政府核准。

炼油:新建炼油及扩建一次炼油项目由省级政府按照国家批准的相关规划核准。未列入国家批准的相关规划的新建炼油及扩建一次炼油项目,禁止建设。

变性燃料乙醇:由省级政府核准。

三、交通运输

新建(含增建)铁路:列入国家批准的相关规划中的项目,中国铁路总公司为主出资的由其自行决定并报国务院投资主管部门备案,其他企业投资的由省级政府核准;地方城际铁路项目由省级政府按照国家批准的相关规划核准,并报国务院投资主管部门备案;其余项目由省级政府核准。

公路:国家高速公路网和普通国道网项目由省级政府按照国家批准的相关规划核准,地方高速公路项目由省级政府核准,其余项目由地方政府核准。

独立公(铁)路桥梁、隧道:跨境项目由国务院投资主管部门核准并报国务院备案。国家批准的相关规划中的项目,中国铁路总公司为主出资的由其自行决定并报国务院投资主管部门备案,其他企业投资的由省级政府核准;其余独立铁路桥梁、隧道及跨 10 万吨级及以上航道海域、跨大江大河(现状或规划为一级及以上通航段)的独立公路桥梁、隧道项目,由省级政府核准,其中跨长江干线航道的项目应符合国家批准的相关规划。其余项目由地方政府核准。

煤炭、矿石、油气专用泊位:由省级政府按国家批准的相关规划核准。

集装箱专用码头:由省级政府按国家批准的相关规划核准。

内河航运:跨省(区、市)高等级航道的千吨级及以上航电枢纽项目由省级政府按国家批准的相关规划核准,其余项目由地方政府核准。

民航:新建运输机场项目由国务院、中央军委核准,新建通用机场项目、扩建军民合用机场(增建跑道除外)项目由省级政府核准。

四、信息产业

电信:国际通信基础设施项目由国务院投资主管部门核准;国内干线传输网(含广播电视网)以及其他涉及信息安全的电信基础设施项目,由国务院行业管理部门核准。

五、原材料

稀土、铁矿、有色矿山开发:由省级政府核准。

石化:新建乙烯、对二甲苯(PX)、二苯基甲烷二异氰酸酯(MDI)项目由省级政府按照国家批准的石化产业规划布局方案核准。未列入国家批准的相关规划的新建乙烯、对二甲苯(PX)、二苯基甲烷二异氰酸酯(MDI)项目,禁止建设。

煤化工:新建煤制烯烃、新建煤制对二甲苯(PX)项目,由省级政府按照国家批准的相关规划核准。新建年产超过100万吨的煤制甲醇项目,由省级政府核准。其余项目禁止建设。

稀土:稀土冶炼分离项目、稀土深加工项目由省级政府核准。

黄金:采选矿项目由省级政府核准。

六、机械制造

汽车:按照国务院批准的《汽车产业发展政策》执行。其中,新建中外合资轿车生产企业项目,由国务院核准;新建纯电动乘用车生产企业(含现有汽车企业跨类生产纯电动乘用车)项目,由国务院投资主管部门核准;其余项目由省级政府核准。

七、轻工

烟草:卷烟、烟用二醋酸纤维素及丝束项目由国务院行业管理部门核准。

八、高新技术

民用航空航天:干线支线飞机、6吨/9座及以上通用飞机和3吨及以上直升机制造、民用卫星制造、民用遥感卫星地面站建设项目,由国务院投资主管部门核准;6吨/9座以下通用飞机和3吨以下直升机制造项目由省级政府核准。

九、城建

城市快速轨道交通项目:由省级政府按照国家批准的相关规划核准。

城市道路桥梁、隧道:跨10万吨级及以上航道海域、跨大江大河(现状或规划为一级及以上通航段)的项目由省级政府核准。

其他城建项目:由地方政府自行确定实行核准或者备案。

十、社会事业

主题公园:特大型项目由国务院核准,其余项目由省级政府核准。

旅游:国家级风景名胜区、国家自然保护区、全国重点文物保护单位区域内总投资5000万元及以上旅游开发和资源保护项目,世界自然和文化遗产保护区内总投资3000万元及以上项目,由省级政府核准。

其他社会事业项目:按照隶属关系由国务院行业管理部门、地方政府自行确定实行核准或者备案。

十一、外商投资

《外商投资产业指导目录》中总投资(含增资)3亿美元及以上限制类项目,由国务院投资主管部门核准,其中总投资(含增资)20亿美元及以上项目报国务院备案。《外商投资产业指导目录》中总投资(含增资)3亿美元以下限制类项目,由省级政府核准。

前款规定之外的属于本目录第一至十条所列项目,按照本目录第一至十条的规定执行。

十二、境外投资

涉及敏感国家和地区、敏感行业的项目,由国务院投资主管部门核准。

前款规定之外的中央管理企业投资项目和地方企业投资3亿美元及以上项目报国务院投资主管部门备案。

企业投资项目核准和备案管理条例

中华人民共和国国务院令第673号

《企业投资项目核准和备案管理条例》已经2016年10月8日国务院第149次常务会议通过,现予公布,自2017年2月1日起施行。

总理 李克强

2016年11月30日

企业投资项目核准和备案管理条例

第一条 为了规范政府对企业投资项目的核准和备案行为,加快转变政府的投资管理职能,落实企业投资自主权,制定本条例。

第二条 本条例所称企业投资项目(以下简称项目),是指企业在中国境内投资建设的固定资产投资项目。

第三条 对关系国家安全、涉及全国重大生产力布局、战略性资源开发和重大公共利益等项目,实行核准管理。具体项目范围以及核准机关、核准权限依照政府核准的投资项目目录执行。政府核准的投资项目目录由国务院投资主管部门会同国务院有关部门提出,报国务院批准后实施,并适时调整。国务院另有规定的,依照其规定。

对前款规定以外的项目,实行备案管理。除国务院另有规定的,实行备案管理的项目按照属地原则备案,备案机关及其权限由省、自治区、直辖市和计划单列市人民政府规定。

第四条 除涉及国家秘密的项目外,项目核准、备案通过国家建立的项目在线监管平台(以下简称在线平台)办理。

核准机关、备案机关以及其他有关部门统一使用在线平台生成的项目代码办理相关手续。

国务院投资主管部门会同有关部门制定在线平台管理办法。

第五条 核准机关、备案机关应当通过在线平台列明与项目有关的产业政策,公开项目核准的办理流程、办理时限等,并为企业提供相关咨询服务。

第六条 企业办理项目核准手续,应当向核准机关提交项目申请书;由国务院核准的项目,向国务院投资主管部门提交项目申请书。项目申请书应当包括下列内容:

(一)企业基本情况;

(二)项目情况,包括项目名称、建设地点、建设规模、建设内容等;

(三)项目利用资源情况分析以及对生态环境的影响分析;

(四)项目对经济和社会的影响分析。

企业应当对项目申请书内容的真实性负责。

法律、行政法规规定办理相关手续作为项目核准前置条件的,企业应当提交已经办理相关手续的证明文件。

第七条 项目申请书由企业自主组织编制,任何单位和个人不得强制企业委托中介服务机构编制项目申请书。

核准机关应当制定并公布项目申请书示范文本,明确项目申请书编制要求。

第八条 由国务院有关部门核准的项目,企业可以通过项目所在地省、自治区、直辖市和计划单列市人民政府有关部门(以下称地方人民政府有关部门)转送项目申请书,地方人民政府有关部门应当自收到项目申请书之日起5个工作日内转送核准机关。

由国务院核准的项目,企业通过地方人民政府有关部门转送项目申请书的,地方人民政府有关部门应当在前款规定的期限内将项目申请书转送国务院投资主管部门,由国务院投资主管部门审核后报国务院核准。

第九条 核准机关应当从下列方面对项目进行审查:

(一)是否危害经济安全、社会安全、生态安全等国家安全;

(二)是否符合相关发展建设规划、技术标准和产业政策;

(三)是否合理开发并有效利用资源;

(四)是否对重大公共利益产生不利影响。

项目涉及有关部门或者项目所在地地方人民政府职责的,核准机关应当书面征求其意见,被征求意见单位应当及时书面回复。

核准机关委托中介服务机构对项目进行评估的,应当明确评估重点;除项目情况复杂的,评估时限不得超过30个工作日。评估费用由核准机关承担。

第十条 核准机关应当自受理申请之日起20个工作日内,作出是否予以核准的决定;项目情况复杂或者需要征求有关单位意见的,经本机关主要负责人批准,可以延长核准期限,但延长的期限不得超过40个工作日。核准机关委托中介服务机构对项目进行评估的,评估时间不计入核准期限。

核准机关对项目予以核准的,应当向企业出具核准文件;不予核准的,应当书面通知企业并说明理由。由国务院核准的项目,由国务院投资主管部门根据国务院的决定向企业出具核准文件或者不予核准的书面通知。

第十一条 企业拟变更已核准项目的建设地点,或者拟对建设规模、建设内容等作较大变更的,应当向核准机关提出变更申请。核准机关应当自受理申请之日起20个工作日内,作出是否同意变更的书面决定。

第十二条 项目自核准机关作出予以核准决定或者同意变更决定之日起2年内未开工建设,需要延期开工建设的,企业应当在2年期限届满的30个工作日前,向核准机关申请延期开工建设。核准机关应当自受理申请之日起20个工作日内,作出是否同意延期开工建设的决定。开工建设只能延期一次,期限最长不得超过1年。国家对项目延期开工建设另有规定的,依照其规定。

第十三条 实行备案管理的项目,企业应当在开工建设前通过在线平台将下列信息告知备案机关:

(一)企业基本情况;

(二)项目名称、建设地点、建设规模、建设内容;

(三)项目总投资额;

(四)项目符合产业政策的声明。

企业应当对备案项目信息的真实性负责。

备案机关收到本条第一款规定的全部信息即为备案;企业告知的信息不齐全的,备案机关应当指导企业补正。

企业需要备案证明的,可以要求备案机关出具或者通过在线平台自行打印。

第十四条 已备案项目信息发生较大变更的,企业应当及时告知备案机关。

第十五条 备案机关发现已备案项目属于产业政策禁止投资建设或者实行核准管理

的,应当及时告知企业予以纠正或者依法办理核准手续,并通知有关部门。

第十六条 核准机关、备案机关以及依法对项目负有监督管理职责的其他有关部门应当加强事中事后监管,按照谁审批谁监管、谁主管谁监管的原则,落实监管责任,采取在线监测、现场核查等方式,加强对项目实施的监督检查。

企业应当通过在线平台如实报送项目开工建设、建设进度、竣工的基本信息。

第十七条 核准机关、备案机关以及依法对项目负有监督管理职责的其他有关部门应当建立项目信息共享机制,通过在线平台实现信息共享。

企业在项目核准、备案以及项目实施中的违法行为及其处理信息,通过国家社会信用信息平台向社会公示。

第十八条 实行核准管理的项目,企业未依照本条例规定办理核准手续开工建设或者未按照核准的建设地点、建设规模、建设内容等进行建设的,由核准机关责令停止建设或者责令停产,对企业处项目总投资额1‰以上5‰以下的罚款;对直接负责的主管人员和其他直接责任人员处2万元以上5万元以下的罚款,属于国家工作人员的,依法给予处分。

以欺骗、贿赂等不正当手段取得项目核准文件,尚未开工建设的,由核准机关撤销核准文件,处项目总投资额1‰以上5‰以下的罚款;已经开工建设的,依照前款规定予以处罚;构成犯罪的,依法追究刑事责任。

第十九条 实行备案管理的项目,企业未依照本条例规定将项目信息或者已备案项目的信息变更情况告知备案机关,或者向备案机关提供虚假信息的,由备案机关责令限期改正;逾期不改正的,处2万元以上5万元以下的罚款。

第二十条 企业投资建设产业政策禁止投资建设项目的,由县级以上人民政府投资主管部门责令停止建设或者责令停产并恢复原状,对企业处项目总投资额5‰以上10‰以下的罚款;对直接负责的主管人员和其他直接责任人员处5万元以上10万元以下的罚款,属于国家工作人员的,依法给予处分。法律、行政法规另有规定的,依照其规定。

第二十一条 核准机关、备案机关及其工作人员在项目核准、备案工作中玩忽职守、滥用职权、徇私舞弊的,对负有责任的领导人员和直接责任人员依法给予处分;构成犯罪的,依法追究刑事责任。

第二十二条 事业单位、社会团体等非企业组织在中国境内投资建设的固定资产投资项目适用本条例,但通过预算安排的固定资产投资项目除外。

第二十三条 国防科技工业企业在中国境内投资建设的固定资产投资项目核准和备案管理办法,由国务院国防科技工业管理部门根据本条例的原则另行制定。

第二十四条 本条例自2017年2月1日起施行。

国务院关于印发"十三五"国家战略性新兴产业发展规划的通知

国发〔2016〕67号

各省、自治区、直辖市人民政府,国务院各部委、各直属机构:

现将《"十三五"国家战略性新兴产业发展规划》印发给你们,请认真贯彻执行。

国务院
2016年11月29日

"十三五"国家战略性新兴产业发展规划

战略性新兴产业代表新一轮科技革命和产业变革的方向,是培育发展新动能、获取未来竞争新优势的关键领域。"十三五"时期,要把战略性新兴产业摆在经济社会发展更加突出的位置,大力构建现代产业新体系,推动经济社会持续健康发展。根据"十三五"规划纲要有关部署,特编制本规划,规划期为2016—2020年。

一、加快壮大战略性新兴产业,打造经济社会发展新引擎

(一)现状与形势。

"十二五"期间,我国节能环保、新一代信息技术、生物、高端装备制造、新能源、新材料和新能源汽车等战略性新兴产业快速发展。2015年,战略性新兴产业增加值占国内生产总值比重达到8%左右,产业创新能力和盈利能力明显提升。新一代信息技术、生物、新能源等领域一批企业的竞争力进入国际市场第一方阵,高铁、通信、航天装备、核电设备等国际化发展实现突破,一批产值规模千亿元以上的新兴产业集群有力支撑了区域经济转型升级。大众创业、万众创新蓬勃兴起,战略性新兴产业广泛融合,加快推动了传统产业转型升级,涌现了大批新技术、新产品、新业态、新模式,创造了大量就业岗位,成为稳增长、促改革、调结构、惠民生的有力支撑。

未来5到10年,是全球新一轮科技革命和产业变革从蓄势待发到群体迸发的关键时期。信息革命进程持续快速演进,物联网、云计算、大数据、人工智能等技术广泛渗透于经济

社会各个领域,信息经济繁荣程度成为国家实力的重要标志。增材制造(3D打印)、机器人与智能制造、超材料与纳米材料等领域技术不断取得重大突破,推动传统工业体系分化变革,将重塑制造业国际分工格局。基因组学及其关联技术迅猛发展,精准医学、生物合成、工业化育种等新模式加快演进推广,生物新经济有望引领人类生产生活迈入新天地。应对全球气候变化助推绿色低碳发展大潮,清洁生产技术应用规模持续拓展,新能源革命正在改变现有国际资源能源版图。数字技术与文化创意、设计服务深度融合,数字创意产业逐渐成为促进优质产品和服务有效供给的智力密集型产业,创意经济作为一种新的发展模式正在兴起。创新驱动的新兴产业逐渐成为推动全球经济复苏和增长的主要动力,引发国际分工和国际贸易格局重构,全球创新经济发展进入新时代。

"十三五"时期是我国全面建成小康社会的决胜阶段,也是战略性新兴产业大有可为的战略机遇期。我国创新驱动所需的体制机制环境更加完善,人才、技术、资本等要素配置持续优化,新兴消费升级加快,新兴产业投资需求旺盛,部分领域国际化拓展加速,产业体系渐趋完备,市场空间日益广阔。但也要看到,我国战略性新兴产业整体创新水平还不高,一些领域核心技术受制于人的情况仍然存在,一些改革举措和政策措施落实不到位,新兴产业监管方式创新和法规体系建设相对滞后,还不适应经济发展新旧动能加快转换、产业结构加速升级的要求,迫切需要加强统筹规划和政策扶持,全面营造有利于新兴产业蓬勃发展的生态环境,创新发展思路,提升发展质量,加快发展壮大一批新兴支柱产业,推动战略性新兴产业成为促进经济社会发展的强大动力。

(二)指导思想。

全面贯彻党的十八大和十八届三中、四中、五中、六中全会精神,深入学习贯彻习近平总书记系列重要讲话精神,认真落实党中央、国务院决策部署,按照"五位一体"总体布局和"四个全面"战略布局要求,积极适应把握引领经济发展新常态,牢固树立和贯彻落实创新、协调、绿色、开放、共享的发展理念,紧紧把握全球新一轮科技革命和产业变革重大机遇,培育发展新动能,推进供给侧结构性改革,构建现代产业体系,提升创新能力,深化国际合作,进一步发展壮大新一代信息技术、高端装备、新材料、生物、新能源汽车、新能源、节能环保、数字创意等战略性新兴产业,推动更广领域新技术、新产品、新业态、新模式蓬勃发展,建设制造强国,发展现代服务业,为全面建成小康社会提供有力支撑。

(三)主要原则。

坚持供给创新。创新是战略性新兴产业发展的核心。要深入实施创新驱动发展战略,大力推进大众创业、万众创新,突出企业主体地位,全面提升技术、人才、资金的供给水平,营造创新要素互动融合的生态环境。聚焦突破核心关键技术,进一步提高自主创新能力,全面提升产品和服务的附加价值和国际竞争力。推进简政放权、放管结合、优化服务改革,破除旧管理方式对新兴产业发展的束缚,降低企业成本,激发企业活力,加快新兴企业成长壮大。

坚持需求引领。市场需求是拉动战略性新兴产业发展壮大的关键因素。要强化需求侧政策引导,加快推进新产品、新服务的应用示范,将潜在需求转化为现实供给,以消费升级带动产业升级。营造公平竞争的市场环境,激发市场活力。

坚持产业集聚。集约集聚是战略性新兴产业发展的基本模式。要以科技创新为源头,加快打造战略性新兴产业发展策源地,提升产业集群持续发展能力和国际竞争力。以产业链和创新链协同发展为途径,培育新业态、新模式,发展特色产业集群,带动区域经济转型,形成创新经济集聚发展新格局。

坚持人才兴业。人才是发展壮大战略性新兴产业的首要资源。要针对束缚人才创新活力的关键问题,加快推进人才发展政策和体制创新,保障人才以知识、技能、管理等创新要素参与利益分配,以市场价值回报人才价值,全面激发人才创业创新动力和活力。加大力度培养和吸引各类人才,弘扬工匠精神和企业家精神。

坚持开放融合。开放融合是加快战略性新兴产业发展的客观要求。要以更开放的理念、更包容的方式,搭建国际化创新合作平台,高效利用全球创新资源,大力推动我国优势技术和标准的国际化应用,加快推进产业链、创新链、价值链全球配置,全面提升战略性新兴产业发展能力。

(四)发展目标。

到2020年,战略性新兴产业发展要实现以下目标:

产业规模持续壮大,成为经济社会发展的新动力。战略性新兴产业增加值占国内生产总值比重达到15%,形成新一代信息技术、高端制造、生物、绿色低碳、数字创意等5个产值规模10万亿元级的新支柱,并在更广领域形成大批跨界融合的新增长点,平均每年带动新增就业100万人以上。

创新能力和竞争力明显提高,形成全球产业发展新高地。攻克一批关键核心技术,发明专利拥有量年均增速达到15%以上,建成一批重大产业技术创新平台,产业创新能力跻身世界前列,在若干重要领域形成先发优势,产品质量明显提升。节能环保、新能源、生物等领域新产品和新服务的可及性大幅提升。知识产权保护更加严格,激励创新的政策法规更加健全。

产业结构进一步优化,形成产业新体系。发展一批原创能力强、具有国际影响力和品牌美誉度的行业排头兵企业,活力强劲、勇于开拓的中小企业持续涌现。中高端制造业、知识密集型服务业比重大幅提升,支撑产业迈向中高端水平。形成若干具有全球影响力的战略性新兴产业发展策源地和技术创新中心,打造百余个特色鲜明、创新能力强的新兴产业集群。

到2030年,战略性新兴产业发展成为推动我国经济持续健康发展的主导力量,我国成为世界战略性新兴产业重要的制造中心和创新中心,形成一批具有全球影响力和主导地位的创新型领军企业。

(五)总体部署。

以创新、壮大、引领为核心,紧密结合"中国制造2025"战略实施,坚持走创新驱动发展道路,促进一批新兴领域发展壮大并成为支柱产业,持续引领产业中高端发展和经济社会高质量发展。立足发展需要和产业基础,大幅提升产业科技含量,加快发展壮大网络经济、高端制造、生物经济、绿色低碳和数字创意等五大领域,实现向创新经济的跨越。着眼全球新一轮科技革命和产业变革的新趋势、新方向,超前布局空天海洋、信息网络、生物技术和核技术领域一批战略性产业,打造未来发展新优势。遵循战略性新兴产业发展的基本规律,突出优势和特色,打造一批战略性新兴产业发展策源地、集聚区和特色产业集群,形成区域增长新格局。把握推进"一带一路"建设战略契机,以更开放的视野高效利用全球创新资源,提升战略性新兴产业国际化水平。加快推进重点领域和关键环节改革,持续完善有利于汇聚技术、资金、人才的政策措施,创造公平竞争的市场环境,全面营造适应新技术、新业态蓬勃涌现的生态环境,加快形成经济社会发展新动能。

二、推动信息技术产业跨越发展,拓展网络经济新空间

实施网络强国战略,加快建设"数字中国",推动物联网、云计算和人工智能等技术向各行业全面融合渗透,构建万物互联、融合创新、智能协同、安全可控的新一代信息技术产业体系。到2020年,力争在新一代信息技术产业薄弱环节实现系统性突破,总产值规模超过12万亿元。

(一)构建网络强国基础设施。深入推进"宽带中国"战略,加快构建高速、移动、安全、泛在的新一代信息基础设施。

大力推进高速光纤网络建设。开展智能网络新技术规模应用试点,推动国家骨干网向高速传送、灵活调度、智能适配方向升级。全面实现向全光网络跨越,加快推进城镇地区光网覆盖,提供每秒1000兆比特(1000Mbps)以上接入服务,大中城市家庭用户实现带宽100Mbps以上灵活选择;多方协同推动提升农村光纤宽带覆盖率,98%以上的行政村实现光纤通达,有条件的地区提供100Mbps以上接入服务,半数以上农村家庭用户实现带宽50Mbps以上灵活选择。推动三网融合基础设施发展。推进互联网协议第六版(IPv6)演进升级和应用,推动骨干企业新增网络地址不再使用私有地址。

加快构建新一代无线宽带网。加快第四代移动通信(4G)网络建设,实现城镇及人口密集行政村深度覆盖和广域连续覆盖。在热点公共区域推广免费高速无线局域网。大力推进第五代移动通信(5G)联合研发、试验和预商用试点。优化国家频谱资源配置,提高频谱利用效率,保障频率资源供给。合理规划利用卫星频率和轨道资源,加快空间互联网部署,研制新型通信卫星和应用终端,探索建设天地一体化信息网络,研究平流层通信等高空覆盖新方式。

加快构建下一代广播电视网。推动有线无线卫星广播电视网智能协同覆盖,建设天地一体、互联互通、宽带交互、智能协同、可管可控的广播电视融合传输覆盖网。加速全国有线电视网络基础设施建设和双向化、智能化升级改造,推进全国有线电视网络整合和互联互通。推动下一代地面数字广播电视传输技术研发及产业化,加强地面无线广播电视与互联网的融合创新,创建移动、交互、便捷的地面无线广播电视新业态。

专栏1　宽带乡村示范工程
开展电信普遍服务试点工作,促进三网融合,加快光缆、卫星通信进行政村建设,按需实现光纤入户网络和第四代移动通信(4G)网络向自然村和住户延伸覆盖,利用卫星、移动通信等技术创新加强对海岛、边远地区、山区等覆盖,加快普及电子商务、远程教育、远程医疗、智慧农业、电子政务等信息化应用,支撑扶贫攻坚。

统筹发展应用基础设施。充分利用现有设施,统筹规划大型、超大型数据中心在全国适宜地区布局,有序推进绿色数据中心建设。推动基于现有各类通信网络实现物联网集约部署。持续强化应急通信能力建设。

加强国际合作。加强信息网络基础设施国际互联互通合作。加强海外海缆、陆缆、业务

节点、数据中心、卫星通信等设施建设,优化国际通信网络布局。加快建设中国—阿拉伯国家等网上丝绸之路、中国—东盟信息港。

(二)推进"互联网+"行动。促进新一代信息技术与经济社会各领域融合发展,培育"互联网+"生态体系。

深化互联网在生产领域的融合应用。深化制造业与互联网融合发展,推动"中国制造+互联网"取得实质性突破,发展面向制造业的信息技术服务,构筑核心工业软硬件、工业云、智能服务平台等制造新基础,大力推广智能制造、网络化协同、个性化定制、服务化延伸等新业态、新模式。加快发展工业互联网,构建工业互联网体系架构,开展工业互联网创新应用示范。推进移动互联网、云计算、物联网等技术与农业、能源、金融、商务、物流快递等深度融合,支持面向网络协同的行业应用软件研发与系统集成,推动制造业向生产服务型转变、生产性服务业向价值链高端延伸。

拓展生活及公共服务领域的"互联网+"应用。加快行业管理体制创新,促进医疗、教育、社保、就业、交通、旅游等服务智慧化。拓展新型智慧城市应用,推动基于互联网的公共服务模式创新,推进基于云计算的信息服务公共平台建设,增强公共产品供给能力。加快实施"互联网+政务服务",逐步实现政务服务"一号申请、一窗受理、一网通办"。

促进"互联网+"新业态创新。鼓励运用信息网络技术推动生产、管理和营销模式变革,重塑产业链、供应链、价值链,加快形成新的生产和流通交换模式。以体制机制创新推动分享经济发展,建立适应分享经济发展的监管方式,促进交通、旅游、养老、人力资源、日用品消费等领域共享平台企业规范发展,营造分享经济文化氛围。

专栏2 "互联网+"工程
深入推进"互联网+"创业创新、协同制造、现代农业、智慧能源、普惠金融、益民服务、高效物流、电子商务、便捷交通、绿色生态、人工智能等11个重点行动,建设互联网跨领域融合创新支撑服务平台。促进基于云计算的业务模式和商业模式创新,推进公有云和行业云平台建设。加强物联网网络架构研究,组织开展物联网重大应用示范。加快下一代互联网商用部署,构建工业互联网技术试验验证和管理服务平台。创建国家信息经济示范区。

(三)实施国家大数据战略。落实大数据发展行动纲要,全面推进重点领域大数据高效采集、有效整合、公开共享和应用拓展,完善监督管理制度,强化安全保障,推动相关产业创新发展。

加快数据资源开放共享。统筹布局建设国家大数据公共平台,制定出台数据资源开放共享管理办法,推动建立数据资源清单和开放目录,鼓励社会公众对开放数据进行增值性、公益性、创新性开发。加强大数据基础性制度建设,强化使用监管,建立健全数据资源交易机制和定价机制,保护数据资源权益。

发展大数据新应用新业态。加快推进政府大数据应用,建立国家宏观调控和社会治理数据体系,提高政府治理能力。发展大数据在工业、农业农村、创业创新、促进就业等领域的应用,促进数据服务业创新,推动数据探矿、数据化学、数据材料、数据制药等新业态、新模式发展。加强海量数据存储、数据清洗、数据分析挖掘、数据可视化等关键技术研发,形成一批具有国际竞争力的大数据处理、分析和可视化软硬件产品,培育大数据相关产业,完善产业链,促进相关产业集聚发展。推进大数据综合试验区建设。

强化大数据与网络信息安全保障。建立大数据安全管理制度,制定大数据安全管理办法和有关标准规范,建立数据跨境流动安全保障机制。加强数据安全、隐私保护等关键技术攻关,形成安全可靠的大数据技术体系。建立完善网络安全审查制度。采用安全可信产品和服务,提升基础设施关键设备安全可靠水平。建立关键信息基础设施保护制度,研究重要信息系统和基础设施网络安全整体解决方案。

专栏3 大数据发展工程
整合现有资源,构建政府数据共享交换平台和数据开放平台,健全大数据共享流通体系、大数据标准体系、大数据安全保障体系,推动实现信用、交通、医疗、教育、环境、安全监管等政府数据集向社会开放。支持大数据关键技术研发和产业化,在重点领域开展大数据示范应用,实施国家信息安全专项,促进大数据相关产业健康快速发展。

(四)做强信息技术核心产业。顺应网络化、智能化、融合化等发展趋势,着力培育建立应用牵引、开放兼容的核心技术自主生态体系,全面梳理和加快推动信息技术关键领域新技术研发与产业化,推动电子信息产业转型升级取得突破性进展。

提升核心基础硬件供给能力。提升关键芯片设计水平,发展面向新应用的芯片。加快16/14纳米工艺产业化和存储器生产线建设,提升封装测试业技术水平和产业集中度,加紧布局后摩尔定律时代芯片相关领域。实现主动矩阵有机发光二极管(AMOLED)、超高清(4K/8K)量子点液晶显示、柔性显示等技术国产化突破及规模应用。推动智能传感器、电力电子、印刷电子、半导体照明、惯性导航等领域关键技术研发和产业化,提升新型片式元件、光通信器件、专用电子材料供给保障能力。

专栏4 集成电路发展工程
启动集成电路重大生产力布局规划工程,实施一批带动作用强的项目,推动产业能力实现快速跃升。加快先进制造工艺、存储器、特色工艺等生产线建设,提升安全可靠CPU、数模/模数转换芯片、数字信号处理芯片等关键产品设计开发能力和应用水平,推动封装测试、关键装备和材料等产业快速发展。支持提高代工企业及第三方IP核企业的服务水平,支持设计企业与制造企业协同创新,推动重点环节提高产业集中度。推动半导体显示产业链协同创新。

大力发展基础软件和高端信息技术服务。面向重点行业需求建立安全可靠的基础软件产品体系,支持开源社区发展,加强云计算、物联网、工业互联网、智能硬件等领域操作系统研发和应用,加快发展面向大数据应用的数据库系统和面向行业应用需求的中间件,支持发展面向网络协同优化的办公软件等通用软件。加强信息技术核心软硬件系统服务能力建设,推动国内企业在系统集成各环节向高端发展,规范服务交付,保证服务质量,鼓励探索前沿技术驱动的服务新业态,推动骨干企业在新兴领域加快行业解决方案研发和推广应用。大力发展基于新一代信息技术的高端软件外包业务。

加快发展高端整机产品。推进绿色计算、可信计算、数据和网络安全等信息技术产品的研发与产业化,加快高性能安全服务器、存储设备和工控产品、新型智能手机、下一代网络设备和数据中心成套装备、先进智能电视和智能家居系统、信息安全产品的创新与应用,发展面向金融、交通、医疗等行业应用的专业终端、设备和融合创新系统。大力提升产品品质,培育一批具有国际影响力的品牌。

(五)发展人工智能。培育人工智能产业生态,促进人工智能在经济社会重点领域推广应用,打造国际领先的技术体系。

加快人工智能支撑体系建设。推动类脑研究等基础理论和技术研究,加快基于人工智能的计算机视听觉、生物特征识别、新型人机交互、智能决策控制等应用技术研发和产业化,支持人工智能领域的基础软硬件开发。加快视频、地图及行业应用数据等人工智能海量训练资源库和基础资源服务公共平台建设,建设支撑大规模深度学习的新型计算集群。鼓励领先企业或机构提供人工智能研发工具以及检验评测、创业咨询、人才培养等创业创新服务。

推动人工智能技术在各领域应用。在制造、教育、环境保护、交通、商业、健康医疗、网络安全、社会治理等重要领域开展试点示范,推动人工智能规模化应用。发展多元化、个性化、定制化智能硬件和智能化系统,重点推进智能家居、智能汽车、智慧农业、智能安防、智慧健康、智能机器人、智能可穿戴设备等研发和产业化发展。鼓励各行业加强与人工智能融合,逐步实现智能化升级。利用人工智能创新城市管理,建设新型智慧城市。推动专业服务机器人和家用服务机器人应用,培育新型高端服务产业。

专栏5　人工智能创新工程
推动基础理论研究和核心技术开发,实现类人神经计算芯片、智能机器人和智能应用系统的产业化,将人工智能新技术嵌入各领域。构建人工智能公共服务平台和向社会开放的骨干企业研发服务平台。建立健全人工智能"双创"支撑服务体系。

(六)完善网络经济管理方式。

深化电信体制改革。全面推进三网融合,进一步放开基础电信领域竞争性业务,放宽融合性产品和服务的市场准入限制,推进国有电信企业混合所有制试点工作。破除行业壁垒,推动各行业、各领域在技术、标准、监管等方面充分对接,允许各类主体依法平等参与市场竞争。

加强相关法律法规建设。针对互联网与各行业融合发展的新特点,调整不适应发展要求的现行法规及政策规定。落实加强网络信息保护和信息公开有关规定,加快推动制定网络安全、电子商务等法律法规。

三、促进高端装备与新材料产业突破发展,引领中国制造新跨越

顺应制造业智能化、绿色化、服务化、国际化发展趋势,围绕"中国制造2025"战略实施,加快突破关键技术与核心部件,推进重大装备与系统的工程应用和产业化,促进产业链协调发展,塑造中国制造新形象,带动制造业水平全面提升。力争到2020年,高端装备与新材料产业产值规模超过12万亿元。

（一）打造智能制造高端品牌。着力提高智能制造核心装备与部件的性能和质量，打造智能制造体系，强化基础支撑，积极开展示范应用，形成若干国际知名品牌，推动智能制造装备迈上新台阶。

大力发展智能制造系统。加快推动新一代信息技术与制造技术的深度融合，开展集计算、通信与控制于一体的信息物理系统（CPS）顶层设计，探索构建贯穿生产制造全过程和产品全生命周期，具有信息深度自感知、智慧优化自决策、精准控制自执行等特征的智能制造系统，推动具有自主知识产权的机器人自动化生产线、数字化车间、智能工厂建设，提供重点行业整体解决方案，推进传统制造业智能化改造。建设测试验证平台，完善智能制造标准体系。

推动智能制造关键技术装备迈上新台阶。构建工业机器人产业体系，全面突破高精度减速器、高性能控制器、精密测量等关键技术与核心零部件，重点发展高精度、高可靠性中高端工业机器人。加快高档数控机床与智能加工中心研发与产业化，突破多轴、多通道、高精度高档数控系统、伺服电机等主要功能部件及关键应用软件，开发和推广应用精密、高速、高效、柔性并具有网络通信等功能的高档数控机床、基础制造装备及集成制造系统。突破智能传感与控制装备、智能检测与装配装备、智能物流与仓储装备、智能农业机械装备，开展首台套装备研究开发和推广应用，提高质量与可靠性。

打造增材制造产业链。突破钛合金、高强合金钢、高温合金、耐高温高强度工程塑料等增材制造专用材料。搭建增材制造工艺技术研发平台，提升工艺技术水平。研制推广使用激光、电子束、离子束及其他能源驱动的主流增材制造工艺装备。加快研制高功率光纤激光器、扫描振镜、动态聚焦镜及高性能电子枪等配套核心器件和嵌入式软件系统，提升软硬件协同创新能力，建立增材制造标准体系。在航空航天、医疗器械、交通设备、文化创意、个性化制造等领域大力推动增材制造技术应用，加快发展增材制造服务业。

专栏6　重点领域智能工厂应用示范工程
在机械、航空、航天、汽车、船舶、轻工、服装、电子信息等离散制造领域，开展智能车间/工厂的集成创新与应用示范，推进数字化设计、装备智能化升级、工艺流程优化、精益生产、可视化管理、质量控制与溯源、智能物流等试点应用，推动全业务流程智能化整合。 　　在石化化工、钢铁、有色金属、建材、纺织、食品、医药等流程制造领域，开展智能工厂的集成创新与应用示范，提升企业在资源配置、工艺优化、过程控制、产业链管理、质量控制与溯源、节能减排及安全生产等方面的智能化水平。

（二）实现航空产业新突破。加强自主创新，推进民用航空产品产业化、系列化发展，加强产业配套设施和安全运营保障能力建设，提高产品安全性、环保性、经济性和舒适性，全面构建覆盖航空发动机、飞机整机、产业配套和安全运营的航空产业体系。到2020年，民用大型客机、新型支线飞机完成取证交付，航空发动机研制实现重大突破，产业配套和示范运营体系基本建立。

加快航空发动机自主发展。依托航空发动机及燃气轮机重大专项，突破大涵道比大型涡扇发动机关键技术，支撑国产干线飞机发展。发展1000千瓦级涡轴发动机和5000千瓦级涡桨发动机，满足国产系列化直升机和中型运输机动力需求。发展使用重油的活塞式发动机和应用航空生物燃料的涡轮发动机,推进小型发动机市场化应用。

推进民用飞机产业化。加快实施大型飞机重大专项,完成大型客机研制,启动宽体客机研发,突破核心技术。加快新型支线飞机工程研制和系列化改进改型,开展新机型国内外先锋用户示范运营和设计优化,提高飞机航线适应性和竞争力。大力开发市场需求大的民用直升机、多用途飞机、特种飞机和工业级无人机。

完善产业配套体系建设。提高航空材料和基础元器件自主制造水平,掌握铝锂合金、复合材料等加工制造核心技术。大力发展高可靠性、长寿命、环境适应性强、标准化、低成本的航空设备和系统,实现适航取证。加快航空科研试验重大基础设施建设,加大结构强度、飞行控制、电磁兼容、环境试验等计量测试和验证条件投入,加强试飞条件建设。突破一批适航关键技术,加强适航审定条件和能力建设,加快完善运输类飞机等各类航空产品的适航审定政策,建成具有完善组织机构、充足人力资源、健全规章体系、先进硬件设施和较强国际合作能力的适航审定体系。加快建设一批专业化数字化示范工厂,显著提高航空产品制造质量稳定性和生产效率。积极推进构建国际风险合作伙伴关系,建成功能完备的航空产业配套体系。

发展航空运营新服务。落实促进通用航空业发展的各项政策措施,大力培育通用航空市场,促进通用航空制造与运营服务协调发展。大力发展航空租赁。利用互联网技术建立先进航空运营体系,促进服务模式创新。加强飞行培训,培育航空文化。开发综合化、通用化、智能化的通信、导航和控制系统,发展面向全面风险管控和多类空域融合运用的技术体系和装备,形成安全运营支撑体系。

专栏7　新一代民用飞机创新工程

以重大专项和民用飞机科研为支撑,突破一批核心技术、系统、部件和材料,提高系统集成能力,重点发展系列化单通道窄体、双通道宽体大型飞机,系列化新型涡桨/涡扇支线飞机及先进通用航空器,着力开展新型民用飞机示范运营和市场推广,建立具有市场竞争力的产品保障和客户服务体系。C919、MA700完成适航取证并交付用户,ARJ21实现批量生产交付;一批重点通用航空器完成研制和市场应用。

（三）做大做强卫星及应用产业。建设自主开放、安全可靠、长期稳定运行的国家民用空间基础设施,加速卫星应用与基础设施融合发展。到2020年,基本建成主体功能完备的国家民用空间基础设施,满足我国各领域主要业务需求,基本实现空间信息应用自主保障,形成较为完善的卫星及应用产业链。

加快卫星及应用基础设施建设。构建星座和专题卫星组成的遥感卫星系统,形成"高中低"分辨率合理配置、空天地一体多层观测的全球数据获取能力;加强地面系统建设,汇集高精度、全要素、体系化的地球观测信息,构建"大数据地球"。打造国产高分辨率商业遥感卫星运营服务平台。发展固定通信广播、移动通信广播和数据中继三个卫星系列,形成覆盖全球主要地区的卫星通信广播系统。实施第二代卫星导航系统国家科技重大专项,加快建设卫星导航空间系统和地面系统,建成北斗全球卫星导航系统,形成高精度全球服务能力。采用政府和社会资本合作(PPP)模式推进遥感卫星等建设。

提升卫星性能和技术水平。掌握长寿命、高稳定性、高定位精度、大承载量和强敏捷能力的卫星应用平台技术,突破高分辨率、高精度、高可靠性及综合探测等有效载荷技术。优先发展遥感卫星数据处理技术和业务应用技术。提升宽带通信卫星、移动多媒体广播卫星等技术性能。加强卫星平台型谱化建设，有序推进中小微卫星发展。

推进卫星全面应用。统筹军民空间基础设施，完善卫星数据共用共享机制，加强卫星大众化、区域化、国际化应用，加快卫星遥感、通信与导航融合化应用，利用物联网、移动互联网等新技术，创新"卫星+"应用模式。面向防灾减灾、应急、海洋等领域需求，开展典型区域综合应用示范。面向政府部门业务管理和社会服务需求，开展现代农业、新型城镇化、智慧城市、智慧海洋、边远地区等的卫星综合应用示范。围绕国家区域发展总体战略，推动"互联网+天基信息应用"深入发展，打造空间信息消费全新产业链和商业模式。推进商业卫星发展和卫星商业化应用。积极布局海外市场，建立"一带一路"空间信息走廊。

专栏8　空间信息智能感知工程
加快构建以遥感、通信、导航卫星为核心的国家空间基础设施，加强跨领域资源共享与信息综合服务能力建设，积极推进空间信息全面应用，为资源环境动态监测预警、防灾减灾与应急指挥等提供及时准确的空间信息服务，加强面向全球提供综合信息服务能力建设，大力拓展国际市场。

（四）强化轨道交通装备领先地位。推进轨道交通装备产业智能化、绿色化、轻量化、系列化、标准化、平台化发展，加快新技术、新工艺、新材料的应用，研制先进可靠的系列产品，完善相关技术标准体系，构建现代轨道交通装备产业创新体系，打造覆盖干线铁路、城际铁路、市域（郊）铁路、城市轨道交通的全产业链布局。

打造具有国际竞争力的轨道交通装备产业链。形成中国标准新型高速动车组、节能型永磁电机驱动高速列车、30吨轴重重载电力机车和车辆、大型养路机械等产品系列，推进时速500公里轮轨试验列车、时速600公里磁悬浮系统等新型列车研发和产业化，构建完整产业链。加强产品质量检验检测认证综合能力建设。加快"走出去"步伐，提升国际竞争力。

推进新型城市轨道交通装备研发及产业化。面向大城市复杂市域交通需求，推动时速120—160公里、与城市轨道交通无缝衔接的市域（郊）铁路装备，适应不同技术路线的跨座式单轨，自动导轨快捷运输系统等研发与应用，构建时速200公里及以下中低速磁悬浮系统的设计、制造、试验、检测技术平台，建立完善产品认证制度，建立新型城市轨道交通车辆技术标准和规范，领跑国际技术标准。

突破产业关键零部件及绿色智能化集成技术。进一步研发列车牵引制动系统、列车网络控制系统、通信信号系统、电传动系统、智能化系统、车钩缓冲系统、储能与节能系统、高速轮对、高性能转向架、齿轮箱、轴承、轻量化车体等关键系统和零部件，形成轨道交通装备完整产业链。加强永磁电机驱动、全自动运行、基于第四代移动通信的无线综合承载等技术研发和产业化。优化完善高速铁路列控系统和城际铁路列控技术标准体系。

（五）增强海洋工程装备国际竞争力。推动海洋工程装备向深远海、极地海域发展和多元化发展，实现主力装备结构升级，突破重点新型装备，提升设计能力和配套系统水平，形成覆盖科研开发、总装建造、设备供应、技术服务的完整产业体系。

重点发展主力海洋工程装备。加快推进物探船、深水半潜平台、钻井船、浮式生产储卸装置、海洋调查船、半潜运输船、起重铺管船、多功能海洋工程船等主力海工装备系列化研发,构建服务体系,设计建造能力居世界前列。

加快发展新型海洋工程装备。突破浮式钻井生产储卸装置、浮式液化天然气储存和再气化装置、深吃水立柱式平台、张力腿平台、极地钻井平台、海上试验场等研发设计和建造技术,建立规模化生产制造工艺体系,产品性能及可靠性达到国际先进水平。

加强关键配套系统和设备研发及产业化。产学研用相结合,提高升降锁紧系统、深水锚泊系统、动力定位系统、自动控制系统、水下钻井系统、柔性立管深海观测系统等关键配套设备设计制造水平,大力发展海洋工程用高性能发动机,提升专业化配套能力。

> **专栏9　海洋工程装备创新发展工程**
>
> 推动大型浮式结构物等新型装备、3600米以上超深水钻井平台等深远海装备、海洋极地调查观测装备等研究开发,实现科研成果工程化和产业化,促进总装及配套产业协调发展。完善海洋工程装备标准体系。

（六）提高新材料基础支撑能力。顺应新材料高性能化、多功能化、绿色化发展趋势,推动特色资源新材料可持续发展,加强前沿材料布局,以战略性新兴产业和重大工程建设需求为导向,优化新材料产业化及应用环境,加强新材料标准体系建设,提高新材料应用水平,推进新材料融入高端制造供应链。到2020年,力争使若干新材料品种进入全球供应链,重大关键材料自给率达到70%以上,初步实现我国从材料大国向材料强国的战略性转变。

推动新材料产业提质增效。面向航空航天、轨道交通、电力电子、新能源汽车等产业发展需求,扩大高强轻合金、高性能纤维、特种合金、先进无机非金属材料、高品质特殊钢、新型显示材料、动力电池材料、绿色印刷材料等规模化应用范围,逐步进入全球高端制造业采购体系。推动优势新材料企业"走出去",加强与国内外知名高端制造企业的供应链协作,开展研发设计、生产贸易、标准制定等全方位合作。提高新材料附加值,打造新材料品牌,增强国际竞争力。建立新材料技术成熟度评价体系,研究建立新材料首批次应用保险补偿机制。组建新材料性能测试评价中心。细化完善新材料产品统计分类。

以应用为牵引构建新材料标准体系。围绕新一代信息技术、高端装备制造、节能环保等产业需求,加强新材料产品标准与下游行业设计规范的衔接配套,加快制定重点新材料标准,推动修订老旧标准,强化现有标准推广应用,加强前沿新材料标准预先研究,提前布局一批核心标准。加快新材料标准体系国际化进程,推动国内标准向国际标准转化。

促进特色资源新材料可持续发展。推动稀土、钨钼、钒钛、锂、石墨等特色资源高质化利用,加强专用工艺和技术研发,推进共伴生矿资源平衡利用,支持建立专业化的特色资源新材料回收利用基地、矿物功能材料制造基地。在特色资源新材料开采、冶炼分离、深加工各环节,推广应用智能化、绿色化生产设备与工艺。发展海洋生物来源的医学组织工程材料、生物环境材料等新材料。

前瞻布局前沿新材料研发。突破石墨烯产业化应用技术,拓展纳米材料在光电子、新能源、生物医药等领域应用范围,开发智能材料、仿生材料、超材料、低成本增材制造材料和新型超导材料,加大空天、深海、深地等极端环境所需材料研发力度,形成一批具有广泛带动性的创新成果。

> **专栏10　新材料提质和协同应用工程**
>
> 加强新型绿色建材标准与公共建筑节能标准的衔接,加快制定轨道交通装备用齿轮钢、航空航天用碳/碳复合结构材料、高温合金、特种玻璃、宽禁带半导体以及电子信息用化学品、光学功能薄膜、人工晶体材料等标准,完善节能环保用功能性膜材料、海洋防腐材料配套标准,做好增材制造材料、稀土功能材料、石墨烯材料标准布局,促进新材料产品品质提升。加强新材料产业上下游协作配套,在航空铝材、碳纤维复合材料、核电用钢等领域开展协同应用试点示范,搭建协同应用平台。

四、加快生物产业创新发展步伐,培育生物经济新动力

把握生命科学纵深发展、生物新技术广泛应用和融合创新的新趋势,以基因技术快速发展为契机,推动医疗向精准医疗和个性化医疗发展,加快农业育种向高效精准育种升级转化,拓展海洋生物资源新领域、促进生物工艺和产品在更广泛领域替代应用,以新的发展模式助力生物能源大规模应用,培育高品质专业化生物服务新业态,将生物经济加速打造成为继信息经济后的重要新经济形态,为健康中国、美丽中国建设提供新支撑。到2020年,生物产业规模达到8—10万亿元,形成一批具有较强国际竞争力的新型生物技术企业和生物经济集群。

（一）构建生物医药新体系。加快开发具有重大临床需求的创新药物和生物制品,加快推广绿色化、智能化制药生产技术,强化科学高效监管和政策支持,推动产业国际化发展,加快建设生物医药强国。

推动生物医药行业跨越升级。加快基因测序、细胞规模化培养、靶向和长效释药、绿色智能生产等技术研发应用,支撑产业高端发展。开发新型抗体和疫苗、基因治疗、细胞治疗等生物制品和制剂,推动化学药物创新和高端制剂开发,加速特色创新中药研发,实现重大疾病防治药物原始创新。支持生物类似药规模化发展,开展专利到期药物大品种研发和生产,加快制药装备升级换代,提升制药自动化、数字化和智能化水平,进一步推动中药产品标准化发展,促进产业标准体系与国际接轨,加速国际化步伐。发展海洋创新药物,开发具有民族特色的现代海洋中药产品,推动试剂原料和中间体产业化,形成一批海洋生物医药产业集群。

> **专栏11　新药创制与产业化工程**
>
> 围绕构建可持续发展的生物医药产业体系,以抗体药物、重组蛋白药物、新型疫苗等新兴药物为重点,推动临床紧缺的重大疾病、多发疾病、罕见病、儿童疾病等药物的新药研发、产业化和质量升级,整合各类要素形成一批先进产品标准和具有国际先进水平的产业技术体系,提升关键原辅料和装备配套能力,支撑生物技术药物持续创新发展。

创新生物医药监管方式。建立更加科学高效的医药审评审批方式,加快推开药品上市许可持有人制度试点,加快仿制药质量和疗效一致性评价,探索开展医疗新技术临床实验研究认可制度试点。完善药品采购机制,全面推动医药价格和行业监管等领域体制机制改革。

（二）提升生物医学工程发展水平。深化生物医学工程技术与信息技术融合发展,加快

行业规制改革,积极开发新型医疗器械,构建移动医疗、远程医疗等诊疗新模式,促进智慧医疗产业发展,推广应用高性能医疗器械,推进适应生命科学新技术发展的新仪器和试剂研发,提升我国生物医学工程产业整体竞争力。

发展智能化移动化新型医疗设备。开发智能医疗设备及其软件和配套试剂、全方位远程医疗服务平台和终端设备,发展移动医疗服务,制定相关数据标准,促进互联互通,初步建立信息技术与生物技术深度融合的现代智能医疗服务体系。

开发高性能医疗设备与核心部件。发展高品质医学影像设备、先进放射治疗设备、高通量低成本基因测序仪、基因编辑设备、康复类医疗器械等医学装备,大幅提升医疗设备稳定性、可靠性。利用增材制造等新技术,加快组织器官修复和替代材料及植介入医疗器械产品创新和产业化。加速发展体外诊断仪器、设备、试剂等新产品,推动高特异性分子诊断、生物芯片等新技术发展,支撑肿瘤、遗传疾病及罕见病等体外快速准确诊断筛查。

专栏12　生物技术惠民工程

推进网络化基因技术应用示范中心建设,开展出生缺陷基因筛查、肿瘤早期筛查及用药指导等应用示范。发展和应用新型生物治疗技术,推动新型个体化生物治疗标准化、规范化。开发智能化和高性能医疗设备,支持企业、医疗机构、研究机构等联合建设第三方影像中心,开展协同诊疗和培训,试点建立居民健康影像档案。开展区域性综合应用示范,实现区域生物基塑料制品、包装材料等替代50%以上的传统石化塑料制品。在城镇或企业周边建设生物质集中供气供热示范工程,探索多元协同共赢的市场化发展模式。

(三)加速生物农业产业化发展。以产出高效、产品安全、资源节约、环境友好为目标,创制生物农业新品种,开发动植物营养和绿色植保新产品,构建现代农业新体系,形成一批具有国际竞争力的生物育种企业,为加快农业发展方式转变提供新途径、新支撑。

构建生物种业自主创新体系。开展基因编辑、分子设计、细胞诱变等关键核心技术创新与育种应用,研制推广一批优质、高产、营养、安全、资源高效利用、适应标准化生产的农业动植物新品种,积极推进生物技术培育新品种产业化,形成一批以企业为主体的生物育种创新平台,打造具有核心竞争力的育繁推一体化现代生物种业企业,加快农业动植物新品种产业化和市场推广。发展动植物检疫新技术,加强国外优质动植物品种资源引进检疫平台建设。

开发一批新型农业生物制剂与重大产品。大力发展动植物病虫害防控新技术、新产品,建立基于病虫基因组信息的绿色农药、兽药创制技术体系,创制一批新型动物疫苗、生物兽药、植物新农药等重大产品,实现规模生产与应用,推动农业生产绿色转型。创制可替代抗生素的新型绿色生物饲料和高效生物肥料产品。深度挖掘海洋生物资源,开发绿色、安全、高效的新型海洋生物功能制品,开辟综合利用新途径。推动食品合成生物工程技术、食品生物高效转化技术、肠道微生物宏基因组学等关键技术创新与精准营养食品创制。

(四)推动生物制造规模化应用。加快发展微生物基因组工程、酶分子机器、细胞工厂等新技术,提升工业生物技术产品经济性,推进生物制造技术向化工、材料、能源等领域渗透应用,推动以清洁生物加工方式逐步替代传统化学加工方式,实现可再生资源逐步替代化石资源。

不断提升生物制造产品经济性和规模化发展水平。发展新生物工具创制与应用技术体系,实现一批有机酸、化工醇、烯烃、烷烃、有机胺等基础化工产品的生物法生产与应用,推动生物基聚酯、生物基聚氨酯、生物尼龙、生物橡胶、微生物多糖等生物基材料产业链条化、集聚化、规模化发展,提升氨基酸、维生素等大宗发酵产品自主创新能力和发展水平。

建立生态安全、绿色低碳、循环发展的生物法工艺体系。发展高效工业生物催化转化技术体系,提升绿色生物工艺应用水平。建立甾体药物、手性化合物、稀少糖醇等生物催化合成路线,实现医药化工等中间体绿色化、规模化生产。促进绿色生物工艺在农业、化工、食品、医药、轻纺、冶金、能源等领域全面进入和示范应用,显著降低物耗能耗和污染物排放。

(五)培育生物服务新业态。以专业化分工促进生物技术服务创新发展,构建新技术专业化服务模式,不断创造生物经济新增长点。

增强生物技术对消费者的专业化服务能力。发展专业化诊疗机构,培育符合规范的液体活检、基因诊断等新型技术诊疗服务机构。发展健康体检和咨询、移动医疗等健康管理服务,推动构建生物大数据、医疗健康大数据共享平台,试点建立居民健康影像档案,鼓励构建线上线下相结合的智能诊疗生态系统,推动医学检验检测、影像诊断等服务专业化发展。

专栏13　生物产业创新发展平台建设工程
依托并整合现有资源,建设一批创新基础平台,支持基因库、干细胞库、中药标准库、高级别生物安全实验室、蛋白元件库等建设。加快推动构建一批转化应用平台,推进抗体筛选平台、医学影像信息库、农作物分子育种平台等载体建设。积极发展一批检测服务平台,推进仿制药一致性评价技术平台、生物药质量及安全测试技术创新平台、农产品安全质量检测平台、生物质能检验检测及监测公共服务平台等建设,完善相关标准。

提高生物技术服务对产业的支持水平。发展符合国际标准的药物研发与生产服务,鼓励医药企业加强与合同研发、委托制造企业的合作。推动基因检测和诊断等新兴技术在各领域应用转化,支持生物信息服务机构提升技术水平。为药品、医疗器械、种业、生物能源等生物产品提供检测、评价、认证等公共服务,加快产品上市进度,提升产品质量。鼓励生物技术在水污染控制、大气污染治理、有毒有害物质降解、废物资源化等领域拓展应用,积极引导生物环保技术企业跨地区、跨行业联合或兼并,实现做大做强。构建生物技术专业化双创平台,降低生物产业创新创业成本,支持各类人员开办虚拟研发企业,释放创新潜能。

(六)创新生物能源发展模式。着力发展新一代生物质液体和气体燃料,开发高性能生物质能源转化系统解决方案,拓展生物能源应用空间,力争在发电、供气、供热、燃油等领域实现全面规模化应用,生物能源利用技术和核心装备技术达到世界先进水平,形成较成熟的商业化市场。

促进生物质能源清洁应用。重点推进高寿命、低电耗生物质燃料成型设备、生物质供热锅炉、分布式生物质热电联产等关键技术和设备研发,促进生物质成型燃料替代燃煤集中供热、生物质热电联产。按照因地制宜、就近生产消纳原则,示范建设集中式规模化生物燃气应用工程,突破大型生物质集中供气原料处理、高效沼气厌氧发酵等关键技术瓶颈。探索建立多元、协同、共赢的市场化发展模式,鼓励多产品综合利用,为生产生活提供清洁优质能源。

推进先进生物液体燃料产业化。重点突破高效低成本的生物质液体燃料原料处理和制备技术瓶颈,建设万吨级生物质制备液体燃料及多产品联产综合利用示范工程。完善原料供应体系,有序发展生物柴油。推进油藻生物柴油、生物航空燃料等前沿技术研发与产业化。

五、推动新能源汽车、新能源和节能环保产业快速壮大,构建可持续发展新模式

把握全球能源变革发展趋势和我国产业绿色转型发展要求,着眼生态文明建设和应对气候变化,以绿色低碳技术创新和应用为重点,引导绿色消费,推广绿色产品,大幅提升新能源汽车和新能源的应用比例,全面推进高效节能、先进环保和资源循环利用产业体系建设,推动新能源汽车、新能源和节能环保等绿色低碳产业成为支柱产业,到2020年,产值规模达到10万亿元以上。

(一)实现新能源汽车规模应用。强化技术创新,完善产业链,优化配套环境,落实和完善扶持政策,提升纯电动汽车和插电式混合动力汽车产业化水平,推进燃料电池汽车产业化。到2020年,实现当年产销200万辆以上,累计产销超过500万辆,整体技术水平保持与国际同步,形成一批具有国际竞争力的新能源汽车整车和关键零部件企业。

全面提升电动汽车整车品质与性能。加快推进电动汽车系统集成技术创新与应用,重点开展整车安全性、可靠性研究和结构轻量化设计。提升关键零部件技术水平、配套能力与整车性能。加快电动汽车安全标准制定和应用。加速电动汽车智能化技术应用创新,发展智能自动驾驶汽车。开展电动汽车电力系统储能应用技术研发,实施分布式新能源与电动汽车联合应用示范,推动电动汽车与智能电网、新能源、储能、智能驾驶等融合发展。建设电动汽车联合创新平台和跨行业、跨领域的技术创新战略联盟,促进电动汽车重大关键技术协同创新。完善电动汽车生产准入政策,研究实施新能源汽车积分管理制度。到2020年,电动汽车力争具备商业化推广的市场竞争力。

建设具有全球竞争力的动力电池产业链。大力推进动力电池技术研发,着力突破电池成组和系统集成技术,超前布局研发下一代动力电池和新体系动力电池,实现电池材料技术突破性发展。加快推进高性能、高可靠性动力电池生产、控制和检测设备创新,提升动力电池工程化和产业化能力。培育发展一批具有持续创新能力的动力电池企业和关键材料龙头企业。推进动力电池梯次利用,建立上下游企业联动的动力电池回收利用体系。到2020年,动力电池技术水平与国际水平同步,产能规模保持全球领先。

专栏14　新能源汽车动力电池提升工程

完善动力电池研发体系,加快动力电池创新中心建设,突破高安全性、长寿命、高能量密度锂离子电池等技术瓶颈。在关键电池材料、关键生产设备等领域构建若干技术创新中心,突破高容量正负极材料、高安全性隔膜和功能性电解液技术。加大生产、控制和检测设备创新,推进全产业链工程技术能力建设。开展燃料电池、全固态锂离子电池、金属空气电池、锂硫电池等领域新技术研究开发。

系统推进燃料电池汽车研发与产业化。加强燃料电池基础材料与过程机理研究,推动高性能低成本燃料电池材料和系统关键部件研发。加快提升燃料电池堆系统可靠性和工程化水平,完善相关技术标准。推动车载储氢系统以及氢制备、储运和加注技术发展,推进加

氢站建设。到2020年，实现燃料电池汽车批量生产和规模化示范应用。

加速构建规范便捷的基础设施体系。按照"因地适宜、适度超前"原则，在城市发展中优先建设公共服务区域充电基础设施，积极推进居民区与单位停车位配建充电桩。完善充电设施标准规范，推进充电基础设施互联互通。加快推动高功率密度、高转换效率、高适用性、无线充电、移动充电等新型充换电技术及装备研发。加强检测认证、安全防护、与电网双向互动等关键技术研究。大力推动"互联网＋充电基础设施"，提高充电服务智能化水平。鼓励充电服务企业创新商业模式，提升持续发展能力。到2020年，形成满足电动汽车需求的充电基础设施体系。

（二）推动新能源产业发展。加快发展先进核电、高效光电光热、大型风电、高效储能、分布式能源等，加速提升新能源产品经济性，加快构建适应新能源高比例发展的电力体制机制、新型电网和创新支撑体系，促进多能互补和协同优化，引领能源生产与消费革命。到2020年，核电、风电、太阳能、生物质能等占能源消费总量比重达到8%以上，产业产值规模超过1.5万亿元，打造世界领先的新能源产业。

推动核电安全高效发展。采用国际最高安全标准，坚持合作创新，重点发展大型先进压水堆、高温气冷堆、快堆及后处理技术装备，提升关键零部件配套能力，加快示范工程建设。提升核废料回收利用和安全处置能力。整合行业资源，形成系统服务能力，推动核电加快"走出去"。到2020年，核电装机规模达到5800万千瓦，在建规模达到3000万千瓦，形成国际先进的集技术开发、设计、装备制造、运营服务于一体的核电全产业链发展能力。

促进风电优质高效开发利用。大力发展智能电网技术，发展和挖掘系统调峰能力，大幅提升风电消纳能力。加快发展高塔长叶片、智能叶片、分散式和海上风电专用技术等，重点发展5兆瓦级以上风电机组、风电场智能化开发与运维、海上风电场施工、风热利用等领域关键技术与设备。建设风电技术测试与产业监测公共服务平台。到2020年，风电装机规模达到2.1亿千瓦以上，实现风电与煤电上网电价基本相当，风电装备技术创新能力达到国际先进水平。

推动太阳能多元化规模化发展。突破先进晶硅电池及关键设备技术瓶颈，提升薄膜太阳能电池效率，加强钙钛矿、染料敏化、有机等新型高效低成本太阳能电池技术研发，大力发展太阳能集成应用技术，推动高效低成本太阳能利用新技术和新材料产业化，建设太阳能光电光热产品测试与产业监测公共服务平台，大幅提升创新发展能力。统筹电力市场和外输通道，有序推进西部光伏光热发电开发，加快中东部分布式光伏发展，推动多种形式的太阳能综合开发利用。加快实施光伏领跑者计划，形成光热发电站系统集成和配套能力，促进先进太阳能技术产品应用和发电成本快速下降，引领全球太阳能产业发展。到2020年，太阳能发电装机规模达到1.1亿千瓦以上，力争实现用户侧平价上网。其中，分布式光伏发电、光伏电站、光热发电装机规模分别达到6000万千瓦、4500万千瓦、500万千瓦。

积极推动多种形式的新能源综合利用。突破风光互补、先进燃料电池、高效储能与海洋能发电等新能源电力技术瓶颈，加快发展生物质供气供热、生物质与燃煤耦合发电、地热能供热、空气能供热、生物液体燃料、海洋能供热制冷等，开展生物天然气多领域应用和区域示范，推进新能源多产品联产联供技术产业化。加速发展融合储能与微网应用的分布式能源，大力推动多能互补集成优化示范工程建设。建立健全新能源综合开发利用的技术创新、基础设施、运营模式及政策支撑体系。

大力发展"互联网+"智慧能源。加快研发分布式能源、储能、智能微网等关键技术,构建智能化电力运行监测管理技术平台,建设以可再生能源为主体的"源—网—荷—储—用"协调发展、集成互补的能源互联网,发展能源生产大数据预测、调度与运维技术,建立能源生产运行的监测、管理和调度信息公共服务网络,促进能源产业链上下游信息对接和生产消费智能化。推动融合储能设施、物联网、智能用电设施等硬件及碳交易、互联网金融等衍生服务于一体的绿色能源网络发展,促进用户端智能化用能、能源共享经济和能源自由交易发展,培育基于智慧能源的新业务、新业态,建设新型能源消费生态与产业体系。

加快形成适应新能源高比例发展的制度环境。围绕可再生能源比重大幅提高、弃风弃光率近零的目标,完善调度机制和运行管理方式,建立适应新能源电力大规模发展的电网运行管理体系。完善风电、太阳能、生物质能等新能源国家标准和清洁能源定价机制,建立新能源优先消纳机制。建立可再生能源发电补贴政策动态调整机制和配套管理体系。将分布式新能源纳入电力和供热规划以及国家新一轮配网改造计划,促进"源—网—用"协调发展,实现分布式新能源直供与无障碍入网。

专栏15　新能源高比例发展工程

为实现新能源灵活友好并网和充分消纳,加快安全高效的输电网、可靠灵活的主动配电网以及多种分布式电源广泛接入互动的微电网建设,示范应用智能化大规模储能系统及柔性直流输电工程,建立适应分布式电源、电动汽车、储能等多元化负荷接入需求的智能化供需互动用电系统,建成适应新能源高比例发展的新型电网体系。

选择适宜区域开展分布式光电、分散式风电、生物质能供气供热、地热能、海洋能等多能互补的新能源综合开发,融合应用大容量储能、微网技术,构建分布式能源综合利用系统,引领能源供应方式变革。

(三)大力发展高效节能产业。适应建设资源节约型、环境友好型社会要求,树立节能为本理念,全面推进能源节约,提升高效节能装备技术及产品应用水平,推进节能技术系统集成和示范应用,支持节能服务产业做大做强,促进高效节能产业快速发展。到2020年,高效节能产业产值规模力争达到3万亿元。

大力提升高效节能装备技术及应用水平。鼓励研发高效节能设备(产品)及关键零部件,加大示范推广力度,加速推动降低综合成本。制修订强制性能效和能耗限额标准,加快节能科技成果转化应用。发布节能产品和技术推广目录,完善节能产品政府采购政策,推动提高节能产品市场占有率。完善能效标识制度和节能产品认证制度,在工业、建筑、交通和消费品等领域实施能效领跑者制度,推动用能企业和产品制造商跨越式提高能效。

大力推进节能技术系统集成及示范应用。在示范园区等重点区域和重点行业开展节能技术系统集成试点,整合高耗能企业的余热、余压、余气资源,鼓励利用余热采暖、利用余能和低温余热发电。鼓励重点用能单位及耗能设备配备智能能源计量和远程诊断设备,借助信息网络技术加强系统自动监控和智能分析能力,促进提高综合能效。深入推进流程工业系统优化工艺技术,推动工业企业能源管控中心建设,鼓励企业在低温加热段使用太阳能集热器,实现生产工艺和能源供应的综合优化。推进化石能源近零消耗建筑技术产业化,大力推广应用节能门窗、绿色节能建材等产品。鼓励风电、太阳能发电与企业能源供管系统综合集成，推动可再生能源就地消纳。

做大做强节能服务产业。支持合同能源管理、特许经营等业态快速发展，推动节能服务商业模式创新，推广节能服务整体解决方案。支持节能服务公司通过兼并、联合、重组等方式实现规模化、品牌化、网络化经营。搭建绿色融资平台，推动发行绿色债券，支持节能服务公司融资。制定相关标准，提高节能服务规范化水平。制定节能服务机构管理办法，建立健全节能第三方评估机制。搭建节能服务公司、重点用能单位、第三方评估机构履约登记和服务平台，营造诚实守信的市场环境。

专栏16　节能技术装备发展工程

组织实施节能关键共性技术提升工程、节能装备制造工程。鼓励研发高性能建筑保温材料、光伏一体化建筑用玻璃幕墙、紧凑型户用空气源热泵装置、大功率半导体照明芯片与器件、先进高效燃气轮机发电设备、煤炭清洁高效利用技术装备、浅层地热能利用装置、蓄热式高温空气燃烧装置等一批高效节能设备（产品）及其关键零部件。

实施燃煤锅炉节能环保综合提升工程、供热管网系统能效综合提升工程、电机拖动系统能效提升工程，推进燃煤电厂节能与超低排放改造、电机系统节能、能量系统优化、余热余压利用等重大关键节能技术与产品规模化应用示范。组织实施城市、园区和企业节能示范工程，推广高效节能技术集成示范应用。

（四）加快发展先进环保产业。大力推进实施水、大气、土壤污染防治行动计划，推动区域与流域污染防治整体联动，海陆统筹深入推进主要污染物减排，促进环保装备产业发展，推动主要污染物监测防治技术装备能力提升，加强先进适用环保技术装备推广应用和集成创新，积极推广应用先进环保产品，促进环境服务业发展，全面提升环保产业发展水平。到2020年，先进环保产业产值规模力争超过2万亿元。

提升污染防治技术装备能力。围绕水、大气、土壤污染防治，集中突破工业废水、雾霾、土壤农药残留、水体及土壤重金属污染等一批关键治理技术，加快形成成套装备、核心零部件及配套材料生产能力。建设一批技术先进、配套齐全、发展规范的重大环保技术装备产业化示范基地，形成以骨干企业为核心、专精特新中小企业快速成长的产业良性发展格局。支持危险废弃物防治技术研发，提高危险废弃物处理处置水平。支持环保产业资源优化整合，积极拓展国际市场。

加强先进适用环保技术装备推广应用和集成创新。定期更新《国家鼓励发展的重大环保技术装备目录》，强化供需对接，加强先进适用环保装备在冶金、化工、建材、食品等重点领域应用。加快环保产业与新一代信息技术、先进制造技术深度融合，强化先进环保装备制造能力，提高综合集成水平。支持建立产学研用相结合的环保技术创新联盟，加快技术集成创新研究与应用。

积极推广应用先进环保产品。大力推广应用离子交换树脂、生物滤料及填料、高效活性炭、循环冷却水处理药剂、杀菌灭藻剂、水处理消毒剂、固体废弃物处理固化剂和稳定剂等环保材料和环保药剂。扩大政府采购环保产品范围，不断提高环保产品采购比例。实施环保产品领跑者制度，提升环保产品标准，积极推广应用先进环保产品，组织实施先进环保装备技术进步与模式创新示范工程。

提升环境综合服务能力。基于各行业污染物大数据,推动建立环保装备与服务需求信息平台、技术创新转化交易平台、环保装备招投标信息平台,提高环保服务信息化水平。推动在环境监测中应用卫星和物联网技术,构建污染排放、环境质量基础数据与监控处置信息平台,提高环境监管智能化水平,深入推进环境服务业试点工作。发展环境修复服务,推广合同环境服务,促进环保服务整体解决方案推广应用。开展环境污染第三方治理试点和环境综合治理托管服务试点,在城镇污水垃圾处理、工业园区污染集中处理等重点领域深入探索第三方治理模式。推进产品绿色设计示范企业创建工作,支持企业开展绿色设计。

专栏17 绿色低碳技术综合创新示范工程
对接绿色低碳试点示范项目,在具备条件的区域,以绿色低碳技术综合应用为核心,以互联网为纽带,建设新能源、新能源汽车与智慧交通系统、低碳社区、碳捕集和富碳农业、绿色智能工厂等综合应用设施,先行先试相关改革措施,促进绿色低碳技术、新一代信息技术与城镇化建设、生产生活的融合创新,广泛开展国际合作,打造相关技术综合应用示范区域。

(五)深入推进资源循环利用。树立节约集约循环利用的资源观,大力推动共伴生矿和尾矿综合利用、"城市矿产"开发、农林废弃物回收利用和新品种废弃物回收利用,发展再制造产业,完善资源循环利用基础设施,提高政策保障水平,推动资源循环利用产业发展壮大。到2020年,力争当年替代原生资源13亿吨,资源循环利用产业产值规模达到3万亿元。

大力推动大宗固体废弃物和尾矿综合利用。推动冶金渣、化工渣、赤泥、磷石膏等产业废弃物综合利用,推广一批先进适用技术与装备,加强对工业固体废弃物中战略性稀贵金属的回收利用。研发尾矿深度加工和综合利用技术,促进尾矿中伴生有价元素回收和高技术含量尾矿产品开发,提高尾矿综合利用经济性。研发复杂多金属尾矿选冶联合关键技术与装备、清洁无害化综合利用关键技术,研发单套设备处理能力达到每年100—500万吨的尾矿高效浓缩及充填料制备、输送、充填成套工艺技术。开发低品位钛渣优化提质技术,提高钒钛磁铁矿资源综合利用率。

促进"城市矿产"开发和低值废弃物利用。提高废弃电器电子产品、报废汽车拆解利用技术装备水平,促进废有色金属、废塑料加工利用集聚化规模化发展。加快建设城市餐厨废弃物、建筑垃圾和废旧纺织品等资源化、无害化处理系统,协同发挥各类固体废弃物处理设施作用,打造城市低值废弃物协同处理基地。落实土地、财税等相关优惠政策。完善再生资源回收利用基础设施,支持现有再生资源回收集散地升级改造。

加强农林废弃物回收利用。基本实现畜禽粪便、残膜、农作物秸秆、林业三剩物等农林废弃物资源化利用。推广秸秆腐熟还田技术,支持秸秆代木、纤维原料、清洁制浆、生物质能、商品有机肥等新技术产业化发展。鼓励利用畜禽粪便、秸秆等多种农林废弃物,因地制宜实施农村户用沼气和集中供沼气工程。推广应用标准地膜,引导回收废旧地膜和使用可降解地膜。鼓励利用林业废弃物建设热、电、油、药等生物质联产项目。积极开发农林废弃物超低排放焚烧技术。

积极开展新品种废弃物循环利用。开展新品种废弃物回收利用体系示范,推动废弃太阳能电池、废旧动力蓄电池、废碳纤维材料、废节能灯等新型废弃物回收利用,推广稀贵金属高效富集与清洁回收利用、电动汽车动力蓄电池梯级利用等。支持碳捕集、利用和封存技术研发与应用,发展碳循环产业。

大力推动海水资源综合利用。加快海水淡化及利用技术研发和产业化,提高核心材料和关键装备的可靠性、先进性和配套能力。推动建设集聚发展的海水淡化装备制造基地。开展海水资源化利用示范工程建设,推进大型海水淡化工程总包与服务。开展海水淡化试点示范,鼓励生产海水淡化桶装水,推进海水淡化水依法进入市政供水管网。推进海水冷却技术在沿海高用水行业规模化应用。加快从海水中提取钾、溴、镁等产品,实现高值化利用。

发展再制造产业。加强机械产品再制造无损检测、绿色高效清洗、自动化表面与体积修复等技术攻关和装备研发,加快产业化应用。组织实施再制造技术工艺应用示范,推进再制造纳米电刷镀技术装备、电弧喷涂等成熟表面工程装备示范应用。开展发动机、盾构机等高值零部件再制造。建立再制造旧件溯源及产品追踪信息系统,促进再制造产业规范发展。

健全资源循环利用产业体系。推动物联网电子监管技术在危险废弃物、电子废弃物利用处置等领域应用,支持再生资源企业建立线上线下融合的回收网络。统筹国内外再生资源利用,加强生活垃圾分类回收与再生资源回收的衔接。建设资源循环利用第三方服务体系,鼓励通过合同管理方式,提供废弃物管理、回收、再生加工、循环利用的整体解决方案。全面落实生产者责任延伸制度,鼓励使用再生产品和原料。建立健全覆盖固体废弃物、危险废弃物、再生产品、污染物控制等方面的标准体系。

专栏18　资源循环替代体系示范工程

实施循环发展引领行动,推动太阳能光伏电池、废弃电子产品稀贵金属多组分分离提取和电动汽车动力蓄电池、废液晶等新品种废弃物的回收利用,开展基于"互联网+"的废弃物回收利用体系示范。推进城市低值废弃物协同处置和大宗固体废弃物综合利用加快发展。建立以售后维修体系为核心的旧件回收体系,在商贸物流、金融保险、维修销售等环节和煤炭、石油等采掘企业推广应用再制造产品。鼓励专业化再制造服务公司提供整体解决方案和专项服务。

六、促进数字创意产业蓬勃发展,创造引领新消费

以数字技术和先进理念推动文化创意与创新设计等产业加快发展,促进文化科技深度融合、相关产业相互渗透。到2020年,形成文化引领、技术先进、链条完整的数字创意产业发展格局,相关行业产值规模达到8万亿元。

（一）创新数字文化创意技术和装备。适应沉浸式体验、智能互动等趋势,加强内容和技术装备协同创新,在内容生产技术领域紧跟世界潮流,在消费服务装备领域建立国际领先优势,鼓励深度应用相关领域最新创新成果。

提升创作生产技术装备水平。加大空间和情感感知等基础性技术研发力度,加快虚拟现实、增强现实、全息成像、裸眼三维图形显示（裸眼3D）、交互娱乐引擎开发、文化资源数字化处理、互动影视等核心技术创新发展,加强大数据、物联网、人工智能等技术在数字文化创意创作生产领域的应用,促进创新链和产业链紧密衔接。鼓励企业运用数字创作、网络协同

等手段提升生产效率。

增强传播服务技术装备水平。研发具有自主知识产权的超感影院、混合现实娱乐、广播影视融合媒体制播等配套装备和平台,开拓消费新领域。大力研发数字艺术呈现技术,提升艺术展演展陈数字化、智能化、网络化应用水平,支持文物保护装备产业化及应用。研究制定数字文化创意技术装备关键标准,推动自主标准国际化,完善数字文化创意技术装备和相关服务的质量管理体系。

专栏 19　数字文化创意技术装备创新提升工程

以企业为主体、产学研用相结合,构建数字文化创意产业创新平台,加强基础技术研发,大力发展虚拟现实、增强现实、互动影视等新型软硬件产品,促进相关内容开发。完善数字文化创意产业技术与服务标准体系,推动手机(移动终端)动漫、影视传媒等领域标准体系广泛应用,建立文物数字化保护和传承利用、智慧博物馆、超高清内容制作传输等标准。完善数字创意"双创"服务体系。

(二)丰富数字文化创意内容和形式。通过全民创意、创作联动等新方式,挖掘优秀文化资源,激发文化创意,适应互联网传播特点,创作优质、多样、个性化的数字创意内容产品。

促进优秀文化资源创造性转化。鼓励对艺术品、文物、非物质文化遗产等文化资源进行数字化转化和开发。依托地方特色文化,创造具有鲜明区域特点和民族特色的数字创意内容产品。加强现代设计与传统工艺对接,促进融合创新。提高图书馆、美术馆、文化馆、体验馆数字化、智能化水平,加强智慧博物馆和智慧文化遗产地建设,创新交互体验应用。

鼓励创作当代数字创意内容精品。强化高新技术支撑文化产品创作的力度,提高数字创意内容产品原创水平,加快出版发行、影视制作、演艺娱乐、艺术品、文化会展等行业数字化进程,提高动漫游戏、数字音乐、网络文学、网络视频、在线演出等文化品位和市场价值。鼓励多业态联动的创意开发模式,提高不同内容形式之间的融合程度和转换效率,努力形成具有世界影响力的数字创意品牌,支持中华文化"走出去"。

专栏 20　数字内容创新发展工程

依托先进数字技术,推动实施文化创意产品扶持计划和"互联网+"中华文明行动计划,支持推广一批数字文化遗产精品,打造一批优秀数字文化创意产品,建设数字文化资源平台,实现文化创意资源的智能检索、开发利用和推广普及,拓展传播渠道,引导形成产业链。

(三)提升创新设计水平。挖掘创新设计产业发展内生动力,推动设计创新成为制造业、服务业、城乡建设等领域的核心能力。

强化工业设计引领作用。积极发展第三方设计服务,支持设计成果转化。鼓励企业加大工业设计投入,推动工业设计与企业战略、品牌深度融合,促进创新设计在产品设计、系统设计、工艺流程设计、商业模式和服务设计中的应用。支持企业通过创新设计提升传统工艺装备,推进工艺装备由单机向互联、机械化向自动化持续升级。以创意和设计引领商贸流通业创新,加强广告服务,健全品牌价值体系。制定推广行业标准,推动产业转型升级。支持建设工业设计公共服务平台。通过工业设计推动中国制造向中国创造、中国速度向中国质量转变。

提升人居环境设计水平。创新城市规划设计,促进测绘地理信息技术与城市规划相融合,利用大数据、虚拟现实等技术,建立覆盖区域、城乡、地上地下的规划信息平台,引导创新城市规划。从宏观、中观、微观等多层面加强城市设计,塑造地域特色鲜明的风貌。鼓励建筑设计创作,完善招投标制度和专家评标制度,扩展建筑师执业服务范围,引导建筑师参与项目策划、建筑设计、项目管理,形成激励建筑师创作的政策环境。加大建筑师培养力度,培育既有国际视野又有文化自信的建筑师队伍。倡导新型景观设计,改善人居环境。进一步提高装饰设计水平。

专栏21　创新设计发展工程
制定实施制造业创新设计行动纲要,建设一批国家级工业设计中心,建设一批具有国际影响力的工业设计集聚区。建设增材制造等领域设计大数据平台与知识库,促进数据共享和供需对接。通过发展创业投资、政府购买服务、众筹试点等多种模式促进创新设计成果转化。

(四)推进相关产业融合发展。推动数字文化创意和创新设计在各领域应用,培育更多新产品、新服务以及多向交互融合的新业态,形成创意经济无边界渗透格局。

加快重点领域融合发展。推动数字创意在电子商务、社交网络中的应用,发展虚拟现实购物、社交电商、"粉丝经济"等营销新模式。推动数字创意在教育领域的应用,提升学习内容创意水平,加强数字文化教育产品开发和公共信息资源深度利用,推动教育服务创意化。提升旅游产品开发和旅游服务设计的文化内涵和数字化水平,促进虚拟旅游展示等新模式创新发展。挖掘创意"三农"发展潜力,提高休闲农业创意水平,促进地理标志农产品、乡村文化开发,以创意民宿推动乡村旅游发展和新农村建设。推动数字创意在医疗、展览展示、地理信息、公共管理等领域应用。构建数字创意相关项目资源库和对接服务平台,创新使用多种形式的线上线下推广手段,广泛开展会展活动,鼓励行业协会、研究机构积极开展跨领域交流合作。

推进数字创意生态体系建设。建立涵盖法律法规、行政手段、技术标准的数字创意知识产权保护体系,加大打击数字创意领域盗版侵权行为力度,保障权利人合法权益。积极研究解决虚拟现实、网络游戏等推广应用中存在的风险问题,切实保护用户生理和心理健康。改善数字创意相关行业管理规制,进一步放宽准入条件,简化审批程序,加强事中事后监管,促进融合发展。

七、超前布局战略性产业,培育未来发展新优势

以全球视野前瞻布局前沿技术研发,不断催生新产业,重点在空天海洋、信息网络、生命科学、核技术等核心领域取得突破,高度关注颠覆性技术和商业模式创新,在若干战略必争领域形成独特优势,掌握未来产业发展主动权,为经济社会持续发展提供战略储备、拓展战略空间。

(一)空天海洋领域。

显著提升空间进入能力。突破大推力发动机、大直径箭体设计、制造与先进控制等关键技术,发展重型运载火箭,保障未来重大航天任务实施。发展快速、廉价、可重复使用的小载荷天地往返运输系统。超前部署具有高空间定位精度的空间飞行器自主导航和飞行技术。

加快发展新型航天器。加强超高分辨率、超高精度时空基准、超高速安全通信、高性能星上处理、大功率电源、新型材料等关键技术研发,研制新型应用卫星。建立先进的载人空间科学实验平台和生命支持系统。发展空间飞行器轻量化小型化技术,推进应用型微、纳、皮卫星规范有序发展。部署和发射新型试验卫星。加快发展临近空间飞行器、可重复使用航天器等面向未来任务的新型航天器。

加快航空领域关键技术突破和重大产品研发。超前部署氢燃料、全电、组合动力等新型发动机关键技术研究,提升未来航空产业自主发展能力。加快发展多用途无人机、新构型飞机等战略性航空装备。前瞻布局超音速商务机、新概念新构型总体气动技术、先进高可靠性机电技术、新一代航空电子系统、航空新材料及新型复合材料加工技术。

发展新一代深海远海极地技术装备及系统。建立深海区域研究基地,发展海洋遥感与导航、水声探测、深海传感器、无人和载人深潜、深海空间站、深海观测系统、"空—海—底"一体化通信定位、新型海洋观测卫星等关键技术和装备。大力研发深远海油气矿产资源、可再生能源、生物资源等资源开发利用装备和系统,研究发展海上大型浮式结构物,支持海洋资源利用关键技术研发和产业化应用,培育海洋经济新增长点。大力研发极地资源开发利用装备和系统,发展极地机器人、核动力破冰船等装备。

(二)信息网络领域。

构建未来网络新体系。着眼于提升当前网络体系架构可扩展性、安全性、可管控性、移动性和内容分发能力,系统布局新型网络架构、技术体系和安全保障体系研究,开展实验网络建设,研究构建泛在融合、绿色带宽、智能安全的新型网络。

加强关键技术和产品研发。面向万物互联需求,发展物联网搜索引擎、E级高性能计算、面向物端的边缘计算等技术和产品。开展深度学习、认知计算、虚拟现实、自然人机交互等领域前沿技术研发,提升信息服务智能化、个性化水平。布局太赫兹通信、可见光通信等技术研发,持续推动量子密钥技术应用。

推动电子器件变革性升级换代。加强低功耗高性能新原理硅基器件、硅基光电子、混合光电子、微波光电子等领域前沿技术和器件研发,形成一批专用关键制造设备,提升光网络通信元器件支撑能力。统筹布局量子芯片、量子编程、量子软件以及相关材料和装置制备关键技术研发,推动量子计算机的物理实现和量子仿真的应用。加强类脑芯片、超导芯片、石墨烯存储、非易失存储、忆阻器等新原理组件研发,推进后摩尔定律时代微电子技术开发与应用,实现产业跨越式发展。

(三)生物技术领域。

构建基于干细胞与再生技术的医学新模式。加快布局体细胞重编程科学技术研究,开发功能细胞获取新技术。完善细胞、组织与器官的体内外生产技术平台与基地。规范干细胞与再生领域法律法规和标准体系,完善知识产权评估与转化机制,持续深化干细胞与再生技术临床应用。发展肿瘤免疫治疗技术。

推进基因编辑技术研发与应用。建立具有自主知识产权的基因编辑技术体系,开发针对重大遗传性疾病、感染性疾病、恶性肿瘤等的基因治疗新技术。建立相关动物资源平台、临床研究及转化应用基地,促进基于基因编辑研究的临床转化和产业化发展。

加强合成生物技术研发与应用。突破基因组化学合成、生物体系设计再造、人工生物调控等关键技术,研究推进人工生物及人工生物器件临床应用和产业化。推动生物育种、生态保护、能源生产等领域颠覆性技术创新,构建基础原料供给、物质转化合成、民生服务新模式,培育合成生物产业链。

(四)核技术领域。

加快开发新一代核能装备系统。加快推动铅冷快堆、钍基熔盐堆等新核能系统试验验证和实验堆建设。支持小型和微型核动力堆研发设计和关键设备研制,开展实验堆建设和重点领域示范应用。积极参与国际热核聚变实验堆计划,不断完善全超导托卡马克核聚变实验装置等国家重大科技基础设施,开展实验堆概念设计、关键技术和重要部件研发。

发展非动力核技术。支持发展离子、中子等新型射线源,研究开发高分辨率辐射探测器和多维动态成像装置,发展精准治疗设备、医用放射性同位素、中子探伤、辐射改性等新技术和新产品,持续推动核技术在工业、农业、医疗健康、环境保护、资源勘探、公共安全等领域应用。

八、促进战略性新兴产业集聚发展,构建协调发展新格局

立足区域发展总体战略,围绕推进"一带一路"建设、京津冀协同发展、长江经济带发展,根据各地产业基础和特色优势,坚持因地制宜、因业布局、因时施策,加快形成点面结合、优势互补、错位发展、协调共享的战略性新兴产业发展格局。

(一)打造战略性新兴产业策源地。支持创新资源富集的中心城市形成以扩散知识技术为主要特征的战略性新兴产业策源地。发挥策源地城市科研人才密集、学科齐全、国际交流频繁等优势,支持建设一批国际一流的大学和科研机构,强化重点领域基础研究,大力促进新兴学科、交叉学科发展,支持建设新兴交叉学科研究中心,推进信息、生命、医疗、能源等领域原创性、颠覆性、支撑性技术开发,推动产学研用联动融合,形成引领战略性新兴产业发展的"辐射源"。以推进全面创新改革试验为契机,加快改革攻坚,完善科研项目经费管理和科技成果转移转化机制,最大限度减少不利于创新人才发展的制度障碍,探索建立适应创新要素跨境流动的体制机制。发挥策源地城市改革创新示范带动作用,在全国范围内推广一批有力度、有特色、有影响的重大改革举措。大力推动科技中介新业态发展,支持海外人才、科研人员、高校师生在策源地城市创业创新,支持海外知名大学、科研机构、企业在策源地城市建设产业创新平台和孵化器,打造战略性新兴产业创业创新高地。鼓励策源地城市开展"知识产权强市"建设,加大知识产权保护力度,强化知识产权运用和管理,加快发展知识产权服务业,更好利用全球创新成果,加速科技成果向全国转移扩散。

(二)壮大一批世界级战略性新兴产业发展集聚区。依托城市群建设,以全面创新改革试验区为重点,发展知识密集型战略性新兴产业集群,打造10个左右具有全球影响力、引领我国战略性新兴产业发展的标志性产业集聚区,推动形成战略性新兴产业发展的体制机制创新区、产业链创新链融合区、国际合作承载区。在东部地区打造国际一流的战略性新兴产业城市群,围绕京津冀协同发展,加强京津冀经济与科技人才联动,形成辐射带动环渤海地区和北方腹地发展的战略性新兴产业发展共同体;发挥长三角城市群对长江经济带的引领作用,以上海、南京、杭州、合肥、苏锡常等都市圈为支点,构筑点面结合、链群交融的产业发展格局;以广州、深圳为核心,全面提升珠三角城市群战略性新兴产业的国际竞争力,延伸布局产业链和服务链,带动区域经济转型发展;推动山东半岛城市群重点发展生物医药、高端装备制造、新一代信息技术、新材料等产业和海洋经济;围绕福州、厦门等重点城市,推动海峡西岸地区生物、海洋、集成电路等产业发展。依托中西部地区产业基础,大力推进成渝地区、武汉都市圈、长株潭城市群、中原城市群、关中平原城市群等重点区域战略性新兴产业发展,积极创造条件承接东部地区产业转移;支持昆明、贵阳等城市发展具有比较优势的产业,促进长江经济带上中下游地区产业协同发展。对接丝绸之路经济带建设,促进天山北坡、兰州—西宁等西北地区城市群发展特色产业。推动东北地区大力发展机器人及智能装备、光电子、生物医药及医疗器械、信息服务等产业,以沈阳、大连、哈尔滨、长春为支点,支持东北地区城市群打造国内领先的战略性新兴产业集群,带动区域经济转型升级。

(三)培育战略性新兴产业特色集群。充分发挥现有产业集聚区作用,通过体制机制创新激发市场活力,采用市场化方式促进产业集聚,完善扶持政策,加大扶持力度,培育百余个特色鲜明、大中小企业协同发展的优势产业集群和特色产业链。完善政府引导产业集聚方式,由招商引资向引资、引智、引技并举转变,打造以人才和科技投入为主的新经济;由"引进来"向"引进来"、"走出去"并重转变,充分整合利用全球创新资源和市场资源;由注重产业链发展向产业链、创新链协同转变,聚焦重点产业领域,依托科研机构和企业研发基础,提升产业创新能力;由产城分离向产城融合转变,推动研究机构、创新人才与企业相对集中,促进不同创新主体良性互动。避免对市场行为的过度干预,防止园区重复建设。鼓励战略性新兴产业向国家级新区等重点功能平台集聚。

九、推进战略性新兴产业开放发展,拓展合作新路径

贯彻国家开放发展战略部署,构建战略性新兴产业国际合作新机制,建设全球创新发展网络,推动产业链全球布局,拓展发展新路径。

(一)积极引入全球资源。抓住"一带一路"建设契机,推进国际产能合作,构建开放型创新体系,鼓励技术引进与合作研发,促进引进消化吸收与再创新。积极引导外商投资方向,鼓励外商投资战略性新兴产业,推动跨国公司、国际知名研究机构在国内设立研发中心。加大海外高端人才引进力度,畅通吸纳海外高端人才的绿色通道,为海外人才来华工作和创业提供更多便利。

(二)打造国际合作新平台。积极建立国际合作机制,推动签署落实政府间新兴产业和创新领域合作协议。推动双边互认人员资质、产品标准、认证认可结果,参与国际多边合作互认机制。以发达国家和"一带一路"沿线国家为重点,建设双边特色产业国际合作园区,引导龙头企业到海外建设境外合作园区。创新合作方式,提升重点领域开放合作水平。加强国际科技成果转化和孵化、人才培训等公共服务体系建设。

(三)构建全球创新发展网络。建立健全国际化创新发展协调推进和服务机制,加强驻外机构服务能力,利用二十国集团(G20)、夏季达沃斯等平台开展新经济交流,充分发挥有关行业协会和商会作用,搭建各类国际经济技术交流与合作平台。引导社会资本设立一批战略性新兴产业跨国并购和投资基金,支持一批城市对接战略性新兴产业国际合作,建设一批国际合作创新中心,发展一批高水平国际化中介服务机构,建立一批海外研发中心,构建全球研发体系,形成政府、企业、投资机构、科研机构、法律机构、中介机构高效协同的国际化合作网络。支持企业和科研机构参与国际科技合作计划、国际大科学计划和大科学工程,承担和组织国际重大科技合作项目。鼓励企业积极参与国际技术标准制定。

(四)深度融入全球产业链。推动产业链全球布局,在高端装备、新一代信息技术、新能源等重点领域,针对重点国家和地区确定不同推进方式和实施路径,推动产业链资源优化整合。支持企业、行业协会和商会、地方政府和部门创新方式开展战略性新兴产业国际产能合作,推动国内企业、中外企业组团共同开拓国际市场,支持产业链"走出去",将"走出去"获得的优质资产、技术、管理经验反哺国内,形成综合竞争优势。推动高端装备、新一代信息技术等领域龙头企业海外拓展,与国际大企业开展更高层次合作,实现优势互补、共赢发展。

十、完善体制机制和政策体系,营造发展新生态

加快落实创新驱动发展战略,深入推进政府职能转变,持续深化重点领域和关键环节改革,强化制度建设,汇聚知识、技术、资金、人才等创新要素,全面营造有利于战略性新兴产业发展壮大的生态环境。

(一)完善管理方式。

推进简政放权、放管结合、优化服务改革。在电信、新药和医疗器械、新能源汽车生产准入等领域,进一步完善审批方式,最大限度减少事前准入限制,修改和废止有碍发展的行政法规和规范性文件,激发市场主体活力。坚持放管结合,区分不同情况,积极探索和创新适合新技术、新产品、新业态、新模式发展的监管方式,既激发创新创造活力,又防范可能引发的风险。对发展前景和潜在风险看得准的"互联网+"、分享经济等新业态,量身定制监管模式;对看不准的领域,加强监测分析,鼓励包容发展,避免管得过严过死;对潜在风险大、有可能造成严重不良社会后果的,切实加强监管;对以创新之名行非法经营之实的,坚决予以取缔。严格执行降低实体经济企业成本各项政策措施,落实中央财政科研项目资金管理相关政策措施,推进科技成果产权制度改革。全面落实深化国有企业改革各项部署,在战略性新兴产业领域国有企业中率先进行混合所有制改革试点示范,开展混合所有制企业员工持股试点。发布战略性新兴产业重点产品和服务指导目录。

营造公平竞争市场环境。完善反垄断法配套规则,进一步加大反垄断和反不正当竞争执法力度,严肃查处信息服务、医疗服务等领域企业违法行为。建立健全工作机制,保障公平竞争审查制度有序实施,打破可再生能源发电、医疗器械、药品招标等领域的地区封锁和行业垄断,加大对地方保护和行业垄断行为的查处力度。完善信用体系,充分发挥全国信用信息共享平台和国家企业信用信息公示系统等作用,推进各类信用信息平台建设、对接和服务创新,加强信用记录在线披露和共享,为经营者提供信用信息查询、企业身份网上认证等服务。

加强政策协调。充分发挥战略性新兴产业发展部际联席会议制度作用,推动改革措施落地,加强工作沟通,避免相关政策碎片化。持续开展产业发展状况评估和前瞻性课题研究,准确定位改革发展方向。建立高层次政企对话咨询机制,在研究制订相关政策措施时积极听取企业意见。定期发布发展新经济培育新动能、壮大战略性新兴产业有关重点工作安排,统筹推进相关改革发展工作。

(二)构建产业创新体系。

深入开展大众创业万众创新。打造众创、众包、众扶、众筹平台,依托"双创"资源集聚的区域、科研院所和创新型企业等载体,支持建设"双创"示范基地,发展专业化众创空间。依托互联网打造开放共享的创新机制和创新平台,推动企业、科研机构、高校、创客等创新主体协同创新。着力完善促进"双创"的法律和政策体系。持续强化"双创"宣传,办好全国"双创"活动周,营造全社会关注"双创"、理解"双创"、支持"双创"的良好氛围。

强化公共创新体系建设。实施一批重大科技项目和重大工程,加强颠覆性技术研发和产业化。创新重大项目组织实施方式,探索实行项目决策、执行、评价、监督相对分开的组织管理机制。构建企业主导、政产学研用相结合的产业技术创新联盟,支持建设关键技术研发平台,在重点产业领域采取新机制建立一批产业创新中心。围绕重点领域创新发展需求,统筹部署国家重大科技基础设施等创新平台建设,加强设施和平台开放共享。按照科研基地优化布局统筹部署,建设一批国家技术创新中心,支撑引领战略性新兴产业发展。加强相关计量测试、检验检测、认证认可、知识和数据中心等公共服务平台建设。成立战略性新兴产业计量科技创新联盟,加强认证认可创新。落实和完善战略性新兴产业标准化发展规划,完善标准体系,支持关键领域新技术标准应用。

支持企业创新能力建设。实施国家技术创新工程,加强企业技术中心能力建设,推进创新企业百强工程,培育一批具有国际影响力的创新型领导企业,引领带动上下游产业创新能力提升。加大对科技型中小企业创新支持力度,落实研发费用加计扣除等税收优惠政策,引导企业加大研发投入。

完善科技成果转移转化制度。落实相关法律法规政策,组织实施促进科技成果转移转化行动。落实科技成果转化有关改革措施,提高科研人员成果转化收益分享比例,加快建立科技成果转移转化绩效评价和年度报告制度。引导有条件的高校和科研院所建立专业化、市场化的技术转移机构,加强战略性新兴产业科技成果发布,探索在战略性新兴产业相关领域率先建立利用财政资金形成的科技成果限时转化制度。

(三)强化知识产权保护和运用。

强化知识产权保护维权。积极推进专利法、著作权法修订工作。跟踪新技术、新业态、新模式发展创新,加强互联网、电子商务、大数据等领域知识产权保护规则研究,完善商业模式知识产权保护、商业秘密保护、实用艺术品外观设计专利保护等相关法律法规。完善知识产权快速维权机制,新建一批快速维权中心。将故意侵犯知识产权行为纳入社会信用记录,健全知识产权行政侵权查处机制,依法严厉打击侵犯知识产权犯罪行为,加大海关知识产权执法保护力度,推动提高知识产权侵权法定赔偿上限额度。

加强知识产权布局运用。大力推行知识产权标准化管理,提升创新主体知识产权管理能力。实施知识产权行业布局和区域布局工程,在战略性新兴产业集聚区和龙头企业引导设立知识产权布局设计中心。构建知识产权运营服务体系,推进全国知识产权运营公共服务平台建设,培育一批专业化、品牌化知识产权服务机构,鼓励高端检索分析工具等开发应用,引导知识产权联盟建设。聚焦战略性新兴产业,鼓励创新知识产权金融产品,开发知识产权投贷、投保、投债联动等新产品,探索知识产权股权化、证券化。鼓励企业综合运用专利、版权、商标等知识产权手段打造自有品牌。

完善知识产权发展机制。实施战略性新兴产业知识产权战略推进计划,围绕战略性新兴产业集聚区部署知识产权服务链,建立知识产权集群管理制度,推动形成一批知识产权优势集聚区。加强战略性新兴产业专利分析及动向监测。建立重大经济科技活动知识产权分析评议制度,鼓励企业建立知识产权分析评议机制。完善海外知识产权服务体系,研究发布海外知识产权环境信息,跟踪研究重点产业领域国际知识产权动向,引导建立海外知识产权案件信息提交机制,加强对重大知识产权案件的研究,建立海外知识产权风险预警机制,支持企业开展知识产权海外并购和维权行动。

(四)深入推进军民融合。

构建军民融合的战略性新兴产业体系。促进军民科技创新体系相互兼容、协同发展,推进军民融合产业发展。依托国家军民融合创新示范区,促进军民两用技术产业化发展。建设一批军民融合创新平台。在军工单位集中、产业基础较好的地区,推进军民技术双向转移和转化应用。支持军工企业发挥优势向新能源、民用航空航天、物联网等新兴领域拓展业务,引导优势民营企业进入国防科研生产和维修领域,构建各类企业公平竞争的政策环境。

加强军民融合重大项目建设。面向建设航天强国,统筹规划军民卫星研发和使用,加强地面站网整合建设与信息共享,积极发展军民通用化程度高的动力系统、关键部件和基础材料。适应空域改革进程,加强空域管制系统技术和装备研发,推进航空产业军民深度融合发展。面向建设网络强国,加强新一代信息基础设施和系统军民合建共用,组织实施安全可靠信息网络产品和服务相关应用示范工程。面向建设海洋强国,适应军地海洋资源调查、海域使用、海洋观测预报、海洋环境保护和岛礁建设需求,发展军民两用高性能装备和材料技术。开展军民通用标准化工程,促进军民技术双向转移。

(五)加大金融财税支持。

提高企业直接融资比重。积极支持符合条件的战略性新兴产业企业上市或挂牌融资,研究推出全国股份转让系统挂牌公司向创业板转板试点,建立全国股份转让系统与区域性股权市场合作对接机制。探索推进场外证券交易市场以及机构间私募产品报价与服务系统建设,支持战略性新兴产业创业企业发展。大力发展创业投资和天使投资,完善鼓励创业投资企业和天使投资人投资种子期、初创期科技型企业的税收支持政策,丰富并购融资和创业投资方式。积极支持符合条件的战略性新兴产业企业发行债券融资,扩大小微企业增信集合债券和中小企业集合票据发行规模,鼓励探索开发高收益债券和可转换债券等金融产品,稳步推进非金融企业债务融资工具发展。鼓励保险公司、社会保险基金和其他机构投资者合法合规参与战略性新兴产业创业投资和股权投资基金。推进投贷联动试点工作。

加强金融产品和服务创新。引导金融机构积极完善适应战略性新兴产业特点的信贷管理和贷款评审制度。探索建立战略性新兴产业投融资信息服务平台,促进银企对接。鼓励建设数字创意、软件等领域无形资产确权、评估、质押、流转体系,积极推进知识产权质押融资、股权质押融资、供应链融资、科技保险等金融产品创新。引导政策性、开发性金融机构加大对战略性新兴产业支持力度。推动发展一批为飞机、海洋工程装备、机器人等产业服务的融资租赁和金融租赁公司。加快设立国家融资担保基金,支持战略性新兴产业项目融资担保工作。

创新财税政策支持方式。发挥财政资金引导作用,创新方式吸引社会投资,大力支持战略性新兴产业发展。充分发挥国家新兴产业创业投资引导基金服务创业创新的作用,完善管理规则,做好风险防控,高效开展投资运作,带动社会资本设立一批创业投资基金,加大对战略性新兴产业的投入。鼓励有条件的地区设立战略性新兴产业发展基金,引导社会资金设立一批战略性新兴产业投资基金和国际化投资基金。积极运用政府和社会资本合作(PPP)等模式,引导社会资本参与重大项目建设。完善政府采购政策,加大对"双创"以及云计算、大数据、循环经济等支持力度,推进智慧城市、信息惠民、"城市矿山"、智能装备等示范应用。进一步完善光伏、风电、生物质等可再生能源发电补贴政策。调整完善新能源汽车推广补贴政策。完善战略性新兴产业企业股权激励个人所得税政策。

(六)加强人才培养与激励。

培养产业紧缺人才。实施战略性新兴产业创新领军人才行动,聚焦重点领域,依托重大项目和重大工程建设一批创新人才培养示范基地,重点扶持一批科技创新创业人才。分行业制定战略性新兴产业紧缺人才目录,在国家相关人才计划中予以重点支持。根据产业发展需求,动态调整高校教学内容和课程设置,合理扩大战略性新兴产业相关专业招生比例。加强战略性新兴产业技术技能人才培养,推行企业新型学徒制,建立国家基本职业培训包制度,推动相关企业为职业学校战略性新兴产业相关专业学生实习和教师实践提供岗位。依托专业技术人才知识更新工程,培养一大批高层次急需紧缺人才和骨干专业技术人才,建设一批国家级继续教育基地。支持在线培训发展。

鼓励科技人才向企业流动。探索事业单位科研人员在职创业和离岗创业有关政策,引导和支持事业单位科研人员按照国家有关规定到企业开展创新工作或创办企业。在战略性新兴产业企业设立一批博士后科研工作站,鼓励开展产业关键核心技术研发。落实国家对科研人员的各项激励措施,鼓励企业通过股权、分红等激励方式,调动科研人员创新积极性。建立健全符合行业特点的人才使用、流动、评价、激励体系。

充分利用全球人才。在充分发挥现有人才作用的基础上引进培养一批高端人才。研究优化外国人永久居留制度,简化外籍高层次人才申请永久居留资格程序,为其配偶和未成年子女提供居留与出入境便利。

各地区、各有关部门要高度重视战略性新兴产业发展工作,加强组织领导,加快工作进度,切实抓好本规划实施工作,加强各专项规划、地方规划与本规划的衔接。地方各级人民政府要建立健全工作机制,细化实化政策措施,推动本规划各项任务落实到位。鼓励相关省(区、市)联合编制区域性发展规划,推进战略性新兴产业差别化、特色化协同发展。国家发展改革委要会同科技部、工业和信息化部、财政部,发挥好战略性新兴产业发展部际联席会议的牵头作用,加强宏观指导、统筹协调和督促推动,密切跟踪产业发展情况,及时研究协调产业发展中的重大问题;联席会议各成员单位和相关部门要积极配合,按照职责分工抓紧任务落实,加快制定配套政策,形成工作合力,共同推动战略性新兴产业发展壮大。

附件:重点任务分工方案(略——编者注)

全国人民代表大会常务委员会关于修改《中华人民共和国对外贸易法》等十二部法律的决定

中华人民共和国主席令第 57 号

《全国人民代表大会常务委员会关于修改〈中华人民共和国对外贸易法〉等十二部法律的决定》已由中华人民共和国第十二届全国人民代表大会常务委员会第二十四次会议于 2016 年 11 月 7 日通过，现予公布，自公布之日起施行。

中华人民共和国主席　习近平
2016 年 11 月 7 日

第十二届全国人民代表大会常务委员会第二十四次会议决定：

一、对《中华人民共和国对外贸易法》作出修改

将第十条第二款修改为："从事对外劳务合作的单位，应当具备相应的资质。具体办法由国务院规定。"

二、对《中华人民共和国海上交通安全法》作出修改

将第十二条修改为："国际航行船舶进出中华人民共和国港口，必须接受主管机关的检查。

"本国籍国内航行船舶进出港口，必须向主管机关报告船舶的航次计划、适航状态、船员配备和载货载客等情况。"

三、对《中华人民共和国海关法》作出修改

（一）将第三十一条修改为："按照法律、行政法规、国务院或者海关总署规定暂时进口或者暂时出口的货物，应当在六个月内复运出境或者复运进境；需要延长复运出境或者复运进境期限的，应当根据海关总署的规定办理延期手续。"

（二）删去第五十九条中的"经海关批准"。

四、对《中华人民共和国档案法》作出修改

(一)将第十六条第二款修改为:"前款所列档案,档案所有者可以向国家档案馆寄存或者出卖。严禁卖给、赠送给外国人或者外国组织。"

(二)将第二十四条第一款第四项修改为:"(四)违反本法第十七条规定,擅自出卖或者转让属于国家所有的档案的"。第五项修改为:"(五)将档案卖给、赠送给外国人或者外国组织的"。

五、对《中华人民共和国中外合作经营企业法》作出修改

删去第二十一条第二款中的"合作企业合同约定外国合作者在缴纳所得税前回收投资的,必须向财政税务机关提出申请,由财政税务机关依照国家有关税收的规定审查批准。"

六、对《中华人民共和国体育法》作出修改

删去第三十二条。

七、对《中华人民共和国民用航空法》作出修改

删去第三十九条第一项中的"领航员"、"飞行通信员"。

八、对《中华人民共和国固体废物污染环境防治法》作出修改

(一)将第四十四条第二款修改为:"禁止擅自关闭、闲置或者拆除生活垃圾处置的设施、场所;确有必要关闭、闲置或者拆除的,必须经所在地的市、县级人民政府环境卫生行政主管部门商所在地环境保护行政主管部门同意后核准,并采取措施,防止污染环境。"

(二)将第五十九条第一款修改为:"转移危险废物的,必须按照国家有关规定填写危险废物转移联单。跨省、自治区、直辖市转移危险废物的,应当向危险废物移出地省、自治区、直辖市人民政府环境保护行政主管部门申请。移出地省、自治区、直辖市人民政府环境保护行政主管部门应当商经接受地省、自治区、直辖市人民政府环境保护行政主管部门同意后,方可批准转移该危险废物。未经批准的,不得转移。"

九、对《中华人民共和国煤炭法》作出修改

删去第十八条、第十九条。

十、对《中华人民共和国公路法》作出修改

将第四十八条修改为:"铁轮车、履带车和其他可能损害公路路面的机具,不得在公路上行驶。

"农业机械因当地田间作业需要在公路上短距离行驶或者军用车辆执行任务需要在公路上行驶的,可以不受前款限制,但是应当采取安全保护措施。对公路造成损坏的,应当按照损坏程度给予补偿。"

十一、对《中华人民共和国气象法》作出修改

(一)将第十条修改为:"重要气象设施建设项目应当符合重要气象设施建设规划要求,并在项目建议书和可行性研究报告批准前,征求国务院气象主管机构或者省、自治区、直辖市气象主管机构的意见。"

(二)删去第三十条第三款中的"资格"。

(三)将第三十四条第二款修改为:"具有大气环境影响评价资质的单位进行工程建设项目大气环境影响评价时,应当使用符合国家气象技术标准的气象资料。"

(四)将第三十八条第三项修改为:"(三)从事大气环境影响评价的单位进行工程建设项目大气环境影响评价时,使用的气象资料不符合国家气象技术标准的"。

(五)删去第三十九条中的"资格"。

十二、对《中华人民共和国旅游法》作出修改

(一)将第三十九条修改为:"从事领队业务,应当取得导游证,具有相应的学历、语言能力和旅游从业经历,并与委派其从事领队业务的取得出境旅游业务经营许可的旅行社订立劳动合同。"

(二)删去第四十一条第一款中的"领队证"。

(三)将第九十六条第二项修改为:"(二)安排未取得导游证的人员提供导游服务或者安排不具备领队条件的人员提供领队服务的"。

(四)删去第九十八条、第九十九条、第一百条、第一百零一条、第一百零三条中的"领队证"。

(五)将第一百零二条第一款中的"领队证"修改为"不具备领队条件而"。删去第二款、第三款中的"领队证"。

本决定自公布之日起施行。

《中华人民共和国对外贸易法》、《中华人民共和国海上交通安全法》、《中华人民共和国海关法》、《中华人民共和国档案法》、《中华人民共和国中外合作经营企业法》、《中华人民共和国体育法》、《中华人民共和国民用航空法》、《中华人民共和国固体废物污染环境防治法》、《中华人民共和国煤炭法》、《中华人民共和国公路法》、《中华人民共和国气象法》、《中华人民共和国旅游法》根据本决定作相应修改,重新公布。

外商投资企业设立及变更备案管理暂行办法[*]

商务部令 2016 年第 3 号

《外商投资企业设立及变更备案管理暂行办法》已经商务部第 83 次部务会议审议通过,现予发布,自公布之日起施行。

部长　高虎城
2016 年 10 月 8 日

外商投资企业设立及变更备案管理暂行办法

第一章　总　　则

第一条　为进一步扩大对外开放,推进外商投资管理体制改革,完善法治化、国际化、便利化的营商环境,根据《中华人民共和国中外合资经营企业法》、《中华人民共和国中外合作经营企业法》、《中华人民共和国外资企业法》、《中华人民共和国公司法》及相关法律、行政法规及国务院决定,制定本办法。

第二条　外商投资企业的设立及变更,不涉及国家规定实施准入特别管理措施的,适用本办法。

第三条　国务院商务主管部门负责统筹和指导全国范围内外商投资企业设立及变更的备案管理工作。

各省、自治区、直辖市、计划单列市、新疆生产建设兵团、副省级城市的商务主管部门,以及自由贸易试验区、国家级经济技术开发区的相关机构是外商投资企业设立及变更的备案机构,负责本区域内外商投资企业设立及变更的备案管理工作。

备案机构通过外商投资综合管理信息系统(以下简称综合管理系统)开展备案工作。

第四条　外商投资企业或其投资者应当依照本办法真实、准确、完整地提供备案信息,填写备案申报承诺书,不得有虚假记载、误导性陈述或重大遗漏。外商投资企业或其投资者应妥善保存与已提交备案信息相关的证明材料。

---

[*] 已被 2017 年 7 月 30 日发布的商务部《关于修改〈外商投资企业设立及变更备案管理暂行办法〉的决定》修订。

第二章 备案程序

第五条 设立外商投资企业，属于本办法规定的备案范围的，在取得企业名称预核准后，应由全体投资者（或外商投资股份有限公司的全体发起人，以下简称全体发起人）指定的代表或共同委托的代理人在营业执照签发前，或由外商投资企业指定的代表或委托的代理人在营业执照签发后30日内，通过综合管理系统，在线填报和提交《外商投资企业设立备案申报表》（以下简称《设立申报表》）及相关文件，办理设立备案手续。

第六条 属于本办法规定的备案范围的外商投资企业，发生以下变更事项的，应由外商投资企业指定的代表或委托的代理人在变更事项发生后30日内通过综合管理系统在线填报和提交《外商投资企业变更备案申报表》（以下简称《变更申报表》）及相关文件，办理变更备案手续：

（一）外商投资企业基本信息变更，包括名称、注册地址、企业类型、经营期限、投资行业、业务类型、经营范围、是否属于国家规定的进口设备减免税范围、注册资本、投资总额、组织机构构成、法定代表人、外商投资企业最终实际控制人信息、联系人及联系方式变更；

（二）外商投资企业投资者基本信息变更，包括姓名（名称）、国籍/地区或地址（注册地或注册地址）、证照类型及号码、认缴出资额、出资方式、出资期限、资金来源地、投资者类型变更；

（三）股权（股份）、合作权益变更；

（四）合并、分立、终止；

（五）外资企业财产权益对外抵押转让；

（六）中外合作企业外国合作者先行回收投资；

（七）中外合作企业委托经营管理。

其中，合并、分立、减资等事项依照相关法律法规规定应当公告的，应当在办理变更备案时说明依法办理公告手续情况。

前述变更事项涉及最高权力机构作出决议的，以外商投资企业最高权力机构作出决议的时间为变更事项的发生时间；法律法规对外商投资企业变更事项的生效条件另有要求的，以满足相应要求的时间为变更事项的发生时间。

外商投资的上市公司及在全国中小企业股份转让系统挂牌的公司，可仅在外国投资者持股比例变化累计超过5%以及控股或相对控股地位发生变化时，就投资者基本信息或股份变更事项办理备案手续。

第七条 外商投资企业或其投资者办理外商投资企业设立或变更备案手续，需通过综合管理系统上传提交以下文件：

（一）外商投资企业名称预先核准材料或外商投资企业营业执照；

（二）外商投资企业全体投资者（或全体发起人）或其授权代表签署的《外商投资企业设立备案申报承诺书》，或外商投资企业法定代表人或其授权代表签署的《外商投资企业变更备案申报承诺书》；

（三）全体投资者（或全体发起人）或外商投资企业指定代表或者共同委托代理人的证明，包括授权委托书及被委托人的身份证明；

（四）外商投资企业投资者或法定代表人委托他人签署相关文件的证明,包括授权委托书及被委托人的身份证明(未委托他人签署相关文件的,无需提供);

（五）投资者主体资格证明或自然人身份证明(变更事项不涉及投资者基本信息变更的,无需提供);

（六）法定代表人自然人身份证明(变更事项不涉及法定代表人变更的,无需提供);

前述文件原件为外文的,应同时上传提交中文翻译件,外商投资企业或其投资者应确保中文翻译件内容与外文原件内容保持一致。

第八条 外商投资企业的投资者在营业执照签发前已提交备案信息的,如投资的实际情况发生变化,应在营业执照签发后30日内向备案机构就变化情况履行变更备案手续。

第九条 经审批设立的外商投资企业发生变更,且变更后的外商投资企业不涉及国家规定实施准入特别管理措施的,应办理备案手续;完成备案的,其《外商投资企业批准证书》同时失效。

第十条 备案管理的外商投资企业发生的变更事项涉及国家规定实施准入特别管理措施的,应按照外商投资相关法律法规办理审批手续。

第十一条 外商投资企业或其投资者在线提交《设立申报表》或《变更申报表》及相关文件后,备案机构对填报信息形式上的完整性和准确性进行核对,并对申报事项是否属于备案范围进行甄别。属于本办法规定的备案范围的,备案机构应在3个工作日内完成备案。不属于备案范围的,备案机构应在3个工作日内在线通知外商投资企业或其投资者按有关规定办理,并通知相关部门依法处理。

备案机构发现外商投资企业或其投资者填报的信息形式上不完整、不准确,或需要其对经营范围作出进一步说明的,应一次性在线告知其在15个工作日内在线补充提交相关信息。提交补充信息的时间不计入备案机构的备案时限。如外商投资企业或其投资者未能在15个工作日内补齐相关信息,备案机构将在线告知外商投资企业或其投资者未完成备案。外商投资企业或其投资者可就同一设立或变更事项另行提出备案申请,已实施该设立或变更事项的,应于5个工作日内另行提出。

备案机构应通过综合管理系统发布备案结果,外商投资企业或其投资者可在综合管理系统中查询备案结果信息。

第十二条 备案完成后,外商投资企业或其投资者可凭外商投资企业名称预核准材料(复印件)或外商投资企业营业执照(复印件)向备案机构领取《外商投资企业设立备案回执》或《外商投资企业变更备案回执》(以下简称《备案回执》)。

第十三条 备案机构出具的《备案回执》载明如下内容:

（一）外商投资企业或其投资者已提交设立或变更备案申报材料,且符合形式要求;

（二）备案的外商投资企业设立或变更事项;

（三）该外商投资企业设立或变更事项属于备案范围;

（四）是否属于国家规定的进口设备减免税范围。

第三章 监督管理

第十四条 商务主管部门对外商投资企业及其投资者遵守本办法情况实施监督检查。

商务主管部门可采取抽查、根据举报进行检查、根据有关部门或司法机关的建议和反映的情况进行检查，以及依职权启动检查等方式开展监督检查。

商务主管部门与公安、国有资产、海关、税务、工商、证券、外汇等有关行政管理部门应密切协同配合，加强信息共享。商务主管部门在监督检查的过程中发现外商投资企业或其投资者有不属于本部门管理职责的违法违规行为，应及时通报有关部门。

第十五条　商务主管部门应当按照公平规范的要求，根据外商投资企业的备案编号等随机抽取确定检查对象，随机选派检查人员，对外商投资企业及其投资者进行监督检查。抽查结果由商务主管部门通过商务部外商投资信息公示平台予以公示。

第十六条　公民、法人或其他组织发现外商投资企业或其投资者存在违反本办法的行为的，可以向商务主管部门举报。举报采取书面形式，有明确的被举报人，并提供相关事实和证据的，商务主管部门接到举报后应当进行必要的检查。

第十七条　其他有关部门或司法机关在履行其职责的过程中，发现外商投资企业或其投资者有违反本办法的行为的，可以向商务主管部门提出监督检查的建议，商务主管部门接到相关建议后应当及时进行检查。

第十八条　对于未按本办法的规定进行备案，或曾有备案不实、对监督检查不予配合、拒不履行商务主管部门作出的行政处罚决定记录的外商投资企业或其投资者，商务主管部门可依职权对其启动检查。

第十九条　商务主管部门对外商投资企业及其投资者进行监督检查的内容包括：

（一）是否按照本办法规定履行备案手续；

（二）外商投资企业或其投资者所填报的备案信息是否真实、准确、完整；

（三）是否在国家规定实施准入特别管理措施中所列的禁止投资领域开展投资经营活动；

（四）是否未经审批在国家规定实施准入特别管理措施中所列的限制投资领域开展投资经营活动；

（五）是否存在触发国家安全审查的情形；

（六）是否伪造、变造、出租、出借、转让《备案回执》；

（七）是否履行商务主管部门作出的行政处罚决定。

第二十条　检查时，商务主管部门可以依法查阅或者要求被检查人提供有关材料，被检查人应当如实提供。

第二十一条　商务主管部门实施检查不得妨碍被检查人正常的生产经营活动，不得接受被检查人提供的财物或者服务，不得谋取其他非法利益。

第二十二条　商务主管部门和其他主管部门在监督检查中掌握的反映外商投资企业或其投资者诚信状况的信息，应记入商务部外商投资诚信档案系统。其中，对于未按本办法规定进行备案，备案不实，伪造、变造、出租、出借、转让《备案回执》，对监督检查不予配合或拒不履行商务主管部门作出的行政处罚决定的，商务主管部门应将相关诚信信息通过商务部外商投资信息公示平台予以公示。

商务部与相关部门共享外商投资企业及其投资者的诚信信息。

商务主管部门依据前二款公示或者共享的诚信信息不得含有外商投资企业或其投资者的个人隐私、商业秘密，或国家秘密。

第二十三条 外商投资企业及其投资者可以查询商务部外商投资诚信档案系统中的自身诚信信息,如认为有关信息记录不完整或者有错误的,可以提供相关证明材料并向商务主管部门申请修正。经核查属实的,予以修正。

对于违反本办法而产生的不诚信记录,在外商投资企业或其投资者改正违法行为、履行相关义务后3年内未再发生违反本办法行为的,商务主管部门应移除该不诚信记录。

第四章 法律责任

第二十四条 外商投资企业或其投资者违反本办法的规定,未能按期履行备案义务,或在进行备案时存在重大遗漏的,商务主管部门应责令限期改正;逾期不改正,或情节严重的,处3万元以下罚款。

外商投资企业或其投资者违反本办法的规定,逃避履行备案义务,在进行备案时隐瞒真实情况、提供误导性或虚假信息,或伪造、变造、出租、出借、转让《备案回执》的,商务主管部门应责令限期改正,并处3万元以下罚款。违反其他法律法规的,由有关部门追究相应法律责任。

第二十五条 外商投资企业或其投资者未经审批在国家规定实施准入特别管理措施所列的限制投资领域开展投资经营活动的,商务主管部门应责令限期改正,并处3万元以下罚款。违反其他法律法规的,由有关部门追究相应法律责任。

第二十六条 外商投资企业或其投资者在国家规定实施准入特别管理措施所列的禁止投资领域开展投资经营活动的,商务主管部门应责令限期改正,并处3万元以下罚款。违反其他法律法规的,由有关部门追究相应法律责任。

第二十七条 外商投资企业或其投资者逃避、拒绝或以其他方式阻挠商务主管部门监督检查的,由商务主管部门责令改正,可处1万元以下的罚款。

第二十八条 有关工作人员在备案或监督管理的过程中滥用职权、玩忽职守、徇私舞弊、索贿受贿的,依法给予行政处分;构成犯罪的,依法追究刑事责任。

第五章 附则

第二十九条 本办法实施前商务主管部门已受理的外商投资企业设立及变更事项,未完成审批且属于备案范围的,审批程序终止,外商投资企业或其投资者应按照本办法办理备案手续。

第三十条 外商投资事项涉及反垄断审查的,按相关规定办理。

第三十一条 外商投资事项涉及国家安全审查的,按相关规定办理。备案机构在办理备案手续或监督检查时认为该外商投资事项可能属于国家安全审查范围,而外商投资企业的投资者未向商务部提出国家安全审查申请的,备案机构应及时告知投资者向商务部提出安全审查申请,并暂停办理相关手续,同时将有关情况报商务部。

第三十二条 投资类外商投资企业(包括投资性公司、创业投资企业)视同外国投资者,适用本办法。

第三十三条 香港特别行政区、澳门特别行政区、台湾地区投资者投资不涉及国家规定实施准入特别管理措施的,参照本办法办理。

第三十四条 香港服务提供者在内地仅投资《〈内地与香港关于建立更紧密经贸关系的安排〉服务贸易协议》对香港开放的服务贸易领域,澳门服务提供者在内地仅投资《〈内地与澳门关于建立更紧密经贸关系的安排〉服务贸易协议》对澳门开放的服务贸易领域,其公司设立及变更的备案按照《港澳服务提供者在内地投资备案管理办法(试行)》办理。

第三十五条 商务部于本办法生效前发布的部门规章及相关文件与本办法不一致的,适用本办法。

第三十六条 自由贸易试验区、国家级经济技术开发区的相关机构依据本办法第三章和第四章,对本区域内的外商投资企业及其投资者遵守本办法情况实施监督检查。

第三十七条 本办法自公布之日起施行。《自由贸易试验区外商投资备案管理办法(试行)》(商务部公告2015年第12号)同时废止。

附件:1. 外商投资企业设立备案申报材料(略——编者注)
2. 外商投资企业变更备案申报材料(略——编者注)
3. 外商投资企业设立备案回执(略——编者注)
4. 外商投资企业变更备案回执(略——编者注)

国家发展改革委、商务部公告2016年第22号

2016年9月3日,第十二届全国人民代表大会常务委员会第二十二次会议审议通过《关于修改〈中华人民共和国外资企业法〉等四部法律的决定》,将不涉及国家规定实施准入特别管理措施的外商投资企业设立及变更,由审批改为备案管理。经国务院批准,外商投资准入特别管理措施范围按《外商投资产业指导目录(2015年修订)》中限制类和禁止类,以及鼓励类中有股权要求、高管要求的有关规定执行。涉及外资并购设立企业及变更的,按现行有关规定执行。

国家发展改革委
商务部
2016年10月8日

国务院关于促进创业投资持续健康发展的若干意见

国发〔2016〕53号

各省、自治区、直辖市人民政府，国务院各部委、各直属机构：

创业投资是实现技术、资本、人才、管理等创新要素与创业企业有效结合的投融资方式，是推动大众创业、万众创新的重要资本力量，是促进科技创新成果转化的助推器，是落实新发展理念、实施创新驱动发展战略、推进供给侧结构性改革、培育发展新动能和稳增长、扩就业的重要举措。近年来，我国创业投资快速发展，不仅拓宽了创业企业投融资渠道、促进了经济结构调整和产业转型升级、增强了经济发展新动能，也提高了直接融资比重、拉动了民间投资服务实体经济、激发了创业创新、促进了就业增长。但同时也面临着法律法规和政策环境不完善、监管体制和行业信用体系建设滞后等问题，存在一些投资"泡沫化"现象以及非法集资风险隐患。按照党中央、国务院的决策部署，为进一步促进创业投资持续健康发展，现提出以下意见。

一、总体要求

创业投资是指向处于创建或重建过程中的未上市成长性创业企业进行股权投资，以期所投资创业企业发育成熟或相对成熟后，主要通过股权转让获取资本增值收益的投资方式。天使投资是指除被投资企业职员及其家庭成员和直系亲属以外的个人以其自有资金直接开展的创业投资活动。发展包括天使投资在内的各类创业投资，应坚持以下总体要求：

（一）指导思想。

牢固树立和贯彻落实创新、协调、绿色、开放、共享的发展理念，着力推进供给侧结构性改革，深入实施创新驱动发展战略，大力推进大众创业万众创新，使市场在资源配置中起决定性作用和更好发挥政府作用，进一步深化简政放权、放管结合、优化服务改革，不断完善体制机制，健全政策措施，加强统筹协调和事中事后监管，构建促进创业投资发展的制度环境、市场环境和生态环境，加快形成有利于创业投资发展的良好氛围和"创业、创新+创投"的协同互动发展格局，进一步扩大创业投资规模，促进创业投资做大做强做优，培育一批具有国际影响力和竞争力的中国创业投资品牌，推动我国创业投资行业跻身世界先进行列。

（二）基本原则。

一是坚持服务实体。创业投资是改善投资结构、增加有效投资的重要手段。要进一步深化简政放权、放管结合、优化服务改革，创新监管方式，既要重视发挥大企业的骨干作用，也要通过创业投资激发广大中小企业的创造力和活力。以支持实体经济发展、助力创业企业发展为本,引导创业投资企业和创业投资管理企业秉承价值投资理念,鼓励长期投资和价值投资,防范和化解投资估值"泡沫化"可能引发的市场风险,积极应对新动能成长过程中对传统产业和行业可能造成的冲击,妥善处理好各种矛盾,加大对实体经济支持的力度,增强可持续性,构建"实体创投"投资环境。

二是坚持专业运作。以市场为导向,充分调动民间投资和市场主体的积极性,发挥市场规则作用,激发民间创新模式,防止同质化竞争。鼓励创业投资企业和创业投资管理企业从自身独特优势出发,强化专业化投资理念和投资策略,深化内部体制机制创新,加强对投资项目的投后管理和增值服务,不断提高创业投资行业专业化运作和管理水平,夯实"专业创投"运行基础。

三是坚持信用为本。以诚信为兴业之本、发展之基,加强创业投资行业信用体系建设,建立和完善守信联合激励和失信联合惩戒制度,促进创业投资企业和创业投资管理企业诚信守法,忠实履行对投资者的诚信义务,创建"信用创投"发展环境。

四是坚持社会责任。围绕推进创新型国家建设、支持大众创业万众创新、促进经济结构调整和产业转型升级的使命和社会责任,推动创业投资行业严格按照国家有关法律法规和相关产业政策开展投资运营活动,按照市场化、法治化原则,促进创业投资良性竞争和绿色发展,共同维护良好市场秩序,树立"责任创投"价值理念。

二、培育多元创业投资主体

(三)加快培育形成各具特色、充满活力的创业投资机构体系。鼓励各类机构投资者和个人依法设立公司型、合伙型创业投资企业。鼓励行业骨干企业、创业孵化器、产业(技术)创新中心、创业服务中心、保险资产管理机构等创业创新资源丰富的相关机构参与创业投资。鼓励具有资本实力和管理经验的个人通过依法设立一人公司从事创业投资活动。鼓励和规范发展市场化运作、专业化管理的创业投资母基金。(国家发展改革委、科技部、工业和信息化部、人力资源社会保障部、商务部、国务院国资委、工商总局、银监会、证监会、保监会按职责分工负责)

(四)积极鼓励包括天使投资人在内的各类个人从事创业投资活动。鼓励成立公益性天使投资人联盟等各类平台组织,培育和壮大天使投资人群体,促进天使投资人与创业企业及创业投资企业的信息交流与合作,营造良好的天使投资氛围,推动天使投资事业发展。规范发展互联网股权融资平台,为各类个人直接投资创业企业提供信息和技术服务。(国家发展改革委、科技部、证监会按职责分工负责)

三、多渠道拓宽创业投资资金来源

(五)大力培育和发展合格投资者。在风险可控、安全流动的前提下,支持中央企业、地方国有企业、保险公司、大学基金等各类机构投资者投资创业投资企业和创业投资母基金。鼓励信托公司遵循价值投资和长期投资理念,充分发挥既能进行创业投资又能发放贷款的优势,积极探索新产品、新模式,为创业企业提供综合化、个性化金融和投融资服务。培育合格个人投资者,支持具有风险识别和风险承受能力的个人参与投资创业投资企业。(国家发展改革委、财政部、国务院国资委、银监会、证监会、保监会按职责分工负责)

(六)建立股权债权等联动机制。按照依法合规、风险可控、商业可持续的原则,建立创业投资企业与各类金融机构长期性、市场化合作机制,进一步降低商业保险资金进入创业投资领域的门槛,推动发展投贷联动、投保联动、投债联动等新模式,不断加大对创业投资企业的投融资支持。加强"防火墙"相关制度建设,有效防范道德风险。支持银行业金融机构积极稳妥开展并购贷款业务,提高对创业企业兼并重组的金融服务水平。完善银行业金融机构投贷联动机制,稳妥有序推进投贷联动业务试点,推动投贷联动金融服务模式创新。支持创业投资企业及其股东依法依规发行企业债券和其他债务融资工具融资,增强投资能力。(国家发展改革委、科技部、人民银行、银监会、证监会、保监会按职责分工负责)

四、加强政府引导和政策扶持

(七)完善创业投资税收政策。按照税收中性、税收公平原则和税制改革方向与要求,统筹研究鼓励创业投资企业和天使投资人投资种子期、初创期等科技型企业的税收支持政策,进一步完善创业投资企业投资抵扣税收优惠政策,研究开展天使投资人个人所得税政策试点工作。(国家发展改革委、科技部、财政部、商务部、税务总局、证监会按职责分工负责)

(八)建立创业投资与政府项目对接机制。在全面创新改革试验区域、双创示范基地、国家高新区、国家自主创新示范区、产业(技术)创新中心、科技企业孵化器、众创空间等,开放项目(企业)资源,充分利用政府项目资源优势,搭建创业投资与企业信息共享平台,打通创业资本和项目之间的通道,引导创业投资企业投资于国家科技计划(专项、基金等)形成科技成果的转化。挖掘农业领域创业投资潜力,依托农村产业融合发展园区、农业产业化示范基地、农民工返乡创业园等,通过发展第二、三产业,改造提升第一产业。有关方面要配合做好项目对接和服务。(国家发展改革委、科技部、工业和信息化部、农业部、商务部按职责分工负责)

(九)研究鼓励长期投资的政策措施。倡导长期投资和价值投资理念,研究对专注于长期投资和价值投资的创业投资企业在企业债券发行、引导基金扶持、政府项目对接、市场化退出等方面给予必要的政策支持。研究建立所投资企业上市解禁期与上市前投资期限长短反向挂钩的制度安排。(国家发展改革委、科技部、财政部、人民银行、证监会按职责分工负责)

(十)发挥政府资金的引导作用。充分发挥政府设立的创业投资引导基金作用,加强规范管理,加大力度培育新的经济增长点,促进就业增长。充分发挥国家新兴产业创业投资引导基金、国家中小企业发展基金、国家科技成果转化引导基金等已设立基金的作用。对于已设立基金未覆盖且需要政府引导支持的领域,鼓励有条件的地方按照"政府引导、市场化运作"原则推动设立创业投资引导基金,发挥财政资金的引导和聚集放大作用,引导民间投资等社会资本投入。进一步提高创业投资引导基金市场化运作效率,促进政策目标实现,维护出资人权益。鼓励创业投资引导基金注资市场化母基金,由专业化创业投资管理机构受托管理引导基金。综合运用参股基金、联合投资、融资担保、政府出资适当让利于社会出资等多种方式,进一步发挥政府资金在引导民间投资、扩大直接融资、弥补市场失灵等方面的作用。建立并完善创业投资引导基金中政府出资的绩效评价制度。(国家发展改革委、科技

部、工业和信息化部、财政部按职责分工负责）

五、完善创业投资相关法律法规

（十一）构建符合创业投资行业特点的法制环境。进一步完善促进创业投资发展相关法律法规，研究推动相关立法工作，推动完善公司法和合伙企业法。完善创业投资相关管理制度，推动私募投资基金管理暂行条例尽快出台，对创业投资企业和创业投资管理企业实行差异化监管和行业自律。完善外商投资创业投资企业管理制度。（国家发展改革委、商务部、证监会按职责分工负责）

（十二）落实和完善国有创业投资管理制度。鼓励国有企业集众智，开拓广阔市场空间，增强国有企业竞争力。支持有需求、有条件的国有企业依法依规、按照市场化方式设立或参股创业投资企业和创业投资母基金。强化国有创业投资企业对种子期、初创期等创业企业的支持，鼓励国有创业投资企业追求长期投资收益。健全符合创业投资行业特点和发展规律的国有创业投资管理体制，完善国有创业投资企业的监督考核、激励约束机制和股权转让方式，形成鼓励创业、宽容失败的国有创业投资生态环境。支持具备条件的国有创业投资企业开展混合所有制改革试点，探索国有创业投资企业和创业投资管理企业核心团队持股和跟投。探索地方政府融资平台公司转型升级为创业投资企业。依法依规豁免国有创业投资企业和国有创业投资引导基金国有股转持义务。（国家发展改革委、财政部、国务院国资委、证监会按职责分工负责）

六、进一步完善创业投资退出机制

（十三）拓宽创业投资市场化退出渠道。充分发挥主板、创业板、全国中小企业股份转让系统以及区域性股权市场功能，畅通创业投资市场化退出渠道。完善全国中小企业股份转让系统交易机制，改善市场流动性。支持机构间私募产品报价与服务系统、证券公司柜台市场开展直接融资业务。鼓励创业投资以并购重组等方式实现市场化退出，规范发展专业化并购基金。（证监会牵头负责）

七、优化创业投资市场环境

（十四）优化监管环境。实施更多的普惠性支持政策措施，营造公平竞争的发展环境，深化简政放权、放管结合、优化服务改革，搞好服务，激发活力。坚持适度监管、差异监管和统一功能监管，创新监管方式，有效防范系统性区域性风险。对创业投资企业在行业管理、备案登记等方面采取与其他私募基金区别对待的差异化监管政策，建立适应创业投资行业特点的宽市场准入、重事中事后监管的适度而有效的监管体制。加强信息披露和风险揭示，引导创业投资企业建立以实体投资、价值投资和长期投资为导向的合理的投资估值机制。对不进行实业投资、从事上市公司股票交易、助推投资泡沫及其他扰乱市场秩序的创业投资企业建立清查清退制度。建立行业规范，强化创业投资企业内控机制、合规管理和风险管理机制。加强投资者保护,特别是要进一步完善产权保护制度,依法保护产权和投资者合法经营、合法权益和合法财产。加强投资者教育,相关投资者应为具有风险识别和风险承受能力的合格投资者。建立并完善募集资金的托管制度,规范创业投资企业募集资金行为,打击违法违规募集资金行为。健全对创业投资企业募集资金、投资运作等与保护投资者权益相关的制度规范,加强日常监管。(国家发展改革委、科技部、国务院国资委、证监会按职责分工负责)

(十五)优化商事环境。各地区、各部门不得自行出台限制创业投资企业和创业投资管理企业市场准入和发展的有关政策。建立创业投资行业发展备案和监管备案互联互通机制,为创业投资企业备案提供便利,放宽创业投资企业的市场准入。持续深化商事制度改革,提高工商登记注册便利化水平。促进创业投资行业加强品牌建设。(国家发展改革委、工商总局、证监会会同各有关部门按职责分工负责)

(十六)优化信用环境。有关部门、行业组织和社会征信机构要进一步建立健全创业投资企业、创业投资管理企业及其从业人员信用记录,实现创业投资领域信用记录全覆盖。推动创业投资领域信用信息纳入全国信用信息共享平台,并与企业信用信息公示系统实现互联互通。依法依规在"信用中国"网站和企业信用信息公示系统公示相关信息。加快建立创业投资领域严重失信黑名单制度,鼓励有关社会组织探索建立守信红名单制度,依托全国信用信息共享平台,按照有关法律法规和政策规定实施守信联合激励和失信联合惩戒。建立健全创业投资行业信用服务机制,推广使用信用产品。(国家发展改革委、商务部、人民银行、工商总局、证监会按职责分工负责)

(十七)严格保护知识产权。完善知识产权保护相关法律法规和制度规定,加强对创业创新早期知识产权保护,在市场竞争中培育更多自主品牌,健全知识产权侵权查处机制,依法惩治侵犯知识产权的违法犯罪行为,将企业行政处罚、黑名单等信息纳入全国信用信息共享平台,对严重侵犯知识产权的责任主体实施联合惩戒,并通过"信用中国"网站、企业信用信息公示系统等进行公示,创造鼓励创业投资的良好知识产权保护环境。(国家发展改革委、人民银行、工商总局、知识产权局、证监会等按职责分工负责)

八、推动创业投资行业双向开放

(十八)有序扩大创业投资对外开放。发展创业投资要坚持走开放式发展道路,通过吸引境外投资,引进国际先进经验、技术和管理模式,提升我国创业投资企业的国际竞争力。按照对内外资一视同仁的原则,放宽外商投资准入,简化管理流程,鼓励外资扩大创业投资规模,加大对种子期、初创期创业企业支持力度。鼓励和支持境内外投资者在跨境创业投资及相关的投资贸易活动中使用人民币。允许外资创业投资企业按照实际投资规模将外汇资本金结汇所得的人民币划入被投资企业。(国家发展改革委、商务部、人民银行、国家外汇局按职责分工负责)

(十九)鼓励境内有实力的创业投资企业积极稳妥"走出去"。完善境外投资相关管理制度,引导和鼓励创业投资企业加大对境外及港、澳、台地区高端研发项目的投资,积极分享高端技术成果。(国家发展改革委、商务部、人民银行、国家外汇局按职责分工负责)

九、完善创业投资行业自律和服务体系

（二十）加强行业自律。加快推进依法设立全国性创业投资行业协会，鼓励具备条件的地区成立创业投资协会组织，搭建行业协会交流服务平台。充分发挥行业协会在行业自律管理和政府与市场沟通中的积极作用，加强行业协会在政策对接、会员服务、信息咨询、数据统计、行业发展报告、人才培养、国际交流合作等方面的能力建设，支持行业协会推动创业投资行业信用体系建设和社会责任建设，维护有利于行业持续健康发展的良好市场秩序。（国家发展改革委、科技部、民政部、证监会按职责分工负责）

（二十一）健全创业投资服务体系。加强与创业投资相关的会计、征信、信息、托管、法律、咨询、教育培训等各类中介服务体系建设。支持创业投资协会组织通过高等学校、科研院所、群团组织、创业投资企业、创业投资管理企业、天使投资人等多种渠道，以多种方式加强创业投资专业人才培养，加大教育培训力度，吸引更多的优秀人才从事创业投资，提高创业投资的精准度。（国家发展改革委、科技部、证监会按职责分工负责）

十、加强各方统筹协调

（二十二）加强政策顶层设计和统筹协调。国家发展改革委要会同有关部门加强促进创业投资发展的政策协调，建立部门之间、部门与地方之间政策协调联动机制，加强创业投资行业发展政策和监管政策的协同配合，增强政策针对性、连续性、协同性。建立相关政府部门促进创业投资行业发展的信息共享机制。（国家发展改革委、证监会会同有关部门按职责分工负责）

各地区、各部门要把促进创业投资持续健康发展作为深入实施创新驱动发展战略、推动大众创业万众创新、促进经济结构调整和产业转型升级的一项重要举措，按照职责分工抓紧制定相关配套措施，加强沟通协调，形成工作合力，确保各项政策及时落实到位，积极发展新经济、培育新动能、改造提升传统动能，推动中国经济保持中高速增长、迈向中高端水平。

国务院
2016 年 9 月 16 日

国家发展改革委、财政部、商务部关于印发鼓励进口技术和产品目录(2016年版)的通知

发改产业〔2016〕1982号

各省、自治区、直辖市及计划单列市发展改革委、财政厅(局)、商务主管部门,新疆生产建设兵团发展改革委、财务局、商务局:

为积极扩大先进技术、关键装备及零部件进口,鼓励企业引进消化吸收再创新,更好的发挥进口贴息政策在培育产业竞争新优势上的积极作用,现印发《鼓励进口技术和产品目录(2016年版)》,自发布之日起实施,并将根据执行情况和实际需要,适时对目录进行调整。

《国家发展改革委、财政部、商务部关于发布鼓励进口技术和产品目录(2015年版)的通知》(发改产业〔2015〕1541号)同时废止。

附件:鼓励进口技术和产品目录(2016年版)(略——编者注)

国家发展改革委
财政部
商务部
2016年9月9日

全国人民代表大会常务委员会关于修改《中华人民共和国外资企业法》等四部法律的决定

中华人民共和国主席令第51号

《全国人民代表大会常务委员会关于修改〈中华人民共和国外资企业法〉等四部法律的决定》已由中华人民共和国第十二届全国人民代表大会常务委员会第二十二次会议于2016年9月3日通过,现予公布,自2016年10月1日起施行。

中华人民共和国主席 习近平
2016年9月3日

第十二届全国人民代表大会常务委员会第二十二次会议决定：

一、对《中华人民共和国外资企业法》作出修改

增加一条，作为第二十三条："举办外资企业不涉及国家规定实施准入特别管理措施的，对本法第六条、第十条、第二十条规定的审批事项，适用备案管理。国家规定的准入特别管理措施由国务院发布或者批准发布。"

二、对《中华人民共和国中外合资经营企业法》作出修改

增加一条，作为第十五条："举办合营企业不涉及国家规定实施准入特别管理措施的，对本法第三条、第十三条、第十四条规定的审批事项，适用备案管理。国家规定的准入特别管理措施由国务院发布或者批准发布。"

三、对《中华人民共和国中外合作经营企业法》作出修改

增加一条，作为第二十五条："举办合作企业不涉及国家规定实施准入特别管理措施的，对本法第五条、第七条、第十条、第十二条第二款、第二十四条规定的审批事项，适用备案管理。国家规定的准入特别管理措施由国务院发布或者批准发布。"

四、对《中华人民共和国台湾同胞投资保护法》作出修改

增加一条，作为第十四条："举办台湾同胞投资企业不涉及国家规定实施准入特别管理措施的，对本法第八条第一款规定的审批事项，适用备案管理。国家规定的准入特别管理措施由国务院发布或者批准发布。"

本决定自2016年10月1日起施行。自本决定施行之日起，2013年8月30日第十二届全国人民代表大会常务委员会第四次会议通过的《全国人民代表大会常务委员会关于授权国务院在中国（上海）自由贸易试验区暂时调整有关法律规定的行政审批的决定》、2014年12月28日第十二届全国人民代表大会常务委员会第十二次会议通过的《全国人民代表大会常务委员会关于授权国务院在中国（广东）自由贸易试验区、中国（天津）自由贸易试验区、中国（福建）自由贸易试验区以及中国（上海）自由贸易试验区扩展区域暂时调整有关法律规定的行政审批的决定》的效力相应终止。

《中华人民共和国外资企业法》、《中华人民共和国中外合资经营企业法》、《中华人民共和国中外合作经营企业法》、《中华人民共和国台湾同胞投资保护法》根据本决定作相应修改，重新公布。

国务院关于修改《国务院对确需保留的行政审批项目设定行政许可的决定》的决定

中华人民共和国国务院令第671号

现公布《国务院关于修改〈国务院对确需保留的行政审批项目设定行政许可的决定〉的决定》，自公布之日起施行。

总理　李克强
2016年8月25日

国务院决定对《国务院对确需保留的行政审批项目设定行政许可的决定》附件《国务院决定对确需保留的行政审批项目设定行政许可的目录》中的部分项目作如下修改：

一、将第304项的项目名称，由"网上传播视听节目许可证核发"修改为"信息网络传播视听节目许可证核发"，将实施机关由广电总局改为新闻出版广电总局。

二、将第334项的项目名称，由"设立报刊记者站审批"修改为"新闻单位设立驻地方机构审批"，将实施机关由省级人民政府出版行政主管部门改为省级人民政府新闻出版广电行政主管部门。

本决定自公布之日起施行。

国务院对确需保留的行政审批项目设定行政许可的决定

依照《中华人民共和国行政许可法》和行政审批制度改革的有关规定，国务院对所属各部门的行政审批项目进行了全面清理。由法律、行政法规设定的行政许可项目，依法继续实施；对法律、行政法规以外的规范性文件设定，但确需保留且符合《中华人民共和国行政许可法》第十二条规定事项的行政审批项目，根据《中华人民共和国行政许可法》第十四条第二款的规定，现决定予以保留并设定行政许可，共500项。

为保证本决定设定的行政许可依法、公开、公平、公正实施，国务院有关部门应当对实施本决定所列各项行政许可的条件等作出具体规定，并予以公布。有关实施行政许可的程序和期限依照《中华人民共和国行政许可法》的有关规定执行。

附件:国务院决定对确需保留的行政审批项目设定行政许可的目录(略——编者注)

国务院关于印发"十三五"国家科技创新规划的通知

国发〔2016〕43号

各省、自治区、直辖市人民政府,国务院各部委、各直属机构:

现将《"十三五"国家科技创新规划》印发给你们,请认真贯彻执行。

国务院
2016年7月28日

"十三五"国家科技创新规划

"十三五"国家科技创新规划,依据《中华人民共和国国民经济和社会发展第十三个五年规划纲要》《国家创新驱动发展战略纲要》和《国家中长期科学和技术发展规划纲要(2006—2020年)》编制,主要明确"十三五"时期科技创新的总体思路、发展目标、主要任务和重大举措,是国家在科技创新领域的重点专项规划,是我国迈进创新型国家行列的行动指南。

第一篇 迈进创新型国家行列

"十三五"时期是全面建成小康社会和进入创新型国家行列的决胜阶段,是深入实施创新驱动发展战略、全面深化科技体制改革的关键时期,必须认真贯彻落实党中央、国务院决策部署,面向全球、立足全局,深刻认识并准确把握经济发展新常态的新要求和国内外科技创新的新趋势,系统谋划创新发展新路径,以科技创新为引领开拓发展新境界,加速迈进创新型国家行列,加快建设世界科技强国。

第一章 把握科技创新发展新态势

"十二五"以来特别是党的十八大以来,党中央、国务院高度重视科技创新,作出深入实施创新驱动发展战略的重大决策部署。我国科技创新步入以跟踪为主转向跟踪和并跑、领跑并存的新阶段,正处于从量的积累向质的飞跃、从点的突破向系统能力提升的重要时期,在国家发展全局中的核心位置更加凸显,在全球创新版图中的位势进一步提升,已成为具有重要影响力的科技大国。

科技创新能力持续提升,战略高技术不断突破,基础研究国际影响力大幅增强。取得载人航天和探月工程、载人深潜、深地钻探、超级计算、量子反常霍尔效应、量子通信、中微子振荡、诱导多功能干细胞等重大创新成果。2015年,全社会研究与试验发展经费支出达14220亿元;国际科技论文数稳居世界第2位,被引用数升至第4位;全国技术合同成交金额达到9835亿元;国家综合创新能力跻身世界第18位。经济增长的科技含量不断提升,科技进步贡献率从2010年的50.9%提高到2015年的55.3%。高速铁路、水电装备、特高压输变电、杂交水稻、第四代移动通信(4G)、对地观测卫星、北斗导航、电动汽车等重大装备和战略产品取得重大突破,部分产品和技术开始走向世界。科技体制改革向系统化纵深化迈进,中央财政科技计划(专项、基金等)管理改革取得实质性进展,科技资源统筹协调进一步加强,市场导向的技术创新机制逐步完善,企业技术创新主体地位不断增强。科技创新国际化水平大幅提升,国际科技合作深入开展,国际顶尖科技人才、研发机构等高端创新资源加速集聚,科技外交在国家总体外交中的作用日益凸显。全社会创新创业生态不断优化,国家自主创新示范区和高新技术产业开发区成为创新创业重要载体,《中华人民共和国促进科技成果转化法》修订实施,企业研发费用加计扣除等政策落实成效明显,科技与金融结合更加紧密,公民科学素质稳步提升,全社会创新意识和创新活力显著增强。

"十三五"时期,世界科技创新呈现新趋势,国内经济社会发展进入新常态。

全球新一轮科技革命和产业变革蓄势待发。科学技术从微观到宏观各个尺度向纵深演进,学科多点突破、交叉融合趋势日益明显。物质结构、宇宙演化、生命起源、意识本质等一些重大科学问题的原创性突破正在开辟新前沿新方向,信息网络、人工智能、生物技术、清洁能源、新材料、先进制造等领域呈现群体跃进态势,颠覆性技术不断涌现,催生新经济、新产业、新业态、新模式,对人类生产方式、生活方式乃至思维方式将产生前所未有的深刻影响。科技创新在应对人类共同挑战、实现可持续发展中发挥着日益重要的作用。全球创新创业进入高度密集活跃期,人才、知识、技术、资本等创新资源全球流动的速度、范围和规模达到空前水平。创新模式发生重大变化,创新活动的网络化、全球化特征更加突出。全球创新版图正在加速重构,创新多极化趋势日益明显,科技创新成为各国实现经济再平衡、打造国家竞争新优势的核心,正在深刻影响和改变国家力量对比,重塑世界经济结构和国际竞争格局。

我国经济发展进入速度变化、结构优化和动力转换的新常态。推进供给侧结构性改革,促进经济提质增效、转型升级,迫切需要依靠科技创新培育发展新动力。协调推进新型工业化、信息化、城镇化、农业现代化和绿色化,建设生态文明,迫切需要依靠科技创新突破资源环境瓶颈制约。应对人口老龄化、消除贫困、增强人民健康素质、创新社会治理,迫切需要依靠科技创新支撑民生改善。落实总体国家安全观,维护国家安全和战略利益,迫切需要依靠科技创新提供强大保障。同时,我国国民收入稳步增加,市场需求加速释放,产业体系更加完备,体制活力显著增强,教育水平和人力资本素质持续提升,经济具有持续向好发展的巨大潜力、韧性和回旋余地,综合国力将再上新台阶,必将为科技创新的加速突破提供坚实基础。

同时,必须清醒地认识到,与进入创新型国家行列和建设世界科技强国的要求相比,我国科技创新还存在一些薄弱环节和深层次问题,主要表现为:科技基础仍然薄弱,科技创新能力特别是原创能力还有很大差距,关键领域核心技术受制于人的局面没有从根本上改变,许多产业仍处于全球价值链中低端,科技对经济增长的贡献率还不够高。制约创新发展的思想观念和深层次体制机制障碍依然存在,创新体系整体效能不高。高层次领军人才和高技能人才十分缺乏,创新型企业家群体亟需发展壮大。激励创新的环境亟待完善,政策措施落实力度需要进一步加强,创新资源开放共享水平有待提高,科学精神和创新文化需要进一步弘扬。

综合判断,我国科技创新正处于可以大有作为的重要战略机遇期,也面临着差距进一步拉大的风险。必须牢牢把握机遇,树立创新自信,增强忧患意识,勇于攻坚克难,主动顺应和引领时代潮流,把科技创新摆在更加重要位置,优化科技事业发展总体布局,让创新成为国家意志和全社会的共同行动,在新的历史起点上开创国家创新发展新局面,开启建设世界科技强国新征程。

第二章 确立科技创新发展新蓝图

一、指导思想

"十三五"时期科技创新的指导思想是:高举中国特色社会主义伟大旗帜,全面贯彻党的十八大和十八届三中、四中、五中全会精神,以马克思列宁主义、毛泽东思想、邓小平理论、"三个代表"重要思想、科学发展观为指导,深入贯彻习近平总书记系列重要讲话精神,认真落实党中央、国务院决策部署,坚持"五位一体"总体布局和"四个全面"战略布局,坚持创新、协调、绿色、开放、共享发展理念,坚持自主创新、重点跨越、支撑发展、引领未来的指导方针,坚持创新是引领发展的第一动力,把创新摆在国家发展全局的核心位置,以深入实施创新驱动发展战略、支撑供给侧结构性改革为主线,全面深化科技体制改革,大力推进以科技创新为核心的全面创新,着力增强自主创新能力,着力建设创新型人才队伍,着力扩大科技开放合作,着力推进大众创业万众创新,塑造更多依靠创新驱动、更多发挥先发优势的引领型发展,确保如期进入创新型国家行列,为建成世界科技强国奠定坚实基础,为实现"两个一百年"奋斗目标和中华民族伟大复兴中国梦提供强大动力。

二、基本原则

——坚持把支撑国家重大需求作为战略任务。聚焦国家战略和经济社会发展重大需求,明确主攻方向和突破口;加强关键核心共性技术研发和转化应用;充分发挥科技创新在培育发展战略性新兴产业、促进经济提质增效升级、塑造引领型发展和维护国家安全中的重要作用。

——坚持把加速赶超引领作为发展重点。把握世界科技前沿发展态势,在关系长远发展的基础前沿领域,超前规划布局,实施非对称战略,强化原始创新,加强基础研究,在独创独有上下功夫,全面增强自主创新能力,在重要科技领域实现跨越发展,跟上甚至引领世界科技发展新方向,掌握新一轮全球科技竞争的战略主动。

——坚持把科技为民作为根本宗旨。紧紧围绕人民切身利益和紧迫需求,把科技创新与改善民生福祉相结合,发挥科技创新在提高人民生活水平、增强全民科学文化素质和健康素质、促进高质量就业创业、扶贫脱贫、建设资源节约型环境友好型社会中的重要作用,让更多创新成果由人民共享,提升民众获得感。

——坚持把深化改革作为强大动力。坚持科技体制改革和经济社会领域改革同步发力,充分发挥市场配置创新资源的决定性作用和更好发挥政府作用,强化技术创新的市场导向机制,破除科技与经济深度融合的体制机制障碍,激励原创突破和成果转化,切实提高科技投入效率,形成充满活力的科技管理和运行机制,为创新发展提供持续动力。

——坚持把人才驱动作为本质要求。落实人才优先发展战略,把人才资源开发摆在科技创新最优先的位置,在创新实践中发现人才,在创新活动中培养人才,在创新事业中凝聚人才,改革人才培养使用机制,培育造就规模宏大、结构合理、素质优良的人才队伍。

——坚持把全球视野作为重要导向。主动融入布局全球创新网络,在全球范围内优化配置创新资源,把科技创新与国家外交战略相结合,推动建立广泛的创新共同体,在更高水平上开展科技创新合作,力争成为若干重要领域的引领者和重要规则的贡献者,提高在全球创新治理中的话语权。

三、发展目标

"十三五"科技创新的总体目标是:国家科技实力和创新能力大幅跃升,创新驱动发展成效显著,国家综合创新能力世界排名进入前15位,迈进创新型国家行列,有力支撑全面建成小康社会目标实现。

——自主创新能力全面提升。基础研究和战略高技术取得重大突破,原始创新能力和国际竞争力显著提升,整体水平由跟跑为主向并行、领跑为主转变。研究与试验发展经费投入强度达到2.5%,基础研究占全社会研发投入比例大幅提高,规模以上工业企业研发经费支出与主营业务收入之比达到1.1%;国际科技论文被引次数达到世界第二;每万人口发明专利拥有量达到12件,通过《专利合作条约》(PCT)途径提交的专利申请量比2015年翻一番。

——科技创新支撑引领作用显著增强。科技创新作为经济工作的重要方面,在促进经济平衡性、包容性和可持续性发展中的作用更加突出,科技进步贡献率达到60%。高新技术企业营业收入达到34万亿元,知识密集型服务业增加值占国内生产总值(GDP)的比例达到20%,全国技术合同成交金额达到2万亿元;成长起一批世界领先的创新型企业、品牌和标准,若干企业进入世界创新百强,形成一批具有强大辐射带动作用的区域创新增长极,新产业、新经济成为创造国民财富和高质量就业的新动力,创新成果更多为人民共享。

——创新型人才规模质量同步提升。规模宏大、结构合理、素质优良的创新型科技人才队伍初步形成,涌现一批战略科技人才、科技领军人才、创新型企业家和高技能人才,青年科技人才队伍进一步壮大,人力资源结构和就业结构显著改善,每万名就业人员中研发人员达到60人年。人才评价、流动、激励机制更加完善,各类人才创新活力充分激发。

——有利于创新的体制机制更加成熟定型。科技创新基础制度和政策体系基本形成,科技创新管理的法治化水平明显提高,创新治理能力建设取得重大进展。以企业为主体、市场为导向的技术创新体系更加健全,高等学校、科研院所治理结构和发展机制更加科学,军民融合创新机制更加完善,国家创新体系整体效能显著提升。

——创新创业生态更加优化。科技创新政策法规不断完善,知识产权得到有效保护。科技与金融结合更加紧密,创新创业服务更加高效便捷。人才、技术、资本等创新要素流动更加顺畅,科技创新全方位开放格局初步形成。科学精神进一步弘扬,创新创业文化氛围更加浓厚,全社会科学文化素质明显提高,公民具备科学素质的比例超过10%。

专栏1 "十三五"科技创新主要指标			
	指　　标	2015年指标值	2020年目标值
1	国家综合创新能力世界排名(位)	18	15
2	科技进步贡献率(%)	55.3	60
3	研究与试验发展经费投入强度(%)	2.1	2.5
4	每万名就业人员中研发人员(人年)	48.5	60
5	高新技术企业营业收入(万亿元)	22.2	34
6	知识密集型服务业增加值占国内生产总值的比例(%)	15.6	20
7	规模以上工业企业研发经费支出与主营业务收入之比(%)	0.9	1.1
8	国际科技论文被引次数世界排名	4	2
9	PCT专利申请量(万件)	3.05	翻一番
10	每万人口发明专利拥有量(件)	6.3	12
11	全国技术合同成交金额(亿元)	9835	20000
12	公民具备科学素质的比例(%)	6.2	10

四、总体部署

未来五年,我国科技创新工作将紧紧围绕深入实施国家"十三五"规划纲要和创新驱动发展战略纲要,有力支撑"中国制造2025"、"互联网+"、网络强国、海洋强国、航天强国、健康中国建设、军民融合发展、"一带一路"建设、京津冀协同发展、长江经济带发展等国家战略实施,充分发挥科技创新在推动产业迈向中高端、增添发展新动能、拓展发展新空间、提高发展质量和效益中的核心引领作用。

一是围绕构筑国家先发优势,加强兼顾当前和长远的重大战略布局。加快实施国家科技重大专项,启动"科技创新2030—重大项目";构建具有国际竞争力的产业技术体系,加强现代农业、新一代信息技术、智能制造、能源等领域一体化部署,推进颠覆性技术创新,加速引领产业变革;健全支撑民生改善和可持续发展的技术体系,突破资源环境、人口健康、公共安全等领域的瓶颈制约;建立保障国家安全和战略利益的技术体系,发展深海、深地、深空、深蓝等领域的战略高技术。

二是围绕增强原始创新能力,培育重要战略创新力量。持续加强基础研究,全面布局、前瞻部署,聚焦重大科学问题,提出并牵头组织国际大科学计划和大科学工程,力争在更多基础前沿领域引领世界科学方向,在更多战略性领域实现率先突破;完善以国家实验室为引领的创新基地建设,按功能定位分类推进科研基地的优化整合。培育造就一批世界水平的科学家、科技领军人才、高技能人才和高水平创新团队,支持青年科技人才脱颖而出,壮大创新型企业家队伍。

三是围绕拓展创新发展空间,统筹国内国际两个大局。支持北京、上海建设具有全球影响力的科技创新中心,建设一批具有重大带动作用的创新型省市和区域创新中心,推动国家自主创新示范区和高新区创新发展,系统推进全面创新改革试验;完善区域协同创新机制,加大科技扶贫力度,激发基层创新活力;打造"一带一路"协同创新共同体,提高全球配置创新资源的能力,深度参与全球创新治理,促进创新资源双向开放和流动。

四是围绕推进大众创业万众创新,构建良好创新创业生态。大力发展科技服务业,建立统一开放的技术交易市场体系,提升面向创新全链条的服务能力;加强创新创业综合载体建设,发展众创空间,支持众创众包众扶众筹,服务实体经济转型升级;深入实施知识产权和技术标准战略。完善科技与金融结合机制,大力发展创业投资和多层次资本市场。

五是围绕破除束缚创新和成果转化的制度障碍,全面深化科技体制改革。加快中央财政科技计划(专项、基金等)管理改革,强化科技资源的统筹协调;深入实施国家技术创新工程,建设国家技术创新中心,提高企业创新能力;推动健全现代大学制度和科研院所制度,培育面向市场的新型研发机构,构建更加高效的科研组织体系;实施促进科技成果转移转化行动,完善科技成果转移转化机制,大力推进军民融合科技创新。

六是围绕夯实创新的群众和社会基础,加强科普和创新文化建设。深入实施全民科学素质行动,全面推进全民科学素质整体水平的提升;加强科普基础设施建设,大力推动科普信息化,培育发展科普产业;推动高等学校、科研院所和企业的各类科研设施向社会公众开放;弘扬科学精神,加强科研诚信建设,增强与公众的互动交流,培育尊重知识、崇尚创造、追求卓越的企业家精神和创新文化。

第三章 建设高效协同国家创新体系

深入实施创新驱动发展战略,支撑供给侧结构性改革,必须统筹推进高效协同的国家创新体系建设,促进各类创新主体协同互动、创新要素顺畅流动高效配置,形成创新驱动发展的实践载体、制度安排和环境保障。

一、培育充满活力的创新主体

进一步明确各类创新主体的功能定位,突出创新人才的核心驱动作用,增强企业的创新主体地位和主导作用,发挥国家科研机构的骨干和引领作用,发挥高等学校的基础和生力军作用,鼓励和引导新型研发机构等发展,充分发挥科技类社会组织的作用,激发各类创新主体活力,系统提升创新主体能力。

二、系统布局高水平创新基地

瞄准世界科技前沿和产业变革趋势,聚焦国家战略需求,按照创新链、产业链加强系统整合布局,以国家实验室为引领,形成功能完备、相互衔接的创新基地,充分聚集一流人才,增强创新储备,提升创新全链条支撑能力,为实现重大创新突破、培育高端产业奠定重要基础。

三、打造高端引领的创新增长极

遵循创新区域高度聚集规律,结合区域创新发展需求,引导高端创新要素围绕区域生产力布局加速流动和聚集,以国家自主创新示范区和高新区为基础、区域创新中心和跨区域创新平台为龙头,推动优势区域打造具有重大引领作用和全球影响力的创新高地,形成区域创新发展梯次布局,带动区域创新水平整体提升。

四、构建开放协同的创新网络

围绕打通科技与经济的通道,以技术市场、资本市场、人才市场为纽带,以资源开放共享为手段,围绕产业链部署创新链,围绕创新链完善资金链,加强各类创新主体间合作,促进产学研用紧密结合,推进科教融合发展,深化军民融合创新,健全创新创业服务体系,构建多主体协同互动与大众创新创业有机结合的开放高效创新网络。

五、建立现代创新治理结构

进一步明确政府和市场分工,持续推进简政放权、放管结合、优化服务改革,推动政府职能从研发管理向创新服务转变;明确和完善中央与地方分工,强化上下联动和统筹协调;加强科技高端智库建设,完善科技创新重大决策机制;改革完善资源配置机制,引导社会资源向创新集聚,提高资源配置效率,形成政府引导作用与市场决定性作用有机结合的创新驱动制度安排。

六、营造良好创新生态

强化创新的法治保障,积极营造有利于知识产权创造和保护的法治环境;持续优化创新政策供给,构建普惠性创新政策体系,增强政策储备,加大重点政策落实力度;激发全社会的创造活力,营造崇尚创新创业的文化环境。

第二篇　构筑国家先发优势

围绕提升产业竞争力、改善民生和保障国家安全的战略需求,加强重点领域的系统部署,为塑造更多依靠创新驱动、发挥先发优势的引领型发展提供有力支撑。

第四章　实施关系国家全局和长远的重大科技项目

重大科技项目是体现国家战略目标、集成科技资源、实现重点领域跨越发展的重要抓手。"十三五"期间,要在实施好已有国家科技重大专项的基础上,面向2030年再部署一批体现国家战略意图的重大科技项目,探索社会主义市场经济条件下科技创新的新型举国体制,完善重大项目组织模式,在战略必争领域抢占未来竞争制高点,开辟产业发展新方向,培育新经济增长点,带动生产力跨越发展,为提高国家综合竞争力、保障国家安全提供强大支撑。

一、深入实施国家科技重大专项

按照聚焦目标、突出重点、加快推进的要求,加快实施已部署的国家科技重大专项,推动专项成果应用及产业化,提升专项实施成效,确保实现专项目标。持续攻克"核高基"(核心电子器件、高端通用芯片、基础软件)、集成电路装备、宽带移动通信、数控机床、油气开发、核电、水污染治理、转基因、新药创制、传染病防治等关键核心技术,着力解决制约经济社会发展和事关国家安全的重大科技问题;研发具有国际竞争力的重大战略产品,建设高水平重大示范工程,发挥对民生改善和国家支柱产业发展的辐射带动作用;凝聚和培养一批科技领军人才和高水平创新创业团队,建成一批引领性强的创新平台和具有国际影响力的产业化基地,造就一批具有较强国际竞争力的创新型领军企业,在部分领域形成世界领先的高科技产业。

专栏2　国家科技重大专项

核心电子器件、高端通用芯片及基础软件产品。突破超级计算机中央处理器(CPU)架构设计技术,提升服务器及桌面计算机CPU、操作系统和数据库、办公软件等的功能、效能和可靠性,攻克智能终端嵌入式CPU和操作系统的高性能低功耗等核心关键技术;面向云计算、大数据等新需求开展操作系统等关键基础软硬件研发,基本形成核心电子器件、高端通用芯片和基础软件产品的自主发展能力,扭转我国基础信息产品在安全可控、自主保障方面的被动局面。

极大规模集成电路制造装备及成套工艺。攻克14纳米刻蚀设备、薄膜设备、掺杂设备等高端制造装备及零部件,突破28纳米浸没式光刻机及核心部件,研制300毫米硅片等关键材料,研发14纳米逻辑与存储芯片成套工艺及相应系统封测技术,开展75纳米关键技术研究,形成28—14纳米装备、材料、工艺、封测等较完整的产业链,整体创新能力进入世界先进行列。

新一代宽带无线移动通信网。开展第五代移动通信(5G)关键核心技术和国际标准以及5G芯片、终端及系统设备等关键产品研制,重点推进5G技术标准和生态系统构建,支持4G增强技术的芯片、仪表等技术薄弱环节的攻关,形成完整的宽带无线移动通信产业链,保持与国际先进水平同步发展,推动我国成为宽带无线移动通信技术、标准、产业、服务与应用领域的领先国家之一,为2020年启动5G商用提供支撑。

高档数控机床与基础制造装备。重点攻克高档数控系统、功能部件及刀具等关键共性技术和高档数控机床可靠性、精度保持性等关键技术,满足航空航天、汽车领域对高精度、高速度、高可靠性高档数控机床的急需,提升高档数控机床与基础制造装备主要产品的自主开发能力,总体技术水平进入国际先进行列,部分产品国际领先。

大型油气田及煤层气开发。重点攻克陆上深层、海洋深水油气勘探开发技术和装备并实现推广应用,攻克页岩气、煤层气经济有效开发的关键技术与核心装备,以及提高复杂油气田采收率的新技术,提升关键技术开发、工业装备制造能力,为保障我国油气安全提供技术支撑。

大型先进压水堆及高温气冷堆核电站。突破CAP1400压水堆屏蔽主泵、控制系统、燃料组件等关键技术和试验验证,高温堆蒸汽发生器、燃料系统、核级石墨等关键技术设备材料和验证。2017年,20万千瓦高温气冷堆核电站示范工程实现并网发电;2020年,CAP1400示范工程力争建设完成。形成具有国际先进水平的核电技术研发、试验验证、关键设备设计制造、标准和自主知识产权体系,打造具有国际竞争力的核电设计、建设和服务全产业链。

水体污染控制与治理。按照控源减排、减负修复、综合调控的步骤,在水循环系统修复、水污染全过程治理、饮用水安全保障、生态服务功能修复和长效管理机制等方面研发一批核心关键技术,集成一批整装成套的技术和设备,在京津冀地区和太湖流域开展综合示范,形成流域水污染治理、水环境管理和饮用水安全保障三大技术体系,建设水环境监测与监控大数据平台。

转基因生物新品种培育。加强作物抗虫、抗病、抗旱、抗寒基因技术研究,加大转基因棉花、玉米、大豆研发力度,推进新型抗虫棉、抗虫玉米、抗除草剂大豆等重大产品产业化,强化基因克隆、转基因操作、生物安全新技术研发,在水稻、小麦等主粮作物中重点支持基于非胚乳特异性表达、基因编辑等新技术的性状改良研究,使我国农业转基因生物研究整体水平跃居世界前列,为保障国家粮食安全提供品种和技术储备。建成规范的生物安全性评价技术体系,确保转基因产品安全。

重大新药创制。围绕恶性肿瘤、心脑血管疾病等10类(种)重大疾病,加强重大疫苗、抗体研制,重点支持创新性强、疗效好、满足重要需求、具有重大产业化前景的药物开发,以及重大共性关键技术和基础研究能力建设,强化创新平台的资源共享和开放服务,基本建成具有世界先进水平的国家药物创新体系,新药研发的综合能力和整体水平进入国际先进行列,加速推进我国由医药大国向医药强国转变。

艾滋病和病毒性肝炎等重大传染病防治。突破突发急性传染病综合防控技术,提升应急处置技术能力;攻克艾滋病、乙肝、肺结核诊防治关键技术和产品,加强疫苗研究,研发一批先进检测诊断产品,提高艾滋病、乙肝、肺结核临床治疗方案有效性,形成中医药特色治疗方案。形成适合国情的降低"三病两率"综合防治新模式,为把艾滋病控制在低流行水平、乙肝由高流行区向中低流行区转变、肺结核新发感染率和病死率降至中等发达国家水平提供支撑。

大型飞机。C919完成首飞,取得中国民航局型号合格证并实现交付,开展民机适航审定关键技术研究。

高分辨率对地观测系统。完成天基和航空观测系统、地面系统、应用系统建设,基本建成陆地、大气、海洋对地观测系统并形成体系。

载人航天与探月工程。发射新型大推力运载火箭,发射天宫二号空间实验室、空间站试验核心舱,以及载人飞船和货运飞船;掌握货物运输、航天员中长期驻留等技术,为全面建成我国近地载人空间站奠定基础。突破全月球到达、高数据率通信、高精度导航定位、月球资源开发等关键技术。突破地外天体自动返回技术,研制发射月球采样返回器技术,实现特定区域软着陆并实现采样返回。

二、部署启动新的重大科技项目

面向2030年,再选择一批体现国家战略意图的重大科技项目,力争有所突破。从更长远的战略需求出发,坚持有所为、有所不为,力争在航空发动机及燃气轮机、深海空间站、量子通信与量子计算、脑科学与类脑研究、国家网络空间安全、深空探测及空间飞行器在轨服务与维护系统、种业自主创新、煤炭清洁高效利用、智能电网、天地一体化信息网络、大数据、智能制造和机器人、重点新材料研发及应用、京津冀环境综合治理、健康保障等重点方向率先突破。按照"成熟一项、启动一项"的原则,分批次有序启动实施。

专栏3　科技创新2030—重大项目

重大科技项目：

1. 航空发动机及燃气轮机。开展材料、制造工艺、试验测试等共性基础技术和交叉学科研究，攻克总体设计等关键技术。

2. 深海空间站。开展深海探测与作业前沿共性技术及通用与专用型、移动与固定式深海空间站核心关键技术研究。

3. 量子通信与量子计算机。研发城域、城际、自由空间量子通信技术，研制通用量子计算原型机和实用化量子模拟机。

4. 脑科学与类脑研究。以脑认知原理为主体，以类脑计算与脑机智能、脑重大疾病诊治为两翼，搭建关键技术平台，抢占脑科学前沿研究制高点。

5. 国家网络空间安全。发展涵盖信息和网络两个层面的网络空间安全技术体系，提升信息保护、网络防御等技术能力。

6. 深空探测及空间飞行器在轨服务与维护系统。重点突破在轨服务维护技术，提高我国空间资产使用效益，保障飞行器在轨安全可靠运行。

重大工程：

1. 种业自主创新。以农业植物、动物、林木、微生物四大种业领域为重点，重点突破杂种优势利用、分子设计育种等现代种业关键技术，为国家粮食安全战略提供支撑。

2. 煤炭清洁高效利用。加快煤炭绿色开发、煤炭高效发电、煤炭清洁转化、煤炭污染控制、碳捕集利用与封存等核心关键技术研发，示范推广一批先进适用技术，燃煤发电及超低排放技术实现整体领先，现代煤化工和多联产技术实现重大突破。

3. 智能电网。聚焦部署大规模可再生能源并网调控、大电网柔性互联、多元用户供需互动用电、智能电网基础支撑技术等重点任务，实现智能电网技术装备与系统全面国产化，提升电力装备全球市场占有率。

4. 天地一体化信息网络。推进天基信息网、未来互联网、移动通信网的全面融合，形成覆盖全球的天地一体化信息网络。

5. 大数据。突破大数据共性关键技术，建成全国范围内数据开放共享的标准体系和交换平台，形成面向典型应用的共识性应用模式和技术方案，形成具有全球竞争优势的大数据产业集群。

6. 智能制造和机器人。以智能、高效、协同、绿色、安全发展为总目标，构建网络协同制造平台，研发智能机器人、高端成套装备、三维(3D)打印等装备，夯实制造基础保障能力。

7. 重点新材料研发及应用。重点研制碳纤维及其复合材料、高温合金、先进半导体材料、新型显示及其材料、高端装备用特种合金、稀土新材料、军用新材料等，突破制备、评价、应用等核心关键技术。

8. 京津冀环境综合治理。构建水—土—气协同治理、工—农—城资源协同循环、区域环境协同管控的核心技术、产业装备、规范政策体系。建成一批综合示范工程，形成区域环境综合治理系统解决方案。

9. 健康保障。围绕健康中国建设需求，加强精准医学等技术研究，部署慢性非传染性疾病、常见多发病等疾病防控，生殖健康及出生缺陷防控研究，加快技术成果转移转化，推进惠民示范服务。

建立重大项目动态调整机制，综合把握国际科技前沿趋势和国家经济社会发展紧迫需求，在地球深部探测、人工智能等方面遴选重大任务，适时充实完善重大项目布局。

科技创新2030—重大项目与国家科技重大专项，形成远近结合、梯次接续的系统布局。在电子信息领域，形成涵盖高端芯片及核心软硬件研制、前沿技术突破和信息能力构建的整体布局；在先进制造领域，形成涵盖基础材料、关键技术、重大战略产品和装备研发的整体布局;在能源领域,形成涵盖能源多元供给、高效清洁利用和前沿技术突破的整体布局;在环境领域,形成由单一污染治理转向区域综合治理的系统技术解决方案;在农业领域,形成兼顾前沿技术突破和解决种业发展基本问题的整体布局;在生物和健康领域,形成涵盖重大疾病防治、基础健康保障服务和前沿医疗技术突破的整体布局;在太空海洋开发利用领域,形成涵盖空间、海洋探测利用技术的整体布局。

已有国家科技重大专项和新部署的科技创新2030—重大项目要进一步加强与其他科技计划任务部署的衔接,完善和创新项目组织实施模式,改进项目管理体制,明确管理责任,优化管理流程,提高管理效率。完善监督评估制度,定期开展评估。加强动态调整,加强地球深部探测等候选重大科技项目的储备论证。

第五章 构建具有国际竞争力的现代产业技术体系

把握世界科技革命和产业变革新趋势,围绕我国产业国际竞争力提升的紧迫需求,强化重点领域关键环节的重大技术开发,突破产业转型升级和新兴产业培育的技术瓶颈,构建结构合理、先进管用、开放兼容、自主可控的技术体系,为我国产业迈向全球价值链中高端提供有力支撑。

一、发展高效安全生态的现代农业技术

以加快推进农业现代化、保障国家粮食安全和农民增收为目标,深入实施藏粮于地、藏粮于技战略,超前部署农业前沿和共性关键技术研究。以做大做强民族种业为重点,发展以动植物组学为基础的设计育种关键技术,培育具有自主知识产权的优良品种,开发耕地质量提升与土地综合整治技术,从源头上保障国家粮食安全;以发展农业高新技术产业、支撑农业转型升级为目标,重点发展农业生物制造、农业智能生产、智能农机装备、设施农业等关键技术和产品;围绕提高资源利用率、土地产出率、劳动生产率,加快转变农业发展方式,突破一批节水农业、循环农业、农业污染控制与修复、盐碱地改造、农林防灾减灾等关键技术,实现农业绿色发展。力争到2020年,建立信息化主导、生物技术引领、智能化生产、可持续发展的现代农业技术体系,支撑农业走出产出高效、产品安全、资源节约、环境友好的现代化道路。

专栏4　现代农业技术

1.生物育种研发。以农作物、畜禽水产和林果花草为重点,突破种质资源挖掘、工程化育种、新品种创制、规模化测试、良种繁育、种子加工等核心关键技术,培育一批有效聚合高产、高效、优质、多抗、广适等多元优良性状的突破性动植物新品种;培育具有较强核心竞争力的现代种业企业,显著提高种业自主创新能力。

2.粮食丰产增效。围绕粮食安全和农业结构调整对作物高产高效协同、生产生态协调的科技需求,在东北、黄淮海、长江中下游三大平原,开展水稻、小麦、玉米三大作物丰产增效新理论、新技术和集成示范研究,使产量提高5%,减损降低5%以上,肥水效率提高10%以上,光温资源效率提高15%,生产效率提高20%。

3. 主要经济作物优质高产与产业提质增效。以种植规模较大的果树、花卉、茶叶、木本（草本）油料、热带经济作物、特色经济植物、杂粮等为对象，重点突破增产提质增效理论和方法，创制优异新种质，研发新产品，形成高效轻简技术，确保我国农业产品多样性和国家农业安全，促进主要经济作物产业提质增效。

4. 海洋农业（蓝色粮仓）与淡水渔业科技创新。研究种质资源开发、新品种选育、淡水与海水健康养殖、捕捞与新资源开发、精深加工、渔业环境保护等新原理、新装备、新方法和新技术，建成生态优先、陆海统筹、三产贯通的区域性蓝色粮仓，促进海洋农业资源综合利用，改善渔业生态环境，强化优质蛋白供给，引领海洋农业与淡水渔业健康发展。

5. 畜禽安全高效养殖与草牧业健康发展。以安全、环保、高效为目标，围绕主要动物疫病检测与防控、主要畜禽安全健康养殖工艺与环境控制、畜禽养殖设施设备、养殖废弃物无害化处理与资源化利用、饲料产业、草食畜牧业、草原生态保护和草牧业全产业链提质增效等方面开展技术研发，为我国养殖业转型升级提供理论与技术支撑。

6. 林业资源培育与高效利用。加强速生用材林、珍贵用材林、经济林、花卉等资源的高效培育与绿色增值加工等关键技术研究，开展林业全产业链增值增效技术集成与示范，形成产业集群发展新模式，单位蓄积增加15%，资源利用效率提高20%，主要林产品国际竞争力显著提升。

7. 农业面源和重金属污染农田综合防治与修复。突破农林生态系统氮磷、有毒有害化学品与生物、重金属、农林有机废弃物等污染机理基础理论及防治修复重大关键技术瓶颈，提升技术、产品和装备标准化产业化水平。制定重点区域污染综合防治技术方案，有效遏制农业面源与重金属污染问题。

8. 农林资源环境可持续发展利用。突破肥药减施、水土资源高效利用、生态修复、农林防灾减灾等关键技术，加强农作物病虫害防控关键技术研究，提升农作物病虫害综合治理能力，推动形成资源利用高效、生态系统稳定、产地环境良好、产品质量安全的农业发展格局。

9. 盐碱地等低产田改良增粮增效。加强盐碱地水盐运移机理与调控、土壤洗盐排盐、微咸水利用、抗盐碱农作物新品种选育及替代种植、水分调控等基础理论及改良重大关键技术研究，开发新型高效盐碱地改良剂、生物有机肥等新产品和新材料。开发盐碱地治理新装备，选择典型盐碱地及低产田区域建立示范基地，促进研发成果示范应用。

10. 农业生物制造。以生物农药、生物肥料、生物饲料为重点，开展作用机理、靶标设计、合成生物学、病原作用机制、养分控制释放机制等研究，创制新型基因工程疫苗和分子诊断技术、生物农药、生物饲料、生物肥料、植物生长调节剂、生物能源、生物基材料等农业生物制品并实现产业化。

11. 农机装备与设施。突破决策监控、先进作业装置及其制造等关键核心技术，研发高效环保农林动力、多功能与定位变量作业、设施种植和健康养殖精细生产、农产品产地处理与干燥、林木培育、采收加工、森林灾害防控等技术与装备，形成农林智能化装备技术体系，支撑全程全面机械化发展。

12. 农林生物质高效利用。研究农林废弃物（农作物秸秆、畜禽粪便、林业剩余物等）和新型生物质资源（能源植物、微藻等）的清洁收储、高效转化、产品提质、产业增效等新理论、新技术和新业态，使农林生物质高效利用技术进入国际前列，利用率达到80%以上。

13. 智慧农业。研发农林动植物生命信息获取与解析、表型特征识别与可视化表达、主要作业过程精准实施等关键技术和产品，构建大田和果园精准生产、设施农业智能化生产及规模化畜禽水产养殖信息化作业等现代化生产技术系统，建立面向农业生产、农民生活、农村管理以及乡村新兴产业发展的信息服务体系。

14. 智能高效设施农业。突破设施光热动力学机制、环境与生物互作响应机理等基础理论，以及设施轻简装配化、作业全程机械化、环境调控智能化、水肥管理一体化等关键技术瓶颈，创制温室节能蓄能、光伏利用、智慧空中农场等高新技术及装备，实现设施农业科技与产业跨越发展。

二、发展新一代信息技术

大力发展泛在融合、绿色宽带、安全智能的新一代信息技术,研发新一代互联网技术,保障网络空间安全,促进信息技术向各行业广泛渗透与深度融合。发展先进计算技术,重点加强E级(百亿亿次级)计算、云计算、量子计算、人本计算、异构计算、智能计算、机器学习等技术研发及应用;发展网络与通信技术,重点加强一体化融合网络、软件定义网络/网络功能虚拟化、超高速超大容量超长距离光通信、无线移动通信、太赫兹通信、可见光通信等技术研发及应用;发展自然人机交互技术,重点是智能感知与认知、虚实融合与自然交互、语义理解和智慧决策、云端融合交互和可穿戴等技术研发及应用。发展微电子和光电子技术,重点加强极低功耗芯片、新型传感器、第三代半导体芯片和硅基光电子、混合光电子、微波光电子等技术与器件的研发。

专栏5　新一代信息技术

1. 微纳电子与系统集成技术。开展逼近器件物理极限和面向不同系统应用的半导体新材料、新器件、新工艺和新电路的前沿研究和相关理论研究,突破极低功耗器件和电路、7纳米以下新器件及系统集成工艺、下一代非易失性存储器、下一代射频芯片、硅基太赫兹技术、新原理计算芯片等关键技术,加快10纳米及以下器件工艺的生产研发,显著提升智能终端和物联网系统芯片产品市场占有率。

2. 光电子器件及集成。针对信息技术在速率、能耗和智能化等方面的核心技术瓶颈,研制满足高速光通信设备所需的光电子集成器件;突破光电子器件制造的标准化难题和技术瓶颈,建立和发展光电子器件应用示范平台和支撑技术体系,逐步形成从分析模型、优化设计、芯片制备、测试封装到可靠性研究的体系化研发平台,推动我国信息光电子器件技术和集成电路设计达到国际先进水平。

3. 高性能计算。突破E级计算机核心技术,依托自主可控技术,研制满足应用需求的E级高性能计算机系统,使我国高性能计算机的性能在"十三五"期间保持世界领先水平。研发一批关键领域/行业的高性能计算应用软件,建立若干高性能计算应用软件中心,构建高性能计算应用生态环境。建立具有世界一流资源能力和服务水平的国家高性能计算环境,促进我国计算服务业发展。

4. 云计算。开展云计算核心基础软件、软件定义的云系统管理平台、新一代虚拟化等云计算核心技术和设备的研制以及云开源社区的建设,构建完备的云计算生态和技术体系,支撑云计算成为新一代ICT(信息通信技术)的基础设施,推动云计算与大数据、移动互联网深度耦合互动发展。

5. 人工智能。重点发展大数据驱动的类人智能技术方法;突破以人为中心的人机物融合理论方法和关键技术,研制相关设备、工具和平台;在基于大数据分析的类人智能方向取得重要突破,实现类人视觉、类人听觉、类人语言和类人思维,支撑智能产业的发展。

6. 宽带通信和新型网络。以网络融合化发展为主线,突破一体化融合网络组网、超高速和超宽带通信与网络支撑等核心关键技术,在芯片、成套网络设备、网络体系结构等方面取得一批突破性成果,超前部署下一代网络技术,大幅提升网络产业国际竞争力。

7. 物联网。开展物联网系统架构、信息物理系统感知和控制等基础理论研究,攻克智能硬件(硬件嵌入式智能)、物联网低功耗可信泛在接入等关键技术,构建物联网共性技术创新基础支撑平台,实现智能感知芯片、软件以及终端的产品化。

8. 智能交互。探索感知认知加工机制及心理运动模型的机器实现,构建智能交互的理论体系,突破自然交互、生理计算、情感表达等核心关键技术,形成智能交互的共性基础软硬件平台,提升智能交互在设备和系统方面的原始创新能力,并在教育、办公、医疗等关键行业形成示范应用,推动人机交互领域研究和应用达到国际先进水平。

9.虚拟现实与增强现实。突破虚实融合渲染、真三维呈现、实时定位注册、适人性虚拟现实技术等一批关键技术,形成高性能真三维显示器、智能眼镜、动作捕捉和分析系统、个性化虚拟现实整套装置等具有自主知识产权的核心设备。基本形成虚拟现实与增强现实技术在显示、交互、内容、接口等方面的规范标准。在工业、医疗、文化、娱乐等行业实现专业化和大众化的示范应用,培育虚拟现实与增强现实产业。

10.智慧城市。开展城市计算智能、城市系统模型、群体协同服务等基础理论研究,突破城市多尺度立体感知、跨领域数据汇聚与管控、时空数据融合的智能决策、城市数据活化服务、城市系统安全保障等共性关键技术,研发智慧城市公共服务一体化运营平台,开展新型智慧城市群的集中应用创新示范。

三、发展智能绿色服务制造技术

围绕建设制造强国,大力推进制造业向智能化、绿色化、服务化方向发展。发展网络协同制造技术,重点研究基于"互联网+"的创新设计、基于物联网的智能工厂、制造资源集成管控、全生命周期制造服务等关键技术;发展绿色制造技术与产品,重点研究再设计、再制造与再资源化等关键技术,推动制造业生产模式和产业形态创新。发展机器人、智能感知、智能控制、微纳制造、复杂制造系统等关键技术,开发重大智能成套装备、光电子制造装备、智能机器人、增材制造、激光制造等关键装备与工艺,推进制造业智能化发展。开展设计技术、可靠性技术、制造工艺、关键基础件、工业传感器、智能仪器仪表、基础数据库、工业试验平台等制造基础共性技术研发,提升制造基础能力。推动制造业信息化服务增效,加强制造装备及产品"数控一代"创新应用示范,提高制造业信息化和自动化水平,支撑传统制造业转型升级。

专栏6 先进制造技术

1.网络协同制造。开展工业信息物理融合理论与系统、工业大数据等前沿技术研究,突破智慧数据空间、智能工厂异构集成等关键技术,发展"互联网+"制造业的新型研发设计、智能工程、云服务、个性化定制等新型模式,培育一批智慧企业,开展典型示范应用。

2.绿色制造。发展绿色化设计技术、基础加工工艺技术、机电产品开发技术、再制造与再资源化技术等,构建基于产品全生命周期的绿色制造技术体系,开展绿色制造技术和装备的推广应用和产业示范。

3.智能装备与先进工艺。开展非传统制造工艺与流程、重大装备可靠性与智能化水平等关键技术研究,研制一批代表性智能加工装备、先进工艺装备和重大智能成套装备,引领装备的智能化升级。

4.光电子制造关键装备。开展新型光通信器件、半导体照明、高效光伏电池、MEMS(微机电系统)传感器、柔性显示、新型功率器件、下一代半导体材料制备等新兴产业关键制造装备研发,提升新兴领域核心装备自主研发能力。

5.智能机器人。开展下一代机器人技术、智能机器人学习与认知、人机自然交互与协作共融等前沿技术研究,攻克核心部件关键技术,工业机器人实现产业化,服务机器人实现产品化,特种机器人实现批量化应用。

6.增材制造。开展高性能金属结构件激光增材制造控形控性等基础理论研究,攻克高效高精度激光增材制造熔覆喷头等核心部件,研发金属、非金属及生物打印典型工艺装备,构建相对完善的增材制造技术创新与研发体系。

7. 激光制造。开展超快脉冲、超大功率激光制造等理论研究,突破激光制造关键技术,研发高可靠长寿命激光器核心功能部件、国产先进激光器以及高端激光制造工艺装备,开发先进激光制造应用技术和装备。

8. 制造基础技术与关键部件。研究关键基础件、基础工艺等基础前沿技术,建立健全基础数据库,完善技术标准体系和工业试验验证平台,研制一批高端产品,提高重点领域和重大成套装备配套能力。

9. 工业传感器。开展工业传感器核心器件、智能仪器仪表、传感器集成应用等技术攻关,加强工业传感器技术在智能制造体系建设中的应用,提升工业传感器产业技术创新能力。

四、发展新材料技术

围绕重点基础产业、战略性新兴产业和国防建设对新材料的重大需求,加快新材料技术突破和应用。发展先进结构材料技术,重点是高温合金、高品质特殊钢、先进轻合金、特种工程塑料、高性能纤维及复合材料、特种玻璃与陶瓷等技术及应用。发展先进功能材料技术,重点是第三代半导体材料、纳米材料、新能源材料、印刷显示与激光显示材料、智能/仿生/超材料、高温超导材料、稀土新材料、膜分离材料、新型生物医用材料、生态环境材料等技术及应用。发展变革性的材料研发与绿色制造新技术,重点是材料基因工程关键技术与支撑平台,短流程、近终形、高能效、低排放为特征的材料绿色制造技术及工程应用。

专栏 7　新材料技术

1. 重点基础材料。着力解决基础材料产品同质化、低值化,环境负荷重、能源效率低、资源瓶颈制约等重大共性问题,突破基础材料的设计开发、制造流程、工艺优化及智能化绿色化改造等关键技术和国产化装备,开展先进生产示范。

2. 先进电子材料。以第三代半导体材料与半导体照明、新型显示为核心,以大功率激光材料与器件、高端光电子与微电子材料为重点,推动跨界技术整合,抢占先进电子材料技术的制高点。

3. 材料基因工程。构建高通量计算、高通量实验和专用数据库三大平台,研发多层次跨尺度设计、高通量制备、高通量表征与服役评价、材料大数据四大关键技术,实现新材料研发由传统的"经验指导实验"模式向"理论预测、实验验证"新模式转变,在五类典型新材料的应用示范上取得突破,实现新材料研发周期缩短一半、研发成本降低一半的目标。

4. 纳米材料与器件。研发新型纳米功能材料、纳米光电器件及集成系统、纳米生物医用材料、纳米药物、纳米能源材料与器件、纳米环境材料、纳米安全与检测技术等,突破纳米材料宏量制备及器件加工的关键技术与标准,加强示范应用。

5. 先进结构材料。以高性能纤维及复合材料、高温合金为核心,以轻质高强材料、金属基和陶瓷基复合材料、材料表面工程、3D打印材料为重点,解决材料设计与结构调控的重大科学问题,突破结构与复合材料制备及应用的关键共性技术,提升先进结构材料的保障能力和国际竞争力。

6. 先进功能材料。以稀土功能材料、先进能源材料、高性能膜材料、功能陶瓷、特种玻璃等战略新材料为重点,大力提升功能材料在重大工程中的保障能力;以石墨烯、高端碳纤维为代表的先进碳材料、超导材料、智能/仿生/超材料、极端环境材料等前沿新材料为突破口,抢占材料前沿制高点。

五、发展清洁高效能源技术

大力发展清洁低碳、安全高效的现代能源技术，支撑能源结构优化调整和温室气体减排，保障能源安全，推进能源革命。发展煤炭清洁高效利用和新型节能技术，重点加强煤炭高效发电、煤炭清洁转化、燃煤二氧化碳捕集利用封存、余热余压深度回收利用、浅层低温地能开发利用、新型节能电机、城镇节能系统化集成、工业过程节能、能源梯级利用、"互联网+"节能、大型数据中心节能等技术研发及应用。发展可再生能源大规模开发利用技术，重点加强高效低成本太阳能电池、光热发电、太阳能供热制冷、大型先进风电机组、海上风电建设与运维、生物质发电供气供热及液体燃料等技术研发及应用。发展智能电网技术，重点加强特高压输电、柔性输电、大规模可再生能源并网与消纳、电网与用户互动、分布式能源以及能源互联网和大容量储能、能源微网等技术研发及应用。稳步发展核能与核安全技术及其应用，重点是核电站安全运行、大型先进压水堆、超高温气冷堆、先进快堆、小型核反应堆和后处理等技术研发及应用。实施"科技冬奥"行动计划，为奥运专区及周边提供零碳/低碳、经济智慧的能源解决方案。

专栏8　清洁高效能源技术

1. 煤炭安全清洁高效开发利用与新型节能。突破燃煤发电技术，实现火电厂平均供电煤耗每千瓦时305克标煤，煤制清洁燃气关键技术和装备的国产化水平达到90%以上。突破煤炭污染控制技术，常规污染物在现有水平上减排50%。开展燃烧后二氧化碳捕集实现百万吨/年的规模化示范。

2. 可再生能源与氢能技术。开展太阳能光伏、太阳能热利用、风能、生物质能、地热能、海洋能、氢能、可再生能源综合利用等技术方向的系统、部件、装备、材料和平台的研究。

3. 核安全和先进核能。开展先进核燃料、乏燃料后处理、放射性废物处理、严重事故、风险管理、数值反应堆、电站老化与延寿、超高温气冷堆、先进快堆、超临界水冷堆、新型模块化小堆等研究。

4. 智能电网。研制±1100千伏直流和柔性直流输电成套装备，建成±1100千伏特高压直流输电示范工程。实现2.5亿千瓦风电、1.5亿千瓦光伏的并网消纳，建成百万用户级供需互动用电系统等。

5. 建筑节能。突破超低能耗建筑技术标准和建筑能耗评价体系，研究节能集成技术、高效冷却技术等基础性技术，研发主动式/被动式多能源协调高效利用系统、新型采光与高效照明等应用关键技术，降低能源消耗。

六、发展现代交通技术与装备

面向建设"安全交通、高效交通、绿色交通、和谐交通"重大需求，大力发展新能源、高效能、高安全的系统技术与装备，完善我国现代交通运输核心技术体系，培育新能源汽车、高端轨道交通、民用航空等新兴产业。重点发展电动汽车智能化、网联化、轻量化技术及自动驾驶技术，发展具有国际竞争力的高速列车、高中速磁浮、快捷货运技术与装备，发展轨道交通的安全保障、智能化、绿色化技术，研发运输管理前沿技术，提升交通运输业可持续发展能力和"走出去"战略支撑能力。

> **专栏9　现代交通技术与装备**
>
> 1. 新能源汽车。实施"纯电驱动"技术转型战略，根据"三纵三横"研发体系，突破电池与电池管理、电机驱动与电力电子、电动汽车智能化技术、燃料电池动力系统、插电/增程式混合动力系统、纯电动力系统的基础前沿和核心关键技术，完善新能源汽车能耗与安全性相关标准体系，形成完善的电动汽车动力系统技术体系和产业链，实现各类电动汽车产业化。
>
> 2. 轨道交通。在轨道交通系统安全保障、综合效能提升、可持续性和互操作等方向，形成以新架构、新材料、新能源和跨国互联互通为特征的核心技术、关键装备、集成应用与标准规范。加强高速列车、高速磁浮、中速磁浮、联合运输、快捷货运、高速货运等方面的关键技术与装备研发，满足泛欧亚铁路互联互通要求，实现轨道交通系统全生命周期运营成本、运营安全水平、单位周转量能耗水平国际领先。
>
> 3. 海洋运输。突破绿色、智能船舶核心技术，形成船舶运维智能化技术体系，研制一批高技术、高性能船舶和高效通用配套产品，为提升我国造船、航运整体水平，培育绿色船舶、智能船舶等产业提供支撑。
>
> 4. 航空运输技术与装备。开展未来民机产品概念方案（新构型、新能源、超声速）论证研究，突破气动声学与低噪声设计、先进航电、飞控技术、先进多电、飞发一体化设计等技术，为提高民机产品竞争力提供支撑。瞄准航空运输服务低空空域开放、通用航空发展、航空应急救援体系建立所需的技术基础，围绕安全、高效、绿色航空器和航空运输系统两条主线，掌握通航飞机、协同空管、机场运控技术等重点方向前沿核心技术。
>
> 5. 综合交通运输与智能交通。以提供高效、便捷、可持续交通为目标，突破交通信息精准感知与可靠交互、交通系统协同式互操作、泛在智能化交通服务等共性关键技术。重点解决综合交通信息服务、交通系统控制优化、城市交通控制功能提升与设计问题，促进交通运输业与相关产业的融合发展。

七、发展先进高效生物技术

瞄准世界科技前沿，抢抓生物技术与各领域融合发展的战略机遇，坚持超前部署和创新引领，以生物技术创新带动生命健康、生物制造、生物能源等创新发展，加快推进我国从生物技术大国到生物技术强国的转变。重点部署前沿共性生物技术、新型生物医药、绿色生物制造技术、先进生物医用材料、生物资源利用、生物安全保障、生命科学仪器设备研发等任务，加快合成生物技术、生物大数据、再生医学、3D生物打印等引领性技术的创新突破和应用发展，提高生物技术原创水平，力争在若干领域取得集成性突破，推动技术转化应用并服务于国家经济社会发展，大幅提高生物经济国际竞争力。

> **专栏10　先进高效生物技术**
>
> 1. 前沿共性生物技术。加快推进基因组学新技术、合成生物技术、生物大数据、3D生物打印技术、脑科学与人工智能、基因编辑技术、结构生物学等生命科学前沿关键技术突破，加强生物产业发展及生命科学研究核心关键装备研发，提升我国生物技术前沿领域原创水平，抢占国际生物技术竞争制高点。
>
> 2. 新型生物医药技术。开展重大疫苗、抗体研制、免疫治疗、基因治疗、细胞治疗、干细胞与再生医学、人体微生物组解析及调控等关键技术研究，研发一批创新医药生物制品，构建具有国际竞争力的医药生物技术产业体系。

3. 生物医用材料。以组织替代、功能修复、智能调控为方向,加快3D生物打印、材料表面生物功能化及改性、新一代生物材料检验评价方法等关键技术突破,重点布局可组织诱导生物医用材料、组织工程产品、新一代植入介入医疗器械、人工器官等重大战略性产品,提升医用级基础原材料的标准,构建新一代生物医用材料产品创新链,提升生物医用材料产业竞争力。

4. 绿色生物制造技术。开展重大化工产品的生物制造、新型生物能源开发、有机废弃物及气态碳氧化物资源的生物转化、重污染行业生物过程替代等研究,突破原料转化利用、生物工艺效率、生物制造成本等关键技术瓶颈,拓展工业原材料新来源和开发绿色制造新工艺,形成生物技术引领的工业和能源经济绿色发展新路线。

5. 生物资源利用技术。聚焦战略生物资源的整合、挖掘与利用,推进人类遗传资源的系统整合与深度利用研究,构建国家战略生物资源库和信息服务平台,扩大资源储备,加强开发共享,掌握利用和开发的主动权,为生物产业可持续发展提供资源保障。

6. 生物安全保障技术。开展生物威胁风险评估、监测预警、检测溯源、预防控制、应急处置等生物安全相关技术研究,建立生物安全相关的信息和实体资源库,构建高度整合的国家生物安全防御体系。

八、发展现代食品制造技术

遵循现代食品制造业高科技、智能化、多梯度、全利用、低能耗、高效益、可持续的国际发展趋势,围绕标准化加工、智能化控制、健康型消费等重大产业需求,以现代加工制造为主线,加快高效分离、质构重组、物性修饰、生物制造、节能干燥、新型杀菌等工程化技术研发与应用;攻克连续化、自动化、数字化、工程化成套装备制造技术,突破食品产业发展的装备制约;重视食品质量安全,聚焦食品源头污染问题日益严重、过程安全控制能力薄弱、监管科技支撑能力不足等突出问题,重点开展监测检测、风险评估、溯源预警、过程控制、监管应急等食品安全防护关键技术研究;围绕发展保鲜物流,开展智能冷链物流、绿色防腐保鲜、新型包装控制、粮食现代储备、节粮减损等产业急需技术研发;以营养健康为目标,突破营养功能组分稳态化保持与靶向递送、营养靶向设计与健康食品精准制造、主食现代化等高新技术。力争到2020年,在营养优化、物性修饰、智能加工、低碳制造、冷链物流、全程控制等技术领域实现重大突破,形成较为完备的现代食品制造技术体系,支撑我国现代食品制造业转型升级和持续发展。

专栏11　现代食品制造技术

1. 加工制造。开展新型节能干燥、超微粉碎、冷冻冷藏、杀菌包装等共性技术研究,突破物性重构、风味修饰、质构重组、低温加工和生物制造等关键技术,攻克绿色加工、低碳制造和品质控制等核心技术,有效支撑食品加工产业技术升级。

2. 机械装备。开展食品装备的机械物性、数字化设计、信息感知、仿真优化等新方法、新原理研究,研发非热加工、新型杀菌、高效分离、自动包装等共性装备,节能挤压、高效干燥、连续焙烤、3D打印等关键装备,以及连续化、自动化、智能化和工程化成套加工装备,为食品装备升级换代提供支撑。

3. 质量安全。开展食品品质评价与系统识别、危害因子靶向筛查与精准确证、多重风险分析与暴露评估、在线监测与快速检测、安全控制原理和工艺、监管和应急处置等共性技术研究,重点突破食品风险因子非定向筛查、快速检测核心试剂高效筛选、体外替代毒性测试、致病生物全基因溯源、全产业链追溯

> 与控制、真伪识别等核心技术,加强食品安全防护关键技术研究,强化食品安全基础标准研究,加强基于互联网新兴业态的监管技术研究,构建全产业链质量安全技术体系。
>
> 4.保鲜物流。开展物流过程中食品品质保持、损耗控制、货架期延长等共性技术研究,突破环境因子精准控制、品质劣变智能检测与控制、新型绿色包装等关键技术,加强粮食现代储备关键技术装备研发,开展粮食流通节粮减损关键技术研发和示范,掌握智能冷链物流、绿色防腐保鲜等核心技术,构建我国食品冷链物流新模式,推动食品保鲜物流产业跨越式发展。
>
> 5.营养健康。开展食品营养品质调控、营养组学与抗慢性疾病机理研究,突破营养功能组分筛选、稳态化保持、功效评价等关键技术,掌握营养功能组分高效运载及靶向递送、营养代谢组学大数据挖掘等核心技术,以及基于改善肠道微生态的营养靶向设计与新型健康食品精准制造技术,加强主食营养健康机理与现代化关键技术研发,开发多样性和个性化营养健康食品,有力支撑全民营养健康水平提升。

九、发展支撑商业模式创新的现代服务技术

面向"互联网+"时代的平台经济、众包经济、创客经济、跨界经济、分享经济的发展需求,以新一代信息和网络技术为支撑,加强现代服务业技术基础设施建设,加强技术集成和商业模式创新,提高现代服务业创新发展水平。围绕生产性服务业共性需求,重点推进电子商务、现代物流、系统外包等发展,增强服务能力,提升服务效率,提高服务附加值。加强网络化、个性化、虚拟化条件下服务技术研发与集成应用,加强文化产业关键技术研发。大力开展服务模式创新,重点发展数字文化、数字医疗与健康、数字生活、教育与培训等新兴服务业。围绕企业技术创新需求,加快推进工业设计、文化创意和相关产业融合发展,提升我国重点产业的创新设计能力。

十、发展引领产业变革的颠覆性技术

加强产业变革趋势和重大技术的预警,加强对颠覆性技术替代传统产业拐点的预判,及时布局新兴产业前沿技术研发,在信息、制造、生物、新材料、能源等领域,特别是交叉融合的方向,加快部署一批具有重大影响、能够改变或部分改变科技、经济、社会、生态格局的颠覆性技术研究,在新一轮产业变革中赢得竞争优势。重点开发移动互联、量子信息、人工智能等技术,推动增材制造、智能机器人、无人驾驶汽车等技术的发展,重视基因编辑、干细胞、合成生物、再生医学等技术对生命科学、生物育种、工业生物领域的深刻影响,开发氢能、燃料电池等新一代能源技术,发挥纳米技术、智能技术、石墨烯等对新材料产业发展的引领作用。

第六章 健全支撑民生改善和可持续发展的技术体系

围绕改善民生和促进可持续发展的迫切需求,加大资源环境、人口健康、新型城镇化、公共安全等领域核心关键技术攻关和转化应用的力度,为形成绿色发展方式和生活方式,全面提升人民生活品质提供技术支撑。

一、发展生态环保技术

以提供重大环境问题系统性技术解决方案和发展环保高新技术产业体系为目标,形成源头控制、清洁生产、末端治理和生态环境修复的成套技术。加强大气污染形成机理、污染源追踪与解析关键技术研究,提高空气质量预报和污染预警技术水平;加强重要水体、水源地、源头区、水源涵养区等水质监测与预报预警技术体系建设;突破饮用水质健康风险控制、地下水污染防治、污废水资源化能源化与安全利用、垃圾处理及清洁焚烧发电、放射性废物处理处置等关键技术;开展土壤污染机制和风险评估等基础性研究,完善土壤环境监测与污染预警关键技术;加强环境基准研究;开展环境监测新技术和新方法研究,健全生态环境监测技术体系。提高生态环境监测立体化、自动化、智能化水平,推进陆海统筹、天地一体、上下协同、信息共享的生态环境监测网络建设。

突破生态评估、产品生态设计和实现生态安全的过程控制与绿色替代关键技术。开发环境健康风险评估与管理技术、高风险化学品的环境友好替代技术,开展重大工程生态评价与生态重建技术研究。在京津冀地区、长江经济带等重点区域开展环境污染防治技术应用试点示范,促进绿色技术转移转化,加强环保高新技术产业园区建设,推动形成区域环境治理协同创新共同体。开发生态环境大数据应用技术,建立智慧环保管理和技术支撑体系。力争实现生态环保技术的跨越发展,为我国环境污染控制、质量改善和环保产业竞争力提升提供科技支撑。

专栏12 生态环保技术
1.大气污染防治。加强灰霾和臭氧形成机理、来源解析、迁移规律及监测预警研究,为污染治理提供科学支撑,加强大气污染与人群健康关系的研究,加强脱硫、脱硝、高效除尘、挥发性有机物控制、柴油机(车)排放净化、环境监测等技术研发,建设大气污染排放控制及空气质量技术体系,开展大气联防联控技术示范,支撑重点区域空气质量改善,保障国家重大活动环境质量。
2.土壤污染防治。针对农田土壤污染、工业用地污染、矿区土壤污染等治理,开展土壤环境基准、土壤环境容量与承载能力、污染物迁移转化规律、污染生态效应、重金属低积累作物和修复植物筛选,以及土壤污染与农产品质量、人体健康关系等方面研究。推进土壤污染诊断、风险管控、治理与修复等共性关键技术研发。
3.水环境保护。加快研发废水深度处理、生活污水低成本高标准处理、海水淡化和工业高盐废水脱盐、饮用水微量有毒污染物处理、地下水污染修复、危险化学品事故和水上溢油应急处置等技术,开展有机物和重金属等水环境基准、水污染对人体健康影响、新型污染物风险评价、水环境损害评估、高品质再生水补充饮用水水源等研究。
4.清洁生产。针对工农业污染排放和城市污染,研究钢铁、化工等生态设计、清洁生产、污染减量等技术,研究环境友好产品、清洁生产与循环经济技术政策及标准体系。
5.生态保护与修复。围绕国家"两屏三带"生态安全屏障建设,以森林、草原、湿地、荒漠等生态系统为对象,研究关键区域主要生态问题演变规律、生态退化机理、生态稳定维持等理论,研究生态保护与修复、监测与预警技术;开发岩溶地区、青藏高原、长江黄河中上游、黄土高原、重要湿地、荒漠及荒漠化地区、三角洲与海岸带区、南方红壤丘陵区、塔里木流域盐碱地、农牧交错带和矿产开采区等典型生态脆弱区治理技术,研发应对城市开发建设区域造成的生态破碎化、物种栖息地退化治理技术,开发适宜的生态产业技术,支撑生态退化区域可持续发展,提升陆地生态系统服务能力。

6. 化学品环境风险防控。结合我国化学品产业结构特点及化学品安全需要,加强化学品危害识别、风险评估与管理、化学品火灾爆炸及污染事故预警与应急控制等技术研究,研发高风险化学品的环境友好替代、高放废物深地质处置、典型化学品生产过程安全保障等关键技术,构建符合我国国情的化学品整合测试策略技术框架,全面提升我国化学品环境和健康风险评估及防控技术水平。

7. 环保产业技术。推动环保技术研发、示范、推广,发展环保产业新业态、新模式、新机制,建设绿色技术标准体系,推广"城市矿产"、"环境医院"、"库布其治沙产业"等模式,加快先进环保技术产业化。

8. 重大自然灾害监测预警与风险控制。针对地震、地质、气象、水利、海洋等重大环境自然灾害,加快天气中长期精细化数值预报、全球海洋数值预报、雾霾数值预报、地质灾害监测预警、洪涝与旱灾监测预警、地震监测预警、森林火灾监测预警与防控、沙尘暴监测预警等系统研究,提升重大自然灾害监测预警与风险评估能力。

9. 全球环境变化应对。突破温室气体排放控制、生物多样性保护、生物安全管理、化学品风险管理、臭氧层保护、荒漠化防治、湿地保护等技术瓶颈,解决污染物跨国境输送机制、国际履约谈判等中的科学问题,提升我国履行国际环境公约的能力。

二、发展资源高效循环利用技术

以保障资源安全供给和促进资源型行业绿色转型为目标,大力发展水资源、矿产资源的高效开发和节约利用技术。在水土资源综合利用、国土空间优化开发、煤炭资源绿色开发、天然气水合物探采、油气与非常规油气资源开发、金属资源清洁开发、盐湖与非金属资源综合利用、废物循环利用等方面,集中突破一批基础性理论与核心关键技术,重点研发一批重大关键装备,构建资源勘探、开发与综合利用理论及技术体系,解决我国资源可持续发展保障、产业转型升级面临的突出问题;建立若干具有国际先进水平的基础理论研究与技术研发平台、工程转化与技术转移平台、工程示范与产业化基地,逐步形成与我国经济社会发展水平相适应的资源高效利用技术体系,为建立资源节约型环境友好型社会提供强有力的科技支撑。

专栏13 资源高效循环利用技术

1. 水资源高效开发利用。围绕提升国家水资源安全保障科技支撑能力,发展工业节水、综合节水和非常规水资源开发利用技术与设备,研究水资源综合配置战略、水工程建设与运行、安全和应急管理技术,发展水沙联合调控、河口治理及河湖生态安全保护技术,开展水资源系统智能调度与精细化管理等研究,构建水资源综合利用理论技术体系和示范推广平台,跻身国际水资源研究先进行列。

2. 煤炭资源绿色开发。围绕"安全、绿色、智能"目标,开展煤炭绿色资源勘探、大型矿井快速建井、安全绿色开采、煤机装备智能化、低品质煤提质、煤系伴生资源协同开发、矿区全物质循环规划与碳排放控制等理论与技术攻关,推动生态矿山、智慧矿山以及煤炭清洁加工与综合利用重大科技示范工程建设,促进煤炭集约化开发,为煤炭产业转变发展方式、提质增效提供强大的科技支撑。

3. 油气与非常规油气资源开发。围绕国家能源安全需求,针对复杂环境、低品位、老油田挖潜和深层油气资源四大领域,通过钻井、采油、储运等关键技术与装备攻关,研发一批具有自主知识产权的重大高端装备、工具、软件、材料和成套技术,为油气资源高效勘探开发和清洁利用提供技术支撑。

4. 金属和非金属资源清洁开发与利用。研究复杂矿清洁选冶、"三废"综合利用等金属矿产资源高效开发技术,研究稀有金属、稀土元素及稀散元素构成的矿产资源保护性开发技术,研究放射性资源高效提取、盐湖资源综合利用、非金属资源高值化等重要战略资源保护开发技术,解决金属矿产资源选冶过程中环境污染严重、物耗高、资源综合利用率低等问题。

5. 废物循环利用。研究资源循环基础理论与模型,研发废物分类、处置及资源化成套技术装备,重点推进大宗固废源头减量与循环利用、生物质废弃物高效利用、新兴城市矿产精细化高值利用等关键技术与装备研发,加强固废循环利用管理与决策技术研究。加强典型区域循环发展集成示范,实施"十城百座"废物处置技术示范工程。

三、发展人口健康技术

紧密围绕健康中国建设需求,突出解决重大慢病防控、人口老龄化应对等影响国计民生的重大问题,以提升全民健康水平为目标,系统加强生物数据、临床信息、样本资源的整合,统筹推进国家临床医学研究中心和疾病协同研究网络建设,促进医研企结合开展创新性和集成性研究,加快推动医学科技发展。重点部署疾病防控、精准医学、生殖健康、康复养老、药品质量安全、创新药物开发、医疗器械国产化、中医药现代化等任务,加快慢病筛查、智慧医疗、主动健康等关键技术突破,加强疾病防治技术普及推广和临床新技术新产品转化应用,建立并完善临床医学技术标准体系。力争到2020年,形成医养康护一体化、连续性的健康保障体系,为提高医疗服务供给质量、加快健康产业发展、助推医改和健康中国建设提供坚实的科技支撑。

专栏14 人口健康技术

1. 重大疾病防控。聚焦心脑血管疾病、恶性肿瘤、代谢性疾病、呼吸系统疾病、精神神经系统疾病等重大慢病,消化、口腔、眼耳鼻喉等常见多发病,包虫、疟疾、血吸虫病等寄生虫疾病,以及伤害预防与救治技术等,加强基础研究、临床转化、循证评价、示范应用一体化布局,突破一批防治关键技术,开发一批新型诊疗方案,推广一批适宜技术,有效解决临床实际问题和提升基层服务水平。

2. 精准医学关键技术。把握生物技术和信息技术融合发展机遇,建立百万健康人群和重点疾病病人的前瞻队列,建立多层次精准医疗知识库体系和国家生物医学大数据共享平台,重点攻克新一代基因测序技术、组学研究和大数据融合分析技术等精准医疗核心关键技术,开发一批重大疾病早期筛查、分子分型、个体化治疗、疗效预测及监控等精准化应用解决方案和决策支持系统,推动医学诊疗模式变革。

3. 生殖健康及出生缺陷防控。解决我国出生缺陷防控、不孕不育和避孕节育等方面的突出问题,建立覆盖全国的育龄人口和出生人口队列,建立国家级生物信息和样本资源库,研发一批基层适宜技术和创新产品,全面提升出生缺陷防控科技水平,保障育龄人口生殖健康,提高出生人口素质。

4. 数字诊疗装备。以早期、精准、微创诊疗为方向,重点推进多模态分子成像、新型磁共振成像系统、新型X射线计算机断层成像、新一代超声成像、低剂量X射线成像、复合窥镜成像、新型显微成像、大型放射治疗装备、手术机器人、医用有源植入式装置等产品研发,加快推进数字诊疗装备国产化、高端化、品牌化。

5. 体外诊断产品。突破微流控芯片、单分子检测、自动化核酸检测等关键技术,开发全自动核酸检测系统、高通量液相悬浮芯片、医用生物质谱仪、快速病理诊断系统等重大产品,研发一批重大疾病早期诊断和精确治疗诊断试剂以及适合基层医疗机构的高精度诊断产品,提升我国体外诊断产业竞争力。

6. 健康促进关键技术。以定量监测、精准干预为方向,围绕健康状态辨识、健康风险预警、健康自主干预等环节,重点攻克无创检测、穿戴式监测、生物传感、健康物联网、健康危险因素干预等关键技术和产品,加强国民体质监测网络建设,构建健康大数据云平台,研发数字化、个性化的行为/心理干预、能量/营养平衡、功能代偿/增进等健康管理解决方案,加快主动健康关键技术突破和健康闭环管理服务研究。

7. 健康服务技术。推动信息技术与医疗健康服务融合创新,突破网络协同、分布式支持系统等关键技术,制定并完善隐私保护和信息安全标准及技术规范,建立基于信息共享、知识集成、多学科协同的集成式、连续性疾病诊疗和健康管理服务模式,推进"互联网+"健康医疗科技示范行动,实现优化资源配置、改善就医模式和强化健康促进的目标。

8. 药品质量安全。瞄准临床用药需求,完善化学仿制药一致性评价技术体系,开展高风险品种、儿童用药、辅助用药的质量和疗效评价,以及药品不良反应监测和评估、药品质量控制等研究,提高我国居民的用药保障水平,提升药品安全风险防控能力。

9. 养老助残技术。以智能服务、功能康复、个性化适配为方向,突破人机交互、神经—机器接口、多信息融合与智能控制等关键技术,开发功能代偿、生活辅助、康复训练等康复辅具产品,建立和完善人体心理、生理等方面功能的综合评估监测指标体系和预警方法,建立和完善促进老龄健康的干预节点和适宜技术措施,建立和完善养老服务技术标准体系和解决方案。

10. 中医药现代化。加强中医原创理论创新及中医药的现代传承研究,加快中医四诊客观化、中医药治未病、中药材生态种植、中药复方精准用药等关键技术突破,制定一批中医药防治重大疾病和疑难疾病的临床方案,开发一批中医药健康产品,提升中医药国际科技合作层次,加快中医药服务现代化和大健康产业发展。

四、发展新型城镇化技术

围绕新型城镇化领域的瓶颈制约,针对绿色、智慧、创新、人文、紧凑型城市建设,以系统工程理念为出发点,尊重城市发展规律,创新和改进规划方法,把生态环境承载力、历史文脉传承、绿色低碳等理念融入规划设计全过程,通过科技创新统筹引领城市规划、建设、管理等各个环节,研发系统性技术解决方案。加强城镇区域发展动态监测、城镇布局和形态功能优化、城镇基础设施功能提升、城镇用地节约集约和低效用地再开发、城市地下综合管廊、地下空间合理布局与节约利用、城市信息化与智慧城市等关键技术研发,加强绿色生态基础设施和海绵城市建设技术研发,着力恢复城市自然生态;加强建筑节能、室内外环境质量改善、绿色建筑及装配式建筑等的规划设计、建造、运维一体化技术和标准体系研究,发展近零能耗和既有建筑改造技术体系,推进和提升节地、节能、节水、节材和环保技术在城市建设中的应用推广;加强文化遗产保护传承和公共文化、体育健身等公共服务关键技术研究,培育教育、文化、体育、旅游等城市创新发展新业态,推动历史文脉延续和人文城市建设。力争到2020年形成较为完备的新型城镇化建设和发展理论体系、共性关键技术和标准规范体系,推动城镇可持续人居环境建设和公共服务功能提升,有力保障中国特色新型城镇化建设。

> **专栏15　新型城镇化技术**
>
> 1.城镇功能提升和协调发展。开展城镇空间规划、基础设施建设和功能提升、城镇用地节约集约和低效用地再开发等关键技术研发及示范,形成城镇规划建设管理和基础设施功能提升的技术体系与装备,突破城市地下综合管廊建设关键技术及装备、支撑城市地下基础设施管网建设的地质勘测技术、城市生态修复和有机更新技术、市政管线建设—探测—维护—修复和运行技术、城镇电—气—热能源系统结构布局和管网优化技术,推动海绵城市、绿色城市、智慧城市建设和城市精细化管理,优化城镇化布局和形态,构建综合性城市管理数据库和基础设施智能管控系统,推动智慧住区、社区和园区建设,全面推进区域人居环境优化提质和城市文脉传承,为建设绿色、智慧、创新、人文、紧凑型城市提供科技支撑。
>
> 2.绿色建筑与装配式建筑研究。加强绿色建筑规划设计方法与模式、近零能耗建筑、建筑新型高效供暖解决方案研究,建立绿色建筑基础数据系统,研发室内环境保障和既有建筑高性能改造技术。加强建筑信息模型、大数据技术在建筑设计、施工和运维管理全过程研发应用。加强装配式建筑设计理论、技术体系和施工方法研究。研究装配式混凝土结构、钢结构、木结构和混合结构技术体系、关键技术和通用化、标准化、模数化部品部件。研究装配式装修集成技术。构建装配式建筑的设计、施工、建造和检测评价技术及标准体系,开发耐久性好、本质安全、轻质高强的绿色建材,促进绿色建筑及装配式建筑实现规模化、高效益和可持续发展。
>
> 3.文化遗产保护与公共文化服务。加强文化遗产认知、保护、监测、利用、传承等技术研发与示范,支撑文化遗产价值挖掘,支撑馆藏文物、重要遗产地、墓葬、壁画等的保护,支撑智慧博物馆、"平安故宫"工程建设和"中华古籍保护计划"实施,促进世界遗产和风景名胜区的管理、保护和利用。加强文化设施空间与服务的技术研究应用,促进公共文化资源开放共享。开展竞技体育和体育装备关键技术研发与示范,促进全民健康水平提高和体育产业发展。

五、发展可靠高效的公共安全与社会治理技术

围绕平安中国建设,以建立健全公共安全体系为导向,以提高社会治理能力和水平为目的,针对公共安全共性基础科学问题、国家公共安全综合保障、社会安全监测预警与控制、重特大生产安全事故防控与生产安全保障、国家重大基础设施安全保障、城镇公共安全风险防控与治理、综合应急技术装备等方面开展公共安全保障关键技术攻关和应用示范,形成主动保障型公共安全技术体系。聚焦地震灾害、地质灾害、气象灾害、水旱灾害、海洋灾害等重大自然灾害基础理论问题,重点灾种的关键技术环节和巨灾频发与高危险区域,开展重大自然灾害监测预警、风险防控与综合应对关键科学技术问题基础研究、技术研发和集成应用示范。运用现代科技改进社会治理方法和手段,开展社会治理公共服务平台多系统和多平台信息集成共享、政策仿真建模和分析技术研究,开展社会基础信息、信用信息等数据共享交换关键技术和综合应用技术研究。力争到2020年,形成较为完备、可靠、高效的公共安全与社会治理技术体系,为经济社会持续稳定安全发展提供科技保障。

> **专栏16　公共安全与社会治理技术**
>
> 1.公共安全风险防控与应急技术装备。开展公共安全预防准备、监测预警、态势研判、救援处置、综合保障等关键技术研发和应用示范,加强国家公共安全综合保障平台、公共安全视频监控与智能化应用技术、超深井超大矿山安全开采技术、口岸突发事件应急处置技术等的研发,推动一批自主研发重大应急技术装备投入使用,为单位国内生产总值生产安全事故死亡率下降30%、全面提升公共安全保障能力提供科技支撑。
>
> 2.重大灾害风险监测与防范。深化对地球内动力演化、海陆空多尺度耦合影响重大自然灾害发生的科学认知,发展天地空一体化观测关键技术,提升危险性分析、风险评估和灾害情景预测分析的精细化和精准度。加强高效数值模拟等技术研发,提升预警与灾情快速评估时效及精度。加强相关仪器设备研制和业务平台构建,强化各级政府防灾、抗灾、救灾决策支撑能力,提高社会防范能力,有效减轻重大自然灾害人员和财产损失。
>
> 3.社会治理与社会安全关键技术研发和应用示范。加强社会基础信息共享利用、城乡社区综合服务管理平台、社会组织、流动人口、贫困人群和特殊人群监测、就业创业和流动人才管理服务一体化集成等技术研发和应用示范,强化社会安全基础信息综合应用、社会治安综合治理信息数据共享交换、立体化社会治安防控、新型犯罪侦查等技术研发和应用示范,构建社会安全立体防控技术体系。

第七章　发展保障国家安全和战略利益的技术体系

围绕国家和人类长远发展需求,加强海洋、空天以及深地极地空间拓展的关键技术突破,提升战略空间探测、开发和利用能力,为促进人类共同资源有效利用和保障国家安全提供技术支撑。

一、发展海洋资源高效开发、利用和保护技术

按照建设海洋强国和"21世纪海上丝绸之路"的总体部署和要求,坚持以强化近海、拓展远海、探查深海、引领发展为原则,重点发展维护海洋主权和权益、开发海洋资源、保障海上安全、保护海洋环境的重大关键技术。开展全球海洋变化、深渊海洋科学等基础科学研究,突破深海运载作业、海洋环境监测、海洋油气资源开发、海洋生物资源开发、海水淡化与综合利用、海洋能开发利用、海上核动力平台等关键核心技术,强化海洋标准研制,集成开发海洋生态保护、防灾减灾、航运保障等应用系统。通过创新链设计和一体化组织实施,为深入认知海洋、合理开发海洋、科学管理海洋提供有力的科技支撑。加强海洋科技创新平台建设,培育一批自主海洋仪器设备企业和知名品牌,显著提升海洋产业和沿海经济可持续发展能力。

> **专栏17　海洋资源开发利用技术**
>
> 1.深海探测。围绕实施深海安全战略的科技需求,突破全海深(最大深度11000米)潜水器研制,形成1000—7000米级潜水器作业应用能力。研制深远海油气勘探开发装备,加快大洋海底矿产资源勘探及试开采进程,初步形成"透明海洋"技术体系,为我国深海资源开发利用提供科技支撑。

2. 海洋环境安全保障。发展近海环境质量监测传感器和仪器系统、深远海动力环境长期持续观测重点仪器装备，研发海洋环境数值预报模式，提高海洋环境灾害及突发事件的预报预警水平和应急处置能力，解决国家海洋环境安全保障平台建设中的关键技术问题，构建海洋环境与资源开发标准计量体系，提升我国海洋环境安全保障能力。

3. 海洋生物资源可持续开发利用。围绕海洋生物科学研究和蓝色经济发展需求，针对海洋特有的群体资源、遗传资源、产物资源，在科学问题认知、关键技术突破、产业示范应用三个层面，一体化布局海洋生物资源开发利用重点任务创新链，培育与壮大我国海洋生物产业，全面提升海洋生物资源可持续开发创新能力。

4. 海水淡化与综合利用。突破低成本、高效能海水淡化系统优化设计、成套和施工各环节的核心技术；研发海水提钾、海水提溴和溴系镁系产品的高值化深加工成套技术与装备，建成专用分离材料和装备生产基地；突破环境友好型大生活用海水核心共性技术，积极推进大生活用海水示范园区建设。

5. 大型海洋工程装备。突破超深水半潜式钻井平台和生产平台、浮式液化天然气生产储卸装置和存储再气化装置、深水钻井船、深水勘察船、极地科考破冰船等海洋工程装备及其配套设备设计制造技术，形成自主研发和设计制造能力，建立健全研发、设计、制造和标准体系。

二、发展空天探测、开发和利用技术

发展新一代空天系统技术和临近空间技术，提升卫星平台和载荷能力以及临近空间持久信息保障能力，强化空天技术对国防安全、经济社会发展、全球战略力量部署的综合服务和支撑作用。增强空天综合信息应用水平与技术支撑能力，拓展我国地球信息产业链。加强空间科学新技术新理论研究，开展空间探测活动。开展新机理新体制遥感载荷与平台、空间辐射基准与传递定标、超敏捷卫星与空天地智能组网、全球空间信息精准获取与定量化应用、高精度全物理场定位与智能导航、泛在精确导航与位置服务、量子导航、多源多尺度时空大数据分析与地球系统模拟、地理信息系统在线可视化服务、空间核动力等核心关键技术研究及示范应用。全面提升航天运输系统技术能力，开展新概念运输系统技术研究。

专栏18 空天探测、开发和利用技术

1. 空间科学卫星系列。开展依托空间科学卫星系列的基础科学前沿研究，围绕已发射暗物质粒子探测卫星等任务，在暗物质、量子力学完备性、空间物理、黑洞、微重力科学和空间生命科学等方面取得重大科学发现与突破。研制太阳风—磁层相互作用全景成像卫星、爱因斯坦探针卫星、全球水循环观测卫星、先进天基太阳天文台卫星等，争取在2020年前后发射，为在地球空间耦合规律、引力波电磁对应体探测、全球变化与水循环、太阳磁层与爆发活动之间关系等方面取得原创性成果奠定基础，引领带动航天尖端技术发展。

2. 深空探测。围绕太阳系及地月系统起源与演化、小行星和太阳活动对地球的影响、地外生命信息探寻等重大科学问题，以提升我国深空探测与科学研究能力水平为目标，力争获取一批原创性科学成果。2018年发射嫦娥四号，实施世界首次月球背面着陆巡视探测。2020年完成小行星、木星系、月球后续等深空探测工程方案深化论证和关键技术攻关。

3. 首次火星探测。围绕火星环境、地质等研究和生命信息探寻等科学问题，按照"一步实现绕落巡、二步完成取样回"的发展路线，到2020年发射首颗火星探测器，突破火星环绕和进入、着陆与巡视核心关键技术，通过一次发射实现火星环绕和着陆巡视探测，开展火星全球性、综合性的科学探测，高起点完成首次火星探测任务，实现我国月球以远深空探测能力的突破。

4. 地球观测与导航。突破信息精准获取、定量遥感应用等关键技术和复杂系统集成共性技术,开展地球观测与导航前瞻性技术及理论、共性关键技术、应用示范等技术研究,为构建综合精准、自主可控的地球观测与导航信息应用技术系统奠定基础。

5. 新型航天器。突破分布式可重构弹性空间体系与技术体制、分布式可重构航天器协同测控和能量传输等关键技术;加强超强性能航天器平台、可维修可重复使用卫星、空间机器人等技术研发;面向下一代新型空间系统建设,开发智能高品质新型卫星平台等。推进我国空间体系战略转型、空间探测新机制、空间技术前沿理论与自主核心技术发展。

6. 重型运载火箭。围绕深空探测、载人登月等大规模空间活动任务需求,研制近地轨道运载能力百吨级重型运载火箭,2020年前突破10米级大直径箭体结构、500吨级液氧煤油和220吨级液氢液氧两型大推力火箭发动机等核心关键技术,确定合理可行的总体方案。全面开展工程组织实施,带动一系列高新技术集群突破。

三、发展深地极地关键核心技术

围绕深地极地探测开发的技术需求,重点研究深地资源勘探理论和技术装备,开展极地环境观测和资源开发利用。从构造背景、深部过程、成矿规律、勘探技术和成矿信息提取等方面开展全链条研究,深化对成矿过程的全面理解,提高深部资源探测能力,构建深地资源保障供应的资源可持续发展模式。研究海冰—海洋—大气的耦合变化机理和极区环境变化对全球的影响,重点研究对我国气候和灾害性天气的影响机理;探索和了解极区的油气、矿产、渔业、航道资源并评估资源潜力和商业价值;开发耐低温环境的仪器装备,发展极区自动观测网的组网技术,形成对极区的持续观测能力;通过在极区观测网、海底资源开发、深冰芯钻探等领域的国际合作,探索设立大型极区国际合作研究计划,提高我国极地科研水平和技术保障条件。

专栏19 深地极地技术

1. 深地资源勘探。揭示成矿系统的三维结构与时空展布规律,构建深部矿产预测评价体系,拓展深地矿产开采理论与技术,开发矿产资源勘探关键技术与装备,实现深部油气资源8000—10000米、矿产资源1000—3000米的勘探能力,建立3000米深度矿产资源勘查实践平台、深层油气和铀矿资源勘查实践平台。

2. 极区环境观测。开展极区冰雪观测、冰盖运动与物质平衡,极区环境过程观测与生物地球化学循环,极区生物的生命特征、生态系统及其演替,极区海洋沉积物结构及古气候、古环境变化等方面研究。建立两极海冰—海洋—大气相互作用、协同集成的观测系统,开发极区环境信息服务平台,形成我国认识极地的多学科数据源。

3. 极区变化对全球及我国气候的影响。研究极区环流、海冰—海洋—大气耦合变化及其气候效应,研究南极深冰芯记录、北极冰冻圈演变过程、极区空间天气大气过程的相互作用及其对全球气候变化和我国气候与灾害性天气过程的影响。

4. 极区资源探测与利用。开展极区地质构造及潜在矿产资源探测,极区油气和天然气水合物资源探测,加强北极航道环境适航性探查与安全保障。

5. 我国主导的大型极区国际合作计划。实施北极长期观测计划、南大洋长期观测计划、南极深冰探测联合研究计划,提升我国在极区国际地缘政治中的影响力和话语权。

四、发展维护国家安全和支撑反恐的关键技术

强化科技对国家应对传统安全和非传统安全紧迫需求的支撑,支持信息安全、网络安全、生物安全、反恐、保密等方面关键核心技术研发。

第三篇 增强原始创新能力

围绕增加创新的源头供给,持续加强基础研究,布局建设重大科技创新基地,壮大创新型科技人才队伍,力争在更多领域引领世界科学前沿发展方向,为人类科技进步作出更多贡献。

第八章 持续加强基础研究

坚持面向国家重大需求和世界科学前沿,坚持鼓励自由探索和目标导向相结合,加强重大科学问题研究,完善基础研究体制机制,补好基础研究短板,增强创新驱动源头供给,显著提升我国的科学地位和国际影响力。

一、加强自由探索与学科体系建设

面向基础前沿,遵循科学规律,进一步加大对好奇心驱动基础研究的支持力度,引导科学家将学术兴趣与国家目标相结合,鼓励科学家面向重大科学研究方向,勇于攻克最前沿的科学难题,提出更多原创理论,作出更多原创发现。切实加大对非共识、变革性创新研究的支持力度,鼓励质疑传统、挑战权威,重视可能重塑重要科学或工程概念、催生新范式或新学科新领域的研究。

加强学科体系建设。重视数学、物理学、化学、天文学、地学、生命科学等基础学科,推动学科持续发展;加强信息、生物、纳米等新兴学科建设,鼓励开展跨学科研究,促进学科交叉与融合;重视产业升级与结构调整所需解决的核心科学问题,推进环境科学、海洋科学、材料科学、工程科学和临床医学等应用学科发展。各学科论文总量和论文被引用数进一步增长,部分学科学术影响力达到世界领先。

二、强化目标导向的基础研究和前沿技术研究

面向我国经济社会发展中的关键科学问题、国际科学研究发展前沿领域以及未来可能产生变革性技术的科学基础,统筹优势科研队伍、国家科研基地平台和重大科技基础设施,超前投入、强化部署目标导向的基础研究和前沿技术研究。

聚焦国家重大战略任务部署基础研究。面向国家重大需求、面向国民经济主战场,针对

事关国计民生、产业核心竞争力的重大战略任务,凝练现代农业、人口健康、资源环境和生态保护、产业转型升级、节能环保和新能源、新型城镇化等领域的关键科学问题,促进基础研究与经济社会发展需求紧密结合,为创新驱动发展提供源头供给。

专栏20　面向国家重大战略任务重点部署的基础研究

1. 农业生物遗传改良和可持续发展。
2. 能源高效洁净利用与转化的物理化学基础。
3. 面向未来人机物融合的信息科学。
4. 地球系统过程与资源、环境和灾害效应。
5. 新材料设计与制备新原理和新方法。
6. 极端环境条件下的制造。
7. 重大工程复杂系统的灾变形成及预测。
8. 航空航天重大力学问题。
9. 医学免疫学问题。

面向世界科学前沿和未来科技发展趋势,选择对提升持续创新能力带动作用强、研究基础和人才储备较好的战略性前瞻性重大科学问题,强化以原始创新和系统布局为特点的大科学研究组织模式,部署基础研究重点专项,实现重大科学突破、抢占世界科学发展制高点。

专栏21　战略性前瞻性重大科学问题

1. 纳米科技。
2. 量子调控与量子信息。
3. 蛋白质机器与生命过程调控。
4. 干细胞及转化。
5. 依托大科学装置的前沿研究。
6. 全球变化及应对。
7. 发育的遗传与环境调控。
8. 合成生物学。
9. 基因编辑。
10. 深海、深地、深空、深蓝科学研究。
11. 物质深层次结构和宇宙大尺度物理研究。
12. 核心数学及应用数学。
13. 磁约束核聚变能发展。

以实现重点科技领域的战略领先为目标,面向未来有望引领人类生活和工业生产实现跨越式发展的前沿方向,建立变革性技术科学基础的培育机制,加强部署基因编辑、材料素化、神经芯片、超构材料、精准介观测量等方面的基础研究和超前探索,通过科学研究的创新和突破带动变革性技术的出现和发展,为未来我国产业变革和经济社会可持续发展提供科学储备。

三、组织实施国际大科学计划和大科学工程

面向基础研究领域和重大全球性问题,结合我国发展战略需要、现实基础和优势特色,积极参与国际大科学计划和大科学工程。加强顶层设计,长远规划,择机布局,重点在数理天文、生命科学、地球环境科学、能源以及综合交叉等我国已相对具备优势的领域,研究提出未来5至10年我国可能组织发起的国际大科学计划和大科学工程。调动国际资源和力量,在前期充分研究基础上,力争发起和组织若干新的国际大科学计划和大科学工程,为世界科学发展作出贡献。

专栏22　国际大科学计划和大科学工程

1. 国际热核聚变实验堆(ITER)计划。全面参与ITER计划国际组织管理,提升我国核聚变能源研发能力;以参加ITER计划为契机,带动更多国内相关机构参与国际研发,提升我国参与大科学工程项目管理的能力,树立我国参与国际大科学工程项目管理的典范。

2. 平方公里阵列射电望远镜(SKA)计划。积极参与SKA计划政府间正式谈判,继续深入参与SKA国际工作包研发并确保我国工业界在SKA-1建设中的优势地位,在国内部署开展科学预研及推动设立SKA-1专项。

3. 地球观测组织(GEO)。构建综合地球观测领域全球合作体系,主导亚洲大洋洲区域全球综合地球观测系统(GEOSS)的建设,运行我国全球综合地球观测数据共享服务平台,向全球发布专题报告。选择"一带一路"区域开展遥感产品生产与示范应用。

4. 国际大洋发现计划(IODP)。瞄准国际前沿科学问题,验证大陆破裂形成海洋的重大理论假说,解决南海北部油气勘探开发中的关键问题。创新参与模式,提高我国的主导作用。

5. 发起实施国际大科学计划和大科学工程。在数理天文、生命科学、地球环境科学、能源以及综合交叉等领域选择全球共同关心的重大科学问题,发起实施若干国际大科学计划和大科学工程,并在其中发挥重要作用。

四、加强国家重大科技设施建设

聚焦能源、生命、粒子物理和核物理、空间和天文、海洋、地球系统和环境等领域,以提升原始创新能力和支撑重大科技突破为目标,依托高等学校、科研院所布局建设一批重大科技基础设施,支持依托重大科技基础设施开展科学前沿问题研究。加强运行管理,推动大科学装置等重大科技基础设施与国家实验室等紧密结合,强化大科学装置等国家重大科技基础设施绩效评估,促进开放共享。围绕生态保障、现代农业、气候变化和灾害防治等国家需求,建设布局一批野外科学观测研究站,完善国家野外观测站体系,推动野外科学观测研究站的多能化、标准化、规范化和网络化建设运行,促进联网观测和协同创新。

五、开展重大科学考察与调查

面向重要科学问题、农业可持续发展、生态恢复与重建、自然灾害的防灾减灾、国家权益

维护和重大战略需求,组织开展跨学科、跨领域、跨区域的重大科学考察与调查,获得一批基础性、公益性、系统性、权威性的科技资源。在我国重要地理区、生态环境典型区、国际经济合作走廊以及极地、大洋等重点、特殊和空白地区,开展科学考察与调查,摸清自然本底和动态变化状况,为原始性创新、重大工程建设和国家决策提供支撑。

专栏23　科学考察与调查

1. 重大综合科学考察。在我国重要地理区、生态环境典型区等重点、特殊和空白地区,开展地理、地质、生态、环境、生物、农业、林业、海洋、健康等多领域多要素的科学考察与调查,采集、收集科技基础资源,摸清自然本底和动态变化状况。

2. 南北极科学考察。围绕极区快速变化及其对区域和全球气候、环境、生态以及人类活动影响等重要方向,依托极地科考站、科考船和综合立体观测系统,开展极地雪冰、资源环境、海洋沉积、极光和电离层特征、地质构造等科学考察与调查,提高对极地系统的科学新认知,提升极地科学研究的能力与水平。

3. 种质资源普查与收集。开展全国范围内的种质资源普查和征集,开展典型区域的种质资源系统调查,抢救性收集各类栽培作物的古老地方品种、重要作物的野生近缘植物以及其他珍稀、濒危野生植物种质资源等,丰富种质资源的数量和多样性。

4. 科学调查。开展岩石、地层、古生物、构造、矿产、水文、环境、地貌、地球化学、重点疾病等科学调查,获取相关学科研究所需基础资料和信息。

六、加强基础研究协同保障

完善基础研究投入机制,提高基础研究占全社会研发投入比例,充分发挥国家对基础研究投入的主体作用,加大中央财政对基础研究的支持力度,加大对基础学科、基础研究基地和基础科学重大设施的稳定支持。强化政策环境、体制机制、科研布局、评价导向等方面的系统设计,多措并举支持基础研究。积极引导和鼓励地方政府、企业和社会力量加大对基础研究的投入,形成全社会重视和支持基础研究的合力。

加强顶层设计和整体布局,完善国家基础研究管理部门之间的沟通协调机制,按照新的国家科技计划体系对基础研究工作进行系统性部署和支持。发挥国家自然科学基金支持源头创新的重要作用,充分尊重科学家的学术敏感,包容和支持非共识研究,构建宽松包容的学术环境。国家重点研发计划以及基地和人才专项加强支持开展目标导向类基础研究和协同创新,建立按照国家目标凝练基础研究重点任务的有效机制,进行长期稳定支持。

推进科教融合发展,结合国际一流科研机构、世界一流大学和一流学科建设,支持高等学校与科研机构自主布局基础研究,扩大高等学校与科研机构学术自主权和个人科研选题选择权,支持一批高水平大学和科研院所组建跨学科、综合交叉的科研团队,促进高等学校和科研院所全面参与基础研究,推进基础研究全面、协调、可持续发展。

改善学术环境,建立符合基础研究特点和规律的评价机制。自由探索类基础研究采用长周期评价机制,实行国际同行评估,主要评价研究的原创性和学术贡献;目标导向类基础研究强调目标实现程度,主要评价解决重大科学问题的效能;确立以创新质量和学术贡献为核心的评价导向。

第九章　建设高水平科技创新基地

紧密围绕国家战略需求,大力推进以国家实验室为引领的科技创新基地建设,加强基地优化整合,创新运行机制,促进科技资源开放共享,夯实自主创新的物质技术基础。

一、优化国家科研基地和平台布局

以提升科技创新能力为目标,着眼长远和全局,统筹科研基地、科技资源共享服务平台和科研条件保障能力建设,坚持优化布局、重点建设、分层管理、规范运行的原则,围绕国家战略和创新链布局需求对现有国家科研基地平台进行合理归并,优化整合为战略综合类、技术创新类、科学研究类、基础支撑类等,进一步明确功能定位和目标任务。战略综合类主要是国家实验室。技术创新类包括国家技术创新中心、国家临床医学研究中心,以及对现有国家工程技术研究中心、国家工程研究中心、国家工程实验室、企业国家重点实验室等优化整合后形成的科研基地。科学研究类主要是国家重点实验室。基础支撑类包括国家野外科学观测研究站、科技资源服务平台等基础性、公益性基地和平台。

以国家实验室为引领统筹布局国家科研基地建设,推动地方和部门按照国家科研基地总体布局,建设适合区域发展和行业特色的科技创新基地,形成国家、部门、地方分层次的合理构架。进一步完善管理运行机制,加强评估考核,强化稳定支持。

二、在重大创新领域布局建设国家实验室

聚焦国家目标和战略需求,优先在具有明确国家目标和紧迫战略需求的重大领域,在有望引领未来发展的战略制高点,面向未来、统筹部署,布局建设一批突破型、引领型、平台型一体的国家实验室。以重大科技任务攻关和国家大型科技基础设施为主线,依托最有优势的创新单元,整合全国创新资源,聚集国内外一流人才,探索建立符合大科学时代科研规律的科学研究组织形式、学术和人事管理制度,建立目标导向、绩效管理、协同攻关、开放共享的新型运行机制,同其他各类科研机构、大学、企业研发机构形成功能互补、良性互动的协同创新新格局。加大持续稳定支持强度,开展具有重大引领作用的跨学科、大协同的创新攻关,打造体现国家意志、具有世界一流水平、引领发展的重要战略科技力量。

三、推进国家科学研究与技术创新基地建设

瞄准科学前沿和重点行业领域发展方向,加强以国家重点实验室为重要载体的科学研究基地建设,在孕育原始创新、推动学科发展和前沿技术研发方面发挥重要作用,在若干学科领域实现并跑和领跑,产出国际一流成果。根据国家科技计划管理改革的整体要求,按照国家科研基地顶层设计,对现有国家重点实验室进行优化布局,重点在前沿交叉、优势特色学科择优建设一批国家重点实验室,推进省部共建、军民共建及港澳伙伴实验室建设发展工

作。完善运行管理制度和机制,强化定期评估考核和调整,形成具有持续创新活力、能进能出的重要科学研究基地。

聚焦国家战略产业技术领域,建设综合性、集成性,面向全球竞争、开放协同的国家技术创新中心。面向行业和产业发展需求,整合国家工程技术研究中心和国家工程研究中心,完善布局,实行动态调整和有序退出机制。在先进制造、现代农业、生态环境、社会民生等重要领域建设高水平的技术创新和成果转化基地。建成若干国家临床研究中心和覆盖全国的网络化、集群化协同研究网络,促进医学科技成果转化应用。

四、强化科技资源开放共享与服务平台建设

加强平台建设系统布局,形成涵盖科研仪器、科研设施、科学数据、科技文献、实验材料等的科技资源共享服务平台体系,强化对前沿科学研究、企业技术创新、大众创新创业等的支撑,着力解决科技资源缺乏整体布局、重复建设和闲置浪费等问题。整合和完善科技资源共享服务平台,更好满足科技创新需求。建立健全共享服务平台运行绩效考核、后补助和管理监督机制。深入开展重点科技资源调查,完善国家科技资源数据库建设,强化科技资源挖掘加工、评价鉴定等。面向国家重大需求提供高水平专题服务。建立科技资源信息公开制度,完善科学数据汇交和共享机制,加强科技计划项目成果数据的汇交。

专栏24　科技资源共享服务

1. 科研仪器共享服务平台。完善科研仪器国家网络管理平台建设,对国家财政购置的各类科研仪器设备进行集约式管理,积极推动面向科研院所、企业及全社会开放共享,为科学研究和创新创业提供支撑保障。

2. 科研设施共享服务平台。充分发挥国家重大科研基础设施、大型科学装置和科研设施、野外科学观测研究站等重要公共科技资源的优势,推动面向科技界开放共享,为相关学科发展提供支撑保障。

3. 科学数据共享服务平台。加强各类科学数据的整合和质量控制,完善科学数据汇交机制,推动科学数据的汇聚和更新,加工形成专题数据产品,面向国家重大战略需求提供科学数据支撑。

4. 科技文献共享服务平台。扩大科技文献信息资源采集范围,建立长期保存制度,建设面向重大科技发展方向的语义知识组织体系,提升科技资源大数据语义揭示、开放关联和知识发现的支撑能力,全面构建适应大数据环境和知识服务需求的国家科技文献信息保障服务体系。

5. 生物(种质)资源与实验材料共享服务平台。重点加强实验动物、标准物质、科研试剂、特殊人类遗传资源、基因、细胞、微生物菌种、植物种质、动物种质、岩矿化石标本、生物标本等资源的收集、整理、保藏工作,提高资源质量,提升资源保障能力和服务水平。

五、提升科研条件保障能力

以提升原始创新能力和支撑重大科技突破为目标,加强大型科学仪器设备、实验动物、科研试剂、创新方法等保障研究开发的科研条件建设,夯实科技创新的物质和条件基础,提升科研条件保障能力。强化重大科研仪器设备、核心技术和关键部件研制与开发,推动科学仪器设备工程化和产业化技术研究;强化国家质量技术基础研究,支持计量、标准、检验检测、认证认可等技术研发,加强技术性贸易措施研究;加强实验动物品种培育、模型创制及相关设备的研发,全面推进实验动物标准化和质量控制体系建设;加强国产科研用试剂研发、应用与示范,研发一批填补国际空白、具有自主知识产权的原创性科研用试剂,不断满足我国科学技术研究和高端检测领域的需求;开展科技文献信息数字化保存、信息挖掘、语义揭示、知识计算等方面关键共性技术研发。

专栏 25　科研条件保障

1. 科学仪器设备。以关键核心技术和部件自主研发为突破口,聚焦高端通用和专业重大科学仪器设备研发、工程化和产业化,研制一批核心关键部件,显著降低核心关键部件对外依存度,明显提高高端通用科学仪器的产品质量和可靠性,大幅提升我国科学仪器行业核心竞争力。

2. 国家质量技术基础。研发具有国际水平的计量、标准、检验检测和认证认可技术,提升我国国际互认计量测量能力,参与和主导研制国际标准,突破一批检验检测检疫认证新技术,实现国家质量技术基础总体水平与发达国家并跑,个别领域达到领跑。

3. 实验动物。开展实验动物新资源和新品种培育,加快人源化和复杂疾病动物模型创制与应用,新增一批新品种、新品系,资源总量接近发达国家水平;开展动物实验新技术和新设备开发,加强实验动物标准化体系建设,为人类健康和公共安全提供有效技术保障。

4. 科研试剂。重点围绕人口健康、资源环境以及公共安全领域需求,加强高端检测试剂、高纯试剂、高附加值专有试剂研发,研发一批具有自主知识产权的原创性试剂;开展科研用试剂共性测试技术研究,加强技术标准建设,完善质量体系,提升科研用试剂保障能力。

第十章　加快培育集聚创新型人才队伍

人才是经济社会发展的第一资源,是创新的根基,创新驱动实质上是人才驱动。深入实施人才优先发展战略,坚持把人才资源开发放在科技创新最优先的位置,优化人才结构,构建科学规范、开放包容、运行高效的人才发展治理体系,形成具有国际竞争力的创新型科技人才制度优势,努力培养造就规模宏大、结构合理、素质优良的创新型科技人才队伍,为建设人才强国作出重要贡献。

一、推进创新型科技人才结构战略性调整

促进科学研究、工程技术、科技管理、科技创业人员和技能型人才等协调发展,形成各类创新型科技人才衔接有序、梯次配备、合理分布的格局。深入实施国家重大人才工程,打造国家高层次创新型科技人才队伍。突出"高精尖缺"导向,加强战略科学家、科技领军人才的选拔和培养。加强创新团队建设,形成科研人才和科研辅助人才的梯队合理配备。加大对优秀青年科技人才的发现、培养和资助力度,建立适合青年科技人才成长的用人制度,增强科技创新人才后备力量。大力弘扬新时期工匠精神,加大面向生产一线的实用工程人才、卓越工程师和专业技能人才培养。培养造就一大批具有全球战略眼光、创新能力和社会责任感的企业家人才队伍。加大少数民族创新型科技人才培养和使用,重视和提高女性科技人才的比例。加强知识产权和技术转移人才队伍建设,提升科技管理人才的职业化和专业化水平。加大对新兴产业以及重点领域、企业急需紧缺人才的支持力度。研究制定国家重大战略、国家重大科技项目和重大工程等的人才支持措施。建立完善与老少边穷地区人才交流合作机制,促进区域人才协调发展。

二、大力培养和引进创新型科技人才

发挥政府投入引导作用,鼓励企业、高等学校、科研院所、社会组织、个人等有序参与人才资源开发和人才引进,更大力度引进急需紧缺人才,聚天下英才而用之。促进创新型科技人才的科学化分类管理,探索个性化培养路径。促进科教结合,构建创新型科技人才培养模式,强化基础教育兴趣爱好和创造性思维培养,探索研究生培养科教结合的学术学位新模式。深化高等学校创新创业教育改革,促进专业教育与创新创业教育有机结合,支持高等职业院校加强制造等专业的建设和技能型人才培养,完善产学研用结合的协同育人模式。鼓励科研院所和高等学校联合培养人才。

加大对国家高层次人才的支持力度。加快科学家工作室建设,鼓励开展探索性、原创性研究,培养一批具有前瞻性和国际眼光的战略科学家群体;形成一支具有原始创新能力的杰出科学家队伍;在若干重点领域建设一批有基础、有潜力、研究方向明确的高水平创新团队,提升重点领域科技创新能力;瞄准世界科技前沿和战略性新兴产业,支持和培养具有发展潜力的中青年科技创新领军人才;改革博士后制度,发挥高等学校、科研院所、企业在博士后研究人员招收培养中的主体作用,为博士后从事科技创新提供良好条件保障;遵循创业人才成长规律,拓宽培养渠道,支持科技成果转化领军人才发展。培育一批具备国际视野、了解国际科学前沿和国际规则的中青年科研与管理人才。

加大海外高层次人才引进力度。围绕国家重大需求,面向全球引进首席科学家等高层次创新人才,对国家急需紧缺的特殊人才,开辟专门渠道,实行特殊政策,实现精准引进。改进与完善外籍专家在华工作、生活环境和相关服务。支持引进人才深度参与国家计划项目、开展科技攻关,建立外籍科学家领衔国家科技项目的机制。开展高等学校和科研院所部分非涉密岗位全球招聘试点。完善国际组织人才培养推送机制。

优化布局各类创新型科技人才计划,加强衔接协调。统筹安排人才开发培养经费,调整和规范人才工程项目财政性支出,提高资金使用效益,发挥人才发展专项资金等政府投入的引导和撬动作用。推动人才工程项目与各类科研、基地计划相衔接。

三、健全科技人才分类评价激励机制

改进人才评价考核方式,突出品德、能力和业绩评价,实行科技人员分类评价。探索基础研究类科研人员的代表作同行学术评议制度,进一步发挥国际同行评议的作用,适当延长基础研究人才评价考核周期。对从事应用研究和技术开发的科研人员注重市场检验和用户评价。引导科研辅助和实验技术类人员提高服务水平和技术支持能力。完善科技人才职称评价体系,突出用人主体在职称评审中的主导作用,合理界定和下放职称评审权限,推动高等学校、科研院所和国有企业自主评审,探索高层次人才、急需紧缺人才职称直聘办法,畅通非公有制经济组织和社会组织人才申报参加职称评审渠道。做好人才评价与项目评审、机构评估的有机衔接。

改革薪酬和人事制度,为各类人才创造规则公平和机会公平的发展空间。完善科研事业单位收入分配制度,推进实施绩效工资,保证科研人员合理工资待遇水平,健全与岗位职责、工作业绩、实际贡献紧密联系和鼓励创新创造的分配激励机制,重点向关键岗位、业务骨干和作出突出贡献的人员倾斜。依法赋予创新领军人才更大的人财物支配权、技术路线决定权,实行以增加知识价值为导向的激励机制。积极推行社会化、市场化选人用人。创新科研事业单位选聘、聘用高端人才的体制机制,探索高等学校、科研院所负责人年薪制和急需紧缺等特殊人才协议工资、项目工资等多种分配办法。深化国家科技奖励制度改革,优化结构、减少数量、提高质量、强化奖励的荣誉性和对人的激励,逐步完善推荐提名制,引导和规范社会力量设奖。改进完善院士制度,健全院士遴选、管理和退出机制。

四、完善人才流动和服务保障机制

优化人力资本配置,按照市场规律让人才自由流动,实现人尽其才、才尽其用、用有所成。改进科研人员薪酬和岗位管理制度,破除人才流动障碍,研究制定高等学校、科研院所等事业单位科研人员离岗创业的政策措施,允许高等学校、科研院所设立一定比例的流动岗位,吸引具有创新实践经验的企业家、科技人才兼职,促进科研人员在事业单位和企业间合理流动。健全有利于人才向基层、中西部地区流动的政策体系。加快社会保障制度改革,完善科研人员在企业与事业单位之间流动时社保关系转移接续政策,为人才跨地区、跨行业、跨体制流动提供便利条件,促进人才双向流动。

针对不同层次、不同类型的人才,制定相应管理政策和服务保障措施。实施更加开放的创新型科技人才政策,探索柔性引智机制,推进和保障创新型科技人才的国际流动。落实外国人永久居留管理政策,探索建立技术移民制度。对持有外国人永久居留证的外籍高层次人才开展创办科技型企业等创新活动,给予其与中国籍公民同等待遇,放宽科研事业单位对外籍人员的岗位限制,放宽外国高层次科技人才取得外国人永久居留证的条件。推进内地与港澳台创新型科技人才的双向流动。加强对海外引进人才的扶持与保护,避免知识产权纠纷。健全创新人才维权援助机制,建立创新型科技人才引进使用中的知识产权鉴定机制。完善留学生培养支持机制,提高政府奖学金资助标准,扩大来华留学规模,优化留学生结构。鼓励和支持来华留学生和在海外留学生以多种形式参与创新创业活动。进一步完善教学科研人员因公临时出国分类管理政策。

拓展人才服务新模式。积极培育专业化人才服务机构,发展内外融通的专业性、行业性人才市场,完善对人才公共服务的监督管理。搭建创新型科技人才服务区域和行业发展的平台,探索人才和智力流动长效服务机制。

第四篇　拓展创新发展空间

统筹国内国际两个大局,促进创新资源集聚和高效流动。以打造区域创新高地为重点带动提升区域创新发展整体水平,深度融入和布局全球创新网络,全方位提升科技创新的国际化水平。

第十一章　打造区域创新高地

围绕推动地方实施创新驱动发展战略和落实国家区域发展总体战略,充分发挥地方在区域创新中的主体作用,优化发展布局,创新体制机制,集成优势创新资源,着力打造区域创新高地,引领带动区域创新水平整体跃升。

一、支持北京上海建设具有全球影响力的科技创新中心

支持北京发挥高水平大学和科研机构、高端科研成果、高层次人才密集的优势,建设具有强大引领作用的全国科技创新中心。鼓励开展重大基础和前沿科学研究,聚集世界级研究机构和创新团队,打造原始创新策源地。强化央地共建共享,建立跨区域科技资源服务平台,全面提升重点产业技术创新能力,积极培育新兴业态,形成全国"高精尖"产业集聚区。建设国家科技金融创新中心,推动科技人才、科研条件、金融资本、科技成果开放服务,在京津冀及全国创新驱动发展中发挥核心支撑和先发引领作用。构筑全球开放创新高地,打造全球科技创新的引领者和创新网络的关键枢纽。

支持上海发挥科技、资本、市场等资源优势和国际化程度高的开放优势,建设具有全球影响力的科技创新中心。瞄准世界科技前沿和顶尖水平,布局建设世界一流重大科技基础设施群。支持面向生物医药、集成电路等优势产业领域建设若干科技创新平台,形成具有国际竞争力的高新技术产业集群。鼓励政策先行先试,促进国家重大科技成果转化落地,吸引集聚全球顶尖科研机构、领军人才和一流创新团队,引导新型研发机构快速发展,培育创新创业文化。推进上海张江国家自主创新示范区、中国(上海)自由贸易试验区和全面创新改革试验区联动,全面提升科技国际合作水平。发挥上海在长江经济带乃至全国范围内的高端引领和辐射带动作用,打造全球科技创新网络重要枢纽,建设富有活力的世界创新城市。

二、推动国家自主创新示范区和高新区创新发展

紧密结合国家重大战略,按照"东转西进"的原则优化布局,依托国家高新区再建设一批国家自主创新示范区。大力提升国家自主创新示范区创新能力,发挥科教资源集聚优势,释放高等学校和科研院所创新效能,整合国内外创新资源,深化企业主导的产学研合作,着力提升战略性新兴产业竞争力,发挥在创新发展中的引领示范和辐射带动作用。支持国家自主创新示范区先行先试,全面深化科技体制改革和政策创新,结合功能提升和改革示范的需

求建设创新特区。加强政策总结评估,加快成熟试点政策向全国推广。

国家高新区围绕做实做好"高"和"新"两篇文章,加大体制机制改革和政策先行先试力度,促进科技、人才、政策等要素的优化配置,完善从技术研发、技术转移、企业孵化到产业集聚的创新服务和产业培育体系。稳步推进省级高新区升级,按照择优选择、以升促建、分步推进、特色鲜明的原则,推动国家高新区在全国大部分地级市布局,加快推进中西部地区高新区升级。建设创新型产业集群,发挥集群骨干企业创新示范作用,促进大中小企业的分工协作,引导跨区域跨领域集群协同发展。

加强国家农业科技园、国家现代农业科技示范区建设,布局一批农业高新技术产业示范区和现代农业产业科技创新中心,培育壮大农业高新技术企业,促进农业高新技术产业发展。

三、建设带动性强的创新型省市和区域创新中心

按照创新型国家建设的总体部署,发挥地方主体作用,加强中央和地方协同共建,有效集聚各方科技资源和创新力量,加快推进创新型省份和创新型城市建设,推动创新驱动发展走在前列的省份和城市率先进入创新型省市行列,依托北京、上海、安徽等大科学装置集中的地区建设国家综合性科学中心,形成一批具有全国乃至全球影响力的科学技术重要发源地和新兴产业策源地,在优势产业、优势领域形成全球竞争力。根据各地资源禀赋、产业特征、区位优势、发展水平等基础条件,突出优势特色,探索各具特色的创新驱动发展模式,打造形成若干具有强大带动力的区域创新中心,辐射带动周边区域创新发展。

四、系统推进全面创新改革试验

围绕发挥科技创新在全面创新中的引领作用,在京津冀、上海、安徽、广东、四川和沈阳、武汉、西安等区域开展系统性、整体性、协同性的全面创新改革试验,推动形成若干具有示范带动作用的区域性改革创新平台,形成促进创新的体制架构。支持改革试验区域统筹产业链、创新链、资金链和政策链,在市场公平竞争、知识产权、科技成果转化、金融创新、人才培养和激励、开放创新、科技管理体制等方面取得一批重大改革突破,在率先实现创新驱动发展方面迈出实质性步伐。在对8个区域改革试验总结评估的基础上,形成可复制的重大改革举措,向全国推广示范。

第十二章 提升区域创新协调发展水平

完善跨区域协同创新机制,引导创新要素聚集流动,构建跨区域创新网络,集中力量加大科技扶贫开发力度,充分激发基层创新活力。

一、推动跨区域协同创新

紧紧围绕京津冀协同发展需求,打造协同创新共同体。着力破解产业转型升级、生态环

保等重大科技问题,加快科技资源互联互通和开放共享,建立一体化技术交易市场,推动建设河北·京南科技成果转移转化示范区,促进产业有序对接,推动京津冀区域率先实现创新驱动发展。围绕长江经济带发展重大战略部署,着力解决流域生态保护和修复、产业转型升级的重大科技问题,促进长江经济带各地区技术转移、研发合作与资源共享,推动科技、产业、教育、金融等深度融合,提升创新发展整体水平。加速长三角、珠三角科技创新一体化进程,建设开放创新转型升级新高地。

打破区域体制机制障碍,促进创新资源流动,实现东中西部区域协同发展。支持东部地区率先实现创新驱动发展,更好发挥辐射带动作用。围绕东北地区等老工业基地振兴和中部崛起,加大对重点产业创新支持力度,提高创新资源配置的市场化程度,增强创新动力和活力。加快面向中西部地区的创新基地优化布局,发展特色优势学科和产业。加强对西部区域和欠发达地区的差别化支持,紧密对接革命老区、民族地区、边疆地区、贫困地区科技需求,加大科技援疆、援藏、援青以及对口支援力度,为跨越式发展和长治久安提供有力支撑。支持中西部地区结合发展需求探索各具特色的创新驱动发展模式,支持和推进甘肃兰白科技创新改革试验区、贵州大数据产业技术创新试验区、四川成都中韩创新创业园、云南空港国际科技创新园、宁夏沿黄经济带科技创新改革试验区等建设,优化创新创业环境,聚集创新资源,示范引领区域转型发展。深化部省会商机制,加大中央和地方科技资源的集成与协调。

二、加大科技扶贫开发力度

围绕打赢脱贫攻坚战,强化科技创新对精准扶贫精准脱贫的支撑作用,大力推进智力扶贫、创业扶贫、协同扶贫。推动科技人员支持边远贫困地区、边疆民族地区和革命老区建设,在贫困地区、革命老区转化推广一大批先进适用技术成果。加强科技园区和创新创业孵化载体建设,引导资本、技术、人才等创新创业资源向贫困地区集聚,鼓励和支持结合贫困地区资源和产业特色的科技型创业。支持做好片区扶贫,完善跨省协调机制。结合贫困地区需求,强化定点扶贫,实施"一县一团"、"一县一策",建设创新驱动精准脱贫的试验田和示范点。发挥科技在行业脱贫中的带动作用,重点扶持贫困地区特色优势产业发展壮大。

三、提升基层科技创新服务能力

进一步加强基层科技工作系统设计与指导,坚持面向基层、重心下移,统筹中央和地方科技资源支持基层科技创新。开展县域创新驱动发展示范,加强全国县(市)科技创新能力监测和评价。加强基层科技管理队伍建设,发展和壮大社会化创业服务,鼓励和培育多元化、个性化服务模式。深入推行科技特派员制度,发展壮大科技特派员队伍,培育发展新型农业经营和服务主体,健全农业社会化科技服务体系,鼓励创办领办科技型企业和专业合作社、专业技术协会,加大先进适用技术的推广应用力度。

> **专栏26　县域创新驱动发展示范**
>
> 1. 创新驱动发展示范县。选择有示范带动能力的特色县（市），重点开展科研单位与县（市）科技合作平台建设，培育壮大农业高新技术产业，发展县（市）科技成果转化与创新服务平台，加强创新驱动的考核评价。
> 2. 农业现代化科技示范县。选择农业现代化水平高、科技创新能力强、农业高新技术产业密集、科教资源丰富的县（市），创建农业现代化科技示范县，形成农业现代化发展样板。
> 3. 农村一二三产业融合发展示范县。选择农业资源、生物质资源、休闲农业资源丰富，产业基础好的县（市），发展"互联网＋"现代农业，延伸拓展农业产业链，促进农村一二三产业融合发展，拓展农业产业增值空间。

四、促进区域可持续发展

优化国家可持续发展实验区布局，针对不同类型地区经济、社会和资源环境协调发展的问题，开展创新驱动区域可持续发展的实验和示范。完善实验区指标与考核体系，加大科技成果转移转化力度，促进实验区创新创业，积极探索区域协调发展新模式。在国家可持续发展实验区基础上，围绕落实国家重大战略和联合国2030年可持续发展议程，以推动绿色发展为核心，创建国家可持续发展创新示范区，力争在区域层面形成一批现代绿色农业、资源节约循环利用、新能源开发利用、污染治理与生态修复、绿色城镇化、人口健康、公共安全、防灾减灾和社会治理的创新模式和典型。

第十三章　打造"一带一路"协同创新共同体

发挥科技创新合作对共建"一带一路"的先导作用，围绕沿线国家科技创新合作需求，全面提升科技创新合作层次和水平，打造发展理念相通、要素流动畅通、科技设施联通、创新链条融通、人员交流顺通的创新共同体。

一、密切科技沟通和人文交流

加强与"一带一路"沿线国家人文交流，扩大人员往来。与沿线国家共同培养科技人才，扩大杰出青年科学家来华工作计划规模，广泛开展先进适用技术、科技管理与政策、科技创业等培训。鼓励我国科技人员赴沿线国家开展科技志愿服务，解决技术问题，满足技术需求。合作开展科普活动，促进青少年科普交流。密切与沿线国家科技政策的交流与沟通，形成科技创新政策协作网络。

二、加强联合研发和技术转移中心建设

结合沿线国家的重大科技需求，鼓励我国科研机构、高等学校和企业与沿线国家相关机构合作，围绕重点领域共建联合实验室（联合研究中心），联合推进高水平科学研究，开展科技人才的交流与培养,促进适用技术转移和成果转化,构建长期、稳定的合作关系。充分发挥我国面向东盟、中亚、南亚和阿拉伯国家的国际技术转移中心,以及中国—以色列创新合作中心等的作用,共建一批先进适用技术示范与推广基地,促进与沿线国家技术交流合作与转移。合作建设一批特色鲜明的科技园区,探索多元化建设模式,搭建企业走出去平台。鼓励科技型企业在沿线国家创新创业,推动移动互联网、云计算、大数据、物联网等行业企业与沿线国家传统产业结合,促进新技术、新业态和新商业模式合作。

三、促进科技基础设施互联互通

加强适应性关键技术研发和技术标准对接,支撑铁路、公路联运联通,以及电网、信息通信网络互联互通,保障海上丝绸之路运输大通道建设。加快数据共享平台与信息服务设施建设,促进大型科研基础设施、科研数据和科技资源互联互通。持续推进大型科研基础设施国际开放,优先在"一带一路"沿线国家建立平台服务站点。建立地球观测与科学数据共享服务平台,实现亚太主要地球观测数据中心互联。搭建生物技术信息网络,促进沿线国家生物资源和技术成果数据库的共建共享。

四、加强与"一带一路"沿线国家的合作研究

积极开展重大科学问题和应对共同挑战的合作研究。加强在农业、人口健康、水治理、荒漠化与盐渍化治理、环境污染监控、海水淡化与综合利用、海洋和地质灾害监测、生态系统保护、生物多样性保护、世界遗产保护等重大公益性科技领域的实质性合作,推动在中医药、民族医药等领域开展生物资源联合开发、健康服务推广。在航空航天、装备制造、节水农业、生物医药、节能环保、新能源、信息、海洋等领域加强合作开发与产业示范,提升我国重点产业创新能力。加强"一带一路"区域创新中心建设,支持新疆建设丝绸之路经济带创新驱动发展试验区,支持福建建设 21 世纪海上丝绸之路核心区。

第十四章 全方位融入和布局全球创新网络

坚持以全球视野谋划和推动创新,实施科技创新国际化战略,积极融入和主动布局全球创新网络,探索科技开放合作新模式、新路径、新体制,深度参与全球创新治理,促进创新资源双向开放和流动,全方位提升科技创新的国际化水平。

一、完善科技创新开放合作机制

加强国家科技外交和科技合作的系统设计。深化政府间科技合作,分类制定国别战略,丰富新型大国关系的科技内涵,推进与科技发达国家建立创新战略伙伴关系,与周边国家打造互利合作的创新共同体,拓展对发展中国家科技伙伴计划框架。创新国际科技人文交流机制,丰富和深化创新对话机制,扩大对话范围,围绕研发合作、创新政策、技术标准、知识产权、跨国并购等开展深度沟通。加强与非洲、拉美等地区的科技合作。扩大科技援助规模,

创新援助方式,支持发展中国家加强科技创新能力建设。

加大国家科技计划开放力度,支持海外专家牵头或参与国家科技计划项目,参与国家科技计划与专项的战略研究、指南制定和项目评审等工作。与国外共设创新基金或合作计划。实施更加积极的人才引进政策,加快推进签证制度改革,围绕国家重大需求面向全球引进首席科学家等高层次科技创新人才,健全对外创新合作的促进政策和服务体系。

专栏27 科技创新开放合作机制

1. 创新对话。加强与主要国家、重要国际组织和多边机制围绕政策制定、科学合作和技术交流平台、重大国际研发任务等内容开展对话合作。鼓励和支持产业界深度参与,增进创新政策和实践交流,加深与高级别人文交流的有机衔接,拓展双边外交的新形态。

2. 科技伙伴计划。继续拓展中国—非洲科技伙伴计划、中国—东盟科技伙伴计划、中国—南亚科技伙伴计划、中国—上合组织科技伙伴计划、中国—金砖国家科技创新合作框架计划及中国—拉美科技伙伴计划,筹备启动中国—阿拉伯国家科技伙伴计划,打造与相关国家务实高效、充满活力的新型科技伙伴关系,重点加强科技人才培养、共建联合实验室(联合研究中心)、共建科技园区、共建技术示范推广基地、共建技术转移中心、推动科技资源共享、科技政策规划与咨询等方面的合作。

二、促进创新资源双向开放和流动

围绕国家重大科技需求,与相关领域具有创新优势的国家合作建设一批联合研究中心和国际技术转移中心。提升企业发展的国际化水平,鼓励有实力的企业采取多种方式开展国际科技创新合作,支持企业在海外设立研发中心、参与国际标准制定,推动装备、技术、标准、服务走出去。鼓励外商投资战略性新兴产业、高新技术产业、现代服务业,鼓励国外跨国公司、研发机构、研究型大学在华设立或合作设立高水平研发机构和技术转移中心。充分发挥国际科技合作基地的作用,与优势国家在相关领域合作建设高层次联合研究中心。推动我国科研机构和企业采取与国际知名科研机构、跨国公司联合组建等多种方式设立海外研发机构。发挥区域创新优势,推动地方建立国际科技创新合作中心。加强创新创业国际合作,深化科技人员国际交流,吸引海外杰出青年科学家来华工作、交流,开展国际青少年科普活动等。

专栏28 科技资源双向流动和开放

1. 政府间科技合作。完善政府间科技合作机制,落实双多边科技合作协定及涵盖科技合作的各类协议。分类部署与大国、周边国家、其他发达和发展中国家、国际组织和多边机制的科技合作。开展重大政府间合作。共同资助开展联合研发。支持科技人员交流。

2. 重大国际科技创新合作。重点推动农业农村、城镇化及城市发展、清洁能源和可再生能源、新一代电子信息及网络技术、地球观测与导航、新材料、先进制造、交通运输、资源环境、生物技术、海洋与极地、人口与健康、公共安全等领域的重大国际合作。促进在环保、气象预测、种质资源等领域的技术和设备引进,解决重大、核心和关键技术问题。

3. 国家国际科技合作基地。加强国际科技合作基地联盟建设。支持基地开展联合研究。开展国际培训、人才培养和信息服务。优化合作平台的集群建设。建立以国际科技与创新合作成果为导向的国际科技合作基地评估动态调整和重点资助机制。

三、加强与港澳台的科技创新合作

发挥港澳地区的独特科技优势和开放平台作用,利用港澳科技合作委员会机制,促进内地与港澳科技合作机制化与制度化。组织实施高水平科技创新合作项目,共建研发基地。推进科研设施向港澳台开放,支持港澳台青年科学家到内地开展短期合作研究,以互利共赢方式深化科技交流。充分发挥海峡西岸经济区、中国(福建)自由贸易试验区、平潭综合实验区、福厦泉国家自主创新示范区、昆山深化两岸产业合作试验区等的先行先试作用,打造科技创新合作平台。加快构建大陆与台湾、内地与港澳联合研发、人文交流、知识产权、技术转移转化等综合性合作平台。以高新区和大学科技园等为载体,深化和拓展与港澳台地区高等学校、科研院所、企业间科技研发和创新创业的合作。

专栏29　与港澳台科技创新合作重点
加强内地与港澳、大陆与台湾青年人创新创业及科技园区合作;出台优惠政策,为港澳台地区青年人来内地创新创业提供便利条件;鼓励和组织港澳台青年参加各类创新创业大赛和训练营活动;推动内地科技园区、众创空间与港澳台地区相关机构合作,扩大北京、天津、上海、广东与香港科技园的合作空间;支持内地大学与港澳大学合办大学科技园。

四、深度参与全球创新治理

积极参与重大国际科技合作规则制定,围绕各国重大关切和全球性挑战,创制国际科技合作公共产品,加快推动全球大型科研基础设施共享,主动设置全球性议题,提升对国际科技创新的影响力和制度性话语权。加强和优化驻外科技机构和科技外交官的全球布局。发挥民间组织在促进国际科技创新合作中的作用。争取和吸引国际组织在我国落户,鼓励设立新的国际组织,支持和推荐更多的科学家等优秀人才到国际科技组织交流和任职。

第五篇　推动大众创业万众创新

顺应大众创业、万众创新的新趋势,构建支撑科技创新创业全链条的服务网络,激发亿万群众创造活力,增强实体经济发展的新动能。

第十五章　全面提升科技服务业发展水平

以满足科技创新需求和促进创新创业为导向,建立健全科技服务体系,全面提升科技服务业的专业化、网络化、规模化、国际化发展水平。

一、提升全链条科技服务能力

围绕创新链完善服务链,大力发展专业科技服务和综合科技服务。重点发展研究开发、技术转移、检验检测认证、创业孵化、知识产权、科技咨询等业态,基本形成覆盖科技创新全链条的科技服务体系。充分运用现代信息和网络技术,依托各类科技创新载体,整合科技服务资源,推动技术集成创新和商业模式创新,积极培育科技服务新业态。优化科技服务业区域和行业布局,促进各类科技服务机构优势互补和信息共享,提升面向创新主体的协同服务能力。建立健全科技服务的标准体系,促进科技服务业规范化发展。壮大科技服务市场主体,培育一批拥有知名品牌的科技服务机构和龙头企业,形成一批科技服务产业集群。采取多种方式对符合条件的科技服务企业予以支持,以政府购买服务、后补助等方式支持公共科技服务发展,鼓励有条件的地方采用创业券、创新券等方式引导科技服务机构为创新创业企业和团队提供高质量服务。

二、建立统一开放的技术交易市场体系

加强全国技术市场一体化布局,探索建立统一的技术交易规范和流程。发展多层次技术交易市场体系,推进国家技术转移区域中心建设,加快形成国家技术交易网络平台;鼓励地方完善区域技术交易服务平台,突出区域和产业发展特色,统筹区域技术交易平台资源。支持技术交易机构探索基于互联网的在线技术交易模式,加强各类创新资源集成,提供信息发布、融资并购、公开挂牌、竞价拍卖、咨询辅导等线上线下相结合的专业化服务。鼓励技术交易机构创新服务模式,发展技术交易信息增值服务,为企业提供跨领域、跨区域、全过程的集成服务。大力培育技术经纪人,引导技术交易机构向专业化、市场化、国际化发展。

三、促进科技服务业国际化发展

强化科技服务机构全球资源链接能力,支持科技服务机构"走出去",通过海外并购、联合经营、设立分支机构等方式开拓国际市场。推动科技服务机构牵头组建以技术、专利、标准为纽带的国际化科技服务联盟。支持科技服务机构开展技术、人才等方面的国际交流合作,积极吸引国际科技服务人才来华工作、短期交流或举办培训。鼓励国外知名科技服务机构在我国设立分支机构或开展科技服务合作。支持国内科技服务机构与国外同行开展深层次合作,形成信息共享、资源分享、互联互通的国际科技服务协作网络。

第十六章 建设服务实体经济的创业孵化体系

围绕实体经济转型升级,加强专业化高水平的创新创业综合载体建设,完善创业服务功能,形成高效便捷的创业孵化体系。

一、建设各具特色的众创空间

推进众创空间向专业化、细分化方向发展,提升服务实体经济能力。围绕重点产业领域发展细分领域众创空间,促进成熟产业链与创新创业的结合,解决产业需求和行业共性技术难题。鼓励龙头骨干企业围绕主营业务方向建设众创空间,形成以龙头骨干企业为核心,高

等学校、科研院所积极参与,辐射带动中小微企业成长发展的产业创新生态群落。鼓励高等学校、科研院所围绕优势专业领域建设以科技人员为核心、成果转移转化为主要功能的专业化众创空间,增加源头技术供给,为科技型创新创业提供专业化服务。国家高新区、国家级经济技术开发区、国家现代农业示范区等发挥重点区域创新创业要素集聚优势,打造一批具有本地特色的众创空间。

二、发展面向农村创业的"星创天地"

加大"星创天地"建设力度,以农业科技园区、高等学校新农村发展研究院、科技型企业、科技特派员创业基地、农民专业合作社等为载体,通过市场化机制、专业化服务和资本化运作方式,利用线下孵化载体和线上网络平台,面向科技特派员、大学生、返乡农民工、职业农民等打造融合科技示范、技术集成、融资孵化、创新创业、平台服务于一体的"星创天地",营造专业化、社会化、便捷化的农村科技创业服务环境,推进一二三产业融合。

三、完善创业孵化服务链条

构建创新创业孵化生态系统,充分发挥大学科技园、科技企业孵化器在大学生创业中的载体作用,引导企业、社会资本参与投资建设孵化器。促进天使投资与创业孵化紧密结合,推广"孵化+创投"、创业导师等孵化模式,探索基于互联网的新型孵化方式。加强创业孵化服务的衔接,支持建立"创业苗圃+孵化器+加速器"的创业孵化服务链条,鼓励开源社区、开发者社群等各类互助平台发展,为培育新兴产业提供源头支撑。构建区域间孵化网络,促进孵化器跨区域协同发展。促进互联网孵化平台与实体经济的骨干企业合作,实现实体经济与虚拟经济融合发展。加强创业培训,提升创业孵化从业人员的专业化能力。提高创业孵化机构国际化水平,加强海外科技人才离岸创业基地建设,吸引更多的国际创新创业资源。鼓励通过开展创新创业大赛和大学生挑战赛等活动,加强创新创业项目与投资孵化机构对接。支持知识产权服务机构为创业孵化提供全链条知识产权服务。

第十七章 健全支持科技创新创业的金融体系

发挥金融创新对创新创业的重要助推作用,开发符合创新需求的金融产品和服务,大力发展创业投资和多层次资本市场,完善科技和金融结合机制,提高直接融资比重,形成各类金融工具协同融合的科技金融生态。

一、壮大科技创业投资规模

发展天使投资、创业投资、产业投资,壮大创业投资和政府创业投资引导基金规模,强化对种子期、初创期创业企业的直接融资支持。全面实施国家科技成果转化引导基金,吸引优秀创业投资管理团队联合设立一批创业投资子基金。充分发挥国家新兴产业创业投资引导基金和国家中小企业发展基金的作用,带动社会资本支持高新技术产业发展。研究制定天使投资相关法规,鼓励和规范天使投资发展。引导保险资金投资创业投资基金,加大对外资创业投资企业的支持力度,引导境外资本投向创新领域。

二、发展支持创新的多层次资本市场

支持创新创业企业进入资本市场融资,完善企业兼并重组机制,鼓励发展多种形式的并购融资。深化创业板市场改革,健全适合创新型、成长型企业发展的制度安排,扩大服务实体经济覆盖面。强化全国中小企业股份转让系统融资、并购、交易等功能。规范发展区域性股权市场,增强服务小微企业能力。打通各类资本市场,加强不同层次资本市场在促进创新创业融资上的有机衔接。开发符合创新需求的金融服务,推进高收益债券及股债相结合的融资方式。发挥沪深交易所股权质押融资机制作用,支持符合条件的创新创业企业主要通过非公开方式发行公司信用类债券。支持符合条件的企业发行项目收益债,募集资金用于加大创新投入。加快发展支持节能环保等领域的绿色金融。

三、促进科技金融产品和服务创新

深化促进科技和金融结合试点,建立从实验研究、中试到生产的全过程、多元化和差异性的科技创新融资模式,鼓励和引导金融机构参与产学研合作创新。在依法合规、风险可控的前提下,支持符合创新特点的结构性、复合性金融产品开发,加大对企业创新活动的金融支持力度。选择符合条件的银行业金融机构,为创新创业企业提供股权和债权相结合的融资方式,与创业投资机构合作实现投贷联动,支持科技项目开展众包众筹。充分发挥政策性银行作用,在业务范围内加大对企业创新活动的支持力度。引导银行等金融机构创新信贷产品与金融服务,提高信贷支持创新的灵活性和便利性,支持民营银行面向中小微企业创新需求的金融产品创新。加快发展科技保险,鼓励保险机构发起或参与设立创业投资基金,探索保险资金支持重大科技项目和科技企业发展。推进知识产权证券化试点和股权众筹融资试点,探索和规范发展服务创新的互联网金融。建立知识产权质押融资市场化风险补偿机制,简化知识产权质押融资流程,鼓励有条件的地区建立科技保险奖补机制和再保险制度。开展专利保险试点,完善专利保险服务机制。推进各具特色的科技金融专营机构和服务中心建设,集聚科技资源和金融资源,打造区域科技金融服务品牌,鼓励高新区和自贸试验区开展科技金融先行先试。

第六篇　全面深化科技体制改革

紧紧围绕促进科技与经济社会发展深度融合,贯彻落实党中央、国务院关于深化科技体制改革的决策部署,加强重点改革措施实施力度,促进科技体制改革与其他领域改革的协调,增强创新主体能力,构建高效协同创新网络,最大限度激发科技第一生产力、创新第一动力的巨大潜能。

第十八章　深入推进科技管理体制改革

围绕推动政府职能从研发管理向创新服务转变,深化科技计划管理改革,加强科技创新管理基础制度建设,全面提升创新服务能力和水平。

一、健全科技创新治理机制

顺应创新主体多元、活动多样、路径多变的新趋势,推动政府管理创新,形成多元参与、协同高效的创新治理格局。转变政府职能,合理定位政府和市场功能,推动简政放权、放管结合、优化服务改革,强化政府战略规划、政策制定、环境营造、公共服务、监督评估和重大任务实施等职能,重点支持市场不能有效配置资源的基础前沿、社会公益、重大共性关键技术研究等公共科技活动,积极营造有利于创新创业的市场和社会环境。竞争性的新技术、新产品、新业态开发交由市场和企业来决定。合理确定中央各部门功能性分工,发挥行业主管部门在创新需求凝练、任务组织实施、成果推广应用等方面的作用。科学划分中央和地方科技管理事权,中央政府职能侧重全局性、基础性、长远性工作,地方政府职能侧重推动技术开发和转化应用。加快建立科技咨询支撑行政决策的科技决策机制,推进重大科技决策制度化。完善国家科技创新决策咨询制度,定期向党中央、国务院报告国内外科技创新动向,就重大科技创新问题提出咨询意见。建设高水平科技创新智库体系,发挥好院士群体、高等学校和科研院所高水平专家在战略规划、咨询评议和宏观决策中的作用。增强企业家在国家创新决策体系中的话语权,发挥各类行业协会、基金会、科技社团等在推动科技创新中的作用,健全社会公众参与决策机制。

二、构建新型科技计划体系

深入推进中央财政科技计划(专项、基金等)管理改革。按照国家自然科学基金、国家科技重大专项、国家重点研发计划、技术创新引导专项(基金)、基地和人才专项等五类科技计划重构国家科技计划布局,实行分类管理、分类支持。科技计划(专项、基金等)全部纳入统一的国家科技管理平台,完善国家科技计划(专项、基金等)管理部际联席会议运行机制,加强科技计划管理和重大事项统筹协调,充分发挥行业、部门和地方的作用。国家重点研发计划更加聚焦重大战略任务,根据国民经济和社会发展重大需求及科技发展优先领域,凝练形成若干目标明确、边界清晰的重点专项,从基础前沿、重大共性关键技术到应用示范进行全链条创新设计,一体化组织实施。分类整合技术创新引导专项(基金),通过市场机制引导社会资金和金融资本进入技术创新领域。加快推进基地和人才专项的整合与布局,深化国家科技重大专项管理改革,加强国家自然科学基金与其他科技计划的成果共享和工作对接。建立专业机构管理项目机制,加快建设运行公开透明、制度健全规范、管理公平公正的专业机构,提高专业化管理水平和服务效率。建立统一的国家科技计划监督评估机制,制定监督评估通则和标准规范,强化科技计划实施和经费监督检查,开展第三方评估。

三、进一步完善科研项目和资金管理

进一步完善科研项目和资金管理,建立符合科研规律、高效规范的管理制度,解决简单套用行政预算和财务管理方法管理科技资源等问题,让经费为人的创造性活动服务,促进形成充满活力的科研项目和资金管理机制,以深化改革更好地激发广大科研人员积极性。制定和修订相关计划管理办法和经费管理办法,改进和规范项目管理流程,精简程序、简化手续。建立科研财务助理制度。完善科研项目间接费用管理,加大绩效激励力度,落实好项目承担单位项目预算调剂权。完善稳定支持和竞争性支持相协调的机制,加大稳定支持力度,支持研究机构自主布局科研项目,扩大高等学校、科研院所学术自主权和个人科研选题选择权。在基础研究领域建立包容和支持非共识创新项目的制度。

四、强化科技管理基础制度建设

建立统一的国家科技管理信息系统,对科技计划实行全流程痕迹管理。全面实行国家科技报告制度,建立科技报告共享服务机制,将科技报告呈交和共享情况作为对项目承担单位后续支持的依据。完善科研信用管理制度,建立覆盖项目决策、管理、实施主体的逐级考核问责机制。推进国家创新调查制度建设,发布国家、区域、高新区、企业等创新能力监测评价报告。建立技术预测长效机制,加强对我国技术发展水平的动态评价和国家关键技术选择。进一步完善科技统计制度。

五、完善创新导向的评价制度

改革科技评价制度,建立以科技创新质量、贡献、绩效为导向的分类评价体系,正确评价科技创新成果的科学价值、技术价值、经济价值、社会价值、文化价值。推进高等学校和科研院所分类评价,实施绩效评价,把技术转移和科研成果对经济社会的影响纳入评价指标,将评价结果作为财政科技经费支持的重要依据。推行第三方评价,探索建立政府、社会组织、公众等多方参与的评价机制,拓展社会化、专业化、国际化评价渠道。完善国民经济核算体系,逐步探索将反映创新活动的研发支出纳入 GDP 核算,反映无形资产对经济的贡献,突出创新活动的投入和成效。改革完善国有企业评价机制,把研发投入和创新绩效作为重要考核指标。

六、增强民用技术对国防建设的支持

深入贯彻落实军民融合发展战略,推动形成全要素、多领域、高效益的军民科技创新深度融合格局。加强科技领域统筹,在国家研发任务安排中贯彻国防需求,把研发布局调整同国防布局完善有机结合起来,推进国家科技和国防科技在规划、计划层面的统筹协调,建立完善军民重大任务联合论证、共同实施的新机制,为国防建设提供更加强大的技术支撑。充

分发挥高等学校、科研院所的优势,积极引导鼓励优势民口科研力量参与国防重大科技创新任务。打通阻碍转化的关键环节,加强评估引导,为军用技术向民用技术转化提供良好政策环境。持续推进技术标准、科研条件平台统筹布局和开放共享,增强对科技创新和国防建设的整体支撑能力,大力提升军民科技创新融合发展水平。

第十九章 强化企业创新主体地位和主导作用

深入实施国家技术创新工程,加快建设以企业为主体的技术创新体系。以全面提升企业创新能力为核心,引导各类创新要素向企业集聚,不断增强企业创新动力、创新活力、创新实力,使创新转化为实实在在的产业活动,形成创新型领军企业"顶天立地"、科技型中小微企业"铺天盖地"的发展格局。

一、培育创新型领军企业

加强创新型企业建设,培育一批有国际影响力的创新型领军企业。推进创新企业百强工程。吸引更多企业参与研究制定国家科技创新规划、计划、政策和标准,支持企业牵头联合高等学校、科研机构承担国家科技计划项目。充分发挥政策的激励引导作用,开展龙头企业转型试点,鼓励企业加大研发投入,推动设备更新和新技术广泛应用。建立健全国有企业技术创新的经营业绩考核制度,落实和完善国有企业研发投入视同利润的考核措施。鼓励建设高水平研究机构,在龙头骨干企业布局建设企业国家重点实验室等。支持有条件的企业开展基础研究和前沿技术攻关,推动企业向产业链高端攀升。鼓励在企业内部建设众创空间,引导职工进行技术创新。鼓励大中型企业通过投资职工创业开拓新的业务领域、开发创新产品,提升市场适应能力和创新能力。鼓励围绕创新链的企业兼并重组,推动创新型企业做大做强。聚焦经济转型升级和新兴产业发展,培育一批创新百强企业,促进企业快速壮大,强化引领带动作用,提升国际竞争力。

二、支持科技型中小微企业健康发展

发挥国家科技成果转化引导基金、国家中小企业发展基金、国家新兴产业创业投资引导基金等创业投资引导基金对全国创投市场培育和发展的引领作用,引导各类社会资本为符合条件的科技型中小微企业提供融资支持。制定和完善科技型中小微企业标准。落实中央财政科技计划(专项、基金等)管理改革,加强企业技术创新平台和环境建设,促进科技型中小微企业技术创新和改造升级。支持高成长性的科技型中小微企业发展,培育一批掌握行业"专精特新"技术的"隐形冠军"。推动形成一批专业领域技术创新服务平台,面向科技型中小微企业提供研发设计、检验检测、技术转移、大型共用软件、知识产权、人才培训等服务。探索通过政府购买服务等方式,引导技术创新服务平台建立有效运行的良好机制,为科技型中小微企业创新的不同环节、不同阶段提供集成化、市场化、专业化、网络化支撑服务。

三、深化产学研协同创新机制

坚持以市场为导向、企业为主体、政策为引导,推进政产学研用创紧密结合。完善科技计划组织管理方式,确立企业在产业导向的科技计划中决策者、组织者、投资者的功能实现方式,发挥国家科技计划作为资源配置和动员手段促进企业与高等学校、科研院所深度合作的作用。改革完善产业技术创新战略联盟形成和运行机制,按照自愿原则和市场机制,深化产学研、上中下游、大中小企业的紧密合作,促进产业链和创新链深度融合。加强产学研结合的中试基地和共性技术研发平台建设。在战略性领域探索企业主导、院校协作、多元投资、军民融合、成果分享的合作模式。允许符合条件的高等学校和科研院所科研人员经所在单位批准,带着科研项目和成果到企业开展创新工作和创办企业。开展高等学校和科研院所设立流动岗位吸引企业人才兼职试点,允许高等学校和科研院所设立一定比例流动岗位,吸引有创新实践经验的企业家和企业科技人才兼职。试点将企业任职经历作为高等学校新聘工程类教师的必要条件。

四、推动创新资源向企业集聚

发挥产业技术创新战略联盟在集聚产业创新资源、加快产业共性技术研发、推动重大科技成果应用等方面的重要作用,推动企业提升创新能力。支持企业引进海外高层次人才,加强专业技术人才和高技能人才队伍建设。实施创新驱动助力工程,通过企业院士专家工作站、博士后工作站、科技特派员等多种方式,引导科技人员服务企业。健全科技资源开放共享制度,加强国家重大科技基础设施和大型仪器设备面向企业的开放共享,加强区域性科研设备协作,提高对企业技术创新的支撑服务能力。

第二十章 建立高效研发组织体系

深化科研组织体系改革,全面提升高等学校创新能力,加快建设有特色高水平科研院所,培育面向市场的新型研发机构,完善科研运行管理机制,形成高效的研发组织体系。

一、全面提升高等学校创新能力

统筹推进世界一流大学和一流学科建设,系统提升人才培养、学科建设、科技研发、社会服务协同创新能力,增强原始创新能力和服务经济社会发展能力,扩大国际影响力。强化行业特色高等学校主干学科和办学特色。加强区域内高等学校科研合作、学术交流和资源开放共享,面向市场需求开展应用技术研发。加快中国特色现代大学制度建设,落实和扩大高等学校法人自主权,统筹推进教育创新、科技创新、体制创新、开放创新和文化创新,激发高等学校办学动力和活力。深化高等学校科研体制机制改革,推进科教紧密融合,开展高等学校科研组织方式改革试点。以产教融合、科教协同为原则推进研究生培养改革,鼓励开展案例式、互动式、启发式教学,培养富有创新精神和实践能力的各类创新型、应用型、复合型优秀人才。改革完善高等学校创新能力提升计划组织实施方式,加强协同创新中心建设。

专栏30　高等学校创新能力提升计划

面向国家重大需求,加强协同创新中心建设顶层设计,促进多学科交叉融合,推动高等学校、科研院所和企业协同创新。完善经费、政策支持机制,调整认定机制,组织开展"2011协同创新中心"绩效评估,建立激励和退出机制,建成能进能出、动态调整的质量保障体系。

二、加快建设有特色高水平科研院所

加快科研院所分类改革,建立健全现代科研院所制度。按照事业单位分类改革方案,继续深化公益类科研院所改革,建设完善法人治理结构,推动科研机构实行章程管理,健全规章制度体系,逐步推进科研去行政化,增强在基础前沿和行业共性关键技术研发中的骨干引领作用。建立科研机构创新绩效评价制度,研究完善科研机构绩效拨款机制。坚持开发类科研院所企业化转制方向,按照承担行业共性科研任务、生产经营活动等不同情况,实行分类改革、分类管理、分类考核。落实和扩大科研院所法人自主权。实施中科院率先行动计划,发挥其集科研院所、学部、教育机构于一体的优势,探索中国特色国家现代科研院所制度。

专栏31　中科院率先行动计划

加快推进建设一批面向国家重大需求的创新研究院、面向世界科技前沿的卓越创新中心与大科学研究中心、面向国民经济主战场的特色研究所,形成旗舰团队,率先实现科学技术跨越发展、率先建成国家创新人才高地、率先建成国家高水平科技智库、率先建设国际一流科研机构,成为抢占国际科技制高点的重要战略创新力量。

三、培育发展新型研发机构

发展面向市场的新型研发机构,围绕区域性、行业性重大技术需求,形成跨区域跨行业的研发和服务网络。积极推广众包、用户参与设计、云设计等新型研发组织模式,鼓励研发类企业专业化发展,积极培育市场化新型研发组织、研发中介和研发服务外包新业态。对民办科研机构等新型研发组织,在承担国家科技任务、人才引进等方面与同类公办科研机构实行一视同仁的支持政策。制定鼓励社会化新型研发机构发展的意见,探索非营利性运行模式。

第二十一章　完善科技成果转移转化机制

实施促进科技成果转移转化行动,进一步破除制约科技成果转移转化的体制机制障碍,完善相关配套措施,强化技术转移机制建设,加强科技成果权益管理改革,激发科研人员创新创业活力。

一、建立健全技术转移组织体系

推动高等学校、科研院所建立健全技术转移工作体系和机制,加强专业化科技成果转化队伍建设,优化科技成果转化流程,通过本单位负责技术转移工作的机构或者委托独立的科技成果转化服务机构开展技术转移。鼓励高等学校、科研院所在不增加编制的前提下建设专业化技术转移机构,培育一批运营机制灵活、专业人才集聚、服务能力突出、具有国际影响力的国家技术转移机构。建立高等学校和科研院所科技成果与市场对接转化渠道,推动科技成果与产业、企业技术创新需求有效对接。支持企业与高等学校、科研院所联合设立研发机构或技术转移机构,共同开展研究开发、成果应用与推广、标准研究与制定等。建立和完善国家科技计划形成科技成果的转化机制,发布转化一批符合产业转型升级方向、投资规模与产业带动作用显著的科技成果包,增强产业创新发展的技术源头供给。建立国家科技成果信息系统,加强各类科技成果信息汇交,鼓励开展科技成果数据挖掘与开发利用。

二、深化科技成果权益管理改革

落实高等学校、科研院所对其持有的科技成果可以自主决定转让、许可或者作价投资的权利,除涉及国家秘密、国家安全外,不需审批或者备案。高等学校、科研院所有权依法以持有的科技成果作价入股确认股权和出资比例,并通过发起人协议、投资协议或者公司章程等形式对科技成果的权属、作价、折股数量或者出资比例等事项明确约定,明晰产权。科技成果转化所获得的收入全部留归单位,扣除对完成和转化职务科技成果作出重要贡献人员的奖励和报酬后,应当主要用于科学技术研发与成果转化等相关工作,并对技术转移机构的运行和发展给予保障。进一步探索推进科技成果归属权益改革。建立健全科技成果向境外转移管理制度。

三、完善科技成果转化激励评价制度

积极引导符合条件的国有科技型企业实施股权和分红激励政策,落实国有企业事业单位成果转化奖励的相关政策。完善职务发明制度,推动修订专利法、公司法,完善科技成果、知识产权归属和利益分享机制。高等学校、科研院所对科技成果转化中科技人员的奖励应不低于净收入的50%,在研究开发和科技成果转化中作出主要贡献的人员获得奖励的份额不低于奖励总额的50%。对于担任领导职务的科技人员获得科技成果转化奖励,按照分类管理的原则执行。健全职务发明的争议仲裁和法律救济制度。

高等学校、科研院所的主管部门以及财政、科技等相关部门,在对单位进行绩效考评时应当将科技成果转化的情况作为评价指标之一。加大对科技成果转化绩效突出的高等学校、科研院所及人员的支持力度,相关主管部门以及财政、科技等相关部门根据单位科技成果转化年度报告情况等,对单位科技成果转化绩效予以评价,并将评价结果作为对单位予以支持的依据之一。高等学校、科研院所制定激励制度,对业绩突出的专业化技术转移机构给予奖励。高等学校、科研院所应向主管部门报送科技成果转化年度报告。

四、强化科技成果转化市场化服务

以"互联网+"科技成果转移转化为核心,以需求为导向,打造线上与线下相结合的国家技术交易网络平台,提供信息发布、融资并购、公开挂牌、竞价拍卖、咨询辅导等专业化服务。完善技术转移区域中心、国际技术转移中心布局与功能,支持地方和有关机构建立完善区域性、行业性技术市场,打造链接国内外技术、资本、人才等创新资源的技术转移网络。完善技术产权交易、知识产权交易等各类平台功能,促进科技成果与资本的有效对接。支持有条件的技术转移机构与天使投资、创业投资等开展设立投资基金等合作,加大对科技成果转化项目的投资力度。

五、大力推动地方科技成果转移转化

健全省、市、县三级科技成果转化工作网络,强化科技管理部门开展科技成果转移转化工作职能。以创新资源集聚、工作基础好的省区市为主导,依托国家自主创新示范区、高新区、农业科技园区、创新型城市等,建设国家科技成果转移转化示范区,探索形成一批可复制、可推广的工作经验与模式。支持地方建设通用性或行业性技术创新服务平台,搭建科技成果中试与产业化载体,开展研发设计、中试熟化、检验检测、知识产权、投融资等服务。

专栏32　促进科技成果转移转化行动
推动一批见效快、产业升级带动力强的重大科技成果转化应用,显著提高企业、高等学校和科研院所科技成果转移转化能力,进一步健全市场化的技术交易服务体系,推动科技型创新创业,发展壮大专业化技术转移人才队伍,建立完善多元化的科技成果转移转化投入渠道,全面建成功能完善、运行高效、市场化的科技成果转移转化体系。

第七篇　加强科普和创新文化建设

全面提升公民科学素质,加强科普基础设施建设,加快科学精神和创新文化的传播塑造,使公众能够更好地理解、掌握、运用和参与科技创新,进一步夯实创新发展的群众和社会基础。

第二十二章　全面提升公民科学素质

深入实施全民科学素质行动计划纲要,以青少年、农民、城镇劳动者、领导干部和公务员等为重点人群,按照中国公民科学素质基准,以到2020年我国公民具备科学素质比例超过

10%为目标,广泛开展科技教育、传播与普及,提升全民科学素质整体水平。

一、加强面向青少年的科技教育

以增强科学兴趣、创新意识和学习实践能力为主,完善基础教育阶段的科学教育。拓展校外青少年科技教育渠道,鼓励青少年广泛参加科技活动,推动高等学校、科研院所、科技型企业等面向青少年开放实验室等教学、科研设施。巩固农村义务教育普及成果,提高农村中小学科技教育质量,为农村青少年提供更多接受科技教育和参加科普活动的机会。以培养劳动技能为主,加强中等职业学校科技教育,推动科技教育与创新创业实践进课堂进教材。完善高等教育阶段的科学教育,支持在校大学生开展创新性实验、创业训练和创业实践项目。广泛开展各类科技创新类竞赛等活动。

二、提升劳动者科学文化素质

大力开展农业科技教育培训,全方位、多层次培养各类新型职业农民和农村实用技术人才。广泛开展形式多样的农村科普活动,大力普及绿色发展、安全健康、耕地保护、防灾减灾等科技知识和观念,传播科学理念,反对封建迷信,帮助农民养成科学健康文明的生产生活方式。加强农村科普公共服务建设,提升乡镇村寨科普服务能力。完善专业技术人员继续教育制度,加强专业技术人员继续教育工作。构建以企业为主体、职业院校为基础,各类培训机构积极参与、公办与民办并举的职业培训和技能人才培养体系。广泛开展进城务工人员培训教育,推动职业技能、安全生产、信息技术等知识和观念的广泛普及。强化社区科普公共服务,广泛开展社区科技教育、传播与普及活动。开展老年人科技传播与科普服务,促进健康养老、科学养老。

三、提高领导干部科学决策和管理水平

把科技教育作为领导干部和公务员培训的重要内容,突出科技知识和科学方法的学习培训以及科学思想、科学精神的培养。丰富学习渠道和载体,引导领导干部和公务员不断提升科学管理能力和科学决策水平。积极利用网络化、智能化、数字化等教育培训方式,扩大优质科普信息覆盖面,满足领导干部和公务员多样化学习需求。不断完善领导干部考核评价机制,在领导干部考核和公务员录用中体现科学素质的要求。制定并不断完善领导干部和公务员科学素质监测、评估标准。提高领导干部和公务员的科技意识、科学决策能力、科学治理水平和科学生活素质。广泛开展针对领导干部和公务员的院士专家科技讲座、科普报告等各类科普活动。

第二十三章 加强国家科普能力建设

完善国家科普基础设施体系,大力推进科普信息化,推动科普产业发展,促进创新创业

与科普相结合,提高科普基础服务能力和水平。

一、强化科普基础设施和科普信息化建设

加强科普基础设施的系统布局,推进国家科普示范基地和国家特色科普基地建设,提升科普基础设施服务能力,实现科普公共服务均衡发展。进一步建立完善以实体科技馆为基础,科普大篷车、流动科技馆、学校科技馆、数字科技馆为延伸,辐射基层科普设施的中国特色现代科技馆体系。加强基层科普设施建设,因地制宜建设一批具备科技教育、培训、展示等多功能的开放性、群众性科普活动场所和科普设施。提高各级各类科普基地的服务能力和水平,提高中小科技场馆的科普业务水平。研究制定科普基础设施标准和评估体系,加强运行和服务监测评估。推动中西部地区和地市级科普基础设施建设。

大力推进科普信息化。推进信息技术与科技教育、科普活动融合发展,推动实现科普理念和科普内容、传播方式、运行和运营机制等服务模式的不断创新。以科普的内容信息、服务云、传播网络、应用端为核心,构建科普信息化服务体系。加大传统媒体的科技传播力度,发挥新兴媒体的优势,提高科普创作水平,创新科普传播形式,推动报刊、电视等传统媒体与新兴媒体在科普内容、渠道、平台、经营和管理上的深度融合,实现包括纸质出版、网络传播、移动终端传播在内的多渠道全媒体传播。推动科普信息应用,提升大众传媒的科学传播质量,满足公众科普信息需求。适应现代科普发展需求,壮大专兼职科普人才队伍,加强科普志愿者队伍建设,推动科普人才知识更新和能力培养。

二、提升科普创作能力与产业化发展水平

加强优秀科普作品的创作,推动产生一批水平高、社会影响力大的原创科普精品。开展全国优秀科普作品、微视频评选推介等活动,加强对优秀科普作品的表彰、奖励。创新科普讲解方式,提升科普讲解水平,增强科学体验效果。鼓励和引导科研机构、科普机构、企业等提高科普产品研发能力,推动科技创新成果向科普产品转化。以多元化投资和市场化运作的方式,推动科普展览、科普展教具、科普图书、科普影视、科普玩具、科普旅游、科普网络与信息等科普产业的发展。鼓励建立科普园区和产业基地,培育一批具有较强实力和较大规模的科普设计制作、展览、服务企业,形成一批具有较高知名度的科普品牌。

三、促进创新创业与科普结合

推进科研与科普的结合。在国家科技计划项目实施中进一步明确科普义务和要求,项目承担单位和科研人员要主动面向社会开展科普服务。推动高等学校、科研机构、企业向公众开放实验室、陈列室和其他科技类设施,充分发挥天文台、野外台站、重点实验室和重大科技基础设施等高端科研设施的科普功能,鼓励高新技术企业对公众开放研发设施、生产设施或展览馆等,推动建设专门科普场所。

促进创业与科普的结合。鼓励和引导众创空间等创新创业服务平台面向创业者和社会

公众开展科普活动。推动科普场馆、科普机构等面向创新创业者开展科普服务。鼓励科研人员积极参与创新创业服务平台和孵化器的科普活动,支持创客参与科普产品的设计、研发和推广。结合重点科普活动,加强创新创业代表性人物和事迹的宣传。

第二十四章　营造激励创新的社会文化氛围

营造崇尚创新的文化环境,加快科学精神和创新价值的传播塑造,动员全社会更好理解和投身科技创新。营造鼓励探索、宽容失败和尊重人才、尊重创造的氛围,加强科研诚信、科研道德、科研伦理建设和社会监督,培育尊重知识、崇尚创造、追求卓越的创新文化。

一、大力弘扬科学精神

把弘扬科学精神作为社会主义先进文化建设的重要内容。大力弘扬求真务实、勇于创新、追求卓越、团结协作、无私奉献的科学精神。鼓励学术争鸣,激发批判思维,提倡富有生气、不受约束、敢于发明和创造的学术自由。引导科技界和科技工作者强化社会责任,报效祖国,造福人民,在践行社会主义核心价值观、引领社会良好风尚中率先垂范。

坚持制度规范和道德自律并举原则,建设教育、自律、监督、惩治于一体的科研诚信体系。积极开展科研诚信教育和宣传。完善科研诚信的承诺和报告制度等,明确学术不端行为监督调查惩治主体和程序,加强监督和对科研不端行为的查处力度和曝光力度。实施科研严重失信行为记录制度,对于纳入严重失信记录的责任主体,在项目申报、职位晋升、奖励评定等方面采取限制措施。发挥科研机构和学术团体的自律功能,引导科技人员加强自我约束、自我管理。加强对科研诚信、科研道德的社会监督,扩大公众对科研活动的知情权和监督权。倡导负责任的研究与创新,加强科研伦理建设,强化科研伦理教育,提高科技工作者科研伦理规范意识,引导企业在技术创新活动中重视和承担保护生态、保障安全等社会责任。

二、增进科技界与公众的互动互信

加强科技界与公众的沟通交流,塑造科技界在社会公众中的良好形象。在科技规划、技术预测、科技评估以及科技计划任务部署等科技管理活动中扩大公众参与力度,拓展有序参与渠道。围绕重点热点领域积极开展科学家与公众对话,通过开放论坛、科学沙龙和展览展示等形式,创造更多科技界与公众交流的机会。加强科技舆情引导和动态监测,建立重大科技事件应急响应机制,抵制伪科学和歪曲、不实、不严谨的科技报道。

三、培育企业家精神与创新文化

大力培育中国特色创新文化,增强创新自信,积极倡导敢为人先、勇于冒尖、宽容失败的创新文化,形成鼓励创新的科学文化氛围,树立崇尚创新、创业致富的价值导向,大力培育企业家精神和创客文化,形成吸引更多人才从事创新活动和创业行为的社会导向,使谋划创新、推动创新、落实创新成为自觉行动。引导创新创业组织建设开放、平等、合作、民主的组织文化,尊重不同见解,承认差异,促进不同知识、文化背景人才的融合。鼓励创新创业组织建立有效激励机制,为不同知识层次、不同文化背景的创新创业者提供平等的机会,实现创新价值的最大化。鼓励建立组织内部众创空间等非正式交流平台,为创新创业提供适宜的软环境。加强科技创新宣传力度,报道创新创业先进事迹,树立创新创业典型人物,进一步形成尊重劳动、尊重知识、尊重人才、尊重创造的良好风尚。加快完善包容创新的文化环境,形成人人崇尚创新、人人渴望创新、人人皆可创新的社会氛围。

第八篇　强化规划实施保障

强化各级政府部门在规划实施中的职责,充分调动科技界和社会各界的积极性和创造性,从政策法规、资源配置、监督评估等方面完善任务落实机制,确保规划实施取得明显成效。

第二十五章　落实和完善创新政策法规

围绕营造良好创新生态,强化创新的法治保障,加大普惠性政策落实力度,加强创新链各环节政策的协调和衔接,形成有利于创新发展的政策导向。

一、强化创新法治保障

健全保护创新的法治环境,加快薄弱环节和领域的立法进程,修改不符合创新导向的法规文件,废除制约创新的制度规定,构建综合配套法治保障体系。研究起草规范和管理政府科研机构、科技类民办非企业单位等的法规,合理调整和规范科技创新领域各类主体的权利义务关系。推动科技资源共享立法,研究起草科学数据保护与共享等法规,强化财政资助形成的科技资源开放共享义务。研究制定规范和管理科研活动的法规制度,完善科学共同体、企业、社会公众等共同参与科技创新管理的规范。加强生物安全等特定领域立法,加快制定《人类遗传资源管理条例》,加快修订《国家科学技术奖励条例》、《实验动物管理条例》等,研究制定天使投资管理相关法规,完善和落实政府采购扶持中小企业发展的相关法规政策。深入推进《中华人民共和国科学技术进步法》、《中华人民共和国促进科技成果转化法》、《中华人民共和国科学技术普及法》等的落实,加大宣传普及力度,加强法规落实的监督评估。鼓励地方结合实际,修订制定相关科技创新法规。

二、完善支持创新的普惠性政策体系

发挥市场竞争激励创新的根本性作用,营造公平、开放、透明的市场环境,强化产业政策对创新的引导,促进优胜劣汰,增强市场主体创新动力。坚持结构性减税方向,逐步将国家对企业技术创新的投入方式转变为以普惠性财税政策为主。加大研发费用加计扣除、高新技术企业税收优惠、固定资产加速折旧等政策的落实力度,推动设备更新和新技术利用。对包括天使投资在内的投向种子期、初创期等创新活动的投资,统筹研究相关税收支持政策。研究扩大促进创业投资企业发展的税收优惠政策,适当放宽创业投资企业投资高新技术企业的条件限制。

通过落实税收优惠、保险、价格补贴和消费者补贴等,促进新产品、新技术的市场化规模化应用。加强新兴产业、新兴业态相关政策研究。强化政策培训,完善政策实施程序,切实扩大政策覆盖面。落实引进技术的消化吸收和再创新政策。及时总结区域创新改革试点政策,加大推广力度。加强政策落实的部门协调机制,加强对政策实施的监测评估。

三、深入实施知识产权战略

加快建设知识产权强国,加强知识产权创造、运用、管理、保护和服务。完善知识产权法律法规,加强知识产权保护,加大对知识产权侵权行为的惩处力度,提高侵权损害赔偿标准,探索实施惩罚性赔偿制度,降低维权成本。研究商业模式等新形态创新成果的知识产权保护办法。健全知识产权侵权查处机制,强化行政执法与司法保护衔接,加强知识产权综合行政执法,将侵权行为信息纳入社会信用记录。建立知识产权海外维权援助机制。建立专利审批绿色通道。引导支持市场主体创造和运用知识产权,以知识产权利益分享机制为纽带,促进创新成果的知识产权化。实施中央财政科技计划(专项、基金等)的全流程知识产权管理,建立知识产权目标评估制度。构建服务主体多元化的知识产权服务体系,培育一批知识产权服务品牌机构。

四、持续推进技术标准战略

健全技术标准体系,统筹推进科技、标准、产业协同创新,健全科技成果转化为技术标准机制。加强基础通用和产业共性技术标准研制,加快新兴和融合领域技术标准研制,健全科技创新、专利保护与标准互动支撑机制。发挥标准在技术创新中的引导作用,及时更新标准,强化强制性标准制定与实施,逐步提高生产环节和市场准入的环保、节能、节水、节材、安全指标及相关标准,形成支撑产业升级的技术标准体系。开展军民通用标准的制定和整合,推动军用标准和民用标准双向转化,促进军用标准和民用标准兼容发展。充分发挥行业协会等的作用,大力培育发展团体标准,推行标准"领跑者"制度,培育发展标准化服务业,提升市场主体技术标准研制能力。促进标准体系的公开、开放和兼容,加强公平执法和严格执法。支持我国企业、联盟和社会组织参与或主导国际标准研制,推动中国标准"走出去",提升中国标准国际影响力。

五、强化政策统筹协调

建立创新政策协调审查机制,组织开展创新政策清理,及时废止有违创新规律、阻碍新兴产业和新兴业态发展的政策条款,对新制定政策是否制约创新进行审查。加强科技体制改革与经济体制改革协调,强化顶层设计,加强科技政策与财税、金融、贸易、投资、产业、教育、知识产权、社会保障、社会治理等政策的协同,形成目标一致、部门协作配合的政策合力,提高政策的系统性、可操作性。加强中央和地方的政策协调,保证中央、地方政策相互支持和配合。建立创新政策调查和评价制度,广泛听取企业和社会公众意见,定期对政策落实情况进行跟踪分析,并及时调整完善。

第二十六章 完善科技创新投入机制

发挥好财政科技投入的引导激励作用和市场配置各类创新要素的导向作用,优化创新资源配置,引导社会资源投入创新,形成财政资金、金融资本、社会资本多方投入的新格局。

一、加强规划任务与资源配置衔接

改革国家科技创新战略规划和资源配置体制机制,围绕产业链部署创新链、围绕创新链完善资金链,聚焦国家战略目标,集中资源、形成合力,突破关系国计民生和经济命脉的重大关键科技问题。把规划作为科技任务部署的重要依据,形成规划引导资源配置的机制。

二、建立多元化科技投入体系

切实加大对基础性、战略性和公益性研究支持力度,完善稳定支持和竞争性支持相协调的机制。加强中央财政投入和地方创新发展需求衔接,引导地方政府加大科技投入力度。创新财政科技投入方式,加强财政资金和金融手段的协调配合,综合运用创业投资、风险补偿、贷款贴息等多种方式,充分发挥财政资金的杠杆作用,引导金融资金和民间资本进入创新领域,完善多元化、多渠道、多层次的科技投入体系。

三、提高科技投入配置效率

加强科技创新战略规划、科技计划布局设置、科技创新优先领域、重点任务、重大项目和年度计划安排的统筹衔接,加强科技资金的综合平衡。按照新五类中央财政科技计划(专项、基金等)布局,加强各类科技计划、各研发阶段衔接,优化科技资源在各类科技计划(专项、基金等)中的配置,按照各类科技计划(专项、基金等)定位和内涵配置科技资源。加强科研资金监管与绩效管理,建立科研资金信用管理制度,逐步建立财政科技资金的预算绩效评价体系,建立健全相应的绩效评价和监督管理机制。

第二十七章 加强规划实施与管理

加强组织领导,明确分工责任,强化规划实施中的协调管理,形成规划实施的强大合力与制度保障。

一、健全组织领导机制

在国家科技体制改革和创新体系建设领导小组的领导下,建立各部门、各地方协同推进的规划实施机制。各部门、各地方要依据本规划,结合实际,强化本部门、本地方科技创新部署,做好与规划总体思路和主要目标的衔接,做好重大任务分解和落实。充分调动和激发科技界、产业界、企业界等社会各界的积极性,最大限度地凝聚共识,广泛动员各方力量,共同推动规划顺利实施。

二、强化规划协调管理

编制一批科技创新专项规划,细化落实本规划提出的主要目标和重点任务,形成以"十三五"国家科技创新规划为统领、专项规划为支撑的国家科技创新规划体系。建立规划符合性审查机制,科技重大任务、重大项目、重大措施的部署实施,要与规划任务内容对标并进行审查。健全部门之间、中央与地方之间的工作会商与沟通协调机制,加强不同规划间的有机衔接。加强年度计划与规划的衔接,确保规划提出的各项任务落到实处。建立规划滚动编制机制,适时启动新一轮中长期科技创新规划战略研究与编制工作,加强世界科技强国重大问题研究。

三、加强规划实施监测评估

开展规划实施情况的动态监测和第三方评估,把监测和评估结果作为改进政府科技创新管理工作的重要依据。开展规划实施中期评估和期末总结评估,对规划实施效果作出综合评价,为规划调整和制定新一轮规划提供依据。在监测评估的基础上,根据科技创新最新进展和经济社会需求新变化,对规划指标和任务部署进行及时、动态调整。加强宣传引导,调动和增强社会各方面落实规划的主动性、积极性。

国务院办公厅关于加快推进"五证合一、一照一码"登记制度改革的通知

国办发〔2016〕53号

各省、自治区、直辖市人民政府,国务院各部委、各直属机构:

在全面实施工商营业执照、组织机构代码证、税务登记证"三证合一"登记制度改革的基

础上,再整合社会保险登记证和统计登记证,实现"五证合一、一照一码",是继续深化商事制度改革、优化营商环境、推动大众创业万众创新的重要举措。为加快推进这项改革,经国务院同意,现就有关事项通知如下:

一、总体要求

贯彻落实国务院关于深化简政放权、放管结合、优化服务改革的部署要求,统筹协调推进,精心组织实施,从2016年10月1日起正式实施"五证合一、一照一码",在更大范围、更深层次实现信息共享和业务协同,巩固和扩大"三证合一"登记制度改革成果,进一步为企业开办和成长提供便利化服务,降低创业准入的制度性成本,优化营商环境,激发企业活力,推进大众创业、万众创新,促进就业增加和经济社会持续健康发展。

推进"五证合一、一照一码"登记制度改革的指导原则是:

——标准统一规范。建立健全并严格执行企业登记、数据交换等方面的标准,确保全流程无缝对接、流畅运转、公开公正。

——信息共享互认。强化相关部门间信息互联互通,实现企业基础信息的高效采集、有效归集和充分运用,以"数据网上行"让"企业少跑路"。

——流程简化优化。简化整合办事环节,强化部门协同联动,加快业务流程再造,务求程序上简约、管理上精细、时限上明确。

——服务便捷高效。拓展服务渠道,创新服务方式,推行全程电子化登记管理和线上线下一体化运行,让企业办事更方便、更快捷、更有效率。

二、主要任务

(一)完善一站式服务工作机制。以"三证合一"工作机制及技术方案为基础,按照"五证合一、一照一码"登记制度改革的要求加以完善。全面实行"一套材料、一表登记、一窗受理"的工作模式,申请人办理企业注册登记时只需填写"一张表格",向"一个窗口"提交"一套材料"。登记部门直接核发加载统一社会信用代码的营业执照,相关信息在全国企业信用信息公示系统公示,并归集至全国信用信息共享平台。企业不再另行办理社会保险登记证和统计登记证。积极推进"五证合一"申请、受理、审查、核准、发照、公示等全程电子化登记管理,加快实现"五证合一"网上办理。

(二)推进部门间信息共享互认。制定统一的信息标准和传输方案,改造升级各相关业务信息系统和共享平台,健全信息共享机制,做好数据的导入、整理和转换工作,确保数据信息落地到工作窗口,并在各相关部门业务系统有效融合使用。登记机关将企业基本登记信息及变更、注销等信息及时传输至信息共享平台;暂不具备联网共享条件的,登记机关限时提供上述信息。对企业登记信息无法满足社会保险和统计工作需要的,社会保险经办机构和统计机构在各自开展业务工作时补充采集。社会保险经办机构在用人单位为其职工办理社会保险登记后,统计机构在完成统计调查任务后,要及时依法将涉及企业的相关基础信息反馈至信息共享平台。健全部门间信息查询、核实制度。

（三）做好登记模式转换衔接工作。已按照"三证合一"登记模式领取加载统一社会信用代码营业执照的企业，不需要重新申请办理"五证合一"登记，由登记机关将相关登记信息发送至社会保险经办机构、统计机构等单位。企业原证照有效期满、申请变更登记或者申请换发营业执照的，登记机关换发加载统一社会信用代码的营业执照。取消社会保险登记证和统计登记证的定期验证和换证制度，改为企业按规定自行向工商部门报送年度报告并向社会公示，年度报告要通过全国企业信用信息公示系统向社会保险经办机构、统计机构等单位开放共享。没有发放和已经取消统计登记证的地方通过与统计机构信息共享的方式做好衔接。

（四）推动"五证合一、一照一码"营业执照广泛应用。改革后，原要求企业使用社会保险登记证和统计登记证办理相关业务的，一律改为使用营业执照办理，各级政府部门、企事业单位及中介机构等均要予以认可，不得要求企业提供其他身份证明材料，各行业主管部门要加强指导和督促。积极推进电子营业执照的应用。

（五）加强办事窗口能力建设。围绕"五证合一、一照一码"登记制度改革涉及的法律法规、技术标准、业务流程、文书规范、信息传输等，系统加强业务培训，使办事窗口工作人员准确把握改革要求，熟练掌握业务流程和工作规范，提高服务效率。加快办事窗口服务标准化、规范化建设，突出问题导向，进一步完善窗口服务功能，真正实现一个窗口对外、一站式办结。加强办事窗口人员力量和绩效考核。健全行政相对人评议评价制度，不断提升窗口服务能力。

三、工作措施

（一）加强组织领导。各有关部门和地方各级政府要高度重视，按照任务分工和进度安排，把改革工作做扎实、做到位。主要领导要亲自抓，及时协调解决改革中遇到的问题。"三证合一"登记制度改革中落实不到位、衔接不顺畅等问题，要在推进"五证合一、一照一码"登记制度改革中认真研究、一并解决。工商、人力资源社会保障、统计、机构编制、发展改革、法制等部门要各负其责、协同配合，确保改革顺利推进。对改革涉及的法律、法规、规章及规范性文件，及时按程序修订和完善。

（二）加强督促检查。相关部门要组织联合督导，有针对性地对改革进展情况进行监督检查。国务院适时组织专项督查。畅通社会监督渠道。对工作积极主动、成效明显的予以表扬和激励，对落实不力、延误改革进程的要严肃问责。

（三）加强宣传引导。相关部门要对改革政策进行全面准确解读，对行之有效的经验做法加以推广，对相关热点难点问题及时解答和回应，让企业和社会公众充分了解改革政策，形成推动改革落地见效的良好氛围。

各地区、各部门在改革推进过程中遇到的新情况新问题，要及时报告国务院。

国务院办公厅

2016年6月30日

关于发布《服务外包产业重点发展领域指导目录》的公告

商务部、财政部、海关总署联合公告2016年第29号

为落实《国务院关于促进服务外包产业加快发展的意见》(国发〔2014〕67号),明确服务外包产业发展导向,培育对外贸易竞争新优势,商务部会同财政部、海关总署等有关部门编制了《服务外包产业重点发展领域指导目录》,已经国务院批准,现予以发布。

附件:服务外包产业重点发展领域指导目录

商务部
财政部
海关总署
2016年6月13日

服务外包产业重点发展领域指导目录

本目录共涉及24个重点发展领域。其中,10个领域属于信息技术外包(ITO)范畴、6个领域属于业务流程外包(BPO)范畴,8个领域属于知识流程外包(KPO)范畴。

一、工业设计服务

定义和范围:工业设计服务是指提供专业的工业产品设计服务整体解决方案,或产品策划、外观造型设计及产品包装、产品展示等某一业务流程的服务。工业设计服务属于知识流程外包(KPO)。

主要业务类型:主要包括外观设计、结构设计、试验认证、环境设计、工业生产线设计等5个业务类型。

主要应用领域:重点应用于制造业,批发和零售业,交通运输、仓储和邮政业,信息传输、软件和信息技术服务业,建筑业等5个国民经济行业。

二、数据分析服务

定义和范围:数据分析服务是指借助大数据技术,在对不同类型数据充分挖掘的基础上提供企业生产、营销、研发等各个环节的支撑服务,包括提供借助描述性统计及交叉分析等手段,了解客户业务发展过去、现状及存在的问题,为客户营销做基本支撑的数据分析服务;提供对商业数据库中的大量业务数据进行抽取、转换、分析和其他模型化处理,从中提取关键性数据,为客户商业决策提供支持的数据挖掘服务。数据分析服务属于知识流程外包(KPO)。

主要业务类型:主要包括数据分析、数据挖掘2个业务类型。

主要应用领域:重点应用于制造业,电力、热力、燃气及水生产和供应业,批发和零售业,交通运输、仓储和邮政业等4个国民经济行业。

三、云计算服务

定义和范围:云计算服务是将大量用网络连接的计算资源统一管理和调度,构成一个计算资源池向用户提供按需服务,包括提供云主机、云空间、云开发、云测试和综合类服务产品。用户通过网络以按需、易扩展的方式获得所需资源和服务。随着云计算应用的加快发展,基于云计算等新一代信息技术的专业服务提供商将为客户提供公有云、私有云和混合云等服务。云计算服务属于信息技术外包(ITO)。

主要业务类型:主要包括软件即服务(Software-as-a-Service,SaaS)、平台即服务(Platform-as-a-Service,PaaS)以及基础设施即服务(Infrastructure-as-a-Service,IaaS)等3个业务类型。

主要应用领域:重点应用于信息传输、软件和信息技术服务业,制造业,金融业,批发和零售业,交通运输、仓储和邮政业等5个国民经济行业。

四、医药和生物技术研发服务

定义和范围:医药和生物技术研发服务是指医药或相关企业将研发类业务外包给第三方专业机构完成,包括制药、生物医药、医疗器械等方面。医药和生物技术研发服务属于知识流程外包(KPO)。

主要业务类型:主要包括药物产品开发、临床前试验及临床试验、药物注册、国际认证及产品上市辅导服务、产业化技术咨询服务等5个业务类型。

主要应用领域:重点面向制造业,科学研究和技术服务业,卫生和社会工作等3个国民经济行业。

五、集成电路和电子电路设计服务

定义和范围:集成电路和电子电路设计服务是指集成电路产品和电子电路产品的设计及相关技术支持服务。集成电路和电子电路设计服务属于信息技术外包(ITO)。

主要业务类型:主要包括集成电路产品设计及相关技术支持服务、电子电路产品设计及相关技术支持服务2个业务类型。

主要应用领域:重点应用在制造业,信息传输、软件和信息技术服务业2个国民经济行业。

六、检验检测服务

定义和范围:检验检测服务是指为满足客户内部对采购物品、生产产品检测的需求而提供的专业服务,以及满足医疗机构诊断需要的第三方检测服务,不包括法律法规规定强制检测的部分。检验检测服务属于知识流程外包(KPO)。

主要业务类型:主要包括第三方医学检验检测服务、第三方食品检验检测服务、第三方消费用品检验检测服务、第三方工业产品检验检测服务等4个业务类型。

主要应用领域:重点应用于制造业,卫生和社会工作,电力、热力、燃气及水生产和供应业等3个国民经济行业。

七、新能源技术研发服务

定义和范围:新能源技术研发服务是指核电、太阳能、风电、生物质能、储能和智能电网等新能源企业将研发类业务外包给第三方机构完成,为其提供专业的设备制造技术研发、工程技术研发和产品应用技术研发等服务。新能源技术研发服务属于知识流程外包(KPO)。

主要业务类型:主要包括设备制造技术研发、工程技术研发、产品应用技术研发等3个业务类型。

主要应用领域:重点应用在电力、热力、燃气和水生产和供应业,信息传输、软件和信息技术服务业,制造业,科学研究与技术服务业等4个国民经济行业。

八、文化创意服务

定义和范围:文化创意服务是经济全球化背景下产生的以文化领域创造力为核心的业务活动,强调一种主体文化或文化因素通过技术、创业和产业化的方式开发、营销知识产权的业务,主要包括广播影视、动漫、音像、传媒、视觉艺术、表演艺术等服务。文化创意服务属于知识流程外包(KPO)。

主要业务类型:主要包括文化软件服务、建筑设计服务、专业设计服务、广告设计服务等4个业务类型。其中,不包括工业设计服务中涉及文化创意服务的部分;文化软件服务包含动漫及网游设计研发服务和影视文化服务。

主要应用领域:重点应用于信息传输、软件和信息技术服务业,制造业,文化、体育和娱乐业,批发和零售业等4个国民经济行业。

九、工程技术服务

定义和范围:工程技术服务是指对工程项目的建设提供有技术依据的设计方案,如具体规划或总体设计,以及工程建设项目决策和管理提供咨询等服务,但不包括具体的施工活动及工程管理。工程技术服务属于知识流程外包(KPO)。

主要业务类型:主要包括工程咨询、规划设计2个业务类型。

主要应用领域:重点面向制造业,电力、热力、燃气及水生产和供应业,建筑业,房地产业,交通运输、仓储和邮政业等5个国民经济行业。

十、专业业务服务

定义和范围:专业业务服务是指为客户提供特有专业技术的服务,包括提供具有垂直行业专业特性的业务环节或流程外包、特种精密设备及仪器的维护维修等服务,但不包括人力资源管理服务、物流方案设计等内容。专业业务服务属于业务流程外包(BPO)。

主要业务类型:主要包括金融服务专业业务服务、医疗服务专业业务服务、仪器设备维修服务、财务与会计审计服务等4个业务类型。

主要应用领域:重点应用于金融业,卫生和社会工作,制造业,电力、热力、燃气及水生产和供应业,信息传输、软件和信息技术服务业等5个国民经济行业。

十一、软件技术服务

定义和范围:软件技术服务是指软件咨询、维护、培训等技术性服务。软件技术服务属于信息技术外包(ITO)。

主要业务类型:主要包括软件咨询、软件维护、软件培训、软件测试等4个业务类型。

主要应用领域:重点应用于包括信息传输、软件和信息技术服务业,制造业,电力、热力、燃气及水生产和供应业,金融业,交通运输、仓储和邮政业,卫生和社会工作,教育,文化、体育和娱乐业等8个国民经济行业。

十二、软件研发及开发服务

定义和范围:软件研发及开发服务是指根据用户要求建造出软件系统或者系统中软件部分的一个产品开发的过程,为用户的运营、生产、供应链、客户关系、人力资源和财务管理、计算机辅助设计、工程等业务进行软件开发,涵盖需求获取、需求分析、设计、编程、软件测试、版本控制的系统工程。软件研发及开发服务属于信息技术外包(ITO)。

主要业务类型:主要包括定制软件研发、嵌入式软件研发、套装软件研发、系统软件研发等4个业务类型。

主要应用领域:重点应用于包括信息传输、软件和信息技术服务业,制造业,电力、热力、燃气及水生产和供应业,金融业,交通运输、仓储和邮政业,卫生和社会工作,教育,文化、体育和娱乐业等8个国民经济行业。

十三、信息系统运营和维护服务

定义和范围:信息系统运营和维护服务是指为客户提供特定技术或业务需求解决方案的规划、设计、实施和进行项目管理;提供涉及与外包一个机构的网络通信基础设施、客户端/服务器的一个或多个要素的支持和管理相关的一系列活动;提供信息工程、地理信息系统、远程维护等信息系统应用服务。信息系统运营和维护服务属于信息技术外包(ITO)。

主要业务类型:主要包括信息系统集成、网络管理、桌面管理与维护、信息系统应用服务等4个业务类型。

主要应用领域:重点应用于信息传输、软件和信息技术服务业,制造业,电力、热力、燃气及水生产和供应业,公共管理、社会保障和社会组织,金融业,批发和零售业,交通运输、仓储和邮政业等7个国民经济行业。

十四、基础信息技术运营和维护服务

定义和范围:基础信息技术运营和维护服务是指为客户提供管理平台整合、信息技术基础设施管理、灾备中心、托管服务、安全服务、数字内容服务等基础信息技术的运营和维护服务。基础信息技术运营和维护服务属于信息技术外包(ITO)。

主要业务类型:主要包括管理平台整合、信息技术基础设施管理、数据中心、托管服务、安全服务、数字内容服务等6个业务类型。

主要应用领域:重点应用于信息传输、软件和信息技术服务业,制造业,电力、热力、燃气及水生产和供应业,公共管理、社会保障和社会组织,金融业,批发和零售业,交通运输、仓储和邮政业等7个国民经济行业。

十五、电子商务平台服务

定义和范围:电子商务平台服务是指为客户搭建电子商务平台并提供技术支持,如为客户提供电子商务平台的规划、开发、测试、维护及运营服务。电子商务平台服务属于信息技术外包(ITO)。

主要业务类型:主要包括电子商务平台开发、电子商务平台代运维2个业务类型。

主要应用领域:重点应用于制造业,信息传输、软件和信息技术服务业,批发和零售业,农业,租赁和商务服务业,交通运输、仓储和邮政业等6个国民经济行业。

十六、数据处理服务

定义和范围:数据处理服务是指为客户提供数据采集、录入、存储、检索、加工、变换等服务,包括纸面文档电子化转换以及影响文件管理等服务;提供表格、半结构化文档等的数据化处理,将各类数字资料电子化;为客户存储资料,并提供检索服务;为客户提供统一数据结构、

筛查错误数据、对错误数据进行修复、改善数据完整性等服务,提高数据库的使用率。但本定义的数据处理业务不包括数据分析及挖掘服务。数据处理服务属于业务流程外包(BPO)。

主要业务类型:主要包括数据采集与录入、数据存储及检索、数据加工等3个业务类型。

主要应用领域:重点应用于信息传输、软件和信息技术服务业,制造业,金融业,批发和零售业,交通运输、仓储和邮政业,租赁和商务服务业,公共管理、社会保障和社会组织,电力、热力、燃气及水生产和供应业等8个国民经济行业。

十七、互联网营销推广服务

定义和范围:互联网营销推广服务是指借助互联网、移动互联网平台为客户优化营销推广渠道,从而辅助客户实现营销目标,包括营销方案设计、互联网媒体筛选、传播内容策划及效果监测等,但不包括电子商务平台的开发建设运营、产品的授权销售、数字内容等服务。互联网营销推广服务属于业务流程外包(BPO)。

主要业务类型:主要包括互联网营销方案设计、传播内容策划及效果监测、互联网媒体等3个业务类型。

主要应用领域:重点应用于信息传输、软件和信息技术服务业与制造业2个国民经济行业。

十八、信息技术解决方案服务

定义和范围:信息技术解决方案服务是指为用户提供面向行业特殊业务流程的专业解决方案,特别是为满足企业对新技术的需求,为其提供包含从方案设计、执行、测试、运营维护等整套业务流程内容。信息技术解决方案服务属于信息技术外包(ITO)。

主要业务类型:主要包括信息化解决方案、智能化解决方案2个业务类型。

主要应用领域:重点应用于信息传输、软件和信息技术服务业,制造业,电力、热力、燃气及水生产和供应业,批发和零售业,公共管理、社会保障和社会组织等5个国民经济行业。

十九、新能源技术解决方案服务

定义和范围:新能源技术解决方案服务是指为核电、太阳能、风电、生物质能、储能和智能电网等新能源用户提供面向行业特殊业务流程的专业解决方案,特别是满足企业对新能源技术的需求,为其提供方案设计、执行、测试和运营维护等服务。新能源技术解决方案服务属于信息技术外包(ITO)。

主要业务类型:主要包括新能源信息化解决方案、智能化解决方案2个业务类型。

主要应用领域:重点应用在电力、热力、燃气及水生产和供应业,信息传输、软件和信息技术服务业,制造业,科学研究与技术服务业等4个国民经济行业。

二十、供应链管理服务

定义和范围:供应链管理服务是指为客户提供供应链方案设计与物流方案设计服务,包括对整个供应链系统进行计划、协调、操作、控制和优化的各种活动和过程的服务。供应链管理服务属于业务流程外包(BPO)。

主要业务类型：主要包括供应链方案设计与物流方案设计服务2个业务类型。

主要应用领域：重点应用于制造业，批发和零售业，交通运输、仓储和邮政业，电力、热力、燃气及水生产和供应业，公共管理、社会保障和社会组织等5个国民经济行业。

二十一、信息技术咨询服务

定义和范围：信息技术咨询服务是指为用户提供信息技术相关的咨询服务，包括信息技术的咨询服务、规划咨询服务、信息安全管理的咨询服务、保障企业数据安全与规范、外包发展路线设计、外包环节及流程规划、外包商选择、外包流程监管及交付物验收服务等。信息技术咨询服务属于信息技术外包(ITO)。

主要业务类型：主要包括信息技术战略咨询、信息安全咨询、外包策略咨询、设备软件分析优化咨询等4种业务。

主要应用领域：重点应用于包括信息传输、软件和信息技术服务业，制造业，电力、热力、燃气及水生产和供应业，批发和零售业等4个国民经济行业。

二十二、管理咨询服务

定义和范围：管理咨询服务是指运用现代化的手段和科学方法，通过对企业的诊断、培训、方案规划、系统设计与辅导，从集团企业的管理到局部系统的建立，从战略层面的确立到行为方案的设计，对企业生产经营全过程实施动态分析，协助其建立现代管理系统，提出行动建议，并协助执行这些建议，以达到提高企业经济效益的一种业务活动，但不包括信息技术咨询、软件咨询等业务活动。管理咨询服务属于知识流程外包(KPO)。

主要业务类型：主要包括战略咨询服务、业务咨询服务和综合解决方案服务等3个业务类型。

主要应用领域：重点应用于制造业，公共管理、社会保障和社会组织，信息传输、软件和信息技术服务业等3个国民经济行业。

二十三、人力资源管理服务

定义和范围：人力资源管理服务是指承接客户方内部一项或几项人力资源管理工作或职能，通常是长期的持续性服务，且通常是一个或若干个业务流程而不包括具体的单一业务活动，即不包括劳务派遣服务。人力资源管理服务属于业务流程外包(BPO)。

主要业务类型：主要包括招聘流程服务、薪酬服务、福利管理服务、外籍员工服务等4个业务类型。

主要应用领域：重点应用在金融业，制造业，信息传输、软件和信息技术服务业，批发和零售业，交通运输、仓储和邮政业，租赁和商务服务业等6个国民经济行业。

二十四、呼叫中心及电商后台服务

定义和范围:呼叫中心及电商后台服务是指将包括通信、金融、先进制造业、互联网等产业的语音、在线等客户服务业务,以外包的形式交付给市场化的企业运营管理,与发包方一起对用户服务资源统一管理和调度,构成一个包括服务、营销、咨询等一体化的语音、在线等全媒体服务形式,向用户提供全方位的按需服务。呼叫中心及电商后台服务属于业务流程外包(BPO)。

主要业务类型:主要包括语音服务、在线服务、智能客服等3个业务类型。

主要应用领域:重点应用在信息传输、软件和信息技术服务业,制造业,金融业,批发和零售业,交通运输、仓储和邮政业等5个国民经济行业。

国务院关于印发2016年推进简政放权放管结合优化服务改革工作要点的通知

国发〔2016〕30号

各省、自治区、直辖市人民政府,国务院各部委、各直属机构:

国务院批准《2016年推进简政放权放管结合优化服务改革工作要点》,现予印发,请认真贯彻落实。

国务院
2016年5月23日

2016年推进简政放权放管结合优化服务改革工作要点

2016年是"十三五"规划开局之年,也是推进供给侧结构性改革的攻坚之年。今年推进简政放权、放管结合、优化服务改革的总体要求是:全面贯彻党的十八大和十八届二中、三中、四中、五中全会精神,认真落实中央经济工作会议和《政府工作报告》部署,按照创新、协调、绿色、开放、共享的发展理念,紧紧扭住转变政府职能这个"牛鼻子",在更大范围、更深层次,以更有力举措推进简政放权、放管结合、优化服务改革,使市场在资源配置中起决定性作用和更好发挥政府作用,破除制约企业和群众办事创业的体制机制障碍,着力降低制度性交易成本,优化营商环境,激发市场活力和社会创造力,与大众创业、万众创新和发展壮大新经济紧密结合起来,进一步形成经济增长内生动力,促进经济社会持续健康发展。

一、持续简政放权,进一步激发市场活力和社会创造力

(一)继续深化行政审批改革。继续加大放权力度,把该放的权力放出去,能取消的要尽量取消,直接放给市场和社会。今年要再取消50项以上国务院部门行政审批事项和中央指定地方实施的行政审批事项,再取消一批国务院部门行政审批中介服务事项,削减一批生产许可证、经营许可证。对确需下放给基层的审批事项,要在人才、经费、技术、装备等方面予以保障,确保基层接得住、管得好。对相同、相近或相关联的审批事项,要一并取消或下放,提高放权的协同性、联动性。对确需保留的行政审批事项,要统一审批标准,简化审批手续,规范审批流程。所有行政审批事项都要严格按法定时限做到"零超时"。继续开展相对集中行政许可权改革试点,推广地方实施综合审批的经验。(国务院审改办牵头,国务院各有关部门按职责分工负责)

(二)深入推进投资审批改革。进一步扩大企业自主权,再修订政府核准的投资项目目录,中央政府层面核准的企业投资项目削减比例累计达到原总量的90%以上。出台《企业投资项目核准和备案管理条例》。制定中央预算内投资审批制度改革方案。出台整合规范投资建设项目报建审批事项实施方案。保留的投资项目审批事项要全部纳入全国统一的投资项目在线审批监管平台,实行"一站式"网上审批,大幅缩短审批流程和审批时间,推进投资审批提速。(国家发展改革委牵头,国土资源部、环境保护部、住房城乡建设部、交通运输部、水利部、国务院法制办等相关部门按职责分工负责)

(三)扎实做好职业资格改革。再取消一批职业资格许可和认定事项,国务院部门设置的职业资格削减比例达到原总量的70%以上。全面清理名目繁多的各种行业准入证、上岗证等,不合理的要坚决取消或整合。建立国家职业资格目录清单管理制度,清单之外一律不得开展职业资格许可和认定工作,清单之内除准入类职业资格外一律不得与就业创业挂钩。严肃查处职业资格"挂证"、"助考"等行为,严格落实考培分离。(人力资源社会保障部牵头,工业和信息化部、住房城乡建设部、交通运输部、国务院国资委、质检总局、安全监管总局、食品药品监管总局等相关部门按职责分工负责)

(四)持续推进商事制度改革。进一步放宽市场准入,继续大力削减工商登记前置审批事项,今年再取消三分之一,削减比例达到原总量的90%以上,同步取消后置审批事项50项以上。在全面实施企业"三证合一"基础上,再整合社会保险登记证和统计登记证,实现"五证合一、一照一码",降低创业准入的制度成本。扩大"三证合一"覆盖面,推进整合个体工商户营业执照和税务登记证,实现只需填写"一张表"、向"一个窗口"提交"一套材料",即可办理工商及税务登记。加快推进工商登记全程电子化、名称登记、放宽住所条件、简易注销登记等改革试点。加快推行电子营业执照。抓好"证照分离"改革试点,切实减少各种不必要的证,解决企业"准入不准营"的问题,尽快总结形成可复制、可推广的经验。(工商总局、国务院审改办牵头,人力资源社会保障部、税务总局、国务院法制办、国家统计局等相关部门和上海市人民政府按职责分工负责)

（五）积极开展收费清理改革和监督检查。严格落实已出台的各项收费清理政策，防止反弹或变相收费。全面清理和整合规范各类认证、评估、检查、检测等中介服务，有效解决评审评估事项多、耗时长、费用高等问题。重点整治各种涉企乱收费，完善涉企收费监督检查制度，强化举报、查处和问责机制。组织对涉企收费专项监督检查，切实减轻企业负担。（财政部、国家发展改革委、工业和信息化部牵头，民政部、质检总局等相关部门按职责分工负责）

（六）扩大高校和科研院所自主权。凡是束缚教学科研人员积极性创造性发挥的不合理规定，都要取消或修改；凡是高校和科研院所能够自主管理的事项，相关权限都要下放，特别是要扩大高校和科研院所在经费使用、成果处置、职称评审、选人用人、薪酬分配、设备采购、学科专业设置等方面的自主权。落实完善支持教学科研人员创业创新的股权期权激励等相关政策，促进科技成果转化。为教学科研人员从事兼职创业积极创造宽松条件。（教育部、科技部牵头，国务院审改办、财政部、人力资源社会保障部、海关总署、工商总局、税务总局、国家知识产权局、中国科学院、中国社科院、中国工程院等相关部门、单位按职责分工负责）

（七）以政务公开推动简政放权。以更大力度推进政务公开，让人民群众和企业了解放权情况、监督放权进程、评价放权效果，做到权力公开透明、群众明白办事。全面公布地方各级政府部门权力清单和责任清单。抓紧制定国务院试点部门权力清单和责任清单；在部分地区试点市场准入负面清单制度，进一步压缩负面清单；加快编制行政事业性收费、政府定价或指导价经营服务性收费、政府性基金、国家职业资格、基本公共服务事项等各方面清单，并及时主动向社会公开。坚持"公开为常态，不公开为例外"，全面推进决策、执行、管理、服务、结果公开和重点领域信息公开。落实行政许可、行政处罚等信息自作出行政决定之日起7个工作日内上网公开的要求。加大政府信息数据开放力度，除涉及国家安全、商业秘密、个人隐私的外，都应向社会开放。及时公开突发敏感事件处置信息，回应社会关切。（国务院办公厅牵头，国务院审改办、国家发展改革委、教育部、公安部、民政部、财政部、人力资源社会保障部、住房城乡建设部、商务部、国家卫生计生委、工商总局、国家统计局等相关部门按职责分工负责）

二、加强监管创新，促进社会公平正义

（八）实施公正监管。推进政府监管体制改革，加快构建事中事后监管体系。全面推开"双随机、一公开"监管，抓紧建立随机抽查事项清单、检查对象名录库和执法检查人员名录库，制定随机抽查工作细则，今年县级以上政府部门都要拿出"一单、两库、一细则"。随机抽查事项，要达到本部门市场监管执法事项的70%以上、其他行政执法事项的50%以上，力争2017年实现全覆盖，充分体现监管的公平性、规范性和简约性，并与信用监管、智能监管联动，加强社会信用体系建设，充分发挥全国信用信息共享平台作用，推进实施守信联合激励和失信联合惩戒工作，加大"信用中国"网站对失信行为的曝光力度。推进企业信用信息归集公示工作。积极运用大数据、云计算、物联网等信息技术，建立健全市场主体诚信档案、行业黑名单制度和市场退出机制。（国家发展改革委、人民银行、工商总局牵头，海关总署、税务总局、质检总局、食品药品监管总局等相关部门按职责分工负责）

（九）推进综合监管。按照权责一致原则，继续推进市县两级市场监管领域综合行政执

法改革，强化基层监管力量，落实相关领域综合执法机构监管责任。建立健全跨部门、跨区域执法联动响应和协作机制，实现违法线索互联、监管标准互通、处理结果互认，消除监管盲点，降低执法成本。加强行业自律，鼓励社会公众参与市场监管，发挥媒体监督作用，充分发挥社会力量在强化市场监管中的作用。（国务院审改办、国务院法制办牵头，国家发展改革委、工业和信息化部、民政部、交通运输部、文化部、海关总署、工商总局、质检总局、新闻出版广电总局、食品药品监管总局等相关部门按职责分工负责）

（十）探索审慎监管。对新技术、新产业、新业态、新模式的发展，要区分不同情况，积极探索和创新适合其特点的监管方式，既要有利于营造公平竞争环境，激发创新创造活力，大力支持新经济快速成长，又要进行审慎有效监管，防范可能引发的风险，促进新经济健康发展。对看得准的基于"互联网＋"和分享经济的新业态，要量身定制监管模式；对一时看不准的，可先监测分析、包容发展，不能一下子管得过严过死；对潜在风险大的，要严格加强监管；对以创新之名行非法经营之实的，要坚决予以打击、加强监管。（国家发展改革委、工业和信息化部、民政部、交通运输部、文化部、人民银行、海关总署、工商总局、质检总局、新闻出版广电总局、食品药品监管总局、银监会、证监会、保监会等相关部门按职责分工负责）

（十一）促进各类市场主体公平竞争。要在同规则、同待遇、降门槛上下功夫，做到凡是法律法规未明确禁止的，一律允许各类市场主体进入；凡是已向外资开放或承诺开放的领域，一律向民间资本开放；凡是影响民间资本公平进入和竞争的各种障碍，一律予以清除。研究制定促进民间投资的配套政策和实施细则，在试点基础上，抓紧建立行业准入负面清单制度，破除民间投资进入电力、电信、交通、石油、天然气、市政公用、养老、医药、教育等领域的不合理限制和隐性壁垒，坚决取消对民间资本单独设置的附加条件和歧视性条款。加快建设统一开放、竞争有序的市场体系，打破地方保护。组织实施公平竞争审查制度。依法严厉打击侵犯知识产权、制售假冒伪劣商品等行为，完善知识产权保护措施，防止劣币驱逐良币，营造诚实守信、公平竞争的市场环境。（国家发展改革委、工商总局牵头，教育部、科技部、工业和信息化部、公安部、民政部、住房城乡建设部、交通运输部、商务部、文化部、国家卫生计生委、海关总署、质检总局、体育总局、食品药品监管总局、国务院法制办、国家知识产权局、国家能源局等相关部门按职责分工负责）

三、优化政府服务，提高办事效率

（十二）提高"双创"服务效率。因势利导，主动服务、跟踪服务，打造"双创"综合服务平台，为企业开办和成长"点对点"提供政策、信息、法律、人才、场地等全方位服务，砍掉束缚"双创"的繁文缛节，为扩大就业、培育新动能、壮大新经济拓展更大发展空间。建立新生市场主体统计调查、监测分析制度，密切跟踪新生市场主体特别是小微企业的经营发展情况，促进新生市场主体增势不减、活跃度提升。（国家发展改革委、工商总局牵头，教育部、科技部、司法部、人力资源社会保障部、国家统计局等相关部门按职责分工负责）

（十三）提高公共服务供给效率。坚持普惠性、保基本、均等化、可持续的方向，加快完善基本公共服务体系。创新机制，推广政府和社会资本合作模式，调动社会各方面积极性，增加基本公共服务。大幅放开服务业市场，促进民办教育、医疗、养老、健身等服务业和文化体育等产业健康发展,多渠道提高公共服务共建能力和共享水平,满足群众多层次、多样化公共服务需求。(财政部、国家发展改革委牵头,教育部、民政部、文化部、国家卫生计生委、工商总局、体育总局等相关部门按职责分工负责)

(十四)提高政务服务效率。大力推行"互联网+政务服务",推进实体政务大厅向网上办事大厅延伸,打造政务服务"一张网",简化服务流程,创新服务方式,对企业和群众办事实行"一口受理"、全程服务。抓紧制定政府部门间数据信息共享实施方案,明确共享平台、标准、目录、管理、责任等要求,打破"信息孤岛"和数据壁垒,实现数据信息互联互通和充分共享,建设高效运行的服务型政府。坚决取消各种不必要的证明和手续,让企业和群众办事更方便、更快捷、更有效率。(国务院办公厅、国家发展改革委牵头,国务院审改办、工业和信息化部、公安部、民政部、人力资源社会保障部、住房城乡建设部、工商总局、质检总局、国家统计局等相关部门按职责分工负责)

(十五)加快推动形成更有吸引力的国际化、法治化、便利化营商环境。围绕企业申请开办时间压缩了多少、投资项目审批提速了多少、群众办事方便了多少等,提出明确的量化指标,制定具体方案并组织实施。以硬性指标约束倒逼减环节、优流程、压时限、提效率,激发改革动力,增强改革实效。(国务院办公厅、国家发展改革委、国家统计局、国务院审改办牵头,国务院各有关部门按职责分工负责)

各地区各部门要把深化简政放权、放管结合、优化服务改革放在突出位置,主要领导要亲自抓,鼓励地方积极探索创新,一项一项抓好改革任务的落实。要加强对已出台措施和改革任务落实情况的督查。对改革涉及的法律法规立改废问题,责任部门要主动与法制部门加强衔接、同步推进。要做好改革经验总结推广和宣传引导工作,及时回应社会关切,营造良好改革氛围。要充分发挥各级政府推进职能转变协调机构的作用,加强统筹协调和指导督促。改革中的重要情况要及时向国务院报告。

港澳服务提供者在内地投资备案管理办法(试行)

商务部公告 2016 年第 20 号

为推动内地与香港、澳门基本实现服务贸易自由化,规范港澳服务提供者在内地对港澳开放的服务贸易领域投资备案管理工作,现公布《港澳服务提供者在内地投资备案管理办法(试行)》,自 2016 年 6 月 1 日起施行。

商务部
2016 年 5 月 18 日

港澳服务提供者在内地投资备案管理办法(试行)

第一条 为推动内地与港澳基本实现服务贸易自由化,进一步提高内地与港澳的经贸交流与合作水平,根据相关法律、行政法规以及国务院相关决定,制定本办法。

第二条 本办法所称港澳服务提供者,是指符合《〈内地与香港关于建立更紧密经贸关系的安排〉服务贸易协议》(以下称《内地与香港协议》)有关规定的香港服务提供者,以及符合《〈内地与澳门关于建立更紧密经贸关系的安排〉服务贸易协议》(以下称《内地与澳门协议》)有关规定的澳门服务提供者。

第三条 香港服务提供者在内地仅投资《内地与香港协议》对香港开放的服务贸易领域,澳门服务提供者在内地仅投资《内地与澳门协议》对澳门开放的服务贸易领域,其公司(以下称港澳投资企业)设立及变更的合同、章程备案依照本办法办理。但下列情形除外:

(一)《内地与香港协议》第四章第九条涉及保留的限制性措施及电信、文化领域的公司,金融机构的设立及变更;

(二)《内地与澳门协议》第四章第九条涉及保留的限制性措施及电信、文化领域的公司,金融机构的设立及变更;

(三)公司以外其他形式的商业存在的设立及变更。

第四条 港澳投资企业设立及变更的合同、章程备案,由各省、自治区、直辖市及计划单列市、新疆生产建设兵团、副省级中心城市等商务主管部门(以下称备案机构)负责。

第五条 港澳服务提供者或港澳投资企业通过商务部外商(港澳台侨)投资备案信息系统(以下称备案系统)在线办理备案。

第六条 港澳服务提供者或港澳投资企业应当依照本办法真实、准确、完整地提供备案信息,不得有虚假记载、误导性陈述或重大遗漏,并填写《备案申报承诺书》。

第七条 设立港澳投资企业,属于本办法规定的备案范围的,在取得企业名称预核准通知书后,应由全体投资者指定的代表或者共同委托的代理人通过备案系统在线填报和提交《港澳服务提供者投资企业设立备案申报表》(以下简称《设立申报表》),办理设立备案手续。

第八条 属于本办法规定的备案范围的港澳投资企业,发生以下变更事项的,应由港澳投资企业指定的代表或者委托的代理人通过备案系统在线填报和提交《港澳服务提供者投资企业变更事项备案申报表》(以下简称《变更申报表》),办理变更备案手续:

(一)港澳投资企业基本信息变更,包括名称、注册地址、投资总额、注册资本、企业类型、经营范围、投资行业、经营期限、组织机构构成、联系人及联系方式变更;

(二)投资者基本信息变更,包括姓名(名称)、国籍(注册地)、证照号码、实际控制人、认缴出资额、出资方式、出资期限、资金来源地、联系人及联系方式变更;

(三)股权、合作权益变更或转让,包括股权质押;

(四)合并、分立、终止;

(五)港澳投资企业财产权益对外抵押转让;

（六）合作企业港澳服务提供者先行回收投资；
（七）合作企业委托经营管理；
（八）上述事项之外的合同、章程其他主要条款修改。

其中，变更事项依照相关法律法规规定应当公告的，应当在办理变更备案手续时说明依法办理公告情况。

第九条 港澳服务提供者于本办法实施前设立的企业发生变更，且属于本办法规定的备案适用范围的，应办理变更备案手续，有《港澳台侨投资企业批准证书》的还应缴销《港澳台侨投资企业批准证书》。

第十条 港澳服务提供者或港澳投资企业在线提交《设立申报表》或《变更申报表》后，备案机构对申报事项是否属于备案范围进行甄别。属于本办法规定的备案范围的，备案机构应在3个工作日内完成备案。不属于备案范围的，备案机构应在线通知港澳服务提供者或港澳投资企业按有关规定办理。

备案机构需要港澳服务提供者或港澳投资企业对经营范围作出进一步说明的，应一次性告知其在15日内在线补充提交相关信息。提交补充信息的时间不计入备案机构的备案时限。如港澳服务提供者或港澳投资企业未能在15日内补齐相关信息，备案机构应在线告知港澳服务提供者或港澳投资企业未完成备案。港澳服务提供者或港澳投资企业可就同一设立或变更事项另行提出备案申请。

第十一条 收到备案完成通知后，港澳服务提供者或港澳投资企业应向备案机构领取《港澳服务提供者投资企业设立备案回执》或《港澳服务提供者投资企业变更备案回执》（以下简称《备案回执》）。领取时需提交以下文件：
（一）港澳投资企业名称预先核准通知书（复印件）或港澳投资企业营业执照（复印件）；
（二）香港服务提供者或澳门服务提供者证明文件（复印件）；
（三）港澳投资企业的全体投资者（或港澳投资股份有限公司的全体发起人）或其授权代表签署的《设立申报表》，或港澳投资企业法定代表人或其授权代表签署的《变更申报表》；
（四）全体投资者（或发起人）或港澳投资企业指定代表或者共同委托代理人的证明；
（五）港澳服务提供者或法定代表人委托他人签署相关文件的授权委托书；
（六）投资者、实际控制人的主体资格证明或自然人身份证明（复印件），变更事项不涉及投资者基本信息变更的，无需提供；
（七）港澳投资企业合同、章程或修改协议，变更事项不涉及合同、章程修改的，无需提供。

第十二条 备案机构签发的《备案回执》应载明如下内容：
（一）港澳服务提供者或港澳投资企业已提交《设立申报表》或《变更申报表》，且符合形式要求；
（二）备案的港澳服务提供者投资事项；
（三）该港澳服务提供者投资事项属于备案范围。

第十三条 港澳服务提供者或港澳投资企业备案后，凭《备案回执》按内地有关规定办理相关手续。

第十四条 备案管理的港澳投资企业发生需审批的变更事项，应按有关规定办理。

第十五条 港澳服务提供者与非港澳服务提供者的其他境外投资者共同投资，或港澳服务提供者将其在港澳投资企业中的全部股权、合作权益转让给非港澳服务提供者的其他境外投资者,应按有关规定办理审批手续。

第十六条 备案机构对港澳服务提供者及港澳投资企业遵守外商投资法律法规规定及备案事项承诺情况实施监督检查。

备案机构可定期抽查、根据举报进行检查、根据有关部门或司法机关的建议和反映进行检查,以及依法定职权启动检查。

第十七条 备案机构的监督检查内容包括:港澳服务提供者及港澳投资企业是否按本办法规定履行备案程序;投资经营活动是否与填报的备案信息一致;是否存在违反外商投资法律法规规定的其他情形。

第十八条 经监督检查发现港澳服务提供者或港澳投资企业存在违反外商投资法律法规规定的情形的,备案机构应以书面通知责成其说明情况、并依法开展调查。经调查确认存在违法行为的,责令其限期整改,并提请相关部门依法予以处罚。

第十九条 港澳服务提供者或港澳投资企业在备案、登记及投资经营活动中所形成的信息,以及备案机构和其他主管部门在监督检查中掌握的反映其诚信状况的信息,将纳入商务部外商(港澳台侨)投资诚信档案系统,并以适当的方式予以公示。社会公众可以申请查询港澳服务提供者、港澳投资企业的诚信信息。商务部与相关部门共享港澳服务提供者或港澳投资企业的诚信信息。

对于未按本办法规定进行备案、备案信息不实或对监督检查不予配合的,备案机构将把相关信息记入商务部外商(港澳台侨)投资诚信档案。

备案机构依据本办法公示、向他人披露或者共享的诚信信息不得含有港澳服务提供者或港澳投资企业的个人隐私、商业秘密。

第二十条 港澳服务提供者和港澳投资企业可以查询商务部外商(港澳台侨)投资诚信档案系统中的自身诚信信息,如认为有关信息记录不完整或者有错误的,可以提供相关证明材料并申请修正。经核查属实的,予以修正。

第二十一条 港澳投资企业应按照所在地商务主管部门要求,在每年6月30日前登录备案系统,填报上一年度投资经营信息。

第二十二条 港澳服务提供者投资事项涉及国家安全审查的,按相关规定办理。

第二十三条 港澳服务提供者投资涉及经营者集中审查的,适用《反垄断法》及相关法律法规。

第二十四条 港澳服务提供者并购内地企业、对上市公司投资、以其持有的内地企业股权出资,应符合相关规定要求。

第二十五条 港澳服务提供者在自由贸易试验区投资,参照适用自由贸易试验区有关规定。

第二十六条 本办法自2016年6月1日起施行。《港澳服务提供者在广东省投资备案管理办法》同时废止。

附件:1.港澳服务提供者投资企业设立备案申报表(略——编者注)
　　　2.港澳服务提供者投资企业变更备案申报表(略——编者注)
　　　3.港澳服务提供者投资企业备案回执(略——编者注)

国务院关于促进外贸回稳向好的若干意见

国发〔2016〕27号

各省、自治区、直辖市人民政府，国务院各部委、各直属机构：

外贸是国民经济重要组成部分和重要推动力量。当前，外贸形势复杂严峻，不确定不稳定因素增多，下行压力不断加大。促进外贸回稳向好，对经济平稳运行和升级发展具有重要意义。为此，提出以下意见：

一、充分发挥出口信用保险作用

进一步降低短期出口信用保险费率。对大型成套设备出口融资应保尽保，在风险可控的前提下，抓紧评估和支持一批中长期险项目。

二、大力支持外贸企业融资

通过差别准备金、利率、再贷款、再贴现等政策，引导金融机构加大对小微企业的支持力度。鼓励和支持金融机构对有订单、有效益的外贸企业贷款。加强银贸合作，鼓励和支持金融机构进一步扩大出口信用保险保单融资和出口退税账户质押融资规模。

三、进一步提高贸易便利化水平

积极改善通关便利化的技术条件，提高机检比例，进一步降低海关出口平均查验率，加强分类指导，对信用好的出口企业降低查验率，对信用差的出口企业加大查验力度。2016年年底前将国际贸易"单一窗口"建设从沿海地区推广到有条件的中西部地区，建立标准体系，落实主体责任。全面推进通关作业无纸化。

四、调整完善出口退税政策

优化出口退税率结构，对照相机、摄影机、内燃发动机等部分机电产品按征多少退多少的原则退税，确保及时足额退税，严厉打击骗取退税。完善出口退税分类管理办法，逐步提高出口退税一类企业比例，发挥好一类企业的示范带动作用。

五、减免规范部分涉企收费

落实收费目录清单制度和《港口收费计费办法》，加快推进市场化改革，着重打破垄断，加强和创新收费监管，建立打击违规收费机制。加大对电子政务平台收费查处力度，对海关、出入境检验检疫、税务、商务等部门电子政务平台开展全面检查。合理规范港口、保险、运输、银行等收费，支持实体经济发展。加快将货物港务费并入港口建设费。电器电子产品出口符合政策条件的，可按规定免征废弃电器电子产品处理基金。

六、进一步完善加工贸易政策

综合运用财政、土地、金融政策，支持加工贸易向中西部地区转移。中西部地区要加大加工贸易产业用地保障力度，优先纳入供地计划并优先供应，东部地区加工贸易梯度转移腾退用地经批准可转变为商业、旅游、养老等用途。加工贸易企业依法取得的工业用地可按合同约定分期缴纳土地出让价款，对各省（区、市）确定的优先发展产业且用地集约的工业项目可按不低于相关标准的70%确定土地出让底价。鼓励转移到中西部地区的加工贸易企业参与电力直接交易。抓紧做好阶段性降低社会保险费率政策落实工作。优化财政支出结构，支持中西部地区加工贸易发展。鼓励金融机构为加工贸易梯度转移项目提供金融支持。

在全国范围内取消加工贸易业务审批，建立健全事中事后监管机制。在符合条件的海关特殊监管区域积极探索货物状态分类监管试点，在税负公平、风险可控的前提下，赋予具备条件的企业增值税一般纳税人资格。在自贸试验区的海关特殊监管区域积极推进选择性征收关税政策先行先试，及时总结评估，在公平税负原则下适时研究扩大试点。

七、支持边境贸易发展

将边贸政策与扶贫政策、民族政策相结合。加大中央财政对边境地区转移支付力度，继续支持边境小额贸易企业发展能力建设，并督促地方规范资金使用，确保将资金落实到基层一线地区，大力促进边境小额贸易企业发展。

八、实行积极的进口政策

完善进口贴息政策，调整《鼓励进口技术和产品目录》，重点支持先进设备、先进技术进口，鼓励企业引进消化吸收再创新。完善现行汽车品牌销售管理办法，切实推进汽车平行进口。赋予符合条件的原油加工企业原油使用和进口资质。降低部分日用消费品关税，引导境外消费回流。

九、加大对外贸新业态的支持力度

开展并扩大跨境电子商务、市场采购贸易方式和外贸综合服务企业试点。支持企业建设一批出口产品"海外仓"和海外运营中心。总结中国(杭州)跨境电子商务综合试验区和市场采购贸易方式的经验,扩大试点范围,对试点地区符合监管条件的出口企业,如不能提供进项税发票,按规定实行增值税免征不退政策,并在发展中逐步规范和完善。加快建立与外贸综合服务企业发展相适应的管理模式,抓紧完善外贸综合服务企业退(免)税分类管理办法。

十、加快国际营销服务体系建设

支持企业建立国际营销网络体系,建设一批境外展示中心、分拨中心、批发市场和零售网点等。鼓励企业建立境外服务保障体系,支持重点企业建设汽车、机床、工程机械、通信、轨道交通、航空、船舶和海洋工程等境外售后维修服务中心及备件生产基地和培训中心。鼓励中国出口信用保险公司、进出口银行、开发银行对企业建设国际营销和售后服务网络提供信保和融资支持。鼓励各类金融机构与企业合作,在重点市场为国际营销服务体系建设提供融资和消费信贷支持。

十一、加快培育外贸自主品牌

鼓励外贸企业创立自主品牌,提升出口质量。建立品牌商品出口统计制度。提高非商业性境外办展质量,培育一批重点行业专业性境外品牌展。加强自主品牌对外宣传,利用高层访问、国际会议、广交会等多渠道加大中国品牌推介力度。利用外经贸发展等专项资金支持品牌、专利等方面境外并购和国际营销体系建设。在风险可控前提下对外贸企业收购境外品牌、营销体系等加大信贷支持。

十二、发挥双向投资对贸易的促进作用

提高国家级经济技术开发区和各类园区的发展水平,加大招商引资力度,稳定外商投资规模和速度,提高引进外资质量。积极引导外资投向新兴产业、高新技术、节能环保等领域。进一步改善投资环境,大力引进国际人才,推动中关村国家自主创新示范区有关人才政策尽快在全国复制推广。促进引资和引智相结合,培育新的外贸经营主体。推动对外投资合作和贸易相结合。大力推进"一带一路"建设和国际产能合作,带动我国产品、技术、标准、服务出口。加大磋商协调力度,推动解决企业"走出去"面临的签证申办难点和普遍性问题。

十三、加强外贸知识产权保护

持续开展外贸领域打击侵权假冒专项行动,依法打击有关违法行为。支持企业开展商标、专利注册保护,加强境外知识产权争端解决和维权援助机制建设。健全多双边知识产权交流和执法协作机制,切实支持进出口企业应对境外知识产权纠纷,有效遏止境外恶意注册、恶意诉讼等行为。加强指导和帮助,提高外贸企业防范和应对国际技术性贸易壁垒的能力和水平。加强外贸领域诚信体系建设,探索建立外贸企业信用评价体系。

十四、加强组织实施

各地区、各部门要进一步提高认识,更加重视外贸工作,加强协调,形成合力。要加大政策落实力度,早部署、早落实,加强督促检查。各地区要提高政策的精准度,借鉴有益经验做法,根据形势需要和本地区实际,出台有针对性的配套措施。各部门要明确责任分工,抓紧制定实施细则。要多措并举,促进外贸创新发展,千方百计稳增长,坚定不移调结构,努力实现外贸回稳向好。

国务院
2016 年 5 月 5 日

二、区域

(一) 自贸试验区

国务院关于在自由贸易试验区暂时调整有关行政法规、国务院文件和经国务院批准的部门规章规定的决定

国发〔2017〕57号

各省、自治区、直辖市人民政府，国务院各部委、各直属机构：

　　为保障自由贸易试验区有关改革开放措施依法顺利实施，国务院决定，在自由贸易试验区暂时调整《中华人民共和国船舶登记条例》等11部行政法规，《国务院办公厅转发国家计委关于城市轨道交通设备国产化实施意见的通知》、《国务院办公厅关于加强城市快速轨道交通建设管理的通知》2件国务院文件以及《外商投资产业指导目录（2017年修订）》、《外商投资民用航空业规定》2件经国务院批准的部门规章的有关规定（目录附后）。

　　国务院有关部门和上海市、广东省、天津市、福建省、辽宁省、浙江省、河南省、湖北省、重庆市、四川省、陕西省人民政府要根据有关行政法规、国务院文件和经国务院批准的部门规章的调整情况，及时对本部门、本省市制定的规章和规范性文件作相应调整，建立与试点要求相适应的管理制度。

　　根据自由贸易试验区改革开放措施的试验情况，本决定内容适时进行调整。

　　附件：国务院决定在自由贸易试验区暂时调整有关行政法规、国务院文件和经国务院批准的部门规章规定目录

国务院
2017年12月25日

附件：

国务院决定在自由贸易试验区暂时调整有关行政法规、国务院文件和经国务院批准的部门规章规定目录

序号	有关行政法规、国务院文件和经国务院批准的部门规章规定	调整情况
1	1.《中华人民共和国船舶登记条例》 第二条第一款：下列船舶应当依照本条例规定进行登记： （一）在中华人民共和国境内有住所或者主要营业所的中国公民的船舶。 （二）依据中华人民共和国法律设立的主要营业所在中华人民共和国境内的企业法人的船舶。但是，在该法人的注册资本中有外商出资的，中方投资人的出资额不得低于50%。 （三）中华人民共和国政府公务船舶和事业法人的船舶。 （四）中华人民共和国港务监督机构认为应当登记的其他船舶。 2.《中华人民共和国船舶和海上设施检验条例》 第十三条：下列中国籍船舶，必须向中国船级社申请入级检验： （一）从事国际航行的船舶； （二）在海上航行的乘客定额100人以上的客船； （三）载重量1000吨以上的油船； （四）滚装船、液化气体运输船和散装化学品运输船； （五）船舶所有人或者经营人要求入级的其他船舶。	暂时停止实施相关内容，加快国际船舶登记制度创新，基于对等原则逐步放开船级准入，由国务院交通运输主管部门制定相关管理办法
2	《印刷业管理条例》 第十四条：国家允许设立中外合资经营印刷企业、中外合作经营印刷企业，允许设立从事包装装潢印刷品印刷经营活动的外资企业。具体办法由国务院出版行政部门会同国务院对外经济贸易主管部门制定。	暂时停止实施相关内容，允许设立从事其他印刷品印刷经营活动的外资企业，由国务院新闻出版主管部门制定相关管理办法

(续表)

序号	有关行政法规、国务院文件和经国务院批准的部门规章规定	调整情况
3	《外商投资民用航空业规定》 第四条第一款：外商投资方式包括： （一）合资、合作经营（简称"合营"）； （二）购买民航企业的股份，包括民航企业在境外发行的股票以及在境内发行的上市外资股； （三）其他经批准的投资方式。 第六条第四款：外商投资飞机维修（有承揽国际维修市场业务的义务）和航空油料项目，由中方控股；货运仓储、地面服务、航空食品、停车场等项目，外商投资比例由中外双方商定。	暂时停止实施相关内容，允许外商以独资形式投资设立航空运输销售代理企业和航空货运仓储、地面服务、航空食品、停车场项目；放宽外商投资通用飞机维修由中方控股的限制；取消外商投资飞机维修承揽国际维修市场业务的义务要求。由国务院民用航空主管部门制定相关管理办法
4	《中华人民共和国认证认可条例》 第十一条第一款：外商投资企业取得认证机构资质，除应当符合本条例第十条规定的条件外，还应当符合下列条件： （一）外方投资者取得其所在国家或者地区认可机构的认可； （二）外方投资者具有3年以上从事认证活动的业务经历。	暂时停止实施外商投资企业取得认证机构资质的特殊要求，由国务院质量监督检验检疫主管部门制定相关管理办法
5	《娱乐场所管理条例》 第六条：外国投资者可以与中国投资者依法设立中外合资经营、中外合作经营的娱乐场所，不得设立外商独资经营的娱乐场所。	暂时停止实施相关内容，允许设立外商独资经营的娱乐场所，在自由贸易试验区内提供服务，由国务院文化主管部门制定相关管理办法
6	《中华人民共和国中外合作办学条例》 第六十条：在工商行政管理部门登记注册的经营性的中外合作举办的培训机构的管理办法，由国务院另行规定。	暂时停止实施相关内容，由国务院教育主管部门会同有关部门就经营性的中外合作举办的培训机构制定相关管理办法
7	《旅行社条例》 第二十三条：外商投资旅行社不得经营中国内地居民出国旅游业务以及赴香港特别行政区、澳门特别行政区和台湾地区旅游的业务，但是国务院决定或者我国签署的自由贸易协定和内地与香港、澳门关于建立更紧密经贸关系的安排另有规定的除外。	暂时停止实施相关内容，允许在自由贸易试验区内注册的符合条件的中外合资旅行社经营中国内地居民出境旅游业务（台湾地区除外），由国务院旅游主管部门制定相关管理办法

(续表)

序号	有关行政法规、国务院文件和经国务院批准的部门规章规定	调整情况
8	《直销管理条例》 第七条：申请成为直销企业，应当具备下列条件： （一）投资者具有良好的商业信誉，在提出申请前连续5年没有重大违法经营记录；外国投资者还应当有3年以上在中国境外从事直销活动的经验； （二）实缴注册资本不低于人民币8000万元； （三）依照本条例规定在指定银行足额缴纳了保证金； （四）依照规定建立了信息报备和披露制度。	暂时停止实施外国投资者应当有3年以上在中国境外从事直销活动的经验的要求，由国务院商务主管部门制定相关管理办法
9	《外商投资产业指导目录(2017年修订)》 限制外商投资产业目录 24.加油站（同一外国投资者设立超过30家分店、销售来自多个供应商的不同种类和品牌成品油的连锁加油站，由中方控股）建设、经营	暂时停止实施相关内容，允许外商以独资形式从事加油站建设、经营，由国务院商务主管部门制定相关管理办法
10	1.《中华人民共和国国际海运条例》 第二十八条：经国务院交通主管部门批准，外商可以依照有关法律、行政法规以及国家其他有关规定，投资设立中外合资经营企业或者中外合作经营企业，经营国际船舶运输、国际船舶代理、国际船舶管理、国际海运货物装卸、国际海运货物仓储、国际海运集装箱站和堆场业务；并可以投资设立外资企业经营国际海运货物仓储业务。 经营国际船舶运输、国际船舶代理业务的中外合资经营企业，企业中外商的出资比例不得超过49%。 经营国际船舶运输、国际船舶代理业务的中外合作经营企业，企业中外商的投资比例比照适用前款规定。 中外合资国际船舶运输企业和中外合作国际船舶运输企业的董事会主席和总经理，由中外合资、合作双方协商后由中方指定。 2.《外商投资产业指导目录(2017年修订)》 限制外商投资产业目录 17.国内水上运输公司（中方控股），国际海上运输公司（限于合资、合作） 23.船舶代理（中方控股）	暂时停止实施相关内容，允许设立外商独资国际船舶运输、国际船舶管理、国际海运货物装卸、国际海运集装箱站和堆场企业，允许外商以合资、合作形式从事国际船舶代理业务，外方持股比例放宽至51%

（续表）

序号	有关行政法规、国务院文件和经国务院批准的部门规章规定	调整情况
11	《外商投资产业指导目录（2017年修订）》 限制外商投资产业目录 22. 稻谷、小麦、玉米收购、批发	暂时停止实施相关内容，取消外商从事稻谷、小麦、玉米收购、批发的限制
12	《外商投资产业指导目录（2017年修订）》 限制外商投资产业目录 9. 干线、支线飞机设计、制造与维修，3吨级及以上直升机设计与制造，地面、水面效应航行器制造及无人机、浮空器设计与制造（中方控股） 10. 通用飞机设计、制造与维修（限于合资、合作）	暂时停止实施相关内容，允许外商以独资形式从事6吨级9座以下通用飞机设计、制造与维修业务；取消3吨级及以上民用直升机设计与制造的投资比例限制
13	1.《国务院办公厅转发国家计委关于城市轨道交通设备国产化实施意见的通知》（国办发〔1999〕20号） 第三部分的有关规定：城市轨道交通项目，无论使用何种建设资金，其全部轨道车辆和机电设备的平均国产化率要确保不低于70％。 2.《国务院办公厅关于加强城市快速轨道交通建设管理的通知》（国办发〔2003〕81号） 第六部分的有关规定：要不断提高城轨交通项目设备的国产化比例，对国产化率达不到70％的项目不予审批。	暂时停止实施相关内容，取消外商投资城市轨道交通项目设备国产化比例须达到70％以上的限制
14	《外商投资产业指导目录（2017年修订）》 禁止外商投资产业目录 26. 互联网新闻信息服务、网络出版服务、网络视听节目服务、互联网上网服务营业场所、互联网文化经营（音乐除外）、互联网公众发布信息服务	暂时停止实施相关内容，允许外商投资互联网上网服务营业场所
15	《中华人民共和国外资银行管理条例》 第三十四条第一款：外资银行营业性机构经营本条例第二十九条或者第三十一条规定业务范围内的人民币业务的，应当具备下列条件，并经国务院银行业监督管理机构批准： （一）提出申请前在中华人民共和国境内开业1年以上； （二）国务院银行业监督管理机构规定的其他审慎性条件。	暂时停止实施相关内容，取消对外资银行营业性机构经营人民币业务的开业年限限制

（续表）

序号	有关行政法规、国务院文件和经国务院批准的部门规章规定	调整情况
16	1.《营业性演出管理条例》 　　第十条第一款、第二款：外国投资者可以与中国投资者依法设立中外合资经营、中外合作经营的演出经纪机构、演出场所经营单位；不得设立中外合资经营、中外合作经营、外资经营的文艺表演团体，不得设立外资经营的演出经纪机构、演出场所经营单位。 　　设立中外合资经营的演出经纪机构、演出场所经营单位，中国合营者的投资比例应当不低于51%；设立中外合作经营的演出经纪机构、演出场所经营单位，中国合作者应当拥有经营主导权。 　　第十一条第二款：台湾地区的投资者可以在内地投资设立合资、合作经营的演出经纪机构、演出场所经营单位，但内地合营者的投资比例应当不低于51%，内地合作者应当拥有经营主导权；不得设立合资、合作、独资经营的文艺表演团体和独资经营的演出经纪机构、演出场所经营单位。 2.《外商投资产业指导目录（2017年修订）》 　　限制外商投资产业目录 　　35.演出经纪机构（中方控股）	暂时停止实施相关内容，允许外国投资者、台湾地区的投资者设立独资演出经纪机构为设有自由贸易试验区的省、直辖市提供服务，由国务院文化主管部门制定相关管理办法

注：第1项至第9项此前已经在上海、广东、天津、福建自由贸易试验区作了暂时调整，此次暂时调整适用于其他自由贸易试验区。第10项至第16项适用于所有自由贸易试验区。

商务部关于支持自由贸易试验区进一步创新发展的意见

商资发〔2017〕483号

天津市、辽宁省、上海市、浙江省、福建省、广东省、河南省、湖北省、重庆市、四川省、陕西省商务主管部门：

　　建设自由贸易试验区（以下简称自贸试验区）是党中央、国务院在新形势下全面深化改革、扩大开放的一项战略举措。为贯彻落实党的十九大报告新要求新部署，商务部将支持自贸试验区进一步深化改革开放、创新发展，现提出以下意见：

一、推动对外贸易由量的扩张到质的提升

（一）支持自贸试验区积极拓展对外贸易，加快培育贸易新业态新模式，支持自贸试验区发展跨境电子商务。

（二）支持自贸试验区内符合条件的商品市场开展市场采购贸易方式试点。

（三）研究出台支持外贸综合服务企业发展的政策措施，支持自贸试验区外贸综合服务企业发展。

（四）研究取消自贸试验区加工贸易企业经营状况和生产能力核查，稳妥推进自贸试验区加工贸易保税维修业务试点。

（五）支持在具备条件的自贸试验区研究推进进出口许可证件通关作业无纸化，进一步缩短通关时间，提高通关效率。

（六）支持自贸试验区积极发展技术贸易、文化贸易、服务外包和中医药服务贸易，在自贸试验区实施服务贸易企业统计直报。

（七）支持自贸试验区研究推动服务贸易事项有序纳入国际贸易"单一窗口"建设。

（八）支持自贸试验区在适合领域逐步取消或放宽对跨境交付、自然人移动等模式的服务贸易限制措施，有序推进开放进程，率先探索建立服务领域开放风险预警机制。

二、持续优化营商环境

（九）协调有关部门继续缩减自贸试验区外商投资负面清单，重点推进金融、教育、文化、医疗等服务业领域有序开放，进一步放开一般制造业。

（十）支持自贸试验区创新投资促进体系建设，从机构设置、规划安排、职能定位、招商方式、投后服务等方面构建高水平投资促进体系。

（十一）鼓励自贸试验区构建营商环境科学评价体系，进一步优化政府服务，营造法治化、国际化、便利化营商环境。

三、完善市场运行机制

（十二）支持具备条件的自贸试验区开展汽车平行进口试点，建立多渠道、多元化汽车流通模式。

（十三）加强自贸试验区开展大宗商品现货交易工作指导，建立完善制度规则，加强风险防范，推动大宗商品现货交易和资源配置平台建设。

（十四）支持自贸试验区所在城市开展供应链创新与应用试点示范，完善本地重点产业供应链体系和重要产品追溯体系，培育供应链创新与应用示范企业，建设跨行业、跨领域的供应链协同、交易和服务示范平台。

（十五）支持自贸试验区加强商务诚信体系建设，开展跨部门联合奖惩。加强事中事后监管，提高商务行政执法能力和水平。

（十六）支持自贸试验区物流标准化、单元化建设，促进物流链与产业链、供应链的协同

发展。

（十七）支持自贸试验区大力发展数字商务服务产业，推进电子商务与快递物流协同发展。

（十八）支持自贸试验区在现有法律法规框架下，进一步做好两用物项的进出口管理工作。

（十九）指导、支持自贸试验区的产业预警体系建设、贸易救济、贸易摩擦应对等工作。

（二十）指导自贸试验区配合做好经营者集中反垄断审查工作。

四、积极参与国际经贸合作

（二十一）发挥多双边经贸合作机制作用，推动自贸试验区加强国际贸易投资合作。进一步深化自贸试验区与台港澳地区经贸交流与合作。

（二十二）支持自贸试验区创新境外投资管理模式，研究境内非金融企业开展境外金融类投资以及自然人通过其控制的境外企业开展境外投资的监管措施。

（二十三）支持自贸试验区企业获得援外实施企业资格；根据相关规则申请援外项目实施企业资格，鼓励企业通过参与援外工作开展承包工程、劳务、对外投资合作以及人员培训交流，带动企业、产品、技术和服务走出去。

（二十四）支持自贸试验区企业参与实施重大战略性项目，推进与有关国家的国际产能合作和互联互通，更好地参与"一带一路"建设。

五、强化组织保障

（二十五）充分发挥国务院自由贸易试验区工作部际联席会议（以下简称联席会议）办公室统筹协调作用，会同有关部门和地方共同研究推动将更多中央及省级人民政府的经济管理权限下放至自贸试验区，赋予自贸试验区更大改革自主权。

（二十六）会同有关部门及省市做好自贸试验区总体方案落实工作；对于自贸试验区在发展过程中遇到的问题，及时协调有关部门研究解决，重大问题提请联席会议审议。

（二十七）及时总结评估自贸试验区改革创新试点任务实施效果，加强各领域试点经验系统集成。对试点效果好、风险可控且可复制可推广的成果，实施分类审查程序后复制推广至全国其他地区。

（二十八）有关省市商务主管部门要支持自贸试验区根据战略定位和差异化探索目标，大胆试、大胆闯、自主改，研究制定配套政策措施，扎实推进商务领域各项试点任务实施，积极支持自贸试验区创新发展。

商务部

2017年12月17日

科技部办公厅、商务部办公厅关于印发《支持自由贸易试验区创新发展若干措施》的通知

国科办创〔2017〕81号

上海市、广东省、天津市、福建省、辽宁省、浙江省、河南省、湖北省、重庆市、四川省、陕西省科技厅(委)、商务厅(委)，中国(上海)自由贸易试验区推进工作领导小组办公室、中国(广东)自由贸易试验区工作办公室：

  为全面落实创新驱动发展战略，推动自由贸易试验区加快创新发展，科技部、商务部研究制定了《支持自由贸易试验区创新发展若干措施》。现印发给你们，请结合实际，加强协同配合，认真推进落实。

科技部办公厅
商务部办公厅
2017年9月4日

支持自由贸易试验区创新发展若干措施

  建设自由贸易试验区(以下简称自贸试验区)是党中央、国务院在新形势下全面深化改革、扩大开放的一项战略举措。为贯彻落实党中央、国务院决策部署，充分发挥科技创新对自贸试验区建设发展的支撑引领作用，提出若干支持措施如下。

一、指导思想

  深入贯彻习近平总书记系列重要讲话精神和治国理政新理念新思想新战略，认真落实党中央、国务院决策部署，按照"四个全面"战略布局要求，坚定践行新发展理念，把创新作为引领发展的第一动力，推进自贸试验区战略与创新驱动发展战略相结合；坚持科技创新与制度创新双轮驱动，破除制约创新的体制机制障碍，激发创新活力；坚持以全球视野谋划和推动创新，最大限度用好全球创新资源，拓展开放型经济新空间；坚持统筹自贸试验区和国家自主创新示范区联动发展，不断放大政策集成效应，引导创新要素加速流动和聚集；坚持把提升创新驱动发展能力作为自贸试验区检验建设成效的重要标准，支撑建设开放和创新融为一体的综合改革试验区，为国家创新体系建设开展积极探索。

二、重点任务

（一）促进科技和金融深度融合，完善适合科技企业发展的金融服务模式。

1. 鼓励银行设立科技金融专营机构，创新适合科技型企业的担保方式，在自贸试验区内先行先试，拓展科技型企业融资渠道。

2. 充分发挥国家科技成果转化引导基金作用，支持自贸试验区设立一批专业化创业投资子基金，引导带动社会资本投入创新。

3. 支持上海自贸试验区开展投贷联动试点，为创新创业企业提供股权和债权相结合的融资方式，鼓励银行业金融机构与其他外部创业投资机构开展投贷联动业务。

4. 按照国务院统一部署，配合银监会等部门，积极争取将重庆、四川、河南自贸试验区纳入投贷联动试点。

5. 深化上海股权托管交易中心"科技创新版"试点，推进金融中心与科创中心建设相结合的科技金融模式创新。

6. 拓宽创新创业项目境外融资渠道，引导境内外资本对自贸试验区科技型企业提供融资支持。

（二）提升科技服务业发展水平，推动技术创新和商业模式创新融合。

7. 发挥自贸试验区高端要素集聚优势，支持自贸试验区大力发展科技服务业，重点发展研发设计、中试熟化、创业孵化、检验检测认证等业态，提升科技服务能力。

8. 支持自贸试验区壮大科技服务市场主体，培育一批拥有知名品牌的科技服务机构和龙头企业，形成一批科技服务业创新型产业集群。

9. 鼓励自贸试验区搭建面向服务贸易发展需求的科技服务平台，汇聚科技服务资源，积极探索有利于本区域科技服务业发展的新路径和新模式。

10. 支持自贸试验区内融资租赁企业引进国外先进高端科研仪器设备，为科研机构、科技型企业等创新主体开展租赁服务。

（三）促进高水平创新人才引进和集聚，为自贸试验区建设提供强有力智力支撑。

11. 支持自贸试验区率先落实以增加知识价值为导向的分配政策，充分调动和激发人的主动性、积极性和创造性，推动形成创新人才蓬勃成长、创新成果不断涌现的良好局面。

12. 鼓励自贸试验区改革和完善引才配套政策，为海外高层次人才回国创新创业营造环境、提供便利。

（四）完善创新创业生态，推动市场活力和社会创造力竞相迸发。

13. 支持自贸试验区依托龙头骨干企业、科研院所积极构建专业化众创空间，鼓励各类资本共同参与，支撑服务实体经济发展。

14. 积极支持建设创业苗圃、科技企业孵化器和加速器，发展新型创业孵化机构，构建完善的科技创业孵化体系和生态系统。

15. 引导社会资本参与建设面向小微企业的社会化技术创新公共服务平台，推动大批创新活力旺盛的小微企业不断涌现。

（五）加速科技成果转移转化，培育发展新动能。

16. 充分发挥自贸试验区"先进区后报关"、进口研发样品便利化、检验检疫新模式等方面制度创新优势,促进企业研发活动便利化,降低科技研发成本,加速成果转移转化。

17.推动自贸试验区深入实施科技成果转移转化行动,完善相关配套措施,在支持企业研发成果转化等方面开展先行先试,进一步破除制约科技成果转移转化的体制机制障碍。

18.鼓励培育建设国际化、市场化技术转移机构,发展壮大专业化技术转移人才队伍,打造功能完善、运行高效的科技成果转移转化体系。

19.鼓励自贸试验区内企业与各高校、科研院所合作,推进科技成果转化和协同创新。

三、加强组织实施

建设自贸试验区是一项长期、涉及面广的系统工程。科技部、商务部将按照党中央、国务院统一部署,在国务院自贸试验区工作部际联席会议统筹协调下,会同有关部门,强化支撑和服务。有关省市科技厅(委)、商务厅(委)要加强协同,结合各自贸试验区定位和发展实际需求,配合各自贸试验区办公室研究制定配套政策措施,推动各项任务落实落地,积极支持自贸试验区创新发展。

商务部、交通运输部、工商总局、质检总局、外汇局关于做好自由贸易试验区第三批改革试点经验复制推广工作的函

商资函〔2017〕515号

建设自由贸易试验区(以下简称自贸试验区)是党中央、国务院在新形势下全面深化改革和扩大开放的一项战略举措。一段时间以来,自贸试验区制度创新成果丰硕,已集中向全国复制推广了两批改革试点经验。近期,上海、广东、福建、天津4省市和有关部门按照党中央、国务院部署,持续加快政府职能转变,探索体制机制创新,主动服务国家战略,加大压力测试和风险防控,推动自贸试验区在投资、贸易、金融等方面大胆探索,形成了新一批改革创新成果。

经商相关部门同意,自贸试验区第三批改革试点经验包括"会展检验检疫监管新模式""进口研发样品便利化监管制度""海事集约登轮检查制度""融资租赁公司收取外币租金""市场主体名称登记便利化改革"等5项内容,将向全国范围内复制推广。

请各地高度重视复制推广自贸试验区改革试点经验的重大意义,将复制推广工作作为贯彻新发展理念、推进供给侧结构性改革、进一步深化改革和扩大开放的重要举措,强化组织机制保障,落实主体责任,加强监督检查,确保改革试点经验落地生根、取得实效,持续释放改革红利,打造法治化、国际化、便利化的营商环境。复制推广工作中遇到的重大问题,要及时报告。

附件：自贸试验区第三批复制推广的改革试点经验

商务部
交通运输部
工商总局
质检总局
外汇局
2017 年 7 月 26 日

附件

自贸试验区第三批复制推广的改革试点经验

序号	事项	主要内容	部门	推广范围
1	会展检验检疫监管新模式	一是简化审批手续，对报检单位登记备案、出入境特殊物品卫生检疫审批、口岸卫生许可、进境（过境）动植物及其产品检疫审批等检验检疫审批项目，实行网上申请和审批。二是创新展品监管措施，对需办理强制性产品认证（CCC 认证）的产品实行"入区登记、展后区别监管"的监管方式，无需办理《免于办理强制性产品认证证明》。会展结束后，退运出境的展品采取复出核销的便捷措施，销售、使用的展品按照强制性产品认证的有关规定办理。三是改口岸查验为场馆集中查验，对入境展品实行口岸核证直接放行。	质检总局	全国
2	进口研发样品便利化监管制度	对研发科创类型企业进口的研发用样品采取合格假定、信用放行的监管新模式，对产品实施风险分类监管，简化入出境办理手续，实施事中事后监管。	质检总局	全国
3	海事集约登轮检查制度	整合海事执法力量，实现一站式登轮检查，对海事部门涉及的各类检查项目，做到能够不登轮检查的不再登轮检查，必须登轮检查的事项，一次完成海事监管所有执法检查。	交通运输部	全国
4	市场主体名称登记便利化改革	实行企业名称"自助查重、自主申报"：一是减少名称登记环节。企业名称核准与企业设立登记可以同时办理。二是开放名称数据库，设定名称禁限用规则，供申请人自助查重、自主申报使用。三是探索名称争议除名制度。应予纠正的企业名称，登记机关责令企业限期改正，拒不改正的，可以用除名方式，或者暂以统一社会信用代码代替，通过国家企业信用信息公示系统予以公示。	工商总局	全国
5	融资租赁公司收取外币租金	金融租赁公司、外商投资融资租赁公司及中资融资租赁公司办理融资租赁业务时，如用以购买租赁物的资金 50% 以上来源于自身国内外汇贷款或外币负债，可以在境内以外币形式收取租金。	外汇局	全国

商务部关于印发自由贸易试验区新一批"最佳实践案例"的函

商资函〔2017〕465号

各省、自治区、直辖市人民政府：

建设自由贸易试验区是党中央、国务院在新形势下全面深化改革和扩大开放的一项战略举措。一段时间以来，上海、广东、天津、福建4个自由贸易试验区积极探索、勇于创新，在贸易便利化、投资体制改革、事中事后监管等方面，形成了一批制度创新性强、市场主体反应好、具有一定系统集成特点的做法。国务院自由贸易试验区工作部际联席会议办公室将成效较为突出的4个案例，编撰形成自由贸易试验区新一批"最佳实践案例"。现予以印发，供各地在深化改革、扩大开放过程中借鉴。

国务院自由贸试验区工作
部际联席会议办公室
2017年7月17日

自由贸易试验区新一批"最佳实践案例"

目　录

案例1："证照分离"改革试点
案例2："企业专属网页"政务服务新模式
案例3：集成化行政执法监督体系
案例4：关检"一站式"查验平台+监管互认

案例1：

"证照分离"改革试点

［中国（上海）自由贸易试验区提供］

开展"证照分离"改革试点，是推进"放管服"改革的重要举措，对于厘清政府与市场关系,创新政府管理方式,强化市场主体地位,具有重要意义。通过改革审批方式和加强事中事后监管,进一步完善市场准入,使企业办证更加便捷高效,以解决"先照后证"后市场主体办证难的问题。

一、主要做法

按照《国务院关于上海市开展"证照分离"改革试点总体方案的批复》,2016年4月1日起,在浦东新区全面实施《上海市开展"证照分离"改革试点总体方案》所涉116项行政审批的改革举措。2016年4月19日,国务院印发《关于在上海市浦东新区暂时调整有关行政法规和国务院文件规定的行政审批等事项的决定》,确保上海依法开展先行先试改革措施。

(一)分类推进行政许可事项改革。

按照易操作、可管理的要求,从与企业经营活动密切相关的行政许可事项中,选择频次较高、改革后效果比较明显的事项,先行开展改革试验,按不同情况,分类推进。对企业能够自主决策的经营活动,取消行政审批,或改为备案管理;对暂时不能取消审批的行政许可,简化审批方式,实行告知承诺制;对不适合采取告知承诺制的行政许可事项,简化办事流程,公开办事程序,提高审批的透明度和可预期性;对涉及国家安全、公共安全等特定领域,继续强化市场准入管理,加强风险防范。

(二)着力加强事中事后监管。

坚持监管先行,积极探索创新加强事中事后监管的有效方式和措施,以更好的"管"来促进更大力度的"放"。

一是强化后续监管。重点从取消的审批所涉及行业入手,根据行业发展特点,通过采用市场机制调节、形成现代市场体系、制订统一的管理规范和强制性标准、加大事中检查事后稽查处罚力度等措施,及时转变监管方式,把该管的事管住管好。

二是突出生产经营者主体责任。强调市场主体对本单位的生产经营承担主体责任,对未履行主体责任导致的后果负责。通过细化各个生产经营环节的主体责任体系、管理制度等,明确生产经营者的主体责任范围,建立健全生产经营者主体责任评价体系。

三是加强综合监管。按照"多种监管手段整合运用、多个政府部门联手治理、多方社会力量参与监督"的综合监管思路,进一步强化法律支撑、源头治理、属地管理,认真把好企业准入关,积极开展市场检查、生产基地检查等,及时查处检查中发现的问题,惩处违法犯罪行为,全面推进综合监管工作。

四是提高监管效率。推进标准化管理,明确审查内容、审查要求、审查方法、判定标准等;明确内部审查原则上"一审一核"制或承办、审核、决定三级审批制。消除重叠机构和重复业务,打破处室界限,建立跨部门业务合作机制等。

(三)着力提升服务水平。

坚持问题导向,创新工作思路,在转作风、提效能、强服务方面进行突破,不断提高政府服务水平和群众满意度。

一是提高透明度。编制发布办事指南,详细列明审批所需材料、要求、程序等内容,使申请人能一次性提交符合审批要求的申报材料,避免多次往返咨询或反复提交材料,节约企业运营成本,使企业对审批结果有合理预期。

二是改进窗口服务。推进行政服务窗口的形象、用语、技能、业务等的标准化建设,建立健全收件凭证、一次告知、限时办结、首问负责、咨询服务、AB角工作制、节假日办理等服务制度。

三是深化"互联网+政务"服务。运用网络信息技术,创新网上告知、公示、咨询、查询、反馈等网上服务方式。推动实施数据共享,让居民和企业少跑腿、好办事、不添堵。强化权力网上运行,做到大小有界、公开透明、全程受控、网上留痕。

四是推行"靠前"服务。对于选址定点、现场勘察等基础工作,在受理之前提前开展,向申请人告知结果信息并提供服务指导,避免或降低企业再次整改的可能性,节省企业经营成本。

(四)着力加强制度保障。

对于涉及调整管理方式的改革举措,从可操作性入手,细化工作环节,形成相关制度,确保改革举措顺利落地。

一是重构行业管理制度。从取消准入条件、放宽准入要求、制定准入标准等方面入手,调整完善一批行业领域的市场准入,降低企业制度性交易成本。取消行政审批的事项,重新构建管理制度,如二手车交易市场管理、微生物菌剂应用环境安全管理、因私出入境中介活动管理等,制定出台相关管理制度后予以实施。

二是健全备案管理制度。对于审批改为备案的事项,逐项研究制定备案管理办法,明确备案的条件、内容、程序、期限以及需要报送的全部材料目录和备案示范文本,明确对行政相对人从事备案事项的监督检查及处理措施、应承担的法律责任等。

三是完善告知承诺制度。对于实行告知承诺制的行政审批,逐项制定和下发告知承诺书格式文本和告知承诺办法,明确需要行政相对人承诺的审批条件和申请材料的具体内容,对于属于企业内部事务的原则上通过告知承诺来落实,同时强化行政审批告知承诺的批后监管。

二、实践效果

据统计,截至2017年3月31日,"证照分离"改革试点事项共受理申请50796件,发放许可证50202件;37项事项的改革举措已扩展至全上海市实施,有些改革举措已被国家有关部委直接采纳并在全国推行。根据对市场主体的抽样调查,认为"证照分离"改革后注册企业便利程度和企业经营便利程度高、较高的企业,分别占到87%和85%。从市场主体的反馈来看,"证照分离"改革对于营商环境的改善起到了重要的作用。

(一)进一步为企业松绑除障。

通过取消行政审批、简化受理条件等改革举措,不断改进政府管理模式,逐步取消或放宽行业准入条件,有效降低了企业制度性交易成本,市场主体活跃度得到明显提升。

一是激发了市场主体办事创业的积极性。市场监管部门数据显示,2016年浦东新区新增各类市场主体较2015年末增加17%。税务部门数据显示,2016年新区净增加纳税主体数(45146户)超过净增加市场主体数(40010户),显示出不仅注册企业数有所增长,而且办了证、缴了税的活跃企业数也增长了。公安部门的因私出入境中介机构资格认定取消后,推动形成了企业自主经营、公平竞争,消费者自由选择、自主消费的因私出入境中介市场体系,至2016年底在浦东新区进行工商登记注册的因私出入境中介机构已有126家("证照分离"改革前仅有10家)。

二是降低了准入门槛。出入境检验检疫部门放宽进出口商品检验鉴定机构许可的准入要求,取消了注册资本不少于相当35万美元的人民币限制和对外国投资者"跨国经营能力"的要求等,至2016年底上海地区进出口商品检验鉴定机构已达97家,占全国总数近20%,上海地区的进出口商品检验鉴定市场占有率全国第一。卫生计生部门编制并向社会公开了《浦东新区营利性医疗机构设置指引》及其机构设置目录清单,实现营利性医疗机构的行业准入标准化,试点半年间,浦东新区新设立营利性医疗机构数量已超过"十二五"期间年均审批数量。

三是减轻了企业负担。人力资源社会保障部门在设立中外合作经营性培训机构阶段实行告知承诺制,将租赁场地、聘雇人员、内部管理制度等属于企业开业后经营行为规范的材料在约定期限内提交,大大降低了企业投资的机会成本,减轻了企业开办的难度。目前,已有境外投资者开始出资筹建经营性职业技能培训机构,取得了自上海自贸试验区设立以来"零"的突破。

(二)政府管理方式进一步转变。

通过实行告知承诺制度,改变政府"重事先审批、轻后续监管"的管理理念,探索转变政府职能的具体实现途径,进一步优化了审批流程,提高了工作效率,降低了企业外部成本。

一是减少了政府对企业经营权的干预。文广影视部门的设立营业性电影放映单位审批,对属于企业内部事务的固定电影放映场所的建筑平面图剖面图、各影厅座位图、电影放映设备设施明细单等,由申请人通过告知承诺的方式予以落实,约定在行政审批决定作出后一定期限内提交相关材料,使政府对企业经营权的干预适度降低。

二是生产经营者主体责任进一步落实。环保部门的微生物菌剂环境安全许可证取消后,明确环保部门负责制定安全评估技术导则,微生物菌剂提供单位按要求编制环境安全评价报告并按评估报告使用。通过制定取代个案审批的管理规范和强制性标准,有效落实了生产经营者主体责任,提高了行政效率。

三是审查要求进一步明确。体育部门的经营高危险性体育项目许可,对"安全保障制度和措施"等申请材料,明确为溺水抢救操作规程、溺水事故处理制度、救生员定期培训制度、消毒剂泄露或中毒事故处理制度、场所投保责任险情况等八项材料。

(三)政府服务效能不断提升。

通过深化行政审批标准化管理,明确审批标准和办理时限,最大限度减少审批的自由裁量权,简化办事流程,打造稳定透明的政策环境,服务企业的能力和水平不断提升。

一是审批更加快捷便利。卫生计生部门优化消毒产品生产企业卫生许可审批流程,审批期限由20日调整为15日,平均审批办理时间比法定时间提速30%以上。卫生计生部门的公共场所卫生许可,实行告知承诺后,允许申请人承诺在办证后的两个月内提交空气质量和公共用品环节检测报告、从业人员健康证等材料,审批办理时限从20个工作日缩短至当场办结。"证照分离"改革实施以来,以告知承诺方式申请并发放公共场所卫生许可证的企业,占到申请总数的75%。

二是审批可预期性进一步提高。农业部门的设立饲料添加剂、添加剂预混合饲料生产企业审批,通过编制公布办事指南,明确申报材料、审核条件等具体标准和要求,帮助企业准确了解审核各个环节具体要求,减少了办理人员的解释说明工作,企业递交的申请资料,基本都能一次审核通过,企业筹建和审核通过效率提升10%~15%。

三是服务企业力度进一步加大。窗口服务水平得到提升,网上服务方式不断拓展,数据共享取得突破。商务部门取消二手车鉴定评估机构核准后,与工商部门对接并达成共识,在国家企业信用信息公示系统内搜索"二手车鉴定评估"等关键字,获取本市从事二手车鉴定评估相关企业信息,明确行业监管对象。

三、下一步工作思路

下一步,将围绕扩大市场主体的生产经营自主权,进一步加大改革力度,着力完善法治化、国际化、便利化的营商环境,持续释放创新创业活力,增强经济发展动力。

(一)全面完善各行业行政审批、认证认可、标准、技术等方面规定,进一步建立以法治化、国际化、便利化为重心的营商环境,帮助企业快速进入市场,抢占市场先机。

(二)全面实施诚信管理、分类监管、风险监管、联合惩戒、社会监督,进一步建立以事中事后监管为重心的行业监管体制,不断提高监管效能。

(三)全面推行"靠前"服务、行政审批标准化、收件凭证、一次告知、限时办结、首问负责、咨询服务、AB角工作制、节假日办理等服务举措,进一步简环节、优流程、转作风、提效能、强服务,提升政府服务水平和群众满意度。

案例2:

"企业专属网页"政务服务新模式

[中国(广东)自由贸易试验区提供]

企业专属网页是中国(广东)自由贸易试验区(以下简称广东自贸试验区)围绕切实转变政府职能,以"被动服务企业"向"主动服务企业"转变为宗旨,以创新政务服务模式、优化政务服务为目标建设的全国首个面向企业的电子政务定制系统。

一、主要做法

通过整合优化广东省网上办事大厅业务流程,为自贸试验区内每个企业提供一个独有的可配置可定义专属网页(以下简称"企业专属网页"),专门为区内法人用户提供在线办事及服务平台。

一是涉企事项"一网通办"。将企业专属网页与网上办事大厅、政府部门业务申办受理系统进行对接整合。企业通过登录专属网页即可办理工商、国土、商务、税务、建设、卫生、环保等多个部门的各类行政审批事项,不需在各行政部门多个电子政务平台之间反复切换以及重复登录。

二是为企业提供政务信息个性化推送服务。通过企业专属网页,政府各相关部门可根据企业类别为其提供各类政务信息的个性化推送,包括企业资料管理、办事进度、大厅办事指引、信用信息查询等特色服务。目前,广东自贸试验区企业专属网页已汇聚省、市、区面向企业的服务事项940项，并相应分出21类目标企业进行政务信息精准推送。

三是通过数据共享，对企业实施信用监管。以企业专属网页为载体将各部门电子政务平台进行系统对接和数据整合，使企业信用信息数据在企业专属网页实现共享共用。各政府部门通过企业专属网页后台的企业信用管理分析系统，对存在失信或有信用风险的企业进行实时跟踪检查和重点防控。

二、实践效果

一是企业申办行政事务便利化程度大幅提升。通过打造企业专属网页，使企业申办行政事务真正实现了"一张网页、一次登录、一键直达"。据统计，通过企业专属网页整合优化行政审批事项，企业到实体窗口跑动次数在2次以下，其中70%以上事项到现场跑动次数在1次以下，60%以上事项可全程在网上办结。

二是提升了事中事后监管的精准度和有效性。依托企业专属网页，结合线下随机抽查监督机制，广东自贸试验区已根据专属网页整合的企业信用评价情况，对区内10万余家企业启动了信用排查和信用查询。通过对存在有失信风险的企业进行实时跟踪和重点防控，基本实现了对企业的精准监管和市场风险的有效防范。

三是基本实现了自贸试验区内企业全覆盖。截至2016年底，广东自贸试验区已为区内约20万家企业开通企业专属网页，每天开通上线的企业超过一千家，实现新注册企业专属网页开通率100%。据对企业进行的调查显示，90%以上的企业表示企业专属网页节省了办事时间，约70%的企业收到过办事提醒信息，约30%的企业通过网页成功向政府申请资金、住房等相关政策优惠服务。

三、下一步工作思路

下一步，广东自贸试验区将继续完善企业专属网页建设，进一步规范网页栏目设置，对接更多广东自贸试验区特色应用功能，加强可复制推广经验的系统集成，引导带动广东全省企业专属网页建设和推广应用。

案例3：

集成化行政执法监督体系

[中国（天津）自由贸易试验区提供]

中国（天津）自由贸易试验区（以下简称天津自贸试验区）按照市政府的统一部署和安排，运用系统整体思维，协调推进对行政权力的制约和监督，构建起了"一套制度作支撑"、"一支队伍作保障"、"一个平台为依托"的行政执法监督体系，逐步形成了制度完备、措施有力的行政执法监督机制。

一、主要做法

（一）一套制度作支撑，发挥制度集成效应。

天津市人民政府印发了《天津市行政执法监督规定》（以下简称《监督规定》）和《天津市人民政府关于加强行政执法监督工作的意见》（以下简称《监督意见》），明确了行政执法监督的范围和标准，进一步强调了规范行政执法监督的内容与要求。《监督规定》、《监督意见》、《天津市行政执法违法责任追究办法》和《天津市行政执法监督平台管理暂行办法》共同构成了监督行政执法行为、规范行政权力运行的基本构架。同时，天津市还出台了《天津市持证执法办法》、《天津市行政执法投诉办法》、《天津市行政执法监督证管理暂行办法》等一系列规章制度，基本构建起覆盖执法程序、投诉救济、监督追责全过程的行政执法监督制度体系，为行政执法监督工作顺利开展提供了集成化的有力制度支撑。

（二）一支队伍作保障，形成监督集成合力。

一是加强执法监督机构建设，在天津市和滨海新区政府法制机构加挂行政执法监督局牌子，代表本级人民政府统一组织行政执法监督工作；同时，明确行政执法监督机构的职责，要求已经成立行政执法监督机构的部门，进一步界定行政执法监督职能，禁止行政执法监督机构从事行政执法活动；现有行政执法监督机构规格较低的，提高规格并相应增加人员编制。二是建立专职行政执法监督工作队伍，滨海新区政府在本级政府法制机构调剂增加人员，专门从事行政执法监督工作；各行政执法机关配备与本部门执法任务相适应的行政执法监督专职人员；行政执法数量大、任务重的部门，成立专门的行政执法监督机构并配备专职工作人员。

（三）一个平台为依托，强化信息集成共享。

利用信息化手段和"制度＋科技"的方法，建立市、区两级统一的行政执法监督平台（以下简称监督平台），全过程记录并归集各行政执法机关的行政执法检查、行政处罚、行政强制等各环节的执法信息，实现对执法活动事前、事中、事后全过程记录。一是全面归集行政执法信息。监督平台提供手动录入和执法系统与监督平台间自动导入两种归集行政执法信息的方式。行政执法信息化程度较高的部门，可以通过接口软件，直接将行政执法人员的现场执法设备采集到的行政执法信息导入监督平台。二是加强数据统计分析。利用执法监督平台归集的大量行政执法数据信息，行政执法监督机构能够进行执法总量、部门执法量、部门履职率、执法人员结构、执法参与率等统计分析，为科学合理配置执法资源和上级决策提供客观详实的参考资料，通过数据比对和抽样分析，提升了发现问题的精准性，增强了行政执法监督效能。三是强化数据互联共享。作为行政处罚信息的权威数据库，监督平台为市场主体信用信息公示系统和信用天津系统定期提供行政处罚数据信息；通过衔接机制，允许司法检察机关获取监督平台的行政处罚案件信息，通过人工筛查，有效遏制"行政机关涉刑不移，司法机关涉刑不立"现象。

（四）执法过程全公开，畅通监督渠道。

为充分发挥社会公众的监督作用，按照公开透明原则，设置多种信息查询方式，畅通社会监督渠道。监督平台开设互联网窗口，将行政执法全过程全面公开，主动接受公众监督，并设置行政执法相对人查询功能，方便相对人查询行政执法相关信息。安排了监督平台开放日,公众可以参观监督平台运行,随机抽取行政执法案卷交由执法监督机构进行审查,依靠群众监督的力量,保证行政执法全面公开透明。此外,监督平台与市场主体信用信息平台相衔接,实现行政执法信息的一体化查询。

(五)运用大数据手段,多元化应用监督结果。

一是通过监督平台对各执法机关执法工作进行比较,将分析结果作为依法行政考核、绩效考评的依据,所占分值比例由2015年的30%提高到2016年的50%,提高考核考评的客观性和透明度。二是对行政执法违法行为的类别、频次以及集中发生的地点、时段进行综合分析,从而确定监督重点,明确监督任务,有针对性地开展执法监督。三是对执法机关履行法定职责情况以及具体执法人员的工作量进行统计分析,参考分析结果调配执法人员、调整执法力量、科学配置行政资源。四是对全市执法总体情况进行统计,评估法律法规、政府规章的执行强度、力度、效果,为科学立法提供参考。五是监督平台对执法行为、职权范围、违法行为处理、信用信息的集成运用,使全市执法情况一目了然,为从全局角度统筹规划、确定工作重点难点提供了一手数据。

二、实践效果

(一)实现了线上线下监督一体化。

监督平台归集信息"全覆盖"、"全过程"、"实时化"的特点,使行政执法的每一个环节都能及时体现、随时查询、实时跟踪。行政执法监督工作依托监督平台,充分运用案卷抽查、专项调查、重点整治等措施,对接线上线下信息,使得线上发现的行政行为违法问题能够在线下寻找源头,线下行政行为违法问题能够在线上同步督查,实现了线上线下一体化监督。截至目前,在滨海新区范围内,监督平台归集了223个行政执法实施机构4424名执法人员的基础信息,归集行政处罚事项(案由)12109个,行政处罚信息10172条,行政检查信息137097条,行政执法监督数据库初步形成。

(二)促进了监督检查的精准化。

一是通过数据对比提升了发现问题的精准性。借助监督平台对比采纳归集的数据和部门报送的数据,实现精准化监督检查。定期对各区、各部门报送数据情况进行统计,并根据统计结果,有针对性地进行监督。平台运行以来,已开展了安全生产检查、"清新空气"行动、建筑工程垃圾渣土管理等执法行为专项督查,通过对比检查信息与各区报送数据,发现并处理了执法过程中存在的问题,有效减少了行政执法随意性,行政裁量基准制度和行政执法标准化制度得到了严格执行。二是通过数据抽查提升了行政执法效能。通过平台主动抽样功能,定期抽查行政处罚案卷,针对发现的问题进行整改,规范了行政执法程序,促进了执法质量评议考核制度、行政执法案卷管理和评查制度的完善。2016年滨海新区行政执法监督机构通过行政执法监督平台抽查行政处罚案卷21991卷,合格率达98.17%,比2015年提高了0.17个百分点。2016年度平均履职率91.76%,比2015年提高了41.76个百分点。

(三)提升了监督队伍专业化水平。

建立了相对独立的行政执法监督机构,充实了行政执法监督队伍,促进了监督机构专职化。通过实行行政执法监督证制度,加强了履职资格管理,禁止未取得行政执法监督证件的人员或者从事行政执法工作的人员从事行政执法监督工作,促进了人员专业化。通过采取强化培训考核,完善评议体系和奖惩制度等一系列举措,提升了行政执法监督队伍的法律理论素养和履职能力,激发了工作热情,有效提升了行政执法监督队伍的整体凝聚力和战斗力,一支业务精通、作风优良的行政执法监督队伍正在逐步形成。

总之,随着行政执法监督机制的不断完善,权力制约的制度笼子正在逐步扎紧,执法权力运行将更加严格规范公正文明,自贸试验区行政执法效能不断提高,为建立行业信息跟踪、监管和归集的综合性评估机制,加强对企业的管理、监督和服务提供了保障。

三、下一步工作思路

对准瓶颈短板,坚持系统思维,精准对焦,不断完善行政执法监督机制。

(一)加大行政执法监督平台建设力度。

延伸执法监督工作触角,逐步将行政许可、行政征收等纳入平台监督体系。

(二)加强行政执法监督制度建设。

健全行政执法案卷管理和评查常态化制度,规范对行政执法的统计分析、评议和专项调查。

(三)完善监督结果运用机制。

建立对行政执法监督问题的收集、处理、反馈机制以及监督结果抄送机制,强化对行政执法的量化考核和质量考评。

(四)进一步完善行政执法信息公示制度。

推进执法信息公开共享,完善执法信息公开的具体事项和内容,增强公开执法信息的有效性和实用性。进一步健全行政执法监督平台与市场主体信用信息公示系统的有效链接,实现互联互通、资源共享。

案例4:

关检"一站式"查验平台 + 监管互认

[中国(福建)自由贸易试验区提供]

2015年初,中国(福建)自由贸易试验区(以下简称福建自贸试验区)在全国率先实施关检"一站式"查验平台 + 监管互认,海关与检验检疫部门强化协作,实现作业空间合并、作业时间一致、作业系统并行,场所设施、查验设备等资源共享,有效提升了通关速度,降低了企业成本,有力推进了口岸大通关建设。

一、主要做法

(一)通过联合执法实现关检"一站式"查验。

发布《关检"一次查验"实施配合办法(试行)》,进一步扩大联合执法、联合查验范围,启用关检"一站式"查验场,通过优化监管执法流程,逐步由"串联执法"转为"并联执法",实现作业时间上的一致、作业空间上的合并、作业系统上的并行,为广大企业提供高效率、低成本的口岸通关模式。

(二)探索对特定商品开展"监管互认"试点。

以"一次查验"为基础,探索开展关、检查验或检验检疫结果和数据的互认,包括:一是对关、检双方认可的高资信企业,对其进出口的不涉证、不涉税、较低风险商品,关、检互认查验或检验检疫的结果和数据;二是对特定商品的查验或检验检疫结果和数据进行互认,互认要素包括品名、数量、重量。对于试点"监管互认"的货物,关检双方按照"遵循法治、安全便利、集约高效、协同治理"的原则,由检验检疫部门先进行检验检疫,海关则视查验需要对检验检疫部门出具的检验检疫结果予以认可,并根据检验检疫部门发送的检验检疫报告直接进行品质和数量的结果认定,海关原则上不再要求二次掏箱,从而进一步简化了通关流程,降低了物流成本,提高了货物的通检效率。

(三)加强关检"一站式"查验制度化建设。

在试点成功的基础上,福建省逐步完善关检"一站式"查验工作模式并在全省范围复制推广。2015年11月,全省海关与检验检疫机构完成"一站式"查验场地的建设,并设立显著的标识,同时关检双方以对外发布公告、制定联系配合办法、定期召开联席会议等途径夯实合作基础,明确双方责任,建立定期通报制度,形成"一个办法、一片区域、一项制度"的关检"一站式"查验固化工作模式,并共同定期编辑简报进行宣传。

二、实践效果

"一站式"查验+监管互认措施实施至2017年2月,福建关检部门共实施联合查验13609票、37246个标箱。开展"监管互认"以来,关检双方已验放1151票,8072个标箱。

(一)节约企业物流成本。

改革前企业申报需提交的海关申报数据73项,检验检疫数据96项,合计169项。"一次申报"方式后,相同项目不需重复申报,企业仅需申报105项,减少了超过30%的申报项目。由于实现了关检"一站式"查验,货主及其代理人员可在现场一次性配合海关、检验检疫部门执法,无需两次下场;据测算,关检合作"一站式"查验和"监管互认"使企业的通关时间缩短约40%。将货物两次移柜、两次掏箱简化为一次移柜、一次掏箱,每标准集装箱可为货主节省移柜、掏箱费用约600元,同时也大大减少了因掏箱而产生的物损。

(二)降低关检监管成本。

由于码头移柜、掏箱作业由两次减为一次,相应节约了关检部门人力和查验设备。同时,由于实现了部门间信息数据共享、自动对碰,使原本需要海关及检验检疫工作人员手工进行的验核、封单、盖章等简单和重复劳动大大减少,节省约50%的人力资源。

(三)有效提高码头场地使用效率。

以厦门港集装箱码头公司为例,原来码头需设置海关查验场地11600平方米,检验检疫部门查验场地15200平方米。实施业务改革后,码头只需设置关检"一站式"查验场地20000平方米。"一站式"查验在福建全省推广实施后,全省共节约查验场地22万多平方米。

据第三方评估,福建关检"一站式"查验+监管互认是企业满意率最高的贸易便利化措施。

三、下一步工作思路

(一)完善关检"一站式"查验平台+监管互认工作模式。

关检双方根据试点情况,不断总结评估,根据业务需求开发外挂辅助系统,实现"监管互认"电子数据交互对碰。对"监管互认"试点企业、试点商品加强风险评估,加强执法协助与互助,及时通报各自查验/检验检疫过程中发现的异常情况。重新梳理工作流程,寻找合作交叉点,形成关检"三互"(信息互换、监管互认和执法互助)及"一站式"查验合作通关操作规范,固化关检双方"三互"及"一站式"查验工作形成的经验。

(二)探索建立关检查验预约机制。

对接检验检疫预约功能模块,形成关检"一站式"查验预约平台,企业可由此实现关检共同查验的"一次预约"以及查验货物物流追踪管理。

(三)加大联合宣传力度。

建立企业意见征询和回访机制,及时收集企业遇到的困难和问题,并定期同步召开宣讲会答疑解惑;通过新闻媒体、企业宣讲会、微信等多种形式,广泛宣传推进,扩大社会影响力。

国务院办公厅关于印发自由贸易试验区外商投资准入特别管理措施(负面清单)(2017年版)的通知

国办发〔2017〕51号

各省、自治区、直辖市人民政府,国务院各部委、各直属机构:

《自由贸易试验区外商投资准入特别管理措施(负面清单)(2017年版)》已经国务院同意,现印发给你们。此次修订进一步放宽外商投资准入,是实施新一轮高水平对外开放的重要举措。各地区、各部门要认真贯彻执行,增强服务意识,提高监管水平,有效防控风险。实施中的重大问题,要及时向国务院请示报告。

《自由贸易试验区外商投资准入特别管理措施(负面清单)(2017年版)》自2017年7月10日起实施。2015年4月8日印发的《自由贸易试验区外商投资准入特别管理措施(负面清单)》同时废止。

国务院办公厅
2017年6月5日

自由贸易试验区外商投资准入特别管理措施(负面清单)(2017年版)

说 明

一、《自由贸易试验区外商投资准入特别管理措施(负面清单)(2017年版)》(以下简称《自贸试验区负面清单》)依据现行有关法律法规制定,已经国务院批准,现予以发布。负面清单列明了不符合国民待遇等原则的外商投资准入特别管理措施,适用于自由贸易试验区(以下简称自贸试验区)。

二、《自贸试验区负面清单》依据《国民经济行业分类》(GB/T4754—2011)划分为15个门类、40个条目、95项特别管理措施,与上一版相比,减少了10个条目、27项措施。其中特别管理措施包括具体行业措施和适用于所有行业的水平措施。

三、《自贸试验区负面清单》中未列出的与国家安全、公共秩序、公共文化、金融审慎、政府采购、补贴、特殊手续、非营利组织和税收相关的特别管理措施,按照现行规定执行。自贸试验区内的外商投资涉及国家安全的,须按照《自由贸易试验区外商投资国家安全审查试行办法》进行安全审查。

四、《自贸试验区负面清单》之内的非禁止投资领域,须进行外资准入许可。《自贸试验区负面清单》之外的领域,在自贸试验区内按照内外资一致原则实施管理。

五、香港特别行政区、澳门特别行政区、台湾地区投资者在自贸试验区内投资参照《自贸试验区负面清单》执行。内地与香港特别行政区、澳门特别行政区关于建立更紧密经贸关系的安排及其补充协议,《海峡两岸经济合作框架协议》,我国签署的自贸协定中适用于自贸试验区并对符合条件的投资者有更优惠的开放措施的,按照相关协议或协定的规定执行。

自由贸易试验区外商投资准入特别管理措施(负面清单)(2017年版)

序号	领域	特别管理措施
一、农、林、牧、渔业		
(一)	种业	1. 禁止投资中国稀有和特有的珍贵优良品种的研发、养殖、种植以及相关繁殖材料的生产(包括种植业、畜牧业、水产业的优良基因)。 2. 禁止投资农作物、种畜禽、水产苗种转基因品种选育及其转基因种子(苗)生产。 3. 农作物新品种选育和种子生产须由中方控股。 4. 未经批准,禁止采集农作物种质资源。

(续表)

序号	领域	特别管理措施
(二)	渔业	5. 在中国境内及其管辖水域从事渔业活动,须经中国政府批准;不得注册登记中国籍渔业船舶。
二、采矿业		
(三)	专属经济区、大陆架和其他管辖海域勘探开发	6. 对中国专属经济区、大陆架和其他管辖海域的勘查、钻探、开发活动,须经中国政府批准。
(四)	石油和天然气开采及开采辅助活动	7. 投资石油、天然气、煤层气的勘探、开发,须通过与中国政府批准的具有对外合作专营权的油气公司签署产品分成合同方式进行。
(五)	有色金属矿和非金属矿采选和开采辅助活动	8. 禁止投资稀土勘查、开采及选矿;未经允许,禁止进入稀土矿区或取得矿山地质资料、矿石样品及生产工艺技术。 9. 禁止投资钨、钼、锡、锑、萤石的勘查、开采。 10. 禁止投资放射性矿产的勘查、开采、选矿。
(六)	金属矿及非金属矿采选	11. 石墨的勘查、开采。
三、制造业		
(七)	航空制造	12. 干线、支线飞机设计、制造与维修,须由中方控股;6吨9座(含)以上通用飞机设计、制造与维修,限于合资、合作;地面、水面效应飞机制造及无人机、浮空器设计与制造,须由中方控股。
(八)	船舶制造	13. 船舶(含分段)修理、设计与制造须由中方控股。
(九)	汽车制造	14. 汽车整车、专用汽车制造,中方股比不低于50%;同一家外商可在国内建立两家以下(含两家)生产同类(乘用车类、商用车类)整车产品的合资企业,如与中方合资伙伴联合兼并国内其他汽车生产企业可不受两家的限制。
(十)	通信设备制造	15. 卫星电视广播地面接收设施及关键件生产。
(十一)	有色金属冶炼和压延加工及放射性矿产冶炼、加工	16. 钨冶炼。 17. 稀土冶炼、分离限于合资、合作。 18. 禁止投资放射性矿产冶炼、加工。
(十二)	中药饮片加工及中成药生产	19. 禁止投资中药饮片的蒸、炒、炙、煅等炮制技术的应用及中成药保密处方产品的生产。
(十三)	核燃料及核辐射加工	20. 核燃料、核材料、铀产品以及相关核技术的生产经营和进出口由具有资质的中央企业实行专营。 21. 国有或国有控股企业才可从事放射性固体废物处置活动。

(续表)

序号	领域	特别管理措施
（十四）	其他制造业	22. 禁止投资象牙雕刻、虎骨加工、宣纸和墨锭生产等民族传统工艺。
四、电力、热力、燃气及水生产和供应业		
（十五）	核力发电	23. 核电站的建设、经营须由中方控股。
（十六）	管网设施	24. 城市人口50万以上的城市燃气、热力和供排水管网的建设、经营须由中方控股。 25. 电网的建设、经营须由中方控股。
五、批发和零售业		
（十七）	专营及特许经营	26. 禁止投资烟叶、卷烟、复烤烟叶及其他烟草制品的生产、批发、零售、进出口。 27. 对中央储备粮（油）实行专营制度。中国储备粮管理总公司具体负责中央储备粮（油）的收购、储存、经营和管理。 28. 对免税商品销售业务实行特许经营和集中统一管理。 29. 对彩票发行、销售实行特许经营，禁止在中华人民共和国境内发行、销售境外彩票。
六、交通运输、仓储和邮政业		
（十八）	铁路运输	30. 铁路干线路网的建设、经营须由中方控股。 31. 铁路旅客运输公司须由中方控股。
（十九）	水上运输	32. 水上运输公司（上海自贸试验区内设立的国际船舶运输企业除外）须由中方控股，且不得经营或以租用中国籍船舶或者舱位等方式变相经营国内水路运输业务及其辅助业务（包括国内船舶管理、国内船舶代理、国内水路旅客运输代理和国内水路货物运输代理业务等）。 33. 水路运输经营者不得使用外国籍船舶经营国内水路运输业务，但经中国政府批准，在国内没有能够满足所申请运输要求的中国籍船舶，并且船舶停靠的港口或者水域为对外开放的港口或者水域的情况下，水路运输经营者可以在中国政府规定的期限或者航次内，临时使用外国籍船舶经营中国港口之间的海上运输和拖航。 34. 国际、国内船舶代理企业外资股比不超过51%。
（二十）	航空客货运输	35. 公共航空运输企业须由中方控股，单一外国投资者（包括其关联企业）投资比例不超过25%。企业法定代表人须由中国籍公民担任。只有中国公共航空运输企业才能经营国内航空服务（国内载运权），并作为中国指定承运人提供定期和不定期国际航空服务。
（二十一）	通用航空服务	36. 通用航空企业限于合资，除专门从事农、林、渔业的通用航空企业以外，其他通用航空企业须由中方控股。企业法定代表人须由中国籍公民担任。外籍航空器或者外籍人员使用中国航空器在中国境内进行通用航空飞行活动须取得批准。

(续表)

序号	领域	特别管理措施
(二十二)	机场与空中交通管理	37. 禁止投资和经营空中交通管制系统。 38. 民用机场的建设、经营须由中方相对控股。
(二十三)	邮政业	39. 禁止投资邮政企业和经营邮政服务。 40. 禁止投资经营信件的国内快递业务。

七、信息传输、软件和信息技术服务业

序号	领域	特别管理措施
(二十四)	电信	41. 电信公司限于从事中国入世承诺开放的电信业务,其中:增值电信业务(电子商务除外)外资比例不超过50%,基础电信业务经营者须为依法设立的专门从事基础电信业务的公司,且公司国有股权或股份不少于51%(上海自贸试验区原有区域〔28.8平方公里〕按既有政策执行)。
(二十五)	互联网和相关服务	42. 禁止投资互联网新闻信息服务、网络出版服务、网络视听节目服务、网络文化经营(音乐除外)、互联网公众发布信息服务(上述服务中,中国入世承诺中已开放的内容除外)。 43. 禁止从事互联网地图编制和出版活动(上述服务中,中国入世承诺中已开放的内容除外)。 44. 互联网新闻信息服务单位与外国投资者进行涉及互联网新闻信息服务业务的合作,应报经中国政府进行安全评估。

八、金融业

序号	领域	特别管理措施
(二十六)	银行服务	45. 境外投资者投资银行业金融机构,应为金融机构或特定类型机构。具体要求: (1)外商独资银行股东、中外合资银行外方股东应为金融机构,且外方唯一或者控股/主要股东应为商业银行; (2)投资中资商业银行、信托公司的应为金融机构; (3)投资农村商业银行、农村合作银行、农村信用(合作)联社、村镇银行的应为境外银行; (4)投资金融租赁公司的应为金融机构或融资租赁公司; (5)消费金融公司的主要出资人应为金融机构; (6)投资货币经纪公司的应为货币经纪公司; (7)投资金融资产管理公司的应为金融机构,且不得参与发起设立金融资产管理公司; (8)法律法规未明确的应为金融机构。 46. 境外投资者投资银行业金融机构须符合一定数额的总资产要求,具体要求如下: (1)取得银行控股权益的外国投资者,以及投资中资商业银行、农村商业银行、农村合作银行、村镇银行、贷款公司和其他银行的外国投资者,提出申请前1年年末总资产应不少于100亿美元;

(续表)

序号	领域	特别管理措施
		(2)投资农村信用(合作)联社、信托公司的外国投资者,提出申请前1年年末总资产应不少于10亿美元; (3)拟设分行的外国银行,提出申请前1年年末总资产应不少于200亿美元; (4)在中国境外注册的具有独立法人资格的融资租赁公司作为金融租赁公司发起人,最近1年年末总资产应不低于100亿元人民币或等值的可自由兑换货币; (5)法律法规未明确不适用的其他银行业金融机构的境外投资者,提出申请前1年年末总资产应不少于10亿美元。 47.境外投资者投资货币经纪公司须从事货币经纪业务20年以上,并具有从事货币经纪业务所必需的全球机构网络和资讯通信网络等特定条件。 48.单个境外金融机构及被其控制或共同控制的关联方作为发起人或战略投资者向单个中资商业银行、农村商业银行、农村合作银行、农村信用(合作)联社、金融资产管理公司等银行业金融机构投资入股比例不得超过20%,多个境外金融机构及被其控制或共同控制的关联方作为发起人或战略投资者向单个中资商业银行、农村商业银行、农村合作银行、农村信用(合作)联社、金融资产管理公司等银行业金融机构投资入股比例合计不得超过25%。 49.除符合股东机构类型要求和资质要求外,外资银行还受限于以下条件: (1)外国银行分行不可从事《中华人民共和国商业银行法》允许经营的"代理收付款项"、"从事银行卡业务",除可以吸收中国境内公民每笔不少于100万元人民币的定期存款外,外国银行分行不得经营对中国境内公民的人民币业务; (2)外国银行分行应当由总行无偿拨付不少于2亿元人民币或等值的自由兑换货币,营运资金的30%应以指定的生息资产形式存在,以定期存款形式存在的生息资产应当存放在中国境内3家或3家以下的中资银行; (3)外国银行分行营运资金加准备金等项之和中的人民币份额与其人民币风险资产的比例不可低于8%。
(二十七)	资本市场服务	50.期货公司外资比例不超过49%。 51.证券公司外资比例不超过49%。 52.单个境外投资者持有(包括直接持有和间接控制)上市内资证券公司股份的比例不超过20%;全部境外投资者持有(包括直接持有和间接控制)上市内资证券公司股份的比例不超过25%。 53.证券投资基金管理公司外资比例不超过49%。 54.不得成为证券交易所的普通会员和期货交易所的会员。 55.除中国政府另有规定的情况外,不得申请开立A股证券账户以及期货账户。

(续表)

序号	领域	特别管理措施
（二十八）	保险业	56. 寿险公司外资比例不超过50%；境内保险公司合计持有保险资产管理公司的股份不低于75%。 57. 向保险公司投资入股，全部外资股东出资或者持股比例占公司注册资本不足25%的，全部外资股东应为境外金融机构（通过证券交易所购买保险公司股票的除外），提出申请前1年年末总资产不少于20亿美元。 申请设立外资保险公司的外国保险公司，应当具备下列条件： (1) 经营保险业务30年以上； (2) 在中国境内已经设立代表机构2年以上； (3) 提出设立申请前1年年末总资产不少于50亿美元。
九、租赁和商务服务业		
（二十九）	法律服务	58. 外国律师事务所只能以代表机构的方式进入中国，在华设立代表机构、派驻代表，须经中国司法行政部门许可。 59. 禁止从事中国法律事务，不得成为国内律师事务所合伙人。 60. 外国律师事务所驻华代表机构不得聘用中国执业律师，聘用的辅助人员不得为当事人提供法律服务。
（三十）	咨询与调查	61. 禁止投资社会调查。 62. 市场调查限于合资、合作，其中广播电视收听、收视调查须由中方控股。
十、科学研究和专业技术服务		
（三十一）	专业技术服务	63. 禁止投资大地测量、海洋测绘、测绘航空摄影、行政区域界线测绘，地形图、世界政区地图、全国政区地图、省级及以下政区地图、全国性教学地图、地方性教学地图和真三维地图编制，导航电子地图编制，区域性的地质填图、矿产地质、地球物理、地球化学、水文地质、环境地质、地质灾害、遥感地质等调查。 64. 测绘公司须由中方控股。 65. 禁止投资人体干细胞、基因诊断与治疗技术的开发和应用。 66. 禁止设立和运营人文社会科学研究机构。
十一、水利、环境和公共设施管理业		
（三十二）	野生动植物资源保护	67. 禁止投资国家保护的原产于中国的野生动植物资源开发。 68. 禁止采集或收购国家重点保护野生动植物和微生物资源。
十二、教育		

(续表)

序号	领域	特别管理措施
（三十三）	教育	69. 外国教育机构、其他组织或者个人不得单独设立以中国公民为主要招生对象的学校及其他教育机构（不包括非学制类职业技能培训）。 70. 外国教育机构可以同中国教育机构合作举办以中国公民为主要招生对象的教育机构，中外合作办学者可以合作举办各级各类教育机构，但是： (1) 不得举办实施义务教育机构； (2) 外国宗教组织、宗教机构、宗教院校和宗教教职人员不得在中国境内从事合作办学活动，中外合作办学机构不得进行宗教教育和开展宗教活动；不得在中国境内投资宗教教育机构； (3) 普通高中教育机构、高等教育机构和学前教育须由中方主导（校长或者主要行政负责人应当具有中国国籍，在中国境内定居；理事会、董事会或者联合管理委员会的中方组成人员不得少于1/2；教育教学活动和课程教材须遵守我国相关法律法规及有关规定）。
十三、卫生和社会工作		
（三十四）	卫生	71. 医疗机构限于合资、合作。
十四、文化、体育和娱乐业		
（三十五）	广播电视播出、传输、制作、经营	72. 禁止投资设立和经营各级广播电台（站）、电视台（站）、广播电视频率频道和时段栏目、广播电视传输覆盖网（广播电视发射台、转播台〔包括差转台、收转台〕、广播电视卫星、卫星上行站、卫星收转站、微波站、监测台〔站〕及有线广播电视传输覆盖网等），禁止从事广播电视视频点播业务和卫星电视广播地面接收设施安装服务。 73. 禁止投资广播电视节目制作经营公司。 74. 对境外卫星频道落地实行审批制度。禁止投资电影及广播电视节目的引进业务，引进境外影视剧和以卫星传送方式引进其他境外电视节目由新闻出版广电总局指定的单位申报。 75. 对中外合作制作电视剧（含电视动画片）实行许可制度。
（三十六）	新闻出版、广播影视、金融信息	76. 禁止投资设立通讯社、报刊社、出版社以及新闻机构。 77. 外国新闻机构在中国境内设立常驻新闻机构、向中国派遣常驻记者，须经中国政府批准。 78. 外国通讯社在中国境内提供新闻的服务业务须由中国政府审批。 79. 禁止投资经营图书、报纸、期刊、音像制品和电子出版物的编辑、出版、制作业务；禁止经营报刊版面。但经中国政府批准，在确保合作中方的经营主导权和内容终审权并遵守中国政府批复的其他条件下，中外出版单位可进行新闻出版中外合作项目。 80. 中外新闻机构业务合作须中方主导，且须经中国政府批准。 81. 出版物印刷须由中方控股。

(续表)

序号	领域	特别管理措施
		82. 未经中国政府批准,禁止在中国境内提供金融信息服务。 83. 境外传媒(包括外国和港澳台地区报社、期刊社、图书出版社、音像出版社、电子出版物出版公司以及广播、电影、电视等大众传播机构)不得在中国境内设立代理机构或编辑部。未经中国政府批准,不得设立办事机构,办事机构仅可从事联络、沟通、咨询、接待服务。
(三十七)	电影制作、发行、放映	84. 禁止投资电影制作公司、发行公司、院线公司,但经批准,允许中外企业合作摄制电影。 85. 电影院的建设、经营须由中方控股。放映电影片,应当符合中国政府规定的国产电影片与进口电影片放映的时间比例。放映单位年放映国产电影片的时间不得低于年放映电影片时间总和的2/3。
(三十八)	文物及非物质文化遗产保护	86. 禁止投资和经营文物拍卖的拍卖企业、文物购销企业。 87. 禁止投资和运营国有文物博物馆。 88. 禁止不可移动文物及国家禁止出境的文物转让、抵押、出租给外国人。 89. 禁止设立与经营非物质文化遗产调查机构。 90. 境外组织或个人在中国境内进行非物质文化遗产调查和考古调查、勘探、发掘,应采取与中国合作的形式并经专门审批许可。
(三十九)	文化娱乐	91. 禁止设立文艺表演团体。 92. 演出经纪机构须由中方控股(为设有自贸试验区的省市提供服务的除外)。
十五、所有行业		
(四十)	所有行业	93. 不得作为个体工商户、个人独资企业投资人、农民专业合作社成员,从事经营活动。 94.《外商投资产业指导目录》中的禁止类以及标注有"限于合资"、"限于合作"、"限于合资、合作"、"中方控股"、"中方相对控股"和有外资比例要求的项目,不得设立外商投资合伙企业。 95. 境内公司、企业或自然人以其在境外合法设立或控制的公司并购与其有关联关系的境内公司,涉及外商投资项目和企业设立及变更事项的,按现行规定办理。

自由贸易试验区外商投资准入特别管理措施(负面清单)(2017年版)比上一版减少的措施

大类	领域	比上一版减少的特别管理措施
采矿业	金属矿及非金属矿采选	1. 贵金属(金、银、铂族)勘查、开采,属于限制类。
		2. 锂矿开采、选矿,属于限制类。
制造业	航空制造	3. 3吨级及以上民用直升机设计与制造需中方控股。
		4. 6吨9座以下通用飞机设计、制造与维修限于合资、合作。
	船舶制造	5. 船用低、中速柴油机及曲轴制造,须由中方控股。
		6. 海洋工程装备(含模块)制造与修理,须由中方控股。
	汽车制造	7. 新建纯电动乘用车生产企业生产的产品须使用自有品牌,拥有自主知识产权和已授权的相关发明专利。
	轨道交通设备制造	8. 轨道交通运输设备制造限于合资、合作(与高速铁路、铁路客运专线、城际铁路配套的乘客服务设施和设备的研发、设计与制造,与高速铁路、铁路客运专线、城际铁路相关的轨道和桥梁设备研发、设计与制造,电气化铁路设备和器材制造,铁路客车排污设备制造等除外)。
		9. 城市轨道交通项目设备国产化比例须达到70%及以上。
	通信设备制造	10. 民用卫星设计与制造、民用卫星有效载荷制造须由中方控股。
	矿产冶炼和压延加工	11. 钼、锡(锡化合物除外)、锑(含氧化锑和硫化锑)等稀有金属冶炼属于限制类。
	医药制造	12. 禁止投资列入《野生药材资源保护管理条例》和《中国稀有濒危保护植物名录》的中药材加工。
交通运输业	道路运输	13. 公路旅客运输公司属于限制类。
	水上运输	14. 外轮理货属于限制类,限于合资、合作。
信息技术服务业	互联网和相关服务	15. 禁止投资互联网上网服务营业场所。
金融业	银行服务	16. 外国银行分行不可从事《中华人民共和国商业银行法》允许经营的"代理发行、代理兑付、承销政府债券"。
		17. 外资银行获准经营人民币业务须满足最低开业时间要求。
		18. 境外投资者投资金融资产管理公司须符合一定数额的总资产要求。
	保险业务	19. 非经中国保险监管部门批准,外资保险公司不得与其关联企业从事再保险的分出或者分入业务。

(续表)

大类	领域	比上一版减少的特别管理措施
租赁和商务服务业	会计审计	20. 担任特殊普通合伙会计师事务所首席合伙人(或履行最高管理职责的其他职务),须具有中国国籍。
	统计调查	21. 实行涉外调查机构资格认定制度和涉外社会调查项目审批制度。
		22. 评级服务属于限制类。
	其他商务服务	23. 因私出入境中介机构法定代表人须为具有境内常住户口、具有完全民事行为能力的中国公民。
教育	教育	24. 不得举办实施军事、警察、政治和党校等特殊领域教育机构。
文化、体育和娱乐业	新闻出版、广播影视、金融信息	25. 禁止从事美术品和数字文献数据库及其出版物等文化产品进口业务(上述服务中,中国入世承诺中已开放的内容除外)。
	文化娱乐	26. 演出经纪机构属于限制类,须由中方控股(由"为本省市提供服务的除外"调整为"为设有自贸试验区的省份提供服务的除外")。
		27. 大型主题公园的建设、经营属于限制类。

* 注:《自由贸易试验区外商投资准入特别管理措施(负面清单)(2017年版)》与上一版相比,共减少了10个条目、27项措施。其中,减少的条目包括轨道交通设备制造、医药制造、道路运输、保险业务、会计审计、其他商务服务等6条,同时整合减少了4条。

国务院关于印发全面深化中国(上海)自由贸易试验区改革开放方案的通知

国发〔2017〕23号

各省、自治区、直辖市人民政府,国务院各部委、各直属机构:

现将《全面深化中国(上海)自由贸易试验区改革开放方案》印发给你们,请认真贯彻执行。

国务院

2017年3月30日

全面深化中国（上海）
自由贸易试验区改革开放方案

建设中国（上海）自由贸易试验区（以下简称自贸试验区）是党中央、国务院在新形势下全面深化改革和扩大开放的战略举措。自贸试验区建设三年多来取得重大进展，总体达到预期目标。为贯彻落实党中央、国务院决策部署，对照国际最高标准、最好水平的自由贸易区，全面深化自贸试验区改革开放，加快构建开放型经济新体制，在新一轮改革开放中进一步发挥引领示范作用，制定本方案。

一、总体要求

（一）指导思想。全面贯彻党的十八大和十八届三中、四中、五中、六中全会精神，深入贯彻习近平总书记系列重要讲话精神和治国理政新理念新思想新战略，认真落实党中央、国务院决策部署，统筹推进"五位一体"总体布局和协调推进"四个全面"战略布局，坚持稳中求进工作总基调，坚定践行新发展理念，坚持以制度创新为核心，继续解放思想、勇于突破、当好标杆，进一步对照国际最高标准、查找短板弱项，大胆试、大胆闯、自主改，坚持全方位对外开放，推动贸易和投资自由化便利化，加大压力测试，切实有效防控风险，以开放促改革、促发展、促创新；进一步加强与上海国际金融中心和具有全球影响力的科技创新中心建设的联动，不断放大政策集成效应，主动服务"一带一路"建设和长江经济带发展，形成经济转型发展新动能和国际竞争新优势；更大力度转变政府职能，加快探索一级地方政府管理体制创新，全面提升政府治理能力；发挥先发优势，加强改革系统集成，力争取得更多可复制推广的制度创新成果，进一步彰显全面深化改革和扩大开放试验田作用。

（二）建设目标。到2020年，率先建立同国际投资和贸易通行规则相衔接的制度体系，把自贸试验区建设成为投资贸易自由、规则开放透明、监管公平高效、营商环境便利的国际高标准自由贸易园区，健全各类市场主体平等准入和有序竞争的投资管理体系、促进贸易转型升级和通关便利的贸易监管服务体系、深化金融开放创新和有效防控风险的金融服务体系、符合市场经济规则和治理能力现代化要求的政府管理体系，率先形成法治化、国际化、便利化的营商环境和公平、统一、高效的市场环境。强化自贸试验区改革同上海市改革的联动，各项改革试点任务具备条件的在浦东新区范围内全面实施，或在上海市推广试验。

二、加强改革系统集成，建设开放和创新融为一体的综合改革试验区

加强制度创新的系统性、整体性、协同性，围绕深化投资管理体制改革、优化贸易监管服务体系、完善创新促进机制，统筹各环节改革，增强各部门协同，注重改革举措的配套组合，

有效破解束缚创新的瓶颈,更大程度激发市场活力。

(三)建立更加开放透明的市场准入管理模式。实施市场准入负面清单和外商投资负面清单制度。在完善市场准入负面清单的基础上,对各类市场主体实行一致管理的,进一步优化、简化办事环节和流程,对业务牌照和资质申请统一审核标准和时限,促进公平竞争。进一步提高外商投资负面清单的透明度和市场准入的可预期性。实施公平竞争审查制度,清理和取消资质资格获取、招投标、权益保护等方面存在的差别化待遇,实现各类市场主体依法平等准入清单之外的行业、领域和业务。

(四)全面深化商事登记制度改革。保障企业登记自主权,尊重企业自主经营的权利。开展企业名称登记制度改革,除涉及前置审批事项或企业名称核准与企业登记不在同一机关外,企业名称不再预先核准。放宽住所(经营场所)登记条件,有效释放场地资源。优化营业执照的经营范围等登记方式。推行全程电子化登记和电子营业执照改革试点。探索建立普通注销登记制度和简易注销登记制度相互配套的市场主体退出制度。开展"一照多址"改革试点。

(五)全面实现"证照分离"。深化"先照后证"改革,进一步加大探索力度。把涉及市场准入的许可审批事项适时纳入改革试点,能取消的全部取消,需要保留审批的,按照告知承诺和加强市场准入管理等方式进一步优化调整,在改革许可管理方式、完善风险防范措施的基础上,进一步扩大实行告知承诺的领域。加强许可管理与企业设立登记管理的衔接,实现统一社会信用代码在各许可管理环节的"一码贯通"。实施生产许可"一企一证",探索取消生产许可证产品检验。

(六)建成国际先进水平的国际贸易"单一窗口"。借鉴联合国国际贸易"单一窗口"标准,实施贸易数据协同、简化和标准化。纳入海港、空港和海关特殊监管区域的物流作业功能,通过银行机构或非银行支付机构建立收费账单功能,便利企业办理支付和查询。实现物流和监管等信息的交换共享,为进出口货物质量安全追溯信息的管理和查询提供便利。推动将国际贸易"单一窗口"覆盖领域拓展至服务贸易,逐步纳入技术贸易、服务外包、维修服务等,待条件成熟后逐步将服务贸易出口退(免)税申报纳入"单一窗口"管理。与国家层面"单一窗口"标准规范融合对接,推进长江经济带跨区域通关业务办理,加强数据衔接和协同监管。

(七)建立安全高效便捷的海关综合监管新模式。深化实施全国海关通关一体化、"双随机、一公开"监管以及"互联网+海关"等举措,进一步改革海关业务管理方式,对接国际贸易"单一窗口",建立权责统一、集成集约、智慧智能、高效便利的海关综合监管新模式。综合应用大数据、云计算、互联网和物联网技术,扩大"自主报税、自助通关、自动审放、重点稽核"试点范围。深化"一线放开"、"二线安全高效管住"改革,强化综合执法,推进协同治理,探索设立与"区港一体"发展需求相适应的配套管理制度。创新加工贸易出口货物专利纠纷担保放行方式。支持海关特殊监管区域外的企业开展高附加值、高技术、无污染的维修业务。深入实施货物状态分类监管,研究将试点从物流仓储企业扩大到贸易、生产加工企业,具备条件时,在上海市其他符合条件的海关特殊监管区域推广实施。

(八)建立检验检疫风险分类监管综合评定机制。完善进口商品风险预警快速反应机制,加强进口货物不合格风险监测,实施消费品等商品召回制度。建立综合应用合格评定新机制,设立国家质量基础检验检疫综合应用示范园区。在制定发布不适用于第三方检验结果采信目录清单基础上,积极推进扩大商品和项目的第三方检验结果采信。探索扩大检验鉴定结果国际互认的范围。

（九）建立具有国际竞争力的创新产业监管模式。优化生物医药全球协同研发的试验用特殊物品的准入许可，完善准入许可的内容和方式。完善有利于提升集成电路全产业链国际竞争力的海关监管模式。研究制定再制造旧机电设备允许进口目录，在风险可控的前提下，试点数控机床、工程设备、通信设备等进口再制造。探索引入市场化保险机制，提高医药生产等领域的监管效率。

（十）优化创新要素的市场配置机制。完善药品上市许可持有人制度。允许自贸试验区内医疗器械注册申请人委托上海市医疗器械生产企业生产产品。健全完善更加符合社会主义市场经济规律、人才成长规律和人才发展流动规律的人才认定标准和推荐方式，标准统一、程序规范的外国人来华工作许可制度及高效、便捷的人才签证制度，吸引更多外籍高层次人才参与创新创业，为其提供出入境和停居留便利，并按规定享受我国鼓励创新创业的相关政策。根据法律法规规定，支持持有外国人永久居留证的外籍高层次人才创办科技型企业，给予与中国籍公民同等待遇。深化上海股权托管交易中心"科技创新板"试点，完善对科创企业的金融服务。支持外资企业设立联合创新平台，协同本土中小微企业开展创新成果产业化项目推进。深化推进金融中心与科技创新中心建设相结合的科技金融模式创新。

（十一）健全知识产权保护和运用体系。充分发挥专利、商标、版权等知识产权引领作用，打通知识产权创造、运用、保护、管理和服务的全链条，提升知识产权质量和效益。以若干优势产业为重点，进一步简化和优化知识产权审查和注册流程，创新知识产权快速维权工作机制。探索互联网、电子商务、大数据等领域的知识产权保护规则。建立健全知识产权服务标准，完善知识产权服务体系。完善知识产权纠纷多元解决机制。支持企业运用知识产权进行海外股权投资。创新发展知识产权金融服务。深化完善有利于激励创新的知识产权归属制度。

三、加强同国际通行规则相衔接，建立开放型经济体系的风险压力测试区

按照国际最高标准，为推动实施新一轮高水平对外开放进行更为充分的压力测试，探索开放型经济发展新领域，形成适应经济更加开放要求的系统试点经验。

（十二）进一步放宽投资准入。最大限度缩减自贸试验区外商投资负面清单，推进金融服务、电信、互联网、文化、文物、维修、航运服务等专业服务业和先进制造业领域对外开放。除特殊领域外，取消对外商投资企业经营期限的特别管理要求。对符合条件的外资创业投资企业和股权投资企业开展境内投资项目，探索实施管理新模式。完善国家安全审查、反垄断审查等投资审查制度。

（十三）实施贸易便利化新规则。优化口岸通关流程，推进各环节监管方式改革，探索公布涵盖各通关环节的货物平均放行时间。最大限度实现覆盖船舶抵离、港口作业、货物通关等口岸作业各环节的全程无纸化，推进贸易领域证书证明的电子化管理。深化亚太示范电子口岸网络试点。推动实施原产地预裁定制度。根据自由贸易协定规定，推动实施原产地自主声明制度。推进企业信用等级的跨部门共享，对高信用等级企业降低查验率。深化完善安全预警和国际竞争力提升的产业安全保障机制。

（十四）创新跨境服务贸易管理模式。在风险可控的前提下,加快推进金融保险、文化旅游、教育卫生等高端服务领域的贸易便利化。提高与服务贸易相关的货物暂时进口便利,拓展暂时进口货物单证制度适用范围,延长单证册的有效期。探索兼顾安全和效率的数字产品贸易监管模式。大力发展中医药服务贸易,扩大中医药服务贸易国际市场准入,推动中医药海外创新发展。深化国际船舶登记制度创新,进一步便利国际船舶管理企业从事海员外派服务。在合适领域分层次逐步取消或放宽对跨境交付、自然人移动等模式的服务贸易限制措施。探索完善服务贸易统计体系,建立服务贸易监测制度。

（十五）进一步深化金融开放创新。加强与上海国际金融中心建设的联动,积极有序实施《进一步推进中国（上海）自由贸易试验区金融开放创新试点加快上海国际金融中心建设方案》。加快构建面向国际的金融市场体系,建设人民币全球服务体系,有序推进资本项目可兑换试点。加快建立金融监管协调机制,提升金融监管能力,防范金融风险。

（十六）设立自由贸易港区。在洋山保税港区和上海浦东机场综合保税区等海关特殊监管区域内,设立自由贸易港区。对标国际最高水平,实施更高标准的"一线放开"、"二线安全高效管住"贸易监管制度。根据国家授权实行集约管理体制,在口岸风险有效防控的前提下,依托信息化监管手段,取消或最大程度简化入区货物的贸易管制措施,最大程度简化一线申报手续。探索实施符合国际通行做法的金融、外汇、投资和出入境管理制度,建立和完善风险防控体系。

四、进一步转变政府职能,打造提升政府治理能力的先行区

加强自贸试验区建设与浦东新区转变一级地方政府职能的联动,系统推进简政放权、放管结合、优化服务改革,在行政机构改革、管理体制创新、运行机制优化、服务方式转变等方面改革创新,全面提升开放环境下政府治理能力。

（十七）健全以简政放权为重点的行政管理体制。加快推进简政放权,深化行政审批制度改革。以厘清政府、市场、社会关系为重点,进一步取消和简化审批事项,最大限度地给市场放权。推动实现市场准入、执业资格等领域的管理方式转变。深化大部门制改革,在市场监管、经济发展、社会管理和公共服务、改革和法制、环保和城建五个职能模块,按照精简高效原则形成跨部门的协同机制。

（十八）深化创新事中事后监管体制机制。按照探索建立新的政府经济管理体制要求,深化分类综合执法改革,围绕审批、监管、执法适度分离,完善市场监管、城市管理领域的综合执法改革。推进交通运输综合行政执法改革,加强执法协调。将异常名录信息归集范围扩大到市场监管以外的行政部门,健全跨部门"双告知、双反馈、双跟踪"许可办理机制和"双随机、双评估、双公示"监管协同机制。落实市场主体首负责任制,在安全生产、产品质量、环境保护等领域建立市场主体社会责任报告制度和责任追溯制度。鼓励社会力量参与市场监督,建立健全会计、审计、法律、检验检测认证等第三方专业机构参与市场监管的制度安排。

（十九）优化信息互联共享的政府服务体系。加快构建以企业需求为导向、大数据分析为支撑的"互联网+政务服务"体系。建立央地协同、条块衔接的信息共享机制,明确部门间信息互联互通的边界规则。以数据共享为基础,再造业务流程,实现市场准入"单窗通办"、"全网通办",个人事务"全区通办",政务服务"全员协办"。探索建立公共信用信息和金融信用信息互补机制。探索形成市场主体信用等级标准体系,培育发展信用信息专业服务市场。

五、创新合作发展模式,成为服务国家"一带一路"建设、推动市场主体走出去的桥头堡

坚持"引进来"和"走出去"有机结合,创新经贸投资合作、产业核心技术研发、国际化融资模式,探索搭建"一带一路"开放合作新平台,建设服务"一带一路"的市场要素资源配置功能枢纽,发挥自贸试验区在服务"一带一路"战略中的辐射带动作用。

(二十)以高标准便利化措施促进经贸合作。对接亚太示范电子口岸网络,积极推进上海国际贸易"单一窗口"与"一带一路"沿线口岸的信息互换和服务共享。率先探索互联互通监管合作新模式,在认证认可、标准计量等方面开展多双边合作交流。加快建设门户复合型国际航空枢纽。促进上海港口与21世纪海上丝绸之路航线港口的合作对接,形成连接国内外重点口岸的亚太供应链中心枢纽。建立综合性对外投资促进机构和境外投资公共信息服务平台,在法律查明和律师服务、商事纠纷调解和仲裁、财务会计和审计服务等方面开展业务合作。打造"一带一路"产权交易中心与技术转移平台,促进"一带一路"产业科技合作。积极推进能源、港口、通信、高端装备制造等领域的国际产能合作和建设能力合作。

(二十一)增强"一带一路"金融服务功能。推动上海国际金融中心与"一带一路"沿线国家和地区金融市场的深度合作、互联互通。加强与境外人民币离岸市场战略合作,稳妥推进境外机构和企业发行人民币债券和资产证券化产品,支持优质境外企业利用上海资本市场发展壮大,吸引沿线国家央行、主权财富基金和投资者投资境内人民币资产,为"一带一路"重大项目提供融资服务。大力发展海外投资保险、出口信用保险、货物运输保险、工程建设保险等业务,为企业海外投资、产品技术输出、承接"一带一路"重大工程提供综合保险服务。支持金砖国家新开发银行的发展。

(二十二)探索具有国际竞争力的离岸税制安排。适应企业参与国际竞争和服务"一带一路"建设的需求,在不导致税基侵蚀和利润转移的前提下,基于真实贸易和服务背景,结合服务贸易创新试点工作,研究探索服务贸易创新试点扩围的税收政策安排。

六、服务全国改革开放大局,形成更多可复制推广的制度创新成果

紧紧把握自贸试验区的基本定位,坚持先行先试,充分发挥各方面的改革创新主动性和创造性,为全面深化改革和扩大开放,取得更多制度创新成果。

(二十三)加快形成系统性的改革经验和模式。把理念创新、体制机制创新、政策创新和加强风险防控等方面的改革试点经验作为重点,加强试点经验的总结和系统集成。对于市场准入、贸易便利化、创新发展体制机制等领域的改革,加快形成可以在全国复制推广的经验。对于进一步扩大开放、对接高标准国际经贸规则等压力测试事项,积极探索经验,为国家推进构建多双边经贸合作新格局做好政策储备。对于政府管理模式创新等改革事项,在改革理念和组织推进等方面总结形成可供其他地区借鉴的改革经验。

七、抓好工作落实

在国务院自由贸易试验区工作部际联席会议统筹协调下,充分发挥地方和部门的积极性,抓好改革措施的落实。按照总体筹划、分步实施、率先突破、逐步完善的原则,各有关部门要大力支持,及时制定实施细则或办法,加强指导和服务;对涉及法律法规调整的改革事项,及时强化法制保障,做好与相关法律立改废释的衔接,共同推进相关体制机制创新,并注意加强监管、防控风险。上海市要把握基本定位,强化使命担当,创新思路、寻找规律、解决问题、积累经验,完善工作机制,系统推进改革试点任务的落实,继续当好全国改革开放排头兵、创新发展先行者。重大事项要及时向国务院请示报告。

国务院关于印发中国(陕西)自由贸易试验区总体方案的通知

国发〔2017〕21号

各省、自治区、直辖市人民政府,国务院各部委、各直属机构:

现将《中国(陕西)自由贸易试验区总体方案》印发给你们,请认真贯彻执行。

国务院
2017年3月15日

中国(陕西)自由贸易试验区总体方案

建立中国(陕西)自由贸易试验区(以下简称自贸试验区)是党中央、国务院作出的重大决策,是新形势下全面深化改革、扩大开放和加快推进"一带一路"建设、深入推进西部大开发的重大举措。为全面有效推进自贸试验区建设,制定本方案。

一、总体要求

(一)指导思想。

全面贯彻党的十八大和十八届三中、四中、五中、六中全会精神,深入贯彻习近平总书记系列重要讲话精神和治国理政新理念新思想新战略,认真落实党中央、国务院决策部署,统筹推进"五位一体"总体布局和协调推进"四个全面"战略布局,坚持稳中求进工作总基调,牢固树立和贯彻落实创新、协调、绿色、开放、共享的发展理念,进一步解放思想、先行先试,以开放促改革、促发展,立足于推进"一带一路"建设和西部大开发,为全面深化改革和扩大开放探索新途径、积累新经验,发挥示范带动、服务全国的积极作用。

(二)战略定位。

以制度创新为核心,以可复制可推广为基本要求,全面落实党中央、国务院关于更好发挥"一带一路"建设对西部大开发带动作用、加大西部地区门户城市开放力度的要求,努力将自贸试验区建设成为全面改革开放试验田、内陆型改革开放新高地、"一带一路"经济合作和人文交流重要支点。

(三)发展目标。

经过三至五年改革探索,形成与国际投资贸易通行规则相衔接的制度创新体系,营造法治化、国际化、便利化的营商环境,努力建成投资贸易便利、高端产业聚集、金融服务完善、人文交流深入、监管高效便捷、法治环境规范的高水平高标准自由贸易园区,推动"一带一路"建设和西部大开发战略的深入实施。

二、区位布局

(一)实施范围。

自贸试验区的实施范围119.95平方公里,涵盖三个片区:中心片区87.76平方公里[含陕西西安出口加工区A区0.75平方公里、B区0.79平方公里,西安高新综合保税区3.64平方公里和陕西西咸保税物流中心(B型)0.36平方公里],西安国际港务区片区26.43平方公里(含西安综合保税区6.17平方公里),杨凌示范区片区5.76平方公里。

自贸试验区土地开发利用须遵守土地利用、环境保护、城乡规划法律法规,符合土地利用总体规划,并符合节约集约用地的有关要求。

(二)功能划分。

按区域布局划分,自贸试验区中心片区重点发展战略性新兴产业和高新技术产业,着力发展高端制造、航空物流、贸易金融等产业,推进服务贸易促进体系建设,拓展科技、教育、文化、旅游、健康医疗等人文交流的深度和广度,打造面向"一带一路"的高端产业高地和人文交流高地;西安国际港务区片区重点发展国际贸易、现代物流、金融服务、旅游会展、电子商务等产业,建设"一带一路"国际中转内陆枢纽港、开放型金融产业创新高地及欧亚贸易和人文交流合作新平台;杨凌示范区片区以农业科技创新、示范推广为重点,通过全面扩大农业领域国际合作交流,打造"一带一路"现代农业国际合作中心。

按海关监管方式划分,自贸试验区内的海关特殊监管区域重点探索以贸易便利化为主要内容的制度创新,开展保税加工、保税物流、保税服务等业务;非海关特殊监管区域重点探索投资体制改革,创新内陆地区开放发展机制,完善事中事后监管,推动金融制度创新,积极发展现代服务业和先进制造业。

三、主要任务和措施

(一)切实转变政府职能。

1. 改革创新政府管理方式。按照法治化、国际化、便利化的要求,积极探索建立与国际高标准投资和贸易规则体系相适应的行政管理体系,推动政府管理由注重事前审批转为注重事中事后监管。深化商事制度改革。实施"多证合一"综合审批服务运行模式,建立"一口受理、并联审批"工作机制。推动税收服务创新,包括一窗国地办税、一厅自助办理、培训辅导点单、缴纳方式多元、业务自主预约、税银信息互动、税收遵从合作、创新网上服务等举措。打造事前诚信承诺、事中评估分类、事后联动奖惩的全链条信用监管体系。完善社会信用体系,推动各部门间依法履职信息的联通和共享。健全守信激励和失信惩戒机制。配合商务部开展经营者集中反垄断审查。建立优质、高效、便捷的法律服务体系,建设网上法律服务平台,为自贸试验区内企业提供律师、公证、司法鉴定等综合性法律服务。推动与"一带一路"沿线国家执法联络网络建设。

2. 开展知识产权综合管理改革试点。紧扣创新发展需求,发挥专利、商标、版权等知识产权的引领作用,打通知识产权创造、运用、保护、管理、服务全链条,建立高效的知识产权综合管理体制,构建便民利民的知识产权公共服务体系,探索支撑创新发展的知识产权运行机制,推动形成权界清晰、分工合理、责权一致、运转高效、法治保障的体制机制。探索建立自贸试验区跨部门知识产权执法协作机制,完善纠纷调解、援助、仲裁工作机制。探索建立重点产业快速协同保护机制。

(二)深化投资领域改革。

3. 提升利用外资水平。对外商投资实行准入前国民待遇加负面清单管理制度,着力构建与负面清单管理方式相适应的事中事后监管制度。外商投资准入特别管理措施(负面清单)之外领域的外商投资项目(国务院规定对国内投资项目保留核准的除外)和外商投资企业设立及变更实行备案制,由自贸试验区负责办理。进一步减少或取消外商投资准入限制,提高开放度和透明度,做好对外开放的压力测试和风险测试。鼓励外资更多投向高端装备制造、新一代信息技术、新材料、生物医药等先进制造业领域。鼓励跨国公司在自贸试验区设立地区总部、研发中心、销售中心、物流中心和结算中心。积极有效引进境外资金、先进技术和高端人才,提升利用外资综合质量。外商在自贸试验区内投资适用《自由贸易试验区外商投资准入特别管理措施(负面清单)》和《自由贸易试验区外商投资国家安全审查试行办法》。探索强化外商投资实际控制人管理,建立外商投资信息报告制度和外商投资信息公示平台,充分发挥国家企业信用信息公示系统作用,提升外商投资全周期监管的科学性、规范性和透明度。完善投资者权益保障机制,允许符合条件的境外投资者自由转移其投资收益。

4. 构建对外投资促进体系。将自贸试验区建设成为企业"走出去"的窗口和综合服务平台。对一般境外投资项目和设立企业实行备案制,属省级管理权限的,由自贸试验区负责备案管理。确立企业对外投资主体地位,支持企业开展多种形式的对外直接投资。建立对外投资合作"一站式"服务平台。加强境外投资事中事后监管和服务,完善境外资产和人员安全风险防范和应急保障体系。

（三）推动贸易转型升级。

5. 拓展新型贸易方式。积极培育贸易新型业态和功能，形成以技术、品牌、质量、服务为核心的外贸竞争新优势。鼓励企业统筹开展国际国内贸易，实现内外贸一体化发展。支持进口先进技术和资源类商品。扶持和培育外贸综合服务企业，为中小企业提供通关、融资、退税、保险等服务。

探索创新服务贸易发展模式，扩大服务贸易双向开放。建立以政府部门"服务清单"制度为核心的服务贸易服务体系，建立一批具有项目对接、海外市场拓展、技术共享等功能的服务贸易公共服务平台。大力发展生产性服务贸易，引导出口企业从生产型企业向生产服务型企业转变，推动金融、保险、物流、信息、研发设计等资本和技术密集型服务出口。推进企业依托海关特殊监管区域开展面向国内外市场的高技术、高附加值的检测维修等保税服务业务。巩固提高旅游、航空运输等传统服务业竞争力，大力促进文化艺术、数字出版、动漫游戏开发、软件开发测试、中医药、技术等服务贸易发展。打造服务外包产业集聚区，培育一批领头企业和国际品牌，提高服务外包产业国际竞争力。支持知识产权服务业集聚发展，完善挂牌竞价、交易、信息检索、政策咨询、价值评估等功能，推动知识产权跨境交易便利化。

6. 创新通关监管服务模式。不断探索海关监管和检验检疫制度创新，鼓励企业参与"自主报税、自助通关、自动审放、重点稽核"等监管制度创新试点。依托电子口岸公共平台，开展国际贸易"单一窗口"建设，完善货物进出口和运输工具进出境的应用功能，进一步优化口岸监管执法流程和通关流程，实现贸易许可、资质登记平台功能。将出口退税申报功能纳入"单一窗口"建设项目，将涉及贸易监管的部门逐步纳入"单一窗口"管理平台。

完善海关特殊监管区域功能。自贸试验区海关特殊监管区域内实施"一线放开"、"二线安全高效管住"的通关监管服务模式。在确保有效监管前提下，在海关特殊监管区域探索建立货物状态分类监管模式。对注册在自贸试验区海关特殊监管区域内的融资租赁企业进出口飞机、船舶等大型设备涉及跨关区的，在确保有效监管和执行现行相关税收政策的前提下，按物流实际需要，实行海关异地委托监管。在执行现行税收政策的前提下，提升超大超限货物的通关、运输、口岸服务等综合能力。在严格执行货物进出口税收政策的前提下，允许在自贸试验区内的海关特殊监管区域设立保税展示交易平台。加快形成贸易便利化创新举措的标准化制度规范，覆盖到所有符合条件的企业。

完善通关合作机制。开展货物通关、贸易统计、原产地证书核查、"经认证的经营者"互认、检验检测认证等方面合作，逐步实现信息互换、监管互认、执法互助。支持自贸试验区与"一带一路"沿线国家开展海关、检验检疫、认证认可、标准计量等方面的合作与交流，探索与"一带一路"沿线国家开展贸易供应链安全与便利合作。推进自贸试验区内各区域之间通关一体化。

（四）深化金融领域开放创新。

7. 推动金融制度创新。探索建立与自贸试验区相适应的本外币账户管理体系，促进跨境贸易、投融资便利化。推动人民币作为自贸试验区与"一带一路"沿线国家跨境贸易和投资计价、结算的主要货币。拓展跨境电子商务人民币结算。推行自贸试验区内跨国企业集团跨境双向人民币资金池业务。支持自贸试验区内符合互认条件的基金产品参与内地与香港基金产品互认。自贸试验区内银行可按有关规定发放境外项目人民币贷款。

支持自贸试验区内符合条件的企业按规定开展境外证券投资。支持开展人民币跨境再保险业务,培育发展再保险市场。大力发展自贸试验区国际航运、国际贸易等重点产业责任保险、信用保险、融资租赁保险。取消对自贸试验区内保险支公司高管人员任职资格的事前审批,由省级保监机构实施备案管理。支持商业保理业务发展,探索适合商业保理发展的外汇管理模式。

8. 增强金融服务功能。支持符合条件的"一带一路"沿线国家的金融机构在自贸试验区内以人民币直接投资设立或参股金融机构。支持符合条件的法人在自贸试验区内依法设立金融租赁公司、财务公司、汽车金融公司、消费金融公司等金融机构。支持符合条件的境内纯中资民营企业发起设立民营银行。支持全国性中资商业银行、陕西本地银行、符合条件的外资银行在自贸试验区内新设分行或营业机构。允许外商投资在自贸试验区内新设一家合资证券公司。进一步推进内资融资租赁企业试点,注册在自贸试验区内的内资融资租赁试点企业由自贸试验区所在省级商务主管部门和同级国家税务局审核;加强事中事后监管,探索建立融资租赁企业设立和变更的备案制度、违反行业管理规定的处罚制度、失信和经营异常企业公示制度、属地监管部门对企业定期抽查检查制度。

鼓励自贸试验区内银行业金融机构为能源、科技、文化、绿色环保等领域企业提供高效优质金融服务。放宽跨国公司外汇资金集中运营管理准入条件。进一步简化资金池管理,允许经银行审核真实、合法的电子单证办理经常项目集中收付汇、轧差净额结算业务。进一步简化经常项目外汇收支手续,在真实、合法交易基础上,自贸试验区内货物贸易外汇管理分类等级为 A 类企业的外汇收入无需开立待核查账户。银行按照"了解客户、了解业务、尽职审查"的展业三原则办理经常项目收结汇、购付汇手续。允许自贸试验区内符合条件的融资租赁业务收取外币租金。

允许外资股权投资管理机构、外资创业投资管理机构在自贸试验区内发起管理人民币股权投资和创业投资基金。地方可结合实际,引入社会资本在自贸试验区内设立多币种的产业股权投资基金、产业结构调整基金、创业投资基金和服务贸易创新发展引导基金,为符合产业导向的企业提供融资支持服务。鼓励金融机构创新金融产品和服务,为"轻资产"服务贸易企业提供融资便利。鼓励各类金融机构创新供应链融资、贸易融资等业务。

9. 建立健全金融风险防范体系。落实风险为本的原则,探索建立跨境资金流动风险监管机制,强化开展反洗钱、反恐怖融资、反逃税工作,防止非法资金跨境、跨区流动,切实防范开放环境下的金融风险。

(五)扩大与"一带一路"沿线国家经济合作。

10. 创新互联互通合作机制。健全政府对话、企业合作、民间互动的多层次、多领域合作机制。按照共商、共建、共享的原则,构筑全方位立体化开放大通道,建设"一带一路"交通、商贸、快递物流中心。创新航空港、陆港联动发展机制。完善集疏运体系,加密航线航班,增加国际货运航线航班。在自贸试验区内组建符合条件的本地货运航空公司,大力发展空港货运物流,打造国家航空运输枢纽。拓展西安陆路口岸铁路监管功能,推动国际中转集拼业务发展。提升中欧班列(西安)辐射能力,推动将中欧班列(西安)纳入中欧"安智贸"试点计划。深入发展多式联运,引进航运及国际船舶运输服务等经纪公司。引导多式联运企业联盟合作,在设施共享、单证统一、规则衔接、信息互联等方面先行先试。建设国际邮件互换局

（交换站）。加快西安领事馆区建设。

11. 创新国际产能合作模式。系统推进与"一带一路"沿线国家产能合作机制建设。发挥金融对"一带一路"经济合作的推动作用，地方可根据实际需要，引入社会资本推动设立"走出去"发展引导基金。

推动合作园区建设。按照开放、共享的原则，加强境外经贸合作区、产业集聚区、农业合作区等建设，开启"两国双园"国际产能合作新模式。

打造绿色丝绸之路。制定鼓励绿色消费的经济政策，落实绿色产品认证制度，建立政府监督、企业自律、公众参与的环保监督机制。支持自贸试验区内的企业按照绿色低碳要求和循环经济理念设计发展战略、生产流程、营销模式、企业文化，打造绿色低碳企业集群和国家级绿色品牌企业。鼓励自贸试验区内绿色低碳龙头企业"走出去"，建设国际产能合作绿色产业园区。加强自贸试验区内重点产业知识产权海外布局和风险防控。

12. 创新现代农业交流合作机制。打造农业领域国际合作交流创新平台，积极推进国际旱作农业交流与合作，组建面向"一带一路"沿线国家的现代农业合作联盟和全球农业智库联盟，拓展在农业新技术、新品种、新业态以及节水农业、设施农业、农业装备制造等领域的国际合作。创立国家（杨凌）农业技术标准创新基地，承担农业技术标准的制定工作，提升"杨凌农科"品牌标准的国际化水平。创新中外农业高等教育和职业教育联合办学模式，开展面向"一带一路"沿线国家的援外农业技术培训。支持杨凌示范区片区加快建设国家现代农业国际创新园和"星创天地"。深化农业金融改革创新，允许引进符合条件的国外专业保险公司，开展涉农保险业务。支持建设"一带一路"现代农业国际合作中心。

（六）创建与"一带一路"沿线国家人文交流新模式。

13. 创新科技合作机制。建立健全政府间科技创新合作及对话机制。发挥企业创新主体作用，引导企业成为"一带一路"科技创新合作的投入、执行和收益主体，形成骨干企业先导带动、中小企业大规模参与的合作局面，并吸引社会力量参与。积极发现与"一带一路"沿线国家产业发展的契合点和共振点，引导各类创新主体在沿线国家共建创新平台，深化产学研合作，鼓励企业设立海外研发中心。发挥民间组织作用，鼓励通过青年交往、志愿者互派、学术往来与交流等方式，丰富民间科技交往内容，鼓励民间科技组织广泛开展各类科技公益活动。探索建设信息丝绸之路。以信息基础设施为载体，开辟以通信和互联网产业为抓手的新型国际贸易之路，推动"一带一路"信息文明的创新与传播。

14. 创新教育合作机制。拓展与"一带一路"沿线国家跨境教育合作空间，推动教育资源共享，建设智力丝绸之路。围绕"一带一路"建设需求，调整优化相关院校的学科及专业设置，推进面向"一带一路"沿线国家的教育培训基地建设。在自贸试验区设立国际汉唐学院和中国书法学院。允许获得硕士及以上学位的优秀外国留学生毕业后直接在自贸试验区工作，完善留学生实习居留、工作居留和创新创业奖励制度。

15. 创新文化交流合作机制。加强与"一带一路"沿线国家合作，构建全方位、多层次、宽领域的对外文化交流新格局。保护和传承中华老字号，大力推动中医药、中华传统餐饮、工艺美术等企业"走出去"。与"一带一路"沿线国家共同开展文物保护与考古研究工作，开展博物馆国际交流与合作，建设以丝绸之路文化为主题的智慧博物馆国际合作交流平台和历史文化研究交流平台。依托自贸试验区开展陕西文物国际展示、国际交流试点。鼓励社会资本以多种形式参与文化产业和文化园区建设。鼓励民营文化企业健康快速发展。加强对非物质文化遗产、民间文艺、传统知识的普查、保护和合理利用，振兴传统工艺，推进文化创意、设计服务与相关产业融合发展，打造"国风秦韵"等具有国际影响力的文化品牌。建设中影丝路国际电影城等一批文化产业项目，推出一批具有国际影响力的文化艺术精品。依托现有交易场所，在国家政策法规允许范围内开展文化艺术品交易业务。

发展对外文化贸易。积极推动文化产品和服务出口，减少对文化出口的行政审批事项。拓展艺术品交易市场功能。对完全针对国外外语市场开展出版业务的非公有制企业、中外合资企业给予特殊政策扶持。依托海关特殊监管区域政策功能，促进文化产业发展。加快西安国家数字出版基地、西安印刷包装产业基地建设，创建国家级出版物物流基地。开展文化产品跨境电子商务试点，依托现有交易场所开展文化产品跨境电子交易，鼓励文化企业借助电子商务等新型交易模式拓展国际业务。试点以政府和社会资本合作（PPP）等模式推动对外文化投资。加强文化知识产权保护。积极推进文化金融改革创新。

16. 创新旅游合作机制。深化旅游业资源开放、信息共享、行业监管、公共服务、旅游安全、标准化服务等方面的国际合作，提升旅游服务水平。允许在自贸试验区内注册的符合条件的中外合资旅行社，从事除台湾地区以外的出境旅游服务。吸引外商投资旅行社在自贸试验区内设立公司运营总部。积极与"一带一路"沿线国家签订旅游合作框架协议、旅游合作备忘录等整体性协议，合作举办国际旅游展会。推动中医药健康旅游发展。

17. 创新医疗卫生合作机制。发挥陕西医疗资源、医学教育、医学科研及区位优势，在卫生合作机制、重点传染病防控、重大慢性非传染性疾病防治、突发急性传染病防控与紧急医学救援、能力建设与人才培养、传统医药、卫生体制和政策、卫生发展援助、健康产业发展等重点领域，与"一带一路"沿线国家进行广泛合作。允许"一带一路"沿线国家与国内中医药服务机构在自贸试验区内投资中医理疗、康复、培训、宣传、国际推广等机构，搭建中医药健康养生国际综合服务平台。

（七）推动西部大开发战略深入实施。

18. 带动区域开放型经济发展。充分利用自贸试验区的载体和平台作用，在积极承接外向型产业转移的同时，将陕西的科技、产业优势向西部其他地区辐射。培育建设产业集群发展带，推动关中—天水、新疆天山北坡、呼包银榆等重点经济区域协同开放、一体发展，形成西部地区新增长极。联合西部地区相关省份开展多式联运，畅通沟通境内外、连接东中西的新亚欧大陆桥国际经济走廊。建立西部地区联合对外合作交流平台，以资源优势为重点，以资源加工工业为主体，强化国际国内交流，带动西部贫困地区、民族地区开放战略实施。加强区域口岸合作，推动陆港联动，实现口岸功能延伸，提升对外开放、公共卫生安全保障能力。推动检验检疫部门与地方卫生部门等加强联防联控合作，防止传染病跨境传播。

19. 推动区域创新发展。积极鼓励自贸试验区各科研院所与西部地区各类企业合作，推进协同创新。及时总结推广"双创"示范、系统推进全面创新改革及知识产权保护的经验，推动有条件的地区建设具有强大带动力的创新型城市和区域创新中心，培育一批知识产权试点示范城市和知识产权强市、强县。创新军民融合发展机制，建立军民成果双向转化"人才池"和"专利池"。建立重点产业专利导航工作机制，建设国家知识产权服务业聚集区。积极推动国家军民融合知识产权运营工作，依托国家知识产权运营军民融合特色试点平台，探索国防专利横向流通转化、国防专利解密与普通专利跟进保护有机衔接、普通专利参与军品研发生产等机制,促进军民科技成果共享共用。推动西部地区军民技术相互有效利用,开展军民两用技术联合攻关,推动产业化发展。

20.促进区域产业转型升级。通过自贸试验区高端产业集聚,促进西部地区优化现代服务业、先进制造业和战略性新兴产业布局,创新区域经济合作模式。以产业链为纽带,促进西部地区在研发设计、生产销售和物流配送等环节的协同配合,支持西部地区企业通过跨区域兼并重组实现产业转型升级。

21.构建服务区域发展的人才高地。率先在自贸试验区建立健全高层次人才评价机制、简化高层次人才评价认定程序、完善符合条件的外国籍高层次人才签证及居留政策等,推动境内外专业人才双向流动,为外国籍高层次人才来陕工作开辟绿色通道,简化手续,在出入境、工作、停居留等方面提供便利,积累经验并向西部地区推广。联合打造西部优质人才载体,提升西部地区高层次人才发展及创业创新平台建设水平。建设面向西部地区的高层次人才综合服务体系,大力发展人力资源服务业。

四、保障机制

(一)强化法制保障。

自贸试验区需要暂时调整实施有关行政法规、国务院文件和经国务院批准的部门规章的部分规定的,按规定程序办理。各有关部门要支持自贸试验区在各领域深化改革开放试点、加大压力测试、加强监管、防控风险,做好与相关法律立改废释的衔接,及时解决试点过程中的制度保障问题。陕西省要通过地方立法,建立与试点要求相适应的自贸试验区管理制度。

(二)完善配套税收政策。

落实现有相关税收政策,充分发挥现有政策的支撑促进作用。中国(上海)自由贸易试验区、中国(广东)自由贸易试验区、中国(天津)自由贸易试验区和中国(福建)自由贸易试验区已经试点的税收政策原则上可在自贸试验区进行试点,其中促进贸易的选择性征收关税、其他相关进出口税收等政策在自贸试验区内的海关特殊监管区域进行试点。自贸试验区内的海关特殊监管区域范围和税收政策适用范围维持不变。此外,在符合税制改革方向和国际惯例,以及不导致利润转移和税基侵蚀的前提下,积极研究完善境外所得税收抵免的税收政策。

(三)加强组织实施。

按照党中央、国务院统一部署,在国务院自由贸易试验区工作部际联席会议统筹协调下,由陕西省完善试点任务组织实施保障机制,按照总体筹划、分步实施、率先突破、逐步完善的原则加快实施;按照既有利于合力推进自贸试验区建设,又有利于各片区独立自主运作的原则,建立精简高效、统一管理、分级负责的自贸试验区管理体系。各有关部门要大力支持,及时制定实施细则或办法,加强指导和服务,共同推进相关体制机制创新,把自贸试验区建设好、管理好。在实施过程中,要创新思路、寻找规律、解决问题、积累经验;要充分发挥地方和部门的积极性,因地制宜、突出特色,做好对比试验和互补试验;要抓好改革措施的落实,重大事项要及时向国务院请示报告。

(四)总结推广可复制的试点经验。

自贸试验区要及时总结改革创新经验和成果。国务院自由贸易试验区工作部际联席会议办公室要会同陕西省人民政府及有关部门,及时总结评估自贸试验区改革开放创新试点任务实施效果,加强各领域试点经验系统集成,并委托第三方机构进行独立评估。对试点效果好、风险可控且可复制可推广的成果,实施分类审查程序后复制推广至全国其他地区。

国务院关于印发中国(四川)自由贸易试验区总体方案的通知

国发〔2017〕20号

各省、自治区、直辖市人民政府,国务院各部委、各直属机构:

现将《中国(四川)自由贸易试验区总体方案》印发给你们,请认真贯彻执行。

国务院
2017年3月15日

中国(四川)自由贸易试验区总体方案

建立中国(四川)自由贸易试验区(以下简称自贸试验区)是党中央、国务院作出的重大决策,是新形势下全面深化改革、扩大开放和深入推进西部大开发、长江经济带发展的重大举措。为全面有效推进自贸试验区建设,制定本方案。

一、总体要求

(一)指导思想。

全面贯彻党的十八大和十八届三中、四中、五中、六中全会精神,深入贯彻习近平总书记系列重要讲话精神和治国理政新理念新思想新战略,认真落实党中央、国务院决策部署,统筹推进"五位一体"总体布局和协调推进"四个全面"战略布局,坚持稳中求进工作总基调,牢固树立和贯彻落实创新、协调、绿色、开放、共享的发展理念,进一步解放思想、先行先试,以开放促改革、促发展,以推进供给侧结构性改革为主线,积极培育内陆地区参与国际经济合作竞争新优势,全力打造区域协调发展新引擎,为全面深化改革和扩大开放探索新途径、积累新经验,发挥示范带动、服务全国的积极作用。

(二)战略定位。

以制度创新为核心,以可复制可推广为基本要求,立足内陆、承东启西,服务全国、面向世界,将自贸试验区建设成为西部门户城市开发开放引领区、内陆开放战略支撑带先导区、国际开放通道枢纽区、内陆开放型经济新高地、内陆与沿海沿边沿江协同开放示范区。

(三)发展目标。

经过三至五年改革探索,力争建成法治环境规范、投资贸易便利、创新要素集聚、监管高效便捷、协同开放效果显著的高水平高标准自由贸易园区,在打造内陆开放型经济高地、深入推进西部大开发和长江经济带发展中发挥示范作用。

二、区位布局

(一)实施范围。

自贸试验区的实施范围119.99平方公里,涵盖三个片区:成都天府新区片区90.32平方公里(含成都高新综合保税区区块四[双流园区]4平方公里、成都空港保税物流中心[B型]0.09平方公里)、成都青白江铁路港片区9.68平方公里(含成都铁路保税物流中心[B型]0.18平方公里)、川南临港片区19.99平方公里(含泸州港保税物流中心[B型]0.21平方公里)。

自贸试验区土地开发利用须遵守土地利用、环境保护、城乡规划法律法规,符合土地利用总体规划,并符合节约集约用地的有关要求。

(二)功能划分。

按区域布局划分,成都天府新区片区重点发展现代服务业、高端制造业、高新技术、临空经济、口岸服务等产业,建设国家重要的现代高端产业集聚区、创新驱动发展引领区、开放型金融产业创新高地、商贸物流中心和国际性航空枢纽,打造西部地区门户城市开放高地;成都青白江铁路港片区重点发展国际商品集散转运、分拨展示、保税物流仓储、国际货代、整车进口、特色金融等口岸服务业和信息服务、科技服务、会展服务等现代服务业,打造内陆地区联通丝绸之路经济带的西向国际贸易大通道重要支点;川南临港片区重点发展航运物流、港口贸易、教育医疗等现代服务业,以及装备制造、现代医药、食品饮料等先进制造和特色优势产业,建设成为重要区域性综合交通枢纽和成渝城市群南向开放、辐射滇黔的重要门户。

按海关监管方式划分,自贸试验区内的海关特殊监管区域重点探索以贸易便利化为主要内容的制度创新,开展保税加工、保税物流、保税服务等业务;非海关特殊监管区域重点探索投资、金融、创新创业等制度改革,完善事中事后监管,积极发展现代服务业和高端制造业。

三、主要任务和措施

(一)切实转变政府职能。

1.推进简政放权。按照权责一致原则,建立行政权责清单制度,明确政府职能边界。深化政府机构改革,探索设立法定机构,推进相关政府机构从直接提供公共服务转变为通过合同管理交由第三方机构提供。深化行政审批制度改革,最大限度取消行政审批事项。推进行政审批标准化、信息化建设,探索全程电子化登记、电子营业执照管理。放宽企业名称表述限制,开放企业名称数据库,推行企业名称自主申报、网上核准,完善企业名称争议纠纷处理机制。放宽企业住所登记条件,探索以邮政通信地址作为企业住所的登记方式。建立"一窗受理、协同审批"的"一站式"高效服务模式,建设市场准入统一平台,实现多部门信息共享和协同管理。依托"互联网+税务",创新税收征管服务。

2. 构建事中事后监管体系。推进统一社会信用代码制度建设和部门间数据交换共享,建设公共信用信息目录和运用清单。完善社会信用体系,推动各部门间依法履职信息的联通和共享。健全守信激励和失信惩戒机制。建立企业网上信用承诺制度。政府部门加强对第三方企业信用征信、评估机构开展企业登记评价工作的引导和监督检查。规范开放征信服务,为公民、企业、社会组织、司法部门、政府机构提供信用查询等服务。在监管、执法等方面全面推行"双随机"抽查监管机制。完善行业监管制度和资格审查制度,进一步规范开展文化、教育、信息服务的内容审查。构建事前提醒告知、轻微违法约谈与告诫、严重违法依法处置的"三段式"监管方式。建立健全律师、公证员、司法鉴定人员等法律服务工作者诚信执业制度、违法违规执业惩戒制度。

3. 优化法治环境。建立统一集中的综合行政执法体系,相对集中执法权,建设网上执法办案系统,建设联勤联动指挥平台。建立健全国际仲裁、商事调解机制。对标高标准国际规则,强化企业责任,完善工资支付保障机制,建立工作环境损害监督等制度,严格执行环境保护法规和标准,探索开展出口产品低碳认证。配合商务部开展经营者集中反垄断审查。建立健全廉洁监督机制。开展知识产权综合管理改革试点。紧扣创新发展需求,发挥专利、商标、版权等知识产权的引领作用,打通知识产权创造、运用、保护、管理、服务全链条,建立高效的知识产权综合管理体制,构建便民利民的知识产权公共服务体系,探索支撑创新发展的知识产权运行机制,推动形成权界清晰、分工合理、责权一致、运转高效、法治保障的体制机制。探索建立自贸试验区跨部门知识产权执法协作机制,完善纠纷调解、援助、仲裁工作机制。

4. 建设多方参与的社会治理新体系。健全依法决策机制,明确重大行政决策的范围和标准,把专家咨询、社会听证、第三方评估作为重大行政决策必经程序,建立决策问责和纠错机制。建立行政咨询体系,成立由专业人士组成的专业咨询委员会,为自贸试验区发展提供咨询。编制向社会组织转移职能目录,将由政府部门承担的资产评估、鉴定、认证、检验检测等逐步交由专业服务机构承担。

(二)统筹双向投资合作。

5. 提升利用外资水平。对外商投资实行准入前国民待遇加负面清单管理制度,着力构建与负面清单管理方式相适应的事中事后监管制度。外商投资准入特别管理措施(负面清单)之外领域的外商投资项目(国务院规定对国内投资项目保留核准的除外)和外商投资企业设立及变更实行备案制,由自贸试验区负责办理。进一步减少或取消外商投资准入限制,提高开放度和透明度,做好对外开放的压力测试和风险测试。允许在自贸试验区内注册的符合条件的中外合资旅行社,从事除台湾地区以外的出境旅游业务;鼓励外资企业通过多种形式参与投资医疗服务业;鼓励外资发展"互联网+"健康服务。积极有效引进境外资金、先进技术和高端人才,提升利用外资综合质量。外商在自贸试验区投资适用《自由贸易试验区外商投资准入特别管理措施(负面清单)》和《自由贸易试验区外商投资国家安全审查试行办法》。探索强化外商投资实际控制人管理,建立外商投资信息报告制度和外商投资信息公示平台,充分发挥国家企业信用信息公示系统作用,提升外商投资全周期监管的科学性、规范性和透明度。完善投资者权益保障机制,允许符合条件的境外投资者自由转移其投资收益。

6.构筑对外投资服务促进体系。实施对外投资管理体制改革,确立企业对外投资主体地位,支持企业开展多种形式的境外投资合作,在法律法规规定的范围内,允许自担风险到境外自由承揽项目。建立对外投资合作"一站式"服务平台。加强境外投资事后管理和服务,完善境外资产和人员安全风险预警和应急保障体系。依托港澳在金融服务、信息资讯、国际贸易网络、风险管理等方面的优势,将自贸试验区建设成为企业"走出去"的窗口和综合服务平台。

7.创新国际产能合作。对一般性境外投资项目和设立企业实行备案制。为企业对外投资提供高效优质的金融支持和服务保障。鼓励地方政府引入社会资本在自贸试验区内设立境内机构投资者投资基金和境外合作基金。提高办理境外资产评估和抵押处置手续便利化程度。探索开展知识产权、股权、探矿权、采矿权、应收账款、订单、出口退税等抵质押融资业务。推动企业用好"内保外贷"等政策,开展企业"走出去"综合性金融创新服务。加快"中国标准"国际化推广,积极开展与主要贸易国别标准的比对,推动认证认可结果与主要贸易投资合作国家(地区)双向互认。加强与港澳在项目对接、投资拓展、信息交流、人才培训等方面交流合作,共同赴境外开展基础设施建设和能源资源等合作。

8.深化园区国际合作。坚持引资、引智、引技与优势产业、产品、技术及服务"走出去"相结合,围绕产业合作、科技创新、中小企业合作、职业教育、新型城镇化等领域合作发展,采取"平台+园区"、"政府+机构+企业"的共享开放合作模式,支持在自贸试验区内建设国别产业合作园区,推进创新创业、产业升级。探索建立土地节约集约利用新模式,自贸试验区内土地可以按不同功能用途混合利用,允许同一地块或同一建筑兼容多种功能,产业用地实行弹性年期供应,根据产业政策和项目类别可采取先租后让、差异化年期出让等供地措施。

9.深化国有企业改革。坚持市场化导向,进一步完善自贸试验区内国有企业现代企业制度,建立健全长效激励约束机制,提升国资本监管的针对性和有效性。设立国有资本运营平台,提升资本运营能力和水平。鼓励国有企业依托自贸试验区探索创新发展新路径。进一步推进自贸试验区内国有企业产权多元化改革,稳妥发展混合所有制经济。探索国家铁路运输企业、国家铁路控股合资铁路公司与地方政府合作参与成都国际铁路港运营管理,推动铁路资源有效整合。

(三)推动贸易便利化。

10.加快服务贸易创新发展。加快推进服务贸易创新发展试点,积极探索服务贸易发展新模式,建立完善服务贸易公共服务体系和贸易促进平台。重点推进与欧洲地区在产业人才合作、企业对接联动、项目载体共建、商务环境优化等领域的深入合作,提升对欧服务贸易水平。加快发展技术创新和商业模式创新相融合的新兴服务贸易和技术贸易。在海关特殊监管区域内不断拓展保税维修、检测、研发等业务。对注册在自贸试验区海关特殊监管区域内的融资租赁企业进出口飞机、船舶、海洋工程结构物等大型结构设备涉及跨关区的,在确保有效监管和执行现行相关税收政策的前提下,按物流实际需要,实行海关异地委托监管。

在环境风险可控的前提下,支持在海关特殊监管区域内开展航空发动机等高技术含量、高附加值商品境内外维修业务试点。鼓励发展动漫创意、信息管理、数据处理、供应链管理等服务外包产业。搭建便利化的知识产权公共服务平台,设立知识产权服务工作站,大力发展知识产权专业服务业。探索建立自贸试验区重点产业专利导航制度和重点产业快速协同保护机制。依托现有交易场所开展知识产权跨境交易,推动建立市场化运作的知识产权质物处置机制。支持和鼓励商标品牌服务机构在品牌设计、价值评估、注册代理、法律服务等方面不断提升服务水平。扩大对外文化贸易和版权贸易。深化艺术品交易市场功能拓展,支持在海关特殊监管区域(保税监管场所)内开展艺术品保税业务,为境内外艺术品生产、物流、仓储、展示和交易提供服务,对从境外进入海关特殊监管区域(保税监管场所)的文化产品,除法律、行政法规和规章另有规定的外,不实行许可证管理。创新文化服务海外推广模式,支持发展以传统手工技艺、武术、戏曲、民族音乐和舞蹈等为代表的非物质文化遗产与旅游、会展、品牌授权相结合的开发模式,鼓励广播影视、新闻出版等企业以项目合作方式进入国际市场,试点国外巡演的商业化运作。大力发展中医药服务贸易,建立四川省中医药服务及贸易大平台,积极与境外开展中药材种植、研发等合作,鼓励开展中医药国际健康旅游线路建设,扩大国际市场。允许境外服务提供者以跨境交付形式提供管理培训、咨询服务。

11. 促进服务要素自由流动。为服务贸易专业人才出入境提供便利。研究制定自贸试验区外籍高层次人才认定办法,落实人才签证实施细则,明确外国人才申请和取得人才签证的标准条件和办理程序。对外籍高层次人才开辟绿色通道、简化手续,为高层次人才入出境、工作、在华停居留提供便利。允许获得硕士及以上学位的优秀外国留学生毕业后直接在自贸试验区工作。提供有针对性的指导服务和语言学习机会,多形式多渠道帮助外国人才更好地融入中国社会。创新建设国际社区,探索外籍人士参与社区治理模式。

12. 助推外贸转型升级。在执行现行税收政策的前提下,允许在自贸试验区非海关特殊监管区域内依托现有交易场所开展大宗商品交易。完善进口商品网络零售和进出口分拨物流体系。探索中欧班列(成都)邮(快)件运输,推动跨境电子商务发展。探索建立适应跨境电商贸易特点的检验检疫监管机制。在严格执行货物进出口税收政策前提下,允许在海关特殊监管区域内设立保税展示交易平台。在海关特殊监管区域内推动保税售后维修业务升级,构建"全球市场销售、本地运营结算"的新型外贸业态新模式。

13. 创新口岸服务机制。加大对口岸和场站公共服务的政策和资金支持。制定口岸作业、报关报检、查验等环节的工作和服务标准。创新税收担保模式,推行涉税担保信息化管理,支持符合条件的涉税担保业务适用总担保制度。建设完善四川电子口岸,依托电子口岸公共平台建设国际贸易"单一窗口",实现口岸服务一体化。推动口岸监管部门信息互换、监管互认、执法互助。推进企业运营信息与监管系统对接,鼓励企业参与"自主报税、自助通关、自动审放、重点稽核"等监管制度创新试点。创新自贸试验区国际会展检验检疫监管模式。探索检验检疫证书国际联网核查机制。支持自贸试验区与"一带一路"沿线国家开展海关、检验检疫、认证认可、标准计量等方面的合作与交流,探索与"一带一路"沿线国家开展贸易供应链安全与便利合作。

14. 优化监管通关流程。实施 24 小时预约通关服务,建立进出口货物口岸放行时间评价体系。健全与跨境电子商务、进口特殊商品指定口岸、外贸综合服务发展相适应的通关管理机制。积极推动实施一体化通关。积极推进无纸化申报、无纸化放行,探索施检过程无纸化。在确保有效监管前提下,鼓励口岸监管部门优化查验机制。建设空、铁、公、水多式联运物流监管中心,多方联网共享物流全程信息,实现多式联运货物"单一窗口"办理。深化保税货物流转模式改革。对资信良好、管理规范、符合海关监管要求的企业,探索实施自动备案、自核单耗和自主核报。试行企业"主动披露"制度,对企业主动报告海关未发现的违规事项,可依法视情从轻、减轻或不予行政处罚。在确保有效监管前提下,在海关特殊监管区域探索建立货物状态分类监管模式。支持区外法人企业依法在海关特殊监管区域(保税监管场所)内设立分支机构。加强与深圳、珠海等口岸机构的沟通与合作,全面实现供港澳蔬菜出口直放。

(四)深化金融领域改革创新。

15.促进跨境投融资便利化。探索建立与自贸试验区相适应的本外币账户管理体系,促进跨境贸易、投融资结算便利化。鼓励允许自贸试验区内法人金融机构和企业按照有关规定在境外发行人民币和外币债券,所筹资金可根据需要调回自贸试验区内使用。支持符合条件的企业参与跨国公司总部外汇资金集中运营管理和跨境双向人民币资金池业务。支持跨国公司成立全球或区域结算中心。研究探索自贸试验区内银行业金融机构在依法合规、风险可控的前提下,向境外销售人民币理财产品、开展人民币项下跨境担保等业务。允许自贸试验区内符合条件的金融机构和企业按照规定开展境外证券投资业务。

16.增强金融服务功能。在符合现行法律法规及政策导向的前提下,支持在自贸试验区内设立银行、证券、保险等金融机构。支持外资银行和中外合资银行在自贸试验区内设立营业性机构,发挥外资银行跨境业务的网络平台优势,为跨境企业提供综合金融服务。支持银行业金融机构与已获相应业务许可资质的非银行支付机构合作开展企业和个人跨境货物贸易、服务贸易人民币结算服务。加快发展金融IC卡(芯片银行卡)和移动金融,打造金融IC卡无障碍示范区。优化境外银行卡刷卡消费环境。支持在自贸试验区内设立货币兑换、征信等专业化机构。支持符合条件的自贸试验区内机构按照规定投资境内外证券市场。支持股权托管交易机构在自贸试验区内建立综合金融服务平台。依托现有交易场所开展长江上游生产要素国际交易业务以及粮食、矿石和建筑材料等大宗商品现货交易业务。支持设立健康、科技、养老等专业保险机构。支持注册在自贸试验区内的法人寿险机构创新发展。支持自贸试验区内保险机构大力开展跨境人民币再保险。鼓励各类保险机构在自贸试验区创新特殊风险分散机制,开展特殊风险保险业务。鼓励保险公司创新保险产品,不断拓展责任保险服务领域。建立完善巨灾保险制度。支持专业性保险中介机构等服务机构以及从事再保险业务的社会组织和个人在自贸试验区依法开展相关业务,为保险业发展提供专业技术配套服务。探索与"一带一路"沿线国家的金融合作。支持符合条件的"一带一路"沿线国家的金融机构在自贸试验区以人民币进行新设、增资或参股自贸试验区金融机构等直接投资活动。进一步简化经常项目外汇收支手续,在真实、合法交易基础上,自贸试验区内货物贸易外汇管理分类等级为A类企业的外汇收入无需开立待核查账户。银行按照"了解客户、了解业务、尽职审查"的展业三原则办理经常项目收结汇、购付汇手续。

17.发展新兴金融业态。积极引进设立各类金融总部、专业子公司、区域总部等机构。支持民营资本依法合规进入金融业,依法设立财务公司、汽车金融公司和消费金融公司等金融机构,支持符合条件的境内纯中资民营企业发起设立民营银行。地方可结合实际试点设立地方资产管理公司和并购基金等。研究探索自贸试验区内金融机构在依法合规、风险可控的前提下,依托各类跨境投融资工具,研发跨市场投资理财产品。支持自贸试验区发展科技金融,按照国务院统一部署,积极争取纳入投贷联动试点,促进创业创新。鼓励通过社会资本设立融资担保基金,缓解中小微企业融资难。支持符合条件的内地和港澳台机构在自贸试验区设立金融租赁公司、融资租赁公司,鼓励在飞机、船舶及其零部件、机器人、农机、医疗设备及基础设施等领域开展业务,支持其在符合相关规定前提下,设立项目公司开展境内外融资租赁业务。支持在海关特殊监管区域内开展飞机融资租赁。允许自贸试验区内符合条件的融资租赁业务收取外币租金。进一步推进内资融资租赁企业试点,注册在自贸试验区内的内资融资租赁试点企业由自贸试验区所在省级商务主管部门和同级国家税务局审核;加强事中事后监管,探索建立融资租赁企业设立和变更的备案制度、违反行业管理规定的处罚制度、失信和经营异常企业公示制度、属地监管部门对企业定期抽查检查制度。支持租赁业境外融资,鼓励各类租赁公司扩大跨境人民币资金使用范围。鼓励国内期货交易所在自贸试验区的海关特殊监管区域内开展期货保税交易、仓单质押融资等业务。支持证券业经营机构在自贸试验区内依法设立分支机构或专业子公司。支持商业保理业务发展,探索适合商业保理业务发展的监管模式。

18. 探索创新金融监管机制。探索建立与自贸试验区相适应的新型风险监管体系。落实风险为本的原则,探索建立跨境资金流动风险监管机制,强化开展反洗钱、反恐怖融资、反逃税工作,防止非法资金跨境、跨区流动。鼓励金融行业协会、自律组织独立或者联合依法开展专业调解,建立调解与仲裁、诉讼的对接机制,加大对金融消费者维权的支持力度。支持建立健全金融消费者教育服务体系,积极创新自贸试验区特色多元化金融消费者教育产品和方式。

(五)实施内陆与沿海沿边沿江协同开放战略。

19. 增强产业辐射带动能力。探索形成有利于高端制造业和现代服务业向自贸试验区集聚集群发展的体制机制。探索自贸试验区与周边地区产业合作新路径,促进区域产业合理布局、优势互补、错位发展。促进研发设计、生产销售和物流配送等环节协同配合。建立市场化运作的产业基金,建立产业协作发展和收益分享机制。发挥川酒优势,在自贸试验区内探索白酒产销体制创新。深化中国国际酒业博览会功能,依托现有交易场所开展国际性酒类产品展示、投资、技术等交易,打造中国白酒创新创业集聚地。依法合规开展大宗商品现货交易,加快推进大宗商品现货市场发展,强化监管、创新制度、探索经验。推动西部地区区域金融合作,依托现有交易场所在西部地区开展产权、技术、排污权、碳排放权等交易。鼓励企业跨区域兼并重组,在基础设施、公共设施建设运营领域,推广政府和社会资本合作等投融资模式。构建自贸试验区与陕滇黔渝藏等西部地区、东部发达地区和长江经济带的国家级开发区协同合作机制,探索共建产业合作园区。探索自贸试验区与其他长江经济带自贸试验区协同开放机制,实现成果共享、监管互认、业务互通。积极承接东部地区优势产业转移,着力打造与东部产业配套协作的高端制造业、现代服务业和临港产业基地。

20. 畅通国际开放通道。依托双流航空枢纽、成都国际铁路港、川南临港口岸,构建与"一带一路"沿线相关国家和长江经济带空、铁、公、水联运的综合物流服务体系。支持成都国际铁路港建设国家对外开放口岸,依托中欧班列(成都)等打造国际铁路运输重要枢纽,推进与泛欧泛亚国家(地区)枢纽城市的互联互通。积极探索与"一带一路"沿线国家相关机构在运输安全、环境保护、通关查验等方面建立合作机制。加快推进国际航空枢纽建设,大力发展临空经济。支持国际航班代码共享,鼓励符合条件的航空公司新开、加密、优化国际(地区)国内航线。构建国际(地区)国内有效衔接、相互支撑的航线网络和航班时刻分配机制。允许设立符合条件的全货运基地航空公司。优化多种运输方式衔接、中转流程,完善多式联运标准和服务规则,探索与沿海沿边沿江重要枢纽城市高效联运新模式,加速构建集高铁、地铁、城际铁路、高速公路于一体的综合交通体系,建设中欧陆空联运基地。推进内陆地区国际多式联运示范建设,试点签发具备物权凭证性质的多式联运提单,探索多式联运"一单制"。在交通运输领域,完善快件处理设施和绿色通道。加快发展快递等现代物流业。

21. 打造沿江开放口岸。支持川南临港片区设立国家对外开放口岸,加快建设高等级航道,促进与长江主要港口的协同开放合作。打造长江口岸现代航运服务系统,推进水运口岸"单一窗口"试点。支持开展内外贸同船运输、国轮捎带业务。大力发展船舶交易、航运物流信息、船员培训、船舶维修等航运服务业。创新长江船舶登记制度,优化船舶运营、检验与登记业务流程,简化入区申报手续,试行电子数据自动填报,加快智能物流网络建设。推进与沿海沿江口岸信息对接互联。大力发展长江航运金融服务,探索组建专业化地方法人航运保险机构,鼓励境内外航运服务中介机构设立营业机构。

(六)激活创新创业要素。

22. 优化创新创业制度环境。建立完善技术类无形资产交易制度,制定技术类国有无形资产管理办法。加强国际科技合作平台建设。在海关特殊监管区域内创新企业研发进口设备及材料监管模式,降低企业研发成本。

23. 创新科技金融服务机制。建立科技企业信用评价体系和标准,引导金融机构探索完善科技企业信用风险管理机制。引导境内外资本为创新创业项目提供投融资支持,拓宽创新创业项目境外融资渠道。

24. 整合全球创新创业要素。加强与发达国家(地区)在高端技术、重点技术领域的联合研究和技术引进。引导国内外知名孵化机构和优秀平台运营团队参与构建"众创空间—孵化器—加速器—产业园"全链条创新创业体系。探索本土高校自主扩大海外留学生招生规模,与国外高校合作开展学科建设。开展海外人才离岸创新创业试点,完善创新创业人才社会服务机制。

四、保障机制

(一)强化法制保障。

自贸试验区需要暂时调整实施有关行政法规、国务院文件和经国务院批准的部门规章的部分规定的,按规定程序办理。各有关部门要支持自贸试验区在各领域深化改革开放试点、加大压力测试、加强监管、防控风险,做好与相关法律立改废释的衔接,及时解决试点过程中的制度保障问题。四川省要通过地方立法,建立与试点要求相适应的自贸试验区管理制度。

(二)完善配套税收政策。

落实现有相关税收政策,充分发挥现有政策的支持促进作用。中国(上海)自由贸易试验区、中国(广东)自由贸易试验区、中国(天津)自由贸易试验区和中国(福建)自由贸易试验区已经试点的税收政策原则上可在自贸试验区进行试点,其中,促进贸易的选择性征收关税、其他相关进出口税收等政策在自贸试验区内的海关特殊监管区域进行试点。自贸试验区内的海关特殊监管区域范围和税收政策适用范围维持不变。此外,在符合税制改革方向和国际惯例,以及不导致利润转移和税基侵蚀的前提下,积极研究完善境外所得税收抵免的税收政策。

(三)加强组织实施。

按照党中央、国务院统一部署,在国务院自由贸易试验区工作部际联席会议统筹协调下,由四川省完善试点任务组织实施保障机制,按照总体筹划、分步实施、率先突破、逐步完善的原则加快实施。按照既有利于整体推进自贸试验区建设,又有利于发挥各片区积极性的原则,建立精简高效、统筹协调的自贸试验区管理体系。各有关部门要大力支持,及时制定实施细则或办法,加强指导和服务,共同推进相关体制机制创新,把自贸试验区建设好、管理好。在实施过程中,要创新思路、寻找规律、解决问题、积累经验;要充分发挥地方和部门的积极性,因地制宜、突出特色,做好对比试验和互补试验;要抓好改革措施的落实,重大事项要及时向国务院请示报告。

(四)总结推广可复制的试点经验。

自贸试验区要及时总结改革创新经验和成果。国务院自由贸易试验区工作部际联席会议办公室要会同四川省人民政府及有关部门,及时总结评估自贸试验区改革开放创新试点任务实施效果,加强各领域试点经验系统集成,并委托第三方机构进行独立评估。对试点效果好、风险可控且可复制可推广的成果,实施分类审查程序后复制推广至全国其他地区。

国务院关于印发中国(重庆)自由贸易试验区总体方案的通知

国发〔2017〕19号

各省、自治区、直辖市人民政府,国务院各部委、各直属机构:

现将《中国(重庆)自由贸易试验区总体方案》印发给你们,请认真贯彻执行。

国务院
2017年3月15日

中国(重庆)自由贸易试验区总体方案

建立中国(重庆)自由贸易试验区(以下简称自贸试验区)是党中央、国务院作出的重大决策,是新形势下全面深化改革、扩大开放和深入推进"一带一路"建设、长江经济带发展、西部大开发战略的重大举措。为全面有效推进自贸试验区建设,制定本方案。

一、总体要求

(一)指导思想。

全面贯彻党的十八大和十八届三中、四中、五中、六中全会精神,深入贯彻习近平总书记系列重要讲话精神和治国理政新理念新思想新战略,认真落实党中央、国务院决策部署,统筹推进"五位一体"总体布局和协调推进"四个全面"战略布局,坚持稳中求进工作总基调,牢固树立和贯彻落实创新、协调、绿色、开放、共享的发展理念,进一步解放思想、先行先试,以开放促改革、促发展,努力为新形势下内陆开放型经济发展起到示范引领作用,为"一带一路"建设和长江经济带发展打好坚实基础,为全面深化改革和扩大开放探索新途径、积累新经验,发挥示范带动、服务全国的积极作用。

(二)战略定位。

以制度创新为核心,以可复制可推广为基本要求,全面落实党中央、国务院关于发挥重庆战略支点和连接点重要作用、加大西部地区门户城市开放力度的要求,努力将自贸试验区建设成为"一带一路"和长江经济带互联互通重要枢纽、西部大开发战略重要支点。

(三)发展目标。

经过三至五年改革探索,努力建成投资贸易便利、高端产业集聚、监管高效便捷、金融服务完善、法治环境规范、辐射带动作用突出的高水平高标准自由贸易园区,努力建成服务于"一带一路"建设和长江经济带发展的国际物流枢纽和口岸高地,推动构建西部地区门户城市全方位开放新格局,带动西部大开发战略深入实施。

二、区位布局

(一)实施范围。

自贸试验区的实施范围119.98平方公里,涵盖3个片区:两江片区66.29平方公里(含重庆两路寸滩保税港区8.37平方公里)、西永片区22.81平方公里(含重庆西永综合保税区8.8平方公里、重庆铁路保税物流中心[B型]0.15平方公里),果园港片区30.88平方公里。

自贸试验区土地开发利用须遵守土地利用、环境保护、城乡规划法律法规,符合土地利用总体规划,并符合节约集约用地的有关要求。

（二）功能划分。

按区域布局划分，两江片区着力打造高端产业与高端要素集聚区，重点发展高端装备、电子核心部件、云计算、生物医药等新兴产业及总部贸易、服务贸易、电子商务、展示交易、仓储分拨、专业服务、融资租赁、研发设计等现代服务业，推进金融业开放创新，加快实施创新驱动发展战略，增强物流、技术、资本、人才等要素资源的集聚辐射能力；西永片区着力打造加工贸易转型升级示范区，重点发展电子信息、智能装备等制造业及保税物流中转分拨等生产性服务业，优化加工贸易发展模式；果园港片区着力打造多式联运物流转运中心，重点发展国际中转、集拼分拨等服务业，探索先进制造业创新发展。

按海关监管方式划分，自贸试验区内的海关特殊监管区域重点探索以贸易便利化为主要内容的制度创新，开展保税加工、保税物流、保税服务等业务；非海关特殊监管区域重点探索投资领域开放、投资管理体制改革、完善事中事后监管，推动金融制度创新，积极发展高端制造业和现代服务业。

三、主要任务和措施

（一）建设法治化国际化便利化营商环境。

1. 优化法治环境。在扩大开放的制度建设上大胆探索、先行先试，加快形成高标准投资贸易规则体系。按照统一、公开、公平原则，试点开展对内对外开放的执法与司法建设，实现各类主体公平竞争。对涉及自贸试验区投资贸易等商事案件，建立专业化审理机制。支持发展国际仲裁、商事调解机制。开展知识产权综合管理改革试点。紧扣创新发展需求，发挥专利、商标、版权等知识产权的引领作用，打通知识产权创造、运用、保护、管理、服务全链条，建立高效的知识产权综合管理体制，构建便民利民的知识产权公共服务体系，探索支撑创新发展的知识产权运行机制，推动形成权界清晰、分工合理、责权一致、运转高效、法治保障的体制机制。搭建便利化的知识产权公共服务平台，设立知识产权服务工作站，大力发展知识产权专业服务业。探索建立自贸试验区跨部门知识产权执法协作机制，完善纠纷调解、援助、仲裁工作机制。探索建立自贸试验区重点产业专利导航制度和重点产业快速协同保护机制。

2. 深化行政管理体制改革。以切实维护国家安全和市场公平竞争为原则，加强各部门与重庆市人民政府的协同，完善政府的经济调节、市场监管、社会管理和公共服务职能，提高维护经济社会安全的服务保障能力。按照权责一致原则，建立行政权责清单制度，明确政府职能边界。深化行政审批制度改革，进一步取消和调整行政审批项目，健全行政审批服务体系。进一步创新和优化服务，推进政府部分职能向行业协会商会转移试点，减少政府对微观事务的管理。探索建立以综合监管为基础、专业监管为支撑的事中事后监管体系。构建市场主体自律、业界自治、社会监督、政府监管"四位一体"的综合监管体系，充分发挥社会多元共治的作用。完善社会信用体系，推动各部门间依法履职信息的联通和共享。健全守信激励和失信惩戒机制。健全市场主体权益保障机制。公开权力运行流程，完善网上行政审批系统，探索建立体现投资者参与、符合国际规则的信息公开机制。配合商务部开展经营者集中反垄断审查。

3. 提高行政管理效能。重庆市依法向自贸试验区下放经济管理权限，精简行政机构，提高行政效能。实施全程电子化登记和电子营业执照管理,建立"一口受理、同步审批"的"一站式"高效服务模式。完善企业准入"一窗式"受理制度,实现多部门信息共享和协同管理。推动税收服务创新,包括一窗国地办税、一厅自助办理、培训辅导点单、缴纳方式多元化、业务自主预约、税银信息互动、税收遵从合作、创新网上服务等举措。建设社区服务中心,统筹自贸试验区内社会事务,完善便民服务机制,提供高标准的社区公共服务和市政管理服务。

(二)扩大投资领域开放。

4. 提升利用外资水平。对外商投资实行准入前国民待遇加负面清单管理制度,着力构建与负面清单管理方式相适应的事中事后监管制度。外商投资准入特别管理措施(负面清单)之外领域的外商投资项目(国务院规定对国内投资项目保留核准的除外)和外商投资企业设立及变更实行备案制,由自贸试验区负责办理。进一步减少或取消外商投资准入限制,提高开放度和透明度,做好对外开放的压力测试和风险测试。积极有效引进境外资金、先进技术和高端人才,提升利用外资综合质量。外商在自贸试验区内投资适用《自由贸易试验区外商投资准入特别管理措施(负面清单)》和《自由贸易试验区外商投资国家安全审查试行办法》。探索强化外商投资实际控制人管理,建立外商投资信息报告制度和外商投资信息公示平台,充分发挥国家企业信用公示系统作用,提升外商投资全周期监管的科学性、规范性和透明度。建立多部门共享的外资管理综合信息数据系统。完善投资者权益保障机制,允许符合条件的境外投资者自由转移其投资收益。

5. 构筑对外投资服务促进体系。实施对外投资管理体制改革,确立企业对外投资主体地位,对不涉及敏感国家和地区、敏感行业的境外投资项目实行备案制,支持企业开展多种形式的境外投资合作,在法律法规规定的范围内,允许自担风险到境外开展投资合作。鼓励企业创新对外投资合作方式。依托港澳在金融服务、信息资讯、国际贸易网络、风险管理等方面的优势,将自贸试验区建设成为内地企业"走出去"的窗口和综合服务平台。加强与港澳在项目对接、投资拓展、信息交流、人才培训等方面交流合作,共同开拓国际市场。加强境外投资事后管理和服务,完善境外资产和人员安全风险预警和应急保障体系。

(三)推进贸易转型升级。

6. 促进加工贸易转型升级。充分发挥重庆作为加工贸易承接转移示范地的优势和作用,在自贸试验区打造产业梯度转移的国际加工基地,完善以"整机+核心零部件+原材料"为龙头的全流程产业链,推动加工贸易由水平分工变为垂直整合,鼓励向产业链、价值链高端拓展,提高附加值。探索"产业链+价值链+物流链"的内陆加工贸易发展新模式。实施仓储企业联网监管,实行加工贸易工单式核销,探索更为先进的核销制度。支持在自贸试验区设立符合内销规定的加工贸易产品内销平台,建设加工贸易产品内销后续服务基地。大力培育高端饰品、精密仪器、智能机器人、集成电路、平板显示等加工贸易新产业集群,搭建加工贸易转型升级的技术研发、工业设计、知识产权等公共服务平台。

7. 大力发展服务贸易。鼓励跨国公司在自贸试验区设立地区性总部、研发中心、销售中心、维修中心、物流中心和结算中心,鼓励先进制造业延伸价值链,与现代服务业融合发展。支持"互联网+"发展,推进互联网与现代制造产业深度融合,推广大数据分析在商贸服务、医疗、教育、金融和公共管理等领域的应用。大力发展面向设计开发、生产制造、售后服务全过程的检验检测、标准、认证等第三方服务。鼓励开展研发设计、高技术高附加值产品开发和面向全球市场、风险可控的境内外维修、检测、拆解等业务。依托自贸试验区内的海关特殊监管区域，加快发展对外文化贸易，支持开展面向全球的保税文化艺术品的展示、拍卖、交易业务。深化艺术品交易市场功能拓展。培育文化产业，重点发展影视后期制作、光盘复刻、印刷、胶片拷贝等。

8. 加快发展新型贸易。支持自贸试验区内企业开展全球维修、国际分拨中转等业务。鼓励开展国内商品海外寄售代销业务。支持发展市场采购贸易。大力发展转口贸易，放宽海运货物直接运输判定标准。在自贸试验区海关特殊监管区域内，大力发展临空产业，拓宽进境维修领域，加快发展航空维修业务。允许在自贸试验区海关特殊监管区域内开展进口汽车整车保税仓储业务和保税货物质押融资业务。支持符合条件的境内外机构在自贸试验区内设立金融租赁公司、融资租赁公司，开展飞机、船舶和大型工程设备等融资租赁业务。按照公平竞争原则，积极发展跨境电子商务，完善相应的海关监管、检验检疫、退税、物流等支撑系统，加快推进跨境贸易电子商务配套平台建设。支持在自贸试验区海关特殊监管区域内建立进出口货物集散中心。支持发展国际快递物流，条件具备时，在自贸试验区试点航空快件国际中转集拼业务。支持国内外快递企业在自贸试验区内的非海关特殊监管区域，办理符合条件的国际快件属地报关、报检业务。

9. 实施高效监管服务模式。探索创新海关特殊监管区域监管模式、监管制度。在自贸试验区海关特殊监管区域内，实施"一线放开"、"二线安全高效管住"的通关监管服务模式。根据自贸试验区发展需求，不断探索口岸监管制度创新。推进将企业运营信息纳入监管系统。逐步实现基于企业诚信评价和商品风险评估的货物抽检制度。除废物原料、危险化学品及其包装、散装货物外，检验检疫在一线实行"进出境检疫，重点和敏感商品检验"模式，创新监管技术和方法；在二线简化检验检疫流程，推行"方便进出，严密防范质量安全风险"的检验检疫监管模式。推进自贸试验区检验检疫电子服务平台、数据交换平台和检验检疫智能执法系统建设，提高检验检疫对各类新业态的信息监管服务水平。探索内陆通关及口岸监管"空检通放"新模式。

10. 推进通关机制创新。深化保税货物流转模式改革。在确保有效监管前提下，在海关特殊监管区域探索建立货物状态分类监管模式。对注册在自贸试验区海关特殊监管区域内的融资租赁企业进出口飞机、船舶、海洋工程结构物等大型设备涉及跨关区的，在确保有效监管和执行现行相关税收政策的前提下，按物流实际需要，实行海关异地委托监管。推进海关通关一体化改革。鼓励企业参与"自主报税、自助通关、自动审放、重点稽核"等监管制度创新试点。依托电子口岸公共平台，完善国际贸易"单一窗口"的货物进出口、运输工具进出境、贸易协定实施等应用功能，进一步优化口岸监管执法流程和通关流程，实现贸易许可、资质登记等平台功能，将涉及贸易监管的部门逐步纳入"单一窗口"管理平台。支持将出口退税申报功能纳入国际贸易"单一窗口"建设项目。在符合监管要求和条件的前提下，支持开展进口整车在汽车整车进口口岸间转关试点。在执行现行税收政策前提下，提升超大超限货物通关、运输、口岸服务等综合能力。对入境维修复出口、入境再制造机电料件免于实施装运前检验。加快形成贸易便利化创新举措的标准化制度规范，覆盖到自贸试验区内所有符合条件的企业。

（四）深化金融领域开放创新。

11. 优化跨境金融结算服务。支持自贸试验区开展适应内陆加工贸易、转口贸易等多种贸易业态的结算便利化试点。探索与要素市场跨境交易相适应的外汇收支便利化措施，支持区域要素市场开展国际贸易业务。支持发展总部经济，放宽跨国公司外汇资金集中运营管理准入条件。允许重庆市内银行业金融机构与自贸试验区内持有《支付业务许可证》且许可业务范围包括互联网支付的支付机构合作，按照有关管理政策为跨境电子商务（货物贸易或服务贸易）提供跨境本外币支付结算服务。进一步深化支付机构跨境外汇支付业务试点，在保证交易真实性情况下，逐步扩大服务贸易业务范围。

12. 推动跨境人民币业务创新发展。推动自贸试验区与境外开展双向人民币融资。自贸试验区内企业可根据自身经营和管理需要，开展集团内跨境双向人民币资金池业务。允许在自贸试验区内注册的融资租赁企业开展跨境双向人民币资金池业务。允许自贸试验区内租赁企业在境外开立人民币账户用于跨境人民币租赁业务。支持自贸试验区内保险机构开展跨境人民币再保险和全球保单分入业务。研究探索区内金融机构在依法合规、风险可控的前提下向境外销售人民币理财产品、开展人民币项下跨境担保等业务。鼓励在自贸试验区内设立人民币海外投贷基金。在自贸试验区开展人民币基金投资境外项目试点政策下，开展区域性净头寸总规模约束管理试点。允许外资股权投资管理机构、外资创业投资管理机构在自贸试验区发起管理人民币股权投资和创业投资基金。鼓励自贸试验区内金融机构积极创新面向国际的人民币金融产品，扩大境外人民币投资境内金融产品的范围。支持自贸试验区内符合条件的企业按规定开展人民币境外证券投资业务。

13. 探索跨境投融资便利化改革创新。探索建立与自贸试验区相适应的本外币账户管理体系，促进跨境贸易、投融资结算便利化。进一步简化经常项目外汇收支手续，在真实、合法交易基础上，自贸试验区内货物贸易外汇管理分类等级为 A 类企业的外汇收入无需开立待核查账户。银行按照"了解客户、了解业务、尽职审查"的展业三原则办理经常项目收结汇、购付汇业务。允许自贸试验区内符合条件的融资租赁业务收取外币租金。支持自贸试验区内企业和金融机构通过境外上市、按照有关规定发行债券及标准化金融证券等方式开展境外融资并将资金调回境内使用。支持自贸试验区内符合条件的单位和个人按照规定双向投资于境内外证券市场。逐步允许境外企业参与商品期货交易。支持商业保理业务发展，探索适合商业保理业务发展的监管模式。

14. 增强跨境金融服务功能。支持符合条件的民间资本、境外资本在符合现行法律法规及政策导向的前提下，在自贸试验区内发起和参与设立金融机构。在遵循机构总部统一业务管理政策的前提下，授予自贸试验区内银行业金融机构更多业务自主权，在风险可控的前提下自主开展资金交易业务。支持证券经营机构在自贸试验区内依法设立分支机构或专业子公司。支持在自贸试验区内设立货币兑换、征信等专业化机构。支持符合条件的重庆市证券期货经营机构进入银行间外汇市场，开展人民币对外汇即期业务和衍生品交易。支持自贸试验区符合互认条件的基金产品参与内地与香港基金产品互认。支持符合条件的银行业金融机构在自贸试验区内发行大额存单，区内注册的内外资企业均可参与投资。支持在自贸试验区设立内外资再保险、外资健康保险、国际多式联运物流专业保险等机构。鼓励在自贸试验区设立保险资产管理公司、自保公司、相互制保险机构等新型保险组织，以及为保险业发展提供配套服务的保险经纪、保险代理等专业性保险服务机构。探索在自贸试验区开展巨灾保险服务创新试点。支持在自贸试验区内建立保险资产登记交易平台。鼓励国内期货交易所在自贸试验区的海关特殊监管区域内开展期货保税交易、仓单质押融资等业务。在总结期货保税交割试点经验基础上,鼓励国内期货交易所在自贸试验区的海关特殊监管区域内开展业务,扩大期货保税交割试点的品种。进一步推进内资融资租赁企业试点,注册在自贸试验区内的内资融资租赁试点企业由自贸试验区所在省级商务主管部门和同级国家税务局审核;加强事中事后监管,探索建立融资租赁企业设立和变更的备案制度、违反行业管理规定的处罚制度、失信和经营异常企业公示制度、属地监管部门对企业定期抽查检查制度。支持自贸试验区发展科技金融,按照国务院统一部署,积极争取纳入投贷联动试点。

15. 完善金融风险防控体系。落实风险为本的原则,探索建立跨境资金流动风险监管机制,强化做好反洗钱、反恐怖融资、反逃税工作,防范非法资金跨境、跨区流动。探索建立综合性金融监管协调机制,深入开展跨行业、跨市场的金融风险监测评估,加强对重大风险的预警防范,切实防范开放环境下的金融风险。

(五)推进"一带一路"和长江经济带联动发展。

16. 构建多式联运国际物流体系。支持在自贸试验区内建立海关多式联运监管中心,打造覆盖铁、公、水、空多种运输方式的国际物流运输体系。依托中欧国际铁路联运通道,强化运输安全,提高运输效率,降低运输成本,构建中欧陆路国际贸易通道和规则体系,发展国际铁路联运;依托长江黄金水道,探索建立沪渝外贸集装箱"五定"快班轮三峡船闸优先放行机制,发展江海联运;依托渝昆泛亚铁路通道、东南沿海港口、陆路边境口岸,以铁路和高速公路网为陆路通道,发展铁海联运和跨区域、跨国境的国际陆路运输;依托重庆江北国际机场,探索空域和航空资源管理改革,支持国内外大型企业设立基地航空公司,完善集疏运体系,加密航线航班,构建基本覆盖全球主要经济体的航线网络。

17. 探索建立"一带一路"政策支持体系。以中欧国际铁路联运通道为重点,完善自贸试验区与"一带一路"沿线各国海关、检验检疫、标准认证部门和机构之间的通关合作机制,开展货物通关、贸易统计、"经认证的经营者"互认、检验检测认证等方面合作,逐步实现信息互换、监管互认、执法互助。探索与"一带一路"沿线国家开展贸易供应链安全与便利化合作。支持自贸试验区内企业以自建、收购、股权合作等多种方式在"一带一路"沿线国家建立境外营销、物流、结算等区域性运营总部。支持以自贸试验区为依托建设中德、中韩等国际经贸、产业、人文合作平台。探索共同出资、共同受益的资本运作模式,支持在自贸试验区建立市场化的合作基金,为基础设施建设、投资贸易和产业发展提供资金支持。加强自贸试验区与"一带一路"沿线国家的高校联合培养和交流合作,加快培养适合多双边贸易投资的各方面人才。研究制定自贸试验区外籍高层次人才认定办法,落实人才签证实施细则,明确外国人才申请和取得人才签证的标准条件和办理程序,对外籍高层次人才开辟绿色通道,简化手续,为高层次人才入出境、工作、在华停居留提供便利。允许获得硕士及以上学位的外国优秀留学生毕业后直接在自贸试验区工作,完善留学生实习居留、工作居留和创新创业奖励制度。

(六)推动长江经济带和成渝城市群协同发展。

18. 探索建立区域联动发展机制。通过自贸试验区高端产业聚集,促进内陆地区现代服务业、先进制造业和战略性新兴产业加快发展。创新区域经济合作、利益共享模式,促进区域一体化发展。依托长江黄金水道,推进自贸试验区内沿江区域有序承接产业转移。鼓励拓展服务功能和范围,自贸试验区内企业原则上不受地域限制,可到区外再投资或开展业务,如有特殊规定要求办理相关手续,应按照相关规定办理。提升自贸试验区与周边地区交通运输服务水平,优化运输组织,创新服务方式,推进自贸试验区与周边城市客运服务公交化运营,鼓励同城化服务。鼓励在自贸试验区发展货运班线、城际速递、共同配送等多样化、专业化服务方式。

19.促进区域产业转型升级。以产业链为纽带,在自贸试验区内建立市场化运作的产业转移引导基金,促进长江经济带各省市、成渝城市群的相关园区、企业、研发机构等在研发设计、生产销售和物流配送等环节的协同配合。充分发挥长江黄金水道的重大件运输通道优势,整合内陆装备制造业优势资源,推动汽车、重型机械、船舶配套设备、轨道交通设备等向自贸试验区沿江区域集中。充分发挥自贸试验区高端要素集聚平台作用,瞄准全球和国家科技创新趋势,重点突破创新链的关键技术、产业链的关键环节,加快形成电子核心部件、新材料、物联网、航空器及零部件研发制造、高端交通装备、新能源汽车及智能汽车、生物医药、能源环保装备、智能终端等战略性新兴产业集群。在自贸试验区设立区域联合研发和配套协作平台,提高装备设计、制造和集成能力。鼓励各地区高校、科研院所在自贸试验区打造创新创业发展平台,发展新型创业孵化机构。完善自贸试验区创新创业服务体系,大力发展创业辅导、信息咨询、技术支持、融资担保、成果交易、检验检测认证等公共服务。

20.增强口岸服务辐射功能。按照"零距离换乘"、"无缝衔接"的要求,强化自贸试验区与周边地区水运、铁路、公路、航空等运输方式有机衔接。拓展口岸功能,扩大水运口岸范围,完善自贸试验区内进口整车、水果、肉类等指定口岸建设。推动自贸试验区根据实际需要申报设立进口粮食、植物种苗、金伯利进程国际证书制度等指定口岸和指定实施机构,提升内陆口岸对周边的辐射带动作用。鼓励发展直接或间接依托口岸的经济业态,强化自贸试验区口岸服务功能,提升便利化程度,聚集人流、物流、资金流、信息流,带动腹地经济融入国际国内两个市场,形成扩大开放的叠加效应。

四、保障机制

(一)强化法制保障。

自贸试验区需要暂时调整实施有关行政法规、国务院文件和经国务院批准的部门规章的部分规定的,按规定程序办理。各有关部门要支持自贸试验区在各领域深化改革开放试点、加大压力测试、加强监管、防控风险,做好与相关法律立改废释的衔接,及时解决试点过程中的制度保障问题。重庆市要通过地方立法,建立与试点要求相适应的自贸试验区管理制度。

(二)完善配套税收政策。

落实现有相关税收政策,充分发挥现有政策的支持促进作用。中国(上海)自由贸易试验区、中国(广东)自由贸易试验区、中国(天津)自由贸易试验区和中国(福建)自由贸易试验区已经试点的税收政策原则上可在自贸试验区进行试点,其中促进贸易的选择性征收关税、其他相关进出口税收等政策在自贸试验区内的海关特殊监管区域进行试点。自贸试验区内的海关特殊监管区域范围和税收政策适用范围维持不变。此外,在符合税制改革方向和国际惯例,以及不导致利润转移和税基侵蚀的前提下,积极研究完善境外所得税收抵免的税收政策。

(三)加强组织实施。

按照党中央、国务院统一部署,在国务院自由贸易试验区工作部际联席会议统筹协调下,由重庆市完善试点任务组织实施保障机制,按照总体筹划、分步实施、率先突破、逐步完善的原则加快实施;按照既有利于合力推进自贸试验区建设,又有利于各片区独立自主运作的原则,建立精简高效、统一管理、分级负责的自贸试验区管理体系。各有关部门要大力支持,及时制定实施细则或办法,加强指导和服务,共同推进相关体制机制创新,把自贸试验区建设好、管理好。在实施过程中,要创新思路、寻找规律、解决问题、积累经验;要充分发挥地方和部门的积极性,因地制宜、突出特色,做好对比试验和互补试验;要抓好改革措施的落实,重大事项要及时向国务院请示报告。

(四)总结推广可复制的试点经验。

自贸试验区要及时总结改革创新经验和成果。国务院自由贸易试验区工作部际联席会议办公室要会同重庆市人民政府及有关部门,及时总结评估自贸试验区改革开放创新试点任务实施效果,加强各领域试点经验系统集成,并委托第三方机构进行独立评估。对试点效果好、风险可控且可复制可推广的成果,实施分类审查程序后复制推广至全国其他地区。

国务院关于印发中国(湖北)自由贸易试验区总体方案的通知

国发〔2017〕18号

各省、自治区、直辖市人民政府,国务院各部委、各直属机构:

现将《中国(湖北)自由贸易试验区总体方案》印发给你们,请认真贯彻执行。

国务院
2017年3月15日

中国(湖北)自由贸易试验区总体方案

建立中国(湖北)自由贸易试验区(以下简称自贸试验区)是党中央、国务院作出的重大决策,是新形势下全面深化改革、扩大开放和加快推进中部崛起、长江经济带发展的重大举措。为全面有效推进自贸试验区建设,制定本方案。

一、总体要求

(一)指导思想。

全面贯彻党的十八大和十八届三中、四中、五中、六中全会精神,深入贯彻习近平总书记系列重要讲话精神和治国理政新理念新思想新战略,认真落实党中央、国务院决策部署,统筹推进"五位一体"总体布局和协调推进"四个全面"战略布局,坚持稳中求进工作总基调,牢固树立和贯彻落实创新、协调、绿色、开放、共享的发展理念,进一步解放思想、先行先试,以开放促改革、促发展,按照"开放先导、创新驱动、绿色引领、产业集聚"的总体思路,全力打造区域经济发展新引擎,为全面深化改革和扩大开放探索新途径、积累新经验,发挥示范带动、服务全国的积极作用。

(二)战略定位。

以制度创新为核心,以可复制可推广为基本要求,立足中部、辐射全国、走向世界,努力成为中部有序承接产业转移示范区、战略性新兴产业和高技术产业集聚区、全面改革开放试验田和内陆对外开放新高地。

(三)发展目标。

经过三至五年改革探索,对接国际高标准投资贸易规则体系,力争建成高端产业集聚、创新创业活跃、金融服务完善、监管高效便捷、辐射带动作用突出的高水平高标准自由贸易园区,在实施中部崛起战略和推进长江经济带发展中发挥示范作用。

二、区位布局

(一)实施范围。

自贸试验区的实施范围119.96平方公里,涵盖三个片区:武汉片区70平方公里(含武汉东湖综合保税区5.41平方公里),襄阳片区21.99平方公里(含襄阳保税物流中心[B型]0.281平方公里),宜昌片区27.97平方公里。

自贸试验区土地开发利用须遵守土地利用、环境保护、城乡规划法律法规,符合土地利用总体规划,并符合节约集约用地的有关要求。

(二)功能划分。

按区域布局划分,武汉片区重点发展新一代信息技术、生命健康、智能制造等战略性新兴产业和国际商贸、金融服务、现代物流、检验检测、研发设计、信息服务、专业服务等现代服务业;襄阳片区重点发展高端装备制造、新能源汽车、大数据、云计算、商贸物流、检验检测等产业;宜昌片区重点发展先进制造、生物医药、电子信息、新材料等高新产业及研发设计、总部经济、电子商务等现代服务业。

按海关监管方式划分,自贸试验区内的海关特殊监管区域重点探索以贸易便利化为主要内容的制度创新,主要开展保税加工、保税物流、保税服务等业务;非海关特殊监管区域重点探索投资体制改革,完善事中事后监管,推动金融制度创新,积极发展现代服务业和高端制造业。

三、主要任务和措施

（一）加快政府职能转变。

1. 深化行政管理体制改革。按照打造法治化、国际化、便利化营商环境的要求，深入推进简政放权、放管结合、优化服务改革，加快推动政府管理模式创新。湖北省能够下放给自贸试验区的经济社会管理权限，全部依法下放。自贸试验区内工作部门依法公开管理权限和流程，建立各部门权力清单和责任清单制度，明确政府职能边界。探索实行市场准入负面清单制度。加快行政审批制度改革，最大限度取消行政审批事项，建立健全行政审批目录管理制度，实行审管职能分离，建立相对集中行政许可权机制，完善"一口受理"服务模式。推进行政审批标准化、信息化建设。开展"证照分离"改革试点。深化商事制度改革，探索"多证合一"模式，开展企业登记全程电子化和电子营业执照试点。推动税收服务创新，包括一窗国地办税、一厅自助办理、培训辅导点单、缴纳方式多元、业务自主预约、税银信息互动、税收遵从合作、创新网上服务等。健全社会服务体系，将由政府部门承担的资产评估、鉴定、咨询、认证、检验检测等职能逐步交由法律、会计、信用、检验检测认证等专业服务机构承担。对接国际商事争议解决规则，提高商事纠纷仲裁国际化程度。

2. 强化事中事后监管。建立健全以信用监管为核心的事中事后监管体系。完善社会信用体系，推动各部门间依法履职信息的联通和共享。健全守信激励和失信惩戒机制。探索大数据监管，加强风险监测分析。建立集中统一的综合执法体系，提高执法效能。配合商务部开展经营者集中反垄断审查。支持社会力量多渠道参与市场监督。

（二）深化投资领域改革。

3. 提升利用外资水平。对外商投资实行准入前国民待遇加负面清单管理制度，着力构建与负面清单管理方式相适应的事中事后监管制度。外商投资准入特别管理措施（负面清单）之外领域的外商投资项目（国务院规定对国内投资项目保留核准的除外）和外商投资企业设立及变更实行备案制，由自贸试验区负责办理。进一步减少或取消外商投资准入限制，提高开放度和透明度，做好对外开放的压力测试和风险测试。积极有效引进境外资金、先进技术和高端人才，提升利用外资综合质量。外商在自贸试验区内投资适用《自由贸易试验区外商投资准入特别管理措施（负面清单）》和《自由贸易试验区外商投资国家安全审查试行办法》。探索强化外商投资实际控制人管理，建立外商投资信息报告制度和外商投资信息公示平台，充分发挥国家企业信用信息公示系统作用，提升外商投资全周期监管的科学性、规范性和透明度。完善投资者权益保障机制，允许符合条件的境外投资者自由转移其投资收益。探索优化投资准入后的管理流程，提升投资便利化水平。

4. 完善对外投资合作促进体系。确立企业对外投资主体地位，支持企业按规定开展多种形式的对外直接投资。对在境外投资开办企业，实行以备案制为主的管理方式，属省级管理权限的，由自贸试验区负责办理。鼓励企业创新对外投资合作方式。完善对外投资合作相关政策促进、服务保障和风险防控体系，推动企业"走出去"方式转型升级，加强国际产能和装备制造合作，融入"一带一路"建设。

(三)推动贸易转型升级。

5.培育新型贸易方式。积极培育、拓展新型贸易业态和功能,形成以技术、品牌、质量、服务为核心的外贸竞争新优势。按照公平竞争原则,积极发展跨境电子商务,完善相应的海关监管、检验检疫、退税、物流等支撑系统,加快推进跨境贸易电子商务配套平台建设。扶持和培育外贸综合服务平台,为中小企业提供通关、融资、退税等服务。

支持国内期货交易所在自贸试验区的海关特殊监管区域内开展期货保税交割、仓单质押融资等业务,在总结期货保税交割试点经验基础上,适时扩大期货保税交割试点的品种。在严格执行货物进出口税收政策前提下,允许在海关特殊监管区域内设立保税展示交易平台。在环境风险可控的前提下,开展境内外高技术、高附加值产品的检测维修业务试点。探索开展境外高技术、高附加值产品的再制造业务试点。

6.加快服务贸易创新发展。搭建服务贸易促进平台,探索与服务贸易特点相适应的监管模式。推动发展技术转让、许可证贸易、技术咨询及服务、成套设备引进等多种形式的技术贸易。扩大对外文化贸易和版权贸易。积极承接信息技术、生物医药研发、管理咨询、工程设计等服务外包业务。

7.创新通关监管服务模式。自贸试验区内的海关特殊监管区域比照中国(上海)自由贸易试验区,实施"一线放开"、"二线安全高效管住"的通关监管服务模式。自贸试验区内的非海关特殊监管区域,仍按照现行模式实施监管。加快形成贸易便利化创新举措的标准化制度规范,覆盖到所有符合条件的企业。依托电子口岸公共平台,加快建设国际贸易"单一窗口",将出口退税申报功能纳入建设项目。积极推动海关、检验检疫、边防、海事等口岸监管部门实现信息互换、监管互认、执法互助。探索在海关特殊监管区域之间使用社会运输工具进行转关作业。支持湖北省内口岸、海关特殊监管区域与自贸试验区联动发展。鼓励企业参与"自主报税、自助通关、自动审放、重点稽核"等监管制度创新试点。在执行现行税收政策前提下,提升超大超限货物的通关、运输、口岸服务等综合能力。在确保有效监管前提下,在海关特殊监管区域探索建立货物状态分类监管模式。实行保税展示交易货物分线监管、预检验和登记核销管理模式。推动建立检验检疫证书国际联网核查机制。鼓励设立第三方检验检测鉴定机构,实施第三方结果采信。有序推进基于企业诚信评价的货物抽验制度。检验检疫按照一线放开、二线管住、严密防范质量安全风险和最大便利化的原则,一线主要实施进出境现场检疫、查验及处理;二线主要实施进出口产品检验检疫监管及实验室检测,维护质量安全。深化长江经济带海关通关一体化改革。完善通关合作机制,开展货物通关、贸易统计、"经认证的经营者"互认、检验检测认证等方面合作。支持自贸试验区与"一带一路"沿线国家开展海关、检验检疫、认证认可、标准计量等方面的合作与交流,探索与"一带一路"沿线国家开展贸易供应链安全与便利合作。

(四)深化金融领域开放创新。

8.扩大金融领域对外开放。探索建立与自贸试验区相适应的本外币账户管理体系,促进跨境贸易、投融资结算便利化。在风险可控前提下,时机成熟时,开展以资本项目可兑换为重点的外汇管理改革试点。拓宽自贸试验区内企业资本项下外币资金结汇用途。自贸试验区内企业可根据自身经营和管理需要,开展集团内跨境双向人民币资金池业务。放宽跨国公司外汇资金集中运营管理准入条件。进一步简化资金池管理,允许经银行审核真实、合法的电子单证办理经常项目集中收付汇、轧差净额结算业务。进一步简化经常项目外汇收支手续,在真实、合法交易基础上,自贸试验区内货物贸易外汇管理分类等级为A类企业的外汇收入无需开立待核查账户。银行按照"了解客户、了解业务、尽职审查"的展业三原则办理经常项目收结汇、购付汇手续。提高自贸试验区内企业跨境投资便利化程度。允许自贸试验区内企业的境外母公司按照有关规定在境内发行人民币债券。支持自贸试验区内银行发放境外人民币贷款。允许自贸试验区内银行和已获相应业务许可的非银行支付机构与境外银行和支付机构开展跨境支付合作。鼓励取得互联网支付业务许可的湖北省法人支付机构申请本外币跨境支付业务许可,支持已获得本外币跨境支付业务许可的全国性支付机构在自贸试验区内设立分支机构,按规定为跨境电商交易提供本外币资金收付及结售汇业务。支持自贸试验区内符合互认条件的基金产品参与内地与香港基金产品互认。逐步允许境外企业参与商品期货交易。支持自贸试验区内保险机构开展境外投资。

9.增强金融服务功能。允许中、外资银行立足当地实际需求,依据监管政策导向,在自贸试验区内新设分行或专营机构、将区内现有银行网点升格为分行。支持符合条件的境内纯中资民营企业在武汉片区发起设立民营银行,服务长江经济带发展。在符合法律法规及政策导向的前提下,支持外资在自贸试验区内设立金融机构。支持符合条件的发起人在自贸试验区内设立金融租赁、汽车金融、消费金融公司和企业集团财务公司等非银行金融机构。支持自贸试验区内银行业金融机构按有关规定开展信贷资产证券化业务。将自贸试验区内符合条件的金融机构纳入优先发行大额可转让存单的机构范围,在自贸试验区内开展大额可转让存单发行试点。鼓励金融机构积极开展动产融资业务,利用动产融资统一登记平台,服务中小企业发展。支持商业保理业务发展,探索适合商业保理业务发展的监管模式。支持证券经营机构在自贸试验区内注册成立分公司或专业子公司,支持证券经营机构利用自贸试验区平台"走出去",取得合格境内机构投资者(QDII)和人民币合格境内机构投资者(RQDII)资格,开展境外证券投资业务;支持其境外子公司取得合格境外机构投资者(QFII)、人民币合格境外机构投资者(RQFII)资格;支持境外股权投资基金以合格境外有限合伙人(QFLP)开展跨境投资相关业务。支持在自贸试验区内设立健康保险、科技保险和内河航运保险等专业保险机构,扩大出口信用保险覆盖面。完善保险市场体系,推动保险产品研发中心、再保险中心等功能型平台建设。取消对自贸试验区内保险支公司高管人员任职资格的事前审批,由省级保监机构实施备案管理。

大力发展融资租赁业务。进一步推进内资融资租赁企业试点,注册在自贸试验区内的内资融资租赁试点企业由自贸试验区所在省级商务主管部门和同级国家税务局审核;加强事中事后监管,探索建立融资租赁企业设立和变更的备案制度、违反行业管理规定的处罚制度、失信和经营异常企业公示制度、属地监管部门对企业定期抽查检查制度。允许符合条件的融资租赁业务收取外币租金,简化船舶、飞机等大型融资租赁项目预付款手续。支持开展跨境融资租赁服务。支持符合条件的金融租赁公司和融资租赁公司设立专业子公司。经相关部门认可,允许融资租赁公司开展主营业务相关的福费廷业务。对注册在自贸试验区海关特殊监管区域内的融资租赁企业进出口飞机、船舶等大型设备涉及跨关区的,在确保有效监管和执行现行相关税收政策前提下,按物流实际需要,实行海关异地委托监管。支持租赁业境外融资,鼓励各类租赁公司扩大跨境人民币资金使用范围。允许自贸试验区内融资租赁机构依法合规开展跨境双向人民币资金池业务。

10. 推进科技金融创新。完善自贸试验区内股权、技术等资本或要素交易市场,允许外资参与投资。允许外资股权投资管理机构、外资创业投资管理机构在自贸试验区内发起管理人民币股权投资和创业投资基金。鼓励境外天使投资、创业投资等风险投资机构在自贸试验区内开展业务,鼓励"内投外"和"外投内"双向股权投资基金发展,试点开展合格境外有限合伙人(QFLP)和人民币合格境外有限合伙人(RQFLP)业务。鼓励在自贸试验区内设立成套设备进出口保理公司等中介服务机构,有条件的可探索设立并规范发展科技型融资担保公司。促进金融和互联网的融合发展。支持科技型企业通过外资金融机构开展海外上市、离岸并购、特殊目的载体收购。支持武汉股权托管交易中心在依法合规的前提下创新发展,支持武汉股权托管交易中心设立海外归国人员创新创业企业板,推动建立武汉股权托管交易中心与全国中小企业股份转让系统之间的合作对接机制。建立知识产权质押融资市场化风险补偿机制,按照风险可控、商业可持续的原则,开展知识产权质押融资。加快发展科技保险,推进专利保险试点。积极引进海外创新投资机构落户自贸试验区开展相关业务。

11. 建立健全金融风险防控体系。建立金融监管协调机制,完善跨行业、跨市场的金融风险监测评估机制,加强对重大风险的识别和对系统性金融风险的防范。完善对持有各类牌照金融机构的分类监管机制。探索建立跨境资金流动风险监管机制,对企业跨境收支进行全面监测评价,实施分类管理。强化外汇风险防控,实施主体监管,建立合规评价体系,以大数据为依托开展事中事后监管。做好反洗钱、反恐怖融资、反逃税工作,防范非法资金跨境、跨区流动。

(五)推动创新驱动发展。

12. 深化科技体制改革。全面推进产业技术创新、科技成果转移转化、科研机构改革、知识产权保护运用、国际创新合作等领域体制机制改革。完善以企业为主体的产业技术创新体系,健全企业主体创新投入机制,支持国有科技型企业开展股权和分红激励。构建市场导向的科技成果转移转化体系。大力发展技术转移中介服务机构,完善技术经纪人制度。完善高校院所科研评价制度。

13. 健全知识产权保护运用机制。开展知识产权综合管理改革试点。紧扣创新发展需求,发挥专利、商标、版权等知识产权的引领作用,打通知识产权创造、运用、保护、管理、服务全链条,建立高效的知识产权综合管理体制,构建便民利民的知识产权公共服务体系,探索支撑创新发展的知识产权运行机制,推动形成权界清晰、分工合理、责权一致、运转高效、法治保障的体制机制。

搭建便利化的知识产权公共服务平台,设立知识产权服务工作站,大力发展知识产权专业服务业。加快建设武汉东湖国家知识产权服务业集聚区。探索建立自贸试验区跨部门知识产权执法协作机制,完善纠纷调解、援助、仲裁工作机制。探索建立自贸试验区重点产业专利导航制度和重点产业快速协同保护机制。建立长江经济带知识产权运营中心,积极推进高校知识产权运营等特色平台建设。

14. 集聚和利用国际创新要素。加快建设现有国家技术标准创新基地和国家宽带网络产品质量监督检验中心。发挥国家技术转移中部中心的作用,促进国际先进技术向自贸试验区转移转化。鼓励国外企业在自贸试验区内设立外资研发中心。鼓励在自贸试验区内建设国际化创新创业孵化平台,重点吸引国际知名孵化器、创业投资机构、高端创新创业人才集聚。

积极融入全球创新网络。鼓励自贸试验区内的企业、高校院所"走出去",在国外设立研发机构,参与国际科技项目合作。简化自贸试验区内企业海外技术并购审批手续,试行以事后备案代替事前审批。探索通过并购、技术转移、合作参股等多种方式在海外建立孵化基地。

15. 构建人才支撑系统。健全人才激励机制。实行以增加知识价值为导向的激励机制,探索高校、科研院所负责人年薪制和急需紧缺等特殊人才协议工资、项目工资等多种分配办法。完善科研人才双向流动机制,鼓励高校院所科技人员离岗创新创业或到企业兼职。制定外国人在自贸试验区工作管理办法。研究制定自贸试验区外籍高层次人才认定办法,落实人才签证实施细则,明确外国人才申请和取得人才签证的标准条件和办理程序。放宽外国高层次人才工作许可年龄限制。对外籍高层次人才开辟绿色通道、简化手续,为高层次人才入出境、工作、在华停居留提供便利。允许获得硕士及以上学位的优秀外国留学生毕业后直接在自贸试验区工作。探索建立技术移民制度,放宽技术型人才取得外国人永久居留证的条件;对持有外国人永久居留证的外籍高层次人才在自贸试验区内创办科技型企业等创新活动,给予其与中国公民同等的待遇。放宽科研事业单位对外籍人员的岗位限制。提供有针对性的指导服务和语言学习机会,多形式多渠道帮助外国人才更好地融入中国社会。鼓励有条件的国内人力资源服务机构"走出去"与国外人力资源服务机构开展合作,在境外设立分支机构,积极参与国际人才竞争与合作。推进跨国教育和人才培养合作,支持引进境外知名大学、外国机构与中方教育机构合作在自贸试验区内创办人才培养机构;支持在自贸试验区内设立外籍人员子女学校,鼓励中方教育机构与海外学校共建友好学校和人才实习实训基地。建立涉自贸试验区法律服务人才培养机制。

(六)促进中部地区和长江经济带产业转型升级。

16. 加快建设长江中游航运中心。鼓励拓展干支直达、江海直达航线和近洋航线。促进航运要素集聚,支持依托自贸试验区发展长江航运电子商务等业务,培育航运保险、海事仲裁、船舶检测认证等高端航运服务业态,探索形成具有国际竞争力的航运发展机制和运作模式。将武汉长江中游航运中心打造成通江达海、辐射中部、面向全国、具有国际影响力的现代化航运中心,初步形成资源高度集聚、服务功能齐全、市场环境优良、现代物流便捷高效的内河航运体系,提升服务长江经济带发展能力。

增强航运服务功能。在保障安全的前提下,放宽船舶融资租赁登记地选择,简化换证程序。将外资经营国际船舶管理业务的许可权限下放给湖北省。逐步开放中国籍国际航行船舶入级检验,允许特定条件下租用外籍船舶从事临时运输。扩大内外贸同船运输、国轮捎带运输适用范围,提升运力资源综合效能。

17. 构建国际物流枢纽。大力推进铁、水、公、空多式联运。支持自贸试验区内有条件的铁路、航空、内河口岸升级为一类开放口岸。贯彻落实"一带一路"建设战略,推进中欧班列(武汉)发展,支持设立中欧班列华中拆拼箱中心。支持有条件的航空口岸开通和增加国际客货运航班,开通至各大洲主要物流节点城市的全货运航线和国际中转货运航班。支持设立国际航空运输服务企业,在条件具备时,在自贸试验区试点航空快件国际中转集拼业务。大力引进国际物流企业在自贸试验区内建立区域总部或营运中心,支持在自贸试验区内设立国际邮件互换局和交换站。支持国内外快递企业在自贸试验区内的非海关特殊监管区域,办理符合条件的国际快件属地报关报检业务。支持建设多式联运物流监管中心,对换装地不改变施封状态的予以直接放行。

18. 促进区域产业转型升级和绿色发展。发挥自贸试验区作为开放高地的综合优势,支持非公企业进入电力、铁路、民航、电信等特许经营领域,支持军民融合深度发展,推动各类要素有序自由流动和优化配置。支持自贸试验区发展总部经济。充分利用长江经济带产业基金等跨区域的产业转移引导基金,推动中部地区和长江经济带产业合理布局、协同发展。全面整合老工业基地调整改造等产业政策资源,推进传统优势产业的跨区域兼并重组、技术改造和转型升级。创新推进战略性新兴产业集聚发展的体制机制,支持建立符合发展需求的制造业创新中心,大力发展股权投资基金等新型投融资模式,鼓励信息技术、智能制造、新能源汽车、生物医药、海工装备、航空航天、北斗、轨道交通装备等高端产业向自贸试验区集聚,推进与提升新型工业化产业示范基地建设,在重点领域培育打造长江经济带世界级产业集群。支持建立"互联网+制造"融合发展的标准、认证、安全管理等体制机制。促进"设计+"、"旅游+"、"物流+"、"养老+"、"商业+"等新型服务业态发展。统筹研究部分国家旅游团入境免签政策,打造国际文化旅游目的地。允许在自贸试验区内注册的符合条件的中外合资旅行社,从事除台湾地区以外的出境旅游业务。按照全国主体功能区规划要求,探索在自贸试验区内建立生态环境硬约束机制,明确环境质量要求,促进中部地区和长江经济带绿色发展。支持建立环评会商、联合执法、信息共享、预警应急联动机制。探索建立环境保护、绿色发展指标体系。

19. 打造区域发展综合服务平台。推动自贸试验区与中部和长江经济带其他地区开展广泛的经贸合作,更好发挥示范带动作用。推动国家级经济技术开发区与自贸试验区互动发展。探索构建区域商品交易集散中心、信息中心和价格形成中心,增强对中部地区的市场集聚和辐射功能。在遵守国家规定前提下,中部地区产权交易市场、技术交易市场、排污权交易市场和碳排放权交易市场可在自贸试验区内开展合作。

四、保障机制

(一)强化法制保障。

自贸试验区需要暂时调整实施有关行政法规、国务院文件和经国务院批准的部门规章的部分规定的,按规定程序办理。各有关部门要支持自贸试验区在各领域深化改革开放试点、加大压力测试、加强监管、防控风险,做好与相关法律立改废释的衔接,及时解决试点过程中的制度保障问题。湖北省要通过地方立法,制定自贸试验区条例和管理办法,不断完善法制保障体系。

(二)完善配套税收政策。

落实现有相关税收政策,充分发挥现有政策的支持促进作用。中国(上海)自由贸易试验区、中国(广东)自由贸易试验区、中国(天津)自由贸易试验区和中国(福建)自由贸易试验区已经试点的税收政策原则上可在自贸试验区进行试点,其中促进贸易的选择性征收关税、其他相关进出口税收等政策在自贸试验区内的海关特殊监管区域进行试点。自贸试验区内的海关特殊监管区域范围和税收政策适用范围维持不变。此外,在符合税制改革方向和国际惯例,以

（三）加强组织实施。

按照党中央、国务院统一部署，在国务院自由贸易试验区工作部际联席会议统筹协调下，由湖北省完善试点任务组织实施保障机制，按照总体筹划、分步实施、率先突破、逐步完善的原则加快实施。按照既有利于合力推进自贸试验区建设，又有利于各片区独立自主运作的原则，建立精简高效、统一管理、分级负责的自贸试验区管理体系。各有关部门要大力支持，及时制定实施细则或办法，加强指导和服务，共同推进相关体制机制创新，把自贸试验区建设好、管理好。在实施过程中，要创新思路、寻找规律、解决问题、积累经验；要充分发挥地方和部门的积极性，因地制宜、突出特色，做好对比试验和互补试验；要抓好改革措施的落实，重大事项要及时向国务院请示报告。

（四）总结推广可复制的试点经验。

自贸试验区要及时总结改革创新经验和成果。国务院自由贸易试验区工作部际联席会议办公室要会同湖北省人民政府及有关部门，及时总结评估自贸试验区改革开放创新试点任务实施效果，加强各领域试点经验系统集成，并委托第三方机构进行独立评估。对试点效果好、风险可控且可复制可推广的成果，实施分类审查程序后复制推广至全国其他地区。

国务院关于印发中国（河南）自由贸易试验区总体方案的通知

国发〔2017〕17号

各省、自治区、直辖市人民政府，国务院各部委、各直属机构：

现将《中国（河南）自由贸易试验区总体方案》印发给你们，请认真贯彻执行。

国务院
2017年3月15日

中国（河南）自由贸易试验区总体方案

建立中国（河南）自由贸易试验区（以下简称自贸试验区）是党中央、国务院作出的重大决策，是新形势下全面深化改革、扩大开放和深入推进"一带一路"建设的重大举措。为全面有效推进自贸试验区建设，制定本方案。

一、总体要求

（一）指导思想。

全面贯彻党的十八大和十八届三中、四中、五中、六中全会精神,深入贯彻习近平总书记系列重要讲话精神和治国理政新理念新思想新战略,认真落实党中央、国务院决策部署,统筹推进"五位一体"总体布局和协调推进"四个全面"战略布局,坚持稳中求进工作总基调,牢固树立和贯彻落实创新、协调、绿色、开放、共享的发展理念,进一步解放思想、先行先试,以开放促改革、促发展,为加强与"一带一路"沿线国家交流合作拓展新空间、搭建新平台,为全面深化改革和扩大开放探索新途径、积累新经验,发挥示范带动、服务全国的积极作用。

（二）战略定位。

以制度创新为核心,以可复制可推广为基本要求,加快建设贯通南北、连接东西的现代立体交通体系和现代物流体系,将自贸试验区建设成为服务于"一带一路"建设的现代综合交通枢纽、全面改革开放试验田和内陆开放型经济示范区。

（三）发展目标。

经过三至五年改革探索,形成与国际投资贸易通行规则相衔接的制度创新体系,营造法治化、国际化、便利化的营商环境,努力将自贸试验区建设成为投资贸易便利、高端产业集聚、交通物流通达、监管高效便捷、辐射带动作用突出的高水平高标准自由贸易园区,引领内陆经济转型发展,推动构建全方位对外开放新格局。

二、区位布局

（一）实施范围。

自贸试验区的实施范围119.77平方公里,涵盖三个片区:郑州片区73.17平方公里(含河南郑州出口加工区A区0.89平方公里、河南保税物流中心0.41平方公里),开封片区19.94平方公里,洛阳片区26.66平方公里。

自贸试验区土地开发利用须遵守土地利用、环境保护、城乡规划法律法规,符合土地利用总体规划,并符合节约集约用地的有关要求。

（二）功能划分。

按区域布局划分,郑州片区重点发展智能终端、高端装备及汽车制造、生物医药等先进制造业以及现代物流、国际商贸、跨境电商、现代金融服务、服务外包、创意设计、商务会展、动漫游戏等现代服务业,在促进交通物流融合发展和投资贸易便利化方面推进体制机制创新,打造多式联运国际性物流中心,发挥服务"一带一路"建设的现代综合交通枢纽作用;开封片区重点发展服务外包、医疗旅游、创意设计、文化传媒、文化金融、艺术品交易、现代物流等服务业,提升装备制造、农副产品加工国际合作及贸易能力,构建国际文化贸易和人文旅游合作平台,打造服务贸易创新发展区和文创产业对外开放先行区,促进国际文化旅游融合发展;洛阳片区重点发展装备制造、机器人、新材料等高端制造业以及研发设计、电子商务、服务外包、国际文化旅游、文化创意、文化贸易、文化展示等现代服务业,提升装备制造业转型升级能力和国际产能合作能力,打造国际智能制造合作示范区,推进华夏历史文明传承创新区建设。

按海关监管方式划分,自贸试验区内的海关特殊监管区域重点探索以贸易便利化为主要内容的制度创新,开展保税加工、保税物流、保税服务等业务;非海关特殊监管区域重点探索投资体制改革,创新内陆地区开放发展机制,完善事中事后监管,积极发展高端制造业和现代服务业。

三、主要任务和措施

（一）加快政府职能转变。

1. 深化行政管理体制改革。深入推进简政放权、放管结合、优化服务改革,最大限度减少行政审批事项。探索相对集中的行政许可权模式,建立综合统一的行政审批机构。完善"一口受理"服务模式,推进行政审批规范化、标准化、信息化建设,实施行政审批目录化管理。深化投融资体制改革,试行企业投资项目承诺制。精简投资项目准入阶段的相关手续,探索建立"多评合一、统一评审"的新模式。简化整合投资项目报建手续,探索实行先建后验的管理模式。深化商事制度改革,全面实施"五证合一、一照一码"登记制度,探索实行"多证合一"模式,积极推动工商登记全程电子化和使用电子营业执照。将由政府部门承担的资产评估、鉴定、咨询等职能逐步交由法律、会计、信用等专业服务机构承担。开展知识产权综合管理改革试点,紧扣创新发展需求,发挥专利、商标、版权等知识产权的引领作用,打通知识产权创造、运用、保护、管理、服务全链条,建立高效的知识产权综合管理体制,构建便民利民的知识产权公共服务体系,探索支撑创新发展的知识产权运行机制,推动形成权界清晰、分工合理、责权一致、运转高效、法治保障的体制机制。探索建立自贸试验区跨部门知识产权执法协作机制,完善纠纷调解、援助、仲裁工作机制。

2. 完善市场监管机制。推进政府管理由注重事前审批向注重事中事后监管转变,完善信息网络平台,提高行政透明度,实现跨部门协同管理。完善社会信用体系,推动各部门间依法履职信息的联通和共享。健全守信激励和失信惩戒机制。建立集中统一的综合行政执法体系,建设网上执法办案系统。选择重点敏感产业,配合国家有关部门建立与开放市场环境相匹配的产业预警体系,及时发布产业预警信息。建立资源环境承载能力监测预警机制和社会监督举报机制,探索试行环境损害责任追究和赔偿制度。实施公平竞争审查制度。配合商务部开展经营者集中反垄断审查。建立部门协同监管机制,统筹多元化监管力量,整合监管信息,打造事前诚信承诺、事中评估分类、事后联动奖惩的全链条信用监管体系。

3. 提高行政服务效能。河南省依法向自贸试验区下放经济社会管理权限。完善行政部门权力清单和责任清单,建立健全清单动态管理机制。推广政府和社会资本合作模式,完善基本公共服务体系,提高公共服务供给效率。大力推行"互联网＋政务服务",推进实体政务大厅向网上办事大厅延伸,打造政务服务"一张网",对企业和群众办事实行"一号申请、一窗受理、一网通办"。推动税收服务创新,包括一窗国地办税、一厅自助办理、培训辅导点单、缴纳方式多元、业务自主预约、税银信息互动、税收遵从合作、创新网上服务等举措。建立自贸试验区综合统计调查、监测分析制度。建立完善深化改革量化指标体系,加快形成更有吸引力的法治化、国际化、便利化营商环境。

(二)扩大投资领域开放。

4. 提升利用外资水平。对外商投资实行准入前国民待遇加负面清单管理制度,着力构建与负面清单管理方式相适应的事中事后监管制度。外商投资准入特别管理措施(负面清单)之外领域的外商投资项目(国务院规定对国内投资项目保留核准的除外)和外商投资企业设立及变更实行备案制,由自贸试验区负责办理。进一步减少或取消外商投资准入限制,提高开放度和透明度,做好对外开放的压力测试和风险测试。积极有效引进境外资金、先进技术和高端人才,提升利用外资综合质量。大力引进国际组织和机构、金融总部、区域性总部入驻自贸试验区。外商在自贸试验区内投资适用《自由贸易试验区外商投资准入特别管理措施(负面清单)》和《自由贸易试验区外商投资国家安全审查试行办法》。探索强化外商投资实际控制人管理,建立外商投资信息报告制度和外商投资信息公示平台,充分发挥国家企业信用信息公示系统作用,提升外商投资全周期监管的科学性、规范性和透明度。完善投资者权益保障机制,允许符合条件的境外投资者自由转移其投资收益。

5. 构建对外投资合作服务平台。改革境外投资管理方式,将自贸试验区建设成为企业"走出去"的窗口和综合服务平台。对一般境外投资项目和设立企业实行备案制,属省级管理权限的,由自贸试验区负责备案管理。确立企业对外投资主体地位,支持自贸试验区内企业开展多种形式的对外直接投资。完善"走出去"政策促进、服务保障和风险防控体系。加强与港澳在项目对接、投资拓展、信息交流、人才培训等方面交流合作,共同开拓国际市场。加强境外投资事后管理和服务,完善境外资产和人员安全风险预警和应急保障体系。

(三)推动贸易转型升级。

6. 完善外贸发展载体。依托郑州商品交易所,支持拓展新的交易品种,促进发展大宗商品国际贸易。探索建立与国际大宗商品交易相适应的外汇管理和海关监管制度。在总结期货保税交割试点经验基础上,鼓励国内期货交易所在自贸试验区的海关特殊监管区域内开展期货保税交易、仓单质押融资等业务,扩大期货保税交割试点的品种。搭建便利化的知识产权公共服务平台,设立知识产权服务工作站,大力发展知识产权专业服务业。探索建立自贸试验区重点产业专利导航制度和重点产业快速协同保护机制。探索建设中部地区知识产权运营中心,加快建设郑州国家知识产权服务业集聚区。深化艺术品交易市场功能拓展。依托电子口岸公共平台,建设国际贸易"单一窗口",将出口退税申报功能纳入国际贸易"单一窗口"建设项目。加快形成贸易便利化创新举措的标准化制度规范,覆盖到所有符合条件的企业。

7. 拓展新型贸易方式。积极培育贸易新型业态和功能,形成以技术、品牌、质量、服务为核心的竞争新优势。大力发展服务贸易,推进金融、文化创意、客户服务、供应链管理等服务外包发展。在环境风险可控的前提下开展飞机及零部件维修试点。按照公平竞争原则,依托中国(郑州)跨境电子商务综合试验区,积极发展跨境电子商务,完善相应的海关监管、检验检疫、退税、物流等支撑系统,加快推进跨境贸易电子商务配套平台建设。支持企业建设出口商品"海外仓"和海外运营中心,加快融入境外零售体系,探索建设全球性产品交易展示中心和国内进出口货物集散中心。支持电子信息、装备制造、智能终端、汽车及零部件、航空航天等辐射能力和技术溢出能力强的先进制造业加工贸易发展,搭建服务于加工贸易转型升级的技术研发、工业设计等公共服务平台,建设加工贸易产品内销后续服务基地。引导优势企业积极参与国际标准化活动,打造质量标准品牌新高地。积极发展离岸贸易。推动转口贸易发展,依托国际空港、陆港和各类口岸,完善国际中转集拼和国际转口贸易枢纽功能。

8.创新通关监管机制。自贸试验区内的海关特殊监管区域实施"一线放开"、"二线安全高效管住"的通关监管服务模式。在确保有效监管前提下,在海关特殊监管区域探索建立货物状态分类监管模式。鼓励企业参与"自主报税、自助通关、自动审放、重点稽核"等监管制度创新试点。按照严密防范质量安全风险和最大便利化的原则,一线主要实施进出境现场检疫、查验及处理;二线主要实施进出口产品检验检疫监管及实验室检测,维护质量安全。完善国际贸易"单一窗口"的货物进出口和运输工具进出境的应用功能,进一步优化监管执法流程和通关流程,实现贸易许可、资质登记等平台功能,将涉及贸易监管的部门逐步纳入"单一窗口"管理平台。完善通关合作机制,开展货物通关、贸易统计、"经认证的经营者"互认、检验检测认证等方面合作,逐步实现信息互换、监管互认、执法互助。推进自贸试验区内各区域之间通关一体化。支持自贸试验区与"一带一路"沿线国家开展海关、检验检疫、认证认可、标准计量等方面的合作与交流,探索与"一带一路"沿线国家开展贸易供应链安全便利合作。

(四)深化金融领域开放创新。

9.扩大金融对内对外开放。进一步简化经常项目外汇收支手续,在真实、合法交易基础上,自贸试验区内货物贸易外汇管理分类等级为A类企业的外汇收入无需开立待核查账户。推动金融服务业对符合条件的民营资本有序开放,在符合现行法律法规及国家政策导向的前提下,允许符合条件的境内纯中资民营企业在自贸试验区依法发起设立中小型银行等金融机构。探索自贸试验区内符合条件的单位和个人按照规定双向投资于境内外证券市场。允许外资股权投资管理机构、外资创业投资管理机构在自贸试验区发起管理人民币股权投资和创业投资基金。支持发展总部经济,放宽跨国公司外汇资金集中运营管理准入条件。逐步允许境外企业参与商品期货交易。支持保险机构在自贸试验区内开展业务创新,探索特殊风险分散机制,加大再保险对巨灾保险、特殊风险的保险保障力度。取消对自贸试验区内保险支公司高管人员任职资格的事前审批,由省级保监机构实施备案管理。

10.拓展金融服务功能。拓展跨境电子商务金融服务,开展跨境电子商务人民币结算,推动跨境电子商务线上融资及担保方式创新,鼓励保险机构发展出口信用保险,拓宽服务领域。支持自贸试验区发展科技金融,按照国务院统一部署,积极争取纳入投贷联动试点。创建金融集成电路(IC)卡"一卡通"示范区。进一步简化资金池管理,允许经银行审核真实、合法的电子单证办理经常项目集中收付汇、轧差净额结算业务。进一步推进内资融资租赁企业试点,注册在自贸试验区内的内资融资租赁试点企业由自贸试验区所在省级商务主管部门和同级国家税务局审核;加强事中事后监管,探索建立融资租赁企业设立和变更的备案制度、违反行业管理规定的处罚制度、失信和经营异常企业公示制度、属地监管部门对企业定期抽查检查制度。支持在自贸试验区设立金融租赁公司、融资租赁公司,在符合相关规定前提下,设立项目公司开展飞机、工程机械、大型设备等融资租赁业务。允许自贸试验区内符合条件的融资租赁业务收取外币租金。支持商业保理业务发展,探索适合商业保理发展的监管模式。银行按照"了解客户、了解业务、尽职审查"的展业三原则办理经常项目收结汇、购付汇手续。

11.推动跨境投融资创新。探索建立与自贸试验区相适应的本外币账户管理体系,促进跨境贸易、投融资结算便利化。在健全风险防控机制的前提下,允许自贸试验区内符合条件的企业、金融机构按照有关规定通过贷款、发债等形式从境外自主融入本外币资金,拓宽境外资金回流渠道。允许自贸试验区内跨国企业集团开展跨境双向人民币资金池业务。允许自贸试验区内企业的境外母公司按照有关规定在境内发行人民币债券。自贸试验区内银行可按有关规定发放境外项目人民币贷款。支持开展人民币跨境再保险业务,培育发展再保险市场。支持自贸试验区内符合互认条件的基金产品参与内地与香港基金产品互认。

12. 建立健全金融风险防控体系。建立对持有各类牌照金融机构的分类监管机制,健全符合自贸试验区内金融业发展实际的监控指标,完善金融监管措施,加强监管协调与合作,确保自贸试验区内金融机构风险可控。逐步建立跨境资金流动风险监管机制,对企业跨境收支进行全面监测评价。做好反洗钱、反恐怖融资、反逃税工作,防范非法资金跨境、跨区流动。建立健全自贸试验区金融消费者权益保护工作机制。

(五)增强服务"一带一路"建设的交通物流枢纽功能。

13. 畅通国际交通物流通道。增加国际货运航线航班,构建连接全球主要枢纽机场的空中通道。积极探索以郑州和国外重要枢纽城市协同联动的国内国外"双枢纽"发展模式。依托陆桥通道,加密至丝绸之路经济带沿线国家的中欧班列(郑州),支持开展拼箱、集装箱分装大型设备、国际邮运业务,允许在国内沿线口岸和郑州国际陆港之间开展进出口集装箱加挂业务试点;开通至沿海港口的快捷货运列车,构建东联西进、陆海相通的国际运输通道。完善促进国际便利化运输的相关政策和双边运输合作机制,增加便利运输协定的过境站点和运输线路,加快海外物流基地建设。支持建设自贸试验区至我国国际通信业务出入口局的直达国际数据专用通道,打造互联互通的"信息丝绸之路",推动国际交通物流通道建设。

14. 完善国内陆空集疏网络。鼓励快递企业利用铁路运送快件,配套建设快件物流基地,依托自贸试验区推动郑州建设全国快递中转集散中心,打造覆盖全国主要经济区域的4小时快件集疏网络。支持国内外快递企业在自贸试验区内的非海关特殊监管区域办理符合条件的国际快件属地报关报检业务。开展道路货运无车承运人试点,加快普及公路甩挂运输,扩大"卡车航班"覆盖范围和运营规模,构建以郑州为中心500公里范围的公路集疏圈。支持周边省市在自贸试验区建设专属物流园区,开展现代物流业务。加密完善至国内热点城市的"空中快线",鼓励发展全货机航班、腹舱货运,构建长距离航空集疏网。

15. 开展多式联运先行示范。发展以"一单制"为核心的便捷多式联运。建立健全适合内陆多式联运的标准规范和服务规则,加强与国际联运规则的相互衔接。鼓励企业间联盟合作,率先突破陆空联运、公铁联运,试点推进快件空铁联运,打造多式联运国际性物流中心。在交通运输领域,完善快件处理设施和绿色通道。拓展郑州机场"空空+空地"货物集疏模式,增加国际中转集拼航线和试点企业。支持设立国际航空运输服务企业,在条件具备时,在自贸试验区试点航空快件国际中转及集拼业务。依托航空和铁路口岸,促进海关特殊监管区域协调联动,创新多式联运(内陆型)监管模式,推进铁路舱单与海运、公路、航空舱单共享和舱单分拨、分拆、合并。建设承载"一单制"电子标签赋码及信息汇集、共享、监测等功能的公共服务平台,推进不同运输方式、不同企业间多式联运信息开放共享和互联互通。在执行现行税收政策前提下,提升超大超限货物的通关、运输、口岸服务等综合能力。推进跨方式技术装备标准化,推广应用托盘、集装箱等标准运载单元。

16. 扩大航空服务对外开放。积极引入基地航空公司和国内外知名物流集成商。允许具备条件的外国航空公司和基地航空公司开展国际航班代码共享。探索与国际枢纽机场建立航空货运联盟,在航线网络、货品、数据共享等方面开展合作。支持航空器及零部件研发、制造、维修企业在自贸试验区集聚,对海关特殊监管区域内企业生产所需的进口机器、设备予以免税。对注册在自贸试验区海关特殊监管区域内的融资租赁企业进出口飞机等大型设备涉及跨关区的,在确保有效监管和执行现行相关税收政策的前提下,按物流实际需要,实行海关异地委托监管。

17. 推进内陆口岸经济创新发展。依托自贸试验区带动郑州航空和铁路国际枢纽口岸建设,支持设立药品、进境植物种苗、木材等指定口岸,提升进境粮食、进口肉类等口岸运营水平,促进各类口岸与物流、贸易联动发展,形成辐射全球主要经济体、带动区域产业升级的口岸开放新格局。探索前端研发设计和后端销售服务"两头在区"、中间加工环节在外的企业集聚模式,优化先进制造业、现代服务业布局,打造高质高端高附加值产业集群,建设中西部制造业总部基地。支持开展进境邮件"一点通关、分拨全国",研究开展跨境电子商务和商业快件及邮政包裹搭乘中欧班列(郑州)出口等业务。充分发挥海关特殊监管区域功能政策优势,促进形成具有世界竞争力的高技术含量产品售后维修中心。在严格执行货物进出口税收和检验检疫监督管理政策的前提下,允许在海关特殊监管区域内设立保税展示交易平台。

18. 促进国际医疗旅游产业融合发展。发挥国际航空网络和文化旅游优势,积极吸引国际高端医疗企业和研发机构集聚,以健康检查、慢病治疗康复、中医养生保健、整形美容、先进医疗技术研发和孵化为重点,培育康复、健身、养生与休闲旅游融合发展新业态。鼓励自贸试验区在医疗机构治未病服务项目纳入收费项目和确定收费标准等方面先行试点。鼓励社会资本在自贸试验区举办规范的中医养生保健机构。自贸试验区内医疗机构按照现行干细胞临床研究规定开展相关工作。允许在自贸试验区内注册的符合条件的中外合资旅行社,从事除台湾地区以外的出境旅游业务。

19. 培育"一带一路"合作交流新优势。建立健全与"一带一路"沿线国家的合作机制,重点在农业、矿业、装备制造、物流、工程承包、科技教育等领域开展国际合作。建设服务于内陆地区"走出去"和"引进来"的重要窗口,探索内外贸相互促进机制、与"一带一路"沿线国家重点城市产能合作机制,吸引企业统筹开展国际国内贸易,建设一批双向合作经贸产业园区。探索与"一带一路"沿线国家文化交流、文化贸易创新发展机制,推进文化传承和开发,完善服务链条,推进华夏历史文明传承创新区建设。围绕服务"一带一路"建设,探索食品、农产品及水产品的快速检验检疫模式,优化药品、保健食品、化妆品、医疗器械的审评审批程序。支持河南省与教育部在自贸试验区合作共建教育国际化综合改革试验区,积极引进境外优质教育资源开展高水平、示范性合作办学,加大对"一带一路"沿线国家的中国政府奖学金支持力度。积极为经贸类团组和企业人员出国(境)提供便利。研究制定自贸试验区外籍高层次人才认定办法,落实人才签证实施细则,明确外国人才申请和取得人才签证的标准条件和办理程序。对外籍高层次人才开辟绿色通道、简化手续,为高层次人才入出境、工作、在华停居留提供便利。允许获得硕士及以上学位的优秀外国留学生毕业后直接在自贸试验区工作。提供有针对性的指导服务和语言学习机会,多形式多渠道帮助外国人才更好融入中国社会。

四、保障机制

（一）强化法制保障。

自贸试验区需要暂时调整实施有关行政法规、国务院文件和经国务院批准的部门规章的部分规定的，按规定程序办理。各有关部门要支持自贸试验区在各领域深化改革开放试点、加大压力测试、加强监管、防控风险，做好与相关法律立改废释的衔接，及时解决试点过程中的制度保障问题。河南省要通过地方立法，建立与试点要求相适应的自贸试验区管理制度。

（二）完善配套税收政策。

落实现有相关税收政策，充分发挥现有政策的支持促进作用。中国（上海）自由贸易试验区、中国（广东）自由贸易试验区、中国（天津）自由贸易试验区和中国（福建）自由贸易试验区已经试点的税收政策原则上可在自贸试验区进行试点，其中促进贸易的选择性征收关税、其他相关进出口税收等政策在自贸试验区内的海关特殊监管区域进行试点。自贸试验区内的海关特殊监管区域范围和税收政策适用范围维持不变。此外，在符合税制改革方向和国际惯例，以及不导致利润转移和税基侵蚀的前提下，积极研究完善境外所得税收抵免的税收政策。

（三）加强组织实施。

按照党中央、国务院统一部署，在国务院自由贸易试验区工作部际联席会议统筹协调下，由河南省完善试点任务组织实施保障机制，按照总体筹划、分步实施、率先突破、逐步完善的原则加快实施。各有关部门要大力支持，及时制定实施细则或办法，加强指导和服务，共同推进相关体制机制创新，把自贸试验区建设好、管理好。在实施过程中，要创新思路、寻找规律、解决问题、积累经验；要充分发挥地方和部门的积极性，因地制宜、突出特色，做好对比试验和互补试验；要抓好改革措施的落实，重大事项要及时向国务院请示报告。

（四）总结推广可复制的试点经验。

自贸试验区要及时总结改革创新经验和成果。国务院自由贸易试验区工作部际联席会议办公室要会同河南省人民政府及有关部门，及时总结评估自贸试验区改革开放创新试点任务实施效果，加强各领域试点经验系统集成，并委托第三方机构进行独立评估。对试点效果好、风险可控且可复制可推广的成果，实施分类审查程序后复制推广至全国其他地区。

国务院关于印发中国（浙江）自由贸易试验区总体方案的通知

国发〔2017〕16号

各省、自治区、直辖市人民政府，国务院各部委、各直属机构：

现将《中国(浙江)自由贸易试验区总体方案》印发给你们,请认真贯彻执行。

国务院

2017年3月15日

中国(浙江)自由贸易试验区总体方案

建立中国(浙江)自由贸易试验区(以下简称自贸试验区)是党中央、国务院作出的重大决策,是新形势下全面深化改革、扩大开放和提升我国资源配置全球竞争力的重大举措。为全面有效推进自贸试验区建设,制定本方案。

一、总体要求

(一)指导思想。

全面贯彻党的十八大和十八届三中、四中、五中、六中全会精神,深入贯彻习近平总书记系列重要讲话精神和治国理政新理念新思想新战略,认真落实党中央、国务院决策部署,统筹推进"五位一体"总体布局和协调推进"四个全面"战略布局,坚持稳中求进工作总基调,牢固树立和贯彻落实创新、协调、绿色、开放、共享的发展理念,进一步解放思想、先行先试,以开放促改革、促发展,为新形势下推动大宗商品贸易自由化发挥示范引领作用,努力营造法治化、国际化、便利化营商环境,为全面深化改革和扩大开放探索新途径、积累新经验,发挥示范带动、服务全国的积极作用。

(二)战略定位。

以制度创新为核心,以可复制可推广为基本要求,将自贸试验区建设成为东部地区重要海上开放门户示范区、国际大宗商品贸易自由化先导区和具有国际影响力的资源配置基地。

(三)发展目标。

经过三年左右有特色的改革探索,基本实现投资贸易便利、高端产业集聚、法治环境规范、金融服务完善、监管高效便捷、辐射带动作用突出,以油品为核心的大宗商品全球配置能力显著提升,对接国际标准初步建成自由贸易港区先行区。

二、区位布局

(一)实施范围。

自贸试验区的实施范围119.95平方公里,由陆域和相关海洋锚地组成,涵盖三个片区:舟山离岛片区78.98平方公里(含舟山港综合保税区区块二3.02平方公里),舟山岛北部片区15.62平方公里(含舟山港综合保税区区块一2.83平方公里),舟山岛南部片区25.35平方公里。

自贸试验区土地开发利用须遵守土地利用、环境保护、城乡规划法律法规，符合土地利用总体规划，并符合节约集约用地的有关要求；涉及海域的，须符合《中华人民共和国海域使用管理法》有关规定和国务院印发的《全国海洋主体功能区规划》、国务院批复的海洋功能区划、近岸海域环境功能区划、浙江省出台的海洋生态红线制度；涉及无居民海岛的，须符合《中华人民共和国海岛保护法》有关规定。

（二）功能划分。

按区域布局划分，舟山离岛片区鱼山岛重点建设国际一流的绿色石化基地，鼠浪湖岛、黄泽山岛、双子山岛、衢山岛、小衢山岛、马迹山岛重点发展油品等大宗商品储存、中转、贸易产业，海洋锚地重点发展保税燃料油供应服务；舟山岛北部片区重点发展油品等大宗商品贸易、保税燃料油供应、石油石化产业配套装备保税物流、仓储、制造等产业；舟山岛南部片区重点发展大宗商品交易、航空制造、零部件物流、研发设计及相关配套产业，建设舟山航空产业园，着力发展水产品贸易、海洋旅游、海水利用、现代商贸、金融服务、航运、信息咨询、高新技术等产业。

按海关监管方式划分，自贸试验区内的海关特殊监管区域重点探索以贸易便利化为主要内容的制度创新，重点开展国际贸易和保税加工、保税物流、保税服务等业务；非海关特殊监管区域重点探索投资制度、金融制度等体制机制创新，积极发展以油品为核心的大宗商品中转、加工贸易、保税燃料油供应、装备制造、航空制造、国际海事服务等业务。

三、主要任务和措施

（一）切实转变政府职能。

1. 深化行政体制改革。深入推进简政放权、放管结合、优化服务改革。建立权责明确、管理高效、运转协调的自贸试验区行政管理体制。深化完善自贸试验区行政管理权力清单、责任清单。深化行政审批制度改革，建立精简高效的统一行政审批机构，开展相对集中行政许可权改革，依法统一行使相关行政许可权。建立市场准入统一平台，依托电子口岸公共平台建设国际贸易"单一窗口"。深化商事制度改革，全面落实"多证合一、一照一码"等措施。深化完善陆上和海洋综合行政执法体系改革。

开展知识产权综合管理改革试点。紧扣创新发展需求，发挥专利、商标、版权等知识产权的引领作用，打通知识产权创造、运用、保护、管理、服务全链条，建立高效的知识产权综合管理体制，构建便民利民的知识产权公共服务体系，探索支撑创新发展的知识产权运行机制，推动形成权界清晰、分工合理、责权一致、运转高效、法治保障的体制机制。搭建便利化的知识产权公共服务平台，设立知识产权服务工作站，大力发展知识产权专业服务业。探索建立自贸试验区跨部门知识产权执法协作机制，完善纠纷调解、援助、仲裁工作机制。探索建立自贸试验区重点产业专利导航制度和重点产业快速协同保护机制。

推动税收服务创新，包括一窗国地办税、一厅自助办理、培训辅导点单、缴纳方式多元、业务自主预约、税银信息互动、税收遵从合作、创新网上服务等举措。

2. 建立统一开放的市场准入和高标准监管制度。建立与自贸试验区相适应的行政监督管理制度，加强与负面清单管理体制相适应的事中事后监管体系建设。完善社会信用体系，推动各部门间依法履职信息的联通和共享。健全守信激励和失信惩戒机制。对涉及自贸试验区内的投资贸易等商事案件,建立专业化审理机制。严格执行环境保护法规和标准。强化安全监管保障,制定安全生产区域规划,建立自贸试验区油品安全管理制度。建立健全应急联动机制,充实应急救援力量,全力强化应急保障。鼓励企业履行社会责任,保障劳动者权益。配合商务部开展经营者集中反垄断审查。

3. 提升利用外资水平。对外商投资实行准入前国民待遇加负面清单管理制度,着力构建与负面清单管理方式相适应的事中事后监管制度。外商投资准入特别管理措施(负面清单)之外领域的外商投资项目(国务院规定对国内投资项目保留核准的除外)和外商投资企业设立及变更实行备案制,由自贸试验区负责办理。进一步减少或取消外商投资准入限制,提高开放度和透明度,做好对外开放的压力测试和风险测试。积极有效引进境外资金、先进技术和高端人才,提升利用外资综合质量。外商在自贸试验区内投资适用《自由贸易试验区外商投资准入特别管理措施(负面清单)》和《自由贸易试验区外商投资国家安全审查试行办法》。探索强化外商投资实际控制人管理,建立外商投资信息报告制度和外商投资信息公示平台,充分发挥国家企业信用信息公示系统作用,提升外商投资全周期监管的科学性、规范性和透明度。完善投资者权益保障机制,允许符合条件的境外投资者自由转移其投资收益。

(二)推动油品全产业链投资便利化和贸易自由化。

4. 建设国际海事服务基地。对照国际通行税收政策,增强国际竞争力,探索研究推动油品全产业链发展的政策措施。建设东北亚保税燃料油加注中心。制订中国(浙江)自由贸易试验区国际航行船舶保税油管理办法,将区内国际航行船舶保税加油许可权下放至舟山市人民政府。吸引保税燃料油供应商开展供油服务,鼓励企业总部或结算中心落户,丰富市场竞争主体。加快供油港口、储罐、加注锚地等配套设施建设,合理布局海上保税燃料油加注区域,允许在自贸试验区内设立海上保税燃料油供应仓库。在符合监管条件的前提下,允许注册在自贸试验区内的企业开展不同税号下保税油品混兑调和。鼓励自贸试验区内油品企业生产保税燃料油。允许开展保税燃料油跨关区直供业务。全力优化通关等服务方式,将保税燃料油加注纳入"单一窗口"申报平台,开通挂港加油船舶通航、通关特殊通道,简化和加快加油船舶进出自贸试验区通关手续,方便符合条件的船舶驶入特定海域(码头)进行加油操作。

加快拓展国际船舶管理服务。积极培育壮大外轮供应企业,丰富外轮供应品种,为进入自贸试验区的船舶提供生活用品、备品备件、物料、工程服务和代理服务等服务。加快发展自贸试验区内国际船舶修造业务,在海关特殊监管区域内对修造所需的相关进口船舶配件予以保税,支持舟山港船舶配件交易市场建设。

提升国际航运服务功能。积极探索有助于促进油品等大宗商品贸易的航运制度和运作模式。适应自贸试验区发展需要,支持自贸试验区引导液货危险品运输企业加强整合,实现规模化、集约化发展。大力发展转口贸易,放宽海运货物直接运输判定标准。优化沿海捎带业务监管模式,提高中资非五星旗船沿海捎带业务通关效率。推动与旅游相关的邮轮、游艇等旅游运输工具出行的便利化。积极推动国际航运相关的海事、金融、法律、经纪等服务业发展。支持境内外企业开展航运保险、航运仲裁、海损理算、航运交易等高端航运服务。探索组建海洋保险等专业性法人机构,允许符合条件的境内外保险代理公司、保险经纪和保险公估公司等中介机构在自贸试验区设立营业机构并依法开展相关业务。吸引海事仲裁机构和船级社等入驻,打造国际航运服务平台。

5. 建设国际油品储运基地。完善油品储运基础设施。加快码头、管网、油罐、地下油库、锚地、物流基地等物流基础设施建设。以原油、成品油为重点,承接全球资源,面向亚太市场,满足国内需求,在舟山离岛片区布局形成大型油品储运基地。

推进油品储运投资便利化。培育多元化的油品储运主体,鼓励各类主体按照国际标准参与投资建设油品接卸泊位、储运罐区、输油管道等设施。加快自贸试验区港口岸线使用审批。

完善油品储备体系。以原油为主要品种,积极开展汽油、柴油、航空煤油、液化气等储备,科学合理确定储备品种,探索和创新油品储备模式,建立国储、义储、商储、企储相结合的储存体系和运作模式,允许国储租赁符合条件的民企油罐、商储租赁国有企业商业油罐。建立油品储存可动用应急机制。

加强油品储备国际合作。盘活民间闲置的油品储备库资源,为国际组织、跨国石油公司等储存油品。支持与国际产油国共建油品储存基地,加快形成舟山国际油品保税交割体系。

6. 建设国际石化基地。建设国际一流的石化基地。按照国家战略布局,实行最严格的环保准入和监管措施,在鱼山岛打造国际一流的石化产业基地。支持基地以原油精炼为基础产品,以乙烯、芳烃等高端产品为特色,完善上下游一体化产业链,加快形成国际一流的石化产业集群。

扩大油品加工领域投资开放。鼓励国内外投资商以资源、资金、技术、市场参与建设经营石化基地。允许世界一流石油化工企业以及"一带一路"沿线石油富集国企业参与投资建设。

落实产业配套政策。赋予自贸试验区内符合条件的油品加工企业原油进口资质和配额,给予原油进口使用权。

7. 建设国际油品交易中心。依托中国(浙江)大宗商品交易中心,开展原油、成品油、保税燃料油现货交易,条件成熟时开展与期货相关的业务。

放宽原油、成品油资质和配额限制(允许量),支持赋予符合条件的2—3家自贸试验区内企业原油进口和使用资质。支持自贸试验区企业积极开展油品离岸和在岸贸易。

集聚境内外原油贸易商做强原油现货交易,加快形成具有国际影响力的原油现货交易市场。加快设立舟山国际原油保税交割中心。鼓励在中国(浙江)大宗商品交易中心开展原油现货交易。

大力发展成品油内外贸分销网络和交易市场。支持在中国(浙江)大宗商品交易中心开展成品油现货交易,在扩大现货交易的基础上,支持自贸试验区发展成品油交割、仓储、保税。简化成品油批发资质条件,支持开展成品油内贸分销业务,逐步搭建成品油内贸分销网络。

建设东北亚保税燃料油交易中心。加快在中国(浙江)大宗商品交易中心开展保税燃料油现货交易,在扩大现货交易基础上,支持自贸试验区发展保税燃料油交割、仓储、保税。

积极开展天然气交易。加快完善天然气配套管网、码头等基础设施布局,实现管网互联互通。

8. 加快石油石化科技研发和人才集聚。积极支持舟山创建以石油石化产业为特色的国家高新技术产业开发区,鼓励在自贸试验区内开展石油石化科学研究和技术服务,加快形成国际石油石化人才培养和集聚机制。

(三)拓展新型贸易投资方式。

9. 建设国际矿石中转基地。依托鼠浪湖岛、马迹山岛矿石中转码头,建设国际配矿贸易中心,以接卸外贸进口矿石为主,为长江沿线冶金企业提供中转运输服务,优化完善区域矿石接卸系统布局,为我国沿海、东亚地区提供仓储、分销、加工及配送服务。依托中国(浙江)大宗商品交易中心,大力发展矿石现货交易和国际贸易,形成区域性的矿石信息中心和价格形成中心。支持海关特殊监管区域内矿石保税储存、保税加工、保税出口。

10. 建设舟山航空产业园。在朱家尖岛布局建设舟山航空产业园,通过通用飞机总装组装、制造,对接国际航空产业转移,形成航空产业集群。在环境风险可控的前提下开展飞机零部件制造维修业务试点,积极引进飞行驾驶培训、空中旅游观光、通用航空基地运营服务及相关科研机构,鼓励高端先进航空制造、零部件物流、研发设计及配套产业向自贸试验区集聚。

11. 加强现代贸易投资合作。依托港澳在金融服务、信息资讯、国际贸易网络、风险管理等方面的优势,将自贸试验区建设成为内地企业"走出去"的窗口和综合服务平台。加强与港澳在项目对接、投资拓展、信息交流、人才培训等方面交流合作,共同到境外开展基础设施建设和能源等合作。按照公平竞争原则,积极发展跨境电子商务,完善相应的海关监管、检验检疫、退税、物流等支撑系统,加快推进跨境贸易电子商务配套平台建设。

(四)推动金融管理领域体制机制创新。

12. 扩大金融服务领域开放。允许符合条件的中资商业银行立足当地实际需求,依据监管政策导向,在自贸试验区内设立分支机构。支持外资银行在自贸试验区内设立子行、分行、专营机构。支持符合条件的民营资本在区内依法设立金融租赁公司、财务公司等金融机构,支持符合条件的境内纯中资民营企业发起设立民营银行。支持金融租赁公司在自贸试验区内设立专业子公司。支持商业保理业务发展,探索适合保理业务发展的外汇管理模式。支持自贸试验区内符合条件的企业按规定开展人民币境外证券投资等业务。允许外资股权投资管理机构、外资创业投资管理机构在自贸试验区发起管理人民币股权投资和创业投资基金。进一步简化经常项目外汇收支手续,在真实、合法交易基础上,自贸试验区内货物贸易外汇管理分类等级为A类企业的外汇收入无需开立待核查账户。允许自贸试验区内符合条件的融资租赁业务收取外币租金。支持自贸试验区内符合条件的个人按规定投资境内外证券市场。支持自贸试验区内符合互认条件的基金产品参与内地与香港基金产品互认。

13. 拓展金融服务功能。探索建立与自贸试验区相适应的本外币账户管理体系,促进跨境贸易、投融资结算便利化。为符合条件的自贸试验区内主体办理油品贸易相关的跨境经常项下结算业务、政策允许的资本项下结算业务。在自贸试验区内设立的法人机构可根据经营和管理需要,按规定开展跨国公司外汇资金集中运营管理业务和跨国企业集团内跨境双向人民币资金池业务、享受跨境投融资汇兑便利等政策。支持融资租赁公司依托自贸试验区在大宗商品领域开展包含人民币计价结算、跨境双向人民币资金池等跨境人民币创新业务。鼓励地方政府通过引入社会资本方式,在自贸试验区内设立跨境人民币各类投资基金,按注册地管理,开展跨境人民币双向投资业务。允许自贸试验区内从事油品等大宗商品为主的交易平台或交易所在约定的商业银行设立贸易专用账户,存放大宗商品交易保证金。支持自贸试验区发展与油品贸易相关的总部经济,放宽跨国公司外汇资金集中运营管理的准入条件。进一步简化资金池管理,允许经银行审核真实、合法的电子单证办理经常项目集中收付汇、轧差净额结算业务。允许自贸试验区开展油品现期货交易初期采用双币种计价、结算，逐步探索采用人民币计价、结算，推动人民币国际化进程。完善结售汇管理。允许境内外金融机构、金融技术企业、金融信息服务企业参与自贸试验区油品交易现货市场建设。逐步允许境外企业参与商品期货交易。加强与国际金融机构和国际油品贸易公司的合作，积极构建与国际接轨的油品贸易信息统计、监测体系，建立油品交易市场风险管理体系。

14. 积极发展融资租赁与保险业务。鼓励境内外投资者在自贸试验区设立融资租赁企业，进一步推进内资融资租赁企业试点，注册在自贸试验区内的内资融资租赁试点企业由自贸试验区所在省级商务主管部门和同级国家税务局审核；加强事中事后监管，探索建立融资租赁企业设立和变更的备案制度、违反行业管理规定的处罚制度、失信和经营异常企业公示制度、属地监管部门对企业定期抽查检查制度。支持融资租赁企业在自贸试验区设立特殊项目公司。根据期货保税交割业务需要，允许自贸试验区拓展仓单质押融资等功能，推动完善仓单质押融资所涉及的仓单确权等工作。支持在自贸试验区内探索设立服务石油行业的专营保险公司或分支机构，设立为保险业发展提供配套服务的保险经纪、保险代理、风险评估、损失理算、法律咨询等专业性保险服务机构。取消对自贸试验区内保险支公司高管人员任职资格的事前审批，由自贸试验区所在省保监局实施备案管理。创新针对石油行业的特殊风险分散机制，开展能源、化工等特殊风险保险业务，加大再保险对巨灾保险、特殊风险保险的支持力度。

15. 建立健全金融风险防范体系。落实风险为本的原则，探索建立跨境资金流动风险监管机制，强化开展反洗钱、反恐怖融资、反逃税工作，防止非法资金跨境、跨区流动，切实防范开放环境下的金融风险。

（五）推动通关监管领域体制机制创新。

16. 创新通关监管服务模式。对自贸试验区内的海关特殊监管区域实施"一线放开"、"二线安全高效管住"的通关监管服务模式。按照严密防范质量安全风险和最大便利化的原则，一线主要实施进出境现场检疫、查验及处理；二线主要实施进出口产品检验检疫监管及实验室检测，维护质量安全。

在确保有效监管前提下，在海关特殊监管区域探索建立货物状态分类监管模式。对注册在自贸试验区海关特殊监管区域内的融资租赁企业进出口飞机、船舶和海洋工程结构物等大型设备涉及跨关区的，在确保有效监管和执行现行相关税收政策的前提下，按物流实际需要，实行海关异地委托监管。在严格执行货物进出口税收政策的前提下，允许在海关特殊监管区域内设立保税展示交易平台。加快形成贸易便利化创新举措的标准化制度规范，覆盖到所有符合条件的企业。完善通关合作机制，开展货物通关、贸易统计、"经认证的经营者"互认、检验检测认证等方面合作，逐步实现信息互换、监管互认、执法互助。支持自贸试验区与"一带一路"沿线国家开展海关、检验检疫、认证认可、标准计量等方面的合作与交流，探索与"一带一路"沿线国家开展贸易供应链安全与便利合作。依托电子口岸公共平台，完善国际贸易"单一窗口"的货物进出口和运输工具进出境的应用功能。将出口退税申报功能纳入国际贸易"单一窗口"建设项目。进一步优化口岸监管执法流程和通关流程，实现贸易许可、资质登记等平台功能，将涉及贸易监管的部门逐步纳入"单一窗口"管理平台。在执行现行税收政策的前提下，提升超大超限货物的通关、运输、口岸服务等综合能力。推进自贸试验区内各区域之间通关一体化。

对自贸试验区内本国人员和外籍人员实行相应的便捷安全管控措施。支持舟山普陀山机场航空口岸对外开放。支持浙江省人民政府向国务院申请在舟山对外开放口岸开展外国人口岸签证业务。在自贸试验区实施人才签证制度。加强外国人才工作部门机构和队伍建设。对外籍高层次人才开辟绿色通道，制定有效政策，简化手续，为高层次人才入出境、工作、在华停居留提供便利。允许获得硕士及以上学位的优秀外国留学生毕业后直接在自贸试验区工作。提供有针对性的指导服务和语言学习机会，多形式多渠道帮助外国人才更好融入中国社会。

四、保障机制

（一）强化法制保障。

自贸试验区需要暂时调整实施有关行政法规、国务院文件和经国务院批准的部门规章的部分规定的，按规定程序办理。各有关部门要支持自贸试验区在各领域深化改革开放试点、加大压力测试、加强监管、防控风险，做好与相关法律立改废释的衔接，及时解决试点过程中的制度保障问题。浙江省要通过地方立法，建立与试点要求相适应的自贸试验区管理制度。

（二）完善配套税收政策。

落实现有相关税收政策，充分发挥现有政策的支持促进作用。中国（上海）自由贸易试验区、中国（广东）自由贸易试验区、中国（天津）自由贸易试验区和中国（福建）自由贸易试验区已经试点的税收政策原则上可在自贸试验区进行试点，其中促进贸易的选择性征收关税、其他相关进出口税收等政策在自贸试验区内的海关特殊监管区域进行试点。自贸试验区内的海关特殊监管区域范围和税收政策适用范围维持不变。此外，在符合税制改革方向和国际惯例，以及不导致利润转移和税基侵蚀的前提下，积极研究完善境外所得税收抵免的税收政策。

（三）加强组织实施。

按照党中央、国务院统一部署，在国务院自由贸易试验区工作部际联席会议统筹协调下，由浙江省完善试点任务组织实施保障机制，按照总体筹划、分步实施、率先突破、逐步完善的原则加快实施。各有关部门要大力支持，及时制定实施细则或办法，加强指导和服务，共同推进相关体制机制创新，把自贸试验区建设好、管理好。在实施过程中，要创新思路、寻找规律、解决问题、积累经验；要充分发挥地方和部门的积极性，因地制宜、突出特色，做好对比试验和互补试验；要抓好改革措施的落实，重大事项要及时向国务院请示报告。

（四）总结推广可复制的试点经验。

自贸试验区要及时总结改革创新经验和成果。国务院自由贸易试验区工作部际联席会议办公室要会同浙江省人民政府及有关部门，及时总结评估自贸试验区改革开放创新试点任务实施效果，加强各领域试点经验系统集成，并委托第三方机构进行独立评估。对试点效果好、风险可控且可复制可推广的成果，实施分类审查程序后复制推广至全国其他地区。

国务院关于印发中国(辽宁)自由贸易试验区总体方案的通知

国发〔2017〕15号

各省、自治区、直辖市人民政府,国务院各部委、各直属机构:

现将《中国(辽宁)自由贸易试验区总体方案》印发给你们,请认真贯彻执行。

国务院
2017年3月15日

中国(辽宁)自由贸易试验区总体方案

建立中国(辽宁)自由贸易试验区(以下简称自贸试验区)是党中央、国务院作出的重大决策,是新形势下全面深化改革、扩大开放和推动东北地区等老工业基地振兴的重大举措。为全面有效推进自贸试验区建设,制定本方案。

一、总体要求

(一)指导思想。

全面贯彻党的十八大和十八届三中、四中、五中、六中全会精神,深入贯彻习近平总书记系列重要讲话精神和治国理政新理念新思想新战略,认真落实党中央、国务院决策部署,统筹推进"五位一体"总体布局和协调推进"四个全面"战略布局,坚持稳中求进工作总基调,牢固树立和贯彻落实创新、协调、绿色、开放、共享的发展理念,进一步解放思想、先行先试,以开放促改革、促发展,着力完善体制机制,着力推进结构调整,着力鼓励创新创业,着力保障和改善民生,为全面深化改革和扩大开放探索新途径、积累新经验,发挥示范带动、服务全国的积极作用。

(二)战略定位。

以制度创新为核心,以可复制可推广为基本要求,加快市场取向体制机制改革、积极推动结构调整,努力将自贸试验区建设成为提升东北老工业基地发展整体竞争力和对外开放水平的新引擎。

(三)发展目标。

经过三至五年改革探索,形成与国际投资贸易通行规则相衔接的制度创新体系,营造法治化、国际化、便利化的营商环境,巩固提升对人才、资本等要素的吸引力,努力建成高端产业集聚、投资贸易便利、金融服务完善、监管高效便捷、法治环境规范的高水平高标准自由贸易园区,引领东北地区转变经济发展方式、提高经济发展质量和水平。

二、区位布局

(一)实施范围。

自贸试验区的实施范围119.89平方公里,涵盖三个片区:大连片区59.96平方公里(含大连保税区1.25平方公里、大连出口加工区2.95平方公里、大连大窑湾保税港区6.88平方公里),沈阳片区29.97平方公里,营口片区29.96平方公里。

自贸试验区土地开发利用须遵守土地利用、环境保护、城乡规划法律法规,符合土地利用总体规划,并符合节约集约用地的有关要求;涉及海域的,须符合《中华人民共和国海域使用管理法》有关规定和国务院印发的《全国海洋主体功能区规划》、国务院批复的海洋功能区划、辽宁省出台的海洋生态红线制度;涉及无居民海岛的,须符合《中华人民共和国海岛保护法》有关规定。

(二)功能划分。

按区域布局划分,大连片区重点发展港航物流、金融商贸、先进装备制造、高新技术、循环经济、航运服务等产业,推动东北亚国际航运中心、国际物流中心建设进程,形成面向东北亚开放合作的战略高地;沈阳片区重点发展装备制造、汽车及零部件、航空装备等先进制造业和金融、科技、物流等现代服务业,提高国家新型工业化示范城市、东北地区科技创新中心发展水平,建设具有国际竞争力的先进装备制造业基地;营口片区重点发展商贸物流、跨境电商、金融等现代服务业和新一代信息技术、高端装备制造等战略性新兴产业,建设区域性国际物流中心和高端装备制造、高新技术产业基地,构建国际海铁联运大通道的重要枢纽。

按海关监管方式划分,自贸试验区内的海关特殊监管区域重点探索以贸易便利化为主要内容的制度创新,开展保税加工、保税物流、保税服务等业务;非海关特殊监管区域重点探索投资体制改革,推进制造业转型、金融创新和服务业开放。

三、主要任务和措施

(一)切实转变政府职能。

1. 深化行政管理体制改革。深入推进简政放权、放管结合、优化服务改革。辽宁省能够下放的经济社会管理权限,全部下放给自贸试验区。建立权责清单制度、行政审批管理目录制度。深化商事制度改革。推进政府管理由注重事前审批向注重事中事后监管转变,构建事前诚信承诺、事中评估分类、事后联动奖惩的全链条信用监管体系。完善信息网络平台,建立企业信用信息采集共享机制,实现跨部门协同管理。实施"多规合一"改革。配合商务部开展经营者集中反垄断审查。

2. 打造更加公平便利的营商环境。开展知识产权综合管理改革试点。紧扣创新发展需求,发挥专利、商标、版权等知识产权的引领作用,打通知识产权创造、运用、保护、管理、服务全链条,建立高效的知识产权综合管理体制,构建便民利民的知识产权公共服务体系,探索支撑创新发展的知识产权运行机制,推动形成权界清晰、分工合理、责权一致、运转高效、法治保障的体制机制。搭建便利化的知识产权公共服务平台,设立知识产权服务工作站,大力发展知识产权专业服务业。探索建立自贸试验区跨部门知识产权执法协作机制,完善纠纷调解、援助、仲裁工作机制。探索建立自贸试验区重点产业专利导航制度和重点产业快速协同保护机制。

推动税收服务创新,包括一窗国地办税、一厅自助办理、培训辅导点单、缴纳方式多元、业务自主预约、税银信息互动、税收遵从合作、创新网上服务等举措。推进产业预警、信息公开、公平竞争、权益保障制度创新。建立健全国际仲裁、商事调解机制。

(二)深化投资领域改革。

3. 提升利用外资水平。对外商投资实行准入前国民待遇加负面清单管理制度,着力构建与负面清单管理方式相适应的事中事后监管制度。外商投资准入特别管理措施(负面清单)之外领域的外商投资项目(国务院规定对国内投资项目保留核准的除外)和外商投资企业设立及变更实行备案制,由自贸试验区负责办理。进一步减少或取消外商投资准入限制,提高开放度和透明度,做好对外开放的压力测试和风险测试。积极有效引进境外资金、先进技术和高端人才,提升利用外资综合质量。外商在自贸试验区内投资适用《自由贸易试验区外商投资准入特别管理措施(负面清单)》和《自由贸易试验区外商投资国家安全审查试行办法》。探索强化外商投资实际控制人管理,建立外商投资信息报告制度和外商投资信息公示平台,充分发挥国家企业信用信息公示系统作用,提升外商投资全周期监管的科学性、规范性和透明度。完善投资者权益保障机制,允许符合条件的境外投资者自由转移其投资收益。

4. 构筑对外投资服务促进体系。实行以备案制为主的境外投资管理方式。鼓励企业开展多种形式的对外投资合作。发挥优惠贷款作用,支持自贸试验区内企业参与大型成套设备出口、工程承包和大型投资项目。支持"走出去"企业以境外资产和股权、矿权等权益为抵押获得贷款,提高企业融资能力。完善"走出去"政策促进、服务保障和风险防控体系,扩大企业对外投资。

(三)推进贸易转型升级。

5. 实施贸易便利化措施。依托电子口岸公共平台,完善国际贸易"单一窗口"的货物进出口和运输工具进出境的应用功能,实现贸易许可、资质登记等平台作用,将涉及贸易监管的部门逐步纳入"单一窗口"管理平台,进一步优化口岸监管执法流程和通关流程。将出口退税申报功能纳入"单一窗口"建设项目。推进自贸试验区内各区域之间通关一体化。大力发展转口贸易,放宽海运货物直接运输判定标准。优化沿海捎带业务监管模式,提高中资非五星旗船沿海捎带业务通关效率。在执行现行税收政策的前提下,提升超大超限货物的通关、运输、口岸服务等综合能力。鼓励企业参与"自主报税、自助通关、自动审放、重点稽核"等监管制度创新试点。加快形成贸易便利化创新举措的标准化制度规范,覆盖到所有符合条件的企业。

自贸试验区内的海关特殊监管区域实施"一线放开"、"二线安全高效管住"的通关监管服务模式。在确保有效监管前提下,在海关特殊监管区域探索建立货物状态分类监管模式。在严格执行货物进出口税收政策的前提下,允许在海关特殊监管区域内设立保税展示交易平台。试点开展境内外高技术、高附加值、风险可控的维修业务。对注册在自贸试验区海关特殊监管区域内的融资租赁企业进出口飞机、船舶和海洋工程结构物等大型设备涉及跨关区的,在确保有效监管和执行现行相关税收政策的前提下,按物流实际需要,实行海关异地委托监管。

6.完善国际贸易服务体系。建立离岸贸易制度,发展离岸贸易。培育跨国企业设立面对国内外两个市场的结算中心和区域性总部,建立整合物流、贸易等功能的营运中心。依托大连商品交易所,支持拓展新的交易品种,促进发展大宗商品国际贸易。探索建立与国际大宗商品交易相适应的外汇管理和海关监管制度。鼓励国内期货交易所在自贸试验区海关特殊监管区域内开展期货保税交易、仓单质押融资等业务。在总结期货保税交割试点经验基础上,扩大期货保税交割试点的品种。推动自贸试验区内符合条件的原油加工企业申请原油进口及使用资质。鼓励自贸试验区内企业统筹开展国际国内贸易,形成内外贸一体化发展促进机制。推进对外文化贸易基地建设,深化艺术品交易市场功能拓展。推动检测维修、生物医药、软件信息、管理咨询、数据服务、文化创意等服务外包业务发展。依托中国(大连)跨境电子商务综合试验区,加快推进跨境贸易电子商务配套平台建设。按照公平竞争原则,完善海关监管、检验检疫、退税、物流等国际贸易支撑系统。鼓励设立第三方检验鉴定机构,积极推进采信第三方检验鉴定结果。

(四)深化金融领域开放创新。

7.推动跨境人民币业务创新发展。探索建立与自贸试验区相适应的本外币账户管理体系,促进跨境贸易、投融资结算便利化。允许自贸试验区内企业的境外母公司或子公司按照有关规定在境内发行人民币债券。允许外资股权投资管理机构、外资创业投资管理机构在自贸试验区发起管理人民币股权投资和创业投资基金。允许自贸试验区内租赁公司在境外开立人民币账户用于跨境人民币租赁业务。扩大人民币跨境使用,自贸试验区内银行可按有关规定发放境外项目人民币贷款。开展跨国企业集团跨境双向人民币资金池业务。

8.深化外汇管理体制改革。进一步简化经常项目外汇收支手续,在真实、合法交易基础上,自贸试验区内货物贸易外汇管理分类等级为A类企业的外汇收入无需开立待核查账户。银行按照"了解客户、了解业务、尽职审查"的展业三原则办理经常项目收结汇、购付汇手续。进一步简化资金池管理,允许经银行审核真实、合法的电子单证办理经常项目集中收付汇、轧差净额结算业务。支持商业保理业务发展,探索适合商业保理发展的外汇管理模式。允许自贸试验区内符合条件的融资租赁业务收取外币租金。支持发展总部经济。放宽跨国公司外汇资金集中运营管理准入条件。

9.增强金融服务功能。进一步推进内资融资租赁企业试点,注册在自贸试验区内的内资融资租赁试点企业由自贸试验区所在省级商务主管部门和同级国家税务局审核;加强事中事后监管,探索建立融资租赁企业设立和变更的备案制度、违反行业管理规定的处罚制度、失信和经营异常企业公示制度、属地监管部门对企业定期抽查检查制度。支持自贸试验区内符合互认条件的基金产品参与内地与香港基金产品互认。取消对自贸试验区内保险支公司高管人员任职资格的事前审批,由自贸试验区所在省级保监机构实施备案管理。逐步允许境外企业参与商品期货交易。结合自贸试验区产业基础和产业发展方向,围绕新型工业化方向和产业转型升级需求,创新金融产品和金融服务。进一步提升金融服务实体经济的能力,逐步完善适合东北老工业基地振兴发展的新型金融支撑体系。

10. 建立健全金融风险防控体系。落实风险为本的原则,探索建立跨境资金流动风险监管机制,强化开展反洗钱、反恐怖融资、反逃税工作,防止非法资金跨境、跨区流动。建立适应金融改革创新举措的事中事后监管体系。

(五)加快老工业基地结构调整。

11. 深化国资国企改革。完善国有企业治理模式和经营机制,实施分类监管和改革,探索健全以管资本为主的国有资产监管体系。稳妥推进自贸试验区内企业混合所有制改革,探索各种所有制资本优势互补、相互促进的体制机制。建立健全产权清晰、权责明确、政企分开、管理科学的现代企业制度。推进经营性国有资产集中统一监管,优化国有资本配置,放大国有资本功能,大力推进国有资产资本化。简化地方国有创投企业股权投资退出程序,地方国有创投企业使用国有资产评估报告实行事后备案。

12. 促进产业转型升级。完善有利于推动产业集群发展的体制机制,鼓励智能装备、海洋工程装备、航空制造、汽车(重点是新能源汽车)、新材料、高技术船舶、电子信息、生物医药和高端医疗器械、商贸及快递等现代物流、海水利用等产业向自贸试验区集聚。加快工业化与信息化深度融合,培育发展大数据、云计算、工业互联网等新一代信息技术产业,构建先进装备制造业、战略性新兴产业和现代服务业融合发展的产业布局。利用地方政府投资设立的产业(创业)投资引导基金,支持新兴特色产业集群式发展。鼓励自贸试验区内企业通过跨区域兼并重组推动产业整合。加快中德(沈阳)高端装备制造产业园、大连国家生态工业示范园区与自贸试验区协同发展,打造国际产业投资贸易合作平台。

13. 发展生产性服务业。鼓励自贸试验区内企业开展系统集成、设备租赁、提供解决方案、再制造、检验检测、远程咨询等增值服务。推进专业技术研发、工业设计等集成创新载体及工程研究中心、科研实验室、企业技术中心建设。搭建科技成果推广、科技管理咨询、市场营销等公共服务平台。支持设立符合规定的加工贸易产品内销平台和加工贸易采购、分拨中心。鼓励金融机构、装备制造企业集团在自贸试验区内设立租赁公司或专营租赁业务的子公司,重点开展飞机、船舶、海洋工程结构物、轨道交通车辆、农用机械、高端医疗设备、大型成套设备等融资租赁服务。

14. 构筑科技创新和人才高地。推动科研机构、高校、企业协同创新。按市场化方式,加强与国家科技成果转化引导基金、战略性新兴产业创业投资引导基金、国家中小企业发展基金的对接,设立一批专业化创业投资子基金。依托现有交易场所开展科技成果转化交易。引进境外优质教育资源,推动教育国际化。探索适应企业国际化发展需要的创新人才服务体系和国际人才流动制度。完善创新人才集聚和培育机制,推进人才、项目、资金深度融合。加大对海外人才服务力度,提高境内外人员出入境、外籍人员签证和居留、就业许可、驾照申领等事项办理的便利化水平。

15. 推进东北一体化协同发展。增强自贸试验区口岸服务辐射功能,完善海关通关一体化改革,开展货物通关、贸易统计、"经认证的经营者"互认、检验检测认证等方面合作,逐步实现信息互换、监管互认、执法互助。优化内陆无水港和物流网络布局,加速实现自贸试验区与东北其他地区口岸间互通互联,推进东北地区在研发设计、生产销售、物流配送、人才交流、教育培训等方面的协同配合。

(六)加强东北亚区域开放合作。

16.推进与东北亚全方位经济合作。充分发挥辽宁作为全国重要的老工业基地和欧亚大陆桥东部重要节点的区位、交通、产业及人文等综合优势,推进国家自主创新示范区、全面创新改革试验区、大连金普新区、国家级经济技术开发区、国家级高新技术产业开发区与自贸试验区的互动发展。加快融入"一带一路"建设,不断扩大和丰富东北亚区域合作内涵,全面融入中蒙俄经济走廊建设,巩固对日、对韩合作,加速利用国际国内两个市场、两种资源,进一步扩大东北亚国际合作,在更大范围、更宽领域参与国际竞争。

17.加快构建双向投资促进合作新机制。推进自贸试验区与"一带一路"沿线国家及日、韩、朝等国的国际产能和装备制造合作,完善国际产能合作金融支持体系,促进由装备产品输出为主向技术输出、资本输出、产品输出、服务输出和标准输出并举转变,加大优势产业"走出去"拓展国际市场的步伐。充分利用自贸试验区国际化贸易规则,提升优势产品在"一带一路"沿线国家及日、韩、朝等国的市场占有率。引导优势企业开展境外工程承包,投资建设境外园区。推动日、韩、俄等国先进制造业、战略性新兴产业、现代服务业等产业在自贸试验区内集聚发展。探索与东北亚各国在文化、教育、体育、卫生、娱乐等专业服务领域开展投资合作。

18.构建连接亚欧的海陆空大通道。依托自贸试验区加快大连东北亚国际航运中心建设进程,推进营口港海铁联运和沈阳跨境铁路通道建设。加快沈阳内陆无水港建设步伐,支持海关多式联运监管中心建设,构建沈阳—营口陆海联运系统。支持自贸试验区与"一带一路"沿线国家开展海关、检验检疫、认证认可、标准计量等方面的合作与交流,探索与"一带一路"沿线国家开展贸易供应链安全与便利合作。

19.建设现代物流体系和国际航运中心。打造面向东北亚的现代物流体系和具有国际竞争力的港航发展制度与运作模式。深化自贸试验区多港区联动机制,推进海陆空邮联动发展。建立航空物流枢纽中心,促进港航要素集聚,增强空港服务功能。加快东北亚区域性邮轮港口和国际客滚中心建设。加强邮政和快递集散中心建设,依托日韩海运和中欧班列(辽宁)海铁联运运输邮件、快件,建设有影响力的国际邮件互换局。在交通运输领域,完善快件处理设施和绿色通道。将外资经营国际船舶管理业务的许可权限下放给辽宁省。建设保税航油站和保税油供应基地。支持开展船员管理改革试点工作,在船员培训方面按规定给予政策支持。推动与旅游相关的邮轮、游艇等旅游运输工具出行的便利化。

四、保障机制

(一)强化法制保障。

自贸试验区需要暂时调整实施有关行政法规、国务院文件和经国务院批准的部门规章的部分规定的,按规定程序办理。各有关部门要支持自贸试验区在各领域深化改革开放试点、加大压力测试,辽宁省要通过地方立法,建立与试点要求相适应的自贸试验区管理制度。

(二)完善配套税收政策。

落实现有相关税收政策,充分发挥现有政策的支持促进作用。中国(上海)自由贸易试验区、中国(广东)自由贸易试验区、中国(天津)自由贸易试验区和中国(福建)自由贸易试验区已经试点的税收政策原则上可在自贸试验区进行试点,其中促进贸易的选择性征收关税、其他相关进出口税收等政策在自贸试验区内的海关特殊监管区域进行试点。自贸试验区内的海关特殊监管区域范围和税收政策适用范围维持不变。此外,在符合税制改革方向和国际惯例,以及不导致利润转移和税基侵蚀的前提下,积极研究完善境外所得税收抵免的税收政策。

(三)加强组织实施。

按照党中央、国务院统一部署,在国务院自由贸易试验区工作部际联席会议统筹协调下,由辽宁省完善试点任务组织实施保障机制,按照总体筹划、分步实施、率先突破、逐步完善的原则加快实施。各有关部门要大力支持,及时制定实施细则或办法,加强指导和服务,共同推进相关体制机制创新,把自贸试验区建设好、管理好。在实施过程中,要创新思路、寻找规律、解决问题、积累经验;要充分发挥地方和部门的积极性,因地制宜、突出特色,做好对比试验和互补试验;要抓好改革措施的落实,重大事项要及时向国务院请示报告。

(四)总结推广可复制的试点经验。

自贸试验区要及时总结改革创新经验和成果。国务院自由贸易试验区工作部际联席会议办公室要会同辽宁省人民政府及有关部门,及时总结评估自贸试验区改革开放创新试点任务实施效果,加强各领域试点经验系统集成,并委托第三方机构进行独立评估。对试点效果好、风险可控且可复制可推广的成果,实施分类审查程序后复制推广至全国其他地区。

国务院关于做好自由贸易试验区新一批改革试点经验复制推广工作的通知

国发〔2016〕63号

各省、自治区、直辖市人民政府,国务院各部委、各直属机构:

设立自由贸易试验区(以下简称自贸试验区)是党中央、国务院在新形势下作出的重大决策。2015年4月,中国(广东)自由贸易试验区、中国(天津)自由贸易试验区、中国(福建)自由贸易试验区以及中国(上海)自由贸易试验区扩展区域运行。1年多来,4省市和有关部门按照党中央、国务院部署,以制度创新为核心,简政放权、放管结合、优化服务,推动自贸试验区在投资、贸易、金融、事中事后监管等多个方面进行了大胆探索,形成了新一批改革创新成果。经党中央、国务院批准,自贸试验区可复制、可推广的新一批改革试点经验将在全国范围内复制推广。现就有关事项通知如下:

一、复制推广的主要内容

（一）在全国范围内复制推广的改革事项。

1. 投资管理领域："负面清单以外领域外商投资企业设立及变更审批改革"、"税控发票领用网上申请"、"企业简易注销"等3项。

2. 贸易便利化领域："依托电子口岸公共平台建设国际贸易单一窗口，推进单一窗口免费申报机制"、"国际海关经认证的经营者（AEO）互认制度"、"出境加工监管"、"企业协调员制度"、"原产地签证管理改革创新"、"国际航行船舶检疫监管新模式"、"免除低风险动植物检疫证书清单制度"等7项。

3. 事中事后监管措施："引入中介机构开展保税核查、核销和企业稽查"、"海关企业进出口信用信息公示制度"等2项。

（二）在海关特殊监管区域复制推广的改革事项。

包括："入境维修产品监管新模式"、"一次备案，多次使用"、"委内加工监管"、"仓储货物按状态分类监管"、"大宗商品现货保税交易"、"保税展示交易货物分线监管、预检验和登记核销管理模式"、"海关特殊监管区域间保税货物流转监管模式"等7项。

二、高度重视推广工作

各地区、各部门要深刻认识复制推广自贸试验区改革试点经验的重大意义，将复制推广工作作为贯彻落实创新、协调、绿色、开放、共享的发展理念，推进供给侧结构性改革的重要举措，积极转变政府管理理念，提高政府管理水平，着力推动制度创新，深入推进简政放权、放管结合、优化服务改革，逐步构建与我国开放型经济发展要求相适应的新体制、新模式，持续释放改革红利，增强发展新动能、拓展发展新空间。

三、切实做好组织实施

各省（区、市）人民政府要将自贸试验区改革试点经验复制推广工作列为本地区重点工作，完善领导机制和复制推广工作机制，积极创造条件、扎实推进，确保改革试点经验落地生根，产生实效。国务院各有关部门要按照规定时限完成复制推广工作，需报国务院批准的事项要按程序报批，需调整有关行政法规、国务院文件和部门规章规定的，要按法定程序办理。国务院自由贸易试验区工作部际联席会议办公室要适时督促检查改革试点经验复制推广工作进展情况及其效果。复制推广工作中遇到的重大问题，要及时向国务院报告。

附件：自由贸易试验区改革试点经验复制推广工作任务分工表（略——编者注）

国务院
2016年11月2日

国务院关于在自由贸易试验区暂时调整有关行政法规、国务院文件和经国务院批准的部门规章规定的决定

国发〔2016〕41号

各省、自治区、直辖市人民政府，国务院各部委、各直属机构：

　　为保障自由贸易试验区有关改革开放措施依法顺利实施，根据《全国人民代表大会常务委员会关于授权国务院在中国（广东）自由贸易试验区、中国（天津）自由贸易试验区、中国（福建）自由贸易试验区以及中国（上海）自由贸易试验区扩展区域暂时调整有关法律规定的行政审批的决定》，以及《中国（广东）自由贸易试验区总体方案》、《中国（天津）自由贸易试验区总体方案》、《中国（福建）自由贸易试验区总体方案》和《进一步深化中国（上海）自由贸易试验区改革开放方案》，国务院决定，在自由贸易试验区暂时调整《中华人民共和国外资企业法实施细则》等18部行政法规、《国务院关于投资体制改革的决定》等4件国务院文件、《外商投资产业指导目录（2015年修订）》等4件经国务院批准的部门规章的有关规定（目录附后）。

　　国务院有关部门和天津市、上海市、福建省、广东省人民政府要根据上述调整情况，及时对本部门、本省市制定的规章和规范性文件作相应调整，建立与试点要求相适应的管理制度。

　　根据自由贸易试验区改革开放措施的试验情况，本决定内容适时进行调整。

　　附件：国务院决定在自由贸易试验区暂时调整有关行政法规、国务院文件和经国务院批准的部门规章规定目录

国务院
2016年7月1日

附件：

国务院决定在自由贸易试验区暂时调整有关行政法规、国务院文件和经国务院批准的部门规章规定目录

序号	有关行政法规、国务院文件和经国务院批准的部门规章规定	调整情况	实施范围
1	1.《指导外商投资方向规定》 第十二条第一款的有关规定：根据现行审批权限，外商投资项目按照项目性质分别由发展计划部门和经贸部门审批、备案。 2.《外国企业或者个人在中国境内设立合伙企业管理办法》 第十三条：外国企业或者个人在中国境内设立合伙企业涉及须经政府核准的投资项目的，依照国家有关规定办理投资项目核准手续。 3.《国务院关于投资体制改革的决定》（国发〔2004〕20号） 第二部分第二项的有关规定：对于外商投资项目，政府还要从市场准入、资本项目管理等方面进行核准。 4.《国务院关于进一步做好利用外资工作的若干意见》（国发〔2010〕9号） 第四部分第十六项的有关规定：《外商投资产业指导目录》中总投资（包括增资）3亿美元以下的鼓励类、允许类项目，除《政府核准的投资项目目录》规定需由国务院有关部门核准之外，由地方政府有关部门核准。	在负面清单之外的领域，暂时停止实施外商投资项目核准（国务院规定对国内投资项目保留核准的除外），改为备案管理	广东、天津、福建自由贸易试验区，上海自由贸易试验区扩展区域
2	《政府核准的投资项目目录（2014年本）》 十一、外商投资 《外商投资产业指导目录》中有中方控股（含相对控股）要求的总投资（含增资）10亿美元及以上鼓励类项目，总投资（含增资）1亿美元及以上限制类（不含房地产）项目，由国务院投资主管部门核准，其中总投资（含增资）20亿美元及以上项目报国务院备案。《外商投资产业指导目录》限制类中的房地产项目和总投资（含增资）小于1亿美元的其他限制类项目，由省级政府核准。《外商投资产业指导目录》中有中方控股（含相对控股）要求的总投资（含增资）小于10亿美元的鼓励类项目，由地方政府核准。	在负面清单之外的领域，暂时停止实施外商投资项目核准（国务院规定对国内投资项目保留核准的除外），改为备案管理	上海、广东、天津、福建自由贸易试验区

（续表）

序号	有关行政法规、国务院文件和经国务院批准的部门规章规定	调整情况	实施范围
3	1.《中华人民共和国外资企业法实施细则》 第七条：设立外资企业的申请，由中华人民共和国对外贸易经济合作部（以下简称对外贸易经济合作部）审查批准后，发给批准证书。设立外资企业的申请属于下列情形的，国务院授权省、自治区、直辖市和计划单列市、经济特区人民政府审查批准后，发给批准证书： （一）投资总额在国务院规定的投资审批权限以内的； （二）不需要国家调拨原材料，不影响能源、交通运输、外贸出口配额等全国综合平衡的。省、自治区、直辖市和计划单列市、经济特区人民政府在国务院授权范围内批准设立外资企业，应当在批准后15天内报对外贸易经济合作部备案（对外贸易经济合作部和省、自治区、直辖市和计划单列市、经济特区人民政府，以下统称审批机关）。 第十六条：外资企业的章程经审批机关批准后生效，修改时同。 2.《指导外商投资方向规定》 第十二条第一款的有关规定：外商投资企业的合同、章程由外经贸部门审批、备案。其中，限制类限额以下的外商投资项目由省、自治区、直辖市及计划单列市人民政府的相应主管部门审批，同时报上级主管部门和行业主管部门备案，此类项目的审批权不得下放。属于服务贸易领域逐步开放的外商投资项目，按照国家有关规定审批。 3.《国务院关于进一步做好利用外资工作的若干意见》（国发〔2010〕9号） 第四部分第十六项的有关规定：服务业领域外商投资企业的设立（金融、电信服务除外）由地方政府按照有关规定进行审批。	在负面清单之外的领域，暂时停止实施外资企业设立审批，改为备案管理	广东、天津、福建自由贸易试验区，上海自由贸易试验区扩展区域
4	《中华人民共和国外资企业法实施细则》 第十七条：外资企业的分立、合并或者由于其他原因导致资本发生重大变动，须经审批机关批准，并应当聘请中国的注册会计师验证和出具验资报告；经审批机关批准后，向工商行政管理机关办理变更登记手续。	在负面清单之外的领域，暂时停止实施外资企业分立、合并或者其他原因导致资本发生重大变动审批，改为备案管理	广东、天津、福建自由贸易试验区，上海自由贸易试验区扩展区域

（续表）

序号	有关行政法规、国务院文件和经国务院批准的部门规章规定	调整情况	实施范围
5	《中华人民共和国外资企业法实施细则》 第二十一条：外资企业在经营期内不得减少其注册资本。但是，因投资总额和生产经营规模等发生变化，确需减少的，须经审批机关批准。 第二十二条：外资企业注册资本的增加、转让，须经审批机关批准，并向工商行政管理机关办理变更登记手续。	在负面清单之外的领域，暂时停止实施外资企业注册资本减少、增加、转让审批，改为备案管理	广东、天津、福建自由贸易试验区，上海自由贸易试验区扩展区域
6	《中华人民共和国外资企业法实施细则》 第二十三条：外资企业将其财产或者权益对外抵押、转让，须经审批机关批准并向工商行政管理机关备案。	在负面清单之外的领域，暂时停止实施外资企业财产或者权益对外抵押、转让审批，改为备案管理	广东、天津、福建自由贸易试验区，上海自由贸易试验区扩展区域
7	《中华人民共和国外资企业法实施细则》 第二十五条第二款：经审批机关批准，外国投资者也可以用其从中国境内举办的其他外商投资企业获得的人民币利润出资。	在负面清单之外的领域，暂时停止实施外国投资者出资方式审批，改为备案管理	广东、天津、福建自由贸易试验区，上海自由贸易试验区扩展区域
8	《中华人民共和国外资企业法实施细则》 第三十八条：外资企业的土地使用年限，与经批准的该外资企业的经营期限相同。 第六十八条：外资企业的经营期限，根据不同行业和企业的具体情况，由外国投资者在设立外资企业的申请书中拟订，经审批机关批准。 第六十九条第二款：外资企业经营期满需要延长经营期限的，应当在距经营期满180天前向审批机关报送延长经营期限的申请书。审批机关应当在收到申请书之日起30天内决定批准或者不批准。	在负面清单之外的领域，暂时停止实施外资企业经营期限审批，改为备案管理	广东、天津、福建自由贸易试验区，上海自由贸易试验区扩展区域
9	《中华人民共和国外资企业法实施细则》 第七十条第二款：外资企业如存在前款第（二）、（三）、（四）项所列情形，应当自行提交终止申请书，报审批机关核准。审批机关作出核准的日期为企业的终止日期。 第七十一条：外资企业依照本实施细则第七十条第（一）、（二）、（三）、（六）项的规定终止的，应当在终止之日起15天内对外公告并通知债权人，并在终止公告发出之日起15天内，提出清算程序、原则和清算委员会人选，报审批机关审核后进行清算。	在负面清单之外的领域，暂时停止实施外资企业终止核准，改为备案管理	广东、天津、福建自由贸易试验区，上海自由贸易试验区扩展区域

（续表）

序号	有关行政法规、国务院文件和经国务院批准的部门规章规定	调整情况	实施范围
10	1.《中华人民共和国中外合资经营企业法实施条例》 第六条第一款、第二款、第三款： 在中国境内设立合营企业，必须经中华人民共和国对外贸易经济合作部（以下简称对外贸易经济合作部）审查批准。批准后，由对外贸易经济合作部发给批准证书。 凡具备下列条件的，国务院授权省、自治区、直辖市人民政府或者国务院有关部门审批： （一）投资总额在国务院规定的投资审批权限以内，中国合营者的资金来源已经落实的； （二）不需要国家增拨原材料，不影响燃料、动力、交通运输、外贸出口配额等方面的全国平衡的。 依照前款批准设立的合营企业，应当报对外贸易经济合作部备案。 第十四条：合营企业协议、合同和章程经审批机构批准后生效，其修改时同。 2.《指导外商投资方向规定》 第十二条第一款的有关规定：外商投资企业的合同、章程由外经贸部门审批、备案。其中，限制类限额以下的外商投资项目由省、自治区、直辖市及计划单列市人民政府的相应主管部门审批，同时报上级主管部门和行业主管部门备案，此类项目的审批权不得下放。属于服务贸易领域逐步开放的外商投资项目，按照国家有关规定审批。 3.《国务院关于进一步做好利用外资工作的若干意见》（国发〔2010〕9号） 第四部分第十六项的有关规定：服务业领域外商投资企业的设立（金融、电信服务除外）由地方政府按照有关规定进行审批。	在负面清单之外的领域，暂时停止实施中外合资经营企业设立审批，改为备案管理	广东、天津、福建自由贸易试验区，上海自由贸易试验区扩展区域
11	《中华人民共和国中外合资经营企业法实施条例》 第二十条第一款：合营一方向第三者转让其全部或者部分股权的，须经合营他方同意，并报审批机构批准，向登记管理机构办理变更登记手续。	在负面清单之外的领域，暂时停止实施中外合资经营企业转让股权审批，改为备案管理	广东、天津、福建自由贸易试验区，上海自由贸易试验区扩展区域

（续表）

序号	有关行政法规、国务院文件和经国务院批准的部门规章规定	调整情况	实施范围
12	《中华人民共和国中外合资经营企业法实施条例》 第十九条：合营企业在合营期内不得减少其注册资本。因投资总额和生产经营规模等发生变化，确需减少的，须经审批机构批准。 第二十一条：合营企业注册资本的增加、减少，应当由董事会会议通过，并报审批机构批准，向登记管理机构办理变更登记手续。	在负面清单之外的领域，暂时停止实施中外合资经营企业增加、减少注册资本审批，改为备案管理	广东、天津、福建自由贸易试验区，上海自由贸易试验区扩展区域
13	《中华人民共和国中外合资经营企业法实施条例》 第二十七条：外国合营者作为出资的机器设备或者其他物料、工业产权或者专有技术，应当报审批机构批准。	在负面清单之外的领域，暂时停止实施外国合营者出资方式审批，改为备案管理	广东、天津、福建自由贸易试验区，上海自由贸易试验区扩展区域
14	《中外合资经营企业合营期限暂行规定》 第四条：合营各方在合营合同中不约定合营期限的合营企业，按照国家规定的审批权限和程序审批。除对外经济贸易部直接审批的外，其他审批机关应当在批准后30天内报对外经济贸易部备案。 第六条第一款：在本规定施行之前已经批准设立的合营企业，按照批准的合营合同约定的期限执行，但属本规定第三条规定以外的合营企业，合营各方一致同意将合营合同中合营期限条款修改为不约定合营期限的，合营各方应当申报理由，签订修改合营合同的协议，并提出申请，报原审批机关审查。	在负面清单之外的领域，暂时停止实施中外合资经营企业经营期限审批，改为备案管理	广东、天津、福建自由贸易试验区，上海自由贸易试验区扩展区域
15	《中华人民共和国中外合资经营企业法实施条例》 第九十条第二款：前款第（二）、（四）、（五）、（六）项情况发生的，由董事会提出解散申请书，报审批机构批准；第（三）项情况发生的，由履行合同的一方提出申请，报审批机构批准。	在负面清单之外的领域，暂时停止实施中外合资经营企业解散审批，改为备案管理	广东、天津、福建自由贸易试验区，上海自由贸易试验区扩展区域

(续表)

序号	有关行政法规、国务院文件和经国务院批准的部门规章规定	调整情况	实施范围
16	1.《中华人民共和国中外合作经营企业法实施细则》 第六条：设立合作企业由对外贸易经济合作部或者国务院授权的部门和地方人民政府审查批准。 设立合作企业属于下列情形的，由国务院授权的部门或者地方人民政府审查批准： （一）投资总额在国务院规定由国务院授权的部门或者地方人民政府审批的投资限额以内的； （二）自筹资金，并且不需要国家平衡建设、生产条件的； （三）产品出口不需要领取国家有关主管部门发放的出口配额、许可证，或者虽需要领取，但在报送项目建议书前已征得国家有关主管部门同意的； （四）有法律、行政法规规定由国务院授权的部门或者地方人民政府审查批准的其他情形的。 2.《指导外商投资方向规定》 第十二条第一款的有关规定：外商投资企业的合同、章程由外经贸部门审批、备案。其中，限制类限额以下的外商投资项目由省、自治区、直辖市及计划单列市人民政府的相应主管部门审批，同时报上级主管部门和行业主管部门备案，此类项目的审批权不得下放。属于服务贸易领域逐步开放的外商投资项目，按照国家有关规定审批。 3.《国务院关于进一步做好利用外资工作的若干意见》（国发〔2010〕9号） 第四部分第十六项的有关规定：服务业领域外商投资企业的设立（金融、电信服务除外）由地方政府按照有关规定进行审批。	在负面清单之外的领域，暂时停止实施中外合作经营企业设立审批，改为备案管理	广东、天津、福建自由贸易试验区，上海自由贸易试验区扩展区域
17	《中华人民共和国中外合作经营企业法实施细则》 第十一条：合作企业协议、合同、章程自审查批准机关颁发批准证书之日起生效。在合作期限内，合作企业协议、合同、章程有重大变更的，须经审查批准机关批准。	在负面清单之外的领域，暂时停止实施中外合作经营企业协议、合同、章程重大变更审批，改为备案管理	广东、天津、福建自由贸易试验区，上海自由贸易试验区扩展区域

（续表）

序号	有关行政法规、国务院文件和经国务院批准的部门规章规定	调整情况	实施范围
18	《中华人民共和国中外合作经营企业法实施细则》 第十六条第二款：合作企业注册资本在合作期限内不得减少。但是，因投资总额和生产经营规模等变化，确需减少的，须经审查批准机关批准。	在负面清单之外的领域，暂时停止实施中外合作经营企业注册资本减少审批，改为备案管理	广东、天津、福建自由贸易试验区，上海自由贸易试验区扩展区域
19	《中华人民共和国中外合作经营企业法实施细则》 第二十三条第一款：合作各方之间相互转让或者合作一方向合作他方以外的他人转让属于其在合作企业合同中全部或者部分权利的，须经合作他方书面同意，并报审查批准机关批准。	在负面清单之外的领域，暂时停止实施中外合作经营企业合作方转让其在合作企业合同中的权利审批，改为备案管理	广东、天津、福建自由贸易试验区，上海自由贸易试验区扩展区域
20	《中华人民共和国中外合作经营企业法实施细则》 第三十五条第二款：合作企业应当将董事会或者联合管理委员会的决议、签订的委托经营管理合同，连同被委托人的资信证明等文件，一并报送审查批准机关批准。审查批准机关应当自收到有关文件之日起30天内决定批准或者不批准。	在负面清单之外的领域，暂时停止实施中外合作经营企业委托经营管理合同审批，改为备案管理	广东、天津、福建自由贸易试验区，上海自由贸易试验区扩展区域
21	《中华人民共和国中外合作经营企业法实施细则》 第四十五条第一款：外国合作者依照本实施细则第四十四条第二项和第三项的规定提出先行回收投资的申请，应当具体说明先行回收投资的总额、期限和方式，经财政税务机关审查同意后，报审查批准机关审批。	在负面清单之外的领域，暂时停止实施外国合作者先行回收投资报审查批准机关审批，改为备案管理	广东、天津、福建自由贸易试验区，上海自由贸易试验区扩展区域
22	《中华人民共和国中外合作经营企业法实施细则》 第四十七条第二款：合作企业期限届满，合作各方协商同意要求延长合作期限的，应当在期限届满的180天前向审查批准机关提出申请，说明原合作企业合同执行情况，延长合作期限的原因，同时报送合作各方就延长的期限内各方的权利、义务等事项所达成的协议。审查批准机关应当自接到申请之日起30天内，决定批准或者不批准。	在负面清单之外的领域，暂时停止实施中外合作经营企业延长合作期限审批，改为备案管理	广东、天津、福建自由贸易试验区，上海自由贸易试验区扩展区域

（续表）

序号	有关行政法规、国务院文件和经国务院批准的部门规章规定	调整情况	实施范围
	第四十七条第四款：合作企业合同约定外国合作者先行回收投资，并且投资已经回收完毕的，合作企业期限届满不再延长；但是，外国合作者增加投资的，经合作各方协商同意，可以依照本条第二款的规定向审查批准机关申请延长合作期限。		
23	《中华人民共和国中外合作经营企业法实施细则》 第四十八条第二款：前款第二项、第四项所列情形发生，应当由合作企业的董事会或者联合管理委员会做出决定，报审查批准机关批准。在前款第三项所列情形下，不履行合作企业合同、章程规定的义务的中外合作者一方或者数方，应当对履行合同的他方因此遭受的损失承担赔偿责任；履行合同的一方或者数方有权向审查批准机关提出申请，解散合作企业。	在负面清单之外的领域，暂时停止实施中外合作经营企业解散审批，改为备案管理	广东、天津、福建自由贸易试验区，上海自由贸易试验区扩展区域
24	《中华人民共和国台湾同胞投资保护法实施细则》 第十条：设立台湾同胞投资企业，应当向对外贸易经济合作部或者国务院授权的部门和地方人民政府提出申请，接到申请的审批机关应当自接到全部申请文件之日起45日内决定批准或者不批准。 设立台湾同胞投资企业的申请经批准后，申请人应当自接到批准证书之日起30日内，依法向企业登记机关登记注册，领取营业执照。	在负面清单之外的领域，暂时停止实施台湾同胞投资企业设立审批，改为备案管理	广东、天津、福建自由贸易试验区，上海自由贸易试验区扩展区域
25	《外商投资产业指导目录（2015年修订）》 限制外商投资产业目录 1.农作物新品种选育和种子生产（中方控股）	对从事农作物（粮棉油作物除外）新品种选育（转基因除外）和种子生产（转基因除外）的两岸合资企业，暂时停止实施由大陆方面控股的要求，但台商不能独资	福建自由贸易试验区

（续表）

序号	有关行政法规、国务院文件和经国务院批准的部门规章规定	调整情况	实施范围
26	《外商投资产业指导目录(2015年修订)》鼓励外商投资产业目录 11.石油、天然气(含油页岩、油砂、页岩气、煤层气等非常规油气)的勘探、开发和矿井瓦斯利用(限于合资、合作)	暂时停止实施相关内容，允许外商以独资形式从事矿井瓦斯利用	上海、广东、天津、福建自由贸易试验区
27	《外商投资产业指导目录(2015年修订)》鼓励外商投资产业目录 206.汽车电子装置制造与研发：发动机和底盘电子控制系统及关键零部件，车载电子技术(汽车信息系统和导航系统)，汽车电子总线网络技术(限于合资)，电子控制系统的输入(传感器和采样系统)输出(执行器)部件，电动助力转向系统电子控制器(限于合资)，嵌入式电子集成系统、电控式空气弹簧、电子控制式悬挂系统，电子气门系统装置，电子组合仪表，ABS/TCS/ESP系统，电路制动系统(BBW)，变速器电控单元(TCU)，轮胎气压监测系统(TPMS)，车载故障诊断仪(OBD)，发动机防盗系统，自动避撞系统，汽车、摩托车型试验及维修用检测系统	暂时停止实施相关内容，允许外商以独资形式从事汽车电子总线网络技术、电动助力转向系统电子控制器的制造与研发	上海、广东、天津、福建自由贸易试验区
28	《外商投资产业指导目录(2015年修订)》鼓励外商投资产业目录 207.新能源汽车关键零部件制造：能量型动力电池(能量密度≥110Wh/kg，循环寿命≥2000次，外资比例不超过50%)，电池正极材料(比容量≥150mAh/g，循环寿命2000次不低于初始放电容量的80%)，电池隔膜(厚度15—40μm，孔隙率40%~60%)；电池管理系统，电机管理系统，电动汽车电控集成；电动汽车驱动电机(峰值功率密度≥2.5kW/kg，高效区：65%工作区效率≥80%)，车用DC/DC(输入电压100V—400V)，大功率电子器件(IGBT，电压等级≥600V，电流≥300A)；插电式混合动力机电耦合驱动系统	暂时停止实施相关内容，允许外商以独资形式从事能量型动力电池(能量密度≥110Wh/kg，循环寿命≥2000次)的制造	上海、广东、天津、福建自由贸易试验区

(续表)

序号	有关行政法规、国务院文件和经国务院批准的部门规章规定	调整情况	实施范围
29	《外商投资产业指导目录(2015年修订)》鼓励外商投资产业目录 209.轨道交通运输设备(限于合资、合作)	暂时停止实施相关内容,允许外商以独资形式从事与高速铁路、铁路客运专线、城际铁路配套的乘客服务设施和设备的研发、设计与制造,与高速铁路、铁路客运专线、城际铁路相关的轨道和桥梁设备研发、设计与制造,电气化铁路设备和器材制造,铁路客车排污设备制造	上海、广东、天津、福建自由贸易试验区
30	《外商投资产业指导目录(2015年修订)》鼓励外商投资产业目录 341.综合水利枢纽的建设、经营(中方控股)	暂时停止实施相关内容,允许外商以独资形式从事综合水利枢纽的建设、经营	上海、广东、天津、福建自由贸易试验区
31	《外商投资产业指导目录(2015年修订)》限制外商投资产业目录 6.豆油、菜籽油、花生油、棉籽油、茶籽油、葵花籽油、棕榈油等食用油脂加工(中方控股),大米、面粉、原糖加工,玉米深加工	暂时停止实施相关内容,允许外商以独资形式从事豆油、菜籽油、花生油、棉籽油、茶籽油、葵花籽油、棕榈油等食用油脂加工;暂时停止实施对外商从事大米、面粉、原糖加工和玉米深加工的限制	上海、广东、天津、福建自由贸易试验区
32	《外商投资产业指导目录(2015年修订)》限制外商投资产业目录 7.生物液体燃料(燃料乙醇、生物柴油)生产(中方控股)	暂时停止实施相关内容,允许外商以独资形式从事生物液体燃料(燃料乙醇、生物柴油)生产	上海、广东、天津、福建自由贸易试验区
33	《外商投资产业指导目录(2015年修订)》限制外商投资产业目录 21.粮食收购,粮食、棉花批发,大型农产品批发市场建设、经营	暂时停止实施对外商从事粮食收购,粮食、棉花批发,大型农产品批发市场建设、经营的限制	上海、广东、天津、福建自由贸易试验区

(续表)

序号	有关行政法规、国务院文件和经国务院批准的部门规章规定	调整情况	实施范围
34	1.《营业性演出管理条例》 　　第十条第一款、第二款：外国投资者可以与中国投资者依法设立中外合资经营、中外合作经营的演出经纪机构、演出场所经营单位；不得设立中外合资经营、中外合作经营、外资经营的文艺表演团体，不得设立外资经营的演出经纪机构、演出场所经营单位。 　　设立中外合资经营的演出经纪机构、演出场所经营单位，中国合营者的投资比例应当不低于51%；设立中外合作经营的演出经纪机构、演出场所经营单位，中国合作者应当拥有经营主导权。 　　第十一条第二款：台湾地区的投资者可以在内地投资设立合资、合作经营的演出经纪机构、演出场所经营单位，但内地合营者的投资比例应当不低于51%，内地合作者应当拥有经营主导权；不得设立合资、合作、独资经营的文艺表演团体和独资经营的演出经纪机构、演出场所经营单位。 2.《外商投资产业指导目录(2015年修订)》 　　限制外商投资产业目录 　　38.演出经纪机构(中方控股)	暂时停止实施相关内容，允许外国投资者、台湾地区的投资者设立独资演出经纪机构为本省市提供服务	广东、天津、福建自由贸易试验区，上海自由贸易试验区扩展区域
35	1.《中华人民共和国国际海运条例》 　　第二十八条：经国务院交通主管部门批准，外商可以依照有关法律、行政法规以及国家其他有关规定，投资设立中外合资经营企业或者中外合作经营企业，经营国际船舶运输、国际船舶代理、国际船舶管理、国际海运货物装卸、国际海运货物仓储、国际海运集装箱站和堆场业务；并可以投资设立外资企业经营国际海运货物仓储业务。 　　经营国际船舶运输、国际船舶代理业务的中外合资经营企业，企业中外商的出资比例不得超过49%。 　　经营国际船舶运输、国际船舶代理业务的中外合作经营企业，企业中外商的投资比例比照适用前款规定。	暂时停止实施相关内容，允许设立外商独资国际船舶管理、国际海运货物装卸、国际海运集装箱站和堆场企业，允许外商以合资、合作形式从事公共国际船舶代理业务，外方持股比例放宽至51%，由国务院交通运输主管部门制定相关管理办法	广东、天津、福建自由贸易试验区，上海自由贸易试验区扩展区域

(续表)

序号	有关行政法规、国务院文件和经国务院批准的部门规章规定	调整情况	实施范围
	中外合资国际船舶运输企业和中外合作国际船舶运输企业的董事会主席和总经理，由中外合资、合作双方协商后由中方指定。 2.《外商投资产业指导目录（2015年修订）》 　限制外商投资产业目录 　　22.船舶代理（中方控股）、外轮理货（限于合资、合作）		
36	1.《中华人民共和国国际海运条例》 　第二十八条：经国务院交通主管部门批准，外商可以依照有关法律、行政法规以及国家其他有关规定，投资设立中外合资经营企业或者中外合作经营企业，经营国际船舶运输、国际船舶代理、国际船舶管理、国际海运货物装卸、国际海运货物仓储、国际海运集装箱站和堆场业务；并可以投资设立外资企业经营国际海运货物仓储业务。 　经营国际船舶运输、国际船舶代理业务的中外合资经营企业，企业中外商的出资比例不得超过49%。 　经营国际船舶运输、国际船舶代理业务的中外合作经营企业，企业中外商的投资比例比照适用前款规定。 　中外合资国际船舶运输企业和中外合作国际船舶运输企业的董事会主席和总经理，由中外合资、合作双方协商后由中方指定。 2.《外商投资产业指导目录（2015年修订）》 　鼓励外商投资产业目录 　　310.定期、不定期国际海上运输业务（限于合资、合作）	暂时停止实施相关内容，允许设立外商独资国际船舶运输企业，从事国际海上船舶运输业务，由国务院交通运输主管部门制定相关管理办法	上海自由贸易试验区
37	1.《中华人民共和国国际海运条例》 　第二十八条：经国务院交通主管部门批准，外商可以依照有关法律、行政法规以及国家其他有关规定，投资设立中外合资经营企业或者中外合作经营企业，经营国际船舶运输、国际船舶代理、国际船舶管理、国际海运货物装卸、国际海运货物仓储、国际海运集装箱站和堆场业务；并可以投资设立外资企业经营国际海运货物仓储业务。	暂时停止实施相关内容，放宽设立中外合资、中外合作国际船舶运输企业的外商出资比例、投资比例限制，由国务院交通运输主管部门制定相关管理办法	广东、天津、福建自由贸易试验区

(续表)

序号	有关行政法规、国务院文件和经国务院批准的部门规章规定	调整情况	实施范围
	经营国际船舶运输、国际船舶代理业务的中外合资经营企业,企业中外商的出资比例不得超过49%。 经营国际船舶运输、国际船舶代理业务的中外合作经营企业,企业中外商的投资比例比照适用前款规定。 中外合资国际船舶运输企业和中外合作国际船舶运输企业的董事会主席和总经理,由中外合资、合作双方协商后由中方指定。 2.《外商投资产业指导目录(2015年修订)》 鼓励外商投资产业目录 310.定期、不定期国际海上运输业务(限于合资、合作)		
38	1.《中华人民共和国船舶登记条例》 第二条第一款:下列船舶应当依照本条例规定进行登记: (一)在中华人民共和国境内有住所或者主要营业所的中国公民的船舶。 (二)依据中华人民共和国法律设立的主要营业所在中华人民共和国境内的企业法人的船舶。但是,在该法人的注册资本中有外商出资的,中方投资人的出资额不得低于50%。 (三)中华人民共和国政府公务船舶和事业法人的船舶。 (四)中华人民共和国港务监督机构认为应当登记的其他船舶。 2.《中华人民共和国船舶和海上设施检验条例》 第十三条:下列中国籍船舶,必须向中国船级社申请入级检验: (一)从事国际航行的船舶; (二)在海上航行的乘客定额100人以上的客船; (三)载重量1000吨以上的油船; (四)滚装船、液化气体运输船和散装化学品运输船; (五)船舶所有人或者经营人要求入级的其他船舶。	暂时停止实施相关内容,加快国际船舶登记制度创新,基于对等原则逐步放开船级准入,由国务院交通运输主管部门制定相关管理办法	上海、广东、天津、福建自由贸易试验区

（续表）

序号	有关行政法规、国务院文件和经国务院批准的部门规章规定	调整情况	实施范围
39	《印刷业管理条例》 第十三条：国家允许设立中外合资经营印刷企业、中外合作经营印刷企业，允许设立从事包装装潢印刷品印刷经营活动的外资企业。具体办法由国务院出版行政部门会同国务院对外经济贸易主管部门制定。	暂时停止实施相关内容，允许设立从事其他印刷品印刷经营活动的外资企业，由国务院新闻出版主管部门制定相关管理办法	上海、广东、天津、福建自由贸易试验区
40	《外商投资民用航空业规定》 第四条第一款：外商投资方式包括： （一）合资、合作经营（简称"合营"）； （二）购买民航企业的股份，包括民航企业在境外发行的股票以及在境内发行的上市外资股； （三）其他经批准的投资方式。	暂时停止实施相关内容，允许外商以独资形式投资设立航空运输销售代理企业，由国务院民用航空主管部门制定相关管理办法	广东、天津、福建自由贸易试验区，上海自由贸易试验区扩展区域
41	《外商投资民用航空业规定》 第四条第一款：外商投资方式包括： （一）合资、合作经营（简称"合营"）； （二）购买民航企业的股份，包括民航企业在境外发行的股票以及在境内发行的上市外资股； （三）其他经批准的投资方式。 第六条第四款：外商投资飞机维修（有承揽国际维修市场业务的义务）和航空油料项目，由中方控股；货运仓储、地面服务、航空食品、停车场等项目，外商投资比例由中外双方商定。	暂时停止实施相关内容，允许外商以独资形式投资设立航空货运仓储、地面服务、航空食品、停车场项目；放宽外商投资通用飞机维修由中方控股的限制；取消外商投资飞机维修承揽国际维修市场业务的义务要求。由国务院民用航空主管部门制定相关管理办法	上海、广东、天津、福建自由贸易试验区
42	《中华人民共和国认证认可条例》 第十一条第一款：外商投资企业取得认证机构资质，除应当符合本条例第十条规定的条件外，还应当符合下列条件： （一）外方投资者取得其所在国家或者地区认可机构的认可； （二）外方投资者具有3年以上从事认证活动的业务经历。	暂时停止实施外商投资企业取得认证机构资质的特殊要求，由国务院质量监督检验检疫主管部门制定相关管理办法	广东、天津、福建自由贸易试验区，上海自由贸易试验区扩展区域
43	《娱乐场所管理条例》 第六条：外国投资者可以与中国投资者依法设立中外合资经营、中外合作经营的娱乐场所，不得设立外商独资经营的娱乐场所。	暂时停止实施相关内容，允许设立外商独资经营的娱乐场所，在自由贸易试验区内提供服务，由国务院文化主管部门制定相关管理办法	广东、天津、福建自由贸易试验区，上海自由贸易试验区扩展区域

(续表)

序号	有关行政法规、国务院文件和经国务院批准的部门规章规定	调整情况	实施范围
44	《中华人民共和国中外合作办学条例》 第六十条:在工商行政管理部门登记注册的经营性的中外合作举办的培训机构的管理办法,由国务院另行规定。	暂时停止实施相关内容,由国务院教育主管部门会同有关部门就经营性的中外合作举办的培训机构制定相关管理办法	广东、天津、福建自由贸易试验区,上海自由贸易试验区扩展区域
45	《旅行社条例》 第二十三条:外商投资旅行社不得经营中国内地居民出国旅游业务以及赴香港特别行政区、澳门特别行政区和台湾地区旅游的业务,但是国务院决定或者我国签署的自由贸易协定和内地与香港、澳门关于建立更紧密经贸关系的安排另有规定的除外。	暂时停止实施相关内容,允许在自由贸易试验区内注册的符合条件的外商投资旅行社经营中国内地居民出境旅游业务(台湾地区除外),由国务院旅游主管部门制定相关管理办法	上海、广东、天津、福建自由贸易试验区
46	1.《汽车产业发展政策》 第四十八条:汽车整车、专用汽车、农用运输车和摩托车中外合资生产企业的中方股份比例不得低于50%。股票上市的汽车整车、专用汽车、农用运输车和摩托车股份公司对外出售法人股份时,中方法人之一必须相对控股且大于外资法人股之和。同一家外商可在国内建立两家(含两家)以下生产同类(乘用车类、商用车类、摩托车类)整车产品的合资企业,如与中方合资伙伴联合兼并国内其他汽车生产企业可不受两家的限制。境外具有法人资格的企业相对控股另一家企业,则视为同一家外商。 2.《外商投资产业指导目录(2015年修订)》 限制外商投资产业目录 11.汽车整车、专用汽车和摩托车制造:中方股比不低于50%,同一家外商可在国内建立两家(含两家)以下生产同类(乘用车类、商用车类、摩托车类)整车产品的合资企业,如与中方合资伙伴联合兼并国内其他汽车生产企业可不受两家的限制	暂时停止实施相关内容,允许外商以独资形式从事摩托车生产,由国务院工业和信息化主管部门会同有关部门修订相关管理办法	上海、广东、天津、福建自由贸易试验区

（续表）

序号	有关行政法规、国务院文件和经国务院批准的部门规章规定	调整情况	实施范围
47	《钢铁产业发展政策》 第二十三条第四款：境外钢铁企业投资中国钢铁工业，须具有钢铁自主知识产权技术，其上年普通钢产量必须达到1000万吨以上或高合金特殊钢产量达到100万吨。投资中国钢铁工业的境外非钢铁企业，必须具有强大的资金实力和较高的公信度，提供银行、会计事务所出具的验资和企业业绩证明。境外企业投资国内钢铁行业，必须结合国内现有钢铁企业的改造和搬迁实施，不布新点。外商投资我国钢铁行业，原则上不允许外商控股。	暂时停止实施外商投资钢铁行业原则上不允许外商控股的要求，以及对外商的资质要求，允许设立外商独资钢铁生产企业，由国务院工业和信息化主管部门会同有关部门修订相关管理办法	上海、广东、天津、福建自由贸易试验区
48	《盐业管理条例》 第二十条：盐的批发业务，由各级盐业公司统一经营。未设盐公司的地方，由县级以上人民政府授权的单位统一组织经营。	暂时停止实施相关内容，允许外商以独资形式在自由贸易试验区内从事盐的批发业务	广东、天津、福建自由贸易试验区，上海自由贸易试验区扩展区域
49	《国务院办公厅转发国土资源部等部门关于进一步鼓励外商投资勘查开采非油气矿产资源若干意见的通知》（国办发〔2000〕70号） 一、进一步开放非油气矿产资源探矿权、采矿权市场 （三）外商投资从事风险勘探，经外经贸部批准，到工商行政管理机关依法登记注册，向国土资源部申请探矿权。 （六）外商申请设立采矿企业，须经外经贸部批准，到工商行政管理机关依法登记注册，向国土资源部申请采矿权。	暂时停止实施商务主管部门实施的外商在负面清单之外的非油气矿产资源领域从事风险勘探和设立采矿企业审批，改为备案管理	上海、广东、天津、福建自由贸易试验区
50	《直销管理条例》 第七条：申请成为直销企业，应当具备下列条件： （一）投资者具有良好的商业信誉，在提出申请前连续5年没有重大违法经营记录；外国投资者还应当有3年以上在中国境外从事直销活动的经验； （二）实缴注册资本不低于人民币8000万元； （三）依照本条例规定在指定银行足额缴纳了保证金； （四）依照规定建立了信息报备和披露制度。	暂时停止实施外国投资者应当有3年以上在中国境外从事直销活动的经验的要求，由国务院商务主管部门制定相关管理办法	上海、广东、天津、福建自由贸易试验区

（续表）

序号	有关行政法规、国务院文件和经国务院批准的部门规章规定	调整情况	实施范围
51	《外商投资产业指导目录(2015年修订)》限制外商投资产业目录 23.加油站（同一外国投资者设立超过30家分店、销售来自多个供应商的不同种类和品牌成品油的连锁加油站，由中方控股）建设、经营	暂时停止实施相关内容，允许外商以独资形式从事加油站建设、经营，由国务院商务主管部门制定相关管理办法	上海、广东、天津、福建自由贸易试验区

（二）开发区

中国开发区审核公告目录（2018年版）

国家发展和改革委员会、科学技术部、国土资源部、住房和城乡建设部、
商务部、海关总署公告2018年第4号

根据国务院部署，为促进开发区健康发展，国家发展改革委、科技部、国土资源部、住房城乡建设部、商务部、海关总署会同各地区开展《中国开发区审核公告目录》修订工作，形成了《中国开发区审核公告目录》（2018年版），经国务院同意，现予公告。

附件：中国开发区审核公告目录（2018年版）（略——编者注）

国家发展和改革委员会
科学科技部
国土资源部
住房和城乡建设部
商务部
海关总署
2018年2月26日

国务院办公厅关于促进开发区改革和
创新发展的若干意见

国办发〔2017〕7号

各省、自治区、直辖市人民政府，国务院各部委、各直属机构：

开发区建设是我国改革开放的成功实践，对促进体制改革、改善投资环境、引导产业集聚、发展开放型经济发挥了不可替代的作用，开发区已成为推动我国工业化、城镇化快速发展和对外开放的重要平台。当前，全球经济和产业格局正在发生深刻变化，我国经济发展进入新常态,面对新形势,必须进一步发挥开发区作为改革开放排头兵的作用,形成新的集聚效应和增长动力,引领经济结构优化调整和发展方式转变。为深入贯彻落实《中共中央 国务院关于构建开放型经济新体制的若干意见》,经国务院同意,现就促进开发区改革和创新发展提出以下意见。

一、总体要求

(一)指导思想。全面贯彻党的十八大和十八届三中、四中、五中、六中全会精神,深入贯彻习近平总书记系列重要讲话精神和治国理政新理念新思想新战略,认真落实党中央、国务院决策部署,紧紧围绕统筹推进"五位一体"总体布局和协调推进"四个全面"战略布局,牢固树立创新、协调、绿色、开放、共享的发展理念,加强对各类开发区的统筹规划,加快开发区转型升级,促进开发区体制机制创新,完善开发区管理制度和政策体系,进一步增强开发区功能优势,把各类开发区建设成为新型工业化发展的引领区、高水平营商环境的示范区、大众创业万众创新的集聚区、开放型经济和体制创新的先行区,推进供给侧结构性改革,形成经济增长的新动力。

(二)基本原则。坚持改革创新。强化开发区精简高效的管理特色,创新开发区运营模式,以改革创新激发新时期开发区发展的动力和活力。坚持规划引领。完善开发区空间布局和数量规模,形成布局合理、错位发展、功能协调的全国开发区发展格局,切实提高经济发展质量和效益。坚持集聚集约。完善公共设施和服务体系,引导工业项目向开发区集中,促进产业集聚、资源集约、绿色发展,切实发挥开发区规模经济效应。坚持发展导向。构建促进开发区发展的长效机制,以规范促发展,正确把握发展和规范的关系,不断探索开发区发展新路径、新经验。

二、优化开发区形态和布局

(三)科学把握开发区功能定位。开发区要坚持以产业发展为主,成为本地区制造业、高新技术产业和生产性服务业集聚发展平台,成为实施制造强国战略和创新驱动发展战略的重要载体。开发区要科学规划功能布局,突出生产功能,统筹生活区、商务区、办公区等城市功能建设,促进新型城镇化发展。开发区要继续把优化营商环境作为首要任务,着力为企业投资经营提供优质高效的服务、配套完备的设施、共享便捷的资源,着力推进经济体制改革和政府职能转变。

(四)明确各类开发区发展方向。经济技术开发区、高新技术产业开发区、海关特殊监管区域等国家级开发区要发挥示范引领作用,突出先进制造业、战略性新兴产业、加工贸易等产业特色,主动对接国际通行规则,建设具有国际竞争力的高水平园区,打造具有国际影响力的园区品牌。经济开发区、工业园区、高新技术产业园区等省级开发区要依托区域资源优势,推动产业要素集聚,提升营商环境国际化水平,向主导产业明确、延伸产业链条、综合配套完备的方向发展,成为区域经济增长极,带动区域经济结构优化升级。

(五)推动各区域开发区协调发展。推进东部地区现有开发区转型升级,增强开发区发展的内生动力,培育有全球影响力的制造研发基地,提高我国产业在全球价值链中的地位。支持中西部地区、东北地区进一步完善开发区软硬件环境,加强开发区承接产业转移的能力建设,增强产业发展动力。鼓励东部地区开发区输出品牌、人才、技术、资金和管理经验,按照优势互补、产业联动、市场导向、利益共享的原则,与中西部地区、东北地区合作共建开发区。围绕"一带一路"建设、京津冀协同发展、长江经济带发展,推动沿海沿江沿线开发区良性互动发展,建设一批具有辐射带动效应的转型升级示范开发区,引导产业优化布局和分工协作。

三、加快开发区转型升级

（六）推进开发区创新驱动发展。开发区要贯彻落实创新驱动发展战略,促进科技创新、制度创新,吸引集聚创新资源,提高创新服务水平,推动由要素驱动向创新驱动转变。支持开发区内企业技术中心建设,在有条件的开发区优先布局工程(技术)研究中心、工程实验室、国家(部门)重点实验室、国家地方联合创新平台、制造业创新中心。鼓励开发区加快发展众创空间、大学科技园、科技企业孵化器等创业服务平台,构建公共技术服务平台,设立科技创新发展基金、创业投资基金、产业投资基金,完善融资、咨询、培训、场所等创新服务,培育创新创业生态,创新人才培养和引进机制,营造大众创业、万众创新良好氛围。支持有条件的国家高新技术产业开发区创建国家自主创新示范区,为在全国范围内完善科技创新政策提供可复制经验。

（七）加快开发区产业结构优化。开发区要适应新一轮产业变革趋势,加快实施"中国制造2025"战略,通过优化园区功能、强化产业链条、扶持重大项目、支持科技研发、腾笼换鸟等措施,支持传统制造业通过技术改造向中高端迈进,促进信息技术与制造业结合;主动培育高端装备、机器人、新一代信息技术、生物技术、新能源、新材料、数字创意等战略性新兴产业;促进生产型制造向服务型制造转变,大力发展研发设计、科技咨询、第三方物流、知识产权服务、检验检测认证、融资租赁、人力资源服务等生产性服务业。以开发区为载体,努力形成一批战略性新兴产业集聚区、国家高(新)技术产业(化)基地、国家新型工业化产业示范基地,打造世界级产业集群。

（八）促进开发区开放型经济发展。开发区要不断提高对外开放水平,继续发挥开放型经济主力军作用。支持开发区完善外贸综合服务体系和促进体系,鼓励开发区积极吸引外商投资和承接国际产业转移。支持开发区内符合条件的跨国企业集团开展跨境双向人民币资金池业务。允许符合条件的开发区内企业在全口径外债和资本流动审慎管理框架下,通过贷款、发行债券等形式从境外融入本外币资金。促进海关特殊监管区域整合优化,将符合条件的出口加工区、保税港区等类型的海关特殊监管区域逐步整合为综合保税区。

（九）推动开发区实现绿色发展。开发区要积极推行低碳化、循环化、集约化发展,推进产业耦合,推广合同能源管理模式,积极参加全国碳交易市场建设和运行。鼓励开发区推进绿色工厂建设,实现厂房集约化、原料无害化、生产洁净化、废物资源化、能源低碳化。推进园区循环化改造,按照循环经济"减量化、再利用、资源化"的理念,推动企业循环式生产、产业循环式组合,搭建资源共享、废物处理、服务高效的公共平台,促进废物交换利用、能量梯级利用、水的分类利用和循环使用,实现绿色循环低碳发展。

（十）提升开发区基础设施水平。开发区基础设施建设要整体规划,配套电力、燃气、供热、供水、通信、道路、消防、防汛、人防、治污等设施,并将为企业服务的公共信息、技术、物流等服务平台和必要的社会事业建设项目统一纳入整体规划。推进海绵型开发区建设,增强防涝能力。开发区新建道路要按规划同步建设地下综合管廊,加快实施既有路面城市电网、通信网络架空线入地工程。推进实施"互联网+"行动,建设智慧、智能园区。积极利用专项建设基金,鼓励政策性、开发性、商业性金融机构创新金融产品和服务,支持开发区基础设施建设。

四、全面深化开发区体制改革

（十一）完善开发区管理体制。开发区管理机构作为所在地人民政府的派出机关,要按照精简高效的原则,进一步整合归并内设机构,集中精力抓好经济管理和投资服务,焕发体制机制活力。各地要加强对开发区与行政区的统筹协调,完善开发区财政预算管理和独立核算机制,充分依托所在地各级人民政府开展社会管理、公共服务和市场监管,减少向开发区派驻的部门,逐步理顺开发区与代管乡镇、街道的关系,依据行政区划管理有关规定确定开发区管理机构管辖范围。对于开发区管理机构与行政区人民政府合并的开发区,应完善政府职能设置,体现开发区精简高效的管理特点。对于区域合作共建的开发区,共建双方应理顺管理、投入、分配机制。各类开发区要积极推行政企分开、政资分开,实行管理机构与开发运营企业分离。各地要及时总结开发区发展经验,积极探索开发区法规规章建设。

（十二）促进开发区整合优化发展。各省（区、市）人民政府要积极探索建立开发区统一协调机制,避免开发区同质化和低水平恶性竞争,形成各具特色、差异化的开发区发展格局。鼓励以国家级开发区和发展水平高的省级开发区为主体,整合区位相邻、相近的开发区,对小而散各类开发区进行清理、整合、撤销,建立统一的管理机构、实行统一管理。被整合的开发区的地区生产总值、财政收入等经济统计数据,可按属地原则进行分成。对于位于中心城区、工业比重低的开发区,积极推动向城市综合功能区转型。

（十三）提高开发区行政管理效能。各省（区、市）人民政府要加大简政放权力度,将能够下放的经济管理权限,依照法定程序下放给开发区。对于开发区内企业投资经营过程中需要由所在地人民政府有关部门逐级转报的审批事项,探索取消预审环节,简化申报程序,可由开发区管理机构直接向审批部门转报。对于具有公共属性的审批事项,探索由开发区内企业分别申报调整为以开发区为单位进行整体申报或转报。科学制定开发区权责清单,优化开发区行政管理流程,积极推进并联审批、网上办理等模式创新,提高审批效率。

（十四）做好开发区投资促进工作。开发区要把投资促进作为重要任务,推进相关体制机制创新,营造国际化营商环境。鼓励开发区设立综合服务平台,为投资者提供行政审批一站式服务。开发区要积极主动开展招商引资活动,创新招商引资方式,从政府主导向政府招商与市场化招商相结合转变,加强招商引资人员培训,提升招商引资工作专业化水平。开发区可结合产业发展方向,在政策允许和权限范围内制定相应的招商引资优惠政策。

（十五）推进开发区建设和运营模式创新。引导社会资本参与开发区建设,探索多元化的开发区运营模式。支持以各种所有制企业为主体,按照国家有关规定投资建设、运营开发区,或者托管现有的开发区,享受开发区相关政策。鼓励以政府和社会资本合作(PPP)模式进行开发区公共服务、基础设施类项目建设,鼓励社会资本在现有的开发区中投资建设、运营特色产业园,积极探索合作办园区的发展模式。支持符合条件的开发区开发运营企业在境内外上市、发行债券融资。充分发挥开发区相关协会组织作用,制订开发区服务规范,促进开发区自律发展。

五、完善开发区土地利用机制

(十六)优化开发区土地利用政策。对发展较好、用地集约的开发区,在安排年度新增建设用地指标时给予适度倾斜。适应开发区转型升级需要,加强开发区公共配套服务、基础设施建设等用地保障,提高生产性服务业用地比例,适当增加生活性服务业用地供给。利用存量工业房产发展生产性服务业以及兴办创客空间、创新工场等众创空间的,可在5年内继续按原用途和土地权利类型使用土地,5年期满或涉及转让需办理相关用地手续的,可按新用途、新权利类型、市场价,以协议方式办理。允许工业用地使用权人按照有关规定经批准后对土地进行再开发,涉及原划拨土地使用权转让需补办出让手续的,可采取规定方式办理并按照市场价缴纳土地出让价款。

(十七)严格开发区土地利用管理。各类开发区用地均须纳入所在市、县用地统一供应管理,并依据开发区用地和建设规划,合理确定用地结构。严格执行土地出让制度和用地标准、国家工业项目建设用地控制指标。推动开发区集约利用土地、提高土地利用效率,从建设用地开发强度、土地投资强度、人均用地指标的管控和综合效益等方面加强开发区土地集约利用评价。积极推行在开发区建设多层标准厂房,并充分利用地下空间。

六、完善开发区管理制度

(十八)加强开发区发展的规划指导。开发区建设应符合国民经济和社会发展规划、主体功能区规划、土地利用总体规划、城镇体系规划、城市总体规划和生态环境保护规划。提升开发区规划水平,增强规划的科学性和权威性,促进"多规合一"。为促进各类开发区合理有序良性发展,各省(区、市)人民政府要组织编制开发区总体发展规划,综合考虑本地区经济发展现状、资源和环境条件、产业基础和特点,科学确定开发区的区域布局,明确开发区的数量、产业定位、管理体制和未来发展方向。

(十九)规范开发区设立、扩区和升级管理。各省(区、市)人民政府要根据开发区总体发展规划和当地经济发展需要,稳步有序推进开发区设立、扩区和升级工作,原则上每个县(市、区)的开发区不超过1家。限制开发区域原则上不得建设开发区,禁止开发区域严禁建设开发区。对于按照核准面积和用途已基本建成的现有开发区,在达到依法、合理、集约用地标准后,方可申请扩区。发展较好的省级开发区可按规定程序升级为国家级开发区。

(二十)完善开发区审批程序和公告制度。国家级开发区的设立、扩区和省级开发区升级为国家级开发区,由省(区、市)人民政府向国务院提出申请,由科技部、商务部、海关总署等会同有关部门共同研究、通盘考虑,提出审核意见报国务院审批。省级开发区的设立、扩区、调区,由所在地人民政府提出申请,报省(区、市)人民政府审批,并报国务院备案。国家发展改革委会同国土资源部、住房城乡建设部等部门定期修订全国开发区审核公告目录,向社会公布符合条件的开发区名称、面积、主导产业等,接受社会监督。

(二十一)强化开发区环境、资源、安全监管。开发区布局和建设必须依法执行环境影响评价制度,在空间布局、总量管控、环境准入等方面运用环境影响评价成果,对入区企业或项目设定环境准入要求,积极推行环境污染第三方治理。落实最严格水资源管理制度,实行水资源消耗总量和强度双控,严格执行水资源论证制度,严格水土保持监督管理,防控废弃渣土水土流失危害,加强节约用水管理。推动现有开发区全面完成污水集中处理,新建开发区必须同步配套污水集中处理设施和污染在线监控系统。开发区规划、建设要加强安全管理,严格执行安全设施"三同时"制度,强化安全执法能力建设和安全监管责任体系建设。加强开发区各相关规划的衔接,严格落实安全生产和环境保护所需的防护距离,促进产业发展与人居环境相和谐。

(二十二)完善开发区评价考核制度。有关主管部门和各省(区、市)人民政府要建立健全开发区综合评价考核体系,统计部门要积极支持建立健全开发区统计体系,全面反映开发区的开发程度、产业集聚度、技术创新能力、创新创业环境、单位土地投资强度、产出率、带动就业能力、经济效益、环境保护、循环经济发展水平、能源利用效率、低碳发展、社会效益、债务风险等情况。

(二十三)建立开发区动态管理机制。开发区考核结果要与奖惩措施挂钩,对考核结果好的开发区优先考虑扩区、升级,加大政策支持力度;对考核结果不合格的开发区,要限制新增土地指标,提出警告,限期整改;对整改不力,特别是长期圈占土地、开发程度低的开发区,要核减面积或予以降级、撤销,不允许纳入全国开发区审核公告目录。

加强新形势下开发区的改革发展,是适应我国经济发展新常态、加快转变经济发展方式的重要举措,对于推进供给侧结构性改革、推动经济持续健康发展具有重要意义。各地区、各部门要高度重视,上下配合,按照职责分工,加强对开发区工作的指导和监督,营造有利的政策环境,共同开创开发区持续健康发展的新局面。

国务院办公厅
2017 年 1 月 19 日

(三)其他

中共中央、国务院关于对
《河北雄安新区规划纲要》的批复

中共河北省委、河北省人民政府,国家发展改革委:

你们《关于报请审批〈河北雄安新区规划纲要〉的请示》收悉。现批复如下:

一、同意《河北雄安新区规划纲要》(以下简称《雄安规划纲要》)。《雄安规划纲要》深入贯彻习近平新时代中国特色社会主义思想,深入贯彻党的十九大和十九届二中、三中全会精神,坚决落实党中央、国务院决策部署,牢固树立和贯彻落实新发展理念,紧扣新时代我国社会主要矛盾变化,按照高质量发展要求,紧紧围绕统筹推进"五位一体"总体布局和协调推进"四个全面"战略布局,着眼建设北京非首都功能疏解集中承载地,创造"雄安质量"和成为推动高质量发展的全国样板,建设现代化经济体系的新引擎,坚持世界眼光、国际标准、中国特色、高点定位,坚持生态优先、绿色发展,坚持以人民为中心、注重保障和改善民生,坚持保护弘扬中华优秀传统文化、延续历史文脉,符合党中央、国务院对雄安新区的战略定位和发展要求,对于高起点规划、高标准建设雄安新区具有重要意义。

二、设立河北雄安新区,是以习近平同志为核心的党中央深入推进京津冀协同发展作出的一项重大决策部署,是继深圳经济特区和上海浦东新区之后又一具有全国意义的新区,是千年大计、国家大事。雄安新区作为北京非首都功能疏解集中承载地,与北京城市副中心形成北京新的两翼,有利于有效缓解北京"大城市病",探索人口经济密集地区优化开发新模式;与以2022年北京冬奥会和冬残奥会为契机推进张北地区建设形成河北两翼,有利于加快补齐区域发展短板,提升区域经济社会发展质量和水平。要以《雄安规划纲要》为指导,推动雄安新区实现更高水平、更有效率、更加公平、更可持续发展,建设成为绿色生态宜居新城区、创新驱动发展引领区、协调发展示范区、开放发展先行区,努力打造贯彻落实新发展理念的创新发展示范区。

三、科学构建城市空间布局。雄安新区实行组团式发展,选择容城、安新两县交界区域作为起步区先行开发并划出一定范围规划建设启动区,条件成熟后再稳步有序推进中期发展区建设,划定远期控制区为未来发展预留空间。要坚持城乡统筹、均衡发展、宜居宜业,形成"一主、五辅、多节点"的城乡空间布局。起步区随形就势,形成"北城、中苑、南淀"的空间布局。要统筹生产、生活、生态三大空间,构建蓝绿交织、疏密有度、水城共融的空间格局。

四、合理确定城市规模。坚持以资源环境承载能力为刚性约束条件,科学确定雄安新区开发边界、人口规模、用地规模、开发强度。要坚持生态优先、绿色发展,雄安新区蓝绿空间占比稳定在70%,远景开发强度控制在30%。要合理控制用地规模,启动区面积20至30平方公里,起步区面积约100平方公里,中期发展区面积约200平方公里。要严守生态保护红线,严控城镇开发边界,严格保护永久基本农田,加强各类规划空间控制线的充分衔接,形成规模适度、空间有序、用地节约集约的城乡发展新格局。

五、有序承接北京非首都功能疏解。雄安新区作为北京非首都功能疏解集中承载地,要重点承接北京非首都功能和人口转移。积极稳妥有序承接符合雄安新区定位和发展需要的高校、医疗机构、企业总部、金融机构、事业单位等,严格产业准入标准,限制承接和布局一般性制造业、中低端第三产业。要与北京市在公共服务方面开展全方位深度合作,引入优质教育、医疗、文化等资源,提升公共服务水平,完善配套条件。要创新政策环境,制定实施一揽子政策举措,确保疏解对象来得了、留得住、发展好。

六、实现城市智慧化管理。坚持数字城市与现实城市同步规划、同步建设,适度超前布局智能基础设施,打造全球领先的数字城市。建立城市智能治理体系,完善智能城市运营体制机制,打造全覆盖的数字化标识体系,构建汇聚城市数据和统筹管理运营的智能城市信息管理中枢,推进城市智能治理和公共资源智能化配置。要根据城市发展需要,建设多级网络衔接的市政综合管廊系统,推进地下空间管理信息化建设,保障地下空间合理开发利用。

七、营造优质绿色生态环境。要践行绿水青山就是金山银山的理念,大规模开展植树造林和国土绿化,将生态湿地融入城市空间,实现雄安新区森林覆盖率达到40%,起步区绿化覆盖率达到50%。要坚持绿色发展,采用先进技术布局建设污水和垃圾处理系统,提高绿色交通和公共交通出行比例,推广超低能耗建筑,优化能源消费结构。强化大气、水、土壤污染防治,加强白洋淀生态环境治理和保护,同步加大上游地区环境综合整治力度,逐步恢复白洋淀"华北之肾"功能。

八、实施创新驱动发展。瞄准世界科技前沿,面向国家重大战略需求,积极吸纳和集聚创新要素资源,高起点布局高端高新产业,大力发展高端服务业,构建实体经济、科技创新、现代金融、人力资源协同发展的现代产业体系。布局建设一批国家级创新平台,加强与国内外一流教育科研机构和科技企业合作,建立以企业为主体、市场为导向、产学研深度融合的技术创新体系。制定特殊人才政策,集聚高端创新人才,培育创新文化和氛围。创新科技合作模式,加强知识产权保护及综合运用,构建国际一流的创新服务体系。

九、建设宜居宜业城市。按照雄安新区功能定位和发展需要,沿城市轴线、主要街道、邻里中心,分层次布局不同层级服务设施,落实职住平衡要求,形成多层级、全覆盖、人性化的基本公共服务网络。构建具有雄安特色、国内领先、世界一流的教育体系。增加雄安新区优质卫生资源总量,建设体系完整、功能互补、密切协作的现代医疗卫生服务体系。提供多层次公共就业服务,创新社会保障服务体系。建立多主体供给、多渠道保障、租购并举的住房制度和房地产市场调控长效机制,严禁大规模房地产开发。优化调整雄县、容城、安新3个县城功能,妥善解决土地征收、房屋拆迁、就业安置等事关群众切身利益的问题,维护社会大局和谐稳定,为雄安新区规划建设营造良好社会氛围和舆论环境,让人民群众有更多的幸福感、获得感。

十、打造改革开放新高地。要把改革开放作为雄安新区发展的根本动力,总结吸收我国改革开放40年来的经验成果,进一步解放思想、勇于创新,探索新时代推动高质量发展、建设现代化经济体系的新路径。对符合我国未来发展方向、对全国起重要示范带动作用、对雄安新区经济社会发展有重要影响的体制机制改革创新在新区先行先试,争取率先在重要领域和关键环节取得新突破,率先在推动高质量发展的指标体系、政策体系、标准体系、统计体系、绩效评价和考核体系等方面取得新突破,形成一批可复制可推广的经验,为全国提供示范。

十一、塑造新时代城市特色风貌。要坚持顺应自然、尊重规律、平原建城,坚持中西合璧、以中为主、古今交融,做到疏密有度、绿色低碳、返璞归真,形成中华风范、淀泊风光、创新风尚的城市风貌。要细致严谨做好单体建筑设计,追求建筑艺术,强化对建筑体量、高度、立面、色调等要素的规划引导和控制,原则上不建高楼大厦,不能到处是水泥森林和玻璃幕墙。要注重保护弘扬中华优秀传统文化,保留中华文化基因,体现中华传统经典建筑元素,彰显地域文化特色,体现文明包容,打造城市建设的典范。

十二、保障城市安全运行。牢固树立和贯彻落实总体国家安全观,以城市安全运行、灾害预防、公共安全、综合应急等体系建设为重点,构建城市安全和应急防灾体系,提升综合防灾水平。科学确定雄安新区防洪和抗震等安全标准,高标准设防、高质量建设,确保千年大计万无一失。按照以水定城、以水定人的要求,科学确定用水总量,完善雄安新区供水网络,形成多源互补的雄安新区供水格局。实现电力、燃气、热力等清洁能源稳定安全供应,提高能源安全保障水平。

十三、统筹区域协调发展。雄安新区要加强同北京、天津、石家庄、保定等城市的融合发展,与北京中心城区、北京城市副中心合理分工,实现错位发展。要按照网络化布局、智能化管理、一体化服务的要求,加快建立连接雄安新区与京津及周边其他城市、北京新机场之间的轨道和公路交通网络,构建快速便捷的交通体系。要加强对雄安新区及周边区域的管控力度,划定管控范围和开发边界,建设绿色生态屏障,统一规划、严格管控,促进区域协调发展。

十四、加强规划组织实施。雄安新区是留给子孙后代的历史遗产,要有功成不必在我的精神境界,保持历史耐心,合理把握开发节奏,稳扎稳打,一茬接着一茬干,一张蓝图干到底,以钉钉子精神抓好各项工作落实。《雄安规划纲要》是雄安新区规划建设的基本依据,必须坚决维护规划的严肃性和权威性,严格执行,任何部门和个人不得随意修改、违规变更。各有关方面要切实增强政治意识、大局意识、核心意识、看齐意识,坚持大历史观,全力推进雄安新区规划建设。在京津冀协同发展领导小组统筹指导下,河北省委和省政府要切实履行主体责任,加强组织领导,全力推进雄安新区规划建设各项工作,建立长期稳定的资金筹措机制,完善规划体系,抓紧深化和制定控制性详细规划及交通、能源、水利等有关专项规划,按程序报批实施。国家发展改革委、京津冀协同发展领导小组办公室要做好综合协调,中央和国家机关有关部委、单位,北京市、天津市等各地区,要积极主动对接和支持雄安新区规划建设。

《雄安规划纲要》执行中遇有重大事项,要及时向党中央、国务院请示报告。

中共中央

国务院

2018 年 4 月 14 日

国务院关于兰州—西宁城市群发展规划的批复

国函〔2018〕38号

甘肃、青海省人民政府，国家发展改革委、住房城乡建设部：

国家发展改革委《关于报送兰州—西宁城市群发展规划（送审稿）的请示》（发改规划〔2017〕2165号）收悉。现批复如下：

一、原则同意《兰州—西宁城市群发展规划》（以下简称《规划》），请认真组织实施。

二、《规划》实施要全面贯彻党的十九大精神，以习近平新时代中国特色社会主义思想为指导，统筹推进"五位一体"总体布局和协调推进"四个全面"战略布局，坚持以人民为中心的发展思想，牢固树立和贯彻落实新发展理念，坚持稳中求进工作总基调，以供给侧结构性改革为主线，解放思想、实事求是，尽力而为、量力而行，着力优化城镇空间布局，着力加强生态建设和环境保护，着力补齐基础设施和公共服务短板，着力推进产业优化升级和功能配套，着力融入"一带一路"建设，积极推动高质量、特色化发展，把兰州—西宁城市群培育发展成为支撑国土安全和生态安全格局、维护西北地区繁荣稳定的重要城市群。

三、甘肃、青海省人民政府要切实加强组织领导，健全协作机制，明确责任分工，制定实施方案，做好与相关专项规划的衔接，确保各项目标任务落到实处。《规划》实施中涉及的重大事项、重大政策和重大项目按规定程序报批。

四、国务院有关部门要按照职能分工，研究制定支持兰州—西宁城市群发展的具体政策措施，在有关规划编制、体制创新、重大项目建设、优化行政区划设置等方面给予积极支持。国家发展改革委、住房城乡建设部要做好协调指导，加强对《规划》实施情况的跟踪分析，适时组织开展《规划》实施情况督查评估，研究新情况，总结新经验，解决新问题。重大问题及时向国务院报告。

国务院

2018年2月22日

国务院关于呼包鄂榆城市群发展规划的批复

国函〔2018〕16号

内蒙古自治区、陕西省人民政府，国家发展改革委：

国家发展改革委《关于报送呼包鄂榆城市群发展规划（送审稿）的请示》（发改地区〔2017〕2222号）收悉。现批复如下：

一、原则同意《呼包鄂榆城市群发展规划》（以下简称《规划》），请认真组织实施。

二、《规划》实施要全面贯彻党的十九大精神，以习近平新时代中国特色社会主义思想为指导，统筹推进"五位一体"总体布局和协调推进"四个全面"战略布局，坚持以人民为中心的发展思想，牢固树立和贯彻落实新发展理念，坚持质量第一、效益优先，以供给侧结构性改革为主线，推动经济发展质量变革、效率变革、动力变革，着力推进生态环境共建共保，着力构建开放合作新格局，着力创新协同发展体制机制，着力引导产业协同发展，着力加快基础设施互联互通，努力提升人口和经济集聚水平，将呼包鄂榆城市群培育发展成为中西部地区具有重要影响力的城市群。

三、内蒙古自治区、陕西省人民政府要切实加强组织领导，制定实施方案，深化细化配套政策措施，确保目标任务如期完成。《规划》实施中涉及的重大事项、重大政策和重大项目按规定程序报批。

四、国务院有关部门要按照职能分工，研究制定支持呼包鄂榆城市群发展的具体政策措施，在有关规划编制、体制创新、重大项目建设、优化行政区划设置等方面给予积极支持。国家发展改革委要会同有关部门做好协调指导，加强对《规划》实施情况的跟踪分析，适时组织开展《规划》实施情况督查评估，研究新情况，总结新经验，解决新问题。重大问题及时向国务院报告。

国务院

2018年2月5日

国务院办公厅关于推进农业高新技术产业示范区建设发展的指导意见

国办发〔2018〕4号

各省、自治区、直辖市人民政府,国务院各部委、各直属机构:

1997年和2015年,国务院分别批准建立杨凌、黄河三角洲农业高新技术产业示范区。在各方共同努力下,我国农业高新技术产业示范区(以下简称示范区)建设取得明显成效,在抢占现代农业科技制高点、引领带动现代农业发展、培育新型农业经营主体等方面发挥了重要作用,但也面临发展不平衡不充分、高新技术产业竞争力有待提高等问题。为加快推进示范区建设发展,提高农业综合效益和竞争力,大力推进农业农村现代化,经国务院同意,现提出以下意见。

一、总体要求

(一)指导思想。全面贯彻党的十九大精神,以习近平新时代中国特色社会主义思想为指导,认真落实党中央、国务院决策部署,统筹推进"五位一体"总体布局和协调推进"四个全面"战略布局,牢固树立和贯彻落实新发展理念,以实施创新驱动发展战略和乡村振兴战略为引领,以深入推进农业供给侧结构性改革为主线,以服务农业增效、农民增收、农村增绿为主攻方向,统筹示范区建设布局,充分发挥创新高地优势,集聚各类要素资源,着力打造农业创新驱动发展的先行区和农业供给侧结构性改革的试验区。

(二)基本原则。

坚持创新驱动。以科技创新为引领,构建以企业为主体的创新体系,促进农业科技成果集成、转化,培育农业高新技术企业、发展农业高新技术产业,通过试验示范将科研成果转化为现实生产力,更好为农业农村发展服务,走质量兴农之路。

深化体制改革。以改革创新为动力,加大科技体制机制改革力度,打造农业科技体制改革"试验田",进一步整合科研力量,深入推进"放管服"改革,充分调动各方面积极性,着力激发农业科技创新活力。

突出问题导向。以国家战略为指引,主动适应当前农产品供需形势变化,针对制约区域发展的突出问题,围绕农业生产经营需求,加强科研创新,强化协同攻关,坚持差异化、特色化发展,增强农业可持续发展能力。

推动融合发展。以提质增效为重点,推进农村一二三产业融合发展,充分发挥溢出效应,提升农业技术水平,加快构建现代农业产业体系,促进城乡一体化建设,辐射带动农业农村发展,实现农业强、农村美、农民富,为乡村全面振兴提供有力支撑。

（三）主要目标。到2025年,布局建设一批国家农业高新技术产业示范区,打造具有国际影响力的现代农业创新高地、人才高地、产业高地。探索农业创新驱动发展路径,显著提高示范区土地产出率、劳动生产率和绿色发展水平。坚持一区一主题,依靠科技创新,着力解决制约我国农业发展的突出问题,形成可复制、可推广的模式,提升农业可持续发展水平,推动农业全面升级、农村全面进步、农民全面发展。

二、重点任务

（一）培育创新主体。研究制定农业创新型企业评价标准,培育一批研发投入大、技术水平高、综合效益好的农业创新型企业。以"星创天地"为载体,推进大众创业、万众创新,鼓励新型职业农民、大学生、返乡农民工、留学归国人员、科技特派员等成为农业创业创新的生力军。支持家庭农场、农民合作社等新型农业经营主体创业创新。

（二）做强主导产业。按照一区一主导产业的定位,加大高新技术研发和推广应用力度,着力提升主导产业技术创新水平,打造具有竞争优势的农业高新技术产业集群。加强特色优势产业关键共性技术攻关,着力培育现代农业发展和经济增长新业态、新模式,增强示范区创新能力和发展后劲。强化"农业科技创新+产业集群"发展路径,提高农业产业竞争力,推动向产业链中高端延伸。

（三）集聚科教资源。推进政产学研用创紧密结合,完善各类研发机构、测试检测中心、新农村发展研究院、现代农业产业科技创新中心等创新服务平台,引导高等学校、科研院所的科技资源和人才向示范区集聚。健全新型农业科技服务体系,创新农技推广服务方式,探索研发与应用无缝对接的有效办法,支持科技成果在示范区内转化、应用和示范。

（四）培训职业农民。加大培训投入,整合培训资源,增强培训能力,创新培训机制,建设具有区域特点的农民培训基地,提升农民职业技能,优化农业从业者结构。鼓励院校、企业和社会力量开展专业化教育,培养更多爱农业、懂技术、善经营的新型职业农民。

（五）促进融合共享。推进农村一二三产业融合发展,加快转变农业发展方式。积极探索农民分享二三产业增值收益的机制,促进农民增收致富,增强农民的获得感。推动城乡融合发展,推进区域协同创新,逐步缩小城乡差距,打造新型"科技+产业+生活"社区,建设美丽乡村。

（六）推动绿色发展。坚持绿色发展理念,发展循环生态农业,推进农业资源高效利用,打造水体洁净、空气清新、土壤安全的绿色环境。加大生态环境保护力度,提高垃圾和污水处理率,正确处理农业绿色发展和生态环境保护、粮食安全、农民增收的关系,实现生产生活生态的有机统一。

（七）强化信息服务。促进信息技术与农业农村全面深度融合,发展智慧农业,建立健全智能化、网络化农业生产经营体系,提高农业生产全过程信息管理服务能力。加快建立健全适应农产品电商发展的标准体系,支持农产品电商平台建设和乡村电商服务示范,推进农业农村信息化建设。

（八）加强国际合作。结合"一带一路"建设和农业"走出去",统筹利用国际国内两个市场、两种资源,提升示范区国际化水平。加强国际学术交流和技术培训,国家引进的农业先进技术、先进模式优先在示范区转移示范。依托示范区合作交流平台,推动装备、技术、标准、服务"走出去",提高我国农业产业国际竞争力。

三、政策措施

(一)完善财政支持政策。中央财政通过现有资金和政策渠道,支持公共服务平台建设、农业高新技术企业孵化、成果转移转化等,推动农业高新技术产业发展。各地要按规定统筹支持农业科技研发推广的相关资金并向示范区集聚,采取多种形式支持农业高新技术产业发展。

(二)创新金融扶持政策。综合采取多种方式引导社会资本和地方政府在现行政策框架下设立现代农业领域创业投资基金,支持农业科技成果在示范区转化落地;通过政府和社会资本合作(PPP)等模式,吸引社会资本向示范区集聚,支持示范区基础设施建设;鼓励社会资本在示范区所在县域使用自有资金参与投资组建村镇银行等农村金融机构。创新信贷投放方式,鼓励政策性银行、开发性金融机构和商业性金融机构,根据职能定位和业务范围为符合条件的示范区建设项目和农业高新技术企业提供信贷支持。引导风险投资、保险资金等各类资本为符合条件的农业高新技术企业融资提供支持。

(三)落实土地利用政策。坚持依法供地,在示范区内严禁房地产开发,合理、集约、高效利用土地资源。在土地利用年度计划中,优先安排农业高新技术企业和产业发展用地,明确"规划建设用地"和"科研试验、示范农业用地(不改变土地使用性质)"的具体面积和四至范围(以界址点坐标控制)。支持指导示范区在落实创新平台、公共设施、科研教学、中试示范、创业创新等用地时,用好用足促进新产业新业态发展和大众创业、万众创新的用地支持政策,将示范区建设成为节约集约用地的典范。

(四)优化科技管理政策。在落实好国家高新技术产业开发区支持政策、高新技术企业税收优惠政策等现有政策的基础上,进一步优化科技管理政策,推动农业企业提升创新能力。完善科技成果评价评定制度和农业科技人员报酬激励机制。将示范区列为"创新人才推进计划"推荐渠道,搭建育才引才荐才用才平台。

四、保障机制

(一)加强组织领导。科技部等有关部门要建立沟通协调机制,明确分工,协同配合,形成合力,抓好贯彻落实。各地要根据国务院统一部署,创新示范区管理模式,探索整合集约、精简高效的运行机制,以评促建、以建促管、建管并重,全面提升示范区发展质量和水平。

(二)规范创建流程。坚持高标准、严要求,科学合理布局。由省(区、市)人民政府制定示范区建设发展规划和实施方案并向国务院提出申请,科技部会同有关部门从示范区功能定位、区域代表性等方面对规划和方案进行评估,按程序报国务院审批。

(三)做好监测评价。健全监测评价机制,建立创新驱动导向的评价指标体系,加强对创新能力、高新技术产业培育、绿色可持续发展等方面的考核评价。定期开展建设发展情况监测,建立有进有退的管理机制。加强监督指导,不断完善激励机制,切实保障示范区建设发展质量。

国务院办公厅
2018年1月16日

国务院关于关中平原城市群发展规划的批复

国函〔2018〕6号

陕西、山西、甘肃省人民政府,国家发展改革委、住房城乡建设部:

国家发展改革委《关于报送关中平原城市群发展规划(送审稿)的请示》(发改规划〔2017〕2033号)收悉。现批复如下:

一、原则同意《关中平原城市群发展规划》(以下简称《规划》),请认真组织实施。

二、《规划》实施要全面贯彻党的十九大精神,以习近平新时代中国特色社会主义思想为指导,统筹推进"五位一体"总体布局和协调推进"四个全面"战略布局,坚持以人民为中心的发展思想,牢固树立和贯彻落实新发展理念,以供给侧结构性改革为主线,加快培育发展新动能,拓展发展新空间,以建设具有国际影响力的国家级城市群为目标,以深度融入"一带一路"建设为统领,以创新驱动发展、军民融合发展为动力,以延续中华文脉、体现中国元素的风貌塑造为特色,加快高端要素和现代产业集聚发展,提升人口和经济集聚水平,打造内陆改革开放新高地,充分发挥关中平原城市群对西北地区发展的核心引领作用和我国向西开放的战略支撑作用。

三、陕西、山西、甘肃省人民政府要切实加强组织领导,健全协作机制,明确责任分工,制定实施方案,做好与相关专项规划的衔接,确保各项目标任务落到实处。《规划》实施中涉及的重大事项、重大政策和重大项目按规定程序报批。

四、国务院有关部门要按照职能分工,研究制定支持关中平原城市群发展的具体政策措施,在有关规划编制、体制创新、重大项目建设、优化行政区划设置等方面给予积极支持。国家发展改革委、住房城乡建设部要做好协调指导,加强对《规划》实施情况的跟踪分析,适时组织开展《规划》实施情况督查评估,研究新情况,总结新经验,解决新问题。重大问题及时向国务院报告。

国务院
2018年1月9日

国务院关于山东新旧动能转换综合试验区建设总体方案的批复

国函〔2018〕1号

山东省人民政府、国家发展改革委：

你们关于山东新旧动能转换综合试验区建设总体方案的请示收悉。现批复如下：

一、原则同意《山东新旧动能转换综合试验区建设总体方案》（以下简称《方案》），请认真组织实施。

二、《方案》实施要全面贯彻落实党的十九大精神，以习近平新时代中国特色社会主义思想为指导，贯彻新发展理念，坚持质量第一、效益优先，以供给侧结构性改革为主线，以实体经济为发展经济的着力点，以新技术、新产业、新业态、新模式为核心，以知识、技术、信息、数据等新生产要素为支撑，积极探索新旧动能转换模式，推动经济发展质量变革、效率变革、动力变革，提高全要素生产率，着力加快建设实体经济、科技创新、现代金融、人力资源协同发展的产业体系，推动经济实现更高质量、更有效率、更加公平、更可持续的发展，为促进全国新旧动能转换、建设现代化经济体系作出积极贡献。

三、《方案》实施要加快提升济南、青岛、烟台核心地位，以其他14个设区市的国家和省级经济技术开发区、高新技术产业开发区以及海关特殊监管区域等为补充，形成三核引领、区域融合互动的新旧动能转换总体格局。

四、山东省人民政府要切实加强组织领导，完善工作机制，制定配套政策，落实工作责任，确保《方案》确定的目标任务如期实现。涉及的重要政策和重大建设项目要按程序报批。

五、国务院有关部门要按照职能分工，加强对《方案》实施的协调和指导，在政策实施、体制创新、项目建设等方面给予积极指导和支持，协调解决《方案》实施中遇到的困难和问题。国家发展改革委要会同有关部门加强对《方案》实施情况的跟踪分析和督促检查，适时组织开展实施进展情况评估，重大问题及时向国务院报告。

国务院
2018年1月3日

国务院关于同意设立中韩产业园的批复

国函〔2017〕142号

江苏省、山东省、广东省人民政府，商务部：

你们关于与韩国共同建设中韩产业园的请示收悉。现批复如下：

一、同意在江苏省盐城市设立中韩（盐城）产业园，在山东省烟台市设立中韩（烟台）产业园，在广东省惠州市设立中韩（惠州）产业园。上述3个产业园依托现有经济技术开发区、高新技术产业开发区建设，具体实施方案分别由所在地省级人民政府制定。

二、中韩产业园建设要全面贯彻党的十九大精神，以习近平新时代中国特色社会主义思想为指导，深入贯彻落实党中央、国务院决策部署，统筹推进"五位一体"总体布局和协调推进"四个全面"战略布局，坚持以人民为中心的发展思想，认真落实创新、协调、绿色、开放、共享的发展理念，以深化改革、扩大开放为动力，充分发挥对韩合作综合优势，打造中韩地方经济合作和高端产业合作的新高地。要积极落实中韩自贸协定有关规定，加快复制推广上海等自贸试验区改革试点经验，努力把中韩产业园建设成为深化供给侧结构性改革、加快建设创新型国家、推动形成全面开放新格局的示范区，中韩对接发展战略、共建"一带一路"、深化贸易和投资合作的先行区。

三、江苏省、山东省、广东省人民政府要切实加强组织领导，健全机制，明确分工，落实责任，扎实有序推进中韩产业园建设发展。要尽快制定、完善具体实施方案并抓好组织实施。中韩产业园建设应符合土地利用总体规划、城市总体规划等规划，涉及的重大政策和建设项目按程序报批。

四、商务部要会同有关部门按照职能分工，加强统筹协调和指导督促，注重总结经验，在体制创新和政策实施等方面给予积极支持，为中韩产业园建设发展营造良好环境。重大问题及时向国务院报告。

国务院

2017年12月11日

国务院办公厅关于创建"中国制造2025"国家级示范区的通知

国办发〔2017〕90号

各省、自治区、直辖市人民政府，国务院各部委、各直属机构：

为加快实施"中国制造2025"，鼓励和支持地方探索实体经济尤其是制造业转型升级的新路径、新模式，国务院决定开展"中国制造2025"国家级示范区（以下简称示范区）创建工作。经国务院同意，现将有关事项通知如下：

一、创建主体

直辖市市辖区和副省级市、地级市均可申请创建示范区，距离相近、产业关联度高的城市可联合申请创建示范区。申请城市（群）应具备以下条件：（一）主导产业特色鲜明，产业配套体系相对完善，在建设国家级新区、国家级开发区和国家新型工业化产业示范基地等产业集聚区方面具有明显优势。（二）产业创新支撑能力强，科研院所和创新人才集聚，拥有一批较高水平的创新企业、载体和平台，协同创新体系较为完善。（三）微观政策支撑体系比较灵活，市场发展环境好，能够有效发挥示范带动作用。

申请城市（群）要根据地区发展实际组织编制示范区创建方案，经省级人民政府审核同意后报国务院。

二、创建要求

示范区要充分发挥地区产业优势，主动对接国家重大战略，科学确定制造业发展方向，营造产业链、创新链、人才链、政策链衔接贯通的生态环境，建设先进制造业体系。紧密结合"互联网+"和大众创业万众创新，大胆探索军民融合新模式，大力改造提升传统产业，加快培育平台型大企业和"专精特新"中小企业，做强一批具有核心竞争力的新型制造企业，推动大中小企业融通发展，形成若干有较强影响力的协同创新高地和优势突出的先进制造业集群，促进我国产业迈向全球价值链中高端。着力激发创新活力，建立以市场为导向、以企业为主体、产学研深度融合的技术创新体系，加大对共性技术、通用技术研发的支持力度，加强核心技术攻关，力争突破制约制造业发展的瓶颈。积极推进产融合作，建立产融信息对接平台，创新金融支持方式，提升金融支持制造业发展的能力和效率。深化对外开放合作，有序放宽外资准入限制，引导国内企业对照国际高端标准提高技术水平和管理能力，塑造中国制造的国际竞争新优势。加快落实国家有关支持政策,创新体制机制,完善实施措施,尽快取得突破并探索形成可复制、可推广的典型经验。

三、组织实施

各省(区、市)人民政府要高度重视示范区创建工作,认真落实《中国制造2025分省市指南》,坚持一区一案,确保差异化发展;加强对本地区示范区申报、建设工作的统筹指导和督促落实,确保示范区创建工作扎实有序推进。国家制造强国建设领导小组办公室要会同各有关部门围绕国家重大区域战略布局,统筹考虑东、中、西部和东北地区制造业发展的基础和特色,结合全面创新改革试验区、自由贸易试验区、国家自主创新示范区、国家级新区、国家级开发区等布局,鼓励不同地区探索制造业转型升级的路径和模式,形成各具特色的先进制造业体系。积极稳妥开展示范区创建工作,加强对示范区创建工作的统筹,成熟一批、建设一批。加强总结交流,以点带面、梯次推进,充分发挥示范引领带动作用。细化完善支持政策,协调解决示范区创建中的重大问题,并加强对示范区创建工作的评估,不断完善考核管理办法,形成动态调整的良性竞争激励机制。

各有关方面要继续深化简政放权、放管结合、优化服务改革,大力支持示范区创新发展。国务院有关部门要将目前已在国家自主创新示范区等区域实施的市场准入制度改革、财税金融、土地供应、人才培养等有关政策扩展到示范区,并进一步细化措施。要加大支持力度,统筹用好各类政府资金和产业基金,加强各类资金计划衔接,确保发挥更大效益,带动更多社会资本支持制造业转型升级。加快实施普惠金融服务,国有商业银行成立的普惠金融事业部要着力在示范区探索积累经验;发挥财政担保体系作用,更好支持民营企业、中小企业创新发展。试点推动老旧商业设施、仓储设施、闲置楼宇等转为创业孵化基地。落实好股权激励和人才优惠便利等政策,充分调动科研院所、高校的积极性。示范区所在地省级人民政府可将外资管理、经贸合作、投资审批等方面的审批权限下放至示范区,并允许示范区研究制定推动制造业创新发展的政策措施,探索新机制、新模式、新路径。示范区制定实施的各项政策措施要对各类企业一视同仁,充分调动各方积极性,共同推动制造业转型升级,提高实体经济发展质量,打造国家核心竞争力,为实现制造强国目标奠定坚实基础。

国务院办公厅
2017年11月20日

国务院办公厅关于建设第二批大众创业万众创新示范基地的实施意见

国办发〔2017〕54号

各省、自治区、直辖市人民政府，国务院各部委、各直属机构：

《国务院办公厅关于建设大众创业万众创新示范基地的实施意见》（国办发〔2016〕35号）印发以来，首批双创示范基地结合实际，不断探索实践，持续完善创新创业生态，建设创新创业平台，厚植创新创业文化，取得了显著成效，形成了一批创新创业高地，打造了一批创新创业品牌，探索了一批创新创业制度模式。双创示范基地已经成为促进转型升级和创新发展的重要抓手。

根据2017年《政府工作报告》部署要求，为在更大范围、更高层次、更深程度上推进大众创业万众创新，持续打造发展新引擎，突破阻碍创新创业发展的政策障碍，形成可复制可推广的创新创业模式和典型经验，经国务院同意，决定在部分地区、高校和科研院所、企业建设第二批双创示范基地，并提出如下实施意见。

一、总体目标

坚持以推进供给侧结构性改革为主线，深入实施创新驱动发展战略，纵深推进大众创业万众创新，在创新创业基础较好、特色明显、具备示范带动能力的区域、高校和科研院所、企业等，再支持建设一批双创示范基地，进一步强化支撑能力，放大标杆效应，提升社会影响，形成新的创新创业经验并在全社会复制推广，推动大中小企业融通发展，拓展就业空间，为培育壮大发展新动能、促进新旧动能接续转换提供重要支撑。

二、政策举措

认真贯彻国务院决策部署，扎实推进落实既定改革举措和建设任务，推动创新创业资源向双创示范基地集聚，确保各项"双创"支持政策真正落地。同时，针对创新创业重点领域、主要环节、关键群体，继续探索创新、先行先试，再推出一批有效的改革举措，逐步建立完善多元化、特色化、专业化的创新创业制度体系。

（一）深化"放管服"改革。进一步减少行政审批事项，简化优化办事流程，规范改进审批行为。编制统一、规范的政务服务事项目录。鼓励双创示范基地设立专业化的行政审批机构，实行审批职责、审批事项、审批环节"三个全集中"。实施市场准入负面清单制度，出台互联网市场准入负面清单。放宽民间资本市场准入,扩大服务领域开放,推进非基本公共服务市场化、产业化和基本公共服务供给模式多元化。探索实行信用评价与税收便利服务挂钩制度,将优惠政策由备案管理和事前审批,逐渐向加强事中事后监管转变,提高中小企业优惠政策获得感。

(二)优化营商环境。深化商事制度改革,全面实施企业"五证合一、一照一码"、个体工商户"两证整合",深入推进"多证合一"。推动整合涉企证照登记和审批备案信息,建设电子营业执照管理系统,推进无介质电子营业执照应用,实现电子营业执照发照、亮照、验照、公示、变更、注销等功能。鼓励推行商标网上申请,将网上申请由仅对商标代理机构开放扩大至对所有申请人开放。扩大商标网上申请业务范围,将网上申请由仅接受商标注册申请逐步扩大至接受续展、转让、注销、变更等商标业务申请。鼓励双创示范基地结合实际整合市场监管职能和执法力量,推进市场监管领域综合行政执法改革,着力解决重复检查、多头执法等问题。

(三)支持新兴业态发展。加快发布分享经济发展指南,推动构建适应分享经济发展的监管机制,建立健全创新创业平台型企业运营规则,明确权责边界。以新一代信息和网络技术为支撑,加强技术集成和商业模式创新,推动平台经济、众包经济、分享经济等创新发展。将鼓励创新创业发展的优惠政策面向新兴业态企业开放,符合条件的新兴业态企业均可享受相关财政、信贷等优惠政策。积极发展农产品加工、休闲农业、乡村旅游和农村电子商务等农村新产业、新业态。通过发展新兴业态,实现劳动者多元化就业。建立政府、平台、行业组织、劳动者、消费者共同参与的规则协商、利益分配和权益保障新机制。调动第三方、同业、公众、媒体等监督力量,形成社会力量共同参与的分享经济治理格局。健全适应新兴经济领域融合发展的生产核算等制度。在部分新兴经济领域探索实施新型股权管理制度。

(四)加强知识产权保护。在有条件的双创示范基地加快建设知识产权保护中心,扩大知识产权快速维权覆盖面,试点将知识产权保护中心服务业务扩展至发明、实用新型、外观设计专利申请以及专利复审、无效等,大幅缩短知识产权保护中心处理案件的审查周期。搭建集专利申请、维权援助、调解执法等于一体的一站式综合服务平台,探索建立海外知识产权维权援助机制。

(五)加快科技成果转化应用。进一步打通科研和产业之间的通道,加速双创示范基地科技成果转移转化。落实好提高科技型中小企业研发费用加计扣除比例的政策。建立有利于提升创新创业效率的科研管理、资产管理和破产清算等制度体系。出台激励国有企业加大研发投入力度、参与国家重大科技项目的措施办法。通过股权期权激励等措施,让创新人才在科技成果转化过程中得到合理回报,激发各类人才的创新创业活力。加强国家与地方科技创新政策衔接,加大普惠性科技创新政策落实力度,落实高新技术企业所得税优惠等创新政策。

(六)完善人才激励政策。鼓励双创示范基地研究制定"柔性引才"政策,吸引关键领域高素质人才。完善各类灵活就业人员参加社会保险的管理措施,制定相应的个人申报登记、个人缴费和资格审查办法。对首次创办小微企业或从事个体经营并正常经营1年以上的高校毕业生、就业困难人员,鼓励双创示范基地开展一次性创业补贴试点工作。探索适应灵活就业人员的失业、工伤保险保障方式,符合条件的可享受灵活就业、自主创业扶持政策。

(七)支持建设"双创"支撑平台。采取政府资金与社会资本相结合的方式支持双创示范基地建设,引导各类社会资源向创新创业支撑平台集聚,加快建设进度,提高服务水平。支持示范区域内的龙头骨干企业、高校和科研院所建设专业化、平台型众创空间。对条件成熟的专业化众创空间进行备案,给予精准扶持。依托科技园区、高等学校、科研院所等,加快发展"互联网+"创业网络体系,建设一批低成本、便利化、全要素、开放式的众创空间,降低创业门槛。试点推动老旧商业设施、仓储设施、闲置楼宇、过剩商业地产转为创业孵化基地。双创示范基地可根据创业孵化基地入驻实体数量和孵化效果,给予一定奖补。

(八)加快发展创业投融资。充分发挥国家新兴产业创业投资引导基金、中小企业发展基金作用,支持设立一批扶持早中期、初创期创新型企业的创业投资基金。引导和规范政府设立创业投资引导基金,建立完善引导基金运行监管机制、财政资金绩效考核机制和信用信息评价机制。加快创业投资领域信用体系建设,实现创业投资领域信用记录全覆盖。根据国务院统一部署,支持双创示范基地按照相关规定和程序开展投贷联动、专利质押融资贷款等金融改革试点。落实好创业担保贷款政策,鼓励金融机构和担保机构依托信用信息,科学评估创业者还款能力,改进风险防控,降低反担保要求,健全代偿机制,推行信贷尽职免责制度。研究建立有利于国有企业、国有资本从事创业投资的容错机制。

(九)支持农民工返乡创业。鼓励和引导返乡农民工按照法律法规和政策规定,通过承包、租赁、入股、合作等多种形式,创办领办家庭农场林场、农民合作社、农业企业、农业社会化服务组织等新型农业经营主体。通过发展农村电商平台,利用互联网思维和技术,实施"互联网+"现代农业行动,开展网上创业。返乡下乡人员可在创业地按相关规定参加各项社会保险,有条件的地方要将其纳入住房公积金缴存范围,按规定将其子女纳入城镇(城乡)居民基本医疗保险参保范围。鼓励双创示范基地设立"绿色通道",为返乡下乡人员创新创业提供便利服务,对进入创业园区的,提供有针对性的创业辅导、政策咨询、集中办理证照等服务。

(十)支持海外人才回国(来华)创业。探索建立华侨华人回国(来华)创业综合服务体系,逐步推广已在部分地区试行的海外人才优惠便利政策。促进留学回国人员就业创业,鼓励留学人员以知识产权等无形资产入股方式创办企业。简化留学人员学历认证等手续,降低服务门槛,依法为全国重点引才计划引进人才及由政府主管部门认定的海外高层次留学人才申请永久居留提供便利。实施有效的人才引进和扶持政策,吸引更多人才回流,投身创新创业。

(十一)推动融合协同共享发展。支持双创示范基地之间建立协同机制,开展合作交流,共同完善政策环境,共享创新创业资源,共建创新创业支撑平台。支持双创示范基地"走出去",与相关国家、地区开展合作交流。实施院所创新创业共享行动,支持科研院所创新创业,开放科研设施和资源,推动科技成果实现共享和转化,促进创业与科技创新深度融合。实施企业创新创业协同行动,鼓励行业领军企业、大型互联网企业向各类主体开放技术、开发、营销、推广等资源,推动开展内部创新创业,打造与中小微企业协同发展的格局。

(十二)营造创新创业浓厚氛围。办好全国"双创"活动周,展现各行业、各区域开展创新创业活动的丰硕成果。办好"创响中国"系列活动,开展双创示范基地政策行、导师行、科技行、投资行、宣传行等活动。实施社团创新创业融合行动,推介一批创新创业典型人物和案例,进一步引导和推动各类科技人员投身创新创业大潮。继续举办各类创新创业大赛,推动创新创业理念更加深入人心。面向双创示范基地企业等创新主体加强政策培训解读,建立双创示范基地科技创新政策落实督查机制,帮助企业更好享受优惠政策。

同时,不断增加创新创业政策供给。结合双创示范基地建设实践探索和成功经验,加快研究制定进一步推进大众创业万众创新纵深发展的政策文件,在改革政府管理方式、转化创新成果、拓展企业融资渠道、促进实体经济转型升级、完善人才流动激励机制等方面出台更加有力的政策措施,并与现有政策统筹协调、各有侧重,形成更大的政策合力。

三、步骤安排

2017年7月底前,第二批双创示范基地结合自身特点,研究制定工作方案,明确建设目标和重点。有关部门和地方论证、完善工作方案。工作方案要向社会公布,接受社会监督。

2017年年底前,第二批双创示范基地按照工作方案,落实和完善相关政策举措,加快推进双创示范基地建设,并取得阶段性成果。

2018年上半年,国家发展改革委会同相关部门组织对首批和第二批双创示范基地建设工作开展督促检查和第三方评估。

各地区、各部门要按照有关要求,认真抓好第二批双创示范基地建设工作。双创示范基地所在地人民政府要高度重视,加强领导,完善组织体系,把双创示范基地建设作为重要抓手和载体,认真抓好落实;要出台有针对性的政策措施,保证政策真正落地生根,进一步释放全社会创新创业活力。国家发展改革委要会同相关部门加强指导,建立地方政府、部门政策协调联动机制,为高校、科研院所、各类企业等提供政策支持、科技支撑、人才引进、公共服务等保障条件,形成强大合力,推动形成大众创业万众创新纵深发展的新局面。

附件:第二批双创示范基地名单(92个)

国务院办公厅

2017年6月15日

附件:

第二批双创示范基地名单(92个)

一、区域示范基地(45个)

北京市顺义区
天津滨海高新技术产业开发区
河北省保定国家高新技术产业开发区
山西转型综合改革示范区学府产业园区
内蒙古自治区包头稀土高新技术产业开发区
辽宁省大连高新技术产业园区

辽宁省鞍山高新技术产业开发区
吉林长春新区
黑龙江哈尔滨新区
上海市徐汇区
江苏省南京市雨花台区
浙江省杭州经济技术开发区
浙江省宁波市鄞州区
浙江省嘉兴南湖高新技术产业园区
安徽省芜湖高新技术产业开发区
福建省厦门火炬高技术产业开发区
福建省泉州市丰泽区
江西赣江新区
山东省青岛高新技术产业开发区
山东省淄博市张店区
山东省威海火炬高技术产业开发区
河南省许昌市城乡一体化示范区
河南省鹿邑县
湖北省武汉市江岸区
湖北省荆门高新技术产业开发区
湖北省黄冈市罗田县
湖南省湘潭高新技术产业开发区
广东省深圳市福田区
广东省汕头华侨经济文化合作试验区
广东省中山火炬高技术产业开发区
广西壮族自治区南宁高新技术产业开发区
海南省海口国家高新技术产业开发区
重庆市永川区
四川天府新区
四川省巴中市平昌县
贵州省贵阳高新技术产业开发区
贵州省遵义市汇川区
云南省昆明经济技术开发区
西藏自治区拉萨市柳梧新区
陕西省杨凌农业高新技术产业示范区
甘肃省兰州市城关区
青海省青海国家高新技术产业开发区
宁夏回族自治区银川经济技术开发区
新疆维吾尔自治区乌鲁木齐高新技术产业开发区

新疆生产建设兵团石河子高新技术产业开发区

二、高校和科研院所示范基地(26个)

北京大学
河北农业大学
吉林大学
哈尔滨工业大学
复旦大学
上海科技大学
南京理工大学
南京工业职业技术学院
浙江大学
山东大学
武汉大学
华中科技大学
中南大学
华南理工大学
西安电子科技大学
中国信息通信研究院
国家工业信息安全发展研究中心
中国科学院计算技术研究所
中国科学院大连化学物理研究所
中国科学院长春光学精密机械与物理研究所
中国科学院上海微系统与信息技术研究所
中国科学院苏州纳米技术与纳米仿生研究所
中国科学院宁波材料技术与工程研究所
中国科学院合肥物质科学研究院
中国科学院深圳先进技术研究院
中国科学院西安光学精密机械研究所

三、企业示范基地(21个)

中国航空工业集团公司
中国船舶重工集团公司
中国电子科技集团公司
国家电网公司
中国移动通信集团公司

中国电子信息产业集团有限公司
中国宝武钢铁集团有限公司
中国钢研科技集团有限公司
北京有色金属研究总院
中国普天信息产业集团公司
三一重工股份有限公司
北京百度网讯科技有限公司
长春国信现代农业科技发展股份有限公司
万向集团公司
合肥荣事达电子电器集团有限公司
浪潮集团有限公司
迪尚集团有限公司
深圳市腾讯计算机系统有限公司
重庆猪八戒网络有限公司
四川长虹电子控股集团有限公司
新希望集团有限公司

商务部、发展改革委、人民银行、海关总署、质检总局关于进一步推进开放型经济新体制综合试点试验的若干意见

商政发〔2017〕125号

河北、辽宁、上海、江苏、福建、江西、山东、湖北、广东、广西、重庆、陕西省（自治区、直辖市）商务、发展改革部门、人民银行、直属海关、直属检验检疫局：

构建开放型经济新体制综合试点试验工作自2016年5月全面启动以来，济南市、南昌市、唐山市、漳州市、东莞市、防城港市，以及浦东新区、两江新区、西咸新区、大连金普新区、武汉城市圈、苏州工业园区等12个试点城市和区域（以下简称试点地区）积极探索推进各项改革措施，成效初步显现。为进一步加强顶层设计与基层探索相统筹，推进试点试验取得更大成效，经商有关部门，现就支持试点地区探索扩大贸易投资便利化、推进放管服改革等事项提出如下意见：

一、支持各试点地区创新加工贸易核销管理模式改革，对信用等级为一般认证企业以上的加工贸易企业，开展自核单耗管理试点。

二、支持试点地区依托海关特殊监管区域，开展保税展示交易业务，实行线下体验、线上

销售电子商务模式,并采取电子化分段担保。创新海关事务担保形式,实行多元化的税收担保方式。

三、支持试点地区海关特殊监管区域内具备条件的企业,采用先入区后报关模式,实现货物在口岸与试点地区内海关特殊监管区域之间的快速通关模式。

四、在海关有效监管前提下,允许试点地区具有保税油供应跨区域开展连锁经营资质的企业,在关区内向国际航行船舶开展跨直属关区保税油供应业务。

五、支持试点地区申报特殊商品指定口岸,建设检验检疫综合改革试验区(国检试验区)。

六、支持试点地区加快地方信用信息共享平台和企业信用信息公示系统建设,并与全国信用信息共享平台、国家企业信用信息公示系统对接,加强部门间信息共享。完善"双随机、一公开"监管模式,深入推进行政许可和行政处罚等信息自作出行政决定之日起7个工作日内上网公开工作。

七、支持试点地区加大取消审批事项和审批改备案力度,推进"证照分离"改革。根据国家统一部署,完善对外商投资实行负面清单的管理模式。

八、对港澳服务提供者在试点地区投资《〈内地与香港关于建立更紧密经贸关系的安排〉服务贸易协议》、《〈内地与澳门关于建立更紧密经贸关系的安排〉服务贸易协议》中对港澳开放的服务贸易领域,鼓励由试点地区所在的地市级商务主管部门对其(港澳服务提供者投资的)非金融类企业设立及变更实施备案,具体备案事项仍按《港澳服务提供者在内地投资备案管理办法(试行)》执行。

九、在符合相关法律法规的前提下,为外资银行在试点地区设立分支机构、民营资本与外资金融机构共同设立中外合资银行提供便利。

十、试点地区符合条件的企业的境外母公司可以在境内发行人民币债券。允许试点地区符合条件的跨国企业集团开展跨境人民币双向资金池业务。

十一、支持试点地区大力吸引海外高层次人才和开放型经济人才,为外国高层次人才及其家属来华及在华停居留提供便利。

十二、在内地与香港、澳门《关于建立更紧密经贸关系的安排》框架下,放宽港澳服务提供者在试点地区设立资信调查公司的限制。

十三、支持沿边试点地区建设边境旅游试验区和跨境旅游合作区,积极培育沿边旅游开放新支点。

各试点地区要加强组织领导,健全工作机制,细化具体举措,加快先行先试步伐,尽早形成一批可复制、可推广的经验做法,为我国构建开放型经济新体制积累经验、夯实基础。

商务部
发展改革委
人民银行
海关总署
质检总局
2017年4月7日

国务院关于北部湾城市群发展规划的批复

国函〔2017〕6号

广东省、广西壮族自治区、海南省人民政府，国家发展改革委、住房城乡建设部：

国家发展改革委、住房城乡建设部《关于报送北部湾城市群发展规划（送审稿）的请示》（发改规划〔2016〕2633号）收悉。现批复如下：

一、原则同意《北部湾城市群发展规划》（以下简称《规划》），请认真组织实施。

二、《规划》实施要全面贯彻党的十八大和十八届三中、四中、五中、六中全会以及中央城镇化工作会议、中央城市工作会议精神，深入贯彻习近平总书记系列重要讲话精神和治国理政新理念新思想新战略，认真落实党中央、国务院决策部署，统筹推进"五位一体"总体布局和协调推进"四个全面"战略布局，牢固树立和贯彻落实新发展理念，着力推进供给侧结构性改革，加快培育发展新动能，拓展发展新空间，以共建共保洁净海湾为前提，以打造面向东盟开放高地为重点，以构建环境友好型产业体系为基础，发展美丽经济，建设宜居城市和蓝色海湾城市群，充分发挥对"一带一路"有机衔接的重要门户作用和对沿海沿边开放互动、东中西部地区协调发展的独特支撑作用。

三、广东、广西、海南三省（区）人民政府要切实加强组织领导，健全协作机制，明确责任分工，制定实施方案，做好与相关专项规划的衔接，确保各项目标任务落到实处。《规划》实施中涉及的重大事项、重大政策和重大项目按规定程序报批。

四、国务院有关部门要按照职能分工，研究制定支持北部湾城市群发展的具体政策措施，在有关规划编制、体制创新、重大项目建设、优化行政区划设置等方面给予积极支持。国家发展改革委、住房城乡建设部要做好协调指导，加强对《规划》实施情况的跟踪分析，适时组织开展《规划》实施情况督查评估，研究新情况，总结新经验，解决新问题。重大问题及时向国务院报告。

国务院

2017年1月20日

国家发展改革委关于印发西部大开发"十三五"规划的通知

发改西部〔2017〕89号

各省、自治区、直辖市及计划单列市、副省级省会城市人民政府,新疆生产建设兵团,国务院西部地区开发领导小组成员单位,国资委、知识产权局、国防科工委、证监会、保监会、铁路总公司:

《西部大开发"十三五"规划》(以下简称《规划》)已经国务院批复同意(国函〔2017〕1号),现印发你们。请按照国务院批复要求和《规划》确定的指导思想、发展目标和重点任务,加强组织领导,分解落实责任,完善政策措施,认真组织实施。

附件:
1. 西部大开发"十三五"规划(略——编者注)
2. 国务院关于西部大开发"十三五"规划的批复(国函〔2017〕1号)(略——编者注)

国家发展改革委
2017年1月11日

国务院关于中原城市群发展规划的批复

国函〔2016〕210号

河南、河北、山西、安徽、山东省人民政府,国家发展改革委:

国家发展改革委《关于报送中原城市群发展规划(送审稿)的请示》(发改地区〔2016〕2463号)收悉。现批复如下:

一、原则同意《中原城市群发展规划》(以下简称《规划》),请认真组织实施。

二、《规划》实施要全面贯彻党的十八大和十八届三中、四中、五中、六中全会及中央城镇化工作会议、中央城市工作会议精神,深入贯彻习近平总书记系列重要讲话精神和治国理政新理念新思想新战略,认真落实党中央、国务院决策部署,统筹推进"五位一体"总体布局和协调推进"四个全面"战略布局,牢固树立和贯彻落实创新、协调、绿色、开放、共享的发展理念,适应把握引领经济发展新常态,坚持以推进供给侧结构性改革为主线,服务"一带一路"建设、中部地区崛起和新型城镇化等国家重大战略,培育发展新动能,推进基础设施互联互通,深化产业体系分工合作,加强生态环境同治共保,促进公共服务共建共享,推动城乡统筹协调发展,构建网络化、开放式、一体化的中原城市群发展新格局。

三、河南、河北、山西、安徽、山东省人民政府要切实增强政治意识、大局意识、核心意识、看齐意识,加强组织领导,密切协调配合,落实工作责任,完善工作会商推进机制,抓紧制定实施方案和专项规划,依法落实《规划》明确的主要目标和重点任务。《规划》实施中涉及的重大事项、重大政策和重大项目按规定程序报批。

四、国务院有关部门要按照职能分工,研究制定支持中原城市群发展的具体政策,在有关规划编制、体制创新、政策实施、项目安排、资金投入、土地保障等方面给予积极支持。国家发展改革委要加强跟踪分析和督促检查,适时组织开展《规划》实施情况评估,重大问题及时向国务院报告。

国务院
2016 年 12 月 28 日

国务院关于促进中部地区崛起"十三五"规划的批复

国函〔2016〕204 号

国家发展改革委:

你委《关于报送促进中部地区崛起"十三五"规划(修改稿)的请示》(发改地区〔2016〕2591 号)收悉。现批复如下:

一、原则同意《促进中部地区崛起"十三五"规划》(以下简称《规划》),请认真组织实施。

二、《规划》实施要全面贯彻党的十八大和十八届三中、四中、五中、六中全会精神,深入贯彻习近平总书记系列重要讲话精神和治国理政新理念新思想新战略,认真落实党中央、国务院决策部署,统筹推进"五位一体"总体布局和协调推进"四个全面"战略布局,牢固树立和贯彻落实创新、协调、绿色、开放、共享的发展理念,适应、把握和引领经济发展新常态,与推进"一带一路"建设、京津冀协同发展、长江经济带发展三大战略相衔接,以提高发展质量和效益为中心,以供给侧结构性改革为主线,以全面深化改革为动力,坚持创新驱动发展,加快推动新旧动能转换,加快推进产业结构优化升级,加快打造城乡和区域一体化发展新格局,加快构筑现代基础设施网络,加快培育绿色发展方式,加快提升人民生活水平,推动中部地区综合实力和竞争力再上新台阶,开创全面崛起新局面。

三、山西、安徽、江西、河南、湖北和湖南省人民政府要深化对促进中部地区崛起重要性、紧迫性的认识，增强政治意识、大局意识、核心意识、看齐意识，将《规划》确定的重大工程、重大项目、重大政策、重要改革任务与本地区经济社会发展紧密衔接起来，抓紧安排部署，完善推进机制，强化政策保障，分解落实各项工作，确保《规划》提出的目标任务如期完成。

四、促进中部地区崛起工作部际联席会议各成员单位、各有关部门和单位要按照职能分工，从全局和全国统一大市场角度，围绕促进中部地区崛起重点领域研究制定具体政策，在有关专项规划编制、政策措施实施、重点项目安排、体制机制创新等方面给予积极指导和支持；同时，注重调动社会力量，挖掘市场潜力，为《规划》顺利实施创造良好的政策环境，为增强中部地区经济发展动力提供有力支撑。

五、国家发展改革委要加强综合协调与服务，会同有关部门对《规划》实施进行跟踪分析和督促检查，注意研究新情况、解决新问题、总结新经验，适时组织开展《规划》实施中期评估，推动《规划》各项目标任务落实。重大问题及时向国务院报告。

国务院
2016年12月17日

国务院关于东北振兴"十三五"规划的批复

国函〔2016〕177号

国家发展改革委：

你委《关于报送〈东北振兴"十三五"规划（修改稿）〉的请示》（发改振兴〔2016〕2139号）收悉。现批复如下：

一、原则同意《东北振兴"十三五"规划》（以下简称《规划》），请认真组织实施。

二、《规划》实施要全面贯彻党的十八大和十八届三中、四中、五中、六中全会精神，深入学习贯彻习近平总书记系列重要讲话精神，认真落实党中央、国务院决策部署，紧紧围绕统筹推进"五位一体"总体布局和协调推进"四个全面"战略布局，牢固树立和贯彻落实创新、协调、绿色、开放、共享的发展理念，适应、把握和引领经济发展新常态，以提高发展质量和效益为中心，以供给侧结构性改革为主线，着力完善体制机制，着力推进结构调整，着力鼓励创新创业，着力保障和改善民生，协同推进新型工业化、信息化、城镇化和农业现代化，因地制宜、分类施策，扬长避短、扬长克短、扬长补短，有效提升老工业基地的发展活力、内生动力和整体竞争力，努力走出一条质量更高、效益更好、结构更优、优势充分释放的振兴发展新路，与全国同步全面建成小康社会。

三、辽宁省、吉林省、黑龙江省和内蒙古自治区人民政府要深化对全面振兴东北老工业基地重要性、紧迫性的认识，增强政治意识、大局意识、核心意识、看齐意识，将《规划》确定的重大工程、重大项目、重大政策、重要改革任务与本地区经济社会发展紧密衔接起来，完善推进机制,强化政策保障,分解落实各项工作,确保《规划》提出的目标任务如期完成。

四、国务院振兴东北地区等老工业基地领导小组各成员单位、各有关部门和单位要围绕东北振兴重点领域研究制定具体政策,在有关规划编制、体制创新、项目安排等方面给予积极支持,为《规划》顺利实施创造良好的政策环境。

五、国家发展改革委要加强综合协调与服务,会同有关部门对《规划》实施进行跟踪分析和督促检查,注意研究新情况、解决新问题、总结新经验,适时组织开展《规划》实施中期评估,推动《规划》各项目标任务落实。重大问题及时向国务院报告。

国务院
2016年11月1日

国务院关于深入推进实施新一轮东北振兴战略加快推动东北地区经济企稳向好若干重要举措的意见

国发〔2016〕62号

各省、自治区、直辖市人民政府,国务院各部委、各直属机构:

为深入推进实施党中央、国务院关于全面振兴东北地区等老工业基地的战略部署,按照立足当前、着眼长远、标本兼治、分类施策的原则,现就积极应对东北地区经济下行压力、推动东北地区经济企稳向好提出以下意见。

一、全面深化改革,激发内在活力

(一)推进行政管理体制改革。东北三省要全面对标国内先进地区,加快转变政府职能,进一步推进简政放权、放管结合、优化服务改革。积极推广"一个窗口受理、一站式办理、一条龙服务",简化流程,明确时限,提高效率。先行试点企业投资项目承诺制,探索创新以政策性条件引导、企业信用承诺、监管有效约束为核心的管理模式。开展优化投资营商环境专项行动,推进"法治东北"、"信用东北"建设,实行企业投资项目管理负面清单制度,试点市场准入负面清单制度,加强各种所有制经济产权保护,完善政府守信践诺机制。[辽宁、吉林、黑龙江省人民政府(以下称三省人民政府)负责]对东北地区投资营商环境定期进行督查评估。(国家发展改革委、全国工商联负责)

(二)全面深化国有企业改革。2016年底前出台深化东北地区国有企业改革专项工作方案。推动驻东北地区的中央企业开展国有资本投资运营公司试点,选择部分中央企业开展综合改革试点,支持部分中央企业开展混合所有制改革试点,引导中央企业加大与地方合作力度。（国务院国资委牵头，国家发展改革委、财政部和三省人民政府分工负责）在东北三省各选择10—20家地方国有企业开展首批混合所有制改革试点。组建若干省级国有资本投资运营公司，研究推动若干重大企业联合重组。有序转让部分地方国有企业股权，所得收入用于支付必需的改革成本、弥补社保基金缺口。加快解决历史遗留问题，2017年底前推动厂办大集体改革取得实质性进展，2018年底前基本完成国有企业职工家属区"三供一业"分离移交工作。（三省人民政府组织实施，国务院国资委、财政部、国家发展改革委、人力资源社会保障部指导支持）加快推动东北地区国有林区、国有林场改革，提出分类化解林区林场金融债务的意见。[国家发展改革委、财政部、国家林业局按职责分工负责，东北三省和内蒙古自治区人民政府（以下称三省一区人民政府）组织实施]

（三）加快民营经济发展。在东北地区开展民营经济发展改革示范，重点培育有利于民营经济发展的政策环境、市场环境、金融环境、创新环境、法治环境等，增强民营企业发展信心，加快构建"亲"、"清"新型政商关系。（三省一区人民政府负责，国家发展改革委、工业和信息化部、全国工商联等指导支持）2017年6月底前，在东北地区至少设立一家民营银行。（银监会指导支持）推动"银政企保"合作，建立融资担保体系，重点为民营企业和中小企业贷款融资提供担保。遴选一批收益可预期的优质项目，通过政府和社会资本合作（PPP）等模式吸引社会资本。（三省一区人民政府负责）

二、推进创新转型，培育发展动力

（四）加快传统产业转型升级。支持东北地区开展"中国制造2025"试点，提高智能制造、绿色制造、精益制造和服务型制造能力，鼓励国家重点工程优先采用国产装备，在实施"中国制造2025"中重塑东北装备竞争力，积极开拓重大装备国际市场，推动国际产能和装备制造合作。建设一批产业转型升级示范区和示范园区。加大先进制造产业投资基金在东北地区投资力度，抓紧设立东北振兴产业投资基金。建立"市场化收购＋补贴"的粮食收储新机制，积极引导多元化市场主体入市收购。支持建立线上销售渠道，扩大东北地区优质特色农产品销售市场，打造东北农产品品牌和地理标志品牌。适当扩大东北地区燃料乙醇生产规模。（国家发展改革委、工业和信息化部、财政部、农业部、国家粮食局、国家能源局按职责分工负责，三省一区人民政府组织实施）

（五）支持资源枯竭、产业衰退地区转型。加快推进黑龙江龙煤集团、吉林省煤业集团、阜新矿业集团等重点煤炭企业深化改革，有序退出过剩产能，在专项奖补资金安排等方面给予重点支持。（三省人民政府负责，国家发展改革委、财政部、工业和信息化部指导支持）以黑龙江省鸡西、鹤岗、双鸭山、七台河四大煤城为重点，实施资源型城市产业转型攻坚行动计划，研究通过发展新产业转岗就业、易地安置转移等方式统筹安排富余人员。（黑龙江省人民政府负责，国家发展改革委、财政部、人力资源社会保障部等部门指导支持）将东北地区国有林区全部纳入国家重点生态功能区，支持开展生态综合补偿和生态移民试点，尽快落实停止天然林商业性采伐相关支持政策。支持林区发展林下经济。结合林场布局优化调整，建设一批特色宜居小镇。全面推进城区老工业区和独立工矿区搬迁改造，支持开展城镇低效用地再开发试点和工矿废弃地治理。中央预算内投资设立采煤沉陷区综合治理专项。（国家发展

改革委、财政部、国土资源部、国家林业局按职责分工负责,三省一区人民政府组织实施)

（六）大力培育新动能。实施好东北地区培育和发展新兴产业三年行动计划。加大对东北地区信息产业发展和信息基础设施建设的支持力度,大力发展基于"互联网＋"的新产业新业态,支持打造制造业互联网双创平台,引导知名互联网企业深度参与东北地区电子商务发展,支持互联网就业服务机构实施东北地区促进就业创业专项行动。支持东北地区建设国家大数据综合试验区。（三省一区人民政府负责,国家发展改革委、工业和信息化部、商务部等部门指导支持）支持东北地区积极发展服务业,培育养老、旅游、文化等新消费增长点,出台推动东北地区旅游业转型升级发展的工作方案,完善旅游服务设施,新建一批5A级景区和全域旅游示范区。（国家发展改革委、民政部、文化部、国家旅游局按职责分工负责,三省一区人民政府组织实施）中央预算内投资设立东北振兴新动能培育专项。（国家发展改革委负责）

（七）加强创新载体和平台建设。深入推进沈阳全面创新改革试验,加快建设沈阳浑南区双创示范基地,推进哈尔滨、长春等城市双创平台建设。鼓励地方设立新兴产业创业投资基金。中央预算内投资设立东北地区创新链整合专项。（国家发展改革委牵头负责,三省一区人民政府组织实施）加快沈大国家自主创新示范区建设,支持吉林长春、黑龙江哈大齐工业走廊培育创建国家自主创新示范区。（科技部牵头负责,三省人民政府组织实施）支持东北地区开展科创企业投贷联动等金融改革试点。（银监会、科技部、人民银行按职责分工负责,三省一区人民政府组织实施）在布局国家实验室、大科学装置等重大创新基础设施时向东北地区倾斜。支持在东北地区组建国家机器人创新中心。（科技部、国家发展改革委、工业和信息化部、中科院按职责分工负责,三省人民政府组织实施）

（八）加快补齐基础设施短板。抓紧推进已纳入各领域"十三五"专项规划和推进东北地区等老工业基地振兴三年滚动实施方案的铁路、公路、机场、水利、农业、能源等重大基础设施项目建设。加快东北地区高速铁路网建设和既有铁路扩能改造,对东北地区支线机场建设补助标准参照中西部地区执行。研究建设新的特高压电力外送通道。制定东北地区电力体制改革专项工作方案,切实降低企业用电成本。扩大电能替代试点范围,全面实施风电清洁供暖工程,在有条件的地区开展光伏暖民示范工程。在光伏电站年度建设规模中对东北地区予以倾斜。支持吉林省开展可再生能源就近消纳试点。支持多元化投资主体参与抽水蓄能电站建设。提高东北地区农网改造升级工程中央预算内资金补助比例。对东北地区新型城镇化试点、棚户区改造、老旧小区节能宜居综合改造、重点城市"煤改气"和燃煤机组改造等给予倾斜支持。各地建立项目负责和服务推进机制,挂牌督办、包干推进。加快全光纤网络城市建设和无线宽带网络建设。（三省一区人民政府组织实施,国家发展改革委、工业和信息化部、国土资源部、环境保护部、住房城乡建设部、交通运输部、水利部、农业部、国家能源局、中国民航局、中国铁路总公司按职责分工负责）

三、扩大开放合作,转变观念理念

（九）打造重点开发开放平台。指导辽宁省做好新设自由贸易试验区总体方案起草工作,加快在东北地区推广中国（上海）等自由贸易试验区经验。（商务部牵头）创新完善大连金普新区、哈尔滨新区、长春新区管理体制机制,充分发挥引领带动作用。加快中德(沈阳)高端装备制造产业园、珲春国际合作示范区建设,规划建设中俄、中蒙、中日、中韩产业投资贸易合作平台以及中以、中新合作园区。支持大连东北亚国际航运中心建设,加快东北沿边重点开发开放试验区和边境经济合作区建设。(三省一区人民政府负责,国家发展改革委、商务部等部门指导支持)在符合条件的地区设立综合保税区等海关特殊监管区域。支持中国(大连)跨境电子商务综合试验区建设。研究设立汽车整车进口口岸。(海关总署、商务部牵头负责,三省一区人民政府组织实施)支持东北地区对接京津冀协同发展战略,推进与环渤海地区合作发展。进一步加强东北三省一区合作。(国家发展改革委牵头负责,三省一区人民政府组织实施)

(十)开展对口合作与系统培训。组织辽宁、吉林、黑龙江三省与江苏、浙江、广东三省,沈阳、大连、长春、哈尔滨四市与北京、上海、天津、深圳四市建立对口合作机制,开展互派干部挂职交流和定向培训,通过市场化合作方式积极吸引项目和投资在东北地区落地,支持东北装备制造优势与东部地区需求有效对接,增强东北产业核心竞争力。2017年2月底前将对口合作工作方案报国务院审定后实施。(国家发展改革委、中央组织部指导协调,相关省市人民政府组织实施)依托国家级干部教育培训机构,组织老工业基地振兴发展专题培训,重点加强对省部级领导干部和地市党政主要负责同志、省(区)属国有企业主要领导人员的培训,并在其他相关调训名额分配上给予倾斜支持。指导地方分级加强县处级以上干部培训。组织全国标杆企业、先进园区、服务型政府、创新院所、金融机构等系列"东北行"活动。(中央组织部、国家发展改革委按职能分工负责,三省一区人民政府组织实施)东北三省要组织省内城市、企业的管理和技术人员走出去,学习国内其他老工业城市、资源型城市转型成功经验。(三省人民政府组织实施,国家发展改革委指导协调)

四、切实加强组织协调,充分调动两个积极性

(十一)强化地方主体责任。三省一区人民政府要强化东北振兴的主体责任,转变观念、振奋精神、扎实苦干,创造性开展工作。对《中共中央、国务院关于全面振兴东北地区等老工业基地的若干意见》、《国务院关于近期支持东北振兴若干重大政策举措的意见》(国发〔2014〕28号)等政策文件提出的重大政策措施、重点任务和重大工程,要逐项明确责任、提出要求、规定时限,确保各项措施任务落实到位。完善老工业基地振兴工作的领导、协调、推进和督查考核机制,充分发挥各省(区)老工业基地振兴工作领导小组作用,设立办公室,充实地方各级政府老工业基地振兴工作力量。加强重大项目储备,安排专项资金支持重大项目前期工作。组织党员领导干部下基层下企业,帮助重点企业和特殊困难地区,协调解决突出困难和问题。创新招商方式,着力通过优化营商环境等措施加大引资工作力度。(三省一区人民政府负责)

(十二)加大财政金融投资支持力度。中央财政提高对东北地区民生托底和省内困难地区运转保障水平。对东北地区主导产业衰退严重的城市,比照实施资源枯竭城市财力转移支付政策。在加快养老保险制度改革的同时,制定实施过渡性措施,确保当期支付不出现问题。加快推进东北三省地方政府债务置换。(财政部会同人力资源社会保障部、国家发展改革委等部门负责)引导银行业金融机构加大对东北地区信贷支持力度,对有效益、有市场、有竞争力的企业,应满足其合理信贷需求,避免"一刀切"式的抽贷、停贷。对暂时遇到困难的优质大中型骨干企业,要协调相关金融机构积极纾解资金紧张等问题。鼓励各地建立应急转贷、风险补偿等机制。推进不良贷款处置。(银监会、人民银行、国家发展改革委和相关金融机构按职能分工负责,三省一区人民政府组织实施)对符合条件的东北地区企业申请首次公开发行股票并上市给予优先支持。(证监会牵头负责,三省一区人民政府做好组织和服务工作)推进实施市场化、法治化债转股方案并对东北地区企业予以重点考虑。支持企业和金融机构赴境外融资,支持东北地区探索发行企业债新品种,扩大债券融资规模。推出老工业基地调整改造重大工程包。(国家发展改革委、人民银行、财政部、银监会、证监会、国家外汇局按职责分工负责,三省一区人民政府组织实施)

(十三)加强政策宣传和舆论引导。有关部门和东北三省要建立东北振兴宣传工作定期沟通协调机制。加大信息发布和政策解读力度,组织各类媒体赴东北开展深度采访报道,营造良好社会氛围,增强发展信心。加强舆情监测,对不实报道等负面信息,要快速反应、及时发声、澄清事实,防止"唱衰东北"声音散播蔓延,赢得公众理解和支持。发挥社会监督作用,畅通群众投诉举报渠道,完善举报受理、处理和反馈机制,及时解决群众反映的困难和问题,妥善回应社会关切。(中央宣传部、中央网信办、国家发展改革委牵头负责,三省人民政府组织实施)

(十四)强化统筹协调和督促检查。国务院振兴东北地区等老工业基地领导小组各成员单位要积极主动开展工作,国家发展改革委要切实承担领导小组办公室工作,加强综合协调和调查研究,牵头推进重点任务落实。研究组建东北振兴专家顾问团。(国家发展改革委牵头)有关部门原则上要在2016年底前出台加快推动东北地区经济企稳向好的具体政策措施。各部门组织制定的稳增长、促改革、调结构、惠民生、防风险政策要优先考虑在东北地区试行,组织开展各类改革创新试点原则上要包含东北地区。(国务院振兴东北地区等老工业基地领导小组成员单位按职责分工负责)适时对东北振兴相关政策措施落实情况开展专项督查。(国务院办公厅、国家发展改革委牵头负责)

加快推动东北地区经济企稳向好,对于促进区域协调发展、维护全国经济社会大局稳定,意义十分重大。各有关方面要切实增强责任意识和忧患意识,充分调动中央和地方两个积极性,拿出更有力措施,打一场攻坚战,闯出一条新形势下老工业基地振兴发展新路,努力使东北地区在改革开放中重振雄风。

国务院

2016年11月1日

国务院关于印发北京加强全国科技创新中心建设总体方案的通知

国发〔2016〕52号

各省、自治区、直辖市人民政府，国务院各部委、各直属机构：

现将《北京加强全国科技创新中心建设总体方案》印发给你们，请认真贯彻执行。

国务院
2016年9月11日

北京加强全国科技创新中心建设总体方案

为深入贯彻党的十八大和十八届三中、四中、五中全会精神，全面落实全国科技创新大会精神和《国家创新驱动发展战略纲要》、《京津冀协同发展规划纲要》部署要求，坚持和强化北京全国科技创新中心地位，在创新驱动发展战略实施和京津冀协同发展中发挥引领示范和核心支撑作用，制定本方案。

一、总体思路

按照党中央、国务院决策部署，坚持创新、协调、绿色、开放、共享发展理念，根据京津冀协同发展的总体要求，以中关村国家自主创新示范区为主要载体，以构建科技创新为核心的全面创新体系为强大支撑，着力增强原始创新能力，打造全球原始创新策源地；着力推动科技和经济结合，建设创新驱动发展先行区；着力构建区域协同创新共同体，支撑引领京津冀协同发展等国家战略实施；着力加强科技创新合作，形成全球开放创新核心区；着力深化改革，进一步突破体制机制障碍，优化创新创业生态。塑造更多依靠创新驱动、更多发挥先发优势的引领型发展，持续创造新的经济增长点，为把我国建设成为世界科技强国、实现"两个一百年"奋斗目标提供强大动力。

二、发展目标

按照"三步走"方针，不断加强北京全国科技创新中心建设，使北京成为全球科技创新引领者、高端经济增长极、创新人才首选地、文化创新先行区和生态建设示范城。

第一步,到2017年,科技创新动力、活力和能力明显增强,科技创新质量实现新跨越,开放创新、创新创业生态引领全国,北京全国科技创新中心建设初具规模。

第二步,到2020年,北京全国科技创新中心的核心功能进一步强化,科技创新体系更加完善,科技创新能力引领全国,形成全国高端引领型产业研发集聚区、创新驱动发展示范区和京津冀协同创新共同体的核心支撑区,成为具有全球影响力的科技创新中心,支撑我国进入创新型国家行列。

第三步,到2030年,北京全国科技创新中心的核心功能更加优化,成为全球创新网络的重要力量,成为引领世界创新的新引擎,为我国跻身创新型国家前列提供有力支撑。

三、重点任务

充分发挥北京高端人才集聚、科技基础雄厚的创新优势,统筹利用好各方面科技创新资源,积极协同央地科技资源,深入实施军民融合发展战略,完善创新体系,优化提升首都创新核心功能,突出重点,在基础研究、原始创新和国家急需的领域取得突破,全面服务国家重大战略实施。

(一)强化原始创新,打造世界知名科学中心。

加大科研基础设施建设力度,超前部署应用基础及国际前沿技术研究,加强基础研究人才队伍培养,建设一批国际一流研究型大学和科研院所,形成领跑世界的原始创新策源地,将北京打造为世界知名科学中心。

1. 推进三大科技城建设。

统筹规划建设中关村科学城、怀柔科学城和未来科技城,建立与国际接轨的管理运行新机制,推动央地科技资源融合创新发展。加强北京市与中央有关部门会商合作,优化中央科技资源在京布局,发挥高等学校、科研院所和大型骨干企业的研发优势,形成北京市与中央在京单位高效合作、协同创新的良好格局。中关村科学城主要依托中国科学院有关院所、高等学校和中央企业,聚集全球高端创新要素,实现基础前沿研究重大突破,形成一批具有世界影响力的原创成果。怀柔科学城重点建设高能同步辐射光源、极端条件实验装置、地球系统数值模拟装置等大科学装置群,创新运行机制,搭建大型科技服务平台。未来科技城着重集聚一批高水平企业研发中心,集成中央在京科技资源,引进国际创新创业人才,强化重点领域核心技术创新能力,打造大型企业集团技术创新集聚区。

2. 超前部署基础前沿研究。

北京发挥科教资源优势,加强与国家科技计划(专项、基金等)衔接,统筹布局重点领域原始创新,集中力量实施脑科学、量子计算与量子通信、纳米科学等大科学计划,引领我国前沿领域关键科学问题研究。瞄准国际科技前沿,以国家目标和战略需求为导向,整合优势力量,在明确定位和优化布局的基础上,建设一批重大科研创新基地。围绕国家应用基础研究领域部署,加强对信息科学、基础材料、生物医学与人类健康、农业生物遗传、环境系统与控制、能源等领域的支撑,取得一批具有全球影响力的重大基础研究成果,引领国际产业发展方向。

3. 加强基础研究人才队伍建设。

坚持高起点、高标准,建设结构合理的创新人才团队,造就一批具有国际影响力的科学大师和以青年科学家为带头人的优秀研究群体。支持高等学校、科研院所和有条件的企业共建基础研究团队,加快科学家工作室建设,创新青年人才支持模式,形成一批从事基础研究的杰出青年科学家队伍。在全球范围内吸引一批能够承接重大任务、取得尖端成果、作出卓越贡献、形成"塔尖效应"的顶尖人才。在统筹考虑现有布局和国家对外科技合作总体部署基础上,鼓励以我为主发起国际大科学计划和大科学工程,吸引海外顶尖科学家和团队参与。

4. 建设世界一流高等学校和科研院所。

推进新兴交叉学科建设,促进基础学科与应用学科、自然科学与人文社会科学交叉融合,积极推动网络数据科学、量子信息学、生物医学、纳米科学与技术、核科学与技术、航空宇航科学与技术、生物信息学等学科发展与完善,加快世界一流高等学校和科研院所建设。建设国际马铃薯中心亚太中心。创新科研院所运行体制机制,推广北京生命科学研究所等管理模式。

(二)实施技术创新跨越工程,加快构建"高精尖"经济结构。

围绕国家经济社会发展重大需求,深入实施"北京技术创新行动计划"、"《中国制造2025》北京行动纲要"、"'互联网+'行动计划"等,突破一批具有全局性、前瞻性、带动性的关键共性技术,加强重要技术标准研制,培育具有国际竞争力的研发创新体系,加快科技成果向现实生产力转化,在北京经济技术开发区等打造具有全球影响力的创新型产业集群。

5. 夯实重点产业技术创新能力。

以智能制造、生物医药、集成电路、新型显示、现代种业、移动互联、航空航天、绿色制造等领域为重点,依托优势企业、高等学校和科研院所,建设一批对重点领域技术创新发挥核心引领作用的国家技术创新中心,突破与经济社会发展紧密相关的关键共性技术和核心瓶颈技术,形成一批具有竞争力的国际标准。推动科技与产业、科技与金融、科技与经济深度融合,培育一批具有国际竞争力的创新型领军企业,聚集世界知名企业技术创新总部,构建跨界创新合作网络。完善技术创新服务平台体系,加强研究开发、技术转移和融资、计量、检验检测认证、质量标准、知识产权和科技咨询等公共服务平台建设,打造高端创业创新平台。利用中关村政策优势,推动国防科技成果向民用领域转移转化和产业化。

6. 引领支撑首都"高精尖"经济发展。

在新一代信息技术、生物医药、能源、新能源汽车、节能环保、先导与优势材料、数字化制造、轨道交通等产业领域实施八大技术跨越工程,重点突破高性能计算、石墨烯材料、智能机器人等一批关键共性技术,培育先导产业和支柱产业。推动以科技服务业、"互联网+"和信息服务业为代表的现代服务业向高端发展,促进服务业向专业化、网络化、规模化、国际化方向发展。深化科技与文化融合发展,推进"设计之都"与中关村国家级文化和科技融合示范基地建设。以北京国家现代农业科技城为依托,加快推进高端农业创新发展。

7. 促进科技创新成果全民共享。

实施首都蓝天行动,推动能源结构向清洁低碳转型,深化大气污染治理,持续改善空气质量。实施生态环境持续改善行动,加强水资源保护与污水治理、垃圾处理和资源化利用、提升城市生态功能。实施食品安全保障行动,建立对食品生产经营各环节的科学高效监督管理体系,保障食品质量安全。加强重大疾病科技攻关,在疾病预防、诊断、精准医疗等领域形成一批创新成果并转化应用,打造具有国际影响力的临床医学创新中心。实施城市精细化管理提升行动,强化城市综合运行监控与重点行业安全保障能力,提高巨灾风险防范与应对能力。推动大数据与社会治理深度融合,不断推进社会治理创新,提升维护公共安全、建设平安中国的能力水平。组织实施科技冬奥行动计划,加强北京市、河北省与国家相关部门科技创新资源整合,聚焦绿色、智慧、可持续三个重点领域,集成应用和展示最新科技成果,为冬奥会提供科技支撑。

(三)推进京津冀协同创新,培育世界级创新型城市群。

贯彻落实《京津冀协同发展规划纲要》等战略部署,充分发挥北京全国科技创新中心的引领作用,构建京津冀协同创新共同体,打造世界级创新型城市群。积极参与和服务"一带一路"、长江经济带等发展战略,有力支撑国家创新驱动发展战略实施。

8. 优化首都科技创新布局。

全力推进高端产业功能区和高端产业新区建设,优化中关村国家自主创新示范区"一区多园"布局,提升产业技术创新水平,带动各园区创新发展。推动首都各区精细化、差异化创新发展,形成功能清晰、导向明确、秩序规范的发展格局。首都自主创新中心区(城六区)重点推进基础科学、战略前沿高技术和高端服务业创新发展;首都高端引领型产业承载区(城六区以外的平原地区)重点加快科技成果转化,推进生产性服务业、战略性新兴产业和高端制造业创新发展;首都绿色创新发展区(山区)重点实现旅游休闲、绿色能源等低碳高端产业创新发展;首都军民融合示范区重点打造前沿探索、基础研究、系统集成、示范应用、推广转化、产业发展的军民融合发展链条。加强统筹协调,对非首都功能疏解后的空间进行合理再布局,建设研发创新聚集区。

9. 构建京津冀协同创新共同体。

整合区域创新资源,打造京津冀创新发展战略高地。加强宏观指导和政策支持,结合产业链布局需要,培育具有产学研协同特征的科技企业集团,推进其在京津冀地区联动发展。完善协同创新体制机制,推动科技创新政策互动,建立统一的区域技术交易市场,实现科技资源要素的互联互通。建设协同创新平台载体,围绕钢铁产业优化升级共建协同创新研究院,围绕大众创业万众创新共建科技孵化中心,围绕新技术新产品向技术标准转化共建国家技术标准创新基地,围绕首都创新成果转化共建科技成果转化基地等。实施协同创新工程,围绕生态环境建设、新能源开发应用、废弃资源利用等重点领域开展联合攻关,围绕钢铁、建材等传统产业转型发展共同开展创新试点,围绕工业设计、科技服务业、文化创意等领域共同组织新技术应用示范等。

10. 引领服务全国创新发展。

发挥北京全国科技创新中心的辐射引领作用,搭建跨区域创新合作网络,加强与其他地区的科技创新合作。与上海、江苏、浙江、安徽等长江中下游省市重点推进基础研究和战略高技术领域合作;与广东、福建等东南沿海省份重点推进产业关键技术、创新创业等领域合作;与东北、中西部等地区重点推进技术转移、成果转化、产业转型升级等方面合作;加强与港澳台全方位科技交流合作。面向全国开放共享创新资源,推广"一站一台"(首都科技条件平台合作站和北京技术市场服务平台)等合作模式,建立跨区域科技资源服务平台,推动科技人才、科研条件、金融资本、科技成果服务全国创新发展。支持国家科技传播中心建设,打造国家级科学文化公共服务平台和全国"双创"支撑平台。

(四)加强全球合作,构筑开放创新高地。

坚持"引进来"与"走出去"并重、引智引技和引资并举,集聚全球高端创新资源,以创新提升区域发展层级,使北京成为全球科技创新的引领者和创新网络的重要节点。

11. 集聚全球高端创新资源。

吸引符合北京功能定位的国际高端创新机构、跨国公司研发中心、国际科技组织在京落户,鼓励国际知名科研机构在京联合组建国际科技中心,努力使北京成为国际科技组织总部聚集中心。面向全球引进世界级顶尖人才和团队在京发展。引导和鼓励国内资本与国际优秀创业服务机构合作建立创业联盟或成立创新创业基金。发挥中国国际技术转移中心等平台作用,完善市场化、国际化、专业化的服务体系,吸引国际高端科技成果在京落地,形成面向全球的技术转移集聚区。

12. 构筑全球开放创新高地。

在研发合作、技术标准、知识产权、跨国并购等方面为企业搭建服务平台,鼓励企业建立国际化创新网络。构筑全球互动的技术转移网络,加快亚欧创新中心、中意技术转移中心、中韩企业合作创新中心等国际技术转移中心建设,推动跨国技术转移。推进海外人才离岸创新创业基地建设,为海外人才在京创新创业提供便利和服务。鼓励国内企业在海外设立研发机构,加快海外知识产权布局,参与国际标准研究和制定,抢占国际产业竞争高地。鼓励国内企业通过对外直接投资、技术转让与许可等方式实施外向型技术转移。鼓励拥有自主知识产权和品牌的企业开拓国际市场,培育以技术、标准、品牌、质量、服务为核心的外贸竞争优势,提高产业在全球价值链中的地位。促进服务创新国际化,深化北京市服务业扩大开放综合试点,加快推进服务标准、市场规则、法律法规等制度规范与国际接轨。

(五)推进全面创新改革,优化创新创业环境。

深入落实创新驱动发展与体制机制改革系列重大部署,充分发挥中关村国家自主创新示范区改革"试验田"的作用,加快推进京津冀全面创新改革试验,破除制约创新的制度藩篱,形成充满活力的科技管理和运行机制,以深化改革促进创新驱动发展。

13. 推进人才发展体制机制改革。

实施更具吸引力的海外人才集聚政策,突破外籍人才永久居留和创新人才聘用、流动、评价激励等体制和政策瓶颈,推进中关村人才管理改革试验区建设,开展外籍人才出入境管理改革试点,对符合条件的外籍人才简化永久居留、签证等办理流程,让北京真正成为人才高地和科技创新高地。开展人才引进使用中的知识产权鉴定制度试点。深入实施北京市"雏鹰计划"、"高层次创新创业人才支持计划"、"科技北京百名领军人才培养工程"等人才计划,完善人才梯度培养机制,推进人才结构战略性调整。建立灵活多样的创新型人才流动与聘用模式,鼓励高等学校和科研院所人才互聘,允许高等学校、科研院所设立一定比例流动岗位,吸引企业人才兼职。研究制定事业单位招聘外籍人才的认定标准,探索聘用外籍人才的新路径。鼓励科研人员潜心研究,激发科研人员创新动力和积极性,完善市场化的人才评价激励机制,创新评价标准和办法。完善事业单位内部分配机制,推进绩效工资向关键岗位、业务骨干和有突出贡献的人员倾斜。优化人才服务保障体系,在住房条件、子女就学、配偶就业、医疗服务等方面为高层次人才提供便利。落实教学科研人员因公临时出国相关管理政策。

14. 完善创新创业服务体系。

加快发展高端创业孵化平台,构建集创业孵化、资本对接、营销服务等为一体的众创空间,提供集约化、专业化、社区化的创新创业环境。建立便捷高效的商事服务机制,推动集群注册登记、"先照后证"等改革,降低创业门槛。实施中关村大街改造提升工程,加快北京市海淀区"一城三街"建设,以创新创业打造经济社会发展新动力。深入推进国家科技服务业区域试点、服务业扩大开放综合试点、中关村现代服务业试点,探索科技服务业促进创新创业的新模式和新机制。发挥首都科技条件平台、首都科技大数据平台、中关村开放实验室等公共服务平台作用,推广创新券等科技资源开放共享的市场化机制,促进重大科研基础设施、大型科研仪器和专利基础信息资源向社会开放。加快推进研究开发、技术转移和融资、知识产权服务、第三方检验检测认证、质量标准、科技咨询等机构改革,构建社会化、市场化、专业化、网络化的技术创新服务平台。探索推动产业协同创新共同体建设,助力产业转型升级和大众创业万众创新。充分利用现有资源,统筹建设全国知识产权运营公共服务平台,建设国家知识产权服务业集聚发展示范区。

15. 加快国家科技金融创新中心建设。

完善创业投资引导机制,通过政府股权投资、引导基金、政府购买服务、政府和社会资本合作(PPP)等市场化投入方式,引导社会资金投入科技创新领域。结合国有企业改革建立国有资本创业投资基金制度,完善国有创投机构激励约束机制。按照国家税制改革的总体方向与要求,对包括天使投资在内的投向种子期、初创期等创新活动的投资,研究探索相关税收支持政策。支持"新三板"、区域性股权市场发展,大力推动优先股、资产证券化、私募债等产品创新。开展债券品种创新,支持围绕战略性新兴产业和"双创"孵化产业通过发行债券进行低成本融资。推动互联网金融创新中心建设。选择符合条件的银行业金融机构在中关村国家自主创新示范区探索为科技创新创业企业提供股权债权相结合的融资服务方式;鼓励符合条件的银行业金融机构在依法合规、风险可控前提下,与创业投资、股权投资机构实现投贷联动,支持科技创新创业。

16. 健全技术创新市场导向机制。

加快营造公平竞争市场环境。探索药品、医疗器械等创新产品审评审批制度改革试点。改进互联网、金融、节能、环保、医疗卫生、文化、教育等领域的监管,支持和鼓励新业态、新商业模式发展。严格知识产权保护,加快形成行政执法和司法保护两种途径优势互补、有机衔接的知识产权保护模式,健全知识产权举报投诉和维权援助体系。探索建立符合国际规则的政府采购技术标准体系,完善新技术、新产品首购首用风险补偿机制。建立高层次、常态化的企业技术创新对话、咨询制度,发挥企业和企业家在创新决策中的重要作用。市场导向明确的科技项目由企业牵头联合高等学校和科研院所实施。健全国有企业技术创新经营业绩考核制度,加大技术创新在国有企业经营业绩考核中的比重。

17. 推动政府创新治理现代化。

依法全面履行政府职能,建立权力清单和责任清单制度。深化行政审批制度改革,提高行政效能,建立创新政策调查和评价制度,加快政府职能从研发管理向创新服务转变,为各类创新主体松绑减负、清障搭台。建立科技创新智库,提升对创新战略决策的支撑能力、科技创新政策的供给能力、创新理念的引领能力,推进决策的科学化和现代化,探索政策措施落实情况第三方评估机制。大力发展市场化、专业化、社会化的创新服务机构和组织,逐步建立依托专业机构管理科研项目的市场化机制。建立健全科技报告制度和创新调查制度,加强公共创新服务供给。建立健全创新政策协调审查制度。推动创新薄弱环节和领域的地方立法进程,构建适应创新驱动发展需求的法治保障体系。深化科技项目资金管理改革,建立符合科研规律、高效规范的管理制度,强化对科研人员的激励。

18.央地合力助推改革向纵深发展。

在中关村国家自主创新示范区内,允许在京中央高等学校、科研院所在符合国家相关法律法规的前提下,经主管部门授权,试行北京市的相关创新政策。充分发挥北京市和中央在京单位的改革合力,探索新一轮更高层面、更宽领域的改革试点,进行新的政策设计,在充分调动科技人员创新创业积极性上再形成新一批政策突破,解放和发展生产力。深入落实促进科技成果转化法,在京中央高等学校、科研院所依法自主决定科技成果转移转化收益分配。着力打破创新资源配置的条块分割,支持北京市统筹用好各类创新资源,鼓励市属和中央高等学校协同创新。完善高等学校与企业开展技术开发、技术咨询、技术服务等横向合作项目经费管理制度,鼓励开展产学研合作,其支出依据合同法和促进科技成果转化法执行。探索创新创业人才在企业与机关事业单位之间依法自由流动,并做好社会保险关系转移接续工作。鼓励在京企业、高等学校和科研院所承担国防科技前沿创新研究工作,并给予相关配套优惠政策。探索开展事业单位担任行政领导职务的科技人员参与技术入股及分红激励试点,并根据领导干部职务明确审批程序。

四、保障措施

(一)强化组织领导。

在国家科技体制改革和创新体系建设领导小组领导下,国家有关部门与北京市共建北京全国科技创新中心建设工作机制,在顶层设计、改革保障等方面实现上下联动,统筹运用各部门资源建设北京全国科技创新中心。北京市建立北京全国科技创新中心建设统筹机制,形成促进科技创新的体制架构,分解改革任务,明确时间表和路线图,推动各项任务落到实处。

(二)加强资金保障。

加大财政科技投入力度,明确财政资金投入重点。切实加强对基础研究的财政投入,完善稳定支持机制。北京市设立战略性新兴产业技术跨越工程引导资金,加大对产业关键共性技术和贯穿创新链科技创新项目的支持力度。深化科技与金融结合,健全政府引导、企业为主、社会参与的多元化科技投入体系。

(三)完善监督评估机制。

加强监督考核,改革完善创新驱动发展的评价机制。研究建立科技创新、知识产权运用和保护与产业发展相结合的创新驱动发展评价指标体系,将本方案任务落实情况纳入北京市各级领导干部绩效考核体系。健全决策、执行、评价相对分开、互相监督的运行机制,强化对本方案实施进展情况的监督和问责机制。发挥第三方评估机构作用,定期对本方案落实情况进行跟踪评价,依据评价结果及时调整完善相关政策。

国务院关于同意设立贵州内陆开放型经济试验区的批复

国函〔2016〕142号

贵州省人民政府、国家发展改革委:

你们关于设立贵州内陆开放型经济试验区的请示收悉,现批复如下:

一、同意设立贵州内陆开放型经济试验区(以下简称试验区),建设实施方案由国家发展改革委印发。

二、试验区建设要全面贯彻党的十八大和十八届三中、四中、五中全会精神,深入贯彻习近平总书记系列重要讲话精神,落实党中央、国务院决策部署,按照"五位一体"总体布局和"四个全面"战略布局,牢固树立和贯彻落实创新、协调、绿色、开放、共享的发展理念,以体制机制创新为首要任务,坚持开放引领、创新驱动、生态融合、成果共享,积极参与"一带一路"建设、长江经济带发展和国际产能合作,深入推进大众创业、万众创新,加快发展新经济,培育新动能,改造提升传统动能,着力建设内陆投资贸易便利化试验区、现代产业发展试验区、内陆开放式扶贫试验区,营造良好的营商环境,为内陆地区在经济新常态下开放发展、贫困地区如期完成脱贫攻坚任务、生态地区实现生态与经济融合发展探索新路径、积累新经验。

三、贵州省人民政府要切实加强对试验区建设的组织领导,创新体制机制,明确工作职责,认真编制并实施好试验区建设规划,有力有序有效推进试验区发展。涉及的重要政策和重大建设项目要按规定程序报批。

四、国务院有关部门要按照职能分工,加强对试验区建设发展的指导,在规划编制、政策实施、项目布局、体制创新等方面给予积极支持,帮助解决试验区发展过程中遇到的困难和问题,营造良好的政策环境。国家发展改革委要做好统筹协调,加强对试验区发展的跟踪分析和督促检查,重视研究新情况、解决新问题、总结新经验,重大问题及时向国务院报告。

国务院
2016年8月5日

国务院关于同意设立广西凭祥重点开发开放试验区的批复

国函〔2016〕141号

广西壮族自治区人民政府、国家发展改革委：

《国家发展改革委关于批准设立广西凭祥重点开发开放试验区的请示》（发改西部〔2016〕1154号）收悉。现批复如下：

一、同意设立广西凭祥重点开发开放试验区（以下简称试验区），试验区建设实施方案由国家发展改革委印发。试验区位于广西壮族自治区西南部，与越南接壤，是我国对越及东盟开放合作的重要前沿。建设试验区是推进"一带一路"建设、加快沿边开发开放步伐、完善我国全方位对外开放格局的重要举措，有利于深化与越南政治、经济、文化、科技等方面合作，把广西建设成为我国面向东盟的国际大通道，打造西南中南开放发展新的战略支点，形成与"一带一路"沿线国家有机衔接的重要门户，促进广西北部湾经济区、珠江—西江经济带建设和左右江革命老区振兴，实现边疆繁荣稳定发展。

二、试验区建设要全面贯彻党的十八大和十八届三中、四中、五中全会精神，深入贯彻落实习近平总书记系列重要讲话精神，牢固树立和贯彻落实创新、协调、绿色、开放、共享的新发展理念，按照党中央、国务院决策部署，紧紧抓住国家推进"一带一路"建设的重大历史机遇，充分发挥与越南相邻及与东盟紧邻的地理优势，解放思想、先行先试，深化改革、扩大开放，着力创新体制机制，加强基础设施互联互通，促进投资贸易转型升级，发展特色优势产业，加快新型城镇化建设，推进生态文明建设，保障和改善民生，努力将试验区建设成为中越全面战略合作的重要平台、中国—东盟自贸区升级版的先行区、西南沿边经济发展的增长极、桂西南新的区域经济中心、睦邻安邻富邻的示范区和沿边开发开放的排头兵。

三、广西壮族自治区人民政府要切实加强对试验区建设的组织领导，健全机制、明确分工、落实责任，有序有效推进试验区建设发展。要认真做好试验区建设总体规划和有关专项规划的编制工作，积极探索和推进多规合一。规划建设必须符合土地利用总体规划、城市总体规划、镇总体规划、环境保护规划、水资源综合规划等相关规划要求，着力优化空间布局，严格保护生态环境，切实节约集约利用资源。试验区建设涉及的重要政策和重大建设项目，要按规定程序报批。

四、国务院有关部门要按照职能分工，加大对试验区建设的支持力度，在有关规划编制、政策制定、资金投入、项目安排等方面给予积极指导和倾斜。部门之间要加强沟通协调，深入调查研究，及时总结经验，指导和帮助地方切实解决试验区建设过程中遇到的问题，为试验区发展营造良好的政策环境。国家发展改革委要加强综合协调，对试验区建设情况进行跟踪分析和监督检查,适时开展阶段性总结评估,重大问题和情况及时报告国务院。

国务院
2016年8月2日

国务院关于同意重庆高新技术产业开发区建设国家自主创新示范区的批复

国函〔2016〕130号

科技部、重庆市人民政府:

你们《关于支持重庆国家高新区建设国家自主创新示范区的请示》(国科发高〔2016〕205号)收悉。现批复如下:

一、同意重庆高新技术产业开发区建设国家自主创新示范区,区域范围为国务院有关部门公布的开发区审核公告确定的四至范围。要按照党中央、国务院决策部署,贯彻落实全国科技创新大会精神,全面实施创新驱动发展战略,深入推进大众创业、万众创新,发展新经济,培育新动能。要充分发挥重庆的产业优势、体制优势和开放优势,着力建设技术创新体系、新型产业体系、制度创新体系和创新创业生态系统,激发市场主体活力,全面推进对内对外开放,打造具有重要影响力的西部创新中心,努力把重庆高新技术产业开发区建设成为创新驱动引领区、军民融合示范区、科技体制改革试验区、内陆开放先导区。

二、同意重庆高新技术产业开发区享受国家自主创新示范区相关政策,同时结合自身特点,不断深化简政放权、放管结合、优化服务改革,积极开展科技体制改革和机制创新,在科技成果转移转化、科研项目和经费管理、军民深度融合、股权激励、科技金融结合、知识产权保护和运用、人才培养与引进、新型创新组织培育等方面探索示范。

三、同意将重庆高新技术产业开发区建设国家自主创新示范区工作纳入国家自主创新示范区部际协调小组统筹指导,落实相关政策措施,研究解决发展中的重大问题。国务院有关部门要结合各自职能,在重大项目安排、政策先行先试、体制机制创新等方面给予积极支持。

四、重庆市人民政府要加强组织领导,建立协同推进机制,搭建创新合作的联动平台,认真组织编制实施方案,细化任务分工,集成推进重庆高新技术产业开发区建设国家自主创新示范区各项工作。

国务院
2016年7月19日

国务院关于川陕革命老区振兴发展规划的批复

国函〔2016〕120号

重庆市、四川省、陕西省人民政府，国家发展改革委：

《国家发展改革委关于报送川陕革命老区振兴发展规划（修改稿）的请示》（发改地区〔2016〕1404号）收悉。现批复如下：

一、原则同意《川陕革命老区振兴发展规划》（以下简称《规划》），请认真组织实施。

二、《规划》实施要全面贯彻党的十八大和十八届三中、四中、五中全会以及中央经济工作会议、中央城市工作会议、中央扶贫开发工作会议、中央农村工作会议精神，深入贯彻习近平总书记系列重要讲话精神，认真落实党中央、国务院决策部署，按照"五位一体"总体布局和"四个全面"战略布局，牢固树立和贯彻落实创新、协调、绿色、开放、共享的新发展理念，紧紧抓住推进"一带一路"建设与长江经济带发展的重大机遇，推进结构性改革尤其是供给侧结构性改革，坚持发展第一要务，坚持区域开发与精准扶贫相结合，坚持内生发展与对外开放相结合，着力破解基础设施瓶颈制约，协同推进新型工业化、信息化、城镇化、农业现代化和绿色化，提升基本公共服务能力，加强生态文明建设，创新体制机制，坚决打赢脱贫攻坚战，确保川陕革命老区人民与全国人民同步进入全面小康社会。

三、重庆市、四川省、陕西省人民政府要加强对《规划》实施的组织领导，制定实施方案，明确责任分工，健全协作机制，强化绩效考核，进一步深化简政放权、放管结合、优化服务改革，确保《规划》各项目标任务和政策措施落到实处。重要政策和重大建设项目要按规定程序报批。

四、国务院有关部门要按照职能分工，加强工作指导，在政策制定、资金投入、项目安排和体制创新等方面加大对川陕革命老区的支持力度，帮助解决《规划》实施中的突出困难和问题，为川陕革命老区振兴发展营造良好的政策环境。国家发展改革委要会同有关部门加强对《规划》实施情况的跟踪分析和督促检查，会同重庆市、四川省、陕西省人民政府适时开展《规划》实施情况评估，重大问题及时向国务院报告。

国务院
2016年7月10日

国务院关于同意福厦泉国家高新区建设国家自主创新示范区的批复

国函〔2016〕106号

科技部、福建省人民政府：

你们《关于支持福厦泉国家高新区建设国家自主创新示范区的请示》（国科发高〔2016〕107号）收悉。现批复如下：

一、同意福州、厦门、泉州3个国家高新技术产业开发区（统称福厦泉国家高新区）建设国家自主创新示范区，区域范围为国务院有关部门公布的开发区审核公告确定的四至范围。要按照党中央、国务院决策部署，贯彻落实全国科技创新大会精神，全面实施创新驱动发展战略，深入推进大众创业、万众创新，发展新经济，培育新动能。要充分发挥福厦泉地区的区位优势和生态优势，促进高端人才与大众创业万众创新结合，把创新驱动发展战略深入到各个领域、各个行业，更多激发全社会创造潜力和调动科研人员积极性，全面提升区域创新体系整体效能，打造连接海峡两岸、具有较强产业竞争力和国际影响力的科技创新中心，努力把福厦泉国家高新区建设成为科技体制改革和创新政策先行区、海上丝绸之路技术转移核心区、海峡两岸协同创新和产业转型升级示范区。

二、同意福厦泉国家高新区享受国家自主创新示范区相关政策，同时结合自身特点，不断深化简政放权、放管结合、优化服务改革，积极开展科技体制改革和机制创新，强化差异化发展的路径探索，突出特色，加强资源优化整合，在海峡两岸协同创新、科技成果转移转化、科技创新重大平台建设、科技金融结合、知识产权运用与保护、人才团队引进、创新创业服务体系建设等方面先行先试，努力创造出可复制、可推广的经验。

三、同意将福厦泉国家高新区建设国家自主创新示范区工作纳入国家自主创新示范区部际协调小组统筹指导，落实相关政策措施，研究解决发展中的重大问题。国务院有关部门要结合各自职能，在重大项目安排、政策先行先试、体制机制创新等方面给予积极支持。

四、福建省人民政府要加强组织领导，建立协同推进机制，搭建创新合作的联动平台，认真组织编制实施方案，细化任务分工，集成推进福厦泉国家高新区建设国家自主创新示范区各项工作。

国务院

2016年6月16日

国务院关于同意合芜蚌国家高新区建设国家自主创新示范区的批复

国函〔2016〕107号

科技部、安徽省人民政府：

你们《关于支持合芜蚌国家高新区建设国家自主创新示范区的请示》（国科发高〔2016〕108号）收悉。现批复如下：

一、同意合肥、芜湖、蚌埠3个国家高新技术产业开发区（统称合芜蚌国家高新区）建设国家自主创新示范区，区域范围为国务院有关部门公布的开发区审核公告确定的四至范围。要按照党中央、国务院决策部署，贯彻落实全国科技创新大会精神，全面实施创新驱动发展战略，深入推进大众创业、万众创新，发展新经济，培育新动能。要充分发挥合芜蚌地区的科教优势和产业优势，促进高端人才与大众创业万众创新结合，把创新驱动发展战略深入到各个领域、各个行业，更多激发全社会创造潜力和调动科研人员积极性，全面提升区域创新体系整体效能，打造具有重要影响力的产业创新中心，努力把合芜蚌国家高新区建设成为科技体制改革和创新政策先行区、科技成果转化示范区、产业创新升级引领区、大众创新创业生态区。

二、同意合芜蚌国家高新区享受国家自主创新示范区相关政策，同时结合自身特点，不断深化简政放权、放管结合、优化服务改革，积极开展科技体制改革和机制创新，强化差异化发展的路径探索，突出特色，加强资源优化整合，在科技创新重大平台建设、推动大众创业万众创新、激发企业创新活力、战略性新兴产业集聚发展、科技成果转化、科技金融结合、知识产权运用与保护等方面积极探索，努力创造出可复制、可推广的经验。

三、同意将合芜蚌国家高新区建设国家自主创新示范区工作纳入国家自主创新示范区部际协调小组统筹指导，落实相关政策措施，研究解决发展中的重大问题。国务院有关部门要结合各自职能，在重大项目安排、政策先行先试、体制机制创新等方面给予积极支持。

四、安徽省人民政府要加强组织领导，建立协同推进机制，搭建创新合作的联动平台，认真组织编制实施方案，细化任务分工，集成推进合芜蚌国家高新区建设国家自主创新示范区各项工作。

国务院
2016年6月16日

国务院关于长江三角洲城市群发展规划的批复

国函〔2016〕87号

上海市、江苏省、浙江省、安徽省人民政府，国家发展改革委、住房城乡建设部：

国家发展改革委《关于报送〈长江三角洲城市群发展规划（修改稿）〉的请示》（发改规划〔2016〕1060号）收悉。现批复如下：

一、原则同意《长江三角洲城市群发展规划》（以下简称《规划》），请认真组织实施。

二、《规划》实施要全面贯彻党的十八大和十八届三中、四中、五中全会以及中央城镇化工作会议、中央城市工作会议精神，按照"五位一体"总体布局和"四个全面"战略布局，牢固树立和贯彻落实创新、协调、绿色、开放、共享的新发展理念，着力加强供给侧结构性改革，加快培育新的发展动能，以上海建设全球城市为引领，以共建全球科技创新集群为支撑，以共守生态安全为前提，以健全包容共享的体制机制为保障，构建网络化、开放型、一体化发展格局，持续在制度创新、科技进步、产业升级、城乡统筹、全方位开放、绿色发展等方面走在全国前列，联手打造具有全球影响力的世界级城市群，加快形成国际竞争新优势，更好服务于"一带一路"建设和长江经济带发展战略，充分发挥对全国经济社会发展的重要支撑和引领作用。

三、上海市、江苏省、浙江省、安徽省人民政府要切实加强对《规划》实施的组织领导，深化简政放权、放管结合、优化服务改革，进一步健全协作机制，明确责任分工，制定实施方案，落实各项任务措施，着力打造改革新高地、争当开放新尖兵、带头发展新经济、构筑生态环境新支撑、创造联动发展新模式。《规划》实施中涉及的重大事项、重大政策和重大项目按规定程序报批。

四、推动长江经济带发展领导小组要统筹协调长江三角洲城市群发展工作。国务院有关部门要切实履行职能，研究制定支持长江三角洲城市群发展的具体政策，在有关规划编制、体制创新、项目安排等方面给予积极支持。国家发展改革委、住房城乡建设部要加强对《规划》实施情况的跟踪分析和督促检查，适时组织开展《规划》实施情况评估，重大问题及时向国务院报告。

国务院
2016年5月22日

国务院办公厅关于建设大众创业万众创新示范基地的实施意见

国办发〔2016〕35号

各省、自治区、直辖市人民政府，国务院各部委、各直属机构：

根据2016年《政府工作报告》部署和《国务院关于大力推进大众创业万众创新若干政策措施的意见》(国发〔2015〕32号)等文件精神，为在更大范围、更高层次、更深程度上推进大众创业万众创新，加快发展新经济、培育发展新动能、打造发展新引擎，建设一批双创示范基地、扶持一批双创支撑平台、突破一批阻碍双创发展的政策障碍、形成一批可复制可推广的双创模式和典型经验，重点围绕创业创新重点改革领域开展试点示范，经国务院同意，现提出以下实施意见。

一、总体思路

（一）指导思想。

牢固树立并贯彻落实创新、协调、绿色、开放、共享的新发展理念，加快实施创新驱动发展战略，全面落实推动双创的各项政策措施。加强顶层设计和统筹谋划，通过试点示范完善双创政策环境，推动双创政策落地，扶持双创支撑平台，构建双创发展生态，调动双创主体积极性，发挥双创和"互联网＋"集众智汇众力的乘数效应，发展新技术、新产品、新业态、新模式，总结双创成功经验并向全国推广，进一步促进社会就业，推动形成双创蓬勃发展的新局面，实现发展动力转换、结构优化，促进经济提质增效升级。

（二）基本原则。

——坚持政府引导，加强政策协同。通过试点示范加强各类政策统筹，实现地方与部门政策联动，确保已出台扶持政策具体化、可操作、能落地，切实解决政策落实"最后一公里"问题。结合现有工作基础，更加注重政策前瞻性、引领性，不断完善体制机制，营造有利于双创的政策环境。

——坚持市场主导，搞活双创主体。充分发挥市场配置资源的决定性作用，结合科技、教育和国有企业等改革，放开市场、放活主体，通过环境营造、制度设计、平台搭建等方式，聚焦新兴产业和创新型初创企业，扩大社会就业，培育全社会双创的内生动力。

——坚持问题导向，鼓励先行先试。系统梳理不同领域推动双创的特点和难点，从解决制约双创发展的核心问题入手，明确试点方向，充分调动地方、部门和企业的积极性，大胆探索，勇于尝试，突破制度障碍，切实解决创业者面临的资金、信息、政策、技术、服务等瓶颈问题。

——坚持创新模式,完善双创平台。以构建双创良好生态为目标,系统谋划、统筹考虑,结合各类双创支撑平台的特点,支持建立多种类型的双创示范基地。探索创新平台发展模式,不断丰富平台服务功能,引导社会资源支持双创。

(三)主要目标。

力争通过三年时间,围绕打造双创新引擎,统筹产业链、创新链、资金链和政策链,推动双创组织模式和服务模式创新,加强双创文化建设,到2018年底前建设一批高水平的双创示范基地,培育一批具有市场活力的双创支撑平台,突破一批阻碍双创发展的政策障碍,推广一批适应不同区域特点、组织形式和发展阶段的双创模式和典型经验,加快推动创新型企业成长壮大,努力营造鼓励创新、宽容失败的社会氛围,带动高质量的就业,促进新技术、新产品、新业态、新模式发展,为培育发展新动能提供支撑。

二、示范布局

(一)统筹示范类型。

强化顶层设计,注重分类指导,充分考虑各类主体特点和区域发展情况,有机衔接现有工作基础,有序推进双创示范基地建设。

依托双创资源集聚的区域、高校和科研院所、创新型企业等不同载体,支持多种形式的双创示范基地建设。引导双创要素投入,有效集成高校、科研院所、企业和金融、知识产权服务以及社会组织等力量,实施一批双创政策措施,支持建设一批双创支撑平台,探索形成不同类型的示范模式。

(二)统筹区域布局。

充分考虑东、中、西部和东北地区双创发展情况和特点,结合全面创新改革试验区域、国家综合配套改革试验区、国家自主创新示范区等布局,统筹部署双创示范基地建设,依托各自优势和资源,探索形成各具特色的区域双创形态。

(三)统筹现有基础。

有机衔接各地方、各部门已有工作基础,在双创示范基地遴选、政策扶持、平台建设等方面充分发挥现有机制作用,依托众创空间、小微企业创业基地和城市等各类双创平台和示范区域,各有区别,各有侧重,协同完善双创政策体系。

(四)统筹有序推进。

分批次、分阶段推进实施。首批双创示范基地选择在部分创新资源丰富、体制机制基础好、示范带动能力强的区域和单位先期开展示范布局,建立健全工作机制。在此基础上,逐步完善制度设计,有序扩大示范范围,探索统筹各方资源共同支持建设双创示范基地的新模式。

三、改革举措

积极推进结构性改革尤其是供给侧结构性改革,支持示范基地探索创新、先行先试,在双创发展的若干关键环节和重点领域,率先突破一批瓶颈制约,激发体制活力和内生动力,营造良好的创业创新生态和政策环境,促进新旧动能顺畅转换。

(一)拓宽市场主体发展空间。

持续增强简政放权、放管结合、优化服务改革的累积效应,支持示范基地纵深推进审批制度改革和商事制度改革,先行试验一批重大行政审批改革措施。取消和下放一批行政审批事项,深化网上并联审批和纵横协同监管改革,推行政务服务事项的"一号申请、一窗受理、一网通办"。最大限度减少政府对企业创业创新活动的干预,逐步建立符合创新规律的政府管理制度。

(二)强化知识产权保护。

在示范基地内探索落实商业模式等新形态创新成果的知识产权保护办法,推行知识产权管理规范的国家标准。开展知识产权综合执法,建立知识产权维权援助网点和快速维权通道,加强关键环节、重点领域的知识产权保护。将侵犯知识产权行为情况纳入信用记录,归集到全国信用信息共享平台,构建失信联合惩戒机制。

(三)加速科技成果转化。

全面落实《中华人民共和国促进科技成果转化法》,落实完善科研项目资金管理等改革措施,赋予高校和科研院所更大自主权,并督促指导高校和科研院所切实用好。支持示范基地完善新兴产业和现代服务业发展政策,打通科技和经济结合的通道。落实新修订的高新技术企业认定管理办法,充分考虑互联网企业特点,支持互联网企业申请高新技术企业认定并享受相关政策。

(四)加大财税支持力度。

加大中央预算内投资、专项建设基金对示范基地支持力度。在示范基地内探索鼓励创业创新的税收支持政策。抓紧制定科技型中小企业认定办法,对高新技术企业和科技型中小企业转化科技成果给予个人的股权奖励,递延至取得股权分红或转让股权时纳税。有限合伙制创业投资企业采取股权投资方式投资于未上市中小高新技术企业满2年的,该有限合伙制创业投资企业的法人合伙人可享受企业所得税优惠。居民企业转让5年以上非独占许可使用权取得的技术转让所得,可享受企业所得税优惠。

(五)促进创业创新人才流动。

鼓励示范基地实行更具竞争力的人才吸引制度。加快社会保障制度改革,完善社保关系转移接续办法,建立健全科研人员双向流动机制,落实事业单位专业技术人员离岗创业有关政策,促进科研人员在事业单位和企业间合理流动。开展外国人才永久居留及出入境便利服务试点,建设海外人才离岸创业基地。

(六)加强协同创新和开放共享。

加大示范基地内的科研基础设施、大型科研仪器向社会开放力度。鼓励大型互联网企业、行业领军企业通过网络平台向各类创业创新主体开放技术、开发、营销、推广等资源,加强创业创新资源共享与合作,构建开放式创业创新体系。

四、建设任务

以促进创新型初创企业发展为抓手,以构建双创支撑平台为载体,明确示范基地建设目标和建设重点,积极探索改革,推进政策落地,形成一批可复制可推广的双创模式和典型经验。

(一)区域示范基地。

建设目标:

结合全面创新改革试验区域、国家综合配套改革试验区、国家自主创新示范区等,以创业创新资源集聚区域为重点和抓手,集聚资本、人才、技术、政策等优势资源,探索形成区域性的创业创新扶持制度体系和经验。

建设重点:

1. 推进服务型政府建设。进一步转变政府职能,简政放权、放管结合、优化服务,在完善市场环境、深化审批制度改革和商事制度改革等方面采取切实有效措施,降低创业创新成本。加强创业创新信息资源整合,面向创业者和小微企业需求,建立创业政策集中发布平台,完善专业化、网络化服务体系,增强创业创新信息透明度。

2. 完善双创政策措施。加强政府部门的协调联动,多管齐下抓好已出台政策落实,打通政策落地的"最后一公里"。结合区域发展特点,面向经济社会发展需求,加大财税支持力度,强化知识产权保护,在科技成果转化、促进人才流动、加强协同创新和开放共享等方面,探索突破一批制约创业创新的制度瓶颈。

3. 扩大创业投资来源。落实鼓励创业投资发展的税收优惠政策,营造创业投资、天使投资发展的良好环境。规范设立和发展政府引导基金,支持创业投资、创新型中小企业发展。丰富双创投资和资本平台,进一步拓宽投融资渠道。

4. 构建创业创新生态。加强创业培训、技术服务、信息和中介服务、知识产权交易、国际合作等支撑平台建设,深入实施"互联网+"行动,加快发展物联网、大数据、云计算等平台,促进各类孵化器等创业培育孵化机构转型升级,打通政产学研用协同创新通道。

5. 加强双创文化建设。加大双创宣传力度,培育创业创新精神,强化创业创新素质教育,树立创业创新榜样,通过公益讲坛、创业论坛、创业培训等形式多样的活动,努力营造鼓励创新、宽容失败的社会氛围。

(二)高校和科研院所示范基地。

建设目标:

以高校和科研院所为载体,深化教育、科技体制改革,完善知识产权和技术创新激励制度,充分挖掘人力和技术资源,把人才优势和科技优势转化为产业优势和经济优势,促进科技成果转化,探索形成中国特色高校和科研院所双创制度体系和经验。

建设重点:

1. 完善创业人才培养和流动机制。深化创业创新教育改革,建立创业理论研究平台,完善相关课程设置,实现创业创新教育和培训制度化、体系化。落实高校、科研院所等专业技术人员离岗创业政策,建立健全科研人员双向流动机制。加大吸引海外高水平创业创新人才力度。

2. 加速科技成果转化。全面落实改进科研项目资金管理,下放科技成果使用、处置和收益权等改革措施,提高科研人员成果转化收益比例,加大股权激励力度,鼓励科研人员创业创新。开放各类创业创新资源和基础设施,构建开放式创业创新体系。

3. 构建大学生创业支持体系。实施大学生创业引领计划,落实大学生创业指导服务机构、人员、场地、经费等。建立健全弹性学制管理办法,允许学生保留学籍休学创业。构建创业创新教育和实训体系。加强创业导师队伍建设,完善兼职创业导师制度。

4. 建立健全双创支撑服务体系。引导和推动创业投资、创业孵化与高校、科研院所等技术成果转移相结合。完善知识产权运营、技术交流、通用技术合作研发等平台。

(三)企业示范基地。

建设目标:

充分发挥创新能力突出、创业氛围浓厚、资源整合能力强的领军企业核心作用,引导企业转型发展与双创相结合,大力推动科技创新和体制机制创新,探索形成大中小型企业联合实施双创的制度体系和经验。

建设重点:

1. 构建适合创业创新的企业管理体系。健全激励机制和容错纠错机制,激发和保护企业家精神。结合国有企业改革,强化组织管理制度创新,鼓励企业按照有关规定,通过股权、期权、分红等激励方式,支持员工自主创业、企业内部再创业,增强企业创新发展能力。

2. 激发企业员工创造力。加快技术和服务等双创支撑平台建设,开放创业创新资源,为员工创业创新提供支持。积极培育创客文化,激发员工创造力,提升企业市场适应能力。

3. 拓展创业创新投融资渠道。建立面向员工创业和小微企业发展的创业创新投资平台,整合企业内外部资金资源,完善投融资服务体系,为创业项目和团队提供全方位的投融资支持。

4. 开放企业创业创新资源。依托物联网、大数据、云计算等技术和服务平台,探索服务于产业和区域发展的新模式,利用互联网手段,向社会开放供应链,提供财务、市场、融资、技术、管理等服务,促进大中型企业和小微企业协同创新、共同发展。

五、步骤安排

2016年上半年,首批双创示范基地结合自身特点,研究制定具体工作方案,明确各自建设目标、建设重点、时间表和路线图。国家发展改革委会同教育部、科技部、工业和信息化部、财政部、人力资源社会保障部、国务院国资委、中国科协等部门和单位论证、完善工作方案,建立执行评估体系和通报制度。示范基地工作方案应向社会公布,接受社会监督。

2016年下半年,首批双创示范基地按照工作方案,完善制度体系,加快推进示范基地建设。

2017年上半年,国家发展改革委会同相关部门组织对示范基地建设开展督促检查和第三方评估。对于成熟的可复制可推广的双创模式和典型经验,在全国范围内推广。

2017年下半年,总结首批双创示范基地建设经验,完善制度设计,丰富示范基地内涵,逐步扩大示范基地范围,组织后续示范基地建设。

双创示范基地所在地人民政府要高度重视,加强领导,完善组织体系,把双创示范基地建设作为重要抓手和载体,认真抓好落实;要出台有针对性的政策措施,保证政策真正落地生根,进一步释放全社会创新活力。各相关部门要加强指导,建立地方政府、部门政策协调联动机制,为高校、科研院所、各类企业等提供政策支持、科技支撑、人才引进、公共服务等保障条件,形成强大政策合力;要细化评估考核机制,建立良性竞争机制,实现对示范基地的动态调整,推动形成大众创业万众创新的新局面。

附件:首批双创示范基地名单(28个)

国务院办公厅
2016年5月8日

附件

首批双创示范基地名单(28个)

一、区域示范基地(17个)

北京市海淀区、天津市滨海新区中心商务区、辽宁省沈阳市浑南区、上海市杨浦区、江苏省常州市武进区、浙江省杭州市余杭区浙江杭州未来科技城、安徽省合肥高新技术产业开发区、福建福州新区、河南省郑州航空港经济综合实验区、湖北省武汉东湖新技术开发区、湖南湘江新区、广东省广州高新技术产业开发区科学城园区、广东省深圳市南山区、重庆两江新区、四川省成都市郫县、贵州贵安新区、陕西西咸新区。

二、高校和科研院所示范基地(4个)

清华大学、上海交通大学、南京大学、四川大学。

三、企业示范基地(7个)

中国电信集团公司、中国航天科工集团公司、招商局集团有限公司、海尔集团公司、中信重工机械股份有限公司、共享装备股份有限公司、阿里巴巴集团。

三、行业

旅游行政许可办法

国家旅游局令第 46 号

《旅游行政许可办法》(详见附件)已经 2018 年 3 月 2 日国家旅游局第 3 次局长办公会议审议通过,现予公布,自 2018 年 5 月 1 日起施行。

国家旅游局局长　李金早

2018 年 3 月 9 日

旅游行政许可办法

第一章　总　　则

第一条　为了规范旅游行政许可行为,保护公民、法人和其他组织的合法权益,保障和监督旅游主管部门有效实施行政管理,根据《行政许可法》及有关法律、行政法规,结合旅游工作实际,制定本办法。

第二条　本办法所称旅游行政许可,是指旅游主管部门及具有旅游行政许可权的其他行政机关根据公民、法人或者其他组织的申请,经依法审查,准予其从事特定活动的行为。

第三条　旅游行政许可的设定、实施和监督检查,应当遵守《行政许可法》《旅游法》及有关法律、法规和本办法的规定。

旅游主管部门对其他机关或者对其直接管理的事业单位的人事、财务、外事等事项的审批,不适用本办法。

第四条　实施旅游行政许可,应当依照法定的权限、范围、条件和程序,遵循公开、公平、公正的原则。

旅游主管部门应当按照国家有关规定将行政许可事项向社会公布,未经公布不得实施相关行政许可。行政许可的实施和结果,除涉及国家秘密、商业秘密或者个人隐私的外,应当公开。

符合法定条件、标准的,申请人有依法取得旅游行政许可的平等权利,旅游主管部门不得歧视。

第五条 实施旅游行政许可,应当遵循便民、高效的原则,以行政许可标准化建设为指引,运用标准化原理、方法和技术,提高办事效率,提供优质服务。

国家旅游局负责建立完善旅游行政许可全国网上审批平台,逐步推动旅游行政许可事项的网上办理和审批。地方各级旅游主管部门应当逐步将本部门旅游行政许可事项纳入或者接入全国网上审批平台统一实施。

实施行政许可的旅游主管部门应当编制旅游行政许可服务指南,建立和实施旅游行政许可信息公开制、一次性告知制、首问责任制、顶岗补位制、服务承诺制、责任追究制和文明服务制等服务制度和规范。

第六条 旅游行政规章、规范性文件及其他文件一律不得设定行政许可。

旅游行政规章可以在上位法设定的行政许可事项范围内,对实施该行政许可作出具体规定,但不得增设行政许可;对行政许可条件作出的具体规定,不得增设违反上位法的其他条件。

第七条 公民、法人或者其他组织对旅游主管部门实施行政许可,享有陈述权、申辩权;有权依法申请行政复议或者提起行政诉讼;其合法权益因旅游主管部门违法实施行政许可受到损害的,有权依法要求赔偿。

第八条 旅游行政许可决定依法作出即具有法律效力,非经法定程序不得改变。

旅游行政许可所依据的法律、法规、规章修改或者废止,或者准予行政许可所依据的客观情况发生重大变化的,为了公共利益的需要,旅游主管部门可以依法变更或者撤回已经生效的行政许可。由此给公民、法人或者其他组织造成财产损失的,应当依法给予补偿。

第二章 实施机关

第九条 旅游行政许可由旅游主管部门或者具有旅游行政许可权的其他行政机关在其法定职权范围内实施。

旅游主管部门内设机构和派出机构不得以自己的名义实施行政许可。

第十条 旅游主管部门可以在其法定职权范围内委托具有权限的下级旅游主管部门实施行政许可,并应当将受委托的旅游主管部门和委托实施的旅游行政许可事项予以公告。

委托的旅游主管部门对委托行为的后果,依法承担法律责任。

受委托的旅游主管部门在委托范围内,以委托的旅游主管部门名义实施行政许可,不得转委托。

第十一条 旅游主管部门应当确定具体承担旅游行政许可办理工作的内设机构(以下简称承办机构)。承办机构的主要职责包括:

(一)受理、审查旅游行政许可申请,并向旅游主管部门提出许可决定建议;

(二)组织旅游行政许可听证工作;

(三)送达旅游行政许可决定和证件;

(四)旅游行政许可的信息统计、信息公开工作;

（五）旅游行政许可档案管理工作；

（六）提供旅游行政许可业务咨询服务；

（七）依法对被许可人从事旅游行政许可事项的活动进行监督检查。

承办机构需要其他业务机构协助办理的，相关业务机构应当积极配合。

第三章　申请与受理

第十二条　从事依法需要取得旅游行政许可活动的，应当向行政机关提出申请。申请书需要采用格式文本的，旅游主管部门应当免费提供申请书格式文本和常见错误实例。申请书格式文本中不得包含与申请行政许可事项没有直接关系的内容。

申请人依法委托代理人提出行政许可申请的，应当提交申请人、代理人的身份证明文件和授权委托书。授权委托书应当载明授权委托事项和授权范围。

第十三条　旅游主管部门应当将旅游行政许可事项、依据、申请条件、数量限制、办理流程、办结期限及申请材料目录和申请书示范文本等，在办公场所或者受理场所及政务网站公示，方便申请人索取使用、获取信息。

申请人要求对公示内容予以说明、解释的，承办机构应当说明、解释，提供准确、可靠的信息。

第十四条　旅游主管部门应当设置一个固定场所作为旅游行政许可业务办理窗口，配备政治素质高、业务能力强、熟悉掌握旅游行政许可业务工作的受理人员，统一受理申请、提供咨询和送达决定，并在办公区域显著位置设立指示标志，引导申请人到受理窗口办理许可业务。

旅游行政许可事项纳入行政服务大厅集中受理的，按照相关规定和要求执行。

第十五条　申请人申请行政许可，应当如实向旅游主管部门提交有关材料和反映真实情况，并对其申请材料实质内容的真实性负责。旅游主管部门不得要求申请人提交与其申请的行政许可事项无关的材料。

第十六条　受理申请时，旅游行政许可受理人员应当审查下列事项：

（一）申请事项是否属于本部门行政许可受理范围；

（二）申请人或者代理人提交的身份证件和授权委托书是否合法有效，授权事项及范围是否明确；

（三）申请材料中是否明确附有申请人签名或者盖章；

（四）申请人提交的材料是否符合所申请事项的各项受理要求。

第十七条　对申请人提出的行政许可申请，旅游主管部门应当根据下列情况分别作出处理：

（一）申请事项依法不需要取得行政许可的，应当即时告知申请人不受理，并向申请人出具《行政许可申请不予受理通知书》，说明理由和依据；

（二）申请事项依法不属于本部门职权范围的，应当即时作出不予受理的决定，并向申请人出具《行政许可申请不予受理通知书》，告知申请人向有关行政机关申请；

（三）申请材料存在文字、计算等可以当场更正的错误的，应当允许申请人当场更正，并

告知其在修改处签名或者盖章确认;

（四）申请材料不齐全或者不符合法定形式的,应当当场或者在5日内一次性告知申请人需要补正的全部内容,并向申请人出具《行政许可申请补正材料通知书》。逾期不告知的,自收到申请材料之日起即为受理;

（五）申请人未在规定的期限内提交补正材料,或者提交的材料仍不符合要求但拒绝再补正的,应当作出不予受理的决定,并向申请人出具《行政许可申请不予受理通知书》,说明理由和依据;

（六）申请事项属于本部门职权范围,申请材料齐全、符合法定形式或者申请人依照本部门要求提交全部补正材料的,应当受理行政许可申请,并向申请人出具符合行政许可受理单制度要求的《行政许可申请受理通知书》。

旅游主管部门出具前款规定的相关书面凭证,应当加盖单位印章或者行政许可专用印章,并注明日期。

第四章 审查与决定

第十八条 旅游主管部门应当根据申请人提交的申请材料,对其是否具备许可条件、是否存在不予许可的情形等进行书面审查;依法需要对申请材料的实质内容进行核实的,应当指派两名以上工作人员进行现场核查。

核查人员在现场核查或者询问时,应当出示证件,并制作现场核查笔录或者询问笔录。现场核查笔录、询问笔录应当如实记载核查的时间、地点、参加人和内容,经被核查人、被询问人核对无误后签名或者盖章,并由核查人员签字。当事人或者有关人员应当如实回答询问,并协助核查。

第十九条 旅游主管部门对行政许可申请进行审查时,发现该行政许可事项直接关系他人重大利益的,应当告知该利害关系人。申请人、利害关系人有权进行陈述和申辩。

行政许可办理工作人员对申请人、利害关系人的口头陈述和申辩,应当制作陈述、申辩笔录;经复核,申请人、利害关系人提出的事实、理由成立的,应当采纳。

第二十条 申请人在作出行政许可决定前自愿撤回行政许可申请的,旅游主管部门应当准许。

申请人撤回申请的,应当以书面形式提出,并返还旅游主管部门已出具的相关书面凭证。对纸质申请材料,旅游主管部门应当留存复制件,并将原件退回。

第二十一条 有下列情形之一的,旅游主管部门应当作出中止审查的决定,并通知申请人:

（一）申请人因涉嫌侵害旅游者合法权益等违法违规行为被行政机关调查,或者被司法机关侦查,尚未结案,对其行政许可事项影响重大的;

（二）申请人被依法采取限制业务活动、责令停业整顿、指定其他机构托管、接管等措施,尚未解除的;

（三）对有关法律、法规、规章的规定,需要进一步明确具体含义,请求有关机关作出解释的;

（四）申请人主动要求中止审查,理由正当的。

法律、法规、规章对前款情形另有规定的,从其规定。

行政许可中止的原因消除后,应当及时恢复审查。中止审查的时间不计算在法定期限内。

第二十二条 有下列情形之一的,旅游主管部门应当作出终止审查的决定,并通知申请人：

（一）申请人自愿撤回申请的；

（二）作为申请人的自然人死亡或者丧失行为能力的；

（三）作为申请人的法人或者其他组织终止的。

第二十三条 旅游主管部门对行政许可申请进行审查后,能够当场作出决定的,应当当场作出书面行政许可决定；不能当场作出决定的,应当在法定期限内按照规定程序作出行政许可决定。

第二十四条 申请人的申请符合法定条件、标准的,旅游主管部门应当依法作出准予行政许可的书面决定；不符合法定条件、标准的,旅游主管部门应当依法作出不予行政许可的书面决定,说明理由,并告知申请人享有依法申请行政复议或者提起行政诉讼的权利。

行政许可书面决定应当载明作出决定的时间,并加盖单位印章或者行政许可专用印章。

第二十五条 旅游主管部门作出准予行政许可的决定,需要颁发行政许可证件的,应当在法定期限内向申请人颁发加盖单位印章或者行政许可专用印章的行政许可证件。

行政许可证件一般应当载明证件名称、发证机关名称、被许可人名称、行政许可事项、证件编号、发证日期和证件有效期等事项。

第二十六条 旅游主管部门可以采取下列方式送达行政许可决定以及其他行政许可文书：

（一）受送达人到旅游主管部门办公场所或者受理场所直接领取,在送达回证上注明收到日期,并签名或者盖章；

（二）邮寄送达的,申请书载明的联系地址为送达地址,受送达人及其代收人应当在邮件回执上签名或者盖章,回执上注明的收件日期为送达日期；

（三）受送达人拒绝接收行政许可文书的,送达人可以邀请有关基层组织或者所在单位的代表到场,说明情况,在送达回证上记明拒收事由和日期,由送达人、见证人签名或者盖章,把许可文书留在受送达人的住所；也可以把许可文书留在受送达人的住所,并采用拍照、录像等方式记录送达过程,即视为送达；

（四）直接送达有困难的,可以委托当地旅游主管部门送达；

（五）无法采取上述方式送达的,可以在公告栏、受送达人住所地张贴公告,也可以在报刊上刊登公告。自公告发布之日起60日后,即视为送达。

第二十七条 旅游主管部门作出的准予行政许可决定,应当按照《政府信息公开条例》的规定予以公开,并允许公众查阅。

第二十八条 旅游主管部门应当在颁发行政许可证件之日起30日内,逐级向上级旅游主管部门备案被许可人名称、行政许可事项、证件编号、发证日期和证件有效期等事项或者共享相关信息。

第五章 听 证

第二十九条 法律、法规、规章规定实施旅游行政许可应当听证的事项,或者旅游主管部门认为需要听证的其他涉及公共利益的重大行政许可事项,旅游主管部门应当向社会公告,并举行听证。

第三十条 旅游行政许可直接涉及申请人与他人之间重大利益关系的,旅游主管部门应当在作出行政许可决定前发出《行政许可听证告知书》,告知申请人、利害关系人有要求听证的权利。

第三十一条 申请人、利害关系人要求听证的,应当在收到旅游主管部门《行政许可听证告知书》之日起5日内提交申请听证的书面材料;逾期不提交的,视为放弃听证权利。

第三十二条 旅游主管部门应当在接到申请人、利害关系人申请听证的书面材料后20日内组织听证,并在举行听证的7日前,发出《行政许可听证通知书》,将听证的事项、时间、地点通知申请人、利害关系人,必要时予以公告。

第三十三条 听证主持人由旅游主管部门从审查该行政许可申请的工作人员以外的人员中指定,申请人、利害关系人认为主持人与该行政许可事项有直接利害关系的,有权申请回避。

第三十四条 行政许可审查工作人员应当在举行听证5日前,向听证主持人提交行政许可审查意见的证据、理由等全部材料。申请人、利害关系人也可以提出证据。

第三十五条 听证会按照下列程序公开进行:
(一)主持人宣布会场纪律;
(二)核对听证参加人姓名、年龄、身份,告知听证参加人权利、义务;
(三)行政许可审查工作人员提出审查意见的证据、理由;
(四)申请人、利害关系人进行申辩和质证;
(五)行政许可审查工作人员与申请人、利害关系人就争议事实进行辩论;
(六)行政许可审查工作人员与申请人、利害关系人作最后陈述;
(七)主持人宣布听证会中止、延期或者结束。

第三十六条 对于申请人、利害关系人或者其委托的代理人无正当理由不出席听证、未经听证主持人许可中途退出或者放弃申辩和质证权利退出听证会的,听证主持人可以宣布听证取消或者终止。

第三十七条 听证记录员应当将听证的全部活动制作笔录,由听证主持人和记录员签名。

听证笔录应当经听证参加人确认无误或者补正后,当场签名或者盖章。听证参加人拒绝签名或者盖章的,由听证主持人记明情况,在听证笔录中予以载明。

第三十八条 旅游主管部门应当根据听证笔录,作出行政许可决定。对听证笔录中未认证、记载的事实依据,或者听证结束后申请人提交的证据,旅游主管部门不予采信。

第六章 档案管理

第三十九条 旅游主管部门应当按照档案管理法律、法规和标准要求,建立科学的管理制度,配备必要的设施设备,指定专门的人员,采用先进技术,加强旅游行政许可档案管理。

第四十条 旅游行政许可档案管理内容主要包括下列材料:

(一)申请人依法提交的各项申请材料;

(二)旅游主管部门实施许可过程中直接形成的材料;

(三)法律、法规规定需要管理的其他材料。

材料形式应当包括文字、图标、声像等不同形式的记录。

第四十一条 承办机构应当对档案材料进行分类、编号、排列、登记、装订,及时整理立卷,并定期移交本部门档案管理机构归档。

档案交接、保管、借阅、查阅、复制等,应当遵守有关规定,严格履行签收、登记、审批手续。涉及国家秘密的,还应当依照《保密法》及其实施条例的规定办理。

第四十二条 旅游主管部门应当明确有关许可档案的保管期限。保管期限到期时,经鉴定档案无保存价值的,可按有关规定销毁。

第七章 监督检查

第四十三条 旅游主管部门应当建立健全旅游行政许可监督检查制度,采取定期或者不定期抽查等方式,对许可实施情况进行监督检查,及时纠正行政许可实施中的违法行为。

旅游主管部门应当制定旅游行政许可实施评价方案,明确评价主体、方式、指标和程序,并组织开展评价,依据评估结果持续提高许可工作质量。

第四十四条 旅游主管部门应当依法对被许可人从事旅游行政许可事项的活动进行监督检查,并将监督检查的情况和处理结果予以记录,由监督检查人员签字后归档。公众有权查阅监督检查记录。

第四十五条 有《行政许可法》规定的撤销、注销情形的,旅游主管部门应当依法作出撤销决定、办理注销手续。

第四十六条 旅游主管部门及其工作人员在实施行政许可、监督检查过程中滥用职权、玩忽职守、徇私舞弊的,由有权机关依法给予行政处分;构成犯罪的,依法追究刑事责任。

第四十七条 行政许可申请人、被许可人有违反《行政许可法》《旅游法》及有关法律、法规和本办法规定行为的,旅游主管部门应当依法给予处理;构成犯罪的,依法追究刑事责任。

公民、法人或者其他组织未经行政许可,擅自从事依法应当取得旅游行政许可的活动的,旅游主管部门应当依法采取措施予以制止,并依法给予行政处罚;构成犯罪的,依法追究刑事责任。

第八章 附 则

第四十八条 本办法规定的期限以工作日计算,但第二十六条和第二十八条规定的期限除外。

第四十九条 法规、规章对旅游主管部门实施旅游行政许可有特别规定的,按照有关规定执行。

省、自治区、直辖市人民政府决定旅游行政许可权由其他部门集中行使的,其旅游行政许可的实施参照适用本办法。

第五十条 本办法自2018年5月1日起施行。2006年11月7日国家旅游局发布的《国家旅游局行政许可实施暂行办法》同时废止。

快递暂行条例

中华人民共和国国务院令第697号

《快递暂行条例》已经2018年2月7日国务院第198次常务会议通过,现予公布,自2018年5月1日起施行。

总理　李克强

2018年3月2日

快递暂行条例

第一章　总　则

第一条 为促进快递业健康发展,保障快递安全,保护快递用户合法权益,加强对快递业的监督管理,根据《中华人民共和国邮政法》和其他有关法律,制定本条例。

第二条 在中华人民共和国境内从事快递业务经营、接受快递服务以及对快递业实施监督管理,适用本条例。

第三条 地方各级人民政府应当创造良好的快递业营商环境,支持经营快递业务的企业创新商业模式和服务方式,引导经营快递业务的企业加强服务质量管理、健全规章制度、完善安全保障措施,为用户提供迅速、准确、安全、方便的快递服务。

地方各级人民政府应当确保政府相关行为符合公平竞争要求和相关法律法规,维护快递业竞争秩序,不得出台违反公平竞争、可能造成地区封锁和行业垄断的政策措施。

第四条 任何单位或者个人不得利用信件、包裹、印刷品以及其他寄递物品(以下统称快件)从事危害国家安全、社会公共利益或者他人合法权益的活动。

除有关部门依照法律对快件进行检查外,任何单位或者个人不得非法检查他人快件。任何单位或者个人不得私自开拆、隐匿、毁弃、倒卖他人快件。

第五条 国务院邮政管理部门负责对全国快递业实施监督管理。国务院公安、国家安全、海关、工商行政管理、出入境检验检疫等有关部门在各自职责范围内负责相关的快递监督管理工作。

省、自治区、直辖市邮政管理机构和按照国务院规定设立的省级以下邮政管理机构负责对本辖区的快递业实施监督管理。县级以上地方人民政府有关部门在各自职责范围内负责相关的快递监督管理工作。

第六条 国务院邮政管理部门和省、自治区、直辖市邮政管理机构以及省级以下邮政管理机构(以下统称邮政管理部门)应当与公安、国家安全、海关、工商行政管理、出入境检验检疫等有关部门相互配合,建立健全快递安全监管机制,加强对快递业安全运行的监测预警,收集、共享与快递业安全运行有关的信息,依法处理影响快递业安全运行的事件。

第七条 依法成立的快递行业组织应当保护企业合法权益,加强行业自律,促进企业守法、诚信、安全经营,督促企业落实安全生产主体责任,引导企业不断提高快递服务质量和水平。

第八条 国家加强快递业诚信体系建设,建立健全快递业信用记录、信息公开、信用评价制度,依法实施联合惩戒措施,提高快递业信用水平。

第九条 国家鼓励经营快递业务的企业和寄件人使用可降解、可重复利用的环保包装材料,鼓励经营快递业务的企业采取措施回收快件包装材料,实现包装材料的减量化利用和再利用。

第二章 发 展 保 障

第十条 国务院邮政管理部门应当制定快递业发展规划,促进快递业健康发展。

县级以上地方人民政府应当将快递业发展纳入本级国民经济和社会发展规划,在城乡规划和土地利用总体规划中统筹考虑快件大型集散、分拣等基础设施用地的需要。

县级以上地方人民政府建立健全促进快递业健康发展的政策措施,完善相关配套规定,依法保障经营快递业务的企业及其从业人员的合法权益。

第十一条 国家支持和鼓励经营快递业务的企业在农村、偏远地区发展快递服务网络,完善快递末端网点布局。

第十二条 国家鼓励和引导经营快递业务的企业采用先进技术,促进自动化分拣设备、机械化装卸设备、智能末端服务设施、快递电子运单以及快件信息化管理系统等的推广应用。

第十三条 县级以上地方人民政府公安、交通运输等部门和邮政管理部门应当加强协调配合,建立健全快递运输保障机制,依法保障快递服务车辆通行和临时停靠的权利,不得禁止快递服务车辆依法通行。

邮政管理部门会同县级以上地方人民政府公安等部门,依法规范快递服务车辆的管理和使用,对快递专用电动三轮车的行驶时速、装载质量等作出规定,并对快递服务车辆加强统一编号和标识管理。经营快递业务的企业应当对其从业人员加强道路交通安全培训。

快递从业人员应当遵守道路交通安全法律法规的规定,按照操作规范安全、文明驾驶车辆。快递从业人员因执行工作任务造成他人损害的,由快递从业人员所属的经营快递业务的企业依照民事侵权责任相关法律的规定承担侵权责任。

第十四条 企业事业单位、住宅小区管理单位应当根据实际情况，采取与经营快递业务的企业签订合同、设置快件收寄投递专门场所等方式，为开展快递服务提供必要的便利。鼓励多个经营快递业务的企业共享末端服务设施，为用户提供便捷的快递末端服务。

第十五条 国家鼓励快递业与制造业、农业、商贸业等行业建立协同发展机制，推动快递业与电子商务融合发展，加强信息沟通，共享设施和网络资源。

国家引导和推动快递业与铁路、公路、水路、民航等行业的标准对接，支持在大型车站、码头、机场等交通枢纽配套建设快件运输通道和接驳场所。

第十六条 国家鼓励经营快递业务的企业依法开展进出境快递业务，支持在重点口岸建设进出境快件处理中心、在境外依法开办快递服务机构并设置快件处理场所。

海关、出入境检验检疫、邮政管理等部门应当建立协作机制，完善进出境快件管理，推动实现快件便捷通关。

第三章 经营主体

第十七条 经营快递业务，应当依法取得快递业务经营许可。邮政管理部门应当根据《中华人民共和国邮政法》第五十二条、第五十三条规定的条件和程序核定经营许可的业务范围和地域范围，向社会公布取得快递业务经营许可的企业名单，并及时更新。

第十八条 经营快递业务的企业及其分支机构可以根据业务需要开办快递末端网点，并应当自开办之日起20日内向所在地邮政管理部门备案。快递末端网点无需办理营业执照。

第十九条 两个以上经营快递业务的企业可以使用统一的商标、字号或者快递运单经营快递业务。

前款规定的经营快递业务的企业应当签订书面协议明确各自的权利义务，遵守共同的服务约定，在服务质量、安全保障、业务流程等方面实行统一管理，为用户提供统一的快件跟踪查询和投诉处理服务。

用户的合法权益因快件延误、丢失、损毁或者内件短少而受到损害的，用户可以要求该商标、字号或者快递运单所属企业赔偿，也可以要求实际提供快递服务的企业赔偿。

第二十条 经营快递业务的企业应当依法保护其从业人员的合法权益。

经营快递业务的企业应当对其从业人员加强职业操守、服务规范、作业规范、安全生产、车辆安全驾驶等方面的教育和培训。

第四章 快递服务

第二十一条 经营快递业务的企业在寄件人填写快递运单前，应当提醒其阅读快递服务合同条款、遵守禁止寄递和限制寄递物品的有关规定，告知相关保价规则和保险服务项目。

寄件人交寄贵重物品的，应当事先声明；经营快递业务的企业可以要求寄件人对贵重物品予以保价。

第二十二条 寄件人交寄快件,应当如实提供以下事项:

(一)寄件人姓名、地址、联系电话;

(二)收件人姓名(名称)、地址、联系电话;

(三)寄递物品的名称、性质、数量。

除信件和已签订安全协议用户交寄的快件外,经营快递业务的企业收寄快件,应当对寄件人身份进行查验,并登记身份信息,但不得在快递运单上记录除姓名(名称)、地址、联系电话以外的用户身份信息。寄件人拒绝提供身份信息或者提供身份信息不实的,经营快递业务的企业不得收寄。

第二十三条 国家鼓励经营快递业务的企业在节假日期间根据业务量变化实际情况,为用户提供正常的快递服务。

第二十四条 经营快递业务的企业应当规范操作,防止造成快件损毁。

法律法规对食品、药品等特定物品的运输有特殊规定的,寄件人、经营快递业务的企业应当遵守相关规定。

第二十五条 经营快递业务的企业应当将快件投递到约定的收件地址、收件人或者收件人指定的代收人,并告知收件人或者代收人当面验收。收件人或者代收人有权当面验收。

第二十六条 快件无法投递的,经营快递业务的企业应当退回寄件人或者根据寄件人的要求进行处理;属于进出境快件的,经营快递业务的企业应当依法办理海关和检验检疫手续。

快件无法投递又无法退回的,依照下列规定处理:

(一)属于信件,自确认无法退回之日起超过 6 个月无人认领的,由经营快递业务的企业在所在地邮政管理部门的监督下销毁;

(二)属于信件以外其他快件的,经营快递业务的企业应当登记,并按照国务院邮政管理部门的规定处理;

(三)属于进境快件的,交由海关依法处理;其中有依法应当实施检疫的物品的,由出入境检验检疫部门依法处理。

第二十七条 快件延误、丢失、损毁或者内件短少的,对保价的快件,应当按照经营快递业务的企业与寄件人约定的保价规则确定赔偿责任;对未保价的快件,依照民事法律的有关规定确定赔偿责任。

国家鼓励保险公司开发快件损失赔偿责任险种,鼓励经营快递业务的企业投保。

第二十八条 经营快递业务的企业应当实行快件寄递全程信息化管理,公布联系方式,保证与用户的联络畅通,向用户提供业务咨询、快件查询等服务。用户对快递服务质量不满意的,可以向经营快递业务的企业投诉,经营快递业务的企业应当自接到投诉之日起 7 日内予以处理并告知用户。

第二十九条 经营快递业务的企业停止经营的,应当提前 10 日向社会公告,书面告知邮政管理部门,交回快递业务经营许可证,并依法妥善处理尚未投递的快件。

经营快递业务的企业或者其分支机构因不可抗力或者其他特殊原因暂停快递服务的,应当及时向邮政管理部门报告,向社会公告暂停服务的原因和期限,并依法妥善处理尚未投递的快件。

第五章 快递安全

第三十条 寄件人交寄快件和经营快递业务的企业收寄快件应当遵守《中华人民共和国邮政法》第二十四条关于禁止寄递或者限制寄递物品的规定。

禁止寄递物品的目录及管理办法，由国务院邮政管理部门会同国务院有关部门制定并公布。

第三十一条 经营快递业务的企业收寄快件，应当依照《中华人民共和国邮政法》的规定验视内件，并作出验视标识。寄件人拒绝验视的，经营快递业务的企业不得收寄。

经营快递业务的企业受寄件人委托，长期、批量提供快递服务的，应当与寄件人签订安全协议，明确双方的安全保障义务。

第三十二条 经营快递业务的企业可以自行或者委托第三方企业对快件进行安全检查，并对经过安全检查的快件作出安全检查标识。经营快递业务的企业委托第三方企业对快件进行安全检查的，不免除委托方对快件安全承担的责任。

经营快递业务的企业或者接受委托的第三方企业应当使用符合强制性国家标准的安全检查设备，并加强对安全检查人员的背景审查和技术培训；经营快递业务的企业或者接受委托的第三方企业对安全检查人员进行背景审查，公安机关等相关部门应当予以配合。

第三十三条 经营快递业务的企业发现寄件人交寄禁止寄递物品的，应当拒绝收寄；发现已经收寄的快件中有疑似禁止寄递物品的，应当立即停止分拣、运输、投递。对快件中依法应当没收、销毁或者可能涉及违法犯罪的物品，经营快递业务的企业应当立即向有关部门报告并配合调查处理；对其他禁止寄递物品以及限制寄递物品，经营快递业务的企业应当按照法律、行政法规或者国务院和国务院有关主管部门的规定处理。

第三十四条 经营快递业务的企业应当建立快递运单及电子数据管理制度，妥善保管用户信息等电子数据，定期销毁快递运单，采取有效技术手段保证用户信息安全。具体办法由国务院邮政管理部门会同国务院有关部门制定。

经营快递业务的企业及其从业人员不得出售、泄露或者非法提供快递服务过程中知悉的用户信息。发生或者可能发生用户信息泄露的，经营快递业务的企业应当立即采取补救措施，并向所在地邮政管理部门报告。

第三十五条 经营快递业务的企业应当依法建立健全安全生产责任制，确保快递服务安全。

经营快递业务的企业应当依法制定突发事件应急预案，定期开展突发事件应急演练；发生突发事件的，应当按照应急预案及时、妥善处理，并立即向所在地邮政管理部门报告。

第六章 监督检查

第三十六条 邮政管理部门应当加强对快递业的监督检查。监督检查应当以下列事项为重点：

(一)从事快递活动的企业是否依法取得快递业务经营许可;
(二)经营快递业务的企业的安全管理制度是否健全并有效实施;
(三)经营快递业务的企业是否妥善处理用户的投诉、保护用户合法权益。

第三十七条 邮政管理部门应当建立和完善以随机抽查为重点的日常监督检查制度,公布抽查事项目录,明确抽查的依据、频次、方式、内容和程序,随机抽取被检查企业,随机选派检查人员。抽查情况和查处结果应当及时向社会公布。

邮政管理部门应当充分利用计算机网络等先进技术手段,加强对快递业务活动的日常监督检查,提高快递业管理水平。

第三十八条 邮政管理部门依法履行职责,有权采取《中华人民共和国邮政法》第六十一条规定的监督检查措施。邮政管理部门实施现场检查,有权查阅经营快递业务的企业管理快递业务的电子数据。

国家安全机关、公安机关为维护国家安全和侦查犯罪活动的需要依法开展执法活动,经营快递业务的企业应当提供技术支持和协助。

《中华人民共和国邮政法》第十一条规定的处理场所,包括快件处理场地、设施、设备。

第三十九条 邮政管理部门应当向社会公布本部门的联系方式,方便公众举报违法行为。

邮政管理部门接到举报的,应当及时依法调查处理,并为举报人保密。对实名举报的,邮政管理部门应当将处理结果告知举报人。

第七章 法律责任

第四十条 未取得快递业务经营许可从事快递活动的,由邮政管理部门依照《中华人民共和国邮政法》的规定予以处罚。

经营快递业务的企业或者其分支机构有下列行为之一的,由邮政管理部门责令改正,可以处1万元以下的罚款;情节严重的,处1万元以上5万元以下的罚款,并可以责令停业整顿:

(一)开办快递末端网点未向所在地邮政管理部门备案;
(二)停止经营快递业务,未提前10日向社会公告,未书面告知邮政管理部门并交回快递业务经营许可证,或者未依法妥善处理尚未投递的快件;
(三)因不可抗力或者其他特殊原因暂停快递服务,未及时向邮政管理部门报告并向社会公告暂停服务的原因和期限,或者未依法妥善处理尚未投递的快件。

第四十一条 两个以上经营快递业务的企业使用统一的商标、字号或者快递运单经营快递业务,未遵守共同的服务约定,在服务质量、安全保障、业务流程等方面未实行统一管理,或者未向用户提供统一的快件跟踪查询和投诉处理服务的,由邮政管理部门责令改正,处1万元以上5万元以下的罚款;情节严重的,处5万元以上10万元以下的罚款,并可以责令停业整顿。

第四十二条 冒领、私自开拆、隐匿、毁弃、倒卖或者非法检查他人快件,尚不构成犯罪的,依法给予治安管理处罚。

经营快递业务的企业有前款规定行为,或者非法扣留快件的,由邮政管理部门责令改正,没收违法所得,并处5万元以上10万元以下的罚款;情节严重的,并处10万元以上20万元以下的罚款,并可以责令停业整顿直至吊销其快递业务经营许可证。

第四十三条 经营快递业务的企业有下列情形之一的,由邮政管理部门依照《中华人民共和国邮政法》、《中华人民共和国反恐怖主义法》的规定予以处罚:

(一)不建立或者不执行收寄验视制度;

(二)违反法律、行政法规以及国务院和国务院有关部门关于禁止寄递或者限制寄递物品的规定;

(三)收寄快件未查验寄件人身份并登记身份信息,或者发现寄件人提供身份信息不实仍予收寄;

(四)未按照规定对快件进行安全检查。

寄件人在快件中夹带禁止寄递的物品,尚不构成犯罪的,依法给予治安管理处罚。

第四十四条 经营快递业务的企业有下列行为之一的,由邮政管理部门责令改正,没收违法所得,并处1万元以上5万元以下的罚款;情节严重的,并处5万元以上10万元以下的罚款,并可以责令停业整顿直至吊销其快递业务经营许可证:

(一)未按照规定建立快递运单及电子数据管理制度;

(二)未定期销毁快递运单;

(三)出售、泄露或者非法提供快递服务过程中知悉的用户信息;

(四)发生或者可能发生用户信息泄露的情况,未立即采取补救措施,或者未向所在地邮政管理部门报告。

第四十五条 经营快递业务的企业及其从业人员在经营活动中有危害国家安全行为的,依法追究法律责任;对经营快递业务的企业,由邮政管理部门吊销其快递业务经营许可证。

第四十六条 邮政管理部门和其他有关部门的工作人员在监督管理工作中滥用职权、玩忽职守、徇私舞弊的,依法给予处分。

第四十七条 违反本条例规定,构成犯罪的,依法追究刑事责任;造成人身、财产或者其他损害的,依法承担赔偿责任。

第八章 附 则

第四十八条 本条例自2018年5月1日起施行。

国家标准化管理委员会、国家发展和改革委员会、科学技术部、工业和信息化部、财政部、人力资源和社会保障部、中国人民银行、国家工商行政管理总局、国家统计局、国家知识产权局关于培育发展标准化服务业的指导意见

国标委服务联〔2018〕18号

各省、自治区、直辖市及新疆生产建设兵团质量技术监督局(市场监督管理部门)、发展改革委、科技厅(委、局)、工业和信息化主管部门、财政厅(局)、人力资源和社会保障厅(局)、工商行政管理局、统计厅(局)、知识产权局,中国人民银行上海总部、各分行、营业管理部、各省会(首府)城市中心支行:

为贯彻落实《深化标准化工作改革方案》(国发〔2015〕13号)和《国家标准化体系建设发展规划(2016—2020年)》(国办发〔2015〕89号),培育发展标准化服务业,完善标准化服务体系,提高标准供给质量和效率,现提出如下意见。

附件:国家标准委等十部门关于培育发展标准化服务业的指导意见

国家标准化管理委员会
国家发展和改革委员会
科学技术部
工业和信息化部
财政部
人力资源和社会保障部
中国人民银行
国家工商行政管理总局
国家统计局
国家知识产权局
2018年2月11日

国家标准化管理委员会、国家发展和改革委员会、科技部、工业和信息化部、财政部、人力资源和社会保障部、中国人民银行、国家工商行政管理总局、国家统计局、国家知识产权局关于培育发展标准化服务业的指导意见

各省、自治区、直辖市及新疆生产建设兵团质量技术监督局（市场监督管理部门）、发展改革委、科技厅（委、局）、工业和信息化主管部门、财政厅（局）、人力资源和社会保障厅（局）、工商行政管理局、统计厅（局）、知识产权局，中国人民银行上海总部、各分行、营业管理部、各省会（首府）城市中心支行：

为贯彻落实《深化标准化工作改革方案》（国发〔2015〕13号）和《国家标准化体系建设发展规划（2016—2020年）》（国办发〔2015〕89号），培育发展标准化服务业，完善标准化服务体系，提高标准供给质量和效率，现提出如下意见。

一、总体要求

（一）指导思想。

全面贯彻党的十九大精神，以习近平新时代中国特色社会主义思想为指导，围绕"五位一体"总体布局和"四个全面"战略布局，坚持新发展理念，以落实创新驱动发展战略为先导，以深化标准化管理体制机制改革为动力，充分发挥市场在资源配置中的决定性作用，更好发挥政府作用，完善标准化服务业市场机制，壮大市场主体，拓展服务边界，营造政策环境，推动标准化服务业市场化、专业化、规范化、国际化发展，提高标准有效供给水平，加快形成推动高质量发展的标准体系，助推供给侧结构性改革，培育新动能，引领新发展，催生新效益。

（二）发展目标。

到2020年，健全的标准化服务体系、有序的市场竞争环境和完善的监管机制基本形成，标准化服务业成为科技服务业最具活力的领域之一，"标准化＋"效应进一步显现，标准化服务与经济社会发展深度融合，对经济社会发展的贡献率明显提高。

——全链条的标准化服务模式进一步完善，标准化服务产业生态较为丰富，基本满足各类经济社会需求；

——建设一批标准化服务业试点示范机构和集群，标准化服务机构逐步向多元化、规模化、集团化、国际化发展；

——标准化服务业从业人员数量和服务能力大幅提高，具有较强国际竞争力的高端人才队伍基本形成；

——标准化服务业规模和产业增加值占科技服务业的比重明显提高。

（三）发展导向。

市场化。充分发挥市场在资源配置中的决定性作用，激发全社会对标准化服务的需求，培育一批充分竞争、市场化运作的标准化服务机构，促进标准化服务机构做大做强。

专业化。培育标准化服务细分市场，深化标准化服务业行业分工与协作，构建全链条标准化服务体系，打造一批专业化标准化服务机构。

规范化。建立标准化服务业市场管理机制，强化事中事后监管，加强行业自律，完善社会监督，促进标准化服务业规范化发展。

国际化。加强与发达国家和国际组织的交流和对接，积极借鉴吸收国际先进经验，推动我国标准"走出去"，提升"中国标准"国际影响力和贡献度，服务我国企业"走出去"。

二、重点任务

（四）培育标准化服务业主体。

激发公益性标准化研究机构生机与活力，依托部分综合实力较强的标准化研究机构，打造一批创新引领、国家倚重、社会信任的高端标准化智库。支持专业标准化技术委员会秘书处单位提供标准化服务，鼓励相关学会、协会、商会等社会团体提供标准化服务。鼓励军口专业标准化技术机构与民口标准化技术机构加强合作，为军民通用领域提供标准化服务。培育一批以提供标准化服务为核心业务的专业咨询机构，引导相关咨询公司提高标准化服务能力。鼓励具备条件的大企业将内部标准化服务机构独立运营，面向市场提供服务。培育一批市场化的标准化服务事务所，开展专业化标准化服务。鼓励标准化服务机构整合上下游资源，组建标准化服务产业联盟。

（五）完善标准化服务生态体系。

引导标准化服务机构整合资源，打造覆盖标准化战略咨询、标准技术内容和编制方法咨询、技术指标比对、标准符合性测试、标准实施咨询、标准实施评价、标准化管理流程再造等内容的服务体系。鼓励标准化服务机构利用现代技术，创新服务模式，开展标准数据挖掘与加工利用，构建便捷、安全、高效的标准数字化服务体系。开发标准研制与实施工具，推广智能化标准服务。推进"互联网+标准"服务，搭建标准咨询、标准教育培训等线上服务平台，引导线上线下联动服务。充分利用各类标准化信息资源，推动标准信息公开，实现标准化数据互通共享，全面提升标准化信息服务能力。

（六）鼓励标准化服务业与相关产业融合发展。

推进标准化与科技创新融合，依托现有国家技术标准创新基地，探索标准化促进科技成果转移转化的有效途径。加快标准资源服务平台与科研项目管理平台对接，为科技计划项目承担单位提供标准化服务。推进标准与品牌融合，鼓励标准化服务机构针对本地区主导产业和特色产业，研制先进标准，开展标准先进性评价，打造标准品牌。探索标准化与计量、检验检测、认证认可等质量基础要素的深度融合，面向重点领域推进质量技术基础"一站式"服务。探索标准化与融资增信、资产担保、金融租赁、政府采购结合的路径，充分发挥标准价值，促进技术与资本融合。

（七）营造标准化服务业良好市场环境。

健全标准化服务业法律法规、标准、信用等制度体系，营造标准化服务业良好市场环境。加强标准化服务业市场监管,探索建立事中、事后监管机制。制定标准化服务能力评估、服务质量评价等相关标准,建立标准化服务行为规范和工作指引,完善标准化服务业市场规则。开展标准化服务人员和机构信用体系建设,构建统一开放、竞争有序的市场体系。推动利益相关方、第三方机构等开展独立的标准化服务评价,充分发挥社会监督作用。

(八)开展标准化服务业试点示范。

鼓励一批发展基础好、创新能力强的标准化服务机构和区域,围绕标准化服务全链条培育、标准化服务跨界融合新模式培育、标准化服务事务所培育,以及面向中小微企业的标准化服务等内容,开展标准化服务业试点示范,打造一批典型标准化服务机构,促进大众创业、万众创新。通过试点示范引导建立标准化服务业新兴业态,总结提炼培育标准化服务业发展的相关经验,适时在全国范围推广。

(九)推动标准化服务业国际化发展。

支撑我国"走出去"战略的深入实施,面向"一带一路"沿线国家、"东盟十国"等重点贸易国家,深化重点贸易领域标准化研究,提升标准化服务国际贸易能力。加强与国际知名机构的合作,引进先进的服务理念、技术工具、运营模式,充分利用国内国外两个市场、两种资源,不断提高我国标准化服务业发展水平、

三、保障措施

(十)完善相关政策支持体系。

符合条件的标准化服务机构,可按《高新技术企业认定管理办法》规定,申请认定为高新技术企业。鼓励有条件的标准化服务机构在资本市场融资,逐步做大做强,鼓励各级政府部门采取政府采购的形式,委托市场主体提供标准化服务。鼓励各地区大力支持标准化服务业发展,打造标准化服务产业聚集区。鼓励各地区在权限范围内,将符合政策条件的标准化服务业纳入相关政策支持范围。

(十一)加快标准化人才培养。

鼓励高校设立标准化专业,开设标准化方向研究生课程,探索建立标准化学科人才培养的知识体系和方法体系,培养专业化人才。鼓励将标准化高层人才纳入到国家相关人才计划中。积极推进建立标准化专业人才继续教育等制度,推进标准化专业人才培养、交流。鼓励相关协会、高校、科研院所开展标准化培训。鼓励各行业将标准化专业教育、人才培训经历等作为从事本行业标准化工作的激励性条件。

(十二)推动建立统计体系。

针对《国民经济行业分类》国家标准中的标准化服务小类,进一步理清标准化服务业的边界和内容,研究标准化服务业统计指标体系和统计方法,逐步建立统计制度,加强统计监测,为推动产业发展提供基础支撑。

(十三)营造良好社会氛围。

充分利用广播电视、平面媒体及互联网等新兴媒体深入宣传标准化服务知识,鼓励开办专门的标准化服务节目或栏目,通过广泛宣传和典型报道,在全社会形成重视和促进标准化服务业发展的社会风气。

(十四)强化组织实施。

国务院各有关部委和各地方政府要加强组织领导,明确责任分工,加强政策与资金保障,将培育发展标准化服务业纳入国家及地区发展规划,与高技术服务业、科技服务业发展规划有机衔接。充分依托标准化协调推进部际联席制度,加强标准化服务业相关部门联动,及时研究解决标准化服务业发展中的重大问题,完善各项配套政策措施,确保指导意见落到实处。

国家知识产权局关于印发《知识产权重点支持产业目录(2018年本)》的通知

国知发协函字〔2018〕9号

国务院有关部门单位知识产权工作管理机构,各省、自治区、直辖市、新疆生产建设兵团知识产权局,国家知识产权局机关各部门、专利局各部门、局各直属单位:

为全面贯彻党的十九大精神,深入实施国家创新驱动发展战略,落实《国务院关于新形势下加快知识产权强国建设的若干意见》《中国制造2025》等重大战略部署,充分发挥知识产权的支撑保障作用,推动产业转型升级和创新发展,制定《知识产权重点支持产业目录(2018年本)》,现予印发。请统筹协调配置知识产权资源,精准聚焦,支持重点产业发展。

特此通知。

附:知识产权重点支持产业目录(2018年本)(略——编者注)

国家知识产权局
2018年1月17日

关于印发《工业产品生产许可证"一企一证"改革实施方案》的公告

质检总局公告2018年第10号

为贯彻落实党中央、国务院推进"放管服"改革部署和中央经济工作会议"减证"要求,进一步深化工业产品生产许可证制度改革,大幅精简压缩生产许可审批流程,减轻企业负担,质检总局在总结有关地方试点改革经验基础上,组织研究制定了《工业产品生产许可证"一企一证"改革实施方案》,现予以印发。工业产品生产许可证"一企一证"改革,自2018年1月15日起在全国范围内实施,产品范围包括目前实施工业产品生产许可管理的38类产品。

请各省级质量技术监督部门(市场监管管理部门)完善机制,制定配套措施,抓好组织实施。

特此公告。

质检总局
2018年1月12日

工业产品生产许可证"一企一证"改革实施方案

为进一步深化工业产品生产许可证制度改革,大幅精简压缩生产许可审批流程,减轻企业负担,根据《国务院关于调整工业产品生产许可证管理目录和试行简化审批程序的决定》(国发〔2017〕34号)有关精神,制定本方案。

一、指导思想

全面贯彻党的十九大精神,深入贯彻习近平新时代中国特色社会主义思想,认真落实《中共中央、国务院关于开展质量提升行动的指导意见》(中发〔2017〕24号)和国务院关于"放管服"改革的重大决策部署,以保障重要工业产品质量安全为目标,以简政放权、放管结合、优化服务为核心,开展工业产品生产许可证"一企一证"改革,切实减轻企业负担、激发市场活力。

二、工作原则

(一)能减则减。大幅减少申请材料、降低制度性交易成本,减轻企业负担。
(二)便民高效。高度归并审查内容、审查频次有效合一,提高行政审批效能。
(三)统筹兼顾。注重顶层设计,统一协调质检总局审批与省级人民政府质量技术监督部门审批的证书。
(四)稳步推进。按照及时跟进、审慎稳妥的要求,稳步推进新旧证书管理模式过渡。

三、工作目标

将"一企一证"作为深化工业产品生产许可证制度改革内容,在总结各地试点经验的基础上,结合试行简化审批程序改革,在全国范围内推行工业产品生产许可证"一企一证"改革。

四、主要内容

（一）工业产品生产许可证"一企一证"改革是指：工业产品生产许可证证书实行按企业主体发证的模式。凡是具有营业执照的生产企业，同时申请生产多种纳入工业产品生产许可证管理目录的产品，审批发证部门一并实施审查并按照规定时限作出决定，并颁发一张工业产品生产许可证，在副本中同时注明许可的产品名称。

（二）企业在办理以下许可事项时，可以按"一企一证"的原则，一并申请，换发新版证书，证书编号从企业相应细则产品的编号中选择，一般以主导性产品编号为证书编号。对新发证企业直接按照"一企一证""一证一号"的原则办理；已获证企业在换证时按"一企一证"换发新证书，逐步换发完毕。

1. 发证。企业首次申请 1 类以上产品生产许可证时，质监部门受理后一并核查，按照"一企一证"发证，证书有效期 5 年。

2. 延续。生产许可证有效期届满需要继续生产的，企业应当在生产许可证有效期届满前 6 个月提出延续申请，试行简化审批程序的产品生产企业应当在生产许可证有效期届满 30 日前提出延续申请。当企业申请 1 类以上产品生产许可证延续时，质监部门受理后一并核查，按"一企一证"，收回原证书，换发新证书。证书有效期取原证书最短有效期。

提出延续申请，但不符合生产许可证延续有效期要求的，按新发证程序办理。

3. 许可范围变更。企业按照工业产品生产许可证实施细则规定申请增加 1 类以上产品的，质监部门受理后一并核查，符合许可要求的，按"一企一证"，收回原证书，换发新证书。新证书有效期取原证书有效期。

4. 迁址或名称变更。在生产许可证有效期内，企业生产地址迁移或企业名称、住所（地址）名称发生变化，按"一企一证"换发新证，保留原证书有效期。

5. 补领。生产许可证在有效期内，企业生产许可证证书因遗失或毁损而申请补领的，按"一企一证"补证，保留原证书有效期。

6. 其他情形。企业因兼并、重组、吸收等原因需要变更证书的情形，按"一企一证"办理，证书有效期取原证书最短有效期。

（三）"一企一证"在同级审批权限的产品内实施。

五、有关要求

（一）审查要求。各省（区、市）质量技术监督部门（市场监管管理部门）受理企业申请后，及时组织相关审查员对多个产品进行合并审查。

（二）时限要求。各省（区、市）质量技术监督部门（市场监管管理部门）、产品审查部严格执行有关时限要求。

（三）服务要求。尊重企业意愿，充分发挥"一企一证"服务效能。

国务院办公厅关于推进电子商务与快递物流协同发展的意见

国办发〔2018〕1号

各省、自治区、直辖市人民政府,国务院各部委、各直属机构:

近年来,我国电子商务与快递物流协同发展不断加深,推进了快递物流转型升级、提质增效,促进了电子商务快速发展。但是,电子商务与快递物流协同发展仍面临政策法规体系不完善、发展不协调、衔接不顺畅等问题。为全面贯彻党的十九大精神,深入贯彻落实习近平新时代中国特色社会主义思想,落实新发展理念,深入实施"互联网+流通"行动计划,提高电子商务与快递物流协同发展水平,经国务院同意,现提出以下意见。

一、强化制度创新,优化协同发展政策法规环境

(一)深化"放管服"改革。简化快递业务经营许可程序,改革快递企业年度报告制度,实施快递末端网点备案管理。优化完善快递业务经营许可管理信息系统,实现许可备案事项网上统一办理。加强事中事后监管,全面推行"双随机、一公开"监管。(国家邮政局负责)

(二)创新产业支持政策。创新价格监管方式,引导电子商务平台逐步实现商品定价与快递服务定价相分离,促进快递企业发展面向消费者的增值服务。(国家发展改革委、商务部、国家邮政局负责)创新公共服务设施管理方式,明确智能快件箱、快递末端综合服务场所的公共属性,为专业化、公共化、平台化、集约化的快递末端网点提供用地保障等配套政策。(国土资源部、住房城乡建设部、国家邮政局负责)

(三)健全企业间数据共享制度。完善电子商务与快递物流数据保护、开放共享规则,建立数据中断等风险评估、提前通知和事先报告制度。在确保消费者个人信息安全的前提下,鼓励和引导电子商务平台与快递物流企业之间开展数据交换共享,共同提升配送效率。(商务部、国家邮政局会同相关部门负责)

(四)健全协同共治管理模式。发挥行业协会自律作用,推动出台行业自律公约,强化企业主体责任,鼓励签署自律承诺书,促进行业健康发展。引导电子商务、物流和快递等平台型企业健全平台服务协议、交易规则和信用评价制度,切实维护公平竞争秩序,保护消费者权益;鼓励开放数据、技术等资源,赋能上下游中小微企业,实现行业间、企业间开放合作、互利共赢。(商务部、交通运输部、国家邮政局会同相关部门负责)

二、强化规划引领,完善电子商务快递物流基础设施

(五)加强规划协同引领。综合考虑地域区位、功能定位、发展水平等因素,统筹规划电子商务与快递物流发展。针对电子商务全渠道、多平台、线上线下融合等特点,科学引导快递物流基础设施建设,构建适应电子商务发展的快递物流服务体系。快递物流相关仓储、分拨、配送等设施用地须符合土地利用总体规划并纳入城乡规划,将智能快件箱、快递末端综合服务场所纳入公共服务设施相关规划。加强相关规划间的有效衔接和统一管理。(各省级人民政府、国土资源部、住房城乡建设部负责)

(六)保障基础设施建设用地。落实好现有相关用地政策,保障电子商务快递物流基础设施建设用地。在不改变用地主体、规划条件的前提下,利用存量房产和土地资源建设电子商务快递物流项目的,可在5年内保持土地原用途和权利类型不变,5年期满后需办理相关用地手续的,可采取协议方式办理。(各省级人民政府、国土资源部负责)

(七)加强基础设施网络建设。引导快递物流企业依托全国性及区域性物流节点城市、国家电子商务示范城市、快递示范城市,完善优化快递物流网络布局,加强快件处理中心、航空及陆运集散中心和基层网点等网络节点建设,构建层级合理、规模适当、匹配需求的电子商务快递物流网络。优化农村快递资源配置,健全以县级物流配送中心、乡镇配送节点、村级公共服务点为支撑的农村配送网络。(国家发展改革委、商务部、国家邮政局负责)

(八)推进园区建设与升级。推动电子商务园区与快递物流园区发展,形成产业集聚效应,提高区域辐射能力。引导国家电子商务示范基地、电子商务产业园区与快递物流园区融合发展。鼓励传统物流园区适应电子商务和快递业发展需求转型升级,提升仓储、运输、配送、信息等综合管理和服务水平。(各省级人民政府、国家发展改革委、商务部、国家邮政局负责)

三、强化规范运营,优化电子商务配送通行管理

(九)推动配送车辆规范运营。鼓励各地对快递服务车辆实施统一编号和标识管理,加强对快递服务车辆驾驶人交通安全教育。支持快递企业为快递服务车辆统一购买交通意外险。规范快递服务车辆运营管理。(各省级人民政府负责)引导企业使用符合标准的配送车型,推动配送车辆标准化、厢式化。(国家邮政局、交通运输部、工业和信息化部、国家标准委、各省级人民政府负责)

(十)便利配送车辆通行。指导各地完善城市配送车辆通行管理政策,合理确定通行区域和时段,对快递服务车辆等城市配送车辆给予通行便利。推动各地完善商业区、居住区、高等院校等区域停靠、装卸、充电等设施,推广分时停车、错时停车,进一步提高停车设施利用率。(各省级人民政府、交通运输部、国家邮政局、公安部负责)

四、强化服务创新,提升快递末端服务能力

(十一)推广智能投递设施。鼓励将推广智能快件箱纳入便民服务、民生工程等项目,加快社区、高等院校、商务中心、地铁站周边等末端节点布局。支持传统信报箱改造,推动邮政普遍服务与快递服务一体化、智能化。(国家邮政局、各省级人民政府负责)

(十二)鼓励快递末端集约化服务。鼓励快递企业开展投递服务合作,建设快递末端综合服务场所,开展联收联投。促进快递末端配送、服务资源有效组织和统筹利用,鼓励快递物流企业、电子商务企业与连锁商业机构、便利店、物业服务企业、高等院校开展合作,提供集约化配送、网订店取等多样化、个性化服务。(国家邮政局会同相关部门负责)

五、强化标准化智能化,提高协同运行效率

(十三)提高科技应用水平。鼓励快递物流企业采用先进适用技术和装备,提升快递物流装备自动化、专业化水平。(工业和信息化部、国家发展改革委、国家邮政局负责)加强大数据、云计算、机器人等现代信息技术和装备在电子商务与快递物流领域应用,大力推进库存前置、智能分仓、科学配载、线路优化,努力实现信息协同化、服务智能化。(国家发展改革委、商务部、国家邮政局会同相关部门负责)

(十四)鼓励信息互联互通。加强快递物流标准体系建设,推动建立电子商务与快递物流各环节数据接口标准,推进设施设备、作业流程、信息交换一体化。(国家标准委、国家发展改革委、工业和信息化部、商务部、国家邮政局负责)引导电子商务企业与快递物流企业加强系统互联和业务联动,共同提高信息系统安全防护水平。(商务部、国家邮政局负责)鼓励建设快递物流信息综合服务平台,优化资源配置,实现供需信息实时共享和智能匹配。(国家邮政局负责)

(十五)推动供应链协同。鼓励仓储、快递、第三方技术服务企业发展智能仓储,延伸服务链条,优化电子商务企业供应链管理。发展仓配一体化服务,鼓励企业集成应用各类信息技术,整合共享上下游资源,促进商流、物流、信息流、资金流等无缝衔接和高效流动,提高电子商务企业与快递物流企业供应链协同效率。(国家发展改革委、商务部、国家邮政局负责)

六、强化绿色理念,发展绿色生态链

(十六)促进资源集约。鼓励电子商务企业与快递物流企业开展供应链绿色流程再造,提高资源复用率,降低企业成本。加强能源管理,建立绿色节能低碳运营管理流程和机制,在仓库、分拨中心、数据中心、管理中心等场所推广应用节水、节电、节能等新技术新设备,提高能源利用效率。(国家发展改革委、环境保护部、工业和信息化部负责)

(十七)推广绿色包装。制定实施电子商务绿色包装、减量包装标准,推广应用绿色包装技术和材料,推进快递物流包装物减量化。(商务部、国家邮政局、国家标准委负责)开展绿色包装试点示范,培育绿色发展典型企业,加强政策支持和宣传推广。(国家发展改革委会同相关部门负责)鼓励电子商务平台开展绿色消费活动,提供绿色包装物选择,依不同包装物分类定价,建立积分反馈、绿色信用等机制引导消费者使用绿色包装或减量包装。(商务部会同相关部门负责)探索包装回收和循环利用,建立包装生产者、使用者和消费者等多方协同回收利用体系。(国家发展改革委、环境保护部、商务部、国家邮政局负责)建立健全快

递包装生产者责任延伸制度。(国家发展改革委、环境保护部、国家邮政局负责)

(十八)推动绿色运输与配送。加快调整运输结构,逐步提高铁路等清洁运输方式在快递物流领域的应用比例。鼓励企业综合运用电子商务交易、物流配送等信息,优化调度,减少车辆空载和在途时间。(国家邮政局、交通运输部负责)鼓励快递物流领域加快推广使用新能源汽车和满足更高排放标准的燃油汽车,逐步提高新能源汽车使用比例。(各省级人民政府负责)

各地区、各有关部门要充分认识推进电子商务与快递物流协同发展的重要意义,强化组织领导和统筹协调,结合本地区、本部门、本系统实际,落实本意见明确的各项政策措施,加强对新兴服务业态的研究和相关政策储备。各地区要制定具体实施方案,明确任务分工,落实工作责任。商务部、国家邮政局要会同有关部门加强工作指导和监督检查,确保各项措施落实到位。

国务院办公厅
2018年1月2日

国土资源部关于完善矿产资源开采审批登记管理有关事项的通知

国土资规〔2017〕16号

各省、自治区、直辖市国土资源主管部门:

为贯彻落实国务院深化行政审批制度改革要求,进一步规范和完善矿产资源开采审批登记管理,依据《中华人民共和国矿产资源法》、《中华人民共和国行政许可法》、《矿产资源开采登记管理办法》等相关法律法规,结合矿业权管理工作实际,现就有关事项通知如下。

一、调整划定矿区范围管理

(一)矿区范围是指可供开采矿产资源范围、井巷工程设施分布范围或者露天剥离范围的立体空间区域。划定矿区范围是指登记管理机关对申请人提出的矿区范围依法审查批准的行政行为。

探矿权人申请采矿权的,矿区范围通过登记管理机关审查批准划定矿区范围申请确定,并参照《矿业权交易规则》相关规定签订采矿权出让合同。以招标、拍卖、挂牌等竞争方式及协议方式出让采矿权的,由登记管理机关确定出让的矿区范围,并根据《矿业权交易规则》相关规定签订采矿权出让合同。矿区范围的确定应当符合矿产资源规划。采矿权申请人依据确定的矿区范围编报采矿登记相关资料。

在油气(包含石油、天然气、页岩气、煤层气、天然气水合物,下同)矿产探矿权范围内申请油气采矿权,不涉及划定矿区范围事项。

(二)矿区范围的确定应当依据经评审备案的矿产资源储量报告。资源储量规模为大型的非煤矿山、大中型煤矿依据的矿产资源储量勘查程度应当达到勘探程度,其他矿山应当达到详查及以上程度,砂石土等以招标拍卖挂牌方式直接出让采矿权的(以下简称"第三类矿产")勘查程度的具体要求按照各省(区、市)有关规定执行。

由国土资源部协议出让的,矿产资源储量评审备案由省级国土资源主管部门负责实施。

(三)探矿权人申请采矿权的,划定矿区范围预留期保持到其采矿登记申请批准并领取采矿许可证之日,预留期内,探矿权人应在勘查许可证有效期届满的30日前,申请保留探矿权。以招标、拍卖、挂牌等竞争方式及协议方式出让采矿权的,办理采矿登记时限在采矿权出让合同中约定。

(四)已设采矿权利用原有生产系统申请扩大矿区范围的,申请人应当按扩大后的矿区范围统一编制申报要件。第三类矿产的采矿权不得以协议出让方式申请扩大矿区范围。

(五)探矿权人申请采矿权且申请的矿区范围内涉及多个矿种的,应当按经评审备案的矿产资源储量报告的主矿种和共伴生矿种划定矿区范围,并对共伴生资源进行综合利用;对共伴生资源综合利用有限制性规定的,按有关规定办理。

(六)探矿权人在取得划定矿区范围批复后,探矿权人变更的,在申请采矿登记时应当提交变更后的勘查许可证。

二、规范采矿权新立、延续审批登记管理

(七)采矿权申请人原则上应当为营利法人。外商投资企业申请限制类矿种采矿权的,应当出具有关部门的项目核准文件。申请放射性矿产资源采矿权的,应当出具行业主管部门的项目核准文件。

申请人在取得采矿许可证后,须具备其他相关法定条件后方可实施开采作业。

(八)采矿权申请人可按要求自行编制或委托有关机构编制矿产资源开发利用方案,登记管理机关不得指定特定中介机构提供服务。矿产资源开发利用方案的编制内容及评审须符合国土资源主管部门相关规定。

(九)新立采矿权申请范围不得与已设矿业权垂直投影范围重叠,下列情形除外:

1. 申请范围与已设矿业权范围重叠,申请人与已设矿业权人为同一主体的;

2. 油气与非油气之间,新立采矿权与已设矿业权重叠,双方签订了互不影响和权益保护协议的。其中,新立油气采矿权与已设小型露采砂石土类采矿权重叠,或新立小型露采砂石土类采矿权与已设油气矿业权重叠,申请人向登记管理机关提交了不影响已设矿业权人权益承诺的。

3. 新立可地浸砂岩型铀矿采矿权与已设煤炭矿业权重叠,双方签订了互不影响和权益保护协议的。

互不影响和权益保护协议不得损害国家利益和第三方合法权益。采取承诺方式的,小型露采砂石土类采矿权申请人应当承诺不影响已设油气矿业权勘查开采活动,确保安全生产、保护对方合法权益等;油气采矿权申请人应当承诺合理避让已设小型露采砂石土类采矿权,且不影响其开采活动,无法避让的要主动退出,确保安全生产、保护对方合法权益等。

（十）采矿权延续的采矿许可证有效期根据《矿产资源开采登记管理办法》（国务院令第241号）第七条确定。采矿权延续申请批准后,其有效期应始于原采矿许可证有效期截止之日。

（十一）非油气探矿权转采矿权的,准予采矿权新立登记后,申请人应申请注销原探矿权,并凭探矿权注销通知(证明)领取采矿许可证。油气探矿权申请采矿权的,勘查登记与采矿登记属于同一登记机关的,需同时提交探矿权变更缩减面积或注销申请;勘查登记与采矿登记不属于同一登记机关的,准予采矿权新立登记后,申请人应申请注销原探矿权或变更缩减原探矿权面积,凭注销通知(证明)或变更缩减面积后的勘查许可证领取采矿许可证。

（十二）采矿许可证剩余有效期不足三个月的,采矿权登记管理机关可以在本级或上级机关的门户网站上滚动提醒。

（十三）因不可抗力等非申请人自身原因,申请人无法按规定提交采矿权延续申请资料的,在申请人提交能够说明原因的相关证明材料后,登记管理机关可根据实际情况延续2年,并在采矿许可证副本上注明其原因和要求。

三、完善采矿权变更、注销登记管理

（十四）申请采矿权转让变更的,受让人应具备本通知第(七)条规定的采矿权申请人条件,并承继该采矿权的权利、义务。涉及本通知第(九)条重叠情况的,受让人应按本通知第(九)条规定,提交互不影响和权益保护协议或不影响已设矿业权人权益承诺。

（十五）国有矿山企业申请办理采矿权转让变更登记的,应当持矿山企业主管部门同意转让变更采矿权的批准文件。

（十六）实行开采总量控制矿种的采矿权申请办理延续、变更的,下一级国土资源主管部门应当对开采总量控制指标分配、使用等情况提出书面意见。

（十七）有下列情形之一的采矿权不得办理转让变更登记：

1. 采矿权部分转让变更的；
2. 同一矿业权人存在重叠的矿业权单独转让变更的；
3. 采矿权处于抵押备案状态且未经抵押权人同意的；
4. 未按要求缴纳出让收益(价款)等费用,未完成矿山地质环境恢复治理义务的；
5. 采矿权被国土资源主管部门立案查处,或法院、公安、监察等机关通知不得转让变更的。

除母公司与全资子公司之间的采矿权转让变更外,以协议出让方式取得的采矿权未满10年不得转让变更,确需转让变更的,按协议出让采矿权要件要求及程序办理。

（十八）采矿权原则上不得分立,因开采条件变化等特殊原因确需分立的,应符合矿产资源规划等有关要求。第三类矿产的采矿权不得分立。

（十九）人民法院将采矿权拍卖或裁定给他人,受让人应当依法向登记管理机关申请变更登记。申请变更登记的受让人应当具备本通知第(七)条规定的条件,登记管理机关凭申请人提交的采矿权变更申请文件和人民法院协助执行通知书,予以办理采矿权变更登记。

(二十)申请变更主要开采矿种的,应当依据经评审备案的储量评审意见书提出申请。第三类矿产的采矿权不允许变更开采矿种。变更为国家实行开采总量控制矿种的,还应当符合国家有关宏观调控规定和开采总量控制要求,并需经专家论证通过、公示无异议。

(二十一)采矿许可证剩余有效期不足六个月,申请转让变更登记的,可以同时向登记管理机关申请办理延续登记。

(二十二)登记管理机关应及时清理过期采矿权,对采矿许可证有效期届满前未按要求申请延续登记的,由登记管理机关纳入已自行废止矿业权名单向社会公告。

采矿权在有效期内因生态保护、安全生产、公共利益、产业政策等被县级及以上人民政府决定关闭并公告的,由同级国土资源主管部门函告原登记管理机关。采矿权人应当自决定关闭矿山之日起30日内,向原登记管理机关申请办理采矿许可证注销登记手续。采矿权人不办理采矿许可证注销登记手续的,由登记管理机关责令限期改正;逾期不改正的,由原登记管理机关吊销采矿许可证,并根据《中华人民共和国行政许可法》第七十条规定办理采矿许可证注销手续。

四、其他有关事项

(二十三)采矿许可证遗失或损毁需要补领的,采矿权人持补领采矿许可证申请书到原登记管理机关申请补办采矿许可证。登记管理机关在其门户网站公告遗失声明满10个工作日后,补发新的采矿许可证,补发的采矿许可证登记内容应与原证一致,并应注明补领时间。

(二十四)申请人到登记管理机关办理登记手续的,应出具企业法人执照、法定代表人证明和本人身份证等原件,经核实无误后,方可将复印件作为申报要件;委托他人办理的,被委托人应出具企业法定代表人的书面委托书和本人身份证。

(二十五)登记管理机关接收采矿权登记申请资料后应出具回执。需要申请人补正资料的,登记管理机关应书面通知申请人限期补充或者修改。采矿权申请人应在规定的期限内提交补正的资料。

(二十六)采矿权申请人对其提供的申请材料的真实性负责;通过隐瞒有关情况、提供虚假材料或者拒绝提供反映其活动情况真实材料等不正当手段骗取采矿登记的,一经发现,依据《中华人民共和国行政许可法》等法律法规有关规定处理;构成犯罪的,移交司法机关依法追究责任。

(二十七)采矿登记中涉及矿业权出让收益的,按照《财政部国土资源部关于印发〈矿业权出让收益征收管理暂行办法〉的通知》(财综〔2017〕35号)执行。

(二十八)全国审批登记颁发的采矿许可证实行统一配号。油气采矿许可证可单独编号。采矿权登记管理机关应依法加强对采矿权审批登记发证行为的监管。

(二十九)地方各级国土资源主管部门应当加强对采矿权人开采行为的监督管理,对违法违规开采行为,依法予以查处。对勘查开采信息公示中列入严重违法名单的采矿权人,依法不予登记新的采矿权。

(三十)各省(区、市)国土资源主管部门可根据实际情况,按照本通知的规定,制定具体实施办法。

本通知自印发之日起实施,有效期五年。《关于放射性矿产采矿许可证发放问题的复函》(国土资发〔1999〕262号)、《关于矿山企业进行生产勘探有关问题的通知》(国土资发〔2002〕344号)、《关于进一步规范采矿许可证有效期的通知》(国土资发〔2007〕95号)、《国土资源部关于进一步完善采矿权登记管理有关问题的通知》(国土资发〔2011〕14号)、《国土资源部办公厅关于贯彻落实采矿权转让审批权限下放有关问题的通知》(国土资厅发〔2012〕66号)、《国土资源部关于修改〈国土资源部关于进一步完善采矿权登记管理有关问题的通知〉第十三条规定的通知》(国土资发〔2015〕65号)、《国土资源部关于修改〈国土资源部关于进一步完善采矿权登记管理有关问题的通知〉第二十五条规定的通知》(国土资发〔2017〕29号)同时废止。

本通知实施前已印发的其他文件中管理要求与本通知不一致的,以本通知为准。

2017年12月29日

食盐专营办法

中华人民共和国国务院令第696号

现公布修订后的《食盐专营办法》,自公布之日起施行。

总理 李克强
2017年12月26日

食盐专营办法

第一章 总 则

第一条 为了加强对食盐的管理,保障食盐科学加碘工作的有效实施,确保食盐质量安全和供应安全,保护公民的身体健康,制定本办法。

第二条 国家实行食盐专营管理。

本办法所称食盐,是指直接食用和制作食品所用的盐。

第三条 本办法适用于中华人民共和国境内的食盐生产、销售和储备活动。

第四条 国务院盐业主管部门主管全国盐业工作,负责管理全国食盐专营工作。县级以上地方人民政府确定的盐业主管部门负责管理本行政区域的食盐专营工作。

国务院食品药品监督管理部门负责全国食盐质量安全监督管理。县级以上地方人民政府确定的食盐质量安全监督管理部门负责本行政区域的食盐质量安全监督管理。

第五条 盐业主管部门应当加强对工业用盐等非食用盐的管理,防止非食用盐流入食盐市场。

第六条 国务院盐业主管部门应当会同有关部门加强对食盐生产、批发企业及其董事、监事、高级管理人员的信用管理,建立健全信用信息记录、公示制度,提高食盐行业信用水平。

第七条 依法成立的盐业行业组织依照法律、行政法规和章程,保护企业合法权益,加强行业自律,促进企业守法、诚信经营,引导企业公平竞争。

第二章 食盐生产

第八条 国家实行食盐定点生产制度。非食盐定点生产企业不得生产食盐。

第九条 省、自治区、直辖市人民政府盐业主管部门按照统一规划、合理布局的要求审批确定食盐定点生产企业,颁发食盐定点生产企业证书,及时向社会公布食盐定点生产企业名单,并报国务院盐业主管部门备案。

第十条 食盐定点生产企业和非食用盐生产企业应当建立生产销售记录制度,如实记录并保存相关凭证。记录和凭证保存期限不得少于 2 年。

食盐应当按照规定在外包装上作出标识,非食用盐的包装、标识应当明显区别于食盐。

第十一条 禁止利用井矿盐卤水熬制食盐。

第三章 食盐销售

第十二条 国家实行食盐定点批发制度。非食盐定点批发企业不得经营食盐批发业务。

第十三条 省、自治区、直辖市人民政府盐业主管部门按照统一规划、合理布局的要求审批确定食盐定点批发企业,颁发食盐定点批发企业证书,及时向社会公布食盐定点批发企业名单,并报国务院盐业主管部门备案。

食盐定点生产企业申请经营食盐批发业务的,省、自治区、直辖市人民政府盐业主管部门应当确定其为食盐定点批发企业并颁发食盐定点批发企业证书。

第十四条 食盐定点批发企业应当从食盐定点生产企业或者其他食盐定点批发企业购进食盐,在国家规定的范围内销售。

食盐定点批发企业在国家规定的范围内销售食盐,任何单位或者个人不得阻止或者限制。

第十五条 食盐定点批发企业应当建立采购销售记录制度,如实记录并保存相关凭证。记录和凭证保存期限不得少于 2 年。

第十六条 食盐零售单位应当从食盐定点批发企业购进食盐。

第十七条 食盐价格由经营者自主确定。

县级以上地方人民政府价格主管部门应当加强对食盐零售价格的市场日常监测。当食盐价格显著上涨或者有可能显著上涨时,省、自治区、直辖市人民政府可以依法采取价格干预或者其他应急措施。

第十八条 县级以上地方人民政府应当根据实际情况,采取必要措施,保障边远地区和民族地区的食盐供应。

第十九条 禁止销售不符合食品安全标准的食盐。

禁止将下列产品作为食盐销售:

(一)液体盐(含天然卤水);

(二)工业用盐和其他非食用盐;

(三)利用盐土、硝土或者工业废渣、废液制作的盐;

(四)利用井矿盐卤水熬制的盐;

(五)外包装上无标识或者标识不符合国家有关规定的盐。

第四章 食盐的储备和应急管理

第二十条 省、自治区、直辖市人民政府盐业主管部门应当根据本行政区域食盐供需情况,建立健全食盐储备制度,承担政府食盐储备责任。

第二十一条 食盐定点生产企业和食盐定点批发企业应当按照食盐储备制度要求,承担企业食盐储备责任,保持食盐的合理库存。

第二十二条 盐业主管部门应当会同有关部门制定食盐供应应急预案,在发生突发事件时协调、保障食盐供应。

第五章 监督管理

第二十三条 盐业主管部门依法履行监督检查职责,可以采取下列措施:

(一)向有关单位和个人了解情况;

(二)查阅或者复制有关合同、票据、账簿、购销记录及其他有关资料;

(三)查封、扣押与涉嫌盐业违法行为有关的食盐及原材料,以及用于违法生产或者销售食盐的工具、设备;

(四)查封涉嫌违法生产或者销售食盐的场所。

采取前款第三项、第四项规定的措施,应当向盐业主管部门主要负责人书面报告,并经批准。

盐业主管部门调查涉嫌盐业违法行为,应当遵守《中华人民共和国行政强制法》和其他有关法律、行政法规的规定。

第二十四条 盐业主管部门、食盐质量安全监督管理部门应当各司其职,加强协作,相互配合,通过政务信息系统等实现信息共享,建立健全行政执法协作配合制度。

盐业主管部门、食盐质量安全监督管理部门在监督管理工作中发现依法不属于本部门处理权限的涉嫌违法行为,应当及时移交有权处理的部门;有权处理的部门应当依法及时处理,并及时反馈处理结果。

第二十五条 盐业主管部门、食盐质量安全监督管理部门应当向社会公布本部门的联系方式,方便公众举报违法行为。

盐业主管部门、食盐质量安全监督管理部门接到举报,应当及时依法调查处理。对实名举报,盐业主管部门、食盐质量安全监督管理部门应当为举报人保密,并将处理结果告知举报人。

第六章 法律责任

第二十六条 有下列情形之一的,由县级以上地方人民政府盐业主管部门予以取缔,没收违法生产经营的食盐和违法所得。违法生产经营的食盐货值金额不足1万元的,可以处5万元以下的罚款;货值金额1万元以上的,并处货值金额5倍以上10倍以下的罚款:

(一)非食盐定点生产企业生产食盐;

(二)非食盐定点批发企业经营食盐批发业务。

第二十七条 有下列情形之一的,由县级以上地方人民政府盐业主管部门责令改正,处5000元以上5万元以下的罚款;情节严重的,责令停产停业整顿,直至吊销食盐定点生产、食盐定点批发企业证书:

(一)食盐定点生产企业、非食用盐生产企业未按照本办法规定保存生产销售记录;

(二)食盐定点批发企业未按照本办法规定保存采购销售记录;

(三)食盐定点批发企业超出国家规定的范围销售食盐;

(四)将非食用盐产品作为食盐销售。

第二十八条 有下列情形之一的,由县级以上地方人民政府盐业主管部门责令改正,没收违法购进的食盐,可以处违法购进的食盐货值金额3倍以下的罚款:

(一)食盐定点批发企业从除食盐定点生产企业、其他食盐定点批发企业以外的单位或者个人购进食盐;

(二)食盐零售单位从食盐定点批发企业以外的单位或者个人购进食盐。

第二十九条 未按照本办法第十条的规定作出标识的,由有关主管部门依据职责分工,责令改正,可以处5万元以下的罚款。

第三十条 经营者的行为违反本办法的规定同时违反《中华人民共和国食品安全法》的,由县级以上地方人民政府食盐质量安全监督管理部门依照《中华人民共和国食品安全法》进行处罚。

第三十一条 食盐定点生产企业、食盐定点批发企业违反本办法的规定,被处以吊销食盐定点生产、食盐定点批发企业证书行政处罚的,其法定代表人、直接负责的主管人员和其他直接责任人员自处罚决定作出之日起5年内不得从事食盐生产经营管理活动,不得担任食盐定点生产企业、食盐定点批发企业的董事、监事或者高级管理人员。

食盐定点生产企业、食盐定点批发企业违反前款规定聘用人员的,由盐业主管部门责令改正;拒不改正的,吊销其食盐定点生产、食盐定点批发企业证书。

第三十二条 违反本办法的规定,构成违反治安管理行为的,依法给予治安管理处罚;构成犯罪的,依法追究刑事责任。

第三十三条 盐业主管部门以及其他有关部门的工作人员滥用职权、玩忽职守、徇私舞弊,构成犯罪的,依法追究刑事责任;尚不构成犯罪的,依法给予处分。

第七章 附 则

第三十四条 除本办法的规定外,食盐质量安全监督管理、食盐加碘工作还应当依照有关法律、行政法规的规定执行。

第三十五条 渔业、畜牧用盐管理办法,由国务院盐业主管部门会同国务院农业行政主管部门另行制定。

第三十六条 本办法自公布之日起施行。1990年3月2日国务院发布的《盐业管理条例》同时废止。

国土资源部关于进一步规范矿业权申请资料的通知

国土资规〔2017〕15号

各省、自治区、直辖市国土资源主管部门:

为深入贯彻落实国务院简政放权、放管结合、优化服务的决策部署,根据《中华人民共和国矿产资源法》《矿产资源勘查区块登记管理办法》《矿产资源开采登记管理办法》和《探矿权采矿权转让管理办法》等法律法规的相关规定,按照《国务院办公厅关于做好行政法规部门规章和文件清理工作有关事项的通知》(国办发〔2016〕12号)要求,在全面梳理涉及矿业权申请资料相关规定的基础上,经整理归纳、精简完善、细化分类,形成了部审批矿业权申请资料清单及有关要求。现就有关事项通知如下:

一、矿业权申请资料清单要求

(一)矿业权申请资料清单本着规范、精简、公开的原则依法依规制定。

(二)探矿权申请资料清单分为新立、延续、保留、变更、注销和试采(油气)六种类型,采矿权申请资料清单分为划定矿区范围、新立、延续、变更和注销五种类型。

二、矿业权申请资料申报要求

(三)矿业权申请资料是申请矿业权审批登记的必备要件,申请人应按要求填报和提交,对提交的申请资料的真实性负责,并承担相应法律责任。

(四)申请矿业权审批登记,应按本通知附件要求(见附件1、附件2),提交内容一致的纸质、电子文档各一份。

(五)除本通知附件中标注为复印件的资料外,矿业权申报资料纸质文档应为原件。提交的复印件应清晰、完整,并加盖申请人印章;复印件为多页的,除在第一页盖章外,还应在每一页上加盖骑缝章。

(六)矿业权申请资料电子文档一律使用光盘存储,一个项目一份光盘,光盘表面应标注项目名称。提交的电子文档包括资料清单、所有纸质文档的扫描件及申请登记书报盘文件。其中:资料清单为TXT格式,以"资料清单+txt"命名;纸质文档为PDF格式或JPG(单页)格式,以"申报资料详细名称+文件格式"命名。

三、矿业权申请(登记)书格式及要求

(七)矿业权申请(登记)书按新的统一格式施行。探矿权申请(登记)书(格式)见附件3,采矿权申请(登记)书(格式)见附件4。

(八)向国土资源部提交的申请(登记)书应报送电子报盘,最新版本报盘软件从国土资源部官方网站下载,下载路径:国土资源部门户网站首页>办事>软件—矿业权>矿业权软件。

(九)矿业权申请的范围拐点坐标采用2000国家大地坐标系,高程采用1985国家高程基准。

四、省级国土资源主管部门意见及其他部门文件

(十)在国土资源部申请办理探矿权、采矿权审批登记的,除探矿权注销审批登记外,申请人应向省级国土资源主管部门提出查询要求,省级国土资源主管部门应对相关事项进行核查并将核查结果及时直接书面报国土资源部。省级国土资源主管部门核查意见(范本)见附件5。

(十一)省级国土资源主管部门意见应以国土资源部为主送单位,编正式文号并加盖单位公章,以PDF文档形式通过"国土资源主干网"的"国土资源部远程申报系统"直接传输至部政务大厅。若涉及铀矿采矿权开采范围、生产规模的,按秘密级文件的相关规定报送。

(十二)军事部门意见由审批登记机关直接征询,其他部门文件资料由申请人按规定报送。

五、其他规定

(十三)本通知申请资料清单及要求适用于国土资源部审批登记申请,省级及以下国土资源主管部门可参照执行。

(十四)本通知自2018年3月18日起施行,有效期5年。《关于采矿权申请登记书式样

的通知》(国土资发〔1998〕14号)、《国土资源部关于印发探矿权、采矿权转让申请书、审批表及审批通知书格式的通知》(国土资发〔1998〕20号)、《国土资源部关于探矿权、采矿权申请资料实行电子文档申报的公告》(国土资源部公告2007年第12号)、《国土资源部办公厅关于做好探矿权采矿权登记与矿业权实地核查工作衔接有关问题的通知》(国土资厅发〔2009〕54号)、《关于调整探矿权、采矿权申请资料有关问题的公告》(国土资源部公告2009年第17号)、《国土资源部关于规范新立和扩大勘查范围探矿权申请资料的通知》(国土资发〔2009〕103号)、《国土资源部关于申请新立和扩大勘查范围探矿权报件清单的公告》(国土资源部公告2009年第22号)、《国土资源部办公厅关于印发〈矿业权登记数据更新与换证工作方案〉的通知》(国土资厅发〔2010〕2号)、《国土资源部关于调整探矿权申请资料有关问题的公告》(国土资源部公告2011年第25号)、《国土资源部办公厅关于调整国土资源部矿业权(非油气矿产)申请审批相关文件报送方式的函》(国土资厅函〔2014〕644号)同时废止。

2017年12月18日

附件：
1. 探矿权申请资料清单及要求(略——编者注)
2. 采矿权申请资料清单及要求(略——编者注)
3. 探矿权申请登记书及申请书(格式)(略——编者注)
4. 采矿权申请登记书及申请书(格式)(略——编者注)
5. 省级国土资源主管部门意见(范本)(略——编者注)

国土资源部关于进一步规范矿产资源勘查审批登记管理的通知

国土资规〔2017〕14号

各省、自治区、直辖市国土资源主管部门：

为全面贯彻落实党的十九大精神，深入学习贯彻习近平新时代中国特色社会主义思想，认真落实党中央、国务院关于生态文明建设和"简政放权、放管结合、优化服务"改革要求，深化矿业权管理制度改革，保障矿产资源勘查市场健康有序发展，保护矿业权人合法权益，依据《中华人民共和国矿产资源法》《中华人民共和国行政许可法》《矿产资源勘查区块登记管理办法》等法律法规规定，结合矿业权管理工作实际，进一步规范矿产资源勘查审批登记管理。现将有关事项通知如下：

一、规范矿产资源勘查准入

（一）设立探矿权必须符合生态环境保护、矿产资源规划及国家产业政策等政策要求。

（二）非油气探矿权人原则上应当为营利法人或者非营利法人中的事业单位法人。油气（包含石油、天然气、页岩气、煤层气、天然气水合物，下同）探矿权人原则上应当是营利法人。

（三）探矿权申请人的资金能力必须与申请的勘查矿种、勘查面积和勘查工作阶段相适应，以提供的银行资金证明（国有大型石油企业年度项目计划）为依据，不得低于申请项目勘查实施方案安排的第一勘查年度资金投入额。中央或者地方财政全额出资勘查项目提交项目任务书及预算批复。

（四）申请探矿权新立、延续、变更勘查矿种（含增列，下同），以及探矿权合并、分立变更勘查范围，需编制勘查实施方案。

勘查实施方案应当符合地质勘查规程、规范和标准，计划勘查资金投入不得低于法定最低勘查投入要求。探矿权申请人可按要求自行编制或者委托有关机构编制勘查实施方案，登记管理机关不得指定特定中介机构提供服务。勘查实施方案编制审查要求按有关规定执行。

二、完善探矿权新立、延续、保留审批管理

（五）中央或者地方财政全额出资勘查的新立探矿权申请范围不得小于1个基本单位区块。

（六）新立探矿权的申请勘查范围不得与已设矿业权垂直投影范围重叠，下列情形除外：

1. 申请范围与已设矿业权范围重叠，申请人与已设矿业权人为同一主体的；

2. 油气与非油气之间，申请范围与已设探矿权（煤层气与煤炭探矿权除外）范围重叠，申请人向登记管理机关提交不影响已设探矿权人权益承诺的；申请范围与已设采矿权（小型露采砂石土类采矿权除外）范围重叠，申请人与已设采矿权人签订了互不影响和权益保护协议的；

已设油气探矿权增列煤层气申请范围与已设煤炭矿业权重叠，申请人与已设煤炭矿业权人签订了互不影响和权益保护协议的；

新立油气探矿权申请范围与已设小型露采砂石土类采矿权重叠，申请人向登记管理机关提交不影响已设采矿权人权益承诺的；

3. 可地浸砂岩型铀矿申请范围与已设煤炭矿业权范围重叠，申请人与已设煤炭矿业权人签订了互不影响和权益保护协议的。

互不影响和权益保护协议不得损害国家利益和第三方合法权益。采取承诺方式的，非油气探矿权申请人应当承诺不影响已设矿业权勘查开采活动，确保安全生产、保护对方合法权益等；油气探矿权申请人应当承诺合理避让已设非油气矿业权，且不影响已设非油气矿业权勘查开采活动，无法避让的要主动退出，确保安全生产、保护对方合法权益等。

（七）各级国土资源主管部门要根据需要，组织建立油气矿业权人、非油气矿业权人、国土资源主管部门三方工作协调机制，对涉及油气与非油气矿业权重叠相关问题进行交流沟通、协调推进工作，妥善解决有关问题。

（八）非油气探矿权延续时，应当提高符合规范要求的勘查阶段，未提高勘查阶段的，应当缩减不低于首次勘查许可证载明勘查面积的25%，下列情形除外：

1. 中央或者地方财政全额出资勘查的探矿权；

2. 已设采矿权矿区范围垂直投影的上部或者深部勘查且与已设采矿权属同一主体的探矿权；

3. 经储量评审认定地质工作程度达到详查及以上且地质报告已经资源储量评审备案的探矿权。

合并、分立或者扩大过勘查范围的探矿权，以其登记后的范围作为延续时缩减的首设面积。

（九）因生态保护、规划调整、公益性重点工程建设等原因，已设探矿权的部分勘查范围无法继续勘查或者转为采矿权的，可凭政府相关部门证明文件，抵扣按本通知第（八）条规定需缩减的面积。

（十）探矿权延续登记，有效期起始日原则上为原勘查许可证有效期截止日。

（十一）勘查许可证剩余有效期不足三个月的，探矿权登记管理机关可在门户网站上滚动提醒。

（十二）首次申请探矿权保留，应当依据经资源储量评审备案的地质报告。资源储量规模达到大中型的煤和大型非煤探矿权申请保留，应当达到勘探程度；其他探矿权申请保留，应当达到详查及以上程度。已设采矿权垂直投影范围内的探矿权首次申请保留，应当达到详查及以上程度。

（十三）探矿权人申请探矿权延续、保留，应当在规定期限内提出申请。因不可抗力或者政府及其有关部门原因，未在规定期限内提出延续申请，或者需要继续延长保留期的，探矿权人应当提交能够说明原因的相关证明材料。

三、严格探矿权变更审批管理

（十四）以申请在先、招标、拍卖、挂牌方式取得的非油气探矿权申请变更主体，应当持有探矿权满2年，或者持有探矿权满1年且提交经资源储量评审备案的普查及以上地质报告。

以协议方式取得的非油气探矿权申请变更主体，应当持有探矿权满10年；未满10年的，按协议出让探矿权的要件要求及程序办理。

（十五）申请变更探矿权主体的，转让人和受让人应当一并向登记管理机关提交变更申请。勘查许可证剩余有效期不足6个月的，申请人（受让人）可以同时申请办理延续。

（十六）符合本通知第（六）条规定设置的探矿权申请变更主体，受让人应当按本通知第（六）条规定，提交互不影响和权益保护协议或者不影响已设矿业权人权益承诺。属同一主体的已设采矿权与其上部或者深部勘查探矿权，不得单独转让。

（十七）以招标、拍卖、挂牌或者协议方式取得的非油气探矿权，申请变更勘查矿种的，出让时对能否变更勘查矿种有约定的，从其约定。

以申请在先方式取得，以及以招标、拍卖、挂牌或者协议方式取得但出让时对能否变更勘查矿种未有约定的非油气探矿权中，勘查主矿种为金属类矿产的探矿权可申请勘查矿种变更为其他金属类矿产,依据经资源储量评审备案的普查及以上地质报告提出申请。

铀矿探矿权人原则上不得申请变更勘查矿种。勘查过程中发现其他矿种的,应当进行综合勘查,并向登记管理机关提交相应的勘查报告,其探矿权按照国家有关规定处置。

涉及变更为国家限制或者禁止勘查开采矿种的,依照相关规定管理。

(十八)非油气探矿权人因自身转采矿权需要,可依据经资源储量评审备案的详查及以上地质报告申请分立。探矿权分立后,不得单独变更主体。

(十九)人民法院将探矿权拍卖或者裁定给他人的,登记管理机关根据受让人提交的探矿权变更申请及人民法院出具的协助执行通知书,办理变更登记。受让人应当具备本通知第(二)条规定的探矿权申请人条件。

四、加强探矿权监督管理

(二十)全国审批登记颁发的勘查许可证实行统一配号。油气勘查许可证单独编号。

(二十一)登记管理机关应当定期清理过期探矿权,对勘查许可证有效期届满前未按要求申请延续登记的,由矿业权登记管理机关纳入已自行废止矿业权名单向社会公告。

(二十二)加强矿产资源勘查审批登记信息公开,接受社会监督。登记管理机关在批准探矿权申请后,及时在门户网站进行公开。

(二十三)地方各级国土资源主管部门应当加强对探矿权人勘查行为的监督管理,对违法违规勘查行为,依法予以查处。对勘查开采信息公示中列入严重违法名单的探矿权人,依法不予审批登记新的探矿权。

五、其他

(二十四)探矿权申请人应当如实向登记管理机关提交申请材料,并对其申请材料真实性负责。

(二十五)探矿权申请材料需补正的,登记管理机关应当出具补正通知书,申请人应当按照补正通知书的时限要求完成补正。

(二十六)勘查审批登记中涉及矿业权出让收益的,按照《财政部、国土资源部关于印发〈矿业权出让收益征收管理暂行办法〉的通知》(财综〔2017〕35号)执行。

(二十七)勘查许可证遗失需补办的,申请人持补办申请书向原登记管理机关申请补办,经原登记管理机关门户网站公示10个工作日无异议后,补发勘查许可证。补办的勘查许可证应当注明补办时间。

(二十八)沉积变质型和沉积型铁矿属于《关于进一步规范矿业权出让管理的通知》(国土资发〔2006〕12号)规定的第二类矿产,其他类型铁矿属第一类矿产;离子型稀土属第二类矿产。

本通知自印发之日起施行,有效期五年。《关于加强地热、矿泉水勘查、开采管理的通知》(国土资发〔2000〕209号)、《国土资源部办公厅关于做好探矿权采矿权延续审批登记工作有关问题的通知》(国土资厅发〔2008〕144号)、《国土资源部关于进一步规范探矿权管理有关问题的通知》(国土资发〔2009〕200号)、《国土资源部关于鼓励铁铜铝等国家紧缺矿产资源勘查开采有关问题的通知》(国土资发〔2010〕144号)、《国土资源部办公厅关于国土资源大调查项目探矿权转让有关问题的通知》(国土资厅发〔2011〕68号)同时废止。

2017年12月14日

国家食品药品监督管理总局关于规范化妆品注册及备案申报有关事宜的通告

食品药品监管总局公告2017年第195号

根据国家食品药品监督管理总局统一部署,新版《化妆品生产许可证》的换发工作业已完成,为保证换证后化妆品生产企业信息与产品注册备案信息的衔接一致,现就有关事宜通告如下:

一、已批准的国产特殊用途化妆品,实际生产场所未发生变更,换发后的《化妆品生产许可证》编号与持有的《化妆品卫生行政许可批件》中编号信息不一致的,申请人不需要就此事项单独提出变更申请,应在申请批件有效期延续或办理其他变更许可事项时一并提出变更申请。

二、办理国产化妆品注册时,企业名称及地址栏按如下要求填写:

属于自主生产的,企业名称及地址栏填写《化妆品生产许可证》中载明的"名称"及"住所"信息,"住所"与"生产地址"不一致的,应在备注栏中填写具体的实际生产场所地址信息。

属于委托生产的,企业名称及地址栏填写申请人营业执照中对应的名称及地址信息。实际生产企业名称及地址信息填写《化妆品生产许可证》中载明的"名称"及"生产地址"信息,涉及多个生产地址的,填写实际生产场所地址信息。

三、化妆品实际生产场所未发生变更,由于版式格式规则调整,新换发的《化妆品生产许可证》中企业名称与原《化妆品卫生许可证》中企业名称不一致的,办理国产化妆品注册时应同时提交所在地省级食品药品监督管理局出具的实际生产场所未发生变更的证明。

四、已备案的国产非特殊用途化妆品,因换发新版《化妆品生产许可证》导致企业备案账户及产品相关备案信息发生变化的,备案企业应自本公告发布之日起6个月内登录国产非特殊用途化妆品备案系统,按照系统填报要求,主动变更产品相关备案信息;逾期未办理的,系统将自动清理企业备案账号相关信息。

特此通告。

食品药品监管总局
2017年11月30日

农用薄膜行业规范条件(2017年本)

工业和信息化部公告2017年第53号

为进一步加强农用薄膜行业管理,规范农用薄膜行业生产经营和投资行为,引导农用薄膜行业向资源节约、环境友好型产业发展,我部对2009年发布的《农用薄膜行业准入条件》进行了修订,形成《农用薄膜行业规范条件(2017年本)》。现予以公告。

附件:农用薄膜行业规范条件(2017年本)

工业和信息化部
2017年11月29日

附件

农用薄膜行业规范条件(2017年本)

为促进农用薄膜(以下简称农膜)行业结构调整和产业升级,规范农膜行业生产经营和投资行为,加强产品质量保障,推进节能减排清洁生产,加强环境保护,提高资源综合利用效率,依据国家有关法律、法规和产业政策,制定本规范条件。

一、企业布局

(一)农膜企业建设地点应当符合国家产业规划和产业政策,符合本地区城乡建设规划、生态环境规划、土地利用总体规划要求和用地标准。

(二)在国务院、国家有关部门和省(自治区、直辖市)级人民政府规定的自然保护区、永久基本农田保护区、风景名胜区、饮用水保护区和主要河流两岸边界外规定范围内不得新建改扩建农膜生产项目。

(三)鼓励符合建设规划的现有企业及新建改扩建农膜生产项目,在工业园区内集中建设。

二、企业生产条件

(四)新建改扩建项目形成的农膜生产能力不低于10000吨/年,现有农膜企业达不到上述要求的,要加速发展,鼓励扩大中高端农膜产品的产能和产量,逐步减少低端普通农膜产品的产量。

(五)农膜吨制品耗电量不超过 500 千瓦时、耗水量不超过 1 立方米。

(六)鼓励现有农膜生产企业加大科技创新和技术改造投入,逐步实现研发等投入不低于企业销售收入 2% 的目标。

三、生产工艺和装备

(七)生产工艺要符合质量保证体系工艺文件要求,采用成熟的生产技术,满足农膜产品质量达到国家及行业标准的要求。

(八)棚膜、功能性地膜生产企业应具备生产功能性母料的能力,或得到其他能够生产功能性母料企业的技术或者产品支持。配备物料混配设备,能确保生产原料(主、辅料)均匀混合。

(九)拥有完善的检测手段和检测设备,配备的产品质量检测设备包括:直尺、卷尺、千分尺、测厚仪、拉力机、熔融指数测试仪、快速流滴实验仪、水分含量测试仪等。

(十)鼓励企业推广使用智能化设备和数字化生产线,采用技术先进、节能节水环保的生产装置,实现主要工艺参数的在线检测和自动化控制。禁止使用国家明确规定的淘汰类落后设备和工艺,禁止使用达不到节能环保要求的二手设备。

四、质量与管理

(十一)企业应设立独立质量检验机构,配备专职质检人员,建立健全质量检验管理制度。鼓励企业配备质量工程师。

(十二)农膜生产企业要健全企业管理制度,鼓励企业进行 ISO9000 质量管理体系、ISO14000 环境管理体系认证,支持企业采用信息化管理手段提高企业管理效率和水平。企业要加强生产现场管理,鼓励推行 5S 管理,确保车间干净整洁。

(十三)不得以劣质再生塑料为原料生产农膜产品,产品质量符合国家及行业标准,出厂产品合格率达到 100%。

(十四)鼓励企业开发生产功能化、智能化、绿色化、长寿命及按需定制的农膜制品,产品要符合保障人体健康和保护生态环境要求。

(十五)新产品应由企业或企业委托有关部门进行两年以上的多点田间应用试验,达到国家标准后方可大面积推广应用。

五、环境保护和资源节约综合利用

(十六)新建、改扩建项目要严格执行《中华人民共和国环境影响评价法》,依法向有审批权的环境保护行政主管部门报批环境影响评价文件。建设项目严格执行环境保护"三同时"制度,并按规定程序实施竣工环境保护验收。

(十七)严格贯彻保护耕地和节约集约用地的政策规定,用地规模和土地利用强度必须达到土地使用相关标准的规定。

(十八)污染物排放要符合国家和地方污染物排放(控制)标准,依法依规在规定时限内申领并取得排污许可证,新建、改扩建项目必须符合《中华人民共和国固体废物污染环境防治法》及相关法律法规规定。

(十九)农膜生产企业要采用清洁生产技术,生产用水做到循环使用,提高资源利用效率,从生产源头控制污染物产生量。

(二十)鼓励企业绿色循环低碳发展,开展废旧农膜回收与加工利用,研发生产推广生物降解农膜等绿色制品,废次品回收利用装置符合《中华人民共和国环境保护法》有关要求。

六、安全生产与职业健康

(二十一)严格遵守《中华人民共和国安全生产法》《中华人民共和国职业病防治法》,认真执行保障安全生产和职业健康的国家标准或行业标准,做好生产安全事故和职业病预防工作。

(二十二)严格按照国家相关法律法规及标准的要求,建立健全安全生产责任制,推进安全生产标准化建设,落实安全生产风险管控和隐患排查治理制度。

(二十三)新建、改扩建工程项目的安全设施和职业病防护设施投资应当纳入建设项目概算,安全设施和职业病防护设施要按照法律法规要求与主体工程同时设计、同时施工、同时投入生产和使用。

(二十四)应配备必要的劳动防护用品和防护设施,工作场所的有害气体、粉尘浓度、噪声等,应具备相应处理措施及设施,指标不得超过国家规定的标准。

(二十五)企业应承担对政府、利益相关方和消费者的责任,成为绿色制造的主体,落实节能环保社会责任,鼓励企业开展信息公开。

七、劳动者权益保障

(二十六)企业应认真遵守劳动保障法律法规,切实保障劳动者合法权益。

(二十七)依法与劳动者签订劳动合同,严格遵守国家关于工资支付、工作时间和休息休假等规定,不克扣或无故拖欠劳动者工资,依法为劳动者按时足额缴纳社会保险费和住房公积金。

(二十八)禁止使用童工,认真执行女职工和未成年工特殊劳动保护规定。

八、监督与管理

(二十九)国家有关职能部门要依法加强对农膜生产企业的监督检查,对于违反有关法律法规规定的,由有关部门责令其限期整改,并依法进行处罚。

(三十)各级工业和信息化主管部门要加强对农膜行业的管理,企业参照本规范条件落实有关要求。

(三十一)充分发挥行业协会的专业优势,积极宣传国家产业政策,加强行业指导和行业自律,推进农膜行业技术进步,协助国家相关职能部门做好行业监督、管理工作。

九、附则

(三十二)本规范条件适用于中华人民共和国境内(除港、澳、台地区)所有生产农膜产品的企业。

(三十三)本规范条件由工业和信息化部负责解释。

(三十四)本规范条件自 2018 年 3 月 1 日起实施。2009 年 12 月 17 日公布的《农用薄膜行业准入条件》(工消费〔2009〕第 73 号)同时废止。

日用玻璃行业规范条件(2017 年本)

工业和信息化部公告 2017 年第 54 号

为进一步加强日用玻璃行业管理,规范日用玻璃行业生产经营和投资行为,引导日用玻璃行业向资源节约、环境友好型产业发展,我部对 2010 年发布的《日用玻璃行业准入条件》进行了修订,形成《日用玻璃行业规范条件(2017 年本)》。现予以公告。

附件:日用玻璃行业规范条件(2017 年本)

工业和信息化部

2017 年 11 月 29 日

附件:

日用玻璃行业规范条件(2017 年本)

为进一步加强日用玻璃行业管理,规范日用玻璃行业生产经营和投资行为,推进节能减排清洁生产,引导日用玻璃行业向资源节约、环境友好型产业发展,根据国家有关法律、法规和产业政策,制定本规范条件。

一、生产企业和新建、改扩建项目布局

(一)新建生产企业和新建、改扩建项目选址必须符合本地区城乡规划、生态环境规划、土地利用总体规划要求和用地标准。在下述区域内不得建设日用玻璃生产企业：自然保护区、风景名胜区和饮用水水源地保护区等依法实行特殊保护的地区；城乡规划中确定的居住区、商业交通居民混合区、文化区；永久基本农田保护区。

（二）原则上控制东中部及产能较为集中且技术水平不高地区新建日用玻璃生产线项目，建设项目重点是对现有生产线进行技术改造和升级以及发展轻量化玻璃瓶罐、高档玻璃器皿和特殊品种的玻璃制品。鼓励日用玻璃生产企业进入工业生产园区。严格限制新建玻璃保温瓶胆项目，重点对现有生产线进行技术改造和升级。

二、生产工艺与装备

企业应拥有与生产日用玻璃相适应的技术文件和工艺文件，执行质量保证体系规定。

（三）燃料

应优先使用清洁能源。可选用优质煤制热煤气燃料，即用两段煤气发生炉气化含硫量小于0.5%、灰分含量小于10%的优质煤生产的热煤气，通过热煤气管道直接送至玻璃熔窑燃烧。

（四）原料及配合料制备系统

硅质原料采用直接袋装进厂或粉料进厂并建有大型硅质原料均化库。采用高精度电子称量系统（动态精度1/500）。岗位粉尘排放达到国家规定相应排放标准。采用优质配合料混合设备和加水、加蒸气过程的自动检测与控制。配合料制备系统应配置快速分析仪器（含在线水分测量、离线成分分析、均匀度测定等）和可追溯的记录系统。玻璃器皿、玻璃仪器及高档白料玻璃瓶项目的配合料制备系统应采用无铁生产工艺技术。使用的碎玻璃应经过清洁处理并达到一定的粒度要求。

（五）玻璃熔窑

熔窑设计应符合玻璃熔窑设计的相关标准和规范。以天然气、优质燃料油、优质煤制热煤气为主要燃料的玻璃熔窑规模应达到《日用玻璃熔窑的规模》各项指标要求（见附表1）。熔窑要做到定期检查保养，确保达到《日用玻璃熔窑的玻璃熔制质量》和《日用玻璃熔窑能源消耗限额》所列的指标要求（见附表2和附表3）。

优化和配置计算机控制系统，控制熔窑温度、窑压、换向、液面及空燃比等参数，确保玻璃熔制过程中各类工艺参数的稳定性和精确性，使熔制温度控制精度达到±3℃，实现低空燃比燃烧。严禁新建燃煤和发生炉煤气的坩埚窑。

（六）供料道

采用天然气、液化石油气、电等清洁能源，禁止采用洗涤冷煤气和水煤气为加热热源。供料道温度参数采用智能仪表进行实时控制，鼓励采用分布式数字监测和控制系统。供料道均化段末端同一断面各点的玻璃液温度差应不大于9℃。应采用整体顶砖结构及纵向冷却的新型供料道或密闭式供料道并安装底泄料装置。

（七）成型机

大批量生产的玻璃瓶罐、玻璃器皿、玻璃保温瓶胆，应采用自动化程度高的多组（工位）、多滴成型机械。新建或改扩建小口径玻璃瓶罐生产项目，鼓励采用压吹法工艺生产轻量瓶的成型机械。

（八）退火窑

采用天然气、液化石油气、电等清洁加热能源，严格限制采用洗涤冷煤气和水煤气为加热热源。采用保温、热风循环、网带炉内返回、分区自动控温等节能技术。退火窑温度控制精度为±2℃。

（九）检验与包装

玻璃瓶罐生产线应配备在线自动检测设备，并采用托盘、纸箱等适当包装方式。淘汰麻袋及塑料编织袋包装。

（十）理化检验室

必须有设施完善的理化检验室，具备完成相应产品标准规定所要求的自检项目、玻璃生产工艺控制所必须的检测项目的能力。

（十一）其他

选用国家推荐的节能环保型风机、泵类等机电产品。采用变频、永磁等电机调速技术，改善风机及泵类电机系统调节方式，取代传统的闸板、阀门等机械节流调节方式。禁止选用国家已列入淘汰目录的设备。

三、产品质量与品种

（十二）产品质量

产品质量必须符合相应标准要求。企业应建立产品质量可追溯和责任追究体系，有健全的产品质量保证体系。

（十三）鼓励发展的产品品种

鼓励发展低消耗、低污染、高附加值以及采用新技术的产品，着重鼓励发展以下产品品种：

1. 轻量化度不超过1.0的轻量化玻璃瓶罐。（一次性瓶轻量化度按 $L = 0.44 \times 瓶重/满口容重^{(0.77)}$，回收瓶轻量化度按 $L = 0.44 \times 瓶重/满口容重^{(0.81)}$）

2. 三氧化二铁含量不超过0.03%，吨制品产值高于4000元的高档玻璃瓶罐。

3. 三氧化二铁含量不超过0.02%，吨制品产值高于6500元的高档玻璃器皿。

4. 抗水一级的模制瓶、玻管等产品。

四、资源能源消耗和资源综合利用

（十四）单位产品主要资源消耗应达到《日用玻璃生产资源消耗限额指标》（见附表4）。日用玻璃单位产品综合能耗应达到《日用玻璃产品综合能耗限额指标》（见附表5）。

（十五）日用玻璃生产项目资源能源综合利用水平应达到《日用玻璃生产项目资源能源综合利用指标》（见附表6）。鼓励生产企业回收利用废旧玻璃，国家有明确规定的，按国家规定执行。

五、环境保护

（十六）清洁生产

日用玻璃生产企业应符合清洁生产要求，使用含硫量低的优质燃料，严格控制配合料质量、控制硫酸盐和硝酸盐原料的使用、禁止使用白砒、三氧化二锑、含铅、含镉、含氟（全电熔窑除外）、铬矿渣及其他有害原辅材料，产品后加工工序应使用环保型颜料和制剂；采用先进的工艺技术与设备、改善管理、综合利用等措施，从源头消减污染，提高资源利用效率。新建或改扩建项目应达到《日用玻璃行业清洁生产评价指标体系》中清洁生产先进企业水平。

1. 鼓励通过不断改进玻璃熔窑设计、选用低硫优质燃料、控制配合料质量、增加碎玻璃使用比例、优化窑炉运行控制、采用最佳清洁生产适用技术（如：降低空燃比、分段燃烧、降低助燃空气温度、使用低氮氧化物燃烧器等），降低玻璃熔化能耗，减少熔窑吨玻璃液烟气量，有效地降低熔窑吨玻璃液污染物的产生量。

2. 生产高附加值的高档日用玻璃产品和特殊品种玻璃产品，鼓励采用氮氧化物产生量较小的全电熔窑或全氧燃烧玻璃熔窑。

3. 鼓励企业定期实施清洁生产审核。鼓励企业实施 GB/T24001 环境管理体系认证。

（十七）污染防治与污染物在线监测

生产企业对污染物排放应采取有效的环境保护措施，并依法取得排污许可；向城镇排水设施排放污水的，还应取得污水排入排水管网许可，污染物排放必须符合国家或地方相关标准要求。

企业应按有关规定安装污染物在线监测系统，自觉接受国家或地方环保部门的监督和检查。

（十八）新建、改扩建项目应严格执行《中华人民共和国环境影响评价法》，依法向有审批权的环境保护行政主管部门报批环境影响评价文件。按照环境保护"三同时"要求建设与项目相配套的环境保护措施，并按规定程序实施竣工环境保护验收。

六、安全生产和工业卫生

（十九）严格遵守《中华人民共和国安全生产法》《中华人民共和国消防法》等安全生产、消防方面的法律、法规、规章和标准。建立健全安全生产责任制度，推进安全生产标准化建设，落实安全生产风险管控和隐患排查治理制度，完善安全生产条件，确保安全生产。

（二十）严格遵守《中华人民共和国职业病防治法》等职业病防治方面的法律、法规和标准。建立健全职业病防治责任制，为员工配备岗位必需的劳动防护用品和职业病防护措施，工作场所的有害气体、粉尘浓度、噪声等指标符合国家要求。

（二十一）新建、改扩建项目的安全设施和职业病防护设施投资应纳入建设项目概算，安全设施和职业病防护设施要按照法律法规要求与主体工程同时设计、同时施工、同时投入生产和使用。

（二十二）有重大危险源监测、评估、监控措施和应急预案。严禁采用国家明令淘汰和限制的技术和设备;禁止在玻璃熔窑底部架设燃料输送管道和设置燃料加热、换向等装置。

七、劳动者权益保障

(二十三)企业应认真遵守劳动保障法律法规,切实保障劳动者合法权益。依法与劳动者签订劳动合同,严格遵守国家关于工资支付、工作时间和休息休假等规定,按时足额支付劳动者工资。依法为劳动者按时足额缴纳社会保险费和住房公积金。认真执行有关国家关于女职工和未成年工特殊劳动保护规定,禁止使用童工。

八、监督管理

(二十四)政府职能部门依据本规范条件,对新建、改扩建日用玻璃项目,从投资管理、土地供应、环境影响评价、职业病危害评价、安全生产评价、节能评估、信贷融资等各环节加强管理。依法加强对日用玻璃企业的监督检查,对于违反有关法律法规规定的,由有关部门要责令其限期整改,并依法进行处罚。

(二十五)各级工业和信息化主管部门要加强对日用玻璃行业的管理,企业参照本规范条件落实有关要求。

(二十六)有关行业协会要宣传国家产业政策,加强行业指导和行业自律,推进日用玻璃行业技术进步,协助政府有关部门做好行业监督、管理工作。

九、附则

(二十七)本规范条件适用于中华人民共和国境内(港澳台地区除外)日用玻璃制品(玻璃器皿)制造企业、玻璃包装容器(玻璃瓶罐)制造企业、玻璃保温瓶胆制造企业、玻璃仪器制造企业。

(二十八)本规范条件所涉及的规范性文件若被修订,则按修订后的最新版本执行。

(二十九)本规范条件由工业和信息化部负责解释。

(三十)本规范条件自2018年4月1日起实施。2010年12月30日公布的《日用玻璃行业准入条件》(工产业政策〔2010〕第3号)同时废止。

附表1:日用玻璃熔窑的规模(略——编者注)
附表2:日用玻璃熔窑的玻璃熔制质量(略——编者注)
附表3:日用玻璃熔窑能源消耗限额(略——编者注)
附表4:日用玻璃生产主要资源消耗限额指标(略——编者注)
附表5:日用玻璃单位产品综合能耗限额指标(略——编者注)
附表6:日用玻璃生产项目资源能源综合利用指标(略——编者注)

交通运输部办公厅关于进一步加强外商投资国内水路运输业和船舶代理业管理的通知

交办水函〔2017〕1724号

各省、自治区、直辖市交通运输厅(委),长江、珠江航务管理局:

为深入贯彻落实国务院"放管服"改革决策部署,进一步加强和规范外商投资经营国内水路运输和船舶代理业务管理,保障水路运输市场健康有序发展,现就有关事项通知如下:

一、各级水路运输管理部门要严格按照《国内水路运输管理条例》《国内水路运输管理规定》和《外商投资产业指导目录》要求,在国内现有水路运输经营者能够满足相关运输需求的情况下,原则上不予批准外商投资国内水路运输企业(包括外商直接投资企业、企业境外上市发行外资股、引进境外战略投资者以及母公司通过上述三种方式引入外资),同时,严禁外国的企业、其他经济组织和个人经营国内水路运输业务,以及以租用中国籍船舶或者舱位等方式变相经营国内水路运输业务。

二、设区的市级水路运输管理部门在外商投资国内船舶代理企业备案等管理过程中,发现存在非中方控股情形时,应及时向当地外商投资主管部门通报,并积极配合相关部门督促企业按照《外商投资产业指导目录》有关外资股比要求进行整改。

三、各级水路运输管理部门应结合日常监管和年度核查,加强对国内水路运输和船舶代理企业的外资成分及引入外资情况的排查。对未经具有相应许可权限的水路运输管理部门批准,擅自通过上述方式引入外资或者已取得国内水路运输经营许可的外商投资企业擅自变更外方投资者、外方投资股比等的国内水路运输企业,应责令其作出书面检查和承诺;如符合《外商投资产业指导目录》规定要求,责令其限期补办有关批准手续;如不符合《外商投资产业指导目录》规定要求,责令其限期整改,对拒不整改的,撤销其国内水路运输经营资质。

四、各级水路运输管理部门要加强与同级外商投资主管部门的沟通协调,请其在审批属于限制外商投资的国内水路运输企业、国内船舶代理企业及其母公司吸引外商直接投资、发行外资股、引进境外战略投资者时,事先征求同级水路运输管理部门的意见。

交通运输部办公厅
2017年11月20日

国务院关于深化"互联网＋先进制造业"发展工业互联网的指导意见

各省、自治区、直辖市人民政府,国务院各部委、各直属机构:

当前,全球范围内新一轮科技革命和产业变革蓬勃兴起。工业互联网作为新一代信息技术与制造业深度融合的产物,日益成为新工业革命的关键支撑和深化"互联网＋先进制造业"的重要基石,对未来工业发展产生全方位、深层次、革命性影响。工业互联网通过系统构建网络、平台、安全三大功能体系,打造人、机、物全面互联的新型网络基础设施,形成智能化发展的新兴业态和应用模式,是推进制造强国和网络强国建设的重要基础,是全面建成小康社会和建设社会主义现代化强国的有力支撑。为深化供给侧结构性改革,深入推进"互联网＋先进制造业",规范和指导我国工业互联网发展,现提出以下意见。

一、基本形势

当前,互联网创新发展与新工业革命正处于历史交汇期。发达国家抢抓新一轮工业革命机遇,围绕核心标准、技术、平台加速布局工业互联网,构建数字驱动的工业新生态,各国参与工业互联网发展的国际竞争日趋激烈。我国工业互联网与发达国家基本同步启动,在框架、标准、测试、安全、国际合作等方面取得了初步进展,成立了汇聚政产学研的工业互联网产业联盟,发布了《工业互联网体系架构(版本1.0)》、《工业互联网标准体系框架(版本1.0)》等,涌现出一批典型平台和企业。但与发达国家相比,总体发展水平及现实基础仍然不高,产业支撑能力不足,核心技术和高端产品对外依存度较高,关键平台综合能力不强,标准体系不完善,企业数字化网络化水平有待提升,缺乏龙头企业引领,人才支撑和安全保障能力不足,与建设制造强国和网络强国的需要仍有较大差距。

加快建设和发展工业互联网,推动互联网、大数据、人工智能和实体经济深度融合,发展先进制造业,支持传统产业优化升级,具有重要意义。一方面,工业互联网是以数字化、网络化、智能化为主要特征的新工业革命的关键基础设施,加快其发展有利于加速智能制造发展,更大范围、更高效率、更加精准地优化生产和服务资源配置,促进传统产业转型升级,催生新技术、新业态、新模式,为制造强国建设提供新动能。工业互联网还具有较强的渗透性,可从制造业扩展成为各产业领域网络化、智能化升级必不可少的基础设施,实现产业上下游、跨领域的广泛互联互通,打破"信息孤岛",促进集成共享,并为保障和改善民生提供重要依托。另一方面,发展工业互联网,有利于促进网络基础设施演进升级,推动网络应用从虚拟到实体、从生活到生产的跨越,极大拓展网络经济空间,为推进网络强国建设提供新机遇。当前,全球工业互联网正处在产业格局未定的关键期和规模化扩张的窗口期,亟需发挥我国体制优势和市场优势,加强顶层设计、统筹部署,扬长避短、分步实施,努力开创我国工业互联网发展新局面。

二、总体要求

(一)指导思想。

深入贯彻落实党的十九大精神,认真学习贯彻习近平新时代中国特色社会主义思想,落实新发展理念,坚持质量第一、效益优先,以供给侧结构性改革为主线,以全面支撑制造强国和网络强国建设为目标,围绕推动互联网和实体经济深度融合,聚焦发展智能、绿色的先进制造业,按照党中央、国务院决策部署,加强统筹引导,深化简政放权、放管结合、优化服务改革,深入实施创新驱动发展战略,构建网络、平台、安全三大功能体系,增强工业互联网产业供给能力。促进行业应用,强化安全保障,完善标准体系,培育龙头企业,加快人才培养,持续提升我国工业互联网发展水平。努力打造国际领先的工业互联网,促进大众创业万众创新和大中小企业融通发展,深入推进"互联网+",形成实体经济与网络相互促进、同步提升的良好格局,有力推动现代化经济体系建设。

(二)基本原则。

遵循规律,创新驱动。遵循工业演进规律、科技创新规律和企业发展规律,借鉴国际先进经验,建设具有中国特色的工业互联网体系。按照建设现代化经济体系的要求,发挥我国工业体系完备、网络基础坚实、互联网创新活跃的优势,推动互联网和实体经济深度融合,引进培养高端人才,加强科研攻关,实现创新驱动发展。

市场主导,政府引导。发挥市场在资源配置中的决定性作用,更好发挥政府作用。强化企业市场主体地位,激发企业内生动力,推进技术创新、产业突破、平台构建、生态打造。发挥政府在加强规划引导、完善法规标准、保护知识产权、维护市场秩序等方面的作用,营造良好发展环境。

开放发展,安全可靠。把握好安全与发展的辩证关系。发挥工业互联网开放性、交互性优势,促进工业体系开放式发展。推动工业互联网在各产业领域广泛应用,积极开展国际合作。坚持工业互联网安全保障手段同步规划、同步建设、同步运行,提升工业互联网安全防护能力。

系统谋划,统筹推进。做好顶层设计和系统谋划,科学制定、合理规划工业互联网技术路线和发展路径,统筹实现技术研发、产业发展和应用部署良性互动,不同行业、不同发展阶段的企业协同发展,区域布局协调有序。

(三)发展目标。

立足国情,面向未来,打造与我国经济发展相适应的工业互联网生态体系,使我国工业互联网发展水平走在国际前列,争取实现并跑乃至领跑。

到2025年,基本形成具备国际竞争力的基础设施和产业体系。覆盖各地区、各行业的工业互联网网络基础设施基本建成。工业互联网标识解析体系不断健全并规模化推广。形成3—5个达到国际水准的工业互联网平台。产业体系较为健全,掌握关键核心技术,供给能力显著增强,形成一批具有国际竞争力的龙头企业。基本建立起较为完备可靠的工业互联网安全保障体系。新技术、新模式、新业态大规模推广应用,推动两化融合迈上新台阶。

其中，在2018—2020年三年起步阶段，初步建成低时延、高可靠、广覆盖的工业互联网网络基础设施，初步构建工业互联网标识解析体系，初步形成各有侧重、协同集聚发展的工业互联网平台体系，初步建立工业互联网安全保障体系。

到2035年，建成国际领先的工业互联网网络基础设施和平台，形成国际先进的技术与产业体系，工业互联网全面深度应用并在优势行业形成创新引领能力，安全保障能力全面提升，重点领域实现国际领先。

到本世纪中叶，工业互联网网络基础设施全面支撑经济社会发展，工业互联网创新发展能力、技术产业体系以及融合应用等全面达到国际先进水平，综合实力进入世界前列。

三、主要任务

（一）夯实网络基础。

推动网络改造升级提速降费。面向企业低时延、高可靠、广覆盖的网络需求，大力推动工业企业内外网建设。加快推进宽带网络基础设施建设与改造，扩大网络覆盖范围，优化升级国家骨干网络。推进工业企业内网的IP（互联网协议）化、扁平化、柔性化技术改造和建设部署。推动新型智能网关应用，全面部署IPv6（互联网协议第6版）。继续推进连接中小企业的专线建设。在完成2017年政府工作报告确定的网络提速降费任务基础上，进一步提升网络速率、降低资费水平，特别是大幅降低中小企业互联网专线接入资费水平。加强资源开放，支持大中小企业融通发展。加大无线电频谱等关键资源保障力度。

推进标识解析体系建设。加强工业互联网标识解析体系顶层设计，制定整体架构，明确发展目标、路线图和时间表。设立国家工业互联网标识解析管理机构，构建标识解析服务体系，支持各级标识解析节点和公共递归解析节点建设，利用标识实现全球供应链系统和企业生产系统间精准对接，以及跨企业、跨地区、跨行业的产品全生命周期管理，促进信息资源集成共享。

专栏1　工业互联网基础设施升级改造工程

组织实施工业互联网工业企业内网、工业企业外网和标识解析体系的建设升级。支持工业企业以IPv6、工业无源光网络（PON）、工业无线等技术改造工业企业内网，以IPv6、软件定义网络（SDN）以及新型蜂窝移动通信技术对工业企业外网进行升级改造。在5G研究中开展面向工业互联网应用的网络技术试验，协同推进5G在工业企业的应用部署。开展工业互联网标识解析体系建设，建立完善各级标识解析节点。

到2020年，基本完成面向先进制造业的下一代互联网升级改造和配套管理能力建设，在重点地区和行业实现窄带物联网（NB-IoT）、工业过程/工业自动化无线网络（WIA-PA/FA）等无线网络技术应用；初步建成工业互联网标识解析注册、备案等配套系统，形成10个以上公共标识解析服务节点，标识注册量超过20亿。

到2025年，工业无线、时间敏感网络（TSN）、IPv6等工业互联网网络技术在规模以上工业企业中广泛部署；面向工业互联网接入的5G网络、低功耗广域网等基本实现普遍覆盖；建立功能完善的工业互联网标识解析体系，形成20个以上公共标识解析服务节点，标识注册量超过30亿。

（二）打造平台体系。

加快工业互联网平台建设。突破数据集成、平台管理、开发工具、微服务框架、建模分析等关键技术瓶颈，形成有效支撑工业互联网平台发展的技术体系和产业体系。开展工业互联网平台适配性、可靠性、安全性等方面试验验证，推动平台功能不断完善。通过分类施策、同步推进、动态调整，形成多层次、系统化的平台发展体系。依托工业互联网平台形成服务大众创业、万众创新的多层次公共平台。

提升平台运营能力。强化工业互联网平台的资源集聚能力，有效整合产品设计、生产工艺、设备运行、运营管理等数据资源，汇聚共享设计能力、生产能力、软件资源、知识模型等制造资源。开展面向不同行业和场景的应用创新，为用户提供包括设备健康维护、生产管理优化、协同设计制造、制造资源租用等各类应用，提升服务能力。不断探索商业模式创新，通过资源出租、服务提供、产融合作等手段，不断拓展平台盈利空间，实现长期可持续运营。

专栏2　工业互联网平台建设及推广工程

从工业互联网平台供给侧和需求侧两端发力，开展四个方面建设和推广：一是工业互联网平台培育。通过企业主导、市场选择、动态调整的方式，形成跨行业、跨领域平台，实现多平台互联互通，承担资源汇聚共享、技术标准测试验证等功能，开展工业数据流转、业务资源管理、产业运行监测等服务。推动龙头企业积极发展企业级平台，开发满足企业数字化、网络化、智能化发展需求的多种解决方案。建立健全工业互联网平台技术体系。二是工业互联网平台试验验证。支持产业联盟、企业与科研机构合作共建测试验证平台，开展技术验证与测试评估。三是百万家企业上云。鼓励工业互联网平台在产业集聚区落地，推动地方通过财税支持、政府购买服务等方式鼓励中小企业业务系统向云端迁移。四是百万工业APP培育。支持软件企业、工业企业、科研院所等开展合作，培育一批面向特定行业、特定场景的工业APP。

到2020年，工业互联网平台体系初步形成，支持建设10个左右跨行业、跨领域平台，建成一批支撑企业数字化、网络化、智能化转型的企业级平台。培育30万个面向特定行业、特定场景的工业APP，推动30万家企业应用工业互联网平台开展研发设计、生产制造、运营管理等业务，工业互联网平台对产业转型升级的基础性、支撑性作用初步显现。

到2025年，重点工业行业实现网络化制造，工业互联网平台体系基本完善，形成3—5个具有国际竞争力的工业互联网平台，培育百万工业APP，实现百万家企业上云，形成建平台和用平台双向迭代、互促共进的制造业新生态。

（三）加强产业支撑。

加大关键共性技术攻关力度。开展时间敏感网络、确定性网络、低功耗工业无线网络等新型网络互联技术研究，加快5G、软件定义网络等技术在工业互联网中的应用研究。推动解析、信息管理、异构标识互操作等工业互联网标识解析关键技术及安全可靠机制研究。加快IPv6等核心技术攻关。促进边缘计算、人工智能、增强现实、虚拟现实、区块链等新兴前沿技术在工业互联网中的应用研究与探索。

构建工业互联网标准体系。成立国家工业互联网标准协调推进组、总体组和专家咨询组，统筹推进工业互联网标准体系建设，优化推进机制，加快建立统一、综合、开放的工业互联网标准体系。制定一批总体性标准、基础共性标准、应用标准、安全标准。组织开展标准研制及试验验证工程，同步推进标准内容试验验证、试验验证环境建设、仿真与测试工具开发和推广。

专栏 3　标准研制及试验验证工程

面向工业互联网标准化需求和标准体系建设,开展工业互联网标准研制。开发通用需求、体系架构、测试评估等总体性标准;开发网络与数字化互联接口、标识解析、工业互联网平台、安全等基础共性标准;面向汽车、航空航天、石油化工、机械制造、轻工家电、信息电子等重点行业领域的工业互联网应用,开发行业应用导则、特定技术标准和管理规范。组织相关标准的试验验证工作,推进配套仿真与测试工具开发。

到 2020 年,初步建立工业互联网标准体系,制定 20 项以上总体性及关键基础共性标准,制定 20 项以上重点行业标准,推进标准在重点企业、重点行业中的应用。

到 2025 年,基本建成涵盖工业互联网关键技术、产品、管理及应用的标准体系,并在企业中得到广泛应用。

提升产品与解决方案供给能力。加快信息通信、数据集成分析等领域技术研发和产业化,集中突破一批高性能网络、智能模块、智能联网装备、工业软件等关键软硬件产品与解决方案。着力提升数据分析算法与工业知识、机理、经验的集成创新水平,形成一批面向不同工业场景的工业数据分析软件与系统以及具有深度学习等人工智能技术的工业智能软件和解决方案。面向"中国制造 2025"十大重点领域与传统行业转型升级需求,打造与行业特点紧密结合的工业互联网整体解决方案。引导电信运营企业、互联网企业、工业企业等积极转型,强化网络运营、标识解析、安全保障等工业互联网运营服务能力,开展工业电子商务、供应链、相关金融信息等创新型生产性服务。

专栏 4　关键技术产业化工程

推进工业互联网新型网络互联、标识解析等新兴前沿技术研究与应用,搭建技术测试验证系统,支持技术、产品试验验证。聚焦工业互联网核心产业环节,积极推进关键技术产业化进程。加快工业互联网关键网络设备产业化,开展 IPv6、工业无源光网络、时间敏感网络、工业无线、低功耗广域网、软件定义网络、标识解析等关键技术和产品研发与产业化。研发推广关键智能网联装备,围绕数控机床、工业机器人、大型动力装备等关键领域,实现智能控制、智能传感、工业级芯片与网络通信模块的集成创新,形成一系列具备联网、计算、优化功能的新型智能装备。开发工业大数据分析软件,聚焦重点领域,围绕生产流程优化、质量分析、设备预测性维护、智能排产等应用场景,开发工业大数据分析应用软件,实现产业化部署。

到 2020 年,突破一批关键技术,建立 5 个以上的技术测试验证系统,推出一批具有国内先进水平的工业互联网网络设备,智能网联产品创新活跃,实现工业大数据清洗、管理、分析等功能快捷调用,推进技术产品在重点企业、重点行业中的应用,工业互联网关键技术产业化初步实现。

到 2025 年,掌握关键核心技术,技术测试验证系统有效支撑工业互联网技术产品研究和实验,推出一批达到国际先进水平的工业互联网网络设备,实现智能网联产品和工业大数据分析应用软件的大规模商用部署,形成较为健全的工业互联网产业体系。

（四）促进融合应用。

提升大型企业工业互联网创新和应用水平。加快工业互联网在工业现场的应用，强化复杂生产过程中设备联网与数据采集能力，实现企业各层级数据资源的端到端集成。依托工业互联网平台开展数据集成应用，形成基于数据分析与反馈的工艺优化、流程优化、设备维护与事故风险预警能力，实现企业生产与运营管理的智能决策和深度优化。鼓励企业通过工业互联网平台整合资源，构建设计、生产与供应链资源有效组织的协同制造体系，开展用户个性需求与产品设计、生产制造精准对接的规模化定制，推动面向质量追溯、设备健康管理、产品增值服务的服务化转型。

加快中小企业工业互联网应用普及。推动低成本、模块化工业互联网设备和系统在中小企业中的部署应用，提升中小企业数字化、网络化基础能力。鼓励中小企业充分利用工业互联网平台的云化研发设计、生产管理和运营优化软件，实现业务系统向云端迁移，降低数字化、智能化改造成本。引导中小企业开放专业知识、设计创意、制造能力，依托工业互联网平台开展供需对接、集成供应链、产业电商、众包众筹等创新型应用，提升社会制造资源配置效率。

专栏5　　工业互联网集成创新应用工程

以先导性应用为引领，组织开展创新应用示范，逐步探索工业互联网的实施路径与应用模式。在智能化生产应用方面，鼓励大型工业企业实现内部各类生产设备与信息系统的广泛互联以及相关工业数据的集成互通，并在此基础上发展质量优化、智能排产、供应链优化等应用。在远程服务应用方面，开展面向高价值智能装备的网络化服务，实现产品远程监控、预测性维护、故障诊断等远程服务应用，探索开展国防工业综合保障远程服务。在网络协同制造应用方面，面向中小企业智能化发展需求，开展协同设计、众包众创、云制造等创新型应用，实现各类工业软件与模块化设计制造资源在线调用。在智能联网产品应用方面，重点面向智能家居、可穿戴设备等领域，融合5G、深度学习、大数据等先进技术，满足高精度定位、智能人机交互、安全可信运维等典型需求。在标识解析集成应用方面，实施工业互联网标识解析系统与工业企业信息化系统集成创新应用，支持企业探索基于标识服务的关键产品追溯、多源异构数据共享、全生命周期管理等应用。

到2020年，初步形成影响力强的工业互联网先导应用模式，建立150个左右应用试点。

到2025年，拓展工业互联网应用范围，在"中国制造2025"十大重点领域及重点传统行业全面推广，实现企业效益全面显著提升。

（五）完善生态体系。

构建创新体系。建设工业互联网创新中心，有效整合高校、科研院所、企业创新资源，围绕重大共性需求和重点行业需要，开展工业互联网产学研协同创新，促进技术创新成果产业化。面向关键技术和平台需求，支持建设一批能够融入国际化发展的开源社区，提供良好开发环境，共享开源技术、代码和开发工具。规范和健全中介服务体系，支持技术咨询、知识产权分析预警和交易、投融资、人才培训等专业化服务发展，加快技术转移与应用推广。

构建应用生态。支持平台企业面向不同行业智能化转型需求，通过开放平台功能与数据、提供开发环境与工具等方式，广泛汇聚第三方应用开发者，形成集体开发、合作创新、对等评估的研发机制。支持通过举办开发者大会、应用创新竞赛、专业培训及参与国际开源项目等方式,不断提升开发者的应用创新能力,形成良性互动的发展模式。

构建企业协同发展体系。以产业联盟、技术标准、系统集成服务等为纽带,以应用需求为导向,促进装备、自动化、软件、通信、互联网等不同领域企业深入合作,推动多领域融合型技术研发与产业化应用。依托工业互联网促进融通发展,推动一二三产业、大中小企业跨界融通,鼓励龙头工业企业利用工业互联网将业务流程与管理体系向上下游延伸,带动中小企业开展网络化改造和工业互联网应用,提升整体发展水平。

构建区域协同发展体系。强化对工业互联网区域发展的统筹规划,面向关键基础设施、产业支撑能力等核心要素,形成中央地方联动、区域互补的协同发展机制。根据不同区域制造业发展水平,结合国家新型工业化产业示范基地建设,遴选一批产业特色鲜明、转型需求迫切、地方政府积极性高、在工业互联网应用部署方面已取得一定成效的地区,因地制宜开展产业示范基地建设,探索形成不同地区、不同层次的工业互联网发展路径和模式,并逐步形成各有特色、相互带动的区域发展格局。

专栏6　区域创新示范建设工程

开展工业互联网创新中心建设。依托制造业创新中心建设工程,建设工业互联网创新中心,围绕网络互联、标识解析、工业互联网平台、安全保障等关键共性重大技术以及重点行业和领域需求,重点开展行业领域基础和关键技术研发、成果产业化、人才培训等。依托创新中心打造工业互联网技术创新开源社区,加强前沿技术领域共创共享。支持国防科技工业创新中心深度参与工业互联网建设发展。

工业互联网产业示范基地建设。在互联网与信息技术基础较好的地区,以工业互联网平台集聚中小企业,打造新应用模式,形成一批以互联网产业带动为主要特色的示范基地。在制造业基础雄厚的地区,结合地区产业特色与工业基础优势,形成一批以制造业带动的特色示范基地。推进工业互联网安全保障示范工程建设。在示范基地内,加快推动基础设施建设与升级改造,加强公共服务,强化关键技术研发与产业化,积极开展集成应用试点示范,并推动示范基地之间协同合作。

到2020年,建设5个左右的行业应用覆盖全面、技术产品实力过硬的工业互联网产业示范基地。

到2025年,建成10个左右具有较强示范带动作用的工业互联网产业示范基地。

(六)强化安全保障。

提升安全防护能力。加强工业互联网安全体系研究,技术和管理相结合,建立涵盖设备安全、控制安全、网络安全、平台安全和数据安全的工业互联网多层次安全保障体系。加大对技术研发和成果转化的支持力度,重点突破标识解析系统安全、工业互联网平台安全、工业控制系统安全、工业大数据安全等相关核心技术,推动攻击防护、漏洞挖掘、入侵发现、态势感知、安全审计、可信芯片等安全产品研发,建立与工业互联网发展相匹配的技术保障能力。构建工业互联网设备、网络和平台的安全评估认证体系,依托产业联盟等第三方机构开展安全能力评估和认证,引领工业互联网安全防护能力不断提升。

建立数据安全保护体系。建立工业互联网全产业链数据安全管理体系,明确相关主体的数据安全保护责任和具体要求,加强数据收集、存储、处理、转移、删除等环节的安全防护能力。建立工业数据分级分类管理制度,形成工业互联网数据流动管理机制,明确数据留存、数据泄露通报要求,加强工业互联网数据安全监督检查。

推动安全技术手段建设。督促工业互联网相关企业落实网络安全主体责任,指导企业加大安全投入,加强安全防护和监测处置技术手段建设,开展工业互联网安全试点示范,提升安全防护能力。积极发挥相关产业联盟引导作用,整合行业资源,鼓励联盟单位创新服务模式,提供安全运维、安全咨询等服务,提升行业整体安全保障服务能力。充分发挥国家专业机构和社会力量作用,增强国家级工业互联网安全技术支撑能力,着力提升隐患排查、攻击发现、应急处置和攻击溯源能力。

专栏7　安全保障能力提升工程

推动国家级工业互联网安全技术能力提升。打造工业互联网安全监测预警和防护处置平台、工业互联网安全核心技术研发平台、工业互联网安全测试评估平台、工业互联网靶场等。

引导企业提升自身工业互联网安全防护能力。在汽车、电子、航空航天、能源等基础较好的重点领域和国防工业等安全需求迫切的领域,建设工业互联网安全保障管理和技术体系,开展安全产品、解决方案的试点示范和行业应用。

到2020年,根据重要工业互联网平台和系统的分布情况,组织有针对性的检查评估;初步建成工业互联网安全监测预警和防护处置平台;培养形成3—5家具有核心竞争力的工业互联网安全企业,遴选一批创新实用的网络安全试点示范项目并加以推广。

到2025年,形成覆盖工业互联网设备安全、控制安全、网络安全、平台安全和数据安全的系列标准,建立健全工业互联网安全认证体系;工业互联网安全产品和服务得到全面推广和应用;工业互联网相关企业网络安全防护能力显著提升;国家级工业互联网安全技术支撑体系基本建成。

(七)推动开放合作。

提高企业国际化发展能力。鼓励国内外企业面向大数据分析、工业数据建模、关键软件系统、芯片等薄弱环节,合作开展技术攻关和产品研发。建立工业互联网技术、产品、平台、服务方面的国际合作机制,推动工业互联网平台、集成方案等"引进来"和"走出去"。鼓励国内外企业跨领域、全产业链紧密协作。

加强多边对话与合作。建立政府、产业联盟、企业等多层次沟通对话机制,针对工业互联网最新发展、全球基础设施建设、数据流动、安全保障、政策法规等重大问题开展交流与合作。加强与国际组织的协同合作,共同制定工业互联网标准规范和国际规则,构建多边、民主、透明的工业互联网国际治理体系。

四、保障支撑

(一)建立健全法规制度。完善工业互联网规则体系,明确工业互联网网络的基础设施地位,建立涵盖工业互联网网络安全、平台责任、数据保护等的法规体系。细化工业互联网网络安全制度,制定工业互联网关键信息基础设施和数据保护相关规则,构建工业互联网网络安全态势感知预警、网络安全事件通报和应急处置等机制。建立工业互联网数据规范化管理和使用机制,明确产品全生命周期各环节数据收集、传输、处理规则,探索建立数据流通规范。加快新兴应用领域法规制度建设,推动开展人机交互、智能产品等新兴领域信息保护、数据流通、政府数据公开、安全责任等相关研究,完善相关制度。

(二)营造良好市场环境。构建融合发展制度,深化简政放权、放管结合、优化服务改革,放宽融合性产品和服务准入限制,扩大市场主体平等进入范围,实施包容审慎监管,简化认证,减少收费;清理制约人才、资本、技术、数据等要素自由流动的制度障碍,推动相关行业在技术、标准、政策等方面充分对接,打造有利于技术创新、网络部署与产品应用的外部环境。完善协同推进体系,建立部门间高效联动机制,探索分业监管、协同共治模式;建立中央地方协同机制,深化军民融合,形成统筹推进的发展格局;推动建立信息共享、处理、反馈的有效渠道,促进跨部门、跨区域系统对接,提升工业互联网协同管理能力。健全协同发展机制,引导工业互联网产业联盟等产业组织完善合作机制和利益共享机制,推动产业各方联合开展技术、标准、应用研发以及投融资对接、国际交流等活动。

(三)加大财税支持力度。强化财政资金导向作用,加大工业转型升级资金对工业互联网发展的支持力度,重点支持网络体系、平台体系、安全体系能力建设。探索采用首购、订购优惠等支持方式,促进工业互联网创新产品和服务的规模化应用;鼓励有条件的地方通过设立工业互联网专项资金、建立风险补偿基金等方式,支持本地工业互联网集聚发展。落实相关税收优惠政策,推动固定资产加速折旧、企业研发费用加计扣除、软件和集成电路产业企业所得税优惠、小微企业税收优惠等政策落实,鼓励相关企业加快工业互联网发展和应用。

(四)创新金融服务方式。支持扩大直接融资比重,支持符合条件的工业互联网企业在境内外各层次资本市场开展股权融资,积极推动项目收益债、可转债、企业债、公司债等在工业互联网领域的应用,引导各类投资基金等向工业互联网领域倾斜。加大精准信贷扶持力度,完善银企对接机制,为工业互联网技术、业务和应用创新提供贷款服务;鼓励银行业金融机构创新信贷产品,在依法合规、风险可控、商业可持续的前提下,探索开发数据资产等质押贷款业务。延伸产业链金融服务范围,鼓励符合条件的企业集团设立财务公司,为集团下属工业互联网企业提供财务管理服务,加强资金集约化管理,提高资金使用效率,降低资金成本。拓展针对性保险服务,支持保险公司根据工业互联网需求开发相应的保险产品。

(五)强化专业人才支撑。加强人才队伍建设,引进和培养相结合,兼收并蓄,广揽国内外人才,不断壮大工业互联网人才队伍。加快新兴学科布局,加强工业互联网相关学科建设;协同发挥高校、企业、科研机构、产业集聚区等各方作用,大力培育工业互联网技术人才和应用创新型人才;依托国家重大人才工程项目和高层次人才特殊支持计划,引进一批工业互联网高水平研究型科学家和具备产业经验的高层次科技领军人才。建立工业互联网智库,形成具有政策研究能力和决策咨询能力的高端咨询人才队伍;鼓励工业互联网技术创新人才投身形式多样的科普教育活动。创新人才使用机制,畅通高校、科研机构和企业间人才流动渠道,鼓励通过双向挂职、短期工作、项目合作等柔性流动方式加强人才互通共享;支持我国专业技术人才在国际工业互联网组织任职或承担相关任务;发展工业互联网专业人才市场,建立人才数据库,完善面向全球的人才供需对接机制。优化人才评价激励制度,建立科学的人才评价体系,充分发挥人才积极性、主动性;拓展知识、技术、技能和管理要素参与分配途径,完善技术入股、股权期权激励、科技成果转化收益分配等机制;为工业互联网领域高端人才引进开辟绿色通道,加大在来华工作许可、出入境、居留、住房、医疗、教育、社会保障、政府表彰等方面的配套政策支持力度,鼓励海外高层次人才参与工业互联网创业创新。

（六）健全组织实施机制。在国家制造强国建设领导小组下设立工业互联网专项工作组，统筹谋划工业互联网相关重大工作，协调任务安排，督促检查主要任务落实情况，促进工业互联网与"中国制造2025"协同推进。设立工业互联网战略咨询专家委员会，开展工业互联网前瞻性、战略性重大问题研究，对工业互联网重大决策、政策实施提供咨询评估。制定发布《工业互联网发展行动计划（2018—2020年）》，建立工业互联网发展情况动态监测和第三方评估机制，开展定期测评和滚动调整。各地方和有关部门要根据本指导意见研究制定具体推进方案，细化政策措施，开展试点示范与应用推广，确保各项任务落实到位。

国务院

2017年11月19日

认证机构管理办法

国家质量监督检验检疫总局令第193号

《认证机构管理办法》已经2017年10月10日国家质量监督检验检疫总局局务会议审议通过，现予公布，自2018年1月1日起施行。

局长　支树平

2017年11月14日

认证机构管理办法

第一章　总　　则

第一条　为了加强对认证机构的监督管理，规范认证活动，提高认证有效性，根据《中华人民共和国认证认可条例》（以下简称《认证认可条例》）等有关法律、行政法规的规定，制定本办法。

第二条　本办法所称认证机构，是指依法取得资质，对产品、服务和管理体系是否符合标准、相关技术规范要求，独立进行合格评定的具有法人资格的证明机构。

第三条　在中华人民共和国境内从事认证活动的认证机构及其监督管理，适用本办法。

第四条　国家质量监督检验检疫总局（以下简称国家质检总局）主管认证机构的监督管理工作。

国家认证认可监督管理委员会(以下简称国家认监委)负责认证机构的资质审批及其从事认证活动的监督管理。

县级以上地方人民政府质量技术监督部门和国家质检总局设在地方的出入境检验检疫部门(以下统称地方认证监督管理部门)依照本办法的规定,按照各自职责分工负责所辖区域内认证机构从事认证活动的监督管理。

第五条 认证机构从事认证活动应当遵循公正公开、客观独立、诚实信用的原则,维护社会信用体系。

第六条 认证机构及其人员对其认证活动中所知悉的国家秘密、商业秘密负有保密义务。

第二章 资质审批

第七条 取得认证机构资质,应当经国家认监委批准。未经批准,任何单位和个人不得从事认证活动。

第八条 取得认证机构资质,应当符合下列条件:

(一)取得法人资格;

(二)有固定的办公场所和必要的设施;

(三)有符合认证认可要求的管理制度;

(四)注册资本不得少于人民币300万元;

(五)有10名以上相应领域的专职认证人员。

从事产品认证活动的认证机构,还应当具备与从事相关产品认证活动相适应的检测、检查等技术能力。

外商投资企业在中华人民共和国境内取得认证机构资质,除符合上述条件外,还应当符合《认证认可条例》规定的其他条件。

第九条 认证机构资质审批程序:

(一)认证机构资质的申请人(以下简称申请人)应当向国家认监委提出申请,提交符合本办法第八条规定条件的相关证明文件,并对其真实性、有效性、合法性负责;

(二)国家认监委应当对申请人提交的证明文件进行初审,并自收到之日起5日内作出受理或者不予受理的书面决定。对申请材料不齐全或者不符合法定形式的,应当一次性告知申请人需要补正的全部内容;

(三)国家认监委应当自受理认证机构资质申请之日起45日内,作出是否批准的决定。决定批准的,向申请人出具《认证机构批准书》。决定不予批准的,应当书面通知申请人,并说明理由。

需要对申请人的认证、检测、检查等技术能力进行专家评审的,专家评审时间不得超过30日。评审时间不计算在审批期限内。

第十条 国家认监委制定、调整和公布认证领域目录,认证机构应当在批准的认证领域内,按照认证基本规范、认证规则从事认证活动。

国家认监委尚未制定认证规则的,认证机构可以自行制定认证规则,并在认证规则发布后 30 日内,将认证规则相关信息报国家认监委备案。

第十一条 认证机构有下列情形之一的,应当自变更之日起 30 日内,向国家认监委申请办理《认证机构批准书》变更手续:

(一)缩小批准认证领域的;

(二)变更法人性质、股东、注册资本的;

(三)合并或者分立的;

(四)变更名称、住所、法定代表人的。

扩大认证领域的,由国家认监委按照本办法第九条的规定予以办理。

第十二条 《认证机构批准书》有效期为 6 年。

认证机构需要延续《认证机构批准书》有效期的,应当在《认证机构批准书》有效期届满 30 日前向国家认监委提出申请。

国家认监委应当对提出延续申请的认证机构依照本办法规定的资质条件和审批程序进行书面复查,并在《认证机构批准书》有效期届满前作出是否准予延续的决定。

第三章 行 为 规 范

第十三条 认证机构应当建立风险防范机制,对其从事认证活动可能引发的风险和责任,采取合理、有效措施,并承担相应的社会责任。

认证机构不得超出批准范围从事认证活动。

第十四条 认证机构应当建立健全认证人员管理制度,定期对认证人员进行培训,保证其能力持续符合国家关于认证人员职业资格的相关要求。

认证机构不得聘用国家法律法规和国家政策禁止或者限制从事认证活动的人员。

第十五条 认证机构应当通过其网站或者其他形式公布以下信息并保证其真实、有效:

(一)依法从事认证活动的自我声明;

(二)认证领域、认证规则、认证证书样式、认证标志样式;

(三)设立的承担其认证活动的分支机构名称、地址和认证活动内容;

(四)认证收费标准;

(五)认证证书有效、暂停、注销或者撤销的状态。

强制性产品认证机构还应当按照国家认监委的相关规定,公布其强制性产品认证相关信息。

第十六条 认证机构从事认证活动,应当符合认证基本规范、认证规则规定的程序要求,确保认证过程完整、客观、真实,不得增加、减少或者遗漏程序要求。

第十七条 认证机构在从事认证活动时,应当对认证对象的下列情况进行核实:

(一)具备相关法定资质、资格;

(二)委托认证的产品、服务、管理体系等符合相关法律法规的要求;

(三)未列入国家信用信息严重失信主体相关名录。

认证对象不符合上述要求的,认证机构不得向其出具认证证书。

第十八条 认证机构及其认证人员应当及时作出认证结论,保证其客观、真实并承担相应法律责任。

认证机构及其认证人员不得出具虚假或者严重失实的认证结论。有下列情形之一的，属于出具虚假或者严重失实的认证结论：

（一）认证人员未按照认证规则要求，应当进入现场而未进入现场进行审核、检查或者审查的；

（二）冒名顶替其他认证人员实施审核、检查或者审查的；

（三）伪造认证档案、记录和资料的；

（四）认证证书载明的事项内容严重失实的；

（五）向未通过认证的认证对象出卖或者转让认证证书的。

第十九条 认证结论符合认证要求的，认证机构应当及时向认证对象出具认证证书。

认证机构应当通过其网站或者其他形式，向公众提供查询认证证书有效性的方式。

第二十条 认证机构应当要求认证对象正确使用认证证书和认证标志，对未按照规定使用的，认证机构应当采取有效的纠正措施。

第二十一条 认证机构应当对其认证的产品、服务、管理体系实施有效的跟踪监督。

不能持续符合认证要求的，认证机构应当在确认相关情况后5日内，暂停认证对象相应的认证证书。暂停期限届满仍不符合要求的，应当撤销其相应认证证书。

暂停期限按照认证规则的相关规定执行。

第二十二条 认证机构应当对认证过程做出完整记录，保留相应认证资料。

认证记录和认证资料应当真实、准确，归档留存时间为认证证书有效期届满或者被注销、撤销之日起2年以上，认证记录应当使用中文。

在认证证书有效期内，认证活动参与各方盖章或者签字的认证记录、认证资料等，应当保存具有法律效力的原件。

第二十三条 认证机构应当及时向国家认监委报送以下信息，并保证其真实、有效：

（一）认证计划信息；

（二）与认证结果相关的认证活动、认证人员、认证对象信息；

（三）认证证书的有效、暂停、注销或者撤销状态信息；

（四）设立承担其认证活动的分支机构信息。

认证机构在获得批准的认证领域内，与境外认证机构签订认证结果仅在境外使用的分包合约，应当自签订分包合约之日起10日内向国家认监委报送信息。

第二十四条 认证机构应当在每年3月底之前向国家认监委提交以下报告，并保证其真实、有效：

（一）上一年度工作报告：主要包括从业基本情况、人员、业务状况以及符合国家资质要求的会计师事务所出具的财务会计审计报告等内容；

（二）社会责任报告：主要包括机构概况、机构核心价值观与发展理念、机构最高管理者的社会责任承诺、机构社会责任战略、机构社会责任绩效等内容。

第二十五条 认证机构和认证对象应当对国家认监委、地方认证监督管理部门实施的监督检查工作予以配合，对有关事项的询问和调查如实提供相关材料和信息。

第四章 监督管理

第二十六条 国家认监委对认证机构遵守《认证认可条例》、本办法以及相关部门规章的情况进行监督检查。

地方认证监督管理部门根据法定职责分工,对所辖区域内的认证活动、认证结果实施日常监督检查,查处违法行为,并建立相应的协调工作机制。

地方认证监督管理部门应当将违法行为查处的相关信息及时报送国家认监委。

第二十七条 国家认监委、地方认证监督管理部门对认证机构的认证活动、认证结果实行随机抽查,抽查结果应当及时向社会公开。

国家认监委、地方认证监督管理部门结合随机抽查、行政处罚、投诉举报、失信名录以及大数据分析等信息,对认证机构实行分类监管。

第二十八条 国家认监委在其网站公布以下信息:

(一)依法取得资质的认证机构名录;

(二)认证机构依据本办法第二十四条规定报送的报告;

(三)随机抽查结果;

(四)对认证机构及其认证人员的行政处罚信息;

(五)认证机构及其法定代表人、主要负责人、认证人员失信名录以及失信信息。

失信名录以及失信信息管理规定由国家认监委按照法律法规和国家政策相关要求制定。

第二十九条 认证机构资质的申请人及其法定代表人、主要负责人、认证人员等列入国家信用信息失信主体名录的,对其认证机构资质申请不予批准。

认证机构及其法定代表人、主要负责人、认证人员列入国家信用信息失信主体名录或者国家认监委公布的失信名录的,对其认证机构资质延续、认证领域扩大申请不予批准。

第三十条 国家认监委、地方认证监督管理部门在监督检查中发现认证机构有下列情形之一的,应当给予告诫,并责令其改正:

(一)未依照本办法第十五条规定,公布信息的;

(二)未依照本办法第十九条第二款规定,向公众提供认证证书有效性查询方式的。

第三十一条 有下列情形之一的,国家认监委根据利害关系人的请求或者依据职权,可以撤销《认证机构批准书》:

(一)国家认监委工作人员滥用职权、玩忽职守出具的;

(二)超越法定职权出具的;

(三)违反法定程序出具的;

(四)对不具备申请资格或者不符合法定条件的申请人出具的;

(五)认证机构已不具备或者不能持续符合法定条件和能力的;

(六)依法可以撤销的其他情形。

以欺骗、贿赂等不正当手段取得认证机构资质的,国家认监委应当撤销《认证机构批准书》;申请人在3年内不得再次申请认证机构资质。

第三十二条 认证机构有下列情形之一的,国家认监委应当办理《认证机构批准书》注销手续:

(一)《认证机构批准书》有效期届满,未申请延续或者复查不予延续的;

(二)《认证机构批准书》依法被撤销的;

(三)认证机构申请注销的;

(四)认证机构依法终止的;

(五)法律法规规定应当注销的其他情形。

第三十三条 认证机构可以通过认可机构的认可,证明其认证能力能够持续符合相关要求。

认可机构应当对取得认可的认证机构进行有效跟踪监督,对认可监督中发现的违法行为,及时报告国家认监委。

第三十四条 认证认可协会应当加强对认证机构和认证人员的行业自律管理,发现认证机构或者认证人员的违法行为,及时报告国家认监委。

第三十五条 任何单位和个人对认证活动中的违法行为,有权向国家认监委和地方认证监督管理部门举报。国家认监委和地方认证监督管理部门应当及时调查处理,并为举报人保密。

第五章 法 律 责 任

第三十六条 隐瞒有关情况或者提供虚假材料申请认证机构资质的,国家认监委不予受理或者不予批准,并给予警告;申请人在1年内不得再次申请认证机构资质。

第三十七条 认证机构有下列情形之一的,国家认监委应当责令其限期改正,给予警告并予公布:

(一)未依照本办法第十条第二款规定,将认证规则相关信息报国家认监委备案的;

(二)未依照本办法第十一条规定,办理变更手续的;

(三)未依照本办法第十四条规定,认证人员能力不能持续符合国家职业资格的相关要求,或者聘用国家法律法规和国家政策禁止或者限制从事认证活动的人员的;

(四)未依照本办法第二十三条、第二十四条规定,向国家认监委报送信息和报告的。

第三十八条 认证机构有下列情形之一的,地方认证监督管理部门应当责令其改正,并处3万元罚款:

(一)受到告诫或者警告后仍未改正的;

(二)违反本办法第十七条规定,向认证对象出具认证证书的;

(三)违反本办法第二十条规定,发现认证对象未正确使用认证证书和认证标志,未采取有效措施纠正的;

(四)违反本办法第二十五条规定,在监督检查工作中不予配合和协助,拒绝、隐瞒或者不如实提供相关材料和信息的。

第三十九条 认证机构违反本办法第十六条规定,增加、减少、遗漏程序要求的,依照《认证认可条例》第六十条的规定进行处罚。认证机构被责令停业整顿的,停业整顿期限为

6个月，期间不得从事认证活动。

认证机构增加、减少、遗漏程序要求，情节轻微且不影响认证结论的客观、真实或者认证有效性的，应当责令其限期改正。逾期未改正或者经改正仍不符合要求的，依照前款规定进行处罚。

第四十条 认证机构违反本办法第十八条规定，出具虚假或者严重失实认证结论的，依照《认证认可条例》第六十二条的规定进行处罚。

第四十一条 认证机构违反《认证认可条例》等有关法律、行政法规规定的，依照相关规定追究其法律责任。

第四十二条 国家认监委和地方认证监督管理部门及其工作人员应当依法对认证活动实施监督，有滥用职权、徇私舞弊、玩忽职守等违法行为的，依法给予行政处分；构成犯罪的，依法追究刑事责任。

第六章 附 则

第四十三条 本办法中国家认监委实施行政许可的期限以工作日计算，不含法定节假日。

第四十四条 香港、澳门和台湾地区在大陆的投资企业取得认证机构资质，依照本办法第八条的规定办理，并遵守本办法规定。

第四十五条 本办法由国家质检总局负责解释。

第四十六条 本办法自2018年1月1日起施行。国家质检总局2011年7月20日公布的《认证机构管理办法》、2015年5月11日公布的《国家质量监督检验检疫总局关于修改〈认证机构管理办法〉的决定》同时废止。

出口食品生产企业备案管理规定

国家质量监督检验检疫总局令第192号

《出口食品生产企业备案管理规定》已经2017年10月10日国家质量监督检验检疫总局局务会议审议通过，现予公布，自2018年1月1日起施行。

局长 支树平
2017年11月14日

出口食品生产企业备案管理规定

第一章 总 则

第一条 为加强出口食品生产企业食品安全卫生管理,规范出口食品生产企业备案管理工作,依据《中华人民共和国食品安全法》《中华人民共和国进出口商品检验法》及其实施条例等有关法律、行政法规的规定,制定本规定。

第二条 国家实行出口食品生产企业备案管理制度。

第三条 在中华人民共和国境内的出口食品生产企业备案管理工作适用本规定。

第四条 国家质量监督检验检疫总局(以下简称国家质检总局)主管全国出口食品生产企业备案工作。

国家认证认可监督管理委员会(以下简称国家认监委)负责统一组织实施全国出口食品生产企业备案管理工作。

国家质检总局设在各地的出入境检验检疫部门(以下简称检验检疫部门)具体实施所辖区域内出口食品生产企业备案和监督检查工作。

第五条 出口食品生产企业应当建立和实施以危害分析和预防控制措施为核心的食品安全卫生控制体系,该体系还应当包括食品防护计划。出口食品生产企业应当保证食品安全卫生控制体系有效运行,确保出口食品生产、加工、储存过程持续符合我国相关法律法规和出口食品生产企业安全卫生要求,以及进口国(地区)相关法律法规要求。

第二章 备案程序与要求

第六条 出口食品生产企业未依法履行备案法定义务或者经备案审查不符合要求的,其产品不予出口。

第七条 出口食品生产企业申请备案时,应当向所在地检验检疫部门提交以下文件和证明材料,并对其真实性负责:

(一)营业执照、法定代表人或者授权负责人的身份证明;

(二)企业承诺符合相关法律法规和要求的自我声明和自查报告;

(三)企业生产条件、产品生产加工工艺、食品原辅料和食品添加剂使用以及卫生质量管理人员等基本情况;

(四)建立和实施以危害分析和预防控制措施为核心的食品安全卫生控制体系的基本情况;

(五)依法应当取得其他相关行政许可的,提供相应许可证照。

第八条 检验检疫部门应当自出口食品生产企业申请备案之日起 5 日内,对出口食品生产企业提交的备案材料进行初步审查,材料齐全并符合法定形式的,予以受理;材料不齐全或者不符合法定形式的,应当一次性告知出口食品生产企业需要补正的全部内容。

第九条 检验检疫部门应当自受理备案申请之日起20日内,组织专家完成评审工作,并出具专家评审报告。专家评审主要采取文件评审方式,对进口国(地区)有特殊注册要求或者风险程度较高的企业,可以实施现场评审。

前款规定的专家评审时间不计算在检验检疫部门备案审查和决定期限内。

第十条 对依法取得资质的认证机构出具的危害分析和关键控制点(HACCP)认证结果或者其他等效的食品安全卫生控制体系认证结果,评审时应当予以采信。

出口食品生产企业声明已经建立以危害分析和预防控制措施为核心的食品安全卫生控制体系并有效运行的,评审时可以结合企业信用记录适当采信。

第十一条 检验检疫部门应当自收到专家评审报告之日起20日内进行审查,并作出是否准予备案的决定。准予备案的,自作出决定之日起10日内,向企业颁发《出口食品生产企业备案证明》(以下简称《备案证明》);不予备案的,应当书面告知企业并说明理由。

第十二条 国家认监委和直属检验检疫部门应当公布从事专家评审工作的人员名单,并通过持续培训,不断提高评审人员的专业水平和能力。

第十三条 《备案证明》有效期为5年。

出口食品生产企业需要延续《备案证明》有效期的,应当在其有效期届满30日前,向所在地检验检疫部门提出延续申请。检验检疫部门应当在《备案证明》有效期届满前作出是否准予延续的决定。

第十四条 出口食品生产企业的企业名称、法定代表人、营业执照等备案事项发生变更的,应当自发生变更之日起15日内,向所在地检验检疫部门申请办理变更手续。

出口食品生产企业生产地址搬迁、新建或者改建生产车间以及食品安全卫生控制体系发生重大变更等情况的,应当在变更前向所在地检验检疫部门报告,并重新办理备案。

第十五条 出口食品生产企业应当建立食品安全卫生控制体系运行及出口食品生产记录档案,记录和凭证的保存期限不得少于食品保质期满后6个月;没有明确保质期的,保存期限不得少于2年。

第十六条 出口食品生产企业应当于每年1月底前向其所在地检验检疫部门提交上一年度报告。

出口食品生产企业发生食品安全卫生问题的,应当及时向所在地检验检疫部门报告,并提交相关材料、原因分析和整改计划。检验检疫部门应当对整改情况进行现场监督检查。

第三章 监督管理

第十七条 国家认监委对检验检疫部门实施的出口食品生产企业备案工作进行指导和监督。

检验检疫部门应当依法对所辖区域内的出口食品生产企业进行监督检查。发现违法违规行为的,应当及时查处,并将处理结果上报国家认监委。

第十八条 检验检疫部门应当按照出口食品生产企业备案编号规则对予以备案的出口食品生产企业进行编号管理。

第十九条 检验检疫部门应当在风险分析的基础上,结合企业信用记录,对出口食品生产企业进行分类管理,确定不同的监督检查方式,并根据监督检查结果进行动态调整。

监督检查可以采取报告审查、现场检查和专项检查等方式进行。

第二十条 检验检疫部门可以将对出口食品生产企业的监督检查和对相关认证活动的监督检查结合进行。

第二十一条 检验检疫部门应当公布本辖区出口食品生产企业备案名录。国家认监委统一公布全国出口食品生产企业备案名录,并报国家质检总局。

检验检疫部门在监管中获悉食品安全风险信息,根据工作职责需要向地方农业、食药、质监等监管部门通报的,应当及时通报。

第二十二条 检验检疫部门应当建立出口食品生产企业备案管理档案,及时审查汇总企业年度报告、监督检查情况、违法违规行为等信息,并纳入企业信用记录。

第二十三条 认证机构对其出具的危害分析和关键控制点(HACCP)认证结果或者其他等效的食品安全卫生控制体系认证结果承担相应法律责任。

获得前款规定认证的出口食品生产企业存在严重问题,认证机构未及时进行处理的,自发现之日起1年内不予以采信认证机构相关认证结果。

认证机构因违法行为被查处的,自发现之日起2年内不予以采信其相关认证结果。

第二十四条 出口食品生产企业存在违法违规行为的,检验检疫部门可以约谈企业相关负责人。

第二十五条 出口食品生产企业有下列情形之一的,检验检疫部门应当责令其限期整改,整改期间不受理企业相关食品的出口报检:

(一)出口食品因企业自身安全卫生方面的问题在1年内被进口国(地区)主管当局通报3次以上的;

(二)出口食品经检验检疫时发现存在安全卫生问题的;

(三)不能持续符合备案条件,出口食品存在安全卫生隐患的。

第二十六条 出口食品生产企业有下列情形之一的,检验检疫部门应当撤销《备案证明》,予以公布,并向国家认监委报告:

(一)出口食品发生重大安全卫生事故的;

(二)出口食品生产、加工过程中有非法添加非食用物质、违规使用食品添加剂或者采用不适合人类食用的方法生产、加工食品等行为的;

(三)出租、出借、转让、倒卖、涂改《备案证明》的;

(四)不接受检验检疫部门监督管理,或者在接受监督管理时隐瞒有关情况、提供虚假材料,且拒不改正的;

(五)存在本规定第二十五条所述情形,经整改后仍不能符合要求的;

(六)依法应当撤销《备案证明》的其他情形。

第二十七条 出口食品生产企业有下列情形之一的,检验检疫部门应当注销《备案证明》,予以公布,并向国家认监委报告:

(一)《备案证明》有效期届满,未申请延续的;

(二)出口食品生产企业依法终止或者申请注销的;

(三)《备案证明》依法被撤销的;
(四)依法应当注销《备案证明》的其他情形。

第四章 法律责任

第二十八条 出口食品生产企业有下列情形之一的,责令改正,给予警告:
(一)未按照本规定保存相关档案或者提交年度报告的;
(二)发生食品安全卫生问题,未按照本规定及时向所在地检验检疫部门报告的;
(三)未按照本规定办理变更或者重新备案的。

第二十九条 出口食品生产企业违反《中华人民共和国食品安全法》《中华人民共和国进出口商品检验法》及其实施条例等有关法律、行政法规规定的,依照相关规定追究其法律责任。

第三十条 国家认监委和检验检疫部门的工作人员在实施备案和监督管理工作中,滥用职权、徇私舞弊、玩忽职守的,依法给予行政处分;构成犯罪的,依法追究刑事责任。

第五章 附 则

第三十一条 出口食品生产企业需要办理国外(境外)卫生注册的,应当按照本规定取得《备案证明》,依据我国和进口国(地区)有关要求,向其所在地检验检疫部门提出申请,并由国家认监委统一对外推荐。

检验检疫部门在监管中发现获得国外(境外)卫生注册的企业不能持续符合进口国(地区)注册要求,或者其《备案证明》已被依法撤销、注销的,应当报国家认监委取消其对外推荐注册资格。

第三十二条 本规定中检验检疫部门实施行政许可的期限以工作日计算,不含法定节假日。

第三十三条 本规定所称的出口食品生产企业不包括出口食品添加剂、食品相关产品的生产、加工、储存企业。

第三十四条 供港澳食品、边境小额和互市贸易出口食品,国家质检总局另有规定的,从其规定。

第三十五条 本规定由国家质检总局负责解释。

第三十六条 本规定自2018年1月1日起施行。国家质检总局于2011年7月26日公布的《出口食品生产企业备案管理规定》同时废止。

工业和信息化部关于印发
《建材行业规范公告管理办法》的通知

工信部原〔2017〕278号

各省、自治区、直辖市及计划单列市、新疆生产建设兵团工业和信息化主管部门：

为提升建材行业管理水平，规范建材行业规范条件公告程序，提升服务能力，我部制订了《建材行业规范公告管理办法》。现印发你们，请遵照执行。

工业和信息化部
2017年11月10日

建材行业规范公告管理办法

第一章 总 则

第一条 为提升建材行业管理水平，规范建材行业规范条件公告管理程序，制定本办法。

第二条 本办法所称建材行业，是指建材工业中实施规范管理的水泥、平板玻璃、建筑卫生陶瓷、耐火材料、石墨、萤石、石棉、岩棉、防水卷材、玻璃纤维等行业。

第三条 各省、自治区、直辖市及新疆生产建设兵团工业和信息化主管部门（以下统称省级工业主管部门）负责组织本地区（本单位）企业申请规范公告、核实推荐申报材料，监督检查列入规范公告名单的企业（以下简称已公告企业）保持规范条件的情况。

工业和信息化部负责对省级工业主管部门推荐的企业规范公告申报材料进行复核、公示和公告，视已公告企业保持规范条件的情况，对已公告企业名单实行动态管理。

第四条 符合规范条件的企业可以自愿申请建材行业规范公告。

企业也可以对照规范条件，自行核实本单位执行规范条件的情况后，在工业和信息化部门户网站"建材行业符合规范条件自我声明平台"自我声明符合规范条件。

第二章 申请与核查

第五条 申请规范公告的，应具备以下条件：

（一）具有独立法人资格；
（二）符合相应的规范条件。

第六条 具备条件的企业可向生产线所在地省级工业主管部门提出规范公告申请,提交建材行业规范公告申请书(见附件)及所需材料。

企业应对提交的申请材料的真实性负责,提交的材料中系复印件的,应加盖单位公章。

第七条 省级工业主管部门对符合规定、材料齐全的申请,予以受理。对符合规定但材料不全的申请,在10个工作日内一次性告知企业需要补充的全部内容;对不符合规定的申请,不予受理,并向企业说明原由。

省级工业主管部门对企业申请材料进行核实,视情况组织专家进行实地核验,在受理之日起一个月内对企业申请材料提出意见,向工业和信息化部推荐。推荐材料,包括企业申报材料及推荐意见,并提交电子文档。

推荐意见应明确企业和生产线的建设条件、生产布局、生产规模、工艺与装备、环境保护、质量管理、节能降耗、安全生产、职业卫生以及社会责任等方面是否符合相应的规范条件。

第八条 工业和信息化部在收到省级工业主管部门推荐的申请材料之日起三个月内,完成对企业申报材料的复核。

必要时,工业和信息化部或委托省级工业主管部门组织专家对企业进行实地核验。实地核验专家应不少于两名。实地核验结果由专家和企业代表共同签字确认。

第九条 复核认为符合规范条件的,工业和信息化部在门户网上公示名单。公示时间不少于10个工作日。

公示期内无异议的,工业和信息化部予以公告。

第十条 企业选择自我申明的,可以登录"建材行业符合规范条件自我声明平台",提交规范公告申请材料,确认自我声明。

在"建材行业符合规范条件自我声明平台"提交申请材料,自确认自我声明之时起的六个月内,未遭质疑的,且在工业和信息化部或省级主管工业部门组织开展的临时现场核验中,专家确认其确能执行规范条件的,工业和信息化部也将其列入符合规范条件的企业(生产线)名单,予以公告。

第三章 监督管理

第十一条 已公告企业应按照规范条件开展生产经营活动,定期对照规范条件开展自查,每年4月30日前将上年度保持规范条件的企业自查报告报送省级工业主管部门。

通过"建材行业符合规范条件自我声明平台"成为已公告企业的,每年4月30日前,需再次登陆"建材行业符合规范条件自我声明平台",更新相关资料,确认自我声明。

第十二条 企业自查报告是核验已公告企业保持规范条件的依据,应说明以下情况:
（一）企业上年度生产经营基本情况;
（二）企业内部环保、节能、质量、安全生产、职业病防治、社会责任等制度建设及执行情况;
（三）企业组织结构、法定代表人、相关资质、主要产品及生产能力等变更情况。

第十三条 省级工业主管部门核实企业自查报告,每年6月30日前,将核实后的企业自查报告报送工业和信息化部。

第十四条 工业和信息化部或省级工业主管部门可抽取部分已公告企业,对企业保持规范条件情况开展临时现场核验(通知后3日内完成)。临时现场核验合格的,一年之内不再重复抽查。临时现场核验,不得影响企业正常生产经营活动,由专家对照企业自查报告,核验保持规范条件的情况。临时现场核验记录由专家和企业代表共同签字确认。

第十五条 任何单位或个人发现已公告企业、申请规范公告的企业或在"建材行业符合规范条件自我声明平台"确认自我声明的企业存有不符合规定的,可向工业和信息化部或省级工业主管部门举报。

第十六条 对于遭到举报的企业,工业和信息化部或省级主管部门将组织现场核验,并依据现场核验结果决定是否从已公告企业名单中撤销、停止其规范公告申请或自我声明状态。

第十七条 已公告企业有下列情况之一的,省级工业主管部门应报请工业和信息化部将其从已公告名单中撤销:

(一)规范公告申报存在弄虚作假行为;

(二)临时现场核验发现不能保持规范条件;

(三)发生重大环境、质量、安全生产事故;

(四)发生偷漏税、严重侵犯职工权益等重大违法行为。

工业和信息化部拟撤销已公告企业的名单时,应提前一个月告知企业,听取其陈述和申辩,必要时组织专家对企业陈述和申辩进行论证,之后再决定是否撤销。

第十八条 被停止规范公告申请或自我声明状态的企业,整改合格满一年后,可以重新申请规范公告或开展自我声明。

被撤销名单的已公告企业,整改合格满两年后,可以重新申请规范公告或开展自我声明。

第四章 附 则

第十九条 本办法适用于中华人民共和国境内(香港、澳门、台湾地区除外)建材工业有关行业的所有类型生产企业。

第二十条 受理规范公告申请、登陆"建材行业符合规范条件自我声明平台"确认自我声明、现场核验(包括临时现场检验)均不得收取企业费用。

第二十一条 本办法自2018年1月1日起施行。此前发布的《平板玻璃行业准入公告管理暂行办法》(工信部原〔2009〕718号)、《水泥行业准入公告管理暂行办法》(工信部原〔2011〕406号)、《耐火粘土(高铝粘土)萤石行业准入公告管理暂行办法》(工信部原〔2011〕439号)、《岩棉行业准入公告管理暂行办法》(工信部原〔2012〕253号)、《玻璃纤维行业准入公告管理暂行办法》(工信部产业〔2012〕528号)、《石墨行业准入公告管理暂行办法》(工信部原〔2012〕554号)、《建筑防水卷材行业准入公告管理暂行办法》(工信部原〔2013〕19号)、《建筑卫生陶瓷行业准入公告管理暂行办法》(工信部原〔2014〕286号)等同时废止。

附件:建材行业规范公告申请书

附件：

建材工业_____行业规范公告申请书（需添加第三个表"生产线情况"，有水印）（略——编者注）

工程咨询行业管理办法

国家发展和改革委员会令第9号

《工程咨询行业管理办法》已经国家发展和改革委员会主任办公会讨论通过，现予以发布，自2017年12月6日起施行。

主任：何立峰

2017年11月6日

工程咨询行业管理办法

第一章 总 则

第一条 为加强对工程咨询行业的管理，规范从业行为，保障工程咨询服务质量，促进投资科学决策、规范实施，发挥投资对优化供给结构的关键性作用，根据《中共中央、国务院关于深化投融资体制改革的意见》（中发〔2016〕18号）、《企业投资项目核准和备案管理条例》（国务院令第673号）及有关法律法规，制定本办法。

第二条 工程咨询是遵循独立、公正、科学的原则，综合运用多学科知识、工程实践经验、现代科学和管理方法，在经济社会发展、境内外投资建设项目决策与实施活动中，为投资者和政府部门提供阶段性或全过程咨询和管理的智力服务。

第三条 工程咨询单位是指在中国境内设立的从事工程咨询业务并具有独立法人资格的企业、事业单位。

工程咨询单位及其从业人员应当遵守国家法律法规和政策要求，恪守行业规范和职业道德，积极参与和接受行业自律管理。

第四条 国家发展改革委负责指导和规范全国工程咨询行业发展，制定工程咨询单位从业规则和标准，组织开展对工程咨询单位及其人员执业行为的监督管理。地方各级发展改革部门负责指导和规范本行政区域内工程咨询行业发展，实施对工程咨询单位及其人员执业行为的监督管理。

第五条 各级发展改革部门对工程咨询行业协会等行业组织进行政策和业务指导,依法加强监管。

第二章 工程咨询单位管理

第六条 对工程咨询单位实行告知性备案管理。工程咨询单位应当通过全国投资项目在线审批监管平台(以下简称在线平台)备案以下信息:

(一)基本情况,包括企业营业执照(事业单位法人证书)、在岗人员及技术力量、从事工程咨询业务年限、联系方式等;

(二)从事的工程咨询专业和服务范围;

(三)备案专业领域的专业技术人员配备情况;

(四)非涉密的咨询成果简介。

工程咨询单位应当保证所备案信息真实、准确、完整。备案信息有变化的,工程咨询单位应及时通过在线平台告知。

工程咨询单位基本信息由国家发展改革委通过在线平台向社会公布。

第七条 工程咨询业务按照以下专业划分:

(一)农业、林业;(二)水利水电;(三)电力(含火电、水电、核电、新能源);(四)煤炭;(五)石油天然气;(六)公路;(七)铁路、城市轨道交通;(八)民航;(九)水运(含港口河海工程);(十)电子、信息工程(含通信、广电、信息化);(十一)冶金(含钢铁、有色);(十二)石化、化工、医药;(十三)核工业;(十四)机械(含智能制造);(十五)轻工、纺织;(十六)建材;(十七)建筑;(十八)市政公用工程;(十九)生态建设和环境工程;(二十)水文地质、工程测量、岩土工程;(二十一)其他(以实际专业为准)。

第八条 工程咨询服务范围包括:

(一)规划咨询:含总体规划、专项规划、区域规划及行业规划的编制;

(二)项目咨询:含项目投资机会研究、投融资策划,项目建议书(预可行性研究)、项目可行性研究报告、项目申请报告、资金申请报告的编制,政府和社会资本合作(PPP)项目咨询等;

(三)评估咨询:各级政府及有关部门委托的对规划、项目建议书、可行性研究报告、项目申请报告、资金申请报告、PPP项目实施方案、初步设计的评估,规划和项目中期评价、后评价,项目概预决算审查,及其他履行投资管理职能所需的专业技术服务;

(四)全过程工程咨询:采用多种服务方式组合,为项目决策、实施和运营持续提供局部或整体解决方案以及管理服务。有关工程设计、工程造价、工程监理等资格,由国务院有关主管部门认定。

第九条 工程咨询单位订立服务合同和开展相应的咨询业务,应当与备案的专业和服务范围一致。

第十条 工程咨询单位应当建立健全咨询质量管理制度,建立和实行咨询成果质量、成果文件审核等岗位人员责任制。

第十一条 工程咨询单位应当和委托方订立书面合同,约定各方权利义务并共同遵守。合同中应明确咨询活动形成的知识产权归属。

第十二条 工程咨询实行有偿服务。工程咨询服务价格由双方协商确定,促进优质优价,禁止价格垄断和恶意低价竞争。

第十三条 编写咨询成果文件应当依据法律法规、有关发展建设规划、技术标准、产业政策以及政府部门发布的标准规范等。

第十四条 咨询成果文件上应当加盖工程咨询单位公章和咨询工程师(投资)执业专用章。

工程咨询单位对咨询质量负总责。主持该咨询业务的人员对咨询成果文件质量负主要直接责任,参与人员对其编写的篇章内容负责。

实行咨询成果质量终身负责制。工程咨询单位在开展项目咨询业务时,应在咨询成果文件中就符合本办法第十三条要求,及独立、公正、科学的原则作出信用承诺。工程项目在设计使用年限内,因工程咨询质量导致项目单位重大损失的,应倒查咨询成果质量责任,并根据本办法第三十、三十一条进行处理,形成工程咨询成果质量追溯机制。

第十五条 工程咨询单位应当建立从业档案制度,将委托合同、咨询成果文件等存档备查。

第十六条 承担编制任务的工程咨询单位,不得承担同一事项的评估咨询任务。

承担评估咨询任务的工程咨询单位,与同一事项的编制单位、项目业主单位之间不得存在控股、管理关系或者负责人为同一人的重大关联关系。

第三章 从业人员管理

第十七条 国家设立工程咨询(投资)专业技术人员水平评价类职业资格制度。

通过咨询工程师(投资)职业资格考试并取得职业资格证书的人员,表明其已具备从事工程咨询(投资)专业技术岗位工作的职业能力和水平。

取得咨询工程师(投资)职业资格证书的人员从事工程咨询工作的,应当选择且仅能同时选择一个工程咨询单位作为其执业单位,进行执业登记并取得登记证书。

第十八条 咨询工程师(投资)是工程咨询行业的核心技术力量。工程咨询单位应当配备一定数量的咨询工程师(投资)。

第十九条 国家发展改革委和人力资源社会保障部按职责分工负责工程咨询(投资)专业技术人员职业资格制度实施的指导、监督、检查工作。

中国工程咨询协会具体承担咨询工程师(投资)的管理工作,开展考试、执业登记、继续教育、执业检查等管理事务。

第二十条 执业登记分为初始登记、变更登记、继续登记和注销登记四类。

申请登记的人员,应当选择已通过在线平台备案的工程咨询单位,按照本办法第七条划分的专业申请登记。申请人最多可以申请两个专业。

第二十一条 申请人登记合格取得《中华人民共和国咨询工程师(投资)登记证书》和执业专用章,登记证书和执业专用章是咨询工程师(投资)的执业证明。登记的有效期为3年。

第四章 行业自律和监督检查

第二十二条 工程咨询单位应具备良好信誉和相应能力。国家发展改革委应当推进工程咨询单位资信管理体系建设,指导监督行业组织开展资信评价,为委托单位择优选择工程咨询单位和政府部门实施重点监督提供参考依据。

第二十三条 工程咨询单位资信评价等级以一定时期内的合同业绩、守法信用记录和专业技术力量为主要指标,分为甲级和乙级两个级别,具体标准由国家发展改革委制定。

第二十四条 甲级资信工程咨询单位的评定工作,由国家发展改革委指导有关行业组织开展。

乙级资信工程咨询单位的评定工作,由省级发展改革委指导有关行业组织开展。

第二十五条 开展工程咨询单位资信评价工作的行业组织,应当根据本办法及资信评价标准开展资信评价工作,并向获得资信评价的工程咨询单位颁发资信评价等级证书。

第二十六条 工程咨询单位的资信评价结果,由国家和省级发展改革委通过在线平台和"信用中国"网站向社会公布。

行业自律性质的资信评价等级,仅作为委托咨询业务的参考。任何单位不得对资信评价设置机构数量限制,不得对各类工程咨询单位设置区域性、行业性从业限制,也不得对未参加或未获得资信评价的工程咨询单位设置执业限制。

第二十七条 国家和省级发展改革委应当依照有关法律法规、本办法及有关规定,制订工程咨询单位监督检查计划,按照一定比例开展抽查,并及时公布抽查结果。监督检查内容主要包括:

(一)遵守国家法律法规及有关规定的情况;

(二)信息备案情况;

(三)咨询质量管理制度建立情况;

(四)咨询成果质量情况;

(五)咨询成果文件档案建立情况;

(六)其他应当检查的内容。

第二十八条 中国工程咨询协会应当对咨询工程师(投资)执业情况进行检查。检查内容包括:

(一)遵守国家法律法规及有关规定的情况;

(二)登记申请材料的真实性;

(三)遵守职业道德、廉洁从业情况;

(四)行使权利、履行义务情况;

(五)接受继续教育情况;

(六)其他应当检查的情况。

第二十九条 国家和省级发展改革委应当对实施行业自律管理的工程咨询行业组织开展年度评估,提出加强和改进自律管理的建议。对评估中发现问题的,按照本办法第三十二条处理。

第五章 法 律 责 任

第三十条 工程咨询单位有下列行为之一的,由发展改革部门责令改正;情节严重的,给予警告处罚并从备案名录中移除;已获得资信评价等级的,由开展资信评价的组织取消其评价等级。触犯法律的,依法追究法律责任。

(一)备案信息存在弄虚作假或与实际情况不符的;

(二)违背独立公正原则,帮助委托单位骗取批准文件和国家资金的;

(三)弄虚作假、泄露委托方的商业秘密以及采取不正当竞争手段损害其他工程咨询单位利益的;

(四)咨询成果存在严重质量问题的;

(五)未建立咨询成果文件完整档案的;

(六)伪造、涂改、出租、出借、转让资信评价等级证书的;

(七)弄虚作假、提供虚假材料申请资信评价的;

(八)弄虚作假、帮助他人申请咨询工程师(投资)登记的;

(九)其他违反法律法规的行为。

对直接责任人员,由发展改革部门责令改正,或给予警告处罚;涉及咨询工程师(投资)的,按本办法第三十一条处理。

第三十一条 咨询工程师(投资)有下列行为之一的,由中国工程咨询协会视情节轻重给予警告、通报批评、注销登记证书并收回执业专用章。触犯法律的,依法追究法律责任。

(一)在执业登记中弄虚作假的;

(二)准许他人以本人名义执业的;

(三)涂改或转让登记证书和执业专用章的;

(四)接受任何影响公正执业的酬劳的。

第三十二条 行业组织有下列情形之一的,由国家或省级发展改革委责令改正或停止有关行业自律管理工作;情节严重的,对行业组织和责任人员给予警告处罚。触犯法律的,依法追究法律责任。

(一)无故拒绝工程咨询单位申请资信评价的;

(二)无故拒绝申请人申请咨询工程师(投资)登记的;

(三)未按规定标准开展资信评价的;

(四)未按规定开展咨询工程师(投资)登记的;

(五)伙同申请单位或申请人弄虚作假的;

(六)其他违反法律、法规的行为。

第三十三条 工程咨询行业有关单位、组织和人员的违法违规信息,列入不良记录,及时通过在线平台和"信用中国"网站向社会公布,并建立违法失信联合惩戒机制。

第六章 附 则

第三十四条 本办法所称省级发展改革委是指各省、自治区、直辖市及计划单列市、新疆生产建设兵团发展改革委。

第三十五条 本办法由国家发展改革委负责解释。

第三十六条 本办法自2017年12月6日起施行。《工程咨询单位资格认定办法》(国家发展改革委 2005 年第 29 号令)、《国家发展改革委关于适用〈工程咨询单位资格认定办法〉有关条款的通知》(发改投资〔2009〕620 号)、《咨询工程师(投资)管理办法》(国家发展改革委 2013 年第 2 号令)同时废止。

食品药品监管总局关于医疗器械经营备案有关事宜的公告

食品药品监管总局公告 2017 年第 129 号

按照国务院简政放权、放管结合、优化服务的要求,为方便医疗器械经营企业办理备案、提高工作效率,国家食品药品监督管理总局决定简化医疗器械经营企业提交的备案资料,优化办理程序。现将有关事宜公告如下:

已取得《医疗器械经营许可证》的企业申请办理第二类医疗器械经营备案,应当在医疗器械生产经营许可(备案)信息系统中填写第二类医疗器械经营备案表(见附件)。企业打印第二类医疗器械经营备案表后,加盖公章向所在地设区的市级食品药品监督管理部门办理备案。食品药品监督管理部门应当当场对企业提交资料的完整性进行核对,符合规定的予以备案,发给第二类医疗器械经营备案凭证。

同时申请第三类医疗器械经营许可和办理第二类医疗器械经营备案的企业由原来分别提交两套纸质材料,网络上传两次电子文档,优化为申请第三类医疗器械经营许可提交一套纸质材料,网络上传一次电子文档,办理第二类医疗器械经营备案只需在医疗器械生产经营许可(备案)信息系统中填写第二类医疗器械经营备案表。企业打印第二类医疗器械经营备案表后,加盖公章与第三类经营许可申请材料一并向所在地设区的市级食品药品监督管理部门提出申请。食品药品监督管理部门在办理第三类医疗器械经营许可现场检查时,可一并完成第二类医疗器械经营备案的现场检查。

特此公告。

附件:第二类医疗器械经营备案表(同时从事第三类医疗器械经营)(略——编者注)

食品药品监管总局
2017 年 10 月 27 日

关于发布《工业产品生产许可证试行简化审批程序工作细则》的公告

质检总局公告2017年第91号

为落实《国务院关于调整工业产品生产许可证管理目录和试行简化审批程序的决定》（国发〔2017〕34号），推动工业产品生产许可证试行简化审批程序改革，推进简化审批程序标准化和规范化，质检总局研究制定了《工业产品生产许可证试行简化审批程序工作细则》现予发布，请各试行工业产品生产许可证简化审批程序的地区遵照执行。

特此公告。

附件：工业产品生产许可证试行简化审批程序工作细则

质检总局

2017年10月27日

附件

工业产品生产许可证试行简化审批程序工作细则

一、适用工作范围

本细则适用于工业产品生产许可证试行简化审批程序核发事项的申请、办理和后置现场审查管理。

二、适用产品范围

砂轮、饲料粉碎机械、建筑卷扬机、钢丝绳、轻小型起重运输设备、预应力混凝土用钢材、预应力混凝土枕、救生设备、特种劳动防护用品、电线电缆、耐火材料、建筑钢管脚手架扣件、建筑防水卷材、危险化学品包装物及容器、汽车制动液、人造板、化肥。

三、审批依据

（一）《国务院关于调整工业产品生产许可证管理目录和试行简化审批程序的决定》（国

发〔2017〕34号)。

(二)《质检总局关于贯彻落实〈国务院关于调整工业产品生产许可证管理目录和试行简化审批程序的决定〉的实施意见》(国质检监〔2017〕317号)。

(三)《质检总局关于加快推进工业产品生产许可证试行简化审批程序改革有关工作的通知》(国质检监函〔2017〕381号)。

(四)其他有关法律法规和规范性文件要求。

四、办理机构

(一)受理机构。

省级质监部门或其委托的下级质监部门(市场监督管理部门)。

(二)决定机构。

省级质监部门或其委托的下级质监部门(市场监督管理部门)。

五、企业应履行的义务

(一)申请人应当理解掌握相关法律法规、实施细则要求,根据要求积极做好取证条件准备。

(二)申请人应当对其申请材料真实性负责。

(三)申请人应当认真履行法律法规规定的义务。

六、申请

(一)申请条件。

1. 有营业执照。
2. 有与所生产产品相适应的专业技术人员。
3. 有与所生产产品相适应的生产条件和检测手段。
4. 有与所生产产品相适应的技术文件和工艺文件。
5. 有健全有效的质量管理制度和责任制度。
6. 产品符合有关国家标准、行业标准以及保障人体健康和人身、财产安全的要求。
7. 符合国家产业政策的规定,不存在国家明令淘汰和禁止投资建设的落后工艺、高耗能、污染环境、浪费资源的情况。

(二)企业申请方式。

1. 申请企业登录各省级质监部门或其委托的下级质监部门(市场监督管理部门)电子审批系统进行网上申请。
2. 申请企业可以携带相关材料到各省级质监部门或其委托的下级质监部门(市场监督管理部门)行政服务窗口由相关人员协助办理。

(三)申请需提交材料。

1. 企业申请产品属于试行简化审批程序产品范围的,按照实际情况填写《全国工业产品生产许可证申请单》。企业提交的产品检验报告作为申请单的附件。产品检验报告可以为同产品单元的产品型式试验报告、产品质量检验合格报告或接受政府监督检验的报告。产品检验报告应为具备检验检测机构资质认定资格的检验机构出具,签发日期在1年以内,产品质量检验合格报告的检验项目覆盖相关细则检验项目要求。政府监督检验报告应为企业1年内接受省级及以上监督检验合格报告。

2. 承诺书需有法定代表人/负责人签字,并加盖企业公章,法定代表人/负责人应与营业执照一致。

3. 申请企业营业执照处于有效期内,经营范围、经营方式应覆盖申请取证的产品,住所地址、生产地址与申请单内容一致。申报的实际生产地址,未在营业执照中体现的,应提供工商部门登记或备案证明。

(四)申请事项。

申请办理生产许可事项包括:发证、延续、许可范围变更、名称变更、证书补领等情形。

1. 发证指企业首次提出申请生产许可、不符合生产许可证有效期延续时限的要求或证书有效期满后重新提出生产许可申请的情形。

2. 延续指生产许可证有效期届满企业需要继续生产的情形,企业应当在生产许可证有效期届满30日前提出延续申请。

3. 许可范围变更指在生产许可证有效期内,关键生产设备和检验设备发生变化的、生产地址迁移、增加生产场点、新建生产线、增加产品等情形。

4. 名称变更指在生产许可证有效期内,企业名称、住所名称或者生产地址名称发生变化,而生产条件未发生变化的情形。

5. 证书补领指在生产许可证有效期内,企业生产许可证证书因遗失或毁损而申请补领的情形。

七、受理

(一)受理要求。

申请人登录网上审批系统,在线填报《全国工业产品生产许可证申请单》,上传营业执照、承诺书、产品检验报告等申请材料。上传的书面申请材料,应当保证与在线申报内容一致。

(二)时限。

省级质监部门或其委托的下级质监部门(市场监督管理部门)自收到申请材料之日起2个工作日内作出受理、不予受理决定,或者一次性告知需要补正的全部内容。

(三)受理结果。

1. 申请材料符合要求的,向企业出具《行政许可受理单》。

2. 申请事项依法不需要取得工业产品生产许可的,应当即时告知企业不受理。

3. 申请事项依法不属于生产许可证主管部门职权范围的,不予受理,并向企业出具《不予受理决定书》。

4. 申请材料不齐全或不符合法定形式且可以通过补正达到要求的,向企业出具《行政许可申请材料补正告知书》。

八、审批

（一）审批要求。

经形式审查,省级质监部门或其委托的下级质监部门(市场监督管理部门)对材料齐全、符合法定形式的许可申请,作出准予许可决定;形式审查不合格的,作出不予许可决定。

（二）时限。

自受理决定之日起10个工作日内作出许可决定。

（三）公示。

省级质监部门或其委托的下级质监部门(市场监督管理部门)应在许可决定之日起7个工作日内完成网站公布许可决定。

九、制证及送达

（一）证书。

许可证证书分为正本、副本,生产许可证电子证书与纸质证书具有同等法律效力。

（二）时限。

省级质监部门或其委托的下级质监部门(市场监督管理部门)应在作出许可决定之日起10个工作日内生成电子证书,并推送至企业,即为证书送达。

十、终止

受理许可申请后,作出行政许可决定前,有下列情形之一的,省级质监部门或其委托的下级质监部门(市场监督管理部门)应当作出终止办理生产许可的决定：

（一）申请事项依法不属于工业产品生产许可证主管部门职权范围的；

（二）企业撤回生产许可申请的；

（三）法人或其他组织依法终止的；

（四）企业申请生产的产品列入国家淘汰或者禁止生产产品目录的；

（五）依法应当终止办理生产许可的其他情形。

十一、后置现场审查

（一）审查时限。

应在企业获证后30日内完成后置现场审查。

（二）审查组织单位。

后置现场审查由省级质监部门或其委托的下级质监部门(市场监督管理部门)组织实施并对后置现场审查工作负责。

（三）审查组织。

审查组由执法人员和审查人员组成,依据许可法定条件对申报材料一致性进行监督检查,企业应当予以配合,审查人员对现场审查的结论负责。

(四)审查要求。

后置现场审查根据《质检总局关于加快推进工业产品生产许可证试行简化审批程序改革有关工作的通知》(国质检监函〔2017〕381号)中的相关要求开展。

(五)后置现场审查结果及处理。

1. 符合《质检总局关于加快推进工业产品生产许可证试行简化审批程序改革有关工作的通知》(国质检监函〔2017〕381号)中《工业产品生产许可证后置现场审查实施规范》要求的,现场审查结论为合格;不符合《工业产品生产许可证后置现场审查实施规范》要求的,现场审查结论为不合格。

2. 现场审查结论为不合格,需要撤销生产许可证的企业,所在地质量技术监督部门(市场监督管理部门)应立即责令改正,并启动撤销生产许可证程序。后置现场审查结论应立即报告省级质监部门或其委托的下级质监部门(市场监督管理部门)。

(六)撤销程序。

1. 省级质监部门或其委托的下级质监部门(市场监督管理部门)在作出撤销决定前制发《撤销生产许可告知书》,送达企业,告知企业拟作出撤销决定的事实、理由和依据以及撤销决定内容,并告知企业在收到《撤销生产许可告知书》之日起5个工作日内有权陈述和申辩,逾期视为无意见。

2. 省级质监部门或其委托的下级质监部门(市场监督管理部门)在研究企业意见后,应在5个工作日内作出是否撤销生产许可证的决定,并向企业送达和执行《撤销生产许可决定书》,并办理注销手续。

3. 企业所在地质监部门(市场监督管理部门)负责向企业送达和执行《撤销生产许可证决定书》,收回企业生产许可证纸质原件,并向省级质监部门提出注销建议。

滑石行业规范条件(2017年本)

工业和信息化部公告2017年第44号

为保护性开发和高效利用滑石资源,推进产业结构优化,鼓励行业技术创新,改善生产经营环境,引导社会合理投资,促进滑石产业健康可持续发展,我部制定了《滑石行业规范条件(2017年本)》,现予公告。

附件:滑石行业规范条件(2017年本)

工业和信息化部

2017年10月26日

附件

滑石行业规范条件

(2017年本)

为保护性开发和高效利用滑石资源,优化产业结构,鼓励技术创新,保护生态环境,加快转型发展,依据《中华人民共和国环境保护法》《中华人民共和国职业病防治法》等相关法律法规和规划政策,制订本规范条件。

本规范条件所称滑石是一种含水的硅酸镁矿物,产品包括块(粒)状滑石、滑石粉。

一、建设布局

(一)新建和改扩建滑石项目(包括滑石选矿项目和滑石加工项目)必须符合国家产业政策、矿产资源政策、当地产业发展规划、土地利用总体规划及相关规划环评等规定,统筹资源、能源、环境、安全和市场等因素合理布局。

"十三五"期间,立足国内需求,严格控制增量,重在优化存量,大力调整结构,推进兼并重组,提高产业集中度。新建和改扩建滑石选矿项目要与淘汰落后产能挂钩,尾矿综合利用项目除外。鼓励在资源富集地和产业优势区建设滑石产业集聚区,发展滑石深加工产品。

(二)严禁在风景名胜区、生态保护区、自然和文化遗产保护区、饮用水源保护区、环境敏感区、城市非工业规划建设区和其他需要特殊保护的区域内,以及国家和地方规定的环保、安全防护距离以内,新建和扩建滑石项目。

二、生产工艺和装备

(一)新建和改扩建滑石选矿项目,应根据滑石的矿物特性,鼓励采用光选、磁选、浮选等先进工艺,提高滑石选矿能力和资源综合利用水平。

选矿产率必须符合以下指标:

原矿平均品位	选矿产率
≥50%	不低于90%
35%~50%(不含)	不低于75%
<35%	不低于40%

(二)新建和改扩建滑石加工项目,鼓励采用具备集散控制系统,在线粒径分析检测控制,自动进料、破碎(粉磨)、分级、级配和包装,能够有效抑制粉尘无组织排放和噪声的滑石

粉生产工艺与装备,产品综合成品率不低于95%。(产品综合成品率＝年滑石粉产品总产量/年滑石精矿耗用量×100%)。

现有滑石加工项目,产品综合成品率达不到上述要求的,应通过技术改造达到。

(三)滑石项目选址、厂区建设应符合《工业企业总平面设计规范》(GB 50187)、《工业企业设计卫生标准》(GBZ 1)和《石英砂(粉)厂、滑石粉厂防尘技术规程》(GB/T 13910)等相关要求。

(四)新建和改扩建滑石加工项目,应优先采用不产生粉尘无组织排放的工艺和设备。对存在粉尘无组织排放的工艺和装备,应配套采取防尘措施。防尘设备应与主体工程同时设计、同时施工、同时投产使用、同时达标验收。煅烧滑石,应采用先进节能窑炉和清洁能源。

(五)鼓励采用《产业结构调整指导目录》鼓励类工艺和装备,鼓励使用列入《"能效之星"产品目录》和《节能机电设备(产品)推荐目录》(有效期)的产品或其他能效标准达到1级的机电设备。

不采用《高耗能落后机电设备(产品)淘汰目录》等明令淘汰、限制的工艺和装备。

三、质量管理

(一)滑石产品质量符合国家相关标准。

块(粒)状滑石产品质量符合《滑石》(GB/T 15341)标准。

用作食品添加剂的滑石粉产品质量符合《食品安全国家标准 食品添加剂、滑石粉》(GB 1886.246)标准。

药用滑石产品质量应符合《中华人民共和国药典》等药品国家标准或相关技术要求的规定。

化妆品用滑石粉应符合《化妆品安全技术规范》以及《滑石粉》(GB/T 15342)标准的要求。

涂料—油漆用、造纸用、塑料用、橡胶用、电缆用、陶瓷用、防水材料用、通用滑石粉产品质量符合《滑石粉》(GB/T 15342)标准。

(二)块(粒)状滑石、化妆品用、涂料—油漆用、造纸用、塑料用、橡胶用、电缆用、陶瓷用、防水材料用、通用滑石粉应按规定要求严格进行出厂检验和型式检验,包装、标志、运输、贮存等符合规定要求。

(三)生产食品添加剂滑石粉产品的,必须严格遵守《中华人民共和国食品安全法》《食品添加剂生产监督管理规定》等规定。

(四)生产药用滑石产品的,必须严格遵守《中华人民共和国药品管理法》《药品生产质量管理规范》《加强药用辅料监督管理的有关规定》等规定。

(五)健全质量管理制度和管理体系,完善质量保障能力。

(六)鼓励采用滑石粉表面改性等技术,发展滑石粉母粒、微孔陶瓷、高端涂料用滑石粉等高附加值产品。

四、环境保护、节能降耗和综合利用

(一)新建和改扩建滑石项目严格执行环境影响评价制度和"三同时"制度。

(二)滑石加工企业应严格执行排污许可制度,控制污染物总量,严禁超标排放。

(三)滑石项目产尘工序应按《石英砂(粉)厂、滑石粉厂防尘技术规程》(GB/T 13910)采取防尘措施,严防粉尘无组织排放。

破碎、粉磨、分级、包装等易产生粉尘的工序和岗位,应根据实际情况,按防尘技术规程要求,采取合适方式实现密闭操作并抑制、降低、回收粉尘。干燥工序通风系统应采取降尘、收尘和除尘措施。输送、卸料、储存等工序也应按要求实现密闭、不得露天,同时配套建设排风、降尘、除尘系统。

(四)滑石项目作业点粉尘浓度应符合《石英砂(粉)厂、滑石粉厂防尘技术规程》(GB/T 13910)规定限值要求,工厂烟气、车间含尘气体排放应符合《工业窑炉大气污染物排放标准》(GB 9078)、《大气污染物综合排放标准》(GB 16297)及当地环境标准要求。

(五)使用湿法工艺进行选矿提纯的,应配套建设相应的污水治理设施,污水排放符合《污水综合排放标准》(GB 8978)要求。

(六)产生的废料、尾矿应符合《一般工业固体废物贮存、处置场污染控制标准》(GB 18599)要求。

(七)采用低噪音设备,设置隔声屏障等进行噪声治理,噪声符合《工业企业厂界环境噪声排放标准》(GB 12348)要求。

(八)定期开展清洁生产审核,建立环境管理体系,制定完善的突发环境事件应急预案。

(九)鼓励采用节能工艺和装备,新建和改扩建滑石项目应按要求开展节能审查。

(十)鼓励回收利用与滑石矿共伴生的绿泥石、蛇纹石、菱镁矿、透闪石、白云石等非金属矿产,采用先进适用技术综合利用矿山废石及尾矿资源发展循环经济,严防矿产资源开发污染土壤。

五、安全生产、职业卫生和社会责任

(一)新建和改扩建滑石项目,安全设施和职业病防治设施应严格履行"三同时"手续。

(二)滑石项目应严格遵守安全生产相关的法律、法规和标准,开展安全生产标准化建设,建立职业健康安全管理体系。

(三)滑石项目尾矿库应符合《尾矿设施设计规范》(GB 50863)、《工业企业总平面设计规范》(GB 50187)等相关要求。

(四)滑石项目应严格遵守职业病防治相关的法律、法规和标准,按照《用人单位职业病防治指南》(GBZ/T 225)建立组织机构和规章制度,不断完善前期预防、材料和设备管理、工作场所管理、职业健康监护等。

(五)滑石加工项目应按《石英砂(粉)厂、滑石粉厂防尘技术规程》(GB/T 13910)要求进行通风除尘系统设置与维护,做好个人防护,并加强防尘管理与监督。

（六）加强矿山生态环境保护与修复治理，滑石项目应按照《矿山地质环境保护与土地复垦方案编制指南》（国土资规〔2016〕21号）编报矿山地质环境保护与土地复垦方案，并按计划实施矿山地质环境保护与土地复垦。

（七）依法纳税，不拖欠职工工资，按规定提取和使用企业安全生产费用，足额缴纳养老保险、医疗保险、工伤保险、失业保险、生育保险费和住房公积金。

六、监督管理

（一）企业自愿申请，工业和信息化部对符合规范条件的滑石生产企业和生产线名单予以公告，接受社会监督并实行动态管理。

（二）鼓励企业按建材行业规范公告管理办法自我声明其生产经营符合本规范条件。建材行业规范公告管理办法另行制定。

（三）地方工业和信息化主管部门对辖区内列入公告的企业和进行自我声明的企业执行本规范条件情况进行监督。

有关协会和中介机构要积极开展宣传和技术服务工作。

七、附则

（一）本规范条件适用于中华人民共和国境内（台湾、香港、澳门地区除外）滑石生产企业。
（二）本规范条件涉及的法律法规、标准规范和相关政策按其最新版本执行。
（三）本规范条件自2018年1月1日起施行。

交通运输部关于修改
《铁路运输企业准入许可办法》的决定

交通运输部令2017年第31号

《交通运输部关于修改〈铁路运输企业准入许可办法〉的决定》已于2017年9月20日经第16次部务会议通过，现予公布，自2017年9月29日起施行。

部长　李小鹏
2017年9月29日

交通运输部决定对《铁路运输企业准入许可办法》（交通运输部令2014年第19号）作如

下修改：

一、将第六条第（二）项修改为"拥有符合国家标准、行业标准以及满足运输规模需要数量的机车车辆的所有权或者使用权"。

二、将第八条修改为："拥有铁路基础设施所有权的企业采取委托经营方式的,受托企业应当取得铁路运输许可证。"

本决定自2017年9月29日起施行。

《铁路运输企业准入许可办法》根据本决定作相应修正,重新发布。

铁路运输企业准入许可办法

第一章 总 则

第一条 为维护社会资本投资建设经营铁路的合法权益,规范铁路运输市场秩序,保障公众生命财产安全,依据《中华人民共和国行政许可法》《铁路安全管理条例》等法律、行政法规和国家有关规定,制定本办法。

第二条 在中华人民共和国境内依法登记注册的企业法人,从事铁路旅客、货物公共运输营业的,应当向国家铁路局提出申请,经审查合格取得铁路运输许可证。

涉及地方铁路运营事项的,国家铁路局应当邀请申请企业所在地省、自治区、直辖市人民政府有关部门参与审查。

第三条 本办法所称铁路运输许可的范围分别为高速铁路旅客运输、城际铁路旅客运输、普通铁路旅客运输、铁路货物运输。

第四条 拥有铁路基础设施所有权的企业,有权自主决定铁路运输经营方式,包括独立、合作、委托以及其他合法经营方式。

第五条 铁路运输企业应当落实安全生产主体责任,承担铁路公益性运输义务。鼓励铁路运输企业之间开放合作,公平竞争,共同维护运输市场秩序,保障铁路网畅通和铁路运输安全。

第二章 许可条件

第六条 申请企业应当具备下列条件：

（一）拥有符合规划和国家标准的铁路基础设施的所有权或者使用权；

（二）拥有符合国家标准、行业标准以及满足运输规模需要数量的机车车辆的所有权或者使用权；

（三）生产作业和管理人员符合铁路运输岗位标准、具备相应从业资格,且其数量满足运输规模需要；

（四）具有符合法律法规规定的安全生产管理机构或者安全管理人员,以及安全生产管理制度和应急预案；

（五）具有铁路运输相关的组织管理办法、服务质量标准、生产作业规范；

（六）法律法规和规章规定的其他条件。

第七条 拟从事高速铁路旅客运输的申请企业，铁路运输相关业务的负责人应当具有铁路运输管理工作10年以上经历，专业技术管理的负责人应当具有铁路运输本专业工作8年以上经历。

拟从事城际铁路旅客运输和普通铁路旅客运输的申请企业，铁路运输相关业务的负责人应当具有铁路运输管理工作8年以上经历，专业技术管理的负责人应当具有铁路运输本专业工作5年以上经历。

拟从事铁路货物运输的申请企业，铁路运输相关业务的负责人应当具有铁路运输管理工作5年以上经历，专业技术管理的负责人应当具有铁路运输本专业工作3年以上经历。办理危险货物或者特种货物运输的，相关设备设施应当符合相应货物运输的安全要求，相关生产作业和管理人员应当符合相应岗位标准和岗位培训要求。

在最近2年内因生产安全事故受到行政处分的，不得担任铁路运输相关业务的负责人和专业技术管理的负责人。

第八条 拥有铁路基础设施所有权的企业采取委托经营方式的，受托企业应当取得铁路运输许可证。

第三章 许可程序

第九条 申请企业应当按照本办法第三条、第六条、第七条、第八条规定的许可范围和许可条件提出申请。一次申请多项许可范围的，可以合并申请。

第十条 申请企业应当提交以下材料，并对材料的真实性、有效性和合法性负责：

（一）国家铁路局行政许可申请书；

（二）企业法人营业执照副本及复印件；

（三）申请企业基本情况；

（四）企业法定代表人的身份证明及履历表；

（五）铁路运输相关业务的负责人、专业技术管理的负责人的身份证明及履历表；

（六）主要生产作业人员的配备情况、资格情况；

（七）安全生产管理机构设置情况、安全生产管理人员配备情况、安全生产管理制度和应急预案情况；

（八）铁路运输相关的组织管理办法、服务质量标准、生产作业规范情况；

（九）铁路建设项目立项的批准（核准、备案）文件、铁路竣工验收（初步验收）和运营安全评估合格的报告复印件；

（十）机车车辆数量满足运输规模需要的测算依据；

（十一）相关所有权、使用权以及合作协议等证明材料；

（十二）法律法规和规章规定的其他材料。

国家铁路局应当明确铁路运输许可申请材料的具体要求，并提供相应的文本格式。

第十一条 国家铁路局对申请企业提出的行政许可申请,应当根据下列情况分别作出处理:

(一)申请材料存在可以当场更正的错误的,应当允许申请企业当场更正;

(二)申请材料不齐全或者不符合法定形式的,应当当场或者自收到申请材料之日起5个工作日内一次告知申请企业需要补正的全部内容,逾期不告知的,自收到申请材料之日起即为受理;

(三)申请材料齐全、符合法定形式,或者申请企业按照要求提交全部补正申请材料的,应当受理行政许可申请。

受理或者不予受理行政许可申请,应当出具加盖国家铁路局行政许可专用章和注明日期的书面凭证。

第十二条 国家铁路局应当审查申请企业提交的材料,必要时对申请企业进行实地核查及组织鉴定、专家评审。

审查合格的,作出准予行政许可的书面决定;审查不合格的,作出不予行政许可的书面决定,说明理由并告知申请企业享有依法申请行政复议或者提起行政诉讼的权利。

第十三条 国家铁路局自受理申请之日起20个工作日内作出行政许可决定。20个工作日内不能作出决定的,经国家铁路局负责人批准,可以延长10个工作日,并将延长期限的理由告知申请企业。组织鉴定、专家评审所需时间不计算在上述期限之内。

作出准予行政许可决定的,应当自作出决定之日起10个工作日内向申请企业颁发铁路运输许可证。

第十四条 铁路运输许可证应当载明被许可企业名称、住所、证书编号、许可范围、发证日期、有效起始日期、有效期等内容。

第十五条 铁路运输许可证有效期为20年,被许可企业应当于有效期届满前60日,向国家铁路局提出延续申请。

申请材料包括国家铁路局行政许可申请书、近3年许可条件保持情况的报告。

国家铁路局应当根据被许可企业的申请,在铁路运输许可证有效期届满前作出是否准予延续的决定;逾期未做决定的,视为准予延续。

第十六条 被许可企业的名称、住所发生变化的,被许可企业应当于变化事项发生后20个工作日内,向国家铁路局提出变更申请。

申请材料包括国家铁路局行政许可申请书、变更事项说明、新的企业法人营业执照副本及复印件。

第十七条 被许可企业合并、分立或者变更经营方式、许可范围,导致许可条件发生重大变化的,应当于相关法律文书生效之日起20个工作日内向国家铁路局重新申请许可。

企业合并、分立的,申请材料除本办法第十条规定的材料外,还应当提交企业合并、分立的协议复印件或者有关批准文件复印件。

第十八条 被许可企业应当自取得铁路运输许可之日起1年内开展相应的铁路运输营业,并于开业后20个工作日内书面告知国家铁路局。因特殊情况需延期开业的,应当向国家铁路局提出书面说明,经同意可延期1年。

被许可企业在取得铁路运输许可证1年内未开业且未延期,或者延期期限内仍未开业的,已取得的铁路运输许可证自动失效。

第十九条 被许可企业应当按照许可范围开展铁路运输营业,并保证其运输条件持续符合许可条件。

第二十条 被许可企业未经国家铁路局批准,不得擅自停业、歇业。

被许可企业因特殊情况需停业、歇业的,应当提前90日向国家铁路局提出书面申请,并提前60日向社会公告,按有关规定妥善处理相关运输业务。

第二十一条 铁路运输许可证遗失、损毁或者灭失的,被许可企业应当及时在公共媒体上发布公告、声明作废,并向国家铁路局申请补办许可证。

申请材料包括国家铁路局行政许可申请书、公共媒体上发布公告的证明、企业法人营业执照副本及复印件。

第四章 监督管理

第二十二条 国家铁路局依据职责和权限,依法对被许可企业从事许可事项活动情况、许可条件保持情况以及遵守铁路行业管理相关规定等实施监督检查,受理相关投诉举报,查处违法违规行为。

国家铁路局实施许可监督检查,不得妨碍被许可企业正常的生产活动,不得谋取非法利益,不得泄露被许可企业的商业秘密。

被许可企业应当接受和配合监督检查,提供有关资料,不得隐瞒情况或者提供虚假情况。

第二十三条 监督检查可以采取下列措施:

(一)进入被许可企业有关部门、生产营业场所;

(二)询问被许可企业有关工作人员,要求其对检查事项作出说明;

(三)查阅、复制有关文件、资料;

(四)纠正违反法律、法规、规章及有关标准、规范的行为。

第二十四条 被许可企业应当于每年3月31日前,将上一年度企业运输年度报告报国家铁路局备案。运输年度报告备案内容主要包括本企业运输业务及公益性运输完成情况、运输安全状况及其他许可条件保持情况等。

第二十五条 被许可企业不得涂改、倒卖、出租、出借或者以其他形式非法转让铁路运输许可证。

第二十六条 申请企业隐瞒有关情况或者提供虚假材料申请铁路运输许可的,国家铁路局不予受理或者不予许可,并给予警告,申请企业在1年内不得再次申请铁路运输许可。

第二十七条 铁路运输许可的撤销、注销,由国家铁路局按照法律、行政法规的规定办理。

被许可企业以欺骗、贿赂等不正当手段取得行政许可的,应当予以撤销,申请企业在3年内不得再次申请铁路运输许可。

第二十八条 国家铁路局工作人员办理行政许可、实施监督检查过程中滥用职权、玩忽职守、徇私舞弊、收受贿赂,构成犯罪的,依法追究刑事责任;尚不构成犯罪的,依法给行政处分。

第二十九条 被许可企业违反法律法规和本办法规定的,国家铁路局应当责令限期改正,依法给予行政处罚;构成犯罪的,依法追究刑事责任。

第五章 附 则

第三十条 本办法中下列用语的含义:

(一)铁路基础设施是指场站设施、线桥隧涵、牵引供电、通信信号、信息系统等铁路设备设施的总称;

(二)铁路运输相关业务、专业,包括安全管理、调度指挥、行车组织、客运组织、货运组织,机车、车辆、线桥隧涵、牵引供电、通信信号、信息系统的运用以及维修养护。

第三十一条 本办法自2015年1月1日起施行。在本办法施行前已经审批设立并开展运输经营的铁路企业,参照本办法执行。中国铁路总公司及所属企业按照《国务院关于组建中国铁路总公司有关问题的批复》(国函〔2013〕47号)的规定执行。

国务院办公厅关于加快推进农业供给侧结构性改革大力发展粮食产业经济的意见

国办发〔2017〕78号

各省、自治区、直辖市人民政府,国务院各部委、各直属机构:

近年来,我国粮食连年丰收,为保障国家粮食安全、促进经济社会发展奠定了坚实基础。当前,粮食供给由总量不足转为结构性矛盾,库存高企、销售不畅、优质粮食供给不足、深加工转化滞后等问题突出。为加快推进农业供给侧结构性改革,大力发展粮食产业经济,促进农业提质增效、农民就业增收和经济社会发展,经国务院同意,现提出以下意见。

一、总体要求

(一)指导思想。全面贯彻党的十八大和十八届三中、四中、五中、六中全会精神,深入贯彻习近平总书记系列重要讲话精神和治国理政新理念新思想新战略,认真落实党中央、国务院决策部署,统筹推进"五位一体"总体布局和协调推进"四个全面"战略布局,牢固树立创新、协调、绿色、开放、共享的发展理念,全面落实国家粮食安全战略,以加快推进农业供给侧结构性改革为主线,以增加绿色优质粮食产品供给、有效解决市场化形势下农民卖粮问题、促进农民持续增收和保障粮食质量安全为重点,大力实施优质粮食工程,推动粮食产业创新发展、转型升级和提质增效,为构建更高层次、更高质量、更有效率、更可持续的粮食安全保障体系夯实产业基础。

(二)基本原则。

坚持市场主导,政府引导。以市场需求为导向,突出市场主体地位,激发市场活力和企业创新动力,发挥市场在资源配置中的决定性作用。针对粮食产业发展的薄弱环节和制约瓶颈,强化政府规划引导、政策扶持、监管服务等作用,着力营造产业发展良好环境。

坚持产业融合,协调发展。树立"大粮食"、"大产业"、"大市场"、"大流通"理念,充分发挥粮食加工转化的引擎作用,推动仓储、物流、加工等粮食流通各环节有机衔接,以相关利益联结机制为纽带,培育全产业链经营模式,促进一二三产业融合发展。

坚持创新驱动,提质增效。围绕市场需求,发挥科技创新的支撑引领作用,深入推进大众创业、万众创新,加快体制机制、经营方式和商业模式创新,积极培育新产业、新业态等新动能,提升粮食产业发展质量和效益。

坚持因地制宜,分类指导。结合不同区域、不同领域、不同主体的实际情况,选择适合自身特点的粮食产业发展模式。加强统筹协调和政策引导,推进产业发展方式转变,及时总结推广典型经验,注重整体效能和可持续性。

(三)主要目标。到2020年,初步建成适应我国国情和粮情的现代粮食产业体系,产业发展的质量和效益明显提升,更好地保障国家粮食安全和带动农民增收。绿色优质粮食品有效供给稳定增加,全国粮食优质品率提高10个百分点左右;粮食产业增加值年均增长7%左右,粮食加工转化率达到88%,主食品工业化率提高到25%以上;主营业务收入过百亿的粮食企业数量达到50个以上,大型粮食产业化龙头企业和粮食产业集群辐射带动能力持续增强;粮食科技创新能力和粮食质量安全保障能力进一步提升。

二、培育壮大粮食产业主体

(四)增强粮食企业发展活力。适应粮食收储制度改革需要,深化国有粮食企业改革,发展混合所有制经济,加快转换经营机制,增强市场化经营能力和产业经济发展活力。以资本为纽带,构建跨区域、跨行业"产购储加销"协作机制,提高国有资本运行效率,延长产业链条,主动适应和引领粮食产业转型升级,做强做优做大一批具有竞争力、影响力、控制力的骨干国有粮食企业,有效发挥稳市场、保供应、促发展、保安全的重要载体作用。鼓励国有粮食企业依托现有收储网点,主动与新型农业经营主体等开展合作。培育、发展和壮大从事粮食收购和经营活动的多元粮食市场主体,建立健全统一、开放、竞争、有序的粮食市场体系。(国家粮食局、国务院国资委等负责)

(五)培育壮大粮食产业化龙头企业。在农业产业化国家重点龙头企业认定工作中,认定和扶持一批具有核心竞争力和行业带动力的粮食产业化重点龙头企业,引导支持龙头企业与新型农业经营主体和农户构建稳固的利益联结机制,引导优质粮食品种种植,带动农民增收致富。支持符合条件的龙头企业参与承担政策性粮食收储业务;在确保区域粮食安全的前提下,探索创新龙头企业参与地方粮食储备机制。(国家发展改革委、国家粮食局、农业部、财政部、商务部、工商总局、质检总局、中储粮总公司等负责)

(六)支持多元主体协同发展。发挥骨干企业的示范带动作用,鼓励多元主体开展多种形式的合作与融合,大力培育和发展粮食产业化联合体。支持符合条件的多元主体积极参与粮食仓储物流设施建设、产后服务体系建设等。鼓励龙头企业与产业链上下游各类市场主体成立粮食产业联盟,共同制订标准、创建品牌、开发市场、攻关技术、扩大融资等,实现优势互补。鼓励通过产权置换、股权转让、品牌整合、兼并重组等方式,实现粮食产业资源优化配置。(国家发展改革委、国家粮食局、工业和信息化部、财政部、农业部、工商总局等负责)

三、创新粮食产业发展方式

(七)促进全产业链发展。粮食企业要积极参与粮食生产功能区建设,发展"产购储加销"一体化模式,构建从田间到餐桌的全产业链。推动粮食企业向上游与新型农业经营主体开展产销对接和协作,通过定向投入、专项服务、良种培育、订单收购、代储加工等方式,建设加工原料基地,探索开展绿色优质特色粮油种植、收购、储存、专用化加工试点;向下游延伸建设物流营销和服务网络,实现粮源基地化、加工规模化、产品优质化、服务多样化,着力打造绿色、有机的优质粮食供应链。开展粮食全产业链信息监测和分析预警,加大供需信息发布力度,引导粮食产销平衡。(国家发展改革委、国家粮食局、农业部、质检总局、国家认监委等负责)

(八)推动产业集聚发展。深入贯彻区域发展总体战略和"一带一路"建设、京津冀协同发展、长江经济带发展三大战略,发挥区域和资源优势,推动粮油产业集聚发展。依托粮食主产区、特色粮油产区和关键粮食物流节点,推进产业向优势产区集中布局,完善进口粮食临港深加工产业链。发展粮油食品产业集聚区,打造一批优势粮食产业集群,以全产业链为纽带,整合现有粮食生产、加工、物流、仓储、销售以及科技等资源,支持建设国家现代粮食产业发展示范园区(基地),支持主销区企业到主产区投资建设粮源基地和仓储物流设施,鼓励主产区企业到主销区建立营销网络,加强产销区产业合作。(国家发展改革委、国家粮食局、工业和信息化部、财政部、商务部、中国铁路总公司等负责)

(九)发展粮食循环经济。鼓励支持粮食企业探索多途径实现粮油副产物循环、全值和梯次利用,提高粮食综合利用率和产品附加值。以绿色粮源、绿色仓储、绿色工厂、绿色园区为重点,构建绿色粮食产业体系。鼓励粮食企业建立绿色、低碳、环保的循环经济系统,降低单位产品能耗和物耗水平。推广"仓顶阳光工程"、稻壳发电等新能源项目,大力开展米糠、碎米、麦麸、麦胚、玉米芯、饼粕等副产物综合利用示范,促进产业节能减排、提质增效。(国家发展改革委、国家粮食局、工业和信息化部、农业部、国家能源局等负责)

(十)积极发展新业态。推进"互联网+粮食"行动,积极发展粮食电子商务,推广"网上粮店"等新型粮食零售业态,促进线上线下融合。完善国家粮食电子交易平台体系,拓展物流运输、金融服务等功能,发挥其服务种粮农民、购粮企业的重要作用。加大粮食文化资源的保护和开发利用力度,支持爱粮节粮宣传教育基地和粮食文化展示基地建设,鼓励发展粮食产业观光、体验式消费等新业态。(国家粮食局、国家发展改革委、工业和信息化部、财政部、农业部、商务部、国家旅游局等负责)

(十一)发挥品牌引领作用。加强粮食品牌建设顶层设计,通过质量提升、自主创新、品牌创建、特色产品认定等,培育一批具有自主知识产权和较强市场竞争力的全国性粮食名牌产品。鼓励企业推行更高质量标准,建立粮食产业企业标准领跑者激励机制,提高品牌产品质量水平,大力发展"三品一标"粮食产品,培育发展自主品牌。加强绿色优质粮食品牌宣传、发布、人员培训、市场营销、评价标准体系建设、展示展销信息平台建设,开展丰富多彩的品牌创建和产销对接推介活动、品牌产品交易会等,挖掘区域性粮食文化元素,联合打造区域品牌,促进品牌整合,提升品牌美誉度和社会影响力。鼓励企业获得有机、良好农业规范等通行认证,推动出口粮食质量安全示范区建设。加大粮食产品的专利权、商标权等知识产权保护力度,严厉打击制售假冒伪劣产品行为。加强行业信用体系建设,规范市场秩序。(国家粮食局、国家发展改革委、工业和信息化部、农业部、工商总局、质检总局、国家标准委、国家知识产权局等负责)

四、加快粮食产业转型升级

(十二)增加绿色优质粮油产品供给。大力推进优质粮食工程建设,以市场需求为导向,建立优质优价的粮食生产、分类收储和交易机制。增品种、提品质、创品牌,推进绿色优质粮食产业体系建设。实施"中国好粮油"行动计划,开展标准引领、质量测评、品牌培育、健康消费宣传、营销渠道和平台建设及试点示范。推进出口食品农产品生产企业内外销产品"同线同标同质"工程,实现内销转型,带动产业转型升级。调优产品结构,开发绿色优质、营养健康的粮油新产品,增加多元化、定制化、个性化产品供给,促进优质粮食产品的营养升级扩版。推广大米、小麦粉和食用植物油适度加工,大力发展全谷物等新型营养健康食品。推动地方特色粮油食品产业化,加快发展杂粮、杂豆、木本油料等特色产品。适应养殖业发展新趋势,发展安全环保饲料产品。(财政部、国家粮食局、国家发展改革委、工业和信息化部、农业部、工商总局、质检总局、国家林业局等负责)

(十三)大力促进主食产业化。支持推进米面、玉米、杂粮及薯类主食制品的工业化生产、社会化供应等产业化经营方式,大力发展方便食品、速冻食品。开展主食产业化示范工程建设,认定一批放心主食示范单位,推广"生产基地+中央厨房+餐饮门店"、"生产基地+加工企业+商超销售"、"作坊置换+联合发展"等新模式。保护并挖掘传统主食产品,增加花色品种。加强主食产品与其他食品的融合创新,鼓励和支持开发个性化功能性主食产品。(国家粮食局、工业和信息化部、财政部、农业部、商务部、工商总局等负责)

(十四)加快发展粮食精深加工与转化。支持主产区积极发展粮食精深加工,带动主产区经济发展和农民增收。着力开发粮食精深加工产品,增加专用米、专用粉、专用油、功能性淀粉糖、功能性蛋白等食品以及保健、化工、医药等方面的有效供给,加快补齐短板,减少进口依赖。发展纤维素等非粮燃料乙醇;在保障粮食供应和质量安全的前提下,着力处置霉变、重金属超标、超期储存粮食等,适度发展粮食燃料乙醇,推广使用车用乙醇汽油,探索开展淀粉类生物基塑料和生物降解材料试点示范,加快消化政策性粮食库存。支持地方出台有利于粮食精深加工转化的政策,促进玉米深加工业持续健康发展。强化食品质量安全、环保、能耗、安全生产等约束,促进粮食企业加大技术改造力度,倒逼落后加工产能退出。(国家发展改革委、国家粮食局、工业和信息化部、财政部、食品药品监管总局、国家能源局等负责)

(十五)统筹利用粮食仓储设施资源。通过参股、控股、融资等多种形式,放大国有资本功能,扩展粮食仓储业服务范围。多渠道开发现有国有粮食企业仓储设施用途,为新型农业经营主体和农户提供粮食产后服务,为加工企业提供仓储保管服务,为期货市场提供交割服

务,为"互联网+粮食"经营模式提供交割仓服务,为城乡居民提供粮食配送服务。(国家粮食局、国家发展改革委、证监会等负责)

五、强化粮食科技创新和人才支撑

(十六)加快推动粮食科技创新突破。支持创新要素向企业集聚,加快培育一批具有市场竞争力的创新型粮食领军企业,引导企业加大研发投入和开展创新活动。鼓励科研机构、高校与企业通过共同设立研发基金、实验室、成果推广工作站等方式,聚焦企业科技创新需求。加大对营养健康、质量安全、节粮减损、加工转化、现代物流、"智慧粮食"等领域相关基础研究和急需关键技术研发的支持力度,推进信息、生物、新材料等高新技术在粮食产业中的应用,加强国内外粮食质量检验技术标准比对及不合格粮食处理技术等研究,开展进出口粮食检验检疫技术性贸易措施及相关研究。(科技部、质检总局、自然科学基金会、国家粮食局等负责)

(十七)加快科技成果转化推广。深入实施"科技兴粮工程",建立粮食产业科技成果转化信息服务平台,定期发布粮食科技成果,促进粮食科技成果、科技人才、科研机构等与企业有效对接,推动科技成果产业化。发挥粮食领域国家工程实验室、重点实验室成果推广示范作用,加大粮食科技成果集成示范基地、科技协同创新共同体和技术创新联盟的建设力度,推进科技资源开放共享。(科技部、国家粮食局等负责)

(十八)促进粮油机械制造自主创新。扎实推进"中国制造2025",发展高效节粮节能成套粮油加工装备。提高关键粮油机械及仪器设备制造水平和自主创新能力,提升粮食品质及质量安全快速检测设备的技术水平。引入智能机器人和物联网技术,开展粮食智能工厂、智能仓储、智能烘干等应用示范。(工业和信息化部、国家粮食局、国家发展改革委、科技部、农业部等负责)

(十九)健全人才保障机制。实施"人才兴粮工程",深化人才发展体制改革,激发人才创新创造活力。支持企业加强与科研机构、高校合作,创新人才引进机制,搭建专业技术人才创新创业平台,遴选和培养一批粮食产业技术体系专家,凝聚高水平领军人才和创新团队为粮食产业服务。发展粮食高等教育和职业教育,支持高等院校和职业学校开设粮食产业相关专业和课程,完善政产学研用相结合的协同育人模式,加快培养行业短缺的实用型人才。加强职业技能培训,举办职业技能竞赛活动,培育"粮工巧匠",提升粮食行业职工的技能水平。(国家粮食局、人力资源社会保障部、教育部等负责)

六、夯实粮食产业发展基础

(二十)建设粮食产后服务体系。适应粮食收储制度改革和农业适度规模经营的需要,整合仓储设施资源,建设一批专业化、市场化的粮食产后服务中心,为农户提供粮食"五代"(代清理、代干燥、代储存、代加工、代销售)服务,推进农户科学储粮行动,促进粮食提质减损和农民增收。(财政部、国家粮食局、国家发展改革委等负责)

(二十一)完善现代粮食物流体系。加强粮食物流基础设施和应急供应体系建设,优化物流节点布局,完善物流通道。支持铁路班列运输,降低全产业链物流成本。鼓励产销区企业通过合资、重组等方式组成联合体,提高粮食物流组织化水平。加快粮食物流与信息化融合发展,促进粮食物流信息共享,提高物流效率。推动粮食物流标准化建设,推广原粮物流"四散化"(散储、散运、散装、散卸)、集装化、标准化,推动成品粮物流托盘等标准化装载单元器具的循环共用,带动粮食物流上下游设施设备及包装标准化水平提升。支持进口粮食指定口岸及港口防疫能力建设。(国家发展改革委、国家粮食局、交通运输部、商务部、质检总局、国家标准委、中国铁路总公司等负责)

(二十二)健全粮食质量安全保障体系。支持建设粮食质量检验机构,形成以省级为骨干、以市级为支撑、以县级为基础的公益性粮食质量检验监测体系。加快优质、特色粮油产品标准和相关检测方法标准的制修订。开展全国收获粮食质量调查、品质测报和安全风险监测,加强进口粮食质量安全监管,建立进口粮食疫情监测和联防联控机制。建立覆盖从产地到餐桌全程的粮食质量安全追溯体系和平台,进一步健全质量安全监管衔接协作机制,加强粮食种植、收购、储存、销售及食品生产经营监管,严防不符合食品安全标准的粮食流入口粮市场或用于食品加工。加强口岸风险防控和实际监管,深入开展农产品反走私综合治理,实施专项打击行动。(国家粮食局、食品药品监管总局、农业部、海关总署、质检总局、国家标准委等负责)

七、完善保障措施

(二十三)加大财税扶持力度。充分利用好现有资金渠道,支持粮食仓储物流设施、国家现代粮食产业发展示范园区(基地)建设和粮食产业转型升级。统筹利用商品粮大省奖励资金、产粮产油大县奖励资金、粮食风险基金等支持粮食产业发展。充分发挥财政资金引导功能,积极引导金融资本、社会资本加大对粮食产业的投入。新型农业经营主体购置仓储、烘干设备,可按规定享受农机具购置补贴。落实粮食加工企业从事农产品初加工所得按规定免征企业所得税政策和国家简并增值税税率有关政策。(财政部、国家发展改革委、税务总局、国家粮食局等负责)

(二十四)健全金融保险支持政策。拓宽企业融资渠道,为粮食收购、加工、仓储、物流等各环节提供多元化金融服务。政策性、商业性金融机构要结合职能定位和业务范围,在风险可控的前提下,加大对粮食产业发展和农业产业化重点龙头企业的信贷支持。建立健全粮食收购贷款信用保证基金融资担保机制,降低银行信贷风险。支持粮食企业通过发行短期融资券等非金融企业债务融资工具筹集资金,支持符合条件的粮食企业上市融资或在新三板挂牌,以及发行公司债券、企业债券和并购重组等。引导粮食企业合理利用农产品期货市场管理价格风险。在做好风险防范的前提下,积极开展企业厂房抵押和存单、订单、应收账款质押等融资业务,创新"信贷+保险"、产业链金融等多种服务模式。鼓励和支持保险机构为粮食企业开展对外贸易和"走出去"提供保险服务。(人民银行、银监会、证监会、保监会、财政部、商务部、国家粮食局、农业发展银行等负责)

(二十五)落实用地用电等优惠政策。在土地利用年度计划中,对粮食产业发展重点项目用地予以统筹安排和重点支持。支持和加快国有粮食企业依法依规将划拨用地转变为出让用地,增强企业融资功能。改制重组后的粮食企业,可依法处置土地资产,用于企业改革发展和解决历史遗留问题。落实粮食初加工用电执行农业生产用电价格政策。(国土资源部、国家发展改革委、国家粮食局等负责)

(二十六)加强组织领导。地方各级人民政府要高度重视粮食产业经济发展,因地制宜制定推进本地区粮食产业经济发展的实施意见、规划或方案,加强统筹协调,明确职责分工。加大粮食产业经济发展实绩在粮食安全省长责任制考核中的权重。要结合精准扶贫、精准脱贫要求,大力开展粮食产业扶贫。粮食部门负责协调推进粮食产业发展有关工作,推动产业园区建设,加强粮食产业经济运行监测。发展改革、财政部门要强化对重大政策、重大工程和重大项目的支持,发挥财政投入的引导作用,撬动更多社会资本投入粮食产业。各相关部门要根据职责分工抓紧完善配套措施和部门协作机制,并发挥好粮食等相关行业协会商会在标准、信息、人才、机制等方面的作用,合力推进粮食产业经济发展。(各省级人民政府、国家发展改革委、国家粮食局、财政部、农业部、国务院扶贫办等负责)

国务院办公厅

2017 年 9 月 1 日

关于批准发布《国民经济行业分类》国家标准的公告

国家标准公告 2017 年第 17 号

国家质量监督检验检疫总局、国家标准化管理委员会批准《国民经济行业分类》国家标准,现予以公布(见附件)。

附件:2017 年国民经济行业分类(GB/T 4754—2017)(略——编者注)

国家质检总局

国家标准委

2017 年 6 月 30 日

国务院办公厅关于加快发展商业养老保险的若干意见

国办发〔2017〕59号

各省、自治区、直辖市人民政府，国务院各部委、各直属机构：

商业养老保险是商业保险机构提供的，以养老风险保障、养老资金管理等为主要内容的保险产品和服务，是养老保障体系的重要组成部分。发展商业养老保险，对于健全多层次养老保障体系，促进养老服务业多层次多样化发展，应对人口老龄化趋势和就业形态新变化，进一步保障和改善民生，促进社会和谐稳定等具有重要意义。为深入贯彻落实《中共中央关于全面深化改革若干重大问题的决定》、《国务院关于加快发展养老服务业的若干意见》（国发〔2013〕35号）、《国务院关于加快发展现代保险服务业的若干意见》（国发〔2014〕29号）等文件要求，经国务院同意，现就加快发展商业养老保险提出以下意见：

一、总体要求

（一）指导思想。

全面贯彻党的十八大和十八届三中、四中、五中、六中全会精神，深入贯彻习近平总书记系列重要讲话精神和治国理政新理念新思想新战略，认真落实党中央、国务院决策部署，牢固树立新发展理念，以提高发展质量和效益为中心，以推进供给侧结构性改革为主线，以应对人口老龄化、满足人民群众日益增长的养老保障需求、促进社会和谐稳定为出发点，以完善养老风险保障机制、提升养老资金运用效率、优化养老金融服务体系为方向，依托商业保险机构专业优势和市场机制作用，扩大商业养老保险产品供给，拓宽服务领域，提升保障能力，充分发挥商业养老保险在健全养老保障体系、推动养老服务业发展、促进经济提质增效升级等方面的生力军作用。

（二）基本原则。

坚持改革创新，提升保障水平。以应对人口老龄化、保障和改善民生为导向，坚持专注主业，深化商业养老保险体制机制改革，激发创新活力，增加养老保障产品和服务供给，提高服务质量和效率，更好满足人民群众多样化、多层次养老保障需求。

坚持政策引导，强化市场机制。更好发挥政府引导和推动作用，给予商业养老保险发展必要政策支持，创造良好政策环境。充分发挥市场在资源配置中的决定性作用，鼓励市场主体及相关业务特色化、差异化发展。

坚持完善监管，规范市场秩序。始终把维护保险消费者合法权益作为商业养老保险监管的出发点和立足点，坚持底线思维，完善制度体系，加强监管协同，强化制度执行，杜绝行政摊派、强买强卖，营造平等参与、公平竞争、诚信规范的市场环境。

（三）主要目标。

到 2020 年，基本建立运营安全稳健、产品形态多样、服务领域较广、专业能力较强、持续适度盈利、经营诚信规范的商业养老保险体系，商业养老保险成为个人和家庭商业养老保障计划的主要承担者、企业发起的商业养老保障计划的重要提供者、社会养老保障市场化运作的积极参与者、养老服务业健康发展的有力促进者、金融安全和经济增长的稳定支持者。

二、创新商业养老保险产品和服务

（四）丰富商业养老保险产品供给，为个人和家庭提供个性化、差异化养老保障。支持商业保险机构开发多样化商业养老保险产品，满足个人和家庭在风险保障、财富管理等方面的需求。积极发展安全性高、保障性强、满足长期或终身领取要求的商业养老年金保险。支持符合条件的商业保险机构积极参与个人税收递延型商业养老保险试点。针对独生子女家庭、无子女家庭、"空巢"家庭等特殊群体养老保障需求，探索发展涵盖多种保险产品和服务的综合养老保障计划。允许商业养老保险机构依法合规发展具备长期养老功能、符合生命周期管理特点的个人养老保障管理业务。

（五）推动商业保险机构提供企业（职业）年金计划等产品和服务。鼓励商业保险机构发展与企业（职业）年金领取相衔接的商业保险业务，强化基金养老功能。支持符合条件的商业保险机构申请相关资质，积极参与企业年金基金和职业年金基金管理，在基金受托、账户管理、投资管理等方面提供优质高效服务。鼓励商业保险机构面向创新创业企业就业群体的市场需求，丰富商业养老保险产品供给，优化相关服务，提供多样化养老保障选择。

（六）鼓励商业保险机构充分发挥行业优势，提供商业服务和支持。充分发挥商业保险机构在精算管理和服务资源等方面的优势，为养老保险制度改革提供技术支持和相关服务。支持符合条件的商业保险机构利用资产管理优势，依法依规有序参与基本养老保险基金和全国社会保障基金投资运营，促进养老保险基金和社会保障基金保值增值。

三、促进养老服务业健康发展

（七）鼓励商业保险机构投资养老服务产业。发挥商业养老保险资金长期性、稳定性优势，遵循依法合规、稳健安全原则，以投资新建、参股、并购、租赁、托管等方式，积极兴办养老社区以及养老养生、健康体检、康复管理、医疗护理、休闲康养等养老健康服务设施和机构，为相关机构研发生产老年用品提供支持，增加养老服务供给。鼓励商业保险机构积极参与养老服务业综合改革试点，加快推进试点地区养老服务体系建设。

（八）支持商业保险机构为养老机构提供风险保障服务。探索商业保险机构与各类养老机构合作模式，发展适应养老机构经营管理风险要求的综合责任保险，提升养老机构运营效率和稳健性。支持商业保险机构发展针对社区日间照料中心、老年活动中心、托老所、互助型社区养老服务中心等老年人短期托养和文体休闲活动机构的责任保险。

（九）建立完善老年人综合养老保障计划。针对老年人养老保障需求，坚持保障适度、保费合理、保单通俗原则，大力发展老年人意外伤害保险、老年人长期护理保险、老年人住房反向抵押养老保险等适老性强的商业保险,完善保单贷款、多样化养老金支付形式等配套金融服务。逐步建立老年人长期照护、康养结合、医养结合等综合养老保障计划,健全养老、康复、护理、医疗等服务保障体系。

四、推进商业养老保险资金安全稳健运营

(十)发挥商业养老保险资金长期投资优势。坚持风险可控、商业可持续原则,推进商业养老保险资金稳步有序参与国家重大战略实施。支持商业养老保险资金通过债权投资计划、股权投资计划、不动产投资计划、资产支持计划、保险资产管理产品等形式,参与重大基础设施、棚户区改造、新型城镇化建设等重大项目和民生工程建设,服务科技型企业、小微企业、战略性新兴产业、生活性服务新业态等发展,助力国有企业混合所有制改革。

(十一)促进商业养老保险资金与资本市场协调发展。发挥商业保险机构作为资本市场长期机构投资者的积极作用,依法有序参与股票、债券、证券投资基金等领域投资,为资本市场平稳健康发展提供长期稳定资金支持,规范有序参与资本市场建设。

(十二)审慎开展商业养老保险资金境外投资。在风险可控前提下,稳步发展商业养老保险资金境外投资业务,合理配置境外资产,优化配置结构。支持商业养老保险资金通过相关自贸试验区开展境外市场投资;按照商业可持续原则,有序参与丝路基金、亚洲基础设施投资银行和金砖国家新开发银行等主导的投资项目,更好服务国家"走出去"战略。

五、提升管理服务水平

(十三)加强制度建设。坚持制度先行,健全商业养老保险管理运行制度体系,优化业务流程,提升运营效率,增强商业养老保险业务运作规范性。细化完善商业养老保险资金重点投资领域业务规则,强化限额管理,探索建立境外投资分级管理机制。完善商业养老保险服务国家战略的引导政策和支持实体经济发展的配套政策。

(十四)提升服务质量。制定完善商业养老保险服务标准,构建以保险消费者满意度为核心的服务评价体系。深入推进以客户为中心的运营管理体系建设,运用现代技术手段,促进销售渠道和服务模式创新,为保险消费者提供高效便捷的服务。突出销售、承保、赔付等关键服务环节,着力改进服务质量,提升保险消费者消费体验,巩固培育商业品牌和信誉。

(十五)发展专业机构。提升商业养老保险从业人员职业道德和专业素质,加大专业人才培养和引进力度,完善职业教育。支持符合条件的商业保险机构发起设立商业养老保险机构,拓宽民间资本参与商业养老保险机构投资运营渠道,允许专业能力强、市场信誉度高的境外专业机构投资商业养老保险机构。

(十六)强化监督管理。完善商业养老保险监管政策,加强监督检查,规范商业养老保险市场秩序,强化保险消费者权益保护。落实偿付能力监管制度要求,加强商业养老保险资金运用监管,健全风险监测预警和信息披露机制。督促商业保险机构加强投资能力和风险管控能力建设,强化资产负债匹配管理和风险控制,防范投资运用风险,实现商业养老保险资金保值及合理回报,提升保险保障水平。

六、完善支持政策

（十七）加强组织领导与部门协同。各地区、各有关部门要将加快发展商业养老保险纳入完善养老保障体系和加快发展养老服务业的总体部署，加强沟通配合，创新体制机制，积极研究解决商业养老保险发展中的重大问题。有关部门可根据本意见精神，细化完善配套政策措施。各省（区、市）人民政府可结合实际制定具体实施意见，促进本地区商业养老保险持续健康发展。

（十八）加强投资和财税等政策支持。研究制定商业养老保险服务实体经济的投资支持政策，完善风险保障机制，为商业养老保险资金服务国家战略、投资重大项目、支持民生工程建设提供绿色通道和优先支持。落实好国家支持现代保险服务业和养老服务业发展的税收优惠政策，对商业保险机构一年期以上人身保险保费收入免征增值税。2017年年底前启动个人税收递延型商业养老保险试点。研究制定商业保险机构参与全国社会保障基金投资运营的相关政策。

（十九）完善地方保障支持政策。各省（区、市）人民政府要统筹规划养老服务业发展，鼓励符合条件的商业保险机构投资养老服务业，落实好养老服务设施的用地保障政策。支持商业保险机构依法依规在投资开办的养老机构内设置医院、门诊、康复中心等医疗机构，符合条件的可按规定纳入城乡基本医疗保险定点范围。支持商业保险机构开展住房反向抵押养老保险业务，在房地产交易、登记、公证等机构设立绿色通道，降低收费标准，简化办事程序，提升服务效率。

（二十）营造良好环境。大力普及商业养老保险知识，增强人民群众商业养老保险意识。以商业养老保险满足人民群众多样化养老保障需求为重点，加大宣传力度，积极推广成熟经验。加强保险业诚信体系建设，推动落实守信联合激励和失信联合惩戒机制。强化行业自律，倡导公平竞争合作，为商业养老保险健康发展营造良好环境。

国务院办公厅

2017年6月29日

国务院关于深化改革推进北京市服务业扩大开放综合试点工作方案的批复

国函〔2017〕86号

北京市人民政府、商务部：

　　你们关于深化改革推进北京市服务业扩大开放综合试点的请示收悉。现批复如下：

一、同意在北京市服务业扩大开放综合试点期内继续深化改革推进服务业扩大开放综合试点。原则同意《深化改革推进北京市服务业扩大开放综合试点工作方案》(以下简称《深化试点工作方案》),请认真组织实施。

二、要深入贯彻习近平总书记系列重要讲话精神和治国理政新理念新思想新战略,认真落实党中央、国务院决策部署,紧紧围绕首都城市战略定位、京津冀协同发展战略、构建开放型经济新体制,进一步深化北京市服务业扩大开放综合试点,深入探索服务业开放模式,突出服务业体制机制改革,加快构建与国际规则相衔接的服务业扩大开放基本框架,进一步提升北京现代服务业和服务贸易发展水平,使北京市服务业扩大开放综合试点成为推进供给侧结构性改革和国家全方位主动开放的重要实践,为全面深化改革、探索开放型经济新体制作出新贡献。

三、北京市人民政府要加强对《深化试点工作方案》实施的组织领导,在风险可控的前提下,精心组织,大胆实践,突出重点,努力在放宽服务业市场准入、加快体制机制改革、推动配套支撑体系建设等方面取得新进展、新突破。

四、国务院有关部门要按照职责分工,积极支持北京市深化改革推进服务业扩大开放综合试点,先行试验一些重大的改革开放措施。商务部要会同有关部门加强指导和协调推进,组织开展督查和评估工作,确保《深化试点工作方案》各项改革开放措施落实到位。

五、试点期间,暂时调整实施相关行政法规、国务院文件和经国务院批准的部门规章的部分规定,具体由国务院另行印发。国务院有关部门根据《深化试点工作方案》相应调整本部门制定的规章和规范性文件。试点中的重大问题,北京市人民政府、商务部要及时向国务院请示报告。

附件:1. 深化改革推进北京市服务业扩大开放综合试点工作方案(略——编者注)
2. 北京市服务业扩大开放综合试点新一轮开放措施(略——编者注)

国务院
2017 年 6 月 25 日

国务院关于调整工业产品生产许可证管理目录和试行简化审批程序的决定

国发〔2017〕34 号

各省、自治区、直辖市人民政府,国务院各部委、各直属机构:

经研究论证,国务院决定,进一步调整实施工业产品生产许可证管理的产品目录,取消 19 类工业产品生产许可证管理,将 3 类工业产品由实施生产许可证管理转为实施强制性产品认证管理,将8类工业产品生产许可证管理权限由质检总局下放给省级人民政府质量技术监督部门。调整后,继续实施工业产品生产许可证管理的产品共计38类,其中,由质检总局实施的19类,由省级人民政府质量技术监督部门实施的19类。

对继续实施工业产品生产许可证管理的产品,为提高审批效率、降低企业取证成本,由质检总局按照《中华人民共和国行政许可法》有关规定,组织有关地区和行业试行简化生产许可证审批程序:一是取消发证前产品检验,改由企业提交具有资质的检验检测机构出具的产品检验合格报告。二是后置现场审查,企业提交申请和产品检验合格报告并作出保证产品质量安全的承诺后,经形式审查合格的,可以先领取生产许可证,之后接受现场审查。对通过简化程序取证的企业,在后续的监督检查中,如发现产品检验或生产条件不符合要求的,由发证部门依法撤销生产许可证。

各地区、各相关部门要抓紧做好工业产品生产许可证管理目录调整和试行简化审批程序工作的落实和衔接,加快推进配套法规和制度建设,做好经费保障,完善相关技术标准,稳妥实施相关产品由生产许可证管理转为强制性产品认证管理。要坚持放管结合、并重,加强事中事后监管,按照"双随机、一公开"方式加大抽查力度,增加抽查频次和品种,扩大抽查覆盖面,对此次取消生产许可证管理的产品实现抽查全覆盖。要督促企业落实主体责任,确保工业产品质量安全责任落实到位。国务院将根据试行简化审批程序工作情况,适时修订相关行政法规。

附件:1. 工业产品生产许可证取消、转为实施强制性产品认证管理、下放管理权限的产品目录(共计30类)
  2. 调整后继续实施工业产品生产许可证管理的产品目录(共计38类)

国务院
2017年6月24日

附件1

工业产品生产许可证取消、转为实施强制性产品认证管理、下放管理权限的产品目录(共计30类)

序号	产品名称	目前实施机关	调整情况
1	税控收款机	质检总局	取消
2	抽油设备	质检总局	取消
3	钻井悬吊工具	质检总局	取消
4	防喷器及防喷器控制装置	质检总局	取消
5	电力金具	质检总局	取消

(续表)

序号	产品名称	目前实施机关	调整情况
6	输电线路铁塔	质检总局	取消
7	铜及铜合金管材	质检总局	取消
8	棉花加工机械	质检总局	取消
9	机动脱粒机	质检总局	取消
10	工厂制造型眼镜	质检总局	取消
11	铝、钛合金加工产品	质检总局	取消
12	蓄电池	质检总局	取消
13	橡胶制品	省级人民政府质量技术监督部门	取消
14	电力整流器	省级人民政府质量技术监督部门	取消
15	岩土工程仪器	省级人民政府质量技术监督部门	取消
16	泵	省级人民政府质量技术监督部门	取消
17	电力调度通讯设备	省级人民政府质量技术监督部门	取消
18	水文仪器	省级人民政府质量技术监督部门	取消
19	输水管	省级人民政府质量技术监督部门	取消
20	电热毯	省级人民政府质量技术监督部门	转为实施强制性产品认证管理
21	助力车	省级人民政府质量技术监督部门	转为实施强制性产品认证管理
22	摩托车乘员头盔	省级人民政府质量技术监督部门	转为实施强制性产品认证管理
23	砂轮	质检总局	下放给省级人民政府质量技术监督部门审批发证
24	饲料粉碎机械	质检总局	下放给省级人民政府质量技术监督部门审批发证
25	建筑卷扬机	质检总局	下放给省级人民政府质量技术监督部门审批发证
26	钢丝绳	质检总局	下放给省级人民政府质量技术监督部门审批发证
27	轻小型起重运输设备	质检总局	下放给省级人民政府质量技术监督部门审批发证
28	预应力混凝土用钢材	质检总局	下放给省级人民政府质量技术监督部门审批发证
29	预应力混凝土枕	质检总局	下放给省级人民政府质量技术监督部门审批发证
30	救生设备	质检总局	下放给省级人民政府质量技术监督部门审批发证

附件2

调整后继续实施工业产品生产许可证管理的产品目录（共计38类）

序号	产品名称	实施机关
1	建筑用钢筋	质检总局
2	轴承钢材	质检总局
3	水泥	质检总局
4	人民币鉴别仪	质检总局
5	防伪技术产品	质检总局
6	集成电路卡及集成电路卡读写机	质检总局
7	卫星电视广播地面接收设备	质检总局
8	无线广播电视发射设备	质检总局
9	广播通信铁塔及桅杆	质检总局
10	防爆电气	质检总局
11	燃气器具	质检总局
12	空气压缩机	质检总局
13	港口装卸机械	质检总局
14	摩擦材料及密封制品	质检总局
15	公路桥梁支座	质检总局
16	预应力混凝土铁路桥简支梁	质检总局
17	水工金属结构	质检总局
18	制冷设备	质检总局
19	内燃机	质检总局
20	砂轮	省级人民政府质量技术监督部门
21	饲料粉碎机械	省级人民政府质量技术监督部门
22	建筑卷扬机	省级人民政府质量技术监督部门
23	钢丝绳	省级人民政府质量技术监督部门
24	轻小型起重运输设备	省级人民政府质量技术监督部门

（续表）

序号	产品名称	实施机关
25	预应力混凝土用钢材	省级人民政府质量技术监督部门
26	预应力混凝土枕	省级人民政府质量技术监督部门
27	救生设备	省级人民政府质量技术监督部门
28	特种劳动防护用品	省级人民政府质量技术监督部门
29	电线电缆	省级人民政府质量技术监督部门
30	耐火材料	省级人民政府质量技术监督部门
31	建筑钢管脚手架扣件	省级人民政府质量技术监督部门
32	建筑防水卷材	省级人民政府质量技术监督部门
33	危险化学品	省级人民政府质量技术监督部门
34	危险化学品包装物、容器	省级人民政府质量技术监督部门
35	汽车制动液	省级人民政府质量技术监督部门
36	人造板	省级人民政府质量技术监督部门
37	化肥	省级人民政府质量技术监督部门
38	直接接触食品的材料等相关产品	省级人民政府质量技术监督部门

国务院关于修改《医疗器械监督管理条例》的决定

中华人民共和国国务院令第680号

现公布《国务院关于修改〈医疗器械监督管理条例〉的决定》，自公布之日起施行。

总理　李克强
2017年5月4日

国务院决定对《医疗器械监督管理条例》作如下修改：
一、将第十八条修改为："开展医疗器械临床试验，应当按照医疗器械临床试验质量管理规范的要求，在具备相应条件的临床试验机构进行，并向临床试验提出者所在地省、自治区、直辖市人民政府食品药品监督管理部门备案。接受临床试验备案的食品药品监督管理部门应当将备案情况通报临床试验机构所在地的同级食品药品监督管理部门和卫生计生主管部门。

"医疗器械临床试验机构实行备案管理。医疗器械临床试验机构应当具备的条件及备案管理办法和临床试验质量管理规范，由国务院食品药品监督管理部门会同国务院卫生计生主管部门制定并公布。"

二、将第三十四条第一款、第二款合并，作为第一款："医疗器械使用单位应当有与在用医疗器械品种、数量相适应的贮存场所和条件。医疗器械使用单位应当加强对工作人员的技术培训，按照产品说明书、技术操作规范等要求使用医疗器械。"

增加一款，作为第二款："医疗器械使用单位配置大型医用设备，应当符合国务院卫生计生主管部门制定的大型医用设备配置规划，与其功能定位、临床服务需求相适应，具有相应的技术条件、配套设施和具备相应资质、能力的专业技术人员，并经省级以上人民政府卫生计生主管部门批准，取得大型医用设备配置许可证。"

增加一款，作为第三款："大型医用设备配置管理办法由国务院卫生计生主管部门会同国务院有关部门制定。大型医用设备目录由国务院卫生计生主管部门商国务院有关部门提出，报国务院批准后执行。"

三、将第五十六条第一款、第二款合并，作为第一款："食品药品监督管理部门应当加强对医疗器械生产经营企业和使用单位生产、经营、使用的医疗器械的抽查检验。抽查检验不得收取检验费和其他任何费用，所需费用纳入本级政府预算。省级以上人民政府食品药品监督管理部门应当根据抽查检验结论及时发布医疗器械质量公告。"

增加一款，作为第二款："卫生计生主管部门应当对大型医用设备的使用状况进行监督和评估；发现违规使用以及与大型医用设备相关的过度检查、过度治疗等情形的，应当立即纠正，依法予以处理。"

四、第六十三条增加一款，作为第三款："未经许可擅自配置使用大型医用设备的，由县级以上人民政府卫生计生主管部门责令停止使用，给予警告，没收违法所得；违法所得不足1万元的，并处1万元以上5万元以下罚款；违法所得1万元以上的，并处违法所得5倍以上10倍以下罚款；情节严重的，5年内不受理相关责任人及单位提出的大型医用设备配置许可申请。"

五、将第六十四条第一款修改为："提供虚假资料或者采取其他欺骗手段取得医疗器械注册证、医疗器械生产许可证、医疗器械经营许可证、大型医用设备配置许可证、广告批准文件等许可证件的，由原发证部门撤销已经取得的许可证件，并处5万元以上10万元以下罚款，5年内不受理相关责任人及单位提出的医疗器械许可申请。"

六、第六十六条增加一款，作为第二款："医疗器械经营企业、使用单位履行了本条例规定的进货查验等义务，有充分证据证明其不知道所经营、使用的医疗器械为前款第一项、第三项规定情形的医疗器械，并能如实说明其进货来源的，可以免予处罚，但应当依法没收其经营、使用的不符合法定要求的医疗器械。"

七、第六十八条增加一项，作为第九项："（九）医疗器械使用单位违规使用大型医用设备，不能保障医疗质量安全的"，并将原第九项改为第十项。

八、将第六十九条修改为:"违反本条例规定开展医疗器械临床试验的,由县级以上人民政府食品药品监督管理部门责令改正或者立即停止临床试验,可以处5万元以下罚款;造成严重后果的,依法对直接负责的主管人员和其他直接责任人员给予降级、撤职或者开除的处分;该机构5年内不得开展相关专业医疗器械临床试验。

"医疗器械临床试验机构出具虚假报告的,由县级以上人民政府食品药品监督管理部门处5万元以上10万元以下罚款;有违法所得的,没收违法所得;对直接负责的主管人员和其他直接责任人员,依法给予撤职或者开除的处分;该机构10年内不得开展相关专业医疗器械临床试验。"

九、将第七十三条修改为:"食品药品监督管理部门、卫生计生主管部门及其工作人员应当严格依照本条例规定的处罚种类和幅度,根据违法行为的性质和具体情节行使行政处罚权,具体办法由国务院食品药品监督管理部门、卫生计生主管部门依据各自职责制定。"

十、第七十六条增加规定:"大型医用设备,是指使用技术复杂、资金投入量大、运行成本高、对医疗费用影响大且纳入目录管理的大型医疗器械。"

本决定自公布之日起施行。

《医疗器械监督管理条例》根据本决定作相应修改,重新公布。

汽车销售管理办法

商务部令2017年第1号

《汽车销售管理办法》已经2017年2月20日商务部第92次部务会议审议通过,现予公布,自2017年7月1日起施行。经商发展改革委、工商总局同意,《汽车品牌销售管理实施办法》(商务部、发展改革委、工商总局令2005年第10号)同时废止。

部长 钟山

2017年4月5日

汽车销售管理办法

第一章 总 则

第一条 为促进汽车市场健康发展,维护公平公正的市场秩序,保护消费者合法权益,根据国家有关法律、行政法规,制定本办法。

第二条 在中华人民共和国境内从事汽车销售及其相关服务活动,适用本办法。

从事汽车销售及其相关服务活动应当遵循合法、自愿、公平、诚信的原则。

第三条 本办法所称汽车,是指《汽车和挂车类型的术语和定义》(GB/T 3730.1)定义的汽车,且在境内未办理注册登记的新车。

第四条 国家鼓励发展共享型、节约型、社会化的汽车销售和售后服务网络,加快城乡一体的汽车销售和售后服务网络建设,加强新能源汽车销售和售后服务网络建设,推动汽车流通模式创新。

第五条 在境内销售汽车的供应商、经销商,应当建立完善汽车销售和售后服务体系,保证相应的配件供应,提供及时、有效的售后服务,严格遵守家用汽车产品"三包"、召回等规定,确保消费者合法权益。

第六条 本办法所称供应商,是指为经销商提供汽车资源的境内生产企业或接受境内生产企业转让销售环节权益并进行分销的经营者以及从境外进口汽车的经营者。

本办法所称经销商,是指获得汽车资源并进行销售的经营者。

本办法所称售后服务商,是指汽车销售后提供汽车维护、修理等服务活动的经营者。

第七条 国务院商务主管部门负责制定全国汽车销售及其相关服务活动的政策规章,对地方商务主管部门的监督管理工作进行指导、协调和监督。

县级以上地方商务主管部门依据本办法对本行政区域内汽车销售及其相关服务活动进行监督管理。

第八条 汽车行业协会、商会应当制定行业规范,提供信息咨询、宣传培训等服务,开展行业监测和预警分析,加强行业自律。

第二章 销售行为规范

第九条 供应商、经销商销售汽车、配件及其他相关产品应当符合国家有关规定和标准,不得销售国家法律、法规禁止交易的产品。

第十条 经销商应当在经营场所以适当形式明示销售汽车、配件及其他相关产品的价格和各项服务收费标准,不得在标价之外加价销售或收取额外费用。

第十一条 经销商应当在经营场所明示所出售的汽车产品质量保证、保修服务及消费者需知悉的其他售后服务政策,出售家用汽车产品的经销商还应当在经营场所明示家用汽车产品的"三包"信息。

第十二条 经销商出售未经供应商授权销售的汽车,或者未经境外汽车生产企业授权销售的进口汽车,应当以书面形式向消费者作出提醒和说明,并书面告知向消费者承担相关责任的主体。

未经供应商授权或者授权终止的,经销商不得以供应商授权销售汽车的名义从事经营活动。

第十三条 售后服务商应当向消费者明示售后服务的技术、质量和服务规范。

第十四条 供应商、经销商不得限定消费者户籍所在地,不得对消费者限定汽车配件、用品、金融、保险、救援等产品的提供商和售后服务商,但家用汽车产品"三包"服务、召回等由供应商承担费用时使用的配件和服务除外。

经销商销售汽车时不得强制消费者购买保险或者强制为其提供代办车辆注册登记等服务。

第十五条 经销商向消费者销售汽车时,应当核实登记消费者的有效身份证明,签订销售合同,并如实开具销售发票。

第十六条 供应商、经销商应当在交付汽车的同时交付以下随车凭证和文件,并保证车辆配置表述与实物配置相一致:

(一)国产汽车的机动车整车出厂合格证;

(二)使用国产底盘改装汽车的机动车底盘出厂合格证;

(三)进口汽车的货物进口证明和进口机动车检验证明等材料;

(四)车辆一致性证书,或者进口汽车产品特殊认证模式检验报告;

(五)产品中文使用说明书;

(六)产品保修、维修保养手册;

(七)家用汽车产品"三包"凭证。

第十七条 经销商、售后服务商销售或者提供配件应当如实标明原厂配件、质量相当配件、再制造件、回用件等,明示生产商(进口产品为进口商)、生产日期、适配车型等信息,向消费者销售或者提供原厂配件以外的其他配件时,应当予以提醒和说明。

列入国家强制性产品认证目录的配件,应当取得国家强制性产品认证并加施认证标志后方可销售或者在售后服务经营活动中使用,依据国家有关规定允许办理免于国家强制性产品认证的除外。

本办法所称原厂配件,是指汽车生产商提供或认可的,使用汽车生产商品牌或其认可品牌,按照车辆组装零部件规格和产品标准制造的零部件。

本办法所称质量相当配件,是指未经汽车生产商认可的,由配件生产商生产的,且性能和质量达到原厂配件相关技术标准要求的零部件。

本办法所称再制造件,是指旧汽车零部件经过再制造技术、工艺生产后,性能和质量达到原型新品要求的零部件。

本办法所称回用件,是指从报废汽车上拆解或维修车辆上替换的能够继续使用的零部件。

第十八条 供应商、经销商应当建立健全消费者投诉制度,明确受理消费者投诉的具体部门和人员,并向消费者明示投诉渠道。投诉的受理、转交以及处理情况应当自收到投诉之日起7个工作日内通知投诉的消费者。

第三章 销售市场秩序

第十九条 供应商采取向经销商授权方式销售汽车的,授权期限(不含店铺建设期)一般每次不低于3年,首次授权期限一般不低于5年。双方协商一致的,可以提前解除授权合同。

第二十条 供应商应当向经销商提供相应的营销、宣传、售后服务、技术服务等业务培训及技术支持。

供应商、经销商应当在本企业网站或经营场所公示与其合作的售后服务商名单。

第二十一条 供应商不得限制配件生产商(进口产品为进口商)的销售对象,不得限制经销商、售后服务商转售配件,有关法律法规规章及其配套的规范性文件另有规定的除外。

供应商应当及时向社会公布停产或者停止销售的车型,并保证其后至少10年的配件供应以及相应的售后服务。

第二十二条 未违反合同约定被供应商解除授权的,经销商有权要求供应商按不低于双方认可的第三方评估机构的评估价格收购其销售、检测和维修等设施设备,并回购相关库存车辆和配件。

第二十三条 供应商发生变更时,应当妥善处理相关事宜,确保经销商和消费者的合法权益。

经销商不再经营供应商产品的,应当将客户、车辆资料和维修历史记录在授权合同终止后30日内移交给供应商,不得实施有损于供应商品牌形象的行为;家用汽车产品经销商不再经营供应商产品时,应当及时通知消费者,在供应商的配合下变更承担"三包"责任的经销商。供应商、承担"三包"责任的经销商应当保证为消费者继续提供相应的售后服务。

第二十四条 供应商可以要求经销商为本企业品牌汽车设立单独展区,满足经营需要和维护品牌形象的基本功能,但不得对经销商实施下列行为:

(一)要求同时具备销售、售后服务等功能;

(二)规定整车、配件库存品种或数量,或者规定汽车销售数量,但双方在签署授权合同或合同延期时就上述内容书面达成一致的除外;

(三)限制经营其他供应商商品;

(四)限制为其他供应商的汽车提供配件及其他售后服务;

(五)要求承担以汽车供应商名义实施的广告、车展等宣传推广费用,或者限定广告宣传方式和媒体;

(六)限定不合理的经营场地面积、建筑物结构以及有偿设计单位、建筑单位、建筑材料、通用设备以及办公设施的品牌或者供应商;

(七)搭售未订购的汽车、配件及其他商品;

(八)干涉经销商人力资源和财务管理以及其他属于经销商自主经营范围内的活动;

(九)限制本企业汽车产品经销商之间相互转售。

第二十五条 供应商制定或实施营销奖励等商务政策应当遵循公平、公正、透明的原则。

供应商应当向经销商明确商务政策的主要内容,对于临时性商务政策,应当提前以双方约定的方式告知;对于被解除授权的经销商,应当维护经销商在授权期间应有的权益,不得拒绝或延迟支付销售返利。

第二十六条 除双方合同另有约定外,供应商在经销商获得授权销售区域内不得向消费者直接销售汽车。

第四章 监督管理

第二十七条 供应商、经销商应当自取得营业执照之日起90日内通过国务院商务主管部门全国汽车流通信息管理系统备案基本信息。供应商、经销商备案的基本信息发生变更的,应当自信息变更之日起30日内完成信息更新。

本办法实施以前已设立的供应商、经销商应当自本办法实施之日起90日内按前款规定备案基本信息。

供应商、经销商应当按照国务院商务主管部门的要求,及时通过全国汽车流通信息管理系统报送汽车销售数量、种类等信息。

第二十八条 经销商应当建立销售汽车、用户等信息档案,准确、及时地反映本区域销售动态、用户要求和其他相关信息。汽车销售、用户等信息档案保存期不得少于10年。

第二十九条 县级以上地方商务主管部门应当依据职责,采取"双随机"办法对汽车销售及其相关服务活动实施日常监督检查。

监督检查可以采取下列措施:

(一)进入供应商、经销商从事经营活动的场所进行现场检查;

(二)询问与监督检查事项有关的单位和个人,要求其说明情况;

(三)查阅、复制有关文件、资料,检查相关数据信息系统及复制相关信息数据;

(四)依据国家有关规定采取的其他措施。

第三十条 县级以上地方商务主管部门应当会同有关部门建立企业信用记录,纳入全国统一的信用信息共享交换平台。对供应商、经销商有关违法违规行为依法作出处理决定的,应当录入信用档案,并及时向社会公布。

第三十一条 供应商、经销商应当配合政府有关部门开展走私、盗抢、非法拼装等嫌疑车辆调查,提供车辆相关信息。

第五章 法律责任

第三十二条 违反本办法第十条、第十二条、第十四条、第十七条第一款、第二十一条、第二十三条第二款、第二十四条、第二十五条、第二十六条有关规定的,由县级以上地方商务主管部门责令改正,并可给予警告或3万元以下罚款。

第三十三条 违反本办法第十一条、第十五条、第十八条、第二十条第二款、第二十七条、第二十八条有关规定的,由县级以上地方商务主管部门责令改正,并可给予警告或1万元以下罚款。

第三十四条 县级以上商务主管部门的工作人员在汽车销售及其相关服务活动监督管理工作中滥用职权、玩忽职守、徇私舞弊的,依法给予处分;构成犯罪的,依法追究刑事责任。

第六章 附 则

第三十五条 省级商务主管部门可结合本地区实际情况制定本办法的实施细则,并报国务院商务主管部门备案。

第三十六条 供应商通过平行进口方式进口汽车按照平行进口相关规定办理。

第三十七条 本办法自 2017 年 7 月 1 日起施行。

《外商投资民用航空业规定》的补充规定(六)

交通运输部、商务部、发展和改革委员会令 2017 年第 6 号

《〈外商投资民用航空业规定〉的补充规定(六)》已于 2016 年 11 月 21 日经第 26 次部务会议通过,现予公布,自 2017 年 5 月 1 日起施行。

交通运输部部长　李小鹏
商务部部长　钟　山
发展和改革委员会主任　何立峰
2017 年 4 月 1 日

《外商投资民用航空业规定》的补充规定(六)

根据《内地与香港〈关于建立更紧密经贸关系的安排〉服务贸易协议》及《内地与澳门〈关于建立更紧密经贸关系的安排〉服务贸易协议》(简称《CEPA 服贸协议》)、《国务院关于在内地对香港、澳门服务提供者暂时调整有关行政审批和准入特别管理措施的决定》(国发〔2016〕32 号)以及《国务院关于在自由贸易试验区暂时调整有关行政法规、国务院文件和经国务院批准的部门规章规定的决定》(国发〔2016〕41 号),现对《外商投资民用航空业规定》(民航总局、外经贸部、国家计委令第 110 号)作如下补充规定:

一、允许香港、澳门服务提供者独资投资飞机维修、航空食品、航空货运仓储、停车场和地面服务项目(不包括与安保有关的项目)。取消香港、澳门服务提供者设立合资计算机订座系统(CRS)企业的营业许可需进行经济需求测试的要求。

本规定中的香港、澳门服务提供者应分别符合《内地与香港〈关于建立更紧密经贸关系的安排〉服务贸易协议》及《内地与澳门〈关于建立更紧密经贸关系的安排〉服务贸易协议》中关于"服务提供者"定义及相关规定的要求。

二、在上海等自贸试验区范围内允许外商以独资形式投资设立航空运输销售代理企业;允许外商以独资形式投资设立航空货运仓储、地面服务、航空食品、停车场项目;放宽外商投资通用飞机维修由中方控股的限制,允许外商以合资合作形式投资通用飞机维修项目;取消外商投资飞机维修承揽国际维修市场业务的义务要求。

三、本决定自2017年5月1日起施行。

农药管理条例

中华人民共和国国务院令第677号

《农药管理条例》已经2017年2月8日国务院第164次常务会议修订通过,现将修订后的《农药管理条例》公布,自2017年6月1日起施行。

总理　李克强

2017年3月16日

农药管理条例

第一章　总　　则

第一条　为了加强农药管理,保证农药质量,保障农产品质量安全和人畜安全,保护农业、林业生产和生态环境,制定本条例。

第二条　本条例所称农药,是指用于预防、控制危害农业、林业的病、虫、草、鼠和其他有害生物以及有目的地调节植物、昆虫生长的化学合成或者来源于生物、其他天然物质的一种物质或者几种物质的混合物及其制剂。

前款规定的农药包括用于不同目的、场所的下列各类:

(一)预防、控制危害农业、林业的病、虫(包括昆虫、蜱、螨)、草、鼠、软体动物和其他有害生物;

(二)预防、控制仓储以及加工场所的病、虫、鼠和其他有害生物;

(三)调节植物、昆虫生长;

(四)农业、林业产品防腐或者保鲜;

(五)预防、控制蚊、蝇、蜚蠊、鼠和其他有害生物;

(六)预防、控制危害河流堤坝、铁路、码头、机场、建筑物和其他场所的有害生物。

第三条　国务院农业主管部门负责全国的农药监督管理工作。

县级以上地方人民政府农业主管部门负责本行政区域的农药监督管理工作。

县级以上人民政府其他有关部门在各自职责范围内负责有关的农药监督管理工作。

第四条 县级以上地方人民政府应当加强对农药监督管理工作的组织领导,将农药监督管理经费列入本级政府预算,保障农药监督管理工作的开展。

第五条 农药生产企业、农药经营者应当对其生产、经营的农药的安全性、有效性负责,自觉接受政府监管和社会监督。

农药生产企业、农药经营者应当加强行业自律,规范生产、经营行为。

第六条 国家鼓励和支持研制、生产、使用安全、高效、经济的农药,推进农药专业化使用,促进农药产业升级。

对在农药研制、推广和监督管理等工作中作出突出贡献的单位和个人,按照国家有关规定予以表彰或者奖励。

第二章 农药登记

第七条 国家实行农药登记制度。农药生产企业、向中国出口农药的企业应当依照本条例的规定申请农药登记,新农药研制者可以依照本条例的规定申请农药登记。

国务院农业主管部门所属的负责农药检定工作的机构负责农药登记具体工作。省、自治区、直辖市人民政府农业主管部门所属的负责农药检定工作的机构协助做好本行政区域的农药登记具体工作。

第八条 国务院农业主管部门组织成立农药登记评审委员会,负责农药登记评审。

农药登记评审委员会由下列人员组成:

(一)国务院农业、林业、卫生、环境保护、粮食、工业行业管理、安全生产监督管理等有关部门和供销合作总社等单位推荐的农药产品化学、药效、毒理、残留、环境、质量标准和检测等方面的专家;

(二)国家食品安全风险评估专家委员会的有关专家;

(三)国务院农业、林业、卫生、环境保护、粮食、工业行业管理、安全生产监督管理等有关部门和供销合作总社等单位的代表。

农药登记评审规则由国务院农业主管部门制定。

第九条 申请农药登记的,应当进行登记试验。

农药的登记试验应当报所在地省、自治区、直辖市人民政府农业主管部门备案。

新农药的登记试验应当向国务院农业主管部门提出申请。国务院农业主管部门应当自受理申请之日起40个工作日内对试验的安全风险及其防范措施进行审查,符合条件的,准予登记试验;不符合条件的,书面通知申请人并说明理由。

第十条 登记试验应当由国务院农业主管部门认定的登记试验单位按照国务院农业主管部门的规定进行。

与已取得中国农药登记的农药组成成分、使用范围和使用方法相同的农药,免予残留、环境试验,但已取得中国农药登记的农药依照本条例第十五条的规定在登记资料保护期内的,应当经农药登记证持有人授权同意。

登记试验单位应当对登记试验报告的真实性负责。

第十一条 登记试验结束后,申请人应当向所在地省、自治区、直辖市人民政府农业主管部门提出农药登记申请,并提交登记试验报告、标签样张和农药产品质量标准及其检验方法等申请资料;申请新农药登记的,还应当提供农药标准品。

省、自治区、直辖市人民政府农业主管部门应当自受理申请之日起20个工作日内提出初审意见,并报送国务院农业主管部门。

向中国出口农药的企业申请农药登记的,应当持本条第一款规定的资料、农药标准品以及在有关国家(地区)登记、使用的证明材料,向国务院农业主管部门提出申请。

第十二条 国务院农业主管部门受理申请或者收到省、自治区、直辖市人民政府农业主管部门报送的申请资料后,应当组织审查和登记评审,并自收到评审意见之日起20个工作日内作出审批决定,符合条件的,核发农药登记证;不符合条件的,书面通知申请人并说明理由。

第十三条 农药登记证应当载明农药名称、剂型、有效成分及其含量、毒性、使用范围、使用方法和剂量、登记证持有人、登记证号以及有效期等事项。

农药登记证有效期为5年。有效期届满,需要继续生产农药或者向中国出口农药的,农药登记证持有人应当在有效期届满90日前向国务院农业主管部门申请延续。

农药登记证载明事项发生变化的,农药登记证持有人应当按照国务院农业主管部门的规定申请变更农药登记证。

国务院农业主管部门应当及时公告农药登记证核发、延续、变更情况以及有关的农药产品质量标准号、残留限量规定、检验方法、经核准的标签等信息。

第十四条 新农药研制者可以转让其已取得登记的新农药的登记资料;农药生产企业可以向具有相应生产能力的农药生产企业转让其已取得登记的农药的登记资料。

第十五条 国家对取得首次登记的、含有新化合物的农药的申请人提交的其自己所取得且未披露的试验数据和其他数据实施保护。

自登记之日起6年内,对其他申请人未经已取得登记的申请人同意,使用前款规定的数据申请农药登记的,登记机关不予登记;但是,其他申请人提交其自己所取得的数据的除外。

除下列情况外,登记机关不得披露本条第一款规定的数据:

(一)公共利益需要;

(二)已采取措施确保该类信息不会被不正当地进行商业使用。

第三章 农药生产

第十六条 农药生产应当符合国家产业政策。国家鼓励和支持农药生产企业采用先进技术和先进管理规范,提高农药的安全性、有效性。

第十七条 国家实行农药生产许可制度。农药生产企业应当具备下列条件,并按照国务院农业主管部门的规定向省、自治区、直辖市人民政府农业主管部门申请农药生产许可证:

(一)有与所申请生产农药相适应的技术人员;

(二)有与所申请生产农药相适应的厂房、设施;

(三)有对所申请生产农药进行质量管理和质量检验的人员、仪器和设备;

(四)有保证所申请生产农药质量的规章制度。

省、自治区、直辖市人民政府农业主管部门应当自受理申请之日起20个工作日内作出审批决定,必要时应当进行实地核查。符合条件的,核发农药生产许可证;不符合条件的,书面通知申请人并说明理由。

安全生产、环境保护等法律、行政法规对企业生产条件有其他规定的,农药生产企业还应当遵守其规定。

第十八条 农药生产许可证应当载明农药生产企业名称、住所、法定代表人(负责人)、生产范围、生产地址以及有效期等事项。

农药生产许可证有效期为5年。有效期届满,需要继续生产农药的,农药生产企业应当在有效期届满90日前向省、自治区、直辖市人民政府农业主管部门申请延续。

农药生产许可证载明事项发生变化的,农药生产企业应当按照国务院农业主管部门的规定申请变更农药生产许可证。

第十九条 委托加工、分装农药的,委托人应当取得相应的农药登记证,受托人应当取得农药生产许可证。

委托人应当对委托加工、分装的农药质量负责。

第二十条 农药生产企业采购原材料,应当查验产品质量检验合格证和有关许可证明文件,不得采购、使用未依法附具产品质量检验合格证、未依法取得有关许可证明文件的原材料。

农药生产企业应当建立原材料进货记录制度,如实记录原材料的名称、有关许可证明文件编号、规格、数量、供货人名称及其联系方式、进货日期等内容。原材料进货记录应当保存2年以上。

第二十一条 农药生产企业应当严格按照产品质量标准进行生产,确保农药产品与登记农药一致。农药出厂销售,应当经质量检验合格并附具产品质量检验合格证。

农药生产企业应当建立农药出厂销售记录制度,如实记录农药的名称、规格、数量、生产日期和批号、产品质量检验信息、购货人名称及其联系方式、销售日期等内容。农药出厂销售记录应当保存2年以上。

第二十二条 农药包装应当符合国家有关规定,并印制或者贴有标签。国家鼓励农药生产企业使用可回收的农药包装材料。

农药标签应当按照国务院农业主管部门的规定,以中文标注农药的名称、剂型、有效成分及其含量、毒性及其标识、使用范围、使用方法和剂量、使用技术要求和注意事项、生产日期、可追溯电子信息码等内容。

剧毒、高毒农药以及使用技术要求严格的其他农药等限制使用农药的标签还应当标注"限制使用"字样,并注明使用的特别限制和特殊要求。用于食用农产品的农药的标签还应当标注安全间隔期。

第二十三条 农药生产企业不得擅自改变经核准的农药的标签内容,不得在农药的标签中标注虚假、误导使用者的内容。

农药包装过小,标签不能标注全部内容的,应当同时附具说明书,说明书的内容应当与经核准的标签内容一致。

第四章 农药经营

第二十四条 国家实行农药经营许可制度,但经营卫生用农药的除外。农药经营者应当具备下列条件,并按照国务院农业主管部门的规定向县级以上地方人民政府农业主管部门申请农药经营许可证:

(一)有具备农药和病虫害防治专业知识,熟悉农药管理规定,能够指导安全合理使用农药的经营人员;

(二)有与其他商品以及饮用水水源、生活区域等有效隔离的营业场所和仓储场所,并配备与所申请经营农药相适应的防护设施;

(三)有与所申请经营农药相适应的质量管理、台账记录、安全防护、应急处置、仓储管理等制度。

经营限制使用农药的,还应当配备相应的用药指导和病虫害防治专业技术人员,并按照所在地省、自治区、直辖市人民政府农业主管部门的规定实行定点经营。

县级以上地方人民政府农业主管部门应当自受理申请之日起20个工作日内作出审批决定。符合条件的,核发农药经营许可证;不符合条件的,书面通知申请人并说明理由。

第二十五条 农药经营许可证应当载明农药经营者名称、住所、负责人、经营范围以及有效期等事项。

农药经营许可证有效期为5年。有效期届满,需要继续经营农药的,农药经营者应当在有效期届满90日前向发证机关申请延续。

农药经营许可证载明事项发生变化的,农药经营者应当按照国务院农业主管部门的规定申请变更农药经营许可证。

取得农药经营许可证的农药经营者设立分支机构的,应当依法申请变更农药经营许可证,并向分支机构所在地县级以上地方人民政府农业主管部门备案,其分支机构免予办理农药经营许可证。农药经营者应当对其分支机构的经营活动负责。

第二十六条 农药经营者采购农药应当查验产品包装、标签、产品质量检验合格证以及有关许可证明文件,不得向未取得农药生产许可证的农药生产企业或者未取得农药经营许可证的其他农药经营者采购农药。

农药经营者应当建立采购台账,如实记录农药的名称、有关许可证明文件编号、规格、数量、生产企业和供货人名称及其联系方式、进货日期等内容。采购台账应当保存2年以上。

第二十七条 农药经营者应当建立销售台账,如实记录销售农药的名称、规格、数量、生产企业、购买人、销售日期等内容。销售台账应当保存2年以上。

农药经营者应当向购买人询问病虫害发生情况并科学推荐农药,必要时应当实地查看病虫害发生情况,并正确说明农药的使用范围、使用方法和剂量、使用技术要求和注意事项,不得误导购买人。

经营卫生用农药的,不适用本条第一款、第二款的规定。

第二十八条 农药经营者不得加工、分装农药,不得在农药中添加任何物质,不得采购、销售包装和标签不符合规定,未附具产品质量检验合格证,未取得有关许可证明文件的农药。

经营卫生用农药的,应当将卫生用农药与其他商品分柜销售;经营其他农药的,不得在农药经营场所内经营食品、食用农产品、饲料等。

第二十九条 境外企业不得直接在中国销售农药。境外企业在中国销售农药的,应当依法在中国设立销售机构或者委托符合条件的中国代理机构销售。

向中国出口的农药应当附具中文标签、说明书,符合产品质量标准,并经出入境检验检疫部门依法检验合格。禁止进口未取得农药登记证的农药。

办理农药进出口海关申报手续,应当按照海关总署的规定出示相关证明文件。

第五章 农药使用

第三十条 县级以上人民政府农业主管部门应当加强农药使用指导、服务工作,建立健全农药安全、合理使用制度,并按照预防为主、综合防治的要求,组织推广农药科学使用技术,规范农药使用行为。林业、粮食、卫生等部门应当加强对林业、储粮、卫生用农药安全、合理使用的技术指导,环境保护主管部门应当加强对农药使用过程中环境保护和污染防治的技术指导。

第三十一条 县级人民政府农业主管部门应当组织植物保护、农业技术推广等机构向农药使用者提供免费技术培训,提高农药安全、合理使用水平。

国家鼓励农业科研单位、有关学校、农民专业合作社、供销合作社、农业社会化服务组织和专业人员为农药使用者提供技术服务。

第三十二条 国家通过推广生物防治、物理防治、先进施药器械等措施,逐步减少农药使用量。

县级人民政府应当制定并组织实施本行政区域的农药减量计划;对实施农药减量计划、自愿减少农药使用量的农药使用者,给予鼓励和扶持。

县级人民政府农业主管部门应当鼓励和扶持设立专业化病虫害防治服务组织,并对专业化病虫害防治和限制使用农药的配药、用药进行指导、规范和管理,提高病虫害防治水平。

县级人民政府农业主管部门应当指导农药使用者有计划地轮换使用农药,减缓危害农业、林业的病、虫、草、鼠和其他有害生物的抗药性。

乡、镇人民政府应当协助开展农药使用指导、服务工作。

第三十三条 农药使用者应当遵守国家有关农药安全、合理使用制度,妥善保管农药,并在配药、用药过程中采取必要的防护措施,避免发生农药使用事故。

限制使用农药的经营者应当为农药使用者提供用药指导,并逐步提供统一用药服务。

第三十四条 农药使用者应当严格按照农药的标签标注的使用范围、使用方法和剂量、使用技术要求和注意事项使用农药,不得扩大使用范围、加大用药剂量或者改变使用方法。

农药使用者不得使用禁用的农药。

标签标注安全间隔期的农药,在农产品收获前应当按照安全间隔期的要求停止使用。

剧毒、高毒农药不得用于防治卫生害虫,不得用于蔬菜、瓜果、茶叶、菌类、中草药材的生产,不得用于水生植物的病虫害防治。

第三十五条 农药使用者应当保护环境,保护有益生物和珍稀物种,不得在饮用水水源保护区、河道内丢弃农药、农药包装物或者清洗施药器械。

严禁在饮用水水源保护区内使用农药,严禁使用农药毒鱼、虾、鸟、兽等。

第三十六条 农产品生产企业、食品和食用农产品仓储企业、专业化病虫害防治服务组织和从事农产品生产的农民专业合作社等应当建立农药使用记录,如实记录使用农药的时间、地点、对象以及农药名称、用量、生产企业等。农药使用记录应当保存2年以上。

国家鼓励其他农药使用者建立农药使用记录。

第三十七条 国家鼓励农药使用者妥善收集农药包装物等废弃物;农药生产企业、农药经营者应当回收农药废弃物,防止农药污染环境和农药中毒事故的发生。具体办法由国务院环境保护主管部门会同国务院农业主管部门、国务院财政部门等部门制定。

第三十八条 发生农药使用事故,农药使用者、农药生产企业、农药经营者和其他有关人员应当及时报告当地农业主管部门。

接到报告的农业主管部门应当立即采取措施,防止事故扩大,同时通知有关部门采取相应措施。造成农药中毒事故的,由农业主管部门和公安机关依照职责权限组织调查处理,卫生主管部门应当按照国家有关规定立即对受到伤害的人员组织医疗救治;造成环境污染事故的,由环境保护等有关部门依法组织调查处理;造成储粮药剂使用事故和农作物药害事故的,分别由粮食、农业等部门组织技术鉴定和调查处理。

第三十九条 因防治突发重大病虫害等紧急需要,国务院农业主管部门可以决定临时生产、使用规定数量的未取得登记或者禁用、限制使用的农药,必要时应当会同国务院对外贸易主管部门决定临时限制出口或者临时进口规定数量、品种的农药。

前款规定的农药,应当在使用地县级人民政府农业主管部门的监督和指导下使用。

第六章 监督管理

第四十条 县级以上人民政府农业主管部门应当定期调查统计农药生产、销售、使用情况,并及时通报本级人民政府有关部门。

县级以上地方人民政府农业主管部门应当建立农药生产、经营诚信档案并予以公布;发现违法生产、经营农药的行为涉嫌犯罪的,应当依法移送公安机关查处。

第四十一条 县级以上人民政府农业主管部门履行农药监督管理职责,可以依法采取下列措施:

(一)进入农药生产、经营、使用场所实施现场检查;

(二)对生产、经营、使用的农药实施抽查检测;

(三)向有关人员调查了解有关情况;

(四)查阅、复制合同、票据、账簿以及其他有关资料;

(五)查封、扣押违法生产、经营、使用的农药,以及用于违法生产、经营、使用农药的工具、设备、原材料等;

(六)查封违法生产、经营、使用农药的场所。

第四十二条 国家建立农药召回制度。农药生产企业发现其生产的农药对农业、林业、人畜安全、农产品质量安全、生态环境等有严重危害或者较大风险的,应当立即停止生产,通知有关经营者和使用者,向所在地农业主管部门报告,主动召回产品,并记录通知和召回情况。

农药经营者发现其经营的农药有前款规定的情形的,应当立即停止销售,通知有关生产企业、供货人和购买人,向所在地农业主管部门报告,并记录停止销售和通知情况。

农药使用者发现其使用的农药有本条第一款规定的情形的,应当立即停止使用,通知经营者,并向所在地农业主管部门报告。

第四十三条 国务院农业主管部门和省、自治区、直辖市人民政府农业主管部门应当组织负责农药检定工作的机构、植物保护机构对已登记农药的安全性和有效性进行监测。

发现已登记农药对农业、林业、人畜安全、农产品质量安全、生态环境等有严重危害或者较大风险的,国务院农业主管部门应当组织农药登记评审委员会进行评审,根据评审结果撤销、变更相应的农药登记证,必要时应当决定禁用或者限制使用并予以公告。

第四十四条 有下列情形之一的,认定为假农药:

(一)以非农药冒充农药;

(二)以此种农药冒充他种农药;

(三)农药所含有效成分种类与农药的标签、说明书标注的有效成分不符。

禁用的农药,未依法取得农药登记证而生产、进口的农药,以及未附具标签的农药,按照假农药处理。

第四十五条 有下列情形之一的,认定为劣质农药:

(一)不符合农药产品质量标准;

(二)混有导致药害等有害成分。

超过农药质量保证期的农药,按照劣质农药处理。

第四十六条 假农药、劣质农药和回收的农药废弃物等应当交由具有危险废物经营资质的单位集中处置,处置费用由相应的农药生产企业、农药经营者承担;农药生产企业、农药经营者不明确的,处置费用由所在地县级人民政府财政列支。

第四十七条 禁止伪造、变造、转让、出租、出借农药登记证、农药生产许可证、农药经营许可证等许可证明文件。

第四十八条 县级以上人民政府农业主管部门及其工作人员和负责农药检定工作的机构及其工作人员,不得参与农药生产、经营活动。

第七章 法律责任

第四十九条 县级以上人民政府农业主管部门及其工作人员有下列行为之一的,由本级人民政府责令改正;对负有责任的领导人员和直接责任人员,依法给予处分;负有责任的领导人员和直接责任人员构成犯罪的,依法追究刑事责任:

(一)不履行监督管理职责,所辖行政区域的违法农药生产、经营活动造成重大损失或者恶劣社会影响;

(二)对不符合条件的申请人准予许可或者对符合条件的申请人拒不准予许可;

(三)参与农药生产、经营活动;

(四)有其他徇私舞弊、滥用职权、玩忽职守行为。

第五十条 农药登记评审委员会组成人员在农药登记评审中谋取不正当利益的,由国务院农业主管部门从农药登记评审委员会除名;属于国家工作人员的,依法给予处分;构成犯罪的,依法追究刑事责任。

第五十一条 登记试验单位出具虚假登记试验报告的,由省、自治区、直辖市人民政府农业主管部门没收违法所得,并处5万元以上10万元以下罚款;由国务院农业主管部门从登记试验单位中除名,5年内不再受理其登记试验单位认定申请;构成犯罪的,依法追究刑事责任。

第五十二条 未取得农药生产许可证生产农药或者生产假农药的,由县级以上地方人民政府农业主管部门责令停止生产,没收违法所得、违法生产的产品和用于违法生产的工具、设备、原材料等,违法生产的产品货值金额不足1万元的,并处5万元以上10万元以下罚款,货值金额1万元以上的,并处货值金额10倍以上20倍以下罚款,由发证机关吊销农药生产许可证和相应的农药登记证;构成犯罪的,依法追究刑事责任。

取得农药生产许可证的农药生产企业不再符合规定条件继续生产农药的,由县级以上地方人民政府农业主管部门责令限期整改;逾期拒不整改或者整改后仍不符合规定条件的,由发证机关吊销农药生产许可证。

农药生产企业生产劣质农药的,由县级以上地方人民政府农业主管部门责令停止生产,没收违法所得、违法生产的产品和用于违法生产的工具、设备、原材料等,违法生产的产品货值金额不足1万元的,并处1万元以上5万元以下罚款,货值金额1万元以上的,并处货值金额5倍以上10倍以下罚款;情节严重的,由发证机关吊销农药生产许可证和相应的农药登记证;构成犯罪的,依法追究刑事责任。

委托未取得农药生产许可证的受托人加工、分装农药,或者委托加工、分装假农药、劣质农药的,对委托人和受托人均依照本条第一款、第三款的规定处罚。

第五十三条 农药生产企业有下列行为之一的,由县级以上地方人民政府农业主管部门责令改正,没收违法所得、违法生产的产品和用于违法生产的原材料等,违法生产的产品货值金额不足1万元的,并处1万元以上2万元以下罚款,货值金额1万元以上的,并处货值金额2倍以上5倍以下罚款;拒不改正或者情节严重的,由发证机关吊销农药生产许可证和相应的农药登记证:

(一)采购、使用未依法附具产品质量检验合格证、未依法取得有关许可证明文件的原材料;

(二)出厂销售未经质量检验合格并附具产品质量检验合格证的农药;

(三)生产的农药包装、标签、说明书不符合规定;

(四)不召回依法应当召回的农药。

第五十四条 农药生产企业不执行原材料进货、农药出厂销售记录制度,或者不履行农药废弃物回收义务的,由县级以上地方人民政府农业主管部门责令改正,处1万元以上5万元以下罚款;拒不改正或者情节严重的,由发证机关吊销农药生产许可证和相应的农药登记证。

第五十五条 农药经营者有下列行为之一的,由县级以上地方人民政府农业主管部门责令停止经营,没收违法所得、违法经营的农药和用于违法经营的工具、设备等,违法经营的农药货值金额不足1万元的,并处5000元以上5万元以下罚款,货值金额1万元以上的,并处货值金额5倍以上10倍以下罚款;构成犯罪的,依法追究刑事责任:

（一）违反本条例规定,未取得农药经营许可证经营农药;

（二）经营假农药;

（三）在农药中添加物质。

有前款第二项、第三项规定的行为,情节严重的,还应当由发证机关吊销农药经营许可证。

取得农药经营许可证的农药经营者不再符合规定条件继续经营农药的,由县级以上地方人民政府农业主管部门责令限期整改;逾期拒不整改或者整改后仍不符合规定条件的,由发证机关吊销农药经营许可证。

第五十六条 农药经营者经营劣质农药的,由县级以上地方人民政府农业主管部门责令停止经营,没收违法所得、违法经营的农药和用于违法经营的工具、设备等,违法经营的农药货值金额不足1万元的,并处2000元以上2万元以下罚款,货值金额1万元以上的,并处货值金额2倍以上5倍以下罚款;情节严重的,由发证机关吊销农药经营许可证;构成犯罪的,依法追究刑事责任。

第五十七条 农药经营者有下列行为之一的,由县级以上地方人民政府农业主管部门责令改正,没收违法所得和违法经营的农药,并处5000元以上5万元以下罚款;拒不改正或者情节严重的,由发证机关吊销农药经营许可证:

（一）设立分支机构未依法变更农药经营许可证,或者未向分支机构所在地县级以上地方人民政府农业主管部门备案;

（二）向未取得农药生产许可证的农药生产企业或者未取得农药经营许可证的其他农药经营者采购农药;

（三）采购、销售未附具产品质量检验合格证或者包装、标签不符合规定的农药;

（四）不停止销售依法应当召回的农药。

第五十八条 农药经营者有下列行为之一的,由县级以上地方人民政府农业主管部门责令改正;拒不改正或者情节严重的,处2000元以上2万元以下罚款,并由发证机关吊销农药经营许可证:

（一）不执行农药采购台账、销售台账制度;

（二）在卫生用农药以外的农药经营场所内经营食品、食用农产品、饲料等;

（三）未将卫生用农药与其他商品分柜销售;

（四）不履行农药废弃物回收义务。

第五十九条 境外企业直接在中国销售农药的,由县级以上地方人民政府农业主管部门责令停止销售,没收违法所得、违法经营的农药和用于违法经营的工具、设备等,违法经营的农药货值金额不足5万元的,并处5万元以上50万元以下罚款,货值金额5万元以上的,并处货值金额10倍以上20倍以下罚款,由发证机关吊销农药登记证。

取得农药登记证的境外企业向中国出口劣质农药情节严重或者出口假农药的,由国务院农业主管部门吊销相应的农药登记证。

第六十条 农药使用者有下列行为之一的,由县级人民政府农业主管部门责令改正,农药使用者为农产品生产企业、食品和食用农产品仓储企业、专业化病虫害防治服务组织和从事农产品生产的农民专业合作社等单位的,处5万元以上10万元以下罚款,农药使用者为个人的,处1万元以下罚款;构成犯罪的,依法追究刑事责任:

(一)不按照农药的标签标注的使用范围、使用方法和剂量、使用技术要求和注意事项、安全间隔期使用农药;

(二)使用禁用的农药;

(三)将剧毒、高毒农药用于防治卫生害虫,用于蔬菜、瓜果、茶叶、菌类、中草药材生产或者用于水生植物的病虫害防治;

(四)在饮用水水源保护区内使用农药;

(五)使用农药毒鱼、虾、鸟、兽等;

(六)在饮用水水源保护区、河道内丢弃农药、农药包装物或者清洗施药器械。

有前款第二项规定的行为的,县级人民政府农业主管部门还应当没收禁用的农药。

第六十一条 农产品生产企业、食品和食用农产品仓储企业、专业化病虫害防治服务组织和从事农产品生产的农民专业合作社等不执行农药使用记录制度的,由县级人民政府农业主管部门责令改正;拒不改正或者情节严重的,处2000元以上2万元以下罚款。

第六十二条 伪造、变造、转让、出租、出借农药登记证、农药生产许可证、农药经营许可证等许可证明文件的,由发证机关收缴或者予以吊销,没收违法所得,并处1万元以上5万元以下罚款;构成犯罪的,依法追究刑事责任。

第六十三条 未取得农药生产许可证生产农药,未取得农药经营许可证经营农药,或者被吊销农药登记证、农药生产许可证、农药经营许可证的,其直接负责的主管人员10年内不得从事农药生产、经营活动。

农药生产企业、农药经营者招用前款规定的人员从事农药生产、经营活动的,由发证机关吊销农药生产许可证、农药经营许可证。

被吊销农药登记证的,国务院农业主管部门5年内不再受理其农药登记申请。

第六十四条 生产、经营的农药造成农药使用者人身、财产损害的,农药使用者可以向农药生产企业要求赔偿,也可以向农药经营者要求赔偿。属于农药生产企业责任的,农药经营者赔偿后有权向农药生产企业追偿;属于农药经营者责任的,农药生产企业赔偿后有权向农药经营者追偿。

第八章 附 则

第六十五条 申请农药登记的,申请人应当按照自愿有偿的原则,与登记试验单位协商确定登记试验费用。

第六十六条 本条例自2017年6月1日起施行。

国务院办公厅关于进一步促进农产品加工业发展的意见

国办发〔2016〕93号

各省、自治区、直辖市人民政府，国务院各部委、各直属机构：

近年来，我国农产品加工业有了长足发展，已成为农业现代化的支撑力量和国民经济的重要产业，对促进农业提质增效、农民就业增收和农村一二三产业融合发展，对提高人民群众生活质量和健康水平、保持经济平稳较快增长发挥了十分重要的作用。为进一步促进农产品加工业发展，深入推进农业供给侧结构性改革，不断满足城乡居民消费升级需求，经国务院同意，现提出以下意见：

一、总体要求

（一）指导思想。全面贯彻党的十八大和十八届三中、四中、五中、六中全会精神，深入学习贯彻习近平总书记系列重要讲话精神，紧紧围绕统筹推进"五位一体"总体布局和协调推进"四个全面"战略布局，牢固树立创新、协调、绿色、开放、共享的发展理念，认真落实党中央、国务院决策部署，在确保国家粮食安全和农产品质量安全的基础上，以转变发展方式、调整优化结构为主线，以市场需求为导向，以增加农民收入、提高农业综合效益和竞争力为核心，因地制宜、科学规划，发挥优势、突出特色，推动农产品加工业从数量增长向质量提升、要素驱动向创新驱动、分散布局向集群发展转变，完善农产品加工产业和政策扶持体系，促进农产品加工业持续稳定健康发展。

（二）基本原则。

以农为本、转化增值。立足资源优势和特色，以农产品加工业为引领，着力构建全产业链和全价值链，进一步丰富品种、提升质量、创建品牌，提高农产品附加值。

市场主导、政府支持。尊重企业主体地位，充分发挥市场在资源配置中的决定性作用。针对农产品加工业的薄弱环节、瓶颈制约和重点领域，强化政府服务，加大扶持力度。

科技支撑、综合利用。依靠科学技术，建设全程质量控制、清洁生产和可追溯体系，生产开发安全优质、绿色生态的各类食品及加工品，促进资源循环高效利用。

集聚发展、融合互动。充分发挥新型城镇化辐射带动作用，引导加工产能向农产品主产区、优势区和物流节点集聚，促进加工企业向园区集中，打造专用原料、加工转化、现代物流、便捷营销融合发展的产业集群。

（三）主要目标。

到2020年，农产品加工转化率达到68%，规模以上农产品加工业主营业务收入年均增长6%以上，农产品加工业与农业总产值比达到2.4:1；结构布局进一步优化，关键环节核心技术和装备取得较大突破，行业整体素质显著提升，支撑农业现代化和带动农民增收作用更加突出，满足城乡居民消费需求的能力进一步增强。

到2025年，农产品加工转化率达到75%，农产品加工业与农业总产值比进一步提高；自主创新能力显著增强，转型升级取得突破性进展，形成一批具有较强国际竞争力的知名品牌、跨国公司和产业集群，基本接近发达国家农产品加工业发展水平。

二、优化结构布局

（四）推进向优势产区集中布局。根据全国农业现代化规划和优势特色农产品产业带、粮食生产功能区、重要农产品生产保护区分布，合理布局原料基地和农产品加工业，形成生产与加工、科研与产业、企业与农户相衔接配套的上下游产业格局，促进农产品加工转化、增值增效。支持大宗农产品主产区重点发展粮棉油糖加工特别是玉米加工，着力建设优质专用原料基地和便捷智能的仓储物流体系。支持特色农产品优势区重点发展"菜篮子"产品等加工，着力推动销售物流平台、产业集聚带和综合利用园区建设。支持大中城市郊区重点发展主食、方便食品、休闲食品和净菜加工，形成产业园区和集聚带。支持贫困地区结合精准扶贫、精准脱贫，大力开展产业扶贫，引进有品牌、有实力、有市场的农业产业化龙头企业，重点发展绿色农产品加工，以县为单元建设加工基地，以村（乡）为单元建设原料基地。（农业部、国家发展改革委、财政部、商务部、国家林业局、国家粮食局、国务院扶贫办等负责）

（五）加快农产品初加工发展。以粮食、油料、薯类、果品、蔬菜、茶叶、菌类和中药材等为重点，支持农户和农民合作社改善储藏、保鲜、烘干、清选分级、包装等设施装备条件，促进商品化处理，减少产后损失。通过实施相关项目和推广适用技术，推动农产品初加工水平整体提升。（农业部、国家发展改革委、财政部、国家林业局、国家粮食局等负责）

（六）提升农产品精深加工水平。加大生物、工程、环保、信息等技术集成应用力度，加快新型非热加工、新型杀菌、高效分离、节能干燥、清洁生产等技术升级，开展精深加工技术和信息化、智能化、工程化装备研发，提高关键装备国产化水平。适应市场和消费升级需求，积极开发营养健康的功能性食品。（工业和信息化部、科技部、农业部等负责）

（七）鼓励主食加工业发展。拓宽主食供应渠道，加快培育示范企业，积极打造质量过硬、标准化程度高的主食品牌。研制生产一批传统米面、杂粮、预制菜肴等产品，加快推进马铃薯等薯类产品主食化。引导城乡居民扩大玉米及其加工品食用消费。（农业部、工业和信息化部、商务部、工商总局、国家粮食局等负责）

（八）加强综合利用。选择一批重点地区、品种和环节，主攻农产品及其加工副产物循环利用、全值利用、梯次利用。采取先进的提取、分离与制备技术，集中建立副产物收集、运输和处理渠道，加快推进秸秆、稻壳米糠、麦麸、油料饼粕、果蔬皮渣、畜禽皮毛骨血、水产品皮骨内脏等副产物综合利用，开发新能源、新材料、新产品等，不断挖掘农产品加工潜力、提升增值空间。（农业部、科技部、工业和信息化部、国家林业局等负责）

三、推进多种业态发展

（九）支持农民合作社等发展加工流通。扶持农民合作社、种养大户、家庭农场建设烘储、直供直销等设施,发展"农户＋合作社＋企业"模式,引导农民以土地经营权、林权和设施装备等入股农民合作社和企业。推进"粮食银行"健康发展,探索粮食产后统一烘干、贮藏、加工和销售的经营方式。(农业部、国家发展改革委、财政部、国家林业局、国家粮食局等负责)

(十)鼓励企业打造全产业链。引导农产品加工企业向前端延伸带动农户建设原料基地,向后端延伸建设物流营销和服务网络。鼓励农产品加工企业与上下游各类市场主体组建产业联盟,与农民建立稳定的订单和契约关系,以"保底收益、按股分红"为主要形式,构建让农民分享加工流通增值收益的利益联结机制。(农业部、工业和信息化部、商务部、国家林业局等负责)

(十一)创新模式和业态。将农产品加工业纳入"互联网＋"现代农业行动,利用大数据、物联网、云计算、移动互联网等新一代信息技术,培育发展网络化、智能化、精细化现代加工新模式。引导农产品加工业与休闲、旅游、文化、教育、科普、养生养老等产业深度融合。积极发展电子商务、农商直供、加工体验、中央厨房等新业态。(工业和信息化部、农业部、科技部、商务部、文化部、国家旅游局、国家林业局等负责)

(十二)推进加工园区建设。加强农产品加工园区基础设施和公共服务平台建设,完善功能、突出特色、优化分工,吸引农产品加工企业向园区集聚。以园区为主要依托,创建集标准化原料基地、集约化加工、便利化服务网络于一体的产业集群和融合发展先导区,加快建设农产品加工特色小镇,实现产城融合发展。(农业部、国家发展改革委、质检总局等负责)

四、加快产业转型升级

(十三)提升科技创新能力。围绕农产品加工重点领域开展基础研究、前沿研究和共性关键技术研发,组织实施一批科技项目。重点支持果品、蔬菜、茶叶、菌类和中药材等营养功能成分提取技术研究,开发营养均衡、养生保健、食药同源的加工食品。强化协同创新机制,依托企业建设研发基地和平台。完善国家农产品加工技术研发体系,建设一批农产品加工技术集成基地。(农业部、科技部、工业和信息化部、食品药品监管总局、国家林业局等负责)

(十四)加速科技成果转化推广。筛选一批成熟适用加工技术、工艺和关键装备,搭建科企技术对接平台,鼓励建设科技成果转化交易中心,支持科技人员以科技成果入股加工企业,实行股权分红等激励措施。(农业部、科技部、国家知识产权局等负责)

(十五)提高企业管理水平。强化环保、能耗、质量、安全、卫生等标准作用,鼓励企业开展质量管理、食品安全控制、追溯等体系认证,支持企业与农户开展无公害农产品、绿色食品、有机农产品认证以及危害分析与关键控制点、良好农业规范认证,加强事中事后监管。打造一批安全优质的农产品加工品牌,开展"老字号"品牌推介。继续推动出口食品农产品质量安全示范区建设。加强农产品商标和地理标志商标注册与保护,严厉打击侵犯知识产权和制售假冒伪劣商品等行为。(农业部、工业和信息化部、环境保护部、商务部、国家卫生计生委、工商总局、质检总局、食品药品监管总局、国家林业局、国家知识产权局等负责)

(十六)加强人才队伍培养。培育一批经营管理队伍、科技领军人才、创新团队、生产能手和技能人才。支持大中专院校开设农产品加工、食品科学相关专业。开展职业技能和创业培训,建设一批农产品加工创业创新孵化园,支持返乡下乡人员创办领办加工企业。(农

业部、人力资源社会保障部、教育部、科技部等负责）

五、完善政策措施

（十七）加强财政支持。支持符合条件的农产品加工企业申请有关支农资金和项目。新型农业经营主体购置仓储烘干设备，可按规定享受农机购置补贴政策。完善农产品产地初加工补助政策，有条件的地方要扩大补助资金规模。各地要积极支持农产品加工原料基地、公共设施、物流配送体系建设和技术改造。（财政部、国家发展改革委、农业部、国家林业局、国家粮食局等负责）

（十八）完善税收政策。各地可选择部分行业，扩大农产品增值税进项税额核定扣除试点行业范围，积极推进试点工作。农产品加工企业可以凭收购发票按规定抵扣增值税。落实农产品初加工企业所得税优惠政策。在实施与农产品加工有关的国家鼓励类项目中，进口国内不能生产的所需先进设备，所缴纳进口环节增值税可按规定予以抵扣。（财政部、税务总局、农业部、国家林业局等负责）

（十九）强化金融服务。鼓励银行业金融机构加大信贷支持力度，为农产品生产、收购、加工、流通和仓储等各环节提供多元化金融服务。政策性金融机构要在业务范围内适当扩大农产品加工担保业务规模，完善银担合作和风险分担机制，为农产品加工企业融资增信。将农民合作社兴办加工流通企业列入农业担保体系支持范围。积极开展厂房抵押和存单、订单、应收账款质押等融资业务，创新"信贷+保险"、产业链金融等多种服务模式。支持符合条件的农产品加工企业上市融资、发行债券。积极推广小额信贷保证保险等新型险种，鼓励农业担保与农业产业链加速融合，探索开展农产品质量安全保险。（人民银行、银监会、证监会、保监会、财政部、农业部、国家林业局等负责）

（二十）改善投资贸易条件。支持社会资本依照相关规划和规定从事农产品加工、流通。鼓励引导符合条件的农产品加工企业开展对外合作，加大对其出口信用保险的支持，强化在融资和通关等方面的便利化服务。支持企业申请国际认证、专利、商标、品牌、标准等，鼓励使用人民币计价结算和收付资金。（商务部、国家发展改革委、财政部、海关总署、保监会、国家外汇局、农业部、质检总局、国家林业局等负责）

（二十一）落实用地用电政策。将农产品加工用地列入土地利用总体规划和年度计划，认真落实农产品初加工用地政策，优先安排园区用地。支持农村集体经济组织以集体建设用地使用权入股、联营等形式与其他单位、个人共同兴办农产品加工企业。城乡建设用地增减挂钩节余的用地指标要重点支持农产品产地初加工发展。落实农产品初加工用电执行农业生产用电价格的政策，切实保障农产品加工用电。（国土资源部、国家发展改革委、农业部、国家林业局、国家能源局等负责）

六、加强组织保障

（二十二）完善工作机制。各地要把农产品加工业摆在重要位置，纳入本地区经济社会发展规划和目标考核内容。农业生产大县（市、区）要健全农产品加工的管理体制机制，将农产品资源优势转化为产业优势。农业部要发挥牵头作用,履行规划、指导、管理、服务等职能,督促各项政策措施落实。有关部门要各司其职,密切配合,形成合力。(农业部等负责)

(二十三)强化公共服务。推进农产品加工投资贸易、展示展销平台建设,加强政策咨询、融资信息、人才对接等公共服务。加快制修订一批农产品加工标准和追溯标准。完善农产品加工业统计制度和调查方法,开展行业运行监测分析。通过政府购买服务等方式为企业提供公共服务。(农业部、国家发展改革委、商务部、质检总局、国家统计局、国家林业局等负责)

(二十四)加强舆论引导。积极发挥行业协会和其他社会组织在行业自律、教育培训和品牌营销等方面的作用,督促企业切实履行质量、安全和吸纳就业等责任。加强食品农产品质量安全法律法规、公众营养膳食科普知识宣传,树立先进典型,努力营造促进农产品加工业持续稳定健康发展的良好氛围。(农业部等负责)

国务院办公厅

2016 年 12 月 17 日

国务院办公厅关于全面放开养老服务市场提升养老服务质量的若干意见

国办发〔2016〕91 号

各省、自治区、直辖市人民政府,国务院各部委、各直属机构:

养老服务业既是涉及亿万群众福祉的民生事业,也是具有巨大发展潜力的朝阳产业。近年来,我国养老服务业快速发展,产业规模不断扩大,服务体系逐步完善,但仍面临供给结构不尽合理、市场潜力未充分释放、服务质量有待提高等问题。随着人口老龄化程度不断加深和人民生活水平逐步提高,老年群体多层次、多样化的服务需求持续增长,对扩大养老服务有效供给提出了更高要求。为促进养老服务业更好更快发展,经国务院同意,现提出如下意见:

一、总体要求

(一)指导思想。

全面贯彻党的十八大和十八届三中、四中、五中、六中全会精神,深入学习贯彻习近平总书记系列重要讲话精神和治国理政新理念新思想新战略,认真落实党中央、国务院决策部署,紧紧围绕"五位一体"总体布局和"四个全面"战略布局,坚持以新发展理念引领经济发展新常态,坚持中国特色卫生与健康发展道路,持续深化简政放权、放管结合、优化服务改革,积极应对人口老龄化,培育健康养老意识,加快推进养老服务业供给侧结构性改革,保障基本需求,繁荣养老市场,提升服务质量,让广大老年群体享受优质养老服务,切实增强人民群众获得感。

(二)基本原则。

深化改革,放开市场。进一步降低准入门槛,营造公平竞争环境,积极引导社会资本进入养老服务业,推动公办养老机构改革,充分激发各类市场主体活力。

改善结构,突出重点。补齐短板,将养老资源向居家社区服务倾斜,向农村倾斜,向失能、半失能老年人倾斜。进一步扩大护理型服务资源,大力培育发展小型化、连锁化、专业化服务机构。

鼓励创新,提质增效。树立健康养老理念,注重管理创新、产品创新和品牌创新,积极运用新技术,培育发展新业态,促进老年产品用品丰富多样、养老服务方便可及。

强化监管,优化环境。完善监督机制,健全评估制度,推动行业标准化和行业信用建设,加强行业自律,促进规范发展,维护老年人合法权益。

(三)发展目标。

到2020年,养老服务市场全面放开,养老服务和产品有效供给能力大幅提升,供给结构更加合理,养老服务政策法规体系、行业质量标准体系进一步完善,信用体系基本建立,市场监管机制有效运行,服务质量明显改善,群众满意度显著提高,养老服务业成为促进经济社会发展的新动能。

二、全面放开养老服务市场

(四)进一步放宽准入条件。

降低准入门槛。设立营利性养老机构,应按"先照后证"的简化程序执行,在工商行政管理部门办理登记后,在辖区县级以上人民政府民政部门申请设立许可。在民政部门登记的非营利性养老机构,可以依法在其登记管理机关管辖范围内设立多个不具备法人资格的服务网点。非本地投资者举办养老服务项目与当地投资者享受同等政策待遇,当地不得以任何名目对此加以限制。

放宽外资准入。在鼓励境外投资者在华举办营利性养老机构的基础上,进一步放开市场,鼓励境外投资者设立非营利性养老机构,其设立的非营利性养老机构与境内投资者设立的非营利性养老机构享受同等优惠政策。

精简行政审批环节。全面清理、取消申办养老机构的不合理前置审批事项,优化审批程序,简化审批流程。申请设立养老服务类社会组织,符合直接登记条件的可以直接向民政部门依法申请登记,不再经由业务主管单位审查同意。支持新兴养老业态发展,对于养老机构以外的其他提供养老服务的主体,鼓励其依法办理法人登记并享受相关优惠政策。

(五)优化市场环境。

进一步改进政府服务。举办养老机构审批过程中涉及的各有关部门,都要主动公开审批程序和审批时限,推进行政审批标准化,加强对筹建养老机构的指导服务。加快推行养老机构申办一站式服务,建立"一门受理、一并办理"的网上并联审批平台,进一步提高审批效率。根据消防法和有关规定,制定既保障安全、又方便合理的养老机构设立和管理配套办法。

完善价格形成机制。加快建立以市场形成价格为主的养老机构服务收费管理机制。对于民办营利性养老机构,服务收费项目和标准由经营者自主确定。对于民办非营利性养老机构,服务收费标准由经营者合理确定,有关部门对其财务收支状况、收费项目和调价频次进行必要监管,同时加强对价格水平的监测分析。对于政府运营的养老机构,以扣除政府投入、社会捐赠后的实际服务成本为依据,按照非营利原则,实行政府定价或政府指导价;对于以公建民营等方式运营的养老机构,采用招投标、委托运营等竞争性方式确定运营方,具体服务收费标准由运营方依据委托协议等合理确定。

加快公办养老机构改革。各地要因地制宜设置改革过渡期,加快推进具备向社会提供养老服务条件的公办养老机构转制成为企业或开展公建民营,到2020年政府运营的养老床位数占当地养老床位总数的比例应不超过50%。鼓励社会力量通过独资、合资、合作、联营、参股、租赁等方式,参与公办养老机构改革。完善公建民营养老机构管理办法,政府投资建设和购置的养老设施、新建居民区按规定配建并移交给民政部门的养老设施、国有单位培训疗养机构等改建的养老设施,均可实施公建民营。改革公办养老机构运营方式,鼓励实行服务外包。

加强行业信用建设。建立覆盖养老服务行业法人、从业人员和服务对象的行业信用体系。建立健全信用信息记录和归集机制,加强与全国信用信息共享平台的信息交换和共享,通过企业信用信息公示系统向社会公示相关企业的行政许可、行政处罚等信息。引入第三方征信机构,参与养老行业信用建设和信用监管。建立多部门、跨地区的联合奖惩机制,将信用信息作为各项支持政策的重要衡量因素,对诚实守信者在政府购买服务、债券发行等方面实行优先办理、简化程序等绿色通道支持激励政策,建立养老服务行业黑名单制度和市场退出机制,加强行业自律和监管。

三、大力提升居家社区养老生活品质

(六)推进居家社区养老服务全覆盖。

开展老年人养老需求评估,加快建设社区综合服务信息平台,对接供求信息,提供助餐、助洁、助行、助浴、助医等上门服务,提升居家养老服务覆盖率和服务水平。依托社区服务中心(站)、社区日间照料中心、卫生服务中心等资源,为老年人提供健康、文化、体育、法律援助等服务。鼓励建设小型社区养老院,满足老年人就近养老需求,方便亲属照护探视。

(七)提升农村养老服务能力和水平。

依托农村社区综合服务设施,拓展养老服务功能。鼓励各地建设农村幸福院等自助式、互助式养老服务设施,加强与农村危房改造等涉农基本住房保障政策的衔接。农村集体经济、农村土地流转等收益分配应充分考虑解决本村老年人的养老问题。加强农村敬老院建设和改造,推动服务设施达标,满足农村特困人员集中供养需求,为农村低收入老年人和失能、半失能老年人提供便捷可及的养老服务。鼓励专业社会工作者、社区工作者、志愿服务者加强对农村留守、困难、鳏寡、独居老年人的关爱保护和心理疏导、咨询等服务。充分依托农村基层党组织、自治组织和社会组织等,开展基层联络人登记,建立应急处置和评估帮扶机制,关注老年人的心理、安全等问题。

(八)提高老年人生活便捷化水平。

通过政府补贴、产业引导和业主众筹等方式,加快推进老旧居住小区和老年人家庭的无障碍改造,重点做好居住区缘石坡道、轮椅坡道、公共出入口、走道、楼梯、电梯候梯厅及轿厢等设施和部位的无障碍改造,优先安排贫困、高龄、失能等老年人家庭设施改造,组织开展多层老旧住宅电梯加装。支持开发老年宜居住宅和代际亲情住宅。各地在推进易地扶贫搬迁以及城镇棚户区、城乡危房改造和配套基础设施建设等保障性安居工程中,要统筹考虑适老化设施配套建设。

四、全力建设优质养老服务供给体系

(九)推进"互联网 +"养老服务创新。

发展智慧养老服务新业态,开发和运用智能硬件,推动移动互联网、云计算、物联网、大数据等与养老服务业结合,创新居家养老服务模式,重点推进老年人健康管理、紧急救援、精神慰藉、服务预约、物品代购等服务,开发更加多元、精准的私人订制服务。支持适合老年人的智能化产品、健康监测可穿戴设备、健康养老移动应用软件(APP)等设计开发。打通养老服务信息共享渠道,推进社区综合服务信息平台与户籍、医疗、社会保障等信息资源对接,促进养老服务公共信息资源向各类养老服务机构开放。

(十)建立医养结合绿色通道。

建立医疗卫生机构设置审批绿色通道,支持养老机构开办老年病院、康复院、医务室等医疗卫生机构,将符合条件的养老机构内设医疗卫生机构按规定纳入城乡基本医疗保险定点范围。鼓励符合条件的执业医师到养老机构、社区老年照料机构内设的医疗卫生机构多点执业。开通预约就诊绿色通道,推进养老服务机构、社区老年照料机构与医疗机构对接,为老年人提供便捷医疗服务。提升医保经办服务能力,切实解决老年人异地就医直接结算问题。探索建立长期护理保险制度,形成多元化的保险筹资模式,推动解决失能人员基本生活照料和相关医疗护理等所需费用问题。

(十一)促进老年产品用品升级。

支持企业利用新技术、新工艺、新材料和新装备开发为老年人服务的产品用品,研发老年人乐于接受和方便使用的智能科技产品,丰富产品品种,提高产品安全性、可靠性和实用性;上述企业经认定为高新技术企业的,按规定享受企业所得税优惠。及时更新康复辅助器具配置目录,重点支持自主研发和生产康复辅助器具。

(十二)发展适老金融服务。

规范和引导商业银行、保险公司等金融机构开发适合老年人的理财、保险产品,满足老年人金融服务需求,鼓励金融机构建设老年人无障碍设施,开辟服务绿色通道。强化老年人金融安全意识,加大金融消费权益保护力度。稳步推进养老金管理公司试点,按照国家有关规定,积极参与养老金管理相关业务,做好相关受托管理、投资管理和账户管理等服务工作。

五、切实增强政策保障能力

（十三）加强统筹规划。

发挥规划引领作用，分级制定养老服务相关规划，与城乡规划、土地利用总体规划、城镇化规划、区域规划等相衔接，系统提升服务能力和水平。各地要进一步扩大面向居家社区、农村、失能半失能老年人的服务资源，结合实际提出养老床位结构的合理比例，到2020年护理型床位占当地养老床位总数的比例应不低于30%。

（十四）完善土地支持政策。

统筹利用闲置资源发展养老服务，有关部门应按程序依据规划调整其土地使用性质。营利性养老服务机构利用存量建设用地建设养老设施，涉及划拨建设用地使用权出让（租赁）或转让的，在原土地用途符合规划的前提下，允许补缴土地出让金（租金），办理协议出让或租赁手续。企事业单位、个人对城镇现有空闲的厂房、学校、社区用房等进行改造和利用，举办养老服务机构，经有关部门批准临时改变建筑使用功能从事非营利性养老服务且连续经营一年以上的，五年内土地使用性质可暂不作变更。民间资本举办的非营利性养老机构与政府举办的养老机构可依法使用农民集体所有的土地。对在养老服务领域采取政府和社会资本合作（PPP）方式的项目，可以国有建设用地使用权作价出资或者入股建设。

（十五）提升养老服务人才素质。

将养老护理员培训作为职业培训和促进就业的重要内容。对参加养老服务技能培训或创业培训且培训合格的劳动者，按规定给予培训补贴。推动普通高校和职业院校开发养老服务和老年教育课程，为社区、老年教育机构及养老服务机构等提供教学资源及服务。完善职业技能等级与养老服务人员薪酬待遇挂钩机制。建立养老服务行业从业人员奖惩机制，提升养老护理队伍职业道德素养。将养老护理员纳入企业新型学徒制试点和城市积分入户政策范围。积极开发老年人力资源，为老年人的家庭成员提供养老服务培训，倡导"互助养老"模式。

（十六）完善财政支持和投融资政策。

完善财政支持政策。各地要建立健全针对经济困难的高龄、失能老年人的补贴制度，统一设计、分类施补，提高补贴政策的精准度。对养老机构的运行补贴应根据接收失能老年人等情况合理发放。各级政府要加大投入，支持养老服务设施建设，切实落实养老机构相关税费优惠政策，落实彩票公益金支持养老服务体系建设政策要求。鼓励各地向符合条件的各类养老机构购买服务。

拓宽投融资渠道。鼓励社会资本采取建立基金、发行企业债券等方式筹集资金，用于建设养老设施、购置设备和收购改造社会闲置资源等。鼓励银行业金融机构以养老服务机构有偿取得的土地使用权、产权明晰的房产等固定资产和应收账款、动产、知识产权、股权等抵质押，提供信贷支持，满足养老服务机构多样化融资需求。有条件的地方在风险可控、不改变养老机构性质和用途的前提下，可探索养老服务机构其他资产抵押贷款的可行模式。

六、加强监管和组织实施

（十七）加强服务监管。

各地要建立健全民政部门和相关部门协同配合的监管机制，加强对养老机构运营和服务的监管。严禁以举办养老机构名义从事房地产开发，严禁利用养老机构的房屋、场地、设施开展与养老服务无关的活动，严禁改变机构的养老服务性质。做好养老服务领域非法集资信息监测和分析工作，做好政策宣传和风险提示工作。对养老服务中虐老欺老等行为，对养老机构在收取保证金、办理会员卡和发行金融产品等活动中的违法违规行为，要依法严厉查处。加强养老设施和服务安全管理，建立定期检查机制，确保老年人人身安全。

（十八）加强行业自律。

民政、质检等部门要进一步完善养老服务标准体系，抓紧制定管理和服务标准。落实养老机构综合评估和报告制度，开展第三方评估并向社会公布，评估结果应与政府购买服务、发放建设运营补贴等挂钩。政府运营的养老机构要实行老年人入住评估制度，综合评估申请入住老年人的情况，优先保障特困人员集中供养需求和其他经济困难的孤寡、失能、高龄等老年人的服务需求。

（十九）加强宣传引导。

坚持以社会主义核心价值观为引领，弘扬中华民族尊老、敬老的社会风尚和传统美德，开展孝敬教育，营造养老、助老的良好社会氛围，加强对养老服务业发展过程中涌现出的先进典型和先进事迹的宣传报道，及时总结推广养老服务业综合改革试点中的好经验、好做法。依法打击虐待、伤害老年人及侵害老年人合法权益的行为。积极组织开展适合老年人的文化体育娱乐活动，引导老年人积极参与社区服务、公益活动和健康知识培训，丰富老年人精神文化生活。

（二十）加强督促落实。

各地要把全面放开养老服务市场、提升养老服务质量摆在重要位置，建立组织实施机制，及时制定配套实施意见，对政策落实情况进行跟踪分析和监督检查，确保责任到位、工作到位、见到实效。各部门要加强协同配合，落实和完善相关优惠政策，共同促进养老服务提质增效。对不落实养老服务政策，或者在养老机构运营和服务中有违反法律法规行为的，依法依规追究相关人员的责任。国家发展改革委、民政部要会同有关部门加强对地方的指导，及时督促检查并报告工作进展情况。

附件：重点任务分工及进度安排表（略——编者注）

国务院办公厅
2016 年 12 月 7 日

国务院关于印发"十三五"旅游业发展规划的通知

国发〔2016〕70号

各省、自治区、直辖市人民政府,国务院各部委、各直属机构:

现将《"十三五"旅游业发展规划》印发给你们,请认真贯彻执行。

国务院
2016年12月7日

"十三五"旅游业发展规划

为认真贯彻《中华人民共和国国民经济和社会发展第十三个五年规划纲要》,根据《中华人民共和国旅游法》,制定本规划。

第一章 把握机遇 迎接大众旅游新时代

第一节 "十二五"旅游业发展成就

改革开放以来,我国实现了从旅游短缺型国家到旅游大国的历史性跨越。"十二五"期间,旅游业全面融入国家战略体系,走向国民经济建设的前沿,成为国民经济战略性支柱产业。

战略性支柱产业基本形成。2015年,旅游业对国民经济的综合贡献度达到10.8%。国内旅游、入境旅游、出境旅游全面繁荣发展,已成为世界第一大出境旅游客源国和全球第四大入境旅游接待国。旅游业成为社会投资热点和综合性大产业。

综合带动功能全面凸显。"十二五"期间,旅游业对社会就业综合贡献度为10.2%。旅游业成为传播中华传统文化、弘扬社会主义核心价值观的重要渠道,成为生态文明建设的重要力量,并带动大量贫困人口脱贫,绿水青山正在成为金山银山。

现代治理体系初步建立。《中华人民共和国旅游法》公布实施,依法治旅、依法促旅加快推进。建立了国务院旅游工作部际联席会议制度,出台了《国民旅游休闲纲要(2013—2020年)》、《国务院关于促进旅游业改革发展的若干意见》(国发〔2014〕31号)等文件,各地出台了旅游条例等法规制度,形成了以旅游法为核心、政策法规和地方条例为支撑的法律政策体系。

国际地位和影响力大幅提升。出境旅游人数和旅游消费均列世界第一,与世界各国各地区及国际旅游组织的合作不断加强。积极配合国家总体外交战略,举办了中美、中俄、中印、中韩旅游年等具有影响力的旅游交流活动,旅游外交工作格局开始形成。

<table>
<tr><th colspan="6">专栏1 "十二五"旅游规划主要指标完成情况</th></tr>
<tr><th colspan="2" rowspan="2">指　标</th><th colspan="2">规划目标</th><th colspan="2">完成情况</th></tr>
<tr><th>2015年</th><th>年均增速(%)</th><th>2015年</th><th>完成程度(%)</th></tr>
<tr><td colspan="2">旅游业总收入(万亿元)</td><td>2.5</td><td>10</td><td>4.13</td><td>165</td></tr>
<tr><td rowspan="2">国内旅游人数</td><td>(亿人次)</td><td>33</td><td>10</td><td>40</td><td>121</td></tr>
<tr><td>居民出游率(次/人)</td><td>2.3</td><td>—</td><td>3</td><td>130</td></tr>
<tr><td colspan="2">国内旅游收入(万亿元)</td><td>2.1</td><td>11</td><td>3.42</td><td>163</td></tr>
<tr><td colspan="2">入境旅游人数(亿人次)</td><td>1.32</td><td>3</td><td>1.34</td><td>102</td></tr>
<tr><td colspan="2">入境过夜旅游人数(万人次)</td><td>5680</td><td>8</td><td>5689</td><td>100</td></tr>
<tr><td colspan="2">外国人入境旅游人数(万人次)</td><td>2573</td><td>4.5</td><td>2599</td><td>101</td></tr>
<tr><td colspan="2">旅游外汇收入(亿美元)</td><td>580</td><td>5</td><td>1136.5</td><td>196</td></tr>
<tr><td colspan="2">出境旅游人数(万人次)</td><td>8800</td><td>9</td><td>11700</td><td>133</td></tr>
<tr><td colspan="2">直接就业(万人)</td><td>1450</td><td>4.7</td><td>2798</td><td>193</td></tr>
</table>

第二节 "十三五"旅游业发展机遇

全面建成小康社会对旅游业发展提出了更高要求,为旅游业发展提供了重大机遇,我国旅游业将迎来新一轮黄金发展期。

全面建成小康社会有利于大众旅游消费持续快速增长。随着全面建成小康社会深入推进,城乡居民收入稳步增长,消费结构加速升级,人民群众健康水平大幅提升,带薪休假制度逐步落实,假日制度不断完善,基础设施条件不断改善,航空、高铁、高速公路等快速发展,旅游消费得到快速释放,为旅游业发展奠定良好基础。

贯彻五大发展理念有利于旅游业成为优势产业。旅游业具有内生的创新引领性、协调带动性、开放互动性、环境友好性、共建共享性,与五大发展理念高度契合。贯彻落实五大发展理念将进一步激发旅游业发展动力和活力,促进旅游业成为新常态下的优势产业。

推进供给侧结构性改革有利于促进旅游业转型升级。供给侧结构性改革将通过市场配置资源和更为有利的产业政策,促进增加有效供给,促进中高端产品开发,优化旅游供给结构,推动旅游业由低水平供需平衡向高水平供需平衡提升。

旅游业被确立为幸福产业有利于优化旅游发展环境。旅游业作为惠民生的重要领域,成为改善民生的重要内容,将推动各级政府更加重视旅游业发展,促进更多的城乡居民参与旅游,带动企业投资旅游,旅游业发展环境将进一步优化。

良好外部环境有利于我国旅游业发展。全球旅游业将持续稳定发展,增速将继续高于世界经济增速。亚太地区旅游业保持强劲增长,全球旅游重心将加速东移,我国旅游业发展处于较为有利的国际环境之中。

"十三五"期间,我国旅游业处于黄金发展期、结构调整期和矛盾凸显期,也面临不少挑战。主要是旅游业发展的体制机制与综合产业和综合执法的要求不相适应,政策环境有待优化;旅游基础设施和公共服务明显滞后,补短板任务艰巨;游客的文明素质和从业人员的整体素质有待提升,市场秩序有待规范等。这些问题要在"十三五"期间重点加以解决。

第三节 "十三五"旅游业发展趋势

"十三五"期间,我国旅游业将呈现以下发展趋势:

消费大众化。随着全面建成小康社会持续推进,旅游已经成为人民群众日常生活的重要组成部分。自助游、自驾游成为主要的出游方式。

需求品质化。人民群众休闲度假需求快速增长,对基础设施、公共服务、生态环境的要求越来越高,对个性化、特色化旅游产品和服务的要求越来越高,旅游需求的品质化和中高端化趋势日益明显。

竞争国际化。各国各地区普遍将发展旅游业作为参与国际市场分工、提升国际竞争力的重要手段,纷纷出台促进旅游业发展的政策措施,推动旅游市场全球化、旅游竞争国际化,竞争领域从争夺客源市场扩大到旅游业发展的各个方面。

发展全域化。以抓点为特征的景点旅游发展模式向区域资源整合、产业融合、共建共享的全域旅游发展模式加速转变,旅游业与农业、林业、水利、工业、科技、文化、体育、健康医疗等产业深度融合。

产业现代化。科学技术、文化创意、经营管理和高端人才对推动旅游业发展的作用日益增大。云计算、物联网、大数据等现代信息技术在旅游业的应用更加广泛。产业体系的现代化成为旅游业发展的必然趋势。

第二章 转型升级 明确旅游业发展新要求

第一节 指导思想

"十三五"旅游业发展的指导思想是:高举中国特色社会主义伟大旗帜,全面贯彻党的十八大和十八届三中、四中、五中、六中全会精神,深入贯彻习近平总书记系列重要讲话精神,落实党中央、国务院决策部署,按照"五位一体"总体布局和"四个全面"战略布局,牢固树立和贯彻落实创新、协调、绿色、开放、共享发展理念,以转型升级、提质增效为主题,以推动全域旅游发展为主线,加快推进供给侧结构性改革,努力建成全面小康型旅游大国,将旅游业培育成经济转型升级重要推动力、生态文明建设重要引领产业、展示国家综合实力的重要载体、打赢脱贫攻坚战的重要生力军,为实现中华民族伟大复兴的中国梦作出重要贡献。

第二节 基本原则

"十三五"旅游业发展要遵循以下原则:

坚持市场主导。发挥市场在资源配置中的决定性作用,遵循旅游市场内在规律,尊重企业的市场主体地位。更好发挥政府作用,营造良好的基础环境、发展环境和公共服务环境。

坚持改革开放。改革体制机制,释放旅游业的发展活力,形成宏观调控有力、微观放宽搞活的发展局面。统筹国际国内两个大局,用好两个市场、两种资源,形成内外联动、相互促进的发展格局。

坚持创新驱动。以创新推动旅游业转型升级,推动旅游业从资源驱动和低水平要素驱动向创新驱动转变,使创新成为旅游业发展的不竭动力。

坚持绿色发展。牢固树立"绿水青山就是金山银山"的理念,将绿色发展贯穿到旅游规划、开发、管理、服务全过程,形成人与自然和谐发展的现代旅游业新格局。

坚持以人为本。把人民群众满意作为旅游业发展的根本目的,通过旅游促进人的全面发展,使旅游业成为提升人民群众品质生活的幸福产业。

第三节 发展目标

"十三五"旅游业发展的主要目标是:

旅游经济稳步增长。城乡居民出游人数年均增长10%左右,旅游总收入年均增长11%以上,旅游直接投资年均增长14%以上。到2020年,旅游市场总规模达到67亿人次,旅游投资总额2万亿元,旅游业总收入达到7万亿元。

综合效益显著提升。旅游业对国民经济的综合贡献度达到12%,对餐饮、住宿、民航、铁路客运业的综合贡献率达到85%以上,年均新增旅游就业人数100万人以上。

人民群众更加满意。"厕所革命"取得显著成效,旅游交通更为便捷,旅游公共服务更加健全,带薪休假制度加快落实,市场秩序显著好转,文明旅游蔚然成风,旅游环境更加优美。

国际影响力大幅提升。入境旅游持续增长,出境旅游健康发展,与旅游业发达国家的差距明显缩小,在全球旅游规则制定和国际旅游事务中的话语权和影响力明显提升。

专栏2 "十三五"期间旅游业发展主要指标			
指 标	2015年实际数	2020年规划数	年均增速(%)
国内旅游人数(亿人次)	40	64	9.86
入境旅游人数(亿人次)	1.34	1.50	2.28
出境旅游人数(亿人次)	1.17	1.50	5.09
旅游业总收入(万亿元)	4.13	7.00	11.18
旅游投资规模(万亿元)	1.01	2.00	14.65
旅游业综合贡献度(%)	10.8	12.00	—

第三章 创新驱动 增强旅游业发展新动能

第一节 理念创新 构建发展新模式

改革开放以来,我国旅游业主要依靠景点景区、宾馆饭店等基础旅游要素的发展模式,已经不能适应大众旅游新时代的要求。"十三五"时期,必须创新发展理念,转变发展思路,加快由景点旅游发展模式向全域旅游发展模式转变,促进旅游发展阶段演进,实现旅游业发展战略提升。

围绕全域统筹规划,全域资源整合,全要素综合调动,全社会共治共管、共建共享的目标,在推动综合管理体制改革方面取得新突破;创新规划理念,将全域旅游发展贯彻到城乡建设、土地利用、生态保护等各类规划中,在旅游引领"多规合一"方面取得新突破;补齐短板,加强旅游基础设施建设,在公共服务设施建设方面取得新突破;推进融合发展,丰富旅游供给,形成综合新动能,在推进"旅游+"方面取得新突破;实施旅游扶贫,推进旅游增收富民,在旅游精准扶贫方面取得新突破;规范市场秩序,加强旅游综合执法,在文明旅游方面取得新突破;完善旅游业发展评价考核体系,在健全旅游业统计体系方面取得新突破;保护城乡风貌和自然生态环境,在优化城乡旅游环境方面取得新突破。"十三五"期间,创建500个左右全域旅游示范区。(国家旅游局、国家发展改革委等。责任单位为多个部门的,排在第一位的为牵头单位,下同)

第二节 产品创新 扩大旅游新供给

适应大众化旅游发展,优化旅游产品结构,创新旅游产品体系。

一、推动精品景区建设

全面提升以A级景区为代表的观光旅游产品,着力加强3A级以上景区建设,优化5A级景区布局。重点支持中西部地区观光旅游产品精品化发展。强化A级景区复核和退出机制,实现高等级景区退出机制常态化。(国家旅游局)

二、加快休闲度假产品开发

大力开发温泉、冰雪、滨海、海岛、山地、森林、养生等休闲度假旅游产品,建设一批旅游度假区和国民度假地。支持东部地区加快发展休闲度假旅游,鼓励中西部地区发挥资源优势开发特色休闲度假产品。加快推进环城市休闲度假带建设。(国家旅游局、国土资源部、住房城乡建设部、国家林业局、国家海洋局等)

三、大力发展乡村旅游

坚持个性化、特色化、市场化发展方向,加大乡村旅游规划指导、市场推广和人才培训力度,促进乡村旅游健康发展。建立乡村旅游重点村名录,开展乡村旅游环境整治,推进"厕所革命"向乡村旅游延伸。实施乡村旅游后备箱行动,推动农副土特产品通过旅游渠道销售,增加农民收入。实施乡村旅游创客行动计划,支持旅游志愿者、艺术和科技工作者驻村帮扶、创业就业,推出一批乡村旅游创客基地和以乡情教育为特色的研学旅行示范基地。创新乡村旅游组织方式,推广乡村旅游合作社模式,使亿万农民通过乡村旅游受益。(国家旅游局、国家发

展改革委、教育部、人力资源社会保障部、住房城乡建设部、农业部、商务部、文化部等)

四、提升红色旅游发展水平

突出社会效益,强化教育功能,以培育和践行社会主义核心价值观为根本,将红色旅游打造成常学常新的理想信念教育课堂,进一步坚定中国特色社会主义道路自信、理论自信、制度自信、文化自信。推进爱国主义和革命传统教育大众化、常态化。坚持实事求是,相关设施建设要体现应有功能,保障基本需要,同红色纪念设施相得益彰。加强统筹规划,注重与脱贫攻坚、区域发展、城乡建设相衔接,促进融合发展。改革体制机制,创新工作模式,引导社会参与,增强红色旅游发展活力。(国家发展改革委、中央宣传部、财政部、国家旅游局、国家文物局等)

专栏3 红色旅游发展工程

(一)完善全国红色旅游经典景区体系。深挖红色内涵,完善道路交通和服务设施条件,提升服务水平。选择红色资源丰富、基础设施完善、展陈效果较好、教育功能突出、有一定品牌知名度的景区给予重点支持。整合周边自然生态、传统文化、特色乡村等旅游资源,打造推出一批复合型旅游产品,形成覆盖更加全面、内涵更加丰富、特色更加鲜明的景区体系。

(二)着力凸显红色旅游教育功能。结合建党、建军、建立新中国和重要历史事件等重大纪念日,组织系列宣传推广活动。推动大中小学生社会实践活动与红色旅游相结合,依托红色旅游景区组织参观活动,接受红色教育。开展"红色旅游进校园"等形式多样的课外实践活动,深化青少年社会主义核心价值观教育。加强红色旅游国际交流合作,推广红色旅游产品线路。

(三)积极发挥红色旅游脱贫攻坚作用。围绕脱贫攻坚目标,紧密结合集中连片特困地区扶贫开发和革命老区振兴发展,整合当地资源,拓展红色旅游扶贫富民功能。支持当地群众参与餐饮、住宿等经营服务,带动当地贫困人口就业。引导革命老区群众因地制宜发展适合老区的种养业和特色手工业,开发特色旅游商品,培育富有红色文化内涵的旅游品牌。

五、加快发展自驾车旅居车旅游

建设一批公共服务完善的自驾车旅居车旅游线路和旅游目的地,培育营地连锁品牌企业,增强旅居车产品设计制造与技术保障能力,形成网络化的营地服务体系和比较完整的自驾车旅居车旅游产业链。(国家旅游局、国家发展改革委、工业和信息化部、公安部、财政部、国土资源部、环境保护部、住房城乡建设部、交通运输部、体育总局、工商总局)

专栏4　自驾车旅居车旅游推进计划

（一）编制规划与标准。出台国家旅游风景道自驾车旅居车营地建设规划，制定出台自驾游目的地基础设施和公共服务标准。

（二）完善公共服务体系。将营地标识纳入公共交通标识体系。鼓励服务商利用北斗卫星导航系统智能服务平台提供自驾游线路导航、交通联系、安全救援和汽车维修保养等配套服务。完善自驾游服务体系。

（三）加快营地建设。积极发挥社会资本在建设自驾车旅居车营地中的主导作用。评选一批建设经营和管理服务水平高的示范性营地，引导营地功能升级。到2020年建设2000个营地。

（四）提升租赁服务。大力发展自驾车旅居车租赁产业，促进落地自驾游发展，开展异地还车业务。放宽旅居车租赁企业的资质申请条件和经营范围、经营规模限制，鼓励取得汽车租赁经营许可的企业从事自行式和拖挂式旅居车租赁业务。

（五）加强科学管理。严格落实自驾车旅居车营地住宿实名登记制度。强化营地的安全防护和消防设施建设，加快自驾游呼叫中心和紧急救援基地建设，健全自驾游信息的统计、监测与预警系统。

（六）发展相关制造业。将旅居车纳入汽车行业发展规划，建立旅居车整车和相关零配件制造技术标准体系。畅通旅居车零配件供应和维修渠道，延伸旅居车产业链。

（七）推广旅居生活新方式。积极推广自驾车旅居车露营旅游新方式，传播自驾车旅居车旅游文化品牌，推广精品自驾车线路。举办自驾车旅居车旅游博览会。大力培育青少年露营文化。研究改进旅居车驾驶证管理制度。

六、大力发展海洋及滨水旅游

加大海岛旅游投资开发力度，建设一批海岛旅游目的地。加快海南国际旅游岛、平潭国际旅游岛建设，推进横琴岛等旅游开发。制定邮轮旅游发展规划，有序推进邮轮旅游基础设施建设，改善和提升港口、船舶及配套设施的技术水平。推动国际邮轮访问港建设，扩大国际邮轮入境外国旅游团15天免签政策适用区域，有序扩大试点港口城市范围。支持天津、上海、广州、深圳、厦门、青岛等地开展邮轮旅游。制定游艇旅游发展指导意见，发展适合大众消费的中小型游艇。支持长江流域等有条件的江河、湖泊有序发展内河游轮旅游。（国家旅游局、国家发展改革委、工业和信息化部、公安部、交通运输部、水利部、国家海洋局等）

专栏5　邮轮游艇旅游发展计划

（一）加强基础设施建设。制定实施邮轮港口布局规划，形成布局合理的始发港、访问港邮轮港口体系。建设一批公共游艇码头和水上运动中心。促进邮轮运输与航空、铁路、公路等其他运输方式的有效衔接。

（二）开发特色旅游线路。打造具有特色的邮轮航线，探索开辟无目的地邮轮航线、洲际及环球邮轮航线。出台系列政策措施，大力发展国际邮轮入境游。

（三）壮大邮轮市场主体。鼓励多元资本进入邮轮旅游产业，加强与外资邮轮企业合作，支持本土邮轮企业发展。

（四）促进游艇租赁消费。鼓励开展游艇租赁业务，规范游艇租赁运营管理，培育大众游艇消费，推出一批游艇休闲示范项目。

（五）培养邮轮游艇人才。加快培养邮轮游艇驾驶人员、海乘、维修保养、法律咨询、经营管理等专业人才。

七、大力发展冰雪旅游

以办好2022年冬奥会为契机,大力推进冰雪旅游发展。支持黑龙江、吉林等地做好冰雪旅游专项规划。建设一批融滑雪、登山、徒步、露营等多种旅游活动为一体的冰雪旅游度假区或度假地,推出一批复合型冰雪旅游基地,鼓励冰雪场馆开发大众化冰雪旅游项目。支持冰雪设备和运动装备开发。推动建立冰雪旅游推广联盟,搭建冰雪旅游会展平台。支持院校与企业合作,培养冰雪旅游专业化人才。(国家旅游局、工业和信息化部、教育部、商务部、体育总局)

八、加快培育低空旅游

结合低空空域开放试点,选择一批符合条件的景区、城镇开展航空体验、航空运动等多种形式的低空旅游。开发连接旅游景区、运动基地、特色小镇的低空旅游线路。提高航油、通信、导航、气象等保障能力。出台低空旅游管理办法,强化安全监管。支持低空旅游通用航空装备自主研制,建设低空旅游产业园。(国家发展改革委、工业和信息化部、体育总局、国家旅游局、中国民航局等)

第三节　业态创新　拓展发展新领域

实施"旅游+"战略,推动旅游与城镇化、新型工业化、农业现代化和现代服务业的融合发展,拓展旅游发展新领域。

一、旅游+城镇化

完善城市旅游基础设施和公共服务设施,支持大型旅游综合体、主题功能区、中央游憩区等建设。发展城市绿道、骑行公园、慢行系统,拓展城市运动休闲空间。加强规划引导和规范管理,推动主题公园创新发展。建设一批旅游风情小镇和特色景观名镇。(国家旅游局、住房城乡建设部)

二、旅游+新型工业化

鼓励工业企业因地制宜发展工业旅游,促进转型升级。支持老工业城市和资源型城市通过发展工业遗产旅游助力城市转型发展。推出一批工业旅游示范基地。大力发展旅游用品、户外休闲用品、特色旅游商品制造业。培育一批旅游装备制造业基地,鼓励企业自主研发,并按规定享受国家鼓励科技创新政策。(工业和信息化部、国家发展改革委、科技部、国家旅游局、中国民航局等)

三、旅游＋农业现代化

加强规划引导,开展农业遗产普查与保护。大力发展观光农业和休闲农业,推动科技、人文等元素融入农业,发展田园艺术景观、阳台农艺等创意农业,发展定制农业、会展农业和众筹农业等新型农业业态。推进现代农业庄园发展,开展农耕、采摘、饲养等农事活动,促进农业综合开发利用,提高农业附加值。(农业部、国家旅游局)

四、旅游＋现代服务业

促进旅游与文化融合发展。培育以文物保护单位、博物馆、非物质文化遗产保护利用设施和实践活动为支撑的体验旅游、研学旅行和传统村落休闲旅游。扶持旅游与文化创意产品开发、数字文化产业相融合。发展文化演艺旅游,推动旅游实景演出发展,打造传统节庆旅游品牌。推动"多彩民族"文化旅游示范区建设,集中打造一批民族特色村镇。(文化部、国家民委、国家旅游局、国家文物局)

促进旅游与健康医疗融合发展。鼓励各地利用优势医疗资源和特色资源,建设一批健康医疗旅游示范基地。发展中医药健康旅游,启动中医药健康旅游示范区、示范基地和示范项目建设。发展温泉旅游,建设综合性康养旅游基地。制定老年旅游专项规划和服务标准,开发多样化老年旅游产品。引导社会资本发展非营利性乡村养老机构,完善景区无障碍旅游设施,完善老年旅游保险产品。(国家旅游局、国家民委、国家卫生计生委、保监会、国家中医药局、全国老龄委、中国残联)

促进旅游与教育融合发展。将研学旅行作为青少年爱国主义和革命传统教育、国情教育的重要载体,纳入中小学生综合素质教育范畴,培养学生的社会责任感、创新精神和实践能力。开展文物古迹、古生物化石等专题研学旅行。成立游学联盟,鼓励对研学旅行给予价格优惠。规范中小学生赴境外研学旅行活动。加强组织管理,完善安全保障机制。(国家旅游局、国家发展改革委、教育部、国家文物局)

促进旅游与体育融合发展。编制体育旅游发展纲要,建成一批具有影响力的体育旅游目的地,建设一批体育旅游示范基地,推出一批体育旅游精品赛事和精品线路。培育具有国际知名度和市场竞争力的体育旅游企业和品牌。引导和鼓励特色体育场馆、设施和基地向旅游者开放共享。支持有条件的地方举办有影响力的体育旅游活动。(国家旅游局、体育总局)

促进旅游与商务会展融合发展。加快北京、上海、杭州、昆明等商务会展旅游目的地建设,发展国际化、专业化的商务会议会展旅游业。加快相关场馆设施建设,培育具有国际影响力的会议会展品牌,提高会展旅游专业化水平。加大会议会展促销力度。(国家旅游局、商务部等)

第四节 技术创新 打造发展新引擎

大力推动旅游科技创新,打造旅游发展科技引擎。推进旅游互联网基础设施建设,加快机场、车站、码头、宾馆饭店、景区景点、乡村旅游点等重点涉旅区域无线网络建设。推动游客集中区、环境敏感区、高风险地区物联网设施建设。（工业和信息化部、科技部、国家旅游局）

建设旅游产业大数据平台。构建全国旅游产业运行监测平台，建立旅游与公安、交通、统计等部门数据共享机制，形成旅游产业大数据平台。实施"互联网+旅游"创新创业行动计划。建设一批国家智慧旅游城市、智慧旅游景区、智慧旅游企业、智慧旅游乡村。支持"互联网+旅游目的地联盟"建设。规范旅游业与互联网金融合作，探索"互联网+旅游"新型消费信用体系。到"十三五"期末，在线旅游消费支出占旅游消费支出20%以上，4A级以上景区实现免费WiFi、智能导游、电子讲解、在线预订、信息推送等全覆盖。（国家旅游局、工业和信息化部、银监会等）

专栏6　旅游信息化提升工程

（一）建设"12301"智慧旅游公共服务平台。建立面向游客和企业的旅游公共服务平台，完善旅游公共信息发布及资讯平台、旅游产业运行监管平台、景区门票预约与客流预警平台、旅游大数据集成平台。

（二）建设旅游行业监管综合平台。完善旅游团队服务管理系统、导游公共服务监管平台、旅游质监执法平台、旅游住宿业标准化管理信息系统、旅行社网上审批系统、旅游志愿者服务管理信息平台、旅游诚信网等。

（三）建设旅游应急指挥体系。建立覆盖主要旅游目的地的实时数据和影像采集系统，建立上下联通、横向贯通的旅游网络数据热线，实现对景区、旅游集散地、线路和区域的突发事件应急处理及客流预测预警。

（四）建设旅游信息化标准体系。建成涵盖旅游服务业态、信息数据、技术体系等在内的旅游信息化标准体系。

（五）建设国家旅游基础数据库。建立旅游统计年鉴数据库、旅游企业直报数据库、国内旅游抽样调查基础数据库、入境花费调查基础数据库、国际旅游基础数据库、旅游产业基础数据库。

第五节　主体创新　提高发展新效能

依托有竞争力的旅游骨干企业，通过强强联合、跨地区兼并重组、境外并购和投资合作及发行上市等途径，促进规模化、品牌化、网络化经营，形成一批大型旅游企业集团。支持旅游企业通过自主开发、联合开发、并购等方式发展知名旅游品牌。（国家旅游局、国家发展改革委、国务院国资委等）

大力发展旅游电子商务，推动网络营销、网络预订、网上支付以及咨询服务等旅游业务发展。规范发展在线旅游租车和在线度假租赁等新业态。支持互联网旅游企业整合上下游及平行企业资源、要素和技术，推动"互联网+旅游"融合，培育新型互联网旅游龙头企业。（国家旅游局、工业和信息化部、商务部等）

支持中小微旅游企业特色化、专业化发展。加快推进中小旅游企业服务体系建设，打造中小微旅游企业创新创业公共平台，发挥其对自主创新创业的孵化作用。（国家旅游局、国家发展改革委）

积极培育具有世界影响力的旅游院校和科研机构，鼓励院校与企业共建旅游创新创业学院或企业内部办学。支持旅游规划、设计、咨询、营销等旅游相关智力型企业发展。构建产学研一体化平台，提升旅游业创新创意水平和科学发展能力。（国家旅游局、教育部）

第四章 协调推进 提升旅游业发展质量

第一节 优化空间布局 构筑新型旅游功能区

按照分类指导、分区推进、重点突破的原则,全面推进跨区域资源要素整合,加快旅游产业集聚发展,构筑新型旅游功能区,构建旅游业发展新格局。

一、做强跨区域旅游城市群

京津冀旅游城市群。全面贯彻落实京津冀协同发展战略,发挥京津旅游辐射作用,构建城市旅游分工协同体系,推进京津冀旅游一体化进程,打造世界一流旅游目的地。

长三角旅游城市群。全面推进旅游国际化进程,大力推动旅游业与现代服务业融合发展,建设一批高品质的旅游度假区、都市休闲区和乡村度假地,形成面向全球、引领全国的世界级旅游城市群,建设亚太地区重要国际旅游门户。

珠三角旅游城市群。充分利用紧邻港澳区域优势,创新出入境管理方式,促进旅游消费便利化,推进城市群与港澳旅游服务贸易自由化,建设具有世界影响力的商务旅游目的地和海上丝绸之路旅游核心门户。

成渝旅游城市群。充分发挥长江上游核心城市作用,依托川渝独特的生态和文化,建设自然与文化遗产国际精品旅游区,打造西部旅游辐射中心。

长江中游旅游城市群。依托长江黄金水道,发挥立体交通网络优势,推动生态旅游、文化旅游、红色旅游、低空旅游和自驾车旅游发展,打造连接东西、辐射南北的全国旅游产业发展引领示范区。(国家旅游局、国家发展改革委、住房城乡建设部、交通运输部等)

二、培育跨区域特色旅游功能区

依托跨区域的自然山水和完整的地域文化单元,培育一批跨区域特色旅游功能区,构建特色鲜明、品牌突出的区域旅游业发展增长极。(国家旅游局、国家发展改革委、环境保护部、住房城乡建设部、交通运输部、文化部、国家海洋局等)

专栏7 特色旅游功能区推进计划

(一)香格里拉民族文化旅游区:涉及四川、云南、西藏3省区。加强旅游基础设施以及自驾车旅游廊道建设,积极推进以昌都、康定、西昌、香格里拉等为核心的旅游城市建设,实施大生态建设与大文化旅游综合开发协调推进,建设具有全球影响力的一流文化生态旅游目的地。

(二)太行山生态文化旅游区:涉及北京、河北、山西、河南4省市。加快保定、石家庄、安阳、鹤壁、新乡、焦作、忻州、太原、阳泉、晋中、长治等旅游城市和旅游集散中心建设。积极推动特色旅游小镇建设,推进旅游精准扶贫,建设全国知名的生态文化旅游目的地。

(三)武陵山生态文化旅游区:涉及湖北、湖南、重庆、贵州4省市。积极推进黔江、恩施、吉首、张家界、怀化、铜仁、遵义等建设中心旅游城市。加快核心旅游区的转型升级和新旅游区的规划建设。以旅游基础设施建设推进跨区域精品旅游线路组织,推进民族文化旅游发展,建设国际知名的生态文化旅游目的地。

(四)长江三峡山水人文旅游区:涉及湖北、重庆2省市。完善重庆、宜昌等城市旅游功能,推进长江游轮旅游提档升级,推动旅游业与库区移民搬迁和经济转型紧密结合,实现三峡旅游的水陆联动,全面提升三峡国际旅游目的地整体水平。

(五)大别山红色旅游区:涉及安徽、河南、湖北3省。全面提升红色旅游发展水平,积极推动黄冈、信阳、六安、安庆、随州、驻马店等核心旅游城市建设。加大交通基础设施投入,推进国家旅游风景道建设,积极推进旅游精准扶贫,建设全国知名的红色旅游目的地。

(六)罗霄山红色旅游区:涉及江西、湖南2省。建设以赣州、井冈山、瑞金和吉安为核心的支点旅游城市。发挥井冈山旅游区引领作用,做大做强红色旅游。加强生态环境保护,推进旅游精准扶贫,建设红色生态文化旅游目的地。

(七)乌蒙山民族文化旅游区:涉及云南、贵州2省。建设毕节、遵义和赤水等重要旅游中心城市,推进旅游区(点)的开发建设,培育民族文化旅游品牌,建设全国知名的民族生态文化旅游目的地。

(八)秦巴山区生态文化旅游区:涉及河南、湖北、重庆、四川、陕西、甘肃6省市。强化西安旅游枢纽地位,统筹宝鸡、渭南、天水、汉中、安康、商洛、陇南、十堰等城市集散功能。加强生态环境保护,推进核心旅游产业空间集聚。完善秦岭南北通道交通和自驾车旅游廊道体系,建设全球知名的生态旅游目的地。

(九)长白山森林生态旅游区:以延边和长白山等为依托,形成长白山旅游产业功能区。推进国家旅游风景道建设,建设森林生态旅游和冰雪旅游目的地。

(十)大小兴安岭森林生态旅游区:涉及内蒙古、黑龙江2省区。全面提升塔河、漠河、黑河、鹤岗、伊春等城市旅游功能。大力开发冰雪旅游、森林旅游和温泉度假旅游产品,推动旅游业与林区生态保护、林业转型融合,建设全国著名的森林生态旅游目的地。

(十一)中原文化旅游区:包括河南豫中、陕西关中、山西晋中地区。以西安、郑州、太原为中心,积极推进晋中、运城、洛阳、开封、渭南、宝鸡等城市文化旅游水平。推动城市文化创意产业和文化旅游综合体发展,建设世界著名的华夏文明旅游目的地。

(十二)海峡西岸旅游区:涉及浙江、福建、江西、广东4省。提升福州、厦门、宁德、泉州、温州、汕头等城市旅游业国际化发展水平。推进平潭综合试验区旅游开放开发,创新两岸旅游合作模式,共同建设世界旅游目的地。

(十三)南海海洋文化旅游区:以海口、三亚、三沙为核心,积极推进南海旅游开放开发,建设全球著名的国际海洋度假旅游目的地。

(十四)北部湾海洋文化旅游区:涉及广西、海南2省区。以广西滨海特色旅游城市为引领,推进国际旅游集散中心建设。推进边境旅游合作示范区建设,促进与东盟国家的旅游合作,建设国际知名的海洋旅游目的地和国际区域旅游合作典范区。

(十五)六盘山生态文化旅游区:涉及陕西、甘肃、青海、宁夏4省区。加大旅游区开发建设力度,推动核心旅游区转型升级。发展民族文化生态旅游,推进旅游精准扶贫。加强旅游基础设施建设,完善旅游公共服务,建设我国西部重要的山地生态旅游目的地。

(十六)祁连山生态文化旅游区:涉及甘肃、青海2省。以旅游资源保护为基础,推动祁连山国家旅游风景道建设。完善酒泉、武威、张掖、敦煌、德令哈、西宁等城市旅游功能,建设全国著名的自驾车户外旅游基地和特种旅游目的地。

(十七)南岭森林生态文化旅游区:完善桂林、永州、贺州、郴州、清远、韶关、赣州等城市旅游功能,推进旅游集散基地和道路交通基础设施建设。以生态环境保护为基础,推进跨区域自驾车旅游廊道建设。推进旅游精准扶贫,建设区域性生态旅游度假目的地。

(十八)塔里木河沙漠文化旅游区:以喀什、阿克苏、和田等城市为支点,推进重点旅游区开发建设与提档升级。发展特种旅游、生态旅游和民族风情旅游,推动南疆自驾车旅游廊道规划建设,建设国际著名的丝绸之路文化旅游目的地。

(十九)滇黔桂民族文化旅游区:涉及广西、贵州、云南3省区。加强旅游基础设施投入,全面提升旅游可进入性。提升红色旅游目的地建设水平,加快民族生态旅游资源开发建设,推动自驾车旅游廊道建设,建设民族文化旅游示范区。

(二十)浙皖闽赣生态旅游协作区:涉及浙江、安徽、福建、江西4省。以黄山、上饶和杭州为中心,推进池州、安庆、宣城、三明、景德镇、衢州等城市旅游协同发展。推进旅游区产业集聚,加快推进华东世界遗产风景道建设。推进区域旅游公共服务一体化,建设国际一流的生态文化旅游目的地和国家生态旅游协作区。

三、打造国家精品旅游带

遵循景观延续性、文化完整性、市场品牌性和产业集聚性原则,依托线性的江、河、山等自然文化廊道和交通通道,串联重点旅游城市和特色旅游功能区。重点打造丝绸之路旅游带、长江国际黄金旅游带、黄河华夏文明旅游带、长城生态文化旅游带、京杭运河文化旅游带、长征红色记忆旅游带、海上丝绸之路旅游带、青藏铁路旅游带、藏羌彝文化旅游带、茶马古道生态文化旅游带等10条国家精品旅游带。(国家旅游局、国家发展改革委、交通运输部、文化部、国家海洋局、国家文物局等)

四、重点建设国家旅游风景道

以国家等级交通线网为基础,加强沿线生态资源环境保护和风情小镇、特色村寨、汽车营地、绿道系统等规划建设,完善游憩与交通服务设施,实施国家旅游风景道示范工程,形成品牌化旅游廊道。(国家旅游局、国家发展改革委、交通运输部等)

专栏8 国家旅游风景道布局
(一)川藏公路风景道(四川成都、雅安、康定、巴塘—西藏林芝、拉萨)
(二)大巴山风景道(陕西西安、安康—四川达州、广安—重庆)
(三)大别山风景道(湖北大悟、红安、麻城、罗田、英山—安徽岳西、霍山、六安)
(四)大兴安岭风景道(内蒙古阿尔山、呼伦贝尔—黑龙江加格达奇、漠河)
(五)大运河风景道(浙江宁波、绍兴、杭州、湖州、嘉兴—江苏苏州、无锡、常州、镇江、扬州、淮安、宿迁)
(六)滇川风景道(云南楚雄—四川攀枝花、凉山、雅安、乐山)
(七)滇桂粤边海风景道(云南富宁—广西靖西、崇左、钦州、北海—广东湛江)
(八)东北边境风景道(辽宁丹东—吉林集安、长白山、延吉、珲春—黑龙江绥芬河)
(九)东北林海雪原风景道(吉林省吉林市、敦化—黑龙江牡丹江、鸡西)
(十)东南沿海风景道(浙江杭州、宁波、台州、温州—福建福州、厦门—广东汕头、深圳、湛江—广西北海)
(十一)海南环岛风景道(海南海口—东方—三亚—琼海—海口)
(十二)贺兰山六盘山风景道(宁夏贺兰山、沙坡头、六盘山,内蒙古月亮湖)

(十三)华东世界遗产风景道(安徽九华山、黄山—浙江开化钱江源、江郎山—江西上饶—福建武夷山、屏南白水洋)

(十四)黄土高原风景道(内蒙古鄂尔多斯—陕西榆林、延安、铜川、西安)

(十五)罗霄山南岭风景道(湖南株洲—江西井冈山、赣州—广东韶关)

(十六)内蒙古东部风景道(内蒙古阿尔山—呼伦贝尔)

(十七)祁连山风景道(青海门源、祁连—甘肃民乐、张掖)

(十八)青海三江源风景道(青海西宁、海北、海南、果洛、玉树)

(十九)太行山风景道(河北石家庄、邢台、邯郸—河南安阳、新乡、焦作—山西晋城、长治)

(二十)天山世界遗产风景道(新疆霍城、巩留、新源、特克斯、和静)

(二十一)乌江风景道(重庆武隆、彭水、酉阳—贵州遵义、贵阳、铜仁)

(二十二)西江风景道(贵州兴义—广西百色、柳州、荔浦、梧州—广东封开、德庆、肇庆)

(二十三)香格里拉风景道(云南丽江、迪庆—四川稻城—西藏昌都)

(二十四)武陵山风景道(湖北神农架、恩施—湖南湘西—贵州铜仁、遵义、黔东南)

(二十五)长江三峡风景道(重庆长寿—湖北神农架、宜昌)

五、推进特色旅游目的地建设

依托特色旅游资源,打造一批特色旅游目的地,满足大众化、多样化、特色化旅游市场需求。(国家旅游局、环境保护部、住房城乡建设部、水利部、国家林业局、国家海洋局、国家文物局等)

专栏9 特色旅游目的地建设

(一)山岳旅游目的地:安徽黄山、山东泰山、四川九寨沟、湖南张家界、吉林长白山、福建武夷山、陕西华山、广东韶关丹霞山、江西三清山等。

(二)海岛旅游目的地:广西涠洲岛,山东长岛、浙江舟山群岛、福建湄洲岛、鼓浪屿岛、平潭岛、广东海陵岛,海南西沙群岛,辽宁大小长山岛等。

(三)湖泊旅游目的地:浙江千岛湖、青海青海湖、云南泸沽湖、黑龙江五大连池、江苏太湖、湖南洞庭湖、江西鄱阳湖、山东微山湖、云南抚仙湖、西藏纳木错等。

(四)湿地旅游目的地:云南普达措、山东东营黄河口湿地、黑龙江齐齐哈尔扎龙湿地、江苏盐城湿地、西藏拉鲁湿地、辽宁盘锦红海滩湿地、内蒙古额尔古纳湿地、吉林通榆向海湿地等。

(五)草原旅游目的地:新疆那拉提、喀拉峻、巴音布鲁克,内蒙古呼伦贝尔、乌兰布统、鄂尔多斯苏泊罕,甘肃甘南玛曲,河北张北等。

(六)沙漠旅游目的地:甘肃敦煌,宁夏沙坡头,内蒙古响沙湾、巴丹吉林、阿拉善腾格里、库布齐,新疆喀什达瓦昆、塔里木,陕西毛乌素等。

(七)古村落旅游目的地:安徽皖南,福建永定、南靖,广东开平,江西婺源,山西平遥,四川阆中,江苏周庄、同里,浙江乌镇、南浔、西塘等。

(八)民俗风情旅游目的地:贵州黔东南,湖南湘西,新疆喀什,重庆黔江,四川阿坝、甘孜、凉山,云南西双版纳,吉林延边等。

第二节　加强基础设施建设　提升公共服务水平

一、大力推进"厕所革命"

加强政策引导、标准规范、技术创新、典型示范,持续推进旅游"厕所革命"。重点抓好乡村旅游厕所整体改造,着力推进高寒、缺水地区厕所技术革新,鼓励大中型企业、社会组织援建中西部旅游厕所,倡导以商建厕、以商管厕、以商养厕。推进厕所无障碍化。积极倡导文明如厕。"十三五"期间,新建、改扩建10万座旅游厕所,主要旅游景区、旅游场所、旅游线路和乡村旅游点的厕所全部达到A级标准,实现数量充足、干净无味、实用免费、管理有效,中西部地区旅游厕所建设难题得到初步解决。(国家旅游局、环境保护部、住房城乡建设部、中国残联)

二、加强旅游交通建设

做好旅游交通发展顶层设计。制定促进旅游交通发展的意见,完善旅游交通布局。推动旅游交通大数据应用,建立旅游大数据和交通大数据的共享平台和机制。(交通运输部、国家旅游局)

改善旅游通达条件。推进重要交通干线连接景区的道路建设,加强城市与景区之间交通设施建设和交通组织,实现从机场、车站、客运码头到主要景区交通无缝衔接。支持大型旅游景区、旅游度假区和红色旅游区等建设连通高速公路、国省道干线的公路支线。力争到"十三五"期末,基本实现4A级以上景区均有一条高等级公路连接。(交通运输部、国家旅游局)

推进乡村旅游公路建设。提高乡村旅游重点村道路建设等级,重点解决道路养护等问题,推进乡村旅游公路和旅游标识标牌体系建设。加强旅游扶贫重点村通村旅游公路建设。(交通运输部、农业部、国家旅游局、国务院扶贫办)

优化旅游航空布局。加强中西部地区和东北地区支线机场建设,支持有条件的地方新建或改扩建一批支线机场。增加重点旅游城市至主要客源地直航航线航班,优化旅游旺季航班配置。加强重点旅游区的通用机场建设。(中国民航局、国家发展改革委、国家旅游局)

提升铁路旅游客运能力。推动高铁旅游经济圈发展。加大跨区域旅游区、重点旅游经济带内铁路建设力度。根据旅游业发展实际需求,优化配置旅游城市、旅游目的地列车班次。增开特色旅游专列,提升旅游专列服务水准,全面提升铁路旅游客运能力。发展国际铁路旅游。(中国铁路总公司、国家发展改革委、国家旅游局、国家铁路局)

三、完善旅游公共服务体系

加强旅游集散体系建设,形成便捷、舒适、高效的集散中心体系。完善旅游咨询中心体系,旅游咨询中心覆盖城市主要旅游中心区、3A级以上景区、重点乡村旅游区以及机场、车站、码头、高速公路服务区、商业步行街区等。完善旅游观光巴士体系,全国省会城市和优秀旅游城市至少开通1条旅游观光巴士线路。完善旅游交通标识体系,完成3A级以上景区在高速公路等主要公路沿线标识设置,完成乡村旅游点等在公路沿线标识设置。完善旅游绿道体系,建设完成20条跨省(区、市)旅游绿道,总里程达5000公里以上,全国重点旅游城市至少建成一条自行车休闲绿道。推进残疾人、老年人旅游公共服务体系建设。(住房城乡建设部、国家发展改革委、交通运输部、国家旅游局、全国老龄委、中国残联)

第三节　提升旅游要素水平　促进产业结构升级

一、提升餐饮业发展品质

弘扬中华餐饮文化,开发中国文化型传统菜品,支持文化餐饮"申遗"工作。深入挖掘民间传统小吃,推出金牌小吃,打造特色餐饮品牌,促进民间烹饪技术交流与创新。推动形成有竞争力的餐饮品牌和企业集团,鼓励中餐企业"走出去"。(商务部、食品药品监管总局、国家旅游局)

二、构建新型住宿业

推进结构优化、品牌打造和服务提升,培育一批有竞争力的住宿品牌,推进住宿企业连锁化、网络化、集团化发展。适度控制高星级酒店规模,支持经济型酒店发展。鼓励发展自驾车旅居车营地、帐篷酒店、民宿等新型住宿业态。(商务部、工商总局、国家旅游局)

三、优化旅行社业

鼓励在线旅游企业进行全产业链运营,提高集团化、国际化发展水平。推动传统旅行社转型发展,鼓励有实力的旅行社跨省(区、市)设立分支机构,支持旅行社服务网络进社区、进农村。(国家旅游局、商务部)

四、积极发展旅游购物

实施中国旅游商品品牌提升工程。加强对老字号商品、民族旅游商品的宣传,加大对旅游商品商标、专利的保护力度。构建旅游商品生产标准和认证体系,规范旅游商品流通体系。在机场、高铁车站、邮轮码头、旅游服务中心、重点旅游景区等地,设置特色旅游商品购物区。(国家旅游局、交通运输部、商务部、工商总局、质检总局、国家知识产权局)

五、推动娱乐业健康发展

推广"景区+游乐"、"景区+剧场"、"景区+演艺"等景区娱乐模式。支持高科技旅游娱乐企业发展。有序引进国际主题游乐品牌,推动本土主题游乐企业集团化、国际化发展。

提升主题公园的旅游功能,打造一批特色鲜明、品质高、信誉好的品牌主题公园。(国家旅游局、科技部、住房城乡建设部、文化部)

第五章　绿色发展　提升旅游生态文明价值

第一节　倡导绿色旅游消费

践行绿色旅游消费观念,大力倡导绿色消费方式,发布绿色旅游消费指南。鼓励酒店实施客房价格与水电、低值易耗品消费量挂钩,逐步减少一次性用品的使用。引导旅游者低碳出行,鼓励旅游者在保证安全的前提下拼车出行。提高节能环保交通工具使用比例,大力推广公共交通、骑行或徒步等绿色生态出行方式。(国家旅游局、中央文明办、环境保护部、住房城乡建设部、商务部)

第二节　实施绿色旅游开发

推动绿色旅游产品体系建设,打造生态体验精品线路,拓展绿色宜人的生态空间。开展绿色旅游景区建设,"十三五"期间,创建500家生态文明旅游景区。4A级以上旅游景区全部建成生态停车场,所有新修步道和80%以上的旅游厕所实现生态化。(国家旅游局、环境保护部)

实施全国生态旅游发展规划,加大生态资源富集区基础设施和生态旅游设施建设力度,推动生态旅游协作区、生态旅游目的地、生态旅游精品线路建设,提升生态旅游示范区发展水平。以水利风景区为重点,推出一批生态环境优美、文化品位较高的水利生态景区和旅游产品。(国家发展改革委、环境保护部、水利部、国家旅游局等)

拓展森林旅游发展空间,以森林公园、湿地公园、沙漠公园、国有林场等为重点,完善森林旅游产品和设施,推出一批具备森林游憩、疗养、教育等功能的森林体验基地和森林养生基地。鼓励发展"森林人家"、"森林小镇",助推精准扶贫。加强森林旅游公益宣传,鼓励举办具有特色的森林旅游宣传推介活动。(国家林业局、国家旅游局等)

加大对能源节约、资源循环利用、生态修复等重大生态旅游技术的研发和支持力度。推进生态旅游技术成果的转化与应用,推进旅游产业生态化、低碳化发展。推广运用厕所处理先进技术,开展以无害化处理为核心的全球人居示范工程。(国家发展改革委、科技部、环境保护部、住房城乡建设部、国家旅游局)

第三节　加强旅游环境保护

严格遵守相关法律法规,坚持保护优先、开发服从保护的方针,对不同类型的旅游资源开发活动进行分类指导。发挥规划引领作用,强化环境影响评价约束作用,规范旅游开发行为。(国家旅游局、环境保护部)

推进旅游业节能减排。加强旅游企业用能计量管理,组织实施旅游业合同能源管理示范项目。实施旅游能效提升计划,降低资源消耗强度。开展旅游循环经济示范区建设。推广节能节水产品和技术,对酒店饭店、景点景区、乡村客栈等建筑进行节能和供热计量改造,

建设节水型景区、酒店和旅游村镇。(国家旅游局、国家发展改革委、环境保护部、水利部、质检总局)

第四节 创新绿色发展机制

实施绿色认证制度。建立健全以绿色景区、绿色饭店、绿色建筑、绿色交通为核心的绿色旅游标准体系,推行绿色旅游产品、绿色旅游企业认证制度,统一绿色旅游认证标识,开展绿色发展教育培训,引导企业执行绿色标准。(国家旅游局、环境保护部、质检总局)

建立旅游环境监测预警机制。对资源消耗和环境容量达到最大承载力的旅游景区,实行预警提醒和限制性措施。完善旅游预约制度,建立景区游客流量控制与环境容量联动机制。(环境保护部、国家旅游局等)

健全绿色发展监管制度。在生态保护区和生态脆弱区,对旅游项目实施类型限制、空间规制和强度管制,对生态旅游区实施生态环境审计和问责制度,完善旅游开发利用规划与建设项目环境影响评价信息公开机制。(环境保护部、住房城乡建设部、国家旅游局)

第五节 加强宣传教育

开展绿色旅游公益宣传,推出绿色旅游形象大使。加强绿色旅游教育和培训工作,制定绿色消费奖励措施,引导全行业、全社会树立绿色旅游价值观,形成绿色消费自觉。(国家旅游局、环境保护部、新闻出版广电总局等)

第六章 开放合作 构建旅游开放新格局

第一节 实施旅游外交战略

一、开展"一带一路"国际旅游合作

推动建立"一带一路"沿线国家和地区旅游部长会议机制。建立丝绸之路经济带城市旅游合作机制。推动"一带一路"沿线国家签证便利化,推动航权开放、证照互认、车辆救援、旅游保险等合作。加强与沿线国家旅游投资互惠合作,推动海上丝绸之路邮轮旅游合作,联合打造国际旅游精品线路,提升"一带一路"旅游品牌的知名度和影响力。(国家旅游局、中央宣传部、外交部、国家发展改革委、公安部、交通运输部、中国民航局等)

二、拓展与重点国家旅游交流

推动大国旅游合作向纵深发展,深化与周边国家旅游市场、产品、信息、服务融合发展,加强与中东欧国家旅游合作,扩大与传统友好国家和发展中国家的旅游交流,推动与相关国家城市缔结国际旅游伙伴城市。(国家旅游局、外交部、公安部)

三、创新完善旅游合作机制

完善双多边旅游对话机制,推动建立更多合作平台,倡导成立国际旅游城市推广联盟,引领国际旅游合作。支持旅游行业组织、旅游企业参与国际旅游交流,形成工作合力。推进我国与周边国家的跨境旅游合作区、边境旅游试验区建设,开发具有边境特色和民族特色的旅游景区和线路。(国家旅游局、外交部、国家民委、公安部、交通运输部等)

第二节 大力提振入境旅游

实施中国旅游国际竞争力提升计划。统筹优化入境旅游政策,推进入境旅游签证、通关便利化,研究制定外国人来华邮轮旅游、自驾游便利化政策。依法扩大符合条件的口岸开展外国人签证业务范围,提升购物退税网络服务水平,开发过境配套旅游产品。完善入境旅游公共服务和商业接待体系,提升入境旅游服务品质。发挥自由贸易试验区在促进入境旅游发展方面的先行先试作用。(国家旅游局、外交部、国家发展改革委、公安部、财政部、商务部、海关总署、税务总局等)

完善旅游推广体系,塑造"美丽中国"形象。加强旅游、外宣合作,健全中央与地方、政府与企业以及部门间联动的旅游宣传推广体系,发挥专业机构市场推广优势。实施入境旅游品牌战略,推出一批入境旅游品牌和线路。调整优化中国旅游驻外办事处职能,适时在巴西、南非等地设立旅游办事机构。实施中国旅游网络营销工程、海外公众旅游宣传推广工程,促进入境旅游持续稳定增长。(国家旅游局、中央宣传部、中央编办、外交部、文化部)

第三节 深化与港澳台旅游合作

一、支持港澳地区旅游发展

创新粤港澳区域旅游合作协调机制,推进便利化建设和一体化发展。支持粤港澳大湾区旅游合作,发挥粤港澳对接广西、福建等内地沿海省份的重要节点作用,开发一程多站旅游线路。支持香港建设多元旅游平台。推动澳门世界旅游休闲中心建设,支持澳门会展业发展,支持澳门举办世界旅游经济论坛。推动粤澳、闽澳联合开发海上丝绸之路旅游产品,打造旅游精品线路。(国家旅游局、交通运输部、商务部、国务院港澳办等)

二、深化对台旅游交流

巩固旅游在两岸人员交往中的主渠道作用,发挥旅游在增进两岸同胞情感、促进两岸关系和平发展方面的积极作用。推动大陆居民赴台旅游健康有序发展,提升大陆居民赴台旅游品质、安全保障水平等。推进两岸乡村旅游、邮轮旅游、旅游文创等领域合作。支持平潭国际旅游岛、福州新区、江苏昆山等建设成为两岸旅游产业合作示范区。推进海峡西岸经济区与台湾、厦门与金门、福州与马祖区域旅游合作。支持环海峡旅游圈建设。(国务院台办、

公安部、商务部、国家旅游局)

三、扩大旅游对港澳台开放

依托中国(广东)自由贸易试验区、中国(福建)自由贸易试验区,开展对港澳台旅游先行先试。探索自由贸易试验区有关涉旅政策措施相互延伸。推进邮轮游艇旅游合作发展,支持香港邮轮母港建设和粤澳游艇自由行。加强与港澳台青少年的游学交流,定期组织港澳台青少年赴内地(大陆)开展游学活动。(国家旅游局、公安部、交通运输部、商务部、国务院港澳办、国务院台办等)

四、规范赴港澳台旅游市场秩序

加强与港澳台旅游部门合作,完善旅游安全保障和预警机制,提升突发事件应急处理能力,共同打击以不合理低价组织的团队游和其他违法违规的不正当竞争行为。建立健全大陆居民赴台游保险机制,扩大大陆居民赴台旅游保险覆盖面。(国家旅游局、公安部、国务院港澳办、国务院台办、保监会)

第四节 有序发展出境旅游

推动出境旅游目的地国家和地区简化签证手续、缩短签证申办时间,扩大短期免签证、口岸签证范围。将中文电视广播等媒体落地、改善中文接待环境、中文报警服务、中国公民安全保障措施和游客合法权益保障等纳入中国公民出境旅游目的地管理体系。完善出境旅游服务保障体系,加强境外旅游保险、旅游救援合作。推动建立与有关国家和地区旅游安全预警机制和突发事件应急处理合作机制。加强与友好国家客源互送合作。(国家旅游局、外交部、公安部、新闻出版广电总局、保监会)

第五节 提升旅游业国际影响力

一、实施旅游业"走出去"战略

将旅游业"走出去"发展纳入国家"走出去"战略,制定旅游业"走出去"战略规划。完善支持旅游企业"走出去"政策服务平台,支持有条件的旅游企业统筹利用国际国内两个市场,建立面向中国公民的海外旅游接待体系。推进自由贸易协定旅游服务贸易谈判,推动旅游业双向开放。(国家旅游局、外交部、国家发展改革委、商务部等)

二、实施国家旅游援外计划

制定实施国家旅游援外计划,对"一带一路"沿线国家、部分发展中国家和地区提供旅游投资、品牌、技术、管理、标准等援助。(商务部、外交部、国家发展改革委、财政部、国家旅游局等)

三、积极参与国际旅游规则制定

在联合国世界旅游组织、世界旅游业理事会和亚太旅游协会等国际旅游机构中发挥更为重要的作用。培养一批符合国际组织需求的旅游专门人才,创造条件输送到国际旅游机构,扩大我国在国际旅游机构中的影响力。(国家旅游局、外交部、教育部)

第七章 共建共享 提高人民群众满意度

第一节 实施乡村旅游扶贫工程

通过发展乡村旅游带动2.26万个建档立卡贫困村实现脱贫。

实施乡村旅游扶贫重点村环境整治行动。提升旅游扶贫基础设施,全面提升通村公路、网络通信基站、供水供电、垃圾污水处理设施水平。规划启动"六小工程",确保每个乡村旅游扶贫重点村建好一个停车场、一个旅游厕所、一个垃圾集中收集站、一个医疗急救站、一个农副土特产品商店和一批旅游标识标牌。到2020年,完成50万户贫困户"改厨、改厕、改客房、整理院落"的"三改一整"工程。(国家旅游局、国家发展改革委、工业和信息化部、住房城乡建设部、交通运输部、国家卫生计生委、国务院扶贫办等)

开展旅游规划扶贫公益行动。动员全国旅游规划设计单位为贫困村义务编制能实施、能脱贫的旅游规划。(国家旅游局、国务院扶贫办)

实施旅游扶贫电商行动。支持有条件的乡村旅游扶贫重点村组织实施"一村一店"。鼓励在景区景点、宾馆饭店、游客集散中心、高速公路服务区等场所开辟农副土特产品销售专区。(国家旅游局、工业和信息化部、交通运输部、国务院扶贫办)

开展万企万村帮扶行动。组织动员全国1万家大型旅游企业、宾馆饭店、景区景点、旅游规划设计单位、旅游院校等单位,通过安置就业、项目开发、输送客源、定点采购、指导培训等方式帮助乡村旅游扶贫重点村发展旅游。(国家旅游局、教育部、国务院扶贫办等)

实施金融支持旅游扶贫行动。落实国家对贫困户扶贫小额信贷、创业担保贷款等支持政策。完善景区带村、能人带户、"企业(合作社)+农户"等扶贫信贷政策,鼓励金融机构加大对旅游扶贫项目的信贷投入。(人民银行、国家旅游局、国务院扶贫办、银监会等)

实施旅游扶贫带头人培训行动。设立乡村旅游扶贫培训基地,建立乡村旅游扶贫专家库,组织全国乡村旅游扶贫重点村村官和扶贫带头人开展乡村旅游培训。(国家旅游局、国务院扶贫办)

启动旅游扶贫观测点计划。设立全国乡村旅游扶贫观测中心,对乡村旅游扶贫精准度和实效性进行跟踪观测,为有效推进乡村旅游扶贫工作提供决策依据。(国家旅游局、国务院扶贫办)

第二节 实施旅游创业就业计划

建设面向旅游创新创业的服务平台。支持各类旅游产业发展孵化器建设。开展国家旅游文创示范园区、国家旅游科技示范园区、国家旅游创业示范园区和示范企业、示范基地建设。举办中国旅游创新创业大赛。推动旅游共享经济商业模式创新,开展互联网约车、民宿旅游接待、分时度假等共享经济试点项目。建设国家旅游就业需求服务平台,提供人才资源、就业信息等。完善居民参与旅游发展利益共享机制,鼓励旅游企业为当地居民提供工作岗位和就业机会。(国家旅游局、国家发展改革委、科技部、工业和信息化部、人力资源社会保障部、工商总局)

第三节 规范旅游市场秩序

一、创新旅游监管机制

发挥各级政府的主导作用和旅游部门的主管作用,明确各相关部门责任,着力解决执法难、执法软问题。发布全国旅游秩序指数,建立重点地区旅游市场监管机制,完善旅游纠纷调解机制,健全互联网旅游企业监管体系。完善"12301"旅游投诉受理机制。严厉打击扰乱旅游市场秩序的违法违规行为,切实维护旅游者合法权益。(国家旅游局、工业和信息化部、公安部、工商总局等)

二、建立健全旅游诚信体系

建立健全旅游从业者、经营者和消费者的信用体系。将旅游失信行为纳入社会信用体系记录范围,及时发布旅游失信行为信息记录。推进旅游失信行为记录和不文明行为记录与全国信用信息共享平台共享,开展联合惩戒。发挥旅游行业协会的自律作用,引导旅游经营者诚信经营。(国家旅游局、中央文明办、国家发展改革委、公安部、商务部、工商总局等)

三、开展专项治理行动

依法打击不合理低价游、强迫或变相强迫旅游消费、虚假广告行为,集中处理典型案件,查处违法违规企业和从业人员。联合有关国家和地区,推进旅游市场秩序常态化治理。发挥旅游志愿者、社会监督员及新闻媒体对各类旅游企业和从业人员的社会监督作用。(国家旅游局、中央宣传部、外交部、公安部、工商总局)

四、引导旅游者理性消费

规范旅游合同管理,加强旅游信息引导,提高旅游者自我防范意识,自觉抵制不合理低价游。增强旅游者合同意识和契约精神,引导理性消费、依法维权。(国家旅游局、中央宣传部、公安部、新闻出版广电总局等)

第四节 大力推进文明旅游

加强宣传教育,建立文明旅游法规体系,落实旅游文明行为公约和行动指南。开展"为中国加分"文明旅游主题活动,征集"中国旅游好故事"。选树旅游行业文明单位、青年文明号,评选文明旅游公益大使,培养一批能够讲好中国故事的导游人员。完善旅游不文明行为记录制度,建立信息通报机制,加大惩戒力度。(中央宣传部、中央文明办、国家旅游局等)

加强旅游志愿者队伍建设。推进旅游志愿服务制度体系建设,完善旅游志愿者管理激励制度。开展志愿服务公益行动,建立一批旅游志愿服务工作站。培育先进模范志愿者、志愿者组织,树立中国旅游志愿者良好形象。依法登记管理旅游志愿者组织。(国家旅游局、中央文明办、民政部等)

第五节 构筑旅游安全保障网

一、加强旅游安全制度建设

完善旅游安全管理制度,强化有关部门安全监管责任。建立健全旅游安全预警机制,加强境外旅行安全提示、热点景区景点最大承载量警示、旅游目的地安全风险提示。落实旅行社、旅游饭店、旅游景区安全规范。做好高风险旅游项目安全管理。(国家旅游局、外交部、公安部)

二、强化重点领域和环节监管

强化对客运索道、大型游乐设施等特种设备的安全监察及景区地质灾害安全管理。落实旅游客运车辆"导游专座"制度。推动旅游客运车辆安装卫星定位装置并实行联网联控,建设旅游包车安全运营及动态监管平台。实施旅游用车联合检查制度。加强旅游节庆活动安全管理。加强景区景点最大承载量管控。加强旅游场所消防基础设施建设,落实消防安全主体责任。(国家旅游局、公安部、国土资源部、交通运输部、质检总局等)

三、加快旅游紧急救援体系建设

健全旅游突发事件应对机制。完善旅游突发事件信息报送和应急值守制度,完善应急预案体系。建设国家旅游应急管理指挥平台。推动建立政府救助与商业救援相结合的旅游紧急救援体系,推进国家旅游紧急救援基地建设,鼓励有条件的旅游企业建立紧急救援队伍。(国家旅游局、公安部、国土资源部、安全监管总局等)

四、深化旅游保险合作机制

完善旅游保险产品,提高保险保障额度,扩大保险覆盖范围,提升保险理赔服务水平。完善旅行社责任保险机制,推动旅游景区、宾馆饭店、旅游大巴及高风险旅游项目旅游责任保险发展。加强与重点出境旅游目的地开展旅游保险合作,建立健全出境旅游保险保障体系。(国家旅游局、保监会等)

第六节 实施旅游服务质量提升计划

推进旅游标准化建设,完善标准体系,建立政府主导与市场自主相互衔接、协同发展的旅游标准制修订机制。加大对旅游标准化的宣传推广力度,开展旅游标准化试点示范,加强旅游标准实施绩效评估。(国家旅游局、质检总局)

深入实施《旅游质量发展纲要(2013—2020年)》,加快建立以游客评价为主的旅游目的地评价机制。开展"品质旅游"宣传推广活动,鼓励旅游企业公布服务质量承诺和执行标准,实施旅游服务质量标杆引领计划。建立优质旅游服务商目录,推出优质旅游服务品牌。(国家旅游局、工商总局、质检总局)

第八章 深化改革 完善旅游发展保障体系

第一节 推进旅游综合管理体制改革

鼓励各地成立由地方政府牵头的旅游业发展领导协调机构。推动旅游综合管理体制改革,增强旅游部门综合协调和行业统筹能力。加强旅游执法队伍和市场监管、司法仲裁等机构建设。(国家旅游局等)

推进旅游业改革创新先行区发展。到2020年,打造50个先行区,进一步完善旅游业统筹协调机制,实现土地、财政、资源、假日、金融、人才、技术等政策支撑措施基本成熟,旅游产业发展引导和行业管理方式进一步优化。(国家旅游局、科技部、财政部、人力资源社会保障部、国土资源部、人民银行、税务总局、国家林业局等)

改革旅游业统计制度,建立健全旅游核算体系,提高旅游业统计服务决策、引导产业发展的能力。建立健全统一规范的全国旅游业数据采集平台,建立旅游业统计数据共建共享机制。鼓励采用服务外包等形式,选择专业统计机构开展旅游业统计抽样调查。推动建立省级旅游数据中心,改进旅游业统计信息发布方式。加强旅游业统计国际合作,积极参与旅游业统计国际标准和规范制定。(国家旅游局、国家统计局)

第二节 优化景区服务管理机制

建立景区旅游开放备案制度、景区旅游建设与经营项目会商制度、景区建设经营负面清单制度等。推动景区旅游实现特许经营管理,推进经营决策、劳动用工、薪酬制度等去行政化改革。完善景区建设经营活动事中事后监管制度,建立健全景区安全风险评估制度、景区预约预报预订机制。(国家旅游局、国家发展改革委、住房城乡建设部等)

第三节 推进导游旅行社体制改革

以市场主导、执业灵活、服务规范、社会监督为目标,推进导游体制改革,建立适应市场需求的导游准入制度。改革导游注册制度,明确导游资格证终身有效。依法开展导游自由执业改革试点,完善旅行社委派执业制度,打破导游异地执业的区域壁垒。建立导游社会化

评价与监督体系。改革导游保险保障体系,建立导游品牌制度,完善导游等级评定制度。(国家旅游局、国务院法制办等)

完善旅行社监管服务平台,实现行政审批公开、透明、可追溯。健全旅行社退出机制,实现动态调整。优化完善旅行社分社网点设立、旅行社质量保证金、旅行社委托招徕、出境旅游保险等方面政策。(国家旅游局、国务院法制办等)

第四节 强化政策扶持

一、落实职工带薪休假制度

将落实职工带薪休假制度纳入各地政府议事日程,制定带薪休假制度实施细则或实施计划,加强监督检查。鼓励机关、社会团体、企事业单位引导职工灵活安排休假时间。各单位可根据自身实际情况,并考虑职工本人意愿,将带薪休假与本地传统节日、地方特色活动相结合,安排错峰休假。(人力资源社会保障部、国家旅游局等)

二、加大投入力度

编制旅游基础设施和公共服务设施建设规划。中央预算内投资加大对革命老区、民族地区、边疆地区和贫困地区等旅游公共服务设施建设的支持力度。落实地方政府对旅游基础设施投入的主体责任。将符合条件的旅游项目纳入新农村建设、扶贫开发等专项资金支持范围。(国家旅游局、国家发展改革委、财政部、交通运输部、农业部、国务院扶贫办等)

三、完善土地供给政策

在土地利用总体规划和城乡规划中统筹考虑旅游产业发展需求,合理安排旅游用地布局。在年度土地供应中合理安排旅游业发展用地。优先保障纳入国家规划和建设计划的重点旅游项目用地和旅游扶贫用地。对使用荒山、荒坡、荒滩及石漠化、边远海岛土地建设的旅游项目,优先安排新增建设用地计划指标。农村集体经济组织可以依法使用建设用地自办或以土地使用权入股、联营等方式开办旅游企业。城乡居民可以利用自有住宅依法从事旅游经营,农村集体经济组织以外的单位和个人可依法通过承包经营流转的方式,使用农民集体所有的农用地、未利用地,从事与旅游相关的种植业、养殖业。(国土资源部、住房城乡建设部、农业部、国家旅游局、国家海洋局)

四、创新金融支持政策

积极推进权属明确、能够产生可预期现金流的旅游相关资产证券化。支持旅游资源丰富、管理体制清晰、符合国家旅游发展战略和发行上市条件的大型旅游企业上市融资。加大债券市场对旅游企业的支持力度。支持和改进旅游消费信贷,探索开发满足旅游消费需要

的金融产品。(人民银行、国家旅游局、银监会、证监会)

五、完善旅游财税政策

乡村旅游经营户可以按规定享受小微企业增值税优惠政策。乡村旅游企业在用水、用电、用气价格方面享受一般工业企业同等政策。结合出境旅游消费增长,统筹研究旅游发展基金征收方式。推广实施境外旅客购物离境退税政策。在切实落实进出境游客行李物品监管的前提下,研究进一步增设口岸进境免税店,引导消费回流。(国家旅游局、国家发展改革委、财政部、商务部、海关总署、税务总局)

第五节 加强法治建设

适应旅游业发展要求,修订完善《中国公民出国旅游管理办法》、《旅行社条例》、《导游人员管理条例》等法规和旅游安全监管、发展规划、宣传推广、公共服务等方面规章制度。落实旅游行政处罚、旅游违法行为法律适用指引,推动研究旅行社、导游收取"佣金"、"小费"法律适用问题。积极参与旅游国际规则的研究制定。推动重点地区开展旅游立法试点,健全地方旅游法规体系。加强旅游执法队伍建设。加大旅游执法检查力度,推进依法行政、严格执法。(国家旅游局、国务院法制办等)

第六节 加强人才队伍建设

一、实施重点人才开发计划

依托国家重点人才工程、项目、重点学科等,培育一批具有国际影响力的旅游科研机构、高等院校和新型智库。将旅游人才队伍建设纳入地方重点人才支持计划。(国家旅游局、教育部、人力资源社会保障部)

专栏10 重点人才开发计划

(一)行政领导干部轮训。开展省级、地市级和重点区域旅游部门领导干部轮训。

(二)经营管理人才开发。实施旅游产业领军人才培训和旅游职业经理人培训项目。

(三)专业技术人才开发。开展旅游业专家库建设项目、旅游业青年专家提升计划、旅游基础研究人才支持计划、专业技术人才知识更新工程。

(四)实施万名旅游英才计划。开展研究型英才、创新创业型英才、实践服务型英才、"双师型"教师英才、旅游企业拔尖骨干管理英才、技术技能大师工作室等6个培养项目,培养1万名旅游英才。

(五)导游素质提升。开展导游资格考试和等级考核评定项目、导游"云课堂"远程在线研修培训项目、名导进课堂"送教上门"项目。

(六)旅游人才援助。开展旅游援外教育项目,导游援藏项目,贫困地区、少数民族地区、基层边远地区培训项目。

(七)人才工作平台建设。开展旅游人才工作信息化平台建设项目、人才培训基地建设项目。

二、发展现代旅游职业教育

加强对旅游职业教育改革发展的统筹指导和综合保障,加快建立适应旅游产业发展需求、产教深度融合、中高职有机衔接、布局结构更加合理的现代旅游职业教育体系。遴选和建设一批职业院校旅游类专业示范点,适时将旅游管理类新专业纳入全国技工院校专业目录。加强专业教师培养培训,举办旅游职业教育骨干"双师型"教师、旅游管理硕士专业学位(MTA)骨干师资高级研修班。深化校企合作,建设一批旅游职业教育实习实训基地,开展创新型示范性校企合作项目。办好全国职业院校技能大赛等相关赛项。推动省部共建旅游院校、共同培养人才。(教育部、人力资源社会保障部、国家旅游局)

三、加强旅游相关学科专业建设

鼓励高校根据旅游业发展需求,设置酒店管理、会展经济与管理、旅游管理与服务本科专业。推动适应旅游业发展新形势的教材建设和数字化课程资源建设共享。(教育部、国家旅游局)

四、加强人才培养国际合作

开展"一带一路"等国际旅游人才开发合作,推动高校开展国际交流。大力引进海外高端旅游教育人才和创新创业人才,支持旅游专业骨干教师和优秀学生到海外留学进修。(教育部、人力资源社会保障部、国家旅游局)

五、加强旅游基础研究

整合各方面智力资源,加强我国旅游业发展战略、布局、管理、制度等研究,形成一批基础性、战略性研究成果。支持中国旅游研究院、中国旅游智库等专业智库建设。推动成立中国旅游学会,逐步构建旅游智库群,形成产学研互动的旅游学术共同体。推进中国特色旅游发展理论体系建设,培养和造就一批具有国际视野、学术功底深厚、作风扎实的国家级旅游基础研究专家队伍。(国家旅游局、教育部、科技部等)

各地区要结合本地实际制定具体实施方案或者专项规划,明确工作分工,落实工作责任。各部门要按照职责分工,加强协调配合,明确具体举措和工作进度,抓紧推进。国家旅游局要加强对本规划实施情况的评估和监督检查,及时研究解决本规划实施过程中出现的新情况、新问题,重大情况及时报告国务院。

中华人民共和国电影产业促进法

中华人民共和国主席令第 54 号

《中华人民共和国电影产业促进法》已由中华人民共和国第十二届全国人民代表大会常务委员会第二十四次会议于 2016 年 11 月 7 日通过，现予公布，自 2017 年 3 月 1 日起施行。

中华人民共和国主席　习近平
2016 年 11 月 7 日

中华人民共和国电影产业促进法

目　录

第一章　总则
第二章　电影创作、摄制
第三章　电影发行、放映
第四章　电影产业支持、保障
第五章　法律责任
第六章　附则

第一章　总　则

第一条　为了促进电影产业健康繁荣发展，弘扬社会主义核心价值观，规范电影市场秩序，丰富人民群众精神文化生活，制定本法。

第二条　在中华人民共和国境内从事电影创作、摄制、发行、放映等活动（以下统称电影活动），适用本法。

本法所称电影，是指运用视听技术和艺术手段摄制、以胶片或者数字载体记录、由表达一定内容的有声或者无声的连续画面组成、符合国家规定的技术标准、用于电影院等固定放映场所或者流动放映设备公开放映的作品。

通过互联网、电信网、广播电视网等信息网络传播电影的，还应当遵守互联网、电信网、广播电视网等信息网络管理的法律、行政法规的规定。

第三条 从事电影活动,应当坚持为人民服务、为社会主义服务,坚持社会效益优先,实现社会效益与经济效益相统一。

第四条 国家坚持以人民为中心的创作导向,坚持百花齐放、百家争鸣的方针,尊重和保障电影创作自由,倡导电影创作贴近实际、贴近生活、贴近群众,鼓励创作思想性、艺术性、观赏性相统一的优秀电影。

第五条 国务院应当将电影产业发展纳入国民经济和社会发展规划。县级以上地方人民政府根据当地实际情况将电影产业发展纳入本级国民经济和社会发展规划。

国家制定电影及其相关产业政策,引导形成统一开放、公平竞争的电影市场,促进电影市场繁荣发展。

第六条 国家鼓励电影科技的研发、应用,制定并完善电影技术标准,构建以企业为主体、市场为导向、产学研相结合的电影技术创新体系。

第七条 与电影有关的知识产权受法律保护,任何组织和个人不得侵犯。

县级以上人民政府负责知识产权执法的部门应当采取措施,保护与电影有关的知识产权,依法查处侵犯与电影有关的知识产权的行为。

从事电影活动的公民、法人和其他组织应当增强知识产权意识,提高运用、保护和管理知识产权的能力。

国家鼓励公民、法人和其他组织依法开发电影形象产品等衍生产品。

第八条 国务院电影主管部门负责全国的电影工作;县级以上地方人民政府电影主管部门负责本行政区域内的电影工作。

县级以上人民政府其他有关部门在各自职责范围内,负责有关的电影工作。

第九条 电影行业组织依法制定行业自律规范,开展业务交流,加强职业道德教育,维护其成员的合法权益。

演员、导演等电影从业人员应当坚持德艺双馨,遵守法律法规,尊重社会公德,恪守职业道德,加强自律,树立良好社会形象。

第十条 国家支持建立电影评价体系,鼓励开展电影评论。

对优秀电影以及为促进电影产业发展作出突出贡献的组织、个人,按照国家有关规定给予表彰和奖励。

第十一条 国家鼓励开展平等、互利的电影国际合作与交流,支持参加境外电影节(展)。

第二章 电影创作、摄制

第十二条 国家鼓励电影剧本创作和题材、体裁、形式、手段等创新,鼓励电影学术研讨和业务交流。

县级以上人民政府电影主管部门根据电影创作的需要,为电影创作人员深入基层、深入群众、体验生活等提供必要的便利和帮助。

第十三条 拟摄制电影的法人、其他组织应当将电影剧本梗概向国务院电影主管部门或者省、自治区、直辖市人民政府电影主管部门备案;其中,涉及重大题材或者国家安全、外交、民族、宗教、军事等方面题材的,应当按照国家有关规定将电影剧本报送审查。

电影剧本梗概或者电影剧本符合本法第十六条规定的，由国务院电影主管部门将拟摄制电影的基本情况予以公告，并由国务院电影主管部门或者省、自治区、直辖市人民政府电影主管部门出具备案证明文件或者颁发批准文件。具体办法由国务院电影主管部门制定。

第十四条 法人、其他组织经国务院电影主管部门批准，可以与境外组织合作摄制电影；但是，不得与从事损害我国国家尊严、荣誉和利益，危害社会稳定，伤害民族感情等活动的境外组织合作，也不得聘用有上述行为的个人参加电影摄制。

合作摄制电影符合创作、出资、收益分配等方面比例要求的，该电影视同境内法人、其他组织摄制的电影。

境外组织不得在境内独立从事电影摄制活动；境外个人不得在境内从事电影摄制活动。

第十五条 县级以上人民政府电影主管部门应当协调公安、文物保护、风景名胜区管理等部门，为法人、其他组织依照本法从事电影摄制活动提供必要的便利和帮助。

从事电影摄制活动的，应当遵守有关环境保护、文物保护、风景名胜区管理和安全生产等方面的法律、法规，并在摄制过程中采取必要的保护、防护措施。

第十六条 电影不得含有下列内容：

（一）违反宪法确定的基本原则，煽动抗拒或者破坏宪法、法律、行政法规实施的；

（二）危害国家统一、主权和领土完整，泄露国家秘密，危害国家安全，损害国家尊严、荣誉和利益，宣扬恐怖主义、极端主义；

（三）诋毁民族优秀文化传统，煽动民族仇恨、民族歧视，侵害民族风俗习惯，歪曲民族历史或者民族历史人物，伤害民族感情，破坏民族团结；

（四）煽动破坏国家宗教政策，宣扬邪教、迷信；

（五）危害社会公德，扰乱社会秩序，破坏社会稳定，宣扬淫秽、赌博、吸毒，渲染暴力、恐怖，教唆犯罪或者传授犯罪方法；

（六）侵害未成年人合法权益或者损害未成年人身心健康；

（七）侮辱、诽谤他人或者散布他人隐私，侵害他人合法权益；

（八）法律、行政法规禁止的其他内容。

第十七条 法人、其他组织应当将其摄制完成的电影送国务院电影主管部门或者省、自治区、直辖市人民政府电影主管部门审查。

国务院电影主管部门或者省、自治区、直辖市人民政府电影主管部门应当自受理申请之日起三十日内作出审查决定。对符合本法规定的，准予公映，颁发电影公映许可证，并予以公布；对不符合本法规定的，不准予公映，书面通知申请人并说明理由。

国务院电影主管部门应当根据本法制定完善电影审查的具体标准和程序，并向社会公布。制定完善电影审查的具体标准应当向社会公开征求意见，并组织专家进行论证。

第十八条 进行电影审查应当组织不少于五名专家进行评审，由专家提出评审意见。法人、其他组织对专家评审意见有异议的，国务院电影主管部门或者省、自治区、直辖市人民政府电影主管部门可以另行组织专家再次评审。专家的评审意见应当作为作出审查决定的重要依据。

前款规定的评审专家包括专家库中的专家和根据电影题材特别聘请的专家。专家遴选和评审的具体办法由国务院电影主管部门制定。

第十九条 取得电影公映许可证的电影需要变更内容的,应当依照本法规定重新报送审查。

第二十条 摄制电影的法人、其他组织应当将取得的电影公映许可证标识置于电影的片头处;电影放映可能引起未成年人等观众身体或者心理不适的,应当予以提示。

未取得电影公映许可证的电影,不得发行、放映,不得通过互联网、电信网、广播电视网等信息网络进行传播,不得制作为音像制品;但是,国家另有规定的,从其规定。

第二十一条 摄制完成的电影取得电影公映许可证,方可参加电影节(展)。拟参加境外电影节(展)的,送展法人、其他组织应当在该境外电影节(展)举办前,将相关材料报国务院电影主管部门或者省、自治区、直辖市人民政府电影主管部门备案。

第二十二条 公民、法人和其他组织可以承接境外电影的洗印、加工、后期制作等业务,并报省、自治区、直辖市人民政府电影主管部门备案,但是不得承接含有损害我国国家尊严、荣誉和利益,危害社会稳定,伤害民族感情等内容的境外电影的相关业务。

第二十三条 国家设立的电影档案机构依法接收、收集、整理、保管并向社会开放电影档案。

国家设立的电影档案机构应当配置必要的设备,采用先进技术,提高电影档案管理现代化水平。

摄制电影的法人、其他组织依照《中华人民共和国档案法》的规定,做好电影档案保管工作,并向国家设立的电影档案机构移交、捐赠、寄存电影档案。

第三章 电影发行、放映

第二十四条 企业具有与所从事的电影发行活动相适应的人员、资金条件的,经国务院电影主管部门或者所在地省、自治区、直辖市人民政府电影主管部门批准,可以从事电影发行活动。

企业、个体工商户具有与所从事的电影放映活动相适应的人员、场所、技术和设备等条件的,经所在地县级人民政府电影主管部门批准,可以从事电影院等固定放映场所电影放映活动。

第二十五条 依照本法规定负责电影发行、放映活动审批的电影主管部门,应当自受理申请之日起三十日内,作出批准或者不批准的决定。对符合条件的,予以批准,颁发电影发行经营许可证或者电影放映经营许可证,并予以公布;对不符合条件的,不予批准,书面通知申请人并说明理由。

第二十六条 企业、个人从事电影流动放映活动,应当将企业名称或者经营者姓名、地址、联系方式、放映设备等向经营区域所在地县级人民政府电影主管部门备案。

第二十七条 国家加大对农村电影放映的扶持力度,由政府出资建立完善农村电影公益放映服务网络,积极引导社会资金投资农村电影放映,不断改善农村地区观看电影条件,统筹保障农村地区群众观看电影需求。

县级以上人民政府应当将农村电影公益放映纳入农村公共文化服务体系建设,按照国家有关规定对农村电影公益放映活动给予补贴。

从事农村电影公益放映活动的,不得以虚报、冒领等手段骗取农村电影公益放映补贴资金。

第二十八条 国务院教育、电影主管部门可以共同推荐有利于未成年人健康成长的电影,并采取措施支持接受义务教育的学生免费观看,由所在学校组织安排。

国家鼓励电影院以及从事电影流动放映活动的企业、个人采取票价优惠、建设不同条件的放映厅、设立社区放映点等多种措施,为未成年人、老年人、残疾人、城镇低收入居民以及进城务工人员等观看电影提供便利;电影院以及从事电影流动放映活动的企业、个人所在地人民政府可以对其发放奖励性补贴。

第二十九条 电影院应当合理安排由境内法人、其他组织所摄制电影的放映场次和时段,并且放映的时长不得低于年放映电影时长总和的三分之二。

电影院以及从事电影流动放映活动的企业、个人应当保障电影放映质量。

第三十条 电影院的设施、设备以及用于流动放映的设备应当符合电影放映技术的国家标准。

电影院应当按照国家有关规定安装计算机售票系统。

第三十一条 未经权利人许可,任何人不得对正在放映的电影进行录音录像。发现进行录音录像的,电影院工作人员有权予以制止,并要求其删除;对拒不听从的,有权要求其离场。

第三十二条 国家鼓励电影院在向观众明示的电影开始放映时间之前放映公益广告。

电影院在向观众明示的电影开始放映时间之后至电影放映结束前,不得放映广告。

第三十三条 电影院应当遵守治安、消防、公共场所卫生等法律、行政法规,维护放映场所的公共秩序和环境卫生,保障观众的安全与健康。

任何人不得携带爆炸性、易燃性、放射性、毒害性、腐蚀性物品进入电影院等放映场所,不得非法携带枪支、弹药、管制器具进入电影院等放映场所;发现非法携带上述物品的,有关工作人员应当拒绝其进入,并向有关部门报告。

第三十四条 电影发行企业、电影院等应当如实统计电影销售收入,提供真实准确的统计数据,不得采取制造虚假交易、虚报瞒报销售收入等不正当手段,欺骗、误导观众,扰乱电影市场秩序。

第三十五条 在境内举办涉外电影节(展),须经国务院电影主管部门或者省、自治区、直辖市人民政府电影主管部门批准。

第四章 电影产业支持、保障

第三十六条 国家支持下列电影的创作、摄制:
(一)传播中华优秀文化、弘扬社会主义核心价值观的重大题材电影;
(二)促进未成年人健康成长的电影;
(三)展现艺术创新成果、促进艺术进步的电影;
(四)推动科学教育事业发展和科学技术普及的电影;
(五)其他符合国家支持政策的电影。

第三十七条 国家引导相关文化产业专项资金、基金加大对电影产业的投入力度,根据不同阶段和时期电影产业的发展情况,结合财力状况和经济社会发展需要,综合考虑、统筹安排财政资金对电影产业的支持,并加强对相关资金、基金使用情况的审计。

第三十八条 国家实施必要的税收优惠政策,促进电影产业发展,具体办法由国务院财税主管部门依照税收法律、行政法规的规定制定。

第三十九条 县级以上地方人民政府应当依据人民群众需求和电影市场发展需要,将电影院建设和改造纳入国民经济和社会发展规划、土地利用总体规划和城乡规划等。

县级以上地方人民政府应当按照国家有关规定,有效保障电影院用地需求,积极盘活现有电影院用地资源,支持电影院建设和改造。

第四十条 国家鼓励金融机构为从事电影活动以及改善电影基础设施提供融资服务,依法开展与电影有关的知识产权质押融资业务,并通过信贷等方式支持电影产业发展。

国家鼓励保险机构依法开发适应电影产业发展需要的保险产品。

国家鼓励融资担保机构依法向电影产业提供融资担保,通过再担保、联合担保以及担保与保险相结合等方式分散风险。

对国务院电影主管部门依照本法规定公告的电影的摄制,按照国家有关规定合理确定贷款期限和利率。

第四十一条 国家鼓励法人、其他组织通过到境外合作摄制电影等方式进行跨境投资,依法保障其对外贸易、跨境融资和投资等合理用汇需求。

第四十二条 国家实施电影人才扶持计划。

国家支持有条件的高等学校、中等职业学校和其他教育机构、培训机构等开设与电影相关的专业和课程,采取多种方式培养适应电影产业发展需要的人才。

国家鼓励从事电影活动的法人和其他组织参与学校相关人才培养。

第四十三条 国家采取措施,扶持农村地区、边疆地区、贫困地区和民族地区开展电影活动。

国家鼓励、支持少数民族题材电影创作,加强电影的少数民族语言文字译制工作,统筹保障民族地区群众观看电影需求。

第四十四条 国家对优秀电影的外语翻译制作予以支持,并综合利用外交、文化、教育等对外交流资源开展电影的境外推广活动。

国家鼓励公民、法人和其他组织从事电影的境外推广。

第四十五条 国家鼓励社会力量以捐赠、资助等方式支持电影产业发展,并依法给予优惠。

第四十六条 县级以上人民政府电影主管部门应当加强对电影活动的日常监督管理,受理对违反本法规定的行为的投诉、举报,并及时核实、处理、答复;将从事电影活动的单位和个人因违反本法规定受到行政处罚的情形记入信用档案,并向社会公布。

第五章 法律责任

第四十七条 违反本法规定擅自从事电影摄制、发行、放映活动的,由县级以上人民政府电影主管部门予以取缔,没收电影片和违法所得以及从事违法活动的专用工具、设备;违法所得五万元以上的,并处违法所得五倍以上十倍以下的罚款;没有违法所得或者违法所得不足五万元的,可以并处二十五万元以下的罚款。

第四十八条 有下列情形之一的,由原发证机关吊销有关许可证、撤销有关批准或者证明文件;县级以上人民政府电影主管部门没收违法所得;违法所得五万元以上的,并处违法所得五倍以上十倍以下的罚款;没有违法所得或者违法所得不足五万元的,可以并处二十五万元以下的罚款:

(一)伪造、变造、出租、出借、买卖本法规定的许可证、批准或者证明文件,或者以其他形式非法转让本法规定的许可证、批准或者证明文件的;

(二)以欺骗、贿赂等不正当手段取得本法规定的许可证、批准或者证明文件的。

第四十九条 有下列情形之一的,由原发证机关吊销许可证;县级以上人民政府电影主管部门没收电影片和违法所得;违法所得五万元以上的,并处违法所得十倍以上二十倍以下的罚款;没有违法所得或者违法所得不足五万元的,可以并处五十万元以下的罚款:

(一)发行、放映未取得电影公映许可证的电影的;

(二)取得电影公映许可证后变更电影内容,未依照规定重新取得电影公映许可证擅自发行、放映、送展的;

(三)提供未取得电影公映许可证的电影参加电影节(展)的。

第五十条 承接含有损害我国国家尊严、荣誉和利益,危害社会稳定,伤害民族感情等内容的境外电影的洗印、加工、后期制作等业务的,由县级以上人民政府电影主管部门责令停止违法活动,没收电影片和违法所得;违法所得五万元以上的,并处违法所得三倍以上五倍以下的罚款;没有违法所得或者违法所得不足五万元的,可以并处十五万元以下的罚款。情节严重的,由电影主管部门通报工商行政管理部门,由工商行政管理部门吊销营业执照。

第五十一条 电影发行企业、电影院等有制造虚假交易、虚报瞒报销售收入等行为,扰乱电影市场秩序的,由县级以上人民政府电影主管部门责令改正,没收违法所得,处五万元以上五十万元以下的罚款;违法所得五十万元以上的,处违法所得一倍以上五倍以下的罚款。情节严重的,责令停业整顿;情节特别严重的,由原发证机关吊销许可证。

电影院在向观众明示的电影开始放映时间之后至电影放映结束前放映广告的,由县级人民政府电影主管部门给予警告,责令改正;情节严重的,处一万元以上五万元以下的罚款。

第五十二条 法人或者其他组织未经许可擅自在境内举办涉外电影节(展)的,由国务院电影主管部门或者省、自治区、直辖市人民政府电影主管部门责令停止违法活动,没收参展的电影片和违法所得;违法所得五万元以上的,并处违法所得五倍以上十倍以下的罚款;没有违法所得或者违法所得不足五万元的,可以并处二十五万元以下的罚款;情节严重的,自受到处罚之日起五年内不得举办涉外电影节(展)。

个人擅自在境内举办涉外电影节(展),或者擅自提供未取得电影公映许可证的电影参加电影节(展)的,由国务院电影主管部门或者省、自治区、直辖市人民政府电影主管部门责令停止违法活动,没收参展的电影片和违法所得;违法所得五万元以上的,并处违法所得五倍以上十倍以下的罚款;没有违法所得或者违法所得不足五万元的,可以并处二十五万元以下的罚款;情节严重的,自受到处罚之日起五年内不得从事相关电影活动。

第五十三条 法人、其他组织或者个体工商户因违反本法规定被吊销许可证的,自吊销许可证之日起五年内不得从事该项业务活动;其法定代表人或者主要负责人自吊销许可证之日起五年内不得担任从事电影活动的法人、其他组织的法定代表人或者主要负责人。

第五十四条 有下列情形之一的,依照有关法律、行政法规及国家有关规定予以处罚:

(一)违反国家有关规定,擅自将未取得电影公映许可证的电影制作为音像制品的;

(二)违反国家有关规定,擅自通过互联网、电信网、广播电视网等信息网络传播未取得电影公映许可证的电影的;

(三)以虚报、冒领等手段骗取农村电影公益放映补贴资金的;

(四)侵犯与电影有关的知识产权的;

(五)未依法接收、收集、整理、保管、移交电影档案的。

电影院有前款第四项规定行为,情节严重的,由原发证机关吊销许可证。

第五十五条 县级以上人民政府电影主管部门或者其他有关部门的工作人员有下列情形之一,尚不构成犯罪的,依法给予处分:

(一)利用职务上的便利收受他人财物或者其他好处的;

(二)违反本法规定进行审批活动的;

(三)不履行监督职责的;

(四)发现违法行为不予查处的;

(五)贪污、挪用、截留、克扣农村电影公益放映补贴资金或者相关专项资金、基金的;

(六)其他违反本法规定滥用职权、玩忽职守、徇私舞弊的情形。

第五十六条 违反本法规定,造成人身、财产损害的,依法承担民事责任;构成犯罪的,依法追究刑事责任。

因违反本法规定二年内受到二次以上行政处罚,又有依照本法规定应当处罚的违法行为的,从重处罚。

第五十七条 县级以上人民政府电影主管部门及其工作人员应当严格依照本法规定的处罚种类和幅度,根据违法行为的性质和具体情节行使行政处罚权,具体办法由国务院电影主管部门制定。

县级以上人民政府电影主管部门对有证据证明违反本法规定的行为进行查处时,可以依法查封与违法行为有关的场所、设施或者查封、扣押用于违法行为的财物。

第五十八条 当事人对县级以上人民政府电影主管部门以及其他有关部门依照本法作出的行政行为不服的,可以依法申请行政复议或者提起行政诉讼。其中,对国务院电影主管部门作出的不准予电影公映的决定不服的,应当先依法申请行政复议,对行政复议决定不服的可以提起行政诉讼。

第六章 附 则

第五十九条 境外资本在中华人民共和国境内设立从事电影活动的企业的,按照国家有关规定执行。

第六十条 本法自2017年3月1日起施行。

国务院办公厅关于加快发展健身休闲产业的指导意见

国办发〔2016〕77号

各省、自治区、直辖市人民政府,国务院各部委、各直属机构:

　　健身休闲产业是体育产业的重要组成部分,是以体育运动为载体、以参与体验为主要形式、以促进身心健康为目的,向大众提供相关产品和服务的一系列经济活动,涵盖健身服务、设施建设、器材装备制造等业态。当前,我国已进入全面建成小康社会决胜阶段,人民群众多样化体育需求日益增长,消费方式逐渐从实物型消费向参与型消费转变,健身休闲产业面临重大发展机遇。但目前健身休闲产业总体规模不大、产业结构失衡,还存在有效供给不足、大众消费激发不够、基础设施建设滞后、器材装备制造落后、体制机制不活等问题。加快发展健身休闲产业是推动体育产业向纵深发展的强劲引擎,是增强人民体质、实现全民健身和全民健康深度融合的必然要求,是建设"健康中国"的重要内容,对挖掘和释放消费潜力、保障和改善民生、培育新的经济增长点、增强经济增长新动能具有重要意义。为加快健身休闲产业发展,经国务院同意,现提出以下意见。

一、总体要求

　　(一)指导思想。全面贯彻党的十八大和十八届三中、四中、五中全会精神,按照"四个全面"战略布局,牢固树立和贯彻落实创新、协调、绿色、开放、共享的发展理念,认真落实党中央、国务院决策部署,推进健身休闲产业供给侧结构性改革,提高健身休闲产业发展质量和效益,培育壮大各类市场主体,丰富产品和服务供给,推动健身休闲产业全面健康可持续发展,不断满足大众多层次多样化的健身休闲需求,提升幸福感和获得感,为经济发展新常态下扩大消费需求、拉动经济增长、转变发展方式提供有力支撑和持续动力。

　　(二)基本原则。

　　市场主导,创新驱动。充分发挥市场在资源配置中的决定性作用,引导各类市场主体在组织管理、建设运营、研发生产等环节创新理念和模式,提高服务质量,更好满足消费升级的需要。

　　转变职能,优化环境。大力推进简政放权、放管结合、优化服务改革,着力破解社会资本投资健身休闲产业的"玻璃门"、"弹簧门"、"旋转门"等问题;加强统筹规划、政策支持、标准引导,改善消费环境,培养健康消费理念,使各类群体有意愿、有条件参与健身休闲。

　　分类推进,融合发展。分层分类、区别对待,保障大众基本健身休闲需求,促进健身休闲产业多元化发展;遵循产业发展规律,立足全局,促进产业各门类全面发展,统筹协调健身休闲产业与全民健身事业,推进健身休闲与旅游、健康等产业融合互动。

重点突破,力求实效。围绕"一带一路"建设、京津冀协同发展、长江经济带发展三大战略,结合新型城镇化建设、社会主义新农村建设、精准扶贫、棚户区改造等国家重大部署,以健身休闲重点运动项目和产业示范基地等为依托,发挥其辐射和带动效应,促进区域经济发展和民生改善。

(三)发展目标。到2025年,基本形成布局合理、功能完善、门类齐全的健身休闲产业发展格局,市场机制日益完善,消费需求愈加旺盛,产业环境不断优化,产业结构日趋合理,产品和服务供给更加丰富,服务质量和水平明显提高,同其他产业融合发展更为紧密,健身休闲产业总规模达到3万亿元。

二、完善健身休闲服务体系

(四)普及日常健身。推广适合公众广泛参与的健身休闲项目,加快发展足球、篮球、排球、乒乓球、羽毛球、网球、游泳、徒步、路跑、骑行、棋牌、台球、钓鱼、体育舞蹈、广场舞等普及性广、关注度高、市场空间大的运动项目,保障公共服务供给,引导多方参与。

(五)发展户外运动。制定健身休闲重点运动项目目录,以户外运动为重点,研究制定系列规划,支持具有消费引领性的健身休闲项目发展。

——冰雪运动。以举办2022年冬奥会为契机,围绕"三亿人参与冰雪运动"的发展目标,以东北、华北、西北为带动,以大众滑雪、滑冰、冰球等为重点,深入实施"南展西扩",推动冰雪运动设施建设,全面提升冰雪运动普及程度和产业发展水平。

——山地户外运动。推广登山、攀岩、徒步、露营、拓展等山地户外运动项目,推动山地户外运动场地设施体系建设,形成"三纵三横"(太行山及京杭大运河、西安至成都、青藏公路,丝绸之路、318国道、长江沿线)山地户外运动布局,完善山地户外运动赛事活动组织体系,加强户外运动指导员队伍建设,完善山地户外运动安全和应急救援体系。

——水上运动。推动公共船艇码头建设和俱乐部发展,积极发展帆船、赛艇、皮划艇、摩托艇、潜水、滑水、漂流等水上健身休闲项目,实施水上运动精品赛事提升计划,依托水域资源,推动形成"两江两海"(长江、珠江、渤海、东海)水上运动产业集聚区。

——汽车摩托车运动。推动汽车露营营地和中小型赛车场建设,利用自然人文特色资源,举办拉力赛、越野赛、集结赛等赛事,组织家庭露营、青少年营地、主题自驾等活动,不断完善赛事活动组织体系,打造"三圈三线"(京津冀、长三角、泛珠三角,北京至深圳、北京至乌鲁木齐、南宁至拉萨)自驾路线和营地网络。

——航空运动。整合航空资源,深化管理改革,合理布局"200公里航空体育飞行圈",推动航空飞行营地和俱乐部发展,推广运动飞机、热气球、滑翔、飞机跳伞、轻小型无人驾驶航空器、航空模型等航空运动项目,构建以大众消费为核心的航空体育产品和服务供给体系。

(六)发展特色运动。推动极限运动、电子竞技、击剑、马术、高尔夫等时尚运动项目健康发展,培育相关专业培训市场。发展武术、龙舟、舞龙舞狮等民族民间健身休闲项目,传承推广民族传统体育项目,加强体育类非物质文化遗产的保护和发展。加强对相关体育创意活动的扶持,鼓励举办以时尚运动为主题的群众性活动。

(七)促进产业互动融合。大力发展体育旅游,制定体育旅游发展纲要,实施体育旅游精品示范工程,编制国家体育旅游重点项目名录。支持和引导有条件的旅游景区拓展体育旅游项目,鼓励国内旅行社结合健身休闲项目和体育赛事活动设计开发旅游产品和路线。推动"体医结合",加强科学健身指导,积极推广覆盖全生命周期的运动健康服务,发展运动医学和康复医学,发挥中医药在运动康复等方面的特色作用。促进健身休闲与文化、养老、教育、健康、农业、林业、水利、通用航空、交通运输等产业融合发展。

(八)推动"互联网+健身休闲"。鼓励开发以移动互联网、大数据、云计算技术为支撑的健身休闲服务,推动传统健身休闲企业由销售导向向服务导向转变,提升场馆预定、健身指导、运动分析、体质监测、交流互动、赛事参与等综合服务水平。积极推动健身休闲在线平台企业发展壮大,整合上下游企业资源,形成健身休闲产业新生态圈。

三、培育健身休闲市场主体

(九)支持健身休闲企业发展。鼓励具有自主品牌、创新能力和竞争实力的健身休闲骨干企业做大做强,通过管理输出、连锁经营等方式,进一步提升核心竞争力,延伸产业链和利润链,支持具备条件的企业"走出去",培育一批具有国际竞争力和影响力的领军企业集团。支持企业实现垂直、细分、专业发展,鼓励各类中小微健身休闲企业、运动俱乐部向"专精特新"方向发展,强化特色经营、特色产品和特色服务。发挥多层次资本市场作用,支持符合条件的健身休闲企业上市,加大债券市场对健身休闲企业的支持力度。完善抵质押品登记制度,鼓励金融机构在风险可控的前提下拓宽对健身休闲企业贷款的抵质押品种类和范围。

(十)鼓励创业创新。充分利用运动员创业扶持基金,鼓励退役运动员创业创新,投身健身休闲产业。大力推进商事制度改革,为健身休闲产业提供良好的准入环境。开展体育产业创新创业教育服务平台建设,帮助企业、高校、金融机构有效对接。鼓励各地成立健身休闲产业孵化平台,为健身休闲领域大众创业、万众创新提供支持。

(十一)壮大体育社会组织。推进体育类社会团体、基金会、民办非企业单位等社会组织发展,支持其加强自身建设,健全内部治理结构,增强服务功能。对在城乡社区开展健身休闲活动的社区社会组织,降低准入门槛,加强分类指导和业务指导。鼓励各类社会组织承接政府公共体育服务职能。发挥体育社会组织在营造氛围、组织活动、服务消费者等方面的积极作用。

四、优化健身休闲产业结构和布局

(十二)改善产业结构。优化健身休闲服务业、器材装备制造业及相关产业结构,着力提升服务业比重。实施健身服务精品工程,打造一批优秀健身休闲俱乐部、场所和品牌活动。结合各级体育产业基地建设,培育一批以健身休闲服务为核心的体育产业示范基地、单位和项目。发挥重大体育旅游项目的引领带动作用,发展一批体育旅游示范基地。拓宽健身休闲服务贸易领域,探索在自由贸易试验区开展健身休闲产业政策试点,鼓励地方积极培育一批以健身休闲为特色的服务贸易示范区。

（十三）打造地区特色。组织开展山水运动资源调查、民族传统体育资源调查，摸清发展健身休闲产业的自然、人文基础条件。各地要因地制宜，合理布局，错位发展，在保护自然资源和生态环境的基础上，充分利用冰雪、森林、湖泊、江河、湿地、山地、草原、戈壁、沙漠、滨海等独特的自然资源和传统体育人文资源，打造各具特色的健身休闲集聚区和产业带。积极推进资源相近、产业互补、供需对接的区域联动发展，形成东、中、西部良性互动发展格局。

五、加强健身休闲设施建设

（十四）完善健身休闲基础设施网络。严格执行城市居住区规划设计等标准规范有关配套建设健身设施的要求，并实现同步设计、同步施工、同步投入。科学规划健身休闲项目的空间布局，适当增加健身休闲设施用地和配套设施配建比例，充分合理利用公园绿地、城市空置场所、建筑物屋顶、地下室等区域，重点建设一批便民利民的社区健身休闲设施，形成城市15分钟健身圈。鼓励健身休闲设施与住宅、文化、商业、娱乐等综合开发，打造健身休闲服务综合体。

（十五）盘活用好现有体育场馆资源。加快推进企事业单位等体育设施向社会开放。推动有条件的学校体育场馆设施在课后和节假日对本校学生和公众有序开放。通过公共体育设施免费或合理收费开放等措施增加供给，满足基本健身需求。通过管办分离、公建民营等模式，推行市场化商业运作，满足多层次健身消费需求。各类健身休闲场所的水、电、气、热价格按不高于一般工业标准执行。落实体育场馆房产税和城镇土地使用税优惠政策。

（十六）加强特色健身休闲设施建设。结合智慧城市、绿色出行，规划建设城市步行和自行车交通体系。充分挖掘水、陆、空资源，研究打造国家步道系统和自行车路网，重点建设一批山地户外营地、徒步骑行服务站、自驾车房车营地、运动船艇码头、航空飞行营地等健身休闲设施。鼓励和引导旅游景区、旅游度假区、乡村旅游区等根据自身特点，建设特色健身休闲设施。

六、提升健身休闲器材装备研发制造能力

（十七）推动转型升级。支持企业、用户单位、科研单位、社会组织等组建跨行业产业联盟，鼓励健身休闲器材装备制造企业向服务业延伸发展，形成全产业链优势。鼓励企业通过海外并购、合资合作、联合开发等方式，提升冰雪运动、山地户外运动、水上运动、汽车摩托车运动、航空运动等器材装备制造水平。结合传统制造业去产能，引导企业进军健身休闲装备制造领域。

（十八）增强自主创新能力。鼓励企业加大研发投入，提高关键技术和产品的自主创新能力，积极参与高新技术企业认定。支持企业利用互联网技术对接健身休闲个性化需求，根据不同人群，尤其是青少年、老年人的需要，研发多样化、适应性强的健身休闲器材装备。研制新型健身休闲器材装备、可穿戴式运动设备、虚拟现实运动装备等。鼓励与国际领先企业合作设立研发机构，加快对国外先进技术的吸收转化。

（十九）加强品牌建设。支持企业创建和培育自主品牌，提升健身休闲器材装备的附加值和软实力。鼓励企业与各级各类运动项目协会等体育组织开展合作，通过赛事营销等模式，提高品牌知名度。推动优势品牌企业实施国际化发展战略，扩大国际影响力。

七、改善健身休闲消费环境

（二十）深挖消费潜力。开展各类群众性体育活动，合理编排职业联赛赛程，丰富节假日体育赛事供给，发挥体育明星和运动达人示范作用，激发大众健身休闲消费需求。积极推行《国家体育锻炼标准》、业余运动等级标准、业余赛事等级标准，增强健身休闲消费粘性。推动体育部门、体育社会组织、专业体育培训机构等与各类学校合作，提供专业支持，培养青少年体育爱好和运动技能。

（二十一）完善消费政策。鼓励健身休闲企业与金融机构合作，试点发行健身休闲联名银行卡，实施特惠商户折扣。支持各地创新健身休闲消费引导机制。引导保险公司根据健身休闲运动特点和不同年龄段人群身体状况，开发场地责任保险、运动人身意外伤害保险。积极推动青少年参加体育活动相关责任保险发展。

（二十二）引导消费理念。加大宣传力度，普及科学健身知识。鼓励制作和播出国产健身休闲类节目，支持形式多样的体育题材文艺创作。鼓励发展多媒体广播电视、网络广播电视、手机应用程序（APP）等体育传媒新业态，促进消费者利用各类社交平台互动交流，提升消费体验。

八、加强组织实施

（二十三）持续推动"放管服"改革。加快政府职能转变，大幅度削减健身休闲活动相关审批事项，实施负面清单管理，促进空域水域开放。推进体育行业协会改革，加强事中事后监管，完善相关安保服务标准，加强行业信用体系建设。完善政务发布平台、信息交互平台、展览展示平台、资源交易平台。

（二十四）优化规划和土地利用政策。积极引导健身休闲产业用地控制规模、科学选址，并将相关用地纳入地方各级土地利用总体规划中合理安排。对符合土地利用总体规划、城乡规划、环保规划等相关规划的重大健身休闲项目，要本着应保尽保的原则及时安排新增建设用地计划指标。对使用荒山、荒地、荒滩及石漠化、边远海岛土地建设的健身休闲项目，优先安排新增建设用地计划指标，出让底价可按不低于土地取得成本、土地前期开发成本和按规定应收取相关费用之和的原则确定。在土地利用总体规划确定的城市和村庄、集镇建设用地范围外布局的重大健身休闲项目，可按照单独选址项目安排用地。利用现有健身休闲设施用地、房产增设住宿、餐饮、娱乐等商业服务设施的，经批准可以协议方式办理用地手续。鼓励以长期租赁、先租后让、租让结合方式供应健身休闲项目建设用地。支持农村集体经济组织自办或以土地使用权入股、联营等方式参与健身休闲项目。

（二十五）完善投入机制。加快推动设立由社会资本筹资的体育产业投资基金，引导社会力量参与健身休闲产业。鼓励社会资本以市场化方式设立健身休闲产业发展投资基金。

推动开展政府和社会资本合作示范,符合条件的项目可申请政府和社会资本合作融资支持基金的支持。进一步健全政府购买公共体育服务的体制机制。运用彩票公益金对健身休闲相关项目给予必要资助。鼓励地方通过体育产业引导资金等渠道对健身休闲产业予以必要支持。鼓励符合条件的企业发行企业债券,募集资金用于健身休闲产业项目的建设。

（二十六）加强人才保障。鼓励校企合作,培养各类健身休闲项目经营策划、运营管理、技能操作等应用型专业人才。加强从业人员职业培训,提高健身休闲场所工作人员的服务水平和专业技能。完善体育人才培养开发、流动配置、激励保障机制,支持专业教练员投身健身休闲产业。加强社会体育指导员队伍建设,充分发挥其对群众参与健身休闲的服务和引领作用。加强健身休闲人才培育的国际交流与合作。

（二十七）完善标准和统计制度。全面推动健身休闲标准体系建设,制定健身休闲服务规范和质量标准,在服务提供、技能培训、活动管理、设施建设、器材装备制造等各方面提高健身休闲产业标准化水平。引导和鼓励企业积极参与行业和国家标准制定。以国家体育产业统计分类为基础,完善健身休闲产业统计制度和指标体系,建立健身休闲产业监测机制。

（二十八）健全工作机制。建立体育、发展改革、旅游等多部门合作的健身休闲产业发展工作协调机制,及时分析健身休闲产业发展情况,解决存在的问题,落实惠及健身休闲产业的文化、旅游等相关政策。各地要把发展健身休闲产业纳入国民经济和社会发展规划,鼓励有条件的地方编制健身休闲发展专项规划。各级体育行政部门要加强职能建设,充实体育产业工作力量,推动健身休闲产业发展。

（二十九）强化督查落实。各地各有关部门要根据本意见要求,结合实际情况,抓紧制定具体实施意见和配套政策。体育总局、国家发展改革委、国家旅游局要会同有关部门对落实本意见的情况进行监督检查和跟踪分析,重大事项及时向国务院报告。

国务院办公厅
2016 年 10 月 25 日

国务院关于加快发展康复辅助器具产业的若干意见

国发〔2016〕60 号

各省、自治区、直辖市人民政府,国务院各部委、各直属机构:

康复辅助器具是改善、补偿、替代人体功能和实施辅助性治疗以及预防残疾的产品。康复辅助器具产业是包括产品制造、配置服务、研发设计等业态门类的新兴产业。我国是世界上康复辅助器具需求人数最多、市场潜力最大的国家。近年来,我国康复辅助器具产业规模持续扩大,产品种类日益丰富,供给能力不断增强,服务质量稳步提升,但仍存在产业体系不健全、自主创新能力不够强、市场秩序不规范等问题。当前,我国经济发展进入新常态,全球新一轮科技革命与产业变革日益加快,给提升康复辅助器具产业核心竞争力带来新的机遇与挑战。发展康复辅助器具产业有利于引导激发新消费、培育壮大新动能、加快发展新经济,推动经济转型升级;有利于积极应对人口老龄化,满足残疾人康复服务需求,推进健康中国建设,增进人民福祉。为加快康复辅助器具产业发展,现提出以下意见。

一、总体要求

（一）指导思想。全面贯彻党的十八大和十八届三中、四中、五中全会精神,按照"四个全面"战略布局和党中央、国务院决策部署,牢固树立创新、协调、绿色、开放、共享的发展理念,以服务于人的全面发展为导向,以扩大有效供给为目标,以增强自主创新能力为动力,充分发挥市场在资源配置中的决定性作用和更好发挥政府作用,完善市场机制,激发市场活力,促进社会投资,进一步发挥社会力量在康复辅助器具产业发展中的主体作用,推动产业跨越式发展,更好地满足人民群众多层次、多样化的需求。

（二）基本原则。

坚持市场主导、政府引导。遵循产业发展规律,以需求为导向,发挥各类市场主体积极性和创造力。注重规划、政策、标准的引导规范作用,营造良好市场环境。

坚持自主创新、开放合作。政产学研用协同,推动康复辅助器具技术、管理、品牌、商业模式创新,着眼全球加强交流合作,提升市场竞争力。

坚持问题导向、突出重点。瞄准制约康复辅助器具产业发展的薄弱环节,补短板、破难题,优化资源要素配置,持续扩大有效供给,促进产业转型升级。

坚持统筹兼顾、协调发展。立足全局,将康复辅助器具产业发展融入"中国制造2025"、"互联网+"、现代服务业发展进程,促进业态融合,推动产业全面发展。

（三）发展目标。到2020年,康复辅助器具产业自主创新能力明显增强,创新成果向现实生产力高效转化,创新人才队伍发展壮大,创新驱动形成产业发展优势。产业规模突破7000亿元,布局合理、门类齐备、产品丰富的产业格局基本形成,涌现一批知名自主品牌和优势产业集群,中高端市场占有率显著提高。产业发展环境更加优化,产业政策体系更加完善,市场监管机制更加健全,产品质量和服务水平明显改善,统一开放、竞争有序的市场环境基本形成。

二、主要任务

（四）增强自主创新能力。深入实施创新驱动发展战略,推进大众创业、万众创新,形成以人才为根本、市场为导向、资本为支撑、科技为核心的全面创新,提高康复辅助器具产业关键环节和重要领域创新能力。

激励创新人才。实施以增加知识价值为导向的分配政策和更加积极的创新人才培养、引进政策,提高创新成果转化收益分享比例,打造生物医学工程、临床医学、材料科学、信息系统学、制造科学等多学科人才聚合创新机制,造就一批创新创业领军人才和高水平创新团队。

搭建创新平台。统筹企业、科研院所、高等院校等创新资源,搭建康复辅助器具科技创新平台和基础共性技术研发平台,建立协同创新机制,加强相关基础理论、基础工艺、基础材料、基础元器件、基础技术研发和系统集成能力。支持各类研发机构通过公开竞争方式承接政府科研项目。

促进成果转化。以"互联网＋技术市场"为核心,充分利用现有技术交易网络平台,促进康复辅助器具科技成果线上线下交易。依托康复辅助器具研发、生产、应用的优势单位,开展康复辅助器具产业创业孵化和双创示范工作。支持行业组织开展产业创新评选活动,推介康复辅助器具创新产品目录、科技成果及转化项目信息。加强国际交流合作,加快引进吸收国外先进科技成果。

（五）促进产业优化升级。优化产业空间布局,显著提升产业发展整体素质和产品附加值,推动康复辅助器具产业向中高端迈进。

优化产业空间布局。依托长三角、珠三角、京津冀等区域产业集聚优势和资金、技术、人才等优势,打造一批示范性康复辅助器具产业园区和生产基地,建设国际先进研发中心和总部基地,发展区域特色强、附加值高、资源消耗低的康复辅助器具产业。支持中西部地区根据资源环境承载能力,因地制宜发展劳动密集型康复辅助器具产业。

促进制造体系升级。实施康复辅助器具产业智能制造工程,开展智能工厂和数字化车间建设示范,促进工业互联网、云计算、大数据在研发设计、生产制造、经营管理、销售服务等全流程、全产业链的综合集成应用,加快增材制造、工业机器人、智能物流等技术装备应用,推动形成基于消费需求动态感知的研发、制造和产业组织方式。推广节能环保技术、工艺、装备应用,积极构建绿色制造体系。

大力发展生产性服务。大力推进康复辅助器具全产业链整合优化,重点发展研发设计、融资租赁、信息技术服务、检验检测认证、电子商务、服务外包和品牌建设等生产性服务,促进产业要素高效流动和合理配置。推进面向产业集群和中小型企业的专业化公共服务平台建设,整合优化生产服务系统。重点围绕市场营销和品牌服务,发展现代销售体系,增强产业链上下游企业协同能力。

提高国际合作水平。支持企业着眼全球优化资源配置,开展境外并购和股权投资、创业投资,加强技术、产能、贸易等国际合作,建立海外研发中心、生产基地、销售网络和服务体系,巩固优势产品出口,持续拓展中高端产品国际国内市场份额。鼓励境外企业和科研机构在我国设立全球研发生产机构,加快产业合作由加工制造环节向研发设计、市场营销、品牌培育等高附加值环节延伸。

（六）扩大市场有效供给。推动康复辅助器具产品创新和配置服务深度融合,实现品质化、精细化、便利化发展,在满足人民群众基本需求的基础上,适应消费需求升级,打造"中国制造"品牌。

培育市场主体。支持企业战略合作和兼并重组,促进规模化、集约化、连锁化经营。培育一批全球范围内配置要素资源、布局市场网络、具有跨国经营能力的领军企业,鼓励创新型、创业型和劳动密集型中小微企业专注于细分市场发展,走"专精特新"和与大企业协作配套发展的道路。组建一批产业联盟或产业联合体。加快公办机构改革,推进服务型单位职能转型,有条件的生产型单位转制为企业。扶持社会力量兴办非营利性康复辅助器具配置服务机构。支持通过线上线下相结合的方式,举办高层次、高水平、高品质的康复辅助器具博览会、展览会和交易平台。支持行业组织开展康复辅助器具创新创业竞赛活动。

丰富产品供给。将老年人、伤病人护理照料,残疾人生活、教育和就业辅助,残疾儿童抢救性康复等作为优先发展领域,推动"医工结合",支持人工智能、脑机接口、虚拟现实等新技术在康复辅助器具产品中的集成应用,支持外骨骼机器人、照护和康复机器人、仿生假肢、虚拟现实康复训练设备等产品研发,形成一批高智能、高科技、高品质的康复辅助器具产品。积极拓展改善普通人群生活品质的产品。加强传统中医康复技术、方法创新,形成和推广一批具有自主知识产权、疗效确切、中医特色突出的康复辅助器具。培育一批国际国内知名品牌、知名产品。

增强服务能力。大力推广康复医师、康复治疗师与康复辅助器具配置人员团队协作,重点推进骨科、眼科、耳科、康复科等医疗服务与康复辅助器具配置服务衔接融合,促进康复辅助器具在养老、助残、医疗、健康、教育、通信、交通、文体娱乐等领域广泛应用。开展康复辅助器具社区租赁和回收再利用服务试点。整合利用相关资源,建立国家康复辅助器具产品服务信息平台,完善产品目录和配置指引,促进供需有效衔接。健全主体多元、覆盖城乡、方便可及的配置服务网络。

加强质量管理。强化企业质量安全主体责任,开展质量管理示范活动,鼓励企业建立覆盖产品全生命周期的质量管理体系并通过相关认证,加强质量安全培训,优化质量控制技术。开展企业产品和服务标准自我声明公开和监督制度试点。建立强制性和自愿性相结合的产品、服务认证体系和质量追溯体系,完善服务回访制度。加强产品质量监督抽查、风险预警和缺陷产品强制召回、产品伤害监测验证评估等工作,发布产品和服务质量"红黑榜"。培育发展一批质量检验机构。

(七)营造良好市场环境。深化康复辅助器具产业领域"放管服"改革,加快建立权责明确、公平公正、透明高效、法治保障的市场监管格局,平等保护各类市场主体合法权益。

完善法规政策体系。健全完善促进康复辅助器具产业发展的法规政策体系,研究制定康复辅助器具产品和配置服务管理制度、康复辅助器具与医疗器械管理服务衔接办法。探索建立康复辅助器具产品分类分级认证制度,推进康复辅助器具产品认证国际互认。持续推进商事制度改革,降低市场准入门槛,简化注册登记流程,健全监管服务机制,营造良好营商环境。

发挥标准导向作用。加快重点产品、管理、服务标准制修订,健全康复辅助器具标准体系,充分发挥标准对市场的规范作用。将康复辅助器具配置服务纳入国家级服务业标准化试点范围。加强康复辅助器具标准国际合作,积极采用适合我国康复辅助器具产业发展的国际先进标准,积极参与国际标准制定,推动我国优势技术标准成为国际标准。建立标准分类实施和监督机制。培育一批康复辅助器具检验、检测、认证机构。

维护良好市场秩序。健全统一规范、权责明确、公正高效、法治保障的市场监管体系。严格执行反不正当竞争法、反垄断法,严肃查处违法违规行为,打击侵犯知识产权和制售假冒伪劣商品行为,维护公平竞争市场秩序。充分发挥全国企业信用信息公示系统、全国信用信息共享平台和"信用中国"网站作用,建立康复辅助器具企业信用信息公示、动态评价、守信激励和失信惩戒机制。支持行业组织完善自律惩戒机制,在行业标准制定、数据统计、信息披露、反不正当竞争等方面充分发挥作用。

三、政策支持

(八)落实税收价格优惠。符合条件的康复辅助器具企业可依法享受研发费用加计扣除和固定资产加速折旧政策。对符合条件的公益性捐赠支出依法在所得税税前扣除。经认定为高新技术企业的康复辅助器具企业,按规定享受企业所得税优惠。落实生产和装配伤残人员专门用品的企业和单位有关税收优惠政策。落实康复辅助器具配置服务企业用水、用电、用气、用热与工业企业同价政策。

(九)强化企业金融服务。培育壮大创业投资和资本市场,提高信贷支持的灵活性和便利性,发展知识产权质押融资和专利保险,开展股权众筹融资等试点,通过国家设立的科技成果转化引导基金、新兴产业创业投资引导基金、中小企业发展基金等吸引社会资本协同发力,按照市场化方式支持符合基金投向的康复辅助器具产业创新。支持符合条件的企业发行企业债、公司债和资产支持证券。支持企业通过发行短期融资券、中期票据、中小企业集合票据等非金融企业债务融资工具筹集资金。鼓励商业银行、保险公司、证券公司等金融机构在风险可控、商业可持续的前提下开发适合康复辅助器具企业的金融产品。

(十)加强财政资金引导。将康复辅助器具产业纳入众创、众包、众扶、众筹相关财政以及新兴产业投资支持范围。地方财政可利用奖励引导、资本金注入、应用示范补助等方式,支持非营利性康复辅助器具配置服务机构建设,以及具有良好示范效应、较强公共服务性质的康复辅助器具项目。健全政府采购机制,国产产品能够满足要求的原则上须采购国产产品。将符合条件的高端康复辅助器具产品纳入首台(套)重大技术装备保险补偿试点范围。

(十一)完善消费支持措施。鼓励有条件的地方研究将基本的治疗性康复辅助器具逐步纳入基本医疗保险支付范围。完善康复辅助器具工伤保险支付制度,合理确定支付范围。支持商业保险公司创新产品设计,将康复辅助器具配置纳入保险支付范围。鼓励金融机构创新消费信贷产品,支持康复辅助器具消费。有条件的地方可以对城乡贫困残疾人、重度残疾人基本型康复辅助器具配置给予补贴。

(十二)加强人才队伍建设。鼓励将康复辅助器具相关知识纳入临床医学、生物医学工程相关专业教育以及医师、护士、特殊教育教师、养老护理员、孤残儿童护理员等专业人员继续教育范围。依托科研院所、高等院校、企业设立康复辅助器具方面的博士后科研工作站。支持企业、院校合作建立实用型人才培养基地,鼓励企业为教师实践、学生实习提供岗位。完善康复辅助器具从业人员职业分类、国家职业标准、职称评定政策,研究建立假肢师和矫形器师水平评价类职业资格制度。

四、保障措施

（十三）加强组织领导。各地各有关部门要高度重视康复辅助器具产业发展，加强协调联动。建立民政部牵头的部际联席会议制度，统筹推进康复辅助器具产业发展。各级民政部门要协同发展改革、工业和信息化、财政、卫生计生、食品药品监管等有关部门及残联组织，做好康复辅助器具产业发展规划、行业指导和监督管理工作。教育、科技、司法、人力资源社会保障、商务、人民银行、海关、税务、工商、质检、银监、证监、保监、统计、知识产权等部门要各司其职，及时解决工作中遇到的问题，形成齐抓共管、整体推进的工作局面。

（十四）推进综合创新试点。国家选择条件成熟地区开展综合创新试点，在康复辅助器具产业集聚发展、服务网络建设、政产学研用模式创新、业态融合等重点领域先行先试，打造一批知名产业园区、前沿创新平台、知名企业品牌、优势特色产品和新型服务模式，为加快康复辅助器具产业发展提供经验。

（十五）健全行业统计制度。以国民经济行业分类为基础，健全康复辅助器具产业统计监测分析体系。建立以主要产品数量、生产企业、服务机构等信息为主要内容的统计指标体系，完善统计调查、行政记录和行业统计相结合的信息采集机制。

民政部、国家发展改革委要加强对本意见实施情况的督促落实，及时向国务院报告。国务院将适时组织专项督查。

国务院
2016 年 10 月 23 日

国务院关于印发全国农业现代化规划（2016—2020 年）的通知

国发〔2016〕58 号

各省、自治区、直辖市人民政府，国务院各部委、各直属机构：

现将《全国农业现代化规划（2016—2020 年）》印发给你们，请认真贯彻执行。

国务院
2016 年 10 月 17 日

全国农业现代化规划

（2016—2020 年）

为贯彻落实《中华人民共和国国民经济和社会发展第十三个五年规划纲要》的部署，大力推进农业现代化，特编制本规划。

第一章　认清形势　准确把握发展新特征

一、农业现代化建设成效显著

"十二五"以来，党中央、国务院不断加大强农惠农富农政策力度，带领广大农民群众凝心聚力、奋发进取，农业现代化建设取得了巨大成绩。综合生产能力迈上新台阶。粮食连年增产，产量连续三年超过12000亿斤。肉蛋奶、水产品等"菜篮子"产品丰产丰收、供应充足，农产品质量安全水平稳步提升，现代农业标准体系不断完善。物质技术装备达到新水平。农田有效灌溉面积占比、农业科技进步贡献率、主要农作物耕种收综合机械化率分别达到52%、56%和63%，良种覆盖率超过96%，现代设施装备、先进科学技术支撑农业发展的格局初步形成。适度规模经营呈现新局面。以土地制度、经营制度、产权制度、支持保护制度为重点的农村改革深入推进，家庭经营、合作经营、集体经营、企业经营共同发展，多种形式的适度规模经营比重明显上升。产业格局呈现新变化。农产品加工业与农业总产值比达到2.2:1，电子商务等新型业态蓬勃兴起，发展生态友好型农业逐步成为社会共识。农民收入实现新跨越。农村居民人均可支配收入达到11422元，增幅连续六年高于城镇居民收入和国内生产总值增幅，城乡居民收入差距缩小到2.73:1。典型探索取得新突破。东部沿海、大城市郊区、大型垦区的部分县市已基本实现农业现代化，国家现代农业示范区已成为引领全国农业现代化的先行区。农业现代化已进入全面推进、重点突破、梯次实现的新时期。

二、农业现代化发展挑战加大

"十三五"时期，农业现代化的内外部环境更加错综复杂。在居民消费结构升级的背景下，部分农产品供求结构性失衡的问题日益凸显。优质化、多样化、专用化农产品发展相对滞后，大豆供需缺口进一步扩大，玉米增产超过了需求增长，部分农产品库存过多，确保供给总量与结构平衡的难度加大。在资源环境约束趋紧的背景下，农业发展方式粗放的问题日益凸显。工业"三废"和城市生活垃圾等污染向农业农村扩散，耕地数量减少质量下降、地下水超采、投入品过量使用、农业面源污染问题加重，农产品质量安全风险增多，推动绿色发展和资源永续利用十分迫切。在国内外农产品市场深度融合的背景下，农业竞争力不强的问题日益凸显。

劳动力、土地等生产成本持续攀升,主要农产品国内外市场价格倒挂,部分农产品进口逐年增多,传统优势农产品出口难度加大,我国农业大而不强、多而不优的问题更加突出。在经济发展速度放缓、动力转换的背景下,农民持续增收难度加大的问题日益凸显。农产品价格提升空间较为有限,依靠转移就业促进农民收入增长的空间收窄,家庭经营收入和工资性收入增速放缓,加快缩小城乡居民收入差距、确保如期实现农村全面小康任务艰巨。

三、农业现代化条件更加有利

展望"十三五",推进农业现代化的有利条件不断积蓄。发展共识更加凝聚。党中央、国务院始终坚持把解决好"三农"问题作为全部工作的重中之重,加快补齐农业现代化短板成为全党和全社会的共识,为开创工作新局面汇聚强大推动力。外部拉动更加强劲。新型工业化、信息化、城镇化快速推进,城乡共同发展新格局加快建立,为推进"四化"同步发展提供强劲拉动力。转型基础更加坚实。农业基础设施加快改善,农产品供给充裕,农民发展规模经营主动性不断增强,为农业现代化提供不竭源动力。市场空间更加广阔。人口数量继续增长,个性化、多样化、优质化农产品和农业多种功能需求潜力巨大,为拓展农业农村发展空间增添巨大带动力。创新驱动更加有力。农村改革持续推进,新一轮科技革命和产业革命蓄势待发,新主体、新技术、新产品、新业态不断涌现,为农业转型升级注入强劲驱动力。

综合判断,"十三五"时期,我国农业现代化建设仍处于补齐短板、大有作为的重要战略机遇期,必须紧紧围绕全面建成小康社会的目标要求,遵循农业现代化发展规律,加快发展动力升级、发展方式转变、发展结构优化,推动农业现代化与新型工业化、信息化、城镇化同步发展。

第二章 更新理念 科学谋划发展新思路

一、战略要求

——发展定位。农业的根本出路在于现代化,农业现代化是国家现代化的基础和支撑。没有农业现代化,国家现代化是不完整、不全面、不牢固的。在新型工业化、信息化、城镇化、农业现代化中,农业现代化是基础,不能拖后腿。

——发展主线。新形势下农业主要矛盾已经由总量不足转变为结构性矛盾,推进农业供给侧结构性改革,提高农业综合效益和竞争力,是当前和今后一个时期我国农业政策改革和完善的主要方向。

——战略重点。坚持以我为主、立足国内、确保产能、适度进口、科技支撑的国家粮食安全战略,确保谷物基本自给、口粮绝对安全。坚定不移地深化农村改革、加快农村发展、维护农村和谐稳定,突出抓好建设现代农业产业体系、生产体系、经营体系三个重点,紧紧扭住发展现代农业、增加农民收入、建设社会主义新农村三大任务。

二、指导思想

全面贯彻党的十八大和十八届三中、四中、五中全会精神,深入贯彻习近平总书记系列重要讲话精神,按照"五位一体"总体布局和"四个全面"战略布局,牢固树立创新、协调、绿色、开放、共享的发展理念,认真落实党中央、国务院决策部署,以提高质量效益和竞争力为中心,以推进农业供给侧结构性改革为主线,以多种形式适度规模经营为引领,加快转变农业发展方式,构建现代农业产业体系、生产体系、经营体系,保障农产品有效供给、农民持续增收和农业可持续发展,走产出高效、产品安全、资源节约、环境友好的农业现代化发展道路,为实现"四化"同步发展和如期全面建成小康社会奠定坚实基础。

三、基本原则

——坚持农民主体地位。以维护农民权益与增进农民福祉为工作的出发点和落脚点,尊重农民经营自主权和首创精神,激发广大农民群众创新、创业、创造活力,让农民成为农业现代化的自觉参与者和真正受益者。

——坚持优产能调结构协调兼顾。以保障国家粮食安全为底线,更加注重提高农业综合生产能力,更加注重调整优化农业结构,提升供给体系质量和效率,加快形成数量平衡、结构合理、品质优良的有效供给。

——坚持生产生活生态协同推进。妥善处理好农业生产、农民增收与环境治理、生态修复的关系,大力发展资源节约型、环境友好型、生态保育型农业,推进清洁化生产,推动农业提质增效、绿色发展。

——坚持改革创新双轮驱动。把体制机制改革和科技创新作为两大动力源,统筹推进农村土地制度、经营制度、集体产权制度等各项改革,着力提升农业科技自主创新能力,推动农业发展由注重物质要素投入向创新驱动转变。

——坚持市场政府两手发力。充分发挥市场在资源配置中的决定性作用,更好发挥政府在政策引导、宏观调控、支持保护、公共服务等方面作用,建立主体活力迸发、管理顺畅高效、制度保障完备的现代管理机制。

——坚持国内国际统筹布局。顺应全方位对外开放的大趋势,实施互利共赢的开放战略,加快形成进出有序、优势互补的农业对外合作局面,实现补充国内市场需求、促进结构调整、提升农业竞争力的有机统一。

——坚持农业现代化和新型城镇化相辅相成。引导农村剩余劳动力有序向城镇转移,积极发展小城镇,加快农业转移人口市民化进程,为发展多种形式适度规模经营、提高农业质量效益、实现农业现代化创造条件。

四、发展目标

到2020年,全国农业现代化取得明显进展,国家粮食安全得到有效保障,农产品供给体系质量和效率显著提高,农业国际竞争力进一步增强,农民生活达到全面小康水平,美丽宜居乡村建设迈上新台阶。东部沿海发达地区、大城市郊区、国有垦区和国家现代农业示范区基本实现农业现代化。以高标准农田为基础、以粮食生产功能区和重要农产品生产保护区为支撑的产能保障格局基本建立;粮经饲统筹、农林牧渔结合、种养加一体、一二三产业融合的现代农业产业体系基本构建;农业灌溉用水总量基本稳定,化肥、农药使用量零增长,畜禽粪便、农作物秸秆、农膜资源化利用目标基本实现。

专栏1 "十三五"农业现代化主要指标

类别	指标	2015年基期值	2020年目标值	年均增速[累计]	指标属性
粮食供给保障	粮食(谷物)综合生产能力(亿吨)	5	5.5	[0.5]	约束性
	小麦稻谷自给率(%)	100	100	—	约束性
农业结构	玉米种植面积(亿亩)	5.7	5	[-0.7]	预期性
	大豆种植面积(亿亩)	0.98	1.4	[0.42]	预期性
	棉花种植面积(万亩)	5698	5000	[-698]	预期性
	油料种植面积(亿亩)	2.1	2	[-0.1]	预期性
	糖料种植面积(万亩)	2610	2400	[-210]	预期性
	肉类产量(万吨)	8625	9000	0.85%	预期性
	奶类产量(万吨)	3870	4100	1.16%	预期性
	水产品产量(万吨)	6699	6600	-0.3%	预期性
	畜牧业产值占农业总产值比重(%)	28	>30	[>2]	预期性
	渔业总产值占农业总产值比重(%)	10	>10	—	预期性
	农产品加工业与农业总产值比	2.2	2.4	[0.2]	预期性
质量效益	农业劳动生产率(万元/人)	3	>4.7	>9.4%	预期性
	农村居民人均可支配收入增幅(%)	—	—	>6.5	预期性
	农产品质量安全例行监测总体合格率(%)	97	>97	—	预期性
可持续发展	耕地保有量(亿亩)	18.65	18.65	—	约束性
	草原综合植被盖度(%)	54	56	[2]	约束性
	农田灌溉水有效利用系数	0.532	>0.55	[>0.018]	预期性
	主要农作物化肥利用率(%)	35.2	40	[4.8]	约束性
	主要农作物农药利用率(%)	36.6	40	[3.4]	约束性
	农膜回收率(%)	60	80	[20]	约束性
	养殖废弃物综合利用率(%)	60	75	[15]	约束性

(续表)

类别	指　　标	2015年基期值	2020年目标值	年均增速[累计]	指标属性
技术装备	农田有效灌溉面积(亿亩)	9.88	>10	[>0.12]	预期性
	农业科技进步贡献率(%)	56	60	[4]	预期性
	农作物耕种收综合机械化率(%)	63	70	[7]	预期性
规模经营	多种形式土地适度规模经营占比(%)	30	40	[10]	预期性
	畜禽养殖规模化率(%)	54	65	[11]	预期性
	水产健康养殖示范面积比重(%)	45	65	[20]	预期性
支持保护	全国公共财政农林水事务支出总额(亿元)	17380	>17380	—	预期性
	农业保险深度(%)	0.62	0.9	[0.28]	预期性

备注：1. 小麦稻谷自给率是指小麦稻谷国内生产能力满足需求的程度。
　　　2. 农业保险深度是指农业保费收入与农林牧渔业增加值的比值。

第三章　创新强农　着力推进农业转型升级

创新是农业现代化的第一动力,必须着力推进供给创新、科技创新和体制机制创新,加快实施藏粮于地、藏粮于技战略和创新驱动发展战略,培育更健康、更可持续的增长动力。

一、推进农业结构调整

(一)调整优化种植结构。坚持有保有压,推进以玉米为重点的种植业结构调整。稳定冬小麦面积,扩大专用小麦面积,巩固北方粳稻和南方双季稻生产能力。减少东北冷凉区、北方农牧交错区、西北风沙干旱区、太行山沿线区、西南石漠化区籽粒玉米面积,推进粮改饲。恢复和增加大豆面积,发展高蛋白食用大豆,保持东北优势区油用大豆生产能力,扩大粮豆轮作范围。在棉花、油料、糖料、蚕桑优势产区建设一批规模化、标准化生产基地。推动马铃薯主食产业开发。稳定大中城市郊区蔬菜保有面积,确保一定的自给率。在海南、广东、云南、广西等地建设国家南菜北运生产基地。(农业部牵头,国家发展改革委、财政部、水利部、商务部等部门参与)

(二)提高畜牧业发展质量。统筹考虑种养规模和资源环境承载力,推进以生猪和草食畜牧业为重点的畜牧业结构调整,形成规模化生产、集约化经营为主导的产业发展格局,在畜牧业主产省(区)率先实现现代化。保持生猪生产稳定、猪肉基本自给,促进南方水网地区生猪养殖布局调整。加快发展草食畜牧业,扩大优质肉牛肉羊生产,加强奶源基地建设,提高国产乳品质量和品牌影响力。发展安全高效环保饲料产品,加快建设现代饲料工业体系。(农业部牵头,工业和信息化部、质检总局、食品药品监管总局等部门参与)

(三)推进渔业转型升级。以保护资源和减量增收为重点,推进渔业结构调整。统筹布局渔业发展空间,合理确定湖泊和水库等公共水域养殖规模,稳定池塘养殖,推进稻田综合种养和低洼盐碱地养殖。大力发展水产健康养殖,加强养殖池塘改造。降低捕捞强度,减少捕捞产量,加大减船转产力度,进一步清理绝户网等违规渔具和"三无"(无捕捞许可证、无船舶登记证书、无船舶检验证书)渔船。加快渔政渔港等基础设施建设,完善全国渔政执法监管指挥调度平台。规范有序发展远洋渔业,完善远洋捕捞加工、流通、补给等产业链,建设海外渔业综合服务基地。(农业部牵头,国家发展改革委、财政部、国家海洋局等部门参与)

(四)壮大特色农林产品生产。开展特色农产品标准化生产示范,推广名优品种和适用技术,建设一批原产地保护基地,培育一批特色明显、类型多样、竞争力强的专业村、专业乡镇。实施木本粮油建设工程和林业特色产业工程,发展林下经济。(农业部、国家林业局牵头,国家发展改革委、财政部等部门参与)

二、增强粮食等重要农产品安全保障能力

(一)建立粮食生产功能区和重要农产品生产保护区。全面完成永久基本农田划定,将 15.46 亿亩基本农田保护面积落地到户、上图入库,实施最严格的特殊保护。优先在永久基本农田上划定和建设粮食生产功能区和重要农产品生产保护区。优先将水土资源匹配较好、相对集中连片的稻谷小麦田划定为粮食生产功能区,对大豆、棉花、糖料蔗等重要农产品划定生产保护区,明确保有规模,加大建设力度,实行重点保护。(国家发展改革委、国土资源部、农业部牵头,财政部、环境保护部、水利部、国家统计局、国家粮食局等部门参与)

(二)大规模推进高标准农田建设。整合完善建设规划,统一建设标准、监管考核和上图入库。统筹各类农田建设资金,做好项目衔接配套,形成高标准农田建设合力。创新投融资方式,通过委托代建、先建后补等方式支持新型经营主体和工商资本加大高标准农田投入,引导政策性银行和开发性金融机构加大信贷支持力度。(国家发展改革委牵头,财政部、国土资源部、水利部、农业部、人民银行、中国气象局、银监会等部门参与)

三、提高技术装备和信息化水平

(一)全面提高自主创新能力。坚持以科技创新为引领,激发创新活力,农业科技创新能力总体上达到发展中国家领先水平。深化农业科技体制改革,强化企业在技术创新中的主体地位。实施一批重点科技计划,尽快突破一批具有自主知识产权的重大技术及装备。强化技术集成创新,深入开展粮棉油糖绿色增产模式攻关和整建制绿色高产高效创建,加强沙化草原治理、盐碱地改造等技术模式攻关。改善农业重点学科实验室、科学实验站(场)研究条件,推进现代农业产业技术体系建设,打造现代农业产业科技创新中心。实施农业科研杰出人才培养计划,建设国家农业科技创新联盟。加强生物安全监管,促进现代农业生物技术

健康发展。(科技部、农业部牵头,国家发展改革委、财政部、人力资源社会保障部、质检总局、中科院等部门参与)

(二)推进现代种业创新发展。保障国家种业安全,加强杂种优势利用、分子设计育种、高效制繁种等关键技术研发,培育和推广适应机械化生产、高产优质、多抗广适的突破性新品种,完善良种繁育基地设施条件,健全园艺作物良种苗木繁育体系,推进主要农作物新一轮品种更新换代。建设畜禽良种繁育体系,推进联合育种和全基因组选择育种,加快本品种选育和新品种培育,推动主要畜禽品种国产化。提升现代渔业种业创新能力,建设一批水产种质资源保护库、种质资源场、育种创新基地、品种性能测试中心。加强种质资源普查、收集、保护与评价利用。深入推进种业领域科研成果权益改革,加快培育一批具有国际竞争力的现代种业企业。(农业部、科技部牵头,国家发展改革委、财政部、国土资源部、国家林业局、中科院等部门参与)

(三)增强科技成果转化应用能力。健全农业科技成果使用、处置和收益管理制度,深化基层农技推广体系改革,完善科技推广人员绩效考核和激励机制,构建以基层农技推广机构为主导、科研院校为支撑、农业社会化服务组织广泛参与的新型农技推广体系,探索建立集农技推广、信用评价、保险推广、营销于一体的公益性、综合性农业服务组织。加强农业知识产权保护和应用。建设全国农业科技成果转移服务中心,推行科技特派员制度,推进国家农业科技园区建设。(科技部、农业部牵头,国家发展改革委、教育部、财政部、国家知识产权局、银监会、保监会等部门参与)

(四)促进农业机械化提档升级。提升小麦生产全程机械化质量,提高水稻机械栽插、玉米马铃薯甘蔗机械收获水平,尽快突破棉油糖牧草等作物生产全程机械化和丘陵山区机械化制约瓶颈。推进农机深耕深松作业,力争粮食主产区年度深耕深松整地面积达到30%左右。积极发展畜牧业和渔业机械化,提升设施农业、病虫防治装备水平,发展农用航空。(农业部牵头,国家发展改革委、科技部、工业和信息化部、财政部、国家粮食局等部门参与)

(五)推进信息化与农业深度融合。加快实施"互联网+"现代农业行动,加强物联网、智能装备的推广应用,推进信息进村入户,提升农民手机应用技能,力争到2020年农业物联网等信息技术应用比例达到17%、农村互联网普及率达到52%、信息进村入户村级信息服务站覆盖率达到80%。建设全球农业数据调查分析系统,定期发布重要农产品供需信息,基本建成集数据监测、分析、发布和服务于一体的国家数据云平台。加强农业遥感基础设施建设,建立重要农业资源台账制度。健全农村固定观察点调查体系。(农业部、国家发展改革委牵头,工业和信息化部、财政部、国土资源部、环境保护部、水利部、商务部、国家统计局、国家林业局、中科院、中国气象局等部门参与)

四、深化农业农村改革

(一)稳定完善农村基本经营制度。稳定农村土地承包关系并保持长久不变,落实集体所有权,稳定农户承包权,放活土地经营权,完善"三权"分置办法。加快推进农村承包地确权登记颁证,力争2018年底基本完成。在有条件的地方稳妥推进进城落户农民土地承包权有偿退出试点。健全县乡农村经营管理体系,加强土地流转和规模经营的管理服务。(中央

农办、农业部牵头,国家发展改革委、财政部、人力资源社会保障部、国土资源部、国务院法制办等部门参与)

(二)积极发展多种形式适度规模经营。继续坚持和完善家庭联产承包责任制,在尊重农民意愿和保护农民权益的前提下,更好地发挥村集体统筹协调作用,引导农户依法自愿有序流转土地经营权,鼓励农户通过互换承包地、联耕联种等多种方式,实现打掉田埂、连片耕种,解决农村土地细碎化问题,提高机械化水平和生产效率。支持通过土地流转、土地托管、土地入股等多种形式发展适度规模经营,加强典型经验总结和推广。加快建立新型经营主体支持政策体系,扩大新型经营主体承担涉农项目规模,建立新型经营主体生产经营信息直报制度。实施农业社会化服务支撑工程,扩大农业生产全程社会化服务创新试点和政府购买公益性服务机制创新试点范围,推进代耕代种、病虫害统防统治等服务的专业化、规模化、社会化。(农业部牵头,中央农办、国家发展改革委、财政部、国土资源部、水利部、人民银行、税务总局、工商总局、国家统计局、银监会、保监会、供销合作总社等部门参与)

(三)深化农村集体产权制度改革。着力推进农村集体资产确权到户和股份合作制改革,赋予农民对集体资产股份占有、收益、有偿退出及抵押、担保、继承权。有序推进农村集体资产股份权能改革试点,到2020年基本完成经营性资产折股量化到本集体经济组织成员,健全非经营性资产集体统一运行管护机制。加快建立城乡统一用地市场,在符合规划、用途管制和依法取得前提下,推进农村集体经营性建设用地与国有建设用地同等入市、同权同价。稳妥推进农村土地征收、集体经营性建设用地入市、宅基地制度改革等试点,加强经验总结,适时修订完善相关法律法规。完善集体林权制度,引导林权规范有序流转,鼓励发展家庭林场、股份合作林场。(中央农办、农业部、国土资源部、国家林业局牵头,国家发展改革委、财政部、住房城乡建设部、人民银行、国务院法制办等部门参与)

(四)打造农业创新发展试验示范平台。发挥国家现代农业示范区引领作用,率先实现基础设施完备化、技术应用集成化、生产经营集约化、生产方式绿色化、支持保护系统化。推动农村改革试验区先行先试,率先突破制约农业现代化发展的体制机制障碍。推进农业可持续发展试验示范区建设,探索农业资源高效利用、生态修复保护、突出问题治理、循环农业发展等模式。发挥农垦在农业现代化建设中的排头兵作用和国有农业经济中的骨干作用,加快实施农垦国际大粮商战略,推进垦区集团化、农场企业化改革,推动农垦联合联盟联营。深化黑龙江省"两大平原"现代农业综合配套改革、重庆市和成都市统筹城乡综合配套改革试验。(农业部、国家发展改革委牵头,财政部、国土资源部、环境保护部等部门参与)

专栏2　创新强农重大工程

(一)高标准农田建设工程。

以粮食主产区为重点,优先建设确保口粮安全的高标准农田,开展农田灌排设施、机耕道路、农田林网、输配电设施、农机具存放设施和土壤改良等田间工程建设,大规模改造中低产田,到2020年确保建成8亿亩,力争完成10亿亩集中连片、旱涝保收、稳产高产、生态友好的高标准农田。加快大中型灌区建设及续建配套、大中型灌排泵站更新改造,因地制宜实施田间渠系、"五小水利"等工程。建设国家耕地质量调查监测网络,建立耕地质量大数据平台。(国家发展改革委牵头,财政部、国土资源部、水利部、农业部等部门参与)

(二)现代种业建设工程。

完善种质资源保护利用体系,建设一批国家种质资源库(圃)。建设海南、甘肃、四川三大国家级育种制种基地和100个区域性良种繁育基地。改善育种科研、种子生产、种业监管等基础设施条件,建成一批品种测试站、种畜禽及水产良种场。加强种子质量检测、进境种苗和农用动物检疫能力建设。(农业部、国家发展改革委牵头,科技部、财政部、国土资源部、质检总局等部门参与)

(三)现代农业科技创新驱动工程。

加强农业科技创新条件建设,改善200个农业重点实验室创新条件,提升200个国家农业科学观测站基础设施水平,建设200个现代化科学实验基地。提升农业机械化水平,创建500个全程机械化示范县。建设和改造升级一批农业高新技术产业示范区、国家农业科技园区和现代农业产业科技创新中心,培育1万家左右的农业高新技术企业。(农业部、科技部牵头,国家发展改革委、财政部等部门参与)

(四)智慧农业引领工程。

对大田种植、畜禽养殖、渔业生产等进行物联网改造,建成10个农业物联网应用示范省、100个农业物联网应用示范区、1000个农业物联网应用示范基地。建设村级益农信息社,到2020年基本覆盖所有行政村。建设全球农业数据调查分析系统,改造升级国家农业数据中心。建设基于卫星遥感、航空无人机、田间观测一体化的农业遥感应用与研究中心。(农业部、国家发展改革委牵头,工业和信息化部、财政部等部门参与)

(五)种养结合循环农业工程。

开展畜禽规模养殖场(小区)、水产养殖场和屠宰场标准化改造,改善养殖和屠宰加工条件,完善粪污处理等设施,推进循环利用。建设300个种养结合循环农业发展示范县,促进种养业绿色发展。以畜禽规模养殖场为重点,建设大型沼气工程、生物质燃气提纯利用及有机肥加工设施,发展以沼气为纽带的生态循环农业。(农业部、国家发展改革委牵头,财政部、环境保护部、国家能源局等部门参与)

第四章 协调惠农 着力促进农业均衡发展

协调是农业现代化的内在要求,必须树立全面统筹的系统观,着力推进产业融合、区域统筹、主体协同,加快形成内部协调、与经济社会发展水平和资源环境承载力相适应的农业产业布局,促进农业现代化水平整体跃升。

一、推进农村一二三产业融合发展

(一)协同推进农产品生产与加工业发展。统筹布局农产品生产基地建设与初加工、精深加工发展及副产品综合利用,扩大产地初加工补助项目实施区域和品种范围,加快完善粮食、"菜篮子"产品和特色农产品产后商品化处理设施。鼓励玉米等农产品精深加工业向优势产区和关键物流节点转移,加快消化粮棉油库存。提升主食产业化水平,推动农产品加工副产物循环、全值、梯次利用。(农业部牵头,国家发展改革委、工业和信息化部、财政部、国土资源部、商务部、国家粮食局等部门参与)

(二)完善农产品市场流通体系。在优势产区建设一批国家级、区域级产地批发市场和田头市场,推动公益性农产品市场建设。实施农产品产区预冷工程,建设农产品产地运输通道、冷链物流配送中心和配送站。打造农产品营销公共服务平台,推广农社、农企等形式的产销对接,支持城市社区设立鲜活农产品直销网点,推进商贸流通、供销、邮政等系统物流服务网络和设施为农服务。(国家发展改革委、商务部、农业部牵头,财政部、交通运输部、食品药品监管总局、国家粮食局、国家邮政局、供销合作总社等部门参与)

(三)发展农业新型业态。加快发展农产品电子商务,完善服务体系,引导新型经营主体对接各类电子商务平台,健全标准体系和冷链物流体系,到"十三五"末农产品网上零售额占农业总产值比重达到8%。推动科技、人文等元素融入农业,稳步发展农田艺术景观、阳台农艺等创意农业,鼓励发展工厂化、立体化等高科技农业,积极发展定制农业、会展农业等新型业态。(农业部、商务部牵头,国家发展改革委、工业和信息化部、供销合作总社等部门参与)

(四)拓展农业多种功能。依托农村绿水青山、田园风光、乡土文化等资源,大力发展生态休闲农业。采取补助、贴息、鼓励社会资本以市场化原则设立产业投资基金等方式,支持休闲农业和乡村旅游重点村改善道路、宽带、停车场、厕所、垃圾污水处理设施等条件,建设魅力村庄和森林景区。加强重要农业文化遗产发掘、保护、传承和利用,强化历史文化名村(镇)、传统村落整体格局和历史风貌保护,传承乡土文化。(农业部、国家旅游局牵头,国家发展改革委、财政部、住房城乡建设部、水利部、文化部、国家林业局、国家文物局等部门参与)

(五)创新一二三产业融合机制。以产品为依托,发展订单农业和产业链金融,开展共同营销,强化对农户的技术培训、贷款担保等服务。以产业为依托,发展农业产业化,建设一批农村一二三产业融合先导区和农业产业化示范基地,推动农民合作社、家庭农场与龙头企业、配套服务组织集群集聚。以产权为依托,推进土地经营权入股发展农业产业化经营,通过"保底+分红"等形式增加农民收入。以产城融合为依托,引导二三产业向县域重点乡镇及产业园区集中,推动农村产业发展与新型城镇化相结合。(国家发展改革委、农业部牵头,中央农办、财政部、人民银行、银监会、保监会等部门参与)

二、促进区域农业统筹发展

(一)优化发展区。对水土资源匹配较好的区域,提升重要农产品生产能力,壮大区域特色产业,加快实现农业现代化。(农业部、国家发展改革委牵头,财政部、国土资源部、环境保护部等部门参与)

东北区。合理控制地下水开发利用强度较大的三江平原地区水稻种植规模,适当减少高纬度区玉米种植面积,增加食用大豆生产。适度扩大生猪、奶牛、肉牛生产规模。提高粮油、畜禽产品深加工能力,加快推进黑龙江等垦区大型商品粮基地和优质奶源基地建设。

华北区。适度调减地下水严重超采地区的小麦种植,加强果蔬、小杂粮等特色农产品生产。稳定生猪、奶牛、肉牛肉羊养殖规模,发展净水渔业。推动京津冀现代农业协同发展。

长江中下游区。稳步提升水稻综合生产能力,巩固长江流域"双低"(低芥酸、低硫甙)油菜生产,发展高效园艺产业。调减重金属污染区水稻种植面积。控制水网密集区生猪、奶牛养殖规模,适度开发草山草坡资源发展草食畜牧业,大力发展名优水产品生产。

华南区。稳定水稻面积,扩大南菜北运基地和热带作物产业规模。巩固海南、广东天然橡胶生产能力,稳定广西糖料蔗产能,加强海南南繁基地建设。稳步发展大宗畜产品,加快发展现代水产养殖。

（二）适度发展区。对农业资源环境问题突出的区域，重点加快调整农业结构，限制资源消耗大的产业规模，稳步推进农业现代化。（农业部、国家发展改革委牵头，财政部、国土资源部、环境保护部等部门参与）

西北区。调减小麦种植面积，增加马铃薯、饲用玉米、牧草、小杂粮种植。扩大甘肃玉米良种繁育基地规模，稳定新疆优质棉花种植面积，稳步发展设施蔬菜和特色园艺。发展适度规模草食畜牧业，推进冷水鱼类资源开发利用。

北方农牧交错区。推进农林复合、农牧结合、农牧业发展与生态环境深度融合，发展粮草兼顾型农业和草食畜牧业。调减籽粒玉米种植面积，扩大青贮玉米和优质牧草生产规模，发展奶牛和肉牛肉羊养殖。

西南区。稳定水稻面积，扩大马铃薯种植，大力发展特色园艺产业，巩固云南天然橡胶和糖料蔗生产能力。合理开发利用草地资源和水产资源，发展生态畜牧业和特色渔业。

（三）保护发展区。对生态脆弱的区域，重点划定生态保护红线，明确禁止类产业，加大生态建设力度，提升可持续发展水平。（环境保护部、农业部、国家发展改革委牵头，财政部、国土资源部、国家海洋局等部门参与）

青藏区。严守生态保护红线，加强草原保护建设。稳定青稞、马铃薯、油菜发展规模，推行禁牧休牧轮牧和舍饲半舍饲，发展牦牛、藏系绵羊、绒山羊等特色畜牧业。

海洋渔业区。控制近海养殖规模，拓展外海养殖空间。扩大海洋牧场立体养殖、深水网箱养殖规模，建设海洋渔业优势产业带。

三、推动经营主体协调发展

（一）加快构建新型职业农民队伍。加大农村实用人才带头人、现代青年农场主、农村青年创业致富"领头雁"和新型经营主体带头人培训力度，到"十三五"末，实现新型经营主体带头人轮训一遍。将新型职业农民培育纳入国家教育培训发展规划，鼓励农民采取"半农半读"等方式就近就地接受职业教育。建立教育培训、规范管理、政策扶持相衔接配套的新型职业农民培育制度，提高农业广播电视学校教育培训能力。（农业部、人力资源社会保障部牵头，中央组织部、教育部、财政部、水利部、国家林业局、共青团中央等部门参与）

（二）提升新型经营主体带动农户能力。培育发展家庭农场，提升农民合作社规范化水平，鼓励发展农民合作社联合社，落实财政补助形成的资产转交合作社持有和管护政策。强化农业产业化龙头企业联农带农激励机制，带动农户发展适度规模经营，带动农民合作社、家庭农场开拓市场。加强工商资本租赁农户承包地监管和风险防范，强化土地流转、订单等合同履约监督。（农业部牵头，国家发展改革委、财政部、工商总局、供销合作总社等部门参与）

（三）促进农村人才创业就业。建立创业就业服务平台，强化信息发布、技能培训、创业指导等服务。加大政府创业投资引导基金对农民创业支持力度，中小企业专项资金要按规定对农民工和大学生返乡创业予以支持。实施农民工等人员返乡创业行动计划，开展百万乡村旅游创客行动，引导有志投身现代农业建设的农村青年、返乡农民工、农村大中专毕业生创办领办家庭农场、农民合作社和农业企业。（人力资源社会保障部、农业部牵头，国家发展改革委、教育部、工业和信息化部、财政部、共青团中央等部门参与）

> **专栏3　协调惠农重大工程**
>
> （一）农村一二三产业融合发展工程。
>
> 开展"百县千乡万村"农村一二三产业融合发展试点示范，打造一批农村产业融合领军企业，培育一批产业融合先导区。改善农产品初加工、深加工、休闲农业和乡村旅游设施条件，建设规模化、标准化原料生产基地及农产品加工技术集成基地，打造1500个"一村一品"示范村镇。（国家发展改革委牵头，工业和信息化部、财政部、农业部、商务部、国家林业局、国家旅游局、国家粮食局等部门参与）
>
> （二）新型经营主体培育工程。
>
> 创建示范家庭农场、农民合作社示范社、产业化示范基地、社会化服务示范组织。实施现代农业人才支撑计划。开展新型经营主体带头人培育行动，实施现代青年农场经营者、农村实用人才和新型职业农民培育工程。（农业部牵头，国家发展改革委、财政部、人力资源社会保障部、共青团中央等部门参与）

第五章　绿色兴农　着力提升农业可持续发展水平

绿色是农业现代化的重要标志，必须牢固树立绿水青山就是金山银山的理念，推进农业发展绿色化，补齐生态建设和质量安全短板，实现资源利用高效、生态系统稳定、产地环境良好、产品质量安全。

一、推进资源保护和生态修复

（一）严格保护耕地。落实最严格的耕地保护制度，坚守耕地红线，严控新增建设用地占用耕地。完善耕地占补平衡制度，研究探索重大建设项目国家统筹补充耕地办法，全面推进建设占用耕地耕作层土壤剥离再利用。大力实施农村土地整治，推进耕地数量、质量、生态"三位一体"保护。实施耕地质量保护与提升行动，力争到"十三五"末全国耕地质量提升0.5个等级（别）以上。（国土资源部、农业部牵头，国家发展改革委、财政部、环境保护部、住房城乡建设部、水利部等部门参与）

（二）节约高效用水。在西北、华北等地区推广耐旱品种和节水保墒技术，限制高耗水农作物种植面积。在粮食主产区、生态环境脆弱区、水资源开发过度区等重点地区加快实施田间高效节水灌溉工程，完善雨水集蓄利用等设施。推进农业水价综合改革，建立节水奖励和精准补贴机制，增强农民节水意识。推进农业灌溉用水总量控制和定额管理。加强人工影响天气能力建设，加大云水资源开发利用力度。（水利部牵头，国家发展改革委、财政部、国土资源部、农业部、中国气象局等部门参与）

（三）加强林业和湿地资源保护。严格执行林地、湿地保护制度，深入推进林业重点生态工程建设，搞好天然林保护，确保"十三五"末森林覆盖率达到23.04%、森林蓄积量达到165亿立方米。开展湿地保护和恢复，加强湿地自然保护区建设。继续推进退耕还林、退耕还湿，加快荒漠化石漠化治理。（国家林业局牵头，国家发展改革委、环境保护部、水利部、农业部等部门参与）

（四）修复草原生态。加快基本草原划定和草原确权承包工作，全面实施禁牧休牧和草畜平衡制度,落实草原生态保护补助奖励政策。继续推进退牧还草、退耕还草、草原防灾减灾和鼠虫草害防治等重大工程,建设人工草场和节水灌溉饲草料基地,扩大舍饲圈养规模。合理利用南方草地资源,保护南方高山草甸生态。(农业部牵头,国家发展改革委、财政部、水利部等部门参与)

(五)强化渔业资源养护。建立一批水生生物自然保护区和水产种质资源保护区,恢复性保护产卵场、索饵场、越冬场和洄游通道等重要渔业水域,严格保护中华鲟、长江江豚、中华白海豚等水生珍稀濒危物种。促进渔业资源永续利用,扩大水生生物增殖放流规模,建设人工鱼礁、海洋牧场。建立海洋渔业资源总量管理制度,加强渔业资源调查,健全渔业生态环境监测网络体系,实施渔业生态补偿。(农业部牵头,国家发展改革委、财政部、环境保护部、国家海洋局等部门参与)

(六)维护生物多样性。加强农业野生植物资源和畜禽遗传资源保护,建设一批野生动植物保护区。完善野生动植物资源监测和保存体系,开展濒危植物物种专项救护,遏制生物多样性减退速度。强化外来物种入侵和遗传资源丧失防控。(农业部、国家林业局、质检总局牵头,国家发展改革委、环境保护部、海关总署等部门参与)

二、强化农业环境保护

(一)开展化肥农药使用量零增长行动。集成推广水肥一体化、机械深施等施肥模式,集成应用全程农药减量增效技术,发展装备精良、专业高效的病虫害防治专业化服务组织,力争到"十三五"末主要农作物测土配方施肥技术推广覆盖率达到90%以上,绿色防控覆盖率达到30%以上。(农业部牵头,工业和信息化部、财政部、环境保护部等部门参与)

(二)推动农业废弃物资源化利用无害化处理。推进畜禽粪污综合利用,推广污水减量、厌氧发酵、粪便堆肥等生态化治理模式,建立第三方治理与综合利用机制。完善病死畜禽无害化处理设施,建成覆盖饲养、屠宰、经营、运输整个链条的无害化处理体系。推动秸秆肥料化、饲料化、基料化、能源化、原料化应用,率先在大气污染防治重点区域基本实现全量化利用。健全农田残膜回收再利用激励机制,严禁生产和使用厚度0.01毫米以下的地膜,率先在东北地区实现大田生产地膜零增长。(农业部、国家发展改革委牵头,工业和信息化部、财政部、国土资源部、环境保护部、国家能源局等部门参与)

(三)强化环境突出问题治理。推广应用低污染、低消耗的清洁种养技术,加强农业面源污染治理,实施源头控制、过程拦截、末端治理与循环利用相结合的综合防治。控制华北等地下水漏斗区用水总量,调整种植结构,推广节水设施。综合治理耕地重金属污染,严格监测产地污染,推进分类管理,开展修复试点。扩大黑土地保护利用试点规模,在重金属污染区、地下水漏斗区、生态严重退化地区实行耕地轮作休耕制度试点。(国家发展改革委牵头,财政部、国土资源部、环境保护部、水利部、农业部、国家林业局等部门参与)

三、确保农产品质量安全

(一)提升源头控制能力。探索建立农药、兽药、饲料添加剂等投入品电子追溯码监管制度,推行高毒农药定点经营和实名购买,推广健康养殖和高效低毒兽药,严格饲料质量安全管理。落实家庭农场、农民合作社、农业产业化龙头企业生产档案记录和休药期制度。(农业部牵头,工业和信息化部、食品药品监管总局等部门参与)

(二)提升标准化生产能力。加快构建农兽药残留限量标准体系,实施农业标准制修订五年行动计划。创建农业标准化示范区,深入推进园艺作物、畜禽水产养殖、屠宰标准化创建,基本实现全国"菜篮子"产品生产大县规模种养基地生产过程标准化、规范化。(农业部、质检总局牵头,食品药品监管总局等部门参与)

(三)提升品牌带动能力。构建农业品牌制度,增强无公害、绿色、有机农产品影响力,有效保护农产品地理标志,打造一批知名公共品牌、企业品牌、合作社品牌和农户品牌。(农业部牵头,商务部、质检总局、食品药品监管总局等部门参与)

(四)提升风险防控能力。建立健全农产品质量安全风险评估、监测预警和应急处置机制,深入开展突出问题专项整治。启动动植物保护能力提升工程,实现全国动植物检疫防疫联防联控。加强人畜共患传染病防治,建设无规定动物疫病区和生物安全隔离区,完善动物疫病强制免疫和强制扑杀补助政策。强化风险评估,推进口岸动植物检疫规范化建设,健全国门生物安全查验机制。(农业部、质检总局牵头,国家发展改革委、财政部、国家卫生计生委、海关总署、食品药品监管总局等部门参与)

(五)提升农产品质量安全监管能力。建立农产品追溯制度,建设互联共享的国家农产品质量安全监管追溯管理信息平台,农业产业化龙头企业、"三品一标"(无公害、绿色、有机农产品和农产品地理标志)获证企业、农业示范基地率先实现可追溯。创建国家农产品质量安全县,全面提升质量安全水平。开展农产品生产者信用体系建设,打造农产品生产企业信用信息系统,加大信用信息公开力度。(农业部牵头,国家发展改革委、工业和信息化部、商务部、工商总局、质检总局、食品药品监管总局、国家粮食局等部门参与)

专栏4 绿色兴农重大工程

(一)农业资源与生态环境保护工程。

1.水土资源保护。加强重点区域耕地保护,建设东北黑土地保护示范区、西北旱作节水农业示范区、南方酸性水稻土污染综合治理示范区。发展节水农业,加快实施东北节水增粮、西北节水增效、华北节水压采、南方节水减排等区域规模化高效节水灌溉工程,新增高效节水灌溉面积1亿亩。(农业部、水利部牵头,国家发展改革委、财政部、国土资源部、环境保护部等部门参与)

2.生态保护修复。实施新一轮退耕还林还草工程。稳定扩大退牧还草范围,合理布局草原围栏和退化草原补播改良,开展毒害草、黑土滩和农牧交错带已垦草原治理。加强长江中上游、黄河沿线及贵州草海等自然湿地保护,综合治理功能降低、生物多样性减少的湿地。在粮食主产区营造农田防护林网,提升防护林体系综合功能。(国家发展改革委、农业部、国家林业局牵头,科技部、财政部、环境保护部等部门参与)

3.水生珍稀濒危物种抢救性保护。建设中华鲟产卵场、救护中心、保种中心,江豚迁地保护区,以及珍稀濒危物种保护繁育中心、遗传基因库,建设一批水生生物自然保护区、水产种质资源保护区。(农业部牵头,国家发展改革委、财政部、环境保护部等部门参与)

4.农业废弃物资源化利用无害化处理示范。在种养密集区域,创建一批示范县,完善畜禽粪污和秸秆综合利用、病死畜禽无害化处理、农田残膜回收利用设施,探索农业废弃物资源化利用模式。(农业部、国家发展改革委牵头,工业和信息化部、财政部、国土资源部、环境保护部、国家能源局等部门参与)

(二)农业生产安全保障工程。

改善动物疫病控制净化设施,强化外来动植物疫病虫害和有害生物查验截获、检测鉴定、除害处理、监测防控体系建设。建设草原生物灾害监测点、草原火灾监测点和草原固定监测点,完善区域性草原生物灾害防治站、防火站和雪灾防灾设施,加强草原火险预报预警。完善区域性渔船避灾设施,建设一批中心渔港和一级渔港、二级渔港、避风锚地及内陆渔港。建设区域农机安全应急救援中心,提高快速救援、维修和作业实时监测能力。建设森林防火大型装备队伍、风力灭火机械化队伍、以水灭火机械化队伍。(农业部、国家发展改革委、国家林业局牵头,财政部等部门参与)

(三)农产品质量安全工程。

强化农业执法监管能力建设。健全农产品质量安全监管追溯体系,完善国家农产品质量安全监管追溯管理信息平台,建立省级监管指挥调度中心和县级追溯点。提升基层农产品质量安全监管能力,改善监管条件。建设50家国家农产品质量安全风险评估实验室和50家主产区实验站。(农业部牵头,国家发展改革委、财政部、商务部、质检总局、食品药品监管总局、国家粮食局等部门参与)

第六章 开放助农 着力扩大农业对外合作

开放是农业现代化的必由之路,必须坚持双向开放、合作共赢、共同发展,着力加强农业对外合作,统筹用好国内国际两个市场两种资源,提升农业对外开放层次和水平。

一、优化农业对外合作布局

统筹考虑全球农业资源禀赋、农产品供求格局和投资政策环境等因素,分区域、国别、产业、产品确定开放布局。加强与"一带一路"沿线国家在农业投资、贸易、技术和产能领域的合作,与生产条件好的农产品出口国开展调剂型、紧缺型农产品供给能力合作。强化与粮食进口国和主要缺粮国的种养业技术合作,增强其生产能力。(农业部、国家发展改革委、商务部牵头,外交部、财政部、国家粮食局等部门参与)

专栏5 农业对外合作重点领域
粮食产业:示范生产基地以及粮食仓储、加工物流。
经济作物产业:大豆、天然橡胶、糖料、棕榈油、棉花、剑麻和茧丝绸生产、加工物流。
畜牧产业:畜禽养殖、加工物流。
渔业产业:远洋捕捞、水产养殖以及渔业码头、加工厂、冷库等远洋渔业配套服务。
农产品仓储物流业:农产品港口码头、仓储和物流。
农机装备产业:先进适用农机设备生产、维修、保养以及大型农机装备研发。
农资产业:种子、农药、化肥、饲料、兽药。
森林产业:森林资源开发利用、木材加工。

二、提升农业对外合作水平

(一)培育大型跨国涉农企业集团。培育一批具有国际竞争力和品牌知名度的生产商、流通商和跨国农业企业集团,支持企业在农产品生产、加工、仓储、港口和物流等环节开展跨国全产业链布局,在农机、农药、种子、化肥等农业投入品领域开展国际产能合作。支持企业以境外资产和股权抵质押获得贷款,鼓励符合条件的企业通过境内外上市、发行债券等方式融资,支持保险机构开发农业对外合作保险产品。(农业部牵头,农业对外合作部际联席会议其他各成员单位参与)

(二)推进农业科技对外合作。鼓励农业科研院校、企业在发达国家建立海外农业科学联合实验室,在发展中国家设立农业重点实验室、技术实验示范基地和科技示范园区,促进成果分享和技术出口。积极参与涉农国际规则、标准制定,承担国际标准化组织等工作,推进农业标准和农产品认证互认与合作。鼓励我国科技特派员到中亚、东南亚、非洲等地开展科技创业,引进国际人才到我国开展农村科技创业。(农业部、科技部、质检总局牵头,农业对外合作部际联席会议其他各成员单位参与)

(三)完善农业对外合作服务体系。统筹农业对外合作资金渠道,加大对农业对外合作支持力度。建设农业对外合作公共信息服务平台,强化行业协会、中介组织、企业联盟在推动和规范农业对外合作中的作用。支持大专院校加强农业国际合作教育,培养跨国农业研究、投资与经营管理人才。在"一带一路"沿线以及非洲、拉美等区域和国家,建立一批境外农业合作园区。(商务部、农业部牵头,农业对外合作部际联席会议其他各成员单位参与)

(四)提高农业引进来质量。加强先进技术装备引进,鼓励引进全球农业技术领先的企业、机构和管理团队。推行准入前国民待遇加负面清单管理模式,鼓励外资投向现代农机装备制造业、特色产业、农产品加工业、农业废弃物资源化利用。完善海外高层次农业人才引进支持政策,强化与世界一流涉农高等院校、科研机构、国际组织的人才合作。(农业部、国家发展改革委、商务部牵头,外交部、人力资源社会保障部等部门参与)

三、促进农产品贸易健康发展

(一)促进优势农产品出口。巩固果蔬、茶叶、水产等传统出口产业优势,建设一批出口农产品质量安全示范基地(区),培育一批有国际影响力的农业品牌,对出口基地的优质农产品实施检验检疫配套便利化措施,落实出口退税政策。鼓励建设农产品出口交易平台,建设境外农产品展示中心,用"互联网+外贸"推动优势农产品出口。加强重要农产品出口监测预警,积极应对国际贸易纠纷。(商务部、质检总局牵头,国家发展改革委、财政部、农业部、海关总署、国家粮食局等部门参与)

(二)加强农产品进口调控。把握好重要农产品进口时机、节奏,完善进口调控政策,适度增加国内紧缺农产品进口。积极参加全球农业贸易规则制定,加强粮棉油糖等大宗农产品进口监测预警,健全产业损害风险监测评估、重要农产品贸易救济、贸易调整援助等机制。加强进口农产品检验检疫监管,强化边境管理,打击农产品走私。(国家发展改革委、商务部

牵头,财政部、农业部、海关总署、质检总局、国家粮食局等部门参与)

专栏6　开放助农重大工程

(一)农业对外合作支撑工程。

支持农业对外合作企业在境内外建设育种研发、加工转化、仓储物流、港口码头等设施。开展农业对外合作"扬帆出海"培训,打造农业企业家、技术推广专家、研究学者、行政管理人员、国际组织后备人才等五支队伍,建立农业对外合作人才储备库。(农业部牵头,外交部、国家发展改革委、财政部、商务部、国家粮食局等部门参与)

(二)优势农产品出口促进工程。

选择一批特色鲜明、技术先进、优势明显的农产品出口大县,建设一批规模化、标准化生产基地,培育一批精通国际规则、出口规模大的龙头企业。(农业部牵头,国家发展改革委、财政部、商务部、质检总局等部门参与)

第七章　共享富农　着力增进民生福祉

共享是农业现代化的本质要求,必须坚持发展为了人民、发展依靠人民,促进农民收入持续增长,着力构建机会公平、服务均等、成果普惠的农业发展新体制,让农民生活得更有尊严、更加体面。

一、推进产业精准脱贫

(一)精准培育特色产业。以促进贫困户增收为导向,精选市场潜力大、覆盖面广、发展有基础、有龙头带动的优势特色产业,实施贫困村"一村一品"产业推进行动。到2020年,贫困县初步形成优势特色产业体系,贫困乡镇、贫困村特色产业增加值显著提升,每个建档立卡贫困户掌握1—2项实用技术。(农业部、国务院扶贫办牵头,国家发展改革委、财政部、国家林业局等部门参与)

(二)精准帮扶贫困农户。支持有意愿、有实力、带动能力强的新型经营主体,扩大优势特色产业发展规模,与贫困户建立稳定的带动关系。支持有劳动能力的贫困人口就地转为护林员等生态保护人员。探索资产收益扶贫,通过财政涉农资金投入设施农业、养殖、光伏、水电、乡村旅游等项目形成的资产折股量化以及土地托管、吸引土地经营权入股等方式,让贫困户分享更多资产收益。(农业部、国务院扶贫办牵头,国家发展改革委、工业和信息化部、财政部、水利部、国家林业局、国家旅游局、国家能源局等部门参与)

(三)精准强化扶持政策。贫困县可统筹整合各级财政安排的农业生产发展和农村基础设施建设资金,因地制宜扶持发展特色产业。加大扶贫小额信贷、扶贫贴息贷款政策实施力度。加强扶贫再贷款使用管理和考核评估,引导金融机构优先和主要支持带动贫困户就业发展的企业和建档立卡贫困户。鼓励金融机构开发符合贫困地区特色产业发展特点的金融产品和服务方式,鼓励保险机构在贫困地区开展农产品价格保险、特色产品保险和扶贫小额贷款保证保险,地方给予保费补贴支持。(财政部、人民银行牵头,国家发展改革委、农业部、国家林业局、银监会、证监会、保监会、国务院扶贫办等部门参与)

(四)精准实施督查考核。动态跟踪贫困户参与产业脱贫信息,对产业扶贫进行精准化管理。建立产业扶贫考核指标体系,对重点部门、重点地区产业扶贫情况进行考核。加强对产业扶贫资金项目的监督检查,委托第三方机构对产业扶贫工作开展评估。(农业部、国务院扶贫办牵头,国家发展改革委、财政部、国家林业局等部门参与)

二、促进特殊区域农业发展

(一)推进新疆农牧业协调发展。以高效节水型农业为主攻方向,适度调减高耗水粮食作物,退减低产棉田,做大做强特色林果产业,有序发展设施蔬菜和冷水渔业,加快发展畜牧业,努力建成国家优质商品棉基地、优质畜产品基地、特色林果业基地和农牧产品精深加工出口基地。(农业部牵头,国家发展改革委、财政部、商务部、国家林业局等部门参与)

(二)推进西藏和其他藏区农牧业绿色发展。以生态保育型农业为主攻方向,稳定青稞生产,适度发展蔬菜生产,积极开发高原特色农产品,扩大饲草料种植面积,发展农畜产品加工业,保护草原生态,努力建成国家重要的高原特色农产品基地。(农业部牵头,国家发展改革委、财政部等部门参与)

(三)推进革命老区、民族地区、边疆地区农牧业加快发展。以优势特色农业为主攻方向,突出改善生产设施,建设特色产品基地,保护与选育地方特色农产品品种,推广先进适用技术,提升加工水平,培育特色品牌,形成市场优势。(农业部牵头,国家发展改革委、财政部等部门参与)

三、推动城乡基础设施和基本公共服务均等化

(一)改善农村基础设施条件。实施农村饮水安全巩固提升工程,提高贫困地区农村饮水安全保障水平。实施新一轮农村电网改造升级工程,实现城乡电力公共服务一体化。强化农村道路建设,实现所有具备条件的建制村通硬化路、通客车。推动有条件地区燃气向农村覆盖,充分利用农村有机废弃物发展沼气。加大农村危房改造力度,全面完成贫困地区存量危房改造任务。(国家发展改革委牵头,财政部、环境保护部、住房城乡建设部、交通运输部、水利部、农业部、国家林业局、国家能源局等部门参与)

(二)建设美丽宜居乡村。分类分村编制乡村建设规划,合理引导农村人口集中居住。实施乡村清洁工程,加强人居环境整治,改善垃圾、污水收集处理和防洪排涝设施条件。加强农村河道堰塘整治、水系连通、水土保持设施建设,改善农村生活环境和河流生态。(住房城乡建设部、环境保护部、水利部牵头,国家发展改革委、财政部、国土资源部、农业部等部门参与)

(三)推动城乡基本公共服务均衡配置。把社会事业发展重点放在农村和接纳农业转移人口较多的城镇,推动城镇公共服务向农村延伸。加快农村教育、卫生计生、社保、文化等事业发展,全面改善农村义务教育薄弱学校基本办学条件,建立城乡统筹的养老保险、医疗保险制度,巩固城乡居民大病保险,引导公共文化资源向农村倾斜。(国家发展改革委牵头,教育部、民政部、财政部、人力资源社会保障部、文化部、国家卫生计生委等部门参与)

(四)推进农业转移人口市民化。深化户籍制度改革,全面实行居住证制度,统筹推动农业转移人口就业、社保、住房、子女教育等方面改革,推进有能力在城镇稳定就业和生活的农业转移人口举家进城落户,保障进城落户居民与城镇居民享有同等权利和义务。实施支持农业转移人口市民化若干财政政策,建立城镇建设用地增加规模同吸纳农业转移人口落户数量挂钩机制,实现1亿左右农业转移人口和其他常住人口在城镇定居落户。(国家发展改革委牵头,教育部、公安部、财政部、人力资源社会保障部、国土资源部、住房城乡建设部等部门参与)

专栏7　共享富农重大工程

(一)特色产业扶贫工程。

重点支持贫困村、贫困户发展种养业和传统手工业,实施电商扶贫、光伏扶贫、乡村旅游扶贫工程,确保到2020年3000万以上贫困人口脱贫。对生态敏感和脆弱地区的贫困人口,加大生态补偿力度和生态保护修复工程实施力度,创造更多就业岗位。(农业部、国务院扶贫办牵头,国家发展改革委、工业和信息化部、商务部、国家林业局、国家旅游局、国家能源局等部门参与)

(二)农民收入倍增行动。

支持农民依托特色产业增收、规模经营增收、加工增值增收、功能拓展增收、节本降耗增收、转移就业增收,重点加大对低收入农户的支持,确保2020年农民收入比2010年翻一番。(农业部牵头,中央农办、国家发展改革委、财政部、国家林业局、国务院扶贫办等部门参与)

第八章　强化支撑　加大强农惠农富农政策力度

一、完善财政支农政策

(一)健全财政投入稳定增长机制。在厘清政府和市场边界的基础上,将农业农村作为国家财政支出和固定资产投资的重点保障领域,建立健全与事权和支出责任相适应的涉农资金投入保障机制,确保国家固定资产投资用于农业农村的总量逐步增加。(财政部、国家发展改革委牵头,有关部门参与)

(二)整合优化农业建设投入。统筹整合各类建设性质相同、内容相近、投向相似的固定资产投资资金,实施一批打基础、管长远、影响全局的重大工程。鼓励采取投入补助等方式实施建设项目。鼓励社会资本主导设立农业产业投资基金、农垦产业发展股权投资基金。(国家发展改革委、财政部牵头,农业部、人民银行、银监会、证监会等部门参与)

(三)调整优化农业补贴政策。逐步扩大"绿箱"补贴规模和范围,调整改进"黄箱"政策。完善农业三项补贴政策,将种粮农民直接补贴、农作物良种补贴、农资综合补贴合并为农业支持保护补贴。优化农机购置补贴政策,加大保护性耕作、深松整地、秸秆还田等绿色增产技术所需机具补贴力度。完善结构调整补助政策,继续支持粮改饲、粮豆轮作,加大畜禽水产标准化健康养殖支持力度,落实渔业油价补贴政策。健全生态建设补贴政策,提高草原生态保护奖补标准,开展化肥减量增效、农药减量控害、有机肥增施和秸秆资源化利用试点,探索建立以绿色生态为导向的农业补贴制度。完善主产区利益补偿政策,加大对产粮(油)大县、商品粮大省奖励力度,逐步将农垦系统纳入国家农业支持和民生改善政策覆盖范围。(财政部牵头,国家发展改革委、国土资源部、环境保护部、农业部、国家粮食局等部门参与)

二、创新金融支农政策

(一)完善信贷支持政策。强化开发性金融、政策性金融对农业发展和农村基础设施建设的支持,建立健全对商业银行发展涉农金融业务的激励和考核机制,稳步推进农民合作社内部信用合作。针对金融机构履行支农责任情况,实施差别化的货币信贷政策措施。健全覆盖全国的农业信贷担保体系,建立农业信贷担保机构的监督考核和风险防控机制。稳妥推进农村承包土地的经营权和农民住房财产权抵押贷款试点,对稳粮增收作用大的高标准农田、先进装备、设施农业、加工流通贷款予以财政贴息支持。建立新型经营主体信用评价体系,对信用等级较高的实行贷款优先等措施。开展粮食生产规模经营主体营销贷款试点,推行农业保险保单质押贷款。(人民银行、银监会牵头,中央农办、国家发展改革委、财政部、住房城乡建设部、农业部、证监会、保监会、开发银行、农业发展银行等部门和单位参与)

(二)加大保险保障力度。逐步提高产粮大县主要粮食作物保险覆盖面,扩大畜牧业保险品种范围和实施区域,探索建立水产养殖保险制度,支持发展特色农产品保险、设施农业保险。研究出台对地方特色优势农产品保险的中央财政以奖代补政策,将主要粮食作物制种保险纳入中央财政保费补贴目录。创新开发新型经营主体"基本险+附加险"的保险产品,探索开展收入保险、农机保险、天气指数保险,加大农业对外合作保险力度。建立农业补贴、涉农信贷、农产品期货和农业保险联动机制,扩大"保险+期货"试点,研究完善农业保险大灾风险分散机制。(保监会、财政部、农业部牵头,国家发展改革委、人民银行、中国气象局、证监会等部门参与)

三、完善农业用地政策

新型经营主体用于经营性畜禽养殖、工厂化作物栽培、水产养殖以及规模化粮食生产的生产设施、附属设施和配套设施的用地,可按设施农用地管理。在各省(区、市)年度建设用地指标中单列一定比例,专门用于新型经营主体进行辅助设施建设。支持新型经营主体将集中连片整理后新增加的部分耕地,按规定用于完善规模经营配套设施。(国土资源部、农业部牵头,国家发展改革委等部门参与)

四、健全农产品市场调控政策

继续执行并完善稻谷、小麦最低收购价政策。积极稳妥推进玉米收储制度改革,综合考虑农民合理收益、财政承受能力、产业链协调发展等因素,建立玉米生产者补贴制度。调整完善棉花、大豆目标价格政策。继续推进生猪等目标价格保险试点。探索建立鲜活农产品调控目录制度,合理确定调控品种和调控工具。改革完善重要农产品储备管理体制,推进政策性职能和经营性职能相分离,科学确定储备规模,完善吞吐调节机制。发展多元化的市场购销主体。稳步推进农产品期货等交易,创设农产品期货品种。(国家发展改革委、财政部牵头,中央农办、农业部、商务部、人民银行、证监会、保监会、国家粮食局、中储粮总公司等部门和单位参与)

第九章 落实责任 保障规划顺利实施

一、加强组织领导

建立农业部牵头的农业现代化建设协调机制,统筹研究解决规划实施过程中的重要问题和重大建设项目,推进规划任务的组织落实、跟踪调度、检查评估,重大情况及时向国务院报告。根据国民经济和社会发展情况以及国内外市场形势,适时完善规划目标任务。各省(区、市)要建立规划落实的组织协调机制,统筹推进本地区农业现代化工作。(农业部牵头,有关部门参与)

二、逐级衔接落实

各地各部门要把推进农业现代化作为农业农村工作的重大任务。各省(区、市)要按照本规划提出的目标任务,抓紧制定本地区农业现代化推进规划或实施方案,落实规划任务,细化政策措施。各部门要根据规划的任务分工,强化政策配套,协同推进规划实施。加强规划监测评估,委托第三方机构对规划目标任务完成情况进行中期评估和期末评估,评估结果向社会公布。(农业部牵头,有关部门参与)

三、完善考核机制

完善粮食安全省长责任制和"菜篮子"市长负责制的考核机制,将高标准农田建设情况纳入地方各级政府耕地保护责任目标考核内容,把保障农产品质量和食品安全作为衡量党政领导班子政绩的重要考核内容。建立农业现代化监测评价指标体系,分级评价各地农业现代化进程和规划实施情况,定期发布评价结果。根据各地实际,探索将粮食生产功能区、重要农产品生产保护区和"农业灌溉用水总量基本稳定,化肥、农药使用量零增长,畜禽粪便、农作物秸秆、农膜资源化利用"等规划目标任务完成情况纳入地方政府绩效考核指标体系。(农业部牵头,中央组织部、国家发展改革委、国土资源部、水利部、商务部、国家粮食局等部门参与)

四、强化法治保障

依法构建现代农业治理体系,加快保障国家粮食安全与农产品质量安全、健全农业支持保护体系、完善农村基本经营制度、保护集体与农民权益、保护农业资源环境等领域的立法修法工作。强化普法宣传,采取群众喜闻乐见的方式宣传贯彻农业法律知识,增强农村干部和农民群众尊法学法守法用法意识和能力。深入推进农业综合执法,改善执法条件,建设执法信息化平台和指挥中心,促进依法护农、依法兴农。(农业部、国务院法制办牵头,中央农办、国家发展改革委、财政部、环境保护部、食品药品监管总局、国家粮食局等部门参与)

工业和信息化部关于印发稀土行业发展规划(2016—2020 年)的通知

工信部规〔2016〕319 号

各省、自治区、直辖市及计划单列市、新疆生产建设兵团工业和信息化主管部门,有关行业协会,有关中央企业:

为贯彻落实《中华人民共和国国民经济和社会发展第十三个五年规划纲要》、《中国制造 2025》和《国务院关于促进稀土行业持续健康发展的若干意见》,促进稀土行业可持续发展,推动产业整体迈入中高端,制定《稀土行业发展规划(2016—2020 年)》。现印发你们,请结合实际认真贯彻实施。

附件:稀土行业发展规划(2016—2020 年)

工业和信息化部
2016 年 9 月 29 日

附件

稀土行业发展规划(2016—2020 年)

稀土是不可再生的重要战略资源,是改造传统产业、发展新兴产业及国防科技工业不可或缺的关键元素。随着世界科技革命和产业变革的不断深化,稀土在国民经济和社会发展中的应用价值将进一步提升。根据《中华人民共和国国民经济和社会发展第十三个五年规划纲要》和《中国制造 2025》的总体部署以及《国务院关于促进稀土行业持续健康发展的若干意见》(国发〔2011〕12 号,以下简称《若干意见》)的要求,为科学指导稀土行业发展,推动稀土产业整体迈入中高端,特编制本规划。

一、发展基础

(一)行业现状

2011年,《若干意见》颁布以来,稀土行业在资源保护、产业结构调整、应用产业发展、创新能力提升、管理体系建设等方面取得积极进展,行业发展质量迈上了新台阶。

1. 产业结构调整取得突破。一是产业集中度大幅提高。稀土冶炼分离企业从99家压缩到59家,6家稀土集团主导市场的格局初步形成,整合了全国23家稀土矿山中的22家、59家冶炼分离企业中的54家,扭转了"多、小、散"的局面,冶炼分离产能从40万吨压缩到30万吨。二是产品结构进一步优化。以资源开采、冶炼分离和初级产品加工为主的产业结构加快向以中高端材料和应用产品为主的方向转变,80%以上的初级加工品被用于制造磁性、催化、储氢、发光、抛光等功能材料。三是产业布局趋于合理。围绕资源地建成包头、赣州、凉山、龙岩等稀土资源开采和冶炼分离基地,产能分别占全国90%、60%以上;围绕消费市场建成宁波、厦门、成都、包头等稀土应用产业基地,稀土磁性、催化、发光材料产业规模分别占全国70%、50%、45%以上。

2. 应用产业发展成果显著。一是应用产业规模不断扩大。稀土磁性、催化材料产量年均增幅超过15%,稀土磁性、发光、储氢等主要功能材料产量占全球总产量70%以上。二是产品性能大幅提升。稀土磁性材料综合性能(磁能积+矫顽力)由60提高到70以上,基本满足电动汽车、风力发电设备等需要,汽车尾气净化催化器达到国V标准,国产石油裂化催化剂自给率超过90%,LED器件发光效率由90流明/瓦提高到150流明/瓦以上。三是取得一批突破性成果。国产汽车尾气催化剂和器件打入国际知名企业,稀土脱硝催化剂在电力、钢铁、玻璃等工业窑炉废气处理中实现产业化示范应用,高端稀土激光晶体、闪烁晶体、超高纯稀土金属和化合物、高性能稀土合金等关键制备技术取得突破,产品基本满足重点工程和国防科工的急需。

3. 可持续发展能力进一步提升。一是创新能力大幅提高。企业研发费用占营业收入比重从2%提高到3%以上,建成了7家集技术研发、产业转化、分析检测和应用评价于一体的稀土公共技术服务平台,新建白云鄂博稀土资源研究与综合利用、稀土永磁材料等重点实验室,组建先进稀土材料产业技术创新战略联盟。二是企业实力明显增强。形成了一批知名稀土新材料企业,装备、技术和管理水平大幅提高。三是环保水平明显提升。全行业投入80多亿元开展环保改造,85家企业通过稀土环保核查,45家企业通过稀土行业准入,稀土绿色化生产水平大幅提升。

4. 行业管理体系基本健全。一是完善了行业管理机构。成立了工业和信息化部牵头的稀有金属部际协调机制,设立了稀土办公室,组建了中国稀土行业协会;主要稀土产区成立了地方稀土办公室和相应协调机构。二是制定了行业管理制度。出台实施了稀土开采生产总量控制计划、行业规范、环保核查、增值税专用发票、资源税、战略储备、产业调整升级财政专项等管理制度。三是地方监管责任得到落实,江西赣州、福建龙岩等地建立市县乡网络化管理体系。四是建立了相对完善的稀土技术标准体系,涵盖了稀土矿山开采、冶炼分离和加工等全产业链,标准与国家相关政策配套实施,有效规范了稀土生产与贸易活动。

5. 稀土违法违规行为得到遏制。一是持续打击稀土违法违规行为。相关部门协调配合连续开展了多次打击稀土行业违法违规行为专项行动,累计查处违法违规案件113起,捣毁非法采矿点14个,关闭生产企业28家,处罚贸易企业19家,查扣非法及走私稀土矿产品3.6万多吨,罚款2.3亿元。二是内蒙古包头市白云鄂博矿区、尾矿库实现了全封闭式管理;江西赣州、四川凉山等重点资源地建设了稀土矿区保护设施和开采监管系统。三是建设稀土产品追溯体系。按照《国务院办公厅关于加快推进重要产品追溯体系建设的意见》(国办发〔2015〕95号)要求,工业和信息化部开展了稀土产品追溯体系建设,实现从稀土开采、冶炼分离(含资源综合利用)到流通、出口全过程的产品追溯管理。

目前,我国稀土行业发展仍存在一些问题,主要表现在:资源保护仍需加强,私挖盗采、买卖加工非法稀土矿产品、违规生产等问题时有发生;持续创新能力不强,核心专利受制于人,基础研究整体实力有待提升;结构性矛盾依然突出,上游冶炼分离产能过剩,下游高端应用产品相对不足,元素应用不平衡;相关法律体系仍不完善,一些地方政府监管责任尚未完全落到实处。

(二)面临形势

"十三五"是稀土行业转型升级、提高发展质量和效益的关键时期,整体看,我国稀土行业发展机遇大于挑战。

发展的主要机遇:一是稀土战略地位更加凸显。主要工业化国家高度重视稀土战略价值和相关领域的开发应用,随着世界科技革命和产业变革的不断深化,其战略地位和作用将进一步凸显。二是可持续发展战略为产业发展创造新空间。党的十八大提出了"美丽中国"战略,从国家层面整体推进生态文明建设,实现绿色、循环、低碳发展。稀土在节能、环保领域的应用前景广阔,市场需求将大幅增加。三是《中国制造2025》为稀土行业发展注入新动能。《中国制造2025》提出的新一代信息技术产业、高档数控机床和机器人、航空航天装备、海洋工程装备及高技术船舶、先进轨道交通装备、节能与新能源汽车、电力装备、农机装备、新材料、生物医药及高性能医疗器械等十大重点领域与稀土产业关联度高,对稀土材料的保障能力和质量性能提出了更高要求,将带动稀土产业高速发展。四是稀土供应多元化格局基本形成。美国、澳大利亚、加拿大、俄罗斯、南非、智利、巴西等重点资源国启动了一批稀土资源开发项目,初步形成了矿山开采和分离加工能力,缓解了我国资源供应压力。

面临的主要挑战:一是稀土初级产品生产能力过剩,违法开采、违规生产屡禁不止,导致稀土产品价格低迷,未体现稀缺资源价值,迫切要求进一步规范行业秩序,严格控制增量,优化稀土初级产品加工存量,淘汰落后产能。二是我国稀土产业整体处于世界稀土产业链的中低端,高端材料和器件与先进国家仍存在较大差距,缺乏自主知识产权技术,产业整体需要由低成本资源和要素投入驱动,向扩大新技术、新产品和有效供给的创新驱动转变,优化产业结构,重点发展稀土高端材料和器件产业。三是清洁生产水平不能满足国家生态文明建设要求,行业发展的安全环保压力和要素成本约束日益突出,供给侧结构性改革、提质增效、绿色可持续发展等任务艰巨。

二、总体思路

（一）指导思想

全面贯彻党的十八大和十八届三中、四中、五中全会精神，牢固树立和贯彻落实创新、协调、绿色、开放、共享的发展理念，深入实施《中国制造2025》、战略性新兴产业等国家战略，以创新驱动为导向，持续推进供给侧结构性改革，加强稀土战略资源保护，规范稀土资源开采生产秩序，有效化解冶炼分离和低端应用过剩产能，提升智能制造水平，扩大稀土高端应用，提高行业发展质量和效益，充分发挥稀土战略价值和支撑作用。

（二）基本原则

坚持创新发展。以科技创新为核心，强化企业主体地位，完善"政产学研用"相结合的创新体系，加快两化融合进程，突破关键核心技术制约，创建一批标志性产品和品牌。

坚持协调发展。以市场需求为牵引，优化产业结构，拓展稀土应用领域，强化稀土新材料、器件与终端应用市场的衔接，实现上下游产业同步转型升级；加强信息共享，完善政策法规体系，提高国家和地方政策措施的配套性。

坚持绿色发展。加快资源综合利用技术研发和清洁生产改造，推广绿色低碳发展模式，发展循环经济，减少污染物产生和排放，提高资源能源利用率，拓展稀土材料在节能环保领域应用。

坚持开放发展。统筹国内国际"两种资源、两个市场"，促进引资与引智并举，支持有条件的企业开展境外矿产资源开发和应用产业合作，推动中国稀土标准国际化，提高国际竞争力。

坚持共享发展。加强稀土资源保护，保障国家长远发展需求，推动稀土资源地产业转型升级，实现企业利益诉求、地方经济发展与国家战略意志的有机统一，保持市场供需平衡，实现高值化利用，促进稀土产业与关联产业协同发展。

（三）发展目标

到2020年，形成合理开发、有序生产、高效利用、科技创新、协同发展的稀土行业新格局，行业整体迈入以中高端应用、高附加值为主的发展阶段，充分发挥稀土应用功能的战略价值。

1. 创新能力大幅提升。建成若干家技术一流、装备先进的创新中心，取得一批突破性成果，具有自主知识产权的高端稀土功能材料及器件达到或接近国际先进水平。重点企业研发费用占营业收入比重从3%提高到5%。

2. 集约化程度明显提高。六大稀土集团完成对全国所有稀土开采、冶炼分离、资源综合利用企业的整合，形成科学规范的现代企业治理结构。稀土资源保护能力进一步提升，全行业实现绿色转型，有效保障国家战略资源安全。

3. 支撑能力显著增强。80%以上关键性高端稀土功能材料和器件基本满足新一代信息技术、高端装备、新能源汽车、高性能医疗设备、节能环保、国防科工等领域的应用需求。

4. 依法加强行业管理。行业管理法律法规基本健全，部门协作进一步加强，生产总量控制计划、行业规范条件等管理制度得到有效落实。

5. 应用产业持续发展。以满足《中国制造2025》十大重点领域需求为目标,主要稀土功能材料产量年均增长15%以上,中高端稀土功能材料占比显著提升,产业整体步入中高端发展阶段,跻身全球稀土技术和产业强国行列。

表1 "十三五"期间稀土行业发展主要目标

指　　标	2015年实际	2020年目标	"十三五"累计增减
一、经济指标			
工业增加值年均增速(%)	12.5	16.5	—
行业利润率(%)	5.8	12	[6.2]
重点企业研发支出占主营收入比重(%)	3	5	[2]
二、生产指标			
冶炼分离产能(万吨)	30	20	[-10]
稀土冶炼分离产品产量(万吨)	10	<14	[<4]
轻稀土矿选矿回收率(%)	75	80	[5]
离子型稀土矿采选综合回收率(%)	75	85	[10]
轻稀土冶炼分离回收率(%)	90	92	[2]
离子型稀土冶炼分离回收率(%)	94	96	[2]
两化融合贯标企业占比(%)	30	90	[60]
三、绿色发展指标			
全行业主要污染物排放强度降低 (含二氧化硫、氨氮、废水等,%)	—	—	[20]
达到能耗标准企业占比(%)	40	90	[50]
四、应用产业发展指标			
高端稀土功能材料及器件市场占有率(%)	25	50	[25]
出口产品初级原料占比(%)	57	30	[-27]

注:[ ]内为五年累计数。

三、重点任务

(一)强化资源和生态保护,促进可持续发展

1. 加强稀土资源管理

加强国家对稀土资源勘查、开发、利用的统一规划,根据资源形势和市场需求,合理调控

开采、生产总量,保障国家经济安全和长远发展需要,到2020年稀土年度开采量控制在14万吨以内。严厉打击稀土生产违法违规行为,在开发中保护,在保护中开发。严格市场准入制度,除六家大型稀土企业集团外不再新增采矿权。继续支持内蒙古包头、四川凉山、江西赣州、福建龙岩等重点资源地完善矿区资源保护和监控设施,加强稀土矿采选项目技术改造。加强对探明的大中型矿产地资源储备和保护,与《全国矿产资源规划(2016—2020年)》相衔接,划定一批国家规划矿区,实行统一规划,规模开发,重点监督,推动优质资源保护与合理利用。

2.加强资源地生态保护

严格执行国家和地方污染物排放标准,对建设项目和企业环评严格审查,坚决淘汰落后产能。推广采用采矿新技术、新工艺,落实稀土矿山地质环境保护与治理恢复保证金制度和经济责任,加强尾矿库处理处置与综合利用,实行生产排污许可证制度;推广离子型稀土矿浸萃一体化、冶炼分离污染防治新技术,促进行业清洁生产。建立稀土绿色开发机制,落实行业规范条件,全面推行稀土行业强制性清洁生产审核。

3.按功能分元素管理稀土

将稀土元素按资源稀缺程度及功能开发情况划分为战略性、关键性及一般性三类,实行元素分类管理,实现元素价值和经济利益相匹配。加强战略性、关键性产品储备,健全稀土储备体系。加强对中重稀土元素的开采、生产、流通等全产业链管理,坚决打击稀土违法违规生产和出口走私、逃避缴纳税款等行为。

(二)支持创新体系和能力建设,培育行业新动能

1.完善行业创新体系

充分发挥科技创新的核心引领作用,完善以企业为主体、市场为导向、"政产学研用"相结合的稀土创新体系,推进建设国家、行业创新中心和服务平台。瞄准《中国制造2025》、战略性新兴产业等国家战略和未来产业发展制高点,开展原始创新、集成创新和引进消化吸收再创新,实现稀土功能材料在新一代信息技术、工业机器人等重点应用领域的突破,培育具有较强创新能力的先进企业;开展稀土金属资源高效分离提取、低成本绿色冶炼分离、高端产品制备、废旧稀土金属回收等技术与关键装备研究。

2.加强知识产权和标准体系建设

加强稀土专利分析与战略研究、知识产权保护机制研究,构建产业化导向的稀土技术核心专利和专利池。支持具有自主知识产权的项目开发,鼓励企业申请国外专利。发挥稀土企业、科研院所、高校、学术团体和行业组织在标准制定中的重要作用,完善稀土国内标准体系,严格执行强制性标准,搭建稀土标准化信息平台,服务行业管理。

专栏1 稀土公共服务和创新平台建设工程

1.稀土产业公共技术服务平台。继续完善和提升现有已建成稀土功能材料技术成果转化平台的装备、技术和管理水平,重点解决高端稀土磁性材料、催化材料、光功能材料、储氢材料、轻合金结构材料、功能助剂及应用器件的产业化共性关键技术瓶颈;提升稀土产品分析检测、应用服役评价等平台服务能力,基本满足超高纯、特殊物性稀土材料分析检测和高效稀土永磁电机、机动车尾气催化器、工业脱硝装置、新能源汽车动力电池等评价需求。

2. 稀土标准与专利服务平台。编制稀土行业急需标准,研制标准样品,完善我国稀土标准体系;搭建稀土标准检索与交流平台,加强国家强制性标准宣贯,确保实施;建立全球稀土专利服务平台,提供完善的稀土专利分类检索、供需信息发布服务,促进稀土新材料产品创新和成果转化。

3. 稀土产业创新平台。依托稀土科技领域国家实验室、国家重点实验室、国家工程(技术)中心以及行业、企业的研发机构和基地,引入社会资本,针对国家亟需、未来发展影响深远的稀土产业关键核心技术、重大装备进行研发和工程化,建成1~2家有国际影响力的稀土产业创新平台,重点开展稀土功能材料基因组工程研究计划、稀土功能及结构材料基础科学研究和前沿技术研究,突破一批核心工程化工艺技术和装备。

3. 推进稀土功能机理研究

挖掘稀土元素本征特性,探索稀土材料新功能,拓展新应用。瞄准国际新材料前沿,开展基于材料基因工程的稀土磁性、催化、光功能等新材料研究,突破一批国家亟需、引领未来发展的稀土新材料及绿色制备关键技术。

专栏2 稀土基础研究重点工程

1. 稀土磁性材料。新型结构高磁能积磁体、超强烧结钕铁硼磁体、近临界钐钴磁体、高丰度稀土永磁体、高性能稀土粘结磁粉及磁体、高磁能积热压/热流变磁体的设计和研制;开发稀土超磁致伸缩材料及应用器件、新型磁致冷材料及装置、稀土高频材料、低成本镧铁基氧化物永磁材料。

2. 稀土光功能材料。高性能闪烁探测器、新型激光显示器用光功能晶体及陶瓷发光材料,OLED用发光材料及其膜片化技术;高端显示与全光谱照明用白光LED发光材料;太阳能电池用上转换发光材料;生物影像、薄膜透光成像等用新型发光材料;稀土温敏、压敏等环境探测发光材料;新型稀土长余辉材料及其生物编码;新型稀土LED发光材料及装置。

3. 稀土储氢材料。高容量新型稀土储氢材料及其在新能源储能、燃料电池氢源、光热发电储热系统中的应用技术。

4. 稀土催化材料。多组分复合、多功能集成的稀土催化剂体系,新型稀土分子筛催化剂及其应用技术;宽温度窗口、低起燃温度、长寿命的稀土催化材料及其储氧材料;纳米稀土催化新材料及燃料电池催化剂;以煤、天然气和生物质等轻稀土催化合成清洁液体燃料用稀土催化剂及应用技术。

5. 稀土合金材料。高强、高韧、耐蚀、耐热稀土合金材料在航空航天、轨道交通、船舶及海洋工程、电子信息等领域的应用技术;大尺寸、薄壁稀土轻合金加工技术。

6. 高纯稀土材料绿色制备工艺技术。新型稀土高效提取分离新方法及关键技术、稀土制备过程物料闭路循环利用技术;超高纯稀土材料制备方法及关键技术。

7. 稀土基础理论研究。推进稀土材料基因工程研究,特别是加强稀土材料的高通量模拟计算、稀土材料的结构优化和功能开发等基础研究;稀土电子结构—物性关联、4f电子特性深入认识和新磁学、光学等现象研究。

(三)推动集约化和高端化发展,调整优化结构

1. 推动稀土集约化发展

继续实施大集团战略,进一步推动稀土矿山开采和冶炼分离、资源综合利用的集约化生

产,将矿山开采、冶炼分离及资源综合利用全部纳入六家集团管理,实现稀土集中生产、管理、工艺流程再造。完善集团间协作机制,加强行业自律,维护市场秩序,保持供需平衡,承担社会责任。支持集团做大应用产业,提升核心竞争力。支持江西赣州"中国稀金谷"建设,推动内蒙古包头、福建龙岩、四川凉山等重点稀土资源地产业转型升级,延长产业链,提高产品附加值。

2.促进稀土材料高值应用

加快发展高性能稀土磁性、储氢、晶体、发光、高频等新材料,提升稀土关键材料和零部件保障能力,培育稀土在航空航天、轨道交通、海洋工程、工业机器人、高档数控机床、医疗器械等领域的应用,发挥稀土材料在未来社会发展中数字化、智能化、网络化建设的支撑作用。

专栏3 稀土高值利用工程

1.超高纯稀土金属及其化合物。开发超高纯稀土金属及其靶材等深加工产品的制备技术和批量化生产装备,研制超高纯及特殊物性稀土化合物材料及规模制备技术和装备,满足高端电子器件和芯片、功能晶体、集成电路、红外探测、燃料电池、特种合金、陶瓷电容器等应用需求。
2.高端稀土功能晶体。开发高能量和高时间分辨率稀土闪烁晶体,研制高功率和大能量稀土激光晶体,满足光纤激光器、PET-CT及非晶硅TFT平板探测器等应用需求。
3.高性能稀土磁性材料。开发高综合性能稀土永磁体,满足航空航天、轨道交通、新能源汽车、工业机器人、医疗器械等应用需求;开发高稳定性热压和粘结稀土永磁体,研制高性能辐向稀土永磁环,满足伺服电机、汽车转向助力系统、陀螺仪、微特电机等应用需求。
4.高性能稀土发光材料。开发高性能稀土发光材料及器件,满足高能量密度激发光源、全光谱照明及广色域高清显示应用需要;开发高性能生物农业照明材料及器件,满足植物光合作用等光生理过程需要,实现在农业大棚和植物工厂的示范应用。
5.稀土储能材料。开发高容量稀土储能材料及装置、太阳能集热发电用稀土金属氢化物高温储热材料及装置,研制储氢能量包;推广宽温区、高比容量、低自放电的高性能稀土镍氢动力电池,满足风电、太阳能发电、新能源汽车等需求。
6.稀土抛光材料。开发高性能稀土抛光粉和稀土抛光液,产品达到或接近国际先进水平,满足液晶、硅晶片、高档玻璃基片抛光等应用要求。
7.稀土轻合金材料。开发高强高韧稀土轻合金材料及加工装置,满足航空航天、轨道交通、电子信息等应用需求。

3.实现上下游产业协同发展

向下游延伸产业链,推动稀土磁性材料—永磁电机、稀土发光材料—LED显示器件、稀土催化材料—工业窑炉脱硝功能器件、稀土合金材料—汽车及航天航空零部件等稀土深加工及应用产业一体化发展,形成与终端应用需求相适应的原料供给体系,实现产业链上下游协同发展。以工业机器人、节能环保、新能源汽车等终端应用需求为导向,鼓励下游企业参与稀土新材料研发,加强稀土与应用产业紧密衔接,开发具有自主知识产权的稀土功能元器件和零部件,提升稀土功能材料及元器件研发、生产水平,实现稀土全产业链优化升级。

(四)加快绿色化和智能化转型,构建循环经济

1. 推进上游产业绿色转型

大力研发稀土资源绿色高效采选和冶炼分离新技术和重点装备,加大离子型稀土原矿绿色高效浸萃一体化、低碳低盐无氨氮分离提纯等稀土采选、冶炼分离清洁生产新工艺的推广力度,加快企业生产技术和工艺装备优化升级,进一步提高生产、环保等技术水平,降低能耗物耗,实现废水零排放和废物资源化利用,严格职业卫生防护管理。发展循环经济,加强尾矿资源、伴生资源的综合利用,研发废旧稀土产品再利用成套技术,建立健全回收制度,完善稀土回收利用体系,提升稀土资源综合利用水平。

专栏4 稀土绿色升级改造工程

1. 南方离子型稀土矿绿色高效开采。开展复杂地质条件离子矿浸矿工艺及工程技术研究、浸出液高效回收与循环利用技术及配套设备研究、高效绿色环保浸矿剂及对环境影响评价研究、矿山废水处理及微量稀土高效回收技术开发、新型浸矿模式和生态恢复工程技术开发、矿山开采标准及技术规范研究与制定、离子型稀土原矿绿色高效浸萃一体化技术应用推广,提高稀土回收率,解决矿区水资源污染问题。
2. 稀土绿色高效选冶工艺及装备。开发新型选矿药剂、稀土矿绿色高效选别工艺及装备,提高稀土选矿回收率;开发新型萃取剂,推广高丰度稀土元素优先分离技术;研发复杂低品位稀土资源高效清洁提取技术,开发低盐低碳无氨氮稀土冶炼分离工艺及装备;以零排放、全回收、再利用、资源化为目标,推广冶炼分离废水全循环回收处理技术,酸、碱、盐和CO_2等物料循环利用技术及装备。
3. 稀土资源综合利用。开发稀土伴生资源铌、氟等有价元素综合回收利用技术及稀土二次资源绿色高效回收利用,实现资源绿色高效综合利用,形成工程示范;制定相关技术标准和产业规范,回收的稀土元素纳入生产总量控制管理。
4. 稀土生产废渣高值化利用。开发稀土冶炼废渣深度无害化处理技术;利用稀土尾矿、废渣和钢铁、有色、电厂等废渣为原料,开发低成本的高硬度、耐腐蚀、高耐磨、高强度的结构材料和高性能功能材料,满足冶金、电力等行业特殊应用需求,在解决稀土废渣高值化利用的同时,带动和提升尾矿废渣对环境污染的治理。

2. 加快智能化改造

支持稀土矿产资源、稀土材料和生产工艺基础数据库建设,实现数据的集中管理和健全企业ERP体系;建设生产过程的智能控制系统,建立企业生产经营台账、生产监测调度数字化管理系统、安全监测系统,实现稀土材料生产和运行管理业务的数字化和智能化。支持稀土冶炼分离企业建设稀土生产过程数据采集与管理控制系统,实现生产过程数据的自动采集与在线检测;建立生产过程的控制模型及产品识别码,实现设备与流程的在线故障诊断与关键作业的智能化控制,提高产品质量稳定性,节能降耗,减少环境污染,促进稀土冶炼分离和稀土材料生产流程数字化、主体装备智能化、生产工艺优化和服务远程化。

专栏5　稀土行业两化深度融合工程

1. 稀土数字化矿山。建设稀土矿山开采企业矿山资源和生产基础数据库、数据共享平台,实现数据的集中管理和资源的可视化;建设生产过程的智能控制系统,提高采选生产过程的操作自动化、控制智能化、管理信息化水平;建设矿山通讯系统,建立企业生产经营台账、生产监测调度数字化管理系统、安全监测系统,实现矿山主体运行管理业务的数字化。

2. 稀土冶炼分离智能工厂。建设稀土冶炼分离企业生产过程数据的采集与管理系统,建立生产台账实时数据库,实现生产过程数据的自动采集与在线检测;实施冶炼分离过程实时检测与参数在线调控,提升工艺控制水平和生产效率,提高稀土回收率和产品质量。

3. 稀土金属及合金智能车间。开发稀土金属及合金生产自动化设备,实现生产过程数据的自动采集、在线检测与智能控制;开发高效高洁净稀土金属真空冶炼装备、大型高效节能稀土金属及合金熔盐电解成套装备,基于工业物联网实现车间管控一体化。

4. 高端稀土材料和器件智能制造。支持高端稀土材料和器件生产企业更新、升级工艺设备,实现生产过程的全自动化,提升产品质量稳定性;建立设备信息化系统,实现设备运行和性能参数的在线信息采集与智能控制;构建制造信息管理系统,覆盖订单跟踪、生产计划、工艺控制、加工制造、物流仓储、质量检验等过程,实现生产过程多方位、全流程的数据模型分析,建立高端稀土材料自动化与数字化工厂示范。

3. 拓展稀土绿色化应用

着力拓展镧铈钇等高丰度元素在工业节能、机动车尾气净化、工业窑炉废气脱硝等环保领域的应用,加强稀土钢及铝、镁合金等轻量化材料的应用研究。开展稀土特种玻璃、钇锆陶瓷、抛光剂、化工助剂、污水处理剂、涂料等功能材料研发和产业化。发展铽镝减量和镧铈钇替代镨钕的技术,开发低成本稀土磁性材料,推动铈(或富铈)磁体的产业化,扩大在电机等领域的应用。

专栏6　稀土绿色应用工程

1. 稀土催化材料。发展稀土铈基SCR催化材料,加大稀土脱硝催化剂替代钒钛系脱硝催化力度,实现在钢铁、水泥、玻璃等生产领域脱硝应用,满足火电行业工业脱硝要求;开发满足国Ⅵ标准汽车尾气净化催化剂、储氧材料及催化系统集成技术,发展相关产业化技术和装备;研发高性能SCR、DOC、CDPF催化材料,提升柴油车、工程机械、农业机械及摩托车等尾气净化技术水平;开发高性能有机废气VOCs消除燃烧催化剂技术、天然气催化燃烧高温催化剂及应用工程化技术,实现工业锅炉、汽轮机等方面的应用示范;开发水热稳定性高、裂化活性和氢转移活性可调、抗钒抗碱氮毒性强的新型高性能FCC催化剂。

2. 稀土陶瓷材料。开发高性能稀土锆基陶瓷材料,满足氧传感器、燃料电池、电子信息、生物医用等高端应用需求。

3. 稀土合金材料。开发高性能、低成本的稀土特种钢、稀土铸铁、稀土铝合金、稀土镁合金等,提升材料性能,满足高档数控机床、航空航天、轨道交通、船舶及海洋工程、汽车等领域的结构材料需求。

4. 稀土助剂及颜料。开发高性能高分子材料用稀土功能助剂、重金属离子吸附剂、高效水处理剂、环保颜料等,满足高端建材、污水治理、塑料、橡胶等应用需求。

5. 低成本稀土磁性材料。开发低成本、高稳定性稀土永磁体、高铈稀土永磁体、高镧稀土永磁体,Nd或Dy、Tb含量减少20%,铈或镧替代量大于25%,性能满足常规电机、音响设备、油田矿山等应用需求。

（五）推动利用境外资源，加强国际合作

1. 加强稀土国际合作

推进国际产能合作，通过政策联动、行业自律等措施增强我国稀土企业市场话语权。发挥技术、人才、资金优势，推动稀土企业走出去，合作开发境外资源及产品深加工。鼓励稀土企业与境外新材料企业和技术研发机构合作，提升国际化运营能力。引进境外专业人才、先进技术和管理经验，引导外资投向稀土环境治理、废旧产品回收再利用和高端应用及器件制造产业等领域。

2. 推进稀土标准国际化

围绕稀土产业转型升级，加强重点稀土标准的制订，发挥企业、研究机构和中介组织的作用，提升中国稀土标准的影响力，促进中国标准走出去，实现稀土国内标准与国际标准衔接。

（六）打造新价值链，实现互利共赢

1. 推进资源地产业转型升级

完善稀土开发收益分配机制，加大资源收益在资源地基础设施建设、培育替代产业等方面的支持，促进资源地革命老区、贫困地区、民族地区的脱贫攻坚，改善当地居民生产生活条件。鼓励企业在靠近稀土资源地发展精深加工，由材料加工生产向部件制造、半成品及生产服务业延伸，增加产品附加值，推进资源地产业转型升级。

2. 建立新的价值链

加强稀土供给侧结构性改革，稳定供需关系，引导价格预期，促进和扩大稀土在节能、环保和家电等下游领域的应用需求，实现上下游利益共享、协同发展。以资本和技术为纽带，通过上市、增资、并购等手段整合中高端应用产业链，培育新的应用市场。引导具备条件的稀土企业开展军民两用稀土新材料的研制和生产，推动稀土新材料领域军民资源共享。加大对品牌稀土产品宣传推广力度，引导企业增强品牌意识，支持企业争创著名商标和国际品牌。围绕"互联网+"发展战略，加强稀土产品电子商务平台建设。

四、保障措施

（一）发挥协调机制作用

进一步发挥稀有金属部际协调机制作用，继续贯彻落实《若干意见》要求，统筹研究解决跨部门、跨地区重大问题，加强稀土行业发展规划与科技、财税、国土资源、金融等政策的配套与衔接，完善行业统计监测和信息披露体系。发挥协会、学会等中介组织作用，引导会员单位加强自律，规范经营，有序竞争。

（二）完善政策法规体系

推动出台《稀有金属管理条例》，制定相应稀土管理细则，完善配套规章制度，明确地方政府和部门责任，形成完善的稀土行业管理法律制度体系。建立稀土产品追溯系统，覆盖生产、流通、出口各环节，严肃查处各类违法违规行为。完善稀土开采、生产总量控制管理办法、稀土行业规范条件等相关政策，继续严格稀土开采、生产总量控制管理。建立健全政府储备与企业储备互为补充的稀土产品储备体系，稳定市场价格，保障国家战略资源安全。建立稀土出口企业社会责任报告制度和信用黑名单制度。

（三）加大财税支持力度

通过中央财政科技计划（专项、基金等）等渠道统筹支持稀土科技研发工作，落实企业研发费用税前加计扣除政策。充分利用工业转型升级专项等现有资金渠道，对符合条件的稀土高端应用、智能制造等项目给予支持，建立储备项目库、行业数据库和稀土专家库。研究新材料"首批次"应用保险补偿机制，支持符合条件的稀土新材料应用推广。争取中央财政继续开展重点资源地稀土产业转型升级试点工作，建设特色产业基地，培育区域优势产业。

（四）健全投融资保障机制

加强政府、企业、高校、科研院所和金融机构合作，逐步形成"政产学研融"支撑推动体系。鼓励政府和民间资本建立稀土产业发展基金，引导社会资源投资稀土新材料应用领域，支持创新和成长型稀土企业。鼓励金融机构创新符合稀土行业发展特点的信贷产品和服务，合理加大信贷支持力度。支持符合条件的稀土企业上市融资、发行债券。

（五）加强市场监管

健全稀土全产业链监管体系，实现对稀土产品全流程、多维度监管。发挥地方政府作用，切实承担监管主体责任，实现稀土市场秩序整顿工作常态化。建立稀土企业"黑白"名单制度，实施行业规范动态管理，加强事中事后监管，对存在超计划生产、违反规范条件等问题的已公告企业，及时撤销公告资格，促进部门间政策联动，倒逼违法违规企业和低效产能退出。

（六）加强对外交流合作

鼓励国内企业利用自身技术和管理优势，以及专利、标准等技术手段开展国外稀土资源开发与材料深加工项目合作。增进政府间、企业间的沟通交流，加强"走出去"企业协调，提高中外合作项目质量。加强与国际金融机构的协调，加大稀土企业国际合作融资支持力度。

工业和信息化部关于印发有色金属工业发展规划（2016—2020年）的通知

工信部规〔2016〕316号

各省、自治区、直辖市及计划单列市、新疆生产建设兵团工业和信息化主管部门，有关行业协会，有关中央企业：

为贯彻落实《中华人民共和国国民经济和社会发展第十三个五年规划纲要》和《中国制造2025》，促进有色金属工业转型升级，创造竞争新优势，工业和信息化部制定了《有色金属工业发展规划（2016—2020年）》。现印发你们，请结合实际认真贯彻实施。

工业和信息化部

2016年9月28日

附件：

有色金属工业发展规划（2016—2020年）

有色金属工业是制造业的重要基础产业之一，是实现制造强国的重要支撑。进入新世纪以来，我国有色金属工业发展迅速，基本满足了经济社会发展和国防科技工业建设的需要。但与世界强国相比，在技术创新、产业结构、质量效益、绿色发展、资源保障等方面仍有一定差距。

"十三五"时期是我国全面建成小康社会的决胜阶段，也是我国迈入世界有色金属工业强国行列的关键时期。《有色金属工业发展规划（2016—2020年）》依据《中华人民共和国国民经济和社会发展第十三个五年规划纲要》《中国制造2025》《国务院办公厅关于营造良好市场环境促进有色金属工业调结构促转型增效益的指导意见》（国办发〔2016〕42号）编制，作为未来五年指导有色金属工业持续健康发展的指导性文件。

本规划涵盖范围包括铜、铝、铅、锌、镍、锡、锑、汞、镁、钛等十种常用有色金属，以及钨、钼、锂、黄金、锆、铟、锗、镓、钴等主要稀贵金属。

一、产业现状

（一）发展回顾

"十二五"以来，我国有色金属工业积极应对复杂多变的国内外宏观经济形势和发展环境，积极推进转方式、调结构、促转型，基本完成了"十二五"规划发展目标，行业发展保持平稳态势，为实现由大到强奠定了坚实基础。

1. 生产保持平稳增长。2015年有色金属工业增加值同比增长10%，十种有色金属产量达到5156万吨，表观消费量约5560万吨，"十二五"期间年均分别增长10.4%和10%。其中铜、铝、铅、锌等主要金属产量分别为796万吨、3141万吨、440万吨、615万吨，年均分别增长11.9%、14.1%、1.1%、3.4%，各占全球总产量的35%、55%、43%、44%。

专栏1：主要有色金属生产及消费量

品种		生产量（万吨）				表观消费量（万吨）			
		2010年	2015年	年均增长率（%）		2010年	2015年	年均增长率（%）	
				十一五	十二五			十一五	十二五
十种有色金属		3136	5156	13.7	10.4	3449	5560	15.5	10
其中	精炼铜	454	796	12.0	11.9	748	1147	15.0	8.9
	原铝	1624	3141	15.1	14.1	1585	3107	17.5	14.4
	铅	416	440	12.2	1.1	420	437	16.5	0.8
	锌	521	615	13.7	3.4	565	671	11.5	3.5
	镍	15.9	23.2	12.5	7.8	52	102	21.4	14.4
	镁	65.1	85.3	7.7	5.6	37.5	53.2	16.5	7.2
	黄金(吨)	341	450	8.8	5.7	572	986	17.3	11.5

注：2015年产量为国家统计局公报数据，铅产量数据包括未统计的部分再生铅产量；镍消费数据包括镍铁中含镍量。

2015年有色金属行业规模以上企业完成主营业务收入5.7万亿元、实现利润总额1799亿元，"十二五"期间年均分别增长11.6%、1.8%。随着产业规模扩大和市场需求增速放缓，产量及消费增速较"十一五"期间明显回落。

2．科技创新成果显著。具有自主知识产权的大直径深孔采矿、复杂矿床安全高效开采、海底大型黄金矿床高效开采与安全保障、粗铜连续吹炼、废铅酸蓄电池铅膏连续熔池熔炼、600kA超大容量铝电解槽、单线百万吨级氧化铝生产装备、难处理资源可控加压浸出、废杂铜高效利用等工艺技术达到国际领先水平。高性能电子铜带及箔材、航空铝锂合金、高强高韧铝合金预拉伸板、大断面复杂截面铝合金型材等精深加工技术取得突破，为我国制造业迈向中高端提供了重要支撑。

3．转型升级稳步推进。先进铜、铝、铅、锌冶炼产能分别占全国的99%、100%、80%、87%。"十二五"期间，铝材和铜材产量年均分别增长16.9%和10.2%，高于或接近同期有色金属产量增长率。2015年，有色金属深加工收入占全行业收入比例与2010年基本相同，但利润占比由2010年的32%上升到60%；西部地区电解铝产量占全国比重达到67%，全国具有自备电厂的电解铝产能占比70%，分别比2010年提高16个和40个百分点，"铝—电—网"一体化规模不断扩大。国际合作不断推进，建成投产了一批境外资源基地及加工基地。

4．绿色发展有新进展。"十二五"期间，有色金属行业规模以上单位工业增加值能耗累计降低22%，累计淘汰铜、铝、铅、锌冶炼产能分别为288万吨、205万吨、381万吨、86万吨，主要品种落后产能基本全部淘汰。2015年，铝锭综合交流电耗13562千瓦时/吨，比2010年下降402千瓦时/吨，氧化铝、铜冶炼、电锌综合能耗分别为426、256、885千克标煤/吨，比2010年分别下降27.8%、35.7%和11.4%；再生铜、铝、铅产量分别为295、565和160万吨，

5年年均分别增长5.3%、9%和4.3%。"十二五"期间,重点重金属污染物排放总量不断下降。

5. 两化融合逐步深化。计算机模拟仿真、智能控制、大数据、云平台等技术逐步应用于有色金属企业生产、管理及服务等领域,国内大型露天矿和地下矿数字化和智能化建设取得重要进展,铜、铝等冶炼生产智能控制系统,铜、铝加工数字控制成型技术,基于"互联网+"的电子商务平台等逐步推广,行业两化融合水平不断提高。

(二)主要问题

1. 技术创新能力不足。基础共性关键技术、精深加工技术和应用技术研发不足,产品普遍存在质量稳定性差和成本高等问题,大飞机用铝合金预拉伸厚板和铝合金蒙皮板、乘用车铝面板等尚不能产业化生产,电子级12英寸硅单晶抛光片、部分大直径超高纯金属靶材、宽禁带半导体单晶抛光片、部分高端铜铝板带箔材等仍依赖进口。

2. 结构性矛盾依然突出。电解铝等部分冶炼及低端加工产能过剩与部分品种及高端深加工产品短缺并存。目前,国内电解铝等行业缺乏竞争力,产能退出机制不畅。产业集中度低,企业实力弱。高端深加工生产线达产达标率普遍不高,中低端加工产品同质化严重,市场竞争无序。

3. 环境保护压力加大。随着环保标准不断提高,有色金属企业面临的环境保护压力不断加大。我国有色金属矿山尾矿和赤泥累积堆存量越来越大,部分企业无组织排放问题突出,锑等部分小品种及小再生冶炼企业生产工艺和管理水平低,难以实现稳定达标排放,重点流域和区域砷、镉等重金属污染治理、矿山尾矿治理以及生态修复任务繁重。部分大型有色金属冶炼企业随着城市发展已处于城市核心区,安全、环境压力隐患加大,与城市长远发展矛盾十分突出。

4. 资源保障基础薄弱。矿产品价格急剧下跌,国内矿山企业普遍经营困难,优势稀有金属资源保护面临新挑战。2015年,国内铜、铝、镍等重要矿产原料对外依存度分别为73%、45%和86%,受资源出口国政策变化、法律约束和基础设施薄弱等影响,进口资源面临新的不确定因素,行业抵御市场风险能力不足。境外资源开发风险评估重视不够,近几年投产后的境外矿山负债率高,债务负担沉重,经济效益差。

二、发展环境

(一)面临的形势

"十三五"是我国有色金属工业转型升级、提质增效,迈入世界有色金属工业强国行列的关键时期,既面临大有作为的重大战略机遇,也面临诸多矛盾相互叠加的严峻挑战。

从国际看,新一轮科技革命和产业变革蓄势待发,新的生产方式、产业形态、商业模式和经济增长点正在形成,有色金属行业仍将继续保持增长态势。"一带一路"战略实施,发展中国家积极承接产业和资本转移,将为我国有色金属行业发挥技术及装备优势,开展国际产能合作提供新空间。同时,世界经济和贸易形势低迷,主要经济体经济增速放缓,有色金属需求萎缩、产能过剩成为全球性问题。国际贸易摩擦加剧,影响铜、铝、镍等大宗资源供应的不确定性因素增加。有色金属具有较强的衍生金融商品属性,各国货币政策分化将引发有色金属金融市场价格波动,弱化供需对有色金属价格的影响,使得价格波动更为复杂,企业投资和生产决策难度加大。全球气候变化和碳排放形势将日益严峻,产业运行总体压力将明显上升。

从国内看,"十三五"是全面建设小康社会的决战期,经济发展长期向好的基本面没有变,四化同步发展以及中国制造2025、"一带一路"、京津冀一体化、长江经济带等国家战略深入实施,有色金属市场需求潜力和发展空间依然较大。战略性新兴产业和国防科技工业的发展,以及消费需求个性化、高端化转变,不断对有色金属增品种、提品质和发展服务型制造提出更高要求。同时,我国经济发展处于增速换挡、结构调整、动能转换的节点,经济增速放缓和需求结构的变化将使有色金属行业发展迎来重大转折,产业发展速度将由"十二五"期间的高速转为中高速,有效需求和有效供给不足并存,生态环境和要素成本约束日益突出,推进供给侧结构性改革、提质增效任务艰巨,迫切要求行业发展方式由规模扩张转向优化存量、控制增量、主动减量;由低成本资源和要素投入转向创新驱动,积极发展高端材料和实施智能制造,提升中长期增长动力;进一步推动利用两个资源、两个市场的高水平双向开放,提升参与全球产业布局、创新合作、制定标准及贸易规则的实力,支撑产业长远发展。

(二)主要品种需求及产量预测

"十三五"期间,随着交通运输轻量化、农村电网改造、新一代电子信息产业、新能源汽车、高端装备制造、节能环保等战略性新兴产业的发展,有色金属市场需求仍将保持一定增长,但随着我国经济进入新常态,整体消费增速将由"十二五"期间的高速转为中低速,除锂、钴等新能源小品种金属和镁需求将继续保持高速增长外,铜、铝等主要品种消费增速将明显放缓,铅将基本维持现有消费水平,锌可能在"十三五"末达到消费峰值。综合应用弹性系数法、消费强度法、专家经验法等,预测了2020年主要有色金属和黄金的消费量(见专栏2),碳酸锂、钴的"十三五"年均消费增速分别为13.5%、12.5%。由于大多数有色金属具有较强的金融属性,表观消费量会随着金融市场波动有所变化。

专栏2:2020年主要有色金属表观消费需求及产量预测

品种		2015年表观消费量(万吨)	"十二五"年均增长率(%)	2020年预测产量(万吨)	2020年表观消费量(万吨)	"十三五"年均增长率(%)
十种有色金属		5560	10	6500	6800	4.1
主要品种	精炼铜	1147	8.9	980	1350	3.3
	原铝	3107	14.4	4000	4000	5.2
	铅	437	0.8	465	450	0.6
	锌	671	3.5	710	730	1.7
	镁	53.2	7.2	130	75	7.1
黄金(吨)		986	11.5	520	1200	4
注:铜、铅、锌的产量和消费量数据均包括部分再生金属。						

三、指导思想、基本原则及主要目标

（一）指导思想

全面贯彻党的十八大和十八届三中、四中、五中全会精神，坚持创新、协调、绿色、开放、共享发展理念，以《中国制造2025》为行动纲领，以加强供给侧结构性改革和扩大市场需求为主线，以质量和效益为核心，以技术创新为驱动力，以高端材料、绿色发展、两化融合、资源保障、国际合作等为重点，加快产业转型升级，拓展行业发展新空间，到2020年底我国有色金属工业迈入世界强国行列。

（二）基本原则

坚持创新驱动。坚持把创新作为引领发展的第一动力，强化企业技术创新主体地位，推动产业链协同创新，着力突破精深加工、智能制造、应用技术等方面的核心关键共性技术，为建设有色金属工业强国提供支撑。

坚持质量为先。加强标准、检验检测、认证认可等质量基础体系建设，开展在线监测、在线控制和产品全生命周期质量追溯，攻克一批提升质量稳定性和可靠性的关键共性难题，提高有效供给能力。

坚持绿色发展。加强大气污染、水污染、土壤污染防治，严格控制重金属污染物排放，推广绿色低碳发展模式以及节能减排、资源综合利用技术，提高再生资源利用水平，实现产业可持续发展。

坚持两化融合。推动新一代信息技术与有色金属工业深度融合，推进以数字化、网络化、智能化为标志的智能制造，促进生产型制造向服务型制造转变，培育新型生产方式和商业模式，拓宽产业发展新空间。

坚持开放合作。促进吸引外资与引进技术、管理并举，鼓励企业与境外优势企业在研发创新、标准制定、品牌建设等领域开展高端合作，加快境外生产基地及经贸合作园区建设，形成优进优出、内外联动的开放型产业新格局。

（三）主要目标

"十三五"期间，有色金属工业结构调整和转型升级取得显著进展，质量和效益大幅提升，到"十三五"末我国有色金属工业迈入制造强国行列。

1. 技术创新。政产学研用相结合的产业创新体系基本形成，重点企业研发投入占主营业务收入达到1%以上。高端精深加工、智能制造、资源综合利用等基础共性技术和产业化技术实现突破。

2. 转型升级。航空铝材、电子材料、动力电池材料、高性能硬质合金等精深加工产品综合保障能力超过70%，基本满足高端装备、新一代信息技术等需求。产业布局进一步优化，低效产能逐步退出，电解铝产能利用率达到80%以上，产业集中度显著提高，国际化经营能力提升，国际产能合作取得明显进展。

3. 资源保障。资源勘探开发取得进展，铜、铝、镍等短缺资源保障明显提高。废旧有色金属回收体系进一步健全，再生金属供应比例提高。主要有色金属资源全球配置体系不断完善。

4. 绿色发展。重金属污染得到有效防控，企业实现稳定、达标排放。规模以上单位工业

增加值能耗、主要产品单位能耗进一步降低。矿山尾砂、熔炼渣等固废综合利用水平不断提高,赤泥综合利用率达到10%以上。

5. 两化融合。推进两化融合技术标准体系建设,在线监测、生产过程智能优化、模拟仿真等应用基本普及,选冶、加工环节关键工艺数控化率超过80%,实现综合集成企业比例从当前的12%提升到达到20%,实现管控集成的企业比例从当前的13%提升到18%,实现产供销集成的企业比例从当前的16%提升到22%,建成若干家智能制造示范工厂。

专栏3:"十三五"时期有色金属工业发展主要目标

指标		2015年实际	2020年目标	"十三五"累计增减
1. 基本指标				
工业增加值年均增速(%)		12.5	8	—
深加工产品销售收入占全行业主营业务收入比重(%)		30	40	[10]
重点企业研发支出占主营业务收入比重(%)		0.6	1.0	[0.4]
2. 绿色发展				
规模以上单位工业增加值能耗降低(%)		[22]	[18]	—
二氧化硫排放总量污染减少(%)		[20]	[15]	—
电解铝液交流电耗(千瓦时/吨)		13350	13200	[-150]
海绵钛电耗(千瓦时/吨)		25000	20000	[-5000]
镁冶炼综合能耗	硅热法(千克标煤/吨)	4500	3500	[-500]
	电解法(千瓦时/吨)	18000	16000	[-2000]
赤泥综合利用率(%)		4	10	[6]
再生铜占铜供应量比重(%)		25	27	[2]
再生铝占铝供应量比重(%)		15	20	[5]
再生铅占铅供应量比重(%)		33	45	[12]

注:[ ]内为五年累计数。

四、主要任务

(一)实施创新驱动

1. 加强技术创新

强化战略导向,围绕大飞机、乘用车用铝镁钛等轻合金,集成电路用抛光片及高纯靶材等材料、新能源汽车用动力电池材料、油气开采用钛材、船舶海洋工程装备用深潜、抗冲击、耐腐蚀材料等关键高端材料性能及质量提升、短流程绿色强化冶金等紧迫需求,实施一批重大科技项目和工程,提高关键环节和重点领域的基础理论、生产工艺和应用技术的创新能力。整合全国创新资源,发挥企业的创新主体作用、设计单位的桥梁和推广作用、研究型大学和科研院所的基础先导作用,推进国家制造业创新中心、国家重点实验室、国家工程技术研究中心、国家产品质检中心等建设,形成功能互补、良性互动的"政产学研用"协同创新新格局,建设有色金属行业高水平科技智库。

专栏4:技术创新重点

精深加工:有色金属材料基因组工程与制备加工过程模拟仿真技术,有色/稀有金属合金高纯和超纯熔炼与先进凝固成形技术,难变形合金挤压成型加工技术,大规格板材/锻件/结构件残余应力无损探测与消减技术,大型复杂薄壁结构件近终型坯料低成本制备与精密加工成型技术,有色/稀有金属零件3D打印技术,有色金属大流程生产制造工业大数据与智能控制技术。
资源开发:大型多金属矿成矿规律与深边部资源勘查技术、数字化矿山开采技术与装备、低品位多金属及难选矿资源高效选矿技术等。
冶炼:低品质铝资源高效利用技术,电解铝槽智能化及低排放技术,低成本短流程炼铜(铅、锑)清洁冶炼技术,低成本红土镍矿、海绵钛节能降耗冶炼关键技术,超纯稀有难熔金属冶炼技术,难选冶矿石提金技术等。
重金属污染防治:烟气脱汞技术、含砷等固体废物无害化技术、重污染场地生态修复技术等。
资源综合利用:残钛合金、废锂离子电池以及稀有、稀贵和难熔金属回收及再生利用技术,高铝粉煤灰经济利用产业化技术,赤泥综合利用技术,锌浸出渣含锌二次物料高效处理技术等。
应用技术:交通运输用铝、镁部件工业化设计制造与应用技术,电子电力用超细超薄精密铜合金丝箔材应用技术,钛合金大型及复杂结构件高效优质焊接等应用技术。

2.强化标准支撑

依照《深化标准化工作改革方案》和《国家智能制造标准体系建设指南(2015年版)》,围绕有色金属新材料、信息化与智能化、节能减排、安全生产、生态保护和扩大应用等领域,对现有标准进行梳理和升级,建立和完善国家标准、行业标准,鼓励企业制定高于国家、行业、地方等标准的企业标准。加强材料制造标准与下游航空、汽车、轨道交通、电子信息等行业标准设计规范以及应用数据手册衔接。积极参与国际标准化工作,加大国际先进标准跟踪、评估和转化力度,形成与国际标准接轨的有色金属行业标准化体系。

3.创新发展新业态、新模式

支持有条件企业构建"铝—电—网"产业链,提高产业竞争力。充分利用"互联网+",鼓励铜、铝、镍、镁、钴、钛、钨等有色金属加工企业建立高效协同的研发设计平台,通过电子商务、大数据、云平台等,响应下游用户个性化定制、加工配送、产品租赁、维修服务等需求,建立从先期介入(EVI)到全面用户技术支持与服务的双赢体系,推进生产型制造向服务型制造转变,创新商业模式和提高增值服务能力。建设有色金属上下游合作机制,解决制约产品应用、设计规范、标准和技术等问题,形成产需衔接、协同发展的新模式。

4. 创新质量品牌建设

立足装备制造、集成电路、新能源等中高端市场的产品和服务需求,引导企业加快创新,稳步提升产品质量,支持企业采用在线监测、智能化生产和物流系统等,有效增加供给品种,推进实物质量向国际先进水平靠拢。强化企业品牌意识,以基础条件较好、具有一定品牌知名度和国际竞争力的企业为主体,培育一批冠军企业及优质优价、营销服务完善的有色金属精品,融入国内外中高端产品供应链。

(二)加快产业结构调整

1. 优化产业布局

落实国家区域发展总体战略和主体功能区战略,统筹考虑境内外资源、能源、环境、运输等生产要素,优化产业布局。推动低效产能退出,引导现有布局不合理产能向具有资源能源优势及环境承载力的地区有序转移,利用境外资源的氧化铝等粗加工项目在沿海地区布局。对不符合所在城市发展需求、改造难度大、竞争力弱的冶炼企业,要实施转型转产或退出;具备搬迁条件的企业,支持其退城入园,并在搬迁中实施环保改造。依托有资源优势的黄金企业开展资源整合,减少中小企业数量;结合黄金资源分布散、难选冶的特点,依托现有冶炼企业的技术、规模优势,推动形成"分散开采、集中冶炼"的产业布局,提高黄金开发利用水平。

鼓励贫困地区和欠发达地区冶炼企业发展粗加工,提升冶炼产品附加值。华东、华南、东北等地区的重点有色金属精深加工企业要由注重规模扩张向充分发挥装备效能、提升产品质量转变,向零部件制造、半成品、制成品及生产服务业延伸。支持赣州"中国稀金谷"、宁波新材料、西安和昆明稀有金属、株洲硬质合金、宝鸡—西安稀有金属等高端精深加工产业集聚区建设。推进城市矿山开发利用,在珠三角、长三角、环渤海等区域建设绿色化、规模化、高值化再生金属利用示范基地。

2. 严控冶炼产能扩张

考虑到我国原料对外依存度不断上升,在我国有色金属需求增速下降和能源环保压力不断增大的情况下,要从严控制铜、电解铝、铅、锌、镁等新建冶炼项目,鼓励对落后铅锌冶炼进行技术改造。坚决落实《国务院关于化解产能严重过剩矛盾的指导意见》(国发〔2013〕41号)等有关规定,电解铝建设和改造项目,要严格落实产能等量或减量置换方案,并在网上公示。适度控制黄金冶炼产能扩张。

3. 加快传统产业升级改造

充分发挥技术改造对传统产业转型升级的促进作用,瞄准国际同行业标杆,引导企业运用先进适用技术及智能化技术,加快技术进步,推广应用新工艺、新技术、新装备,到2020年,国内有色金属冶炼工艺技术达到世界先进水平,全行业实现绿色清洁生产,使有色金属工业由传统产业向绿色产业转变。

专栏 5：产业升级技改工程

冶炼升级：推广利用粗铜连续吹炼技术改造转炉，实现铜冶炼吹炼清洁生产；推广电解铝槽及氧化铝生产线大型化技术升级、铝冶炼余热回收利用技术，实现节能减排；采用富氧熔池熔炼工艺直接处理废铅酸蓄电池铅膏，实现清洁生产和降低能耗；采用铜—黄金联合冶炼改造小型湿法黄金冶炼厂，提高黄金生产集约化水平和金属回收率，减少污染物排放；锑冶炼采用富氧强化熔池熔炼等先进技术淘汰鼓风炉等落后装备，降低能耗，无害化处置砷碱渣，提高回收率。采用先进盐湖提锂技术，扩大青海及西藏盐湖提锂生产规模，推进江西锂云母资源综合利用产业化。提升改造现有高铝粉煤灰提取氧化铝生产线并构建铝电完整产业链，降低成本。

退城入园：推进湖南株洲冶炼厂、广东韶关冶炼厂、株洲硬质合金厂、湖南锡矿山、湖南株洲冶金炉厂、北京矿冶总院磁材、云南铜业冶炼厂、甘肃华鹭铝业、中铝贵州分公司氧化铝和电解铝、抚顺铝业电解铝、赤峰云铜阴极铜等搬迁改造工程，开展工业污染土地、废弃地治理，加强市政设施、公共服务设施和接续替代产业建设。

4.促进低效产能退出

进一步发挥市场倒逼机制，辅以必要的经济和行政手段，做好政策引导，强化行业规范管理，加强有色金属企业节能、环保、质量、安全等执法力度，经整改仍达不到法律法规和相关标准要求的，依法依规退出。鼓励企业调整自身发展战略，主动压减过剩低效产能；支持企业通过兼并重组、债务重组、转型转产等手段，加快低效产能退出。

5.推进企业兼并重组

坚持企业主体、市场化运作、政府引导的原则，充分发挥市场机制和政策引导作用，鼓励有色金属企业开展行业内上下游及跨行业联合重组，提高产业集中度，加强业务整合、流程再造，构建上下游一体化完整产业链，增强企业实力和竞争力。

6.强化企业内部管理

推进国有企业体制机制改革，积极稳妥发展混合所有制，激发国有企业活力。鼓励企业加强管理、内部挖潜、降本增效、开源节流、苦练内功、管控风险。推广先进管理模式，促进企业就能耗、物耗、技术水平、产品质量、全员劳动生产率等与国内外先进企业开展对标，全面提升管理水平。

（三）大力发展高端材料

以满足我国新一代信息技术、航空航天、海洋工程及高技术船舶、先进轨道交通、节能与新能源汽车等高端领域的关键基础材料为重点，通过协同创新和智能制造，着力发展高性能轻合金材料、有色金属电子材料、有色金属新能源材料、稀有金属深加工材料等，提升材料质量的均一性，降低成本，提高中高端有效供给能力和水平。

1.高性能轻合金材料

围绕大飞机、乘用车、高铁、船舶、海洋工程等重大装备高端制造领域，加快实施大规格铝锂合金铸锭熔炼铸造、高精薄板带高速气垫式连续热处理系统、大卷重高精度宽幅镁合金带材制造、钛合金型材挤压加工与在线精整矫直、大规格钛合金材、3D打印粉等生产线改造提升，到2020年，航空、乘用车及货运列车用高性能轻合金材料，海洋工程及航空用钛、铝合金材等实现稳定供给，国际竞争力不断提高。

专栏6：轻合金材料发展重点

铝合金材料：航空航天用耐损伤铝合金薄板、新型高强高韧铝合金厚板、挤压材和锻件，三代铝锂合金板材和挤压型材，水陆交通运输用高耐蚀铝合金板材、高强可焊大型复杂截面铝合金型材，高性能铝合金汽车面板，汽车防碰撞系统用泡沫铝结构件，汽车发动机和内部结构件用铝合金精密锻件和铝硅合金压铸件，石油钻探用高强耐蚀铝合金管材等。

镁合金材料：航空航天用高强镁合金大尺寸复杂铸造件、高强耐热镁合金大规格挤压型材/锻件，3C产品用镁合金精密压铸件，大卷重低成本高成型性镁合金板带材，汽车轻量化结构件用镁合金精密压铸件等。

钛合金材料：航空航天用钛合金薄板/厚板/棒材/锻件，3D打印钛合金复杂结构件及配套低成本钛合金粉末，船舶与海洋工程用钛合金超宽幅厚板/大口径厚壁管，超塑成形钛合金薄板，中强/高强钛合金挤压型材，海水淡化装备用高精度钛卷焊管及配套大卷重低残余应力钛带，石油钻探用高耐蚀钛合金管材等。

2. 有色金属电子材料

围绕新一代信息技术产业的集成电路、功能元器件等领域需求，利用先进可靠技术，加快发展大尺寸硅单晶抛光片、超大规格高纯金属靶材、高功率微波/激光器件用衬底及封装材料、红外探测及成像材料、真空电子材料等，实现新一代微电子光电子功能材料、智能传感材料研发及产业化取得突破，提升高端有色金属电子材料供给水平。

专栏7：有色金属电子材料发展重点

集成电路用材料：电子级多晶硅、12和18英寸硅单晶抛光片、平板合金靶材、旋转靶材及氧化物靶材，6英寸锗片，引线框架用新型高强高导/高强高弹铜合金带材、覆铜板及集流体用超薄铜箔。

新型配套材料：高性能铜合金超细丝材和超薄带材，光伏太阳能电池正银电子浆料，高性能银粉，光伏无铅焊带，各类高性能焊带，厚膜浆料，贱金属电子浆料，燃料电池用电极浆料。

其他材料：超纯稀有金属及高精度深加工材，电容器钽粉，真空电子器件用钨、钼窄带，高纯及超高纯金属，高性能永磁铁氧体，具有高饱和磁通密度、高直流偏置特性、高磁导率等性能的软磁材料。

3. 有色金属新能源材料

围绕储能与新能源汽车等领域需求，重点发展大容量长寿命储能电池正极材料、负极材料、高性能铜箔和铝箔，以及低成本高质量的电池级碳酸锂、三元前驱体等。

专栏8：有色金属新能源材料发展重点

基础原材料：电池级碳酸锂、氟化锂、四氧化三钴、三元氢氧化物等。

正极材料：高比容量及长循环寿命锂离子电池用层状高镍正极材料、富锂锰基固溶体正极材料，高比容量、高能量密度、长循环寿命锂硫电池正极材料。

负极材料：高比容量、长循环寿命硅碳/合金类负极材料。

其他材料：锂离子电池用高强度高延展性低缺陷铝箔、铜箔和多孔铜箔，高效低成本核壳结构燃料电池氧还原催化剂，金属（铝、镁等）空气电池空气电极材料。

4. 稀有金属材料

围绕高端装备制造、战略性新兴产业以及国家重大工程等领域需求，重点发展精密硬质合金及深加工制品、大尺寸钨钼板箔材、核级锆铪铍材，加快技术进步，提高产品质量，增加有效供给。

专栏9：稀有金属精深加工发展重点

> 钨钼：超高硬度高韧性硬质合金、高端带涂层硬质合金刀具/工模具、高性能难熔金属粉末、钨钼大型复杂异型件。
> 锆铪铍：核级海绵锆铪及加工材、功能锆铪陶瓷；高性能金属铍材、大宽度高精度铍铜合金带材、铍铝合金。
> 锡锑：锑系复合阻燃材料、高品质锡基合金焊粉和免清洗型软钎膏、锡化工产品。

5. 其他金属功能材料

结合海洋工程、核电等高端装备制造需求，大力发展高性能耐蚀铜合金、大口径高耐蚀铜合金管材，低膨胀、高抗疲劳铜合金，镍基高温耐蚀合金，羰基镍、羰基镍铁粉，镁基储氢材料，金纳米催化剂及粉体材料等产品，满足国内需求。

（四）促进绿色可持续发展

1. 积极发展绿色制造

坚持源头减量、过程控制、末端循环的理念，增强绿色制造能力，提高全流程绿色发展水平。鼓励利用现有先进的矿铜、矿铅冶炼工艺设施处理废杂铜、废蓄电池铅膏，支持铅冶炼与蓄电池联合生产。实施绿色制造体系建设试点示范，实施排污许可证制度，推进企业全面达标排放。加强清洁生产审核，组织编制重点行业清洁生产技术推行方案，推进企业实施清洁生产技术改造。推动节能减排以及低碳技术和产品普及应用，支持高载能产业利用局域电网消纳可再生能源，推进有色金属行业绿色低碳转型。

2. 大力发展循环经济

提高尾矿资源、井下热能的综合利用和熔炼渣、废气、废液和余热资源化利用水平。充分利用"互联网＋"，依托"城市矿产"示范基地和进口再生资源加工园区，创新回收模式，完善国内回收和交易体系，突破再生资源智能化识别分选、冶金分离、杂质控制和有毒元素无害化处理等共性关键技术和装备，提高有价元素回收和保级升级再利用水平。完善高铝粉煤灰提取氧化铝及固废处理工艺技术，为高铝粉煤灰资源经济性、规模化开发利用提供技术储备。

3. 加强重金属污染防治

严禁在环境敏感区域、重金属污染防治重点区域及大气污染防治联防联控重点地区新建、扩建增加重金属排放的项目。推进重金属污染区域联防联控，以国家重点防控区及铅锌、铜、镍、二次有色金属资源冶炼等企业为核心，以铅、砷、镉、汞和铬等Ⅰ类重金属污染物综合防治为重点，严格执行国家约束性减排指标，确保重金属污染物稳定、达标排放。鼓励在有色金属工矿区和冶炼区周边土壤污染严重地区开展重金属污染现状调查，在有色金属企业聚集区集中建设重金属固废处理处置中心。锑冶炼企业应配套建设砷碱渣无害化处理生产线，支持企业处理社会遗留砷碱渣等危险废物。推进资源枯竭地区的老工业区、独立工矿区改造转型，加大历史遗留问题突出、生态严重破坏、重金属污染风险隐患较大地区的综合整治。

专栏10：绿色发展工程

循环经济：以"城市矿产"示范基地和进口再生资源加工园区为重点，加快高值再生产业化基地建设。支持以废杂铜为原料生产高值铜加工产品，支持废旧易拉罐保级利用示范工程的建设和推广，支持利用现有炼铜、铅、锌冶炼技术和装备处理含铅、含铜、含锌二次资源，在二次锌资源企业推广窑渣回收设施、余热回收利用系统、尾气脱硫系统等。支持以矿山废渣为复垦土壤基质的综合利用示范工程建设。支持建设黄金尾矿、氰化尾渣等固体废弃物二次利用工程。在氧化铝厂区或赤泥库附近建设赤泥资源综合利用工程。

节能减排：推广大型高效节能自动化采选装备以及新型高效药剂，低品位铝土矿生产氧化铝高效节能技术，铝电解槽、镁冶炼、海绵钛、氧氯化锆节能减排技术等，支持利用局域电网消纳绿色可再生能源。

清洁生产：在湖南、广西、贵州等锑冶炼集中地区开展砷碱渣集中收集和无害化处理工程，对新产生砷碱渣全部进行无害化处理和利用，到2020年消纳现有集中入库堆放的砷碱渣。实施烟气脱硫、脱硝、除尘改造工程，推广不锈钢滤网脉冲反吹清灰电除尘器。开展工业污染土地、废弃地治理。重点推广重金属废水生物制剂法深度处理与回用技术、黄金冶炼氰化废水无害化处理技术、采矿废水生物制剂协同氧化深度处理与回用技术等。冶炼企业要实现雨污分流、清污分流，加强废水深度处理和中水回用技术改造，降低水耗。

绿色产品：在全社会积极推广轻量化交通运输工具，如铝合金运煤列车、铝合金油罐车、铝合金半挂车、铝合金货运集装箱、铝合金新能源汽车、铝合金乘用车等，到2020年，实现30%的油罐车、挂车、铁路货运列车采用铝合金车体。

（五）提高资源供给能力

围绕国家找矿突破行动，推进甘肃、新疆、云南、青海、内蒙古等省（区）铜、镍、锂等重点成矿区带矿产远景调查与找矿预测。积极开展矿山密集区和老矿山的深部边部勘察，实现新老矿山有序接替。鼓励铜、铝、镍等紧缺矿产以及金银等贵金属矿加快勘探开发；完善钨等优势矿产限产保值机制，合理调控钨矿开采总量控制指标。

统筹利用国内外两种资源，支持有实力的企业集团或联合体有序开展境内外资源勘探、开发和合作，构建多元化的矿产资源供应体系。推进国内区域矿山整合，实现规模开发、集约利用，优化骨干矿山企业的生产经营环境，提高国内资源安全保障能力和开发利用水平，"十三五"期间，国内新增资源储量铜矿800万吨、铝土矿6亿吨、铅矿2000万吨、锌矿3000万吨、钨矿（WO_3计）100万吨、锡矿70万吨、锑矿80万吨、镍矿80万吨和黄金6000吨。鼓励企业通过绿地投资、并购投资、股权投资等方式，与相关国家和地区开展互利共赢的产业开发投资合作，稳步推进境外铜、铝、镍、稀贵金属等矿产资源生产基地建设。

专栏11：资源开发重点工程

资源勘探工程：新疆天山、西南"三江"（金沙江、澜沧江、怒江）、大兴安岭等铜资源前景较好成矿带的地质勘探工程，内蒙古、甘肃、青海、新疆、云南、四川等具有资源前景的省区铅锌矿地质勘查工程，河南小秦岭、山东胶东、内蒙古中部等金资源前景较好成矿带的地质勘查工程，增加后备资源。云南个旧锡矿、冷水江锑矿、胶东半岛金矿等矿区深边部找矿工程。继续开展境内外现有矿山外围区域地质、地球物理、地球化学调查工作，进一步发现勘查远景区，促进商业性勘查工作实现新突破。

> 矿山建设工程：
> 铜钴矿：支持新疆阿勒泰地区铜多金属矿、云南迪庆州普朗铜矿、云铜凉山矿业红泥坡铜矿、西藏玉龙铜矿二期、湖北铜绿山—铜山口铜多金属矿、黑龙江嫩江地区铜矿等开发基地建设。以南美、非洲及周边国家和地区投资的铜钴资源为基础，继续推进在建及拟建项目建设。
> 铅锌镍金矿：支持甘肃南部地区铅锌锑金矿、西藏日喀则斯弄多铅锌矿、内蒙古巴彦淖尔金矿、莱州纱岭金矿、海域金矿、朱郭李家金矿、新疆若羌县坡北地区镍铜矿、甘肃金川地区铜镍矿、青海夏日哈木镍矿等开发基地建设。重点以东南亚、大洋洲及其周边国家和地区投资的镍钴矿资源，"一带一路"沿线金矿资源为基础，完善基础设施，继续推进相关项目建设。
> 铝土矿及氧化铝：加快贵州遵义务正道铝基地、山西晋西北铝工业基地建设。重点以东南亚、大洋洲、非洲、南美、加勒比海等地区投资的铝土矿资源为基础，完善基础设施和港口建设，继续推进重大项目建设。
> 其他：加快滇东南—锡矿，广西河池地区锡锑多金属矿、湖南—冷水江地区和安化地区、广西河池南丹锑矿、湖南永州道县湘源锂铷铯矿等开发基地建设。积极推进在锂、锡、锑等资源丰富的国家和地区资源开发项目建设。

（六）推进两化深度融合

1. 突破智能制造技术

围绕感知、通信、控制、设计、决策、执行等关键环节，开展生产装备、调度控制等核心系统与物联网、模式识别、预测维护、机器学习、云平台等新一代信息技术的深度融合与集成创新，加快三维采矿设计软件、生产调度与控制、智能优化系统等技术研发应用，推动信息物理系统关键技术研发，全面提升研发、生产、管理、营销和服务全流程智能化水平，提高劳动生产率和降低成本。

专栏12：智能化关键技术

> 智能检测分析：研发加工过程基于光学测量的热轧凸度检测技术、带材加工表面缺陷检测技术、板带材内部缺陷无损检测技术；研发选冶过程物料性质、物料形态、过程平衡感知系统，有色金属冶金过程重金属离子浓度在线检测技术，铝冶炼关键工艺参数在线检测技术及装备；研发矿山未知区域同步定位成图系统、岩体节理裂隙在线测量系统、钻孔参数快速测量系统、可穿戴式多灾种一体化测量系统技术及装备。
> 矿山采选智能感知控制：矿山静态及动态信息的数据集成与融合技术；矿山智能化调度与控制技术、地质排产一体化信息系统、开采装备可视化表征技术等；深井提升系统智能控制、按需通风优化控制技术，井下矿石破碎、运输自动化控制与优化调度；采选主体装备智能作业与网络化管控技术，基于大数据的采选智能分析与优化决策技术；基于计算流体力学和离散单元法的选矿设备建模技术。
> 冶炼及加工智能优化控制：氧化铝全流程智能优化控制技术，电解铝全厂自动化、智能化、信息化控制管理技术，重金属富氧强化冶炼控制系统，湿法冶金优化控制技术，电冶金过程分时供电负荷优化控制技术。高性能有色金属板材轧制数字化控制成型技术，铝卷材自动跟踪定位识别技术，铝板带高架智能仓库管理系统，大型立式淬火炉温度场智能解耦控制技术，大型高性能整体构件关键热加工装备控制技术等。

2. 加强智能平台建设

开展公共云服务平台和能源管控中心建设，集成企业研发系统、信息系统、运行管理系统，逐步推进工业软件、数据管理、工程服务、技术标准等资源开放共享和云应用服务。基于加强设备智能化管理、提高产品质量稳定性等需求,建设基因矿物加工、建模仿真、虚拟现实应急救援演练、全流程设备智能管理、产品质量智能管控等平台。

3. 开展智能制造试点示范

以企业为主体、市场为导向、应用为核心,围绕流程性智能制造、网络协同、大规模个性化定制、远程运维服务等模式,开展有色金属行业智能制造试点示范,建设若干家数字化矿山、智能工厂以及智能云服务平台,探索与实践有效的经验和模式,不断丰富成熟后在行业内全面推广,改造现有生产线,推动生产方式向智能、柔性、精细化转变,建立"互联网+"协同制造的产业新模式。推进电子商务和大数据服务体系建设。

专栏13:智能制造试点示范工程

数字化矿山:在铜矿、铅锌矿、铝土矿、镍矿、金矿等矿山开采领域,推广成套智能化协同采矿技术体系与主体装备,集成空间信息、环境信息和定位导航信息,依托骨干企业建设数字化矿山并开展行业示范,力争2020年,实现矿山设计数字化率提高50%、矿石损失率和贫化率降低20%、自动数据采集率高于90%、生产效率提高25%、运营成本降低30%、能源利用率提高15%。
智能工厂:在铜、铝、铅、锌等冶炼以及铜、铝等深加工领域,实施智能工厂的集成创新与试点示范,促进企业提升在优化工艺、节能减排、质量控制与溯源、安全生产等方面的智能化水平,提高加工企业快速、低成本满足用户需求的能力,力争2020年,冶炼及加工领域智能工厂普及率达到30%以上,促进企业运营成本降低30%,生产效率提高30%以上,能源利用效率提高10%以上。主要建设内容包括:构建物联网平台,实现企业生产要素的互联;构建企业云平台,推广使用基于云服务的ERP、MES、能源管理系统,打通系统之间的孤岛;实施虚拟仿真与可视化服务,优化生产工艺和生产指标;基于工业云的远程监控和移动监控技术,实现设备维检数字化、生产故障诊断智能化,提升生产系统的安全性、稳定性和最佳投入产出比。
智能服务云平台:建设具有设备智能维护、产品质量监控、工艺流程优化分析及全流程故障诊断等多种物联网功能的矿冶及有色金属加工智能服务云平台;建立高性能航空铝材和乘用车用新型铝合金承载结构件基础服务平台,通过铝合金厚板等典型产品的残余应力闭环检测、模拟仿真、加工制造等海量试验数据,构建并优化铝合金成份、性能、轧制参数等数学模型,提升材料制备技术水平。
大数据服务:通过ICT技术与工程设计、生产经营、安全管控的融合,构建面向选冶与加工领域的第三方企业大数据平台,面向中小制造企业提供研发设计、技术支持等服务;建设行业大数据平台,推进大数据在行业管理和经济运行中的应用,促进信息共享和数据开放。

4. 制定标准及开展贯标试点

围绕有色金属行业实施两化融合过程中的标准缺失、数据集成、互联互通等关键瓶颈问题,加强在研发设计、数据分析、质量控制、集成应用、协同创新等薄弱环节的标准体系建设,优先制定数据接口、通讯协议、语义标识等基础共性标准,并重点开展智能装备、智能工厂、智能服务和大数据、工业互联网等关键技术标准,与基础共性标准共同构成有色金属行业两化融合标准体系结构。开展两化融合管理体系贯标试点工作,制定有色金属行业两化融合管理体系实施指南和细分领域标准、两化融合水平测度指标和评估办法,推进企业对标和示范推广。

(七)积极拓展应用领域

建立交通运输用铝材和镁材、建筑工程用铝材、油气开采和船舶及海洋工程用钛材等上下游合作机制,提高材料性能和应用服务水平,扩大产品用量,拓展产业发展空间。积极支持新材料首批次应用,扩大高性能轻合金材料、高性能铜及铜合金材料、高纯稀有稀贵金属材料、高纯多晶硅及电子气体等应用领域。

专栏14:扩大应用重点领域

> 轻合金材料:推广铝合金在货运挂车及罐车、铁路货运列车、乘用车、高铁、液化天然气海洋船舶等领域的应用,推广铝合金建筑模板、铝合金过街天桥、铝围护板、泡沫铝抗震房屋、铝结构活动板房、铝制家具以及铝合金电缆等的应用,支持铝镁合金压铸件、挤压铸造件和锻造件等在高铁、航空、汽车领域的应用,到2020年,实现铝在建筑、交通领域的消费用量增加650万吨,镁合金在交通运输领域扩大应用15万吨。
>
> 其他材料:推广建筑用铜水管,加快高强高导铜合金带材/丝材/箔材、高强高导接触网线、超高纯无氧铜丝线材、铜铝复合材、超细铜合金丝材在高端功能元器件和先进电力装备等领域的应用;加快大尺寸铟锡氧化物靶材、高纯稀有难熔金属靶材、大尺寸单晶硅片等在信息产业的应用;积极推进核级海绵锆铪材、银镉棒等在核电领域的应用;加快钛和钛合金在油气开采和船舶及海洋工程等领域的应用。

(八)深化国际合作

1. 推进国际产能合作

落实"一带一路"战略部署,按照《国务院关于推进国际产能和装备制造合作的指导意见》(国发〔2015〕30号)要求,充分发挥我国铜、铝、铅、锌等有色金属冶炼以及铜、铝深加工技术、装备和人才优势,综合考虑资源能源、政治、法律、市场等因素,鼓励有实力的企业集团在资源丰富的中部和南部非洲、中亚、东南亚、西亚、中东、南美等地区建设冶炼项目,在有色金属消费潜力较大的国家和地区建设深加工项目。支持利用发达国家地区再生金属回收体系建设再生有色金属冶炼加工能力。建立国际产能合作项目库,引导支持企业结合重大项目建设,开展境外经贸合作区建设,带动产业链上下游企业、先进装备、技术、设计、工程建设、标准、服务等全产业链输出,提高国际化经营能力。

2. 提升开放合作水平

支持国内企业参与国际新材料、智能制造等大型科技合作计划,开展海外合作投资,在境外设立研发中心和职业教育学院,建设国际创新合作平台,充分利用国际创新资源和市场,实现技术升级和建立全球生产服务体系。鼓励境外企业和科研机构在国内设立有色金属新材料、智能制造等领域研发中心和生产基地,提高对外开放和合作水平。建立和完善应对贸易摩擦、境外投资风险的预警监测和防控机制。

五、保障措施

(一)加强宏观指导

适时发布《有色金属先进技术、产品和装备指导目录》。推广先进管理模式,开展企业与国内外先进企业对标工作。建立和完善铝材、钛材、有色金属电子材料等重点产品上下游合作机制,搭建产需衔接平台,拓展消费领域和空间。推进《稀有金属管理条例》出台,依法开展钨等稀有金属管理,加强重点稀有金属总量控制指标执行督查和违规行为惩戒。

（二）完善行业管理

完善有色金属行业规范条件,强化技术、环保、能耗、安全等约束,引导企业加快技术升级改造。加强事中事后监管,实施行业规范动态管理,加强监督检查,对于违反规范条件要求的已公告企业,撤销其公告资格,各省区工业主管部门要加强对本地区产能过剩行业在建、拟建项目的日常监管和自查。加强节能监察力度,贯彻落实强制性能耗限额标准和能效标准。

（三）创新体制机制

推进实施国家科技重大专项、国家重点研发计划,促进军民融合和资源双向转化,强化军民协同创新,建立技术创新联盟,集中力量突破重点领域关键共性技术。创新科技成果后补助等方式,鼓励企业创新和市场开拓。加强科教融合、校企联合,鼓励企业建设职业学院,培养有色金属创新创业人才、科技人才和创新团队,组织开展创新创业大赛、设计大赛和职业技能大赛,推动创新能力建设。鼓励在材料加工等一般竞争性领域以及国企搬迁改造中发展混合所有制,提高国企活力。各地工业主管部门要按照供给侧结构性改革的要求,改革创新行业管理,推动简政放权、放管结合、优化服务,加强普惠性、功能性产业政策研究,为产业发展创造良好环境。

（四）实施公平用电政策

支持符合行业规范条件、能耗、环保达标的有色金属企业开展直供电交易。支持电力用户与电网企业协商降低企业过网费、备用容量费。鼓励电冶联营,在严控电解铝产能总量的前提下,探索在百色、霍林郭勒及包头、新疆五彩湾、兰州连海地区、青铜峡与宁东、黔中及黔西南、运城和昌梁、豫西北等有条件的地区开展局域电网试点,构建"铝—电—网"一体化产业链,降低用电成本,改善企业经济效益,同时鼓励消纳可再生能源。落实电解铝行业阶梯电价政策,促进行业能效提升。

（五）加大财税金融支持

加强财税、金融、贸易等政策与产业政策的衔接,促进银企对接和产融合作,在风险可控、商业可持续的前提下,加大对符合行业规范条件、环境保护和安全生产持续达标、有市场前景和经营效益的骨干企业的融资支持。充分利用现有专项资金渠道,并鼓励地方政府和社会资本加大投入,加快有色金属工业转型升级。落实好矿山税收优惠政策和兼并重组税收政策。研究新材料首批次保险补偿机制,支持有色金属新材料发展。探索建立有色金属商业储备制度,健全政府储备与企业储备并举的储备机制。完善职工安置政策,依据市场化、法治化原则妥善处置债务和不良资产,加快低效企业退出。对符合条件的重大国际合作项目,加大融资支持力度。

各有关地区和中央企业的有色金属工业发展规划应与本规划做好衔接,组织编制实施方案,落实相关任务措施。行业协会要充分发挥桥梁和纽带作用,引导和督促企业落实规划重点任务,提出相关政策建议。

国务院关于印发盐业体制改革方案的通知

国发〔2016〕25号

各省、自治区、直辖市人民政府，国务院各部委、各直属机构：

现将《盐业体制改革方案》印发给你们，请认真贯彻落实。

国务院
2016年4月22日

盐业体制改革方案

为落实党中央、国务院决策部署，推进盐业体制改革，实现盐业资源有效配置，进一步释放市场活力，促进行业健康可持续发展，现制定以下方案。

一、总体要求

（一）指导思想。全面贯彻党的十八大、十八届三中、四中、五中全会和中央经济工作会议精神，认真落实创新、协调、绿色、开放、共享发展理念，以确保食盐质量安全和供应安全为核心，在坚持食盐专营制度基础上推进供给侧结构性改革，坚持依法治盐，创新管理方式，健全食盐储备，严格市场监管，建立公平竞争、监管到位的市场环境，培育一批具有核心竞争力的企业，逐步形成符合我国国情的盐业管理体制。

（二）基本原则。

突出食盐安全。完善食盐监管机制，加强企业规范条件和信用体系建设，健全社会食盐储备体系，拓宽碘盐供应渠道，保障食盐质量，实现科学补碘。

释放市场活力。取消食盐产销区域限制，改革食盐定价机制和工业盐管理，鼓励企业自主经营、产销一体，通过兼并重组等方式不断做优做强，为行业健康发展提供动力。

注重统筹兼顾。把确保用盐安全和激发市场活力有机结合，统筹协调各项改革措施，建立沟通协调机制，加强工作指导和效果评估，确保改革稳妥推进。

坚持依法治盐。完善法律法规和政策措施，加快建设标准体系，建立健全监管制度，明确各方管理职责，创新管理方式，实施依法治理。

二、强化食盐专业化监管,完善食盐专营制度

(三)完善食盐定点生产制度。不再核准新增食盐定点生产企业,确保企业数量只减不增。鼓励食盐生产与批发企业产销一体。鼓励社会资本进入食盐生产领域,与现有定点生产企业进行合作。

(四)完善食盐批发环节专营制度。坚持批发专营制度,以现有食盐定点生产企业和食盐批发企业为基数,不再核准新增食盐批发企业,鼓励食盐批发企业与定点生产企业兼并重组,其他各类商品流通企业不得从事食盐批发。鼓励国有食盐批发企业在保持国有控股基础上,通过投资入股、联合投资、企业重组等方式引入社会资本,开展战略合作和资源整合。

(五)完善食盐专业化监管体制。保持现有专业化食盐监管体制不变,由盐业主管机构依法负责食盐管理与监督。工业和信息化部是国务院盐业主管机构,主管全国盐业工作,负责制定盐业发展规划和产业政策,管理全国食盐专营工作,保证盐行业发展稳定。县级以上地方各级人民政府授权的盐业主管机构,负责管理本行政区域内的食盐专营工作。各级盐业主管机构与公安、司法、卫生计生、工商、质检、食品药品监管等部门各司其职、密切协作,依法加强食盐安全监管。结合行政执法体制改革,探索推进食盐安全监管体制改革,研究剥离食盐批发企业承担的行政管理职能,创造条件将食盐质量安全管理与监督职能移交食品药品监管部门或市场监管部门负责。加快建设食盐电子追溯体系,实现食盐来源可追溯、流向可查询、风险可防范、责任可追究。

三、推进盐业管理综合改革,完善食盐储备制度

(六)改革食盐生产批发区域限制。取消食盐定点生产企业只能销售给指定批发企业的规定,允许生产企业进入流通和销售领域,自主确定生产销售数量并建立销售渠道,以自有品牌开展跨区域经营,实现产销一体,或者委托有食盐批发资质的企业代理销售。取消食盐批发企业只能在指定范围销售的规定,允许向食盐定点生产企业购盐并开展跨区域经营,省级食盐批发企业可开展跨省经营,省级以下食盐批发企业可在本省(区、市)范围内开展经营。鼓励盐业企业依托现有营销网络,大力发展电子商务、连锁经营、物流配送等现代流通方式,开展综合性商品流通业务。

(七)改革食盐政府定价机制。放开食盐出厂、批发和零售价格,由企业根据生产经营成本、食盐品质、市场供求状况等因素自主确定。各级价格管理部门要加强对食盐零售价格的市场监测,配合盐业主管机构采取措施,保持价格基本稳定,特殊情况下可依法采取价格干预或其他紧急措施,防止普通食盐价格异常波动。

(八)改革工业盐运销管理。取消各地自行设立的两碱工业盐备案制和准运证制度,取消对小工业盐及盐产品进入市场的各类限制,放开小工业盐及盐产品市场和价格。各省级人民政府要切实执行放开工业盐运销管制的要求,并研究制定落实细则和责任追究等有关管理办法,工业和信息化部要加强督促检查。工业盐生产企业应当建立、保存完整的生产和销售记录,严格防止工业盐流入食盐市场。质检部门要督促生产企业提高产品质量,加强工业盐产品质量监管,依法查处不合格产品,工商部门要依法查处虚假广告和侵权假冒行为。

(九)改革食盐储备体系。建立由政府储备和企业社会责任储备组成的全社会食盐储备体系,确保自然灾害和突发事件发生时食盐和原碘的安全供应。各省(区、市)根据本地食盐供需情况建立政府食盐储备,储备量不得低于本省(区、市)1个月食盐消费量,可以依托现有食盐批发企业仓储能力,也可以选择具备条件的食盐生产企业实施动态储备,本级财政预算应安排资金对食盐储备给予贷款贴息、管理费支出等支持。加大对储备补贴资金的审计力度,接受社会监督。完善企业食盐储备制度,限定食盐生产、批发企业的最低库存和最高库存,防止食盐市场供应短缺和企业囤积居奇,其中最低库存不得低于本企业正常情况下1个月的平均销售量,库存具体标准由行业协会研究提出、工业和信息化部核定,各级盐业主管机构要加强对库存情况的监督检查。鼓励企业在供求关系稳定或产能大于需求时,在最低库存基础上建立成本自担的社会责任储备。原碘供应按照现行方式管理,中央财政对原碘采购及碘添加剂生产、供应给予适当支持。

四、加强食盐管理制度建设,保障食盐供应安全

(十)严格规范食盐生产批发企业资质。工业和信息化部牵头,食品药品监管总局等有关部门积极参与,依照有关法律法规,综合考虑技术水平、卫生保障条件等因素,制定食盐生产、批发企业的规范条件。省级盐业主管机构要依照新的规范条件对现有食盐生产、批发企业资质重新进行严格审核后报工业和信息化部备案,并在指定网站公示,接受社会监督。

(十一)加快信用体系建设。各级盐业主管机构要会同有关部门、行业协会建立食盐生产、批发企业及其负责人和高管人员信用记录,纳入国家统一的社会信用体系。依托全国信用信息共享平台、国家企业信用信息公示系统和地方政府指定网站建立健全信息公示制度,对拟进入食盐生产、批发领域的社会资本要在准入前公示有关信息,并每年定期公示所有企业及其负责人的有关信息。对有违法失信行为的企业和个人,有关部门要加大监管力度,依法实施联合惩戒,对行为后果严重且影响食盐安全的,要依法采取行业禁入等措施。各级盐业协会要发挥好协调沟通和行业自律的作用。

(十二)加强科学补碘工作。充分发挥食盐生产、批发企业的保障供应作用,有效拓宽碘盐供应渠道,确保合格碘盐覆盖率在90%以上,同时满足特定人群非碘盐消费需求。积极做好科学补碘宣传教育,提高孕妇、儿童和碘缺乏地区群众的科学补碘意识。国家卫生计生委负责制定食盐加碘标准,组织开展碘缺乏病监测,公布区域人群碘营养状况;省级卫生计生部门负责划定边远贫困碘缺乏地区,做好动态监控,适时调整帮扶地区范围。各地可根据实际情况,灵活选择政府补贴运销费用或直接补贴贫困人口等方式,保证边远贫困地区和经济欠发达的边疆民族地区人口能够吃得上、吃得起合格碘盐,并建立与社会救助标准、物价挂钩的联动机制,及时调整保障标准。

(十三)加强应急机制建设。工业和信息化部负责全国食盐供应紧急突发事件的协调处置工作,各级盐业主管机构要会同有关部门研究制定食盐供应应急预案,并向同级政府应急管理部门备案。紧急突发情况下,由盐业主管机构按照应急预案规定,采取投放政府储备、调运企业社会责任储备等方式,确保食盐市场稳定。

（十四）推动盐业企业做优做强。按照党中央、国务院深化国有企业改革有关要求，加快国有盐业企业公司制、股份制改革，建立规范的公司法人治理结构，积极发展混合所有制，转换经营机制，盘活企业资产，增强生机和活力。鼓励食盐生产、批发企业兼并重组，允许各类财务投资主体以多种形式参与，向优势企业增加资本投入，支持企业通过资本市场或公开上市等方式融资，形成一批具有核心竞争力的企业集团，引领行业发展。将解决中央盐业企业历史遗留问题纳入中央国有资本经营预算支出范围统筹考虑，各级政府要落实国有盐业企业兼并重组整合涉及的资产评估增值、土地变更登记和国有资产无偿划转等方面税收优惠政策。

五、强化组织领导，落实改革任务

（十五）完善盐业法律法规体系。国务院有关部门、地方政府要依照有关法律法规和本方案精神，抓紧对现行盐业管理法规政策进行清理，按程序提出立改废建议，推动健全法律法规体系，促进盐业健康发展。

（十六）设置过渡期分步实施改革。自本方案印发之日起至2016年12月31日，有关部门要抓紧研究制定食盐生产及批发企业规范条件、食盐储备、市场监管和价格监测、干预等政策措施，修改完善相关制度。从2017年1月1日开始，放开所有盐产品价格，取消食盐准运证，允许现有食盐定点生产企业进入流通销售领域，食盐批发企业可开展跨区域经营。现有食盐定点生产企业许可证和食盐批发企业许可证不再重新核发，有效期延至2018年12月31日。从2018年1月1日开始，现有食盐定点生产企业和批发企业可依照新的规定申请许可，根据许可范围从事相应的经营活动。

（十七）切实落实工作责任。各省级人民政府对本行政区域内盐业体制改革负总责，要加强组织领导，明确各有关部门的监管责任，按照本方案确定的改革方向和主要原则，结合实际制定具体工作方案，安排好政府食盐储备、边远贫困地区及经济欠发达的边疆民族地区碘盐供应财政补贴等工作，全面落实改革各项任务。国务院各有关部门要按照方案要求，抓紧制定配套政策措施，建立协作联动机制，形成监管合力。国家发展改革委、工业和信息化部要加强工作指导和统筹协调，并做好督促检查和效果评估，对改革中出现的新问题及时研究提出解决办法，确保食盐安全和市场稳定，重大问题及时向国务院报告。

四、工商

工商总局、发展改革委、公安部、财政部、人力资源社会保障部、城乡建设部、农业部、商务部、海关总署、质检总局、新闻出版广电总局、旅游局、气象局关于推进全国统一"多证合一"改革的意见

工商企注字〔2018〕31号

按照《国务院办公厅关于加快推进"多证合一"改革的指导意见》(国办发〔2017〕41号,下称《意见》)要求,"多证合一"改革于2017年10月1日起在全国全面实施。为切实解决各地改革不平衡、不协同、不充分等问题,按照李克强总理关于"'多证合一'改革要有名有实"指示精神,工商总局等十三部门现就推进全国统一"多证合一"改革达成以下一致意见:

一、明确涉企证照事项整合范围

按照《意见》对整合证照事项条件的要求,经总结各地做法,各相关部门协商确定,在"五证合一"基础上,将19项涉企(包括企业、个体工商户、农民专业合作社,下称企业)证照事项进一步整合到营业执照上,首批实行"二十四证合一"。对全国统一"多证合一"改革涉企证照事项目录(见附件1)实行动态更新管理,对目录以外符合整合要求的证照事项,分期分批纳入"多证合一"范畴,做到成熟一批、整合一批。相关部门应按照职责分工,依法履行管理职责。对法律法规明确为行政审批和许可性质的涉企证照事项,不予整合。

二、完善工作流程

"多证合一"改革工作采取工商部门负责登记、备案等信息采集推送、相关职能部门直接接收或认领导入相互关联的业务流程模式。在"五证合一"登记制度改革工作机制及技术方案的基础上,继续全面实行"一套材料、一表登记、一窗受理"的工作模式。申请人办理企业注册登记时自行填写"一张表格",向"一个窗口"提交"一套材料",登记部门直接核发加载统一社会信用代码的营业执照。

三、推进信息互联互通和共享应用

工商部门根据企业登记申请及各部门确认的企业经营范围规范表述和信息需求,将企业信息全量或部分通过省级共享平台(信用信息共享平台、政务信息平台、国家企业信用信息公示系统等,下同)或省级部门间数据接口实现共享。各部门认真研究制定本部门、本系统"多证合一"改革信息互联共享工作的原则以及措施办法,尽快推进省级部门、部门垂管系统与目前省级共享平台实现对接,打通数据传输通道,在省级层面实现信息自动推送、导入、转换。

四、规范信息采集项目

以减轻企业负担、提高行政效能为目标,实行相同信息"一次采集、一档管理",避免让企业重复提交材料。现有企业登记信息能够满足相关部门业务办理和监管需要的,由工商部门推送给相关部门,相关部门不再另行重复采集。确需工商部门一并采集信息的,由各相关部门以便利登记、利于监管、精简采集为原则提出信息需求,工商部门梳理汇总后形成工商部门登记数据共享信息项(见附件2.1)和"多证合一"政府部门共享信息项(见附件2.2)并纳入企业登记材料规范和企业登记全程电子化系统。对于在办理工商登记阶段申请人尚不具备的以及申请人填报有误的备案信息,相关部门通过履行管理职能要求申请人修改或更正,不影响企业登记以及发放营业执照。各地通过营业执照二维码、电子营业执照和国家企业信用信息公示系统公示企业整合证照事项信息。

五、推进"多证合一、一照一码"营业执照应用

各相关部门在本系统内加强"多证合一、一照一码"营业执照的认可、使用、推广。企业登记信息能够满足政府管理部门需要的涉企证照事项,进一步整合到营业执照上,被整合证照不再发放,不再要求企业提供关于整合证照事项的额外证明材料。推动"多证合一"改革成果跨区域、跨部门、跨行业应用,打通最后一公里,服务企业"一照一码"走天下。

六、加强事中事后监管

各部门强化监管理念,转变监管方式,指导各地由"坐等企业上门"改为通过平台及时认领企业信息,主动规范企业经营行为,加强事中事后监管。对工商部门一并采集的备案信息,相关职能部门要跟进完善,加强规范管理,在事中事后监管过程中修改或更正的备案信息,要及时、准确反馈工商部门。各部门要确保企业信息的完整、准确和一致,不断完善跨部门联合惩戒机制,建立健全信用约束机制,积极引导企业自律,加强社会监督,使"多证合一"改革成为推动形成新型市场监管体制机制的催化剂。

七、实施步骤及任务分工

(一)前期准备阶段(2018年3月—6月)。国务院各部门对本部门证照事项提出信息

采集需求和经营范围标准化表述,工商部门修改补充企业登记注册材料,根据各部门业务应用需求,联合制定"多证合一"信息化技术方案(见附件3)和"多证合一"信息化数据规范,各省加强信息系统建设改造,夯实基础和提供技术保障,确保数据在部门间实现顺畅传输和共享。"多证合一"信息化数据规范将另行发文,与本文件具有同等效力。

(二)全面实施阶段(2018年6月底)。各省全面执行全国统一"多证合一"改革涉企证照事项目录,将国家层面的整合证照事项全部纳入本省"多证合一"改革范畴。对于本省已经整合但不属于国家层面整合证照事项的,若符合登记、备案性质且效果良好的,可以继续推行;若不符合登记、备案性质,要及时进行调整。各省工商部门在核准登记后1个工作日内将企业登记信息和"多证合一"备案信息通过省级共享平台或省级部门间数据接口自动、定向推送给证照事项所属的省级相关部门,省级相关部门在3个工作日内接收、认领、核实共享信息。

(三)总结评估阶段(2018年7月—12月)。各部门联合对各地执行全国统一"多证合一"改革工作进行督查,梳理总结经验做法,查找存在的问题,进一步完善相关措施。

八、其他事项

各地要充分考虑"多证合一"实施后窗口人员和系统设备的承载能力,全面加强登记窗口的人员、设施力量和经费保障,通过优化结构、统筹协通,配足配强窗口人员,通过优化支出结构,加大投入力度,保障系统开发改造如期完成;建立推进全国统一"多证合一"改革部门协同机制,省级各部门建立企业信息接收、办理情况定期通报制度,各部门应根据各自职责积极落实本意见,加强对各地的业务指导和督导考核,确保从2018年6月底前起全面执行全国统一"多证合一"改革涉企证照事项目录。

附件1:全国统一"多证合一"改革涉企证照事项目录(含经营范围规范表述用语)(略——编者注)

附表2.1:"多证合一"工商部门登记数据共享信息项(略——编者注)

附表2.2:"多证合一"政府部门共享信息表(略——编者注)

附件3:"多证合一"信息化技术方案(略——编者注)

工商总局　发展改革委
公安部　财政部
人力资源社会保障部
城乡建设部　农业部
商务部　海关总署
质检总局
新闻出版广电总局
旅游局　气象局
2018年3月1日

国家工商行政管理总局关于调整工商登记前置审批事项目录的通知

工商企注字〔2018〕24号

各省、自治区、直辖市及计划单列市、副省级市工商行政管理局、市场监督管理部门：

2017年11月4日，第十二届全国人民代表大会常务委员会第三十次会议通过了《全国人民代表大会常务委员会关于修改〈中华人民共和国会计法〉等十一部法律的决定》，对《中华人民共和国民用航空法》相关行政审批条款进行修改，将通用航空企业经营许可由工商登记前置审批改为后置审批。据此，我局对《工商总局关于严格落实先照后证改革严格执行工商登记前置审批事项的通知》（工商企注字〔2015〕65号）附件《工商登记前置审批事项目录》和《企业变更登记、注销登记前置审批指导目录》再次进行了调整，现予公布。请遵照执行。

附件：1. 工商登记前置审批事项目录（2017年11月）
　　　2. 企业变更登记、注销登记前置审批指导目录（2017年11月）

国家工商行政管理总局
2018年2月11日

附件1

工商登记前置审批事项目录（2017年11月）

	序号	项目名称	实施机关	设定依据
法律明确的工商登记前置审批事项目录	1	证券公司设立审批	证监会	《中华人民共和国证券法》
	2	烟草专卖生产企业许可证核发	国家烟草专卖局	《中华人民共和国烟草专卖法》《中华人民共和国烟草专卖法实施条例》（国务院令第223号）
	3	烟草专卖批发企业许可证核发	国家烟草专卖局或省级烟草专卖行政主管部门	《中华人民共和国烟草专卖法》《烟草专卖法实施条例》（国务院令第223号）
	4	营利性民办学校（营利性民办培训机构）办学许可	县级以上人民政府教育行政部门、县级以上人民政府劳动和社会保障行政部门	《中华人民共和国民办教育促进法》
国务院决定保留的工商登记前置审批事项目录	1	民用爆炸物品生产许可	工业和信息化部	《民用爆炸物品安全管理条例》（国务院令第466号）
	2	爆破作业单位许可证核发	省级、设区的市级人民政府公安机关	《民用爆炸物品安全管理条例》（国务院令第466号）
	3	民用枪支（弹药）制造、配售许可	公安部、省级人民政府公安机关	《中华人民共和国枪支管理法》
	4	制造、销售弩或营业性射击场开设弩射项目审批	省级人民政府公安机关	《国务院对确需保留的行政审批项目设定行政许可的决定》（国务院令第412号）《公安部国家工商行政管理局关于加强弩管理的通知》（公治〔1999〕1646号）
	5	保安服务许可证核发	省级人民政府公安机关	《保安服务管理条例》（国务院令第564号）
	6	涉及国家规定实施准入特别管理措施的外商投资企业的设立及变更审批	商务部、国务院授权的部门或地方人民政府	《中华人民共和国中外合资经营企业法》《中华人民共和国中外合作经营企业法》《中华人民共和国台湾同胞投资保护法》《中华人民共和国外资企业法》
	7	设立经营个人征信业务的征信机构审批	中国人民银行	《征信业管理条例》（国务院令第631号）

（续表）

	序号	项目名称	实施机关	设定依据
国务院决定保留的工商登记前置审批事项目录	8	卫星电视广播地面接收设施安装许可审批	新闻出版广电总局	《卫星电视广播地面接收设施管理规定》（国务院令第129号）《关于进一步加强卫星电视广播地面接收设施管理的意见》（广发外字〔2002〕254号）
	9	设立出版物进口经营单位审批	新闻出版广电总局	《出版管理条例》（国务院令第594号）
	10	设立出版单位审批	新闻出版广电总局	《出版管理条例》（国务院令第594号）
	11	境外出版机构在境内设立办事机构审批	新闻出版广电总局 国务院新闻办	《国务院对确需保留的行政审批项目设定行政许可的决定》（国务院令第412号）《外国企业常驻代表机构登记管理条例》（国务院令第584号）
	12	境外广播电影电视机构在华设立办事机构审批	新闻出版广电总局 国务院新闻办	《国务院对确需保留的行政审批项目设定行政许可的决定》（国务院令第412号）《外国企业常驻代表机构登记管理条例》（国务院令第584号）
	13	危险化学品经营许可	县级、设区的市级人民政府安全生产监督管理部门	《危险化学品安全管理条例》（国务院令第591号）
	14	新建、改建、扩建生产、储存危险化学品（包括使用长输管道输送危险化学品）建设项目安全条件审查；新建、改建、扩建储存、装卸危险化学品的港口建设项目安全条件审查	设区的市级以上人民政府安全生产监督管理部门；港口行政管理部门	《危险化学品安全管理条例》（国务院令第591号）
	15	烟花爆竹生产企业安全生产许可	省级人民政府安全生产监督管理部门	《烟花爆竹安全管理条例》（国务院令第455号）
	16	外资银行营业性机构及其分支机构设立审批	银监会	《中华人民共和国银行业监督管理法》《外资银行管理条例》（国务院令第478号）
	17	外国银行代表处设立审批	银监会	《中华人民共和国银行业监督管理法》《外资银行管理条例》（国务院令第478号）
	18	中资银行业金融机构及其分支机构设立审批	银监会	《中华人民共和国银行业监督管理法》《中华人民共和国商业银行法》

(续表)

	序号	项目名称	实施机关	设定依据
国务院决定保留的工商登记前置审批事项目录	19	非银行金融机构(分支机构)设立审批	银监会	《中华人民共和国银行业监督管理法》《金融资产管理公司条例》(国务院令第297号)
	20	融资性担保机构设立审批	省级人民政府确定的部门	《国务院对确需保留的行政审批项目设定行政许可的决定》(国务院令第412号)《国务院关于修改〈国务院对确需保留的行政审批项目设定行政许可的决定〉的决定》(国务院令第548号)《融资性担保公司管理暂行办法》(银监会令2010年第3号)
	21	外国证券类机构设立驻华代表机构核准	证监会	《国务院对确需保留的行政审批项目设定行政许可的决定》(国务院令第412号)《国务院关于管理外国企业常驻代表机构的暂行规定》(国发〔1980〕272号)
	22	设立期货专门结算机构审批	证监会	《期货交易管理条例》(国务院令第627号)
	23	设立期货交易场所审批	国务院或证监会	《期货交易管理条例》(国务院令第627号)
	24	证券交易所设立审核、证券登记结算机构设立审批	国务院	《中华人民共和国证券法》
	25	专属自保组织和相互保险组织设立审批	保监会	《国务院对确需保留的行政审批项目设定行政许可的决定》(国务院令第412号)
	26	保险公司及其分支机构设立审批	保监会	《中华人民共和国保险法》
	27	外国保险机构驻华代表机构设立审批	保监会	《中华人民共和国保险法》《国务院对确需保留的行政审批项目设定行政许可的决定》(国务院令第412号)《国务院关于管理外国企业常驻代表机构的暂行规定》(国发〔1980〕272号)
	28	快递业务经营许可	国家邮政局或省级邮政管理机构	《中华人民共和国邮政法》

附件 2

企业变更登记、注销登记前置审批事项指导目录(2017 年 11 月)

序号	项目名称	实施部门	设定依据
1	民用爆炸物品销售	省级人民政府民用爆炸物品行业主管部门	《民用爆炸物品安全管理条例》(国务院令第 653 号)
2	保安服务企业变更法定代表人	省级人民政府公安机关	《保安服务管理条例》(国务院令第 564 号)
3	经营劳务派遣业务许可	县级以上地方人力资源社会保障部门	《中华人民共和国劳动合同法》
4	直销企业及其分支机构设立和变更审批	商务部	《直销管理条例》(国务院令第 443 号)
5	对外劳务合作经营资格核准	省级或者设区的市级人民政府商务行政主管部门	《对外劳务合作管理条例》(国务院令第 620 号)
6	个人征信机构设立分支机构、合并或者分立、变更注册资本、变更出资额审批	人民银行	《征信业管理条例》(国务院令第 631 号)
7	出版单位变更名称、主办单位或者其主管机关、业务范围、资本结构,合并或者分立,设立分支机构审批	新闻出版广电总局	《出版管理条例》(国务院令第 594 号)
8	出版物进口经营单位变更名称、业务范围、资本结构、主办单位或者其主管机关,合并或者分立,设立分支机构审批	新闻出版广电总局	《出版管理条例》(国务院令第 594 号)
9	印刷业经营者申请兼营或者变更从事出版物印刷经营活动审批	省级人民政府新闻出版广电行政主管部门	《印刷业管理条例》(国务院令第 315 号)
10	内资电影制片单位变更、终止审批	省级人民政府新闻出版广电行政主管部门	《电影管理条例》(国务院令第 342 号)
11	中资银行业金融机构及其分支机构变更、终止以及业务范围审批	银监会	《中华人民共和国银行业监督管理法》《中华人民共和国商业银行法》
12	非银行金融机构(分支机构)变更、终止以及业务范围审批	银监会	《中华人民共和国银行业监督管理法》

(续表)

序号	项目名称	实施部门	设定依据
13	外资银行变更注册资本或者营运资金、变更机构名称、营业场所或者办公场所、调整业务范围、变更股东或者调整股东持股比例、修改章程以及终结审批	银监会	《外资银行管理条例》（国务院令第478号）
14	外国银行代表处变更及终止审批	银监会	《外资银行管理条例》（国务院令第478号）
15	融资性担保机构变更审批	省级人民政府确定的部门	《国务院对确需保留的行政审批项目设定行政许可的决定》（国务院令第412号）《国务院对确需保留的行政审批项目设定行政许可的决定》（国务院令第548号）
16	证券登记结算机构解散审批	证监会	《中华人民共和国证券法》
17	证券公司为客户买卖证券提供融资融券服务审批	证监会	《中华人民共和国证券法》
18	证券公司设立、收购或者撤销分支机构，变更业务范围，增加注册资本且股权结构发生重大调整，减少注册资本，变更持有百分之五以上股权的股东，变更公司章程中的重要条款，合并、分立、解散、破产审批	证监会	《中华人民共和国证券法》《证券公司监督管理条例》（国务院令第522号）
19	证券金融公司解散审批	国务院	《证券公司监督管理条例》（国务院令第522号）
20	期货公司境内及境外期货经纪业务、期货投资咨询业务许可	证监会	《期货交易管理条例》（国务院令第627号）
21	期货公司合并、分立、解散或者破产、变更业务范围、变更注册资本且调整股权结构，新增持有5%以上股权的股东或者控股股东发生变化审批	证监会	《期货交易管理条例》（国务院令第627号）
22	外国证券类机构驻华代表机构名称变更核准	证监会	《国务院对确需保留的行政审批项目设定行政许可的决定》（国务院令第412号）《国务院关于管理外国企业常驻代表机构的暂行规定》（国发〔1980〕272号）

（续表）

序号	项目名称	实施部门	设定依据
23	使用"交易所"字样的交易场所审批	国务院或国务院金融管理部门、省级人民政府	《国务院关于清理整顿各类交易场所切实防范金融风险的决定》（国发〔2011〕38号）
24	从事保险、信贷、黄金等金融产品交易的交易场所审批	国务院相关金融管理部门	《国务院关于清理整顿各类交易场所切实防范金融风险的决定》（国发〔2011〕38号）
25	保险公司变更名称、变更注册资本、变更公司或者分支机构的营业场所、撤销分支机构、公司分立或者合并、修改公司章程、变更出资额占有限责任公司资本总额百分之五以上的股东，或者变更持有股份有限公司股份百分之五以上的股东及保险公司终止（解散、破产）审批	保监会	《中华人民共和国保险法》
26	专属自保组织和相互保险组织合并、分立、变更、解散审批	保监会	《国务院对确需保留的行政审批项目设定行政许可的决定》（国务院令第412号）
27	保险资产管理公司重大事项变更审批。保险资产管理公司及其分支机构终止（解散、破产和分支机构撤销）审批	保监会（会同证监会）	《国务院对确需保留的行政审批项目设定行政许可的决定》（国务院令第412号）
28	保险集团公司及保险控股公司合并、分立、变更、解散审批	保监会	《国务院对确需保留的行政审批项目设定行政许可的决定》（国务院令第412号）
29	外国保险机构驻华代表机构重大事项变更审批	保监会	《国务院对确需保留的行政审批项目设定行政许可的决定》（国务院令第412号）《国务院关于发布〈中华人民共和国国务院关于管理外国企业常驻代表机构的暂行规定〉的通知》（国发〔1980〕272号）
30	烟草制品生产企业分立、合并、撤销的审批	国家烟草专卖局	《中华人民共和国烟草专卖法》《烟草专卖法实施条例》（国务院令第223号）
31	营利性民办学校（营利性民办培训机构）名称、层次、类别的变更、分立、合并、终止	县级以上人民政府教育行政部门、县级以上人民政府劳动和社会保障行政部门	《中华人民共和国民办教育促进法》

注：以上前置审批事项，涉及工商登记事项的，凭审批文件办理变更、注销登记。

工商总局办公厅关于清理规范外商投资企业授权登记工作的通知

工商办字〔2018〕18号

各省、自治区、直辖市及计划单列市、副省级市工商行政管理局、市场监督管理部门：

依据现行的外商投资管理法律规定，国家对外商投资企业实行授权登记管理体制，外商投资企业的登记管理机关是工商总局和经工商总局授予外商投资企业核准登记权的地方工商和市场监管部门（以下称"被授权局"）。未经工商总局授权，任何机关都不具备外商投资企业登记注册的法定权限。近期，总局在地方调研中发现，有个别地方擅自调整外商投资企业登记管理体制，出现外商投资企业营业执照多头签发的现象，这不仅违反《中外合资经营企业法》《中外合作经营企业法》《外资企业法》以及《外商投资授权登记管理办法》的有关规定，同时也严重破坏了我国外商投资企业登记管理秩序。为严格规范外商投资企业登记注册工作，全面纠正违法违规等擅自签发外商投资企业营业执照行为，维护外资登记授权体制严肃性，总局决定对外商投资企业授权登记工作进行一次全面清理规范。现将有关事项通知如下：

一、工作重点

此次清理规范工作的重点是纠正未经授权或超越授权范围擅自改变外商投资企业登记机关、违法签发营业执照的行为：

1. 被授权局超越被授权范围、擅自委托或再授权其他行政机关行使登记权的；
2. 其他行政机关未经工商总局授权，擅自履行外商投资企业登记注册职能的；
3. 地方工商和市场监督部门未经工商总局授权，擅自开展外商投资企业登记注册工作的；
4. 违反国家法律法规和产业政策登记注册外商投资企业的。

二、工作安排

第一阶段（2018年1月—3月），各地工商和市场监管部门按照《外商投资授权登记管理办法》的有关规定开展自纠自查。3月底前，各省级工商和市场监管部门要将本省自查自纠及整改情况形成书面报告，上报总局外商投资企业注册局。

第二阶段（2018年4月至6月底），总局组织开展外商投资企业登记注册工作的专项督察。

三、工作要求

（一）明确责任，建立工作机构。此次清理规范工作旨在加强外资企业营业执照管理，提高营业执照公信力。各地工商和市场监管部门要高度重视,建立由企业登记、企业监管、纪检监察、人事等相关部门组成的规范工作领导小组,严格依法依规,开展自查,明晰情况,务求取得实效。

(二)制定方案,认真部署自查自纠工作。各地工商和市场监管部门要针对存在的突出问题,结合本地实际,研究制定规范工作的具体实施方案,明确目标任务、整治进度,提出具体时间安排。对目前正在履行外商投资企业登记注册职能的所有部门,要进行全面梳理,开展监督检查。

(三)积极落实,及时开展整改工作。各地工商和市场监管部门要边检查边整改。未经工商总局授权的行政机关,一律不得再开展外商投资企业登记注册工作,也不得变相开展外商投资企业登记注册工作。各级被授权局擅自将外商投资企业登记职能再授权其他行政机关行使的,该行为无效,应及时将该职能收回原被授权局履行。

(四)重点督查,确保规范工作取得实效。工商总局将派出督察组,对各地开展的清理规范工作组织检查。对清理规范工作搞形式、走过场,达不到目标要求的,督促整改;情节严重的,进行通报批评、追究相关责任。上级被授权局要切实加强对下级被授权局的指导和监督管理,及时制止超越被授权范围、违反国家法律法规的行为。对整改不力或对辖区内下级被授权局规范不到位的,工商总局将撤回有关单位部分或全部外商投资企业登记管理授权。

工商总局办公厅
2018 年 1 月 23 日

工商总局办公厅关于进一步统一规范企业登记注册管理工作的通知

工商办字〔2018〕1 号

统一规范企业登记注册管理工作是各级工商行政管理和市场监督管理部门(以下简称工商部门)贯彻落实党的十九大精神,推动建立中国特色社会主义商事制度的重要举措,是实现"放管服"与依法行政有机统一的有力抓手,也是工商部门规范登记职能,进一步优化、提升、拓展登记注册便利化改革成果的迫切需要。为统筹推进工作落实,现就有关事项通知如下:

一、实施全国统一的企业登记身份信息管理

实施企业登记身份信息管理(以下简称身份信息管理),是落实国家关于实名登记制度部署,推进社会诚信体系建设,优化营商环境的重要举措。

(一)统筹推进身份信息管理工作。工商总局将制定印发关于实行企业登记身份信息管理的通知,明确实施身份信息管理的具体安排和工作要求,逐步实现身份信息"一经注册验

证、全国联网应用"。各地工商部门要认真落实工商总局通知要求,切实做好本地身份信息管理工作。

(二)建设应用统一身份信息管理系统。工商总局将建立全国统一的身份信息管理系统,各地工商部门要做好本地业务系统与全国统一身份信息管理系统的对接。自2018年12月31日,在办理登记注册业务时,身份信息管理对象应当通过身份信息管理系统完成身份验证。通过提交虚假材料、冒用他人身份等欺诈手段骗取工商登记的,自行承担相应法律责任。

二、推进企业登记注册规范化建设

(一)规范名称登记管理。各地登记机关应严格落实工商总局有关企业名称登记管理改革建设方案的要求,尽快完成相关接口建设,及时下载并动态维护相关数据,确保工商总局统一建立的全国企业名称禁限用规则基础数据与本地数据库的有效应用,为申请人提供企业名称开放查询和更加便利化、规范化的企业名称登记服务。

(二)规范经营范围登记。工商总局将制定印发关于优化经营范围登记管理提升工商注册便利化的意见及相关经营范围规范化表述和新兴行业指导目录,鼓励推动新业态、新行业的发展,各地工商部门要认真贯彻执行。在此基础上,工商总局建立全国统一的经营范围规则基础信息库,建立健全相应的动态维护机制。各地企业登记部门应使用全国统一的经营范围规则基础信息库,结合大数据等技术手段,为申请人提供智能化、标准化、规范化的经营范围登记服务。

(三)规范营业执照管理。工商总局统一制定印发电子营业执照签发、管理和应用规范,各地工商部门应结合实际做好电子营业执照的发放工作,推动电子营业执照在电子商务和电子政务领域的广泛应用。营业执照的法定签发单位是各地工商部门或合并工商职能的市场监督管理部门,营业执照签发单位和营业执照加盖印章单位应当一致,不得在营业执照上加盖非签发单位印章,各地工商部门不得擅自更改营业执照版式和记载事项。实施"同城通办"的地方,应确保签发加盖企业住所所在地登记机关印章的营业执照。

(四)规范登记材料和文书格式。工商总局将结合"多证合一"等改革举措,进一步精简文书表格、压缩提交材料数量,统一印发新版企业登记申请文书规范和提交材料规范。各地工商部门应严格按照工商总局的标准执行,不得随意添加、修改或减少申请人所需提交的申请文书和材料。各地工商部门因"多证合一"改革中信息共享产生的本地化信息采集需求,确需增加文书规范有关事项和提交材料规范的,应由省级工商部门报经工商总局批准后,通过申请文书规范附表等形式扩展实现。

(五)规范登记窗口建设。各地工商部门要切实加强窗口的规范化建设,副省级以上登记机关应抓紧制定出台适合本地区实际情况的企业登记窗口建设标准及方案,并报工商总局备案。各地工商部门要加强督促检查,对落实窗口建设标准及方案的情况进行验收和责任考核。

(六)规范登记系统建设。在对相关法律、法规等进行梳理分析和详细解读的基础上,工商总局将根据"互联网+政务服务"的总体要求,制定统一企业登记注册系统建设方案,强化相关业务和数据标准的规范统一和技术方案的贯彻执行,分步推进全国统一的企业登记注册信息化系统建设工作。

三、加强制度和机制建设

（一）严格执行"形式审查"制度。各地工商部门应按照《国务院关于印发注册资本登记制度改革方案的通知》（国发〔2014〕7号）的规定，充分尊重市场主体民事权利，明确政府对市场主体和市场活动监督管理的行政职责，区分民事争议与行政争议的界限，对工商登记环节中的申请材料实行形式审查，提交材料齐全、符合法定形式的应予办理工商登记。各地工商部门要加大宣讲力度、做好沟通工作，获得社会理解，争取司法尊重，引导被侵权人对侵权人提起民事诉讼，因"形式审查"登记导致的败诉，登记机关应尊重和严格执行司法判决或裁决，不追究无过错登记人员责任。

（二）实施"审核合一"登记制度。各地工商部门要落实"简化程序，提高效率"的要求，实施企业登记"审核合一"。企业登记全程均由同一登记人员负责受理、审查、核准等各环节业务，实行"审核合一、一人通办"制度。

（三）保障企业办事途径的自主选择权利。各地工商部门不得将预约办理或网上办理作为受理登记业务的唯一模式，要确保为申请人提供全程电子化和现场两种以上业务办理渠道，方便申请人自主选择，并根据业务量动态调整两种模式的服务资源。提供预约服务的，预约时限不得超过3个工作日。

（四）做好新版文书、规范换用工作。各地工商部门应于2018年年底前，全面完成新版申请文书规范和提交材料规范换用工作（含信息系统自动生成的文书材料），并对本辖区内擅自变动前置登记材料和办事环节问题进行清理和整改。省级工商部门要加强组织领导，做好新旧衔接，确保登记工作正常有序开展，并及时将有关清理整改情况报送工商总局。

四、加强领导、强化监督，确保各项工作任务落到实处

（一）认真做好传达落实工作。各地工商部门要做好本通知的学习、传达、贯彻工作，要把统一规范企业登记注册管理工作的各项任务作为当前及今后一段时期的工作重点，研究制定符合本地实际的工作方案。要根据通知要求，提前谋划准备，合理安排本地信息化系统建设等相关工作，避免出现不必要的浪费。

（二）强化监督考核。各地工商部门要健全和完善落实各项工作任务和工作要求的责任机制，加强组织领导，加大监督考核力度，确保各项工作取得实效。省级工商部门要适时针对通知中有关工作开展督导检查，及时发现和解决存在的问题，建立情况通报机制，推动各项工作落实到位。

（三）加强宣传引导。各地工商部门要积极采取有效措施，通过各种途径加大通知中有关改革举措的宣传力度，加强政策解读和办事指导，引导服务对象更好地理解改革，更多地参与和分享改革成果。

个体工商户、农民专业合作社相关工作参照本通知执行。

工商总局办公厅
2018年1月5日

工商总局关于深化商标注册便利化改革切实提高商标注册效率的意见

工商标字〔2017〕213号

各省、自治区、直辖市及计划单列市、副省级市工商行政管理局、市场监督管理部门,总局机关各司局、直属单位:

为深入贯彻党的十九大精神,全面落实习近平新时代中国特色社会主义思想,按照党的十九大报告关于"强化知识产权创造、保护、运用"的明确要求,落实国务院《"十三五"市场监管规划》关于实施商标品牌战略的部署,进一步提高商标审查质量和审查效率,充分发挥品牌引领经济发展的重要作用,创造良好营商环境,现就深化商标注册便利化改革提出以下意见。

一、强化改革力度,明确改革目标

按照党中央、国务院决策部署,围绕深入实施商标品牌战略,深化商标注册便利化改革,完善商标审查体制机制,聚焦国际领先水平,促进商标审查质量和效率全面提升,有效应对商标注册申请量高速增长的态势,进一步缩短商标审查业务周期。在2017年底实现商标注册申请受理通知书发放时间由3个月压缩到2个月、商标注册审查周期由9个月压缩到8个月的基础上,2018年底前实现以下目标:商标注册申请受理通知书发放时间由2个月压缩到1个月,商标注册审查周期由8个月压缩到6个月,商标转让审查周期由6个月压缩到4个月,商标变更、续展审查周期由3个月压缩到2个月,商标检索盲期由3个月压缩到2个月。

二、推进简政放权,改革体制机制

(一)加快建设商标审查协作中心。在现有商标审查协作中心形成规模化审查能力基础上,重庆商标审查协作中心2018年4月形成实际审查能力。同时,根据商标申请量增长实际,统筹增设2至3个京外商标审查协作中心。现有商标审查协作中心根据承担的审查任务,适度扩大规模和人员数量。

(二)提升地方商标受理窗口服务水平。加快地方商标受理窗口申请设置审批,将原来的集中审批改为随申请随审批。开通地方商标受理窗口网上申请权限,增设个人网上申请自助终端,扩展受理商标业务范围。安排人员指导当事人提交网上申请,增加商标业务流程信息查询、商标注册申请受理通知书打印发放等功能,提供商标业务咨询,进一步增强公共服务能力。

(三)加强对各商标审查协作中心的指导与监管。加强审查人员岗位资格考核和审查质量监督管理,严格落实商标工作各环节的时限要求,实现对审查人员、审查内容的双随机抽检。加强审查标准、工作规程执行的监督指导,定期召开各商标审查协作中心参加的审查业务会议,共同研究商标审查业务重大问题,确保审查标准执行一致。

三、优化审查流程,提高审查效率

(四)加快商标注册申请受理通知书发放。加大扫描录入、书式审查等前期处理能力,优化流程环节,强化节点管控,量化目标任务。2018年上半年实现商标注册申请受理通知书电子发文、当事人网上自行打印,进一步缩短发放时间。

(五)缩短商标检索盲期。调配增加各商标审查协作中心形式审查能力,按实质审查工作比例,充实形式审查工作人员,调整优化形式审查工作流程,明显缩短外网检索盲期。

(六)推广商标业务电子发文。整合精简现有400多种商标书式,推动商标业务发文逐步由纸质邮寄转化成电子发放。加快推进电子送达和电子注册证系统的建设,提高流程信息透明度,开通短信和邮件提示功能,取代和优化部分纸质发文功能。

(七)提高变更、转让、续展审查效率。继续发挥商标后续业务快速审查通道作用,支持实体经济发展。合理分配京外商标审查协作中心承担变更、转让、续展审查任务。规范商标变更、转让、续展审查标准,优化工作流程。引导当事人通过网上申请方式办理商标变更、转让、续展,提升网上申请占比。

(八)推进商标审查工作独任制。根据商标申请量的增长,适度扩充实质审查人员数量,加强独任审查人员培养,优化独任资格考核,扩大独任审查员规模。加快京外商标审查协作中心商标审查能力建设,缩短商标实质审查周期。

四、强化技术支撑,提升智能水平

(九)全面推进商标注册申请全程电子化。在已经实施商标电子公告的基础上,2017年底实现商标初步审定后一周内刊发初审公告,自申请到发放商标注册证的周期整体缩短1至2个月。加快商标电子送达和电子注册证系统的建设工作,同时推动商标评审、异议、撤销三年不使用等网上申请建设规划立项工作,2019年完成商标公共服务的全程电子化系统建设。

(十)提升商标审查智能化水平。继续完善、优化商标注册与管理自动化系统,提高审查系统稳定性及运行速度,为保障审查效率提供技术支撑。建立商标案例数据库,便于查阅检索历史资料。建立智能审查辅助系统,运用大数据、云计算、全文检索等先进技术手段,辅助生成审查审理意见。探索图形商标智能化检索技术,研究通过图像识别、机器学习、人工智能技术优化商标审查检索结果,提升商标图形检索质量和效能。

五、推动法律修改,夯实改革基础

(十一)研究简化商标申请受理条件和审查事项。论证取消提交主体资格证明文件的要求,简化申请材料。论证补正、缴费环节后置,便于受理通知书先行发放。论证取消相对理由审查的可行性。

(十二)论证改革商标异议和评审程序。研究将异议申请的法定期限由3个月缩短到2个月,将补充证据期限由3个月缩短到2个月,压缩商标确权周期。

(十三)探索增强注册商标的使用义务。论证建立依职权清理闲置注册商标的制度,增加商标权利人在注册后一定时间内及续展时提供使用证据的义务,杜绝商标囤积情况和为买卖而注册商标。加大对侵权假冒行为的处罚力度。

六、加强宣传引导,促进社会共治

(十四)加大商标法律知识的宣传普及。发挥总局门户网站、中国商标网普法宣传功能。建立商标法律普及宣传长效机制,充分运用互联网传播平台,推进"互联网+商标法律宣传"行动。积极开展"4·26全国知识产权宣传周"、"5·10中国品牌日"等专题活动。发布中国商标品牌战略年度发展报告。

(十五)努力提升社会共治水平。加强与电商平台、实体商超等经营主体的沟通,引导其正确认识商标文书的法律意义,避免给商标申请人增加额外义务,回应利益相关方对商标文书的正常诉求。充分发挥商标代理机构对商标工作的积极作用,促使其正确引导商标申请人对商标工作的认识和商标申请的预期,进一步提高商标代理的质量和水平,减少商标申请补正、不予受理、驳回及被提起异议的概率,增加商标申请人的满意度。

七、精心组织实施,确保改革成效

(十六)统一思想认识。加强思想引导,切实把思想和行动统一到习近平总书记在十九大报告中关于"强化知识产权创造、保护、运用"的要求上来,统一到总局党组关于深化商标注册便利化改革的决策部署上来,深刻认识理解进一步完善商标审查体制机制、提高商标审查质量和审查效率的重要性和紧迫性。

(十七)加强组织领导。工商总局商标改革领导小组负责总体规划,全面协调统筹推进改革工作,研究解决改革进程中遇到的重大问题。

(十八)完善协调机制。建立商标工作联席会议制度,健全工作沟通机制,确保商标业务工作的顺利推进。总局相关司局和直属单位支持各商标审查协作中心开展工作,发挥职能作用。

(十九)及时保障经费。适应改革任务需求,加强商标业务经费和信息化建设经费保障。适度调整商标申请单件成本,按年度审查数量和质量及时核算拨付商标审查协作中心经费。

(二十)建设人才队伍。努力推进商标审查审理队伍专业化建设,不断优化调整充实审查审理人员力量。支持京外商标审查协作中心的机构设置和人员编制等工作。开展总局相关司局与京外商标审查协作中心干部双向挂职工作。强化商标辅助人员的长效管理和培训。

各单位要统一思想,凝聚共识,形成合力,把党的十九大报告提出"加快建设创新型国家"、"强化知识产权创造、保护、运用"的要求落到实处,回应社会关切,满足社会诉求,解决企业的实际问题,以商标注册便利化改革为抓手,深入实施商标品牌战略,推动实现中国产品向中国品牌转变,促进经济社会持续健康快速发展。

工商总局

2017年11月14日

工商总局关于落实"证照分离"改革举措促进企业登记监管统一规范的指导意见

工商企注字〔2017〕175号

各省、自治区、直辖市工商行政管理局、市场监管部门：

为了深化涉企证照改革,破解企业面临的"办照容易办证难""准入不准营"等突出问题,加快营造稳定公平透明、可预期的营商环境,国务院印发了《关于在更大范围推进"证照分离"改革试点工作的意见》(国发〔2017〕45号)(以下简称45号文件),现就落实文件工作要求,推进企业(含个体工商户、农民专业合作社,下称企业)"证照分离"改革,履行企业登记职责,加强事中事后监管、促进企业登记统一规范提出以下意见。

一、认真落实"证照分离"改革的各项举措

一是建立涉企证照改革目录管理工作机制。各地工商和市场监管部门要积极推动省级人民政府建立省级审批部门沟通与协调工作机制,根据本地区实际情况出台落实改革措施。要主动与审批部门对接沟通,从审批部门、审批层级、证照关系等多角度对"证照分离"事项进行梳理,与各部门逐项对表。要规范涉及工商登记事项的经营范围,形成《"证照分离"事项登记指导目录》,并根据"证照分离"事项调整情况及时调整目录内容。同时,要做好前置审批目录、后置审批目录和"多证合一"改革整合证照目录的更新和发布,逐步建立完善涉企证照目录动态化管理机制。

二是做好企业登记信息部门共享推送工作。"证照分离"事项中,属于工商登记后置审批事项的,各地工商和市场监管部门要按照《国务院关于"先照后证"改革后加强事中事后监管的意见》(国发〔2015〕62号)要求,认真履行好"双告知"职责;对于不属于前置审批和后置审批事项但与企业登记的经营范围有直接关系的事项,可按审批、主管部门要求实现信息互通共享;对于审批权限属于国家级审批部门的,要及时在国家企业信用信息公示系统、省级人民政府的企业信息共享平台发布,方便审批、监管部门查询获取。

三是强化部门反馈信息归集和公示。各地要积极推动省级人民政府建立部门信息反馈机制,协调审批部门在收到工商和市场监管部门告知的企业登记信息后,及时反馈接收情况。推动各审批部门在为企业办理完毕相关许可证后,实时通过全国企业信用信息公示系统或省级人民政府的企业信息共享平台将办证信息反馈给工商和市场监管部门。工商和市场监管部门要将反馈信息统一归集到企业名下,实现企业统一社会信用代码的"一码贯通"。

二、依法理清证照关系,加强对营业执照的统一规范管理

各地工商和市场监管部门在推进"多证合一"和"证照分离"改革过程中要深刻领会改

革精神,加强对营业执照的统一管理,配合相关部门做好各类行政许可事项的分类管理,处理好营业执照和许可证之间的关系,依法维护营业执照的权威性、规范性、严肃性。

一是明确营业执照的法律属性。营业执照是企业登记机关依照法律规定条件和程序,核发给市场主体用来证明其具有民事权利能力和民事行为能力的凭证,是企业具备市场主体资格的唯一合法凭证,也是企业从事一般行业营业资格的基础和凭证。营业执照的颁发既标志着市场主体具备了主体资格,也标志着其具备了从事一般行业经营活动的经营资格,具有相关权利能力及行为能力。纸质营业执照和电子营业执照具备同等法律效力。

二是厘清营业执照与许可证的关系。企业申请登记的经营范围中属于前置许可经营项目的,应先行取得审批部门批准的许可证,再向企业登记机关申请营业执照,企业登记机关依照审批机关的批准文件、证件进行登记。企业申请登记的经营范围中属于后置许可经营项目的,依法先向企业登记机关申请取得营业执照,再向审批部门申请许可证,获得审批部门批准后,企业方可从事特定经营活动。企业登记机关在经营范围后标注"(依法须经批准的项目,经相关部门批准后方可开展经营活动)"。除国家法律、行政法规和国务院决定规定需经审批部门批准取得许可证后方可从事经营活动的特殊管制行业外,企业凭营业执照即可开展一般经营活动。

三是统一规范营业执照的签发应用。营业执照作为涉及各类市场主体的身份凭证和从事一般行业经营的资格凭证,需要保持其自身的稳定性和统一性,要在统一的管理规范和管理机构的规制下,才能保证营业执照具备全国范围的通用性,真正发挥营业执照作为市场主体"身份证"在市场经济中的基础性作用,实现企业"一照走天下"。各地工商和市场监管部门要依法履行登记机关职能,按照法定条件和程序,统一核发加载统一社会信用代码的营业执照,做到管理标准统一、执照样式统一、信息项目统一,不得擅自调整版式或增减《营业执照》的记载内容。

三、积极探索统一规范的业务操作系统

一是加强顶层设计,坚持省级统筹。各地在推进各项改革任务和专项业务时,要坚持"省级统一"的业务应用系统建设模式。要严格执行《工商总局等六部门关于贯彻落实〈国务院办公厅关于加快推进"三证合一"登记制度改革的意见〉的通知》(工商企注字〔2015〕121号),实行统一的登记条件、登记程序和登记申请文书材料规范。各地要制定科学、合理、统一的标准规范,明确共享的数据内容、范围和周期频率。对于机构整合后的各应用系统,要通过应用融合、数据整合、平台关联、系统集成等方式将孤立的信息系统逐步纳入到一体化应用系统中。在统一业务规则、优化业务流程、细化业务逻辑、规范业务操作的基础上,积极推进全国统一的业务应用系统建设,在具备条件的地区和业务领域先行试点示范。

二是强化数据建设,创新管理模式。各地要以市场主体注册登记信息为基础,整合市场监管、消费维权、行政执法信息,以及相关部门、行业协会的信息,形成工商大数据资源体系。要积极探索运用大数据支撑市场一体化监管的统计、预测、预警等分析型应用,为政府依法行政、高效履职提供决策支持。要不断完善大数据共享交换机制,依托国家企业信用信息公示系统和政府信息共享交换平台,规范跨部门、跨地区信息共享的内容和方式,推进工商数据在各业务领域和各层级的共享开放。

三是健全工作机制,保障信息安全。要严格按照信息系统安全等级保护和涉密信息系统分级保护管理规定,建立全国统一要求的网络信息安全保障体系。加强安全技术防护和涉密载体管理,切实做好安全检查、等级分级测评、风险评估和整改提高工作。加强各级工商部门网站运行和安全管理,严格规范网站的信息审核发布,提高网站的安全运行管理水平。要加强数据安全管理,建立应急处理机制,加强应急预案管理,提高对安全突发事件的应对和处置能力。

四、加强事中事后监管

一是厘清监管职责,推进综合监管。对于取消审批或审批改为备案、实行告知承诺制等类事项,要逐项研究细化自律准则和标准,强化日常监管,按照"谁审批、谁监管,谁主管、谁监管"的要求,厘清监管职责,落实监管责任,防止"自由落体"。在此基础上,围绕监管需求,有效整合所涉监管执法部门,建立登记注册、行政审批、行业主管相互衔接的综合监管制度,加强系统集成,实施监管执法的流程再造,积极打造综合监管模式,形成监管合力。依托"双随机、双评估、双公示"监管协同长效机制,推动实现各监管部门联合检查常态化,提升综合监管效能。

二是强化信息归集,加强风险研判。根据《政府部门涉企信息统一归集公示工作实施方案》要求,依托国家企业信用信息公示系统,统一归集公示各部门登记、许可、备案等准入信息和行政处罚、抽查检查结果等监管信息,探索实现部门间企业基础信息、相关信用信息共享,以信息互联共享推动工商系统内部业务协同、部门间执法联动和社会共治。要强化互联网思维,以"互联网+"和大数据技术为支撑,探索实行"互联网+监管"模式,充分发挥国家企业信用信息公示系统的重要作用,整合监管执法、网络监测、违法失信、投诉举报等相关信息,形成监管大数据,提高大数据分析应用能力,以风险防范为底线,开展对监管风险的多部门联合研判,提高发现、控制和化解风险的能力,提高科学监管水平,推进社会协同治理。

三是加强部门联动,实施联合惩戒。不断完善企业经营异常名录制度和严重违法失信企业名单制度,建立健全信息沟通共享机制和案件协查移送机制,实现工商部门、审批部门、行业主管部门以及其他相关部门间的信息实时共享,加强跨部门联动响应和失信惩戒,构建"一处违法、处处受限"的联合惩戒机制。探索对特定的"黑名单"市场主体在相关领域的准入环节启动实质性审查,增加失信者进入市场的成本。

五、统筹推进各项改革

一是统筹推进"证照分离"和"多证合一"改革。各地要统筹推进"证照分离"和"多证合一"改革,加大部门间信息共享力度,推进省级信息共享平台和企业信用信息公示系统的建设和完善,将企业信息及时共享给各相关部门使用。要做好《"证照分离"事项登记指导目录》和"多证合一"范围的动态更新管理,对于"证照分离"改革后属于信息采集、记载公示和管理备查类的各种证照,只要符合"多证合一"整合原则,还可继续按照"多证合一"标准和要求整合到营业执照上,做到"成熟一批、整合一批";对于"证照分离"改革后取消审批的事项,不再纳入"多证合一"范围。

二是统筹推进"证照分离"和"企业登记全程电子化"改革。各地要配合"证照分离"改革的推进,抓紧推进本地区企业登记全程电子化进程,有效扩展、规范和优化传统登记注册流程,提升信息采集的效率和准确率。要秉持更加开放、更加便捷、更加高效的原则,主动打破部门壁垒,将企业登记全程电子化系统同本省统一的政务信息共享交换平台、政务信息审批系统等进行有效衔接,推进企业登记全程电子化与相关行政审批和监管执法部门之间的信息交换共享和业务协同联动,减少企业登记部门和行政许可审批部门之间信息的不对称性,提高市场主体信息的透明度。

三是统筹推进"证照分离"和"电子营业执照"改革。各地要配合"证照分离"和"多证合一"改革的开展,形成以总局为全国统一信任源点的电子营业执照运行管理体系。要同步推进电子营业执照在本地政务系统中的应用,发挥电子营业执照无介质、防篡改的特性,积极主动做好各部门的对接,为各部门开发开放数据和应用接口、提供市场主体身份识别服务,逐步使电子营业执照成为各行政审批部门在进行网上审批和监管时认证企业身份、管理企业信息的有效方式和工具,逐步发挥电子营业执照在市场主体和相关法人、股东身份识别、电子签名、电子档案、信息查询等方面的作用。

四是统筹推进"证照分离"和经营范围登记便利化改革。各地要主动适应新产业、新行业、新业态持续涌现的新情况,坚持"发展与规范管理相结合",贯彻落实好《企业经营范围登记管理规定》。要配合推进"证照分离"改革需要,加强对"证照分离"改革涉及到的各行政许可项目的研究,明确、规范各行政许可事项的经营范围表述,并按照《国民经济行业分类》(GB/T4754-2017)及时进行系统改造,调整经营范围表述,做好"证照分离"后置审批、监管部门的信息推送工作共享。

六、做好"证照分离"改革的组织保障

一是加强组织领导。"证照分离"改革牵涉面广、情况复杂,各地要充分认识"证照分离"改革的重要意义,高度重视,加强组织领导,勇于担当,落实推进改革的各项举措。要积极争取地方党委、政府的支持,主动参与实施方案的制定,形成政府支持、部门协同的工作机制。

二是注重宣传引导。要利用各种形式向社会广泛宣传,提高公众对各项改革的知晓度,营造良好的改革氛围。利用政府网站等载体,将工商登记的统一表式、提交材料规范以及《工商登记前置审批事项目录》《工商登记后置审批事项目录》《"证照分离"事项登记指导目录》等向社会及时公告。引导申请人规范登记材料、规范经营范围表述,为与审批、监管部门的信息共享奠定基础。

三是提升窗口服务质量。各地要优化人员配置,选好配强窗口工作人员。要积极争取各级党委政府的支持,通过增加编制、整合机构、政府购买服务等方式增加窗口人手;要结合本地区实际,确定工商登记窗口队伍人员数量与服务企业数量的最低比例要求;要优化窗口人员构成,规定公务员和事业编制人员数量与临时聘用人员数量配比的最低比例;要加强业务培训,建立窗口队伍全员培训机制,窗口人员每人每年脱产培训时间不少于三个工作日;要完善工作机制,形成标准化窗口工作流程,严格执行"业务种类相同、办理程序相同、办理标准相同、办理时限相同、解释口径相同",坚决杜绝审查标准宽严不一的现象。

四是严肃督查考核问责。各地要建立严格考核问责机制和激励机制,对于在督查和检

查工作中发现的,因工作落实不到位而影响商事制度改革工作成效的情况,要严肃追究主要负责人和相关人员的责任。对于先进工作典型,要以适当形式进行激励表扬。要建立健全行政效率和服务质量考核评价体系,增强公开透明的监督约束力度,树立良好的廉政形象。

工商总局
2017 年 9 月 30 日

国家工商行政管理总局关于支持河北雄安新区规划建设的若干意见

工商综字〔2017〕161 号

设立河北雄安新区,是以习近平同志为核心的党中央作出的一项重大的历史性战略选择,是深入推进京津冀协同发展的一项重大决策部署,具有重大现实意义和深远历史意义。积极支持河北雄安新区规划建设,是工商和市场监管部门落实中央决策部署的具体行动,是推进工商和市场监管事业改革发展的重要举措。根据雄安新区规划建设需要,立足工商行政管理职能,本着改革创新、先行先试的原则,提出如下支持意见:

一、依法将"雄安"字样在企业名称核准中予以特殊保护。

二、雄安新区工商和市场监管部门可以将"河北雄安"作为行政区划使用,参照企业名称行政区划登记管理有关规定,住所在雄安新区的企业可以冠以"河北雄安"字样。

三、授予雄安新区工商和市场监管部门外商投资企业登记管理权限。

四、支持雄安新区优化企业经营登记范围方式,对《国民经济行业分类》中没有规范的新兴行业或者具体经营项目,可以参照政策文件、行业习惯、专业文献等提出申请。

五、支持雄安新区推行"证照分离"改革试点。通过开展"证照分离"改革试点,进一步清理和取消一批行政许可事项,提高办理行政许可事项的透明度和可预期性,释放企业创新创业活力,增强经济发展动力。严格按照"谁审批、谁监管,谁主管、谁监管"的原则,做好"证照分离"改革后事中事后监管体制机制建设,探索各项监管措施创新。

六、支持雄安新区广告产业发展。支持建设广告产业园区,高起点、高标准、高水平规划园区定位及发展建设。充分利用雄安新区的优惠政策、产业优势,布局广告战略和品牌战略基地。鼓励和引导广告产业向雄安新区布点聚集。

七、支持雄安新区构建大数据监管模型。搭建统一的大数据监管平台,工商和市场监管部门的企业公示信息通过国家企业信用信息公示系统与其他政府部门实现互联共享,实现对大数据的综合分析研判。建立风险监测预警机制,提高随机抽查的精准性和时效性,实现监管的科学性和高效性。在推进建立经营异常名录、严重违法失信企业名单和失信约束、联合惩戒机制,以及探索建立综合监管执法等方面先行先试。

八、支持雄安新区创新对新业态的监管。完善监管标准和规范,建立鼓励发展和有效规范相结合的监管机制,促进大众创业、万众创新。

九、在雄安新区工商和市场监管部门设立商标专用权质押登记受理点和商标注册申请受理窗口。

十、授予雄安新区驰名商标保护案件管辖权,办理相关案件,并按照相关规定向河北省工商行政管理局报送相关请示、案件材料。

十一、支持雄安新区强化商标知识产权等保护。依法将"中国雄安""雄安"字样在商标注册工作中予以保护。加大对驰名商标、地理标志商标等知名品牌的保护力度,打击侵犯知识产权和企业合法权益的行为,切实保护商标专用权。

工商总局
2017年9月25日

国家工商行政管理总局关于做好外商投资企业实行备案管理后有关登记注册工作的通知

工商企注字〔2016〕189号

各省、自治区、直辖市及计划单列市、副省级市工商行政管理局、市场监督管理部门：

2016年9月3日,第十二届全国人民代表大会常务委员会第二十二次会议通过了《修改〈中华人民共和国外资企业法〉等四部法律的决定》(中华人民共和国主席令第51号)(以下简称"《修法决定》"),对《中华人民共和国外资企业法》《中华人民共和国中外合资经营企业法》和《中华人民共和国中外合作经营企业法》(以下合称"外资三法")以及《中华人民共和国台湾同胞投资保护法》(以下称"台胞投资法")相关行政审批条款进行修改,将不涉及国家规定实施准入特别管理措施的外商投资企业的设立和变更,由审批改为备案管理,自2016年10月1日起实施。为确保《修法决定》的顺利实施,认真做好外商投资企业登记注册与外商投资企业审批改备案管理的有效衔接,现将有关事项通知如下：

一、统一思想认识,深刻领会外资法律修订实施的重要意义

(一)外资法律修订实施是构建开放型经济新体制的客观需要。

党的十八大以来,党中央、国务院对改革涉外投资审批体制,探索对外商投资实行准入前国民待遇加负面清单的管理模式,促进构建开放型经济新体制作出了一系列重要战略部署。全国人大常委会审议通过《修法决定》,将上海、广东、天津、福建四个自由贸易试验区试验成熟的外商投资负面清单管理模式上升为法律,在全国范围内进行复制推广,是我国外商投资管理体制的一次重大变革,对于进一步提升我国外商投资便利化、规范化水平及透明度具有十分重要的意义。

（二）外资法律修订实施是深化商事制度改革的内在要求。

进一步削减工商登记前置审批事项，是当前大力推进政府职能转变、深化商事制度改革的重点工作之一。此次全国人大常委会审议通过《修法决定》，将不涉及国家规定实施准入特别管理措施的审批事项修改为备案管理，充分体现了政府部门简政放权、放管结合、优化服务的改革方向，有利于进一步降低外资市场准入门槛，减少外资准入行政审批成本，是我国当前深化商事制度改革，持续改善营商环境的内在要求。

（三）外资法律修订实施是对工商行政管理工作提出的新任务。

根据《修法决定》，境外投资者在国家规定实施外商投资准入特别管理措施（以下简称《负面清单》）以外的产业进行投资的，商务部门的备案证明不是企业进行工商登记的前置条件。工商行政管理部门直接受理不涉及《负面清单》管理的外商投资企业设立、变更登记申请。这是在深入推进商事制度改革的攻坚阶段对工商行政管理部门提出的新任务、新挑战。各级工商行政管理部门要从全面贯彻落实党的十八大以来关于全面深化改革、进一步扩大开放重要部署的战略高度，充分认识《修法决定》的重要意义，主动适应新形势新任务新要求，切实增强责任意识，认真做好《修法决定》贯彻实施的各项工作。

二、规范登记行为，为外商投资企业提供便捷高效的市场准入服务

（一）明确登记管辖，完善外商投资企业登记管理体制。

国家对外商投资企业实行授权登记管理体制，外商投资企业的登记管理机关（以下简称"登记机关"）是国家工商总局和经国家工商总局授予外商投资企业核准登记权的地方工商和市场监管部门（以下简称"外资被授权局"）。不涉及《负面清单》管理的外商投资企业的设立、变更（备案）和注销登记，原则上实行属地管辖，由外商投资企业所在地最基层一级外资被授权局负责办理。涉及《负面清单》管理的外商投资企业的设立、变更（备案）和注销登记，仍继续执行级别管辖原则。

已经设立的外商投资企业变更登记不涉及《负面清单》管理的，企业可以自主选择向原登记机关申请登记或者向所在地最基层一级外资被授权局申请登记；已经设立的外商投资企业变更登记涉及《负面清单》管理的，或在本次变更登记中发生审批机关审批权限调整的，企业可以自主选择向原登记机关申请登记或者向与审批机关同级的外资被授权局申请登记，同级没有外资被授权局的，也可向上一级外资被授权局申请登记。

省级登记机关可以根据当地工作实际，对辖区内不同级别外资被授权局的登记管辖范围进行适当调整。法律、行政法规、规章对企业登记管辖有特别规定的按其规定办理。

（二）明确登记规则，依法履行外商投资企业登记职责。

境外投资者在《负面清单》以外产业投资的，可以直接向登记机关申请外商投资企业设立、变更（备案）和注销登记，无需提交商务主管部门出具的备案证明；境外投资者在《负面清单》内投资的，其向登记机关申请外商投资企业设立、变更和注销登记时，依法提交商务主管部门出具的批复和批准证书。《外商投资企业登记提交材料规范》中的"审批机关的批准文件（批复和批准证书副本1）"修改为"审批机关的批准文件（批复和批准证书副本1）（仅限于涉及外商投资准入特别管理措施的企业提供）"。

各级登记机关要严格执行企业登记管理的程序性规定，按照内外资企业一致的原则履行审查责任,切实保障登记程序的规范和审查标准的统一。

(三)依法规范登记,准确适用外商投资企业登记管理规定。

此次《修法决定》仅涉及对外商投资企业行政审批条款的调整。各级登记机关要根据引进外资的不同形式,准确适用相应的法律、行政法规、国务院决定和国家有关外商投资的其他规定。

2016年10月1日以前,申请人已经取得商务主管部门的批复和批准证书,但尚未到登记机关申请办理登记注册的,登记机关仍按照原"外资三法"和"台胞投资法"的规定办理登记注册。

国务院发布或者批准发布《负面清单》以前,登记机关仍按照原"外资三法"和"台胞投资法"的规定办理登记注册。

三、加强组织领导,确保《修法决定》的顺利实施

(一)注重统筹推进,强化学习培训和宣传引导。

各地要高度重视、统筹谋划、跟踪督促、狠抓落实,确保外商投资企业登记注册与外商投资企业审批改备案管理的有效衔接。要通过多种形式,采取多种方法,组织开展对《修法决定》和《负面清单》有关规定的学习培训,切实提高登记注册工作人员服务外商投资企业的业务能力。要充分利用各种媒介,做好有关政策的宣传解读,及时解答和回应企业和社会关注的热点问题,引导外国投资者和外商投资企业正确识别外资准入的不同管理要求和登记流程,确保外商投资企业管理新制度的顺利实施。

(二)运用信息化手段,提高登记注册工作效能。

各地要依托现代信息技术,对企业登记注册业务系统进行改造升级,及时将《负面清单》目录嵌入其中,实现办理外商投资企业登记注册流程时的自动提示,切实提高登记效率。各地要及时将《修法决定》和《负面清单》加载到外网登记平台入口,引导企业自主选择经营范围,依法提交登记申请材料。

各地要切实加强与有关部门的沟通协商,对于外商投资企业申请事项是否涉及《负面清单》管理或者登记注册中遇到相关疑难问题的,要主动征求同级发展改革和商务主管部门的意见,切实维护国家产业安全。

(三)积极推动建立部门信息共享协作机制。

按照国家企业信用信息公示平台建设的总体要求,加强和有关部门的沟通协调,建立和完善信息共享机制,利用国家企业信用信息公示系统或企业信息共享平台,及时发布外商投资企业登记注册信息,供其他行政管理部门查询认领、做好后续监管工作,共同推进外商投资准入前国民待遇加负面清单管理模式在全国范围的推广落地。

台胞投资企业、港澳同胞投资企业参照适用上述要求。

各省、自治区、直辖市及计划单列市、副省级市工商和市场监督管理部门要将贯彻实施《修法决定》的情况和执行过程中发现的问题及时报总局企业注册局(外商投资企业注册局)。

工商总局

2016年9月30日

五、海关

中华人民共和国海关企业信用管理办法

海关总署令第 237 号

《中华人民共和国海关企业信用管理办法》已于 2018 年 1 月 29 日经海关总署署务会议审议通过,现予公布,自 2018 年 5 月 1 日起施行。

2014 年 10 月 8 日海关总署令第 225 号公布的《中华人民共和国海关企业信用管理暂行办法》同时废止。

署长　于广洲
2018 年 3 月 3 日

中华人民共和国海关企业信用管理办法

第一章　总　则

第一条　为推进社会信用体系建设,建立企业进出口信用管理制度,促进贸易安全与便利,根据《中华人民共和国海关法》《中华人民共和国海关稽查条例》《企业信息公示暂行条例》以及其他有关法律、行政法规的规定,制定本办法。

第二条　海关注册登记和备案企业以及企业相关人员信用信息的采集、公示,企业信用状况的认定、管理等适用本办法。

第三条　海关根据企业信用状况将企业认定为认证企业、一般信用企业和失信企业。认证企业分为高级认证企业和一般认证企业。

海关按照诚信守法便利、失信违法惩戒原则,对上述企业分别适用相应的管理措施。

第四条　海关根据社会信用体系建设有关要求,与国家有关部门实施守信联合激励和失信联合惩戒,推进信息互换、监管互认、执法互助(以下简称"三互")。

第五条 认证企业是中国海关经认证的经营者(AEO)。中国海关依据有关国际条约、协定以及本办法,开展与其他国家或者地区海关的 AEO 互认合作,并且给予互认企业相关便利措施。

中国海关根据国际合作的需要,推进"三互"的海关合作。

第二章 信用信息采集和公示

第六条 海关可以采集能够反映企业信用状况的下列信息:

(一)企业注册登记或者备案信息以及企业相关人员基本信息;

(二)企业进出口以及与进出口相关的经营信息;

(三)企业行政许可信息;

(四)企业及其相关人员行政处罚和刑事处罚信息;

(五)海关与国家有关部门实施联合激励和联合惩戒信息;

(六)AEO 互认信息;

(七)其他能够反映企业信用状况的相关信息。

第七条 海关建立企业信用信息管理系统,对有关企业实施信用管理。企业应当于每年1月1日至6月30日通过企业信用信息管理系统向海关提交《企业信用信息年度报告》。

当年注册登记或者备案的企业,自下一年度起向海关提交《企业信用信息年度报告》。

第八条 企业有下列情形之一的,海关将其列入信用信息异常企业名录:

(一)未按照规定向海关提交《企业信用信息年度报告》的;

(二)经过实地查看,在海关登记的住所或者经营场所无法查找,并且无法通过在海关登记的联系方式与企业取得联系的。

列入信用信息异常企业名录期间,企业信用等级不得向上调整。

本条第一款规定的情形消除后,海关应当将有关企业移出信用信息异常企业名录。

第九条 海关应当在保护国家秘密、商业秘密和个人隐私的前提下,公示下列信用信息:

(一)企业在海关注册登记或者备案信息;

(二)海关对企业信用状况的认定结果;

(三)海关对企业的行政许可信息;

(四)海关对企业的行政处罚信息;

(五)海关与国家有关部门实施联合激励和联合惩戒信息;

(六)海关信用信息异常企业名录;

(七)其他依法应当公示的信息。

海关对企业行政处罚信息的公示期限为5年。

海关应当公布上述信用信息的查询方式。

第十条 自然人、法人或者非法人组织认为海关公示的信用信息不准确的,可以向海关提出异议,并且提供相关资料或者证明材料。

海关应当自收到异议申请之日起 20 日内进行复核。自然人、法人或者非法人组织提出异议的理由成立的,海关应当采纳。

第三章 企业信用状况的认定标准和程序

第十一条 认证企业应当符合海关总署制定的《海关认证企业标准》。

《海关认证企业标准》分为高级认证企业标准和一般认证企业标准。

第十二条 企业有下列情形之一的,海关认定为失信企业:

(一)有走私犯罪或者走私行为的;

(二)非报关企业1年内违反海关监管规定行为次数超过上年度报关单、进出境备案清单、进出境运输工具舱单等相关单证总票数千分之一且被海关行政处罚金额累计超过100万元的;

报关企业1年内违反海关监管规定行为次数超过上年度报关单、进出境备案清单、进出境运输工具舱单等相关单证总票数万分之五且被海关行政处罚金额累计超过30万元的;

(三)拖欠应缴税款或者拖欠应缴罚没款项的;

(四)有本办法第八条第一款第(二)项情形,被海关列入信用信息异常企业名录超过90日的;

(五)假借海关或者其他企业名义获取不当利益的;

(六)向海关隐瞒真实情况或者提供虚假信息,影响企业信用管理的;

(七)抗拒、阻碍海关工作人员依法执行职务,情节严重的;

(八)因刑事犯罪被列入国家失信联合惩戒名单的;

(九)海关总署规定的其他情形。

当年注册登记或者备案的非报关企业、报关企业,1年内因违反海关监管规定被海关行政处罚金额分别累计超过100万元、30万元的,海关认定为失信企业。

第十三条 企业有下列情形之一的,海关认定为一般信用企业:

(一)在海关首次注册登记或者备案的企业;

(二)认证企业不再符合《海关认证企业标准》,并且未发生本办法第十二条规定情形的;

(三)自被海关认定为失信企业之日起连续2年未发生本办法第十二条规定情形的。

第十四条 企业申请成为认证企业,应当向海关提交《适用认证企业管理申请书》。海关按照《海关认证企业标准》对企业实施认证。

第十五条 海关应当自收到《适用认证企业管理申请书》之日起90日内对企业信用状况是否符合《海关认证企业标准》作出决定。特殊情形下,海关认证时限可以延长30日。

第十六条 通过认证的企业,海关制发《认证企业证书》;未通过认证的企业,海关制发《不予适用认证企业管理决定书》。《认证企业证书》《不予适用认证企业管理决定书》应当送达申请人,并且自送达之日起生效。

企业主动撤回认证申请的,视为未通过认证。

未通过认证的企业1年内不得再次向海关提出认证申请。

第十七条 申请认证期间,企业涉嫌走私被立案侦查或者调查的,海关应当终止认证。

企业涉嫌违反海关监管规定被立案调查的,海关可以终止认证。

申请认证期间,企业被海关稽查、核查的,海关可以中止认证。中止时间超过3个月的,海关终止认证。

第十八条 海关对高级认证企业每3年重新认证一次,对一般认证企业不定期重新认证。

重新认证前,海关应当通知企业,并且参照企业认证程序进行重新认证。对未通过重新认证的,海关制发《企业信用等级认定决定书》,调整企业信用等级。《企业信用等级认定决定书》应当送达企业,并且自送达之日起生效。

重新认证期间,企业申请放弃认证企业管理的,视为未通过认证。

第十九条 认证企业被海关调整为一般信用企业管理的,1年内不得申请成为认证企业。认证企业被海关调整为失信企业管理的,2年内不得成为一般信用企业。

高级认证企业被海关调整为一般认证企业管理的,1年内不得申请成为高级认证企业。

第二十条 自被海关认定为失信企业之日起连续2年未发生本办法第十二条规定情形的,海关应当将失信企业调整为一般信用企业。

失信企业被调整为一般信用企业满1年,可以向海关申请成为认证企业。

第二十一条 企业有分立合并情形的,海关对企业信用状况的认定结果按照以下原则作出调整:

(一)企业发生存续分立,分立后的存续企业承继分立前企业的主要权利义务的,适用海关对分立前企业的信用状况认定结果,其余的分立企业视为首次注册登记或者备案企业;

(二)企业发生解散分立,分立企业视为首次注册登记或者备案企业;

(三)企业发生吸收合并,合并企业适用海关对合并后存续企业的信用状况认定结果;

(四)企业发生新设合并,合并企业视为首次注册登记或者备案企业。

第二十二条 海关或者企业可以委托社会中介机构就企业认证相关问题出具专业结论。

第四章 管理措施

第二十三条 一般认证企业适用下列管理措施:

(一)进出口货物平均查验率在一般信用企业平均查验率的50%以下;

(二)优先办理进出口货物通关手续;

(三)海关收取的担保金额可以低于其可能承担的税款总额或者海关总署规定的金额;

(四)海关总署规定的其他管理措施。

第二十四条 高级认证企业除适用一般认证企业管理措施外,还适用下列管理措施:

(一)进出口货物平均查验率在一般信用企业平均查验率的20%以下;

(二)可以向海关申请免除担保;

(三)减少对企业稽查、核查频次;

(四)可以在出口货物运抵海关监管区之前向海关申报;

(五)海关为企业设立协调员;

(六)AEO互认国家或者地区海关通关便利措施;

（七）国家有关部门实施的守信联合激励措施；
（八）因不可抗力中断国际贸易恢复后优先通关；
（九）海关总署规定的其他管理措施。

第二十五条 失信企业适用下列管理措施：
（一）进出口货物平均查验率在80%以上；
（二）不予免除查验没有问题企业的吊装、移位、仓储等费用；
（三）不适用汇总征税制度；
（四）除特殊情形外，不适用存样留像放行措施；
（五）经营加工贸易业务的，全额提供担保；
（六）提高对企业稽查、核查频次；
（七）国家有关部门实施的失信联合惩戒措施；
（八）海关总署规定的其他管理措施。

第二十六条 高级认证企业适用的管理措施优于一般认证企业。

因企业信用状况认定结果不一致导致适用的管理措施相抵触的，海关按照就低原则实施管理。

第二十七条 认证企业涉嫌走私被立案侦查或者调查的，海关应当暂停适用相应管理措施。认证企业涉嫌违反海关监管规定被立案调查的，海关可以暂停适用相应管理措施。海关暂停适用相应管理措施的，按照一般信用企业实施管理。

第二十八条 企业有本办法规定的向下调整信用等级情形的，海关停止适用相应管理措施，按照调整后的信用等级实施管理。

第五章 附 则

第二十九条 作为企业信用状况认定依据的走私犯罪，以司法机关相关法律文书生效时间为准进行认定。

作为企业信用状况认定依据的走私行为、违反海关监管规定行为，以海关行政处罚决定书作出时间为准进行认定。

企业主动披露且被海关处以警告或者5万元以下罚款的行为，不作为海关认定企业信用状况的记录。

第三十条 本办法下列用语的含义是：

"企业相关人员"，指企业法定代表人、主要负责人、财务负责人、关务负责人等管理人员。

"处罚金额"，指因发生违反海关监管规定的行为，被海关处以罚款、没收违法所得或者没收货物、物品价值的金额之和。

"拖欠应纳税款"，指自缴纳税款期限届满之日起超过3个月仍未缴纳进出口货物、物品应当缴纳的进出口关税、进口环节海关代征税之和，包括经海关认定违反海关监管规定，除给予处罚外，尚需缴纳的税款。

"拖欠应缴罚没款项"，指自海关行政处罚决定书规定的期限届满之日起超过6个月仍未缴纳海关罚款、没收的违法所得和追缴走私货物、物品等值价款。

"日",指自然日。

"1年",指连续的12个月。

"年度",指1个公历年度。

"以上""以下",均包含本数。

"经认证的经营者(AEO)",指以任何一种方式参与货物国际流通,符合本办法规定的条件以及《海关认证企业标准》并且通过海关认证的企业。

第三十一条 本办法由海关总署负责解释。

第三十二条 本办法自2018年5月1日起施行。2014年10月8日海关总署令第225号公布的《中华人民共和国海关企业信用管理暂行办法》同时废止。

质检总局、海关总署关于《出入境检验检疫机构实施检验检疫的进出境商品目录(2018年)》调整的公告

国家质量监督检验检疫总局、海关总署公告2018年第21号

根据出入境检验检疫法律法规以及2018年《中华人民共和国进出口税则》和贸易管制目录调整情况,国家质量监督检验检疫总局对《出入境检验检疫机构实施检验检疫的进出境商品目录》作了相应调整。现公告如下:

一、将涉及机动车辆的1个海关商品编码8716100000增设海关监管条件"A",检验检疫机构实施进境检验检疫。上述调整自2018年3月1日起执行。

二、将涉及皮革制童鞋的4个海关商品编码6403511190、6403519190、6403911190、6403919190,涉及牙刷的1个海关商品编码9603210000增设海关监管条件"A",检验检疫机构实施进境检验检疫。上述调整自2018年3月1日起执行。

三、取消涉及卷烟产品的4个海关商品编码2402100000、2402200000、2402900001、2402900009海关监管条件"B",检验检疫机构不再实施出境检验检疫。上述调整自2018年2月1日起执行。

四、取消涉及食品添加剂的90个海关商品编码海关监管条件"B",保留海关监管条件"A",检验检疫部门不再实施出境检验检疫,仅实施进境检验检疫。上述调整自2018年2月1日起执行。

五、详细调整内容见附件。结合2018年海关商品编码调整情况,对《出入境检验检疫机构实施检验检疫的进出境商品目录》内编码进行了对应调整。外贸企业可登陆国家质检总局网站(www.aqsiq.gov.cn)"信息公开"栏目,查询《出入境检验检疫机构实施检验检疫的进出境商品目录》。

六、列入《出入境检验检疫机构实施检验检疫的进出境商品目录》的进出境商品,须经出入境检验检疫机构实施检验检疫监管,进出口商品收/发货人或代理人须持出入境检验检疫机构签发的《入境货物通关单》和《出境货物通关单》向海关办理进出口手续。

附件:《出入境检验检疫机构实施检验检疫的进出境商品目录(2018年)》调整表(略——编者注)

2018年1月31日

关于公布大嶝对台小额商品交易市场经营商品范围和数量限制商品清单的公告

海关总署公告2018年第8号

根据《海关总署关于修改部分规章的决定》(海关总署令第235号)修改后的《中华人民共和国海关关于大嶝对台小额商品交易市场管理办法》,现将有关《大嶝对台小额商品交易市场商品经营范围》(附件1)和《携带出大嶝对台小额商品交易市场的数量限制商品清单》(附件2)予以公布,本公告自2018年2月1日起施行。

特此公告。

附件:
1. 大嶝对台小额商品交易市场商品经营范围
2. 携带出大嶝对台小额商品交易市场的数量限制商品清单(略——编者注)

海关总署
2018年1月16日

附件1

大嶝对台小额商品交易市场商品经营范围

一、粮油食品类,包括粮油制品、食用动物及其产品、食用植物及其产品、水产品、食品制成品。

二、土产畜产类,包括茶叶、咖啡、可可、香调料及香料油、山货、畜产品、烟类。

三、纺织服装,包括纺织品、丝织品、服装。

四、工艺品类,包括陶瓷、地毯及装饰挂毯、工艺品。

五、轻工业品类,包括家用电器、箱包及鞋帽、文体用品、日用五金器皿、钟表、家具、日用杂品、纸品、玩具、眼镜、珠宝首饰、日用化妆品、家用医疗器械。

六、医药品类,包括中成药、药酒。

中华人民共和国海关预裁定管理暂行办法

海关总署令第 236 号

《中华人民共和国海关预裁定管理暂行办法》已于 2017 年 12 月 12 日经海关总署署务会议审议通过,现予公布,自 2018 年 2 月 1 日起施行。

署长 于广洲
2017 年 12 月 26 日

中华人民共和国海关预裁定管理暂行办法

第一条 为了促进贸易安全与便利,优化营商环境,增强企业对进出口贸易活动的可预期性,根据《中华人民共和国海关法》以及有关法律、行政法规和我国政府缔结或者加入的有关国际条约、协定的规定,制定本办法。

第二条 在货物实际进出口前,海关应申请人的申请,对其与实际进出口活动有关的海关事务作出预裁定,适用本办法。

第三条 在货物实际进出口前,申请人可以就下列海关事务申请预裁定:

(一)进出口货物的商品归类;

(二)进出口货物的原产地或者原产资格;

(三)进口货物完税价格相关要素、估价方法;

(四)海关总署规定的其他海关事务。

前款所称"完税价格相关要素",包括特许权使用费、佣金、运保费、特殊关系,以及其他与审定完税价格有关的要素。

第四条 预裁定的申请人应当是与实际进出口活动有关,并且在海关注册登记的对外贸易经营者。

第五条 申请人申请预裁定的,应当提交《中华人民共和国海关预裁定申请书》(以下简称《预裁定申请书》)以及海关要求的有关材料。材料为外文的,申请人应当同时提交符合海关要求的中文译本。

申请人应当对提交材料的真实性、准确性、完整性、规范性承担法律责任。

第六条 申请人需要海关为其保守商业秘密的,应当以书面方式向海关提出要求,并且列明具体内容。海关按照国家有关规定承担保密义务。

第七条 申请人应当在货物拟进出口3个月之前向其注册地直属海关提出预裁定申请。

特殊情况下,申请人确有正当理由的,可以在货物拟进出口前3个月内提出预裁定申请。

一份《预裁定申请书》应当仅包含一类海关事务。

第八条 海关应当自收到《预裁定申请书》以及相关材料之日起10日内审核决定是否受理该申请,制发《中华人民共和国海关预裁定申请受理决定书》或者《中华人民共和国海关预裁定申请不予受理决定书》。

申请材料不符合有关规定的,海关应当在决定是否受理前一次性告知申请人在规定期限内进行补正,制发《中华人民共和国海关预裁定申请补正通知书》。补正申请材料的期间,不计入本条第一款规定的期限内。

申请人未在规定期限内提交材料进行补正的,视为未提出预裁定申请。

海关自收到《预裁定申请书》以及相关材料之日起10日内未作出是否受理的决定,也没有一次性告知申请人进行补正的,自收到材料之日起即为受理。

第九条 有下列情形之一的,海关应当作出不予受理决定,并且说明理由:

(一)申请不符合本办法第三条、第四条、第五条或者第七条规定的;

(二)海关规章、海关总署公告已经对申请预裁定的海关事务有明确规定的;

(三)申请人就同一事项已经提出预裁定申请并且被受理的。

第十条 海关对申请人申请预裁定的海关事务应当依据有关法律、行政法规、海关规章以及海关总署公告作出预裁定决定,制发《中华人民共和国海关预裁定决定书》(以下简称《预裁定决定书》)。

作出预裁定决定过程中,海关可以要求申请人在规定期限内提交与申请海关事务有关的材料或者样品;申请人也可以向海关补充提交有关材料。

第十一条 海关应当自受理之日起60日内制发《预裁定决定书》。

《预裁定决定书》应当送达申请人,并且自送达之日起生效。

需要通过化验、检测、鉴定、专家论证或者其他方式确定有关情况的,所需时间不计入本条第一款规定的期限内。

第十二条 有下列情形之一的,海关可以终止预裁定,并且制发《中华人民共和国海关终止预裁定决定书》:

(一)申请人在预裁定决定作出前以书面方式向海关申明撤回其申请,海关同意撤回的;

(二)申请人未按照海关要求提供有关材料或者样品的;

(三)由于申请人原因致使预裁定决定未能在第十一条第一款规定的期限内作出的。

第十三条 预裁定决定有效期为3年。

预裁定决定所依据的法律、行政法规、海关规章以及海关总署公告相关规定发生变化,影响其效力的,预裁定决定自动失效。

申请人就海关对其作出的预裁定决定所涉及的事项,在有效期内不得再次申请预裁定。

第十四条 预裁定决定对于其生效前已经实际进出口的货物没有溯及力。

第十五条 申请人在预裁定决定有效期内进出口与预裁定决定列明情形相同的货物,应当按照预裁定决定申报,海关予以认可。

第十六条 已生效的预裁定决定有下列情形之一的,由海关予以撤销,并且通知申请人:

(一)因申请人提供的材料不真实、不准确、不完整,造成预裁定决定需要撤销的;

(二)预裁定决定错误的;

(三)其他需要撤销的情形。

撤销决定自作出之日起生效。依照前款第(一)项的规定撤销预裁定决定的,经撤销的预裁定决定自始无效。

第十七条 除涉及商业秘密的外,海关可以对外公开预裁定决定的内容。

第十八条 申请人对预裁定决定不服的,可以向海关总署申请行政复议;对复议决定不服的,可以依法向人民法院提起行政诉讼。

第十九条 申请人提供虚假材料或者隐瞒相关情况的,海关给予警告,可以处1万元以下罚款。

第二十条 本办法列明的法律文书,由海关总署另行制定格式文本并且发布。

本办法关于期限规定的"日"是指自然日。

第二十一条 本办法由海关总署负责解释。

第二十二条 本办法自2018年2月1日起施行。

公布2018年出口许可证管理货物目录

商务部、海关总署公告2017年第88号

依据《中华人民共和国对外贸易法》、《中华人民共和国货物进出口管理条例》、《消耗臭氧层物质管理条例》和有关规章,现公布《2018年出口许可证管理货物目录》(以下简称为目录),自2018年1月1日起执行。商务部、海关总署2016年12月30日公布的《2017年出口许可证管理货物目录》同时废止。有关事项公告如下:

一、列入目录的货物有44种,实行出口配额或出口许可证管理。

(一)实行出口配额管理的货物为:活牛(对港澳出口)、活猪(对港澳出口)、活鸡(对香港出口)、小麦、玉米、大米、小麦粉、玉米粉、大米粉、甘草及甘草制品、蔺草及蔺草制品、磷矿石、煤炭、原油、成品油(不含润滑油、润滑脂、润滑油基础油)、锯材、棉花、白银。

出口本款所列上述货物的,需按规定申请取得配额(全球配额或国别、地区配额),凭配额证明文件申领出口许可证。其中,出口甘草及甘草制品、麻黄草及麻黄草制品的,需凭配额招标中标证明文件申领出口许可证。

(二)实行出口许可证管理的货物为:活牛(对港澳以外市场)、活猪(对港澳以外市场)、活鸡(对港澳以外市场)、牛肉、猪肉、鸡肉、天然砂(含标准砂)、矾土、镁砂、滑石块(粉)、氟石(萤石)、稀土、锡及锡制品、钨及钨制品、钼及钼制品、锑及锑制品、焦炭、成品油(润滑油、润滑脂、润滑油基础油)、石蜡、部分金属及制品、硫酸二钠、碳化硅、消耗臭氧层物质、柠檬酸、维生素C、青霉素工业盐、铂金(以加工贸易方式出口)、铟及铟制品、摩托车(含全地形车)及其发动机和车架、汽车(包括成套散件)及其底盘等。其中,对向港、澳、台地区出口的天然砂实行出口许可证管理,对标准砂实行全球出口许可证管理。

消耗臭氧层物质的货样广告品需凭出口许可证出口。企业以一般贸易、加工贸易、边境贸易和捐赠贸易方式出口汽车、摩托车产品,需申领出口许可证,并符合申领许可证的条件;企业以工程承包方式出口汽车、摩托车产品,需凭中标文件等相关证明材料申领出口许可证;企业以上述贸易方式出口非原产于中国的汽车、摩托车产品,需凭进口海关单据和货物出口合同申领出口许可证;其他贸易方式出口汽车、摩托车产品免予申领出口许可证。

(三)以边境小额贸易方式出口以招标方式分配出口配额的货物和属于出口许可证管理的消耗臭氧层物质、摩托车(含全地形车)及其发动机和车架、汽车(包括成套散件)及其底盘等货物的,需按规定申领出口许可证。以边境小额贸易方式出口属于出口配额管理的货物的,由有关地方商务主管部门(省级)根据商务部下达的边境小额贸易配额和要求签发出口许可证。以边境小额贸易方式出口本款上述以外的列入目录的货物,免于申领出口许可证。

(四)铈及铈合金(颗粒<500μm)、钨及钨合金(颗粒<500μm)、锆、铍的出口免于申领出口许可证,但需按规定申领两用物项和技术出口许可证。

(五)我国政府对外援助项下提供的目录内货物不纳入出口配额和出口许可证管理。

二、对玉米、大米、钨及钨制品、锑及锑制品、煤炭、原油、成品油、棉花、白银等货物实行出口国营贸易管理。

继续暂停对润滑油(27101991)、润滑脂(27101992)和润滑油基础油(27101993)一般贸易出口的国营贸易管理,实行出口许可证管理。企业凭货物出口合同申领出口许可证,海关凭出口许可证验放。其他贸易方式下出口管理仍按商务部、发展改革委、海关总署公告2008年第30号的规定执行。

三、加工贸易项下出口目录内货物的,按以下规定执行:

(一)以加工贸易方式出口属于配额管理的货物,凭配额证明文件、有效期内的《加工贸易企业经营状况及生产能力证明》和货物出口合同申领出口许可证。其中,出口以招标方式分配配额的货物,凭有效期内的《加工贸易企业经营状况及生产能力证明》、配额招标中标证明文件、海关加工贸易进口报关单和货物出口合同申领出口许可证。

(二)以加工贸易方式出口属于出口许可证管理的货物,凭有效期内的《加工贸易企业经营状况及生产能力证明》、有关批准文件、海关加工贸易进口报关单和货物出口合同申领出口许可证。其中,申领白银出口许可证需加验商务部批件;加工贸易项下出口成品油(润滑油、润滑脂和润滑油基础油)需凭有效期内的《加工贸易企业经营状况及生产能力证明》、海关加工贸易进口报关单和省级商务主管部门申请函申领出口许可证。加工贸易项下出口成品油(不含润滑油、润滑脂、润滑油基础油)免于申领出口许可证。

四、为实施出口许可证联网核销,对不属于"一批一证"制的货物,出口许可证签发时应在备注栏内填注"非一批一证"。在出口许可证有效期内,"非一批一证"制货物可以多次报关使用,但最多不超过12次。12次报关后,出口许可证即使尚存余额,海关也停止接受报关。属于"非一批一证"制的货物为:

1. 外商投资企业出口货物;
2. 加工贸易方式出口货物;
3. 补偿贸易项下出口货物;
4. 小麦、玉米、大米、小麦粉、玉米粉、大米粉、活牛、活猪、活鸡、牛肉、猪肉、鸡肉、原油、成品油、煤炭、摩托车(含全地形车)及其发动机和车架、汽车(包括成套散件)及其底盘。

消耗臭氧层物质的出口许可证管理实行"一批一证"制,出口许可证在有效期内一次报关使用。

五、为维护对外贸易秩序,对目录内部分货物实行指定口岸报关出口。

(一)甘草出口的报关口岸指定为天津海关、上海海关、大连海关;甘草制品出口的报关口岸指定为天津海关、上海海关。

(二)镁砂项下产品"按重量计含氧化镁70%以上的混合物"(海关商品编码为3824909200)的出口不再指定报关口岸,镁砂项下其他产品的出口指定大连(大窑湾、营口、鲅鱼圈、丹东、大东港、庄河)、青岛(莱州海关)、天津(东港、新港)、长春(图们)、满洲里为报关口岸。

(三)稀土出口的报关口岸指定为天津海关、上海海关、青岛海关、黄埔海关、呼和浩特海关、南昌海关、宁波海关、南京海关和厦门海关。

(四)锑及锑制品出口的报关口岸指定为黄埔海关、北海海关、天津海关。

(五)对台港澳地区出口天然砂的报关口岸限定于企业所在省的海关。

附件:2018年出口许可证管理货物目录(略——编者注)

商务部
海关总署
2017年12月22日

公布 2018 年进口许可证管理货物目录

商务部、海关总署、质检总局公告 2017 年第 89 号

依据《中华人民共和国对外贸易法》、《中华人民共和国货物进出口管理条例》、《消耗臭氧层物质管理条例》和《重点旧机电产品进口管理办法》，现公布《2018 年进口许可证管理货物目录》，自 2018 年 1 月 1 日起执行。商务部、海关总署、质检总局 2016 年 12 月 30 日公布的《2017 年进口许可证管理货物目录》同时废止。

附件：2018 年进口许可证管理货物目录（略——编者注）

商务部
海关总署
质检总局
2017 年 12 月 22 日

关于《中华人民共和国政府和格鲁吉亚政府自由贸易协定》实施相关事宜的公告

海关总署公告 2017 年第 64 号

经国务院批准，《中华人民共和国政府和格鲁吉亚政府自由贸易协定》（以下简称《中格自贸协定》）将于 2018 年 1 月 1 日生效。现将《中格自贸协定》实施相关事宜公告如下：

一、《中格自贸协定》的优惠贸易协定代码为"20"。《中格自贸协定》项下进出口货物的收发货人或其代理人，应按照海关总署公告 2016 年第 51 号和 2017 年第 13 号的有关规定，按照"未实现电子联网"的"无原产地声明模式"填制《中华人民共和国海关进（出）口货物报关单》或者《中华人民共和国海关进（出）境货物备案清单》。

进口报关单上享受协定税率商品的数量不得大于原产地证书上对应商品的数量，且进口报关单上享受协定税率商品的成交计量单位应当与原产地证书上对应商品的计量单位一致。

同一原产地证书项下的出口货物应当在同一份出口报关单申报。

二、《中格自贸协定》项下格鲁吉亚原产地证书的签发机构为格鲁吉亚海关；中国原产地证书的签发机构为国家质量监督检验检疫总局所属的各地出入境检验检疫机构、中国国际贸易促进委员会及其地方分支机构。

特此公告。

海关总署
2017 年 12 月 21 日

关于公布2018年1月1日起新增香港澳门享受零关税货物原产地标准及相关事宜的公告

海关总署公告2017年第59号

根据《内地与香港关于建立更紧密经贸关系的安排》（香港CEPA）和《内地与澳门关于建立更紧密经贸关系的安排》（澳门CEPA）及其相关补充协议，现将海关总署制定的《2018年1月1日起香港CEPA项下新增零关税货物原产地标准表》（见附件1）和《2018年1月1日起澳门CEPA项下新增零关税货物原产地标准表》（见附件2），以及对部分享受货物贸易优惠措施的香港货物原产地标准的修改（见附件3）事宜公告如下：

一、《2018年1月1日起香港CEPA项下新增零关税货物原产地标准表》、《2018年1月1日起澳门CEPA项下新增零关税货物原产地标准表》使用简化的货物名称，自2018年1月1日起执行。新增香港、澳门享受零关税货物的范围，与2017年《中华人民共和国进出口税则》中相应税则号列对应的商品范围一致。

二、海关总署公告2011年第82号附件1《享受货物贸易优惠措施的香港货物原产地标准表（2012年版）》所列税则号列3920.9990的原产地标准已修改，修改后的原产地标准自2018年1月1日起执行。

特此公告。

附件：1. 2018年1月1日起香港CEPA项下新增零关税货物原产地标准表
   2. 2018年1月1日起澳门CEPA项下新增零关税货物原产地标准表
   3. 2018年1月1日起香港CEPA项下修订零关税货物原产地标准表

海关总署
2017 年 12 月 10 日

附件1

2018年1月1日起香港CEPA项下
新增零关税货物原产地标准表

序号	税则号列	货物名称	原产地标准
1	02101110	干、熏、盐制的带骨猪腿	税号改变标准,且符合从价百分比标准。
2	02109900	其他猪杂碎	税号改变标准,且符合从价百分比标准。
3	34049000	其他人造蜡及调制蜡	税号改变标准

附件2

2018年1月1日起澳门CEPA项下新增
零关税货物原产地标准表

序号	税则号列	货物名称	原产地标准
1	90189020	血压测量仪器及器具	税号改变标准
2	90189050	透热疗法设备	税号改变标准
3	90191010	按摩器具	税号改变标准
4	90212900	假牙固定件	税号改变标准
5	90214000	助听器,不包括零件及附件	税号改变标准

附件 3

2018 年 1 月 1 日起香港 CEPA 项下修订零关税货物原产地标准表

序号	税则号列	货物名称	原有原产地标准	新修改原产地标准
1	39209990	其他塑料制的非泡沫塑料板片	(1)从橡胶或塑料制造、造。主要制造工序为模塑;或(2)从聚氯乙烯片制造。主要制造工序为压制及切割。	税号改变标准

中华人民共和国海关暂时进出境货物管理办法

海关总署令第 233 号

《中华人民共和国海关暂时进出境货物管理办法》已于 2017 年 11 月 20 日经海关总署署务会议审议通过,现予公布,自 2018 年 2 月 1 日起施行。2007 年 3 月 1 日海关总署令第 157 号公布的《中华人民共和国海关暂时进出境货物管理办法》、2013 年 12 月 25 日海关总署令第 212 号公布的《海关总署关于修改〈中华人民共和国海关暂时进出境货物管理办法〉的决定》同时废止。

署长　于广洲
2017 年 12 月 8 日

中华人民共和国海关暂时进出境货物管理办法

第一章　总　则

第一条　为了规范海关对暂时进出境货物的监管,根据《中华人民共和国海关法》(以下简称《海关法》)、《中华人民共和国进出口关税条例》(以下简称《关税条例》)以及有关法律、行政法规的规定,制定本办法。

第二条 海关对暂时进境、暂时出境并且在规定的期限内复运出境、复运进境货物的管理适用本办法。

第三条 本办法所称暂时进出境货物包括:
(一)在展览会、交易会、会议以及类似活动中展示或者使用的货物;
(二)文化、体育交流活动中使用的表演、比赛用品;
(三)进行新闻报道或者摄制电影、电视节目使用的仪器、设备以及用品;
(四)开展科研、教学、医疗活动使用的仪器、设备和用品;
(五)在本款第(一)项至第(四)项所列活动中使用的交通工具以及特种车辆;
(六)货样;
(七)慈善活动使用的仪器、设备以及用品;
(八)供安装、调试、检测、修理设备时使用的仪器以及工具;
(九)盛装货物的包装材料;
(十)旅游用自驾交通工具及其用品;
(十一)工程施工中使用的设备、仪器以及用品;
(十二)测试用产品、设备、车辆;
(十三)海关总署规定的其他暂时进出境货物。

使用货物暂准进口单证册(以下称"ATA单证册")暂时进境的货物限于我国加入的有关货物暂准进口的国际公约中规定的货物。

第四条 暂时进出境货物的税收征管依照《关税条例》的有关规定执行。

第五条 除我国缔结或者参加的国际条约、协定以及国家法律、行政法规和海关总署规章另有规定外,暂时进出境货物免予交验许可证件。

第六条 暂时进出境货物除因正常使用而产生的折旧或者损耗外,应当按照原状复运出境、复运进境。

第二章 暂时进出境货物的监管

第七条 ATA单证册持证人、非ATA单证册项下暂时进出境货物收发货人(以下简称"持证人、收发货人")可以在申报前向主管地海关提交《暂时进出境货物确认申请书》,申请对有关货物是否属于暂时进出境货物进行审核确认,并且办理相关手续,也可以在申报环节直接向主管地海关办理暂时进出境货物的有关手续。

第八条 ATA单证册持证人应当向海关提交有效的ATA单证册以及相关商业单据或者证明材料。

第九条 ATA单证册项下暂时出境货物,由中国国际贸易促进委员会(中国国际商会)向海关总署提供总担保。

除另有规定外,非ATA单证册项下暂时进出境货物收发货人应当按照有关规定向主管地海关提供担保。

第十条 暂时进出境货物应当在进出境之日起6个月内复运出境或者复运进境。

因特殊情况需要延长期限的,持证人、收发货人应当向主管地海关办理延期手续,延期最多不超过3次,每次延长期限不超过6个月。延长期届满应当复运出境、复运进境或者办理进出口手续。

国家重点工程、国家科研项目使用的暂时进出境货物以及参加展期在24个月以上展览会的展览品,在前款所规定的延长期届满后仍需要延期的,由主管地直属海关批准。

第十一条 暂时进出境货物需要延长复运进境、复运出境期限的,持证人、收发货人应当在规定期限届满前向主管地海关办理延期手续,并且提交《货物暂时进/出境延期办理单》以及相关材料。

第十二条 暂时进出境货物可以异地复运出境、复运进境,由复运出境、复运进境地海关调取原暂时进出境货物报关单电子数据办理有关手续。

ATA单证册持证人应当持ATA单证册向复运出境、复运进境地海关办理有关手续。

第十三条 暂时进出境货物需要进出口的,暂时进出境货物收发货人应当在货物复运出境、复运进境期限届满前向主管地海关办理进出口手续。

第十四条 暂时进出境货物收发货人在货物复运出境、复运进境后,应当向主管地海关办理结案手续。

第十五条 海关通过风险管理、信用管理等方式对暂时进出境业务实施监督管理。

第十六条 暂时进出境货物因不可抗力的原因受损,无法原状复运出境、复运进境的,持证人、收发货人应当及时向主管地海关报告,可以凭有关部门出具的证明材料办理复运出境、复运进境手续;因不可抗力的原因灭失的,经主管地海关核实后可以视为该货物已经复运出境、复运进境。

暂时进出境货物因不可抗力以外其他原因受损或者灭失的,持证人、收发货人应当按照货物进出口的有关规定办理海关手续。

第三章 暂时进出境展览品的监管

第十七条 境内展览会的办展人以及出境举办或者参加展览会的办展人、参展人(以下简称"办展人、参展人")可以在展览品进境或者出境前向主管地海关报告,并且提交展览品清单和展览会证明材料,也可以在展览品进境或者出境时,向主管地海关提交上述材料,办理有关手续。

对于申请海关派员监管的境内展览会,办展人、参展人应当在展览品进境前向主管地海关提交有关材料,办理海关手续。

第十八条 展览会需要在我国境内两个或者两个以上关区内举办的,对于没有向海关提供全程担保的进境展览品应当按照规定办理转关手续。

第十九条 下列在境内展览会期间供消耗、散发的用品(以下简称"展览用品"),由海关根据展览会的性质、参展商的规模、观众人数等情况,对其数量和总值进行核定,在合理范围内的,按照有关规定免征进口关税和进口环节税:

(一)在展览活动中的小件样品,包括原装进口的或者在展览期间用进口的散装原料制成的食品或者饮料的样品；

（二）为展出的机器或者器件进行操作示范被消耗或者损坏的物料；

（三）布置、装饰临时展台消耗的低值货物；

（四）展览期间免费向观众散发的有关宣传品；

（五）供展览会使用的档案、表格以及其他文件。

前款第（一）项所列货物，应当符合以下条件：

（一）由参展人免费提供并且在展览期间专供免费分送给观众使用或者消费的；

（二）单价较低，作广告样品用的；

（三）不适用于商业用途，并且单位容量明显小于最小零售包装容量的；

（四）食品以及饮料的样品虽未按照本款第（三）项规定的包装分发，但是确实在活动中消耗掉的。

第二十条 展览用品中的酒精饮料、烟草制品以及燃料不适用有关免税的规定。

本办法第十九条第一款第（一）项所列展览用品超出限量进口的，超出部分应当依法征税；第一款第（二）项、第（三）项、第（四）项所列展览用品，未使用或者未被消耗完的，应当复运出境，不复运出境的，应当按照规定办理进口手续。

第二十一条 海关派员进驻展览场所的，经主管地海关同意，展览会办展人可以就参展的展览品免予向海关提交担保。

展览会办展人应当提供必要的办公条件，配合海关工作人员执行公务。

第二十二条 未向海关提供担保的进境展览品在非展出期间应当存放在海关监管作业场所。因特殊原因需要移出的，应当经主管地海关同意，并且提供相应担保。

第二十三条 为了举办交易会、会议或者类似活动而暂时进出境的货物，按照本办法对展览品监管的有关规定进行监管。

第四章 ATA 单证册的管理

第二十四条 中国国际贸易促进委员会（中国国际商会）是我国 ATA 单证册的出证和担保机构，负责签发出境 ATA 单证册，向海关报送所签发单证册的中文电子文本，协助海关确认 ATA 单证册的真伪，并且向海关承担 ATA 单证册持证人因违反暂时进出境规定而产生的相关税费、罚款。

第二十五条 海关总署设立 ATA 核销中心，履行以下职责：

（一）对 ATA 单证册进行核销、统计以及追索；

（二）应成员国担保人的要求，依据有关原始凭证，提供 ATA 单证册项下暂时进出境货物已经进境或者从我国复运出境的证明；

（三）对全国海关 ATA 单证册的有关核销业务进行协调和管理。

第二十六条 海关只接受用中文或者英文填写的 ATA 单证册。

第二十七条 ATA 单证册发生损坏、灭失等情况的，ATA 单证册持证人应当持原出证机构补发的 ATA 单证册到主管地海关进行确认。

补发的 ATA 单证册所填项目应当与原 ATA 单证册相同。

第二十八条 ATA单证册项下暂时进出境货物在境内外停留期限超过ATA单证册有效期的,ATA单证册持证人应当向原出证机构续签ATA单证册。续签的ATA单证册经主管地海关确认后可以替代原ATA单证册。

续签的ATA单证册只能变更单证册有效期限和单证册编号,其他项目应当与原单证册一致。续签的ATA单证册启用时,原ATA单证册失效。

第二十九条 ATA单证册项下暂时进境货物未能按照规定复运出境或者过境的,ATA核销中心应当向中国国际贸易促进委员会(中国国际商会)提出追索。自提出追索之日起9个月内,中国国际贸易促进委员会(中国国际商会)向海关提供货物已经在规定期限内复运出境或者已经办理进口手续证明的,ATA核销中心可以撤销追索;9个月期满后未能提供上述证明的,中国国际贸易促进委员会(中国国际商会)应当向海关支付税费和罚款。

第三十条 ATA单证册项下暂时进境货物复运出境时,因故未经我国海关核销、签注的,ATA核销中心凭由另一缔约国海关在ATA单证上签注的该批货物从该国进境或者复运进境的证明,或者我国海关认可的能够证明该批货物已经实际离开我国境内的其他文件,作为已经从我国复运出境的证明,对ATA单证册予以核销。

第五章 附 则

第三十一条 违反本办法,构成走私行为、违反海关监管规定行为或者其他违反海关法行为的,由海关依照《海关法》和《中华人民共和国海关行政处罚实施条例》的有关规定予以处理;构成犯罪的,依法追究刑事责任。

第三十二条 从境外暂时进境的货物转入海关特殊监管区域和保税监管场所的,不属于复运出境。

第三十三条 对用于装载海关监管货物的进出境集装箱的监管不适用本办法。

第三十四条 暂时进出境物品超出自用合理数量的,参照本办法监管。

第三十五条 本办法有关用语的含义:

展览会、交易会、会议以及类似活动是指:

(一)贸易、工业、农业、工艺展览会,以及交易会、博览会;

(二)因慈善目的而组织的展览会或者会议;

(三)为促进科技、教育、文化、体育交流,开展旅游活动或者民间友谊而组织的展览会或者会议;

(四)国际组织或者国际团体组织代表会议;

(五)政府举办的纪念性代表大会。

在商店或者其他营业场所以销售国外货物为目的而组织的非公共展览会不属于本办法所称展览会、交易会、会议以及类似活动。

展览品是指:

(一)展览会展示的货物;

(二)为了示范展览会展出机器或者器具所使用的货物;

(三)设置临时展台的建筑材料以及装饰材料;

（四）宣传展示货物的电影片、幻灯片、录像带、录音带、说明书、广告、光盘、显示器材等；
（五）其他用于展览会展示的货物。

包装材料，是指按原状用于包装、保护、装填或者分离货物的材料以及用于运输、装卸或者堆放的装置。

主管地海关，是指暂时进出境货物进出境地海关。境内展览会、交易会、会议以及类似活动的主管地海关为其活动所在地海关。

第三十六条　本办法所规定的文书由海关总署另行制定并且发布。

第三十七条　本办法由海关总署负责解释。

第三十八条　本办法自2018年2月1日起施行。2007年3月1日海关总署令第157号公布的《中华人民共和国海关暂时进出境货物管理办法》、2013年12月25日海关总署令第212号公布的《海关总署关于修改〈中华人民共和国海关暂时进出境货物管理办法〉的决定》同时废止。

关于调整进口减免税货物监管年限的公告

海关总署公告2017年第51号

为支持企业技术改造，加快设备更新，推动产业升级，海关总署决定调整进口减免税货物的监管年限。现将有关事项公告如下：

进口减免税货物的监管年限为：

（一）船舶、飞机：8年；

（二）机动车辆：6年；

（三）其他货物：3年。

监管年限自货物进口放行之日起计算。

本公告自发布之日起施行。

特此公告。

海关总署

2017年10月24日

质检总局关于印发《出入境检验检疫流程管理规定》的通知

国质检通〔2017〕437 号

各直属检验检疫局：

《出入境检验检疫流程管理规定》已经质检总局第260次局长办公会审议通过。现印发你们，请认真贯彻落实。

质检总局
2017年10月16日

出入境检验检疫流程管理规定

第一章 总　则

第一条　为加强检验检疫流程管理，提高检验检疫通关效率和工作质量，根据出入境检验检疫法律法规，制定本规定。

第二条　本规定所称检验检疫流程，是指出入境检验检疫机构依法对出入境货物等监管对象实施检验检疫的过程。一般包括以下部分或全部工作环节：受理报检、审单布控、现场和实验室检验检疫、动植物隔离检疫、检疫处理、综合评定、签证放行和归档。

本规定所称流程时限，是指完成每一个检验检疫工作环节所限定的工作时间。

第三条　在对货物风险、企业信用实施分类管理的基础上，依据合格评定的有关程序对出入境货物实施检验检疫监管，适用相应的检验检疫流程。

合格评定程序包括：抽样、检验（检疫）和检查；评估、验证和合格保证；注册、认可和批准以及各项的组合。

第四条　检验检疫流程管理遵循"一次受理报检、一次检验检疫、一次抽（采）样、一次检疫处理、一次签证放行"的原则。

第五条　国家质量监督检验检疫总局（以下简称质检总局）负责全国检验检疫流程管理工作。质检总局设在各地的直属出入境检验检疫局（以下简称直属局）负责辖区内检验检疫流程管理和组织实施。直属局所属分支机构负责各自辖区内检验检疫流程的具体执行。

第六条　推进实施检验检疫全流程无纸化，通过检验检疫流程各环节作业无纸化，加快各环节间流转,缩短流程时限。

第二章 流 程 环 节

第七条 受理报检,是指检验检疫机构对报检人提交的报检单证材料进行审核受理的过程。

第八条 审单布控,是指检验检疫机构按照相关规则及要求,对报检单信息及随附单证信息进行全面审核,并对各流程环节布控作业指令的过程。

第九条 现场检验检疫,是指检验检疫机构在货物堆放现场对出入境货物实施检验检疫的过程。

需要实验室检验检疫的,按要求抽(采)样并送实验室。

需要检疫处理的,按要求实施。

第十条 实验室检验检疫,是指实验室根据检测项目要求对接收的样品进行检测,或者对需要确认的有害生物、可疑症状进行鉴定,并出具检测鉴定结果报告的过程。

第十一条 动植物隔离检疫,是指活动物、动物遗传物质及植物种子、种苗入境后在指定隔离场(苗圃)或指定场所进行检验检疫的过程。

第十二条 检疫处理,是指检疫处理单位根据检疫处理要求,对出入境货物、运输工具及其他检疫处理对象实施除害处理、卫生处理,并提交处理结果报告的过程。

第十三条 综合评定,是指检验检疫机构根据合格评定程序,对出入境货物是否符合要求做出综合判定并拟制检验检疫证单证稿的过程。

第十四条 签证放行,是指检验检疫机构根据综合评定结果对出入境货物签发通关单或其他检验检疫证单的过程。

第十五条 归档,是指检验检疫机构对各流程环节提交的完整有效的档案资料、数据等按规定建档的过程。

第三章 流 程 管 理

第十六条 依据合格评定有关程序,以及货物风险和企业信用水平,检验检疫流程既可以包括本规定第二条所列所有工作环节也可以是其中若干工作环节。

第十七条 质检总局在风险评估的基础上,根据货物风险高低和企业信用水平,设置相应的现场和实验室检验检疫比例(以下简称"抽批比例"),并按照"双随机"方式实施抽批。

第十八条 抽批未抽中的货物,经审单符合要求的,予以签证放行。审单包括但不限于对注册、认可和批准,评估、验证和合格保证的审核等合格评定程序。

抽批抽中的货物,按规定实施现场和实验室检验检疫等。

第十九条 对检验检疫不合格或有证据表明风险等级提高的货物,以及检验检疫信用C级及以下的收发货人或报检人,经风险评估可以提高抽批比例,直至100%。

对连续抽批质量安全水平稳定或风险等级降低的货物,以及检验检疫信用A级及以上的收发货人或报检人,经风险评估可以降低抽批比例,直至最低比例。

第二十条 质检总局统一实施货物风险和企业信用分类,统一确定抽批比例,统一制定流程时限，统一组织风险布控，依托信息化系统开展大数据分析，并实施动态管理。

第二十一条 国内外突发重大疫病疫情和质量安全事件时，质检总局根据情况实施全国一体化的快速反应措施。

第四章 流程监管

第二十二条 检验检疫流程实行信息化管理，流程的电子记录应与实际工作情况保持一致。

第二十三条 检验检疫流程各环节应及时传递报检单及随附单证，实现有效衔接。

第二十四条 各级检验检疫机构要严格执行质检总局规定，在操作规范、确保工作质量的前提下，应努力提高工作效率，缩短流程时限。

第二十五条 各级检验检疫机构应建立检验检疫流程执行情况的监督检查机制，加强流程管理。

第二十六条 质检总局对各直属局检验检疫流程管理情况进行监督检查，对各直属局流程时限情况实时预警并纳入绩效考核。

第五章 附 则

第二十七条 各直属局可根据工作实际，依据本规定制定具体的落实措施。

第二十八条 出入境货物包装、运输工具、集装箱、邮寄物、携带物的检验检疫流程，参照本规定实施。相关文件另有规定的除外。

第二十九条 出入境货物的风险分类根据质检总局风险管理的有关规定执行。

第三十条 进出口企业的信用分类根据质检总局《出入境检验检疫企业信用管理办法》执行。

第三十一条 本规定由质检总局负责解释。

第三十二条 本规定自2017年11月1日实施，原国家出入境检验检疫局发布的《出入境检验检疫流程管理规定》（国检法〔1999〕386号）同时废止。

附件：检验检疫抽批比例及流程时限表（略——编者注）

关于优化汇总征税制度的公告

海关总署公告2017年第45号

为进一步服务企业，压缩通关时间，海关总署决定进一步优化汇总征税制度。现将有关

事项公告如下:

一、所有海关注册登记企业均可适用汇总征税模式("失信企业"除外)。汇总征税企业是指进出口报关单上的收发货人。

二、有汇总征税需求的企业,向注册地直属海关关税职能部门(以下简称"属地关税职能部门")提交税款总担保(以下简称"总担保")备案申请,总担保应当依法以保函等海关认可的形式;保函受益人应包括企业注册地直属海关以及其他进出口地直属海关;担保范围为担保期限内企业进出口货物应缴纳的海关税款和滞纳金(保函格式见附件);担保额度可根据企业税款缴纳情况循环使用。

三、企业申报时选择汇总征税模式的,一份报关单使用一个总担保备案编号。

四、无布控查验等海关要求事项的汇总征税报关单担保额度扣减成功,海关即放行。

五、汇总征税报关单采用有纸模式的,企业应在货物放行之日起10日内递交纸质报关单证,至当月底不足10日的,应在当月底前递交。

六、企业应于每月第5个工作日结束前,完成上月应纳税款的汇总电子支付。税款缴库后,企业担保额度自动恢复。

企业未按规定缴纳税款的,海关径行打印海关税款缴款书,交付或通知企业履行纳税义务;企业未在规定期限内缴税的,海关办理保证金转税手续或通知担保机构履行担保纳税义务。

七、企业办理汇总征税时,有滞报金等其他费用的,应在货物放行前缴清。

八、企业出现欠税风险的,进出口地直属海关暂停企业适用汇总征税;风险解除后,经注册地直属海关确认,恢复企业适用汇总征税。

九、担保机构是银行或其他非银行金融机构的,应符合以下条件:

(一)具有良好资信和较大资产规模;

(二)无滞压或延迟海关税款入库情事;

(三)承诺对担保期限内企业申报进出口货物应纳税款、滞纳金承担足额、及时汇总缴纳的保付责任;

(四)与海关建立保函真伪验核机制。

担保机构不具备资金偿付能力、拒不履行担保责任或不配合海关税收征管工作的,属地关税职能部门拒绝接受其保函。

十、企业信用状况被下调为失信企业或保函担保期限届满,属地关税职能部门确认企业已按期履行纳税义务的,可根据企业或担保机构申请退还保函正本。

十一、本公告自2017年9月21日起施行,海关总署2015年第33号公告同时废止。2017年9月21日前海关已备案的汇总征税总担保保函继续有效。

特此公告。

附件:总担保保函格式(略——编者注)

海关总署
2017年9月20日

关于取消区域通关一体化通关模式的公告

海关总署公告 2017 年第 38 号

根据全国海关通关一体化改革整体工作安排，海关总署决定调整有关业务模式。现将有关事项公告如下：

一、取消区域通关一体化通关模式，海关不再受理相关业务。

二、在启用公路舱单的基础上，跨境快速通关改革适用范围扩大至广东省内各直属海关。

三、进出境运输方式为水运、空运、铁路、公路且境内运输方式为"公路运输"的进出口转关货物，在应用安全智能锁、卡口前端设备、卫星定位装置等物联网设备以及卡口控制与联网信息系统的基础上，可实行公路转关作业无纸化。

四、本公告内容自发布之日起施行。海关总署公告 2006 年第 43 号、2012 年第 53 号、2013 年第 58 号、2014 年第 28 号、2014 年第 45 号、2014 年第 65 号、2014 年第 66 号、2014 年第 68 号、2014 年第 84 号、2015 年第 9 号、2015 年第 10 号、2015 年第 11 号、2015 年第 47 号、2016 年第 29 号、2016 年第 54 号同时废止。

特此公告。

海关总署
2017 年 8 月 22 日

关于发布 2017 版《进出口税则商品及品目注释》修订（第一、二期）的公告

海关总署公告 2017 年第 36 号

《进出口税则商品及品目注释》（以下简称《税则注释》）是商品归类的重要依据之一。我国是《商品名称及编码协调制度公约》（以下简称《公约》）的缔约方，按照《公约》规定，中国海关根据世界海关组织编制的 2017 年版《商品名称及编码协调制度注释》，编制了我国 2017 年版《税则注释》，并已于 2017 年 1 月 1 日起执行。

近期,世界海关组织对上述 2017 年版《商品名称及编码协调制度注释》进行了部分修订。中国海关根据世界海关组织已发布的修订内容,同步调整了我国 2017 年版《税则注释》的相关内容(具体内容详见附件 1 和附件 2)。

以上修订内容自 2017 年 9 月 1 日起执行。

特此公告。

附件:1. 2017 版《进出口税则商品及品目注释》修订本(第一期)
   2. 2017 版《进出口税则商品及品目注释》修订本(第二期)

海关总署
2017 年 8 月 18 日

附件 1

2017 版《进出口税则商品及品目注释》修订本

(第一期)

注:本期中所标识的页码为《进出口税则商品及品目注释》中的页码。

第 137 页,品目 20.09,注释条文,本页倒数第 13 行

  将原文修改为:

  "本品目的水果汁及蔬菜汁一般通过压榨熟的而且质量好的新鲜水果或蔬菜制得。制作上可用机械'提取器'榨取(例如,压榨柑橘属水果汁),其操作原理与家庭型柠檬榨汁器相同。也可用压榨法榨取,不论在压榨前是否经破碎或碾磨(尤其是对苹果)或用冷水、热水或蒸汽[例如,番茄、黑醋栗(黑加仑子)及诸如胡萝卜、芹菜之类的某些蔬菜]处理制得。本品目的水果汁还包括椰子水。"

第 137 页,品目 20.09,注释条文,本页倒数第 8 行

  将原文修改为:

  "一、澄清,用澄清物质(明胶、蛋白、硅藻土等)、酶、离心或超滤等方法将液汁与大部分的固体分开,其中超滤还可对产品起到杀菌的作用。"

第 137 页,品目 20.09,注释条文,本页倒数第 7 行

  删除"石棉",将原文修改为:

  "二、过滤,一般采用硅藻土、纤维素等盖面的过滤板过滤。"

第 146 页,品目 22.02,注释条文,本页倒数第 8 行

  在本页倒数第 8 行之后,插入以下新的第二项:

  "二、无醇啤酒

  本组包括:

  (一)由麦芽酿制的啤酒,其酒精浓度按容量计已降至 0.5% 及以下。

(二)姜汁啤酒及草本啤酒,其酒精浓度按容量计不超过0.5%。

(三)啤酒与无酒精饮料(例如,柠檬水)的混合物,其酒精浓度按容量计不超过0.5%。"

将原第二项改为第三项。

第146页,品目22.03,注释条文,本页第4行

将原文修改为:

"啤酒是一种酒精饮料,通过用发芽的谷物(最常见的是大麦或小麦)、水,一般还有啤酒花制成麦芽汁,然后再经发酵制成。某些无麦芽的谷物(例如,玉米或大米)也可用于配制'麦芽汁'。加有啤酒花可使啤酒产生一股苦的芳香味,并能改善啤酒的耐储性。有时在发酵过程中加入樱桃或其他芳香物质。"

第363页,品目29.39,注释条文,本页第1行

仅英文修改,中文不需修改

第363页,品目29.39,注释条文,本页第3行

仅英文修改,中文不需修改

第363页,品目29.39,注释条文,本页第5行

仅法文修改,中文不需修改

第423页,附表《在第二十九章注释中述及的某些产品的化学结构》,本页倒数第2项

仅英文修改,中文不需修改

第465页,品目33.04,排他条款,本页第16行

在本页第16行后插入新的第(三)项:

"(三)人造指甲(塑料制的归入品目39.26;其他材料制的按其构成材料归入相应品目)。"

第553页,品目39.26,注释条文,本页倒数第1行

本页倒数第1行后插入新的第十三项:

"十三、人造指甲。"

第889页,品目69.02,子目注释,本页第8行

仅法文修改,中文不需修改

第1094页,品目84.15,子目注释,本页第14行

本页第14行,子目注释8415.10第一段后,插入新的第二段:

"所称'置于'是指几乎永久性地放置或安装,可根据其大小、重量、物理结构(例如,是否装有小脚轮或把手)、互相连接方式等因素进行判断。"

第1435页,品目95.03,注释条文,本页第3—4行

将原文修改为:

"(十九)铁球、跳绳、抖空竹用的空竹及棒、旋转及嗡声陀螺、球(品目95.04或95.06的球除外)。"

附件2

2017版《进出口税则商品及品目注释》修订本

（第二期）

注：本期中所标识的页码为《进出口税则商品及品目注释》中的页码。

第29页，品目03.07，子目0307.8、0307.81、0307.83及0307.87，本页第10—11,13,17行

仅英文修改，中文无需修改。

第289页，品目29.03，排他条款文，本页倒数第1—2行

仅法文修改，中文无需修改。

第299页，品目29.09，注释条文四，本页倒数第8—10行

将原文修改为：

"这些化合物是通式为ROOH及ROOR1的化合物，其中R及R1是有机基团。

例如，乙基过氧化氢及过氧化二乙基。"

第321页，品目29.22，注释条文，本页第13—14行

仅法语修改，中文无需修改。

第356页，品目29.37，注释条文，本页倒数第20行

在本页倒数第20行后插入以下新的一句：

"一种合成的前列腺素及前列腺素受体激动剂。"

第362页，品目29.39，注释条文，本页倒数第1行

将原文修改为：

"（一）来自真菌的生物碱：纯绿青霉素*（青霉菌Penicillium viridicatum）；鲁古罗瓦辛A（青霉菌生物碱）；葚孢菌素（一种能导致动物面部湿疹的毒素）；细胞松弛素b；杀鱼菌素B4（吲哚类生物碱促癌剂）；青霉震颤素D（震颤真菌毒素）；娄地青霉素（蓝纹乳酪）。"

第363页，品目29.39，注释条文，本页第5—6行

将原文修改为：

"来自昆虫的生物碱：七星瓢虫碱*（七星瓢虫）；2-异丙基—3-甲氧基吡嗪（异色瓢虫）；斑蝶素（非洲君主蝶的荷尔蒙）；球马陆碱（欧洲马陆）；墨西哥豆瓢虫碱（墨西哥豆瓢虫）；二十四星瓢虫碱（二十四星瓢虫）。"

第378页，"麻醉药与精神治疗药物表"Ⅱ"受《1971年精神治疗药物公约》管制的精神治疗药物"

仅法文修改，中文无需修改。

第394页，生产某些管制物质的常见前体及主要化学品表，第一列"管制物质（子目）"的第3行：

删除原先的2939.91，修改为：

"2939.71"

第 404 页,在第二十九章注释中述及的某些产品的化学结构,六(四)
　　仅英文修改,中文无需修改。

第 407 页,在第二十九章注释中述及的某些产品的化学结构
　　删除原先的品目 29.20 的二,修改为:

"
页码	品目	段落	注释描述	化学结构
		二、	亚磷酸酯及其盐	
317			亚磷酸二甲酯	$CH_3O-\overset{\overset{O}{\|}}{\underset{\underset{H}{\|}}{P}}-OCH_3$
"

第 415 页,在第二十九章注释中述及的某些产品的化学结构
　　删除原先的 29.31 的三,修改为:

"
页码	品目	段落	注释描述	化学结构
		三、	有机磷化合物	具有 C－P 键的化合物
333			甲基膦酸二甲酯	$H_3C-\overset{\overset{O}{\|}}{\underset{\underset{OCH_3}{\|}}{P}}-OCH_3$
"

第 423 页,在第二十九章注释中述及的某些产品的化学结构
　　删除原先的 29.39 的九,修改为:

"
页码	品目	段落	注释描述	化学结构
		九、	其他非植物来源的生物碱	
362			纯绿青霉素(真菌)、小丑箭毒蛙毒素(动物)、七星瓢虫碱(昆虫)、维若辛(海洋生物)、普罗希安宁(细菌)	纯绿青霉素 小丑箭毒蛙毒素 七星瓢虫碱 维若辛 普罗希安宁
"

第 537 页,第三十九章总注释,子目注释,本页第 10 行
　　将原文修改为:
　　"如果后者重量大于前者应归入子目 3907.61 或 3907.69,"
第 605 页,品目 44.18,子目注释,本页第 16 行
　　将原文"子目 4418.71"修改为:
　　"子目 4418.74"
第 724 页,品目 49.11,排他条款,本页第 4 行
　　将原文修改为:

"(五)第八十五章注释五(二)所定义的已印制的"智能卡"(包括邻近卡或牌)(品目85.23)。"

第889页,第六十九章第二分章,总注释,本页倒数第4—9行

将原文修改为:

"在本协调制度中,这些产品是根据不同品种(砖、瓦、卫生用具等)进行分类的,在其生产过程中的陶瓷属性不影响产品的归类,但归入品目69.11的瓷餐具、厨房器具及其他家用或盥洗用瓷器以及归入品目69.12的其他种类的陶器除外。"

第891页,品目69.04,排他条款,本页第15行

将原文修改为:

"(二)贴面砖、铺面转,包括炉面砖及墙面砖(参见品目69.07的注释)。"

第892页,品目69.07,注释条文中公式部分,本页倒数第6—9行

仅法文修改,中文无需修改。

第1127页,品目84.32,注释条文,本页倒数第5—6行

将原文修改为:

"本品目所列机器可以由动物或车辆(例如,拖拉机)牵引,也可以装在车辆上(例如,装在拖拉机或马车上)(本文所称的'拖拉机',包括单轴拖拉机)。"

第1128页,品目84.32,注释条文,本页第2—4行

将原文修改为:

"用另一类牵引设备(例如,品目87.04所列的车辆)代替拖拉机时,或者将一个旋转锄装在单轴拖拉机的传动轴上以代替车轮,这样该旋转锄既作为一种工具,又作为整部机器的驱动轮时,有关设备也应按上述归类原则进行归类。"

第1130页,品目84.33,注释条文

仅法文修改,中文无需修改。

第1198页,品目84.72,注释条文,本页第1行

将原文修改为:

"本品目包括所有未能归入上述两个品目,或在协调制度其他品目未具体列名的办公室用机器。"

第1283页,品目85.42,排他条款,本页第6—8行

将原文修改为:

"不归入品目85.04、85.32、85.33、85.41或不属于传感器、执行器、谐振器、振荡器及其组合件定义的所有分立单元(可进行贸易的)[例如,变压器(品目85.04)或磁铁(品目85.05)],不包括在MCOs的定义范围内。"

第1283页,品目85.42,注释条文,本页第9—11行

仅英文修改,中文无需修改。

第1283页,品目85.42,排他条款,本页倒数11行

将原文修改为:

"(三)分立元件组合件或多芯片型集成电路以外的电子微型电路组合件;或"

第1304页,品目87.01,注释条文,本页倒数第9—7行

将原文修改为：

"本品目也包括单轴拖拉机。这是一种小型农用拖拉机，装有单驱动轴，由一个或两个车轮支承。像普通拖拉机一样，它们使用通用的动力输出装置驱动各种可替换的农具。它们一般不设座位，由两个把手操纵行驶。但有些手扶拖拉机后部装有单轮或双轮车架，上面设有一个驾驶员座位。"

第1304页，品目87.01，注释条文，本页倒数第6行

将原文修改为：

"类似的单轴拖拉机也可用于工业方面。"

第1305页，品目87.01，注释条文，本页第1—2行

仅法文修改，中文无需修改。

第1305页，品目87.01，子目注释，本页倒数第12行

将原文修改为：

"短途拖带半挂车用的类似车辆不归入本子目（通常归入子目8701.91至8701.95）。"

第1305页，品目87.01，子目注释，本页倒数第9行

将原文修改为：

"子目8701.91至8701.95"

第1306页，品目87.02，注释条文，本页第7行

仅英文修改，中文无需修改。

第1307页，品目87.03，注释条文，本页倒数第9行

仅英文修改，中文无需修改。

第1426页，品目94.01，注释条文，本页第6—7行

将原文修改为：

"本品目包括明显确定为椅子或其他坐具的零件。例如，靠背、座面及扶手（不论是否衬有稻草或藤料、内部填充或装有弹簧）、永久附在坐具上的坐套或靠背罩，以及制软座垫用的已组装螺旋弹簧。"

关于执行《外商投资产业指导目录（2017年修订）》有关问题的公告

海关总署公告2017年第30号

国家发展改革委、商务部第4号令公布了《外商投资产业指导目录（2017年修订）》，并规定自2017年7月28日起施行。现就海关执行中的有关问题公告如下：

一、自2017年7月28日起，对属于《外商投资产业指导目录（2017年修订）》鼓励类范

围的外商投资项目(包括增资项目),在投资总额内进口的自用设备以及按照合同随上述设备进口的技术和配套件、备件,除《外商投资项目不予免税的进口商品目录》和《进口不予免税的重大技术装备和产品目录》所列商品外,按照《国务院关于调整进口设备税收政策的通知》(国发〔1997〕37号)和海关总署公告2008年第103号及其他相关规定免征关税,照章征收进口环节增值税。

二、《外商投资产业指导目录(2017年修订)》施行后,投资主管部门按照该目录出具的《国家鼓励发展的内外资项目确认书》、外商投资企业设立(增资)批复或备案回执等相关文件中的"项目产业政策条目"编码由"S"和4位数字组成。例如,《外商投资产业指导目录(2017年修订)》中鼓励外商投资产业目录第1项应填写为:木本食用油料、调料和工业原料的种植及开发、生产(S0001);第16项应填写为:安全高效环保饲料及添加剂(含蛋氨酸)开发及生产(S0016)。

三、为保持政策的连续性,对2017年7月28日以前(不含当日,下同)审批、核准或备案(以项目的审批、核准或完成备案日期为准,下同)的外商投资项目(包括增资项目),属于《外商投资产业指导目录(2015年修订)》鼓励类范围的,在投资总额内进口的自用设备以及按照合同随上述设备进口的技术和配套件、备件,可继续按照相关规定办理免征进口关税、照章征收进口环节增值税手续。但有关项目单位须于2018年8月1日以前,持投资主管部门出具的《国家鼓励发展的内外资项目确认书》、外商投资企业设立(增资)批复或备案回执等相关文件[上述文件中"项目产业政策条目"仍按适用《外商投资产业指导目录(2015年修订)》的条目及编码填写]及其他有关材料,按规定向海关申请办理减免税备案手续。逾期,海关不再受理上述减免税备案申请。

对于2017年7月28日以前审批、核准或备案的外商投资项目(包括增资项目),同时属于《外商投资产业指导目录(2017年修订)》鼓励类范围的,有关项目单位持投资主管部门按照《外商投资产业指导目录(2017年修订)》出具的《国家鼓励发展的内外资项目确认书》、企业设立(增资)批复或备案回执等相关文件及材料,按规定向海关申请办理减免税备案手续的,海关可予受理。

四、对不属于《外商投资产业指导目录(2015年修订)》鼓励类范围的外商投资在建项目,但属于《外商投资产业指导目录(2017年修订)》鼓励类范围的,项目单位按规定向海关申请办理减免税相关手续后,在建项目进口的自用设备以及按照合同随上述设备进口的技术和配套件、备件,可参照本公告第一条的规定享受进口税收优惠政策,但进口设备已经征税的,税款不予退还。

特此公告。

海关总署

2017年7月18日

关于进一步简化经港澳中转货物原产地管理要求的公告

海关总署公告2017年第26号

为进一步简化各优惠贸易安排项下,经香港或澳门中转货物的原产地管理,现就中转确认书提交事宜公告如下:

自2017年7月10日起,对于依照海关总署2016年52号公告规定,进口货物收货人或其代理人(以下简称"进口人")应当提交中转确认书的情形,如果海关已收到有关中转确认书电子信息,且与进口人申报内容一致,海关不再要求进口人提交中转确认书正本。

如果海关未收到相关中转确认书电子信息或认为有必要时,进口人仍应当提交中转确认书正本。

特此公告。

海关总署
2017年6月28日

关于执行《中西部地区外商投资优势产业目录(2017年修订)》的公告

海关总署公告2017年第14号

国家发展改革委、商务部第46号令公布了《中西部地区外商投资优势产业目录(2017年修订)》,并规定自2017年3月20日起施行。现就海关执行中的有关问题公告如下:

一、自2017年3月20日(含当日)起,对属于《中西部地区外商投资优势产业目录(2017年修订)》范围的外商投资项目(包括增资项目),在投资总额内进口的自用设备以及按照合同随上述设备进口的技术和配套件、备件,按照《国务院关于调整进口设备税收政策的通知》(国发〔1997〕37号)和海关总署公告2008年第103号及其他有关规定,除《外商投资项目不予免税的进口商品目录》和《进口不予免税的重大技术装备和产品目录》所列商品外,免征进口关税,进口环节增值税照章征收。

二、《中西部地区外商投资优势产业目录(2017年修订)》实施后,投资主管部门按照该目录出具的《国家鼓励发展的内外资项目确认书》、外商投资企业设立（增资）批复或备案回执等相关文件中的"项目产业政策条目"编码为"R"。例如，山西省第8项应填写为："煤层气和煤炭伴生资源综合开发利用（R1408）"，项目性质仍为"I：外资中西部优势产业、项目"；有关项目单位持上述相关文件及其他有关材料，按规定向海关申请办理减免税相关手续。

三、为保持政策的连续性，对于2017年3月20日以前（不含当日）核准或备案（以项目核准或完成备案日期为准，下同）的外商投资项目（包括增资项目），属于《中西部地区外商投资优势产业目录（2013年修订）》范围的，在投资总额内进口的自用设备以及按照合同随上述设备进口的技术和配套件、备件，可继续按照相关规定办理免征进口关税、照章征收进口环节增值税手续。但有关项目单位须于2018年3月31日以前（含当日），持投资主管部门出具的《国家鼓励发展的内外资项目确认书》、外商投资企业设立（增资）批复或备案回执等相关文件[上述文件中"项目产业政策条目"仍按适用《中西部地区外商投资优势产业目录（2013年修订）》的条目及编码填写]及其他有关材料，按规定向海关申请办理减免税备案手续。逾期，海关不再受理。

对于2017年3月20日以前（不含当日）核准或备案的外商投资项目（包括增资项目），同时属于《中西部地区外商投资优势产业目录（2017年修订）》范围的，有关项目单位持投资主管部门按照《中西部地区外商投资优势产业目录（2017年修订）》出具的《国家鼓励发展的内外资项目确认书》、企业设立（增资）批复或备案回执等相关文件及其他有关材料，按规定向海关申请办理减免税备案手续的，海关可予受理。

四、对于不属于《中西部地区外商投资优势产业目录（2013年修订）》范围的外商投资在建项目，凡属于《中西部地区外商投资优势产业目录（2017年修订）》范围的，在有关项目单位按规定向海关申请办理减免税相关手续后，在建项目进口的自用设备以及按照合同随上述设备进口的技术和配套件、备件，可参照本公告第一条的规定享受进口税收优惠政策，但进口设备已经征税的，税款不予退还。

特此公告。

海关总署
2017年3月17日

国家质量监督检验检疫总局
关于进一步支持国际贸易单一窗口建设的公告

质检总局公告2017年第26号

全面实施国际贸易单一窗口是党中央、国务院的重大部署，是世界贸易组织《贸易便利化协定》的重要举措,也是落实"三互"推进大通关建设的重要内容。为进一步推动我国国际贸易单一窗口(以下简称"单一窗口")建设,国家质检总局制定了具体支持措施,现公告如下:

一、推动强化顶层设计。积极贯彻落实国务院口岸工作部际联席会议的工作任务,推动加强单一窗口顶层设计,统筹推进我国单一窗口建设,将单一窗口建设成为口岸管理相关部门信息互换、监管互认、执法互助的共享平台。

二、开放检验检疫数据。深化"放管服"改革要求,开放检验检疫数据交换接口,实现单一窗口平台与检验检疫信息化系统的直接联通,企业可直接通过单一窗口办理检验检疫相关业务,免除安装和使用专门申报软件的费用。

三、鼓励企业一次申报。鼓励国际贸易参与各方通过单一窗口录入并向检验检疫机构申报进出口货物、出入境运输工具、人员、物品及舱单等信息。须向多个监管部门申报的信息,可通过单一窗口一次申报,减少重复录入。

四、支持完善服务功能。支持单一窗口完善和拓展国际贸易相关服务功能,逐步实现企业可通过单一窗口进行原产地证书申领、企业注册备案、通关流程时限查询等业务,不断优化通关流程,促进贸易便利。

五、促进信息全面共享。推动建立完善单一窗口信息共享共用机制,促进口岸管理相关部门的申报信息、物流监控信息、查验信息、放行信息、企业资信信息等全面共享。

六、推动标准体系建设。全面落实国家关于单一窗口建设的整体部署,支持单一窗口数据简化和标准化工作。充分发挥质检部门标准化管理职能,积极采用国际标准,不断完善我国单一窗口建设的标准体系。

质检总局
2017年3月17日

中华人民共和国海关关于最不发达国家特别优惠关税待遇进口货物原产地管理办法

海关总署令第231号

《中华人民共和国海关关于最不发达国家特别优惠关税待遇进口货物原产地管理办法》已于2017年2月27日经海关总署署务会议审议通过,现予公布,自2017年4月1日起施行。对于自与我国建交的最不发达国家进口的货物,符合本办法规定的原产地标准的,也可以自公布之日起按照本办法的规定向海关办理申报进口手续,申请享受特别优惠关税待遇。

2010年6月28日海关总署令第192号公布的《中华人民共和国海关最不发达国家特别

优惠关税待遇进口货物原产地管理办法》、2013年7月1日海关总署令第210号公布的《海关总署关于修改〈中华人民共和国海关最不发达国家特别优惠关税待遇进口货物原产地管理办法〉的决定》同时废止。

署长　于广洲
2017年3月1日

中华人民共和国海关关于最不发达国家特别优惠关税待遇进口货物原产地管理办法

第一条　为了正确确定与我国建交的最不发达国家特别优惠关税待遇进口货物的原产地，促进我国与有关国家间的经贸往来，根据《中华人民共和国海关法》、《中华人民共和国进出口货物原产地条例》的有关规定，制定本办法。

第二条　本办法适用于从与我国建交的最不发达国家（以下称受惠国）进口并且享受特别优惠关税待遇货物的原产地管理。

第三条　进口货物符合下列条件之一的，其原产国为受惠国：

（一）完全在受惠国获得或者生产的；

（二）在受惠国境内全部使用符合本办法规定的原产材料生产的；

（三）在受惠国境内非完全获得或者生产，但是在该受惠国完成实质性改变的。

本条第一款第（三）项所称"实质性改变"，按照本办法第五条、第六条规定的标准予以确定。

原产于受惠国的货物，从受惠国直接运输至中国境内的，可以按照本办法规定申请适用《中华人民共和国进出口税则》（以下简称《税则》）中相应的特惠税率。

第四条　本办法第三条第一款第（一）项所称"完全在受惠国获得或者生产"的货物是指：

（一）在该受惠国出生并且饲养的活动物；

（二）在该受惠国从本条第（一）项所指的动物中获得的货物；

（三）在该受惠国收获、采摘或者采集的植物和植物产品；

（四）在该受惠国狩猎或者捕捞获得的货物；

（五）在该受惠国注册或者登记，并且合法悬挂该受惠国国旗的船只，在该受惠国根据符合其缔结的相关国际协定可以适用的国内法有权开发的境外水域得到的鱼类、甲壳类动物以及其他海洋生物；

（六）在该受惠国注册或者登记，并且合法悬挂该受惠国国旗的加工船上加工本条第（五）项所列货物获得的货物；

（七）在该受惠国开采或者提取的矿产品以及其他天然生成物质，或者从该受惠国根据符合其缔结的相关国际协定可以适用的国内法有权开采的境外水域、海床或者海床底土得到或者提取的除鱼类、甲壳类动物以及其他海洋生物以外的货物；

（八）在该受惠国消费过程中产生并且收集的仅适用于原材料回收的废旧物品；

（九）在该受惠国加工制造过程中产生的仅适用于原材料回收的废碎料；

（十）利用本条第（一）项至第（九）项所列货物在该受惠国加工所得的货物。

第五条 除《与我国建交的最不发达国家产品特定原产地规则》另有规定外，在受惠国境内使用非受惠国原产材料进行制造或者加工，所得货物在《税则》中的四位数级税则归类发生变化的，应当视为原产于该受惠国的货物。

使用非受惠国原产材料制造或者加工的货物，生产过程中所使用的非原产材料不符合本条第一款规定，但是按照《海关估价协定》确定的非原产材料成交价格不超过该货物价格的10%，并且符合本办法其他适用规定的，该货物仍然应当视为受惠国原产货物。

第六条 除《与我国建交的最不发达国家产品特定原产地规则》另有规定外，在受惠国境内使用非受惠国原产材料生产的货物，其区域价值成分不低于所得货物价格40%的，应当视为原产于该受惠国的货物。

本条第一款所称货物的区域价值成分应当按照下列方法计算比例：

$$区域价值成分 = \frac{货物价格 - 非原产材料价格}{货物价格} \times 100\%$$

其中，"货物价格"是指按照《海关估价协定》，在船上交货价格（FOB）基础上调整的货物价格。"非原产材料价格"是指按照《海关估价协定》确定的非原产材料的进口成本、运至目的港口或者地点的运费和保险费（CIF），包括不明原产地材料的价格。非原产材料由生产商在受惠国境内获得时，按照《海关估价协定》确定的成交价格，不包括将该非原产材料从供应商仓库运抵生产商所在地过程中产生的运费、保险费、包装费以及其他任何费用。

第七条 原产于中国的货物或者材料在受惠国境内被用于生产另一货物的，该货物或者材料应当视为受惠国的原产货物或者材料。

受惠国是特定区域性集团成员国的，该集团内其他受惠国的原产货物或者材料在该受惠国用于生产另一货物时，所使用的其他受惠国的原产货物或者材料可以视为该受惠国的原产货物或者材料。

第八条 下列微小加工或者处理不影响货物原产地确定：

（一）为确保货物在运输或者储藏期间处于良好状态而进行的处理；

（二）把物品零部件装配成完整品，或者将产品拆成零部件的简单装配或者拆卸；

（三）更换包装、分拆、组合包装；

（四）洗涤、清洁、除尘、除去氧化物、除油、去漆以及去除其他涂层；

（五）纺织品的熨烫或者压平；

（六）简单的上漆以及磨光工序；

（七）谷物以及大米的去壳、部分或者完全的漂白、抛光以及上光；

（八）食糖上色或者加味，或者形成糖块的操作；部分或者全部将晶糖磨粉；

（九）水果、坚果以及蔬菜的去皮、去核以及去壳；

（十）削尖、简单研磨或者简单切割；

（十一）过滤、筛选、挑选、分类、分级、匹配（包括成套物品的组合）、纵切、弯曲、卷绕、展开；

（十二）简单装瓶、装罐、装壶、装袋、装箱或者装盒、固定于纸板或者木板以及其他简单的包装工序；

（十三）在产品或者其包装上粘贴或者印刷标志、标签、标识以及其他类似的区别标记；

（十四）同类或者不同类产品的简单混合；糖与其他材料的混合；

（十五）测试或者校准；

（十六）仅仅用水或者其他物质稀释，未实质改变货物的性质；

（十七）干燥、加盐（或者盐渍）、冷藏、冷冻；

（十八）动物屠宰；

（十九）第（一）项至第（十八）项中两项或者多项工序的组合。

第九条 属于《税则》归类总规则三所规定的成套货物，其中全部货物均原产于某一受惠国的，该成套货物即为原产于该受惠国；其中部分货物非原产于该受惠国，但是按照本办法第六条确定的比例未超过该成套货物价格15%的，该成套货物仍应当视为原产于该受惠国。

第十条 在确定货物的原产地时，货物生产过程中使用，本身不构成货物物质成分、也不成为货物组成部件的下列材料或者物品，其原产地不影响货物原产地的确定：

（一）燃料、能源、催化剂以及溶剂；

（二）用于测试或者检验货物的设备、装置以及用品；

（三）手套、眼镜、鞋靴、衣服、安全设备以及用品；

（四）工具、模具以及型模；

（五）用于维护设备和厂房建筑的备件以及材料；

（六）在生产中使用或者用于运行设备和维护厂房建筑的润滑剂、油（滑）脂、合成材料以及其他材料；

（七）在货物生产过程中使用，未构成该货物组成成分，但是能够合理表明其参与了该货物生产过程的任何其他货物。

第十一条 货物适用税则归类改变标准的，在确定货物的原产地时，与货物一起申报进口并在《税则》中与该货物一并归类的包装、包装材料和容器，以及正常配备的附件、备件、工具以及介绍说明性材料，不单独开具发票的，其原产地不影响货物原产地的确定。

货物适用区域价值成分标准的，在计算货物的区域价值成分时，与货物一起申报进口并在《税则》中与该货物一并归类的包装、包装材料和容器，以及正常配备的附件、备件、工具以及介绍说明性材料的价格应当予以计算。

第十二条 本办法所称直接运输，是指受惠国原产货物从该受惠国直接运输至我国境内，途中未经过中国和该受惠国以外的其他国家或者地区（以下简称"其他国家或者地区"）。

受惠国原产货物经过其他国家或者地区运输至我国境内，不论在运输途中是否转换运输工具或者作临时储存，同时符合下列条件的，应当视为直接运输：

（一）未进入其他国家或者地区的贸易或者消费领域；

（二）该货物在经过其他国家或者地区时，未做除装卸或者其他为使货物保持良好状态所必需处理以外的其他处理；

（三）处于该国家或者地区海关的监管之下。

本条第二款规定情形下，相关货物进入其他国家或者地区停留时间最长不得超过6个月。

第十三条 海关有证据证明进口货物有规避本办法嫌疑的，该进口货物不得享受特别优惠关税待遇。

第十四条 进口货物收货人或者其代理人应当在运输工具申报进境之日起14日内按照海关的申报规定填制《中华人民共和国海关进口货物报关单》，申明适用特惠税率，并且同时提交下列单证，海关总署另有规定的除外：

（一）符合本办法规定，并且在有效期内的原产地证书（格式见附件1）或者原产地声明（格式见附件2）；

（二）货物的商业发票；

（三）货物的全程运输单证。

货物经过其他国家或者地区运输至中国境内的，还应当提交其他国家或者地区海关出具的证明文件或者海关认可的其他证明文件。

海关已经通过相关信息交换系统接收受惠国原产地证书、证明文件电子数据的，对于该受惠国的原产货物，进口货物收货人或者其代理人无需提交相应的纸本单证。

进口货物收货人或者其代理人提交的本条第一款第（三）项所述运输单证可以满足直接运输相关规定的，也无需提交本条第二款所述证明文件。

第十五条 除海关总署另有规定外，原产地申报为受惠国的进口货物，其进口货物收货人或者其代理人在申报进口时未提交有效原产地证书或者原产地声明，或者海关未接收到第十四条第三款所述电子数据的，应当在货物放行前就该进口货物是否具备受惠国原产资格向海关进行补充申报（格式见附件3）。

进口货物收货人或者其代理人依照前款规定就进口货物具备受惠国原产资格向海关进行补充申报并且依法提供相应税款担保的，海关按照规定办理进口手续，依照法律、行政法规规定不得办理担保的情形除外。由于提前放行等原因已经提交了与货物可能承担的最高税款总额相当的税款担保的，可以不再单独就货物是否具有原产资格提供担保。

进口货物收货人或者其代理人未按照有关规定向海关申报进口的，或者进口货物收货人或者其代理人在货物申报进口时未申明适用《税则》中的特惠税率，也未按照本条规定就该进口货物是否具备受惠国原产资格进行补充申报的，有关进口货物不适用《税则》中的特惠税率。

进口货物收货人或者其代理人在货物放行后向海关申请适用《税则》中特惠税率的，已征税款不予调整。

第十六条 进口货物收货人或者其代理人向海关提交的有效原产地证书应当同时符合下列条件：

（一）由受惠国政府指定的签证机构在货物不晚于出口后5个工作日内签发；

（二）符合本办法附件1所列格式，以英文填制；

（三）符合与受惠国通知中国海关的签证机构印章样本，以及海关或者口岸主管部门印章和签名相符等安全要求；

（四）所列的一项或者多项货物为同一批次的进口货物；

（五）具有不重复的有效原产地证书编号；

（六）注明确定货物具有原产资格的依据。

原产地证书自签发之日起1年内有效。

第十七条 海关已经应进口货物收货人或者其代理人申请依法作出原产地裁定,确认进口货物原产地为受惠国的,如果该裁定处于有效状态,据以作出该裁定的依据和事实也没有发生变化的,则该裁定项下货物进口时,进口货物收货人或者其代理人可以向海关提交原产地声明,申明适用《税则》中的特惠税率。

进口货物收货人或者其代理人向海关提交的原产地声明应当同时符合下列条件：

（一）符合本办法附件2所列格式,并且以中文填制；

（二）由进口货物收货人或者其代理人打印后填写并且正确署名；

（三）一份原产地声明只能对应一项裁定。

该声明自署名之日起1年内有效。

第十八条 海关对原产地证书的真实性、相关货物是否原产于相关受惠国或者是否符合本办法其他规定产生怀疑时,海关总署可以直接或者通过中国驻相关受惠国使领馆经济商务参赞处(室)向受惠国海关或者有效原产地证书签证机构提出核查要求,并且要求其自收到核查要求之日起180日内予以答复。必要时,经受惠国相关主管部门同意,海关总署可以派员访问受惠国的出口商或者生产商所在地,对受惠国主管机构的核查程序进行实地考察。

海关对进口货物收货人或者其代理人提交的原产地声明有疑问的,可以对出具该原产地声明的进口货物收货人或者其代理人开展核查,被核查的进口货物收货人或者其代理人应当自收到核查要求之日起180日内向海关提交书面答复。

未能在上述期限内收到答复的,该货物不得适用特惠税率。

在等待受惠国原产地证书核查结果期间,依照进口货物收货人或者其代理人的申请,海关可以依法选择按照该货物适用的最惠国税率、普通税率或者其他税率收取等值保证金后放行货物,并按规定办理进口手续、进行海关统计。核查完毕后,海关应当根据核查结果,立即办理退还保证金手续或者办理保证金转为进口税款手续,海关统计数据应当作相应修改。

对国家限制进口或者有违法嫌疑的进口货物,海关在原产地证书核查完毕前不得放行。

第十九条 有下列情形之一的,自货物进口之日起1年内,进口货物收货人或者其代理人可以在海关批准的担保期限内向海关申请解除税款担保：

（一）进口货物收货人或者其代理人已经按照本办法规定向海关进行补充申报并且提交了本办法第十四条所述有效原产地证书、原产地声明或者证明文件的；

（二）海关收到本办法第十四条第一款第（一）项、第二款所述电子数据的。

第二十条 同一批次进口的受惠国原产货物,经海关依法审定的完税价格不超过6000元人民币的,免予提交有效原产地证书或者原产地声明。

为规避本办法规定,一次或者多次进口货物的,不适用前款规定。

第二十一条 原产地证书被盗、遗失或者损毁,并且未经使用的,进口货物收货人或者其代理人可以要求该进口货物的出口人向受惠国原签证机构申请在原证书有效期内签发经核准的原产地证书真实副本。该副本应当在备注栏以英文注明"原产地证书正本（编号_____日期_____)经核准的真实副本"字样。经核准的原产地证书真实副本向海关提交后,原产地证书正本失效。原产地证书正本已经使用的,经核准的原产地证书副本无效。

第二十二条 有下列情形之一的,原产地证书可以在货物出口之日起 1 年内予以补发:

(一)由于不可抗力没有在货物不晚于出口后 5 个工作日内签发原产地证书的;

(二)授权机构确信已签发原产地证书,但由于不符合本办法第十六条规定,原产地证书未被海关接受的。

补发的原产地证书应当以英文注明"补发"字样。本条第一款第(一)项情形下,补发证书自货物实际出口之日起 1 年内有效;在第一款第(二)项情形下,补发证书的有效期应当与原原产地证书的有效期相一致。

第二十三条 具有下列情形之一的,进口货物不适用特惠税率:

(一)进口货物不具备受惠国原产资格;

(二)申报进口时,进口货物收货人或者其代理人没有按照本办法第十四条规定提交有效原产地证书或者原产地声明,也未就进口货物是否具备受惠国原产资格进行补充申报的;

(三)原产地证书或者原产地声明不符合本办法规定的;

(四)原产地证书所列货物与实际进口货物不符的;

(五)自受惠国海关或者签证机构收到原产地核查请求之日起 180 日内,海关没有收到受惠国海关或者签证机构答复结果,或者该答复结果未包含足以确定有效原产地证书真实性或者货物真实原产地信息的;

(六)自进口货物收货人或者其代理人收到原产地核查请求之日起 180 日内,海关没有收到进口货物收货人或者其代理人答复结果,或者该答复结果未包含足以确定有效原产地证书真实性或者货物真实原产地信息的;

(七)进口货物收货人或者其代理人存在其他不遵守本办法有关规定行为的。

第二十四条 海关对依照本办法规定获得的商业秘密依法负有保密义务。未经进口货物收货人同意,海关不得泄露或者用于其他用途,但是法律、行政法规及相关司法解释另有规定的除外。

第二十五条 违反本办法,构成走私行为、违反海关监管规定行为或者其他违反《中华人民共和国海关法》行为的,由海关依照《中华人民共和国海关法》和《中华人民共和国海关行政处罚实施条例》的有关规定予以处理;构成犯罪的,依法追究刑事责任。

第二十六条 本办法下列用语的含义:

受惠国,是指与中国签有对最不发达国家特别优惠关税待遇换文的国家或者地区;

材料,是指以物理形式构成另一货物的组成部分或者在生产另一货物的过程中所使用的货物,包括任何组件、零件、部件、成分或者原材料;

原产材料,是指根据本办法规定具备原产资格的材料;

生产,是指货物获得的方法,包括货物的种植、饲养、提取、采摘、采集、开采、收获、捕捞、诱捕、狩猎、制造、加工或者装配;

《海关估价协定》,是指作为《马拉喀什建立世贸组织协定》一部分的《关于履行 1994 年关税与贸易总协定第 7 条的协定》。

第二十七条 本办法中《与我国建交的最不发达国家产品特定原产地规则》和区域性集

团名单由海关总署另行公告。

第二十八条 本办法由海关总署负责解释。

第二十九条 本办法自 2017 年 4 月 1 日起施行。2010 年 6 月 28 日海关总署令第 192 号公布的《中华人民共和国海关最不发达国家特别优惠关税待遇进口货物原产地管理办法》、2013 年 7 月 1 日海关总署令第 210 号公布的《海关总署关于修改〈中华人民共和国海关最不发达国家特别优惠关税待遇进口货物原产地管理办法〉的决定》同时废止。

附件：1. 原产地证书（略——编者注）
2. 原产地证明（略——编者注）
3.《中华人民共和国海关进出口货物优惠原产地管理规定》进口货物原产资格申明（略——编者注）

关于外商投资企业注册登记有关事宜的公告

海关总署公告 2017 年第 9 号

为落实国家外商投资管理改革，推动全面实行准入前国民待遇加负面清单管理制度，商务部印发了《外商投资企业设立及变更备案管理暂行办法》（商务部令 2016 年第 3 号，以下简称《备案办法》）。《备案办法》规定，外商投资企业的设立及变更，不涉及外商投资准入特别管理措施的，由审批改为备案；备案完成后，外商投资企业可以向备案机构领取《外商投资企业设立备案回执》或《外商投资企业变更备案回执》。为做好改革衔接、落实工作，现就外商投资企业办理海关注册登记有关事宜公告如下：

一、外商投资企业申请办理进出口货物收发货人注册登记，应当提交《中华人民共和国海关报关单位注册登记管理规定》（海关总署令第 221 号）第二十四条第一款第（一）、（二）、（四）项规定的文件材料以及下列任一文件材料，并交验原件：

（一）对外贸易经营者备案登记表复印件；

（二）外商投资企业批准证书复印件；

（三）外商投资企业设立备案回执或外商投资企业变更备案回执复印件。

二、香港特别行政区、澳门特别行政区、台湾地区投资企业，向海关办理注册登记有关业务的，参照上述规定办理。

本公告自发布之日起施行。

特此公告。

海关总署
2017 年 2 月 3 日

关于公布2017年1月1日起新增香港澳门享受零关税货物原产地标准及相关事宜的公告

海关总署公告2016年第77号

根据《内地与香港关于建立更紧密经贸关系的安排》(香港CEPA)和《内地与澳门关于建立更紧密经贸关系的安排》(澳门CEPA)及其相关补充协议,现将海关总署制定的《2017年1月1日起香港CEPA项下新增零关税货物原产地标准表》(见附件1)、《2017年1月1日起澳门CEPA项下新增零关税货物原产地标准表》(见附件2),以及对部分享受货物贸易优惠措施的香港货物原产地标准的修改(见附件3)事宜公告如下:

一、《2017年1月1日起香港CEPA项下新增零关税货物原产地标准表》、《2017年1月1日起澳门CEPA项下新增零关税货物原产地标准表》使用简化的货物名称,自2017年1月1日起执行。新增香港、澳门享受零关税货物的范围与2016年《中华人民共和国进出口税则》中相应税号对应的商品范围一致。

二、对海关总署公告2011年第82号附件1《享受货物贸易优惠措施的香港货物原产地标准表(2012年版)》所列的税号32061900、63079000等货物的原产地标准进行了修改。修改后的原产地标准自2017年1月1日起执行。

特此公告。

附件:1. 2017年1月1日起香港CEPA项下新增零关税货物原产地标准表
     2. 2017年1月1日起澳门CEPA项下新增零关税货物原产地标准表
     3. 2017年1月1日起香港CEPA项下修订零关税货物原产地标准表

海关总署
2016年12月8日

附件1

2017年1月1日起香港CEPA项下
新增零关税货物原产地标准表

序号	税则号列	货物名称	原产地标准
1	22087000	经制作的酒精饮品	混合及勾兑,且符合从价百分比标准。
2	85471000	陶瓷制绝缘零件	税号改变标准或符合从价百分比标准。
3	87060030	大型客车底盘(连发动机和引擎)	税则归类改变标准或从价百分比标准。
4	87060090	其他机动车底盘(连发动机和引擎)	税则归类改变标准或从价百分比标准。

附件2

2017年1月1日起澳门CEPA项下
新增零关税货物原产地标准表

序号	税则号列	货物名称	原产地标准
1	16023291	其他方法制作或保藏的鸡胸肉	从整鸡或分割鸡制造。主要制造工序为清洗、切割、分拣、热加工、包装、贴标签。
2	16023292	其他方法制作或保藏的鸡腿肉	从整鸡或分割鸡制造。主要制造工序为清洗、切割、分拣、热加工、包装、贴标签。

附件3

2017年1月1日起香港CEPA项下修订零关税货物原产地标准表

序号	税则号列	货物名称	原有原产地标准	新修改原产地标准
1	32061900	白色聚酯色膏	从天然物质或化学原料经化学反应制得。	（1）从天然物质或化学原料经化学反应制得；或 （2）税号改变标准。
2	63079000	纳米智能口罩	（1）从布匹制造。主要制造工序为裁剪布匹，并将布匹缝制成产品；或 （2）从纱制造。主要制造工序为梭织或针织。	（1）从布匹制造。主要制造工序为裁剪布匹，并将布匹缝制成产品；或 （2）从纱制造。主要制造工序为梭织或针织；或 （3）税号改变标准。

关于出境加工业务有关问题的公告

海关总署公告2016年第69号

为规范海关对出境加工货物监管，现就有关事项公告如下：

一、本公告所称"出境加工"是指我国境内符合条件的企业将自有的原辅料、零部件、元器件或半成品等货物委托境外企业制造或加工后，在规定的期限内复运进境并支付加工费和境外料件费等相关费用的经营活动。

对保税货物复出口和运往境外检测、维修货物的监管仍按现行规定办理。

二、企业开展出境加工业务，应同时符合下列要求：

（一）信用等级为一般认证及以上企业；

（二）不涉及国家禁止、限制进出境货物；

（三）不涉及国家应征出口关税货物。

三、企业有下列情形之一的，不得开展出境加工业务：

（一）涉嫌走私、违规，已被海关立案调查、侦查，且案件尚未审结的；

（二）未在规定期限内向海关核报已到期出境加工账册的。

四、出境加工货物不受加工贸易禁止类、限制类商品目录限制，不实行加工贸易银行保证金台账及单耗管理等加工贸易相关规定。

五、海关采用账册方式对出境加工货物实施监管。在信息化系统上线前，暂用纸质账册进行管理（见附件）。企业开展出境加工业务，应设置符合海关监管要求的账簿、报表以及其他有关单证，记录与本企业出境加工货物有关的情况，凭合法、有效凭证记账、核算并接受海关监管。

六、开展出境加工业务的企业，应向其所在地主管海关办理账册设立手续，并提交下列单证：

（一）出境加工合同；

（二）生产工艺说明；

（三）相关货物的图片或样品等；

（四）海关需要收取的其他证件和材料。

企业提交单证齐全有效的，主管海关应自接受企业账册设立申请之日起5个工作日内完成出境加工账册设立手续。账册核销期为1年。

七、办理出境加工账册设立手续时，企业应如实申报进出口口岸、商品名称、商品编号、数量、规格型号、价格和原产地等；使用境外料件的，还应如实申报使用境外料件的数量、金额。账册设立内容发生变更的，企业应在账册有效期内办理变更手续。

八、出境加工货物的出口和复进口应在同一口岸。企业应按下列方式进行申报：

（一）出境加工货物从国内出口，企业填报出口货物报关单，监管方式为"出料加工"（监管代码1427），征减免税方式为"全免"，备注栏填写账册编码（待信息化系统完善后，在备案号一栏填写账册编码），其他项目据实填写。

（二）出境加工货物从国外加工完毕后复进口，企业填报进口货物报关单，监管方式为"出料加工"（监管代码1427），商品编号栏目按实际报验状态填报，每一项复进口货物分列两个商品项填报，其中一项申报所含原出口货物价值，商品数量填写复进口货物实际数量，征减免税方式为"全免"；另一项申报境外加工费、料件费、复运进境的运输及其相关费用和保险费等，商品数量为0.1，征减免税方式为"照章征税"。备注栏填写账册编码（待信息化系统完善后，在备案号一栏填写账册编码），其他项目据实填写。

九、出境加工货物在规定期限内复运进境的，海关根据《中华人民共和国进出口关税条例》（国务院令第392号）和《中华人民共和国海关审定进出口货物完税价格办法》（海关总署令第213号）有关规定，以境外加工费、料件费、复运进境的运输及其相关费用和保险费等为基础审查确定完税价格。

十、出境加工货物因品质或规格等原因需退运的，企业应按退运货物（监管代码4561）有关规定，在账册核销周期内办理；出境加工货物超过退运期限或账册核销周期再复运进境的，企业应按一般贸易管理规定办理进口手续。

十一、出境加工账册按以下方式进行核销：

（一）出境加工账册采取企业自主核报、自动核销模式，企业应于出境加工账册核销期结束之日起30日内向主管海关核报出境加工账册。

（二）出境加工货物因故无法按期复运进境的，企业应及时向主管海关书面说明情况，海关据此核扣复运进境商品数量。

（三）对逾期不向海关核报的出境加工账册，海关可通过电子公告牌等方式联系企业进行催核。催核后仍不核报的，海关可直接对账册进行核销。

（四）对账册不平衡等异常情况，企业应作出说明并按具体情况办结相应海关手续后予以核销；需要删改报关单的，企业应按《中华人民共和国海关进出口货物报关单修改和撤销管理办法》（海关总署令第220号）办理。

十二、海关根据监管需要，可以对开展出境加工业务的企业开展稽核查，企业应给予配合。

十三、本公告自2016年11月30日起施行。此前已经开展的出境加工试点业务，按本《公告》规定执行。试点企业不符合本公告第二条要求的，可在2018年12月1日前继续将原出境加工合同执行完毕，过渡期内不再设立新的出境加工账册。

特此公告。

附件：出境加工账册模板（略——编者注）

海关总署
2016年11月28日

关于各优惠贸易安排项下经港澳中转进口货物单证提交事宜的公告

海关总署公告2016年第52号

为便利我国已签署各优惠贸易安排中"直接运输"条款的实施，现就经香港或澳门中转自贸协定项下货物的单证提交事宜公告如下：

一、2016年10月1日起，中国检验（香港）有限公司（以下简称"中检公司"）将启用"自由贸易协定项下经香港中转货物原产地管理系统中转确认书签发子系统"签发《中转确认书》，同时终止在原产地证书上加盖未再加工印章的作业模式。此前香港海关已使用该系统签发《中转确认书》。《中转确认书》用于证明相关货物在香港期间未再加工。

二、2016年10月1日起，澳门海关将启用"自由贸易协定项下经澳门中转货物原产地管理系统中转确认书签发子系统"签发《中转确认书》。《中转确认书》用于证明相关货物在澳门期间未再加工。

三、海关总署与香港海关、中检公司、澳门海关实现上述系统联网，相关数据信息即时共享。

四、进口货物收货人或者其代理人（以下统称"进口人"）申报适用协定税率或特惠税率时向海关提交下列运输单证之一的，海关不再要求提交《中转确认书》：

（一）空运或海运进口货物，国际班轮运输经营者及其委托代理人、民用航空运输企业、经营国际快递业务的企业等出具的单份运输单证。该运输单证应在同一页上载明始发地为进口货物的原产国（地区）境内，且目的地为中国内地；原产于内陆国家（地区）的海运进口货物，始发地可为其海运始发地。

（二）已实现原产地电子数据交换的自由贸易协定（如《海峡两岸经济合作框架协议》、《中华人民共和国政府和大韩民国政府自由贸易协定》等）项下集装箱运输货物，也可提交能够证明货物在运输过程中集装箱箱号、封志号未发生变动的全程运输单证。

五、本公告第四条之外的情形，进口人应当按照以下规定提交《中转确认书》：

（一）经香港中转的需进行预检验的货物（包括集装箱运输及散装货物），应当提交中检公司签发的《中转确认书》。

（二）在香港中转期间非因预检验开箱的集装箱运输货物，以及无需预检验的散装货物，应当提交香港海关签发的《中转确认书》。

（三）在香港中转期间未开箱的集装箱运输货物，应当提交香港海关或中检公司签发的《中转确认书》。

（四）经澳门中转的货物，应当提交澳门海关签发的《中转确认书》。

六、进口人依照本公告第五条向海关提交《中转确认书》时，应当在进口申报时在相关进口报关单备注栏填写"中转确认书"字样及《中转确认书》的号码（例如，"中转确认书 CC/16/1001"）。

海关对上述单证有疑问的，进口人应当补充提交相关资料。

本公告自 2016 年 10 月 1 日起施行。海关总署公告 2015 年第 60 号同时废止。

特此公告。

海关总署
2016 年 9 月 20 日

关于海峡两岸海关"经认证的经营者（AEO）"互认试点的公告

海关总署公告 2016 年第 49 号

为支持海峡两岸企业发展，促进贸易便利，海峡两岸海关自 2016 年 10 月 1 日起实施"经认证的经营者（AEO）"互认试点。现就试点有关事项公告如下：

一、大陆海关接受台湾海关认证的安全认证优质企业为台湾的"经认证的经营者"企业（以下简称"AEO 企业"），台湾海关接受大陆海关认证的高级认证企业为大陆的 AEO 企业。

二、大陆海关和台湾海关相互给予对方 AEO 企业的进口货物如下通关便利措施：减少进口货物单证审核；适用较低进口货物查验率；进口货物优先办理通关手续；设立海关 AEO 联络员；非常时期优先处置。

三、试点海关。

大陆参与试点的海关为南京、福州、厦门海关。

台湾参与试点的海关为高雄、基隆海关。

四、试点企业。

大陆参与试点的企业为高级认证企业，具体范围为：从大陆所有口岸直接出口至高雄、基隆的海运货物（不限于从南京、福州、厦门口岸启运）所涉及的高级认证企业。

台湾参与试点的企业为安全认证优质企业，具体范围为：从台湾所有口岸直接出口至南京、福州、厦门的海运货物（不限于从高雄、基隆口岸启运）所涉及的安全认证优质企业。

五、大陆 AEO 企业向台湾试点海关出口货物时，应将其 AEO 编码（AEOCN + 在大陆海关注册的 10 位企业编码）和企业名称通报给台湾进口商。台湾进口商或其代理人向台湾海关申报时，按照要求录入大陆 AEO 企业有关信息。台湾海关在有关 AEO 信息对碰一致后，进口通关环节自动适用便利措施。

六、大陆进口商或其代理人向大陆试点海关申报从台湾 AEO 企业进口的货物时，应在进口报关单"备注栏"处填写台湾海关 AEO 企业编码。填写方式为："AEO"（英文半角大写）+ "<"（英文半角）+ "TW"（英文半角大写）+ "9 位 AEO 企业编码" + ">"（英文半角）。例如，台湾海关 AEO 企业编码为：123456789，则填写："AEO < TW123456789 >"。大陆海关在有关 AEO 信息对碰一致后，进口通关环节自动适用便利措施。

特此公告。

海关总署
2016 年 9 月 2 日

关于公布 2016 年 7 月 1 日起港澳 CEPA 项下新增及修订零关税货物原产地标准的公告

海关总署公告 2016 年第 35 号

根据《内地与香港关于建立更紧密经贸关系的安排》（香港 CEPA）和《内地与澳门关于建立更紧密经贸关系的安排》（澳门 CEPA）及其相关补充协议，海关总署制定了《2016 年 7 月 1 日起香港 CEPA 项下新增零关税货物原产地标准表》（见附件 1）、《2016 年 7 月 1 日起香港 CEPA 项下修订零关税货物原产地标准表》（见附件 2）、《2016 年 7 月 1 日起澳门 CEPA

项下新增零关税货物原产地标准表》(见附件3)和《2016年7月1日起澳门CEPA项下修订零关税货物原产地标准表》(见附件4)。

《2016年7月1日起香港CEPA项下新增零关税货物原产地标准表》、《2016年7月1日起香港CEPA项下修订零关税货物原产地标准表》、《2016年7月1日起澳门CEPA项下新增零关税货物原产地标准表》和《2016年7月1日起澳门CEPA项下修订零关税货物原产地标准表》使用简化的货物名称,具体范围与2016年《中华人民共和国进出口税则》中相应税则号列对应的商品范围一致,自2016年7月1日起执行。

特此公告。

附件:1. 2016年7月1日起香港CEPA项下新增零关税货物原产地标准表(略——编者注)
  2. 2016年7月1日起香港CEPA项下修订零关税货物原产地标准表(略——编者注)
  3. 2016年7月1日起澳门CEPA项下新增零关税货物原产地标准表(略——编者注)
  4. 2016年7月1日起澳门CEPA项下修订零关税货物原产地标准表(略——编者注)

海关总署
2016年6月1日

关于跨境电子商务零售进出口商品有关监管事宜的公告

海关总署公告2016年第26号

为做好跨境电子商务零售进出口商品监管工作,促进电子商务健康有序发展,根据《海关法》和国家有关政策规定,以及《财政部、海关总署、国家税务总局关于跨境电子商务零售进口税收政策的通知》(财关税〔2016〕18号)、《财政部等11个部门关于公布跨境电子商务零售进口商品清单的公告》(2016年第40号)的有关规定,现就相关海关监管问题公告如下:

一、适用范围

(一)电子商务企业、个人通过电子商务交易平台实现零售进出口商品交易,并根据海关要求传输相关交易电子数据的,按照本公告接受海关监管。

二、企业管理

(二)参与跨境电子商务业务的企业应当事先向所在地海关提交以下材料:

1. 企业法人营业执照副本复印件；
2. 组织机构代码证书副本复印件（以统一社会信用代码注册的企业不需要提供）；
3. 企业情况登记表，具体包括企业组织机构代码或统一社会信用代码、中文名称、工商注册地址、营业执照注册号、法定代表人（负责人）、身份证件类型、身份证件号码、海关联系人、移动电话、固定电话、跨境电子商务网站网址等。

企业按照前款规定提交复印件的，应当同时向海关交验原件。

如需向海关办理报关业务，应当按照海关对报关单位注册登记管理的相关规定办理注册登记。

三、通关管理

（三）跨境电子商务零售进口商品申报前，电子商务企业或电子商务交易平台企业、支付企业、物流企业应当分别通过跨境电子商务通关服务平台（以下简称服务平台）如实向海关传输交易、支付、物流等电子信息。

进出境快件运营人、邮政企业可以受电子商务企业、支付企业委托，在书面承诺对传输数据真实性承担相应法律责任的前提下，向海关传输交易、支付等电子信息。

（四）跨境电子商务零售出口商品申报前，电子商务企业或其代理人、物流企业应当分别通过服务平台如实向海关传输交易、收款、物流等电子信息。

（五）电子商务企业或其代理人应提交《中华人民共和国海关跨境电子商务零售进出口商品申报清单》（以下简称《申报清单》），出口采取"清单核放、汇总申报"方式办理报关手续，进口采取"清单核放"方式办理报关手续。

《申报清单》与《中华人民共和国海关进（出）口货物报关单》具有同等法律效力，相关数据填制要求详见附件1、附件2。

（六）电子商务企业应当对购买跨境电子商务零售进口商品的个人（订购人）身份信息进行核实，并向海关提供由国家主管部门认证的身份有效信息。无法提供或者无法核实订购人身份信息的，订购人与支付人应当为同一人。

（七）跨境电子商务零售商品出口后，电子商务企业或其代理人应当于每月10日前（当月10日是法定节假日或者法定休息日的，顺延至其后的第一个工作日，第12月的清单汇总应当于当月最后一个工作日前完成），将上月（12月为当月）结关的《申报清单》依据清单表头同一收发货人、同一运输方式、同一运抵国、同一出境口岸，以及清单表体同一10位海关商品编码、同一申报计量单位、同一币制规则进行归并，汇总形成《中华人民共和国海关出口货物报关单》向海关申报。

（八）除特殊情况外，《申报清单》、《中华人民共和国海关进（出）口货物报关单》应当采取通关无纸化作业方式进行申报。

《申报清单》的修改或者撤销，参照海关《中华人民共和国海关进（出）口货物报关单》修改或者撤销有关规定办理。

四、税收征管

（九）根据《财政部、海关总署、国家税务总局关于跨境电子商务零售进口税收政策的通知》（财关税〔2016〕18号）的有关规定，跨境电子商务零售进口商品按照货物征收关税和进口环节增值税、消费税，完税价格为实际交易价格，包括商品零售价格、运费和保险费。

（十）订购人为纳税义务人。在海关注册登记的电子商务企业、电子商务交易平台企业或物流企业作为税款的代收代缴义务人，代为履行纳税义务。

（十一）代收代缴义务人应当如实、准确向海关申报跨境电子商务零售进口商品的商品名称、规格型号、税则号列、实际交易价格及相关费用等税收征管要素。

跨境电子商务零售进口商品的申报币制为人民币。

（十二）为审核确定跨境电子商务零售进口商品的归类、完税价格等，海关可以要求代收代缴义务人按照有关规定进行补充申报。

（十三）海关对满足监管规定的跨境电子商务零售进口商品按时段汇总计征税款，代收代缴义务人应当依法向海关提交足额有效的税款担保。

海关放行后30日内未发生退货或修撤单的，代收代缴义务人在放行后第31日至第45日内向海关办理纳税手续。

五、物流监控

（十四）跨境电子商务零售进出口商品监管场所必须符合海关相关规定。

监管场所经营人、仓储企业应当建立符合海关监管要求的计算机管理系统，并按照海关要求交换电子数据。

（十五）跨境电子商务零售进出口商品的查验、放行均应当在监管场所内实施。

（十六）海关实施查验时，电子商务企业或其代理人、监管场所经营人、仓储企业应当按照有关规定提供便利，配合海关查验。

（十七）电子商务企业或其代理人、物流企业、监管场所经营人、仓储企业发现涉嫌违规或走私行为的，应当及时主动报告海关。

六、退货管理

（十八）在跨境电子商务零售进口模式下，允许电子商务企业或其代理人申请退货，退回的商品应当在海关放行之日起30日内原状运抵原监管场所，相应税款不予征收，并调整个人年度交易累计金额。

在跨境电子商务零售出口模式下，退回的商品按照现行规定办理有关手续。

七、其他事项

（十九）在海关注册登记的电子商务企业、电子商务交易平台企业、支付企业、物流企业等应当接受海关后续管理。

（二十）本公告有关用语的含义：

"参与跨境电子商务业务的企业"是指参与跨境电子商务业务的电子商务企业、电子商务交易平台企业、支付企业、物流企业等。

"电子商务企业"是指通过自建或者利用第三方电子商务交易平台开展跨境电子商务业务的企业。

"电子商务交易平台企业"是指提供电子商务进出口商品交易、支付、配送服务的平台提供企业。

"电子商务通关服务平台"是指由电子口岸搭建，实现企业、海关以及相关管理部门之间数据交换与信息共享的平台。

（二十一）以保税模式从事跨境电子商务零售进口业务的，应当在海关特殊监管区域和保税物流中心（B型）内开展，除另有规定外，参照本公告规定监管。

本公告自2016年4月8日起施行，施行时间以海关接受《申报清单》申报时间为准，未尽事宜按海关现行规定办理。

自本公告施行之日起，海关总署公告2014年第56号同时废止。

特此公告。

附件一：中华人民共和国跨境电子商务零售进口商品申报清单数据（略——编者注）
附件二：中华人民共和国跨境电子商务零售出口商品申报清单数据（略——编者注）

海关总署
2016年4月6日

关于《中华人民共和国进境物品归类表》和《中华人民共和国进境物品完税价格表》的公告

海关总署公告2016年第25号

根据《国务院关税税则委员会关于调整进境物品进口税有关问题的通知》（税委会〔2016〕2号），海关总署决定对2012年第15号公告公布的《中华人民共和国进境物品归类表》(详见附件1)及《中华人民共和国进境物品完税价格表》(详见附件2)的归类和税率进行相应调整,归类原则和完税价格确定原则不变,现予以公布,自2016年4月8日起执行。

特此公告。

附件一:中华人民共和国进境物品归类表(略——编者注)
附件二:中华人民共和国进境物品完税价格表(略——编者注)

海关总署
2016年4月6日